Revisaço®

TRE Unificado

Técnico e Analista

Sobre os Autores

▸ DAILSON SOARES DE REZENDE – Direito Processual Civil

Mestrando em Ciências Jurídicas pela UNIBE, Especialista em Licitações e Contratos Administrativos pelo Centro Universitário UNISEB-COC, Advogado, Autor de artigos e livros jurídicos pela Editora Juspodivm e Membro do Conselho Regional de Prerrogativas – 6ª Região – OAB – Seção São Paulo. E-mail: dailson.rezendeadvocacia@gmail.com

▸ DANIEL ALVES MACHADO – Raciocínio Lógico

Possui Licenciatura em Matemática pelo Centro Universitário UNISEB, Especialização em Ensino de Matemática pelo Centro Universitário Claretiano de Batatais, Mestrado pelo programa de Mestrado Profissional em Matemática em Rede Nacional, PROFMAT, pela Universidade de São Paulo. Atualmente é professor efetivo de matemática da Prefeitura Municipal de Ribeirão Preto.

▸ DANILO DA CUNHA SOUSA – Direito Penal e Direito Processual Penal

Mestre em Direito Processual Penal pela Unesp/Franca. Autor e coautor de diversos livros pela Editora Juspodivm. Oficial de Justiça Avaliador Federal do TRF/3

▸ DUDA NOGUEIRA – Português

Professora e Mentora de Língua Portuguesa para concursos públicos. Autora de vários livros das Coleções Tribunais e MPU, Revisaço, Revisão Final, Carreiras Policiais, Sinopses Carreiras Fiscais, Como se Preparar. Professora na plataforma de Cursos JusAulas – Carreiras dos Tribunais, Carreiras Fiscais e Carreiras Policiais. Professora no Curso RSC online.

Instagram e Telegram – @DudaProfe

Mentoria Gabarite Língua Portuguesa e contato – www.dudanogueiraprof.com.br

▸ JAIME BARREIROS NETO – Direito Eleitoral

Mestre em Direito (UFBA). Doutorando em Ciências Sociais (UFBA). Professor da Universidade Federal da Bahia, Universidade Católica do Salvador e Faculdade Baiana de Direito. Analista Judiciário do Tribunal Regional Eleitoral da Bahia.

▸ LEANDRO BORTOLETO – Direito Administrativo

Mestre e bacharel em direito pela Universidade Estadual Paulista – UNESP. Coordenador e professor de Direito Administrativo no curso de especialização em Direito Público da Escola Superior de Direito – ESD, em Ribeirão Preto. Professor de Direito Administrativo na graduação e na pós-graduação em direito do Centro Universitário Estácio Uniseb. Professor de Direito Administrativo nos cursos Ênfase, Eu Vou Passar e Proordem. Analista Judiciário (Oficial de Justiça Avaliador Federal) na Justiça Federal. Autor e coordenador de livros jurídicos. Ex-oficial de justiça no TJ SP. Facebook: Leandro Bortoleto. Facebook – grupo Direito Administrativo com Leandro Bortoleto.

▸ LUCIANO ALVES ROSSATO – Direito Processual Civil

Doutorando em Direito. Procurador do Estado de São Paulo. Professor do Complexo de Ensino Renato Saraiva.

▸ LUCIANO FREIRE – Informática

Graduado e Mestre em Ciência da Computação pela UFSCar. Especialista em Segurança da Informação pela UNIRIO. Experiência de 11 anos como professor universitário, lecionando disciplinas de programação e segurança da informação. Possui 10 anos de experiência como Coordenador de Cursos de Computação. Atualmente é professor dos cursos de Ciência da Computação, Sistemas de Informação e Engenharia de Computação e Diretor Acadêmico da Escola de Ciências Exatas, Arquitetura e Design da Universidade Anhembi Morumbi. Tutor virtual do curso de Sistemas de Informação (Modalidade EAD) da UFSCar.

▸ LUÍS FELIPE CIRINO – Direito Administrativo

Mestrado em curso pela Faculdade de Direito da Universidade de São Paulo – Largo São Francisco, sob orientação do Professor Dr. Sérgio Resende de Barros. Bacharel em Direito pela Faculdade de Direito de Ribeirão Preto da Universidade de São Paulo (FDRP-USP), em 2012. Monitor de Direito Romano (2009, 2010) e de Direito Ambiental (2011) na mesma instituição. Parte da graduação cursada na Université Paris VIII - Vincennes St. Denis (2011). Atualmente, é advogado e professor de Direito Administrativo e Direito Constitucional do PROORDEM, em Ribeirão Preto/SP, professor do curso de pós-graduação em Direito Público da Escola Superior de Direito, em Ribeirão Preto/SP e em Goiânia/GO, monitor de Direito Administrativo e de Direito Constitucional na Faculdade de Direito de Ribeirão Preto, da Universidade de São Paulo (FRDP-USP) e autor de livros pela Editora Juspodivm.

▸ ORLINS PINTO GUIMARÃES JUNIOR – Direito Processual Penal

Bacharel em Direito pela UNESP. Especialista em Direito Processual e em Direito Civil. Analista Judiciário na Justiça Federal.

▸ PAULO HENRIQUE BOLDRIN – Noções sobre Direitos das Pessoas com Deficiência

Advogado. Mestre em Direito pela Faculdade de Direito de Ribeirão Preto da USP. Graduado pela mesma faculdade.

E-mail: paulomboldrin@gmail.com

▸ PAULO LÉPORE – Direito Constitucional

Professor de Direito Constitucional e Direito da Criança e do Adolescente. Pós-doutorando em Direito pela Universidade Federal de Santa Catarina - UFSC. Doutorando em Direito pela Universidade de Coimbra - UC. Doutor em Serviço Social pela Universidade Estadual Paulista - UNESP. Mestre em Direitos Coletivos e Função Social do Direito pela Universidade de Ribeirão Preto - UNAERP. Coordenador de Coleções e autor de diversos livros e artigos jurídicos. Advogado. Coordenador da Comissão de Direitos Infantojuvenis da 12ª Subseção da Ordem dos Advogados do Brasil do Estado de São Paulo - OAB-SP. Site: www.paulolepore.com.br. Facebook: Paulo Lépore. Instagram: @paulolepore.

▸ PLÁCIDO DE SOUZA NETO – Direito Civil

Juiz de Direito da 2ª Vara Cível de Paranaíba. Graduado em Direito pela Universidade Estadual de Mato Grosso do Sul – UEMS. Pós-graduado em Direito Constitucional pela Pontifícia Universidade Católica – PUC/RIO.

▸ ROBNEI STEFANES – Administração Financeira e Orçamentária e Noções de Sustentabilidade

Professor de Administração para concursos públicos desde 2012. Auditor de Controle Externo no TCE-RO, na especialidade de Administração. Ex-Técnico do IBAMA (14º) e ex-Analista da Fiocruz (1º). Coautor em diversas obras das séries Revisão Final e Revisaço da Editora Juspodivm. Bacharel em Administração Geral e Mestre em Administração Pública.

Tem Instagram: @robnei; Facebook: Robnei Stefanes; e e-mail: profrobnei@hotmail.com

▸ RODRIGO BORGES – Administração Geral e Administração Pública

Consultor de Carreiras Públicas há mais de 25 anos. Leciona disciplinas nos diversos certames nacionais, regionais e locais. Cursou Especialização e Mestrado em Administração Pública, autor de livros, apostilas e artigos científicos em Gestão Pública, Administração Financeira e Orçamentária e Administração Geral. Tem como missão, "Compartilhar o conhecimento e preparar os novos talentos para a Administração Pública contemporânea".

Revisaço®

COORDENAÇÃO

HENRIQUE CORREIA
LEANDRO BORTOLETO

TRE Unificado

Técnico e Analista

8ª edição | Revista Atualizada Ampliada

2024

EDITORA JusPODIVM
www.editorajuspodivm.com.br

EDITORA *Jus*PODIVM
www.editorajuspodivm.com.br

Rua Canuto Saraiva, 131 – Mooca – CEP: 03113-010 – São Paulo – São Paulo
Tel: (11) 3582.5757
• Contato: https://www.editorajuspodivm.com.br/central-de-relacionamento

Diagramação: Equipe *Jus*PODIVM

Capa: Ana Caquetti

R454 Revisaço – Analista e Técnico do TRE Unificado – Mais de 1.530 Questões Comentadas / coordenado por Henrique Correia e Leandro Bortoleto. – 8.ed., rev., atual. e ampl. – São Paulo: Editora JusPodivm, 2024.
1408 p.
(Coleção Revisaço – Questões Comentadas)

Vários autores.
Inclui Bibliografia.
ISBN: 978-85-442-4875-1

1. Concursos e Provas. 2. Tribunal Regional Eleitoral. 3. Método de estudo. I. Correia, Henrique. II. Bortoleto, Leandro III. Título.

CDD 341.33312

BIBLIOTECÁRIA RESPONSÁVEL

Ana Carolina Ribeiro Mois – CRB7 – RJ 007348/0

8.ª ed., *2.ª tir.:* jun./2024; *3.ª tir.:* jul./2024; *4.ª tir.:* ago./2024; *5.ª tir.:* ago./2024; *6.ª tir.:* out./2024.

Apresentação da Coleção Revisaço

"REVISAÇO" é a consagrada coleção de questões comentadas da *Editora Juspodivm*.

Com cuidado, pensamos num formato que fosse além dos comentários das questões. Algo que realmente pudesse ajudar o aluno no estudo de concursos ou Exames de Ordem, principalmente na revisão final.

Para isso, estabelecemos a seguinte estrutura **didática**:

- **Questões divididas por matéria e assunto, comentadas assertiva por assertiva, item por item**, demonstrando tanto o que está certo como o que está errado na questão;
- Sempre que possível, há uma "nota do autor" em cada questão trazendo **comentários que vão além do assunto abordado no exercício**.

Ao final das disciplinas apresentamos:

- **Dicas de estudo**, funcionando como verdadeiro resumo da matéria;
- **Súmulas dos Tribunais Superiores**.

A ideia, portanto, é apresentar a **prática do concurso ou Exame da Ordem** (questões), a **doutrina para estudo** (dicas) e a **jurisprudência** (súmulas), formando a tríade necessária para uma revisão (verdadeiro REVISAÇO!) rumo ao sucesso na aprovação.

Vários livros compõem a coleção e, para todos, chamamos grandes nomes, professores experientes, profissionais de destaque e especialistas em cada área para que organizassem as obras e comentassem as questões.

Acreditamos que essa coleção será bastante útil aos candidatos de concursos públicos e Exame de Ordem.

EDITORA JUSPODIVM

www.editorajuspodivm.com.br

Sumário

NOÇÕES SOBRE DIREITOS DAS PESSOAS COM DEFICIÊNCIA 1071

Paulo Henrique Boldrin

Português

Duda Nogueira

TABELA DE INCIDÊNCIA DE QUESTÕES		
Assunto	**N. de questões**	**Peso**
1. ACENTUAÇÃO, ORTOGRAFIA E SEMÂNTICA	9	3,60%
2. PRONOME E COLOCAÇÃO PRONOMINAL	6	2,40%
3. VERBO	17	6,80%
4. ANÁLISE SINTÁTICA	10	4,00%
5. PERÍODO COMPOSTO	25	10,00%
6. CONCORDÂNCIA VERBAL E NOMINAL	14	5,60%
7. REGÊNCIA VERBAL E NOMINAL	4	1,60%
8. CRASE	9	3,60%
9. PONTUAÇÃO	24	9,60%
10. COESÃO, COERÊNCIA E REESCRITA DE FRASES	85	34,00%
11. REDAÇÃO OFICIAL	0	0
12. INTERPRETAÇÃO E COMPREENSÃO TEXTUAL	47	18,80%
TOTAL	**250**	**100%**

Português

Duda Nogueira

✦ APRESENTAÇÃO

O capítulo de Língua Portuguesa contém questões comentadas das últimas provas. O objetivo é direcionar os estudos, focando nos principais assuntos exigidos pelas bancas.

Há algumas questões do TRF que precisam ser feitas para que você tenha um material mais amplo e saiba os assuntos prováveis da próxima prova.

Indicado aos candidatos que já possuem conhecimento da teoria gramatical para que, através de "macetes" e dicas, consigam chegar ao *X* da questão.

Não confira o gabarito antes de resolver as questões, já que o objetivo do livro é fazer com que o candidato desvende, de forma objetiva e rápida, os segredos de cada assunto exigido nas provas.

Em todos os assuntos, há dicas de como direcionar os estudos sem precisar seguir o edital, além de dicas resumidas no final do capítulo (graus dos adjetivos, pronome, verbo, análise sintática, período composto, concordância, regência, crase, pontuação, colocação pronominal, figuras de linguagem, reforma ortográfica, interpretação de texto e redação oficial).

Saboreie o prazer de fazer os testes de língua portuguesa como se estivesse conversando, como se a estivesse utilizando no dia a dia. O segredo é este: fazer com que a nossa linguagem fique mais perto, mais palpável. Recheie com alguns ingredientes teóricos e obtenha sucesso. É possível!

Bons estudos!

✦ QUESTÕES

1. ACENTUAÇÃO, ORTOGRAFIA E SEMÂNTICA

Aconselhável ter em mãos um dicionário atualizado (reforma ortográfica 2009) para consulta. Surgindo palavras desconhecidas, pesquise-as e anote o significado. Como uma palavra pode possuir vários sentidos, veja qual se encaixa no contexto, pois é preciso aprender a desvendar as palavras.

Sugestão de dicionários digitais gratuitos: AULETE e DICIO.COM.

Quanto à reforma ortográfica – escrita correta e regras –, pesquise no site: www.umportugues.com

---

01. (IBFC – Técnico Judiciário – Área Administrativa – TRE PA – 2020) Quanto às normas de acentuação gráfica, assinale a alternativa correta.

a) diastole, esplendor, pincel, caqui.

b) bambu, atras, paranoico, diarreia.

c) paranoia, raiz, gratuito, recorde.

d) pivo, rubrica, menu, flor.

COMENTÁRIOS

✪ **Nota da autora:** Questão de acentuação gráfica.

Alternativa "a" – Di-**ás**-to-le: proparoxítona. Regra: todas as proparoxítonas são acentuadas.

Alternativa "b" – A-**trás**: oxítona terminada em *a(s)*. Regra: acentuam-se as oxítonas terminadas em "a(s), o(s), e(s), em, ens".

Alternativa "c" – Após a reforma ortográfica de 2009, perdeu-se o acento agudo nas paroxítonas; raiz não possui acento porque o "i" forma hiato com a vogal anterior e está seguido de "z"; gratuito é paroxítona terminada em "o" (não acentuada) e recorde é paroxítona terminada em "e" (não acentuada).

Alternativa "d" – Pi-**vô:** oxítona terminada em *o*. Regra citada na alternativa "b".

Alternativa correta: letra "C"

---

02. (IBFC – Técnico Judiciário – Área Administrativa – TRE PA – 2020) Acerca das regras de ortografia, assinale a alternativa incorreta.

a) "Há muitos tipos de **agressão** e é um problema contínuo e social." A palavra em destaque é grafada com "ss" pois é substantivo derivado de verbo terminado em "gredir".

b) "Sempre que possível, faça uma **limpeza** interior". A palavra em destaque é grafada com "z" pois é um substantivo abstrato derivado de adjetivo.

c) "Sejam todos **bem vindos** ao grande espetáculo da noite!" A palavra em destaque é grafada sem hífen desde a alteração do Novo Acordo Ortográfico.

d) "É possível que os noivos **viajem** e façam a **viagem** de seus sonhos". Os vocábulos em destaque são grafados com "j" e "g" porque são compostos por um verbo e um substantivo, respectivamente.

COMENTÁRIOS

✪ **Nota da autora:** Questão de ortografia.

Alternativa "a" – Regra: os verbos terminados em *-ceder, –* ***gredir****, -mitir, -cutir, -meter* e *-primir* formam substantivos com **ss**.

Alternativa "b" – Regra: usa-se "z" nos formadores de **substantivos abstratos a partir de adjetivos.**

Alternativa "c" – A palavra deve ser grafada com hífen (bem-vindos). Regra: usa-se hífen no prefixo "bem-".

Alternativa "d" – Que os noivos **viajem**: verbo conjugado no presente do subjuntivo; a viagem: substantivo, isto é, o vocábulo nomeia e está acompanhado do artigo "a".

Alternativa correta: letra "C"

TEXTO PARA RESPONDER ÀS QUESTÕES.

Sem direito e Poesia

Eis me aqui, iniludível. Incipiente na arte da escrita, desfraldo sentimentos vestindo-os com as palavras que lhes atribuem significado. Às vezes dá vontade ser assim, hermético. Talvez, porque eu sinta que o mundo não me entende ou porque, talvez, eu não me encaixe harmonicamente no mundo, é que sinto esta liberdade em não me fazer entender. É que, talvez, a vida seja mesmo um mal entendido.

Portanto, despiciendo as opiniões e me faço prolixo. Suasório para o intento de escrever em uma língua indecifrável ao homem comum. Meu vocabulário, quando quero, é um quarto cerrado e, nele me tranco e jogo fora a chave do entendimento. Dizem-me que as palavras devem ser um instrumento para comunicar-se e que isto é fazer-se entender. Mas eu, que do mundo nada entendo, por que razão deveria me fazer entender?

Sinto o decesso aproximar-se, pelo esvair-se do fluido vital, e, sem tempo para o recreio desejado, com os ombros arcados pelos compromissos assumidos, tenho no plenilúnio um desejo imarcescível de que haja vida no satélite natural. Talvez, após o decesso, eu possa lá estabelecer morada e, vivendo em uma sociedade singular, haja o recreio em espírito. Na realidade. Na iniludível realidade, meu recreio é uma sala ampla. Teto alto. Prateleiras rústicas com farta literatura e filosofia. Nenhuma porta ou janela aberta a permitir à passagem do tempo. Uma poltrona aveludada. Frio. Lareira acesa. Vinho tinto seco, Malbec.

O amor? O entregar-se? Não!

Tratar-se-ia apenas de amor próprio. Sem entrega. Apenas eu. Apenas eu e o tempo. Cerrado na sala cerrada. Divagando sobre o nada e refletindo sobre tudo. Imarcescível seria tal momento. Mas a vida. A vida é singular ao tempo, pois que o tempo é eterno, e a criatura humana é botão de rosa, matéria orgânica falível na passagem do eterno. Sigo... Soerguendo-me... Sobrevivo...

(Fonte: Nelson Olivo Capeleti Junior/ Artigos13/04/2018_JUS Brasil)

---

03. (IBFC – Analista Judiciário – Área Administrativa – TRE PA – 2020 – adaptada) O enunciado a seguir é parte do 2º parágrafo do texto. Sem que altere seu sentido e significação, assinale a alternativa que preencha correta e respectivamente as lacunas.

"Portanto, _____ as opiniões e me faço _____. ______ para o intento de escrever em uma língua ______ ao homem comum."

a) menosprezo / difuso / Persuasivo / inacessível

b) enalteço / falante em demasia / Preparado / incognoscível

c) descarto / ponderado / Pronto / enigmática

d) valorizo / vexado / Suasivo / incompreensível

COMENTÁRIOS

✪ **Nota da autora:** Questão de semântica.

Alternativa "a"

despiciendo: *desdenhável, que merece ou deve ser tratado com desprezo* = menosprezo;

prolixo: *que usa palavras em excesso, que não consegue resumir uma ideia nem encurtar um pensamento* = difuso – que se utiliza excessivamente das palavras, prolixo;

suasório: *que tem facilidade de convencer; que incentiva alguém a fazer determinada coisa, a acreditar em algo, a mudar de comportamento ou de opinião* = persuasivo;

indecifrável (sentido figurado)**:** *diz-se do que não se pode nem se consegue explicar ou compreender, incompreensível* = inacessível.

Alternativa "b" – Enaltecer: exaltar, elevar, elogiar; incognoscível: desconhecível.

Alternativa "c" – Ponderado: prudente, equilibrado.

Alternativa "d" – Vexado: oprimido, envergonhado; suasivo: convincente, persuasivo.

Alternativa correta: letra "A"

04. (IBFC – Analista Judiciário – Área Administrativa – TRE PA – 2020) Analise as afirmativas e dê valores Verdadeiro (V) ou Falso (F).

( ) "**Cerrado** na sala **cerrada**." Os vocábulos em destaque trazem a ideia de que o escritor está fechado para o mundo em um ambiente também assim.

( ) "Eis me aqui, **iniludível**." A palavra em destaque traz a mesma significação do vocábulo "aludível".

( ) "Às vezes dá vontade ser assim, **hermético**." O vocábulo em destaque possui, no contexto textual, o mesmo sentido da palavra "incompreensível".

( ) "Prateleiras rústicas com **farta literatura e filosofia**." A expressão em destaque faz referência aos livros que lá continham.

Assinale a alternativa que apresenta a sequência correta de cima para baixo.

a) V, F, F, V
b) V, F, V, V
c) V, V, V, V
d) F, V, F, F

COMENTÁRIOS

✪ **Nota da autora:** Questão de semântica e ortografia.

(V) Cerrado na sala: fechado na sala = fechado para o mundo; na sala cerrada: na sala fechada = sala fechada para o mundo.

(F) Os significados são distintos. **Iniludível**: evidente, certo, que não deixa dúvida; **aludível**: a que se pode aludir, mencionar.

(V) Hermético: de difícil compreensão, enigmático.

(V) O autor está só na ampla sala fechada. Há **livros** de literatura e filosofia nas prateleiras, uma poltrona aveludada, a lareira acesa e o vinho Malbec.

Alternativa "a" – A terceira afirmativa é verdadeira.

Alternativa "b" – Apenas a segunda afirmativa é falsa.

Alternativa "c" – A segunda afirmativa é falsa.

Alternativa "d" – A ordem foi invertida: as três afirmações falsas são verdadeiras, e a verdadeira é falsa.

Alternativa correta: letra "B"

05. (IBFC – Analista Judiciário – Área Administrativa – TRE PA – 2020) Quanto às regras de ortografia, assinale a alternativa em que há uma palavra grafada incorretamente.

a) super-homem, sobrenatural, cosseno.
b) cooperador, coexistente, agroindustrial.
c) anti-inflacionário, pan-americano, autoescola.
d) girassol, hiper-ativo, recém-casado.

COMENTÁRIOS

✪ **Nota da autora:** Questão de ortografia.

Alternativa "a" – 1. Além, aquém, bem, ex, **super**, pós, pré, pró, recém, sem, sota, soto, vice e vizo **sempre** exigem hífen. 2. Os prefixos auto, contra, extra, infra, intra, neo, proto, pseudo, semi, supra, ultra, ante, anti, arqui e **sobre** passaram a exigir hífen diante de palavras iniciadas pela consoante *h* ou por vogal idêntica à do prefixo. 3. Usa-se hífen no prefixo *co*- somente quando seguido de *h*.

Alternativa "b" – 1 e 2. Usa-se hífen no prefixo *co*- somente quando seguido de *h*. 3. Não se usa hífen se o prefixo termina em vogal e a palavra seguinte inicia por vogal diferente.

Alternativa "c" – 1. Os prefixos auto, contra, extra, infra, intra, neo, proto, pseudo, semi, supra, ultra, ante, anti, arqui e sobre passaram a exigir hífen diante de palavras iniciadas pela consoante *h* ou por vogal idêntica à do prefixo. 2. Os prefixos circum e *pan* exigem hífen somente diante de palavras iniciadas pelas consoantes *h, m, n* ou por vogal idêntica à do prefixo. 3. Os prefixos **auto**, contra, extra, infra, intra, neo, proto, pseudo, semi, supra, ultra, ante, anti, arqui e sobre passaram a exigir hífen diante de palavras iniciadas pela consoante *h* ou por vogal idêntica à do prefixo.

Alternativa "d" – *Hiper* e *inter* exigem hífen diante de palavras iniciadas pelas consoantes *h* e *r*: *hiper-habilidade, inter-relação, super-homem. Correção:* ***hiperativo***.

Alternativa correta: letra "D"

06. (Cespe – Técnico Judiciário – Área Administrativa – TRE – TO/2017 – adaptada) Mantendo-se o sentido e a correção gramatical do fragmento do texto CG1A1CCC[1], a expressão "intensificação" (Parece pouco, mas é suficiente para gerar consequências para todas as populações do mundo, em especial as comunidades pobres e vulneráveis, causando impactos na segurança alimentar, hídrica e energética, aumento do nível do mar, tempestades, ondas de calor e **intensificação** de secas, chuvas e inundações.) poderia ser substituída por

a) supressão.
b) rarefação.
c) desfalque.
d) limitação.
e) aumento.

1. *Internet: <www.wwf.org.br> (com adaptações).*

COMENTÁRIOS

✪ **Nota da autora:** Questão de ortografia e semântica.

Alternativa "a" - anulação, cessação, extinção, eliminação, cancelamento, retirada, assassinato, omissão, remoção.

Alternativa "b" - diminuição da espessura ou da densidade de: rarefação óssea. Ação de rarefazer, de tornar menos denso, espesso, numeroso ou frequente.

Alternativa "c" - desvio, falcatrua, negociata, traficância, velhacaria, roubo, alcance.

Alternativa "d" - imperfeição, insuficiência, limite, contenção, restrição, finitude, delimitação.

Alternativa "e" - *Intensificar* significa exacerbar, animar, acrescentar, reforçar, **aumentar**.

Alternativa correta: letra "e".

TEXTO PARA RESPONDER À QUESTÃO.

Sandberg, que mudou totalmente o conceito espectador/obra de arte com o seu trabalho de duas décadas no Museu Stedelijk, de Amsterdã, iniciou sua palestra elogiando a arquitetura do nosso MAM-RJ que, segundo ele, segue a sua teoria de que o público deve ver a obra de arte de frente e não de lado, como acontece até agora com o museu convencional de quatro paredes. O ideal, disse ele, é que as paredes do museu sejam de vidro e que as obras estejam à mostra em painéis no centro do recinto. O museu não é uma estrutura sagrada e quem o frequenta deve permanecer em contato com a natureza do lado de fora:

"A finalidade do museu de arte contemporânea é nos ajudar a ter consciência da nossa própria época, manter um espelho na frente do espectador no qual ele possa se reconhecer. Este critério nos leva também a mostrar a arte de todos os tempos dentro do ambiente atual. Isso significa que devemos **abolir** o mármore, o veludo, as colunas gregas, que são interpretações do século XIX. Apenas a maior flexibilidade e simplicidade. A luz de cima é natural ao ar livre, mas artificial ao interior. As telas são pintadas com luz lateral e devem ser mostradas com luz lateral. A luz de cima nos permite **encerrar** o visitante entre quatro paredes. Certos museólogos querem as quatro paredes para **infligir** o maior número possível de pinturas aos pobres visitantes.

É de capital importância que o visitante possa caminhar em direção a um quadro e não ao lado dele. Quando os quadros são apresentados nas quatro paredes, o visitante tem de caminhar ao seu lado. Isso produz um efeito completamente diferente, especialmente se não queremos que ele apenas olhe para o trabalho, mas o veja. Isso é ainda mais verdadeiro em relação aos grandes museus de arte contemporânea. Eles são grandes porque o artista moderno quer nos envolver com o seu trabalho e deseja que entremos em sua obra. Ao organizar o nosso museu, devemos ter consciência da mudança de mentalidade da nova geração. Abolir todas as marcas do establishment: uniformes, cerimoniais, **formalismo**. Quando eu era jovem, as pessoas entravam nos museus nas pontas dos pés, não ousavam falar ou rir alto, apenas cochichavam.

Realmente não sabemos se os museus, especialmente os de arte contemporânea, devem existir eternamente. Foram criados numa época em que a sociedade não estava bastante interessada nos trabalhos de artistas vivos. O ideal seria que a arte se integrasse outra vez na vida diária, saísse para as ruas, entrasse nas casas e se tornasse uma necessidade. Esta deveria ser a principal finalidade do museu: tornar-se **supérfluo**".

(Adaptado de: BITTENCOURT, Francisco. "Os Museus na Encruzilhada" [1974], em Arte-Dinamite, Rio de Janeiro, Editora Tamanduá, 2016, p. 73-75)

---

07. (FCC – TRE SP 2017 – Analista Judiciário – Área Administrativa) Considerando-se o contexto, mantêm-se as relações de sentido e a correção gramatical substituindo-se

a) supérfluo por "imprescindível" (4º parágrafo)

b) abolir por "libertar" (2º parágrafo)

c) encerrar por "terminar" (2º parágrafo)

d) infligir por "impor" (2º parágrafo)

e) formalismo por "descompostura" (3º parágrafo)

COMENTÁRIOS

Alternativa "a" - Supérfluo: desnecessário, dispensável, inútil, excedente; **imprescindível**: indispensável, insubstituível, essencial.

Alternativa "b" - Abolir: suprimir, tirar, ab-rogar, anular, revogar; **libertar:** excarcerar, descativar, desemparedar, desencarcerar, abjugar, soltar.

Alternativa "c" - Encerrar: fechar, enclausurar, guardar; **terminar:** perfazer, abortar, anular, cancelar, cassar, derrogar, infirmar, invalidar, rescindir, ab-rogar, ultimar, eliminar, acabar, completar, concluir, finalizar, findar, rematar, revogar.

Alternativa "d" - Infligir é sinônimo de *aplicar, **impor**, assacar, atribuir, imputar, irrogar, cominar.*

Alternativa "e" - Formalismo: apego excessivo a formalidades, a etiquetas; conjunto dessas etiquetas; **descompostura:** admoestação, reprimenda, desarranjo, desalinho, censura, repreensão.

Alternativa correta: letra "d".

08. (IESES – Analista Judiciário – Área Judiciária – TRE – MA/2015) "O idioma tornou-se multicultural, multiétnico, pois a maior parte dos falantes da África e da Índia é bilíngue ou multilíngue." A ortografia, nesse trecho, respeita as regras determinadas pelo novo acordo ortográfico, assim como em todas as palavras de qual alternativa? Assinale-a.

a) O sóciogerente participou da reunião com a pré--comissão do evento.

b) O médico solicitou exames precirúrgicos, como ultrassom e coleta de sangue para análise.

c) Houve efeitos que indicaram a interrelação dos elementos presentes na estrutura pré-moldada.

d) A infraestrutura está protegida por um eficiente sistema de para-raios.

COMENTÁRIOS

✪ **Nota da autora:** Questão de exige conhecimento das regras da última reforma ortográfica (hífen).

Exceções: Prefixos que sempre levam hífen: pré-, pró-, sota-, soto-, vice-, vizo-.

Alternativa "a" – Sócio-gerente: "sócio" é substantivo e o vocábulo deve ser grafado com acento agudo e com hífen, assim como *sócio-fundador, sócio-gerente* e *sócio-presidente*. O vocábulo *pré-comissão* foi grafado corretamente, pois o prefixo é tônico e autônomo. Seguem a mesma regra as palavras pré-adolescente, pré-aviso, pré-datado, pré-natal, pré-pago.

Alternativa "b" – pré-cirúrgicos: o hífen deve ser utilizado em vocábulos formados por prefixação. Se o prefixo do primeiro elemento for "pós", "pré" e "pró". Exemplo: pós-graduação; pró-reitoria; pré-escola. **Cuidado!** O hífen deixa de ser empregado caso os prefixos tenham perdido a sua tonicidade, como nos casos: prever; promover; pospor.

Alternativa "c" – inter-relação: hífen obrigatório se o prefixo do primeiro elemento for "hiper", "inter" e "super" e o segundo elemento iniciar com a letra "r". Exemplo: hiper-resistente; super-revista.

Alternativa "d" – Não se usa hífen: se o prefixo termina em vogal (infr**a**) e a palavra seguinte inicia por vogal diferente (**e**strutura). Exemplos: antiaéreo, autoajuda, autoescola, infraestrutura.

Alternativa correta: letra "d".

09. (IESES – Analista Judiciário – Área Judiciária – TRE – MA/2015) Das alternativas a seguir, assinale a que apresente todas as palavras acentuadas (ou não) corretamente:

a) A plateia ficou paranóica com a entrega do troféu para a equipe europeia.

b) A estreia dos personagens em seus atos heroicos marcou a carreira dos atores, que agora têm suas vidas monitoradas por fãs e pela mídia.

c) As raizes da carnaúba não resistiram às intempéries, o que resultou em uma moléstia que reduziu o número de árvores dessa espécie na região.

d) Todos os ítens metálicos que compunham o protótipo foram expostos à força de um imã com polos negativos e positivos.

COMENTÁRIOS

✪ **Nota da autora:** Questão de exige conhecimento das regras da última reforma ortográfica (acentuação).

Alternativa "a" – para**noi**ca: ditongo aberto na paroxítona = sem acento.

Alternativa "b" – Todas acentuadas corretamente seguindo a reforma ortográfica. Estr**ei**a e her**oi**cos: ditongo aberto na paroxítona = sem acento; têm: acento diferencial (plural).

Alternativa "c" – r**aí**zes: o "i" forma hiato com a vogal anterior (a) = com acento. **Cuidado!** O vocábulo "raiz" não acentuado pelo fato de o "i" estar seguido de "z" na mesma sílaba. Em "ra-í-zes", o "z" fica na sílaba posterior.

Alternativa "d" – ite**ns**: palavras paroxítonas terminadas em "-em" e "-ens" não têm acento gráfico. **Cuidado!** As oxítonas recebem o acento (ninguém, alguém, vintém, parabéns), as paroxítonas não.

Alternativa correta: letra "b".

2. PRONOME E COLOCAÇÃO PRONOMINAL

As questões de pronome estão diretamente ligadas à sintaxe de regência. Em alguns casos, necessita-se da teoria de colocação pronominal – próclise, ênclise e mesóclise. Essencial saber quais palavras atraem o pronome oblíquo.

10. (IBFC – Analista Judiciário – Área Administrativa – TRE PA – 2020) Observe a construção verbal do enunciado a seguir: "Tratar-se-ia apenas de amor próprio". Quanto à norma de colocação pronominal utilizada, assinale a alternativa correta.

a) Mesóclise: uso do pronome no interior do verbo no futuro do pretérito.

b) Mesóclise: uso do pronome no interior do verbo no futuro mais-que-perfeito.

c) Próclise: uso do pronome no interior do verbo no futuro do presente.

d) Mesóclise: uso do pronome no interior do verbo no pretérito imperfeito.

COMENTÁRIOS

Alternativa "a" – O verbo está no futuro do pretérito (trataria), não possui fator atrativo e deve ser usada a mesóclise (pronome no meio do verbo.

Alternativa "b" – É mesóclise, mas o verbo está conjugado no futuro do pretérito.

Alternativa "c" – Não ocorreu próclise: pronome antes do verbo.

Alternativa "d" – É mesóclise, mas o verbo está conjugado no futuro do pretérito.

Alternativa correta: letra "A"

---

11. (FCC – TRE SP 2017 – Técnico Judiciário – Área Administrativa) Considere a relação entre o vocábulo "que" e a expressão entre colchetes nas seguintes passagens do texto.

As crianças de hoje estão crescendo numa nova realidade, na qual estão conectadas mais a máquinas e menos a pessoas, de uma maneira que jamais aconteceu na história da humanidade. A nova safra de nativos do mundo digital pode ser muito hábil nos teclados, mas encontra dificuldades quando se trata de interpretar comportamentos alheios frente a frente, em tempo real.

Um estudante universitário observa a solidão e o isolamento que acompanham uma vida reclusa ao mundo virtual de atualizações de status e "postagens de fotos do meu jantar". Ele lembra que seus colegas estão perdendo a habilidade de manter uma conversa, sem falar nas discussões profundas, capazes de enriquecer os anos de universidade. E acrescenta: "Nenhum aniversário, show, encontro ou festa pode ser desfrutado sem que você se distancie do que está fazendo", para que aqueles no seu mundo virtual saibam instantaneamente como está se divertindo.

De algumas maneiras, as intermináveis horas que os jovens passam olhando fixamente para aparelhos eletrônicos podem ajudá-los a adquirir habilidades cognitivas específicas. Mas há preocupações e questões sobre como essas mesmas horas podem levar a déficits de habilidades emocionais, sociais e cognitivas essenciais.

(Adaptado de: GOLEMAN, Daniel. **Foco: a atenção e seu papel fundamental para o sucesso.** Trad. Cássia Zanon. Rio de Janeiro, Objetiva, 2013, p. 29-30)

I. ... estão conectadas mais a máquinas e menos a pessoas, de [uma maneira] **que** jamais aconteceu na história da humanidade. (1º parágrafo)

II. Um estudante universitário observa [a solidão e o isolamento] **que** acompanham uma vida reclusa ao mundo virtual... (2º parágrafo)

III. Ele lembra **que** [seus colegas] estão perdendo a habilidade de manter uma conversa... (2º parágrafo)

IV. Nenhum aniversário, show, encontro ou festa] pode ser desfrutado sem **que** você se distancie... (2º parágrafo)

V. ... [as intermináveis horas] **que** os jovens passam olhando fixamente para aparelhos eletrônicos... (3º parágrafo)

Tem função pronominal, por se referir à expressão entre colchetes e equivaler a ela em termos de sentido, o vocábulo "que" sublinhado APENAS em

a) II, III e V.
b) I, III e IV.
c) I, II e V.
d) i, ii e iv.
e) III, IV e V.

COMENTÁRIOS

I. : ... de uma maneira **a qual** – jamais aconteceu desta maneira;

II. ... a solidão e o isolamento **os quais** – a solidão e o isolamento acompanham;

III. Ele lembra **isto** – cabendo o pronome catafórico, sabe-se que o termo "que" é conjunção integrante e que a oração é classificada como subordinada substantiva (no caso, objetiva direta por estar após o verbo transitivo direto);

IV. A locução "sem que" indica condição e está inserida na oração subordinada adverbial condicional;

V. : as intermináveis horas **as quais** – os jovens passam olhando fixamente para aparelhos eletrônicos intermináveis horas.

Alternativa "c" – Estão corretos os itens I, II e V apenas. O **pronome relativo** retoma os vocábulos entre colchetes. Basta tentar substituí-los por "o(a) qual" e suas variações.

---

12. (FCC – TRE PR 2017 – Técnico Judiciário – Área Administrativa) A substituição do elemento sublinhado pelo pronome correspondente, com os necessários ajustes no segmento, foi realizada de acordo com a norma padrão em:

a) quem considera o amor abstrato = quem lhe considera abstrato
b) consideram o amor algo ingênuo e pueril = consideram-lhe algo ingênuo e pueril
c) parece que inviabiliza o amor = parece que inviabiliza-lhe
d) o ressentimento é cego ao amor = o ressentimento lhe é cego
e) o amor não vê a hipocrisia = o amor não lhe vê

COMENTÁRIOS

✪ **Nota da autora:** Questão de pronome pessoal, colocação pronominal e análise sintática. O pronome "lhe" pode possuir função sintática de objeto indireto (ligado a um verbo transitivo indireto ou transitivo direto e indireto), adjunto adnominal (possuindo valor de posse – seu, sua) e complemento nominal (ligado a um nome).

Alternativa "a" – *considera* algo: verbo transitivo direto; o pronome *quem* atrai o oblíquo: **quem o considera.**

Alternativa "b" – *considera* algo: verbo transitivo direto; o verbo termina em "m" e é preciso acrescentar a consoante "n" ao pronome: **consideram-no.**

Alternativa "c" – *parece* algo: verbo transitivo direto; a conjunção integrante *que* (cabe o pronome catafórico *isto* – parece isto) atrai o oblíquo: **parece que o inviabiliza.**

Alternativa "d" – O pronome exerce função de complemento nominal: é cego **a algo** = o ressentimento **lhe** é cego.

o ressentimento	é	cego	ao amor
sujeito	verbo de ligação	predicativo do sujeito	complemento nominal

Alternativa "e" – *vê* algo: verbo transitivo direto; o advérbio (de negação) *não* atrai o oblíquo: **o amor não a vê.**

Alternativa correta: letra "d".

---

13. (Cespe – Técnico Judiciário – Área Administrativa – TRE – TO/2017 – adaptada) No fragmento do texto CG1A1BBB[2], o pronome "os" (**Os fósseis da floresta** foram preservados graças à presença de sílica no ambiente, que se infiltrou nas plantas e conservou **seus formatos**, por meio do processo de permineralização celular. A infiltração e a impregnação de sílica nas **células** e nos **espaços** intercelulares formaram uma matriz inorgânica que sustentou **os tecidos das plantas**, preservando-**os**. A origem do agente da permineralização silicosa ainda permanece obscura.) remete a

a) "células" e "espaços"

b) "os tecidos das plantas"

c) "tecidos" e "plantas"

d) "Os fósseis da floresta"

e) "seus formatos"

2. *Internet: <www.florestalbrasil.com> (com adaptações).*

COMENTÁRIOS

✪ **Nota da autora:** Questão de pronome e coesão textual.

Alternativa "a" – indica onde ocorreu impregnação sílica.

Alternativa "b" – Bem simples! Basta substituir o pronome pelo termo a que se refere: A infiltração e a impregnação de sílica nas células e nos espaços intercelulares formaram uma matriz inorgânica que sustentou os tecidos das plantas, preservando-**os** = **preservando os tecidos das plantas.**

Alternativa "c" – "tecidos das plantas" possui função de objeto direto do verbo *sustentar.*

Alternativa "d" – possui função de sujeito paciente e não foi retomado.

Alternativa "e" – conservou os formatos das plantas.

Alternativa correta: letra "b".

---

14. (FCC – TRE SP 2017 – Analista Judiciário – Área Administrativa)

...que o visitante possa caminhar em direção a um quadro e não ao lado **dele**. (3º parágrafo)

Isso produz um efeito completamente diferente, especialmente se não queremos que ele apenas olhe para o trabalho, mas **o** veja. (3º parágrafo)

...**no qual** ele possa se reconhecer. (2º parágrafo)

Nos segmentos acima, os pronomes sublinhados referem-se, respectivamente, a:

a) visitante – trabalho – ele

b) quadro – trabalho – espelho

c) quadro – efeito – espectador

d) visitante – efeito – museu

e) quadro – ele – espectador

COMENTÁRIOS

✪ **Nota da autora:** Basta substituir os pronomes pelas palavras a que equivalem. Trabalhar por eliminação faz com que você gaste menos tempo.

1. o visitante possa caminhar em direção a um quadro e não ao lado **dele – do quadro.** Eliminadas A e D.
2. não queremos que ele apenas olhe para o trabalho, mas **o** veja – **veja o trabalho.** Eliminadas C e E.

   DICA: Não se pode usar o pronome pessoal do caso reto como complemento verbal (aqui, como objeto direto).
3. manter um espelho na frente do espectador **no qual** ele possa se reconhecer – **Ele possa se reconhecer no espelho.**

Alternativa correta: letra "b".

TEXTO PARA RESPONDER À QUESTÃO.

Sandberg, que mudou totalmente o conceito espectador/obra de arte com o seu trabalho de duas décadas no Museu Stedelijk, de Amsterdã, iniciou sua palestra elogiando a arquitetura do nosso MAM-RJ que, segundo ele, segue a sua teoria de que o público deve ver a obra de arte de frente e não de lado, como acontece até agora com o museu convencional de quatro paredes. O ideal, disse ele, é que as paredes do museu sejam de vidro e que as obras estejam à mostra em painéis no centro do recinto. O museu não é uma estrutura sagrada e quem o frequenta deve permanecer em contato com a natureza do lado de fora:

"A finalidade do museu de arte contemporânea é nos ajudar a ter consciência da nossa própria época, manter um espelho na frente do espectador no qual ele possa se reconhecer. Este critério nos leva também a mostrar a arte de todos os tempos dentro do ambiente atual. Isso significa que devemos abolir o mármore, o veludo, as colunas gregas, que são interpretações do século XIX. Apenas a maior flexibilidade e simplicidade. A luz de cima é natural ao ar livre, mas artificial ao interior. As telas são pintadas com luz lateral e devem ser mostradas com luz lateral. A luz de cima nos permite encerrar o visitante entre quatro paredes. Certos museólogos querem as quatro paredes para infligir o maior número possível de pinturas aos pobres visitantes.

É de capital importância que o visitante possa caminhar em direção a um quadro e não ao lado dele. Quando os quadros são apresentados nas quatro paredes, o visitante tem de caminhar ao seu lado. Isso produz um efeito completamente diferente, especialmente se não queremos que ele apenas olhe para o trabalho, mas o veja. Isso é ainda mais verdadeiro em relação aos grandes museus de arte contemporânea. Eles são grandes porque o artista moderno quer nos envolver com o seu trabalho e deseja que entremos em sua obra. Ao organizar o nosso museu, devemos ter consciência da mudança de mentalidade da nova geração. Abolir todas as marcas do establishment: uniformes, cerimoniais, formalismo. Quando eu era jovem, as pessoas entravam nos museus nas pontas dos pés, não ousavam falar ou rir alto, apenas cochichavam.

Realmente não sabemos se os museus, especialmente os de arte contemporânea, devem existir eternamente. Foram criados numa época em que a sociedade não estava bastante interessada nos trabalhos de artistas vivos. O ideal seria que a arte se integrasse outra vez na vida diária, saísse para as ruas, entrasse nas casas e se tornasse uma necessidade. Esta deveria ser a principal finalidade do museu: tornar-se supérfluo".

(Adaptado de: BITTENCOURT, Francisco. "Os Museus na Encruzilhada" [1974], em Arte-Dinamite, Rio de Janeiro, Editora Tamanduá, 2016, p. 73-75)

15. (FCC – Analista Judiciário – Área Judiciária – TRF 4/2014) O PET já se revelou um programa de sucesso, todos reconhecem os serviços do PET, graças a esses serviços do PET os menores infratores alcançam rápida inserção social, razão pela qual muitos tributam ao PET uma plena gratidão.

Evitam-se as viciosas repetições do texto acima substituindo-se os elementos sublinhados, na ordem dada, por:

a) lhe reconhecem os serviços – aos quais – lhe tributam
b) o reconhecem seus serviços – a cujos – lhe tributam
c) lhe reconhecem os serviços – a quem – tributam-no
d) reconhecem-lhe os serviços – a estes – o tributam
e) reconhecem-nos os serviços – a eles – tributam-lhe

COMENTÁRIOS

✪ **Nota da autora:** Questão de pronome e coesão textual. Vamos trabalhar por eliminação para facilitar?

1. Reconhecem algo = verbo transitivo direto; "do PET" indica posse e devemos usar *lhe*. Detalhe: o pronome indefinido *todos* atrai o pronome oblíquo = todos lhe reconhecem os serviços. Eliminadas B, D e E. Que fácil!

2. O pronome relativo deve retomar "os serviços do PET" para que não repetição. Ordem direta: os menores infratores alcançam rápida inserção social **aos** serviços = **aos quais** ou **a que**.

2.1 – O relativo *quem* retoma pessoa; não é o caso. Eliminada C.

3. Tributam algo (uma plena gratidão) a algo (ao PET = objeto indireto): **muitos** (pronome indefinido atrai o oblíquo) **lhe tributam**.

Alternativa correta: letra "a" .

3. VERBO

Entre os assuntos de gramática, verbo é um dos mais pedidos. Consulte, conjugue, faça a relação de tempos e modos verbais. No dicionário mencionado no item 1 (Aulete), há a opção de conjugar os verbos.

16. (IBFC – Técnico Judiciário – Área Administrativa – TRE PA – 2020) Analise as afirmativas abaixo e dê valores Verdadeiro (V) ou Falso (F).

( ) Alfredo, filho de dona Arlinda, **alumiou** o caminho. O vocábulo em destaque é uma variação do verbo "iluminar" está no pretérito imperfeito.

( ) Mário e eu **fomos** os melhores do time, no oitavo ano. O vocábulo em destaque é a forma conjugada do verbo "ser" e está no pretérito mais-que--perfeito.

( ) Quando ela **vir** os anúncios, poderá escolher o que melhor lhe convier. O vocábulo em destaque é a forma conjugada do verbo "ver" no futuro do subjuntivo.

( ) O anfitrião da festa **foi** homenageado pelos convidados. O vocábulo em destaque é a forma conjugada do verbo "ir" no pretérito perfeito.

Assinale a alternativa que apresenta a sequência correta de cima para baixo.

a) F, F, V, F.

b) V, F, F, F.

c) F, V, V, V.

d) V, V, F, V.

COMENTÁRIOS

(F) O verbo é "**alumiar**" (emanar luz) e está conjugado no **pretérito perfeito do indicativo** – ação concluída.

(F) Conjugado no **pretérito perfeito do indicativo**.

(V) Correto: quando eu vir, quando tu vires, quando ele vir.

(F) O verbo "**ser**" está conjugado no pretérito perfeito do indicativo.

Alternativa "a" – A sequência é correta.

Alternativa "b" – A primeira opção está errada e a terceira está certa.

Alternativa "c" – A segunda e a quarta opções também estão erradas.

Alternativa "d" – A sequência está inteiramente invertida (V = F; F = V).

Alternativa correta: letra "A"

---

17. (IBFC – Analista Judiciário – Área Administrativa – TRE PA – 2020) Analise os tempos e modos verbais empregados e assinale a alternativa incorreta.

a) "A vida é singular ao tempo". (Presente do indicativo).

b) [...] "por que razão deveria" [...] (Futuro do pretérito do indicativo).

c) [...] "Tenho no plenilúnio um desejo imarcescível". (Presente do indicativo).

d) "Talvez, após o decesso, eu possa estabelecer morada". (Futuro do presente do indicativo)

COMENTÁRIOS

Alternativa "a" – Terceira pessoa do singular: a vida é.

Alternativa "b" – Primeira e terceira pessoas do singular: eu deveria, ele deveria.

Alternativa "c" – Primeira pessoa do singular: eu tenho.

Alternativa "d" – Primeira pessoa do **presente do subjuntivo**, ação duvidosa.

Alternativa correta: letra "D"

---

18. (FCC – Analista Judiciário – Área Judiciária – TRF 4/2019) Há ocorrência de forma verbal na voz passiva e pleno atendimento às regras de concordância na frase:

a) As funções educativas que em nossos dias deveriam assumir a família do jovem passaram a ocupar um plano inteiramente secundário.

b) No caso de ser assumido pelas famílias seu papel educativo, os jovens passariam a ser os grandes beneficiários dessa iniciativa.

c) Assumir a família um papel complementar no processo educacional corresponde a uma das iniciativas de que não podem se esquivar.

d) Ainda que não caibam às famílias assumir o protagonismo do processo educacional, não há como se furtarem a participar desse processo.

e) Imagina-se que em algum momento as famílias venham a assumir o papel que delas se esperam ao longo de um processo educacional.

COMENTÁRIOS

✪ **Nota da autora:** Questão de verbo e concordância. Existem dois tipos de voz passiva: analítica (verbo *ser* + particípio) e sintética (verbo transitivo direto ou verbo transitivo direto e indireto + se).

Alternativa "a" – Voz ativa.

Alternativa "b" – Voz passiva analítica (ser assumido) e concordâncias corretas: *seu papel educativo* ***ser assumido*** e *os jovens* ***passariam*** *a ser*.

Alternativa "c" – Voz ativa: verbo pronominal (esquivar-se).

Alternativa "d" – Voz ativa. Concordância errada: ainda que não **caiba** assumir o protagonismo do processo educacional = quando o sujeito for oracional (possuir verbo), o verbo da oração principal não poderá ser pluralizado.

Alternativa "e" – Voz passiva sintética (imagina-se). Concordância errada: o papel que delas **se espera.**

Alternativa correta: letra "b".

---

19. (FCC – Analista Judiciário – Área Judiciária – TRF 4/2019) Numa nova redação de um segmento do texto, mantém-se a adequada correlação entre tempos e modos verbais em:

a) Os professores universitários comprovariam até que ponto seja escassa a formação substancial dos jovens.

b) Mas isso dependerá do fato de que a formação cultural perdia sua utilidade prática.

c) Mesmo que a família venha a se esforçar por transmiti-la, a tentativa estará condenada ao fracasso.

d) A tendência atual consistiria em que hão de se furtar a essa educação.

e) O momento específico da renúncia pessoal, não sendo a proibição familiar, ou não o fosse inteiramente, é a frieza, a indiferença.

COMENTÁRIOS

Alternativa "a" – Comprovariam e **seria**: futuro do pretérito do indicativo.

Alternativa "b" – Dependerá e **perderá**: futuro do presente do indicativo.

Alternativa "c" – Venha: presente do subjuntivo; estará: futuro do presente do indicativo.

Alternativa "d" – Consistiria: futuro do pretérito do indicativo; **houvesse**: pretérito imperfeito do subjuntivo. São os dois tempos condicionais.

Alternativa "e" – Paralelismo sintático com o verbo na forma nominal de gerúndio: não sendo a proibição familiar, ou não **sendo** inteiramente.

Alternativa correta: letra"c".

---

20. (Cespe – Técnico Judiciário – TRE BA/2017 – adaptada) A correção gramatical, a coerência e o sentido do trecho do texto de Moacir Gadotti[3] – "Esta tem sido uma prática, sobretudo no nível do poder local, que **tem ajudado** na construção de uma democracia participativa" –, seriam mantidos caso a forma verbal "tem ajudado" fosse substituída por

a) vem ajudando.

b) ajudou.

c) ajudaria.

d) vinha ajudando.

e) pode ajudar.

COMENTÁRIOS

Alternativa "a" – 1. O verbo está no tempo composto: pretérito perfeito composto do indicativo e se refere a um fato que tem ocorrido com frequência; 2. Formam o tempo composto os verbos TER e HAVER + particípio; 3. Ao substituir o verbo "tem" por "vem", passa-se a ter uma locução verbal que também indica um fato que tem ocorrido com frequência, não alterando o sentido da informação, nem a coerência, nem a correção gramatical.

Alternativa "b" – O pretérito perfeito do indicativo indica fato passado, concluído.

Alternativa "c" – O futuro do pretérito do indicativo refere-se a fato condicional.

Alternativa "d" – Passa para o pretérito imperfeito do indicativo, ou seja, uma ação contínua.

Alternativa "e" – Perde a ideia de ação que ocorre com frequência e passa a indicar dúvida: pode acontecer, não se sabe se realmente ajudará.

Alternativa correta: letra "a".

---

21. (Cespe – TRF1 2017 – Técnico Judiciário – adaptada) A substituição das formas verbais "é" (Nem se pode dizer que toda contratação direta de advogado pelo poder público é lícita) e "deve" (nem se pode afirmar que toda e qualquer contratação de advogado deve ser precedida de licitação) por **seja** e **deva**, respectivamente, não alteraria a correção gramatical do texto.

( ) certo ( ) errado

COMENTÁRIOS

Por que os verbos podem ser conjugados no presente do subjuntivo? Simplesmente pelo fato de estarem ligados a uma conjunção integrante.

Lembre-se de que antes da conjunção integrante (*que* ou *se*) cabe a inserção do pronome catafórico "isto". A ideia é de que algo será mencionado. Veja: Nem se pode dizer **isto**; nem se pode afirmar **isto**. As ações das orações subordinadas substantivas são duvidosas e por esse motivo cabe o verbo no presente do subjuntivo: nem se pode dizer que toda contratação **seja** ilícita; nem se pode afirmar que toda e qualquer contratação **deva** ser precedida de licitação.

Alternativa correta: "certo".

---

22. (FCC – TRE SP 2017 – Analista Judiciário – Área Judiciária) A frase em que há emprego da voz passiva e em que todas as formas verbais estão adequadamente correlacionadas é:

a) Um amigo de verdade seria sempre necessário para que fôssemos impelidos a acreditar mais em nós mesmos.

b) A ausência do amigo seria uma lacuna insanável caso não venhamos a contar com nossa memória, que nos povoa com imagens.

c) Ao passarmos a olhar as coisas com os olhos do amigo que perdemos, estaríamos convencidos do valor que déramos à sua perspectiva.

d) São falsos amigos aqueles que, em qualquer ocasião, passassem a desfiar elogios quando, de fato, merecermos recriminações.

e) Teríamos tido decepções com alguns amigos se

---

3. Moacir Gadotti. Escola cidadã – educação para e pela cidadania. Internet: <http://acervo.paulofreire.org> (com adaptações).

esperarmos que eles possam nos oferecer todo o afeto de que precisássemos.

COMENTÁRIOS

✪ **Nota da autora:** Em provas de 2017, FCC vem analisando voz verbal e correlação de tempos verbais na mesma questão.

A frase estará na voz passiva se houver verbo transitivo direto ou verbo transitivo direto e indireto seguido de "se" (pronome apassivador", ou se houver o verbo "ser" seguido de particípio – passiva sintética e analítica, respectivamente.

Alternativa "a" – 1. Voz verbal: passiva analítica = fôssemos impelidos – na ativa: para que nos impelissem; 2. Tempos verbais: futuro do pretérito do indicativo (seria) e pretérito imperfeito do subjuntivo (fôssemos) – tempos condicionais.

Alternativa "b" – 1. Voz verbal: ativa – a ausência seria, nós venhamos, nossa memória povoa; 2. Tempos verbais: seria caso não **viéssemos** – tempos condicionais.

Alternativa "c" – 1. Voz verbal: ativa – (quando nós) passarmos, nós perdemos, nós estaríamos convencidos; 2. Tempos verbais: passarmos, **estaremos** (futuro do subjuntivo), **demos** (pretérito perfeito do indicativo).

Alternativa "d" – 1. Voz verbal: ativa – aqueles são falsos amigos; 2. Tempos verbais: são, **passam**, **merecemos** (presente do indicativo).

Alternativa "e" – 1. Voz verbal: ativa – nós teríamos tido, nós esperássemos, nós precisássemos, eles possam; 2. Tempos verbais: teríamos se **esperássemos** – tempos condicionais.

Alternativa correta: letra "a".

---

23. (CONSULPLAN – Analista Judiciário – Área Judiciária – TRF 2/2017 – adaptada) Em "Duzentos mil sírios somaram-se aos 4,5 milhões que já haviam deixado o país nos anos anteriores." Na expressão destacada o verbo haver possui características equivalentes quanto a sua aplicação e formação também vistas na forma destacada em:

a) De súbito foram rodeados por todas aquelas pessoas.
b) Tratava-se de dois oradores conceituados da instituição.
c) Deve haver alguns neste lugar que querem expressar suas opiniões.
d) Soube que aqueles homens tinham viajado tanto quanto "Phileas Fogg".

COMENTÁRIOS

✪ **Nota da autora:** Nem sempre o verbo *haver* é impessoal e foi essa a análise exigida. "Haviam deixado" é locução verbal – ocorre quando dois ou mais verbos têm valor de um e a expressão é sempre composta por verbo auxiliar + verbo principal.

Exemplos: Está estudando = estuda; ia fazendo = fazia.

Alternativa "a" – Verbo *ser* (foram) seguido de *particípio* (rodeados) indica voz passiva analítica.

Alternativa "b" – Verbo transitivo indireto (tratar) seguido de *se* indica sujeito indeterminado = voz ativa.

Alternativa "c" – O verbo *haver* foi empregado como impessoal (sentido de existir e a oração não possui sujeito). Equivale a *devem existir* alguns.

Dica de concordância:

– *haver*, no sentido de *existir* ou *ocorrer*, é invariável – assim como o verbo auxiliar, que o acompanha = **Havia** alguns, **devia** haver alguns;

– *existir* possui sujeito e admite plural – caso o sujeito esteja no plural ou seja composto = **Existiam** alguns; **deviam** existir alguns.

Alternativa "d" – *Haviam deixado* equivale e **deixaram**; *tinham viajado* equivale a **viajaram.**

Alternativa correta: letra "d".

---

24. (CONSULPLAN – Analista Judiciário – Área Administrativa – TRF 2/2017) O verbo "inserir", utilizado no trecho "– e da própria realidade em que estão inseridos –", aparece na lista de verbos classificados como "abundantes", ou seja, que apresentam duas ou três formas de igual valor e função. As orações a seguir apresentam duas possibilidades admitidas pela norma padrão da língua para o particípio do verbo, com EXCEÇÃO de:

a) O trabalho foi desenvolvido/desenvolto pelo melhor profissional da região nesta área.
b) Disse que já havia limpado/limpo todo o pátio exterior, conforme havia sido orientado.
c) Tendo ganhado/ganho a competição, estabeleceu-se como o novo nome do atletismo regional.
d) O processo foi trazido/trago a tempo para a devida apreciação sem que houvesse qualquer prejuízo.

COMENTÁRIOS

✪ **Nota da autora:** A princípio, a questão pode parecer perigosa, mas não é pelo fato de estar exigindo a análise do verbo que não se encontra no particípio.

Observação: particípio irregular é chamado também de forma curta. Exemplo: Pago – pagado (irregular e regular).

Alternativa "a" – Desenvolver: desenvolvido (particípio regular) e desenvolto (particípio irregular).

Alternativa "b" - Limpar: limpado (regular) e limpo (irregular).

Alternativa "c" - Ganhar: ganhado (regular) e ganho (irregular).

Alternativa correta: letra "d" - *Trazido* é o particípio regular (forma longa) do verbo *trazer*. *Trago* é o verbo no presente do indicativo do verbo *trazer* e do verbo *tragar*, ou seja, não se trata de particípio.

Alternativa correta: letra "d".

---

25. (Cespe - TRF1 2017 - Analista Judiciário - Áreas Administrativa e Judiciária - adaptada) Sem prejuízo da correção gramatical e do sentido original do texto, o trecho "são protegidos" (os animais **são protegidos** com a finalidade de garantir um hábitat saudável às atuais e futuras gerações humanas.[4]) poderia ser substituído por **protegem-se**.

( ) certo ( ) errado

COMENTÁRIOS

Em "são protegidos", a oração está na voz passiva (alguém protege os animais). Caso substitua por "protegem-se", a oração para a voz reflexiva (protegem a si mesmos, a si próprios). Não há incorreção gramatical, mas o sentido é alterado.

Alternativa correta: "errado".

TRECHOS PARA RESPONDER ÀS QUESTÕES.

Depois que se tinha fartado de ouro, o mundo teve fome de açúcar, mas o açúcar consumia escravos. O esgotamento das minas – que de resto foi precedido pelo das florestas que forneciam o combustível para os fornos –, a abolição da escravatura e, finalmente, uma procura mundial crescente, orientam São Paulo e o seu porto de Santos para o café. De amarelo, passando pelo branco, o ouro tornou-se negro. (...)

Enquanto o carro geme em curvas que já nem **poderíamos** qualificar como "cabeças de alfinete", de tal modo se sucedem em espiral, por entre um nevoeiro que imita a alta montanha de outros climas, **posso** examinar à vontade as árvores e as plantas estendendo-se perante o meu olhar como espécimes de museu.

(Adaptado de: LÉVI-STRAUSS, Claude. Tristes Trópicos. Coimbra, Edições 70, 1979, p. 82-3)

---

26. (FCC – Analista Judiciário – Área Administrativa – TRF 3/2016) A alteração da voz do verbo *poder*, nas duas vezes em que ocorre, deverá resultar nas seguintes formas, respectivamente:

a) se poderia – se pode
b) poder-se-ia – podem-se
c) poderiam-se – pode-se
d) se poderiam – podem-se
e) se poderiam – se pode

COMENTÁRIOS

✪ **Nota da autora:** Questão de vozes verbais e colocação pronominal.

1. No texto, voz ativa: o carro geme em curvas que já nem poderíamos qualificar;

Voz passiva analítica (verbo SER + particípio): curvas que já nem poderiam ser qualificadas;

Passiva sintética (verbo + SE): Curvas que já **se poderiam qualificar**. O advérbio de tempo "já" atrai o pronome oblíquo e torna a próclise obrigatória.

2. No texto, voz ativa: posso examinar à vontade as árvores e as plantas.

Voz passiva analítica: as árvores e as plantas podem ser examinadas por mim;

Passiva sintética: **Podem-se examinar** as árvores e as plantas.

Erros:

Alternativa "a" - verbo no singular, nos dois casos; próclise (pronome antes do verbo).

Alternativa "b" - não pode ocorrer mesóclise por haver palavra atrativa.

Alternativa "c" - próclise obrigatória; verbo no singular.

Alternativa "e" - o segundo verbo está no singular – erro de concordância.

Alternativa correta: letra "d".

---

27. (FCC - Analista Judiciário - Área Administrativa - TRF 3/2016) Mantendo-se a correlação verbal na primeira frase do texto, a substituição de *Depois que* por "Caso", acarretará as seguintes mudanças nas formas verbais:

a) fartasse – terá – iria consumir
b) fartara – tivera – consumira
c) teria fartado – teria tido – teria consumido
d) tenha fartado – terá – consumirá
e) tivesse fartado – teria – consumiria

COMENTÁRIOS

✪ **Nota da autora:** comparemos os trechos.

Depois que se **tinha fartado** (tempo composto: pretérito mais-que-perfeito do indicativo) de ouro, o mundo **teve** (pretérito imperfeito do indicativo) fome de açúcar, mas o açúcar **consumia** (pretérito imperfeito do indicativo) escravos.

---

4. Nathalie Santos Caldeira Gomes. **Ética e dignidade animal**. Internet: <www.publicadireito.com.br> (com adaptações).

- **Caso** = condição;

- **tivesse fartado** = tempo composto: pretérito mais-que-perfeito do subjuntivo – verbo auxiliar no pretérito imperfeito do subjuntivo e indica condição;

- o mundo **teria** = futuro do pretérito do indicativo: tempo condicional. Usado para acompanhar o pretérito imperfeito do subjuntivo (tivesse);

- o açúcar **consumiria** escravo = mantém a ideia condicional; verbo no futuro do pretérito do indicativo.

DICA de tempos compostos

Pretérito mais-que-perfeito do indicativo e **pretérito mais-que-perfeito do subjuntivo** expressam um fato ocorrido antes de outro fato já terminado. São usados para evidenciar melhor o tempo já passado: **tinha fartado** e **tivesse fartado**.

Erros:

Alternativa "a" – Tempo simples (não evidencia o tempo passado); não cabe o futuro do presente do indicativo; não cabe o tempo composto.

Alternativa "b" – Tempo simples (não evidencia o tempo passado); não cabe o pretérito mais-que-perfeito do indicativo, nos dois casos.

Alternativa "c" – Não cabem todos os verbos na forma composta (verbo auxiliar: ter/haver + particípio).

Alternativa "d" – *Tenha fartado* também é tempo composto (pretérito perfeito do subjuntivo) e indica desejo de que algo já tenha ocorrido. Assim sendo, anula a existência da conjunção "caso" no início do período.

Alternativa correta: letra "e" .

---

28. (FCC – Analista Judiciário – Área Administrativa – TRF 3/2016) A frase que NÃO admite transposição para a voz passiva encontra-se em:

a) ... *o acesso das obras a um* status *estético que as exalta.*

b) ... *elas protestam contra os fatos da realidade, os poderes...*

c) *Muitas obras antigas celebram vitórias militares e conquistas...*

d) *O museu, por retirar as obras de sua origem...*

e) ... *a crítica mais comum contra o museu apresenta--o...*

COMENTÁRIOS

DICA – Para haver voz passiva, é necessário haver objeto direto na ativa.

Alternativa "a" – Elas são exaltadas.

Alternativa "b" – Protestam **contra** algo: verbo transitivo indireto não admite transposição para a voz passiva.

Alternativa "c" – Vitórias militares e conquistas são celebradas.

Alternativa "d" – As obras de sua origem são retiradas.

Alternativa "e" – Ele é apresentado.

Alternativa correta: letra "b".

---

29. (FCC – Técnico Judiciário – Área Administrativa – TRF 3/2014) Estão flexionados nos mesmos tempo e modo os verbos que se encontram em:

a) ... os navios batiam nos recifes submersos da beira-mar... / ... a escolha diante do herói era clara...

b) Quando chegou a hora... / As versões da fábula variam...

c) ... que ele e seus homens não teriam firmeza... / ... que todos os tripulantes tapassem os ouvidos...

d) ... e fez de tudo para... / ... até que estivessem longe da zona de perigo.

e) Ulisses sabia que ele e seus homens... / O navio atravessou incólume a zona de perigo.

COMENTÁRIOS

Alternativa "a" – batiam e eram: pretérito imperfeito do indicativo = ações prolongadas.

Alternativa "b" – chegou: pretérito perfeito do indicativo = ação concluída; variam: presente do indicativo.

Alternativa "c" – teriam: futuro do pretérito do indicativo = tempo condicional; tapassem: pretérito imperfeito do subjuntivo = tempo condicional.

Alternativa "d" – fez: pretérito perfeito do indicativo = ação concluída; estivessem: pretérito imperfeito do subjuntivo = tempo condicional.

Alternativa "e" – sabia: pretérito imperfeito do indicativo = ação contínua; atravessou: pretérito perfeito do indicativo = ação concluída.

Alternativa correta: letra "a".

---

30. (FCC – Analista Judiciário – Área Judiciária – TRF 3/2014) Tinham seus prediletos ...

O verbo flexionado nos mesmos tempo e modo que o grifado acima está em:

a) Dumas consentiu.

b) ... levaram com eles a instituição do "lector".

c) ... enquanto uma fileira de trabalhadores enrolam charutos...

d) Despontava a nova capital mundial do Havana.

e) ... que cedesse o nome de seu herói...

COMENTÁRIOS

Alternativa "a" - Pretérito perfeito do indicativo: ação concluída.

Alternativa "b" - Pretérito perfeito do indicativo: ação concluída.

Alternativa "c" - Presente do indicativo: ação que ocorre no momento da fala, ou da escrita.

Alternativa "d" - *Tinham* está conjugado no pretérito imperfeito do indicativo e se refere a uma ação contínua, prolongada. O mesmo ocorre com *despontava.*

Alternativa "e" - Pretérito imperfeito do subjuntivo: ação condicional.

Alternativa correta: letra "d".

---

31. (IBFC - Analista Judiciário - Área Judiciária-TRE-AM/2014) Observe o seguinte fragmento:

> *"não se diz a ninguém que ele tem o nariz torto, mas, se for alguém que estiver em outra mesa,"*
>
> Para construir sua crítica, a autora utilizou, na primeira oração desse trecho, um tipo específico de voz verbal. Sobre essa voz é correto afirmar que:

a) se trata da passiva.

b) se trata da ativa.

c) tem caráter reflexivo.

d) tem caráter recíproco.

COMENTÁRIOS

Alternativa "a" - Voz passiva sintética. Na passiva analítica: Não é dito a ninguém...

Alternativa "b" - O sujeito não pratica a ação.

Alternativa "c" - O sujeito não pratica e sofre a ação.

Alternativa "d" - Não há dois elementos como sujeito: um pratica a ação sobre o outro, que pratica a ação sobre o primeiro.

Alternativa correta: letra "a".

---

32. (IBFC - Analista Judiciário - Área Judiciária-TRE-AM/2014) O modo subjuntivo pode transportar o leitor para uma realidade hipotética. Assinale a opção que apresenta um trecho em que a autora faça uso desse modo verbal.

a) "Mas esses elogios, que fazemos tão naturalmente"

b) "Fiquei remoendo meus pensamentos"

c) "se for alguém que estiver em outra mesa,"

d) "Fique atenta"

COMENTÁRIOS

Alternativa "a" - presente do indicativo: certeza.

Alternativa "b" - pretérito perfeito do indicativo: ação certa e já ocorrida.

Alternativa "c" - **Se for** e **estiver** = futuro do subjuntivo: dúvida, hipótese.

Alternativa "d" - imperativo afirmativo: desejo ou ordem.

Alternativa correta: letra "c".

4. ANÁLISE SINTÁTICA

Aparentemente há poucas questões, mas o assunto reaparece em questões de pronome, período composto, coesão e coerência, concordância e regência. Fundamental estar atento à predicação verbal, tópico mais exigido.

---

33. (IBFC - Técnico Judiciário - Área Administrativa - TRE PA - 2020) A Sintaxe estuda a disposição e relação que as palavras exercem dentro de um enunciado ou texto. A este respeito, assinale a alternativa que apresenta corretamente a função da expressão em destaque: "O diretor médico da Dasa, **Gustavo Campana**, lembrou que 80% das 8 mil doenças consideradas raras têm origem genética."

a) Aposto.

b) Sujeito.

c) Vocativo.

d) Complemento Nominal.

COMENTÁRIOS

Alternativa "a" - Aposto explicativo de "diretor médico da Dasa".

Alternativa "b" - Sujeito: "o diretor médico da Dasa".

Alternativa "c" - Não existe vocativo no período, não está invocando ou se dirigindo a outra pessoa.

Alternativa "d" - Para ser complemento nominal, deveria completar um nome e possuir preposição. Não é o caso.

Alternativa correta: letra "A"

---

34. (IBFC - Analista Judiciário - Área Administrativa - TRE PA - 2020) Analise as afirmativas abaixo sobre o enunciado a seguir: "A vida é singular ao tempo, pois que o tempo é eterno, e a criatura humana é botão de rosa, matéria orgânica falível na passagem do eterno".

I. O vocábulo **singular** funciona como predicativo do sujeito.

II. Há a presença de predicados nominais em todas as orações do período composto.

III. O vocábulo **humana** funciona como complemento nominal.

IV. As palavras **orgânica** e **falível** funcionam como adjuntos adnominais.

Assinale a alternativa correta.

a) Apenas as afirmativas II, III e IV estão corretas.
b) Apenas as afirmativas I, II e IV estão corretas.
c) Apenas as afirmativas I, II e III estão corretas.
d) Apenas as afirmativas I, III e IV estão corretas.

COMENTÁRIOS

I. Certa.

A vida	é	**singular**
sujeito	verbo de ligação	**predicativo do sujeito**

II. Certa, pois há verbo de ligação nas três orações: **é** singular, **é** eterno, **é** botão de rosa.

III. Errada: "a criatura humana" possui função de sujeito; núcleo: criatura; "a" e "humana": adjuntos adnominais.

IV. Certa, porque "botão de rosa, matéria orgânica falível" possui função de predicativo do sujeito; núcleos: botão e matéria; "rosa", "orgânica" e "falível" = adjuntos adnominais.

Alternativa "a" – III: errada.

Alternativa "b" – Apenas a III está errada.

Alternativa "c" – III: errada.

Alternativa "d" – III: errada.

Alternativa correta: letra "B"

---

35. (Cespe – Técnico Judiciário – TRE BA/2017 – adaptada) Assinale a opção que apresenta termo que desempenha a mesma função sintática que "a razão" (É evidente que não se sabe, ao certo, **a razão** que motiva cada eleitor a votar em branco ou nulo), no texto CG2A2AAA[5].

a) "o mesmo" (o resultado final é o mesmo: invalidar o voto).
b) "votos estéreis" (Os votos nulos, por sua vez, são aqueles que, somados aos votos em branco, compõem a categoria dos votos estéreis).
c) "o Tribunal Superior Eleitoral" (Os votos nulos, por sua vez, são aqueles que, somados aos votos em branco, compõem a categoria dos votos estéreis inválidos ou, como denominou o Tribunal Superior Eleitoral, votos apolíticos).
d) "dúvida" (não há dúvida quanto à invalidade do voto).
e) "resultado" (os votos em branco e os nulos são votos que, a princípio, não produzem resultado nem influenciam no resultado do pleito).

COMENTÁRIOS

✪ **Nota da autora:** Por ser um período composto (possui mais de uma oração – mais de um verbo), é preciso dividir as orações para saber a função sintática.

1. Oração principal: É evidente;
2. Oração subordinada substantiva subjetiva: que não se sabe, ao certo, **a razão;**
3. Oração subordinada adjetiva restritiva (possui pronome relativo): que motiva cada eleitor a votar em branco ou nulo.

Agora sim, dentro da segunda oração, pode-se avaliar: não se sabe a razão.

O verbo "saber" é transitivo direto e está seguido do pronome apassivador "se": voz passiva sintética. Transpondo para a voz passiva analítica (verbo "ser" + particípio), tem-se: a razão não é sabida. "A razão" possui função de **sujeito**.

Na alternativa C, a oração está na ordem inversa e o TST possui função, também, de sujeito: **o Tribunal Superior Eleitoral** denominou.

Alternativa "a" – o resultado final (sujeito) é (verbo de ligação) o mesmo: **predicativo do sujeito.**

Alternativa "b" – compõem (verbo transitivo direto) a categoria dos votos estéreis (objeto direto); núcleo do objeto: categoria; dos votos estéreis: **adjunto adnominal**.

Alternativa "d" – não (adjunto adverbial de negação) há (verbo transitivo direto) dúvida: **objeto direto.**

Alternativa "e" – os votos... (sujeito) não produzem (verbo transitivo direto) resultado: **objeto direto.**

Alternativa correta: letra "c".

---

36. (FCC – TRE PR 2017 – Técnico Judiciário – Área Administrativa – adaptada) que comportam <u>o sentimento da contradição</u> (São exemplos muito diferentes, mas que comportam o sentimento da contradição entre a realidade nacional e o prestígio ideológico)

O segmento que possui, no contexto, a mesma função sintática do sublinhado acima encontra-se também sublinhado em:

a) que foi <u>nosso ponto de partida</u> (O inconveniente faz parte do sentimento de inadequação que foi nosso ponto de partida.)
b) conforme notava <u>Machado de Assis</u>
c) a que falta <u>a convicção das teorias</u> (Não é preciso ser adepto da tradição para reconhecer os inconvenientes desta praxe, a que falta a convicção das teorias, logo trocadas.)

---

5. Renata Dias. Os votos brancos e nulos no estado democrático de direito: a legitimidade das eleições majoritárias no Brasil. *In*: Estudos eleitorais, v. 8, n.º 1, jan./abr. 2013, p. 36-8 (com adaptações).

d) ela se deve <u>ao prestígio americano ou europeu da doutrina seguinte</u>

e) para reconhecer <u>os inconvenientes desta praxe</u>

COMENTÁRIOS

✪ **Nota da autora:** Caso a oração esteja na ordem inversa, coloque na ordem direta (sujeito + verbo + complemento).

Alternativa "a" - Verbo de ligação (foi) + predicativo do sujeito (nosso ponto de partida).

Alternativa "b" - Ordem direta: Machado de Assis notava = sujeito.

Alternativa "c" - Ordem direta: a convicção das teorias falta = sujeito.

Alternativa "d" - Verbo transitivo indireto (deve-se) + objeto indireto.

Alternativa "e" - O verbo *comportar* é transitivo direto (comportam algo - o sentimento da contradição); o verbo *reconhecer* também é transitivo direto (reconhecer algo - os inconvenientes desta praxe).

Alternativa correta: letra "e"

---

37. (CONSULPLAN - Técnico Judiciário - Área Administrativa - TRF 2/2017 - adaptada) Analise os trechos a seguir.

I. "[...] adequarem-se às necessidades e vontades humanas."

II. "Contudo, o homem não mediu as possíveis consequências [...]"

III. "Desse modo, a preocupação com o meio ambiente é questionada, [...]"

IV. "[...] por meio das novas mídias, as quais representam novos meios de comunicação, [...]"

Os verbos que, no contexto, exigem o mesmo tipo de complemento verbal, foram empregados em apenas

a) I e II.

b) I, III e IV.

c) II e IV.

d) II, III e IV.

COMENTÁRIOS

Alternativa "c" - Exigem o mesmo tipo de complemento os verbos "medir" e "representar".

I. *Adequar* é transitivo indireto - exige a preposição "a" e objeto indireto, respectivamente;

II. *Medir* é transitivo direto e exige objeto direto como complemento: mediu algo - as possíveis consequências (objeto direto);

III. *Ser* é verbo de ligação seguido de predicativo do sujeito (questionada);

IV. *Representar* é transitivo direto e exige objeto direto como complemento: representam algo - novos meios de comunicação (objeto direto).

Alternativa correta: letra "e".

---

38. (FCC - TRF 5 - 2017 - Técnico Judiciário - Área Administrativa) *que <u>alguns</u> supõem substituir "velharias"*

No contexto, o termo sublinhado acima exerce a mesma função sintática que o sublinhado em:

a) *Mas o trabalho do poeta é muitas vezes* ***<u>invisível</u>***

b) *permite automatizar* ***<u>grande parte das tarefas</u>***

c) *T.S. Eliot,* ***<u>um dos grandes poetas do século XX</u>****, afirma que*

d) *não há* ***<u>tempo de trabalho normal</u>*** *para a feitura de um poema*

e) ***<u>O tempo livre</u>*** *parece ter encolhido*

COMENTÁRIOS

Alternativa "a" - verbo de ligação (é) + **predicativo do sujeito**.

Alternativa "b" - **objeto direto** do verbo *automatizar*.

Alternativa "c" - aposto explicativo de T.S. Eliot.

Alternativa "d" - objeto direto do verbo *haver*.

Alternativa "e" - Alguns (sujeito) supõem; O tempo livre (sujeito) parece. Ambos os termos possuem função de **sujeito**, basta fazer as perguntas "quem?" e "o quê?", respectivamente

Alternativa correta: letra "e".

---

39. (Cespe - Técnico Judiciário - Área Administrativa - TRE - TO/2017 - adaptada) No fragmento do texto CG1A1CCC[6], funciona como um dos complementos da forma verbal "causando" (é suficiente para gerar consequências para todas as populações do mundo, em especial as comunidades pobres e vulneráveis, causando impactos na **segurança alimentar, hídrica e energética**, aumento do **nível do mar**, tempestades, **ondas de calor** e intensificação de **secas, chuvas e inundações**) o termo

a) "ondas de calor"

b) "secas"

c) "secas, chuvas e inundações"

d) "segurança alimentar, hídrica e energética"

e) "nível do mar"

---

6. *Internet: <www.wwf.org.br> (com adaptações).*

COMENTÁRIOS

✪ **Nota da autora:** A banca exige a diferença entre complemento verbal e complemento nominal. É necessário encontrar os núcleos do objeto direto.

Alternativa "a" – causando (verbo transitivo direto – causa algo) impactos, aumento e intensificação = substantivos que funcionam como núcleos do objeto direto.

Alternativa "b" – complemento nominal de "intensificação".

Alternativa "c" – complementos nominais de "intensificação".

Alternativa "d" – adjunto adverbial de lugar – onde causa impactos?

Alternativa "e" – complemento nominal de "aumento".

Alternativa correta: letra "a"

---

40. (Cespe – Analista Judiciário/Áreas Administrativa e Judiciária – TRE PE/2017 – adaptada) Sem prejuízo da correção gramatical e do sentido original do trecho do texto CG1A1AAA, a forma verbal "permanece" (Em ambos os casos, o cidadão é titular de direitos e liberdades em relação ao Estado e a outros particulares – mas permanece situado fora do campo estatal) poderia ser corretamente substituída por

a) continua.

b) se mantêm.

c) quedar-se-á.

d) sentir-se-á.

e) surge.

COMENTÁRIOS

Alternativa "a" – Além do sentido, é necessário saber a predicação verbal, já que o verbo *permanecer* é de ligação – não indica ação e liga o sujeito (cidadão) ao predicativo (situado). O verbo *continuar* também é de ligação e mantém o sentido.

> Observação: para haver verbo de ligação, é preciso haver predicativo. Os principais são: *ser, estar, parecer, permanecer, ficar, continuar* e *andar.*

Alternativa "b" – Verbo pronominal e a concordância está errada, deveria estar no singular: mas se **mantém**.

Alternativa "c" – Sentido alterado e colocação pronominal incorreta: a conjunção "mas" atrai o pronome oblíquo, não ocorrendo mesóclise: mas se quedará.

Alternativa "d" – Sentido alterado e mesóclise desnecessária: mas se sentirá.

Alternativa "e" – O sentido muda.

Alternativa correta: letra "a".

---

41. (Cespe – Analista Judiciário – Área Judiciária – TRE – MT/2015 – adaptada) Considerando os aspectos linguísticos, assinale a opção correta.

a) Os verbos *impor* (preceitos morais que impõem a necessidade de contenção dos vícios eleitorais) e *dispor* (é a melhor arma de que dispõe o eleitor) recebem a mesma classificação no que se refere à transitividade.

b) O termo "a legítima expectativa" (surge a legítima expectativa) e a oração "aguardar até o dia da votação" (não seria razoável aguardar até o dia da votação) desempenham a mesma função sintática.

c) O termo "dúvida" (Não há dúvida de que o voto é a melhor arma de que dispõe o eleitor) exerce a função de sujeito na oração em que ocorre.

d) Os termos "por órgãos estatais" (vigiada por eles próprios e por órgãos estatais) e "dos preceitos morais" (tal atribuição fiscalizatória advém dos preceitos morais) exercem a função de complemento verbal nos períodos em que ocorrem.

e) Em "Não é à toa que se utiliza a denominação eleitor-cidadão, de caráter dúplice, quando se percebe que, por um lado, chama-se de **eleitor** aquele que **comparece livre** e **conscientemente** às urnas para registrar seu voto, e, por outro lado, chama-se de cidadão aquele que tem o poder--dever de fiscalizar as eleições.", as palavras "livre" e "conscientemente" modificam, respectivamente, "eleitor" e "comparece".

COMENTÁRIOS

Alternativa "a" – *Impor* é transitivo direto (impor algo = sem preposição); *dispor* é transitivo indireto (dispõe *de* algo = com preposição).

Alternativa "b" – Exercem função de sujeito: o que surge? A legítima expectativa; o que não seria razoável? Aguardar até o dia da votação = sujeito oracional (possui verbo).

Alternativa "c" – O verbo *haver* é impessoal – sentido de *existir* – e "dúvida" possui função de objeto direto (há algo).

Alternativa "d" – (era) vigiada por órgãos estatais = agente da passiva; na voz ativa: eles próprios e órgãos estatais vigiavam; advém de algo (dos preceitos morais): objeto indireto.

Alternativa "e" – "livre" modifica o verbo *comparecer* (advérbio de modo: livremente) e "conscientemente" exerce a mesma função = comparece livre e conscientemente.

Alternativa correta: letra "b".

TRECHO PARA O ITEM.

(...) Em meio a esse cenário, foi elaborado o texto constitucional, que, desde então, recebeu a denominação de Constituição Cidadã. O art. 14 desse texto confere ênfase à titularidade do poder para ressaltar que "A soberania popular é exercida pelo sufrágio universal e pelo voto direto e secreto, com valor igual a todos", deixando transparecer que a intenção da Lei Maior é fazer que o povo exerça efetivamente o seu direito de participar da formação da vontade política.

Fernando Marques Sá. Desaprovação das contas de campanha do candidato – avanço da legislação para as eleições de 2014. In: Estudos Eleitorais. Brasília: Tribunal Superior Eleitoral. Vol. 9, n.° 2, 2014, p. 52-3. Internet: <www.tse.jus.br>(com adaptações).

42. (Cespe – Analista Judiciário – Área Judiciária–TRE-GO/2015) A forma verbal "deixando transparecer" retoma o sujeito "O art. 14 desse texto".

COMENTÁRIOS

Paralelismo sintático:

O art. 14 desse texto → confere

→ "deixa" transparecer

Alternativa correta: "certo".

5. PERÍODO COMPOSTO

Período composto é a circunstância que a conjunção estabelece entre as orações.

43. (IBFC – Analista Judiciário – Área Administrativa – TRE PA – 2020) Observe: "Meu vocabulário, **quando quero**, é um quarto cerrado."

Assinale a alternativa correta quanto à classificação sintática da expressão em destaque.

a) Oração Coordenada Assindética Temporal.

b) Oração Coordenada Sindética Temporal.

c) Oração Subordinada Explicativa Temporal.

d) Oração Subordinada Adverbial Temporal.

COMENTÁRIOS

✪ **Nota da autora:** A oração é subordinada, ou seja, há dependência sintática.

Alternativa "a" – Não é coordenada e não existe tal classificação. Assindética: sem conjunção.

Alternativa "b" – Não é coordenada e não existe tal classificação.

Alternativa "c" – Não existe oração subordinada explicativa, mas sim coordenada sindética explicativa e não é o caso.

Alternativa "d" – Basta fazer a pergunta correta para saber a circunstância expressa pela oração: **quando** meu vocabulário é um quarto cerrado? **Quando** quero = tempo.

Alternativa correta: letra "D"

44. (IBFC – Analista Judiciário – Área Administrativa – TRE PA – 2020) Analise o enunciado a seguir: "Divagando sobre o nada e refletindo sobre tudo."

Ao que se refere à classificação sintática do período anterior, assinale a alternativa correta.

a) Período Composto por Subordinação com Oração Subordinada Aditiva.

b) Período Composto por Subordinação com Oração Subordinada Assindética Aditiva.

c) Período Composto por Coordenação com Oração Coordenada Sindética Aditiva.

d) Período Composto por Coordenação com Oração Coordenada Assindética Aditiva.

COMENTÁRIOS

✪ **Nota da autora:** As orações possuem independência sintática, isto é, são coordenadas.

Divagando sobre o nada	**e** refletindo sobre tudo.
Oração coordenada assindética (sem conjunção)	Oração coordenada sindética aditiva (possui conjunção e indica soma)

Alternativa "a" – Não é subordinada e não existe subordinada aditiva.

Alternativa "b" – Não é subordinada e não existe subordinada assindética (sem conjunção) aditiva.

Alternativa "c" – Composto por uma oração coordenada assindética e outra oração coordenada sindética aditiva.

Alternativa "d" – Não existe subordinada assindética (sem conjunção) aditiva.

Alternativa correta: letra "C"

45. (IBFC – Analista Judiciário – Área Administrativa – TRE PA – 2020) Assinale a alternativa que preencha correta e respectivamente as lacunas abaixo.

"**Portanto**, despiciendo as opiniões e me faço prolixo." Em todo tipo textual as palavras estabelecem relação entre si. A ______ em destaque estabelece uma relação de ______ enunciado que a antecede no texto.

a) preposição / explicação ao

b) advérbio / consequência do

c) conjunção / conclusão do

d) interjeição / adição ao

COMENTÁRIOS

Alternativa "a" – Não liga palavras, liga orações.

Alternativa "b" – Não indica circunstancia nem consequência (de modo que).

Alternativa "c" – Conjunção: liga orações; "portanto" indica conclusão e equivale a "logo".

Alternativa "d" – Não se refere a sentimento e nem adiciona.

Alternativa correta: letra "C"

FRAGMENTO DE TEXTO PARA RESPONDER À QUESTÃO.

(...) O homem, observou o poeta Paul Valéry, "é herdeiro e refém do tempo". A principal morada do homem está no passado ou no futuro. Foi a capacidade de reter o passado e agir no presente tendo em vista o futuro que nos tirou da condição de animais errantes. **Contudo**, a faculdade de arbitrar entre as premências do presente e os objetivos do futuro imaginado é muitas vezes prejudicada pela propensão espontânea a atribuir um valor desproporcional àquilo que está mais próximo no tempo. (...)

(Adaptado de: GIANNETTI, Eduardo. **Auto-engano**. São Paulo: Companhia das Letras, 1997, edição digital)

---

46. (FCC – Técnico Judiciário – Área Administrativa – TRF4/2019 – adaptada) O elemento destacado acima introduz, em relação ao que se afirmou antes, uma

a) oposição.
b) causa.
c) consequência.
d) finalidade.
e) conclusão.

COMENTÁRIOS

Alternativa "a" – É uma conjunção coordenada adversativa e indica oposição. São adversativas: mas, porém, contudo, todavia, senão, entretanto, no entanto, não obstante etc.

Alternativa "b" – Não cabe a pergunta "por quê?". São causais: **porque, que, como (= porque, no início da frase), pois que, visto que, uma vez que, porquanto, já que, desde que** etc.

Alternativa "c" – Não cabe a locução conjuntiva "de modo que". São consecutivas: **de sorte que, de modo que, sem que (= que não), de forma que, de jeito que, que (tendo como antecedente na oração principal uma palavra como tal, tão, cada, tanto, tamanho)** etc.

Alternativa "d" – Não cabe a pergunta "para quê?". São finais: **para que, a fim de que, que, porque (= para que), que** etc.

Alternativa "e" – Não equivale a "logo". São conclusivas: logo, pois (= logo), portanto, assim, então, por isso, por conseguinte etc.

Alternativa correta: letra "a".

---

47. (CONSULPLAN – TRE RJ 2017 – Técnico Judiciário – Área Administrativa) Analise as afirmações apresentadas a seguir.

I. Em *"Existe alguma hora **que não seja de relógio**?"*, a oração sublinhada é uma oração subordinada adjetiva explicativa.

II. Em *"[...] tem surgido, cada vez mais frequente, **o diminutivo do gerúndio**."*, a expressão destacada atua como sujeito da locução verbal *"ter surgido"*.

III. *"Não pense **que para por aí** [...]"*, a oração sublinhada é uma oração subordinada substantiva objetiva direta.

IV. Em *"[...] **se te chamarem de 'queridinho'**, querem é que você exploda."*, a oração destacada é uma oração subordinada adverbial causal.

Estão corretas apenas as afirmativas

a) I e II.
b) II e III.
c) III e IV.
d) I, II e IV.

COMENTÁRIOS

I. é oração subordinada adjetiva por haver pronome relativo (que = a qual) restritiva por não possuir pontuação. Eliminadas A e D;

II. Na ordem direta (iniciando com o **sujeito**): **o diminutivo do gerúndio** tem surgido cada vez mais frequente. Eliminada C e resposta encontrada;

III. A oração principal termina com verbo transitivo direto (pensar algo); há conjunção integrante (que) e a oração subordinada é objetiva direta;

IV. "*Se* te chamarem" equivale a **caso te chamem** e indica condição, não causa.

Alternativa correta: letra "b"

---

48. (CONSULPLAN – TRE RJ 2017 – Técnico Judiciário – Área Administrativa – adaptada) Analise as asserções a seguir e assinale a alternativa que apresente apenas afirmações corretas sobre o uso de conectores.

I. Em *"**Ora**, nossas instituições, nossas leis, costumes, todos os nossos valores se baseiam em sentimentos inatos de justiça."*, a palavra sublinhada tem valor alternativo.

II. Na parte *"Hoje os cientistas e os técnicos estão investidos de uma responsabilidade moral particularmente pesada, **porque** o progresso das armas de extermínio maciço está entregue à sua competência"*, a conjunção destacada possui valor explicativo.

III. No trecho *"**Portanto** terei de submeter-me a suas prescrições."*, a conjunção sublinhada introduz uma explicação de uma ideia anteriormente apresentada.

IV. Em *"**Por isto** julgo indispensável a criação de uma 'sociedade para a responsabilidade social na Ciência.'"*, a locução destacada tem valor consecutivo.

Estão corretas apenas as afirmativas

a) I e II.

b) II e IV.

c) III e IV.

d) I, II e III.

COMENTÁRIOS

I. Trata-se de uma interjeição (indica dúvida, desinteresse);

II. equivale a "pois";

III. é uma conjunção conclusiva;

IV. "por **isso**" indica conclusão ou consequência.

Alternativa correta: letra "b" – Apenas as afirmativas II e IV estão corretas.

---

49. (Cespe – Técnico Judiciário – TRE BA/2017 – adaptada) Acerca do papel das conjunções na organização argumentativa dos trechos extraídos do texto CG2A2AAA[7], julgue os itens subsequentes.

I. A conjunção "porque" (São considerados, portanto, votos estéreis, **porque** não produzem frutos.) combina duas orações que mantêm entre si uma relação de causalidade.

II. A conjunção "como" (Os votos nulos, por sua vez, são aqueles que, somados aos votos em branco, compõem a categoria dos votos estéreis, inválidos ou, como denominou o Tribunal Superior Eleitoral, votos apolíticos.) indica uma comparação entre as afirmações das orações por ela conectadas.

III. A conjunção "Logo" (Os votos nulos, por sua vez, são aqueles que, somados aos votos em branco, compõem a categoria dos votos estéreis, inválidos ou, como denominou o Tribunal Superior Eleitoral, votos apolíticos. **Logo**, os votos em branco e os nulos são votos que, a princípio, não produzem resultado nem influenciam no resultado do pleito.) introduz um período que explica o raciocínio apresentado em períodos anteriores.

IV. A conjunção "entretanto" (É evidente que não se sabe, ao certo, a razão que motiva cada eleitor a votar em branco ou nulo; **entretanto**, em ambos os casos, não há dúvida quanto à invalidade do voto por ele dado.) estabelece relação de contraposição entre os conteúdos das orações por ela combinadas.

Estão certos apenas os itens

a) I e III.

b) I e IV.

c) II e III.

d) II e IV.

e) III e IV.

COMENTÁRIOS

I. Há causa e efeito. Pergunta: **Por que** são considerados votos estéreis? Resposta: **porque** não produzem frutos. A pergunta é o efeito, ou seja, a consequência e a resposta é a causa.

II. . A conjunção indica conformidade e equivale a "conforme".

III. . Indica conclusão.

IV. Trata-se de conjunção coordenada adversativa e equivale e "mas".

Alternativa correta: letra "b" – Apenas os itens I e IV estão corretos.

---

50. (Cespe – Técnico Judiciário – TRE PE/2017 – adaptada) No trecho do texto CG3A1AAA, a locução "uma vez que" (A ética e a cidadania não se desvinculam da questão dos princípios da ação do Estado e da moralidade administrativa, **uma vez que**, por mais alargados que pareçam os direitos e as esferas individuais urge que sejam regulamentadas) introduz no período em que ocorre uma ideia de

a) causa.

b) consequência.

c) conclusão.

d) finalidade.

e) condição.

COMENTÁRIOS

Alternativa "a" – Indicam causa: porque, que, como (= porque, no início da frase), pois que, visto que, **uma vez que**, porquanto, já que, desde que etc.

Alternativa "b" – Indicam consequência: de sorte que, de modo que, sem que (= que não), de forma que, de jeito que, que (tendo como antecedente na

7. Renata Dias. Os votos brancos e nulos no estado democrático de direito: a legitimidade das eleições majoritárias no Brasil. *In:* Estudos eleitorais, v. 8, n.º 1, jan./abr. 2013, p. 36-8 (com adaptações).

oração principal uma palavra como tal, tão, cada, tanto, tamanho) etc.

Alternativa "c" – Indicam conclusão: logo, por isso, pois (depois do verbo), portanto, por conseguinte, assim etc.

Alternativa "d" – Indicam explicação: que, porque, pois (= porque).

Alternativa "e" – Indicam condição: se, caso, contanto que, salvo se, a não ser que, desde que, a menos que, sem que etc.

Alternativa correta: letra "a".

---

51. (Cespe – Técnico Judiciário – TRE PE/2017 – adaptada) No trecho do texto CG3A1BBB, a oração "ao se discutir uma proposta educacional baseada em competências" (Acompanhando essa tendência, a área educacional, em especial a da educação profissional, tem multiplicado os sentidos e usos da palavra competência. Por exemplo, **ao se discutir uma proposta educacional baseada em competências**, é importante especificar o conceito de competência adotado e a forma como ele é utilizado para se discutir o modelo pedagógico decorrente.) exprime, no período em que ocorre, uma ideia de

a) finalidade.
b) conclusão.
c) causa.
d) consequência.
e) tempo.

COMENTÁRIOS

Alternativa "a" – Para indicar finalidade, deveria ser feita a pergunta "para quê?".

Alternativa "b" – Caberia o "logo" se concluísse.

Alternativa "c" – A pergunta feita seria "por quê?".

Alternativa "d" – Caberia "de modo que" se indicasse consequência.

Alternativa "e" – **Quando é** importante especificar o conceito de competência adotado e a forma como ele **é** utilizado? **Quando** se discute uma proposta educacional baseada em competências = tempo.

Alternativa correta: letra "e".

---

52. (FCC – TRE PR 2017 – Técnico Judiciário – Área Administrativa) O segmento sublinhado em *O que fica de nosso desfile de concepções e métodos é pouco, já que o ritmo da mudança não dá tempo à produção amadurecida* expressa, no contexto, noção de

a) concessão.
b) consequência.
c) causa.
d) conformidade.
e) finalidade.

COMENTÁRIOS

Alternativa "c" – Há causa e efeito, ou causa e consequência:

Por que o que fica de nosso desfile de concepções e métodos é pouco?	**Porque** o ritmo da mudança não dá tempo à produção amadurecida.
A pergunta é a **consequência**.	A resposta é a **causa**.

Indicam **causa:** *porque, como* (sempre introduzido na oração anteposta à oração principal), *pois, pois que, já que, uma vez que, visto que.*

Alternativa "a" – Indicam concessão: *embora, conquanto, ainda que, ainda quando, mesmo que, se bem que, posto que, apesar de que.*

Alternativa "b" – Indicam consequência: *que* (precedido de *tal, tanto, tão, tamanho*), *que, de forma que, de sorte que, tanto que, tão... que, tanto... que, tamanho... que.*

Alternativa "d" – Indicam conformidade: *conforme, como, consoante e segundo.*

Alternativa "e" – Indicam finalidade: *a fim de que, que, porque* (= para que) e *para que.*

Alternativa correta: letra "c".

---

53. (Cespe – Técnico Judiciário – Área Administrativa – TRE – TO/2017 – adaptada) A correção gramatical e os sentidos do fragmento do texto CG1A1AAA[8] seriam preservados caso a expressão "quando" (Dessa forma, um governo é representativo quando os seus funcionários, durante a ocupação do poder, refletem a vontade do eleitorado) fosse substituída por

a) conquanto.
b) à medida que.
c) enquanto.
d) se.
e) bem como.

COMENTÁRIOS

Observação: indicaria tempo se fosse feita a pergunta "quando?".

Alternativa "a" – Conjunção concessiva (indica oposição), sinônima de não obstante, posto que, embora.

Alternativa "b" – Não indica ideias simultâneas, ou seja, não há proporcionalidade.

Alternativa "c" – A conjunção pode indicar tempo, proporção ou conformidade, mas não indica condição.

---

8. *Ana Cláudia Santano. Os partidos políticos. Internet: <www.egov.ufsc.br> (com adaptações).*

Alternativa "d" – Um governo é representativo **se** os seus funcionários refletissem a vontade do eleitorado: ideia de condição.

Alternativa "e" – Indica adição.

Alternativa correta: letra "d".

---

54. (CONSULPLAN – TRE RJ 2017 – Analista Judiciário – Área Judiciária – adaptada) *"É um grupo de funcionários sui generis, no seio do qual se elaboram representações e volições que envolvem a coletividade, embora não sejam obra da coletividade."*. Acerca da estrutura linguística e conexões estabelecidas no interior do trecho destacado anteriormente, analise as afirmativas a seguir.

I. O período em análise é constituído por: uma oração principal à qual estão subordinadas três orações, duas adverbiais e uma substantiva.

II. A oração adverbial é introduzida por uma conjunção que estabelece uma relação em que se apresenta uma informação vista como fato real.

III. O termo *"que"* exerce função sintática equivalente à função exercida por *"o Estado"* em *"... o Estado encarna a consciência coletiva,..."*

Pode-se afirmar que:

a) Todas as afirmativas estão corretas.
b) Apenas duas das afirmativas estão erradas.
c) Apenas duas das afirmativas estão corretas.
d) Apenas a afirmativa III está totalmente correta.

COMENTÁRIOS

Alternativa "c" – Dois itens estão corretos.

Analisemos o período:

1. *É um grupo de funcionários sui generis, no seio* = oração principal (sem conjunção ou pronome relativo);
2. *do qual se elaboram representações e volições* = oração subordinada adjetiva (possui pronome relativo) restritiva (sem pontuação);
3. *que envolvem a coletividade,* = oração subordinada adjetiva (possui pronome relativo) restritiva (sem pontuação);
4. *embora não sejam obra da coletividade.* = oração subordinada adverbial concessiva (possui ideia de oposição).

Quanto aos itens:

I. O período em análise é constituído por: uma oração principal à qual estão subordinadas três orações, duas **adjetivas** e uma **adverbial**.

II. *embora não sejam obra da coletividade* indica um fato real = não são obra da coletividade.

III. <u>*representações e volições*</u> ***que*** *envolvem a coletividade* = o pronome relativo "que" retoma *representações e volições* que possui função de **sujeito do verbo "envolvem"**. Lê-se: *representações e volições envolvem a coletividade.* Em *"... o Estado encarna a consciência coletiva,..."*, *o Estado* possui função de **sujeito do verbo "encarna"**.

Alternativa correta: letra "c".

---

55. (Cespe – Analista Judiciário /Áreas Administrativa e Judiciária – TRE BA/2017 – adaptada) Seriam mantidos a correção gramatical e o sentido original do texto CG1A1AAA[9] caso a expressão "de modo que" (Gregos que enriqueceram como comerciantes e armadores não eram iguais àqueles que possuíam a propriedade da terra e do conhecimento, **de modo que** não reuniam os critérios para uma igual participação na formulação das leis.) fosse substituída por

a) enfim.
b) logo.
c) de sorte que.
d) desde que.
e) a fim de que.

COMENTÁRIOS

QUESTÃO ANULADA

Alternativa "c" – *De modo que* é locução consecutiva, isto é, indica consequência e pode ser substituída por "de sorte que" por ser também consecutiva.

DICA – Indicam consequência: ***de sorte que, de modo que, sem que (= que não), de forma que, de jeito que, que (tendo como antecedente na oração principal uma palavra como tal, tão, cada, tanto, tamanho)*** etc.

Alternativa "a" – *Enfim*, quando advérbio, significa: *em suma, em síntese, para concluir.*

Alternativa "b" – Conjunção conclusiva.

DICA – indicam conclusão: *logo, portanto e pois (= logo), então, assim, por isso, por conseguinte, de modo que, em vista disso* etc.

Alternativa "d" – Tempo.

DICA – indicam tempo: ***quando, enquanto, antes que, depois que, logo que, todas as vezes que, desde que, sempre que, assim que, agora que, mal (= assim que)*** etc.

Alternativa "e" – Finalidade.

DICA – indicam finalidade: ***para que, a fim de que, que, porque (= para que), que*** etc.

Alternativa correta: letra "c".

---

9. Marlene Ribeiro. Educação para a cidadania: questões colocadas pelos movimentos sociais. In: Revista Educação e Pesquisa, São Paulo, v. 28, n.º 2, p. 113-28, jul.-dez./2002. Internet: <www.scielo.br> (com adaptações).

56. (Cespe – Analista Judiciário /Áreas Administrativa e Judiciária – TRE BA/2017 – adaptada) No período que inicia o trecho, a locução "Desde que" (Desde que a urna eletrônica foi adotada em todo o território brasileiro, votar passou a ser uma atividade relativamente simples) introduz uma ideia de

a) proporcionalidade.
b) tempo.
c) causa.
d) consequência.
e) condição.

COMENTÁRIOS

Alternativa "a" – Indicam proporção: à **proporção que**, **à medida que**, **ao passo que**, **quanto maior...** (maior)**, quanto maior...** (menor)**, quanto menor...** (maior), **quanto menor...** (menor), **quanto mais...** (mais)**, quanto mais...** (menos)**, quanto menos...** (mais)**, quanto menos...** (menos).

Alternativa "b" – **Quando** votar passou a ser uma atividade relativamente simples? **Desde que** a urna eletrônica foi adotada em todo o território brasileiro = tempo.

Alternativa "c" – Indicam causa: **porque**, **como** (sempre introduzido na oração anteposta à oração principal), **pois, pois que, já que, uma vez que, visto que.**

Alternativa "d" – Indicam consequência: **que** (precedido de tal, tanto, tão, tamanho), **que, de forma que, de sorte que, tanto que, tão... que, tanto... que, tamanho... que.**

Alternativa "e" – Indicam condição: **se, caso, contanto que, desde que, salvo se, exceto se, a não ser que, a menos que, sem que, uma vez que** (seguida de verbo no subjuntivo).

Alternativa correta: letra "b".

57. (Cespe – Analista Judiciário /Áreas Administrativa e Judiciária – TRE PE/2017 – adaptada) Em "A cidadania requer instituições, mediações e comportamentos próprios, constituindo-se na criação de espaços sociais de lutas (movimentos sociais, sindicais e populares) e na definição de instituições permanentes para a expressão política, como partidos, legislação e órgãos do poder público. Distingue-se, **portanto**, a cidadania passiva, aquela que é outorgada pelo Estado, com a ideia moral do favor e da tutela, da cidadania ativa, aquela que institui o cidadão como portador de direitos e deveres, mas essencialmente criador de direitos para abrir novos espaços de participação política.", o vocábulo "portanto" introduz uma ideia de

a) tempo.
b) consequência.
c) conclusão.
d) explicação.
e) adição.

COMENTÁRIOS

As principais conjunções são: logo, portanto, por conseguinte, pois (colocada depois do verbo), por isso, então, assim, em vista disso.

Alternativa "a" – Indicam tempo: *enquanto,* ***mal,*** *assim que, logo que, todas as vezes que, antes que, depois que, sempre que, desde que* etc.

Alternativa "b" – Indicam consequência: de sorte que, de modo que, sem que (= que não), de forma que, de jeito que, que (tendo como antecedente na oração principal uma palavra como tal, tão, cada, tanto, tamanho) etc.

Alternativa "c" – Conclusivas: utilizadas em textos dissertativos.

Alternativa "d" – Indicam conclusão: logo, por isso, pois (depois do verbo), portanto, por conseguinte, assim etc.

Alternativa "e" – Indicam adição: *e, nem, não só... mas (também), tanto...como,* e semelhantes.

Alternativa correta: letra "c".

58. (FCC – TRE SP 2017 – Analista Judiciário – Área Administrativa) Eles são grandes porque o artista moderno quer nos envolver com o seu trabalho...

Com as devidas alterações, caso se invertam as relações de subordinação da frase acima, mantém-se o sentido original fazendo-se uso da conjunção:

a) a despeito de
b) conquanto
c) em conformidade com
d) de maneira que
e) uma vez que

COMENTÁRIOS

1. **Por que** eles são grandes? **Porque** o artista moderno quer nos envolver com o seu trabalho: causa;
2. O artista moderno quer nos envolver com o seu trabalho **de maneira que** (de modo que) eles são grandes: consequência – oração consecutiva.

DICA – Indicam consequência: que (precedido de tal, tanto, tão, tamanho), de forma que, de sorte que, de maneira que, tanto que, tão... que, tanto... que, tamanho... que.

Alternativa "a" – Causal – por quê?

Alternativa "b" – Concessiva – oposição.

Alternativa "c" – Conformativa – regra.

Alternativa "d" - Onde há causa, há consequência (ou efeito).

Alternativa "e" - Causal - por quê?

Alternativa correta: letra "d".

59. (CONSULPLAN - Analista Judiciário - Área Administrativa - TRF 2/2017) Considerando os aspectos semânticos das orações coordenadas, a conjunção empregada em "Fabiano estava contente e acreditava nessa terra" possibilita a expressão, no contexto apresentado, de

a) ligação de orações que representam fatos coexistentes.
b) realce às alternativas do enunciado propiciando equivalência entre elas.
c) fatos sequenciados de forma cronológica numa relação de causa e efeito.
d) produção de efeito adicional diante da expressão de desejo da primeira oração.

COMENTÁRIOS

✪ **Nota da autora:** Ao mencionar, no comando da questão, *fatos coexistentes*, nota-se que se trata de fatos simultâneos, fatos que acontecem aproximadamente ao mesmo tempo, ou ao mesmo tempo, concomitante.

Alternativa "a" - A conjunção liga duas orações que indicam dois fatos: 1. estava contente; 2. acreditava nessa terra.

Alternativa "b" - Além de não haver realce, não são equivalentes.

Alternativa "c" - Não existe relação de causa e consequência, mesmo porque tal relação é de subordinação e não de coordenação.

Indicam causa: **porque, que, como (= porque, no início da frase), pois que, visto que, uma vez que, porquanto, já que, desde que** etc.

Indicam consequência: **de sorte que, de modo que, sem que (= que não), de forma que, de jeito que, que (tendo como antecedente na oração principal uma palavra como tal, tão, cada, tanto, tamanho)** etc.

Alternativa "d" - O erro está ao afirmar que existe desejo na primeira oração. Não caia em armadilhas de bancas.

Alternativa correta: letra "a".

60. (Cespe - TRF1 2017 - Analista Judiciário - Áreas Administrativa e Judiciária - adaptada) A locução "Além de" (Além de ter incorporado, no desempenho de seus cargos, conceitos como os da transparência e da impessoalidade, décadas antes de eles serem consolidados na Constituição Federal de 1988, o renomado escritor Graciliano Ramos foi um gestor em busca da eficiência e que agia com extremo zelo com os recursos públicos.[10]) estabelece uma relação de adição no período em que ocorre.

( ) certo ( ) errado

COMENTÁRIOS

✪ **Nota da autora:** As conjunções coordenativas aditivas indicam uma relação de adição à frase. São elas: ***e, nem, mas também, como também, além de (disso, disto, aquilo), quanto*** *(depois de tanto)*, ***bem como*** etc.

Perceba que as ideias demonstram adição: Graciliano Ramos incorporou conceitos e (+) Graciliano Ramos foi um gestor em busca da eficiência.

Alternativa correta: "certo".

61. (Cespe - TRF1 2017 - Analista Judiciário - Áreas Administrativa e Judiciária - adaptada) A oração introduzida pela expressão "mas também" (Não se trata apenas do seu combate ao patrimonialismo e ao nepotismo, **mas também** do que se designa, hoje, de foco no resultado com responsabilidade fiscal.[11]) introduz uma ideia que complementa e reforça a ideia contida na oração imediatamente anterior a ela.

( ) certo ( ) errado

COMENTÁRIOS

Indicam adição: e, nem, mas também. Sendo assim, complementa e reforça a ideia. Trata-se do seu combate ao patrimonialismo e ao nepotismo e de foco no resultado com responsabilidade fiscal.

Alternativa correta: "certo".

62. (Cespe - TRF1 2017 - Analista Judiciário - Áreas Administrativa e Judiciária - adaptada) A oração "que protege os animais" (A Constituição de 1988 contém uma norma **que protege os animais**, independentemente de sua origem ou classificação.[12]) delimita o sentido do termo "norma".

( ) certo ( ) errado

COMENTÁRIOS

O "que" é pronome relativo e retoma "norma". Na ordem direta, temos: A norma (sujeito) protege os animais. Como a oração é adjetiva restritiva (sem pontuação), ela delimita, ou seja, restringe o sentido de *norma.*

Alternativa correta: "certo".

63. (Cespe - TRF1 2017 - Analista Judiciário - Áreas Administrativa e Judiciária - adaptada) A

10. Internet: <www.agendaa.com.br> (com adaptações).
11. Internet: <www.agendaa.com.br> (com adaptações).
12. Nathalie Santos Caldeira Gomes. **Ética e dignidade animal**. Internet: <www.publicadireito.com.br> (com adaptações).

correção gramatical e o sentido original do texto seriam preservados caso a conjunção "Porém" (A Constituição de 1988 contém uma norma que protege os animais, independentemente de sua origem ou classificação. Porém, a proteção que lhes é garantida baseia-se em um argumento puramente utilitarista[13]) fosse substituída por Mas.

( ) certo ( ) errado

COMENTÁRIOS

As conjunções possuem valor adversativo e o sentido não seria alterado, mas, quanto à gramática, a estrutura deveria ser alterada: A Constituição de 1988 contém uma norma que protege os animais, independentemente de sua origem ou classificação**, mas** a proteção que lhes é garantida baseia-se em um argumento puramente utilitarista.

Alternativa correta: "errado".

---

64. (Cespe – TRF1 2017 – Analista Judiciário – Áreas Administrativa e Judiciária – adaptada) A oração destacada em "**Desprovidos de valor próprio e de relevância jurídica no direito penal**, os animais são tema de direito civil."[14] introduz no período uma ideia de concessão, razão por que poderia ser corretamente introduzida por **Embora**, feito o devido ajuste na inicial maiúscula da palavra "Desprovidos".

( ) certo ( ) errado

COMENTÁRIOS

Existe uma relação de causa e consequência e não de oposição, por isso não cabe a conjunção concessiva *embora*. Entenda melhor:

Por que os animais são tema de direito civil?	**Porque** são desprovidos de valor próprio e de relevância jurídica no direito penal
consequência	**causa**

A resposta é a causa; a pergunta, a consequência.

Alternativa correta: "errado".

---

65. (FCC – Analista Judiciário – Área Administrativa – TRF 3/2016) As orações reduzidas ... *para encontrarmos igual a ela...* (4° parágrafo) e ... *estendendo-se perante o meu olhar...* (último parágrafo), no contexto em que ocorrem, podem ser distendidas da seguinte forma:

a) para que tivéssemos encontrado igual a ela / de modo que se estendem perante o meu olhar

b) para que encontremos igual a ela / as quais se estendem perante o meu olhar

c) para que encontrássemos igual a ela / que se estendem perante o meu olhar

d) para que encontrássemos igual a ela / quando se estendem perante o meu olhar

e) para que encontremos igual a ela / desde que se estendam perante o meu olhar

COMENTÁRIOS

✪ **Nota da autora:** As orações reduzidas são caracterizadas por possuírem o verbo nas formas de gerúndio, particípio ou infinitivo, ou seja, nas suas formas nominais;

- Ao contrário das demais orações subordinadas, as orações reduzidas não são ligadas através de conectivo;

- Para cada oração reduzida, tem-se uma desenvolvida correspondente. Para melhor identificarmos que tipo de oração reduzida temos, podemos desenvolvê-la (inserindo conjunção e retirando o verbo da forma nominal).

- Possuem as mesmas características sintáticas das orações subordinadas desenvolvidas.

1. para **encontrarmos** igual a ela: verbo no infinitivo pessoal; equivale a **para que encontrássemos** igual a ela = verbo no pretérito imperfeito do subjuntivo – por indicar condição. Dica no verbo posterior (teríamos: futuro do pretérito do indicativo) e a inserção da conjunção *que* (para que) indicando finalidade – oração subordinada adverbial final;

2. as árvores e as plantas **estendendo-se** perante o meu olhar: verbo no gerúndio; equivale a **que se estendem** perante o meu olhar = verbo no presente do indicativo (certeza) e inserção do pronome relativo: que (as quais) se estendem – oração subordinada adjetiva restritiva.

Erros:

Alternativa "a" – 1. Não há necessidade de usar tempo composto (tivéssemos encontrado); 2. não indica consequência para usar *de modo que*.

Alternativa "b" – 1. Não cabe o verbo no presente do subjuntivo (encontremos).

Alternativa "d" – 2. Não há ideia de tempo, assim sendo não cabe o *quando*.

Alternativa "e"– 1. Não cabe o verbo no presente do subjuntivo (encontremos); não há ideia de condição – *desde que*.

Alternativa correta: letra "c" .

---

66. (AOCP – Analista Judiciário – Área Judiciária – TRE – AC/2015) Em "Caso se associem a esses elementos os avanços da tecnologia médica em todas as suas

---

13. Nathalie Santos Caldeira Gomes. **Ética e dignidade animal**. Internet: <www.publicadireito.com.br> (com adaptações).

14. Nathalie Santos Caldeira Gomes. **Ética e dignidade animal**. Internet: <www.publicadireito.com.br> (com adaptações).

dimensões, a expectativa de vida pode realmente surpreender", a oração subordinada expressa

a) finalidade.
b) causa.
c) comparação.
d) condição.
e) contraste.

COMENTÁRIOS

✪ **Nota da autora:** Antes, é necessário saber qual é a oração subordinada e qual é a principal.

Subordinada: encaixa-se em uma oração anterior, desempenhando alguma função sintática que falta na principal = Caso se associem a esses elementos os avanços da tecnologia médica em todas as suas dimensões.

Principal: é sempre incompleta, falta uma função sintática, e nela se encaixa uma subordinada (não possui conjunção) = a expectativa de vida pode realmente surpreender.

Alternativa "a" – Para indicar finalidade, far-se-ia a pergunta "para quê?" à oração principal. Indicam finalidade: *que, porque* (= para que) e as locuções conjuntivas *a fim de que* e *para que.*

Alternativa "b" – Para ser causa, faríamos a pergunta "por quê?" à oração principal. Indicam causa: *porque, como* (sempre introduzido na oração anteposta à oração principal), *pois, pois que, já que, uma vez que, visto que.*

Alternativa "c" – Não há comparação. Usaríamos: *como, tão... como* (quanto), *mais (do) que, menos (do) que.*

Alternativa "d" – a expectativa de vida pode realmente surpreender **caso** se associem a esses elementos, ou seja, **se** se associarem a esses elementos: condição.

Alternativa "e" – As orações subordinadas concessivas indicam contraste, contradição (não é o caso). Conjunções mais usadas: *embora* e *conquanto;* locuções: *ainda que, ainda quando, mesmo que, se bem que, posto que, apesar de que.*

Alternativa correta: letra "d".

---

67. (IBFC – Analista Judiciário – Área Judiciária–TRE-AM/2014) O modo pelo qual as palavras se relacionam no texto é determinante para a construção de sentidos. Assim, no fragmento "Apesar da minha admiração, fiquei caiada,", é possível notar que a expressão "apesar da" assume valor:

a) explicativo
b) concessivo
c) conclusivo
d) consecutivo

COMENTÁRIOS

Alternativa "a" – que, porque e **pois** (= porque).

Alternativa "b" – *Apesar de* indica concessão: admite uma contradição ou um fato inesperado. Indicam concessão: embora, **conquanto** e as locuções **ainda que, ainda quando, mesmo que, se bem que, posto que, apesar de que.**

Alternativa "c" – logo, portanto e **pois** (= logo). Usa-se ainda: **então, assim, por isso, por conseguinte, de modo que, em vista disso,** etc.

Alternativa "d" – que, de forma que, de sorte que, tanto que, etc., e pelas estruturas **tão... que, tanto... que, tamanho... que.**

Alternativa correta: letra "b".

6. CONCORDÂNCIA VERBAL E NOMINAL

Para ganhar tempo, leia as alternativas já encontrando os respectivos sujeitos. Assim não haverá necessidade de reler os trechos.

---

68. (IBFC – Técnico Judiciário – Área Administrativa – TRE PA – 2020) Analise as afirmativas abaixo e assinale a alternativa correta.

I. O verbo "haver", com o sentido de "existir", é impessoal e não admite sujeito; assim deve ser usado na 3ª pessoa do singular.

II. O verbo "fazer", na indicação de tempo decorrido, deve concordar com o numeral a que ele se refere.

III. O verbo "passar", na indicação de tempo e acompanhado da preposição "de", é impessoal e deve permanecer na 3ª pessoa do singular.

a) Apenas as afirmativas I e II estão corretas.
b) Apenas as afirmativas I e III estão corretas.
c) Apenas as afirmativas II e III estão corretas.
d) As afirmativas I, II e III estão corretas.

COMENTÁRIOS

I. Certa: no sentido de *existir*, o verbo é transitivo direto e não possui sujeito; o verbo *existir* é intransitivo e deve concordar com o sujeito. Perceba a diferença a seguir.

Havia	pessoas.	**Existiam**	pessoas.
verbo transitivo direto (oração sem sujeito – **singular**)	objeto direto	verbo intransitivo (**plural**)	sujeito

II. Errada: o verbo *fazer*, ao indicar tempo, é invariável. Exemplo: **Faz** dois anos.

III. Certa: **Passou** de três anos = oração sem sujeito. **Atenção!** Sem preposição, possui sujeito e deve com ele concordar: **Passaram** três anos.

Alternativa "a" – II: errada.

Alternativa "b" – Apenas a II está errada.

Alternativa "c" – II: errada.

Alternativa "d" – II: errada.

Alternativa correta: letra "B"

---

69. (IBFC – Analista Judiciário – Área Administrativa – TRE PA – 2020) Em relação às normas de concordância nominal e verbal, assinale a alternativa incorreta.

a) A mãe ou a esposa o acompanhará, visto que só há a permissão para um acompanhante.

b) Os Estados Unidos ficou entre os melhores países nos jogos olímpicos.

c) Pais, professores, alunos, cada um teve sua participação e envolvimento no projeto escolar.

d) Ângela disse depois de sua merecida festa: – Aos que me prestigiaram, meu muito obrigada.

COMENTÁRIOS

Alternativa "a" – A conjunção "ou" indica exclusão e o verbo deve ficar no singular.

Alternativa "b" – O artigo manda na concordância: <u>Os</u> Estados Unidos **ficaram.**

Alternativa "c" – O pronome indefinido manda na concordância: <u>cada</u> um teve.

Alternativa "d" – Ângela disse "obrigada": concordância corretíssima. Se fosse "João", seria obrigado; eles: obrigados; elas: obrigadas.

Alternativa correta: letra "B"

---

70. (FCC – Técnico Judiciário – Área Administrativa – TRF4/2019) No contexto, o verbo que pode ser flexionado no singular, sem prejuízo das relações de sentido e da correção, está sublinhado em:

a) *que as invenções* ***<u>existem</u>*** *para nos servir.*

b) *que as máquinas se* ***<u>adaptem</u>*** *às pessoas.*

c) *elas trocam todas as que* ***<u>possuíam</u>***.

d) *A velocidade ficou maior do que as pessoas* ***<u>conseguem</u>*** *alcançar.*

e) *A grande maioria das pessoas* ***<u>usam</u>*** *bem pouco dos recursos de seus computadores.*

COMENTÁRIOS

Alternativa "a" – Sujeito plural (invenções) = verbo plural.

Alternativa "b" – Sujeito plural (máquinas) = verbo plural.

Alternativa "c" – Sujeito plural (elas) = verbo plural.

Alternativa "d" – Sujeito plural (pessoas) = verbo plural.

Alternativa "e" – Expressão partitiva (a grande maioria) + substantivo plural (pessoas) = verbo no singular ou no plural: *A grande maioria das* ***pessoas*** ***<u>usam</u>*** ou *A* ***grande maioria*** *das pessoas* ***<u>usa</u>***.

Alternativa correta: letra "e".

---

71. (FCC – TRE SP 2017 – Técnico Judiciário – Área Administrativa) A frase em que a concordância se estabelece em conformidade com a norma-padrão da língua é:

a) Voltados ao cultivo e à difusão da memória político-eleitoral, foi criado o CEMEL, em 1999.

b) Dão-se com regularidade a ocorrência de visitas escolares monitoradas na sede do tribunal.

c) Faz parte do acervo títulos eleitorais, urnas de votação, quadros, fotografias e material audiovisual.

d) Entre as iniciativas do CEMEL, destaca-se a realização de exposições e o lançamento de livros.

e) O acervo do CEMEL contêm, entre outros itens, títulos de eleitor que remontam à época do Império.

COMENTÁRIOS

✪ **Nota da autora:** Questão de concordância e vozes verbais.

Alternativa "a" – O CEMEL foi **voltado.**

Alternativa "b" – Verbo transitivo direto + se = voz passiva e possui sujeito: **Dá-se** com regularidade **a ocorrência**. Na voz passiva analítica: a ocorrência é dada com regularidade.

Alternativa "c" – O verbo anteposto ao sujeito composto pode concordar apenas com o núcleo mais próximo, mas note que este se encontra no plural (urnas). Correção: **Fazem** parte do acervo títulos eleitorais, **urnas** de votação, quadros, fotografias e material audiovisual.

Alternativa "d" – Verbo transitivo direto + se = voz passiva. Os termos "a realização de exposição e o lançamento de livros" possuem função de sujeito e pelo fato de o verbo estar anteposto ao sujeito composto, pode concordar com o núcleo mais próximo: **destaca-se** a **realização** de exposições. Poderia, também, ser pluralizado e concordar com os dois núcleos: **destacam-se** a **realização** de exposições **e** o **lançamento** de livros.

Alternativa "e" – O acervo (núcleo do sujeito) **contém**. Cuidado! "Títulos de eleitor" possui função de complemento verbal, ou seja, é objeto direto do verbo *conter* e não manda na concordância.

Alternativa correta: letra "d".

---

72. (FCC – TRE SP 2017 – Técnico Judiciário – Área Administrativa) A forma verbal empregada corretamente está na frase:

a) Notam-se a probabilidade de problemas emocionais e de déficits de habilidades sociais.

b) Dedica-se ao manejo de aparelhos eletrônicos, desde a mais tenra idade, as crianças de hoje.

c) Cercam-se de solidão e isolamento uma vida reclusa ao mundo virtual de atualizações de status.

d) Findaram as discussões profundas, com as quais poderia se enriquecer os anos de universidade.

e) Interpretam-se, com dificuldade, comportamentos alheios frente a frente, em tempo real.

COMENTÁRIOS

✪ **Nota da autora:** Fundamental fazer a pergunta ao verbo para encontrar o sujeito e colocar a oração na ordem direta – iniciando com o sujeito. Em casos de voz passiva sintética (verbo transitivo direto ou transitivo direto i indireto + se), é recomendável transpor a oração para a voz passiva analítica (verbo "ser" + particípio).

Alternativa "a" - *Notam*-se algo = verbo transitivo direto + se. Passiva analítica: a probabilidade... (sujeito) é notada. Correção: **nota-se.**

Alternativa "b" - Sujeito: as crianças de hoje. Na ordem direta: as crianças de hoje **dedicam-se.**

Alternativa "c" - *Cercam* algo = verbo transitivo direto + se. Passiva analítica: uma vida reclusa (sujeito) é cercada. Correção: **cerca-se.**

Alternativa "d" - *Enriquecer* algo = verbo transitivo direto + se. Passiva analítica: os anos de universidade (sujeito) poderiam ser enriquecidos. Correção: com as quais **se poderiam enriquecer.**

Alternativa "e" - *Interpretar* algo = verbo transitivo direto + se. Isso significa que há sujeito. Na passiva analítica: comportamentos alheios (sujeito) são interpretados; na sintética: interpretam-se.

Observação: Além da análise de concordância, ocorre colocação pronominal errônea, pois o pronome relativo atrai o pronome oblíquo. Outra possibilidade de reescritura seria "com as quais poderiam enriquecer-se": pronome após o verbo principal.

Alternativa correta: letra "e".

---

73. (FCC – TRE PR 2017 – Técnico Judiciário – Área Administrativa) Substituindo-se o segmento sublinhado pelo que se encontra entre parênteses, o verbo que deve ser flexionado no plural está em:

a) O apetite pela produção recente (pelas produções atuais) dos países avançados muitas vezes tem como avesso...

b) ... a cada geração, a vida intelectual (as práticas intelectuais) no Brasil parece recomeçar do zero.

c) O inconveniente faz parte do sentimento (das sensações) de inadequação...

d) ... só raramente a passagem de uma escola a outra (a outras) corresponde ao esgotamento de um projeto...

e) ... a guitarra elétrica no país do samba (do carnaval e do samba) é outro.

COMENTÁRIOS

✪ **Nota da autora:** O verbo deve concordar com o sujeito. Essa é a análise que deve ser feita nas alternativas.

Alternativa "a" – Núcleo do sujeito: o substantivo *apetite* = verbo no singular (tem).

Alternativa "b" – A vida intelectual (sujeito) parece recomeçar. Substituindo: as práticas intelectuais **parecem** recomeçar.

Alternativa "c" - Sujeito: inconveniente = verbo no singular (faz).

Alternativa "d" – Núcleo do sujeito: o substantivo *passagem* = verbo no singular (corresponde).

Alternativa "e" – Núcleo do sujeito: o substantivo *guitarra* = verbo no singular (é).

Alternativa correta: letra "b".

---

74. (FCC – TRF 5 – 2017 – Técnico Judiciário – Área Administrativa) Substituindo-se o segmento sublinhado pelo que está entre parênteses, sem que nenhuma outra modificação seja feita, a frase que permanece correta está em:

a) ***o ser*** *se lava das obrigações pendentes* (as pessoas)

b) ***quase todo mundo*** *se queixa de não ter tempo* (a maioria das pessoas)

c) ***a poesia*** *esbanjou o tempo do poeta* (os efeitos poéticos)

d) ***isso*** *não significa que o poeta não faça coisa nenhuma* (tais fatos)

e) *o trabalho do poeta é muitas vezes invisível para* ***quem*** *o observa de fora* (aqueles que)

COMENTÁRIOS

Vejamos, agora, as alterações que seriam necessárias:

Alternativa "a" – as pessoas **se lavam**.

Alternativa "b" – Ao substituir o sujeito por uma expressão partitiva, o verbo pode ficar no singular, concordando com *a maioria*, ou no plural, concordando com *pessoas:* **a maioria** das pessoas ***se queixa*** ou a maioria das **pessoas *se queixam*.**

Alternativa "c" – os efeitos poéticos **esbanjaram**.

Alternativa "d" – Tais fatos não **significam**.

Alternativa "e" – aqueles que **observam**.

Alternativa correta: letra "b"

75. (FCC – TRF 5 – 2017 – Analista Judiciário – Área Judiciária) As formas verbais atendem às normas de concordância e à adequada articulação entre tempos e modos na frase:

a) Não deveriam caber àqueles que julgam caprichosamente tomar decisões que se baseavam em juízos de valor viciosos e precipitados.

b) Acatassem os ensinamentos de Hobsbawm toda gente que se ocupa de julgar, menos hostilidades haverá nas redes sociais.

c) A obsessão pelos juízos de valor, tão disseminados nas redes sociais, fazem com que viéssemos a difundir mais e mais preconceitos.

d) Uma vez que se pretendam que as meras opiniões sejam tão consistentes quanto os argumentos, toda discussão terá sido inócua.

e) Caberá aos historiadores verdadeiramente sérios todo o empenho na compreensão de um fenômeno, antes que venham a julgá-lo.

COMENTÁRIOS

Alternativa "a" – Concordância: tomar decisões (sujeito oracional) não **deveria** caber; verbo: deveria (futuro do pretérito do indicativo) – **baseassem** (pretérito imperfeito do subjuntivo). Outra opção: Não deveria... que se baseiam.

Alternativa "b" – Concordância: toda gente (sujeito) **acatasse**; verbo: acatassem (pretérito imperfeito do subjuntivo) – **haveria** (futuro do pretérito do indicativo).

Alternativa "c" – Concordância: a obsessão (sujeito) **faz**; verbo: faz com que **venhamos** (presente do subjuntivo).

Alternativa "d" – Concordância: o verbo *pretender* é transitivo direto + se = voz passiva. O sujeito é oracional (possui verbo) e o verbo deve ficar no singular. Retificando: Uma vez que **se pretenda** que as meras opiniões sejam tão consistentes quanto os argumentos (sujeito); verbo: toda discussão **será** (futuro do presente do indicativo).

Alternativa "e" – O verbo concorda com o sujeito: todo o empenho (sujeito) caberá; os verbos possuem correlação: futuro do presente do indicativo e presente do subjuntivo.

Alternativa correta: letra "e".

76. (FCC – TRF 5 – 2017 – Analista Judiciário – Área Judiciária) O verbo indicado entre parênteses deverá flexionar-se de modo a concordar com o elemento sublinhado na frase:

a) As imagens que guardamos do nosso **passado** nem sempre (**alcançar**) reproduzir as reais experiências do que vivemos.

b) As experiências que as **pessoas** vivem no presente são determinantes para que (**produzir**) as imagens do que viveram no passado.

c) Os trabalhos de **memória**, quando a pomos para funcionar, (**acabar**) por destacar a alteração que o tempo produziu em relação aos fatos passados.

d) Melhor seria se as imagens que guardamos da **infância** mais remota (**favorecer**) um melhor aproveitamento das experiências do presente.

e) A maioria das **pessoas** acredita que (**coincidir**) uma imagem do passado com outra imagem do presente.

COMENTÁRIOS

Alternativa "a" – As **imagens** (sujeito) nem sempre **alcançam**.

Alternativa "b" – A ideia é: as experiências são determinante para que (**as pessoas**) **produzam** as imagens.

Alternativa "c" – Os **trabalhos** de memória (sujeito; núcleo: trabalhos – substantivo) **acabam**.

Alternativa "d" – As **imagens** (sujeito) **favorecessem**.

Alternativa "e" – Uma **imagem** do passado (sujeito; núcleo: imagem – substantivo) **coincide**.

Alternativa correta: letra "b".

77. (FCC – Analista Judiciário – Área Administrativa – TRF 3/2016) O verbo que pode ser indiferentemente flexionado no singular ou no plural encontra-se em:

a) ... *enfrentar as luzes, os cartazes, e a plateia...* (como diz o Tom, enfrentar as luzes, os cartazes, e a plateia)

b) *Mas a música brasileira, ao contrário de outras artes, já traz dentro de si os elementos de renovação.*

c) *Veja, os Beatles, foram à Índia...* ("Só tenho uma opção, confessou-me um italiano – sangue novo ou a antimúsica. Veja, os Beatles, foram à Índia...")

d) *O importante é Mutantes e Martinho da Vila no mesmo palco.*

e) ... *onde samba, toada etc. são ritmos virgens para seus melhores músicos...* (Mas, como eu ia dizendo, estava voltando da Europa e de sua música estereotipada, onde samba, toada etc. são ritmos virgens para seus melhores músicos)

COMENTÁRIOS

Alternativa "d" – Verbo anteposto ao sujeito composto (Mutantes e Martinho da Vila) pode permanecer no singular ou no plural.

Curiosidades

1. Ficará o verbo no singular se for antecedido de expressões como "*é necessário*" ou "*é preciso*":

É necessário paciência e perseverança para se atingir a meta. **É preciso** atenção e perspicácia para descobrir onde está Wally.

2. Se o sujeito composto formar-se de nomes próprios, será melhor a concordância no plural:

Foram aprovados Adilan, Ronan e Luiz Eduardo. **Discursarão** Temer e Cunha.

3. Se o verbo for "ser" seguido de substantivo flexionado no plural, deverá ir para o plural:

Foram prefeitos de Barretos Benedito Realindo Corrêa e João Batista da Rocha. **São** meus primos o Adirlei e a Avani.

4. Irá o verbo para o plural se encerrar ideia de reciprocidade:

Após a cerimônia, **beijaram-se** Gustavo e Simone. Consta que **lutaram** a noite inteira Jacó e o anjo.

Alternativa "a" – Enfrentar algo: *as luzes, os cartazes, e a plateia* possuem função de objeto direto, impossibilitando o verbo pluralizado.

Alternativa "b" – A música brasileira (sujeito simples) **traz**.

Alternativa "c" – Veja (você = sujeito); os Beatles (sujeito simples e plural) **foram** à Índia.

Alternativa "e" – Samba, toada etc. (sujeito) **são** ritmos.

Alternativa correta: letra "d".

---

78. (FCC – Analista Judiciário – Área Administrativa – TRF 3/2016) A respeito da concordância verbal, é correto afirmar:

a) Em "A aquisição de novas obras devem trazer benefícios a todos os frequentadores", a concordância está correta por se tratar de expressão partitiva.

b) Em "Existe atualmente, no Brasil, cerca de 60 museus", a concordância está correta, uma vez que o núcleo do sujeito é "cerca".

c) Na frase "Hão de se garantir as condições necessárias à conservação das obras de arte", o verbo "haver" deveria estar no singular, uma vez que é impessoal.

d) Em "Acredita-se que 25% da população frequentem ambientes culturais", a concordância está correta, uma vez que a porcentagem é o núcleo do segmento nominal.

e) Na frase "A maioria das pessoas não frequentam o museu", o verbo encontra-se no plural por concordar com "pessoas", ainda que pudesse, no singular, concordar com "maioria".

COMENTÁRIOS

Exemplos: **A maior parte** dos colaboradores **aderiu/aderiram** à greve. (singular)

Mais da metade dos funcionários não **compareceu/compareceram** à reunião (plural)

A menor parte dos participantes não **gostou/gostaram** do curso.

Boa parte dos integrantes **concorda/concordam** com a política do grupo.

Menos da metade dos monitores se **lembra/lembram** daquela aluna.

Alternativa "a" – Não há expressão partitiva e a concordância está incorreta. O sujeito é simples (núcleo: aquisição), o verbo deve ficar no singular: **deve** trazer.

Alternativa "b" – Concordância errada. 60 museus **existem**; núcleo: museus.

Alternativa "c" – O verbo "haver" não é impessoal, mas sim auxiliar. *Hão de se garantir* equivale a *garantirão.*

Alternativa "d" – Verbo transitivo indireto (acreditar em algo) seguido de "se" (índice de indeterminação do sujeito) não admite plural.

Alternativa "e" – Exato. Casos em pode o verbo pode ficar no singular ou no plural – expressões partitivas: "a maioria", "a minoria", "grande parte de", "mais da metade".

DICA – Apenas verbo transitivo e verbo transitivo direto e indireto + se (pronome apassivador) admitem plural.

Alternativa correta: letra "e".

TRECHO PARA O ITEM.

(...) Formalmente, a Constituição de 1891 definia como cidadãos os brasileiros natos e, em regra, os naturalizados. Podiam votar os cidadãos com mais de vinte e um anos de idade que tivessem se alistado conforme determinação legal. Mas o que, exatamente, significava isso? Em 1894, na primeira eleição para presidente da República, votaram 2,2% da população. Tudo indica que, apesar de a República ter abolido o critério censitário e adotado o voto direto, a participação popular continuou sendo muito baixa em virtude, principalmente, da proibição do voto dos analfabetos e das mulheres.(...)

Ane Ferrari Ramos Cajado, Thiago Dornelles e Amanda Camylla Pereira.

Eleições no Brasil: uma história de 500 anos. Brasília: Tribunal Superior

Eleitoral, 2014, p. 27-8. Internet: <www.tse.jus.br>(com adaptações).

---

79. (Cespe – Analista Judiciário – Área Judiciária– TRE-GO/2015) O trecho "votaram 2,2% da população" poderia, sem prejuízo gramatical ou de sentido para o texto, ser reescrito da seguinte forma: 2,2% da população votou.

COMENTÁRIOS

Certo – 2,2% votaram = o verbo concorda com a porcentagem; 2,2% da população votou = o verbo pode concordar com o numeral da porcentagem ou com o substantivo.

Alternativa correta: "certo".

---

80. (FCC – Analista Judiciário – Área Judiciária – TRF 3/2014) As regras de concordância estão plenamente respeitadas em:

a) O crescimento indiscriminado que se observa na cidade de São Paulo fazem com que alguns de seus bairros sejam modificados em poucos anos.

b) Devem-se às múltiplas ofertas de lazer e cultura a atração que São Paulo exerce sobre alguns turistas.

c) Apesar de a cidade de São Paulo exibir belas alamedas arborizadas, deveriam haver mais áreas verdes na cidade.

d) O ruído dos carros, que entram pelas janelas dos apartamentos, perturbam boa parte dos paulistanos.

e) Na maioria dos bairros de São Paulo, encontram-se referências culinárias provenientes de diversas partes do planeta.

COMENTÁRIOS

Alternativa "a" – O crescimento indiscriminado **faz**.

Alternativa "b" – A atração **deve-se**.

Alternativa "c" – **Deveria** haver ou **deveriam** existir. Haver = singular; existir = plural.

Alternativa "d" – O ruído, que **entra**, **perturba**.

Alternativa correta: letra "e" – A oração "*Encontram-se* referências" está na voz passiva sintética e o verbo concorda com o sujeito. 1. O verbo encontrar é transitivo direto + se (pronome apassivador); 2. Na passiva analítica: Referências são encontradas.

Alternativa correta: letra "e".

---

81. (FCC – Analista Judiciário – Área Judiciária – TRF 4/2014) O verbo indicado entre parênteses deverá flexionar-se, obrigatoriamente, em uma forma do plural para preencher de modo adequado a lacuna da frase:

a) A situação de vulnerabilidade social que a tantos jovens .... (**constranger**) pode ser plenamente superada por programas como o PET.

b) Aos desafios de criar, desenvolver e sobretudo manter um programa de reinserção social .... (**corresponder**), felizmente, um número expressivo de conquistas.

c) Durante mais de dez anos só (**vir**) a crescer a convicção de que as medidas adotadas pelo PET eram bastante eficazes.

d) A muitos daqueles que torceram o nariz para as iniciativas do PET não .... (**ocorrer**) que tais medidas afirmativas poderiam ser tão eficazes.

e) A um projeto como o "Virando a página" (**dever**) emprestar todo o apoio os agentes envolvidos na reabilitação dos menores infratores.

COMENTÁRIOS

Alternativa "a" – *A situação de vulnerabilidade social* (sujeito) **constrange.**

Alternativa "b" – *Um número expressivo de conquistas* (sujeito) **corresponde.**

Alternativa "c" – *A convicção...* (sujeito) só **veio** a crescer.

Alternativa "d" – Sujeito oracional (com verbo) = verbo no singular: *que tais medidas afirmativas poderiam ser tão eficazes* (sujeito, ou oração subordinada substantiva) não **ocorre.**

Alternativa "e" – Ordem direta: Os agentes envolvidos na reabilitação dos menores infratores **devem** emprestar todo o apoio a um projeto como o "Virando a página".

Alternativa correta: letra "e"

7. REGÊNCIA VERBAL E NOMINAL

Tópico relacionado ao emprego do pronome relativo. A dica está no verbo ou nome posposto ao pronome relativo.

---

82. (FCC – TRE SP 2017 – Técnico Judiciário – Área Administrativa) O Centro de Memória Eleitoral do TRE-SP foi criado em agosto de 1999 e **tem por objetivo** a execução de ações...

O segmento sublinhado estará corretamente substituído, com o sentido preservado, por:

a) visa à

b) propõe-se da

c) promove à

d) reivindica à

e) promulga a

COMENTÁRIOS

✪ **Nota da autora:** Questão de regência, crase e semântica (significado das palavras).

Alternativa "a" – O verbo *visar* no sentido de "almejar, ter por objetivo" é transitivo indireto e exige a preposição "a". Unindo a preposição "a" ao artigo feminino definido singular "a" que acompanha o substantivo *execução*, tem-se: visa à execução (visa **ao** *problema* – substituindo o substantivo feminino por um masculino, resulta em **ao** e a crase é obrigatória).

Alternativa "b" – **Propõe-se a execução**: verbo transitivo direto (propõe algo) + se = voz passiva sintética. Na passiva analítica: a execução é proposta.

Alternativa "c" – Promove algo = verbo transitivo direto: **promove a execução** (substituindo: promove o problema – sem "ao" = sem crase").

Alternativa "d" – Reivindica algo = verbo transitivo direto: **reivindica a execução** (reivindica o processo).

Alternativa "e" – A regência está correta, pois se trata de verbo transitivo direto; o erro está no significado. *Promulgar é ordenar a publicação de (lei); publicar oficialmente; tornar público e conhecido de todos; apregoar solenemente*[15].

Alternativa correta: letra "a".

---

83. (FCC – TRE PR 2017 – Analista Judiciário – Área Judiciária) A frase que, do ponto de vista da regência verbal e nominal, está em acordo com a norma-padrão é:

a) No protocolo em estudo ficava bem nítida a ideia de que o paciente tem o direito de concordar ou recusar a realização dos procedimentos médicos propostos pela equipe que o atende.

b) Esta era a advertência: "Nenhuma parte deste livro pode ser reproduzida sem a expressa permissão da editora, a não ser que se trate de resenha, à qual é permitido citar pequenos trechos".

c) Ao expor sua opinião sobre a adoção de crianças, deixou transparecer mais de um preconceito; esse não é, sem dúvida, um tema que um educador como ele deve estar alheio.

d) O coordenador dos trabalhos emergenciais, bastante abalado com o que via, declarou de que garantiria o reconhecimento e o respeito dos direitos de todos os que viviam os efeitos daquela imensa catástrofe.

e) Iniciado o programa inovador de atendimento a refugiados, uma onda de manifestações a favor da iniciativa legitimou-a, de que é prova contundente a quantidade de projetos similares à ação pioneira de atendimento a expatriados.

COMENTÁRIOS

Alternativa "a" – Verbos com complementos distintos, ou seja, que exigem preposições diferentes, devem possuir dois complementos: o paciente tem o direito de **concordar com a realização** dos procedimentos médicos propostos pela equipe que o atende **ou recusá-la.**

Alternativa "b" – O pronome relativo retoma "resenha". Na ordem direta, com os termos pospostos ao relativo, lê-se: É permitido citar pequenos trechos **na** resenha. A preposição "em" foi exigida. Podem ser usadas as formas **na qual** ou **em que**.

15. Dicionário Informal. Disponível em <http://www.dicionarioinformal.com.br/promulgar/>. Acesso em 14 fev. 2017.

Alternativa "c" – O pronome relativo retoma "tema". Na ordem direta, com os termos pospostos ao relativo, lê-se: Um educador deve estar alheio **ao** tema. A preposição "a" foi exigida. Podem ser usadas as formas **a que** ou **ao qual**.

Alternativa "d" – O verbo "declarar" é transitivo direto e não admite preposição anteposta à conjunção integrante: declarou **que garantiria** o reconhecimento.

Alternativa "e" – O verbo "legitimar" é transitivo direto, portanto admite o pronome "a" como objeto direto (legitimou uma onda de manifestações = legitimou-a).

Alternativa correta: letra "e".

---

84. (CONSULPLAN – TRE RJ 2017 – Analista Judiciário – Área Judiciária – adaptada) Acerca das relações estabelecidas entre termos regentes e termos regidos, assinale a afirmativa cuja expressão indica correção.

a) No trecho *"A liberdade consiste não em negar essa interpenetração, mas em definir seus usos legítimos **em todas as esferas**"*, a substituição de *"em"* por "a" acarretaria a inserção do sinal indicativo de crase no "a".

b) O sinal indicativo de crase em *"Reduzido a uma só frase"* é facultativo pelo fato de que após o *"a"* segue-se o artigo indefinido *"uma"*.

c) Desconsiderando alterações semânticas, a substituição de *"Reduzido a uma só frase"* por "Reduzindo à frase" exemplifica o fenômeno da crase por motivo sintático.

d) No trecho *"malfeito e contrário à liberdade"*, o sinal indicativo de crase no *"a"* apresenta-se como fenômeno diacrônico consolidado, como pode ser visto em "contra-ataque" em que se verifica contração de duas letras vogais em contato.

COMENTÁRIOS

✪ **Nota da autora:** Questão de regência e crase.

Alternativa "a" – Não há crase em termos singular (a) + plural (todas).

Alternativa "b" – O emprego de crase é proibido, pois não pode haver crase antes de artigo indefinido.

Alternativa "c" – O verbo *reduzir* exige a preposição "a" e o substantivo feminino singular *frase* exige o artigo feminino singular "a". A (preposição) + a (artigo) = à (crase).

Alternativa "d" – Diacrônico: fenômeno que estuda a evolução histórica de uma língua. 1. A crase é obrigatória pelo fato de o adjetivo "contrário" ser um termo regente (contrário a algo) e o substantivo feminino "liberdade" – termo regido – exigir o artigo definido feminino "a". 2. Quanto ao hífen, a regra de *contra-ataque* foi alterada após a reforma ortográfica: *usa-se sempre hífen quando o prefixo terminar por* ***vogal*** *e o segundo elemento começar pela mesma* ***vogal***. Exemplos: *contra-ataque, micro-ondas, semi-internato, anti-imperialista.*

Alternativa correta: letra "c".

---

85. (FCC – Técnico Judiciário – Área Administrativa – TRF 3/2014) *Quando a embarcação na qual ele navegava entrou inadvertidamente no raio de ação das sereias...*

Sem prejuízo para a correção e o sentido original, o segmento grifado acima pode ser corretamente substituído por:

a) à qual
b) em que
c) cuja
d) a que
e) da qual

COMENTÁRIOS

Alternativa "b":

1. O relativo "a qual" retoma *embarcação*;
2. Ordem direta: ele navegava **na** embarcação;
3. A preposição **em** foi exigida.
4. Cabem as formas: **na qual** e **em que**.

Alternativa "a" – Não exige a preposição "a".

Alternativa "c" – Não cabe posse, muito menos o pronome concordaria com o pessoal "ele" (termo posposto).

Alternativa "d" – Não exige a preposição "a".

Alternativa "e" – Não exige a preposição "de".

Alternativa correta: letra "b".

8. CRASE

Crase nada mais é que regência. Evitando erros, trabalhemos com o "macete" de substituição. Seguem as dicas nos comentários.

---

86. (IBFC – Técnico Judiciário – Área Administrativa – TRE PA – 2020) Quanto ao uso do acento grave, assinale a alternativa correta.

a) Um formoso papagaio voava à meia altura.
b) É importante obedecer às normas de trânsito para não perder a habilitação.
c) O assunto tem à possibilidade de ir muito além da sala de aula.
d) O cachorro obedece à Afonso, devido a seu treinamento.

COMENTÁRIOS

Alternativa "a" – Não deve haver crase antes de numeral. Perceba que se substituir por um termo masculino, não resultará em "ao": voava a meio quilômetro.

Alternativa "b" – O verbo *obedecer* é transitivo indireto e exige a preposição "a". Substituindo: obedecer **aos** padrões.

Alternativa "c" – O verbo *ter* é transitivo direto. Substitua por substantivo masculino: tem o intuito.

Alternativa "d" – Não pode haver crase antes de palavra masculina. Exceções: haverá se houver a expressão "à moda de" ou "ao estilo de" subentendida: Escreveu à Machado de Assis.

Alternativa correta: letra "B"

---

87. (IBFC – Analista Judiciário – Área Administrativa – TRE PA – 2020) Em relação ao uso do acento indicativo de crase, assinale a alternativa correta.

a) Muitos pais estavam à espera de seus filhos na frente do colégio.
b) Com a chegada do verão, vamos à Veneza, cidade encantadora.
c) Em todo lugar, há muitos divagando a vida e à morte.
d) Os aventureiros percorreram a Rota 66 de ponta à ponta.

COMENTÁRIOS

Alternativa "a" – Usa-se o sinal indicativo de crase em expressões adverbiais formadas por palavras femininas (à espera de).

Alternativa "b" – Voltamos de Veneza: sem a contração da preposição (de) + o artigo (a), não há crase. Precisaria resultar em "da". Exemplo: Fui à Itália = voltei da Itália.

Alternativa "c" – O verbo *divagar*, no contexto, é transitivo direto e não cabe a crase antes do substantivo "morte", assim como não coube antes do substantivo "vida". Note que há paralelismo sintático: dois complementos do verbo.

Alternativa "d" – Não se usa o acento indicativo de crase em palavras repetidas que formam locução adverbial.

Dica: se fosse, por exemplo, objeto direto e objeto indireto, haveria o acento: prefiro a paz à paz (algo **a** algo).

Alternativa correta: letra "A"

---

88. (FCC – Analista Judiciário – Área Judiciária – TRF 4/2019) É plenamente adequado o emprego de pronomes e do sinal indicativo de crase em:

a) Diante da morte do pai, o filho não apenas lhe lamenta como se vê submetido à culpas inconsoláveis e a profundos remorsos.

b) Kafka escreveu uma **Carta ao pai**, carregando-lhe de sentimentos duros, que o leitor à muito custo acompanhará.

c) Ninguém se sentirá alheio às provações que Kafka nos conta em sua carta, a propósito das dores que o pai lhe infligiu.

d) As emoções que provoca no leitor à leitura da carta de Kafka ao pai devem-se ao poder da ficção que lhe captura.

e) As palavras da **Carta** conduzem o leitor, passo à passo, pelas dores e humilhações que o pai de Kafka fez-lhe passar.

COMENTÁRIOS

✪ **Nota da autora:** Questão de crase, pronome e regência.

Alternativa "a" - O verbo *lamentar* é transitivo direto: lamenta a morte = **a** lamenta. Não pode haver crase em singular (a: preposição) e plural (culpas).

Alternativa "b" - O verbo *carregar* é transitivo direto: carregando a carta = carregando-**a**. Não pode haver crase antes de palavra masculina (**a** muito custo).

Alternativa "c" - Regência: alheio **a** algo = alheio às provocações. Substituindo por um substantivo masculino, resulta em "ao" e por isso há crase: alheio aos problemas.

Alternativa "d" - Na ordem direta: **a** leitura (sujeito) provoca as emoções = não pode haver crase no sujeito.

Alternativa "e" - Não pode haver crase antes de palavra masculina: passo **a** passo. **DICA:** pode haver crase entre palavras repetidas se não possuírem função de adjunto adverbial: Preferiu guerra (objeto direto) **à** guerra (objeto indireto – a algo).

Alternativa correta: letra"c".

---

89. (CONSULPLAN - TRE RJ 2017 - Técnico Judiciário - Área Administrativa) No trecho *"[...] o progresso das armas de extermínio maciço está entregue à sua competência"*, o uso do acento grave como indicador de crase é opcional. Assinale a alternativa em que o uso desse mesmo recurso também é opcional.

a) "Eles assistiram àquela peça várias vezes."

b) "Os homens chegaram cedo à casa da avó."

c) "Suas prerrogativas estão relacionadas às dele."

d) "Caminharam até à casa dos amigos para brincar."

COMENTÁRIOS

Alternativa "a" - O verbo *assistir*, no sentido de "ver", exige a preposição "a" = **crase obrigatória** na junção da preposição + pronome demonstrativo (aquela).

Alternativa "b" - **Crase obrigatória** por estar especificando a casa (da avó).

Alternativa "c" - **Crase obrigatória** por haver o substantivo feminino plural "prerrogativas" implícito. Lê-se: Suas prerrogativas estão relacionadas às (prerrogativas) dele. Substituindo por um substantivo masculino plural, resulta em "ao" e assim o uso da crase é confirmado: **Seus argumentos** estão relacionados **aos** dele.

Alternativa "d" - 1. A crase é facultativa antes de pronome possessivo feminino singular: a (à) sua competência; 2. A crase também é facultativa após a preposição "até": até a (à) casa.

Alternativa correta: letra "d".

---

90. (Cespe – Técnico Judiciário – Área Administrativa – TRE – TO/2017 – adaptada) No trecho "O Tocantins dá abrigo à mais completa floresta fossilizada do mundo, que viveu no Período Permiano, em uma época anterior à dos dinossauros." do texto CG1A1BBB[16], o emprego do sinal indicativo de crase – destacado – decorre da

a) regra de acentuação de palavras monossílabas.

b) presença de expressão adverbial com nome feminino.

c) elipse do nome "época" imediatamente depois de "à".

d) regência do adjetivo "anterior" e presença do artigo feminino antes do termo elíptico "época".

e) regência do nome "época".

COMENTÁRIOS

✪ **Nota da autora:** Questão de regência e crase.

Alternativa "a" - O sinal do acento indicativo de crase nunca seguirá a regra de acentuação dos monossílabos.

Alternativa "b" - Não se trata de expressão adverbial.

Alternativa "c" - Explicação incompleta: falta informar a necessidade da preposição e do artigo feminino.

Alternativa "d" - Lê-se: em uma época anterior à época dos dinossauros.

1. É anterior **a** algo = regência do adjetivo;
2. Anterior à época = artigo feminino singular (a) + preposição (a).

Alternativa "e" - Regência do adjetivo "anterior" – termo regente, ou seja, o termo que exige a preposição.

Alternativa correta: letra "d".

---

16. *Internet: <www.florestalbrasil.com> (com adaptações).*

91. (Cespe – TRF1 2017 – Técnico Judiciário – adaptada) No trecho "A preocupação do filósofo era levar as pessoas, por meio do autoconhecimento, à sabedoria e à prática do bem."[17], o emprego do sinal indicativo de crase em "à sabedoria" e em "à prática do bem" justifica-se por serem termos regidos pela forma verbal "levar" e por estarem precedidos por artigo definido feminino.

( ) certo ( ) errado

COMENTÁRIOS

Quanto à regência verbal: levam alguém (as pessoas = objeto direto) a algo (à sabedoria e à prática do bem = objeto indireto). A preposição "a" foi exigida pelo verbo + o artigo feminino singular "a" = à.

Substituindo por uma palavra masculina que pertença a uma classe gramatical equivalente, resulta em "ao" e, assim, temos certeza de que há crase antes da palavra feminina: levar as pessoas **ao** *prazer* e **ao** *processo* do bem.

Alternativa correta: "certo".

92. (Cespe – TRF1 2017 – Analista Judiciário – Áreas Administrativa e Judiciária – adaptada) O emprego do sinal indicativo de crase em "à tutela dos animais" (No direito brasileiro convencional, a relação entre a espécie humana e as demais espécies animais limita-se à **tutela dos animais** pelo poder público em função da sua utilidade enquanto fauna brasileira intrínseca ao meio ambiente equilibrado.[18]) é facultativo.

( ) certo ( ) errado

COMENTÁRIOS

O acento do sinal indicativo de crase é obrigatório. Vamos analisar de duas formas para que você escolha uma das opções para ser aplicada na próxima prova:

1. Regência: o verbo "limitar-se" exige a preposição "a" (limita-se a algo) e o termo regido é um substantivo feminino "tutela" e admite o artigo feminino singular. Preposição A + artigo A = à;
2. Dica: substitua a palavra masculina por uma masculina da mesma classe gramatical. Se resultar em **ao**, haverá crase, pois teremos preposição + artigo. Limita-se **ao** processo.

Alternativa correta: "errado".

TRECHO PARA O ITEM.

Os primeiros anos que se seguiram à Proclamação da República foram de grandes incertezas quanto aos trilhos que a nova forma de governo deveria seguir. Em uma rápida olhada, identificam-se dois grupos que defendiam diferentes formas de se exercer o poder da República: os civis e os militares. (...)

Ane Ferrari Ramos Cajado, Thiago Dornelles e Amanda Camylla Pereira.

Eleições no Brasil: uma história de 500 anos. Brasília: Tribunal Superior

Eleitoral, 2014, p. 27-8. Internet: <www.tse.jus.br>(com adaptações).

93. (Cespe – Analista Judiciário – Área Judiciária–TRE-GO/2015) O trecho "que se seguiram à Proclamação" poderia ser reescrito, sem alteração da ideia original nem prejuízo gramatical, da seguinte forma: que seguiram a Proclamação.

COMENTÁRIOS

Os primeiros anos que foram seguidos à Proclamação (substantivo feminino) = foram seguidos **ao** poder (substantivo masculino). A crase é obrigatória por ter resultado em **ao** (preposição a + artigo o). Os anos que seguiram a Proclamação = os anos que seguiram **o** poder. Substituindo a palavra feminina por uma masculina de classe gramatical idêntica e resultando em **ao**, haverá crase; resultando em **o**, não haverá crase.

Dica complementar (quanto a não alteração da ideia): O verbo *seguir* no sentido de "vir na sequência, vir depois, continuar, prosseguir, suceder" pode ser intransitivo (usado sem pronome) ou pronominal: "as informações que seguem" ou "as informações que se seguem". É também intransitivo com o significado de "estar próximo".

Alternativa correta: "certo".

94. (Cespe – Analista Judiciário – Área Judiciária–TRE-GO/2015) No trecho "Em meio a esse cenário", a inserção de sinal indicativo de crase no "a" acarretaria prejuízo à correção gramatical do texto.

COMENTÁRIOS

Não se usa crase antes de palavra masculina.

Cuidado: a crase aparece antes de palavra masculina quando uma palavra feminina está subentendida na construção da frase, como em "fez um gol à David Luiz", que é "gol à moda de David Luiz", e "vou à João Mendes", que é "vou à praça João Mendes".

Alternativa correta: "certo".

9. PONTUAÇÃO

Para saber pontuar, é necessário saber análise sintática, as funções exercidas por cada termo na oração ou no período.

17. **Sócrates.** *In:* **Coleção Grandes Pensadores**. Revista Nova Escola. Ed. 179, jan.–fev./2005. Internet: <https://novaescola.org.br> (com adaptações).
18. Nathalie Santos Caldeira Gomes. **Ética e dignidade animal**. Internet: <www.publicadireito.com.br> (com adaptações).

FRAGMENTO DE TEXTO PARA RESPONDER À QUESTÃO.

(...) O amor? O entregar-se? Não!

Tratar-se-ia apenas de amor próprio. Sem entrega. Apenas eu. Apenas eu e o tempo. Cerrado na sala cerrada. Divagando sobre o nada e refletindo sobre tudo. Imarcescível seria tal momento. Mas a vida. A vida é singular ao tempo, pois que o tempo é eterno, e a criatura humana é botão de rosa, matéria orgânica falível na passagem do eterno. Sigo... Soerguendo-me... Sobrevivo...

(Fonte: Nelson Olivo Capeleti Junior/ Artigos13/04/2018_JUS Brasil)

95. (IBFC – Analista Judiciário – Área Administrativa – TRE PA – 2020) Analise as regras para o uso de reticências e assinale a alternativa que apresenta corretamente a norma utilizada no enunciado a seguir: "Sigo... Soerguendo-me... Sobrevivo..."

a) O uso de reticências foi utilizado para transmitir que há uma citação e foi apresentada de forma incompleta.

b) O uso de reticências foi utilizado para transmitir que a ideia se prolonga e o diálogo foi interrompido.

c) O uso de reticências foi utilizado para transmitir subjetividade e ênfase a uma sequência de ações e ideias que se prolongam.

d) O uso de reticências foi utilizado para transmitir a mesma função da vírgula, uma pausa momentânea.

COMENTÁRIOS

Alternativa "a" – As aspas indicam que há citação e as reticências não indicam que a informação esteja incompleta.

Alternativa "b" – Não existe indicação de que o diálogo tenha sido interrompido.

Alternativa "c" – Subjetividade por expressar como o narrador se sente; ênfase por utilizar as reticências após todos os verbos.

Alternativa "d" – As reticências não estão indicando pausa.

Alternativa correta: letra "C"

TEXTO PARA RESPONDER À QUESTÃO.

Seis de janeiro, Epifania ou Dia de Reis (em referência aos reis magos), fecha o ciclo natalino que, entre os romanos, festejava o renascimento do sol depois do solstício de inverno (o dia mais curto do ano).

Era uma festa de invocação do sol, pelo fim das noites invernais. Durante esses festejos pagãos, os papéis sociais se confundiam. Havia troca de presentes e de identidades. O escravo assumia o lugar de senhor, o homem se vestia de mulher – como se, para agradar à natureza, tivéssemos de reconhecer a arbitrariedade das convenções culturais.

Nesse intervalo de poucos dias, o homem aceitava como natural o que por convenção as relações sociais e de poder não permitiam. Ameaçado pelos caprichos da natureza, reconhecia que as coisas são mais complexas do que estamos dispostos a ver.

É plausível que Shakespeare tenha escrito "Noite de Reis", segundo Harold Bloom sua comédia mais bem-sucedida, pensando nessa carnavalização solar, para comemorar a Epifania. A peça conta a história de Viola e Sebastian, gêmeos que naufragam ao largo do que hoje seria Croácia, Montenegro ou Albânia, e que no texto se chama Ilíria. Viola acredita que o irmão se afogou. Ao oferecer seus serviços ao duque de Ilíria, ela se disfarça de homem, assumindo o nome de Cesário. É o suficiente para pôr em andamento uma comédia de erros na qual as identidades serão confrontadas com a relatividade das nossas convicções.

O sentido irônico do subtítulo da peça – "o que bem quiserem ou desejarem" – dá a entender que os desejos desafiam as convenções que os encobrem. As convenções se modificam conforme a necessidade. Os desejos as contradizem. Identidade e desejo são muitas vezes incompatíveis.

É o que reivindica a filósofa Rosi Braidotti. Braidotti critica a banalização dos discursos identitários, uma incapacidade de lidar com a complexidade, análoga às soluções simplistas que certos discursos contrapõem às contradições. Diante da complexidade, é natural seguir a ilusão das respostas mais simples.

Sob a graça da comédia, Shakespeare trata da fluidez das identidades. Epifania tem a ver com a luz, com o entendimento e a compreensão. Mas para voltar a ver e compreender é preciso admitir que as contradições são parte constitutiva do mundo. A democracia, em sua imperfeição e irrealização permanentes, depende disso.

(Adaptado de: CARVALHO, Bernardo. Disponível em: **www1.folha.uol.com.br**)

96. (FCC – Técnico Judiciário – Área Administrativa – TRF4/2019) Leia as afirmações abaixo a respeito da pontuação do texto.

I. As vírgulas que isolam o segmento *segundo Harold Bloom sua comédia mais bem-sucedida* (4º parágrafo) podem ser substituídas por parênteses sem prejuízo das relações de sentido estabelecidas no contexto.

II. Sem prejuízo do sentido original, uma pontuação alternativa para o segmento *O sentido irônico do subtítulo da peça – "o que bem quiserem ou dese-*

jarem" – dá a entender que... (5º parágrafo) é: O sentido irônico do subtítulo da peça: "o que bem quiserem ou desejarem", dá a entender que...

III. No segmento *...como se, para agradar à natureza, tivéssemos de reconhecer a arbitrariedade das convenções culturais* (2º parágrafo), o segmento isolado por vírgulas assinala noção de finalidade.

Está correto o que se afirma APENAS em

a) I e III.

b) I.

c) II e III.

d) I e II.

e) III.

COMENTÁRIOS

✪ **Nota da autora:** Questão de pontuação e período composto.

I. Correto: ocorre intercalação da oração subordinada conformativa e pode ser demarcada por duas vírgulas, dois travessões ou parênteses.

II. Errado: o subtítulo da peça deve estar intercalado entre dois travessões – como no segmento original –, entre duas vírgulas ou entre parênteses. Não pode haver vírgula entre sujeito e verbo: o sentido irônico do subtítulo da peça (sujeito) dá a entender.

III. Correto. Basta fazer esta pergunta à oração principal: **Para que** temos de reconhecer a arbitrariedade das convenções culturais? **Para agradar a natureza**: oração subordinada adverbial final reduzida de infinitivo.

Alternativa "a" – I e III corretos.

Alternativa "b" – III também está correto.

Alternativa "c" – II está errado.

Alternativa "d" – II está errado.

Alternativa "e" – I também está correto.

Alternativa correta: letra "a".

---

97. (FCC – Analista Judiciário – Área Judiciária – TRF 4/2019) Está plenamente adequada a **pontuação** da seguinte frase:

a) O grande escritor cubano José Lezama Lima no romance **Paradiso**, tece uma consideração, a respeito da morte do pai.

b) Freud ao tratar da morte do pai, considera-a um dos grandes traumas, que podem acometer a um filho.

c) Embora haja asperezas, na relação de um pai e um filho, há também, por outro lado muita amizade e cumplicidade.

d) Ao escrever a **Carta ao pai** em que faz uma espécie de inventário infernal, Kafka não deixa de mostrar-se alternadamente, sofrido e humilhado.

e) Ainda que afastada da figura do pai real, sua construção ficcional, promovida por Kafka, expressa em alto grau o sofrimento de um filho.

COMENTÁRIOS

Alternativa "a" – Ajustes necessários: intercalação do adjunto adverbial entre sujeito e verbo = O grande escritor cubano José Lezama Lima**, no romance Paradiso**, tece; retirada da vírgula antes do adjunto adverbial, pois a oração está na ordem direta = tece uma consideração **a respeito da morte do pai.**

Alternativa "b" – Ajustes necessários: intercalação da oração adverbial entre sujeito e verbo = Freud**, ao tratar da morte do pai,** considera; a ideia da oração adjetiva é de restrição e não cabe a vírgula anteposta ao pronome relativo = grandes traumas **que podem acometer a um filho**.

Alternativa "c" – Ajustes necessários: verbo + objeto direto + adjunto adverbial (sem pontuação) = Embora haja asperezas **na relação de um pai e um filho**; falta intercalação na expressão "por outro lado" = há também**, por outro lado,** muita amizade e cumplicidade.

Alternativa "d" – Ajustes necessários: falta vírgula para demarcar inversão da oração adverbial = Ao escrever a **Carta ao pai,** em que faz; falta vírgula para intercalar o advérbio entre o verbo e o predicativo = mostrar-se**, alternadamente,** sofrido e humilhado.

Alternativa "e" – A primeira vírgula indica inversão da oração concessiva; a segunda e a terceira intercalam a oração adjetiva explicativa reduzida de particípio entre sujeito e verbo. Para evitar erro, desenvolva a oração reduzida, isto é, retire a forma nominal, insira pronome e conjugue o verbo: que foi promovida por Kafka.

Alternativa correta: letra "e".

TEXTO PARA RESPONDER À QUESTÃO.

A moralidade, que deve ser uma característica do conjunto de indivíduos da sociedade, deve caracterizar de modo mais intenso ainda aqueles que exercem funções administrativas e de <u>gestão</u> **pública ou privada. Com relação a essa ideia, vale destacar que o alcance da moralidade vincula-se a princípios ou normas de conduta, aos padrões de comportamento geralmente reconhecidos, pelos quais são julgados os atos dos membros de determinada coletividade. Disso é possível deduzir que os membros de uma corporação profissional – no caso, funcionários e servidores da administração pública – também** devem ser submetidos ao julgamento ético-moral. A administração pública deve pautar-se nos princípios constitucionais que a regem. É necessário, ainda, que tais princípios estejam pública e legalmente disponíveis ao conhecimento de todos os cidadãos, para que estes possam respeitá-los e vivenciá-los. Nesse contexto, destacam-se os princípios constitucionais tidos como base da função pública e que, sem **dúvida**, constituem pilares de sustentabilidade da função gestora.

O Estado constitui uma esfera ético-política caracterizada pela união de partes que lhe conferem a característica de um organismo vivo, composto pela participação dos cidadãos e de todos aqueles que se abrigam em sua circunscrição constitucional e legal, **ou seja**, se abrigam sob a égide de uma Constituição.

A ética e a cidadania não se desvinculam da questão dos princípios da ação do Estado e da moralidade administrativa, uma vez que, por mais alargados que pareçam os direitos e as esferas individuais **– as quais parecem ser extremamente flexíveis nos atuais contextos –,** urge que sejam regulamentadas as vinculações estreitas que existem entre esferas individuais e esferas coletivas, pressupondo-se, assim, níveis de avanço no campo do progresso moral da sociedade.

Z. A. L. Rodriguez. Ética na gestão pública. Curitiba: InterSaberes, 2016, p. 130-1 (com adaptações).

---

98. (Cespe – Técnico Judiciário – TRE PE/2017) A correção gramatical do texto CG3A1AAA seria mantida caso

a) fosse suprimida a vírgula empregada imediatamente após o travessão no último §.

b) fosse inserida uma vírgula imediatamente após "gestão" (1º §).

c) fosse suprimida a vírgula empregada logo após "dúvida" (1º §).

d) fossem suprimidas as vírgulas que isolam o conectivo "ou seja" (2º §).

e) fosse empregada vírgula imediatamente após o travessão no 1º §.

COMENTÁRIOS

✪ **Nota da autora:** Questão polêmica, mas por eliminação chega-se à resposta.

Alternativa "a" – A vírgula faz parte de uma intercalação extensa (há outra intercalação separada por travessões) e não pode ser retirada. Lê-se: uma vez que urge que sejam regulamentadas as vinculações estreitas.

Alternativa "b" – Os adjetivos referem-se apenas à gestão. Sem a vírgula, possuem função sintática de adjunto adnominal e com a vírgula passa a ser aposto explicativo. A correção gramatical não seria afetada.

Alternativa "c" – As vírgulas separam intercalação e não podem (ou pode) ser suprimida(s): como base da função pública e que constituem pilares.

Alternativa "d" – As expressões "ou seja" e "isto é" são explicativas e devem, obrigatoriamente, ser separadas por vírgulas.

Alternativa "e" – Não cabe inserir vírgula entre sujeito e verbo, ou sujeito e predicado: os membros de uma corporação profissional (sujeito) também devem ser submetidos ao julgamento.

Alternativa correta: letra "b".

---

99. (FCC – TRE PR 2017 – Técnico Judiciário – Área Administrativa – adaptada) A respeito da pontuação dos trechos, afirma-se corretamente:

a) A vírgula assinala a elipse do verbo em Outros, que se trata de uma projeção neurótica imaginária. (*Muitos duvidam da existência do amor. Muitos afirmam ser ele uma invenção da literatura. Outros, que se trata de uma projeção neurótica imaginária.*)

b) Uma vírgula pode ser acrescentada imediatamente após "que", sem prejuízo da correção e da clareza, em Kierkegaard nos lembra que o amor só se conhece pelos frutos.

c) Em A falta de amor na vida produz um certo ceticismo em relação ao mundo, uma vírgula pode ser inserida imediatamente após "vida".

d) O sinal de dois-pontos pode ser acrescentado imediatamente após "porque" no segmento *A armadilha de quem desconfia sempre é que ele mesmo se sente inexistente para o mundo porque este é sempre visto com desprezo.*

e) Em Isso implica que não há propriamente uma percepção do amor que não seja prática, uma vírgula pode ser acrescentada imediatamente após "há", sem que se faça nenhuma outra modificação na frase.

COMENTÁRIOS

Alternativa "a" – **Elipse** é a figura de linguagem que consiste em omitir um termo da frase que não foi enunciado anteriormente na frase, mas podemos facilmente identificá-lo pelo contexto. Substitua a vírgula pelo verbo: Muitos afirmam ser ele uma invenção da literatura. Outros **afirmam** que se trata de uma projeção neurótica imaginária. Ocorre elipse.

Alternativa "b" – O verbo *lembrar* é transitivo direto e indireto (algo – que o amor só se reconhece pelos frutos: objeto direto) a alguém (nos: objeto indireto) e não pode haver vírgula entre verbo e complemento.

Alternativa "c" – Não pode separar com pontuação o sujeito – a falta de amor na vida – do predicado (ou do verbo).

Alternativa "d" – Poderia encaixar a sinal de dois-pontos, mas a conjunção "porque" deveria ser retirada. Usa-se a conjunção, ou são usados os dois-pontos.

Alternativa "e" – Cabem duas vírgulas para marcar intercalação. Usam-se duas ou nenhuma:

1. Isso implica que não há, propriamente, uma percepção do amor que não seja prática.

2. Isso implica que não há propriamente uma percepção do amor que não seja prática.

Alternativa correta: letra "a".

---

100. (CONSULPLAN – TRE RJ 2017 – Técnico Judiciário – Área Administrativa) Os trechos apresentados a seguir tiveram a sua pontuação modificada. Assinale a alternativa em que a alteração realizada gerou mudança de sentido e/ou problema de composição.

a) *"'Tenho, mas, no relógio, só tenho uns dois' [...]"*

b) *"[...] de noitinha, volta a ser no início da noite [...]"*

c) *"Por isso, a importância da expressão 'de relógio' [...]"*

d) *"Nesse momento um suíço ou um inglês tem uma síncope."*

COMENTÁRIOS

QUESTÃO ANULADA.

Fundamentação da banca: De acordo com Cipro Neto e Infante (2008, p. 398-399), as vírgulas acrescentadas nos trechos que compõem as alternativas A e C não geram mudança de sentido (incluindo-se aí questões de ordem pragmática, tal como eventuais ênfases e traços afins, já que a vírgula não se presta a constituição de ênfase, mas de estrutura e organização textual) e/ou problema de composição, pois ou se tratam de usos opcionais de vírgula ou mesmo recomendáveis. Em B, por sua vez, a expressão que atua como sujeito da oração ("de noitinha") é separada do seu predicado ("volta a ser no início da noite"), o que gera um grave problema composicional (CIPRO NETO E INFANTE, 2008, p. 356), a separação entre sujeito e o seu respectivo predicado por pontuação. Essa alternativa, por essa razão, constituiria a resposta adequada à questão. A questão, no entanto, possui um erro: **a alternativa D não sofreu modificação em sua pontuação, tornando imprecisos o enunciado e, consequentemente, a questão**. Por isso, o pleito de anulação mostra-se PROCEDENTE e a questão foi anulada. Fonte: CIPRO NETO, P.; INFANTE, U. Gramática da Língua Portuguesa. São Paulo: Scipione, 2008.

GABARITO PRELIMINAR – Alternativa correta: letra "b" – Altera o sentido. 1. Com vírgula: *de noitinha* possui função sintática de adjunto adverbial de tempo; 2. Sem vírgula: *de noitinha* possui função sintática de sujeito do verbo "volta".

Alternativa "a" – A primeira vírgula é obrigatória por separar a conjunção coordenada adversativa "mas"; as vírgulas posteriores intercalam o adjunto adverbial de lugar "no relógio". Não há mudança de sentido.

Alternativa "c" – A retirada, ou a inserção, da vírgula após a conjunção conclusiva não altera o sentido.

Alternativa "d" – Como mencionado pela banca, não houve alteração na pontuação. A inserção da vírgula após a locução adverbial curta (nesse momento – duas palavras) não alteraria o sentido. Tanto que a vírgula é opcional nesse caso.

---

101. (Cespe – Técnico Judiciário – Área Administrativa – TRE – TO/2017 – adaptada) No que diz respeito à pontuação, assinale a opção que apresenta proposta de reescrita que mantém a correção do segundo parágrafo do texto CG1A1AAA[19]: *Como o sistema de democracia representativa procurava representar uma unidade, os partidos políticos foram vistos com maus olhos em um primeiro momento. Em seu início, não tinham sequer o respaldo da Constituição.*

a) Como o sistema de democracia representativa procurava representar uma unidade, os partidos políticos foram vistos com maus olhos em um primeiro momento, em seu início, os partidos políticos não tinham sequer o respaldo da Constituição.

b) Como o sistema de democracia representativa procurava representar uma unidade, os partidos políticos foram vistos com maus olhos em um primeiro momento; em seu início, os partidos políticos não tinham sequer o respaldo da Constituição.

c) Como o sistema de democracia representativa procurava representar uma unidade, os partidos políticos foram vistos com maus olhos em um primeiro momento. Em seu início, os partidos políticos não tinham sequer, o respaldo da Constituição.

d) Como o sistema de democracia representativa, procurava representar uma unidade, os partidos políticos foram vistos com maus olhos em um primeiro momento. Em seu início, os partidos políticos não tinham sequer o respaldo da Constituição.

e) Como o sistema de democracia representativa procurava representar uma unidade os partidos políticos foram vistos com maus olhos em um primeiro momento. Em seu início, os partidos políticos não tinham sequer o respaldo da Constituição.

COMENTÁRIOS

✪ **Nota da autora:** Sempre que as alternativas apresentarem trechos iguais, trabalhe por eliminação para ganhar tempo e para facilitar.

Alternativa "b".

1. A primeira vírgula é obrigatória pelo fato de a oração subordinada adverbial causal estar na ordem inversa. Eliminadas E (falta a vírgula) e D (vírgula entre sujeito de verbo);

---

19. Ana Cláudia Santano. **Os partidos políticos**. *Internet: <www.egov.ufsc.br> (com adaptações).*

2. O sinal de ponto e vírgula deve ser utilizado para que a locução adverbial temporal "em seu início" não fique intercalada. Lembre que quando há intercalação, há sequência sintática se o termo for retirado. Exceção para as expressões explicativas: *ou seja* e *isto é*. Eliminadas A e C (falta vírgula para intercalar "sequer").

Alternativa correta: letra "b".

---

102. (FCC - TRF 5 - 2017 - Técnico Judiciário - Área Administrativa) Mantendo-se a correção, a supressão da vírgula altera o sentido do segmento que está em:

a) *Evidentemente, isso não significa que o poeta não faça coisa nenhuma.*

b) *Se eu quiser escrever um ensaio, basta que me aplique...*

c) *... esbanjar o tempo do poeta, que navega ao sabor do poema.*

d) *... numa época em que "tempo é dinheiro", a poesia se compraz...*

e) *Paradoxalmente, a revolução cibernética de hoje diminuiu ainda mais o tempo livre.*

COMENTÁRIOS

✪ **Nota da autora:** Inserir ou retirar a vírgula anteposta ao pronome relativo sempre acarretará alteração de sentido.

Oração adjetiva ex**p**licativa: com **p**ontuação.

Oração adjetiva re**s**tritiva: **s**em pontuação.

Alternativa "a" - Retirar a vírgula que indica inversão do advérbio não altera o sentido.

Alternativa "b" - A vírgula indica inversão da oração subordinada adverbial condicional e, se retirada, o sentido não será alterado.

Alternativa "c" - O "que" é pronome relativo por retomar "o poeta" e equivaler a *o qual*. A oração é subordinada adjetiva explicativa e possui sentido de todos, ou seja, todos os poetas navegam ao sabor do poema. Ao retirar a vírgula, a oração passa a ser adjetiva restritiva e possui sentido de que apenas alguns poetas navegam ao sabor do poema.

Alternativa "d" - Mais um caso de inversão, agora de uma locução adverbial extensa. O sentido não é alterado, apenas a gramática que se tornaria incorreta.

Alternativa "e" - Inversão do advérbio: não acarreta alteração de sentido.

Alternativa correta: letra "c".

---

103. (Cespe - Analista Judiciário /Áreas Administrativa e Judiciária - TRE PE/2017) Seriam mantidas a correção gramatical e o sentido original caso, no trecho "Como lembra Marilena Chaui, a cidadania se define pelos princípios da democracia, significando necessariamente conquista e consolidação social e política",

a) o vocábulo "necessariamente" fosse isolado por vírgulas.

b) fosse suprimida a vírgula empregada logo após "Chaui".

c) fosse inserida uma vírgula logo após "significando".

d) a vírgula empregada logo após "democracia" fosse substituída por ponto e vírgula.

e) o trecho "pelos princípios da democracia" fosse isolado por vírgulas.

COMENTÁRIOS

Alternativa "a" - Duplas vírgulas podem ser inseridas para intercalar o adjunto adverbial que separa o verbo transitivo direto (significando) do objeto direto (conquista e consolidação social e política).

Alternativa "b" - A vírgula indica inversão da oração subordinada adverbial conformativa e não pode ser retirada.

Alternativa "c" - Poderia, mas não apenas uma vírgula; deveria intercalar o advérbio, como visto na alternativa "a".

Alternativa "d" - Não cabe o uso de ponto e vírgula porque a ideia é de soma (e significa).

Alternativa "e" - Não pelo fato de complementar o verbo "definir-se".

Alternativa correta: letra "a".

---

104. (Cespe - Analista Judiciário /Áreas Administrativa e Judiciária - TRE BA/2017 - adaptada) Prejudicaria a correção gramatical e o sentido original dos trechos do texto CG1A2AAA[20] a inserção de uma vírgula logo após

a) "adotada" (Desde que a urna eletrônica foi adotada em todo o território brasileiro, votar passou a ser uma atividade relativamente simples.).

b) "opção" (A terceira opção é digitar o número de um partido e votar "na legenda".).

c) "específico" (Por fim, é possível escolher um candidato específico digitando-se o seu número.).

d) "carimbados" (Inicialmente, os votos em branco eram carimbados para evitar que eles fossem preenchidos de maneira fraudulenta durante o cômputo.).

e) "Hoje" (Hoje os poderosos computadores da justiça eleitoral em Brasília são capazes de proclamar, em poucas horas, quais foram, entre os milhares de candidatos, os eleitos.).

---

20. Jairo Nicolau. Representantes de quem? Os (des)caminhos do seu voto da urna à Câmara dos Deputados. Rio de Janeiro: Zahar, 2017, p. 21-3 (com adaptações).

COMENTÁRIOS

QUESTÃO ANULADA

Gabarito Preliminar – Alternativa correta: letra "b" – "A terceira opção" possui função de sujeito do verbo "ser" e a inserção da vírgula acarretaria erro gramatical crasso, já que não se separa o sujeito do verbo com pontuação.

Alternativa "a" – Intercalaria o adjunto adverbial de lugar "em todo o território brasileiro", pois há uma vírgula posposta à expressão.

Alternativa "c" – A vírgula separaria a oração subordinada adverbial temporal reduzida de gerúndio. Desenvolvendo a oração, tem-se: um candidato específico quando se digita o seu número.

Alternativa "d" – Separaria a oração subordinada adverbial final reduzida de infinitivo. Desenvolvida: para que evitasse.

Alternativa "e" – Marcaria a inversão do adjunto adverbial de tempo.

DICA: pelo fato de o adjunto adverbial ser de pequena extensão, a vírgula é facultativa.

---

105. (FCC – TRE SP 2017 – Analista Judiciário – Área Administrativa) O museu não é uma estrutura sagrada e quem o frequenta deve permanecer em contato com a natureza do lado de fora...

Quanto à pontuação do período acima, pode-se

I. acrescentar uma vírgula imediatamente antes da conjunção "e", uma vez que separaria orações com sujeitos diferentes.

II. substituir a conjunção "e" por dois-pontos, pois o que se segue pode ser entendido como uma explicação da primeira parte da frase.

III. isolar com vírgulas a expressão "em contato", uma vez que se trata de locução adverbial, sem alteração do sentido original.

Está correto o que consta em

a) II, apenas.
b) I, II e III.
c) II e III, apenas.
d) I e III, apenas.
e) I e II, apenas.

COMENTÁRIOS

I. o museu (sujeito) é uma estrutura; quem (sujeito) o frequenta;

II. pode ser substituído por "porque", sendo assim é uma explicação e cabe o uso do sinal de dois-pontos.

DICA – Os dois-pontos enumeram, citam, explicam, esclarecem, resumem etc.

III. Como deve permanecer? Em contato com a natureza = adjunto adverbial de modo e não cabe a intercalação por estar na ordem direta e seguido de um adjunto adverbial de lugar (do lado de fora). O sentido seria alterado.

Alternativa correta: letra "e" – Estão corretos os itens I e II.

---

106. (FCC – TRE SP 2017 – Analista Judiciário – Área Judiciária) Atente para as frases abaixo.

I. Sendo a amizade, um exercício de limites afetivos, há que se considerar alguma insatisfação, que disso decorra.

II. A própria passagem do tempo faz com que, nossas amizades, venham a encontrar uma boa forma de depuração.

III. Uma amizade, ainda que imperfeita, não nos decepcionará, a menos que lhe dermos um valor absoluto.

É inteiramente adequada a virgulação do que está APENAS em

a) I.
b) II.
c) I e III.
d) III.
e) II e III.

COMENTÁRIOS

I. É necessário retirar a vírgula entre o sujeito e o predicativo do sujeito: **sendo a amizade** um exercício de limites afetivos. Ocorre inversão da oração subordinada adverbial causal e a vírgula após *afetivos* foi empregada corretamente.

II. Não pode haver separação de verbo e complemento verbal (objeto direto): faz com **que nossas** amizades; não há possibilidade de separar o sujeito do verbo: **nossas amizades venham** a encontrar.

III. As vírgulas iniciais demarcam intercalação da expressão concessiva. Lê-se: Uma amizade não nos decepcionará; a segunda vírgula separa, corretamente também, uma situação nova que indica que alguma coisa poderá acontecer de forma diferente da esperada (ideia indicada pela expressão *a menos que*).

Alternativa correta: letra "d" – Apenas no item III a pontuação está correta.

---

107. (Cespe – TRF1 2017 – Analista Judiciário – Áreas Administrativa e Judiciária – adaptada) A correção gramatical e a coerência do texto seriam mantidas caso o vocábulo "inovadores" (Alguns doutrinadores brasileiros **inovadores** defendem a existência de um direito animal, ou seja, de direitos garantidos aos animais não humanos como sujeitos.[21]) fosse isolado por vírgulas.

( ) certo ( ) errado

21. Nathalie Santos Caldeira Gomes. **Ética e dignidade animal**. Internet: <www.publicadireito.com.br> (com adaptações).

COMENTÁRIOS

Como há dois adjetivos para o substantivo *doutrinadores* (brasileiros e inovadores), podemos intercalar o segundo não causando incorreção gramatical nem alterando o sentido. A função sintática passa de adjunto adnominal para aposto explicativo.

Alternativa correta: "certo".

---

108. (Cespe - TRF1 2017 - Analista Judiciário - Áreas Administrativa e Judiciária - adaptada) Caso fosse inserida vírgula após "poder público" (No direito brasileiro convencional, a relação entre a espécie humana e as demais espécies animais limita-se à tutela dos animais pelo **poder público** em função da sua utilidade enquanto fauna brasileira intrínseca ao meio ambiente equilibrado.[22]), a correção gramatical do texto seria mantida.

( ) certo ( ) errado

COMENTÁRIOS

A oração subsequente equivale a *por causa da sua utilidade* e a vírgula poderia ser inserida para separar a oração subordinada adverbial causal.

Observação: a vírgula é facultativa, não obrigatória.

Alternativa correta: "certo".

---

109. (Cespe - TRF1 2017 - Analista Judiciário - Áreas Administrativa e Judiciária - adaptada) A inserção de uma vírgula imediatamente após "objetos" (Em jurisprudência majoritária, são apenas **objetos** que possuem a capacidade de se mover e que podem proporcionar lucros aos seus proprietários.) manteria a correção gramatical e o sentido original do período.

( ) certo ( ) errado

COMENTÁRIOS

✪ **Nota da autora:** Questão de pontuação e período composto.

Após "objetos", há uma oração subordinada adjetiva (possui pronome relativo: o "que" equivale a "os quais" e retoma *objetos*) restritiva (não possui pontuação). A ideia é que não são quaisquer objetos, são apenas os que possuem a capacidade de se mover. Ao inserir a vírgula, a oração passaria a ser adjetiva explicativa e o sentido passaria a ser de todos, isto é, todos os objetos possuem capacidade de se mover.

Alternativa correta: "errado".

---

110. (Cespe - TRF1 2017 - Analista Judiciário - Áreas Administrativa e Judiciária - adaptada) O trecho que se segue aos dois-pontos descreve aquilo em que consiste o "argumento puramente utilitarista" (Porém, a proteção que lhes é garantida baseia-se em um argumento puramente utilitarista: os animais são protegidos com a finalidade de garantir um hábitat saudável às atuais e futuras gerações humanas.[23]).

( ) certo ( ) errado

COMENTÁRIOS

Descreve, ou seja, explica qual é o argumento utilitarista.

Alternativa correta: "certo".

---

111. (FCC - TRF 5 - 2017 - Analista Judiciário - Área Judiciária) A exclusão da vírgula altera o sentido da frase:

a) Certamente, imagem não é sonho porque requer muito trabalho da nossa imaginação.

b) As imagens mais ricas do passado estão nos artistas, que são mais imaginosos.

c) Quando alguém se põe a recordar, os fatos presentes adulteram o passado.

d) Num tempo difícil como o nosso, muitas imagens do passado são ainda mais gratas.

e) Não convém rememorar muito, se queremos atentar para as forças do presente.

COMENTÁRIOS

✪ **Nota da autora:** Questão de pontuação e período composto. Importante notar que no comando não cita incorreção gramatical, cita apenas mudança de sentido.

Alternativa "a" - Ocorre inversão do advérbio e retirar a vírgula não acarretaria mudança de sentido.

Alternativa "b" - A vírgula anteposta ao pronome relativo separa uma oração subordinada adjetiva explicativa que possui a ideia de todos, ou seja, generaliza: todos os artistas são mais imaginosos. Se retirar a vírgula, passa a ser oração adjetiva restritiva: alguns artistas são mais imaginosos.

Alternativa "c" - A vírgula demarca inversão da oração subordinada adverbial temporal. Ao retirar, não muda o sentido, embora torne o período incorreto quanto à gramática.

Alternativa "d" - Há inversão da locução adverbial de tempo e o sentido não seria alterado ao retirar a vírgula. Haveria incorreção gramatical.

Alternativa "e" - A vírgula separa a oração principal da oração subordinada adverbial condicional

---

22. Nathalie Santos Caldeira Gomes. **Ética e dignidade animal**. Internet: <www.publicadireito.com.br> (com adaptações).

23. Nathalie Santos Caldeira Gomes. **Ética e dignidade animal**. Internet: <www.publicadireito.com.br> (com adaptações).

e pode ser retirada sem que prejudique o sentido. Quanto à gramática, estaria, também, correta.

Alternativa correta: letra "b".

TEXTO PARA A QUESTÃO.

A discussão sobre a participação dos analfabetos na vida política **nacional** remonta aos tempos do Brasil **colônia** e se mantém durante a formação da sociedade brasileira e os processos de reconhecimento de direitos e de visibilidade social das diferentes parcelas sociais anteriormente excluídas do processo democrático.

Durante o período colonial, os analfabetos tinham direito ao **voto**, ainda que mitigado e suprimido, por meio do processo chamado voto "cochichado". Nesse caso, as intenções de voto de um analfabeto eram ouvidas por terceiros letrados. Ainda que restringidos em algumas oportunidades, entre os séculos XVI e XIX, os analfabetos exerciam de alguma maneira o direito ao voto. Contudo, foi somente ao final do Império que esse direito foi totalmente retirado dos brasileiros analfabetos por meio do Decreto n.º 3.029/1881, a chamada Lei **Saraiva**, que instituiu um censo literário nos termos propostos por Rui Barbosa à época.

Desde então, durante cento e quatro anos, os analfabetos tiveram limitações drásticas ao direito de participação política pelo exercício do direito ao voto no país. Essa situação foi alterada apenas com a Emenda Constitucional n.º 25/1985, que concedeu, embora em caráter facultativo, o direito de voto ao analfabeto. Durante todo o referido período, por diversas vezes o tema voltou à pauta das definições políticas nacionais, sem, contudo, obter sucesso na efetivação de tal direito básico de cidadania.

Por sua vez, a elegibilidade, que constitui o direito de ser votado, em nenhuma oportunidade foi reconhecida aos analfabetos na história breve de nosso **país**. Pelo contrário, pouco se discute e pouco se discutiu sobre tal direito, e, reiteradamente, o tema vem sendo esquecido no processo de consumação de uma cidadania plena, com acesso a todos os direitos de participação política.

Guilherme de Abreu e Silva. **Elegibilidade dos analfabetos: por uma reconfiguração à luz da plenitude da cidadania.** *In*: **Revista Paraná Eleitoral**, v. 3, n.º 2, p. 39-66. Internet: <www.justicaeleitoral.jus.br> (com adaptações).

112. (Cespe – Analista Judiciário – Área Judiciária – TRE PI/2016) A correção e a coerência do texto **Elegibilidade dos analfabetos: ...** seriam mantidas caso

a. o ponto que sucede o nome "país" (último parágrafo) fosse substituído por vírgula, com a devida alteração de maiúscula e minúscula.
b. se inserisse uma vírgula logo após o vocábulo "nacional" (primeiro parágrafo).
c. se inserisse uma vírgula logo após o vocábulo "colônia" (primeiro parágrafo).
d. a vírgula que sucede o nome "voto" (segundo parágrafo) fosse substituída por ponto, com a devida alteração de maiúscula e minúscula.
e. se eliminasse a vírgula empregada logo após o vocábulo "Saraiva" (segundo parágrafo).

COMENTÁRIOS

Alternativa "a" – Não caberia pelo fato de a expressão "pelo contrário" ficar intercalada.

Alternativa "b" – Separaria o sujeito do verbo, ou do predicado.

Alternativa "c" – A vírgula pode ser inserida antes da conjunção "e" se analisarmos o sentido das orações. A discussão remonta aos tempos do Brasil colônia, ou seja, é antiga. Continuando: **e se mantém** durante a formação da sociedade brasileira. Ora, há ideia de oposição: **antiga** versus **mantém-se**.

Regra: Pode haver ocorrência de vírgula antes da conjunção "e" se existir relação adversativa, contrária, entre as orações. Muita polêmica foi criada e sem motivo.

Alternativa "d" – A vírgula está separando a oração adverbial concessiva (iniciada por *ainda que*), não poderia quebrar a estrutura sintática inserindo um ponto final.

Alternativa "e" – A oração posterior inicia-se com pronome relativo (que = a qual) e possui vírgula por ser explicativa: a Lei Saraiva institui um censo literário...; retirando a vírgula, passaria a ser restritiva e alteraria o sentido.

DICA – retirar, ou inserir, vírgula antes do pronome relativo sempre alterará o sentido.

Alternativa correta: letra "c".

TRECHO PARA A QUESTÃO.

Estava mal chegando a São Paulo, quando um repórter me provocou: "**Mas como, Chico, mais um samba?** Você não acha que isso já está superado?" (...)

Veja, os Beatles, foram *à Índia*... Donde se conclui como precipitada a opinião, entre nós, de que estaria morto o nosso ritmo, o lirismo e a malícia, a malemolência. É certo que se deve romper com as estruturas. Mas a música brasileira, ao contrário de outras artes, já traz dentro de si os elementos de renovação. Não se trata de defender a tradição, família ou propriedade de ninguém. **Mas foi com o samba que João Gilberto** rompeu as estruturas da nossa canção. **E se o rompimento não foi universal**, culpa é do brasileiro, que não tem vocação pra exportar coisa alguma.

Quanto a festival, acho justo que estejam todos ansiosos por um primeiro prêmio. **Mas não é bom usar de qualquer recurso**, nem se deve correr com estrondo atrás do sucesso, senão ele **se assusta e foge logo**. E não precisa dar muito tempo para se perceber "que nem toda loucura *é* genial, como nem toda lucidez é velha".

(Adaptado de: HOLANDA, Chico Buarque de, *apud* Adélia B. de Menezes, **Desenho Mágico**: Poesia e Política em Chico Buarque, São Paulo, Ateliê, 2002, p. 28-29)

---

113. (FCC – Analista Judiciário – Área Administrativa – TRF 3/2016) Sem prejuízo para a correção e o sentido, pode-se acrescentar uma vírgula imediatamente após o termo

a) "E", em *E se o rompimento não foi universal...*

b) "Mas", em *Mas não é bom usar de qualquer recurso...*

c) "e", em *... se assusta e foge logo*

d) "Mas", em *Mas foi com o samba que João Gilberto...*

e) "Mas", em *Mas como, Chico, mais um samba?*

COMENTÁRIOS

✪ **Nota da autora:** Perceba que as alternativas B, D e E sugerem a mesma ideia. Descartamo-las facilmente.

Na "a", pode ser inserida vírgula por passar a intercalar a oração condicional "se o rompimento não foi universal". Leia: E culpa é do brasileiro.

Alternativa "b" – Caberia vírgula anteposta à conjunção adversativa *mas* (no lugar do ponto final), não posposta.

Alternativa "c" – Por se tratar do mesmo sujeito (ele), não cabe a vírgula.

Alternativa "d" – Caberia vírgula anteposta à conjunção adversativa *mas* (no lugar do ponto final), não posposta.

Alternativa "e" – Caberia vírgula anteposta à conjunção adversativa *mas* (no lugar do ponto final), não posposta.

Alternativa correta: letra "a" .

---

114. (FCC – Analista Judiciário – Área Administrativa – TRF 3/2016) Sem que se altere o sentido da frase, todas as vírgulas podem ser substituídas por travessão, EXCETO em:

a) *Não se trata de defender a tradição, família ou propriedade...* (Não se trata de defender a tradição, família ou propriedade de ninguém.)

b) *Fiquei um pouco desconcertado pela atitude do meu amigo, um homem...* (Fiquei um pouco desconcertado pela atitude do meu amigo, um homem sabidamente isento de preconceitos.)

c) *Mas, como eu ia dizendo, estava voltando da Europa...* (Mas, como eu ia dizendo, estava voltando da Europa e de sua música estereotipada)

d) *... como precipitada, entre nós, de que estaria morto...* (Donde se conclui como precipitada a opinião, entre nós, de que estaria morto o nosso ritmo, o lirismo e a malícia, a malemolência.)

e) *Mas a música brasileira, ao contrário de outras artes, já traz...* (Mas a música brasileira, ao contrário de outras artes, já traz dentro de si os elementos de renovação.)

COMENTÁRIOS

Alternativa "a" – A vírgula separa termos coordenados e não pode ser substituída por qualquer outro sinal de pontuação.

Alternativa "b" – Poderia usar um travessão por estar no final de frase e separando o aposto explicativo.

Alternativa "c" – Caso típico de intercalação e podem ser usados dois travessões. As intercalações podem ser feitas por vírgulas, travessões ou parênteses.

Alternativa "d" – Mais um caso de intercalação.

Alternativa "e" – Por indicarem intercalação, podem ser substituídas por travessões.

Alternativa correta: letra "a".

---

115. (AOCP – Analista Judiciário – Área Judiciária – TRE – AC/2015) Em "[...] de modo que o sistema previdenciário, uma espécie de seguro para garantir dignidade ao ser humano na velhice, corre riscos de continuidade [...]", as vírgulas foram empregadas

a) por haver no período uma explicação intercalada referente a "sistema previdenciário".

b) por haver no período uma oração adverbial intercalada com função de indicar finalidade.

c) para separar entre si elementos de mesma função sintática.

d) para indicar a elipse (omissão) do verbo "é", no primeiro caso, e, no segundo caso, para substituir a conjunção "e".

e) inadequadamente, pois, a segunda vírgula está separando sujeito e verbo, e, no caso da primeira vírgula, em seu lugar, deveria constar a conjunção "e".

COMENTÁRIOS

Alternativa "a" – Intercala uma explicação, isto é, intercala o aposto explicativo. Importante lembrar que o aposto explicativo possui pontuação e o especificativo não possui. Exemplo: O poeta **Mário de Andrade** queria ir embora para Pasárgada. Mário de Andrade especifica "o poeta".

Alternativa "b" – Dentro do aposto explicativo, há oração adverbial final (para garantir dignidade ao ser humano na velhice), mas não se refere à intercalação completa, pois falta "uma espécie de seguro". Aqui está a pegadinha da banca.

Alternativa "c" - Não existe outro aposto no período.

Alternativa "d" - Não há elipse e não substitui conjunção, as vírgulas estão intercalando. Perceba que retirando a intercalação o período faz sentido: de modo que o sistema previdenciário corre riscos de continuidade.

Alternativa "e" - Não separa o sujeito do verbo, como mencionado na alternativa anterior.

Alternativa correta: letra "a".

TRECHO PARA OS ITENS.

Os primeiros anos que se seguiram à Proclamação da República foram de grandes incertezas quanto aos trilhos que a nova forma de governo deveria seguir. Em uma rápida olhada, identificam-se dois grupos que defendiam diferentes formas de se exercer o poder da República: os civis e os militares. Os civis, <u>representados pelas elites das principais províncias – São Paulo, Rio de Janeiro, Minas Gerais e Rio Grande do Sul</u> –, queriam uma república federativa que desse muita autonomia às unidades regionais. Os militares, por outro lado, defendiam um Poder Executivo forte e se opunham à autonomia buscada pelos civis. Isso sem mencionar as acirradas disputas internas de cada grupo. Esse era um quadro que demonstrava a grande instabilidade sentida pelos cidadãos que viveram naqueles anos. <u>Mas</u> havia cidadãos?

(...)

Ane Ferrari Ramos Cajado, Thiago Dornelles e Amanda Camylla Pereira.

Eleições no Brasil: uma história de 500 anos. Brasília: Tribunal Superior

Eleitoral, 2014, p. 27-8. Internet: <<u>www.tse.jus.br</u>>(com adaptações).

---

116. (Cespe – Analista Judiciário – Área Judiciária–TRE-GO/2015) Caso as vírgulas que isolam o trecho "representados (...) do Sul –" fossem suprimidas, a correção gramatical do texto seria mantida, mas o seu sentido original seria alterado.

COMENTÁRIOS

As vírgulas foram inseridas por haver intercalação "– São Paulo, Rio de Janeiro, Minas Gerais e Rio Grande do Sul –" dentro de outra intercalção "representados pelas elites das principais províncias". A supressão manteria a correção gramatical e alteraria o sentido por de tratar de oração subordinada adjetiva reduzida. A oração desenvolvida equivale a: que representam as elites. Com pontuação: explicativa, ou seja, todos os civis representam a elite; sem pontuação: restritiva, isto é, apenas alguns civis representam a elite. O sentido é alterado.

Alternativa correta: "certo".

---

117. (Cespe – Analista Judiciário – Área Judiciária–TRE-GO/2015) A inserção de vírgula logo após "Mas" não prejudicaria a correção gramatical do texto, pois, nesse caso, a utilização da vírgula é de caráter facultativo.

COMENTÁRIOS

✪ **Nota da autora:** A vírgula é obrigatória antes de conjunções adversativas. Pode haver vírgula depois de conjunção adversativa, se houver termos intercalados (ou orações). Exemplo: Foi aprovado, mas, sinceramente, não merecia.

No caso, não caberia inserir vírgula posposta por se tratar de uma oração interrogativa.

Alternativa correta: "errado".

TRECHO PARA A QUESTÃO.

(...) Existe gente que faz disso uma profissão, e passa a vida elogiando os outros, mas não é delas que estamos falando. Só vale se for de verdade, e se você começar a se exercitar nesse jogo e, <u>com sinceridade</u>, elogiar o que merece ser elogiado, irá espalhando alegrias e prazeres por onde passar, que fatalmente reverterão para você mesma, porque a vida costuma ser assim.

Apesar de a vida ter me mostrado que nem sempre é assim, continuo acreditando no que aprendi na infância, e isso me faz muito bem.

(disponível em: http://www1.folha.uol.com.br/fsp/cotidiari/ff0611200502.htm)

---

118. (IBFC – Analista Judiciário – Área Judiciária–TRE-AM/2014) No trecho, ocorre a expressão "com sinceridade". Sobre ela, só <u>não</u> é correto afirmar que:

a) exerce a função sintática de adjunto adverbial.

b) possui certa mobilidade na oração em que está inserida.

c) se relaciona, semanticamente, com o verbo "elogiar".

d) não tem obrigatoriedade de estar entre vírgulas.

COMENTÁRIOS

Alternativa "a" – É adjunto adverbial.

Alternativa "b" – Sim. Mobilidade porque toda intercalação possui.

Alternativa "c" – Elogiar o que merece ser elogiado como? Com sinceridade.

Alternativa "d" – Perigo: no enunciado, há o advérbio "não" e na alternativa também. Isso significa

sim (não + não = sim). Exemplo: Não posso afirmar que não estudei hoje = eu estudei hoje. As vírgulas são obrigatórias por estarem intercalando o adjunto adverbial entre termos adicionais. Leia o que está em negrito: **se você começar a se exercitar nesse jogo e**, com sinceridade, **elogiar o que merece ser elogiado, irá espalhando alegrias e prazeres por onde passar.**

Alternativa correta: letra "d".

10. COESÃO, COERÊNCIA E REESCRITA DE FRASES

Hora de revisar todo o conteúdo. Neste tópico há questões que abrangem fonologia, morfologia e sintaxe, além da avaliação da clareza da frase, do sentido.

---

119. (IBFC – Técnico Judiciário – Área Administrativa – TRE PA – 2020) Observe o enunciado a seguir: "Além da geneticista, estão envolvidos na parceria o Ministério da Saúde que oferecerá dados epidemiológicos da população brasileira por meio do projeto ELSA Brasil». Sobre a classificação das palavras em destaque, assinale a alternativa incorreta.

a) O vocábulo **"Além da"** é classificado gramaticalmente como locução prepositiva.

b) O vocábulo "**por**" é classificado gramaticalmente como conjunção subordinativa adverbial.

c) O vocábulo **"na"** é classificado gramaticalmente como preposição formada pela contração da preposição «em» com o artigo «a».

d) O vocábulo "**oferecerá**" é classificado gramaticalmente como verbo.

COMENTÁRIOS

Nota da autora: Questão de morfologia – classes gramaticais.

Alternativa "a" – Locução prepositiva porque liga palavras – possui valor de soma.

Alternativa "b" – O vocábulo "por" está ligando palavras, ou seja, é uma preposição. Conjunção liga orações.

Alternativa "c" – Lembre-se de que a preposição é invariável (em) e o artigo é variável (a = as).

Alternativa "d" – Trata-se do verbo *oferecer* conjugado na terceira pessoa do singular do futuro do presente do indicativo.

Alternativa correta: letra "B"

TEXTO PARA RESPONDER À QUESTÃO.

Projeto brasileiro pretende mapear genoma de 15 mil pessoas para prever e tratar doenças

Por Filipe Domingues, G1/ 10/12/2019 12h00

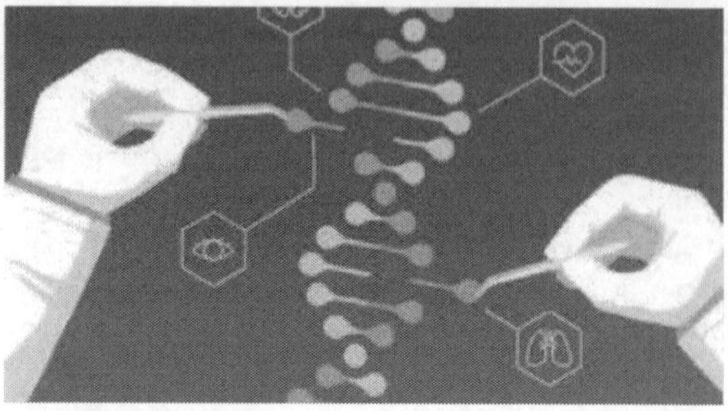

Um projeto liderado por uma cientista brasileira vai identificar as principais características genéticas dos brasileiros para prever doenças e antecipar tratamentos. Lançada nesta terça-feira (10), em São Paulo, a iniciativa "DNA do Brasil" quer mapear o genoma de 15 mil pessoas de 35 a 74 anos de idade e se tornar o maior levantamento do tipo já realizado no país. A ideia é que em cinco anos já se tenham os primeiros resultados. "O desafio é entender quais variações genéticas estão associadas a quais características das pessoas", disse a pesquisadora Lygia da Veiga Pereira, da Universidade de São Paulo (USP), na abertura do projeto. "Nós somos o resultado do nosso genoma mais o nosso estilo de vida. O genoma é a receita do nosso corpo."

Além da geneticista, estão envolvidos na parceria o Ministério da Saúde que oferecerá dados epidemiológicos da população brasileira por meio do projeto ELSA Brasil; organizações privadas como a Dasa, empresa da área de saúde, que financiará e realizará o sequenciamento das primeiras 3 mil amostras; a Illumina que vai fornecer os insumos e a Google Cloud que fará o armazenamento e proteção dos dados. As descobertas que os cientistas fizerem poderão ser traduzidas em inovações tanto na área de pesquisa genética quanto nos diagnósticos e tratamentos de doenças como o câncer, a hipertensão, o diabetes, depressão, esquizofrenia e algumas doenças raras. Ao descobrir que determinada proteína presente no corpo de uma pessoa permite manter o colesterol baixo, é possível "editar" o DNA do paciente para imitar o comportamento deste elemento. [...]

O diretor médico da Dasa, Gustavo Campana, lembrou que 80% das 8 mil doenças consideradas raras têm origem genética. Já os cânceres hereditários são de 5 a 12% dos casos. Portanto, além da previsão de tais doenças, o mapeamento dos genes e sua associação com as características da população brasileira podem permitir avanços em "terapêutica gênica", ou seja, métodos de tratamento que atuam diretamente nos genes ± o mais famoso deles é o CRISPR, a técnica de edição do DNA. "Esse projeto é um marco da genética populacional no Brasil," disse Campana. [...]

---

120. (IBFC – Técnico Judiciário – Área Administrativa – TRE PA – 2020) Analise as afirmativas abaixo e dê valores Verdadeiro (V) ou Falso (F).

( ) [...] "quer mapear o **genoma** de 15 mil pessoas». O termo em destaque faz referência ao conjunto de todos os genes meramente de seres humanos.

( ) "O genoma é **a receita** do nosso corpo». O termo em destaque tem a função de objeto direto e indica uma característica do sujeito.

( ) [...] "a Illumina que vai fornecer os **insumos**. O termo em destaque faz referência a cada componente necessário para a realização da pesquisa.

Assinale a alternativa que apresenta a sequência correta de cima para baixo.

a) F, V, V.

b) V, V, F.

c) F, F, V.

d) V, F, V.

COMENTÁRIOS

(F) O **genoma** não faz referência a todos os genes: *conjunto de genes transportado pelos cromossomos da espécie*. O erro está ao generalizar.

(F) O genoma (sujeito) é (verbo de ligação) a receita (**predicativo do sujeito**).

(V) Os insumos são essenciais à pesquisa, são componentes básicos e a a Google Cloud que fará o armazenamento e proteção dos dados.

Alternativa "a" – A segunda afirmação é falsa também.

Alternativa "b" – A primeira e a segunda são falsas; a terceira é verdadeira.

Alternativa "c" – Apenas a última afirmação é verdadeira.

Alternativa "d" – A segunda afirmação é falsa, e a terceira é verdadeira.

Alternativa correta: letra "C"

TEXTO PARA RESPONDER ÀS QUESTÕES.

Sem direito e Poesia

Eis me aqui, iniludível. Incipiente na arte da escrita, desfraldo sentimentos vestindo-os com as palavras que lhes atribuem significado. Às vezes dá vontade ser assim, hermético. Talvez, porque eu sinta que o mundo não me entende ou porque, talvez, eu não me encaixe harmonicamente no mundo, é que sinto esta liberdade em não me fazer entender. É que, talvez, a vida seja mesmo um mal entendido.

Portanto, despiciendo as opiniões e me faço prolixo. Suasório para o intento de escrever em uma língua indecifrável ao homem comum. Meu vocabulário, quando quero, é um quarto cerrado e, nele me tranco e jogo fora a chave do entendimento. Dizem-me que as palavras devem ser um instrumento para comunicar-se e que isto é fazer-se entender. Mas eu, que do mundo nada entendo, por que razão deveria me fazer entender?

Sinto o decesso aproximar-se, pelo esvair-se do fluido vital, e, sem tempo para o recreio desejado, com os ombros arcados pelos compromissos assumidos, tenho no plenilúnio um desejo imarcescível de que haja vida no satélite natural. Talvez, após o decesso, eu possa lá estabelecer morada e, vivendo em uma sociedade singular, haja o recreio em espírito. Na realidade. Na iniludível realidade, meu recreio é uma sala ampla. Teto alto. Prateleiras rústicas com farta literatura e filosofia. Nenhuma porta ou janela aberta a permitir à passagem do tempo. Uma poltrona aveludada. Frio. Lareira acesa. Vinho tinto seco, Malbec.

O amor? O entregar-se? Não!

Tratar-se-ia apenas de amor próprio. Sem entrega. Apenas eu. Apenas eu e o tempo. Cerrado na sala cerrada. Divagando sobre o nada e refletindo sobre tudo. Imarcescível seria tal momento. Mas a vida. A vida é singular ao tempo, pois que o tempo é eterno, e a criatura humana é botão de rosa, matéria orgânica falível na passagem do eterno. Sigo... Soerguendo-me... Sobrevivo...

(Fonte: Nelson Olivo Capeleti Junior/ Artigos13/04/2018_JUS Brasil)

---

121. (IBFC – Analista Judiciário – Área Administrativa – TRE PA – 2020) Com relação ao emprego de elementos de referência, substituição, funcionalidade e repetição de conectores e de outros elementos da sequência textual, analise as afirmativas abaixo.

I. "Incipiente na arte da escrita, desfraldo sentimentos vestindo-**os** com as palavras que lhes atribuem significado". O pronome em destaque faz referência ao vocábulo "sentimentos".

II. "Suasório **para** o intento de escrever em uma língua indecifrável ao homem comum". O vocábulo em destaque é uma conjunção subordinativa com função explicativa.

III. "Meu vocabulário, quando quero, é um quarto cerrado e, **nele** me tranco e jogo fora a chave do entendimento". O vocábulo em destaque faz referência à palavra "vocabulário.

IV. "Dizem-me que as palavras devem ser um instrumento para **comunicar-se** e que isto é **fazer-se** entender". A partícula "se" transforma os vocábulos em destaque em verbos pronominais.

Assinale a alternativa que apresenta a sequência correta de cima para baixo.

a) Apenas as afirmativas I, II e IV estão corretas.

b) Apenas as afirmativas I e IV estão corretas.

c) Apenas as afirmativas II, III e IV estão corretas.

d) Apenas as afirmativas I e II estão corretas.

COMENTÁRIOS

I. Certa: vestindo **os sentimentos** com as palavras.
II. Errada: é uma preposição – liga palavras.
III. Errada: eu me tranco **no quarto**, não no vocabulário.
IV. Certa: basta conjugá-los e perceber que os pronomes também devem ser conjugados: eu me comunico, tu te comunicas, ele se comunica; eu me faço, tu te fazes, ele se faz.

Alternativa "a" – II: errada.

Alternativa "b" – II e III: erradas.

Alternativa "c" – II e III: erradas.

Alternativa "d" – II: errada.

Alternativa correta: letra "B"

---

122. (IBFC – Analista Judiciário – Área Administrativa – TRE PA – 2020) A linguagem permite a comunicação de diferentes formas sem alterar o sentido da mensagem. Uma frase ou texto pode ser reescrito de maneira diversa e manter a ideia original. Tendo por base o enunciado abaixo, assinale a alternativa que apresenta corretamente sua reescrita sem alteração de sentidos.

"Sinto o decesso aproximar-se, pelo esvair-se do fluido vital, e, sem tempo para o recreio desejado, com os ombros arcados pelos compromissos assumidos, tenho no plenilúnio um desejo imarcescível de que haja vida no satélite natural".

a) Percebo o decesso aproximar-se, pelo auferir-se do fluido vital, e, sem tempo para o recreio desejado, com os ombros aprumados pelos compromissos assumidos, tenho na lua nova um desejo incompreensível de que haja vida no satélite natural.
b) Sinto o abatimento aproximar-se, pelo esvair-se do fluido vital, e, sem tempo para o recreio desejado, com os ombros arcados pelos compromissos assumidos, tenho na lua crescente um desejo inaceitável de que haja vida no satélite natural.
c) Identifico o definhamento aproximar-se, pelo fenecer do fluido vital, e, sem tempo para a azáfama desejada, com os ombros arcados pelos compromissos assumidos, tenho no plenilúnio um desejo inabalável de que haja vida na lua.
d) Sinto a morte aproximar-se, pelo esvair-se do fluido vital, e, sem tempo para o recreio desejado, com os ombros arcados pelos compromissos assumidos, tenho na lua cheia um desejo inalterável de que haja vida no satélite natural.

COMENTÁRIOS

✪ **Nota da autora:** É necessário saber o sentido de "recreio" e de "plenilúnio". Respectivamente: *entretenimento, distração* e *lua cheia, fase da lua que se define pela sua completa iluminação.*

Alternativa "a" – Plenilúnio não é lua nova.

Alternativa "b" – Plenilúnio não é lua crescente.

Alternativa "c" – Azáfama significa *excesso de pressa, afobação,* ou seja, é o contrário de *recreio.*

Alternativa "d" – Plenilúnio: lua cheia, lua plena.

Alternativa correta: letra "D"

TEXTO PARA RESPONDER ÀS QUESTÕES.

Tendo em vista a textura volitiva da mente individual, a perene tensão entre o presente e o futuro nas nossas deliberações, entre o que seria melhor do ponto de vista tático ou local, de um lado, e o melhor do ponto de vista estratégico, mais abrangente, de outro, resulta em conflito.

Comer um doce é decisão tática; controlar a dieta, estratégica. Estudar (ou não) para a prova de amanhã é uma escolha tática; fazer um curso de longa duração faz parte de um plano de vida. As decisões estratégicas, assim como as táticas, são tomadas no presente. A diferença é que aquelas têm o longo prazo como horizonte e visam à realização de objetivos mais remotos e permanentes.

O homem, observou o poeta Paul Valéry, "é herdeiro e refém do tempo". A principal morada do homem está no passado ou no futuro. Foi a capacidade de reter o passado e agir no presente tendo em vista o futuro que nos tirou da condição de animais errantes. Contudo, a faculdade de arbitrar entre as premências do presente e os objetivos do futuro imaginado é muitas vezes prejudicada pela propensão espontânea a atribuir um valor desproporcional àquilo que está mais próximo no tempo.

Como observa David Hume, "não existe atributo da natureza humana que provoque mais erros em nossa conduta do que aquele que nos leva a preferir o que quer que esteja presente em relação ao que está distante e remoto, e que nos faz desejar os objetos mais de acordo com a sua situação do que com o seu valor intrínseco".

(Adaptado de: GIANNETTI, Eduardo. **Auto-engano**. São Paulo: Companhia das Letras, 1997, edição digital)

---

123. (FCC – Técnico Judiciário – Área Administrativa – TRF4/2019) *Foi a capacidade de* [...] *agir no presente tendo em vista o futuro que nos tirou da condição de animais errantes.* (3º parágrafo)

Uma redação alternativa para o trecho acima, escrita com correção e lógica, está em:

a) Uma vez que tivéssemos tido a capacidade de vislumbrar o futuro, ao tomarmos uma decisão no presente, deixemos a condição de animais errantes.

b) Por termos tido a capacidade de agir no presente visando o futuro, viemos a sermos tirados da condição de animais errantes.

c) Em razão da capacidade de considerar o futuro ao agir no presente, deixamos a condição de animais errantes.

d) Conforme a capacidade de agir, no presente com olhos postos no futuro, teremos sido tirados da condição de animais errantes.

e) À medida que tivermos a capacidade de agir no presente considerando o futuro, sairíamos da condição de animais errantes.

COMENTÁRIOS

Alternativa "a" – Tempos condicionais: tivéssemos (pretérito imperfeito do subjuntivo) e **deixaríamos** (futuro do pretérito do indicativo).

Alternativa "b" – O erro crasso está em "viemos a sermos": apenas o verbo auxiliar deve ser conjugado = **viemos a ser**. Utilizar o mesmo verbo também é inadequado na norma culta: "termos tido".

Alternativa "c" – Período lógico e claro. Perceba que a ideia de causa e consequência foi mantida.

Alternativa "d" – Conjugação verbal: **teríamos** sido tirados. A ideia de causa passou a ser conformativa (conforme).

Alternativa "e" – Tempos condicionais: à medida que **tivéssemos** (pretérito imperfeito do subjuntivo) e sairíamos (futuro do pretérito do indicativo). A ideia de causa passou a ser proporcional: à medida que. **DICA:** seria causa se usasse "na medida em que".

Alternativa correta: letra "c".

---

124. (FCC – Técnico Judiciário – Área Administrativa – TRF4/2019) *O homem* [...] *"é herdeiro e refém do tempo". A principal morada do homem está no passado ou no futuro.* (3º parágrafo)

Considerado o contexto, o sentido do que se diz acima está corretamente reproduzido em um único período em:

a) A principal morada do homem está no passado ou no futuro, mas este é herdeiro e refém do tempo.

b) A principal morada do homem, na qual é herdeiro e refém do tempo, está no passado ou no futuro.

c) O homem é herdeiro e refém do tempo, conquanto sua principal morada esteja no passado ou no futuro.

d) Embora o homem seja herdeiro e refém do tempo, sua principal morada está no passado ou no futuro.

e) O homem, cuja principal morada está no passado ou no futuro, é herdeiro e refém do tempo.

COMENTÁRIOS

✪ **Nota da autora:** ocorre uma afirmação e o vocábulo "homem" aparece duas vezes. Para efeito coesivo, basta encontrar a alternativa em que ele seja corretamente retomado.

Alternativa "a" – Ao inserir a conjunção adversativa (mas), o sentido é alterado e o emprego do pronome "este" possui a função de retomar o elemento mais próximo (futuro), acarretando alteração de sentido.

Alternativa "b" – Ao empregar o pronome relativo "a qual", o sentido é alterado por retomar "morada": é herdeiro e refém do tempo na morada.

Alternativa "c" – A conjunção *conquanto* é concessiva e não ocorre ideia de oposição entre as orações.

Alternativa "d" – A conjunção *embora* é concessiva e, como já mencionado, não ocorre ideia de oposição entre as orações.

Alternativa "e" – O pronome relativo "cuja" concorda com o termo posterior e indica posse do termo anterior. Lê-se: a principal morada do homem está no passado. Deixa de ocorrer a repetição do vocábulo *homem* e as afirmações/informações são mantidas.

Alternativa correta: letra "e".

TEXTO PARA RESPONDER ÀS QUESTÕES.

Seis de janeiro, Epifania ou Dia de Reis (em referência aos reis magos), fecha o ciclo natalino que, entre os romanos, festejava o renascimento do sol depois do solstício de inverno (o dia mais curto do ano).

Era uma festa de invocação do sol, pelo fim das noites invernais. Durante esses festejos pagãos, os papéis sociais se confundiam. Havia troca de presentes e de identidades. O escravo assumia o lugar de senhor, o homem se vestia de mulher – como se, para agradar à natureza, tivéssemos de reconhecer a arbitrariedade das convenções culturais.

Nesse intervalo de poucos dias, o homem aceitava como natural o que por convenção as relações sociais e de poder não permitiam. Ameaçado pelos caprichos da natureza, reconhecia que as coisas são mais complexas do que estamos dispostos a ver.

É plausível que Shakespeare tenha escrito "Noite de Reis", segundo Harold Bloom sua comédia mais bem-sucedida, pensando nessa carnavalização solar, para comemorar a Epifania. A peça conta a história de Viola e Sebastian, gêmeos que naufragam ao largo do que hoje seria Croácia, Montenegro ou Albânia, e que no texto se chama Ilíria. Viola acredita que o irmão se afogou. Ao oferecer seus serviços ao duque de

Ilíria, ela se disfarça de homem, assumindo o nome de Cesário. É o suficiente para pôr em andamento uma comédia de erros na qual as identidades serão confrontadas com a relatividade das nossas convicções.

O sentido irônico do subtítulo da peça – "o que bem quiserem ou desejarem" – dá a entender que os desejos desafiam as convenções que os encobrem. As convenções se modificam conforme a necessidade. Os desejos as contradizem. Identidade e desejo são muitas vezes incompatíveis.

É o que reivindica a filósofa Rosi Braidotti. Braidotti critica a banalização dos discursos identitários, uma incapacidade de lidar com a complexidade, análoga às soluções simplistas que certos discursos contrapõem às contradições. Diante da complexidade, é natural seguir a ilusão das respostas mais simples.

Sob a graça da comédia, Shakespeare trata da fluidez das identidades. Epifania tem a ver com a luz, com o entendimento e a compreensão. Mas para voltar a ver e compreender é preciso admitir que as contradições são parte constitutiva do mundo. A democracia, em sua imperfeição e irrealização permanentes, depende disso.

(Adaptado de: CARVALHO, Bernardo. Disponível em: **www1.folha.uol.com.br**)

---

125. (FCC – Técnico Judiciário – Área Administrativa – TRF4/2019) *É plausível que Shakespeare tenha escrito "Noite de Reis" [...] para comemorar a Epifania. A peça conta a história de Viola e*

Sebastian, gêmeos que naufragam ao largo do que hoje seria Croácia, Montenegro ou Albânia... (4º parágrafo)

Está correta a redação da seguinte frase, em que se contemplam as principais ideias do segmento transcrito acima:

a) Admite-se que "Noite de Reis", de Shakespeare, em cuja a peça se conta a história dos gêmeos, Viola e Sebastian, que naufragam ao largo do que hoje seria Croácia, Montenegro ou Albânia, fora escrita em comemoração à Epifania.

b) A peça "Noite de Reis", em que se conta a história dos gêmeos Viola e Sebastian, naufragados ao largo do que hoje seria Croácia, Montenegro ou Albânia, pode ter sido escrita por Shakespeare em comemoração da Epifania.

c) A fim de comemorar a Epifania, conforme se atesta, Shakespeare escreveu "Noite de Reis", peça à qual revela a história dos gêmeos Viola e Sebastian naufragando ao largo do que hoje seria Croácia, Montenegro ou Albânia.

d) A partir da presunção de que Shakespeare escrevera "Noite de Reis" em comemoração à Epifania, têm-se, na peça, a história dos gêmeos Viola e Sebastian cujo naufrágio se deu ao largo do que hoje seria Croácia, Montenegro ou Albânia.

e) Conforme se atribui à Shakespeare a comemoração da Epifania por meio da peça "Noite de Reis", em que conta-se a história dos gêmeos Viola e Sebastian, que naufragam ao largo do que hoje seria Croácia, Montenegro ou Albânia.

COMENTÁRIOS

Alternativa "a" – O emprego do pronome relativo "cuja" está correto por indicar posse do termo anterior (de Shakespeare) e concordar com o termo posterior (peça). Lê-se: A história dos gêmeos se conta na peça de Shakespeare. A regência também está correta: se conta **na** peça (em cuja). O erro está no emprego do artigo ao lado do pronome relativo "cuja". **Dica**: os relativos "cujo" e "quem" não admitem artigo.

Alternativa "b" – Note que a estrutura sintática foi modificada – em relação à estrutura do período da alternativa anterior – e o pronome relativo "que" retoma "a peça". Lê-se: a história dos gêmeos se conta **na** peça (em que). Não há erro.

Alternativa "c" – Regência: a peça revela a história. Se o pronome relativo *a qual* retoma o sujeito, não pode estar acompanhado do sinal indicativo de crase = peça **a qual** revela.

Alternativa "d" – O verbo deve concordar com o sujeito: **tem**-se a história.

Alternativa "e" – Não pode haver crase antes de palavra masculina: Conforme se atribui **a** Shakespeare. Colocação pronominal: o pronome relativo atrai o oblíquo = em que **se conta** a história.

Alternativa correta: letra"b".

---

126. (FCC – Técnico Judiciário – Área Administrativa – TRF4/2019) Está correta a **redação** deste livre comentário:

a) Na medida em que nossas convicções sociais são relativas, não surpreendem que as noções de identidade sejam confrontadas a elas.

b) Deve ser visto como fator inerente à consolidação da democracia as contradições que existem na sociedade.

c) As convenções sociais podem ser assimiladas com clareza, mas o desejo que lhes confrontam costumam ser incompreensíveis.

d) Demanda a democracia, sistema em permanente construção, o reconhecimento de que contradições são inerentes às sociedades humanas.

e) Em nome do temor da instabilidade da natureza, já se criou rituais onde se suspendem critérios de controle de impulsos inconscientes.

COMENTÁRIOS

Alternativa "a" – Concordância: o sujeito é oracional (possui verbo) e o verbo da oração principal não admite pluralização = não **surpreende** que as noções de identidade sejam confrontadas a elas.

Alternativa "b" – Concordância: as contradições **devem** ser **vistas** como **fatores inerentes**.

Alternativa "c" – Regência: o verbo *confrontar* é transitivo direto e, por retomar "as convenções", o pronome oblíquo deve se "as" = os desejos que **as** confrontam. O pronome "lhe" só pode ser usado quando o verbo ou o nome exigir preposição. Pode possuir função de objeto indireto, complemento nominal ou de adjunto adnominal (sentido de posse: seu, dele etc.).

Alternativa "d" – O período está na ordem inversa e foi escrito corretamente. Transponha-o para a ordem direta a fim de analisar a concordância, a regência e a pontuação: o reconhecimento de que contradições são inerentes às sociedades humanas demanda a democracia, sistema em permanente construção.

Alternativa "e" – Concordância: verbo transitivo direto + se indica voz passiva = já se **criaram** rituais. Equivale, na passiva analítica, a *rituais já foram criados*. Regência: o pronome relativo "onde" deve ser utilizado apenas para retomar lugar fixo, não para situações. Equivale, na ordem direta, a *critérios se suspendem **nos** rituais*. A preposição "em" foi exigida pelo verbo = rituais **em que** se suspendem critério.

Alternativa correta: letra "d".

---

127. (FCC – Analista Judiciário – Área Judiciária – TRF 4/2019 – adaptada) Está plenamente clara e correta a **redação** deste livre comentário:

a) No caso de a educação formal for insuficiente, apelem-se para as providências que cabem à família tomar.

b) Aos jovens de hoje reserva-se poucos cuidados no que tocam à sua educação, restringindo à bem poucas iniciativas.

c) Os filhos de hoje recusam-se à admitir que lhes cabe alguma educação que provisse de seus pais ou responsáveis.

d) A razão onde melhor se justifica a irrelevância da presente educação familiar estima-se que é a frieza dos que são indiferentes.

e) Os indivíduos de nosso tempo, impedidos de se determinarem como tais, são como que mutilados por essa privação de si mesmos.

COMENTÁRIOS

Alternativa "a" – No caso de a educação **ser** suficiente.

Alternativa "b" – Concordância: a oração está na voz passiva sintética e o verbo deve concordar com o sujeito: **reservam-se** poucos cuidados = poucos cuidados devem ser reservados. Crase errada com singular (a) e plural (poucas iniciativas).

Alternativa "c" – Não pode haver crase antes de verbo. Verbo *provir* no pretérito imperfeito do subjuntivo: **proviesse**.

Alternativa "d" – O substantivo *razão* não indica lugar e o pronome *onde* não pode retomá-lo.

Alternativa "e" – Redação clara e correta.

Alternativa correta: letra "e".

---

128. (FCC – Analista Judiciário – Área Judiciária – TRF 4/2019) A frase *Pode se tratar de uma construção ficcional ou um pai figurado, mais ou menos próximo do verdadeiro* ganha nova redação, na qual mantém seu sentido básico, em:

a) Tratando-se provavelmente de uma construção de ficção, ou mesmo de um pai figurante, pode ainda estar próximo da verdade.

b) É possível que se trate de uma operação ficcional ou da figuração de um pai que lembre aproximadamente o pai real.

c) Tratando-se de uma ficção, pela qual se reproduz a figura do pai, pode ainda assim estar perto de ser convincente.

d) Considerando como construção ficcional tal figura do pai, trata-se de se aproximar um tanto da verdadeira.

e) Pode-se considerar que tal construção, sendo fictícia, venha a preservar a imagem verdadeira do pai assim figurado.

COMENTÁRIOS

Alternativa "a" – O sentido foi alterado: pai figurante é pai secundário – não desempenha papel determinado.

Alternativa "b" – Pode se tratar: é possível que se trate; de uma construção ficcional: de uma operação ficcional; ou um pai figurado: ou da figuração de um pai; mais ou menos próximo do verdadeiro: que lembre aproximadamente o pai real.

Alternativa "c" – Em "pode se tratar", há dúvida; em "tratando-se", há certeza. Além disso, *convincente* não é sinônimo de *verdadeiro*. Convincente: *persuasivo, que é capaz de convencer.*

Alternativa "d" – Construção ficcional ou um pai figurado: faltou informação. Além disso, "mais ou menos próximo" é diferente de próximo.

Alternativa "e" – Na frase original, o pai figurado está próximo do verdadeiro; aqui, afirma que ele é verdadeiro. O sentido foi alterado.

Alternativa correta: letra "b".

TEXTO PARA RESPONDER ÀS QUESTÕES.

[Valores da propaganda]

Na sociedade moderna, a mesma voz que prega sobre as coisas superiores da vida, tais como a arte, a amizade ou a religião, exorta o ouvinte a escolher uma determinada marca de sabão. Os panfletos sobre como melhorar a linguagem, como compreender a música, como ajudar-se etc. são escritos no mesmo estilo de propaganda que exalta as vantagens de um laxativo. Na verdade, um redator hábil pode ter escrito qualquer um deles.

Na altamente desenvolvida divisão de trabalho, a expressão tornou-se um instrumento utilizado pelos técnicos a serviço do mercado. Um romance é escrito tendo-se em mente as suas possibilidades de filmagem, uma sinfonia ou poema são compostos com um olho no seu valor de propaganda. Outrora pensava-se que cada expressão, palavra, grito ou gesto tivesse um significado intrínseco; hoje é apenas um incidente em busca de visibilidade.

(Adaptado de: HORKHEIMER, Max. **Eclipse da razão**. Trad. Sebastião Uchoa Leite. Rio de Janeiro: Editorial Labor do Brasil, 1976, p. 112)

129. (FCC – Analista Judiciário – Área Judiciária – TRF 4/2019) Na frase *Na altamente desenvolvida divisão de trabalho, a expressão tornou-se* ***um instrumento utilizado pelos técnicos a serviço do mercado*** (2º parágrafo), o segmento sublinhado pode ser substituído, sem prejuízo para o sentido básico do contexto, por:

a) uma ferramenta do uso de especialistas em operações comerciais.
b) um utensílio desenvolvido por trabalhadores servis do sistema de negócios.
c) um atributo próprio de quem gerencia as operações do mercado.
d) uma operação que beneficia os especialistas empresariais.
e) um fator decisivo para que os acionistas de uma empresa façam-na lucrativa.

COMENTÁRIOS

Alternativa "a" – *Instrumento* é "ferramenta", *utilizado* é "do uso", *técnicos* são "especialistas" e *a serviço do mercado* são "operações comerciais".

Alternativa "b" – *Desenvolvido* não é sinônimo de "utilizado".

Alternativa "c" – Não se trata de atributo, mas de uma ferramenta, um instrumento.

Alternativa "d" – Não é uma operação, muito menos beneficia especialistas empresariais.

Alternativa "e" – Não é um fator decisivo e não se relaciona com acionistas e lucros.

Alternativa correta: letra "a".

130. (FCC – Analista Judiciário – Área Judiciária – TRF 4/2019) No contexto, relacionam-se numa **oposição de sentido** os segmentos:

a) *exorta o ouvinte / exalta as vantagens* (1º parágrafo).
b) *as coisas superiores da vida / como melhorar a linguagem* (1º parágrafo).
c) *Um romance é escrito / uma sinfonia ou poema são compostos* (2º parágrafo).
d) *instrumento utilizado pelos técnicos / valor de propaganda* (2º parágrafo).
e) *um significado intrínseco / um incidente em busca de visibilidade* (2º parágrafo).

COMENTÁRIOS

Alternativa "a" – *Exortar* é estimular, persuadir; *exaltar* é elogiar, enaltecer. Não há oposição.

Alternativa "b" – Prega sobre as coisas superiores e os panfletos são sobre como melhorar a linguagem. Também não ocorre oposição, indicam assuntos.

Alternativa "c" – Indica o objetivo (a finalidade) do romance, da sinfonia e do poema.

Alternativa "d" – Uma sinfonia ou poema são exemplos de instrumentos utilizados pelos técnicos; o valor da propaganda refere-se a eles. Não ocorre oposição.

Alternativa "e" – Intrínseco: interno, inerente; visibilidade: caráter visível, ou seja, é externo.

Alternativa correta: letra "e".

131. (Cespe – Técnico Judiciário – TRE BA/2017 – adaptada) No trecho do texto de Moacir Gadotti[24] – "... uma concepção plena, que se manifesta na mobilização da sociedade para a conquista de novos direitos e na participação direta da população na gestão da vida pública, por meio, por exemplo, da discussão democrática do orçamento. Esta tem sido uma prática, sobretudo no nível do poder local, **que** tem ajudado na construção de uma democracia participativa"-, o termo "que" remete a

a) "prática".
b) "nível".
c) "poder local".
d) "discussão".
e) "orçamento".

24. Moacir Gadotti. Escola cidadã – educação para e pela cidadania. Internet: <http://acervo.paulofreire.org> (com adaptações).

COMENTÁRIOS

✪ **Nota da autora:** Questão de coesão textual – pronome relativo e pontuação.

Alternativa "a" – Em primeiro lugar, é preciso saber a função do vocábulo "que: Esta é uma prática que tem ajudado = esta é uma prática **a qual** tem ajudado – pronome relativo; agora fica claro que o pronome retoma o substantivo prática. Quanto à pontuação, retire os termos intercalados para facilitar.

Alternativa "b" – Indica onde está a prática.

Alternativa "c" – Qualifica "nível".

Alternativa "d" – Refere-se à participação direta da população na gestão da vida pública.

Alternativa "e" – Está ligado à participação direta da população na gestão da vida pública.

Alternativa correta: letra "a".

132. (Cespe – Técnico Judiciário – TRE BA/2017 – adaptada) No trecho do texto CG2A2AAA[25] – "*Ao comparecer às urnas no dia das eleições, o eleitor que apresentar voto em branco ou nulo pode **fazê-lo** por diversas razões. Esses motivos podem embasar tanto a postura dos que votam em branco quanto a dos que votam nulo, pois o resultado final é o mesmo: invalidar o voto.*"-, a forma verbal "fazê-lo" remete a

a) "o resultado final".
b) "embasar tanto a postura dos que votam em branco quanto a dos que votam nulo".
c) "voto em branco ou nulo".
d) "apresentar voto em branco ou nulo".
e) "comparecer às urnas no dia das eleições".

COMENTÁRIOS

Alternativa "a" – Não vai fazer o resultado final. A expressão refere-se à consequência de apresentar voto em branco ou nulo.

Alternativa "b" – Os motivos podem embasar.

Alternativa "c" – O eleitor que "apresentar" voto branco ou nulo, não que "fizer".

Alternativa correta: letra "d" – O verbo *fazer* é transitivo direto (fazer algo). O eleitor pode **apresentar voto em branco ou nulo** por diversas razões.

Alternativa "e" – Refere-se ao tempo: quando o eleitor comparecer às urnas.

Alternativa correta: letra "d".

25. Renata Dias. Os votos brancos e nulos no estado democrático de direito: a legitimidade das eleições majoritárias no Brasil. *In*: Estudos eleitorais, v. 8, n.º 1, jan./abr. 2013, p. 36-8 (com adaptações).

TEXTO PARA RESPONDER ÀS QUESTÕES.

A moralidade, que deve ser uma característica do conjunto de indivíduos da sociedade, deve caracterizar de modo mais intenso ainda aqueles que exercem funções administrativas e de gestão pública ou privada. Com relação a essa ideia, vale destacar que o alcance da moralidade vincula-se a princípios ou normas de conduta, aos padrões de comportamento geralmente reconhecidos, pelos quais são julgados os atos dos membros de determinada coletividade. Disso é possível deduzir que **os membros de uma corporação profissional – no caso, funcionários e servidores da administração pública – também devem ser submetidos ao julgamento ético-moral**. A administração pública deve pautar-se nos princípios constitucionais que a regem. É necessário, ainda, que tais princípios estejam pública e legalmente disponíveis ao conhecimento de todos os cidadãos, para que estes possam **respeitá-los e vivenciá-los**. Nesse contexto, destacam-se os princípios constitucionais tidos como base da função pública e que, sem dúvida, constituem pilares de sustentabilidade da função gestora.

O Estado constitui uma esfera ético-política caracterizada pela união de partes que lhe conferem a característica de um organismo vivo, composto pela participação dos cidadãos e de todos aqueles que se abrigam em sua circunscrição constitucional e legal, ou seja, se abrigam sob a égide de uma Constituição.

A ética e a cidadania não se desvinculam da questão dos princípios da ação do Estado e da moralidade administrativa, uma vez que, por mais alargados que pareçam os direitos e as esferas individuais – as quais parecem ser extremamente flexíveis nos atuais contextos –, urge que sejam regulamentadas as vinculações estreitas que existem entre esferas individuais e esferas coletivas, pressupondo-se, assim, níveis de avanço no campo do progresso moral da sociedade.

Z. A. L. Rodriguez. Ética na gestão pública. Curitiba: InterSaberes, 2016, p. 130-1 (com adaptações).

133. (Cespe – Técnico Judiciário – TRE PE/2017) No texto CG3A1AAA, a forma verbal "devem", no trecho "os membros de uma corporação profissional (...) também devem ser submetidos ao julgamento ético-moral", foi empregada no sentido de

a) probabilidade.
b) capacidade.
c) permissão.
d) obrigação.
e) necessidade.

COMENTÁRIOS

Alternativa "a" – Razão ou indício que faz supor a verdade ou possibilidade de um fato.

Alternativa "b" – Particularidade de capaz; competência.

Alternativa "c" – Anuência, aquiescência, assentimento, autorização, concordância, consentimento.

Alternativa "d" – *Os membros* ***devem ser submetidos*** equivale, sem dúvida alguma, a uma obrigatoriedade. Sinônimos de ***dever*****: obrigação**, responsabilidade.

Alternativa "e" – O que não se deve prescindir; que não se pode pôr de parte; imprescindível.

Alternativa correta: letra "d".

---

134. (Cespe – Técnico Judiciário – TRE PE/2017) No primeiro parágrafo do texto CG3A1AAA, a forma pronominal "los", em "respeitá-los" e "vivenciá-los", remete a

a) "todos os cidadãos"
b) "princípios constitucionais"
c) "estes"
d) "os membros de uma corporação profissional"
e) "funcionários e servidores da administração pública"

COMENTÁRIOS

✪ **Nota da autora:** Basta substituir os pronomes, pois é questão de coesão textual.

Alternativa "a" – Não: É necessário, ainda, que tais princípios estejam pública e legalmente disponíveis ao conhecimento de **todos os cidadãos.**

Alternativa "b" – A administração pública deve pautar-se nos **princípios constitucionais** que a regem. É necessário, ainda, que tais princípios (os princípios constitucionais) estejam pública e legalmente disponíveis ao conhecimento de todos os cidadãos, para que estes possam **respeitar** *os princípios constitucionais* e **vivenciar** *os princípios constitucionais.*

Alternativa "c" – Retoma *todos os cidadãos.*

Alternativa "d" – Não: **os membros de uma corporação profissional** também devem ser submetidos ao julgamento ético-moral.

Alternativa "e" – Os funcionários são *os membros de uma corporação profissional.*

Alternativa correta: letra "b".

TEXTO CG3A1BBB

Competência **é** uma palavra polissêmica. Uma das razões da variabilidade de seu significado é a diversidade dos contextos e dos campos de conhecimento em que ela é usada. Em 1986, o Novo Dicionário Aurélio da Língua Portuguesa apresentou o seguinte verbete para os usos **correntes** à época:

Competência (do latim competentia) s. f. 1. Faculdade concedida por lei para um funcionário, juiz ou tribunal para apreciar e julgar certos pleitos ou questões. 2. Qualidade de quem é capaz de apreciar e resolver certo assunto, fazer determinada coisa; capacidade, habilidade, aptidão, idoneidade. 3. Oposição, conflito, luta.

Os dois primeiros sentidos, transpostos para o mundo do trabalho, indicam que a palavra competência refere-se ou às atribuições do cargo ou **à capacidade do trabalhador** de apreciar, resolver ou fazer alguma coisa.

Posteriormente, o Dicionário Houaiss atribuiu dez **significados** ao termo. Os sete primeiros são especificações ou derivações dos três **sentidos** já registrados no Novo Dicionário Aurélio da Língua Portuguesa. Os outros três sentidos são relacionados à gramática, à hidrografia, à linguística, à medicina e à psicologia.

Acompanhando essa tendência, a área educacional, em especial a da educação profissional, tem multiplicado os sentidos e usos da palavra competência. Por exemplo, ao se discutir uma proposta educacional baseada em competências, é importante especificar o conceito de competência adotado e a forma como ele **é utilizado** para se discutir o modelo pedagógico decorrente.

J. A. Külller e N. de F. Rodrigo. Metodologia de desenvolvimento de competências. Rio de Janeiro: SENAC Nacional, 2014, p. 39 (com adaptações).

---

135. (Cespe – Técnico Judiciário – TRE PE/2017) Em relação aos sentidos e aos aspectos linguísticos do texto CG3A1BBB, assinale a opção correta.

a) No terceiro parágrafo, os vocábulos "significados" e "sentidos" (3º §) foram empregados como sinônimos.
b) Seria mantida a correção gramatical do texto caso o trecho "é utilizado" (último §) fosse substituído por se utiliza.
c) A correção gramatical do texto seria mantida caso a forma verbal "é" (linha 1) fosse flexionada no plural – são – para concordar com "razões".
d) O vocábulo "correntes" (1º §) foi empregado no texto no sentido de fluentes.
e) Seria mantida a correção gramatical do texto caso fosse suprimido o acento indicativo de crase em "à capacidade do trabalhador" (2º §).

COMENTÁRIOS

Alternativa "a" – Dez significados e três sentidos. ***Significado*** é sinônimo de acepção, **sentido**, significação, conceito, noção, definição.

Alternativa "b" – Ele é utilizado: voz passiva analítica. Ele se utiliza: voz reflexiva = utiliza ele próprio, ele mesmo.

Alternativa "c" – Competência (sujeito) **é** uma palavra polissêmica.

Alternativa "d" – O sentido é de *habituais*.

Alternativa "e" – Paralelismo sintático: refere-se → **às** atribuições ou (refere-se) → **à** capacidade. O uso da crase é obrigatório. Substitua por palavra masculina da mesma classe gramatical e resultará em "ao": refere-se aos momentos ou ao trabalho.

Alternativa correta: letra "a".

---

136. (FCC – TRE SP 2017 – Técnico Judiciário – Área Administrativa) A frase redigida com clareza e correção é:

a) A humanidade assiste a uma revolução tecnológica e comportamental inédita, cujas consequências ainda não são passíveis de mensuração.

b) As duas primeiras décadas deste século, tem assistido uma transformação vertiginosa que entretanto, não satisfaz os desejos de expansão humano.

c) É comum pessoas negligenciarem ao instante presente para tirar fotos de que serão apreciadas por amigos virtuais, com o qual não se tem intimidade.

d) É possível que o cérebro da nova safra de nativos digitais, adapta-se ao contato exacerbado com as máquinas, afim de aproveitar-lhe ao máximo.

e) Os jovens que obterem melhor desempenho com as novas tecnologias farão jus à mais sucesso, porém há outras habilidades, que podem prejudicá-lo.

COMENTÁRIOS

✪ **Nota da autora:** Questão de regência, crase, pronome relativo, verbo, pontuação, concordância e ortografia.

Alternativa "a" – Regência correta: assiste a uma revolução (sentido de *ver*); pronome relativo correta: as consequências (sujeito) da revolução tecnológica e comportamental (sentido de posse).

DICA: O pronome relativo "cujo" concorda com o termo posterior e indica posse do anterior.

Alternativa "b" – Concordância verbal: as duas primeiras décadas deste século **têm** assistido; regência: têm assistido **a** uma transformação (verbo *assistir* no sentido de *ver*); concordância nominal: expansão humana; pontuação: 1. Não se separa o sujeito do verbo, ou o sujeito do predicado: as duas primeiras décadas deste século (sujeito) **têm** assistido; 2. É preciso intercalar a conjunção "entretanto" entre vírgulas pelo fato de que se lê: uma transformação vertiginosa que não satisfaz. Correção: uma transformação vertiginosa que**, entretanto,** não satisfaz.

Alternativa "c" – Regência: 1. o verbo *negligenciar* é transitivo direto – negligenciarem **o** instante presente; 2. As fotos (sujeito) serão apreciadas: fotos **que** serão apreciadas*. 3. Não se tem intimidade com os amigos: com **os quais** não se tem intimidade. Pontuação: a oração é adjetiva restritiva e não admite pontuação. Não são todos os amigos, são os amigos com os quais não se tem intimidade. Correção: serão apreciadas por amigos **virtuais com** os quais não se tem intimidade.

DICA: *Se o pronome relativo retoma o sujeito, não admite preposição.

Alternativa "d" – Pontuação: não se separa o sujeito do verbo. Correção: o cérebro da nova safra de nativos **digitais adapte**-se; verbo: é possível que se **adapte** – há dúvida e o verbo deve ser conjugado no presente do subjuntivo; ortografia **a fim** = finalidade. *Afim* indica *afinidade;* regência: o verbo *aproveitar* é transitivo direto: a fim de aproveitá-**las.**

Alternativa "e" – Verbo: "obter" é conjugado como o verbo *ter*. No presente do subjuntivo: **obtiverem**; crase: não se usa crase antes de palavra masculina – farão jus **a** mais sucesso; regência: o verbo *prejudicar* é transitivo direto: prejudicá-**los.**

Alternativa correta: letra "a".

PARA RESPONDER À QUESTÃO, CONSIDERE O TEXTO.

As crianças de hoje estão crescendo numa nova realidade, na qual estão conectadas mais a máquinas e menos a pessoas, de uma maneira que jamais aconteceu na história da humanidade. A nova safra de nativos do mundo digital pode ser muito hábil nos teclados, mas encontra dificuldades quando se trata de interpretar comportamentos alheios frente a frente, em tempo real.

Um estudante universitário observa a solidão e o isolamento que acompanham uma vida reclusa ao mundo virtual de atualizações de status e "postagens de fotos do meu jantar". Ele lembra que seus colegas estão perdendo a habilidade de manter uma conversa, sem falar nas discussões profundas, capazes de enriquecer os anos de universidade. E acrescenta: "Nenhum aniversário, show, encontro ou festa pode ser desfrutado sem que você se distancie do que está fazendo", para que aqueles no seu mundo virtual saibam instantaneamente como está se divertindo.

De algumas maneiras, as intermináveis horas que os jovens passam olhando fixamente para aparelhos eletrônicos podem ajudá-los a adquirir habilidades cognitivas específicas. Mas há preocupações e questões sobre como essas mesmas horas podem levar a déficits de habilidades emocionais, sociais e cognitivas essenciais.

(Adaptado de: GOLEMAN, Daniel. Foco: a atenção e seu papel fundamental para o sucesso. Trad. Cássia Zanon. Rio de Janeiro, Objetiva, 2013, p. 29-30)

137. (FCC – TRE SP 2017 – Técnico Judiciário – Área Administrativa) Uma frase redigida em conformidade com as informações do texto é:

a) De tanto que tem dificuldade em interpretar as pessoas face a face, o nativo digital é hábil nos teclados.

b) A despeito de ser hábil nos teclados, o nativo digital tem dificuldade em interpretar as pessoas face a face.

c) Diante da dificuldade em interpretar as pessoas face a face, o nativo digital, portanto, é hábil nos teclados.

d) O nativo digital tem dificuldade em interpretar as pessoas face a face, em virtude de ser hábil nos teclados.

e) À presunção de ser hábil nos teclados, o nativo digital tem dificuldade em interpretar as pessoas face a face.

COMENTÁRIOS

Alternativa "b" – Comparação das ideias:

No texto: A nova safra de nativos do mundo digital pode ser muito hábil nos teclados, **mas encontra dificuldades** quando se trata de interpretar comportamentos alheios frente a frente, em tempo real = oração coordenada adversativa.

Na alternativa: **A despeito de ser hábil nos teclados**, o nativo digital tem dificuldade em interpretar as pessoas face a face = oração subordinada adverbial concessiva.

Nos dois trechos, as ideias indicam oposição.

DICA – Indicam oposição: 1. **adversidade** (coordenada) = mas, **porém, contudo, todavia, entretanto, no entanto, não obstante, nada obstante**; 2. **concessão** (subordinada) = a despeito de, **embora, ainda que, apesar de que, se bem que, mesmo que, por mais que, posto que, conquanto** etc.

Alternativa "a" – A ideia é: por ter dificuldade em interpretar = causa.

Alternativa "c" – *Portanto* conclui e altera o sentido; *diante de* é sinônimo de perante, em face de.

Alternativa "d" – Em virtude de ser hábil: por ser hábil = causa.

Alternativa "e" – À *presunção* possui ideia de suposição, condição, hipótese.

Alternativa correta: letra "b".

TEXTO PARA RESPONDER ÀS QUESTÕES.

Brasileiros e latino-americanos fazemos constantemente a experiência do caráter postiço da vida cultural que levamos. Essa experiência tem sido um dado formador de nossa reflexão crítica desde os tempos da Independência. Ela pode ser e foi interpretada de muitas maneiras, o que faz supor que corresponda a um problema durável e de fundo.

O Papai Noel enfrentando a canícula em roupa de esquimó é um exemplo de inadequação. Da ótica de um tradicionalista, a guitarra elétrica no país do samba é outro. São exemplos muito diferentes, mas que comportam o sentimento da contradição entre a realidade nacional e o prestígio ideológico dos países que nos servem de modelo.

Tem sido observado que, a cada geração, a vida intelectual no Brasil parece recomeçar do zero. O apetite pela produção recente dos países avançados muitas vezes tem como avesso o desinteresse pelo trabalho da geração anterior e, por conseguinte, a descontinuidade da reflexão. Nos vinte anos em que tenho dado aula de literatura, por exemplo, assisti ao trânsito da crítica por uma lista impressionante de correntes. Mas é fácil observar que só raramente a passagem de uma escola a outra corresponde ao esgotamento de um projeto; no geral, **ela** se deve ao prestígio americano ou europeu da doutrina seguinte. Conforme notava Machado de Assis em 1879, "o influxo externo é que determina a direção do movimento".

Não é preciso ser adepto da tradição para reconhecer os inconvenientes desta praxe, a que falta a convicção das teorias, logo trocadas. Percepções e teses notáveis a respeito da cultura do país são decapitadas periodicamente, e problemas a muito custo identificados ficam sem o desdobramento que **lhes** poderia corresponder. O que fica de nosso desfile de concepções e métodos é pouco, já que o ritmo da mudança não dá tempo à produção amadurecida.

O inconveniente faz parte do sentimento de inadequação que foi nosso ponto de partida. Nada mais razoável, portanto, para alguém consciente do prejuízo, que passar ao polo oposto e imaginar que baste não reproduzir a tendência metropolitana para alcançar uma vida intelectual mais substantiva. A conclusão tem apoio intuitivo forte, mas é ilusória. Não basta renunciar ao empréstimo para pensar e viver de modo mais autêntico. A ideia de cópia discutida aqui opõe o nacional ao estrangeiro e o original ao imitado, oposições que são irreais e não permitem ver a parte do estrangeiro no próprio, a parte do imitado no original e também a parte original no imitado.

(Adaptado de: SCHWARZ, Roberto. Que horas são? São Paulo, Cia. Das Letras, 1987, p. 29-48)

138. (FCC – TRE PR 2017 – Técnico Judiciário – Área Administrativa) Os pronomes *ela* (3º parágrafo) e *lhes* (4º parágrafo) referem-se, respectivamente, a:

a) doutrina seguinte – Percepções e teses notáveis
b) uma lista impressionante de correntes – Percepções e teses notáveis
c) a passagem de uma escola a outra – desdobramento
d) uma lista impressionante de correntes – problemas a muito custo identificados
e) a passagem de uma escola a outra – problemas a muito custo identificados

COMENTÁRIOS

Alternativa correta: letra "e" – Basta substituir os pronomes pelos termos a que se referem:

1. Mas é fácil observar que só raramente a passagem de uma escola a outra corresponde ao esgotamento de um projeto; no geral, ela (**a passagem de uma escola a outra**) se deve ao prestígio americano ou europeu da doutrina seguinte. Eliminadas A, B e D;
2. Percepções e teses notáveis a respeito da cultura do país são decapitadas periodicamente, e problemas a muito custo identificados ficam sem o desdobramento que lhes poderia corresponder (corresponder **a problemas a muito custo identificados**). Eliminada C.

Alternativa correta: letra "e".

---

139. (FCC – TRE PR 2017 – Técnico Judiciário – Área Administrativa – adaptada) Uma redação alternativa para um segmento do texto *Que horas são?* – de Roberto Schwarz –, em que se mantêm a correção gramatical e a lógica, está em:

a) Como tenho dado aula de literatura fazem vinte anos, pude observar, surpreso, durante todo este período, à crítica transitando por uma lista interminável de correntes.
b) Periodicamente, privam-se o país de percepções e teses notáveis sobre a sua cultura, cujos problemas que há muito se identificou ficam sem as soluções cabíveis.
c) Seria razoável, por conseguinte, que uma pessoa, a par do prejuízo, passasse ao polo oposto e imaginasse que deixar de reproduzir a tendência metropolitana seria suficiente para atingir uma vida intelectual mais substancial.
d) Mesmo que uma pessoa não se coloque como um defensor da tradição, é possível à ela reconhecer que advém problemas de tal praxe, aos quais falta teorias que se sustentem na prática, uma vez que elas costumam ser rapidamente trocadas.
e) Porquanto sejam exemplos bem diferentes, do ponto de vista tradicionalista, tanto a imagem do Papai Noel em trajes de frio no calor, quanto à guitarra elétrica no país do samba, transmitem a sensação de desnivelamento entre a realidade e o prestígio ideológico dos modelos seguidos.

COMENTÁRIOS

✪ **Nota da autora:** Questão de concordância, regência, vozes verbais e conjunção.

Alternativa "a" – Concordância: **faz** vinte anos (tempo decorrido – verbo *fazer* = singular); regência e crase: pude observar **algo** – o verbo "observar" é transitivo direto (não exige preposição): pude observar **a** crítica.

Alternativa "b" – Concordância: 1. o verbo *privar* é transitivo direto e está acompanhado do SE (pronome apassivador). Indica que a oração na voz passiva sintética e o verbo deve concordar com o sujeito: **priva-se** o país. Equivale a "**o país** é **privado**"; 2. O verbo *identificar* também é transitivo direto + se: problemas (sujeito) que há muito **se identificaram** = **problemas que** há muito **foram identificados**.

Alternativa "c" – Observações importantes: a locução *por conseguinte* indica consequência e está intercalada entre a oração principal (seria razoável) e a oração subordinada substantiva subjetiva (que uma pessoa passasse ao polo oposto); *a par do juízo* também é uma expressão intercalada por vírgulas.

DICA – As intercalações poderiam ter sido realizadas, também, por travessões.

Alternativa "d" – Crase: não há crase antes de pronome pessoal = é possível **a** ela; concordância: 1. problemas **advêm**; teorias **faltam**.

Alternativa "e" – Conjunção: *porquanto* possui ideia de explicação e, no contexto, há oposição. Deveria ter sido usada a conjunção concessiva **embora**. Crase: quanto **a** guitarra; pontuação: não se separa o sujeito do verbo, é preciso intercalar a expressão "em trajes de frio no calor", ou retirar a vírgula após *calor* = tanto a imagem do Papai Noel em trajes de frio no calor quanto à guitarra elétrica no país do samba **transmitem**. Sujeitos: a imagem e a guitarra.

Alternativa correta: letra "c".

---

140. (FCC – TRE PR 2017 – Técnico Judiciário – Área Administrativa) A frase escrita com correção e clareza está em:

a) Grande parte dos existencialistas rejeitam a ideia na qual há no ser humano uma alma imutável; sua essência seria forjada por meio da existência, sendo que, o indivíduo é que arquiteta sua própria realidade.
b) Conhecido por levar uma vida solitária e isolada, algumas obras do filósofo Kierkegaard, visto como um dos fundadores da filosofia existencialista, também representada por Sartre, fora escrita sob pseudônimos.

c) O filósofo Kierkegaard, geralmente visto como o precursor do existencialismo sustentava a ideia na qual o indivíduo é responsável por dar significado a vida, ainda que enfrente obstáculos como a ansiedade e o tédio.

d) Alguns assinalam que a carreira filosófica de Theodor Adorno, considerado por muitos um dos pensadores mais complexos do século XX, começa com a publicação de sua tese sobre Kierkegaard.

e) Embora Kierkegaard, na juventude já tivesse escrito diversos artigos, muitos consideram sua tese universitária, em que refere-se continuamente à Sócrates como sua primeira obra de destaque.

COMENTÁRIOS

Alternativa "a" – Regência: rejeitam a ideia **de** que há no ser humano uma alma imutável. Quanto à concordância, está correta, pois o verbo pode concordar com "existencialistas" (rejeitam), ou com a expressão partitiva "grande parte" (rejeita).

Alternativa "b" – Concordância: algumas obras (sujeito) **foram escritas**.

Alternativa "c" – Pontuação – falta intercalar a oração: ***O filósofo Kierkegaard, geralmente visto como o precursor do existencialismo, sustentava a ideia; regência: sustentava a ideia de que o indivíduo é responsável; crase: dar significado à vida (substituindo: dar significado ao mundo).***

Alternativa "d" – Escrita correta e clara. Observação: as vírgulas intercalam a oração subordinada adjetiva explicativa reduzida de particípio (considerado).

Alternativa "e" – Pontuação – falta intercalar o adjunto adverbial: ***Embora Kierkegaard, na juventude, já tivesse escrito; colocação pronominal – o pronome relativo "que" atrai o pronome oblíquo: em que se refere; crase – não há crase antes de palavra masculina: em que se refere a Sócrates.***

Alternativa correta: letra "d".

TEXTO PARA RESPONDER ÀS QUESTÕES.

Internet e as novas mídias: contribuições para a proteção do meio ambiente no ciberespaço

A sociedade passou por profundas transformações em que a realidade socioeconômica modificou-se com rapidez junto ao desenvolvimento incessante das economias de massas. Os mecanismos de produção desenvolveram-se de tal forma a adequarem-se às necessidades e vontades humanas. Contudo, o homem não mediu as possíveis consequências que tal desenvolvimento pudesse causar de modo a provocar o desequilíbrio ao meio ambiente e a própria ameaça à vida humana.

Desse modo, a preocupação com o meio ambiente é questionada, sendo centro de tomada de decisões, diante da grave problemática que ameaça romper com o equilíbrio ecológico do Planeta. E não apenas nos tradicionais meios de comunicação, tais como jornais impressos, rádio, televisão, revistas, dentre outros, como também nos espaços virtuais de interatividade, por meio das novas mídias, as quais representam novos meios de comunicação, tem-se o debate sobre a problemática ambiental.

O capitalismo foi reestruturado e a partir das transformações científicas e tecnológicas deu-se origem a um novo estabelecimento social, em que por meio de redes e da cultura da virtualidade, configura-se a chamada sociedade informacional, na qual a comunicação e a informação constituem-se ferramentas essenciais da Era Digital.

As novas mídias, por meio da utilização da Internet, estão sendo consideradas como novos instrumentos de proteção do meio ambiente, na medida em que proporcionam a expansão da informação ambiental, de práticas sustentáveis, de reivindicações e ensejo de decisões em prol do meio ambiente.

No ciberespaço, devido à conectividade em tempo real, é possível promover debates de inúmeras questões como a construção da hidrelétrica de Belo Monte, o Novo Código Florestal, Barra Grande, dentre outras, as quais ensejam por tomada de decisões políticas, jurídicas e sociais. [...]

Vislumbra-se que a Internet é um meio que aproxima pessoas e distâncias, sendo utilizada por um número ilimitado de pessoas, a custo razoável e em tempo real. De fato, a Internet proporciona benefícios, pois, além de promover a circulação de informações, a curto espaço de tempo, muitos debates virtuais produzem manifestações sociais. Assim sendo, tem-se a democratização das informações através dos espaços virtuais, como blogs, websites, redes sociais, jornais virtuais, sites especializados, sites oficiais, dentre outros, de modo a expandir conhecimentos, promover discussões e, por vezes, influenciando nas tomadas de decisões dos governantes e na proliferação de movimentos sociais. Desse modo, os cidadãos acabam participando e exercendo a cidadania de forma democrática no ciberespaço. [...]

Faz-se necessária a execução de ações concretas em prol do meio ambiente, com adaptação e intermédio do novo padrão de democracia participativa fomentado pelas novas mídias, a fim de enfrentar a gestão dos riscos ambientais, dentre outras questões socioambientais. Ainda, são necessárias discussões aprofundadas sobre a complexidade ambiental, agregando a interdisciplinaridade para escolhas sustentáveis e na difusão do conhecimento. E, embora haja inúmeros desafios a percorrer com a utilização das tecnologias de comunicação e informação (novas TIC's), entende-se que a atuação das novas mídias é de suma importância, pois possibilita a expansão da informação, a práxis ambiental, o debate e as aspirações dos cidadãos, contribuindo, dessa forma, para a proteção do meio ambiente.

(SILVA NUNES, Denise. Internet e as novas mídias: contribuições para a proteção do meio ambiente no ciberespaço. In: Âmbito Jurídico, Rio Grande, XVI, n. 115, ago. 2013. Disponível em: http://ambito juridico.com.br/site/?n_link=revista_artigos_leitura&artigo_id=13051& revista_caderno=17. Acesso em: jan. 2017. Adaptado.)

---

141. (CONSULPLAN – Técnico Judiciário – Área Administrativa – TRF 2/2017) A reescrita de "Contudo, o homem não mediu as possíveis consequências que tal desenvolvimento pudesse causar de modo a provocar o desequilíbrio ao meio ambiente e a própria ameaça à vida humana." (1º §) em que a correção gramatical e o sentido foram preservados pode ser indicada em:

a) Assim, o homem não mensurou as possíveis consequências que seriam causadas por tal de modo a provocar o desequilíbrio ao meio ambiente e a própria ameaça e à vida humana.

b) Não obstante, o homem não mediu as possíveis consequências que poderiam ser causadas por tal desenvolvimento provocando o desequilíbrio ao meio ambiente e a própria ameaça e à vida humana.

c) As possíveis consequências que tal desenvolvimento pudesse causar de modo a provocar o desequilíbrio ao meio ambiente e a própria ameaça e à vida humana, entretanto, não foram logradas.

d) Contudo, o homem não mediu as possíveis consequências que tal desenvolvimento pudesse causar de modo a provocar o desequilíbrio e a própria ameaça ao meio ambiente e à vida humana.

COMENTÁRIOS

✪ **Nota da autora:** O gabarito preliminar foi B, mas a banca alterou para D. Questão de período composto e de paralelismo sintático. *Contudo* é conjunção coordenada adversativa e possui ideia de oposição.

Alternativa "d".

1. No comando da questão:

provocar → o desequilíbrio → ao meio ambiente – algo a algo
→ a própria ameaça → à vida humana – algo a algo

2. Na alternativa "d", foram inseridos, em primeiro lugar, os objetos diretos e depois os objetos indiretos, mantendo o paralelismo sintático e, consequentemente, o sentido.

provocar → o desequilíbrio e a própria ameaça – objetos diretos
→ ao meio ambiente e à vida humana – objetos indiretos.

Alternativa "a" – 1. *Assim* possui ideia de conclusão e o sentido é alterado; 2. Não há clareza no trecho "***que seriam causadas por tal***".

Alternativa "b" – *Não obstante* é locução conjuntiva subordinada concessiva e também possui ideia de oposição, mas o paralelismo sintático foi alterado ao inserir a conjunção aditiva "e". Por esse motivo, a banca alterou o gabarito. Compare novamente:

1. provocar → o desequilíbrio → ao meio ambiente – algo a algo
→ a própria ameaça → à vida humana – algo a algo

2. provocando → o desequilíbrio → ao meio ambiente – algo a algo
→ a própria ameaça – algo
→ e
→ à vida humana – a algo. O sentido foi claramente alterado.

Alternativa "c" – Mais uma vez o paralelismo sintático não foi respeitado por ter sido inserida a conjunção "e" antes de "à vida humana".

Alternativa correta: letra "d".

---

142. (CONSULPLAN – Técnico Judiciário – Área Administrativa – TRF 2/2017) No desenvolvimento textual, é notório que o emprego de conectivos e operadores argumentativos contribui para a eficácia da argumentação, deste modo, a sua ampla compreensão se faz necessária. Nesta perspectiva, em *"[...]entende-se que a atuação das novas mídias é de suma importância, pois possibilita a expansão da informação, a práxis ambiental, o debate e as aspirações dos cidadãos, [...]"* (7º §) pode-se afirmar acerca do termo destacado que

a) articula, em um enunciado, tese e argumento estabelecendo uma ligação semântica em que há uma relação de explicação.

b) relaciona o argumento que o antecede ao que o sucede, tornando-os equivalentes quanto à ênfase que lhes é atribuída.

c) orienta para uma conclusão implícita em relação à informação antecedente de modo que sua função é finalizar o ponto de vista exposto.

d) indica uma pressuposição em relação ao assunto antes de sua enunciação, evidenciando sua importância no desenvolvimento da argumentação.

COMENTÁRIOS

Alternativa "a" – A ideia explicativa está clara, já que a conjunção "pois" equivale a "porque". Veja: **por**

que se *entende que a atuação das novas mídias é de suma importância?* **Porque** *possibilita a expansão da informação, a práxis ambiental, o debate e as aspirações dos cidadãos* = *explicação.*

Alternativa "b" - Não são equivalentes.

Alternativa "c" - Não indica conclusão, mesmo que implícita. A ideia é, como mencionado, de explicação. Seria conclusão de estivesse no sentido de "logo".

Alternativa "d" - Explica e não pressupõe.

Alternativa correta: letra "a".

143. (FCC - TRF 5 - 2017 - Técnico Judiciário - Área Administrativa) *Se não temos mais tempo livre, é porque praticamente todo o nosso tempo está preso. Preso a quê? Ao princípio do trabalho...*

Respeitando-se a correção e a clareza, uma redação alternativa para o segmento acima está em:

a) Posto que, praticamente todo o nosso tempo está preso ao princípio do trabalho, não dispomos mais o tempo livre.
b) A quê nosso tempo está preso? Ao princípio do trabalho, por isso não temos mais praticamente nenhum tempo livre.
c) As pessoas não tem mais tempo livre, pois praticamente todo o tempo delas está preso: ao princípio do trabalho.
d) Compreende-se nossa falta de tempo livre quando se observa que praticamente todo o nosso tempo está preso ao princípio do trabalho.
e) Como praticamente todo o nosso tempo, encontra-se preso ao princípio do trabalho, isso explica o motivo porque não temos mais tempo livre.

COMENTÁRIOS

Alternativa "a" - 1. Conjunção: o emprego de "posto que" (indica concessão) está errado; 2. O verbo *dispor* é transitivo indireto e exige a preposição "de": dispomos mais **do** tempo livre.

Alternativa "b" - A palavra "quê" deverá ser acentuada apenas quando possuir função de substantivo. No contexto, deve-se retirar o acento por ser um pronome interrogativo e não estar no final da frase.

Alternativa "c" - 1. Concordância: as pessoas (sujeito) não **têm**; 2. Pontuação: não cabe o sinal de dois-pontos para separar o adjunto adverbial.

Alternativa "e" - 1. Conjunção: emprego errado de "como"; 2. Pontuação: não pode haver vírgula entre sujeito e verbo: **todo o nosso tempo encontra-se preso**; 3. Ortografia: o motivo *pelo qual* (pronome relativo). Correção: o motivo **por que.**

Alternativa correta: letra "d" .

144. (FCC - TRF 5 - 2017 - Técnico Judiciário - Área Administrativa) *Numa visita ao Brasil, pouco depois de sair do Governo da Espanha, Felipe Gonzalez foi questionado sobre o que gostaria de ter feito e não conseguiu. Depois de pensar alguns minutos, disse lamentar que, apesar de avanços importantes em educação, os jovens ainda se formavam e queriam saber o que o Estado faria por eles.*

(COSTIN, Claudia. Disponível em: **folha.uol.com.br**)

Transpondo-se para o **discurso direto** a fala atribuída a Felipe Gonzalez, obtêm-se as seguintes formas verbais:

a) Lamento – formem – queiram
b) Lamento – formem – querem
c) Lamentei – formaram – queriam
d) Lamentou – vão se formar – irão querer
e) Lamento – tinham se formado – quiseram

COMENTÁRIOS

✪ **Nota da autora:**

Discurso direto *é* a transcrição exata da fala das personagens, sem participação do narrador.

Discurso indireto *é* a intervenção do narrador no discurso ao utilizar as suas próprias palavras para reproduzir as falas das personagens.

DICAS de transposição do discurso direto para o indireto

1. **Mudança das pessoas do discurso**:

Discurso direto	Discurso indireto
primeira pessoa	terceira pessoa
eu, me, mim, comigo	ele, ela, se, si, consigo, o, a, lhe
nós, nos, conosco	eles, elas, os, as, lhes
meu, meus, minha, minhas, nosso, nossos, nossa, nossas	seu, seus, sua e suas

2. **Mudança de tempos verbais**:

Discurso direto	Discurso indireto
Presente do indicativo	pretérito imperfeito do indicativo
Pretérito perfeito do indicativo	pretérito mais-que-perfeito do indicativo
Futuro do presente do indicativo	futuro do pretérito do indicativo
Presente do subjuntivo Futuro do subjuntivo Imperativo	pretérito imperfeito do subjuntivo

3. **Mudança na pontuação das frases**:

Discurso direto	Discurso indireto
Frases interrogativas, exclamativas e imperativas	frases declarativas (o emissor constata um fato – informa ou declara alguma coisa)

4. **Mudança dos advérbios e adjuntos adverbiais:**

Discurso direto	Discurso indireto
Ontem	no dia anterior
Hoje	naquele dia e naquele momento
Amanhã	no dia seguinte
Aqui, aí, cá	ali e lá
Este, esta e isto	aquele, aquela, aquilo

Alternativa "a" – Agora vamos ao trecho.

Discurso indireto – *Depois de pensar alguns minutos, disse lamentar que, apesar de avanços importantes em educação, os jovens ainda se formavam e queriam saber o que o Estado faria por eles.*

Discurso direto – *Depois de pensar alguns minutos, disse:* ***lamento*** *que, apesar de avanços importantes em educação, os jovens ainda se* ***formem*** *e* ***queiram*** *saber o que o Estado faria por eles.*

Alternativa "b" – Não cabe o verbo no presente do indicativo (querem).

Alternativa "c" – Não pode ser usado o tempo no passado – pretérito perfeito do indicativo (lamentei e formaram) – e no pretérito imperfeito do indicativo (queriam).

Alternativa "d" – O primeiro verbo continua na terceira pessoa. Alternativa eliminada facilmente.

Alternativa "e" – Não cabe o tempo composto (tinham se formado) nem o verbo no pretérito mais-que-perfeito do indicativo (quisera).

Alternativa correta: letra "a".

---

145. (Cespe – Técnico Judiciário – Área Administrativa – TRE – TO/2017 – adaptada) Assinale a opção que apresenta uma proposta de reescrita que preserva o sentido original e a correção gramatical do seguinte trecho do texto CG1A1AAA[26]: " A democracia indireta ou representativa, segundo Kelsen, é aquela em que a função legislativa é exercida por um parlamento eleito pelo povo".

a) A democracia indireta ou representativa é aquela que a função legislativa é exercida por um parlamento eleito pelo povo segundo Kelsen

b) Indireta ou representativa, a democracia, segundo Kelsen, é aquela cuja a função legislativa é exercida por um parlamento eleito pelo povo

c) Conforme Kelsen, a democracia indireta ou representativa é aquela na qual um parlamento eleito pelo povo exerce a função legislativa

d) Na democracia seja ela indireta ou representativa, a função legislativa é exercida, segundo Kelsen, por um parlamento, eleito pelo povo

e) A democracia, indireta ou representativa, segundo Kelsen, é aquela onde a função legislativa é exercida, por um parlamento eleito pelo povo

COMENTÁRIOS

Alternativa "a" – Erro de regência: em que.

Alternativa "b" – Erro de regência e pronome relativo: o artigo nunca pode acompanhar os relativos *cujo* e *quem*.

Alternativa "c" – Perceba que há ideia de conformidade em "segundo Kelsen" e o trecho equivale a "conforme Kelsen". Quanto à regência: o pronome relativo *a qual* retoma "aquela". Na ordem direta: um parlamento eleito pelo povo exerce a função legislativa **naquela** democracia. A preposição "em" foi exigida e podem ser usadas as formas **em que** ou **na qual**.

Alternativa "d" – Erros crassos de pontuação: **Na democracia,** seja ela indireta**, ou** representativa, a função legislativa é exercida, segundo Kelsen, por um parlamento **eleito** pelo povo. Coesão textual: seja ela indireta, seja ela representativa.

Alternativa "e" – O pronome relativo retoma "democracia" e não indica lugar. Deveria ser usada a forma em que ou na qual, como visto no comentário da alternativa "c". A vírgula separando o agente da passiva (por um parlamento eleito pelo povo) não deveria existir.

Alternativa correta: letra "c".

---

146. (CONSULPLAN – TRE RJ 2017 – Técnico Judiciário – Área Administrativa) O humor na tira de *Chris Browne* ampara-se numa expressão de natureza figurativa; ser pau para toda obra. Que figura de linguagem está presente nessa expressão?

a) Metáfora.

b) Metonímia.

c) Eufemismo.

d) Prosopopeia.

COMENTÁRIOS

✪ **Nota da autora:** Questão de **FIGURAS DE LINGUAGEM** – assunto exigido no edital de CONSULPLAN e raramente pedido por outras bancas.

Alternativa "a" – Há comparação implícita: ele é (como) pau para toda obra. Com o conectivo, seria comparação; sem o conectivo: metáfora.

Metáfora é a designação de um objeto ou qualidade mediante uma palavra que designa outro objeto ou qualidade que tem com o primeiro uma relação de semelhança.

---

26. *Ana Cláudia Santano. Os partidos políticos. Internet: <www.egov.ufsc.br> (com adaptações).*

Alternativa "b" – Metonímia: ocorre troca de uma palavra por outra.

Alternativa "c" – Eufemismo: suaviza algo ruim, uma expressão pesada.

Alternativa "d" – Prosopopeia: atribui características humanas a seres inanimados, ou seja, a coisas.

Alternativa correta: letra "a".

---

147. (Cespe – Analista Judiciário /Áreas Administrativa e Judiciária – TRE BA/2017) No texto CG1A1AAA, a "satisfação das necessidades próprias da vida" relaciona-se

a) ao ócio.

b) à riqueza.

c) ao conhecimento.

d) à política.

e) ao trabalho.

COMENTÁRIOS

Confira, a seguir, as relações dos outros termos.

Alternativa "a" – O exercício do trabalho confiscava o tempo para o ócio.

Alternativa "b" – O aumento da produção e da circulação de riquezas propiciou o surgimento da democracia, da cidadania e da filosofia.

Alternativa "c" – É preciso atentar para as bases em que se assentavam essas formas de exercer o poder, de participar da liberdade e de produzir o conhecimento.

Alternativa "d" – O exercício do trabalho confiscava o tempo para o ócio, fertilizador do conhecimento político e filosófico.

Alternativa "e" – Ser livre era não exercer um trabalho que correspondesse à satisfação das necessidades próprias da vida: **trabalho e satisfação.**

Alternativa correta: letra "e".

TEXTO CG1A2AAA

Desde que a urna eletrônica **foi adotada** em todo o território brasileiro, votar passou a ser uma atividade relativamente simples. Diante da urna, o eleitor pode seguir quatro caminhos diferentes. É possível deixar o voto em branco; para isso, basta **apertar a tecla branca**. A segunda opção é digitar um número que não corresponda a nenhum dos candidatos ou partidos e, com isso, anular o voto. A terceira opção é digitar o número de um partido e votar "na legenda". Por fim, é possível escolher um candidato específico digitando-se o seu número.

Até meados da década de 90 do século XX, ainda na era da cédula de papel, a apuração geralmente era feita em ginásios esportivos e durava muitos dias. As pessoas que tiveram a oportunidade de ver uma dessas apurações **devem se lembrar** das fases da contagem de votos. Inicialmente, os votos em branco eram carimbados para evitar que eles fossem preenchidos de maneira fraudulenta durante o cômputo. Os votos nulos eram separados em uma pilha específica. Depois de contados os votos, os boletins de cada urna eram preenchidos, enviados para níveis superiores de apuração e totalizados. Hoje os poderosos computadores da justiça eleitoral em Brasília são capazes de proclamar, em poucas horas, quais foram, entre os milhares de candidatos, os eleitos.

Jairo Nicolau. Representantes de quem? Os (des) caminhos do seu voto da urna à Câmara dos Deputados. Rio de Janeiro: Zahar, 2017, p. 21-3 (com adaptações).

---

148. (Cespe – Analista Judiciário /Áreas Administrativa e Judiciária – TRE BA/2017) Em relação aos aspectos linguísticos do texto CG1A2AAA, julgue os itens a seguir.

I) A correção gramatical e o sentido original do texto seriam mantidos caso se substituísse "foi adotada" por se adotou.

II) A oração "apertar a tecla branca" exerce, no período em que ocorre, a função de complemento da forma verbal "basta".

III) A correção gramatical do texto seria mantida caso o trecho "devem se lembrar" fosse reescrito de qualquer uma das seguintes formas: devem-se lembrar ou devem lembrar-se.

Assinale a opção correta.

a) Apenas o item I está certo.

b) Apenas o item II está certo.

c) Apenas o item III está certo.

d) Apenas os itens I e II estão certos.

e) Apenas os itens II e III estão certos.

COMENTÁRIOS

✪ **Nota da autora:** Questão de vozes verbais, análise sintática, período composto e colocação pronominal.

I. A urna eletrônica foi adotada: voz passiva analítica. Ao substituir por *a urna eletrônica se adotou*, a voz verbal passa a indicar reflexividade: adotou ela mesma, ela própria e altera o sentido.

II. A ideia é: basta apertar a tecla branca **para deixar o voto em branco** = finalidade. O que basta? Apertar a tecla branca: sujeito oracional (possui verbo), ou oração subordinada substantiva subjetiva reduzida de infinitivo. Seria complemento verbal se possuísse função de objeto direto ou objeto indireto.

III. A regra de colocação pronominal em locuções verbais é: **nos casos em que a locução verbal não vier precedida de um fator de próclise, o pronome oblíquo pode permanecer depois do verbo auxiliar (devem-se lembrar) ou depois do principal (devem lembrar-se).**

Alternativa correta: letra "c" – O item III está correto.

TEXTO CG1A1AAA

No quadro da democracia liberal, cidadania corresponde ao conjunto das liberdades individuais – os chamados direitos civis de locomoção, pensamento e expressão, integridade física, associação etc. O advento da democracia social acrescentou, **àqueles** direitos do indivíduo, **os direitos trabalhistas** ou direitos a prestações de natureza social reclamadas ao Estado (educação, saúde, seguridade e previdência). Em ambos os casos, o cidadão é titular de direitos e liberdades em relação ao Estado e a outros particulares – mas permanece situado fora do campo estatal, não assumindo qualquer titularidade quanto a funções públicas. Preserva-se, assim, a perspectiva do constitucionalismo clássico: direitos do homem e do cidadão são exercidos frente ao Estado, mas não dentro do aparelho estatal.

Na teoria constitucional moderna, cidadão é o indivíduo que tem um vínculo jurídico com o Estado, sendo portador de direitos e deveres fixados por determinada estrutura legal (Constituição, leis), que lhe confere, ainda, a nacionalidade. Cidadãos, em tese, são livres e iguais perante a lei, porém súditos do Estado.

Como lembra Marilena Chaui, a cidadania se define pelos princípios da democracia, significando necessariamente conquista e consolidação social e política. A cidadania requer instituições, mediações e comportamentos próprios, constituindo-se na criação de espaços sociais de lutas (movimentos sociais, sindicais e populares) e na definição de instituições permanentes para a expressão política, como partidos, legislação e órgãos do poder público. Distingue-se, portanto, a cidadania passiva, aquela que é outorgada pelo Estado, com a ideia moral do favor e da tutela, da cidadania ativa, aquela que institui o cidadão como portador de direitos e deveres, mas essencialmente criador de direitos para abrir novos espaços de participação política.

Maria Victoria de Mesquita Benevides. Cidadania e democracia. Internet: <www.scielo.br> (com adaptações).

149. (Cespe – Analista Judiciário /Áreas Administrativa e Judiciária – TRE PE/2017) No texto CG1A1AAA, a expressão "os direitos trabalhistas" (1º §)

a) restringe a referência da expressão "direitos do indivíduo".
b) exerce a função de sujeito da forma verbal "acrescentou".
c) exemplifica os "direitos do indivíduo".
d) exerce a função de aposto.
e) exerce a função de complemento direto da forma verbal "acrescentou".

COMENTÁRIOS

Alternativa "a" – Como visto, não há restrição. Acrescentou os direitos trabalhistas aos direitos dos indivíduos.

Alternativa "b" – Sujeito: O advento da democracia social.

Alternativa "c" – Como já visto, completa o verbo "acrescentar" e não há exemplificação.

Alternativa "d" – Exerce função de objeto direto do verbo *acrescentar.*

Alternativa "e" – *Acrescentou* é transitivo direto e indireto, ou seja, exige dois complementos verbais: objeto direto = **os direitos trabalhistas** ou direitos a prestações de natureza social; objeto indireto: àqueles direitos do indivíduo.

Alternativa correta: letra "e".

150. (Cespe – Analista Judiciário /Áreas Administrativa e Judiciária – TRE PE/2017) Em cada uma das opções a seguir é apresentada uma proposta de reescrita para o seguinte trecho do texto CG1A1AAA: "Em ambos os casos, o cidadão é titular de direitos e liberdades em relação ao Estado e a outros particulares – mas permanece situado fora do campo estatal" (1º §). Assinale a opção em que a proposta apresentada, além de estar gramaticalmente correta, mantém o sentido original do texto.

a) Nos dois casos, o cidadão, em relação ao Estado e à outros particulares, é titular de direitos e liberdades – mas permanece situado fora do campo estatal
b) Em ambos os casos, o cidadão é titular de direitos e liberdades em relação ao Estado e aos outros particulares mas, permanecendo situado fora do campo estatal
c) Nos dois casos, o cidadão é titular de direitos e liberdades em relação ao Estado e a outros particulares; no entanto, permanece situado fora do campo estatal
d) Em ambos os casos, o cidadão que é titular de direitos e liberdades em relação ao estado e a outros particulares permanece situado fora do estado
e) Em ambos casos, o cidadão, que é titular de direitos e liberdades em relação ao Estado e a outros particulares apesar de permanecer alheio ao campo estatal

COMENTÁRIOS

✪ **Nota da autora:** É viável dividir as informações e comparar cada trecho.

Alternativa "c"

– Em ambos os casos = Nos dois casos;

– o cidadão é titular de direitos e liberdades em relação ao Estado e a outros particulares = reescritura idêntica ao trecho do comando da questão;

– o travessão que separa a oração coordenada adversativa foi substituído por ponto-e-vírgula pelo fato de ter sido usada uma vírgula posposta à conjunção;

– a conjunção "mas" foi substituída por "no entanto" que, também, indica oposição.

Alternativa "a" – Crase: não há crase antes de pronome indefinido = em relação ao Estado e **a** outros particulares. Exceção: antes de outra(s).

Alternativa "b" – Pontuação: a vírgula deveria ter sido empregada antes da conjunção adversativa = em relação ao Estado e aos outros **particulares, mas** permanecendo situado fora; artigo: a outros particulares = apenas é usada uma preposição (a) regida pela expressão "em relação a". O artigo não cabe pelo fato de estar generalizando os outros particulares.

DICA – O artigo definido (o, a) possui a função de restringir.

Alternativa "d" – Ao inserir o pronome relativo "que", a oração passa a ser adjetiva restritiva e possui sentido de *apenas alguns cidadãos são titulares de direitos e liberdades.* No trecho original, a ideia é de que todos os cidadãos são titulares de direitos e liberdades.

Alternativa "e" – Foi inserido o pronome relativo também, mas acompanhado de vírgula, o que gera a ideia de todos – oração adjetiva explicativa. O erro está no emprego da conjunção concessiva "apesar de". Mais: falta outra vírgula para separar a oração adjetiva explicativa. Note que, além disso tudo, o final do período não possui a mínima clareza.

Alternativa correta: letra "c".

---

151. (Cespe – Analista Judiciário /Áreas Administrativa e Judiciária – TRE PE/2017 – adaptada)

TRECHO PARA RESPONDER À QUESTÃO.

(...) Na **teoria constitucional moderna**, **cidadão é** o indivíduo que tem um vínculo jurídico com o **Estado**, sendo **portador de direitos e deveres** fixados por determinada estrutura legal (Constituição, leis), que **<u>lhe</u>** confere, ainda, a **nacionalidade**. Cidadãos, em tese, são livres e iguais perante a lei, porém súditos do Estado. (...)

Maria Victoria de Mesquita Benevides. Cidadania e democracia. Internet: <www.scielo.br> (com adaptações).

O pronome "lhe" faz referência a

a) "cidadão"
b) "Estado"
c) "portador de direitos e deveres"
d) "nacionalidade"
e) "teoria constitucional moderna"

COMENTÁRIOS

Alternativa "a" – Basta substituir o pronome pela palavra a que se refere: confere **ao cidadão** a nacionalidade = confere algo <u>a alguém</u> (objeto indireto).

Alternativa "b" – Complemento nominal do objeto direto "um vínculo jurídico".

Alternativa "c" – O cidadão é portador de direitos e deveres.

Alternativa "d" – Objeto direto do verbo *conferir*, como já visto.

Alternativa "e" – Adjunto adverbial deslocado apenas.

Alternativa correta: letra "a".

---

152. (FCC – TRE SP 2017 – Analista Judiciário – Área Administrativa) Está correto o livre comentário que se encontra em:

a) O Masp, embora, desde sua concepção, levasse em conta ideias semelhantes às do texto de Francisco Bittencourt, até o ano de 2015 era ocupado de maneira tradicional.
b) Por mais que o Masp – tinha sido concebido como espaço aberto à compor um só ambiente com a cidade, foi incumbido convencionalmente.
c) Agora pode-se ver os cavaletes de Lina Bo Bardi, plano original de exposição das obras de arte no Masp, em que foram expostos por muito tempo junto as suas paredes.
d) Semelhante ao MAM do Rio de Janeiro, o Masp, projetado por Lina Bo Bardi, tiveram suas datas de fundação muito próximas, açambarcando obras de outros museus brasileiros.
e) Museus como o Masp, sem dúvida, tem um papel decisivo na formação do olhar de pessoas que, durante sua vida, passa a frequentá-lo e a conhecer sua coleção de obras de arte universais.

COMENTÁRIOS

Alternativa "a" – As vírgulas marcam duas intercalações e estão corretas. Lê-se:

1. Adjunto adverbial de tempo: O Masp, embora, levasse = <u>desde sua concepção;</u>

2. Oração subordinada adverbial concessiva: O Masp até o ano de 2015 era ocupado de maneira tradicional = embora levasse em conta ideias semelhantes às do texto de Francisco Bittencourt.

Alternativa "b" – Pontuação: o travessão não pode separar o sujeito do verbo = **Masp tinha**; verbo: por mais que o Masp **tivesse** = verbo no pretérito imperfeito do subjuntivo (indica condição), **seria** incumbido = futuro do pretérito do indicativo (outro tempo condicional), crase: não pode haver antes de verbo = aberto **a** compor.

DICA – Indicam condição: pretérito imperfeito do subjuntivo e futuro do pretérito do indicativo.

Alternativa "c" – Colocação pronominal: o advérbio atrai o pronome oblíquo: agora **se pode** ver; regência: os cavaletes foram expostos – o pronome relativo retoma o sujeito, não admite preposição = ver os cavaletes de Lina Bo Bardi **que** foram expostos.

Alternativa "d" – Concordância: o Masp (sujeito) **teve**.

Alternativa "e" – Concordância: Museus (sujeito) **têm**.

Alternativa correta: letra "a".

---

153. (FCC – TRE SP 2017 – Analista Judiciário – Área Judiciária – adaptada) Está clara e correta a redação:

a) Sendo falíveis, somos também sujeitos à toda sorte de imperfeições, inclusive a própria amizade não se furta aquela verdade.

b) O autor do texto considera que, por maior e mais leal que seja, uma amizade tem de contar com os limites da afetividade humana.

c) A prática das grandes amizade supõem que os amigos interajam através de sentimentos leais, de cujo valor não é fácil discernir.

d) Não se devem imaginar que os nossos defeitos escapem na observação do amigo, por onde, aliás, devemos ter boas expectativas.

e) Requer muita paciência e muita compreensão os momentos em que nosso amigo surpreende-nos os defeitos que imaginávamos ocultos.

COMENTÁRIOS

Alternativa "a" – Crase: não há crase antes de pronome indefinido = sujeitos **a** toda sorte. Exceção: antes de *outra(s)*; regência: não se furta **a** algo = àquela vontade.

Alternativa "b" – As vírgulas demarcam intercalação entre a oração principal e a oração subordinada substantiva objetiva direta. Lê-se: O autor do texto considera que uma amizade tem de contar com os limites da afetividade humana.

Alternativa "c" – Concordância nominal: grandes **amizades**; concordância verbal: a prática (sujeito) **supõe**; regência: não é fácil discernir o valor (verbo transitivo direto – sem preposição) = **cujo** valor.

Alternativa "d" – Concordância: não se **deve** imaginar; regência: escapem **de** algo = escapem **da** observação, devemos ter boas expectativas **da** observação = **da qual** ou **de que**.

Alternativa "e" – Concordância: Os momentos (sujeito) **requerem**; regência: surpreende-nos **com** algo = surpreende-nos **com** os defeitos.

Alternativa correta: letra "b".

---

154. (FCC – TRE SP 2017 – Analista Judiciário – Área Judiciária) As marcas da amizade não desaparecem com a ausência do amigo. Ao reescrever a frase acima iniciando-se com *A ausência do amigo*, estará correta a seguinte complementação:

a) não implica desaparecer as marcas da amizade.

b) não faz desaparecerem as marcas de amizade.

c) impede a que as marcas da amizade cheguem a desaparecer.

d) não fazem as marcas da amizade desaparecerem.

e) impossibilita de que venham a desaparecer as marcas da amizade.

COMENTÁRIOS

Alternativa "a" – Concordância errada: **desaparecerem** as marcas de amizade = as marcas desaparecerem.

Alternativa "b" – A ausência do amigo não **faz** (o verbo deve concordar com o sujeito) **desaparecerem** as marcas da amizade. Coloque na ordem direta – iniciando com o sujeito – para não haver erro: as marcas de amizade **desaparecerem**.

Alternativa "c" – Regência: o verbo *impedir* é transitivo direto = **impede que**.

Alternativa "d" – Concordância: a ausência não **faz**.

Alternativa "e" – Regência: o verbo *impossibilitar* é transitivo direto = **impossibilita que**.

Alternativa correta: letra "b".

---

155. (FCC – TRE SP 2017 – Analista Judiciário – Área Judiciária) Por apresentar deficiência de redação, deve-se corrigir a frase:

a) Não viesse um bom amigo apontar com sinceridade os nossos maiores defeitos, fazendo com que nos conheçamos melhor, quem o faria com igual propósito?

b) Nossos maiores defeitos não são relevados pelo amigo leal, que os identifica para que possamos aperfeiçoar nosso caráter e nossa conduta.

c) Por que haveríamos de nos irritar quando, com a melhor das intenções, o amigo nos apontasse nossos defeitos, para que os reconhecêssemos e os suprimíssemos?

d) Ao identificar em nossa conduta os defeitos que não enxergamos, a importância da amizade torna-se necessária desde que venha a se pautar pelo sentimento de lealdade.

e) Por mais contrariados que possamos ficar com o amigo que aponta nossas falhas, acabaremos reconhecendo que esse seu gesto é prova de lealdade.

COMENTÁRIOS

Alternativa "d" - Além de não possuir clareza (*ao identificar, desde que venha*), a preposição "a" é desnecessária: desde que **venha se pautar**.

DICA - A vírgula marca inversão da oração subordinada adverbial temporal reduzida de infinitivo e está correta.

Importante verificar os comentários a seguir.

Alternativa "a" - *Viesse* = verbo *vir* no pretérito imperfeito do subjuntivo.

Alternativa "b" - Concordância correta: o amigo leal (sujeito) identifica (verbo transitivo direto) os defeitos (os).

Alternativa "c" - O verbo *haver* é auxiliar e admite pluralização, equivale a *irritaríamos*. As vírgulas marcam intercalação.

Alternativa "e" - A vírgula demarca inversão da oração adverbial reduzida. A oração principal está posposta: acabaremos reconhecendo.

Alternativa correta: letra "d".

TEXTO PARA RESPONDER ÀS QUESTÕES.

Em um marco estritamente institucionalista, pode-se dizer que república é uma forma de governo que se distingue da forma monárquica. Tal distinção deve-se ao fato de que o fundamento do poder nas repúblicas não está associado a governo unipessoal e à sucessão dinástica, tal como nas monarquias, invariavelmente governadas por casas reais. Ainda que, ao longo do século 20 – e mesmo no início do 21 –, o termo "república" tenha sido utilizado na autodenominação de regimes políticos autoritários, de modo geral a ideia contemporânea de república aproxima-se da de democracia, posto que está associada à soberania popular, exercida por meio da participação em eleições regulares, livres, competitivas e extensivas a todos os postos politicamente relevantes. A tais traços devem ser acrescentadas a distinção e a separação entre teologia e política.

A ideia de república como forma de governo que se constitui como negação da forma monárquica ganhou consistência a partir da emergência das duas revoluções republicanas modernas, em fins do século 18. Embora suas origens, durações e efeitos tenham sido distintos, tanto a Revolução Americana (1776) como a Revolução Francesa (1789) tiveram imenso papel na afirmação de uma forma de governo diversa da tradição monárquica europeia. [...] Durante o século 19, tanto na Europa quanto nas antigas periferias coloniais – América do Sul, por exemplo –, vários movimentos democratizantes ou de libertação nacional evocaram a forma republicana, sempre na chave de repúdio à forma monárquica de governo unipessoal com fundamento dinástico. As revoluções europeias de 1830 e 1848, assim como os movimentos nacionais na América Espanhola, estruturaram-se em torno de ideais republicanos, cujo núcleo invariavelmente gravitava em torno da necessidade de afirmar o princípio da soberania popular.

A própria experiência brasileira, tardia <u>com relação à da América do Sul</u>, teve nesse traço um aspecto importante. Entre nós, a defesa da república, durante o século 19, caracterizou-se menos pela defesa de um programa claro de reforma para a sociedade e a política e mais pela simples negação do governo monárquico e pessoal de d. Pedro II. A primeira década republicana no Brasil foi marcada por forte instabilidade e por intensa disputa a respeito do que deveria significar um regime republicano. Coube ao governo do paulista Campos Salles (1898-1902) estabelecer as bases do regime, que vigoraram até 1930.

(LESSA, Renato. República/Republicanismo. In: Dicionário de políticas públicas. Orgs. Geraldo DiGiovanni e Marco Aurélio Nogueira. 2. ed. São Paulo: Editora Unesp/Fundap, 2015, p. 884/885.)

156. (FCC - TRE PR 2017 - Analista Judiciário - Área Judiciária) É correto afirmar que, no parágrafo 2,

a) se sustenta que o caráter singular que cada uma das revoluções, a Americana e a Francesa, adquiriu não constituiu impedimento para que ambas viessem a se tornar referência de uma forma de governo distinta da que caracteriza a monarquia europeia.

b) na formulação vários movimentos democratizantes ou de libertação nacional, a substituição da conjunção por "como o" preserva o sentido original.

c) se desenvolve a ideia de que o emprego da palavra "república" para designar repulsa ao governo unipessoal e à sucessão dinástica, exclusivos das monarquias, teve origem nas revoluções de 1776 e 1789.

d) considerado o segmento a partir da emergência das duas revoluções republicanas modernas, em seu contexto, a substituição da palavra grifada por "contemporâneas" não prejudicaria o sentido original.

e) considerado o segmento cujo núcleo invariavelmente gravitava em torno da necessidade de afirmar o princípio da soberania popular, em seu contexto, a substituição do que está em destaque por "do qual o núcleo" preservaria a correção original.

COMENTÁRIOS

Alternativa "a" – No segundo parágrafo: *Embora suas origens, durações e efeitos tenham sido distintos, **tanto a Revolução Americana (1776) como a Revolução Francesa (1789) tiveram imenso papel na afirmação de uma forma de governo diversa da tradição monárquica europeia**.*

Alternativa "b" – A conjunção "ou" é aditiva, equivale a *na formulação vários movimentos democratizantes* **e** *de libertação nacional.* Ao substituir por "como", passa a indicar um exemplo de movimentos democratizantes e o sentido é alterado.

Alternativa "c" – O erro está ao mencionar que "teve origem", pois no texto é usada a expressão "ganhou consistência", isto é, no sentido figurado significa que ganhou *estado do que é coerente, verdadeiro e real.*

Alternativa "d" – *Contemporânea* significa que a ocorrência se dá na época ou tempo atual. *Modernas*, no texto, refere-se a revoluções ocorridas no século 18.

Alternativa "e" – Trecho original: *estruturaram-se em torno de ideais republicanos, cujo núcleo invariavelmente gravitava em torno da necessidade de afirmar o princípio da soberania.* O pronome relativo "cujo" possui ideia de posse e significa: o núcleo das ideais republicanas gravitava. Não cabe a substituição pelo relativo *o qual* porque o pronome retomaria "ideias" (os quais) e muito menos a preposição "de" seria exigida.

Observação: Se a ordem do período for alterada, a substituição poderá ser possível. Já aconteceu em provas anteriores.

Alternativa correta: letra "a".

---

157. (FCC – TRE PR 2017 – Analista Judiciário – Área Judiciária) É comentário adequado sobre o que se tem no parágrafo 3:

a) O citado aspecto importante da experiência brasileira remete ao fato de que, já herdeiro das conquistas dos demais países da América do Sul, no campo político e social, o Brasil pôde restringir-se a entender a república como deposição do governo monárquico.

b) Ao citar a ação de Campos Salles, o autor reforça o entendimento de que o Brasil, devido a seu sabido atraso estrutural, desperdiça oportunidades de atingir a estabilidade e o amadurecimento políticos.

c) Em A própria experiência brasileira, tardia com relação à da América do Sul, teve nesse traço um aspecto importante, a palavra destacada constitui reforço da construção possessiva.

d) Em com relação à da América do Sul, o sinal indicativo da crase está empregado em conformidade com a norma-padrão da língua, mas não deveria ser empregado se a formulação fosse "com relação aquela da América do Sul".

e) A transposição para a voz ativa da oração em que ocorre a voz passiva, em A primeira década republicana no Brasil foi marcada por forte instabilidade e por intensa disputa a respeito do que deveria significar um regime republicano, geraria a forma verbal "marcavam".

COMENTÁRIOS

✪ **Nota da autora:** Questão de coesão, coerência e interpretação de texto.

Alternativa "a" – 1. Ocorreu extrapolação textual, pois a informação de que *já herdeiro das conquistas dos demais países da América do Sul* não foi mencionada no texto, muito menos no 3º parágrafo; 2. O Brasil não se restringiu a entender a república como deposição do governo monárquico.

Alternativa "b" – Não reforça tal entendimento. No final do 3º §: *A primeira década republicana no Brasil foi marcada por forte instabilidade e por intensa disputa a respeito do que deveria significar um regime republicano. **Coube ao governo do paulista Campos Salles (1898-1902) estabelecer as bases do regime, que vigoraram até 1930.***

Alternativa "c" – As formas *próprio(a)* e *própria(s)* podem ser empregadas para realçar o caráter possessivo. Lê-se: **sua** experiência, a experiência **d**ele (do Brasil – a preposição "de" possui relação de posse).

Entenda melhor: Falando de sua própria irmã? (da irmã dela). Aconteceu dentro de seu próprio bairro (do bairro dele).

Alternativa "d" – Perceba que o vocábulo "experiência" está implícito na oração: *A própria experiência brasileira, tardia com relação à* (experiência) *da América do Sul.* A preposição "a" é exigida pelo regente "com relação" e deveria haver crase também em com relação àquela da América do Sul = preposição "a" + pronome demonstrativo "aquela".

Alternativa "e" – A forte instabilidade e a intensa disputa **marcaram** a primeira década republicana. O verbo "ser", na passiva, está no pretérito perfeito do indicativo e faz com o verbo, na voz ativa, mantenha-se no mesmo tempo.

Observação: *marcavam* foi conjugado no pretérito imperfeito do indicativo.

Alternativa correta: letra "c".

158. (FCC - TRE PR 2017 - Analista Judiciário - Área Judiciária - adaptada) É correta a seguinte afirmação:

a) No período Em um marco estritamente institucionalista, pode-se dizer que república é uma forma de governo que se distingue da forma monárquica, ambas as palavras grifadas são pronomes relativos.

b) (último §) Em A própria experiência brasileira, tardia com relação à da América do Sul, teve nesse traço um aspecto importante, o segmento destacado refere-se à necessidade de afirmar o princípio da soberania popular.

c) Em As revoluções europeias de 1830 e 1848 [...] estruturaram-se em torno de ideais republicanos, cujo núcleo invariavelmente gravitava em torno da necessidade de afirmar o princípio da soberania popular, a forma infinitiva compõe uma locução verbal.

d) Em A ideia de república como forma de governo que se constitui como negação da forma monárquica ganhou consistência a partir da emergência das duas revoluções republicanas modernas, a separação do segmento destacado por vírgulas não prejudica o sentido original.

e) (2º §) Em A ideia de república como forma de governo que se constitui como negação da forma monárquica, a forma verbal destacada, no presente do indicativo, tem a mesma grafia da forma no pretérito perfeito do indicativo, ficando a distinção entre elas na dependência do contexto.

COMENTÁRIOS

Alternativa "a" - Pode-se dizer **isto**. Se coube o pronome catafórico, o "que" é conjunção integrante; *uma forma de governo* ***que*** *se distingue:* uma forma **a qual** se distingue = pronome relativo.

Alternativa "b" - Sim, pois retoma a ideia do período anterior: *As revoluções europeias de 1830 e 1848, assim como os movimentos nacionais na América Espanhola, estruturaram-se em torno de ideais republicanos, cujo núcleo invariavelmente* ***gravitava em torno da necessidade de afirmar o princípio da soberania popular***.

Alternativa "c" - Não há locução verbal, ou seja, não há dois verbos que indiquem a mesma ação. O verbo "afirmar" faz parte da oração subordinada substantiva completiva nominal reduzida de infinitivo (gravitava em torno da necessidade **disto**).

Alternativa "d" - O "que" é pronome relativo e a oração é subordinada adjetiva restritiva (ideia de alguns). Ao inserir a vírgula, a oração passaria a ser adjetiva explicativa e passaria a ter ideia de todos – generalizaria. Prejudica o sentido.

Alternativa "e" - As formas verbais são distintas: constitui (presente do indicativo), constituiu (pretérito perfeito do indicativo).

Alternativa correta: letra "b".

159. (FCC - TRE PR 2017 - Analista Judiciário - Área Judiciária) Ainda que, ao longo do século 20 – e mesmo no início do 21 –, o termo "república" tenha sido utilizado na autodenominação de regimes políticos autoritários, de modo geral a ideia contemporânea de república aproxima-se da de democracia, posto que está associada à soberania popular, exercida por meio da participação em eleições regulares, livres, competitivas e extensivas a todos os postos politicamente relevantes.

Afirma-se com correção sobre o que se tem acima (parágrafo 1):

a) Os travessões, por isolarem uma correção do que se afirmou anteriormente, não poderiam ser substituídos por parênteses.

b) O uso das aspas em "república" indica que a palavra deve ser considerada um neologismo, pois, a partir do século 20, passou a ser empregada com um específico sentido.

c) A circunstância manifestada por de modo geral incide diretamente sobre a expressão a ideia contemporânea de república.

d) Em a ideia contemporânea de república aproxima-se da de democracia, ocorre uma elipse obrigatória, pois a redundância, ao prejudicar a clareza, seria inaceitável.

e) O emprego da palavra politicamente exemplifica a ocorrência de advérbio com valor restritivo.

COMENTÁRIOS

Alternativa "a" - Não é correção, mas sim adição e podem ser substituídos por parênteses.

Alternativa "b" - As aspas indicam ironia. Não se trata de nova palavra.

Alternativa "c" - Incide sobre o verbo "aproximar-se". Lê-se: a ideia contemporânea de república **aproxima-se de modo geral** da de democracia.

Alternativa "d" - A elipse (omissão de termo) não é obrigatória por não indicar redundância. Lê-se: a ideia contemporânea de república aproxima-se de modo geral da **ideia** de democracia.

Alternativa "e" - O advérbio indica circunstância do verbo, ou intensifica o adjetivo, ou o próprio advérbio. No caso, o termo *politicamente* é advérbio por estar restringindo o adjetivo *relevantes*. Perceba que foi acrescentado o sufixo - **mente**.

Alternativa correta: letra "e".

160. (FCC – TRE PR 2017 – Analista Judiciário – Área Judiciária) *As crianças cresciam em altura e maturidade. O crescimento das crianças se dava na mesma proporção em que cresciam as preocupações dos pais com o futuro delas. Cresciam também as preocupações com o presente das crianças. As preocupações existiam porque aquela pequena vila há tempos não era mais a mesma.*

Cada alternativa apresenta uma proposta de organização das frases acima em um só período. O que está claro, coerente e em conformidade com a norma-padrão, sem prejudicar o sentido original, é:

a) As preocupações dos pais cresciam, por causa do futuro e também do presente, na medida em que cresciam as crianças, em altura e maturidade, sendo que aquela pequena vila há tempos não era mais a mesma.

b) Proporcionalmente, cresciam as crianças em altura e maturidade e também cresciam as preocupações dos pais, pelo seu futuro e até presente, mesmo porque aquela pequena vila há tempos não era mais a mesma.

c) Devido ao crescimento das crianças, em altura e maturidade, naquela pequena vila que há tempos não era mais a mesma, os pais também se preocupavam com o seu presente e o seu futuro.

d) À medida que as crianças cresciam em altura e maturidade, cresciam também as preocupações dos pais, tanto em relação ao futuro quanto ao presente delas, uma vez que aquela pequena vila há tempos não era mais a mesma.

e) Aquela pequena vila há tempos não era mais a mesma e em relação a isso, quando as crianças cresciam em altura e maturidade, os pais também o faziam, preocupados tanto com o presente quanto com seu futuro.

COMENTÁRIOS

✪ **Nota da autora:** Questão de coerência textual e período composto.

Alternativa "a" – A causa das preocupações não eram o presente e o futuro: As preocupações dos pais cresciam, por causa do futuro e também do presente. *Na medida em que* indica causa e não proporção (à medida que).

Alternativa "b" – As crianças não cresciam em altura e maturidade **proporcionalmente.**

Alternativa "c" – O crescimento das crianças não indica a causa: Devido ao crescimento das crianças.

Alternativa "d" – Pensemos nas informações separadamente a fim de facilitar:

1. *O crescimento das crianças se dava **na mesma proporção*** = proporcionalidade: À **medida que** as crianças cresciam em altura e maturidade, cresciam também as preocupações dos pais;
2. *Cresciam **também** as preocupações com o presente* = adição: **tanto** em relação ao futuro **quanto** ao presente delas;
3. *As preocupações existiam porque aquela pequena vila há tempos não era mais a mesma* = causa: **uma vez que** aquela pequena vila há tempos não era mais a mesma.

Alternativa "e" – Além de o sentido todo ter sido alterado, afirma-se que os pais também cresciam e tal informação não possui a menor lógica.

Alternativa correta: letra "d".

161. (FCC – TRE PR 2017 – Analista Judiciário – Área Judiciária) A frase que está adequadamente redigida, considerada a norma-padrão da língua, é:

a) Ao já informado acrescento apenas, que os documentos necessários ao processo em andamento deve constar da relação encaminhada anteriormente a seu assessor.

b) As observações feitas pelo assistente a disposição neste setor terão de ser consideradas, pois devem haver disposições legais que determinaram os comentários.

c) Consta do último boletim as alterações sugeridas pelo chefe da expedição, determinado pela necessidade urgente de que os prazos sejam efetivamente cumpridos.

d) As fichas dos revisores foram inadvertidamente misturadas, o que obrigou o consultor, que só trabalha às terças-feiras, a avisá-los de que teriam de reorganizá-las o mais breve possível.

e) Ninguém sabe exatamente porque, mas, depois de tensa discussão, cinco dos dez deputados reunidos não foram mesmo favorável à renovação dos contratos examinados, o que causou pesar aos interessados.

COMENTÁRIOS

Alternativa "a" – Pontuação: Ao já **informado,** acrescento **apenas que** os documentos; regência: **nos** documentos deve constar **a relação** encaminhada.

Alternativa "b" – Concordância: **deve** haver = verbo impessoal (oração sem sujeito – o verbo *haver* está no sentido de existir: singular).

Alternativa "c" – Concordância: **constam** as alterações sugeridas. Quanto à regência, embora a forma "constar em" seja preferível, a forma "constar de" é considerada, também, como correta.

Alternativa "d" – Concordâncias, regências e pontuação corretas.

Alternativa "e" – Ortografia: Ninguém sabe exatamente o **porquê** = o motivo (substantivo); concordância: cinco dos dez deputados reunidos não foram mesmo **favoráveis**.

Alternativa correta: letra "d".

---

162. (FCC – TRE PR 2017 – Analista Judiciário – Área Judiciária) A redação estruturada de modo claro e correto, considerada a norma-padrão da língua, é:

a) Se o governo que sai provesse o sucessor de todas as informações necessárias para um bom desempenho, erros seriam evitados, visto que toda administração é, de certa forma, resultante da administração que antecedeu.

b) O médico defendeu a ideia de que, se a indústria da moda não revir suas exigências para a passarela, problemas relacionados a distúrbios alimentares poderão recrudescer.

c) É razoável que ele pleitee acréscimo em seu salário, mas, se algum diretor se contrapuser ao aumento esse será empecilho intransponível.

d) Os técnicos disseram que as metas pareciam, durante o debate, bastante acessível, o que não os garantiu a construção de consenso sobre como articular coerentemente.

e) É fato: deve ser enfrentados ali intensos desafios, porém os concorrentes não se intimidam, pois não cabem a atletas a menor dúvida sobre seu desempenho, na modalidade que é fruto da escolha deles mesmos.

COMENTÁRIOS

Alternativa "a" – Se o governo **provesse** o sucessor – verbo "prover", sinônimo de ***providenciar, arrumar, abastecer, aprovisionar, auxiliar, ajudar, acudir, nomear, designar e exercer.***

Alternativa "b" – Pontuação correta: as vírgulas intercalam a oração subordinada adverbial condicional; verbo conjugado corretamente: "rever" é conjugado como o verbo *ver*. No futuro do subjuntivo: vir, revir.

Alternativa "c" – É razoável que ele **pleiteie** – verbo "pleitear" no presente do subjuntivo.

Alternativa "d" – **as metas** pareciam bastante **acessíveis**; não **lhes** garantiu a construção – garantiu algo **a alguém** (objeto indireto = lhe).

Alternativa "e" – **devem** ser enfrentados **intensos desafios**: voz passiva analítica (verbo *ser* + particípio). O verbo deve concordar com o sujeito paciente; não **cabe** a atletas **a menor dúvida**.

Alternativa correta: letra "b".

TEXTO I

Onde o Direito e a Literatura se encontram

"Porque esse é o meu nome! Porque não posso ter outro em minha vida! Porque estaria mentindo e assinando mentiras. Porque não valho a poeira dos pés daqueles que mandou enforcar! Eu já dei a minha alma ao Senhor, deixe-me ficar com meu nome!". A citação acima foi retirada da obra As Bruxas de Salém, de Arthur Miller, que também foi tema de filme, lançado em 1996. O trecho em questão, porém, também foi utilizado como argumentação em uma decisão judicial a favor da autora que reclamava de atentado à honra.

A argumentação não só mostra como a Literatura ajuda a fundamentar a realidade, mas como o próprio Direito se utiliza dessa ferramenta para interpretar a sociedade. Essa relação entre Direito e Literatura pode ser analisada de três formas: o Direito na Literatura; o Direito da Literatura, que trata dos direitos do autor ou de uma obra e de temas relacionados, como a liberdade de expressão; e, ainda, a utilização de práticas da crítica literária para compreender e avaliar os direitos, as instituições e procedimentos judiciais, o que seria o Direito como Literatura.

Esta última relação do Direito com a Literatura, como explica Vera Karam, professora da disciplina de Direito e Literatura da Faculdade de Direito da Universidade Federal do Paraná (UFPR), é o estudo de temas jurídicos – e da própria realidade em que estão inseridos – com a ajuda das obras literárias. "A Literatura surge como uma metáfora que o direito usa para tentar articular uma boa solução para aquilo que é chamado a responder", explica. [...]

"O aplicador do direito é constantemente demandado a dar respostas a conflitos concretos e diversos, e a Literatura justamente abre um espaço de reflexão e de ação mais crítico, porque é mais sensível às especificidades do humano", aponta Vera.

"A Literatura amplia os horizontes, já que possibilita ao leitor experimentar, de um modo seguro, situações que ele provavelmente jamais viveria. A boa literatura estimula a reflexão e desperta o senso crítico", complementa Lenio Streck, procurador de Justiça do Rio Grande do Sul e professor de Pós-Graduação em Direito na Unisinos-RS.

Para Vera, além de trazer novas perspectivas aos operadores do Direito, a Literatura antecipa temas relacionados ao universo jurídico. "A ficção literária tem essa riqueza, essa sutileza, essa sensibilidade que permite que o Direito às vezes fique até mais bem preparado para o enfrentamento de conflitos que seriam inimagináveis fora da ficção", diz.

A linguagem, que no Direito encontra suas especificidades e na Literatura é registrada de maneira mais diversa e livre, também é apontada pelos especialistas como um ponto-chave da interpretação jurídica por meio das obras. "Olhando a operacionalidade, a realidade não nos toca, as ficções, sim. Com isso, confundimos as ficções da realidade com a realidade das ficções. Ficamos endurecidos. A Literatura pode ser mais do que isso. Faltam grandes narrativas no Direito, e a Literatura pode humanizá-lo", finaliza Streck.

(Katna Baran, especial para a Gazeta do Povo 21/03/2013. Disponível em: http://www.gazetadopovo.com.br/vidapublica/justica-direito/onde-o-direito-e-a-literatura-se-encontramb2yn714yocf2hz62cladr6p1q>. Acesso em janeiro de 2017. Adaptado.)

---

163. (CONSULPLAN – Analista Judiciário – Área Administrativa – TRF 2/2017) Acerca do vocábulo "onde" no título "Onde o Direito e a Literatura se encontram", de acordo com a aplicação e relação estabelecida, é correto afirmar que

a) tem função anafórica no discurso como substituto de um circunstante locativo.

b) faculta-se a grafia "donde" tendo em vista o sentido original que lhe é atribuído.

c) emprega-se de modo absoluto como visto no verso "Moro onde não mora ninguém".

d) tal advérbio interrogativo foi empregado em uma pergunta indireta em referência a lugar.

COMENTÁRIOS

Alternativa "a" – Teria função anafórica se estivesse retomando elemento ou ideia.

Observação: função catafórica se citasse algo. Anáfora: retoma; catáfora: cita.

Alternativa "b" – A preposição "de" não foi exigida e impossibilita o uso de "donde". Exemplo para melhor entendimento: As dúvidas, não sabemos **donde** surgiram.

Alternativa "c" – Pronome (ou advérbio) possui **valor absoluto** quando não faz referência a termo anterior e foi exatamente isso que ocorreu no título do texto e no verso.

Alternativa "d" – É advérbio de lugar e não interrogativo, pois não há interrogativa indireta. **Observação**: As interrogativas indiretas se caracterizam pela entonação decrescente e por não começarem com vocábulos interrogativos. Não possuem ponto de interrogação. Perguntei a ela qual o motivo da constante ausência. Queria saber onde você estuda. Informe-nos quantas horas você estuda. Diga quem é você.

Alternativa correta: letra "c".

---

164. (CONSULPLAN – Analista Judiciário – Área Administrativa – TRF 2/2017) De acordo com o contexto, o sentido do trecho destacado está adequadamente expresso em:

a) "e da própria realidade em que estão inseridos [...]" (3º §) = e do subsistente realismo no qual colocam-se.

b) "se utiliza dessa ferramenta para interpretar a sociedade." (2º §) = vale-se de tal disjuntivo com o fim de decifrar o social.

c) "situações que ele provavelmente jamais viveria." (5º §) = circunstâncias as quais, de modo plausível, jamais vivenciaria.

d) "demandado a dar respostas a conflitos concretos e diversos, [...]" (4º §) = subversões múltiplas e reais demandadas a proferir ponderações.

COMENTÁRIOS

✪ **Nota da autora:** Dividindo as informações facilita o entendimento.

Alternativa "a" – *Subsistente* = grande duração, que continua ou persiste. Não possui relação semântica com "própria".

Alternativa "b" – ***Disjuntivo*** **=** usado para separar, desunir; que disjunge. Longe de ser equivalente a "ferramenta".

Alternativa "c" – *situações* = circunstâncias; *que* = as quais (retoma o substantivo "circunstâncias"); *provavelmente* = certamente, seguramente, ou seja, admissível, razoável (sinônimos de "plausível"); *viveria* = vivenciaria.

Alternativa "d" – O sentido foi todo alterado ao utilizar os vocábulos *múltiplas* e *ponderações.*

Alternativa correta: letra "c".

TEXTO PARA RESPONDER À QUESTÃO.

**** Final do romance "Vidas Secas" que narra a família de Fabiano, mais uma vez, se retirando para algum outro lugar, em virtude da seca:***

Pouco a pouco uma vida nova, ainda confusa, se foi esboçando. Acomodar-se-iam num sítio pequeno, o que parecia difícil a Fabiano, criado solto no mato. Cultivariam um pedaço de terra. Mudar-se-iam depois para uma cidade, e os meninos frequentariam escolas, seriam diferentes deles. Sinhá Vitória esquentava-se. Fabiano ria, tinha desejo de esfregar as mãos agarradas à boca do saco e à coronha da espingarda de pederneira.

Não sentia a espingarda, o saco, as pedras miúdas que lhe entravam nas alpercatas, o cheiro de carniças que empestavam o caminho. As palavras de Sinhá Vitória encantavam-no.

Iriam para diante, alcançariam uma terra desconhecida. Fabiano estava contente e acreditava nessa terra, porque não sabia como ela era nem onde era. Repetia docilmente as palavras de Sinhá Vitória, as palavras que

Sinhá Vitória murmurava porque tinha confiança nele. E andavam para o sul, metidos naquele sonho. Uma cidade grande, cheia de pessoas fortes. Os meninos em escolas, aprendendo coisas difíceis e necessárias. Eles dois velhinhos, acabando-se como uns cachorros, inúteis, acabando-se como Baleia. Que iriam fazer?

Retardaram-se, temerosos. Chegariam a uma terra desconhecida e civilizada, ficariam presos nela. E o sertão continuaria a mandar gente para lá. O sertão mandaria para a cidade homens fortes, brutos, como Fabiano, Sinhá Vitoria e os dois meninos.

(Vidas Secas, Graciliano Ramos.)

---

165. (CONSULPLAN – Analista Judiciário – Área Administrativa – TRF 2/2017) Em "Eles dois velhinhos, acabando-se como uns cachorros, inúteis, acabando-se como Baleia." (3º §) a construção apresentada é feita empregando-se, como recurso linguístico,

a) a evidência de oposição estabelecida através de uma relação comparativa entre elementos distintos.

b) uma palavra em sentido figurado, baseando-se em uma comparação subentendida entre dois termos.

c) o exagero do sentido com o objetivo de conferir ênfase à informação apresentada, constituindo uma variação de metáfora.

d) uma relação de semelhança entre dois termos atribuindo características de um a outro por meio de um elemento comparativo explícito.

COMENTÁRIOS

✪ **Nota da autora:** Questão de figuras de linguagem, figuras de palavras, para ser mais detalhista. É necessário lembrar a diferença entre comparação e metáfora. Ambas empregam as palavras fora do seu sentido normal, por analogia, isto é, por semelhança.

Metáfora é um tipo de comparação implícita, **sem termo comparativo**, estabelecendo uma relação de semelhança, usando termos com significados diferentes do habitual. A **comparação usa termos de conexão** para comparar características entre dois ou mais elementos.

Alternativa "a" – Além de não haver oposição, não há elementos distintos.

Alternativa "b" – A comparação, como já visto, é explícita.

Alternativa "c" – Não há exagero de sentido e a metáfora é uma comparação implícita.

Alternativa "d" – Semelhança: os dois velhinhos e cachorro; termo comparativo explícito: como.

Alternativa correta: letra "d".

---

166. (CONSULPLAN – TRE RJ 2017 – Analista Judiciário – Área Judiciária – adaptada) Leia e analise as sugestões de alteração a seguir e assinale como alternativa correta aquela em que a correção e a coerência do texto seriam preservadas.

a) A expressão "por todos os lados" (Não é correto dizer que o Estado encarna a consciência coletiva, pois esta o transborda por todos os lados.) incide sobre a forma verbal "transborda" indicando uma relação consecutiva.

b) No trecho "de Estado os agentes da autoridade soberana" (chamaremos mais especialmente de Estado os agentes da autoridade soberana), o acréscimo da preposição "a" antecedendo e unindo-se ao termo "os" manteria a correção do trecho.

c) As relações de sentido estabelecidas pelo uso de "assim" e "porém" (Sem dúvida é muito frequente chamar-se de Estado não o órgão governamental, mas a sociedade política em seu conjunto, o povo governado e seu governo juntos, e nós mesmos empregamos a palavra nesse sentido. Assim, fala-se em Estados europeus, diz-se que a França é um Estado. Porém, como é bom que haja termos especiais para realidades tão diferentes quanto a sociedade e um de seus órgãos, chamaremos mais especialmente de Estado os agentes da autoridade soberana, e de sociedade política o grupo complexo de que o Estado é o órgão eminente.) seriam mantidas caso tais termos fossem substituídos, respectivamente, por "por conseguinte" e "ainda assim".

d) Em "É um grupo de funcionários sui generis" (Eis o que define o Estado. É um grupo de funcionários sui generis, no seio do qual se elaboram representações e volições que envolvem a coletividade, embora não sejam obra da coletividade.), a forma verbal pode ser alterada para sua forma no plural havendo intenção enunciativa de fazer prevalecer a importância do sujeito sobre a do predicativo.

COMENTÁRIOS

QUESTÃO ANULADA por haver duas alternativas corretas (B e C).

Gabarito preliminar – Alternativa correta: letra "c" – ***Por conseguinte*** indica **conclusão** e são seus sinônimos: *logo, portanto, por isso, consequentemente,* ***assim***. ***Porém****, contudo, entretanto, no entanto, todavia* são palavras tradicionalmente classificadas como conjunções, mas têm características que as assemelham a advérbios e comportam-se como verdadeiros equivalentes de "**ainda assim**", "infelizmente", "pelo contrário", "apesar disso" etc.

Alternativa "b" – O verbo *chamar* possui regências distintas. Segundo Bechara, "Chamar no sentido de "dar nome", "apelidar" pede objeto direto ou complemento preposicionado e predicativo do objeto, com ou sem preposição" e traz como exemplo: Chamavam-lhe tolo / Chamavam-lhe de tolo.

Alternativa "a" – Locução adverbial de lugar, mais especificamente, de direção.

Alternativa "d" – O **Estado** (sujeito) é (verbo) um grupo (predicativo). Note que o predicativo do verbo *ser* não está no plural. Caso estivesse, a pluralização seria possível. Exemplo: O Estado são as pessoas = enfatizaria "as pessoas".

---

167. (CONSULPLAN – TRE RJ 2017 – Analista Judiciário – Área Judiciária – adaptada) *"Assim, fala-se em Estados europeus, diz-se que a França **é** um Estado. Porém, como **é** bom que haja termos especiais para realidades tão diferentes quanto a sociedade e um de seus **órgãos,** chamaremos mais especialmente de Estado os agentes da autoridade soberana, e de sociedade política o grupo complexo de que o Estado **é** o **órgão** eminente.[...]".*
Considerando o trecho destacado anteriormente, marque V para as afirmativas verdadeiras e F para as falsas.

( ) O segmento "haja termos especiais" exemplifica a impessoalidade da oração devido à forma verbal utilizada.

( ) A impessoalidade das formas verbais "fala-se" e "diz-se" caracteriza as orações, das quais fazem parte, como orações desprovidas de sujeito.

( ) Apesar de não apresentar pistas desinenciais para indicação do sujeito, a forma verbal "chamaremos" permite que o sujeito seja recuperado no contexto.

( ) É possível verificar que a omissão da identidade do sujeito em "fala-se em Estados europeus, diz-se que a França" tem como razão discursiva o gênero de texto apresentado e sua estrutura.

A sequência está correta em

a) V, F, F, V.

b) F, V, F, F.

c) V, V, F, V.

d) F, F, V, F.

COMENTÁRIOS

Alternativa "a".

() *"haja termos especiais"* equivale a **existam termos** e por isso o verbo *haver é* impessoal, ou seja, não possui sujeito. Entenda melhor:

Haja	termos.	verbo no **singular**
V.T.D.	O.D.	

Existam	termos.	verbo no **plural**
Verbo intransitivo	sujeito	

() *"fala-se"* não *é* impessoal, isto *é,* não *é* oração sem sujeito, mas sim um sujeito indeterminado (fala-se em algo = verbo transitivo indireto) e em *"diz-se",* há sujeito (verbo transitivo direto + se = voz passiva): *é* dito ***que a França é um Estado*** (sujeito oracional).

() O verbo *"chamaremos"* apresenta pistas desinenciais para indicação do sujeito: *mos* = primeira pessoa do plural (nós).

() Em textos dissertativos argumentativos, deve-se evitar o uso de pessoas, por isso o sujeito é indeterminado em "fala-se": verbo transitivo indireto + se.

Alternativa correta: letra "a".

TEXTO PARA RESPONDER À QUESTÃO.

Uma matéria da Folha de São Paulo, publicada em 19/06 no caderno de Ciência, trouxe ao leitor a seguinte manchete: "Bandos de babuínos tomam decisões democraticamente".

Imediatamente, pus-me a pensar em como os tais primatas tomavam decisões levando em consideração o direito à igualdade e à liberdade de expressão, sem deixar de lado os direitos fundamentais das minorias que devem, necessariamente, ser contempladas em suas demandas nos regimes democráticos. [...] **Tratava-se** apenas de um estudo a respeito de como se dão os deslocamentos destes símios, aparentemente, decididos por consenso do grupo.

[...] A análise do sentido etimológico das palavras costuma ser um bom pontapé inicial: democracia tem origem no idioma grego e significa poder (cratos) do povo (demos). A democracia moderna surge com as Revoluções Burguesas (ou Liberais, conforme o gosto do freguês esteja mais à direita ou à esquerda), como uma contestação ao poder absoluto monárquico, resumida na assertiva que passou a constar de todas as cartas de direitos produzidas a partir de então: **todo poder emana do povo** e em seu nome deve ser exercido.

Pois bem. Para o poder emanar do povo, há que se considerar duas premissas: que todos aqueles que compõem o povo sejam livres e iguais. Devem ser livres para agir e se manifestar, sempre respeitando a liberdade do outro, o qual, sendo igual, terá igual liberdade e igual valor na arena de debate público. Não há mais reis e súditos, mas sim cidadãos iguais perante a lei.

Para que esta igualdade se materialize (daí a se falar em igualdade material), é imprescindível considerar as diferenças individuais existentes entre as pessoas para que se possa juridicamente tratá-las como cidadãs. Por isso a igualdade democrática deve ser isonômica, o que significa tratar igualmente os iguais e desigualmente os desiguais, na medida de suas desigualdades. Em outras palavras, o conjunto de deveres e direitos jurídicos previstos em um Estado democrático precisa levar em conta as diferenças para que estas não se transformem em desigualdades, fazendo ruir a estrutura democrática.

Deste raciocínio se conclui que democracia é uma forma de exercício de poder que se orienta pelos valores da liberdade e da igualdade. Desta forma, o agir em sociedade somente será democrático quando orientado no sentido de garantir que a igualdade e a liberdade de todos sejam efetivadas na prática. [...]

(Maíra Zapater. Disponível em: http://justificando.cartacapital.com.br/2015/06/26/democracia-nao-e-vontade-da-maioria/.)

168. (CONSULPLAN – TRE RJ 2017 – Analista Judiciário – Área Judiciária) Dentre as afirmativas a seguir acerca das estruturas linguísticas do texto, assinale a correta.

a) No 2º §, a forma verbal "Tratava-se" poderia ser substituída por "Tratando-se" tendo em vista a relação temporal expressa no enunciado.

b) A expressão "pois bem", no 4º parágrafo, poderia ser substituída por "assim" eliminando-se o ponto a seguir e substituindo-o por uma vírgula.

c) Em "todo poder emana do povo", a separação por vírgulas da expressão "emana do povo" teria por objetivo lhe atribuir maior ênfase e não prejudicaria a correção gramatical do texto.

d) A coesão e coerência textuais seriam preservadas caso a locução conjuntiva que inicia o quinto parágrafo fosse antecedida – devidamente separada por vírgulas – pela expressão "quanto mais".

COMENTÁRIOS

Alternativa "a" - O verbo *tratava-se* está conjugado no pretérito imperfeito do indicativo e faz referência à ação passada contínua. O gerúndio possui ideia apenas de ação contínua e pode se referir, também, ao presente. A relação temporal é claramente modificada.

Alternativa "b" – *Pois bem* e *assim* possuem valor de conclusão e se equivalem.

Alternativa "c" - Não existe a possibilidade se separar o sujeito do verbo, ou o sujeito do predicado, se não houver intercalação.

Seria aceitável: **Todo poder**, independentemente do tipo, **emana do povo**.

Alternativa "d" - Não teria coerência (lógica), pois a ideia é apenas de finalidade – **para que** esta igualdade se materialize.

Alternativa correta: letra "b".

TEXTO PARA A QUESTÃO.

A discussão **sobre a** participação dos analfabetos na vida política nacional remonta aos tempos do Brasil colônia e se mantém durante a formação da sociedade brasileira e os processos de reconhecimento de direitos e de visibilidade social das diferentes parcelas sociais anteriormente excluídas do processo democrático.

Durante o período colonial, os analfabetos tinham direito ao voto, ainda que mitigado e suprimido, por meio do processo chamado voto "cochichado". Nesse caso, as intenções de voto de um analfabeto eram ouvidas por terceiros letrados. Ainda que restringidos em algumas oportunidades, entre os séculos XVI e XIX, os analfabetos exerciam de alguma maneira o direito ao voto. **Contudo**, foi somente ao final do Império que esse direito foi totalmente retirado dos brasileiros analfabetos por meio do Decreto n.º 3.029/1881, a chamada Lei Saraiva, que instituiu um censo literário nos termos propostos por Rui Barbosa à época.

Desde então, durante cento e quatro anos, os analfabetos tiveram limitações drásticas ao direito de participação política pelo exercício do direito ao voto no país. Essa situação foi alterada apenas com a Emenda Constitucional n.º 25/1985, que concedeu, embora em caráter facultativo, **o direito de voto ao analfabeto**. Durante todo o referido período, por diversas vezes o tema voltou à pauta das definições políticas nacionais, sem, contudo, obter sucesso na efetivação de tal direito básico de cidadania.

Por sua vez, a elegibilidade, que constitui o direito de ser votado, em nenhuma oportunidade foi reconhecida aos analfabetos na história breve de nosso país. Pelo contrário, **pouco se discute e pouco se discutiu sobre tal direito**, e, **reiteradamente**, o tema vem sendo esquecido no processo de consumação de uma cidadania plena, com acesso a todos os direitos de participação política.

Guilherme de Abreu e Silva. **Elegibilidade dos analfabetos: por uma reconfiguração à luz da plenitude da cidadania.** *In*: **Revista Paraná Eleitoral**, v. 3, n.º 2, p. 39-66. Internet: <www.justicaeleitoral.jus.br> (com adaptações).

169. (Cespe – Analista Judiciário – Área Judiciária – TRE PI/2016) Assinale a opção correta com relação a aspectos linguísticos do texto **Elegibilidade dos analfabetos: ....**

a) No trecho "o direito de voto ao analfabeto" (terceiro parágrafo), a substituição da preposição "de" por **ao** manteria a correção, mas acarretaria ambiguidade a esse trecho.

b) O sentido original e a correção do texto seriam mantidos caso a expressão "Por sua vez" (último parágrafo) fosse substituída por **De forma análoga**.

c) O termo "reiteradamente" (último parágrafo) modifica as formas verbais das orações "pouco se discute e pouco se discutiu sobre tal direito".

d) A expressão "sobre a" (início do texto) poderia ser substituída, mantendo-se a correção e o sentido do texto, por **a cerca da**.

e) Caso a conjunção "Contudo" (segundo parágrafo) fosse substituída por **Porquanto**, a correção e o sentido original do texto seriam preservados.

COMENTÁRIOS

Alternativa "a" – *O direito ao voto ao analfabeto* possui dois sentidos e por isso o trecho tornar-se-ia ambíguo por indicar sentido ativo ou passivo, respectivamente: 1. O analfabeto pode votar; 2. O analfabeto pode ser votado.

Alternativa "b" – *Por sua vez* possui sentido de "no que lhe diz respeito; por seu lado, por seu turno", enquanto *de forma análoga* significa "de forma parecida, de forma semelhante". O sentido seria alterado, embora mantenha a correção.

Alternativa "c" – *Reiteradamente* é advérbio de tempo e significa "repetidas vezes", está modificando a locução "vem sendo esquecido". Vem sendo esquecido quando? Reiteradamente.

Alternativa "d" – *Sobre a* refere-se a assunto; *a cerca de* significa "aproximadamente" ou "mais ou menos". A expressão poderia ser substituída por *acerca de* (a respeito de, relativamente a, quanto a, sobre).

Alternativa "e" – *Contudo* possui ideia de adversidade, oposição e *porquanto* é causal.

Alternativa correta: letra "a".

TEXTO PARA RESPONDER ÀS QUESTÕES.

Na entrada do terceiro milênio, o ingresso das brasileiras na política institucional ainda é tímido. **Porém**, esse é um quadro que já se mostrou menos animador. Da promulgação da primeira Constituição Republicana, em 1891 – na qual as mulheres não foram incluídas como cidadãs –, às eleições de Roseana Sarney como primeira governadora de um estado e de Benedita da Silva como primeira senadora e primeira governadora negra – ambas na década de 90 do século passado –, foi um longo percurso.

Apesar de as mulheres possuírem, atualmente, níveis de escolaridade superiores aos dos homens e de estarem cada vez mais presentes no mercado de trabalho, em nenhum âmbito da vida social a participação de mulheres e homens é tão desigual quanto no exercício do poder.

Seja em cargos eletivos, seja em postos de direção nos órgãos executivos ou no sistema judiciário, o poder ainda é predominantemente ocupado por homens. Somente em 2000 uma juíza – Ellen Gracie Northfleet – alcançou o topo da hierarquia do Supremo Tribunal Federal (STF). No Brasil, apesar da **expressiva** atuação das mulheres em movimentos sociais – associações, sindicatos, entidades –, observa-se que essa capacidade de engajamento não corresponde à pequena presença feminina nas instâncias decisórias.

Não obstante tenha sido um dos primeiros países da América Latina a conceder o sufrágio universal, o Brasil está entre as nações que apresentam a mais baixa representação política feminina no Ocidente. Entretanto, esse é um cenário **que se repete** em diversas nações tidas como desenvolvidas e com maior tradição democrática, como é o caso da França. Convém registrar, também, as interrupções na trajetória democrática do país por regimes ditatoriais, as quais impediram o livre gozo de direitos políticos pelos cidadãos e impactaram diretamente **a** participação das mulheres nos poderes constituídos.

A participação política das mulheres no Brasil: Uma breve história. *In*: A mulher e o Poder Legislativo no estado do Rio de Janeiro: lugares, perfis e experiências municipais. Rio de Janeiro: Ed. CEDIM RJ. Internet: <www.educacaopublica.rj.gov.br> (com adaptações).

---

170. (Cespe – Analista Judiciário – Área Judiciária – TRE PI/2016) Cada uma das opções a seguir apresenta um trecho do texto **A participação política das mulheres no Brasil:...** – indicado entre aspas –, seguido de uma proposta de reescrita desse mesmo trecho.

Assinale a opção em que a reescrita, além de manter o sentido da informação originalmente apresentada, também preserva a correção gramatical do texto.

a) "Convém registrar, também, as interrupções na trajetória democrática do país por regimes ditatoriais": Convém registrarem as interrupções na trajetória democrática do país por regimes ditatoriais

b) "Na entrada do terceiro milênio, o ingresso das brasileiras na política institucional ainda é tímido": Na entrada do terceiro milênio, as mulheres no Brasil ainda têm receio de ingressar na política institucional

c) "Porém, esse é um quadro que já se mostrou menos animador": Esse quadro no entanto, já foi menos animador

d) "Seja em cargos eletivos, seja em postos de direção nos órgãos executivos ou no sistema judiciário": Seja em cargos eletivos, em postos de direção, nos órgãos executivos ou no sistema judiciário

e) "o Brasil está entre as nações que apresentam a mais baixa representação política feminina no Ocidente": o Brasil é uma das nações cuja representação política feminina é uma das mais baixas no Ocidente

COMENTÁRIOS

Alternativa "e" – O pronome relativo QUE foi substituído pelo relativo CUJA, mantendo o sentido e a correção gramatical.

Vejamos:

1. QUE retoma "nações";
- Ordem direta: as nações apresentam a mais baixa representação política feminina no Ocidente;
- Função sintática do relativo: sujeito
2. CUJA concorda com "representação";
- Ordem direta: a representação política feminina das nações (posse) é uma das mais baixas no Ocidente.
- Função sintática do relativo: sujeito

Erros:

Alternativa "a" – 1. Faltou adicionar o vocábulo "também"; 2. Não há motivo de pluralizar o verbo da oração substantiva subjetiva (sujeito oracional) "registrar".

Alternativa "b" – 1. As mulheres **do** Brasil (brasileiras); 2. *Ser tímido* não significa que as mulheres tenham receio.

Alternativa "c" – Faltou vírgula para intercalar "no entanto". Correção: Esse quadro**, no entanto,** já foi menos animador

Alternativa "d" – 1. Ocorreu perda de paralelismo sintático com a supressão do verbo "seja"; 2. Retirar a vírgula anteposta ao adjunto adverbial de lugar *nos órgãos executivos*.

Alternativa correta: letra "e".

---

171. (Cespe – Analista Judiciário – Área Judiciária – TRE PI/2016) A correção e o sentido original do texto seriam mantidos caso se substituísse

a) o trecho "que se repete" (último parágrafo) por **que repete-se**.

b) a expressão "Não obstante" (último parágrafo) por **Embora**.

c) o artigo "a" (último parágrafo) por **na**.

d) a conjunção "Porém" (primeiro parágrafo) por **Mas**.

e) o adjetivo "expressiva" (terceiro parágrafo) por **ampliativa**.

COMENTÁRIOS

Alternativa "b"

✪ **Nota da autora:** Questão de período composto (conjunção), colocação pronominal, regência, pontuação e ortografia.

– *Não obstante* e *embora* possuem ideias concessivas, ideias opostas e se equivalem.

Alternativa "a" – *Que* é pronome relativo: retoma "um cenário" e pode ser substituído por "o qual". O pronome relativo atrai o pronome oblíquo, tornando obrigatória a próclise (pronome antes do verbo).

Alternativa "c" – O verbo *impactar* é transitivo direto: impactaram algo. Não exige preposição.

Alternativa "d" – Não pode iniciar frase com a conjunção adversativa *mas* e também não é admitido o emprego da vírgula posposto à conjunção (a não ser que haja intercalação. Exemplo: **Não estudou, mas,** milagrosamente, **foi aprovado**).

Alternativa "e" – ***Expressiva*** é *de teor significativo; que demonstra ideias ou emoções significativas;* ***ampliativa*** significa *que tende a ampliar*.

Alternativa correta: letra "b".

TEXTO PARA A QUESTÃO.

A democracia não se resume em votar e ser votado; para o seu estabelecimento, as eleições são uma condição necessária, mas não suficiente. A democracia é mais do que a garantia de participação na escolha do governo: exige o alcance de um cenário em que a atuação do governo eleito proporcione um retorno, identificado pelo oferecimento de uma sociedade em que as pessoas compartilhem não apenas as prerrogativas políticas, mas também os demais direitos fundamentais. O regime democrático é um sistema de expectativas, simultaneamente caracterizado pelo aspecto eleitoral e pela busca de um amplo desenvolvimento social.

Não se subestima, com isso, o processo eleitoral, pelo contrário; embora também se almeje a democracia econômica (com uma universal e verdadeira satisfação das necessidades básicas) e a democracia social (com a implementação de mecanismos democráticos de tomada de decisão em todos os espaços coletivos), o certo é que a democracia política é condição indispensável para a materialização das demais. Isso porque, nos Estados regidos pelo princípio da soberania popular, o domínio político não é um pressuposto gratuitamente aceito. Em vez disso, exige uma justificação, a que comumente se denomina legitimação.

Em um regime democrático, mais do que se perguntar "quem é que manda", é importante questionar "por que é que se obedece". As leis e políticas públicas, para que tenham eficácia, devem ser aceitas e assimiladas pela população. Isso só é possível quando seus destinatários as tomam por legítimas. Só se acata o comando de quem tem poder para mandar. Essa legitimação é oferecida pelo método eleitoral: procedimento pelo qual os membros de uma comunidade escolhem os representantes que, em seu nome, exercerão um governo consentido.

Frederico Franco Alvim. **O papel da ética no processo eleitoral**. *In:* **Revista Eletrônica EJE**, jun.-jul./2015. Internet: <www.justicaeleitoral.jus.br> (com adaptações).

---

172. (Cespe – Analista Judiciário – Área Judiciária – TRE PI/2016) Acerca das estruturas linguísticas do texto **O papel da ética no processo eleitoral**, assinale a opção correta.

a. As ideias originais e a correção do texto seriam mantidas caso a oração 'por que é que se obedece' fosse reescrita da seguinte forma: **obedece-se por quê?**

b. A oração "para que tenham eficácia" indica a causa da aceitação e da assimilação das leis e das políticas públicas pela população.

c. Caso se substituísse a expressão "pelo qual" por **onde**, seriam mantidos o sentido e a correção do texto.

d. A correção gramatical e o sentido original do texto seriam mantidos caso o sinal de dois-pontos empregado logo após "governo" fosse suprimido e se empregasse, em seu lugar, uma vírgula, seguida da conjunção **portanto**.

e. Caso o sinal de ponto e vírgula logo após "contrário" fosse substituído por vírgula, a correção do texto seria mantida.

COMENTÁRIOS

Alternativa "a" – 1. A expressão "é que" é expletiva ou de realce, isso significa que pode ser retirada; 2. Invertendo a ordem e inserindo o porquê no final da frase, usa-se, obrigatoriamente a forma separada com acento "por quê".

Alternativa "b" – Indica finalidade de *devem ser aceitas e assimiladas pela população*. Para quê?

Alternativa "c" – Os membros de uma comunidade escolhem os representantes **por** um procedimento. A preposição é exigida, havendo opção de usarmos *pelo qual* ou *por que*. Não retoma lugar e não exige a preposição "em", por isso não admite o uso de *onde*.

Alternativa "d" – O sinal de pontos inicia uma explicação. Poderia ser suprimido se empregasse, em seu lugar, uma vírgula, seguida da conjunção **porque**. *Portanto* indica conclusão e não cabe no contexto.

Alternativa "e" – A correção ficaria errada por haver várias intercalações com vírgulas e por haver quebra de estrutura sintática.

Alternativa correta: letra "a".

FRAGMENTO DE TEXTO PARA A PRÓXIMA QUESTÃO.

(...) Na ausência dessa lei específica (o que **ordinariamente** acontece), cabe **a cada** partido político fixar o limite de gastos, comunicando-o à justiça eleitoral, que dará ampla publicidade a essas informações. A Lei n.º 9.504/1997 disciplina, ainda, que, quando do pedido de registro de seus candidatos, os partidos políticos e as coligações devem comunicar **aos** respectivos tribunais eleitorais os valores máximos de gastos que farão por cada cargo eletivo em cada eleição a que concorrerem.

Além disso, é obrigatório para o partido e para os candidatos abrir conta bancária específica, na qual deverá ser registrado todo o movimento financeiro da campanha, salvo nos casos de candidatura para prefeito e vereador em municípios **onde** não haja agência bancária, **bem** como nos casos de candidatura para vereador em municípios com menos de vinte mil eleitores. (...)

Luiz Felipe Silveira Difini. Incidência do ITCD sobre doações a candidatos. In: Revista do TRE-RS, Porto Alegre, v. 18, n.º 37, jul. - dez./2013. Internet: <www.tre-rs.gov.br> (com adaptações).

---

173. (Cespe - Técnico Judiciário - TRE PI/2016) A correção gramatical e o sentido original do texto Incidência do ITCD sobre doações a candidatos seriam mantidos caso se substituísse

a) "onde" por que.
b) "bem" por assim.
c) "ordinariamente" por cotidianamente.
d) "a cada" por à cada.
e) "aos" por os.

COMENTÁRIOS

Alternativa "b".

✪ **Nota da autora:** Questão de pronome relativo, semântica, ortografia, crase e regência.

- **Bem** como nos casos = **assim** como nos casos. São vocábulos que possuem relação semântica com "exatamente".

Alternativa "a" – Não haja agências bancárias **no** município = **onde**, **em que** ou **no qual**. A preposição "em" é obrigatória, pois o pronome relativo "onde" retoma lugar.

Alternativa "c" – Acontece ordinariamente: *de um modo normal e ordinário, comumente*; acontece cotidianamente: de um modo cotidiano, que ocorre diariamente.

Alternativa "d" – Não há crase antes de pronome indefinido. Cuidado! Há algumas exceções exigidas em provas de FCC. Exemplo: As questões são idênticas às outras.

Alternativa "e" – Devem comunicar algo **a algo** (objeto indireto) = aos tribunais. A preposição é obrigatória para completar o verbo "comunicar".

Alternativa correta: letra "b".

TEXTO PARA AS PRÓXIMAS QUESTÕES.

A característica fundamental do Estado democrático de direito é a presença do povo nos atos de decisão do governo, que vai além da simples formação das instituições democráticas. No Estado

democrático, os próprios indivíduos é que fazem a vontade do Estado. Esse pressuposto é assegurado pelo reconhecimento dos direitos de participação popular nas decisões estatais, como, por exemplo, o direito de votar e de participar de partidos políticos e o direito à liberdade de expressão do pensamento, de reunião, de informação.

O status de cidadão surgiu a partir do reconhecimento dos primeiros direitos fundamentais, identificados com a defesa da liberdade e da propriedade, e dos direitos de participação política, que traduziam uma igualdade meramente formal. **O Estado liberal, identificado com os interesses da burguesia do século XVIII, passou a identificar como cidadãos apenas os detentores de direitos políticos, ou seja, os que podiam votar e ser votados**.

Mais recentemente, a ideia de cidadania passou a ser formulada em sentido mais amplo: **cidadão é o indivíduo consciente de que pertence à sociedade estatal e de que é titular dos direitos fundamentais, assim como consciente de que tem o dever de respeitar a dignidade do outro e de contribuir para a sociedade**.

Com essa nova concepção, o elemento central da cidadania deixou de ser o direito ao voto e passou a ser a organização da sociedade civil e sua atuação nos diversos espaços públicos, seja intervindo nas decisões do governo, seja controlando a atividade dos representantes.

Alessio Medeiros Cavalcanti. Ativismo judicial e artigo 41-A: Instrumentos de eficácia do princípio participativo. In: Revista Eleitoral TRE/RN, v. 27, 2013. Internet: <http://apps.tre-rn.jus.br> (com adaptações).

---

174. (Cespe – Técnico Judiciário – TRE PI/2016) Em cada uma das opções a seguir é apresentado trecho do texto Ativismo judicial e artigo 41-A:... – entre aspas – seguido de uma proposta de reescrita desse trecho. Assinale a opção em que a proposta de reescrita mantém a correção gramatical e o sentido original do texto.

a) "O status (...) propriedade" (segundo parágrafo): O status de cidadão surgiu a partir do reconhecimento dos primeiros direitos fundamentais; por isso, foram identificados com a defesa da liberdade e da propriedade

b) "O Estado liberal (...) ser votados" (segundo parágrafo): Identificado com os interesses da burguesia do século XVIII, o Estado liberal passou a identificar apenas os detentores de direitos políticos – que correspondiam àqueles que podiam votar e ser votados – como cidadãos

c) "cidadão é o indivíduo (...) para a sociedade" (terceiro parágrafo): cidadão é o indivíduo consciente de que pertence à sociedade estatal e consciente da titularidade dos direitos fundamentais, assim como que deve respeitar a dignidade do outro e contribuir para a sociedade

d) "A característica (...) instituições democráticas" (primeiro parágrafo): A característica mais consagrada do Estado democrático de direito é a presença do povo nos atos decisórios do governo, o qual vai além da simples formação das instituições democráticas

e) "No Estado democrático, os próprios indivíduos é que fazem a vontade do Estado" (primeiro parágrafo): No Estado democrático, os próprios indivíduos são quem fazem a vontade do Estado.

COMENTÁRIOS

Alternativa "b".

✪ **Nota da autora:** Questão de reescritura de frases.

– **O Estado liberal, identificado com os interesses da burguesia do século XVIII, passou a identificar como cidadãos apenas os detentores de direitos políticos**

= Identificado com os interesses da burguesia do século XVIII, o Estado liberal passou a identificar apenas os detentores de direitos políticos

– **ou seja, os que podiam votar e ser votados.**

= que correspondiam àqueles que podiam votar e ser votados – como cidadãos.

Alternativa "a" – Pontuação e conjunção: além de não caber o sinal de ponto-e-vírgula antes da conjunção, não possui ideia de conclusão (por isso).

Alternativa "c" – As ideias foram alteradas.

– Consciente → de que pertence à sociedade estatal
→ de que é titular dos direitos fundamentais

Não consciente da titularidade dos direitos fundamentais.

– Informações foram retiradas: **consciente de que tem o dever de respeitar**.

Alternativa "d" – Característica *fundamental* é indispensável; característica *consagrada* é aprovada, isto é, as ideias não são as mesmas.

Alternativa "e" – Os indivíduos **é que** fazem e não "são quem fazem". Trata-se de partícula expletiva, ou de realce (pode ser retirada).

DICA

Diz-se da palavra ou expressão empregada para produzir ênfase, realce. As expressões formadas pelo verbo "ser + que" são expletivas, como é o caso da usual "**é que**".

Retire-a para se certificar: No Estado democrático, os próprios indivíduos fazem a vontade do Estado.

Alternativa correta: letra "b".

175. (Cespe – Técnico Judiciário – TRE PI/2016) A correção gramatical e o sentido original do texto Ativismo judicial e artigo 41-A:... seriam preservados caso se substituísse

a) "detentores" por pertencentes.

b) "Mais recentemente" por Atualmente.

c) "formulada" por tratada.

d) "intervindo" por influenciando.

e) "assegurado" por ratificado.

COMENTÁRIOS

QUESTÃO ANULADA.

JUSTIFICATIVA DA BANCA: *Não há opção correta, uma vez que a utilização do termo "influenciando" prejudicou o entendimento da opção apontada como gabarito* (extraoficial: "d").

Alternativa "a" – *Detentor:* diz-se da pessoa que detém a posse em lugar de uma outra pessoa, com a qual possui uma relação de obediência, sendo subordinada a esta. Não possui relação de sentido com *pertencente* (que faz parte de alguma coisa ou é inerente a ela).

Alternativa "b" – *Atualmente* refere-se ao tempo presente; *mais recentemente*, ao passado (próximo, mas é passado).

Alternativa "c" – *Formulada* significa *algo que foi proposto, insinuado*. Não possui relação semântica com *tratada*.

Alternativa "e" – *Assegurado:* garantido, confiável; *ratificado:* autenticado, válido. O problema desta alternativa é o fato de os verbos *assegurar* e *ratificar* possuírem o mesmo sinônimo: *confirmar*.

TEXTO PARA AS PRÓXIMAS QUESTÕES.

A identificação das bases eleitorais de um candidato é relevante na medida em que para elas se direciona a maior parte da atividade desse candidato como político. A importância atribuída às bases, no caso do Poder Executivo estadual, decorre do fato de que a sua manutenção significa maiores possibilidades de conquistar uma reeleição. A verificação da concentração ou da dispersão geográfica da votação no estado para o candidato eleito é importante para identificar as localidades onde ele possui ou não força política.

Para o entendimento da concentração da votação em determinado lugar, é necessário abordar a teoria do contextualismo geográfico, segundo a qual o comportamento dos eleitores é influenciado pelo ambiente sociogeográfico – seja pelas redes de interação social existentes, seja pela semelhança de experiências às quais os habitantes de uma região estão submetidos. Segundo essa linha de pensamento, a política não pode ser compreendida desconsiderando-se o contexto no qual ocorre e as condições em que se encontram os indivíduos. Em oposição a essa perspectiva está a teoria da escolha racional, que considera o indivíduo o ator racional que procura maximizar seus benefícios agindo de acordo com seu interesse individual.

Assim, entende-se que os indivíduos são mais afetados por questões próximas à sua realidade do que por questões gerais como a ideologia, estando as pessoas com realidades semelhantes – o que é mais comum quando vivem próximas geograficamente – predispostas, no cenário eleitoral, a votar também de modo semelhante. Em suma, deve-se atentar para o fato de que a existência de referências comuns entre os indivíduos pode interferir em sua ação política, direcionando-a em um mesmo sentido. Esse compartilhamento de referências pode advir tanto da interação social entre os indivíduos quanto do pertencimento a determinado contexto geográfico.

Jayane Maia. Geografia eleitoral e manutenção do poder: a importância das bases eleitorais para a reeleição do executivo estadual. In: Revista Paraná Eleitoral, v. 3, nº 3, p. 407 436. Internet: <www.justicaeleitoral.jus.br> (com adaptações).

176. (Cespe – Técnico Judiciário – TRE PI/2016) Assinale a opção correta acerca dos aspectos linguísticos do texto Geografia eleitoral e manutenção do poder:....

a) O pronome "a", em "direcionando-a", retoma a expressão "a existência de referências comuns entre os indivíduos".

b) A substituição da expressão "na medida em que" por uma vez que manteria o sentido e a correção gramatical do texto.

c) A supressão da vírgula empregada logo após o substantivo "lugar" preservaria a correção gramatical do período.

d) Sem prejuízo do sentido original e da coerência do texto, a expressão "às quais" poderia ser substituída por à que.

e) A partícula "se", em "deve-se", classifica-se como pronome apassivador.

COMENTÁRIOS

Alternativa "b" – As duas expressões indicam causa, isso significa que se equivalem.

DICA

Não confunda:

À medida que = proporção

Na medida em que = causa

Entenda melhor:

À medida que convivemos com pessoas, tornamo-nos mais maduros.

= Tornamo-nos mais maduros **à proporção que** convivemos com pessoas.

Na medida em que convivemos com pessoas, tornamo-nos mais maduros.

= Tornamo-nos mais maduros **porque** convivemos com pessoas.

Síntese:

À medida que = à proporção que;

Na medida em que = porque, visto que.

São também causais: porque, que, como (= porque, no início da frase), pois que, visto que, porquanto, já que, desde que, etc.

Alternativa "a" – direcionando **a ação política** em um mesmo sentido.

Alternativa "c" – a vírgula indica inversão da oração subordinada adverbial final e acarretaria gramatical se fosse suprimida.

Alternativa "d" – Vamos entender melhor para não errar.

1. experiências **às quais** os habitantes de uma região estão submetidos
   1.1. o pronome relativo retoma "experiências";
   1.2. na ordem direta: os habitantes de uma região estão submetidos (a algo) = às experiências;
   1.3. preposição "a" + artigo definido feminino plural "as" = às.

DICA

Se substituir o substantivo feminino plural por um substantivo masculino plural, resultará em **aos** (preposição + artigo) = crase.

Veja: os efeitos **aos** quais os habitantes de uma região estão submetidos.

2. experiências **a que** os habitantes de uma região estão submetidos
   2.1. pelo simples fato de "a" estar no singular e o substantivo "experiências" estar no plural, sabemos que se trata de uma preposição apenas.
   2.2. à substituição para facilitar o raciocínio: efeitos a que os habitantes... = sem "ao", sem crase.

Alternativa "e" – *deve-se atentar* equivale a atente-se (verbo transitivo indireto). O pronome apassivador vem acompanhado sempre por verbo transitivo direto ou transitivo direto e indireto. Não é pronome apassivador.

Alternativa correta: letra "b".

---

177. (Cespe – Técnico Judiciário – TRE PI/2016) Ainda com relação aos aspectos linguísticos do texto Geografia eleitoral e manutenção do poder:..., assinale a opção correta.

a) A formal verbal "ocorre" (segundo parágrafo) foi empregada de forma impessoal no texto.

b) A forma verbal "pode" está flexionada no singular por concordar com "o fato" (final do texto).

c) O trecho "tanto da interação social entre os indivíduos quanto do pertencimento a determinado contexto geográfico" (final do texto) exerce função de adjunto adverbial na oração em que ocorre.

d) O trecho "a maior parte da atividade desse candidato como político" (início do texto) exerce a função de complemento da forma verbal "direciona".

e) O termo "A importância atribuída às bases" (primeiro parágrafo) funciona como sujeito da forma verbal "decorre".

COMENTÁRIOS

Alternativa "a" – Impessoal se não possui sujeito e possui: a política (sujeito) ocorre no contexto.

Alternativa "b" – A existência (sujeito) pode interferir.

Alternativa "c" – o verbo *advir* é transitivo indireto e exige objeto indireto como complemento (advém de algo).

Alternativa "d" – a maior parte da atividade (sujeito) se direciona = voz passiva sintética.

Na passiva analítica: a maior parte da atividade é direcionada.

Alternativa "e" – o que decorre? **A importância atribuída às bases** = sujeito. Retirando os termos intercalados por vírgulas fica claro (leia as informações em destaque): A importância atribuída às bases, no caso do Poder Executivo estadual, **decorre do fato de que a sua manutenção significa maiores possibilidades de conquistar uma reeleição.**

Alternativa correta: letra "e".

---

178. (Cespe – Técnico Judiciário – TRE PI/2016) Assinale a opção correta acerca dos aspectos linguísticos e dos sentidos do texto Geografia eleitoral e manutenção do poder:....

a) O vocábulo "não" (segundo parágrafo) compõe termo que expressa proibição.

b) A expressão "de acordo com" (segundo parágrafo) expressa causa.

c) O vocábulo "ou" (primeiro parágrafo) expressa incerteza.

d) A palavra "para" (primeiro parágrafo) introduz termo que expressa finalidade.

e) O termo "segundo" (segundo parágrafo) introduz no texto uma ideia de ordem.

COMENTÁRIOS

Alternativa "a" – Não se refere à proibição, apenas explica que a política não pode ser compreendida desconsiderando-se o contexto.

Alternativa "b" – A expressão *de acordo com* pode ser substituída por *conforme* e indica conformidade, regra.

Alternativa "c" – Alternância entre possuir ou não possuir força política.

Alternativa "d" – **Para que** é importante? **Para identificar as localidades onde ele possui ou não força política** = finalidade.

Alternativa "e" – Possui sentido de *consoante, conforme*; não indica ordem, isto é, não é numeral.

Alternativa correta: letra "d".

CG1A1AAA

No mundo grego, que inventou a democracia exclusiva para os grandes proprietários de terras, o ser cidadão definia-se pela liberdade do indivíduo e pela igualdade entre os pares. O aumento da produção e da circulação de riquezas propiciou o surgimento da democracia, da cidadania e da filosofia, porém é preciso atentar para as bases em que se assentavam essas formas de exercer o poder, de participar da liberdade e de produzir o conhecimento. Gregos que enriqueceram como comerciantes e armadores não eram iguais àqueles que possuíam a propriedade da terra e do conhecimento, de modo que não reuniam os critérios para uma igual participação na formulação das leis. De modo geral, considerava-se que o exercício do trabalho, aí incluídas as práticas médicas, a produção técnica e artesanal e o comércio dos bens produzidos, confiscava o tempo para o ócio, fertilizador do conhecimento político e filosófico. Ser livre, portanto, era não exercer um trabalho, uma profissão, um comércio, uma tarefa material que correspondesse à **satisfação das necessidades próprias da vida**. O trabalho, para os gregos, era incompatível com o exercício do livre pensar, com a produção de conhecimentos e com a participação política.

Marlene Ribeiro. Educação para a cidadania: questões colocadas pelos movimentos sociais. In: Revista Educação e Pesquisa, São Paulo, v. 28, n.º 2, p. 113-28, jul.-dez./2002. Internet: <www.scielo.br> (com adaptações).

---

179. (AOCP – Analista Judiciário – Área Judiciária – TRE – AC/2015 – adaptada) Assinale a alternativa correta quanto ao que se afirma, entre os parênteses, a respeito dos mecanismos de coesão em destaque em cada trecho a seguir,

a) Hoje, o envelhecimento se encontra na ordem do dia. Os mais importantes veículos de comunicação dão destaque a **esse fenômeno**, abordando as suas causas e consequências" (refere-se à "ordem do dia").
b) "O envelhecimento populacional, **portanto**, transformou-se em uma questão social relevante, uma vez que impacta marcantemente nos destinos da própria sociedade" (pode ser substituído, sem prejuízo semântico, por "no entanto").
c) "Não houve planejamento, de modo que o sistema previdenciário, uma espécie de seguro para garantir dignidade ao ser humano na velhice, corre riscos de continuidade, mantidos os parâmetros atuais. **Da mesma forma**, o sistema de saúde apresenta uma dinâmica incapaz de atender às demandas dos idosos [...]" (exprime ideia de causa).
d) "**Na medida em que** as condições sociais e econômicas melhoram, as pessoas têm oportunidade de viver mais" (expressa intensidade).
e) "Portanto, a ausência de serviços e ações especificas e necessárias para a garantia dos direitos das pessoas idosas contribui para o descrédito da efetividade dos **seus** direitos [...]" (remete a pessoas idosas).

COMENTÁRIOS

✪ **Nota da autora:** Questão de coesão e período composto (conjunção).

Alternativa "a" – "esse" é **pronome anafórico** e retoma a ideia citada no período anterior: *Hoje, o envelhecimento se encontra na ordem do dia.*

Alternativa "b" – *Portanto* indica **conclusão** (possui valor de *logo*) e *no entanto* indica adversidade, oposição. Sinônimos: entretanto, porém, mas, contudo, todavia.

Alternativa "c" – Indica **consequência** da oração anterior; são sinônimos: *de sorte que, tanto que.*

Alternativa "d" – *Na medida em que* refere-se à **causa** da oração "as pessoas têm oportunidade de viver mais". Por quê? **Porque** as condições sociais e econômicas melhoram.

Alternativa "e" – O pronome possessivo refere-se às pessoas idosas, basta substituir: **os direitos das pessoas idosas**.

Alternativa correta: letra "e".

---

180. (AOCP – Analista Judiciário – Área Judiciária – TRE – AC/2015) Em "O envelhecimento populacional, portanto, transformou-**se** em uma questão social relevante, uma vez que impacta marcantemente nos destinos da própria sociedade", o "se" em destaque

a) poderia ser substituído pelo pronome "lhe".
b) poderia ser retirado, sem que houvesse qualquer prejuízo sintático-semântico ao período.

c) encontra-se em posição enclítica com relação à colocação pronominal.

d) exerce função sintática de sujeito por ser pronome reflexivo.

e) funciona como índice de indeterminação do sujeito.

COMENTÁRIOS

✪ **Nota da autora:** Questão de análise sintática, regência e pronome (colocação pronominal).

Alternativa "a" – Por ser **verbo pronominal**, não admite a substituição. Importante: o "lhe" pode possuir função de objeto indireto, complemento nominal ou adjunto adnominal e isso não ocorre na frase.

DICA – verbos pronominais são aqueles que, necessariamente, são acompanhados de um pronome oblíquo (adequado à respectiva pessoa gramatical), pelo fato de denotarem ações próprias do sujeito, como é o caso dos verbos: arrepender-se, sentar-se, queixar-se, zangar-se, pentear-se, enganar-se, entre muitos outros.

Alternativa "b" – Haveria prejuízo sintático-semântico, pois a ideia é de que *o envelhecimento populacional transformou-se em algo* e não *o envelhecimento populacional transformou uma questão*.

Alternativa "c" – O pronome está após o verbo e isso significa que ocorre ênclise. Relembrando: posição proclítica é o pronome antes do verbo; mesoclítica, o pronome no meio do verbo.

Alternativa "d" – Sujeito: o envelhecimento populacional.

Alternativa "e" – Trata-se de verbo pronominal e denota ação própria do sujeito (o envelhecimento populacional).

Alternativa correta: letra "c".

---

181. (AOCP – Analista Judiciário – Área Judiciária – TRE – AC/2015) Em "Portanto, o impacto **que** as pessoas que acumulam muitos anos provocam na sociedade, considerando apenas esses dois sistemas [...]", o "que" em destaque exerce a mesma função do "que" em

a) "[...] o envelhecimento é um direito e, mais do **que** isso, é um direito fundamental.".

b) "[...] isso significa **que** direitos específicos desse contingente populacional precisam ser garantidos.".

c) "É preciso destacar **que** o Estado brasileiro não se preparou para o impacto [...]".

d) "[...] depende de uma profunda compreensão das causas e consequências do processo de envelhecimento populacional, do papel **que** deve ser reservado aos velhos.".

e) "[...] já se revela suficiente para **que** se perceba a importância da disciplina Direito do Idoso.".

COMENTÁRIOS

✪ **Nota da autora:** Questão de pronome relativo e período composto.

Alternativa "a" – "mais do que isso" ou *mais que isso*: indica **inclusão** pelo fato de acrescentar algo ao que já foi mencionado, dito, feito. Sinônimos: *ademais, de mais a mais, além do que, além do mais, além disso, além de tudo, além de que* etc.

Alternativa "b" – significa **isto**: a ideia será mencionada e cabe o pronome catafórico. Sem do assim, trata-se de uma conjunção integrante.

Alternativa "c" – é preciso destacar **isto**: conjunção integrante.

Alternativa "d" – O "que" é pronome relativo, pois pode ser substituído por "o qual" e retoma termo: o impacto que as pessoas que acumulam = o impacto **o qual** (retoma *impacto*). (...) do papel que deve ser reservado = do papel **o qual** (retoma *papel*).

Alternativa "e" – revela-se suficiente **para quê?** Para que se perceba... = locução conjuntiva adverbial final.

Alternativa correta: letra "d".

---

182. (AOCP – Analista Judiciário – Área Judiciária – TRE – AC/2015) Considere o período "Ora, se um contingente tão grande de pessoas passa a ter uma idade a partir da qual é caracterizada como idosa, isso significa que direitos específicos desse contingente populacional precisam ser garantidos" e assinale a alternativa correta.

a) Os termos "é", "caracterizada" e "idosa" deveriam estar no plural para concordar com "pessoas".

b) O verbo "passa" deveria estar no plural para concordar com "pessoas".

c) "direitos específicos desse contingente populacional" é o sujeito do verbo "precisam".

d) "direitos específicos desse contingente populacional precisam ser garantidos" funciona como oração subordinada objetiva indireta da oração que lhe é anterior.

e) "precisam ser garantidos" deveria estar no singular para concordar com "contingente populacional".

COMENTÁRIOS

✪ **Nota da autora:** Questão de concordância, análise sintática e período composto.

Alternativa "a" – é concorda com "idade": a idade é caracterizada; *caracterizada* concorda, também, com "idade"; *idosa* refere-se à pessoa(s).

Alternativa "b" – **Um contingente** passa.

Alternativa correta: letra "c" – O que precisam ser garantidos? Direitos específicos desse contingente = sujeito.

Alternativa "d" – É o sujeito da oração posterior (precisam ser garantidos), conforme comentado na alternativa "c".

Alternativa "e" – Direitos específicos desse contingente precisam ser garantidos.

Alternativa correta: letra "c".

183. (AOCP – Analista Judiciário – Área Judiciária – TRE – AC/2015) Assinale a alternativa em que todo o trecho apresentado está gramaticalmente adequado.

a) O prefeito e o diretor do DEPASA foram acompanhar os trabalhos de infraestrutura que estão acontecendo no bairro, onde aproveitaram a ocasião para conversar com os moradores e explicar os serviços que estão sendo executados.

b) O Portal da Amazônia é um dos bairro mais antigo e tradicional da região do Calafate. Com mas de vinte anos de existênsia, foram anos e anos convivendo com a lama durante o inverno.

c) O programa Ruas do Povo, que em Rio Branco é executado atravéz de parceria do governo do Estado com a prefeitura, irá pavimentar nesse verão trinta e quatro ruas do bairro.

d) Em toda a região do Calafate, são sessenta e cinco ruas, que está levando qualidade de vida aos moradores, como ao seu Idalécio, que faz questão de agradecer o trabalho que vem sendo realizado no seu bairro.

e) O prefeito destacou a parceria com o governo do Estado para levar a infraestrutura a bairros importantes, como o Portal da Amazônia. Além da pavimentação das ruas, a prefeitura segue com a manutensão viária em diversos bairros da cidade.

COMENTÁRIOS

✪ **Nota da autora:** Questão de ortografia, concordância e pontuação.

Alternativa "a" – O verbo concorda com o sujeito composto (O prefeito e o diretor foram); não há vírgula antes do pronome relativo "que" porque a oração é subordinada adjetiva restritiva; a vírgula anteposta ao relativo "onde" separa oração adjetiva explicativa.

Alternativa "b" – Concordância: um dos **bairros**; ortografia: existência.

Alternativa "c" – Ortografia: através; pronome demonstrativo: neste verão = indica proximidade.

Alternativa "d" – Pontuação: a vírgula antes do pronome relativo "que" deve ser retirada por se tratar de oração subordinada adjetiva restritiva; concordância: sessenta e cinco ruas que **estão** levando qualidade.

Alternativa "e" – Ortografia: manutenção.

Alternativa correta: letra "a".

TEXTO PARA A QUESTÃO.

Lançado em 1.º de outubro de 2013, o Projeto Pauta Limpa teve como objetivo principal cumprir o propósito normativo da Lei Complementar n.º 135/2010, em seu caráter amplo, que **consiste em aplicar, de modo direto, os princípios da probidade e moralidade administrativa no processo eleitoral**. **O projeto, de maneira simples e direta, sustentou-se na estipulação de três metas prioritárias**, apresentadas a seguir.

Meta A: **julgar até 19/12/2013, na primeira instância, todos os processos que contêm pedidos que resultem na perda do mandato eletivo**. Meta B: julgar até 31/4/2014, na primeira instância, todas as prestações de contas relativas às eleições municipais de 2012.

Meta C: julgar até 30/6/2014, na primeira instância, todas as ações penais autuadas até 30/6/2012.

Conforme dados coletados, **o projeto decerto impulsionou o julgamento dos processos considerados importantes para as eleições gerais de 2014**.

Tribunal Regional Eleitoral de Mato Grosso. Relatório de Gestão do Exercício de 2014. Cuiabá: TRE-MT, 2015, Anexo III, p. 6-8. Internet: <www.justicaeleitoral.jus.br>(com adaptações).

184. (Cespe – Analista Judiciário – Área Judiciária – TRE – MT/2015) Considerando que cada uma das opções abaixo apresenta uma proposta de reescrita de trecho do texto – indicado entre aspas –, assinale a opção em que a reescrita mantém o sentido da informação originalmente apresentada e preserva a correção gramatical do texto.

a) "o projeto decerto impulsionou o julgamento dos processos considerados importantes para as eleições gerais de 2014": o projeto certamente estimulou o julgamento dos processos tidos como importantes para as eleições gerais de 2014

b) "Lançado em 1.º de outubro de 2013 ... Lei Complementar n.º 135/2010": O Projeto Pauta Limpa lançado em 1.º de outubro de 2013 teve como principal intuito dar cumprimento ao propósito normativo da Lei Complementar n.º 135/2010

c) "consiste em aplicar ... processo eleitoral": consiste no emprego, diretamente, no processo eleitoral dos princípios da probidade e moralidade administrativas

d) "O projeto... metas prioritárias": De modo simples e direto, o Projeto Pauta Limpa foi sustentado a partir do estabelecimento de três metas preferenciais

e) "julgar até 19/12/2013 ... mandato eletivo": julgar todos os processos que contenham pedidos resultantes na perda do mandato eletivo até 19/12/2013, em primeira instância

COMENTÁRIOS

✪ **Nota da autora:** Questão de reescritura de frases. Sugiro que divida as informações para evitar erros. Importante conferir sentido e gramática.

Alternativa "a".

- o projeto decerto **impulsionou** o julgamento = o projeto certamente **estimulou** o julgamento: *impulsionar*, no sentido figurado, significa ***dar estímulo;*** *causar motivação; instigar.*

- processos **considerados** importantes = processos **tidos como** importantes: possuem a mesma relação semântica, isto é, possuem o mesmo sentido.

Alternativa "b" – Faltou pontuação para intercalar o aposto explicativo (vírgulas, travessões, ou parênteses): O Projeto Pauta Limpa, lançado em 1.° de outubro de 2013, teve como principal...; *cumprir* é sinônimo de *executar* e *executar* significa *levar até o fim*. O acréscimo do verbo "dar" torna a linguagem coloquial, além de o vocábulo *cumprimento* possuir outros sentidos.

Alternativa "c" – A ideia original é aplicar algo (os princípios e moralidade administrativa) em algo (no processo eleitoral) e, ao transcrever o trecho, o sentido foi alterado, pois foram excluídos os complementos verbais – objeto direto e objeto indireto.

Alternativa "d" – O verbo *sustentar-se* é transitivo indireto e pronominal (o projeto se sustenta) e não admite voz passiva (foi sustentado). Bela pegadinha de Cespe.

Alternativa "e" – Regência: resultante *de* algo (resultantes da perda). Além disso, foi retirado o artigo "a" em *na primeira instância*. Lembre-se de que o artigo definido possui a função de definir ou individualizar o substantivo, seja uma pessoa, objeto ou lugar e não pode ser suprimido.

Alternativa correta: letra "a".

TEXTO PARA RESPONDER À QUESTÃO.

O eleitor que comparece de livre e espontânea vontade à **urna**, sem medo de sanções ou **sem fazê-lo** somente porque **a lei o obriga**, demonstra um grau elevado de maturidade política, pois tem consciência de que está decidindo os rumos de seu município, estado ou país. No Brasil, o voto é obrigatório, com exceção de alguns casos, expressos na Constituição Federal de 1988 (CF), em que é **facultativo**: maiores de dezesseis e menores de dezoito anos, maiores de setenta anos e analfabetos **não são obrigados a votar**. Qual foi a justificativa do legislador para determinar que o voto fosse facultativo para alguns eleitores?

Em um primeiro momento, a resposta é a de que foi uma escolha política na época da promulgação da CF, como muitas outras, talvez em decorrência de problemas de locomoção, porque, na idade de setenta anos, para muitos já seria difícil se dirigir até a seção eleitoral ou porque a maioria dos analfabetos poderia encontrar-se residindo na zona rural, onde, muitas vezes, verifica-se a existência de matas e de estradas rurais em condições ruins ou onde é necessário **o uso de barcos** para chegar à seção eleitoral. É importante lembrar, ainda, que, quando não havia a urna eletrônica – facilitadora do voto –, o analfabetismo e os problemas de saúde dos idosos poderiam comprometer a obtenção de um voto corretamente lançado (escrito a caneta) na cédula de papel.

Quando, na CF, estabeleceu-se **o voto obrigatório** para maiores de dezoito anos e facultativo para analfabetos, maiores de setenta e menores de dezoito **anos**, não quis o legislador declarar a incapacidade dessa classe de cidadãos. Da mesma forma que existe uma proposta em andamento para fixar em sessenta e cinco anos a idade para que o voto seja facultativo, pode ser que, em breve, também exista outra proposta para estabelecer o voto obrigatório para analfabetos e menores de dezoito anos. Tudo depende de nossos políticos.

Rubiane Barros Barbosa Kreuz. Obrigatoriedade do voto: exercício da democracia ou imposição do poder? In: Revista de Julgados, v. 5. Cuiabá: Tribunal Regional Eleitoral de Mato Grosso, 2008/2009, p. 193-194. Internet: <www.justicaeleitoral.jus.br> (com adaptações).

---

185. (Cespe – Analista Judiciário – Área Judiciária – TRE – MT/2015) No que se refere aos aspectos linguísticos do texto, assinale a opção correta.

a) As formas pronominais "lo", em "sem fazê-lo", e "o", em "a lei o obriga", referem-se ao mesmo antecedente.

b) As vírgulas empregadas logo após "urna" e "anos" poderiam ser suprimidas sem prejuízo para a correção gramatical do texto.

c) O sinal de dois-pontos empregado imediatamente depois de "facultativo" introduz trecho que exprime opinião da autora do texto.

d) Os termos "o uso de barcos" e "o voto obrigatório" desempenham a mesma função sintática nas orações em que ocorrem.

e) Seria mantido o sentido original do texto caso o trecho "não são obrigados a votar" fosse substituído por *não se obrigam a votar*.

COMENTÁRIOS

✪ **Nota da autora:** Questão de coesão (pronome), coerência (sentido), análise sintática e pontuação.

Alternativa "a" – Em *fazê-lo*, o pronome refere-se a *comparece de livre e espontânea vontade* à *urna;* em *a lei o obriga*, o pronome refere-se a *eleitor*.

Alternativa "b" – A vírgula após *urna* não pode ser retirada por separar intercalação. Leia apenas as palavras negritadas e veja que possui sequência sintática: **O eleitor que comparece de livre e espontânea vontade** à **urna**, sem medo de sanções ou sem fazê-lo somente porque a lei o obriga, **demonstra um grau elevado de maturidade política**; a vírgula após *anos* também não pode ser suprimida pelo fato de haver inversão da oração subordinada adverbial temporal.

Alternativa "c" – Explica (esclarece) para quem o voto é facultativo.

Alternativa "d" – Os dois termos possuem função de sujeito. Na ordem direta: **o uso dos barcos** é necessário = sujeito (o que é necessário?); estabeleceu-se **o voto obrigatório** = verbo transitivo direto + se (pronome apassivador) indicam voz passiva sintética e o termo negritado possui função de sujeito. Na voz passiva analítica: **O voto obrigatório** foi estabelecido.

Alternativa "e" – O sentido é alterado: não são obrigados a votar (alguém não os obriga), não significa que eles se obriguem a votar. Fácil notar a diferença.

Alternativa correta: letra "d".

TEXTO PARA AS QUESTÕES.

Para que se possa definir a inelegibilidade, é necessário, **preliminarmente**, **distingui-la** de outro instituto que com ela não se confunde, a incompatibilidade. O nosso legislador constituinte distingue perfeitamente as duas situações. A Constituição Federal de 1988 (CF) estabelece as incompatibilidades no seu artigo 54, e as inelegibilidades no artigo 14, §§ 4.° e seguintes. Os demais casos de inelegibilidade estão fixados na Lei Complementar n.° 64/1990.

As inelegibilidades são os impedimentos, de natureza constitucional ou legal (se forem os previstos na lei complementar que regula a matéria das inelegibilidades), que impossibilitam **alguém de se registrar como postulante a todos ou a alguns cargos eletivos**, ou, se **supervenientes** ao registro, que servem de embasamento à impugnação de sua diplomação, tornando nulos os votos porventura dados ao cidadão sufragado.

As incompatibilidades são, da mesma forma, impedimentos, embora de natureza diversa, que **proíbem o parlamentar**, desde a expedição do diploma ou desde a sua posse, de obter, direta ou indiretamente, vantagens do poder público, ou **de se utilizar do mandato para obtê-las com maior facilidade**.

Enquanto a inelegibilidade é um **impedimento prévio à eleição**, que torna nulos os votos dados ao cidadão inelegível, **a incompatibilidade** é **um impedimento posterior ao pleito eleitoral e proibitivo do exercício do mandato**.

Se o parlamentar infringir as proibições constantes do artigo 54 da CF, **perderá o seu mandato**. Cabe, portanto, a ele, parlamentar, optar por permanecer no Legislativo e abandonar o cargo incompatível com o exercício do seu mandato, ou, então, continuar no exercício do cargo incompatível, e, no entanto, perder o mandato legislativo.

Carlos Eduardo Thompson Flores Lenz. Condições de elegibilidade e inelegibilidade. In: Revista do Tribunal Regional Eleitoral do Rio Grande do Sul, vol. 17, n.° 35, jul.-dez./2012. Porto Alegre: TRE/RS, p. 13-15. Internet: <www.tre-rs.gov.br>(com adaptações).

---

186. (Cespe – Analista Judiciário – Área Judiciária – TRE – RS/2015) No que se refere aos aspectos linguísticos do texto *Condições de elegibilidade e inelegibilidade*, assinale a opção correta.

a) Dada a regência do verbo *proibir* (terceiro parágrafo), a substituição do termo "o parlamentar" por *ao parlamentar* não prejudicaria a correção gramatical do texto.

b) O uso do acento indicativo de crase em "à eleição" (quarto parágrafo) é exigido pela presença do substantivo "impedimento" e pela presença de artigo definido feminino que determina o substantivo "eleição".

c) No início do texto, caso o advérbio "preliminarmente" fosse colocado depois de "distingui-la" – feitas as devidas alterações na pontuação –, o sentido original seria mantido.

d) A forma pronominal "la", em "distingui-la" (início do texto), poderia ser corretamente deslocada para imediatamente antes da forma verbal – escrevendo-se *a distinguir*.

e) Admite-se, para o adjetivo "supervenientes" (segundo parágrafo), a variante *sobrevenientes*.

COMENTÁRIOS

Alternativa "a" – Regência. As incompatibilidades proíbem alguém de algo: verbo transitivo direto e indireto (proíbem **o parlamentar** = objeto direto). A preposição "a" não pode ser inserida no complemento verbal, pois em seguida está explícito o objeto indireto (de obter vantagens do poder público...).

Alternativa "b" – Crase e regência. A preposição é exigida pelo adjetivo *prévio* (prévio **a** algo).

Alternativa "c" – Semântica. Avalia-se o sentido e não a gramática, é preciso ter cuidado para não confundir. No sentido original, temos: é necessário, antes de tudo (preliminarmente), distinguir. Alterando a ordem, o sentido muda para: é necessário distinguir antes (preliminarmente), ou seja, o advérbio passa a indicar circunstância do verbo *distinguir*. Existe regra? Sim! Se o advérbio muda de oração, obrigatoriamente o sentido é alterado. Facilita muito.

Alternativa "d" - Colocação pronominal. Não há palavra atrativa e não é aconselhável usar a próclise. Mesmo retirando o termo intercalado, não daria. Veja: É necessário distingui-la.

Alternativa "e" - A alternativa sugere troca de prefixo. *Superveniente* e *sobreveniente* são sinônimos e significam *subsequente; capaz de sobrevir; que acaba por acontecer depois; cujo surgimento aparece depois*.

Alternativa correta: letra "e".

---

187. (Cespe - Analista Judiciário - Área Judiciária - TRE - RS/2015) Ainda a respeito dos aspectos linguísticos do texto *Condições de elegibilidade e inelegibilidades*, assinale a opção correta.

a) A oração "para obtê-las com maior facilidade" (terceiro parágrafo) expressa uma consequência da ação descrita na oração "de se utilizar do mandato".

b) A oração "de se registrar como postulante a todos ou a alguns cargos eletivos" (segundo parágrafo) restringe o sentido do pronome "alguém" (no mesmo parágrafo).

c) A oração "Se o parlamentar infringir as proibições constantes do artigo 54 da CF" (último parágrafo) expressa a causa da ideia expressa na oração "perderá o seu mandato".

d) A oração "Enquanto a inelegibilidade é um impedimento prévio à eleição" (penúltimo parágrafo) classifica-se como coordenada e expressa um contraste em relação à ideia expressa na oração "a incompatibilidade é um impedimento posterior ao pleito eleitoral e proibitivo do exercício do mandato".

e) A oração "distingui-la de outro instituto" (início do texto) desempenha a função sintática de sujeito no período em que ocorre.

COMENTÁRIOS

Alternativa "a" - Expressa uma finalidade (para quê?).

Alternativa "b" - Não. São complementos do verbo *impossibilitar* - impossibilita alguém de algo: verbo transitivo direto seguido de objeto direto e objeto indireto.

Alternativa "c" - Indica uma condição: poderá perder caso infrinja, se infringir.

Alternativa "d" - Houve muita discussão sem fundamento. 1. A oração é subordinada, pois há dependência sintática; 2. A conjunção *enquanto* foi usada para indicar proporcionalidade, isto é, temos uma oração adverbial proporcional. Segundo o Dicionário Online de Português (www.dicio.com.br), *enquanto* significa, também, à *medida que; à proporção que; ao passo que*.

Alternativa "e" - Possui função de sujeito da oração principal (é necessário). Trata-se de um sujeito oracional, ou de uma oração subordinada substantiva subjetiva.

Alternativa correta: letra "e".

TEXTO PARA RESPONDER À QUESTÃO.

Uma vez declarada, a ilicitude de algumas relações entre empresas e poder público e partidos políticos, ao contrário do que se diz, certamente diminuirá o fluxo de dinheiro clandestino. A decisão do Supremo Tribunal Federal (STF) que derrubou inclusive a possibilidade de que empresas possam doar a partidos em anos não eleitorais enquadra-se em um esforço **saneador** cujo efeito imediato será obrigar as legendas e seus candidatos a buscar recursos legais.

Esse novo cenário levou os críticos da decisão do STF a argumentar também que, agora, somente os candidatos mais conhecidos terão visibilidade **eleitoral**, inviabilizando-se a construção de candidaturas de gente comum. Mais uma vez, trata-se de uma **falácia**: desde sempre, figuras notórias puxam votos, sem que isso represente prejuízo irremediável para a democracia ou impeça a renovação da representação popular.

O grande prejuízo se dá quando os partidos se viciam em dinheiro farto, transformando as campanhas eleitorais em espetáculos dirigidos por "marqueteiros" que hoje são, na prática, os responsáveis por formular o programa dos candidatos. Assim, não será surpresa **se**, para substituir a fartura das "**doações**" empresariais, os partidos pleitearem ainda mais dinheiro do Fundo Partidário e a ampliação da propaganda eleitoral dita "**gratuita**", que de gratuita não tem nada, pois é financiada por meio de renúncia fiscal. Em ambos os casos, o contribuinte banca as despesas de partidos com os quais não tem necessariamente alguma afinidade.

Pelo fim do doping eleitoral. In: O Estado de S.Paulo, out./2015. Internet: <http://opiniao.estadao.com.br>(com adaptações).

---

188. (Cespe - Analista Judiciário - Área Judiciária - TRE - RS/2015) A respeito do emprego dos sinais de pontuação no texto *Pelo fim do doping eleitoral*, assinale a opção correta.

a) O emprego de vírgula logo após "saneador" preservaria o sentido original do período.

b) As aspas foram empregadas tanto em 'doações' quanto em 'gratuita' com a mesma finalidade.

c) A supressão da vírgula empregada logo após "se" manteria a correção gramatical do texto.

d) Caso a vírgula empregada logo após "eleitoral" fosse substituída por ponto final, a correção gramatical do texto seria mantida.

e) Os dois-pontos empregados logo após "falácia" introduzem uma enumeração.

COMENTÁRIOS

Alternativa "a" – A oração inicia-se com pronome relativo "cujo", é classificada como subordinada adjetiva e possui sentido restritivo. Inserindo a vírgula, passaria a ser explicativa e alteraria o sentido, já que generalizaria.

Alternativa "b" – As aspas denotam ironia. Vamos relembrar? As aspas servem para: exprimir ironia ou destacar uma palavra ou expressão usada fora do contexto habitual; abrir e fechar citações; destacar palavras ou expressões populares, gírias, neologismos ou arcaísmos; marcar estrangeirismo (quando não há opção de itálico); delimitar o título de uma obra.

Alternativa "c" – As duas vírgulas demarcam intercalação da oração adverbial final e nenhuma pode ser retirada. Leia o trecho em negrito e veja que há sequência sintática: Assim, **não será surpresa se**, para substituir a fartura das "doações" empresariais, **os partidos pleitearem ainda mais dinheiro do Fundo Partidário**.

Alternativa "d" – Possui ideia de adição e não é necessário (muito menos admissível) cortar a relação entre as duas orações.

Alternativa "e" – Introduzem uma explicação. Os dois-pontos são usados: em enumerações; antes de uma citação; quando se quer esclarecer algo (explicar); no vocativo em cartas (ou vírgulas); após as palavras *exemplo, observação, nota, importante* etc.

Alternativa correta: letra "b".

TEXTO PARA A QUESTÃO.

O sistema de votação manual pode ser vulnerável, favorecendo a prática de atos que têm por objetivo fraudar a manifestação da vontade do eleitor. Entre essas práticas, pode-se citar o chamado "voto carreirinha". Nesse tipo de fraude, um eleitor, **valendo-se** da desatenção ou mesmo da conivência dos componentes da mesa, deixa de depositar a cédula na urna, colocando, em seu lugar, algum pedaço de papel assemelhado. Então, a cédula oficial não depositada é entregue para outro eleitor, já preenchida, que a coloca na urna e deixa a seção eleitoral portando a cédula em branco **recebida** do mesário.

Outra fraude **muito** comum é o chamado "mapismo". Após a apuração dos votos de determinada urna, o mapa resultante é alterado para que se beneficie algum candidato. O fraudador se vale da colaboração de algum escrutinador e da desmobilização da fiscalização para alterar o mapa com o resultado da votação daquela urna. A fraude é favorecida **pela quantidade de pessoas** que se aglomeram nos locais de apuração, o que dificulta sobremaneira a fiscalização das atividades **pelos representantes dos partidos políticos**, bem como pelos integrantes da justiça eleitoral.

A necessidade **de convocação de grande número de eleitores** para atuar como escrutinadores também traz grande malefício. Os escrutinadores podem passar dias **afastados** de seus locais de trabalho no desenrolar do processo de apuração de votos, e, depois, ainda fazem jus a período de afastamento do trabalho por tempo equivalente. Com isso, o país deixa de contar com tal força de trabalho, o que prejudica, sobremaneira, a produção de bens e serviços.

Arthur Narciso de Oliveira Neto. Voto eletrônico: tecnologia a serviço da cidadania. In: Estudos eleitorais / Tribunal Superior Eleitoral, vol. 9, n.º 1, jan.-abr./2014, p.11-13. Internet: <www.tse.jus.br>(com adaptações).

189. (Cespe – Analista Judiciário – Área Judiciária – TRE – RS/2015) Considerando os aspectos gramaticais do texto *Voto eletrônico*, assinale a opção correta.

a) Os termos "de convocação" e "de grande número de eleitores" desempenham a mesma função sintática.

b) A partícula "se", em "valendo-se", classifica-se como pronome reflexivo.

c) As palavras "recebida" e "afastados" desempenham, nos períodos em que ocorrem, a mesma função sintática.

d) As palavras "muito" e "grande" (de grande número de eleitores) desempenham a função de adjuntos adverbiais nas orações em que ocorrem.

e) Os termos "pela quantidade de pessoas" e "pelos representantes dos partidos políticos" funcionam como agentes da passiva das orações em que ocorrem.

COMENTÁRIOS

✪ **Nota da autora:** Questão de análise sintática e pronome.

Alternativa "a" – Termos preposicionados ligados a substantivos (*necessidade* e *convocação*, respectivamente); possuem **sentido passivo**: a convocação é necessária e grande número de eleitores é convocado = **complemento nominal**.

DICA: sentido ativo: adjunto adnominal; sentido passivo: complemento nominal.

Alternativa "b" - Parte integrante do verbo, pois "valer-se" é pronominal, assim como o são os verbos *queixar-se, arrepender-se, sentar-se, zangar-se, pentear-se, enganar-se, suicidar-se.*

Alternativa "c" - recebida = adjunto adnominal do objeto direto; afastados = predicativo do sujeito.

Alternativa "d" - Muito: adjunto adverbial de intensidade (comum demais, muito comum); grande: adjunto adnominal do complemento nominal.

Alternativa "e" - Quantidade de pessoas favorece (voz ativa); na passiva = agente da passiva; pelos representantes... = termo preposicionado e ligado a um substantivo. Possui sentido ativo: os representantes fiscalizam = adjunto adnominal.

Alternativa correta: letra "a".

TEXTO PARA AS QUESTÕES.

A GLOBALIZAÇÃO DA LÍNGUA

Por: John Robert Schmitz Adaptado de: http://revistalingua.com.br/textos/114/a-globalizacao-da-lingua-341353-1.asp Acesso em 18 jul 2015.

Para alguns usuários do português, a língua inglesa funciona como um "algoz", pois os vocábulos ingressantes no idioma refletem a **hegemonia** dos Estados Unidos e do Reino Unido e uma suposta perda cultural e política. Para outros **utentes**, a presença do inglês e de outros idiomas representa, por um lado, a inserção do Brasil e dos outros países de língua portuguesa no mundo globalizado, e por outro, o enriquecimento do acervo **lexical** do português (*tsunami, vernissage, impeachment, blitz, jihad, glasnost, shiitake, selfie, nécessaire, shish-kebab, Muay Thai* e muitos outros).

Faz 16 anos desde a apresentação do projeto de Lei 1676/99 do então deputado Aldo Rebelo (PCdoB/São Paulo) da legislação ao Congresso Nacional. [...] cabe perguntar qual destino teria o referido projeto que reza contra o (ab)uso de palavras estrangeiras no português.

Para ser justo, o projeto de Rebelo teve o mérito de contribuir para um debate amplo entre vários segmentos da sociedade. Muito **salutar** foi a publicação de artigos, dissertações, teses e livros com vozes a favor e contra a presença de palavras estrangeiras no português, [...]

Rebelo teve ao menos a vitória de, em 2012, convencer a presidenta Dilma Rousseff de fazer o governo adotar, nos documentos e peças publicitárias para 2016, a grafia dos jogos "paraolímpicos", como define o Vocabulário Ortográfico da Língua Portuguesa, que é a base de referência de nossos dicionários, e não "paralímpicos", como queria o COI (Comitê Olímpico Internacional), para seguir a tendência internacional, inspirada na tradição inglesa dos paralympics.

São significativas as implicações da globalização do inglês e do português (e de outros idiomas) neste momento pós-moderno. A geopolítica do inglês se transformou radicalmente desde os anos 50 do século passado. [...]

A língua inglesa se multiplicou numa gama de variedades com suas próprias normas, pronúncia, vocabulário e sintaxe. O idioma tornou-se multicultural, multiétnico, pois a maior parte dos falantes da África e da Índia é bilíngue ou multilíngue. Daí se vê que se cunhou o termo "world englishes" no plural que destaca o número de variedades pós-coloniais.

O inglês do século 21 não é propriedade particular de um só país porque o idioma tem os seus "donos" no Caribe, na África e no sul da Ásia. Diante desse cenário, o inglês não deve ser visto como ameaça levando em conta a sua descentralização atual. E mesmo na hipótese do declínio do poderio econômico dos Estados Unidos (não muito provável pelo menos no futuro próximo), o idioma vai continuar a ser um idioma importante dado o número de falantes e sua expansão territorial.

Existe uma semelhança entre o inglês e o português na atualidade. O português também é falado em quatro continentes e ocupa o 6º lugar no número de falantes, um idioma de amplo acesso.

Os falantes de português de Angola e de Moçambique são multilíngues; a leitura dos romances do angolano Pepetela e do moçambicano Mia Couto mostra, como no caso de inglês, que há diferenças de pronúncia e de **sintaxe**. Constam, nos romances dos dois autores africanos, glossários que refletem o crescimento vocabular do português na vertente africana.

Do ponto de vista geopolítico, a língua portuguesa é fortalecida com a presença atuante da Comunidade de Países de Língua Portuguesa (CPLP) que promove o idioma, respeitando as diferenças de ordem lexical, fonética entre as diferentes variedades. É importante estudar, pesquisar e divulgar o idioma e a respectiva produção literária em Cabo Verde. Guiné-Bissau, São Tomé e Príncipe e Timor-Leste.

A "mundialização" do português e também dos outros idiomas mais falados no mundo (chinês, russo, árabe, hindi, alemão, espanhol, francês, japonês, italiano e inglês) mostra que todos eles não podem ser isolados numa redoma, pois funcionam como "esponjas", destinados entre si a efetuar intercâmbios culturais e trocas linguísticas.

A existência das variedades do português e do inglês não implica a sua separação em dialetos ininteligíveis como foi o caso do latim que se transformou nas línguas diferentes românicas, pois o mundo atual é outro com a presença da mídia: a imprensa, a televisão e a internet e as grandes editoras particulares e universitárias que funcionam como força centrípeta que mantém uma unidade dentro da diversidade.

John Robert Schmitz possui graduação em Letras – Brooklyn College Of The City University Of New York (1957), mestrado em Letras e Linguística – Columbia University (1961) e doutorado em Letras e Linguística pela Pontifícia Universidade Católica de São Paulo (1975). Atualmente é professor titular da Universidade Estadual de Campinas. Tem experiência na área de Linguística, com ênfase em Teoria e Análise Linguística, atuando principalmente nos seguintes temas: estrangeirismos, lexicografia, língua portuguesa, voz passiva e lexicologia.

190. (IESES – Analista Judiciário – Área Judiciária – TRE – MA/2015) Analise as proposições a seguir. Em seguida, assinale a alternativa que contenha a análise correta sobre as mesmas.

I. As palavras "hegemonia" e "utentes" significam, respectivamente, no contexto, *supremacia* e *usuários*.

II. A palavra "lexical" refere-se ao significado das palavras quando aplicadas a um contexto e sob influência de outras palavras.

III. A palavra "salutar" significa algo prejudicial ou ruinoso.

IV. A palavra "sintaxe" refere-se à estrutura, à formação e classificação das palavras.

a) Apenas as proposições III e IV estão corretas.

b) Apenas as proposições I e II estão corretas.

c) Apenas a proposição III está correta.

d) Apenas a proposição I está correta.

COMENTÁRIOS

✪ **Nota da autora:** Questão de coerência textual e ortografia.

I. *Hegemonia* significa ***supremacia****; domínio, poder que algo ou alguém exerce em relação aos demais; utente* é ***usuário****; pessoa que faz uso de alguma coisa; quem se serve ou desfruta de algo.*

II. No texto, refere-se ao acervo lexical, ou seja, é o enriquecimento do vocabulário. Não sofre influência de outras palavras.

III. *Salutar* foi usado no sentido figurado e significa ***edificante****; que possui objetivo moralizador; que auxilia na resolução de certos problemas.* De qualquer maneira, sabe-se que é antônimo de prejudicial.

IV. A morfologia refere-se à estrutura, à formação e à classificação das palavras. A sintaxe é a parte da gramática que trata das funções das palavras na frase e das relações estabelecidas entre elas.

Alternativa correta: letra "d" – Apenas a proposição I está correta.

191. (IESES – Analista Judiciário – Área Judiciária – TRE – MA/2015) Quanto aos recursos de construção de sentido e correção do texto, analise as proposições a seguir:

I. Há predomínio da linguagem conativa, pois se percebe a intenção do autor de influenciar seu receptor a pensar como ele em relação à tese que defende.

II. Há predomínio de verbos conjugados no presente do modo indicativo, o que confere ao texto a ideia de atualidade.

III. As vírgulas, presentes em: "Constam, nos romances dos dois autores africanos, glossários que refletem o crescimento vocabular do português na vertente africana", justificam-se por isolarem um aposto.

IV. 'Daí se vê que se cunhou o termo "world englishes" no plural [...]'. Nesse fragmento, a preferência pela próclise nas duas vezes em que os pronomes oblíquos aparecem está correta, pois há palavras atrativas em ambas as ocorrências.

a) Estão corretas apenas as proposições I e III.

b) Estão corretas apenas as proposições I e II.

c) Estão corretas apenas as proposições III e IV.

d) Estão corretas apenas as proposições II e IV.

COMENTÁRIOS

✪ **Nota da autora:** Questão de tipos de linguagem e texto, verbo, pontuação e colocação pronominal.

I. Não se trata de linguagem apelativa, ou conativa, tanto que não há verbos no imperativo. O texto é dissertativo, apresenta introdução (tese), desenvolvimento (argumentação) e conclusão. Possui o objetivo de convencer o leitor, óbvio.

II. Certo. O presente do indicativo pode ser utilizado para expressar processos habituais, regulares, ou que possuem **validade permanente**.

III. As vírgulas isolam o adjunto adverbial de lugar.

IV. *Daí* denota início, tempo e atrai o pronome oblíquo; *que* é conjunção integrante (vê isto) e também atrai o pronome oblíquo.

Alternativa correta: letra "d" – Corretos os itens II e IV.

TEXTO PARA OS ITENS.

Segundo a Constituição Federal, todo poder emana do povo e por ele será exercido, quer de maneira direta, quer por intermédio de representantes eleitos. Essa afirmação, dentro do espírito do texto constitucional, deve ser interpretada como verdadeiro dogma estabelecido pelo constituinte originário, mormente quando nos debruçamos sobre o cenário político dos anos anteriores à eleição dos membros que comporiam a Assembleia Constituinte que resultou na Carta de 1988.

Em expedita sinopse, é possível perceber que, após longo período de repressão à manifestação do pensamento, o povo brasileiro ansiava por exercer o direito de eleger os seus representantes com o objetivo de participar direta ou indiretamente da formação da vontade política da nação.

Dentro desse contexto, impende destacar que os movimentos populares que ocorreram a partir do ano de 1984, que deram margem ao início do processo de elaboração da nova Carta, deixaram transparecer de maneira cristalina aos então governantes que o coração da nação brasileira estava palpitante, quase que exageradamente acelerado, tendo em vista a possibilidade de se recuperar o exercício do poder, cujo titular, por longo lapso, deixou de ser escolhido pelo povo brasileiro.

Em meio a esse cenário, foi elaborado o texto constitucional, que, desde então, recebeu a denominação de Constituição Cidadã. O art. 14 desse texto confere ênfase à titularidade do poder para ressaltar que "A soberania popular é exercida pelo sufrágio universal e pelo voto direto e secreto, com valor igual a todos", deixando transparecer que a intenção da Lei Maior é fazer que o povo exerça efetivamente o seu direito de participar da formação da vontade política.

Fernando Marques Sá. Desaprovação das contas de campanha do candidato – avanço da legislação para as eleições de 2014. In: Estudos Eleitorais. Brasília: Tribunal Superior Eleitoral. Vol. 9, n.º 2, 2014, p. 52-3. Internet: <www.tse.jus.br>(com adaptações).

---

192. (Cespe – Analista Judiciário – Área Judiciária– TRE-GO/2015) A substituição da expressão "mormente" (primeiro parágrafo) por *sobretudo* manteria a correção e o sentido do texto.

COMENTÁRIOS

Certo – *Mormente* significa "que está acima de tudo; principalmente" e *sobretudo* pertence ao mesmo campo semântico: principalmente; de modo a estar acima dos demais.

Alternativa correta: "certo".

---

193. (Cespe – Analista Judiciário – Área Judiciária– TRE-GO/2015) As formas verbais "ocorreram", "deram" e "deixaram transparecer" (terceiro parágrafo) estão ligadas ao mesmo termo, que, nos dois primeiros casos, é retomado pelo pronome "que": "os movimentos populares".

COMENTÁRIOS

Destacar (isto) = que os movimentos que ocorreram a partir do ano de 1984; destacar (isto) = que (os movimentos) deram margem ao início do processo de elaboração da nova Carta. O **que** é pronome relativo e retoma movimentos populares apenas em "os movimentos populares que ocorreram..." = os quais ocorreram.

Alternativa correta: "errado".

---

194. (Cespe – Analista Judiciário – Área Judiciária– TRE-GO/2015) O trecho "a possibilidade de se recuperar" equivale, em sentido, ao trecho seguinte: a possibilidade de que se recuperasse.

COMENTÁRIOS

Ocorreu transposição da oração reduzida de infinitivo (recuperar) por uma oração desenvolvida (acréscimo da conjunção).

Alternativa correta: "certo".

---

195. (Cespe – Analista Judiciário – Área Judiciária– TRE-GO/2015) O termo "cenário" (último parágrafo) alude ao "longo período de repressão à manifestação do pensamento" (segundo parágrafo).

COMENTÁRIOS

O termo está acompanhado pelo pronome anafórico *esse* e alude à ideia do parágrafo anterior.

Alternativa correta: "errado".

TEXTO III

Muitos ilícitos penais praticados no universo do sistema eleitoral revelam gravidade ofensiva muito maior do que a grande maioria dos crimes previstos no Código Penal e em leis especiais. Essa constatação resulta da pluralidade dos bens jurídicos afetados e da densidade das ofensas. A coação para a obtenção do voto, a falsificação de documento de interesse eleitoral, a ofensa à honra durante a campanha e outras modalidades típicas dos crimes submetidos à jurisdição eleitoral (próprios ou impróprios) revelam consequências danosas de maior repercussão social mesmo quando, previstas somente no Código Penal e em leis especiais, atentem contra bens e interesses coletivos (incolumidade, administração pública etc.).

Vejamos, no parágrafo a seguir, o que nos diz José de Alencar em texto memorável a respeito do sufrágio:

O voto não é, como pretendem muitos, um direito político; é mais do que isso, é uma fração da soberania nacional; é o cidadão. Na infância da sociedade, a vida política absorvia o homem de modo que ele figurava exclusivamente como membro da associação.

Quando a liberdade civil despontou, sob a tirania primitiva, surgiu para a criatura racional uma nova existência, muito diversa da primitiva; tão diversa que o cidadão livre se tornava, como indivíduo, propriedade de outrem. Para designar essa fase nova da vida, inteiramente distinta do cidadão, usaram da palavra, pessoa – persona. O voto desempenha atualmente em relação à vida política a mesma função. A sociedade moderna, ao contrário da antiga, dedica-se especialmente à liberdade civil; nações onde não penetrou ainda a democracia já gozam da inviolabilidade dos direitos privados. Absorvido pela existência doméstica, e pelo interesse individual, o homem não se pode entregar à vida pública senão periodicamente e por breve espaço. Empregando, pois, o termo jurídico em sua primitiva acepção, o voto exprime a pessoa política, como outrora a propriedade foi a pessoa civil, isto é, uma face da individualidade, a face coletiva.

Reforma eleitoral: delitos eleitorais, prestação de contas (partidos e candidatos), propostas do TSE. – Brasília: SDI, 2005, p. 34-5. Internet: <www.tse.jus.br>(com adaptações).

Cada um dos itens a seguir apresenta uma proposta de reescrita de trecho do texto III – indicado entre aspas –, que deve ser julgada certa se estiver gramaticalmente correta e mantiver o sentido do texto, ou errada, em caso contrário.

196. (Cespe – Analista Judiciário – Área Judiciária– TRE-GO/2015) "Essa constatação (...) densidade das ofensas": Essa constatação acarreta na pluralidade dos bens jurídicos afetados e na densidade das ofensas.

( ) certo ( ) errado

COMENTÁRIOS

✪ **Nota da autora:** questão de coerência (semântica) e regência.

1. O verbo acarretar tem o sentido de *ocasionar, motivar* e pode ser transitivo direto ou direto e indireto.

VTD: *essa constatação acarreta a pluralidade dos bens jurídicos afetados e a densidade;*

2. O sentido também foi alterado.

Alternativa correta: "errado".

197. (Cespe – Analista Judiciário – Área Judiciária– TRE-GO/2015) "A coação (...) repercussão social": A coação para a obtenção do voto e para a falsificação de documento de interesse eleitoral, a ofensa à honra durante a campanha e outras modalidades típicas dos crimes submetidos à jurisdição eleitoral (próprias ou impróprias) revelam consequências danosas de maior repercussão social.

( ) certo ( ) errado

COMENTÁRIOS

Sujeito composto no texto: A coação para a obtenção do voto, a falsificação de documento de interesse eleitoral, a ofensa à honra durante a campanha e outras modalidades típicas dos crimes submetidos à jurisdição eleitoral (próprios ou impróprios); ao transcrever, alterou o sujeito e consequentemente altera o sentido, já que não há finalidade, no trecho original, em coação ***para** a falsificação*.

Alternativa correta: "errado".

198. (Cespe – Analista Judiciário – Área Judiciária– TRE-GO/2015) "O voto não é, (...) é o cidadão": O voto não é um direito político, como pretendem muitos, o voto é mais do que isso, é uma fração da soberania nacional, o voto é o cidadão.

( ) certo ( ) errado

COMENTÁRIOS

✪ **Nota da autora:** questão de pontuação.

Ao alterar a ordem, deve ser usado o sinal de dois pontos para tornar correta a pontuação, pois foi trocado o sinal de ponto e vírgula por vírgula. Teríamos: o voto é mais do que **isso:** é uma fração da soberania nacional, o voto é o cidadão.

Alternativa correta: "errado".

199. (Cespe – Analista Judiciário – Área Judiciária– TRE-GO/2015) "Quando a liberdade (...) diversa da primitiva": Quando a liberdade civil despontou surgiu para a criatura racional, sob a tirania primitiva, uma nova existência, muito diversa da primitiva.

( ) certo ( ) errado

COMENTÁRIOS

✪ **Nota da autora:** questão de pontuação.

Falta a vírgula para marcar a inversão de adjunto adverbial de tempo: Quando a liberdade civil **despontou,** surgiu para a criatura racional...

Alternativa correta: "errado".

200. (Cespe – Analista Judiciário – Área Judiciária– TRE-GO/2015) "O voto (...) a mesma função": Atualmente, o voto desempenha a mesma função em relação à vida política.

( ) certo ( ) errado

COMENTÁRIOS

A inversão de termos em nada alterou o sentido e não causou erro gramatical.

Alternativa correta: "certo".

201. (Cespe – Analista Judiciário – Área Judiciária– TRE-GO/2015) "Empregando, pois, (...) a face coletiva": Pois, empregando o termo jurídico em sua primitiva acepção, o voto exprime a pessoa política, como outrora a propriedade foi a pessoa civil, – isto é, uma face da individualidade, a face coletiva.

( ) certo ( ) errado

COMENTÁRIOS

✪ **Nota da autora:** Questão de período composto (conjunção) e pontuação.

No trecho original, *pois* explica; na transcrição, conclui: alterou o sentido. Segundo erro: a expressão *isto é* deve, obrigatoriamente estar entre vírgulas por explicar, assim como ocorre com a expressão *ou seja*, também muito exigida por Cespe.

Alternativa correta: "errado".

TRECHO PARA A QUESTÃO.

(...)

Existe gente que faz disso uma profissão, e passa a vida elogiando os outros, mas não é delas que estamos falando. Só vale se for de verdade, e se você começar a se exercitar nesse jogo e, com sinceridade, elogiar o que merece ser elogiado, irá espalhando alegrias e prazeres por onde passar, que fatalmente reverterão para você mesma, porque a vida costuma ser assim.

Apesar de a vida ter me mostrado que nem sempre é assim, continuo acreditando no que aprendi na infância, e **isso** me faz muito bem.

(disponível em: http://www1.folha.uol.com.br/fsp/cotidiari/ff0611200502.htm)

202. (IBFC – Analista Judiciário – Área Judiciária– TRE-AM/2014) Ao observar o último parágrafo do trecho, percebem-se vários elementos coesivos. Assinale a opção que apresenta um comentário morfológico ou sintático incorreto sobre um desses elementos.

a) "ter me mostrado que nem" (Trata-se de uma conjunção subordinativa integrante.)
b) "no que aprendi" (Trata-se de um pronome relativo que exerce a função sintática de objeto direto.)
c) "e isso me faz muito" (Trata-se de uma conjunção coordenativa que contribui para a progressão textual.)
d) "e isso me faz muito" (Trata-se de um pronome demonstrativo com papel anafórico.)

COMENTÁRIOS

Questão ANULADA. Vamos aos comentários.

Alternativa "a" – Certo: ter me mostrado ISTO. Cabendo o pronome anafórico, fica claro que temos uma conjunção integrante (liga o verbo à oração subordinada substantiva objetiva direta).

Alternativa "b" – acreditando no que aprendi equivale a acreditando naquilo que aprendi. O pronome relativo retoma o pronome demonstrativo "o". Ordem direta: Aprendi aquilo (o) = objeto direto. Como o relativo retoma o demonstrativo, dizemos que possui a mesma função sintática do termo que retoma.

Alternativa "c" – Ideia adicional: conjunção coordenada aditiva.

Alternativa "d" – Exato: o que me faz muito bem? Isso. Isso o quê? O fato de que *continuo acreditando no que aprendi na infância*.

Todas as alternativas estão corretas, por isso foi anulada a questão.

203. (IBFC – Analista Judiciário – Área Judiciária– TRE-AM/2014) A linguagem cumpre funções que dependem da intenção do emissor e da relação que se pretende estabelecer com o receptor, dentre outros aspectos. No trecho "Faça um pequeno esforço e diga alguma coisa que você notou e gostou;", percebe-se a seguinte função da linguagem:

a) emotiva, marcada pelo sentimento do emissor.
b) conativa, voltada para o interlocutor.
c) referencial, destacando-se o objetivo da autora.
d) metalinguística, priorizando-se o próprio código.

COMENTÁRIOS

Alternativa correta: letra "b".

✪ **Nota da autora:** Questão de função de linguagem.

- O trecho possui linguagem conativa ou apelativa, pois possui o objetivo de influenciar, convencer o receptor de alguma coisa por meio de uma ordem, sugestão, convite ou apelo (daí o nome da função). Os verbos costumam estar no imperativo (Faça) ou conjugados na 2ª ou 3ª pessoa. Esse tipo de função é muito comum em textos publicitários, em discursos políticos ou de autoridade.

Alternativa "a" – Não há demonstração de sentimento.

Alternativa "c" – Não transmite uma informação objetiva, não expõe dados da realidade de modo objetivo. Geralmente, o texto referencial apresenta-se na terceira pessoa do singular ou plural, pois transmite impessoalidade. A linguagem é denotativa, ou seja, não há possibilidades de outra interpretação além da que está exposta.

Alternativa "d" – Não explica o código usando o próprio código, característica principal da metalinguagem. Exemplo clássico: na peça Hamlet, de William Shakespeare. Nesse caso, a metalinguagem consiste no uso de uma peça de teatro dentro da própria peça: existe uma trupe de teatro fazendo uma peça, a pedido do protagonista, dentro da peça Hamlet. Além disso, Shakespeare usa sua própria peça para refletir sobre como um ator deve se comportar em cena. Ou seja, Shakespeare fala sobre a linguagem teatral dentro da peça de teatro.

Alternativa correta: letra "b".

11. REDAÇÃO OFICIAL

Caro(a) leitor(a), foi lançada, no final de 2018, a terceira edição do **Manual de Redação da Presidência da República** – revista, atualizada e ampliada.

Com o intuito de facilitar seu estudo, foram disponibilizadas aqui as mudanças ocorridas e que podem (devem) ser exigidas nas próximas provas. Ficou mais fácil consultar e entender o MRPR.

A principal alteração foi a **EXTINÇÃO** dos documentos **MEMORANDO** e **AVISO**.

Os **ATRIBUTOS** também foram alterados. *A redação oficial deve caracterizar-se por: clareza e precisão; objetividade; concisão; coesão e coerência; impessoalidade; formalidade e padronização; e uso da norma padrão da língua portuguesa.*

A **FONTE** usada alterou de *Times New Roman* (em 2002) para **Calibri** ou **Carlito**.

Houve importantes **acréscimos**: **SIGNATÁRIOS** – cargos interinos e substitutos, signatárias do sexo feminino –, **GRAFIA DE CARGOS COMPOSTOS**, emprego do **VOCATIVO** e **VARIAÇÕES DOS DOCUMENTOS OFICIAIS.**

Em "dicas", todas as alterações foram mencionadas.

Quanto a questões, não foram exigidas após a atualização do MRPR.

12. INTERPRETAÇÃO E COMPREENSÃO TEXTUAL

TEXTO PARA RESPONDER ÀS QUESTÕES

Projeto brasileiro pretende mapear genoma de 15 mil pessoas para prever e tratar doenças

Por Filipe Domingues, G1/ 10/12/2019 12h00

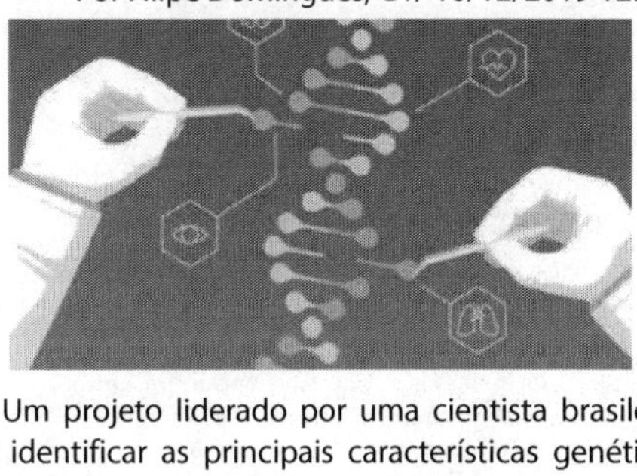

Um projeto liderado por uma cientista brasileira vai identificar as principais características genéticas dos brasileiros para prever doenças e antecipar tratamentos. Lançada nesta terça-feira (10), em São Paulo, a iniciativa "DNA do Brasil" quer mapear o genoma de 15 mil pessoas de 35 a 74 anos de idade e se tornar o maior levantamento do tipo já realizado no país. A ideia é que em cinco anos já se tenham os primeiros resultados. "O desafio é entender quais variações genéticas estão associadas a quais características das pessoas", disse a pesquisadora Lygia da Veiga Pereira, da Universidade de São Paulo (USP), na abertura do projeto. "Nós somos o resultado do nosso genoma mais o nosso estilo de vida. O genoma é a receita do nosso corpo."

Além da geneticista, estão envolvidos na parceria o Ministério da Saúde que oferecerá dados epidemiológicos da população brasileira por meio do projeto ELSA Brasil; organizações privadas como a Dasa, empresa da área de saúde, que financiará e realizará o sequenciamento das primeiras 3 mil amostras; a Illumina que vai fornecer os insumos e a Google Cloud que fará o armazenamento e proteção dos dados. As descobertas que os cientistas fizerem poderão ser traduzidas em inovações tanto na área de pesquisa genética quanto nos diagnósticos e tratamentos de doenças como o câncer, a hipertensão, o diabetes, depressão, esquizofrenia e algumas doenças raras. Ao descobrir que determinada proteína presente no corpo de uma pessoa permite manter o colesterol baixo, é possível "editar" o DNA do paciente para imitar o comportamento deste elemento. [...]

O diretor médico da Dasa, Gustavo Campana, lembrou que 80% das 8 mil doenças consideradas raras têm origem genética. Já os cânceres hereditários são de 5 a 12% dos casos. Portanto, além da previsão de tais doenças, o mapeamento dos genes e sua associação com as características da população brasileira podem permitir avanços em "terapêutica gênica", ou seja, métodos de tratamento que atuam diretamente nos genes ± o mais famoso deles é o CRISPR, a técnica de edição do DNA. "Esse projeto é um marco da genética populacional no Brasil," disse Campana. [...]

204. (IBFC – Técnico Judiciário – Área Administrativa – TRE PA – 2020) De acordo com o texto, assinale a alternativa correta.

a) Há um projeto liderado por brasileiros que vai identificar as principais características genéticas humanas, em pacientes da USP, para curar doenças hereditárias.

b) As descobertas poderão ser inovações tanto na área de empirismo genético quanto nos diagnósticos e tratamentos de doenças.

c) A Illumina financiará e realizará o sequenciamento das primeiras 3 mil amostras dos dados epidemiológicos da população.

d) O estudo será realizado em adultos e idosos com o intuito de reconhecer, pelo perfil genético, a possibilidade de futuras doenças e preceder tratamentos.

COMENTÁRIOS

Alternativa "a" - O projeto é liderado por uma **cientista brasileira** (pesquisador da USP) e os pacientes serão os brasileiros: *vai identificar* ***as principais características genéticas dos brasileiros*** *para prever doenças e antecipar tratamentos.*

Alternativa "b" - Não serão inovação na área de empirismo genético: *além da previsão de tais doenças, o mapeamento dos genes e sua associação com as características da população brasileira podem permitir avanços em "****terapêutica gênica****".*

Alternativa "c" - Organizações privadas financiarão e realizarão o sequenciamento. A **Illumina** ***vai fornecer os insumos*** *e a Google Cloud que fará o armazenamento e proteção dos dados.*

Alternativa "d" - No primeiro parágrafo, afirma que o estudo será realizado em adultos e idosos: *a iniciativa "DNA do Brasil" quer mapear o genoma de 15 mil pessoas de 35 a 74 anos de idade.* No segundo parágrafo, estão as outras informações: *As descobertas que os cientistas fizerem poderão ser traduzidas em inovações tanto na área de pesquisa genética quanto nos diagnósticos e tratamentos de doenças.*

Alternativa correta: letra "D"

---

205. (IBFC - Técnico Judiciário - Área Administrativa - TRE PA - 2020) O estudo entre gênero e tipo de texto expõe que há diferenças. A este respeito, assinale a alternativa que preencha correta e respectivamente as lacunas abaixo.

O texto é ____ textual classificado como _____, que circula no meio _____ com o objetivo de trazer informações mais aprofundadas que a _____, isto porque há citações, dados estatísticos entre outros detalhes que são coletados através de pesquisa.

a) um tipo / reportagem / jornalístico / notícia

b) um gênero / notícia / midiático / reportagem

c) um gênero / reportagem / jornalístico / notícia

d) um tipo / notícia / jornalístico / reportagem

COMENTÁRIOS

✪ **Nota da autora:** É necessário saber a diferença entre gênero textual e tipologia textual e a diferença entre notícia e reportagem.

- **Gêneros**: *são as espécies de* ***textos*** *efetivamente* ***produzidos em nosso cotidiano****, cumprindo funções em situações comunicativas e que apresentam características gerais comuns — como* ***forma, estrutura linguística e assunto*** *— facilmente identificáveis. Exemplos:* ***carta pessoal, a lista de compras, os cartazes, o romance*** *etc.* **Tipologia textual:** *são composições linguísticas que têm como característica a predominância de certas* ***estruturas sintáticas****, tempos e modos verbais, classes gramaticais, combinações etc., de acordo com sua função e intencionalidade no interior do gênero textual.*

Atenção! *Os* ***gêneros textuais*** *são inúmeros, a* ***tipologia textual*** *é limitada. São tipos textuais:* ***narrativo, descritivo, argumentativo, expositivo e injuntivo****. Pode-se dizer que um gênero textual pode conter uma ou mais tipologias textuais. Por exemplo, para os gêneros crônica, romance, fábula, piada, contos de fadas, entre outros, a tipologia textual predominante é a narrativa*[27].

- **Notícia:** *é um formato de* ***divulgação de um acontecimento por meios*** *jornalísticos. É a matéria-prima do jornalismo, normalmente reconhecida como algum* ***dado ou evento socialmente relevante*** *que merece publicação numa mídia. Fatos políticos, sociais, econômicos, culturais, naturais e outros podem ser notícia se afetarem indivíduos ou grupos significativos para um determinado veículo de imprensa. Geralmente,* ***a notícia tem conotação negativa****, justamente por ser excepcional, anormal ou de grande impacto social, como acidentes, tragédias, guerras e golpes de estado.* **Reportagem:** *é um* ***conteúdo jornalístico****, escrito ou falado,* ***baseado no testemunho direto dos fatos e situações explicadas em palavras*** *e, numa perspectiva atual, em histórias vividas por pessoas, relacionadas com o seu contexto. A reportagem televisiva, testemunho de ações espontâneas, relata histórias em palavras, imagens e sons. Na reportagem é concedido ao autor a possibilidade de expressar sua opinião. Uma reportagem é uma notícia mais aprofundada, que pode conter opiniões de terceiros*[28].

Alternativa "a" – Não é o tipo do texto, mas sim o gênero do texto.

Alternativa "b" – O gênero é classificado como reportagem, não como notícia. Alternativa facilmente eliminada.

Alternativa "c" – O **gênero** do texto é a **reportagem** que circula no meio **jornalístico** e traz informações mais aprofundadas que a **notícia**.

Alternativa "d" – O gênero do texto é classificado como reportagem, como já mencionado.

Alternativa correta: letra "C"

---

27 Conhecimento literatura. Disponível em <https://conhecimentoliteratura.com.br/genero-e-tipologia-textual/>. Acesso em 25 fev. 2020, com adaptações.

28 Portal do Professor – MEC. Disponível em <http://portaldoprofessor.mec.gov.br/fichaTecnicaAula.html?aula=25110>. Acesso em 25 fev. 2020, com adaptações.

206. (IBFC – Técnico Judiciário – Área Administrativa – TRE PA – 2020) Analise abaixo os enunciados extraídos do texto e identifique aquele em que não há um trecho de discurso direto.

a) Esse projeto é um marco da genética populacional no Brasil.

b) Nós somos o resultado do nosso genoma mais o nosso estilo de vida.

c) A ideia é que em cinco anos já se tenham os primeiros resultados.

d) O desafio é entender quais variações genéticas estão associadas a quais características das pessoas.

COMENTÁRIOS

Alternativa "a" – Discurso direto: é a fala de alguém, ou a escrita.

Alternativa "b" – Discurso direto: primeira pessoa do plural.

Alternativa "c" – Discurso indireto: período escrito na terceira pessoa e não se refere à fala ou à escrita de alguém.

Alternativa "d" – Discurso direto: é a fala de alguém, ou a escrita.

Alternativa correta: letra "C"

207. (IBFC – Técnico Judiciário – Área Administrativa – TRE PA – 2020) Analise as afirmativas e assinale a alternativa correta.

I. A Dasa é uma empresa da área de saúde que financiará e realizará a cessação das primeiras 3 mil amostras.

II. O Ministério da Saúde oferecerá dados epidemiológicos da população brasileira através do projeto ELSA Brasil.

III. A Google Cloud que fará o armazenamento e a derrelição dos dados.

a) Apenas a afirmativa III está correta.

b) Apenas as afirmativas II e III estão corretas.

c) Apenas as afirmativas I e II estão corretas.

d) Apenas a afirmativa II está correta.

COMENTÁRIOS

I. Errada: *A Dasa financiará e realizará o sequenciamento das primeiras 3 mil amostras,* não realizará a cessação (interrupção, anulação) das amostras.

II. Certa: *Além da geneticista, estão envolvidos na parceria* ***o Ministério da Saúde que oferecerá dados epidemiológicos da população brasileira por meio do projeto ELSA Brasil.***

III. Errada: *a Google Cloud que fará o armazenamento e proteção dos dados.* Não se refere à derrelição dos dados: abandono dos dados.

Alternativa "a" – III: errada.

Alternativa "b" – III: errada.

Alternativa "c" – I: errada.

Alternativa "d" – I e III: erradas.

Alternativa correta: letra "D"

TEXTO CG2A1AAA

Pode-se dizer que a cidadania é essencialmente consciência de direitos e deveres e exercício da democracia: direitos civis, como segurança e locomoção; direitos sociais, como trabalho, salário justo, saúde, educação, habitação etc.; direitos políticos, como liberdade de expressão, de voto, de participação em partidos políticos e sindicatos etc.

Não há cidadania sem democracia. O conceito de cidadania, contudo, é um conceito ambíguo. Em 1789, a Declaração dos Direitos do Homem e do Cidadão estabelecia as primeiras normas para assegurar a liberdade individual e a propriedade. Nascia a cidadania como uma conquista liberal. Hoje, o conceito de cidadania é mais complexo.

Com a ampliação dos direitos, nasceu também uma concepção mais ampla de cidadania. De um lado, existe uma concepção consumerista de cidadania (direito de defesa do consumidor) e, de outro, uma concepção plena, que se manifesta na mobilização da sociedade para a conquista de novos direitos e na participação direta da população na gestão da vida pública, por meio, por exemplo, da discussão democrática do orçamento. Esta tem sido uma prática, sobretudo no nível do poder local, que tem ajudado na construção de uma democracia participativa, superando os limites da democracia puramente representativa.

Moacir Gadotti. Escola cidadã educação para e pela cidadania. Internet: <http://acervo.paulofreire.org> (com adaptações).

208. (CESPE – Técnico Judiciário – TRE BA/2017) De acordo com as ideias do texto CG2A1AAA,

a) a participação direta da população na gestão da vida pública constitui prática recente na sociedade brasileira.

b) a democracia é uma condição para a existência da cidadania.

c) os direitos civis e os direitos políticos merecem destaque entre os direitos dos cidadãos.

d) o alargamento da concepção de cidadania nos dias de hoje constitui uma conquista da sociedade atual.

e) a conquista do direito à liberdade individual e à propriedade é o objetivo maior de uma sociedade democrática.

COMENTÁRIOS

✪ **Nota da autora:** Para CESPE/Cebraspe, é preciso saber a diferença entre interpretar e compreender. Entenda melhor:

Compreensão de texto – consiste em analisar o que realmente está escrito, ou seja, coletar dados do texto. Os comandos de compreensão (está no texto) são: *Segundo o texto..., o autor/narrador do texto diz que..., o texto informa que..., no texto..., tendo em vista o texto..., de acordo com o texto..., o autor sugere ainda..., o autor afirma que..., na opinião do autor do texto...*

Interpretação de texto – consiste em saber o que se infere (conclui) do que está escrito. Os comandos de Interpretação (está fora (além) do texto) são: *Depreende-se/infere-se/conclui-se do texto que..., o texto permite deduzir que..., é possível subentender-se a partir do texto que..., qual a intenção do autor quando afirma que..., o texto possibilita o entendimento de que..., com o apoio do texto, infere-se que..., o texto encaminha o leitor para..., pretende o texto mostrar que o leitor..., o texto possibilita deduzir-se que...*

Alternativa correta: letra "b" – Temos aqui uma questão de compreensão textual. No início do segundo parágrafo: ***Não há cidadania sem democracia.*** Isso significa que a *democracia é uma condição para a existência da cidadania.*

Alternativa "a" – Menciona no texto que existe agora uma concepção mais ampla de cidadania, mas não cita que a participação direta da população na gestão da vida pública constitui prática recente.

Alternativa "c" – Todos os direitos são fundamentais: civis, sociais e políticos.

Alternativa "d" – Não é uma conquista da sociedade atual. No segundo parágrafo: Em 1789, a Declaração dos Direitos do Homem e do Cidadão estabelecia as primeiras normas para assegurar a liberdade individual e a propriedade.

Alternativa "e" – O objetivo da democracia é *a conquista de novos direitos e na participação direta da população na gestão da vida pública, por meio, por exemplo, da discussão democrática do orçamento.*

TEXTO CG3A1BBB

Competência é uma palavra polissêmica. Uma das razões da variabilidade de seu significado é a diversidade dos contextos e dos campos de conhecimento em que ela é usada. Em 1986, o **Novo Dicionário Aurélio da Língua Portuguesa** apresentou o seguinte verbete para os usos correntes à época.

Competência (do latim competentia) s. f. 1. Faculdade concedida por lei para um funcionário, juiz ou tribunal para apreciar e julgar certos pleitos ou questões. 2. Qualidade de quem é capaz de apreciar e resolver certo assunto, fazer determinada coisa; capacidade, habilidade, aptidão, idoneidade. 3. Oposição, conflito, luta.

Os dois primeiros sentidos, transpostos para o mundo do trabalho, indicam que a palavra competência refere-se ou às atribuições do cargo ou à capacidade do trabalhador de apreciar, resolver ou fazer alguma coisa.

Posteriormente, o **Dicionário Houaiss** atribuiu dez significados ao termo. Os sete primeiros são especificações ou derivações dos três sentidos já registrados no **Novo Dicionário Aurélio da Língua Portuguesa**. Os outros três sentidos são relacionados à gramática, à hidrografia, à linguística, à medicina e à psicologia.

Acompanhando essa tendência, a área educacional, em especial a da educação profissional, tem multiplicado os sentidos e usos da palavra competência. Por exemplo, ao se discutir uma proposta educacional baseada em competências, é importante especificar o conceito de competência adotado e a forma como ele é utilizado para se discutir o modelo pedagógico decorrente.

J. A. Külller e N. de F. Rodrigo. Metodologia de desenvolvimento de competências. Rio de Janeiro: SENAC Nacional, 2014, p. 39 (com adaptações).

209. (CESPE – Técnico Judiciário – TRE PE/2017) Segundo o texto CG3A1BBB,

a) o Novo Dicionário Aurélio da Língua Portuguesa e o Dicionário Houaiss exaurem os sentidos atualmente em uso atribuídos à palavra competência.

b) apenas quatro registros dos usos e das variações da palavra competência não constam do Dicionário Houaiss.

c) novos sentidos foram-se incorporando à palavra competência em função de seu uso em diversas **áreas** do conhecimento.

d) as acepções da palavra competência na esfera trabalhista resumem-se ao potencial de um operário realizar certa atividade para a qual seja designado.

e) a polissemia da palavra competência decorre da sua etimologia latina.

COMENTÁRIOS

Alternativa correta: letra "c" – Novos sentidos incorporam-se ao vocábulo competência como se observa nos trechos a seguir, destacados do texto: *o **Novo Dicionário Aurélio da Língua Portuguesa** apresentou [...] verbete para os usos correntes à época [...]. Posteriormente, o **Dicionário Houaiss** atribuiu dez significados ao termo. [...] Acompanhando essa tendência, a área educacional, em especial a da educação profissional, tem multiplicado os sentidos e usos da palavra competência.*

Alternativa "a" – Os sentidos não são exauridos pelos dois dicionários, uma vez que "a área educacional, em especial a da educação profissional, tem multiplicado os sentidos e usos da palavra competência".

Alternativa "b" – O texto afirma que o Houaiss atribui dez novos sentidos à palavra e não estabelece comparação dos que ele não possui em relação a outro dicionário.

Alternativa "d" – Não só realizar certa atividade para a qual foi designado, como também, num sentido mais amplo, avaliar, apreciar, resolver, ter habilidade para executar tal atividade.

Alternativa "e" – Polissemia é a multiplicidade de sentidos que podem ser atribuídos a uma mesma palavra dentro dos diferentes contextos em que esteja inserida. Isso **independe** de sua etimologia.

PARA RESPONDER À QUESTÃO, CONSIDERE O TEXTO.

Centro de Memória Eleitoral – CEMEL

O Centro de Memória Eleitoral do TRE-SP foi criado em agosto de 1999 e tem por objetivo a execução de ações que possibilitem cultivar e difundir a memória político-eleitoral como instrumento eficaz do aprofundamento e alargamento da consciência de cidadania, em prol do aperfeiçoamento do regime democrático brasileiro.

Seu acervo reúne títulos eleitorais desde a época do Império, urnas de votação (de madeira, de lona e eletrônicas), quadros, fotografias e material audiovisual, entre outros itens.

A realização de exposições temáticas, o lançamento de livros, a realização de palestras, além de visitas escolares monitoradas na sede do tribunal e o desenvolvimento de um projeto de história oral, são algumas das iniciativas do CEMEL.

(Disponível em: www.tre-sp.jus.br)

210. (FCC – TRE SP 2017 – Técnico Judiciário – Área Administrativa) Da leitura do texto, compreende-se que

a) a preservação da memória político-eleitoral consiste em resgatar o regime imperialista.

b) o acervo do CEMEL preserva um material tão antigo que antecede a época do Império.

c) a consciência de cidadania é condição necessária para a consolidação da democracia.

d) o estudo da história é garantia do estabelecimento de um governo pautado pela cidadania.

e) a meta do CEMEL é assegurar o arquivamento sigiloso da documentação da justiça eleitoral.

COMENTÁRIOS

Alternativa correta: letra "c" – Informação mencionada no primeiro parágrafo: O CEMEL *tem por objetivo a execução de ações que possibilitem cultivar e difundir a memória político-eleitoral como* ***instrumento eficaz do aprofundamento e alargamento da consciência de cidadania, em prol do aperfeiçoamento do regime democrático brasileiro***.

Alternativa "a" – Apenas cita que o acervo reúne títulos eleitorais desde a época do Império.

Alternativa "b" – Não antecede, pois fica claro que é a partir da época do Império.

Alternativa "d" – Não é a garantia, informação não inserida no texto.

Alternativa "e" – Se é para difundir a memória político-eleitoral, não pode ser sigiloso o arquivamento.

PARA RESPONDER ÀS QUESTÕES, CONSIDERE O TEXTO.

As crianças de hoje estão crescendo numa nova realidade, na qual estão conectadas mais a máquinas e menos a pessoas, de uma maneira que jamais aconteceu na história da humanidade. A nova safra de nativos do mundo digital pode ser muito hábil nos teclados, mas encontra dificuldades quando se trata de interpretar comportamentos alheios frente a frente, em tempo real.

Um estudante universitário observa a solidão e o isolamento que acompanham uma vida reclusa ao mundo virtual de atualizações de status e "postagens de fotos do meu jantar". Ele lembra que seus colegas estão perdendo a habilidade de manter uma conversa, sem falar nas discussões profundas, capazes de enriquecer os anos de universidade. E acrescenta: "Nenhum aniversário, show, encontro ou festa pode ser desfrutado sem que você se distancie do que está fazendo", para que aqueles no seu mundo virtual saibam instantaneamente como está se divertindo.

De algumas maneiras, as intermináveis horas que os jovens passam olhando fixamente para aparelhos eletrônicos podem ajudá-los a adquirir habilidades cognitivas específicas. Mas há preocupações e questões sobre como essas mesmas horas podem levar a déficits de habilidades emocionais, sociais e cognitivas essenciais.

(Adaptado de: GOLEMAN, Daniel. Foco: a atenção e seu papel fundamental para o sucesso. Trad. Cássia Zanon. Rio de Janeiro, Objetiva, 2013, p. 29-30)

211. (FCC – TRE SP 2017 – Técnico Judiciário – Área Administrativa) Na opinião do autor,

a) a constante conexão às máquinas não tem o potencial de contribuir para o desenvolvimento intelectual dos jovens.

b) a atenção exagerada que se dá aos meios virtuais tem como efeito o surgimento de problemas na interação social.

c) a superficialidade das conversas travadas nas redes sociais é fruto da redução gradual de eventos coletivos.

d) o isolamento em um mundo virtual se torna preocupante quando o jovem deixa de frequentar eventos sociais.

e) o ambiente virtual tornou-se mais atraente ao jovem na medida em que este se viu inábil para lidar com conflitos reais.

COMENTÁRIOS

Alternativa correta: letra "b" – Ideia citada na conclusão do texto: *há preocupações e questões sobre como essas mesmas horas podem levar a déficits de habilidades emocionais, sociais e cognitivas essenciais.*

Alternativa "a" – Embora afete, há o lado positivo: *as intermináveis horas que os jovens passam olhando fixamente para aparelhos eletrônicos podem ajudá-los a adquirir habilidades cognitivas específicas.*

Alternativa "c" – O erro está ao afirmar que seja fruto da redução gradual de eventos coletivos. Extrapolação textual.

Alternativa "d" – O isolamento é preocupante por vários motivos, não apenas quando deixam de frequentar eventos.

Alternativa "e" – Não é atraente por esse motivo. A informação está na ordem inversa, já que as consequências podem ser déficits de habilidades emocionais, sociais e cognitivas essenciais.

TEXTO PARA RESPONDER À QUESTÃO.

Brasileiros e latino-americanos fazemos constantemente a experiência do caráter postiço da vida cultural que levamos. Essa experiência tem sido um dado formador de nossa reflexão crítica desde os tempos da Independência. Ela pode ser e foi interpretada de muitas maneiras, o que faz supor que corresponda a um problema durável e de fundo.

O Papai Noel enfrentando a canícula em roupa de esquimó é um exemplo de inadequação. Da ótica de um tradicionalista, a guitarra elétrica no país do samba é outro. São exemplos muito diferentes, mas que comportam o sentimento da contradição entre a realidade nacional e o prestígio ideológico dos países que nos servem de modelo.

Tem sido observado que, a cada geração, a vida intelectual no Brasil parece recomeçar do zero. O apetite pela produção recente dos países avançados muitas vezes tem como avesso o desinteresse pelo trabalho da geração anterior e, por conseguinte, a descontinuidade da reflexão. Nos vinte anos em que tenho dado aula de literatura, por exemplo, assisti ao trânsito da crítica por uma lista impressionante de correntes. Mas é fácil observar que só raramente a passagem de uma escola a outra corresponde ao esgotamento de um projeto; no geral, ela se deve ao prestígio americano ou europeu da doutrina seguinte. Conforme notava Machado de Assis em 1879, "o influxo externo é que determina a direção do movimento".

Não é preciso ser adepto da tradição para reconhecer os inconvenientes desta praxe, a que falta a convicção das teorias, logo trocadas. Percepções e teses notáveis a respeito da cultura do país são decapitadas periodicamente, e problemas a muito custo identificados ficam sem o desdobramento que lhes poderia corresponder. O que fica de nosso desfile de concepções e métodos é pouco, já que o ritmo da mudança não dá tempo à produção amadurecida.

O inconveniente faz parte do sentimento de inadequação que foi nosso ponto de partida. Nada mais razoável, portanto, para alguém consciente do prejuízo, que passar ao polo oposto e imaginar que baste não reproduzir a tendência metropolitana para alcançar uma vida intelectual mais substantiva. A conclusão tem apoio intuitivo forte, mas é ilusória. Não basta renunciar ao empréstimo para pensar e viver de modo mais autêntico. A ideia de cópia discutida aqui opõe o nacional ao estrangeiro e o original ao imitado, oposições que são irreais e não permitem ver a parte do estrangeiro no próprio, a parte do imitado no original e também a parte original no imitado.

(Adaptado de: SCHWARZ, Roberto. Que horas são? São Paulo, Cia. Das Letras, 1987, p. 29-48)

---

212. (FCC – TRE PR 2017 – Técnico Judiciário – Área Administrativa) Considere:

I. Depreende-se do texto que o pensamento crítico brasileiro é permeado por um sentimento de inadequação, relacionado ao cultivo, no país, de práticas culturais consideradas inautênticas, que não refletiriam a realidade nacional, advindas de países estrangeiros de prestígio.

II. A colocação irônica de Machado de Assis de que "o influxo externo é que determina a direção do movimento" corrobora a tese proposta pelo autor do texto de que uma vida intelectual brasileira mais expressiva será alcançada quando o país valorizar suas raízes, no plano da cultura, e deixar de imitar práticas culturais vindas de fora.

III. A praxe criticada no 4o parágrafo refere-se à tendência de conciliar tradições culturais essencialmente brasileiras, como o samba, com elementos emprestados de culturas estrangeiras, como a guitarra elétrica.

IV. Para o autor, não é pertinente opor o nacional ao estrangeiro e o original ao imitado, pois tais oposições impedem que se perceba, por exemplo, o que há de original na cópia.

Está correto o que se afirma APENAS em

a) I e IV.

b) I e III.

c) II e IV.

d) I, II e IV.

e) II e III.

COMENTÁRIOS

Alternativa correta: letra "a" – Estão corretos apenas os itens I e IV.

I. Certo: no segundo parágrafo já fica clara a assertiva com o exemplo do Papai Noel (vestimenta polar) e a guitarra elétrica versus samba, indícios irrefutáveis do "copismo" cultural. No primeiro parágrafo, tem-se a constatação da crítica reflexiva: o "caráter postiço" cultural brasileiro que data desde a independência.

II. Errado: a ironia machadiana é óbvia, como sempre, mas a tese do autor foca o problema da valorização do brasileiro pelo modelo estrangeiro e seu desinteresse em cultivar os próprios valores e, assim, invertendo a realidade nacional, travestindo-a com ideologias importadas, determinando comportamentos que se chocam com o original, ou seja, com a realidade cultural, tanto brasileira como a latino-americana.

III. Errado: O quarto parágrafo mostra o "decaptar" as tradições culturais, pois as mudanças vindas do exterior são muito rápidas e "sufocam" o desdobramento e cultivo com a excitada assimilação e não conciliação.

IV. Certo: a posição do autor quanto a não ser pertinente se opor, leva a entender que contraria interesses comuns ao nacional – que copia – e ao estrangeiro – que produz.

TEXTO PARA RESPONDER À QUESTÃO.

Muitos duvidam da existência do amor. Muitos afirmam ser ele uma invenção da literatura. Outros, que se trata de uma projeção neurótica imaginária. Uma patologia da família das manias. Há quem suspeite de que seja uma doença da alma. Estão errados.

Quem conhece o amor sabe que ele habita entre nós. E sua presença nos faz sentir vivos. Por isso, o ressentimento é cego ao amor.

A falta de amor na vida produz um certo ceticismo em relação ao mundo. Ou pior: o sentimento de inexistência.

Um dos pecados maiores da inteligência é chegar à conclusão de que o amor é uma ficção. Muitas vezes, pessoas supostamente inteligentes consideram o amor algo ingênuo e pueril.

A desconfiança se acha a mais completa das virtudes morais ou cognitivas. A armadilha de quem desconfia sempre é que ele mesmo se sente inexistente para o mundo porque este é sempre visto com desprezo.

Outra suposta arma contra o amor é a hipocrisia. A hipótese de a hipocrisia ser a substância da moral pública parece que inviabiliza o amor por conta de sua cegueira para com esta hipocrisia mesma. É verdade: o amor não vê a hipocrisia. Soren Kierkegaard (1813-1855) diz que há um "abismo escancarado" entre eles.

O amor é concreto como o dia a dia. Engana-se quem considera o amor abstrato e fantasioso. Kierkegaard nos lembra que o amor só se conhece pelos frutos. Isso implica que não há propriamente uma percepção do amor que não seja prática. O gosto do amor é a confiança nas coisas que ele dá a quem o experimenta.

(Adaptado de: PONDÉ, Luiz Felipe Disponível em: www.folha.uol.com.br)

---

213. (FCC – TRE PR 2017 – Técnico Judiciário – Área Administrativa) Na opinião do autor do texto, o amor deve ser considerado como

a) um sentimento que, ainda que ilusório, desafia a falsidade social.

b) um artifício aprazível criado pela imaginação do amante.

c) algo comparável a um desvio doentio àquilo que é considerado normal.

d) algo concreto, cujos desdobramentos podem ser percebidos na realidade.

e) um estado de alheamento, relacionado à imaturidade de quem ama.

COMENTÁRIOS

Alternativa correta: letra "d" – No último parágrafo, o autor afirma a solidificação do amor e o desdobramento dessa solidez que se notam na atitude de quem sente e prova o amor. Embora, gramaticalmente, a palavra amor seja substantivo abstrato, para o autor "o amor é concreto como o dia a dia". Ele ainda nos remete a outro autor – Kierkegaard: "o amor não se conhece pelos frutos" – que "podem ser percebidos na realidade".

Alternativa "a" – Para o autor, o amor é concreto como o dia a dia; coloca a hipocrisia como arma contra o amor, que é cego a essa substância da moral pública.

Alternativa "b" - O autor nega essa afirmativa; para ele, o amor é vida.

Alternativa "c" - Doentio, para o autor, é quem faz essa comparação, pois não conhece o amor.

Alternativa "e" - No terceiro parágrafo, menciona que a **falta** de amor é que produz alheamento e ceticismo em relação ao mundo.

TEXTO PARA RESPONDER ÀS QUESTÕES.

Internet e as novas mídias: contribuições para a proteção do meio ambiente no ciberespaço

A sociedade passou por profundas transformações em que a realidade socioeconômica modificou-se com rapidez junto ao desenvolvimento incessante das economias de massas. Os mecanismos de produção desenvolveram-se de tal forma a adequarem-se às necessidades e vontades humanas. Contudo, o homem não mediu as possíveis consequências que tal desenvolvimento pudesse causar de modo a provocar o desequilíbrio ao meio ambiente e a própria ameaça à vida humana.

Desse modo, a preocupação com o meio ambiente é questionada, sendo centro de tomada de decisões, diante da grave problemática que ameaça romper com o equilíbrio ecológico do Planeta. E não apenas nos tradicionais meios de comunicação, tais como jornais impressos, rádio, televisão, revistas, dentre outros, como também nos espaços virtuais de interatividade, por meio das novas mídias, as quais representam novos meios de comunicação, tem-se o debate sobre a problemática ambiental.

O capitalismo foi reestruturado e a partir das transformações científicas e tecnológicas deu-se origem a um novo estabelecimento social, em que por meio de redes e da cultura da virtualidade, configura-se a chamada sociedade informacional, na qual a comunicação e a informação constituem-se ferramentas essenciais da Era Digital.

As novas mídias, por meio da utilização da Internet, estão sendo consideradas como novos instrumentos de proteção do meio ambiente, na medida em que proporcionam a expansão da informação ambiental, de práticas sustentáveis, de reivindicações e ensejo de decisões em prol do meio ambiente.

No ciberespaço, devido à conectividade em tempo real, é possível promover debates de inúmeras questões como a construção da hidrelétrica de Belo Monte, o Novo Código Florestal, Barra Grande, dentre outras, as quais ensejam por tomada de decisões políticas, jurídicas e sociais. [...]

Vislumbra-se que a Internet é um meio que aproxima pessoas e distâncias, sendo utilizada por um número ilimitado de pessoas, a custo razoável e em tempo real. De fato, a Internet proporciona benefícios, pois, além de promover a circulação de informações, a curto espaço de tempo, muitos debates virtuais produzem manifestações sociais. Assim sendo, tem-se a democratização das informações através dos espaços virtuais, como blogs, websites, redes sociais, jornais virtuais, sites especializados, sites oficiais, dentre outros, de modo a expandir conhecimentos, promover discussões e, por vezes, influenciando nas tomadas de decisões dos governantes e na proliferação de movimentos sociais. Desse modo, os cidadãos acabam participando e exercendo a cidadania de forma democrática no ciberespaço. [...]

Faz-se necessária a execução de ações concretas em prol do meio ambiente, com adaptação e intermédio do novo padrão de democracia participativa fomentado pelas novas mídias, a fim de enfrentar a gestão dos riscos ambientais, dentre outras questões socioambientais. Ainda, são necessárias discussões aprofundadas sobre a complexidade ambiental, agregando a interdisciplinaridade para escolhas sustentáveis e na difusão do conhecimento. E, embora haja inúmeros desafios a percorrer com a utilização das tecnologias de comunicação e informação (novas TIC's), entende-se que a atuação das novas mídias é de suma importância, pois possibilita a expansão da informação, a práxis ambiental, o debate e as aspirações dos cidadãos, contribuindo, dessa forma, para a proteção do meio ambiente.

(SILVA NUNES, Denise. Internet e as novas mídias: contribuições para a proteção do meio ambiente no ciberespaço. In: Âmbito Jurídico, Rio Grande, XVI, n. 115, ago. 2013. Disponível em: http://ambito juridico.com.br/site/?n_link=revista_artigos_leitura&artigo_id=13051& revista_caderno=17. Acesso em: jan. 2017. Adaptado.)

---

214. (CONSULPLAN – Técnico Judiciário – Área Administrativa – TRF 2/2017) De acordo com as informações e ideias acerca do assunto tratado no texto, marque V para as afirmativas verdadeiras e F para as falsas.

( ) O meio virtual tornou-se um espaço que propicia não só a participação do cidadão em questões de relevância social, mas também o exercício efetivo da cidadania advinda de tal prática.

( ) Em uma sociedade de característica predominantemente informacional, é notório que a comunicação atua como um dos elementos transformadores de ideias e estruturas anteriores que preconizavam um sistema inconsequente.

( ) As transformações vistas na sociedade refletem o crescimento econômico desordenado na medida em que as preocupações se voltam para os interesses capitalistas através dos meios mais diversos de comunicação, entre eles, os virtuais.

A sequência está correta em

a) V, V, F.

b) F, F, F.

c) V, F, F.

d) V, V, V.

COMENTÁRIOS

Alternativa correta: letra "a" – Dois itens verdadeiros e um falso.

(V) No 6º parágrafo: *os cidadãos acabam* ***participando e exercendo a cidadania*** *de forma democrática no ciberespaço;* no último parágrafo, conclui: *a atuação das novas mídias é de suma importância, pois possibilita a expansão da informação, a práxis ambiental, o debate e as aspirações dos cidadãos, contribuindo, dessa forma, para a proteção do meio ambiente.*

(V) Informações contidas no 1º e 3º parágrafos. Inconsequência: *o homem não mediu as possíveis consequências que tal desenvolvimento pudesse causar de modo a provocar o desequilíbrio ao meio ambiente e a própria ameaça à vida humana;* em seguida, afirma que *O capitalismo foi reestruturado e a partir das transformações científicas e tecnológicas deu-se origem a um novo estabelecimento social, em que por meio de redes e da cultura da virtualidade, configura-se a chamada sociedade informacional.*

(F) Ocorre extrapolação, já que no texto não foi mencionado o crescimento econômico desordenado.

---

215. (CONSULPLAN – Técnico Judiciário – Área Administrativa – TRF 2/2017) O último parágrafo do texto, principalmente,

a) apresenta a simples reordenação de argumentos já elaborados ao longo do texto através da retomada de elementos utilizados durante o seu desenvolvimento.

b) expressa a realidade atual da situação apresentada ao longo do texto propondo a conscientização, através de políticas públicas, do cidadão sobre essa realidade.

c) pressupõe que os direitos do cidadão são garantidos pelo Estado de modo que a execução de ações em favor do meio ambiente depende, de forma exclusiva, de tal garantia.

d) propõe o desempenho de um conjunto de práticas cidadãs cujo objetivo ***é*** atender ***às*** questões apresentadas de modo real e transformador.

COMENTÁRIOS

Alternativa correta: letra "d" – Importante ressaltar que em textos dissertativos, soluções são apresentadas na conclusão. Dividindo as afirmações para facilitar:

1. propõe o desempenho de um conjunto de práticas cidadãs = *a atuação das novas mídias é de suma importância, pois possibilita a expansão da informação, a práxis ambiental, o debate e as aspirações dos cidadãos, contribuindo, dessa forma, para a proteção do meio ambiente.*
2. objetivo é atender às questões apresentadas de modo real e transformador = *são necessárias discussões aprofundadas sobre a complexidade ambiental, agregando a interdisciplinaridade para escolhas sustentáveis e na difusão do conhecimento.*

Alternativa "a" – Não se trata, principalmente, de uma simples reordenação de argumentos.

Alternativa "b" – Não expressa a realidade, sugere quais atitudes devem ser tomadas.

Alternativa "c" – Não cita que depende exclusivamente de tal garantia.

TEXTO PARA RESPONDER ÀS QUESTÕES.

Uma hora de relógio

(Gregório Duvivier.)

O tempo pro brasileiro é tão fluido que a gente inventou a expressão "hora no relógio" – na Bahia, diz-se "hora de relógio". Nesse momento um suíço ou um inglês tem uma síncope. "Existe alguma hora que não seja de relógio?"

Caro amigo, existe uma imensa variedade de horas. Na expressão "espera só meia horinha", "meia horinha" costuma demorar duas horas de relógio, enquanto na frase "tô te esperando há horas", "horas" pode significar só "meia horinha" de relógio. Por isso a importância da expressão "de relógio": na hora do relógio, cada um dos minutos dura estranhos 60 segundos de relógio – não confundir, claro, com os segundinhos e os minutinhos, que podem durar horas de relógio. "O senhor tem cinco minutinhos?" "Tenho – mas no relógio só tenho uns dois".

Sim, o diminutivo muda tudo. Quando se marca "de manhãzinha", é no início da manhã, de oito às dez, mas se por acaso marcarem "de tardinha", estarão se referindo ao fim da tarde, de cinco às sete. Nada é tão simples: de noitinha volta a ser no início da noite, tornando tardinha e noitinha conceitos intercambiáveis. Que cara é essa, amigo saxão? Você mede comprimento com pés e polegadas.

Não pense que para por aí: tem surgido, cada vez mais frequente, o diminutivo do gerúndio. Ouvi de uma amiga: "outro dia te vi todo correndinho na Lagoa". Nada mais ridículo do que achar que se estava correndo e descobrir que só se estava correndinho. Esse é o meu problema com esportes: só chego nos diminutivos. Não chego a me exercitar, só fico me exercitandinho. Antes disso, fico alongandinho. E depois reclamandinho. Diz-se de um casal que começa a namorar que ambos estão namorandinho – no entanto, não se diz que um homem que começa a morrer já está morrendinho.

O diminutivo costuma recair sobre coisas pelas quais a gente tem ao menos um pouco de carinho. Por isso pode-se dizer criancinha, velhinho, mas jamais "adolescentezinho". Pode-se dizer gatinho, cachorrinho, mas jamais "atendentinho de *telemarketing*". A não ser, claro, no seu uso irônico: se te chamarem de "queridinho", querem é que você exploda.

Foi o Ricardo Araújo Pereira quem atentou para o fato de que pomos o diminutivo em advérbios. "É devagar, é devagar, devagarinho", diz o poeta Martinho – que carrega o diminutivo no nome. Deve ser coisa nossa, pensei, orgulhoso, até ouvir "despacito", o "devagarinho" deles. Estranhamente, o vocalista fala mil palavras por minuto – de relógio. Prefiro o Martinho.

(Disponível em: http://www1.folha.uol.com.br/colunas/gregorioduvivier/2017/07/1899750-na-hora-do-relogio-cada-minuto-dura-estranhos-60-segundos-de-relogio.shtml.)

---

216. (CONSULPLAN – TRE RJ 2017 – Técnico Judiciário – Área Administrativa) Considerando as informações e o modo como tais informações são levadas ao texto, pode-se afirmar que o tema central do texto é

a) a imprecisão linguística do brasileiro.
b) a dicotomia tempo cronológico/tempo psicológico.
c) o contraste entre certas culturas europeias e a brasileira.
d) o inadequado uso de um recurso morfológico do português pelos brasileiros.

COMENTÁRIOS

✪ **Nota da autora:** Antes, vamos relembrar o que é tema pelo fato de a questão ter gerado polêmica. Tema é o **assunto a ser abordado**; ele dará as diretrizes do texto ao expor a ideia que deverá ser defendida ao longo de uma dissertação.

Alternativa correta: letra "a" – Em **todos** os parágrafos, a imprecisão linguística foi mencionada: *a gente* ***inventou a expressão*** *"hora no relógio"; o* ***diminutivo muda tudo****; tem surgido, cada vez mais frequente, o* ***diminutivo do gerúndio****; O* ***diminutivo*** *costuma recair sobre coisas pelas quais a gente tem ao menos um pouco de* ***carinho****; Foi o Ricardo Araújo Pereira quem atentou para o fato de que* ***pomos o diminutivo em advérbios****.*

Alternativa "b" – Trata-se apenas de uma figura, não do tema do texto.

Alternativa "c" – Apenas cita *um suíço ou um inglês* para caracterizar e ilustrar o tema do texto.

Alternativa "d" – Nada indica que o uso seja inadequado. Mais: a ideia está na conclusão do texto, isto é, no último parágrafo.

---

217. (CONSULPLAN – TRE RJ 2017 – Técnico Judiciário – Área Administrativa) Tendo em vista as suas características semânticas e formais, o texto de Gregório Duvivier visa, principalmente,

a) narrar fatos cotidianos.
b) explicar um conhecimento.
c) argumentar em favor de um ponto de vista.
d) instruir o leitor a como agir e/ou se comportar.

COMENTÁRIOS

✪ **Nota da autora:** A banca ratificou o gabarito preliminar. Esclarece que *a crônica narrativa é a mais consagrada no jornalismo e na literatura brasileira. No entanto, ela não é o único tipo de crônica a circular no jornalismo e no mercado editorial deste país. O texto de Gregório Duvivier é uma prova disso, uma vez que se apresenta como uma crônica descritiva, em que descreve e explica e um conhecimento acerca de nossa língua e, consequentemente, de nossa cultura.*

Alternativa correta: letra "b" – Como mencionado, trata-se de uma crônica descritiva em que há explicação sobre o uso da linguagem.

Alternativa "a" – Não é um texto narrativo.

Alternativa "c" – O texto não é argumentativo.

Alternativa "d" – São, somente, acréscimos às explicações em tom irônico.

---

218. (CONSULPLAN – TRE RJ 2017 – Técnico Judiciário – Área Administrativa) No texto, o autor observa diferentes aspectos do uso do grau diminutivo, à EXCEÇÃO:

a) Da vaguidão semântica das palavras diminutivas.
b) Do caráter afetivo desse mecanismo morfológico.
c) Do impulso negativo relacionado a algumas formas diminutivas.
d) Do caráter dimensional associado às formas geradas por tal mecanismo.

COMENTÁRIOS

✪ **Nota da autora:** A banca, mais uma vez, ratificou o gabarito e é muito válido observar os comentários – de CONSUNPLAN (em itálico).

Alternativa correta: letra "d" – *O texto não adentra naquele que é talvez o traço semântico mais conhecido do diminutivo: o seu caráter dimensional (alternativa D). O que é discutido no texto, especialmente para os termos temporais (tais como "horinha", "segundinhos" e "minutinhos"), não são as suas dimensões (que, por se ligarem ao diminutivo, deveriam ser diminutas e isso não é dito em nenhum momento no texto), mas a sua imprecisão. O trecho a seguir ilustra isso: "Na expressão 'espera só meia horinha', 'meia horinha' costuma demorar duas horas de relógio, enquanto na frase 'tô te esperando há horas', 'horas' pode significar só 'meia horinha' de relógio.". Ora, se meia horinha podem significar horas e horas pode significar meia horinha não há uma dimensão definida, por outro lado, por não se saber bem o que pode ser, trata-se de algo bem vago e impreciso.*

Alternativa "a" – *"Sim, o diminutivo muda tudo. Quando se marca 'de manhãzinha', é no início da manhã, de oito às dez, MAS se por acaso marcarem 'de tardinha', estarão se referindo ao fim da tarde, de cinco às sete. Nada é tão simples: de noitinha volta a ser no início da noite, tornando tardinha e noitinha conceitos intercambiáveis." (3º §). Esclarecendo, é sugerido que o diminutivo marca ora o início (no caso da manhã e da noite) ora o final (no caso da tarde) de um período de tempo, e isso é vago, impreciso, pois não se pode dizer, a priori, que o seu uso marca uma coisa ou outra.*

Alternativa "b" – *"O diminutivo costuma recair sobre coisas pelas quais a gente tem ao menos um pouco de carinho." (5º §). Carinho é ligado à dimensão afetiva.*

Alternativa "c" – *"Pode-se dizer gatinho, cachorrinho, mas jamais 'atendentinho de telemarketing'. A não ser, claro, no seu uso irônico: se te chamarem de 'queridinho', querem é que você exploda." (6º §). Querer que alguém se exploda é negativo.*

TIRA PARA RESPONDER À QUESTÃO.

(In: WATERSON, B. Os dias estão todos ocupados: as aventuras de Calvin e Haroldo. Trad. Alexandre Boide. São Paulo: Conrad, 2011. p. 11.)

219. (CONSULPLAN – TRE RJ 2017 – Técnico Judiciário – Área Administrativa) A palavra "epifania", do grego *"epipháneia"* (aparição, manifestação), refere-se, na nossa cultura, à comemoração da primeira manifestação de Cristo aos gentios, na visita dos Reis Magos. Na tira, no entanto, o tigre Haroldo a utiliza com um sentido diverso. Qual dos termos a seguir se constitui como sinônimo desse termo considerando o contexto da tira?

a) Advento.

b) Adoração.

c) Descoberta.

d) Aparecimento.

COMENTÁRIOS

Alternativa correta: letra "c" – São sinônimos de *epifania: revelação, manifestação, aparição*, isto é, **descoberta**.

Alternativa "a" – Advento é *chegada, vinda.*

Alternativa "b" – Não se trata de *homenagem, paixão, culto, veneração.*

Alternativa "d" – Aparecimento é *emergência, surgimento, aparição.*

TEXTO CG1A1CCC

As mudanças climáticas já são uma realidade para a população mundial, com ameaças à infraestrutura de cidades, diminuição da produtividade nas lavouras, alterações nos oceanos e risco em relação à disponibilidade de peixes.

As transformações são causadas pela emissão excessiva de gases de efeito estufa, em atividades como desmatamento, queima de combustíveis fósseis para a geração de energia ou práticas insustentáveis na agricultura e na pecuária.

Caso nada seja feito, a previsão é de que haja um aumento de 1 °C em 2020 em relação à era pré-industrial. Parece pouco, mas é suficiente para gerar consequências para todas as populações do mundo, em especial as comunidades pobres e vulneráveis, causando impactos na segurança alimentar, hídrica e energética, aumento do nível do mar, tempestades, ondas de calor e intensificação de secas, chuvas e inundações.

Internet: <www.wwf.org.br> (com adaptações).

220. (Cespe - Técnico Judiciário - Área Administrativa - TRE - TO/2017) De acordo com o texto CG1A1CCC, as alterações climáticas causam preocupação, entre outros motivos, porque

a) resultam da elevação na temperatura terrestre média.

b) tornam inviáveis as práticas agropecuárias.

c) trazem riscos às áreas urbanas e à segurança das populações.

d) têm efeitos irreversíveis.

e) afetam de forma igual toda a população mundial.

COMENTÁRIOS

Alternativa correta: letra "c" - Afirmações contidas no primeiro e no último parágrafo: *As mudanças climáticas já são uma realidade para a população mundial, com* ***ameaças*** *à* ***infraestrutura de cidades****, diminuição da produtividade nas lavouras, alterações nos oceanos e risco em relação à disponibilidade de peixes (...) a previsão é de que haja um aumento de 1 °C em 2020 em relação à era pré-industrial. Parece pouco, mas é* ***suficiente para gerar consequências para todas as populações do mundo****, em especial as comunidades pobres e vulneráveis.*

Alternativa "a" - Não se trata de preocupação, como pedido no comando da questão, mas sim de consequência.

Alternativa "b" - Diminuem a produtividade, não as torna inviável.

Alternativa "d" - CESPE/Cebraspe gosta de extrapolação textual! Não menciona tal ideia no texto.

Alternativa "e" - Não é de forma igual: é *suficiente para gerar consequências para todas as populações do mundo,* ***em especial as comunidades pobres e vulneráveis.***

TEXTO CG1A1AAA

Somente em um sistema de democracia indireta ou representativa existem partidos políticos. A democracia indireta ou representativa, segundo Kelsen, é aquela em que a função legislativa é exercida por um parlamento eleito pelo povo, e as funções administrativa e judiciária são exercidas por funcionários igualmente escolhidos por um eleitorado. Dessa forma, um governo é representativo quando os seus funcionários, durante a ocupação do poder, refletem a vontade do eleitorado e são responsáveis para com este.

Como o sistema de democracia representativa procurava representar uma unidade, os partidos políticos foram vistos com maus olhos em um primeiro momento. Em seu início, não tinham sequer o respaldo da Constituição.

Kelsen explica que os partidos políticos surgiram porque, em uma democracia parlamentar, o indivíduo isolado tem pouca influência sobre a criação dos órgãos legislativos e executivos. Assim, para obter influência, ele tem de se associar a outros que compartilhem as suas opiniões políticas. Para o autor, o partido político é um veículo essencial para a formação da vontade pública em uma democracia parlamentar.

Ana Cláudia Santano. Os partidos políticos. Internet: <www.egov.ufsc.br> (com adaptações).

221. (Cespe - Técnico Judiciário - Área Administrativa - TRE - TO/2017) De acordo com as ideias veiculadas no texto CG1A1AAA, nos estados democráticos os partidos políticos

a) foram criados para reunir os indivíduos eleitos pelo povo por voto direto.

b) passaram a ser mais bem aceitos quando os países publicaram suas primeiras constituições federais.

c) atuam somente em sistemas indiretos ou representativos.

d) foram criados porque indivíduos isolados não devem atuar em órgãos públicos.

e) devem fiscalizar a atuação de funcionários do governo.

COMENTÁRIOS

Alternativa correta: letra "c" - No primeiro período do texto, afirma que ***Somente em um sistema de democracia indireta ou representativa existem partidos políticos***.

Alternativa "a" - Segundo o texto, a causa é outra: *Kelsen explica que os partidos políticos surgiram porque, em uma democracia parlamentar,* ***o indivíduo isolado tem pouca influência sobre a criação dos*** *órgãos* ***legislativos e executivos.***

Alternativa "b" – Ocorre extrapolação textual: ideia não mencionada.

Alternativa "d" – Como visto na alternativa "a", o indivíduo isolado possui pouca influência. Não indica que não devam atuar em órgãos públicos.

Alternativa "e" – Ideia não citada no texto.

TEXTO CG1A1BBB

O Tocantins dá abrigo à mais completa floresta fossilizada do mundo, que viveu no Período Permiano, em uma época anterior à dos dinossauros. No final desse período, o planeta assistiu à maior extinção em massa da fauna e da flora de sua existência.

Os fósseis da floresta foram preservados graças à presença de sílica no ambiente, que se infiltrou nas plantas e conservou seus formatos, por meio do processo de permineralização celular. A infiltração e a impregnação de sílica nas células e nos espaços intercelulares formaram uma matriz inorgânica que sustentou os tecidos das plantas, preservando-os. A origem do agente da permineralização silicosa ainda permanece obscura.

O alto índice de samambaias indica que a região central do Tocantins era, então, uma planície costeira com farto sistema hídrico sob um clima tropical. E o ambiente? Há dúvidas quanto à sua caracterização, isto é, se era amazônico ou parecido com o do cerrado.

Internet: <www.florestalbrasil.com> (com adaptações).

222. (Cespe – Técnico Judiciário – Área Administrativa – TRE – TO/2017) De acordo com o texto CG1A1BBB, o processo permineralização celular pode ser compreendido como a de

a) conservação, de causa desconhecida, dos formatos da vegetação da região norte do Tocantins.

b) introdução de elementos vivos resistentes em folhas e caules de plantas a fim de preservá-las da extinção.

c) infiltração, na matriz das plantas, de minerais aptos a mantê-las vivas a despeito das condições climáticas.

d) sustentação da estrutura da vegetação por meio da formação de uma camada de sílica na superfície das plantas.

e) penetração na composição celular das plantas de elemento capaz de formar uma estrutura interior inorgânica.

COMENTÁRIOS

Alternativa correta: letra "e" – No segundo parágrafo: *A infiltração e a impregnação de sílica nas células e nos espaços intercelulares **formaram uma matriz inorgânica** que sustentou os tecidos das plantas, preservando-os. A origem do agente da permineralização silicosa ainda permanece obscura.*

Alternativa "a" – A origem do agente permanece obscura, não a conservação.

Alternativa "b" – Não introduz elementos vivos.

Alternativa "c" – As plantas não foram mantidas vivas.

Alternativa "d" – Não na superfície, mas sim na parte intercelular: *A infiltração e a impregnação de sílica nas células e nos **espaços intercelulares** formaram uma matriz inorgânica que sustentou os tecidos das plantas, preservando-os.*

PARA RESPONDER ÀS QUESTÕES, CONSIDERE O TEXTO.

Amizade

A amizade é um **exercício de limites afetivos** em permanente desejo de expansão. Por mais completa que pareça ser uma relação de amizade, ela vive também do que lhe falta e da esperança de que um dia nada venha a faltar. Com o tempo, aprendemos a esperar menos e a nos satisfazer com a finitude dos sentimentos nossos e alheios, embora no fundo de nós ainda esperemos a súbita novidade que o amigo saberá revelar. Sendo um exercício bem-sucedido de tolerância e paciência – **amplamente recompensadas**, diga-se – a amizade é também a ansiedade e a expectativa de descobrirmos em nós, por intermédio do amigo, uma dimensão desconhecida do nosso ser.

Há quem julgue que cabe ao amigo reconhecer e estimular nossas melhores qualidades. Mas por que não esperar que o valor maior da amizade está em ser ela um necessário e fiel espelho de nossos defeitos? Não é preciso contar com o amigo para conhecermos melhor nossas **mais agudas imperfeições**? Não cabe ao amigo a sinceridade de quem aponta nossa falha, pela esperança de que venhamos a corrigi-la? Se o nosso adversário **aponta nossas faltas** no tom destrutivo de uma acusação, o amigo as identifica com lealdade, para que nos compreendamos melhor.

Quando um amigo verdadeiro, **por contingência da vida** ou imposição da morte, é afastado de nós, ficam dele, em nossa consciência, seus valores, seus juízos, suas percepções. Perguntas como "O que diria ele sobre isso?" ou "O que faria ele com isso?" passam a nos ocorrer: são perspectivas dele que se fixaram e continuam a agir como um parâmetro vivo e importante. As marcas da amizade não desaparecem com a ausência do amigo, nem se enfraquecem como memórias pálidas: continuam a ser referências para o que fazemos e pensamos.

(CALÓGERAS, Bruno, inédito)

223. (FCC – TRE SP 2017 – Analista Judiciário – Área Judiciária) A frase inicial *A amizade é um exercício de limites afetivos em permanente desejo de expansão* deixa ver, no contexto, que em uma relação entre amigos

a) os sentimentos mútuos são restritos, devido à desconfiança que sempre estamos a alimentar uns dos outros.

b) a afetividade é indispensável, embora alimentemos dentro de nós o desejo de uma plena autossuficiência.

c) a afetividade é verdadeira, conquanto se estabeleça em contornos restritivos que gostaríamos de ver eliminados.

d) os sentimentos predominantes passam a ser indesejáveis quando se percebe o quanto podem ser falsos.

e) a afetividade, aparentemente real, revela-se ilusória, diante dos modelos ideais de afeto que conservamos do nosso passado.

COMENTÁRIOS

Alternativa correta: letra "c" – A amizade *é* um exercício de **limites afetivos** (= contornos restritivos) em permanente **desejo de expansão** (= que gostaríamos de ver eliminados).

Alternativa "a" – Não há relação de desconfiança no contexto.

Alternativa "b" – Não há desejo de plena autossuficiência, mas "no fundo de nós ainda esperemos a súbita novidade que o **amigo saberá revelar**".

Alternativa "d" – Não há referência contextual sobre falsidade.

Alternativa "e" – Não há caráter ilusório presente no contexto.

224. (FCC – TRE SP 2017 – Analista Judiciário – Área Judiciária) Considere as seguintes afirmações:

I. No primeiro parágrafo, há a sugestão de que a tolerância e a paciência, qualidades positivas mas dispensáveis entre amigos verdadeiros, dão lugar à recompensa da incondicionalidade do afeto.

II. No segundo parágrafo, expressa-se a convicção de que o amigo verdadeiro não apenas releva nossos defeitos como também é capaz de convertê-los em qualidades nossas.

III. No terceiro parágrafo, considera-se que da ausência ocasional ou definitiva do amigo não resulta que seus valores e seus pontos de vista deixem de atuar dentro de nossa consciência.

Em relação ao texto está correto o que se afirma em

a) I, II e III.

b) I e II, apenas.

c) II e III, apenas.

d) I e III, apenas.

e) III, apenas.

COMENTÁRIOS

Alternativa correta: letra "e" – Está correto o item III.

I. Errado: O texto não sugere que tolerância e paciência sejam dispensáveis.

II. Errado: O texto sugere que "cabe ao amigo a sinceridade de quem aponta nossa falha, **pela esperança de que venhamos a corrigi-la**". Portanto, a correção não é tarefa do amigo, mas nossa. Ele apenas "espera" que a corrijamos.

III. Correto: O período final do 3º parágrafo nos mostra exatamente o que afirma este item: "As marcas da amizade **não desaparecem com a ausência do amigo**, **nem se enfraquecem** como memórias pálidas: **continuam a ser referências** para o que fazemos e pensamos".

225. (FCC – TRE SP 2017 – Analista Judiciário – Área Judiciária) Considerando-se o contexto, traduz-se adequadamente o sentido de um segmento em:

a) exercício de limites afetivos (1º parágrafo) = frequência dos traços amistosos

b) amplamente recompensadas (1º parágrafo) = resgatadas a contento

c) mais agudas imperfeições (2º parágrafo) = mais intensas irrelevâncias

d) aponta nossas faltas (2º parágrafo) = indica nossas máculas

e) por contingência da vida (3º parágrafo) = na ocasião premeditada

COMENTÁRIOS

✪ **Nota da autora:** Questão de interpretação e semântica.

Alternativa correta: letra "d" – Aponta nossas faltas = indica nossas **máculas** (máculas no sentido figurado significa defeito; falta de perfeição; em que há erro, inexatidão, incorreção). **Alternativa "a"** – afetivo (relativo a afeto); amistoso (relativo a amigável).

Alternativa "b" – recompensada (que recebeu recompensa); resgatada (que se resgatou, que se libertou).

Alternativa "c" – imperfeições (defeito); irrelevâncias (sem importância).

Alternativa "e" – contingência (possibilidade de que alguma coisa aconteça ou não); premeditada (planejada).

TEXTO PARA RESPONDER ÀS QUESTÕES.

Sandberg, que mudou totalmente o conceito espectador/obra de arte com o seu trabalho de duas décadas no Museu Stedelijk, de Amsterdã, iniciou sua palestra elogiando a arquitetura do nosso MAM-RJ que, segundo ele, segue a sua teoria de que o público deve ver a obra de arte de frente e não de lado, como acontece até agora com o museu convencional de quatro paredes. O ideal, disse ele, é que as paredes do museu sejam de vidro e que as obras estejam à mostra em painéis no centro do recinto. O museu não é uma estrutura sagrada e quem o frequenta deve permanecer em contato com a natureza do lado de fora:

"A finalidade do museu de arte contemporânea é nos ajudar a ter consciência da nossa própria época, manter um espelho na frente do espectador no qual ele possa se reconhecer. Este critério nos leva também a mostrar a arte de todos os tempos dentro do ambiente atual. Isso significa que devemos abolir o mármore, o veludo, as colunas gregas, que são interpretações do século XIX. Apenas a maior flexibilidade e simplicidade. A luz de cima é natural ao ar livre, mas artificial ao interior. As telas são pintadas com luz lateral e devem ser mostradas com luz lateral. A luz de cima nos permite encerrar o visitante entre quatro paredes. Certos museólogos querem as quatro paredes para infligir o maior número possível de pinturas aos pobres visitantes.

É de capital importância que o visitante possa caminhar em direção a um quadro e não ao lado dele. Quando os quadros são apresentados nas quatro paredes, o visitante tem de caminhar ao seu lado. Isso produz um efeito completamente diferente, especialmente se não queremos que ele apenas olhe para o trabalho, mas o veja. Isso é ainda mais verdadeiro em relação aos grandes museus de arte contemporânea. Eles são grandes porque o artista moderno quer nos envolver com o seu trabalho e deseja que entremos em sua obra. Ao organizar o nosso museu, devemos ter consciência da mudança de mentalidade da nova geração. Abolir todas as marcas do establishment: uniformes, cerimoniais, formalismo. Quando eu era jovem, as pessoas entravam nos museus nas pontas dos pés, não ousavam falar ou rir alto, apenas cochichavam.

Realmente não sabemos se os museus, especialmente os de arte contemporânea, devem existir eternamente. Foram criados numa época em que a sociedade não estava bastante interessada nos trabalhos de artistas vivos. O ideal seria que a arte se integrasse outra vez na vida diária, saísse para as ruas, entrasse nas casas e se tornasse uma necessidade. Esta deveria ser a principal finalidade do museu: tornar-se supérfluo".

(Adaptado de: BITTENCOURT, Francisco. "Os Museus na Encruzilhada" [1974], em Arte-Dinamite, Rio de Janeiro, Editora Tamanduá, 2016, p. 73-75)

226. (FCC – TRE SP 2017 – Analista Judiciário – Área Administrativa) Conforme o texto,

a) muito embora os museus de arte contemporânea optem pela simplicidade em sua estrutura, não devem abrir mão do modo de expor as obras, tampouco das regras e costumes que se foram sedimentando com o passar dos tempos.

b) os museus antigos precisam se adequar a uma nova mentalidade, tornando-se verdadeiros mercados, que possibilitassem a aquisição de obras por qualquer pessoa, a ponto de se tornarem supérfluos com o tempo.

c) por serem pintadas com luz lateral, as telas antigas necessitam de uma luz neutra, sem direcionamento específico e que não interfira em sua apreciação, razão pela qual permanecem em museus tradicionais.

d) os museus atuais deveriam privilegiar a maior aproximação do espectador em relação às obras, o que fica patente pela oposição entre os verbos "olhar" e "ver".

e) ainda que sejam convencionais, os museus antigos possibilitaram que a arte voltasse a fazer parte da vida das pessoas, contribuindo para a mudança de mentalidade que possibilitou a arte contemporânea.

COMENTÁRIOS

Alternativa correta: letra "d" – A necessidade de proximidade do espectador em relação às obras está retratada na seguinte passagem do 3º parágrafo: "É de capital importância que o **visitante possa caminhar em direção a um quadro** e não ao lado dele. Quando os quadros são apresentados nas quatro paredes, o visitante tem de caminhar ao seu lado. Isso produz um efeito completamente diferente, especialmente se **não queremos que ele apenas olhe para o trabalho, mas o veja**".

Alternativa "a" – Os museus contemporâneos devem, sim, segundo o texto, abrir mão do modo de expor as obras (de lado) e das regras e costumes sedimentados (uniformes, cerimoniais, formalismo).

Alternativa "b" – O texto não fala em comércio e aquisição de obras.

Alternativa "c" – Segundo o texto: "As telas são pintadas com **luz lateral** e devem ser mostradas com **luz lateral**" e não neutra como afirma esta alternativa.

Alternativa "e" – Ao contrário do que se afirma nesta alternativa, os museus antigos restringem a arte às suas paredes, não favorecendo sua participação na vida das pessoas.

227. (FCC – TRE SP 2017 – Analista Judiciário – Área Administrativa) Com a frase *Quando eu era jovem, as pessoas entravam nos museus nas pontas dos pés, não ousavam falar ou rir alto, apenas cochichavam* (3o parágrafo), o autor

a) ilustra o caráter contemplativo do espectador naquela época, cuja presença, na medida do possível, não devia ser percebida, para não interferir no ambiente.

b) mostra como deve se portar, na sua opinião, qualquer pessoa que adentre o espaço de um museu de arte, seja ela antiga ou contemporânea, de modo a demonstrar respeito e educação.

c) considera sua juventude como um período em que não se compreendia a verdadeira função dos museus, o que ocorreu não apenas com sua própria maturidade, passando a respeitá-los com a devida solenidade.

d) ressalta as diferenças de mentalidade entre sua geração e a atual, uma vez que aquela era reprimida por pretender usar o museu como um espaço de convivência.

e) exemplifica a ausência de uniformes e formalidades em sua juventude, em contraposição ao papel social que agora devem assumir os museus, estimulando a seriedade e o comprometimento dos espectadores.

COMENTÁRIOS

Alternativa correta: letra "a" – O espectador era uma figura meramente contemplativa. As obras de arte representavam algo inatingível.

Alternativa "b" – O autor afirma que os museus modernos tendem a colocar o visitante para interagir com as obras, fazer parte delas. Veja o seguinte trecho: *grandes museus de arte contemporânea. Eles são grandes porque o artista moderno quer nos envolver com o seu trabalho e deseja que entremos em sua obra.*

Alternativa "c" – O autor defende justamente o fim da solenidade e do formalismo inerentes aos antigos museus.

Alternativa "d" – Não há conflitos de gerações, tampouco a intenção da geração do autor em utilizar os museus como espaço de convivência.

Alternativa "e" – Ao contrário do que afirma nesta alternativa, uniformes e formalidades estavam presentes na juventude do autor. E ele, o autor, defende que o ambiente de um museu seja "leve" e que interaja com o espectador.

228. (FCC – TRE SP 2017 – Analista Judiciário – Área Administrativa) O segmento *Isso significa que devemos abolir o mármore, o veludo...* (2º parágrafo) introduz

a) exceção às novas práticas propaladas pelo autor.

b) decorrência do que é dito anteriormente.

c) critério que inviabiliza a construção de novos museus.

d) concessão ao raciocínio anterior.

e) possível causa para o que se acabou de falar.

COMENTÁRIOS

Alternativa correta: letra "b" – Observe que o pronome "isso" está sendo utilizado em sua função anafórica, ou seja, retomando a ideia contida nos dois períodos antecedentes aqui sublinhados: "<u>A finalidade do museu de arte contemporânea é nos ajudar a ter consciência da nossa própria época, manter um espelho na frente do espectador no qual ele possa se reconhecer. Este critério nos leva também a mostrar a arte de todos os tempos dentro do ambiente atual.</u> **<u>Isso</u>** significa que devemos abolir o mármore, o veludo, as colunas gregas, que são interpretações do século XIX".

Alternativa "a" – Não se trata de exceção, mas sim de retomada de ideia.

Alternativa "c" – Não se trata de critério que inviabiliza, mas retoma e justifica a construção de novos museus.

Alternativa "d" – Não é uma concessão. É uma retomada que justifica a ideia da construção de novos museus.

Alternativa "e" – Não há uma relação de causa e consequência, mas a relação de retomada de ideia citada anteriormente.

TEXTO PARA RESPONDER ÀS QUESTÕES.

Em um marco estritamente institucionalista, pode-se dizer que república é uma forma de governo que se distingue da forma monárquica. Tal distinção deve-se ao fato de que o fundamento do poder nas repúblicas não está associado a governo unipessoal e à sucessão dinástica, tal como nas monarquias, invariavelmente governadas por casas reais. Ainda que, ao longo do século 20 – e mesmo no início do 21 –, o termo "república" tenha sido utilizado na autodenominação de regimes políticos autoritários, de modo geral a ideia contemporânea de república aproxima-se da de democracia, **<u>posto que</u>** está associada à soberania popular, exercida por meio da participação em eleições regulares, livres, competitivas e extensivas a todos os postos politicamente relevantes. A tais traços devem ser acrescentadas a distinção e a separação entre teologia e política.

A ideia de república como forma de governo que se constitui como negação da forma monárquica ganhou consistência a partir da emergência das duas revoluções republicanas modernas, em fins do século

18. Embora suas origens, durações e efeitos tenham sido distintos, tanto a Revolução Americana (1776) como a Revolução Francesa (1789) tiveram imenso papel na afirmação de uma forma de governo diversa da tradição monárquica europeia. [...] Durante o século 19, tanto na Europa quanto nas antigas periferias coloniais – América do Sul, por exemplo –, vários movimentos democratizantes ou de libertação nacional evocaram a forma republicana, sempre na chave de repúdio à forma monárquica de governo unipessoal com fundamento dinástico. As revoluções europeias de 1830 e 1848, assim como os movimentos nacionais na América Espanhola, estruturaram-se em torno de ideais republicanos, cujo núcleo invariavelmente gravitava em torno da necessidade de afirmar o princípio da soberania popular.

A própria experiência brasileira, tardia com relação à da América do Sul, teve nesse traço um aspecto importante. Entre nós, a defesa da república, durante o século 19, caracterizou-se menos pela defesa de um programa claro de reforma para a sociedade e a política e mais pela simples negação do governo monárquico e pessoal de d. Pedro II. A primeira década republicana no Brasil foi marcada por forte instabilidade e por intensa disputa a respeito do que deveria significar um regime republicano. Coube ao governo do paulista Campos Salles (1898-1902) estabelecer as bases do regime, que vigoraram até 1930.

(LESSA, Renato. República/Republicanismo. In: Dicionário de políticas públicas. Orgs. Geraldo DiGiovanni e Marco Aurélio Nogueira. 2. ed. São Paulo: Editora Unesp/Fundap, 2015, p. 884/885.)

---

229. (FCC – TRE PR 2017 – Analista Judiciário – Área Judiciária) Considerado o parágrafo 1, ***é*** correto afirmar:

a) nele estão delineadas as formas de governo "república" e "monarquia" como definidas em dicionário especializado, o que implica precisão terminológica e conceitual de valor generalizante e atemporal.

b) no período inicial ***é*** apresentada uma hipótese e, em seguida, a razão que a legitima – Tal distinção deve-se ao fato... –, ambas tomadas como fundamento da equivalência contemporânea entre república e democracia.

c) no período inicial, compreende-se não só que a mencionada concepção de "república" está condicionada a um certo contexto, mas também que o autor evita apresentar de modo categórico esse conceito.

d) a oração introduzida pela locução posto que (1º§) exprime uma circunstância que existe, mas que não ***é*** suficiente para realizar a aproximação citada no segmento imediatamente anterior.

e) nele explicita-se que a separação entre teologia e política constitui a caução de um sistema social em que a soberania popular seja exercida, em eleições regulares e livres, no mínimo para postos politicamente relevantes.

COMENTÁRIOS

Alternativa correta: letra "c" – No primeiro parágrafo: ***a ideia contemporânea de república aproxima-se da de democracia,*** *posto que está associada à soberania popular, exercida por meio da participação em eleições regulares, livres, competitivas e extensivas a todos os postos politicamente relevantes.* ***A tais traços devem ser acrescentadas a distinção e a separação entre teologia e política.***

Alternativa "a" – Não. No primeiro parágrafo, apresenta como sendo marco estritamente institucionalista, e se lê, logo nas primeiras linhas, a distinção entre as duas formas de governo, diferenciando república de monarquia.

Alternativa "b" – A distinção é entre república e monarquia.

Alternativa "d" – *Posto que* exprime a confirmação e a possibilidade da aproximação citada no segmento anterior e não a insuficiência para tal, como é sugerido na alternativa. Posto que = *uma vez que, já que* e indica causa.

Alternativa "e" – A separação e a distinção entre política e religião aparecem no final do primeiro parágrafo como devendo ser acrescentadas ao livre exercício da soberania popular, em eleições, o que também é extensivo a todos os pontos politicamente relevantes.

---

230. (FCC – TRE PR 2017 – Analista Judiciário – Área Judiciária) Considere as afirmações abaixo.

I. A chave conceitual que opõe "república" e "monarquia" como formas de governo não contempla todos os significados possíveis da ideia de república.

II. Regimes políticos autoritários, ao autodenominarem-se "república", buscam mascarar sua natureza autocrática.

III. A expressão "Periferias coloniais" designa estritamente os territórios americanos subordinados à hegemonia europeia – entre eles, os da América do Sul.

É correto considerar como inferência permitida pelo texto o que se lê em

a) I, II e III.

b) I, apenas.

c) II, apenas.

d) I e II, apenas.

e) III, apenas.

COMENTÁRIOS

Alternativa correta: letra "d" - Estão corretos apenas os itens I e II.

I. Certo. O contexto trata apenas da diferenciação quanto ao tempo de permanência no poder, isto é, forma republicana em relação à monarquia.

II. Certo. Nenhum regime autoritário se autodenomina ditador; a capa da república disfarça seu absolutismo, podendo, assim, exercer sua tirania sem ser questionado pelo povo.

III. Errado. A expressão "periferias coloniais" refere-se a territórios sob a soberania de diversos países, não só a territórios americanos, como também a franceses e espanhóis, como é o caso da América do Sul.

TEXTO CG1A1AAA

No quadro da democracia liberal, cidadania corresponde ao conjunto das liberdades individuais — os chamados direitos civis de locomoção, pensamento e expressão, integridade física, associação etc. O advento da democracia social acrescentou, àqueles direitos do indivíduo, os direitos trabalhistas ou direitos a prestações de natureza social reclamadas ao Estado (educação, saúde, seguridade e previdência). Em ambos os casos, o cidadão é titular de direitos e liberdades em relação ao Estado e a outros particulares — mas permanece situado fora do campo estatal, não assumindo qualquer titularidade quanto a funções públicas. Preserva-se, assim, a perspectiva do constitucionalismo clássico: direitos do homem e do cidadão são exercidos frente ao Estado, mas não dentro do aparelho estatal.

Na teoria constitucional moderna, cidadão é o indivíduo que tem um vínculo jurídico com o Estado, sendo portador de direitos e deveres fixados por determinada estrutura legal (Constituição, leis), que lhe confere, ainda, a nacionalidade. Cidadãos, em tese, são livres e iguais perante a lei, porém súditos do Estado.

Como lembra Marilena Chaui, a cidadania se define pelos princípios da democracia, significando necessariamente conquista e consolidação social e política. A cidadania requer instituições, mediações e comportamentos próprios, constituindo-se na criação de espaços sociais de lutas (movimentos sociais, sindicais e populares) e na definição de instituições permanentes para a expressão política, como partidos, legislação e órgãos do poder público. Distingue-se, portanto, a cidadania passiva, aquela que é outorgada pelo Estado, com a ideia moral do favor e da tutela, da cidadania ativa, aquela que institui o cidadão como portador de direitos e deveres, mas essencialmente criador de direitos para abrir novos espaços de participação política.

Maria Victoria de Mesquita Benevides. Cidadania e democracia. Internet: <www.scielo.br> (com adaptações).

---

231. (CESPE - Analista Judiciário /Áreas Administrativa e Judiciária - TRE PE/2017) De acordo com as ideias do texto CG1A1AAA,

a) a democracia social atende aos interesses de todos os cidadãos, uma vez que abrange um rol amplo de direitos.

b) as teorias constitucionais moderna e clássica se assemelham por definir cidadão como o indivíduo que tem vínculo jurídico com o Estado.

c) é vedado ao cidadão assumir responsabilidades na esfera estatal.

d) a consolidação do regime democrático tem como consequência para os cidadãos o ônus da aceitação ou a participação do pacto fundante de uma nação.

e) a efetivação da cidadania está atrelada à existência de espaços sociais de lutas e de instituições permanentes para a expressão política.

COMENTÁRIOS

Alternativa correta: letra "e" - Confirma-se esta alternativa no trecho a seguir: *A cidadania requer instituições, mediações e comportamentos próprios, constituindo-se na **criação de espaços sociais de lutas** (movimentos sociais, sindicais e populares) e na **definição de instituições permanentes para a expressão política**, como partidos, legislação e **órgãos** do poder público.*

Alternativa "a" - O texto não afirma que a democracia social atende a **todos** os cidadãos.

Alternativa "b" - O vínculo jurídico, segundo o texto, fica claro na democracia moderna, porém na clássica isso não é citado.

Alternativa "c" - Essa vedação não é citada no texto.

Alternativa "d" - O texto não aborda as consequências da consolidação do regime democrático.

TEXTO PARA RESPONDER ÀS QUESTÕES.

Estado e interesses coletivos

[...] como é necessário haver uma palavra para designar o grupo especial de funcionários encarregados de representar essa autoridade, conviremos em reservar para esse uso a palavra Estado. Sem dúvida é muito frequente chamar-se de Estado não o órgão governamental, mas a sociedade política em seu conjunto, o povo governado e seu governo juntos, e nós mesmos empregamos a palavra nesse sentido. Assim, fala-se em Estados europeus, diz-se que a França é um Estado. Porém, como é bom que haja termos especiais para realidades tão diferentes quanto a sociedade e um de seus órgãos, chamaremos mais especialmente de Estado os agentes da autoridade soberana, e de sociedade política o grupo complexo de que o Estado é o órgão eminente. [...]

Eis o que define o Estado. É um grupo de funcionários *sui generis*, no seio do qual se elaboram representações e volições que envolvem a coletividade, embora não sejam obra da coletividade. Não é correto dizer que o Estado encarna a consciência coletiva, pois esta o transborda por todos os lados. É em grande parte difusa; a cada instante há uma infinidade de sentimentos sociais, de estados sociais de todo o tipo de que **o Estado só percebe o eco enfraquecido**. Ele só é a sede de uma consciência especial, restrita, porém mais elevada, mais clara, que tem de si mesma um sentimento mais vivo. [...] Podemos então dizer em resumo; o Estado é um órgão especial encarregado de elaborar certas representações que valem para a coletividade. Essas representações distinguem-se das outras representações coletivas por seu maior grau de consciência e de reflexão. [...]

(DURKHEIM, Émile. Lições de sociologia. São Paulo: Martins Fontes, 2002. p. 67-71.)

---

232. (CONSULPLAN – TRE RJ 2017 – Analista Judiciário – Área Judiciária) De acordo com as ideias e aspectos linguísticos trazidos ao texto *"Estado e interesses coletivos"*, pode-se afirmar que:

a) A questão nominal referente à representação da autoridade impõe-se limitadora para os interesses coletivos e os do próprio Estado.

b) O Estado, conjunto da sociedade política, é assim denominado em várias situações de modo que não há forma diferente para uso de tal nominalização.

c) Representações que valem para a coletividade provêm dela para o Estado que, como um filtro social e exercendo suas funções, as devolve para a sociedade de forma lapidada.

d) No primeiro período do texto transcrito, é possível observar indicação da necessidade, de característica comunicacional, de nominalização para determinado conceito.

COMENTÁRIOS

Alternativa correta: letra "d" – Trechos do texto que esclarecem a ideia: *é necessário haver uma palavra para* ***designar o grupo especial*** *de funcionários encarregados de representar essa autoridade, conviremos em reservar para esse uso a palavra Estado; é bom que haja termos especiais para realidades tão diferentes quanto a sociedade e um de seus órgãos,* ***chamaremos mais especialmente de Estado os agentes da autoridade soberana, e de sociedade política o grupo complexo de que o Estado*** é ***o*** órgão ***eminente***.

Alternativa "a" – Não menciona que seja para o interesse do próprio Estado, apenas para o interesse da coletividade: *o Estado é um órgão especial encarregado de elaborar certas* ***representações que valem para a coletividade***.

Alternativa "b" – Depreende-se que existe forma diferente: *é muito frequente chamar-se de Estado* ***não o*** órgão ***governamental,*** *mas* ***a sociedade política em seu conjunto, o povo governado e seu governo juntos****, e nós mesmos empregamos a palavra nesse sentido. Assim, fala-se em Estados europeus, diz-se que a França é um Estado.*

Alternativa "c" – Não provêm da coletividade: É *um grupo de funcionários sui generis, no seio do qual se elaboram* ***representações e volições que envolvem a coletividade, embora não sejam obra da coletividade***.

---

233. (CONSULPLAN – TRE RJ 2017 – Analista Judiciário – Área Judiciária) Considere o segmento *"[...] o Estado só percebe o eco enfraquecido."* (2º§). Pode-se afirmar que a partir do recurso de linguagem utilizado pelo enunciador na escolha da palavra "Estado", identifica-se

a) o estabelecimento de uma comparação entre *"Estado"* e *"governantes"*.

b) o emprego de uma palavra redundante objetivando reforçar a ideia expressa.

c) uma transferência de percepções resultando em uma fusão de impressões sensoriais.

d) a evocação de um termo em lugar de uma palavra, com a qual se acha relacionada não sendo sinônimos.

COMENTÁRIOS

✪ **Nota da autora:** Questão de interpretação e figuras de linguagem.

Alternativa correta: letra "d" – Não se trata de sinônimos, mas sim de metonímia = figura de linguagem em que se usa uma palavra no lugar de outra. O Estado = as pessoas.

Alternativa "a" – Metáfora é uma comparação sem o emprego do conector "como". Tal comparação não existe entre o Estado e os governantes.

Alternativa "b" – Seria um pleonasmo estilístico: repetição de termos para enfatizar. Não ocorreu.

Alternativa "c" – Sinestesia consiste na associação de palavras referentes a dois sentidos distintos: audição e visão, visão e tato, tato e paladar, paladar e olfato etc. No segmento é citada apenas a audição, não há associação.

TEXTO PARA RESPONDER À QUESTÃO.

Estado e liberdade

Depois que nos livrarmos do preconceito de que tudo o que faz o Estado e a sua burocracia é errado, malfeito e contrário à liberdade, e de que tudo o que é feito pelos indivíduos particulares é eficiente e sinônimo de liberdade – poderemos enfrentar adequadamente o verdadeiro problema. Reduzido a uma só frase, o problema consiste em que, em nosso mundo moderno, tudo é político, o Estado está em toda parte e a responsabilidade política acha-se entrelaçada em toda a estrutura da sociedade. A liberdade consiste não em negar essa interpenetração, mas em definir seus usos legítimos em todas as esferas, demarcando limites e decidindo qual deve ser o caminho da penetração, e, em última análise, em salvaguardar a responsabilidade pública e a participação de todos no controle das decisões.

(MANNHEIM, Karl. Liberdade, poder e planificação democrática. São Paulo: Mestre Jou, 1972. p. 66.)

234. (CONSULPLAN – TRE RJ 2017 – Analista Judiciário – Área Judiciária) Considerando os textos *"Estado e interesses coletivos"* e *"Estado e liberdade"*, pode-se afirmar que o conceito e ideias relacionados a Estado

a) são equivalentes em sua totalidade.

b) apresentam-se como complementares.

c) distinguem-se em aspectos particulares.

d) do primeiro texto justificam-se no segundo.

COMENTÁRIOS

Alternativa correta: letra "c" – Os **conceitos** são **distintos**. No primeiro texto: *Eis o que define o Estado. É um grupo de funcionários sui generis, no seio do qual se elaboram representações e volições que envolvem a coletividade, embora não sejam obra da coletividade;* no segundo texto: *o Estado está em toda parte e a responsabilidade política acha-se entrelaçada em toda a estrutura da sociedade.*

Alternativa "a" – Não possuem o mesmo valor, não se correspondem.

Alternativa "b" – Como visto no comentário da alternativa correta, as ideias não são complementares.

Alternativa "d" – Segundo a banca, *não há qualquer tipo de justificativa no segundo texto para o que foi apresentado em relação à ideia de Estado no primeiro.*

TEXTO PARA RESPONDER À QUESTÃO.

Uma matéria da Folha de São Paulo, publicada em 19/06 no caderno de Ciência, trouxe ao leitor a seguinte manchete: "Bandos de babuínos tomam decisões democraticamente".

Imediatamente, pus-me a pensar em como os tais primatas tomavam decisões levando em consideração o direito à igualdade e à liberdade de expressão, sem deixar de lado os direitos fundamentais das minorias que devem, necessariamente, ser contempladas em suas demandas nos regimes democráticos. [...] Tratava-se apenas de um estudo a respeito de como se dão os deslocamentos destes símios, aparentemente, decididos por consenso do grupo.

[...] A análise do sentido etimológico das palavras costuma ser um bom pontapé inicial: democracia tem origem no idioma grego e significa poder (cratos) do povo (demos). A democracia moderna surge com as Revoluções Burguesas (ou Liberais, conforme o gosto do freguês esteja mais à direita ou à esquerda), como uma contestação ao poder absoluto monárquico, resumida na assertiva que passou a constar de todas as cartas de direitos produzidas a partir de então: todo poder emana do povo e em seu nome deve ser exercido.

Pois bem. Para o poder emanar do povo, há que se considerar duas premissas: que todos aqueles que compõem o povo sejam livres e iguais. Devem ser livres para agir e se manifestar, sempre respeitando a liberdade do outro, o qual, sendo igual, terá igual liberdade e igual valor na arena de debate público. Não há mais reis e súditos, mas sim cidadãos iguais perante a lei.

Para que esta igualdade se materialize (daí a se falar em igualdade material), é imprescindível considerar as diferenças individuais existentes entre as pessoas para que se possa juridicamente tratá-las como cidadãs. Por isso a igualdade democrática deve ser isonômica, o que significa tratar igualmente os iguais e desigualmente os desiguais, na medida de suas desigualdades. Em outras palavras, o conjunto de deveres e direitos jurídicos previstos em um Estado democrático precisa levar em conta as diferenças para que estas não se transformem em desigualdades, fazendo ruir a estrutura democrática.

Deste raciocínio se conclui que democracia é uma forma de exercício de poder que se orienta pelos valores da liberdade e da igualdade. Desta forma, o agir em sociedade somente será democrático quando orientado no sentido de garantir que a igualdade e a liberdade de todos sejam efetivadas na prática. [...]

(Maíra Zapater. Disponível em: http://justificando.cartacapital.com.br/2015/06/26/democracia-nao-e-vontade-da-maioria/.)

235. (CONSULPLAN – TRE RJ 2017 – Analista Judiciário – Área Judiciária) Acerca das ideias expressas no texto, pode-se afirmar que:

a) Prerrogativas para que, efetivamente, o poder proceda do povo fazem-se necessárias; quais sejam: liberdade e igualdade.

b) A igualdade entre concidadãos torna-se relativa em uma democracia já que há necessidade de que as diferenças sejam manifestas e resguardadas.

c) O fator *"igualdade material"* deve ser visto como fundamental para o cumprimento e exercício do verdadeiro sentido da palavra *"democracia"*, buscando-se uma sociedade homogênea.

d) As minorias, em um estado democrático de direito, requerem que haja uma modalidade de atenção específica a elas que se sobreponha aos demais segmentos sociais, para que diferenças sejam respeitadas.

COMENTÁRIOS

Alternativa correta: letra "a" – No 4º §: ***Para o poder emanar do povo*** (proceder do povo), *há que se considerar duas premissas: que* ***todos*** *aqueles* ***que compõem o povo sejam livres*** (liberdade) ***e iguais*** (igualdade).

Complemento: *Devem ser livres para agir e se manifestar, sempre respeitando a* ***liberdade do outro****, o qual, sendo igual, terá igual liberdade e* ***igual valor*** *na arena de debate público.*

Alternativa "b" – Não menciona diferenças manifestadas e resguardadas: extrapolação textual.

Alternativa "c" – Seria homogênea se não houvesse diferenças; há.

Alternativa "d" – Deve ser considerada, não deve se sobrepor.

TEXTO PARA A QUESTÃO.

A discussão sobre a participação dos analfabetos na vida política nacional remonta aos tempos do Brasil colônia e se mantém durante a formação da sociedade brasileira e os processos de reconhecimento de direitos e de visibilidade social das diferentes parcelas sociais anteriormente excluídas do processo democrático.

Durante o período colonial, os analfabetos tinham direito ao voto, ainda que mitigado e suprimido, por meio do processo chamado voto "cochichado". Nesse caso, as intenções de voto de um analfabeto eram ouvidas por terceiros letrados. Ainda que restringidos em algumas oportunidades, entre os séculos XVI e XIX, os analfabetos exerciam de alguma maneira o direito ao voto. Contudo, foi somente ao final do Império que esse direito foi totalmente retirado dos brasileiros analfabetos por meio do Decreto n.º 3.029/1881, a chamada Lei Saraiva, que instituiu um censo literário nos termos propostos por Rui Barbosa à época.

Desde então, durante cento e quatro anos, os analfabetos tiveram limitações drásticas ao direito de participação política pelo exercício do direito ao voto no país. Essa situação foi alterada apenas com a Emenda Constitucional n.º 25/1985, que concedeu, embora em caráter facultativo, o direito de voto ao analfabeto. Durante todo o referido período, por diversas vezes o tema voltou à pauta das definições políticas nacionais, sem, contudo, obter sucesso na efetivação de tal direito básico de cidadania.

Por sua vez, a elegibilidade, que constitui o direito de ser votado, em nenhuma oportunidade foi reconhecida aos analfabetos na história breve de nosso país. Pelo contrário, pouco se discute e pouco se discutiu sobre tal direito, e, reiteradamente, o tema vem sendo esquecido no processo de consumação de uma cidadania plena, com acesso a todos os direitos de participação política.

Guilherme de Abreu e Silva. **Elegibilidade dos analfabetos: por uma reconfiguração à luz da plenitude da cidadania**. *In*: **Revista Paraná Eleitoral**,v. 3, n.º 2, p. 39-66. Internet: <www.justicaeleitoral.jus.br> (com adaptações).

---

236. (CESPE – Analista Judiciário – Área Judiciária – TRE PI/2016) Conforme as ideias do texto **Elegibilidade dos analfabetos:...**,

a) do período colonial até a promulgação da Emenda Constitucional n.º 25/1985, os analfabetos sofreram limitações drásticas no exercício do direito ao voto.

b) o caráter facultativo do voto pelos analfabetos após a promulgação da Emenda Constitucional n.º 25/1985 desfavoreceu, mais uma vez, o exercício do direito ao voto por essa parcela da população.

c) a inelegibilidade dos analfabetos impede que estes gozem do direito ao exercício pleno da cidadania.

d) Rui Barbosa, no final do século XIX, promulgou a Lei Saraiva e determinou que os analfabetos não teriam direito ao voto.

e) a participação dos analfabetos na vida política nacional é uma reivindicação da população brasileira desde os tempos do Brasil colônia.

COMENTÁRIOS

Alternativa correta: letra "c" – No último parágrafo: *Por sua vez,* ***a elegibilidade, que constitui o direito de ser votado, em nenhuma oportunidade foi reconhecida aos analfabetos na história breve de nosso país****. Pelo contrário, pouco se discute e pouco se discutiu sobre tal direito, e, reiteradamente,* ***o tema vem sendo esquecido no processo de consumação de uma cidadania plena, com acesso a todos os direitos de participação política***.

Alternativa "a" – Não foi desde o período colonial. No segundo parágrafo: ***Durante o período colonial, os analfabetos tinham direito ao voto, ainda que mitigado e suprimido****, por meio do processo chamado voto "cochichado"; mais:* ***foi somente ao final do Império***

que esse direito foi totalmente retirado dos brasileiros analfabetos por meio do Decreto n.º 3.029/1881*, a chamada Lei Saraiva, que instituiu um censo literário nos termos propostos por Rui Barbosa à época.*

Alternativa "b" – A lei favoreceu o exercício do direito ao voto: *Essa situação foi alterada apenas com a Emenda Constitucional n.º 25/1985, que concedeu, embora em caráter facultativo, o direito de voto ao analfabeto.*

Alternativa "d" – Não foi Rui Barbosa quem promulgou a Lei Saraiva. No texto, está claro que a lei instituiu um censo literário nos termos propostos por Rui Barbosa.

Alternativa "e" – Além de não haver a informação no texto, seria incoerente afirmar que a população na época do Brasil colônia reivindicava a participação dos analfabetos, pois até hoje isso não acontece.

TEXTO PARA A QUESTÃO.

Na entrada do terceiro milênio, o ingresso das brasileiras na política institucional ainda é tímido. Porém, esse é um quadro que já se mostrou menos animador. Da promulgação da primeira Constituição Republicana, em 1891 – na qual as mulheres não foram incluídas como cidadãs –, às eleições de Roseana Sarney como primeira governadora de um estado e de Benedita da Silva como primeira senadora e primeira governadora negra – ambas na década de 90 do século passado –, foi um longo percurso.

Apesar de as mulheres possuírem, atualmente, níveis de escolaridade superiores aos dos homens e de estarem cada vez mais presentes no mercado de trabalho, em nenhum âmbito da vida social a participação de mulheres e homens é tão desigual quanto no exercício do poder.

Seja em cargos eletivos, seja em postos de direção nos órgãos executivos ou no sistema judiciário, o poder ainda é predominantemente ocupado por homens. Somente em 2000 uma juíza – Ellen Gracie Northfleet – alcançou o topo da hierarquia do Supremo Tribunal Federal (STF). No Brasil, apesar da expressiva atuação das mulheres em movimentos sociais – associações, sindicatos, entidades –, observa-se que essa capacidade de engajamento não corresponde à pequena presença feminina nas instâncias decisórias.

Não obstante tenha sido um dos primeiros países da América Latina a conceder o sufrágio universal, o Brasil está entre as nações que apresentam a mais baixa representação política feminina no Ocidente. Entretanto, esse é um cenário que se repete em diversas nações tidas como desenvolvidas e com maior tradição democrática, como é o caso da França. Convém registrar, também, as interrupções na trajetória democrática do país por regimes ditatoriais, as quais impediram o livre gozo de direitos políticos pelos cidadãos e impactaram diretamente a participação das mulheres nos poderes constituídos.

A participação política das mulheres no Brasil: Uma breve história. *In*: A mulher e o Poder Legislativo no estado do Rio de Janeiro: lugares, perfis e experiências municipais. Rio de Janeiro: Ed. CEDIM RJ. Internet: <www.educacaopublica.rj.gov.br> (com adaptações).

---

237. (CESPE – Analista Judiciário – Área Judiciária – TRE PI/2016) De acordo com as ideias do texto **A participação política das mulheres no Brasil:...**,

a) a maior disparidade no que diz respeito à participação masculina e à feminina na sociedade ocorre no exercício do poder.

b) a parcela feminina da população ainda sofre muitos preconceitos no mercado de trabalho, a despeito de sua formação acadêmica ser superior em relação à do homem.

c) a eleição de Roseana Sarney e de Benedita da Silva foram determinantes para que, anos depois, Ellen Gracie fosse aprovada pelo Senado Federal como ministra do STF.

d) a baixa representatividade feminina nos poderes constituídos, no Brasil e em países desenvolvidos, justifica-se mormente pelo regime ditatorial a que essas nações foram submetidas na segunda metade do século XX.

e) as mulheres passaram a ser consideradas cidadãs somente na década de 90 do século XX.

COMENTÁRIOS

Alternativa correta: letra "a" – No segundo parágrafo, está explícita a disparidade (desigualdade): *Apesar de* ***as mulheres possuírem****, atualmente,* ***níveis de escolaridade superiores aos dos homens*** *e de* ***estarem cada vez mais presentes no mercado de trabalho****, em* ***nenhum âmbito da vida social a participação de mulheres e homens é tão desigual quanto no exercício do poder****.*

Alternativa "b" – Não sofrem (sofremos) preconceito por causa da formação acadêmica ser superior em relação à do homem.

Alternativa "c" – Não foi determinante, pois são acontecimentos separados.

Alternativa "d" – Não se justifica **especialmente** pelo regime ditatorial. Atente-se ao sentindo das palavras: *mormente significa principalmente.*

Alternativa "e" – Não cita que as mulheres passaram a ser cidadãs apenas na década de 90 (imagine você!); menciona que Roseana Sarney foi eleita como primeira governadora e Benedita da Silva como primeira senadora e primeira governadora negra. Palavra perigosa: *somente.*

TEXTO PARA A QUESTÃO.

A democracia não se resume em votar e ser votado; para o seu estabelecimento, as eleições são uma condição necessária, mas não suficiente. A democracia é mais do que a garantia de participação na escolha do governo: exige o alcance de um cenário em que a atuação do governo eleito proporcione um retorno, identificado pelo oferecimento de uma sociedade em que as pessoas compartilhem não apenas as prerrogativas políticas, mas também os demais direitos fundamentais. O regime democrático é um sistema de expectativas, simultaneamente caracterizado pelo aspecto eleitoral e pela busca de um amplo desenvolvimento social.

Não se subestima, com isso, o processo eleitoral, pelo contrário; embora também se almeje a democracia econômica (com uma universal e verdadeira satisfação das necessidades básicas) e a democracia social (com a implementação de mecanismos democráticos de tomada de decisão em todos os espaços coletivos), o certo é que a democracia política é condição indispensável para a materialização das demais. Isso porque, nos Estados regidos pelo princípio da soberania popular, o domínio político não é um pressuposto gratuitamente aceito. Em vez disso, exige uma justificação, a que comumente se denomina legitimação.

Em um regime democrático, mais do que se perguntar "quem é que manda", é importante questionar "por que é que se obedece". As leis e políticas públicas, para que tenham eficácia, devem ser aceitas e assimiladas pela população. Isso só é possível quando seus destinatários as tomam por legítimas. Só se acata o comando de quem tem poder para mandar. Essa legitimação é oferecida pelo método eleitoral: procedimento pelo qual os membros de uma comunidade escolhem os representantes que, em seu nome, exercerão um governo consentido.

Frederico Franco Alvim. O papel da ética no processo eleitoral. *In:* Revista Eletrônica EJE, jun.-jul./2015.Internet: <www.justicaeleitoral.jus.br> (com adaptações).

238. (CESPE – Analista Judiciário – Área Judiciária – TRE PI/2016) Com base nas ideias do texto **O papel da ética no processo eleitoral**, assinale a opção correta.

a) Em nações democráticas, os comandos nem sempre emanam de quem tem poder para mandar.

b) É preciso que haja democracia política para que a democracia econômica e a social se concretizem.

c) Nos Estados regidos pelo princípio da soberania popular, o domínio político é um pressuposto raramente aceito.

d) A existência de um regime democrático depende da aceitação e da assimilação, pela população, das leis e das políticas públicas.

e) As eleições constituem a principal condição para o regime democrático.

COMENTÁRIOS

Alternativa correta: letra "b" – No segundo parágrafo: *Não se subestima, com isso, o processo eleitoral, pelo contrário; embora também se almeje a* ***democracia econômica*** *(com uma universal e verdadeira satisfação das necessidades básicas) e a* ***democracia social*** *(com a implementação de mecanismos democráticos de tomada de decisão em todos os espaços coletivos),* ***o certo é que a democracia política é condição indispensável para a materialização das demais.***

Alternativa "a" – Os comandos sempre emanam de quem tem poder para mandar. No final do texto: *Essa legitimação é oferecida pelo método eleitoral: procedimento pelo qual os membros de uma comunidade escolhem os representantes que, em seu nome, exercerão um governo consentido.*

Alternativa "c" – No texto: *o domínio político* ***não é um pressuposto gratuitamente aceito****. Em vez disso, exige uma justificação, a que comumente se denomina legitimação.*

Alternativa "d" – Não depende da aceitação: *As leis e políticas públicas, para que tenham eficácia, devem ser aceitas e assimiladas pela população,* mas ***só se acata o comando de quem tem poder para mandar.***

Alternativa "e" – No primeiro parágrafo: ***A democracia não se resume em votar e ser votado.***

TEXTO PARA RESPONDER ÀS QUESTÕES.

DIREITO DO IDOSO

Hoje, o envelhecimento se encontra na ordem do dia. Os mais importantes veículos de comunicação dão destaque a esse fenômeno, abordando as suas causas e consequências. O envelhecimento populacional, portanto, transformou-se em uma questão social relevante, uma vez que impacta marcantemente nos destinos da própria sociedade. Isso tanto é verdade que há estudiosos falando em uma revolução dos idosos. E não é para menos. Mais de dois bilhões de pessoas terão mais de sessenta anos até 2050, o que representará um contingente expressivo, considerando a população total do planeta.

Ora, se um contingente tão grande de pessoas passa a ter uma idade a partir da qual é caracterizada como idosa, isso significa que direitos específicos desse contingente populacional precisam ser garantidos.

É preciso destacar que o Estado brasileiro não se preparou para o impacto que o envelhecimento populacional acarretou nos sistemas previdenciário e de saúde, por exemplo. Não houve planejamento, de modo que o sistema previdenciário, uma espécie de seguro para garantir dignidade ao ser humano na velhice, corre riscos de continuidade, mantidos os parâmetros atuais. Da mesma forma, o sistema de saúde apresenta uma dinâmica incapaz de atender às demandas dos idosos, os quais são os principais clientes desse sistema, porquanto mais vulneráveis a doenças, inclusive algumas próprias dessa fase da vida, como câncer, hipertensão, osteoporose, demência, para só citar algumas.

Portanto, o impacto que as pessoas que acumulam muitos anos provocam na sociedade, considerando apenas esses dois sistemas, e a necessidade de que os direitos fundamentais desse segmento populacional sejam efetivamente garantidos, já se revela suficiente para que se perceba a importância da disciplina Direito do Idoso.

Vale destacar que o envelhecimento não é um fenômeno estático. Na medida em que as condições sociais e econômicas melhoram, as pessoas têm oportunidade de viver mais. Caso se associem a esses elementos os avanços da tecnologia médica em todas as suas dimensões, a expectativa de vida pode realmente surpreender. É a vitória da vida.

Sendo, portanto, o envelhecimento a oportunidade de uma vida mais longa, pode ser traduzido como o próprio direito de existir, na medida em que viver é ter oportunidade de envelhecer. Ora, se é assim, o envelhecimento é um direito e, mais do que isso, é um direito fundamental, na medida em que se traduz no direito à vida com dignidade, o que quer dizer que as pessoas não perdem direitos na medida em que envelhecem. Pelo contrário, demandam mais direitos para que possam usufruir plenamente o direito à liberdade em todos os aspectos, patrimônio do qual nenhum ser humano pode abdicar.

Apesar de a expectativa de vida no Brasil vir aumentando ano após ano, ainda não estão sendo oferecidas condições de vida adequadas para os velhos. O processo de envelhecimento no país apresenta nuances artificiais, na medida em que as pessoas têm suas vidas alongadas mais pela universalização da tecnologia médica (notadamente do sistema de vacinação, que abortou mortes prematuras causadas por doenças endêmicas) do que propriamente pela experimentação de padrões sociais e econômicos de excelência, a exemplo dos países desenvolvidos.

Portanto, a ausência de serviços e ações específicas e necessárias para a garantia dos direitos das pessoas idosas contribui para o descrédito da efetividade dos seus direitos, os quais estão declarados de forma direta ou indireta, em convenções, acordos e tratados internacionais, além das previsões constitucionais e legais em relação a esse segmento, destacando-se o Estatuto do Idoso (Lei n. 10.741/03) [...].

Sendo assim, a garantia dos direitos dos idosos no Brasil depende de uma profunda compreensão das causas e consequências do processo de envelhecimento populacional, do papel que deve ser reservado aos velhos em uma sociedade tecnológica, da necessidade de garantir-lhes todos os direitos fundamentais inerentes à condição humana, destacando-se a necessidade de desenvolver esforços para que tenham autonomia o máximo de tempo possível, do enfrentamento de todas as formas de violência, por meio da construção de uma rede de proteção e defesa dos direitos desse contingente populacional.

REFERÊNCIA: Adaptado de RAMOS, Paulo Roberto Barbosa. Direito do idoso. Jornal Estado do Direito. 42ª. ed. Porto Alegre, 3 set. 2014. Disponível em: www.estadodedireito.com.br. Acessado em: 27/06/2015.

---

239. (AOCP – Analista Judiciário – Área Judiciária – TRE – AC/2015) O texto discute, predominantemente,

a) o crescimento da população e as consequências negativas para o sistema previdenciário e de saúde do Brasil.

b) o crescimento da população idosa e a necessidade de assegurar os direitos a essa parcela considerável da população.

c) o crescimento da população idosa e a necessidade de instituir novas leis, no Estatuto do Idoso, como medida urgente a ser tomada pelo Estado.

d) o crescimento da população, no Brasil, como consequência, em primeiro lugar, de políticas públicas eficientes e de avanços na tecnologia médica.

e) o crescimento da população idosa e a necessidade de inclusão de disciplinas em programas sociais específicos como forma de refletir e discutir a situação do idoso na sociedade.

COMENTÁRIOS

Alternativa correta: letra "b" – Trechos que evidenciam a informação: *Mais de dois bilhões de pessoas terão mais de sessenta anos até 2050, o que representará um contingente expressivo; significa que direitos específicos desse contingente populacional precisam ser garantidos.* Reforça: o envelhecimento é a vitória da vida.

Alternativa "a" – Não discute as consequências negativas, mas sim a necessidade de haver planejamento (sistema previdenciário) para garantir a dignidade ao idoso e tornar o sistema de saúde capaz de atender a essas demandas.

Alternativa "c" – Não menciona que deva instituir novas leis, pois já existe o Estatuto do Idoso. Afirma que é preciso voltar os olhos para as consequências da velhice.

Alternativa "d" – Políticas públicas eficientes? No Brasil? Ah, caro(a) leitor(a)...

Alternativa "e" – Não trata da inclusão de disciplinas e sim de uma disciplina: Disciplina do Idoso.

---

240. (AOCP – Analista Judiciário – Área Judiciária – TRE – AC/2015) O texto "Direito do idoso" apresenta informações a respeito do envelhecimento populacional e uma reflexão em relação à sociedade brasileira. Considerando essa afirmação, assinale a alternativa incorreta.

a) O aumento considerável da população idosa, até 2050, interfere na dinâmica social mundial.

b) Os direitos dos idosos se restringem às suas condições de produção, participação social, econômica e política.

c) Para enfrentar as mudanças ocorridas no sistema previdenciário e de saúde decorrentes do envelhecimento populacional, o Estado deveria estar preparado.

d) Envelhecer com qualidade é um direito do idoso, portanto, seria preciso adotar medidas práticas para garantir os direitos fundamentais a esse contingente da população.

e) Os direitos dos idosos incluem a proteção contra a violência.

COMENTÁRIOS

Alternativa correta: letra "b" – Os direitos dos idosos não estão relacionados às suas condições de produção, os idosos não produzem, não possuem efetiva participação social, econômica (vivem de aposentadoria e isso está acarretando problema na previdência) e política (não são obrigados a votar, sabe-se).

Alternativa "a" – No primeiro parágrafo: ***O envelhecimento populacional**, portanto, transformou-se em uma questão social relevante, uma vez que **impacta marcantemente nos destinos da própria sociedade**. Isso tanto é verdade que há estudiosos falando em uma revolução dos idosos.*

Alternativa "c" – Afirmações no terceiro parágrafo: ***o sistema previdenciário**, uma espécie de seguro para garantir dignidade ao ser humano na velhice, **corre riscos de continuidade**, mantidos os parâmetros atuais. **O sistema de saúde apresenta uma dinâmica incapaz de atender às demandas dos idosos**.*

Alternativa "d" – No sexto parágrafo: ***o envelhecimento é um direito** e, mais do que isso, é um direito fundamental, na medida em que se traduz no direito à vida com dignidade, o que quer dizer que **as pessoas não perdem direitos na medida em que envelhecem**.*

Alternativa "e" – Na conclusão: todos os direitos fundamentais inerentes à condição humana, destacando-se **a necessidade** de desenvolver esforços para que tenham autonomia o máximo de tempo possível, **do enfrentamento de todas as formas de violência, por meio da construção de uma rede de proteção e defesa dos direitos** desse contingente populacional.

---

241. (AOCP – Analista Judiciário – Área Judiciária – TRE – AC/2015) Em "Pelo contrário, demandam mais direitos para que possam usufruir plenamente o direito à liberdade em todos os aspectos, **patrimônio** do qual nenhum ser humano pode abdicar.", a palavra em destaque se refere

a) aos bens materiais que as pessoas conquistaram e aos quais têm o direito de usufruir na velhice.

b) aos direitos decorrentes do tempo de serviço que as pessoas idosas conquistam ao longo dos anos.

c) ao direito de utilizar o sistema de saúde público, o qual disponibiliza uma medicina preventiva de qualidade, para garantir uma vida saudável aos idosos.

d) ao direito de existir, direito fundamental reservado a todo ser humano.

e) ao direito de liberdade, em todos os aspectos, direito esse resultante de outros direitos, inclusive o fundamental.

COMENTÁRIOS

Alternativa correta: letra "e" – No mesmo parágrafo, antes do período mencionado no comando da questão, encontramos: ***o envelhecimento é um direito** e, mais do que isso,* é um direito fundamental, *na medida em que se traduz no **direito à vida com dignidade**. As pessoas não perdem direitos na medida em que envelhecem.*

Alternativa "a" – Não há relação com o sentido denotativo (conjunto dos bens, direitos e obrigações de uma pessoa jurídica). Refere-se ao sentido conotativo (o que é considerado como herança comum).

Alternativa "b" – O texto não cita o tempo de serviço. Extrapola a ideia.

Alternativa "c" – "Em todos os aspectos", não apenas quanto ao sistema de saúde.

Alternativa "d" – Não importa apenas existir; importa o direito à liberdade em **todos os aspectos**.

TEXTO PARA RESPONDER À QUESTÃO.

Uma vez declarada, a ilicitude de algumas relações entre empresas e poder público e partidos políticos, ao contrário do que se diz, certamente diminuirá o fluxo de dinheiro clandestino. A decisão do Supremo Tribunal Federal (STF) que derrubou inclusive a possibilidade de que empresas possam doar a partidos em anos não eleitorais enquadra-se em um esforço saneador cujo efeito imediato será obrigar as legendas e seus candidatos a buscar recursos legais.

Esse novo cenário levou os críticos da decisão do STF a argumentar também que, agora, somente os candidatos mais conhecidos terão visibilidade eleitoral, inviabilizando-se a construção de candidaturas de gente comum. Mais uma vez, trata-se de uma falácia: desde sempre, figuras notórias puxam votos, sem que isso represente prejuízo irremediável para a democracia ou impeça a renovação da representação popular.

O grande prejuízo se dá quando os partidos se viciam em dinheiro farto, transformando as campanhas eleitorais em espetáculos dirigidos por "marqueteiros" que hoje são, na prática, os responsáveis por formular o programa dos candidatos. Assim, não será surpresa se, para substituir a fartura das "doações" empresariais, os partidos pleitearem ainda mais dinheiro do Fundo Partidário e a ampliação da propaganda eleitoral dita "gratuita", que de gratuita não tem nada, pois é financiada por meio de renúncia fiscal. Em ambos os casos, o contribuinte banca as despesas de partidos com os quais não tem necessariamente alguma afinidade.

Pelo fim do doping eleitoral. In: O Estado de S.Paulo, out./2015. Internet: <http://opiniao.estadao.com.br>(com adaptações).

---

242. (Cespe – Analista Judiciário – Área Judiciária – TRE – RS/2015) Assinale a opção correta com base no texto *Pelo fim do doping eleitoral.*

a) Permitir a legendas e candidatos que busquem legalmente recursos financeiros é uma consequência da decisão do STF.

b) O autor do texto discorda da afirmação de que, com a decisão do STF, vai diminuir o fluxo de dinheiro clandestino para abastecer campanhas eleitorais.

c) Infere-se do texto que, dada sua própria natureza, os recursos legais são escassos e, por isso, insuficientes para financiar legendas e candidatos.

d) Apesar de figuras conhecidas serem geralmente mais votadas que figuras pouco desconhecidas, isso não impede a construção de candidaturas de gente comum nem a renovação da representação popular.

e) A decisão do STF terá como consequências imediatas a transformação das campanhas eleitorais em verdadeiros espetáculos orquestrados por "marqueteiros" e o aumento no valor das despesas com partidos políticos, que cairão na conta do contribuinte.

COMENTÁRIOS

✪ **Nota da autora:** Questão anulada pela banca. Gabarito preliminar: D. Note que houve erro de grafia em "figuras pouco **desconhecidas**". Teria que ser "pouco **conhecidas**". Eis o motivo da anulação. As alternativas A, B, C e E estão incorretas.

TEXTO I

Os primeiros anos que se seguiram à Proclamação da República foram de grandes incertezas quanto aos trilhos que a nova forma de governo deveria seguir. Em uma rápida olhada, identificam-se dois grupos que defendiam diferentes formas de se exercer o poder da República: os civis e os militares. Os civis, representados pelas elites das principais províncias – São Paulo, Rio de Janeiro, Minas Gerais e Rio Grande do Sul –, queriam uma república federativa que desse muita autonomia às unidades regionais. Os militares, por outro lado, defendiam um Poder Executivo forte e se opunham à autonomia buscada pelos civis. Isso sem mencionar as acirradas disputas internas de cada grupo. Esse era um quadro que demonstrava a grande instabilidade sentida pelos cidadãos que viveram naqueles anos. Mas havia cidadãos?

Formalmente, a Constituição de 1891 definia como cidadãos os brasileiros natos e, em regra, os naturalizados. Podiam votar os cidadãos com mais de vinte e um anos de idade que tivessem se alistado conforme determinação legal. Mas o que, exatamente, significava isso? Em 1894, na primeira eleição para presidente da República, votaram 2,2% da população. Tudo indica que, apesar de a República ter abolido o critério censitário e adotado o voto direto, a participação popular continuou sendo muito baixa em virtude, principalmente, da proibição do voto dos analfabetos e das mulheres.

No que se refere à legislação eleitoral, alguns instrumentos legais vieram a público, mas nenhum deles alterou profundamente o processo eleitoral da época. As principais alterações promovidas na legislação contemplaram o fim do voto censitário e a manutenção do voto direto. Essas modificações, embora importantes, tiveram pouca repercussão prática, já que o voto ainda era restrito – analfabetos e mulheres não votavam – e o processo eleitoral continuava permeado por toda sorte de fraudes.

Ane Ferrari Ramos Cajado, Thiago Dornelles e Amanda Camylla Pereira.

Eleições no Brasil: uma história de 500 anos. Brasília: Tribunal Superior

Eleitoral, 2014, p. 27-8. Internet: <www.tse.jus.br>(com adaptações).

De acordo com as ideias veiculadas no texto I,

243. (Cespe – Analista Judiciário – Área Judiciária– TRE-GO/2015) os instrumentos legais acerca da legislação eleitoral que surgiram logo após a promulgação da Constituição de 1891 tinham os objetivos de ampliar a parcela votante da população e diminuir as fraudes ocorridas durante o processo eleitoral, mas fracassaram nesses aspectos.

COMENTÁRIOS

Errado – No último parágrafo: *As principais alterações promovidas na legislação contemplaram o fim do voto censitário e a manutenção do voto direto. Essas modificações, embora importantes, tiveram pouca repercussão prática, já que o voto ainda era restrito – analfabetos e mulheres não votavam – e o processo eleitoral continuava permeado por toda sorte de fraudes.*

244. (Cespe – Analista Judiciário – Área Judiciária– TRE-GO/2015) o fim do voto censitário e a manutenção do voto direto foram importantes porque denotaram a preocupação do governo com o povo e constituíram o início do processo democrático no Brasil.

COMENTÁRIOS

Errado – A porcentagem por si só indica que não se trata de democracia: Em 1894, na primeira eleição para presidente da República, **votaram 2,2% da população**. Tudo indica que, apesar de a República ter abolido o critério censitário e adotado o voto direto, a participação popular continuou sendo muito baixa em virtude, principalmente, da proibição do voto dos analfabetos e das mulheres.

Democracia: é um regime político em que todos os cidadãos elegíveis participam igualmente – diretamente ou através de representantes eleitos – na proposta, no desenvolvimento e na criação de leis, exercendo o poder da governação através do sufrágio universal. Ela abrange as condições sociais, econômicas e culturais que permitem o exercício livre e igual da autodeterminação política. (http://pt.wikipedia.org/)

245. (Cespe – Analista Judiciário – Área Judiciária– TRE-GO/2015) nos primeiros anos após a Proclamação da República, os civis e os militares discordavam quanto à autonomia que deveria ser dada pelo governo às unidades regionais.

COMENTÁRIOS

Certo – Os civis, representados pelas elites das principais províncias – São Paulo, Rio de Janeiro, Minas Gerais e Rio Grande do Sul –, queriam uma república federativa que desse muita autonomia às unidades regionais. Os militares, por outro lado, defendiam um Poder Executivo forte e se opunham à autonomia buscada pelos civis.

246. (Cespe – Analista Judiciário – Área Judiciária – TRE-GO/2015) a instabilidade observada nos anos que se seguiram à Proclamação da República deveu-se ao súbito ganho de poder dos civis, o que, de acordo com o texto, gerou acirradas disputas com os militares, tradicionais detentores do poder.

COMENTÁRIOS

Errado – Erros: 1. o conflito de interesses entre civis e militares, principal motivo da instabilidade: havia também conflitos internos em cada grupo; 2. o texto não demonstra que os militares eram tradicionais detentores do poder.

TEXTO II

Segundo a Constituição Federal, todo poder emana do povo e por ele será exercido, quer de maneira direta, quer por intermédio de representantes eleitos. Essa afirmação, dentro do espírito do texto constitucional, deve ser interpretada como verdadeiro dogma estabelecido pelo constituinte originário, mormente quando nos debruçamos sobre o cenário político dos anos anteriores à eleição dos membros que comporiam a Assembleia Constituinte que resultou na Carta de 1988.

Em expedita sinopse, é possível perceber que, após longo período de repressão à manifestação do pensamento, o povo brasileiro ansiava por exercer o direito de eleger os seus representantes com o objetivo de participar direta ou indiretamente da formação da vontade política da nação.

Dentro desse contexto, impende destacar que os movimentos populares que ocorreram a partir do ano de 1984, que deram margem ao início do processo de elaboração da nova Carta, deixaram transparecer de maneira cristalina aos então governantes que o coração da nação brasileira estava palpitante, quase que exageradamente acelerado, tendo em vista a possibilidade de se recuperar o exercício do poder, cujo titular, por longo lapso, deixou de ser escolhido pelo povo brasileiro.

Em meio a esse cenário, foi elaborado o texto constitucional, que, desde então, recebeu a denominação de Constituição Cidadã. O art. 14 desse texto confere ênfase à titularidade do poder para ressaltar que "A soberania popular é exercida pelo sufrágio universal e pelo voto direto e secreto, com valor igual a todos", deixando transparecer que a intenção da Lei Maior é fazer que o povo exerça efetivamente o seu direito de participar da formação da vontade política.

Fernando Marques Sá. Desaprovação das contas de campanha do candidato – avanço da legislação para as eleições de 2014. In: Estudos Eleitorais. Brasília: Tribunal Superior Eleitoral. Vol. 9, n.° 2, 2014, p. 52-3. Internet: <www.tse.jus.br>(com adaptações).

247. (Cespe – Analista Judiciário – Área Judiciária– TRE-GO/2015) a Constituição Federal de 1988 é denominada de Constituição Cidadã por conferir ênfase à titularidade do exercício do poder pelo povo, como se pode observar no texto do artigo 14 da Carta Magna.

COMENTÁRIOS

Certo – No último parágrafo: *Em meio a esse cenário, foi elaborado o texto constitucional, que, desde então, recebeu a denominação de Constituição Cidadã. O art. 14 desse texto confere ênfase à titularidade do poder para ressaltar que "A soberania popular é exercida pelo sufrágio universal e pelo voto direto e secreto, com valor igual a todos", deixando transparecer que a intenção da Lei Maior é fazer que o povo exerça efetivamente o seu direito de participar da formação da vontade política.*

248. (Cespe – Analista Judiciário – Área Judiciária– TRE-GO/2015) foi necessária a promulgação da Carta Magna de 1988 para que o exercício do poder pelo povo virasse realidade.

COMENTÁRIOS

Errado – Se *recupera*, significa que já houve: impende destacar que os movimentos populares que ocorreram a partir do ano de 1984, que deram margem ao início do processo de elaboração da nova Carta, deixaram transparecer de maneira cristalina aos então governantes que o coração da nação brasileira estava palpitante, quase que exageradamente acelerado, tendo em vista a possibilidade de se **recuperar** o exercício do poder, cujo titular, por longo lapso, deixou de ser escolhido pelo povo brasileiro.

TEXTO PARA AS QUESTÕES.

Prazeres mútuos

(Dariuza Leão)

É normal, quando você vê uma criança bonita, dizer «mas que linda», «que olhos lindos», ou coisas no gênero. Mas esses elogios, que fazemos tão naturalmente quando se trata de uma criança ou até de um cachorrinho, dificilmente fazemos a um adulto. Isso me ocorreu quando outro dia conheci, no meio de várias pessoas, uma moça que tinha cabelos lindos. Apesar da minha admiração, fiquei calada, mas percebi minha dificuldade, que aliás não é só minha, acho que é geral. Por que eu não conseguia elogiar seus cabelos?

Fiquei remoendo meus pensamentos (e minha dificuldade), fiz um esforço (que não foi pequeno) e consegui dizer: "que cabelos lindos você tem". Ela, que estava séria, abriu um grande sorriso, toda feliz, e sem dúvida passou a gostar um pouquinho de mim naquele minuto, mesmo que nunca mais nos vejamos.

Fiquei pensando: é preciso se exercitar e dizer coisas boas às pessoas, homens e mulheres, quando elas existem. Não sei a quem faz mais bem, se a quem ouve ou a quem diz; mas por que, por que, essa dificuldade? Será falta de generosidade? Inveja? Inibição? Há quanto tempo ninguém diz que você está linda ou que tem olhos lindos, como ouvia quando criança? Nem mesmo quando um homem está paquerando uma mulher ele costuma fazer um elogio, só alguns, mais tarde, num momento de intimidade e quando é uma bobagem, como "você tem um pezinho lindo". Mas sentar numa mesa para jantar pela primeira vez, só os dois, e dizer, com naturalidade, "que olhos lindos você tem", é difícil de acontecer.

Notar alguma coisa de errado é fácil; não se diz a ninguém que ele tem o nariz torto, mas, se for alguém que estiver em outra mesa, o comentário é espontâneo e inevitável. Podemos ouvir que a alça do sutiã está aparecendo ou que o rimei escorreu, mas há quanto tempo você não ouve de um homem que tem braços lindos? A não ser que você seja modelo ou miss – e aí é uma obrigação elogiar todas as partes do seu corpo-, os homens não elogiam mais as mulheres, aliás, ninguém elogia ninguém.

E é tão bom receber um elogio; o da amiga que diz que você está um arraso já é ótimo, mas, de uma pessoa que você acabou de conhecer e que talvez não veja nunca mais, aquele elogio espontâneo e sincero, é das melhores coisas da vida.

Fique atenta; quando chegar a um lugar e conhecer pessoas novas, alguma coisa de alguma delas vai chamar a sua atenção e sua tendência será, como sempre, ficar calada. Pois não fique. Faça um pequeno esforço e diga alguma coisa que você notou e gostou; o quanto a achou simpática, como parece tranquila, como seu anel é lindo, qualquer coisa. Todas as pessoas do mundo têm alguma coisa de bom e bonito, nem que seja a expressão do olhar, e ouvir isso, sobretudo de alguém que nunca se viu, é sempre muito bom.

Existe gente que faz disso uma profissão, e passa a vida elogiando os outros, mas não é delas que estamos falando. Só vale se for de verdade, e se você começar a se exercitar nesse jogo e, com sinceridade, elogiar o que merece ser elogiado, irá espalhando alegrias e prazeres por onde passar, que fatalmente reverterão para você mesma, porque a vida costuma ser assim.

Apesar de a vida ter me mostrado que nem sempre é assim, continuo acreditando no que aprendi na infância, e isso me faz muito bem.

(disponívelem:http://www1.folha.uol.com.br/fsp/cotidiari/ff0611200502.htm)

249. (IBFC – Analista Judiciário – Área Judiciária– TRE-AM/2014) O texto é uma crônica em que a autora defende seu posicionamento em relação a um tema. Pode ser entendida como sua tese a seguinte ideia:

a) É preciso fazer elogios com mais frequência.

b) As pessoas conseguem elogiar as crianças, mas não os adultos.

c) É mais fácil perceber o que há de errado do que o que há de bom.

d) A necessidade de conhecer pessoas novas e elogiá-las.

COMENTÁRIOS

Alternativa correta: letra "a" – É uma crônica porque tem por base fatos que acontecem em nosso cotidiano. É uma leitura agradável, já que o leitor interage com os acontecimentos e por muitas vezes se identifica com as ações tomadas pelas personagens.

Características de crônica:

- Narração curta;
- Descreve fatos da vida cotidiana;
- Pode ter caráter humorístico, crítico, satírico e/ou irônico;
- Possui personagens comuns;
- Segue um tempo cronológico determinado;
- Uso da oralidade na escrita e do coloquialismo na fala das personagens;
- Linguagem simples.

A tese (assunto ou tema) é clara: é necessário elogiar.

Alternativa "b" – É mais comum elogiar uma criança, mas não se trata da tese do texto.

Alternativa "c" – Sim, mas não é o assunto principal.

Alternativa "d" – Não fala sobre a necessidade de conhecer pessoas novas, apenas sugere que elogie.

250. (IBFC – Analista Judiciário – Área Judiciária– TRE-AM/2014) Sobre os comentários entre parênteses, no segundo parágrafo, só não é possível afirmar o seguinte:

a) Apresentam informações acessórias.

b) Reforçam o tom informal do texto.

c) São marcados pela subjetividade.

d) São essenciais à coerência do texto.

COMENTÁRIOS

Alternativa correta: letra "d" – São acréscimos explicativos, mas não essenciais ao sentido do texto.

Alternativa "a" – Sim, aprofunda as informações.

Alternativa "b" – Informal por demonstrar o que e como pensa a autora.

Alternativa "c" – Trata-se de algo particular e íntimo, logo é subjetivo.

✦ DICAS

1. Acentuação Gráfica
2. Reforma Ortográfica
3. Graus dos Adjetivos
4. Pronome
5. Verbo
6. Análise Sintática
7. Período Composto
8. Concordância Verbal
9. Concordância Nominal
10. Regência Verbal
11. Regência Nominal
12. Crase
13. Pontuação
14. Colocação Pronominal
15. Coesão, Coerência e Reescrita de frases
16. Interpretação e compreensão textual
17. Redação Oficial

1. ACENTUAÇÃO

1.1 REGRAS DE ACENTUAÇÃO GRÁFICA

- Em concursos, alguns verbos são pedidos como acento diferencial e palavras que são acentuadas pela mesma regra. Trabalharemos com *macetes* e regras.
- Iniciemos com exemplo de uma simples tabela pra facilitar a classificação dos vocábulos.
  1) Separe as sílabas. Lembre-se de que em cada sílaba, há **uma vogal**.
  2) A última coluna deve estar sempre preenchida (como o exemplo da palavra **hífen**).
  3) Não colocar na tabela: hiato, monossílabo e ditongos abertos (eu, oi, ei), por não seguirem as classificações mencionadas a seguir.

Proparoxítona	Paroxítona	Oxítona
crí	ti	co
	hí	fen
	ca	**fé**

Facilitou?

– **Crítica** é uma proparoxítona; **hífen** é paroxítona e **café** é oxítona.

1.2 PROPAROXÍTONAS

- Sílaba tônica: antepenúltima.
- As proparoxítonas são **todas** acentuadas graficamente: **trá**gico, pa**té**tico, **ár**vore

1.3 PAROXÍTONAS

- Sílaba tônica: penúltima

Acentuam-se as PAROXÍTONAS terminadas em	EXEMPLO
l	**fá**cil
n	**pó**len
r	ca**dá**ver
ps	**bí**ceps
x	**tó**rax
us	**ví**rus
i, is	**jú**ri, **lá**pis
om, ons	**iân**dom, **í**ons
um, uns	**ál**bum, **ál**buns
ã(s), ão(s)	**ór**fã, **ór**fãs, **ór**fão, **ór**fãos
ditongo oral (seguido ou não de s)	**jó**quei, **tú**neis

1.3.1 OBSERVAÇÕES

As paroxítonas terminadas em ***n*** são acentuadas (hífen), mas as que terminam em ***ens***, não.	hífens, jovens
Não são acentuados os prefixos terminados em ***i*** e ***r***.	semi, super
Acentuam-se as paroxítonas terminadas em ditongos crescentes: ea(s), oa(s), eo(s), ua(s), ia(s), ue(s), ie(s), uo(s),io(s).	várzea, mágoa, óleo, régua, férias, tênue, cárie, ingênuo, início

1.4 OXÍTONAS

- Sílaba tônica: última

Acentuam-se as OXÍTONAS terminadas em	EXEMPLO
a(s)	sof**á**, sof**ás**
e(s)	jacar**é**, voc**ês**
o(s)	palet**ó**, av**ós**
em, ens	ningu**ém**, armaz**éns**

1.5 MONOSSÍLABOS

1.5.1 MONOSSÍLABOS TÔNICOS

- Possuem **uma sílaba** e são pronunciados fortemente.

Acentuam-se os MONOSSÍLABOS terminados em	EXEMPLO
a(s)	lá, cá
e(s)	pé, mês
o(s)	só, pó, nós, pôs

1.5.2 MONOSSÍLABOS ÁTONOS

- Não possuem autonomia fonética, sendo proferidos **fracamente,** como se fossem sílabas átonas do vocábulo a que se apoiam: o(s), a(s), um, uns, me, te, se, lhe nos, de, em, e, que, etc.

1.5.3 OBSERVAÇÕES

Os monossílabos átonos são palavras vazias de sentido, vindos representados por artigos, pronomes oblíquos, elementos de ligação (preposições, conjunções).	
Há monossílabos que são tônicos numa frase e átonos em outras.	Você trouxe sua mochila para ***quê***? (tônico) ***Que*** tem dentro da sua mochila? (átono) Há sempre um ***mas*** para questionar. (tônico) Eu sei seu nome, ***mas*** não me recordo agora. (átono)
Muitos verbos, ao se combinarem com pronomes oblíquos, produzem formas oxítonas ou monossilábicas que devem ser acentuadas por acabarem assumindo alguma das terminações contidas nas regras.	beijar + a = beijá-la fez + o = fê-lo dar + as = dá-las fazer + o = fazê-lo

1.6 REGRAS ESPECIAIS

- Estas regras não podem ser encaixadas na tabela de dica mencionada no início do] capítulo.

1.6.1 DITONGOS ABERTOS	EXEMPLO
Os ditongos **éi, eu** e **ói**, sempre que tiverem pronúncia aberta em palavras **oxítonas** (éi e não êi), são acentuados.	***éi(s)***: an**éi**s, fi**éi**s, pap**éi**s ***éu***(s): trof**éu**, c**éu**s ***ói(s)***: her**ói,** constr**ói**, caub**ói**s

1.6.1 DITONGOS ABERTOS	EXEMPLO
– Os ditongos abertos ocorridos em palavras paroxítonas NÃO são acentuados.	**assembleia, boia, colmeia, Coreia, estreia, heroico, ideia, jiboia, joia, paranoia, plateia, etc.**
– A palavra destróier é acentuada por ser uma paroxítona terminada em "r" (e não por possuir ditongo aberto **ói.**	

1.6.2 HIATOS	EXEMPLO
Acentuam-se o **i** e **u** tônicos quando formam hiato com a vogal anterior, estando eles sozinhos na sílaba ou acompanhados apenas de **"s"**, desde que não sejam seguidos por – **nh.**	sa – **í** – da e – go – **ís** – mo sa – **ú** – de
Não se acentuam, portanto, hiatos como os das palavras seguintes →	ju – **iz**, ra – **iz**, ru – **im**, ca – **ir**
Motivo: – **i** ou – **u** não estão sozinhos nem acompanhados de – **s** na sílaba.	
Cabe esclarecer que existem hiatos acentuados não por serem hiatos, mas por outras razões	po-é-ti-co: proparoxítona bo-ê-mio: paroxítona terminada em ditongo crescente. ja-ó: oxítona terminada em "o".

1.6.3 VERBOS TER e VIR	EXEMPLO
Acentua-se com circunflexo a 3ª pessoa do plural do presente do indicativo dos verbos **ter** e **vir**, bem como nos seus compostos (*deter, conter, reter, advir, convir, intervir*, etc.).	Ele tem – Eles têm Ele vem – Eles vêm Ele retém – Eles retêm Ele intervém – Eles intervêm
– Nos verbos compostos de ter e vir, o acento ocorre obrigatoriamente, mesmo no singular. Distingue-se o plural do singular mudando o acento de agudo para circunflexo	ele *detém* – eles *detêm* ele *advém* – eles *advêm*

2. REFORMA ORTOGRÁFICA[1]

2.1 ACENTO AGUDO

- O acento agudo *desaparecerá* em três casos:
  a) Nos ditongos (encontros de duas vogais proferidas em uma só sílaba) abertos **ei** e **oi** das pa-

1 Só Português. Disponível em <http://www.soportugues.com.br/secoes/acordo_ortografico/acordo_ortografico2.php>. Acesso em 11 nov. 2016

lavras paroxítonas (aquelas cuja sílaba pronunciada com mais intensidade é a penúltima).

Exemplos: ideia, geleia, boia, jiboia, alcaloide, alcateia, apoio, assembleia, asteroide, celuloide, colmeia, Coreia, epopeia, estreia, heroico, joia, odisseia, onomatopeia, paranoia, plateia, proteico, etc.

Atenção: essa regra é válida somente para palavras paroxítonas. Assim, continuam sendo acentuadas as palavras oxítonas terminadas em éis, éu, éus, ói, óis. Exemplos: papéis, herói, heróis, troféu, troféus, chapéu, chapéus, anéis, dói, céu, ilhéu.

b) Nas palavras *paroxítonas* com **i** e **u** tônicos formando hiato (sequência de duas vogais que pertencem a sílabas diferentes), quando vierem *após um ditongo.* Veja: baiúca – >**baiuca;** bocaiúva – >**bocaiuva;** feiúra – >**feiura;** cheiínho – >**cheiinho;** saiínha – >**saiinha;** Taoísmo – >**Taoismo.**

Atenção: se a palavra for oxítona e o **i** ou o **u** estiverem em posição final (ou seguidos de s), o acento permanece.

Exemplos: tuiuiú, Piauí.

c) Nas formas verbais que possuem o **u** tônico precedido das letras **g** ou **q** e seguido de **e** ou **i**. Esses casos ocorrem apenas nas formas verbais de **arguir** e **redarguir**. Observe: argúis – >**arguis;** argúem – >**arguem;** redargúis – >**redarguis;** redargúem – >**redarguem.**

2.2 ACENTO DIFERENCIAL

- O acento diferencial é utilizado para auxiliar na identificação de palavras homófonas (que possuem a mesma pronúncia). Com o acordo ortográfico, ele deixará de existir nos seguintes casos: pára/para, péla(s)/pela(s), pêlo(s)/pelo(s), pólo(s)/polo(s) e pêra/pera. Observe os exemplos:

Ela não **pára** de dançar. Ela não **para** de dançar.

A mãe **péla** o bebê para dar-lhe banho. A mãe **pela** o bebê para dar-lhe banho.

Este é o **pólo** norte. Este é o **polo** norte.

Os garotos gostam de jogar **pólo**. Os garotos gostam de jogar **polo**.

Meu gato tem **pêlos** brancos. Meu gato tem **pelos** brancos.

A menina trouxe **pêra** de lanche. A menina trouxe **pera** de lanche.

Atenção: existem duas palavras que continuarão recebendo acento diferencial:

pôr (verbo) – > para não ser confundido com a preposição *por.*

pôde (verbo *poder* conjugado no passado) – > para que não seja confundido com *pode* (forma conjugada no presente).

2.3 ACENTO CIRCUNFLEXO

- O acento circunflexo deixará de ser utilizado nos seguintes casos:

a) Em palavras com terminação **ôo**. Veja: enjôo→**enjoo;** vôo→**voo;** magôo→**magoo,** abençoo (abençoar), coo (coar), coroo (coroar), doo (doar), moo (moer), perdoo (perdoar), povoo (povoar), voos (plural de voo), zoo (zoar).

b) Nas terminações **êem**, que ocorrem nas formas conjugadas da terceira pessoa do plural dos verbos **ler, dar, ver, crer** e seus derivados. Veja: creem, deem, veem, descreem, releem, reveem.

Atenção: os verbos ter e vir (e seus derivados) continuam sendo acentuados na terceira pessoa do plural.

Eles **têm** três filhos.

Eles **detêm** o poder.

Eles **vêm** para a festa de sábado.

Eles **intervêm** na economia.

2.4 TREMA

- O trema, sinal gráfico utilizado sobre a letra **u** dos grupos **que,qui,gue,gui**, deixa de existir na língua portuguesa. Lembre-se, no entanto, que a pronúncia das palavras continua a mesma.

Exemplos: cinquenta, pinguim, aguentar, bilíngue, consequência, delinquente, frequente, linguiça, sequência, sequestro, tranquilo, etc.

Atenção: o acordo prevê que o trema seja mantido apenas em nomes próprios de origem estrangeira, bem como em seus derivados.

Exemplos: Bündchen, Müller, mülleriano.

2.5 ALFABETO

- O alfabeto passará a ter 26 letras. Além das atuais, serão incorporadas oficialmente as letras **k**, **w** e **y**. Observe a posição das novas letras no alfabeto:

A B C D E F G H I J **K** L M N O P Q R S T U V **W** X **Y** Z

- Essas letras poderão aparecer em siglas, símbolos, nomes próprios, palavras estrangeiras e seus derivados. Exemplos: **k**m, pla**y**ground, **w**att, **K**afka, **k**af**k**iano, etc.

2.6 HÍFEN

- O hífen deixará de ser empregado nos seguintes casos:

a) Quando o prefixo terminar em vogal *diferente* da vogal que iniciar o segundo elemento.

Exemplos: autoajuda, autoescola, agroindustrial, autoafirmação, autoaprendizagem, autoestrada, autoimagem, contraindicação, contraoferta, extraoficial, infraestrutura, intraocular, intrauterino, neoexpressionista, neoimperialista, semiaberto, semiárido, semiautomático, supraocular, ultraelevado, etc.

b) Quando o prefixo da palavra terminar em *vogal* e o segundo elemento começar com as consoantes **s**ou **r**. Nesse caso, a consoante será duplicada.

Exemplos: ultrarromântico, antirrugas, antessala, antirreligioso, antissemita, autorretrato, antissocial, arquirromântico, autorregulamentação, contrarregra, contrassenso, extrarregimento, extrasseco, infrassom, neorrealismo, ultrarresistente, ultrassonografia, semirreta, suprarrenal.

c) Não se utilizará mais o hífen nas palavras que, pelo uso, perderam a noção de composição. Veja: paraquedas,mandachuva, paraquedista.

2.6.1 USO DO HÍFEN

- Com o novo acordo, o hífen passará a ser utilizado quando a palavra for formada por um prefixo terminado em *vogal* e a palavra seguinte iniciar pela *mesma vogal*. Observe o exemplo abaixo:

Exemplos: micro-ônibus, anti-ibérico, anti-inflamatório, anti-inflacionário, anti-imperialista, arqui-inimigo, contra-ataque, micro-ondas, semi-interno, etc.

Atenção: se o prefixo terminar com *consoante*, usa-se hífen se o segundo elemento começar com a *mesma consoante*.

Exemplos: hipe**r**-**r**equintado, inte**r**-**r**acial, supe**r**-**r**esistente, supe**r**-**r**omântico, etc.

Lembre-se: nos demais casos, **não** se usa o hífen.

Exemplos: hipermercado, intermunicipal, superinteressante, superproteção.

2.7 ORTOGRAFIA

2.7.1 VOCÁBULOS MUITO EXIGIDOS EM CONCURSOS

agredir = agressão	manter = manutenção
progredir = progressão	reter = retenção
regredir = regressão	torcer = torção
transgredir = transgressão	distorcer =distorção
admitir = admissão	contorcer = contorção
demitir = demissão	apreender = apreensão
omitir = omissão	ascender = ascensão
permitir = permissão	compreender = compreensão
transmitir = transmissão	distender = distensão
deter = detenção	estender = extensão
ceder = cessão	pretender = pretensão
conceder = concessão	suspender = suspensão
exceder = excesso, excessivo	tender = tensão
suceder = sucessão	verter = versão
discutir = discussão	reverter = reversão
percutir = percussão	converter = conversão
repercutir = repercussão	subverter = subversão
abster = abstenção	expelir = expulsão
ater = atenção	repelir = repulsão

3. GRAUS DOS ADJETIVOS

3.1 COMPARATIVO

- compara elementos
  - **Igualdade:** ... tão ______ quanto ...
  - **Superioridade:** ... mais _____ (do) que ...
  - **Inferioridade:** ... menos _____ (do) que ...
- Observação: a contração **do** é opcional.

3.2 SUPERLATIVO

3.2.1 ABSOLUTO

- um elemento
  - **Sintético (uma palavra)** = Ele é inteligentíssimo
  - A**nalítico (há advérbio)** = Ele é muito inteligente

3.2.2 SUPERLATIVO RELATIVO

- há relação entre um elemento e outros
  - **Superioridade:** Ele é o mais inteligente da turma.
  - **Inferioridade:** Ele é o menos estudioso da classe.

Para haver exagero, é necessário o artigo.

4. PRONOME

4.1 PESSOAL

- **Retos:** usados como sujeito
- **Oblíquos:** usados como objeto direto ou objeto indireto.

  O.D: o (s), a (s) / O.I: lhe (s)

  Verbos terminados em: R, S, Z + o (s), a (s) = LO (s), LA (s)

  Verbos terminados em: – M, ÃO, ÕE + o (s), a (s) = NO (s), NA (s)

4.2 DEMONSTRATIVO

- **Para ideias:**
- Esse (a), isso – para retomar ideia: **ANÁFORA**
- Este (a), isto – para citar ideia: **CATÁFORA**

4.3 RELATIVO

- Retomam e substituem seu antecedente: QUE, QUEM *(para pessoa),* ONDE *(para lugar),* O (a) QUAL, OS (as) QUAIS.

CUJO: refere-se ao termo posterior e repele o artigo. Indica posse do termo anterior a ele. *Entende-se por essa regra que **não existem as formas cujo o, cuja a, o cujo.***

Não conheço o lugar ***onde*** você mora. →*Você mora **no** lugar.*

- Não conheço o lugar EM QUE você mora.

Não conheço o lugar NO QUAL você mora.

São fatos a ***que*** sou favorável. →*Sou favorável **aos** fatos.*

- São fatos AOS QUAIS sou favorável.

Conheço a garota de ***quem*** você falou. →*Você falou **da** garota.*

- Conheço a garota DA QUAL você falou.

Conheço a garota DE QUE você falou.

Este é o autor a ***cuja*** obra me referi. →*Eu me referi **à** obra.*

Posse: a obra é do autor (posse do anterior)

Estas são as pessoas com ***cujas*** ideias concordo. →*Eu concordo **com** as ideias.*

Posse: as ideias são das pessoas (posse do anterior)

5. VERBO

5.1 MODOS

- INDICATIVO: certeza
- SUBJUNTIVO: dúvida
- IMPERATIVO: ordem

5.2 TEMPOS

5.2.1 PRESENTE

- indica ação que acontece no momento da fala; hábito.
- do subjuntivo: indica hipótese, dúvida.

5.2.2 FUTURO

- **do presente do indicativo:** ação futura certa (amanhã)
- **do pretérito do indicativo:** tempo condicional
- **do subjuntivo:** ação futura duvidosa

5.2.3 PRETÉRITO

- **Perfeito do indicativo:** ação concluída (ontem)
- **Imperfeito do indicativo:** ação prolongada, contínua
- **Mais-que-perfeito do indicativo:** ação passada em relação a outra ação também passada.
- **Imperfeito do subjuntivo:** tempo condicional

5.3 VOZES VERBAIS

5.3.1 VOZ ATIVA

- Posse: as ideias são das pessoas (posse do anterior)
- o sujeito pratica a ação.

Todos os alunos ouviram aquela música.

Sujeito V.T.D. objeto direto

- Para passar uma oração da voz ativa para a passiva, o objeto direto é obrigatório.

5.3.2 VOZ PASSIVA

- o sujeito sofre a ação

5.3.2.1 PASSIVA ANALÍTICA

SER + PARTICÍPIO

Aquela música foi ouvida por todos os alunos.

sujeito paciente ser + partic. agente da passiva

5.3.2.2 PASSIVA SINTÉTICA

V.T.D(I) + SE = V.P. (sujeito)

Vende-se	livro.	→V.P. sintética
V.T.D. + se = VP	sujeito	
Livro	é vendido.	→V.P. analítica
sujeito	ser + particípio	

5.3.3 VOZ REFLEXIVA

- o sujeito pratica e sofre a ação.

Ele se feriu ontem à noite.

6. ANÁLISE SINTÁTICA

6.1 FRASE, ORAÇÃO E PERÍODO

Frase: possui sentido completo.

Oração: possui verbo.

Período: possui orações.

Período simples: uma oração (um verbo).

Período composto: mais de uma oração (mais de um verbo).

6.2 SUJEITO

- **INDETERMINADO**: não se sabe quem é o sujeito. Ocorre quando o verbo está na
- 3ª pessoa do plural ou na terceira pessoa do singular + se *(índice de indeterminação do sujeito)*
- *Telefonaram* para você. *Acredita-se* em discos voadores.

  V.T.I.

  CUIDADO: SE O VERBO FOR V.T.D. ou V.T.D.I., HAVERÁ SUJEITO E ADMITIRÁ PLURAL, já que teremos, neste caso, VOZ PASSIVA.

Calcula – se	*o rendimento.*
V.T.D. + SE = V.P.	*sujeito*
↳pronome apassivador	
CALCULAM-SE	*OS RENDIMENTOS.*
V.T.D. + SE= V.P.	*Sujeito*
Os rendimentos são calculados.	

Oração SEM SUJEITO:

1) ***Verbo HAVER (singular) no sentido de EXISTIR (plural) ou OCORRER(plural).***

- *HAVIA* muitos alunos na sala.

  ↳*EXISTIAM* muitos alunos na sala.
- DEVE HAVER muitos alunos.

  ↳DEVEM EXISTIR muitos alunos.
- HÁ DE HAVER muitos alunos. →O.D.

  ↳HÃO DE EXISTIR muitos alunos. →sujeito

2) ***Verbos SER, ESTAR e FAZER*** indicando tempo ou fenômeno meteorológico

- Fazer indicando tempo passado: singular

3) ***Verbos que indicam fenômeno da natureza.***

6.3 PREDICAÇÃO VERBAL

- INTRANSITIVO: o verbo não exige complemento, por isso o prefixo IN.
- TRANSITIVO DIRETO: o verbo exige complemento SEM preposição.
- TRANSITIVO INDIRETO: o verbo exige complemento COM preposição.
- TRANSITIVO DIRETO e INDIRETO: o verbo exige dois complementos.
- VERBO DE LIGAÇÃO: liga o sujeito ao predicativo (termo que qualifica), não indica ação. Indica estado.
- Para haver verbo de ligação, é preciso haver PREDICATIVO.

6.4 PREDICATIVO: QUALIFICA O SUJEITO OU O OBJETO

- do sujeito:

A plateia	aplaudiu	o espetáculo	emocionada.
sujeito	V.T.D	O.D.	Predicativo do sujeito

aplaudiu E ESTAVA emocionada.

- ***do objeto***:

Encontrei	mortos	os soldados.
V.T.D.	ptvo do objeto	O.D.

e eles ESTAVAM mortos.

6.5 PREDICADO

É a declaração feita do sujeito

- **PREDICADO VERBAL:** o núcleo é o verbo (menos o de ligação)
- **PREDICADO NOMINAL:** o núcleo é o predicativo (há V.L.)
- **PREDICADO VERBO-NOMINAL:** há dois núcleos = verbo (+ V.L. oculto) + predicativo

6.6 COMPLEMENTOS VERBAIS

- objeto direto (sem preposição) e objeto indireto (com preposição).
- **Objeto direto preposicionado:** vem após verbo transitivo direto.
- *Aparece uma preposição que* não foi pedida *e* pode ser retirada.
- **Objeto direto pleonástico:** ocorre repetição do objeto direto.

6.7 AGENTE DA PASSIVA

É o termo que age na voz passiva, ou seja, quem pratica a ação.

6.8 COMPLEMENTO NOMINAL

É o termo que completa o nome e possui preposição.

6.9 ADJUNTO ADVERBIAL

Indica circunstância do verbo.

6.10 APOSTO

- É o termo que explica ou especifica.
- **Especificativo:** sem pontuação
- **Explicativo:** com pontuação

6.11 VOCATIVO

É o termo que invoca, chama. *Possui pontuação.*

7. PERÍODO COMPOSTO

7.1 COORDENAÇÃO: SÃO ORAÇÕES INDEPENDENTES SINTATICAMENTE

- **Assindéticas:** não possuem conjunção;
- **Sindéticas:** possuem conjunção e classificam-se em: aditiva, adversativa, alternativa, conclusiva e explicativa.

7.2 SUBORDINAÇÃO

- são orações dependentes sintaticamente.
- **Substantiva:** pode-se colocar ISTO ou DISTO antes da conjunção.
- Sendo assim, haverá oração principal (sem conjunção), conjunção integrante e oração subordinada substantiva. São elas: subjetiva, objetiva direta, objetiva indireta, predicativa, completiva nominal e apositiva.
- **Adjetiva:** o pronome relativo liga a oração principal à subordinada. **Explicativa** possui pontuação e **restritiva** não possui pontuação.
- **Adverbial:** indica circunstância da oração principal. Classificam-se em: causal (por quê?), consecutiva (de modo que), condicional (se, caso), concessiva (embora, apesar de), comparativa, conformativa (conforme), final (para quê?), proporcional (à proporção que) e temporal.
- Lista de conjunções subordinadas adverbiais mais pedidas.
- **Causais: porque, que, como (= porque, no início da frase), pois que, visto que, uma vez que, porquanto, já que, desde que,** etc.
- **Concessivas: embora, ainda que, apesar de que, se bem que, mesmo que, por mais que, posto que, conquanto,** etc.
- **Condicionais: se, caso, contanto que, salvo se, a não ser que, desde que, a menos que, sem que,** etc.
- **Conformativas: conforme, como (= conforme), segundo, consoante,** etc.
- **Finais: para que, a fim de que, que, porque (= para que), que,** etc.
- **Proporcionais: à medida que, à proporção que, ao passo que** e as combinações **quanto mais... (mais), quanto menos... (menos), quanto menos ... (mais), quanto menos... (menos),** etc.
- **Temporais: quando, enquanto, antes que, depois que, logo que, todas as vezes que, desde que, sempre que, assim que, agora que, mal (= assim que),** etc.
- **Comparativas: como, assim como, tal como, como se, (tão) ... como, tanto como, tanto quanto, do que, quanto, tal, qual, tal qual, que nem, que (combinado com menos ou mais),** etc.
- **Consecutivas: de sorte que, de modo que, sem que (= que não), de forma que, de jeito que, que (tendo como antecedente na oração principal uma palavra como tal, tão, cada, tanto, tamanho),** etc.

Fonte: http://www.soportugues.com.br/

8. CONCORDÂNCIA VERBAL

- O verbo deve concordar com o sujeito. No caso do verbo *ser*, o verbo pode concordar com o predicativo (se estiver no plural ou for pronome pessoal).

9. CONCORDÂNCIA NOMINAL

- Os vocábulos que acompanham o substantivo devem concordar em número e gênero com ele.
- Algumas regras importantes:
- Escolheu PÉSSIMA hora e momento para falar.
- ADJETIVO ANTES DE DOIS SUBSTANTIVOS CONCORDA COM O MAIS PRÓXIMO.
- Leitura é BOM. A leitura é BOA.

  O ARTIGO MANDA NA CONCORDÂNCIA
- Havia BASTANTES razões para ele faltar.
- BASTANTE AO LADO DE SUBSTANTIVO PLURAL = PLURAL

10. REGÊNCIA VERBAL

Lista dos verbos mais pedidos:

1. **Assistir**
   - pertencer: V.T.I. (A) – O direito de informar assistia ao chefe.
   - ver: V.T.I. (A) – Assistimos ao concerto.
   - cuidar: V.T.D. – O médico assistiu o paciente.
2. **Visar**
   - mirar: V.T.D. – O caçador visou o coelho.
   - passar visto: V.T.D. – O gerente visou o cheque.
   - almejar: V.T.I. (A) – Ele visa ao cargo.
3. **Querer**
   - desejar: V.T.D. – Quero você.
   - estimar: V.T.I. (A) – Quero aos meus amigos.
4. **Aspirar**
   - inspirar: V.T.D. – Aspiramos seu perfume.
   - almejar: V.T.I. (A) – Aspiramos à aprovação.
5. **Esquecer e lembrar: V.T.D.**
   - Esqueci seu nome.
   - Lembrei seu nome.

6. **Esquecer-se e lembrar-se: V.T.I. (de)**
   - Esqueci – me do seu nome.
   - Lembrei – me do seu nome

11. REGÊNCIA NOMINAL

- Normalmente pedida como acento indicativo de crase.

12. CRASE

- Trabalhar substituindo a palavra feminina por uma masculina da mesma classe gramatical. Resultando em **ao**, há crase:
  1. Eu me referi à diretora. = ***AO*** *DIRETOR*
  2. Era insensível à dor. = ***AO*** *PERIGO*
  3. Chegou às sete horas. = ***AO*** *MEIO – DIA*
  4. Fui à cidade. = ***AO*** *SÍTIO*

     Cuidado:
  5. Eu conheço a diretora. = *O DIRETOR*
  6. Eu me refiro a ela. = *A ELE*
- ***Não se usa crase***
  - ANTES DE VERBO
  - ANTES DE PALAVRA MASCULINA
  - ENTRE PALAVRAS REPETIDAS
  - SINGULAR + PLURAL (a festas)

  Crase com pronomes demonstrativos aquele(s), aquela(s) e aquilo

  Assisti àquele filme. = ***AO*** FILME

  Aspiro àquela vaga. = ***AO*** CARGO

  Prefiro isto àquilo. = ***AO*** LIVRO
- Crase diante de pronomes relativos

  A qual e as quais
- A cidade à qual iremos possui praias às quais chegaremos.

  O sítio AO qual iremos possui rios AOS quais chegaremos.

- **Quem e cuja**

  Nunca haverá crase antes de QUEM e CUJA.

  Esta é a mulher a quem obedeço.

  Este é o autor a cuja obra me refiro.

- **Que**

  Esta é a faculdade a que aspiro. = *Este é o cargo A QUE aspiro*

  Esta é a cidade a que iremos. = *Este é o país* A QUE *iremos.*

  Sua caneta é igual à que comprei. = *Seu lápis é igual* AO QUE *comprei.*

  Este é o bairro a que iremos. = Retoma palavra masculina: sem crase!

13. PONTUAÇÃO

- **VÍRGULA**

1) **A vírgula no interior da oração:**

   Ordem direta: sem vírgula

   1.1. Termos intercalados

   ↳ *Ordem direta: sem vírgula*

1) Termos intercalados

➡ Natal, capital do Rio Grande do Norte, é uma cidade encantadora.

2) Termos deslocados – INVERSÃO

a) ***Naquele dia,*** os candidatos receberam a imprensa. = *adjunto adverbial deslocado*

3) Palavras omitidas – zeugma ou elipse

"O meu pai era paulista

Meu avô, pernambucano

O meu bisavô, mineiro

Meu tataravô, baiano" (Chico Buarque)

4) Vocativo: "*Meus amigos*, a ordem é a base do governo."

5) Termos coordenados assindéticos

↳ Aquela paisagem nos despertava confiança, tranquilidade, calma e paz.

6) Termos coordenados ligados por e, ou, nem

↳ Pedro ou Paulo casará com Maria. Não necessitavam de dinheiro nem de auxílio. *Não há vírgula em adição.*

↳ E os pais, e os amigos, e os vizinhos magoaram-no.

↳ Não estudava português, nem matemática, nem direito, nem informática.

↳ *Polissíndeto: repetição da conjunção. Indica ênfase.*

- ***A vírgula entre orações***

1) O homem, *que é um ser racional*, aprende cada vez mais.

↳ *Oração subordinada adjetiva explicativa*

2) O homem *que encontramos perto do lago* parecia aborrecido.

↳ *Oração subordinada adjetiva restritiva*

3) *Quando o cantor entrou no palco*, todos aplaudiram.

↳ *Oração subordinada anteposta à oração principal*

4) Espero que você me telefone.

↳ *Não se separa oração principal da subordinada substantiva*

5) *Cheguei, pedi silêncio, aguardei alguns minutos* e comecei a palestra.

↳ *Orações coordenadas*

6) Os ignorantes *falavam demais, e* os sábios *se mantinham em silêncio.*

↳ *orações coordenadas com sujeitos diferentes*

7) E volta, e recomeça, e se esforça, e consegue.

↳ *Polissíndeto: ênfase*

8) ***Eu***, disse o orador, ***não concordo***.

↳ *Oração intercalada. Duplas vírgulas podem ser substituídas por travessões ou parênteses.*

- ***PONTO-E-VÍRGULA***

- Separa oração coordenada que venham quebradas no seu interior por vírgulas.
- Separa oração que tenha zeugma na segunda: *Ele estudou economia; nós, português.*
- Antítese = oposição.
- Oração coordenada extensa.
- Enumeração.

- ***DOIS-PONTOS***

- Citam, enumeram e explicam.

14. COLOCAÇÃO PRONOMINAL

- **Ênclise** – Pronome DEPOIS do verbo.

É a colocação normal da língua culta.

Levantei – me cedo hoje.

Empresta – me a caneta.

- **Dica: NÃO SE INICIA FRASE COM OBLÍQUO NEM APÓS VÍRGULA**
- **Mesóclise** – Pronome no MEIO do verbo.
- Verbos no futuro do presente e do pretérito, desde que não haja condição de próclise.

O torneio realizar-se-á amanhã. → O torneio **não** se realizará amanhã.

Contar-lhe-ia o segredo. → **Amanhã** lhe contaria o segredo.

- **Próclise** – Pronome ANTES do verbo.
- Há palavras que atraem o pronome:

- **palavras negativas** (não, nem, nada, ninguém) **não seguidas de vírgula.**

Nunca nos revelou seu segredo.

Não, disse-me ele,**não** me deve mais nada.

- **advérbio não seguido de vírgula.**

Depois me dirigi ao balcão.

Em seguida, despediu-se de todos.

- **pronomes** (verificar a fonética, som)

O rapaz **que** me procurou é casado.

Quem te acompanhou?

- **conjunção subordinativa**

Espero **que** lhe deem o cargo.

- **orações optativas**

Deus te abençoe.

- **preposição + gerúndio**

Em se tratando de relógios, prefiro os suíços.

- **infinitivo pessoal**

- **Por se encontrarem** no local do crime, foram incluídos entre os suspeitos.

- **PRONOME ÁTONO NAS LOCUÇÕES VERBAIS:**

1. **Verbo principal ou auxiliar + infinitivo ou gerúndio:**

   Podemos contar – lhe o ocorrido.

   Podemos lhe contar o ocorrido.

2. **Auxiliar + particípio**

   Os médicos **haviam me sugerido** a cirurgia.

   Os médicos **me haviam sugerido** a cirurgia.

15. COESÃO E COERÊNCIA – REESCRITURA DE FRASES

15.1 COESÃO REFERENCIAL[2]

- Ocorre quando determinado elemento textual se remete a outro, substituindo-o. A **referência**, inicialmente, pode ser em relação a um dado **externo** ou **interno** ao texto.

Coesão por Referência exofórica	Refere-se a um elemento fora do texto.
Coesão por Referência endofórica	Faz referência a algo dentro do texto.

Exemplo de coesão por referência **exofórica**:

- "A gente era pequena **naquele** tempo. E **aquele** era um tempo em que ainda se apregoava nas ruas. Não em todas as ruas, mas **naquela** onde vivíamos. **Naquela** rua, que tinha por nome a data de um santo, o tempo passava mais lentamente do que no resto da cidade de Porto Alegre."

(trecho inicial de uma crônica, postada no site http://revistagloborural.globo.com, por Letícia Wierzchowski)

- A coesão por referência **endofórica** ocorre por intermédio de: pronomes (pessoais, possessivos, demonstrativos, indefinidos, interrogativos e relativos), numerais (ambos, primeiro, segundo), advérbios pronominais (lá, aí, aqui, onde, aqui), elipse (omissão de um termo facilmente perceptível), sinonímia (substituição lexical) e metonímia (parte pelo todo).

---

2 Sou mais ENEM. Disponível em <http://soumaisenem.com.br/redacao/coesao-e-coerencia/coesao-referencial>. Acesso em 11 nov. 2016, com alterações.

15.2 COESÃO SEQUENCIAL

- É obtida por meio dos elementos de ligação que proporcionam as relações necessárias à integração harmoniosa de orações e parágrafos em torno de um mesmo assunto. Elementos de coesão mais utilizados:

Prioridade, relevância	principalmente, primordialmente, sobretudo, em primeiro lugar, antes de mais nada, primeiramente,acima de tudo.
Tempo (ordem, sucessão, anterioridade, posterioridade)	finalmente, agora, atualmente, hoje, frequentemente, constantemente, às vezes, eventualmente, por vezes, ocasionalmente, sempre, raramente, não raro, ao mesmo tempo, simultaneamente, a princípio, pouco antes, pouco depois, anteriormente, posteriormente, em seguida, afinal, por fim.
Semelhança, comparação	igualmente, da mesma forma, assim também, do mesmo modo, similarmente, analogamente, por analogia, de maneira idêntica.
Conformidade	conformidade com, de acordo com, segundo, conforme, sob o mesmo ponto de vista, tal qual, tanto quanto, como, assim como, bem como.
Condição, hipótese	se, caso, salvo se, contanto que, desde que, a menos que, a não ser que etc.
Adição, continuação	e, além disso, ademais, por sua vez, outro ponto, mais (grave) ainda, ainda mais, também, mas também, constata-se também, vale frisar ainda, vale lembrar também.
Dúvida	provavelmente, possivelmente, é provável.
Certeza, ênfase	de fato, por certo, certamente, indubitavelmente, inquestionavelmente, sem dúvida, obviamente.
Ilustração, exemplificação, esclarecimento	por exemplo, isto é, em outras palavras, ou por outra, a saber, haja vista.
Propósito, intenção, finalidade	com o fim de, a fim de, com o propósito de, para que, afim de que.
Resumo, recapitulação, conclusão	em suma, em síntese, enfim, em resumo, portanto, assim, dessa forma, dessa maneira, logo, afinal, está claro que.
Causa	em virtude de, por causa de, devido a, é resultado de.
Consequência	consequentemente, por consequência, como resultado, por isso, assim, como efeito, de sorte que, de modo que, de forma que, de maneira que.
Explicação	porque, porquanto, pois, já que, uma vez que, visto que.
Contraste, oposição	por outro lado, paradoxalmente, pelo contrário, caso contrário, em contraste com, mas, porém, contudo, todavia, entretanto, no entanto.
Restrição, ressalva	embora, apesar de, ainda que, mesmo que, posto que, conquanto, se bem que, por mais que, por menos que, não obstante.

15.3 PARÁFRASE[3]

- A Paráfrase é um texto que procura tornar mais claro e objetivo aquilo que se disse em outro texto. Portanto, é sempre a reescritura de um texto já existente, uma espécie de *tradução* dentro da própria língua.
- O autor da paráfrase deve demonstrar que entendeu claramente a ideia do texto. Além disso, são exigências de uma boa paráfrase:

1	Utilizar a mesma ordem de ideias que aparece no texto original.
2	Não omitir nenhuma informação essencial.
3	Não fazer qualquer comentário acerca do que se diz no texto original.
4	Utilizar construções que não sejam uma simples repetição daquelas que estão no original e, sempre que possível, um vocabulário também diferente.

15.4 PERÍFRASE[4]

- Trata-se de uma expressão que designa um ser através de alguma de suas características ou atributos, ou de um fato que o celebrizou.
- Exemplo: A Cidade Maravilhosa (= Rio de Janeiro) continua atraindo visitantes do mundo todo.
- Observação: quando a perífrase indica uma pessoa, recebe o nome de *antonomásia*.

---

3 Folha Net. Disponível em <http://www.colegiodante.com.br/escola/webquest/e_medio/mackenzie/parafrase.htm>. Acesso em 11 nov. 2016. Com alterações.

4 Só Português. Disponível em <http://www.soportugues.com.br/secoes/estil/estil4.php>. Acesso em 11 nov. 2016. Com alterações.

- O Divino Mestre (= Jesus Cristo) passou a vida praticando o bem.
- O Poeta dos Escravos (= Castro Alves) morreu muito jovem.
- O Poeta da Vila (= Noel Rosa) compôs lindas canções.

15.5 TIPOS DE INCOERÊNCIA

Semântica	O significado das palavras não se completa.	"A televisão **transmite** lazer." O verbo transmitir significa "fazer passar de um lugar a outro, comunicar". Nesse sentido, o lazer não é algo que venha de um ponto para outro, mas algo que é "proporcionado".
Sintática	Não são utilizados corretamente os meios sintáticos para expressar a coerência semântica, ou seja, empregam-se conectivos, pronomes (etc.) inadequadamente.	Pessoas ricas procuram o ensino particular. **Onde** os métodos, equipamentos e professores são melhores."
Incoerência Estilística	Ocorre quando se misturam registros linguísticos.	Observe a mudança "de tom" no discurso que se segue: "Venho diante de vossa Magnificência manifestar meu repúdio ao fato de uma instituição pública querer subtrair da população um espaço de lazer. Francamente, achei a **maior sujeira, sacanagem, nada a ver**."
Pragmática	O sentido de uma sequência de atos de fala é quebrado.	A: "Achei difícil compreender o tópico dois do capítulo três." B: "**O céu está maravilhoso com as nuvens escuras de chuva**."

16. INTERPRETAÇÃO DE TEXTO

Interpretar

consiste em saber a conclusão do que está escrito.

Nas questões: depreende-se/infere-se/conclui-se do texto; o texto permite deduzir; é possível subentender a partir do texto; qual a intenção do autor quando afirma; o texto possibilita o entendimento; com o apoio do texto, infere-se; o texto encaminha o leitor para; pretende o texto mostrar que o leitor...; o texto possibilita deduzir.

Compreender

consiste em analisar o que realmente está escrito, é necessário coletar dados do texto.

Nas questões: segundo o texto; o autor/narrador do texto diz; o texto informa; no texto; tendo em vista o texto; de acordo com o texto; o autor sugere; o autor afirma; na opinião do autor do texto.

16.1 TIPOLOGIA TEXTUAL

<table>
<tr><th>TIPOS</th><th>DEFINIÇÃO</th><th>EXEMPLOS</th></tr>
<tr><td>Narração</td><td>Modalidade em que se conta um fato, fictício ou não, que ocorreu num determinado tempo e lugar, envolvendo certos personagens.
Refere-se a objetos do mundo real. Há uma relação de anterioridade e posterioridade.
O tempo verbal predominante é o passado.</td><td>Conto, fábula, crônica, romance, novela, depoimento, piada, relato etc.</td></tr>
<tr><td>Descrição</td><td>Um texto em que se faz um retrato por escrito de um lugar, uma pessoa, um animal ou um objeto. A classe de palavras mais utilizada nessa produção é o adjetivo, pela sua função caracterizadora.
Numa abordagem mais abstrata, pode-se até descrever sensações ou sentimentos. Não há relação de anterioridade e posterioridade. Significa "criar" com palavras a imagem do objeto descrito. É fazer uma descrição minuciosa do objeto ou da personagem a que o texto se Pega. É um tipo textual que se agrega facilmente aos outros tipos em diversos gêneros textuais.</td><td>Cardápio, folheto turístico, anúncio classificado etc.</td></tr>
<tr><td rowspan="3">Dissertação</td><td colspan="2">Dissertar é o mesmo que desenvolver ou explicar um assunto, discorrer sobre ele. Dependendo do objetivo do autor, pode ter caráter expositivo ou argumentativo.</td></tr>
<tr><td>Dissertação-Exposição: Apresenta um saber já construído e legitimado, ou um saber teórico. Apresenta informações sobre assuntos, expõe, reflete, explica e avalia ideias de modo objetivo. O texto expositivo apenas expõe ideias sobre um determinado assunto. A intenção é informar, esclarecer.</td><td>Aula, resumo, textos científicos, enciclopédia, textos expositivos de revistas e jornais, etc.</td></tr>
<tr><td>Dissertação-Argumentação: Um texto dissertativo-argumentativo faz a defesa de ideias ou um ponto de vista do autor. O texto, além de explicar, também persuade o interlocutor, objetivando convencê-lo de algo. Caracteriza-se pela progressão lógica de ideias. Geralmente utiliza linguagem denotativa.</td><td>Sermão, ensaio, monografia, dissertação, tese, ensaio, manifesto, crítica, editorial de jornais e revistas.</td></tr>
<tr><td rowspan="3">Outros Tipos Textuais</td><td>Dialogal / Conversacional</td><td>Entrevista, conversa telefônica, chat etc.</td></tr>
<tr><td>Injunção/Instrucional</td><td>Ordens; pedidos; súplica; desejo; manuais e instruções para montagem ou uso de aparelhos e instrumentos; textos com regras de comportamento; textos de orientação; receitas, cartões com votos e desejos.</td></tr>
<tr><td>Predição</td><td>Previsões astrológicas, previsões meteorológicas, previsões escatológicas/apocalípticas.</td></tr>
</table>

16.2 GÊNEROS TEXTUAIS

- Os Gêneros textuais são as estruturas com que se compõem os textos, sejam orais ou escritos. Essas estruturas são muito parecidas, com características comuns, procuram atingir intenções comunicativas semelhantes e ocorrem em situações específicas. São variadas formas de linguagem que circulam na sociedade, formais ou informais. Cada gênero textual tem seu estilo próprio, podendo ser identificado e diferenciado dos demais através de suas características.

Notícia	Possui características narrativas: o fato ocorrido que se deu em um determinado momento e em um determinado lugar, envolvendo determinadas personagens. Características do lugar, bem como dos personagens envolvidos são, muitas vezes, minuciosamente descritos.
Reportagem	Gênero textual jornalístico de caráter dissertativo-expositivo. A reportagem tem, por objetivo, informar e levar os fatos ao leitor de uma maneira clara, com linguagem direta.
Carta ao leitor	Gênero dissertativo-argumentativo e possui linguagem pessoal e leve.
Propaganda	Gênero textual dissertativo-expositivo. Há o intuito de propagar informações sobre algo, buscando sempre atingir e influenciar o leitor apresentando, na maioria das vezes, mensagens que despertam as emoções e a sensibilidade do mesmo.
Bula de remédio	Gênero textual descritivo, dissertativo--expositivo e injuntivo. Fornece as informações necessárias para o correto uso do medicamento.
Receita	Gênero textual descritivo e injuntivo. Objetivo: informar a fórmula para preparar tal comida, descrevendo os ingredientes e o preparo destes, com verbos no imperativo, dado o sentido de ordem, para que o leitor siga corretamente as instruções.
Editorial	Gênero textual dissertativo-argumentativo. Expressa o posicionamento da empresa sobre determinado assunto, sem a obrigação da presença da objetividade.
Tutorial	Gênero injuntivo. É um guia que tem por finalidade explicar ao leitor, passo a passo e de maneira simplificada, como fazer algo.
Entrevista	Gênero textual dialogal e dissertativo-expositivo. Representado pela conversação de duas ou mais pessoas, o entrevistador e o(s) entrevistado(s), para obter informações sobre ou do entrevistado ou de algum outro assunto.
História em quadrinhos	Gênero narrativo. Consiste em enredos contados em pequenos quadros através de diálogos diretos entre seus personagens, gerando uma espécie de conversação.
Charge	Gênero textual narrativo onde se faz uma espécie de ilustração cômica, através de caricaturas, com o objetivo de realizar uma sátira, crítica ou comentário sobre algum acontecimento atual, em sua grande maioria.

16.3. ARGUMENTAÇÃO[5]

A argumentação é um recurso que tem o propósito de convencer alguém, alterando sua opinião ou seu comportamento.

Os argumentos, na construção textual, são essenciais.

Há diferentes tipos de argumentos e a escolha certa consolida o texto.

16.3.1. ARGUMENTAÇÃO POR CITAÇÃO

Sempre que queremos defender uma ideia, procuramos pessoas 'consagradas', que pensam como nós acerca do tema em evidência.

Apresentamos no corpo de nosso texto a menção de uma informação extraída de outra fonte.

A citação pode ser apresentada assim:

Assim parece ser porque, para Piaget, "toda moral consiste num sistema de regras e a essência de toda moralidade deve ser procurada no respeito que o indivíduo adquire por essas regras" (Piaget, 1994, p.11). A essência da moral é o respeito às regras. A capacidade intelectual de compreender que a regra expressa uma racionalidade em si mesma equilibrada.

O trecho citado deve estar de acordo com as ideias do texto, assim, tal estratégia poderá funcionar bem.

16.3.2. ARGUMENTAÇÃO POR COMPROVAÇÃO

A sustentação da argumentação se dará a partir das informações apresentadas (dados, estatísticas, percentuais) que a acompanham.

Esse recurso é explorado quando o objetivo é contestar um ponto de vista equivocado.

O ministro da Educação, Cristovam Buarque, lança hoje o Mapa da Exclusão Educacional. O estudo do Inep, feito a partir de dados do IBGE e do Censo Educacional do Ministério da Educação, mostra o número de crianças de sete a catorze anos que estão fora das escolas em cada estado.

Segundo o mapa, no Brasil, 1,4 milhão de crianças, ou 5,5 % da população nessa faixa etária (sete a catorze anos), para a qual o ensino é obrigatório, não frequentam as salas de aula.

O pior índice é do Amazonas: 16,8% das crianças do estado, ou 92,8 mil, estão fora da escola. O melhor, o Distrito Federal, com apenas 2,3% (7 200) de crian-

5 Cabral, Marina. Brasil Escola. Disponível em <http://brasilescola.uol.com.br/redacao/a-argumentacao.htm>. Com alterações. Acesso em 14 agosto 2017.

ças excluídas, seguido por Rio Grande do Sul, com 2,7% (39 mil) e São Paulo, com 3,2% (168,7 mil).

(Mônica Bergamo. Folha de S. Paulo, 3.12.2003)

Nesse tipo de citação o autor precisa de dados que demonstrem sua tese.

16.3.3. ARGUMENTAÇÃO POR RACIOCÍNIO LÓGICO

A criação de relações de causa e efeito é um recurso utilizado para demonstrar que uma conclusão (afirmada no texto) é necessária, e não fruto de uma interpretação pessoal que pode ser contestada.

"O fumo é o mais grave problema de saúde pública no Brasil. Assim como não admitimos que os comerciantes de maconha, crack ou heroína façam propaganda para os nossos filhos na TV, todas as formas de publicidade do cigarro deveriam ser proibidas terminantemente. Para os desobedientes, cadeia."

VARELLA, Drauzio. In: Folha de S. Paulo, 20 de maio de 2000.

Para a construção de um bom texto argumentativo faz-se necessário o conhecimento sobre a questão proposta, fundamentação para que seja realizado com sucesso.

16.4. PRESSUPOSTOS E SUBENTENDIDOS[6]

Pressupostos e subentendidos são informações implícitas num texto, não expressas formalmente, apenas sugeridas por marcas linguísticas ou pelo contexto. Cabe ao leitor, numa leitura proficiente, ir além da informação que se encontra explícita, identificando e compreendendo as informações implícitas, ou seja, lendo nas entrelinhas.

Os pressupostos são de mais fácil identificação, estando sugeridos no texto. Os subentendidos são deduzidos pelo leitor, sendo da sua responsabilidade.

Entenda melhor:

- Heloísa está cansada de ser professora.

Pressuposto: Heloísa é professora.

Subentendido: Talvez porque o salário é baixo ou há muita indisciplina.

- Infelizmente, meu marido continua trabalhando fora do país

Pressuposto: O marido está trabalhando fora do país e a mulher não está satisfeita com essa situação.

Subentendido: Talvez por ter melhor salário fora do país ou por não encontrar trabalho no seu país.

16.4.1 PRESSUPOSTOS

Os pressupostos são informações implícitas adicionais, facilmente compreendidas devido a palavras ou expressões presentes na frase que permitem ao leitor compreender essa informação implícita. O enunciado depende dessa pressuposição para que faça sentido. Assim, o pressuposto é verdadeiro e irrefutável.

- Decidi deixar de comer carne.

Pressuposto: A pessoa comia carne antes.

- Finalmente acabei minha monografia.

Pressuposto: Demorou algum tempo para terminar a monografia.

- Alunos que estudam de manhã costumam ter melhor rendimento.

Marcas linguísticas que facilitam a identificação de pressupostos:

- Verbos que indicam fim, continuidade, mudança e implicações: começar, continuar, parar, deixar, acabar, conseguir, ...
- Advérbios: felizmente, finalmente, ainda, já, depois, antes, ...
- Pronome introdutório de orações subordinadas adjetivas: que
- Locuções que indicam circunstâncias: depois que, antes que, desde que, visto que, ...

16.4.2. SUBENTENDIDOS

Os subentendidos são insinuações, informações escondidas, dependentes da interpretação do leitor. Não possuem marca linguística, sendo deduzidos através do contexto comunicacional e do conhecimento que os destinatários têm do mundo. Podem ser ou não verdadeiros e podem ser facilmente negados, visto serem unicamente da responsabilidade de quem interpreta a frase.

- Quando sair de casa, não se esqueça de levar um casaco.

Subentendido: Está frio lá fora.

- Já tenho a garganta seca de tanto falar.

Subentendidos: Quero beber um copo de água ou quero parar de falar neste momento.

16.5. NÍVEIS DE LINGUAGEM[7]

A interação verbal entre os **sujeitos** é possível por meio das palavras e pode ser realizada por meio da fala e/ou da **escrita**. Dependendo da situação comunicativa, os usuários das línguas podem eleger

6 Norma Culta. Disponível em <https://www.normaculta.com.br/pressuposto-e-subentendido/>. Acesso em 14 agosto 2017.

7 Mundo Educação. Disponível em <http://mundoeducacao.bol.uol.com.br/redacao/niveis-linguagem.htm>. Acesso em 14 agosto 2017.

qualquer um dos diferentes níveis de linguagem para interagir verbalmente com os outros. Isso significa que existem linguagens diferentes para ocasiões distintas, ou seja, em toda situação comunicativa, os falantes elegem o nível de linguagem mais adequado para que tanto o emissor quanto o receptor das mensagens possam compreender e ser compreendidos.

Nível 1: Norma culta/padrão

Cada língua possui sua estrutura e muitas delas possuem um conjunto de regras responsável pelo funcionamento dos elementos linguísticos. Esse conjunto de regras é conhecido como gramática normativa. Nela, os usuários da língua encontram a norma-padrão de funcionamento da língua chamada de "padrão ou culta", a qual deve, ou pelo menos deveria, ser de conhecimento e acessível a todos os falantes da mesma comunidade linguística.

Utilizar a norma culta da língua portuguesa não significa comunicar-se de maneira difícil e rebuscada. Embora à língua padrão seja atribuído certo prestigio cultural e status social, o uso da **linguagem culta** está menos relacionado à questão **estética** e muito mais associado à sua democratização, já que esse é o nível de linguagem ensinado nas escolas, nos manuais didáticos, cartilhas e dicionários das línguas etc.

Nível 2: Linguagem coloquial/informal/popular

A linguagem coloquial é aquela utilizada de maneira mais espontânea e corriqueira. Esse nível de linguagem não segue a rigor todas as regras da gramática normativa, pois está mais preocupado com a função da linguagem do que com a forma. Ao utilizar a linguagem coloquial, o falante está mais preocupado em **transmitir o conteúdo da mensagem** do que como esse conteúdo vai ser estruturado.

De maneira geral, os falantes utilizam a linguagem coloquial nas situações comunicativas mais informais, isto é, nos diálogos entre amigos, familiares etc.

Nível 3: Linguagem regional/regionalismo

A linguagem regional está relacionada com as variações ocorridas, principalmente na fala, nas mais variadas comunidades linguísticas. Essas variações são também chamadas de dialetos. O Brasil, por exemplo, apresenta uma imensa variedade de regionalismos na fala dos usuários nativos de cada uma de suas cinco regiões.

Nível 4: Gírias

A gíria é um estilo associado à linguagem coloquial/popular como meio de expressão cotidiana. Ela está relacionada ao cotidiano de certos grupos sociais e podem ser incorporadas ao léxico de uma língua conforme sua **intensidade** e frequência de uso pelos falantes, mas, de maneira geral, as palavras ou expressões provenientes das gírias são utilizadas durante um tempo por um certo grupo de usuários e depois são substituídas por outras por outros usuários de outras gerações. É o caso, por exemplo, de uma gíria bastante utilizada pelos falantes nas décadas de 80 e 90: "chuchu, beleza", mas que, atualmente, está quase obsoleta.

Nível 5: Linguagem vulgar

A linguagem vulgar é exatamente oposta à linguagem culta/padrão. As estruturas gramaticais não seguem regras ou normas de funcionamento. O mais interessante é que, mesmo de maneira bem rudimentar, os falantes conseguem compreender a mensagem e seus efeitos de sentido nas trocas de mensagens. Podemos considerar a linguagem vulgar como sendo um vício de linguagem. Veja alguns exemplos bastante recorrentes em nossa língua: "Nóis vai", "Pra mim ir", "Vamo ir".

16.6. DISCURSO DIRETO E INDIRETO[8]

Discurso direto é a transcrição exata da fala das personagens, sem participação do narrador.

Discurso indireto *é a* intervenção do narrador no discurso ao utilizar as suas próprias palavras para reproduzir as falas das personagens.

Discurso indireto livre mescla o direto e o indireto. É a apresentação das falas exatas das personagens inseridas dentro do discurso do narrador.

Exemplo: *Cotejava o passado com o presente. Que era, há um ano? Professor. Que é agora? Capitalista.*

DICAS de transposição do discurso direto para o indireto

1. **Mudança das pessoas do discurso**:

Discurso direto	Discurso indireto
primeira pessoa	terceira pessoa
eu, me, mim, comigo	ele, ela, se, si, consigo, o, a, lhe
nós, nos, conosco	eles, elas, os, as, lhes
meu, meus, minha, minhas, nosso, nossos, nossa, nossas	seu, seus, sua e suas

2. **Mudança de tempos verbais**:

Discurso direto	Discurso indireto
Presente do indicativo	pretérito imperfeito do indicativo
Pretérito perfeito do indicativo	pretérito mais-que-perfeito do indicativo

8 Norma Culta. Disponível em <https://www.normaculta.com.br/discurso-direto-e-indireto/>. Acesso em 14 agosto 2017.

Futuro do presente do indicativo	futuro do pretérito do indicativo
Presente do subjuntivo	
Futuro do subjuntivo	pretérito imperfeito do subjuntivo
Imperativo	

3. **Mudança na pontuação das frases:**

Discurso direto	Discurso indireto
Frases interrogativas, exclamativas e imperativas	frases declarativas (o emissor constata um fato - informa ou declara alguma coisa)

4. **Mudança dos advérbios e adjuntos adverbiais:**

Discurso direto	Discurso indireto
Ontem	no dia anterior
Hoje	naquele dia e naquele momento
Amanhã	no dia seguinte
Aqui, aí, cá	ali e lá
Este, esta e isto	aquele, aquela, aquilo

17. REDAÇÃO OFICIAL

17.1. INTRODUÇÃO

Caro(a) leitor(a), foi lançada, no final de 2018, a terceira edição do **Manual de Redação da Presidência da República** - revista, atualizada e ampliada.

Com o intuito de facilitar seu estudo, foram disponibilizadas aqui as mudanças ocorridas e que podem (devem) ser exigidas nas próximas provas. Ficou mais fácil consultar e entender o MRPR.

A principal alteração foi a **EXTINÇÃO** dos documentos **MEMORANDO** e **AVISO**.

Os **ATRIBUTOS** também foram alterados. *A redação oficial deve caracterizar-se por: clareza e precisão; objetividade; concisão; coesão e coerência; impessoalidade; formalidade e padronização; e uso da norma padrão da língua portuguesa.*

A **FONTE** usada alterou de *Times New Roman* (em 2002) para **Calibri** ou **Carlito**.

Houve importantes **acréscimos**: **SIGNATÁRIOS** – cargos interinos e substitutos, signatárias do sexo feminino –, **GRAFIA DE CARGOS COMPOSTOS**, emprego do **VOCATIVO** e **VARIAÇÕES DOS DOCUMENTOS OFICIAIS.**

17.2. PANORAMA DA COMUNICAÇÃO OFICIAL[9]

A finalidade da língua é comunicar, quer pela fala, quer pela escrita. Para que haja comunicação, são necessários:

a) alguém que comunique;

b) algo a ser comunicado;

c) alguém que receba essa comunicação.

No caso da redação oficial, **quem comunica é** sempre **o serviço público** (este/esta ou aquele/aquela Ministério, Secretaria, Departamento, Divisão, Serviço, Seção); **o que se comunica é** sempre **algum assunto relativo às atribuições do órgão que comunica**; e **o destinatário** dessa comunicação **é o público, uma instituição privada ou outro órgão ou entidade pública**, do Poder Executivo ou dos outros Poderes. Além disso, deve-se considerar a intenção do emissor e a finalidade do documento, para que o texto esteja adequado à situação comunicativa.

A necessidade de empregar determinado nível de linguagem nos atos e nos expedientes oficiais decorre, de um lado, do próprio caráter público desses atos e comunicações; de outro, de sua finalidade. Os atos oficiais, aqui entendidos como atos de caráter normativo, ou estabelecem regras para a conduta dos cidadãos, ou regulam o funcionamento dos órgãos e entidades públicos, o que só é alcançado se, em sua elaboração, for empregada a linguagem adequada. O mesmo se dá com os expedientes oficiais, cuja **finalidade precípua é a de informar com clareza e objetividade.**

17.3. O QUE É REDAÇÃO OFICIAL[10]

Em uma frase, pode-se dizer que redação oficial é a maneira pela qual o Poder Público redige comunicações oficiais e atos normativos. Neste Manual, interessa-nos tratá-la do ponto de vista da administração pública federal.

A redação oficial não é necessariamente árida e contrária à evolução da língua. É que **sua finalidade básica – comunicar com objetividade e máxima clareza – impõe certos parâmetros ao uso que se faz da língua**, de maneira diversa daquele da literatura, do texto jornalístico, da correspondência particular etc.

Apresentadas essas características fundamentais da redação oficial, passemos à análise pormenorizada de cada um de seus atributos.

9. Presidência da República 3a edição, revista, atualizada e ampliada pela Subchefia para Assuntos Jurídicos da Casa Civil da Presidência da República.

10. Presidência da República 3a edição, revista, atualizada e ampliada pela Subchefia para Assuntos Jurídicos da Casa Civil da Presidência da República.

17.4. ATRIBUTOS DA REDAÇÃO OFICIAL[11]

A redação oficial deve caracterizar-se por:

- **clareza e precisão;**
- **objetividade;**
- **concisão;**
- **coesão e coerência;**
- **impessoalidade;**
- **formalidade e padronização; e**
- **uso da norma padrão da língua portuguesa.**

Fundamentalmente, esses atributos decorrem da Constituição, que dispõe, no art. 37: "A administração pública direta, indireta, de qualquer dos Poderes da União, dos Estados, do Distrito Federal e dos Municípios obedecerá aos princípios de legalidade, impessoalidade, moralidade, publicidade e eficiência (...)". Sendo a publicidade, a impessoalidade e a eficiência princípios fundamentais de toda a administração pública, devem igualmente nortear a elaboração dos atos e das comunicações oficiais.

17.4.1 CLAREZA E PRECISÃO

17.4.1.1 CLAREZA

A clareza deve ser a qualidade básica de todo texto oficial. Pode-se definir como claro aquele texto que possibilita imediata compreensão pelo leitor. Não se concebe que um documento oficial ou um ato normativo de qualquer natureza seja redigido de forma obscura, que dificulte ou impossibilite sua compreensão. A transparência é requisito do próprio Estado de Direito: **é inaceitável que um texto oficial ou um ato normativo não seja entendido pelos cidadãos.** O princípio constitucional da publicidade não se esgota na mera publicação do texto, estendendo-se, ainda, à necessidade de que o texto seja claro.

Para a obtenção de clareza, sugere-se:

a) utilizar palavras e expressões simples, em seu sentido comum, salvo quando o texto versar sobre assunto técnico, hipótese em que se utilizará nomenclatura própria da área;

b) usar frases curtas, bem estruturadas; apresentar as orações na ordem direta e evitar intercalações excessivas. Em certas ocasiões, para evitar ambiguidade, sugere-se a adoção da ordem inversa da oração;

c) buscar a uniformidade do tempo verbal em todo o texto;

d) não utilizar regionalismos e neologismos;

e) pontuar adequadamente o texto;

f) explicitar o significado da sigla na primeira referência a ela; e

g) utilizar palavras e expressões em outro idioma apenas quando indispensáveis, em razão de serem designações ou expressões de uso já consagrado ou de não terem exata tradução. Nesse caso, grafe-as em itálico.

17.4.1.2 PRECISÃO

O atributo da precisão **complementa a clareza** e caracteriza-se por:

a) articulação da linguagem comum ou técnica para a perfeita compreensão da ideia veiculada no texto;

b) manifestação do pensamento ou da ideia com as mesmas palavras, evitando o emprego de sinonímia com propósito meramente estilístico; e

c) escolha de expressão ou palavra que não confira duplo sentido ao texto.

É indispensável, também, a releitura de todo o texto redigido. A ocorrência, em textos oficiais, de trechos obscuros provém principalmente da falta da releitura, o que tornaria possível sua correção. Na revisão de um expediente, deve-se avaliar se ele será de fácil compreensão por seu destinatário. O que nos parece óbvio pode ser desconhecido por terceiros. O domínio que adquirimos sobre certos assuntos, em decorrência de nossa experiência profissional, muitas vezes, faz com que os tomemos como de conhecimento geral, o que nem sempre é verdade. Explicite, desenvolva, esclareça, precise os termos técnicos, o significado das siglas e das abreviações e os conceitos específicos que não possam ser dispensados.

A revisão atenta exige tempo. A pressa com que são elaboradas certas comunicações quase sempre compromete sua clareza. "Não há assuntos urgentes, há assuntos atrasados", diz a máxima. Evite-se, pois, o atraso, com sua indesejável repercussão no texto redigido.

A clareza e a precisão não são atributos que se atinjam por si sós: elas dependem estritamente das demais características da redação oficial, apresentadas a seguir.

17.4.2 OBJETIVIDADE

Ser objetivo é ir diretamente ao assunto que se deseja abordar, sem voltas e sem redundâncias. Para conseguir isso, é fundamental que o redator saiba de antemão qual é a ideia principal e quais são as secundárias.

Procure perceber certa hierarquia de ideias que existe em todo texto de alguma complexidade: as fundamentais e as secundárias. Essas últimas podem esclarecer o sentido daquelas, detalhá-las, exemplifi-

11. Presidência da República 3a edição, revista, atualizada e ampliada pela Subchefia para Assuntos Jurídicos da Casa Civil da Presidência da República.

cá-las; mas existem também ideias secundárias que não acrescentam informação alguma ao texto, nem têm maior relação com as fundamentais, podendo, por isso, ser dispensadas, o que também proporcionará mais objetividade ao texto.

A objetividade conduz o leitor ao contato mais direto com o assunto e com as informações, sem subterfúgios, sem excessos de palavras e de ideias. É errado supor que a objetividade suprime a delicadeza de expressão ou torna o texto rude e grosseiro.

17.4.3 CONCISÃO

A concisão é antes uma qualidade do que uma característica do texto oficial. **Conciso é o texto que consegue transmitir o máximo de informações com o mínimo de palavras.** Não se deve de forma alguma entendê-la como economia de pensamento, isto é, não se deve eliminar passagens substanciais do texto com o único objetivo de reduzi-lo em tamanho. Trata-se, exclusivamente, de excluir palavras inúteis, redundâncias e passagens que nada acrescentem ao que já foi dito.

Detalhes irrelevantes são dispensáveis: o texto deve evitar caracterizações e comentários supérfluos, adjetivos e advérbios inúteis, subordinação excessiva.

17.4.4 COESÃO E COERÊNCIA

É indispensável que o texto tenha coesão e coerência. **Tais atributos favorecem a conexão, a ligação, a harmonia entre os elementos de um texto.** Percebe-se que o texto tem coesão e coerência quando se lê um texto e se verifica que as palavras, as frases e os parágrafos estão entrelaçados, dando continuidade uns aos outros.

Alguns mecanismos que estabelecem a coesão e a coerência de um texto são: **referência, substituição, elipse e uso de conjunção**.

A referência diz respeito aos termos que se relacionam a outros necessários à sua interpretação. Esse mecanismo pode dar-se por retomada de um termo, relação com o que é precedente no texto, ou por antecipação de um termo cuja interpretação dependa do que se segue.

> Exemplos:
>
> O Deputado evitou a instalação da CPI da corrupção. Ele aguardou a decisão do Plenário.
>
> O TCU apontou estas irregularidades: falta de assinatura e de identificação no documento.

A substituição é a colocação de um item lexical no lugar de outro(s) ou no lugar de uma oração.

> Exemplos:
>
> O Presidente assinou o acordo. O Chefe do Poder Executivo federal propôs reduzir as alíquotas. O ofício está pronto. O documento trata da exoneração do servidor.
>
> Os governadores decidiram acatar a decisão. Em seguida, os prefeitos fizeram o mesmo.

A elipse consiste na omissão de um termo recuperável pelo contexto.

> Exemplo:
>
> O decreto regulamenta os casos gerais; a portaria, os particulares. **(Na segunda oração, houve a omissão do verbo "regulamenta").**

Outra estratégia para proporcionar coesão e coerência ao texto é utilizar conjunção para estabelecer ligação entre orações, períodos ou parágrafos.

> Exemplo:
>
> O Embaixador compareceu à reunião, pois identificou o interesse de seu Governo pelo assunto.

17.4.5 IMPESSOALIDADE

A impessoalidade decorre de princípio constitucional (Constituição, art. 37), e seu significado remete a dois aspectos: o primeiro é a obrigatoriedade de que a administração pública proceda de modo a não privilegiar ou prejudicar ninguém, de que o seu norte seja, sempre, o interesse público; o segundo, a abstração da pessoalidade dos atos administrativos, pois, apesar de a ação administrativa ser exercida por intermédio de seus servidores, é resultado tão-somente da vontade estatal.

A redação oficial é elaborada sempre em nome do serviço público e sempre em atendimento ao interesse geral dos cidadãos. Sendo assim, os assuntos objetos dos expedientes oficiais não devem ser tratados de outra forma que não a estritamente impessoal.

Percebe-se, assim, que o tratamento impessoal que deve ser dado aos assuntos que constam das comunicações oficiais decorre:

a) **da ausência de impressões individuais de quem comunica**: embora se trate, por exemplo, de um expediente assinado por Chefe de determinada Seção, a comunicação é sempre feita em nome do serviço público. Obtém-se, assim, uma desejável padronização, que permite que as comunicações elaboradas em diferentes setores da administração pública guardem entre si certa uniformidade;

b) **da impessoalidade de quem recebe a comunicação**: ela pode ser dirigida a um cidadão, sempre concebido como público, ou a uma instituição privada, a outro órgão ou a outra entidade pública. Em todos os casos, temos um destinatário concebido de forma homogênea e impessoal; e

c) **do caráter impessoal do próprio assunto tratado**: se o universo temático das comunicações oficiais se restringe a questões que dizem respeito ao interesse público, é natural não caber qualquer tom particular ou pessoal.

Não há lugar na redação oficial para impressões pessoais, como as que, por exemplo, constam de uma carta a um amigo, ou de um artigo assinado de jornal, ou mesmo de um texto literário. A redação oficial deve ser isenta da interferência da individualidade de quem a elabora. **A concisão, a clareza, a objetividade e a formalidade** de que nos valemos para elaborar os expedientes oficiais **contribuem**, ainda, **para que seja alcançada a necessária impessoalidade**.

17.4.6 FORMALIDADE E PADRONIZAÇÃO

As comunicações administrativas devem ser sempre formais, isto é, obedecer a certas regras de forma (BRASIL, 2015a). Isso é válido tanto para as comunicações feitas em meio eletrônico (por exemplo, o e-mail , o documento gerado no SEI!, o documento em html etc.), quanto para os eventuais documentos impressos.

É imperativa, ainda, certa formalidade de tratamento. Não se trata somente do correto emprego deste ou daquele pronome de tratamento para uma autoridade de certo nível, mais do que isso: a formalidade diz respeito à civilidade no próprio enfoque dado ao assunto do qual cuida a comunicação.

A formalidade de tratamento vincula-se, também, à necessária uniformidade das comunicações. Ora, se a administração pública federal é una, é natural que as comunicações que expeça sigam o mesmo padrão. O estabelecimento desse padrão, uma das metas deste Manual, exige que se atente para todas as características da redação oficial e que se cuide, ainda, da apresentação dos textos.

A digitação sem erros, o uso de papéis uniformes para o texto definitivo, nas exceções em que se fizer necessária a impressão, e a correta diagramação do texto são indispensáveis para a padronização.

Em razão de seu caráter público e de sua finalidade, os atos normativos e os expedientes oficiais requerem o uso do padrão culto do idioma, que acata os preceitos da gramática formal e emprega um léxico compartilhado pelo conjunto dos usuários da língua. O uso do padrão culto é, portanto, imprescindível na redação oficial por estar acima das diferenças lexicais, morfológicas ou sintáticas, regionais; dos modismos vocabulares e das particularidades linguísticas.

Recomendações:

- a língua culta é contra a pobreza de expressão e não contra a sua simplicidade;
- o uso do padrão culto não significa empregar a língua de modo rebuscado ou utilizar figuras de linguagem próprias do estilo literário;
- a consulta ao dicionário e à gramática é imperativa na redação de um bom texto.

Pode-se concluir que não existe propriamente um padrão oficial de linguagem, o que há é o uso da norma padrão nos atos e nas comunicações oficiais. É claro que haverá preferência pelo uso de determinadas expressões, ou será obedecida certa tradição no emprego das formas sintáticas, mas isso não implica, necessariamente, que se consagre a utilização de uma forma de linguagem burocrática. O jargão burocrático, como todo jargão, deve ser evitado, pois terá sempre sua compreensão limitada.

17.5. AS COMUNICAÇÕES OFICIAIS[12]

A redação das comunicações oficiais deve, antes de tudo, seguir os preceitos explicitados no Capítulo I, "Aspectos gerais da redação oficial". Além disso, há características específicas de cada tipo de expediente, que serão tratadas em detalhe neste capítulo. Antes de passarmos à sua análise, vejamos outros aspectos comuns a quase todas as modalidades de comunicação oficial.

17.5.1 PRONOMES DE TRATAMENTO

Tradicionalmente, o emprego dos pronomes de tratamento adota a segunda pessoa do plural, de maneira indireta, para referenciar atributos da pessoa à qual se dirige. Na redação oficial, é necessário atenção para o uso dos pronomes de tratamento em três momentos distintos: no endereçamento, no vocativo e no corpo do texto. No vocativo, o autor dirige-se ao destinatário no início do documento. No corpo do texto, pode-se empregar os pronomes de tratamento em sua forma abreviada ou por extenso. O endereçamento é o texto utilizado no envelope que contém a correspondência oficial.

A seguir, alguns exemplos de utilização de pronomes de tratamento no texto oficial.

12. Presidência da República 3a edição, revista, atualizada e ampliada pela Subchefia para Assuntos Jurídicos da Casa Civil da Presidência da República.

Autoridade	Endereçamento	Vocativo	Tratamento no corpo do texto	Abreviatura
Presidente da República	A Sua Excelência o Senhor	Excelentíssimo Senhor Presidente da República,	Vossa Excelência	Não se usa
Presidente do Congresso Nacional	A Sua Excelência o Senhor	Excelentíssimo Senhor Presidente do Congresso Nacional,	Vossa Excelência	Não se usa
Presidente do Supremo Tribunal Federal	A Sua Excelência o Senhor	Excelentíssimo Senhor Presidente do Supremo Tribunal Federal,	Vossa Excelência	Não se usa
Vice-Presidente da República	A Sua Excelência o Senhor	Senhor Vice-Presidente da República,	Vossa Excelência	V. Exa.
Ministro de Estado	A Sua Excelência o Senhor	Senhor Ministro,	Vossa Excelência	V. Exa.
Secretário-Executivo de Ministério e demais ocupantes de cargos de natureza especial	A Sua Excelência o Senhor	Senhor Secretário-Executivo,	Vossa Excelência	V. Exa.

Autoridade	Endereçamento	Vocativo	Tratamento no corpo do texto	Abreviatura
Embaixador	A Sua Excelência o Senhor	Senhor Embaixador,	Vossa Excelência	V. Exa.
Oficial-General das Forças Armadas	A Sua Excelência o Senhor	Senhor + Posto,	Vossa Excelência	V. Exa.
Outros postos militares	Ao Senhor	Senhor + Posto,	Vossa Senhoria	V. Sa.
Senador da República	A Sua Excelência o Senhor	Senhor Senador,	Vossa Excelência	V. Exa.
Deputado Federal	A Sua Excelência o Senhor	Senhor Deputado,	Vossa Excelência	V. Exa.
Ministro do Tribunal de Contas da União	A Sua Excelência o Senhor	Senhor Ministro do Tribunal de Contas da União,	Vossa Excelência	V. Exa.
Ministro dos Tribunais Superiores	A Sua Excelência o Senhor	Senhor Ministro,	Vossa Excelência	V. Exa.

17.5.2 SIGNATÁRIO

17.5.2.1 CARGOS INTERINO E SUBSTITUTO

Na identificação do signatário, depois do nome do cargo, é possível utilizar os termos interino e substituto, conforme situações a seguir: interino é aquele nomeado para ocupar transitoriamente cargo público durante a vacância; substituto é aquele designado para exercer as atribuições de cargo público vago ou no caso de afastamento e impedimentos legais ou regulamentares do titular. Esses termos devem ser utilizados depois do nome do cargo, sem hífen, sem vírgula e em minúsculo. Exemplos: Diretor-Geral interino, Secretário-Executivo substituto.

17.5.2.2 SIGNATÁRIAS DO SEXO FEMININO

Na identificação do signatário, o cargo ocupado por pessoa do sexo feminino deve ser flexionado no gênero feminino. Exemplos: Ministra de Estado, Secretária-Executiva interina, Técnica Administrativa, Coordenadora Administrativa.

17.5.3 GRAFIA DE CARGOS COMPOSTOS

Escrevem-se com hífen:

a) cargos formados pelo adjetivo "geral": **diretor-geral, relator-geral, ouvidor-geral**;

b) postos e gradações da diplomacia: **primeiro-secretário, segundo-secretário**;

c) postos da hierarquia militar: **tenente-coronel, capitão-tenente**;

Atenção: nomes compostos com elemento de ligação preposicionado ficam sem hífen: general de exército, general de brigada, tenente-brigadeiro do ar, capitão de mar e guerra;

d) cargos que denotam hierarquia dentro de uma empresa: **diretor-presidente, diretor-adjunto, editor-chefe, editor-assistente, sócio-gerente, diretor-executivo**;

e) cargos formados por numerais: **primeiro-ministro, primeira-dama**;

f) cargos formados com os prefixos "ex" ou "vice": **ex-diretor, vice-coordenador**.

O novo Acordo Ortográfico tornou opcional o uso de iniciais maiúsculas em palavras usadas reverencialmente, por exemplo para cargos e títulos (exemplo: o Presidente francês ou o presidente francês). Porém, em palavras com hífen, após se optar pelo uso da maiúscula ou da minúscula, deve-se manter a escolha para a grafia de todos os elementos hifenizados: pode-se escrever "Vice-Presidente" ou "vice-presidente", mas não "Vice-presidente".

17.5.4 VOCATIVO

O vocativo é uma invocação ao destinatário. Nas comunicações oficiais, o vocativo será sempre seguido de vírgula. Em comunicações dirigidas aos **Chefes de Poder, utiliza-se a expressão Excelentíssimo Senhor ou Excelentíssima Senhora e o cargo respectivo**, seguidos de vírgula. Exemplos: Excelentíssimo Senhor Presidente da República, Excelentíssimo Senhor Presidente do Congresso Nacional, Excelentíssimo Senhor Presidente do Supremo Tribunal Federal.

As **demais autoridades**, mesmo aquelas tratadas por Vossa Excelência, receberão o vocativo **Senhor ou Senhora** seguido do **cargo respectivo**. Exemplos: Senhora Senadora, Senhor Juiz, Senhora Ministra.

Na hipótese de comunicação com particular, pode-se utilizar o **vocativo Senhor ou Senhora** e a forma utilizada pela instituição para referir-se ao interlocutor: **beneficiário, usuário, contribuinte, eleitor** etc. Exemplos: Senhora Beneficiária, Senhor Contribuinte.

Ainda, quando o destinatário for um particular, no vocativo, pode-se utilizar Senhor ou Senhora seguido do nome do particular ou pode-se utilizar o vocativo "Prezado Senhor" ou "Prezada Senhora".

Em comunicações oficiais, **está abolido o uso de Digníssimo (DD) e de Ilustríssimo (Ilmo.).** Evite-se o uso de "doutor" indiscriminadamente. O tratamento por meio de Senhor confere a formalidade desejada.

17.6. O PADRÃO OFÍCIO[13]

Até a segunda edição deste Manual, havia três tipos de expedientes que se diferenciavam antes pela finalidade do que pela forma: o ofício, o aviso e o memorando. **Com o objetivo de uniformizá-los, deve-se adotar nomenclatura e diagramação únicas, que sigam o que chamamos de padrão ofício.**

A distinção básica anterior entre os três era:

a) aviso: era expedido exclusivamente por Ministros de Estado, para autoridades de mesma hierarquia;

b) ofício: era expedido para e pelas demais autoridades; e

c) memorando: era expedido entre unidades administrativas de um mesmo órgão.

> Atenção: Nesta nova edição ficou abolida aquela distinção e passou-se a utilizar o termo ofício nas três hipóteses.

A seguir, será apresentada a estrutura do padrão ofício, de acordo com a ordem com que cada elemento aparece no documento oficial.

17.6.1 PARTES DO DOCUMENTO NO PADRÃO OFÍCIO

17.6.1.1 CABEÇALHO

O cabeçalho é utilizado apenas na primeira página do documento, centralizado na área determinada pela formatação (ver subitem "5.2 Formatação e apresentação"). No cabeçalho deverão constar os seguintes elementos:

a) **brasão de Armas da República**[14]: no topo da página. Não há necessidade de ser aplicado em cores. O uso de marca da instituição deve ser evitado na correspondência oficial para não se sobrepor ao Brasão de Armas da República.

b) nome do órgão principal;

c) nomes dos órgãos secundários, quando necessários, da maior para a menor hierarquia; e

d) **espaçamento**: entrelinhas simples (1,0).

Os dados do órgão, tais como endereço, telefone, endereço de correspondência eletrônica, sítio eletrônico oficial da instituição, podem ser informados no rodapé do documento, centralizados.

17.6.1.2 IDENTIFICAÇÃO DO EXPEDIENTE

Os documentos oficiais devem ser identificados da seguinte maneira:

a) **nome do documento**: tipo de expediente por extenso, com todas as letras maiúsculas;

b) **indicação de numeração**: abreviatura da palavra "número", padronizada como Nº;

c) **informações do documento**: número, ano (com quatro dígitos) e siglas usuais do setor que expede o documento, da menor para a maior hierarquia, separados por barra (/); e d) **alinhamento**: à margem esquerda da página.

> Exemplo:
>
> OFÍCIO No 652/2018/SAA/SE/MT

17.6.1.3 LOCAL E DATA DO DOCUMENTO

Na grafia de datas em um documento, o conteúdo deve constar da seguinte forma:

a) **composição**: local e data do documento;

b) **informação de local**: nome da cidade onde foi expedido o documento, seguido de vírgula. Não se deve utilizar a sigla da unidade da federação depois do nome da cidade;

c) **dia do mês**: em numeração ordinal se for o primeiro dia do mês e em numeração cardinal para os demais dias do mês. Não se deve utilizar zero à esquerda do número que indica o dia do mês;

d) **nome do mês**: deve ser escrito com inicial minúscula;

e) **pontuação**: coloca-se ponto-final depois da data; e

f) **alinhamento**: o texto da data deve ser alinhado à margem direita da página.

---

13. Presidência da República 3a edição, revista, atualizada e ampliada pela Subchefia para Assuntos Jurídicos da Casa Civil da Presidência da República.

14. O desenho oficial atualizado do Brasão de Armas da República pode ser localizado no sítio eletrônico da Presidência da República, na seção Símbolos Nacionais. Disponível em: <http://www2.planalto.gov.br/acervo/simbolosnacionais/brasao/brasao-da-republica>. No caso de documento a ser impresso, exclusivamente quando o signatário for o Presidente da República, Ministro de Estado ou a autoridade máxima de autarquia, será utilizado timbre em relevo branco, nos termos do disposto no Decreto no 80.739, de 14 de novembro de 1977.

Exemplo: Brasília, 2 de fevereiro de 2018.

17.6.1.4 ENDEREÇAMENTO

O endereçamento é a parte do documento que informa quem receberá o expediente. Nele deverão constar os seguintes elementos:

a) **vocativo**: na forma de tratamento adequada para quem receberá o expediente (ver subitem "4.1 Pronomes de tratamento");
b) **nome**: nome do destinatário do expediente;
c) **cargo**: cargo do destinatário do expediente;
d) **endereço**: endereço postal de quem receberá o expediente, dividido em duas linhas: primeira linha: informação de localidade/logradouro do destinatário ou, no caso de ofício ao mesmo órgão, informação do setor; segunda linha: CEP e cidade/unidade da federação, separados por espaço simples. Na separação entre cidade e unidade da federação pode ser substituída a barra pelo ponto ou pelo travessão. No caso de ofício ao mesmo órgão, não é obrigatória a informação do CEP, podendo ficar apenas a informação da cidade/unidade da federação; e
e) **alinhamento**: à margem esquerda da página.

O pronome de tratamento no endereçamento das comunicações dirigidas às autoridades tratadas por Vossa Excelência terá a seguinte forma: "A Sua Excelência o Senhor" ou "A Sua Excelência a Senhora".

Quando o tratamento destinado ao receptor for Vossa Senhoria, o endereçamento a ser empregado é "Ao Senhor" ou "À Senhora". Ressalte-se que não se utiliza a expressão "A Sua Senhoria o Senhor" ou "A Sua Senhoria a Senhora".

17.6.1.5 ASSUNTO

O assunto deve dar uma ideia geral do que trata o documento, de forma sucinta.

Ele deve ser grafado da seguinte maneira:

a) **título**: a palavra Assunto deve anteceder a frase que define o conteúdo do documento, seguida de dois-pontos;
b) **descrição do assunto**: a frase que descreve o conteúdo do documento deve ser escrita com inicial maiúscula, não se deve utilizar verbos e sugere-se utilizar de quatro a cinco palavras;
c) **destaque**: todo o texto referente ao assunto, inclusive o título, deve ser destacado em negrito;
d) **pontuação**: coloca-se ponto-final depois do assunto; e
e) **alinhamento**: à margem esquerda da página.

17.6.1.6 TEXTO DO DOCUMENTO

O texto do documento oficial deve seguir a seguinte padronização de estrutura:

I – nos casos em que não seja usado para encaminhamento de documentos, o expediente deve conter a seguinte estrutura:

a) **introdução**: em que é apresentado o objetivo da comunicação. Evite o uso das formas: Tenho a honra de, Tenho o prazer de, Cumpre-me informar que. Prefira empregar a forma direta: Informo, Solicito, Comunico;
b) **desenvolvimento**: em que o assunto é detalhado; se o texto contiver mais de uma ideia sobre o assunto, elas devem ser tratadas em parágrafos distintos, o que confere maior clareza à exposição; e
c) **conclusão**: em que é afirmada a posição sobre o assunto.

II – quando forem usados para encaminhamento de documentos, a estrutura é modificada:

a) **introdução**: deve iniciar com referência ao expediente que solicitou o encaminhamento. Se a remessa do documento não tiver sido solicitada, deve iniciar com a informação do motivo da comunicação, que é encaminhar, indicando a seguir os dados completos do documento encaminhado (tipo, data, origem ou signatário e assunto de que se trata) e a razão pela qual está sendo encaminhado; e
b) **desenvolvimento**: se o autor da comunicação desejar fazer algum comentário a respeito do documento que encaminha, poderá acrescentar parágrafos de desenvolvimento. Caso contrário, não há parágrafos de desenvolvimento em expediente usado para encaminhamento de documentos.

III – tanto na estrutura I quanto na estrutura II, o texto do documento deve ser formatado da seguinte maneira:

a) **alinhamento**: justificado;
b) **espaçamento entre linhas**: simples;
c) **parágrafos**:
   i espaçamento entre parágrafos: de 6 pontos após cada parágrafo;
   ii recuo de parágrafo: 2,5 cm de distância da margem esquerda;
   iii numeração dos parágrafos: apenas quando o documento tiver três ou mais parágrafos, desde o primeiro parágrafo. Não se numeram o vocativo e o fecho;
d) **fonte: Calibri ou Carlito**;
   i corpo do texto: tamanho 12 pontos;
   ii citações recuadas: tamanho 11 pontos; e

iii notas de Rodapé: tamanho 10 pontos;

e) **símbolos**: para símbolos não existentes nas fontes indicadas, pode-se utilizar as fontes *Symbol* e *Wingdings*;

17.6.1.7 FECHOS PARA COMUNICAÇÕES

O fecho das comunicações oficiais objetiva, além da finalidade óbvia de arrematar o texto, saudar o destinatário. Os modelos para fecho anteriormente utilizados foram regulados pela Portaria no 1, de 1937, do Ministério da Justiça, que estabelecia quinze padrões. Com o objetivo de simplificá-los e uniformizá-los, este Manual estabelece o emprego de somente dois fechos diferentes para todas as modalidades de comunicação oficial:

a) Para autoridades de hierarquia superior a do remetente, inclusive o Presidente da República:

Respeitosamente,

b) Para autoridades de mesma hierarquia, de hierarquia inferior ou demais casos: Atenciosamente,

Ficam excluídas dessa fórmula as comunicações dirigidas a autoridades estrangeiras, que atendem a rito e tradição próprios.

O fecho da comunicação deve ser formatado da seguinte maneira:

a) **alinhamento**: alinhado à margem esquerda da página;

b) **recuo de parágrafo**: 2,5 cm de distância da margem esquerda;

c) **espaçamento entre linhas**: simples;

d) **espaçamento entre parágrafos**: de 6 pontos após cada parágrafo; e

e) **não deve ser numerado**.

17.6.1.8 IDENTIFICAÇÃO DO SIGNATÁRIO

Excluídas as comunicações assinadas pelo Presidente da República, todas as demais comunicações oficiais devem informar o signatário segundo o padrão:

a) **nome**: nome da autoridade que as expede, grafado em letras maiúsculas, sem negrito. Não se usa linha acima do nome do signatário;

b) **cargo**: cargo da autoridade que expede o documento, redigido apenas com as iniciais maiúsculas. As preposições que liguem as palavras do cargo devem ser grafadas em minúsculas; e

c) **alinhamento**: a identificação do signatário deve ser centralizada na página. Para evitar equívocos, recomenda-se não deixar a assinatura em página isolada do expediente. Transfira para essa página ao menos a última frase anterior ao fecho.

17.6.1.9 NUMERAÇÃO DAS PÁGINAS

A numeração das páginas é obrigatória apenas a partir da segunda página da comunicação. Ela deve ser centralizada na página e obedecer à seguinte formatação:

a) **posição**: no rodapé do documento, ou acima da área de 2 cm da margem inferior; e

b) fonte: **Calibri ou Carlito**.

17.6.2 FORMATAÇÃO E APRESENTAÇÃO

Os documentos do padrão ofício devem obedecer à seguinte formatação:

a) **tamanho do papel**: A4 (29,7 cm x 21 cm);

b) **margem lateral esquerda**: no mínimo, 3 cm de largura;

c) **margem lateral direita**: 1,5 cm;

d) **margens superior e inferior**: 2 cm;

e) **área de cabeçalho**: na primeira página, 5 cm a partir da margem superior do papel;

f) **área de rodapé**: nos 2 cm da margem inferior do documento;

g) **impressão**: na correspondência oficial, a impressão pode ocorrer em ambas as faces do papel. Nesse caso, as margens esquerda e direita terão as distâncias invertidas nas páginas pares (margem espelho);

h) **cores**: os textos devem ser impressos na cor preta em papel branco, reservando-se, se necessário, a impressão colorida para gráficos e ilustrações;

i) **destaques**: para destaques deve-se utilizar, sem abuso, o negrito. Deve-se evitar destaques com uso de itálico, sublinhado, letras maiúsculas, sombreado, sombra, relevo, bordas ou qualquer outra forma de formatação que afete a sobriedade e a padronização do documento;

j) **palavras estrangeiras**: palavras estrangeiras devem ser grafadas em itálico;

k) **arquivamento**: dentro do possível, todos os documentos elaborados devem ter o arquivo de texto preservado para consulta posterior ou aproveitamento de trechos para casos análogos. Deve ser utilizado, preferencialmente, formato de arquivo que possa ser lido e editado pela maioria dos editores de texto utilizados no serviço público, tais como DOCX, ODT ou RTF.

l) **nome do arquivo**: para facilitar a localização, os nomes dos arquivos devem ser formados da seguinte maneira:

tipo do documento + número do documento + ano do documento (com 4 dígitos) + palavras-chaves do conteúdo

17.7. TIPOS DE DOCUMENTOS[15]

17.7.1 VARIAÇÕES DOS DOCUMENTOS OFICIAIS

Os documentos oficiais podem ser identificados de acordo com algumas possíveis variações:

a) **[NOME DO EXPEDIENTE] + CIRCULAR**: Quando um órgão envia o mesmo expediente para mais de um órgão receptor. A sigla na epígrafe será apenas do órgão remetente.

b) **[NOME DO EXPEDIENTE] + CONJUNTO**: Quando mais de um órgão envia, conjuntamente, o mesmo expediente para um único órgão receptor. As siglas dos órgãos remetentes constarão na epígrafe.

c) **[NOME DO EXPEDIENTE]** + CONJUNTO CIRCULAR: Quando mais de um órgão envia, conjuntamente, o mesmo expediente para mais de um órgão receptor. As siglas dos órgãos remetentes constarão na epígrafe.

Nos expedientes circulares, por haver mais de um receptor, o órgão remetente poderá inserir no rodapé as siglas ou nomes dos órgãos que receberão o expediente.

Atenção! Para ter acesso ao MANUAL DE REDAÇÃO DA PRESIDÊNCIA DA REPÚBLICA completo, basta acessar este link:

http://www4.planalto.gov.br/centrodeestudos/assuntos/manual-de-redacao-da-presidencia-da-republica/manual-de-redacao.pdf

15. Presidência da República 3a edição, revista, atualizada e ampliada pela Subchefia para Assuntos Jurídicos da Casa Civil da Presidência da República.

✦ BIBLIOGRAFIA

- CÂMARA JR., Joaquim Mattoso. *Estrutura da língua portuguesa.* 16. ed. Petrópolis, Vozes, 1985.
- CÂMARA JR.,Joaquim Mattoso. *História e estrutura da língua portuguesa.* 2. ed. Rio de Janeiro, Padrão, 1976.
- CAMPEDELLI, Samira Youssef. *Gramática do texto, texto da gramática.* 1 ed. São Paulo, Saraiva, 1999.
- CAVALLETE, Floriana Toscano; TERRA, Ernani; NICOLA, José de. *Português para o ensino médio-língua, literatura e produção de textos.* 1. ed. São Paulo, Scipione, 2002.
- INFANTE, Ulisses. *Curso de gramática aplicada aos textos.* 6. ed. São Paulo, Scipione, 2001.
- INFANTE, Ulisses; CIPRO NETO, Pasquale. *Gramática da língua portuguesa.* 2. ed. São Paulo, Scipione, 2004.
- INFANTE, Ulisses; CIPRO NETO, Pasquale. *Gramática da língua portuguesa.* 1. ed. São Paulo, Scipione, 1999.
- INFANTE,Ulisses; NICOLA,José de. *Gramática contemporânea da língua portuguesa.* 15. ed. São Paulo, Scipione, 1999.
- LIMA, Rocha. *Gramática normativa da língua portuguesa.* 23. ed. Rio de Janeiro, José Olympio, 1983.
- NOGUEIRA, Duda. *Língua Portuguesa para concursos.* 10. ed. Salvador, Editora Juspodivm, 2023.
- NOGUEIRA, Duda. *Revisaço Língua Portuguesa.* 10. ed. Salvador,Editora Juspodivm, 2023.
- TERRA, Ernani; NICOLA, José de. *Gramática, literatura e produção de textos.* 2. ed. São Paulo, Scipione, 2003.

Direito Administrativo

Leandro Bortoleto
e Luís Felipe Cirino

TABELA DE INCIDÊNCIA DE QUESTÕES		
ASSUNTO	**NÚMERO DE QUESTÕES**	**PESO**
1. CONCEITO E FONTES DO DIREITO ADMINISTRATIVO	2	1,42%
2. REGIME JURÍDICO ADMINISTRATIVO	6	4,26%
3. ADMINISTRAÇÃO PÚBLICA E TERCEIRO SETOR	21	14,89%
4. AGENTES PÚBLICOS: DISPOSIÇÕES CONSTITUCIONAIS	6	4,26%
5. REGIME JURÍDICO DOS SERVIDORES PÚBLICOS CIVIS FEDERAIS: LEI Nº 8.112/90	25	17,73%
6. CARREIRAS DO PODER JUDICIÁRIO DA UNIÃO (LEI Nº 11.416/2006)	6	4,26%
7. PODERES ADMINISTRATIVOS	16	11,35%
8. ATO ADMINISTRATIVO	13	9,22%
9. PROCESSO ADMINISTRATIVO FEDERAL: LEI Nº 9.784/99	13	9,22%
10. LICITAÇÃO E CONTRATO ADMINISTRATIVO (LEI Nº 14.133/2021)	6	4,26%
11. SERVIÇOS PÚBLICOS	4	2,84%
12. BENS PÚBLICOS	3	2,13%
13. INTERVENÇÃO DO ESTADO NA PROPRIEDADE	3	2,13%
14. RESPONSABILIDADE EXTRACONTRATUAL DO ESTADO	10	7,09%
15. CONTROLE DA ADMINISTRAÇÃO PÚBLICA	3	2,13%
16. IMPROBIDADE ADMINISTRATIVA: LEI Nº 8.429/92	4	2,84%
TOTAL	**141**	**100%**

Direito Administrativo

Leandro Bortoleto
e Luís Felipe Cirino

✦ QUESTÕES

1. CONCEITO E FONTES DO DIREITO ADMINISTRATIVO

01. (Cespe - Analista Judiciário - Área Administrativa - TRE - TO/2017) O direito administrativo consiste em um conjunto de regramentos e princípios que regem a atuação da administração pública, sendo esse ramo do direito constituído pelo seguinte conjunto de fontes:

a) lei em sentido amplo e estrito, doutrina, jurisprudência e costumes.

b) lei em sentido amplo e estrito, jurisprudência e normas.

c) costumes, jurisprudência e doutrina.

d) lei em sentido amplo, doutrina e costumes.

e) lei em sentido estrito, jurisprudência e doutrina.

COMENTÁRIOS

✪ **Nota do Autor:** A questão exige do candidato conhecimento específico sobre as fontes de Direito Administrativo, que, em outras palavras, são as 'formas que revelam' o Direito, motivo pelo qual o seu estudo é de suma importância.

Alternativa correta: letra "a" (responde as demais alternativas). Como é inerente a um Estado de Direito, a principal fonte normativa do Direito é a lei, que deve ser considerada em seu sentido amplo, abrangendo todas as espécies de atos legislativos. A lei, no sentido empregado, é a principal fonte de direito administrativo, pois nos atos legislativos é que está presente, ao menos em tese, o real interesse público. Assim, são **fontes primárias** do Direito Administrativo a Constituição Federal, as Emendas à Constituição, as Constituições Estaduais, a Lei Orgânica do Distrito Federal e dos Municípios, as leis complementares, ordinárias e delegadas, as medidas provisórias, os decretos legislativos e as resoluções legislativas. A doutrina, por seu turno, é o estudo desenvolvido pelos juristas, e tem papel especialmente importante no direito administrativo **como um todo** - principalmente pelo fato deste não estar em um único código - e contribui para a correta interpretação dos estudos administrativos. Nesse sentido, conforme Hely Lopes Meirelles, a doutrina "influi não só na elaboração da lei como nas decisões contenciosas e não contenciosas, ordenando, assim, o próprio Direito Administrativo"[1].A jurisprudência possui, **em regra**, caráter meramente orientador; ou seja, as decisões dos tribunais servem de parâmetro e orientação para os juízes das instâncias inferiores na hora do julgamento. Todavia, há **casos** em que a jurisprudência tem força vinculante, e obrigam a Administração Pública, como é o caso da súmula vinculante, por exemplo. Enfim, muito embora haja divergência doutrinária se o costume é ou não fonte de direito administrativo, prevalece a corrente que o entende como tal. O costume é a prática reiterada, uniforme, de um comportamento que é considerado uma obrigação legal. Não pode ser confundido com a praxe administrativa - que, por ser a simples rotina administrativa, não constitui fonte do direito administrativo.

02. (Analista Judiciário - Área Judiciária TRE/PE 2011 - FCC) No que concerne às fontes do Direito Administrativo, é correto afirmar que:

a) o costume não é considerado fonte do Direito Administrativo.

b) uma das características da jurisprudência é o seu universalismo, ou seja, enquanto a doutrina tende a nacionalizar-se, a jurisprudência tende a universalizar-se.

c) embora não influa na elaboração das leis, a doutrina exerce papel fundamental apenas nas decisões

1. *Direito Administrativo Brasileiro.* 36 ed. São Paulo: Malheiros, 2010. p. 47.

contenciosas, ordenando, assim, o próprio Direito Administrativo.

d) tanto a Constituição Federal como a lei em sentido estrito constituem fontes primárias do Direito Administrativo.

e) tendo em vista a relevância jurídica da jurisprudência, ela sempre obriga a Administração Pública.

COMENTÁRIOS

✪ **Nota do Autor:** A questão exige do candidato conhecimento específico sobre as fontes de Direito Administrativo, que, em outras palavras, são as 'formas que revelam' o Direito, motivo pelo qual o seu estudo é de suma importância.

Alternativa "a". Muito embora haja divergência doutrinária se o costume é ou não fonte de direito administrativo, prevalece a corrente que o entende como tal. O costume é a prática reiterada, uniforme, de um comportamento que é considerado uma obrigação legal. Não pode ser confundido com a praxe administrativa – que, por ser a simples rotina administrativa, não constitui fonte do direito administrativo.

Alternativa "b". Ao contrário do contido na alternativa, uma das características da jurisprudência é o nacionalismo, porque enquanto "a doutrina tende a *universalizar-se,* a jurisprudência tende a *nacionalizar-se*, pela contínua adaptação da lei e dos princípios teóricos ao caso concreto. Sendo o Direito Administrativo menos geral que os demais ramos jurídicos, preocupa-se diretamente com a Administração de cada Estado, e por isso mesmo encontra, muitas vezes, mais afinidade com a jurisprudência pátria que com a doutrina estrangeira"[2].

Alternativa "c". A doutrina é o estudo desenvolvido pelos juristas, e tem papel especialmente importante no direito administrativo **como um todo** – principalmente pelo fato deste não estar em um único código – e contribui para a correta interpretação dos estudos administrativos. Nesse sentido, conforme Hely Lopes Meirelles, a doutrina "influi não só na elaboração da lei como nas decisões contenciosas e não contenciosas, ordenando, assim, o próprio Direito Administrativo"[3].

Alternativa "d". Como é inerente a um Estado de Direito, a principal fonte normativa do Direito é a lei, que deve ser considerada em seu sentido amplo, abrangendo todas as espécies de atos legislativos. A lei, no sentido empregado, é a principal fonte de direito administrativo, pois nos atos legislativos é que está presente, ao menos em tese, o real interesse público. Assim, são **fontes primárias** do Direito Administrativo a Constituição Federal, as Emendas à Constituição, as Constituições Estaduais, a Lei Orgânica do Distrito Federal e dos Municípios, as leis complementares, ordinárias e delegadas, as medidas provisórias, os decretos legislativos e as resoluções legislativas.

Alternativa "e". A jurisprudência possui, **em regra**, caráter meramente orientador; ou seja, as decisões dos tribunais servem de parâmetro e orientação para os juízes das instâncias inferiores na hora do julgamento. Todavia, há **casos excepcionais** em que a jurisprudência tem força vinculante, e obrigam a Administração Pública, como é o caso da súmula vinculante, por exemplo.

Alternativa correta: letra "d".

2. REGIME JURÍDICO ADMINISTRATIVO

- CF, art. 37, caput
- Lei nº 9.784/99, art. 2º

03. (IBFC – Técnico Judiciário – Área Administrativa – TRE – PA/2020) O regime jurídico administrativo pode ser conceituado como o "conjunto de princípios que definem a lógica da atuação do ente público, a qual se baseia na existência de limitações e prerrogativas em face do interesse público". Sobre o tema, assinale a alternativa incorreta.

a) Havendo conflito entre os interesses da sociedade e as necessidades específicas de indivíduos, os primeiros deverão prevalecer, em virtude da posição privilegiada assegurada à Administração Pública quando se relaciona com particulares, fundamentada no Princípio da Supremacia do Interesse Público sobre o Privado

b) A publicidade dos atos, programas, obras, serviços e campanhas dos órgãos públicos deverá ter caráter educativo, informativo ou de orientação social, dela não podendo constar nomes, símbolos ou imagens que caracterizem promoção pessoal de autoridades ou servidores públicos. Essa norma configura corolário do Princípio da Impessoalidade, expressamente previsto no artigo 37 da Constituição Federal de 1988

c) O Princípio da Moralidade, embora goze de conceito jurídico indeterminado, visa estabelecer a obrigatoriedade de observância dos padrões éticos de conduta, para que se assegure o exercício da função pública de forma a atender as necessidades coletivas

d) A Administração Pública detém o poder de controlar os seus atos de ofício, mediante a anulação de atos praticados em suas atividades essenciais,

---

2. MEIRELLES, Hely Lopes. *Direito administrativo brasileiro.* 36. ed. São Paulo: Malheiros, 2010. p. 47.
3. *Direito Administrativo Brasileiro.* 36 ed. São Paulo: Malheiros, 2010. p. 47.

quando ilegais, ou a revogação de atos importunos ou inconvenientes, sem que seja necessária a interferência do Poder Judiciário, com fundamento no Princípio da Intranscendência

COMENTÁRIOS

Alternativa "a". Pelo princípio da **supremacia do interesse público, havendo conflito entre o interesse público e o privado, aquele deverá prevalecer,** desde que se trate de interesse público primário. É o princípio que **confere autoridade à atuação administrativa.** Trata-se de uma das **pedras angulares** do Direito Administrativo.

Alternativa "b". O **princípio da impessoalidade** pode ser analisado quanto aos administrados e quanto à Administração. No primeiro sentido, representa a obrigatoriedade da atuação administrativa ser conduzida sempre em busca da finalidade pública e, por isso, o princípio da impessoalidade, nesse sentido, também é conhecido como princípio da finalidade, conforme Hely Lopes Meirelles[4]. No outro aspecto, a Administração Pública deve ser impessoal em relação a ela mesma. Assim, por exemplo, quando um ato é praticado por um agente público, na verdade, quem o faz é a pessoa jurídica, à qual pertence o órgão em que o servidor está lotado. Ainda nesse sentido, **há a proibição, constante do art. 37, § 1º, da Constituição Federal, de que ocorra menção a nomes, símbolos ou imagens que caracterizem promoção pessoal.**

Alternativa "c". Pela aplicação do princípio da **moralidade, a atuação administrativa, além de ser legal, tem que ser moral**, tem que estar de acordo com a **boa-fé,** com a **moral,** com a **ética,** com a **honestidade,** com a **lealdade,** com a **probidade** ".

Alternativa "d". Pelo princípio da **autotutela**, é dever da Administração Pública o controle de seus próprios atos, quanto à legalidade e quanto ao mérito. A autotutela significa, assim, que a Administração tem de **cuidar de si própria** e, com fundamento nesse princípio, ela anula seus atos, quando eivados de vícios de legalidade, ou os revoga, quando se tornarem inconvenientes ou inoportunos em face do interesse público.

Alternativa correta: letra "d".

---

04. (FCC – Técnico Judiciário – Área Administrativa – TRE – SP/2017) O controle exercido pela Administração direta sobre a Administração indireta denomina-se

a) poder de tutela e permite a substituição de atos praticados pelos entes que integram a Administração indireta que não estejam condizentes com o ordenamento jurídico.

b) poder de revisão dos atos, decorrente da análise de mérito do resultado, bem como em relação aos estatutos ou legislação que criaram os entes que integram a Administração indireta.

c) controle finalístico, pois a Administração direta constitui a instância final de apreciação, para fins de aprovação ou homologação, dos atos e recursos praticados e interpostos no âmbito da Administração indireta.

d) poder de tutela, que não pressupõe hierarquia, mas apenas controle finalístico, que analisa a aderência da atuação dos entes que integram a Administração indireta aos atos ou leis que os constituíram.

e) poder de autotutela, tendo em vista que a Administração indireta integra a Administração direta e, como tal, compreende a revisão dos atos praticados pelos entes que a compõem quando não guardarem fundamento com o escopo institucional previsto em seus atos constitutivos.

COMENTÁRIOS

Alternativa "d" (responde as demais alternativas). Pelo princípio da **tutela** ou do **controle**, a **administração direta controla, fiscaliza as atividades das entidades da administra**ção **indireta** (autarquias, fundações públicas, sociedades de economia mista, empresas públicas, etc). Assim, na **administração indireta**, não é possível se falar em hierarquia. A entidade criadora tem por dever fiscalizar a entidade criada para verificar se o objetivo da criação está sendo atendido. Mas, não se trata de controle hierárquico, pois o que existe é um **controle de finalidade**, um **controle finalístico. O princípio da tutela não deve ser confundido com o princípio da autotutela**, pelo qual é dever da Administração Pública o controle de seus próprios atos, quanto à legalidade e quanto ao mérito.

Alternativa correta: letra "d".

---

05. (FCC – Técnico Judiciário – Área Administrativa – TRE – SP/2017) Considere a lição de Maria Sylvia Zanella Di Pietro: A Administração não pode atuar com vistas a prejudicar ou beneficiar pessoas determinadas, uma vez que é sempre o interesse público que tem que nortear o seu comportamento. *(Direito Administrativo, São Paulo: Atlas, 29ª edição, p. 99).*

Essa lição expressa o conteúdo do princípio da

a) impessoalidade, expressamente previsto na Constituição Federal, que norteia a atuação da Administração pública de forma a evitar favorecimentos e viabilizar o atingimento do interesse público, finalidade da função executiva.

---

4 *Direito administrativo brasileiro.* 36. ed. São Paulo: Malheiros, 2010. p. 93.

b) legalidade, que determina à Administração sempre atuar de acordo com o que estiver expressamente previsto na lei, em sentido estrito, admitindo-se mitigação do cumprimento em prol do princípio da eficiência.

c) eficiência, que orienta a atuação e o controle da Administração pública pelo resultado, de forma que os demais princípios e regras podem ser relativizados.

d) supremacia do interesse público, que se coloca com primazia sobre os demais princípios e interesses, uma vez que atinente à finalidade da função executiva.

e) publicidade, tendo em vista que todos os atos da Administração pública devem ser de conhecimento dos administrados, para que possam exercer o devido controle.

COMENTÁRIOS

Nota do Autor: O regime jurídico administrativo é o **conjunto de princípios** que atribuem à Administração Pública, em um extremo, **prerrogativas** e, no outro, **sujeições**. Dentre os que diversos princípios que o compõem, há dois que são considerados chamados de **pedras angulares** ou **pedras de toque**[5] do direito administrativo, quais sejam, o princípio da **supremacia do interesse público** e o princípio da **indisponibilidade do interesse público.**

Alternativa "a". O **princípio da impessoalidade** deve ser visto sob dois aspectos: em **relação ao administrado** e em **relação** à **própria Administração**. No que se refere ao administrado, a impessoalidade se faz presente na **busca pela finalidade pública** e nunca de interesse particular. No outro sentido – em relação à própria Administração – significa que não é o agente público, enquanto pessoa física, que pratica o ato administrativo, pois, na verdade, quem o faz é a pessoa jurídica à qual pertence o órgão em que o servidor está lotado. É exemplo de aplicação do princípio da impessoalidade, na primeira acepção acima, a exigência constitucional de concurso público.

Alternativa "b". O **princípio da legalidade** não apresenta conteúdo idêntico para o particular e para a Administração Pública. Para esta, significa que **a atuação administrativa deve se dar em conformidade com a lei, com o direito**. Assim, ao administrador somente é permitido agir de acordo com a lei, não vigorando a autonomia da vontade, prevalente na esfera privada, em que o particular não é obrigado senão em virtude de lei.

Alternativa "c". O princípio da **eficiência** faz com que se espere da atuação do agente público o melhor desempenho possível de suas atribuições, de forma a atingir os **melhores resultados.** Além disso, o referido princípio também se presta à mesma finalidade no que diz respeito à organização, à estruturação e à disciplina da Administração Pública. Diante disso, a Emenda Constitucional nº 19/1998 fez incluir, no artigo 41, em seu parágrafo 4º, da Constituição Federal, o requisito segundo o qual, para a aquisição de estabilidade pelos servidores nomeados para cargo de provimento efetivo, após três anos de efetivo exercício – tal qual dispõe o *caput* do dispositivo –, é obrigatória a avaliação especial de desempenho por comissão instituída para essa finalidade.

Alternativa "d". Pelo princípio da **supremacia do interesse público, havendo conflito entre o interesse público e o privado, aquele deverá prevalecer.** É o princípio que **confere autoridade** à **atuação administrativa.**

Alternativa "e". Por esse princípio, a **atuação administrativa** não pode ser secreta. Ao contrário, deve ser transparente, para que assim, o titular do poder – que é o povo – possa verificar se, realmente, a conduta do administrador estava pautada no interesse público. O **princípio da publicidade** é materializado pela **publicação dos atos administrativos**. A regra, portanto, é que todo ato administrativo deve ser publicado, exceto quando, nos termos do art. 5º, XXXIII da Constituição Federal, o "sigilo seja imprescindível à segurança da sociedade e do Estado".

Alternativa correta: letra "a".

---

06. (Cespe – Analista Judiciário – Área Administrativa – TRE – BA/2017) A respeito da administração pública, julgue os itens a seguir.

I. São princípios que regem a administração pública expressos na Constituição Federal de 1988: legalidade, indivisibilidade, moralidade, publicidade e eficiência.

II. A avaliação de desempenho como condição para a aquisição de estabilidade do servidor público é um exemplo de aplicação do princípio da eficiência.

III. A afronta a qualquer um dos princípios explícitos da administração pública pode configurar ato de improbidade administrativa.

IV. A moralidade administrativa é definida com base na concepção pessoal do agente público acerca da conduta administrativa considerada ética.

Estão certos apenas os itens

a) I e II.

b) I e III.

c) II e III.

d) II e IV.

e) III e IV.

5. MELLO, Celso Antônio Bandeira de. *Curso de direito administrativo*. 27. ed. São Paulo: Malheiros, 2010. p. 55 e 57.

COMENTÁRIOS

Item I. A Constituição de 1988 inovou ao fazer expressa menção a alguns princípios a que se submete a Administração Pública direta e indireta, a saber, os princípios da **legalidade**, da **impessoalidade**, da **moralidade administrativa**, da **publicidade** e **eficiência** (art. 37, *caput*). É o conhecido LIMPE.

Item II. Pelo princípio da **eficiência**, a Administração Pública **deve atuar de maneira a buscar resultados, e não simplesmente agir.** Isto é, a atuação administrativa deve buscar a **melhor relação custo-benefício**, deve ser feita a otimização dos recursos, o devido planejamento e estabelecimento de metas e a fiscalização do efetivo cumprimento do que fora planejado. Neste sentido, a avaliação de desempenho é uma decorrência direta da aplicação do **princípio da eficiência.**

Item III. A Lei nº 8.429/92 – Lei de Improbidade Administrativa – estabelecia, em seu art. 11, um rol exemplificativo de atos de improbidade que **atentam contra os princípios da Administração Pública**. Entretanto, atualmente, em razão das mudanças feitas pela Lei nº 14.230/2021, o rol passou a ser taxativo e, dessa forma, o conteúdo da alternativa, atualmente, está incorreto.

Item IV. Pelo princípio da **moralidade**, a atuação administrativa, além de ser legal, tem que ser moral, de modo objetivo, **independentemente da concepção pessoal do agente público do que** é **observar** à **moralidade.** O exemplo comumente apresentado como materialização do princípio da moralidade é, justamente, a **vedação ao nepotismo**, pois não há lei específica vedando a contratação de parentes para cargos comissionados na Administração Pública. Nesse sentido, o STF aprovou a **Súmula Vinculante nº 13** e, por ela, está proibida a nomeação para cargo em comissão do **cônjuge ou companheiro e dos parentes, em linha reta, colateral e por afinidade, até o 3º grau, inclusive, da autoridade nomeante ou de servidor que já** é **ocupante de cargo em comissão na mesma pessoa jurídica.**

Alternativa correta: letra "c". Estão corretos os itens II e III. O item III está incorreto, atualmente. Questão desatualizada.

---

07. (FCC – Analista Judiciário – Área Judiciária – TRE – PR/2017) Dentre os princípios que regem a Administração pública, aplica-se aos servidores públicos, no exercício de suas funções, a

a) legalidade, como princípio vetor e orientador dos demais, tendo em vista que os todos os atos dos servidores têm natureza vinculada, ou seja, devem estar previstos em lei, assim como todas as infrações disciplinares e respectivas penalidades.

b) moralidade, que orienta todos os atos praticados pelos servidores públicos, mas cuja violação não pode ser imputada à Administração pública enquanto pessoa jurídica, porque sua natureza é incompatível com a subjetividade.

c) publicidade, que exige a publicação de todos os atos praticados pelos servidores, vinculados ou discricionários, ainda que não dependam de motivação, não atingindo, contudo, os atos que se refiram aos servidores propriamente ditos, que prescindem de divulgação, porque surtem efeitos apenas internos.

d) eficiência, como finalidade precípua da atuação da Administração pública, obrigando os servidores públicos a prezar pela sua aplicação em preferência aos demais princípios, que a ela passaram a se subordinar após sua inclusão na Constituição Federal.

e) impessoalidade, tanto no que se refere à escolha dos servidores, quanto no exercício da função pelos mesmos, que não pode favorecer, beneficiar ou perseguir outros servidores e particulares que mantenham ou pretendam manter relações jurídicas com a Administração pública.

COMENTÁRIOS

Alternativa "a". O **princípio da legalidade** não apresenta conteúdo idêntico para o particular e para a Administração Pública. Para esta, significa que **a atuação administrativa deve se dar em conformidade com a lei, com o direito**. Assim, ao administrador somente é permitido agir de acordo com a lei, não vigorando a autonomia da vontade, prevalente na esfera privada, em que o particular não é obrigado senão em virtude de lei.

Alternativa "b". O princípio da **moralidade** preceitua que **a atuação administrativa além de ser legal tem que ser moral.** Tem que estar de acordo com a **boa-fé,** com a **moral,** com a ética, com a **honestidade,** com a **lealdade**, com a **probidade.** Mesmo que determinada situação seja respaldada pelo ordenamento jurídico, o ato pode ser considerado viciado por afrontar o princípio da moralidade.

Alternativa "c". Pelo **princípio da publicidade,** a **atuação administrativa não pode ser secreta**. Ao contrário, deve ser transparente para que, assim, o titular do poder – que é o povo – possa verificar se, realmente, a conduta do administrador estava pautada no interesse público. A **regra**, portanto, é que todo ato administrativo deve ser publicado, exceto quando, nos termos do art. 5º, XXXIII, da Constituição Federal, o "sigilo seja imprescindível à segurança da sociedade e do Estado".

Alternativa "d". Pelo princípio da eficiência, **a Administração Pública deve atuar de maneira a buscar resultados e não simplesmente agir**. É uma exigência constitucional que se manifesta, especialmente, em relação aos serviços públicos, pois esses devem ser, cada vez mais, executados da melhor maneira possível e devem alcançar todos os administrados, de maneira eficiente.

Alternativa "e". O **princípio da impessoalidade** deve ser visto sob dois aspectos: em **relação ao administrado** e em **relação** à **própria Administração**. No que se refere ao administrado, a impessoalidade se faz presente na **busca pela finalidade pública** e nunca de interesse particular. No outro sentido – em relação à própria Administração – significa que não é o agente público, enquanto pessoa física, que pratica o ato administrativo, pois, na verdade, quem o faz é a pessoa jurídica à qual pertence o órgão em que o servidor está lotado.

Alternativa correta: letra "e".

---

08. (Cespe – Técnico Judiciário – Área Administrativa – TRE – PI/2016) O regime jurídico-administrativo caracteriza-se

a) pelas prerrogativas e sujeições a que se submete a administração pública.
b) pela prevalência da autonomia da vontade do indivíduo.
c) por princípios da teoria geral do direito.
d) pela relação de horizontalidade entre o Estado e os administrados.
e) pela aplicação preponderante de normas do direito privado.

COMENTÁRIOS

Alternativa "a" (responde as demais alternativas). O regime jurídico-administrativo é um conjunto de princípios que impõem prerrogativas e sujeições à Administração Pública. O interesse público primário é o interesse público propriamente dito; é o interesse da coletividade; está estabelecido na Constituição Federal. O interesse público secundário é o interesse do ente estatal (União, Estados, etc.); é o interesse individual do Estado, como pessoa jurídica[6]. Entretanto, na atuação administrativa os princípios são de obediência obrigatória, independentemente da espécie de interesse público. Desse modo, em relação às prerrogativas, é possível a Administração, por exemplo, apreender mercadoria, interditar estabelecimento, desapropriar, instituir servidão, requisitar bens e, para tanto, não necessita da intervenção do Poder Judiciário, podendo fazê-lo por seus próprios meios (autoexecutoriedade). Por outro lado, deve agir, sempre, sem se afastar do interesse público e respeitando os direitos fundamentais.

Alternativa correta: letra "a".

6. MELLO, Celso Antonio Bandeira de. *Curso de direito administrativo*. 27. ed. São Paulo: Malheiros, 2010. p. 65-66.

3. ADMINISTRAÇÃO PÚBLICA E TERCEIRO SETOR

- CF, art. 37, XIX, XX e § 8º
- CF, art. 173 e 175
- Decreto-Lei nº 200/67
- Decreto-Lei nº 900/69, art. 5º
- Lei nº 9.649/98, art. 51
- Lei nº 11.107/05
- Lei nº 9.637/98
- Lei nº 9.790/99

---

09. (IBFC – Analista Judiciário – Área Judiciária – TRE – PA/2020) A criação de Agências Reguladoras se deu com o Programa Nacional de Desestatização. Sendo assim, analise as afirmativas abaixo:

I. A natureza especial conferida à agência reguladora é caracterizada pela ausência de tutela ou de subordinação hierárquica, pela autonomia funcional, decisória, administrativa e financeira e pela investidura a termo de seus dirigentes e estabilidade durante os mandatos.
II. Os membros do Conselho Diretor ou da Diretoria Colegiada ficam impedidos de exercer atividade ou de prestar qualquer serviço no setor regulado pela respectiva agência, por período de 4 (quatro) meses, contados da exoneração ou do término de seu mandato, assegurada a remuneração compensatória.
III. É vedada a indicação para o Conselho Diretor ou a Diretoria Colegiada de pessoa que tenha atuado, nos últimos 30 (trinta) meses, como participante de estrutura decisória de partido político ou em trabalho vinculado a organização, estruturação e realização de campanha eleitoral.
IV. O Conselho Administrativo de Defesa Econômica notificará a agência reguladora do teor da decisão sobre condutas potencialmente anticompetitivas cometidas no exercício das atividades reguladas, bem como das decisões relativas a atos de concentração julgados por aquele órgão, no prazo máximo de 24 (vinte e quatro) horas após a publicação do respectivo acórdão.

Assinale a alternativa correta.

a) Apenas as afirmativas I, III e IV estão corretas
b) Apenas as afirmativas I e II estão corretas
c) Apenas a afirmativas III e IV estão corretas
d) Apenas a afirmativa I está correta

COMENTÁRIOS

✪ **Nota do Autor:** As agências reguladoras são entidades administrativas da Administração Pública indireta, com personalidade de direito público, criada para exercer a regulação, o controle administrativo, a fiscalização, a disciplina sobre a prestação de um determinado serviço público ou a realização de alguma atividade econômica. Na área federal, há a Lei nº 13.848/2019, que é o marco regulatório das agências reguladoras federais.

Item I. Correto. As agências reguladoras têm sido criadas como **autarquias em regime especial**, por possuírem maior autonomia do que as autarquias em geral e, nos termos do art. 3º da Lei nº 13.848/2019, a "natureza especial conferida à agência reguladora é caracterizada pela ausência de tutela ou de subordinação hierárquica, pela autonomia funcional, decisória, administrativa e financeira e pela investidura a termo de seus dirigentes e estabilidade durante os mandatos, bem como pelas demais disposições constantes desta Lei ou de leis específicas voltadas à sua implementação".

Item II. Errado. Realmente, há a vedação de atuação em período posterior ao desligamento da agência, mas conforme o art. 8º da Lei nº 9.986/2000, o prazo de vedação é de **seis** meses, contados da exoneração ou do término do seu mandato. Durante esse período, o ex-dirigente não pode exercer nenhuma atividade ou prestar qualquer serviço no setor regulado pela respectiva agência, pois a esta fica vinculado e faz jus a remuneração compensatória equivalente à do cargo de direção que exerceu e aos benefícios a ele inerentes. A inobservância dessa vedação constitui crime de advocacia administrativa, sem prejuízo das demais sanções cabíveis, administrativas e civis.

Item III. Errado. É vedada a indicação para o Conselho Diretor ou a Diretoria Colegiada de pessoa que tenha atuado, nos últimos **36 (trinta e seis) meses**, como participante de estrutura decisória de partido político ou em trabalho vinculado a organização, estruturação e realização de campanha eleitoral. Eis a redação do art. 8º-A, II, da Lei nº 9.986/2000.

Item IV. Errado. Nos termos do art. 28, da Lei nº 13.848/2019, "(...) o o Conselho Administrativo de Defesa Econômica (Cade) notificará a agência reguladora do teor da decisão sobre condutas potencialmente anticompetitivas cometidas no exercício das atividades reguladas, bem como das decisões relativas a atos de concentração julgados por aquele órgão, no prazo máximo de **48 (quarenta e oito) horas** após a publicação do respectivo acórdão, para que sejam adotadas as providências legais".

Alternativa correta: letra "d".

---

10. (IBFC – Analista Judiciário – Área Judiciária – TRE – PA/2020) Sobre a Administração Pública, enquanto conjunto estrutural de órgãos e entidades voltados à execução das atividades públicas, assinale a alternativa correta.

a) Pela teoria da institucionalização, determinados órgãos públicos, não obstante não tenham personalidade jurídica própria, em virtude de sua atuação, podem ganhar "vida própria", por conta de sua história existencial, como é o caso do Exército Brasileiro

b) O Poder Executivo poderá qualificar como Agência Reguladora a autarquia ou fundação que tenha um plano estratégico de reestruturação e de desenvolvimento institucional em andamento e tenha celebrado Contrato de Gestão com o respectivo Ministério supervisor

c) Prescreve em 5 (cinco) anos, contados da data da prática do ato abusivo, a ação de reparação em face do acionista controlador da empresa pública e da sociedade de economia mista, proposta pela sociedade, pelo terceiro prejudicado ou pelos demais sócios

d) É permitida a participação remunerada de membros da administração pública, direta ou indireta, em mais de 2 (dois) conselhos, de administração ou fiscal, de empresa pública, de sociedade de economia mista ou de suas subsidiárias.

COMENTÁRIOS

Alternativa "a". Órgãos públicos são centros especializados de atribuições que existem no interior de uma pessoa jurídica política ou administrativa. De acordo com o art. 1º, §2º, I da Lei 9784/99 define órgão como a unidade de atuação integrante da estrutura da Administração direta ou da Administração indireta e a principal característica dos órgãos públicos é que eles **não têm personalidade jurídica**. Eventualmente, contudo, à luz da teoria da institucionalização, determinados órgãos públicos são dotados de estruturas jurídicas que, a despeito de formalmente não contemplarem personalidade jurídica, fazem com que ganhem vida própria.

Alternativa "b". O Poder Executivo poderá qualificar como **Agência Executiva** a autarquia ou fundação que tenha um plano estratégico de reestruturação e de desenvolvimento institucional em andamento e tenha celebrado Contrato de Gestão (ou contrato de desempenho, conforme Lei nº 13.934/2019) com o respectivo Ministério supervisor, nos termos do art. 51, da Lei nº 9.649/1998.

Alternativa "c". Na forma do art. 15, §2º, da Lei nº 13.303/2016, prescreve em **6 (seis) anos**, contados da data da prática do ato abusivo, a ação de reparação em face do acionista controlador da empresa pública e da sociedade de economia mista, proposta pela sociedade, pelo terceiro prejudicado ou pelos demais sócios.

Alternativa "d". É **vedada** a participação remunerada de membros da administração pública, direta ou indireta, em mais de 2 (dois) conselhos, de administração ou fiscal, de empresa pública, de sociedade de economia mista ou de suas subsidiárias, na forma do art. 20, da Lei nº 13.303/2016.

Alternativa correta: letra "a".

---

11. (IBFC – Técnico Judiciário – Área Administrativa – TRE – PA/2020) O Estatuto Jurídico da empresa pública, da sociedade de economia mista e de suas subsidiárias, no âmbito da União, dos Estados, do Distrito Federal e dos Municípios encontra- se regulamentado na Lei n° 13.303 de 2016. Sobre o tema, assinale a alternativa correta:

a) Desde que a maioria das ações com direito a voto pertençam em sua maioria à União, aos Estados, ao Distrito Federal ou aos Municípios, será admitida, no capital da empresa pública, a participação de outras pessoas jurídicas de direito público interno, bem como de entidades da administração indireta dos entes federados

b) Sociedade de economia mista é a entidade dotada de personalidade jurídica de direito privado, com criação autorizada por lei, sob a forma de sociedade anônima, cuja maioria do capital votante pertença em sua maioria à União, aos Estados, ao Distrito Federal, aos Municípios ou a entidade da administração indireta

c) Há expressa vedação legal em face das sociedades de economia mista para o lançamento de debêntures ou outros títulos ou valores mobiliários, conversíveis em ações, bem como para emissão de partes beneficiárias

d) O prazo de gestão dos membros do Conselho Fiscal, tanto para empresas públicas, como para sociedades de economia mista, não poderá ser superior a dois anos, permitidas duas reconduções consecutivas

COMENTÁRIOS

Alternativa "a". O parágrafo único, do art. 3º, da Lei nº 13.303/2016, estabelece que "desde que a maioria do capital votante permaneça em propriedade da União, do Estado, do Distrito Federal ou do Município, será admitida, no capital da empresa pública, a participação de outras pessoas jurídicas de direito público interno, **bem como de entidades da administração indireta da União, dos Estados, do Distrito Federal e dos Municípios**".

Alternativa "b". De acordo com a definição legal (art. 4º, *caput*), sociedade de economia mista é a entidade dotada de personalidade jurídica de direito privado, com criação autorizada por lei, sob a forma de sociedade anônima, cujas ações com direito a voto pertençam em sua maioria à União, aos Estados, ao Distrito Federal, aos Municípios ou a entidade da administração indireta".

Alternativa "c". A vedação à emissão de debêntures e partes beneficiárias restringe-se as empresas públicas, **não se aplicando às sociedades de economia mista**, na forma do art. 11, da Lei nº 13.303/2016.

Alternativa "d". O prazo de gestão dos membros do Conselho Fiscal das empresas públicas e sociedades de economia mista não poderá ser superior a 2 (dois) anos, permitidas 2 (duas) reconduções consecutivas, nos termos do art. 13, VII, da Lei.

Alternativa correta: letra "d".

---

12. (IBFC – Analista Judiciário – Área Judiciária – TRE – PA/2020) As entidades que fazem parte do terceiro setor, também designadas como entes paraestatais, não integram a estrutura da Administração Pública, mas cooperam com o Estado no desempenho de atividades não lucrativas. Sobre o tema, assinale a alternativa correta:

a) O Poder Executivo poderá qualificar como Organizações da Sociedade Civil de Interesse Público (OSCIP) as pessoas jurídicas de direito privado, sem fins lucrativos, atendidos os requisitos previstos em lei, cujo vínculo com o Poder Público é efetivado mediante a celebração de contrato de gestão

b) Podem qualificar-se como Organizações Sociais as pessoas jurídicas de direito privado sem fins lucrativos que tenham sido constituídas e se encontrem em funcionamento regular há, no mínimo, 3 (três) anos, desde que os respectivos objetivos sociais e normas estatutárias atendam aos requisitos instituídos por lei

c) Os serviços sociais autônomos integrantes do denominado Sistema "S", embora não integrem a Administração Pública, colaboram com ela na execução de atividades de relevante significado social, razão pela qual estão submetidos à exigência de concurso público para a contratação de pessoal, nos moldes do artigo 37, inciso II, da Constituição Federal de 1988

d) O vínculo das entidades de apoio com o Poder Público decorre da assinatura de convênio, que lhe garante a destinação de valores públicos, com dotação orçamentária específica, além da possibilidade de cessão de bens públicos e, até mesmo, a cessão de servidores.

COMENTÁRIOS

✪ **Nota do Autor:** O **terceiro setor**, na definição de Maria Sylvia Zanella Di Pietro, é composto por entidades da sociedade civil de fins públicos e não lucrativos; (...). Na realidade, ele caracteriza-se por prestar atividade de interesse público, por iniciativa privada, sem fins lucrativos; precisamente pelo interesse público da atividade, recebe proteção e, em muitos casos, ajuda por parte do Estado, dentro da atividade de fomento"[7].

Alternativa "a". As organizações da sociedade civil de interesse público (Oscip's), regulamentadas pela Lei nº 9.790/1999, são qualificadas como pessoas jurídicas de direito privado, sem fins lucrativos, instituídas por iniciativa de particulares, que desempenham serviços sociais não exclusivos ao Poder Público com incentivo e fiscalização deste, mediante **termo de parceria.**

Alternativa "b". Não há referida previsão na Lei nº 9.637/1998, de tal modo que para que uma entidade privada esteja habilitada à qualificação como organização social basta **comprovar o registro de seu ato constitutivo**, que deve dispor sobre uma série de itens previstas na legislação e, ainda, **haver aprovação, quanto à conveniência e oportunidade de sua qualificação como organização social, do Ministro ou titular de órgão supervisor ou regulador da área de atividade correspondente ao seu objeto social e do Ministro de Estado.**

Alternativa "c". os serviços sociais autônomos são **pessoas jurídicas de direito privado, sem finalidade de lucro, que atuam na realização de atividade de interesse público, de atividade não exclusiva do Estado.** Não fazem parte da administração indireta, mas, para serem criados, dependem de lei. Entretanto, não é a lei que os cria, pois a **lei autoriza a instituição**, mas quem concretiza sua criação são as suas Confederações Nacionais, conforme o setor produtivo (indústria, comércio, agricultura, transportes e cooperativas). Não estão, contudo, submetidos à exigência de concurso público para a contratação de pessoal.

Alternativa "d". As **entidades de apoio** são pessoas jurídicas do setor privado, sem finalidade lucrativa, que desenvolvem serviços sociais e, normalmente, se relacionam com a Administração Pública, **por convênio,** para atuarem junto a universidades públicas e hospitais públicos. A regulamentação da atuação das entidades de apoio encontra-se na Lei nº 8.958/1994.

Alternativa correta: letra "d".

---

13. (IBFC – Técnico Judiciário – Área Administrativa – TRE – PA/2020) Para José dos Santos Carvalho Filho, "a função administrativa é dentre todas a mais ampla, uma vez que é através dela que o Estado cuida da gestão de todos os seus interesses e os da coletividade". Considerando o sentido material (ou objetivo) e o sentido subjetivo (ou orgânico) da Administração Pública, analise atentamente as afirmativas abaixo e dê valores Verdadeiro (V) ou Falso (F).

( ) O exercício das atividades administrativas pode se dar tanto de forma centralizada, prestada pela Administração Direta, composta pelos entes políticos e seus respectivos órgãos, quanto de forma descentralizada, em que há a transferência da prestação de serviços do ente para outra pessoa jurídica fora de sua estrutura.

( ) A desconcentração configura o deslocamento interno de competências dentro de uma mesma pessoa jurídica, com a possibilidade de criação de órgãos públicos especializados e subordinados, os quais se submetem a uma espécie de controle hierárquico.

( ) As empresas públicas e as sociedades de economia mista poderão gozar de privilégios fiscais não extensivos às do setor privado.

( ) São características comuns às entidades da Administração Pública Indireta, sejam de direito público ou privado: a existência de personalidade jurídica própria, a necessidade de lei específica (para sua criação ou autorização, a depender do caso), a criação para uma finalidade específica de interesse público definida em lei, a ausência de fins lucrativos e a submissão ao controle finalístico exercido pelo ente da Administração Direta.

Assinale a alternativa que apresenta a sequência correta de cima para baixo.

a) V, F, F, V

b) F, V, F, V

c) V, V, F, V

d) V, V, V, F

COMENTÁRIOS

Item I. Correto. A desconcentração e a descentralização são técnicas utilizadas para que o Estado possa prestar as suas atividades, bem como racionalizar seu desenvolvimento. A **desconcentração** é a **divisão de funções** entre diversos órgãos de uma **mesma Administração**, mas não possuem personalidade própria, não havendo quebra de hierarquia. As competências são divididas dentro de uma única pessoa jurídica, de modo a retirar um enorme volume de atribuições, permitindo que haja um desempenho mais racional e adequado, sem a criação de outras pessoas jurídicas. Os critérios para a desconcentração são: a) em razão da matéria (material ou temática), criando-se órgãos para tratar de assuntos específicos, como, no âmbito federal, os Ministérios da Justiça, da Saúde, etc.; b) em razão do grau (hierárquica ou funcional): onde a divisão é realizada por nível de responsabilidade de decisões nos diversos escalões correspondentes aos patamares de autoridade, como o diretor de departamento, o diretor de divisão, os chefes de seção, os encarregados etc.; c) em razão do critério territorial (territorial ou geográfica): a divi-

7 *Direito administrativo*. 25. ed. São Paulo: Atlas, 2012. p.465.

são das atividades é realizada em razão da localidade, como por exemplo, nas administrações regionais da Prefeitura, da Delegacia de Saúde etc. Já a **descentralização** envolve a **distribuições de competência de uma pessoa para outra**, seja ela física ou jurídica, não se estabelecendo uma relação hierárquica entre elas. As competências serão divididas entre duas pessoas. Duas são as categorias de descentralizações: 1) as políticas, que são objeto de estudo aprofundado no Direito Constitucional, pois abrangem os entes federativos, como a União, Estados, Distrito Federal e Municípios; 2) as administrativas, nos casos em que um ente central empresta atribuições a órgãos periféricos ou locais dotados de personalidade jurídica. As descentralizações podem ser classificadas como: a) descentralização territorial ou geográfica; nestas o ente descentralizado possui autoadministração, permitindo o exercício de grande parcela dos encargos públicos de interesse da coletividade, mas sujeito ao controle e ingerência do poder central, como por exemplo, os territórios federais. Os territórios federais que existiam foram extintos pela CF, mas nada obsta a criação de novos, desde que disciplinados por lei complementar, aprovada diretamente pela população interessada, através de plebiscito e do Congresso Nacional, por intermédio de lei complementar (art. 18, §§2º e 3º, da CF); b) descentralização por serviços, funcional ou técnica, quando o Poder Público cria ou autoriza a criação de pessoas jurídicas de direito público ou de direito privado, ou mesmo apenas atribua a titularidade da execução de serviços públicos.

Item II. Verdadeiro. A **desconcentração** representa o exercício da função administrativa de maneira desconcentrada, quer dizer, não há a concentração em um só órgão, mas sim, **a pessoa jurídica política ou administrativa se divide em vários órgãos.** Ocorre a **distribuição interna de competências,** de tal modo que as atribuições administrativas são outorgadas aos diversos órgãos que compõem a hierarquia da Administração Pública, criando uma relação de coordenação e subordinação.

Item III. Errado. Quando **exploradoras de atividade econômica**, a empresa pública e a sociedade de economia mista submetem-se ao regime estabelecido no **art. 173 da Constituição Federal**, cujo § 1º prevê que a edição de estatuto jurídico das empresas "que explorem atividade econômica de produção ou comercialização de bens ou de prestação de serviços", o que ocorreu com a Lei nº 13.303/16. Nos termos do art. 173, *caput,* o Estado somente poderá explorar, diretamente, atividade econômica quando necessária à segurança nacional ou a relevante interesse coletivo. As empresas estatais, quando atuarem nesse tipo de atividade, deverão obedecer às regras previstas para as empresas do setor privado. Assim, **não é possível que a elas sejam estendidos privilégios fiscais não extensivos às pessoas da iniciativa privada, devendo se submeter ao regime privado quanto às obrigações civis, comerciais, trabalhistas e tributárias, consoante art. 173, §2º, da Constituição Federal.** Entretanto, salienta-se que, na verdade, há o chamado **regime híbrido**, pelo qual há uma mistura das normas de direito público com as normas de direito privado.

Item IV. Correto. A **Administração Pública Indireta** está intimamente relacionada com a **descentralização**, que ocorre quando a **pessoa jurídica política – titular do exercício de determinada competência material, a ela atribuída por expressa previsão constitucional – transfere a outra pessoa a competência para o exercício de determinada função**. Todas as características elencadas no item aplicam-se a entidades da Administração Indireta, sejam de personalidade jurídica de direito público ou privado.

Alternativa correta: letra "c".

---

14. (Cespe – Técnico Judiciário – Área Administrativa – TRE – BA/2017) Assinale a opção correta no que tange às entidades públicas em espécie e à administração direta e indireta.

a) As fundações públicas são entidades integrantes da administração indireta, sendo dotadas exclusivamente de personalidade jurídica de direito público.

b) Criada por força de autorização legal como instrumento de ação do Estado, uma empresa pública federal é uma pessoa jurídica dotada de personalidade jurídica de direito público.

c) As agências reguladoras são, em regra, autarquias sob regime especial criadas com a finalidade de disciplinar e controlar certas atividades econômicas.

d) As sociedades de economia mista são submetidas a regras especiais, sendo constituídas sob a forma de sociedades anônimas ou limitadas, cujas ações ou cotas com direito a voto devem pertencer, em sua maioria, ao ente federativo.

e) As empresas públicas e as sociedades de economia mista, integrantes da administração direta federal, são instrumentos de ação do Estado, logo, são entidades voltadas à busca de interesse público.

COMENTÁRIOS

Alternativa "a". As **fundações públicas** são pessoas jurídicas de direito público ou de direito privado, com autonomia administrativa e que têm como substrato o patrimônio – próprio –, que são criadas por lei específica ou cuja criação é por ela autorizada, com área de atuação de interesse público, não exclusiva da Administração Pública, definida em lei complementar.

Alternativa "b". As **empresas públicas** – espécies das chamadas **empresas estatais** – são entidades da administração indireta, com **personalidade jurídica de direito privado**, cuja **criação** é **autorizada por lei**. A atuação das **empresas estatais** é, necessariamente, a **prestação de determinado serviço público** ou a **exploração de atividade econômica**.

Alternativa "c". As **agências reguladoras** são criadas, em regra, como **autarquias de regime especial**, dizendo respeito à maior autonomia em relação à Administração Direta. Para Maria Sylvia Zanella Di Pietro[8], contudo, **a independência das agências reguladoras deve ser entendida em termos compatíveis com o regime constitucional no Brasil**: independência em relação ao Poder Judiciário e ao Poder Legislativo inexiste; em relação ao Poder Executivo, a independência é um pouco maior, já que, como autarquias em regime especial, seus atos não podem ser revistos ou alterados pelo poder Executivo. Para que não haja confusão, deve ficar claro que a agência reguladora integra a administração indireta e, assim, está submetida a controle administrativo exercido pela administração direta. Entretanto, por ser autarquia em regime especial, há maior autonomia, especialmente quanto ao controle político em razão de seus dirigentes terem mandato com duração definida.

Alternativa "d". As **sociedades de economia mista** são, necessariamente, sociedades anônimas com capital misto que possuem personalidade jurídica de **direito privado,** cuja criação é **autorizada por lei**, com autonomia administrativa e patrimônio próprio, que prestam serviço público ou exploram atividade econômica.

Alternativa "e". A atuação das empresas públicas e das sociedades de economia mista pode ser, alternativamente, a **exploração de atividade econômica ou a prestação de serviço público.**

Alternativa correta: letra "c".

---

15. (Cespe – Técnico Judiciário – Área Administrativa – TRE – BA/2017) Em razão da grande demanda constitucional por sua atuação, o Estado, além de realizar suas atividades administrativas de maneira direta, pode desenvolvê-las de modo indireto por meio de órgãos, agentes e pessoas jurídicas. Nesse cenário da organização administrativa, podem ocorrer os processos de desconcentração e descentralização do poder.

Acerca desses processos, assinale a opção correta.

a) O processo de distribuição interna de competências decisórias, agrupadas em unidades do conjunto orgânico que compõe o Estado, é chamado de desconcentração.

b) A desconcentração administrativa pressupõe pessoas jurídicas diversas daquelas que originalmente teriam titulação sobre a atividade.

c) O Estado pode exercer diretamente as atividades administrativas ou desenvolvê-las por meio de outros agentes públicos, o que caracteriza a desconcentração.

d) A atividade administrativa exercida pelo próprio Estado ou pelo conjunto orgânico que o compõe é chamada descentralizada.

e) na centralização, o estado atua indiretamente por meio dos seus órgãos, isto é, do conjunto orgânico que o compõe, e dele não se distingue.

COMENTÁRIOS

✪ **Nota do Autor:** A **função administrativa** pode ser desempenhada de maneiras variadas e, inclusive, **pode ser atribuída a outras pessoas jurídicas**, que podem fazer parte da Administração Pública, bem como podem ser do setor privado. Essa possibilidade de a atuação administrativa ser realizada de diferentes maneiras está relacionada com a centralização, descentralização, a concentração e a desconcentração.

Alternativa "a" (responde a alternativa "b"). A **desconcentração** representa o exercício da função administrativa de maneira desconcentrada, quer dizer, não há a concentração em um só órgão, mas sim, **a pessoa jurídica política ou administrativa se divide em vários** órgãos. Ocorre a **distribuição interna de competências**. Dá-se distinção entre os níveis de direção e de execução no interior da mesma pessoa jurídica. Para fins informativos, destaque-se a **desconcentração** pode ocorrer: a) em razão da matéria; b) em razão do grau de hierarquia; c) em razão do território. Não pode ser confundida com a descentralização, pela qual a distribuição de competência é externa, ou seja, de uma pessoa jurídica para outra pessoa jurídica. Assim, com a concentração não há divisão de órgãos dentro da mesma pessoa jurídica e com a centralização a pessoa política não transfere para outra pessoa jurídica (por exemplo, uma entidade da administração indireta) a atividade administrativa.

Alternativa "c". A **desconcentração** não está relacionada com o desempenho da função administrativa por **agentes públicos**, mas, sim, por órgãos **públicos.** Assim, a presença de agentes públicas não é determinante para definir se a atividade é exercida de modo concentrado ou desconcentrado.

Alternativa "d". A atividade administrativa exercida pelo próprio Estado ou pelo conjunto orgânico que o compõe é chamada **centralizada.** Neste sentido, o Estado pode realizar suas atividades de diversas formas, quais sejam: centralizada, que ocorre quando a Administração Pública as realiza diretamente, ou

---

8. *Direito administrativo.* 21 ed. São Paulo: Atlas, 2008. p. 446.

descentralizada, quando o Estado transfere a um terceiro o encargo de exercer a função administrativa.

Alternativa "e". Na centralização, a pessoa política desempenha a atividade administrativa por seus próprios órgãos. Não se trata de atuação indireta. A atuação é direta do Estado, que o faz por meio de um único ou de vários órgãos, ou seja, de maneira concentrada ou desconcentrada, respectivamente.

Alternativa correta: letra "a".

---

16. (Cespe – Técnico Judiciário – Área Administrativa – TRE – BA/2017) Com respeito à organização administrativa da administração pública, assinale a opção correta.

a) O Poder Executivo, além da sua função administrativa típica, pratica atos no exercício da função jurisdicional quando aplica penalidades administrativas aos servidores.

b) A legislação infraconstitucional pode autorizar que os poderes da União desempenhem funções atípicas, prestigiando o sistema de freios e contrapesos estabelecido pela Constituição Federal de 1988.

c) No regime federativo nacional, todos os componentes da federação materializam o Estado, cada um deles atuando dentro dos seus limites de competência traçados por lei complementar.

d) O Poder Legislativo, além da função normativa própria, exerce a função administrativa quando processa e julga o presidente da República nos crimes de responsabilidade.

e) O Poder Judiciário, além de sua função jurisdicional típica, pratica atos no exercício de função normativa, como na elaboração dos regimentos internos dos tribunais.

COMENTÁRIOS

Alternativa "a". Ao aplicar penalidades administrativas, o Poder Executivo utiliza-se do **poder disciplinar**, mas não pratica atos no exercício da função jurisdicional.

Alternativa "b" (responde a alternativa "c"). No regime federativo nacional, todos os componentes da federação materializam o Estado, cada um deles atuando dentro dos seus limites de competência traçados na **Constituição Federal.**

Alternativa "d". O Poder Legislativo, além de suas funções típicas (legislar e fiscalizar), exerce **verdadeira função jurisdicional** quando processa e julga o presidente da República nos crimes de responsabilidade.

Alternativa "e". De acordo com o art. 4º, I, do Decreto-Lei 200/67, a Administração Direta "se constitui dos serviços integrados na estrutura administrativa da Presidência da República e dos Ministérios." No entanto, cabe destacar que, embora o dispositivo legal mencionado considere apenas a estrutura do Poder Executivo, numa acepção restritiva de administração direta, a função administrativa não é privativa dos órgãos desse poder e, ao contrário, também é desempenhada pelos órgãos do Poder Judiciário e do Poder Legislativo, só que de forma atípica.

Alternativa correta: letra "e".

---

17. (Cespe – Técnico Judiciário – Área Administrativa – TRE – PE/2017) As empresas públicas

a) admitem a criação de subsidiárias, exigindo-se, para tanto, autorização legislativa.

b) dispensam, para sua extinção, autorização legislativa.

c) integram a administração direta.

d) possuem regime jurídico de direito público.

e) são criadas por lei.

COMENTÁRIOS

Alternativa "a" (responde as alternativas "b" e "e"). A **criação** e a **extinção** de empresa pública e de sociedade de economia mista é **autorizada por lei específica**, na forma prevista no art. 37, XIX, da Constituição Federal. A lei específica autoriza o Poder Executivo a, por ato próprio, proceder à instituição e a extinção do ente da Administração Indireta pretendido. Ademais, nos termos do inciso seguinte, qual seja, art. 37, XX, da Constituição Federal, a **criação de subsidiárias pelas empresas públicas e sociedades de economia mista**, bem como sua eventual participação em empresas privadas, **depende**, de igual modo, **de autorização legislativa.**

Alternativa "c" (responde a alternativa "d"). A empresa pública e a sociedade de economia mista são espécies das **empresas estatais**. Como características comuns, destacam-se o fato de **integrarem a administração indireta, possuírem personalidade de direito privado, patrimônio próprio e autonomia administrativa.** Além disso, como visto, a criação delas é **autorizada por lei específica** e a sua atuação, necessariamente, volta-se ou à **exploração de atividade econômica** ou à **prestação de serviço público.**

Alternativa correta: letra "a".

---

18. (Consulplan – Técnico Judiciário – Área Administrativa – TRE – RJ/2017) Estudar administração direta e indireta significa tratar da centralização e descentralização, da concentração e desconcentração. Acerca desses temas, analise as afirmativas a seguir e assinale a alternativa correta.

a) São formas de desconcentração, a criação de Autarquias, Empresas Públicas e Sociedades de Economia Mista.

b) A descentralização ocorre dentro da estrutura de uma mesma pessoa jurídica. É o que ocorre com a Administração Direta da União, tratada no Art. 4°, I, do Decreto-Lei n° 200/67. A relação aqui existente é hierárquica ou de subordinação.

c) Quando uma pessoa jurídica de direito público divide as funções de sua competência entre os seus órgãos, componentes de sua estrutura, dá-se o fenômeno da desconcentração. É o que ocorre com a Administração Direta da União, tratada no Art. 4°, I, do Decreto-Lei n° 200/67. A relação aqui existente entre os diversos órgãos é hierárquica ou de subordinação.

d) Na descentralização, a relação é hierárquica, de subordinação. É o que ocorre com a Administração Indireta da União tratada no Art. 4°, II, do Decreto-Lei n° 200/67. Nela, funções de uma pessoa jurídica de direito público são atribuídas a outras pessoas jurídicas. A pessoa jurídica outorgante ou delegatária de competência mantém posição hierarquicamente superior à outorgada/delegada.

COMENTÁRIOS

✪ **Nota do Autor:** A **função administrativa** pode ser desempenhada de maneiras variadas e, inclusive, **pode ser atribuída a outras pessoas jurídicas**, que podem fazer parte da Administração Pública, bem como podem ser do setor privado. Essa possibilidade de a atuação administrativa ser realizada de diferentes maneiras está relacionada com a centralização, descentralização, a concentração e a desconcentração.

Alternativa "a". Como há a criação de uma **nova pessoa jurídica**, as autarquias, empresas públicas e sociedades de economia mista são formas de **descentralização.**

Alternativa "c" (responde a alternativa "b"). A **desconcentração** representa o exercício da função administrativa de maneira desconcentrada, quer dizer, não há a concentração em um só órgão, mas sim, **a pessoa jurídica política ou administrativa se divide em vários** órgãos. Ocorre a **distribuição interna de competências**. Dá-se distinção entre os níveis de direção e de execução no interior da mesma pessoa jurídica. Para fins informativos, destaque-se a **desconcentração** pode ocorrer: a) em razão da matéria; b) em razão do grau de hierarquia; c) em razão do território. Não pode ser confundida com a **descentralização, pela qual a distribuição de competência** é **externa, ou seja, de uma pessoa jurídica para outra pessoa jurídica**. Assim, com a concentração não há divisão de órgãos dentro da mesma pessoa jurídica e com a centralização a pessoa política não transfere para outra pessoa jurídica (por exemplo, uma entidade da administração indireta) a atividade administrativa.

Alternativa "d". Na **administração indireta**, não é possível se falar em hierarquia. A entidade criadora tem por dever fiscalizar a entidade criada para verificar se o objetivo da criação está sendo atendido. Mas, não se trata de controle hierárquico, pois o que existe é um **controle de finalidade**, um **controle finalístico**. Esse modelo de controle de finalidade é chamado na esfera federal de supervisão ministerial.

Alternativa correta: letra "c".

---

19. (Cespe - Analista Judiciário - Área Administrativa - TRE - TO/2017) No que tange à organização administrativa e aos institutos da centralização, descentralização e desconcentração, julgue os itens a seguir.

I Os institutos da descentralização e da desconcentração diferenciam-se quanto ao número de pessoas envolvidas no processo.

II A descentralização ocorre no âmbito de uma única pessoa jurídica.

III A desconcentração administrativa acontece quando a administração reparte as atribuições e competências dentro do mesmo órgão.

Assinale a opção correta.

a) Apenas o item I está certo.

b) Apenas o item II está certo.

c) Apenas os itens I e III estão certos.

d) Apenas os itens II e III estão certos.

e) Todos os itens estão certos.

COMENTÁRIOS

✪ **Nota do Autor:** A **função administrativa** pode ser desempenhada de maneiras variadas e, inclusive, **pode ser atribuída a outras pessoas jurídicas**, que podem fazer parte da Administração Pública, bem como podem ser do setor privado. Essa possibilidade de a atuação administrativa ser realizada de diferentes maneiras está relacionada com a centralização, descentralização, a concentração e a desconcentração.

Item I. A **desconcentração** representa o exercício da função administrativa de maneira desconcentrada, quer dizer, não há a concentração em um só órgão, mas sim, **a pessoa jurídica política ou administrativa se divide em vários** órgãos. Ocorre a **distribuição interna de competências**. Na **descentralização**, por seu turno, **há criação de uma nova pessoa jurídica**, ocorrendo, assim, uma **distribuição externa de competências.**

Item II. A **descentralização** pressupõe a criação de **uma nova pessoa jurídica**. Assim, há a **pessoa jurídica política e a pessoa jurídica que recebeu a atribuição para o desempenho de atividade administrativa.** A administração indireta é, portanto, manifestação do fenômeno da **descentralização.**

Item III. Como já destacado, tanto a desconcentração administrativa quanto a descentralização administrativa são instrumentos que promovem a **distribuição de competências administrativas**, mas não devem ser confundidos. Na **descentralização** administrativa a distribuição é **externa**, de uma pessoa jurídica para outra e, por sua vez, na **desconcentração** a distribuição é **interna**, dentro da mesma pessoa jurídica. Nesse sentido, por exemplo, na esfera federal, com a criação de um ministério (que é um órgão) ocorre a desconcentração, pois se deu a distribuição interna de competência para o novo órgão e, por outro lado, com a criação de uma autarquia (pessoa jurídica de direito público) tem-se a descentralização, porque a competência foi distribuída externamente, de uma pessoa jurídica (União) para outra (autarquia).

Alternativa correta: letra "c". Estão corretos os itens I e III.

---

20. (Cespe – Técnico Judiciário – Área Administrativa – TRE – TO/2017) Sociedade anônima cuja criação é autorizada por ente federativo e que possui participação minoritária de capital privado em suas ações é uma

a) sociedade anônima de natureza empresarial, que não pode fazer parte da administração pública direta ou indireta.

b) autarquia, que faz parte da administração indireta.

c) empresa pública, que faz parte da administração indireta.

d) sociedade de economia mista, que faz parte da administração indireta.

e) entidade paraestatal, que não pode fazer parte da administração pública direta ou indireta.

COMENTÁRIOS

✪ **Nota do Autor:** As **sociedades de economia mista** são espécie do gênero **empresas estatais**, do qual fazem parte, de igual modo, as **empresas públicas.**

Alternativa "b". O artigo 5º, I do Decreto-Lei nº 200/67 define autarquia como o "serviço autônomo, criado por lei, com personalidade jurídica, patrimônio e receita próprios, para executar atividades típicas da Administração Pública, que requeiram, para seu melhor funcionamento, gestão administrativa e financeira **descentralizada.** A autarquia **é** pessoa jurídica de direito público, criada (e não apenas autorizada) por lei, com patrimônio totalmente público.

Alternativa "c". A **empresa pública** é pessoa jurídica de direito privado, composta por **capital exclusivamente público**, criada após autorização legislativa, com o objetivo de prestar serviços públicos ou explorar atividades econômicas, sob qualquer modalidade empresarial.

Alternativa "d" (responde a alternativa "a"). As **sociedades de economia mista** são integrantes da **administração indireta**, com **personalidade jurídica de direito privado, possuindo patrimônio próprio e autonomia administrativa**; além disso, a **criação delas** é **autorizada por lei específica**, organizam-se na forma de **sociedade anônima** e possuem **capital misto**, sendo que a maioria do capital deve pertencer ao poder público.

Alternativa "e". Normalmente as referências às entidades paraestatais estão relacionadas ao terceiro setor – do qual são partes integrantes as Organizações Sociais (OS) e as Organizações da Sociedade Civil de Interesse Público (OSCIP) – que abrange as entidades do setor privado sem fins lucrativos, que desenvolvem atividade de interesse público. Atuam, por exemplo, no apoio e assistência às crianças carentes, às pessoas com deficiência, às pessoas idosas, na proteção ao meio ambiente, no combate à pobreza, na educação, entre outras atividades. **Atuam de maneira paralela ao Estado, não integrando a estrutura da Administração Pública** e, por isso, são chamadas de **entidades paraestatais** ou entes de cooperação.

Alternativa correta: letra "d".

---

21. (Cespe – Técnico Judiciário – Área Administrativa – TRE – TO/2017) Consideram-se entes da administração direta

a) as entidades vinculadas ao ministério em cuja área de competência estiver enquadrada sua principal atividade.

b) as entidades da sociedade civil qualificadas como organização social.

c) as autarquias.

d) os serviços integrados na estrutura administrativa da Presidência da República e dos ministérios.

e) as fundações públicas.

COMENTÁRIOS

Alternativa "a". As entidades vinculadas ao ministério em cuja área de competência estiver enquadrada sua principal atividade, por serem entidades, **são dotadas de personalidade jurídica** e, desse modo, **não integram a Administração Pública Direta.**

Alternativa "b". Tanto as Organizações Sociais (OS), quanto as Organizações da Sociedade Civil de Interesse Público (OSCIP) compõem o chamado "Terceiro Setor". São entidades civis sem fins lucrativos, integrantes do setor privado, que recebem a qualificação do Poder Público. Não fazem parte da **Administração Pública.**

Alternativa "c" (responde a alternativa "e"). As **autarquias** e as **fundações públicas** são pessoas jurídicas e, portanto, integram a **Administração Pública Indireta.**

Alternativa "d". De acordo com o art. 4º, I, do Decreto-Lei 200/67, a Administração Direta "se constitui dos serviços integrados na estrutura administrativa da Presidência da República e dos Ministérios." No entanto, cabe destacar que, embora o dispositivo legal mencionado considere apenas a estrutura do Poder Executivo, numa acepção restritiva de administração direta, a função administrativa não é privativa dos órgãos desse poder e, ao contrário, também é desempenhada pelos órgãos do Poder Judiciário e do Poder Legislativo, só que de forma atípica. Deve-se atentar, contudo, para o fato de que, em diversas provas, é cobrado o conteúdo literal do referido decreto, de modo que se considere a administração direta em sentido estrito. São exemplos de órgãos que compõem a Administração Direta: Advocacia-Geral da União, Controladoria-Geral da União, os Ministérios, o gabinete pessoal do Presidente da República, as secretarias, dentre outros.

Alternativa correta: letra "d".

22. (Cespe – Analista Judiciário – Área Administrativa – TRE – PE/2017) As entidades autônomas integrantes da administração indireta que atuam em setores estratégicos da atividade econômica, zelando pelo desempenho das pessoas jurídicas e por sua consonância com os fins almejados pelo interesse público e pelo governo são denominadas

a) agências autárquicas executivas.

b) serviços sociais autônomos.

c) agências autárquicas reguladoras.

d) empresas públicas.

e) sociedades de economia mista.

COMENTÁRIOS

Alternativa "a". A agência executiva é a qualificação dada à autarquia ou fundação que celebre contrato de gestão (ou contrato de desempenho, nos termos da Lei nº 13.934/2019) com órgão da Administração Direta a que se acha vinculada para melhoria da eficiência e redução de custos. Trata-se de entidade preexistente que, uma vez preenchidos os requisitos legais, recebe a qualificação de agência executiva, podendo perdê-la, se deixar de atender os mesmos requisitos[9]. Deve-se destacar que referido contrato passa a ser denominado contrato de desempenho, com o advento da Lei nº 13.934/2019.

Alternativa "b". Os serviços sociais autônomos são pessoas jurídicas de direito privado, sem finalidade de lucro, que atuam na realização de atividade de interesse público, de atividade não exclusiva do Estado. Dependem de lei autorizativa para serem criados, mas não integram a Administração Pública. São exemplos o Senai (Serviço Nacional de Aprendizagem Industrial) e Sesi (Serviço Social da Indústria).

Alternativa "c". As **agências reguladoras** são criadas, em regra, como **autarquias de regime especial**, dizendo respeito à maior autonomia em relação à Administração Direta. Para Maria Sylvia Zanella Di Pietro[10], contudo, **a independência das agências reguladoras deve ser entendida em termos compatíveis com o regime constitucional no Brasil**: independência em relação ao Poder Judiciário e ao Poder Legislativo inexiste; em relação ao Poder Executivo, a independência é um pouco maior, já que, como autarquias em regime especial, seus atos não podem ser revistos ou alterados pelo poder Executivo. Para que não haja confusão, deve ficar claro que a agência reguladora integra a administração indireta e, assim, está submetida a controle administrativo exercido pela administração direta. Entretanto, por ser autarquia em regime especial, há maior autonomia, especialmente quanto ao controle político em razão de seus dirigentes terem mandato com duração definida (na esfera federal, nos termos da Lei nº 9.986/00, são nomeados pelo Presidente da República, após aprovação pelo Senado Federal). Na verdade, é melhor o uso do termo autonomia do que independência. As **atribuições das agências reguladoras** resumem-se, em suma, a regulamentar os serviços que constituem objeto de delegação, celebrar o contrato de concessão ou permissão, definir o valor da tarifa e da sua revisão ou reajuste, enfim, exercer as prerrogativas que a lei outorga ao Poder Público na concessão, permissão e autorização. Atente-se à nova regulamentação trazida pela Lei nº 13.848/2019, que disciplina a matéria em âmbito federal.

Alternativa "d" (responde a alternativa "e"). As empresas públicas e as sociedades de economia mista são espécies das chamadas **empresas estatais**. Há várias semelhanças entre elas: **integram a administração indireta, possuem personalidade de direito privado, possuem patrimônio próprio e autonomia administrativa** e a criação delas é **autorizada por lei específica.** Uma das principais diferenças entre as empresas públicas e as sociedades de economia mista – que são espécies das **empresas estatais** – está, justamente, na forma societária que podem assumir. Enquanto as sociedades de economia mista, necessariamente, devem assumir a forma de sociedades anônimas, as **empresas públicas podem assumir qualquer forma empresarial existente**, podendo até ser unipessoal.

Alternativa correta: letra "c".

9. DI PIETRO, Maria Sylvia Zanella. *Direito Administrativo*. 24 ed. São Paulo: Atlas, 2011.p. 476.

10. *Direito administrativo*. 21 ed. São Paulo: Atlas, 2008. p. 446.

23. (FCC – Analista Judiciário – Área Administrativa – TRE – SP/2017) A Administração pública, quando se organiza de forma descentralizada, contempla a criação de pessoas jurídicas, com competências próprias, que desempenham funções originariamente de atribuição da Administração direta. Essas pessoas jurídicas,

a) quando constituídas sob a forma de autarquias, podem ter natureza jurídica de direito público ou privado, podendo prestar serviços públicos com os mesmos poderes e prerrogativas que a Administração direta.
b) podem ter natureza jurídica de direito privado ou público, mas não estão habilitadas a desempenhar os poderes típicos da Administração direta.
c) desempenham todos os poderes atribuídos à Administração direta, à exceção do poder de polícia, em qualquer de suas vertentes, privativo da Administração direta, por envolver limitação de direitos individuais.
d) quando constituídas sob a forma de autarquias, possuem natureza jurídica de direito público, podendo exercer poder de polícia na forma e limites que lhe tiverem sido atribuídos pela lei de criação.
e) terão natureza jurídica de direito privado quando se tratar de empresas estatais, mas seus bens estão sujeitos a regime jurídico de direito público, o que também se aplica no que concerne aos poderes da Administração, que desempenham integralmente, especialmente poder de polícia.

COMENTÁRIOS

Alternativa "d" (responde a todas as alternativas). As pessoas da administração indireta podem ter personalidade de direito privado, como é o caso das sociedades de economia mista, das empresas públicas e das fundações públicas de direito privado, bem como personalidade de direito público, o que ocorre com as autarquias e as fundações públicas de direito público.

Isso influencia qual o regime jurídico a elas aplicável. As que possuem personalidade de direito privado submetem-se ao regime de direito privado, porém com derrogações do direito público, ou seja, trata-se de um regime híbrido. Por sua vez, as que tem personalidade de direito público estão submetidas ao regime de direito público.

Dessa maneira, as autarquias são pessoas jurídicas de direito público, criadas por lei específica, com patrimônio próprio e autonomia administrativa, para a execução de atividade típica da Administração Pública e a elas estende-se o mesmo regime aplicável à administração direta, inclusive quanto ao exercício do poder de polícia, que é a prerrogativa que a Administração tem de impor condições, restrições ao exercício de direitos e liberdades individuais em prol do interesse público.

Por sua vez, em relação às pessoas jurídicas de direito privado, em especial quanto às sociedades de economia mista e empresas públicas, a harmonização entre as normas de direito público e as de direito privado é diferente conforme se trate de prestadora de serviço público ou de exploradora de atividade econômica, pois naquela a maior incidência é de normas de direito público e nesta predominam as normas de direito privado e, conforme o art. 173, §2º, da Constituição Federal, não é possível estender às exploradoras de atividade econômica privilégios fiscais. Nesse sentido, seus bens podem ser penhorados quando exploram atividade econômica porque não se beneficiam do regime de precatórios (STF, RE 599628) e, de outro lado, nos termos da tese de repercussão geral fixada no RE 852.302, "As sociedades de economia mista prestadoras de serviço público de atuação própria do Estado e de natureza não concorrencial submetem-se ao regime de precatório", o que também se aplica às empresas públicas.

Nesse sentido, no RE 633.782 (Tema 532), com repercussão geral reconhecida, o STF fixou a seguinte tese: "É constitucional a delegação do poder de polícia, por meio de lei, a pessoas jurídicas de direito privado integrantes da Administração Pública indireta de capital social majoritariamente público que prestem exclusivamente serviço público de atuação própria do Estado e em regime não concorrencial."

Alternativa correta: letra "d".

24. (Cespe – Analista Judiciário – Área Judiciária – TRE – TO/2017) A respeito da organização administrativa, das organizações sociais e das organizações da sociedade civil de interesse público, julgue os seguintes itens.

I Pessoa que tenha atuado, nos últimos trinta e seis meses, em trabalho vinculado a organização e realização de campanha eleitoral não poderá ser indicado como administrador de empresa pública e sociedade de economia mista.

II Caso determinado tribunal regional eleitoral pretenda firmar termo de parceria com entidade privada sem fins lucrativos destinado à formação de vínculo de cooperação entre as partes, para o fomento e a promoção do voluntariado no período eleitoral, deverá fazê-lo com organização social.

III Caso uma entidade privada sem fins lucrativos receba a qualificação do poder público de organização da sociedade civil de interesse público, passará a integrar a administração pública indireta.

Assinale a opção correta.

a) Apenas o item I está certo.
b) Apenas o item II está certo.
c) Apenas os itens I e III estão certos.

d) Apenas os itens II e III estão certos.

e) Todos os itens estão certos.

COMENTÁRIOS

Item I. Na forma do art. 17, §2º, II, da Lei nº 13.303/2016, é vedada a indicação, para o Conselho de Administração e para a diretora, "de pessoa que atuou, nos últimos 36 (trinta e seis) meses, como participante de estrutura decisória de partido político ou em trabalho vinculado a organização, estruturação e realização de campanha eleitoral".

Item II. Os chamados **termos de parceria** são celebrados com as **organizações da sociedade civil de interesse público (OSCIP).** As organizações sociais, reguladas pela Lei nº 9.637/1998, celebram o chamado **contrato de gestão.**

Item III. As entidades paraestatais **não integram a Administração Pública**, pois, na verdade, atuam em complemento à atividade estatal, ou seja, atuam de forma paralela ao Estado.

Alternativa correta: letra "a". Está correto o item I.

---

25. (Cespe – Técnico Judiciário – Área Administrativa – TRE – PI/2016) Entidade administrativa, com personalidade jurídica de direito público, destinada a supervisionar e fiscalizar o ensino superior, criada mediante lei específica,

a) é regida, predominantemente, pelo regime jurídico de direito privado.

b) integra a administração direta.

c) possui autonomia e é titular de direitos e obrigações próprios.

d) tem natureza de empresa pública.

e) é exemplo de entidade resultante da desconcentração administrativa.

COMENTÁRIOS

✪ **Nota do Autor:** A descrição da entidade mencionada na alternativa remete, necessariamente, às agências reguladoras. No ano de 2019 foi publicada a Lei nº 13.848, que disciplina o tema no âmbito federal.

Alternativa "c" (responde as demais alternativas). As **agências reguladoras** são entidades administrativas da **Administração Pública indireta, com personalidade jurídica de direito público, criada para exercer a regulação, o controle administrativo, a fiscalização, a disciplina sobre a prestação de um determinado serviço público ou a realização de alguma atividade econômica**. Para Maria Sylvia Zanella Di Pietro[11], contudo, **a independência das agências reguladoras deve ser entendida em termos compatíveis com o regime constitucional no Brasil**: independência em relação ao Poder Judiciário e ao Poder Legislativo inexiste; em relação ao Poder Executivo, a independência é um pouco maior, já que, como autarquias em regime especial, seus atos não podem ser revistos ou alterados pelo poder Executivo. Para que não haja confusão, deve ficar claro que a agência reguladora integra a administração indireta e, assim, está submetida a controle administrativo exercido pela administração direta. Entretanto, por ser autarquia em regime especial, há maior autonomia, especialmente quanto ao controle político em razão de seus dirigentes terem mandato com duração definida (na esfera federal, nos termos do art. 5º da Lei nº 9.986/00, são nomeados pelo Presidente da República, após aprovação pelo Senado Federal). Na verdade, é melhor o uso do termo autonomia do que independência.

Alternativa correta: letra "c".

---

26. (IESES – Analista Judiciário – Área Judiciária – TRE – MA/2015) Assinale a alternativa correta:

a) Consórcios públicos são pessoas jurídicas de direito público, quando associação pública, ou de direito privado, decorrentes de contratos firmados entre entes federados, após autorização legislativa de cada um, para a gestão associada de serviços públicos e de objetivos de interesse comum dos consorciados, através de delegação e sem fins econômicos.

b) Os serviços sociais autônomos podem ser instituídos por lei, decreto ou portaria ministerial. Possuem personalidade jurídica de Direito Privado e se destinam a ministrar assistência ou ensino a certas categorias sociais ou grupos profissionais e, por isso, não possuem fins lucrativos.

c) Organizações sociais, em que pese a nomenclatura, são pessoas jurídicas de Direito Público criadas para auxiliar o Estado nas atividades de pesquisa científica, ensino e proteção do meio ambiente, possuindo dotação orçamentária própria e tratamento tributário diferenciado.

d) O objeto da sociedade de economia mista tanto pode ser um serviço público como uma atividade econômica empresarial. Em ambas as hipóteses, porém, sua liberdade operacional fica limitada aos preceitos constitucionais da subsidiariedade e da não competitividade com a iniciativa privada, sujeitando- se ao regime tributário comum.

COMENTÁRIOS

✪ **Nota do Autor:** os **consórcios públicos** são uma nova espécie de pessoa jurídica administrativa, introduzida pela Lei nº 11.107/05 ao regulamentar o

---

11. *Direito administrativo.* 21 ed. São Paulo: Atlas, 2008. p. 446.

art. 241 da Constituição Federal. O dispositivo constitucional estabelece que a União, os Estados, o DF e os Municípios, por meio de lei, disciplinarão sobre os consórcios públicos e os convênios de cooperação entre os entes federados, inclusive autorizando a gestão associada de serviços públicos, bem como a transferência total ou parcial de encargos, serviços, pessoal e bens essenciais à continuidade dos serviços transferidos.

Alternativa "a". Nos termos do art. 3º, da Lei nº 11.107/05, o consórcio público será constituído por contrato cuja celebração dependerá de prévia subscrição do **protocolo de intenções**, que é uma espécie de **ajuste preliminar entre as pessoas políticas**, no qual há a definição do objeto do consórcio, quais são seus participantes, qual sua duração, qual forma de eleição do representante legal, entre outras cláusulas previstas no art. 4º. Ademais, o consórcio **não** é um simples ajuste entre seus membros, mas, na verdade, há **a criação de outra pessoa jurídica.** Conforme o art. 1º, § 1º, o **consórcio público poderá ser uma associação pública ou uma pessoa jurídica de direito privado**. Como há criação de uma nova pessoa jurídica que fará parte da administração indireta, é necessário que haja **lei**. No caso do consórcio, como cada um dos entes consorciados é uma pessoa política, não basta lei oriunda somente de um deles, pois **deve haver a elaboração de lei em cada um dos entes consorciados**. Atenção! No ano de 2019, foi publicada a Lei nº 13.822, para dispor "O consórcio público, com personalidade jurídica de direito público ou privado, observará as normas de direito público no que concerne à realização de licitação, à celebração de contratos, à prestação de contas e à admissão de pessoal, que será regido pela Consolidação das Leis do Trabalho (CLT), aprovada pelo Decreto-Lei nº 5.452, de 1º de maio de 1943."

Alternativa "b". Os **serviços sociais autônomos** são pessoas jurídicas de direito privado, sem finalidade de lucro, que atuam na realização de atividades de interesse público, de atividade não exclusiva do Estado. Não fazem parte da administração indireta, mas para serem criados, dependem de autorização em lei.

Alternativa "c". De acordo com o art. 1º, da Lei nº 9.637/98, **pessoas jurídicas de direito privado sem fins lucrativos**, que realizem atividades dirigidas ao ensino, à pesquisa científica, ao desenvolvimento tecnológico, à proteção e preservação do meio ambiente, à cultura e à saúde, **podem ser qualificadas como organizações sociais**. Recebendo o título de organização social, a entidade será declarada como de interesse social e utilidade pública e **pode**, nos termos do art. 5º, da Lei, **celebrar contrato de gestão com o poder público** com "vistas à firmação de parceria entre as partes para fomento e execução de atividades (...)" nas áreas de ensino, pesquisa científica, desenvolvimento tecnológico, proteção e preservação do meio ambiente, cultura e saúde.

Alternativa "d". O objeto da sociedade de economia mista tanto pode ser um serviço público como uma atividade econômica empresarial, de fato. Ocorre que quando desenvolve esta última, à luz da Lei nº 13.303/16, sua liberdade operacional não fica limitada à subsidiariedade, de tal modo que perfeitamente possível a competição com outras empresas do mercado.

Alternativa correta: letra "a".

---

27. (IESES – Analista Judiciário – Área Judiciária – TRE – MA/2015) Assinale a alternativa correta:

a) Órgão público é centro de competência governamental ou gerencial e, por isso, possui necessariamente "funções", "cargos" e "agentes". Daí decorre serem detentores de personalidade jurídica e vontade própria podendo, por tal razão, serem sujeitos passivos em ações de mandado de segurança.

b) O ente descentralizado age por outorga do serviço ou atividade, ou por delegação de sua execução, mas sempre em nome próprio.

c) Concentração, descentralização e coordenação são, para o moderno Direito Administrativo, expressões absolutamente sinônimas, todas significando o entrosamento das atividades da Administração, de modo a evitar a duplicidade de atuação, a dispersão de recursos e a divergência de soluções.

d) A partir da edição da Lei dos Consórcios Públicos no Brasil, foi abolida a clássica distinção entre administração direta e indireta, pois todas encontram- se agora sujeitas ao mesmo regime jurídico- administrativo.

COMENTÁRIOS

✪ **Nota do Autor:** a descentralização ocorre quando a **pessoa jurídica política – titular do exercício de determinada competência material, a ela atribuída por expressa previsão constitucional – transfere a outra pessoa a competência para o exercício de determinada função.**

Alternativa "a". Órgãos públicos são centros especializados de atribuições que existem no interior de uma pessoa jurídica política ou administrativa. De acordo com o art. 1º, § 2º, I da Lei 9784/99 define órgão como a unidade de atuação integrante da estrutura da Administração direta ou da Administração indireta e a principal característica dos órgãos públicos é que eles **não têm personalidade jurídica**.

Alternativa "b". A **descentralização** poderá ser geográfica ou territorial, técnica ou funcional ou por serviços ou outorga; e por colaboração ou delegação. A primeira ocorre quando o Estado cria uma pessoa jurídica de direito público com capacidade administrativa genérica e atribuições limitadas a um território definido em lei. A descentralização por serviços ocorre quando o Estado cria uma pessoa jurídica, integrante da administração indireta, e a ela atribui a titularidade a e execução da atividade administrativa, com capacidade administrativa específica. Por fim, a descentralização por delegação ocorre quando o Estado transfere para uma pessoa que já existe apenas a execução da atividade administrativa. Sempre, contudo, o **ente descentralizado** – que é uma pessoa jurídica distinta da que lhe conferiu outorga ou delegação – **age em nome próprio**.

Alternativa "c". A **desconcentração** representa o exercício da função administrativa de maneira desconcentrada, quer dizer, não há a concentração em um só órgão, mas sim, **a pessoa jurídica política ou administrativa se divide em vários órgãos**. Ocorre a **distribuição interna de competências,** de tal modo que as atribuições administrativas são outorgadas aos diversos órgãos que compõem a hierarquia da Administração Pública, criando uma relação de coordenação e subordinação. Dá-se distinção entre os níveis de direção e de execução no interior da mesma pessoa jurídica. Para fins informativos, destaque-se a **desconcentração** pode ocorrer: a) em razão da matéria; b) em razão do grau de hierarquia; c) em razão do território. Não pode ser confundida com a **descentralização**, pela qual a distribuição de competência é externa, ou seja, de uma pessoa jurídica para outra pessoa jurídica. Assim, com a concentração não há divisão de órgãos dentro da mesma pessoa jurídica e com a centralização a pessoa política não transfere para outra pessoa jurídica (por exemplo, uma entidade da administração indireta) a atividade administrativa.

Alternativa "d". A edição da Lei dos Consórcios Públicos – Lei nº 11.107/05 – em nada alterou a divisão existente entre Administração Pública Direta e Indireta, que permanece a mesma. Neste ponto, cabe salientar que os consórcios públicos, sendo pessoas jurídicas, integram a Administração Pública Indireta.

Alternativa correta: letra "b".

---

28. (IESES – Analista Judiciário – Área Judiciária – TRE – MA/2015) Assinale a alternativa correta:

a) Os contratos celebrados pelas fundações públicas, de Direito Público ou de Direito Privado, não precisam ser precedidos de licitação, pois possuem elas (as fundações) orçamento constitucionalmente diferenciado, bastando observar o limite máximo anotado no registro de preços estabelecido pelo órgão central.

b) Os contratos celebrados pelas autarquias não se encontram sujeitos à licitação, em razão de sua total autonomia e poder decisório. Todavia, mesmo possuindo a autarquia personalidade jurídica de direito privado, seu pessoal (servidores) encontra-se necessariamente submetido ao regime jurídico aplicável aos servidores públicos estáveis.

c) Agências executivas são instituídas como autarquias sob regime especial, com o propósito de assegurar sua autoridade e autonomia administrativa.

d) Empresas públicas não possuem, por natureza, qualquer privilégio administrativo, tributário ou processual, só auferindo aqueles que a lei autorizadora ou norma especial expressamente lhes conceder.

COMENTÁRIOS

✪ **Nota do Autor:** Quando da edição desta questão, ainda não havia sido publicada a Lei nº 13.303/16, que passou a regular a situação das empresas estatais exploradoras de atividade econômica.

Alternativa "a". Mesmo quando têm personalidade jurídica de direito privado, as fundações públicas devem **realizar licitação** quando da aquisição de produtos ou contratação de serviços. Para as pessoas administrativas, entes da Administração Indireta, **todos devem realizar licitação**, ressalvando-se que em relação às empresas estatais exploradoras de atividade econômica, a Lei nº 13.303/16 traz uma forma especial de se realizar o procedimento licitatório, mas não retira sua obrigatoriedade.

Alternativa "b". As autarquias são **pessoas jurídicas de direito público**, criadas por lei específica, com patrimônio próprio e autonomia administrativa, para a execução de atividade típica da Administração Pública. A autarquia integra a administração indireta da pessoa política na qual foi elaborada a lei que a criou. **É uma pessoa jurídica que adota o regime jurídico de direito público** e, assim, celebra concurso público, **licitação**, contrato administrativo, seus bens são públicos e possuem prerrogativas processuais.

Alternativa "c". A agência executiva é a qualificação dada à autarquia ou fundação que celebre contrato de gestão (ou contrato de desempenho, nos termos da Lei nº 13.934/2019) com órgão da Administração Direta a que se acha vinculada para melhoria da eficiência e redução de custos. Trata-se de entidade preexistente que, uma vez preenchidos os requisitos legais, recebe a qualificação de agência executiva, podendo perdê-la, se deixar de atender os mesmos requisitos[12]. As **agências reguladoras** são criadas, em regra, como **autarquias de regime especial**, dizendo respeito à maior autonomia em relação à Administração Direta.

Alternativa "d". Quando **exploradoras de atividade econômica**, a empresa pública e a sociedade de economia mista submetem-se ao regime estabele-

---

12. DI PIETRO, Maria Sylvia Zanella. *Direito Administrativo.* 24 ed. São Paulo: Atlas, 2011.p. 476.

cido no **art. 173 da Constituição Federal**, cujo § 1º prevê que a edição de estatuto jurídico das empresas "que explorem atividade econômica de produção ou comercialização de bens ou de prestação de serviços", o que ocorreu com a Lei nº 13.303/16. Nos termos do art. 173, *caput*, o Estado somente poderá explorar, diretamente, atividade econômica quando necessária à segurança nacional ou a relevante interesse coletivo. As empresas estatais, quando atuarem nesse tipo de atividade, deverão obedecer às regras previstas para as empresas do setor privado. Assim, **não é possível que a elas sejam estendidos privilégios fiscais não extensivos às pessoas da iniciativa privada, devendo se submeter ao regime privado quanto às obrigações civis, comerciais, trabalhistas e tributárias, consoante art. 173, § 2º, da Constituição Federal.** Entretanto, salienta-se que, na verdade, há o chamado **regime híbrido**, pelo qual há uma mistura das normas de direito público com as normas de direito privado. De forma diferente ocorre com as prestadoras de serviço público. Nesse sentido, no RE 407.099/RS e no RE 601392/PR, o Supremo Tribunal Federal reconheceu que a Empresa de Correios e Telégrafos (ECT) é prestadora de serviço público (serviço postal) e, ainda, que tal serviço é de prestação obrigatória e exclusiva do Estado, devendo, pois, ser equiparada à Fazenda Pública para fins tributários e, dessa maneira, restou decidido que é merecedora da imunidade tributária recíproca, bem como que se submete ao regime de precatório, já que seus bens não podem ser penhorados.

Alternativa correta: letra "d".

---

29. (Cespe – Analista Judiciário – Área Judiciária – TRE – MT/2015) À luz das normas que tratam da organização da administração pública, assinale a opção correta.

a) Os órgãos e entidades da administração pública, direta ou indireta, estão sujeitos à supervisão do ministro de Estado competente, salvo as agências reguladoras, que dispõem de disciplina especial.

b) A administração pública indireta abrange as autarquias, fundações públicas, empresas públicas, sociedades de economia mista e organizações sociais.

c) O capital social das sociedades de economia mista deve ser integralmente público, e a participação do Estado no capital social das empresas públicas deve ser majoritária.

d) As agências reguladoras integram a administração direta.

e) Os ministérios, órgãos integrantes da administração direta, não possuem personalidade jurídica própria.

COMENTÁRIOS

Alternativa "a". Pela **descentralização**, não é possível se falar em hierarquia, já que não há relação hierárquica entre um órgão da administração direta e uma entidade da administração indireta. De outro lado, a entidade criadora tem por dever fiscalizar a entidade criada para verificar se o objetivo da criação está sendo atendido, mas não se trata de controle hierárquico, pois o que existe é um controle de finalidade, um controle finalístico. Existe vinculação e não subordinação. Esse modelo de controle de finalidade é chamado na esfera federal de **supervisão ministerial**, que **não** significa subordinação da entidade da Administração Direta com o Ministro de Estado competente. Isso também se aplica às agências reguladoras, apesar de possuírem autonomia administrativa maior porque o controle político é mais reduzido, em razão de seus dirigentes possuírem mandato e não poderem ser livremente exonerados. Quer dizer, possuem maior autonomia, mas não são independentes.

Alternativa "b". As **organizações sociais** fazem parte do **terceiro setor**, que **não integram a Administração Pública Indireta.**

Alternativa "c". É exatamente o contrário do consignado na alternativa: o capital social das sociedades de economia mista deve ser **majoritariamente público**, e a participação do Estado no capital social das empresas públicas deve ser **integralmente público.**

Alternativa "d". As **agências reguladoras** são entidades administrativas da **Administração Pública indireta,** com personalidade jurídica de direito público, criada para exercer a regulação, o controle administrativo, a fiscalização, a disciplina sobre a prestação de um determinado serviço público ou a realização de alguma atividade econômica. Atualmente, as agências reguladoras federais são disciplinadas pela Lei nº 13.848/2019.

Alternativa "e". Os Ministérios são exemplos de **órgãos públicos do Poder Executivo** e, por isso, são exemplos de desconcentração. Sendo **órgãos públicos**, não possuem personalidade jurídica própria, estando subordinados à pessoa política correspondente, que, no caso, é a União.

Alternativa correta: letra "e".

4. AGENTES PÚBLICOS: DISPOSIÇÕES CONSTITUCIONAIS

▸ CF, artigos 37 a 41

---

30. (Cespe – Técnico Judiciário – Área Administrativa – TRE – BA/2017) O particular que recebe a incumbência da execução de determinada atividade, obra ou serviço público e os realiza em nome próprio denomina-se agente

a) administrativo.

b) político.

c) delegado.

d) credenciado.

e) honorífico.

COMENTÁRIOS

✪ **Nota do Autor:** Na clássica lição de Hely Lopes Meirelles[13], os agentes públicos dividem-se em **agentes políticos, agentes administrativos, agentes honoríficos, agentes delegados** e **agentes credenciados.**

Alternativa "a". Os **agentes administrativos** são as **pessoas que possuem uma relação funcional com a Administração Pública.** Nessa categoria estão os s**ervidores públicos propriamente ditos, os empregados públicos e os servidores temporários.**

Alternativa "b". Os **agentes políticos** são aqueles que representam **as funções típicas estatais de legislar, julgar e administrar; exercem atribuições previstas na Constituição Federal.**

Alternativa "c". Os **agentes delegados** são **particulares que possuem atribuição de executar, por sua conta e risco, um serviço público ou uma atividade de interesse público,** sob fiscalização estatal e de acordo com as normas estabelecidas pelo Estado.

Alternativa "d" (responde a alternativa "e"). Os agentes honoríficos são as **pessoas convocadas para prestar determinado serviço para a Administração Pública,** de maneira temporária e, normalmente, sem remuneração, em razão de sua honorabilidade, de sua idoneidade. Neste sentido, os **agentes credenciados** são pessoas que **recebem a atribuição de representar a Administração Pública em determinado evento ou de praticar certa atividade.**

Alternativa correta: letra "c".

---

31. (FCC – Técnico Judiciário – Área Administrativa – TRE – SP/2017) O vínculo funcional a que se submetem os servidores públicos pode variar de acordo com a estruturação da Administração pública e a natureza jurídica do ente a que estão subordinados, por exemplo,

a) quando vinculados à Administração direta devem, obrigatoriamente, se submeter a prévio concurso de provas e títulos para provimento de cargos, empregos e funções públicas.

b) os empregados de empresas públicas ou de sociedades de economia mista que explorem atividades econômicas necessariamente devem seguir o mesmo regime de obrigações trabalhistas das empresas privadas.

c) os ocupantes de empregos públicos e funções públicas devem se submeter a prévio concurso público somente quando o vínculo funcional pretendido se der com entes integrantes da Administração indireta que tenham natureza jurídica de direito público.

d) os entes que integram a Administração indireta podem preencher cargos em comissão, de livre provimento, que prescindem de concurso público, para suprir as necessidades do quadro funcional até que seja possível o provimento dos respectivos empregos públicos.

e) os entes que integram a Administração indireta possuem natureza jurídica de direito privado e, como tal, seus servidores somente podem ocupar emprego público.

COMENTÁRIOS

✪ **Nota do Autor:** O agente público pode ser conceituado como qualquer pessoa, que de forma definitiva ou transitória, seja responsável pelo desempenho de uma função pública. Segundo a doutrina, os agentes públicos podem ser classificados como: agentes políticos; servidores públicos e particulares em colaboração com o Poder Público.

Alternativa "a". Para os cargos efetivos, realmente, é indispensável a realização de concurso público, mas para os cargos em comissão esse procedimento é inexigível, pois os cargos em comissão são aqueles de livre nomeação e exoneração e somente são admitidos para as atribuições de chefia, direção e assessoramento (art. 37, II e V, CF). Também não se faz concurso público, quando se tratar de contratação temporária (art. 37, IX, CF) e da contratação de agentes comunitários de saúde e agentes de combate às endemias (art. 198, § 4º, CF).

Alternativa "b" (responde a letra "c"). Na forma do artigo 173 da Constituição Federal, "Ressalvados os casos previstos nesta Constituição, a exploração direta de atividade econômica pelo Estado só será permitida quando necessária aos imperativos da segurança nacional ou a relevante interesse coletivo, conforme definidos em lei." Sabe-se que esta intervenção é feita mediante a criação de empresas estatais – empresa pública e sociedade de economia mista. O § 1º do artigo supramencionado aduz que: "A lei estabelecerá o estatuto jurídico da empresa pública, da sociedade de economia mista e de suas subsidiárias que explorem atividade econômica de produção ou comercialização de bens ou de prestação de serviços, dispondo sobre: [...] II – **a sujeição ao regime jurídico próprio das empresas privadas, inclusive quanto aos direitos e obrigações civis, comerciais, trabalhistas e tributários**; III – licitação e contratação de obras, serviços, compras e alienações, observados os princípios da administração pública; [...]". Desta feita, as

---

13. *Direito administrativo brasileiro*. 36 ed. São Paulo: Malheiros, 2010. p. 76.

empresas públicas e as sociedades de economia mista são pessoas jurídicas de direito privado que integram a Administração Pública Indireta. Todavia, o **regime privado** no Direito Administrativo é um **regime híbrido, misto**, com a incidência de normas de direito privado e de direito público. Assim, mesmo as sociedades de economia mista e as empresas públicas tendo personalidade jurídica de direito privado, estão submetidas a várias normas de direito público e, nessa esteira, **têm que realizar concurso público para contratação de seus empregados**.

Alternativa "d". Não é possível o preenchimento de cargos em comissão para suprir as necessidades do quadro funcional. Como destacado, os cargos em comissão são aqueles de livre nomeação e exoneração e somente são admitidos para as atribuições de chefia, direção e assessoramento, **e não para suprir necessidades do quadro funcional da Administração Pública.**

Alternativa "e". Nem todos os entes da Administração Indireta possuem natureza jurídica de direito privado. Nesse sentido, por exemplo, destacam-se as autarquias, que são pessoas jurídicas de direito público, sendo seus servidores, em tese, estatutários.

Alternativa correta: letra "b".

---

32. (Cespe – Analista Judiciário – Área Judiciária – TRE – BA/2017) O Poder Público deferiu título de organização social a uma pessoa jurídica de direito privado, sem fins lucrativos, cuja atividade é dirigida à preservação do meio ambiente.

Considerando-se o entendimento do Supremo Tribunal Federal, é correto afirmar que eventuais trabalhadores contratados pela referida entidade após a qualificação serão considerados

a) agentes honoríficos, sendo facultativa a promoção de processo seletivo objetivo e impessoal.
b) empregados públicos, sujeitos à regra constitucional do concurso público.
c) servidores públicos, sujeitos à regra constitucional do concurso público.
d) empregados privados, selecionados mediante processo seletivo objetivo e impessoal.
e) empregados privados, sendo facultativa a promoção de processo seletivo objetivo e impessoal.

COMENTÁRIOS

✪ **Nota do Autor:** Organização social é uma qualificação atribuída às pessoas jurídicas de direito privado, sem fins lucrativos, que atendam os requisitos previstos na Lei nº 9.637/98. A qualificação da "OS" se dará por ato administrativo discricionário do Ministro da área de atuação de cada "OS" e do Ministro do Planejamento, Orçamento e Gestão. Uma vez qualificada, poderá celebrar contrato de gestão, visando materializar a parceria com poder público. Para cumprir o que ficou estabelecido no "contrato de gestão", a organização social pode receber recursos orçamentários, bens públicos e servidores públicos (arts. 12 e 14 da Lei 9.637/1998).

Alternativa "d" (responde as demais alternativas). O Supremo Tribunal Federal, no julgamento da ADin nº 1923-DF, conferiu interpretação conforme à Constituição à Lei nº 9.637/1998, fixando, dentre outras questões, o entendimento de que "a seleção de pessoal pelas OSs não é regida pelo princípio do concurso público (inc. II do art. 37 da CF), porém, a seleção deve ser conduzida de forma pública, objetiva e impessoal, com observância dos princípios do caput do art. 37 da CF, e nos termos do regulamento próprio a ser editado por cada entidade". Desse modo, **não são agentes públicos** os funcionários de referidas entidades e, sim, **empregados privados**.

Alternativa correta: letra "d".

---

33. (Cespe – Analista Judiciário – Área Judiciária – TRE – BA/2017) Um servidor entrou em exercício em um cargo público amparado por decisão judicial liminar precária e, antes do julgamento final da ação mandamental, requereu, enquanto ainda estava em exercício, sua aposentadoria por tempo de contribuição, visto que havia efetuado legítimas contribuições ao sistema previdenciário. Após a concessão da aposentadoria, ocorreu o julgamento final da demanda, e a segurança foi denegada.

Nessa situação, segundo o entendimento do Superior Tribunal de Justiça, a aposentadoria desse servidor deve ser

a) cassada, em razão da precariedade do vínculo de trabalho.
b) válida, por aplicação da teoria do fato consumado.
c) mantida, em razão da conversão do vício de forma.
d) anulada, com efeitos retroativos à data da aposentadoria.
e) revogada, com efeitos a partir da data do julgamento final da demanda.

COMENTÁRIOS

Alternativa "b" (responde as demais alternativas). No julgamento do MS nº 20.558-DF, o Superior Tribunal de Justiça firmou entendimento no sentido mencionado na alternativa. Desse modo, quando o exercício do cargo foi amparado por decisões judiciais precárias e o servidor se aposentou, antes do julgamento final de mandado de segurança, por tempo de contribuição durante esse exercício e após legítima contribuição ao sistema, a denegação posterior da segurança que inicialmente permitira ao servidor prosseguir no certame não pode ocasionar a cassação da aposentadoria. Neste sentido, decidiu a Corte que "a legislação federal estabelece a cassação da aposentadoria apenas nos casos de demissão do servidor público e de acumulação ilegal de cargos (arts. 133, § 6º, e 134 da Lei n. 8.112/1990), não havendo, portanto, respaldo legal para impor a mesma penalização quando o exercício do cargo é amparado por decisões judiciais precárias e o servidor se aposenta por tempo de contribuição durante esse exercício após legítima contribuição ao sistema".

Alternativa correta: letra "b".

---

34. (Cespe – Analista Judiciário – Área Judiciária – TRE – PI/2016) A cidade de Parintins, no Amazonas, detém a maior proporção do Brasil de funcionários públicos em relação ao total de trabalhadores formais — lá são 3.971 servidores públicos, que correspondem a 62,71% desse total, considerados apenas os estatutários.

Internet: <http://exame.abril.com.br> (com adaptações).

Tendo o texto acima como referência inicial e supondo que a notícia apresentada tenha sido confirmada por diversos organismos renomados pelo elevado grau assertivo em suas pesquisas e que a realidade apresentada permaneça até o presente, assinale a opção correta acerca de aspectos diversos do direito administrativo.

a) As contratações de agentes públicos para o exercício de cargo efetivo e permanente no referido município devem ocorrer mediante concurso, cuja validade inicial pode ser de até dois anos, prorrogável, uma vez, por igual período.

b) A existência do elevado número de servidores públicos é suficiente para concluir que o chefe do Poder Executivo municipal, por utilizar a técnica administrativa da concentração, agiu contrariamente ao princípio da eficiência, estando, pois, sujeito à ação de improbidade, cuja prescrição ocorre no prazo de cinco anos, a contar da abertura do respectivo processo administrativo disciplinar.

c) O mesário convocado para servir no dia das eleições é considerado servidor público estatutário.

d) A administração pública, em sentido objetivo, compreende as pessoas jurídicas de direito público e seus agentes.

e) Com base no entendimento do STF, é correto afirmar que o prefeito de Parintins pode nomear sobrinha para ocupar cargo de confiança em órgão da administração, uma vez que a vedação à nomeação de parentes alcança apenas aqueles em linha reta ou por afinidade.

COMENTÁRIOS

✪ **Nota do Autor:** Nos termos do art. 37, I, da Constituição Federal, os cargos, empregos e funções públicas são acessíveis a todos os brasileiros que preencham os requisitos estabelecidos em lei, bem como aos estrangeiros, na forma da lei.

Alternativa "a". Na forma do art. 37, II, da Constituição Federal, a regra é que a investidura em cargo ou emprego público depende de aprovação prévia em concurso público, ressalvadas as nomeações para cargo em comissão, declarado em lei de livre nomeação e exoneração. O concurso pode ser de provas, ou de provas e títulos, e nunca somente de títulos, a depender da natureza e complexidade do cargo ou emprego. O prazo de validade do concurso é de **até dois anos, prorrogável por igual período**, na forma do art. 37, III, da CF.

Alternativa "b". A mera existência de um grande número de servidores públicos não pode, por si só, ser considerada como conduta violadora do princípio da eficiência, permitindo a responsabilização por ato de improbidade. Também, a grande quantidade de servidores ocupantes de cargos efetivos não significa que houve a concentração, pois é possível que os servidores estejam lotados em diversos órgãos distintos, cuja criação é fruto da desconcentração. Ademais, podem ser servidores de autarquia municipal, por exemplo.

Alternativa "c". Os agentes honoríficos são pessoas convocadas a executar determinada função pública em razão de sua idoneidade como, por exemplo, o jurado e o mesário. Todavia, não são servidores públicos. São considerados agentes públicos porque executam uma função pública, mas somente enquanto o fizerem.

Alternativa "d". A Administração Pública em sentido objetivo representa a atividade administrativa que é desempenhada. Em sentido subjetivo, por sua vez, significa o conjunto de órgãos públicos, de pessoas jurídicas (de direito público e de direito privado) e de agentes públicos.

Alternativa "e". Para provimento em cargo em comissão, não é necessário concurso. A autoridade nomeante escolherá alguém de sua confiança e fará a nomeação. No entanto, existe **certa limitação na escolha, pois existe vedação ao nepotismo, conforme a súmula vinculante nº 13**, pela qual está proibida a nomeação para cargo em comissão do cônjuge ou companheiro e dos parentes, em linha reta, colateral e por afinidade, até o 3º grau, inclusive, da autoridade nomeante ou de servidor que já é ocupante de cargo em comissão na mesma pessoa jurídica. A título de aprofundamento, O Supremo Tribunal Federal consolidou entendimento de que a **nomeação de parente para cargo de natureza política** – como é o de Secretário Estadual – não viola o disposto na Súmula Vinculante nº 13. Destaque-se, no julgamento do Recurso Extraordinário nº 579.951-RN, o posicionamento do Ministro Joaquim Barbosa, para quem a nomeação de parentes para cargos políticos nem sempre descaracteriza o nepotismo, em especial quando comprovado que a nomeação ocorreu apenas e tão somente por conta do parentesco. No mesmo sentido, STF Rcl 28024 e Rcl 22339, julgadas em 29/05/2018 e 04/09/2018, respectivamente, reiterando que o nepotismo poderá ser caracterizado mesmo se tratando de cargo político se ficar demonstrada a inequívoca falta de razoabilidade na nomeação por manifesta falta de qualificação técnica ou idoneidade moral.

Alternativa correta: letra "a".

---

35. (Cespe - Analista Judiciário - Área Judiciária - TRE-MS/2013) Assinale a opção correta quanto ao provimento de cargos públicos.

a) Entre as formas de provimento de cargo público, inclui-se a ascensão que ocorre quando o servidor muda de classe ou categoria, dentro da mesma carreira, em razão de merecimento ou antiguidade.

b) O servidor nomeado para cargo efetivo terá o prazo de trinta dias para entrar em exercício.

c) De acordo com a jurisprudência majoritária, a aprovação em concurso público, dentro do número de vagas oferecidas pelo edital, gera direito subjetivo à nomeação.

d) A promoção não é considerada forma de provimento de cargo público, visto que, nesse caso, o servidor já foi investido no cargo por meio da nomeação.

e) A reintegração é forma de provimento originário de cargo público.

COMENTÁRIOS

Alternativa "a". Desde o advento da Lei nº 9.527/1997 - que alterou, dentre outros, o art. 9º, da Lei nº 8.112/90 -, **ascensão** e **transferência** não são mais consideradas formas de provimento de cargo público, por serem **inconstitucionais**.

Alternativa "b". O **prazo** para que o servidor nomeado entre em exercício é de **quinze dias**, contados da data da posse e, **se o servidor não entrar em exercício, será exonerado de ofício**, conforme o art. 15, §§ 1º e 2º, da Lei nº 8.112/90.

Alternativa "c". De acordo com jurisprudência majoritária, a **aprovação do candidato no limite do número de vagas definido no edital do concurso gera em seu favor o direito subjetivo à nomeação para o cargo**. Esse é o entendimento consolidado no Superior Tribunal de Justiça, assentado no julgamento do RMS 25957, e no Supremo Tribunal Federal, conforme o RE 598.099. Nesse sentido, recentemente, o STJ decidiu que o candidato aprovado em concurso público fora do número de vagas tem direito subjetivo à nomeação desde que: surjam novas vagas no prazo de validade do concurso, haja inequívoca manifestação da administração sobre a necessidade de provimento e inexista restrição orçamentária (MS 22.813, julgado em 13/06/2018).

Alternativa "d". A **promoção** é considerada forma de provimento de cargo público, na forma do art. 8º, II, da Lei, sendo considerada "a **forma de provimento** pela qual o servidor passa para **cargo de maior responsabilidade e maior complexidade de atribuições, dentro da carreira a que pertence**"[14].

Alternativa "e". A **reintegração** é o retorno do servidor demitido cuja demissão foi anulada judicial ou administrativamente. Está prevista no artigo 41, §2º, da CF, e no artigo 28 da Lei 8.112/90. Trata-se, portanto, de forma de provimento **derivado** de cargo público, pois somente pode ser reintegrado quem era servidor público.

Alternativa correta: letra "c".

5. REGIME JURÍDICO DOS SERVIDORES PÚBLICOS CIVIS FEDERAIS: LEI Nº 8.112/90

- CF, artigos 37 a 41
- Lei nº 8.112/90

---

36. (IBFC - Analista Judiciário - Área Administrativa - TRE - PA/2020) O servidor responde civil, penal e administrativamente pelo exercício irregular de suas atribuições. Analise o texto abaixo e assinale a alternativa que preencha correta e respectivamente as lacunas. "A responsabilidade abrange os crimes e contravenções imputadas ao servidor, nessa qualidade." "A responsabilidade decorre de ato omissivo ou comissivo, doloso ou culposo, que resulte em prejuízo ao erário ou a terceiros." ³A responsabilidade do servidor será afastada no caso de absolvição criminal que negue a existência do fato ou sua autoria." "As sanções civis, penais e administrativas poderão cumular-se, sendo entre si."

a) penal / civil / administrativa/ independentes

b) civil / administrativa / penal/ independentes

c) penal / administrativa / civil/ dependentes

d) penal / civil / administrativa/ dependentes

COMENTÁRIOS

✪ **Nota do Autor:** Em regra, vigora a independência das esferas ou instâncias em matéria de responsabilidade, isto é, pelo mesmo ato o servidor pode ser responsabilizado nas esferas civil, penal e administrativa. Por exemplo, um servidor que,

14. DI PIETRO, Maria Sylvia Zanella. Direito administrativo. 23 ed. São Paulo: Atlas, 2010. p. 605.

valendo-se do cargo, desvie dinheiro público que estava em sua posse poderá ser demitido administrativamente, condenado criminalmente pelo crime de peculato e, ainda, poderá ser condenado por improbidade administrativa. Nesse sentido, estabelece o art. 125 que as sanções civis, penais e administrativas poderão cumular-se, sendo independentes entre si. Entretanto, o art. 126 determina que a responsabilidade administrativa do servidor seja afastada no caso de absolvição criminal que negue a existência do fato ou sua autoria e, na mesma esteira, há o art. 945 do Código Civil em relação à responsabilidade civil. Assim, não basta ser absolvido, pois a absolvição deve ter como fundamento a negativa de autoria e a inexistência do fato.

Alternativa "a" (responde as demais alternativas). A questão pode ser respondida a luz do art. 121 e ss. da Lei nº 8.112/90. Neste sentido, o art. 122, *caput*, estabelece que "a responsabilidade civil decorre de ato omissivo ou comissivo, doloso ou culposo, que resulte em prejuízo ao erário ou a terceiros". O art. 123, quanto à responsabilidade penal, que esta "(...) abrange os crimes e contravenções imputadas ao servidor, nessa qualidade". O art. 124, outrossim, quanto à responsabilidade civil-administrativa, que esta "(...) resulta de ato omissivo ou comissivo praticado no desempenho do cargo ou função". Enfim, o art. 126, estabelece que "a responsabilidade administrativa do servidor será afastada no caso de absolvição criminal que negue a existência do fato ou sua autoria".

Alternativa correta: letra "a".

---

37. (IBFC – Analista Judiciário – Área Administrativa – TRE – PA/2020) Acerca do Regime Jurídico dos Servidores Públicos Civis da União (Lei n° 8.112/1990), analise as afirmativas abaixo e dê valores Verdadeiro (V) ou Falso (F).

( ) Os cargos públicos, acessíveis a todos os brasileiros, são criados por lei, com denominação própria e vencimento pago pelos cofres públicos, para provimento em caráter efetivo ou em comissão.

( ) Os requisitos básicos para investidura em cargo público estão contidos no artigo 5° e portanto, as atribuições do cargo não podem justificar a exigência de outros requisitos estabelecidos em lei.

( ) O servidor estável só perderá o cargo em virtude de sentença judicial transitada em julgado ou de processo administrativo disciplinar no qual lhe seja assegurada ampla defesa.

( ) A posse em cargo público dependerá de prévia inspeção médica oficial. Só poderá ser empossado aquele que for julgado apto física e mentalmente para o exercício do cargo.

Assinale a alternativa que apresenta a sequência correta de cima para baixo.

a) F, V, V, F
b) V, V, F, F
c) F, V, F, V
d) V, F, V, V

COMENTÁRIOS

Item I. Correto. Na forma do art. 3º, parágrafo único, da Lei nº 8.112/1990, "os cargos públicos, acessíveis a todos os brasileiros, são criados por lei, com denominação própria e vencimento pago pelos cofres públicos, para provimento em caráter efetivo ou em comissão".

Item II. Errado. O próprio art. 5º, §1º, da Lei, estabelece que "as atribuições do cargo podem justificar a exigência de outros requisitos estabelecidos em lei".

Item III. Correto. Eis a literalidade do art. 22, da Lei: "o servidor estável só perderá o cargo em virtude de sentença judicial transitada em julgado ou de processo administrativo disciplinar no qual lhe seja assegurada ampla defesa.

Item IV. Correto. O art. 14, *caput*, e parágrafo único da Lei, estabelecem que a posse em cargo público dependerá de prévia inspeção médica oficial, destacando-se que só poderá ser empossado aquele que for julgado apto física e mentalmente para o exercício do cargo.

Alternativa correta: letra "d".

---

38. (Cespe – Técnico Judiciário – Área Administrativa – TRE – PE/2017) No que se refere ao Regime Jurídico dos Servidores Públicos Civis da União, assinale a opção correta.

a) A Lei n.° 8.112/1990 reúne as normas aplicáveis aos servidores públicos civis da União, das autarquias e das empresas públicas federais.

b) Tanto os servidores estatutários quanto os celetistas submetem-se ao regime jurídico único da Lei n.° 8.112/1990.

c) Os cargos públicos dos órgãos dos Poderes Legislativo e Judiciário são criados por lei, e os dos órgãos do Poder Executivo, por decreto de iniciativa do presidente da República.

d) O regime estatutário é o regime jurídico próprio das pessoas jurídicas de direito público e dos respectivos órgãos públicos.

e) Consideram-se cargos públicos apenas aqueles para os quais se prevê provimento em caráter efetivo.

COMENTÁRIOS

✪ **Nota do Autor:** A Lei nº 8.112/90 destina-se aos servidores públicos federais. Assim, leis estaduais regem o regime jurídico dos servidores dos respectivos Estados.

Alternativa "b". Os **servidores celetistas** submetem-se às normas previstas na CLT. O regime trabalhista ou celetista ou contratual é aquele aplicável aos empregados públicos, que são os contratados para trabalhar na Administração Pública sob o regime trabalhista, celetista, por exemplo, nas empresas públicas e nas sociedades de economia mista. Esse regime, ao contrário do estatutário, é igual em todas as esferas da Administração, pois está estabelecido na Consolidação das Leis Trabalhistas (CLT), cuja competência para legislar a respeito é privativa da União, nos termos do art. 22, I, da Constituição Federal. É o regime próprio do setor privado.

Alternativa "c". Os cargos públicos são criados por lei **(art. 48, X, da CF),** que deverá determinar o número, a denominação própria e a remuneração correspondente, sendo que tal Lei será de iniciativa de cada Poder.

Alternativa correta: letra "d" (responde a alternativa "a"). Por força do art. 39, caput, da Constituição Federal, foi estabelecido o regime jurídico único e, em âmbito federal, adotou-se o regime estatutário para a administração direta, autarquias e fundações públicas federais, veiculado por meio da Lei nº 8.112/90.

Alternativa "e". Cargo em comissão é aquele cujo provimento não é durável, já que é livre a exoneração, tal como é livre a nomeação, já que prescinde (dispensa) da realização de concurso. Ainda assim, são considerados cargos públicos.

Alternativa correta: letra "d".

---

39. (Consulplan - Técnico Judiciário - Área Administrativa - TRE - RJ/2017) "João e Maria, casados, são Técnicos Judiciários do Tribunal Regional Eleitoral, lotados na capital do Rio de Janeiro. Maria fez concurso para Analista Judiciário do Tribunal Superior Eleitoral e foi aprovada, devendo, agora, residir em Brasília." Quanto à remoção, nos termos da Lei n° 8.112/90, é correto afirmar que:

a) A remoção de João, nesse caso, será de ofício, não havendo necessidade de solicitação.

b) João será transferido para um cargo de Técnico Judiciário no Tribunal Superior Eleitoral.

c) João pode pedir a remoção para acompanhar Maria, mas a Administração não é obrigada a conceder.

d) Se João não for removido, Maria pode pedir para ficar no Rio de Janeiro em disponibilidade remunerada.

COMENTÁRIOS

✪ **Nota do Autor:** Conforme art. 36 da Lei nº 8.112/90, a **remoção** é **o deslocamento do servidor, a pedido ou de ofício, no** âmbito **do mesmo quadro, com ou sem mudança de sede**. Assim, sempre que houver interesse público, a Administração poderá remover o servidor de ofício, independentemente da sua vontade.

Alternativa "c" (responde as demais alternativas). A **remoção** é o deslocamento do servidor, **a pedido ou de ofício**, no âmbito do mesmo quadro, com ou sem mudança de sede. Caso ocorra de ofício, a remoção se dará no **interesse da Administração**. Porém, se a remoção for feita a pedido do servidor, poderá se dar: a) **a critério da Administração**; ou b) **para outra localidade,** independentemente do interesse da Administração: – para acompanhar cônjuge ou companheiro, também servidor público civil ou militar, de qualquer dos Poderes da União, dos Estados, do Distrito Federal e dos Municípios, que foi deslocado no interesse da Administração; – por motivo de saúde do servidor, cônjuge, companheiro ou dependente que viva às suas expensas e conste do seu assentamento funcional, condicionada à comprovação por junta médica oficial; – em virtude de processo seletivo promovido, na hipótese em que o número de interessados for superior ao número de vagas, de acordo com normas preestabelecidas pelo órgão ou entidade em que aqueles estejam lotados (art. 36 da Lei 8.112/90). Assim, no caso concreto, ante as peculiaridades narradas na alternativa, João pode pedir a remoção para acompanhar Maria, mas a Administração não é obrigada a conceder. A 1ª Seção do STJ, inclusive, no julgamento do EREsp 1.247.360, em 22/11/2017, fixou o seguinte entendimento: "O servidor público federal somente tem direito à remoção prevista no art. 36, parágrafo único, III, "a", da Lei n. 8.112/1990, na hipótese em que o cônjuge/companheiro, também servidor, tenha sido deslocado de ofício, para atender ao interesse da Administração (nos moldes do inciso I do mesmo dispositivo legal)." Seria o caso, por exemplo, se Maria fosse removida de ofício no interesse da Administração. Neste caso, João poderia ser removido a pedido, independentemente do interesse da Administração.

Alternativa correta: letra "c".

---

40. (Consulplan - Técnico Judiciário - Área Administrativa - TRE - RJ/2017) "Um servidor efetivo do Tribunal Regional Eleitoral retirou um processo da repartição sem autorização da chefia imediata." Nos termos da Lei n° 8.112/90, é correto afirmar que

a) a conduta impõe a suspensão dos direitos políticos do servidor.

b) se o servidor estiver em estágio probatório, será exonerado do cargo.

c) o servidor praticou infração punível com a penalidade de advertência.

d) em caso de reincidência, aplica-se, em regra, a penalidade de demissão.

COMENTÁRIOS

✪ **Nota do Autor:** As **penas** que podem ser aplicadas ao servidor são: **advertência, suspensão, multa, demissão, cassação de aposentadoria e disponibilidade, destituição de cargo em comissão e destituição de função de confiança.**

Alternativa "a". A penalidade de **suspensão dos direitos políticos** não está prevista na Lei nº 8.112/90.

Alternativa "b". O art. 20 da mesma lei prevê que "ao entrar em exercício, o servidor nomeado para cargo de provimento efetivo ficará sujeito a **estágio probatório** por período de 24 (vinte e quatro) meses, durante o qual a sua aptidão e capacidade serão objeto de avaliação para o desempenho do cargo, observados os seguintes fatores: **I - assiduidade; II - disciplina; III - capacidade de iniciativa; IV - produtividade; e V - responsabilidade". Assim, não necessariamente por ser penalizado com advertência durante estágio probatório, será o servidor exonerado, sendo necessária a análise de outros fatores para a imposição da penalidade. Vale ressaltar que a previsão de 24 meses prevista na Lei 8.112/90 para aquisição de estabilidade não mais encontra amparo constitucional. A EC 19/98 estabeleceu que são estáveis no serviço público os servidores efetivos nomeados para o cargo em virtude de concurso público após 3 anos de efetivo exercício.**

Alternativa "c". A pena de **advertência** é uma **repreensão feita por escrito e anotada no prontuário do servidor.** Tem cabimento, conforme artigo 129 da Lei nº 8.112/90, quando se tratar de violação dos deveres funcionais constantes do artigo 117, I a VIII e XIX, ou quando houver inobservância de dever funcional previsto em lei, regulamento ou norma interna e não se justifique pena mais grave. Assim, o referido dispositivo (art. 117) dispõe que são puníveis com advertência as seguintes condutas: ausentar-se do serviço durante o expediente, sem prévia autorização do chefe imediato; **retirar, sem prévia anuência da autoridade competente, qualquer documento ou objeto da repartição**; recusar fé a documentos públicos; opor resistência injustificada ao andamento de documento e processo ou execução de serviço; promover manifestação de apreço ou desapreço no recinto da repartição; cometer a pessoa estranha à repartição, fora dos casos previstos em lei, o desempenho de atribuição que seja de sua responsabilidade ou de seu subordinado; coagir ou aliciar subordinados no sentido de filiarem-se a associação profissional ou sindical, ou a partido político; manter sob sua chefia imediata, em cargo ou função de confiança, cônjuge, companheiro ou parente até o segundo grau civil; recusar-se a atualizar seus dados cadastrais quando solicitado.

Alternativa "d". A **suspensão** será aplicada, de fato, em caso de **reincidência das faltas punidas com advertência**, não podendo exceder, contudo, **90 dias.** Também poderá ser aplicada tal penalidade no que diz respeito a **infrações não sujeitas à demissão** (art. 130).

Alternativa correta: letra "c".

---

41. (FCC - Técnico Judiciário - Área Administrativa - TRE - SP/2017) Joaquim é servidor público federal e está cursando o terceiro ano da faculdade de Direito da sua cidade. Ocorre que Joaquim terá que mudar de sede, no interesse da Administração pública. Nos termos da Lei nº 8.112/90, desde que preenchidos os demais requisitos legais, será assegurada matrícula em instituição de ensino congênere,

a) apenas no início do próximo ano letivo e desde que exista vaga, arcando a Administração com eventual prejuízo pelo período em que eventualmente fique sem estudar.
b) na localidade da nova residência ou na mais próxima e em qualquer época do ano, independentemente de vaga.
c) exclusivamente na localidade da nova residência, independentemente de vaga.
d) em qualquer época do ano, mas desde que exista vaga, arcando a Administração com eventual prejuízo pelo período em que eventualmente fique sem estudar.
e) apenas no início do próximo ano letivo, independentemente de vaga.

COMENTÁRIOS

Alternativa "b" (responde as demais alternativas). O art. 99, *caput*, da Lei nº 8.112/90, estabelece que "ao servidor estudante que mudar de sede no interesse da administração é assegurada, na localidade da nova residência ou na mais próxima, matrícula em instituição de ensino congênere, em qualquer época, independentemente de vaga". O Plenário do STF, no julgamento do RE 601580 RS, datado de 19/09/2018, fixou a seguinte tese com repercussão geral: É constitucional a previsão legal que assegure, na hipótese de transferência *ex officio* de servidor, a matrícula em instituição pública, se inexistir instituição congênere à de origem (Info 916).

Alternativa correta: letra "b".

---

42. (Cespe - Técnico Judiciário - Área Administrativa - TRE - TO/2017) Conforme disposição da Lei n.º 8.112/1990, a ajuda de custo tem por finalidade

a) indenizar o servidor que efetuou pagamento com recursos próprios para participar de curso comprovadamente de interesse do serviço.

b) indenizar o servidor pelo afastamento da sede em caráter eventual ou transitório para outro ponto do território nacional.

c) indenizar o servidor que realizar despesas com a utilização de meio próprio de locomoção para a execução de serviços externos próprios do cargo.

d) ressarcir as despesas comprovadamente realizadas pelo servidor com aluguel de moradia ou com meio de hospedagem administrado por empresa hoteleira.

e) compensar as despesas de instalação do servidor que, no interesse do serviço, passar a ter exercício em nova sede, com mudança de domicílio em caráter permanente.

COMENTÁRIOS

✪ **Nota do Autor:** São vantagens constantes da Lei nº 8.112/90: as indenizações, as gratificações e os adicionais, dos quais as indenizações, em razão do caráter de compensação, nunca se incorporam ao vencimento e, por sua vez, as gratificações e os adicionais poderão ser incorporados, se houver previsão legal a respeito. Nos termos do art. 51, são indenizações: ajuda de custo, diárias, indenização de transporte e auxílio-moradia.

Alternativa "e" (responde as demais alternativas). A **ajuda de custo** (artigos 53 a 57) tem como finalidade compensar as despesas de instalação do servidor que, no interesse da Administração, **passar a ter exercício em nova sede, com mudança de domicílio em caráter permanente** (deslocamento definitivo). Caso o servidor receba a ajuda de custo e, sem justificativa, não se apresente na nova sede em 30 dias, deverá devolver o valor recebido.

Alternativa correta: letra "e".

---

43. (Cespe – Técnico Judiciário – Área Administrativa – TRE – TO/2017) Larissa, servidora pública efetiva do TRE/TO, estava prestes a completar os requisitos para a aposentadoria por tempo de serviço quando sofreu um acidente, que resultou, após afastamento do serviço por razoável lapso de tempo, em aposentadoria por invalidez. Meses após a aposentadoria de Larissa, a administração recebeu laudo elaborado pela equipe médica oficial retificando o resultado que havia resultado na aposentadoria por invalidez da servidora, que foi, então, avaliada como apta para o trabalho, considerando as funções exercidas no cargo que ocupava.

Nessa situação hipotética, com base Lei n.º 8.112/1990, deverá ser declarada a no que dispõe a

a) reversão, devendo Larissa retornar às atividades anteriormente exercidas.

b) readaptação, devendo Larissa retornar ao cargo que exercia anteriormente.

c) recondução, devendo Larissa retornar às atividades que exercia.

d) redistribuição, se o cargo anteriormente ocupado tiver deixado de existir.

e) reintegração, se ainda existir a mesma categoria.

COMENTÁRIOS

✪ **Nota do Autor:** As formas de provimento estão previstas no art. 8º da Lei; dessas, apenas a **nomea**ção é forma de **provimento originário**; a **promoção**, a readaptação, a reversão, o aproveitamento, a recondução e a reintegração são formas **derivadas de provimento.**

Alternativa "a". Pela **reversão**, há o retorno à atividade de servidor aposentado. Pode dar-se quando, por junta médica oficial, forem declarados insubsistentes os motivos da aposentadoria ou, ainda, no **interesse da administração.** A reversão far-se-á no **mesmo cargo** ou no cargo resultante de sua transformação (art. 25, § 1º da Lei nº 8.112/90).

Alternativa "b". A **readaptação** é forma de provimento derivado, que é destinado ao **servidor que passou a sofrer de limitação em sua capacidade física ou mental** e, em razão disso, **não** é **capaz de desempenhar as atribuições inerentes ao cargo que ocupa**.

Alternativa "c". A **recondução** é o **retorno do servidor estável ao cargo anteriormente ocupado** e ocorre quando o servidor for inabilitado no estágio probatório de outro cargo ou quando o anterior ocupante do cargo é reintegrado, nos termos do art. 29, da Lei.

Alternativa "d". A redistribuição, nos termos do art. 37 da Lei nº 8.112/90, é o **deslocamento do cargo efetivo**, provido ou vago, para outro órgão ou entidade do mesmo Poder.

Alternativa "e". A **reintegração** é **o retorno do servidor demitido cuja demissão foi anulada judicial ou administrativamente**. Está prevista no texto constitucional no art. 41, § 2º e no art. 28, da Lei nº 8.112/90.

Alternativa correta: letra "a".

---

44. (Cespe – Analista Judiciário – Área Judiciária – TRE – BA/2017) Após a regular tramitação de processo administrativo disciplinar instaurado contra servidor público federal, a comissão processante propôs, em relatório, penalidade de suspensão de sessenta dias.

Nessa situação, segundo entendimento do Superior Tribunal de Justiça, a autoridade julgadora

a) pode divergir da conclusão do relatório, podendo majorar ou diminuir a penalidade administrativa.

b) pode alterar a capitulação da infração, mas deve manter a penalidade administrativa proposta.

c) deve acatar a conclusão do relatório e aplicar a penalidade administrativa proposta.

d) deve acatar a conclusão do relatório, podendo majorar a penalidade administrativa, mas não diminuí-la.

e) pode divergir da conclusão do relatório, mas não pode diminuir a penalidade administrativa.

COMENTÁRIOS

✪ **Nota do Autor:** Destaca o art. 165, da Lei nº 8.112/90, que após a instrução do feito, a comissão elaborará relatório minucioso, onde resumirá as peças principais dos autos e mencionará as provas em que se baseou para formar a sua convicção. Tal relatório deverá sempre **ser conclusivo, quanto** à **inocência ou** à **responsabilidade do servidor**, devendo, posteriormente, ser remetido à autoridade que determinou a instauração do processo disciplinar, para julgamento final.

Alternativa "a" (responde as demais alternativas). Com o relatório da comissão, o processo administrativo será remetido à autoridade que determinou sua instauração, para que seja realizado o julgamento no prazo de vinte dias. No julgamento, a regra é que a autoridade julgadora acate o relatório da comissão, exceto quando for contrário à prova dos autos e, nesse caso, poderá, motivadamente, agravar ou abrandar a penalidade proposta ou, ainda, isentar o servidor de responsabilidade, consoante o art. 168, parágrafo único. Neste exato sentido, o Superior Tribunal de Justiça já decidiu, por exemplo, no julgamento do MS nº 9516-DF.

Alternativa correta: letra "a".

---

45. (FCC – Analista Judiciário – Área Judiciária – TRE – PR/2017) A Lei nº 8.112/1990, que dispõe sobre o regime jurídico dos servidores públicos civis da União, das autarquias e das fundações públicas federais, estabelece que a

a) investidura em cargo público ocorre com a nomeação.

b) ascensão é forma de provimento de cargo público.

c) posse ocorrerá nos casos de nomeação, promoção e reintegração.

d) recondução é a reinvestidura do servidor estável no cargo anteriormente ocupado, ou no cargo resultante de sua transformação, quando invalidada a sua demissão por decisão administrativa ou judicial.

e) reversão é o retorno à atividade de servidor aposentado.

COMENTÁRIOS

Alternativa "a". A investidura do servidor no cargo público se materializa com a posse; é o momento em que se forma o vínculo com a Administração.

Alternativa "b". No art. 8º da Lei nº 8.112/90, as **formas de provimento** são: a) nomeação; b) **promoção**; c) readaptação; d) **reversão**; e) **aproveitamento**; f) **recondução**; g) reintegração. A ascensão e a transferência constavam nos incisos III e IV daquele artigo, mas foram revogados pela Lei nº 9.527/97. Mesmo antes da revogação, o Supremo Tribunal Federal já as considerava inconstitucionais porque com a adoção no texto constitucional do acesso aos cargos públicos via concurso público, somente as hipóteses constantes da própria Constituição legitimam a dispensa do certame.

Alternativa "c". A posse está regulada nos artigos 13 e 14 da Lei nº 8.112/90 e somente ocorre nos casos de provimento por nomeação, o que poderá ocorrer tanto para cargo em comissão quanto para cargo de provimento efetivo, exigindo-se para este a prévia aprovação em concurso público (artigos 9º e 10).

Alternativa "d". A **recondução** é o retorno do servidor estável ao cargo anteriormente ocupado e decorrerá da inabilitação em estágio probatório relativo a outro cargo e da reintegração do anterior ocupante (artigo 29 da Lei 8112/90). A alternativa faz menção à **reintegração**, contudo.

Alternativa "e". A **reversão** é o **retorno do aposentado à ativa** e pode ocorrer quando o servidor tenha se aposentado por invalidez ou voluntariamente, como prevê o art. 25, da Lei nº 8.112/90. O aposentado **voltará para o mesmo cargo ou para cargo resultante de sua transformação.**

Alternativa correta: letra "e".

---

46. (FCC – Analista Judiciário – Área Judiciária – TRE – PR/2017) No que se refere à prescrição no âmbito da ação disciplinar, a Lei nº 8.112/1990 estabelece que

a) o prazo prescricional começa a correr da data da ocorrência do fato.

b) a abertura de sindicância não interrompe a prescrição.

c) a instauração de processo disciplinar interrompe a prescrição, até a decisão final proferida por autoridade competente.

d) infrações puníveis com demissão são imprescritíveis.

e) prescreve em 2 anos a ação disciplinar quanto às infrações puníveis com suspensão e advertência.

COMENTÁRIOS

Alternativa "a". Pelo § 1º, do mesmo art. 142, infere-se, ainda, que o prazo de prescrição começa a correr da data em que o fato se tornou conhecido.

Alternativa "c" (responde a alternativa "b"). O art. 142, § 3º, da Lei nº 8.112/90, preceitua que "a abertura de sindicância ou a instauração de processo disciplinar **interrompe** a prescrição, até a decisão final proferida por autoridade competente". Deve-se lembrar que o STF firmou entendimento no sentido de que, não sendo o PAD concluído em cento e quarenta dias, o prazo prescricional volta a ser contado em sua integralidade. Neste sentido, é o MS nº 17.515-DF, julgado pela Corte em 29/02/2012. No mesmo sentido, a Súmula nº 635 do STJ: "Os prazos prescricionais previstos no artigo 142 da Lei 8.112/1990 iniciam-se na data em que a autoridade competente para a abertura do procedimento administrativo toma conhecimento do fato, interrompem-se com o primeiro ato de instauração válido – sindicância de caráter punitivo ou processo disciplinar – e voltam a fluir por inteiro, após decorridos 140 dias desde a interrupção."

Alternativa "d" (responde a alternativa "e"). Os prazos de **prescrição das ações disciplinares** estão previstos no art. 142 da Lei nº 8.112/90. Quanto à suspensão, tal prazo é de 2 anos; já quanto à advertência, o prazo é de 180 dias. Além disso, quanto às infrações puníveis com demissão, cassação de aposentadoria ou disponibilidade e destituição de cargo em comissão, o prazo é de 5 anos. Tais prazos são sempre contados da data em que o fato se tornou conhecido. Destaca-se, ainda, que se a infração disciplinar também for tipificada como crime, será aplicado o prazo de prescrição previsto na lei penal.

Alternativa correta: letra "c".

---

47. (FCC – Analista Judiciário – Área Administrativa – TRE – SP/2017) Considere a seguinte situação hipotética: Pedro é servidor público federal há vinte e cinco anos e, em janeiro de 2016, foi nomeado para exercer o cargo de Ministro de Estado, razão pela qual mudou-se, pela primeira vez, da cidade de São Paulo, onde residia, para morar em Brasília com sua companheira Joana. Cumpre salientar que, em dezembro de 2015, a companheira de Pedro adquiriu um imóvel em Brasília com o objetivo de alugá-lo e assim obter uma renda extra, no entanto, o imóvel ainda não foi locado. Nos termos da Lei nº 8.112/1990, Pedro

a) terá direito ao auxílio-moradia se a companheira de Pedro vender o imóvel.

b) não terá direito ao auxílio-moradia, vez que o imóvel de Joana representa impeditivo legal ao aludido benefício.

c) terá direito ao auxílio-moradia, desde que a companheira de Pedro não ocupe imóvel funcional em Brasília.

d) terá direito ao auxílio-moradia, independentemente de qualquer outro requisito legal.

e) não terá direito ao auxílio-moradia, vez que a lei veda tal benefício para o cargo de Ministro de Estado.

COMENTÁRIOS

✪ **Nota do Autor:** São vantagens constantes da Lei nº 8.112/90: as indenizações, as gratificações e os adicionais, dos quais as indenizações, em razão do caráter de compensação, nunca se incorporam ao vencimento e, por sua vez, as gratificações e os adicionais poderão ser incorporados, se houver previsão legal a respeito. Nos termos do art. 51, são indenizações: ajuda de custo, diárias, indenização de transporte e auxílio-moradia. O auxílio-moradia (artigos 60-A a 60-E) é o ressarcimento das despesas realizadas pelo servidor com aluguel de moradia ou com meio de hospedagem administrado por empresa hoteleira, no prazo de um mês após a comprovação da despesa e é concedido ao servidor, dentre outros requisitos, que tenha se mudado do local de sua residência para exercer altos cargos em comissão ou altas funções de confiança (DAS 4, 5 e 6, de natureza de Ministro de Estado ou equivalente).

Alternativa "b" (responde as demais alternativas). Dentre outros tantos requisitos previstos na Lei, exige-se, para a concessão do auxílio-moradia, que "o servidor ou seu cônjuge ou companheiro não seja ou tenha sido proprietário, promitente comprador, cessionário ou promitente cessionário de imóvel no Município aonde for exercer o cargo, incluída a hipótese de lote edificado sem averbação de construção, nos doze meses que antecederem a sua nomeação" (art. 60-B, III). Desse modo, Pedro não terá direito ao auxílio-moradia, vez que o imóvel de Joana representa impeditivo legal.

Alternativa correta: letra "b".

---

48. (Cespe – Analista Judiciário – Área Judiciária – TRE – TO/2017) Assinale a opção correta a respeito da comissão responsável por conduzir o processo disciplinar relativo à apuração de responsabilidade de servidor por suposta infração praticada no exercício de suas atribuições.

a) Se um dos integrantes da comissão for primo do indiciado, ele deverá ser substituído, sob pena de nulidade dos atos da comissão.

b) O presidente da comissão deve ser necessariamente servidor ocupante de cargo de nível superior ao da pessoa indiciada.

c) Os integrantes da comissão ficarão dispensados do ponto até a entrega do relatório final.

d) Deverá ser designado como secretário o servidor mais antigo no cargo em relação aos outros dois integrantes da comissão.

e) As reuniões e as audiências da comissão terão caráter público, sob pena de nulidade dos atos.

COMENTÁRIOS

✪ **Nota do Autor:** Conforme art. 148, da Lei nº 8.112/90, "o processo disciplinar é o instrumento destinado a apurar responsabilidade de servidor por infração praticada no exercício de suas atribuições, ou que tenha relação com as atribuições do cargo em que se encontre investido".

Alternativa "a". Não poderá participar de comissão de sindicância ou de inquérito, cônjuge, companheiro ou parente do acusado, consanguíneo ou afim, em linha reta ou colateral, até o terceiro grau. Eis o disposto no art. 149, §1º, da Lei. Assim, um dos integrantes da comissão for primo do indiciado, não haverá necessidade de substituição.

Alternativa "b". O art. 149, *caput*, estabelece que "o processo disciplinar será conduzido por comissão composta de três servidores estáveis designados pela autoridade competente, observado o disposto no § 3º do art. 143, que indicará, dentre eles, o seu **presidente, que deverá ser ocupante de cargo efetivo superior ou de mesmo nível, ou ter nível de escolaridade igual ou superior ao do indiciado**".

Alternativa "c". De acordo com o art. 152, §1º, da Lei nº 8.112/90, "sempre que necessário, a comissão dedicará tempo integral aos seus trabalhos, **ficando seus membros dispensados do ponto, até a entrega do relatório final**".

Alternativa "d". O §1º, do art. 149, estabelece que a Comissão terá como secretário servidor designado pelo seu presidente, podendo a indicação recair em um de seus membros".

Alternativa "e". Pelo contrário, as reuniões e as audiências da Comissão **terão caráter reservado**, na forma do art. 149, §2º, da Lei.

Alternativa correta: letra "c".

---

49. (Cespe - Analista Judiciário - Área Judiciária - TRE - TO/2017) Com a conclusão do processo administrativo disciplinar contra um servidor público federal detentor de cargo em comissão junto a determinado tribunal regional eleitoral, o servidor foi apenado com a destituição do seu cargo.

Nessa situação hipotética, a penalidade deverá ser aplicada pelo(a)

a) autoridade que houver feito a nomeação.
b) presidente do Tribunal Superior Eleitoral.
c) autoridade administrativa de hierarquia imediatamente inferior ao presidente do Tribunal Superior Eleitoral.
d) chefe da repartição.
e) presidente da República.

COMENTÁRIOS

Alternativa "a" (responde as demais alternativas). Na forma do art. 141, da Lei nº 8.112/90, as penalidades disciplinares serão aplicadas: "I - pelo Presidente da República, pelos Presidentes das Casas do Poder Legislativo e dos Tribunais Federais e pelo Procurador-Geral da República, quando se tratar de demissão e cassação de aposentadoria ou disponibilidade de servidor vinculado ao respectivo Poder, órgão, ou entidade; II - pelas autoridades administrativas de hierarquia imediatamente inferior àquelas mencionadas no inciso anterior quando se tratar de suspensão superior a 30 (trinta) dias; III - pelo chefe da repartição e outras autoridades na forma dos respectivos regimentos ou regulamentos, nos casos de advertência ou de suspensão de até 30 (trinta) dias; **IV - pela autoridade que houver feito a nomeação, quando se tratar de destituição de cargo em comissão**".

Alternativa correta: letra "a".

---

50. (Cespe - Analista Judiciário - Área Administrativa - TRE - TO/2017) João delegou a Maria, sua esposa e pessoa estranha à repartição pública onde ele exerce suas funções, o desempenho das atribuições de sua responsabilidade. Descoberto, João sofreu um processo administrativo disciplinar, que resultou em sua condenação à penalidade de advertência. Três meses após o trânsito em julgado do procedimento administrativo, João recusou fé a documento público.

Nessa situação hipotética, de acordo com a Lei n.º 8.112/1990, João está sujeito à pena de

a) suspensão de até noventa dias.
b) suspensão de até cento e vinte dias.
c) suspensão de até cento e oitenta dias.
d) repreensão verbal.
e) demissão.

COMENTÁRIOS

✪ **Nota do Autor:** É vedado ao servidor recusar fé a documentos públicos, nos termos do art. 117, III, tendo como pena prevista a advertência (art. 129, do mesmo diploma). Ocorre que, em tal situação, João seria **reincidente**, podendo ser aplicada, por consequência, a penalidade de suspensão.

Alternativa "a" (responde as demais alternativas). A suspensão é a penalidade pela qual o servidor é proibido de trabalhar e, em consequência, não percebe remuneração no período e não é aproveitado para nenhum fim. **A pena de suspensão é cabível**, nos termos do art. 130 da Lei, 1) **quando houver reincidência de falta punida com advertência**, 2) **nos casos de violação das proibições que não sejam punidas com demissão** e 3) quando o servidor se recusar, injustificadamente, a se submeter a inspeção médica determinada pela autoridade competente. A lei não estabeleceu a quantidade exata de dias de suspensão para cada tipo de infração cometida; há, contudo, **a limitação máxima de 90 (noventa) dias de suspensão**, salvo a hipótese 3), quando o prazo máximo possível é de 15 dias.

Alternativa correta: letra "a".

---

51. (Cespe - Analista Judiciário - Área Judiciária - TRE - TO/2017) Conforme disciplina a Lei n.° 8.112/1990 com relação à acumulação de cargos, julgue os próximos itens.

I A aposentadoria do servidor não impede a percepção de vencimento de emprego público efetivo com proventos da inatividade se os cargos forem acumuláveis na atividade.

II A participação em órgão de deliberação coletiva não configura acumulação de cargos e deve ser remunerada.

III A acumulação lícita de cargos dispensa a comprovação da compatibilidade de horários se o servidor cumprir a jornada em cada um deles.

IV Detectada, a qualquer tempo, a acumulação ilegal de cargos públicos, será dada ao servidor a oportunidade de apresentar opção por um deles.

Estão certos apenas os itens

a) I e II.
b) I e III.
c) I e IV.
d) II e IV.
e) III e IV.

COMENTÁRIOS

✪ **Nota do Autor:** Em relação à acumulação remunerada de cargos públicos, os dispositivos da Lei nº 8.112/90 devem ser compatibilizados com o art. 37, XVI, da Constituição Federal. Entretanto, o estatuto federal dispõe sobre a acumulação dos cargos em comissão na esfera federal, merecendo atenção os artigos 9º, 119 e 120.

Item I. Em regra, não é possível ao agente público acumular os proventos de aposentadoria com a remuneração de um cargo público – ou, em outras palavras, a remuneração referente à determinada atividade com os proventos da inatividade, **salvo se os cargos forem acumuláveis na atividade, se for cargo em comissão ou se for cargo eletivo, conforme o art. 37, § 10, da Constituição Federal.**

Item II. De acordo com o art. 9º do Estatuto, o servidor ocupante de cargo em comissão ou de natureza especial poderá ser nomeado para ter exercício, interinamente, em outro cargo de confiança, sem prejuízo das atribuições do que atualmente ocupa, hipótese em que deverá optar pela remuneração de um deles durante o período da interinidade. Por sua vez, o art. 119 estabelece que, com exceção da previsão do art. 9º, o servidor não pode exercer mais de um cargo em comissão e, também, não pode ser remunerado pela participação em órgão de deliberação coletiva. Entretanto, o parágrafo único desse dispositivo abre exceção e permite a remuneração quando for "devida pela participação em conselhos de administração e fiscal das empresas públicas e sociedades de economia mista, suas subsidiárias e controladas, bem como quaisquer empresas ou entidades em que a União, direta ou indiretamente, detenha participação no capital social, observado o que, a respeito, dispuser legislação específica".

Item III. A proibição da acumulação remunerada de cargos, empregos e funções públicas, consoante o art. 37, XVI, é a regra. A permissão é exceção e, somente, pode ocorrer se houver compatibilidade de horários e quando se tratar de: a) dois cargos de professor; b) um cargo de professor com outro técnico ou científico; c) dois cargos ou empregos privativos de profissionais de saúde, com profissões regulamentadas. A proibição existe em relação a cargos públicos, empregos públicos e funções públicas, nos três poderes, na administração direta e indireta de todas as esferas e, dessa forma, a regra é a proibição, não importando se um é na administração direta e o outro é em empresa pública ou em autarquia, ou se abrange cargo público federal com emprego público estadual, cargo público federal com cargo público federal, emprego público municipal com cargo público municipal, ou qualquer outra variante possível. Só não é proibido, se for uma das hipóteses permitidas no texto constitucional e, de qualquer forma, quando a acumulação for permitida, deve haver a obediência ao teto remuneratório. No tocante ao teto remuneratório, aliás, o Supremo Tribunal Federal fixou a seguinte tese para efeitos de repercussão geral: "Nos casos autorizados, constitucionalmente, de acumulação de cargos, empregos e funções, a incidência do artigo 37, inciso XI, da Constituição Federal, pressupõe considerações de cada um dos vínculos formalizados, afastada a observância do teto remuneratório quanto ao somatório dos ganhos do agente público" (STF. Plenário. RE 612975/ MT e RE 692043/ MT, julgados em 26 e 27/04/2017).

Item IV. Correto. O **rito sumário** será adotado para a apuração das infrações de **acumulação ilegal de cargos públicos, de abandono de cargo e de inassiduidade habitual**. Apenas no caso de **acumulação ilegal de cargos**, há uma fase preliminar, anterior ao processo. Havendo a constatação de que o servidor está **acumulando ilegalmente cargos, empregos ou funções públicas**, ele será **notificado,** por intermédio de sua chefia, **para optar, no prazo improrrogável de dez dias, por um dos cargos** (art. 133, caput). Se fizer a opção, será exonerado do cargo que não escolheu; **somente se a opção não for feita** é

que será iniciado o processo administrativo com rito sumário.

Alternativa correta: letra "c". Estão corretos os itens I e IV.

---

52. (Cespe – Técnico Judiciário – Área Administrativa – TRE – PI/2016) Após regular processo administrativo disciplinar, servidor público estável, ocupante do cargo de técnico judiciário, regido pela Lei n.° 8.112/1990, foi demitido, tendo sua demissão sido posteriormente invalidada por meio de decisão judicial.

A partir dessa situação hipotética, assinale a opção correta.

a) O referido servidor não terá direito ao ressarcimento das vantagens decorrentes de sua reinvestidura no cargo.

b) Caso a demissão houvesse sido invalidada por decisão administrativa, o servidor teria de recorrer ao Poder Judiciário para ser reinvestido no cargo anteriormente ocupado.

c) O servidor em questão deverá ser reinvestido no cargo anteriormente ocupado por meio da recondução.

d) Na hipótese de o cargo de técnico judiciário ter sido extinto, esse servidor terá de ser removido para cargo com atribuições semelhantes.

e) Na hipótese de o cargo de técnico judiciário em questão estar ocupado, o seu eventual ocupante poderá ser reconduzido ao cargo de origem, sem direito à indenização.

COMENTÁRIOS

✪ **Nota do Autor:** Existem dois tipos de provimento: a) o provimento originário, configurando este como aquele em que o preenchimento do cargo dá início a uma relação estatutária nova; b) o provimento derivado, aquele em que o cargo é preenchido por alguém que já possui um vínculo anterior com outro cargo, sujeito ao mesmo estatuto. Apenas a nomeação é forma de provimento originário; a promoção, a readaptação, a reversão, o aproveitamento, a recondução e a **reintegração** são formas **derivadas de provimento**.

Alternativa "b". Caso a demissão houvesse sido invalidada por decisão administrativa, **não seria necessário recorrer ao Poder Judiciário** para que o servidor voltasse a ocupar o cargo em questão.

Alternativa "c". A **recondução** é o **retorno do servidor estável ao cargo anteriormente ocupado** e ocorre quando o servidor for inabilitado no estágio probatório de outro cargo ou quando o anterior ocupante do cargo é reintegrado, nos termos do art. 29, da Lei nº 8.112/90.

Alternativa correta: letra "e" (responde as alternativas "a" e "d"). A **reintegração** é, na forma do art. 24, da Lei nº 8.112/90, a reinvestidura do servidor no cargo antes ocupado quando sua demissão for anulada por decisão administrativa ou judicial, **tendo direito ao ressarcimento de remuneração e vantagens não percebidas.** Se o cargo foi extinto, o servidor reintegrado fica em disponibilidade; se o cargo estiver provido, seu ocupante volta ao cargo de origem ou é aproveitado em outro cargo ou posto em disponibilidade.

Alternativa correta: letra "e".

---

53. (Cespe – Técnico Judiciário – Área Administrativa – TRE – PI/2016) Ainda sobre a disciplina legal acerca dos servidores públicos, assinale a opção correta.

a) A abertura de sindicância punitiva não interrompe a prescrição.

b) A responsabilidade civil do servidor público pode decorrer de ato comissivo, doloso ou culposo, que resulte em prejuízo ao erário ou a terceiros, mas não de ato omissivo.

c) Não se admite a cumulação de sanções civis, penais e administrativas.

d) A incontinência pública do servidor sujeita-se à pena de suspensão.

e) A ação disciplinar prescreve em cinco anos quanto às infrações punidas com demissão, cassação de aposentadoria ou disponibilidade e destituição de cargo em comissão.

COMENTÁRIOS

✪ **Nota do Autor:** Na Lei nº 8.112/90, menciona-se a prescrição em dois momentos. Um (art. 110) é em relação ao direito de petição do servidor e outro (art. 142) se refere à aplicação das penas disciplinares. Deve haver atenção para não se fazer confusão quanto a eles.

Alternativa "a". O art. 142, § 3º, preceitua que "a abertura de sindicância ou a instauração de processo disciplinar **interrompe** a prescrição, até a decisão final proferida por autoridade competente". A título de complementação, o STF firmou entendimento no sentido de que, não sendo o PAD concluído em cento e quarenta dias, o prazo prescricional volta a ser contado em sua integralidade. Neste sentido, é o MS nº 17.515-DF, julgado pela Corte em 29/02/2012. Ainda nessa esteira, há a Súmula 635 do STJ: "Os prazos prescricionais previstos no art. 142 da Lei n. 8.112/1990 iniciam-se na data em que a autoridade competente para a abertura do procedimento administrativo toma conhecimento do fato, interrompem-se com o primeiro ato de instauração válido sindicância de caráter punitivo ou processo disciplinar e voltam a fluir por inteiro, após decorridos 140 dias desde a interrupção".

Alternativa "b". Para que o servidor seja responsabilizado administrativamente, é necessário que tenha havido a apuração por meio de sindicância ou de processo administrativo e tenha restado demonstrado que o servidor, de maneira dolosa ou culposa, por ação ou omissão, descumpriu seus deveres e proibições contidos nos artigos 116 e 117. Nesse sentido, o art. 124 estabelece que a "responsabilidade civil-administrativa resulta de ato omissivo ou comissivo praticado no desempenho do cargo ou função".

Alternativa "c". No sistema brasileiro, vigora a regra da independência de instâncias e, desse modo, é possível a cumulação de penalidades nas esferas civil, administrativa e penal, sem que haja a configuração do *bis in idem*. Por exemplo, um servidor que, valendo-se do cargo, desvie dinheiro público que estava em sua posse poderá ser demitido administrativamente, condenado criminalmente pelo crime de peculato e, ainda, poderá ser condenado por improbidade administrativa. Nesse sentido, estabelece o art. 125 da Lei nº 8.112/90 que as sanções civis, penais e administrativas poderão cumular-se, sendo independentes entre si. Entretanto, o art. 126 do Estatuto determina que a responsabilidade administrativa do servidor seja afastada no caso de absolvição criminal que negue a existência do fato ou sua autoria e, na mesma esteira, há o art. 945 do Código Civil em relação à responsabilidade civil. Assim, não basta ser absolvido, pois a absolvição deve ter como fundamento a negativa de autoria e a inexistência do fato.

Alternativa "d". A **pena de demissão** está prevista no artigo 132 da Lei 8.112/1990 e aplica-se nas seguintes hipóteses: crime contra a administração pública; abandono de cargo; inassiduidade habitual; improbidade administrativa; **incontinência pública** e conduta escandalosa, na repartição; insubordinação grave em serviço; ofensa física, em serviço, a servidor ou a particular, salvo em legítima defesa própria ou de outrem; aplicação irregular de dinheiros públicos; revelação de segredo do qual se apropriou em razão do cargo; lesão aos cofres públicos e dilapidação do patrimônio nacional; corrupção; acumulação ilegal de cargos, empregos ou funções públicas.

Alternativa "e". A **ação disciplinar prescreverá em dois anos** quanto à suspensão. No que diz respeito às infrações puníveis com demissão, cassação de aposentadoria ou disponibilidade e destituição de cargo em comissão, o prazo será de **cinco anos.** Já quanto à advertência, a ação disciplinar prescreverá em **180 dias.** Destaca-se, ainda, que se a infração disciplinar também for tipificada como crime, será aplicado o prazo de prescrição previsto na lei penal.

Alternativa correta: letra "e".

---

54. (IESES – Analista Judiciário – Área Judiciária – TRE – MA/2015) De acordo com a Lei 8.112/1990, que dispõe sobre o regime jurídico dos servidores públicos civis da União, das autarquias e das fundações públicas federais, assinale a alternativa correta:

a) É de trinta dias o prazo para o servidor empossado em cargo público entrar em exercício, contados da data da posse.

b) A posse em cargo público dar-se-á pela assinatura do respectivo termo, no qual deverão constar as atribuições, os deveres, as responsabilidades e os direitos inerentes ao cargo ocupado, que só podem ser alterados unilateralmente pela Administração, inclusive os atos de ofício previstos em lei.

c) O servidor ocupante de cargo em comissão ou de natureza especial poderá ser nomeado para ter exercício, interinamente, em outro cargo de confiança, sem prejuízo das atribuições do que atualmente ocupa, hipótese em que deverá optar pela remuneração de um deles durante o período da interinidade.

d) Posse é o efetivo desempenho das atribuições do cargo público ou da função de confiança.

COMENTÁRIOS

Alternativa "a". Consoante art. 15, § 1º, da Lei, "é de quinze dias o prazo para o servidor empossado em cargo público entrar em exercício, contados da data da posse".

Alternativa "b". Nos termos do art. 13, *caput*, da Lei, "a posse dar-se-á pela assinatura do respectivo termo, no qual deverão constar as atribuições, os deveres, as responsabilidades e os direitos inerentes ao cargo ocupado, que não poderão ser alterados unilateralmente, por qualquer das partes, ressalvados os atos de ofício previstos em lei".

Alternativa "c". Na forma do art. 9º, parágrafo único, da Lei, "o servidor ocupante de cargo em comissão ou de natureza especial poderá ser nomeado para ter exercício, interinamente, em outro cargo de confiança, sem prejuízo das atribuições do que atualmente ocupa, hipótese em que deverá optar pela remuneração de um deles durante o período da interinidade".

Alternativa "d". O **exercício** é o efetivo desempenho das atribuições do cargo público ou da função de confiança, como determina o art. 15, *caput*, da Lei.

Alternativa correta: letra "c".

---

55. (Cespe – Técnico Judiciário – Área Administrativa – TRE – RS/2015) Declarada nula a demissão de determinado servidor público federal por decisão judicial transitada em julgado, se o cargo por ele anteriormente ocupado tiver sido extinto, esse servidor será

a) submetido a reversão em outro cargo com atribuições semelhantes.

b) posto em disponibilidade.

c) reconduzido a outro cargo de mesmo nível de escolaridade.

d) redistribuído a outro órgão do mesmo poder para ocupar cargo com atribuições semelhantes.

e) readaptado em outro cargo com atribuições semelhantes.

COMENTÁRIOS

Alternativa "a". A **reversão** é o **retorno do aposentado à ativa** e pode ocorrer quando o servidor tenha se aposentado por invalidez ou voluntariamente, como prevê o art. 25, da Lei nº 8.112/90. O aposentado **voltará para o mesmo cargo ou para cargo resultante de sua transformação.**

Alternativa "b". A **reintegração** é, na forma do art. 24, da Lei nº 8.112/90, a reinvestidura do servidor no cargo antes ocupado quando sua demissão for anulada por decisão administrativa ou judicial, **tendo direito ao ressarcimento de remuneração e vantagens não percebidas. Se o cargo foi extinto, o servidor reintegrado fica em disponibilidade**; se o cargo estiver provido, seu atual ocupante volta ao cargo de origem ou é aproveitado em outro cargo ou posto em disponibilidade.

Alternativa "c". A **recondução** é o **retorno do servidor estável ao cargo anteriormente ocupado** e ocorre quando o servidor for inabilitado no estágio probatório de outro cargo ou quando o anterior ocupante do cargo é reintegrado, nos termos do art. 29, da Lei.

Alternativa "d". A **redistribuição,** nos termos do art. 37 da Lei nº 8.112/90, é o **deslocamento do cargo efetivo,** provido ou vago, para outro órgão ou entidade do mesmo Poder. De acordo o dispositivo legal mencionado, devem ser observados os seguintes preceitos: interesse da administração; equivalência de vencimentos; manutenção da essência das atribuições do cargo; vinculação entre os graus de responsabilidade e complexidade das atividades; mesmo nível de escolaridade, especialidade ou habilitação profissional; compatibilidade entre as atribuições do cargo e as finalidades institucionais do órgão ou entidade. A redistribuição só ocorre de ofício e é feita para ajustar a lotação e a força de trabalho às necessidades do serviço, inclusive nos casos de reorganização, extinção ou criação de órgão ou entidade.

Alternativa "e". A **readaptação** é o instituto destinado ao servidor que passou a sofrer de limitação em sua capacidade física ou mental e, em razão disso, não é capaz de desempenhar as atribuições inerentes ao cargo que ocupa, conforme verificado em inspeção médica, nos termos do artigo 24 da Lei 8.112/90. Nesse caso, o servidor é readaptado, é investido em outro cargo com atribuições e responsabilidades compatíveis com suas limitações e desde que o novo cargo seja de atribuições afins e seja respeitada a equivalência de vencimentos, o nível de escolaridade e a habilitação exigida.

Alternativa correta: letra "b".

---

56. (IESES - Analista Judiciário - Área Judiciária - TRE - MA/2015) De acordo com a Lei 8.112/1990, ao entrar em exercício, o servidor nomeado para cargo de provimento efetivo ficará sujeito a estágio probatório por período de 24 meses, durante o qual a sua aptidão e capacidade serão objeto de avaliação para o desempenho do cargo, observados, dentre outros, os seguintes fatores:

I. Assiduidade, pontualidade e asseio.

II. Disciplina e hierarquia.

III. Produtividade.

IV. Responsabilidade.

Analisando as afirmativas, assinale a alternativa correta:

a) Todas estão corretas.

b) Apenas II e IV estão corretas.

c) Apenas III e IV estão corretas.

d) Apenas I, II e III estão corretas.

COMENTÁRIOS

✪ **Nota do Autor:** o **estágio probatório** é o **período de prova** no qual há **avaliação** para aferir se o servidor possui **aptidão e capacidade para o desempenho das atribuições de determinado cargo**.

Item I. A pontualidade e o asseio não constam dos fatores a serem observados durante o estágio probatório, nos termos do art. 20, *caput*, da Lei.

Item II. A hierarquia não consta dos fatores a serem observados durante o estágio probatório, nos termos do art. 20, *caput*, da Lei.

Item III. A produtividade é fator a ser observado durante o estágio probatório, na forma do art. 20, IV, da Lei.

Item IV. A responsabilidade é fator a ser observado durante o estágio probatório, na forma do art. 20, V, da Lei.

Alternativa correta: letra "c". Estão corretos os itens III e IV.

---

57. (IESES - Analista Judiciário - Área Judiciária - TRE - MA/2015) De acordo com a Lei 8.112/1990, Reversão é o retorno à atividade de servidor aposentado e se dará, quando por interesse da administração, desde que observados, dentre outros, os seguintes fatores:

I. Tenha solicitado a reversão.

II. A aposentadoria tenha sido involuntária.

III. Era estável quando na atividade.

IV. A aposentadoria tenha ocorrido nos cinco anos anteriores à solicitação.

Analisando as afirmativas, assinale a alternativa correta:

a) Apenas I e II estão corretas.
b) Apenas I, III e IV estão corretas.
c) Apenas II e IV estão corretas.
d) Todas estão corretas.

COMENTÁRIOS

✪ **Nota do Autor:** A **reversão** é **retorno do aposentado à ativa** e pode ocorrer quando o servidor tenha se aposentado por invalidez ou voluntariamente. Desse modo, de acordo com o art. 25 da Lei, a reversão pode se dar **de ofício** ou **a pedido**.

Item I. Considerando a reversão que se dá no interesse da administração, esta ocorre desde que, dentre outros fatores, o servidor tenha solicitado a reversão, na forma do art. 25, II, *a*, da Lei.

Item II. Considerando a reversão que se dá no interesse da administração, esta ocorre desde que, dentre outros fatores, a aposentadoria tenha sido voluntária, na forma do art. 25, II, *b*, da Lei.

Item III. Considerando a reversão que se dá no interesse da administração, esta ocorre desde que, dentre outros fatores, a aposentadoria tenha ocorrido nos cinco anos anteriores à solicitação, na forma do art. 25, II, *c*, da Lei.

Item IV. . Considerando a reversão que se dá no interesse da administração, esta ocorre desde que, dentre outros fatores, a aposentadoria tenha ocorrido nos cinco anos anteriores à solicitação na forma do art. 25, II, *d*, da Lei.

Alternativa correta: letra "b". Estão corretos os itens I, III e IV.

---

58. (Cespe – Analista Judiciário – Área Judiciária – TRE – MT/2015) No que tange ao regime jurídico dos servidores públicos civis da União, assinale a opção correta.

a) A remoção, que pode ser de ofício, no interesse da administração, consiste no deslocamento do servidor no âmbito do mesmo quadro, com a necessária mudança de sede.
b) Se receber diárias e não se afastar da sede por motivo de força maior, o servidor público ficará obrigado a restituir integralmente o valor recebido, no prazo de cinco dias.
c) A responsabilidade administrativa do servidor deverá ser afastada no caso de absolvição criminal por insuficiência de provas.
d) Caso sejam aduzidas circunstâncias suscetíveis de justificar a inocência do punido em processo administrativo disciplinar, este poderá ser revisto a qualquer tempo, cabendo o ônus da prova à administração.
e) A posse corresponde ao efetivo desempenho das atribuições, tanto do cargo público quanto da função de confiança.

COMENTÁRIOS

✪ **Nota do Autor:** São vantagens constantes da Lei nº 8.112/90: as indenizações, as gratificações e os adicionais, dos quais as indenizações, em razão do caráter de compensação, nunca se incorporam ao vencimento e, por sua vez, as gratificações e os adicionais poderão ser incorporados, se houver previsão legal a respeito. Nos termos do art. 51, são indenizações: ajuda de custo, diárias, indenização de transporte e auxílio-moradia. Neste sentido, estabelece o art. 58, *caput*, "o servidor que, a serviço, afastar-se da sede em caráter eventual ou transitório para outro ponto do território nacional ou para o exterior, fará jus a passagens e diárias destinadas a indenizar as parcelas de despesas extraordinárias com pousada, alimentação e locomoção urbana, conforme dispuser em regulamento".

Alternativa "a". A **remoção** é o deslocamento do servidor, **a pedido ou de ofício**, no âmbito do mesmo quadro, com ou sem mudança de sede. Caso ocorra de ofício, a remoção se dará no **interesse da Administração**. Porém, se a remoção for feita a pedido do servidor, poderá se dar: a) **a critério da Administração**; ou b) **para outra localidade,** independentemente do interesse da Administração: – para acompanhar cônjuge ou companheiro, também servidor público civil ou militar, de qualquer dos Poderes da União, dos Estados, do Distrito Federal e dos Municípios, que foi deslocado no interesse da Administração; – por motivo de saúde do servidor, cônjuge, companheiro ou dependente que viva às suas expensas e conste do seu assentamento funcional, condicionada à comprovação por junta médica oficial; – em virtude de processo seletivo promovido, na hipótese em que o número de interessados for superior ao número de vagas, de acordo com normas preestabelecidas pelo órgão ou entidade em que aqueles estejam lotados (art. 36 da Lei 8.112/90).

Alternativa "b". Nos termos do art. 59, *caput*, da Lei, "o servidor que receber diárias e não se afastar da sede, por qualquer motivo, fica obrigado a restituí-las integralmente, no prazo de 5 (cinco) dias".

Alternativa "c". Na forma do art. 126, da Lei, "a responsabilidade administrativa do servidor será afastada no caso de absolvição criminal que negue a existência do fato ou sua autoria".

Alternativa "d". Dispõe o art. 174, *caput*, da Lei, que "o processo disciplinar poderá ser revisto, a qualquer tempo, a pedido ou de ofício, quando se aduzirem fatos novos ou circunstâncias suscetíveis de justificar a inocência do punido ou a inadequação da penalidade aplicada". Neste sentido, o art. 175, da Lei, estabelece que o **ônus da prova cabe ao requerente.**

Alternativa "e". O **exercício** corresponde ao efetivo desempenho das atribuições, tanto do cargo público quanto da função de confiança, na forma do art. 15, *caput*, da Lei.

Alternativa correta: letra "b".

---

59. (Cespe - Analista Judiciário - Área Judiciária - TRE - RS/2015) Conforme o disposto na Lei nº 8.112/1990, ao servidor em estágio probatório é vedada a concessão de licença

a) para capacitação.

b) para o serviço militar.

c) por motivo de afastamento do cônjuge.

d) por motivo de doença em pessoa da família.

e) para atividade política.

COMENTÁRIOS

✪ **Nota do Autor:** Ao servidor em estágio probatório somente poderão ser concedidas determinadas licenças e afastamentos.

Alternativa "a" (responde as demais alternativas). Na forma do art. 20, § 4º, da Lei nº 8.112/90, "ao servidor em estágio probatório somente poderão ser concedidas as licenças e os afastamentos previstos nos arts. 81, incisos I a IV, 94, 95 e 96, bem assim afastamento para participar de curso de formação decorrente de aprovação em concurso para outro cargo na Administração Pública Federal". Portanto, ao servidor em estágio probatório poderão ser concedidas as licenças por motivo de doença em pessoa da família; por motivo de afastamento do cônjuge ou companheiro; para o serviço militar; para atividade política; e os afastamentos para exercício de mandato eletivo e estudo ou missão no exterior, sendo vedada, portanto, a concessão de licença para capacitação ao servidor em estágio probatório.

Alternativa correta: letra "a".

---

60. (Cespe - Analista Judiciário - Área Judiciária - TRE - RS/2015) Com base no que dispõe a Lei nº 8.112/1990, assinale a opção correta.

a) No caso de o indiciado não apresentar defesa no prazo legal após sua regular citação, permite-se à autoridade julgadora proferir imediatamente a sua decisão, com base nas provas existentes.

b) É possível a imposição de penalidades após a conclusão de sindicância administrativa, sem a necessidade de instauração de processo administrativo disciplinar.

c) Detectada a acumulação ilegal de cargos públicos, a opção do servidor, para caracterização da sua boa-fé, deverá ser realizada até a publicação do ato que instituir a comissão processante que analisará sua situação.

d) Julgado procedente o pedido de revisão de processo administrativo disciplinar, todos os direitos a que fazia jus o ex-servidor e lhe foram negados em decorrência da condenação serão convertidos em indenização.

e) Caso um servidor efetivo que responda a processo administrativo disciplinar seja exonerado do cargo a pedido, o processo será suspenso e a denúncia encaminhada à autoridade judicial competente.

COMENTÁRIOS

✪ **Nota do Autor:** A apuração de infração disciplinar pode se dar por meio de **sindicância** ou de **processo administrativo disciplinar**. Independentemente da nomenclatura usada, qualquer apuração administrativa que dela, por si só, possa decorrer a possível aplicação de penalidade ao servidor, **somente será válida se forem assegurados o contraditório e a ampla defesa**, consoante ao art. 5º, LV, da Constituição Federal.

Alternativa "a". Na forma do art. 164, *caput*, da Lei, "considerar-se-á revel o indiciado que, regularmente citado, não apresentar defesa no prazo legal". Nesse sentido, estabelece o § 2º, do mesmo diploma legal, que "para defender o indiciado revel, a autoridade instauradora do processo designará um servidor como defensor dativo, que deverá ser ocupante de cargo efetivo superior ou de mesmo nível, ou ter nível de escolaridade igual ou superior ao do indiciado". Assim, não se permite à autoridade julgadora proferir imediatamente a sua decisão, com base nas provas existentes.

Alternativa "b". Nos termos do art. 141, II, da Lei nº 8.112/90, da sindicância poderá resultar "aplicação de penalidade de advertência ou suspensão de até 30 (trinta) dias". Ademais, da sindicância poderá resultar, ainda, a instauração de processo disciplinar. Assim, é perfeitamente possível a imposição de penalidades após a conclusão de sindicância administrativa, sem a necessidade de instauração de processo administrativo disciplinar.

Alternativa "c". Consoante art. 133, *caput*, da Lei, "detectada a qualquer tempo a acumulação ilegal de cargos, empregos ou funções públicas, a autoridade a que se refere o art. 143 notificará o servidor, por intermédio de sua chefia imediata, para apresentar opção no prazo improrrogável de dez dias, contados da data da ciência e, na hipótese de omissão, adotará procedimento sumário para a sua apuração e regularização imediata (...)". Nos termos do § 5º, do mesmo diploma legal, "a opção pelo servidor até o último dia de prazo para defesa configurará sua boa-fé, hipótese em que se converterá automaticamente em pedido de exoneração do outro cargo".

Alternativa "d". Na forma do art. 182, *caput*, da Lei, "julgada procedente a revisão, será declarada sem efeito a penalidade aplicada, restabelecendo-se todos os direitos do servidor, exceto em relação à destituição do cargo em comissão, que será convertida em exoneração".

Alternativa "e". Nos termos do art. 172, *caput*, da Lei, "o servidor que responder a processo disciplinar só poderá ser exonerado a pedido, ou aposentado voluntariamente, após a conclusão do processo e o cumprimento da penalidade, acaso aplicada".

Alternativa correta: letra "b".

6. CARREIRAS DO PODER JUDICIÁRIO DA UNIÃO (LEI Nº 11.416/2006)

▸ Lei nº 11.416/06

---

61. (Cespe - Analista Judiciário - Área Judiciária - TRE - RS/2015) Conforme as Leis nº 8.112/1990 e nº 11.416/2006, a movimentação do servidor de um padrão para o seguinte, dentro de uma mesma classe e a movimentação do servidor do último padrão de uma classe para o primeiro padrão da classe seguinte são denominadas, respectivamente,

a) promoção e progressão funcional.
b) remoção e redistribuição.
c) progressão funcional e promoção.
d) relotação e remoção.
e) redistribuição e promoção.

COMENTÁRIOS

Alternativa "b" (responde as alternativas "d" e "e"). A **remoção** é o deslocamento do servidor, **a pedido ou de ofício**, no âmbito do mesmo quadro, com ou sem mudança de sede. Caso ocorra de ofício, a remoção se dará no **interesse da Administração**. A **redistribuição**, por seu turno, nos termos do art. 37 da Lei nº 8.112/90, é o **deslocamento do cargo efetivo,** provido ou vago, para outro órgão ou entidade do mesmo Poder. No caso específico dos servidores do Poder Judiciário da União, conforme previsão do art. 20 da Lei nº 11.416/06, para fins de aplicação do art. 36 da Lei nº 8.112/90, "conceitua-se como Quadro a estrutura de cada Justiça Especializada, podendo haver remoção, nos termos da lei, no âmbito da Justiça Federal, da Justiça do Trabalho, da Justiça Eleitoral e da Justiça Militar".

Alternativa "c" (responde a alternativa "a"). Na forma do art. 9º, § 1º, da Lei nº 11.416/06, a **progressão funcional** é "a movimentação do servidor de um padrão para o seguinte dentro de uma mesma classe, observado o interstício de um ano, sob os critérios fixados em regulamento e de acordo com o resultado de avaliação formal de desempenho". A **promoção** – forma de provimento de cargo público, nos termos do art. 8º, II, da Lei nº 8.112/90 –, por seu turno, é "a forma de provimento pela qual o servidor passa para cargo de maior grau de responsabilidade e maior complexidade de atribuições, dentro da carreira a que pertence"[15].

Alternativa correta: letra "c".

---

62. (Analista Judiciário - Área Judiciária TRE/CE 2012 - FCC) De acordo com a Lei nº 11.416/2006, o Adicional de Qualificação – AQ relativo a título de Mestre e Doutor é, respectivamente, de

a) 7,5% e 10% incidindo sobre vencimento básico do servidor.
b) 12,5% e 15% sobre o salário do servidor.
c) 10% e 12,5% incidindo sobre vencimento básico do servidor.
d) 5% e 7,5% incidindo sobre os vencimentos do servidor.
e) 15% e 17,5% sobre o salário do servidor.

COMENTÁRIOS

✪ **Nota do Autor:** A questão exige conhecimento do instituto de **Adicional de Qualificação (AQ)**, previsto no art. 14 da Lei nº 11.416/2006, que é pago aos servidores de carreiras do Poder Judiciário da União em razão de conhecimento obtido em **ações de treinamento, títulos, diplomas ou certificados de cursos de pós-graduação.** Os índices de AQ que incidem sobre o vencimento do servidor estão previstos no art. 15 do mesmo diploma legal.

Alternativa "c" (responde as demais alternativas). Nos termos do art. 15, I e II, incidirá AQ sobre o vencimento básico do servidor no equivalente a 12,5% e 10% em se tratando, respectivamente, de título de Doutor e de Mestre.

Alternativa correta: letra "c".

---

63. (Analista Judiciário - Área Judiciária TRE/CE 2012 - FCC) O servidor das Carreiras dos Quadros de Pessoal do Poder Judiciário cedido

a) perceberá, durante o afastamento, a Gratificação de Atividade Judiciária – GJA, salvo na hipótese de cessão para órgãos da União, na condição de optante pela remuneração do cargo efetivo.

15. DI PIETRO, Maria Sylvia Zanella. *Direito administrativo*. 25. ed. São Paulo: Atlas, 2012. p. 660.

b) não perceberá, durante o afastamento, a Gratificação de Atividade Judiciária – GJA, salvo na hipótese de cessão para órgãos da União, na condição de optante pela remuneração do cargo efetivo.

c) não perceberá, durante o afastamento, a Gratificação de Atividade Judiciária – GJA, inclusive na hipótese de cessão para órgãos da União, na condição de optante pela remuneração do cargo efetivo.

d) não perceberá, durante o afastamento, a Gratificação de Atividade Judiciária – GJA, em qualquer hipótese.

e) perceberá, durante o afastamento, 50% da Gratificação de Atividade Judiciária – GJA, em qualquer hipótese.

COMENTÁRIOS

✪ **Nota do Autor:** a questão exige conhecimento das especificidades da **Gratificação Judiciária (GAJ)**, anteriormente chamada de Gratificação de Atividade Judiciária, que, com a alteração promovida pela Lei nº 13.317/16, corresponde a 140% do vencimento básico do servidor. É própria dos cargos de provimento efetivo das carreiras dos quadros de pessoal do Poder Judiciário, nos termos do art. 13 da Lei nº 11.416/2006.

Alternativa "b" (responde as demais alternativas). Caso o servidor público seja cedido a outro órgão, não poderá receber a GAJ, salvo se a cessão for para outro órgão da União ou para a Fundação de Previdência Complementar do Servidor Público Federal do Poder Judiciário – FUNPRESP-JUD, na condição de optante pela remuneração do cargo efetivo, nos termos do art. 13, § 3º de referida Lei.

Alternativa correta: letra "b".

---

64. (Analista Judiciário – Área Judiciária TRE/CE 2012 – FCC) De acordo com a Lei nº 11.416/2006, a Gratificação de Atividade Externa – GAE é devida exclusivamente aos ocupantes

a) do cargo de Técnico Judiciário.

b) do cargo de Analista Judiciário – área administrativa.

c) dos cargos de Analista Judiciário – área judiciária e Auxiliar Judiciário.

d) do cargo de Analista Judiciário – área judiciária Oficial de Justiça Avaliador Federal.

e) dos cargos de Técnico Judiciário e Auxiliar Judiciário.

COMENTÁRIOS

✪ **Nota do Autor:** A questão exige conhecimento específico do art. 16 da Lei nº 11.416/06, que instituiu a **Gratificação de Atividade Externa (GAE)**.

Alternativa "d" (responde as demais alternativas). A **GAE** é destinada aos ocupantes do cargo de **Analista Judiciário, Área Judiciária, Especialidade (Oficial de Justiça Avaliador Federal)** (conforme art. 4º, § 1º, com redação dada pela Lei nº 12.774/12, alterando a denominação da especialidade) e equivale a 35% do vencimento básico do servidor, sendo proibido o recebimento dessa gratificação por quem esteja designado para função comissionada ou nomeado para cargo em comissão.

Alternativa correta: letra "d"

---

65. (FCC – Analista Judiciário – Área Judiciária – TRE-SP/2012) O Adicional de Qualificação – AQ foi concedido aos analistas judiciários Sérgio e Olga, em razão dos conhecimentos adicionais adquiridos em títulos, diplomas e certificados de cursos de pós-graduação, em sentido amplo ou estrito em áreas de interesse dos órgãos do Poder Judiciário. Nesses casos, analise:

I. Esse adicional será devido a partir da conclusão do título, diploma ou certificado.

II. Serão considerados, para os efeitos desse adicional, os cursos e as instituições de ensino reconhecidos por quaisquer órgãos públicos de educação.

III. Serão admitidos cursos de pós-graduação lato sensu somente com duração mínima de 360 (trezentas e sessenta) horas.

IV. O adicional mencionado não será concedido quando o curso constituir requisito para ingresso no cargo.

Diante disso, está correto o que consta APENAS em

a) I e III.

b) I e IV.

c) II e III.

d) II e IV.

e) III e IV.

COMENTÁRIOS

✪ **Nota do Autor:** O **Adicional de Qualificação (AQ)** está previsto no art. 14 da Lei nº 11.416/2006 e é pago aos servidores de carreiras do Poder Judiciário da União em razão de conhecimento obtido em **ações de treinamento, títulos, diplomas ou certificados de cursos de pós-graduação.**

Item I. Errado. Nos termos do art. 15, § 3º da Lei, o AQ será devido a partir do **dia** da apresentação do título, diploma ou certificado.

Item II. Errado. Para recebimento do AQ, o agente público deve frequentar cursos em instituições de ensino reconhecidos pelo **Ministério da Educação**, na forma do art. 14, § 3º da Lei.

Item III. Certo. Para a incidência do AQ, serão considerados cursos de pós-graduação *lato sensu* somente com duração mínima de 360 horas, como disposto no art. art. 14, § 4º da Lei.

Item IV. Certo. Quando o curso constituir requisito para ingresso no cargo, o adicional não será pago, conforme expressa previsão do art. 14, § 1º da Lei.

Alternativa correta: letra "e". Estão corretos os itens III e IV.

---

66. (Analista Judiciário – Área Judiciária TRE/PE 2011 – FCC) Nos termos da Lei nº 11.416/2006, integram os Quadros de Pessoal dos órgãos do Poder Judiciário da União as Funções Comissionadas, escalonadas de FC-1 a FC-6, e os Cargos em Comissão, escalonados de CJ-1 a CJ-4, para o exercício de atribuições de direção, chefia e assessoramento.

Sobre as mencionadas funções comissionadas e cargos em comissão, está correto afirmar:

a) Os servidores designados para o exercício de função comissionada de natureza gerencial que não tiverem participado de curso de desenvolvimento gerencial deverão fazê-lo no prazo de até dois anos da publicação do ato.

b) Consideram-se funções comissionadas de natureza gerencial aquelas em que não haja vínculo de subordinação, porém haja poder de decisão.

c) No máximo quarenta por cento dos cargos em comissão, no âmbito de cada órgão do Poder Judiciário, serão destinados a servidores efetivos integrantes de seu quadro de pessoal.

d) As funções comissionadas de natureza gerencial serão exercidas exclusivamente por servidores com formação superior.

e) Os critérios para o exercício de funções comissionadas de natureza não gerencial serão estabelecidos em regulamento.

COMENTÁRIOS

✪ **Nota do Autor:** além dos cargos efetivos, a Lei nº 11.416/06 fez a previsão dos **cargos em comissão** (CJ-1 a CJ-4) e **funções comissionadas** (FC-1 a FC-6) como integrantes dos **Quadros de Pessoal dos órgãos do Poder Judiciário da União**, para o exercício de atribuições de direção, chefia e assessoramento (art.5º).

Alternativa "e". (responde as demais alternativas) Do total de **cargos em comissão**, em cada órgão do Poder Judiciário da União, **50%** devem ser ocupados, necessariamente, por **servidores titulares de cargo efetivo integrante de seu quadro de pessoal**, conforme regulamento, exigindo-se como requisito para investidura a **formação em nível superior**, exceto as situações já consolidadas (art. 5º, § § 7º e 8º). O § 1º do art. 5º estabelece que, de todas as funções comissionadas de cada órgão, **80%** devem ser exercidas por **servidores integrantes das Carreiras dos Quadros de Pessoal do Poder Judiciário da União** e as demais podem ser destinadas a titulares de cargo efetivo de outras carreiras ou que sejam titulares de emprego público, observados os requisitos de qualificação e de experiência previstos em regulamento. A função comissionada de natureza gerencial será exercida, preferencialmente, por servidor com formação em nível superior e, em relação às funções de natureza não gerenciais, os requisitos serão estabelecidos em regulamento. Os cargos em comissão e as funções comissionadas são considerados como de **natureza gerencial** quando houver **vínculo de subordinação e poder de decisão**, especificados em regulamento. Por exemplo, o cargo em comissão de Diretor de Secretaria e a função comissionada de Supervisor do Setor de Distribuição são de natureza gerencial. A **participação em curso de desenvolvimento gerencial** oferecido pelo órgão é obrigatória para o titular de cargo ou função de natureza gerencial, tendo a lei estabelecido que aqueles que não tivessem feito quando publicado o ato regulamentar a respeito teriam o prazo de um ano para fazê-lo, bem como nova participação é obrigatória a cada dois anos, sob pena de responsabilidade dos órgãos do Poder Judiciário (§§ 3º, 4º, 5º e 8º).

Alternativa correta: letra "e".

7. PODERES ADMINISTRATIVOS

- CTN, art. 78
- Lei nº 9.873/99
- CF, art. 84, VI

---

67. (IBFC – Técnico Judiciário – Área Administrativa – TRE – PA/2020) Para o exercício da função administrativa, em busca do interesse coletivo, o Estado se submete ao regime jurídico administrativo, o qual confere peculiaridades à atuação da Administração Pública. Nesse contexto, analise as afirmativas abaixo:

( ) O Poder Hierárquico configura um poder de estruturação interna da atividade pública de uma pessoa jurídica, determinando uma relação de hierarquia e subordinação entre os seus órgãos e agentes. Tratam-se de prerrogativas oriundas desse poder a delegação e a avocação de competência.

( ) São atributos do Poder de Polícia: a discricionariedade, compreendida pela privação de liberdade estabelecida em lei ao administrador para decidir perante o caso concreto; a autoexecutoriedade, uma vez que o ato é considerado obrigatório e admite o uso, pela Administração, de atos indiretos para forçar o cumprimento da determinação;

e a coercibilidade, entendida como o direito do ente estatal de dar cumprimento às suas próprias decisões, sem interferência do Poder Judiciário.

( ) São elementos ou requisitos dos atos administrativos, segundo a doutrina majoritária, a forma, a competência, a finalidade, o objeto e o motivo. Como regra geral, consideram-se vinculados os dois primeiros e discricionários os três últimos.

( ) Atipicidade consiste em atributo pelo qual o ato administrativo deve corresponder a figuras definidas previamente pela lei como aptas a produzir determinados resultados, de modo que, para cada finalidade que a Administração pretende alcançar, existe um ato definido em lei.

Assinale a alternativa correta.

a) Apenas as afirmativas I, II e IV estão corretas
b) Apenas as afirmativas II, III e IV estão corretas
c) Apenas as afirmativas I e II estão corretas
d) Apenas as afirmativas I e IV estão corretas

COMENTÁRIOS

Item I. Correto. O **Poder Hierárquico** é aquele conferido ao administrador para distribuir e escalonar as funções de seus órgãos, ordenar e rever a atuação de seus agentes estabelecendo para tanto uma relação de hierarquia e subordinação. A hierarquia é uma característica peculiar da função administrativa e não possui nenhuma correlação com o regime autoritário. A organização administrativa se baseia nos pressupostos da distribuição de competência e hierarquia. O Poder hierárquivo é típico da função administrativa, pois **não** está presente nas funções legislativa e judicial (no exercício de suas funções típicas), contudo, importante frisar que poderá estar nas funções atípicas de administrar dos Poderes Legislativos e Judiciário. Faz parte do poder **hierárquico** estabelecer uma relação de coordenação e subordinação entre os vários órgãos, incluindo o poder de delegar e avocar atribuições.

Item II. Errado. O poder de polícia administrativo possui atributos específicos e peculiares, como a **discricionariedade**, que significa a possibilidade da Administração, através da conveniência e oportunidade, exercer o poder de polícia, bem como aplicar as sanções e empregar os meios necessários para atingir o objetivo; a **coercibilidade,** que significa a imposição coativa das medidas adotadas pela Administração. Não pode a coercibilidade modificar a ordem jurídica. Já a **autoexecutoriedade** significa a faculdade da Administração executar as suas decisões pelos seus próprios meios, sem a intervenção do poder do Judiciário. A autoexecutoriedade é possível nas seguintes hipóteses: a) quando expressamente prevista em lei; b) quando for verificada a urgência na atuação administrativa e; c) quando não existir outra via idônea que possa salvaguardar o interesse público ameaçado ou ofendido. Existem atos que **não** permitem a imediata execução pela Administração Pública, como é o caso das multas, que só podem ser cobradas judicialmente. O item está errado na medida em que a discricionariedade **não** está relacionada à eventual privação de liberdade mas, apenas, quanto à possibilidade de o administrador decidir o momento, as circunstancias para o exercício da atividade administrativa.

Item III. Errado. São elementos do ato a competência (chamada por alguns doutrinadores de sujeito), a finalidade, a forma, o motivo e o objeto. De forma geral, **motivo** e **objeto** são considerados discricionários e os demais elementos são **vinculados.**

Item IV. Correto. Para além dos 3 (três) clássicos atributos dos atos administrativos – **presunção de legitimidade, imperatividade e autoexecutoriedade** -, há quem aponte a **tipicidade** como uma característica inerente, que significa que o ato administrativo deve corresponder a figuras previamente definidas pela lei como aptas à produção de resultados determinados, isto é, para "cada finalidade que a Administração pretende alcançar existe um ato definido em lei"[16], não sendo possível a prática de atos atípicos.

Alternativa correta: letra "d".

---

68. (Cespe – Técnico Judiciário – Área Administrativa – TRE – BA/2017) Em relação ao poder de polícia, assinale a opção correta.

a) A polícia administrativa e a polícia judiciária se exaurem em si mesmas, ou seja, se iniciam e se completam no âmbito da função administrativa de caráter fiscalizador, tendo em vista que essas atividades se enquadram no âmbito da função administrativa, representando atividade de gestão de interesse público.

b) A linha que reflete a junção entre o poder restritivo da administração e a intangibilidade dos direitos assegurados aos indivíduos, tais como liberdade e propriedade, é insuscetível de ser ignorada pelo agente público, visto que atuar aquém dessa linha equivale a renunciar aos poderes públicos e agir além dela representa arbítrio e abuso de poder.

c) Os guardas municipais não têm legitimidade ou idoneidade para atuar na fiscalização, no controle e na orientação do trânsito, não podendo aplicar as sanções pertinentes às infrações cometidas, pois não se trata de um mero poder de polícia, mas de atividade afeta à segurança pública.

d) Em sentido amplo, o poder de polícia se configura como atividade administrativa que consubstancia

16 DI PIETRO, Maria Sylvia Zanella. *Direito administrativo*. 23 ed. São Paulo: atlas, 2010. p. 201.

verdadeira prerrogativa conferida aos agentes da administração, consistente no poder de restringir e condicionar a liberdade e a propriedade, ao passo que, em sentido estrito, poder de polícia significa toda e qualquer ação restritiva do Estado em relação aos direitos individuais.

e) Será válido o ato de polícia praticado por administrador de ente federativo que não tenha competência constitucional para regular a matéria, se, por exemplo, o ato consistir no exercício do poder disciplinar relativamente a agente público — fato que configura o exercício do poder de polícia —, desde que a lei em que se fundar a conduta do administrador seja supralegal.

COMENTÁRIOS

✪ **Nota do Autor:** O poder de polícia é facilmente identificado na rotina das pessoas, pois há diversos setores da sociedade em que se manifesta como, por exemplo, a **polícia de segurança do trânsito**, a polícia de **vigilância sanitária**, a polícia de **edificações,** etc. Entretanto, a polícia administrativa e a polícia de segurança pública não podem ser objeto de confusão.

Alternativa "a". A polícia administrativa e a polícia judiciária não podem ser objeto de confusão, pois, de fato, são distintas. Ocorre que, normalmente, os órgãos de polícia judiciária exercem as duas formas de polícia como se vê, por exemplo, na polícia civil em relação ao trânsito e na polícia federal no que se refere à atividade de segurança privada. Entretanto, as atividades são diferentes, pois, a polícia administrativa tem como foco a limitação a uma liberdade, ao exercício de um direito para que não seja exercido de forma nociva ao interesse público e a polícia judiciária tem como objetivo a responsabilização do infrator. Outra diferença é que a polícia administrativa é regulada pelas normas de direito administrativo e a polícia judiciária pelas normas do direito processual penal. Assim, a **polícia judiciária não** é **um fim em si mesma**, uma vez que tem natureza preparatória para a função jurisdicional.

Alternativa "b". A assertiva foi praticamente copiada da obra do Professor José dos Santos Carvalho Filho, para quem, ao tratar dos limites do poder de polícia, escreveu que "há uma linha insuscetível de ser ignorada, que reflete a junção entre o poder restritivo da Administração e a intangibilidade dos direitos (liberdade e propriedade, entre outros) assegurados aos indivíduos. Atuar aquém dessa linha demarcatória é renunciar ilegitimamente a poderes públicos; atuar além dela representa arbítrio e abuso de Poder [...]"[17].

Alternativa "c". A fiscalização do trânsito configura em atividade relacionada ao exercício do poder de polícia. Nesse sentido, a atividade do poder de polícia não se resume apenas na restrição e controle voltado à questão de segurança de pessoas e bens, mas também: a) no controle do exercício de profissões; b) determinando a fiscalização e funcionamento de atividades do Município; c) delimitando e verificando as condições sanitárias de venda e armazenamento de diversos produtos; **d) fiscalizando o trânsito**; e) determinando e fiscalizando o meio ambiente; concedendo alvará de licença ou de autorização para a realização de atividades; f) controlando medicamento; g) determinado e fiscalizando atividades bancárias; entre outras. Respondendo a alternativa em questão, o Supremo Tribunal Federal foi instado pelo Ministério Público de Belo Horizonte - MG sobre a constitucionalidade de lei municipal atribuindo à guarda municipal a competência para fiscalizar o trânsito e impor multas legalmente previstas, tendo fixado a seguinte tese de repercussão geral: "É constitucional a atribuição às guardas municipais do exercício do poder de polícia de trânsito, inclusive para a imposição de sanções administrativas legalmente previstas (STF. Plenário. RE 658570/ MG, julgado em 06/08/2015).

Alternativa "d". É necessário destacar que o polícia pode ser dividido em poder de polícia em sentido amplo e poder de polícia em sentido estrito. Em sentido amplo, engloba tanto os atos legislativos quanto os atos administrativos, quer dizer, pode se manifestar por meio de uma lei impondo restrições ao exercício de um direito quanto por meio de um ato administrativo. Já, em sentido estrito, o poder de polícia é uma atividade administrativa e, assim, só pode ser exercida na função administrativa e não na função legislativa. Na assertiva, o item traz a definição do poder de polícia em sentido **estrito**, razão pela qual está errada.

Alternativa "e". A competência para o exercício do poder de polícia é do **ente com competência constitucional** para a regulação da matéria.

Alternativa correta: letra "b".

---

69. (Cespe - Técnico Judiciário - Área Administrativa - TRE - BA/2017) Segundo a doutrina, ocorrerá desvio de poder se

a) o agente praticar ato buscando alcançar fim diverso daquele determinado pela lei.

b) o agente público agir fora dos limites de sua competência administrativa.

c) houver a remoção de um servidor por agente incompetente, como forma de punição daquele.

d) a autoridade praticar ato administrativo que vá além do que a lei permita.

---

17. Manual de Direito Administrativo. 26ª ed. São Paulo: Atlas, 2013. p. 87.

e) houver violação ao requisito de motivo do ato administrativo, tornando-o arbitrário.

COMENTÁRIOS

✪ **Nota do Autor:** Os poderes administrativos são instrumentos de concretização do interesse público e devem ser usados em consonância com os princípios da Administração Pública. Quando o administrador usa os poderes conferidos à Administração (e não a ele) de forma indevida, contrariando o regime jurídico administrativo, há abuso de poder.

Alternativa "a". O desvio de poder ou desvio de finalidade ocorre quando o administrador age dentro de sua competência (não extrapola), mas o faz para alcançar fim diferente do previsto, explícita ou implicitamente na lei, ou seja, dissocia-se do interesse público.

Alternativa "b" (responde as alternativas "c" e "d"). Quando o agente público atua além dos limites de sua competência, há excesso de poder. Neste caso, o agente "invade atribuições cometidas a outro agente, ou se arroga o exercício de atividades que a lei não lhe conferiu"[18].

Alternativa "e". Motivo é o pressuposto, a razão, a situação de fato ou de direito cuja ocorrência autoriza ou determina a prática do ato. Nem sempre o vício no motivo se traduz em um ato praticado com desvio de finalidade. Ademais, sua violação é causa de nulidade.

Alternativa correta: letra "a".

---

70. (Cespe – Técnico Judiciário – Área Administrativa – TRE – PE/2017) Assinale a opção correta com relação ao poder hierárquico.

a) Decorre do poder hierárquico o poder de revisão, por superior, dos atos praticados por subordinado.

b) A disciplina funcional guarda relação com o poder disciplinar, não se ligando ao poder hierárquico.

c) A avocação é regra ampla e geral cuja difusão deve ser estimulada em prol da eficiência.

d) A hierarquia administrativa é restrita ao Poder Executivo.

e) Subordinação e vinculação, como decorrências do poder hierárquico, são institutos que se confundem e que se caracterizam pelo controle que se dá no âmbito de um mesmo ente.

COMENTÁRIOS

✪ **Nota do Autor:** O **poder hierárquico** é uma ferramenta de grande valia para a Administração porque possibilita a concatenação de suas ações em busca da satisfação do interesse público. Por ele, tem-se a organização, a estruturação, criando-se uma **relação de coordenação e subordinação** entre os diversos órgãos criados. É com base na hierarquia que se pode **avocar, delegar, ordenar, controlar, corrigir e aplicar sanções.**

Alternativa "a". É exatamente a subordinação que decorre do poder hierárquico. A revisão *é* uma das faculdades implícitas para o superior que decorre do poder hierárquico. Rever os atos de inferiores hierárquicos, como os Ministro de Estado, de ato praticado por seu subordinado, implica em todos os seus aspectos, competência, forma, objeto, oportunidade, conveniência, finalidade, com a finalidade de mantê-los válidos ou invalidá-los. **Atenção!** Somente será possível a revisão se o ato não se tornou definitivo para a Administração, ou ainda não criou direito subjetivo para o particular.

Alternativa "b". A **disciplina funcional** está intimamente relacionada com o **poder hierárquico,** uma vez que se cria uma **relação de coordenação e subordinação** entre os diversos órgãos criados.

Alternativa "c". Tanto a delegação e a avocação são situações temporárias e excepcionais, pois permitem a prática de ato administrativo por quem não era originariamente competente. A diferença é que na delegação quem é competente delega, transfere parte de sua competência para outro servidor e na avocação o superior, que não era competente, chama para si parcela de competência legalmente atribuída a subordinado seu.

Alternativa "d". A hierarquia administrativa aplica-se a todos os Poderes, quando no exercício da função administrativa.

Alternativa "e". A **vinculação** está intimamente ligada à relação que se dá entre as entidades da administração indireta e a administração direta, não havendo subordinação entre elas e, assim, o controle que a pessoa política (administração direta) faz sobre a pessoa administrativa (administração indireta) é um controle de finalidade, para verificar se a entidade descentralizada está cumprindo os fins para os quais fora criada. A **subordinação**, por seu turno, está ligada à estrutura interna de uma mesma pessoa jurídica; cria-se uma relação de subordinação entre os diversos níveis dos órgãos públicos integrantes daquela pessoa estatal.

Alternativa correta: letra "a".

---

71. (Cespe – Técnico Judiciário – Área Administrativa – TRE – PE/2017) O poder de polícia

a) é indelegável.

b) é delegável no âmbito da própria administração pública, em todas as suas dimensões, a pessoas jurídicas de direito privado e, também, a particulares.

---

18. CARVALHO FILHO, José dos Santos. Manual de direito administrativo. 26ª ed. São Paulo: Atlas, 2013. p. 49.

c) é suscetível de delegação no âmbito da própria administração pública, desde que o delegatário não seja pessoa jurídica de direito privado.

d) pode ser delegado em sua dimensão fiscalizatória a pessoa jurídica de direito privado integrante da administração pública.

e) pode ser delegado em suas dimensões legislativa e sancionadora a pessoa jurídica de direito privado integrante da administração pública.

COMENTÁRIOS

✪ **Nota do Autor:** O poder de polícia é a "**faculdade de que dispõe a Administração Pública para condicionar e restringir o uso e gozo de bens, atividades e direitos individuais, em benefício da coletividade ou do próprio Estado**"[19]. Maria Sylvia Zanella Di Pietro[20] aponta como atributos do poder de polícia a discricionariedade, a coercibilidade e a autoexecutoriedade.

Alternativa "d" (responde as demais alternativas). O poder de polícia é dividido pela doutrina em poder de polícia originário e poder de polícia delegado. O poder de polícia originário são as leis e os atos administrativos provenientes de pessoas políticas da federação aos quais lhes são atribuídas o exercício do poder de polícia e o poder de editar as próprias leis limitativas. Já, o **poder de polícia delegado** ocorre quando a lei confere a uma **entidade administrativa (ex. autarquia) o poder de polícia, contudo, esta entidade não pode estar desvinculada oficialmente com os entes públicos**. É pressuposto que a delegação só poderá ser outorgada a pessoa jurídica integrante da estrutura da Administração Indireta, porque poderá ter a seu cargo a prestação do serviço público, especialmente tendo personalidade de direito público como é o caso das autarquias. Em relação às pessoas jurídicas de direito privado que integram a Administração Pública havia divergência sobre a possibilidade delegação a elas do poder de polícia e, para isso, é importante conhecer os ciclos de polícia.

Há quatro modos de atuação da polícia administrativa, os quais correspondem ao ciclo de polícia, conforme Diogo de Figueiredo Moreira Neto. Há **quatro fases** nesse ciclo: ordem de polícia, consentimento de polícia, fiscalização de polícia e sanção de polícia.

Em relação a isso, o STF, no RE 633782/MG (Informativo nº 996), fixou a seguinte tese de repercussão geral: "É constitucional a delegação do poder de polícia, por meio de lei, a pessoas jurídicas de direito privado integrantes da Administração Pública indireta de capital social majoritariamente público que prestem exclusivamente serviço público de atuação própria do Estado e em regime não concorrencial".

Alternativa correta: letra "d".

---

72. (FCC – Técnico Judiciário – Área Administrativa – TRE – PR/2017) A Administração pública direta organiza-se em órgãos, cuja atuação é informada por princípios e regras. A estrutura funcional pressupõe organização hierarquizada, que confere à Administração pública alguns poderes e prerrogativas, tais como a

a) possibilidade da autoridade superior avocar competência para realizar as funções e atribuições de seus subordinados, independentemente de se tratar de competências privativas ou exclusivas, bem como de previsão normativa expressa.

b) competência para editar atos normativos autônomos, de caráter funcional e disciplinar, instituindo regras de atuação da Administração e infrações disciplinares com suas respectivas sanções.

c) possibilidade de determinados servidores aplicarem sanções aos seus subordinados hierarquicamente, em caso de infrações disciplinares, na forma legalmente prevista.

d) possibilidade de delegar competências exclusivas por critério subjetivo, quando a organização administrativa entender que uma determinada autoridade ou órgão poderia melhor desempenhar determinadas funções.

e) competência para instituir sanções, aplicá-las ou perdoá-las, em análise discricionária feita pela autoridade competente, sempre que entender que a decisão melhor atenderá o interesse público.

COMENTÁRIOS

Alternativa "a" (responde a alternativa "d"). O **poder hierárquico** é uma ferramenta de grande valia para a Administração porque possibilita a concatenação de suas ações em busca da satisfação do interesse público. Por ele, tem-se a organização, a estruturação, criando-se uma **relação de coordenação e subordinação** entre os diversos órgãos criados. É com base na hierarquia que se pode **avocar, delegar, ordenar, controlar, corrigir e aplicar sanções.** Todavia, não é possível a avocação ou delegação de competências exclusivas do órgão subordinado.

Alternativa "b". O poder regulamentar, normalmente, se manifesta pela expedição de decretos executivos destinados a explicitar, aclarar, explicar a lei para que possa ser posta em prática, e essa possibilidade de regulamentação não é privativa do Chefe do Poder Executivo, pois o Judiciário (provimentos, resoluções) e o Legislativo (regimento) também podem regulamentar as leis, mas a regulamentação não é tão extensa quanto a feita pelo Poder Executivo. Quanto ao decreto autônomo, está previsto no art. 84, VI,

---

19. MEIRELLES, Hely Lopes. *Direito administrativo brasileiro.* 36 ed. Sãi Paulo: Malheiros, 2010. p. 134.

20. DI PIETRO, Maria Sylvia Zanella. *Direito administrativo.* 23 ed. São Paulo: Atlas, 2010. p. 111.

da Constituição Federal que atribui ao Presidente da República a competência para dispor, mediante decreto, sobre a administração federal, desde que não implique aumento de despesa, não faça a criação ou extinção de órgão público e nem a extinção de cargo público provido (por decreto, pode extinguir cargo vago). Os governadores e prefeitos também dispõem dessa competência, desde que haja previsão, respectivamente, nas constituições estaduais e leis orgânicas. Assim, não é possível editar atos normativos autônomos, de caráter disciplinar, instituindo regras infrações disciplinares com suas respectivas sanções, o que depende de **lei em sentido estrito.**

Alternativa "c". O **poder disciplinar** é **a prerrogativa pela qual a Administração apura as infrações e aplica as penalidades ao infrator**, que pode ser um servidor público ou particular sujeito à disciplina administrativa, como um estudante de escola pública[21].

Alternativa "e". A competência para aplicação das sanções **não** é **discricionária**, tendo a Administração Pública o dever de apurar as infrações funcionais que lhes forem informadas, bem como de aplicar as correspondentes penalidades, se for o caso.

Alternativa correta: letra "c".

---

73. (FCC – Técnico Judiciário – Área Administrativa – TRE – PR/2017) Para a consecução de seus atos a Administração pública pode lançar mão de algumas prerrogativas diferenciadas em relação às atividades da iniciativa privada. Pode, inclusive, atuar limitando o exercício de direitos individuais, desde que com a finalidade de atender o interesse público. Essa atuação

a) contempla atos materiais concretos, tais como o cumprimento de medidas de apreensão de mercadorias previstas em lei, como também pode abranger medidas preventivas, como fiscalização, vistorias, dentre outras, nos termos da lei.

b) pode, inclusive, ser delegada a terceiros, sem restrições, desde que haja previsão legal e que o delegatário edite e exerça todos os atos e medidas de polícia que a Administração adotaria.

c) denomina-se poder de polícia, de natureza discricionária, pois não seria possível prever as hipóteses de situações em que uma atuação vinculada seria cabível, competindo, portanto, à autoridade decidir a medida adequada a tomar.

d) abrange apenas medidas repressivas, taxativamente previstas em lei, como interdição de estabelecimentos, embargos de obras, dentre outras, tendo em vista que a atuação preventiva se insere no campo do poder normativo, não podendo se qualificar como atuação de polícia administrativa.

e) possui atributos próprios, como a autoexecutoriedade, presente em todos os atos administrativos, que permite à Administração executar seus próprios atos sem demandar decisão judicial.

COMENTÁRIOS

Alternativa "a" (responde a alternativa "d"). O poder de polícia, na tradicional lição de Hely Lopes Meirelles, é a "faculdade de que dispõe a Administração Pública para condicionar e restringir o uso e gozo de bens, atividades e direitos individuais, em benefício da coletividade ou do próprio Estado"[22]. De maneira mais detalhada, há o art. 78 do Código Tributário Nacional, que o define como "a atividade da administração pública que, limitando ou disciplinando direito, interesse ou liberdade, regula a prática de ato ou a abstenção de fato, em razão de interesse público concernente à segurança, à higiene, à ordem, aos costumes, à disciplina da produção e do mercado, ao exercício de atividades econômicas dependentes de concessão ou autorização do Poder Público, à tranquilidade pública ou ao respeito à propriedade e aos direitos individuais ou coletivos". Neste sentido, o **poder de polícia** pode se manifestar de modo preventivo ou de modo repressivo.

Alternativa "b". De maneira geral, a doutrina considera que **não é possível a delegação do poder de polícia a particulares.**

Alternativa "c". São atributos do poder de polícia a **discricionariedade, a autoexecutoriedade e a coercibilidade.** Em regra, a atividade de polícia administrativa é **discricionária**, havendo liberdade de escolha do administrador em relação ao momento de atuação, à forma de atuação e, às vezes, até no que se refere a qual sanção aplicar. Desse modo, por exemplo, a atividade de fiscalização, normalmente, não possui um momento exato para ser desempenhada e, por vezes, a lei deixa para o fiscal a análise de qual medida adotar no caso concreto. Todavia, **nem sempre há discricionariedade e o poder de polícia pode ser manifestação administrativa vinculada.**

Alternativa "e". A **autoexecutoriedade** é um dos atributos do **poder de polícia**, assim entendido como a "**faculdade de que dispõe a Administração Pública para condicionar e restringir o uso e gozo de bens, atividades e direitos individuais, em benefício da coletividade ou do próprio Estado**"[23]. Pela autoexecutoriedade, para a satisfação do interesse público, a Administração **pode praticar diretamente os atos afetos** à **polícia administrativa, não necessitando recorrer ao Poder Judiciário para**

---

21. DI PIETRO, Maria Sylvia Zanella. *Direito administrativo*. 23 ed. São Paulo: Atlas, 2010. p. 94.

22. .*Direito administrativo brasileiro*. 36. ed. São Paulo: Malheiros, 2010. p. 134.

23. MEIRELLES, Hely Lopes. *Direito administrativo brasileiro*. 36 ed. São Paulo: Malheiros, 2010. p. 134.

tanto. Assim, não precisa a Administração de ordem judicial para multar, interditar, apreender e realizar as demais medidas de polícia. Todavia, a **autoexecutoriedade só existe quando prevista em lei ou quando se tratar de situação de urgência,** não se fazendo, pois, presente em todas as medidas de polícia. Em relação à multa, por exemplo, **existe autoexecutoriedade na sua imposição, mas não há quando de sua cobrança**, se houver resistência do administrado, devendo a Administração, nesse caso, valer-se da competente ação de execução fiscal.

Alternativa correta: letra "a".

---

74. (FCC – Técnico Judiciário – Área Administrativa – TRE – SP/2017) Dentre as diversas atividades realizadas pelo Estado, no desempenho de suas funções executivas, representam expressão de seu poder de polícia:

a) a regulação ou poder regulamentar, que visam conformar, de forma restritiva ou indutiva, as atividades econômicas aos interesses da coletividade, podendo abranger medidas normativas, administrativas, materiais, preventivas e fiscalizatórias e sancionatórias.

b) as medidas disciplinares e hierárquicas adotadas para conformação da atuação dos servidores públicos e dos contratados pela Administração às normas e posturas por essa impostas.

c) a fiscalização e autuação de condutores exercidas pelas autarquias que desempenham serviços públicos rodoviários.

d) a autotutela exercida pela Administração pública sobre seus próprios atos, que inclui a possibilidade de revisão e anulação dos mesmos.

e) a imposição de multas contratuais a empresas estatais exploradoras de atividades econômicas ou prestadoras de serviços públicos, que também exercem poder de polícia ao impor multas a usuários dos serviços e atividades que prestam.

COMENTÁRIOS

Alternativa "a". O **poder regulamentar** pode ser definido como a faculdade de que dispõem os Chefes de Executivo de aplicar a lei para sua correta execução, ou de expedir decretos autônomos sobre matéria de sua competência ainda não disciplinada em lei[24].

Alternativa "b" (responde a alternativa "e"). O **poder disciplinar** é **a prerrogativa pela qual a Administração apura as infrações e aplica as penalidades ao infrator**, que pode ser um servidor público ou particular sujeito à disciplina administrativa, como, no caso da questão, um particular contratado pela Administração Pública. A **penalidade administrativa** tem como objeto as infrações relacionadas aos serviços, aplicando-se, portanto, apenas a um agente público ou a um particular juridicamente relacionado com a Administração.

Alternativa "c". Conforme Hely Lopes Meirelles, o poder de polícia é definido como a "faculdade de que dispõe a Administração Pública para condicionar e restringir o uso e gozo de bens, atividades e direitos individuais, em benefício da coletividade ou do próprio Estado".

O poder de polícia é dividido pela doutrina em poder de polícia originário e poder de polícia delegado. O poder de polícia originário são as leis e os atos administrativos provenientes de pessoas políticas da federação aos quais lhes são atribuídas o exercício do poder de polícia e o poder de editar as próprias leis limitativas. Já, o poder de polícia delegado ocorre quando a lei confere a uma entidade administrativa (ex. autarquia) o poder de polícia, contudo, esta entidade não pode estar desvinculada oficialmente com os entes públicos. É pressuposto que a delegação só poderá ser outorgada a pessoa jurídica integrante da estrutura da Administração Indireta, porque poderá ter a seu cargo a prestação do serviço público, especialmente tendo personalidade de direito público como é o caso das autarquias. Em relação às pessoas jurídicas de direito privado que integram a Administração Pública havia divergência sobre a possibilidade de delegação a elas do poder de polícia e, para isso, é importante conhecer os ciclos de polícia.

Há quatro modos de atuação da polícia administrativa, os quais correspondem ao ciclo de polícia, conforme Diogo de Figueiredo Moreira Neto. Há quatro fases nesse ciclo: ordem de polícia, consentimento de polícia, fiscalização de polícia e sanção de polícia.

Em relação a isso, o STF, no RE 633782/MG (Informativo nº 996), fixou a seguinte tese de repercussão geral: "É constitucional a delegação do poder de polícia, por meio de lei, a pessoas jurídicas de direito privado integrantes da Administração Pública indireta de capital social majoritariamente público que prestem exclusivamente serviço público de atuação própria do Estado e em regime não concorrencial".

Alternativa "d". O **princípio da autotutela** impõe que é **dever da Administração Pública o controle de seus próprios atos, quanto** à **legalidade e quanto ao mérito**. A autotutela significa a Administração **cuidar de si própria**; é com fundamento nesse princípio que ela anula seus atos, quando possuírem vícios de legalidade, ou os revoga, quando se tornarem inconvenientes e inoportunos.

Alternativa correta: letra "c".

---

24. MEIRELLES, Hely Lopes. *Direito administrativo brasileiro. 36 ed. São Paulo: Malheiros, 2010.* p.130.

75. (Cespe – Analista Judiciário – Área Judiciária – TRE – TO/2017) O secretário de segurança pública de determinado município brasileiro editou portaria proibindo a venda de bebidas alcoólicas no dia do pleito eleitoral.

Nessa situação hipotética, o ato do secretário tem como fundamento o

a) poder disciplinar, sendo a justiça eleitoral o juízo competente para processar e julgar mandado de segurança que questione a sua legitimidade.

b) poder de polícia, sendo a justiça estadual o juízo competente para processar e julgar mandado de segurança que questione a sua legitimidade.

c) poder de polícia, sendo a justiça eleitoral o juízo competente para processar e julgar mandado de segurança que questione a sua legitimidade.

d) poder regulamentar, sendo a justiça estadual o juízo competente para processar e julgar mandado de segurança que questione a sua legitimidade.

e) poder regulamentar, sendo a justiça eleitoral o juízo competente para processar e julgar mandado de segurança que questione a sua legitimidade.

COMENTÁRIOS

✪ **Nota do Autor:** Pelo conceito moderno, adotado no direito brasileiro, o poder de polícia é **atividade do Estado consistente em limitar o exercício dos direitos individuais em benefício do interesse público**[25].

Alternativa "a". O **Poder Disciplinar** é aquele conferido à Administração Pública que lhe permite punir e apenar a prática de infrações funcionais de servidores e todas as pessoas que estiverem sujeitas à disciplina dos órgãos e serviços da Administração.

Alternativa "b" (responde a alternativa "c"). Conforme Hely Lopes Meirelles, o poder de polícia é definido como a "**faculdade de que dispõe a Administração Pública para condicionar e restringir o uso e gozo de bens, atividades e direitos individuais, em benefício da coletividade ou do próprio Estado**"[26]. Pode-se, assim, afirmar que o poder de polícia é uma atividade administrativa consistente em **intervir no exercício de direitos e liberdades individuais, impondo restrições e condições para que o interesse particular não cause prejuízo ao interesse público**. Na questão em comento, limitar a venda de bebidas alcoólicas é uma medida que restringe uma liberdade individual, razão pela qual o poder em questão é o de polícia. No que se refere à competência para julgamento do mandado de segurança eventualmente interposto, tendo sido o ato supostamente coator proferido por secretário de segurança pública de determinado município, o *mandamus* deve ser julgado pela justiça comum estadual, em 1ª instância, ainda que se trate de medida que proíba a comercialização de bebidas alcoólicas em dia de eleição. Neste sentido, o Superior Tribunal de Justiça já consolidou entendimento de que **a competência para processar e julgar mandado de segurança decorre da categoria da autoridade coatora ou de sua sede funcional, e não da natureza do ato impugnado** (Conflito de Competência nº 108.886 – CE).

Alternativa "d" (responde a alternativa "e"). O **poder regulamentar** é espécie do poder normativo, conferindo ao Chefe do Executivo a prerrogativa de editar atos gerais e abstratos, complementares à lei, sem inovar, de forma original, a ordem jurídica. Normalmente, manifesta-se pela expedição de decretos executivos destinados a explicitar, aclarar, explicar a lei para que possa ser posta em prática, e essa possibilidade de regulamentação não é privativa do Chefe do Poder Executivo, pois o Judiciário (provimentos, resoluções) e o Legislativo (regimento) também podem regulamentar as leis, mas a regulamentação não é tão extensa quanto à feita pelo Poder Executivo.

Alternativa correta: letra "b".

76. (Cespe – Técnico Judiciário – Área Administrativa – TRE – TO/2017) No exercício de suas obrigações, a administração pública detém a prerrogativa de limitar o exercício de direitos individuais, desde que isto atenda ao interesse público. Essa prerrogativa

a) pode incluir medidas de coação direta como a aplicação de multa e a impossibilidade de licenciamento do veículo enquanto não forem pagas as multas de trânsito.

b) possui o condão de autoexecutoriedade, em todas as suas medidas.

c) pode contemplar o cumprimento de medidas de apreensão de mercadorias previstas em lei.

d) é claramente uma atuação de caráter discricionário, a exemplo da outorga de licença para dirigir veículos.

e) pode ser delegada às pessoas jurídicas de direito privado, desde que haja previsão legal e autorização expressa do ente delegante.

COMENTÁRIOS

✪ **Nota do Autor:** Como visto, pelo conceito moderno, adotado no direito brasileiro, o poder de polí-

25. .DI PIETRO, Maria Sylvia Zanella. *Direito Administrativo*. 24 ed. São Paulo: Atlas, 2011.p. 118.

26. MEIRELLES, Hely Lopes. *Direito administrativo brasileiro*. 36 ed. São Paulo: Malheiros, 2010. p. 134.

cia é **atividade do Estado consistente em limitar o exercício dos direitos individuais em benefício do interesse público**[27].

Alternativa "a" (responde a alternativa "b"). De fato, o poder de polícia permite à Administração Pública impor restrições ao exercício de liberdades, bens, direitos e atividades individuais em prol do interesse público e tem como características ou atributos a discricionariedade, a autoexecutoriedade e a coercibilidade. Pela autoexecutoriedade, a Administração Pública pode executar, por seus próprios meios, os atos necessários à medida de polícia administrativa, não necessitando recorrer ao Poder Judiciário, mas em relação à multa deve ser feita uma ressalva. Embora possa ser aplicada diretamente, isto é, não é preciso ordem judicial para se multar, se a multa não for paga voluntariamente, sua cobrança somente será feita em ação de execução fiscal, porque não pode a Administração, por seus meios, realizar a constrição de bens do devedor. No tocante à impossibilidade de licenciamento do veículo enquanto não forem pagas as multas de trânsito, trata-se de medida de coação indireta, motivo pelo qual incorreta a alternativa.

Alternativa "c". A apreensão dos produtos deriva do poder de polícia do Estado, mais precisamente do **poder de polícia sanitária**. Cabe aos Municípios, através da polícia sanitária, a fiscalização sanitária de produtos dos gêneros alimentícios, principalmente dos perecíveis, como a carne, leite, ovos, frutas etc., oferecidos aos munícipes em quaisquer tipos de estabelecimentos, incluindo feiras livres.

Alternativa "d". Em regra, a atividade de polícia administrativa é discricionária, havendo liberdade de escolha do administrador em relação ao momento de atuação, à forma de atuação e, às vezes, até no que se refere a qual sanção aplicar. Desse modo, por exemplo, a atividade de fiscalização, normalmente, não possui um momento exato para ser desempenhada e, por vezes, a lei deixa para o fiscal a análise de qual medida adotar no caso concreto. Todavia, **nem sempre há discricionariedade e o poder de polícia pode ser manifestação administrativa vinculada**. Assim, não é possível se afirmar que sempre há discricionariedade na aplicação de sanção em razão da atividade de polícia administrativa e, mesmo quando houver, tal possibilidade de escolha não significa total liberdade, caso contrário estaria se dando albergue à arbitrariedade.

Alternativa "e". De maneira geral, a doutrina considera que **não é possível a delegação do poder de polícia a particulares**.

Alternativa correta: letra "c".

27. .DI PIETRO, Maria Sylvia Zanella. *Direito Administrativo.* 24 ed. São Paulo: Atlas, 2011.p. 118.

77. (Cespe – Analista Judiciário – Área Administrativa – TRE – BA/2017) A aplicação de advertência a servidor público, em decorrência do cometimento de infração funcional, demonstra o exercício do poder

a) regulamentar.
b) disciplinar.
c) hierárquico.
d) vinculado.
e) de polícia.

COMENTÁRIOS

✪ **Nota do Autor:** Os poderes administrativos são as prerrogativas à disposição da Administração destinadas à viabilização do interesse público.

Alternativa "a". O **poder regulamentar** pode ser definido como a faculdade de que dispõem os Chefes de Executivo de aplicar a lei para sua correta execução, ou de expedir decretos autônomos sobre matéria de sua competência ainda não disciplinada em lei[28].

Alternativa "b". O poder disciplinar é a prerrogativa pela qual a Administração apura as infrações e aplica as penalidades ao infrator, que deve ser um servidor público ou particular sujeito à disciplina administrativa. Desse modo, a apuração das infrações e a aplicação de penalidades representam o poder disciplinar.

Alternativa "c". O **Poder Hierárquico** é aquele conferido ao administrador para distribuir e escalonar as funções de seus órgãos, ordenar e rever a atuação de seus agentes, estabelecendo para tanto uma relação de hierarquia e subordinação. A hierarquia é uma característica peculiar da função administrativa, e não possui nenhuma correlação com o regime autoritário. A organização administrativa se baseia nos pressupostos da distribuição de competência e hierarquia.

Alternativa "d". O **Poder Vinculado** é aquele em que o administrador público não possui a possibilidade de emanar um juízo de oportunidade e discricionariedade diante de casos concretos, ou seja, uma vez preenchidos os requisitos legais, o administrador é obrigado a praticar o ato.

Alternativa "e". Conforme Hely Lopes Meirelles, o poder de polícia é definido como a "**faculdade de que dispõe a Administração Pública para condicionar e restringir o uso e gozo de bens, atividades e direitos individuais, em benefício da coletividade ou do próprio Estado**"[29]. Pode-se, assim, afirmar que

28. MEIRELLES, Hely Lopes. *Direito administrativo brasileiro. 36 ed. São Paulo: Malheiros, 2010.* p.130.

29. MEIRELLES, Hely Lopes. *Direito administrativo brasileiro.* 36 ed. São Paulo: Malheiros, 2010. p. 134.

o poder de polícia é uma atividade administrativa consistente em **intervir no exercício de direitos e liberdades individuais, impondo restrições e condições para que o interesse particular não cause prejuízo ao interesse público.**

Alternativa correta: letra "b".

---

78. (Cespe - Analista Judiciário - Área Administrativa - TRE - PE/2017) Determinada agência reguladora, atuando em sua esfera de atribuições, editou ato normativo de apurada complexidade técnica com vistas a elucidar conceitos legais e regular determinado segmento de atividades consideradas estratégicas e de interesse público.

Nessa situação hipotética, a atuação da agência configurou exercício do poder

a) de polícia.

b) regulamentar.

c) discricionário.

d) disciplinar.

e) hierárquico.

COMENTÁRIOS

✪ **Nota do Autor:** A regulação, de maneira ampla, abrange a organização da atividade econômica pelo Estado, seja pela concessão de serviço público seja pelo exercício do poder de polícia, conforme Calixto Salomão Filho e, com base nesse enfoque de regulação, Maria Sylvia Zanella Di Pietro[30], afirma que há dois tipos de agência reguladora: a) as que exercem, fundadas na lei, o típico poder de polícia como a fiscalização, a imposição de limitações administrativas, a repressão, sendo exemplos a Anvisa (Agência Nacional de Vigilância Sanitária), de acordo com a Lei nº 9.782/99, e a ANS (Agência Nacional de Saúde Suplementar), nos termos da Lei nº 9.961/00; b) as que exercem a regulação e o controle de atividades que são objeto de delegação de serviço público, podendo ser citadas a Anatel (Agência Nacional de Telecomunicações), a Aneel (Agência Nacional de Energia Elétrica) e a ANTT (Agência Nacional de Transportes Terrestres).

Alternativa "a". O poder de polícia é uma atividade administrativa consistente em **intervir no exercício de direitos e liberdades individuais, impondo restrições para que o interesse particular não cause prejuízo ao interesse público.**

Alternativa "b". Para Maria Sylvia Zanella Di Pietro, o **poder regulamentar é espécie do poder normativo da Administração Pública**, ou seja, é um tipo, uma das formas pela qual se expressa a função normativa da Administração Pública, e o poder regulamentar, assim entendido, **é privativo do Chefe do Executivo** e se materializa por meio de **decreto**, mas há **outras formas** de expressão do poder normativo como as **resoluções, as portarias, as instruções, os regimentos,** mas esses atos possuem alcance restrito aos limites de atuação do órgão e não têm a mesma natureza dos regulamentos expedidos pelo Chefes do Executivo[31]. A atuação da agência narrada configura, em verdade, manifestação do **poder normativo** - do qual o regulamentar faz parte -, pelo qual a Administração Pública, por meio de atos administrativos, detalhará, explicará a lei para que possa ser cumprida e, para tanto, deve respeitar os limites da lei, ou seja, não pode exorbitar o comando legislativo.

Alternativa "c". O **poder discricionário** é o concedido à Administração Pública para a prática de determinados atos administrativos com **liberdade na valoração do juízo de conveniência e oportunidade**. Em outras palavras, trata-se de prerrogativa conferida à Administração Pública de fazer opções, de escolher, de analisar se é oportuno, se é conveniente, segundo o interesse público, a prática de determinado ato. Conforme Hely Lopes Meirelles[32], o **poder discricionário** é o que o Direito concede à Administração, de modo explícito ou implícito, para a prática de atos administrativos com liberdade na **escolha de sua conveniência, oportunidade e conteúdo.**

Alternativa "d". O **poder disciplinar** é a prerrogativa pela qual a Administração apura as infrações e aplica as penalidades ao infrator, que pode ser um servidor público ou particular sujeito à disciplina administrativa.

Alternativa "e". O **poder hierárquico** é uma ferramenta de grande valia para a Administração porque possibilita a concatenação de suas ações em busca da satisfação do interesse público. Por ele, tem-se a organização, a estruturação, criando-se uma **relação de coordenação e subordinação** entre os diversos órgãos criados. É com base na hierarquia que se pode **avocar, delegar, ordenar, controlar, corrigir e aplicar sanções.**

Alternativa correta: letra "b".

---

79. (FCC - Analista Judiciário - Área Judiciária - TRE - SP/2017) Suponha que o Secretário de Transportes de determinado Estado tomou conhecimento, por intermédio de matéria jornalística, da existência de longas filas para carregamento dos cartões de utilização dos trens administrados por uma sociedade de economia mista vinculada àquela Pasta. Diante dos fatos apurados, decidiu avocar, para área técnica

30. *Direito administrativo*. 23. ed. São Paulo: Atlas, 2010. p.468.

31. *Direito administrativo*. 23. ed. São Paulo: Atlas, 2010. p. 90 e 93.

32. *Direito administrativo brasileiro*. 36 ed. São Paulo: Malheiros, 2010. p. 121.

da Secretaria, algumas atividades de gerenciamento e logística desempenhadas por uma das Diretorias da referida empresa. Fundamentou sua decisão no exercício dos poderes hierárquico e disciplinar. Considerando a situação narrada,

a) a atuação do Secretário justifica-se do ponto de vista da hierarquia, porém não sob aspecto disciplinar, eis que não identificada infração administrativa.

b) a decisão baseia-se, legitimamente, apenas no poder disciplinar, que compreende o controle e a supervisão.

c) descabe a invocação dos poderes citados, sendo certo que a atuação da Secretaria deve se dar nos limites do poder de tutela.

d) a decisão somente será justificável, sob o fundamento de poder hierárquico, se constada a existência de desvio de conduta pelos administradores da empresa.

e) a decisão extrapolou a competência disciplinar, que somente pode ser exercida para corrigir desvios na organização administrativa da entidade.

COMENTÁRIOS

✪ **Nota do Autor:** Tanto a delegação e a avocação são situações temporárias e excepcionais, pois permitem a prática de ato administrativo por quem não era originariamente competente. A diferença é que na delegação quem é competente delega, transfere parte de sua competência para outro servidor e na avocação o superior, que não era competente, chama para si parcela de competência legalmente atribuída a subordinado seu. De qualquer forma, tanto uma quanto a outra não podem ser realizadas em qualquer circunstância e sem justificação.

Alternativa "c" (responde as demais alternativas). O **poder hierárquico** é uma ferramenta de grande valia para a Administração porque possibilita a concatenação de suas ações em busca da satisfação do interesse público. Por ele, tem-se a organização, a estruturação, criando-se uma **relação de coordenação e subordinação** entre os diversos órgãos criados. É com base na hierarquia que se pode **avocar, delegar, ordenar, controlar, corrigir e aplicar sanções.** Na situação narrada na questão, contudo, **não** é **possível gozar do poder hierárquico**, uma vez que a atividade administrativa estava sendo desempenhada por entidade da administração indireta. A **sociedade de economia mista** é fruto da descentralização, pela qual há a distribuição externa de competência, criando-se outra pessoa jurídica, com personalidade jurídica distinta da pessoa política. Dessa forma, não é possível se falar em hierarquia, já que não há relação hierárquica entre um órgão da administração direta e uma entidade da administração indireta. De outro lado, a entidade criadora tem por dever fiscalizar a entidade criada para verificar se o objetivo da criação está sendo atendido, mas não se trata de controle hierárquico, pois o que existe é um controle de finalidade, um controle finalístico. Existe vinculação e não subordinação.

Alternativa correta: letra "c".

---

80. (Cespe – Técnico Judiciário – Área Administrativa – TRE – PI/2016) Determinada autoridade sanitária, após apuração da infração, em processo administrativo próprio, aplicou a determinada farmácia a pena de apreensão e inutilização de medicamentos que haviam sido colocados à venda, sem licença do órgão sanitário competente, por violação do disposto nas normas legais e regulamentares pertinentes.

Nessa situação hipotética, a autoridade sanitária exerceu o poder

a) hierárquico, em sua acepção de fiscalização de atividades.

b) hierárquico, em sua acepção de imposição de ordens.

c) disciplinar, em razão de ter apurado infração e aplicado penalidade.

d) regulamentar, em razão de ter constatado violação das normas regulamentares pertinentes.

e) de polícia, em razão de ter limitado o exercício de direito individual em benefício do interesse público.

COMENTÁRIOS

Alternativa "e" (responde as demais alternativas). Como amplamente destacado, poder de polícia é uma atividade administrativa consistente em **intervir no exercício de direitos e liberdades individuais, impondo restrições para que o interesse particular não cause prejuízo ao interesse público,** como é exemplo a situação ilustrada no enunciado. Desse modo, a apreensão e inutilização de medicamentos é medida relacionada ao poder de polícia. Neste sentido, em face da própria natureza, é inerente ao poder de polícia a atividade de fiscalização, da qual podem decorrer sanções como, por exemplo, interdições, apreensões e multas, mas as medidas adotadas não podem ter como finalidade a satisfação de pretensões tributárias, havendo, inclusive, no Supremo Tribunal Federal a Súmula nº 70 ("É inadmissível a interdição de estabelecimento como meio coercitivo para cobrança de tributo") e a Súmula nº 323 ("É inadmissível a apreensão de mercadorias como meio coercitivo para pagamento de tributos").

Alternativa correta: letra "e".

---

81. (Cespe – Técnico Judiciário – Área Administrativa – TRE – RS/2015) Determinado servidor público efetivo do setor de recursos humanos de um tribunal regional eleitoral, no âmbito de sua atuação e amparado por lei, proferiu, entre duas opções cabíveis, decisão a respeito de determinado caso concreto. Após o decurso de todos os prazos legais para recurso, esse servidor determinou o imediato cumprimento da referida decisão, não havendo outro posicionamento a ser adotado.

Nessa situação, o primeiro e o segundo ato do agente resultaram, respectivamente, do exercício dos poderes

a) vinculado e disciplinar.

b) discricionário e vinculado.

c) disciplinar e discricionário.

d) hierárquico e discricionário.

e) hierárquico e vinculado.

COMENTÁRIOS

✪ **Nota do Autor:** Para que seja possível a materialização das medidas administrativas necessárias a consecução do interesse público, a Administração dispõe dos chamados poderes administrativos, ou seja, instrumentos, ferramentas, mecanismos indispensáveis para esse agir. Os **poderes administrativos** são **as prerrogativas** à **disposição da Administração destinadas** à **viabilização do interesse público**.

Alternativa "a" (responde a alternativa "c"). O **poder disciplinar** é a prerrogativa pela qual a Administração apura as infrações e aplica as penalidades ao infrator, que pode ser um servidor público ou particular sujeito à disciplina administrativa.

Alternativa "b". O **poder discricionário** é o concedido à Administração Pública para a prática de determinados atos administrativos com **liberdade na valoração do juízo de conveniência e oportunidade**. Em outras palavras, trata-se de prerrogativa conferida à Administração Pública de fazer opções, de escolher, de analisar se é oportuno, se é conveniente, segundo o interesse público, a prática de determinado ato. Conforme Hely Lopes Meirelles[33], o **poder discricionário** é o que o Direito concede à Administração, de modo explícito ou implícito, para a prática de atos administrativos com liberdade na **escolha de sua conveniência, oportunidade e conteúdo.** O **poder vinculado** é aquele que a lei confere à Administração Pública para a prática de ato de sua competência, determinando os elementos e requisitos necessários a sua formalização, conforme Hely Lopes Meirelles. Todo e qualquer ato administrativo deve estar em conformidade com o direito e, em muitos casos, a conveniência e a oportunidade de se praticar determinado ato já foram valoradas pelo legislador, não havendo margem de escolha ao administrador; em tais situações, em que o **comportamento já foi previamente delimitado pela lei**, há aplicação do **poder vinculado** – que, em verdade, por se tratar mais de uma restrição à Administração Pública que a uma prerrogativa, não é considerado, por muitos autores, poder da Administração Pública.

Alternativa "d" (responde a alternativa "e"). O **poder hierárquico**, é o que o Executivo dispõe para **distribuir e escalonar as funções de seus órgãos, ordenar e rever a atuação de seus agentes, estabelecendo a relação de subordinação entre os servidores do seu quadro pessoal** [34].

Alternativa correta: letra "b".

---

82. (Cespe – Analista Judiciário – Área Judiciária – TRE – MT/2015) Com relação aos poderes da administração pública, assinale a opção correta.

a) O exercício do poder disciplinar na administração pública permite à administração impor medidas cautelares, tais como o afastamento de servidor de suas funções ou, em situações específicas, a prisão administrativa para a investigação.

b) O cumprimento de mandados judiciais por policiais civis pode ser classificado como ato decorrente do exercício do poder de polícia administrativa.

c) Configura excesso de poder a prática, por servidor público, de ato administrativo que vise finalidade diversa da finalidade prevista em lei, mesmo que o servidor não extrapole os limites de sua competência.

d) A simples omissão da administração quanto à prática de um ato administrativo de interesse do administrado não configura abuso de poder, salvo se inobservado prazo especificado em lei.

e) Exerce o poder de polícia o ente da administração pública que, no desempenho de suas funções institucionais, realiza fiscalização em estabelecimento comercial, lavrando auto de infração e impondo multa por descumprimento de normas administrativas.

COMENTÁRIOS

✪ **Nota do Autor:** Os **poderes administrativos** são **as prerrogativas à disposição da Administração destinadas à viabilização do interesse público**.

Alternativa "a". Pelo **poder disciplinar**, a Administração apura as infrações e aplica as penalidades ao infrator, que pode ser um servidor público ou particular sujeito à disciplina administrativa. Medida

---

33. *Direito administrativo brasileiro.* 36 ed. São Paulo: Malheiros, 2010. p. 121.

34. MEIRELLES, Hely Lopes. *Direito administrativo brasileiro.* 36 ed. São Paulo: Malheiros, 2010. p. 121.

preventiva como o afastamento do servidor durante o processo disciplinar é possível e, normalmente, está prevista nos estatutos. Todavia, não é possível impor, na esfera administrativa, a prisão de um determinado servidor para investigação. A prisão deve ocorrer em razão de flagrante delito ou de ordem judicial.

Alternativa "b". O **poder de polícia administrativa incide sobre bens, direitos e atividades,** ao passo que **a polícia judiciária e da polícia de manutenção da ordem pública atua sobre pessoas, individual ou indiscriminadamente**. Ainda, nota-se que a polícia judiciária atua a partir de um ilícito penal, enquanto a polícia administrativa atua, preventivamente ou repressivamente, a partir de um ilícito administrativo. Assim, o cumprimento de mandados judiciais por policiais civis pode ser classificado como ato próprio de **polícia judiciária**.

Alternativa "c". O **abuso de poder existe quando o poder é usado contrariando o regime jurídico administrativo.** Tem como **espécies** o **desvio de poder** e o **excesso de poder**, ocorrendo este quando a autoridade extrapola sua competência (atua fora dos limites de sua competência) e, por sua vez, o desvio de poder ou de finalidade se dá quando a autoridade, agindo dentro dos limites da sua competência (não extrapola), pratica o ato visando fim diverso do estabelecido na lei.

Alternativa "d". O abuso de poder poderá assumir tanto a forma comissiva, como omissiva, ou seja, o abuso de poder poderá decorrer de uma ação ilegítima ou de uma omissão ilegal.

Alternativa "e". Conforme Hely Lopes Meirelles, o poder de polícia é definido como a "**faculdade de que dispõe a Administração Pública para condicionar e restringir o uso e gozo de bens, atividades e direitos individuais, em benefício da coletividade ou do próprio Estado**"[35]. Pode-se, assim, afirmar que o poder de polícia é uma atividade administrativa consistente em **intervir no exercício de direitos e liberdades individuais, impondo restrições e condições para que o interesse particular não cause prejuízo ao interesse público**. Nesse sentido, um dos atributos do poder de polícia é a **autoexecutoriedade,** assim entendida como a "**faculdade de que dispões a Administração Pública para condicionar e restringir o uso e gozo de bens, atividades e direitos individuais, em benefício da coletividade ou do próprio Estado**"[36]. Pela autoexecutoriedade, para a satisfação do interesse público, a Administração **pode praticar diretamente os atos afetos à polícia administrativa, não necessitando recorrer para o Poder Judiciário para tanto.** Assim, não precisa a Administração de ordem judicial para multar, interditar, apreender e realizar as demais medidas de polícia. Todavia, a **autoexecutoriedade só existe quando prevista em lei ou quando se tratar de situação de urgência,** não se fazendo, pois, presente em todas as medidas de polícia. Assim, à luz de tal conceituação, exerce o poder de polícia o ente da Administração Pública que realiza fiscalização em estabelecimento comercial, impondo multa pelo descumprimento de normas administrativas como, por exemplo, a fiscalização realizada pela Anvisa (Agência Nacional de Vigilância Sanitária).

Alternativa correta: letra "e".

8. ATO ADMINISTRATIVO

- Lei nº 9.784/99, artigos 11 a 17, 50, 53, 54 e 55
- Lei nº 4.717/65, art. 2º

83. (Cespe – Técnico Judiciário – Área Administrativa – TRE – BA/2017) De acordo com a doutrina, os atos administrativos que possuem todas as suas condições e requisitos estipulados por lei, prevendo uma única e obrigatória atuação administrativa, são classificados como

a) complexos.
b) vinculados.
c) constitutivos.
d) declaratórios.
e) discricionários.

COMENTÁRIOS

Nota do Autor: O ato administrativo é "toda manifestação unilateral da vontade da Administração Pública que, agindo nessa qualidade, tenha por fim imediato adquirir, resguardar, transferir, modificar, extinguir e declarar direitos, ou impor obrigações aos administrados ou a si própria"[37].

Alternativa "a". Os atos administrativos, quanto à formação da vontade, podem ser classificados em simples, complexos e compostos. O ato simples é aquele em que a formação da vontade decorre de um órgão só. O ato complexo decorre da manifestação de vontade de dois ou mais órgãos, ou seja, há a soma das vontades de mais de um órgão para que seja possível a formação de um ato único. Já os atos compostos são dois atos e não um só, pois aqui não há dois órgãos se unindo e formando um só ato, mas existem dois atos,

35. MEIRELLES, Hely Lopes. *Direito administrativo brasileiro*. 36 ed. São Paulo: Malheiros, 2010. p. 134.

36. MEIRELLES, Hely Lopes. *Direito administrativo brasileiro*. 36 ed. São Paulo: Malheiros, 2010. p. 134.

37. MEIRELLES, Hely Lopes. *Direito administrativo brasileiro*. 36 ed. São Paulo: Malheiros, 2010. p. 153.

sendo um principal e outro acessório, constituindo-se este em pressuposto ou complemento daquele.

Alternativa "b". Os **atos vinculados** são aqueles realizados no exercício da competência vinculada, isto é, quando o administrador não tem escolha diante da situação de fato, devendo agir na única forma prevista na lei. **Não comportam**, portanto, **juízo de conveniência e oportunidade**.

Alternativa "c" (responde a alternativa "d"). Quanto à classificação do ato administrativo **quanto ao conteúdo**, este pode ser **constitutivo** (criam situações jurídicas individuais), **extintivo ou desconstitutivo** (encerra situação jurídica individual), **declaratório** (declara situação já existente), **alienativo** (transfere bens ou direitos), **modificativo** (altera situação jurídica, sem encerrá-la), **abdicativo** (renúncia a um direito).

Alternativa "e". Quando o administrador estiver diante da ocorrência de um fato e **puder escolher qual comportamento adotar**, analisando a conveniência e a oportunidade, há **discricionariedade**. Assim, os **atos discricionários** são aqueles praticados no exercício da competência discricionária, ou seja, quando **existe possibilidade de opção para o administrador diante de uma situação concreta**.

Alternativa correta: letra "b".

---

84. (Cespe – Técnico Judiciário – Área Administrativa – TRE – BA/2017) O pregoeiro de um tribunal regional eleitoral (TRE), em um certame licitatório para aquisição de urnas eletrônicas, resolveu negar provimento ao recurso de um licitante com fundamento em parecer da área técnica do tribunal.

Nessa situação hipotética, a área técnica do tribunal praticou um ato administrativo

a) punitivo.
b) vinculado.
c) normativo.
d) ordinatório.
e) enunciativo.

COMENTÁRIOS

Alternativa "a". Os atos administrativos punitivos são aqueles pelos quais a Administração Pública impõe sanções aos agentes públicos e aos particulares. Exemplos: multa, interdição de atividade e destruição de coisas.

Alternativa "b". Os **atos vinculados** são aqueles realizados no exercício da competência vinculada, isto é, quando o **administrador não tem escolha diante da situação de fato**, devendo agir na única forma prevista na lei. **Não** comportam, portanto, **juízo de conveniência e oportunidade**.

Alternativa "c". Os atos administrativos normativos são os atos que **possuem conteúdo geral, abstrato, destinado a todas as pessoas que estejam na situação por eles regulada**. Possuem finalidade normativa, mas são submissos à lei e esta é o seu limite. Exemplos: decreto, instrução normativa, resolução, etc.

Alternativa "d". Os atos administrativos **ordinatórios** são aqueles que **disciplinam o funcionamento da administração e a conduta de seus agentes**. São praticados no exercício do poder hierárquico e **não atingem os particulares nem os servidores subordinados a chefia diferente da que o expediu.**

Alternativa "e". O **ato enunciativo** é o ato pelo qual a Administração pública **certifica ou testa um fato ou emite uma opinião** sobre determinado assunto. **Não há manifestação de vontade** e são atos apenas em sentido formal. São exemplos, a **certidão**, o **atestado** e o **parecer**.

Alternativa correta: letra "e".

---

85. (Cespe – Técnico Judiciário – Área Administrativa – TRE – PE/2017) A respeito dos atributos dos atos administrativos, assinale a opção correta.

a) O ato administrativo configura instrumento de realização do interesse público, razão por que ele tem a coercibilidade como atributo absoluto.
b) A imperatividade é atributo que dota de coercitividade todos os atos administrativos.
c) A presunção de legitimidade do ato administrativo é atenuada pela possibilidade de o particular deixar de cumpri-lo quando houver alguma dúvida sobre sua legalidade.
d) A autoexecutoriedade, como atributo, admite exceções, como nas hipóteses de cobrança de multa e de desapropriação.
e) O contraditório e a ampla defesa suprimem a autoexecutoriedade dos processos administrativos.

COMENTÁRIOS

✪ **Nota do Autor:** Em razão do regime peculiar a que estão sujeitos os atos administrativos, a doutrina costuma apontar algumas características principais a eles inerentes. São os chamados **atributos dos atos administrativos.**

Alternativa "b". A **imperatividade** significa que o ato administrativo é impositivo, obrigatório ao administrado, quer dizer, a Administração não necessita da concordância do destinatário para que o ato seja praticado. Decorre da prerrogativa que a Administração tem de praticar atos que interferem na esfera jurídica de terceiros, constituindo-os em obrigação, em razão do que Renato Alessi chama de poder extroverso[38] .

---

38. MELLO, Celso Antônio Bandeira de. Curso de direito administrativo. 27. ed. São Paulo: Malheiros, 2010. p. 419.

Não está presente em todos os atos, mas apenas naqueles que impõem obrigações e, desse modo, não existe nos atos negociais (licença, autorização, etc.), nem nos enunciativos (parecer, certidão, etc.).

Alternativa "c". A **presunção de legitimidade** decorre, principalmente, do princípio da legalidade, pois se a atuação administrativa deve estar em conformidade com o ordenamento jurídico, presume-se que os atos praticados nessa atividade estejam de acordo com a lei e a moral. Essa característica tem como consequência a prática imediata do ato, não necessitando de consulta prévia sobre sua legalidade, bem como que o ato administrativo, mesmo se viciado, continuará produzindo efeitos até que seja anulado pela própria Administração ou pelo Poder Judiciário. Está presente em todos os atos administrativos.

Alternativa "d" (responde as alternativas "a" e "e"). A autoexecutoriedade é o atributo dos atos administrativos que confere à Administração Pública o poder de executar o ato administrativo por seus próprios meios, sem necessidade de atuação do Poder Judiciário. Entretanto, a autoexecutoriedade **não está presente em todos os atos administrativos**, mas somente quando prevista em lei ou quando se tratar de situação de urgência. Assim, pela **autoexecutoriedade**, a Administração Pública pode **executar o ato administrativo** sem necessidade de atuação do Poder Judiciário. Não precisa a Administração de ordem judicial para multar, interditar e apreender, por exemplo. Entretanto, **em relação** à **multa, existe autoexecutoriedade na sua imposição, mas não há em relação** à **sua cobrança.** Para a sua quitação, a Administração deverá se valer da competente **ação de execução fiscal para a sua devida cobrança**. O mesmo ocorre com a desapropriação, uma vez que, após a declaração de utilidade pública do bem ou interesse social - por decreto –, em não havendo acordo entre o proprietário e o poder público para sua efetivação, será necessário um processo judicial para concretizar a desapropriação.

Alternativa correta: letra "d".

---

86. (FCC - Técnico Judiciário - Área Administrativa - TRE - PR/2017) O diretor de uma repartição pública aproveitou-se da necessidade da Administração pública adquirir um terreno para instalar uma unidade operacional ambiental e indicou, para ser desapropriado, o imóvel de um desafeto seu. O terreno pertencente a esse desafeto, embora não apresentasse nenhum problema aparente que impedisse a aquisição, não era o que melhor preenchia as características procuradas pela Administração, tais como localização, dimensão, declividade, etc., inclusive porque encareceria a obra. Não obstante, o diretor insistiu e o terreno acabou sendo adquirido, por ordem emanada por aquela autoridade. O ato administrativo

a) foi regularmente editado, pois respeita a autoridade competente para sua emissão.

b) é eivado de vício de desvio de finalidade, uma vez que o terreno foi adquirido para fins de desagradar desafeto da autoridade que o emitiu, tendo inclusive onerado a Administração.

c) é eivado de vício de motivo, visto que esse é inexistente, podendo ser sanado caso o terreno adquirido acabe por ser utilizado pela Administração, ainda que por valor superior ao pretendido pela Administração.

d) possui vício de competência posto que o administrador, quando agiu para atendimento de propósitos pessoais, tornou-se autoridade incompetente para decidir.

e) possui vício sanável, caso seja ratificado pela autoridade competente, se esta entender que o terreno pode atender ao interesse público.

COMENTÁRIOS

✪ **Nota do Autor:** O **abuso de poder** pode ser definido, em sentido amplo, como o vício do ato administrativo que ocorre quando o agente público exorbita de suas atribuições (**excesso de poder**), ou pratica o ato com finalidade diversa da que decorre implícita ou explicitamente da lei (**desvio de poder ou desvio de finalidade**)[39].

Alternativa "b" (responde a alternativa "a"). O **desvio de poder ou desvio de finalidade** é definido pela Lei nº 4.717/65 como aquele que se verifica quando o agente pratica o ato visado com fim diverso daquele previsto, explícita ou implicitamente, na regra de competência (art. 2º, parágrafo único, "e"). Assim, o agente desvia-se ou afasta-se da finalidade que deveria atingir para alcançar resultado diverso, não amparado pela lei. Neste sentido, verifica-se que a desapropriação mencionada na questão ocorreu com **desvio de finalidade**, tendo o agente público praticado ato com finalidade diversa da que decorre da lei, distanciando-se do interesse público.

Alternativa "c" (responde a alternativa "e"). O defeito de um ato administrativo será sanável, isto é, passível de convalidação, quando estiver nos elementos **competência ou forma,** desde que não seja **competência exclusiva ou forma essencial.** Nesse caso, portanto, diferentemente de quando o vício estiver nos elementos **motivo, finalidade ou objeto,** o ato não será imediatamente considerado nulo, sendo passível de convalidação.

Alternativa "d". Para a configuração do **desvio de finalidade**, não é necessário que a autoridade atue fora de seus limites de competência. Assim, é plena-

---

39. DI PIETRO, Maria Sylvia Zanella. *Direito Administrativo.* 24 ed. São Paulo: Atlas, 2011.p. 242.

mente possível que autoridade competente pratique ato administrativo com desvio de finalidade, bastando que o faça com finalidade diversa daquela prevista implícita ou explicitamente na lei.

Alternativa correta: letra "b".

---

87. (FCC – Técnico Judiciário – Área Administrativa – TRE – SP/2017) Os atos administrativos são dotados de atributos que lhe conferem peculiaridades em relação aos atos praticados pela iniciativa privada. Quando dotados do atributo da autoexecutoriedade

a) não podem ser objeto de controle pelo judiciário, tendo em vista que podem ser executados diretamente pela própria Administração pública.

b) submetem-se ao controle de legalidade e de mérito realizado pelo Judiciário, tendo em vista que se trata de medida de exceção, em que a Administração pública adota medidas materiais para fazer cumprir suas decisões, ainda que não haja previsão legal.

c) dependem apenas de homologação do Judiciário para serem executados diretamente pela Administração pública.

d) admitem somente controle judicial posterior, ou seja, após a execução da decisão pela Administração pública, mas a análise abrange todos os aspectos do ato administrativo.

e) implicam na prerrogativa da própria Administração executar, por meios diretos, suas próprias decisões, sendo possível ao Judiciário analisar a legalidade do ato.

COMENTÁRIOS

✪ **Nota do Autor:** Os atributos dos atos administrativos são (**PIA**): a) **presunção de legitimidade**, pela qual se presume que todo ato administrativo praticado seja legal; b) **imperatividade**, que significa que o ato administrativo é impositivo, obrigatório ao administrado, ou seja, a Administração não necessita da concordância do destinatário para que o ato seja praticado; c) **autoexecutoriedade**, pela qual a Administração pode executar o ato administrativo por seus próprios meios, sem necessidade de atuação do Poder Judiciário para tanto.

Alternativa "a" (responde as alternativas "b" e "d"). O ato administrativo pode sofrer controle de legalidade pelo Poder Judiciário, mediante provocação. Em regra, não é permitida a ingerência do Judiciário no mérito do ato administrativo, ou seja, sobre a conveniência e oportunidade. Entretanto, há decisões judiciais reconhecendo a possibilidade de o controle judicial, com base no princípio da razoabilidade, investir, inclusive, no **mérito**, desde que tenha como parâmetro a legalidade do ato.

Alternativa "e" (responde a alternativa "c"). Pela **autoexecutoriedade**, a Administração Pública **pode executar o ato administrativo por seus próprios meios** sem necessidade de atuação do Poder Judiciário. A autoexecutoriedade só existe quando **prevista em lei** ou quando se tratar de **situação de urgência** e, assim, **não existe em todos os atos administrativos.**

Alternativa correta: letra "e".

---

88. (Cespe – Técnico Judiciário – Área Administrativa – TRE – TO/2017) Assinale a opção que apresenta espécie de ato administrativo vinculado quanto ao conteúdo.

a) circular

b) permissão

c) despacho

d) portaria

e) licença

COMENTÁRIOS

Alternativa "e" (responde as demais alternativas). Os **atos negociais** são aqueles em que há a concordância de vontades entre a Administração Pública e o particular. A Administração pratica o ato porque o particular fez requerimento nesse sentido, mas não é um contrato e sim uma **manifestação unilateral** de vontade (que coincide com a do particular) e, portanto, é um ato administrativo. Tais atos podem ser **precários** (quando sujeitos a revogação a qualquer tempo), **definitivos** (não podem ser extintos a qualquer tempo, mas, por exemplo, se houver vício), **discricionários** e **vinculados**. A **licença** é **definitiva e vinculada** como se vê no caso da licença para dirigir, situação em que a autoridade administrativa não analisa se há conveniência e oportunidade para sua concessão, mas apenas verifica se os requisitos legais estão presentes e, estando, deve concedê-la e, ainda, o destinatário somente terá essa licença extinta se descumprir as condições legais. Por outro lado, a **autorização** é **precária e discricionária** e, por ela, a Administração Pública autoriza a realização de determinada atividade ou o uso de determinado bem público, no **interesse predominante do particular,** podendo tal autorização ser revogada a qualquer tempo. A **permissão** é, também, **discricionária e precária** e, por meio dela, a Administração permite que o particular execute serviços de interesse coletivo ou use bens públicos, mas nesta o **interesse é predominantemente público**.

Alternativa correta: letra "e".

---

89. (Cespe – Analista Judiciário – Área Administrativa – TRE – BA/2017) A determinado servidor público foi concedida licença em razão de ele preencher todos os requisitos exigidos. Contudo, no curso da licença, ele deixou de atender às condições exigidas para a manutenção do benefício, o que implicou a extinção do ato administrativo de concessão da licença.

Nessa situação hipotética, a modalidade de extinção de atos administrativos aplicada foi a

a) convalidação.
b) anulação, em decorrência da imperatividade.
c) cassação.
d) revogação.
e) anulação, em decorrência da legalidade.

COMENTÁRIOS

✪ **Nota do Autor:** Na clássica lição de Celso Antônio Bandeira de Mello[40], o ato administrativo extingue-se: pelo **cumprimento de seus efeitos**: é a sua extinção natural; pelo **desaparecimento do sujeito ou objeto**; pela **retirada** do ato: pode ser pela **cassação** (o destinatário do ato descumpre condição a que estava obrigado pelo ato para se beneficiar de seus efeitos), pela **caducidade** (nova norma jurídica proíbe situação antes permitida e que é objeto do ato), pela **contraposição ou derrubada** (novo ato é praticado, com fundamento em competência diversa, cujos efeitos são contrapostos ao anterior), pela **revogação** (a extinção ocorre em razão de conveniência ou oportunidade, isto é, por interesse público) e pela **anulação** (a extinção se dá em razão de vício de legalidade no ato); pela **renúncia** (beneficiário do ato renuncia à situação jurídica nele prevista).

Alternativa "a". A convalidação é o suprimento da invalidade de determinado ato administrativo, que opera efeitos *ex tunc*. Para que haja a convalidação, contudo, é necessário que o vício do ato seja **sanável**, o que ocorre quando estiver nos elementos **competência ou forma, desde que não se trate de competência exclusiva ou forma essencial ao ato.** Não se trata, portanto, de modalidade de extinção do ato administrativo.

Alternativa "b" (responde a alternativa "e"). Os vícios que assolam os atos administrativos e permitem sua invalidação por **ilegalidade** estão relacionados aos seus elementos, quais sejam: competência, forma, motivo, objeto e finalidade. Nesse sentido, a anulação do ato administrativo consiste no seu desfazimento por motivo de ilegalidade, com efeitos *ex tunc*. Portanto, não se anula um ato em decorrência de sua legalidade, mas de sua ilegalidade. A imperatividade, por outro lado, é um atributo dos atos administrativos, e significa que o ato administrativo é impositivo, obrigatório ao administrado, quer dizer, a Administração não necessita da concordância do destinatário para que o ato seja praticado.

40. MELLO, Celso Antônio Bandeira de. *Curso de direito administrativo*. 27. ed. São Paulo: Malheiros, 2010. p. 446-447.

Alternativa "c". A cassação é a modalidade de **extinção do ato administrativo** pela qual o destinatário do ato **deixa de cumprir as condições a que estava obrigado** pelo ato para se beneficiar de seus efeitos.

Alternativa "d". A revogação é o desfazimento do ato administrativo pela própria Administração Pública por motivos de conveniência e oportunidade. É o exercício da autotutela administrativa.

Alternativa correta: letra "c".

---

90. (Cespe – Analista Judiciário – Área Judiciária – TRE – PE/2017) Um servidor público praticou um ato administrativo para cuja prática ele é incompetente. Tal ato não era de competência exclusiva.

Nessa situação, o ato praticado será

a) inexistente.
b) irregular.
c) válido.
d) nulo.
e) anulável.

COMENTÁRIOS

✪ **Nota do Autor:** O defeito de um ato administrativo será sanável, isto é, passível de convalidação, quando estiver nos elementos **competência ou forma,** desde que não seja **competência exclusiva ou forma essencial.** Nesse caso, portanto, diferentemente de quando o vício estiver nos elementos **motivo, finalidade ou objeto,** o ato não será imediatamente considerado nulo, sendo passível de convalidação.

Alternativa "a". Ato **inexistente** é aquele que **aparenta ser ato, mas não** é. A situação mais comum é a usurpação de função. No caso do ato inexistente, não se admite convalidação e não gera efeitos válidos.

Alternativa "b". Não existe, formalmente, referida classificação de ato administrativo, a despeito de muitos utilizarem a expressão "irregular" para designar ato administrativo viciado.

Alternativa "c". A validade está relacionada com a conformidade do ato com o ordenamento jurídico. O ato é perfeito, válido e eficaz quando, concluído o seu ciclo de formação, encontra-se plenamente ajustado às exigências legais e está disponível para deflagração dos efeitos que lhe são típicos.

Alternativa "e" (responde a alternativa "d"). Se o ato administrativo admite a convalidação, é anulável e, por outro lado, se o vício é insanável, é nulo. Como visto, dos cinco elementos do ato (competência, finalidade, forma, motivo e objeto), a convalidação só é admitida em relação a dois, quais sejam, a competência e a forma e, mesmo assim, somente quando não se tratar de competência exclusiva ou de formalidade essencial. Caso o vício esteja no motivo, na finalidade ou no objeto, não se admite a convalidação e a anulação é certa e, desse modo, não há como se alterar a situação fática ensejadora da prática do ato, isto é, ou o motivo existe e é verdadeiro ou não é; também, ou se buscou a finalidade pública ou não; por fim, ou o objeto é legal ou não é.

Alternativa correta: letra "e".

---

91. (Consulplan – Analista Judiciário – Área Administrativa – TRE – RJ/2017) O Presidente do Tribunal Regional Eleitoral declarou ponto facultativo em uma sexta-feira que sucederá um feriado nacional. Na hipótese, o ato administrativo concessório da benesse

a) goza do atributo da imperatividade o que significa que pode ser imediatamente executado.

b) é ilegal, por vício de competência, já que a atribuição é privativa do Presidente da República.

c) pode ser anulado pelo Tribunal Superior Eleitoral por razão de oportunidade e conveniência.

d) não pode ser revogado pela autoridade competente, na semana seguinte à referida sexta-feira.

COMENTÁRIOS

Alternativa "a". A **imperatividade** significa que o **ato administrativo** é **impositivo, obrigatório ao administrado**, quer dizer, a Administração não necessita da concordância do destinatário para que o ato seja praticado. **Não está presente em todos os atos**, mas apenas naqueles que impõem obrigações aos administrados e, desse modo, não existe nos atos negociais (licença, autorização, etc.), nem nos enunciativos (parecer, certidão, etc).

Alternativa "b". Não há qualquer previsão de que referida atribuição seja exclusiva do Presidente da República, de tal modo que legal o ato praticado, à luz da conveniência e oportunidade.

Alternativa "c". A **revogação** é a extinção de ato administrativo válido ou de seus efeitos por **razões de conveniência e oportunidade**, em face do interesse público, e não a anulação, como mencionado no item.

Alternativa "d". Não são todos os atos passíveis de revogação e, assim, não são revogáveis os atos vinculados (não há juízo de conveniência e oportunidade quando de sua prática), os atos que integram um procedimento administrativo (ou revoga o procedimento inteiro ou não, pois a cada ato novo ocorre a preclusão quanto ao anterior), **os atos que já exauriram seus efeitos** (por exemplo, não é possível revogar licença para tratar de interesse particular após o seu término), os meros atos administrativos (certidões, atestados, pois a lei estabelece seus efeitos) e os atos que geraram direitos adquiridos (nos termos da Súmula 473, do Supremo Tribunal Federal). No caso em questão, **não é possível a revogação do ato** uma semana após a benesse concedida, eis que **exauridos todos os efeitos.**

Alternativa correta: letra "d".

---

92. (FCC – Analista Judiciário – Área Judiciária – TRE – SP/2017) Pedro, servidor público de um órgão municipal encarregado da fiscalização de obras civis, emitiu autorização para Saulo construir um muro de arrimo e também demolir uma pequena edícula, comprometendo-se a providenciar, junto a seu superior, a formalização do correspondente alvará. Ocorre que Jair, morador de imóvel vizinho, sentiu-se prejudicado pelas obras, que causaram abalo em seu imóvel e denunciou a situação à autoridade competente, requerendo a nulidade do ato, face a incompetência de Pedro para emissão da autorização. Diante desse cenário,

a) não há que se falar em convalidação, haja vista que o ato é discricionário, cabendo, exclusivamente, à autoridade competente a sua edição.

b) a autorização conferida é passível de convalidação pela autoridade competente, se preenchidos os requisitos legais e técnicos para concessão da licença.

c) a autorização dada por Pedro pode ser revogada pela autoridade competente, se verificadas razões de ordem técnica ou anulada judicialmente.

d) o ato administrativo praticado por Pedro é viciado, passível de revogação, a qualquer tempo, pela autoridade competente para sua emissão.

e) o ato praticado por Pedro é nulo, não passível de convalidação, haja vista que esta somente é cabível quando presentes vícios de forma e de motivação.

COMENTÁRIOS

✪ **Nota do Autor:** A convalidação é o suprimento da invalidade de determinado ato administrativo, que opera efeitos *ex tunc*.

Alternativa correta: letra "b" (responde as alternativas "a" e "e"). Para que haja a convalidação é necessário que o vício do ato seja **sanável**, o que ocorre quando estiver **nos elementos competência ou forma, desde que não se trate de competência exclusiva ou forma essencial ao ato.** A situação descrita na alternativa é uma das hipóteses em que possível a convalidação do ato, uma vez que praticado por autoridade incompetente, mas sem que haja competência exclusiva para prática do mencionado ato.

Alternativa "c". No caso mencionado, impossível a revogação do referido ato, uma vez que este já exauriu os seus efeitos. Nesse sentido, não são todos os atos passíveis de revogação e, assim, não são revogáveis os atos vinculados (não há juízo de conveniência e oportunidade quando de sua prática), os atos que integram um procedimento administrativo (ou revoga o procedimento inteiro ou não, pois a cada ato novo ocorre a preclusão quanto ao anterior), os atos que já exauriram seus efeitos (por exemplo, não é possível revogar licença para tratar de interesse particular após o seu término), os meros atos administrativos (certidões, atestados, pois a lei estabelece seus efeitos) e os atos que geraram direitos adquiridos (nos termos da Súmula 473, do Supremo Tribunal Federal).

Alternativa "d". A **anulação** é a **extinção de um ato administrativo por razões de ilegalidade,** e não a revogação, como mencionado na alternativa.

Alternativa correta: letra "b".

---

93. (Cespe – Analista Judiciário – Área Administrativa – TRE – TO/2017) Acerca da extinção dos atos administrativos, assinale a opção correta.

a) A cassação é a extinção do ato administrativo por descumprimento da execução desse ato pelo seu beneficiário.

b) A decretação da anulação decorre da conveniência e da oportunidade da administração pública.

c) A revogação é um ato discricionário, que produz efeitos ex tunc.

d) A anulação retira do mundo jurídico atos com defeitos, produzindo efeitos ex nunc.

e) Somente por determinação judicial é possível a revogação de um ato administrativo.

COMENTÁRIOS

✪ **Nota do Autor:** Na clássica lição de Celso Antônio Bandeira de Mello[41], o ato administrativo extingue-se: pelo **cumprimento de seus efeitos**: é a sua extinção natural; pelo **desaparecimento do sujeito ou objeto**; pela **retirada** do ato: pode ser pela **cassação** (o destinatário do ato descumpre condição a que estava obrigado pelo ato para se beneficiar de seus efeitos), pela **caducidade** (nova norma jurídica proíbe situação antes permitida e que é objeto do ato), pela **contraposição ou derrubada** (novo ato é praticado, com fundamento em competência diversa, cujos efeitos são contrapostos ao anterior), pela **revogação** (a extinção ocorre em razão de conveniência ou oportunidade, isto é, por interesse público) e pela **anulação** (a extinção se dá em razão de vício de legalidade no ato); pela **renúncia** (beneficiário do ato renuncia à situação jurídica nele prevista).

Alternativa "a". A cassação é a modalidade de **extinção do ato administrativo** pela qual o destinatário do ato **deixa de cumprir as condições a que estava obrigado** pelo ato para se beneficiar de seus efeitos. Isso pode ocorrer, por exemplo, com uma licença. Embora se saiba que as licenças não são revogáveis, podem ser cassadas caso seu destinatário descumpra as condições pelas quais se obrigou.

Alternativa "b" (responde a alternativa "d"). A **anulação** é a **extinção do ato administrativo por razões de ilegalidade.** Nesse caso, o ato possui algum vício que o contamina e, não sendo possível a convalidação, deve haver a sua invalidação, cujos efeitos retroagem à data em que emitido (*ex tunc*). Neste caso, o Administrador não faz juízo de conveniência e oportunidade. Constatada a ilegalidade e não sendo o caso de convalidação, deve-se proceder a anulação do ato, ou seja, extinguir este ato por razões de ilegalidade.

Alternativa "c" (responde a alternativa "e"). A revogação é a extinção do ato administrativo por razões de conveniência e oportunidade, com efeitos *ex nunc*, ou seja, não retroativos. Este juízo de mérito é privativo da Administração Pública. Não pode o Poder Judiciário avaliar se o ato é conveniente ou oportuno. Ao Poder Judiciário é cabível apenas o controle de legalidade do ato administrativo. Atualmente tem-se admitido que o Poder Judiciário, verificando a razoabilidade do ato, acabe por avaliar o mérito administrativo, ou seja, se o Administrador excedeu os limites explícitos ou implícitos estabelecidos na lei. E caso tenha excedido, é hipótese de anulação, por vício de legalidade. De todo modo, não pode o Judiciário avaliar se o ato é conveniente ou oportuno e revogá-lo. Esta atribuição é privativa da Administração Pública.

Alternativa correta: letra "a".

---

94. (IESES – Analista Judiciário – Área Judiciária – TRE – MA/2015) Assinale a alternativa correta:

a) Deliberações são atos administrativos normativos ou decisórios emanados de órgãos colegiados. Quando normativas, são atos gerais; quando decisórias, são atos individuais.

b) Contrato administrativo é toda manifestação unilateral de vontade da Administração Pública que, agindo nessa qualidade, tenha por fim imediato adquirir, resguardar, transferir, modificar, extinguir e declarar direitos, ou impor obrigações aos administrados ou a si própria.

c) Pode a Administração Pública praticar atos ou celebrar contratos em regime de Direito Privado (Civil ou Comercial), no desempenho normal de suas atividades. Mesmo nesses casos, porém, em razão do superior princípio da indisponibilidade da coisa pública e da supremacia do interesse estatal, é permitido à Administração Pública alterar, revogar, anular ou rescindir unilateralmente os atos jurídicos regulados pelo direito civil ou comercial.

d) Cinco são requisitos necessários à formação do ato administrativo: competência, finalidade, forma, motivo e impessoalidade.

---

41. MELLO, Celso Antônio Bandeira de. *Curso de direito administrativo*. 27. ed. São Paulo: Malheiros, 2010. p. 446-447.

COMENTÁRIOS

Alternativa "a". Os atos normativos são aqueles que contêm uma determinação de caráter geral para a atuação administrativa, como, por exemplo, os decretos e regulamentos; os regimentos; as resoluções, as deliberações e as instruções normativas. Os atos individuais, por seu turno, são os que produzem efeitos no caso concreto; nesse sentido, as deliberações, quando atos decisórios, são individuais.

Alternativa "b". O **ato administrativo** é "toda manifestação unilateral da vontade da Administração Pública que, agindo nessa qualidade, tenha por fim imediato adquirir, resguardar, transferir, modificar, extinguir e declarar direitos, ou impor obrigações aos administrados ou a si própria"[42].

Alternativa "c". Quando a Administração Pública celebra contratos em direito privado – contratos da Administração, mas não administrativos –, **não é a esta permitido alterar, revogar, anular ou rescindir unilateralmente** os atos jurídicos regulados pelo direito civil ou comercial, uma vez que a existência de cláusulas exorbitantes restringe-se aos **contratos administrativos.**

Alternativa "d". Cinco são requisitos necessários à formação do ato administrativo: competência, finalidade, forma, motivo e **objeto.**

Alternativa correta: letra "a".

---

95. (Cespe – Analista Judiciário – Área Judiciária – TRE – RS/2015) A respeito dos atos administrativos, assinale a opção correta.

a) A administração pública pode revogar atos como certidões, atestados e votos, tendo a revogação, nesses casos, efeitos *ex nunc*.

b) O objeto do ato administrativo não pode ficar sujeito a condição, ou seja, a cláusula que subordine o efeito do ato a evento futuro e incerto.

c) A presunção de veracidade, considerada um dos atributos do ato administrativo, diz respeito aos fatos, razão pela qual, quando a administração pública alega determinado fato, presume ser este verdadeiro, tal como sucede com os atestados, as declarações e as certidões.

d) Sendo necessária a homologação da autoridade superior para que a dispensa de licitação produza efeitos, o ato da dispensa será considerado ato administrativo complexo.

e) Para a exoneração de servidor público decorrente da anulação do concurso público no qual fora aprovado e que viabilizou sua posse no cargo, não se exigem a instauração de processo administrativo e a garantia do contraditório, já que a anulação do certame pressupõe a ocorrência de ilegalidade.

COMENTÁRIOS

✪ **Nota do Autor:** A **presunção de veracidade** está intimamente relacionada à **presunção de legitimidade**, mas com esta não se confunde, o que merece especial atenção do candidato.

Alternativa "a". Nem todo ato pode ser revogado e, assim, não são revogáveis os atos vinculados (não há juízo de conveniência e oportunidade quando de sua prática), os atos que integram um procedimento administrativo (ou revoga o procedimento inteiro ou não, pois a cada ato novo ocorre a preclusão quanto ao anterior), os atos que já exauriram seus efeitos (por exemplo, não é possível revogar licença para tratar de interesse da Administração após o seu término), os meros atos administrativos (certidões, atestados, pois a lei estabelece seus efeitos) e os atos que geraram direitos adquiridos (Súmula 473, STF).

Alternativa "b". A classificação quanto à formação do ato administrativo e à possibilidade de produção de seus efeitos pode ser: perfeito, imperfeito, eficaz, ineficaz, pendente e consumado. O **ato perfeito** é aquele que já está pronto, terminado, que já concluiu o seu ciclo de formação, suas etapas. O ato perfeito já esgotou todas as suas fases necessárias à sua produção. Por outro lado, imperfeito é aquele ato que não completou todo o seu ciclo de formação, ressaltando a doutrina que o ato imperfeito ainda nem existe como um ato administrativo. Eficaz é o ato idôneo à produção de seus efeitos; ineficaz, no entanto, é o ato que, embora perfeito, ainda não tem idoneidade para produzir efeitos. Por fim, **ato consumado ou exaurido** é aquele que já produziu todos os seus efeitos que estava pronto para produzir, já esgotou suas possibilidades de produzir efeito. Já o **ato pendente** é aquele que, embora seja considerado um ato perfeito, **está sujeito a condição (evento futuro e incerto) ou a um termo (evento futuro e certo) para possa iniciar a produção de efeitos**.

Alternativa "c". Pela **presunção de legitimidade**, presume-se que todo ato administrativo praticado seja legal**.** Maria Sylvia Zanella Di Pietro fala, ainda, na **presunção de veracidade**, pela qual se presumem verdadeiros os fatos alegados pela Administração. Assim, quando a Administração Pública pratica determinado ato administrativo, este se presume verdadeiro. Tal presunção, contudo, é **relativa (*iuris tantum*)**, e admite prova em contrário. Como decorrência da presunção de legitimidade dos atos administrativos, verifica-se a inversão do ônus da prova, cabendo ao

---

42. MEIRELLES, Hely Lopes. *Direito administrativo brasileiro*. 36 ed. São Paulo: Malheiros, 2010. p. 153.

interessado provar que o ato está, eventualmente, viciado.

Alternativa "d". O ato simples é aquele em que a formação da vontade decorre de um órgão só. O ato complexo decorre da manifestação de vontade de dois ou mais órgãos, ou seja, há a soma das vontades de mais de um órgão para que seja possível a formação de um ato único. Já os atos compostos são dois atos e não um só, pois aqui não há dois órgãos se unindo e formando um só ato, mas existem dois atos, sendo um principal e outro acessório, constituindo-se este em pressuposto ou complemento daquele. Assim, sendo necessária a homologação da autoridade superior para que a dispensa de licitação produza efeitos, o ato da dispensa será considerado **ato administrativo composto**.

Alternativa "e". Para a exoneração de servidor público decorrente da anulação do concurso público no qual fora aprovado e que viabilizou sua posse no cargo, **são exigidas** a instauração de processo administrativo e a garantia do contraditório.

Alternativa correta: letra "c".

9. PROCESSO ADMINISTRATIVO FEDERAL: LEI Nº 9.784/99

▸ Lei nº 9.784/99

96. (IBFC – Técnico Judiciário – Área Administrativa – TRE – PA/2020) As normas atinentes ao processo administrativo no âmbito da Administração Pública Federal estão consolidadas na Lei n° 9.784 de 1999. Sobre o tema, analise as afirmativas abaixo:

I. O ato de delegação é irrevogável e não será admitido para a edição de atos de caráter normativo, para a decisão de recursos administrativos e para as matérias de competência exclusiva do órgão ou autoridade.

II. É impedido de atuar em processo administrativo o servidor ou autoridade que tenha participado ou venha a participar como perito, testemunha ou representante, ou se tais situações ocorrem quanto ao cônjuge, companheiro ou parente e afins até o segundo grau.

III. Encerrada a instrução, o interessado terá o direito de manifestar-se no prazo máximo de dez dias, salvo se outro prazo for legalmente fixado.

IV. O direito da Administração de anular os atos administrativos de que decorram efeitos favoráveis para os destinatários decai em cinco anos, contados da data em que foram praticados, salvo comprovada má-fé. No caso de efeitos patrimoniais contínuos, o prazo de decadência contar-se-á da percepção do primeiro pagamento.

Assinale a alternativa correta.

a) Apenas as afirmativas I, III e IV estão corretas

b) Apenas as afirmativas II, III e IV estão corretas

c) Apenas as afirmativas I e II estão corretas

d) Apenas as afirmativas III e IV estão corretas

COMENTÁRIOS

Item I. Errado. Mediante a **delegação,** quem é competente delega, transfere parte de sua competência para outro servidor. A delegação está regulada nos artigos 12 a 14 da Lei nº 9.784/99 e, de acordo com esses dispositivos legais, pode ser feita de forma parcial (nunca total), se não houver impedimento legal, "a outros órgãos ou titulares, ainda que estes não lhe sejam hierarquicamente subordinados, quando for conveniente, em razão de circunstâncias de índole técnica, social, econômica, jurídica ou territorial" (art. 12). Nos termos do art. 13 da Lei nº 9.784/99, a **delegação é proibida** quando o objeto for a edição de **atos de caráter normativo**, a **decisão de recursos administrativos** e as **matérias de competência exclusiva** do órgão ou autoridade. Como a delegação se da por razões de conveniência e oportunidade, esta é, em regra, revogável.

Item II. Errado. Nos termos do art. 20, *caput*, da Lei nº 9.784/99, "pode ser arguida a suspeição de autoridade ou servidor que tenha amizade íntima ou inimizade notória com algum dos interessados ou com os respectivos cônjuges, companheiros, parentes e afins **até o terceiro grau**".

Item III. Correto. Eis a literalidade da redação do art. 44, da Lei: "encerrada a instrução, o interessado terá o direito de manifestar-se no prazo máximo de dez dias, salvo se outro prazo for legalmente fixado".

Item IV. Correto. A Administração Pública federal, nos termos do art. 54, da Lei nº 9.784/99, tem o **prazo decadencial de cinco anos** para anular os atos administrativos com **efeitos favoráveis ao destinatário, desde que não haja má-fé.** Quanto a esse dispositivo, importante registrar que, nos termos da jurisprudência do Superior Tribunal de Justiça, esse prazo só começa a contar a partir da data em que a lei entrou em vigor. Desse modo, para os atos anteriores à entrada em vigor da lei, o termo inicial é a entrada em vigor da lei e, para os atos praticados após o início da vigência da lei, é data da realização do ato. Vale destacar que, nos termos do §1º, do art. 54, "nos casos de efeitos patrimoniais contínuos, o prazo de decadência contar-se-á da percepção do primeiro pagamento".

97. (Cespe – Técnico Judiciário – Área Administrativa – TRE – BA/2017) De acordo com a Lei n.° 9.784/1999, que regula o processo administrativo no âmbito federal e trata, entre outros assuntos, dos direitos e deveres dos administrados e da administração pública, assinale a opção correta.

a) Do processo administrativo em que seja interessado, o administrado tem direito a: ciência da tramitação; vista dos autos e obtenção de cópias de documentos, ainda que se trate de processo classificado como sigiloso.

b) A administração pública tem o dever de motivar suas decisões de forma explícita, clara e congruente, não podendo fazê-lo mediante simples declaração de concordância com fundamentos de pareceres anteriores.

c) Em qualquer caso, o administrado tem o dever de fazer-se assistir por advogado para que sejam observados os princípios constitucionais do contraditório e da ampla defesa.

d) O administrado tem o direito de formular alegações e apresentar documentos antes e depois da decisão administrativa, os quais devem ser considerados pelo órgão competente.

e) A administração pública tem o dever de emitir decisão nos processos administrativos, mas não está obrigada a se manifestar sobre as reclamações dos administrados.

COMENTÁRIOS

✪ **Nota do Autor:** O **processo** é "a relação jurídica integrada por algumas pessoas, que nela exercem várias atividades direcionadas para determinado fim"[43].

Alternativa "a". Os direitos descritos no item estão previstos no art. 3º, II, da Lei nº 9.784/99 e por este o administrado tem o direito de ter ciência da tramitação (quando for interessado), de ter vista dos autos, de conhecer as decisões e, ainda, o de obter cópias de documentos contidos no processo administrativo.

Alternativa "b". O princípio da motivação corresponde à demonstração, por escrito, dos motivos, dos pressupostos de fato e de direito, que levaram o administrador a praticar o ato administrativo. Está previsto expressamente no art. 2º, parágrafo único, VII, da Lei nº 9.784/99, ao estabelecer como critério, no processo administrativo federal, a "indicação dos pressupostos de fato e de direito que determinarem a decisão". Ainda nessa lei, no art. 50, há a determinação de que os atos administrativos deverão ser motivados, quando: a) neguem, limitem ou afetem direitos ou interesses; b) imponham ou agravem deveres, encargos ou sanções; c) decidam processos administrativos de concurso ou seleção pública; d) dispensem ou declarem a inexigibilidade de processo licitatório; e) decidam recursos administrativos; f) decorram de reexame de ofício; g) deixem de aplicar jurisprudência firmada sobre a questão ou discrepem de pareceres, laudos, propostas e relatórios oficiais; h) importem anulação, revogação, suspensão ou convalidação de ato administrativo. Neste sentido, o art. 50, VII da Lei nº 9.784/99 exige a motivação do ato administrativo quando ele deixar de aplicar jurisprudência firmada sobre a questão ou discrepar de pareceres, laudos, propostas e relatórios oficiais. Assim, quando o ato estiver fundamentado em pareceres anteriores, **não** há necessidade de motivação.

Alternativa "c". A assistência de advogado não é obrigatória para o administrado, pois o art. 3º, IV, determina que é direito do administrado "fazer-se assistir, **facultativamente**, por advogado, salvo quando obrigatória a representação, por força de lei". Ainda, há a Súmula vinculante nº 5, a qual estabelece que a "falta de defesa técnica por advogado no processo administrativo disciplinar não ofende a Constituição".

Alternativa "d". Em consonância com o direito constitucional à ampla defesa, o art. 3º, III, assegura ao administrado o direito de "formular alegações e apresentar documentos antes da decisão, os quais serão objeto de consideração pelo órgão competente".

Alternativa "e". A administração pública tem o dever de emitir decisão nos processos administrativos e a se manifestar sobre reclamações dos administrados.

Alternativa correta: letra "a".

---

98. (FCC – Analista Judiciário – Área Judiciária – TRE – PR/2017) A Lei nº 9.784/1999, que regula o processo administrativo, estabelece que

a) deve ser observada a interpretação da norma administrativa da forma que melhor garanta o atendimento do fim público a que se dirige, vedada aplicação retroativa de nova interpretação.

b) não é admitida renúncia de competência, delegação nem avocação.

c) o indeferimento da alegação de suspeição de autoridade no âmbito do processo administrativo poderá ser objeto de recurso, com efeito suspensivo.

d) órgão ou entidade é a unidade de atuação integrante da estrutura da Administração direta e indireta.

e) é vedada a utilização de meio mecânico que reproduza os fundamentos das decisões no caso de solução de vários assuntos da mesma natureza para evitar que sejam prejudicados direito ou garantia dos interessados.

43. CARVALHO FILHO, José dos Santos. *Manual de direito administrativo*. 26. ed. São Paulo: Atlas, 2013. p. 970-971.

COMENTÁRIOS

Alternativa "a". Conforme o art. 2º, parágrafo único, XIII, da Lei nº 9.784/99, é vedada a aplicação retroativa de nova interpretação, consistindo em exemplo de manifestação do **princípio da segurança jurídica.**

Alternativa "b". Tanto a delegação e a avocação são situações temporárias e excepcionais, pois permitem a prática de ato administrativo por quem não era originariamente competente. A diferença é que **na delegação quem é competente delega, transfere parte de sua competência para outro servidor e na avocação o superior, que não era competente, chama para si parcela de competência legalmente atribuída a subordinado seu**. Quanto à avocação, a Lei nº 9.784/99 determina, no art. 15, que poderá ocorrer quando houver motivos relevantes devidamente justificados e não em qualquer hipótese. A delegação está regulada nos artigos 12 a 14 dessa lei e, de acordo com esses dispositivos legais, pode ser feita de forma parcial (nunca total), se não houver impedimento legal, "a outros órgãos ou titulares, ainda que estes não lhe sejam hierarquicamente subordinados, quando for conveniente, em razão de circunstâncias de índole técnica, social, econômica, jurídica ou territorial" (art. 12).

Alternativa "c". Poderá ser arguida a **suspeição** de autoridade ou servidor que tenha amizade íntima ou inimizade notória com alguns dos interessados ou com os respectivos cônjuges, companheiros, parentes e afins até o terceiro grau (art. 21). Em caso de indeferimento, será sim possível a interposição de **recurso**, o qual não terá efeito suspensivo (art. 22).

Alternativa "d". O art. 1º, § 2º, da Lei, define que o **órgão** é a unidade de atuação integrante da estrutura da Administração direta e da estrutura da Administração indireta e, portanto, sem personalidade jurídica, bem como que **entidade** é a unidade de atuação dotada de personalidade jurídica.

Alternativa "e". Estabelece o art. 50, §2º, da Lei, que "na solução de vários assuntos da mesma natureza, pode ser utilizado meio mecânico que reproduza os fundamentos das decisões, desde que não prejudique direito ou garantia dos interessados".

Alternativa correta: letra "a".

---

99. (Consulplan – Analista Judiciário – Área Administrativa – TRE – RJ/2017) "Um servidor do Tribunal Regional Eleitoral, no decorrer de processo administrativo em que pleiteia afastamento para estudo no exterior, contraiu doença grave após contaminação por radiação." Na situação apresentada, à luz das normas aplicáveis aos servidores federais, é correto afirmar que o servidor

a) passa a ter vinte dias de férias por semestre, vedada a acumulação.
b) desde que requeira, faz jus à tramitação prioritária do processo administrativo.
c) tem direito à aposentadoria por invalidez que deve ser concedida em até trinta dias.
d) somente terá o afastamento pretendido após inspeção realizada por junta médica oficial.

COMENTÁRIOS

Alternativa "b" (responde as demais alternativas). O art. 69-A, da Lei nº 9.784/99, estabelece que terão prioridade na tramitação, em qualquer órgão ou instância, os procedimentos administrativos em que figure como parte ou interessado: I – pessoa com idade igual ou superior a 60 (sessenta) anos; II – pessoa portadora de deficiência, física ou mental e IV – pessoa portadora de tuberculose ativa, esclerose múltipla, neoplasia maligna, hanseníase, paralisia irreversível e incapacitante, cardiopatia grave, doença de Parkinson, espondiloartroseanquilosante, nefropatia grave, hepatopatia grave, estados avançados da doença de Paget (osteíte deformante), **contaminação por radiação**, síndrome de imunodeficiência adquirida, ou outra doença grave, com base em conclusão da medicina especializada, mesmo que a doença tenha sido contraída após o início do processo. Nesse sentido, o §1º, do mesmo dispositivo legal, estabelece que "a pessoa interessada na obtenção do benefício, juntando prova de sua condição, **deverá requerê-lo** à **autoridade administrativa competente**, que determinará as providências a serem cumpridas".

Alternativa correta: letra "b".

---

100. (Cespe – Analista Judiciário – Área Judiciária – TRE – TO/2017) A Lei n.º 9.784/1999, ao prever que, sem prejuízo da atuação dos interessados, o processo administrativo no âmbito federal pode ser impulsionado pela própria administração, declara o princípio da(o)

a) finalidade.
b) concordância prática.
c) informalismo.
d) gratuidade.
e) oficialidade.

COMENTÁRIOS

✪ **Nota do Autor:** A questão exige conhecimento de parte dos princípios do processo administrativo. Importante destacar que os princípios do processo administrativo subdividem-se em expressos – elencados no art. 2º da Lei nº 9.784/1999 – que são, especificamente, os da **legalidade, finalidade, motivação, razoabilida-**

de, proporcionalidade, moralidade, ampla defesa, contraditório, segurança jurídica, interesse público e eficiência e, ainda, em implícitos, apontados pela doutrina como os da **oficialidade, informalidade, verdade material, gratuidade e pluralidade de instâncias.**

Alternativa "a". O princípio da impessoalidade pode ser analisado quanto à Administração e quanto aos administrados. No primeiro sentido, a Administração Pública deve ser impessoal em relação a ela mesma. Assim, por exemplo, quando um ato é praticado por um agente público, na verdade, quem o faz é a pessoa jurídica, à qual pertence o órgão em que o servidor está lotado. Ainda nesse sentido, há a proibição, constante do art. 37, § 1º, da Constituição Federal, de que ocorra menção a nomes, símbolos ou imagens que caracterizem promoção pessoal. No outro aspecto, representa a obrigatoriedade da atuação administrativa ser conduzida sempre em busca da finalidade pública e, por isso, o princípio da impessoalidade, nesse sentido, também é conhecido como princípio da finalidade[44].

Alternativa "b". Inexiste qualquer previsão do princípio da concordância prática na Lei nº 9.784/99.

Alternativa "c". No **processo administrativo**, aplica-se o princípio da **informalidade** ou **obediência** à **forma**, segundo o qual o processo **não deve se submeter a formas rígidas**, exceto se houver exigência legal expressa nesse sentido.

Alternativa "d". O princípio da gratuidade consiste na "proibição de cobrança de despesas processuais, ressalvadas as previstas em lei", destacando-se, ainda, a existência da Súmula Vinculante nº 21 do Supremo Tribunal Federal determinando que é "inconstitucional a exigência de depósito ou arrolamento prévios de dinheiro ou bens para admissibilidade de recurso administrativo".

Alternativa "e". O princípio da oficialidade, em âmbito administrativo, não tem significado igual ao que lhe é dado no processo judicial, em que cabe ao juiz movimentar o processo tão somente após provocação das partes. No processo administrativo, o princípio da oficialidade representa a possibilidade da Administração Pública, **de ofício**, dar início ao processo administrativo, impulsioná-lo, instruí-lo e revisá-lo.

Alternativa correta: letra "e".

---

101. (Cespe – Analista Judiciário – Área Judiciária – TRE – BA/2017) Em caso de recurso administrativo interposto perante autoridade incompetente, a legislação prevê que

a) o recurso seja remetido à autoridade competente.
b) a autoridade competente seja indicada ao recorrente, sendo-lhe devolvido o prazo para recurso.
c) o seguimento do recurso seja negado.
d) o recurso seja conhecido, embora deva ser desprovido.
e) o processo administrativo correspondente seja arquivado.

COMENTÁRIOS

✪ **Nota do Autor:** É possível a **interposição de recurso administrativo** em face da decisão tomada no processo administrativo, **em razão de legalidade e mérito**, na forma do art. 56, da Lei nº 9.784/99.

Alternativa "b" (responde as demais alternativas). O recurso **não será conhecido** quando interposto perante órgão **incompetente** (art. 63, II). Nesse caso, será indicada ao recorrente a autoridade competente, sendo-lhe devolvido o prazo para interposição do recurso, conforme mandamento expresso do art. 63, §1º, da Lei.

Alternativa correta: letra "b".

---

102. (Cespe – Analista Judiciário – Área Judiciária – TRE – PI/2016) Com base na legislação que rege o processo administrativo disciplinar (PAD), assinale a opção correta.

a) No PAD, não se admitem provas contra os agentes públicos investigados obtidas por meios ilícitos.
b) O comparecimento e ciência do agente público investigado em PAD não supre a falta de sua intimação, haja vista o seu direito de ser citado pelo menos três dias antes da data para cumprimento do objeto da intimação.
c) É obrigatória a cobrança de custas processuais dos agentes públicos apontados como responsáveis pela infração investigada, além da exigência de depósito em garantia aos cofres públicos, em montante a ser estipulado pela autoridade superior, compatível com o valor do objeto investigado.
d) Não representa prejuízo para o PAD o fato de servidor nomeado para apurar o ocorrido litigar em juízo contra o agente público investigado, se não houver sentença transitada em julgado.
e) Em razão do princípio da solenidade, o PAD deverá obedecer à forma, aos requisitos e aos demais ritos processuais, inclusive quanto à correta invocação das peças utilizadas em suas manifestações, sob pena de não serem conhecidas em juízo de admissibilidade.

COMENTÁRIOS

✪ **Nota do Autor:** há diversas espécies de processo administrativo e estes se desenvolvem em

44. MEIRELLES, Hely Lopes. *Direito administrativo brasileiro.* 36. ed.São Paulo: Malheiros, 2010. p. 93.

todas as esferas da Federação e, por isso, devem ser legalmente disciplinados em cada uma delas. Na esfera federal, a Lei nº 9.784/99 não é a única regulamentando o processo administrativo; há, por exemplo, a Lei nº 8.112/90, que regula o processo administrativo disciplinar dos servidores públicos civis federais.

Alternativa "a". Na esteira do estatuído no art. 5º, LV, da Constituição Federal e no art. 38, § 2º, da Lei nº 9.784/99, **não se admite o uso de provas ilícitas** no processo administrativo – do qual é espécie o processo administrativo disciplinar.

Alternativa "b". Na forma do art. 26, § 5º, da Lei nº 9.784/99, "as intimações serão nulas quando feitas sem observância das prescrições legais, mas o comparecimento do administrado supre sua falta ou irregularidade".

Alternativa "c". Consoante art. 2º, parágrafo único, V, da Lei nº 9.784/99, nos processos administrativos será observada a "proibição de cobrança de despesas processuais, ressalvadas as previstas em lei". Nessa esteira, importa destacar a Súmula Vinculante nº 21 que preceitua ser "inconstitucional a exigência de depósito ou arrolamento prévios de dinheiro ou bens para admissibilidade de recurso administrativo".

Alternativa "d". Nos termos do art. 18, III, da Lei nº 9.784/99, é impedido de atuar em processo administrativo o servidor ou autoridade que "esteja litigando judicial ou administrativamente com o interessado ou respectivo cônjuge ou companheiro".

Alternativa "e". O art. 22, da Lei nº 9.784/99, representa uma manifestação do princípio do **informalismo** e estabelece que os atos do processo administrativo não dependem de forma específica, exceto quando houver exigência expressa da lei. Nessa mesma esteira é o **princípio do formalismo moderado**, que não significa ausência de forma, mas que o processo administrativo **não deve se submeter a formas rígidas,** exceto se houver exigência legal expressa.

Alternativa correta: letra "a".

---

103. (Cespe – Técnico Judiciário – Área Administrativa – TRE – RS/2015) Assinale a opção correta a respeito do processo administrativo federal.

a) As atividades de instrução durante o processo administrativo, que se destinam a comprovar os elementos necessários à formação da convicção, realizam-se apenas mediante provocação do interessado.

b) As organizações e associações representativas poderão ser legitimadas como interessadas no processo administrativo que trate de direitos e interesses individuais de seus associados.

c) A edição de atos de caráter normativo e a decisão de recursos administrativos poderão ser delegadas a outros órgãos, desde que não haja impedimento legal.

d) Os princípios da motivação, da razoabilidade e da proporcionalidade constam expressamente na lei que rege o processo administrativo federal, mas não na Constituição Federal de 1988.

e) A administração deve revogar de ofício os atos administrativos se verificar a existência de ilegalidade ou indícios de desvio de finalidade, respeitados os direitos adquiridos e ressalvada a apreciação judicial.

COMENTÁRIOS

Alternativa "a". O princípio da oficialidade, em âmbito administrativo, não tem significado igual ao que lhe é dado no processo judicial, em que cabe ao juiz movimentar o processo tão somente após provocação das partes. No processo administrativo, o princípio da oficialidade representa a possibilidade da Administração Pública, **de ofício**, dar início ao processo administrativo, impulsioná-lo, instruí-lo e revisá-lo.

Alternativa "b". O recurso administrativo pode ser interposto (art. 58): a) pelos titulares de direitos e interesses que forem parte no processo; b) por aqueles cujos direitos ou interesses forem indiretamente afetados pela decisão recorrida; c) pelas organizações e associações representativas, no tocante a direitos e interesses coletivos; d) pelos cidadãos ou associações, quanto a direitos ou interesses difusos.

Alternativa "c". Há algumas hipóteses que a Lei nº 9.784/99 veda a ocorrência de delegação, as quais, conforme o art. 13, são as seguintes: a) a edição de atos de caráter normativo; b) a decisão de recursos administrativos; e c) as matérias de competência exclusiva do órgão ou autoridade.

Alternativa "d". A questão exige conhecimento de parte dos princípios do processo administrativo. Importante destacar que os princípios do processo administrativo subdividem-se em expressos – elencados no art. 2º da Lei nº 9.784/1999 – que são, especificamente, os da **legalidade, finalidade, motivação, razoabilidade, proporcionalidade, moralidade, ampla defesa, contraditório, segurança jurídica, interesse público e eficiência** e, ainda, em implícitos, apontados pela doutrina como os da **oficialidade, informalidade, verdade material, gratuidade e pluralidade de instâncias.**

Alternativa "e". A administração deve **anular** de ofício os atos administrativos se verificar a existência de ilegalidade ou indícios de desvio de finalidade, respeitados os direitos adquiridos e ressalvada a apreciação judicial.

Alternativa correta: letra "d".

104. (AOCP – Analista Judiciário – Área Judiciária – TRE – AC/2015) Em relação ao processo administrativo, disciplinado na Lei nº 9.784/99, assinale a alternativa correia.

a) A Lei nº 9.784/99 também se aplica aos órgãos dos Poderes Legislativo e Judiciário da União, quando no desempenho de função administrativa.

b) À decisão administrativa, não cabe o recurso, mas o interessado sempre poderá questioná-la no Poder Judiciário.

c) A administração pode revogar seus atos, se inoportunos ou inconvenientes, mas a anulação do ato só pode ser feita por sentença judicial.

d) Concluída a instrução de processo administrativo, a Administração tem o prazo de até trinta dias para decidir, sem possibilidade de prorrogação desse prazo.

e) Os Poderes Legislativo e Judiciário, que são independentes, têm regras próprias para o processo administrativo, não se sujeitando, em qualquer hipótese, à Lei nº 9.784/99, que se aplica apenas ao Poder Executivo.

COMENTÁRIOS

Alternativa correta: letra "a" (responde a alternativa "e"). Na forma do art. 1º, a Lei estabelece normas básicas sobre o processo administrativo no âmbito da Administração Federal direta e indireta, visando, em especial, à proteção dos direitos dos administrados e ao melhor cumprimento dos fins da Administração. No § 1º, consta que os preceitos da Lei aplicam-se, de igual modo, **aos órgãos dos Poderes Legislativo e Judiciário da União, quando no desempenho de função administrativa.**

Alternativa "b". Nos termos do art. 56 da Lei nº 9.784/99, é possível a **interposição de recurso administrativo** em face da decisão tomada no processo administrativo, **em razão de legalidade e mérito**.

Alternativa "c". A administração pode revogar seus atos, se inoportunos ou inconvenientes, e **deve anulá-los**, quando eivados de vícios de legalidade não passíveis de convalidação. A competência para anulação de atos administrativos é da própria Administração Pública, de ofício ou a pedido, e do Poder Judiciário, a pedido.

Alternativa "d". Consoante art. 49, da Lei nº 9.784/99, "concluída a instrução de processo administrativo, a Administração tem o prazo de até trinta dias para decidir, salvo prorrogação por igual período expressamente motivada".

Alternativa correta: letra "a".

105. (IESES – Analista Judiciário – Área Judiciária – TRE – MA/2015) Assinale a alternativa correta:

a) A interpretação da norma administrativa da forma que melhor garanta o atendimento do fim público a que se dirige, vedada aplicação retroativa de nova interpretação é critério, dentre outros, a ser observado nos processos administrativos.

b) O sistema denominado "contencioso administrativo" foi originalmente adotado na Inglaterra, por insistência de Francis Bacon o qual pretendia realizar, segundo suas próprias palavras, uma verdadeira "instauratio magna", dotando o reino inglês de métodos jurídicos ágeis e econômicos para resolução dos assim denominados problemas públicos.

c) O sistema administrativo adotado no Brasil é o que se denomina "sistema francês", pois no país utilizamos o modelo dual, isto é, judicial e administrativo misto.

d) Em razão da formação histórica e não codificada do Direito Administrativo, tem-se que sua principal fonte continua a ser, ainda hoje, o "costume", o qual se sobrepõe, inclusive, à "lei", mas somente nas situações constitucionalmente previstas.

COMENTÁRIOS

✪ **Nota do Autor:** a questão exige conhecimento de parte dos princípios do processo administrativo. Importante destacar que os princípios do processo administrativo subdividem-se em expressos – elencados no art. 2º da Lei nº 9.784/1999 – que são, especificamente, os da **legalidade, finalidade, motivação, razoabilidade, proporcionalidade, moralidade, ampla defesa, contraditório, segurança jurídica, interesse público e eficiência** e, ainda, em implícitos, apontados pela doutrina como os da **oficialidade, informalidade, verdade material, gratuidade e pluralidade de instâncias.**

Alternativa correta: letra "a". Na forma do art. 2º, parágrafo único, XIII, da Lei nº 9.784/99, nos processos administrativos deverá ser observado o critério da "interpretação da norma administrativa da forma que melhor garanta o atendimento do fim público a que se dirige, vedada aplicação retroativa de nova interpretação". Eis a consubstanciação do **princípio da segurança jurídica.**

Alternativa "b" (responde a alternativa "c"). O art. 5º, XXXV, da Constituição Federal, assegura que "a lei não excluirá da apreciação do Poder Judiciário lesão ou ameaça a direito". Esse dispositivo consagra a **inafastabilidade da jurisdição**, o amplo acesso ao Poder Judiciário, já que no Brasil é adotado o **sistema inglês** ou de jurisdição única – em contrapartida ao **sistema francês**, que adota o sistema de **jurisdição dual** –, conforme enunciado no princípio do controle judicial dos atos administrativos. O contencioso administrativo tem origem na França e não na Inglaterra. Há processo administrativo e, obviamente, decisão administrativa no Brasil, mas o efeito dessa decisão é restrito à esfera administrativa (coisa julgada administrativa), pois, de maneira definitiva, cabe somente ao Poder Judiciário, na função jurisdicional, decidir a respeito. Dessa forma, mesmo após esgotados os recursos possíveis na esfera administrativa, **a decisão administrativa pode ser modificada na esfera judicial**.

Alternativa "d". No sistema romano-germânico, do qual o ordenamento jurídico pátrio faz parte, a fonte primária do Direito é a **lei**, diferentemente dos países de *common law*, no qual o costume se sobrepõe ao ordenamento posto.

Alternativa correta: letra "a".

---

106. (Cespe - Analista Judiciário - Área Judiciária - TRE - MT/2015) Assinale a opção correta, no que diz respeito ao regramento legal do processo administrativo federal.

a) A competência para a decisão de recursos administrativos pode ser delegada ao órgão da advocacia pública, por ato administrativo motivado e publicado no meio oficial.

b) A falta de atendimento à intimação e a consequente não apresentação de defesa, pelo administrado, configura revelia e implica o reconhecimento tácito dos fatos objeto do processo.

c) Concluída a instrução do processo, a administração tem o prazo de trinta dias para decidir, vedada a prorrogação desse prazo.

d) O processo administrativo somente se inicia a pedido do interessado, mediante o protocolo de requerimento escrito em que conste a exposição do pedido e seus fundamentos.

e) A administração pública deve observar, nas situações de litígio, a garantia do direito à comunicação, à apresentação de alegações finais, à produção de prova e à interposição de recursos.

COMENTÁRIOS

Alternativa "a". Nos termos do art. 13 da Lei nº 9.784/99, a delegação é proibida quando o objeto for a edição de atos de caráter normativo, a decisão de recursos administrativos e as matérias de competência exclusiva do órgão ou autoridade.

Alternativa "b". O desatendimento da intimação para o processo **não** importa o reconhecimento da verdade dos fatos e nem a renúncia a direito pelo administrado e, quando retornar ao processo, ser-lhe-á garantido direito de ampla defesa (art. 27, da Lei nº 9.784/99). Dessa forma, não há os efeitos típicos da revelia no processo administrativo, pois vigora o princípio da verdade material.

Alternativa "c". Consoante art. 49, da Lei nº 9.784/99, "concluída a instrução de processo administrativo, a Administração tem o prazo de até trinta dias para decidir, salvo prorrogação por igual período expressamente motivada".

Alternativa "d". Na forma do art. 5º, da Lei nº 9.784/99, "o processo administrativo pode iniciar-se de ofício ou a pedido do interessado".

Alternativa "e". Na forma do art. 2º, parágrafo único, X, da Lei nº 9.784/99, nos processos administrativos será observada a "garantia dos direitos à comunicação, à apresentação de alegações finais, à produção de provas e à interposição de recursos, nos processos de que possam resultar sanções e nas situações de litígio".

Alternativa correta: letra "e".

---

107. (Cespe - Analista Judiciário - Área Judiciária - TRE - MT/2015) Com base no disposto na Lei nº 9.784/1999, assinale a opção correta.

a) O ato administrativo discricionário praticado por agente incompetente dever ser revogado pela administração.

b) Em regra, o ato administrativo não depende de forma determinada, salvo quando a lei expressamente exigir forma específica.

c) Os atos administrativos discricionários independem de motivação, ainda que neguem direitos, diferentemente dos atos vinculados, para os quais se exige motivação e que são de cumprimento obrigatório pelo administrador público.

d) Quando da realização do controle de legalidade dos atos administrativos que pratica, a administração pública deve revogar, de ofício ou mediante provocação do interessado, quaisquer atos que tenham sido praticados com violação da lei.

e) A convalidação de ato administrativo que apresente defeito sanável depende de decisão judicial, sendo permitido à administração apenas declarar a nulidade de seus atos, e não convalidá-los.

COMENTÁRIOS

Alternativa "a". O ato administrativo discricionário praticado por agente incompetente dever ser **anulado** pela administração, dada a **ilegalidade** verificada, ressalvada a hipótese de convalidação.

Alternativa "b". O art. 22, da Lei nº 9.784/99, representa uma manifestação do **princípio do informalismo** e estabelece que os atos do processo administrativo não dependem de forma específica, exceto quando houver exigência expressa da lei. Nesse sentido, por exemplo, determina que, salvo imposição legal, o reconhecimento de firma somente será exigido quando houver dúvida de autenticidade e a autenticação de documentos exigidos em cópia poderá ser feita pelo órgão administrativo.

Alternativa "c". O **princípio da motivação** corresponde à demonstração, por escrito, dos motivos, dos pressupostos de fato e de direito, que levaram o administrador a praticar o ato administrativo. Está previsto expressamente no art. 2º, parágrafo único, VII, da Lei nº 9.784/99, ao estabelecer como critério, no processo administrativo federal, a "indicação dos pressupostos de fato e de direito que determinarem a decisão". Ainda nessa lei, no art. 50, há a determinação de que os atos administrativos deverão ser motivados, quando: a) neguem, limitem ou afetem direitos ou interesses; b) imponham ou agravem deveres, encargos ou sanções; c) decidam processos administrativos de concurso ou seleção pública; d) dispensem ou declarem a inexigibilidade de processo licitatório; e) decidam recursos administrativos; f) decorram de reexame de ofício; g) deixem de aplicar jurisprudência firmada sobre a questão ou discrepem de pareceres, laudos, propostas e relatórios oficiais; h) importem anulação, revogação, suspensão ou convalidação de ato administrativo. Isso independe se é ato vinculado ou discricionário.

Alternativa "d". Quando da realização do controle de legalidade dos atos administrativos que pratica, a administração pública deve **anular**, de ofício ou mediante provocação do interessado, quaisquer atos que tenham sido praticados com violação da lei.

Alternativa "e". A convalidação de ato administrativo que apresente defeito sanável **não** depende de decisão judicial e deve ser feita pela própria Administração Pública.

Alternativa correta: letra "b".

---

108. (Analista Judiciário – Área Judiciária TRE/AP 2011 – FCC) De acordo com a Lei nº 9.784/99, o recurso administrativo

a) deverá ser interposto no prazo de quinze dias, contado a partir da ciência ou divulgação oficial da decisão recorrida, salvo disposição legal específica.

b) será dirigido à autoridade que proferiu a decisão, a qual, se não a reconsiderar no prazo de quarenta e oito horas, o encaminhará à autoridade superior.

c) tramitará no máximo por duas instâncias administrativas, salvo disposição legal diversa.

d) deverá ser decidido no prazo máximo de noventa dias, a partir do recebimento dos autos pelo órgão competente, quando a lei não fixar prazo diferente.

e) poderá ser interposto, dentre outros, por organizações e associações representativas, no tocante a direitos e interesses coletivos e por cidadãos ou associações, quanto a direitos ou interesses difusos.

COMENTÁRIOS

✪ **Nota do Autor:** o art. 56 da Lei nº 9.784/99 prevê que o recurso administrativo é admitido em razão de legalidade ou mérito.

Alternativa "a". O prazo para interposição é de **dez dias**, contado a partir da ciência ou divulgação oficial da decisão recorrida, **salvo disposição legal específica**, nos termos do art. 59 da Lei.

Alternativa "b". Uma vez interposto o recurso, será encaminhado para autoridade que proferiu a decisão e esta pode reconsiderá-la ou não. Caso não reconsidere, no prazo de **cinco dias**, encaminhará o recurso à autoridade superior, na forma prevista no art. 56, § 1º da Lei.

Alternativa "c". O recurso administrativo tramitará por, no máximo, **três instâncias administrativas**, salvo disposição legal expressa, consoante art. 57 da Lei.

Alternativa "d". A autoridade competente terá o **prazo de trinta dias** para decidir o recurso, salvo se a lei fixar prazo diferente. Nos termos do art. 59 da Lei, **o prazo poderá ser prorrogado por igual período, se houver justificativa**. Assim, o prazo máximo para decisão do recurso é de **sessenta dias.**

Alternativa "e". Nos termos do art. 58 da Lei, têm legitimidade para interpor recurso administrativo: a) titulares de direitos e interesses que forem parte no processo; b) aqueles cujos direitos ou interesses forem indiretamente afetados pela decisão recorrida; **c) as organizações e associações representativas, no tocante a direitos e interesses coletivos; d) os cidadãos ou associações, quanto a direitos ou interesses difusos.**

Alternativa correta: letra "e".

10. LICITAÇÃO E CONTRATO ADMINISTRATIVO (LEI Nº 14.133/2021)

- CF, art. 22, XXVII
- CF, art. 37, XXI
- CF, art. 173
- Lei nº 14.133/2021

---

109. (FGV – Técnico Judiciário – TJ – RO/2021) O Tribunal de Justiça do Estado de Rondônia, em outubro de 2021, com vistas a fomentar a capacitação e a qualificação de seus servidores, pretende contratar determinada sociedade empresária de notória especialização para prestação de serviços técnicos especializados de natureza predominantemente intelectual de treinamento e aperfeiçoamento de pessoal. O valor estimado da contratação é de quinhentos mil reais e atende ao princípio da economicidade.

De acordo com a Lei nº 14.133/2021, a contratação almejada deve ocorrer mediante:

a) dispensa de licitação, por expressa previsão legal;
b) inexigibilidade de licitação, por expressa previsão legal;
c) processo licitatório obrigatório, na modalidade pregão, pela natureza do serviço a ser contratado;
d) processo licitatório obrigatório, na modalidade leilão, pelo valor do contrato a ser firmado;
e) processo licitatório obrigatório, na modalidade concorrência, pelo valor do contrato a ser firmado.

COMENTÁRIOS

Alternativa "a". As hipóteses de licitação dispensável estão previstas no art. 75, da Lei nº 14.133/2021, que se referem a situação em que, em tese, poderia haver concorrência entre interessados. A situação narrada no enunciado, contudo, não diz respeito a qualquer hipótese de licitação dispensável.

Alternativa "b". Na forma do art. 74, III, *f*, da Lei nº 14.133/2021, **é inexigível a licitação quando inviável a competição, em especial nos casos de contratação de serviços técnicos de treinamento e aperfeiçoamento de pessoal.**

Alternativa "c" (responde as demais alternativas). A pergunta pode induzir o candidato a assinalar o item de processo licitatório obrigatório do conteúdo constante do art. 37, §2º, da Lei, que estabelece que **ressalvados os casos de inexigibilidade de licitação,** na licitação para contratação dos serviços técnicos especializados de natureza predominantemente intelectual cujo valor estimado da contratação seja superior a R$ 359.436,08, o julgamento será por melhor técnica ou técnica e preço, na proporção de 70% (setenta por cento) de valoração da proposta técnica. O dispositivo em questão, contudo, **é válido para situação em que a licitação não é inexigível,** tão somente.

QUESTÕES ELABORADAS PELO AUTOR

110. Analise as assertivas abaixo sobre os objetivos do processo licitatório, segundo a Lei nº 14.133/2021:

I – assegurar tratamento isonômico entre os licitantes, bem como a justa competição;

II – assegurar a seleção da proposta apta a gerar o resultado de contratação mais vantajoso para a Administração Pública, salvo no que se refere ao ciclo de vida do objeto;

III – evitar contratações com sobrepreço ou com preços manifestamente inexequíveis e superfaturamento na execução dos contratos;

IV – incentivar a inovação e o desenvolvimento nacional sustentável.

Assinale a alternativa correta:

a) Os itens I, III e IV estão corretos;
b) Os itens I, II e III estão corretos;
c) Apenas o item IV está correto;
d) Todos os itens estão corretos.

COMENTÁRIOS

Item I. Nos termos do art. 11, II, é objetivo do processo licitatório: assegurar tratamento isonômico entre os licitantes, bem como a justa competição.

Item II. Ao contrário do afirmado, objetiva-se assegurar a seleção da proposta apta a gerar o resultado de contratação mais vantajoso para a Administração Pública, inclusive no que se refere ao ciclo de vida do objeto (art. 11, I).

Item III. Constitui objetivo do processo licitatório, conforme o inciso III do art. 11, evitar contratações com sobrepreço ou com preços manifestamente inexequíveis e superfaturamento na execução dos contratos.

Item IV. Estabelece o art. 11, IV, que é objetivo: incentivar a inovação e o desenvolvimento nacional sustentável.

Alternativa correta: letra "a". Estão corretos os itens I, III e IV.

111. Sobre o sistema de registro de preços, assinale a alternativa correta:

a) É vedado o uso do sistema de registro de preços para a contratação de serviços de engenharia.
b) A ata de registro de preços tem vigência de 2 anos, não podendo ser prorrogada.
c) A existência de preços registrados implica compromisso de fornecimento nas condições estabelecidas e obriga a Administração, mas não obriga a Administração a contratar.
d) Faculta-se aos órgãos e entidades da Administração Pública Federal a adesão à ata de registro de preços gerenciada por órgão ou entidade estadual, distrital ou municipal.

COMENTÁRIOS

Alternativa "a". Nos termos do art. 82 § 5º, o sistema de registro de preços poderá ser usado para a contratação de bens e serviços, inclusive de obras e serviços de engenharia.

Alternativa "b". O prazo de vigência da ata de registro de preços será de 1 ano e poderá ser prorrogado, por igual período, desde que comprovado o preço vantajoso, conforme o art. 84.

Alternativa "c". Nesse sentido é o art. 83 da Lei nº 14.133/2021: a existência de preços registrados implicará compromisso de fornecimento nas condições estabelecidas, mas não obrigará a Administração a contratar, facultada a realização de licitação específica para a aquisição pretendida, desde que devidamente motivada.

Alternativa "d". Na verdade, o §8º do art. 86 veda aos órgãos e entidades da Administração Pública federal a adesão à ata de registro de preços gerenciada por órgão ou entidade estadual, distrital ou municipal.

Alternativa correta: letra "d".

---

112. Sobre os critérios de julgamento, assinale a alternativa incorreta:

a) O julgamento das propostas será realizado, apenas, pelos critérios menor preço, de melhor técnica, de técnica e preço e de maior lance ou oferta;

b) O julgamento por menor preço ou maior desconto e, quando couber, por técnica e preço considerará o menor dispêndio para a Administração, atendidos os parâmetros mínimos de qualidade definidos no edital de licitação.

c) O julgamento por técnica e preço considerará a maior pontuação obtida a partir da ponderação, segundo fatores objetivos previstos no edital, das notas atribuídas aos aspectos de técnica e de preço da proposta.

d) O julgamento por maior retorno econômico, utilizado exclusivamente para a celebração de contrato de eficiência, considerará a maior economia para a Administração, e a remuneração deverá ser fixada em percentual que incidirá de forma proporcional à economia efetivamente obtida na execução do contrato.

COMENTÁRIOS

Alternativa "a". O conteúdo da alternativa está incorreto porque, nos termos do art. 33, "caput", da Lei nº 14.133/2021, o julgamento das propostas será realizado de acordo com os seguintes critérios: "I – menor preço; II – maior desconto; III – melhor técnica ou conteúdo artístico; IV – técnica e preço; V – maior lance, no caso de leilão; VI – maior retorno econômico.".

Alternativa "b". O conteúdo repete integralmente o contido no "caput" do art. 34, da Nova Lei de Licitações: Art. 34. O julgamento por menor preço ou maior desconto e, quando couber, por técnica e preço considerará o menor dispêndio para a Administração, atendidos os parâmetros mínimos de qualidade definidos no edital de licitação.

Alternativa "c". É o que determina o art. 36 da lei: "O julgamento por técnica e preço considerará a maior pontuação obtida a partir da ponderação, segundo fatores objetivos previstos no edital, das notas atribuídas aos aspectos de técnica e de preço da proposta".

Alternativa "d". Não há erro no conteúdo da assertiva, pois reproduz na íntegra o "caput" do art. 39: "Art. 39. O julgamento por maior retorno econômico, utilizado exclusivamente para a celebração de contrato de eficiência, considerará a maior economia para a Administração, e a remuneração deverá ser fixada em percentual que incidirá de forma proporcional à economia efetivamente obtida na execução do contrato.

Alternativa correta: letra "a".

---

113. Sobre os casos de inexigibilidade e dispensa de licitação, assinale a alternativa correta:

a) É inexigível a licitação quando inviável a competição para aquisição de objetos que devam ou possam ser contratados por meio de credenciamento;

b) É dispensável a licitação para contratação que envolva valores inferiores a R$ 176.000,00, no caso de obras e serviços de engenharia ou de serviços de manutenção de veículos automotores;

c) É dispensável a licitação para contratação que envolva valores inferiores a R$ 33.000,00, no caso de outros serviços e compras;

d) É dispensável a licitação que tenha por objeto produtos para pesquisa e desenvolvimento, limitada a contratação, no caso de obras e serviços de engenharia, ao valor de R$ 150.000,00.

COMENTÁRIOS

Alternativa "a". A licitação é inexigível quando a competição for inviável e o art. 74 arrola as situações exemplificativas em que isso ocorre e uma delas é no caso de "objetos que devam ou possam ser contratados por meio de credenciamento", conforme o inciso IV daquele artigo.

Alternativa "b" (responde, também, a alternativa "c"). Com a Nova Lei, os valores para dispensa de licitação passaram a ser: a) valor inferior a R$ 100.000,00: obras e serviços de engenharia ou serviços de manutenção de veículos automotores; b) valor inferior a R$ 50.000,00, no caso de serviços e compras. Entretanto, nos termos do art. 182, os valores serão atualizados anualmente e, em cumprimento a isso, o Decreto nº 11.871/2023 realizou a atualização e, atualmente, os valores para dispensa que estão em vigor são: a) valor inferior a R$ 119.812,02: obras e serviços de engenharia ou serviços de manutenção de veículos automotores; b) valor inferior a R$ 59.906,02, no caso de serviços e compras.

Alternativa "d". Nos termos do art. 75, IV, "c", a licitação é dispensável quando tiver por objeto produtos para pesquisa e desenvolvimento, limitada a contratação, no caso de obras e serviços de engenharia, ao valor de R$ 359.436,08, conforme a atualização promovida pelo Decreto 10.922/2021.

Alternativa correta: letra "a".

114. Sobre procedimentos auxiliares, assinale a alternativa incorreta:

a) São procedimentos auxiliares das licitações e das contratações: credenciamento, pré-qualificação, procedimento de manifestação de interesse, sistema de registro de preços e registro cadastral;

b) A Administração poderá solicitar à iniciativa privada, mediante procedimento aberto de manifestação de interesse a ser iniciado com a publicação de edital de chamamento público, a propositura e a realização de estudos, investigações, levantamentos e projetos de soluções inovadoras que contribuam com questões de relevância pública, na forma de regulamento.

c) O prazo de vigência da ata de registro de preços será de 2 anos e poderá ser prorrogado, por igual período, desde que comprovado o preço vantajoso.

d) O sistema de registro cadastral unificado será público e deverá ser amplamente divulgado e estar permanentemente aberto aos interessados, e será obrigatória a realização de chamamento público pela internet, no mínimo anualmente, para atualização dos registros existentes e para ingresso de novos interessados.

COMENTÁRIOS

Alternativa "a". Nos termos do art. 78, da Nova Lei de Licitações, são procedimentos auxiliares o credenciamento, a pré-qualificação, o procedimento de manifestação de interesse, o sistema de registro de preços e o registro cadastral.

Alternativa "b". O procedimento de manifestação de interesse está previsto no art. 81 da Lei nº 14.133/2021, deve ter início com a publicação de edital de chamamento público e, por meio dele, a Administração poderá solicitar à iniciativa privada a propositura e a realização de estudos, investigações, levantamentos e projetos de soluções inovadoras que contribuam com questões de relevância pública, na forma de regulamento.

Alternativa "c". A alternativa está errada porque, conforme o art. 84 da Lei nº 14.133/2021, o prazo de vigência da ata de registro de preços será de 1 ano e poderá ser prorrogado, por igual período, desde que comprovado o preço vantajoso.

Alternativa "d". De acordo com o art. 87 da Nova Lei de Licitações, os órgãos e entidades da Administração Pública deverão utilizar o sistema de registro cadastral unificado disponível no Portal Nacional de Contratações Públicas (PNCP), para efeito de cadastro unificado de licitantes, na forma disposta em regulamento. E esse sistema, nos termos do §1º desse dispositivo, será público e deverá ser amplamente divulgado e estar permanentemente aberto aos interessados, e será obrigatória a realização de chamamento público pela internet, no mínimo anualmente, para atualização dos registros existentes e para ingresso de novos interessados.

Alternativa correta: letra "c".

11. SERVIÇOS PÚBLICOS

- CF, artigos 21, 23, 25, 30 e 32, § 1º
- CF, art. 175
- Lei nº 8.987/95
- Lei nº 11.079/04
- Lei nº 13.460/17

115. (Cespe – Técnico Judiciário – Área Administrativa – TRE – PE/2017) O princípio da continuidade dos serviços públicos

a) afasta a possibilidade de interrupção, ainda que se trate de sistema de remuneração por tarifa no qual o usuário dos referidos serviços esteja inadimplente.

b) diz respeito, apenas, a serviços públicos, não alcançando as demais atividades administrativas.

c) torna ilegal a greve de servidores públicos.

d) tem relação direta com os princípios da eficiência e da supremacia do interesse público.

e) impede a paralisação, ainda que a justificativa desta seja o aperfeiçoamento das atividades.

COMENTÁRIOS

✪ **Nota do Autor:** Os princípios específicos do serviço público são apontados pela doutrina, havendo, inclusive, previsão expressa na Lei nº 8.987/95, no art. 6º. No § 1º do art. 6º, há a definição de serviço adequado: "o que satisfaz as condições de regularidade, continuidade, eficiência, segurança, atualidade, generalidade, cortesia na sua prestação e modicidade das tarifas". Nesse sentido, a doutrina costuma apontar como princípios do serviço público a continuidade do serviço público, a modicidade das tarifas, a generalidade ou igualdade dos usuários, a mutabilidade do regime jurídico e a cortesia. A lei 13.460/2017, que dispõe sobre a participação, proteção e defesa dos direitos do usuário dos serviços públicos da administração pública, passou a prever no artigo 4º que os serviços públicos e o atendimento ao usuário serão realizados de forma adequada, observados os princípios da regularidade, continuidade, efetividade, segurança, atualidade, generalidade, transparência e cortesia.

Alternativa "d" (responde as demais alternativas). Pelo princípio da **continuidade do serviço público**, o serviço público não pode parar. Não é possível a interrupção do serviço público e tal princípio serve, inclusive, para que se faça a ponderação entre ele e o direito à greve dos servidores públicos. Ainda, excepcionalmente, nos termos da Lei nº 8.987/95, art. 6º, § 3º, pode haver a interrupção do serviço público em caso de emergência ou, após prévio aviso, por motivo de ordem técnica ou de segurança das instalações e por motivo de inadimplência do usuário, destacando-se que a interrupção, em razão de inadimplência, não poderá iniciar-se na sexta-feira, no sábado ou no domingo, nem em feriado ou no dia anterior a feriado (art. 6º, §4º). Também, nessa lei há a previsão de que a Administração Pública, para evitar a interrupção do serviço público, pode intervir na concessão de serviços públicos e, caso não solucionado o problema, pode extinguir a concessão e realizar a ocupação das instalações necessárias à prestação do serviço público. É importante destacar, ademais, que referido dispositivo alcança as atividades administrativas em geral, não se restringindo aos serviços públicos, tão somente, tendo, desse modo, relação direta com os princípios da eficiência e da supremacia do interesse público, uma vez que a continuidade dos serviços está alinhada com uma Administração Pública disposta à produção de efetivos resultados, à luz do interesse público.

Alternativa correta: letra "d".

---

116. (Cespe – Analista Judiciário – Área Administrativa – TRE – BA/2017) Determinada empresa autorizada pela União, mediante concessão, a explorar serviço público, parou de prestar os devidos serviços sem apresentar qualquer justificativa.

Nos termos da Lei n.º 8.987/1995 — Lei de Concessões —, a referida concessão deve ser extinta por

a) caducidade.

b) rescisão.

c) anulação.

d) advento do termo contratual.

e) encampação.

COMENTÁRIOS

✪ **Nota do Autor:** É tradicional a cobrança da diferença entre as várias formas de extinção do contrato de concessão de serviço público. Recomenda-se a leitura do art. 35 ao art. 39 da Lei nº 8.987/95.

Alternativa "a". Na **caducidade ou decadência**, o poder concedente retoma o serviço da concessionária, durante o prazo da concessão, em razão da **inadimplência** da **concessionária.** As **hipóteses** em que é admitida a **caducidade** estão descritas nos incisos do art. 38, §1º, dentre elas, precisamente, quando "a concessionária paralisar o serviço ou concorrer para tanto, ressalvadas as hipóteses decorrentes de caso fortuito ou força maior" (inciso III).

Alternativa "b". **Rescisão**, para a Lei 8.987/1995, é a forma de extinção da concessão por iniciativa do concessionário, no caso de descumprimento das normas pelo concedente. Todavia, o concessionário não poderá simplesmente paralisar as atividades, devendo ingressar com ação judicial pleiteando a rescisão do contrato por culpa do concedente. (art. 39, da Lei 8.987/1995).

Alternativa "c". A **anulação** é a extinção do contrato de concessão em razão de ilegalidade existente na licitação ou no próprio contrato.

Alternativa "d". O **advento do termo contratual** é uma data futura e certa que acarreta a extinção do contrato em virtude de ter cumprido o lapso temporal previamente estabelecido.

Alternativa "e". A **encampação** ou **resgate** ocorre quando poder concedente retoma o serviço da concessionária, durante o prazo de concessão, por motivo de interesse público, mediante lei autorizativa e específica e após prévio pagamento de indenização, nos termos do art. 37 da Lei. Nessa forma de extinção, o ente político considerou que era conveniente e oportuno transferir a execução de determinado serviço público a uma concessionária, mas, posteriormente, antes do término do prazo da concessão, passa a considerar que a cessão não é mais de interesse público, ou seja, de conveniente e oportuna, passou a ser inconveniente e inoportuna e, por isso, resolve extinguir o contrato.

Alternativa correta: letra "a".

---

117. (FCC – Analista Judiciário – Área Judiciária – TRE – PR/2017) Os serviços públicos, quando prestados sob regime de delegação à iniciativa privada, sob a modalidade de concessão comum, guardam algumas características próprias desses contratos,

a) tais como a rescisão contratual depender de decisão judicial, ainda que se esteja num cenário de inadimplência do poder concedente, vedada, inclusive, nesse caso, a suspensão administrativa da prestação dos serviços.

b) como a responsabilidade pelos investimentos de infraestrutura ficarem integralmente a cargo do poder concedente, enquanto que o custeio das despesas de manutenção e operação ficam sob responsabilidade da concessionária.

c) à exemplo da incidência de controle externo, tendo em vista que os órgãos e entes que o exercem, analisam a adequação da prestação do serviço e a gestão da concessionária, para garantir a lisura da Administração da mesma, sob aspectos econômicos, trabalhistas e fiscais.

d) como a essencialidade do objeto, o que implica alto custo de sua gestão, razão pela qual a concessionária é dotada de prerrogativas diferenciadas, tais como a suspensão administrativa da prestação dos serviços diante de reiterada inadimplência dos usuários ou do poder concedente.

e) como se depreende do regime jurídico de direito privado que rege os negócios jurídicos dessa natureza, ainda que o objeto do mesmo seja a prestação de serviços públicos, na medida em que o risco do negócio é integralmente da concessionária, cabendo à mesma a proteção dos seus investimentos e a possibilidade de acionamento das garantias do poder público em caso de inadimplência.

COMENTÁRIOS

✪ **Nota do Autor:** A **concessão de serviço público** é o **contrato administrativo** por meio do qual a Administração Pública delega a terceiro a "**execução de um serviço público**, para que o execute em seu próprio nome, por sua conta e risco, assegurando-lhe a remuneração mediante tarifa paga pelo usuário ou outra forma de remuneração decorrente da exploração do serviço". A concessão **não transfere a titularidade** de determinado serviço público, mas, somente, a sua execução e isso é feito mediante contrato e não por ato administrativo.

Alternativa "a". O contrato de concessão pode ser rescindido por iniciativa da concessionária em caso de inadimplência do poder concedente, nos termos do art. 39 da Lei. Para tanto, contudo, necessária se faz a **intervenção judicial**, destacando-se que a concessionária não poderá interromper ou paralisar os serviços por ela prestados até que sobrevenha **decisão judicial transitada em julgado.**

Alternativa "b". Na forma da Lei 8.987/95, a concessão de serviço público comum poderá ser simples, ou precedida de execução de obra pública. Na primeira, a concessão simples consiste na "delegação de sua prestação, feita pelo poder concedente, mediante licitação, na modalidade de concorrência, à pessoa jurídica ou consórcio de empresas que demonstre capacidade para seu desempenho, **por sua conta e risco** e por prazo determinado"; já na segunda, a concessão de serviço público precedida de execução de obra pública, consiste na "construção, total ou parcial, conservação, reforma, ampliação ou melhoramento de quaisquer obras de interesse público, delegada pelo poder concedente, mediante licitação, na modalidade de concorrência, à pessoa jurídica ou consórcio de empresas que demonstre capacidade para a sua realização, **por sua conta e risco**, de forma que o investimento da concessionária seja remunerado e amortizado mediante a exploração do serviço ou da obra por prazo determinado".

Alternativa "c". Segundo a Lei 8.987/95, cabe ao concessionário "prestar contas da gestão do serviço ao poder concedente e aos usuários, nos termos definidos no contrato". Observe que a prestação de contas está relacionada à prestação do serviço.

Alternativa "d". Segundo o §3º do artigo 6º da Lei 8.987/95, "não se caracteriza como descontinuidade do serviço a sua interrupção em situação de emergência ou após prévio aviso, quando: I – motivada por razões de ordem técnica ou de segurança das instalações; e, II – por inadimplemento do usuário, considerado o interesse da coletividade."

Alternativa "e". Pelo contrato de concessão, delega-se a execução do serviço ao concessionário, que o fará por sua conta e risco. É o que determina o artigo 2º, II da Lei nº 8.987/1995. Se o risco é do concessionário, não há se falar em acionar o poder público em caso de inadimplência dos usuários.

Alternativa correta: letra "a".

---

118. (IESES – Analista Judiciário – Área Judiciária – TRE – MA/2015) Assinale a alternativa correta:

a) A autoexecutoriedade, isto é, a imposição coativa das medidas adotadas pela Administração Pública, constitui atributo do poder de polícia e justifica o emprego da força física quando houver oposição do infrator, mas não legaliza a violência desnecessária ou desproporcional à resistência.

b) De acordo com o estabelecido na Lei n. 9.784/1999 (Processo Administrativo), o interessado poderá, mediante manifestação escrita ou oral devidamente certificada, desistir total ou parcialmente do pedido formulado, mas não poderá renunciar a direitos, sejam eles disponíveis ou indisponíveis, e isso por conta do princípio da indisponibilidade do interesse público.

c) Parceria público-privada é o contrato administrativo de permissão, na modalidade patrocinada ou administrativa.

d) Conforme o disposto na Lei n. 8.987/1995, entende- se por " concessão de serviço público" a delegação de sua prestação, feita pelo poder concedente, mediante licitação, na modalidade de concorrência, à pessoa jurídica ou consórcio de empresas que demonstre capacidade para seu desempenho, por sua conta e risco e por prazo determinado.

COMENTÁRIOS

✪ **Nota do Autor: o serviço público** pode ser considerado como "**todo aquele prestado pela Administração ou por seus delegados, sob normas e controles estatais, para satisfazer necessidades essenciais ou secundárias da coletividade ou sim-**

ples conveniência do Estado"[45]. Quando a execução de determinados serviços é transferida a terceiros – o que só é possível mediante autorização da Constituição Federal ou de lei –, tal transferência é, necessariamente, por prazo certo e, o contrato administrativo a ser firmado deve ser precedido de licitação.

Alternativa "a". A imperatividade é um atributo do ato administrativo e significa que este é impositivo, obrigatório ao administrado, quer dizer, a Administração não necessita da concordância do destinatário para que o ato seja praticado. Decorre da prerrogativa que a Administração tem de praticar atos que interferem na esfera jurídica de terceiros, constituindo-os em obrigações. No tocante ao poder de polícia, são atributos: a discricionariedade, a autoexecutoriedade e a coercibilidade. A coercibilidade, isto é, a imposição coativa das medidas adotadas pela Administração Pública, constitui atributo do poder de polícia e justifica o emprego da força física quando houver oposição do infrator, mas não legaliza a violência desnecessária ou desproporcional à resistência.

Alternativa "b". Na forma do art. 51, *caput*, da Lei nº 9.784/99, "o interessado poderá, mediante manifestação escrita, desistir total ou parcialmente do pedido formulado ou, ainda, renunciar a direitos disponíveis".

Alternativa "c". A Parceria Público-Privada (PPP) é modalidade especial de **concessão de serviço público**, sendo regulada pela Lei nº 11.079/04. A PPP é diferente da concessão porque, na modalidade **patrocinada**, envolve a contraprestação do parceiro público, ou seja, além de remuneração proveniente do usuário do serviço público, o parceiro privado recebe da Administração, diretamente, parte do valor a arrecadar.

Alternativa "d". A concessão de serviço é, na lição de Maria Sylvia Di Pietro, "**o contrato administrativo por meio do qual a Administração Pública delega a terceiro a execução de um serviço público, para que o execute em seu próprio nome, por sua conta e risco, assegurando-lhe remuneração mediante tarifa paga pelo usuário ou outra forma de remuneração decorrente da exploração do serviço"**[46]. Nesse exato sentido é a definição legal do instituto, prevista no art. 2º, III, pelo qual a **concessão de serviço público** é "a delegação de sua prestação, feita pelo poder concedente, mediante licitação, na modalidade de concorrência, à pessoa jurídica ou consórcio de empresas que demonstre capacidade para seu desempenho, por sua conta e risco e por prazo determinado".

Alternativa correta: letra "d".

12. BENS PÚBLICOS

- Código Civil, artigos 98 a 103
- CF, artigos 20, 26, 30, 32, 183, § 3º, e 191, parágrafo único

119. (Consulplan – Técnico Judiciário – Área Administrativa – TRE – RJ/2017) Para grande parte da doutrina, os bens públicos podem ser considerados como aqueles pertencentes às pessoas jurídicas de direito público e são classificados tendo-se em vista a sua destinação. Acerca de bens públicos, assinale a afirmativa INCORRETA.

a) Os bens públicos de uso comum do povo, os de uso especial e os dominicais são inalienáveis, enquanto conservarem a sua qualificação.

b) São bens públicos de uso especial os afetados a uma prestação de serviço público. Como exemplos temos os edifícios ou terrenos destinados a serviço ou estabelecimento da administração federal, estadual, territorial ou municipal, inclusive os de suas autarquias.

c) São bens públicos de uso comum do povo os destinados à utilização pela população, em igualdade de condições. Sua utilização é gratuita ou retribuída, conforme for estabelecido legalmente pela entidade cuja administração pertencerem. Rios, mares, estradas, ruas e praças são indicados como parte desta classificação.

d) São bens públicos dominicais os que constituem o patrimônio das pessoas jurídicas de direito público, como objeto de direito pessoal, ou real, de cada uma dessas entidades, que não estejam sendo utilizados para a prestação de serviços públicos. De maneira supletiva, os que não são de uso comum e os que não são bens de uso especial.

COMENTÁRIOS

✪ **Nota do Autor:** Nos termos do art. 98, do Código Civil, são "públicos os bens do domínio nacional pertencentes às pessoas jurídicas de direito público interno; todos os outros são particulares, seja qual for a pessoa a que pertencerem". Esse é o **conceito legal** de bens públicos. Todavia, na doutrina há divergência quanto à definição dos bens públicos. Nesse sentido, José dos Santos Carvalho Filho considera como bens públicos apenas os pertencentes às pessoas de direito público e que, em face da redação do art. 98 do Código Civil, não há mais dúvida de que os bens das sociedades de economia mista e das empresas públicas são

45. MEIRELLES, Hely Lopes. *Direito administrativo brasileiro*. 36 ed. São Paulo: Malheiros, 2010. p. 350.

46. DI PIETRO, Maria Sylvia Zanella. *Direito Administrativo*. 23 ed. São Paulo: Atlas, 2010. p. 294.

bens privados[47]. Por outro lado, Celso Antônio Bandeira de Mello afirma que são bens públicos os que pertencem às pessoas jurídicas de direito público e aqueles que, mesmo não pertencendo a essas pessoas, estejam afetados à prestação de serviços públicos[48].

Alternativa "a". Os bens públicos são **imprescritíveis, impenhoráveis e relativamente inalienáveis.** Pela imprescritibilidade não podem ser objeto de usucapião, não importando se estão ou não vinculados a uso de finalidade pública, conforme a Súmula nº 340 do Supremo Tribunal Federal cujo enunciado prevê que desde "a vigência do Código Civil, os bens dominicais, como os demais bens públicos, não podem ser adquiridos por usucapião". Desse modo, os bens de uso comum do povo, os bens de uso especial e os bens dominicais não se sujeitam à prescrição aquisitiva. A impenhorabilidade impede que se dê a constrição dos bens públicos, havendo a previsão da execução contra a Fazenda Pública e, em consequência, o pagamento por meio de precatório (art.100, CF). Quanto a ser ou não absoluta essa característica, vai depender do conceito de bem público adotado, pois para quem só considera bem público, na esteira do art. 98 do novo Código Civil, aqueles pertencentes às pessoas de direito público, a impenhorabilidade será absoluta, mas, por outro lado, para os que incluem os bens das pessoas administrativas com personalidade de direito privado (empresa pública, sociedade de economia mista) essa característica não é absoluta, pois só são protegidos os bens que estiverem vinculados à prestação de serviço público. Quanto à inalienabilidade, os bens públicos, em regra, não podem ser alienados, pois são bens fora do comércio, salvo se houver a desafetação. Pela afetação, o bem público dominical passa a ser bem público de uso especial e, nessa condição, é inalienável por determinação expressa do art. 100 do Código Civil e, de outro lado, com a desafetação passa para a categoria dominial e, portanto, pode ser alienado. Desse modo, **os bens dominicais podem ser alienados**, desde que observadas as formalidades legais.

Alternativa "b". Bens públicos de uso especial são aqueles utilizados para a execução das atividades administrativas como, por exemplo, os prédios onde há uma repartição pública, escolas públicas, hospitais públicos, quartéis, aeroportos.

Alternativa "c". Os bens de **uso comum do povo** são aqueles bens destinados ao uso de todos, de maneira geral como, por exemplo, as ruas, as praças, os parques, as estradas, os mares, as praias.

47. *Manual de direito administrativo.* 19. ed. Rio de Janeiro: Lumen Juris, 2008, p. 1000.

48. *Curso de direito administrativo.* 27. ed. São Paulo: Malheiros, 2010. p. 913.

Alternativa "d". Os **bens dominicais** são os bens que **não possuem destinação específica** e que integram o patrimônio das pessoas jurídicas de direito público. Esses bens fazem parte do **patrimônio disponível** do Estado e são aqueles que não são nem de uso comum do povo nem de uso especial.

Alternativa correta: letra "a".

---

120. (Cespe - Analista Judiciário - Área Administrativa - TRE - TO/2017) O ato administrativo pelo qual a administração pública consente que o particular, com atendimento exclusivo ao seu próprio interesse, utilize bem público de modo privativo denomina-se

a) permissão de uso.

b) concessão de uso.

c) autorização de uso.

d) permissão de uso especial.

e) concessão de direito real.

COMENTÁRIOS

✪ **Nota do Autor:** São diversos os instrumentos de formalização de uso privativo de bem público. Para tanto, é necessário que a Administração exteriorize seu consentimento por meio de instrumento jurídico formal. Dentre aqueles disponíveis, destacam-se, por exemplo, a **autorização de uso**, **permissão de uso** e a **concessão de uso**. Em todas essas modalidades, o deferimento da utilização de bem público por particular tem caráter discricionário.

Alternativa "a". A **permissão de uso** é **ato** unilateral, discricionário e precário, podendo ser gratuito ou oneroso, pelo qual a Administração consente a utilização de bem público por particular, com exclusividade, para a satisfação de **interesse predominantemente público**. Uma vez concedida a permissão, o permissionário tem **obrigação** de usar o bem para a finalidade permitida.

Alternativa "b". A **concessão de uso** "é o **contrato** administrativo pelo qual a Administração Pública faculta ao particular a utilização privativa de bem público, para que a exerça conforme sua destinação"[49]. Necessita de **licitação** prévia. O **interesse** é **predominantemente público** e, por ser um contrato, a rescisão antecipada gera, em regra, **direito** à **indenização.**

Alternativa "c". A **autorização de uso** é **ato** unilateral, discricionário e precário, pelo qual a Administração consente a utilização de bem público por particular, com exclusividade, para atender ao **interesse predominantemente particular**.

49. DI PIETRO, Maria Sylvia Zanella. *Direito administrativo.* 23 ed. São Paulo: Atlas, 2010. p. 698.

Alternativa "d". A **permissão de uso especial** não é considerada, pela doutrina, como um de formalização de uso privativo de bem público.

Alternativa "e". A **concessão de direito real de uso** é o contrato pelo qual a Administração Pública transfere o uso de terrenos públicos, de maneira onerosa ou gratuita, por tempo certo ou indeterminado, como **direito real resolúvel**, para fins específicos como, por exemplo, a regularização fundiária de interesse social, a urbanização, a industrialização, a edificação, o cultivo da terra, o aproveitamento sustentável, nos termos do art. 7º, do Decreto Lei nº 271/1967.

Alternativa correta: letra "c".

---

121. (FCC – Analista Judiciário – Área Judiciária – TRE-SP/2012) Os bens públicos podem ser classificados, de acordo com a sua destinação, como bens

a) de uso especial aqueles de domínio privado do Estado e que não podem ser gravados com qualquer espécie de afetação.

b) de uso especial aqueles utilizados por particular mediante concessão ou permissão de uso.

c) de uso comum do povo aqueles afetados a determinado serviço público, tais como os edifícios onde se situam os órgãos públicos.

d) dominicais aqueles destinados à fruição de toda a coletividade e que não podem ser alienados ou afetados à atividade específica.

e) dominicais aqueles de domínio privado do Estado, não afetados a uma finalidade pública e passíveis de alienação.

COMENTÁRIOS

✪ **Nota do Autor:** a questão exige do candidato conhecimento sobre a classificação dos bens públicos, quanto à sua destinação. Os bens públicos podem ser classificados quanto à titularidade (federais, estaduais, distritais e municipais), quanto à destinação (bens de uso comum do povo, bens de uso especial e bens dominicais), quanto à disponibilidade (bens indisponíveis por natureza, bens patrimoniais disponíveis e bens patrimoniais indisponíveis).

Alternativa "a" (responde a alternativa "b"). Os **bens de uso especial** são aqueles usados para a **execução das atividades administrativas** que são, portanto, **gravados com afetação**, já que utilizados com destinação pública específica. São exemplos os prédios onde há a sede de um órgão público, hospitais públicos e escolas públicas.

Alternativa "c". Os bens de **uso comum do povo** são aqueles **destinados ao uso de todos**, de maneira geral, como, por exemplo, as ruas, os rios e as praias.

Alternativa correta: letra "e" (responde a alternativa "d"). São **dominicais ou dominiais** os bens **que não possuem destinação específica**, e que integram o patrimônio das pessoas jurídicas de direito público. São os bens que fazem parte do **patrimônio** disponível do Estado – **e, portanto, desafetados –**, não sendo de uso comum do povo nem de uso especial.

Alternativa correta: letra "e".

13. INTERVENÇÃO DO ESTADO NA PROPRIEDADE

- CF, artigos 5º, XXIV, 22, II, 182, 184 a 186, 216, § 1º21, 23, 25, 30 e 32, § 1º
- Lei Complementar nº 76/93
- Lei nº 8.257/91
- Lei nº 4.132/64
- Decreto-Lei nº 3.365/41
- Decreto-Lei nº 25/37

---

122. (IBFC – Técnico Judiciário – Área Administrativa – TRE – PA/2020) O instituto da requisição tem previsão constitucional e pode ser definido como uma das modalidades de intervenção do Estado na propriedade privada. Nesse sentido, leia abaixo o excerto do artigo 5°, inciso XXV, da CF/88:

"Art. 5°. Inciso XXV – no caso de _________, a autoridade competente poderá _________ de propriedade particular, assegurada ao proprietário _________, _________;"

Assinale a alternativa que preencha correta e respectivamente as lacunas.

a) descumprimento da função social / utilizar bens / indenização proporcional / se houver abuso

b) iminente perigo público / usar / indenização ulterior / se houver dano

c) descumprimento da função social / usar / indenização prévia / se houver abuso

d) iminente perigo público / utilizar bens / indenização prévia / calculados possíveis danos

COMENTÁRIOS

✪ **Nota do Autor:** A **requisição administrativa** é a utilização de um bem móvel ou imóvel do particular ou mesmo os serviços prestados por particulares, independente de sua vontade ou de decisão judicial, por razão de iminente perigo público ou em tempo de guerra, gerando ao particular uma indenização posteriormente. Trata-se de ato unilateral e autoexecutório da Administração Pública. A requisição tem amparo na Constituição Federal, no art. 5º, inc. XXV.

Alternativa "b" (responde as demais alternativas). O art. 5º, XXV, da Constituição Federal, estabelece que, no caso de iminente perigo público, a autoridade competente poderá usar de propriedade particular, assegurada ao proprietário indenização ulterior, se houver dano".

Alternativa correta: letra "b".

---

123. (Consulplan – Analista Judiciário – Área Administrativa – TRE – RJ/2017) Suponha que se pretenda desapropriar um imóvel pertencente ao Município do Rio de Janeiro para instalação da nova sede do Tribunal Regional Eleitoral. Nessa situação, quanto à referida intervenção na propriedade, pode-se afirmar que

a) a desapropriação depende de prévia autorização legislativa federal.

b) a autoridade competente para declarar a utilidade pública é o presidente do TRE.

c) a União deverá promover a permuta do bem municipal por um bem federal de igual valor.

d) é vedado à União desapropriar o bem municipal sem autorização do correspondente Estado.

COMENTÁRIOS

✪ **Nota do Autor:** A **desapropriação** é a mais drástica forma de intervenção do Estado na propriedade particular e consiste na **retirada compulsória, pelo Estado, de certo bem, por necessidade ou utilidade pública ou por interesse social.** Com isso, o Estado adquire, originariamente, para si ou para outrem, mediante prévia e justa indenização em dinheiro, salvo nos casos em que a própria Constituição enumera, em que o pagamento é feito com títulos da dívida pública (art. 182, § 4º, III) ou dívida agrária (art. 184).[50] Veja-se, portanto, que seus pressupostos são necessidade ou utilidade pública ou interesse social e não é uma medida transitória, pois retira a propriedade dos seus donos.

Alternativa "a" (responde as demais alternativas). Quanto ao objeto da desapropriação, em regra, **todos os bens pode ser expropriados**, nos termos do art. 2º do Decreto-Lei nº 3.365/41, sejam eles corpó- reos ou incorpóreos, privados ou públicos, móveis ou imóveis, inclusive o espaço aéreo e o subsolo, salvo as expressas vedações legais e, inclusive, os bens públicos podem ser objeto de desapropriação. Todavia, no Decreto-Lei nº 3.365/41 há uma espécie de hierarquia entre os entes federados quanto à desapropriação e a União pode desapropriar os bens dos Estados e dos Municípios e os Estados os dos Municípios, exigindo- -se, em regra, autorização legislativa, não sendo isso necessário, nos termos do art. 2º-A, quando a desapropriação for realizada mediante acordo entre os entes federativos, no qual serão fixadas as respectivas responsabilidades financeiras quanto ao pagamento das indenizações correspondentes.

Alternativa correta: letra "a".

---

124. (Cespe – Analista Judiciário – Área Administrativa – TRF 1/2017) A União tem permissão para desapropriar bens de domínio dos estados e dos municípios mediante declaração de utilidade pública e autorização legislativa.

COMENTÁRIOS

Quanto ao objeto da desapropriação, em regra, **todos os bens pode ser expropriados**, nos termos do art. 2º do Decreto-Lei nº 3.365/41, sejam eles corpóreos ou incorpóreos, privados ou públicos, móveis ou imóveis, inclusive o espaço aéreo e o subsolo, salvo as expressas vedações legais e, inclusive, os bens públicos podem ser objeto de desapropriação. Todavia, no Decreto-Lei nº 3.365/41 há uma espécie de hierarquia entre os entes federados quanto à desapropriação e a União pode desapropriar os bens dos Estados e dos Municípios e os Estados os dos Municípios, exigindo- -se, em regra, autorização legislativa, não sendo isso necessário, nos termos do art. 2º-A, quando a desapropriação for realizada mediante acordo entre os entes federativos, no qual serão fixadas as respectivas responsabilidades financeiras quanto ao pagamento das indenizações correspondentes.

Alternativa correta: "certo".

14. RESPONSABILIDADE EXTRACONTRATUAL DO ESTADO

▸ CF, art. 37, § 6º

---

125. (IBFC – Técnico Judiciário – Área Administrativa – TRE – PA/2020) A responsabilidade civil do Estado brasileiro pelos danos causados a terceiros encontra-se disciplinada no artigo 37, parágrafo 6°, da Constituição Federal de 1988 (CF/88). Sobre o tema, assinale a alternativa correta.

a) Segundo a teoria do risco integral, o ente público deve ser responsabilizado objetivamente pelos danos que seus agentes causarem a terceiros, sendo, contudo, admitida a exclusão da responsabilidade em determinadas situações, tais como culpa exclusiva da vítima, caso fortuito ou força maior, haja vista ser o Estado garantidor universal de seus subordinados

b) A responsabilidade civil das pessoas jurídicas de direito público e das pessoas jurídicas de direito privado prestadoras de serviços públicos não depende da comprovação de elementos subjetivos ou da ilicitude do ato

c) A Constituição Federal de 1988 admite ação de re-

---

50. GASPARINI, Diógenes. Direito administrativo. 13 ed. São Paulo: Saraiva, 2008. p. 816.

gresso do Estado em face do agente público que, nessa qualidade, causar danos a terceiros, cujo direito ao ressarcimento será aferido por meio da responsabilidade objetiva do agressor

d) As empresas públicas e sociedades de economia mista, enquanto exploradoras de atividade econômica, estão submetidas aos ditames da responsabilidade objetiva prevista no artigo 37, parágrafo 6°, da CF/88, uma vez que gozam das prerrogativas e sujeições inerentes ao regime jurídico administrativo.

COMENTÁRIOS

Alternativa "a". A CF de 1988, em seu art. 37, §6º, previu a **responsabilidade objetiva** às pessoas jurídicas de direito público e as de direto privado prestadoras de serviço público, assegurado o direito de regresso contra o responsável nos casos de dolo ou culpa. Dentro da Teoria Objetiva de responsabilidade civil do Estado, existem duas teorias são utilizadas para explicá-las: **1 – teoria do risco integral:** não há hipóteses de excludentes de responsabilidade que possa ser invocada pelo Estado; **2 – teoria do risco administrativo:** admite a exclusão da responsabilidade do Estado quando ausentes os elementos definidores da responsabilidade, como por exemplo, a culpa exclusiva da vítima, caso fortuito e força maior. A Teoria do Risco integral é admitida no ordenamento jurídico brasileiro em situações excepcionais: a) nos acidentes de trabalho; b) indenização coberta pelo seguro obrigatório para automóvel; c) atentados terroristas em aeronave; d) dano ambiental; e) danos nucleares.

Alternativa "b". O art. 37, § 6º, da Constituição Federal estabelece que as "pessoas jurídicas de direito público e as de direito privado prestadoras de serviços públicos responderão pelos danos que seus agentes, nessa qualidade, causarem a terceiros, assegurado o direito de regresso contra o responsável nos casos de dolo ou culpa". Assim, para haver a responsabilização do Estado não é necessária a perquirição do elemento subjetivo da conduta do agente público, isto é, não é preciso indagar se este agiu com dolo ou culpa, cuidando-se de indagação irrelevante para que o Estado seja obrigado a indenizar a vítima do dano, porque, para tanto, basta o nexo causal entre a conduta do agente e o prejuízo dela decorrente.

Alternativa "c". Situação diferente se revela em relação ao agente público, pois a pessoa estatal tem o direito de regresso apenas quando houve a conduta dolosa ou culposa, quer dizer, **o agente público só responderá, perante a Administração Pública, se agiu com dolo ou culpa**.

Alternativa "d". As empresas públicas e sociedades de economia mista, enquanto exploradoras de atividade econômica, **não** estão submetidas aos ditames da responsabilidade objetiva prevista no artigo 37, parágrafo 6°, da CF/88, eis que referido dispositivo aplica-se às pessoas jurídicas de direito privado **prestadoras de serviços públicos**, tão somente. Deve-se ficar atento, pois, não são todas as pessoas administrativas às quais se aplica a responsabilidade objetiva. Em relação às **pessoas jurídicas de direito privado**, sejam da Administração Pública ou não, somente haverá responsabilidade objetiva se forem prestadoras de serviço público.

Alternativa correta: letra "b".

---

126. (Cespe – Técnico Judiciário – Área Administrativa – TRE – BA/2017) João, servidor público federal, no exercício do cargo de motorista, colidiu com veículo de Pedro, particular, causando a este grave abalo pessoal e danos materiais. Após a investigação do ocorrido, foi verificada a culpa de João, que dirigia em alta velocidade no momento do evento.

Nessa situação hipotética,

a) o Estado deverá indenizar o particular pelos danos materiais, e o servidor deverá arcar com os danos morais.

b) o servidor responderá objetivamente pela reparação dos danos materiais e morais.

c) o Estado, caso seja condenado judicialmente ao pagamento de indenização, poderá, mediante ação de regresso, reaver do servidor o quanto tiver de pagar ao particular.

d) o direito do particular à reparação dos prejuízos sofridos será imprescritível.

e) a reparação dos danos sofridos pelo particular só poderá ser realizada por via judicial.

COMENTÁRIOS

✪ **Nota do Autor:** A responsabilidade extracontratual do Estado pode ser definida como a "obrigação de reparar os danos causados a terceiros em decorrência de comportamentos comissivos ou omissivos, materiais ou jurídicos, lícitos ou ilícitos, imputáveis aos agentes públicos"[51].

Alternativa "a". O Estado deverá responder pelo pagamento dos danos morais e materiais, que poderão ser posteriormente cobrados do agente público, em ação de regresso.

Alternativa "c" (responde a alternativa "b") O art. 37, § 6º, da Constituição Federal estabelece que as "pessoas jurídicas de direito público e as de direito privado prestadoras de serviços públicos responderão pelos danos que seus agentes, nessa qualidade, causarem a terceiros, assegurado o direi-

51. DI PIETRO, Maria Sylvia Zanella. *Direito administrativo.* 23 ed. São Paulo: Atlas, 2010. p. 643.

to de regresso contra o responsável nos casos de dolo ou culpa". Assim, para haver a responsabilização do Estado não é necessária a perquirição do elemento subjetivo da conduta do agente público, isto é, não é preciso indagar se este agiu com dolo ou culpa, cuidando-se de indagação irrelevante para que o Estado seja obrigado a indenizar a vítima do dano, porque, para tanto, basta o nexo causal entre a conduta do agente e o prejuízo dela decorrente. Entretanto, situação diferente se revela em relação ao agente público, pois a pessoa estatal tem o direito de regresso apenas quando houve a conduta dolosa ou culposa, quer dizer, o agente público só responderá, perante a Administração Pública, se agiu com dolo ou culpa.

Alternativa "d". Quanto à prescrição, o prazo para interposição de ação de indenização em face do Estado – e dos particulares prestadores de serviços públicos – é de **5 anos**, nos termos do art. 1º do Decreto nº 20.910/32 e do art. 1º-C da Lei nº 9.494/97. Havia divergência na doutrina quanto a este prazo, até que o **Superior Tribunal de Justiça** firmou entendimento na posição assinalada, conforme EREsp 1.081.885 – RR.

Alternativa "e". A reparação do dano pode ser feita em **âmbito administrativo**, desde que a **Administração reconheça sua responsabilidade** pelo dano causado, bem como haja **consenso sobre o valor da indenização**.

Alternativa correta: letra "c".

---

127. (Cespe – Técnico Judiciário – Área Administrativa – TRE – BA/2017) Assinale a opção correta a respeito da responsabilidade objetiva do Estado.

a) A responsabilidade objetiva, como qualquer outra modalidade de responsabilização, demanda investigação sobre a existência do elemento culpa na conduta administrativa.

b) A compensação de culpas não é admitida na responsabilização estatal, mesmo na hipótese de ficar demonstrada a culpa concorrente entre um terceiro e o poder público.

c) Ao prestarem serviços públicos, as pessoas jurídicas de direito privado não se sujeitam à responsabilidade objetiva por atos comissivos.

d) A responsabilidade objetiva do Estado se fundamenta na teoria do risco administrativo.

e) Caso o agente estatal pratique conduta lesiva a terceiros fora de suas funções, mas a pretexto de exercê-las, não se caracterizará a responsabilidade civil.

COMENTÁRIOS

Alternativa "b". Quando verificada a **culpa exclusiva da vítima**, a responsabilidade do Estado é afastada. Caso exista culpa concorrente entre a vítima e o Estado, haverá redução do valor da indenização a ser fixada.

Alternativa "c". A responsabilidade objetiva prevista no art. 37, § 6º, da Constituição Federal, aplica-se a todas as **pessoas jurídicas de direito público** e às **pessoas jurídicas de direito privado prestadoras de serviço público**. Portanto, deve-se ficar atento, pois não é privilégio das pessoas da Administração Pública a responsabilidade objetiva e, por outro lado, não todas as pessoas administrativas que a ela se submetem. Em relação às **pessoas jurídicas de direito privado**, sejam da Administração Pública ou não, somente haverá responsabilidade objetiva se forem prestadoras de serviço público e em relação aos danos decorrentes da prestação do serviço público. Assim, as concessionárias e permissionárias de serviço público respondem objetivamente pelos danos que seus agentes causarem relacionados à prestação do serviço público.

Alternativa "d" (responde a alternativa "a). Nos termos do art. 37, § 6º, da Constituição Federal, a responsabilidade do Estado brasileiro é objetiva, tendo sido adotada a teoria do risco administrativo. Muito embora a responsabilidade seja, de fato, objetiva, isto é, prescinde da demonstração de culpa, a teoria do risco abriga **situações capazes de excluir a responsabilidade estatal**, porque há **exclusão do nexo de causalidade**. São as chamas **excludentes da responsabilidade objetiva** da Administração pública. São elas: culpa exclusiva da vítima, caso fortuito e força maior e culpa exclusiva de terceiro.

Alternativa "e". Caso o agente estatal pratique conduta lesiva a terceiros fora de suas funções, mas a pretexto de exercê-las, restará caracterizada a responsabilidade do Estado. Nesse sentido, por exemplo, mesmo se o agente não estiver no estrito desempenho da função, mas se usar equipamento próprio dela como, por exemplo, viatura ou arma, poderá ser caracterizada a responsabilidade do Estado, conforme destaca Irene Patrícia Nohara, colacionando, dentre outros, julgado do STF (RE 213.525), no qual se reconheceu a responsabilidade estatal por ato ilícito praticado por policial militar de folga, com o uso de revólver da corporação[52].

Alternativa correta: letra "d".

---

128. (Cespe – Técnico Judiciário – Área Administrativa – TRE – PE/2017) A responsabilidade do Estado por conduta omissiva

a) é objetiva, dispensando-se, para sua caracterização, a demonstração de culpa, exigindo-se, para tal, apenas a demonstração do dano.

52. *Direito administrativo*. 2. ed. São Paulo: Atlas, 2012. p. 750-751.

b) é objetiva, dispensando-se, para sua caracterização, a demonstração de culpa, mas exigindo-se, para isso, demonstração de nexo de causalidade entre a conduta e o dano.

c) caracteriza-se mediante a demonstração de culpa, dispensando-se, para tal, a demonstração de dano.

d) caracteriza-se mediante a demonstração de culpa, de dano e de nexo de causalidade.

e) é descabida.

COMENTÁRIOS

Nota do Autor: Na responsabilidade por omissão não há como, objetivamente, fazer a conexão entre a conduta do Estado e o dano causado, pois **não há conduta estatal**. O Estado será responsabilizado quando tinha o **dever de agir** para impedir o resultado e não atuou e, por isso, será necessário demonstrar a falha na atuação.

Alternativa "d" (responde as demais alternativas). Haverá o reconhecimento da **responsabilidade subjetiva** do Estado por culpa anônima, em razão da ***faute du service***, isto é, da **culpa do serviço**. É considerada de cunho subjetivo, pois deve ser demonstrada a culpa da Administração (e não do agente), que se verifica quando o serviço não existe (e deveria), funciona inadequadamente ou funciona atrasado, além do prejuízo causado e do nexo de causalidade. Ainda assim, não são unânimes a doutrina e a jurisprudência em considerar a responsabilidade por omissão como subjetiva, mas é possível se afirmar que a **doutrina majoritária** e a **tendência da jurisprudência** (inclusive do STF) são no sentido da responsabilidade subjetiva, salvo quando se tratar de omissão de dever específico, o que configura responsabilidade objetiva para o STF.

Alternativa correta: letra "d".

---

129. (Consulplan – Técnico Judiciário – Área Administrativa – TRE – RJ/2017) A Constituição da República Federativa do Brasil trata da responsabilidade civil do Estado principalmente em seu Artigo 37, §6°. Assinale, a seguir, a teoria que traz a regra acerca da responsabilidade civil do Estado no Brasil.

a) Teoria do Risco Administrativo.

b) Teoria da Culpa Administrativa.

c) Teoria da Responsabilidade Administrativa Integral.

d) Teoria da Responsabilidade com culpa civil comum do Estado.

COMENTÁRIOS

Alternativa "a" (responde a alternativa "c"). Com a superação das teorias subjetivistas, passou a ser reconhecida a responsabilidade objetiva do Estado, para a qual a responsabilização por danos decorrentes de conduta da Administração Pública independe da demonstração de culpa, bastando comprovar (a conduta) o dano e o nexo. Esta teoria se baseia no risco e na solidariedade social, porque o Estado, no exercício de suas atividades, tem grande probabilidade de causar dano ao administrado. A teoria do risco desdobra-se em duas teorias: **teoria do risco administrativo**, na qual se vislumbra a responsabilidade objetiva do Estado, admitindo-se, entretanto, causas excludentes da responsabilidade, como nas hipóteses de caso fortuito, força maior, culpa exclusiva da vítima e culpa exclusiva de terceiro; **teoria do risco integral**, pela qual o Estado é objetivamente responsável pelos danos que causar aos administrados, não se admitindo, todavia, excludentes de responsabilidade. Neste caso, subsiste a responsabilidade estatal ainda que haja culpa exclusiva da vítima. O Estado brasileiro adotou, como regra, a teoria do risco administrativo, para a qual a responsabilidade do Estado é objetiva, admitindo excludentes de responsabilidade, mas há quem sustente que, excepcionalmente, admite-se a aplicação da teoria do risco integral e, normalmente, apontam como exemplos o dano causado por **acidente nuclear** (art. 21, XXIII, "d", CF) e os danos decorrentes de **atos terroristas, atos de guerra ou de eventos correlatos, contra aeronaves de empresas brasileiras**, nos termos da Lei nº 10.309/01 e da Lei nº 10.744/03.

Alternativa "b". Pela teoria da culpa administrativa ou culpa do serviço, não importa indagar sobre dolo ou culpa do agente público, pois o que interessava era a culpa do serviço (*faute du service)* e não a culpa individual do agente. Ocorre a culpa do serviço quando o serviço é inexistente, quando devia existir, ou funciona inadequadamente ou funciona atrasado. Apesar da previsão da responsabilidade objetiva no texto constitucional, a teoria da culpa administrativa é usada para se responsabilizar o Estado nos casos de omissão.

Alternativa "d". A responsabilidade civil do Estado, tal qual se estuda nos dias atuais, não se concebeu prematuramente. Na verdade, é fruto da maturação histórica e do reconhecimento da personalidade jurídica do Estado. Primeiramente, nos Estados Absolutistas, adotava-se a teoria da irresponsabilidade do Estado. Posteriormente, já no Estado Liberal, passou a ser reconhecida a teoria civilista da culpa, para a qual deveria se distinguir os atos de império dos atos de gestão. Praticados atos de império, não haveria de se responsabilizar o Estado. A responsabilidade incidiria sobre os atos de gestão e desde que o Estado atuasse de maneira culposa. Mais adiante na linha do tempo, adotou-se a teoria da culpa administrativa, não se exigindo mais a diferenciação entre atos de império e atos de gestão. Qualquer deles poderia resultar a responsabilidade do Estado, desde que houvesse falha ou mau funcionamento no serviço. Enfim, à partir de 1946, foi reconhecida no Brasil a teoria do risco administrativo, fundamentando a responsabilidade objetiva do Estado. Esta teoria também foi consagrada no texto constitucional de 1988 e está insculpida no artigo 37, § 6º.

Alternativa correta: letra "a".

---

130. (Cespe – Analista Judiciário – Área Administrativa – TRE – BA/2017) Em caso de acidente de trânsito que envolva automóvel particular e veículo pertencente à administração pública, a comprovação de culpa exclusiva do particular pelos danos causados caracteriza

a) causa excludente da responsabilidade civil do Estado.
b) motivo para a responsabilização do Estado pelos prejuízos, em decorrência das teorias civilistas.
c) causa atenuante da responsabilidade civil do Estado.
d) motivo para que nenhuma das partes envolvidas seja responsabilizada, por se tratar de caso fortuito.
e) motivo para a responsabilização do Estado pelos prejuízos, em decorrência da responsabilidade objetiva.

COMENTÁRIOS

✪ **Nota do Autor:** A Constituição Federal, no art. 37, § 6º, adotou a **teoria do risco administrativo** que, diferentemente da teoria do risco integral, admite excludentes de responsabilidade.

Alternativa "a" (responde as demais alternativas). As causas excludentes de responsabilidade da Administração Pública são as situações que excluem o nexo de causalidade e, portanto, descaracterizam o dever do Poder Público de indenizar as vítimas de prejuízos. São excludentes da responsabilidade objetiva da Administração Pública **o caso fortuito ou a força maior, a culpa exclusiva da vítima e a culpa exclusiva de terceiro.**

Alternativa correta: letra "a".

---

131. (Consulplan – Analista Judiciário – Área Administrativa – TRE – RJ/2017) "Considere que Marvim, servidor efetivo do Tribunal Regional Eleitoral, no exercício de suas funções na 1ª Zona Eleitoral do Município do Rio de Janeiro, tenha agredido fisicamente um eleitor." Baseado na teoria da responsabilidade civil do estado, o advogado do eleitor deverá propor ação de indenização contra

a) a União, somente.
b) o Estado do Rio de Janeiro, somente.
c) o Tribunal Regional Eleitoral e a Zona Eleitoral.
d) o Município do Rio de Janeiro e a Zona Eleitoral.

COMENTÁRIOS

✪ **Nota do Autor:** Não há que se falar em responsabilização do Estado do Rio de Janeiro e do Município, uma vez que a pessoa jurídica a que vinculado o servidor é a União. Neste sentido, o Tribunal Regional Eleitoral é órgão **público** e, desse modo, despersonalizado, não podendo responder pelos danos ocorridos.

Alternativa "a" (responde as demais alternativas). A **responsabilidade do Estado é objetiva** e, assim, não há a necessidade de demonstração de dolo ou culpa para que a vítima seja indenizada, bastando a comprovação do dano e do nexo de causalidade entre este e a conduta estatal. Em relação ao **servidor**, sua **responsabilidade** é de natureza **subjetiva**, pois somente será responsabilizado se agiu com dolo ou culpa. Desse modo, o **Estado responde perante a vítima e, caso haja dolo ou culpa, volta-se contra o servidor, por meio de ação regressiva**. Ainda, em relação à responsabilidade do servidor, o Supremo Tribunal Federal, conforme RE 327.904 e 470.996, decidiu pela impossibilidade de se acionar diretamente o agente público, pois o art. 37, § 6º, da Constituição estabelece dupla garantia: uma, em favor do particular (promover ação indenizatória em face de pessoa jurídica) e, outra, em benefício do servidor (somente responde civil e administrativamente perante a pessoa jurídica a que estiver vinculado). No mesmo sentido, tivemos decisão com repercussão geral (RE nº 1027633) no tema de nº 940 do STF, em que se decidiu: "A teor do disposto no art. 37, § 6º, da Constituição Federal, a ação por danos causados por agente público deve ser ajuizada contra o Estado ou a pessoa jurídica de direito privado prestadora de serviço público, sendo parte ilegítima para a ação o autor do ato, assegurado o direito de regresso contra o responsável nos casos de dolo ou culpa".

Alternativa correta: letra "a".

---

132. (FCC – Analista Judiciário – Área Judiciária – TRE – SP/2017) Suponha que tenha ocorrido o rompimento de uma adutora de empresa prestadora de serviço público de saneamento básico, causando prejuízos materiais a diversas famílias que residem na localidade, as quais buscaram a responsabilização civil da empresa objetivando a reparação dos danos sofridos. De acordo com o regramento constitucional aplicável, referida empresa

a) será responsável pelos danos sofridos pelos moradores desde que comprovada culpa dos agentes encarregados pela operação ou falha na prestação do serviço.

b) sujeita-se, sendo pública ou privada, à responsabilização subjetiva, baseada na teoria da culpa administrativa.

c) não poderá ser responsabilizada pelos prejuízos causados, eis que, em se tratando de responsabilidade subjetiva, o caso fortuito seria excludente da responsabilidade.

d) sujeita-se, ainda que concessionária privada de serviço público, à responsabilização objetiva, que admite, em certas hipóteses, algumas causas excludentes de responsabilidade, como força maior.

e) somente estará sujeita à responsabilização objetiva se for uma empresa pública, aplicando-se a teoria do risco administrativo.

COMENTÁRIOS

Alternativa "d" (responde as demais alternativas). O art. 37, §6º, da Constituição Federal estabelece que as "pessoas jurídicas de direito público e as de **direito privado prestadoras de serviços públicos** responderão pelos danos que seus agentes, nessa qualidade, causarem a terceiros, assegurado o direito de regresso contra o responsável nos casos de dolo ou culpa". Assim, para haver a responsabilização do Estado não é necessária a perquirição do elemento subjetivo da conduta do agente público, isto é, não é preciso indagar se este agiu com dolo ou culpa, cuidando-se de indagação irrelevante para que o Estado seja obrigado a indenizar a vítima do dano, porque, para tanto, basta o nexo causal entre a conduta do agente e o prejuízo dela decorrente. Ademais, é importante destacar que a Constituição Federal, no art. 37, § 6º, adotou a **teoria do risco administrativo** que, diferentemente da teoria do risco integral, admite excludentes de responsabilidade, em razão do caso fortuito ou força maior, culpa exclusiva da vítima e culpa exclusiva de terceiro.

Alternativa correta: letra "d".

---

133. (Cespe – Técnico Judiciário – Área Administrativa – TRE – PI/2016) Se determinado agente de uma sociedade de economia mista estadual, concessionária do serviço de energia elétrica, causar, durante a prestação de um serviço, dano à residência de um particular,

a) a concessionária responderá objetivamente, de acordo com a teoria do risco integral, caso fiquem comprovados o dano causado ao particular, a conduta do agente e o nexo de causalidade entre o dano e a conduta.

b) a concessionária de serviço público poderá responder pelo dano causado ao particular, independentemente da comprovação de culpa ou dolo do agente.

c) haverá responsabilidade subjetiva do estado federado, caso a concessionária de serviço público não tenha condições de reparar o prejuízo causado.

d) será excluída a responsabilidade da concessionária e a do estado federado, caso o particular tenha concorrido para a ocorrência do dano.

e) a concessionária não responderá pelo dano, por não possuir personalidade jurídica de direito público.

COMENTÁRIOS

✪ **Nota do Autor:** Deve-se ficar atento, pois não é privilégio das pessoas da Administração Pública a responsabilidade objetiva e, por outro lado, nem todas as pessoas administrativas a ela se submetem.

Alternativa "a". O Brasil adotou a **teoria do risco administrativo**, uma vez que, muito embora seja objetiva a responsabilidade do Estado, são admitidas excludentes em razão de caso fortuito ou força maior, culpa exclusiva da vítima e culpa exclusiva de terceiro.

Alternativa "b" (responde a alternativa "c"). De fato, se a empresa pública ou a sociedade de economia mista forem prestadoras de serviço público, a responsabilidade será objetiva, por força do art. 37, § 6º, da Constituição Federal. Entretanto, como a titularidade do serviço público é da pessoa política, este transferiu apenas a execução do serviço e deve zelar, fiscalizar para que seja feito de maneira adequada, sendo imperioso que, em caso de inadimplência da concessionária ou permissionária, o Estado responda subsidiariamente[53].

Alternativa "d". Quando verificada a **culpa exclusiva da vítima**, a responsabilidade do Estado é afastada. Caso exista culpa concorrente entre a vítima e o Estado, haverá redução do valor da indenização a ser fixada. Não há que se falar, assim, em exclusão da responsabilidade do Estado por ocorrência de culpa concorrente.

Alternativa "e". O art. 37, §6º, da Constituição Federal estabelece que as "pessoas jurídicas de direito público e as de **direito privado prestadoras de serviços públicos** responderão pelos danos que seus agentes, nessa qualidade, causarem a terceiros, assegurado o direito de regresso contra o responsável nos casos de dolo ou culpa".

Alternativa correta: letra "b".

---

134. (IESES – Analista Judiciário – Área Judiciária – TRE – MA/2015) Assinale a alternativa correta:

a) Ordinariamente, a responsabilidade civil do Estado, por omissão, é classificada como subjetiva ou por culpa.

53. Nesse sentido, por exemplo, REsp n. 738.026 – RJ.

b) No que diz respeito à responsabilidade civil do Estado, adota-se no Brasil a "teoria do risco integral", albergada pela Constituição Federal (artigo 37, § 6º) com vistas a indenizar integralmente as vítimas dos danos causados pelos agentes públicos, independentemente da discussão acerca da culpa.

c) "Cessão de uso" é o contrato administrativo pelo qual o Poder Público atribui a utilização exclusiva de um bem de seu domínio a particular, para que o explore segundo sua destinação específica.

d) Denomina-se "concessão especial de uso" a transferência gratuita da posse de um bem público de uma entidade ou órgão para outro, a fim de que o cessionário o utilize nas condições estabelecidas no respectivo termo, por tempo certo ou indeterminado. Destina-se, precipuamente, a regularizar a ocupação ilegal de terrenos públicos pela população de baixa renda sem moradia.

COMENTÁRIOS

Alternativa "a". O Estado responde, também, por sua omissão. Na responsabilidade por omissão não há como, objetivamente, fazer a conexão entre a conduta do Estado e o dano causado, pois não há conduta estatal. O Estado será responsabilizado quando tinha o dever de agir para impedir o resultado e não atuou e, por isso, será necessário demonstrar a falha na atuação. Haverá o reconhecimento da responsabilidade subjetiva do Estado por culpa anônima, em razão da **culpa do serviço (*faute du service*)**. É de cunho subjetivo, pois deve ser demonstrada a culpa da Administração (não do agente) e se verifica a culpa do serviço quando o serviço não existe (e deveria), funciona inadequadamente e funciona atrasado. É o que ocorre na hipótese das chuvas, pois aliado ao evento da natureza há a omissão do Poder Público de realizar com eficiência os serviços de limpeza de bueiros e galerias de águas pluviais.

Alternativa "b". O Brasil adotou a **teoria do risco administrativo**, uma vez que, muito embora seja objetiva a responsabilidade do Estado, são admitidas excludentes em razão de caso fortuito ou força maior, culpa exclusiva da vítima e culpa exclusiva de terceiro, o que não ocorre na **teoria do risco integral.**

Alternativa "c". A **cessão de uso** é a transferência da posse de um bem público de uma entidade ou órgão para outro, de forma gratuita, para que o cessionário o utilize, por tempo certo e determinado, nas condições estabelecidas no termo[54]**"**.

Alternativa "d". A concessão de direito real de uso, nos termos do art. 7º, do Decreto-Lei nº 271/67, pode ser instituída para conceder o "uso de terrenos públicos ou particulares, remunerada ou gratuita, por tempo certo ou indeterminado, como direito real resolúvel, para fins específicos de regularização fundiária de interesse social, urbanização, industrialização, edificação, cultivo da terra, aproveitamento sustentável das várzeas, preservação das comunidades tradicionais e seus meios de subsistência ou outras modalidades de interesse social em áreas urbanas".

Alternativa correta: letra "a".

15. CONTROLE DA ADMINISTRAÇÃO PÚBLICA

- CF, art. 5º LXVIII, LXIX, LXX, LXXI, LXXII, LXIII e LXXVII
- CF, artigos 50 e 58
- CF, artigos 70, 71 e 74
- CF, art. 103
- CF, art. 129, II
- Lei nº 12.016/09
- Lei nº 7.347/85
- Lei nº 4.717/65

135. (Cespe – Técnico Judiciário – Área Administrativa – TRE – BA/2017) Acerca do controle exercido pelos tribunais de contas sobre o Poder Executivo, assinale a opção correta.

a) A fiscalização exercida pelos tribunais de contas dispensa a existência de controle interno nos órgãos públicos.

b) As decisões dos tribunais de contas que resultarem em imputação de débito ou multa terão eficácia de título executivo.

c) Os tribunais de contas têm competência para apreciar a legalidade dos atos de admissão de pessoal, incluindo nomeações para cargo de provimento em comissão.

d) O controle externo é exercido exclusivamente pelos tribunais de contas.

e) A fiscalização exercida pelos tribunais de contas restringe-se ao aspecto legal dos atos públicos.

COMENTÁRIOS

Alternativa "a". Nos termos do art. 70 da Constituição Federal, a "fiscalização contábil, financeira, orçamentária, operacional e patrimonial da União e das entidades da administração direta e indireta, quanto à legalidade, legitimidade, economicidade, aplicação das subvenções e renúncia de receitas, será exercida pelo Congresso Nacional, mediante controle externo, **e pelo sistema de controle interno de cada Poder**".

54. MEIRELLES, Hely Lopes. *Direito administrativo brasileiro*. 36. ed. São Paulo: Malheiros, 2010. p. 558.

Alternativa "b". Na forma do art. 71, § 3º, da Constituição Federal, "as decisões do Tribunal de que resulte imputação de débito ou multa terão eficácia de título executivo", sendo dispensável, portanto, a inscrição dos valores correspondentes em Dívida Ativa, uma vez que a própria decisão torna o valor líquido e certo e tem eficácia de título executivo (STJ. REsp 1649985 RJ). **Atenção:** as decisões do Tribunal de Contas das quais resultem imputação de débito ou multa terão eficácia de título executivo extrajudicial, e não judicial. Enfim, destaca-se que a cobrança da dívida decorrente das decisões do TCU deve ser feita pelo ente público beneficiário da condenação, por intermédio de seus procuradores (STF. RE 510.034 AgR).

Alternativa "c". A alternativa está equivocada, pois, na forma do art. 70, III, da Constituição Federal, compete ao Tribunal de Contas da União "apreciar, para fins de registro, a legalidade dos atos de admissão de pessoal, a qualquer título, na administração direta e indireta, incluídas as fundações instituídas e mantidas pelo Poder Público, **excetuadas as nomeações para cargo de provimento em comissão, bem como a das concessões de aposentadorias, reformas e pensões**, ressalvadas as melhorias posteriores que não alterem o fundamento legal do ato concessório".

Alternativa "d". O controle externo de natureza financeira é exercido pelo Congresso Nacional. Entretanto, haverá o auxílio do Tribunal de Contas da União, que é um órgão independente, ou seja, não está subordinado ao Congresso Nacional e, assim, suas decisões não são passíveis de recurso para o Congresso Nacional e, por outro lado, enfatiza-se que o TCU não integra o Poder Judiciário

Alternativa "e". No exercício do controle legislativo, do qual faz parte o controle financeiro, é de **legalidade** e de **mérito**, não se restringindo, pois, a aspectos legais, uma vez que este controle é exercido sobre a: legalidade, legitimidade, economicidade, aplicação das subvenções e renúncia das receitas. Segundo a doutrina, os controles de legitimidade e economicidade são controles de mérito.

Alternativa correta: letra "b".

---

136. (Cespe – Analista Judiciário – Área Judiciária – TRE – MT/2015) Com relação às formas de controle da administração pública, assinale a opção correta.

a) A possibilidade de criação de comissões parlamentares de inquérito constitui exemplo de controle legislativo da administração pública, permitindo que a Câmara dos Deputados e o Senado Federal, de forma autônoma ou em conjunto, investiguem condutas e apliquem penalidades aos responsáveis por atos ilegais.

b) O recurso administrativo pode ser considerado um mecanismo de controle interno, por possibilitar à própria administração a revisão de seus atos, com o objetivo de atender ao interesse público e garantir a observância do princípio da legalidade.

c) O controle dos atos administrativos realizado pela administração pública denomina-se tutela administrativa e possibilita que o próprio ente que produziu o ato avalie sua legalidade, de ofício ou após provocação.

d) O controle externo pode ser conceituado como aquele realizado por autoridade administrativa superior, em grau de recurso hierárquico ou de revisão de ofício do ato administrativo.

e) O controle judicial do ato administrativo não pode avaliar o mérito administrativo, ou seja, não pode reavaliar as condições de fato utilizadas como fundamento para a prática do ato administrativo.

COMENTÁRIOS

✪ **Nota do Autor:** o "**controle administrativo** é um **autocontrole** dentro da Administração Pública"[55]. É "o poder de fiscalização e correção que a Administração (em sentido amplo) exerce sobre sua própria atuação, sob os aspectos de legalidade e mérito, por iniciativa própria ou mediante provocação"[56]. Decorre principalmente do poder de **autotutela,** mas também da própria **tutela,** quando se tratar de entidades da administração indireta.

Alternativa "a". Como previsto no art. 58, § 3º, da Constituição Federal, "as comissões parlamentares de inquérito, que terão poderes de investigação próprios das autoridades judiciais, além de outros previstos nos regimentos das respectivas Casas, serão criadas pela Câmara dos Deputados e pelo Senado Federal, em conjunto ou separadamente, mediante requerimento de um terço de seus membros, **para a apuração de fato determinado** e por prazo certo, sendo suas conclusões, se for o caso, encaminhadas ao Ministério Público, para que promova a responsabilidade civil ou criminal dos infratores". Assim, **não há imposição de penalidades pela CPI**, como erroneamente lançado na alternativa.

Alternativa "b". A expressão **recursos administrativos** é utilizada para se referir a **todo meio disponível ao administrado para provocar o reexame de ato ou decisão administrativa**, fundamentando-se tanto no direito de petição (art. 5º, XXXIV, CF) quanto na garantia da ampla defesa (art. 5º, LV, CF). Os **recursos administrativos** constituem modalidade do **controle administrativo**, e podem ser considerados

---

55. FAGUNDES, Miguel Seabra. *O controle dos atos administrativos pelo poder judiciário*. 8. ed. atualizada por Gustavo Binenbojm. Rio de Janeiro: Forense, 2010. p. 126. Original sem destaque.

56. .DI PIETRO, Maria Sylvia Zanella. *Direito administrativo*. 23. ed. São Paulo: Atlas, 2010. p. 730.

mecanismos de controle interno, por possibilitar à própria administração a revisão de seus atos, com o objetivo de atender ao interesse público e garantir a observância do princípio da legalidade.

Alternativa "c". O controle dos atos administrativos realizado pela administração pública denomina-se **autotutela administrativa** e possibilita que o próprio ente que produziu o ato avalie sua legalidade, de ofício ou após provocação.

Alternativa "d". O **controle externo** é aquele que um Poder exerce sobre o outro, como, por exemplo, o **controle legislativo**, que é exercido pelo Poder Legislativo sobre os atos do Poder Executivo, das entidades da administração indireta e, também, sobre os atos administrativos do Poder Judiciário.

Alternativa "e". Há decisões judiciais reconhecendo a possibilidade de o controle judicial investir no **mérito**, desde que tenha como parâmetro a legalidade do ato, ou seja, "o Judiciário não examina o mérito dos atos da Administração a partir de considerações sobre a sua oportunidade ou conveniência, mas sim relativamente à sua conformação com os princípios constitucionais (...)"[57].

Alternativa correta: letra "b".

---

137. (Cespe – Analista Judiciário – Área Judiciária – TRE-MS/2013) A respeito do controle da administração pública e do processo administrativo, assinale a opção correta.

a) Conforme entendimento do Supremo Tribunal Federal, nos processos perante o Tribunal de Contas da União, asseguram-se o contraditório e a ampla defesa, em quaisquer procedimentos.

b) As contas de prefeito relativas a recursos e convênios com a União são julgadas pelo Tribunal de Contas do estado em que se localiza o município.

c) A competência é irrenunciável e se exerce pelos órgãos administrativos a que foi atribuída como própria, salvo nos casos de delegação e avocação legalmente admitidos, entre os quais a edição de atos de caráter normativo.

d) Em caso de revisão administrativa, o órgão competente para decidir poderá confirmar, modificar, anular ou revogar qualquer decisão a ser revista, se a matéria for de sua competência.

e) A necessidade de obtenção de autorização do Senado Federal para que os estados possam contrair empréstimos externos configura controle preventivo da administração pública.

57. CUNHA JUNIOR, Dirley da. *Curso de direito administrativo*. 8 ed. Salvador: Juspodivm, 2009. p. 642.

COMENTÁRIOS

Alternativa "a". De acordo com o STF, nos termos da **Súmula Vinculante nº 3**, "nos processos perante o TCU asseguram-se o contraditório e a ampla defesa quando da decisão puder resultar anulação ou revogação do ato administrativo que beneficie o interessado, excetuada a apreciação da legalidade do ato de concessão inicial de aposentadoria, reforma e pensão".

Alternativa "b". Na forma do art. 71, II, compete ao **Tribunal de Contas da União**, "julgar as contas dos administradores e demais responsáveis por dinheiros, bens e valores públicos da administração direta e indireta, incluídas as fundações e sociedades instituídas e mantidas pelo Poder Público federal, e as contas daqueles que derem causa a perda, extravio ou outra irregularidade de que resulte prejuízo ao erário público".

Alternativa "c". Apenas o final da alternativa está errado, porque é vedada a delegação da edição de atos de caráter normativo, nos termos do art. 13, I, da Lei nº 9.784/99.

Alternativa "d". A **revisão administrativa** pode ser **feita a qualquer tempo, a pedido ou de ofício,** quando **surgirem fatos novos ou circunstâncias relevantes** suscetíveis de justificar a inadequação da sanção aplicada. De forma diferente do que ocorre no processo administrativo, na **revisão não é possível agravar** a situação do administrado, nos termos do art. 65, da Lei nº 9.784/99.

Alternativa "e". O **controle preventivo** ou **prévio** é o realizado **antes do ato**. Exemplos: autorização do Congresso Nacional para o Presidente da República ausentar-se do país por mais de quinze dias (art. 49, III, CF) e, ainda, a necessidade de obtenção de autorização do Senado Federal para que os estados possam contrair empréstimos externos.

Alternativa correta: letra "e".

16. IMPROBIDADE ADMINISTRATIVA: LEI Nº 8.429/92

---

138. (IBFC – Analista Judiciário – Área Administrativa – TRE – PA/2020) No que diz respeito à Improbidade Administrativa (Lei n° 8.429/1992), analise as afirmativas abaixo.

I. Realizar operação financeira sem observância das normas legais e regulamentares ou aceitar garantia insuficiente ou inidônea.

II. Facilitar ou concorrer por qualquer forma para a incorporação ao patrimônio particular, de pessoa física ou jurídica, de bens, rendas, verbas ou valores integrantes do acervo patrimonial das entidades mencionadas no art. 1° desta Lei.

III. Revelar fato ou circunstância de que tem ciência em razão das atribuições e que deva permanecer em segredo.

IV. Revelar ou permitir que chegue ao conhecimento de terceiro, antes da respectiva divulgação oficial, teor de medida política ou econômica capaz de afetar o preço de mercadoria, bem ou serviço.

Assinale a alternativa correta.

a) A afirmativa I refere-se aos Atos de Improbidade Administrativa que atentam contra os princípios da administração pública

b) A afirmativa III refere-se aos Atos de Improbidade Administrativa que atentam contra os princípios da administração pública

c) A afirmativa II refere-se dos Atos de Improbidade Administrativa que importam enriquecimento ilícito

d) A afirmativa IV refere-se aos Atos de Improbidade Administrativa que causam prejuízo ao erário

COMENTÁRIOS

✪ **Nota do Autor:** Quando da realização do concurso, ainda não estava vigente a Lei nº 14.230/2021, que alterou substancialmente a Lei nº 8.429/1992. .

Alternativa "a". Nos termos do art. 10, VI, da Lei, realizar operação financeira sem observância das normas legais e regulamentares ou aceitar garantia insuficiente ou inidônea é exemplo de ato de improbidade administrativa que causa prejuízo ao erário.

Alternativa "b". Revelar fato ou circunstância de que tem ciência em razão das atribuições e que deva permanecer em segredo era a redação do então vigente art. 11, III, da Lei. A atual redação do dispositivo mantém a conduta como ato de improbidade que atenta contra a Administração Pública, porém acrescentou que é necessário que dela decorra benefício ou coloque em risco a segurança da sociedade e do Estado: "revelar fato ou circunstância de que tem ciência em razão das atribuições e que deva permanecer em segredo, propiciando beneficiamento por informação privilegiada ou colocando em risco a segurança da sociedade e do Estado".

Alternativa "c". Facilitar ou concorrer por qualquer forma para a incorporação ao patrimônio particular, de pessoa física ou jurídica, de bens, rendas, verbas ou valores integrantes do acervo patrimonial das entidades mencionadas no art. 1° desta Lei é, de igual modo, exemplo de ato de improbidade administrativa que causa prejuízo ao erário, na então redação do art. 10, I, da Lei. Atualmente, é a seguinte a redação do dispositivo: "facilitar ou concorrer, por qualquer forma, para a indevida incorporação ao patrimônio particular, de pessoa física ou jurídica, de bens, de rendas, de verbas ou de valores integrantes do acervo patrimonial das entidades referidas no art. 1º desta Lei".

Alternativa "d". Nos termos do art. 11, VII, "revelar ou permitir que chegue ao conhecimento de terceiro, antes da respectiva divulgação oficial, teor de medida política ou econômica capaz de afetar o preço de mercadoria, bem ou serviço" é exemplo de ato de improbidade administrativa que atenta contra os princípios da Administração Pública.

Alternativa correta: letra "b".

---

139. (Cespe – Técnico Judiciário – Área Administrativa – TRE – PE/2017) Um empresário, proprietário de determinada empresa que firmou contrato com o poder público, contribuiu para a prática de ato de improbidade administrativa levado a efeito por servidor público de determinado órgão estatal.

Nessa situação hipotética,

a) o servidor público só estará sujeito ao disposto na Lei de Improbidade Administrativa se pertencer a órgão da administração direta.

b) o empresário só estará sujeito às disposições da Lei de Improbidade Administrativa se o ato de improbidade lhe tiver beneficiado.

c) o servidor só estará sujeito às disposições da Lei de Improbidade Administrativa se tiver sido nomeado para o cargo mediante concurso público.

d) o servidor estará sujeito às disposições da Lei de Improbidade Administrativa ainda que exerça suas funções de forma transitória.

e) o empresário, por não ser agente público, não estará sujeito ao disposto na Lei de Improbidade Administrativa.

COMENTÁRIOS

Alternativa "b" (responde a alternativa "e"). Na forma do artigo 3º da Lei de Improbidade, "As disposições desta lei são aplicáveis, no que couber, àquele que, mesmo não sendo agente público, induza ou concorra dolosamente para a prática do ato de improbidade" Dessa forma, o ato descrito no enunciado pode gerar a responsabilização do terceiro, desde que tenha agido com dolo.

Alternativa "d" (responde as alternativas "a" e "c"). Considera-se agente público "o agente político, o servidor público e todo aquele que exerce, ainda que transitoriamente ou sem remuneração, por eleição, nomeação, designação, contratação ou qualquer outra forma de investidura ou vínculo, mandato, cargo, emprego ou função nas entidades referidas no art. 1º desta Lei", nos termos do art. 2º da Lei nº 8.429/1992.

Alternativa correta: letra "d".

---

140. (Cespe – Analista Judiciário – Área Administrativa – TRE – BA/2017) De acordo com a Lei n.º

8.429/1992 — Lei de Improbidade Administrativa —, servidor público que, utilizando-se do cargo que ocupa, facilitar o enriquecimento ilícito de terceiros, causando prejuízo ao erário, estará sujeito à pena de

a) proibição do recebimento de qualquer benefício até o total ressarcimento do dano.
b) perda dos valores acrescidos ilicitamente ao patrimônio.
c) suspensão da função pública.
d) suspensão dos direitos políticos até o integral ressarcimento do dano ao erário.
e) pagamento de multa civil, cujo valor deve ser equivalente ao valor do dano causado.

COMENTÁRIOS

✪ **Nota do Autor:** Na forma do art. 10, XII, da Lei nº 8.429/92, constitui ato de improbidade administrativa que causa lesão ao erário qualquer ação ou omissão, dolosa ou culposa, que enseje perda patrimonial, desvio, apropriação, malbaratamento ou dilapidação dos bens ou haveres das entidades referidas no art. 1º da lei, e notadamente, "permitir, facilitar ou concorrer para que terceiro se enriqueça ilicitamente".

Alternativa "b" (responde as demais alternativas). Na forma do art. 10, XII, da Lei nº 8.429/92, **constitui ato de improbidade administrativa que causa lesão ao erário "permitir, facilitar ou concorrer para que terceiro se enriqueça ilicitamente", desde que o faça dolosamente.** Quando da realização da prova, as sanções aplicáveis ao caso eram: a) ressarcimento integral do dano; b) perda dos bens ou valores acrescidos ilicitamente ao patrimônio, se concorrer esta circunstância; c) perda da função pública; d) suspensão dos direitos políticos de cinco a oito anos; e) pagamento de multa civil de até duas vezes o valor do dano; f) proibição de celebrar contrato com o Poder Público ou de receber benefícios ou incentivos fiscais ou creditícios, direta ou indiretamente, ainda que por intermédio de pessoa jurídica da qual seja sócio majoritário, pelo prazo de cinco anos. Entretanto, várias foram as alterações introduzidas pela Lei nº 14.230/2021 na Lei nº 8.429/1992 e uma delas foi em relação às penas e, nos termos do art. 12, II, atualmente, as sanções cabíveis à hipótese são: **perda dos bens ou valores acrescidos ilicitamente ao patrimônio, se concorrer esta circunstância, perda da função pública, suspensão dos direitos políticos até 12 (doze) anos, pagamento de multa civil equivalente ao valor do dano e proibição de contratar com o poder público ou de receber benefícios ou incentivos fiscais ou creditícios, direta ou indiretamente, ainda que por intermédio de pessoa jurídica da qual seja sócio majoritário, pelo prazo não superior a 12 (doze) anos.** Dessa maneira, não houve alteração quanto à alternativa "b" e segue correta.

Alternativa correta: letra "b".

141. (FCC - Analista Judiciário - Área Judiciária - TRE - SP/2017) Considere a seguinte situação hipotética: Cristiana, Diretora de uma autarquia federal, foi condenada, em primeira instância, pela prática de ato de improbidade administrativa. Segundo o entendimento do magistrado, Cristiana, ao determinar a contratação direta de cinco servidores para integrarem os quadros da entidade, frustrou a licitude de concurso público. Inconformada com a condenação, Cristiana interpôs recurso ao Tribunal competente. Nos termos da Lei nº 8.429/1992, para que seja afastada a caracterização do ato ímprobo, é necessário, dentre outros requisitos, a comprovação da ausência de

a) dolo.
b) prejuízo ao erário.
c) enriquecimento ilícito.
d) culpa.
e) benefícios indevidos aos servidores contratados.

COMENTÁRIOS

✪ **Nota do Autor:** De acordo com o art. 11, V, da Lei nº 8.429/92, constitui ato de improbidade administrativa que atenta contra os princípios da administração pública, notadamente, "frustrar a licitude de concurso público".

Alternativa "a" (responde as demais alternativas). Com a nova redação do art. 11 da Lei nº 8.429/1992 o rol de condutas nele estabelecido passou a ser taxativo e não mais exemplificativo e, assim, somente configurará ato de improbidade caso a situação se amolde a alguma das previsões constantes dos seus incisos. Nesse sentido, a conduta de Cristiana pode configurar ato de improbidade que atenta contra a Administração Pública, desde que ela tenha agido com a intenção de obter benefício, nos termos do inciso V, que tem a seguinte redação: "frustrar, em ofensa à imparcialidade, o caráter concorrencial de concurso público, de chamamento ou de procedimento licitatório, com vistas à obtenção de benefício próprio, direto ou indireto, ou de terceiros". Essa categoria de ato de improbidade nem sempre causará prejuízo ao erário, da mesma forma que não é necessário o enriquecimento ilícito do servidor. Portanto, para afastar a configuração do ato como de improbidade administrativa, deve Cristiana comprovar a ausência de dolo porque, atualmente, nenhuma modalidade de ato ímprobo configura-se sem dolo, definido na lei como "a vontade livre e consciente de alcançar o resultado ilícito tipificado nos arts. 9º, 10 e 11 desta Lei, não bastando a voluntariedade do agente" (art. 1º, §2º).

Alternativa correta: letra "a".

Direito Administrativo

Leandro Bortoleto

✦ DICAS (RESUMO)

1. CONCEITO E FONTES DO DIREITO ADMINISTRATIVO

- O direito administrativo é o "conjunto harmônico de princípios jurídicos que regem os órgãos, os agentes e as atividades públicas tendentes a realizar concreta, direta e imediatamente os fins desejados pelo Estado"[1].
- A principal fonte do direito administrativo é a lei, mas deve ser concebida em sentido amplo, isto é, abrange todos os atos legislativos. Nesse sentido, além das leis ordinárias, complementares e delegadas, inclui, ainda, as medidas provisórias, os decretos legislativos, as resoluções legislativas, a Constituição Federal, as Emendas à Constituição, as Constituições estaduais, a Lei Orgânica do Distrito Federal e as Leis Orgânicas dos Municípios. São as chamadas fontes primárias. De todos os atos legislativos apontados, por óbvio, a Constituição Federal é a principal fonte, na qual há diversos dispositivos aplicados ao direito administrativo (por exemplo, arts. 5º, 21, 23, 37).
- A jurisprudência em regra, é dotada de caráter orientador, mas há casos em que tem força vinculante. Exemplos: as decisões proferidas pelo STF na ação direta de inconstitucionalidade, na ação declaratória de constitucionalidade (CF, art. 102, § 2º) e a súmula vinculante.
- **Art. 22 da LINDB (Lei nº 13.655/2018)**: o art. 22 da LINDB determina que sejam considerados os obstáculos e dificuldades do gestor e as exigências das políticas públicas na interpretação das normas sobre gestão pública, sem prejuízo dos direitos dos administrados. Tal disposição, segundo Irene Patrícia Nohara[2], trata do primado da realidade, que não pode servir, todavia, para obstar a realização do direito, mas sim ser aplicado para que se considere a "circunstância contextual de exigência de cumprimento da determinação contida no texto normativo".

1 *Direito administrativo brasileiro*. 36. ed.São Paulo: Malheiros, 2010. p. 40.

2 NOHARA, Irene Patrícia. *LINDB*: Lei de Introdução às Normas do Direito Brasileiro, hermenêutica e novos Parâmetros ao Direito Público. Curitiba: Juruá, 2018.

2. REGIME JURÍDICO ADMINISTRATIVO

- Os ***princípios são normas*** e vinculam a Administração Pública. STF (RE 579.951): a vedação do "nepotismo não depende de lei formal para coibir a prática. Proibição que decorre diretamente dos princípios contidos no art. 37, *caput*, da Constituição Federal".
- O ***regime jurídico administrativo é o conjunto de princípios*** que confere ***prerrogativas*** e impõe ***sujeições*** à Administração Pública. É a interação de dois polos opostos. Por isso, o uso das expressões bipolaridade do direito administrativo[3] ou binômio[4] do direito administrativo.
- Síntese dos princípios da Administração Pública[5]:

PRINCÍPIOS DA ADMINISTRAÇÃO PÚBLICA	
Supremacia do interesse público	• prerrogativa • interesse público prevalece sobre privado • interesse público primário
Indisponibilidade do interesse público	• sujeição • interesse público é indisponível
Legalidade	• atuação de acordo com a lei e o direito • esfera pública: não vigora autonomia da vontade
Impessoalidade	• busca da finalidade pública • atos imputados à Administração: imputação • proibição de promoção pessoal
Moralidade	• honestidade, boa-fé, lealdade, padrões morais e éticos

3 DI PIETRO, Maria Sylvia Zanella. *Direito administrativo*. 25. ed. São Paulo: Atlas, 2012. p. 62.

4 Fernando Garrido Fala apud Celso Antônio Bandeira de Mello (*Curso de direito administrativo*. 27. ed. São Paulo: Malheiros, 2010. p. 56).

5 BORTOLETO, Leandro. *Direito administrativo*. Salvador: Juspodivm, 2012. p. 50.

PRINCÍPIOS DA ADMINISTRAÇÃO PÚBLICA	
Publicidade	• transparência; publicação dos atos administrativos
Eficiência	• rendimento; atuação eficiente; organização eficiente
Continuidade do serviço público	• serviço público não pode parar Exceções: poderá ser interrompido quando baseado em razões de ordem técnica ou segurança das instalações e na hipótese de inadimplência do usuário (neste caso, a interrupção não poderá ter início na sexta-feira, sábado ou domingo, nem feriado ou dia anterior ao feriado, conforme art. 6º, §4º
Autotutela	• administração anula e revoga seus próprios atos
Tutela ou controle	• administração direta controla finalidade da administração indireta
Especialidade	• criação de pessoa específica para atuação específica
Presunção de legitimidade	• regra: ato administrativo é legal • produz efeitos até ser extinto
Controle judicial dos atos administrativos	• sistema de jurisdição única
Segurança jurídica	• aspecto objetivo: princípio da segurança jurídica. Tentativa de preservação do ato. Nova interpretação não retroage • aspecto subjetivo: princípio da proteção à confiança. Expectativa do administrado de que Administração respeitará os atos por ela praticados. • Os arts. 23, 24, 26 e 30 da LINDB (inseridos pela Lei nº 13.655/2018) reforçam a necessidade de se buscar a segurança jurídica no âmbito da Administração Pública.
Motivação ou fundamentação	• indicação dos pressupostos de fato e direito • A motivação deverá demonstrar a necessidade e adequação da medida imposta ou da invalidação do ato, contrato, ajuste, processo ou norma administrativa, indicando se a alternativa encontrada é superior às demais alternativas (art. 20, parágrafo único, LINDB).
Razoabilidade	• meios devem ser adequados aos fins do ato • utilidade, necessidade, proporcionalidade • O art. 21 da LINDB, inserido pela Lei nº 13.655/2018, trata da aplicação da razoabilidade nos impactos da decisão administrativa[6] ao estabelecer que a decisão que invalidar ato, contrato, ajuste, processo ou norma administrativa, deverá indicar suas consequências jurídicas e administrativas, de modo expresso.
Hierarquia	• coordenação, organização, delegação, avocação

3. ADMINISTRAÇÃO PÚBLICA E TERCEIRO SETOR

- ***Função administrativa***: exercida pelo Poder Executivo, de forma típica, e pelo Poder Legislativo e pelo Poder Judiciário, de maneira atípica.
- ***Administração Pública***: conjunto de pessoas jurídicas, órgãos públicos e agentes públicos que realizam a atividade administrativa, consistente em serviços públicos, fomento, polícia administrativa e intervenção.
- Administração Pública em ***sentido amplo***: engloba a atividade política e a atividade administrativa, incluindo tanto os órgãos governamentais quanto os órgãos administrativos. Administração Pública em ***sentido estrito***: corresponde, exclusivamente, à função administrativa exercida pelos órgãos administrativos. Subdivide-se em: a) ***sentido subjetivo***, formal ou orgânico (conjunto de pessoas jurídicas, órgãos públicos e agentes públicos que realizam a atividade administrativa; quem faz a atividade administrativa); b) ***sentido objetivo***, material ou funcional (é a atividade administrativa, que compreende o serviço público, a polícia administrativa, o fomento e a intervenção; o que é realizado).
- Há várias formas de desempenho da atividade administrativa[7]:

6 NOHARA, Irene Patrícia. *LINDB*: Lei de Introdução às Normas do Direito Brasileiro, hermenêutica e novos Parâmetros ao Direito Público. Curitiba: Juruá, 2018.

7 BORTOLETO, Leandro. *Direito administrativo*. Salvador: Juspodivm, 2012. p. 69.

FORMAS DE DESEMPENHO DA ATIVIDADE ADMINISTRATIVA	
Concentrada (concentração)	• atividade é realizada por um único órgão • pessoa jurídica sem divisão interna
Desconcentrada (desconcentração)	• atividade é realizada por vários órgãos • pessoa jurídica com divisão interna • distribuição interna de competência
Centralizada (centralização)	• atividade é realizada diretamente pela pessoa política, por meio de seus órgãos
Descentralizada (descentralização)	• atividade é realizada por outra pessoa jurídica • distribuição externa de competência

- ***Administração direta***: conjunto de órgãos que compõem a pessoa política.
- ***Administração indireta***: conjunto das pessoas administrativas, com personalidade de direito público ou de direito privado, patrimônio próprio e autonomia administrativa, vinculadas à administração direta, criadas para o desempenho de determinada atividade administrativa.
- Classificação dos órgãos públicos:
  - ***a)*** ***Quanto à posição estatal ou hierarquia***: ***independentes*** (representam as funções principais do Estado; não estão subordinados a nenhum outro); ***autônomos (***estão ***situados abaixo dos órgãos independentes;*** possuem autonomia administrativa, financeira e técnica.); ***superiores (***subordinados aos autônomos e independentes; possuem poder de direção, mas não têm autonomia administrativa nem financeira); ***subalternos*** (***possuem pequeno poder de decisão;*** atividades de execução).
  - ***b)*** ***Quanto à estrutura***: ***simples (***não se subdividem em outros); ***compostos***: (subdividem-se em outros órgãos)
  - ***c)*** ***Quanto à atuação funcional ou composição***: ***singulares ou unipessoais*** (a atuação do órgão é realizada de acordo com a decisão de um único agente); ***coletivos ou pluripessoais (***a atuação do órgão é decidida por vários agentes).
  - ***d)*** ***Quanto à esfera de atuação***: ***centrais (***atuam em toda a área territorial da pessoa); ***locais*** (atuam apenas em parte do território da pessoa que integram)
- São ***características dos órgãos públicos***: a) criação e extinção por lei; b) resultado da desconcentração; c) despersonalizados; d) não possuem patrimônio próprio; e) não possuem capacidade processual; f) alguns órgãos podem ser parte em processo para defesa de prerrogativa; g) podem celebrar contrato de gestão (denominado contrato de desempenho pela Lei nº 13.934/2019); h) órgãos gestores de orçamento devem ser inscritos no CNPJ.
- Quanto ao contrato de desempenho, a Lei nº 13.934/2019 o conceitua como: "o acordo celebrado entre o órgão ou entidade supervisora e o órgão ou entidade supervisionada, por meio de seus administradores, para o estabelecimento de metas de desempenho do supervisionado, com os respectivos prazos de execução e indicadores de qualidade, tendo como contrapartida a concessão de flexibilidades ou autonomias especiais." Seu objetivo fundamental consiste em promover a melhoria do desempenho do supervisionado, visando, especialmente (art. 5º da Lei nº 13.934/2019):

  I - aperfeiçoar o acompanhamento e o controle de resultados da gestão pública, mediante instrumento caracterizado por consensualidade, objetividade, responsabilidade e transparência;

  II - compatibilizar as atividades do supervisionado com as políticas públicas e os programas governamentais;

  III - facilitar o controle social sobre a atividade administrativa;

  IV - estabelecer indicadores objetivos para o controle de resultados e o aperfeiçoamento das relações de cooperação e supervisão;

  V - fixar a responsabilidade de dirigentes quanto aos resultados;

  VI - promover o desenvolvimento e a implantação de modelos de gestão flexíveis, vinculados ao desempenho e propiciadores de envolvimento efetivo dos agentes e dos dirigentes na obtenção de melhorias contínuas da qualidade dos serviços prestados à comunidade.
- O candidato deve se atentar para não confundir as definições das entidades da administração indireta. Ter personalidade jurídica, patrimônio próprio, autonomia administrativa, submeter-se a controle da administração direta, por exemplo, não identificam nenhuma das pessoas e o que deve ser observado é se a personalidade é de direito público ou de direito privado, se é criada por lei ou se a lei autoriza a criação e qual a atividade desempenhada.

Autarquia	• lei cria; • personalidade de direito público; • atividade típica do Estado.

Fundação Pública	• lei cria (personalidade de direito público) e lei autoriza (personalidade de direito privado); • atividade não exclusiva do Estado (interesse público).
Sociedade de economia mista e Empresa Pública	• lei autoriza; • personalidade de direito privado; • prestação de serviço público ou exploração de atividade econômica.

Lei 13.303/16 (estatuto das estatais) "estatuto jurídico da empresa pública, da sociedade de economia mista e de suas subsidiárias, abrangendo toda e qualquer empresa pública e sociedade de economia mista da União, dos Estados, do Distrito Federal e dos Municípios que explore atividade econômica de produção ou comercialização de bens ou de prestação de serviços, ainda que a atividade econômica esteja sujeita ao regime de monopólio da União ou seja de prestação de serviços públicos" (art. 1º, *caput*).

Exploração de atividade econômica pelo Estado será exercida por meio de empresa pública, de sociedade de economia mista e de suas subsidiárias. Lei precisa indicar de forma clara a presença de relevante interesse coletivo ou imperativo de segurança nacional, nos termos do caput do art. 173 da Constituição Federal.

Depende de autorização legal: criação de empresa pública ou de sociedade de economia mista; criação de suas subsidiárias; participação de qualquer delas em empresa privada, cujo objeto social deve estar relacionado ao da investidora

Empresa pública (art. 3º): entidade dotada de personalidade jurídica de direito privado, com criação autorizada por lei e com patrimônio próprio, cujo capital social é integralmente detido pela União, pelos Estados, pelo Distrito Federal ou pelos Municípios. Podem participar no capital social outras pessoas jurídicas de direito público interno, bem como as entidades da administração indireta da União, dos Estados, do Distrito Federal e dos Municípios, desde que pessoas jurídicas de direito público interno, bem como de entidades da administração indireta da União, dos Estados, do Distrito Federal e dos Municípios.

Sociedade de economia mista (art. 4º): entidade dotada de personalidade jurídica de direito privado, com criação autorizada por lei, sob a forma de sociedade anônima, cujas ações com direito a voto pertençam em sua maioria à União, aos Estados, ao Distrito Federal, aos Municípios ou a entidade da administração indireta.

RE 601392 (tese de repercussão geral): "Os serviços prestados pela Empresa Brasileira de Correios e Telégrafos ECT, inclusive aqueles em que a empresa não age em regime de monopólio, estão abrangidos pela imunidade tributária recíproca (CF, art. 150, VI,a e §§ 2º e 3º)".

RE 599628: (tese de repercussão geral) **"Sociedades de economia mista que desenvolvem atividade econômica em regime concorrencial não se beneficiam do regime de precatórios, previsto no art. 100 da Constituição da República."**

RE 852302: "As sociedades de economia mista prestadoras de serviço público de atuação própria do Estado e de natureza não concorrencial submetem-se ao regime de precatório."

ADPF 387: "É aplicável o regime dos precatórios às sociedades de economia mista prestadoras de serviço público próprio do Estado e de natureza não concorrencial".

AGÊNCIA REGULADORA

- Pessoa da administração indireta, com personalidade de direito público, que exerce a regulação, o controle administrativo, a fiscalização, a disciplina sobre a prestação de um determinado serviço público ou a realização de alguma atividade econômica.
- Estão sendo criadas como autarquias em regime especial.
- Maior autonomia; controle político mitigado
  - Lei nº 13.848/2019: dispõe "sobre a gestão, a organização, o processo decisório e o controle social das agências reguladoras" e, entre outras, modificou a **Lei nº 9.986/00**, que regula a gestão de recursos humanos dessas pessoas jurídicas, configurando-se, assim, o **marco regulatório das agências reguladoras federais. federais**. Referida lei entra em vigor no dia 24/09/2019. Vejamos alguns de seus aspectos:
  - A natureza especial das agências reguladoras caracteriza-se pela (art. 3º, caput, Lei nº 13.848/2019):

Autonomia funcional; Autonomia decisória; Autonomia administrativa; Autonomia financeira; Investidura a termo de seus dirigentes e estabilidade durante os mandatos.

O §2º do mesmo artigo elenca as competências que representam a autonomia administrativa:

I - solicitar diretamente ao Ministério da Economia:

a) autorização para a realização de concursos públicos;
b) provimento dos cargos autorizados em lei para seu quadro de pessoal, observada a disponibilidade orçamentária;
c) alterações no respectivo quadro de pessoal, fundamentadas em estudos de dimensionamento, bem como alterações nos planos de carreira de seus servidores;

II - conceder diárias e passagens em deslocamentos nacionais e internacionais e autorizar afastamentos do País a servidores da agência;

III - celebrar contratos administrativos e prorrogar contratos em vigor relativos a atividades de custeio, independentemente do valor.

- As atividades da agência reguladora devem se dar com observância entre os meios e fins , sendo vedada a imposição de obrigações restrições e sanções superiores às necessárias, ou seja, sua atuação deverá ser proporcional, devendo motivar suas decisões, inclusive a respeito da edição ou não de atos normativos.
- A adoção e propostas de alteração de atos normativos de interesse geral dos agentes econômicos, consumidores ou usuários dos serviços prestados serão precedidas de Análise de Impacto Regulatório, que conterá informações e dados sobre os efeitos do ato normativo.
- O processo de decisão da agência, no tocante à regulação, terá caráter colegiado.
- As minutas e as propostas de alteração de atos normativos de interesse geral dos agentes econômicos, consumidores ou usuários dos serviços prestados serão objeto de consulta pública, que ocorrerá previamente à tomada de decisão pelo conselho diretor ou pela diretoria colegiada. Por ela, a sociedade é consultada por meio do envio de críticas, sugestões e contribuições por quaisquer interessados sobre proposta de norma regulatória aplicável ao setor de atuação da agência (art. 9º).
- Ainda, a agência reguladora, por decisão colegiada, poderá convocar audiência pública para formação do juízo e tomada de decisão sobre matéria considerada relevante (art. 10).
- Possuem grande autonomia em relação à administração direta. Na esfera federal, seus dirigentes são nomeados pelo Presidente da República, após aprovação do nome pelo Senado, têm mandato fixo de 5 anos, sendo vedada a recondução dos diretores após o final do mandato e somente perderão o cargo no caso de renúncia, de decisão judicial transitada em julgado ou de processo administrativo disciplinar. Não ocorre a exoneração ad nutum. Com isso, o controle político exercido sobre a agência é bem diminuto porque o Presidente da República, mesmo se estiver descontente com o presidente de determinada agência, não poderá simplesmente exonerá-lo e substituí-lo. Não há hierarquia ou subordinação em relação à administração direta. Está submetida ao controle administrativo de finalidade, de tutela administrativa.
- Haverá, em cada agência reguladora, 1 ouvidor, que atuará sem subordinação hierárquica, sendo vedada a acumulação com outras funções. São suas atribuições: zelar pela qualidade e pela tempestividade dos serviços prestados pela agência; acompanhar o processo interno de apuração de denúncias e reclamações dos interessados contra a atuação da agência; elaborar relatório anual de ouvidoria sobre as atividades da agência.

O controle externo das agências federais será executado pelo Congresso Nacional, com auxílio do TCU, devendo a agência elaborar relatório anual circunstanciado de suas atividades, nos termos do art. 15 da Lei nº 13.848/2019.

- ***Agência executiva***: é uma qualificação, um título, que é dado a uma autarquia ou a uma fundação pública. São requisitos (art. 51 da Lei nº 9.649/98) a existência de plano estratégico de reestruturação e de desenvolvimento institucional em andamento e a celebração de contrato de gestão (ou de desempenho, conforme Lei nº 13.934/2019) com o ministério supervisor. A qualificação se dá por ato do Presidente da República.
- ***Consórcio público***: está regulado pela Lei nº 11.107/05. Trata-se de uma nova pessoa administrativa que surge da união entre pessoas políticas (União, Estados, Distrito Federal e Municípios). Em um primeiro momento, há o protocolo de intenções, que é uma espécie de ajuste preliminar entre as pessoas políticas, no qual há a definição do objeto do consórcio, quais são seus participantes, qual sua duração, qual a forma de eleição do representante legal. Depois, o protocolo de intenções deve ser publicado na imprensa oficial e, na sequência, ele deve ser ratificado por lei em cada um dos entes consorciados.
- O consórcio público poderá ter personalidade jurídica de direito público ***(associação pública;*** conhecido como ***autarquia interfederativa ou autarquia multifederada)*** ou privado, devendo observar as normas de direito público no que concerne à realização de licitação, à celebração de contratos, à prestação de contas e à admissão de pessoal, que será regido pela CLT (art. 6º, §2º da Lei nº 11.107/2005).
- Em 2019, foi editada a lei nº 13.821, que inseriu um parágrafo único ao art. 14 da Lei nº 11.107/2005: "Para a celebração dos convênios de que trata o **caput** deste artigo, as exigências legais de regularidade aplicar-se-ão ao próprio consórcio público envolvido, e não aos entes federativos nele consorciados".
- ***Contrato de consórcio:*** formaliza a ***constituição*** do consórcio.
- ***Contrato de rateio:*** formaliza a ***entrega de recursos*** dos entes consorciados para o consórcio.
- ***Contrato de programa:*** instrumento usado quando um dos consorciados assumir a ***obrigação de prestar serviço*** por meio de seus órgãos ou entidades. Art. 9º, §4º da Lei nº 11.107/2005: "Aplicam-se aos convênios de cooperação, no que couber, as disposições desta Lei relativas aos consórcios públicos".

- ***Extinção do contrato de consórcio público (art. 12):*** dependerá de instrumento aprovado pela assembleia geral, ratificado mediante lei por todos os entes consorciados.
- ***Alteração do contrato de consórcio público (art. 12-A):*** dependerá de instrumento aprovado pela assembleia geral, ratificado mediante lei pela maioria dos entes consorciados.

TERCEIRO SETOR

- Marco regulatório: Lei 13.019/14. Disposições da nova lei não se aplicam às organizações sociais, reguladas pela Lei nº 9.637/98, nos termos do art. 3º, III. Quanto às organizações da sociedade civil, objeto da Lei nº 9.790/99, as disposições aplicam-se, no que couber.

Parcerias são formalizadas:

a) **quando houver transferência de recursos**: **termo de colaboração** (para a realização de atividades de interesse público propostas pela Administração Pública, nos termos do art. 16) e por **termo de fomento** (para a realização de atividades de interesse público propostas pela organização da sociedade civil, conforme o art. 17); em ambos os casos: exigência de escolha da entidade do Terceiro Setor por meio de um processo seletivo denominado Chamamento Público, salvo as exceções previstas em lei;

b) **quando não houver transferência de recursos**: **acordo de cooperação**.

- ***Organização social (OS) e Organização da Sociedade Civil de Interesse Público (Oscip)***: são entidades civis sem fins lucrativos, integrantes do setor privado, que recebem a qualificação do Poder Público. Oscip: deve estar em funcionamento regular há, no mínimo, 3 anos.
- ***Não podem ser qualificadas como Oscip*** (art. 2º da Lei nº 9.790/1999)***:***
  a) sociedades comerciais;
  b) sindicatos, associações de classe ou de representação de categoria profissional;
  c) instituições religiosas ou voltadas para a disseminação de credos, cultos, práticas e visões devocionais e confessionais;
  d) organizações partidárias e assemelhadas, inclusive suas fundações;
  e) entidades de benefício mútuo destinadas a proporcionar bens ou serviços a um círculo restrito de associados ou sócios;
  f) entidades e empresas que comercializam planos de saúde e assemelhados;
  g) instituições hospitalares privadas não gratuitas e suas mantenedoras;
  h) escolas privadas dedicadas ao ensino formal não gratuito e suas mantenedoras;
  i) organizações sociais;
  j) cooperativas;
  k) fundações públicas;
  l) fundações, sociedades civis ou associações de direito privado criadas por órgão público ou por fundações públicas;
  m) organizações creditícias que tenham qualquer tipo de vinculação com o sistema financeiro nacional a que se refere o art. 192 da Constituição Federal.
- Diferenças entre OS e Oscip: a) a OS opera a absorção de determinada atividade que o Estado esteja fazendo e, com frequência, leva à extinção do órgão público que realizava a mesma atividade e, por outro lado, a Oscip representa verdadeira parceria e não há extinção de órgãos; b) a outorga da qualificação é ato discricionário na OS e ato vinculado na Oscip; c) o vínculo na OS é contrato de gestão e na Oscip é termo de parceria; d) na OS, há exigência de que tenha a presença de representantes do poder público no órgão de administração, o que não ocorre com a Oscip; e) no caso de desqualificação, os bens adquiridos com recursos públicos serão revertidos ao Poder Público, no caso da OS e, se for Oscip, será transferida à outra Oscip, de preferência, na mesma área de atuação.
- **Organizações gestoras de fundos patrimoniais:** No ano de 2019, foi editada a Lei nº 13.800, que trata das organizações gestoras de fundos patrimoniais. Segundo a lei, referidos fundos serão geridos e administrados por organização gestora de fundos patrimoniais, instituição privada sem fins lucrativos, "instituída na forma de associação ou de fundação privada com o intuito de atuar exclusivamente para um fundo na captação e na gestão das doações oriundas de pessoas físicas e jurídicas e do patrimônio constituído" (art. 2º, II).
- Sistematização da Administração Pública e do Terceiro Setor[8]:

ADMINISTRAÇÃO PÚBLICA	
ADMINISTRAÇÃO INDIRETA	**ADMINISTRAÇÃO DIRETA**
Conjunto das pessoas administrativas, com personalidade de direito público ou de direito privado, patrimônio próprio e autonomia administrativa, vinculadas à administração direta, criadas para o desempenho de determinada atividade administrativa	Conjunto dos órgãos públicos que integram as pessoas jurídicas políticas
	Pessoas jurídicas de direito público
	União, Estados, Distrito Federal e Municípios

8 BORTOLETO, Leandro. *Direito administrativo*. Salvador: Juspodivm, 2012. p. 106.

ADMINISTRAÇÃO PÚBLICA	
ADMINISTRAÇÃO INDIRETA	**ADMINISTRAÇÃO DIRETA**
Autarquia: direito público Agência reguladora: autarquia em regime especial Agência Executiva: autarquia que recebeu a qualificação (contrato de gestão)	–
Fundação Pública: direito público ou direito privado Agência Executiva: fundação pública que recebeu a qualificação (contrato de gestão)	
Empresa Pública: direito privado; prestadora de serviço público ou exploradora de atividade econômica	–
Sociedade de Economia Mista: direito privado; prestadora de serviço público ou exploradora de atividade econômica	
Consórcio Público: direito público (associação pública) ou direito privado	

TERCEIRO SETOR
Pessoas jurídicas de direito privado, sem fins lucrativos, pertencentes ao setor privado, que desenvolvem atividade de interesse público.
Marco regulatório (Lei nº 13.019/14): parcerias firmadas por: a) termo de fomento ou por termo de colaboração, quando envolverem transferência de recursos financeiros; entidades são escolhidas por meio de chamamento público, exceto os casos de dispensa e inexigibilidade; b) acordo de cooperação, quando não envolver transferência de recursos financeiros.
Serviço social autônomo
Entidade de apoio
Organização Social (OS) Vínculo jurídico com a administração direta: contrato de gestão
Organização da Sociedade Civil de Interesse Público (Oscip) Vínculo jurídico com a administração direta: termo de parceria

4. AGENTES PÚBLICOS: DISPOSIÇÕES CONSTITUCIONAIS

- ***Regime jurídico único***: STF (ADI 2135): foi deferida medida liminar para suspender a eficácia do art. 39, *caput*, da Constituição, por vício formal na aprovação da Emenda nº 19/98, com efeitos *ex nunc*, "subsistindo a legislação editada nos termos da emenda declarada suspensa", mantendo-se, "assim, o então vigente *caput* do art. 39, que tratava do regime jurídico único, incompatível com a figura do emprego público".

Em ação destinada a analisar a inconstitucionalidade de leis complementares de âmbito estadual, que criaram milhares de empregos públicos na Universidade de São Paulo, o Min. Alexandre de Moraes, acompanhado pela maioria dos ministros do STF, entendeu que a CF não excluiu a possibilidade de adoção do regime de emprego público para autarquias. Assim, o art. 39 deveria ser interpretado no sentido de que caberia a cada ente federativo estipular o regime jurídico de seus servidores, escolhendo entre o estatutário ou celetista, tratando-se, pois, de norma de eficácia limitada (ADI 5.615/SP).

- Cronologia do regime jurídico único:

REGIME JURÍDICO ÚNICO								
05/10/1988		**12/12/1990**		**04/06/1998**		**23/02/2000**		**02/08/2007**
CF, art. 39, *caput*		Lei nº 8.112		EC 19, art. 39, *caput*		Lei nº 9.962		ADI 2135
Regime Jurídico Único	➔	RJU Servidores federais	➔	Fim Regime Jurídico Único	➔	Emprego Público União, aut. e fund.	➔	retorno do Regime Jurídico Único

- Síntese sobre concurso público[9]:

<table>
<tr><th colspan="2">CONCURSO PÚBLICO</th></tr>
<tr><td colspan="2">Regra: realização para provimento de cargo efetivo</td></tr>
<tr><td rowspan="3">Exceção: não realização</td><td>- Contratação temporária: necessidade temporária e excepcional interesse público</td></tr>
<tr><td>- Cargo em comissão: existência de lei declarando de livre nomeação e exoneração; atribuições de direção, de chefia e de assessoramento
Pode ser ocupado por ocupante de cargo efetivo (lei definirá casos, condições e percentuais) e por não ocupante. Função de confiança: só ocupante de cargo efetivo</td></tr>
<tr><td>- Agentes públicos de saúde e agentes de combate a endemias</td></tr>
<tr><td colspan="2">Prazo de validade: até 2 anos, prorrogável, uma vez, por igual período</td></tr>
<tr><td colspan="2">Pode ser de provas ou de provas e títulos: natureza e complexidade do cargo</td></tr>
<tr><td colspan="2">Reserva de vagas para deficientes: lei definirá percentual. No âmbito federal, o tema é regulado pelo Decreto nº 9.508/2018.</td></tr>
<tr><td colspan="2">Segundo a Lei nº 13.872/2019, "Fica assegurado à mãe o direito de amamentar seus filhos de até 6 (seis) meses de idade durante a realização de provas ou de etapas avaliatórias em concursos públicos na administração pública direta e indireta dos Poderes da União, mediante prévia solicitação à instituição organizadora".</td></tr>
<tr><td colspan="2">Lei nº 13.656/2018: são isentos de pagamento das inscrições em concursos públicos: (i) os candidatos que pertençam a família inscrita no CadÚnico, cuja renda familiar mensal per capita seja inferior ou igual a meio salário-mínimo nacional; (ii) os candidatos doadores de medula óssea em entidades reconhecidas pelo Ministério da Saúde.</td></tr>
</table>

- O candidato aprovado em concurso possui ***direito subjetivo à nomeação*** ou apenas expectativa de direito?
- Do cotejo das diversas decisões do STJ e da tese fixada pelo STF nos dois julgados paradigmáticos (RE 598.099 e RE 837.311), é possível afirmar que **há o direito subjetivo à nomeação do candidato aprovado em concurso público**:

a) quando for aprovado dentro do número de vagas previsto no edital, exceto se surgir, após a publicação do edital, situação imprevisível e de extrema gravidade que justifique, mediante decisão motivada, a não nomeação dos candidatos por não haver medida menos gravosa a ser adotada;

b) quando for aprovado fora do número de vagas previsto no edital E surgirem novas vagas ou for aberto novo certame durante o prazo de validade do concurso anterior E houver preterição arbitrária e imotivada por parte da Administração (candidato deve demonstrar, de forma cabal, comportamento tácito ou expresso do Poder Público demonstrando a necessidade de nomeação como, por exemplo, a ocorrência de cessão de servidores de outros órgãos públicos).

c) quando for preterido na nomeação por inobservância da ordem de classificação, mesmo que esteja fora do número de vagas previsto no edital.

STF (RE 630.733) **Tese de repercussão geral**: "Inexiste direito dos candidatos em concurso público à prova de segunda chamada nos testes de aptidão física, salvo contrária disposição editalícia, em razão de circunstâncias pessoais, ainda que de caráter fisiológico ou de força maior, mantida a validade das provas de segunda chamada realizadas até 15/5/2013, em nome da segurança jurídica".

Súmula 684 do STF: "É inconstitucional o veto não motivado à participação de candidato a concurso público".

STF (RE 898.450): **Tese de repercussão geral**: "Editais de concurso público não podem estabelecer restrição a pessoas com tatuagem, salvo situações excepcionais, em razão de conteúdo que viole valores constitucionais".

STF (RE 560900/DF): **Tese de repercussão geral**: "Sem previsão constitucionalmente adequada e instituída por lei, não é legítima a cláusula de edital de concurso público que restrinja a participação de candidato pelo simples fato de responder a inquérito ou ação penal".

STF (RE 635.739) **Tese de repercussão geral**: "É constitucional a regra inserida no edital de concurso público, denominada cláusula de barreira, com o intuito de selecionar apenas os candidatos mais bem classificados para prosseguir no certame".

STF (RE 630733 DF) **Tese de repercussão geral**: "Os candidatos em concurso público não têm direito à prova de segunda chamada nos testes de aptidão física em razão de circunstâncias pessoais, ainda que de caráter fisiológico ou de força maior, salvo se houver previsão no edital permitindo essa possibilidade." (fixada em 15/05/2013).

9 BORTOLETO, Leandro. *Direito administrativo*. Salvador: Juspodivm, 2012. p. 142.

STF (RE 1058333 PR) **Tese de repercussão geral**: "É constitucional a remarcação do teste de aptidão física de candidata que esteja grávida à época de sua realização, independentemente da previsão expressa em edital do concurso" (fixada em 21/11/2018).

STF (ADC 41/DF) Reserva de vagas. Tese fixada: "É constitucional a reserva de 20% das vagas oferecidas nos concursos públicos para provimento de cargos efetivos e empregos públicos no âmbito da administração pública direta e indireta".

STJ Súmula 377: "O portador de visão monocular tem direito de concorrer, em concurso público, às vagas reservadas aos deficientes".

STJ Súmula 552: "O portador de surdez unilateral não se qualifica como pessoa com deficiência para o fim de disputar as vagas reservadas em concursos públicos".

- Sistematização dos limites remuneratórios[10]:

<table>
<tr><th colspan="3">LIMITES REMUNERATÓRIOS</th></tr>
<tr><td colspan="3">TETO → subsídio dos Ministros do Supremo Tribunal Federal</td></tr>
<tr><td rowspan="2">SUBTETOS</td><td rowspan="2">ESTADOS E DISTRITO FEDERAL</td><td>Poder Executivo → subsídio do Governador</td></tr>
<tr><td>Poder Legislativo → subsídio dos Deputados Estaduais e Distritais (máximo de 75% do subsídio do Deputado Federal)
Poder Judiciário → subsídio dos Desembargadores do Tribunal de Justiça (90,25% do STF)</td></tr>
<tr><td rowspan="2">SUBTETOS</td><td>ESTADOS E DISTRITO FEDERAL</td><td>• aplicável aos membros do Ministério Público, Procuradores e Defensores Públicos
• não se aplica aos magistrados estaduais, de acordo com o STF
• Estados e DF podem adotar como subteto único este previsto para o Poder Judiciário, desde que haja alteração da Constituição Estadual ou da Lei Orgânica</td></tr>
<tr><td>MUNICÍPIOS</td><td>Subsídio do Prefeito
• Vereadores: regra própria (art. 29, VI, CF)
• Procuradores Municipais: Subsídio de Desembargador do Tribunal de Justiça - 90,25% do STF (STF. Plenário. RE 663696 MG, julgado em 28/02/2019).</td></tr>
</table>

- ADI 6584/DF: Em referida ADI, o Plenário do STF, por maioria, decidiu que o teto constitucional remuneratório não incide sobre os salários pagos por empresas públicas e sociedades de economia mista e suas subsidiárias quando não receberem recursos da Fazenda Pública.
- **STF** (RE 675.978) **Tese de repercussão geral**: "Subtraído o montante que exceder o teto e subteto previsto no artigo 37, inciso XI, da Constituição Federal, tem-se o valor que vale como base para o Imposto de Renda e para a contribuição previdenciária".

Tese de repercussão geral (REs 602043 e 612975) "Nos casos autorizados, constitucionalmente, de acumulação de cargos, empregos e funções, a incidência do artigo 37, inciso XI, da Constituição Federal, pressupõe consideração de cada um dos vínculos formalizados, afastada a observância do teto remuneratório quanto ao somatório dos ganhos do agente público".

Tese de repercussão geral (RE 663696) "A expressão "Procuradores", contida na parte final do inciso XI do art. 37 da Constituição da República, compreende os Procuradores Municipais, uma vez que estes se inserem nas funções essenciais à Justiça, estando, portanto, submetidos ao teto de noventa inteiros e vinte e cinco centésimos por cento do subsídio mensal, em espécie, dos Ministros do Supremo Tribunal Federal".

Na **ADI 6257**, em 18/01/2020, o Min. Dias Toffoli deferiu, *ad referendum* do Plenário, medida cautelar para "dar interpretação conforme ao inciso XI do art. 37, da Constituição Federal, no tópico em que a norma estabelece subteto, para suspender qualquer interpretação e aplicação do subteto aos professores e pesquisadores das universidades estaduais, prevalecendo, assim, como teto único das universidades no país, os subsídios dos Ministros do Supremo Tribunal Federal".

ADI 3854 e 4014: As ADI 3854 e 4014 foram julgadas procedentes, por maioria de votos, para declarar inconstitucional o subteto dos juízes estaduais diferente do teto remuneratório da magistratura federal, por ofensa ao caráter nacional da estrutura judiciária brasileira. Segundo a Constituição Federal e Resoluções do CNJ, o subteto dos juízes estaduais corresponde a 90,25% dos vencimentos dos ministros do STF, e já no ano de 2007, o Plenário havia impedido sua aplicação, para determinar que o teto corresponde ao valor de subsídio dos membros do STF.

Tese de repercussão geral (RE 602.584) "Ocorrida a morte do instituidor da pensão em momento posterior ao da Emenda Constitucional 19/1998, o teto constitucional previsto no inciso XI do artigo 37 da Constituição Federal incide sobre o somatório de remuneração ou provento e a pensão recebida por servidor".

10 BORTOLETO, Leandro. *Direito administrativo*. Salvador: Juspodivm, 2012. p. 147.

- Sistematização da acumulação remunerada de cargos públicos[11]:

<table>
<tr><th colspan="2">ACUMULAÇÃO DE CARGOS, EMPREGOS E FUNÇÕES PÚBLICAS</th></tr>
<tr><td colspan="2">Cargo, função ou emprego público x Cargo, função ou emprego público</td></tr>
<tr><td>REGRA
Proibição de acumulação remunerada</td><td>EXCEÇÕES
Compatibilidade de horários
+
Dois cargos de professor
ou
Um cargo de professor com outro técnico ou científico
ou
Dois cargos ou empregos privativos de profissionais de saúde, com profissões regulamentadas
Obs: deve-se ressaltar que, com a EC nº 101/2019 estabeleceu-se que o militar do Estado e DF também poderá cumular seu cargo com:
a) Um cargo de professor;
b) Cargo da saúde com profissão regulamentada;
c) Com outro cargo técnico e científico.
Atenção! Para os militares das Forças Armadas, só é possível a cumulação com outro cargo na área da saúde (art. 142, §3º, VIII da CF).</td></tr>
<tr><td colspan="2">Cargo, função ou emprego público x Mandato eletivo</td></tr>
<tr><td rowspan="2">Vereador</td><td>Horários compatíveis:
Acumulação</td></tr>
<tr><td>Horários não compatíveis:
Afastamento e escolha da remuneração</td></tr>
<tr><td>Prefeito e Vice-Prefeito</td><td>Afastamento e escolha da remuneração</td></tr>
<tr><td>Presidente da República e Vice, Governador e Vice, Deputados federais, estaduais e distritais e Senadores</td><td>Afastamento, sem escolha da remuneração</td></tr>
<tr><td colspan="2">Proventos x Cargo, função ou emprego público</td></tr>
<tr><td>REGRA
Proibição</td><td>EXCEÇÕES
• Cargo em comissão
• Cargo eletivo
• Cargos acumuláveis</td></tr>
<tr><td colspan="2">Proventos x Proventos</td></tr>
<tr><td>REGRA
Proibição</td><td>EXCEÇÃO
Proventos decorrentes de cargos acumuláveis</td></tr>
</table>

- São ***direitos sociais do servidor público***: a) salário mínimo; b) garantia de salário nunca inferior ao mínimo, para os que percebem remuneração variável; c) décimo terceiro; d) remuneração do trabalho noturno superior à do diurno; e) salário-família; f) duração do trabalho normal não superior a oito horas diárias e quarenta e quatro semanais; g) repouso semanal remunerado; h) remuneração do serviço extraordinário superior, no mínimo, em 50% à do normal; i) férias anuais remuneradas com, pelo menos, um terço a mais do que o salário normal; j) licença à gestante (120 dias); k) licença-paternidade; l) proteção do mercado de trabalho da mulher; m) redução dos riscos inerentes ao trabalho, por meio de normas de saúde, higiene e segurança; n) proibição de diferença de salários, de exercício de funções e de critério de admissão por motivo de sexo, idade, cor ou estado civil.
- ***Direito de greve***: STF (MI 670, 708 e 712): o direito de greve dos servidores públicos civis depende de lei para poder ser exercido, mas, em razão da inércia do legislador em produzir a lei, até que sobrevenha tal norma, fica autorizado o exercício do direito de greve pelos servidores públicos, usando, para tanto, a lei da iniciativa privada (Lei nº 7.783/89), no que couber. Todavia, essa situação é provisória, isto é, uma vez que a lei regulamentadora do art. 37, VII da Constituição Federal entre em vigor, o direito de greve dos servidores públicos não poderá mais ser aplicada a lei da iniciativa privada. O dispositivo constitucional referente ao direito de greve dos servidores aplica-se, em regra, a todas as categorias de servidores, com exceção dos militares, cujo exercício de greve é vedado e, dessa forma, não é considerado norma de eficácia plena para nenhuma categoria, inclusive para os servidores das carreiras de Estado. Aliás, em face do princípio da continuidade do serviço público, restou decidido no MI 708 que pode ser imposto regime de greve mais severo quando se tratar de serviços ou atividades essenciais, nos moldes dos artigos 9º a 11 da Lei nº 7.783/89. Em específico quanto aos policiais civis, na Rcl 6568/SP, que tinha como objeto preservar a competência do Tribunal de Justiça do Estado de São Paulo para dirimir o dissídio referente à greve dos policiais civis, o Min. Eros Grau sustentou a relativização do direito de greve, por não ser absoluto e que "servidores que exercem atividades relacionadas à manutenção da ordem pública e à segurança pública, à administração da Justiça – aí os integrados nas chamadas carreiras de Estado, que exercem atividades indelegáveis, inclusive as de exação tributária – e à saúde pública" sejam privados do direito de greve. Inclusive, no caso dos policiais civis, foi suscitada a questão de ser um movimento armado e não pacífico. Entretanto, a questão não era objeto do processo e, por isso, alguns Ministros não quiseram se posicionar, mas, expressamente, manifestaram-se acompanhando o relator, o Min. Cezar Peluso e o Min. Gilmar Mendes.

Tese de repercussão geral (RE 693456): "A administração pública deve proceder ao desconto dos dias de paralisação decorrentes do exercício do direito de greve pelos servidores públicos, em virtude da suspensão do vínculo funcional que dela decorre, permitida a compensação em caso de acordo. O desconto será,

11 BORTOLETO, Leandro. *Direito administrativo.* Salvador: Juspodivm, 2012. p. 106.

contudo, incabível se ficar demonstrado que a greve foi provocada por conduta ilícita do Poder Público".

- **Greve de policiais civis: Tese de repercussão geral (ARE 654432)**: "(1) o exercício do direito de greve, sob qualquer forma ou modalidade, é vedado aos policiais civis e a todos os servidores públicos que atuem diretamente na área de segurança pública. (2) É obrigatória a participação do Poder Público em mediação instaurada pelos órgãos classistas das carreiras de segurança pública, nos termos do artigo 165 do Código de Processo Civil, para vocalização dos interesses da categoria". Justiça competente: Tese de repercussão geral (RE 846854): "A justiça comum, federal ou estadual, é competente para julgar a abusividade de greve de servidores públicos celetistas da Administração pública direta, autarquias e fundações públicas."
- **Justiça competente:** Tese de repercussão geral (RE 846854): "A justiça comum, federal ou estadual, é competente para julgar a abusividade de greve de servidores públicos celetistas da Administração pública direta, autarquias e fundações públicas."

ESTABILIDADE

Requisitos para a aquisição da estabilidade (art. 41, CF):

a) cargo de provimento efetivo e
b) três anos de efetivo exercício e
c) avaliação de desempenho por comissão instituída para essa finalidade.

Servidor estável **somente perderá o cargo**:

a) em virtude de sentença judicial transitada em julgado;
b) mediante processo administrativo, assegurada a ampla defesa;
c) mediante procedimento de avaliação de desempenho, nos termos de Lei complementar, assegurada a ampla defesa.
d) conforme o art. 169, § 4º, em razão de excesso de despesa.

Reintegração e recondução

> *Art. 37, § 2º Invalidada por sentença judicial a demissão do servidor estável, será ele reintegrado, e o eventual ocupante da vaga, se estável, reconduzido ao cargo de origem, sem direito a indenização, aproveitado em outro cargo ou posto em disponibilidade com remuneração proporcional ao tempo de serviço.*
>
> *§ 3º Extinto o cargo ou declarada a sua desnecessidade, o servidor estável ficará em disponibilidade, com remuneração proporcional ao tempo de serviço, até seu adequado aproveitamento em outro cargo.*

Dispensa de empregado público e motivação

"As empresas públicas e as sociedades de economia mista, sejam elas prestadoras de serviço público ou exploradoras de atividade econômica, ainda que em regime concorrencial, têm o dever jurídico de motivar, em ato formal, a demissão de seus empregados concursados, não se exigindo processo administrativo. Tal motivação deve consistir em fundamento razoável, não se exigindo, porém, que se enquadre nas hipóteses de justa causa da legislação trabalhista" (RE 688267).

- ***Regime próprio de previdência***. É o regime destinado aos servidores titulares de cargo efetivo. Nesse regime, é proibida a existência de critérios diferentes para a concessão de aposentadoria, exceto, nos termos definidos em leis complementares, conforme o art. 40, § 4º, no caso de:

a) servidores com deficiência, em relação aos quais poderão ser estabelecidos, por lei complementar do respectivo ente federativo, idade e tempo de contribuição diferenciados;
b) servidores ocupantes do cargo de agente penitenciário, de agente socioeducativo ou de policial os órgãos de que tratam o inciso IV do caput do art. 51, o inciso XIII do caput do art. 52 e os incisos I a IV do caput do art. 144 (policiais da Câmara e do Senado, policiais federais, policiais rodoviários federais, policiais ferroviários federais e policiais civis), em relação aos quais poderão ser estabelecidos, por lei complementar do respectivo ente federativo, idade e tempo de contribuição diferenciados;
c) servidores cujas atividades sejam exercidas com efetiva exposição a agentes químicos, físicos e biológicos prejudiciais à saúde, ou associação desses agentes, vedada a caracterização por categoria profissional ou ocupação, em relação aos quais poderão ser estabelecidos, por lei complementar do respectivo ente federativo, idade e tempo de contribuição diferenciados;
d) professores, que terão idade mínima reduzida em 5 (cinco) anos em relação às idades decorrentes da aplicação do disposto no inciso III do § 1º do art. 40 da CF/88, desde que comprovem tempo de efetivo exercício das funções de magistério na educação infantil e no ensino fundamental e médio fixado em lei complementar do respectivo ente federativo.

- ***Pensão por morte***:

a) **Servidor federal**: equivalente a 50% do valor da aposentadoria recebida pelo segurado ou servidor ou daquela a que teria direito se fosse aposentado por incapacidade permanente à data do óbito, acrescida de 10% por dependente, até o máximo de 100% (art. 23 da EC nº 103/2019);
b) **Servidor estadual, distrital ou municipal**: aplicam-se as normas constitucionais e infraconstitucionais anteriores à data de entrada em vigor da EC nº 103/2019, enquanto não promovidas alterações na legislação interna relacionada ao respectivo regime próprio de previdência social (Antes da EC nº 103/2019, a CF 88 estabelecia para a pensão: até o valor do limite do regime geral de previdência, a pensão será integral. Se a remuneração ou os proventos do servidor eram superiores ao limite mencionado, a pensão não terá valor integral, pois corresponderá, na verdade, ao valor total até o limite, mais 70% do valor que exceder o limite).

- ***Contribuição:*** União, Estados, DF e Municípios instituirão, por lei, contribuições para custeio de regime próprio de previdência social, cobradas dos servidores ativos, dos aposentados e dos pensionistas, que poderão ter alíquotas progressivas, de acordo com o valor base de contribuição e proventos (art. 149, §1º da CF/88).

- ***Abono de permanência***: servidor titular de cargo efetivo que tenha completado as exigências para aposentadoria voluntária e que opte em permanecer em serviço **poderá** fazer jus a um abono de permanência equivalente, no máximo, ao valor de sua contribuição previdenciária, até completar a idade para aposentadoria compulsória, observados os critérios estabelecidos em lei (art. 40, §19 da CF/88).
- **Salário-maternidade e afastamentos por incapacidade**: serão pagos diretamente pelo ente federativo e não correrão à conta do RPPS ao qual o servidor se vincula (art. 9º da EC nº 103/2019).
- **Cálculo dos proventos de aposentadoria:** As regras para cálculo de proventos de aposentadoria serão disciplinadas em lei do respectivo ente federativo (art. 40, §3º)**. Servidores federais:** Até que lei discipline o cálculo dos benefícios do RPPS da União e do RGPS, será utilizada a média aritmética simples dos salários de contribuição e das remunerações adotadas como base para as contribuições, inclusive das atividades militares de que tratam os arts. 42 e 142 da CF/88, correspondentes a **100%** do período contributivo, desde julho de 1994 (art. 26 da EC nº 103/2019).
- **Valores dos proventos de aposentadoria:** não poderão ser inferiores ao valor mínimo a que se refere o § 2º do art. 201 ou superiores ao limite máximo estabelecido para o Regime Geral de Previdência Social, observado o disposto nos §§ 14 a 16 (art. 40, §2º da CF/88).
- Sistematização da aposentadoria pelo regime próprio:

<table>
<tr><th colspan="3">APOSENTADORIA PELO REGIME PRÓPRIO</th></tr>
<tr><td>Por incapacidade permanente para o trabalho</td><td colspan="2">• no cargo em que estiver investido, quando insuscetível de readaptação, hipótese em que será obrigatória a realização de avaliações periódicas para verificação da continuidade das condições que ensejaram a concessão da aposentadoria, na forma de lei do respectivo ente federativo (art. 40, §1º, I da CF/88). Valor do benefício: a) servidor federal: até que lei discipline o cálculo dos benefícios do regime próprio de previdência social da União, o valor corresponderá a 60% da média aritmética de 100% das contribuições, com acréscimo de 2% para cada ano de contribuição que exceder o tempo de 20 anos de contribuição; o valor do benefício será de 100% da média, quando decorrer de acidente de trabalho, de doença profissional e de doença do trabalho</td></tr>
<tr><td>Compulsória</td><td colspan="2">• proventos proporcionais
• 70 ou 75 anos, nos termos de lei complementar. Lei Complementar nº 152/15: 75 anos para I – os servidores titulares de cargos efetivos da União, dos Estados, do Distrito Federal e dos Municípios, incluídas suas autarquias e fundações; II – os membros do Poder Judiciário; III – os membros do Ministério Público; IV – os membros das Defensorias Públicas; V – os membros dos Tribunais e dos Conselhos de Contas.</td></tr>
<tr><td rowspan="3">Voluntária</td><td colspan="2">• União:
a) 62 anos, se mulher;
b) 65 anos, se homem.
Até que entre em vigor lei federal, os servidores federais serão aposentados após 25 anos de contribuição, desde que cumpridos:
a) 10 anos de efetivo exercício no serviço público;
b) 5 anos no cargo efetivo em que for concedida a aposentadoria.
Estados e Municípios:
– idade mínima estabelecida mediante emenda às respectivas Constituições e Leis Orgânicas, observados o tempo de contribuição e os demais requisitos estabelecidos em lei complementar do respectivo ente federativo.
– enquanto não promovidas alterações na legislação interna relacionada ao respectivo regime próprio de previdência social, aplicam-se às aposentadorias dos servidores dos Estados, do Distrito Federal e dos Municípios as normas constitucionais e infraconstitucionais anteriores à data de entrada em vigor antes da EC nº 103/2019.
Antes da EC nº 103/2019, CF 88 estabelecia:</td></tr>
<tr><td>Integral:
Homem
10 anos de serviço público, e
5 anos no cargo, e
35 anos de contribuição, e
60 anos de idade</td><td>Mulher
10 anos de serviço público, e
5 anos no cargo, e
30 anos de contribuição, e
55 anos de idade</td></tr>
<tr><td>Integral proporcional:
Homem
10 anos de serviço público, e
5 anos no cargo, e
65 anos de idade</td><td>Mulher
10 anos de serviço público, e
5 anos no cargo, e
60 anos de idade</td></tr>
</table>

<table>
<tr><th colspan="3">APOSENTADORIA PELO REGIME PRÓPRIO</th></tr>
<tr><td rowspan="2">Aposentadoria especial</td><td colspan="2">
• Regra: vedada a adoção de requisitos ou critérios diferenciados para concessão de benefícios em RPPS.
• Exceção: art. 40, §§4º-A, 4º-B, 4º-C e 5º da CF/88:
a) servidores com deficiência, previamente submetidos à avaliação biopsicossocial realizada por equipe multiprofissional e interdisciplinar; a eles, poderão ser estabelecidos, por lei complementar do respectivo ente federativo, idade e tempo de contribuição diferenciados. Servidores federais: desde que cumpridos, no caso do servidor, o tempo mínimo de 10 (dez) anos de efetivo exercício no serviço público e de 5 (cinco) anos no cargo efetivo em que for concedida a aposentadoria, será concedida na forma da Lei Complementar nº 142, de 8 de maio de 2013, inclusive quanto aos critérios de cálculo dos benefícios (art. 22 da EC nº 103/2019).
b) ocupantes do cargo de agente penitenciário, de agente socioeducativo ou de policial dos órgãos de que tratam o inciso IV do caput do art. 51, o inciso XIII do caput do art. 52 e os incisos I a IV do caput do art. 144; a eles, poderão ser estabelecidos, por lei complementar do respectivo ente federativo, idade e tempo de contribuição diferenciados. Servidores federais: até que entre em vigor lei federal que discipline os benefícios do regime próprio de previdência social dos servidores da União, policiais civis do Distrito Federal, policiais da Câmara dos Deputados e do Senado Federal, policiais federais, policiais rodoviários federais, policiais ferroviários federais, agentes federais penitenciários ou socioeducativos aposentar-se-ão aos 55 (cinquenta e cinco) anos de idade, com 30 (trinta) anos de contribuição e 25 (vinte e cinco) anos de efetivo exercício em cargo dessas carreiras, para ambos os sexos (art. 10, §2º, I da EC nº 103/2019).
c) servidores cujas atividades sejam exercidas com efetiva exposição a agentes químicos, físicos e biológicos prejudiciais à saúde, ou associação desses agentes, vedada a caracterização por categoria profissional ou ocupação; a eles, poderão ser estabelecidos, por lei complementar do respectivo ente federativo, idade e tempo de contribuição diferenciados. Servidores federais: até que entre em vigor lei federal que discipline os benefícios do regime próprio de previdência social dos servidores da União: aos 60 (sessenta) anos de idade, com 25 (vinte e cinco) anos de efetiva exposição e contribuição, 10 (dez) anos de efetivo exercício de serviço público e 5 (cinco) anos no cargo efetivo em que for concedida a aposentadoria (art. 10, §2º, II da EC nº 103/2019).
Servidores estaduais, distritais e municipais: Aplicam-se às aposentadorias dos servidores dos Estados, do Distrito Federal e dos Municípios as normas constitucionais e infraconstitucionais anteriores à data de entrada em vigor da EC 103/2019, enquanto não promovidas alterações na legislação interna relacionada ao respectivo regime próprio de previdência social (art. 10, §7º e art. 22)
d) Professores: terão as idades exigidas reduzidas em 5 anos, ou seja, 57 anos, se mulher e 60 anos, se homem, desde que comprovem tempo de efetivo exercício das funções de magistério na educação infantil e no ensino fundamental e médio fixado em lei complementar do respectivo ente federativo (art. 40, §5º da CF/88 – com redação dada pela EC nº 103/2019).
Servidores federais: até que entre em vigor lei federal que discipline os benefícios do regime próprio de previdência social dos servidores da União: aos 60 (sessenta) anos de idade, se homem, aos 57 (cinquenta e sete) anos, se mulher, com 25 (vinte e cinco) anos de contribuição exclusivamente em efetivo exercício das funções de magistério na educação infantil e no ensino fundamental e médio, 10 (dez) anos de efetivo exercício de serviço público e 5 (cinco) anos no cargo efetivo em que for concedida a aposentadoria, para ambos os sexos (art. 10, §2º, III da EC nº 103/2019).
Servidores estaduais, distritais e municipais: aplicam-se às aposentadorias dos servidores dos Estados, do Distrito Federal e dos Municípios as normas constitucionais e infraconstitucionais anteriores à data de entrada em vigor desta Emenda Constitucional, enquanto não promovidas alterações na legislação interna relacionada ao respectivo regime próprio de previdência social. Antes da EC nº 103/2019, CF 88 estabelecia:
• requisitos estabelecidos na Constituição
• tempo exclusivo no magistério: infantil, fundamental e médio
</td></tr>
<tr><td>Homem
10 anos de serviço público, e
5 anos no cargo, e
30 anos de contribuição, e
55 anos de idad</td><td>Mulher
10 anos de serviço público, e
5 anos no cargo, e
25 anos de contribuição, e
50 anos de idade</td></tr>
</table>

5. REGIME JURÍDICO DOS SERVIDORES PÚBLICOS

- O ***regime estatutário ou legal*** é aquele em que o ***conjunto de regras reguladoras do servidor com a Administração está inserido em lei específica, conhecidas como estatuto.***
- É ***o regime próprio das pessoas jurídicas de direito público***, assim, é admitido na administração direta, nas autarquias e nas fundações com regime de direito público.
- ***Não há uma lei só, um estatuto único. Pelo contrário, há diversas leis e, portanto, vários estatutos,*** pois cabe a cada ente político legislar a respeito, ou seja, cada Município e cada Estado podem ter os seus.
- Na esfera federal, o estatuto dos servidores públicos civis federais está previsto na ***Lei nº 8.112/90***.
- ***Provimento*** é o ato de se prover o cargo público. Pode ser originário (a investidura no cargo é feita pela primeira vez) ou derivado (investidura decorrente; servidor já era ocupante de cargo).

5.1. LEI Nº 8.112/90

- ***Requisitos*** para investidura (art. 5º):
  a) ser brasileiro;
  b) estar no gozo dos direitos políticos;
  c) estar adimplente com as obrigações militares e eleitorais;
  d) ter o nível de escolaridade exigido para o exercício do cargo;
  e) ter a idade mínima de dezoito anos;
  f) estar em aptas condições física e mental.
- É frequente a cobrança das formas de provimento derivado nas provas.
- ***Posse:*** com ela ***materializa-se*** a ***investidura*** do servidor no cargo.
- A posse pode ocorrer ***mediante procuração específica*** (art. 13, § 3º), depende de ***prévia inspeção médica oficial*** (art. 14; é necessária a aptidão física e mental para a posse).
- No ***ato*** da ***posse*** deve ser apresentada ***declaração de bens e valores*** que formam seu patrimônio e a declaração de exercício ou não de outro cargo, emprego ou função pública (art. 13, § 5º).
- ***Prazo*** para a ***posse: trinta dias***, contados da publicação do ato de provimento (art. 13, § 1º).
- Nomeado ***não toma posse*** no prazo: ***ato de provimento será tornado sem efeito***, pois ainda não era servidor para ser exonerado.
- ***Exercício***: desempenho efetivo das atribuições do cargo.
- ***Prazo para exercício***: ***quinze dias,*** contados da data da posse.
- Servidor ***não entra em exercício*** no prazo***:*** será ***exonerado*** de ofício.
- ***Estágio probatório***: lei prevê 24 meses, mas para STF é de 3 anos (STA 269, STA 290 e AI 754.802-DF).
- Sistematização das licenças e afastamentos em relação ao servidor em estágio probatório[12]:

SERVIDOR EM ESTÁGIO PROBATÓRIO – Licenças e Afastamentos	
PERMITIDO	*PROIBIDO*
• para o serviço militar (não suspende)	• para capacitação
• para exercício de mandato eletivo (não suspende)	• para tratar de interesses particulares
• para estudo ou missão no exterior (não suspende)	• para desempenho de mandato classista
• para servir a outro órgão ou entidade (só cargo de nível elevado; não suspende) • por motivo de doença em pessoa da família (suspende) • por motivo de afastamento do cônjuge ou companheiro (suspende) • para atividade política (suspende) • para servir em organismo internacional de que o Brasil participe ou com o qual coopere (suspende) • participação em curso de formação (suspende)	• para participação em programa de pós-graduação *stricto sensu* no País

- Sistematização das formas de provimento derivado[13]:

PROVIMENTO DERIVADO: principais formas
Readaptação → investidura em outro cargo com atribuições e responsabilidade compatíveis com as limitações do servidor
Aproveitamento → volta à ativa do servidor em disponibilidade
Reversão → volta do aposentado
Reintegração → volta do demitido
Recondução → volta ao cargo anterior

12 BORTOLETO, Leandro. *Direito administrativo.* 2. ed. Salvador: Juspodivm, 2013. p. 200.

13 BORTOLETO, Leandro. *Direito administrativo.* 2. ed. Salvador: Juspodivm, 2013. p. 205.

- Remoção (art. 36): ***deslocamento do servidor***, a pedido ou de ofício, no âmbito do mesmo quadro, ***com ou sem mudança de sede.***
- Remoção pode ocorrer ***de ofício ou a pedido*** do servidor.
- Hipóteses em que a ***Administração não pode recusar*** o pedido de remoção do servidor (art. 36, III):

a) para ***acompanhar cônjuge ou companheiro***, também servidor público civil ou militar, de qualquer dos Poderes da União, dos Estados, do Distrito Federal e dos Municípios, que foi deslocado no interesse da Administração[14];

b) por ***motivo de saúde*** do servidor, cônjuge, companheiro ou dependente que viva às suas expensas e conste do seu assentamento funcional, condicionada à comprovação por junta médica oficial;

c) em virtude de ***processo seletivo*** promovido, na hipótese em que o número de interessados for superior ao número de vagas, de acordo com normas preestabelecidas pelo órgão ou entidade em que aqueles estejam lotados.

- ***Vantagens***: servidor pode receber indenizações, gratificações e adicionais.
- Sistematização das ***indenizações***[15]:

Ajuda de custo	• Deslocamento definitivo, no interesse da Administração • Valor em regulamento: máximo 3 remunerações servidor não se desloca: devolução em 30 dias
Diária	• Deslocamento transitório • Valor em regulamento: é ½ diária quando não houver pernoite fora da sede ou quando a União custear por outros meios • Servidor não se desloca: devolução em 5 dias
Indenização de transporte	• Uso de meio próprio de locomoção para execução de serviço externo, por força das atribuições do cargo • Valor em regulamento
Auxílio-moradia	• Servidor deslocado para ocupar alto cargo em comissão e demais requisitos do Art. 60-B • Valor: o que for menor: ou 25% do subsídio de Ministro ou 25% da remuneração do cargo ocupado. Independentemente do valor do cargo, assegura-se até R$ 1.800,00

- Sistematização das ***gratificações*** e ***adicionais***[16]:

GRATIFICAÇÕES E ADICIONAIS	
Retribuição pelo exercício de função de direção, chefia e assessoramento	- Servidor que ocupa cargo em comissão ou exerce → função comissionada
Gratificação natalina	- 13º
Adicionais pelo exercício de atividades insalubres, perigosas ou penosas	- Adicional de insalubridade: local insalubre ou em: → contato permanente com substâncias tóxicas - Adicional de periculosidade: permanente risco de vida
Adicionais pelo exercício de atividades insalubres, perigosas ou penosas	- Se tiver direito aos dois, tem que escolher um - Adicional de penosidade: zona de fronteira ou → localidade cujas condições de vida o justifiquem - Percentual: regulamento
Adicional por serviço extraordinário	- Hora extra - 50% sobre o valor da hora normal - Máximo de 2h por jornada
Adicional noturno	- Trabalho das 22h às 5h - Hora, nesse período, é 52min30s - 25% sobre o valor da hora normal - Se for o caso, incide sobre a remuneração com o → adicional por serviço extraordinário
Adicional de férias	- 1/3 sobre a remuneração do período de férias

14 Corroborando o dispositivo supramencionado, o STJ decidiu no EREsp 1.247.360 RJ que o servidor federal somente tem direito à remoção prevista no artigo 36, § único, III, "a", da Lei 8.112/90, caso seu cônjuge/ companheiro, também servidor, tenha sido deslocado de ofício, no interesse da administração. Assim, se o cônjuge foi removido a pedido, ao outro não assiste o direito à remoção com base neste dispositivo.

15 BORTOLETO, Leandro. *Direito administrativo*. Salvador: Juspodivm, 2012. p. 212.

16 BORTOLETO, Leandro. *Direito administrativo*. Salvador: Juspodivm, 2012. p. 214.

Gratificação por encargo de curso ou concurso	- Fazer as atividades do art. 76-A, fora do horário → de trabalho ou com compensação - Máximo: 120h anuais (exceção: + 120h)

- ***Licenças e afastamentos*** assegurados ao servidor (artigos 86 a 96-A e 202 a 214): a) licença por motivo de doença em pessoa da família; b) licença por motivo de afastamento do cônjuge ou companheiro; c) licença para o serviço militar; d) licença para atividade política; e) licença para capacitação; f) licença para tratar de interesses particulares; g) licença para desempenho de mandato classista (regulamentada pelo Decreto nº 11.411/23); h) licença para tratamento de saúde; i) licença à gestante, à adotante e licença-paternidade; j) licença por acidente em serviço; k) afastamento para servir a outro órgão ou entidade; l) afastamento para exercício de mandato eletivo; m) afastamento para estudo ou missão no exterior; n) afastamento para participação em programa de pós-graduação *stricto sensu* no País.

- Sistematização da licença para atividade política:

DURAÇÃO DA LICENÇA						
Convenção partidária	→	Registro Justiça Eleitoral	→	Eleições	→	10º dia após as eleições
Não remunerada				Remunerada		
REMUNERAÇÃO						

- Sistematização da contagem do tempo de serviço[17]:

TEMPO DE SERVIÇO	
Efetivo exercício	*Somente para aposentadoria e disponibilidade*
• tempo de serviço público federal (conta para todos os fins) • exercício de cargo em comissão ou equivalente, em órgão ou entidade dos Poderes da União, dos Estados, Municípios e Distrito Federal (cessão de servidor federal) • exercício de cargo ou função de governo ou administração, em qualquer parte do território nacional, por nomeação do Presidente da República	• tempo de serviço público prestado aos Estados, Municípios e Distrito Federal • tempo de serviço em atividade privada, vinculada à Previdência Social
• serviço militar federal (Forças Armadas; conta para todos os fins)	• tempo de serviço relativo a tiro de guerra
• desempenho de mandato eletivo federal, estadual, municipal ou do Distrito Federal, exceto para promoção por merecimento	• desempenho de mandato eletivo federal, estadual, municipal ou distrital, anterior ao ingresso no serviço público federal
• licença para tratamento da própria saúde, até o limite de vinte e quatro meses, cumulativo ao longo do tempo de serviço público prestado à União, em cargo de provimento efetivo	• licença para tratamento da própria saúde, além do limite de vinte e quatro meses, cumulativo ao longo do tempo de serviço público prestado à União, em cargo de provimento efetivo
• licença para tratamento de saúde de pessoal da família do servidor, com remuneração, até trinta dias, em período de doze meses	• licença para tratamento de saúde de pessoal da família do servidor, com remuneração, que exceder a trinta dias, em período de 12 doze meses

17 BORTOLETO, Leandro. *Direito administrativo*. 2. ed. Salvador: Juspodivm, 2013. p. 223/224.

TEMPO DE SERVIÇO	
Efetivo exercício	*Somente para aposentadoria e disponibilidade*
• ausências do art. 97 (alistamento eleitoral, doação de sangue, casamento, etc.) • férias • participação em programa de treinamento ou em programa de pós-graduação *stricto sensu* no País • júri e outros serviços obrigatórios por lei • missão ou estudo no exterior, quando autorizado o afastamento • licença à gestante, à adotante e à paternidade • licença para o desempenho de mandato classista ou participação de gerência ou administração em sociedade cooperativa constituída por servidores para prestar serviços a seus membros, exceto para efeito de promoção por merecimento	• licença para atividade política, com remuneração (do registro da candidatura na Justiça Eleitoral até dez dias após as eleições)
• licença por motivo de acidente em serviço ou doença profissional • licença para capacitação • licença por convocação para o serviço militar • deslocamento para a nova sede (período de trânsito para o servidor que deva ter exercício em outro Município por ter sido removido, redistribuído, requisitado, cedido ou posto em exercício provisório) • participação em competição desportiva nacional ou convocação para integrar representação desportiva nacional, no País ou no exterior • afastamento para servir em organismo internacional de que o Brasil participe ou com o qual coopere	

- ***Direito de petição*** do servidor ***prescreve*** em (art. 110): a) em ***cinco anos***, quanto aos atos de demissão e de cassação de aposentadoria ou disponibilidade, ou que afetem interesse patrimonial e créditos resultantes das relações de trabalho; b) em ***cento e vinte dias***, nos demais casos, salvo se houver outro prazo fixado em lei.
- Os artigos 116 e 117 devem ser lidos várias vezes. São muito importantes porque descrevem os deveres e proibições dos servidores e a definição das penas é correlacionada com esses dispositivos legais.
- ***Responsabilidades***: as ***sanções*** penais, administrativas e civis podem ***cumular-se***, pois são independentes entre si. ***Exceção***: quando na esfera penal o servidor for ***absolvido*** em razão da ***inexistência do fato*** ou da ***negativa de autoria*** (art. 126).
- As ***penas*** que podem ser aplicadas ao servidor são (art. 127): a) advertência; b) suspensão; c) multa; d) demissão; e) cassação de aposentadoria e disponibilidade; f) destituição de cargo em comissão; g) destituição de função de confiança.
- ***Advertência:*** tem cabimento, conforme o art. 129, quando se tratar de ***violação dos deveres funcionais*** constantes do art. 117, I a VIII e XIX, ou quando houver a ***inobservância de dever funcional*** previsto em lei, regulamento ou norma interna, e não haja justificativa para a aplicação de pena mais grave.
- ***Suspensão*** é cabível (art. 130):
  a) quando houver reincidência de falta punida com advertência;
  b) nos casos de violação das proibições que não sejam punidas com demissão, isto é, nas situações previstas no art. 117, XVII e XVIII;
  c) quando o servidor se recusar, injustificadamente, a se submeter a inspeção médica determinada pela autoridade competente (a partir do momento que se submeter a inspeção, cessam os efeitos da pena).
- ***Suspensão*** pode, a critério do administrador, ser ***substituída por multa*** no valor equivalente a ***50% por dia*** da remuneração do servidor e este continua a trabalhar.
- ***Demissão***: hipóteses de ***cabimento***:
  a) **Art. 117, IX a XVI**: *"IX – valer-se do cargo para lograr proveito pessoal ou de outrem, em detrimento da dignidade da função pública; X – participar de gerência ou administração de sociedade privada, personificada ou não personificada, exercer o comércio, exceto na qualidade de acionista, cotista ou comanditário; XI – atuar, como procurador ou intermediário, junto a repartições públicas, salvo quando se tratar de benefícios previdenciários ou assistenciais de parentes até o segundo grau, e de cônjuge ou companheiro; XII –*

receber propina, comissão, presente ou vantagem de qualquer espécie, em razão de suas atribuições; XIII – aceitar comissão, emprego ou pensão de estado estrangeiro; XIV – praticar usura sob qualquer de suas formas; XV – proceder de forma desidiosa; XVI – utilizar pessoal ou recursos materiais da repartição em serviços ou atividades particulares";

b) **Art. 132, I a XII:** *"I – crime contra a administração pública; II – abandono de cargo; III – inassiduidade habitual; IV – improbidade administrativa; V – incontinência pública e conduta escandalosa, na repartição; VI – insubordinação grave em serviço; VII – ofensa física, em serviço, a servidor ou a particular, salvo em legítima defesa própria ou de outrem; VIII – aplicação irregular de dinheiros públicos; IX – revelação de segredo do qual se apropriou em razão do cargo; X – lesão aos cofres públicos e dilapidação do patrimônio nacional; XI – corrupção; XII – acumulação ilegal de cargos, empregos ou funções públicas.*

- Sistematização da pena de demissão[18]:

DEMISSÃO
Somente após 5 anos pode retornar ao serviço público federal
• valer-se do cargo para lograr proveito pessoal ou de outrem, em detrimento da dignidade da função pública • atuar, como procurador ou intermediário, junto a repartições públicas, salvo quando se tratar de benefícios previdenciários ou assistenciais de parentes até o segundo grau, e de cônjuge ou companheiro
Não pode mais retornar ao serviço público federal
• crime contra a Administração Pública **Atenção!** Na ADI nº 2.975 entendeu-se pela inconstitucionalidade do parágrafo único do art. 137 da Lei nº 8.112/1990
Não pode mais retornar ao serviço público federal ***Indisponibilidade dos bens*** ***Ressarcimento ao erário***
• improbidade administrativa • aplicação irregular de dinheiros públicos • lesão aos cofres públicos e dilapidação do patrimônio nacional • corrupção **Atenção!** Na ADI nº 2.975 entendeu-se pela inconstitucionalidade do parágrafo único do art. 137 da Lei nº 8.112/1990

DEMISSÃO
Demais casos: sem restrição de retorno ao serviço público federal
• abandono de cargo • inassiduidade habitual • incontinência pública e conduta escandalosa, na repartição • insubordinação grave em serviço • ofensa física, em serviço, a servidor ou a particular, salvo em legítima defesa própria ou de outrem • revelação de segredo do qual se apropriou em razão do cargo • acumulação ilegal de cargos, empregos ou funções públicas • participar de gerência ou administração de sociedade privada, personificada ou não personificada, exercer o comércio, exceto na qualidade de acionista, cotista ou comanditário • recebimento de propina, comissão, presente ou vantagem de qualquer espécie, em razão de suas atribuições • aceitação de comissão, emprego ou pensão de Estado estrangeiro • prática de usura sob qualquer de suas formas • procedimento desidioso • utilização pessoal ou recursos materiais da repartição em serviços ou atividades particulares

Em 22 de setembro de 2021, foi aprovada nova súmula do STJ, de nº 650, *in verbis*: "A autoridade administrativa não dispõe de discricionariedade para aplicar ao servidor pena diversa de demissão quando caraterizadas as hipóteses previstas no artigo 132 da Lei 8.112/1990.

- **ADI 2.975:** Para o STF, a previsão contida no parágrafo único do art. 137 da Lei nº 8.112/1990 é inconstitucional por violar o art. 5º, XLVII, "b" da CF/88, pois impõe penalidade de caráter perpétuo. Assim, apesar de a norma constitucional se referir à sanção penal, sua extensão às sanções administrativas é possível, tendo em vista o vínculo entre as esferas, decorrente do poder sancionatório estatal. Exemplo disso é a impossibilidade de imposição de sanções administrativas mais graves do que as penas aplicadas pela prática de crimes, tendo em vista os conceitos da subsidiariedade e da intervenção penal mínima. Nessa senda, o STF possui jurisprudência (RE 154.134/SP) no sentido da não aplicação de penalidade administrativa de "inabilitação permanente para o exercício de cargos de administração ou gerência de instituição financeira". Com base no exposto, o Plenário, por maioria, decidiu pela inconstitucionalidade do parágrafo único do art. 137 da Lei nº 8.112/1990, comunicando ao Congresso para que delibere acerca do prazo para proibição de retorno ao cargo público nos casos acima.

- ***Ação disciplinar*** prescreve: a) se a infração administrativa também for crime, no prazo previsto na lei penal; b) se a infração administrativa não for crime: em 5 anos, para as infrações puníveis com demissão,

18 BORTOLETO, Leandro. *Direito administrativo.* Salvador: Juspodivm, 2012. p. 233.

cassação de aposentadoria ou disponibilidade e destituição de cargo em comissão; em 2 anos, para os casos de suspensão; em 180 dias para a advertência.

- STJ: "O prazo prescricional previsto na lei penal se aplica às infrações disciplinares também capituladas como crime independentemente da apuração criminal da conduta do servidor. Para se aplicar a regra do § 2º do art. 142 da Lei nº 8.112/90 não se exige que o fato esteja sendo apurado na esfera penal (não se exige que tenha havido oferecimento de denúncia ou instauração de inquérito policial). Se a infração disciplinar praticada for, em tese, também crime, deve ser aplicado o prazo prescricional previsto na legislação penal independentemente de qualquer outra exigência". (1ª Seção. MS 20.857-DF, Rel. Min. Napoleão Nunes Maia Filho, Rel. Acd. Min. Og Fernandes, julgado em 22/05/2019 - Info 651).
- STJ: Desde que devidamente motivada e com amparo em investigação ou sindicância, é possível a instauração de processo administrativo disciplinar com base em denúncia anônima, em face do poder-dever de autotutela imposto à Administração (Súmula nº 611).
- STJ: "A portaria de instauração do processo administrativo disciplinar prescinde da exposição detalhada dos fatos a serem apurados" (Súmula nº 641).
- Sistematização das formas de apuração de infração disciplinar[19]:

APURAÇÃO DE INFRAÇÃO DISCIPLINAR	
Infração punida com	*Meio de apuração*
Advertência Suspensão ≤ 30 dias	Sindicância ou Processo administrativo disciplinar
Suspensão > 30 dias Demissão Cassação de aposentadoria ou disponibilidade Destituição de cargo em comissão	Processo administrativo disciplinar

- Processo administrativo: rito ordinário e rito sumário.
- ***Rito ordinário*** do processo administrativo disciplinar[20]:

<table>
<tr><th colspan="4">PROCESSO ADMINISTRATIVO DISCIPLINAR:
Rito Ordinário</th></tr>
<tr><td rowspan="2">Instauração</td><td colspan="3">Publicação do ato de constituição da comissão disciplinar
Comissão → 3 servidores estáveis</td></tr>
<tr><td>Consequências</td><td colspan="2">• (60 dias + 60 dias)
• possibilidade de afastamento temporário do servidor
• impossibilidade de aposentadoria voluntária ou exoneração a pedido do servidor</td></tr>
<tr><td rowspan="3">Inquérito Administrativo</td><td rowspan="2">Instrução</td><td colspan="2">• Produção de provas: testemunhas, perícias, acareações, interrogatório do servidor e demais diligências
• Indiciação: se for o caso, após análise das provas</td></tr>
<tr><td>Citação</td><td>• por mandado
ou
• por edital</td></tr>
<tr><td>Defesa</td><td>Prazo</td><td>• 10 dias → 1 indiciado
• 20 dias → + de 1 indiciado (comum)
• 15 dias → citação por edital</td></tr>
</table>

19 BORTOLETO, Leandro. *Direito administrativo*. 2. ed.Salvador: Juspodivm, 2013. p. 239.

20 BORTOLETO, Leandro. *Direito administrativo*. 2. ed.Salvador: Juspodivm, 2013. p. 243.

<table>
<tr><td rowspan="2">Inquérito Administrativo</td><td>Defesa</td><td>Defesa não apresentada no prazo</td><td>• servidor nomeado defensor dativo
• devolução do prazo</td></tr>
<tr><td>Relatório</td><td>Conteúdo</td><td>• resumo das principais peças
• menção às provas
• conclusão (inocência ou responsabilidade)
• indicação do dispositivo legal</td></tr>
<tr><td rowspan="3">Julgamento</td><td>• Prazo</td><td colspan="2">➔ 20 dias
➔ inobservância: não gera nulidade; se ocorrer a prescrição autoridade será responsabilizada</td></tr>
<tr><td>• Competência</td><td colspan="2">➔ Art. 141; se autoridade instauradora não tiver competência, deve encaminhar os autos à competente</td></tr>
<tr><td>• Relatório da Comissão Disciplinar</td><td colspan="2">➔ Regra: deve ser acatado
➔ Exceção: pode ser refutado se, motivadamente, for demonstrado que é contrário à prova dos autos</td></tr>
<tr><td colspan="4">PRAZO PARA CONCLUSÃO: 60 dias + 60 dias = 120 dias. Conforme STF e STJ, não está incluído prazo para julgamento (20 dias), totalizando 140 dias.
Súmula nº 635 do STJ: "Os prazos prescricionais previstos no artigo 142 da Lei 8.112/1990 iniciam-se na data em que a autoridade competente para a abertura do procedimento administrativo toma conhecimento do fato, interrompem-se com o primeiro ato de instauração válido – sindicância de caráter punitivo ou processo disciplinar – e voltam a fluir por inteiro, após decorridos 140 dias desde a interrupção."</td></tr>
</table>

- ***Revisão*** do processo administrativo disciplinar: ***pode se dar de ofício ou a requerimento*** do servidor(em caso de falecimento, ausência ou desaparecimento do servidor, qualquer pessoa da família poderá fazê-lo) e não há prazo, mas devem ser cumpridos os seguintes ***requisitos***: ***fato novo ou circunstância suscetível de justificar a inocência do punido ou a inadequação da penalidade aplicada*** (art. 174).
- Seguridade social: é ***dever da União manter Plano de Seguridade Social para o servidor e sua família*** (art. 183).
- ***Benefícios do Plano de Seguridade Social***. O rol de benefícios dos regimes próprios de previdência social fica limitado às aposentadorias e à pensão por morte (art. 9º, §2º da EC nº 103/2019). **ATENÇÃO!** No caso de afastamentos por incapacidade temporária para o trabalho e salário-maternidade, o pagamento será feito diretamente pelo ente federativo e não correrá à conta do RPPS ao qual o servidor se vincula (art. 9º, §3º da EC nº 103/2019).
- **PENSÃO**:
  - **Valor:** o valor da pensão por morte concedida a dependente do servidor federal passou a ser regido pelo disposto na EC nº 103/2019 e será equivalente a:
    - uma cota familiar de 50% do valor da aposentadoria recebida pelo segurado ou servidor ou daquela a que teria direito se fosse aposentado por incapacidade permanente na data do óbito, acrescida de cotas de 10 pontos percentuais por dependente, até o máximo de 100%. **ATENÇÃO!** As cotas por dependente cessarão com a perda dessa qualidade e não serão reversíveis aos demais dependentes, preservado o valor de 100% da pensão por morte quando o número de dependentes remanescente for igual ou superior a 5.
    - **dependente inválido:** I - 100% da aposentadoria recebida pelo segurado ou servidor ou daquela a que teria direito se fosse aposentado por incapacidade permanente na data do óbito, até o limite máximo de benefícios do Regime Geral de Previdência Social; e II – uma cota familiar de 50% acrescida de cotas de 10 pontos percentuais por dependente, até o máximo de 100%, para o valor que supere o limite máximo de benefícios do Regime Geral de Previdência Social. **ATENÇÃO!** Quando não houver mais dependente inválido ou com deficiência intelectual, mental ou grave, o valor da pensão será recalculado na forma do disposto acima.

Súmula 663 do STJ: "A pensão por morte de servidor público federal pode ser concedida ao filho inválido de qualquer idade, desde que a invalidez seja anterior ao óbito."

ATENÇÃO! O tempo de duração da pensão por morte e das cotas individuais por dependente até a perda dessa qualidade, o rol de dependentes e sua qualificação e as condições necessárias para enquadramento serão aqueles estabelecidos na Lei nº 8.213, de 24 de julho de 1991 (art. 23, §4º da EC nº 103/2019).

– **Beneficiários da pensão:** o rol de dependentes e sua qualificação, assim como as condições necessárias para enquadramento serão aqueles estabelecidos pela Lei nº 8.213/1991, que traz as regras do RGPS. São eles (art. 16 da Lei nº 8.213/1991):

  I - o cônjuge, a companheira, o companheiro e o filho não emancipado, de qualquer condição, menor de 21 (vinte e um) anos ou inválido ou que tenha deficiência intelectual ou mental ou deficiência grave;

  II - os pais;

  III - o irmão não emancipado, de qualquer condição, menor de 21 (vinte e um) anos ou inválido ou que tenha deficiência intelectual ou mental ou deficiência grave;

ATENÇÃO! Segundo o art. 23, §6º da EC nº 103/2019, "equiparam-se a filho, para fins de recebimento da pensão por morte, exclusivamente o enteado e o menor tutelado, desde que comprovada a dependência econômica".

– **Perda da qualidade de beneficiário:** O tempo de duração da pensão por morte e das cotas individuais por dependente até a perda dessa qualidade também seguirá o estabelecido pela Lei nº 8.213/1991 (art. 77, §2º da Lei nº 8.213/1991):

  - pela morte do pensionista;
  - para o filho, a pessoa a ele equiparada ou o irmão, de ambos os sexos, ao completar vinte e um anos de idade, salvo se for inválido ou tiver deficiência intelectual ou mental ou deficiência grave;
  - para filho ou irmão inválido, pela cessação da invalidez;
  - para filho ou irmão que tenha deficiência intelectual ou mental ou deficiência grave, pelo afastamento da deficiência, nos termos do regulamento;
  - para cônjuge ou companheiro:

    a) se inválido ou com deficiência, pela cessação da invalidez ou pelo afastamento da deficiência, respeitados os períodos mínimos;

    b) em 4 meses, se o óbito ocorrer sem que o segurado tenha vertido 18 contribuições mensais ou se o casamento ou a união estável tiverem sido iniciados em menos de 2 anos antes do óbito do segurado;

    c) transcorridos os seguintes períodos, estabelecidos de acordo com a idade do beneficiário na data de óbito do segurado, se o óbito ocorrer depois de vertidas 18 contribuições mensais e pelo menos 2 anos após o início do casamento ou da união estável: (ATENÇÃO! Nos termos do §3º do art. 222 da Lei nº 8.112/1990, os períodos constantes do art. 222, VII, "b", podem ser atualizados e, com base nesse dispositivo, a Portaria nº 424, de 29/12/2020, do Ministério da Economia, elevou a idade para a pensão vitalícia de 44 para 45 anos):

    1) 3 anos, com menos de 22 anos de idade;

    2) 6 anos, entre 22 e 27 anos de idade;

    3) 10 anos, entre 28 e 30 anos de idade;

    4) 15 anos, entre 31 e 41 anos de idade;

    5) 20 anos, entre 42 e 44 anos de idade;

    6) vitalícia, com 45 ou mais anos de idade.

Com o advento da MP nº 871/2019, convertida na Lei nº 13.846/2019 a pensão por morte será devida ao conjunto dos dependentes do segurado a contar **da data** (art. 219). **ATENÇÃO!** Referida disposição é idêntica à estabelecida pelo art. 74 da Lei nº 8.213/1991:

a) do óbito, quando requerida em até 180 após o óbito, para os filhos menores de 16 (dezesseis) anos, ou em até 90 dias após o óbito, para os demais dependentes;

b) do **requerimento**, quando requerida após o prazo previsto acima; ou

c) da **decisão judicial**, na hipótese de morte presumida.

6. LEI Nº 11.416/06: CARREIRAS DOS SERVIDORES DO PODER JUDICIÁRIO DA UNIÃO

- Não há apenas um **quadro de pessoal** para todo o Poder Judiciário da União, mas, na verdade, **há quadros de pessoal (art. 1º)**.

  Considera-se como **Quadro** a estrutura de **cada Justiça Especializada**:

  a) o Quadro de Pessoal da Justiça Federal;

  b) o Quadro de Pessoal da Justiça do Trabalho;

c) o Quadro de Pessoal da Justiça Eleitoral;

d) o Quadro de Pessoal da Justiça Militar.

- **Progressão funcional x promoção** (art. 9º):

a) **progressão funcional: "movimentação do servidor de um padrão para o seguinte dentro de uma mesma classe**, observado o interstício de um ano, sob os critérios fixados em regulamento e de acordo com o resultado de avaliação formal de desempenho";

b) **promoção: "movimentação do servidor do último padrão de uma classe para o primeiro padrão da classe seguinte**, observado o interstício de um ano em relação à progressão funcional imediatamente anterior, dependendo, cumulativamente, do resultado de avaliação formal de desempenho e da participação em curso de aperfeiçoamento oferecido, preferencialmente, pelo órgão, na forma prevista em regulamento".

- **Classes e padrões:** os cargos de cada uma das carreiras são estruturados em classes e padrões, bem como são divididos em áreas de atividade (art. 3º). São três classes (A, B e C) e cada uma delas é subdividida em cinco níveis. Assim, a carreiras de Analista Judiciário, de Técnico Judiciário e de Auxiliar Judiciário têm como cargo inicial o que se situa na Classe A, Padrão 1, depois seguem os Padrões 2, 3, 4 e 5 e, após, muda-se para a Classe para B, continuando a sequência numérica dos Padrões, ou seja, Classe B, Padrões 6, 7, 8, 9 e 10 e, por fim, Classe C, Padrões 11, 12 e 13 (último nível da carreira).

- **Atribuições** (art. 4º): devem ser descritas em regulamento, observando-se que:

a) **Carreira de Analista Judiciário:** as atribuições são "atividades de plane-jamento; organização; coordenação; supervisão técnica; assessoramento; estudo; pesquisa; elaboração de laudos, pareceres ou informações e exe-cução de tarefas de elevado grau de complexidade". Dentro da Carreira de Analista Judiciário, há o cargo de Analista Judiciário, Área Judiciária, Especialidade Oficial de Justiça Avaliador Federal e suas atribuições são a "execução de mandados e atos processuais de natureza externa, na forma estabelecida pela legislação processual civil, penal, trabalhista e demais leis especiais". O cargo da Carreira de Analista Judiciário, Área Administrativa que tenha como atribuições as funções de segurança, para fins de identificação funcional, é denominado Inspetor de Segurança Judiciária.

b) **Carreira de Técnico Judiciário:** são atribuições a execução de tarefas de suporte técnico e administrativo, e o cargo de Técnico Judiciário, Área Administrativa, que desempenhe funções de segurança, é denominado Agente de Segurança Judiciária, para fins de identificação funcional.

c) **Carreira de Auxiliar Judiciário:** são atribuições as atividades básicas de apoio operacional.

7. PODERES ADMINISTRATIVOS

- Poderes administrativos são as ***prerrogativas*** à disposição da Administração destinadas à viabilização do interesse público.
- ***Poder discricionário***: limitado pelo princípio da razoabilidade
- ***Poder hierárquico***: o de que dispõe o Executivo para distribuir e escalonar as funções de seus órgãos, ordenar e rever a atuação de seus agentes, estabelecendo a relação de subordinação entre os servidores do seu quadro de pessoal"[21]. É típico da função administrativa, mas não é exclusivo do Executivo e faz parte dos Poderes Legislativo e Judiciário, na função atípica de administrar. É com base na hierarquia que se pode avocar, delegar, ordenar, controlar, corrigir e aplicar sanções.
- ***Poder disciplinar***: é a prerrogativa pela qual a Administração apura as infrações e aplica as penalidades ao infrator, que pode ser um servidor público ou particular sujeito à disciplina administrativa, como um estudante de escola pública[22].
- ***Poder regulamentar***: Para Maria Sylvia Zanella Di Pietro, é espécie do poder normativo da Administração Pública, ou seja, é um tipo, uma das formas pela qual se expressa a função normativa da Administração Pública, e o poder regulamentar, assim entendido, é privativo do Chefe do Executivo e se materializa por meio de decreto, mas há outras formas de expressão do poder normativo como as resoluções, as portarias, as instruções, os regimentos, mas esses atos possuem alcance restrito aos limites de atuação do órgão e não têm a mesma natureza dos regulamentos expedidos pelo Chefes do Executivo[23].

---

21 MEIRELLES, Hely Lopes. *Direito administrativo brasileiro*. 36. ed.São Paulo: Malheiros, 2010. p. 124.

22 DI PIETRO, Maria Sylvia Zanella. *Direito administrativo*. 23. ed. São Paulo: Atlas, 2010. p. 94.

23 MEIRELLES, Hely Lopes. *Direito administrativo*. 25. ed. São Paulo: Atlas, 2012. p. 91 e 94.

- ***Regulamento autônomo***: é ato normativo, infralegal, que pode inovar na ordem jurídica; tem seu fundamento diretamente estabelecido no texto constitucional; trata de matéria não constante em lei. Art. 84, VI, da Constituição Federal.
- Regulamentação técnica ou regulamento autorizado: manifesta-se, por exemplo, na função normativa exercida pelas agências reguladoras, as quais recebem a função de regular por meio da deslegalização de parte da matéria.
- ***Deslegalização ou delegificação***: a lei delega a função de criar norma a respeito de assuntos técnicos a órgãos administrativos. Fala-se, também, em discricionariedade técnica, porque a lei estabelece parâmetros, diretrizes para que, em nível administrativo, seja feita a complementação da lei, com conteúdo técnico.
- ***Poder de polícia***: "faculdade de que dispõe a administração pública para condicionar e restringir o uso e gozo de bens, atividades e direitos individuais, em benefício da coletividade ou do próprio Estado"[24].
- ***Poder de polícia em sentido amplo e em sentido estrito***: ***sentido amplo***: engloba tanto os atos legislativos quanto os atos administrativos; ***sentido estrito***: é uma atividade administrativa e, assim, só pode ser exercida na função administrativa e não na função legislativa.
- ***Atributos do poder de polícia***: discricionariedade, autoexecutoriedade e coercibilidade.
- ***Ciclo de polícia***: ordem de polícia, consentimento de polícia, fiscalização de polícia, sanção de polícia.

24 MEIRELLES, Hely Lopes. *Direito administrativo brasileiro*. 36. ed.São Paulo: Malheiros, 2010. p. 134.

- O STF, no RE 633782/MG (Informativo nº 996), fixou a seguinte tese de repercussão geral: "É constitucional a delegação do poder de polícia, por meio de lei, a pessoas jurídicas de direito privado integrantes da Administração Pública indireta de capital social majoritariamente público que prestem exclusivamente serviço público de atuação própria do Estado e em regime não concorrencial". Segundo o decidido, o regime jurídico híbrido das estatais prestadoras de serviço público em regime de monopólio é compatível com a delegação, pois a incidência de normas de direito público em relação às entidades da Administração indireta tem condão de as aproximar do regime de direito público. Em resumo, os atos de consentimento, fiscalização e aplicação de sanções podem ser delegados a estatais com regime jurídico próximo ao aplicável à Fazenda Pública.
- Sistematização do abuso de poder[25]:

ABUSO DE PODER	
• Uso dos poderes administrativos contrariando o regime jurídico administrativo • Forma comissiva ou omissiva	
Espécies	
Excesso de poder	***Desvio de poder***
Atua fora dos limites da competência	Atua dentro dos limites da competência, mas com finalidade diversa daquela com que deveria atuar

8. ATO ADMINISTRATIVO

- ***Ato administrativo*** é "toda manifestação unilateral de vontade da Administração Pública que, agindo nessa qualidade, tenha por fim imediato adquirir, resguardar, transferir, modificar, extinguir e declarar direitos, ou impor obrigações aos administrados ou a si própria"[26].
- Ato administrativo: a) o regime jurídico é sempre o de ***direito público***; b) o ato é uma ***manifestação***, uma declaração jurídica ***unilateral***; c) é ato ***infralegal***; d) submete-se ao ***controle*** administrativo e judicial.
- Sistematização dos elementos do ato administrativo[27]:

25 BORTOLETO, Leandro. *Direito administrativo*. Salvador: Juspodivm, 2012. p. 300.

26 MEIRELLES, Hely Lopes. *Direito administrativo brasileiro*. 36. ed.São Paulo: Malheiros, 2010. p. 153.

27 Quanto à posição de Celso Antônio Bandeira de Mello: *Curso de direito administrativo*. 27. ed. São Paulo: Malheiros, 2010. p.

<table>
<tr><th colspan="3">ELEMENTOS OU REQUISITOS DO ATO ADMINISTRATIVO</th></tr>
<tr><td colspan="3">Posição tradicional (usualmente cobrada nas provas)</td></tr>
<tr><td colspan="3">Competência ou Sujeito: Quem? Conjunto de atribuições administrativas do servidor.
Finalidade: Para quê? Resultado mediato almejado com a prática do ato.
Forma: Como? Exteriorização do ato. Maneira pela qual o ato se apresenta.
Motivo ou Causa: Por quê? Pressuposto de fato e de direito cuja ocorrência autoriza ou determina a prática do ato.
Objeto ou Conteúdo: O quê? Resultado imediato pretendido com a prática do ato</td></tr>
<tr><td colspan="3">Posição de Celso Antônio Bandeira de Mello (requisitos)</td></tr>
<tr><td colspan="3">Motivo do ato x Motivo legal: motivo legal é a previsão abstrata de uma situação fática e motivo do ato é a própria situação material. Ambos têm que coincidir.
Motivo x móvel: motivo é a situação objetiva, real, empírica; é a realidade objetiva, externa ao agente; móvel é a representação subjetiva, psicológica, interna do agente; móvel é a vontade do agente.
Objeto x Conteúdo: não são sinônimos. Objeto sobre o que o ato incide. Conteúdo é o próprio ato em essência; é interno ao ato, já o objeto é externo ao ato.
Causa: Não é sinônimo de motivo. É a correlação lógica entre o motivo do ato administrativo e seu conteúdo, em vista da finalidade pública. É a relação lógica entre motivo e o conteúdo do ato, em função da finalidade pública.</td></tr>
<tr><th colspan="3">Sistematização dos requisitos do ato (Celso Antônio)</th></tr>
<tr><td>ELEMENTOS</td><td colspan="2">• Conteúdo
• Forma</td></tr>
<tr><td rowspan="2">PRESSUPOSTOS</td><td>• De existência</td><td>• Objeto
• Pertinência da função administrativa</td></tr>
<tr><td>• De validade</td><td>• Sujeito competente (pressuposto subjetivo)
• Motivo (pressuposto objetivo)
• Requisitos procedimentais
• Finalidade Pública (pressuposto teleológico)
• Causa (pressuposto lógico)
• Formalização (pressuposto formalístico)</td></tr>
</table>

- Consequência do ***silêncio administrativo***: a) se houver lei a respeito: previsão legal; b) se não houver lei a respeito: competência discricionária: exigência de decisão motivada; competência vinculada: exigência da prática do ato.

- Sistematização dos atributos do ato administrativo[28]:

<table>
<tr><th colspan="2">ATRIBUTOS OU CARACTERÍSTICAS DO ATO ADMINISTRATIVO</th></tr>
<tr><td>PRESUNÇÃO DE LEGITIMIDADE</td><td>• presunção de que todo ato administrativo praticado está de acordo com a lei
• pode ser praticado imediatamente
• produz efeitos até que seja anulado
• ônus da prova do interessado
• nulidade só é apreciada a pedido pelo Judiciário
• existe em todos os atos administrativos</td></tr>
<tr><td>IMPERATIVIDADE</td><td>• ato administrativo é imposto ao destinatário
• não está presente em todos os atos administrativos</td></tr>
<tr><td>AUTOEXECUTORIEDADE</td><td>• Administração executa o ato por seus próprios meios
• não existe em todos os atos administrativos: só em urgência ou se previsto em lei</td></tr>
</table>

- Sistematização da classificação dos atos administrativos:

<table>
<tr><th colspan="2">CLASSIFICAÇÃO DOS ATOS ADMINISTRATIVOS</th></tr>
<tr><td rowspan="2">Quanto ao destinatário</td><td>geral ➔ sem destinatário definido; fim normativo</td></tr>
<tr><td>individual ➔ com destinatário definido</td></tr>
<tr><td rowspan="2">Quanto ao alcance</td><td>interno ➔ efeitos somente dentro da Administração</td></tr>
<tr><td>externo ➔ efeitos para fora da Administração</td></tr>
<tr><td rowspan="3">Quanto ao objeto</td><td>império ➔ posição de superioridade</td></tr>
<tr><td>gestão ➔ posição de igualdade</td></tr>
<tr><td>expediente ➔ rotina interna; sem poder decisório</td></tr>
<tr><td rowspan="2">Quanto ao regramento</td><td>vinculado ➔ não pode escolher no caso concreto</td></tr>
<tr><td>discricionário ➔ pode escolher no caso concreto</td></tr>
</table>

393-412.

28 BORTOLETO, Leandro. *Direito administrativo*. Salvador: Juspodivm, 2012. p. 334.

Quanto à formação da vontade	***simples*** → vontade de um órgão só
	complexo → vontade de dois órgãos e um ato só
	composto → dois órgãos e dois atos (principal e acessório)
Quanto ao conteúdo	***constitutivo*** → cria situação jurídica individual
	extintivo → encerra situação jurídica individual
	declaratório → declara situação já existente
	alienativo → transfere bens ou direitos
	modificativo → altera situação jurídica, sem encerrá-la
	abdicativo → renúncia a um direito
Quanto à eficácia	***válido*** → em conformidade com o direito
	nulo → vício insanável
	anulável → vício sanável
	inexistente → parece ato, mas não é
Quanto à exequibilidade	***perfeito*** → completou ciclo de formação
	imperfeito → não completou ciclo de formação
	pendente → não está apto para produzir efeitos
	consumado → já produziu seus efeitos; definitivo

- Sistematização da anulação e da revogação do ato administrativo[29]:

ANULAÇÃO	REVOGAÇÃO
Ilegalidade	interesse público (conveniência e oportunidade)
ex tunc (ato restritivo) *ex nunc* (ato ampliativo e boa-fé)	*ex nunc*
Poder Judiciário e Administração	somente a Administração
qualquer ato (vinculado e discricionário)	atos irrevogáveis: • vinculados • integrantes de procedimento • enunciativos • geraram direito adquirido

29 BORTOLETO, Leandro. *Direito administrativo*. Salvador: Juspodivm, 2012. p. 347.

- ***Convalidação:*** o ***suprimento da invalidade de um ato*** com efeitos retroativos"[30]. Convalidar é ***tornar válido um ato inválido***, por meio de outro ato que supre ***vício sanável,*** com efeitos ***ex tunc*** (retroagem).

9. PROCESSO ADMINISTRATIVO

- ***Princípios do processo administrativo***:
  - oficialidade;
  - informalidade (ou obediência à forma);
  - verdade material;
  - gratuidade;
  - pluralidade de instâncias.
- ***Princípios do processo administrativo***: ***Processo x procedimento:*** O ***processo*** é "a relação jurídica integrada por algumas pessoas, que nela exercem várias atividades direcionadas para determinado fim"[31]e, por sua vez, o ***procedimento*** é a "sucessão de atos preparatórios que devem obrigatoriamente preceder a prática de ato final"[32]. Procedimento relaciona-se com movimento, dinâmica; é o rito, a sequência em que os atos devem ser praticados, com um objetivo final. Ambos são intrinsecamente relacionados, pois "todo processo demanda um procedimento – que é a tramitação dos atos – da mesma forma que todo procedimento só tem existência se houver o respectivo processo – este indicando a relação jurídica firmada entre aqueles que dele participam"[33].
- Há diversas espécies de processo administrativo e estes se desenvolvem em todas as esferas da Federação e, por isso, devem ser legalmente disciplinados em cada uma delas.
- Na esfera federal**,** há a Lei nº 9.784/99 que, conforme sua ementa, "regula o processo administrativo no âmbito da Administração Pública Federal". É uma lei de aplicação em âmbito federal, de forma subsidiária se houver lei específica para determinado processo administrativo e de forma integral se não existir lei dispondo de maneira específica sobre certo processo administrativo na esfera federal. Nesse sentido, a Súmula nº 633 do STJ: "A Lei 9.784/1999, especialmente no que diz respeito ao prazo decadencial para a revisão de atos administrativos no âmbito da Administração Pública federal, pode ser aplicada, de forma subsidiária, aos

30 MELLO, Celso Antônio Bandeira de. *Curso de direito administrativo*. 27. ed. São Paulo: Malheiros, 2010. p. 473.

31 CARVALHO FILHO, José dos Santos. *Manual de direito administrativo*. 19. ed. Rio de Janeiro: Lumen Juris, 2008. p. 862.

32 DI PIETRO, Maria Sylvia Zanella. *Direito administrativo*. 23. ed. São Paulo: Atlas, 2010. p. 623.

33 CARVALHO FILHO, José dos Santos. *Manual de direito administrativo*. 19. ed. Rio de Janeiro: Lumen Juris, 2008. p. 863.

estados e municípios, se inexistente norma local e específica que regule a matéria."

- A Lei nº 9.784/99 é uma norma na qual foram positivados diversos posicionamentos consagrados na doutrina e na jurisprudência e, apesar de ser de aplicação na esfera federal, serve como parâmetro para as legislações estaduais e municipais sobre processo administrativo. Nesse sentido, por exemplo, merecem destaque as disposições sobre a delegação de competência, a motivação do ato administrativo e o prazo decadencial para a anulação do ato.

9.1. LEI Nº 9.784/99

- ***Princípios expressos*** do processo administrativo (art. 2º): legalidade, finalidade, motivação, razoabilidade, proporcionalidade, moralidade, ampla defesa, contraditório, segurança jurídica, interesse público, eficiência.
- ***Critérios*** a serem seguidos (são os conteúdos dos princípios; art. 2º, parágrafo único): atuação conforme a lei e o direito; atendimento a fins de interesse geral, vedada a renúncia total ou parcial de poderes ou competências, salvo autorização em lei; objetividade no atendimento do interesse público, vedada a promoção pessoal de agentes ou autoridades; atuação segundo padrões éticos de probidade, decoro e boa-fé; divulgação oficial dos atos administrativos, ressalvadas as hipóteses de sigilo previstas na Constituição; adequação entre meios e fins, vedada a imposição de obrigações, restrições e sanções em medida superior àquelas estritamente necessárias ao atendimento do interesse público; indicação dos pressupostos de fato e de direito que determinarem a decisão; observância das formalidades essenciais à garantia dos direitos dos administrados; adoção de formas simples, suficientes para propiciar adequado grau de certeza, segurança e respeito aos direitos dos administrados; garantia dos direitos à comunicação, à apresentação de alegações finais, à produção de provas e à interposição de recursos, nos processos de que possam resultar sanções e nas situações de litígio; proibição de cobrança de despesas processuais, ressalvadas as previstas em lei; impulsão, de ofício, do processo administrativo, sem prejuízo da atuação dos interessados; interpretação da norma administrativa da forma que melhor garanta o atendimento do fim público a que se dirige, vedada aplicação retroativa de nova interpretação.
- ***Prioridade*** na tramitação do processo administrativo (art. 69-A): a) pessoa com idade igual ou superior a 60 anos; b) pessoa portadora de deficiência, física ou mental; c) pessoa portadora de doença grave, como tuberculose ativa, esclerose múltipla, neoplasia maligna, hanseníase, paralisia irreversível e incapacitante, cardiopatia grave, doença de Parkinson, espondiloartrose anquilosante, nefropatia grave, hepatopatia grave, estados avançados da doença de Paget (osteíte deformante), contaminação por radiação, síndrome de imunodeficiência adquirida, ou qualquer outra, com base em conclusão da medicina especializada, mesmo que a doença tenha sido contraída após o início do processo.
- Sistematização da delegação de competência[34]:

<table>
<tr><th colspan="4">DELEGAÇÃO</th></tr>
<tr><th colspan="4">É a transferência de parte das atribuições feita por quem era originariamente competente</th></tr>
<tr><td rowspan="3">A delegação pode ser feita</td><td colspan="3">• se houver ou não subordinação hierárquica
• só parcialmente (não pode delegar integralmente a competência)
• com ressalva quanto à atribuição delegada</td></tr>
<tr><td rowspan="2">• quando</td><td colspan="2">– não houver impedimento legal</td></tr>
<tr><td>– for conveniente em razão de circunstâncias de índole</td><td>– técnica
– social
– econômica
– jurídica
– territorial</td></tr>
<tr><td>A delegação não pode ser feita em relação</td><td colspan="3">• à edição de atos de caráter normativo
• à decisão de recursos administrativos
• às matérias de competência exclusiva do órgão ou autoridade</td></tr>
<tr><td rowspan="3">O ato de delegação</td><td colspan="3">• deve ser publicado no meio oficial</td></tr>
<tr><td>• deve especificar</td><td colspan="2">– as matérias transferidas
– os poderes transferidos
– os limites da atuação do delegado
– a duração da delegação
– os objetivos da delegação
– o recurso cabível</td></tr>
<tr><td colspan="3">• é revogável a qualquer tempo (ato de revogação deve ser publicado no meio oficial)</td></tr>
</table>

34 BORTOLETO, Leandro. *Direito administrativo*. Salvador: Juspodivm, 2012. p. 373.

As decisões adotadas por delegação	- devem ***mencionar*** explicitamente esta qualidade - consideram-se ***editadas pelo delegado*** (este responderá em caso de irregularidade)

- ***Avocação de competência***: o superior, que não era competente, chama para si parcela de competência legalmente atribuída a subordinado seu. Deve ser temporária e deve ser feita em caráter excepcional, por motivos relevantes devidamente justificados.
- **Dever de decidir:** a Administração tem o dever de explicitamente emitir decisão nos processos administrativos e sobre solicitações ou reclamações, em matéria de sua competência (art. 48). E o art. 49 determina que a Administração, após a conclusão da instrução do processo administrativo, tem o prazo de até 30 dias para decidir, salvo prorrogação por igual período expressamente motivada.
- **Decisão coordenada:** considera-se decisão coordenada a instância de natureza interinstitucional ou intersetorial que atua de forma compartilhada com a finalidade de simplificar o processo administrativo mediante participação concomitante de todas as autoridades e agentes decisórios e dos responsáveis pela instrução técnico-jurídica, observada a natureza do objeto e a compatibilidade do procedimento e de sua formalização com a legislação pertinente (art. 49-A, §1º).

  As decisões administrativas, no âmbito da Administração Pública Federal, que exijam participação de 3 ou mais setores, órgãos ou entidades poderão ser tomadas mediante decisão coordenada quando: a) for justificável pela relevância da matéria; b) houver discordância que prejudique a celeridade do processo administrativo decisório (art. 49-A, caput). Entretanto, a decisão coordenada não se aplica a processos administrativos: i) de licitação; ii) relacionados ao poder sancionador; iii) em que estejam envolvidas autoridades de Poderes distintos (art. 49-A, caput e §6º).
- ***Recurso administrativo***: interposição no prazo de dez dias, em razão de legalidade e mérito. São legitimados: a) titulares de direitos e interesses que forem parte no processo; b) aqueles cujos direitos ou interesses forem indiretamente afetados pela decisão recorrida; c) as organizações e associações representativas, no tocante a direitos e interesses coletivos; d) os cidadãos ou associações, quanto a direitos ou interesses difusos.
- Se o recorrente alegar violação de enunciado da súmula vinculante, a autoridade competente para decidir explicitará as razões da aplicabilidade ou inaplicabilidade da súmula, conforme o caso (art. 64-A).

10. LICITAÇÃO E CONTRATO ADMINISTRATIVO (NOVA LEI DE LICITAÇÕES E CONTRATOS: LEI Nº 14.133/2021)

- **Licitação** é o processo administrativo instaurado pela Administração Pública, consistente na disputa igualitária entre os interessados em celebrar contrato com ela, para a escolha da proposta que permita a melhor contratação em face do interesse público.
- **Âmbito de aplicação:** a Lei traz normas gerais para as Administrações Públicas diretas, autárquicas e fundacionais da União, Estados, DF e Municípios, abrangendo:

  I – os órgãos dos Poderes Legislativo e Judiciário da União, dos Estados e do Distrito Federal e os órgãos do Poder Legislativo dos Municípios, quando no desempenho de função administrativa;

  II – os fundos especiais e as demais entidades controladas direta ou indiretamente pela Administração Pública.
- **Atenção!** A Lei nº 14.133/2021 estabelece, de forma expressa, que não são abrangidas pela lei as empresas públicas, sociedades de economia mista e suas subsidiárias, regidas pela Lei nº 13.303. As disposições penais, inseridas pelo art. 178 do novo marco legal, entretanto, aplicam-se às estatais.
- **Serviço de publicidade**: licitação regulada pela Lei nº 12.232/10. A Lei nº 14.133/2021 será aplicada de forma complementar.
- **Aplicação subsidiária da Nova Lei**: nos termos do art. 186, aplicam-se as disposições da Lei nº 14.133/2021, de forma subsidiária, à Lei nº 8.987/1995 (Lei geral de concessões), à Lei nº 11.079/2004 (Lei das PPP) e à Lei nº 12.232 (serviços de publicidade).
- **Objeto da licitação (art. 2º, Lei nº 14.133/21):** a) alienação e concessão de direito real de uso de bens; b) compra, inclusive por encomenda; c) locação; d) concessão e permissão de uso de bens públicos; e) prestação de serviços, inclusive os técnico-profissionais especializados; f) obras e serviços de arquitetura e engenharia; g) contratações de tecnologia da informação e de comunicação.
- **Princípios da licitação (art. 5º):** a) legalidade; b) impessoalidade; c) moralidade; d) publicidade; e) eficiência; f) interesse público; g) probidade administrativa; h) igualdade; i) planejamento; j) transparência; k) eficácia; l) segregação de funções; m) motivação; n) vinculação ao edital; o) julgamento objetivo; p) segurança jurídica; q) razoabilidade; r) competitividade; s) proporcionalidade; t) celeridade; u) economicidade; v) desenvolvimento nacional sustentável; x) disposições da Lei de Introdução às Normas do Direito Brasileiro.
- **Publicidade diferida:** A regra é que o processo licitatório seja público, excepcionada nos casos de informações cujo sigilo seja imprescindível à segurança

da sociedade e do Estado. Mas, nos termos do art. 13, parágrafo único, a publicidade poderá ser diferida quanto ao conteúdo das propostas, até a abertura e quanto ao orçamento da Administração, desde que justificado, sem prejuízo da divulgação do detalhamento dos quantitativos e demais informações necessárias para a elaboração das propostas, devendo-se apontar que o sigilo não prevalecerá para os órgãos de controle interno e externo (art. 24).

- **Margem de preferência e participação de ME e EPP**:

a) margem de preferência (art. 26):

- pode ser instituída para bens manufaturados e para serviços nacionais que atendam às normas técnicas brasileiras: será definida mediante decisão fundamentada pelo Chefe do Executivo federal;
- pode ser instituída para bens reciclados, recicláveis ou biodegradáveis, conforme regulamento;
    - poderá ser de até 10% sobre o preço dos bens e serviços que não se enquadrem nos dois casos citados;
    - poderá ser estendida a bens manufaturados e serviços originários dos Estados Partes do Mercosul, desde que haja reciprocidade prevista em acordo internacional aprovado pelo Congresso e ratificado pelo Presidente;
    - para bens manufaturados nacionais e serviços nacionais resultantes de desenvolvimento e inovação tecnológica no País, definidos conforme regulamento do Poder Executivo federal, a margem de preferência poderá ser de até 20%;

Atenção! A margem não se aplica aos bens manufaturados nacionais e aos serviços nacionais se a capacidade de produção desses bens ou de prestação desses serviços no País for inferior:

- à quantidade a ser adquirida ou contratada; ou
- aos quantitativos fixados em razão do parcelamento do objeto, quando for o caso.

b) ***Tratamento diferenciado*** para microempresa e empresa de pequeno porte nas licitações (Lei Complementar nº 123/06). Benefícios:

- preferência em caso de empate (art. 44 da LC 123/06);
- exigência de regularidade fiscal e trabalhista somente para fins de assinatura do contrato (art. 42);
- tratamento diferenciado e simplificado nas contratações públicas (art. 47 e 48): • abertura de licitações só para participação de ME e EPP, para contratações de até R$ 80.000, 00; • possibilidade de exigência ao licitante para que faça a subcontratação de ME e EPP; • deverá estabelecer cota de até 25% do objeto, no caso de bens divisíveis. Esse tratamento diferenciado não é possível quando (art. 49): • não houver no mínimo três fornecedores sendo microempresa ou empresa de pequeno porte; • quando não for vantajoso ou representar prejuízo para a Administração; • quando a licitação for dispensável ou inexigível, excetuando-se as dispensas tratadas pelos incisos I e II do art. 24 da mesma Lei (dispensa em razão do valor), nas quais a compra deverá ser feita preferencialmente de microempresas e empresas de pequeno porte.

Atenção! A obtenção dos benefícios em questão se limita às microempresas e empresas de pequeno porte que, no ano-calendário de realização da licitação ainda não tenham celebrado contratos com a Administração, cujos valores, somados, superem a receita bruta máxima admitida para enquadramento como empresa de pequeno porte (R$ 4.800.000,00, nos termos do art. 3º, II da LC nº 123/2006). Para tanto, deverá o órgão ou entidade exigir do licitante, declaração de observância desse limite na contratação (art. 4º, §2º da NLLC). Ademais, as disposições contidas nos arts. 42 a 49 da LC nº 123/2006 não se aplicam no caso de licitação para aquisição de bens ou contratação de serviços em geral, ao item cujo valor estimado for superior à receita bruta máxima admitida para fins de enquadramento como empresa de pequeno porte e no caso de contratação de obras e serviços de engenharia, às licitações cujo valor estimado for superior à receita bruta máxima admitida para fins de enquadramento como empresa de pequeno porte (art. 4º, §1º da NLLC).

- **Agente de contratação ou pregoeiro (art. 8º):** A condução da licitação será efetuada por **agente de contratação** ou pregoeiro (no caso de pregão), designado pela autoridade competente entre **servidores efetivos ou empregados públicos permanentes** da Administração Pública, que terá como atribuições: tomar decisões, acompanhar o trâmite da licitação, dar impulso ao procedimento licitatório e executar atividades necessárias ao bom andamento do certame, até sua homologação.
- **Comissão de licitação:** No caso de licitação que envolva bens ou serviços especiais, observados os requisitos preferenciais e obrigatórios acima mencionados, o agente de contratação **poderá ser substituído por comissão de contratação** formada por, no mínimo, 3 membros, que responderão solidariamente pelos atos praticados pela comissão, salvo se o membro expressar posição individual divergente fundamentada e registrada em ata lavrada na reunião em que a decisão foi tomada. (art. 8º).
- **São objetivos da licitação (art. 11):** a) assegurar a seleção da proposta apta a gerar o resultado de contratação mais vantajoso para a Administração, inclusive no que se refere ao ciclo de vida do objeto; b) assegurar tratamento isonômico entre os licitantes, bem como a justa competição; c) evitar contratações com sobrepreço ou com preços manifestamente inexequíveis e superfaturamento na execução dos contratos; d) incentivar a inovação e o desenvolvimento nacional sustentável.
- **Fases do processo licitatório (art. 17): a)** preparatória; b) de divulgação do edital de licitação; c) de apre-

sentação de propostas e lances, quando for o caso; d) de julgamento; e) de habilitação; f) recursal; g) de homologação.

Atenção! A fase de habilitação, mediante decisão motivada com explicação dos benefícios dela decorrentes, poderá antecipar a fase de apresentação das propostas e julgamento.

- **Fase preparatória:** caracterizada pelo planejamento da licitação, compreendendo, por exemplo: a) descrição da necessidade fundamentada em estudo técnico; b) definição do objeto para o atendimento da necessidade, por meio de termo de referência, anteprojeto, projeto básico ou executivo, conforme o caso; c) definição das condições de execução e pagamento, das garantias exigidas e ofertadas e das condições de recebimento; d) orçamento estimado; e) elaboração do edital; f) elaboração da minuta de contrato, quando necessária; g) regime de fornecimento; h) modalidade de licitação; i) exposição de motivos das condições estabelecidas no edital, como exigência de qualificação técnica, qualificação econômico-financeira, entre outros; j) análise dos riscos; k) motivação sobre o momento da divulgação do orçamento da licitação.
- **Edital: conteúdo do edital** (art. 25), obrigatoriamente:

a) o objeto da licitação;

b) as regras relativas à:

- convocação;
- julgamento;
- habilitação;
- recursos;
- penalidades;
- fiscalização;
- gestão do contrato;
- entrega do objeto; e
- condições de pagamento.

Todos os elementos do edital, incluídos minuta de contrato, termos de referência, anteprojeto, projetos e outros anexos, deverão ser divulgados em sítio eletrônico oficial na mesma data de divulgação do edital, sem necessidade de registro ou de identificação para acesso.

Atenção! Desde que estudo técnico preliminar demonstre a inexistência de prejuízos à competitividade, o edital poderá prever a utilização de mão de obra, materiais, tecnologias e matérias-primas existentes no local da execução, conservação e operação do bem, serviço ou obra.

O edital de licitação poderá prever a responsabilidade do contratado pela obtenção de licença ambiental e realização da desapropriação autorizada pelo poder público.

O índice de reajustamento de preço deverá estar previsto no edital, independentemente do prazo de duração do contrato, com data-base vinculada à data do orçamento estimado e com a possibilidade de ser estabelecido mais de um índice específico ou setorial.

- **Modalidades de licitação:**

a) **concorrência:** modalidade de licitação para contratação de bens e serviços especiais e de obras e serviços comuns e especiais de engenharia, cujo critério de julgamento poderá ser: • menor preço; • melhor técnica ou conteúdo artístico; • técnica e preço; • maior retorno econômico; • maior desconto.

b) **pregão:** modalidade de licitação obrigatória para aquisição de bens e serviços comuns (inclusive de engenharia), cujo critério de julgamento poderá ser o de menor preço ou o de maior desconto.

Atenção! Bens e serviços comuns: aqueles cujos padrões de desempenho e qualidade possam ser objetivamente definidos pelo edital, por meio de especificações usuais no mercado (art. 6º, XIII).

c) **concurso:** modalidade de licitação para escolha de trabalho técnico, científico ou artístico, cujo critério de julgamento será o de melhor técnica ou conteúdo artístico, e para concessão de prêmio ou remuneração ao vencedor.

d) **leilão:** modalidade de licitação para alienação de bens imóveis ou de bens móveis inservíveis ou legalmente apreendidos a quem oferecer o maior lance. Poderá ser cometido a leiloeiro oficial ou a servidor designado pela autoridade competente.

e) **diálogo competitivo:** modalidade de licitação para contratação de obras, serviços e compras em que a Administração Pública realiza diálogos com licitantes previamente selecionados mediante critérios objetivos, com o intuito de desenvolver uma ou mais alternativas capazes de atender às suas necessidades, devendo os licitantes apresentar proposta final após o encerramento dos diálogos.

> **Atenção!** Note que na NLLC, foram extintas as modalidades de convite e tomada de preços e há a previsão do diálogo competitivo como nova modalidade.

- **Critérios de julgamento:** a) menor preço: a proposta com o menor preço é a vencedora; b) **maior desconto:** considera o menor dispêndio à Administração; c) melhor técnica ou conteúdo artístico: o objetivo é um produto ou serviço de melhor qualidade; d) técnica e preço: almeja-se um produto de qualidade com bom preço; e) maior lance, quando se tratar de leilão: para os casos de **alienação de bens**; f) **maior retorno econômico**: utilizado na celebração do contrato de eficiência, considerando a maior economia à Administração.
- **Itens de consumo de qualidade comum (art. 20):** os itens de consumo deverão ser de qualidade comum, não superior à necessária para os fins a que se destinam, vedada a aquisição de artigos de luxo.

- **Fase externa: a) divulgação do edital de licitação; b) apresentação de propostas; c) julgamento; d) habilitação; e) recursal; f) homologação.**
- **Prazo para apresentação das propostas:**

PRAZO PARA APRESENTAÇÃO DE PROPOSTAS E LANCES – LEI Nº14.133/21	
8 dias úteis	Aquisição de bens, quanto o critério de julgamento for: – menor preço; ou – maior desconto;
15 dias úteis	Aquisição de bens nas demais hipóteses
10 dias úteis	Contratação de serviços comuns e obras e serviços comuns de engenharia, quando o critério de julgamento for: – menor preço; ou – maior desconto;
25 dias úteis	Contratação de serviços especiais e obras e serviços especiais de engenharia, quando o critério de julgamento for: - menor preço; - maior desconto;
60 dias úteis	Contratação de obras e serviços quando o regime de execução for: - contratação integrada
35 dias úteis	Contratação de obras e serviços quando o regime de execução for: - contratação semi-integrada; ou - quando não ocorrer nenhuma das hipóteses anteriores sobre contratação de obras e serviços (que são os casos de 10, 25 e 60 dias úteis acima mencionados);
15 dias úteis	Quando o critério de julgamento for: - maior lance;
35 dias úteis	Quando o critério de julgamento for: – melhor técnica; – a melhor combinação de técnica e preço; - melhor conteúdo artístico.

- Mediante decisão fundamentada, os prazos previstos no quadro acima poderão ser reduzidos até a metade nas licitações realizadas pelo Ministério da Saúde, no âmbito do SUS.
- Indicação de marcas ou modelos (art. 41): A Administração poderá, excepcionalmente, indicar marcas ou modelos, desde que justificado: em decorrência da necessidade de padronização do objeto; em decorrência da necessidade de manter a compatibilidade com plataformas e padrões já adotados pela Administração; quando determinada marca ou modelo comercializados por mais de um fornecedor forem os únicos capazes de atender às necessidades do contratante; quando a descrição do objeto a ser licitado puder ser mais bem compreendida pela identificação de determinada marca ou determinado modelo aptos a servir apenas como referência.
- **Regimes de execução de obras e serviços de engenharia:** a) empreitada por preço unitário; b) empreitada por preço global; c) empreitada integral; d) contratação por tarefa; e) contratação integrada; f) contratação semi-integrada; g) fornecimento e prestação de serviço associado.
- **Apresentação das propostas e modos de disputa (art. 56):**

  a) **aberto**, momento em que os licitantes apresentarão suas propostas por lances públicos e sucessivos, de forma crescente (do menor para o maior) ou decrescente (do maior para o menor): sua utilização será vedada quando adotado o critério de julgamento de técnica e preço.

  b) **fechado**, quando as propostas permanecerão em sigilo até a data e hora designada para sua divulgação: sua utilização de forma isolada será vedada quando adotados os critérios de julgamento de menor preço ou maior desconto.
- Após a definição da melhor proposta, se a diferença em relação à proposta classificada em segundo lugar for de, pelo menos 5% (cinco por cento), a Administração poderá admitir o reinício da disputa aberta, nos termos estabelecidos no instrumento convocatório, para a definição das demais colocações (art. 56, §4º).
- **Critérios de desempate (art. 60)**: a) disputa final; b) avaliação do desempenho contratual prévio dos licitantes; c) desenvolvimento de ações de equidade entre homens e mulheres no ambiente de trabalho; d) desenvolvimento de programa de integridade pelo licitante.
- Caso o empate persista, assegura-se preferência, **sucessivamente**, a bens e serviços produzidos e prestados: empresas estabelecidas no território do Estado ou do Distrito Federal do órgão ou entidade da Administração Pública estadual ou distrital licitante ou, no caso de licitação realizada por órgão ou entidade de Município, no território do Estado em que este se localize; empresas brasileiras; empresas que invistam em pesquisa e no desenvolvimento de tecnologia no País; empresas que comprovem a prática de mitigação, nos termos da Lei nº 12.187, de 29 de dezembro de 2009.
- **Encerramento da licitação (art. 71):** encerradas as fases da licitação de julgamento e habilitação, e exauridos os recursos administrativos, o processo será encaminhado à autoridade superior, que poderá: a) determinar o retorno dos autos para saneamento de irregularidades; b) revogar a licitação por motivo de conveniência e oportunidade superveniente e devi-

damente comprovado; c) proceder à anulação da licitação, quando presente irregularidade insanável; d) adjudicar o objeto e homologar a licitação.

- **Contratação direta (art. 72):** casos de dispensa e inexigibilidade. Deve ser instruído com os seguintes documentos: a) documento de formalização de demanda e, se for o caso, estudo técnico preliminar, análise de riscos, termo de referência, projeto básico ou projeto executivo; b) estimativa de despesa; c) parecer jurídico e pareceres técnicos, se for o caso, que demonstrem o atendimento dos requisitos exigidos; d) demonstração da compatibilidade da previsão de recursos orçamentários com o compromisso a ser assumido; e) comprovação de que o contratado preenche os requisitos de habilitação e qualificação mínima necessária; f) razão da escolha do contratado; g) justificativa de preço; h) autorização da autoridade competente.
- **Dispensa de licitação** é uma opção legal, pois os interessados poderiam competir. As hipóteses de dispensa são taxativas. a) Licitação dispensada: ocorre nas alienações de bens. A lei determina a não realização da licitação (art. 76); b) licitação dispensável: a lei faculta ao administrador realizar ou não a licitação (art. 75).

  Com a Nova Lei, os valores para dispensa de licitação passaram a ser: a) valor inferior a R$ 100.000,00: obras e serviços de engenharia ou serviços de manutenção de veículos automotores; b) valor inferior a R$ 50.000,00, no caso de serviços e compras. ATENÇÃO! Entretanto, nos termos do art. 182, os valores serão atualizados anualmente e, em cumprimento a isso, o Decreto nº 11.871/2023 realizou a atualização e, atualmente, os **valores para dispensa que estão em vigor são: a) valor inferior a R$ 119.812,02: obras e serviços de engenharia ou serviços de manutenção de veículos automotores; b) valor inferior a R$ 59.906,02, no caso de serviços e compras.**
- O candidato deve ficar atento às questões nas provas, pois podem ser enumerados casos para que sejam identificadas quais hipóteses são de licitação dispensável e quais são de licitação dispensada (a dica é que dispensada é usada para os casos de alienação), ou, na maioria das vezes, o examinador não quer saber a diferença entre elas, mas sim se determinada situação é caso de dispensa ou de inexigibilidade).
- **Requisitos para a alienação de imóvel** da Administração Pública (art. 76):

a) **interesse público** justificado;

b) **avaliação** prévia;

c) **autorização legislativa;**

d) **licitação,** na modalidade leilão (exceto se for caso de licitação dispensada)[35].

- Sistematização das hipóteses de dispensa de licitação em razão do valor[36]:

<table>
<tr><th colspan="2">DISPENSA EM RAZÃO DO PEQUENO VALOR</th></tr>
<tr><td rowspan="2">Administração direta
Autarquia
Fundação pública</td><td>Valores inferiores a R$ 59.906,02
serviços e compras</td></tr>
<tr><td>Valores inferiores a R$ 119.812,02
obras e serviços de engenharia ou serviços de manutenção de veículos automotores</td></tr>
<tr><td rowspan="2">Autarquia qualificada como agência executiva
Fundação pública qualificada como agência executiva
Consórcio público</td><td>Valores inferiores a R$ 119.812,02
outros serviços e compras</td></tr>
<tr><td>Valores inferiores a R$ 239.624,04
obras e serviços de engenharia</td></tr>
</table>

- **Inexigibilidade de licitação (art. 74): as hipóteses são exemplificativas, ocorrendo quando inviável a competição, em especial para: a)** aquisição de materiais, de equipamentos ou de gêneros ou contratação de serviços que só possam ser fornecidos por produtor, empresa ou representante comercial exclusivos; b) contratação de profissional do setor artístico, diretamente ou por meio de empresário exclusivo, desde que consagrado pela crítica especializada ou pela opinião pública; c) contratação de serviços técnicos especializados de natureza predominantemente intelectual com profissionais ou empresas de notória especialização, vedada a inexigibilidade para serviços de publicidade e divulgação (a lei arrola quais serviços): d) objetos que devam ou possam ser contratados por meio de credenciamento; e) aquisição ou locação de imóvel cujas características de instalações e de localização tornem necessária sua escolha.

> Nos termos do art. 3º-A da Lei nº 8.906/1994 (Estatuto da OAB), alterada pela Lei nº 14.039/2020, "os serviços profissionais de advogado são, por sua natureza, técnicos e singulares, quando comprovada sua notória especialização, nos termos da lei." Por sua vez, "considera-se **notória especialização** o profissional ou a sociedade de advogados cujo conceito no campo de sua especialidade, decorrente de desempenho anterior, estudos, experiências, publicações, organização, aparelhamento, equipe técnica ou de outros requisitos relacionados com suas atividades, permita inferir que o seu trabalho é essencial e indiscutivelmente o mais adequado à plena satisfação do objeto do contrato."

35. No caso de imóvel da União, ainda, há a necessidade de autorização do Presidente da República (art. 23, Lei nº 9.636/98).

36. BORTOLETO, Leandro. *Direito administrativo*. Salvador: Juspodivm, 2012. p. 416.

- **Procedimentos auxiliares (art. 78):** credenciamento, pré-qualificação, procedimento de manifestação de interesse, sistema de registro de preços, registro cadastral.
- **Nulidade da licitação:** Em regra, não gera obrigação de indenizar, exceto quanto ao que o contratado houver executado até a data em que ela for declarada e por outros prejuízos regularmente comprovados, contanto que não lhe seja imputável, promovendo-se a responsabilidade de quem lhe deu causa (art. 149).
- Com a nova Lei de Licitações, a nulidade somente será reconhecida na hipótese em que se revelar medida de interesse público, que será aferido mediante avaliação de diversos critérios, a exemplo, entre outros, dos riscos sociais, ambientais e à segurança da população local decorrentes do atraso na fruição dos benefícios do objeto contratado (art. 147).
- Verificado que o reconhecimento da nulidade se revela medida de interesse público, sua declaração operará com efeitos:

a) **retroativos (regra);**

b) **não retroativos** (caso impossível retornar à situação anterior, hipótese que será resolvido em perdas e danos);

c) **pro futuro** (com vistas à continuidade da atividade administrativa, pelo prazo de até 6 meses, prorrogável uma única vez).

Anulação na Nova Lei de Licitações
Requisitos para anulação:
• Ilegalidade + interesse público
Efeitos da anulação:
• *Ex tunc* (retroativos)
• *Ex nunc* (não retroativos, resolvendo em perdas e danos)
• *Pro futuro* (para frente, em prazo suficiente para nova contratação – até 6 meses, prorrogável uma vez)

- **Revogação da licitação:** é possível por motivo de conveniência e oportunidade resultante de fato superveniente devidamente comprovado (art. 71, II e §2º).
- Recurso é admitido nos casos de (art. 165, I): a) ato que defira ou indefira pedido de pré-qualificação de interessado ou de inscrição em registro cadastral, sua alteração ou cancelamento; b) julgamento das propostas; c) ato de habilitação ou inabilitação de licitante; d) anulação ou revogação da licitação; e) extinção do contrato, quando determinada por ato unilateral e escrito da Administração.
- **Prazo para interposição do recurso (art. 165, I):** a) três dias úteis.
- **Pedido de reconsideração (art. 165, II):** prazo de três dias úteis, de ato contra o qual não caiba recurso hierárquico.
- **Contrato administrativo:** é o "ajuste que a Administração Pública, agindo nessa qualidade, firma com particular ou outra entidade administrativa para a consecução de objetivos de interesse público, nas condições estabelecidas pela própria Administração"[37]. Regulam-se pelas suas cláusulas e pelos preceitos de direito público, sendo a eles aplicado, de forma supletiva, os princípios da teoria geral dos contratos e as disposições de direito privado (art. 89).
- **Características do contrato administrativo[38]:** a) presença da Administração Pública como Poder Público; b) finalidade pública; c) natureza de contrato de adesão; d) natureza *intuitu personae* (pessoalidade); e) obediência à forma prescrita em lei; f) procedimento legal; g) mutabilidade; h) presença de cláusulas exorbitantes; i) controle e fiscalização do contrato administrativo; j) retomada do objeto; k) aplicação de penalidades (advertência, multa, suspensão temporária, declaração de inidoneidade).
- **Cláusulas exorbitantes:** são cláusulas inexistentes no direito privado e, por isso, extrapolam, exorbitam o direito privado, concedendo prerrogativas à Administração ao colocá-la em posição de superioridade em relação ao contratado. As principais cláusulas exorbitantes são: a) modificação unilateral; b) extinção unilateral; c) ocupação provisória; d) aplicação de sanções; e) fiscalização de execução do contrato (art. 104).

Divulgação do contrato no PNCP (Portal Nacional de Contratações Públicas) (art. 94): 20 dias úteis da assinatura, no caso de licitação e 10 dias úteis da assinatura no caso de contratação direta. Referida publicação se trata de condição de eficácia do contrato e respectivos aditamentos. No caso de urgência, os contratos terão eficácia a partir de sua assinatura, devendo ser publicados nos prazos citados, sob pena de nulidade.

- **Instrumento contratual (art. 95): o instrumento de contrato é obrigatório,** salvo nas seguintes hipóteses, em que a Administração poderá substituí-lo por outro instrumento hábil, como carta-contrato, nota de empenho de despesa, autorização de compra ou ordem de execução de serviço: a) dispensa de licitação em razão de valor; b) compras com entrega imediata e integral dos bens adquiridos e dos quais não resultem obrigações futuras, inclusive quanto a assistência técnica, independentemente de seu valor.

37. MEIRELLES, Hely Lopes. *Licitação e contrato administrativo*. 15. ed. São Paulo: Malheiros, 2010. p. 247.
38. DI PIETRO, Maria Sylvia Zanella. *Direito administrativo*. 25. ed. São Paulo: Atlas, 2012. p. 269.

- **Contrato verbal:** é nulo e de nenhum efeito o contrato verbal com a Administração, salvo o de pequenas compras ou o de prestação de serviços de pronto pagamento, assim entendidos aqueles de valor não superior a R$ 11.981,20 (art. 95, §2º da Lei 14.133/2021 e Decreto 11.871/2023).
- Garantias (art. 96): a) caução em dinheiro ou em títulos da dívida pública; b) seguro-garantia; c) fiança bancária.
- Limites das garantias contratuais: a) no máximo, 5% do valor inicial do contrato, nas contratações de obras, serviços e fornecimentos (art. 98); b) no máximo, 10% do valor inicial do contrato, desde que justificada mediante análise da complexidade técnica e dos riscos envolvidos (art. 98); c) no máximo, 30% do valor inicial do contrato, nas contratações de obras e serviços de engenharia de grande vulto, com previsão legal da modalidade seguro-garantia (art. 99), contendo a cláusula de retomada prevista no art. 101. d) detalhes: nos casos de contratos que impliquem a entrega de bens pela Administração, dos quais o contratado ficará depositário, o valor desses bens deverá ser acrescido ao valor da garantia (art. 101); nas contratações de serviços e fornecimentos contínuos com vigência superior a 1 ano, assim como nas subsequentes prorrogações, será utilizado o valor anual do contrato para definição e aplicação dos percentuais para fins de garantia.

  Duração dos contratos:

DURAÇÃO DOS CONTRATOS	
REGRA GERAL (art. 105) **Prazo previsto no edital** - Observância da disponibilidade orçamentária: a) no momento da contratação; e b) a cada exercício financeiro - Se prazo for superior a um ano, deve haver previsão no plano plurianual	
SITUAÇÕES ESPECÍFICAS	
Contratos de **serviços e fornecimentos contínuos** (art. 106)	**Até 5 anos** (pode ser **prorrogado**, sucessivamente, até o **máximo de 10 anos**)
Contratação de (art. 108): a) **bens ou serviços** produzidos ou prestados no País que envolvam, cumulativamente, **alta complexidade tecnológica e defesa nacional**; b) **materiais de uso das Forças Armadas**, com exceção de materiais de uso pessoal e administrativo, quando houver necessidade de manter a padronização requerida pela estrutura de apoio logístico dos meios navais, aéreos e terrestres, mediante autorização por ato do comandante da força militar; c) para **contratação** com vistas ao cumprimento do disposto nos arts. 3º, 3º-A, 4º, 5º e 20 da **Lei nº 10.973**, de 2 de dezembro de 2004, observados os princípios gerais de contratação constantes da referida Lei; c) para contratação que possa acarretar **comprometimento da segurança nacional**, nos casos estabelecidos pelo Ministro de Estado da Defesa, mediante demanda dos comandos das Forças Armadas ou dos demais ministérios; d) para contratação em que houver **transferência de tecnologia de produtos estratégicos para SUS**, conforme elencados em ato da direção nacional do SUS, inclusive por ocasião da aquisição desses produtos durante as etapas de absorção tecnológica, e em valores compatíveis com aqueles definidos no instrumento firmado para a transferência de tecnologia; e) **para aquisição, por pessoa jurídica de direito público interno, de insumos estratégicos para a saúde** produzidos por fundação que, regimental ou estatutariamente, tenha por finalidade apoiar órgão da Administração Pública direta, sua autarquia ou fundação em projetos de ensino, pesquisa, extensão, desenvolvimento institucional, científico e tecnológico e de estímulo à inovação, inclusive na gestão administrativa e financeira necessária à execução desses projetos, ou em parcerias que envolvam transferência de tecnologia de produtos estratégicos para o SUS, nos termos do inciso XII do caput do art. 75, e que tenha sido criada para esse fim específico em data anterior à entrada em vigor desta Lei, desde que o preço contratado seja compatível com o praticado no mercado.	**Até 10 anos**

Contrato (art. 110) a) Que **gere receita**; e b) De **eficiência**, que gere economia para a Administração	- **Até 10 anos**, nos contratos **sem investimento** - **Até 35 anos**, nos contratos **com investimento**
Contrato sob o regime de **fornecimento e prestação de serviço associado** (art. 113)	Soma do a) **Prazo** do **fornecimento inicial ou entrega da obra** + b) **Prazo** do **serviço de operação e manutenção** (limitado a **5 anos**) - **Prorrogação**: por **até 10 anos**
Contratos de **operação continuada de sistemas estruturantes de tecnologia da informação** (art. 114)	**Até 15 anos**
Contratos em que Administração seja **usuária de serviço público oferecido em regime de monopólio** (art. 109)	**Prazo indeterminado**
Contratos por **escopo** (art. 111)	Prazo definido no **edital** **Prorrogação automática** até a conclusão do objeto

- **Exceção do contrato não cumprido (*exceptio non adimpleti contractus*):** é muito usada na esfera privada e, por ela, se um dos contratantes não cumpre o pactuado o outro pode se recusar a cumprir o que lhe cabe, conforme o art. 477 do Código Civil. Por outro lado, nos contratos administrativos, essa regra não é aplicada integralmente, em razão dos princípios da continuidade dos serviços públicos e da supremacia do interesse público, sendo possível a exceção do contrato não cumprido, mas de forma mitigada. Se for contrato de concessão de serviço público, há entendimento de que não pode ser invocada, em razão do princípio da continuidade do serviço público. O art. 137, §2º, IV, prevê como causa de extinção do contrato o atraso superior a dois meses do pagamento ou parcelas de pagamento devidos pela Administração por despesas de obras, serviços ou fornecimento, podendo o contratado optar pela suspensão de suas obrigações até que a situação seja normalizada.
- **Hipóteses de alteração unilateral do contrato administrativo (art. 124, I):** a) quando houver modificação do projeto ou das especificações, para melhor adequação técnica aos seus objetivos (modificação qualitativa); b) quando necessária a modificação do valor contratual em decorrência de acréscimo ou diminuição quantitativa de seu objeto, nos seguintes limites (modificação quantitativa):
    - até 25% do valor inicial atualizado do contrato para acréscimos e supressões feitas nas obras, serviços ou compras;
    - até 50% do valor inicial atualizado do contrato para acréscimos no caso de reforma de edifício ou equipamento (se for supressão, o limite é de 25%).
    - Por acordo entre as partes, é possível a redução do valor contratual além do limite de 25%, mas não é possível o acréscimo.
- Não é possível a alteração de nenhuma cláusula econômico-financeira e monetária do contrato sem a concordância do contratado (art. 104, § 1º), e, toda vez, que a Administração alterar unilateralmente o contrato deverá haver a revisão das cláusulas econômico-financeiras para que seja mantido o equilíbrio econômico-financeiro do contrato (art. 104, § 2º).
- **Hipóteses de extinção do contrato (137):** a) não cumprimento ou cumprimento irregular de normas editalícias ou de cláusulas contratuais, de especificações, de projetos ou de prazos; b) desatendimento das determinações regulares emitidas pela autoridade designada para acompanhar e fiscalizar sua execução ou por autoridade superior; c) alteração social ou modificação da finalidade ou da estrutura da empresa que restrinja sua capacidade de concluir o contrato; d) decretação de falência ou de insolvência civil, dissolução da sociedade ou falecimento do contratado; e) caso fortuito ou força maior, regularmente comprovados, impeditivos da execução do contrato; f) atraso na obtenção da licença ambiental, ou impossibilidade de obtê-la, ou alteração substancial do anteprojeto que dela resultar, ainda que obtida no prazo previsto; g) atraso na liberação das áreas sujeitas a desapropriação, a desocupação ou a servidão administrativa, ou impossibilidade de liberação dessas áreas; h) razões de interesse público, justificadas pela autoridade máxima do órgão ou da entidade contratante; i) não cumprimento das obrigações relativas à reserva de cargos prevista em lei, bem como em outras normas específicas, para pessoa com deficiência, para reabilitado da Previdência Social ou para aprendiz.

- **Responsabilidade do contratado.** O contratado é responsável: a) pelos danos causados diretamente à Administração ou a terceiros, decorrentes de sua culpa ou dolo na execução do contrato, não excluindo ou reduzindo essa responsabilidade a fiscalização ou o acompanhamento pelo órgão interessado (art. 120). Não é possível a alegação de *culpa in vigilando* da Administração; b) pelos encargos trabalhistas, previdenciários, fiscais e comerciais resultantes da execução do contrato (art. 121); c) mesmo após o recebimento do objeto pela Administração (art. 140, § 2º):
  - civilmente pela solidez e segurança da obra ou do serviço;
  - ético-profissional pela perfeita execução do contrato.
- STF (ADC 16): decidiu que o § 1º do art. 71 da Lei nº 8.666/93 é constitucional e, assim, é vedada a aplicação de responsabilidade subsidiária à Administração Pública de forma automática, apenas pela constatação de inadimplemento dos direitos trabalhistas pela empresa contratada. Por outro lado, foi decidido que, como a Administração Pública tem o dever de licitar e fiscalizar de forma eficaz a execução do contrato, inclusive quanto ao adimplemento de direitos trabalhistas, se verificada, no caso concreto, a omissão da Administração no seu dever de fiscalizar, é possível "a imputação de responsabilidade subsidiária à Administração Pública por *culpa in eligendo* ou *in vigilando*". Este entendimento pode ser aplicado à nova Lei de Licitações e Contratos, uma vez que houve continuidade normativa do dispositivo no §1º do art. 121 da nova legislação.
- **A Administração**, nos termos do art. 121, §2º, exclusivamente "nas contratações de serviços contínuos com regime de dedicação exclusiva de mão de obra, a Administração responderá solidariamente pelos encargos previdenciários e subsidiariamente pelos encargos trabalhistas se comprovada falha na fiscalização do cumprimento das obrigações do contratado". Nesse tipo de contrato, para exercer essa fiscalização quanto ao cumprimento das obrigações trabalhistas, o §3º do art. 121 estabelece que a Administração, conforme previsão no edital ou no contrato, poderá, entre outras medidas: I – exigir caução, fiança bancária ou contratação de seguro-garantia com cobertura para verbas rescisórias inadimplidas; II – condicionar o pagamento à comprovação de quitação das obrigações trabalhistas vencidas relativas ao contrato; III – efetuar o depósito de valores em conta vinculada; IV – em caso de inadimplemento, efetuar diretamente o pagamento das verbas trabalhistas, que serão deduzidas do pagamento devido ao contratado; V – estabelecer que os valores destinados a férias, a décimo terceiro salário, a ausências legais e a verbas rescisórias dos empregados do contratado que participarem da execução dos serviços contratados serão pagos pelo contratante ao contratado somente na ocorrência do fato gerador".

Teoria da imprevisão

- **Fato do príncipe** é toda determinação estatal, positiva ou negativa, geral, imprevista e imprevisível, que onera substancialmente a execução do contrato administrativo ou impede sua execução.
- **Fato da Administração** é toda ação ou omissão estatal que incide de forma direta sobre o contrato, onerando-o ou impedindo sua execução.
- **Caso fortuito ou força maior:** se referem a **situações imprevisíveis e inevitáveis** que, ao ocorrerem, tornam extremamente **onerosa a execução do contrato** – autorizando sua alteração, por acordo entre as partes, para a recomposição do equilíbrio econômico-financeiro – ou tornam **impossível a sua execução**, permitindo a rescisão contratual sem culpa do contratado.
- **Interferências imprevisíveis:** ocorrências materiais não imaginadas pelas partes quando da celebração do contrato, mas que são descobertas após o início de sua execução como, por exemplo, é o encontro de terreno rochoso não esperado para o local[39].
- **Recebimento do objeto: em regra**, o **recebimento é subdivido** em provisório e definitivo (art. 140):
  - **a) recebimento provisório**:
    - **quanto a obras e serviços**: realizado pelo responsável por seu acompanhamento e fiscalização, mediante termo detalhado, quando verificado o cumprimento das exigências de caráter técnico;
    - **quanto às compras**: de forma sumária, pelo responsável por seu acompanhamento e fiscalização, com verificação posterior da conformidade do material com as exigências contratuais;
  - **b) recebimento definitivo**: • **quanto a obras e serviços**: realizado por servidor ou comissão designada pela autoridade competente, mediante termo detalhado que comprove o atendimento das exigências contratuais; • **quanto às compras**: realizado por servidor ou comissão designada pela autoridade competente, mediante termo detalhado que comprove o atendimento das exigências contratuais.
- **Meios alternativos de solução de conflitos (art. 151):** nas contratações regidas pela nova legislação, poderão ser utilizados meios alternativos de prevenção e resolução de controvérsias, notadamente a conciliação, a mediação, o comitê de resolução de

39 MEIRELLES, Hely Lopes. ***Direito administrativo brasileiro.*** 43. ed.São Paulo: Malheiros, 2018.

disputas e a arbitragem. Atenção! Os meios alternativos se aplicam às controvérsias relacionadas a direitos patrimoniais disponíveis, como as questões relacionadas ao restabelecimento do equilíbrio econômico-financeiro do contrato, ao inadimplemento de obrigações contratuais por quaisquer das partes e ao cálculo de indenizações.

- **Sanções administrativas (art. 156):**

a) Advertência:

- A Lei prevê que a advertência será aplicada exclusivamente na hipótese de inexecução parcial do objeto, quando não se justificar a imposição de pena mais grave.

b) Multa:

- Limites mínimo de 0,5% e máximo 30% do valor da contratação.
- Aplicável cumulativamente com qualquer das outras sanções.
- Interessado será intimado para apresentar defesa no prazo de 15 dias úteis, contados da data da intimação

c) Impedimento de licitar ou contratar:

- Aplicável quando a conduta não justificar penalidade mais grave, nos seguintes casos: dar causa à inexecução parcial do contrato que cause grave dano à Administração, ao funcionamento dos serviços públicos ou ao interesse coletivo; dar causa à inexecução total do contrato; deixar de entregar a documentação exigida para o certame; não manter a proposta, salvo em decorrência de fato superveniente devidamente justificado; não celebrar o contrato ou não entregar a documentação exigida para a contratação, quando convocado dentro do prazo de validade de sua proposta; ensejar o retardamento da execução ou da entrega do objeto da licitação sem motivo justificado.
- Impedirá o responsável de licitar ou contratar no âmbito da Administração Pública direta e indireta **do ente federativo que tiver aplicado a sanção**.
- Prazo **máximo** de 3 anos.
- A aplicação desta penalidade deverá ser precedida da instauração de processo de responsabilização, a ser conduzida por 2 ou mais servidores estáveis, que avaliará fatos e circunstâncias.
- Não havendo servidores estatutários, a comissão será formada por 2 ou mais empregados públicos pertencentes aos quadros permanentes, preferencialmente com, no mínimo, 3 anos de tempo de serviço no órgão ou entidade.
- Prazo de defesa: 15 dias úteis, da intimação. Deverá apresentar defesa escrita e especificar as provas que pretende produzir.

d) Declaração de inidoneidade para licitar ou contratar:

- Aplicável: I)às condutas elencadas no art. 155, VIII a XII (apresentar declaração ou documentação falsa exigida para o certame ou prestar declaração falsa durante a licitação ou a execução do contrato; fraudar a licitação ou praticar ato fraudulento na execução do contrato; comportar-se de modo inidôneo ou cometer fraude de qualquer natureza; praticar atos ilícitos com vistas a frustrar os objetivos da licitação; praticar ato lesivo previsto no art. 5º da Lei nº 12.846, de 1º de agosto de 2013); II) e aos casos em que se justificar penalidade mais grave do que o impedimento de licitar e contratar;
- Impedirá o responsável de licitar ou contratar no âmbito da Administração Pública direta e indireta **de todos os entes federativos**.
- Prazo **mínimo** de 3 anos e **máximo** de 6 anos.
- A aplicação desta penalidade deverá ser precedida da instauração de processo de responsabilização, a ser conduzida por 2 ou mais servidores estáveis, que avaliará fatos e circunstâncias.
- Não havendo servidores estatutários, a comissão será formada por 2 ou mais empregados públicos pertencentes aos quadros permanentes, preferencialmente com, no mínimo, 3 anos de tempo de serviço no órgão ou entidade.
- Prazo de defesa: 15 dias úteis, da intimação. Deverá apresentar defesa escrita e especificar as provas que pretende produzir.

> Atenção! As penalidades de advertência, impedimento de licitar e contratar e declaração de inidoneidade, poderão ser cumuladas com a pena de multa (art. 156, §7º).

11. LICITAÇÃO E CONTRATO ADMINISTRATIVO NA LEI DAS ESTATAIS (LEI Nº 13.303/2016)

Atenção! A Lei nº 14.133/2021, que traz o novo regime jurídico das licitações e contratos administrativos, não se aplica às estatais, que continuam regidas pela Lei nº 13.303/2016.

- **Lei nº 13.303/16 (estatuto das estatais):** 1) nos artigos 28 a 84 dispõe sobre as licitações e as contratações feitas pelas empresas públicas e sociedades de economia mista e às suas subsidiárias, que explorem atividade econômica de produção ou comercialização de bens ou de prestação de serviços, ainda que a atividade econômica esteja sujeita ao regime de monopólio da união ou seja de prestação de serviços públicos; 2) Os contratos com terceiros destinados à prestação de serviços às empresas públicas e às sociedades de economia mista, **inclusive de engenharia e de publicidade, à aquisição e à locação de bens, à alienação de bens e ativos integrantes do respectivo patrimônio ou à execução de obras a serem integradas a esse patrimônio, bem como à implementação de ônus real sobre tais bens**, serão precedidos de licitação nos termos da Lei 13.303/16, ressalvadas as hipóteses de dispensa e inexigibilidade (art. 28); 3) A Lei nº 13.303/16 aplica-se às empresas públicas e às sociedades de economia mista constituídas após o início da vigência da lei (01/07/2016). Em relação às que já existiam nessa data, prevê o prazo de adaptação de 24 meses. Os procedimentos licitatórios e os contratos administrativos celebrados até o final desse prazo permanecem regidos pela legislação anterior.

- **Dispensa e inexigibilidade:** os casos de dispensa e inexigibilidade estão previstos nos artigos 29 e 30, respectivamente, da Lei nº 13.303/16.
- **Alienação** (Lei nº 13.303/16): **a alienação de bens por empresas públicas e por sociedades de economia mista** será precedida de: **I – avaliação formal do bem contemplado**, ressalvadas as hipóteses previstas nos incisos XVI a XVIII do art. 29 (XVI – na transferência de bens a órgãos e entidades da administração pública, inclusive quando efetivada mediante permuta; XVII – na doação de bens móveis para fins e usos de interesse social, após avaliação de sua oportunidade e conveniência socioeconômica relativamente à escolha de outra forma de alienação; XVIII – na compra e venda de ações, de títulos de crédito e de dívida e de bens que produzam ou comercializem); **II – licitação**, exceto: a) quando executarem a comercialização, prestação ou execução, de forma direta, de produtos, serviços ou obras especificamente relacionados com seus respectivos objetos sociais; b) nos casos em que a escolha do parceiro esteja associada a suas características particulares, vinculada a oportunidades de negócio definidas e específicas, justificada a inviabilidade de procedimento competitivo.

DISPENSA EM RAZÃO DO PEQUENO VALOR ESTATAIS (LEI Nº 13.303/16)	
Obras e serviços de engenharia	Outros serviços e compras
Até R$ 100.000,00	Até R$ 50.000,00

Atenção! Esses **valores podem ser alterados**, para refletir a variação de custos, **por deliberação do Conselho de Administração** da empresa pública ou sociedade de economia mista, **admitindo-se valores diferenciados para cada sociedade.**

- **Pregão**: é a modalidade a ser adotada de forma preferencial (art. 32, V).
- **Prazo para apresentação de propostas ou lances: art. 39 da Lei nº 13.303/2016.**

PRAZO PARA APRESENTAÇÃO DE PROPOSTAS OU LANCES (LEI Nº 13.303/16: art. 39)	
5 dias úteis	Aquisição de bens, quanto o critério de julgamento for: – menor preço; ou – maior desconto;
10 dias úteis	Aquisição de bens nas demais hipóteses
15 dias úteis	Contratação de obras e serviços, quando o critério de julgamento for: – menor preço; ou – maior desconto;
30 dias úteis	Contratação de obras e serviços nas demais hipóteses
45 dias úteis	Quando o critério de julgamento for: – melhor técnica; – a melhor combinação de técnica e preço;
45 dias úteis	Para licitação em que haja: – contratação semi-integrada; ou – contratação integrada.

- **Recurso. Regra: fase recursal única**; momento de apresentação de recurso: **5 dias úteis após a fase de habilitação. Exceção**: Se houver **inversão nas fases** do procedimento licitatório, haverá **dois momentos** de apresentação de recurso: a) **5 dias úteis após a habilitação**; b) **5 dias úteis após o encerramento da fase de verificação** de efetividade dos lances ou propostas.
- **Não há alteração unilateral do contrato administrativo.** Pode ser alterado, por acordo (art. 81):
  I. quando houver modificação do projeto ou das especificações, para melhor adequação técnica aos seus objetivos;
  II. quando necessária a modificação do valor contratual em decorrência de acréscimo ou dimi-

nuição quantitativa de seu objeto, nos limites permitidos por esta Lei;

III. quando conveniente a substituição da garantia de execução;

IV. quando necessária a modificação do regime de execução da obra ou serviço, bem como do modo de fornecimento, em face de verificação técnica da inaplicabilidade dos termos contratuais originários;

V. quando necessária a modificação da forma de pagamento, por imposição de circunstâncias supervenientes, mantido o valor inicial atualizado, vedada a antecipação do pagamento, com relação ao cronograma financeiro fixado, sem a correspondente contraprestação de fornecimento de bens ou execução de obra ou serviço;

VI. para restabelecer a relação que as partes pactuaram inicialmente entre os encargos do contratado e a retribuição da administração para a justa remuneração da obra, serviço ou fornecimento, objetivando a manutenção do equilíbrio econômico-financeiro inicial do contrato, na hipótese de sobrevirem fatos imprevisíveis, ou previsíveis porém de consequências incalculáveis, retardadores ou impeditivos da execução do ajustado, ou, ainda, em caso de força maior, caso fortuito ou fato do príncipe, configurando álea econômica extraordinária e extracontratual.

Obs.: O contratado poderá aceitar, nas mesmas condições contratuais, os acréscimos ou supressões que se fizerem nas obras, serviços ou compras, até 25% (vinte e cinco por cento) do valor inicial atualizado do contrato, e, no caso particular de reforma de edifício ou de equipamento, até o limite de 50% (cinquenta por cento) para os seus acréscimos.

12. SERVIÇOS PÚBLICOS

- Deve ser feita a leitura dos artigos 21, 23, 25, 30 e 32, § 1º, da Constituição Federal, quanto à competência para o serviço público.
- ***Conceito*** de serviço público: ***critérios***: a) critério subjetivo ou orgânico (é serviço público a atividade desempenhada pelo Poder Público); b) critério objetivo ou material (é a atividade destinada a satisfazer as necessidades coletivas); c) critério formal (é a atividade desenvolvida pela Administração Pública sob o regime de direito público).
- ***Conceito*** de serviço público: é "todo aquele prestado pela Administração ou por seus delegados, sob normas e controles estatais, para satisfazer necessidades essenciais ou secundárias da coletividade ou simples conveniências do Estado"[40].
- Conceito legal de serviço público: "atividade administrativa ou de prestação direta ou indireta de bens ou serviços à população, exercida por órgão ou entidade da administração pública", nos termos do seu art. 2º, II, da Lei nº 13.460/2017.
- Sistematização da classificação e dos princípios do serviço público[41]:

SERVIÇO PÚBLICO: classificação e princípios	
CLASSIFICAÇÃO	
Quanto à essencialidade	• serviço público propriamente dito • serviço de utilidade pública
Quanto à adequação	• serviço próprio • serviço impróprio
Quanto à finalidade	• serviço administrativo • serviço industrial
Quanto aos destinatários	• serviço *uti universi* • serviço *uti singuli*
PRINCÍPIOS	
Continuidade do serviço público	serviço público não pode parar
Modicidade das tarifas	tarifas módicas, razoáveis
Generalidade	usuários devem receber o mesmo tratamento
Mutabilidade	Administração pode alterar, unilateralmente, regime de execução do serviço público

- Princípios expressos na Lei 13.460/17: princípios "da regularidade, continuidade, efetividade, segurança, atualidade, generalidade, transparência e cortesia".
- ***Concessão de serviço público*** é o contrato administrativo por meio do qual a Administração Pública delega a terceiro a "execução de um serviço público, para que o execute em seu próprio nome, por sua conta e risco, assegurando-lhe a remuneração mediante tarifa paga pelo usuário

40 MEIRELLES, Hely Lopes. *Direito administrativo brasileiro*. 36. ed.São Paulo: Malheiros, 2010. p. 350.

41 BORTOLETO, Leandro. *Direito administrativo*. Salvador: Juspodivm, 2012. p. 514.

ou outra forma de remuneração decorrente da exploração do serviço"[42]

- ***Deveres*** dos usuários (art. 7º, IV, V e VI):
  a) ***levar ao conhecimento*** do poder público e da concessionária as ***irregularidades*** de que tenham conhecimento, referentes ao serviço prestado;
  b) ***comunicar*** às autoridades competentes os ***atos ilícitos*** praticados pela concessionária na prestação do serviço;
  c) ***contribuir*** para a permanência das ***boas condições*** dos bens públicos por meio dos quais lhes são prestados os serviços.
- ***Direitos*** dos usuários (art. 7º, I, II e III e art. 7º- A):
  a) receber ***serviço adequado*** (é o serviço que satisfaz as condições de regularidade, continuidade, eficiência, segurança, atualidade, generalidade, cortesia na sua prestação e modicidade das tarifas, conforme art. 6º, § 1º);
  b) receber do poder concedente e da concessionária ***informações*** para a ***defesa*** de interesses individuais ou coletivos;
  c) obter e utilizar o serviço, com liberdade de ***escolha*** entre vários ***prestadores*** de serviços, quando for o caso, observadas as normas do poder concedente.
  d) ***escolher*** entre, no mínimo, ***seis datas***, dentro do mês de vencimento, para o dia de vencimento de seus débitos.
- ***Licitação para concessão e permissão*** de serviço público (artigos 14 a 22, Lei nº 8.987/95): a) possibilidade de o edital prever a inversão das fases de habilitação e julgamento (art. 18-A); b) critérios usados para julgar a licitação (art. 15):
  - menor valor da tarifa do serviço público a ser prestado;
  - maior oferta, nos casos de pagamento ao poder concedente pela outorga da concessão;
  - melhor proposta técnica, com preço fixado no edital;
  - melhor oferta de pagamento pela outorga após qualificação de propostas técnicas. Os critérios podem ser assim combinados:
  - menor valor da tarifa e maior oferta pela outorga;
  - menor valor da tarifa e melhor oferta pela outorga, após qualificação das propostas técnicas;
  - menor valor da tarifa e melhor técnica;
  - maior oferta pela outorga e melhor técnica;
  - A modalidade adotada deve ser a concorrência ou o diálogo competitivo.
- ***Encargos do poder concedente*** (art. 29): a) regulamentar o serviço concedido e fiscalizar permanentemente a sua prestação; b) aplicar as penalidades regulamentares e contratuais; c) intervir na prestação do serviço, nos casos e condições previstos em lei; d) extinguir a concessão, nos casos previstos nesta lei e na forma prevista no contrato; e) homologar reajustes e proceder à revisão das tarifas na forma desta Lei, das normas pertinentes e do contrato; f) cumprir e fazer cumprir as disposições regulamentares do serviço e as cláusulas contratuais da concessão; g) zelar pela boa qualidade do serviço, receber, apurar e solucionar queixas e reclamações dos usuários, que serão cientificados, em até trinta dias, das providências tomadas; h) declarar de utilidade pública os bens necessários à execução do serviço ou obra pública, promovendo as desapropriações, diretamente ou mediante outorga de poderes à concessionária, caso em que será desta a responsabilidade pelas indenizações cabíveis; i) declarar de necessidade ou utilidade pública, para fins de instituição de servidão administrativa, os bens necessários à execução de serviço ou obra pública, promovendo-a diretamente ou mediante outorga de poderes à concessionária, caso em que será desta a responsabilidade pelas indenizações cabíveis; j) estimular o aumento da qualidade, produtividade, preservação do meio ambiente e conservação; k) incentivar a competitividade; l) estimular a formação de associações de usuários para defesa de interesses relativos ao serviço.
- ***Encargos da concessionária*** são (art. 31): a) prestar serviço adequado, na forma prevista nesta lei, nas normas técnicas aplicáveis e no contrato; b) manter em dia o inventário e o registro dos bens vinculados à concessão; c) prestar contas da gestão do serviço ao poder concedente e aos usuários, nos termos definidos no contrato; d) cumprir e fazer cumprir as normas do serviço e as cláusulas contratuais da concessão; e) permitir aos encarregados da fiscalização livre acesso, em qualquer época, às obras, aos equipamentos e às instalações integrantes do serviço, bem como a seus registros contábeis; f) promover as desapropriações e constituir servidões autorizadas pelo poder concedente, conforme previsto no edital e no contrato; g) zelar pela integridade dos bens vinculados à prestação do serviço, bem como segurá-los adequadamente; h) captar, aplicar e gerir os recursos financeiros necessários à prestação do serviço.
- A declaração de utilidade pública de imóvel para desapropriação e a declaração de necessidade ou utilidade pública para fins de servidão são sempre encargos do poder concedente. Já, a promoção da desapropriação e a instituição da servidão podem

---

42 DI PIETRO, Maria Sylvia Zanella. *Direito administrativo*. 25. ed. São Paulo: Atlas, 2012. p. 302.

ser feitas tanto pelo poder concedente quanto pela concessionária. No entanto, esta somente poderá fazê-los quando autorizada pelo poder concedente e desde que exista previsão no edital e no contrato, cabendo à concessionária, nesses casos, a responsabilidade pelas indenizações cabíveis.

- ***Extinção da concessão*** (art. 35): a) advento do termo contratual; b) encampação ou resgate (o poder concedente retoma o serviço da concessionária, durante o prazo da concessão, por motivo de interesse público, mediante lei autorizativa específica e após prévio pagamento de indenização); c) caducidade ou decadência (o poder concedente retoma o serviço da concessionária, durante o prazo da concessão, em razão da inadimplência da concessionária); d) rescisão; e) anulação; f) falência ou extinção da concessionária de serviço público.
- ***Reversão*** não é forma de extinção da concessão, mas é consequência dela, pois consiste na transferência dos bens do concessionário afetados ao serviço para o poder concedente, no final da concessão.
- ***Parceria público-privada*** é um contrato de concessão e tem duas modalidades (art. 2º): a) concessão patrocinada: é a concessão de serviços públicos ou de obras públicas de que trata a Lei no 8.987, de 13 de fevereiro de 1995, quando envolver, adicionalmente à tarifa cobrada dos usuários contraprestação pecuniária do parceiro público ao parceiro privado; b) concessão administrativa: é o contrato de prestação de serviços de que a Administração Pública seja a usuária direta ou indireta, ainda que envolva execução de obra ou fornecimento e instalação de bens.
- É vedada a celebração de contrato de parceria público-privada Lei 11.079/04 (art. 2º, § 4º): a) cujo valor do contrato seja inferior a R$ 10.000.000,00; b) cujo período de prestação do serviço seja inferior a cinco anos; ou c) que tenha como objeto único o fornecimento de mão de obra, o fornecimento e instalação de equipamentos ou a execução de obra pública.
- A contratação na modalidade PPP será precedida de licitação na modalidade concorrência ou diálogo competitivo.
- Permissão é formalizada por meio de contrato de adesão, mas tem como características a precariedade e a revogabilidade unilateral (art. 40, Lei nº 8.987/95).
- Diferenças legais entre concessão e permissão (art. 2º): a) a concessão deve adotar a modalidade concorrência ou diálogo competitivo (Lei nº 14.133/2021), e a permissão pode adotar outra modalidade licitatória; b) a concessão somente pode ser feita com pessoa jurídica ou com consórcio de empresas, e a permissão pode ser realizada com pessoa jurídica e com pessoa física.

13. BENS PÚBLICOS

- Conceito legal (art. 98, Código Civil): são "públicos os bens do domínio nacional pertencentes às pessoas jurídicas de direito público interno; todos os outros são particulares, seja qual for a pessoa a que pertencerem".
- Divergência doutrinária: para uns, são somente os pertencentes às pessoas jurídicas de ***direito público (adotam o conceito legal); para outros, são*** os que pertencem às pessoas jurídicas de ***direito público*** e aqueles que, mesmo não pertencendo a essas pessoas, estejam ***afetados à prestação de serviço público***. Entretanto, maioria concorda que os ***bens*** das ***pessoas administrativas*** com personalidade de ***direito privado*** (empresa pública, sociedade de economia mista, fundações públicas com personalidade de direito privado, os consórcios públicos com personalidade jurídica de direito privado) ***vinculados à prestação de serviço público não podem ser penhorados***, em face do princípio da continuidade do serviço público.
- STF (RE 393032/MG e a ACO 958/DF): em relação à Empresa Brasileira de Correios e Telégrafos (ECT), foi decido que as disposições do art. 173, §§ 1º e 2º da CF (equiparação às empresas privadas e proibição de extensão de benefícios fiscais não aplicáveis ao setor privado) somente se aplicam às empresas públicas e sociedades de economia mista exploradoras de atividade econômica e, assim, em diversas ações (execuções trabalhistas e tributárias) considerou-se a ECT como prestadora de serviços públicos e, dessa forma, seus bens são impenhoráveis e possui imunidade tributária recíproca quanto aos bens usados para a prestação do serviço, tendo havido a recepção pela Constituição Federal do art. 12 do Decreto-Lei nº 509/69.
- Sistematização da classificação dos bens públicos[43]:

CLASSIFICAÇÃO DOS BENS PÚBLICOS	
Quanto à titularidade	• federais • estaduais • distritais • municipais

43 BORTOLETO, Leandro. *Direito administrativo*. Salvador: Juspodivm, 2012. p. 543.

Quanto à destinação	• uso comum do povo com finalidade pública geral (uso de todos; afetado) • uso especial com finalidade pública específica (afetado) • dominicais sem finalidade pública específica (desafetado)
Quanto à disponibilidade	• indisponíveis por natureza não têm natureza patrimonial • patrimoniais indisponíveis têm natureza patrimonial e estão afetados • patrimoniais disponíveis têm natureza patrimonial e estão afetados

- Características dos bens públicos: inalienabilidade, a impenhorabilidade, a imprescritibilidade e a não onerabilidade.
- Reforçando a característica da imprescritibilidade do bem público, foi editada a Súmula nº 619 do STJ, que estabelece: "A ocupação indevida de bem público configura mera detenção, de natureza precária, insuscetível de retenção ou indenização por acessões e benfeitorias".
- A afetação ou consagração é a atribuição de destinação pública específica a determinado bem e, de outra forma, a desafetação ou desconsagração é a retirada da destinação de finalidade pública que fora dada a um bem público. Com a afetação, o bem desafetado torna-se afetado e, com a desafetação, o bem afetado passa a ser desafetado. A falta de uso do bem não pode ser considerada desafetação tácita.
- STF (AI 553.712): vem sendo admitido o bloqueio de valores em contas públicas para cumprimento de liminar com o objetivo de garantir o fornecimento gratuito de medicamento a pessoa hipossuficiente.
- Súmula nº 340 (STF): desde "a vigência do Código Civil, os bens dominicais, como os demais bens públicos, não podem ser adquiridos por usucapião".
- **Súmula nº 619 (STJ):** "A ocupação indevida de bem público configura mera detenção, de natureza precária, insuscetível de retenção ou indenização por acessões e benfeitorias".
- Uso comum e uso especial do bem público. O uso comum de um bem público ocorre quando ele é utilizado pelas pessoas em geral, sem distinção entre os usuários e sem necessidade de autorização específica para tanto, e o uso especial de bem público se verifica quando o administrado se sujeita a regras específicas, ao consentimento do Poder Público ou ao pagamento pelo uso.
- O uso especial, quando é destinado a pessoas determinadas, mediante instrumento jurídico formal, é chamado de uso privativo ou uso especial privativo.
- Instrumentos de formalização de uso privativo de bem público: autorização de uso; permissão de uso; concessão de uso; concessão de direito real de uso; cessão de uso.
- **STF (ADPF nº 588/PB):** "Os recursos públicos vinculados ao orçamento de estatais prestadoras de serviço público essencial, em regime não concorrencial e sem intuito lucrativo primário não podem ser bloqueados ou sequestrados por decisão judicial para pagamento de verbas trabalhistas, em virtude do disposto no art. 100 da CF/1988, e dos princípios da legalidade orçamentária (art. 167, VI, da CF), da separação dos poderes (arts. 2º, 60, § 4º, III, da CF) e da eficiência da administração pública (art. 37, 'caput', da CF)".

14. INTERVENÇÃO DO ESTADO NA PROPRIEDADE PRIVADA

- Na Constituição de 1988, no art. 5º, XXII, o direito à propriedade privada está previsto como direito fundamental e, da mesma forma, assegura-se, no inciso XXIII do mesmo artigo, que a propriedade tenha uma função social, podendo, inclusive, haver a expropriação do proprietário que não cumprir tal exigência, nos termos do inciso XXIV.
- Intervenção pode ser:

a) **restritiva:** o Estado apenas restringe o uso da propriedade, sem retirá-la do proprietário, podendo fazê-lo por meio das seguintes espécies:

- limitações administrativas;
- servidão administrativa;
- requisição administrativa;
- ocupação temporária;
- tombamento;

b) **intervenção supressiva:** ocorre a supressão da propriedade (o Estado retira a propriedade de seu titular):

- desapropriação.
- **Limitações administrativas:** determinações gerais, que condicionam o exercício do direito de propriedade em face do bem comum, pelas quais proprietários indeterminados são constituídos em obrigações positivas, negativas ou permissivas.
- **Servidão administrativa:** Administração Pública impõe um ônus real de uso sobre a

propriedade particular. Não se retira a propriedade de seu titular, mas este é obrigado a consentir que seu imóvel (coisa serviente) seja usado em prol de um serviço público ou de um bem afetado a fim de utilidade pública (coisa dominante).

- **Requisição administrativa:** é o uso coativo e imediato de bens e serviços privados pelo Estado, para atendimento de necessidades coletivas urgentes e transitórias.
- **Ocupação temporária:** uso provisório de bens privados pelo Estado para a execução de obras, serviços ou atividades públicas ou de interesse público.
- **Tombamento:** procedimento administrativo adotado pelo Poder Público para impor restrições parciais sobre os bens que, por interesse público, devam ser conservados, por estarem vinculados a fatos memoráveis da história ou por seu excepcional valor arqueológico ou etnológico, bibliográfico ou artístico.
- Efeitos do tombamento (Decreto-Lei nº 25/37):

a) alienação: se o bem tombado é público, torna-se inalienável e se for privado, pode ser alienado.

b) conservação: o bem tombado não pode ser, sob pena de multa 50% do dano causado (se for bem público, autoridade responsável pela infração incorrerá pessoalmente na multa):

- destruído, demolido ou mutilado;

- reparado, pintado ou restaurado, sem prévia autorização do Iphan;

c) vigilância: os bens tombados ficam sujeitos à vigilância permanente do Iphan, pelo que:

- poderá inspecioná-lo quando julgar conveniente;

- o proprietário ou responsável não pode criar obstáculos à inspeção, sob pena de multa, elevada ao dobro em caso de reincidência;

d) saída do país: o bem tombado não pode sair do país, exceto se for por curto prazo, sem transferência de domínio e para fim de intercâmbio cultural, a juízo do Conselho Consultivo do Iphan;

e) extravio ou furto: proprietário deve comunicar ao Iphan, no prazo de 5 dias, sob pena de multa de 10% sobre o valor da coisa;

f) vizinhança: não pode, sem autorização do Iphan, na vizinhança, fazer construção que impeça ou reduza a visibilidade do bem tombado, nem nela colocar anúncios ou cartazes, sob pena de ser determinada a destruição da obra ou retirada do objeto, impondo-se multa de 50% do valor do objeto.

- **Desapropriação** é "o procedimento administrativo pelo qual o Estado, compulsoriamente, retira de alguém certo bem, por necessidade ou utilidade pública ou por interesse social e o adquire, originariamente, para si ou para outrem, mediante prévia e justa indenização, paga em dinheiro, salvo os casos que a própria Constituição enumera, em que o pagamento é feito com títulos da dívida pública (art.182, § 4º, III) ou da dívida agrária (art.184)[44].
- A desapropriação é forma originária de aquisição da propriedade.
- Pressupostos necessários para a desapropriação (art. 5º, XXIV, CF):

  a) necessidade pública: situações de emergência, as quais necessitam, para serem resolvidas, da transferência urgente do bem particular para o Poder Público;

  b) utilidade pública: é conveniente a transferência dos bens, mas não é imprescindível. Com a publicação da Lei nº 13.867/2019, na desapropriação por utilidade pública e antes do ajuizamento da ação, o Poder Público poderá notificar o particular e lhe apresentar oferta de indenização, com prazo para manifestação em 15 dias. Nesse prazo, o particular poderá optar pela mediação ou arbitragem, cabendo à Administração Pública avaliar a conveniência e oportunidade em sua realização.

  c) interesse social: necessidade de distribuição da propriedade em benefício da coletividade ou de categorias sociais merecedoras de amparo estatal.

Todos os bens poderão ser desapropriados pela União, pelos Estados, Municípios, Distrito Federal e Territórios.

Bens públicos: será exigida autorização legislativa para a desapropriação dos bens de domínio dos Estados, dos Municípios e do Distrito Federal pela União e dos bens de domínio dos Municípios pelos Estados. Será dispensada a autorização legislativa quando a desapropriação for realizada mediante acordo entre os entes federativos, no qual serão fixadas as respectivas responsabilidades financeiras quanto ao pagamento das indenizações correspondentes.

- **Podem promover a desapropriação, mediante autorização expressa constante de lei ou contrato:**

44. GASPARINI, Diógenes. *Direito administrativo*. 13. ed. São Paulo: Saraiva, 2008. p. 816.

I – os concessionários, inclusive aqueles contratados nos termos da Lei nº 11.079/2004 Lei das PPPs);

II – as entidades públicas;

III – as entidades que exerçam funções delegadas do poder público; e

IV – o contratado pelo poder público para fins de execução de obras e serviços de engenharia sob os regimes de empreitada por preço global, empreitada integral e contratação integrada.

- Regra: indenização prévia e em dinheiro. Exceções:

  a) desapropriação urbanística sancionatória (art. 182, § 4º): indenização será feita mediante títulos da dívida pública de emissão previamente aprovada pelo Senado Federal, com prazo de resgate de até dez anos, em parcelas anuais, iguais e sucessivas, assegurados o valor real da indenização e os juros legais;

  b) desapropriação por interesse social para fins de reforma agrária (art. 184): indenização será paga em títulos da dívida agrária, com cláusula de preservação do valor real, resgatáveis no prazo de até vinte anos, a partir do segundo ano de sua emissão, e cuja utilização será definida em lei, exceto quanto às benfeitorias úteis e necessárias, que serão indenizadas em dinheiro;

  c) expropriação de terras em que haja cultura ilegal de planta psicotrópica ou exploração de trabalho escravo, na forma da lei: é um confisco e, assim, não há indenização.

- Retrocessão: direito do proprietário cujo imóvel fora expropriado de exigir o retorno do bem ao seu patrimônio em razão de não lhe ter sido dado o destino previsto. Esse desvio de finalidade no uso do bem desapropriado é chamado de tredestinação (ou tresdestinação) e se subdivide em lícita (o desvio é de uma finalidade pública para outra finalidade pública) e ilícita (o desvio é de uma finalidade pública para finalidade particular).
- Jurisprudência: só há direito à retrocessão quando se tratar de tredestinação ilícita.

15. RESPONSABILIDADE EXTRACONTRATUAL DO ESTADO

- Sistematização das teorias sobre a responsabilidade extracontratual do Estado[45]:

<table>
<tr><th colspan="5">Teorias sobre a responsabilidade extracontratual do Estado</th></tr>
<tr><td>Teoria da irresponsabilidade</td><td colspan="4">• Estado não responde
• teoria regaliana ou regalista</td></tr>
<tr><td rowspan="3">Teorias civilistas</td><td colspan="2" rowspan="2">teoria dos atos de império e atos de gestão</td><td colspan="2">atos de gestão → responde</td></tr>
<tr><td colspan="2">atos de império → não responde</td></tr>
<tr><td colspan="2">teoria da culpa civil</td><td colspan="2">• responsabilidade subjetiva
• dolo ou culpa do agente</td></tr>
<tr><td rowspan="3">Teorias publicistas</td><td colspan="2">teoria da culpa administrativa
(culpa do serviço; culpa anônima)</td><td>culpa do serviço</td><td>• responsabilidade subjetiva
• não funciona
• funciona mal
• funcional atrasado</td></tr>
<tr><td rowspan="2">teoria do risco</td><td rowspan="2">ação estatal
+
dano
+
nexo de causalidade</td><td>risco administrativo</td><td>admite excludentes</td></tr>
<tr><td>risco integral</td><td>não admite excludentes</td></tr>
</table>

45 BORTOLETO, Leandro. *Direito administrativo.* Salvador: Juspodivm, 2012. p. 580.

- Sistematização da responsabilidade extracontratual no Estado brasileiro[46]:

<table>
<tr><th colspan="2">RESPONSABILIDADE EXTRACONTRATUAL DO ESTADO BRASILEIRO</th></tr>
<tr><td colspan="2">• Pessoas de direito público
• Pessoas de direito privado prestadoras de serviço público (terceiro usuário e não usuário do serviço)</td></tr>
<tr><td colspan="2">RESPONSABILIDADE POR AÇÃO</td></tr>
<tr><td>Responsabilidade Objetiva</td><td>• teoria do risco administrativo
• teoria do risco integral (para alguns) → dano nuclear e ato terrorista contra aeronave</td></tr>
<tr><td colspan="2">Comportamento lícito ou ilícito de agente público nessa qualidade
+
Dano
+
Nexo de causalidade</td></tr>
</table>

<table>
<tr><td>Excludentes da responsabilidade objetiva</td><td>• caso fortuito ou força maior
• culpa exclusiva da vítima
• culpa exclusiva de terceiro</td></tr>
<tr><td colspan="2">RESPONSABILIDADE POR OMISSÃO</td></tr>
<tr><td>Responsabilidade subjetiva</td><td>– teoria da culpa administrativa ou da culpa do serviço: omissão genérica
– teoria do risco administrativo (STF): omissão específica</td></tr>
<tr><td colspan="2">Omissão
+
Dever de agir
+
Fato da natureza ou comportamento material de terceiro
+
Dano
+
Nexo entre dano e omissão</td></tr>
</table>

Quando a omissão caracterizar violação a dever específico, o STF vem entendendo que existe responsabilidade objetiva.

STF (RE nº 1.209.429/SP) Tese de repercussão geral: "É objetiva a Responsabilidade Civil do Estado em relação a profissional da imprensa ferido por agentes policiais durante cobertura jornalística, em manifestações em que haja tumulto ou conflitos entre policiais e manifestantes. Cabe a excludente da responsabilidade da culpa exclusiva da vítima, nas hipóteses em que o profissional de imprensa descumprir ostensiva e clara advertência sobre acesso a áreas delimitadas, em que haja grave risco à sua integridade física."

Morte de detento: RE 841.526: STF fixou a seguinte tese de repercussão geral: "em caso de inobservância do seu dever específico de proteção previsto no artigo 5º, inciso XLIX, da Constituição Federal, o Estado é responsável pela morte do detento".

46 BORTOLETO, Leandro. *Direito administrativo*. Salvador: Juspodivm, 2012. p. 587.

- RE 591874/MS: Supremo Tribunal Federal decidiu que a responsabilidade extracontratual das pessoas jurídicas de direito privado prestadoras de serviço público é objetiva em relação aos ***usuários*** e aos ***não usuários*** do serviço.
- STF (RE 327.904 e RE 470.996): impossibilidade de o agente público causador do dano ser acionado diretamente pela vítima. CF (art. 37, § 6º) estabelece ***dupla garantia***: ***uma, em favor do particular*** assegurando-lhe o direito de promover ação indenizatória em face de pessoa jurídica de direito público ou de pessoa jurídica de direito privado prestadora de serviço público e, ***outra, em benefício do servidor***, que apenas responde civil e administrativamente perante a pessoa jurídica a que estiver vinculado; Nesse sentido, o tema de nº 940 do STF (julgado com repercussão geral): "A teor do disposto no art. 37, § 6º, da Constituição Federal, a ação por danos causados por agente público deve ser ajuizada contra o Estado ou a pessoa jurídica de direito privado prestadora de serviço público, sendo parte ilegítima para a ação o autor do ato, assegurado o direito de regresso contra o responsável nos casos de dolo ou culpa".
- STF (RE 842846/RJ): "O Estado responde, objetivamente, pelos atos dos tabeliães e registradores oficiais que, no exercício de suas funções, causem dano a terceiros, assentado o dever de regresso contra o responsável, nos casos de dolo ou culpa, sob pena de improbidade administrativa."
- STJ (REsp 1.163.652/PE, AgRg no REsp 1.149.194/AM, EREsp 313.886/RN): em se tratando de responsabilidade civil do Estado, a denunciação da lide é facultativa e não obrigatória. Todavia, o "cabimento da denunciação depende da ausência de violação dos princípios da celeridade e da economia processual, o que implica a valoração a ser realizada pelo magistrado em cada caso concreto" (Resp 975.799/DF).
- ADI 6.421: Compete ao legislador ordinário dimensionar o conceito de culpa previsto no art. 37, § 6º, da CF, respeitado o princípio da proporcionalidade, em especial na sua vertente de vedação à proteção insuficiente; 2. Estão abrangidas pela ideia de erro grosseiro as noções de imprudência, negligência e imperícia, quando efetivamente graves.
- Prescrição: o prazo para interposição de ação de indenização em face do Estado é de ***5 anos***, nos termos do art. 1º do Decreto nº 20.910/32.

16. CONTROLE DA ADMINISTRAÇÃO PÚBLICA

- ***Espécies*** de controle***: a)*** quanto à origem ou localização: interno e externo; ***b)*** quanto ao momento: prévio ou preventivo (*a priori*), concomitante e posterior ou subsequente; ***c)*** quanto ao aspecto controlado: legalidade e mérito; ***d)*** quanto à amplitude ou fundamento: hierárquico ou por subordinação; finalístico ou por vinculação; ***e)*** quanto à iniciativa: de ofício e provocado.
- ***Recurso administrativo***: todo meio apto para provocar o reexame de ato ou decisão administrativa. Modalidades de recurso administrativo: a) representação administrativa; b) reclamação administrativa; c) pedido de reconsideração; d) recurso hierárquico: recurso hierárquico próprio e recurso hierárquico impróprio; e) revisão.
- ***Controle legislativo*** abrange o controle político e o controle financeiro.
- Controle financeiro: a "fiscalização contábil, financeira, orçamentária, operacional e patrimonial da União e das entidades da administração direta e indireta, quanto à legalidade, legitimidade, economicidade, aplicação das subvenções e renúncia de receitas, será exercida pelo Congresso Nacional, mediante controle externo, e pelo sistema de controle interno de cada Poder" (CF, art. 70). Subdivide-se em controle interno e externo.
- ***Controle interno***: os Poderes Executivo, Legislativo e Judiciário deverão manter, de forma integrada, sistema de controle interno, com a finalidade de: a) "avaliar o cumprimento das metas previstas no plano plurianual, a execução dos programas de governo e dos orçamentos da União" (inciso I); b) "comprovar a legalidade e avaliar os resultados, quanto à eficácia e eficiência, da gestão orçamentária, financeira e patrimonial nos órgãos e entidades da administração federal, bem como da aplicação de recursos públicos por entidades de direito privado" (inciso II); c) "exercer o controle das operações de crédito, avais e garantias, bem como dos direitos e haveres da União" (inciso III); d) "apoiar o controle externo no exercício de sua missão institucional" (inciso IV).
- ***Controle externo***: exercido pelo Congresso Nacional, com o auxílio do Tribunal de Contas da União (TCU).
- O TCU é um órgão independente. Não está subordinado ao Congresso Nacional e não integra o Poder Judiciário.
- Competência do TCU: deve ser feita a atenta leitura do art. 71 da Constituição Federal, pois é muito cobrado nas provas.
- Decisões do TCU: as "decisões do Tribunal de que resulte imputação de débito ou multa terão eficácia de título executivo" (art. 71, § 3º).
- STF (RE 510.034-AgR; AI 826.676-AgR): a cobrança da dívida em juízo deve ser feita pelo ente público beneficiário da condenação, por intermédio de seus procuradores.
- STF (MS 24.997): o "ato de aposentadoria configura ato administrativo complexo, aperfeiçoando-se somente com o registro perante o Tribunal de Contas. Subme-

tido à condição resolutiva, não se operam os efeitos da decadência antes da vontade final da Administração".

- STF. RE 848826. Tese com repercussão geral: para os fins do art. 1º, inciso I, alínea "g", da Lei Complementar 64/90, a apreciação das contas dos prefeitos, tanto as de governo quanto as de gestão, será feita pelas Câmaras municipais com o auxílio dos Tribunais de Contas competentes, cujo parecer prévio somente deixará de prevalecer por decisão de 2/3 dos vereadores.
- Súmula Vinculante nº 3: "Nos processos perante o Tribunal de Contas da União asseguram-se o contraditório e a ampla defesa quando da decisão puder resultar anulação ou revogação de ato administrativo que beneficie o interessado, excetuada a apreciação da legalidade do ato de concessão inicial de aposentadoria, reforma e pensão".
- ***Sistemas de controle jurisdicional do ato administrativo***: ***a)*** sistema do contencioso administrativo ou sistema francês: o controle dos atos administrativos é realizado, de maneira definitiva, por tribunais administrativos; ***b)*** sistema de jurisdição única ou sistema inglês: há somente uma jurisdição e, assim, o controle dos atos administrativos, de maneira definitiva, é feito pelo Poder Judiciário (é o adotado no Brasil, pois o art. 5º, XXXV da Constituição Federal estabelece que nenhuma lesão ou ameaça a direito será excluída da apreciação do Poder Judiciário).

17. IMPROBIDADE ADMINISTRATIVA: LEI Nº 8.429/92

Lei 8.429/92

- **Sistema de Responsabilização por Ato de Improbidade:** tem por finalidade a probidade na organização do Estado e no exercício de suas funções, como forma de assegurar a integridade do patrimônio público e social (art. 1º, *caput*).
- **Ato de improbidade**
- Nos termos do art. 1º da Lei, são atos de improbidade as condutas **dolosas** especificadas nos arts. 9º, 10 e 11, ressalvados tipos previstos em leis especiais. Nos termos do §2º, não basta a mera voluntariedade e, para tanto, considera-se dolo a vontade livre e consciente de alcançar o resultado ilícito tipificado previsto nos artigos mencionados.
- **Não configura improbidade administrativa:** a) o **mero exercício** da função ou desempenho de competências públicas, sem comprovação de ato doloso com fim ilícito, afasta a responsabilidade por ato de improbidade administrativa; b) **divergência interpretativa** da lei, se baseada em jurisprudência, ainda que não pacificada (art. 1º, §8º): ATENÇÃO! **NA ADI 7236, O MIN. ALEXANDRE DE MORAES DEFERIU MEDIDA CAUTELAR** E SUSPENDEU A EFICÁCIA **DESSE DISPOSITIVO**; c) a ilegalidade sem a presença de dolo que a qualifique (art. 16, §1º).

> **Atenção!** Já pelo primeiro artigo da lei é possível vislumbrar uma das principais alterações promovidas, qual seja, a necessidade da presença de dolo para a configuração de improbidade administrativa. Lembre-se de que, pela redação anterior, admitia-se a modalidade culposa para os atos de improbidade administrativa que causassem prejuízo ao erário.

Nesse sentido, o STF decidiu, no ARE 843989, que: "1) É necessária a comprovação de responsabilidade subjetiva para a tipificação dos atos de improbidade administrativa, exigindo-se – nos artigos 9º, 10 e 11 da LIA – a presença do elemento subjetivo – DOLO (...)"

- **Direito administrativo sancionador:** aplicam-se ao sistema de improbidade tratado na lei, os princípios constitucionais do Direito Administrativo sancionador, tais quais: devido processo legal, contraditório e ampla defesa, legalidade.
- **Sujeito passivo:** a) Administração direta; b) Administração indireta; c) Entidade Privada que receba subvenção, benefício ou incentivo, fiscal, creditício, de entes públicos ou governamentais (art. 1º, § 6º); d) entidade privada para cuja criação ou custeio o erário haja concorrido ou concorra no seu patrimônio ou receita atual, limitado o ressarcimento de prejuízos, nesse caso, à repercussão do ilícito sobre a contribuição dos cofres públicos (art. 1º, §7º).
- ***Sujeito ativo*** do ato de improbidade (artigos 2º e 3º): a) agente público: agente político, servidor público, e aquele que exerce ainda que transitoriamente ou sem remuneração, por eleição, nomeação, designação, contratação ou qualquer outra forma de investidura ou vínculo, mandato, cargo, emprego ou função nas entidades do art. 1º da Lei; b) terceiro que induza ou concorra **dolosamente** para a prática do ato de improbidade.

  Recursos de origem pública: sujeita-se às sanções previstas na Lei 8.429/92, o particular, pessoa física ou jurídica, que celebra com a administração pública convênio, contrato de repasse, contrato de gestão, termo de parceria, termo de cooperação ou ajuste administrativo equivalente.

> **Atenção! Art. 3º da LIA**
>
> 1- sócios, cotistas, diretores e colaboradores de pessoa jurídica de direito privado não respondem por ato de improbidade imputado à pessoa jurídica, **salvo** se comprovada sua participação e benefícios, respondendo na medida da participação.
>
> 2- sanções da Lei não se aplicam à pessoa jurídica, caso o ato de improbidade seja sancionado como lesivo à Administração Pública de que trata a lei anticorrupção (Lei nº 12.846/2013).

- **Responsabilidade sucessória** (art. 8º): a) sucessor ou herdeiro: reparação até o limite do valor da herança ou do patrimônio transferido; b) também se aplica à alteração contratual, transformação, incorporação, fusão ou cisão societária: no caso de fusão e incorporação, a responsabilidade será restrita à obrigação de reparação integral do dano, até o limite do patrimônio transferido, não se aplicando as demais sanções, salvo simulação ou fraude, devidamente comprovados.
- ***Modalidades*** de atos de improbidade:
- **É indispensável a leitura dos artigos 9º, 10, 11 e 12 da Lei nº 8.429/92.**

a) atos que ***importam enriquecimento ilícito*** (art. 9º): são aqueles em que o agente aufere, **dolosamente**, vantagem patrimonial indevida em razão do exercício do cargo, mandato, função, emprego ou atividade nas entidades do art. 1º;

b) atos que ***causam prejuízo ao erário*** (art. 10); causa prejuízo ao erário "qualquer ação ou omissão **dolosa**, que enseje, efetiva e comprovadamente, perda patrimonial, desvio, apropriação, malbaratamento ou dilapidação dos bens ou haveres das entidades referidas no art. 1º";

Atenção! Nos termos do art. 10, §1º, caso a inobservância da lei ou regulamento não implicar perda patrimonial efetiva, não haverá imposição de ressarcimento, vedado o enriquecimento sem causa das entidades do art. 1º da LIA.

STF 843989: "(...) **2) A norma benéfica da Lei 14.230/2021 – revogação da modalidade culposa do ato de improbidade administrativa -, é IRRETROATIVA, em virtude do artigo 5º, inciso XXXVI, da Constituição Federal, não tendo incidência em relação à eficácia da coisa julgada; nem tampouco durante o processo de execução das penas e seus incidentes; 3) A nova Lei 14.230/2021 aplica-se aos atos de improbidade administrativa culposos praticados na vigência do texto anterior da lei, porém sem condenação transitada em julgado, em virtude da revogação expressa do texto anterior; devendo o juízo competente analisar eventual dolo por parte do agente (...)**";

c) atos que ***atentam contra os princípios da Administração Pública (art. 11)***: a ação ou omissão **dolosa** que viole os deveres de honestidade, de imparcialidade e de legalidade;

Atenção! Com a nova redação do art. 11 da Lei de Improbidade Administrativa, o rol das condutas que caracterizam os atos que violam os princípios da Administração Pública passou a ser taxativo. Os demais (art. 9º e 10) são exemplificativos.

Atenção! a) só se configura como ato de improbidade, quando comprovado que a conduta do agente se deu para fins de obtenção de proveito ou benefício indevido para si ou para outra pessoa ou entidade (art. 11, §§1º e 2º) e isso se aplica a todas as modalidades de ato de improbidade;

- **Nepotismo:** a) configura ato de improbidade que viola os princípios da Administração Pública "nomear cônjuge, companheiro ou parente em linha reta, colateral ou por afinidade, até o terceiro grau, inclusive, da autoridade nomeante ou de servidor da mesma pessoa jurídica investido em cargo de direção, chefia ou assessoramento, para o exercício de cargo em comissão ou de confiança ou, ainda, de função gratificada na administração pública direta e indireta em qualquer dos Poderes da União, dos Estados, do Distrito Federal e dos Municípios, compreendido o ajuste mediante designações recíprocas"; **porém, não configura improbidade a mera nomeação ou indicação política** pelos detentores de mandato eletivo, sendo necessária a aferição de dolo com finalidade ilícita pelo agente (art. 11, §5º).
- Sistematização das sanções previstas para os atos de improbidade administrativa:

Sanções – Lei de Improbidade Administrativa		
• Podem ser aplicadas isolada ou cumulativamente • Independem da efetiva ocorrência de dano ao erário, salvo quanto à pena de ressarcimento e às condutas do art. 10 da Lei e da aprovação ou rejeição de contas pelo órgão de controle interno ou Tribunal de Contas. • Independentemente do ressarcimento integral do dano patrimonial, se efetivo, e das sanções penais comuns e de responsabilidade, civis e administrativas previstas na legislação específica, está o responsável sujeito:		
Atos que importam enriquecimento ilícito	***Atos que causam lesão ao erário***	***Atos que atentam contra os princípios da Administração***
Perda da função pública	Perda da função pública	-
Suspensão dos direitos políticos: até 14 anos	Suspensão dos direitos políticos: até 12 anos	

Multa civil: equivalente ao acréscimo patrimonial	Multa civil: equivalente ao valor do dano	Multa civil: até 24x valor da remuneração
Proibição de celebrar contrato com o Poder Público ou de receber benefícios ou incentivos fiscais ou creditícios: Até 14 anos	Proibição de celebrar contrato com o Poder Público ou de receber benefícios ou incentivos fiscais ou creditícios: Até 12 anos	Proibição de celebrar contrato com o Poder Público ou de receber benefícios ou incentivos fiscais ou creditícios: Até 4 anos
Perda dos bens ou valores acrescidos indevidamente	Perda dos bens ou valores acrescidos indevidamente, se ocorreu	-

- **Perda da função pública:**

a) somente terá cabimento no caso de **enriquecimento ilícito e prejuízo ao erário** e atinge, apenas, o vínculo de mesma qualidade e natureza que o agente detinha na época do cometimento da infração (dispositivo atualmente suspenso – ADI 7236). Pode o magistrado, no caso de **enriquecimento ilícito,** de forma excepcional, estendê-la aos demais vínculos, consideradas as circunstâncias do caso e a gravidade da infração (art. 12, §1º). Entretanto, Na ADI 7236, o Min. Alexandre de Moraes deferiu medida cautelar e **suspendeu a eficácia** desse dispositivo e, com isso, a perda da função pública pode ocorrer "independentemente da função ocupada no momento da condenação com trânsito em julgado".

Suspensão dos direitos políticos:

- somente terá cabimento no caso de enriquecimento ilícito e prejuízo ao erário;
- só se efetiva com o trânsito em julgado da sentença condenatória (art. 20);
- para efeitos de contagem do prazo da sanção de suspensão dos direitos políticos, computar-se-á retroativamente o intervalo de tempo entre a decisão colegiada e o trânsito em julgado da sentença condenatória (art. 12, §10): na ADI 7236, o Min. Alexandre de Moraes deferiu medida cautelar e **suspendeu a eficácia** desse dispositivo (§10).
- **Multa:** pode ser aumentada até o dobro, se o juiz considerar que, em razão da situação econômica do réu, o cálculo é ineficaz para reprovação e prevenção do ato de improbidade (art. 12, §2º).
- **Responsabilização da pessoa jurídica:** devem se considerar os efeitos econômicos e sociais das sanções, a fim de viabilizar a manutenção de suas atividades (art. 12, §3º).
- Sanções apenas poderão ser executadas após o **trânsito em julgado da sentença condenatória** (art. 12, §9º).

Indisponibilidade de bens:

- Pedido em caráter antecedente ou incidente, deferido mediante demonstração de perigo de dano irreparável ou de risco ao resultado útil do processo, desde que o juiz se convença da probabilidade da ocorrência dos atos descritos na inicial, após oitiva do réu em 5 dias (art. 16, §3º).
- A indisponibilidade poderá ser decretada sem a oitiva prévia do réu, quando o contraditório prévio puder, comprovadamente, frustrar a efetividade da medida ou houver outras circunstâncias que recomendem a proteção liminar (art. 16, §4º).
- Havendo mais de um réu, a somatória dos valores não poderá superar o montante indicado na inicial como dano ao erário ou como enriquecimento ilícito (art. 16, §5º).
- Indisponibilidade recairá sobre bens que assegurem o integral ressarcimento do dano ao erário, sem incidir sobre os valores eventualmente aplicados a título de multa civil ou sobre acréscimo patrimonial decorrente de atividade lícita (art. 16, §10).
- **Indisponibilidade de bens de terceiro:** depende de sua efetiva concorrência para os atos. Quando se tratar de pessoa jurídica, deverá haver a instauração do incidente de desconsideração da personalidade jurídica, processado na forma da lei processual (art. 16, §7º).
- **Vedações**: a) decretação de indisponibilidade até 40 salários mínimos depositados em caderneta de poupança, outras aplicações financeiras ou conta-corrente (art. 16, §13); b) decretação de indisponibilidade do bem de família, salvo se comprovado que o imóvel seja fruto de vantagem patrimonial indevida (art. 16, §14).
- **Rito (art. 17):**
- ***Legitimidade ativa*** para propor ação: De acordo com a redação do art. 17, dada pela Lei nº 14.230/2021, somente o Ministério Público poderia propor a ação de improbidade e a pessoa jurídica interessada deveria ser intimada para, caso queira, intervir no processo. Porém, nas **ADIs 7042 e 7043**, o STF decidiu, por maioria: " (a) declarar a inconstitucionalidade parcial, sem redução de texto, do caput e dos §§ 6º-A e 10-C do art. 17, assim como do caput e dos §§ 5º e 7º do art. 17-B, da Lei 8.429/1992, na redação dada pela Lei 14.230/2021, de modo a **restabelecer a existência de legitimidade ativa concorrente e disjuntiva entre o Ministério**

Público e as pessoas jurídicas interessadas para a propositura da ação por ato de improbidade administrativa e para a celebração de acordos de não persecução civil". Na mesma ação, decidiu o STF: "(b) declarar a inconstitucionalidade parcial, com redução de texto, do § 20 do art. 17 da Lei 8.429/1992, incluído pela Lei 14.230/2021, no sentido de que **não existe "obrigatoriedade de defesa judicial"; havendo, porém, a possibilidade dos órgãos da Advocacia Pública autorizarem a realização dessa representação judicial, por parte da assessoria jurídica que emitiu o parecer atestando a legalidade prévia**"

- Procedimento comum previsto no CPC, salvo o disposto na Lei.
- **Local de propositura da ação:** onde ocorrer o dano ou da pessoa prejudicada.

> Nos termos do decidido pelo STF, na Pet 3240/ DF: **Não há foro por prerrogativa de função** nas ações de improbidade administrativa contra agentes políticos. Para a Corte, o foro por prerrogativa é restrito às ações penais comuns, conforme previsão Constitucional, não se estendendo às ações de improbidade administrativa, cuja natureza é civil. Não obstante a inserção do art. 17-D na Lei de Improbidade Administrativa, que expressamente prevê que a ação de improbidade não é ação civil e que se trata de ação repressiva, de natureza sancionatória e destinada à aplicação de sanções de caráter pessoal, esse entendimento da Suprema Corte não teria porque deixar de ser aplicado porque o foro por prerrogativa de função tem lugar em ações penais.

- Estando a petição inicial em forma, o juiz mandará autuá-la e ordenará a **citação** dos requeridos para que contestem no prazo comum de 30 dias, iniciado na forma do art. 231 do CPC.
- Se houver a possibilidade de solução consensual, poderão as partes requerer ao juiz a interrupção do prazo para a contestação, por prazo não superior a 90 dias (art. 17, §10-A).
- Oferecida a contestação e, se for o caso, ouvido o autor, o juiz: a) procederá ao julgamento conforme o estado do processo, observada a eventual inexistência manifesta do ato de improbidade; b) poderá desmembrar o litisconsórcio, com vistas a otimizar a instrução processual (art. 17, §10-B).
- Após a réplica do Ministério Público, o juiz proferirá decisão, indicando com precisão a tipificação do ato de improbidade administrativa imputável ao réu, vedada a modificação do fato principal e a capitulação legal dada pelo autor (art. 17, §10-C).
- Proferida a decisão, as partes serão intimadas a especificar as provas que pretendem produzir (art. 17, §10-E).
- Será nula a decisão de mérito, total ou parcial, que: a) condenar o requerido por tipo diverso do definido na petição inicial; b) condenar o requerido sem produção das provas por ele especificadas (art. 17, §10-F).
- Verificada a inexistência do ato de improbidade, o juiz julgará a demanda improcedente, a qualquer tempo (art. 17, §11).

ATENÇÃO! Na ação de improbidade: a) o réu tem o direito de ser interrogado sobre os fatos de que trata a ação, e a sua recusa ou o seu silêncio não implicarão confissão (art. 10, §18); b) não se aplicam: I – a presunção de veracidade dos fatos alegados pelo autor em caso de revelia; II – a imposição de ônus da prova ao réu, na forma dos §§ 1º e 2º do art. 373 do CPC; III – o ajuizamento de mais de uma ação de improbidade administrativa pelo mesmo fato, competindo ao Conselho Nacional do Ministério Público dirimir conflitos de atribuições entre membros de Ministérios Públicos distintos; IV – o reexame obrigatório da sentença de improcedência ou de extinção sem resolução de mérito.

Acordo de não persecução civil (art. 17-B)

- Possível a celebração, desde que advenham os seguintes resultados:
  a) integral ressarcimento do dano;
  b) reversão à pessoa jurídica lesada da vantagem indevida obtida, ainda que oriunda de agentes privados.
- A celebração do acordo dependerá, **cumulativamente**:
  a) da oitiva do ente federativo lesado, em momento anterior ou posterior à propositura da ação;
  b) da aprovação, no prazo de até 60 dias, pelo órgão do MP competente para apreciar as promoções de arquivamento de inquéritos civis, se anterior ao ajuizamento da ação;
  c) de homologação judicial, independentemente de o acordo ocorrer antes ou depois do ajuizamento da ação de improbidade administrativa.
- Para apuração do valor do dano, o Tribunal de Contas competente deverá ser ouvido em 90 dias, indicando os parâmetros utilizados em sua manifestação (§3º): **ATENÇÃO!** Na ADI 7236, o Min. Alexandre de Moraes deferiu medida cautelar para **suspender a eficácia** desse dispositivo!
- **Momento:** outro ponto que era objeto de dúvidas, antes da edição da Lei, dizia respeito ao momento para a celebração do acordo de não persecução civil. Pela nova redação legal, o acordo poderá ser celebrado no curso da investigação de apuração do ilícito, no curso da ação de improbidade ou no momento de execução da sentença condenatória.

- **Descumprimento:** descumprido o acordo, o investigado ficará impedido de celebrar novo pelo período de 5 anos, contado do conhecimento do MP do efetivo descumprimento.

Ação de improbidade x Ação civil

- Nos termos do art. 17-D da LIA, a ação de improbidade é repressiva, de caráter sancionatório, destinando-se à aplicação de sanções de caráter pessoal previstas na Lei. Difere-se, portanto, da ação civil e é vedado o seu ajuizamento para controle da legalidade de políticas públicas e para proteção do patrimônio público e social, do meio ambiente e outros interesses difusos, coletivos e individuais homogêneos.

Sentença

- Sentença que julgar procedente a ação fundamentada nos arts. 9º e 10 da Lei (art. 18): condenará ao ressarcimento dos danos e à perda ou reversão dos bens e valores ilicitamente adquiridos, conforme o caso, em favor da pessoa jurídica prejudicada pelo ilícito.
- Para apuração do valor: serão descontados os serviços efetivamente prestados.
- Parcelamento: o juiz poderá autorizar o parcelamento em até 48 parcelas mensais se o réu demonstrar incapacidade de saldar o débito decorrente da condenação.

Afastamento do agente público

- Autoridade judicial poderá determinar o afastamento do agente público do exercício do cargo, emprego ou função, sem prejuízo da remuneração, quando a medida for necessária à instrução processual ou para evitar a prática de novos ilícitos, pelo período de 90 dias, prorrogáveis uma vez por igual período (art. 20).
- **Sentenças civis e penais:** produzirão efeitos em relação à improbidade quando concluírem pela inexistência de conduta ou negativa de autoria (art. 21, §3º).
- **Absolvição criminal**: ação que discuta os mesmos fatos, confirmada por decisão colegiada, impede o trâmite da ação de improbidade, comunicando-se os fundamentos da absolvição previstos no art. 386 do CPP (art. 21, §4º). O dispositivo está atualmente suspenso – ADI 7236. ATENÇÃO! Na ADI 7236, o Min. Alexandre de Moraes deferiu medida cautelar para **suspender a eficácia** desse dispositivo!
- **Sanções aplicadas em outras esferas:** devem ser compensadas com as aplicadas por esta lei (art. 21, §5º).

Prescrição (art. 23)

- **8 anos,** contados da ocorrência do fato ou, no caso de infrações permanentes, no dia em que cessou a permanência.
- **Suspensão da prescrição:** instauração de inquérito civil ou processo administrativo para apuração dos ilícitos suspende o curso do prazo prescricional pelo prazo máximo de 180 dias corridos, recomeçando a correr após a sua conclusão ou, caso não concluído, esgotado o prazo de suspensão.
- **Interrupção do prazo prescricional (art. 23, §4º):**
  a) Ajuizamento da ação de improbidade administrativa;
  b) publicação da sentença condenatória;
  c) publicação da decisão ou acórdão de TJ ou TRF que confirma sentença condenatória ou reforma sentença de improcedência;
  d) publicação da decisão ou acórdão do STJ que confirma acórdão condenatório ou reforma acórdão de improcedência;
  e) publicação de decisão ou acórdão do STF que confirma acórdão condenatório ou reforma acórdão de improcedência.
- Interrompida a prescrição, o prazo recomeça do dia de interrupção, pela metade do prazo de 8 anos.

STF 843989: "(...) **4) O novo regime prescricional previsto na Lei 14.230/2021 é IRRETROATIVO, aplicando-se os novos marcos temporais a partir da publicação da lei**"

- **Capacitação:** dever do poder público oferecer contínua capacitação aos agentes públicos e políticos que atuem com prevenção e repressão de atos de improbidade administrativa (art. 23-A).

Custas e honorários (art. 23-B)

- Não haverá adiamento de custas, preparo, emolumentos, honorários periciais e quaisquer outras despesas nas ações e acordos regidos pela lei.
- No caso de procedência da ação, as custas e demais despesas processuais serão pagas ao final.
- Havendo má-fé, haverá condenação em honorários sucumbenciais.

Improbidade e partidos políticos (art. 23-C).

"Os atos que ensejem enriquecimento ilícito, perda patrimonial, desvio, apropriação, malbaratamento ou dilapidação de recursos públicos dos partidos políticos, ou de suas fundações, serão responsabilizados nos termos da Lei nº 9.096, de 19 de setembro de 1995". ATENÇÃO! NA ADI 7236, o Min. Alexandre de Moraes deferiu medida cautelar para dar interpretação conforme a esse dispositivo "no sentido de que os atos que ensejem enriquecimento ilícito, perda patrimonial, desvio, apropriação, malbaratamento ou dilapidação de recursos públicos dos partidos políticos, ou de suas fundações, poderão ser responsabilizados nos termos da Lei 9.096/1995,

mas sem prejuízo da incidência da Lei de Improbidade Administrativa".

STF ADIs 7042 e 7043: "O Tribunal, por maioria, julgou parcialmente procedentes os pedidos formulados na ação direta para: (a) declarar a inconstitucionalidade parcial, sem redução de texto, do caput e dos §§ 6º-A e 10-C do art. 17, assim como do caput e dos §§ 5º e 7º do art. 17-B, da Lei 8.429/1992, na redação dada pela Lei 14.230/2021, de modo a restabelecer a existência de legitimidade ativa concorrente e disjuntiva entre o Ministério Público e as pessoas jurídicas interessadas para a propositura da ação por ato de improbidade administrativa e para a celebração de acordos de não persecução civil; (b) declarar a inconstitucionalidade parcial, com redução de texto, do § 20 do art. 17 da Lei 8.429/1992, incluído pela Lei 14.230/2021, no sentido de que não existe "obrigatoriedade de defesa judicial"; havendo, porém, a possibilidade dos órgãos da Advocacia Pública autorizarem a realização dessa representação judicial, por parte da assessoria jurídica que emitiu o parecer atestando a legalidade prévia"

STF ARE 843989 (Tema 1199): "1) É necessária a comprovação de responsabilidade subjetiva para a tipificação dos atos de improbidade administrativa, exigindo-se – nos artigos 9º, 10 e 11 da LIA – a presença do elemento subjetivo – DOLO; 2) A norma benéfica da Lei 14.230/2021 – revogação da modalidade culposa do ato de improbidade administrativa -, é IRRETROATIVA, em virtude do artigo 5º, inciso XXXVI, da Constituição Federal, não tendo incidência em relação à eficácia da coisa julgada; nem tampouco durante o processo de execução das penas e seus incidentes; 3) A nova Lei 14.230/2021 aplica-se aos atos de improbidade administrativa culposos praticados na vigência do texto anterior da lei, porém sem condenação transitada em julgado, em virtude da revogação expressa do texto anterior; devendo o juízo competente analisar eventual dolo por parte do agente; 4) O novo regime prescricional previsto na Lei 14.230/2021 é IRRETROATIVO, aplicando-se os novos marcos temporais a partir da publicação da lei".

✦ SÚMULAS APLICÁVEIS

✦ STF

PRINCÍPIOS DA ADMINISTRAÇÃO PÚBLICA

- **STF 636**: "Não cabe recurso extraordinário por contrariedade ao princípio constitucional da legalidade, quando a sua verificação pressuponha rever a interpretação dada a normas infraconstitucionais pela decisão recorrida".

SERVIDOR PÚBLICO

- **SÚMULA VINCULANTE nº 33:** "Aplicam-se ao servidor público, no que couber, as regras do Regime Geral de Previdência Social sobre aposentadoria especial de que trata o artigo 40, parágrafo 4º, inciso III, da Constituição Federal, até edição de lei complementar específica".
- ***Súmula vinculante 21*** – É inconstitucional a exigência de depósito ou arrolamento prévios de dinheiro ou bens para admissibilidade de recurso administrativo.
- ***Súmula Vinculante 5*** – A falta de defesa técnica por advogado no processo administrativo disciplinar não ofende a Constituição.
- ***Súmula vinculante 3*** – Nos processos perante o Tribunal de Contas da União asseguram-se o contraditório e a ampla defesa quando da decisão puder resultar anulação ou revogação de ato administrativo que beneficie o interessado, excetuada a apreciação da legalidade do ato de concessão inicial de aposentadoria, reforma e pensão.
- ***STF 21*** – Funcionário em estágio probatório não pode ser exonerado nem demitido sem inquérito ou sem as formalidades legais de apuração de sua capacidade.
- ***STF 20*** – É necessário processo administrativo, com ampla defesa, para demissão de funcionário admitido por concurso.
- ***STF 19*** – É inadmissível segunda punição de servidor público, baseada no mesmo processo em que se fundou a primeira.
- ***STF 18*** – Pela falta residual, não compreendida na absolvição pelo juízo criminal, é admissível a punição administrativa do servidor público.

CONCURSO PÚBLICO

- **SÚMULA VINCULANTE Nº 44**: "Só por lei se pode sujeitar a exame psicotécnico a habilitação de candidato a cargo público".
- **SÚMULA VINCULANTE Nº 43**: "É inconstitucional toda modalidade de provimento que propicie ao servidor investir-se, sem prévia aprovação em concurso público destinado ao seu provimento, em cargo que não integra a carreira na qual anteriormente investido".
- ***STF 684*** – É inconstitucional o veto não motivado à participação de candidato a concurso público.
- ***STF 683*** – O limite de idade para a inscrição em concurso público só se legitima em face do art. 7º, XXX, da Constituição, quando possa ser justificado pela natureza das atribuições do cargo a ser preenchido.
- ***STF 17*** – A nomeação de funcionário sem concurso pode ser desfeita antes da posse.

- ***STF 16*** – Funcionário nomeado por concurso tem direito a posse.
- ***STF 15*** – Dentro do prazo de validade do concurso, o candidato aprovado tem o direito a nomeação, quando o cargo for preenchido sem observância da classificação.

DEMISSÃO

- ***STF 25*** – A nomeação a termo não impede a livre demissão, pelo Presidente da República, de ocupante de cargo dirigente de autarquia.
- ***STF 8*** – Diretor de sociedade de economia mista pode ser destituído no curso do mandato.

DISPONIBILIDADE

- ***STF 39*** – À falta de lei, funcionário em disponibilidade não pode exigir, judicialmente, o seu aproveitamento, que fica subordinado ao critério de conveniência da Administração.
- ***STF 22*** – O estágio probatório não protege o funcionário contra a extinção do cargo.

REMUNERAÇÃO

- ***Súmula Vinculante nº 55*** – O direito ao auxílio-alimentação não se estende aos servidores inativos.
- ***Súmula Vinculante nº 42*** – É inconstitucional a vinculação do reajuste de vencimentos de servidores estaduais ou municipais a índices federais de correção monetária.
- ***Súmula Vinculante nº 37*** – Não cabe ao Poder Judiciário, que não tem função legislativa, aumentar vencimentos de servidores públicos sob o fundamento de isonomia.
- ***Súmula Vinculante 20*** – A Gratificação de Desempenho de Atividade Técnico-Administrativa – GDATA, instituída pela Lei nº 10.404/2002, deve ser deferida aos inativos nos valores correspondentes a 37,5 (trinta e sete vírgula cinco) pontos no período de fevereiro a maio de 2002 e, nos termos do art. 5º, parágrafo único, da Lei nº 10.404/2002, no período de junho de 2002 até a conclusão dos efeitos do último ciclo de avaliação a que se refere o art. 1º da Medida Provisória nº 198/2004, a partir da qual passa a ser de 60 (sessenta) pontos.
- ***Súmula Vinculante 16*** – Os artigos 7º, IV, e 39, § 3º (redação da EC 19/98), da Constituição, referem-se ao total da remuneração percebida pelo servidor público.
- ***Súmula Vinculante 15*** – O cálculo de gratificações e outras vantagens do servidor público não incide sobre o abono utilizado para se atingir o salário mínimo.
- ***Súmula vinculante 6*** – Não viola a constituição o estabelecimento de remuneração inferior ao salário mínimo para as praças prestadoras de serviço militar inicial.
- ***Súmula Vinculante 4*** – Salvo os casos previstos na Constituição Federal, o salário mínimo não pode ser usado como indexador de base de cálculo de vantagem de servidor público ou de empregado, nem ser substituído por decisão judicial.
- ***STF 682*** – Não ofende a Constituição a correção monetária no pagamento com atraso dos vencimentos de servidores públicos.
- ***STF 672*** – O reajuste de 28,86%, concedido aos servidores militares pelas leis 8.622/93 e 8.627/93, estende-se aos servidores civis do Poder Executivo, observadas as eventuais compensações decorrentes dos reajustes diferenciados concedidos pelos mesmos diplomas legais.
- ***STF 671*** – Os servidores públicos e os trabalhadores em geral têm direito, no que concerne à URP de abril/maio de 1988, apenas ao valor correspondente a 7/30 de 16,19% sobre os vencimentos e salários pertinentes aos meses de abril e maio de 1988, não cumulativamente, devidamente corrigido até o efetivo pagamento.
- ***STF 359*** – Ressalvada a revisão prevista em lei, os proventos da inatividade regulam-se pela lei vigente ao tempo em que o militar, ou o servidor civil, reuniu os requisitos necessários.
- **STF 339** – Não cabe ao Poder Judiciário, que não tem função legislativa, aumentar vencimentos de servidores públicos sob fundamento de isonomia.

TEMPO DE SERVIÇO

- ***STF 726*** – Para efeito de aposentadoria especial de professores, não se computa o tempo de serviço prestado fora da sala de aula. ***Atenção:*** em 29/10/2008, o STF, por maioria, no julgamento da ADI 3.772, decidiu que a atividade de magistério não é restrita ao trabalho em sala de aula e que dela fazem parte as funções de direção, coordenação e assessoramento pedagógico, desde que exercidas, em estabelecimentos de ensino básico, por professores de carreira, excluídos os especialistas em educação.
- ***STF 567*** – A Constituição, ao assegurar, no § 3º, do art. 102, a contagem integral do tempo de serviço público federal, estadual ou municipal para os efeitos de aposentadoria e disponibilidade não proíbe à União, aos Estados e aos Municípios mandarem contar, mediante lei, para efeito diverso, tempo de serviço prestado a outra pessoa de direito público interno.

VITALICIEDADE

- ***STF 47*** – Reitor de universidade não é livremente demissível pelo Presidente da República durante o prazo de sua investidura.

- ***STF 46*** – Desmembramento de serventia de justiça não viola o princípio de vitaliciedade do serventuário.
- ***STF 36*** – Servidor vitalício está sujeito a aposentadoria compulsória, em razão da idade.

NOMEAÇÃO PARA CARGO EM COMISSÃO (NEPOTISMO)

- ***Súmula Vinculante 13*** – A nomeação de cônjuge, companheiro ou parente em linha reta, colateral ou por afinidade, até o terceiro grau, inclusive, da autoridade nomeante ou de servidor da mesma pessoa jurídica, investido em cargo de direção, chefia ou assessoramento, para o exercício de cargo em comissão ou de confiança, ou, ainda, de função gratificada na Administração Pública direta e indireta, em qualquer dos Poderes da União, dos Estados, do Distrito Federal e dos municípios, compreendido o ajuste mediante designações recíprocas, viola a Constituição Federal.

PODER DE POLÍCIA

- ***Súmula Vinculante 49*** – Ofende o princípio da livre concorrência lei municipal que impede a instalação de estabelecimentos comerciais do mesmo ramo em determinada área.
- ***STF 645*** – É competente o município para fixar o horário de funcionamento de estabelecimento comercial.
- ***STF 419*** – Os municípios têm competência para regular o horário do comércio local, desde que não infrinjam leis estaduais ou federais válidas.
- ***STF 397*** – O poder de polícia da Câmara dos Deputados e do Senado Federal, em caso de crime cometido nas suas dependências, compreende, consoante o regimento, a prisão em flagrante do acusado e a realização do inquérito.

ATO ADMINISTRATIVO

- ***STF 473*** – A administração pode anular seus próprios atos, quando eivados de vícios que os tornam ilegais, porque deles não se originam direitos; ou revogá-los, por motivo de conveniência ou oportunidade, respeitados os direitos adquiridos, e ressalvada, em todos os casos, a apreciação judicial.
- ***STF 346*** – A Administração Pública pode declarar a nulidade dos seus próprios atos.

BENS PÚBLICOS

- ***STF 650*** – Os incisos I e XI do art. 20 da Constituição Federal não alcançam terras de aldeamentos extintos, ainda que ocupadas por indígenas em passado remoto.
- ***STF 480*** – Pertencem ao domínio e administração da União, nos termos dos artigos 4º, IV, e 186, da Constituição Federal de 1967, as terras ocupadas por silvícolas.
- ***STF 479*** – As margens dos rios navegáveis são domínio público, insuscetíveis de expropriação e, por isso mesmo, excluídas de indenização.
- ***STF 477*** – As concessões de terras devolutas situadas na faixa de fronteira, feitas pelos Estados, autorizam, apenas, o uso, permanecendo o domínio com a União, ainda que se mantenha inerte ou tolerante, em relação aos possuidores.

DESAPROPRIAÇÃO

- ***STF 652*** – Não contraria a Constituição o art. 15, § 1º, do DL. 3.365/41 (Lei da Desapropriação por Utilidade Pública).
- ***STF 618*** – Na desapropriação, direta ou indireta, a taxa dos juros compensatórios é de 12% (doze por cento) ao ano.
- ***STF 617*** – A base de cálculo dos honorários de advogado em desapropriação é a diferença entre a oferta e a indenização, corrigidas ambas monetariamente.
- ***STF 561*** – Em desapropriação, é devida a correção monetária até a data do efetivo pagamento da indenização, devendo proceder-se à atualização do cálculo, ainda que por mais de uma vez.
- ***STF 476*** – Desapropriadas as ações de uma sociedade, o poder desapropriante, imitido na posse, pode exercer, desde logo, todos os direitos inerentes aos respectivos títulos.
- ***STF 475*** – A Lei 4.686, de 21.06.1965, tem aplicação imediata aos processos em curso, inclusive em grau de recurso extraordinário.
- ***STF 416*** – Pela demora no pagamento do preço da desapropriação não cabe indenização complementar além dos juros.
- ***STF 378*** – Na indenização por desapropriação incluem-se honorários do advogado do expropriado.
- ***STF 164*** – No processo de desapropriação, são devidos juros compensatórios desde a antecipada imissão de posse, ordenada pelo juiz, por motivo de urgência.
- ***STF 157*** – É necessária prévia autorização do Presidente da República para desapropriação, pelos Estados, de empresa de energia elétrica.
- ***STF 23*** – Verificados os pressupostos legais para o licenciamento da obra, não o impede a declaração de utilidade pública para desapropriação do imóvel, mas o valor da obra não se incluirá na indenização, quando a desapropriação for efetivada.

✦ STJ

PRINCÍPIOS DA ADMINISTRAÇÃO PÚBLICA

- ***STJ 615:*** Não pode ocorrer ou permanecer a inscrição do município em cadastros restritivos fundada em irregularidades na gestão anterior quando, na gestão sucessora, são tomadas as providências cabíveis à reparação dos danos eventualmente cometidos.

SERVIDOR PÚBLICO

- ***STJ 651*** – "Compete à autoridade administrativa aplicar a servidor público a pena de demissão em razão da prática de improbidade administrativa, independentemente de prévia condenação, por autoridade judiciária, à perda da função pública. "
- ***STJ 650*** – "A autoridade administrativa não dispõe de discricionariedade para aplicar ao servidor pena diversa de demissão quando caraterizadas as hipóteses previstas no artigo 132 da Lei 8.112/1990."
- ***STJ 601*** – O Ministério Público tem legitimidade ativa para atuar na defesa de direitos difusos, coletivos e individuais homogêneos dos consumidores, ainda que decorrentes da prestação de serviço público.
- ***STJ 378*** – Reconhecido o desvio de função, o servidor faz jus às diferenças salariais decorrentes.
- ***STJ 218*** – Compete à justiça dos estados processar e julgar ação de servidor estadual decorrente de direitos e vantagens estatutárias no exercício de cargo em comissão.
- ***STJ 173*** – Compete à justiça federal processar e julgar o pedido de reintegração em cargo público federal, ainda que o servidor tenha sido dispensado antes da instituição do Regime Jurídico Único.
- ***STJ 170*** – Compete ao juízo onde primeiro for intentada a ação envolvendo acumulação de pedidos, trabalhista e estatutário, decidi-la nos limites da sua jurisdição, sem prejuízo do ajuizamento de nova causa, com o pedido remanescente, no juízo próprio.
- ***STJ 137*** – Compete à justiça comum estadual processar e julgar ação de servidor público municipal, pleiteando direitos relativos ao vínculo estatutário.
- ***STJ 97*** – Compete à justiça do trabalho processar e julgar reclamação de servidor público relativamente a vantagens trabalhistas anteriores à instituição do Regime Jurídico Único.
- ***STJ 635***: "Os prazos prescricionais previstos no artigo 142 da Lei 8.112/1990 iniciam-se na data em que a autoridade competente para a abertura do procedimento administrativo toma conhecimento do fato, interrompem-se com o primeiro ato de instauração válido – sindicância de caráter punitivo ou processo disciplinar – e voltam a fluir por inteiro, após decorridos 140 dias desde a interrupção."

CONCURSO PÚBLICO

- ***STJ 377*** – O portador de visão monocular tem direito de concorrer, em concurso público, às vagas reservadas aos deficientes.
- ***STJ 266*** – O diploma ou habilitação legal para o exercício do cargo deve ser exigido na posse e não na inscrição para o concurso público.

PROCESSO ADMINISTRATIVO

- ***STJ 467*** – Prescreve em cinco anos, contados do término do processo administrativo, a pretensão da Administração Pública de promover a execução da multa por infração ambiental.
- ***STJ 373*** – É ilegítima a exigência de depósito prévio para admissibilidade de recurso administrativo.
- ***STJ 591*** – É permitida a prova emprestada no processo administrativo disciplinar, desde que devidamente autorizada pelo juízo competente e respeitados o contraditório e a ampla defesa.
- ***STJ 592*** – O excesso de prazo para a conclusão do processo administrativo disciplinar só causa nulidade se houver demonstração de prejuízo à defesa.
- ***STJ 611*** – Desde que devidamente motivada e com amparo em investigação ou sindicância, é possível a instauração de processo administrativo disciplinar com base em denúncia anônima, em face do poder-dever de autotutela imposto à Administração
- ***STJ 633***- "A Lei 9.784/1999, especialmente no que diz respeito ao prazo decadencial para a revisão de atos administrativos no âmbito da Administração Pública federal, pode ser aplicada, de forma subsidiária, aos estados e municípios, se inexistente norma local e específica que regule a matéria."
- ***STJ 641*** – A portaria de instauração do processo administrativo disciplinar prescinde da exposição detalhada dos fatos a serem apurados.

BENS PÚBLICOS

- ***STJ 619*** – A ocupação indevida de bem público configura mera detenção, de natureza precária, insuscetível de retenção ou indenização por acessões e benfeitorias.
- ***STJ 496*** – Os registros de propriedade particular de imóveis situados em terrenos de marinha não são oponíveis à União.
- ***STJ 238*** – A avaliação da indenização devida ao proprietário do solo, em razão de alvará de pesquisa

mineral, é processada no juízo estadual da situação do imóvel.

- ***STJ 103*** – Incluem-se entre os imóveis funcionais que podem ser vendidos os administrados pelas Forças Armadas e ocupados pelos servidores civis.

RESPONSABILIDADE CIVIL DO ESTADO

- ***STJ 634*** – "São imprescritíveis as ações indenizatórias por danos morais e materiais decorrentes de atos de perseguição política com violação de direitos fundamentais ocorridos durante o regime militar."
- ***STJ 652*** – "A responsabilidade civil da Administração Pública por danos ao meio ambiente, decorrente de sua omissão no dever de fiscalização, é de caráter solidário, mas de execução subsidiária."

IMPROBIDADE

- ***STJ 634:*** "Ao particular aplica-se o mesmo regime prescricional previsto na Lei de Improbidade Administrativa para o agente público."

Direito Constitucional

Paulo Lépore

TABELA DE INCIDÊNCIA DE QUESTÕES		
ASSUNTO	**NÚMERO DE QUESTÕES**	**PESO**
1. CONSTITUIÇÃO. CONCEITO. CLASSIFICAÇÃO. APLICABILIDADE E INTERPRETAÇÃO DAS NORMAS CONSTITUCIONAIS. SUPREMACIA DA CONSTITUIÇÃO	17	7,39%
2. PODER CONSTITUINTE. CONCEITO, FINALIDADE, TITULARIDADE E ESPÉCIES. REFORMA DA CONSTITUIÇÃO. CLÁUSULAS PÉTREAS	4	1,74%
3. DIREITOS E GARANTIAS FUNDAMENTAIS	68	29,57%
4. ORGANIZAÇÃO DO ESTADO	115	50,00%
5. CONTROLE DE CONSTITUCIONALIDADE	13	5,65%
6. TRIBUTAÇÃO, FINANÇAS E ORÇAMENTO	2	0,87%
7. ORDEM ECONÔMICA E FINANCEIRA E ORDEM SOCIAL	11	4,78%
TOTAL	**230**	**100%**

Direito Constitucional

Paulo Lépore

✦ QUESTÕES

1. CONSTITUIÇÃO. CONCEITO. CLASSIFICAÇÃO. APLICABILIDADE E INTERPRETAÇÃO DAS NORMAS CONSTITUCIONAIS. SUPREMACIA DA CONSTITUIÇÃO

01. (IBFC – Analista Judiciário – Área Judiciária – TRE – PA/2020) O "pensamento jurídico do possível" foi tema abordado no Supremo Tribunal Federal (STF), como expressão, consequência, pressuposto e limite para uma interpretação constitucional aberta, em referência a uma "teoria constitucional de alternativas", que abre suas perspectivas para "novas" realidades. Considere os métodos, princípios e limites de interpretação das normas constitucionais e analise as afirmativas abaixo:

I. O método hermenêutico-concretizador trata a Constituição como um sistema aberto de regras e princípios, partindo de um problema concreto para a norma, de modo a atribuir à interpretação um caráter prático na busca da solução dos problemas concretizados.

II. Segundo o método normativo-estruturante, a norma jurídica não se confunde com o texto normativo, sendo que o teor literal da norma deve ser interpretado à luz da concretização da norma em sua realidade social.

III. A Constituição deve ser sempre interpretada em sua globalidade, como um todo, e, assim, as aparentes antinomias deverão ser afastadas. As normas deverão ser vistas como preceitos integrados em um sistema unitário de regras e princípios. Este princípio de interpretação constitucional é denominado "Princípio da Unidade da Constituição".

IV. Decisões interpretativas em sentido estrito podem originar sentenças interpretativas de rechaço, em que a Corte Constitucional adota a interpretação que se conforma à Constituição, repudiando qualquer outra que contrarie o texto constitucional.

Assinale a alternativa correta

a) Apenas as afirmativas I e IV estão corretas

b) Apenas as afirmativas II e III estão corretas

c) Apenas as afirmativas II, III e IV estão corretas

d) As afirmativas I, II, III e IV estão corretas

COMENTÁRIOS

Item "I". Incorreto. O método hermenêutico-concretizador é aquele em que o intérprete se vale de suas pré-compreensões valorativas para obter o sentido da norma e então aplicá-la à resolução de determinado problema. Ou seja, ele parte da obtenção do sentido da norma, para então aplicá-la à situação concreta, ao contrário do que sugere a afirmativa.

Item "II". Correto. O método normativo-estruturante é aquele em que o intérprete parte do direito positivo para chegar à estruturação da norma jurídica, muito mais complexa que o texto legal. Nesse caminho, há influência da jurisprudência, da doutrina, da história, da cultura e das decisões políticas. Em outras palavras: o intérprete colhe elementos da realidade social para estruturar a norma que será aplicada.

Item "III". Correto. Como descreve a afirmativa, esse princípio preceitua que a interpretação constitucional deve ser realizada tomando-se as normas constitucionais em conjunto (interpretação sistêmica), como um sistema unitário de princípios e regras, de modo a se evitarem contradições (antinomias aparentes) entre elas.

Item "IV". Correto. Sentença interpretativa de rechaço, como descreve a alternativa, é aquela em que a Corte adota interpretação conforme a Constituição e afasta ("rechaça") qualquer outra interpretação que a contrarie, e assim contrarie o texto constitucional.

Alternativa correta: "c".

02. (IBFC – Técnico Judiciário – Área Administrativa – TRE – PA/2020) Doutrinariamente, o conceito e a classificação das constituições podem variar de acordo com o sentido e o critério adotados para sua definição. A respeito dessa temática, leia as afirmativas abaixo:

I. Para o sociólogo Ferdinand Lassalle, "Constituição" seria a somatória dos fatores reais de poder dentro de uma sociedade, enquanto reflexo do embate das forças econômicas, sociais, políticas e religiosas de um Estado. Nesse sentido, por ser uma norma jurídica, ainda que não efetiva, uma Constituição legítima é aquela escrita em uma "folha de papel".

II. O alemão Carl Schmitt define "Constituição" como sendo uma decisão política fundamental, cuja finalidade precípua é organizar e estruturar os elementos essenciais do Estado. Trata-se do sentido político delineado na teoria decisionista ou voluntarista, em que a Constituição é um produto da vontade do titular do Poder Constituinte.

III. Embasada em uma concepção jurídica, "Constituição" é uma norma pura, a despeito de fundamentações oriundas de outras disciplinas. Através do sentido jurídico-positivo, Hans Kelsen define a Constituição como norma positiva suprema, dentro de um sistema escalonado e hierarquizado de normas, em que aquela serve de fundamento de validade para todas as demais.

IV. "Constituição-dirigente ou registro" é aquela que traça diretrizes objetivando nortear a ação estatal, mediante a previsão de normas programáticas. Marcante em nações socialistas, visa reger o ordenamento jurídico de um Estado durante certo período de tempo nela estabelecido, cujo decurso implicará a elaboração de uma nova Constituição ou adaptação de seu texto.

V. A Constituição da República Federativa do Brasil de 1988 é classificada, pela doutrina majoritária, como sendo de ordem democrática, nominativa, analítica, material e super-rígida.

Assinale a alternativa correta.

a) Apenas as afirmativas I, II e III estão corretas
b) Apenas as afirmativas I, III e IV estão corretas
c) Apenas as afirmativas II, III e V estão corretas
d) Apenas as afirmativas II e III estão corretas

COMENTÁRIOS

Item "I". Incorreto. Lassalle adotou a concepção de Constituição sociológica, que, para ele, é aquela que deve traduzir a **soma dos fatores reais de poder que rege determinada nação**, sob pena de se tornar mera folha de papel escrita, que não corresponda à Constituição real. Assim, ao contrário do que aponta a afirmativa, não basta "uma folha de papel" para que a constituição seja legítima, uma vez que o elemento necessário para tanto é que corresponda à soma dos fatores reais de poder que rege determinada nação.

Item "II". Correto. Carl Schmitt adotou a concepção política de Constituição. Para ele, Constituição é aquela que decorre de uma **decisão política fundamental**, e se traduz na estrutura do Estado e dos Poderes, e na presença de um rol de direitos fundamentais. Ou seja, como descreve a afirmativa, trata-se de uma manifestação da vontade do titular do Poder Constituinte, que é quem toma tal decisão.

Item "III". Correto. A concepção jurídica de Constituição foi adotada por Hans Kelsen. Para ele, Constituição é aquela que se constitui em **norma hipotética fundamental pura**, que traz fundamento transcendental para sua própria existência (sentido lógico-jurídico), e que, por se constituir no conjunto de normas com mais alto grau de validade, deve servir de **pressuposto para a criação das demais normas** que compõem o ordenamento jurídico (sentido jurídico-positivo).

Item "IV". Incorreto. Na verdade, Constituição dirigente é aquela que confere atenção especial à implementação de programas pelo Estado, prescrevendo um Estado intervencionista. Não será adotada por tempo pré-definido, diferente do que aponta a afirmativa.

Item "V". Incorreto. Na verdade, nossa Constituição é normativa (rege o funcionamento do Estado), e não nominativa (de fachada). Ademais, é formal, e não material, já que não tem, em seu texto, somente normas de conteúdo constitucional. Quanto à rigidez, não é pacífico, mas a doutrina majoritária a considera rígida e outra parte a considera super-rígida.

Alternativa correta: "d".

---

03. (Cespe – Técnico Judiciário – Área Administrativa – TRE – PE/2017) Além de ser uma Constituição escrita, a CF é classificada como

a) promulgada, flexível, dirigente e histórica.
b) outorgada, rígida, garantia e dogmática.
c) promulgada, flexível, dirigente e histórica.
d) promulgada, rígida, dirigente e dogmática.
e) outorgada, rígida, dirigente e histórica.

Alternativa "d": (responde todas as alternativas): a Constituição da República Federativa do Brasil de 1988 pode ser classificada como: i. quanto ao seu conteúdo: **formal** (documento solene); ii. seu modo de elaboração: **dogmática** (sistematiza a partir de ideias fundamentais); iii. sua origem: **promulgada** (elaborada por legítimos representantes do povo); iv. sua estabilidade: **super-rígida** (além de o seu processo de alteração ser mais difícil do que o utilizado para criar leis, ela tem uma parte imutável, que são as cláusulas pétreas); e sua finalidade: **dirigente** (define tarefas e programas a serem concretizados pelo Poder Público).

Alternativa correta: letra "d".

---

04. (Cespe – Analista Judiciário – Área Judiciária – TRE – TO/2017) A respeito das normas constitucionais, julgue os itens a seguir.

I As normas de eficácia absoluta, assim como as cláusulas pétreas, são normas constitucionais intangíveis.

II As normas de eficácia plena têm aplicabilidade mediata, porque seus efeitos podem ser postergados.

III As normas de eficácia relativa restringível ou de eficácia contida têm aplicabilidade imediata, embora sua eficácia possa ser reduzida conforme estabelecer a lei.

IV As normas de eficácia relativa complementável têm produção mediata de efeitos, ou seja, enquanto não for promulgada a legislação regulamentadora, não produzirão efeitos positivos, além de terem eficácia paralisante de efeitos nas normas anteriores incompatíveis.

Estão certos apenas os itens

a) I e II.
b) I e III.
c) II e IV.
d) I, III e IV.
e) II, III e IV.

COMENTÁRIOS

Assertiva I: . As normas de eficácia absoluta, segundo Maria Helena Diniz, são aquelas protegidas inclusive contra a ação do poder constituinte derivado reformador, sendo, portanto, intangíveis. Têm eficácia positiva – são imediatamente aplicadas – e negativa – paralisam e invalidam qualquer norma que as contrariem. As normas de eficácia plena podem ser modificadas por emenda, e esta é a diferença entre as duas.

Assertiva II: Normas de eficácia plena são aquelas dotadas de **aplicabilidade** direta, **imediata** e integral, pois **não necessitam de lei infraconstitucional para torná-las aplicáveis e nem admitem lei infraconstitucional que lhes restrinja o conteúdo**. Em outras palavras: elas trazem todo o conteúdo necessário para a sua materialização prática. São entendidas como de aplicabilidade direta, imediata e integral, pois não necessitam de lei infraconstitucional. Exemplo: Brasília é a Capital Federal (art. 18, § 1º, da CF).

Assertiva III: Normas de eficácia contida ou restringível são aquelas que têm aplicabilidade direta, imediata, mas não integral, pois admitem que seus conteúdos sejam restringidos por normas infraconstitucionais, o que ocorre, por exemplo, com o enunciado que garante o livre exercício de qualquer trabalho, ofício ou profissão, atendidas as qualificações profissionais que a lei estabelecer (art. 5º, XIII, da CF). Para ilustrar: a função de advogado, somente pode ser exercida atendida a qualificação profissional de ser bacharel em direito, aprovado no Exame da Ordem dos Advogados do Brasil (art. 8º, IV, da Lei 8.906/94).

Assertiva IV: Normas de eficácia limitada ou reduzida complementáveis são aquelas que possuem aplicabilidade indireta, mediata e reduzida (não direta, não imediata e não integral), pois exigem norma infraconstitucional para que se materializem na prática. Entretanto, apesar de não se realizarem sozinhas na prática, elas são dotadas de eficácia jurídica, pois revogam as leis anteriores com elas incompatíveis; vinculam o legislador, de forma permanente, à sua realização; condicionam a atuação da administração pública e informam a interpretação e aplicação da lei pelo Poder Judiciário.

Alternativa correta: letra "d".

---

05. (Cespe – Técnico Judiciário – Área Administrativa – TRE – TO/2017) Em determinado seminário sobre os rumos jurídicos e políticos do Oriente Médio, dois professores debateram intensamente sobre a atual situação política da Síria. Hugo, professor de relações internacionais, defendeu que o Brasil deveria realizar uma intervenção militar com fins humanitários. José, professor de direito constitucional, argumentou que essa ação não seria possível conforme os princípios constitucionais que regem as relações internacionais da República Federativa do Brasil.

Nessa situação hipotética, com base na Constituição Federal de 1988 (CF),

a) Hugo está correto, pois a intervenção humanitária é um dos princípios constitucionais que rege as relações internacionais do Brasil.
b) José está correto, pois a não intervenção e a solução pacífica dos conflitos são princípios constitucionais que orientam as relações internacionais do Brasil.
c) Hugo está errado, pois a defesa da paz e dos direitos humanos não são princípios constitucionais que regem as relações internacionais do Brasil.
d) Hugo está correto, pois a dignidade da pessoa humana é um dos fundamentos constitucionais do estado brasileiro e uma das causas que autorizam a intervenção militar do Brasil em outros Estados soberanos.

e) José está errado, pois a declaração de guerra é ato político discricionário e unilateral do presidente da República, não estando sujeito a limites jurídicos.

COMENTÁRIOS

Alternativa "b": José está correto, tendo em vista que a não intervenção e a solução pacífica dos conflitos são princípios que regem da República Federativa do Brasil, conforme disposto no **art. 4º da CF**: "Art. 4º A República Federativa do Brasil rege-se nas suas relações internacionais pelos seguintes princípios: I – independência nacional; II – prevalência dos direitos humanos; III – autodeterminação dos povos; **IV – não-intervenção**; V – igualdade entre os Estados; VI – defesa da paz; **VII – solução pacífica dos conflitos**; VIII – repúdio ao terrorismo e ao racismo; IX – cooperação entre os povos para o progresso da humanidade; X – concessão de asilo político". Nesse sentido, aponta Dirley da Cunha Júnior: "O Princípio da não intervenção impõe ao Estado brasileiro um dever de abstenção, a ser cumprido na maior medida possível, que o impede de intervir, direta ou indiretamente, em assuntos internos ou externos de outros países. A vedação constitucional abrange tanto intervenções militares, como interferências no plano político, econômico e cultural. No plano internacional tem sido admitida, em determinados casos, a denominada 'intervenção humanitária', em especial, quando autorizada pelo Conselho de Segurança da ONU" (Constituição Federal para concursos. Juspodivm, 2016, p. 28).

Alternativa correta: letra "b".

---

06. (Cespe – Técnico Judiciário – Área Administrativa – TRE – PI/2016) As constituições classificam-se, quanto

a) à estabilidade, em imutáveis, rígidas, flexíveis ou semirrígidas.

b) à origem, em escritas ou não escritas.

c) à forma, em materiais ou formais.

d) ao conteúdo, em dogmáticas ou históricas.

e) ao modo de elaboração, em analíticas ou sintéticas.

COMENTÁRIOS

Alternativa "a": as constituições podem se classificar, quanto à estabilidade, em **imutável**, não prevê qualquer processo para sua alteração; **fixa**, só pode ser alterada pelo Poder Constituinte Originário, "circunstância que implica, não em alteração, mas em elaboração, propriamente, de uma nova ordem constitucional" (CUNHA JÙNIOR, Dirley da. Curso de Direito Constitucional. 6 ed. Salvador: Juspodivm, 2012, p. 122-123); **rígida**, aquela em que o processo para a alteração de qualquer de suas normas é mais difícil do que o utilizado para criar leis; **flexível**, aquela em que o processo para sua alteração é igual ao utilizado para criar leis; ou **semi-rígida ou semiflexível**, é aquela dotada de parte rígida (em que somente pode ser alterada por processo mais difícil do que o utilizado para criar leis), e parte flexível (em que pode ser alterada pelo mesmo processo utilizado para criar leis).

Alternativa "b": as referidas espécies são quanto à **forma**.

Alternativa "c": a classificação quanto ao **conteúdo se divide em formal** (documento solene que tem posição de destaque no ordenamento jurídico) **ou material** (contém regras que exteriorizam a forma de Estado, organizações dos Poderes e direitos fundamentais. Portanto, suas normas são aquelas essencialmente constitucionais, mas que podem ser escritas ou costumeiras, pois a forma tem importância secundária).

Alternativa "d": a divisão quanto ao conteúdo se divide em formal ou material, conforme anteriormente exposto; dogmáticas ou históricas são classificações quanto ao modo de elaboração (dogmáticas são sistematizadas a partir de ideias fundamentais, e históricas têm elaboração lenta, e se materializam a partir dos costumes".

Alternativa "e": a classificação apresentada não corresponde ao modo de elaboração, mas à extensão.

Alternativa correta: letra "a".

---

07. (Cespe – Analista Judiciário – Área Judiciária – TRE – PI/2016) Acerca do direito constitucional, assinale a opção correta.

a) As várias reformas já sofridas pela CF, por meio de emendas constitucionais, são expressão do poder constituinte derivado decorrente.

b) De acordo com a doutrina dominante, a CF, ao se materializar em um só código básico, afasta os usos e costumes como fonte do direito constitucional.

c) O neoconstitucionalismo, ao promover a força normativa da Constituição, acarretou a diminuição da atividade judicial, dado o alto grau de vinculação das decisões judiciais aos dispositivos constitucionais.

d) A derrotabilidade de uma norma constitucional ocorrerá caso uma norma jurídica deixe de ser aplicada em determinado caso concreto, permanecendo, contudo, no ordenamento jurídico para regular outras relações jurídicas.

e) A interpretação da Constituição sob o método teleológico busca investigar as origens dos conceitos e institutos pelo próprio legislador constituinte.

COMENTÁRIOS

Alternativa "a": as várias reformas já sofridas pela CF, por meio de emendas constitucionais, são expressão do poder constituinte derivado **reformador** (e não decorrente). O **Poder Constituinte Derivado Reformador** (também denominado por Secundário, de Segundo Grau, Instituído, Constituído, ou de Reforma) é responsável pela reforma da Constituição (no Brasil, por meio de Emendas Constitucionais ou da incorporação de tratados internacionais de direitos humanos). A seu turno, o **Poder Constituinte Derivado Decorrente** é aquele exercido pelos Estados-membros, na construção das Constituições Estaduais (art. 25, da CF).

Alternativa "b": mesmo que a Constituição se materialize em um só código básico, não afasta os usos e costumes como fonte do direito constitucional. Nestes termos, a lição de Dirley da Cunha Júnior: "De importância impar para o Direito Constitucional também se afigura o costume, principalmente nos Estados que adotam Constituição não-escrita, como na Inglaterra, onde os costumes constitucionais representam a sua principal característica. Mas mesmo nos Países que possuem Constituição escrita o costume tem se demonstrado uma relevante fonte para o Direito Constitucional, na medida em que pode servir de orientação para o constituinte e para o intérprete da Constituição, chegando alguns autores, como Duverger, a admitir que ele pode completar e modificar as normas constitucionais." (*Curso de direito constitucional*. 10. ed. Salvador: Juspodivm, 2016, p; 61.).

Alternativa "c": o neoconstitucionalismo (Séc. CC e Séc. XXI) se destaca como um aprimoramento do Constitucionalismo Contemporâneo, pregando a importância destacada da moral e dos valores sociais, garantidos predominantemente por meio de princípios. Não se conforma com as normas programáticas e as constituições dirigentes, afirmando que as Constituições devem ser dotadas de força normativa. **Para conferir normatividade à Constituição, destaca o Poder Judiciário como garantidor, colocando a atividade legislativa em segundo plano.** Em resumo: **trabalha com a ideia de extração da máxima efetividade do Texto Constitucional, pois a Constituição deve ocupar o centro do sistema jurídico**.

Alternativa "d": a derrotabilidade de uma norma se dá na situação em que ela deixa de ser aplicada no caso concreto, mas é mantida no ordenamento jurídico. Uadi Lammêgo Bulos ensina que: "Derrotabilidade é o ato pelo qual uma norma jurídica deixa de ser aplicada, mesmo presentes todas as condições de sua aplicabilidade, de modo a prevalecer a justiça material no caso concreto. [...]. Quando falamos em derrotabilidade das normas constitucionais, é no sentido de que, mesmo sem declarar expressamente a inconstitucionalidade de determinada pauta de comportamento, o órgão de cúpula do Poder Judiciário, que, no Brasil, é o Supremo Tribunal Federal, pode afastar a sua incidência, no todo ou em parte, deixando de aplicá-la a determinada situação concreta. Quer dizer, a norma constitucional deixa de ser aplicada em um caso particular. Como permanece no ordenamento, poderá regular outras relações jurídicas que venham a ser submetidas a seu crivo." (*Curso de direito constitucional*. 9. ed. São Paulo: Saraiva, 2015, p. 133-134).

Alternativa "e": a interpretação da Constituição sob o método teleológico busca investigar as origens dos conceitos e institutos pela **finalidade social do ato** (e não pelo próprio legislador constituinte).

Alternativa correta: letra "d".

---

08. (IESES – Analista Judiciário – Área Judiciária – TRE – MA/2015) Partindo da premissa que todas as normas constitucionais são dotadas de eficácia, é correto dizer:

(SILVA, José Afonso. Aplicabilidade das Normas Constitucionais. 3. ed., revista atualizada e ampliada. São Paulo: Malheiros, 1998, p. 82)

a) Normas que contenham vedações, proibições, ou que confiram isenções, imunidades e prerrogativas serão de eficácia limitada.

b) As normas de eficácia limitada dividem-se entre declaratórias de princípios institutivos ou organizativos, e declaratórias de princípio programático.

c) Em regra, a norma constitucional de eficácia plena solicita a intervenção do legislador ordinário, fazendo expressa remissão a uma legislação futura.

d) Será de eficácia contida e aplicabilidade direta e imediata a norma que contiver todos os elementos e requisitos para sua incidência direta e imediata.

COMENTÁRIOS

✪ **Nota do autor:** a classificação das normas apontadas por José Afonso da Silva é bastante cobrada em concursos públicos. Elas podem ser de eficácia plena (não necessitam de lei infraconstitucional para torna-las aplicáveis, não admitindo que lei infraconstitucional restrinja seu conteúdo); de eficácia contida (admitem que seus conteúdos sejam restringidos por normas infraconstitucionais) e de eficácia limitada (quando necessária lei infraconstitucional para que sejam aplicáveis).

Alternativa "a": geralmente as normas que contenham vedações, proibições, ou que confiram isenções, imunidades e prerrogativas serão de eficácia **plena** (e não limitada). Isso, devido ao fato de que as normas de eficácia plena possuem conteúdo normativo suficiente para produção de seus efeitos, dispensam normas infraconstitucionais para que sejam aplicáveis. Exemplo disso é o dispositivo que proíbe penas de caráter perpétuo (art. 5º, XLVII, da CF). Suas disposições são suficientes para produzir todos seus efeitos, de modo que nenhuma pena perpétua será instituída, não reclamando qualquer ato infraconstitucional para que esse enunciado normativo produza tais efeitos – qual seja, a vedação de pena perpétua.

Alternativa b": as normas de eficácia limitada (ou reduzida), que são aquelas que possuem aplicabilidade indireta, mediata e reduzida, pois exigem norma infraconstitucional para que se materializem na prática, dividem-se em normas de eficácia limitada de princípio programático (normas programáticas) ou normas de eficácia limitada de princípio institutivo. As **normas de eficácia limitada de princípio programático** (também referidas apenas como normas programáticas) são aquelas que não regulam diretamente interesses ou direitos nelas consagrados, mas se limitam a traçar alguns preceitos a serem cumpridos pelo Poder Público, como programas das respectivas atividades, pretendendo unicamente a consecução dos fins sociais pelo Estado. Podem-se citar como exemplos os objetivos da República Federativa do Brasil (art. 3º, da CF), a estruturação da política agrícola brasileira (art. 187 da CF), e a determinação de organização de um regime de colaboração dos sistemas de ensino dos Entes da Federação (art. 211 da CF). Já as **normas de eficácia limitada de princípio institutivo** são aquelas responsáveis pela estruturação do Estado como, por exemplo, a norma segundo a qual os Territórios Federais integram a União, e sua criação, transformação em Estado ou reintegração ao Estado de origem serão reguladas em lei complementar (art. 18, § 2º, da CF).

Alternativa "c": a norma de eficácia plena **não** solicita a intervenção do legislador ordinário, fazendo expressa remissão a uma legislação futura. A norma de eficácia plena produz todos seus efeitos, independentemente de lei.

Alternativa "d": as normas de eficácia contida ou restringível são aquelas que têm aplicabilidade direta, imediata, mas não integral, pois admitem que seus conteúdos sejam restringidos por normas infraconstitucionais, o que ocorre, por exemplo, com o enunciado que garante o livre exercício de qualquer trabalho, ofício ou profissão, atendidas as qualificações profissionais que a lei estabelecer (art. 5º, XIII, da CF). Para ilustrar: a função de advogado, somente pode ser exercida atendida a qualificação profissional de ser bacharel em direito, aprovado no Exame da Ordem dos Advogados do Brasil (art. 8º, IV, da Lei 8.906/94).

Alternativa correta: letra "b".

09. (Cespe – Analista Judiciário – Área Judiciária – TRE – RS/2015) Acerca de aspectos relacionados à Constituição, poder constituinte e princípios constitucionais fundamentais, assinale a opção correta.

a) O pluralismo político, princípio constitucional fundamental da CF que assegura a participação plural da sociedade, atinge apenas os partidos políticos, não se estendendo a sindicatos, associações, entidades de classe e organizações em geral.

b) Em se tratando de Constituição formal, consideram-se constitucionais as normas que constarem do texto magno, sejam elas emanadas do poder constituinte originário ou do de reforma.

c) As Constituições não escritas são compostas por costumes e pela jurisprudência, mas não por instrumentos escritos, ainda que dispersos pelo tempo.

d) O dispositivo da CF que considera dever do Estado fomentar práticas desportivas formais e não formais é considerado norma constitucional de eficácia contida.

e) Não se pode falar em poder constituinte originário se o ato constituinte for adstrito a uma única pessoa ou a um grupo restrito no qual não intervenha órgão de representação popular.

COMENTÁRIOS

✪ **Nota do autor:** a questão aborda vários temas de cunho teórico acerca do Direito Constitucional. É bastante importante que o candidato conheça a classificação das constituições, a classificação das normas constitucionais apontadas por José Afonso da Silva (normas de eficácia plena, contida e limitada) e entenda as ideias de Poder Constituinte. São temas frequentemente abordados em concursos públicos.

Alternativa "a": o pluralismo político encontra-se expressamente elencado como um dos fundamentos da República Federativa do Brasil (art. 1º, V, da CF), dentro do Título I da CF, que trata dos Princípios Fundamentais. Possui ampla acepção e, portanto, não se restringe aos partidos políticos. Segundo Dirley da Cunha Júnior: "[...] o pluralismo político é fundamento que assegura a realização dos postulados democráticos, garantindo a multiplicidade de opiniões, de crenças, de convicções e de ideias, que se manifestam normalmente por instituições como as associações, as entidades sindicais e, em especial, os partidos políticos." (*Curso de direito constitucional*. 10. ed. Salvador: Juspodivm, 2016, p. 475).

Alternativa "b": uma constituição, quanto ao conteúdo, classifica-se em formal ou material. A **Constituição formal** compõe-se do que consta em documento solene que tem posição hierárquica de destaque no ordenamento jurídico. Por sua vez, a

Constituição material é aquela composta por regras que exteriorizam a forma de Estado, organizações dos Poderes e direitos fundamentais. Portanto, suas normas são aquelas essencialmente constitucionais, mas que podem ser escritas ou costumeiras, pois a forma tem importância secundária.

Alternativa "c": quanto à forma, podemos classificar uma constituição em escrita ou não escrita. As constituições **escritas** são aquelas formadas por um texto e subdividem-se em escrita legal (Paulo Bonavides), que é formada por texto oriundo de documentos esparsos ou fragmentados, ou escrita codificada (Paulo Bonavides), formada por texto inscrito em documento único. A constituição **não escrita** é identificada a partir dos costumes, da jurisprudência predominante e até mesmo por documentos escritos (por mais contraditório que possa parecer). Como esclarece Dirley da Cunha Júnior, "não existe Constituição inteiramente não-escrita ou costumeira, pois sempre haverá normas escritas compondo o seu conteúdo. A Constituição inglesa, por exemplo, compreende importantes textos escritos, mas esparsos no tempo e no espaço, como a Magna Carta (1251), o Petition of Rights (1628), o Habeas Corpus Act (1679), o Bill of Rights (1689), entre outros" (*Direito Constitucional*. 6 ed. Salvador: Juspodivm, 2012, p. 120).

Alternativa "d": o dispositivo da CF que considera dever do Estado fomentar práticas desportivas formais e não formais é considerado norma constitucional de eficácia limitada de princípio programático (e não contida). Vale relembrar, no que tange à eficácia, segundo classificação de José Afonso da Silva: 1. **Normas de eficácia plena**: são aquelas dotadas de aplicabilidade direta, imediata e integral, pois não necessitam de lei infraconstitucional para torná-las aplicáveis e nem admitem lei infraconstitucional que lhes restrinja o conteúdo; 2. **Normas de eficácia contida**: são aquelas que têm aplicabilidade direta, imediata, mas não integral, pois admitem que seus conteúdos sejam restringidos por normas infraconstitucionais; 3. **Normas de eficácia limitada**: aquelas que possuem aplicabilidade indireta, mediata e reduzida (não direta, não imediata e não integral), pois exigem norma infraconstitucional para que se materializem na prática. Podem ser: 3.1 Normas de eficácia limitada de princípio programático (também referidas apenas como normas programáticas): são aquelas que não regulam diretamente interesses ou direitos nelas consagrados, mas se limitam a traçar alguns preceitos a serem cumpridos pelo Poder Público, como programas das respectivas atividades, pretendendo unicamente a consecução dos fins sociais pelo Estado; 3.2 Normas de eficácia limitada de princípio institutivo: são aquelas responsáveis pela estruturação do Estado como, por exemplo, a norma segundo a qual os Territórios Federais integram a União, e sua criação, transformação em Estado ou reintegração ao Estado de origem serão reguladas em lei complementar (art. 18, § 2º, da CF).

Alternativa "e": o Poder Constituinte Originário (também denominado por Genuíno, Primário ou de Primeiro Grau) cria a primeira ou nova constituição de um Estado. Ele ocorre ainda que o ato constituinte for adstrito a uma única pessoa ou a um grupo restrito no qual não intervenha órgão de representação popular.

Alternativa correta: letra "b".

---

10. (Cespe - Analista Judiciário - Área Judiciária - TRE - MT/2015) Com relação ao neoconstitucionalismo, às normas constitucionais e ao poder constituinte, assinale a opção correta.

a) O fenômeno da mutação constitucional é um processo informal de alteração do significado da CF, decorrente de nova interpretação, mas não de alteração, do texto constitucional.

b) As normas constitucionais de eficácia contida, apesar de ter aplicabilidade imediata, somente produzem efeitos após edição de norma infraconstitucional integrativa.

c) Decorre do poder constituinte derivado reformador a possibilidade de estruturação dos estados-membros, por meio de suas próprias constituições.

d) O neoconstitucionalismo desenvolvido pelo modelo neoliberal de Estado revisita a concepção de liberdade de mercado, resultando no enfraquecimento dos direitos sociais.

e) A norma constitucional que trata da ação direta de inconstitucionalidade constitui elemento formal de aplicabilidade da CF.

COMENTÁRIOS

✪ **Nota do autor:** a questão aborda importantes temas teóricos do direito constitucional.

Alternativa "a": a **mutação constitucional** é um processo **não formal de mudança da Constituição** em que **o texto constitucional permanece inalterado, modificando-se apenas o significado e o sentido interpretativo de determinada norma constitucional**. Em outras palavras: na mutação, altera-se a interpretação sobre o texto da Constituição, chegando-se a norma com sentido novo.

Alternativa "b": normas de eficácia contida ou restringível são aquelas que têm aplicabilidade direta, imediata, mas não integral, pois **admitem que seus conteúdos sejam restringidos por normas infraconstitucionais**, o que ocorre, por exemplo, com o enunciado que garante o livre exercício de qualquer trabalho, ofício ou profissão, atendidas as qualificações profissionais que a lei estabelecer (art.

5º, XIII, da CF). Para ilustrar: a função de advogado, somente pode ser exercida atendida a qualificação profissional de ser bacharel em direito, aprovado no Exame da Ordem dos Advogados do Brasil (art. 8º, IV, da Lei 8.906/94). As normas que somente produzem efeitos após edição de norma infraconstitucional integrativa são as de **eficácia limitada ou reduzida**, que possuem aplicabilidade indireta, mediata e reduzida (não direta, não imediata e não integral), pois exigem norma infraconstitucional para que se materializem na prática. Entretanto, apesar de não se realizarem sozinhas na prática, elas são dotadas de eficácia jurídica, pois revogam as leis anteriores com elas incompatíveis; vinculam o legislador, de forma permanente, à sua realização; condicionam a atuação da administração pública e informam a interpretação e aplicação da lei pelo Poder Judiciário. Elas podem ser de princípio programático ou princípio institutivo. Existem ainda as normas de **eficácia plena**, dotadas de aplicabilidade direta, imediata e integral, pois não necessitam de lei infraconstitucional para torná-las aplicáveis e nem admitem lei infraconstitucional que lhes restrinja o conteúdo. Em outras palavras: elas trazem todo o conteúdo necessário para a sua materialização prática. São entendidas como de aplicabilidade direta, imediata e integral, pois não necessitam de lei infraconstitucional. Exemplo: Brasília é a Capital Federal (art. 18, § 1º, da CF).

Alternativa "c": o **Poder Constituinte Derivado Reformador** (também denominado por Secundário, de Segundo Grau, Instituído, Constituído, ou de Reforma) é responsável pela reforma da Constituição (no Brasil, por meio de Emendas Constitucionais ou da incorporação de tratados internacionais de direitos humanos). A seu turno, o Poder Constituinte Derivado **Decorrente** é aquele exercido pelos Estados-membros, na construção das Constituições Estaduais (art. 25, da CF).

Alternativa "d": o **Neoconstitucionalismo** (Séc. XX e Séc. XXI) configura um aprimoramento do Constitucionalismo Contemporâneo, prega a importância destacada da moral e dos valores sociais, garantidos predominantemente por meio de princípios. Não se conforma com as normas programáticas e as constituições dirigentes, **afirmando que as Constituições devem ser dotadas de força normativa**. Para conferir normatividade à Constituição, destaca o Poder Judiciário como garantidor, colocando a atividade legislativa em segundo plano. Em resumo: trabalha com a ideia de extração da máxima efetividade do Texto Constitucional, pois a Constituição deve ocupar o centro do sistema jurídico.

Alternativa "e": os **Elementos Formais de Aplicabilidade** referem-se às regras de interpretação e aplicação da Constituição, a exemplo do preâmbulo, do ADCT, e a aplicabilidade imediata dos direitos e garantias fundamentais. Por seu turno, os **Elementos de Estabilização Constitucional** asseguram a solução de conflitos institucionais entre Poderes, e também protegem a integridade do Estado e da própria Constituição (sendo exemplo a norma constitucional que trata da ação direta de inconstitucionalidade).

Alternativa correta: letra "a"

---

11. (IBFC – Analista Judiciário – Área Judiciária– TRE-AM/2014) Analise as seguintes afirmativas, referentes à classificação das Constituições, e indique a alternativa CORRETA:

a) "Constituições cesaristas" são aquelas impostas por quem não recebeu poder para tanto.

b) "Constituições promulgadas" são aquelas que se restringem apenas aos elementos substancialmente constitucionais, emitindo, especialmente, princípios, organizando e limitado o poder.

c) "Constituições outorgadas" são originadas de um plebiscito popular sobre um projeto elaborado por um Imperador ou um Ditador.

d) "Constituições pactuadas" são aquelas originadas de um compromisso instável de duas forças políticas rivais, de maneira que o equilíbrio fornecido por tal espécie de Carta é precário.

COMENTÁRIOS

Alternativa "a": Constituição Cesarista, Bonapartista, Plebiscitária ou Referendária: é aquela criada por um ditador ou imperador e posteriormente submetida à aprovação popular por plebiscito ou referendo. Portanto, **não é aquela imposta por quem não recebeu poder para tanto**.

Alternativa "b": Constituição Democrática, Promulgada ou Popular é aquela elaborada por legítimos representantes do povo, normalmente organizados em torno de uma Assembleia Constituinte, **não havendo qualquer relação quanto aos elementos que a compõem**.

Alternativa "c": Constituição Outorgada é aquela elaborada sem a presença de legítimos representantes do povo, **imposta pela vontade de um poder absolutista ou totalitário**, não democrático. **Não tem origem relacionada a plebiscito popular** sobre um projeto elaborado por um Imperador ou um Ditador, pois essa espécie de Constituição é a Cesarista.

Alternativa "d": segundo Uadi Lammêgo Bulos, Constituições pactuadas "surgem mediante pacto entre o soberano e a organização nacional. Nelas, inclusive, o poder constituinte pode se concentrar nas mãos de mais de um titular. Por isso, trata-se de modalidade anacrônica, dificilmente se ajustando à noção moderna de Constituição, intimamente associada à ideia de unidade do poder constituinte.

Alternativa correta: letra "d".

12. (FCC – Analista Judiciário – Área Judiciária – TRE-PR/2012) Em outubro de 2011, ao apreciar Recurso Extraordinário em que se discutia a constitucionalidade da exigência formulada em lei federal de aprovação em exame da Ordem dos Advogados do Brasil para exercício da profissão de advogado, o Supremo Tribunal Federal (STF) considerou que referido exame tem por fim assegurar que atividades de risco sejam desempenhadas por pessoas com conhecimento técnico suficiente, para evitar danos à coletividade. No julgamento, salientou-se que, quanto mais arriscada a atividade, maior o espaço de conformação deferido ao Poder Público; sob essa ótica, o exercício da advocacia sem a capacidade técnica necessária afeta tanto o cliente, indivíduo, como a coletividade, pois denega Justiça, a qual é pressuposto da paz social.

Nesse caso, o STF

a) reconheceu a eficácia limitada da norma constitucional que assegura a liberdade profissional, sujeitando seu exercício à autorização prévia do Poder Público.

b) exerceu interpretação criativa e extrapolou o papel de guardião da Constituição, uma vez que se substituiu ao legislador, ao analisar o mérito da exigência legal.

c) deu à exigência legal interpretação conforme à Constituição, para o fim de excluir do alcance da norma a possibilidade de exercício profissional sem a prévia aprovação em avaliação promovida pelo Poder Público.

d) procedeu à interpretação teleológica da norma constitucional segundo a qual é livre o exercício de qualquer trabalho, ofício ou profissão, atendidas as qualificações profissionais que a lei estabelecer.

e) restringiu o alcance da norma constitucional segundo a qual o advogado é indispensável à administração da Justiça, ao condicionar o exercício profissional à aprovação prévia em avaliação promovida pelo Poder Público.

COMENTÁRIOS

✪ **Nota do autor:** a questão, muito bem elaborada, exige conhecimento sobre a tradicional classificação das normas constitucionais quanto à eficácia elaborada por José Afonso da Silva.

Alternativa "d" (responde todas as alternativas): no caso apresentado, o STF procedeu à interpretação teleológica (que busca a finalidade) da norma constitucional segundo a qual é livre o exercício de qualquer trabalho, ofício ou profissão, atendidas as qualificações profissionais que a lei estabelecer. Isso porque, nos termos da clássica doutrina de José Afonso da Silva, essa norma constitucional que dispõe sobre o exercício de trabalho, ofício ou profissão, atendidas as qualificações profissionais que a lei estabelecer, é uma norma de eficácia contida, tem aplicabilidade direta, imediata, mas não integral, pois admite que seu conteúdo seja restringido por norma infraconstitucional (a finalidade da norma é garantir a qualificação profissional). Assim, a função de advogado, somente pode ser exercida atendida a qualificação profissional de ser bacharel em direito, aprovado no Exame da Ordem dos Advogados do Brasil (art. 8º, IV, da Lei 8.906/94).

Alternativa correta: letra "d".

13. (Analista Judiciário – Área Judiciária TRE/PE 2011 – FCC) No tocante à interpretação das normas constitucionais, o Princípio da Força Normativa da Constituição determina que:

a) a interpretação constitucional deve ser realizada de maneira a evitar contradições entre suas normas.

b) entre as interpretações possíveis, deve ser adotada aquela que garanta maior eficácia, aplicabilidade e permanência das normas constitucionais.

c) os órgãos encarregados da interpretação da norma constitucional não poderão chegar a uma posição que subverta o esquema organizatório funcional constitucionalmente já estabelecido.

d) na solução dos problemas jurídicos constitucionais, deverá ser dada maior primazia aos critérios favorecedores da integração política e social.

e) a coordenação e combinação dos bens jurídicos em conflito seja destinada a evitar o sacrifício total de uns em relação aos outros.

COMENTÁRIOS

✪ **Nota do autor:** a questão versa sobre os Princípios de Interpretação Constitucional enunciados por Canotilho. Este tema é recorrente nas provas organizadas pela FCC. Nas dicas, ao final deste capítulo, trazemos estudo mais detalhado sobre a matéria.

Alternativa "a": nos termos do **princípio da unidade da Constituição**, a interpretação constitucional deve ser realizada de maneira a evitar contradições entre suas normas.

Alternativa "b": segundo o Princípio da força normativa, entre as interpretações possíveis, deve ser adotada aquela que garanta maior eficácia, aplicabilidade e permanência das normas constitucionais. Ademais, a partir dos valores sociais, o intérprete, em atividade criativa, deve extrair aplicabilidade e eficácia de todas as normas da Constituição, conferindo-lhes sentido prático e concretizador.

Alternativa "c": consoante o **princípio da conformidade/correção/exatidão funcional ou da**

justeza, os órgãos encarregados da interpretação da norma constitucional não poderão chegar a uma posição que subverta o esquema organizatório funcional constitucionalmente já estabelecido

Alternativa "d": de acordo com o **princípio do efeito integrador ou da eficácia integradora,** na solução dos problemas jurídicos constitucionais, deverá ser dada maior primazia aos critérios favorecedores da integração política e social.

Alternativa "e": o **princípio da concordância prática ou da harmonização** preceitua que a coordenação e combinação dos bens jurídicos em conflito seja destinada a evitar o sacrifício total de uns em relação aos outros.

Alternativa correta: letra "b".

---

14. (Analista Judiciário – Área Judiciária TRE/MT 2010 – CESPE) De acordo com a classificação das constituições, assinale a opção correta.

a) Quanto à sua mutabilidade, a CF pode ser classificada como semirrígida, uma vez que não pode ser alterada com a mesma simplicidade com que se modifica uma lei.

b) A CF é um exemplo de constituição outorgada, visto que foi elaborada por representantes legítimos do povo.

c) Segundo a classificação ontológica de Karl Loewenstein, as constituições podem ser divididas em normativas, nominais ou semânticas, conforme o grau de correspondência entre a pretensão normativa dos seus preceitos e a realidade do processo de poder.

d) Quanto à ideologia, a CF é classificada pela doutrina como ortodoxa.

e) A CF foi elaborada sob influxo dos costumes e transformações sociais. Sua confecção é fruto da evolução histórica das tradições do provo brasileiro, sendo, por isso, classificada como uma constituição histórica.

COMENTÁRIOS

✪ **Nota do autor:** fique atento para o estudo da classificação das Constituições, sempre muito cobrados nas provas para TRE.

Alternativa "a": quanto à sua mutabilidade **ou estabilidade**, a CF pode ser classificada como semirrígida, **se for dotada de parte rígida** (em que somente pode ser alterada por processo mais difícil do que o utilizado para criar leis), **e parte flexível** (em que pode ser alterada pelo mesmo processo utilizado para criar leis).

Alternativa "b": a CF é um exemplo de constituição **promulgada** (não outorgada), visto que foi elaborada por representantes legítimos do povo.

Alternativa "c": segundo a classificação ontológica de Karl Loewenstein, as constituições podem ser divididas em normativas, nominais ou semânticas, conforme o grau de correspondência entre a pretensão normativa dos seus preceitos e a realidade do processo de poder. **Normativa** é aquela dotada de valor jurídico legítimo. **Nominal** é a que não tem valor jurídico, mas meramente social. Por fim, **semântica** é aquela que tem importância jurídica, mas não valoração jurídica, pois é criada apenas para justificar o exercício de um Poder não democrático.

Alternativa "d": quanto à ideologia, a CF é classificada pela doutrina como **eclética** (não ortodoxa), pois é fundada em valores plurais.

Alternativa "e": a CF foi elaborada **a partir da sistematização de ideias fundamentais** (e não sob influxo dos costumes e transformações sociais). Sua confecção **não** é fruto da evolução histórica das tradições do provo brasileiro, sendo, por isso, classificada como uma constituição **dogmática** (não histórica).

Alternativa correta: letra "c".

---

15. (Analista Judiciário – Área Judiciária TRE/BA/ 2010 – CESPE) Quanto à aplicabilidade e interpretação das normas constitucionais, julgue os itens subsequentes.

No tocante à aplicabilidade, de acordo com a tradicional classificação das normas constitucionais, são de eficácia limitada aquelas em que o legislador constituinte regula suficientemente os interesses concernentes a determinada matéria, mas deixa margem à atuação restritiva por parte da competência discricionária do poder público, nos termos em que a lei estabelecer ou na forma dos conceitos gerais nela previstos.

A técnica da interpretação conforme a constituição permite a manutenção, no ordenamento jurídico, de leis e atos normativos que possuam valor interpretativo compatível com o texto constitucional.

COMENTÁRIOS

✪ **Nota do autor:** como se pode ver, o Cespe também costuma cobrar a classificação quanto à eficácia das normas constitucionais elaborada por José Afonso da Silva.

Errado. No tocante à aplicabilidade, de acordo com a tradicional classificação das normas constitucionais, são de eficácia **contida** (não limitada) aquelas em que o legislador constituinte regula suficientemente os interesses concernentes a determinada matéria, mas deixa margem à atuação restritiva por parte da competência discricionária do poder público, nos termos em que a lei estabelecer ou na forma dos conceitos gerais nela previstos.

Certo. A técnica **ou princípio da interpretação conforme** a constituição permite a manutenção, no ordenamento jurídico, de leis e atos normativos que possuam valor interpretativo compatível com o texto constitucional.

---

16. (Analista Judiciário – Área Judiciária TRE/AC 2010 – FCC) Sobre a interpretação das normas constitucionais, analise:

I. O órgão encarregado de interpretar a Constituição não pode chegar a um resultado que subverta ou perturbe o esquema organizatório-funcional estabelecido pelo legislador constituinte.

II. O texto de uma Constituição deve ser interpretado de forma a evitar contradições (antinomias) entre suas normas, e sobretudo, entre os princípios constitucionais estabelecidos.

Os referidos princípios, conforme doutrina dominante, são denominados, respectivamente, como

a) da força normativa e da justeza.
b) do efeito integrador e da harmonização.
c) da justeza e da unidade.
d) da máxima efetividade e da unidade.
e) do efeito integrador e da forma normativa.

COMENTÁRIOS

✪ **Nota do autor:** os princípios de interpretação constitucional enunciados por Canotilho sempre são lembrados pelo Cespe. Sendo assim, o amigo leitor não deve ficar adstrito ao estudo do Texto Constitucional.

Alternativa "c" (responde todas as alternativas): de acordo com o **Princípio da justeza,** o órgão encarregado de interpretar a Constituição não pode chegar a um resultado que subverta ou perturbe o esquema organizatório-funcional estabelecido pelo legislador constituinte. Já o **Princípio da unidade** determina que o texto de uma Constituição deve ser interpretado de forma a evitar contradições (antinomias) entre suas normas, e sobretudo, entre os princípios constitucionais estabelecidos.

Alternativa correta: letra "c".

---

17. (Analista Judiciário – Área Judiciária TRE/AM 2010 – FCC) Com relação aos princípios interpretativos das normas constitucionais, aquele segundo o qual a interpretação deve ser realizada de maneira a evitar contradições entre suas normas é denominado de

a) conformidade funcional.
b) máxima efetividade.
c) unidade da constituição.
d) harmonização.
e) força normativa da constituição.

COMENTÁRIOS

Alternativa "c" (responde todas as alternativas): é o **Princípio da Unidade da Constituição** que prega que a interpretação deve ser realizada de maneira a evitar contradições entre suas normas.

Alternativa correta: letra "c".

2. PODER CONSTITUINTE. CONCEITO, FINALIDADE, TITULARIDADE E ESPÉCIES. REFORMA DA CONSTITUIÇÃO. CLÁUSULAS PÉTREAS

▸ CF, art. 60, § 4º.

---

18. (IBFC – Técnico Judiciário – Área Administrativa – TRE – PA/2020) Os princípios fundamentais da República Federativa do Brasil encontram-se enumerados de forma expressa nos artigos do 1° ao 4° da Constituição Federal de 1988. Acerca deste tema, assinale a alternativa correta.

a) São fundamentos da República Federativa do Brasil a soberania, a cidadania, a dignidade da pessoa humana, os valores sociais do trabalho e da livre iniciativa, o pluralismo político e o desenvolvimento nacional
b) Promover o bem de todos, sem preconceitos de origem, raça, sexo, cor, idade e quasquer outras formas de discriminação consiste em um dos princípios que a República Federativa do Brasil rege-se nas suas relações internacionais
c) Erradicar a pobreza e a marginalização e reduzir as desigualdades socais e regionais é um dos objetivos fundamentais do Brasil, ao lado da igualdade entre os estados
d) São princípios em que o Brasil rege-se nas suas relações internacionais a não-intervenção, a cooperação entre os povos para o progresso da humanidade e a concessão de asilo político

COMENTÁRIOS

Alternativa "a": Os fundamentos da República Federativa do Brasil estão elencados nos incisos do art. 1º da CF/88 e são eles: a soberania, a cidadania, a dignidade da pessoa humana, os valores sociais do trabalho e da livre iniciativa e o pluralismo político. O desenvolvimento nacional não é um deles.

Alternativa "b": Na verdade, trata-se de um dos objetivos fundamentais da República Federativa do Brasil, encontrado no inciso IV do art. 3º da CF/88.

Alternativa "c": Embora erradicar a pobreza e a marginalização e reduzir as desigualdades sociais e regionais sejam objetivos fundamentais do Brasil, a igualdade entre os Estados é um dos princípios pelos quais o Brasil se rege em suas relações internacionais.

Alternativa "d": É o que se extrai do art. 4º, IV, IX e X da CF/88.

Alternativa correta: letra "d".

---

19. (IBFC – Analista Judiciário – Área Judiciária – TRE – PA/2020) A doutrina moderna aponta que a titularidade do poder constituinte pertence ao povo. Sobre este tema, assinale a alternativa correta.

a) O poder constituinte originário ou de primeiro grau instaura uma nova ordem jurídica, rompendo, por completo, com a ordem jurídica anterior, razão pela qual é considerado inicial, autônomo, ilimitado juridicamente, representando um poder jurídico, segundo a doutrina moderna

b) No caso dos Municípios, sua capacidade de auto-organização está delimitada nos termos do artigo 19 da Constituição Federal, razão pela qual a doutrina majoritária entende que o poder constituinte derivado decorrente não se faz na órbita deste ente federado

c) A manifestação do poder constituinte reformador, também denominado de "competência reformadora", verifica-se através das emendas constitucionais, caracterizado pela carência de limitações expressas ou implícitas

d) Segundo o artigo 3º do ADCT (Ato das Disposições Constitucionais Transitórias), a revisão constitucional seria realizada após cinco anos, contados da promulgação da Constituição, pelo voto da maioria simples dos membros do Congresso Nacional, em sessão unicameral. Trata-se do poder constituinte derivado revisor

COMENTÁRIOS

Alternativa "a": Embora as demais afirmações estejam corretas, não se entende que o poder constituinte originário seja ilimitado juridicamente, uma vez que devem ser observados os limites materiais, quais sejam, os imperativos do direito natural, valores políticos, éticos e sociais, além dos direitos fundamentais, em razão da vedação ao retrocesso. Ademais, está também incorreta a afirmação de que é um poder jurídico, já que, na verdade, a doutrina moderna o considera um poder de fato, um poder político.

Alternativa "b": O art. 19, na verdade, prevê vedações à União, Estados, Distrito Federal e Municípios. O dispositivo que rege a auto-organização do Município é o art. 29 da CF/88. Não obstante, a alternativa foi considerada correta pelo avaliador.

Alternativa "c": Na verdade, o poder constituinte reformador tem limitações expressas, como as temporais, circunstanciais, formais e materiais, e também limitações implícitas.

Alternativa "d": O art. 3º do ADCT determina que: "A revisão constitucional será realizada após cinco anos, contados da promulgação da Constituição, pelo voto da **maioria absoluta** dos membros do Congresso Nacional, em sessão unicameral.".

Alternativa correta para o avaliador: letra "b".

---

20. (Cespe – Analista Judiciário – Área Judiciária – TRE-MS/2013) Acerca do poder constituinte, assinale a opção correta.

a) O voto direto, secreto, universal e periódico é considerado cláusula pétrea da CF.

b) O STF admite o controle judicial de constitucionalidade de norma criada pelo poder constituinte originário.

c) O poder constituinte originário é inicial, incondicionado, mas limitado aos princípios da ordem constitucional anterior.

d) A CF exige a participação do presidente da República no processo legislativo de elaboração de uma emenda constitucional, seja mediante o veto, seja mediante a sanção.

e) O controle judicial da constitucionalidade de emendas à CF é juridicamente impossível no Brasil.

COMENTÁRIOS

✪ **Nota do autor:** a memorização do art. 60, § 4º, da CF é imprescindível para o sucesso nos concursos para TRE.

Alternativa "a". Nos termos do art. 60, § 4º, da CF, não será objeto de deliberação a proposta de emenda tendente a abolir: I – a forma federativa de Estado; II – o voto direto, secreto, universal e periódico; III – a separação dos Poderes; e IV – os direitos e garantias individuais.

Alternativa "b": admite-se a existência de normas constitucionais inconstitucionais **desde que não sejam originárias**, mas oriundas de emendas constitucionais (vide ADIs 4357, 4372, 4400 e 4425, que versam sobre a inconstitucionalidade da EC 62/2009, que criou um regime especial de pagamento de precatórios).

Alternativa "c": O poder constituinte originário é inicial, incondicionado **e ilimitado,** não se submetendo a qualquer ideia jurídica preexistente.

Alternativa "d": não há participação do Presidente da República por meio de sanção ou veto no processo legislativo de elaboração de uma emenda constitucional. No máximo o Presidente da República poderá propor uma emenda constitucional (art. 60 da CF); e, além disso, as emendas não se submetem à fase da sanção ou veto, pois representam manifestação exclusiva do poder constituinte derivado.

Alternativa "e": vide comentários à alternativa "b".

Alternativa correta: letra "a".

21. (Analista Judiciário – Área Judiciária TRE/PE 2011 – FCC) O Poder Constituinte derivado decorrente consiste

a) no. estabelecimento da primeira Constituição de um novo país

b) na possibilidade de alterar-se o texto constitucional do país, respeitando-se a regulamentação especial prevista na própria Constituição Federal.

c) na possibilidade dos Estados membros de se auto organizarem através de suas Constituições Estaduais próprias, respeitando as regras limitativas da Constituição Federal.

d) no estabelecimento de uma Constituição posterior de um velho país.

e) no fato de não estar sujeito a qualquer forma prefixada para manifestar a sua vontade.

COMENTÁRIOS

Alternativa "a": o estabelecimento da primeira Constituição de um novo país é papel do **Poder Constituinte originário.**

Alternativa "b": o Poder Constituinte derivado **reformador** é que consiste na possibilidade de alterar-se o texto constitucional do país, respeitando-se a regulamentação especial prevista na própria Constituição Federal.

Alternativa "c": o **Poder Constituinte derivado decorrente** consiste na possibilidade de os Estados membros se auto organizarem através de suas Constituições Estaduais próprias, respeitando as regras limitativas da Constituição Federal.

Alternativa "d": o estabelecimento de uma Constituição posterior de um velho país também é missão do **Poder Constituinte originário**.

Alternativa "e": a não sujeição a qualquer forma prefixada para manifestar a sua vontade é característica do **Poder Constituinte originário.**

Alternativa correta: letra "c".

3. DIREITOS E GARANTIAS FUNDAMENTAIS

▸ CF, artigos 5º a 11.

22. (Cespe – Analista Judiciário – Área Judiciária – TRE – PI/2016) A respeito dos princípios fundamentais e dos direitos e das garantias fundamentais, assinale a opção correta.

a) Por constituírem direitos relativos às pessoas naturais, os direitos e garantias fundamentais não são extensíveis às pessoas jurídicas.

b) Enquanto os direitos civis e políticos se baseiam em abstenções por parte do Estado, os direitos sociais pressupõem prestações positivas do Estado.

c) De acordo com o STF, um direito fundamental constitucionalmente previsto possui caráter absoluto e se sobrepõe a eventual interesse público.

d) A adoção da Federação como forma de Estado pela CF é embasada na descentralização política e na soberania dos Estados-membros, que são capazes de se auto-organizar por meio de suas próprias constituições.

e) Em relação aos direitos políticos, o mandado de segurança coletivo e o habeas corpus são formas de exercício direto da soberania popular, como previsto na CF.

COMENTÁRIOS

✪ **Nota do autor:** uma importante questão que merece destaque é a classificação doutrinária das gerações (ou dimensões) dos direitos fundamentais. A doutrina classifica os direitos humanos e os fundamentais em gerações ou dimensões de direitos. Os direitos civis e políticos seriam os de primeira geração ou dimensão, caracterizados pelo valor liberdade. Já os direitos econômicos, sociais e culturais seriam os de segunda geração ou dimensão, caracterizados pelo valor igualdade. Por fim, os direitos de solidariedade ou fraternidade seriam os de terceira geração ou dimensão, caracterizados pelo valor solidariedade ou fraternidade. Estes direitos formariam, assim, um conjunto indivisível de direitos fundamentais, entre os quais não há qualquer relação hierárquica.

Alternativa "a": segundo entendimento pacífico do Supremo Tribunal Federal, as pessoas jurídicas também são titulares de direitos fundamentais (AC 2.032-QO/SP, relatada pelo Ministro Celso de Mello e julgada em 2008).

Alternativa "b": os direitos civis e políticos (típicos direitos de primeira geração ou dimensão) se baseiam em abstenções por parte do Estado. Já os direitos sociais (classificados como de segunda geração ou dimensão) pressupõem prestações positivas do Estado. Os direitos sociais, econômicos, e culturais são direitos humanos de segunda geração, realizáveis por meio de políticas públicas estatais, e normalmente descritos em normas programáticas, mas isso não significa que não podem ser exigidos juridicamente. Isso porque, todos os direitos humanos são juridicamente exigíveis, e os direitos fundamentais expressos na Constituição têm aplicabilidade imediata.

Alternativa "c": segundo o STF, "**Os direitos e garantias individuais não têm caráter absoluto. Não há, no sistema constitucional brasileiro, direitos ou garantias que se revistam de caráter absoluto, mesmo porque razões de relevante interesse público ou exigências derivadas do princípio de convivência das liberdades legitimam, ainda que excepcionalmente, a adoção, por parte dos órgãos estatais, de medidas restritivas das prerrogativas individuais ou coletivas, desde que respeitados os termos estabelecidos pela própria Constituição.** O estatuto constitucional das liberdades públicas, ao delinear o regime jurídico a que estas estão sujeitas – e considerado o substrato ético que as informa- permite que sobre elas incidam limitações de ordem jurídica, destinadas, de um lado, a proteger a integridade do interesse social e, de outro, a assegurar a coexistência harmoniosa das liberdades, pois nenhum direito ou garantia pode ser exercido em detrimento da ordem pública ou com desrespeito aos direitos e garantias de terceiros." (MS nº 23.452, julgado no ano 2000 e relatado pelo Ministro Celso de Mello).

Alternativa "d": os Estados-membros não possuem **soberania**. A soberania é de titularidade da República Federativa do Brasil, que será exercido por meio da União no plano internacional. Em outras palavras, a União é quem exerce a soberania em nome do Estado Federado, mas quem é a verdadeira detentora da soberania é a República Federativa do Brasil. Os Estados-membros, nos termos do art. 18 da CF, possuem autonomia.

Alternativa "e": conforme estipula o art. 14 da Constituição, a soberania popular será exercida pelo sufrágio universal e pelo voto direto e secreto, com valor igual para todos, e, nos termos da lei, mediante: I – plebiscito; II – referendo; III – iniciativa popular.

Alternativa correta: letra "b".

3.1. DIREITOS E DEVERES INDIVIDUAIS, COLETIVOS

▸ CF, art. 5º.

23. (IBFC – Técnico Judiciário – Área Administrativa – TRE – PA/2020) Segundo o Supremo Tribunal Federal, os direitos e deveres individuais e coletivos não se restringem ao artigo 5° da Constituição Federal de 1988, podendo ser encontrados ao longo do texto constitucional, expressos ou decorrentes do regime e dos princípios adotados pela Magna Carta, ou, ainda, em virtude de tratados internacionais de que o Brasil seja signatário. Sobre o tema, assinale a alternativa correta.

a) É inviolável a liberdade de consciência e de crença, sendo assegurado o livre exercício dos cultos religiosos e garantida, na forma da lei, a proteção aos locais de culto e a suas liturgias

b) A casa é asilo inviolável do indivíduo, ninguém nela podendo penetrar sem consentimento do morador, salvo em caso de flagrante delito ou desastre, ou para prestar socorro, ou, em qualquer horário, por determinação judicial

c) A criação de associações e, na forma da lei, a de cooperativas dependem de autorização, sendo vedada a interferência estatal em seu funcionamento

d) Não haverá prisão civil por dívida, salvo a do responsável pelo inadimplemento involuntário e escusável de obrigação alimentícia e a do depositário infiel

COMENTÁRIOS

✪ **Nota do autor:** trata-se de mais uma questão que exigiu do candidato o conhecimento literal dos incisos do art. 5º da CF/88.

Alternativa "a": Trata-se do inciso VI do art. 5º da CF/88.

Alternativa "b": Na verdade, o art. 5º, XI da CF/88 estabelece que: "a casa é asilo inviolável do indivíduo, ninguém nela podendo penetrar sem consentimento do morador, salvo em caso de flagrante delito ou desastre, ou para prestar socorro, ou, **durante o dia**, por determinação judicial;".

Alternativa "c": O art. 5º, XVIII da CF/88 estabelece que: "a criação de associações e, na forma da lei, a de cooperativas **independem** de autorização, sendo vedada a interferência estatal em seu funcionamento;"

Alternativa "d": Nos termos do art. 5º, LXVII da CF/88: "não haverá prisão civil por dívida, salvo a do responsável pelo inadimplemento voluntário e **inescusável** de obrigação alimentícia e a do depositário infiel;". Vale observar ainda, que nesse caso, existe a Súmula Vinculante 25, que também torna a alternativa incorreta, pois determina que: "É ilícita a prisão civil de depositário infiel, qualquer que seja a modalidade do depósito.".

Alternativa correta: letra "a".

24. (IBFC – Analista Judiciário – Área Judiciária – TRE – PA/2020) O Supremo Tribunal Federal já se manifestou no sentido de que os direitos e deveres individuais e coletivos não se restringem ao artigo 5° da Constituição Federal de 1988. Sobre este tema, assinale a alternativa incorreta.

a) As associações só poderão ser compulsoriamente dissolvidas ou ter suas atividades suspensas por decisão judicial, exigindo-se, em qualquer caso, o trânsito em julgado

b) São assegurados, nos termos da lei, o direito de fiscalização do aproveitamento econômico das obras que criarem ou de que participarem aos criadores, aos intérpretes e às respectivas representações sindicais e associativas

c) Nenhum brasileiro será extraditado, salvo o naturalizado, em caso de crime comum, praticado antes da naturalização, ou de comprovado envolvimento em tráfico ilícito de entorpecentes e drogas afins, na forma da lei

d) A lei assegurará aos autores de inventos industriais privilégio temporário para sua utilização, bem como proteção às criações industriais, à propriedade das marcas, aos nomes de empresas e a outros signos distintivos, tendo em vista o interesse social e o desenvolvimento tecnológico e econômico do País

COMENTÁRIOS

✪ **Nota do autor:** as respostas da questão estão todas nos incisos do art. 5º da CF/88, muito cobrados em todo o tipo de concurso público. Atenção, ainda, para o que pede a questão, que é a alternativa **incorreta.**

Alternativa "a": Na verdade, o art. 5º, XIX da CF/88 estabelece que: "as associações só poderão ser compulsoriamente dissolvidas ou ter suas atividades suspensas por decisão judicial, exigindo-se, **no primeiro caso**, o trânsito em julgado;". Logo, somente se exige o trânsito em julgado para compulsoriamente dissolver uma associação. Essa exigência não se aplica à suspensão das atividades.

Alternativa "b": Trata-se da disposição do art. 5º, XXVIII, b da CF/88.

Alternativa "c": É o que estabelece o art. 5º, LI da CF/88.

Alternativa "d": A alternativa traz o texto literal do art. 5º, XXIX da CF/88.

Alternativa incorreta: letra "a".

---

25. (IBFC – Analista Judiciário – Área Judiciária – TRE – PA/2020) Os mecanismos de defesa do Estado e das instituições democráticas estão previstos expressamente na Constituição Federal de 1988 (CF/88). Diante disto, leia o excerto do artigo 136 da CF/88:

"Art. 136. O Presidente da República pode, ouvidos o Conselho da República e o Conselho de Defesa Nacional, ________ para preservar ou prontamente restabelecer, em locais restritos e determinados, a ordem pública ou a paz social ameaçadas por ________ ou ________."

Assinale a alternativa que preencha correta e respectivamente as lacunas.

a) decretar estado de defesa / grave e iminente instabilidade institucional / atingidas por calamidades de grandes proporções na natureza

b) solicitar ao Congresso Nacional autorização para decretar o estado de sítio / comoção grave de repercussão nacional / declaração de estado de guerra ou resposta a agressão armada estrangeira

c) decretar estado de sítio / grave e iminente instabilidade institucional / declaração de estado de guerra ou resposta a agressão armada estrangeira

d) decretar intervenção federal / por violação à integridade nacional / invasão estrangeira ou de uma unidade da Federação em outra

COMENTÁRIOS

Alternativa "a"(responde todas as alternativas): O art. 136, *caput* da CF/88 estabelece que: "O Presidente da República pode, ouvidos o Conselho da República e o Conselho de Defesa Nacional, **decretar estado de defesa** para preservar ou prontamente restabelecer, em locais restritos e determinados, a ordem pública ou a paz social ameaçadas por **grave e iminente instabilidade institucional** ou **atingidas por calamidades de grandes proporções na natureza.**"

Alternativa correta: letra "a".

---

26. (Cespe – Técnico Judiciário – Área Administrativa – TRE – TO/2017) O art. 5.° da CF estabelece que "não haverá juízo ou tribunal de exceção" (inciso XXXVII) e "ninguém será sentenciado senão pela autoridade competente" (inciso LIII). Essas disposições constitucionais expressam o princípio

a) da independência judicial.

b) do contraditório.

c) do juiz natural.

d) do promotor natural.

e) da competência legal.

COMENTÁRIOS

Alternativa "c": o princípio do juiz natural é garantia constitucional expressa no art. 5º, incisos XXXVII e LIII, segundo o qual se deve utilizar regras objetivas de competência jurisdicional para garantir independência e imparcialidade do órgão julgador. "Trata-se, portanto, de um juiz previamente encarregado, na forma da lei, como competente para o julgamento de determinada lide, o que impede, entre outras coisas, o abuso de poder. Como consequência, não se admite a escolha específica nem a exclusão de um magistrado de determinado caso. (...)No Brasil, todas as constituições, exceto a de 1937, previam o princípio do juiz natural. O entendimento proíbe a criação de tribunais extraordinários (de exceção) e a transferência de causa para outro tribunal" (CNJ. Disponível em: http://www.cnj.jus.br/noticias/cnj/85865-cnj-servico-principio-do-juiz-natural).

Alternativa correta: letra "c".

---

27. (Cespe – Técnico Judiciário – Área Administrativa – TRE – PE/2017) A respeito dos direitos e deveres individuais e coletivos, assinale a opção correta.

a) É livre a manifestação do pensamento, seja ela exercida por pessoa conhecida ou por pessoa anônima.

b) Ninguém pode fazer ou deixar de fazer alguma coisa senão em virtude de lei.

c) Todos poderão reunir-se pacificamente, em locais abertos ao público, desde que haja prévia autorização do poder público.

d) É plena a liberdade de associação para fins lícitos, inclusa a de caráter paramilitar.

e) A expressão de atividade artística é livre, não estando sujeita a censura ou licença.

COMENTÁRIOS

Alternativa "a": a manifestação do pensamento é livre, porém é **vedado o anonimato**, conforme **art. 5º, inciso IV, da CF**: "Art. 5. IV – é livre a manifestação do pensamento, sendo vedado o anonimato".

Alternativa "b": o texto constitucional se refere ao **dever** de fazer ou deixar de fazer, e não à **capacidade**, conforme art. 5º, inciso II, da CF: "Art. 5º. II – ninguém será **obrigado** a fazer ou deixar de fazer alguma coisa senão em virtude de lei".

Alternativa "c": a assertiva não está de acordo com o art. 5º, inciso XVI, da CF, visto que não é necessária prévia autorização para a realização de reunião em local aberto ao público, apenas prévia comunicação à autoridade competente: "XVI – todos podem reunir-se pacificamente, sem armas, em locais abertos ao público, independentemente de autorização, desde que não frustrem outra reunião anteriormente convocada para o mesmo local, sendo apenas exigido prévio aviso à autoridade competente".

Alternativa "d": é vedada a associação de caráter paramilitar, conforme art. 5º, inciso XVII, da CF: "Art. 5º. XVII – é plena a liberdade de associação para fins lícitos, vedada a de caráter paramilitar".

Alternativa "e": a assertiva está de acordo com o art. 5º, inciso IV, da CF: "Art. 5º. IV – é livre a expressão da atividade intelectual, artística, científica e de comunicação, independentemente de censura ou licença".

Alternativa correta: letra "e".

---

28. (Cespe – Técnico Judiciário – Área Administrativa – TRE – TO/2017) A respeito dos direitos e das garantias fundamentais, julgue os itens a seguir, de acordo com a CF.

I. O direito à liberdade de reunião é garantido pela CF, desde que exercido de forma pacífica, sem armas, em locais abertos ao público e mediante prévia autorização do poder público.

II. As atividades das associações podem ser suspensas por decisão judicial, mesmo que ainda não tenha ocorrido o trânsito em julgado.

III. A pequena propriedade rural, desde que trabalhada pela família, usufrui de impenhorabilidade no que se refere ao pagamento dos débitos decorrentes de sua atividade produtiva.

IV. O brasileiro naturalizado não poderá ser extraditado, ainda que tenha cometido crime comum antes de ter adquirido a nacionalidade brasileira.

Estão certos apenas os itens

a) I e II.

b) I e III.

c) II e III.

d) II e IV.

e) III e IV.

COMENTÁRIOS

Assertiva I: A assertiva não está de acordo com o art. 5º, inciso XVI, da CF, visto que não é necessária prévia autorização para a realização de reunião em local aberto ao público, apenas prévia comunicação à autoridade competente: "XVI – todos podem reunir-se pacificamente, sem armas, em locais abertos ao público, independentemente de autorização, desde que não frustrem outra reunião anteriormente convocada para o mesmo local, sendo apenas exigido prévio aviso à autoridade competente".

Assertiva II: As associações só podem ser compulsoriamente dissolvidas ou ter suas atividades suspensas por decisão judicial, **exigindo-se, apenas no primeiro caso (dissolução compulsória) o trânsito em julgado, conforme art. 5º, inciso XIX, da CF**.

Assertiva III: A impenhorabilidade da pequena propriedade rural abrange, tão somente, os débitos decorrentes de sua atividade produtiva (CF, art. 5º, XXVI). Nesse sentido: "A pequena propriedade rural é impenhorável (art. 5º, XXVI, da CF/88 e art. 833, VIII, do CPC), mesmo que a dívida executada não seja oriunda da atividade produtiva do imóvel" (STJ, REsp 1591298/RJ, rel. Min. Marco Aurélio Bellizze, julgado em 14/11/2017); "A pequena propriedade rural é impenhorável, nos termos do art. 5º, XXVI, da CF/88 e do art. 833, VIII, do CPC, mesmo que o imóvel não sirva de moradia ao executado e à sua família" (STJ, REsp 1591298/RJ, rel. Min. Marco Aurélio Bellizze, julgado em 14/11/2017).

Assertiva IV: Os brasileiros naturalizados podem ser extraditados (i) por crime comum cometido antes da naturalização ou (ii) por envolvimento comprovado em tráfico ilícito de entorpecentes e drogas afins, antes ou depois da naturalização (CF, art. 5º, LI). Portanto, no contexto hipotético da proposição comentada, a extradição do estrangeiro naturalizado somente é possível se o crime de reduzir alguém à condição análoga a de escravo (CP, art. 149) ocorrer antes da naturalização, isto é, dependente de circunstância temporal.

Alternativa correta: letra "c".

---

29. (FCC – Analista Judiciário – Área Administrativa – TRE – SP/2017) À luz da Constituição da República, brasileiro naturalizado que, comprovadamente, esteja envolvido em tráfico ilícito de entorpecentes, na forma da lei,

a) não poderá ser extraditado, pois é expressamente vedada a extradição de brasileiro.

b) somente poderá ser extraditado se ficar caracterizado crime político ou de opinião, casos em que a Constituição veda expressamente a extradição apenas de estrangeiro.

c) somente poderá ser extraditado se, antes, for cancelada a naturalização, por ato da autoridade administrativa competente, em virtude de atividade nociva ao interesse nacional.

d) poderá ser extraditado, desde que haja condenação pelo cometimento de crime comum praticado anteriormente à naturalização.

e) poderá ser extraditado, ainda que o envolvimento com o tráfico ilícito de entorpecentes seja posterior à naturalização.

COMENTÁRIOS

Alternativa "e": a extradição de brasileiros naturalizados só é possível caso tenha praticado crime comum **antes** da naturalização, ou se houver, comprovadamente, envolvimento com o narcotráfico, **mesmo depois da naturalização**. De acordo com o **art. 5º, inciso LI, da CF**: "Art. 5º. LI – nenhum brasileiro será extraditado, salvo o naturalizado, em caso de crime comum, praticado antes da naturalização, ou de comprovado envolvimento em tráfico ilícito de entorpecentes e drogas afins, na forma da lei".

Alternativa correta: letra "e".

---

30. (FCC – Analista Judiciário – Área Administrativa – TRE – SP/2017) A constituição de associação que pretenda, independentemente de autorização governamental, dedicar-se ao estudo da forma de governo monárquica, com vistas a defender sua implantação no Brasil, percebendo, para tanto, auxílio técnico e financeiro de associações estrangeiras simpáticas à causa, será

a) compatível com a disciplina da liberdade de associação na Constituição da República.

b) incompatível com a Constituição da República, por possuir a associação fim ilícito.

c) incompatível com a Constituição da República, no que se refere à possibilidade de recebimento de auxílio financeiro de entidades estrangeiras.

d) incompatível com a Constituição da República, por possuir a associação caráter paramilitar.

e) compatível com a Constituição da República, desde que obtenha autorização governamental para sua constituição e funcionamento.

COMENTÁRIOS

Alternativa "a": a constituição da associação é compatível com o texto constitucional. A proibição contida no art. 5º, inciso XVII, da CF, se refere às associações com caráter paramilitar, e a criação de associações, nos moldes do art. 5º, inciso XVIII, independe de autorização. Não há qualquer óbice ao recebimento de recursos de entidade estrangeira, tendo em vista que tal proibição se aplica apenas aos partidos políticos, conforme art. 17, inciso II, da CF.

Alternativa correta: letra "a".

---

31. (Cespe – Analista Judiciário – Área Judiciária – TRE – PE/2017) Lei Complementar n.° 105/2001

Art. 6.° As autoridades e os agentes fiscais tributários da União, dos estados, do Distrito Federal e dos municípios somente poderão examinar documentos, livros e registros de instituições financeiras, inclusive os referentes a contas de depósitos e aplicações financeiras, quando houver processo administrativo instaurado ou procedimento fiscal em curso e tais exames forem considerados indispensáveis pela autoridade administrativa competente.

Conforme o entendimento do STF, o dispositivo anteriormente transcrito

a) fere o direito à privacidade e à intimidade.

b) é inconstitucional, pois o acesso a dados bancários pelo fisco depende de autorização judicial.

c) não ofende o direito ao sigilo bancário.

d) trata especificamente da quebra de sigilo bancário.

e) baseia-se no princípio da transparência dos tributos.

COMENTÁRIOS

Alternativa "c": a questão pressupõe o conhecimento de jurisprudência do STF trazida pelo Informativo 815: "O Plenário, em conclusão de julgamento e por maioria, reputou improcedentes os pedidos formulados em ações diretas de inconstitucionalidade ajuizadas em face de normas federais que possibilitam a utilização, por parte da fiscalização tributária, de dados bancários e fiscais acobertados por sigilo constitucional, sem a intermediação do Poder Judiciário (LC 104/2001, art. 1º; LC 105/2001, artigos 1º, § 3º e 4º, 3º, § 3º, 5º e 6º; Decreto 3.724/2001; Decreto 4.489/2002; e Decreto 4.545/2002) — v. Informativo 814. A Corte afirmou que, relativamente à alegação de inconstitucionalidade da expressão "do inquérito ou", contida no § 4º do art. 1º da LC 105/2001, a norma impugnada não cuidaria da transferência de informações bancárias ao Fisco, questão que estaria no cerne das ações diretas. Tratar-se-ia de norma referente à investigação criminal levada a efeito no inquérito policial, em cujo âmbito há muito se admitiria a quebra de sigilo bancário, quando presentes indícios de prática criminosa (AC 3.872 AgR/DF, DJe de 13.11.2015; HC 125.585 AgR/PE, DJe de 19.12.2014; Inq 897 AgR/DF, DJU de 24.3.1995). **No que tange à impugnação dos artigos 5º e 6º da LC 105/2001, ponto central das ações diretas de inconstitucionalidade, haveria que se consignar a inexistência, nos dispositivos combatidos, de violação a direito fundamental, notadamente de ofensa à intimidade. Não haveria "quebra de sigilo bancário", mas, ao contrário, a afirmação desse direito. Outrossim, seria clara a confluência entre os deveres do contribuinte - o dever fundamental de pagar tributos - e os deveres do Fisco - o dever de bem tributar e fiscalizar. Esses últimos com fundamento, inclusive, nos mais recentes compromissos internacionais assumidos pelo Brasil. Nesse sentido, para se falar em "quebra de sigilo bancário" pelos preceitos impugnados, necessário seria vislumbrar, em seus comandos, autorização para a exposição das informações bancárias obtidas pelo Fisco.** A previsão de circulação dos dados bancários, todavia, inexistiria nos dispositivos questionados, que consagrariam, de modo expresso, a permanência no sigilo das informações obtidas com base em seus comandos. O que ocorreria não seria propriamente a quebra de sigilo, mas a "transferência de sigilo" dos bancos ao Fisco. Nessa transmutação, inexistiria qualquer distinção entre uma e outra espécie de sigilo que pudesse apontar para uma menor seriedade do sigilo fiscal em face do bancário. Ao contrário, os segredos impostos às instituições financeiras — muitas das quais de natureza privada — se manteria, com ainda mais razão, com relação aos órgãos fiscais integrantes da Administração Pública, submetidos à mais estrita legalidade." ADI 2390/DF, rel. Min. Dias Toffoli, 24.2.2016, ADI 2386/DF, rel. Min. Dias Toffoli, ADI 2859/DF, rel. Min. Dias Toffoli, 24.2.2016.

Alternativa correta: letra "c"

32. (IESES - Analista Judiciário - Área Judiciária. - TRE - MA/2015) Acerca da disciplina constitucional da propriedade, pode- se afirmar:

a) A proteção ao direito de herança determina que a sucessão de bens de estrangeiros situados no Brasil seja regulada pela lei nacional.

b) A proteção constitucional à propriedade é absoluta e não depende da forma de uso ou finalidade que seja dada pelo seu titular.

c) A propriedade industrial assegura a concessão de privilégio temporário aos inventores, tendo em vista o interesse social e o desenvolvimento tecnológico e econômico do país.

d) A pequena propriedade rural poderá ser objeto de penhora, desde que seja para pagamento de débitos decorrentes de sua atividade produtiva.

COMENTÁRIOS

Alternativa "a": a sucessão de bens de estrangeiros situados no País será regulada pela lei brasileira em benefício do cônjuge ou dos filhos brasileiros, sempre que não lhes seja mais favorável a lei pessoal do "de cujus". Em outras palavras: aplica-se a lei brasileira, salvo se a do falecido for mais favorável.

Alternativa "b": a proteção constitucional à propriedade **não é absoluta**, pois depende da forma de uso ou da finalidade que seja dada pelo seu titular. A Constituição Federal prevê várias hipóteses de relativização do direito de propriedade. Exemplo disso é a desapropriação do imóvel rural que não esteja cumprindo sua função social. Nestes termos, estabelece o art. 184 da CF, que compete à União **desapropriar** por interesse social, para fins de reforma agrária, **o imóvel rural que não esteja cumprindo sua função social**, mediante prévia e justa indenização em títulos da dívida agrária, com cláusula de preservação do valor real, resgatáveis no prazo de até vinte anos, a partir do segundo ano de sua emissão, e cuja utilização será definida em lei. Por seu turno, vale destacar o § 4º do art. 182 da CF, que dispõe que é facultado ao Poder Público municipal, mediante lei específica para área incluída no plano diretor, exigir, nos termos da lei federal, do proprietário do solo urbano não edificado, subutilizado ou não utilizado, que promova seu adequado aproveitamento, sob pena, sucessivamente, de: I - parcelamento ou edificação compulsórios; II - imposto sobre a propriedade predial e territorial urbana progressivo no tempo; III - desapropriação com pagamento mediante títulos da dívida pública de emissão previamente aprovada pelo Senado Federal, com prazo de resgate de até dez anos, em parcelas anuais, iguais e sucessivas, assegurados o valor real da indenização e os juros legais.

Alternativa "c": nos termos do art. 5º, XXIX, CF, que dispõe que a lei assegurará aos autores de inventos industriais privilégio temporário para sua utilização, bem como proteção às criações industriais, à propriedade das marcas, aos nomes de empresas e a outros signos distintivos, tendo em vista o interesse social e o desenvolvimento tecnológico e econômico do País.

Alternativa "d": conforme art. 5º, XXVI, da CF, a pequena propriedade rural, assim definida em lei, desde que trabalhada pela família, **não será objeto de penhora para pagamento de débitos decorrentes de sua atividade produtiva**, dispondo a lei sobre os meios de financiar o seu desenvolvimento.

Alternativa correta: letra "c".

---

33. (FCC – Analista Judiciário – Área Judiciária – TRE-PR/2012) Considere os seguintes dispositivos da Lei Federal no 12.016, de 7 de agosto de 2009, que disciplina o mandado de segurança individual e coletivo:

> Art. 21. O mandado de segurança coletivo pode ser impetrado por partido político com representação no Congresso Nacional, na defesa de seus interesses legítimos relativos a seus integrantes ou à finalidade partidária, ou por organização sindical, entidade de classe ou associação legalmente constituída e em funcionamento há, pelo menos, 1 (um) ano, em defesa de direitos líquidos e certos da totalidade, ou de parte, dos seus membros ou associados, na forma dos seus estatutos e desde que pertinentes às suas finalidades, dispensada, para tanto, autorização especial.
>
> Art. 23. O direito de requerer mandado de segurança extinguir-se-á decorridos 120 (cento e vinte) dias, contados da ciência, pelo interessado, do ato impugnado.

Considerada a disciplina constitucional da matéria, tem-se que o disposto no artigo

a) 21 é incompatível com a Constituição da República, ao exigir que o mandado de segurança coletivo tenha por objeto a defesa de direito líquido e certo, o que somente se aplica ao mandado de segurança individual.

b) 21 é incompatível com a Constituição da República, pois promove uma restrição no rol de legitimados para a propositura do mandado de segurança coletivo, ao exigir das associações tempo mínimo de constituição e funcionamento, além de pertinência temática.

c) 23 é incompatível com a Constituição da República, na medida em que impede a impetração de mandado de segurança em caráter preventivo, assim como é inconstitucional a exigência do artigo 21 de o partido político ter representação no Congresso Nacional para estar legitimado à propositura de mandado de segurança coletivo.

d) 23 é incompatível com a garantia constitucional do mandado de segurança, que não pode se sujeitar a prazo decadencial.

e) 21 é compatível com a Constituição da República, no que se refere à exigência de tempo mínimo de constituição e funcionamento de associações para a propositura de mandado de segurança coletivo, assim como é constitucional a fixação de prazo de decadência para impetração de mandado de segurança, pelo artigo 23.

COMENTÁRIOS

✪ **Nota do autor:** a leitura, o estudo e a memorização do art. 5º da CF são imprescindíveis para as provas dos TRFs e TREs.

Alternativa "e" (responde todas as alternativas): o disposto no art. 21 é compatível com a Constituição da República, no que se refere à exigência de tempo mínimo de constituição e funcionamento de associações para a propositura de mandado de segurança coletivo (um ano, nos termos do art. 5º, LXX, da CF), assim como é constitucional a fixação de prazo de decadência para impetração de mandado de segurança, pelo artigo 23, pois não há vedação no Texto Constitucional.

Alternativa correta: letra "e".

---

34. (FCC – Analista Judiciário – Área Judiciária – TRE-SP/2012) Suponha que, num processo judicial, após a constatação do desaparecimento injustificado de bem que estava sob a guarda de depositário judicial, o magistrado decretou a prisão civil do depositário.

Considerando a jurisprudência do Supremo Tribunal Federal sobre a matéria, a prisão civil foi decretada

a) regularmente, uma vez que a essa pena está sujeito apenas o depositário judicial, e não o contratual.

b) regularmente, uma vez que a essa pena está sujeito o depositário infiel, qualquer que seja a modalidade do depósito.

c) irregularmente, uma vez que a pena somente pode ser aplicada ao depositário infiel que assuma contratualmente o ônus da guarda do bem.

d) irregularmente, uma vez que é ilícita a prisão civil de depositário infiel, qualquer que seja a modalidade do depósito.

e) irregularmente, uma vez que é inconstitucional a prisão civil por dívida, qualquer que seja seu fundamento.

COMENTÁRIOS

Alternativa "d" (responde todas as alternativas): a prisão civil foi decretada irregularmente, uma vez que é ilícita a prisão civil de depositário infiel, qualquer que seja a modalidade do depósito, consoante determinação da Súmula Vinculante 25. Vale ressaltar que continua sendo possível a prisão civil por dívida para o responsável pelo inadimplemento voluntário e inescusável de obrigação alimentícia.

Alternativa correta: letra "d".

---

35. (Analista Judiciário – Área Judiciária TRE/AP 2011 – FCC) Está legitimada a impetrar mandado de segurança coletivo em defesa dos interesses de seus associados, a associação legalmente constituída e em funcionamento há pelo menos

a) dez meses.

b) seis meses.

c) um ano.

d) quatro meses.

e) nove meses.

COMENTÁRIOS

Alternativa "c" (responde todas as alternativas): nos termos do art. 5º, LXX, "b", da CF, está legitimada a impetrar mandado de segurança coletivo em defesa dos interesses de seus associados, a associação legalmente constituída e em funcionamento há pelo menos um ano

Alternativa correta: letra "c"..

---

36. (Analista Judiciário – Área Judiciária TRE/AP 2011 – FCC) Bernardino foi preso, porém os policiais que o prenderam estavam encapuzados sendo impossível identificá-los. Segundo a Constituição Federal, Bernardino

a) não tem direito à identificação dos responsáveis por sua prisão, porque no caso prevalece a segurança dos policiais.

b) tem direito à identificação dos responsáveis por sua prisão.

c) tem direito à identificação dos responsáveis por sua prisão apenas no ato do seu interrogatório em juízo e desde que a tenha requisitado à autoridade judiciária, sob pena de preclusão, medida essa preventiva à segurança dos policiais e para evitar a prescrição penal.

d) não tem direito à identificação dos responsáveis por sua prisão porque a Constituição Federal confere aos policiais o direito de sigilo independentemente do motivo.

e) tem direito à identificação dos responsáveis por sua prisão, desde que no seu depoimento pessoal prestado à autoridade policial, a tenha requisitado, sob pena de preclusão, porque é irreleva0nte saber quem o prendeu com o fim de evitar a ocorrência da prescrição penal.

COMENTÁRIOS

Alternativa "b" (responde todas as alternativas): de acordo com o art. 5º, LXIV, da CF, o preso (no caso, Bernardino) tem direito à identificação dos responsáveis por sua prisão ou por seu interrogatório policial.

Alternativa correta: letra "b".

---

37. (Analista Judiciário – Área Judiciária TRE/AP 2011 – FCC) Pitágoras foi condenado a reparar os danos morais que causou à Libero por racismo. Porém, Pitágoras faleceu sem pagar a dívida, o que motivou Libero a pleitear de Tibério, filho do falecido, o pagamento. No tocante aos Direitos e Deveres Individuais e Coletivos previstos na Constituição Federal, tal cobrança em face de Tibério é

a) possível, desde que Pitágoras tenha deixado bens, ressalvando que a obrigação de reparar o dano e a decretação do perdimento de bens ser, nos termos da lei, estendidas aos sucessores e contra eles executadas, até o limite do valor do patrimônio transferido.

b) impossível, porque a obrigação de reparar o dano e a decretação do perdimento de bens jamais serão estendidas aos sucessores e contra eles executadas, mesmo se o falecido deixou bens.

c) impossível, porque a Constituição Federal veda expressamente.

d) possível, porque por força da Constituição Federal, mesmo não tendo praticado o racismo, é responsável solidário da obrigação de reparar o dano pelo simples fato de ser filho do condenado, sendo irrelevante se Pitágoras faleceu ou não e se deixou ou não bens.

e) impossível, porque a sentença de mérito que condenou Pitágoras à reparar os danos morais não condenou seu sucessor, Tibério, como responsável subsidiário da obrigação, mesmo havendo bens deixados pelo falecido à titulo de herança.

COMENTÁRIOS

✪ **Nota do autor:** mais uma vez o examinador cobra o art. 5º, da CF.

Alternativa "a" (responde todas as alternativas): a cobrança em face de Tibério é possível, desde que Pitágoras tenha deixado bens, ressalvando que a obrigação de reparar o dano e a decretação do perdimento de bens ser, nos termos da lei, estendidas aos sucessores e contra eles executadas, até o limite do valor do patrimônio transferido. Assim dispõe o art. 5º, XLV, da CF: "nenhuma pena passará da pessoa do condenado, podendo a obrigação de reparar o dano e a decretação do perdimento de bens ser, nos termos da lei, estendidas aos sucessores e contra eles executadas, até o limite do valor do patrimônio transferido". Trata-se do **Princípio da pessoalidade da pena.**

Alternativa correta: letra "a".

---

38. (Analista Judiciário – Área Judiciária TRE/TO 2011 – FCC) Segundo a Constituição Federal, os tratados e convenções internacionais sobre direitos humanos que forem aprovados, em cada Casa do Congresso Nacional, em dois turnos, por

a) um terço dos votos dos respectivos membros, serão equivalentes às emendas constitucionais.

b) dois terços dos votos dos respectivos membros, serão equivalentes às leis complementares.

c) um quarto dos votos dos respectivos membros, serão equivalentes às leis ordinárias.

d) três quintos dos votos dos respectivos membros, serão equivalentes às emendas constitucionais.

e) metades dos votos dos respectivos membros, serão equivalentes às leis complementares.

COMENTÁRIOS

✪ **Nota do autor:** o candidato deve estar atento ao conteúdo das Emendas Constitucionais, sempre lembradas pelas bancas examinadoras.

Alternativa "d" (responde todas as alternativas): os tratados e convenções internacionais sobre direitos humanos que forem aprovados, em cada Casa do Congresso Nacional, em dois turnos, por três quintos dos votos dos respectivos membros, serão equivalentes às emendas constitucionais, consoante art. 5º, § 3º, da CF.

Alternativa correta: letra "d".

---

39. (Analista Judiciário – Área Judiciária TRE/ES 2011 – CESPE) Julgue os itens que se seguem, relativos aos direitos e às garantias fundamentais.

Uma associação já constituída somente poderá ser compulsoriamente dissolvida mediante decisão judicial transitada em julgado, na hipótese de ter finalidade ilícita.

Para o Supremo Tribunal Federal (STF), habeas corpus não é medida idônea para impugnar decisão judicial que autoriza a quebra de sigilo bancário e fiscal em procedimento criminal, visto que não decorre constrangimento à liberdade da pessoa investigada.

COMENTÁRIOS

Certo. Uma associação já constituída somente poderá ser compulsoriamente dissolvida mediante decisão judicial transitada em julgado, na hipótese de ter finalidade ilícita, conforme exegese do art. 5º, XVII e XIX, da CF.

Errado. Para o Supremo Tribunal Federal (STF), habeas corpus **é medida idônea** para impugnar decisão judicial que autoriza a quebra de sigilo bancário e fiscal em procedimento criminal, **haja vista a possibilidade destes resultarem em constrangimento à liberdade do investigado**. "Com base nesse entendimento, a Turma, resolvendo questão de ordem, deu provimento a agravo de instrumento interposto pelo Ministério Público Federal para, convertendo-o em recurso extraordinário, negar-lhe provimento. Alegava-se, na espécie, ofensa ao art. 5º, LXVIII, da CF, ao fundamento de que a decisão que determinara a quebra de sigilos não ameaçaria o imediato direito de locomoção do paciente, consoante exigido constitucionalmente. Entendeu-se, no entanto, que o acórdão recorrido não divergira da jurisprudência do STF". (AI 573623 QO/RJ, julgado em 2006 e relatado pelo Ministro Gilmar Mendes).

Alternativa correta: "certo".

---

40. (Analista Judiciário – Área Judiciária TRE/BA/2010 – CESPE) Com relação aos direitos e às garantias fundamentais e aos direitos políticos, julgue os itens seguintes.

Os sigilos bancário e fiscal são consagrados como direitos individuais constitucionalmente protegidos que podem ser excepcionados por ordem judicial fundamentada. Nesse sentido, é válida a quebra de sigilo bancário de membros do Congresso Nacional quando decretada por um TRE em investigação criminal destinada à apuração de crime eleitoral.

A suspensão dos direitos políticos, na hipótese de condenação criminal transitada em julgado, cessa com o cumprimento ou a extinção da pena, independentemente de reabilitação ou de prova de reparação dos danos.

COMENTÁRIOS

Os sigilos bancário e fiscal **não são expressamente** consagrados como direitos individuais constitucionalmente protegidos que podem ser excepcionados por ordem judicial fundamentada. De toda forma, é **inválida** a quebra de sigilo bancário de membros do Congresso Nacional quando decretada por um TRE em investigação criminal destinada à apuração de crime eleitoral, consoante argumentação do STF na Rcl 13286, julgada em 2012 e relatada pelo Ministro Celso de Mello: "**O Supremo Tribunal Federal**, sendo o juiz natural dos membros do Congresso Nacional nos processos penais condenatórios, **é o único órgão judiciário competente para ordenar, no que se refere à apuração de supostos crimes eleitorais atribuídos a parlamentares federais, toda e qualquer providência necessária à obtenção de dados probatórios essenciais à demonstração da alegada prática delituosa, inclusive a decretação da quebra do sigilo bancário dos congressistas.** A jurisprudência do Supremo Tribunal Federal firmou-se no sentido de definir a locução constitucional 'crimes comuns' como expressão abrangente de todas as modalidades de infrações penais, estendendo-se aos delitos eleitorais e alcançando, até mesmo, as próprias contravenções penais".

De acordo com a **Súmula 9, do TSE**, "A suspensão dos direitos políticos, decorrente da condenação criminal transitada em julgado, cessa com o cumprimento ou a extinção da pena, independendo de reabilitação ou de prova de reparação dos danos".

Alternativa correta: "errado".

---

41. (Analista Judiciário – Área Judiciária TRE/RS 2010 – FCC) Em matéria de direitos e garantias fundamentais assinale a alternativa correta.

a) O mandato eletivo poderá ser impugnado ante a Justiça Eleitoral no prazo de dez dias, contados da posse, instruída a ação com as provas apontadas pelo autor.

b) São brasileiros naturalizados os que, na forma da lei, adquiram a nacionalidade brasileira, exigidas aos originários de países de língua portuguesa a residência por dois anos, idoneidade e emprego fixo.

c) A sucessão de bens estrangeiros situados no País será regulada pela lei brasileira em benefício do cônjuge ou dos filhos brasileiros, sempre que não lhes seja mais favorável a lei pessoal do *de cujus*.

d) Os partidos políticos adquirem a personalidade jurídica, na forma da lei eleitoral, devendo efetivar o registro dos respectivos estatutos junto ao Tribunal Regional Eleitoral competente.

e) Nas empresas com mais de cento e cinquenta empregados é assegurada a eleição de dois representantes com a finalidade de promover-lhes o entendimento direto com os empregadores.

COMENTÁRIOS

✪ **Nota do autor:** o *caput* e os incisos do art. 5º, da CF, são de cobrança certa. Vale a pena estudá-los com afinco.

Alternativa "a": o mandato eletivo poderá ser impugnado ante a Justiça Eleitoral no prazo de **quinze** (não dez) dias, contados da **diplomação** (não da posse), instruída a ação com as provas **de abuso do poder econômico, corrupção ou fraude** (e não das apontadas pelo autor), consoante art. 14, § 10, da CF.

Alternativa "b": são brasileiros naturalizados os que, na forma da lei, adquiram a nacionalidade brasileira, exigidas aos originários de países de língua portuguesa **apenas** residência por **um ano ininterrupto** (não por dois), nos termos do art. 12, II, "a", da CF.

Alternativa "c": a sucessão de bens estrangeiros situados no País será regulada pela lei brasileira em benefício do cônjuge ou dos filhos brasileiros, sempre que não lhes seja mais favorável a lei pessoal do *de cujus*, nos exatos termos do art. 5º, XXXI, da CF.

Alternativa "d": os partidos políticos adquirem a personalidade jurídica, na forma da lei **civil** (não eleitoral), devendo efetivar o registro dos respectivos estatutos junto ao **Tribunal Superior Eleitoral** (e não Regional Eleitoral Competente), consoante art. 17, § 2º, da CF.

Alternativa "e": nas empresas com mais de **duzentos** (não cento e cinquenta) empregados é assegurada a eleição de **um representante** (não dois representantes) **destes** com a finalidade **exclusiva** de promover-lhes o entendimento direto com os empregadores (art. 11, da CF).

Alternativa correta: letra "c".

---

42. (Analista Judiciário – Área Judiciária TRE/MT 2010 – CESPE) Quanto aos direitos e garantias individuais, assinale a opção correta.

a) O direito à duração razoável do processo, tanto no âmbito judicial quanto no âmbito administrativo, é um direito fundamental previsto expressamente na CF.

b) A CF garante a todos o direito de reunir-se pacificamente, sem armas, em locais abertos ao público, independentemente de autorização ou prévio aviso à autoridade competente.

c) Segundo a CF, cabe mandado de injunção para assegurar o conhecimento de informações relativas à pessoa do impetrante, constantes de registros ou bancos de dados de entidades governamentais ou de caráter público.

d) Os direitos e garantias fundamentais estão previstos de forma taxativa na CF.

e) A CF permite que seja constituído tribunal penal especial para o julgamento de crimes hediondos que causem grande repercussão na localidade em que foram cometidos.

COMENTÁRIOS

Alternativa "a": o direito à duração razoável do processo, tanto no âmbito judicial quanto no âmbito administrativo, é um direito fundamental previsto expressamente na CF, consoante art. 5º, LXXVIII, incluído pela EC 45/04.

Alternativa "b": a CF garante a todos o direito de reunir-se pacificamente, sem armas, em locais abertos ao público, independentemente de autorização, **exigindo-se prévio aviso à autoridade competente** (art. 5º, XVI, da CF).

Alternativa "c": segundo a CF, cabe **habeas data** (e não mandado de injunção) para assegurar o conhecimento de informações relativas à pessoa do impetrante, constantes de registros ou bancos de dados de entidades governamentais ou de caráter público (art. 5º, LXXII, "a", da CF).

Alternativa "d": os direitos e garantias fundamentais **não** estão previstos de forma taxativa na CF. Isso porque, nos termos do art. 5º, § 2º, da CF, "Os direitos e garantias expressos nesta Constituição **não excluem outros decorrentes do regime e dos princípios por ela adotados, ou dos tratados internacionais em que a República Federativa do Brasil seja parte**".

Alternativa "e": a CF **não** permite que seja constituído tribunal penal especial para o julgamento de crimes hediondos que causem grande repercussão na localidade em que foram cometidos. O art. 5º, XXXVII, da CF, é bem claro: "não haverá juízo ou tribunal de exceção". Ademais, nos termos do art. 5º, LIII, da CF, "ninguém será processado nem sentenciado senão pela autoridade competente".

Alternativa correta: letra "a".

---

43. (Analista Judiciário – Área Judiciária TRE/AC 2010 – FCC) No que se refere aos direitos e deveres individuais e coletivos, é correto que

a) a lei assegurará aos autores de inventos industriais privilégio permanente para sua utilização.

b) aos autores pertence o direito exclusivo de reprodução de suas obras, transmissível aos herdeiros pelo tempo que a lei fixar.

c) é livre o exercício de qualquer trabalho ou profissão, independentemente das qualificações legais.

d) as reuniões pacíficas, sem armas, em locais abertos ao público sempre dependem de autorização do órgão competente.

e) a lei não poderá, em qualquer hipótese, restringir a publicidade de atos processuais por ser prerrogativa das partes.

COMENTÁRIOS

Alternativa "a": a lei assegurará aos autores de inventos industriais privilégio **temporário** (não permanente) para sua utilização (art. 5º, XXIX, da CF).

Alternativa "b": aos autores pertence o direito exclusivo de reprodução de suas obras, transmissível aos herdeiros pelo tempo que a lei fixar, consoante art. 5º, XXVII, da CF.

Alternativa "c": é livre o exercício de qualquer trabalho ou profissão, **atendidas as** (e não independentemente das) qualificações **profissionais que a lei estabelecer** (art. 5º, XIII, da CF).

Alternativa "d": as reuniões pacíficas, sem armas, em locais abertos ao público **não dependem** de autorização do órgão competente, mas exigem **prévio aviso** (art. 5º, XVI, da CF).

Alternativa "e": a lei **só poderá** restringir a publicidade dos atos processuais **quando a defesa da intimidade ou o interesse social o exigirem** (art. 5º, LX, da CF).

Alternativa correta: letra "b".

3.2. AÇÕES OU REMÉDIOS CONSTITUCIONAIS

▸ CF, art. 5º.

---

44. (IBFC – Analista Judiciário – Área Judiciária – TRE – PA/2020) Segundo a doutrina, a ausência de normas regulamentadoras necessárias ao exercício dos direitos constitucionais gera um fenômeno nocivo chamado de "síndrome da inefetividade das normas constitucionais", em razão de omissão que ofende à própria Constituição. Nesse sentido, analise as afirmativas abaixo e dê valores Verdadeiro (V) ou Falso (F):

( ) Reconhecido o estado de mora legislativa, será dispensada a determinação de prazo razoável para que o impetrado promova a edição da norma regulamentadora, quando houver indícios de que o impetrado deixou de atender, em mandado de injunção anterior, ao prazo estabelecido para a edição da norma.

( ) A decisão que defere a injunção terá eficácia subjetiva ultra partes e erga omnes, obrigatoriamente, e produzirá efeitos até o advento da norma regulamentadora. A norma regulamentadora superveniente produzirá efeitos ex tunc em relação aos beneficiados por decisão transitada em julgado, salvo se a aplicação da norma editada lhes for mais favorável.

( ) Caberá Ação Direta de constitucionalidade por Omissão (ADO) quando houver omissão inconstitucional total ou parcial quanto ao cumprimento de dever constitucional de legislar ou quanto à adoção de providência de índole administrativa. Proposta a ação direta de inconstitucionalidade por omissão, não se admitirá desistência.

( ) Em caso de excepcional urgência e relevância da matéria, o Supremo Tribunal Federal, por decisão da maioria absoluta de seus membros, observada a presença de pelo menos oito ministros na sessão, poderá conceder medida cautelar, após a audiência dos órgãos ou autoridades responsáveis pela omissão inconstitucional, que deverão pronunciar-se no prazo de 5 (cinco) dias.

Assinale a alternativa que apresenta a sequência correta de cima para baixo.

a) V, V, V, F
b) F, V, F, V
c) F, F, V, V
d) V, F, V, F

COMENTÁRIOS

Alternativa correta: "c".

Item "I". Falso. O art. 8º da Lei 13.300/2016 estabelece que, reconhecido o estado de mora legislativa, será deferida a injunção para: "I- determinar prazo razoável para que o impetrado promova a edição da norma regulamentadora;". Determina o parágrafo único do mesmo artigo que: "Será dispensada a determinação a que se refere o inciso I do caput quando **comprovado** que o impetrado deixou de atender, em mandado de injunção anterior, ao prazo estabelecido para a edição da norma." Assim, não basta haver indícios, devendo estar comprovado.

Item "II". Falso. O art. 9º estabelece que: "A decisão terá eficácia subjetiva **limitada às partes** e produzirá efeitos até o advento da norma regulamentadora.". Determina, ainda, o art. 11: "A norma regulamentadora superveniente produzirá efeitos **ex nunc** em relação aos beneficiados por decisão transitada em julgado, salvo se a aplicação da norma editada lhes for mais favorável."

Item "III". Verdadeiro. Nos termos do art. 12-B da Lei 9.868/99, a petição inicial da Ação Direta de Inconstitucionalidade por Omissão indicará "a omissão inconstitucional total ou parcial quanto ao cumprimento de dever constitucional de legislar ou quanto à adoção de providência de índole administrativa;". Determina ainda o art. 12-D que proposta a ADO, não se admitirá desistência.

Item "IV". Verdadeiro. Trata-se de previsão encontrada no art. 12-F da Lei 9.868/99.

---

45. (IBFC – Analista Judiciário – Área Judiciária – TRE – PA/2020) Sobre os remédios constitucionais assegurados pelo ordenamento jurídico como direitos individuais e coletivos, assinale a alternativa correta.

a) Das decisões em mandado de segurança proferidas em única instância pelos tribunais cabe recurso especial e extraordinário, nos casos legalmente previstos, e recurso ordinário, quando a ordem for concedida
b) Conceder-se-á habeas data para a anotação nos assentamentos do interessado, de contestação ou explicação sobre dado verdadeiro, mas justificável e que esteja sob pendência judicial ou amigável
c) São legitimados para o mandado de injunção, como impetrantes, apenas as pessoas naturais que se afirmam titulares dos direitos, das liberdades ou das prerrogativas cujo exercício se tornou inviável por falta total ou parcial de norma regulamentadora, e, como impetrado, o Poder, o órgão ou a autoridade com atribuição para editar a norma regulamentadora
d) O mandado de segurança coletivo não induz litispendência para as ações individuais, mas os efeitos da coisa julgada não beneficiarão o impetrante a título individual se não requerer a suspensão de seu mandado de segurança no prazo de 30 (trinta) dias a contar da ciência comprovada da impetração da segurança coletiva

COMENTÁRIOS

Alternativa "a": Estabelece o art. 18 da Lei 12.016/2009: "Das decisões em mandado de segurança proferidas em única instância pelos tribunais cabe recurso especial e extraordinário, nos casos legalmente previstos, e recurso ordinário, quando a ordem for **denegada**."

Alternativa "b": Nos termos do art. 7º, III da Lei 9.507/1997, conceder-se-á habeas data: "para a anotação nos assentamentos do interessado, de contestação ou explicação sobre dado verdadeiro mas justificável e que esteja sob pendência judicial ou amigável.".

Alternativa "c": Na verdade, estabelece o art. 3º da Lei 13.300/2016 que: "São legitimados para o mandado de injunção, como impetrantes, **as pessoas naturais ou jurídicas** que se afirmam titulares dos direitos, das liberdades ou das prerrogativas referidos no art. 2º e, como impetrado, o Poder, o órgão ou a autoridade com atribuição para editar a norma regulamentadora.".

Alternativa "d": Segundo dispõe o art. 22, §1º da Lei 12.016/2009: "O mandado de segurança coletivo não induz litispendência para as ações individuais, mas os efeitos da coisa julgada não beneficiarão o impetrante a título individual **se não requerer a desistência de seu mandado de segurança** no prazo de 30 (trinta) dias a contar da ciência comprovada da impetração da segurança coletiva.".

Alternativa correta: letra "b".

---

46. (Cespe – Técnico Judiciário – Área Administrativa – TRE – TO/2017) Jonas, servidor público federal, respondeu a processo administrativo disciplinar e, ao final, foi absolvido das acusações. No entanto, por um equívoco, no seu assentamento funcional passou a constar a informação de que ele havia sido condenado. Ao saber do erro, Jonas solicitou a retificação dos dados, mas o seu pedido foi indeferido.

Nessa situação hipotética, a ação cabível, de acordo com a CF, é

a) a ação direta de inconstitucionalidade.

b) a ação popular.

c) o habeas corpus.

d) o mandado de injunção.

e) o habeas data.

COMENTÁRIOS

Alternativa "e": de acordo com o **art. 5º, inciso LXXII, da CF**: "LXXII - conceder-se-á habeas data: a) para assegurar o conhecimento de informações relativas à pessoa do impetrante, constantes de registros ou bancos de dados de entidades governamentais ou de caráter público; b) para a retificação de dados, quando não se prefira fazê-lo por processo sigiloso, judicial ou administrativo", sendo, então, aplicável ao caso em questão.

Alternativa correta: letra "e".

---

47. (Cespe – Técnico Judiciário – Área Administrativa – TRE – BA/2017) O remédio constitucional que representa, no plano institucional, a mais expressiva reação jurídica do Estado às instituições que lesem, efetiva ou potencialmente, os direitos de conhecimento de informações relativas à pessoa interessada constantes de registros ou bancos de dados de entidades governamentais ou de caráter público, bem como de retificação de dados e complementação de registros existentes, é o(a)

a) habeas data.

b) mandado de segurança.

c) habeas corpus.

d) ação popular.

e) mandado de injunção.

COMENTÁRIOS

Alternativa "a": a assertiva está de acordo com o disposto no **art. 5º, inciso LXXII, da CF, que trata do habeas data**: "LXXII – conceder-se-á habeas data: a) para assegurar o conhecimento de informações relativas à pessoa do impetrante, constantes de registros ou bancos de dados de entidades governamentais ou de caráter público; b) para a retificação de dados, quando não se prefira fazê-lo por processo sigiloso, judicial ou administrativo", sendo, então, aplicável ao caso em questão.

Alternativa correta: letra "a".

---

48. (FCC – Analista Judiciário – Área Administrativa – TRE – SP/2017) Um partido político interessado em conhecer os termos de processo relativo ao julgamento de contas anuais de entidade federal que tramita perante o Tribunal de Contas da União, no curso do qual foi citado, formula requerimento para obter acesso aos autos, sendo o pleito indeferido pelo Presidente da Corte de Contas.

Nessa hipótese, pretendendo o interessado ver sua pretensão acolhida em juízo, possuirá o Supremo Tribunal Federal competência para

a) processar e julgar mandado de segurança impetrado contra o ato, originariamente.

b) processar e julgar habeas data impetrado contra o ato, originariamente.

c) julgar, mediante recurso extraordinário, decisão que contrarie dispositivo da Constituição da República, proferida em sede de ação mandamental impetrada contra o ato.

d) julgar, em recurso ordinário, decisão denegatória de mandado de segurança impetrado contra o ato.

e) julgar, em recurso ordinário, decisão denegatória de habeas data impetrado contra o ato.

COMENTÁRIOS

Alternativa "a": no caso em questão, deve-se utilizar o mandado de segurança coletivo, conforme disposições do art. 5º, inciso LXX, alínea "a", da CF, e art. 1º da Lei 12016/2009, segundo os quais: "Art. 5º. LXX – o mandado de segurança coletivo pode ser impetrado por: a) partido político com representação no Congresso Nacional" e "Art. 1º Conceder-se-á mandado de segurança para proteger direito líquido e certo, não amparado por habeas corpus ou habeas data, sempre que, ilegalmente ou com abuso de poder, qualquer pessoa física ou jurídica sofrer violação ou houver justo receio de sofrê-la por parte de autoridade, seja de que categoria for, e sejam quais forem as funções que exerça". A competência para julgar o referido mandado de segurança é originária do STF, nos moldes do art. 102, inciso I, alínea "d", da CF: "Art. 102. Compete ao Supremo Tribunal Federal, precipuamente, a guarda da Constituição, cabendo-lhe: I – processar e julgar, originariamente: d) o habeas corpus, sendo paciente qualquer das pessoas referidas nas alíneas anteriores; o mandado de segurança e o habeas data conta atos do Presidente da República, das Mesas da Câmara dos Deputados e do Senado Federal, do Tribunal de Contas da União, do Procurador-Geral da República e do próprio Supremo Tribunal Federal".

Alternativa correta: letra "a".

49. (Cespe – Analista Judiciário – Área Judiciária – TRE – PE/2017) O habeas corpus é cabível

a) para discutir excessivo valor exigido a título de alimentos em decisão que tenha decretado a prisão civil do devedor.

b) em favor de pessoa jurídica, pois tem como objetivo fazer cessar todo e qualquer constrangimento ilegal.

c) contra a aplicação de pena de multa em sentença penal condenatória, pois a pena pecuniária pode ser convertida em prisão.

d) para afastar pena acessória de perda de cargo público imposta em sentença penal condenatória.

e) em casos de flagrante ilegalidade da prisão civil por dívida de alimentos.

COMENTÁRIOS

Alternativa a": o habeas corpus **só possui cabimento quando houver risco a liberdade de locomoção da pessoa**. Nos termos do **art. 5º, LXVIII, da CF**, conceder-se-á habeas corpus sempre que alguém sofrer ou se achar ameaçado de sofrer violência ou coação em sua liberdade de locomoção, por ilegalidade ou abuso de poder. No caso em questão, houve ilegalidade da prisão civil, por isso é cabível o referido remédio.

Alternativa correta: letra "a".

50. (Consulplan – Técnico Judiciário – Área Administrativa – TRE – RJ/2017) "Maristeu é brasileiro e reside na cidade do Rio de Janeiro. Recentemente descobriu que uma fábrica de eletrônicos vem, reiteradamente, despejando dejetos e resíduos tóxicos em um córrego." Com o intuito de proteção do meio ambiente, Maristeu poderá propor uma ação popular, desde que

a) pague as custas processuais.

b) comprove a condição de cidadão.

c) denuncie o fato no Ministério Público.

d) o fato seja no bairro de sua residência.

COMENTÁRIOS

Alternativa correta: letra "b": para que proponha ação popular, Maristeu deve comprovar sua condição de cidadão, visto que esta é requisito para tanto, conforme art. 5º, inciso LXXIII, da CF: "Art. 5º. LXXIII – qualquer cidadão é parte legítima para propor ação popular que vise a anular ato lesivo ao patrimônio público ou de entidade de que o Estado participe, à moralidade administrativa, ao meio ambiente e ao patrimônio histórico e cultural, ficando o autor, salvo comprovada má-fé, isento de custas judiciais e do ônus da sucumbência".

Alternativa correta: letra "b".

51. (FCC – Analista Judiciário – Área Judiciária – TRE-RO/2013) Sobre mandado de injunção, considere as seguintes assertivas:

I. Mandado de injunção, quando a elaboração da norma regulamentadora for atribuição do Presidente da República.

II. Mandado de injunção, quando a elaboração da norma regulamentadora for atribuição do Congresso Nacional.

III. Mandado de injunção, quando a elaboração da norma regulamentadora for atribuição da Câmara dos Deputados.

IV. Mandado de injunção, quando a elaboração da norma regulamentadora for atribuição de órgão, entidade ou autoridade federal, da Justiça Eleitoral de primeiro grau.

De acordo com a Constituição Federal, compete ao Supremo Tribunal Federal processar e julgar, originariamente, os mandados indicados APENAS em

a) I e II.

b) I, II e III.

c) I e IV.

d) II e III.

e) II, III e IV.

COMENTÁRIOS

Alternativa correta: "b" (responde a todas as alternativas). De acordo com o art. 102, I, "q", da CF, compete ao STF processar e julgar, originariamente, o mandado de injunção, quando a elaboração da norma regulamentadora for atribuição do Presidente da República (assertiva "I"), do Congresso Nacional (assertiva "II"), da Câmara dos Deputados (assertiva "III"), do Senado Federal, das Mesas de uma dessas Casas Legislativas, do Tribunal de Contas da União, de um dos Tribunais Superiores, ou do próprio Supremo Tribunal Federal. Se a elaboração da norma regulamentadora for atribuição de órgão, entidade ou autoridade federal, a competência será do STJ (art. 105, I, "h", da CF), ressalvada a competência da Justiça Eleitoral.

Alternativa correta: "b".

3.3. DIREITOS SOCIAIS

▸ CF, artigos 6º a 11.

52. (FCC – Técnico Judiciário – Área Administrativa – TRE – SP/2017) Os direitos ao décimo terceiro salário com base na remuneração integral ou no valor da aposentadoria, à remuneração do serviço extraordinário superior, no mínimo, em cinquenta por cento à do normal e à redução dos riscos inerentes ao trabalho, por meio de normas de saúde, higiene e segurança, são todos assegurados, na Constituição Federal, aos

a) trabalhadores urbanos e rurais, mas não aos domésticos, nem aos servidores ocupantes de cargo público.
b) trabalhadores urbanos e rurais, bem como aos domésticos e aos servidores ocupantes de cargo público.
c) trabalhadores urbanos e rurais, bem como aos domésticos, mas não aos servidores ocupantes de cargo público.
d) trabalhadores domésticos, mas não aos urbanos e rurais, nem aos servidores ocupantes de cargo público.
e) servidores ocupantes de cargo público, mas não aos trabalhadores urbanos e rurais, nem aos domésticos.

COMENTÁRIOS

Alternativa "b": os direitos listados na questão correspondem aos incisos VIII, XVI e XXII do art. 7º da CF: "Art. 7º São direitos dos trabalhadores urbanos e rurais, além de outros que visem à melhoria de sua condição social: **VIII – décimo terceiro salário com base na remuneração integral ou no valor da aposentadoria; XVI – remuneração do serviço extraordinário superior, no mínimo, em cinquenta por cento à do normal; XXII – redução dos riscos inerentes ao trabalho, por meio de normas de saúde, higiene e segurança**". Tais direitos são estendidos aos trabalhadores domésticos por força do parágrafo único do art. 7º: "Parágrafo único. São assegurados à categoria dos trabalhadores domésticos os direitos previstos nos incisos IV, VI, VII, **VIII**, X, XIII, XV, **XVI**, XVII, XVIII, XIX, XXI, **XXII**, XXIV, XXX, XXXI e XXXIII e, atendidas as condições estabelecidas em lei e observada a simplificação do cumprimento das obrigações tributárias, principais e acessórias, decorrentes da relação de trabalho e suas peculiaridades, os previstos nos incisos I, II, III, IX, XII, XXV e XXVIII, bem como a sua integração à previdência social". Quanto aos servidores públicos, também se aplicam tais regras por força do art. 39, § 3º, da CF: "§ 3º Aplica-se aos servidores ocupantes de cargo público o disposto no art. 7º, IV, VII, VIII, IX, XII, XIII, XV, XVI, XVII, XVIII, XIX, XX, XXII e XXX, podendo a lei estabelecer requisitos diferenciados de admissão quando a natureza do cargo o exigir".

Alternativa correta: letra "b".

---

53. (Consulplan – Técnico Judiciário – Área Administrativa – TRE – RJ/2017) "Considere que Clécio, empregado de uma fábrica de automóveis, candidatou-se ao cargo de representante sindical de sua categoria profissional, vindo a ser eleito ao final do pleito." No que se refere às garantias sociais constitucionais, é correto afirmar que Clécio

a) pode ser dispensado até a divulgação oficial de sua eleição, adquirindo a estabilidade no emprego a partir daquela data, até um ano após o retorno ao trabalho.
b) pode gozar da estabilidade sindical, instituto que se assemelha com a estabilidade dos servidores públicos, já que se adquire após três anos de efetivo exercício do cargo ou emprego.
c) tem direito de não ser dispensado do emprego, desde o registro da candidatura até um ano após encerrado o mandato de representante sindical, a não ser que cometa falta grave.
d) tem direito à estabilidade sindical porque trabalha em fábrica de automóveis, já que o direito restringe-se ao trabalho urbano e não abrange, por exemplo, a atividade junto a um sindicato de colônia de pescadores.

COMENTÁRIOS

Alternativa "c": de acordo com o art. 8º, inciso VIII, da CF: "Art. 8º. É livre a associação profissional ou sindical, observado o seguinte: VIII – é vedada a dispensa do empregado sindicalizado, a partir do registro da candidatura a cargo de direção ou representação sindical, e, se eleito, ainda que suplente, até um ano após o final do mandato, salvo se cometer falta grave nos termos da lei".

Alternativa correta: letra "c".

---

54. (Cespe – Analista Judiciário – Área Judiciária – TRE-RJ/2012) Ainda a respeito dos direitos sociais, julgue os itens seguintes.

A CF garante ao trabalhador a irredutibilidade salarial, o que impede que o empregador diminua, por ato unilateral ou por acordo individual, o valor do salário do trabalhador. A redução salarial só será possível se estiver prevista em convenção ou acordo coletivo.

A garantia da dignidade da pessoa humana e do direito à vida depende da garantia do mínimo necessário à existência; por isso, a teoria da reserva do possível propõe que os direitos sociais sejam transformados em direitos subjetivos a prestações positivas.

Apenas brasileiros natos podem compor o Conselho da República, já que ele é formado pelo vice-presidente da República, pelo presidente da Câmara dos Deputados, pelo presidente do Senado Federal, pelos líderes da maioria e da minoria da Câmara dos Deputados e do Senado Federal, além do ministro de Estado da Justiça.

A deportação, pena aplicada a quem pratica algum delito em território brasileiro, consiste na retirada compulsória de estrangeiro residente ou domiciliado no país.

COMENTÁRIOS

A CF garante ao trabalhador a irredutibilidade salarial, o que impede que o empregador diminua, por ato unilateral ou por acordo individual, o valor do salário do trabalhador. A redução salarial só será possível se estiver prevista em convenção ou acordo coletivo, nos termos do art. 7º, VI, da CF.

Anulado pela banca. A garantia da dignidade da pessoa humana (art. 1º, III, da CF) e do direito à vida (art. 5º, *caput*, da CF) dependem da garantia do mínimo necessário à existência (direitos fundamentais mínimos) que propõe que os direitos sociais sejam transformados em direitos subjetivos a prestações positivas.

Não só os brasileiros natos podem compor o Conselho da República, já que ele é formado pelo vice-presidente da República, pelo presidente da Câmara dos Deputados, pelo presidente do Senado Federal, pelos **líderes da maioria e da minoria da Câmara dos Deputados e do Senado Federal (que não precisam ser natos)**, do **Ministro da Justiça (que não precisa ser nato)**, além de seis cidadãos brasileiros natos, com mais de trinta e cinco anos de idade, sendo dois nomeados pelo Presidente da República, dois eleitos pelo Senado Federal e dois eleitos pela Câmara dos Deputados, todos com mandato de três anos, vedada a recondução, nos termos dos artigos 89 e 12, § 3º, da CF.

A deportação se materializada na hipótese de entrada ou permanência irregular de estrangeiro no país, **independentemente da prática de qualquer crime**. Desta feita, será deportado aquele que entrar ou permanecer no território nacional violando **normas administrativas**, e não quiser se retirar voluntariamente no prazo fixado pela autoridade competente.

Alternativa correta: "certo, questão anulada pela banca, errado e errado".

---

55. (Cespe - Analista Judiciário - Área Judiciária - TRE-RJ/2012) Julgue os itens a seguir, relativos aos direitos sociais e de nacionalidade previstos na Constituição Federal de 1988 (CF).

A alimentação tem, no ordenamento jurídico nacional, o estatuto de direito fundamental, o que obriga o Estado a garantir a segurança alimentar de toda a população.

Com a Emenda Constitucional nº 36/2002, a situação jurídica de brasileiros natos e naturalizados, no que se refere à propriedade de empresas jornalísticas e de radiodifusão sonora e de sons e imagens, foi igualada.

Os efeitos jurídicos de sentença transitada em julgado que trate da perda da nacionalidade brasileira não são personalíssimos, podendo-se estender, portanto, a terceiros.

As normas que tratam de direitos sociais são de eficácia limitada, ou seja, de aplicabilidade mediata, já que, para que se efetivem de maneira adequada, se devem cumprir exigências como prestações positivas por parte do Estado, gastos orçamentários e mediação do legislador.

COMENTÁRIOS

A alimentação tem, no ordenamento jurídico nacional, o estatuto (ou *status*) de direito fundamental, consoante art. 6º, da CF, o que obriga o Estado a garantir a segurança alimentar de toda a população.

A Emenda Constitucional nº 36/2002 **não igualou** a situação jurídica de brasileiros natos e naturalizados, no que se refere à propriedade de empresas jornalísticas e de radiodifusão sonora e de sons e imagens. Isso porque, nos termos do art. 222, da CF (com redação dada pela Emenda Constitucional nº 36, de 2002), "A propriedade de empresa jornalística e de radiodifusão sonora e de sons e imagens é privativa de brasileiros natos ou naturalizados há mais de dez anos, ou de pessoas jurídicas constituídas sob as leis brasileiras e que tenham sede no País".

Os efeitos jurídicos de sentença transitada em julgado que trate da perda da nacionalidade brasileira **são personalíssimos, não** podendo se estender, portanto, a terceiros. Assim dispõe a doutrina especializada: "A perda da nacionalidade é individual; ela não atinge os filhos, a esposa, etc. É o que está consagrado no art. 5 da Convenção de Montevidéu de 1933." (MELLO, Celso D. de Albuquerque. Curso de Direito Internacional Público, v. 2, 12. ed., Rio de Janeiro: Renovar, 2000, p. 930).

As normas que tratam de direitos sociais são de eficácia limitada, ou seja, de aplicabilidade mediata, já que, para que se efetivem de maneira adequada, se devem cumprir exigências como prestações positivas por parte do Estado, gastos orçamentários e mediação do legislador. Na lição de José Afonso da Silva: **Normas de eficácia limitada** são aquelas que possuem aplicabilidade indireta, mediata e reduzida (não direta, não imediata e não integral), pois exigem norma infraconstitucional para que se materializem na prática. Elas podem ser de princípio programático ou princípio institutivo. As **normas de eficácia limitada de princípio programático** (também referidas apenas como normas programáticas) são aquelas que não regulam diretamente interesses ou direitos nelas consagrados, mas se limitam a traçar alguns preceitos a serem cumpridos pelo Poder Público, como programas das respectivas atividades, pretendendo unicamente a consecução dos **fins sociais** pelo Estado.

Alternativa correta: "certo, errado, errado e certo".

3.4. DIREITOS DA NACIONALIDADE

▸ CF, artigos 12 e 13.

56. (FCC – Técnico Judiciário – Área Administrativa – TRE – PR/2017) Considere cidadãos brasileiros nas situações abaixo.

I. Idade de 18 anos, não filiado a partido político.

II. Idade de 35 anos, não filiado a partido político.

III. Idade de 21 anos, filiado a partido político, que tenha se recusado a cumprir o serviço militar por motivo religioso, tendo se disponibilizado para cumprir prestação alternativa.

Nessas condições, de acordo com a Constituição,

a) são inelegíveis para quaisquer cargos políticos os cidadãos I, II e III.

b) são inelegíveis para quaisquer cargos políticos os cidadãos I e II, podendo o cidadão III ser eleito Deputado Federal, Deputado Estadual ou Distrital, Prefeito, Vice-Prefeito e vereador, caso preencha os demais requisitos legais.

c) é inelegível para o cargo de Prefeito de capital o cidadão III, podendo o cidadão II ser eleito para o mesmo cargo, caso preencha os demais requisitos legais.

d) são inelegíveis para quaisquer cargos políticos os cidadãos I e III, podendo o cidadão II ser eleito para qualquer cargo, caso preencha os demais requisitos legais.

e) são inelegíveis para o cargo de Presidente da República os cidadãos I e III, os quais poderão ser eleitos vereadores, caso preencham os demais requisitos legais.

COMENTÁRIOS

Alternativa "b": as condições para elegibilidade estão contidas no art. 14, § 3º, da CF: "Art. 14. § 3º São condições de elegibilidade, na forma da lei: I – a nacionalidade brasileira; II – o pleno exercício dos direitos políticos; III – o alistamento eleitoral; IV – o domicílio eleitoral na circunscrição; V – a filiação partidária; VI – a idade mínima de: a) trinta e cinco anos para Presidente e Vice-Presidente da República e Senador; b) trinta anos para Governador e Vice-Governador de Estado e do Distrito Federal; c) vinte e um anos para Deputado Federal, Deputado Estadual ou Distrital, Prefeito, Vice-Prefeito e juiz de paz; d) dezoito anos para Vereador. O cidadão I tem 18 anos e não é filiado a partido político, de modo que não cumpre o requisito do inciso V e, por isso, é inelegível. O cidadão II tem 35 anos mas também não é filiado a partido político, também sendo inelegível. O cidadão III, por sua vez, é filiado e cumpriu demais condições dos incisos II e III do dispositivo, tendo idade mínima para se Governador, Vice-Governador, Deputado Federal, Deputado Estadual ou Distrital, Prefeito, Vice-Prefeito, juiz de paz ou Vereador.

Alternativa correta: letra "b".

57. (FCC – Técnico Judiciário – Área Administrativa – TRE – SP/2017) Nos termos da Constituição Federal, o filho de pai brasileiro e mãe estrangeira, nascido no exterior, será

a) estrangeiro, em qualquer hipótese.

b) brasileiro naturalizado, desde que resida no Brasil por dez anos ininterruptos, sem condenação penal, e requeira a nacionalidade brasileira.

c) brasileiro nato, se, quando de seu nascimento, o pai estiver a serviço da República Federativa do Brasil.

d) brasileiro nato, desde que, quando de seu nascimento, a mãe não esteja a serviço de seu país de origem.

e) brasileiro naturalizado, desde que registrado em repartição brasileira competente ou venha a residir no Brasil e opte, a qualquer tempo, depois de atingida a maioridade, pela nacionalidade brasileira.

COMENTÁRIOS

Alternativa "a": o filho será brasileiro, conforme anteriormente exposto.

Alternativa "b": o filho não será brasileiro naturalizado, tendo em vista adquirir nacionalidade originária pelo critério ius sanguinis.

Alternativa "c": o filho de pai brasileiro e mãe estrangeira, se nascido no exterior, será brasileiro nato se o pai brasileiro estiver a serviço da República Federativa do Brasil, nos termos do art. 12, inciso II, alínea "c", da CF: "Art. 12. São brasileiros: II – natos: c) os nascidos no estrangeiro de pai brasileiro ou de mãe brasileira, desde que qualquer deles esteja a serviço da República Federativa do Brasil".

Alternativa "d": não existe proibição, no texto constitucional, de a mãe estrangeira estar a serviço de seu país de origem.

Alternativa "e": a hipótese apresentada se classifica como aquisição originária de nacionalidade, e não derivada, nos moldes do art. 12, inciso I, alínea "c", da CF: "Art. 12. São brasileiros: I – **natos**: c) os nascidos no estrangeiro de pai brasileiro ou de mãe brasileira, desde que sejam registrados em repartição brasileira competente ou venham a residir na República Federativa do Brasil e optem, em qualquer tempo, depois de atingida a maioridade, pela nacionalidade brasileira".

Alternativa correta: letra "c".

---

58. (Cespe – Técnico Judiciário – Área Administrativa – TRE – BA/2017) Ao ser procurada para responder pesquisa relativa às eleições estaduais, Maria Lúcia, professora aposentada, então com sessenta e seis anos de idade, recusou-se a responder aos questionamentos e alegou que, por ser idosa, não era mais obrigada a votar. Assim, afirmou que, como tem a intenção de utilizar essa prerrogativa, sua opinião quanto aos candidatos não seria relevante à pesquisa.

Nessa situação hipotética, à luz da Constituição Federal de 1988, o entendimento de Maria Lúcia está

a) correto, porque a sua idade faz presumir a incapacidade civil absoluta, o que acarreta a perda de direitos políticos.

b) correto, tendo em vista que a sua situação de idosa lhe garante o voto facultativo.

c) correto, porque a aposentadoria torna seu voto facultativo.

d) equivocado, porque o voto é facultativo apenas para os analfabetos.

e) equivocado, porque, para cidadãos com a sua idade, o voto é obrigatório.

COMENTÁRIOS

Alternativa "e": o entendimento de Maria Lúcia está **equivocado**, tendo em vista que o voto é obrigatório entre 18 e 70 anos, conforme art. 14, § 1º, incisos I e II, da CF: "Art. 14. § 1º O alistamento eleitoral e o voto são: I – obrigatórios para os maiores de dezoito anos; II – facultativos para: a) os analfabetos; b) os maiores de **setenta anos**; c) os maiores de dezesseis e menores de dezoito anos". Deve-se lembrar de que o voto é, então, obrigatório àqueles com idade entre 18 e 70 anos; facultativo aos maiores de 16 e menores de 18 anos e aos analfabetos; e proibido aos estrangeiros e aos militares conscritos.

Alternativa correta: letra "e".

---

59. (Cespe – Técnico Judiciário – Área Administrativa – TRE – BA/2017) Vincent, cidadão holandês naturalizado brasileiro, conseguiu, por determinação judicial definitiva, o cancelamento de sua naturalização e, então, regressou à Holanda. Tempos depois, já com trinta e dois anos de idade, ele foi convidado por um partido político nacional a concorrer ao cargo de deputado estadual de um estado da Federação brasileira.

Nessa situação hipotética, de acordo com os preceitos constitucionais, Vincent será

a) inelegível, porque ainda não tem a idade mínima para o exercício do cargo de deputado estadual no Brasil, que é de trinta e cinco anos.

b) elegível, caso se candidate no estado da Federação no qual residiu até conseguir seu direito à naturalização.

c) inelegível, porque o cancelamento judicial da naturalização afasta-lhe o pleno exercício dos direitos políticos.

d) elegível, desde que sua condição de brasileiro naturalizado tenha sido superior a cinco anos.

e) elegível, desde que ele comprove seu domicílio eleitoral em qualquer estado da Federação.

COMENTÁRIOS

Alternativa "c": tendo o cancelamento da naturalização de Vincent transitado em julgado, incide na hipótese do **art. 15, inciso I, da CF: "Art. 15. É vedada a cassação de direitos políticos, cuja perda ou suspensão só se dará nos casos de: I – cancelamento da naturalização por sentença transitada em julgado**" (as hipóteses dos demais incisos são: incapacidade civil absoluta, condenação criminal transitada em julgado, enquanto durarem seus efeitos, recusa de cumprir obrigação a todos imposta ou prestação alternativa, ou improbidade administrativa**). Assim sendo, Vincent perdeu seus direitos políticos, de modo que não se encaixa nas condições de elegibilidade estabelecidas pelo art. 14, § 3º, da CF**: "Art. 14. § 3º São condições de elegibilidade, na forma da lei: I – a nacionalidade brasileira; II – o pleno exercício dos direitos políticos; III – o alistamento eleitoral; IV – o domicílio eleitoral na circunscrição; V – a filiação partidária; VI – a idade mínima de: a) trinta e cinco anos para Presidente e Vice-Presidente da República e Senador; b) trinta anos para Governador e Vice-Governador de Estado e do Distrito Federal; c) vinte e um anos para Deputado Federal, Deputado Estadual ou Distrital, Prefeito, Vice-Prefeito e juiz de paz; d) dezoito anos para Vereador". Importante relembrar que são hipóteses de perda dos direitos políticos: cancelamento da naturalização por sentença transitada em julgado e recusa de cumprir obrigação a todos imposta ou prestação alternativa. As hipóteses de suspensão dos direitos políticos são incapacidade civil absoluta, condenação criminal transitada em julgado (enquanto durarem seus efeitos) e improbidade administrativa.

Alternativa correta: letra "c".

---

60. (Cespe – Analista Judiciário – Área Administrativa – TRE – PE/2017) O brasileiro naturalizado

a) poderá ocupar o cargo de presidente do Senado Federal.

b) poderá ocupar o cargo de ministro de Estado da Defesa.

c) não poderá ocupar cargo da carreira diplomática.

d) perderá a nacionalidade brasileira no caso de reconhecimento de nacionalidade originária pela lei estrangeira.

e) poderá ocupar o cargo de ministro do Supremo Tribunal Federal.

COMENTÁRIOS

Alternativa "c": o **art. 12, § 3º, da CF** dispõe que: "Art. 12. § 3º São privativos de **brasileiro nato** os cargos: I – de Presidente e Vice-Presidente da República; II – de Presidente da Câmara dos Deputados; III – de Presidente do Senado Federal; IV – de Ministro do Supremo Tribunal Federal; V – da carreira diplomática; VI – de oficial das Forças Armadas; VII – de Ministro de Estado da Defesa". Deste modo, o brasileiro naturalizado não pode ocupar os cargos descritos pelas alternativas "a" (inciso III), "b" (inciso VII) e "e" (inciso IV). Ademais, não perderá a nacionalidade brasileira no caso de reconhecimento de nacionalidade originária pela lei estrangeira. De acordo com o § 4º do art. 12, a perda da nacionalidade se dá apenas nos casos de tiver cancelada sua naturalização, por sentença judicial, em virtude de fraude relacionada ao processo de naturalização ou de atentado contra a ordem constitucional e o Estado Democrático; ou de pedido expresso de perda da nacionalidade brasileira perante autoridade brasileira competente, ressalvadas situações que acarretem apatridia. Assim, a única alternativa correta é a letra "c".

Alternativa correta: letra "c".

---

61. (IESES – Analista Judiciário – Área Judiciária – TRE – MA/2015) São considerados brasileiros natos:

a) Os nascidos no estrangeiro, de pai brasileiro ou de mãe brasileira, mesmo que não venham a residir no Brasil, e nem optem pela nacionalidade brasileira após atingir a maioridade.

b) Os nascidos no Brasil, de pais estrangeiros, desde que estes não estejam a serviço de seu país.

c) Os portugueses com residência permanente no Brasil, desde que haja reciprocidade em favor de brasileiros.

d) Os estrangeiros de qualquer nacionalidade que, na forma da lei, adquiram a nacionalidade brasileira após quinze anos ininterruptos de residência sem condenação penal.

COMENTÁRIOS

Alternativa "a": os nascidos no estrangeiro, de pai brasileiro ou de mãe brasileira, para que sejam considerados brasileiros natos, devem ser registrados em repartição brasileira competente ou venham a residir na República Federativa do Brasil e optem, em qualquer tempo, depois de atingida a maioridade, pela nacionalidade brasileira. São ainda considerados natos, os nascidos no estrangeiro, de pai brasileiro ou mãe brasileira, desde que qualquer deles esteja a serviço da República Federativa do Brasil.

Alternativa "b": nos termos do art. 12, I, da CF, são brasileiros **natos**: a) **os nascidos na República Federativa do Brasil, ainda que de pais estrangeiros, desde que estes não estejam a serviço de seu país**; b) os nascidos no estrangeiro, de pai brasileiro ou mãe brasileira, desde que qualquer deles esteja a serviço da República Federativa do Brasil; c) os nascidos no estrangeiro de pai brasileiro ou de mãe brasileira, desde que sejam registrados em repartição brasileira competente ou venham a residir na República Federativa do Brasil e optem, em qualquer tempo, depois de atingida a maioridade, pela nacionalidade brasileira.

Alternativa "c": os portugueses com residência permanente no Brasil, havendo reciprocidade em favor dos brasileiros, serão atribuídos os direitos inerentes ao brasileiro, salvo os casos previstos na Constituição, conforme a regra do art. 12, § 1º, da CF.

Alternativa "d": desde que requeiram a nacionalidade, os estrangeiros de qualquer nacionalidade, residentes na República Federativa do Brasil há mais de quinze anos ininterruptos e sem condenação penal serão considerados brasileiros **naturalizados** (art. 12, II, *b*, da CF).

Alternativa correta: letra "b".

---

62. (Analista Judiciário – Área Judiciária TRE/RN 2011 – FCC) Tício, filho de pais americanos, nasceu no Brasil uma vez que seus pais são diplomatas e estavam em território brasileiro a serviço do seu país. Bruno, filho de pais brasileiros, nasceu no México, uma vez que sua mãe estava neste país a serviço da República Federativa do Brasil. Nestes casos,

a) Tício e Bruno são brasileiros natos.

b) apenas Tício é brasileiro nato.

c) apenas Bruno é brasileiro nato.

d) Tício e Bruno são americano e mexicano, respectivamente.

e) Tício e Bruno podem ser brasileiros naturalizados, desde que façam esta opção no prazo constitucional.

COMENTÁRIOS

✪ **Nota do autor:** com a simples memorização das regras básicas do art. 12, da CF, o candidato conseguiria resolver tranquilamente a questão.

Alternativa "c" (responde todas as alternativas): Tício, filho de pais americanos, nasceu no Brasil uma vez que seus pais são diplomatas e **estavam em território brasileiro a serviço do seu país,** não será brasileiro por força do art. 12, I, "a" da CF: "São brasileiros natos os nascidos na República Federativa do Brasil, ainda que de pais estrangeiros, desde que estes não estejam a serviço de seu país". Bruno, **filho de pais brasileiros**, nasceu no México, uma vez que sua mãe estava neste país a serviço da República Federativa do Brasil, será brasileiro por força do art. 12, I, "b", da CF: "São brasileiros natos os nascidos no estrangeiro, de pai brasileiro ou mãe brasileira, desde que qualquer deles esteja a serviço da República Federativa do Brasil.

Alternativa correta: letra "c".

3.5. DIREITOS POLÍTICOS E SISTEMAS ELEITORAIS

▸ CF, artigos 14 a 17.

63. (IBFC – Técnico Judiciário – Área Administrativa – TRE – PA/2020) As normas gerais e os princípios constitucionais relativos aos direitos políticos encontram-se disciplinados de forma expressa na Constituição Federal de 1988, sobretudo no Capítulo IV do Título I da Carta Magna. Sobre o tema, assinale a alternativa correta:

a) Somente terão direito a recursos do fundo partidário e acesso gratuito ao rádio e à televisão, na forma da lei, os partidos políticos que obtiverem, nas eleições para a Câmara dos Deputados, no mínimo, 3% (três por cento) dos votos válidos, distribuídos em pelo menos um terço das unidades da Federação, com um mínimo de 2% (dois por cento) dos votos válidos em cada uma delas

b) A perda ou cassação dos direitos políticos só se dará nos casos de cancelamento da naturalização por sentença transitada em julgado; incapacidade civil absoluta; condenação criminal translada em julgado, enquanto durarem seus efeitos; recusa de cumprir obrigação a todos imposta ou prestação alternativa, nos termos do art. 5°, VIII; ou improbidade administrativa, nos termos do art. 37, § 4°

c) Não podem alistar-se como eleitores os estrangeiros e os analfabetos

d) O militar alistável é elegível, atendidas as seguintes condições: se contar menos de dez anos de serviço, deverá afastar-se da atividade; se contar mais de dez anos de serviço, será agregado pela autoridade superior e, se eleito, passará automaticamente, no ato da diplomação, para a inatividade

COMENTÁRIOS

Alternativa "a": As condições para o acesso aos recursos do fundo partidário e acesso gratuito ao rádio e à televisão estão previstos no §3º do art. 17, sendo eles requisitos **alternativos**: partidos políticos que obtiverem, nas eleições para a Câmara dos Deputados, no mínimo, 3% (três por cento) dos votos válidos, distribuídos em pelo menos um terço das unidades da Federação, com um mínimo de 2% (dois por cento) dos votos válidos em cada uma delas; **OU** que tiverem elegido pelo menos quinze Deputados Federais distribuídos em pelo menos um terço das unidades da Federação.

Alternativa "b": Na verdade, o art. 15, *caput* da CF/88 determina que é **vedada a cassação de direitos políticos**. O texto traz hipóteses em que se dará a **perda ou suspensão** dos direitos políticos.

Alternativa "c": O art. 14, §1º da CF/88 determina que o alistamento eleitoral e o voto são **facultativos** para os analfabetos, enquanto que o §2º determina que "Não podem alistar-se como eleitores os estrangeiros e, durante o período do serviço militar obrigatório, os conscritos.".

Alternativa "d": É o que prevê o art. 14, §8º da CF/88.

Alternativa correta: letra "d".

64. (FCC – Técnico Judiciário – Área Administrativa – TRE – PR/2017) De acordo com as normas da Constituição Federal, o militar alistável,

a) com menos de dez anos de serviço, poderá candidatar-se para cargo político, mas deverá afastar-se da atividade.

b) com menos de dez anos de serviço, poderá candidatar-se para cargo político, quando será agregado pela autoridade superior e, se eleito, passará automaticamente, no ato da diplomação, para a inatividade.

c) com mais de dez anos de serviço, poderá candidatar-se para cargo político e, se eleito, deverá ser agregado pela autoridade superior.

d) com mais de dez anos de serviço, poderá candidatar-se para cargo político, quando será agregado pela autoridade superior e, se eleito, poderá cumular o exercício do cargo político com a função militar, se não estiver conscrito e se houver compatibilidade de horários.

e) que esteja em atividade, não poderá candidatar-se para cargo político.

COMENTÁRIOS

Alternativa correta: letra "a": as regras de elegibilidade para militares alistáveis estão contidas no art. 14, § 8º, da CF: "Art. 14. § 8º O militar alistável é elegível, atendidas as seguintes condições: I – se contar com menos de dez anos de serviço, deverá afastar-se da atividade; II – se contar com mais de dez anos de serviço, será agregado pela autoridade superior e, se eleito, passará automaticamente, no ato da diplomação, para a inatividade". A única alternativa que corresponde ao texto constitucional é a letra "a".

Alternativa correta: letra "a".

---

65. (FCC – Técnico Judiciário – Área Administrativa – TRE – SP/2017) Brasileiro naturalizado, com 25 anos de idade, pela segunda vez consecutiva no exercício do mandato de Vereador, filho do Governador do Estado em que possui domicílio eleitoral, poderá, à luz da Constituição Federal, candidatar-se, na esfera

a) municipal, à reeleição para Vereador, apenas, sem precisar para tanto renunciar ao respectivo mandato.

b) municipal, a Prefeito, apenas, desde que renuncie ao respectivo mandato até seis meses antes do pleito.

c) municipal, à reeleição para Vereador ou a Prefeito, devendo, neste último caso, renunciar ao respectivo mandato até seis meses antes do pleito.

d) estadual, a Deputado Estadual, mas não a Governador do Estado, estando ainda impossibilitado de concorrer a mandatos na esfera municipal.

e) estadual, a Governador do Estado, mas não a Deputado Estadual, estando ainda impossibilitado de concorrer a mandatos na esfera municipal.

COMENTÁRIOS

Alternativa "a": as restrições ao número de reeleições subsequentes aplicam-se apenas ao Presidente da República, aos Governadores de Estado e do Distrito Federal e aos Prefeitos, conforme regra do **art. 14, § 5º, da CF**: "§ 5º O Presidente da República, os Governadores de Estado e do Distrito Federal, os Prefeitos e quem os houver sucedido, ou substituído no curso dos mandatos poderão ser eleitos para um único período subsequente", de modo que o Vereador em questão pode se candidatar a terceiro mandato subsequente. Quanto à questão da inelegibilidade por parentesco, tem-se que o referido Vereador já era titular de mandato eletivo quando seu pai foi eleito, de modo que **não se aplica a regra geral do art. 14, § 7º**, mas a exceção trazida na parte final do parágrafo: "§ 7º São inelegíveis, no território de jurisdição do titular, o cônjuge e os parentes consanguíneos e afins, até o segundo grau, ou por adoção, do Presidente da República, de Governador de Estado ou de Território, do Distrito Federal, de Prefeito ou de quem os haja substituído dentro dos seis meses anteriores ao pleito, **salvo se já titular de mandato eletivo e candidato à reeleição**".

Alternativa correta: letra "a".

---

66. 66. (Cespe – Técnico Judiciário – Área Administrativa – TRE – TO/2017) De acordo com a CF, os partidos políticos

a) podem ter caráter regional ou estadual.

b) têm autonomia para definir o regime de suas coligações eleitorais, não sendo obrigatória a vinculação entre as candidaturas nacionais, estaduais e municipais.

c) adquirem personalidade jurídica somente após o registro dos seus estatutos no Tribunal Superior Eleitoral.

d) têm direito a recursos do fundo partidário e acesso pago à televisão.

e) podem constituir e utilizar organizações paramilitares, desde que para fins eleitorais.

COMENTÁRIOS

Alternativa "a": os partidos políticos devem ter caráter nacional, conforme art. 17, inciso I, da CF.

Alternativa "b": a vinculação entre as candidaturas em âmbito nacional, estadual e municipal não é obrigatória, conforme o texto constitucional: "**Art. 17. § 1º** É assegurada aos partidos políticos autonomia para definir sua estrutura interna e estabelecer regras sobre escolha, formação e duração de seus órgãos permanentes e provisórios e sobre sua organização e funcionamento e para adotar os critérios de escolha e o regime de suas coligações nas eleições majoritárias, vedada a sua celebração nas eleições proporcionais, sem obrigatoriedade de vinculação entre as candidaturas em âmbito nacional, estadual, distrital ou municipal, devendo seus estatutos estabelecer normas de disciplina e fidelidade partidária".

Alternativa "c": os partidos adquirem personalidade jurídica antes de registrarem seus estatutos no TSE – para que existam como pessoas jurídicas de direito privado, devem realizar seus registros de estatuto em cartório civil.

Alternativa "d": o acesso ao rádio e à televisão são **gratuitos, conforme art. 17, § 3º, da CF:** "Art. 17. § 3º Os partidos políticos têm direito a recursos do fundo partidário e acesso gratuito ao rádio e à televisão, na forma da lei".

Alternativa "e": de acordo com o art. 17, § 4º, da CF: "§ 4º É **vedada** a utilização pelos partidos políticos de organização paramilitar".

Alternativa correta: letra "b".

---

67. (Cespe – Técnico Judiciário – Área Administrativa – TRE – PE/2017) O alistamento eleitoral e o voto são obrigatórios para

a) maiores de setenta e cinco anos de idade.
b) maiores de dezoito anos de idade.
c) maiores de dezesseis e menores de dezoito anos de idade.
d) analfabetos.
e) maiores de setenta anos de idade.

COMENTÁRIOS

Alternativa "b": para responder à questão, basta o conhecimento do art. 14 da CF: "Art. 14. § 1º O alistamento eleitoral e o voto são: I – obrigatórios para os maiores de dezoito anos; II – facultativos para: a) os analfabetos; b) os maiores de setenta anos; c) os maiores de dezesseis e menores de dezoito anos".

Alternativa correta: letra "b".

---

68. (Cespe – Técnico Judiciário – Área Administrativa – TRE – PE/2017) De acordo com o que estabelece a Constituição Federal de 1988 (CF), os partidos políticos

a) podem receber recursos financeiros de entidade ou governo estrangeiros.
b) não são obrigados a registrar seus estatutos no Tribunal Superior Eleitoral, se, antes, eles adquirirem personalidade jurídica.
c) podem utilizar organização paramilitar.
d) têm autonomia para definir sua estrutura interna, sua organização e seu funcionamento.
e) têm, em regra, de pagar pelo acesso ao rádio e à televisão.

COMENTÁRIOS

Alternativa "a": o recebimento de recursos financeiros de entidades estrangeiras é vedado pelo art. 17, inciso II, da CF: "Art. 17. É livre a criação, fusão, incorporação e extinção de partidos políticos, resguardados a soberania nacional, o regime democrático, o pluripartidarismo, os direitos fundamentais da pessoa humana e observados os seguintes preceitos: II – proibição de recebimento de recursos financeiros de entidade ou governo estrangeiros ou de subordinação a estes".

Alternativa "b": os partidos adquirem personalidade jurídica antes de registrarem seus estatutos no TSE – para que existam como pessoas jurídicas de direito privado, devem realizar seus registros de estatuto em cartório civil.

Alternativa "c": de acordo com o art. 17, § 4º, da CF: "§ 4º É **vedada** a utilização pelos partidos políticos de organização paramilitar".

Alternativa "d": a assertiva está de acordo com o texto constitucional: "**Art. 17. § 1º** É assegurada aos partidos políticos autonomia para definir sua estrutura interna e estabelecer regras sobre escolha, formação e duração de seus órgãos permanentes e provisórios e sobre sua organização e funcionamento e para adotar os critérios de escolha e o regime de suas coligações nas eleições majoritárias, vedada a sua celebração nas eleições proporcionais, sem obrigatoriedade de vinculação entre as candidaturas em âmbito nacional, estadual, distrital ou municipal, devendo seus estatutos estabelecer normas de disciplina e fidelidade partidária".

Alternativa "e": o acesso ao rádio e à televisão são **gratuitos, conforme art. 17, § 3º, da CF:** "Art. 17. § 3º Os partidos políticos têm direito a recursos do fundo partidário e acesso gratuito ao rádio e à televisão, na forma da lei".

Alternativa correta: letra "d".

---

69. (Cespe – Técnico Judiciário – Área Administrativa – TRE – BA/2017) A Constituição Federal de 1988 estabelece que "todo o poder emana do povo", que pode exercê-lo diretamente. Nesse sentido, o instrumento constitucional que materializa uma consequência advinda do princípio invocado é o(a)

a) plebiscito.
b) filiação partidária.
c) greve.
d) alistamento militar.
e) livre expressão da atividade intelectual.

COMENTÁRIOS

Alternativa "a": de acordo com o art. 14, três são os instrumentos que materializam a soberania popular: "Art. 14. A soberania popular será exercida pelo sufrágio universal e pelo voto direto e secreto, com valor igual para todos, e, nos termos da lei, mediante: **I – plebiscito; II – referendo; III – iniciativa popular**".

Alternativa correta: letra "a".

---

70. (Consulplan – Técnico Judiciário – Área Administrativa – TRE – RJ/2017) "Considere que Melissa é filha do irmão do pai do Governador do Rio de Janeiro. Ela quer saber se há alguma regra de inelegibilidade caso se candidate como representante do povo carioca." Considerando as garantias políticas previstas no texto constitucional, Melissa é

a) inelegível, apenas no Estado do Rio de Janeiro.

b) inelegível, já que é prima do Governador do Estado.

c) elegível, desde que não haja óbices de outra natureza.

d) elegível, apenas se concorrer a um pleito para reeleição.

COMENTÁRIOS

Alternativa "c": Melissa é elegível, pois a vedação de parentesco alcança o segundo grau e a candidata é parente de quarto grau (prima). Conforme art. 14, § 7º, da CF: "Art. 14. § 7º São inelegíveis, no território de jurisdição do titular, o cônjuge e os parentes consanguíneos ou afins, até o segundo grau ou por adoção, do Presidente da República, de Governo de Estado ou Território, do Distrito Federal, de Prefeito ou de quem os haja substituído dentro dos seis meses anteriores ao pleito, salvo se já titular de mandato eletivo e candidato à reeleição".

Alternativa correta: letra "c".

---

71. (FCC – Analista Judiciário – Área Judiciária – TRE – SP/2017) A Constituição Federal estabelece casos de inelegibilidade por motivos de casamento, parentesco ou afinidade. Segundo essas regras constitucionais e à luz da jurisprudência do Supremo Tribunal Federal, é inelegível para o mandato de

a) Deputado Estadual, o ex-cônjuge do Governador do mesmo Estado, quando a dissolução da sociedade ou do vínculo conjugal tiver ocorrido no curso do mandato, salvo se já titular de mandato eletivo e candidato à reeleição.

b) Deputado Estadual, o cônjuge de Prefeito de Município do mesmo Estado.

c) Deputado Estadual, o parente consanguíneo ou afim, até o terceiro grau, do Governador do mesmo Estado.

d) Presidente da República, o cônjuge do Prefeito.

e) Governador, o cônjuge de Deputado Estadual do mesmo Estado, salvo se já titular de mandato eletivo e candidato à reeleição.

COMENTÁRIOS

Alternativa "a": para a resolução da questão, deve-se atentar ao art. 14, § 7º, da CF e à Súmula Vinculante nº 18 do STF. O texto constitucional dispõe que: "Art. 14. § 7º São inelegíveis, no território de jurisdição do titular, o cônjuge e os parentes consanguíneos ou afins, até o segundo grau ou por adoção, do Presidente da República, de Governador de Estado ou Território, do Distrito Federal, de Prefeito ou de quem os haja substituído dentro dos seis meses anteriores ao pleito, salvo se já titular de mandato eletivo e candidato à reeleição". De maneira a solucionar erros de interpretação, editou-se a Súmula Vinculante nº 18: "A dissolução da sociedade ou do vínculo conjugal, no curso do mandato, não afasta a inelegibilidade prevista no § 7º do artigo 14 da Constituição Federal". Nesse sentido, jurisprudência consolidada do STF: "O art. 14, § 7º deve ser interpretado de maneira a dar eficácia e efetividade aos postulados republicanos e democráticos da Constituição, evitando-se a perpetuidade ou alongada presença de familiares no poder" (RE 543.117 AgR, rel. Min. Eros Grau, julgamento em 24/06/2008).

Alternativa correta: letra "a".

---

72. (FCC – Analista Judiciário – Área Judiciária – TRE – SP/2017) Dentre os candidatos que pretendem disputar a eleição para Governador estão um prefeito municipal no exercício de seu segundo mandato consecutivo e um militar com mais de dez anos de serviço. Para que sejam elegíveis, de acordo com as normas constitucionais,

a) ambos devem renunciar aos cargos que ocupam até seis meses antes do pleito.

b) ambos devem renunciar aos cargos que ocupam até três meses antes do pleito.

c) ambos devem afastar-se dos cargos que ocupam até seis meses antes do pleito, sendo que o militar, se eleito, passará automaticamente, no ato da diplomação, para a inatividade.

d) o Prefeito deve renunciar ao mandato até seis meses antes do pleito, ao passo que o militar deve ser agregado pela autoridade superior e, se eleito, passará automaticamente, no ato da diplomação, para a inatividade.

e) o Prefeito não precisará renunciar ao mandato, mas o militar deverá afastar-se da atividade e, se eleito, perderá o cargo no ato de sua diplomação.

COMENTÁRIOS

Alternativa "d": ao Prefeito, aplica-se a regra do art. 14, § 6º, da CF: "Art. 14. § 6º Para concorrerem a outros cargos, o Presidente, os Governadores de Estado e do Distrito Federal e os Prefeitos devem renunciar aos respectivos mandatos até seis meses antes do pleito". **Já ao militar, aplica-se a regra do art. 14, § 8º, inciso II da CF**: "Art. 14. § 8º O militar alistável é elegível, atendidas as seguintes condições: I – se contar menos de dez anos de serviço, deverá afastar-se da atividade; II – se contar mais de dez anos de serviço, será agregado pela autoridade superior e, se eleito, passará automaticamente, no ato da diplomação, para a inatividade".

Alternativa correta: letra "d".

73. (Consulplan – Analista Judiciário – Área Administrativa – TRE – RJ/2017) Analise os casos hipotéticos dos seguintes pretensos candidatos a mandatos eletivos.

I. "Alberto é irmão da esposa do vice-prefeito do Município do Rio de Janeiro, que assumiu a gestão local apenas durante o período de seis meses, enquanto o titular do Poder Executivo municipal disputava o pleito estadual. Alberto pretende a eleição para o mandato de vereador."

II. "Manuela é filha adotiva do Governador do Estado do Rio de Janeiro e exerce o mandato de deputada estadual. Manuela pretende a reeleição para o mandato de deputada estadual."

III. "Virgínia é filha da tia paterna do Presidente da República. Virgínia pretende a eleição para mandato de Senadora."

IV. "Glauco é casado com a prefeita do Município do Rio de Janeiro. Glauco pretende a eleição para o mandato de Governador do Estado do Rio de Janeiro."

Considerando as normas constitucionais relativas aos direitos políticos, é inelegível:

a) Glauco.
b) Virgínia.
c) Alberto.
d) Manuela.

COMENTÁRIOS

QUESTÃO ANULADA. Justificativa da banca: "A questão trata das condições de inelegibilidade, conforme previsão constitucional. Glauco é elegível, pois candidata-se em outra jurisdição. Virgínia é elegível, pois a vedação de parentesco alcança o segundo grau e a candidata é parente de quarto grau (prima). Manuela é elegível, pois candidata-se à reeleição. O gabarito preliminar aponta como inelegível o candidato Alberto, contudo, procede o argumento recursal de inaplicabilidade do art. 14, § 7º, da CF, já que o vice-prefeito assumiu como substituto do Prefeito nas eleições estaduais. Assim, acertado o argumento de que, quando Alberto se candidatou a vereador, o vice-prefeito, seu cunhado, não estava na condição de titular, afastando a inelegibilidade".

74. (Cespe – Analista Judiciário – Área Administrativa – TRE – TO/2017) A Constituição Federal de 1988 garante aos partidos políticos

a) direito de utilização de entidade paramilitar para resguardar o processo eleitoral.
b) autonomia para fixar o regime de suas coligações eleitorais, desde que haja vinculação entre as candidaturas em âmbito nacional, estadual e municipal.
c) autonomia para estabelecer sua organização e seu funcionamento, sendo vedadas disposições sobre fidelidade partidária.
d) direito ao recebimento de recursos do fundo partidário e de acesso gratuito ao rádio e à televisão.
e) direito ao recebimento de recursos financeiros de entidades estrangeiras, desde que resguardada a soberania nacional.

COMENTÁRIOS

Alternativa "a": de acordo com o art. 17, § 4º, da CF: "§ 4º É **vedada** a utilização pelos partidos políticos de organização paramilitar".

Alternativa "b": o erro da assertiva reside em afirmar que deve haver vinculação entre as candidaturas em âmbito nacional, estadual e municipal**, vinculação esta que não é obrigatória**, conforme o texto constitucional: "**Art. 17. § 1º** É assegurada aos partidos políticos autonomia para definir sua estrutura interna e estabelecer regras sobre escolha, formação e duração de seus órgãos permanentes e provisórios e sobre sua organização e funcionamento e para adotar os critérios de escolha e o regime de suas coligações nas eleições majoritárias, vedada a sua celebração nas eleições proporcionais, sem obrigatoriedade de vinculação entre as candidaturas em âmbito nacional, estadual, distrital ou municipal, devendo seus estatutos estabelecer normas de disciplina e fidelidade partidária".

Alternativa "c": conforme anteriormente apontado para a alternativa "a", os partidos devem estabelecer, em seus estatutos, normas de disciplina e fidelidade partidária, nos moldes do **art. 17, § 1º, da CF.**

Alternativa "d": de acordo com o art. 17, § 3º, da CF: "Art. 17. É livre a criação, fusão, incorporação e extinção de partidos políticos, resguardados a soberania nacional, o regime democrático, o pluripartidarismo, os direitos fundamentais da pessoa humana e observados os seguintes preceitos: § 3º Somente terão direito a recursos do fundo partidário e acesso gratuito ao rádio e à televisão, na forma da lei, os partidos políticos que, alternativamente: I – obtiverem, nas eleições para a Câmara dos Deputados, no mínimo, 3% dos votos válidos, distribuídos em pelo menos um terço das unidades da Federação, com um mínimo de 2% dos votos válidos em cada uma delas; ou II – tiverem elegido pelo menos quinze Deputados Federais distribuídos em pelo menos um terço das unidades da Federação".

Alternativa "e": o recebimento de recursos financeiros de entidades estrangeiras é vedado pelo art. 17, inciso II, da CF: "Art. 17. É livre a criação, fusão, incorporação e extinção de partidos políticos, resguardados a soberania nacional, o regime democrático, o pluripartidarismo, os direitos fundamentais da pessoa humana e observados os seguintes preceitos: II – proibição de recebimento de recursos financeiros de entidade ou governo estrangeiros ou de subordinação a estes".

Alternativa correta: letra "d".

---

75. (Cespe – Analista Judiciário – Área Administrativa – TRE – TO/2017) A perda ou a suspensão dos direitos políticos do eleitor ocorrerá se

a) sua naturalização for cancelada por sentença transitada em julgado.

b) for-lhe imposta condenação criminal, ainda que seja passível de recurso.

c) ele completar setenta anos de idade.

d) ele completar oitenta anos de idade.

e) sobrevier-lhe, por qualquer motivo, incapacidade civil relativa.

COMENTÁRIOS

Alternativa correta: letra "a": assertiva de acordo com o art. 15, inciso I, da CF: "Art. 15. É vedada a cassação de direitos políticos, cuja perda ou suspensão só se dará nos casos de: I – cancelamento da naturalização por sentença transitada em julgado". Configura-se caso de perda dos direitos políticos.

Alternativa "b": apenas ocorre a suspensão dos direitos políticos em caso de condenação criminal se esta **transitar em julgado**, **conforme art. 15, inciso III, da CF**: "Art. 15. É vedada a cassação de direitos políticos, cuja perda ou suspensão só se dará nos casos de: III – condenação criminal transitada em julgado, enquanto durarem seus efeitos".

Alternativa "c": não existe esta hipótese no texto constitucional.

Alternativa "d": não existe esta hipótese no texto constitucional.

Alternativa "e": os direitos políticos são suspensos apenas em caso de incapacidade civil **absoluta**, conforme art. 15, inciso II, da CF: "Art. 15. É vedada a cassação de direitos políticos, cuja perda ou suspensão só se dará nos casos de: II – incapacidade civil absoluta".

Alternativa correta: letra "a".

---

76. (Cespe – Analista Judiciário – Área Judiciária – TRE – BA/2017) Determinada lei, publicada seis meses antes da data da realização de eleições estaduais, criou hipótese de inelegibilidade para dificultar abuso do poder econômico.

Assinale a opção correta a respeito da classificação da referida lei e de sua vigência e aplicação.

a) Tal lei deve ser complementar, e vigerá e se aplicará a partir da data da sua publicação.

b) Tal lei deve ser complementar e não se aplicará às referidas eleições.

c) Tal lei deve ser ordinária estadual e não se aplicará às referidas eleições.

d) Tal lei deve ser ordinária distrital, e vigerá e se aplicará a partir da data da sua publicação.

e) Tal lei deve ser ordinária federal, e se aplicará a partir da data de sua publicação.

COMENTÁRIOS

Alternativa "b": de acordo com o art. 14, § 9º, da CF: "**Lei complementar estabelecerá outros casos de inelegibilidade** e os prazos de sua cessação, a fim de proteger a probidade administrativa, a moralidade para exercício de mandato considerada vida pregressa do candidato, e a normalidade e legitimidade das eleições contra a influência do poder econômico ou o abuso do exercício de função, cargo ou emprego na administração direta e indireta" (Redação dada pela EC de Revisão nº 4/1944). Deste modo, a referida lei deve ser complementar. Entretanto, por força do art. 16 da CF, não se aplicará às referidas eleições: "Art. 16. **A lei que alterar o processo eleitoral entrará em vigor na data de sua publicação, não se aplicando à eleição que ocorra até um ano da data de sua vigência**" (Redação dada pela EC 4/1993).

Alternativa correta: letra "b".

---

77. (Cespe – Analista Judiciário – Área Judiciária – TRE – BA/2017) A respeito dos direitos e das garantias fundamentais, julgue os seguintes itens.

I. Conforme a Constituição Federal de 1988, é cabível o ajuizamento de mandado de injunção no caso de omissão legislativa inconstitucional que inviabilize o exercício do direito de sufrágio.

II. Perderá os direitos políticos o cidadão que alegar convicções políticas para deixar de prestar o serviço militar obrigatório e que se recusar a cumprir prestação alternativa fixada em lei.

III. É vedada a candidatura ao cargo de governador a cidadão naturalizado brasileiro, por se tratar de cargo privativo de brasileiro nato.

Assinale a opção correta.

a) Apenas o item I está certo.

b) Apenas o item II está certo.

c) Apenas os itens I e III estão certos.

d) Apenas os itens II e III estão certos.

e) Todos os itens estão certos.

COMENTÁRIOS

QUESTÃO ANULADA. De acordo com justificativa da banca: "De fato, perderá os direitos políticos o cidadão que alegar convicções políticas para deixar de prestar o serviço militar obrigatório e que se recusar a cumprir prestação alternativa fixada em lei. Assim, estando o item II certo, não há opção correta".

Assertiva I: De acordo com o **art. 5º, inciso LXXI** da CF: "Art. 5º. LXXI – conceder-se-á mandado de injunção sempre que a falta de norma regulamentadora torne inviável o exercício dos direitos e liberdades constitucionais e das prerrogativas inerentes à nacionalidade, à soberania e à cidadania". Deste modo, havendo omissão que inviabilize o exercício do direito de sufrágio, sendo direito constitucionalmente garantido referente à cidadania, cabe mandado de injunção.

Assertiva II: Conforme explanação dada pela banca, acima colacionada.

Assertiva III: De acordo com o art. 12, § 3º, da CF: "§ 3º São privativos de brasileiro nato os cargos: I – de Presidente e Vice-Presidente da República; II – de Presidente da Câmara dos Deputados; III – de Presidente do Senado Federal; IV – de Ministro do Supremo Tribunal Federal; V – da carreira diplomática; VI – de oficial das Forças Armadas; VII – de Ministro de Estado da Defesa". Ainda, o art. 14, § 3º, inciso I, da CF, estabelece que: "§ 3º São condições de elegibilidade, na forma da lei: I – a nacionalidade brasileira". Assim, o cidadão naturalizado brasileiro, uma vez que adquiriu a nacionalidade brasileira através da naturalização, pode se candidatar a cargo de Governador de Estado, pois não é cargo privativo de brasileiro nato.

---

78. (Cespe – Analista Judiciário – Área Judiciária – TRE – BA/2017) Acerca das normas constitucionais que regem os direitos políticos e os partidos políticos, assinale a opção correta, conforme a Constituição Federal de 1988 e o entendimento do Supremo Tribunal Federal.

a) É inelegível para o cargo de vereador ex-cônjuge de governador do estado, ainda que se trate de reeleição e a dissolução do vínculo conjugal tenha ocorrido antes do início do mandato de governador.

b) Não se aplica a regra da perda de mandato por infidelidade partidária a governador que, depois de eleito pelo sistema majoritário, resolva mudar de partido político.

c) A condenação de servidor público federal por ato de improbidade administrativa não impede sua candidatura ao cargo de deputado federal, uma vez que tal situação não se inclui entre as hipóteses de suspensão de direitos políticos.

d) O voto é obrigatório para o cidadão brasileiro naturalizado que seja analfabeto.

e) Ação para impugnação do mandato de prefeito eleito graças a esquema de compra de votos deve ser ajuizada na justiça federal, dentro do prazo de seis meses, e instruída com provas do abuso do poder econômico.

COMENTÁRIOS

Alternativa "a": Ademais, de acordo com a Súmula Vinculante nº 18 do STF: A dissolução da sociedade ou do vínculo conjugal, no curso do mandato, não afasta a inelegibilidade prevista no § 7º do artigo 14 da Constituição Federal.

Alternativa "b": a assertiva traduz o conteúdo da Súmula nº 67 do TSE: "A perda do mandato em razão da desfiliação partidária não se aplica aos candidatos eleitos pelo sistema majoritário".

Alternativa "c": a hipótese tem como consequência a suspensão dos direitos políticos, de modo que o vereador não poderia se candidatar a deputado federal, conforme art. 37, § 4º da CF: "Art. 37. § 4º Os atos de improbidade administrativa importarão a suspensão dos direitos políticos, a perda da função pública, a indisponibilidade dos bens e o ressarcimento ao erário, na forma e gradação previstas em lei, sem prejuízo da ação penal cabível".

Alternativa "d": o voto é facultativo para analfabetos, assim como o alistamento eleitoral, com base no art. 14, § 1º, inciso II, alínea "a", da CF.

Alternativa "e": a ação de impugnação deve ser ajuizada na Justiça Eleitoral no prazo de quinze dias a partir da diplomação, conforme art. 14, § 10, da CF: "Art. 14. § 10 O mandato eletivo poderá ser impugnado ante a Justiça Eleitoral no prazo de quinze dias contados da diplomação, instruída a ação com provas de abuso do poder econômico, corrupção ou fraude".

Alternativa correta: letra "b".

---

79. (Cespe – Analista Judiciário – Área Judiciária – TRE – PI/2016) Assinale a opção correta acerca dos direitos e das garantias fundamentais.

a) Deverão ser cassados os direitos políticos de parlamentar condenado por crime de corrupção em sentença criminal transitada em julgado.

b) Lei que altere o processo eleitoral editada no mesmo ano de um pleito eletivo, ainda que em vigor, será aplicada no ano subsequente, conforme o princípio da anterioridade eleitoral.

c) Gravação de conversa telefônica sem autorização judicial, registrada por um dos interlocutores, é considerada prova ilícita, ante o sigilo das comunicações telefônicas, constitucionalmente assegurado.

d) A instauração de processo administrativo disciplinar contra servidor público para apuração de irregularidade funcional garante ao servidor o direito de impetrar habeas corpus para impedir o prosseguimento do processo administrativo.

e) Estrangeiro de qualquer nacionalidade pode se candidatar a cargos eletivos, com exceção dos cargos para os quais se exige a condição de brasileiro nato.

COMENTÁRIOS

Alternativa "a": os direitos políticos **nunca poderão ser cassados**, por expressa disposição Constitucional. No entanto, em que pese não possam ser cassados, poderão ser perdidos ou suspensos nos casos de: I – cancelamento da naturalização por sentença transitada em julgado; II – incapacidade civil absoluta; III – condenação criminal transitada em julgado, enquanto durarem seus efeitos; IV – recusa de cumprir obrigação a todos imposta ou prestação alternativa, nos termos do art. 5º, VIII; V – improbidade administrativa, nos termos do art. 37, § 4º. O que difere o perdimento da cassação é que a cassação decorre de pura arbitrariedade. Nesse sentido, ensina Nathalia Masson: "Importante, desde já, deixar firmado que a cassação dos direitos políticos, consistente na retirada arbitrária dos direitos, engendrada por perseguições ideológicas, tão típicas dos períodos de hiato constitucional (antidemocráticos), é vedada pela atual Constituição de 1988." (*Manual de direito constitucional*. Salvador: Juspodivm, 2013, p. 299).

Alternativa "b": nos termos do art. 16 da CF, a lei que alterar o processo eleitoral entrará em vigor na data de sua publicação, não se aplicando à eleição que ocorra até um ano da data de sua vigência. Tal dispositivo trata do princípio da anualidade, que, segundo Jaime Barreiros Neto, é "[...] de fundamental importância para a preservação da segurança jurídica. Evita-se, a partir da aplicação do princípio da anualidade, que as normas eleitorais sejam modificadas faltando menos de um ano e um dia para as eleições, prejudicando o equilíbrio da disputa, com a mudança das regras do jogo." (BARREIROS NETO, Jaime. *Direito eleitoral – Vol. 40*: coleção sinopses para concursos. 6. ed. Salvador: Juspodivm, 2016, p. 50).

Alternativa "c": o STF já firmou posicionamento no sentido que a interceptação telefônica se submete à reserva de jurisdição, sem exceção. Vale ressaltar que **se a gravação for feita por um dos interlocutores, desconfigura-se a interceptação telefônica, restando mera gravação ambiental** (RE 453.562-AgR, julgado em 2008 e relatado pelo Ministro Joaquim Barbosa).

Alternativa "d": o *habeas corpus* só possui cabimento quando houver risco a liberdade de locomoção da pessoa. Nos termos do art. 5º, LXVIII, da CF, conceder-se-á *habeas corpus* sempre que alguém sofrer ou se achar ameaçado de sofrer violência ou coação em sua liberdade de locomoção, por ilegalidade ou abuso de poder. Como o processo administrativo disciplinar contra servidor público para apuração de irregularidade funcional não enseja restrição de liberdade de locomoção, o *habeas corpus* não poderá ser impetrado para impedir o prosseguimento do processo administrativo.

Alternativa "e": os cargos eletivos exigem, via de regra, a nacionalidade brasileira, nos termos do art. 14, § 3º, I, da CF (trata-se de uma das condições de elegibilidade). Alguns cargos, todavia, exigem a condição de brasileiro nato (ou seja, não pode ser ocupado por naturalizado), como é o caso do cargo de Presidente da República (art. 12, § 3º, da CF). Exemplificando: um vereador, que é cargo eletivo, pode ser ocupado por quem é brasileiro naturalizado (para se candidatar ao cargo de vereador, não precisa ser obrigatoriamente brasileiro nato, mas não pode ser ocupado por estrangeiro). Para não restar dúvidas, vale um alerta: cargos públicos, empregos e funções públicas são acessíveis aos estrangeiros, na forma da lei (art. 37, I, da CF). Resumindo: I – cargos eletivos: em regra, devem ser ocupados por brasileiros (natos ou naturalizados), sendo que alguns cargos exigem a condição de brasileiro nato; II – cargos, empregos e funções públicas (não eletivos): podem ser ocupados por estrangeiros, na forma da lei.

Alternativa correta: letra "b".

---

80. (IESES – Analista Judiciário – Área Judiciária – TRE – MA/2015) Diante do confronto entre os princípios da publicidade e da proteção à privacidade, é correto dizer:

a) A lei poderá restringir a publicidade dos atos processuais em defesa de interesse econômico relevante.

b) A ação de impugnação de mandato tramitará em segredo de justiça, respondendo o autor que agir de forma temerária ou de má-fé.

c) A autoridade policial federal poderá quebrar o sigilo das comunicações para a apuração da prática de terrorismo e tráfico internacional de drogas.

d) O sigilo fiscal poderá ser quebrado pelo Ministério Público para a apuração de crime punível com reclusão.

COMENTÁRIOS

Alternativa "a": a lei só poderá restringir a publicidade dos atos processuais quando a defesa da intimidade ou o interesse social o exigirem (art. 5º, LX, da CF).

Alternativa "b": nos exatos termos do art. 14, § 11, da CF.

Alternativa "c": não há disposição constitucional permitindo que a autoridade policial federal quebre o sigilo das comunicações para a apuração da prática de terrorismo e tráfico internacional de drogas. É necessária decisão judicial. Ademais, consoante art. 5º, XII, é inviolável o sigilo da correspondência e das comunicações telegráficas, de dados e das comunicações telefônicas, salvo, no último caso, **por ordem judicial**, nas hipóteses e na forma que a lei estabelecer para fins de investigação criminal ou instrução processual penal.

Alternativa "d": o sigilo fiscal **não** poderá ser quebrado pelo MP, exigindo-se decisão judicial para tanto.

Alternativa correta: letra "b".

---

81. (IESES – Analista Judiciário – Área Judiciária – TRE – MA/2015) Acerca dos direitos políticos, é correto afirmar:

a) Ocorrerá cassação dos direitos políticos como consequência da condenação criminal transitada em julgado à pena de reclusão.

b) A prática de atos de improbidade administrativa poderá acarretar perda da função pública com suspensão dos direitos políticos se apurada através de ação penal.

c) São inelegíveis, o cônjuge e os parentes consanguíneos ou afins, até o segundo grau, do Presidente da República, de Governador de Estado ou do Distrito Federal, e de Prefeito, no mesmo território do titular, salvo se já estiver no exercício de mandato eletivo e concorrendo à reeleição.

d) Os Magistrados e membros do Ministério Público são alistáveis e elegíveis, devendo afastar-se da atividade durante o período eleitoral, e passando automaticamente para a inatividade se contarem com mais de dez anos de serviço quando eleitos.

COMENTÁRIOS

Alternativa "a": os direitos políticos nunca poderão ser cassados, por expressa vedação Constitucional. No caso de condenação criminal transitada em julgado, haverá a suspensão, nos termos do art. 15, III, da CF.

Alternativa "b": a prática de atos de improbidade administrativa poderá acarretar a perda da função pública e a suspensão dos direitos políticos, independentemente de ação penal. Isso ocorre, tendo em vista que o § 4º do art. 37 da CF, estabelece que os atos de improbidade administrativa importarão a suspensão dos direitos políticos, a perda da função pública, a indisponibilidade dos bens e o ressarcimento ao erário, na forma e gradação previstas em lei, **sem prejuízo da ação penal cabível.**

Alternativa "c": são inelegíveis, no território de jurisdição do titular, o cônjuge e os parentes consanguíneos ou afins, até o segundo grau ou por adoção, do Presidente da República, de Governador de Estado ou Território, do Distrito Federal, de Prefeito ou de quem os haja substituído dentro dos seis meses anteriores ao pleito, salvo se já titular de mandato eletivo e candidato à reeleição (art. 14, § 7º, da CF).

Alternativa "d": a alternativa misturou as regras estabelecidas para Magistrados e membros do Ministério Público com o regramento instituído para os militares. É vedada a atividade político-partidária de membros do MP (art. 128, § 5º, II, *e*, da CF), de modo que, "[...] caso um membro do MP ingressante na carreira após a EC 45/04 deseje se candidatar a cargo eletivo deverá afastar-se definitivamente do cargo, a fim de filiar-se a partido político." (BARREIROS NETO, Jaime. *Direito eleitoral – Vol. 40*: coleção sinopses para concursos. 6. ed. Salvador: Judpodivm, 2016, p. 165). Quanto aos Magistrados, a vedação é estabelecida pelo art. 95, parágrafo único, III, da CF. Em relação aos militares, devemos observas as seguintes regras: 1. São inalistáveis (para votarem ou serem votados) os estrangeiros e os **conscritos, durante o período militar obrigatório**; 2. O **militar alistável é elegível**, sendo que, se contar **mais de dez anos de serviço**, será agregado pela autoridade superior e, se eleito, passará automaticamente, no ato da diplomação, para a inatividade, e, **se contar menos** de dez anos de serviço, deverá afastar-se da atividade.

Alternativa correta: letra "c".

---

82. (Cespe – Analista Judiciário – Área Judiciária – TRE – MT/2015) Acerca dos princípios fundamentais e dos direitos e garantias fundamentais, assinale a opção correta.

a) Lei que altere o processo eleitoral poderá ser aplicada a pleito eletivo realizado no ano de sua edição, desde que editada no prazo de cento e oitenta dias anteriores à eleição.

b) A hipótese de inelegibilidade em razão de parentesco prevista na CF para os cargos de prefeito e governador engloba a candidatura de cônjuges ou parentes até segundo grau em todo o território nacional, enquanto durar o mandato.

c) Dado o princípio da dignidade da pessoa humana, tratado sobre direitos humanos ratificado pelo Brasil é automaticamente internalizado na legislação pátria como emenda constitucional.

d) Nos termos da CF, o exercício da soberania popular poderá ser exercido diretamente pelo povo, por meio de instrumentos como o referendo e o plebiscito.

e) Em decorrência de ausência de previsão constitucional, estrangeiro residente no país preso pela polícia por se envolver em uma briga após assistir a jogo de futebol em estádio não poderá impetrar o remédio do habeas corpus.

COMENTÁRIOS

Alternativa "a": nos termos do art. 16 da CF, a lei que alterar o processo eleitoral entrará em vigor na data de sua publicação, **não se aplicando à eleição que ocorra até um ano da data de sua vigência**.

Alternativa "b": são inelegíveis, **no território de jurisdição do titular** (e não em todo território nacional), o cônjuge e os parentes consanguíneos ou afins, até o segundo grau ou por adoção, do Presidente da República, de Governador de Estado ou Território, do Distrito Federal, de Prefeito ou de quem os haja substituído **dentro dos seis meses anteriores ao pleito**, salvo se já titular de mandato eletivo e candidato à reeleição.

Alternativa "c": os tratados e convenções internacionais sobre direitos humanos que forem aprovados, em cada Casa do Congresso Nacional, em dois turnos, por três quintos dos votos dos respectivos membros, serão equivalentes às emendas constitucionais (art. 5º, § 3º, da CF). Ou seja, tratado sobre direitos humanos ratificado pelo Brasil **não** é automaticamente internalizado na legislação pátria como emenda constitucional, devendo obter aprovação nos moldes elencados no art. 5º, § 3º, da CF.

Alternativa "d": conforme consta do art. 1º da CF, todo o poder emana do povo, que o exerce por meio de representantes eleitos **ou diretamente**, nos termos desta Constituição. O art. 14 da CF, por sua vez, institui que **a soberania popular** será exercida pelo sufrágio universal e pelo voto direto e secreto, com valor igual para todos, e, nos termos da lei, mediante: I – plebiscito; II – referendo; III – iniciativa popular. O referendo e o plebiscito, ao lado da iniciativa popular, são exemplos de instrumentos por meio do qual a soberania popular é exercida diretamente. Insta destacar, nesse ponto, que o Brasil adotou (a partir da exegese do parágrafo único do artigo 1º c.c. o artigo 14, ambos da CF) uma Democracia Semidireta ou Participativa, que configura sistema híbrido, em que se tem uma democracia representativa com atributos da democracia direta. Nesse sistema, além da participação direta e concreta do cidadão na democracia representativa, há também um controle popular sobre os atos estatais.

Alternativa "e": por dicção **expressa** do *caput* do art. 5º da CF, os direitos e deveres individuais e coletivos **são aplicados aos estrangeiros residentes no País**, sendo plenamente possível, por conta disso, que impetrem *habeas corpus*. Acrescenta-se, que apesar do *caput* do artigo 5º garanti-los apenas a brasileiros e estrangeiros residentes no Brasil, a doutrina e o STF os estendem também para estrangeiros em trânsito e pessoas jurídicas (HC 94.016, julgado em 2008 e relatado pelo Ministro Celso de Mello). Por conta disso, ao estrangeiro, residente no exterior, é assegurado o direito de impetrar *habeas corpus* (STF, HC 94.404, julgado em 2008 e relatado pelo Ministro Celso de Mello).

Alternativa correta: letra "d".

---

83. (FCC – Analista Judiciário – Área Judiciária – TRE-RO/2013) Considere a seguinte situação hipotética: Simone é Deputada Estadual. Durante seu mandato, seu irmão, Gabriel, foi eleito Presidente da República. Simone pretende se candidatar à reeleição. Neste caso, no tocante ao parentesco de segundo grau apresentado, a candidatura de Simone é

a) válida apenas se tiver ocorrido o registro de sua candidatura antes da posse de Gabriel.

b) inválida em razão da sua inelegibilidade.

c) válida segundo as normas previstas na Constituição Federal.

d) válida apenas se tiver ocorrido o registro de sua candidatura antes da diplomação de Gabriel.

e) inválida sem a anuência expressa do Tribunal Superior Eleitoral.

COMENTÁRIOS

✪ **Nota do autor:** a situação-problema exige que o candidato interprete o texto constitucional corretamente. Recomendamos, pois, especialmente no tema dos direitos políticos, que o amigo leitor estude por meio de exemplos.

Alternativa "c" (responde a todas as alternativas): de acordo com o art. 14, § 7º, da CF, são inelegíveis, no território de jurisdição do titular, o cônjuge e os parentes consanguíneos ou afins, até o segundo grau ou por adoção, do Presidente da República, de Governador de Estado ou Território, do Distrito Federal, de Prefeito ou de quem os haja substituído dentro dos seis meses anteriores ao pleito, **salvo se já titular de mandato eletivo e candidato à reeleição**. É essa exceção negritada na parte final do dispositivo que traz a resposta correta para a questão. À luz do mandamento constitucional, em regra, a irmã do Presidente da República é inelegível para qualquer cargo público político eletivo no Brasil. Entretanto, caso ela seja candidata a reeleição (exatamente o caso de Simone), o fato de seu irmão Gabriel ser Presidente da República não a torna inelegível e a eleição de Simone é válida segundo a exceção prevista na Constituição Federal.

Alternativa correta: letra "c".

84. (Cespe – Analista Judiciário – Área Judiciária – TRE-MS/2013) Relativamente aos direitos e garantias fundamentais, assinale a opção correta.

a) Os analfabetos são inelegíveis.

b) A CF autoriza a criação de partido político de caráter regional, mas condiciona essa criação ao registro dos estatutos da agremiação política no TRE.

c) A lei que alterar o processo eleitoral e os casos de inelegibilidade terá aplicação imediata, por força do princípio da probidade administrativa.

d) A objeção de consciência é protegida constitucionalmente, podendo o cidadão invocá-la para eximir-se de obrigação legal a todos imposta e para se recusar a cumprir prestação alternativa fixada em lei.

e) O estrangeiro residente no Brasil, por não ser cidadão brasileiro, não possui o direito de votar e de impetrar habeas corpus.

COMENTÁRIOS

Alternativa "a": nos exatos termos do art. 14, § 4º, da CF, são inelegíveis os inalistáveis e os analfabetos.

Alternativa "b": a CF, em seu art. 17, autoriza a criação de partido político de caráter **nacional** (não regional). Ademais, é o **registro na forma da lei civil** que confere personalidade jurídica ao partido político. **O registro do estatuto no TSE (não no TRE) é medida posterior**.

Alternativa "c": a lei que alterar o processo eleitoral entrará em vigor na data de sua publicação, **não se aplicando à eleição que ocorra até um ano da data de sua vigência** (art. 16 da CF).

Alternativa "d": a escusa de consciência, protegida pelo art. 5º, VIII, da CF, preceitua que, **ninguém será privado de direitos por motivo de crença religiosa ou de convicção filosófica ou política, salvo** se as invocar para eximir-se de obrigação legal a todos imposta e recusar-se a cumprir prestação alternativa, fixada em lei.

Alternativa "e": o estrangeiro residente no Brasil, por não ser cidadão brasileiro, não possui o direito de votar, consoante art. 14, § 2º, da CF. Entretanto, ele **poderá impetrar *habeas corpus*, pois se trata de direito assegurado a brasileiros e estrangeiros residentes no Brasil**, consoante art. 5º, *caput*, da CF. Para fins de aprofundamento, vale notar que, apesar de o *caput* do artigo 5º garantir direitos apenas a brasileiros e estrangeiros residentes no Brasil, a doutrina e o STF os estende também para estrangeiros em trânsito e pessoas jurídicas (HC 94.016, julgado em 2008 e relatado pelo Ministro Celso de Mello).

Alternativa correta: letra "a".

85. (FCC – Analista Judiciário – Área Judiciária – TRE-PR/2012) Em 4 de junho de 2010, foi promulgada a Lei Complementar nº 135, que, alterando parcialmente legislação preexistente, estabeleceu hipóteses de inelegibilidade que visam a proteger a probidade administrativa e a moralidade no exercício do mandato. O Plenário do Supremo Tribunal Federal, em março de 2011, por maioria de votos, deu provimento a recurso extraordinário, interposto em face de decisão do Tribunal Superior Eleitoral, que indeferira o registro de candidatura do recorrente ao cargo de deputado estadual nas eleições de 2010, para o fim de reconhecer que as alterações efetuadas pela lei em questão não se aplicariam às eleições gerais daquele ano.

A esse respeito, considere as seguintes afirmações:

I. O Supremo Tribunal Federal invadiu competência do Tribunal Superior Eleitoral, cujas decisões em matéria de direito eleitoral são irrecorríveis, por expressa determinação constitucional.

II. A decisão do Supremo Tribunal Federal não poderia ter gerado efeitos sobre as eleições gerais já realizadas, em decorrência do princípio constitucional da irretroatividade em face do ato jurídico perfeito e da coisa julgada.

III. A decisão do Supremo Tribunal Federal fez prevalecer o princípio constitucional da anterioridade eleitoral, segundo o qual a lei que alterar o processo eleitoral entrará em vigor na data de sua publicação, não se aplicando à eleição que ocorra até um ano da data de sua vigência.

Está correto o que se afirma APENAS em

a) I e II.

b) I.

c) II.

d) III.

e) II e III.

COMENTÁRIOS

✪ **Nota do autor:** a questão envolve julgamento do STF que gerou grande repercussão. Vale a pena ficar ligado nas novidades. O examinador tende a cobrá-las nas provas.

Assertiva "I": O Supremo Tribunal Federal **não** invadiu competência do Tribunal Superior Eleitoral, pois decisões em matéria de direito eleitoral são irrecorríveis, **ressalvadas as que contrariarem esta Constituição** (como no caso narrado) e as denegatórias de "habeas-corpus" ou mandado de segurança (art. 121, § 3º, da CF).

Assertiva "II": . A decisão do Supremo Tribunal Federal não poderia ter gerado efeitos sobre as eleições gerais já realizadas, em decorrência do princípio constitucional da **anterioridade ou anualidade eleitoral** (não da irretroatividade em face do ato jurídico perfeito e da coisa julgada), nos termos do art. 16, da CF: "A lei que alterar o processo eleitoral entrará em vigor na data de sua publicação, não se aplicando à eleição que ocorra até um ano da data de sua vigência".

Assertiva "III": A decisão do Supremo Tribunal Federal fez prevalecer o princípio constitucional da anterioridade eleitoral, segundo o qual a lei que alterar o processo eleitoral entrará em vigor na data de sua publicação, não se aplicando à eleição que ocorra até um ano da data de sua vigência (art. 16, da CF).

Alternativa correta: letra "d".

---

86. (FCC – Analista Judiciário – Área Judiciária – TRE-SP/2012) De acordo com as normas da Constituição da República, é correto afirmar que

a) são inelegíveis, no território de jurisdição do titular, o cônjuge e os parentes consanguíneos ou afins, até o segundo grau ou por adoção, do Presidente da República, ou de quem o haja substituído dentro dos seis meses anteriores ao pleito, salvo se já titular de mandato eletivo e candidato à reeleição.

b) são inelegíveis os brasileiros natos extraditados.

c) são alistáveis como eleitores os militares, ainda que conscritos, durante o período de serviço militar obrigatório.

d) é vedado ao legislador estabelecer outros casos de inelegibilidade além daqueles previstos na Constituição da República.

e) o Presidente da República, os Governadores de Estado e do Distrito Federal e os Prefeitos podem concorrer a outros cargos no exercício dos respectivos mandatos.

COMENTÁRIOS

Alternativa "a": de acordo com o art. 14, § 7º, da CF, são inelegíveis, no território de jurisdição do titular, o cônjuge e os parentes consanguíneos ou afins, até o segundo grau ou por adoção, do Presidente da República, ou de quem o haja substituído dentro dos seis meses anteriores ao pleito, salvo se já titular de mandato eletivo e candidato à reeleição.

Alternativa "b": não há regra constitucional no sentido de que são inelegíveis os brasileiros natos extraditados.

Alternativa "c": o militar alistável é elegível, atendidas as seguintes condições: I – se contar menos de dez anos de serviço, deverá afastar-se da atividade; II – se contar mais de dez anos de serviço, será agregado pela autoridade superior e, se eleito, passará automaticamente, no ato da diplomação, para a inatividade (art. 14, § 8º, da CF). Ademais, **não podem alistar-se** como eleitores os estrangeiros e, **durante o período do serviço militar obrigatório, os conscritos** (art. 14, § 2º, da CF), e **são inelegíveis os inalistáveis e os conscritos** (art. 14, § 4º, da CF).

Alternativa "d": não é vedado ao legislador estabelecer outros casos de inelegibilidade além daqueles previstos na Constituição da República. Consoante art. 14, § 9º, da CF, **Lei complementar estabelecerá outros casos de inelegibilidade** e os prazos de sua cessação, a fim de proteger a probidade administrativa, a moralidade para exercício de mandato considerada vida pregressa do candidato, e a normalidade e legitimidade das eleições contra a influência do poder econômico ou o abuso do exercício de função, cargo ou emprego na administração direta ou indireta.

Alternativa "e": o Presidente da República, os Governadores de Estado e do Distrito Federal e os Prefeitos **não** podem concorrer a outros cargos no exercício dos respectivos mandatos. Nos termos do art. 14, § 6º, da CF**, para concorrerem a outros cargos, o Presidente da República, os Governadores de Estado e do Distrito Federal e os Prefeitos devem renunciar aos respectivos mandatos** até seis meses antes do pleito.

Alternativa correta: letra "a".

---

87. (FCC – Analista Judiciário – Área Judiciária – TRE-SP/2012) Suponha que um acórdão proferido por determinado Tribunal Regional Eleitoral tenha declarado a inelegibilidade de certo candidato às eleições. Na ocasião, o Tribunal interpretou a lei aplicável ao caso de modo divergente da interpretação conferida por outros Tribunais Regionais Eleitorais. Contra esse acórdão, o candidato

a) não poderá interpor qualquer recurso.

b) poderá interpor recurso fundado em divergência jurisprudencial, bem como fundado no fato de que o acórdão versou sobre matéria de inelegibilidade.

c) poderá apenas interpor recurso com fundamento em divergência jurisprudencial.

d) poderá apenas interpor recurso fundado em violação de disposição expressa da Constituição da República.

e) poderá apenas interpor recurso fundado em violação de disposição expressa de lei.

COMENTÁRIOS

Alternativa "b" (responde todas as alternativas): o candidato poderá interpor recurso fundado em divergência jurisprudencial, bem como fundado no fato de que o acórdão versou sobre matéria de inelegibilidade. **Assim autoriza o art. 121, § 4º, da CF**: "Das decisões dos Tribunais Regionais Eleitorais somente caberá recurso quando: I – forem proferidas contra disposição expressa desta Constituição ou de lei; II – ocorrer divergência na interpretação de lei entre dois ou mais tribunais eleitorais; III – versarem sobre inelegibilidade ou expedição de diplomas nas eleições federais ou estaduais; IV – anularem diplomas ou decretarem a perda de mandatos eletivos federais ou estaduais".

Alternativa correta: letra "b".

---

88. (Analista Judiciário – Área Judiciária TRE/RN 2011 – FCC) Maurício, Alice, Roberto e Ronaldo são irmãos e almejam cargos públicos eletivos. Maurício tem vinte e um anos de idade; Alice tem trinta anos de idade; Roberto tem trinta e três anos de idade e Ronaldo tem trinta e cinco anos de idade. Nestes casos, com relação à condição de elegibilidade relacionada à idade, pode(m) concorrer ao cargo de Governador do Estado do Rio Grande do Norte

a) Alice e Roberto, apenas.

b) Ronaldo, apenas.

c) Maurício, Alice, Roberto e Ronaldo.

d) Roberto e Ronaldo, apenas.

e) Alice, Roberto e Ronaldo, apenas.

COMENTÁRIOS

✪ **Nota do autor:** questão sob a forma de uma situação-problema são comuns nas provas da FCC. Fazemos esse alerta para que o candidato, ao estudar, procure sempre buscar a aplicação prática do conteúdo apreendido.

Alternativa "e" (responde todas as alternativas): o art. 14, § 3º, VI, "b", da CF, exige idade mínima de 30 anos para o cargo de Governador. Portanto, apenas Alice (30 anos), Roberto (33 anos) e Ronaldo (35 anos) podem concorrer ao cargo de Governador do Estado do Rio Grande do Norte.

Alternativa correta: letra "e".

---

89. (Analista Judiciário – Área Judiciária TRE/ES 2011 – CESPE) Considerando as disposições constantes da Constituição Federal de 1988 (CF) relativas aos direitos políticos e aos partidos políticos, julgue os itens subsequentes.

Os partidos políticos adquirem personalidade jurídica mediante o registro de seus estatutos no Tribunal Superior Eleitoral (TSE).

Todos os que sofrem condenação criminal com trânsito em julgado estão com seus direitos políticos suspensos até que ocorra a extinção da punibilidade, como consequência automática da sentença condenatória.

COMENTÁRIOS

Errado. Os partidos políticos adquirem personalidade jurídica **na forma da lei civil,** e depois registram seus estatutos no Tribunal Superior Eleitoral (TSE). Assim dispõe o art. 17, § 2º, da CF.

Certo. Todos os que sofrem condenação criminal com trânsito em julgado estão com seus direitos políticos suspensos até que ocorra a extinção da punibilidade, como consequência automática da sentença condenatória, nos termos do art. 15, III, da CF.

4. ORGANIZAÇÃO DO ESTADO

▸ CF, artigos 18 a 36.

---

90. (Cespe – Analista Judiciário – Área Judiciária – TRE – MT/2015) Assinale a opção correta, acerca da organização do Estado e da administração pública.

a) Embora não possuam constituição, os municípios, em simetria com os estados, têm autonomia administrativa e desempenham as funções dos Poderes Executivo, Judiciário e Legislativo.

b) A competência material ou administrativa, comum aos entes federativos, caracteriza-se como atividade legiferante.

c) Quaisquer vantagens pecuniárias concedidas aos servidores ativos devem ser estendidas aos inativos, dada a garantia constitucional de paridade plena entre servidores ativos e inativos.

d) Em caso de extinção de cargo público por meio de lei, o servidor estável que o ocupe perderá sua função pública, mas será indenizado na proporção dos anos trabalhados.

e) No âmbito da competência legislativa concorrente, para atender a suas peculiaridades, os estados-membros poderão editar leis estaduais sobre normas gerais que a União, por inércia, não tiver editado.

COMENTÁRIOS

Alternativa "a": os Municípios são regidos por leis orgânicas (e mão Constituições). **Não desempenham, todavia funções judiciárias**.

Alternativa "b": a competência material ou administrativa não se caracteriza como atividade legiferante. Na verdade ela é não-legislativa. Vale destaque, a clara distinção apresentada por Dirley da Cunha Júnior: "A competência legislativa é aquela que credencia as entidades federadas a elaborar suas leis, para dispor de seu próprio direito, através de seu poder legislativo para tanto organizado. [...]. A competência material, também chamada de competência não legislativa ou competência geral ou de execução, é aquela concebida para dispor sobre assuntos político-administrativos." (*Curso de direito constitucional*. 10. ed. Salvador: Juspodivm, 2016, p. 781).

Alternativa "c": não são quaisquer vantagens pecuniárias concedidas aos servidores ativos devem ser estendidas aos inativos, pois não se adota mais a paridade plena entre servidores ativos e inativos. Com o advento da EC 41/2003, modificando o § 8º do art. 40 da CF, deixou de adotar no Brasil a regra da paridade plena entre ativos e inativos.

Alternativa "d": nos termos do art. 41, § 3º da CF, extinto o cargo ou declarada a sua desnecessidade, o servidor estável ficará em **disponibilidade**, com **remuneração proporcional** ao tempo de serviço, **até seu adequado aproveitamento em outro cargo**.

Alternativa "e": de acordo com o art. 24 da CF, no âmbito da legislação concorrente, a competência da União limitar-se-á a estabelecer normas gerais (§ 1º). A competência da União para legislar sobre normas gerais não exclui a competência suplementar dos Estados (§ 2º). **Inexistindo lei federal sobre normas gerais, os Estados exercerão a competência legislativa plena, para atender a suas peculiaridades** (§ 3º). A superveniência de lei federal sobre normas gerais suspende a eficácia da lei estadual, no que lhe for contrário (§ 4º).

Alternativa correta: letra "e".

---

91. (Analista Judiciário - Área Judiciária TRE/TO 2011 - FCC) Fomentar a produção agropecuária e organizar o abastecimento alimentar é competência

a) comum da União, dos Estados, do Distrito Federal e dos Municípios.
b) privativa da União.
c) concorrente da União, dos Estados, do Distrito Federal e dos Municípios.
d) privativa dos Estados e do Distrito Federal.
e) privativa dos Municípios.

COMENTÁRIOS

Alternativa "a" (responde todas as alternativas): fomentar a produção agropecuária e organizar o abastecimento alimentar é competência comum da União, dos Estados, do Distrito Federal e dos Municípios (art. 23, VIII, da CF).

Alternativa correta: letra "a".

---

92. (Analista Judiciário - Área Judiciária TRE/RN 2011 - FCC) A União poderá intervir nos Estados ou no Distrito Federal para assegurar a observância do princípio constitucional da autonomia municipal. Neste caso, a decretação da intervenção dependerá de

a) solicitação do Poder Legislativo ou do Poder Executivo coacto ou impedido.
b) provimento, pelo Supremo Tribunal Federal, de representação do Procurador-Geral da República.
c) requisição do Supremo Tribunal Federal.
d) provimento, pelo Supremo Tribunal Federal, de representação do Município envolvido.
e) provimento, pelo Supremo Tribunal Federal, de representação do Presidente da República.

COMENTÁRIOS

✪ **Nota do autor:** intervenção é mais um tema clássico da FCC. Estude com afinco os artigos 34 a 36 da CF.

Alternativa "a": a decretação de intervenção dependerá de solicitação do Poder Legislativo ou do Poder Executivo coacto ou impedido quando for para **garantir o livre exercício desses Poderes**, de acordo com art. 34, IV c/c art. 36, I, ambos da CF.

Alternativa "b": A União poderá intervir nos Estados ou no Distrito Federal para assegurar a observância do princípio constitucional da autonomia municipal, constante no art. 34, VII, "c", da CF. Neste caso, a decretação da intervenção dependerá de provimento, pelo Supremo Tribunal Federal, de representação do Procurador-Geral da República, segundo art. 36, III, da CF.

Alternativa "c": consoante art. 36, II, da CF, a decretação de intervenção dependerá de requisição do Supremo Tribunal Federal no caso de **desobediência a ordem ou decisão judiciária.**

Alternativa "d": a decretação de intervenção dependerá de provimento, pelo Supremo Tribunal Federal, de representação do **Procurador-Geral da República** na hipótese de **violação dos princípios constitucionais elencados no art. 34, VII, da CF**, ou no caso de **recusa à execução de lei federal** (art. 36, III, da CF).

Alternativa "e": a decretação de intervenção dependerá de provimento, pelo Supremo Tribunal Federal, de representação do **Procurador-Geral da República** na hipótese de **violação dos princípios constitucionais elencados no art. 34, VII, da CF**, ou no caso de **recusa à execução de lei federal** (art. 36, III, da CF).

Alternativa correta: letra "b".

---

93. (Analista Judiciário - Área Judiciária TRE/ES 2011 - CESPE) Julgue os próximos itens, relativos à organização do Estado.

Tanto a decretação quanto a execução de intervenção federal são da competência privativa do presidente da República.

No processo de formação de novos estados-membros, a CF considera pressuposto fundamental o parecer favorável das assembleias legislativas dos estados envolvidos. Caso o posicionamento destas seja contrário à formação, não se poderá dar prosseguimento ao processo.

COMENTÁRIOS

Certo. Compete privativamente ao Presidente da República decretar e executar a intervenção federal, conforme art. 84, X, da CF.

Errado. No processo de formação de novos estados-membros, a CF, em seu art. 18, § 3º, considera pressuposto fundamental a **aprovação da população diretamente interessada, através de plebiscito, e do Congresso Nacional, por lei complementar**. Nos termos da Lei 9.709/98, art. 4º, § 3º, as assembleias legislativas dos estados envolvidos serão ouvidas, de modo que seu parecer **não é vinculante**. Assim, em tese, o processo de formação de novos estados-membros só não seguirá caso o posicionamento da população seja contrário.

---

94. (Analista Judiciário – Área Judiciária TRE/BA/ 2010 – CESPE) A respeito da organização do Estado e da intervenção do estado no município, segundo a Constituição Federal de 1988 (CF), julgue os itens subsequentes.

A instituição de regiões metropolitanas pelos estados federados dispensa a edição prévia de lei complementar federal, diante da autonomia que lhes foi conferida pela CF.

A intervenção do estado no município tem caráter excepcional e é permitida nas hipóteses previstas na CF e eventualmente estabelecidas na respectiva constituição estadual.

COMENTÁRIOS

Certo. A instituição de regiões metropolitanas pelos estados federados depende da edição prévia de lei complementar estadual, consoante art. 25, § 3º, da CF.

Errado. A intervenção do estado no município tem caráter excepcional e é permitida **apenas** nas hipóteses previstas no art. 35 da CF, pois o rol é taxativo.

---

95. (Analista Judiciário – Área Judiciária TRE/AL 2010 – FCC) É INCORRETO afirmar que entre os bens dos Estados incluem-se

a) as terras devolutas não compreendidas entre as da União.
b) as águas superficiais ou subterrâneas, fluentes, emergentes e em depósito, ressalvadas, neste caso, na forma da lei, as decorrentes de obras da União.
c) as áreas, nas ilhas oceânicas e costeiras, que estiverem no seu domínio, excluídas aquelas sob domínio da União, Municípios ou terceiros.
d) as ilhas fluviais e lacustres não pertencentes à União.
e) o mar territorial e os potenciais de energia hidráulica.

COMENTÁRIOS

Alternativa "a": as terras devolutas não compreendidas entre as da União são bens dos Estados (art. 26, IV, da CF).

Alternativa "b": são bens dos Estados as águas superficiais ou subterrâneas, fluentes, emergentes e em depósito, ressalvadas, neste caso, na forma da lei, as decorrentes de obras da União (art. 26, I, da CF).

Alternativa "c": são bens dos Estados as áreas, nas ilhas oceânicas e costeiras, que estiverem no seu domínio, excluídas aquelas sob domínio da União, Municípios ou terceiros (art. 26, II, da CF).

Alternativa "d": as ilhas fluviais e lacustres não pertencentes à União (art. 26, III, da CF).

Alternativa "e" (a questão pede o "incorreto"): o mar territorial e os potenciais de energia hidráulica são bens **da União**, segundo art. 20, VI e VIII, da CF.

Alternativa correta: letra "e".

---

96. (Analista Judiciário – Área Judiciária TRE/RS 2010 – FCC) Dentre outros preceitos que devem ser atendidos pelas Leis Orgânicas Municipais encontra-se o da

a) cooperação das associações representativas no planejamento municipal e organização das funções legislativas e fiscalizadoras da Câmara Municipal.
b) iniciativa popular de projetos de lei de interesse geral do Município, através de manifestações de pelo menos três por cento do eleitorado.
c) inviolabilidade dos Vereadores por suas opiniões, palavras e votos, tanto no exercício do mandato como fora dele e na circunscrição do respectivo Estado.
d) fixação dos subsídios do Prefeito, Vice-Prefeito e Secretários Municipais mediante lei de iniciativa da Assembleia Legislativa do respectivo Estado ou da Câmara Legislativa do Distrito Federal.
e) limitação da despesa com a remuneração dos Vereadores que não poderá ultrapassar o montante de sete por cento da receita do Município.

COMENTÁRIOS

Alternativa "a": a cooperação das associações representativas no planejamento municipal e a organização das funções legislativas e fiscalizadoras da

Câmara Municipal são um dos preceitos que devem ser atendidos pelas Leis Orgânicas Municipais, de acordo com art. 29, XII e XII, da CF.

Alternativa "b": a iniciativa popular de projetos de lei de interesse geral do Município, através de manifestações de pelo menos **cinco** por cento do eleitorado, é preceito que deve ser atendido pelas Leis Orgânicas Municipais, consoante art. 29, XIII, da CF

Alternativa "c": é preceito que deve ser atendido pelas Leis Orgânicas Municipais a inviolabilidade dos Vereadores por suas opiniões, palavras e votos **no exercício do mandato** (mas não fora dele) e na circunscrição do respectivo **Município**, nos termos do art. 29, VIII, da CF.

Alternativa "d": o art. 29, V, da CF, estabelece como preceito que deve ser atendido pelas Leis Orgânicas Municipais a fixação dos subsídios do Prefeito, Vice-Prefeito e Secretários Municipais mediante lei de iniciativa da **Câmara Municipal** do respectivo Município.

Alternativa "e": é preceito que deve ser atendido pelas Leis Orgânicas Municipais a limitação da despesa com remuneração dos Vereadores que não poderá ultrapassar o montante de **cinco** por cento da receita do Município, conforme art. 29, VII, da CF.

Alternativa correta: letra "a".

4.1. ORGANIZAÇÃO POLÍTICO-ADMINISTRATIVA

▸ CF, artigos 18 a 36.

97. (IBFC – Técnico Judiciário – Área Administrativa – TRE – PA/2020) Em que pese peculiaridades locais, os estados federativos são caracterizados, de um modo geral, pela existência de uma Constituição rígida, descentralização política, repartição de competências e receitas, soberania do Estado federal, inexistência do direito de secessão e um órgão guardião da Constituição. Segundo a Constituição Federal de 1988 (CF/88), analise as afirmativas abaixo:

I. É assegurada, nos termos da lei, aos Estados, ao Distrito Federal e aos Municípios, bem como aos órgãos da administração direta da União, exclusivamente, a participação no resultado da exploração de petróleo ou gás natural, de recursos hídricos para fins de geração de energia elétrica e de outros recursos minerais no respectivo território, plataforma continental, mar territorial ou zona econômica exclusiva, ou compensação financeira por essa exploração.

II. Compete privativamente à União legislar sobre normas gerais de organização, efetivos, material bélico, garantias, convocação, mobilização, inatividades e pensões das polícias militares e dos corpos de bombeiros militares.

III. Inexistindo lei federal sobre normas gerais, os estados exercerão a competência legislativa plena, para atender a suas peculiaridades. Contudo, a superveniência de lei federal sobre normas gerais revogará a lei estadual, no que lhe for contrário.

IV. Constitui crime de responsabilidade do Prefeito Municipal: efetuar repasse que supere os limites definidos no artigo 29 da CF/88; não enviar o repasse até o dia vinte de cada mês; ou enviá-lo a maior em relação à proporção fixada na Lei Orçamentária.

Assinale a alternativa correta.

a) Apenas as afirmativas I, II e IV estão corretas
b) Apenas as afirmativas II e IV estão corretas
c) Apenas as afirmativas III e IV estão corretas
d) Apenas a afirmativa II está correta

COMENTÁRIOS

Item "I". Incorreto. Nos termos do art. 20, §1º da CF/88: "É assegurada, nos termos da lei, **à União, aos Estados, ao Distrito Federal e aos Municípios** a participação no resultado da exploração de petróleo ou gás natural, de recursos hídricos para fins de geração de energia elétrica e de outros recursos minerais no respectivo território, plataforma continental, mar territorial ou zona econômica exclusiva, ou compensação financeira por essa exploração.".

Item "II". Correto. É o que determina o art. 22, XXI da CF/88.

Item "III". Incorreto. O art. 24 da CF/88 estabelece em seu §3º que: "Inexistindo lei federal sobre normas gerais, os Estados exercerão a competência legislativa plena, para atender a suas peculiaridades.". Já o §4º determina que: "A superveniência de lei federal sobre normas gerais **suspende** a eficácia da lei estadual, no que lhe for contrário.".

Item "IV". Incorreto. O art. 29-A da CF/88 prevê, em seu §2º, que constitui crime de responsabilidade do Prefeito Municipal: efetuar repasse que supere os limites definidos nesse artigo; não enviar o repasse até o dia vinte de cada mês ou enviá-lo **a menor em relação à proporção fixada na Lei Orçamentária.**

Alternativa correta: "d".

98. (Cespe – Técnico Judiciário – Área Administrativa – TRE – PE/2017) Com referência à organização político-administrativa do Estado, assinale a opção correta.

a) De acordo com a CF, o Distrito Federal — unidade federada indivisível em municípios — é a capital federal do país.

b) Os municípios são subordinados administrativamente aos estados em que estiverem localizados.

c) Do ponto de vista político-administrativo, os estados federados são subordinados à União.

d) É permitido à União, mas vedado aos estados, recusar fé aos documentos públicos.

e) É vedado a todos os entes da Federação estabelecer cultos religiosos.

COMENTÁRIOS

Alternativa "a": a capital federal do país é **Brasília**, conforme **art. 18, § 1º, da CF**: "Art. 18. A organização político-administrativa da República Federativa do Brasil compreende à União, aos Estados, o Distrito Federal e os Municípios, todos autônomos, nos termos desta Constituição. § 1º Brasília é a capital Federal".

Alternativa "b": os entes federados são autônomos entre si, não existindo hierarquia entre eles.

Alternativa "c": é vedado à União, assim como também é vedado aos Estados, ao Distrito Federal e aos Municípios, recusar fé aos documentos públicos, conforme art. 19, inciso II, da CF: "Art. 19. É vedado à União, aos Estados, ao Distrito Federal e aos Municípios: II – recusar fé aos documentos públicos".

Alternativa "d": conforme explicação à alternativa "c", tal vedação se aplica à União, aos Estados, ao Distrito Federal e aos Municípios.

Alternativa "e": a assertiva está em conformidade com o **art. 19, inciso I, da CF**: "Art. 19. É vedado à União, aos Estados, ao Distrito Federal e aos Municípios: I – estabelecer cultos religiosos ou igrejas, subvenciona-los, embaraçar-lhes o funcionamento ou manter com eles ou seus representantes relações de dependência ou aliança, ressalvada, na forma da lei, a colaboração de interesse público".

Alternativa correta: letra "e".

---

99. (FCC – Analista Judiciário – Área Judiciária – TRE – SP/2017) À luz da Constituição Federal e da jurisprudência do Supremo Tribunal Federal, considere:

I. Os Estados podem incorporar-se entre si, subdividir-se ou desmembrar-se para se anexarem a outros, ou formarem novos Estados ou Territórios Federais, mediante aprovação da população diretamente interessada, através de plebiscito, e do Congresso Nacional, por Emenda Constitucional.

II. A criação, a incorporação, a fusão e o desmembramento de Municípios far-se-ão por lei estadual, dentro do período determinado por Lei Complementar Federal, e dependerão de consulta prévia, mediante plebiscito, às populações dos Municípios envolvidos, após divulgação dos Estudos de Viabilidade Municipal, apresentados e publicados na forma da lei.

III. No caso de desmembramento de Município, é necessária tanto a consulta à população do território a ser desmembrado, quanto a do território remanescente.

IV. No caso de desmembramento de Estado, não é necessária a consulta à população do território remanescente, uma vez que a Constituição Federal exige apenas a consulta da população diretamente interessada.

Está correto o que consta APENAS em

a) I e II.

b) I e III.

c) II e III.

d) II e IV.

e) III e IV.

COMENTÁRIOS

Assertiva I: A aprovação pelo Congresso deve se dar através de **lei complementar, e não emenda constitucional**, conforme art. 18, § 3º, da CF: "Os Estados podem incorporar-se entre si, subdividir-se ou desmembrar-se para se anexarem a outros, ou formarem novos Estados ou Territórios Federais, **mediante aprovação da população diretamente interessada, através de plebiscito, e do Congresso Nacional, por lei complementar**".

Assertiva II: certa. A assertiva apresenta o texto do art. 18, § 4º da CF: "**A criação, a incorporação, a fusão e o desmembramento de Municípios far-se-ão por lei estadual, dentro do período determinado por lei complementar federal, e dependerão de consulta prévia, mediante plebiscito, às populações dos Municípios envolvidos, após divulgação dos Estudos de Viabilidade Municipal, apresentados e publicados na forma da lei**".

Assertiva III: A assertiva está de acordo com o disposto no art. 18, § 4º da CF: "A criação, a incorporação, a fusão e o desmembramento de Municípios far-se-ão por lei estadual, dentro do período determinado por lei complementar federal, e **dependerão de consulta prévia, mediante plebiscito, às populações dos Municípios envolvidos**, após divulgação dos Estudos de Viabilidade Municipal, apresentados e publicados na forma da lei". O território remanescente também faz parte da área afetada pelo desmembramento, de modo que a população do local também deve ser consultada.

Assertiva IV: De acordo com o art. 18, § 3º, da CF: "Os Estados podem incorporar-se entre si, subdividir-se ou desmembrar-se para se anexarem a outros, ou formarem novos Estados ou Territórios Federais, mediante aprovação da população diretamente interessada, através de plebiscito, e do Congresso Nacional, por lei complementar". O território remanescente também faz parte da área afetada pelo desmembramento, de modo que a população do local também deve ser consultada. A jurisprudência do STF também é nesse sentido, vide ADI 2650/DF, cujo julgamento considerou que a população diretamente interessada também engloba a população da área remanescente, ou seja, no caso de desmembramento, incorporação ou subdivisão de Estados, o plebiscito deve ser realizado com toda a população afetada, não apenas aquela da área a ser desmembrada, incorporada ou subdividida.

Alternativa correta: letra "c".

---

100. (Cespe – Técnico Judiciário – Área Administrativa – TRE – PI/2016) No que se refere aos entes federativos, assinale a opção correta.

a) Os estados podem incorporar-se entre si, subdividir-se ou desmembrar-se para se anexarem a outros, ou formarem novos, desde que haja aprovação da população interessada, por referendo, e do Congresso Nacional, por lei aprovada por maioria simples.

b) Para que ocorra o desmembramento do território de um estado, é necessário que a população da área a ser desmembrada e a população do território remanescente sejam consultadas.

c) Cabe à União o exercício de atribuições da soberania do Estado brasileiro, razão por que esse ente se confunde com o próprio Estado federal.

d) Compete à União, aos estados, ao Distrito Federal e aos municípios assegurar a defesa nacional.

e) O município é dotado de capacidade de auto-organização e de autoadministração, no exercício das competências administrativas e tributárias conferidas pela constituição do estado no qual se localiza.

COMENTÁRIOS

Alternativa "b": de acordo com o art. 18, § 4º, da CF: "§ 4º A criação, a incorporação, a fusão e o desmembramento de Municípios, far-se-ão por lei estadual, dentro do período determinado por Lei Complementar Federal, e dependerão de consulta prévia, mediante plebiscito, às populações dos Municípios envolvidos, após divulgação dos Estudos de Viabilidade Municipal, apresentados e publicados na forma da lei". O território remanescente também faz parte da área afetada pelo desmembramento, de modo que a população do local também deve ser consultada. A jurisprudência do STF também é nesse sentido, vide ADI 2650/DF, cujo julgamento considerou que a população diretamente interessada também engloba a população da área remanescente, ou seja, no caso de desmembramento, incorporação ou subdivisão de Estados, o plebiscito deve ser realizado com toda a população afetada, não apenas aquela da área a ser desmembrada, incorporada ou subdividida.

Alternativa correta: letra "b".

---

101. (Analista Judiciário – Área Judiciária TRE/CE 2012 – FCC) O Governador do Estado do Pará teve a ideia de subdividir esse Estado em mais dois Estados, cuja subdivisão só poderá ocorrer mediante aprovação

a) do Presidente da República, ouvidos os Ministros da Justiça, da Casa Civil e do Planejamento.

b) da população diretamente interessada, através de plebiscito, e do Congresso Nacional, por lei complementar.

c) da maioria absoluta dos Deputados Estaduais da Assembleia Legislativa do Estado do Pará, após referendo popular.

d) em dois turnos de votações na Assembleia Legislativa do Estado do Pará, com aprovação de no mínimo dois terços dos Deputados Estaduais em ambos os turnos de votação.

e) das Câmaras Municipais por maioria absoluta, cujos Municípios sejam afetados pela subdivisão do Estado.

COMENTÁRIOS

✪ **Nota do autor:** como já alertamos, o art. 18 da CF, é de estudo obrigatório para as provas dos TRFs e TREs.

Alternativa "b" (responde todas as alternativas): a subdivisão de um estado-membro só poderá ocorrer mediante aprovação da população diretamente interessada, através de plebiscito, e do Congresso Nacional, por lei complementar. É o que impõe o art. 18, § 3º, da CF.

Alternativa correta: letra "b".

4.2. ENTES FEDERADOS E DISTRIBUIÇÃO DE COMPETÊNCIAS

▸ CF, artigos 21 a 24.

---

102. (Cespe – Técnico Judiciário – Área Administrativa – TRE – TO/2017) Determinado deputado estadual apresentou projeto de lei com o objetivo de estabelecer regras relativas ao domicílio eleitoral nas eleições para governador a serem realizadas no próximo ano. Após o respectivo processo legislativo, a lei foi devidamente promulgada pelo chefe do Poder Executivo estadual.

De acordo com as normas da CF, a referida lei deve ser considerada

a) constitucional, pois é da competência comum da União, dos estados, do Distrito Federal e dos municípios organizar as respectivas eleições.
b) constitucional, pois compete à União, aos estados e ao Distrito Federal legislar concorrentemente sobre direito eleitoral.
c) inconstitucional, pois as leis relativas a direito eleitoral são de iniciativa privativa do chefe do Poder Executivo.
d) constitucional, pois observou o princípio da anterioridade eleitoral.
e) inconstitucional, pois compete privativamente à União legislar sobre direito eleitoral.

COMENTÁRIOS

Alternativa "e": nos termos da jurisprudência do STF: "A fixação por lei estadual de condições de elegibilidade em relação aos candidatos a juiz de paz, além das constitucionalmente previstas no art. 14, § 3º, invade a competência da União para legislar sobre direito eleitoral, definida no art. 22, I, da Constituição do Brasil." (ADI 2938, julgada em 2005 e relatada pelo Ministro Eros Grau). Vale o alerta, segundo o mesmo julgado, que "Lei estadual que disciplina os procedimentos necessários à realização das eleições para implementação da justiça de paz [art. 98, II, da CB/88] não invade, em ofensa ao princípio federativo, a **competência da União para legislar sobre direito eleitoral [art. 22, I, da CB/88]**.". Assim, a lei estadual não pode fixar condições de elegibilidade em relação aos candidatos a juiz de paz. Todavia, é válida a lei estadual que disciplina os procedimentos necessários à realização das eleições para implementação da justiça de paz.

Alternativa correta: letra "e".

---

103. (Cespe – Técnico Judiciário – Área Administrativa – TRE – PE/2017) Incluem-se entre os bens do estado da Federação

a) os terrenos de marinha.
b) os recursos minerais, inclusive os do subsolo.
c) as áreas, nas ilhas oceânicas e costeiras, que estiverem no seu domínio.
d) o mar territorial.
e) os potenciais de energia hidráulica.

COMENTÁRIOS

Alternativas "a", "b", "d" e "e": as alternativas apresentam bens da **União**, conforme art. 20 da CF: "Art. 20. São bens da União: I – os que atualmente lhe pertencem e os que lhe vierem a ser atribuídos; II – as terras devolutas indispensáveis à defesa das fronteiras, das fortificações e construções militares, das vias federais de comunicação e à preservação ambiental, definidas em lei; III – os lagos, rios e quaisquer correntes de água em terrenos de seu domínio, ou que banhem mais de um Estado, sirvam de limites com outros países, ou se estendam a território estrangeiro ou dele provenham, bem como os terrenos marginais e as praias fluviais; IV – as ilhas fluviais e lacustres nas zonas limítrofes com outros países; as praias marítimas; as ilhas oceânicas e as costeiras, excluídas, destas, as que contenham a sede de Municípios, exceto aquelas áreas afetadas ao serviço público e a unidade ambiental federal, e as referidas no art. 26, II; V – os recursos naturais da plataforma continental e da zona econômica exclusiva; VI – o **mar territorial**; VII – **os terrenos de marinha e seus acrescidos**; VIII – **os potenciais de energia hidráulica**; IX – **os recursos minerais, inclusive os do subsolo**; X – as cavidades naturais subterrâneas e os sítios arqueológicos e pré-históricos; XI – as terras tradicionalmente ocupadas pelos índios".

Alternativa "c": a assertiva apresenta bens dos Estados, conforme disposição do art. 26 da CF: "Art. 26. Incluem-se entre os bens dos Estados: I – as águas superficiais ou subterrâneas, fluentes, emergentes e em depósito, ressalvadas, neste caso, na forma da lei, as decorrentes de obras da União; II – **as áreas, nas ilhas oceânicas e costeiras, que estiverem no seu domínio, excluídas aquelas sob domínio da União, Municípios ou terceiros**; III – as ilhas fluviais e lacustres não pertencentes à União; IV – as terras devolutas não compreendidas entre as da União".

Alternativa correta: letra "c".

---

104. (Cespe – Analista Judiciário – Área Administrativa – TRE – PE/2017) A respeito das competências dos entes federados, assinale a opção correta.

a) Inexistindo lei federal sobre normas gerais, os estados exercerão a competência legislativa residual para atender às suas peculiaridades.
b) A eficácia de lei estadual vigente não será suspensa na hipótese de superveniência de lei federal sobre normas gerais, mesmo que a lei federal traga disposições contrárias à lei estadual.
c) Compete privativamente à União zelar pela guarda da CF, das leis e das instituições democráticas.
d) A competência da União para legislar sobre normas gerais afasta a competência suplementar dos estados.
e) No âmbito da legislação concorrente, a competência da União limitar-se-á a estabelecer normas gerais.

COMENTÁRIOS

Alternativa "a": os estados exercem competência legislativa **plena, e não residual, nos moldes do art. 24, § 3º, da CF**: "Art. 24. § 3º Inexistindo lei federal sobre normas gerais, os Estados exercerão a competência legislativa plena, para atender a suas peculiaridades".

Alternativa "b": no caso em questão, a eficácia de lei estadual é suspensa quando houver lei federal, nos moldes do **art. 24, § 4º, da CF**: "Art. 24. § 4º A superveniência de lei federal sobre normas gerais **suspende a eficácia de lei estadual, no que lhe for contrário**".

Alternativa "c": a competência é **comum, e não privativa da União**: "Art. 23. É competência comum da União, dos Estados, do Distrito Federal e dos Municípios: I – zelar pela guarda da Constituição, das leis e das instituições democráticas e conservar o patrimônio público".

Alternativa "d": nesse caso, não se afasta a competência suplementar dos Estados, conforme **art. 24. § 2º, da CF**: "Art. 24. § 2º **A competência da União para legislar sobre normas gerais não exclui a competência suplementar dos Estados**".

Alternativa "e": a alternativa está completamente de acordo com o texto constitucional, no art. 24, § 1º, da CF: "Art. 24. § 1º No âmbito da legislação concorrente, a competência da União limitar-se-á a estabelecer normas gerais".

Alternativa correta: letra "e".

---

105. (Cespe – Analista Judiciário – Área Administrativa – TRE – PE/2017) De acordo com a CF, na fixação do vencimento e da remuneração dos servidores públicos, deve-se observar

a) se o ocupante do cargo é afrodescendente.
b) a complexidade dos cargos componentes de cada carreira.
c) se o ocupante do cargo é portador de deficiência.
d) se o cargo é destinado a hipossuficiente.
e) se o cargo é destinado a indígena.

COMENTÁRIOS

Alternativa "b": de acordo com o **art. 39, § 1º, inciso I, da CF**: "Art. 39. A União, os Estados, o Distrito Federal e os Municípios instituirão, no âmbito de sua competência, regime jurídico único e planos de carreira para os servidores da administração pública direta, das autarquias e das fundações públicas. § 1º **A fixação dos padrões de vencimento e dos demais componentes do sistema remuneratório observará: I – a natureza, o grau de responsabilidade e a complexidade dos cargos componentes de cada carreira**; II – os requisitos para a investidura; III – as peculiaridades dos cargos". O Poder Público deve fixar os vencimentos e as remunerações com base em critérios objetivos, e não subjetivos, respeitando-se os princípios da impessoalidade e da isonomia aos quais se submete a Administração. As demais alternativas apresentam critérios subjetivos que não se adequam ao texto constitucional.

Alternativa correta: letra "b".

---

106. (IESES – Analista Judiciário – Área Judiciária – TRE – MA/2015) As competências legislativas estão distribuídas pela Constituição em função da predominância de interesses.

Assim, é correto afirmar:

a) Os Estados podem legislar sobre desapropriação naquilo que não contrariar as normas federais.
b) Dentro da competência concorrente, inexistindo lei federal sobre normas gerais, os Estados exercerão a competência legislativa plena, para atender a suas peculiaridades.
c) O registro, acompanhamento e fiscalização das concessões de direitos de pesquisa e exploração de recursos hídricos e minerais são de competência privativa da União.
d) O cuidado da saúde e assistência pública é competência exclusiva da União.

COMENTÁRIOS

✪ **Nota do autor:** vale recordar que a **competência legislativa** da União ou é privativa (art. 22, da CF) ou é concorrente (art. 24, da CF). Já a **competência administrativa** da União pode ser exclusiva (art. 21, da CF) ou comum (art. 23, da CF). A competência material/administrativa exclusiva, do art. 21, é **indelegável**. Já a competência material/administrativa comum do art. 23 segue a regra da cooperação entre União, Estados, DF e Municípios (a cooperação será regulada por Lei **Complementar**).

Alternativa "a": os Estados não podem legislar sobre desapropriação, eis que se trata de competência privativa da União (art. 22, II, da CF).

Alternativa "b": a competência legislativa concorrente encontra-se estampada no art. 24 da CF. O § 3º do dispositivo estatui que inexistindo lei federal sobre normas gerais, os Estados exercerão a competência legislativa plena, para atender a suas peculiaridades.

Alternativa "c": nos termos do art. 23, XI, trata-se de competência **comum** da União, dos Estados, do DF e dos Municípios.

Alternativa "d": é competência **comum** da União, dos Estados, do Distrito Federal e dos Municípios cuidar da saúde e assistência pública, da proteção e garantia das pessoas portadoras de deficiência (art. 23, II, da CF).

Alternativa correta: letra "b".

---

107. (Cespe – Analista Judiciário – Área Judiciária – TRE – RS/2015) Assinale a opção correta acerca da organização político-administrativa do Estado e da administração pública.

a) Será compatível com a CF lei municipal que determine aos estabelecimentos comerciais a realização de seguro obrigatório contra furto e roubo de veículos em seus respectivos estacionamentos.
b) Os municípios têm competência legislativa para suplementar a legislação estadual, mas não a legislação federal.
c) Conta-se, durante o afastamento, para fins de promoção por merecimento e aposentadoria, o tempo de serviço de servidor público da administração direta afastado do cargo para o exercício de mandato eletivo.
d) Sendo a competência para legislar sobre direito eleitoral privativa da União, a lei por ela editada que vede a transferência de servidor estadual no período que antecede as eleições não ofende, segundo o STF, a autonomia dos estados-membros.
e) Não invadirá a competência legislativa privativa da União o estado-membro que editar lei dispondo sobre relações contratuais, sob o fundamento de que resguardariam o direito do consumidor.

COMENTÁRIOS

✪ **Nota do autor:** o candidato deve acompanhar o entendimento jurisprudencial do STF, vez que muitas questões exigem o conhecimento de seus julgados.

Alternativa "a": a Constituição prevê em seu art. 22, VII, competência privativa da União para legislar acerca de seguros, motivo pelo qual o STF entende que padecer de inconstitucionalidade lei municipal que determine aos estabelecimentos comerciais a realização de seguro obrigatório contra furto e roubo de veículos em seus respectivos estacionamentos. Nestes termos, julgou a Suprema Corte: "O Município de São Paulo, ao editar as Leis 10.927/91 e 11.362/93, que instituíram a obrigatoriedade, no âmbito daquele Município, de cobertura de seguro contra furto e roubo de automóveis, para as empresas que operam área ou local destinados a estacionamentos, com número de vagas superior a cinqüenta veículos, ou que deles disponham, invadiu a competência para legislar sobre seguros, que é privativa da União, como dispõe o art. 22, VII, da Constituição Federal." (RE 313060, julgado em 2005 e relatado pela Ministra Ellen Gracie).

Alternativa "b": nos termos do art. 30, II, da CF, compete aos Municípios suplementar a **legislação federal e a estadual** no que couber.

Alternativa "c": de acordo com o art. 38, IV, da CF, ao servidor público, em qualquer caso que exija o afastamento para o exercício de mandato eletivo, seu tempo de serviço será contado para todos os efeitos legais, **exceto para promoção por merecimento**.

Alternativa "d": nos termos do julgado prolatado pelo STF: "A competência para legislar sobre direito eleitoral é exclusiva da União Federal, sendo essa legislação, de caráter nacional, aplicável às eleições que ocorrem nos três níveis: o municipal, o estadual e o federal. Ora, a vedação de transferência de funcionário municipal, estadual ou federal no período que antecede as eleições é matéria que diz respeito à lisura do processo eleitoral, e, portanto, eminentemente eleitoral, não violando, por isso mesmo, a autonomia dos Estados-membros (arts. 18 e 25 da Constituição), nem, evidentemente, qualquer dos princípios contidos no "caput" do artigo 37 da Carta Magna, artigo esse, aliás, invocado no recurso extraordinário sem a explicitação precisa de qual de seus princípios se poderia ter como ofendido. Agravo a que se nega provimento." (AI 168358 AgR, julgada em 1998 e relatada pelo Ministro Moreira Alves). A norma que estabelece competência privativa da União para legislar sobre direito eleitoral encontra-se no art. 22, I, da CF.

Alternativa "e": segundo consta do entendimento do STF: "Por mais ampla que seja, a competência legislativa concorrente em matéria de defesa do consumidor (CF/88, art. 24, V e VIII) não autoriza os Estados-membros a editarem normas acerca de relações contratuais, uma vez que essa atribuição está inserida na competência da União Federal para legislar sobre direito civil (CF/88, art. 22, I). 3. Os arts. 22, VII e 21, VIII, da Constituição Federal atribuem à União competência para legislar sobre seguros e fiscalizar as operações relacionadas a essa matéria. Tais previsões alcançam os planos de saúde, tendo em vista a sua íntima afinidade com a lógica dos contratos de seguro, notadamente por conta do componente atuarial." (ADI 4701, julgada em 2014 e relatada pelo Ministro Roberto Barroso).

Alternativa correta: letra "d".

---

108. (Cespe – Analista Judiciário – Área Judiciária– TRE-GO/2015) No que se refere às disposições constitucionais, julgue os itens a seguir.

108.01. As constituições estaduais promulgadas pelos estados-membros da Federação são expressões do poder constituinte derivado decorrente, cujo exercício foi atribuído pelo poder constituinte originário às assembleias legislativas.

COMENTÁRIOS

Verdadeiro. O Poder Constituinte Derivado Decorrente é aquele exercido pelos Estados-membros, na construção das Constituições Estaduais, nos termos do que dispõe o art. 25 da CF.

Alternativa correta: "certo".

108.02. Caso seja publicada e passe a viger em fevereiro de 2018, lei que altere o processo eleitoral poderá ser aplicada a pleito eletivo que ocorra em outubro desse mesmo ano.

COMENTÁRIOS

De acordo com o art. 16 da CF, a lei que alterar o processo eleitoral entrará em vigor na data de sua publicação, não se aplicando à eleição que ocorra até um ano da data de sua vigência.

Alternativa correta: "errado".

---

109. (IBFC – Analista Judiciário – Área Judiciária–TRE-AM/2014) De acordo com o texto da Constituição Federal, está CORRETO o que se afirma em:

a) Os recursos naturais, inclusive os do subsolo, são considerados bens da União e do respectivo Município.
b) Compete privativamente à União legislar sobre florestas, caça, pesca, fauna, conservação da natureza, defesa do solo e dos recursos naturais, proteção do meio ambiente e controle da poluição.
c) A competência da União para legislar sobre normas gerais não exclui a competência suplementar dos Estados.
d) Lei ordinária poderá autorizar determinado Estado a legislar sobre questões específicas relacionadas a registros públicos.

COMENTÁRIOS

Alternativa "a": os recursos naturais **da plataforma continental e da zona econômica exclusiva** são considerados bens da **União** (art. 20, V, da CF), assim como os **recursos minerais, inclusive os do subsolo** (art. 20, IX, da CF).

Alternativa "b": compete **concorrentemente à União, aos Estados e ao Distrito Federal** (e não privativamente à União) legislar sobre florestas, caça, pesca, fauna, conservação da natureza, defesa do solo e dos recursos naturais, proteção do meio ambiente e controle da poluição (art. 24, VI, da CF).

Alternativa "c": trata-se do que reza o art. 24, § 2º, da CF, que dispõe sobre a competência legislativa concorrente.

Alternativa "d": Lei **complementar** (e não ordinária) poderá autorizar determinado Estado a legislar sobre questões específicas relacionadas a registros públicos, consoante art. 22, XXV e parágrafo único, da CF.

Alternativa correta: letra "c".

---

110. (FCC – Analista Judiciário – Área Judiciária – TRE-SP/2012) Compete à União legislar privativamente, dentre outras matérias, sobre

a) orçamento.
b) custas e serviços forenses.
c) procedimentos em matéria processual.
d) direito eleitoral.
e) proteção ao patrimônio histórico, cultural, artístico, turístico e paisagístico.

COMENTÁRIOS

✪ **Nota do autor:** a leitura e a memorização dos artigos 21 a 24, da CF, são de fundamental importância para um bom desempenho nos concursos dos TRFs e TREs.

Alternativa "a": compete à **União, aos Estados e ao Distrito Federal**, segundo art. 24, II, da CF, legislar **concorrentemente** sobre orçamento.

Alternativa "b": compete à **União, aos Estados e ao Distrito Federal** legislar **concorrentemente** sobre custas e serviços forenses, nos termos do art. 24, IV, da CF.

Alternativa "c": o art. 24, XI, da CF, dispõe que legislar sobre procedimentos em matéria processual é competência **concorrente entre União, aos Estados e ao Distrito Federal**.

Alternativa "d": o art. 22, I, da CF, estabelece que compete à União legislar, privativamente, sobre direito eleitoral.

Alternativa "e": compete à **União, aos Estados e ao Distrito Federal** legislar **concorrentemente** sobre proteção ao patrimônio histórico, cultural, artístico, turístico e paisagístico, consoante art. 24, VII, da CF.

Alternativa correta: letra "d".

---

111. (Analista Judiciário – Área Judiciária TRE/RS 2010 – FCC) Dentre outras, NÃO é competência concorrente da União, Estados e Distrito Federal, de regra, legislar sobre

a) proteção ao patrimônio histórico, cultural, artístico, turístico e paisagístico.
b) regime dos portos, navegação lacustre, fluvial, marítima, aérea e aeroespacial.
c) criação, funcionamento e processo do juizado de pequenas causas.
d) educação, cultura, ensino, desporto, defesa do solo e dos recursos naturais.
e) previdência social, proteção e defesa da saúde, caça, pesca e fauna

COMENTÁRIOS

Alternativa "a": é competência concorrente da União, Estados e Distrito Federal legislar sobre proteção ao patrimônio histórico, cultural, artístico, turístico e paisagístico (art. 24, VII, da CF).

Alternativa "b" (a questão pede o que não é competência concorrente da União, Estados e Distrito Federal): legislar sobre regime dos portos, navegação lacustre, fluvial, marítima, aérea e aeroespacial é tarefa **privativa da União**, segundo art. 22, X, da CF.

Alternativa "c": é competência concorrente da União, Estados e Distrito Federal legislar sobre criação, funcionamento e processo do juizado de pequenas causas (art. 24, X, da CF).

Alternativa "d": é competência concorrente da União, Estados e Distrito Federal legislar sobre educação, cultura, ensino, desporto, defesa do solo e dos recursos naturais (art. 24, IV e IX , da CF).

Alternativa "e": é competência concorrente da União, Estados e Distrito Federal legislar sobre previdência social, proteção e defesa da saúde, caça, pesca e fauna (art. 24, VI e XII, da CF).

Alternativa correta: letra "b".

---

112. (Analista Judiciário – Área Judiciária TRE/AL 2010 – FCC) Compete à União, aos Estados e ao Distrito Federal legislar concorrentemente sobre

a) procedimentos em matéria processual.

b) desapropriação.

c) serviço postal.

d) trânsito.

e) transporte.

COMENTÁRIOS

Alternativa correta: letra "a": compete à União, aos Estados e ao Distrito Federal legislar concorrentemente sobre procedimentos em matéria processual, de acordo com art. 24, XI, da CF.

Alternativa "b": compete **privativamente à União** legislar sobre desapropriação, consoante art. 22, II, da CF.

Alternativa "c": compete **privativamente à União** legislar sobre serviço postal, nos termos do art.22, V, da CF.

Alternativa "d": compete **privativamente à União** legislar sobre trânsito, segundo art. 22, XI, da CF.

Alternativa "e": compete **privativamente à União** legislar sobre transporte, conforme art. 22, XI, da CF.

4.3. ADMINISTRAÇÃO PÚBLICA

▸ CF, artigos 37 a 42.

---

113. (FCC – Analista Judiciário – Área Judiciária – TRE-PR/2012) Considere as seguintes afirmações sobre o exercício de cargos, empregos e funções públicas na Administração Pública brasileira:

I. Cargos, empregos e funções públicas são acessíveis aos brasileiros que preencham os requisitos estabelecidos em lei, assim como aos estrangeiros, na forma da lei, ressalvados os casos em que a Constituição da República exige a nacionalidade brasileira originária para esse fim.

II. A investidura em cargo ou emprego público depende de aprovação prévia em concurso público de provas ou de provas e títulos, de acordo com a natureza e a complexidade do cargo ou emprego, na forma prevista em lei, ressalvadas as nomeações para cargo em comissão declarado em lei de livre nomeação e exoneração.

III. A não observância do prazo de validade de concurso público, conforme previsto na Constituição, acarreta a nulidade do ato e a punição da autoridade responsável, nos termos da lei.

À luz da disciplina constitucional da matéria, está correto o que se afirma em

a) I, apenas.

b) II, apenas.

c) I e II, apenas.

d) II e III, apenas.

e) I, II e III.

COMENTÁRIOS

✪ **Nota do autor:** fique ligado, pois questões afetas ao direito administrativo também caem nas provas de direito constitucional. Essa observação é importante porque determinado tema pode não ter sido arrolado na parte de direito administrativo do edital do concurso, mas ser cobrado como conteúdo de direito constitucional.

Assertiva "I": Cargos, empregos e funções públicas são acessíveis aos brasileiros que preencham os requisitos estabelecidos em lei, assim como aos estrangeiros, na forma da lei, ressalvados os casos em que a Constituição da República exige a nacionalidade brasileira originária para esse fim **(artigos 12, § 3º e 37, I, ambos da CF)**.

Assertiva "II": . A investidura em cargo ou emprego público depende de aprovação prévia em concurso público de provas ou de provas e títulos, de acordo com a natureza e a complexidade do cargo ou emprego, na forma prevista em lei, ressalvadas as nomeações para cargo em comissão declarado em lei de livre nomeação e exoneração **(art. 37, II, da CF)**.

Assertiva "III": A não observância do prazo de validade de concurso público, conforme previsto na Constituição, acarreta a nulidade do ato e a punição da autoridade responsável, nos termos da lei **(art. 37, § 2º, da CF)**.

Alternativa correta: letra "e".

114. (Analista Judiciário – Área Judiciária TRE/CE 2012 – FCC) Considerando que José, Armando, Pedro, Adalberto e Paulo ocupam, respectivamente, os cargos de Advogado, de Deputado Federal, de Ministro do Supremo Tribunal Federal, de Vereador e de Governador de Estado, no tocante à Administração Pública, e em conformidade com o teor do texto constitucional, em regra, o subsídio de Alexandre, Promotor de Justiça, está limitado a noventa inteiros e vinte e cinco centésimos por cento do subsídio mensal, em espécie, do subsídio de

a) Paulo.
b) Armando.
c) José.
d) Pedro.
e) Adalberto.

COMENTÁRIOS

✪ **Nota do autor:** mantendo seu estilo, a FCC traz mais uma situação-problema para testar o raciocínio do candidato.

Alternativa "a": o subsídio de Paulo, Governador de Estado, está também limitado ao subsídio mensal, em espécie, dos Ministros do STF (art. 37, XI, da CF).

Alternativa "b": o subsídio de Armando, Deputado Federal, está também limitado ao subsídio mensal, em espécie, dos Ministros do STF (art. 37, XI, da CF).

Alternativa "c": José é advogado e não tem qualquer vinculação ao teto remuneratório da Administração Pública, pois nela não ocupa cargo, função ou emprego público.

Alternativa "d": o subsídio de Alexandre, Promotor de Justiça, está limitado a noventa inteiros e vinte e cinco centésimos por cento do subsídio mensal, em espécie, do subsídio de Pedro, que é Ministro do STF, conforme art.37, XI, da CF.

Alternativa "e": o subsídio de Adalberto, que é Vereador, se submete ao regramento especial do art. 29, VI, da CF.

Alternativa correta: letra "d".

115. (Analista Judiciário – Área Judiciária TRE/AP 2011 – FCC) A sociedade de economia mista, SUPERBR S/A, tem a intenção de participar da empresa privada, AGROPLUS S/A. Segundo a Constituição Federal, a participação da SUPERBR S/A na AGROPLUS S/A

a) dependerá, exclusivamente, de autorização do Poder Executivo.
b) é liberada e independe de autorização prévia do Poder Público porque a SUPERBR S/A também é composta de capital privado.
c) é liberada e independe de autorização prévia do Poder Público desde que a SUPERBR S/A não adquira mais do que 10% (dez por cento) das ações da AGROPLUS S/A.
d) dependerá de autorização legislativa.
e) dependerá, em qualquer hipótese, de autorização do Poder Judiciário.

COMENTÁRIOS

Alternativa "d" (responde todas as alternativas): o art. 37, XX, da CF, determina que: "depende de autorização legislativa, em cada caso, a criação de subsidiárias das entidades mencionadas no inciso anterior, assim como a participação de qualquer delas em empresa privada". Assim, exige-se autorização legislativa para que a SUPERBR S/A participe da AGROPLUS S/A.

Alternativa correta: letra "d".

116. (Analista Judiciário – Área Judiciária TRE/RS 2010 – FCC) No que se refere à Administração Pública é certo que

a) os vencimentos dos cargos do Poder Judiciário, em razão das limitações de seu exercício, poderão ser superiores aos pagos pelo Poder Executivo.
b) ao servidor público civil é garantido o direito de greve, nos termos definidos pelo ato administrativo, assim como à livre associação, mas não de natureza sindical.
c) o decreto pode estabelecer os casos de contratação por tempo determinado para atender necessidades temporárias ou permanentes.
d) os acréscimos pecuniários percebidos por servidor público não serão computados nem acumulados para fins de concessão de acréscimos ulteriores.
e) a proibição de acumular cargos ou funções públicas não abrange os empregos nas sociedades de economia mista e nas empresas públicas.

COMENTÁRIOS

Alternativa "a": nos termos do art. 37, XII, da CF, os vencimentos dos cargos do Poder Judiciário **não poderão** ser superiores aos pagos pelo Poder Executivo.

Alternativa "b": ao servidor público civil é garantido o direito de greve, nos termos definidos **em lei específica, assim como à livre associação sindical**, segundo art. 37, VI e VII, da CF.

Alternativa "c": a **lei** pode estabelecer os casos de contratação por tempo determinado para atender necessidades **temporárias de excepcional interesse público**. É o que preceitua o art. 37, IX, da CF.

Alternativa "d": os acréscimos pecuniários percebidos por servidor público não serão computados nem acumulados para fins de concessão de acréscimos ulteriores, conforme lição do art. 37, XIV, da CF.

Alternativa "e": a proibição de acumular cargos ou funções públicas **abrange** os empregos nas sociedades de economia mista e nas empresas públicas, conforme art. 37, XVII, da CF.

Alternativa correta: letra "d".

---

117. (Analista Judiciário – Área Judiciária TRE/AM 2010 – FCC) A administração pública direta e indireta de qualquer dos Poderes da União, dos Estados, do Distrito Federal e dos Municípios obedecerá aos princípios de legalidade, impessoalidade, moralidade, publicidade e eficiência, sendo INCORRETO afirmar que

a) durante o prazo improrrogável previsto no edital de convocação, aquele aprovado em concurso público de provas ou de provas e títulos, será convocado concorrendo em igualdade de condições com novos concursados para assumir cargo ou emprego, na carreira.

b) as funções de confiança, exercidas exclusivamente por servidores ocupantes de cargo efetivo, e os cargos em comissão, a serem preenchidos por servidores de carreira nos casos, condições e percentuais mínimos previstos em lei, destinam-se apenas às atribuições de direção, chefia e assessoramento.

c) é vedada a vinculação ou equiparação de quaisquer espécies remuneratórias para o efeito de remuneração de pessoal do serviço público.

d) os acréscimos pecuniários percebidos por servidor público não serão computados nem acumulados para fins de concessão de acréscimos ulteriores.

e) a administração fazendária e seus servidores fiscais terão, dentro de suas áreas de competência e jurisdição, precedência sobre os demais setores administrativos, na forma da lei.

COMENTÁRIOS

Nota do autor: como se pode perceber, as questões que envolvem a administração pública tendem a misturar vários temas. Os preferidos são os relativos às funções e cargos públicos e remuneração.

Alternativa "a" (a questão pede o "incorreto"): durante o prazo improrrogável previsto no edital de convocação, aquele aprovado em concurso público de provas ou de provas e títulos será convocado **com prioridade** sobre novos concursados para assumir cargo ou emprego, na carreira (art. 37, IV, da CF).

Alternativa "b": as funções de confiança, exercidas exclusivamente por servidores ocupantes de cargo efetivo, e os cargos em comissão, a serem preenchidos por servidores de carreira nos casos, condições e percentuais mínimos previstos em lei, destinam-se apenas às atribuições de direção, chefia e assessoramento (art. 37, V, da CF).

Alternativa "c": é vedada a vinculação ou equiparação de quaisquer espécies remuneratórias para o efeito de remuneração de pessoal do serviço público (art. 37, XIII, da CF).

Alternativa "d": os acréscimos pecuniários percebidos por servidor público não serão computados nem acumulados para fins de concessão de acréscimos ulteriores (art. 37, XIV, da CF).

Alternativa "e": a administração fazendária e seus servidores fiscais terão, dentro de suas áreas de competência e jurisdição, precedência sobre os demais setores administrativos, na forma da lei (art. 37, XVIII, da CF).

Alternativa correta: letra "a".

4.3.1. PRINCÍPIOS CONSTITUCIONAIS E ORGANIZAÇÃO DA ADMINISTRAÇÃO PÚBLICA

▸ CF, artigos 37 a 42.

---

118. (Cespe – Analista Judiciário – Área Judiciária – TRE – BA/2017) Acerca das normas constitucionais que regem a administração pública, assinale a opção correta.

a) Advogado concursado de órgão público federal que seja aprovado em concurso público para o cargo de professor em universidade estadual estará impedido de tomar posse enquanto estiver no exercício do cargo no órgão federal, ainda que haja compatibilidade de horários.

b) Após o estágio probatório, o servidor público somente perderá seu cargo em razão de processo administrativo disciplinar ou de decisão judicial condenatória transitada em julgado.

c) Ao ocupante de cargo público federal efetivo eleito vereador será garantida a investidura no mandato eletivo, não havendo necessidade de afastamento do cargo que exerce nem prejuízo de sua remuneração, desde que haja compatibilidade de horários.

d) Servidor público de sessenta e cinco anos de idade e em exercício, há trinta anos, no cargo para o qual foi aprovado por concurso público tem direito à requisição da aposentadoria com proventos integrais, independentemente do tempo de contribuição.

e) Cidadão estrangeiro, ainda que residente no Brasil há mais de dez anos, não pode ser nomeado para exercer cargo em comissão, uma vez que a natureza desse cargo exige a condição de brasileiro nato ou naturalizado.

COMENTÁRIOS

Alternativa "a": de acordo com o art. 37, inciso XVI, é vedada a acumulação remunerada de cargos públicos, exceto quando houver compatibilidade de horários, sendo uma das hipóteses a do inciso "b", que prevê a possibilidade de acumulação de cargo de professor com outro técnico ou científico. Cargo científico é aquele cujas atribuições têm por finalidade a investigação coordenada e sistematizada de fatos, que visem a ampliar o conhecimento humano. Exige, portanto, curso profissionalizante de 2º grau ou de nível superior – as atividades não devem ser, então, meramente burocráticas sem uma formação específica. Nesse sentido: "O Supremo Tribunal Federal definiu que os cargos que impliquem a prática de atividades meramente burocráticas, de caráter repetitivo e que não exijam formação específica não podem ser considerados como cargos técnicos, não se enquadrando no conceito constitucional. Prosseguiu afirmando que não se deve observar apenas a nomenclatura do cargo ocupado para concluir pela impossibilidade de sua acumulação com o cargo de professor, devendo-se analisar as atribuições inerentes ao cargo para afastar qualquer incerteza quanto à sua natureza" (RMS 28.497/DF, rel. orig. Min. Luiz Fux, red. p/ ac. Min. Cármen Lúcia, julgado em 20/05/2014 – Informativo 747). Sendo o cargo de advogado um cargo científico, é perfeitamente possível que se cumule com o cargo de professor, portanto.

Alternativa "b": não se deve confundir estágio probatório com estabilidade. De acordo com o art. 41, § 1º, o servidor estável poderá perder o cargo por três motivos: I – em virtude de sentença judicial transitada em julgado; II – mediante processo administrativo em que lhe seja assegurada ampla defesa; III – mediante procedimento de avaliação periódica de desempenho, na forma de lei complementar, assegurada ampla defesa.

Alternativa correta: letra "c": a assertiva está de acordo com o disposto no art. 38, inciso III, da CF: "Art. 38. Ao servidor público da administração direta, autárquica e fundacional, no exercício de mandato eletivo, aplicam-se as seguintes disposições: III – investido no mandato de Vereador, havendo compatibilidade de horários, perceberá as vantagens de seu cargo, emprego ou função, sem prejuízo da remuneração do cargo eletivo, e, não havendo compatibilidade, será aplicada a norma do inciso anterior".

Alternativa "d": a aposentadoria de servidor público se dará com proventos proporcionais ao tempo de contribuição, conforme art. 40, § 1º, inciso III, alínea "b", da CF: "Art. 40. Aos servidores titulares de cargos efetivos da União, dos Estados, do Distrito Federal e dos Municípios, incluídas suas autarquias e fundações, é assegurado regime de previdência de caráter contributivo e solidário, mediante contribuição do respectivo ente público, dos servidores ativos e inativos e dos pensionistas, observados critérios que preservem o equilíbrio financeiro e atuarial e o disposto neste artigo. § 1º Os servidores abrangidos pelo regime de previdência de que trata este artigo serão aposentados, calculados os seus proventos a partir dos valores fixados na forma dos §§ 3º e 17: III – voluntariamente, desde que cumprido tempo mínimo de dez anos de efetivo exercício no serviço público e cinco anos no cargo efetivo em que se dará a aposentadoria, observadas as seguintes condições: b) sessenta e cinco anos de idade, se homem, e sessenta anos de idade, se mulher, com proventos proporcionais ao tempo de contribuição".

Alternativa "e": estrangeiros podem ocupar cargos comissionados, conforme art. 37, inciso I, da CF (com redação dada pela EC 19/1998): "Art. 37. A administração pública direta e indireta de qualquer dos Poderes da União, dos Estados, do Distrito Federal e dos Municípios obedecerá aos princípios de legalidade, impessoalidade, moralidade, publicidade e de eficiência e, também, ao seguinte: I – os cargos, empregos e funções públicas são acessíveis aos brasileiros que preencham os requisitos estabelecidos em lei, assim como aos estrangeiros, na forma da lei".

Alternativa correta: letra "c".

---

119. (IBFC – Analista Judiciário – Área Judiciária– TRE-AM/2014) Com relação à Administração Pública, o legislador constituinte, estabeleceu que:

a) Os atos de improbidade administrativa importarão a perda dos direitos políticos, a suspensão da função pública, a indisponibilidade dos bens e o ressarcimento ao erário, na forma e gradação previstas em lei, independentemente da ação penal cabível.

b) Lei complementar estabelecerá os requisitos e as restrições ao ocupante de cargo ou emprego da administração direta e indireta que possibilite o acesso a informações privilegiadas e sigilosas.

c) Depende de autorização legislativa, em cada caso, a criação de subsidiária de empresa pública, assim como a sua participação em empresa privada.

d) A lei reservará percentual dos cargos e empregos públicos para as pessoas portadoras de deficiência, vedada a instituição de critérios para sua admissão.

COMENTÁRIOS

Alternativa "a": Os atos de improbidade administrativa importarão a **suspensão** (e não perda) dos direitos políticos, a **perda** (e não suspensão) da função pública, a indisponibilidade dos bens e o ressarcimento ao erário, na forma e gradação previstas em lei, **sem prejuízo** (e não independentemente) da ação penal cabível, tudo de acordo com o art. 37, § 4º, da CF.

Alternativa "b": Lei **ordinária** (e não complementar) estabelecerá os requisitos e as restrições ao ocupante de cargo ou emprego da administração direta e indireta que possibilite o acesso a informações privilegiadas (art. 37, § 7º, da CF). Somente se exige lei complementar para os casos em que a Constituição fizer expressa referência. Diante da ausência da previsão constitucional, a matéria poderá ser regulada por lei ordinária.

Alternativa "c": trata-se do que dispõe o art. 37, XX, da CF.

Alternativa "d": a lei reservará percentual dos cargos e empregos públicos para as pessoas portadoras de deficiência **e definirá os critérios de sua admissão,** consoante art. 37, VIII, da CF.

Alternativa correta: letra "c".

---

120. (FCC – Analista Judiciário – Área Judiciária – TRE-SP/2012) Segundo a jurisprudência do Supremo Tribunal Federal a respeito dos princípios constitucionais que regem a Administração Pública, analise:

I. A nomeação de cônjuge, companheiro ou parente da autoridade nomeante, para o exercício de cargo em comissão ou de confiança na administração pública, somente pode ser coibida por lei específica de cada ente federativo, não se podendo extrair essa proibição da própria Constituição da República.

II. A Administração pode anular seus próprios atos, quando eivados de vícios que os tornem ilegais, porque deles não se originam direitos, ou revogá-los, por motivo de conveniência ou oportunidade, respeitados os direitos adquiridos e ressalvada, em todos os casos, a apreciação judicial.

III. Não é admissível, por ato administrativo, restringir, em razão da idade, inscrição em concurso para cargo público.

Está correto o que consta em

a) I, II e III.

b) I e II, apenas.

c) I e III, apenas.

d) II, apenas.

e) II e III, apenas.

COMENTÁRIOS

✪ **Nota do autor:** as súmulas vinculantes devem ser lidas e memorizadas para todas as provas.

Assertiva "I": A súmula vinculante nº 13 é clara: a nomeação de cônjuge, companheiro ou parente em linha reta, colateral ou por afinidade, até o terceiro grau, inclusive, da autoridade nomeante ou de servidor da mesma pessoa jurídica investido em cargo de direção, chefia ou assessoramento, para o exercício de cargo em comissão ou de confiança ou, ainda, de função gratificada na administração pública direta e indireta em qualquer dos Poderes da União, dos Estados, do Distrito Federal e dos Municípios, compreendido o ajuste mediante designações recíprocas, **viola a Constituição Federal.**

Assertiva "II": A Administração pode anular seus próprios atos, quando eivados de vícios que os tornem ilegais, porque deles não se originam direitos, ou revogá-los, por motivo de conveniência ou oportunidade, respeitados os direitos adquiridos e ressalvada, em todos os casos, a apreciação judicial (súmula 473 do STF).

Assertiva "III": Não é admissível, por ato administrativo, restringir, em razão da idade, inscrição em concurso para cargo público. A restrição deve ser feita mediante lei. Merece atenção o enunciado da súmula 683 do STF: "o limite de idade para a inscrição em concurso público só se legitima em face do art. 7º, XXX, da Constituição, quando possa ser justificado pela natureza das atribuições do cargo a ser preenchido."

Alternativa correta: letra "e".

4.3.2. DIREITOS DOS SERVIDORES, RESPONSABILIDADE EXTRACONTRATUAL DO ESTADO E OUTRAS REGRAS

▸ CF, artigos 37 a 42.

---

121. (IBFC – Técnico Judiciário – Área Administrativa – TRE – PA/2020) Os servidores públicos podem ser titulares de cargo efetivo ou ocupantes de cargos comissionados, a depender do modo de ingresso na Administração Pública. Nos termos da Constituição Federal de 1988, analise as afirmativas abaixo e dê valores Verdadeiro (V) ou Falso (F):

( ) O regime próprio de previdência social dos servidores titulares de cargos efetivos terá caráter contributivo e solidário, mediante contribuição do respectivo ente federativo, de servidores ativos, de aposentados e de pensionistas, observados critérios que preservem o equilíbrio financeiro e atuarial.

( ) O servidor abrangido por regime próprio de previdência social será aposentado por invalidez, no cargo em que estiver investido, quando insuscetível de readaptação, hipótese em que será obrigatória a realização de avaliações anuais para verificação da continuidade das condições que ensejaram a concessão da aposentadoria, na forma de lei do respectivo ente federativo.

( ) O servidor abrangido por regime próprio de previdência social será aposentado no âmbito da União, aos 60 (sessenta) anos de idade, se mulher, e aos 65 (sessenta e cinco) anos de idade, se homem, e, no âmbito dos Estados, do Distrito Federal e dos Municípios, na idade mínima estabelecida mediante emenda às respectivas Constituições e Leis Orgânicas, observados o tempo de contribuição e os demais requisitos estabelecidos em lei complementar do respectivo ente federativo.

( ) É vedada a incorporação de vantagens de caráter permanente ou desvinculadas ao exercício de função de confiança ou de cargo em comissão à remuneração do cargo efetivo.

Assinale a alternativa que apresenta a sequência correta de cima para baixo.

a) V, F, F, V

b) V, F, F, F

c) F, F, V, F

d) F, V, F, V

COMENTÁRIOS

✪ **Nota do autor:** a questão busca testar os conhecimentos do candidato acerca das atualizações na Constituição Federal promovidas pela EC 103/2019.

Item "I". Verdadeiro. É o que dispõe o *caput* do art. 40 da CF/88.

Item "II". Falso. Na verdade, segundo estabelece o art. 40, §1º, I da CF/88, o servidor abrangido por regime próprio de previdência social será aposentado "por incapacidade permanente para o trabalho, no cargo em que estiver investido, quando insuscetível de readaptação, hipótese em que será obrigatória a realização de avaliações periódicas para verificação da continuidade das condições que ensejaram a concessão da aposentadoria, na forma de lei do respectivo ente federativo;".

Item "III". Falso. Nos termos do art. 40, §1º, III, o servidor abrangido por regime próprio de previdência social será aposentado "no âmbito da União, **aos 62 (sessenta e dois) anos de idade, se mulher, e aos 65 (sessenta e cinco) anos de idade, se homem**, e, no âmbito dos Estados, do Distrito Federal e dos Municípios, na idade mínima estabelecida mediante emenda às respectivas Constituições e Leis Orgânicas, observados o tempo de contribuição e os demais requisitos estabelecidos em lei complementar do respectivo ente federativo.".

Item "IV". Falso. O art. 39, §9º da CF/88, na verdade, determina que: "§ 9º É vedada a incorporação de vantagens de **caráter temporário** ou vinculadas ao exercício de função de confiança ou de cargo em comissão à remuneração do cargo efetivo."

Alternativa correta: "b".

---

122. (Cespe – Técnico Judiciário – Área Administrativa – TRE – PE/2017) Assinale a opção correta acerca dos vencimentos e das remunerações dos servidores públicos.

a) Os acréscimos pecuniários recebidos por servidor público tornam-se vinculativos para o futuro.

b) De regra, é permitida a acumulação remunerada de cargos públicos, ressalvadas as exceções constitucionais.

c) É possível a concessão de equiparação de remuneração de servidores públicos.

d) Os vencimentos dos cargos do Poder Judiciário poderão ser superiores aos pagos pelo Poder Executivo.

e) Como regra, o subsídio e os vencimentos dos ocupantes de cargos e empregos públicos são irredutíveis.

COMENTÁRIOS

Alternativa "e": de acordo com o art. 37, inciso XV, da CF: "Art. 37. A administração pública direta e indireta de qualquer dos Poderes da União, dos Estados, do Distrito Federal e dos Municípios obedecerá aos princípios de legalidade, impessoalidade, moralidade, publicidade e eficiência e, também, ao seguinte: XV – o subsídio e os vencimento dos ocupantes de cargos e empregos públicos são irredutíveis, ressalvado o disposto nos incisos XI e XIV deste artigo, e nos arts. 39, § 4º, 150, II, 153, III, e 153, § 2º, I".

Alternativa correta: letra "e".

---

123. (Cespe – Técnico Judiciário – Área Administrativa – TRE – BA/2017) O governador de um estado da Federação, durante o cumprimento de seu mandato, foi aprovado em concurso público para o cargo de analista judiciário de um tribunal e convocado para a respectiva posse.

Nessa situação hipotética, conforme a Constituição Federal de 1988, o governador

a) não poderá tomar posse no cargo por ser chefe do Poder Executivo estadual, o que feriria o princípio da indissolubilidade do pacto federativo.

b) poderá tomar posse no cargo e perderá, automaticamente, o mandato.

c) poderá tomar posse no cargo, mas, para continuar cumprindo seu mandato eletivo, terá de manter-se afastado do cargo de analista judiciário.

d) não poderá tomar posse no cargo em razão de vedação constitucional que visa evitar ofensa ao princípio da separação dos poderes.

e) poderá tomar posse no cargo e, ao entrar em exercício, cumular as duas atividades.

COMENTÁRIOS

Alternativa "c": o Governador poderá continuar exercendo seu mandato eletivo, porém terá que se afastar do cargo de analista judiciário, por força do disposto no art. 28, § 1º c/c art. 38, incisos I, IV e V, da CF: "Art. 28. A eleição do Governador e do Vice-Governador de Estado, para mandato de 4 (quatro) anos, realizar-se-á no primeiro domingo de outubro, em primeiro turno, e no último domingo de outubro, em segundo turno, se houver, do ano anterior ao do término do mandato de seus antecessores, e a posse ocorrerá em 6 de janeiro do ano subsequente, observado, quanto ao mais, o disposto no art. 77 desta Constituição. § 1º **Perderá o mandato o Governador que assumir outro cargo ou função na administração pública direta ou indireta, ressalvada a posse em virtude de concurso público** e observado o disposto no art. 38, I, IV e V" c/c "Art. 38. **Ao servidor público da administração direta, autárquica e fundacional, no exercício de mandato eletivo, aplicam-se as seguintes disposições:** I – **tratando-se de mandato eletivo federal, estadual ou distrital, ficará afastado de seu cargo, emprego ou função**; IV – em qualquer caso que exija o afastamento para o exercício de mandato eletivo, seu tempo de serviço será contado para todos os efeitos legais, exceto para promoção por merecimento; V – para efeito de benefício previdenciário, no caso de afastamento, os valores serão determinados como se no exercício estivesse".

Alternativa correta: letra "c".

---

124. (FCC – Analista Judiciário – Área Administrativa – TRE – SP/2017) Ao disciplinar o regime de previdência dos servidores públicos titulares de cargos efetivos, a Constituição da República

a) estabelece a obrigatoriedade de os servidores se aposentarem, com proventos proporcionais ao tempo de contribuição, aos 70 anos de idade, na forma de lei complementar.

b) admite a adoção de requisitos e critérios diferenciados para os casos de servidores cujas atividades sejam exercidas sob condições especiais que prejudiquem a saúde ou a integridade física, devendo ser aplicadas, no que couber, as regras do regime geral sobre aposentadoria especial, até a edição de lei complementar específica.

c) veda a percepção de mais de uma aposentadoria à conta do regime de previdência em questão, ainda que decorrentes do exercício de cargos passíveis de acumulação, como dois de professor ou dois privativos de profissionais de saúde, com profissões regulamentadas.

d) prevê que a concessão do benefício de pensão por morte, regulamentado por lei complementar, será igual ao valor da totalidade da remuneração do servidor no cargo efetivo em que se deu o falecimento, até o limite máximo estabelecido para os benefícios do regime geral, caso em atividade na data do óbito.

e) autoriza a instituição, por lei de iniciativa do Poder Legislativo da esfera correspondente, de regime de previdência complementar para os servidores da União, Estados, Distrito Federal e Municípios, podendo fixar, para valor das aposentadorias e pensões, nesse caso, o limite máximo estabelecido para os benefícios do regime geral.

COMENTÁRIOS

Alternativa "b": para a questão, é essencial o conhecimento do texto da constituição e de Súmula Vinculante do STF, especificamente o **art. 40, § 4º, inciso III, da CF, e a Súmula Vinculante nº 33**: "Art. 40. § 4º É vedada a adoção de requisitos e critérios diferenciados para a concessão de aposentadoria aos abrangidos pelo regime de que trata este artigo, ressalvados, nos termos definidos em leis complementares, os casos de servidores: I – portadores de deficiência; II – que exerçam atividades de risco; III – **cujas atividades sejam exercidas sob condições especiais que prejudiquem a saúde ou a integridade física**" e Súmula Vinculante 33: "**Aplicam-se ao servidor público, no que couber, as regras do regime geral da previdência social sobre aposentadoria especial de que trata o art. 40, § 4º, inciso III, da Constituição Federal, até a edição de lei complementar específica**".

Alternativa correta: letra "b".

---

125. (Cespe – Analista Judiciário – Área Administrativa – TRE – BA/2017) Conforme a Constituição Federal de 1988, o servidor público adquirirá a estabilidade

a) independentemente de ter sido investido no cargo em decorrência de aprovação prévia em concurso público.

b) mesmo se ocupar cargo comissionado.

c) após 3 anos do efetivo exercício do cargo.

d) ainda que não realize avaliação especial de desempenho.

e) após os 4 anos do estágio probatório.

COMENTÁRIOS

Alternativa "c": de acordo com o art. 41, caput, da CF: "Art. 41. São estáveis após três anos de efetivo exercício os servidores nomeados para cargo de provimento efetivo em virtude de concurso público". Nesse sentido: "A EC 19/1998, que alterou o art. 41 da CF, elevou para três anos o prazo para a aquisição da estabilidade no serviço público e, por interpretação lógica, o prazo do estágio probatório" (STA 263 AgR, rel. Min. Gilmar Mendes, julgamento em 04/02/2010) e "Defensor público estadual: garantias e prerrogativas (...) O prazo trienal para a aquisição de estabilidade no cargo, fixado pela EC 19/1998, é aplicável indistintamente a todos os servidores públicos (ADI 230, rel. Min. Cármen Lúcia, julgamento em 01/02/2010).

Alternativa correta: letra "c".

---

126. (Cespe – Analista Judiciário – Área Administrativa – TRE – PE/2017) De acordo com a Constituição Federal de 1988 (CF), a perda ou a suspensão dos direitos políticos se dará em caso de

a) condenação criminal por decisão de tribunal contra a qual caiba recurso.
b) incapacidade civil relativa.
c) condenação em ação de improbidade administrativa, nos termos da lei.
d) cancelamento da naturalização por decisão judicial de primeira instância.
e) condenação criminal por decisão judicial de primeira instância.

COMENTÁRIOS

Alternativa "a": apenas ocorre a suspensão dos direitos políticos em caso de condenação criminal se esta **transitar em julgado, conforme art. 15, inciso III, da CF**: "Art. 15. É vedada a cassação de direitos políticos, cuja perda ou suspensão só se dará nos casos de: III – condenação criminal transitada em julgado, enquanto durarem seus efeitos".

Alternativa "b": os direitos políticos são suspensos apenas em caso de incapacidade civil **absoluta**, conforme art. 15, inciso II, da CF: "Art. 15. É vedada a cassação de direitos políticos, cuja perda ou suspensão só se dará nos casos de: II – incapacidade civil absoluta".

Alternativa "c": conforme **art. 37, § 4º da CF**: "Art. 37. § 4º **Os atos de improbidade administrativa importarão a suspensão dos direitos políticos**, a perda da função pública, a indisponibilidade dos bens e o ressarcimento ao erário, na forma e gradação previstas em lei, sem prejuízo da ação penal cabível".

Alternativa "d": de acordo com o **art. 15, inciso I, da CF**: "Art. 15. É vedada a cassação de direitos políticos, cuja perda ou suspensão só se dará nos casos de: I – cancelamento da naturalização por **sentença transitada em julgado**". Configura-se caso de perda dos direitos políticos.

Alternativa "e": apenas ocorre a suspensão dos direitos políticos em caso de condenação criminal se esta **transitar em julgado, conforme art. 15, inciso III, da CF**: "Art. 15. É vedada a cassação de direitos políticos, cuja perda ou suspensão só se dará nos casos de: III – condenação criminal transitada em julgado, enquanto durarem seus efeitos".

Alternativa correta: letra "c".

---

127. (Cespe – Analista Judiciário – Área Judiciária – TRE – PE/2017) O servidor público titular de cargo efetivo de determinada autarquia federal que passe a exercer mandato de deputado estadual

a) ficará afastado do cargo efetivo e receberá apenas a remuneração do cargo eletivo.
b) ficará afastado do cargo efetivo, podendo optar pela remuneração do cargo efetivo ou do cargo eletivo.
c) poderá desempenhar os dois cargos se houver compatibilidade de horários, caso em que perceberá as vantagens do cargo efetivo, sem prejuízo da remuneração do cargo eletivo, independentemente de submissão ao teto remuneratório.
d) poderá desempenhar os dois cargos mesmo se houver incompatibilidade de horários, caso em que perceberá as vantagens do cargo efetivo, sem prejuízo da remuneração do cargo eletivo, observado o teto remuneratório.
e) poderá ou não se licenciar do cargo efetivo, mas, caso não se licencie, perceberá apenas a remuneração do cargo efetivo.

COMENTÁRIOS

Alternativa "a": no caso em questão, o texto constitucional é bem claro: "Art. 38. Ao servidor público da administração direta, autárquica e fundacional, no exercício de mandato eletivo, aplicam-se as seguintes disposições: I – tratando-se de mandato eletivo **federal, estadual ou distrital, ficará afastado de seu cargo, emprego ou função**".

Alternativa correta: letra "a".

---

128. (FCC – Analista Judiciário – Área Judiciária – TRE – SP/2017) Dois servidores públicos titulares de cargos efetivos de médico foram eleitos Deputado Federal e Deputado Estadual. Nas eleições municipais, foram eleitos Prefeito e Vereador servidores públicos titulares de cargos efetivos de professor universitário.

No exercício dos respectivos mandatos,

a) todos devem exonerar-se dos respectivos cargos públicos, sob pena de perderem o mandato por decisão proferida pelas respectivas Casas Legislativas e, no caso do Prefeito, por decisão proferida pelo Tribunal de Justiça.

b) todos devem ser afastados dos respectivos cargos públicos, sendo que seu tempo de serviço será contado para todos os efeitos legais, exceto para promoção por merecimento, enquanto durar o mandato.

c) os Deputados devem ser afastados dos cargos de médico, ao passo que o Prefeito e o Vereador, havendo compatibilidade de horários, perceberão as vantagens de seu cargo público efetivo, sem prejuízo da remuneração do cargo eletivo, e, não havendo compatibilidade, serão afastados do cargo público efetivo, podendo optar pela sua remuneração.

d) o Prefeito deve ser afastado do cargo público efetivo enquanto durar o mandato, mas os Deputados e o Vereador, havendo compatibilidade de horários, perceberão as vantagens de seu cargo público efetivo, sem prejuízo da remuneração do cargo eletivo, e, não havendo compatibilidade, serão afastados do cargo público efetivo, podendo optar pela sua remuneração.

e) os Deputados e o Prefeito devem ser afastados do cargo público efetivo, mas o Vereador, havendo compatibilidade de horários, perceberá as vantagens de seu cargo público efetivo, sem prejuízo da remuneração do cargo eletivo, e, não havendo compatibilidade, será afastado do cargo público efetivo, podendo optar pela sua remuneração.

COMENTÁRIOS

Alternativa "e": aos Deputados, aplica-se o disposto no art. 38, inciso I, da CF: "Art. 38. Ao servidor público da administração direta, autárquica e fundacional, no exercício de mandato eletivo, aplicam-se as seguintes disposições: I – tratando-se de mandato eletivo federal, estadual ou distrital, ficará afastado de seu cargo, emprego ou função". Ao Prefeito, o art. 38, inciso II, da CF: "II – investido no mandato de Prefeito, será afastado do cargo, emprego ou função, sendo-lhe facultado optar pela sua remuneração". Por fim, ao Vereador, o art. 38, inciso III, da CF: "III – investido no mandato de Vereador, havendo compatibilidade de horários, perceberá as vantagens de seu cargo, emprego ou função, sem prejuízo da remuneração do cargo eletivo, e, não havendo compatibilidade, será aplicada a norma do inciso anterior". Assim, os Deputados e o Prefeito devem ser afastados de seus cargos; o Vereador, por sua vez, poderá receber as vantagens de seu cargo/emprego/função cumulativamente àquelas do mandato eletivo, desde que haja compatibilidade de horários.

Alternativa correta: letra "e".

---

129. (IESES – Analista Judiciário – Área Judiciária – TRE – MA/2015) A Constituição determina que a investidura em cargo ou emprego público depende de aprovação prévia em concurso público. Acerca dos servidores públicos, pode- se dizer ainda:

a) Os cargos públicos são inacessíveis a estrangeiros.

b) Para o cumprimento dos limites de despesa com pessoal estabelecidos no art. 169 da Constituição, e na forma regulamentada pela lei, poderá ocorrer a exoneração de servidores estáveis.

c) É permitida a acumulação de dois cargos públicos de professor com outro, técnico ou científico.

d) A União, os Estados e o Distrito Federal manterão escolas de governo para a formação e o aperfeiçoamento dos servidores públicos, sendo facultada a participação nos cursos para a promoção na carreira.

COMENTÁRIOS

Alternativa "a": os cargos, empregos e funções públicas são acessíveis aos brasileiros que preencham os requisitos estabelecidos em lei, assim como aos estrangeiros, na forma da lei (art. 37, I, da CF). Ou seja, os cargos públicos são acessíveis aos estrangeiros, nos termos da Constituição.

Alternativa "b": para o cumprimento dos limites de despesa com pessoal estabelecidos no art. 169 da CF, e na forma regulamentada pela lei, as seguintes providências poderão ser tomadas: I – redução em pelo menos vinte por cento das despesas com cargos em comissão e funções de confiança; II – exoneração dos servidores não estáveis; III – por fim, não sendo suficientes as medidas anteriores, o servidor estável poderá perder o cargo, desde que ato normativo motivado de cada um dos Poderes especifique a atividade funcional, o órgão ou unidade administrativa objeto da redução de pessoal. Regra de grande importância que se encontra na CF, dispõe que o servidor estável que perder o cargo na forma acima descrita fará jus a indenização correspondente a um mês de remuneração por ano de serviço e que o cargo objeto da redução será considerado extinto, vedada a criação de cargo, emprego ou função com atribuições iguais ou assemelhadas pelo prazo de quatro anos. Assim, remetemos o leitor para o art. 169 da CF.

Alternativa "c": é vedada a acumulação remunerada de cargos ou empregos públicos, exceto, quando houver compatibilidade de horários, nos seguintes casos: a) a de **dois cargos de professor**; b) a de **um cargo de professor com outro técnico ou científico**; c) a de **dois cargos ou empregos privativos de profissionais de saúde, com profissões regulamentadas**.

Alternativa "d": a União, os Estados e o Distrito Federal manterão escolas de governo para a formação e o aperfeiçoamento dos servidores públicos, constituindo-se a participação nos cursos um dos **requisitos para a promoção na carreira**, facultada, para isso, a celebração de convênios ou contratos entre os entes federados, que deverão promovê-los anualmente.

Alternativa correta: letra "b".

---

130. (Cespe - Analista Judiciário - Área Judiciária - TRE - MT/2015) Com base no que dispõe a Constituição Federal (CF) sobre os servidores públicos, assinale a opção correta.

a) As funções de confiança devem ser exercidas exclusivamente por servidores ocupantes de cargos efetivos na administração.

b) A investidura em cargo público depende da aprovação prévia em concurso público, cujo prazo de validade previsto em lei é de dois anos, admitidas sucessivas prorrogações pelo mesmo período.

c) O regime de subsídio foi imposto pela CF como forma obrigatória de remuneração para os cargos efetivos e empregos públicos criados após sua promulgação.

d) O servidor público federal adquire estabilidade no serviço público após dois anos de efetivo exercício do cargo por ele ocupado, somente podendo perder seu cargo por decisão judicial definitiva.

e) Somente brasileiros natos ou naturalizados podem ocupar os cargos públicos efetivos, porém admite-se a ocupação de cargos em comissão por estrangeiros.

COMENTÁRIOS

Alternativa "a": nos termos do art. 37, V, da CF, que dispõe que **as funções de confiança, exercidas exclusivamente por servidores ocupantes de cargo efetivo**, e os cargos em comissão, a serem preenchidos por servidores de carreira nos casos, condições e percentuais mínimos previstos em lei, destinam-se apenas às atribuições de direção, chefia e assessoramento.

Alternativa "b": o prazo de validade do concurso público será de **até dois anos, prorrogável uma vez**, por igual período (art. 37, III, da CF). Nesse ponto, um concurso pode ter prazo de validade menor que dois anos (pois a regra constitucional diz **até dois anos**). A prorrogação será realizada pelo mesmo prazo do previsto para o concurso. Exemplificando: determinado concurso prevê validade de 1 ano. Neste caso, ele poderá ser prorrogado, uma vez, por mais 1 ano (pois a norma diz que a prorrogação será uma vez por igual período).

Alternativa "c": o regime de subsídio não foi imposto pela CF como forma obrigatória de remuneração para os cargos efetivos e empregos públicos criados após sua promulgação. O **subsídio**, na lição de Leandro Bortoleto "é o pagamento de uma única parcela, sem subdivisões [...] forma normalmente adotada para se remunerar os agentes políticos" (*Direito Administrativo*. Salvador: Juspodivm, 2012, p. 142). Já os **vencimentos** referem-se ao vencimento básico somado às gratificações permanentes previstas em lei (art. 1º, da Lei 8.852/94), que se aplicam aos agentes administrativos submetidos a regime estatutário, os denominados servidores públicos.

Alternativa "d": nos termos do art. 41 da CF, são estáveis após **três anos** (e não dois) de efetivo exercício os servidores nomeados para cargo de provimento efetivo em virtude de concurso público. O § 1º do dispositivo elencado determina que o servidor público estável só perderá o cargo: I - em virtude de sentença judicial transitada em julgado; II - mediante processo administrativo em que lhe seja assegurada ampla defesa; III - mediante procedimento de avaliação periódica de desempenho, na forma de lei complementar, assegurada ampla defesa.

Alternativa "e": conforme consta do art. 37, I, da CF, os cargos, empregos e funções públicas são acessíveis aos brasileiros que preencham os requisitos estabelecidos em lei, **assim como aos estrangeiros, na forma da lei.** Portanto, estrangeiros também podem ocupar os cargos públicos efetivos.

Alternativa correta: letra "a".

---

131. (Analista Judiciário - Área Judiciária TRE/PE 2011 - FCC) Apolo, funcionário público, recebeu propina para convidar empresas fantasmas a fim de beneficiar a empresa UUUXXXAA Ltda. no processo de licitação de compra de material escolar pelo Poder Público Estadual. As empresas fantasmas, convidadas, não apresentaram propostas, o que levou a empresa UUUXXXAA a vencer a licitação, mesmo tendo apresentado proposta de fornecimento de material acima dos valores praticados no mercado. Segundo a Constituição Federal, o ato de improbidade administrativa cometido por Apolo, poderá importar

a) a perda da função pública, apenas, pois o ressarcimento ao erário competirá a empresa que venceu a licitação.

b) a suspensão dos direitos políticos, apenas, pois o ressarcimento ao erário competirá a empresa que venceu a licitação.

c) a indisponibilidade de bens, apenas, pois é sua obrigação ressarcir o erário, caso a empresa tenha fornecido o material escolar.

d) a perda da função pública e o ressarcimento ao erário, apenas, sem prejuízo da ação penal cabível.

e) a suspensão dos direitos políticos, a perda da função pública, a indisponibilidade dos bens e o ressarcimento ao erário, na forma e gradação previstas em lei, sem prejuízo da ação penal cabível.

COMENTÁRIOS

Alternativa "e" (responde todas as alternativas): o ato de improbidade administrativa cometido por Apolo poderá importar a suspensão dos direitos políticos, a perda da função pública, a indisponibilidade dos bens e o ressarcimento ao erário, na forma e gradação previstas em lei, sem prejuízo da ação penal cabível, tudo conforme art. 37, § 4º, da CF.

Alternativa correta: letra "e".

---

132. (Analista Judiciário – Área Judiciária TRE/AP 2011 – FCC) Eugênio, servidor público estável, perdeu o cargo por sentença judicial transitada em julgado, cuja vaga foi ocupada por Roberval que também é servidor público estável. Porém, Eugênio obteve novas provas e ingressou com ação apropriada que foi julgada procedente, sendo invalidadas a sentença judicial e a sua demissão. Segundo a Constituição Federal, Eugênio

a) será reintegrado e, por consequência, o Roberval será promovido ao cargo de chefia.

b) não será reintegrado porque sua vaga já está ocupada por Roberval. Eugênio será obrigatoriamente posto em disponibilidade com remuneração proporcional ao tempo de serviço, sem direito a indenização.

c) não será reintegrado porque sua vaga já está ocupada por Roberval e, nesse caso, Eugênio será obrigatoriamente aproveitado em outro cargo, sem direito a indenização.

d) será reintegrado e o Roberval será mantido no mesmo cargo, sendo vedada sua recondução.

e) será reintegrado e o Roberval, ocupante da vaga, por ser estável, será reconduzido ao cargo de origem, sem direito a indenização, aproveitado em outro cargo ou posto em disponibilidade com remuneração proporcional ao tempo de serviço.

COMENTÁRIOS

Alternativa "a": vide comentários à letra "e".

Alternativa "b": um servidor estável será posto em disponibilidade quando foi extinto o seu cargo ou declarada a sua desnecessidade, de modo que o servidor ganhará remuneração proporcional ao tempo de serviço até seu adequado aproveitamento em outro cargo, consoante art. 41, § 3º, da CF.

Alternativa "c": vide comentários à letra "e".

Alternativa "d": vide comentários à letra "e".

Alternativa "e": Eugênio será reintegrado e Roberval, ocupante da vaga, por ser estável, será reconduzido ao cargo de origem, sem direito a indenização, aproveitado em outro cargo ou posto em disponibilidade com remuneração proporcional ao tempo de serviço, nos termos do art. 41, § 2º, da CF.

Alternativa correta: letra "e".

4.4. SEPARAÇÃO DOS PODERES

▸ CF, artigos 44 a 126 da CF.

---

133. (Cespe – Analista Judiciário – Área Judiciária – TRE – PI/2016) Acerca dos Poderes da República e das funções essenciais à justiça, assinale a opção correta.

a) Em razão do princípio da separação dos poderes, a súmula vinculante editada pelo STF é efetiva apenas para os órgãos do Poder Judiciário.

b) Eventual conflito de competência entre um tribunal regional eleitoral e um tribunal regional federal deverá ser revolvido pelo STF.

c) A Advocacia-Geral da União, por ser órgão do Poder Executivo, não detém competência para representar judicialmente o Poder Judiciário.

d) De acordo com o STF, as comissões parlamentares de inquérito possuem poderes de investigação próprios das autoridades judiciais, mas não têm competência para determinar a interceptação telefônica.

e) Convalida o vício de iniciativa a sanção presidencial a projeto de lei de autoria de senador acerca de matéria de iniciativa privativa do presidente da República.

COMENTÁRIOS

Alternativa "a": a súmula vinculante editada pelo STF é efetiva para os órgãos do Poder Judiciário e à administração pública direta e indireta, nos termos do art. 103-A da CF. Ressalta-se, todavia, que o Poder Legislativo, em sua função típica de legislar, não fica submetido aos efeitos da Súmula Vinculante.

Alternativa "b": eventual conflito de competência entre um tribunal regional eleitoral e um tribunal regional federal deverá ser revolvido pelo STJ (e não STF). Segundo consta do art. 105, I, *d*, da CF, compete ao Superior Tribunal de Justiça, processar e julgar, originariamente, os conflitos de competência entre quaisquer tribunais, ressalvado o disposto no art. 102, I, "o", bem como entre tribunal e juízes a ele não vinculados e entre juízes vinculados a tribunais diversos.

Alternativa "c": a Advocacia-Geral da União tem a incumbência de representar a União, judicial e extrajudicialmente (o que inclui a representação do Poder Judiciário). Nos termos do art. 131 da CF, a Advocacia-Geral da União é a instituição que, diretamente ou através de órgão vinculado, representa a União, judicial e extrajudicialmente, cabendo-lhe, nos termos da lei complementar que dispuser sobre sua organização e funcionamento, as atividades de consultoria e assessoramento jurídico do Poder Executivo.

Alternativa "d": as CPIs possuem poderes de investigação próprios das autoridades judiciais (art. 58, § 3º, da CF), todavia, não podem determinar a interceptação telefônica, que se submete à cláusula de reserva de jurisdição (apenas órgão investido de poder jurisdicional pode determiná-la). Importante destacar que a interceptação (gravações de conversas presentes e futuras) não se confunde com a quebra de sigilo (acesso a dados passados). Tal distinção é relevante, pois as CPIs (órgãos que não são investidos de poderes jurisdicionais) até podem determinar a quebra de sigilo de dados telefônicos (registro de chamadas recebidas e efetuadas), mas não a interceptação telefônica.

Alternativa "e": a sanção de projeto de lei não convalida o vício de inconstitucionalidade resultante da usurpação do poder de iniciativa.

Alternativa correta: letra "d".

---

134. (Cespe – Analista Judiciário – Área Judiciária – TRE – RS/2015) A respeito da organização dos Poderes Legislativo, Executivo e Judiciário, assinale a opção correta.

a) Compete ao STF processar e julgar originariamente mandado de segurança impetrado contra ato emanado de tribunal regional eleitoral.

b) Compete ao Congresso Nacional, com a sanção do presidente da República, escolher dois terços dos membros do TCU.

c) O depoimento prestado por membro do Congresso Nacional em comissão parlamentar de inquérito não está protegido pela imunidade material.

d) Os atos do presidente da República configuradores de crimes de responsabilidade constam de rol meramente exemplificativo da CF, podendo lei federal ou medida provisória definir outras condutas que configurem infração político-administrativa.

e) Os tribunais regionais eleitorais podem anular diplomas ou decretar a perda de mandatos eletivos tanto estaduais quanto federais.

COMENTÁRIOS

✪ **Nota do autor:** dentre outros temas, a questão aborda acerca dos crimes de responsabilidade praticados pelo Presidente da República. Tendo em vista o atual cenário político do país, é bastante provável que o tema seja tratado amplamente nos próximos concursos, de modo que se recomenda especial atenção ao assunto. Por oportuno, vale alertar o candidato do teor da Súmula Vinculante 46: "A definição dos crimes de responsabilidade e o estabelecimento das respectivas normas de processo e julgamento são da competência legislativa privativa da União.".

Alternativa "a": de acordo com o art. 22, I, *e*, do Código Eleitoral, a competência para julgar mandado de segurança impetrado contra ato emanado de TRE é do TSE (e não do STF). Nestes termos, consoante o dispositivo elencado, compete ao Tribunal Superior processar e julgar originariamente o *habeas corpus* ou mandado de segurança, em matéria eleitoral, relativos a atos do Presidente da República, dos Ministros de Estado e dos Tribunais Regionais; ou, ainda, o *habeas corpus*, quando houver perigo de se consumar a violência antes que o juiz competente possa prover sobre a impetração.

Alternativa "b": é da competência exclusiva do Congresso Nacional escolher dois terços dos membros do Tribunal de Contas da União (art. 49, XIII, da CF). Todavia, não se exige sanção do Presidente da República, por conta do disposto no art. 48, *caput*, da CF.

Alternativa "c": consoante entendimento do STF, constante do Inq. 681 QO, julgado em 1994 e relatado pelo Ministro Celso de Mello, o depoimento prestado por membro do Congresso Nacional em comissão parlamentar de inquérito está protegido pela imunidade material.

Alternativa "d": os atos do Presidente da República configuradores de crimes de responsabilidade só podem ser tratados por lei federal (e não por medida provisória). É vedada a edição de medidas provisórias sobre matéria relativa a direito penal (art. 62, § 1º, I, *b*, da CF).

Alternativa "e": é o que se extrai do art. 121, § 4º, IV, da CF.

Alternativa correta: letra "e".

---

135. (Analista Judiciário – Área Judiciária TRE/ES 2011 – CESPE) No que se refere aos poderes da República, julgue os itens que se seguem.

Ao apreciar a legalidade de ato administrativo praticado por membros ou órgãos do Poder Judiciário, o Conselho Nacional de Justiça pode desconstituí-lo, sem prejuízo da competência do Tribunal de Contas da União.

A CF veda, em caráter absoluto, que matéria constante de projeto de lei rejeitado seja objeto de novo projeto na mesma sessão legislativa.

De acordo com o disposto na CF, compete ao Tribunal de Contas da União apreciar, para fins de registro, a legalidade dos atos de admissão de pessoal, a qualquer título, na administração direta e indireta, incluídas as nomeações para cargos de provimento em comissão.

Nos crimes de responsabilidade, o presidente da República é suspenso de suas funções após a instauração do processo pela Câmara dos Deputados.

COMENTÁRIOS

✪ **Nota do autor:** temas novos ou modernos sempre são lembrados pelo Cespe. Questões cobrando conhecimento sobre o CNJ já são clássicas, o que exige estudo atento do art. 103-B da CF.

O CNJ pode desconstituir ato administrativo praticado por membros ou órgãos do Poder Judiciário ao apreciar sua legalidade, sem prejuízo da competência do TCU (art. 103-B, § 4º, II, da CF).

A CF **não veda**, em caráter absoluto, que matéria constante de projeto de lei rejeitado seja objeto de novo projeto na mesma sessão legislativa, pois, conforme preceitua o art. 67 da CF: "A matéria constante de projeto de lei rejeitado somente poderá constituir objeto de novo projeto, na mesma sessão legislativa, mediante **proposta da maioria absoluta dos membros de qualquer das Casas do Congresso Nacional**". Vale ressaltar que a CF veda que a matéria constante em medida provisória rejeitada ou que tenha perdido sua eficácia por decurso de prazo ou a matéria constante em proposta de emenda constitucional rejeitada ou havida por prejudicada seja objeto de novo projeto na mesma sessão legislativa (art. 60, § 5º e art. 62, § 10, ambos da CF).

De acordo com o disposto na CF, art. 71, III, compete ao Tribunal de Contas da União apreciar, para fins de registro, a legalidade dos atos de admissão de pessoal, a qualquer título, na administração direta e indireta, **excetuadas** as nomeações para cargos de provimento em comissão.

. Nos crimes de responsabilidade, o presidente da República é suspenso de suas funções após a instauração do processo pelo **Senado Federal**, segundo art. 86, § 1º, II, da CF.

Alternativa correta: "certo, errado, errado e errado".

---

136. (Analista Judiciário – Área Judiciária TRE/BA/ 2010 – CESPE) No que se refere à organização dos poderes no Estado, julgue os seguintes itens.

É de competência exclusiva do presidente da República resolver definitivamente sobre tratados, acordos ou atos internacionais que acarretem encargos ou compromissos ao patrimônio nacional.

A CF confere aos tribunais com número superior a trinta e cinco julgadores a discricionariedade quanto à constituição de órgão especial, para o exercício das atribuições administrativas e jurisdicionais delegadas da competência do tribunal pleno.

COMENTÁRIOS

É de competência exclusiva do **Congresso Nacional** resolver definitivamente sobre tratados, acordos ou atos internacionais que acarretem encargos ou compromissos ao patrimônio nacional (art. 49, I, da CF). Atenção para não confundir com o disposto no art. 84, VIII, da CF.

A CF, em seu art. 93, XI, confere aos tribunais com número superior a **vinte e cinco** julgadores a discricionariedade quanto à constituição de órgão especial, para o exercício das atribuições administrativas e jurisdicionais delegadas da competência do tribunal pleno.

Alternativa correta: ""errado e errado".

4.4.1. PODER LEGISLATIVO

---

137. (Cespe – Analista Judiciário – Área Administrativa – TRE – TO/2017) Com base nas disposições constitucionais a respeito da fiscalização contábil, financeira e orçamentária, julgue os itens a seguir.

I O TCU não tem competência para aplicar sanções em razão de irregularidade de contas ou ilegalidade de despesas, pois se trata de atribuição do Poder Judiciário.

II É vedado ao TCU realizar, por iniciativa própria, auditorias financeiras nas unidades administrativas dos Poderes Legislativo, Executivo e Judiciário, sob risco de violação da separação dos Poderes.

III Os responsáveis pelo controle interno dos órgãos da administração pública devem dar ciência ao TCU de qualquer irregularidade ou ilegalidade de que tenham conhecimento, sob pena de responsabilidade solidária.

IV Qualquer cidadão, partido político, associação ou sindicato é parte legítima para denunciar irregularidades ou ilegalidades ao TCU.

Estão certos apenas os itens

a) I e II.
b) I e III.
c) II e III.
d) II e IV.
e) III e IV.

COMENTÁRIOS

Assertiva I: Ao contrário do afirmado, o TCU tem, sim, competência para aplicar sanções em razão de irregularidade de contas ou ilegalidade de despesas, conforme **art. 71, inciso VIII, da CF**: "Art. 71. O controle externo, a cargo do Congresso Nacional, será exercido com o auxílio do Tribunal de Contas da União, ao qual compete: VIII – aplicar aos responsáveis, em caso de ilegalidade de despesa ou irregularidade de contas, as sanções previstas em lei, que estabelecerá, entre outras cominações, multa proporcional ao dano causado ao erário".

Assertiva II: A assertiva apresenta uma das competências atribuídas ao TCU, disposta no **art. 71, in-**

ciso IV, da CF: "Art. 71. O controle externo, a cargo do Congresso Nacional, será exercido com o auxílio do Tribunal de Contas da União, ao qual compete: IV – realizar, por iniciativa própria, da Câmara dos Deputados, do Senado Federal, de Comissão técnica ou de inquérito, inspeções e auditoria de natureza contábil, financeira, orçamentária, operacional e patrimonial, nas unidades administrativas dos Poderes Legislativo, Executivo e Judiciário, e demais entidades referidas no inciso II".

Assertiva III: A assertiva está de acordo com o **art. 74, § 1º, da CF**: "§ 1º Os responsáveis pelo controle interno, ao tomarem conhecimento de qualquer irregularidade ou ilegalidade, dela darão ciência ao Tribunal de Contas da União, sob pena de responsabilidade solidária".

Assertiva IV: A assertiva apresenta o disposto no **art. 74, § 2º, da CF**, *in verbis*: "§2º Qualquer cidadão, partido político, associação ou sindicato é parte legítima para denunciar irregularidades ou ilegalidades ao TCU".

Alternativa correta: letra "e".

---

138. (Cespe – Analista Judiciário – Área Judiciária – TRE – TO/2017) No que se refere ao Tribunal de Contas da União (TCU), assinale a opção correta.

a) Os ministros do TCU têm as mesmas garantias, prerrogativas, impedimentos, vencimentos e vantagens dos ministros do Supremo Tribunal Federal.

b) O TCU é composto por nove ministros; todos, auditores de carreira do tribunal, entre os quais um terço é escolhido pelo presidente da República e dois terços, pelo Congresso Nacional.

c) Ao TCU compete julgar as contas dos administradores e de demais responsáveis por valores públicos da administração direta e indireta.

d) O ato de sustação de contrato será adotado diretamente pelo TCU, que solicitará ao Executivo as medidas cabíveis.

e) Ao TCU cabe o julgamento da legalidade de demissão de pessoal da administração direta e indireta.

COMENTÁRIOS

Alternativa "a": equiparam-se as garantias, prerrogativas, impedimentos, vencimento e vantagens dos membros do TCU ao **STJ, não STF,** conforme art. 73, § 3º, da CF: "Art. 73. O Tribunal de Contas da União, integrado por nove Ministros, tem sede no Distrito Federal, quadro próprio de pessoal e jurisdição em todo o território nacional, exercendo, no que couber, as atribuições previstas no art. 96. § 3º Os Ministros do Tribunal de Contas da União terão as mesmas garantias, prerrogativas, impedimentos, vencimentos e vantagens dos Ministros do Superior Tribunal de Justiça, aplicando-se, quanto à aposentadoria e pensão, as normas constantes do art. 40".

Alternativa "b": a escolha dos Ministros do TCU é feita nos moldes apresentados pela alternativa; entretanto, nem todos são auditores de carreira do tribunal, sendo dois alternadamente dentre auditores e membros do Ministério Público junto ao Tribunal, conforme disposição do **art. 73, § 2º, incisos I e II, da CF**: "Art. 73. O Tribunal de Contas da União, integrado por nove Ministros, tem sede no Distrito Federal, quadro próprio de pessoal e jurisdição em todo o território nacional, exercendo, no que couber, as atribuições previstas no art. 96. § 2º Os Ministros do Tribunal de Contas da União serão escolhidos: I – um terço pelo Presidente da República, com aprovação do Senado Federal, sendo dois alternadamente dentre auditores e membros do Ministério Público junto ao Tribunal, indicados em lista tríplice pelo Tribunal, segundo critérios de antiguidade e merecimento; II – dois terços pelo Congresso Nacional".

Alternativa "c": a assertiva está de acordo com o disposto no **art. 71, inciso II, da CF**: "Art. 71. O controle externo, a cargo do Congresso Nacional, será exercido com o auxílio do Tribunal de Contas da União, ao qual compete: II – julgar as contas dos administradores e demais responsáveis por dinheiros, bens e valores públicos da administração direta e indireta, incluídas as fundações e sociedades instituídas e mantidas pelo Poder Público federal, e as contas daqueles que derem causa a perda, extravio ou outra irregularidade de que resulte prejuízo ao erário público".

Alternativa "d": sustação de contrato é ato que deve ser praticado pelo **Congresso Nacional**, e não pelo TCU, conforme **art. 71, §§ 1º e 2º da CF**: "§ 1º No caso de contrato, o ato de sustação será adotado diretamente pelo Congresso Nacional, que solicitará, de imediato, ao Poder Executivo as medidas cabíveis. § 2º Se o Congresso Nacional ou o Poder Executivo, no prazo de noventa dias, não efetivar as medidas previstas no parágrafo anterior, o Tribunal decidirá a respeito".

Alternativa "e": ao TCU cabe o julgamento da legalidade de **admissão, e não demissão, conforme art. 71, inciso III, da CF**: "Art. 71. O controle externo, a cargo do Congresso Nacional, será exercido com o auxílio do Tribunal de Contas da União, ao qual compete: III – apreciar, para fins de registro, a legalidade dos atos de admissão de pessoal, a qualquer título, na administração direta e indireta, incluídas as fundações instituídas e mantidas pelo Poder Público, excetuadas as nomeações para cargo de provimento em comissão, bem como a das concessões de aposentadorias, reformas e pensões, ressalvadas as melhorias posteriores que não alterem o fundamento legal do ato concessório".

Alternativa correta: letra "c".

139. (Cespe – Técnico Judiciário – Área Administrativa – TRE – TO/2017) De acordo com a CF, o sistema proporcional é utilizado para eleger

a) deputados federais.
b) presidente da República.
c) senadores.
d) governadores.
e) prefeitos.

COMENTÁRIOS

Alternativa correta: letra "a": de acordo com o art. 45, *caput*, da CF: "Art. 45. A Câmara dos Deputados compõe-se de representantes do povo, eleitos, pelo sistema proporcional, em cada Estado, em cada Território e no Distrito Federal". Os demais cargos são elegidos pelo sistema majoritário.

140. (Cespe – Técnico Judiciário – Área Administrativa – TRE – PE/2017) Compete privativamente à Câmara dos Deputados

a) processar e julgar os ministros do Supremo Tribunal Federal, nos crimes de responsabilidade.
b) elaborar o regimento interno do Senado Federal.
c) aprovar, previamente, a escolha de ministros do Tribunal de Contas da União.
d) autorizar a instauração de processo contra o presidente da República.
e) processar e julgar o presidente e o vice-presidente da República nos crimes de responsabilidade.

COMENTÁRIOS

Alternativa "a": a referida competência é do **Senado Federal**, conforme art. 52, inciso II, da CF.

Alternativa "b": a referida competência é do **Senado Federal**, conforme art. 52, inciso XII, da CF.

Alternativa "c": a referida competência é do **Senado Federal**, conforme art. 52, inciso III, alínea "b", da CF.

Alternativa "d": autorizar a instauração de processo contra o Presidente da República é competência privativa da Câmara dos Deputados, conforme **art. 51, inciso I, da CF**: "Art. 51. Compete privativamente à Câmara dos Deputados: I – autorizar, por dois terços de seus membros, a instauração de processo contra o Presidente e o Vice-Presidente da República e os Ministros de Estado".

Alternativa "e": a referida competência é do **Senado Federal**, conforme art. 52, inciso I, da CF.

Alternativa correta: letra "d".

141. (Cespe – Técnico Judiciário – Área Administrativa – TRE – BA/2017) O Poder Legislativo é exercido pelo Congresso Nacional, que se compõe da Câmara dos Deputados e do Senado Federal, os quais, por sua vez, são constituídos por representantes dos estados e do Distrito Federal (DF). Para o Senado Federal, tais representantes são eleitos segundo o

a) sistema proporcional, e cada estado e o DF elegem dois candidatos, cada um deles com mandato de quatro anos.
b) princípio majoritário, e cada candidato é eleito com um suplente.
c) sistema proporcional, e cada estado e o DF elegem três candidatos, cada um deles com mandato de quatro anos.
d) sistema proporcional, e cada candidato é eleito com dois suplentes.
e) princípio majoritário, e cada estado e o DF elegem três candidatos, cada um deles com mandato de oito anos.

COMENTÁRIOS

Alternativa "e": a alternativa é a única que traduz o disposto no **art. 46, § 1º, da CF**: "Art. 46. O Senado Federal compõe-se de representantes dos Estados e do Distrito Federal, eleitos segundo o **princípio majoritário.** § 1º **Cada Estado e o Distrito Federal elegerão três Senadores, com mandato de oito anos**".

Alternativa correta: letra "e".

142. (FCC – Analista Judiciário – Área Judiciária – TRE – SP/2017) Com o desfecho das eleições municipais e a posse dos novos Prefeitos, dois parlamentares do Estado "X" assumiram cargos junto a Poderes Executivos locais, após o que suas funções legislativas passaram a ser exercidas por seus respectivos suplentes. Um deles era Deputado Federal, que assumiu o cargo de Secretário de Prefeitura da capital de seu Estado. O outro era Senador, que foi nomeado Secretário de Prefeitura de outro município do mesmo Estado "X". Paralelamente, um outro Senador representante do mesmo Estado "X" veio a falecer, não havendo, todavia, suplente para que sua vaga fosse preenchida. Considerando que esses fatos ocorreram no primeiro mês da segunda metade do mandato de cada um dos parlamentares e levando-se em conta o texto da Constituição Federal, considere:

I. o Deputado Federal não perderá o mandato ao assumir o cargo de Secretário.
II. o Senador não perderá o mandato ao assumir o cargo de Secretário.
III. a vaga do Senador falecido deve ser preenchida mediante nova eleição.

Está correto o que consta em

a) I, II e III.

b) I e II, apenas.

c) I e III, apenas.

d) I, apenas.

e) II e III, apenas.

COMENTÁRIOS

Assertiva I: O Deputado Federal não perderá seu mandato ao assumir a Secretaria, conforme art. 56, inciso I, da CF: "Art. 56. **Não perderá o mandato de Deputado ou Senador**: I – **investido no cargo de** Ministro de Estado, Governador de Território, **Secretário** de Estado, do Distrito Federal, de Território, **de Prefeitura de Capital** ou chefe de missão diplomática temporária".

Assertiva II: . O Senador perderá o seu mandato, visto que, conforme art 56, inciso I, da CF, apenas é possível manter o cargo caso seja investido em cargo de Secretário de Prefeitura de **Capital**. Qualquer outro Município do Estado enseja, portanto, hipótese de perda do mandato.

Assertiva III: A vaga do Senador falecido deve ser preenchida com nova eleição porque não havia suplente para preenchê-la, configurando hipótese do art. 56, § 2º, da CF: "**Art. 56. § 2º Ocorrendo vaga e não havendo suplente, far-se-á eleição para preenche-la se faltarem mais de quinze meses para o término do mandato**".

Alternativa correta: letra "c".

---

143. (FCC – Analista Judiciário – Área Judiciária – TRE – SP/2017) Um Estado que tenha cinquenta representantes na Câmara dos Deputados deverá eleger para sua Assembleia Legislativa

a) cento e cinquenta Deputados.

b) setenta Deputados.

c) noventa e quatro Deputados.

d) setenta e quatro Deputados.

e) cinquenta Deputados.

COMENTÁRIOS

Alternativa "d": o número de Deputados Estaduais na Assembleia Legislativa é determinado pelo art. 27 da CF: "Art. 27. O número de Deputados à Assembleia Legislativa corresponderá ao triplo da representação do Estado na Câmara dos Deputados e, atingido o número de trinta e seis, será acrescido de tantos quantos forem os Deputados Federais acima de doze". Desse modo, a fórmula que se extrai para a contagem de Deputados Estaduais é: $x = 36 + (y - 12)$, sendo "x" o número de deputados estaduais e "y" o número de deputados federais. Assim, no caso da questão: $x = 36 + (50 - 12) = 74$.

Alternativa correta: letra "d".

---

144. (Cespe – Analista Judiciário – Área Administrativa – TRE – TO/2017) Compete ao Congresso Nacional, com a sanção do presidente da República,

a) deliberar, definitivamente, sobre atos internacionais que acarretem compromissos gravosos ao patrimônio nacional.

b) autorizar referendo e convocar plebiscito.

c) dispor sobre diretrizes orçamentárias, operações de crédito e dívida pública.

d) sustar atos normativos do Poder Executivo que exorbitem do poder regulamentar.

e) autorizar a pesquisa e a lavra de riquezas minerais em terras indígenas.

COMENTÁRIOS

Alternativa "a": a hipótese é de **competência exclusiva do Congresso Nacional**, não sendo necessária a sanção do Presidente da República para tanto, conforme **art. 49, inciso I, da CF**: "Art. 49. É da competência exclusiva do Congresso Nacional: I – resolver definitivamente sobre tratados, acordos ou atos internacionais que acarretem encargos ou compromissos gravosos ao patrimônio nacional".

Alternativa "b": a hipótese é de **competência exclusiva do Congresso Nacional**, não sendo necessária a sanção do Presidente da República para tanto, conforme **art. 49, inciso XV, da CF**: "Art. 49. É da competência exclusiva do Congresso Nacional: XV – autorizar referendo e convocar plebiscito".

Alternativa "c": de acordo com o **art. 48, inciso II, da CF**: "Art. 48. Cabe ao Congresso Nacional, com a sanção do Presidente da República, não exigida esta para o especificado nos arts. 49, 51 e 52, dispor sobre todas as matérias de competência da União, especialmente sobre: II – plano plurianual, diretrizes orçamentárias, orçamento anual, operações de crédito, dívida pública e emissões de curso forçado".

Alternativa "d": a hipótese é de **competência exclusiva do Congresso Nacional**, não sendo necessária a sanção do Presidente da República para tanto, conforme **art. 49, inciso V, da CF**: "Art. 49. É da competência exclusiva do Congresso Nacional: V – sustar os atos normativos do Poder Executivo que exorbitem do poder regulamentar ou dos limites de delegação legislativa".

Alternativa "e": a hipótese é de **competência exclusiva do Congresso Nacional**, não sendo necessária a sanção do Presidente da República para tanto, conforme **art. 49, inciso XVI, da CF**: "Art. 49. É da competência exclusiva do Congresso Nacional: XVI – autorizar, em terras indígenas, a exploração e o aproveitamento de recursos hídricos e a pesquisa e lavra de riquezas minerais".

Alternativa correta: letra "c".

145. (Cespe – Analista Judiciário – Área Administrativa – TRE – BA/2017) Para a criação da Comissão Parlamentar de Inquérito (CPI), é indispensável

a) que o fato não esteja em apuração em instância policial ou judicial.
b) o requerimento de, no mínimo, dois terços dos membros da casa legislativa.
c) o apontamento de fato determinado a ser investigado.
d) que a iniciativa seja da Câmara dos Deputados, não podendo ser de outra casa legislativa.
e) a fixação de prazo improrrogável para a conclusão do trabalho, independentemente da complexidade do fato investigado.

COMENTÁRIOS

Alternativa "c": de acordo com **o art. 58, § 3º, da CF**: "Art. 58. § 3º As comissões parlamentares de inquérito, que terão poderes de investigação próprios das autoridades judiciais, além de outros previstos nos regimentos das respectivas Casas, serão criadas pela Câmara dos Deputados e pelo Senado Federal, em conjunto ou separadamente, **mediante requerimento de um terço de seus membros, para a apuração de fato determinado e por prazo certo**, sendo suas conclusões, se for o caso, encaminhadas ao Ministério Público, para que promova a responsabilidade civil ou criminal dos infratores". As CPIs são criadas com fins de investigação pelo prazo máximo de seis meses, com prorrogação de outros dois, para que se apure fato específico, e não genérico. Para que seja instalada, deve contar com o apoio de 1/3 dos membros das Casas, e só podem funcionar cinco CPIs simultaneamente.

Alternativa correta: letra "c".

146. (Cespe – Analista Judiciário – Área Administrativa – TRE – BA/2017) Conforme a Constituição Federal de 1988, os senadores da República são

a) eleitos, cada qual, com um suplente.
b) invioláveis, civil e penalmente, por suas opiniões, palavras e votos.
c) representantes dos estados, do Distrito Federal e dos municípios.
d) eleitos para mandato de quatro anos.
e) submetidos a julgamento perante o Superior Tribunal de Justiça a partir da expedição do diploma.

COMENTÁRIOS

Alternativa "a": senadores são eleitos, cada qual, com dois suplentes, de acordo com o art. 46, § 3º, da CF: "Art. 46. O Senado Federal compõe-se de representantes dos Estados e do Distrito Federal, eleitos segundo o princípio majoritário. § 3º Cada Senador será eleito com dois suplentes.

Alternativa "b": de acordo com o art. 53, com redação dada pela EC 35/2001: "Art. 53. Os Deputados e Senadores são invioláveis, civil e penalmente, por quaisquer de suas opiniões, palavras e votos".

Alternativa "c": senadores são representantes apenas dos Estados e do Distrito Federal, não dos Municípios. "Art. 46. O Senado Federal compõe-se de representantes dos Estados e do Distrito Federal, eleitos segundo o princípio majoritário".

Alternativa "d": o mandato dos senadores dura oito anos, de acordo com o art. 46, § 1º, da CF: § 1º Cada Estado e o Distrito Federal elegerão três Senadores, com mandato de oito anos".

Alternativa "e": são submetidos a julgamento perante o Superior Tribunal Federal – Art. 53, § 1º Os Deputados e Senadores, desde a expedição do diploma, serão submetidos a julgamento perante o Supremo Tribunal Federal.

Alternativa correta: letra "b".

147. (FCC – Analista Judiciário – Área Judiciária – TRE-RO/2013) Considere as seguintes situações hipotéticas: O Presidente da República se ausentará do País por vinte e dois dias no mês de Fevereiro. O Vice-Presidente da República se ausentará do País por trinta dias no mês de março. De acordo com a Constituição Federal, as referidas autorizações competem

a) privativamente ao Senado Federal e privativamente a Câmara dos Deputados, respectivamente.
b) privativamente ao Senado Federal.
c) exclusivamente ao Congresso Nacional e privativamente ao Senado Federal, respectivamente.
d) privativamente a Câmara dos Deputados.
e) exclusivamente ao Congresso Nacional.

COMENTÁRIOS

Alternativa correta: "e" (responde a todas as alternativas): conforme art. 49, III, da CF, é da competência exclusiva do **Congresso Nacional autorizar o Presidente e o Vice-Presidente da República a se ausentarem do País, quando a ausência exceder a 15 dias.**

148. (Cespe – Analista Judiciário – Área Judiciária – TRE-MS/2013) A respeito dos Poderes Legislativo e Executivo, assinale a opção correta.

a) É constitucionalmente possível a elaboração de medida provisória pelo presidente da República para tipificar novos crimes e estabelecer-lhes as respectivas penas.
b) De acordo com a CF, a impossibilidade de os deputados e senadores serem ou permanecerem

presos abrange inclusive as prisões em flagrante por cometimento de crimes inafiançáveis.

c) A competência para julgar o presidente da República por crimes de responsabilidade é do STF.

d) O Tribunal de Contas da União (TCU) é órgão auxiliar do Congresso Nacional no que toca ao controle externo e pode fiscalizar as contas de pessoa jurídica de direito privado que receba recursos financeiros da União.

e) O foro competente para julgar os deputados e senadores, a partir da expedição dos respectivos diplomas, será o Superior Tribunal de Justiça (STJ).

COMENTÁRIOS

Alternativa "a": é **vedada** a edição de medidas provisórias sobre matéria relativa a direito penal (art. 62, § 1º, I, "b", da CF).

Alternativa "b": de acordo com o art. 53, § 2º da CF, a impossibilidade de os deputados e senadores serem ou permanecerem presos **não abrange** as prisões em flagrante por cometimento de crimes inafiançáveis.

Alternativa "c": a competência para julgar o presidente da República por crimes de responsabilidade é do **Senado Federal** (art. 52, I, da CF).

Alternativa correta: "d". Segundo o art. 71 da CF, o controle externo, a cargo do Congresso Nacional, será exercido com o auxílio do Tribunal de Contas da União, ao qual compete, dentre outras atividades, comprovar a legalidade e avaliar os resultados, quanto à eficácia e eficiência, da gestão orçamentária, financeira e patrimonial nos órgãos e entidades da administração federal, bem como da aplicação de recursos públicos por entidades de direito privado.

Alternativa "e": o foro competente para julgar os deputados e senadores, a partir da expedição dos respectivos diplomas, será o **STF** (art. 53, § 1º, da CF).

Alternativa correta: letra "d".

---

149. (Analista Judiciário – Área Judiciária TRE/TO 2011 – FCC) Compete privativamente ao Senado Federal:

a) autorizar o Presidente e o Vice-Presidente da República a se ausentarem do País, quando a ausência exceder a quinze dias.

b) resolver definitivamente sobre tratados, acordos ou atos internacionais que acarretem encargos ou compromissos gravosos ao patrimônio nacional.

c) aprovar previamente, por voto secreto, após arguição pública, a escolha do Procurador-Geral da República.

d) sustar os atos normativos do Poder Executivo que exorbitem do poder regulamentar ou dos limites de delegação legislativa.

e) proceder à tomada de contas do Presidente da República, quando não apresentadas ao Congresso Nacional dentro de sessenta dias após a abertura da sessão legislativa.

COMENTÁRIOS

✪ **Nota do autor:** repisamos que os artigos 48 a 52 da CF, merecem uma atenção especial para as provas de TRFs e TREs.

Alternativa "a": compete exclusivamente ao **Congresso Nacional** autorizar o Presidente e o Vice-Presidente da República a se ausentarem do País, quando a ausência exceder a quinze dias (art. 49, III, da CF).

Alternativa "b": compete exclusivamente ao **Congresso Nacional** resolver definitivamente sobre tratados, acordos ou atos internacionais que acarretem encargos ou compromissos gravosos ao patrimônio nacional (art. 49, I, da CF).

Alternativa "c": compete privativamente ao Senado Federal aprovar previamente, por voto secreto, após arguição pública, a escolha do Procurador-Geral da República (art. 52, III, "e", da CF).

Alternativa "d": compete exclusivamente ao **Congresso Nacional** sustar os atos normativos do Poder Executivo que exorbitem do poder regulamentar ou dos limites de delegação legislativa (art. 49, V, da CF).

Alternativa "e": compete privativamente à Câmara dos Deputados proceder à tomada de contas do Presidente da República, quando não apresentadas ao Congresso Nacional dentro de sessenta dias após a abertura da sessão legislativa (art. 51, II, da CF).

Alternativa correta: letra "c".

---

150. (Analista Judiciário – Área Judiciária TRE/TO 2011 – FCC) O número de Deputados à Assembleia Legislativa corresponderá ao triplo da representação do Estado na Câmara dos Deputados e, atingido o número de

a) vinte e quatro, será acrescido de tantos quantos forem os Deputados Federais acima de doze.

b) vinte e quatro, será acrescido de tantos quantos forem os Deputados Federais, sem qualquer restrição.

c) trinta e seis, só será permitida a substituição através de suplentes regularmente inscritos.

d) trinta e seis, será acrescido de tantos quantos forem os Deputados Federais acima de doze.

e) quarenta e dois, só será permitida a substituição através de suplentes regularmente inscritos.

COMENTÁRIOS

Alternativa "d" (responde todas as alternativas): o número de Deputados à Assembleia Legislativa corresponderá ao triplo da representação do

Estado na Câmara dos Deputados e, atingido o número de trinta e seis, será acrescido de tantos quantos forem os Deputados Federais acima de doze. É o que estabelece o art. 27, *caput*, da CF.

Alternativa correta: letra "d".

---

151. (Analista Judiciário – Área Judiciária TRE/RN 2011 – FCC) Compete privativamente ao Senado Federal

a) processar e julgar os Ministros do Supremo Tribunal Federal nos crimes de responsabilidade.
b) autorizar, por dois terços de seus membros, a instauração de processo contra o Presidente e o Vice-Presidente da República.
c) autorizar, por dois terços de seus membros, a instauração de processo contra os Ministros de Estado.
d) sustar os atos normativos do Poder Executivo que exorbitem do poder regulamentar ou dos limites de delegação legislativa.
e) apreciar os atos de concessão e renovação de concessão de emissoras de rádio e televisão.

COMENTÁRIOS

Alternativa "a": compete privativamente ao Senado Federal processar e julgar os Ministros do Supremo Tribunal Federal nos crimes de responsabilidade, de acordo com art. 52, II, da CF.

Alternativa "b": nos termos do art. 51, I, da CF, compete **privativamente à Câmara dos Deputados** autorizar, por dois terços de seus membros, a instauração de processo contra o Presidente e o Vice-Presidente da República.

Alternativa "c": compete **privativamente à Câmara dos Deputados** autorizar, por dois terços de seus membros, a instauração de processo contra os Ministros de Estado, conforme art. 51, I, da CF.

Alternativa "d": segundo art. 49, V, da CF, é da **competência exclusiva do Congresso Nacional** sustar os atos normativos do Poder Executivo que exorbitem do poder regulamentar ou dos limites de delegação legislativa.

Alternativa "e": é da **competência exclusiva do Congresso Nacional** apreciar os atos de concessão e renovação de concessão de emissoras de rádio e televisão, consoante art. 49, XII, da CF.

Alternativa correta: letra "a".

---

152. (Analista Judiciário – Área Judiciária TRE/PE 2011 – FCC) A prerrogativa concedida aos parlamentares para o exercício do ofício congressual, com a mais ampla liberdade de manifestação, por meio de palavras, discussão, debate e voto no Parlamento ou em uma das suas comissões, se trata da imunidade

a) material.
b) formal.
c) lógica.
d) objetiva.
e) subjetiva.

COMENTÁRIOS

Alternativa "a": a prerrogativa concedida aos parlamentares para o exercício do ofício congressual, com a mais ampla liberdade de manifestação, por meio de palavras, discussão, debate e voto no Parlamento ou em uma das suas comissões, se trata da imunidade material contida no art. 53, *caput*, da CF.

Alternativa "b": a imunidade formal está disposta no art. 53, §§ 1º a 5º, da CF, e relaciona-se à prisão dos parlamentares e ao processo a ser instaurado contra eles.

Alternativa "c": não corresponde a qualquer forma de imunidade parlamentar.

Alternativa "d": não corresponde a qualquer forma de imunidade parlamentar.

Alternativa "e": não corresponde a qualquer forma de imunidade parlamentar.

Alternativa correta: letra "a".

---

153. (Analista Judiciário – Área Judiciária TRE/RS 2010 – FCC) Quanto à matéria de incompatibilidades dos Deputados e Senadores analise:

I. Não poderão, desde a expedição do diploma, ser proprietários, controladores ou diretores de empresa que goze de favor decorrente de contrato com pessoa jurídica de direito público, ou nela exercer função remunerada.
II. Não poderão, desde a posse, firmar ou manter qualquer espécie de contrato com pessoa jurídica de direito público, autarquia, empresa pública, sociedade de economia mista ou empresa concessionária de serviço público.
III. Não poderão, desde a posse, ser titulares de mais de um cargo ou mandato eletivo.
IV. Não perderá o mandato quando investido no cargo, entre outros, de Secretário de Estado e de Prefeitura de Capital.

Nesses casos, está correto SOMENTE o que se afirma em

a) III e IV.
b) I e II.
c) I e III.
d) II, III e IV.
e) I, II e IV.

COMENTÁRIOS

✪ **Nota do autor:** a disciplina constitucional envolvendo os deputados e os senadores é tema freqüente nas provas dos TRFs e TREs. Recomendamos estudo atento dos artigos 53 a 56 da CF.

Alternativa "I": Deputados e Senadores não poderão, desde a **posse**, ser proprietários, controladores ou diretores de empresa que goze de favor decorrente de contrato com pessoa jurídica de direito público, ou nela exercer função remunerada, nos termos do art. 54, II, "a", da CF.

Alternativa "II": Deputados e Senadores não poderão, desde a **expedição do diploma**, firmar ou manter qualquer espécie de contrato com pessoa jurídica de direito público, autarquia, empresa pública, sociedade de economia mista ou empresa concessionária de serviço público, consoante art. 54, I, "a", da CF.

Alternativa "III": . Deputados e Senadores não poderão, desde a posse, ser titulares de mais de um cargo ou mandato eletivo, de acordo com art. 54, II, "d", da CF.

Alternativa "IV": Deputados e Senadores não perderão o mandato quando investido no cargo, entre outros, de Secretário de Estado e de Prefeitura de Capital, segundo art. 56, I, da CF.

Alternativa correta: letra "a".

---

154. (Analista Judiciário – Área Judiciária TRE/RS 2010 – FCC) A autorização para instaurar processo contra o Presidente e o Vice-Presidente da República e os Ministros de Estado, compete privativamente

a) ao Senado Federal, por votação secreta da maioria simples de seus membros.

b) à Câmara dos Deputados, mediante votação por dois terços de seus membros.

c) ao Congresso Nacional, através de votação por maioria absoluta de seus membros.

d) ao Supremo Tribunal Federal, mediante representação do Procurador-Geral da República.

e) ao Conselho Nacional de Justiça, mediante representação do Presidente do Supremo Tribunal Federal, com prévia manifestação do Procurador-Geral da República.

COMENTÁRIOS

Alternativa correta: letra "b" (responde todas as alternativas): compete privativamente à Câmara dos Deputados, mediante votação por dois terços de seus membros, conceder autorização para instaurar processo contra o Presidente e o Vice-Presidente da República e os Ministros de Estado (art. 51, I, da CF).

Alternativa correta: letra "b".

---

155. (Analista Judiciário – Área Judiciária TRE/RS 2010 – FCC) É correto afirmar que, dentre outras atribuições, compete ao Congresso Nacional, com a sanção do Presidente da República, dispor sobre todas as matérias de competência da União, especialmente sobre

a) autorização das operações externas de natureza financeira, de interesse da União, dos Estados, do Distrito Federal, dos Territórios e dos Municípios.

b) aprovação do estado de defesa e a intervenção federal, autorizar o estado de sítio, ou suspender qualquer uma dessas medidas.

c) a sustação dos atos normativos do Poder Executivo que exorbitem do poder regulamentar ou dos limites de delegação legislativa.

d) a fixação e modificação do efetivo das Forças Armadas.

e) limites e condições para a concessão de garantia da União em operações de crédito externo e interno

COMENTÁRIOS

Alternativa "a": nos termos do art. 52, V, da CF, compete **privativamente ao Senado Federal** autorizar operações externas de natureza financeira, de interesse da União, dos Estados, do Distrito Federal, dos Territórios e dos Municípios.

Alternativa "b": compete **exclusivamente ao Congresso Nacional** (independentemente da sanção do Presidente da República) aprovar o estado de defesa e a intervenção federal, autorizar o estado de sítio, ou suspender qualquer uma dessas medidas, consoante art. 49, IV, da CF.

Alternativa "c": segundo art. 49, V, da CF, compete **exclusivamente ao Congresso Nacional** (independentemente da sanção do Presidente da República) sustar os atos normativos do Poder Executivo que exorbitem do poder regulamentar ou dos limites de delegação legislativa.

Alternativa "d": compete ao Congresso Nacional, com a sanção do Presidente da República, dispor sobre todas as matérias de competência da União, especialmente sobre a fixação e modificação do efetivo das Forças Armadas, conforme art. 48, III, da CF.

Alternativa "e": compete **privativamente ao Senado Federal** dispor sobre limites e condições para a concessão de garantia da União em operações de crédito externo e interno, de acordo com art. 52, VIII, da CF.

Alternativa correta: letra "d".

---

156. (Analista Judiciário – Área Judiciária TRE/RS 2010 – FCC) O Senado Federal compõe-se de representantes dos Estados e do Distrito Federal, eleitos segundo o princípio majoritário. A representação de cada Estado e do Distrito Federal será renovada de quatro em quatro anos,

a) proporcionalmente ao número de eleitores.

b) proporcionalmente à população.

c) na sua totalidade nos Estados e proporcional no Distrito Federal.

d) alternadamente, por um quarto e metade.

e) alternadamente, por um e dois terços.

COMENTÁRIOS

Alternativa "e" (responde todas as alternativas): O Senado Federal compõe-se de representantes dos Estados e do Distrito Federal, eleitos segundo o princípio majoritário. A representação de cada Estado e do Distrito Federal será renovada de quatro em quatro anos, alternadamente, por um e dois terços (art. 46, *caput* e § 2º, da CF).

Alternativa correta: letra "e".

---

157. (Analista Judiciário – Área Judiciária TRE/AL 2010 – FCC) Os Deputados e os Senadores NÃO poderão, desde a expedição do diploma:

a) ser diretores de empresa que goze de favor decorrente de contrato com pessoa jurídica de direito público.

b) ser proprietários de empresa que goze de favor decorrente de contrato com pessoa jurídica de direito público, ou nela exercer função remunerada.

c) firmar ou manter contrato com pessoa jurídica de direito público, salvo quando o contrato obedecer a cláusulas uniformes.

d) patrocinar causa em que seja interessada pessoa jurídica de direito público.

e) ser titulares de mais de um cargo ou mandato público eletivo.

COMENTÁRIOS

Alternativa "a": os Deputados e os Senadores não poderão, **desde a posse**, ser diretores de empresa que goze de favor decorrente de contrato com pessoa jurídica de direito público, consoante art. 54, II, "a", da CF..

Alternativa "b": os Deputados e os Senadores não poderão, **desde a posse**, ser proprietários de empresa que goze de favor decorrente de contrato com pessoa jurídica de direito público, ou nela exercer função remunerada, nos termos do art. 54, II, "a", da CF.

Alternativa correta: letra "c": os Deputados e os Senadores não poderão, desde a expedição do diploma, firmar ou manter contrato com pessoa jurídica de direito público, salvo quando o contrato obedecer a cláusulas uniformes. É o que preceitua o art. 54, I, "a", da CF.

Alternativa "d": os Deputados e os Senadores não poderão, **desde a posse**, patrocinar causa em que seja interessada pessoa jurídica de direito público, conforme lições do art. 54, II, "c", da CF.

Alternativa "e": os Deputados e os Senadores não poderão, **desde a posse**, ser titulares de mais de um cargo ou mandato público eletivo, segundo art. 54, II, "d", da CF.

Alternativa correta: letra "c".

---

158. (Analista Judiciário – Área Judiciária TRE/AL 2010 – FCC) É correto afirmar que as comissões parlamentares de inquérito possuem, dentre outros, poderes de

a) inaugurar a sessão legislativa.

b) investigação próprios das autoridades judiciais.

c) regular a criação de serviços comuns da Câmara dos Deputados.

d) elaborar o regimento comum do Senado Federal.

e) conhecer do veto e sobre ele deliberar.

COMENTÁRIOS

Alternativa "a": a inauguração da sessão legislativa será realizada **pela Câmara dos Deputados e pelo Senado Federal, em sessão conjunta** (art. 57, § 3º, I, da CF).

Alternativa "b": as CPIs possuem poderes de investigação próprios das autoridades judiciais, conforme art. 58, § 3º, da CF.

Alternativa "c": a Câmara dos Deputados e o Senado Federal reunir-se-ão em sessão conjunta para regular a criação de serviços **comuns às duas Casas**, segundo art. 57, § 3º, II, da CF.

Alternativa "d": a Câmara dos Deputados e o Senado Federal reunir-se-ão em sessão conjunta para elaborar o regimento **comum às duas Casas**, de acordo com art. 57, § 3º, II, da CF.

Alternativa "e": a Câmara dos Deputados e o Senado Federal reunir-se-ão em sessão conjunta para conhecer do veto e sobre ele deliberar, nos termos do art. 57, § 3º, IV da CF.

Alternativa correta: letra "b".

---

159. (Analista Judiciário – Área Judiciária TRE/AM 2010 – FCC) Sobre o Congresso Nacional, é correto afirmar que

a) a convocação extraordinária do Congresso Nacional far-se-á pelo Presidente da República em caso de intervenção federal com a aprovação de um terço do Senado Federal.

b) a Câmara dos Deputados reunir-se-á em sessão única no primeiro dia do primeiro ano da legislatura, para a posse de seus membros e mandatos de quatro anos.

c) a Mesa do Congresso Nacional será presidida pelo Presidente da Câmara dos Deputados.

d) a sessão legislativa não será interrompida sem a aprovação do projeto de lei de diretrizes orçamentárias.

e) havendo leis complementares em vigor na data de convocação extraordinária, serão elas automaticamente incluídas na pauta da convocação.

COMENTÁRIOS

Alternativa "a": a convocação extraordinária do Congresso Nacional far-se-á pelo **Presidente do Senado Federal** em caso de intervenção federal, **não sendo necessária** a aprovação de um terço do Senado Federal (art. 57, § 6º, I, da CF).

Alternativa "b": a Câmara dos Deputados reunir-se-á em sessão **preparatória, a partir de 1º de fevereiro, no primeiro ano da legislatura**, para a posse de seus membros e eleição da respectiva Mesa, para mandato de dois anos, vedada a recondução para o mesmo cargo na eleição imediatamente subsequente (art. 57, § 4º, da CF).

Alternativa "c": a Mesa do Congresso Nacional será presidida pelo **Presidente do Senado Federal** (art. 57, § 5º, da CF).

Alternativa correta: letra "d": a sessão legislativa não será interrompida sem a aprovação do projeto de lei de diretrizes orçamentárias (art. 57, § 2º, da CF).

Alternativa "e": havendo **medidas provisórias** em vigor na data de convocação extraordinária, serão elas automaticamente incluídas na pauta da convocação (art. 57, § 2º, da CF).

Alternativa correta: letra "d".

---

160. (Analista Judiciário – Área Judiciária TRE/AC 2010 – FCC) No que diz respeito à organização dos Poderes, é INCORRETO afirmar que

a) as decisões do Tribunal Superior Eleitoral são, em regra, irrecorríveis a exemplo das concessões de *habeas corpus* ou de mandado de segurança.

b) os atos do Presidente da República que atentem contra a lei orçamentária constituem crimes de responsabilidade.

c) os tribunais poderão declarar a inconstitucionalidade da lei somente pelo voto da maioria absoluta de seus membros ou dos membros do órgão especial.

d) a Mesa do Congresso Nacional será presidida pelo Presidente da Câmara dos Deputados e os demais cargos exercidos por membros do Senado Federal.

e) é vedada a edição de medida provisória sobre matéria relativa a direitos políticos, partidos políticos e a reservada a lei complementar.

COMENTÁRIOS

Alternativa "a": as decisões do TSE são, em regra, irrecorríveis a exemplo das concessões de *habeas corpus* ou de mandado de segurança (art. 121, § 3º, da CF).

Alternativa "b": os atos do Presidente da República que atentem contra a lei orçamentária constituem crimes de responsabilidade (art. 85, VI, da CF).

Alternativa "c": os tribunais poderão declarar a inconstitucionalidade da lei somente pelo voto da maioria absoluta de seus membros ou dos membros do órgão especial (art. 97 da CF). É a chamada "cláusula de reserva de plenário".

Alternativa "d" (a questão pede o "incorreto"): a Mesa do Congresso Nacional será presidida pelo **Presidente do Senado Federal** e os demais cargos exercidos, **alternadamente, pelos ocupantes de cargos equivalentes na Câmara dos Deputados e no Senado Federal**. É o que leciona o art. 57, § 5º, da CF.

Alternativa "e": é vedada a edição de medida provisória sobre matéria relativa a direitos políticos, partidos políticos e a reservada a lei complementar (art. 62, § 1º, I, "a" e III, da CF).

Alternativa correta: letra "d".

4.4.2. PROCESSO LEGISLATIVO

▸ CF, artigos 59 a 69.

---

161. (IBFC – Técnico Judiciário – Área Administrativa – TRE – PA/2020) A jurisprudência do Supremo Tribunal Federal já abordou ser a separação dos poderes derivada da "necessidade de conter os excessos dos órgãos que compõem o aparelho do Estado, representa o princípio conservador das liberdades do cidadão e constitui o meio mais adequado para tornar efetivos e reais os direitos e garantias proclamados pela Constituição". Quanto à organização dos Poderes assentada na Constituição Federal de 1988, assinale a alternativa incorreta.

a) Compete privativamente à Câmara dos Deputados, entre outras funções, autorizar, por dois terços de seus membros, a instauração de processo contra o Presidente e o Vice- Presidente da República e os Ministros de Estado; proceder à tomada de contas do Presidente da República, quando não apresentadas ao Congresso Nacional dentro de sessenta dias após a abertura da sessão legislativa; e elaborar seu regimento interno

b) O Presidente ficará suspenso de suas funções nas infrações penais comuns e nos crimes de responsabilidade, após o recebimento das petições e a respectiva instauração do processo pelo Senado Federal. Se, decorrido o prazo de noventa dias, o julgamento não estiver concluído, cessará o afastamento do Presidente, sem prejuízo do regular prosseguimento do processo

c) Compete privativamente ao Senado Federal, entre outras funções, processar e julgar o Presidente e o Vice-Presidente da República nos crimes de responsabilidade, bem como os Ministros de Estado e os Comandantes da Marinha, do Exército e da Aeronáutica nos crimes da mesma natureza conexos com aqueles; bem como processar e julgar os Ministros do Supremo Tribunal Federal, os membros do Conselho Nacional de Justiça e do Conselho Nacional do Ministério Público, o Procurador-Geral da República e o Advogado- Geral da União nos crimes de responsabilidade

d) Desde a expedição do diploma, os membros do Congresso Nacional não poderão ser presos, salvo em flagrante de crime inafiançável. Nesse caso, os autos serão remetidos dentro de vinte e quatro horas à Casa respectiva, para que, pelo voto da maioria de seus membros, resolva sobre a prisão

COMENTÁRIOS

✪ **Nota do autor:** a questão pede a alternativa incorreta.

Alternativa "a": Trata-se da disposição dos incisos I, II e III do art. 51 da CF/88. Vale citar que esse dispositivo traz, ainda, mais 2 incisos com competências privativas da Câmara dos Deputados, que são: dispor sobre sua organização, funcionamento, polícia, criação, transformação ou extinção dos cargos, empregos e funções de seus serviços, e a iniciativa de lei para fixação da respectiva remuneração, observados os parâmetros estabelecidos na lei de diretrizes orçamentárias; e eleger membros do Conselho da República, nos termos do art. 89, VII.

Alternativa "b": Na verdade, o art. 86 determina em seu §1º que o Presidente ficará suspenso de suas funções: "I – **nas infrações penais comuns,** se recebida a denúncia ou queixa-crime pelo **Supremo Tribunal Federal**;" e "II- nos **crimes de responsabilidade**, após a **instauração do processo** pelo **Senado Federal.**". Estabelece ainda o §2º que: "Se, decorrido o prazo de **cento e oitenta dias**, o julgamento não estiver concluído, cessará o afastamento do Presidente, sem prejuízo do regular prosseguimento do processo.". Logo, há diversos erros na alternativa.

Alternativa "c": A alternativa traz os textos exatos dos incisos I e II do art. 52 da CF/88.

Alternativa "d": É o que dispõe o §2º do art. 53 da CF/88.

Alternativa incorreta: letra "b".

---

162. (FCC – Técnico Judiciário – Área Administrativa – TRE – PR/2017) À luz do direito vigente, as emendas à Constituição Federal, aprovadas pela Câmara dos Deputados e pelo Senado Federal, são atos normativos que decorrem do poder

a) constituinte originário, podendo alterar a Constituição sem encontrar limites jurídicos para tanto, uma vez que o poder constituinte, cujo titular é o povo, é soberano e ilimitado.

b) constituinte derivado, podendo alterar a Constituição desde que sejam respeitados os limites jurídicos nela originariamente previstos.

c) constituinte originário, podendo alterar a constituição desde que sejam respeitados os limites nela previstos.

d) legislativo, mas não do poder constituinte, uma vez que os parlamentares que as aprovam não são especialmente eleitos para o fim de alterarem a Constituição, motivo pelo qual as emendas constitucionais são hierarquicamente inferiores às normas constitucionais originariamente editadas pelo poder constituinte.

e) legislativo, estando sujeitas aos mesmos limites jurídicos que devem ser observados no processo de elaboração das leis complementares e ordinárias.

COMENTÁRIOS

Alternativa "b": as várias reformas sofridas pela CF, por meio de emendas constitucionais, são expressão do poder constituinte derivado reformador. O Poder Constituinte Derivado é responsável pela reforma da Constituição (no Brasil, por meio de Emendas Constitucionais ou da incorporação de tratados internacionais de direitos humanos). Constituem limitações ao Poder Constituinte Derivado: 1. Temporais: impedem a alteração da CF com relação a um determinado período de tempo (A CF/88 não prevê nenhuma limitação temporal, em privilégio ao ganho de estabilidade); 2. Circunstanciais: impedem a alteração da CF em momentos de extrema gravidade, nos quais a livre manifestação do poder reformador possa estar ameaçada (Estado de Defesa, Estado de Sítio, e Intervenção Federal); 3. Formais/Processuais/ Procedimentais, que podem ser de duas espécies: 3.1. Formal Subjetiva (há legitimados específicos para a propositura de Emendas Constitucionais); 3.2. Formal Objetiva (quórum qualificado de três quintos, em dois turnos, em cada Casa do Congresso Nacional, com promulgação pelas mesas do Senador Federal e da Câmara dos Deputados); 4. Materiais/Substanciais (Cláusulas Pétreas); 5. Implícitas (vedação à alteração das regras pertinentes ao processo para modificação da Constituição).

Alternativa correta: letra "b".

---

163. (Cespe – Analista Judiciário – Área Administrativa – TRE – TO/2017) A Constituição Federal poderá ser alterada por meio de proposta de emenda constitucional apresentada

a) por três quintos dos membros do Senado Federal, no mínimo.

b) por um terço dos membros da Câmara dos Deputados, no mínimo.

c) pela maioria absoluta dos membros do plenário do Supremo Tribunal Federal.

d) por metade das assembleias legislativas dos estados, manifestando-se, cada uma delas, pela maioria absoluta de seus membros.

e) por três quintos dos membros da Câmara dos Deputados, no mínimo.

COMENTÁRIOS

Alternativa "b": a única assertiva que contém o correspondente ao texto constitucional é a de letra "b", que se refere ao **art. 60, inciso I, da CF**: "Art. 60. A Constituição poderá se emendada mediante proposta: I – de um terço, no mínimo, dos membros da Câmara dos Deputados ou do Senado Federal". As demais hipóteses são: Presidente da República (inciso II) e mais da metade das Assembleias Legislativas das unidades da Federação (inciso III).

Alternativa correta: letra "b".

---

164. (Cespe – Analista Judiciário – Área Administrativa – TRE – TO/2017) As medidas provisórias podem versar sobre matéria

a) que vise à detenção de bens e de poupança popular.

b) que implique a majoração de imposto.

c) relativa a direitos políticos e a partidos políticos.

d) reservada a lei complementar.

e) relativa a direito eleitoral.

COMENTÁRIOS

Alternativa "a": a hipótese da alternativa constitui **vedação à edição de medida provisória**, conforme **art. 62, § 1º, inciso II, da CF**: "Art. 62. Em caso de relevância e urgência, o Presidente da República poderá adotar medidas provisórias, com força de lei, devendo submetê-las de imediato ao Congresso Nacional. § 1º É vedada a edição de medidas provisórias sobre matéria: II – que vise a detenção ou sequestro de bens, de poupança popular ou qualquer outro ativo financeiro" (incluído pela EC 32/2001).

Alternativa "b": a alternativa é a única que possui matéria passível de edição de medida provisória, conforme art. 62, § 2º, da CF: "Art. 62. Em caso de relevância e urgência, o Presidente da República poderá adotar medidas provisórias, com força de lei, devendo submetê-las de imediato ao Congresso Nacional. § 2º Medida provisória que implique instituição ou majoração de impostos, exceto os previstos nos arts. 153, I, II, IV, V, e 154, II, só produzirá efeitos no exercício financeiro seguinte se houver sido convertida em lei até o último ia daquele em que foi editada".

Alternativa "c": a hipótese da alternativa constitui **vedação à edição de medida provisória**, conforme **art. 62, § 1º, inciso I, alínea "a", da CF**: "Art. 62. Em caso de relevância e urgência, o Presidente da República poderá adotar medidas provisórias, com força de lei, devendo submetê-las de imediato ao Congresso Nacional. § 1º É vedada a edição de medidas provisórias sobre matéria: I – relativa a: a) nacionalidade, cidadania, **direitos políticos, partidos políticos** e direito eleitoral".

Alternativa "d": a hipótese da alternativa constitui **vedação à edição de medida provisória**, conforme **art. 62, § 1º, inciso III, da CF**: "Art. 62. Em caso de relevância e urgência, o Presidente da República poderá adotar medidas provisórias, com força de lei, devendo submetê-las de imediato ao Congresso Nacional. § 1º É vedada a edição de medidas provisórias sobre matéria: III – reservada a lei complementar".

Alternativa "e": a hipótese da alternativa constitui **vedação à edição de medida provisória**, conforme **art. 62, § 1º, inciso I, alínea "a", da CF**: "Art. 62. Em caso de relevância e urgência, o Presidente da República poderá adotar medidas provisórias, com força de lei, devendo submetê-las de imediato ao Congresso Nacional. § 1º É vedada a edição de medidas provisórias sobre matéria: I – relativa a: a) nacionalidade, cidadania, direitos políticos, partidos políticos e **direito eleitoral**".

Alternativa correta: letra "b".

---

165. (Cespe – Analista Judiciário – Área Administrativa – TRE – PE/2017) É permitida, observados os pressupostos constitucionais, a edição de medidas provisórias sobre matéria

a) relativa à organização do Poder Judiciário.

b) relativa à nacionalidade e à cidadania.

c) que vise ao sequestro de bens.

d) objeto de projeto de lei pendente de aprovação pelo Congresso Nacional.

e) relativa a partidos políticos e direito eleitoral.

COMENTÁRIOS

Alternativas "a", "b", "c" e "e": as alternativas apresentam matérias que não podem ser objeto de edição de medidas provisórias, conforme alíneas do **art. 62, § 2º, inciso I, da CF**: "Art. 62. Em caso de relevância e urgência, o Presidente da República poderá adotar medidas provisórias, com força de lei, devendo submetê-las de imediato ao Congresso Nacional. § 1º É vedada a edição de medidas provisórias sobre matéria: I – **relativa a**: a) **nacionalidade, cidadania**, direitos políticos, **partidos políticos e direito eleitoral**; b) direito penal, processual penal e processual civil; c) **organização do Poder Judiciário** e do Ministério Público, a carreira e a garantia de seus membros; d) planos plurianuais, diretrizes orçamentárias, orçamento e créditos adicionais e suplementares, ressalvado o previsto no art. 167, § 3º". Ainda, de acordo com **art. 62, § 2º, inciso II, da CF**: "Art. 62. § 1º É vedada a edição de medidas provisórias sobre matéria: II – **que vise à detenção ou sequestro de bens, de poupança popular ou qualquer outro ativo financeiro**".

Alternativa "d": de acordo com o art. 62, § 1º, inciso IV, da CF: "Art. 62. Em caso de relevância e urgência, o Presidente da República poderá adotar medidas provisórias, com força de lei, devendo submetê-las de imediato ao Congresso Nacional. § 1º É vedada a edição de medidas provisórias sobre matéria: IV – já disciplinada em **projeto de lei aprovado pelo Congresso Nacional e pendente de sanção ou veto do Presidente da República**". Deste modo, projeto de lei ainda pendente de aprovação pelo Congresso pode, sim, ser objeto de edição de medida provisória pelo Presidente da República.

Alternativa correta: letra "d".

---

166. (Cespe – Analista Judiciário – Área Judiciária – TRE – BA/2017) O presidente da República, fundamentando-se no argumento de que o exercício dos direitos políticos não deve ser imposto pelo Estado, pretende extinguir o voto obrigatório para os cidadãos com idade entre dezoito e setenta anos nas eleições de cargos eletivos do Poder Legislativo e do Poder Executivo e implementar o voto facultativo.

Nesse caso, a implementação do voto facultativo deverá ocorrer por

a) lei complementar.
b) medida provisória.
c) lei ordinária.
d) emenda constitucional.
e) decreto legislativo.

COMENTÁRIOS

Alternativa "d": o voto obrigatório está previsto no art. 14, § 1º, inciso I, da CF: "Art. 14. § 1º O alistamento eleitoral e o voto são: I – obrigatórios para os maiores de dezoito anos; II – facultativos para: b) os maiores de setenta anos". O voto obrigatório não é matéria que não pode ser objeto de emenda constitucional, pois o art. 60, § 4º, inciso II, da CF apenas veda a alteração do voto direto, secreto, universal e periódico, não colocando a obrigatoriedade como cláusula pétrea: "Art. 60. A Constituição poderá ser emendada mediante proposta: § 4º Não será objeto de deliberação a proposta de emenda tendente a abolir: II – o voto direto, secreto, universal e periódico".

Alternativa correta: letra "d".

---

167. (Cespe – Analista Judiciário – Área Administrativa – TRE – BA/2017) O Projeto de lei aprovado pelo Congresso Nacional é enviado ao presidente da República, que pode vetá-lo ou sancioná-lo. Considera-se o veto do presidente um ato

a) supressivo ou aditivo, já que pode determinar a retirada ou a inclusão de dispositivos no projeto de lei.
b) retratável, por ser suscetível de posterior alteração pelo próprio presidente da República.
c) político, pois não há necessidade de que seja motivado.
d) absoluto, pois encerra definitivamente o processo legislativo em relação aos dispositivos vetados.
e) expresso, pois deve resultar de manifestação efetiva do chefe do Executivo.

COMENTÁRIOS

Alternativa "a": veto é apenas supressivo, não podendo ser aditivo – tal classificação se aplica apenas às emendas parlamentares. O veto supressivo se encontra no art. 66, § 2º, da CF: "Art. 66. A Casa na qual tenha sido concluída a votação enviará o projeto de lei ao Presidente da República, que, aquiescendo, o sancionará. § 2º O veto parcial somente abrangerá texto integral de artigo, de parágrafo, de inciso ou de alínea".

Alternativa "b": o veto é irretratável, não podendo ser modificado após comunicação ao Presidente do Senado.

Alternativa "c": o veto necessariamente deve ser motivado, conforme art. 66, § 1º, da CF: "Art. 66. § 1º Se o Presidente da República considerar o projeto, no todo ou em parte, inconstitucional ou contrário ao interesse público, vetá-lo-á total ou parcialmente, no prazo de 15 dias úteis, contados da data do recebimento, e comunicará, dentro de 48 horas, ao Presidente do Senado Federal os motivos do veto". Caso o veto seja motivado por inconstitucionalidade, diz-se que é um veto jurídico; caso seja motivado por ser contrário ao interesse público, diz-se que é um veto político.

Alternativa "d": o veto pode ser superado pelo Poder Legislativo, conforme §§ 4º, 5º e 6º do art. 66: "Art. 66. § 4º O veto será apreciado em sessão conjunta, dentro de 30 dias a contar de seu recebimento, só podendo ser rejeitado pelo voto da maioria absoluta dos Deputados e Senadores. § 5º Se o veto não for mantido, será o projeto enviado, para promulgação, ao Presidente da República. § 6º Esgotado sem deliberação o prazo de 30 dias, o veto será colocado na ordem do dia da sessão imediata, sobrestadas as demais proposições, até sua votação final".

Alternativa correta: letra "e": o veto é um ato expresso, tendo em vista que não existe veto tácito, pois se exige uma manifestação do Presidente da República. Nesse sentido, o art. 66, § 3º, da CF: "Art. 66.

A Casa na qual tenha sido concluída a votação enviará o projeto de lei ao Presidente da República, que, aquiescendo, o sancionará. § 3º Decorridos quinze dias, o silencio do Presidente da República importará sanção", depreendendo-se que o veto deve ser, necessariamente, expresso.

Alternativa correta: letra "e".

---

168. (FCC – Analista Judiciário – Área Judiciária – TRE-SP/2012) Suponha que um Senador da República tenha apresentado projeto de lei dispondo sobre o regime jurídico dos servidores públicos da União. O projeto de lei foi aprovado pelo Senado Federal e pela Câmara dos Deputados e, na sequência, encaminhado à sanção e promulgação pelo Presidente da República, que o vetou integralmente no 11º dia útil do recebimento do projeto. Na sequência, o veto presidencial foi apreciado, sucessivamente, em cada uma das Casas legislativas, sendo rejeitado pela maioria absoluta de seus membros. Ao final, o projeto de lei foi enviado ao Presidente do Senado Federal, que o promulgou, uma vez que o Presidente da República estava ausente do País.

A situação acima descrita contém erros, do ponto de vista jurídico. A alternativa que apresenta, apropriadamente, um desses erros é:

a) O projeto de lei somente poderia ter sido apresentado por Deputado Federal.
b) O veto presidencial foi exercido fora do prazo constitucional.
c) O veto presidencial deveria ter sido apreciado pela Câmara dos Deputados e pelo Senado Federal em sessão conjunta.
d) O veto presidencial poderia ter sido rejeitado por maioria simples de cada uma das Casas legislativas.
e) O projeto de lei deveria ter sido encaminhado ao Presidente da Câmara dos Deputados para promulgação.

COMENTÁRIOS

✪ **Nota do autor:** processo legislativo é tema clássico nas provas da FCC. Estude detalhadamente os artigos 59 a 69 da CF.

Alternativa "a": o projeto de lei poderia ter sido apresentado pelo **Presidente da República**, segundo o disposto no art. 61, § 1º, II, "c", da CF, uma vez que tratou do regime jurídico dos servidores públicos da União.

Alternativa "b": o veto presidencial, efetuado no 11º dia útil do recebimento do projeto de lei, foi exercido **dentro** do prazo constitucional contido no art. 66, § 1º, da CF, que é de quinze dias úteis contados da data do recebimento.

Alternativa "c": o veto presidencial deveria ter sido apreciado pela Câmara dos Deputados e pelo Senado Federal em sessão conjunta, conforme exige o art. 57, § 3º, IV, da CF.

Alternativa "d": o veto presidencial poderia ter sido rejeitado por **maioria absoluta** de cada uma das Casas legislativas, nos termos do art. 66, § 4º, da CF.

Alternativa "e": o projeto de lei deveria ter sido encaminhado ao **Presidente da República** para promulgação, de acordo com o art. 66, § 7º, da CF.

Alternativa correta: letra "c".

4.4.3. PODER EXECUTIVO

▸ CF, artigos 76 a 91

---

169. (IBFC – Técnico Judiciário – Área Administrativa – TRE – PA/2020) As normas atinentes ao Poder Judiciário encontram-se disciplinadas no Capítulo III do Título IV da Constituição Federal de 1988 (CF/88). Leia abaixo o artigo 93, inciso XI, da CF/88:

"Artigo 93. Inciso XI – Nos tribunais com número superior a ______ julgadores, poderá ser constituído ______, com o mínimo de ______ e o máximo de ______ membros, para o exercício das atribuições ______ da competência do tribunal pleno, provendo-se ______ das vagas por antigüidade e ______ por eleição pelo tribunal pleno".

Assinale a alternativa que preencha correta e respectivamente as lacunas.

a) cinquenta / órgão de cúpula / quinze / trinta / jurisdicionais e legislativas / um terço / dois terços
b) cinquenta / órgão especial / vinte e cinco / trinta / administrativas e jurisdicionais avocadas / três quintos / o restante
c) vinte e cinco / órgão especial / onze / vinte e cinco / administrativas e jurisdicionais delegadas / metade / a outra metade
d) vinte e cinco / órgão de cúpula / onze / vinte e cinco / administrativas e jurisdicionais avocadas / um terço / dois terços

COMENTÁRIOS

Alternativa "c" (responde todas as alternativas): O art. 93, XI da CF/88 prevê que: "nos tribunais com número superior a **vinte e cinco julgadores**, poderá ser constituído **órgão especial**, com o mínimo de **onze** e o máximo de **vinte e cinco** membros, para o exercício das atribuições **administrativas e jurisdicionais delegadas** da competência do tribunal pleno, provendo-se **metade** das vagas por antigüidade e **a outra metade** por eleição pelo tribunal pleno;".

Alternativa correta: letra "c".

170. (Cespe – Analista Judiciário – Área Administrativa – TRE – TO/2017) O presidente da República poderá delegar aos ministros de Estado, ao procurador-geral da República ou ao advogado-geral da União a competência para

a) o exercício do comando supremo das Forças Armadas.
b) a concessão de indulto e para a comutação de penas.
c) a decretação do estado de defesa.
d) a decretação e execução de intervenção federal.
e) a celebração de tratados internacionais sujeitos a referendo do Congresso Nacional.

COMENTÁRIOS

Alternativa "b": de acordo com o parágrafo único do art. 84 da CF, o Presidente da República poderá delegar aos Ministros de Estado, ao Procurador-Geral da República ou ao Advogado-Geral da União apenas as atribuições mencionadas nos incisos VI, XII e XXV do mesmo artigo. O inciso XII trata da competência privativa do Presidente da República de conceder indulto e comutar penas, a qual pode ser delegada. As demais alternativas correspondem aos incisos XIII, IX, X e VIII, respectivamente, os quais não estão inseridos como hipóteses trazidas pelo parágrafo único para delegação.

Alternativa correta: letra "b".

171. (FCC – Analista Judiciário – Área Judiciária – TRE-RO/2013) Considere a seguinte situação hipotética: O Presidente da República praticou ato que atentou contra o livre exercício do Poder Legislativo. Neste caso, segundo a Constituição Federal, o Presidente da República

a) praticou crime de responsabilidade, sendo que admitida a acusação, por dois terços da Câmara dos Deputados, será ele submetido a julgamento perante o Senado Federal.
b) praticou crime comum, sendo que admitida a acusação, por dois terços da Câmara dos Deputados, será ele submetido a julgamento perante o Supremo Tribunal Federal.
c) praticou crime de responsabilidade, sendo que admitida a acusação, por dois terços da Câmara dos Deputados, será ele submetido a julgamento perante o Supremo Tribunal Federal.
d) praticou crime comum, sendo que admitida a acusação, por dois terços da Câmara dos Deputados, será ele submetido a julgamento perante o Senado Federal.
e) não praticou conduta que tipifique crime, devendo sofrer sanções administrativas, dependendo de deliberação de, no mínimo, dois terços do Congresso Nacional.

COMENTÁRIOS

Alternativa "a" (responde a todas as alternativas): consoante art. 85, *caput* e inciso II, da CF, são crimes de responsabilidade os atos do Presidente da República que atentem contra a Constituição Federal e, especialmente, contra o livre exercício do Poder Legislativo, do Poder Judiciário, do Ministério Público e dos Poderes constitucionais das unidades da Federação. Ainda, de acordo com o art. 86, *caput*, da CF, admitida a acusação contra o Presidente da República, por dois terços da Câmara dos Deputados, será ele submetido a julgamento perante o Supremo Tribunal Federal, nas infrações penais comuns, ou perante o Senado Federal, nos crimes de responsabilidade.

Alternativa correta: letra "a".

172. (Analista Judiciário – Área Judiciária TRE/AM 2010 – FCC) O Conselho da República é órgão superior de consulta do Presidente da República, e dele participam

a) três cidadãos brasileiros natos, com no mínimo trinta anos de idade, sendo dois nomeados pelo Presidente da República.
b) cinco cidadãos brasileiros natos, com no mínimo trinta anos de idade, sendo dois eleitos pela Câmara dos Deputados.
c) seis cidadãos brasileiros natos, com mais de trinta e cinco anos de idade, sendo dois nomeados pelo Presidente da República.
d) sete cidadãos brasileiros natos, com mais de trinta e cinco anos de idade, sendo três eleitos pelo Senado Federal.
e) oito cidadãos brasileiros natos, com mais de quarenta anos de idade, sendo três eleitos pelo Senado Federal.

COMENTÁRIOS

Alternativa "c" (responde todas as alternativas): o Conselho da República é órgão superior de consulta do Presidente da República e dele participam seis cidadãos brasileiros natos, com mais de trinta e cinco anos de idade, sendo dois nomeados pelo Presidente da República, segundo art. 89, *caput* e VII, da CF.

Alternativa correta: letra "c".

4.4.4. PODER JUDICIÁRIO

▸ CF, artigos 92 a 126

173. (FCC – Técnico Judiciário – Área Judiciária – TRF 4/2019) Lineu é juiz federal titular de vara de competência mista e deve decidir acerca da sua competência com relação a três processos que lhe foram distribuídos: o primeiro trata de causa de ação referente a acidente de trabalho, na qual entidade autárquica Federal (INSS) figura como ré; o segundo se refere a causa entre Estado estrangeiro e município; e o terceiro versa sobre crime contra a organização do trabalho. Com base na Constituição Federal, Lineu deve dar-se por

a) incompetente para processar e julgar a primeira causa e competente para processar e julgar a segunda e a terceira causas.
b) competente para processar e julgar a primeira causa e incompetente para processar e julgar a segunda e a terceira causas.
c) competente para processar e julgar as três causas.
d) incompetente para processar e julgar as três causas.
e) competente para processar e julgar a primeira e a segunda causas e incompetente para processar e julgar a terceira causa.

COMENTÁRIOS

Alternativa "a" (responde todas as alternativas): Segundo o entendimento da Súmula 501 do STF, compete à **justiça ordinária estadual** processar e julgar, em ambas as instâncias, causas de acidentes do trabalho, ainda que promovidas contra a União, suas autarquias, empresas públicas ou sociedades de economia mista. Logo, Lineu não é competente para julgar o primeiro caso. Quanto ao segundo caso, estabelece o art. 109, II da CF/88 que compete aos **juízes federais** processar e julgar as causas entre Estado estrangeiro e Município, logo, Lineu é competente para julgá-lo. O terceiro caso, por sua vez, diz respeito à situação prevista no art. 109, VI da CF/88, sendo competência dos **juízes federais** processar e julgar os crimes contra a organização do trabalho. Portanto, conclui-se que Lineu, que é **juiz federal**, só é **incompetente** para julgar o **primeiro** dentre os três casos, podendo julgar os dois últimos.

Alternativa correta: letra "a".

174. (Cespe – Técnico Judiciário – Área Administrativa – TRE – TO/2017) De acordo com o art. 97 da CF, "somente pelo voto da maioria absoluta de seus membros ou dos membros do respectivo órgão especial poderão os tribunais declarar a inconstitucionalidade de lei ou ato normativo do poder público". Essa regra, que é aplicável ao controle de constitucionalidade realizado no âmbito dos tribunais, denomina-se

a) cláusula de reserva de plenário.
b) quórum de inconstitucionalidade.
c) princípio da presunção de constitucionalidade das leis.
d) controle difuso de constitucionalidade.
e) princípio da maioria absoluta.

COMENTÁRIOS

Alternativa "a": somente pelo voto da maioria absoluta de seus membros ou dos membros do respectivo órgão especial poderão os tribunais declarar a inconstitucionalidade de lei ou ato normativo do Poder Público. Trata-se do denominado Princípio da Reserva de Plenário, previsto no art. 97, da CF, e reafirmado na Súmula Vinculante 10. A cláusula constitucional de reserva de plenário, insculpida no art. 97 da CF, fundada na presunção de constitucionalidade das leis, não impede que os órgãos fracionários ou os membros julgadores dos tribunais, quando atuem monocraticamente, rejeitem a arguição de invalidade dos atos normativos, conforme consagrada lição da doutrina (MOREIRA, José Carlos Barbosa. Comentários ao Código de Processo Civil, Vol. V – Arts. 476 a 565, Rio de Janeiro: Ed. Forense, 2009, p. 40)." (STF. RE 636.359-AgR, julgado em 2011 e relatado pelo ministro Luiz Fux).

Alternativa correta: letra "a".

175. (Cespe – Técnico Judiciário – Área Administrativa – TRE – TO/2017) Das decisões dos tribunais regionais eleitorais

a) caberá recurso em caso de declaração de inconstitucionalidade realizada em ação direta de inconstitucionalidade.
b) não caberá recurso, uma vez que o TRE é tribunal de única instância.
c) caberá recurso caso decretem a perda de mandatos eletivos estaduais.
d) não caberá recurso no caso de divergência na interpretação de lei entre dois tribunais eleitorais.
e) não caberá recurso, exceto no caso da discussão sobre inelegibilidade.

COMENTÁRIOS

Alternativa "a": no caso da assertiva, não cabe recurso, de acordo com o art. 121, § 4º, inciso I, da CF: "Art. 121. § 4º Das decisões dos Tribunais Regionais Eleitorais somente caberá recurso quando: I – forem proferidas contra disposição expressa desta **Constituição ou de lei**".

Alternativa "b": cabe recurso das decisões do TRE nas hipóteses elencadas no art. 121, § 4º, da CF.

Alternativa "c": é a única assertiva que corresponde ao disposto no art. 121, § 4º, inciso IV, da CF: "Art. 121. § 4º Das decisões dos Tribunais Regionais Eleitorais somente caberá recurso quando: IV – anularem diplomas ou decretarem a perda de mandatos eletivos federais ou estaduais".

Alternativa "d": no caso da assertiva, cabe recurso, de acordo com o art. 121, § 4º, inciso II, da CF: "Art. 121. § 4º Das decisões dos Tribunais Regionais Eleitorais somente caberá recurso quando: II – ocorrer divergência na interpretação de lei entre dois ou mais tribunais eleitorais".

Alternativa "e": no caso da assertiva, cabe recurso, de acordo com o art. 121, § 4º, inciso III, da CF: "Art. 121. § 4º Das decisões dos Tribunais Regionais Eleitorais somente caberá recurso quando: III – versarem sobre inelegibilidade ou expedição de diplomas nas eleições federais ou estaduais".

Alternativa correta: letra "c".

---

176. (Cespe – Técnico Judiciário – Área Administrativa – TRE – PE/2017) Segundo a CF, são órgãos da justiça eleitoral

a) as zonas eleitorais.
b) os cartórios eleitorais.
c) os juízes eleitorais.
d) os colégios eleitorais.
e) as mesas eleitorais.

COMENTÁRIOS

Alternativa "c": de acordo com o art. 118 da CF: "Art. 118. **São órgãos da Justiça Eleitoral**: I – o Tribunal Superior Eleitoral; II – os Tribunais Regionais Eleitorais; III – os **Juízes Eleitorais**; IV – as Juntas Eleitorais".

Alternativa correta: letra "c".

---

177. (Cespe – Técnico Judiciário – Área Administrativa – TRE – PE/2017) De acordo com a CF, ao juiz

a) é garantida a inamovibilidade, ainda que haja motivo de interesse público que recomende sua remoção.
B) é permitido dedicar-se à atividade político-partidária, desde que ele esteja em disponibilidade.
c) que esteja em disponibilidade é permitido exercer qualquer outro cargo público.
d) é permitido receber custas em processo judicial, desde que ele esteja em disponibilidade.
e) é garantida a vitaliciedade, que, no primeiro grau, será adquirida após dois anos de exercício.

COMENTÁRIOS

Alternativa "a": a inamovibilidade é garantida, exceto quando for motivada por interesse público, conforme art. 95, inciso II, da CF: "Art. 95. Os juízes gozam das seguintes garantias: II – inamovibilidade, salvo por motivo de interesse público, na forma do art. 93, VIII".

Alternativa "b": a assertiva apresenta vedação ao juiz, conforme art. 95, par. ún, inciso III, da CF: "Art. 95. Parágrafo único. Aos juízes é vedado: III – dedicar-se à atividade político-partidária".

Alternativa "c": a assertiva apresenta vedação ao juiz, conforme art. 95, par. ún, inciso I, da CF: "Art. 95. Parágrafo único. Aos juízes é vedado: I – exercer, ainda que em disponibilidade, outro cargo ou função, salvo uma de magistério".

Alternativa "d": a assertiva apresenta vedação ao juiz, conforme art. 95, par. ún, inciso II, da CF: "Art. 95. Parágrafo único. Aos juízes é vedado: II – receber, a qualquer título ou pretexto, custas ou participação em processo".

Alternativa "e": a assertiva está em conformidade com o disposto no art. 95, inciso I, da CF: "Art. 95. Os juízes gozam das seguintes garantias: I – **vitaliciedade, que, no primeiro grau, só será adquirida após dois anos de exercício**, dependendo a perda do cargo, nesse período, de deliberação do tribunal a que o juiz estiver vinculado e, nos demais casos, de sentença judicial transitada em julgado".

Alternativa correta: letra "e".

---

178. (Cespe – Técnico Judiciário – Área Administrativa – TRE – BA/2017) O corregedor de um tribunal regional eleitoral (TRE), ao analisar o regimento interno desse órgão, verificou que diversos dispositivos estavam em desacordo com as normas estabelecidas pela Constituição Federal de 1988 (CF) e que, por essa razão, seria necessário elaborar um novo regimento.

Tendo em vista os preceitos estabelecidos na CF, nessa situação hipotética, a competência privativa para a elaboração do novo regimento interno do TRE será do

a) Tribunal Superior Eleitoral, em decorrência da hierarquia constitucional sobre o TRE.
b) referido TRE, que deverá observar as normas de processo e as garantias processuais das partes ao elaborar a referida peça normativa.
c) Supremo Tribunal Federal, em razão de sua hierarquia constitucional sobre o TRE.
d) Superior Tribunal de Justiça, tendo em vista que o Supremo Tribunal Federal cuida exclusivamente de questões constitucionais.
e) Congresso Nacional, por ser o órgão responsável pelo processo legislativo, que cria e edita normativas.

COMENTÁRIOS

Alternativa correta: letra "b": a competência para elaboração de novo regimento interno é do **próprio TRE**, conforme disposição do **art. 96, inciso**

I, alínea "a", da CF: "Art. 96. Compete privativamente: I – aos tribunais: a) eleger seus órgãos diretivos e elaborar seus regimentos internos, com observância das normas de processo e das garantias processuais das partes, dispondo sobre a competência e o funcionamento dos respectivos órgãos jurisdicionais e administrativos". Nesse sentido: "A escolha dos órgãos diretivos compete privativamente ao próprio tribunal, nos termos do art. 96, inciso I, a, da Carta Magna. Tribunal, na dicção constitucional, é o órgão colegiado, sendo inconstitucional, portanto, a norma estadual possibilitar que juízes vitalícios, que não apenas os desembargadores, participarem da escolha da direção do tribunal" (ADI 2012, rel. Min. Ricardo Lewandowski, julgamento em 27/10/2011).

---

179. (Cespe – Técnico Judiciário – Área Administrativa – TRE – BA/2017) Quanto à competência e à organização dos órgãos da justiça eleitoral e à legislação pertinente a esse segmento da justiça, julgue os itens a seguir.

I. Compete privativamente aos estados legislar sobre direito eleitoral.

II. Os juízes eleitorais são órgãos da justiça eleitoral.

III. O presidente da República poderá, em caso de relevância e urgência, editar medida provisória sobre matéria eleitoral.

IV. O Tribunal Regional Eleitoral elegerá seu presidente e seu vice-presidente entre os desembargadores que o compõem.

Estão certos apenas os itens

a) I e II.

b) I e III.

c) II e IV.

d) I, III e IV.

e) II, III e IV.

COMENTÁRIOS

Assertiva I: O art. 22, inciso I, dispõe que: "Art. 22. **Compete privativamente à União legislar sobre**: I – direito civil, comercial, penal, processual, **eleitoral**, agrário, marítimo, aeronáutico, espacial e do trabalho".

Assertiva II: A assertiva está em conformidade com o disposto no art. 118, inciso III, da CF: "Art. 118. São órgãos da Justiça Eleitoral: III – os Juízes Eleitorais".

Assertiva III: Matéria eleitoral não pode ser objeto de edição de medidas provisórias, conforme art. 62, § 1º, inciso I, alínea "a": "Art. 62. § 1º É vedada a edição de medidas provisórias sobre matéria: I – relativa a: a) nacionalidade, cidadania, direitos políticos, partidos políticos e direito eleitoral".

Assertiva IV: A assertiva está de acordo com o art. 120, § 2º da CF: "Art. 120. § 2º O Tribunal Regional Eleitoral elegerá seu Presidente e o Vice-Presidente dentre os desembargadores".

Alternativa correta: letra "c".

---

180. (FCC – Analista Judiciário – Área Administrativa – TRE – SP/2017) A respeito de magistrados e membros do Ministério Público, à luz da Constituição da República, considere:

I. É vedado a magistrados receber, a qualquer título e sob qualquer pretexto, honorários, percentagens ou custas processuais, diferentemente do que ocorre em relação a membros do Ministério Público, para os quais se admitem exceções previstas em lei.

II. É assegurada, tanto a magistrados quanto a membros do Ministério Público, inamovibilidade, salvo por motivo de interesse público, hipótese em que a remoção poderá ser determinada, desde que mediante decisão do órgão colegiado competente, pelo voto de dois terços de seus membros.

III. É vedado, tanto a magistrados quanto a membros do Ministério Público, exercer a advocacia no juízo ou tribunal do qual se afastaram, antes de decorridos três anos do afastamento do cargo por aposentadoria ou exoneração.

IV. Juízes estaduais e membros do Ministério Público dos Estados serão julgados perante os Tribunais de Justiça, nos crimes comuns e de responsabilidade, ressalvada a competência da Justiça Eleitoral.

Está correto o que consta APENAS em

a) I e II.

b) III e IV.

c) I, II e III.

d) II, III e IV.

e) I e IV.

COMENTÁRIOS

Assertiva I: Juízes e membros do Ministério Público são vedados a receber honorários, percentagens ou custas processuais, conforme art. 95, par. ún., inciso II, e Art. 128, § 5º, inciso II, alínea "a", ambos da CF.

Assertiva II: A remoção deve ser determinada pela **maioria absoluta** do tribunal/CNJ ou membros do MP, conforme art. 93, inciso VIII, e Art. 128, § 5º, inciso I, alínea "b", ambos da CF.

Assertiva III: A assertiva está de acordo com as disposições do art. 95, par. ún, inciso V, da CF, e art. 128, § 6º, também da CF: "Art. 95. Parágrafo único. Aos juízes é vedado: V – exercer a advocacia no juízo ou tribunal do qual se afastou, antes de decorridos três anos do afastamento do cargo por aposentadoria ou exoneração" e "Art. 128. § 6º Aplica-se aos membros do Ministério Público o disposto no art. 95, parágrafo único, V".

Assertiva IV: De acordo com o **art. 96, inciso III, da CF**: "Art. 96. Compete privativamente: III – aos Tribunais de Justiça julgar os juízes estaduais e do Distrito Federal e Territórios, bem como os membros do Ministério Público, nos crimes comuns e de responsabilidade, ressalvada a competência da Justiça Eleitoral".

Alternativa correta: letra "b".

---

181. (Cespe – Analista Judiciário – Área Administrativa – TRE – TO/2017) É permitido ao magistrado

a) receber contribuições de entidades privadas a título gratuito.
b) exercer qualquer outro cargo, caso tenha disponibilidade durante o exercício da magistratura.
c) receber participação em processo no qual tenha atuado em substituição a juiz que se encontrava no gozo de férias.
d) advogar perante juízo do qual tenha sido afastado por exoneração, desde que decorridos três anos do afastamento.
e) envolver-se em atividades político-partidárias, desde que comunique à presidência do respectivo tribunal.

COMENTÁRIOS

Alternativa "a": a assertiva apresenta **vedação** ao magistrado, conforme **art. 95, par.** ún.**, inciso IV, da CF**: "Art. 95. Os juízes gozam das seguintes garantias: Parágrafo único. Aos juízes é vedado: IV – receber, a qualquer título ou pretexto, auxílios ou contribuições de pessoas físicas, entidades públicas ou privadas, ressalvadas as exceções previstas em lei".

Alternativa "b": a assertiva apresenta **vedação** ao magistrado, conforme **art. 95, par.** ún.**, inciso I, da CF**: "Art. 95. Os juízes gozam das seguintes garantias: Parágrafo único. Aos juízes é vedado: I – exercer, ainda que em disponibilidade, outro cargo ou função, salvo uma de magistério".

Alternativa "c": a assertiva apresenta **vedação** ao magistrado, conforme **art. 95, par.** ún.**, inciso II, da CF**: "Art. 95. Os juízes gozam das seguintes garantias: Parágrafo único. Aos juízes é vedado: II – receber, a qualquer título ou pretexto, custas ou participação em processo".

Alternativa "d": a alternativa apresenta a **exceção à vedação contida no art. 95, par.** ún.**, inciso V, da CF**, segundo o qual: "Art. 95. Os juízes gozam das seguintes garantias: Parágrafo único. Aos juízes é vedado: V – exercer a advocacia no juízo ou tribunal do qual se afastou, antes de decorridos três anos do afastamento do cargo por aposentadoria ou exoneração" (de acordo com redação dada pela EC 45/2004).

Alternativa "e": a assertiva apresenta **vedação** ao magistrado, conforme **art. 95, par.** ún.**, inciso III, da CF**: "Art. 95. Os juízes gozam das seguintes garantias: Parágrafo único. Aos juízes é vedado: III – dedicar-se à atividade político-partidária".

Alternativa correta: letra "d".

---

182. (Cespe – Analista Judiciário – Área Administrativa – TRE – PE/2017) Caberá recurso das decisões dos tribunais regionais eleitorais somente quando estas

a) divergirem da interpretação de lei de um tribunal eleitoral e de um tribunal regional federal.
b) versarem sobre inelegibilidade ou expedição de diplomas nas eleições federais, estaduais ou municipais.
c) versarem sobre inelegibilidade nas eleições federais ou estaduais.
d) determinarem a concessão de habeas corpus, mandado de segurança, habeas data ou mandado de injunção.
e) determinarem a anulação de diplomas ou decretarem a perda de mandatos eletivos federais, estaduais ou municipais.

COMENTÁRIOS

Alternativa "c": é a única assertiva que corresponde ao disposto no art. 121, § 4º, inciso III, da CF: "Art. 121. § 4º **Das decisões dos Tribunais Regionais Eleitorais somente caberá recurso quando**: I – forem proferidas contra disposição expressa desta Constituição ou de lei; II – ocorrer divergência na interpretação de lei entre dois ou mais tribunais eleitorais; III – **versarem sobre inelegibilidade ou expedição de diplomas nas eleições federais ou estaduais**; IV – anularem diplomas ou decretarem a perda de mandatos eletivos federais ou estaduais; V – denegarem habeas corpus, mandado de segurança, habeas data ou mandado de injunção.".

Alternativa correta: letra "c".

---

183. (Cespe – Analista Judiciário – Área Judiciária – TRE – BA/2017) A Constituição Federal de 1988 estabelece que os tribunais regionais eleitorais sejam compostos por dois juízes dentre seis advogados de notável saber jurídico e idoneidade moral indicados pelo

a) Tribunal de Justiça.
b) Superior Tribunal de Justiça.
c) presidente do Supremo Tribunal Federal.
d) Tribunal Superior Eleitoral.
e) presidente da República.

COMENTÁRIOS

Alternativa "a": de acordo com o art. 120, § 1º, inciso I, alíneas "a" e "b": "Art 120. Haverá um Tribunal Regional Eleitoral na Capital de cada Estado e no Distrito Federal. § 1º Os Tribunais Regionais Eleitorais compor-se-ão: I – mediante eleição, pelo voto secreto: a) de dois juízes dentre os desembargadores do Tribunal de Justiça; **b) de dois juízes, dentre juízes de direito, escolhidos pelo Tribunal de Justiça**".

Alternativa correta: letra "a".

---

184. (FCC – Analista Judiciário – Área Judiciária – TRE-RO/2013) Considere:

I. A Mesa da Câmara Legislativa do Distrito Federal.

II. Partido político com representação no Congresso Nacional.

III. Entidade de classe de âmbito municipal ou estadual.

IV. Procurador-Geral da República.

V. Conselho Federal da Ordem dos Advogados do Brasil.

De acordo com a Constituição Federal, a aprovação, revisão ou cancelamento de súmula vinculante poderá ser provocada pelos indicados em

a) II, IV e V, apenas.

b) IV e V, apenas.

c) I, II, III, IV e V.

d) I, II, IV e V, apenas.

e) II, III, IV e V, apenas.

COMENTÁRIOS

Alternativa "d" (responde a todas as alternativas). Conforme art. 103-A, § 2º, da CF, sem prejuízo do que estabelecido em lei, a aprovação, revisão, ou cancelamento de súmula poderá ser provocada por aqueles que podem propor a ação direta de inconstitucionalidade, que, nos termos do art. 103 da CF, são: I – o Presidente da República (assertiva "I"); II – a Mesa do Senado Federal; III – a Mesa da Câmara dos Deputados; IV a Mesa de Assembléia Legislativa ou da Câmara Legislativa do Distrito Federal; V o Governador de Estado ou do Distrito Federal; VI – o Procurador-Geral da República (assertiva "IV"); VII – o Conselho Federal da Ordem dos Advogados do Brasil (assertiva "V"); VIII – partido político com representação no Congresso Nacional (assertiva "II"); e IX – confederação sindical ou entidade de classe de âmbito **nacional** (e não de âmbito estadual ou municipal, como na assertiva "III").

Alternativa correta: letra "d".

---

185. (FCC – Analista Judiciário – Área Judiciária – TRE-RO/2013) Considere as seguintes situações hipotéticas:

I. Hortência é desembargadora do Tribunal de Justiça do Estado de Rondônia.

II. Marcos é juiz de direito do Tribunal de Justiça do Estado de Rondônia.

III. Luiza é juíza federal do Tribunal Regional Federal da 1a Região.

IV. Joana é advogada especialista em Direito Público, com cinco obras publicadas e dezenas de artigos publicados.

De acordo com a Constituição Federal, poderão compor o Tribunal Regional Eleitoral do Estado de Rondônia, mediante eleição e pelo voto secreto

a) Hortência e Marcos, apenas.

b) Hortência, Marcos, Luiza e Joana.

c) Hortência e Luiza, apenas.

d) Luiza e Joana, apenas.

e) Hortência, Marcos e Luiza, apenas.

COMENTÁRIOS

Alternativa "e" (responde a todas as alternativas). De acordo com o art. 120, § 1º, da CF, os Tribunais Regionais Eleitorais compor-se-ão: I – mediante eleição, pelo voto secreto: a) de dois juízes dentre os desembargadores do Tribunal de Justiça (**abarca Hortência**); b) de dois juízes, dentre juízes de direito, escolhidos pelo Tribunal de Justiça (**compreende Marcos**); II – de um juiz do Tribunal Regional Federal com sede na Capital do Estado ou no Distrito Federal, ou, não havendo, de juiz federal, escolhido, em qualquer caso, pelo Tribunal Regional Federal respectivo (**admite Luíza**); e III – por nomeação, pelo Presidente da República, de dois juízes dentre seis advogados de notável saber jurídico e idoneidade moral, indicados pelo Tribunal de Justiça **(admitiria Joana, mas não estaria correto na questão porque essa hipótese se dá por nomeação, não via eleição e voto secreto, como perguntado pela banca examinadora).**

Alternativa correta: letra "e".

---

186. (FCC – Analista Judiciário – Área Judiciária – TRE-RO/2013) Considere a seguinte situação hipotética: Kátia é Ministra do Supremo Tribunal Federal; Valdir é Ministro do Superior Tribunal de Justiça e Soraya é brilhante advogada militante na área de Direito Público com notável conhecimento jurídico e reputação ilibada. Katia e Valdir foram escolhidos para compor o Tribunal Superior Eleitoral e Soraya foi nomeada pelo Presidente da República também para compor o Tribunal Superior Eleitoral. Neste caso, dentre as pessoas indicadas, de acordo com a Constituição Federal, o cargo de Vice-Presidente do Tribunal Superior Eleitoral poderá ser ocupado APENAS por

a) Valdir.

b) Soraya.

c) Kátia.

d) Katia ou Valdir.

e) Valdir ou Soraya.

COMENTÁRIOS

Alternativa "c" (responde a todas as alternativas). De acordo com o art. 119, parágrafo único, da CF, o Tribunal Superior Eleitor elegerá seu Presidente e o Vice-Presidente dentre os Ministros do Supremo Tribunal Federal (**caso de Kátia, e de mais nenhuma pessoa arrolada na questão**).

Alternativa correta: letra "c".

---

187. (FCC – Analista Judiciário – Área Judiciária – TRE-PR/2012) A Constituição da República estabelece igualmente para membros do Poder Judiciário e do Ministério Público que

a) os integrantes das carreiras deverão residir na comarca da respectiva lotação, salvo autorização do Tribunal.

b) a vitaliciedade será adquirida após dois anos de exercício da função, dependendo a perda do cargo, inclusive nesse período, de sentença judicial transitada em julgado.

c) o exercício da advocacia no juízo ou Tribunal do qual se afastaram é vedado antes de decorridos três anos do afastamento do cargo por aposentadoria ou exoneração.

d) o exercício de atividade político-partidária é proibido, salvo exceções previstas em lei.

e) o ato de remoção por interesse público será fundado em decisão do órgão colegiado competente, pelo voto de dois terços de seus membros, assegurada ampla defesa.

COMENTÁRIOS

Alternativa "a": os integrantes da carreira do Ministério Público deverão residir na comarca da respectiva lotação, **salvo autorização do chefe da instituição** (art. 129, § 2º, da CF). O juiz titular também deverá residir na respectiva comarca, **salvo autorização do tribunal** (art. 93, VII, da CF).

Alternativa "b": a vitaliciedade, no caso dos juízes, será adquirida após dois anos de exercício da função, dependendo a perda do cargo, **nesse período, de deliberação do tribunal a que o juiz estiver vinculado e, nos demais casos, de sentença judicial transitada em julgado** (artigos 95, I, da CF). Já os membros do Ministério Público adquirirão a vitaliciedade, após dois anos de exercício, não podendo perder o cargo **senão por sentença judicial transitada em julgado.**

Alternativa "c": a Constituição da República estabelece em seus artigos 95, parágrafo único, V e 128, § 6º, igualmente para membros do Poder Judiciário e do Ministério Público que o exercício da advocacia no juízo ou Tribunal do qual se afastaram é vedado antes de decorridos três anos do afastamento do cargo por aposentadoria ou exoneração.

Alternativa "d": segundo artigos 95, parágrafo único, III e 128, § 5º, II, "e", ambos da CF, o exercício de atividade político-partidária é proibido, não **havendo exceções previstas em lei**.

Alternativa "e": o ato de remoção dos membros do Ministério Público, por interesse público, será fundado em decisão do **órgão colegiado competente**, pelo voto da maioria absoluta de seus membros, assegurada ampla defesa (art. 128, § 5º, I, "b", da CF). Já o ato de remoção dos magistrados, por interesse público, será fundado em decisão por voto da maioria absoluta do **respectivo tribunal ou do Conselho Nacional de Justiça**, assegurada ampla defesa (art. 93, VIII, da CF).

Alternativa correta: letra "c".

---

188. (FCC – Analista Judiciário – Área Judiciária – TRE-PR/2012) Nos termos da Constituição da República, caberá recurso das decisões dos Tribunais Regionais Eleitorais quando

a) forem proferidas contra disposição expressa da Constituição, sendo irrecorríveis as que se referirem à aplicação de lei.

b) ocorrer divergência na interpretação de lei entre dois ou mais tribunais eleitorais.

c) versarem sobre inelegibilidade ou expedição de diplomas nas eleições federais, estaduais ou municipais.

d) anularem diplomas ou decretarem a perda de mandatos eletivos federais, estaduais ou municipais.

e) denegarem habeas corpus ou mandado de segurança, ou concederem habeas data ou mandado de injunção.

COMENTÁRIOS

✪ **Nota do autor:** por absoluta identidade com o concurso, questões envolvendo os TREs são certas. Assim, faça um estudo atento dos artigos 118 a 121 da CF.

Alternativa "a": caberá recurso das decisões dos Tribunais Regionais Eleitorais quando forem proferidas contra disposição expressa da Constituição **ou de lei**, segundo art. 121, § 4º, I, da CF.

Alternativa "b": caberá recurso das decisões dos Tribunais Regionais Eleitorais quando ocorrer divergência na interpretação de lei entre dois ou mais tribunais eleitorais, conforme art. 121, § 4º, II, da CF.

Alternativa "c": caberá recurso das decisões dos Tribunais Regionais Eleitorais quando versarem sobre inelegibilidade ou expedição de diplomas nas eleições **federais ou estaduais**, de acordo com art. 121, § 4º, III, da CF.

Alternativa "d": caberá recurso das decisões dos Tribunais Regionais Eleitorais quando anularem diplomas ou decretarem a perda de mandatos eletivos **federais ou estaduais**, consoante art. 121, § 4º, IV, da CF.

Alternativa "e": caberá recurso das decisões dos Tribunais Regionais Eleitorais quando **denegarem habeas corpus, mandado de segurança, habeas data ou mandado de injunção**, nos termos do art. 121, § 4º, V, da CF.

Alternativa correta: letra "b".

---

189. (Analista Judiciário - Área Judiciária TRE/CE 2012 - FCC) Segundo disposto na Constituição Federal, das decisões dos Tribunais Regionais Eleitorais caberá recurso quando

a) mantiverem mandatos eletivos municipais.

b) mantiverem diplomas de qualquer esfera governamental.

c) mantiverem mandatos eletivos federais.

d) mantiverem mandatos eletivos estaduais.

e) denegarem, dentre outros instrumentos constitucionais, o mandado de injunção.

COMENTÁRIOS

Alternativa "a": das decisões dos Tribunais Regionais Eleitorais caberá recurso quando decretarem a **perda** de mandatos eletivos **federais ou estaduais** (art. 121, § 4º, IV, da CF).

Alternativa "b": das decisões dos Tribunais Regionais Eleitorais caberá recurso quando **anularem** diplomas das esferas federal e estadual (art. 121, § 4º, IV, da CF).

Alternativa "c": das decisões dos Tribunais Regionais Eleitorais caberá recurso quando decretarem a **perda** de mandatos eletivos federais (art. 121, § 4º, IV, da CF).

Alternativa "d": das decisões dos Tribunais Regionais Eleitorais caberá recurso quando decretarem a **perda** de mandatos eletivos estaduais (art. 121, § 4º, IV, da CF).

Alternativa "e": das decisões dos Tribunais Regionais Eleitorais caberá recurso quando denegarem, dentre outros instrumentos constitucionais, o mandado de injunção (art. 121, § 4º, V, da CF).

Alternativa correta: letra "e".

---

190. (Analista Judiciário - Área Judiciária TRE/CE 2012 - FCC) Tales, Ministro de Estado, e Igor, chefe de missão diplomática de caráter permanente, cometeram, respectivamente, infração penal comum e crime de responsabilidade. Nesses casos serão processados e julgados

a) originariamente pelo Supremo Tribunal Federal.

b) originariamente pelo Superior Tribunal de Justiça.

c) por meio de recurso extraordinário pelo Supremo Tribunal Federal.

d) por meio de recurso especial pelo Superior Tribunal de Justiça.

e) por meio de recurso ordinário pelo Supremo Tribunal Federal.

COMENTÁRIOS

Alternativa "a" (responde todas as alternativas): Tales, Ministro de Estado, e Igor, chefe de missão diplomática de caráter permanente, cometeram, respectivamente, infração penal comum e crime de responsabilidade, de modo que serão processados e julgados, originariamente, pelo STF (art. 102, I, "c", da CF)).

Alternativa correta: letra "a".

---

191. (Analista Judiciário - Área Judiciária TRE/PE 2011 - FCC) Maximiliano, Governador de Estado, foi acusado da prática de crime comum e preso, desejando ingressar com habeas corpus para ser libertado, cujo remédio constitucional será processado e julgado originariamente pelo

a) Tribunal Regional Eleitoral competente do seu Estado de origem.

b) Supremo Tribunal Federal.

c) Superior Tribunal de Justiça.

d) Tribunal de Justiça competente do seu Estado de origem.

e) Tribunal Superior Eleitoral.

COMENTÁRIOS

Alternativa "c" (responde todas as alternativas): caso Maximiliano ingresse com habeas corpus, este será processado e julgado originariamente pelo STJ, de acordo com art. 105, I, "c", da CF.

Alternativa correta: letra "c".

---

192. (Analista Judiciário - Área Judiciária TRE/AM 2010 - FCC) No tocante ao Supremo Tribunal Federal, é correto afirmar que lhe compete processar e julgar, originariamente:

a) as causas decididas em única ou última instância, quando a decisão recorrida julgar válida lei ou ato de governo local contestado em face da Constituição.

b) o *habeas corpus*, o mandado de segurança, o *habeas data* e o mandado de injunção decididos em única instância pelos Tribunais Superiores, se denegatória a decisão.

c) as causas decididas em única ou última instância, quando a decisão recorrida contrariar dispositivo da Constituição Federal.

d) as causas decididas em única ou última instância, quando a decisão recorrida declarar a inconstitucionalidade de tratado ou lei federal.

e) a ação em que todos os membros da magistratura sejam direta ou indiretamente interessados, e aquela em que mais da metade dos membros do tribunal de origem estejam impedidos ou sejam direta ou indiretamente interessados.

COMENTÁRIOS

Alternativa "a": compete ao STF julgar, **mediante recurso extraordinário**, as causas decididas em única ou última instância, quando a decisão recorrida julgar válida lei ou ato de governo local contestado em face da Constituição (art. 102, III, "c", da CF).

Alternativa "b": compete ao STF julgar, **em recurso ordinário**, o *habeas corpus*, o mandado de segurança, o *habeas data* e o mandado de injunção decididos em única instância pelos Tribunais Superiores, se denegatória a decisão (art. 102, II, "a", da CF).

Alternativa "c": compete ao STF julgar, **mediante recurso extraordinário**, as causas decididas em única ou última instância, quando a decisão recorrida contrariar dispositivo da Constituição Federal (art. 102, III, "a", da CF).

Alternativa "d": compete ao STF julgar, **mediante recurso extraordinário**, as causas decididas em única ou última instância, quando a decisão recorrida declarar a inconstitucionalidade de tratado ou lei federal (art. 102, III, "b", da CF).

Alternativa "e": compete ao STF processar e julgar, originariamente, a ação em que todos os membros da magistratura sejam direta ou indiretamente interessados, e aquela em que mais da metade dos membros do tribunal de origem estejam impedidos ou sejam direta ou indiretamente interessados (art. 102, I, "n", da CF).

Alternativa correta: letra "e".

4.4.5. CONSELHO NACIONAL DE JUSTIÇA

▸ CF, art. 103-B

193. (Cespe – Técnico Judiciário – Área Administrativa – TRE – BA/2017) De acordo com a Constituição Federal de 1988, o órgão a que compete o controle da atuação administrativa e financeira do Poder Judiciário e do cumprimento dos deveres funcionais dos juízes, além do encargo do recebimento e conhecimento de reclamações contra os serviços auxiliares do Poder Judiciário, é o(a)

a) Tribunal de Contas da União.

b) Conselho Nacional de Justiça.

c) Procuradoria-Geral da República.

d) Supremo Tribunal Federal.

e) Corregedoria do Superior Tribunal de Justiça.

COMENTÁRIOS

Alternativa "b": a descrição contida no cabeçalho da questão se refere ao Conselho Nacional de Justiça, órgão criado para exercer o controle da atuação administrativa e financeira do Poder Judiciário e do cumprimento dos deveres funcionais dos Juízes, de acordo com o art. 103-B, § 4º, da CF: "Art. 103-B. § 4º Compete ao Conselho [Nacional de Justiça] o controle da atuação administrativa e financeira do Poder Judiciário e do cumprimento dos deveres funcionais dos juízes, cabendo-lhe, além de outras atribuições que lhe forem conferidas pelo Estatuto da Magistratura: I – zelar pela autonomia do Poder Judiciário e pelo cumprimento do Estatuto da Magistratura, podendo expedir atos regulamentares, no âmbito de sua competência, ou recomendar providências; II – zelar pela observância do art. 37 e apreciar, de ofício ou mediante provocação, a legalidade dos atos administrativos praticados por membros ou órgãos do Poder Judiciário, podendo desconstituí-los, revê-los ou fixar prazo para que se adotem as providências necessárias ao exato cumprimento da lei, sem prejuízo da competência do Tribunal de Contas da União (...)"

Alternativa correta: letra "b".

194. (Cespe – Analista Judiciário – Área Administrativa – TRE – BA/2017) A Constituição Federal de 1988 elenca como órgãos da justiça eleitoral

a) o CNJ, os TREs, os juízes eleitorais e as juntas eleitorais.

b) o TSE, os TREs, os juízes eleitorais e as juntas eleitorais.

c) o TSE, os TREs, os juízes eleitorais e os colégios eleitorais.

d) o TSE, o CNJ, os TREs e os colégios eleitorais.

e) o TSE, o CNJ, os juízes eleitorais e os colégios eleitorais.

COMENTÁRIOS

Alternativa "b": de acordo com o art. 118 da CF: "Art. 118. São órgãos da Justiça Eleitoral: I – o Tribunal Superior Eleitoral; II – os Tribunais Regionais Eleitorais; III – os Juízes Eleitorais; IV – as Juntas Eleitorais".

Alternativa correta: letra "b".

---

195. (IBFC – Analista Judiciário – Área Judiciária– TRE-AM/2014) Junto ao Conselho Nacional de Justiça, oficiarão:

a) O Corregedor-Geral de Justiça e o Procurador-Geral da República.

b) O Procurador-Geral da República e o Presidente do Conselho Federal da Ordem dos Advogados do Brasil.

c) O Presidente do Conselho Federal da Ordem dos Advogados do Brasil e o Corregedor-Geral do Conselho Nacional do Ministério Público.

d) O Presidente do Conselho Federal da Ordem dos Advogados do Brasil e o Ministro Presidente do Supremo Tribunal Federal.

COMENTÁRIOS

Alternativa "b" (responde a todas as alternativas): trata-se exatamente do que dispõe o art. 103-B, § 6º, da CF.

Alternativa correta: letra "b".

---

196. (Analista Judiciário – Área Judiciária TRE/CE 2012 – FCC) Considerando que Jaime, Luis, Gustavo, Jorge e João ocupam, respectivamente, os cargos de Presidente da República, Presidente do Supremo Tribunal Federal, Procurador Geral da República, Vice-Presidente do Supremo Tribunal Federal e Presidente da Câmara dos Deputados, o Conselho Nacional de Justiça será presidido por

a) Jaime e, nas suas ausências e impedimentos, por João.

b) Luis e, nas suas ausências e impedimentos, por Jorge.

c) Jorge.

d) Gustavo.

e) Jaime.

COMENTÁRIOS

Alternativa correta: letra "b" (responde todas as alternativas): o Conselho Nacional de Justiça será presidido por Luis, que é Presidente do STF e, nas suas ausências e impedimentos, por Jorge, Vice-Presidente do Supremo. (art. 103-B, § 1º, da CF).

4.5. FUNÇÕES ESSENCIAIS À JUSTIÇA

▸ CF, artigos 126 a 135.

---

197. (IBFC – Técnico Judiciário – Área Administrativa – TRE – PA/2020) O Ministério Público é instituição permanente, essencial à função jurisdicional do Estado, incumbindo-lhe a defesa da ordem jurídica, do regime democrático e dos interesses sociais e individuais indisponíveis. Com base na Constituição Federal de 1988 (CF/88), analise as afirmativas abaixo e dê valores Verdadeiro (V) ou Falso (F).

( ) O Ministério Público elaborará sua proposta orçamentária dentro dos limites estabelecidos no plano plurianual. Se o Ministério Público não encaminhar a respectiva proposta orçamentária dentro do prazo estabelecido na Lei de Diretrizes Orçamentárias, o Poder Executivo considerará, para fins de consolidação da proposta orçamentária anual, os valores aprovados na lei orçamentária anterior, ajustados de acordo com os limites estipulados na forma do § 3° do artigo 127 da CF/88.

( ) São princípios institucionais do Ministério Público a vitaliciedade, após dois anos de exercício, não podendo perder o cargo senão por sentença judicial transitada em julgado; a inamovibilidade, salvo por motivo de interesse público, mediante decisão do órgão colegiado competente do Ministério Público, pelo voto da maioria absoluta de seus membros, assegurada ampla defesa; e a irredutibilidade de subsídio, fixado na forma do art. 39, § 4°, e ressalvado o disposto nos arts. 37,XeXI , 150, II , 153, III , 153, § 2°, I, da CF/88.

( ) São funções institucionais do Ministério Público, dentre outras: promover, privativamente, a ação penal pública, na forma da lei; bem como requisitar diligências investigatórias e a instauração de inquérto policial, indicados os fundamentos jurídicos de suas manifestações processuais.

( ) O Ministério Público abrange o Ministério Público da União e os Ministérios Públicos dos Estados. O primeiro compreende o Ministério Público Federal, o Ministério Público do Trabalho, o Ministério Público Militar e o Ministério Público Eleitoral.

Assinale a alternativa que apresenta a sequência correta de cima para baixo.

a) F, F, V, F

b) F, V, V, F

c) V, V, F, F

d) V, F, V, V

COMENTÁRIOS

Alternativa correta: "a".

Item "I". Falso. Nos termos do art. 127, §3° da CF/88, o Ministério Público elaborará sua proposta orçamentária dentro dos limites estabelecidos na lei de diretrizes orçamentárias. Contudo, o §4° determina que: "Se o Ministério Público não encaminhar a respectiva proposta orçamentária dentro do prazo estabelecido na lei de diretrizes orçamentárias, o Poder Executivo considerará, para fins de consolidação da proposta orçamentária anual, os valores aprovados na **lei orçamentária <u>vigente</u>**, ajustados de acordo com os limites estipulados na forma do § 3º.".

Item "II". Falso. Os princípios institucionais do Ministério Público são encontrados no art. 127, §1° da CF/88, e são eles: a unidade, a indivisibilidade e a independência funcional. A vitaliciedade, inamovibilidade e a irredutibilidade de subsídios são, na verdade, garantias, previstas no art. 128, §5° da CF/88.

Item "III". Verdadeiro. As funções institucionais do Ministério Pública são encontradas no art. 129 da CF/88. As funções citadas, estão no inciso I e VIII.

Item "IV". Falso. Nos termos do art. 128 da CF/88, o Ministério Público abrange: O Ministério Público dos Estados e O Ministério Público da União, que compreende o Ministério Público Federal; o Ministério Público do Trabalho; o Ministério Público Militar e o **<u>Ministério Público do Distrito Federal e Territórios</u>** (e não o Ministério Público Eleitoral).

---

198. (Cespe – Técnico Judiciário – Área Administrativa – TRE – BA/2017) No que tange às funções essenciais à justiça, nos termos da Constituição Federal de 1988, julgue os próximos itens.

I. A Advocacia-Geral da União representa a União apenas judicialmente, mas pode prestar atividade de consultoria ao Poder Executivo.

II. É assegurada autonomia funcional e administrativa às Defensorias Públicas estaduais e do Distrito Federal.

III. A Procuradoria-Geral da Fazenda Nacional representa a União na execução da dívida ativa de natureza tributária.

IV. A defesa dos interesses sociais e individuais indisponíveis é competência do Ministério Público.

Estão certos apenas os itens

a) I e II.

b) I e III.

c) II e IV.

d) I, III e IV.

e) II, III e IV.

COMENTÁRIOS

Assertiva I: A AGU representa a União também extrajudicialmente, sendo uma de suas atividades a consultoria ao Poder Executivo, conforme disposição do art. 131, caput, da CF: "Art. 131. A Advocacia-Geral da União é a instituição que, diretamente ou através de órgão vinculado, representa a União, judicial e extrajudicialmente, cabendo-lhe, nos termos da lei complementar que dispuser sobre sua organização e funcionamento, as atividades de consultoria e assessoramento jurídico do Poder Executivo".

Assertiva II: A assertiva está de acordo com o disposto no art. 134, § 2º, da CF: "Art. 134. § 2º Às Defensorias Públicas Estaduais são asseguradas autonomia funcional e administrativa e a iniciativa de sua proposta orçamentária dentro dos limites estabelecidos na lei de diretrizes orçamentárias e subordinação ao disposto no art. 99, § 2º".

Assertiva III: A assertiva está de acordo com o disposto no art. 131, § 3º, da CF: "Art. 131. § 3º Na execução da dívida ativa de natureza tributária, a representação da União cabe à Procuradoria-Geral da Fazenda Nacional, observado o disposto em lei".

Assertiva IV: A assertiva está de acordo com o disposto no art. 127, caput, da CF: "Art. 127. O Ministério Público é instituição permanente, essencial à função jurisdicional do Estado, incumbindo-lhe a defesa da ordem jurídica, do regime democrático e dos interesses sociais e individuais indisponíveis".

Alternativa correta: letra "e".

---

199. (Cespe – Técnico Judiciário – Área Administrativa – TRE – TO/2017) De acordo com a CF, compete à Advocacia-Geral da União

a) defender a validade de lei federal no âmbito de ação direta de inconstitucionalidade ajuizada no STF.

b) realizar atividades de consultoria e assessoramento jurídico dos Poderes Executivo, Legislativo e Judiciário.

c) executar a dívida ativa dos entes federativos.

d) ingressar, em nome próprio, com ação direta de inconstitucionalidade contra lei federal no STF.

e) conceder anistia se houver delegação de competência do presidente da República ao advogado-geral da União.

COMENTÁRIOS

Alternativa "a": a alternativa está em conformidade com o **art. 103, § 3º, da CF**: "Art. 103. § 3º Quando o Supremo Tribunal Federal apreciar a inconstitucionalidade, em tese, de norma legal ou ato normativo, citará, previamente, o Advogado-Geral da União, que defenderá o ato ou texto impugnado".

Alternativa "b": a AGU realiza consultoria e assessoramento jurídico apenas ao Poder Executivo, conforme **art. 131**, caput, da CF: "Art. 131. A Advocacia-Geral da União é a instituição que, diretamente ou através de órgão vinculado, representa a União, judicial e extrajudicialmente, cabendo-lhe, nos termos da lei complementar que dispuser sobre sua organização e funcionamento, as atividades de **consultoria e assessoramento jurídico do Poder Executivo**".

Alternativa "c": a representação em caso de execução de dívida ativa cabe à **Procuradoria-Geral da Fazenda Nacional, conforme art. 131, § 3º, da CF**: "Art. 131. § 3º Na execução da dívida ativa de natureza tributária, a representação da União cabe à Procuradoria-Geral da Fazenda Nacional, observado o disposto em lei".

Alternativa "d": a AGU não faz parte do rol de legitimados a propor ADI, de acordo com o art. 103 da CF: "Art. 103. Podem propor a ação direta de inconstitucionalidade e a ação declaratória de constitucionalidade: I – o Presidente da República; II – a Mesa do Senado Federal; III – a Mesa da Câmara dos Deputados; IV – a Mesa de Assembleia Legislativa ou da Câmara Legislativa do Distrito Federal; V – o Governador de Estado ou do Distrito Federal; VI – o Procurador-Geral da República; VII – o Conselho Federal da Ordem dos Advogados do Brasil; VIII – partido político com representação no Congresso Nacional; IX – confederação sindical ou entidade de classe de âmbito nacional".

Alternativa "e": de acordo com o art. 84, inciso XII, da CF, é de competência privativa do Presidente da República conceder indulto e comutar penas, não sendo uma das hipóteses de competência delegável, de que trata o parágrafo único do mesmo artigo. Ademais, segundo o art. 21, inciso XVII, a concessão de anistia é de competência privativa da União.

Alternativa correta: letra "a".

---

200. (Cespe – Analista Judiciário – Área Judiciária – TRE – TO/2017) Acerca da Defensoria Pública, assinale a opção correta.

a) É de responsabilidade da União organizar e manter a Defensoria Pública do Distrito Federal.

b) Os servidores das Defensorias Públicas devem ser remunerados na forma de salários, observado o teto constitucional.

c) À Defensoria Pública da União é assegurada a iniciativa de sua proposta orçamentária.

d) São princípios institucionais da Defensoria Pública a inamovibilidade, a vitaliciedade e a independência funcional.

e) A Defensoria Pública é uma instituição essencial à orientação jurídica e à defesa do Estado, em todos os graus.

COMENTÁRIOS

Alternativa "a": a organização e manutenção da Defensoria Pública do Distrito Federal é de competência do Distrito Federal, e não da União, conforme art. 134, §§ 2º e 3º, da CF: "Art. 134. § 2º Às Defensorias Públicas estaduais são asseguradas autonomia funcional e administrativa e a iniciativa de sua proposta orçamentária dentro dos limites estabelecidos na lei de diretrizes orçamentárias e subordinação ao disposto no art. 99, § 2º. § 3º Aplica-se o disposto no § 2º às Defensorias Públicas da União e do Distrito Federal". A transferência de competência ao Distrito Federal para organizar e manter sua Defensoria Pública ocorreu quando da promulgação da EC 69/2012 (PEC 445/09).

Alternativa "b": os servidores das Defensorias Públicas, enquanto ocupantes de cargos públicos, devem ser **remunerados na forma de vencimentos**, visto ser esta a retribuição pecuniária pelo exercício de cargo público, conforme art. 40 da Lei 8.112/90. Ademais, de acordo com o art. 37, inciso XV, da CF: "Art. 37. XV – o subsídio e os vencimentos dos ocupantes de cargos e empregos públicos são irredutíveis, ressalvado o disposto nos incisos XI e XIV deste artigo e nos arts. 39, § 4º, 150, II, 153, III, e 153, § 2º, I".

Alternativa "c": a alternativa está de acordo com o disposto no art. 134, § 2º, da CF: "Art. 134. § 2º Às Defensorias Públicas estaduais são asseguradas autonomia funcional e administrativa e a iniciativa de sua proposta orçamentária dentro dos limites estabelecidos na lei de diretrizes orçamentárias e subordinação ao disposto no art. 99, § 2º".

Alternativa "d": de acordo com o art. 134, § 4º, da CF, os princípios institucionais da Defensoria Pública são a unidade, a indivisibilidade e a independência funcional. Inamovibilidade e vitaliciedade são garantias de membros, e apenas a primeira é relacionada ao Defensor Público.

Alternativa "e": a Defensoria Pública é instituição essencial à **função jurisdicional do Estado**, cabendo-lhe, dentre outras atribuições constantes no **caput do art. 134**, a **orientação jurídica de pessoas hipossuficientes**. A defesa do Estado é feita pela Advocacia-Geral da União, conforme art. 131 da CF ("Art. 131. A Advocacia-Geral da União é a instituição que, diretamente ou através de órgão vinculado, representa a União, judicial e extrajudicialmente, cabendo-lhe, nos termos da lei complementar que dispuser sobre sua organização e funcionamento, as atividades de consultoria e assessoramento jurídico do Poder Executivo"). Conforme art. 134, caput, da CF, acerca da Defensoria Pública: "Art. 134. A Defensoria Pública é instituição permanente, essencial à função jurisdicional do Estado, incumbindo-lhe, como expressão e instrumento do regime democrático, fundamentalmente, a orientação jurídica, a promoção dos direitos humanos e a defesa, em todos os graus, judicial e extrajudicial, dos direitos individuais e coletivos, de forma integral e gratuita, aos necessitados, na forma do inciso LXXIV do art. 5º desta Constituição Federal".

Alternativa correta: letra "c".

---

201. (Cespe – Analista Judiciário – Área Judiciária – TRE – MT/2015) Assinale a opção correta acerca do Poder Judiciário, das funções essenciais à justiça e das finanças públicas.

a) A competência constitucional de representação judicial e extrajudicial atribuída à Advocacia-Geral da União não se restringe somente ao Poder Executivo, estendendo-se aos Poderes Legislativo e Judiciário.

b) Em decorrência do princípio da exclusividade orçamentária, a lei orçamentária anual não poderá conter autorização para a abertura de crédito suplementar, que deverá estar prevista em lei específica.

c) Em razão do princípio da soberania nacional, a CF, ao tratar do sistema financeiro nacional, vedou a participação de capital estrangeiro nas instituições que o integram.

d) De acordo com o STF, as decisões do TSE são irrecorríveis, ainda que contrariem, em tese, dispositivos da CF.

e) Segundo a CF, o Ministério Público junto ao TCU integra o Ministério Público da União, sendo-lhe atribuídos os mesmos direitos e prerrogativas do Ministério Público Federal.

COMENTÁRIOS

Alternativa "a": nos termos do art. 131 da CF, a Advocacia-Geral da União é a instituição que, diretamente ou através de órgão vinculado, **representa a União, judicial e extrajudicialmente**, cabendo-lhe, nos termos da lei complementar que dispuser sobre sua organização e funcionamento, as atividades de consultoria e assessoramento jurídico do Poder Executivo. Em síntese, pode-se afirmar que a AGU exerce: a **representação judicial e extrajudicial** da **União** (englobando os poderes Executivo, Legislativo e Judiciário); as atividades de **consultoria e assessoramento jurídico** do Poder **Executivo**.

Alternativa "b": de fato adotou-se a chamada exclusividade orçamentária (ou vedação das caldas orçamentárias ou dos orçamentos rabilongos; princípio da pureza orçamentária), que impede a inclusão de matérias alheias à previsão de receita e à fixação de despesa no bojo das leis orçamentárias. Todavia, há exceção: abertura de créditos suplementares e contratação de operações de crédito. Nestes termos, vale destacar, consoante art. 165, § 8º, da CF, que a lei orçamentária anual não conterá dispositivo estranho à previsão da receita e à fixação da despesa, não se incluindo na proibição a autorização para abertura de créditos suplementares e contratação de operações de crédito, ainda que por antecipação de receita, nos termos da lei.

Alternativa "c": o Sistema Financeiro Nacional não vedou a participação de capital estrangeiro nas instituições que o integram. Pelo contrário, há permissão, cabendo a regulamentação por intermédio de lei complementar. Nestes termos, prescreve o art. 192 da CF, que o sistema financeiro nacional, estruturado de forma a promover o desenvolvimento equilibrado do País e a servir aos interesses da coletividade, em todas as partes que o compõem, abrangendo as cooperativas de crédito, será regulado por leis complementares que disporão, **inclusive, sobre a participação do capital estrangeiro nas instituições que o integram**.

Alternativa "d": as decisões do TSE, via de regra, são irrecorríveis. Todavia, encontra-se dentre as exceções (ou seja, caberá recurso) as que contrariarem a Constituição. Nestes termos, decidiu no MS 20891, julgado em 1989 e relatado pelo Ministro Carlos Madeira. Há, todavia, norma Constitucional bastante clara nesse sentido, estampada no art. 121, § 3º, da CF, prescreve que são **irrecorríveis as decisões do Tribunal Superior Eleitoral**, **salvo** as que **contrariarem esta Constituição** e as **denegatórias de *habeas corpus*** ou **mandado de segurança**.

Alternativa "e": segundo consta do art. 128, I, da CF, o Ministério Público da União compreende: a) o Ministério Público Federal; b) o Ministério Público do Trabalho; c) o Ministério Público Militar; d) o Ministério Público do Distrito Federal e Territórios.

Alternativa correta: letra "a".

---

202. (FCC – Analista Judiciário – Área Judiciária – TRE-RO/2013) Considere a seguinte situação hipotética: Brena é Procuradora-Geral da República. Tendo em vista graves acusações de atos de improbidade administrativa, o Presidente da República, por sua iniciativa, pretende destituí-la. Neste caso, a destituição do Procurador-Geral da República, por iniciativa do Presidente da República,

a) deverá ser precedida de autorização da maioria relativa do Congresso Nacional.

b) independe de autorização.

c) deverá ser precedida de autorização da maioria absoluta do Congresso Nacional.

d) deverá ser precedida de autorização da maioria absoluta do Senado Federal.

e) deverá ser precedida de autorização do Supremo Tribunal Federal.

COMENTÁRIOS

✪ **Nota do autor:** apesar de aparentar uma complicada situação-problema, a questão se resolve pela simples redação de um dispositivo constitucional. Fique atento para questões desse tipo. Às vezes, no meio de muitas informações (que tomam tempo para serem interpretadas), poucas são realmente importantes.

Alternativa "d" (responde a todas as alternativas): consoante art. 128, § 2º, da CF, a destituição do Procurador-Geral da República, por iniciativa do Presidente da República, deverá ser precedida de autorização da maioria absoluta do Senado Federal.

Alternativa correta: letra "d".

---

203. (Cespe – Analista Judiciário – Área Judiciária – TRE-MS/2013) À luz da Constituição Federal de 1988 (CF), assinale a opção correta no tocante ao Poder Judiciário e às funções essenciais à justiça.

a) Pelo critério do quinto constitucional, promotores de justiça podem ser escolhidos para compor tribunal regional eleitoral (TRE).

b) Compete à Advocacia-Geral da União a representação judicial e extrajudicial da União, bem como a realização de atividades de consultoria e assessoramento jurídico dos Poderes Executivo, Legislativo e Judiciário.

c) À defensoria pública, que é instituição essencial ao Estado democrático de direito, compete realizar a assistência jurídica integral e gratuita para todos os cidadãos brasileiros independentemente da situação financeira de cada um.

d) O Conselho Nacional de Justiça não integra o Poder Judiciário, pois exerce função meramente administrativa.

e) O Ministério Público possui legitimidade para ajuizar ação civil pública em defesa de direitos das populações indígenas.

COMENTÁRIOS

Alternativa "a": os TREs **não têm membros do Ministério Público** em suas composições (art. 120 da CF). Na verdade, nem há aplicação do mecanismo do quinto constitucional.

Alternativa "b": consoante art. 131, *caput*, da CF, a Advocacia-Geral da União é a instituição que, diretamente ou através de órgão vinculado, representa a União, judicial e extrajudicialmente, cabendo-lhe, nos termos da lei complementar que dispuser sobre sua organização e funcionamento, as atividades de consultoria e assessoramento jurídico **do Poder Executivo** (mas, não do Legislativo e do Judiciário).

Alternativa "c": de acordo com o art. 134, *caput*, da CF, à defensoria pública, que é instituição essencial **à função jurisdicional do Estado**, compete realizar a assistência jurídica integral e gratuita para todos os cidadãos brasileiros **necessitados na forma do art. 5º, LXXIV, da CF.**

Alternativa "d": o Conselho Nacional de Justiça **integra** o Poder Judiciário (art. 92, I-A, da CF).

Alternativa "e". À luz do art. 129, III e V, da CF, são funções institucionais do Ministério Público, promover a ação civil pública e defender judicialmente os direitos e interesses das populações indígenas.

Alternativa correta: letra "e".

---

204. (Analista Judiciário – Área Judiciária TRE/AL 2010 – FCC) É princípio institucional do Ministério Público, dentre outros, a

a) autodeterminação dos povos.

b) divisibilidade.

c) dependência funcional.

d) unidade.

e) concessão de asilo político.

COMENTÁRIOS

Alternativa "a": a autodeterminação dos povos é um dos **princípios que rege a República Federativa do Brasil em suas relações internacionais**, consoante art. 4º, III, da CF.

Alternativa "b": a **indivisibilidade** é princípio institucional do Ministério Público, conforme art. 127, § 1º, da CF.

Alternativa "c": a **independência funcional** é princípio institucional do Ministério Público, segundo art. 127, § 1º, da CF.

Alternativa "d": a unidade é princípio institucional do Ministério Público e está inserido no art. 127, § 1º, da CF.

Alternativa "e": a concessão de asilo político é um dos **princípios que rege a República Federativa do Brasil em suas relações internacionais** (art. 4º, X, da CF).

Alternativa correta: letra "d".

5. CONTROLE DE CONSTITUCIONALIDADE

▸ CF, artigos 97 e 102 a 103 da CF.

---

205. (IBFC – Analista Judiciário – Área Judiciária – TRE – PA/2020) A existência de uma Constituição rígida e a atribuição de competência a um órgão para resolver problemas de constitucionalidade são requisitos fundamentais para o exercício do Controle de

Constitucionalidade. Sendo assim, analise as afirmativas abaixo e dê valores Verdadeiro (V) ou Falso (F):

( ) Na inconstitucionalidade formal, também conhecida como nomoestática, verifica-se quando a lei ou o ato normativo infraconstitucional contiver algum vício em sua "forma", ou seja, em seu processo de formação.

( ) A inconstitucionalidade formal orgânica decorre de inobservância do devido processo legislativo, ou seja, vício no procedimento de elaboração da norma, o qual pode ser verificado na fase de iniciativa ou em fases posteriores, como em caso de desrespeito ao quórum exigido pela Constituição.

( ) O Sistema norte-americano ("Marshall") que trata de normas em desconformidade com a Constituição é caracterizado por reconhecer que o vício de inconstitucionalidade é aferido, via de regra, no plano da eficácia. Assim, o reconhecimento da ineficácia da lei produz efeitos a partir da decisão ou para o futuro (efeito ex nunc ou pro futuro), preservando-se os efeitos até então produzidos pela lei.

( ) Ao declarar a inconstitucionalidade de lei ou ato normativo, no processo de Arguição de Descumprimento de Preceito Fundamental (ADPF), e tendo em vista razões de segurança jurídica ou de excepcional interesse social, poderá o Supremo Tribunal Federal, por maioria absoluta de seus membros, restringir os efeitos daquela declaração ou decidir que ela só tenha eficácia a partir de seu trânsito em julgado ou de outro momento que venha a ser fixado.

Assinale a alternativa que apresenta a sequência correta de cima para baixo.

a) V, V, F, V

b) F, V, V, V

c) F, F, V, V

d) F, F, F, F

COMENTÁRIOS

Item "I". Falso. A inconstitucionalidade formal, na verdade, é conhecida como **nomodinâmica**. Nomoestática é a inconstitucionalidade material, em que há vício no conteúdo. Esse nome decorre justamente da ideia de **movimento** encontrada no processo legislativo, que é um trâmite. Uma vez editada, a norma passa a ser **estática**, de modo que um vício nessa fase, relativo a seu conteúdo, é de inconstitucionalidade material.

Item "II". Falso. A inconstitucionalidade formal pode assumir 3 tipos: pode ser formal orgânica/subjetiva, formal propriamente dita ou ainda formal por violação aos pressupostos objetivos do ato. A inconstitucionalidade formal orgânica diz respeito à inobservância da competência legislativa. Já a inconstitucionalidade formal propriamente dita compreende uma violação ao devido processo legislativo e suas regras, como quórum. Por fim, a inconstitucionalidade formal por violação aos pressupostos objetivos do ato diz respeito a uma violação às condições intrínsecas ao tipo legislativo adotado, como, por exemplo, a adoção de uma medida provisória sem o preenchimento às condições de urgência e relevância. No caso, está descrita a inconstitucionalidade formal propriamente dita e não a inconstitucionalidade formal orgânica.

Item "III". Falso. Na verdade, o sistema norte-americano adota a teoria da nulidade, ou seja, uma lei inconstitucional é nula desde sua edição, já que, nesse sistema, a inconstitucionalidade afeta o plano da validade, e não da eficácia, operando, assim, efeitos ***ex tunc* (retroativos).**

Item "IV". Falso. Nos termos do art. 11 da Lei 9.883/1999: "Ao declarar a inconstitucionalidade de lei ou ato normativo, no processo de arguição de descumprimento de preceito fundamental, e tendo em vista razões de segurança jurídica ou de excepcional interesse social, poderá o Supremo Tribunal Federal, **por maioria de dois terços de seus membros**, restringir os efeitos daquela declaração ou decidir que ela só tenha eficácia a partir de seu trânsito em julgado ou de outro momento que venha a ser fixado.".

Alternativa correta: "d".

---

206. (FCC – Técnico Judiciário – Área Administrativa – TRE – SP/2017) Considere o teor da Súmula Vinculante no 37, do Supremo Tribunal Federal, publicada em 24/10/2014:

"Não cabe ao Poder Judiciário, que não tem função legislativa, aumentar vencimentos de servidores públicos sob o fundamento de isonomia."

Diante disso, e à luz do que dispõe a Constituição Federal relativamente às súmulas vinculantes, eventual decisão judicial de primeira instância que aumentasse vencimento de servidor público, sob o fundamento de isonomia, poderia ser objeto, perante o Supremo Tribunal Federal, de

a) ação direta de inconstitucionalidade.

b) ação declaratória de constitucionalidade.

c) reclamação.

d) recurso ordinário.

e) arguição de descumprimento de preceito fundamental.

COMENTÁRIOS

Alternativa "c" (responde a todas as alternativas): ao se ferir Súmula Vinculante, o instrumento cabível para reparação seria a reclamação, conforme art. 103-A, § 3º, da CF: "Art. 103-A. § 3º Do ato administrativo ou decisão judicial que contrariar a súmula aplicável ou que indevidamente a aplicar, caberá reclamação ao Supremo Tribunal Federal que, julgando-a procedente, anulará o ato administrativo ou cassará a decisão judicial reclamada, e determinará que outra seja proferida com ou sem a aplicação da súmula, conforme o caso".

Alternativa correta: letra "c".

---

207. (FCC – Analista Judiciário – Área Administrativa – TRE – SP/2017) O ato de nomeação de irmão de ocupante de cargo de direção em Secretaria de Estado para cargo em comissão de assessoramento do Governador

a) é compatível com a Constituição da República.

b) viola a Constituição da República e pode ser objeto de mandado de segurança perante o Supremo Tribunal Federal.

c) viola a Constituição da República e pode ser objeto de reclamação perante o Supremo Tribunal Federal.

d) viola a Constituição da República e pode ser objeto de ação direta de inconstitucionalidade perante o Supremo Tribunal Federal.

e) viola a Constituição da República e pode ser objeto de ação popular perante o Supremo Tribunal Federal.

COMENTÁRIOS

Alternativa "c": o ato violaria a Súmula Vinculante nº 13 do STF, segundo a qual: "A nomeação de cônjuge, companheiro ou parente em linha reta, colateral ou por afinidade, até o terceiro grau, inclusive, da autoridade nomeante ou de servidor da mesma pessoa jurídica investido em cargo de direção, chefia, ou assessoramento, para o exercício de cargo em comissão ou de confiança, ou, ainda, de função gratificada na administração pública direta e indireta em qualquer dos Poderes da União, dos Estados, do Distrito Federal e dos Municípios, compreendido o ajuste mediante designações recíprocas, viola a Constituição Federal". Ao se ferir Súmula Vinculante, o instrumento cabível para reparação seria a reclamação, conforme art. 103-A, § 3º, da CF: "Art. 103-A. § 3º Do ato administrativo ou decisão judicial que contrariar a súmula aplicável ou que indevidamente a aplicar, caberá reclamação ao Supremo Tribunal Federal que, julgando-a procedente, anulará o ato administrativo ou cassará a decisão judicial reclamada, e determinará que outra seja proferida com ou sem a aplicação da súmula, conforme o caso".

Alternativa correta: letra "c".

---

208. (Cespe – Analista Judiciário – Área Judiciária – TRE – PE/2017) No que se refere à ação de descumprimento de preceito fundamental (ADPF) como instrumento de impugnação de norma pela via abstrata e à sua legitimidade ativa, assinale a opção correta de acordo com o entendimento jurisprudencial e doutrinário sobre a matéria.

a) Se o ato normativo impugnado repercute sobre a esfera jurídica de toda uma categoria profissional, é ilegítima a impugnação da norma pela via abstrata por associação representativa de apenas uma parte dos membros dessa categoria.

b) O advogado-geral da União tem legitimidade universal para ajuizar ADPF.

c) Segundo o STF, o chefe do Poder Executivo municipal tem legitimidade para ajuizar ADPF perante o tribunal de justiça do estado onde se localize o município.

d) O cidadão interessado pode propor ADPF, cabendo ao ministro relator decidir sobre sua legitimidade para propô-la.

e) Qualquer partido político com estatuto registrado no TSE pode propor ADPF.

COMENTÁRIOS

Alternativa "a": a assertiva está de acordo com a jurisprudência do STF, que considera ilegítima a associação que representa apenas parte de categoria profissional: "Ação proposta pela associação nacional dos magistrados estaduais – ANAMAGES. Entidade que representa apenas parte ou fração da categoria profissional dos magistrados. Ilegitimidade ativa ad causam. Ação que não merece ser conhecida. Precedentes. Agravo a que se nega provimento. 1. As associações que congregam mera fração ou parcela de categoria profissional em cujo interesse vêm a juízo não possuem legitimidade ativa para provocar a fiscalização abstrata de constitucionalidade. Precedentes: ADI 4.372, redator para o acórdão Min. Luiz Fux, Pleno, DJe de 26/09/2014; ADPF 154-AgR, rel. Min. Cármen Lúcia, Pleno, DJe de 28/11/2014; ADI 3.617-AgR, rel. Min. Cezar Peluso, Pleno, DJe de 1/7/2011. 2. In casu, à luz do estatuto social da agravante, resta claro que a entidade tem por finalidade representar os magistrados estaduais, defendendo seus interesses e prerrogativas. Nota-se, assim, que a entidade congrega apenas fração da categoria profissional dos magistrados, uma vez que não compreende, dentro de seu quadro, os Juízes Federais, por exemplo. 3. É firme o entendimento do Supremo Tribunal Federal no sentido da ilegitimidade ativa da ANAMAGES para a propositura de Arguição de Descumprimento de Preceito Fundamental ou qualquer outra ação do controle concentrado de constitucionalidade. 4. Agravo regimental a que se nega provimento" (ADPF

254 AgR, rel. Min. Luiz Fux, julgado em 18/05/2016, DJe 29/06/2017).

Alternativa "b": de acordo com o art. 2º da Lei 9882/99, que dispõe sobre processo e julgamento de ADPF, podem propor ADPF aqueles legitimados para propor ADI e ADC conforme o art. 103 da CF. Os incisos do referido artigo não incluem o Advogado-Geral da União: "Art. 103. Podem propor a ação direta de inconstitucionalidade e a ação declaratória de constitucionalidade: I – o Presidente da República; II – a Mesa do Senado Federal; III – a Mesa da Câmara dos Deputados; IV – a Mesa de Assembleia Legislativa ou da Câmara Legislativa do Distrito Federal; V – o Governador de Estado ou do Distrito Federal; VI – o Procurador-Geral da República; VII – o Conselho Federal da Ordem dos Advogados do Brasil; VIII – partido político com representação no Congresso Nacional; IX – confederação sindical ou entidade de classe de âmbito nacional".

Alternativa "c": o chefe do Poder Executivo municipal não tem legitimidade para tanto, conforme art. 125, § 2º, da CF: "Art. 125. Os Estados organização sua Justiça, observados os princípios estabelecidos nesta Constituição. § 2º Cabe aos **Estados a instituição de representação de inconstitucionalidade de leis ou atos normativos estaduais ou municipais em face da Constituição Estadual**, vedada a atribuição da legitimação para agir a um único órgão".

Alternativa "d": cidadão não tem legitimidade ativa para propor ADPF, segundo o rol taxativo apresentado no art. 103 da CF (anteriormente colacionado).

Alternativa "e": apenas partidos políticos com representação no Congresso Nacional podem propor ADPF, conforme art. 103, inciso VIII, da CF.

Alternativa correta: letra "a".

---

209. (Cespe – Analista Judiciário – Área Judiciária – TRE-MS/2013) Com relação às consequências da elaboração de uma nova Constituição para o ordenamento jurídico de um Estado e à hermenêutica do texto constitucional no Brasil, assinale a opção correta.

a) A recepção material de normas constitucionais pretéritas é admitida pelo direito constitucional brasileiro, inclusive de forma tácita.

b) A interpretação conforme a Constituição, além de princípio de hermenêutica constitucional, é técnica de decisão no controle de constitucionalidade.

c) Com o advento de uma nova Constituição, toda a legislação infraconstitucional anterior torna-se inválida.

d) Conforme o entendimento do Supremo Tribunal Federal (STF), se uma lei anterior à Constituição não guarda compatibilidade material com esta, ocorre a inconstitucionalidade superveniente dessa lei.

e) Somente possuem supremacia formal as normas constitucionais que se relacionam com os direitos fundamentais.

COMENTÁRIOS

Alternativa "a": a recepção material de normas **constitucionais** pretéritas é admitida pelo direito constitucional brasileiro somente de forma **expressa**, diferentemente das normas infraconstitucionais, tacitamente recepcionáveis.

Alternativa "b". O princípio da interpretação conforme consiste em conferir-se a um ato normativo polissêmico (que admite vários significados) a interpretação que mais se adéque ao que preceitua a Constituição, sem que essa atividade se constitua em atentado ao próprio texto constitucional. Aplicável ao controle de constitucionalidade, a interpretação conforme permite que se mantenha um texto legal, conferindo-se a ele um sentido ou interpretação de acordo com os valores constitucionais.

Alternativa "c": com o advento de uma nova Constituição, apenas a legislação materialmente incompatível é revogada, com as demais ocorrerá a **recepção,** fenômeno em que normas pertencentes a uma ordem jurídica anterior são recebidas e consideradas válidas por uma nova ordem constitucional, porque seus conteúdos são materialmente compatíveis. Quando do surgimento de uma nova Constituição as normas materialmente incompatíveis serão revogadas (nomenclatura utilizada pelo STF) ou não-recepcionadas. Ademais, eventual incompatibilidade formal superveniente não impede a recepção, mas faz com que a norma adquira uma nova roupagem. Exemplo: CTN (Lei 5.172/66) foi recepcionado, por EC pela CF/67 e também pela CF/88 como Lei Complementar, logo, só pode ser revogado por outra lei complementar. Em outras palavras: na recepção constitucional só importa o aspecto material.

Alternativa "d": como visto na alternativa anterior, o que ocorre é a **não-recepção**, posição referendada pelo STF.

Alternativa "e": todas as normas da Constituição possuem supremacia formal.

Alternativa correta: letra "b".

---

210. (Analista Judiciário – Área Judiciária TRE/PE 2011 – FCC) O controle repressivo em relação ao órgão controlador político

a) ocorre quando a Constituição submete certas leis e atos normativos ao controle político e outras ao controle jurisdicional.

b) se trata da verificação da adequação de atos normativos com a Constituição feita pelos órgãos integrantes do Poder Judiciário.

c) ocorre em Estados onde o órgão que garante a supremacia da Constituição sobre o ordenamento jurídico é distinto dos demais Poderes do Estado.

d) impede que alguma norma maculada pela eiva da inconstitucionalidade ingresse no ordenamento jurídico.

e) se trata da verificação da adequação de atos normativos previamente pelo Poder Legislativo e depois pelo Poder Judiciário.

COMENTÁRIOS

✪ **Nota do autor:** a questão tem alto nível de dificuldade, exigindo conhecimento doutrinário aprofundado.

Alternativa "c" (responde todas as alternativas): o controle repressivo em relação ao órgão controlador político ocorre em Estados onde o órgão que garante a supremacia da Constituição sobre o ordenamento jurídico é distinto dos demais Poderes do Estado. "Tal sistema é comum em países da Europa, como Portugal e Espanha, sendo o controle normalmente realizado pelas Cortes ou Tribunais Constitucionais" (LENZA, Pedro. *Direito Constitucional Esquematizado.* 16 ed. São Paulo: Saraiva, 2012, p. 261). As demais alternativas em nada refletem a ideia do controle repressivo feito por órgão político.

Alternativa correta: letra "c".

---

211. (Analista Judiciário – Área Judiciária TRE/MT 2010 – CESPE) Observando o disposto na CF, bem como sua interpretação pelo STF, assinale a opção correta.

a) O Conselho Nacional de Justiça é um órgão do Poder Judiciário e tem jurisdição em todo território nacional.

b) Os partidos políticos adquirem personalidade jurídica com o registro no Tribunal Superior Eleitoral (TSE).

c) A reedição, na mesma sessão legislativa, de medida provisória que tenha sido rejeitada ou que tenha perdido sua eficácia por decurso de prazo será permitida apenas uma vez, por igual período.

d) A lei que alterar o processo eleitoral entrará em vigor um ano após a data de sua publicação, não se aplicando à eleição que ocorra no período subsequente.

e) Os deputados e senadores dispõem de legitimação ativa para suscitar o controle incidental de constitucionalidade pertinente à observância dos requisitos que condicionam a válida elaboração das proposições normativas que se achem em curso no âmbito de suas respectivas casas legislativas.

COMENTÁRIOS

✪ **Nota do autor:** como sempre, o Cespe traz questão com nível de dificuldade mais elevado. No que tange ao controle de constitucionalidade, vale a pena estar atento à jurisprudência do STF, sempre cobrada nas provas.

Alternativa "a": o Conselho Nacional de Justiça é um órgão do Poder Judiciário, mas **não tem** jurisdição (art. 103-B, § 4º, da CF).

Alternativa "b": os partidos políticos adquirem personalidade jurídica **na forma da lei civil e, depois** registram seus Estatutos no Tribunal Superior Eleitoral (TSE), consoante art. 17, § 2º, da CF.

Alternativa "c": é vedada a reedição, na mesma sessão legislativa, de medida provisória que tenha sido rejeitada ou que tenha perdido sua eficácia por decurso de prazo (art. 62, § 10º, da CF).

Alternativa "d": A lei que alterar o processo **eleitoral entrará em vigor na data de sua publicação,** não se aplicando à eleição que ocorra até um ano da data de sua vigência (art. 16, da CF).

Alternativa "e": os deputados e senadores dispõem de legitimação ativa para suscitar o controle incidental de constitucionalidade pertinente à observância dos requisitos que condicionam a válida elaboração das proposições normativas que se achem em curso no âmbito de suas respectivas casas legislativas. Assim, **proposta legislativa pretensamente inconstitucional pode ser impugnada por meio de mandado de segurança individual manejado por parlamentar sob o argumento de vulneração às cláusulas pétreas e violação ao direito líquido e certo de participação de um processo legislativo hígido** (STF. MS 20.257, julgado em 1981 e relatado pelo Ministro Décio Miranda).

Alternativa correta: letra "e".

---

212. (Analista Judiciário – Área Judiciária TRE/BA/ 2010 – CESPE) Acerca dos sistemas de controle de constitucionalidade e do sistema tributário nacional, julgue os itens que se seguem.

Quando uma lei municipal afronta simultaneamente dispositivos previstos na CF e na constituição estadual, mesmo em se tratando de preceitos de repetição obrigatória, compete ao tribunal de justiça do estado processar e julgar originariamente eventual ação direta de inconstitucionalidade.

Entre as regras constitucionais básicas referentes às limitações ao poder de tributar, destaca-se a que impõe a necessidade de prévia autorização orçamentária para a exigibilidade dos tributos.

COMENTÁRIOS

Quando uma lei municipal afronta simultaneamente dispositivos previstos na CF e na constituição estadual, mesmo em se tratando de preceitos de repetição obrigatória, compete ao tribunal de justiça do estado processar e julgar originariamente eventual ação direta de inconstitucionalidade e, no máximo poderá haver o ajuizamento de recurso extraordinário para saneamento de eventual inconstitucionalidade. Assim entende o STF: "Ação direta de inconstitucionalidade proposta perante o Tribunal de Justiça na qual se impugna Lei municipal sob a alegação de ofensa a dispositivos constitucionais estaduais que reproduzem dispositivos constitucionais federais de observância obrigatória pelos Estados. Eficácia jurídica desses dispositivos constitucionais estaduais. Jurisdição constitucional dos Estados-membros. Admissão da propositura da ação direta de inconstitucionalidade perante o Tribunal de Justiça local, com possibilidade de recurso extraordinário se a interpretação da norma constitucional estadual, que reproduz a norma constitucional federal de observância obrigatória pelos Estados, contrariar o sentido e o alcance desta" (Rcl 383, julgada em 1993 e relatada pelo Ministro Moreira Alves).

Não existe regra tributária que impõe a necessidade de prévia autorização orçamentária para a exigibilidade dos tributos.

Alternativa correta: "certo, errado".

213. (Analista Judiciário – Área Judiciária TRE/AM 2010 – FCC) No que diz respeito ao controle repressivo em relação ao órgão controlador, a ocorrência em Estados onde o órgão que garante a supremacia da Constituição sobre o ordenamento jurídico é distinto dos demais Poderes do Estado caracteriza espécie de controle

a) indeterminado.

b) jurídico.

c) judiciário.

d) misto.

e) político.

COMENTÁRIOS

✪ **Nota do autor:** note que, mais uma vez, a FCC pergunta sobre o controle político.

Alternativa "a": não existe controle de constitucionalidade indeterminado.

Alternativa "b": todo o controle de constitucionalidade está forjado em uma base jurídica, mas não há que se falar em controle de constitucionalidade jurídico.

Alternativa "c": o controle de constitucional judiciário, como o próprio nome diz, é o realizado pelo Poder judiciário, o que não se coaduna com o controle político pedido na questão.

Alternativa "d": o controle jurisdicional de constitucional no Brasil é misto, isso porque, admite as vias difusa e concentrada.

Alternativa "e": o controle repressivo em relação ao órgão controlador político ocorre em Estados onde o órgão que garante a supremacia da Constituição sobre o ordenamento jurídico é distinto dos demais Poderes do Estado. "Tal sistema é comum em países da Europa, como Portugal e Espanha, sendo o controle normalmente realizado pelas Cortes ou Tribunais Constitucionais" (LENZA, Pedro. *Direito Constitucional Esquematizado*. 16 ed. São Paulo: Saraiva, 2012, p. 261).

Alternativa correta: letra "e".

5.1. CONTROLE DIFUSO

214. (FCC – Analista Judiciário – Área Judiciária – TRE-SP/2012) De acordo com o texto da Constituição da República e com a jurisprudência do Supremo Tribunal Federal, em matéria de controle de constitucionalidade é correto afirmar:

a) Viola a cláusula de reserva de plenário a decisão de órgão fracionário de tribunal que, embora não declare expressamente a inconstitucionalidade de lei ou ato normativo do poder público, afasta sua incidência, no todo ou em parte.

b) A cláusula de reserva de plenário não se aplica aos processos de competência da Justiça do Trabalho e da Justiça Eleitoral.

c) Aos magistrados dos juizados especiais é vedado o exercício do controle incidental de constitucionalidade de leis e atos normativos.

d) As decisões definitivas de mérito, proferidas pelo Supremo Tribunal Federal, nas ações diretas de inconstitucionalidade e nas ações declaratórias de constitucionalidade, produzem eficácia contra todos e efeito vinculante, relativamente aos demais órgãos do Poder Judiciário, mas não vinculam a atuação da administração pública.

e) Compete ao Supremo Tribunal Federal julgar as ações declaratórias de constitucionalidade de lei ou ato normativo federal ou estadual.

COMENTÁRIOS

✪ **Nota do autor:** o artigo 97 da CF, é de memorização obrigatória.

Alternativa "a": nos termos da súmula vinculante 10, "viola a cláusula de reserva de plenário (cf, artigo 97) a decisão de órgão fracionário de tribunal que, embora não declare expressamente a inconstitucionalidade de lei ou ato normativo do poder público, afasta sua incidência, no todo ou em parte".

Alternativa "b": a cláusula de reserva de plenário **também** se aplica aos processos de competência da Justiça do Trabalho e da Justiça Eleitoral.

Alternativa "c": aos magistrados dos juizados especiais **não** é vedado o exercício do controle incidental de constitucionalidade de leis e atos normativos.

Alternativa "d": as decisões definitivas de mérito, proferidas pelo Supremo Tribunal Federal, nas ações diretas de inconstitucionalidade e nas ações declaratórias de constitucionalidade, produzem eficácia contra todos e efeito vinculante, **relativamente aos demais órgãos do Poder Judiciário e à administração pública direta e indireta, nas esferas federal, estadual e municipal** (art. 102, § 2º, da CF).

Alternativa "e": compete ao Supremo Tribunal Federal julgar as ações declaratórias de constitucionalidade de lei ou ato normativo federal (mas, não estadual), consoante art. 102, I, "a", da CF.

Alternativa correta: letra "a".

5.2. CONTROLE CONCENTRADO

215. (Cespe – Analista Judiciário – Área Judiciária – TRE – PI/2016) A respeito do controle de constitucionalidade, das finanças públicas e da ordem econômica financeira, assinale a opção correta.

a) De acordo com a CF, a realização de licitação para a prestação de serviços públicos é obrigatória sob o regime de concessão, mas dispensável no caso de permissão.

b) Em razão da sua natureza meramente administrativa, o TCU não poderá exercer o controle de constitucionalidade incidental de uma lei ou de atos do poder público quando do julgamento de seus processos.

c) A decisão em sede de ADI, apesar de sua eficácia contra todos e de seu efeito vinculante, não atinge o Poder Legislativo em sua função típica.

d) Lei Orgânica municipal que receba emenda com previsão para obrigação vedada expressamente pela CF, em razão da pertinência temática, poderá ser objeto de ADI perante o STF.

e) Ainda que tenha vedado a possibilidade de abertura de crédito extraordinário por medida provisória para atender despesas imprevisíveis e urgentes, a CF previu a possibilidade de tramitação legislativa em regime de urgência.

COMENTÁRIOS

Alternativa "a": tanto na concessão quanto na permissão exige-se licitação. Segundo consta do art. 175 da CF, incumbe ao Poder Público, na forma da lei, diretamente ou sob regime de concessão ou permissão, **sempre através de licitação**, a prestação de serviços públicos.

Alternativa "b": nos termos da Súmula 347 do STF, "O Tribunal de Contas, no exercício de suas atribuições, pode apreciar a constitucionalidade das leis e dos atos do poder público."

Alternativa "c": as decisões definitivas de mérito, proferidas pelo Supremo Tribunal Federal, nas ações diretas de inconstitucionalidade e nas ações declaratórias de constitucionalidade produzirão eficácia contra todos (*erga omnes*) e efeito vinculante, relativamente aos **demais órgãos do Poder Judiciário** e à **administração pública** direta e indireta, nas esferas federal, estadual e municipal (art. 28, parágrafo único, da Lei 9.868/99). **A eficácia geral e o efeito vinculante de decisão proferida pelo STF em ação declaratória de constitucionalidade ou direta de inconstitucionalidade de lei ou ato normativo federal não alcançam o Poder Legislativo**, que pode editar nova lei com idêntico teor ao texto anteriormente censurado pela Corte. Perfilhando esse entendimento, e tendo em conta o disposto no § 2º do art. 102 da CF e no parágrafo único do art. 28 da Lei 9.868/99, o Plenário negou provimento a agravo regimental em reclamação na qual se alegava que a edição da Lei 14.938/2003, do Estado de Minas Gerais, que instituiu taxa de segurança pública, afrontava a decisão do STF na ADI 2424 MC/CE (acórdão pendente de publicação), em que se suspendera a eficácia de artigos da Lei 13.084/2000, do Estado do Ceará, que criara semelhante tributo. Ressaltou-se que entender de forma contrária afetaria a relação de equilíbrio entre o tribunal constitucional e o legislador, reduzindo o último a papel subordinado perante o poder incontrolável do primeiro, acarretando prejuízo do espaço democrático-representativo da legitimidade política do órgão legislativo, bem como criando mais um fator de resistência a produzir o inaceitável fenômeno da chamada fossilização da Constituição. Rcl 2617 AgR/MG, rel. Min. Cezar Peluso, 23.2.2005. (Rcl-2617).

Alternativa "d": a ADI perante o STF possui como objeto lei ou ato normativo federal ou estadual, de modo que, tratando-se de lei ou ato normativo municipal, não caberá seu questionamento via ADI perante o STF.

Alternativa "e": é possível a abertura de crédito extraordinário por medida provisória. Vale conferir o disposto no art. 167, § 3º, da CF.

Alternativa correta: letra "c".

216. (Cespe – Analista Judiciário – Área Judiciária – TRE – MT/2015) Acerca do controle de constitucionalidade, assinale a opção correta.

a) A instauração do processo de controle de constitucionalidade, para fins de intervenção, é privativa do procurador-geral da República.

b) Em razão da cláusula de reserva de plenário, o controle de constitucionalidade incidental não pode ser exercido por juízos singulares de primeiro grau.

c) Caso o Distrito Federal, no exercício de sua competência legislativa estadual, edite ato normativo proibindo determinado serviço de transporte, poderá ser ajuizada ação declaratória de constitucionalidade no STF a fim de que a insegurança jurídica seja afastada.

d) Compete ao Congresso Nacional suspender a execução, no todo ou em parte, de lei declarada inconstitucional por decisão definitiva do STF.

e) É cabível o ajuizamento de arguição de descumprimento de preceito fundamental com a finalidade de se obter a interpretação, a revisão ou o cancelamento de súmula vinculante.

COMENTÁRIOS

Alternativa "a": a **ação direta de inconstitucionalidade interventiva**, também denominada por representação de inconstitucionalidade interventiva federal (art. 36, III, da CF), tem como legitimado ativo o **Procurador-Geral da República** e o decreto de intervenção federal, que especificará a amplitude, o prazo e as condições de execução e que, se couber, nomeará o interventor, será submetido à apreciação do Congresso Nacional ou da Assembleia Legislativa do Estado, no prazo de vinte e quatro horas (art. 34, § 1º, da CF).

Alternativa "b": o controle de constitucionalidade incidental pode ser exercido por juízos singulares de primeiro grau, não se aplicando, neste caso, a cláusula de reserva de plenário. O art. 97 da CF instituiu a cláusula de reserva de plenário, dispondo que somente pelo voto da maioria absoluta de seus membros ou dos membros do respectivo órgão especial poderão os tribunais declarar a inconstitucionalidade de lei ou ato normativo do Poder Público. Segundo disposto na Súmula Vinculante 10, viola a cláusula de reserva de plenário (CF, artigo 97) a decisão de órgão fracionário de Tribunal que embora não declare expressamente a inconstitucionalidade de lei ou ato normativo do poder público, afasta sua incidência, no todo ou em parte. No entanto, em algumas hipóteses, haverá a maleabilidade dos dispositivos apontados, **casos em que não haverá aplicação da cláusula de reserva de plenário**. Nesse sentido, segundo estabelece o art. 949, parágrafo único, do CPC/15 (com redação semelhante no art. 481, parágrafo único, do CPC/73), os órgãos fracionários dos tribunais não submeterão ao plenário ou ao órgão especial a arguição de inconstitucionalidade quando já houver pronunciamento destes ou do plenário do Supremo Tribunal Federal sobre a questão. **Também não haverá observância da regra em testilha, nos casos de decisões proferidas por juízes singulares**; interpretação conforme a constituição; reconhecimento da constitucionalidade; e juízo de não-recepção de norma pré-constitucional.

Alternativa "c": a ação declaratória de constitucionalidade, que será julgada no STF, não terá por objeto lei ou ato normativo estadual (mas apenas federal), conforme disposto no art. 102, I, *a*, da CF.

Alternativa "d": compete ao **Senado Federal** (e não ao Congresso Nacional) suspender a execução, no todo ou em parte, de lei declarada inconstitucional por decisão definitiva do STF, conforme estatui o art. 52, X, da CF.

Alternativa "e": a ADPF possui como característica a subsidiariedade, de modo que se houver outro meio eficaz de sanar a lesividade, não será admitida a ADPF (art. 4º, § 1º, da Lei nº 9.882/99). Por conta disso, não se admite referida espécie de ação para se obter a interpretação, a revisão ou o cancelamento de súmula vinculante, que conta com procedimento próprio (e eficaz), estabelecido pela Lei nº 11.417/06.

Alternativa correta: letra "a".

---

217. (FCC – Analista Judiciário – Área Judiciária – TRE-SP/2012) Ao disciplinar o controle de constitucionalidade de leis e atos normativos, a Constituição da República estabelece que

a) o controle de constitucionalidade não pode ser exercido por juízes em estágio probatório.

b) os atos normativos municipais não podem ser objeto de controle abstrato e concentrado de constitucionalidade.

c) as decisões proferidas pela maioria absoluta dos membros dos Tribunais, no exercício do controle incidental de constitucionalidade, produzem efeitos contra todos e vinculantes relativamente aos demais órgãos do Poder Judiciário.

d) a pretensão deduzida em ação direta de inconstitucionalidade de lei ou ato normativo prescreve em vinte anos.

e) todos os legitimados à propositura da ação direta de inconstitucionalidade também o são, observados os demais requisitos, para promoverem a ação declaratória de constitucionalidade.

COMENTÁRIOS

Alternativa "a": o controle de constitucionalidade **pode** ser exercido por juízes em estágio probatório, pois não há qualquer restrição constitucional nesse sentido.

Alternativa "b": os atos normativos municipais **podem** ser objeto de controle abstrato e concentrado de constitucionalidade (via ADPF, de acordo com o art. 102, § 1º, da CF c.c. art. 1º, parágrafo único, I, da Lei 9.882/99).

Alternativa "c": as decisões proferidas pela maioria absoluta dos membros dos Tribunais, no exercício do controle incidental de constitucionalidade, **não** produzem efeitos contra todos e vinculantes relativamente aos demais órgãos do Poder Judiciário. Esse é um efeito restrito às decisões proferidas pelo STF.

Alternativa "d": a pretensão deduzida em ação direta de inconstitucionalidade de lei ou ato normativo **é imprescritível.**

Alternativa "e": todos os legitimados à propositura da ação direta de inconstitucionalidade também o são, observados os demais requisitos, para promoverem a ação declaratória de constitucionalidade. Assim dispõe o art. 103, *caput*, da CF, com redação dada pela EC 45/04.

Alternativa correta: letra "e".

6. TRIBUTAÇÃO, FINANÇAS E ORÇAMENTO

▸ CF, artigos 145 a 169.

218. (Cespe – Analista Judiciário – Área Judiciária–TRE-GO/2015) No que se refere às normas constitucionais relativas ao Sistema Tributário Nacional, julgue o próximo item.

De acordo com o princípio constitucional da capacidade contributiva, sempre que possível, os impostos terão caráter pessoal e serão graduados segundo a capacidade econômica do contribuinte.

COMENTÁRIOS

O princípio da capacidade contributiva está disposto no art. 145, § 1º, da CF: "sempre que possível, os impostos terão caráter pessoal e serão graduados segundo a capacidade econômica do contribuinte, facultado à administração tributária, especialmente para conferir efetividade a esses objetivos, identificar, respeitados os direitos individuais e nos termos da lei, o patrimônio, os rendimentos e as atividades econômicas do contribuinte".

Alternativa correta: "certo".

219. (Analista Judiciário – Área Judiciária TRE/ES 2011 – CESPE) Julgue o seguinte item, relativo ao Sistema Tributário Nacional.

A isenção tributária não se confunde com a imunidade tributária. Entre seus traços distintivos, destaca-se o caráter discricionário do ato de concessão da isenção, praticado por ente federativo competente para a instituição do tributo, que pode incidir em face de todas as espécies tributárias, mediante estrito respeito ao princípio da reserva legal; já a imunidade tributária constitui matéria típica do texto constitucional.

COMENTÁRIOS

A **isenção tributária** não se confunde com a **imunidade tributária**. Entre seus traços distintivos, destaca-se o caráter discricionário do ato de concessão da isenção, praticado por ente federativo competente para a instituição do tributo, que pode incidir em face de todas as espécies tributárias, mediante estrito respeito ao princípio da reserva legal; já a imunidade tributária constitui matéria típica do texto constitucional. Como ensina Ricardo Alexandre, "a isenção opera no âmbito do exercício da competência, enquanto a imunidade, como visto, opera no âmbito da própria delimitação de competência". (*Direito Tributário Esquematizado*. 2 ed. São Paulo: Método, 2008, p. 156)

Alternativa correta: "certo".

7. ORDEM ECONÔMICA E FINANCEIRA E ORDEM SOCIAL

▸ CF, artigos 170 a 232.

220. (Consulplan – Técnico Judiciário – Área Administrativa – TRE – RJ/2017) Conforme expressamente previsto no texto constitucional, a ordem social tem como base

a) a justiça social, e como objetivo o bem-estar e o primado do trabalho.
b) o bem-estar, e como objetivo o primado do trabalho e a justiça social.
c) o bem-estar e a justiça sociais, e como objetivo o primado do trabalho.
d) o primado do trabalho, e como objetivo o bem-estar e a justiça sociais.

COMENTÁRIOS

Alternativa "d": é a única que traduz o conteúdo do art. 193 da CF: "Art. 193. A ordem social tem como base o primado do trabalho, e como objetivo o bem-estar e a justiça sociais".

Alternativa correta: letra "d".

221. (Consulplan – Técnico Judiciário – Área Administrativa – TRE – RJ/2017) Encontra-se em análise, no Congresso nacional, uma reforma da previdência pública brasileira. O fundamento da reforma, segundo dados do Governo, é um déficit das contas públicas, ou seja, a falta de recursos para custear os benefícios. Considerando que as informações governamentais sejam verdadeiras, baseando-se no texto constitucional relativo à seguridade social, uma provável causa do déficit pode ser

a) o modelo de gestão atual que exclui a participação dos trabalhadores.

b) a insuficiência da base de financiamento dos benefícios da seguridade.

c) a proibição de incidência da contribuição social sobre o lucro das empresas.

d) a ausência de previsão de sanções à pessoa jurídica em débito com a seguridade.

COMENTÁRIOS

Alternativa "a": os trabalhadores participam do modelo de gestão atual, por força do art. 195, inciso II, da CF: "Art. 195. A seguridade social será financiada por toda a sociedade, de forma direta e indireta, nos termos da lei, mediante recursos provenientes dos orçamentos da União, dos Estados, do Distrito Federal e dos Municípios, e das seguintes contribuições sociais: II – do trabalhador e dos demais segurados da previdência social, não incidindo contribuição sobre aposentadoria e pensão concedidas pelo regime geral de previdência social de que trata o art. 201";

Alternativa "b": de acordo com o art. 195, caput, da CF, a seguridade social deve ser financiada por toda a sociedade, de forme direta e indireta, mediante recursos provenientes dos orçamentos da União, dos Estados, do Distrito Federal e dos Municípios, e de contribuições sociais. Deste modo, uma das causas do suposto déficit seria de i nsuficiência da base de financiamento, ou seja, as receitas obtidas por meio dos empregadores e trabalhadores, impostos e contribuições sociais estariam aquém das despesas com os segurados. Entretanto, através do mecanismo de aplicação da DRU – Desvinculação de Receitas da União, o governo pode usar até 30% das receitas da seguridade social para outras despesas.

Alternativa "c": contribuição social sobre o lucro líquido é uma das formas de custeio da seguridade social, de acordo com o art. 195, inciso I, alínea "c", da CF: "Art. 195. A seguridade social será financiada por toda a sociedade, de forma direta e indireta, nos termos da lei, mediante recursos provenientes dos orçamentos da União, dos Estados, do Distrito Federal e dos Municípios, e das seguintes contribuições sociais: I – do empregador, da empresa e da entidade a ela equiparada na forma da lei, incidentes sobre: c) o lucro".

Alternativa "d": existem, sim, sanções previstas no texto constitucional, no art. 195, § 3º, da CF: "Art. 195. § 3º A pessoa jurídica em débito com o sistema da seguridade social, como estabelecido em lei, não poderá contratar com o Poder Público nem dele receber benefícios ou incentivos fiscais ou creditícios".

Alternativa correta: letra "b".

---

222. (Consulplan – Analista Judiciário – Área Administrativa – TRE – RJ/2017) "Considere que Anaximandro é empresário e decidiu abrir um estabelecimento de ensino." No que se refere às regras constitucionais relativas à educação, é correto afirmar que uma das condições que Anaximandro deverá obedecer é a

a) oferta de ensino noturno regular, adequado às condições do educando.

b) admissão de professores, técnicos e cientistas estrangeiros, na forma da lei.

c) prescindibilidade de cumprimento das normas gerais da educação nacional.

d) sujeição a um processo de autorização e avaliações para o exercício da atividade.

COMENTÁRIOS

Alternativa "a": a oferta de ensino noturno regular é de **obrigação do Estado, não se aplicando à iniciativa privada, conforme art. 208, inciso VI, da CF**: "Art. 208. O dever do **Estado** com a educação será efetivado mediante a garantia de: VI – oferta de ensino noturno regular, adequado às condições do educando".

Alternativa "b": a admissão de professores, técnico e cientistas estrangeiros não é obrigatória, conforme art. 207, § 1º, da CF: "Art. 207. As universidades gozam de autonomia didático-científica, administrativa e de gestão financeira e patrimonial, e obedecerão ao princípio de indissociabilidade entre ensino, pesquisa e extensão. § 1º É facultado às universidades admitir professores, técnicos e cientistas estrangeiros, na forma da lei".

Alternativa "c": Anaximandro deverá cumprir as regras gerais da educação nacional, conforme art. 209, inciso I, da CF: "Art. 209. O ensino é livre à iniciativa privada, atendidas as seguintes condições: I – cumprimento das normas gerais da educação nacional".

Alternativa "d": Anaximandro abrirá um estabelecimento **privado**, de modo que as regras são distintas daquelas aplicáveis ao Poder Público para a oferta de ensino. Na CF, as regras gerais para o ensino público estão no art. 208, enquanto as para o ensino privado estão no art. 209. Conforme art. 209, inciso II, da CF: "Art. 209. O ensino é livre à iniciativa privada, atendidas as seguintes condições: II – autorização e avaliação de qualidade pelo Poder Público", correspondendo à assertiva correta.

Alternativa correta: letra "d".

---

223. (Cespe – Analista Judiciário – Área Judiciária – TRE – TO/2017) O poder público municipal, mediante lei específica para terreno incluído no plano diretor do município, pode, nos termos da lei federal, exigir

a) a concessão de instrumentos creditícios e fiscais para a política agrícola de terras devolutas.
b) a desapropriação com pagamento por meio de título da dívida agrária, desde que previamente aprovada pela Câmara Legislativa do respectivo estado.
c) o adequado aproveitamento do solo pelo proprietário quando subutilizado ou não utilizado.
d) a alteração do plano diretor da cidade com base em decreto executivo.
e) a desapropriação, por interesse social, para fins de reforma agrária.

COMENTÁRIOS

Alternativa "b": a referida competência é da União, e não do Município, conforme art. 184, caput, da CF: "Art. 184. Compete à União desapropriar por interesse social, para fins de reforma agrária, o imóvel rural que não esteja cumprindo sua função social, mediante prévia e justa indenização em títulos da dívida agrária, com cláusula de preservação do valor real, resgatáveis no prazo de até vinte anos, a partir do segundo ano de sua emissão, e cuja utilização será definida em lei".

Alternativa "c" (responde a alternativa "a"): a assertiva está de acordo com o disposto no art. 182, § 4º, da CF: "Art. 182. A política de desenvolvimento urbano, executada pelo Poder Público municipal, conforme diretrizes gerais fixadas em lei, tem por objetivo ordenar o pleno desenvolvimento das funções sociais da cidade e garantir o bem-estar de seus habitantes. § 4º É facultado ao Poder Público municipal, mediante lei específica para área incluída no plano diretor, exigir, nos termos da lei federal, do proprietário do solo urbano não edificado, subutilizado ou não utilizado, que promova seu adequado aproveitamento (...)".

Alternativa "d": a aprovação de alteração no Plano Diretor (instrumento que norteia o desenvolvimento e a expansão urbana e rural do Município, obrigatório caso tenha mais de 20 mil habitantes) deve ser realizada pela Câmara Municipal, e não por decreto executivo, conforme art. 182, § 1º, da CF: "Art. 182. A política de desenvolvimento urbano, executada pelo Poder Público municipal, conforme diretrizes gerais fixadas em lei, tem por objetivo ordenar o pleno desenvolvimento das funções sociais da cidade e garantir o bem-estar de seus habitantes. § 1º O plano diretor, aprovado pela Câmara Municipal, obrigatório para cidades com mais de vinte mil habitantes, é o instrumento básico da política de desenvolvimento e de expansão urbana".

Alternativa "e": a desapropriação, por interesse social, para fins de reforma agrária, **compete à União**, conforme art. 184, caput, da CF: "Art. 184. Compete à União desapropriar por interesse social, para fins de reforma agrária, o imóvel rural que não esteja cumprindo sua função social, mediante prévia e justa indenização em títulos da dívida agrária, com cláusula de preservação do valor real, resgatáveis no prazo de até vinte anos, a partir do segundo ano de sua emissão, e cuja utilização será definida em lei".

Alternativa correta: letra "c".

---

224. (Cespe – Analista Judiciário – Área Judiciária – TRE – TO/2017) O Sistema Único de Saúde (SUS)

a) tem competência para fiscalizar e inspecionar alimentos, bem como bebidas e águas para consumo humano.
b) pode contar com auxílio da iniciativa privada para a assistência à saúde desde que tenha prévia autorização.
c) pode contratar agentes comunitários de saúde somente por meio de concurso público.
d) participa de uma rede universalizada e hierarquizada de atenção à saúde, vinculada exclusivamente ao Poder Executivo federal.
e) é financiado com recursos do orçamento fiscal.

COMENTÁRIOS

Alternativa "a": a fiscalização de alimentos é uma das atribuições do SUS, conforme **art. 200, inciso VI, da CF**: "Art. 200. Ao sistema único de saúde compete, além de outras atribuições, nos termos da lei: VI – fiscalizar e inspecionar alimentos, compreendido o controle de seu teor nutricional, bem como bebidas e águas para consumo humano".

Alternativa "b": o auxílio da iniciativa privativa ao SUS não depende de prévia autorização, conforme art. 199, caput, da CF: "Art. 199. A assistência à saúde é livre à iniciativa privada".

Alternativa "c": a contratação pode se dar por outro meio de processo seletivo que não seja concurso público, com a condição de ser um processo seletivo **público**, conforme **art. 198, § 4º, da CF**: "Art. 198. § 4º Os gestores locais do sistema único de saúde poderão admitir agentes comunitários de saúde e agentes de combate às endemias por meio de processo seletivo público, de acordo com a natureza e a complexidade de suas atribuições e requisitos específicos para sua atuação".

Alternativa "d": o SUS é formado por uma **rede regionalizada** que se vincula a todas as esferas de governo, não apenas ao Poder Executivo Federal, **conforme art. 198, inciso I, da CF**: "Art. 198. As ações e serviços públicos de saúde integram uma rede regionalizada e hierarquizada e constituem um sistema único, organizado de acordo com as seguintes diretrizes: I – descentralização, com direção única em cada esfera de governo".

Alternativa "e": de acordo com o **art. 198, § 1º, da CF**: "Art. 198. § 1º O sistema único de saúde será financiado, nos termos do art. 195, com **recursos do orçamento da seguridade social, da União, dos Estados, do Distrito Federal e dos Municípios, além de outras fontes**".

Alternativa correta: letra "a".

---

225. (Cespe – Analista Judiciário – Área Judiciária – TRE – TO/2017) O Plano Nacional de Cultura, estabelecido em lei, visa ao desenvolvimento cultural do país e à integração das ações do poder público que conduzem à

a) privatização dos conjuntos urbanos e dos sítios de valor histórico.
b) internacionalização da cultura.
c) formação para o atendimento do estrangeiro.
d) estatização do patrimônio cultural.
e) democratização do acesso aos bens de cultura.

COMENTÁRIOS

Alternativa "e": esta é a única alternativa que apresenta um dos objetivos do Plano Nacional de Cultura, conforme **disposições dos incisos do art. 215, § 3º, da CF**: "Art. 215. O Estado garantirá a todos o pleno exercício dos direitos culturais e acesso às fontes da cultura nacional, e apoiará e incentivará a valorização e a difusão das manifestações culturais. § 3º A lei estabelecerá o Plano Nacional de Cultura, de duração plurianual, visando ao desenvolvimento cultural do País e à integração das ações do poder público que conduzem à: I – defesa e valorização do patrimônio cultural brasileiro; II – produção, promoção e difusão de bens culturais; III – formação de pessoal qualificado para a gestão da cultura em suas múltiplas dimensões; **IV – democratização do acesso aos bens de cultura**; V – valorização da diversidade étnica e regional".

Alternativa correta: letra "e".

---

226. (IESES – Analista Judiciário – Área Judiciária – TRE – MA/2015) A ordem social tem como base o primado do trabalho, e como objetivo o bem-estar e a justiça sociais. Pode-se dizer também, com base na Constituição:

a) É vedada a participação direta ou indireta de empresas ou capitais estrangeiros na assistência à saúde no País, salvo nos casos previstos em lei.
b) É permitida a filiação ao regime geral da previdência, na qualidade de segurado facultativo, de pessoa participante de regime próprio de previdência.
c) Poderá ser criado, majorado ou estendido benefício ou serviço da seguridade social, independente de fonte de custeio total.
d) Os produtos e substâncias de interesse para a saúde e produção de medicamentos, equipamentos, imunobiológicos, hemoderivados e outros insumos serão controlados e fiscalizados pela vigilância sanitária dos municípios.

COMENTÁRIOS

Alternativa "a": nos exatos termos do art. 199, § 3º, da CF.

Alternativa "b": é vedada a filiação ao regime geral de previdência social, na qualidade de segurado facultativo, de pessoa participante de regime próprio de previdência (art. 201, § 5º, da CF).

Alternativa "c": nenhum benefício ou serviço da seguridade social poderá ser criado, majorado ou estendido sem a correspondente fonte de custeio total (art. 195, § 5º, da CF).

Alternativa "d": ao **sistema único de saúde** compete controlar e fiscalizar procedimentos, produtos e substâncias de interesse para a saúde e participar da produção de medicamentos, equipamentos, imunobiológicos, hemoderivados e outros insumos.

Alternativa correta: letra "a".

---

227. (IESES – Analista Judiciário – Área Judiciária – TRE – MA/2015) A ordem econômica está fundada na valorização do trabalho humano e na livre iniciativa. Pode-se dizer ainda, com base na Constituição da República:

a) A defesa do meio ambiente, inclusive com tratamento diferenciado conforme o impacto ambiental dos produtos e serviços, constitui princípio que orienta a atividade econômica.
b) A pesquisa, lavra, refinação, importação, exportação e transporte de petróleo e seus derivados constituem monopólio da União, que deverá executar diretamente tais atividades.
c) A exploração direta de atividade econômica pelo Estado será permitida em casos de interesse financeiro que justifique a concessão de privilégios fiscais não extensivos ao mercado.
d) São livres os investimentos de capital estrangeiro no país, bem como a remessa de lucros ao exterior.

COMENTÁRIOS

Alternativa "a": nos termos do art. 170 da CF, a **ordem econômica**, fundada na valorização do trabalho humano e na livre iniciativa, tem por fim assegurar a todos existência digna, conforme os ditames da justiça social, observados os seguintes **princípios**: I – soberania nacional; II – propriedade privada; III – função social da propriedade; IV – livre concorrência; V – defesa do consumidor; VI – **defesa do meio ambiente, inclusive mediante tratamento**

diferenciado conforme o impacto ambiental dos produtos e serviços e de seus processos de elaboração e prestação; VII – redução das desigualdades regionais e sociais; VIII – busca do pleno emprego; IX – tratamento favorecido para as empresas de pequeno porte constituídas sob as leis brasileiras e que tenham sua sede e administração no País.

Alternativa "b": de fato, a pesquisa, lavra, refinação, importação, exportação e transporte de petróleo e seus derivados constituem monopólio da União. No entanto, por dicção do § 1º do art. 177 da CF, a União poderá contratar com empresas estatais ou privadas a realização dessas atividades.

Alternativa "c": ressalvados os casos previstos na Constituição, a exploração direta de atividade econômica pelo Estado só será permitida quando **necessária aos imperativos da segurança nacional** ou a **relevante interesse coletivo**, conforme definidos em lei (art. 173 da CF).

Alternativa "d": a **lei disciplinará, com base no interesse nacional**, os investimentos de capital estrangeiro, incentivará os reinvestimentos e **regulará** a remessa de lucros.

Alternativa correta: letra "a".

---

228. (IBFC – Analista Judiciário – Área Judiciária– TRE-AM/2014) De acordo com o texto da Constituição Federal, a pessoa jurídica em débito com o sistema da seguridade social, como estabelecido em lei, NÃO poderá:

a) Contratar com o Poder Público nem dele receber benefícios ou incentivos fiscais ou creditícios.
b) Celebrar contratos com o Poder Público, obter empréstimos junto às instituições financeiras ou pedir compensação de eventuais créditos existentes com o fisco.
c) Contratar mais empregados até regularizar a situação perante o fisco.
d) Sofrer qualquer tipo de distinção na participação em processo licitatório, sob pena de prejudicara manutenção das atividades empresariais e o pagamento do salário dos seus empregados.

COMENTÁRIOS

Alternativa correta: letra "a" (responde a todas as alternativas): trata-se da exata redação do art. 195, § 3º, da CF.

---

229. (Analista Judiciário – Área Judiciária TRE/AC 2010 – FCC) Em relação à política agrícola e fundiária e da reforma agrária, analise:

I. A pequena e média propriedade rural, assim definida em lei, ainda que seu proprietário não possua outra, também é suscetível de desapropriação para fins de reforma agrária.
II. O decreto que declarar o imóvel como de interesse social, para fins de reforma agrária, autoriza a União a propor a ação de desapropriação.
III. O título de domínio e a concessão de uso aos beneficiários da distribuição de imóveis rurais pela reforma agrária, serão conferidos ao homem ou à mulher, ou a ambos, independentemente do estado civil, nos termos e condições previstos em lei.

Está correto o que se afirma APENAS em

a) II e III.
b) I e III.
c) III.
d) II.
e) I.

COMENTÁRIOS

Alternativa "I": consoante, art. 185, da CF: "São **insuscetíveis de desapropriação para fins de reforma agrária**: I – a pequena e média propriedade rural, assim definida em lei, desde que seu proprietário não possua outra".

Alternativa "II": o decreto que declarar o imóvel como de interesse social, para fins de reforma agrária, autoriza a União a propor a ação de desapropriação, nos termos do art. 184, § 2º, da CF.

Alternativa "III": o título de domínio e a concessão de uso aos beneficiários da distribuição de imóveis rurais pela reforma agrária serão conferidos ao homem ou à mulher, ou a ambos, independentemente do estado civil, nos termos e condições previstos em lei, tudo de acordo com o art. 189, parágrafo único, da CF.

Alternativa correta: letra "a".

---

230. (Analista Judiciário – Área Judiciária TRE/AL 2010 – FCC) No tocante à Política Agrícola e Fundiária e à Reforma Agrária é INCORRETO afirmar que:

a) A política agrícola será planejada e executada levando em conta apenas os instrumentos creditícios e fiscais, os preços compatíveis com os custos de produção e a garantia de comercialização.
b) São insuscetíveis de desapropriação para fins de reforma agrária a pequena e média propriedade rural, assim definida em lei, desde que seu proprietário não possua outra e a propriedade produtiva.
c) A função social é cumprida quando a propriedade rural atende, simultaneamente, segundo critérios e graus de exigência estabelecidos em lei, os requisitos, além de outros previstos na Constituição Federal, de aproveitamento racional e adequado.

d) A função social é cumprida quando a propriedade rural atende, simultaneamente, segundo critérios e graus de exigência estabelecidos em lei, os requisitos, além de outros previstos na Constituição Federal, de utilização adequada dos recursos naturais disponíveis e preservação do meio ambiente.

e) A política agrícola será planejada e executada na forma da lei, com a participação efetiva do setor de produção, envolvendo produtores e trabalhadores rurais, bem como dos setores de comercialização, de armazenamento e de transportes.

COMENTÁRIOS

Alternativa "a": a política agrícola será planejada e executada levando em conta os instrumentos creditícios e fiscais, os preços compatíveis com os custos de produção e a garantia de comercialização, **o incentivo à pesquisa e à tecnologia, a assistência técnica e extensão rural, o seguro agrícola, o cooperativismo, a eletrificação rural e irrigação, e a habitação para o trabalhador rural (art. 187, da CF).**

Assertiva "b": são insuscetíveis de desapropriação para fins de reforma agrária a pequena e média propriedade rural, assim definida em lei, desde que seu proprietário não possua outra e a propriedade produtiva (art. 185, I, da CF).

Assertiva "c": a função social é cumprida quando a propriedade rural atende, simultaneamente, segundo critérios e graus de exigência estabelecidos em lei, os requisitos, além de outros previstos na Constituição Federal, de aproveitamento racional e adequado, nos termos do art. 186, da CF.

Assertiva "d": a função social é cumprida quando a propriedade rural atende, simultaneamente, segundo critérios e graus de exigência estabelecidos em lei, os requisitos, além de outros previstos na Constituição Federal, de utilização adequada dos recursos naturais disponíveis e preservação do meio ambiente, nos termos do art. 186, da CF.

Assertiva "e": A política agrícola será planejada e executada na forma da lei, com a participação efetiva do setor de produção, envolvendo produtores e trabalhadores rurais, bem como dos setores de comercialização, de armazenamento e de transportes, consoante art. 187, *caput*, da CF.

Alternativa correta: letra "a".

✦ DICAS

◉ TEORIA DA CONSTITUIÇÃO E DAS NORMAS CONSTITUCIONAIS

1. **Constitucionalismo:** movimento evolutivo de criação das Constituições.

2. **Constitucionalismo Primitivo (aproximadamente de 30.000 a. C. até 1.000 a. c):** na antiguidade clássica, os lideres das famílias ditavam e resguardavam as regras supremas para o convívio social. Segundo Karl Loewenstein, o povo hebreu, teve grande destaque no movimento constitucionalista desse período, notadamente por reconhecer que os valores garantidos pelos primeiros textos bíblicos não podiam ser violados por ninguém (*Teoria de La Constitución.* Barcelona: Ariel, 1986, p. 154-157).

3. **Constitucionalismo Antigo (aproximadamente de 1.000 a.c. ao Séc. V d.c.):** os Parlamentos e Monarcas formulavam as normas de convívio social, e já existia uma exortação aos direitos fundamentais dos indivíduos. Entretanto, o constitucionalismo tinha pouco efetividade, pois os Monarcas não cumpriam as garantias dispostas nos direitos fundamentais.

4. **Constitucionalismo Medieval (Séc. V a XVIII):** surgimento de documentos que limitavam os poderes dos Monarcas e garantiam liberdades públicas aos cidadãos, a exemplo da Magna Charta de 1215, no Reino Unido. Também é desta época o que se denomina **constitucionalismo whig ou termidoriano**, que caracteriza a evolução lenta e gradual do movimento constitucionalista, e que se materializou com a ascensão de Guilherme de Oranges e do partido whig no Reino Unido, no final do século XVII, também marcado pela edição da Bill of Rights (1689).

5. **Constitucionalismo Moderno (Séc. XVIII a Séc. XX):** materialização e afirmação das Constituições Formais Liberais, que representavam garantias sérias de limitação dos Poderes Soberanos, e eram dotadas de legitimidade democrática popular. Desenvolveu-se à partir das revoluções liberais (Revolução Francesa e Revolução das 13 Colônias Estadunidenses). Representou o início do garantismo e o surgimento das primeiras Constituições dirigentes.

6. **Constitucionalismo Contemporâneo (Séc. XX a Séc. XXI):** caracteriza-se pela consolidação da existência de Constituições garantistas, calcadas na defesa dos direitos fundamentais igualitários, sociais e solidários. As disposições constantes nas Constituições têm reafirmada sua força normativa destacada em relação às prescrições de outras fontes jurídicas (leis e atos estatais). Esse período é marcado pelas constituições dirigentes, que prescrevem programas a serem implementados pelos Estados, normalmente por meio de normas programáticas. Vale destacar que esse período acabou manchado por algumas constituições criadas apenas para justificar o exercício de um Poder não democrático, a exemplo da Carta Polaca de 1937, que sustentou a Era Vargas no Brasil, e que faz parte do que se denomina **constitucionalismo semântico**, uma vez que se busca extrair da Constituição apenas os significados que possam reconhecer a tomada e manutenção de Poder por regimes autoritários.

7. **Neoconstitucionalismo (Séc. XX e Séc. XXI):** como um aprimoramento do Constitucionalismo Contemporâneo, prega a importância destacada da moral e dos valores sociais, garantidos predominantemente por meio de princípios. Não se conforma com as normas programáticas e as constituições dirigentes, afirmando que as Constituições devem ser dotadas de força normativa. Para conferir normatividade à Constituição, destaca o Poder Judiciário como garantidor, colocando a atividade legislativa em segundo plano. Em resumo: trabalha com a ideia de extração da máxima efetividade do Texto Constitucional, pois a Constituição deve ocupar o centro do sistema jurídico.

- Segundo **Ana Paula de Barcellos** (*"Neoconstitucionalismo, Direitos Fundamentais e Políticas Públicas"*, disponível em www.mundojuridico.adv.br), **o Neoconstitucionalismo tem as seguintes características**:

1. Do ponto de vista metodológico-formal:

a) Normatividade da Constituição: todas as disposições constitucionais são normas jurídicas;

b) Superioridade da Constituição sobre o restante da ordem jurídica: o que se dá por meio de constituições rígidas;

c) Centralidade da Constituição nos sistemas jurídicos: os demais ramos do Direitos devem ser compreendidos e interpretados a partir do que dispõe a Constituição.

2. Do ponto de vista material:

a) Incorporação explícita de valores e opções políticas nos textos constitucionais, sobretudo no que diz respeito à promoção da dignidade humana e dos direitos fundamentais;

b) Expansão de conflitos específicos e gerais entre as opções normativas e filosóficas existentes dentro do próprio sistema constitucional: envolve as colisões reais e aparentes entre regras e princípios (conflitos específicos) e o papel da Constituição (conflito geral). Esse conflito geral sobre o papel da constituição divide os autores em duas correntes.

- **Correntes sobre o papel da Constituição no Neoconstitucionalismo, segundo Ana Paula de Barcellos:**

a) Percepção/Visão Substancialista: cabe à Constituição impor ao cenário político um conjunto de decisões valorativas que se consideram essenciais e consensuais.

b) Percepção/Visão Procedimentalista: cabe à Constituição apenas garantir o funcionamento adequado do sistema de participação democrático, ficando a cargo da maioria, em cada momento histórico, a definição de seus valores e de suas políticas.

8. Concepções de Constituição

8.1. Constituição Sociológica (Ferdinand Lassalle – 1862): é aquela que deve traduzir a soma dos fatores reais de poder que rege determinada nação, sob pena de se tornar mera folha de papel escrita, que não corresponda à Constituição real.

8.2. Constituição Política (Carl Schmitt – 1928): é aquela que decorre de uma decisão política fundamental, e se traduz na estrutura do Estado e dos Poderes, e na presença de um rol de direitos fundamentais. As normas que não traduzirem a decisão política fundamental não serão constituição propriamente dita, mas meras leis constitucionais.

8.3. Constituição Material: é o arcabouço de normas que tratam da organização do poder, da forma de governo, da distribuição da competência, dos direitos da pessoa humana, considerados os sociais e individuais, do exercício da autoridade, ou seja, trata da composição e do funcionamento da ordem política. Tem relação umbilical com a Constituição Política de Carl Schimitt.

8.4. Constituição Jurídica (Hans Kelsen – 1934): é aquela que se constitui em norma hipotética fundamental pura, que traz fundamento transcendental para sua própria existência (sentido lógico-jurídico), e que, por se constituir no conjunto de normas com mais alto grau de validade, deve servir de pressuposto para a criação das demais normas que compõem o ordenamento jurídico (sentido jurídico-positivo).

8.5. Constituição Culturalista (Michele Ainis – 1986): é aquele que representa o fato cultural, ou seja, que disciplina as relações e direitos fundamentais pertinentes à cultura, tais como a educação, o desporto, e a cultura em sentido estrito.

8.6. Constituição Aberta (Peter Haberle – 1975): é aquela interpretada por todo o povo em qualquer espaço, e não apenas pelos juristas, no bojo dos processos.

8.7. Constituição Pluralista (Gustavo Zagrebelsky): não é nem um mandato nem um contrato. É aquela dotada de princípios universais, segundo as pretensões acordadas pelas "partes". Caracteriza-se pela capacidade de oferecer respostas adequadas ao nosso tempo ou, mais precisamente, da capacidade da ciência constitucional de buscar e encontrar essas respostas na constituição.

9. Supremacia Constitucional: a noção de supremacia da Constituição é oriunda de dois conceitos essenciais: 1. a ideia de superioridade do Poder Constituinte sobre as instituições jurídicas vigentes; e 2. a distinção entre Constituições Rígidas e Flexíveis. Nesse sentido, a supremacia prega que as normas constitucionais representam o paradigma máximo de validade do ordenamento jurídico, de modo que todas as demais normas são hierarquicamente inferiores a ela. Na pirâmide normativa de Hans Kelsen a Constituição está no ápice e as demais normas estão abaixo dela (relação de compatibilidade vertical).

10. Preâmbulo: é o texto introdutório da Constituição. Segundo posição exarada pelo STF no bojo da ADI 2076, julgada em 2002, o Preâmbulo da Constituição da República não tem força normativa, figurando como mero vetor interpretativo. Em seu voto, Celso de Mello sustentou que o Preâmbulo não se situa no âmbito do direito, mas no domínio da política, refletindo posição ideológica do constituinte. Ademais, ele conteria proclamação ou exortação no sentido dos princípios inscritos na Constituição Federal. Quanto à natureza jurídica do Preâmbulo, a posição do STF filia-se à Tese da Irrelevância Jurídica, afastando-se da Tese da Plena Eficácia (que defende ter o Preâmbulo a mesma eficácia das normas que consta da parte articulada da CF) e da Tese da Relevância Jurídica Indireta (para a qual o Preâmbulo é parte da Constituição, mas não é dotado das mesmas características normativas da parte articulada). Por essa razão, também não serve de parâmetro para controle de constitucionalidade. Esse posicionamento do STF serviu para definir que a invocação à proteção de Deus, constante do Preâmbulo da Constituição da República vigente, somente denota inspiração do constituinte, não violando a liberdade religiosa que permeia o Estado brasileiro.

11. Classificação das Constituições

I. Quanto à Origem

1. Democrática, Promulgada ou Popular: elaborada por legítimos representantes do povo, normalmente organizados em torno de uma Assembleia Constituinte.

2. Outorgada: é aquela elaborada sem a presença de legítimos representantes do povo, imposta pela vontade de um poder absolutista ou totalitário, não democrático.

3. Constituição Cesarista, Bonapartista, Plebiscitária ou Referendária: é aquela criada por um ditador ou imperador e posteriormente submetida à aprovação popular por plebiscito ou referendo.
4. Pactuada/Dualista: originada de um compromisso instável de duas forças políticas rivais, de modo que o equilíbrio fornecido por tal espécie de Constituição é precário. Esse modelo foi muito utilizado na monarquia da Idade Média. A Magna Carta de 1215, que os barões obrigaram João Sem Terra a jurar, é um exemplo.
5. Heteroconstituição (ou "Constituição Dada"): é aquela criada fora do Estado em que irá vigorar. Ex: Constituição do Chipre (procedente dos acordos de Zurique, de 1960, entre a Grã-Bretanha, a Grécia e a Turquia).

II. Quanto ao Conteúdo:

1. Formal: compõe-se do que consta em documento solene que tem posição hierárquica de destaque no ordenamento jurídico.
2. Material: composta por regras que exteriorizam a forma de Estado, organizações dos Poderes e direitos fundamentais. Portanto, suas normas são aquelas essencialmente constitucionais, mas que podem ser escritas ou costumeiras, pois a forma tem importância secundária.

III. Quanto à Forma:

1. Escrita/Instrumental: formada por um texto.

1.1. Escrita Legal (Paulo Bonavides): formada por texto oriundo de documentos esparsos ou fragmentados.

1.2. Escrita Codificada (Paulo Bonavides): formada por texto inscrito em documento único.

2. Não Escrita: identificada a partir dos costumes, da jurisprudência predominante e até mesmo por documentos escritos (por mais contraditório que possa parecer). Como esclarece Dirley da Cunha Júnior, "não existe Constituição inteiramente não-escrita ou costumeira, pois sempre haverá normas escritas compondo o seu conteúdo. A Constituição inglesa, por exemplo, compreende importantes textos escritos, mas esparsos no tempo e no espaço, como a Magna Carta (1251), o Petition of Rights (1628), o Habeas Corpus Act (1679), o Bill of Rights (1689), entre outros" (*Direito Constitucional.* 6 ed. Salvador: Juspodivm, 2012, p. 120).

IV. Quanto à Estabilidade:

1. Imutável: não prevê qualquer processo para sua alteração.
2. Fixa: só pode ser alteração pelo Poder Constituinte Originário, "circunstância que implica, não em alteração, mas em elaboração, propriamente, de uma nova ordem constitucional" (CUNHA JÙNIOR, Dirley da. *Curso de Direito Constitucional.* 6 ed. Salvador: Juspodivm, 2012, p. 122-123)
3. Rígida: aquela em que o processo para a alteração de qualquer de suas normas é mais difícil do que o utilizado para criar leis.

* Vale ressaltar que alguns autores falam em Constituição super-rígida, como aquela em que além de o seu processo de alteração ser mais difícil do que o utilizado para criar leis, dispõe ainda de uma parte imutável (cláusulas pétreas).

4. Flexível: aquela em que o processo para sua alteração é igual ao utilizado para criar leis.
5. Semi-rígida ou semiflexível: é aquela dotada de parte rígida (em que somente pode ser alterada por processo mais difícil do que o utilizado para criar leis), e parte flexível (em que pode ser alterada pelo mesmo processo utilizado para criar leis).

V. Quanto à Extensão:

1. Sintética: é a Constituição que regulamenta apenas os princípios básicos de um Estado.
2. Analítica ou prolixa: é a Constituição que vai além dos princípios básicos, detalhando também outros assuntos.

VI. Quanto à Finalidade:

1. Garantia: contém proteção especial às liberdades públicas.
2. Dirigente: confere atenção especial à implementação de programas pelo Estado.

VII. Quanto ao Modo de Elaboração:

1. Dogmática: sistematizada a partir de ideias fundamentais.
2. Histórica: de elaboração lenta, pois se materializa a partir dos costumes, que se modificam ao longo do tempo.

VIII. Quanto à Ideologia:

1. Ortodoxa: forjada sob a ótica de somente uma ideologia.
2. Eclética: fundada em valores plurais.

IX. Quanto ao Valor ou Ontologia (Karl Loewenstein):

1. Normativa: dotada de valor jurídico legítimo.
2. Nominal: sem valor jurídico; com papel eminentemente social.
3. Semântica: tem importância jurídica, mas não valoração legítima, pois é criada apenas para justificar o exercício de um Poder não democrático. São meros simulacros de Constituição.

- **Máximas quanto às Classificações das Constituições**
- Toda Constituição rígida é escrita, pois não há rigidez em uma Constituição Não Escrita ou Costumeira.
- Toda Constituição costumeira é, ao menos conceitualmente, flexível, pois seu processo de alteração

não se diferencia do que se utiliza para a alteração de qualquer outra norma que discipline o convívio social.

- Nem toda Constituição escrita é rígida, pois a Constituição formada por um texto pode ser imutável, fixa, rígida, flexível ou semiflexível.
- Uma Constituição pode ter partes rígidas e partes flexíveis, e nesse caso será denominada de semi-rígida ou semiflexível.

CLASSIFICAÇÃO DA CONSTITUIÇÃO DA REPÚBLICA FEDERATIVA DO BRASIL DE 1988	
1. Democrática ou Promulgada ou Popular	Elaborada por legítimos representantes do povo
2. Formal	Documento solene
3. Escrita ou Instrumental	Texto único
4. Rígida ou Super-rígida	Rígida: seu processo de alteração é mais difícil do que o utilizado para criar leis; Super-rígida: além de o seu processo de alteração ser mais difícil do que o utilizado para criar leis, ela tem uma parte imutável (cláusulas pétreas)
5. Analítica	Vai além dos princípios básicos, trazendo detalhamento também de outros assuntos
6. Dirigente	Confere atenção especial à implementação de programas pelo Estado
7. Dogmática	Sistematizada a partir de ideias fundamentais
8. Eclética	Fundada em valores plurais
9. Normativa	Tem valor jurídico legítimo (não apenas social)

12. Elementos das Constituições (José Afonso da Silva. *Curso de Direito Constitucional Positivo.* 6 ed. São Paulo: Malheiros, 1990, p. 43-44)

12.1. Elementos Orgânicos: regulam a estrutura do Estado e do Poder

12.2. Elementos Limitativos: referem-se aos direitos fundamentais, que limitam a atuação do Estado, protegendo o povo.

12.3. Elementos Sócio-ideológicos: revelam o compromisso do Estado em equilibrar os ideais liberais e sociais ao longo do Texto Constitucional.

12.4. Elementos de Estabilização Constitucional: asseguram a solução de conflitos institucionais entre Poderes, e também protegem a integridade do Estado e da própria Constituição.

12.5. Elementos Formais de Aplicabilidade: referem-se às regras de interpretação e aplicação da Constituição, a exemplo do preâmbulo, do ADCT, e a aplicabilidade imediata dos direitos e garantias fundamentais.

13. Bloco de Constitucionalidade

- O bloco de constitucionalidade (ideia de Louis Favoreu, mas desenvolvida por Canotilho e consagrada nas ADIs 595 e 514, pelo Ministro Celso de Mello) consiste no conjunto de normas materialmente constitucionais, que até servem de paradigma para controle de constitucionalidade, mas que, não necessariamente, integram formalmente a Constituição, a exemplo dos tratados internacionais de direitos humanos aprovados de acordo com o regramento do art. 5º, § 3º, da CF.

14. Convenções Constitucionais: "(...) consistem em acordos, implícitos ou explícitos, entre as várias forças políticas, sobre o comportamento a adoptar para se dar execução ou actuação a determinadas normas constitucionais, legislativas ou regimentais." Esses acordos não necessariamente criam normas solenes, mas tem força material, apresentando-se como verdadeiras limitações aos poderes constituídos. (*Direito constitucional e teoria da Constituição.* Coimbra: Almedina, 2007).

15. Normas, Postulados Normativos, Princípio e Regras

- **Normas Jurídicas de Primeiro Grau (Princípios e Regras):** os Princípios são mandados de otimização que impõem a promoção de um fim, na maior medida possível, com abstração e generalidade, enquanto as Regras prescrevem comportamentos imediatos, de modo mais completo e preciso.
- **Normas Jurídicas de Segundo Grau/Postulados Normativos (Humberto Ávila):** situam-se num plano distinto daquele das normas cuja aplicação estruturam. A violação deles consiste na não interpretação de acordo com sua estruturação. Não impõem a promoção de um fim, mas, em vez disso, estruturam a aplicação do dever de promover um fim. Não prescrevem imediatamente comportamentos, mas modos de raciocínio e de argumentação relativamente a normas que indiretamente prescrevem comportamentos.

16. Colisão de Direitos Fundamentais: a colisão ocorrida em âmbito constitucional não pode ser considerada na mesma perspectiva do conflito entre leis (também chamadas de "regras"), ou seja, como um "conflito aparente de normas" para cuja solução seriam utilizados os critérios cronológico, hierárquico ou da especialidade, na forma do "tudo ou nada" ("all or nothing"), em que só se aplica um documento normativo daqueles que aparentemente conflitavam. Essa solução é inaplicável aos princípios, que não se sujeitam a esses critérios apontados pela doutrina, tampouco podem ser afastados um em razão de outro. Assim, em toda colisão de princípios deve ser respeitado o núcleo intangível dos direitos fundamentais concorrentes, mas sempre se deve chegar a uma posição em que um prepondere sobre outro (mas, sem eliminá-lo). A colisão deve ser resolvida por concordância prática (Konrad Hesse), com aplicação do princípio da proporcionalidade (tradição alemã) ou pela dimensão de peso e importância (Ronald Dworkin), com aplicação do princípio da razoabilidade (tradição norte-americana).

17. Classificação das Normas Constitucionais quanto à Eficácia

- No que tange à eficácia, segundo classificação de José Afonso da Silva, as normas constitucionais podem ser: plenas, contidas e limitadas.

17.1. Normas de eficácia plena são aquelas dotadas de aplicabilidade direta, imediata e integral, pois não necessitam de lei infraconstitucional para torná-las aplicáveis e nem admitem lei infraconstitucional que lhes restrinja o conteúdo. Em outras palavras: elas trazem todo o conteúdo necessário para a sua materialização prática. São entendidas como de aplicabilidade direta, imediata e integral, pois não necessitam de lei infraconstitucional. Exemplo: Brasília é a Capital Federal (art. 18, § 1º, da CF).

17.2. Normas de eficácia contida ou restringível são aquelas que têm aplicabilidade direta, imediata, mas não integral, pois admitem que seus conteúdos sejam restringidos por normas infraconstitucionais, o que ocorre, por exemplo, com o enunciado que garante o livre exercício de qualquer trabalho, ofício ou profissão, atendidas as qualificações profissionais que a lei estabelecer (art. 5º, XIII, da CF). Para ilustrar: a função de advogado, somente pode ser exercida atendida a qualificação profissional de ser bacharel em direito, aprovado no Exame da Ordem dos Advogados do Brasil (art. 8º, IV, da Lei 8.906/94).

17.3. Normas de eficácia limitada ou reduzida são aquelas que possuem aplicabilidade indireta, mediata e reduzida (não direta, não imediata e não integral), pois exigem norma infraconstitucional para que se materializem na prática. Entretanto, apesar de não se realizarem sozinhas na prática, elas são dotadas de eficácia jurídica, pois revogam as leis anteriores com elas incompatíveis; vinculam o legislador, de forma permanente, à sua realização; condicionam a atuação da administração pública e informam a interpretação e aplicação da lei pelo Poder Judiciário. Elas podem ser de princípio programático ou princípio institutivo.

17.3.1. As **normas de eficácia limitada de princípio programático** (também referidas apenas como normas programáticas) são aquelas que não regulam diretamente interesses ou direitos nelas consagrados, mas se limitam a traçar alguns preceitos a serem cumpridos pelo Poder Público, como programas das respectivas atividades, pretendendo unicamente a consecução dos fins sociais pelo Estado. Podem-se citar como exemplos os objetivos da República Federativa do Brasil (art. 3º, da CF), a estruturação da política agrícola brasileira (art. 187 da CF), e a determinação de organização de um regime de colaboração dos sistemas de ensino dos Entes da Federação (art. 211 da CF).

17.3.2. Já as **normas de eficácia limitada de princípio institutivo** são aquelas responsáveis pela estruturação do Estado como, por exemplo, a norma segundo a qual os Territórios Federais integram a União, e sua criação, transformação em Estado ou reintegração ao Estado de origem serão reguladas em lei complementar (art. 18, § 2º, da CF).

<table>
<tr><td rowspan="4">CLASSIFICAÇÃO DAS NORMAS CONSTITUCIONAIS QUANTO À EFICÁCIA</td><td>1. Eficácia Plena</td><td rowspan="2"></td></tr>
<tr><td>2. Eficácia Contida</td></tr>
<tr><td rowspan="2">3. Eficácia Limitada</td><td>a) Princípio Programático (Programáticas)</td></tr>
<tr><td>b) Princípio Institutivo</td></tr>
</table>

18. Métodos de Interpretação Constitucional

18.1. Método Jurídico ou Hermenêutico Clássico (Ernest Forsthoff): parte de uma Tese da Identidade que existiria entre a Constituição e as demais leis, ou seja, se a constituição é uma lei, não há porque criar-se um método específico para interpretá-la. Ele se vale basicamente dos seguintes elementos: a) genético (origem do ato); b) gramatical ou filológico (análise textual e literal); c) histórico (momento e contexto de criação do ato); d) lógico (não contradição); e) sistemático (análise do todo ou conjunto); f) teleológico (finalidade social do ato).

18.2. Método Científico-espiritual, Valorativo ou Sociológico (Rudolf Smend): tem como norte o espírito constitucional, ou seja, valores consagrados nas normas constitucionais. Além dos valores, levam-se em conta também outros fatores extraconstitucionais, como a realidade social e cultural do povo, exigindo-se uma interpretação elástica do texto constitucional, alçando a Constituição a instrumento de integração e solução de conflitos em busca da construção e da preservação da unidade social.

18.3. Método Tópico-problemático (Theodor Viehweg): atua sobre as aporias (aporia: dificuldade de escolher entre duas opiniões contrárias e igualmente racionais sobre um dado problema). Topos que no plural são os topoi representam formas de pensamento, raciocínios, argumentações, pontos de vista ou lugares comuns. Os topoi são retirados da jurisprudência, da doutrina, dos princípios gerais de direito e até mesmo do senso comum. Trata-se de uma teoria de argumentação jurídica em torno do problema. A partir do problema expõem-se os argumentos favoráveis e contrários e consagra-se como vencedor aquele capaz de convencer o maior número de interlocutores. Tem aplicabilidade nos casos de difícil solução, denominados por *hard cases*.

18.4. Método Hermenêutico-concretizador (Konrad Hesse): é aquele em que o intérprete se vale de suas pré-compreensões valorativas para obter o sentido da norma e então aplicá-la à resolução de determinado problema. O conteúdo da norma somente é alcançado a partir de sua interpretação concretizadora, dotada do caráter criativo que emana do exegeta. Nesse sentido, o método de Hesse possibilita que a Constituição tenha força ativa para compreender e alterar a realidade. Mas, nesse mister, o texto constitucional apresenta-se como um limite intransponível para o intérprete, pois se o exegeta passar por cima do texto, ele estará modificando ou rompendo a Constituição, não a interpretando.

18.5. Método Normativo-estruturante (Friedrich Müller) ou Concretista (Paulo Bonavides): é aquele em que o intérprete parte do direito positivo para chegar à estruturação da norma, muito mais complexa que o texto legal. Nesse caminho, há influência da jurisprudência, da doutrina, da história, da cultura e das decisões políticas. Em outras palavras: o exegeta colhe elementos da realidade social para estruturar a norma que será aplicada.

18.6. Método Concretista da Constituição Aberta (Peter Häberle): traz a ideia que a Constituição deve ser interpretada por todos e em quaisquer espaços (abertura interpretativa), e não apenas pelos juristas no bojo de procedimentos formais.

18.7. Método da Comparação Constitucional (Peter Häberle): prega a interpretação a partir da comparação entre diversas Constituições.

- **Inexistência de hierarquia entre métodos de interpretação constitucional:** segundo Gilmar Ferreira Mendes, Inocêncio Mártires Coelho e Paulo Gustavo Gonet Branco: "Não por acaso Gustavo Zagrebelsky afirma que não existe na literatura, nem na jurisprudência, uma teoria de métodos interpretativos da Constituição que nos esclareça se é possível e mesmo necessário adotar um método previamente estabelecido ou uma ordem metodológica concreta, um dado de realidade que, se não configura lacuna inexplicável, por certo reflete a consciência de que não tem maior significado nos aproximarmos da interpretação através dos seus métodos, ainda que a palavra método, como todos sabem, signifique, precisamente, o caminho a ser percorrido para se alcançar a verdade". (*Curso de direito constitucional*. 2. ed. São Paulo: Saraiva, 2008, p. 98).

19. Leitura Moral da Constituição: Segundo Ronald Dworkin, a leitura moral da Constituição elucida que a interpretação jurídica deve valer-se de uma teoria política, sem que isso signifique uma corrupção da interpretação. Os princípios e valores dos julgadores tendem a influenciar no desvelar das normas jurídicas (*Uma questão de princípio*. São Paulo: Martins Fontes: 2001, p. 246-247).

20. Princípios de Interpretação Constitucional

20.1. Princípios Enunciados por Canotilho

20.1.1. Princípio da unidade da Constituição: preceitua que a interpretação constitucional deve ser realizada tomando-se as normas constitucionais em conjunto (interpretação sistêmica), como um sistema unitário de princípios e regras, de modo a se evitarem contradições (antinomias aparentes) entre elas.

20.1.2. Princípio do efeito integrador ou da eficácia integradora: traz a ideia que as normas constitucionais devem ser interpretadas com objetivo de integrar política e socialmente o povo de um Estado Nacional.

20.1.3. Princípio da máxima efetividade ou eficiência: exige que o intérprete otimize a norma constitucional para dela extrair a maior efetividade possível, guardando estreita relação com o princípio da força normativa. Segundo Luis Roberto Barroso, por meio dele realiza-se uma aproximação, tão íntima quanto possível, entre o dever-ser normativo e o ser da realidade social. (*Curso de direito constitucional contemporâneo*. São Paulo: Saraiva, 2009).

20.1.4. Princípio da conformidade/correção funcional/exatidão funcional ou da justeza: limita o intérprete na atividade de concretizador da Constituição, pois impede que ele atue de modo a desestruturar as premissas de organização política previstas no Texto Constitucional.

20.1.5. Princípio da concordância prática ou da harmonização: a interpretação de uma norma constitucional exige a harmonização dos bens e valores jurídicos colidentes em um dado caso concreto, de forma a se evitar o sacrifício total de um em relação a outro.

20.1.6. Princípio da força normativa: a partir dos valores sociais, o intérprete, em atividade criativa, deve extrair aplicabilidade e eficácia de todas as normas da Constituição, conferindo-lhes sentido prático e concretizador, em clara relação com o princípio da máxima efetividade ou eficiência. Por meio dele, a Constituição tem força ativa para alterar a realidade.

20.2. Outros Princípios

20.2.1. Princípio da razoabilidade ou da proporcionalidade: exige a tomada de decisões racionais, não abusivas, e que respeitem os núcleos essenciais de todos os direitos fundamentais. Por meio dele, analisa-se se as condutas são adequadas, necessárias e trazem algum sentido em suas realizações.

20.2.2. Princípio da interpretação conforme: consiste em conferir-se a um ato normativo polissêmico (que admite vários significados) a interpretação que mais se adéque ao que preceitua a Constituição, sem que essa atividade se constitua em atentado ao próprio texto constitucional. Aplicável ao controle de constitucionalidade, a interpretação conforme permite que se mantenha um texto legal, conferindo-se a ele um sentido ou interpretação de acordo com os valores constitucionais.

20.2.3. Princípio da presunção de constitucionalidade das leis: traz a ideia que todas as normas infraconstitucionais criadas estão de acordo com a Constituição. Toda lei é válida e constitucional até que se prove o contrário, portanto, a presunção de constitucionalidade é relativa (*juris tantum*). Esse princípio ainda tem por missão orientar que o judiciário declare a inconstitucionalidade de uma norma apenas se ela for patente ou chapada, não permitindo uma interpretação conforme a constituição. Sobre o princípio, a lição de Luís Roberto Barroso: "a) não sendo evidente a inconstitucionalidade, havendo dúvida ou a possibilidade de razoavelmente se considerar a norma como válida, deve o órgão competente abster-se da declaração de inconstitucionalidade; b) havendo alguma interpretação possível que permita afirmar-se a compatibilidade da norma com a Constituição, em meio a outras que carreavam para ela um juízo de invalidade, deve o intérprete optar pela interpretação legitimadora, mantendo o preceito em vigor" (*Interpretação e aplicação da Constituição.* 2. ed. São Paulo: Saraiva. 1998, p. 165).

20.2.4. Princípio da vedação do retrocesso: significa que uma vez garantido em um ordenamento jurídico, notadamente no Texto Constitucional, um direito humano (que se torna fundamental pela positivação na Constituição) não pode mais deixar de existir naquela sociedade ou Estado. Tal princípio está implícito nos ordenamentos jurídicos de todos os países que reconhecem a importância e a validade do direito internacional dos direitos humanos.

20.2.5. Correntes interpretativista e não-interpretativista: segundo a corrente interpretativista, os intérpretes têm como limites os valores expressos, ou, ao menos, claramente implícitos nas Constituições, de modo a respeitar-se a vontade do constituinte. Já a corrente não-interpretativista sustenta que o intérprete pode invocar valores eventualmente não expressos ou claramente implícitos nas Constituições, a exemplo da justiça, da moral e da liberdade. A corrente não-interpretativista recebe esse nome porque ela não interpretaria a partir da Constituição, mas criaria uma nova norma para servir à resolução do problema.

21. Classificação dos princípios constitucionais segundo José Afonso da Silva

21.1. Princípios Constitucionais Sensíveis: são aqueles que devem ser observados, sob pena de intervenção federal, consoante art. 34, II, da CF.

21.2. Princípios Constitucionais Extensíveis: são aqueles que trazem as normas de organização que a Constituição Federal estendeu aos Estados-membros, a exemplo do art. 6º da CF.

21.3. Princípios Constitucionais Estabelecidos: são aqueles que limitam a autonomia organizatória do Estado, a exemplo do art. 37 da CF.

⦿ PODER CONSTITUINTE E DIREITO CONSTITUCIONAL INTERTEMPORAL

- **CF, art. 60, § 4º.**

1. PODER CONSTITUINTE

1.1. Ideia ou Teoria Clássica de Poder Constituinte (de Emmanuel Joseph Sieyès, na obra *Que é o Terceiro Estado?*): a soberania popular consiste essencialmente no poder constituinte da nação. Entretanto, atualmente, a ideia de nação cedeu lugar ao poder do povo. Assim, é o povo que atribui seus poderes a órgãos estatais especializados, que passam a se denominar Poderes (Executivo, Legislativo e Judiciário). E se o povo delega certas partes do seu poder às diversas autoridades constituintes, ele mantém o poder constituinte. Nesse sentido, o Poder Constituinte tem suas raízes em uma força geral da Nação (JJ. Gomes Canotilho).

1.2. A **titularidade** do Poder Constituinte é do povo, mas é o Estado quem o exerce.

1.3. O **Poder Constituinte Originário (também denominado por Genuíno, Primário ou de Primeiro Grau)** cria a primeira ou nova constituição de um Estado. Para atingir seu objetivo, ele é **inicial** (não existe outro poder anterior ou superior a ele), **autônomo** (o poder constituinte determina a estrutura da nova Constituição), **ilimitado** (tem autonomia para escolher o Direito que irá viger, ou seja, não se subordina a nenhuma ideia jurídica preexistente) e **incondicionado** (é dotado de liberdade quanto aos procedimentos adotados para a criação da Constituição, ou seja, não precisa seguir nenhuma formalidade preestabelecida). (LÉPORE, Paulo. *Direito constitucional.* 2. Ed. Salvador: Juspodivm, 2014, p. 25). Ademais, o poder constituinte originário pode ser qualificado como **permanente**, "[...] já que o poder constituinte originário não se esgota com a edição da nova Constituição, sobrevivendo a ela e fora dela como forma de expressão da liberdade humana, em verdadeira ideia de subsistência." (LENZA, Pedro. *Direito constitucional esquematizado.* 16. ed. São Paulo: Saraiva, 2012, p. 186).

1.4. Já o **Poder Constituinte Derivado Reformador (também denominado por Secundário, de Segundo Grau, Instituído, Constituído, ou de Reforma)** é responsável pela reforma da Constituição (no Brasil, por meio de Emendas Constitucionais ou da incorporação de tratados internacionais de direitos humanos). Vale notar que a CF de 1988 **não** prevê expressamente o poder de reforma, que materializa o poder constituinte derivado, mas este se encontra implícito, e se extrai, por exemplo, da norma constitucional que prevê propostas de emendas à Constituição.

1.5. A seu turno, o Poder Constituinte Derivado **Decorrente** é aquele exercido pelos Estados-membros, na construção das Constituições Estaduais (art. 25, da CF).

1.6. Limitações ao Poder Constituinte Derivado

1.6.1. Temporais: impedem a alteração da Constituição em um determinado período de tempo (A CF/88 não prevê nenhuma limitação temporal, em privilégio ao ganho de estabilidade).

1.6.2. Circunstanciais: impedem a alteração da CF em momentos de extrema gravidade, nos quais a livre manifestação do poder reformador possa estar ameaçada (Estado de Defesa, Estado de Sítio, e Intervenção Federal).

1.6.3. Formais/Processuais/Procedimentais, que podem ser de duas espécies: 3.1. Formal Subjetiva (há legitimados específicos para a propositura de Emendas Constitucionais); 3.2. Formal Objetiva (quórum qualificado de três quintos, em dois turnos, em cada Casa do Congresso Nacional, com promulgação pelas mesas do Senador Federal e da Câmara dos Deputados).

1.6.4. Materiais/Substanciais: cláusulas pétreas.

1.6.5. Implícitas: vedam a alteração das regras pertinentes ao processo para modificação da Constituição.

- **Atenção!** Algumas provas pedem a classificação das limitações ao Poder Constituinte na Constituição de 1988. **Para a ESAF**, as limitações são **explícitas** (englobam as circunstanciais e as materiais) e **implícitas** (se confundem com as formais/processuais/procedimentais)
- As **cláusulas pétreas** (de pedra, duras) estão dispostas no art. 60, § 4º, da CF: I – a forma federativa de Estado; II – o voto direto, secreto, universal e periódico; III – a separação dos Poderes; IV – os direitos e garantias individuais. Não será objeto de deliberação a proposta de emenda constitucional **tendente** a aboli-las.
- O STF entende que **os direitos e garantias individuais considerados cláusulas pétreas pela CF não se restringem àqueles expressos no elenco do art. 5º**, admitindo interpretação extensiva para definição de **direitos análogos,** o que restou claro na ADI 939, julgada em 1993 e relatada pelo Ministro Sydney Sanches, que considerou direito e garantia individual a anterioridade tributária, consoante art. 5º, § 2º, art. 60, § 4º, IV, e art. 150, III, "b", todos da CF.
- As cláusulas pétreas tem como significado último **prevenir a erosão da Constituição Federal**, inibindo a tentativa de abolir o projeto constitucional deixado pelo constituinte (que normalmente ocorrem em momentos de pressões e revoltas populares, consoante lição de Karl Loewenstein (*Teoria de la constitución*. Barcelona: Ariel, 1983, p. 222).
- O STF considera que os limites materiais ao poder constituinte de reforma **não significam a intangibilidade literal da disciplina dada ao tema pela Constituição originária**, mas sim a proteção do núcleo essencial dos princípios e institutos protegidos pelas cláusulas pétreas, consoante ADI 2.024, julgada em 2007 e relatada pelo Ministro Sepúlveda Pertence.
- O poder constituinte de reforma não pode criar novas cláusulas pétreas, ou seja, não pode ampliar as hipóteses do art. 60, § 4º, da CF. Entretanto, é possível que haja uma **ampliação no catálogo dos direitos fundamentais** criado pelo poder constituinte originário, notadamente dos direitos e garantias individuais protegidos pelo art. 60, § 4º, IV, da CF, a exemplo do direito à razoável duração do processo (art. 5º, LXXVIII, da CF), incluído pela EC 45/04.
- O sistema constitucional brasileiro **admite a existência de cláusulas pétreas implícitas**, a exemplo da forma republicana de governo. Essa afirmação encontra fundamento na **jurisprudência do STF** (ADI 829, Rel. Min. Moreira Alves, julgamento em 14-4-1993, Plenário, DJ de 16-9-1994; e (MS 24.875, Rel. Min. Sepúlveda Pertence, julgamento em 11-5-2006, Plenário, DJ de 6-10-2006.).
- De acordo com Luís Roberto Barroso, "[...] hierarquia, em Direito, designa o fato de uma norma colher o seu fundamento de validade em outra, sendo inválida se contravier a norma matriz. Ora bem: não é isso que se passa na situação aqui descrita. Pelo princípio da unidade da Constituição, inexiste hierarquia entre normas constitucionais originárias, que jamais poderão ser declaradas inconstitucionais umas em face das outras. **A proteção especial dada às normas amparadas por cláusulas pétreas sobreleva seu status político ou sua carga valorativa, com importantes repercussões hermenêuticas, mas não lhes atribui superioridade jurídica**". (Curso de direito constitucional contemporâneo. São Paulo: Saraiva, 2009, p. 167).

1.7. Segundo José Afonso da Silva, **reforma é gênero**, e tem como espécies: emenda (mudança pontual) e revisão (modificação mais amplas). Alguns autores também apontam a mutação constitucional como um procedimento não-formal de reforma ou mudança da Constituição

- **Revisão constitucional**: prevista no art. 3º, do ADCT da CF, foi realizada 5 anos após a promulgação da CF/88 (em 1993, portanto) pelo voto da maioria absoluta dos membros do Congresso Nacional, em sessão unicameral, tendo gerado seis emendas constitucionais de revisão que detêm o *status* de normas constitucionais **derivadas**, porque materializadas por meio de emendas. Ademais, elas estão sujeitas ao controle de constitucionalidade, pois apenas as normas constitucionais originárias gozam de presunção absoluta de constitucionalidade.

- **Mutação constitucional:** é um processo não formal de mudança da Constituição em que o texto constitucional permanece inalterado, modificando-se apenas o significado e o sentido interpretativo de determinada norma constitucional. Em outras palavras: na mutação, altera-se a interpretação sobre o texto da Constituição, chegando-se a norma com sentido novo. O exemplo mais famoso é o empregado ao STF ao art. 52, X, da CF, para dizer que a nova norma que dele se extrai é no sentido que a resolução emitida pelo Senador Federal para suspender a execução, no todo ou em parte, de norma declarada inconstitucional no controle difuso serve apenas para conferir publicidade à decisão do STF. Outro exemplo é a interpretação do STF sobre o conceito de casa, do art. 5º, XI, da CF, para dizer que inclui também escritórios profissionais, hotéis, motéis, pensões e congêneres. Segundo Luís Roberto Barroso, a mutação constitucional pode ocorrer por interpretação, pela atuação do legislador e por via de costume. A mutação constitucional por via de interpretação "consiste na mudança de sentido da norma, em contraste com entendimento preexistente". Já a mutação pela atuação do legislador ocorrerá "quando, por ato normativo primário, procurar-se modificar a interpretação que tenha sido dada a alguma norma constitucional. É possível conceber que, ensejando a referida norma mais de uma leitura possível, o legislador opte por uma delas, exercitando o papel que lhe é próprio, de realizar escolhas políticas. A mutação terá lugar se, vigendo um determinado entendimento, a lei vier a alterá-lo. Suponha-se, por exemplo, que o § 3º do art. 226 da Constituição – que reconhece a união estável entre homem e mulher como entidade familiar – viesse a ser interpretado no sentido de considerar vedada a união estável entre pessoas do mesmo sexo. Se a lei ordinária vier a disciplinar esta última possibilidade, chancelando as uniões homoafetivas, terá modificado o sentido que vinha sendo dado à norma constitucional". Por fim, a mutação por costume é aquela que altera uma prática historicamente considerada válida. "Há outro exemplo expressivo contemporâneo, relacionado com as Comissões Parlamentares de Inquérito (CPIs). Nos últimos anos, uma prática política persistente expandiu os poderes dessas comissões e redefiniu suas competências. Passou-se a admitir, pacificamente, a determinação de providências que antes eram rejeitadas pela doutrina e pela jurisprudência, aí incluídas a quebra de sigilos bancários, telefônico e fiscais" (BARROSO, Luís Roberto. Curso de Direito Constitucional Contemporâneo. São Paulo: Saraiva, 2009, p. 128-135).

- **Atenção!** No julgamento das ADI 3.406 e 3.470, o STF retomou seu entendimento, pela manifestação do Ministro Gilmar Mendes, de que o art. 52, X da CF/88 sofreu mutação constitucional, devendo ser interpretado de modo a atribuir eficácia vinculante à decisão da Corte independente da manifestação do Senado Federal, que apenas torna pública, divulgando a decisão. [ADI 3.406 e ADI 3.470, rel. min. Rosa Weber, j. 29-11-2017, P, Informativo 886.]

1.8. Poder constituinte supranacional: tem capacidade para submeter as diversas constituições nacionais ao seu poder supremo, distinguindo-se do ordenamento jurídico positivo interno assim como do direito internacional. Exemplo concreto é a tentativa de criação de uma Constituição para a União Européia, responsável pela regência de vários países e não se confundindo com cada um dos direitos internos e nem com os tratados internacionais.

- **Não há** manifestação de Poder Constituinte (Originário, Derivado, ou Decorrente) nos Municípios, pois estes têm sua estruturação jurídica dada por meio de Lei Orgânica, não de Constituição.

2. DIREITO CONSTITUCIONAL INTERTEMPORAL

2.1. Revogação: a Constituição nova, mesmo que não diga expressamente ou que não seja incompatível, revoga inteiramente a Constituição anterior. Trata-se de revogação por normatização geral. Ocorre uma ab-rogação da Constituição anterior.

2.2. Desconstitucionalização: quando do surgimento de uma nova Constituição, apenas a constituição propriamente dita (anterior) é revogada, e as normas constitucionais compatíveis materialmente com o novo diploma são recepcionadas com status infraconstitucional (desconstitucionalizadas). Segundo a maioria da doutrina, esse fenômeno nem ocorreu tacitamente e nem foi expressamente adotado pela Constituição Federal vigente.

2.3. Recepção: consiste no fenômeno em que normas pertencentes a uma ordem jurídica anterior são recebidas e consideradas válidas por uma nova ordem constitucional, porque seus conteúdos são materialmente compatíveis. Quando do surgimento de uma nova Constituição as normas materialmente incompatíveis serão revogadas (nomenclatura utilizada pelo STF) ou não-recepcionadas. A incompatibilidade formal superveniente não impede a recepção, mas faz com que a norma adquira uma nova roupagem. Exemplo: CTN (Lei 5.172/66) foi recepcionado, por EC pela CF/67 e também pela CF/88 como Lei Complementar, logo, só pode ser revogado por outra lei complementar. Em outras palavras: na recepção constitucional só importa o aspecto material. Há, ainda, a recepção expressa, a exemplo da norma do art. 34 do ADCT, segundo a qual o sistema tributário nacional entraria em vigor apenas a partir do primeiro dia do quinto mês seguinte ao da promulgação da Constituição, mantido, até então, o da Constituição de 1967, com a redação dada pela Emenda nº 1, de 1969, e pelas posteriores. Assim, o art. 34 do ADCT recepcionou, expressamente, o sistema tributário da Constituição de 1967, ainda que por prazo determinado.

2.4. Repristinação: fenômeno que se dá pela recuperação da vigência de uma norma que tinha sido revogada, se, por acaso, a lei que a tinha revogado, por qualquer razão, perder a vigência (porque foi revogada, por exemplo). Simplificando: tomemos três leis "1", "2" e "3". Se "2" revoga "1", mas "3" revoga "2", "1" volta a ter vigência. No plano legal, esse fenômeno só existe de forma expressa (se a lei que entra em vigor revogando a lei revogadora expressar o restabelecimento da lei inicialmente revogada), não havendo repristinação tácita. Mas, no plano constitucional, fala-se na existência de um efeito repristinatório tácito, em que no controle de constitucionalidade concentrado, a concessão da medida cautelar ou decisão de mérito torna aplicável a legislação anterior acaso existente, salvo expressa manifestação em sentido contrário (art. 11, § 2º, da Lei 9.868/99). Vale ressaltar, com Pedro Lenza, que o STF vem utilizando a expressão "efeito repristinatório" da declaração de inconstitucionalidade (c.f. ADI 2.215-PE, medida cautelar, Rel. Ministro Celso de Mello, Informativo 224 do STF). Isso porque, se a lei é nula, ela nunca teve eficácia. Se nunca teve eficácia, nunca revogou nenhuma norma. Se nunca revogou nenhuma norma, aquela que teria sido supostamente "revogada" continua tendo eficácia (Direito Constitucional Esquematizado. 16 ed. São Paulo: Saraiva, 2012, p. 342).

2.5. **Constitucionalidade superveniente:** trata-se do saneamento do vício de inconstitucionalidade por uma nova constituição ou emenda. Não é admitida no Brasil. A constitucionalidade de uma lei sempre deve ser analisada em relação à Constituição vigente quando de sua edição. O vício de inconstitucionalidade, quando existente, é sempre congênito, ou seja, existe desde o momento de edição da norma. Se uma lei nasceu inconstitucional, o vício é insanável e o fato de ela não ser incompatível com uma nova Constituição é absolutamente irrelevante. Uma nova Constituição não pode constitucionalizar, tirar o vício de uma lei que é inconstitucional segundo o parâmetro constitucional anterior. Assim entende o STF: "Em nosso ordenamento jurídico, não se admite a figura da constitucionalidade superveniente. Mais relevante do que a atualidade do parâmetro de controle é a constatação de que a inconstitucionalidade persiste e é atual, ainda que se refira a dispositivos da CF que não se encontram mais em vigor. Caso contrário, ficaria sensivelmente enfraquecida a própria regra que proíbe a convalidação. (ADI 2.158, julgada em 2010 e relatada pelo Ministro Dias Tóffoli) "Constituição. Lei anterior que a contrarie. Revogação. Inconstitucionalidade superveniente. Impossibilidade. A lei ou é constitucional ou não é lei. Lei inconstitucional é uma contradição em si. A lei é constitucional quando fiel à Constituição; inconstitucional na medida em que a desrespeita, dispondo sobre o que lhe era vedado. O vício da inconstitucionalidade é congênito à lei e há de ser apurado em face da Constituição vigente ao tempo de sua elaboração. Lei anterior não pode ser inconstitucional em relação à Constituição superveniente; nem o legislador poderia infringir Constituição futura. A Constituição sobrevinda não torna inconstitucionais leis anteriores com ela conflitantes: revoga-as. Pelo fato de ser superior, a Constituição não deixa de produzir efeitos revogatórios. Seria ilógico que a lei fundamental, por ser suprema, não revogasse, ao ser promulgada, leis ordinárias. A lei maior valeria menos que a lei ordinária." (ADI 2, julgada em 1992 e relatada pelo Ministro Paulo Brossard).

2.6. **Retroatividade da norma constitucional:** há três níveis de retroatividade: máxima, média e mínima. A retroatividade máxima ou restitutória se dá na hipótese em que a norma nova prejudica coisa julgada ou fatos jurídicos já consumados. A retroatividade média ocorre no caso de a norma nova atingir efeitos pendentes de atos verificados antes dela. A retroatividade mínima, temperada ou mitigada se verifica quando a norma nova atinge apenas os efeitos de fatos anteriores, verificados após a data que ela entra em vigor (tudo conforme a ADI 493, julgada pelo STF em 1992 e relatada pelo Ministro Moreira Alves).

◉ PRINCÍPIOS FUNDAMENTAIS DA CONSTITUIÇÃO DA REPÚBLICA FEDERATIVA DO BRASIL

- **CF, artigos 1º a 4º**

1. A República Federativa do Brasil (RFB), formada pela união indissolúvel dos Estados e Municípios e do Distrito Federal, constitui-se em Estado Democrático de Direito e tem como **fundamentos**: I – a soberania; II – a cidadania; III – a dignidade da pessoa humana; IV – os valores sociais do trabalho e da livre iniciativa; V – o pluralismo político (art. 1º da CF).

- Para memorizar os fundamentos da RFB, o leitor pode se valer da expressa mnemônica: **SOCIDIVAPLU**

FUNDAMENTOS DA REPÚBLICA FEDERATIVA DO BRASIL	
SO:	Soberania
CI:	Cidadania
DI:	Dignidade da pessoa humana
VA:	Valores sociais do trabalho e da livre iniciativa
PLU:	pluralismo político
SO-CI-DI-VA-PLU	

2. **Federalismo:** pode ser classificado em: a) por agregação ou centrípeto: b) por desagregação ou centrífugo:

2.1. **Federalismo por agregação ou centrípeto:** se forma a partir de Estados ou entes independentes que se juntam para a formação de um Estado Federado, com garantia de autonomia aos seus componentes, mas que dota apenas o Estado Unido (reunião de seus entes autônomos) de independência. Assim, por serem autônomos, mas não independentes, os entes federados não têm direito à secessão, ou seja, não podem se tornar independentes do Estado Federado. Essa é a forma originária e própria de Federalismo, que ocorreu com as treze colônias que conquistaram a independência da Grã

Bretanha, mas optaram pela formação dos Estados (federados) Unidos da América.

2.2. **Federalismo por desagregação ou centrífugo:** se forma a partir da subdivisão de um Estado unitário em entes independentes, que se harmonizam para a formação de um Estado Federado, com garantia de autonomia aos seus componentes, mas que dota apenas o Estado Unido (reunião de seus entes autônomos) de independência. Assim, por serem autônomos, mas não independentes, os entes federados não têm direito à secessão, ou seja, não podem se tornar independentes do Estado Federado. Essa é a forma imprópria de Federalismo, que ocorreu com o Brasil em 1891, formando os Estados Unidos do Brasil e permanece até hoje, mas sob nova roupagem, pois estamos sob a égide da República Federativa do Brasil.

- **Federalismo de terceiro grau:** é o nome que se dá à Federação que também confere autonomia aos Municípios. No Brasil, o federalismo de terceiro grau passou a existir apenas a partir da Constituição Federal de 1988, momento em que os Municípios ganharam autonomia.

3. Ninguém é obrigado a cumprir ordem ilegal, ou a ela se submeter, ainda que emanada de autoridade judicial. É dever de cidadania opor-se à ordem ilegal; caso contrário, nega-se o **Estado Democrático de Direito**. Tal posicionamento foi exarado no **HC 73.454**, julgado pelo STF em 1996 e relatado pelo Ministro Maurício Corrêa.

4. **Princípio da livre iniciativa:** segundo o STF, "o princípio da livre iniciativa não pode ser invocado para afastar regras de regulamentação do mercado e de defesa do consumidor." (RE 349.686, julgado em 2005 e relatado pela Ministra Ellen Gracie).

5. **Todo o poder emana do povo**, que o exerce por meio de representantes eleitos ou diretamente, nos termos da Constituição Federal de 1988 (art. 1º, parágrafo único, da CF). Trata-se do denominado **Princípio Democrático**.

6. São **Poderes da União**, independentes e harmônicos entre si, o Legislativo, o Executivo e o Judiciário (art. 2º da CF).

- A Primeira Constituição Brasileira, de 1824, previa um quarto Poder, chamado de **Moderador**. Por meio dele o Imperador podia interferir diretamente nas atividades exercidas pelos demais Poderes, o que se ilustrava pela possibilidade de o Governante dissolver a Câmara dos Deputados.

- Atenção! O Ministério Público é compreendido como uma Função Essencial à Justiça (art. 127 da CF), não um Poder.

- A União é pessoa jurídica de direito público interno que representa a **pessoa jurídica de direito público externo República Federativa do Brasil**.

7. Constituem **objetivos fundamentais** da República Federativa do Brasil: I – construir uma sociedade livre, justa e solidária; II – garantir o desenvolvimento nacional; III – erradicar a pobreza e a marginalização e reduzir as desigualdades sociais e regionais; IV – promover o bem de todos, sem preconceitos de origem, raça, sexo, cor, idade e quaisquer outras formas de discriminação (art. 3º da CF).

8. A República Federativa do Brasil rege-se, nas suas **relações internacionais**, pelos seguintes princípios: I – independência nacional; II – prevalência dos direitos humanos; III – autodeterminação dos povos; IV – não-intervenção; V – igualdade entre os Estados; VI – defesa da paz; VII – solução pacífica dos conflitos; VIII – repúdio ao terrorismo e ao racismo; IX – cooperação entre os povos para o progresso da humanidade; X – concessão de asilo político (art. 4º da CF).

9. São chamados de **preceitos fundamentais** não só os princípios fundamentais descritos nos artigos 1º a 4º da CF, mas também todas as prescrições que dão o sentido básico do regime constitucional, especialmente as designativas de direitos e garantias fundamentais. Assim leciona José Afonso da Silva: "Os preceitos fundamentais são, além dos princípios fundamentais, **todas as prescrições que dão o sentido básico do regime constitucional**, como são, por exemplo, as que apontam para a autonomia dos Estados, do Distrito Federal e especialmente as designativas de direitos e garantias fundamentais" (*Curso de Direito Constitucional Positivo*. 13 ed. Malheiros. São Paulo: 1997, p. 530).

◉ DIREITOS E GARANTIAS FUNDAMENTAIS

- **CF, artigos 5º a 11.**

1. Os direitos e garantias fundamentais estão formalmente alocados nos **artigos 5º a 17 da CF**.

2. Denominam-se direitos fundamentais os **direitos humanos que são positivados nas constituições**.

- O jurista espanhol **Antonio Perez Luño** define os direitos fundamentais como um conjunto de faculdades e instituições que, em cada momento histórico, concretizam as exigências da dignidade, igualdade e liberdade humanas, devendo obrigatoriamente ser reconhecidos no ordenamento jurídico positivo e por este garantidos, em âmbito internacional e nacional, gozando no ordenamento nacional de tutela reforçada em face dos poderes constituídos do Estado (Los derechos fundamentales. 5. ed. Madrid: Tecnos, 1993, p. 46-47).

3. A doutrina classifica os direitos humanos e os fundamentais em **gerações ou dimensões de direitos**. Os **direitos civis e políticos** seriam os de primeira geração ou dimensão, caracterizados pelo valor liberdade. Já os **direitos econômicos, sociais e culturais** seriam os de segunda geração ou dimensão, caracterizados pelo valor igualdade. Por fim, os **direitos de solidariedade ou fraterni-**

dade seriam os de terceira geração ou dimensão, caracterizados pelo valor solidariedade ou fraternidade. Estes direitos formariam, assim, um conjunto indivisível de direitos fundamentais, entre os quais não há qualquer relação hierárquica.

4. **Dimensões objetiva e subjetiva dos direitos fundamentais:** "a dimensão subjetiva dos direitos fundamentais corresponde à característica desses direitos de, em maior ou menor escala, ensejarem uma pretensão a que se adote um dado comportamento ou então essa dimensão se expressa no poder da vontade de produzir efeitos sobre certas relações jurídicas". [...] "A dimensão objetiva resulta do significado dos direitos fundamentais como princípios básicos da ordem constitucional, [...] que transcendem a perspectiva da garantia de posições individuais, para alcançar a estatura de normas que filtram os valores básicos da sociedade política, expandindo-os para todo o direito positivo". [...] A perspectiva objetiva, nesse sentido, legitima até restrições aos direitos subjetivos individuais, limitando o conteúdo e o alcance dos direitos fundamentais em favor dos seus próprios titulares ou de outros bens constitucionalmente valiosos" (MENGES, Gilmar Ferreira; COELHO, Inocêncio Mártires; BRANCO, Paulo Gustavo Gonet. Curso de direito constitucional. 2. ed. São Paulo: Saraiva, 2008, p. 133)

- A **representação dos interesses individuais** sob a **ótica negativa** perante o Poder Público, que se refere a uma perspectiva subjetiva, não se compreende dentre as características da perspectiva objetiva dos direitos fundamentais. De acordo com Paulo Bonavides: "**os direitos da primeira geração** ou direitos da liberdade têm por titular o indivíduo, são oponíveis ao Estado, traduzem-se como faculdades ou atributos da pessoa e ostentam uma **subjetividade** que é seu traço mais característico; enfim, são direitos de resistência ou de oposição perante o Estado" (*Curso de Direito Constitucional.*22 ed. São Paulo: Malheiros, 2008, p. 564).
- Novamente segundo as lições de Paulo Bonavides, "**com o advento dos direitos fundamentais da segunda geração os publicistas alemães, a partir de Schmitt, descobriram também o aspecto objetivo** [...] Os direitos da segunda geração merecem um exame mais amplo. Dominam o século XX do mesmo modo como os direitos de primeira geração dominaram o século passado. São os direitos sociais, culturais e econômicos [...] Mas passaram primeiro por um ciclo de baixa normatividade ou tiveram eficácia duvidosa, em virtude de sua própria natureza de direitos que exigem do Estado determinadas prestações materiais nem sempre resgatáveis por exigüidade, carência ou limitação essencial de meios e recursos. De juridicidade questionada nessa fase, foram eles remetidos à chamada esfera programática, em virtude de não conterem para sua concretização aquelas garantias habitualmente ministradas pelos instrumentos processuais de proteção aos direitos da liberdade" (*Curso de Direito Constitucional.*22 ed. São Paulo: Malheiros, 2008, p. 564-565)

5. Segundo apontamentos doutrinários, os direitos fundamentais caracterizados pela **indivisibilidade, irrenunciabilidade e incaducabilidade**, que decorrem da exigência de atendimento do princípio da dignidade da pessoa humana.

6. **Efeito *cliquet* e vedação do retrocesso:** o efeito *cliquet* nada mais é do que a aplicação do princípio da vedação do retrocesso. Ou seja, uma vez garantido, um direito não pode mais ser revogado. Sua aplicação é evidente na temática dos direitos humanos. Uma vez reconhecido, um direito humano não pode mais ser desconsiderado.

7. No final do século XIX, na obra intitulada Sistema dos Direitos Subjetivos Públicos (System der subjektiv öffentlichen Rechte),**Georg Jellinek** desenvolveu parte de seu pensamento doutrinário sob o enfoque das diversas formas em relação as quais os indivíduos podem se colocar frente ao Estado. Dependendo do ***status***, ou seja, da relação que os indivíduos mantêm com o Estado, é que emergirão direitos ou deveres. Das diversas formas pelas quais os indivíduos podem se relacionar com o Estado podem ser extraídas quatro espécies fundamentais: a) status subjectionis ou status passivo; b) status negativus ou status libertatis; c) status civitatis ou status positivo e; d) status activus (JELLINEK, Georg. *Teoria general del Estado.* Buenos Aires: Albatros, 1981, p. 306).

7.1. ***Status subjectionis* ou status passivo**, o indivíduo encontra-se subordinado aos poderes estatais, razão pela qual, deve se submeter ao cumprimento de alguns deveres, e às proibições impostas pelo Estado. Citem-se como exemplo a obrigação de exercício do direito de sufrágio pelo voto aos maiores de dezoito anos , e a proibição do direito de reunião para fins não pacíficos.

7.2. ***Status libertatis*, *status negativus* ou status negativo**, pode-se afirmar que se refere àqueles direitos que devem ser assegurados na situação em que o indivíduo requer um comportamento negativo do Estado, uma abstenção, para que, assim, possa exercer plenamente algumas de suas liberdades.

7.3. ***Status civitatis* ou status positivo**, permite que o indivíduo, subjugado pelos poderes instituídos e classes mais favorecidas, exija prestações positivas do Estado, que propiciem redução das desigualdades sociais.

7.4. ***Status activus***, relaciona-se à possibilidade de participação ativa dos indivíduos na formação da vontade política estatal. Consubstancia-se, por exemplo, na iniciativa popular de lei, e na possibilidade de manejo de ação popular.

8. **Multiculturalismo e Interculturalidade:** são pensamentos que se apresentam ligados à tutela dos direitos humanos e fundamentais. O multiculturalismo prega o respeito às diferentes culturas presentes na sociedade e que normalmente tem origem nas misturas de nacionalidades, raças e etnias durante o processo de formação de um povo. Funda-se, ainda, em um movimento contra-hegemônico, que não aceita a imposição de valores homogêneos que refletem os interesses da classe dominante. Por sua vez, a interculturalidade é uma das perspectivas do multiculturalismo, que se especializa por trabalhar com as ideias de abertura e interatividade. Sob este prisma, a sociedade deve ser democrática e aceitar que todos os valores culturais devem ser respeitados, em um movimento de constante negociação e ponderação.

9. **Eficácia Vertical dos Direitos Fundamentais:** aplicação dos direitos fundamentais nas relações entre Estado e particulares.

10. **Eficácia Horizontal, Privada, Externa, ou Em Relação a Terceiros dos Direitos Fundamentais:** trata-se da aplicação dos direitos fundamentais nas relações entre particulares. O STF reconheceu a eficácia horizontal em pelo menos três oportunidades: a) Exclusão de Cooperado: cooperados não poderiam ter sido excluídos sem que fosse respeitado o devido processo legal (RE 158.215, julgado em 1996 e relatado pelo Ministro Marco Aurélio); b) Caso Air France: os franceses não poderiam conceder aumento salarial apenas aos seus funcionários franceses, discriminado os brasileiros que exerciam as mesmas funções (RE 161243-6, julgado em 2006 e relatado pelo Ministro Carlos Velloso); c) Expulsão de Associado: associado não poderia ter sido expulso da União Brasileira de Compositores sem que lhe fosse garantido a ampla defesa (RE 201819, julgado em 2005 e relatado para acórdão pelo Ministro Gilmar Mendes).

- **Teorias quanto à Eficácia Horizontal:** No que tange à eficácia horizontal, é possível apontar as seguintes teorias: a) **Teoria da Ineficácia horizontal**: nega a aplicação dos direitos fundamentais às relações privadas; b) **Teoria da Eficácia Horizontal Indireta**: reclama a necessidade de normas infraconstitucionais delimitando a aplicabilidade das normas de direito fundamental nas relações privadas; c) **Teoria da Eficácia Horizontal Direta**: consente na aplicação direta dos direitos fundamentais às relações privadas, independentemente de sua delimitação legal; d) **Teoria Integradora**: preconiza que, em um plano ideal, cabe à lei regular a aplicação dos direitos fundamentais nas relações privadas, no entanto, diante de sua ausência, a aplicação será direta.

- **Eficácia Diagonal:** trata-se da aplicação dos direitos fundamentais nas relações privadas demarcadas por patente desequilíbrio fático e visível desproporção entre as partes.

11. No HC 82.959, julgado em 2006 e relatado pelo Ministro Gilmar Mendes, o STF traz didática lição acerca das teorias sobre o **núcleo essencial dos direitos fundamentais**: "(1) Os adeptos da chamada **teoria absoluta** ("absolute Theorie") entendem o núcleo essencial dos direitos fundamentais (Wesensgehalt) como unidade substancial autônoma (substantieller Wesenskern) que, independentemente de qualquer situação concreta, estaria a salvo de eventual decisão legislativa. (...) haveria um espaço que seria suscetível de limitação por parte do legislador; outro seria insuscetível de limitação. (...) (2) Os sectários da chamada **teoria relativa** ("relative Theorie") entendem que o núcleo essencial há de ser definido para cada caso, (...) mediante a utilização de um processo de ponderação entre meios e fins (Zweck-Mittel-Prüfung), com base no princípio da proporcionalidade. O núcleo essencial seria aquele mínimo insuscetível de restrição ou redução com base nesse processo de ponderação. (...). Tanto a teoria absoluta quanto a teoria relativa pretendem assegurar uma maior proteção dos direitos fundamentais, (...) Todavia, todas elas apresentam insuficiências. É verdade que a teoria absoluta, ao acolher uma noção material do núcleo essencial, insuscetível de redução por parte do legislador, pode converter-se, em muitos casos, numa fórmula vazia, dada a dificuldade ou até mesmo a impossibilidade de se demonstrar ou caracterizar in abstracto a existência desse mínimo essencial. (...) Por seu turno, uma opção pela teoria relativa pode conferir uma flexibilidade exagerada ao estatuto dos direitos fundamentais(...) Por essa razão, **propõe Hesse uma fórmula conciliadora, que reconhece no princípio da proporcionalidade uma proteção contra as limitações arbitrárias ou desarrazoadas (teoria relativa), mas também contra a lesão ao núcleo essencial dos direitos fundamentais** (...) **a proporcionalidade não há de ser interpretada em sentido meramente econômico, de adequação da medida limitadora ao fim perseguido, devendo também cuidar da harmonização dessa finalidade com o direito afetado pela medida.**

12. **Eficácia irradiante:** segundo Daniel Sarmento (*Direitos fundamentais e relações privadas*. Rio de Janeiro: Ed. Lumen Juris, 2004) a eficácia irradiante dos direitos fundamentais é o atributo que confere caráter eminentemente objetivo a esses direitos, como critérios para o exercício das funções executiva, legislativa e judiciária do Estado, em claro afastamento da concepção privada e individualista do direito civil.

- O § 2º do artigo 5º, da CF, instituiu **cláusula de expansividade** do catálogo de direitos fundamentais no Brasil, ao dispor que os direitos e garantias expressos nesta Constituição não excluem outros decorrentes do regime e dos princípios por ela adotados, ou dos tratados internacionais em que a República Federativa do Brasil seja parte. Todavia, a Carta de 1988 não foi pioneira na abertura (expansividade) do catálogo de direitos fundamentais no Brasil. Norma semelhante era adotada desde a Constituição da República dos Estados Unidos do Brasil de 1891, e também nas Constituições de 1934, 1937, 1946 e 1967.

13. Os tratados e convenções internacionais sobre direitos humanos que forem aprovados, em cada Casa do Congresso Nacional, em dois turnos, por três quintos dos votos dos respectivos membros, **serão equivalentes às emendas constitucionais,** nos termos do art. 5º, § 3º, da CF, incluído pela EC 45/04.

- Essa nova sistemática de incorporação de tratados (art. 5º, § 3º, da CF) foi aplicada pela primeira vez em 2008, na votação do Decreto Legislativo 186, que acabou culminando na promulgação da **Convenção sobre os Direitos das Pessoas com Deficiência com força constitucional**, segundo o Decreto 6.949/2009. Como reflexo do reconhecimento de status constituição à Convenção, a Procuradora Geral da República Deborah Macedo Duprat de Britto Pereira ajuizou, em 2009, a **ADPF 182**, cujos pedidos são para que se reconheça que: a) o art. 20, § 2º, da Lei nº 8.742/93 não foi recepcionado pela Convenção dos Direitos da Pessoa com Deficiência, que foi aprovada pelo Decreto Legislativo nº 186/2008, de acordo com o procedimento previsto no art. 5º, § 3º, da Constituição Federal, **integrando, portanto, o bloco de constitucionalidade brasileiro**; b) o conceito estabelecido no art. 1º da Convenção sobre os Direitos da Pessoa com Deficiência, é de uso imperativo no direito interno brasileiro, sendo imediatamente aplicável no que tange aos critérios para concessão dos benefícios de prestação continuada disciplinados pela Lei nº 8.742/93.
- Sem prejuízo da supremacia da Constituição sobre os tratados e convenções internacionais, a norma convencional internacional em vigor e aplicável no Brasil e que disponha acerca de direitos humanos, não tendo sido objeto de processo legislativo que a equiparasse a emenda constitucional (art. 5º, § 3º, da CF, nos termos da EC 45/04), tem força jurídico-normativa suficiente para restringir a eficácia e indiretamente obstar a aplicabilidade da norma constitucional paradigma, gozando de **status supralegal**. Tal posição foi firmada no RE 466.343, julgado em 2008 e relatado pelo Ministro Cezar Peluso.
- A proteção dos direitos fundamentais não desconsidera o princípio da supremacia da constituição, **entretanto,** a norma convencional internacional sobre direitos humanos **tem** aptidão para afetar a eficácia ou a aplicabilidade da norma constitucional interna. No bojo do RE 466.343, ficou consignado que "Desde a adesão do Brasil, sem qualquer reserva, ao Pacto Internacional dos Direitos Civis e Políticos (art. 11) e à Convenção Americana sobre Direitos Humanos – Pacto de San José da Costa Rica (art. 7º, 7), ambos no ano de 1992, não há mais base legal para prisão civil do depositário infiel, pois o caráter especial desses diplomas internacionais sobre direitos humanos lhes reserva lugar específico no ordenamento jurídico, estando abaixo da Constituição, porém acima da legislação interna. O status normativo supralegal dos tratados internacionais de direitos humanos subscritos pelo Brasil, dessa forma, **torna inaplicável a legislação infraconstitucional com ele conflitante**, seja ela anterior ou posterior ao ato de adesão. Assim ocorreu com o art. 1.287 do CC de 1916 e com o DL 911/1969, assim como em relação ao art. 652 do CC (Lei 10.406/2002)."

"NOVA" PIRÂMIDE NORMATIVA
(Baseada no posicionamento do STF)

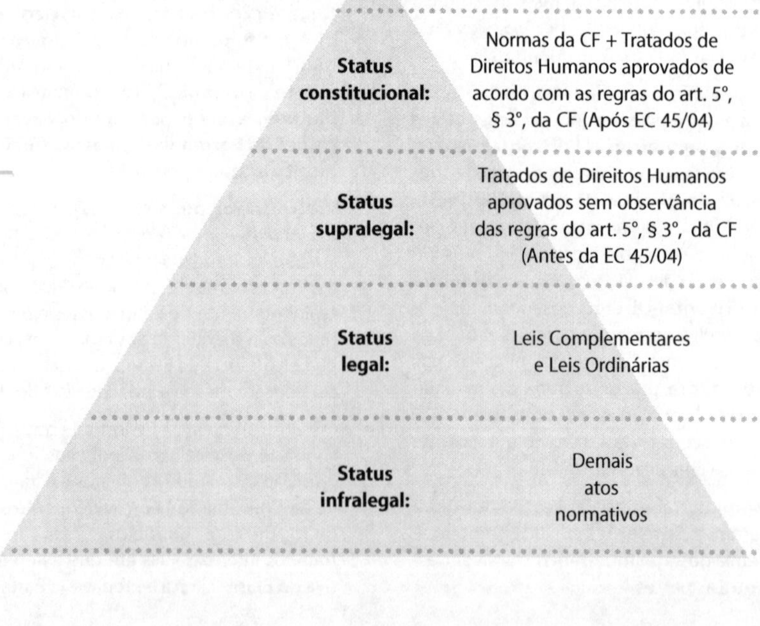

14. "Os direitos e garantias individuais **não têm caráter absoluto**. Não há, no sistema constitucional brasileiro, direitos ou garantias que se revistam de caráter absoluto, mesmo porque razões de relevante interesse público ou exigências derivadas do princípio de convivência das liberdades legitimam, ainda que excepcionalmente, a adoção, por parte dos órgãos estatais, de medidas restritivas das prerrogativas individuais ou coletivas, desde que respeitados os termos estabelecidos pela própria Constituição. O estatuto constitucional das liberdades públicas, ao delinear o regime jurídico a que estas estão sujeitas – e considerado o substrato ético que as informa- permite que sobre elas incidam limitações de ordem jurídica, destinadas, de um lado, a proteger a integridade do interesse social e, de outro, a assegurar a coexistência harmoniosa das liberdades, pois nenhum direito ou garantia pode ser exercido em detrimento da ordem pública ou com desrespeito aos direitos e garantias de terceiros." (MS n.º 23.452, julgado no ano 2000 e relatado pelo Ministro Celso de Mello).

15. Nas hipóteses de **grave violação de direitos humanos**, o Procurador Geral da República, com a finalidade de assegurar o cumprimento de obrigações decorrentes de tratados internacionais de direitos humanos dos quais o Brasil seja parte, poderá suscitar, perante o **Superior Tribunal de Justiça**, em qualquer fase do inquérito ou processo, incidente de deslocamento de competência para a Justiça Federal. Trata-se do disposto no § 5º do art. 109 da CF.

16. **Direitos e deveres individuais e coletivos**

- Os direitos e deveres individuais e coletivos estão concentrados no **art. 5º** da CF.
- Apesar do *caput* do artigo 5º garanti-los apenas a brasileiros e estrangeiros residentes no Brasil, a doutrina e o STF os estendem **também para estrangeiros em trânsito e pessoas jurídicas** (HC 94.016, julgado em 2008 e relatado pelo Ministro Celso de Mello).
- Segundo entendimento pacífico do Supremo Tribunal Federal, **as pessoas jurídicas também são titulares de direitos fundamentais** (AC 2.032-QO/SP, relatada pelo Ministro Celso de Mello e julgada em 2008).

17. O *caput* do art. 5º da CF enuncia que "todos são iguais perante a lei, sem distinção de qualquer natureza". Segundo posição doutrinária pacífica, trata-se do reconhecimento da **igualdade formal (perante a lei)**. Entretanto, implícita ao texto constitucional também existe a **igualdade material (na lei)**, que significa conferir tratamento desigual, para igualar. A igualdade material leva em consideração os sujeitos e valores envolvidos e busca equilibrar as relações de fato.

18. **Teoria do Impacto Desproporcional:** tem como pressuposto o fato de que algumas práticas sociais podem impactar de forma desproporcional algum grupo de pessoas. Constatado o impacto desproporcional, a prática que lhe deu origem deve ser interrompida e eliminada, independentemente dos fatos que a motivaram, pois deve incidir o princípio da isonomia.

19. **Igualdade e política de cotas: "Asseverou-se que, para efetivar a igualdade material, o Estado poderia lançar mão de políticas de cunho universalista – a abranger número indeterminado de indivíduos – mediante ações de natureza estrutural; ou de ações afirmativas – a atingir grupos sociais determinados – por meio da atribuição de certas vantagens, por tempo limitado, para permitir a suplantação de desigualdades ocasionadas por situações históricas particulares. Certificou-se que a adoção de políticas que levariam ao afastamento de perspectiva meramente formal do princípio da isonomia integraria o cerne do conceito de democracia.**." (ADPF 186, julgada em 2012 e relatada pelo Ministro Ricardo Lewandowski).

20. **Igualdade, família, orientação sexual e união homoafetiva**: "Reconhecimento e qualificação da união homoafetiva como entidade familiar. (...) **A extensão, às uniões homoafetivas, do mesmo regime jurídico aplicável à união estável entre pessoas de gênero distinto justifica-se e legitima-se pela direta incidência, dentre outros, dos princípios constitucionais da igualdade, da liberdade, da dignidade, da segurança jurídica e do postulado constitucional implícito que consagra o direito à busca da felicidade, os quais configuram, numa estrita dimensão que privilegia o sentido de inclusão decorrente da própria CR (art. 1º, III, e art. 3º, IV**" (RE 477.554-AgR, julgado em 2011 e relatado pelo Ministro Celso de Mello).

21. **Direito à vida e pesquisas com células-tronco**: o Plenário do STF, no julgamento da ADI 3.510, declarou a constitucionalidade do art. 5º da Lei de Biossegurança (Lei 11.105/2005), por entender que as pesquisas com células-tronco embrionárias não violam o direito à vida ou o princípio da dignidade da pessoa humana. "O Magno Texto Federal não dispõe sobre o início da vida humana ou o preciso instante em que ela começa. Não faz de todo e qualquer estádio da vida humana um autonomizado bem jurídico, mas da vida que já é própria de uma concreta pessoa, porque nativiva (teoria 'natalista', em contraposição às teorias 'concepcionista' ou da 'personalidade condicional'). E, quando se reporta a 'direitos da pessoa humana' e até a 'direitos e garantias individuais' como cláusula pétrea, está falando de direitos e garantias do indivíduo-pessoa, que se faz destinatário dos direitos fundamentais 'à vida, à liberdade, à igualdade, à segurança e à propriedade', entre outros direitos e garantias igualmente distinguidos com o timbre da fundamentalidade

(como direito à saúde e ao planejamento familiar). Mutismo constitucional hermeneuticamente significante de transpasse de poder normativo para a legislação ordinária. A potencialidade de algo para se tornar pessoa humana já é meritória o bastante para acobertá-la, infraconstitucionalmente, contra tentativas levianas ou frívolas de obstar sua natural continuidade fisiológica. Mas as três realidades não se confundem: o embrião é o embrião, o feto é o feto e a pessoa humana é a pessoa humana. Donde não existir pessoa humana embrionária, mas embrião de pessoa humana. O embrião referido na Lei de Biossegurança (in vitro apenas) não é uma vida a caminho de outra vida virginalmente nova, porquanto lhe faltam possibilidades de ganhar as primeiras terminações nervosas, sem as quais o ser humano não tem factibilidade como projeto de vida autônoma e irrepetível. O Direito infraconstitucional protege por modo variado cada etapa do desenvolvimento biológico do ser humano. Os momentos da vida humana anteriores ao nascimento devem ser objeto de proteção pelo direito comum. O embrião pré-implanto é um bem a ser protegido, mas não uma pessoa no sentido biográfico a que se refere a Constituição." (ADI 3.510, julgada em 2008 e relatada pelo Ministro Ayres Britto).

22. **Direito à vida e antecipação terapêutica do parto de anencéfalos:** "Na inicial, pede-se a declaração de inconstitucionalidade, com eficácia para todos e efeito vinculante, da interpretação dos arts. 124, 126 e 128, I e II, do CP (DL 2.848/1940) que impeça a antecipação terapêutica do parto na hipótese de gravidez de feto anencéfalo, previamente diagnosticada por profissional habilitado. Pretende-se o reconhecimento do direito da gestante de submeter-se ao citado procedimento sem estar compelida a apresentar autorização judicial ou qualquer outra forma de permissão do Estado. Destaco a alusão feita pela própria arguente ao fato de não se postular a proclamação de inconstitucionalidade abstrata dos tipos penais, o que os retiraria do sistema jurídico. Busca-se tão somente que os referidos enunciados sejam interpretados conforme a Constituição. Dessa maneira, mostra-se inteiramente despropositado veicular que o Supremo examinará, neste caso, a descriminalização do aborto, especialmente porque, consoante se observará, existe distinção entre aborto e antecipação terapêutica do parto. Apesar de alguns autores utilizarem expressões 'aborto eugênico ou eugenésico' ou 'antecipação eugênica da gestação', afasto-as, considerado o indiscutível viés ideológico e político impregnado na palavra eugenia. Inescapável é o confronto entre, de um lado, os interesses legítimos da mulher em ver respeitada sua dignidade e, de outro, os interesses de parte da sociedade que deseja proteger todos os que a integram – sejam os que nasceram, sejam os que estejam para nascer – independentemente da condição física ou viabilidade de sobrevivência. O tema envolve a dignidade humana, o usufruto da vida, a liberdade, a autodeterminação, a saúde e o reconhecimento pleno de direitos individuais, especificamente, os direitos sexuais e reprodutivos de milhares de mulheres. No caso, não há colisão real entre direitos fundamentais, apenas conflito aparente. (...) Conforme a Resolução 1.480, de 8-8-1997, do Conselho Federal de Medicina (CFM), os exames complementares a serem observados para a constatação de morte encefálica deverão demonstrar, de modo inequívoco, a ausência de atividade elétrica cerebral ou metabólica cerebral ou, ainda, a inexistência de perfusão sanguínea cerebral. Não foi por outra razão que o CFM, mediante a Resolução 1.752/2004, consignou serem os anencéfalos natimortos cerebrais. O anencéfalo jamais se tornará uma pessoa. Em síntese, não se cuida de vida em potencial, mas de morte segura. O fato de respirar e ter batimento cardíaco não altera essa conclusão, até porque, como acentuado pelo dr. Thomaz Rafael Gollop[42], a respiração e o batimento cardíaco não excluem o diagnóstico de morte cerebral[43]. (...) No célebre caso de Marcela – suposta portadora de anencefalia que teria sobrevivido por um ano, oito meses e doze dias –, o diagnóstico estava equivocado, consoante informaram renomados especialistas. Não se tratava de anencefalia no sentido corriqueiramente utilizado pela literatura médica, mas de meroencefalia. Vale dizer: o feto possuía partes do cérebro – cerebelo e pedaço do lóbulo temporal – que viabilizavam, embora precariamente, a vida extrauterina. Daí não se poder qualificá-lo, em sentido técnico, como feto anencéfalo, o qual jamais será dotado de tais estruturas. (...) Cumpre rechaçar a assertiva de que a interrupção da gestação do feto anencéfalo consubstancia aborto eugênico, aqui entendido no sentido negativo em referência a práticas nazistas. O anencéfalo é um natimorto. Não há vida em potencial. Logo não se pode cogitar de aborto eugênico, o qual pressupõe a vida extrauterina de seres que discrepem de padrões imoralmente eleitos. Nesta arguição de descumprimento de preceito fundamental, não se trata de feto ou criança com lábio leporino, ausência de membros, pés tortos, sexo dúbio, Síndrome de Down, extrofia de bexiga, cardiopatias congênitas, comunicação interauricular ou inversões viscerais, enfim, não se trata de feto portador de deficiência grave que permita sobrevida extrauterina. Cuida-se tão somente de anencefalia. (...) De fato, a anencefalia mostra-se incompatível com a vida extrauterina, ao passo que a deficiência não. (...) Anencefalia e vida são termos antitéticos. Conforme demonstrado, o feto anencéfalo não tem potencialidade de vida. Trata-se, na expressão adotada pelo CFM e por abalizados especialistas, de um natimorto cerebral. Por ser absolutamente inviável, o anencéfalo não tem a expectativa nem é ou será titular do direito à vida, motivo pelo qual aludi, no início do voto, a um conflito apenas aparente entre direitos fundamentais. Em rigor, no outro lado da balança, em contraposição aos direitos da mulher, não se encontra o direito à vida

ou à dignidade humana de quem está por vir, justamente porque não há ninguém por vir, não há viabilidade de vida. Aborto é crime contra a vida. Tutela-se a vida em potencial. No caso do anencéfalo, repito, não existe vida possível. (...) É de conhecimento corrente que, nas décadas de trinta e quarenta, a medicina não possuía os recursos técnicos necessários para identificar previamente a anomalia fetal incompatível com a vida extrauterina[70]. A literalidade do CP de 1940 certamente está em harmonia com o nível de diagnósticos médicos existentes à época, o que explica a ausência de dispositivo que preveja expressamente a atipicidade da interrupção da gravidez de feto anencefálico. Não nos custa lembrar: estamos a tratar do mesmíssimo legislador que, para proteger a honra e a saúde mental ou psíquica da mulher – da mulher, repito, não obstante a visão machista então reinante –, estabeleceu como impunível o aborto provocado em gestação oriunda de estupro, quando o feto é plenamente viável. (...) mesmo à falta de previsão expressa no CP de 1940, parece-me lógico que o feto sem potencialidade de vida não pode ser tutelado pelo tipo penal que protege a vida. (...) este Supremo Tribunal proclamou que a Constituição 'quando se reporta a 'direitos da pessoa humana' e até dos 'direitos e garantias individuais' como cláusula pétrea está falando de direitos e garantias do indivíduo-pessoa, que se faz destinatário dos direitos fundamentais 'à vida, à liberdade, à igualdade, à segurança e à propriedade'. É certo, senhor presidente, que, no caso do anencéfalo, não há, nem nunca haverá, indivíduo-pessoa. No segundo trecho, este Tribunal assentou que 'a potencialidade de algo para se tornar pessoa humana já é meritória o bastante para acobertá-la, infraconstitucionalmente, contra tentativas levianas ou frívolas de obstar sua natural continuidade fisiológica'. Ora, inexistindo potencialidade para tornar-se pessoa humana, não surge justificativa para a tutela jurídico-penal, com maior razão quando eventual tutela esbarra em direitos fundamentais da mulher, como se verá adiante. Enfim, cumpre tomar de empréstimo o conceito jurídico de morte cerebral previsto na Lei 9.434/1997[72], para concluir ser de todo impróprio falar em direito à vida intrauterina ou extrauterina do anencéfalo, o qual é um natimorto cerebral. (...) Constata-se a existência de dados merecedores de confiança que apontam riscos físicos maiores à gestante portadora de feto anencéfalo do que os verificados na gravidez comum. Sob o aspecto psíquico, parece incontroverso – impor a continuidade da gravidez de feto anencéfalo pode conduzir a quadro devastador, como o experimentado por Gabriela Oliveira Cordeiro, que figurou como paciente no emblemático HC 84.025/RJ, rel. min. Joaquim Barbosa. (...) Relatos como esse evidenciam que a manutenção compulsória da gravidez de feto anencéfalo importa em graves danos à saúde psíquica da família toda e, sobretudo, da mulher. Enquanto, numa gestação normal, são nove meses de acompanhamento, minuto a minuto, de avanços, com a predominância do amor, em que a alteração estética é suplantada pela alegre expectativa do nascimento da criança; na gestação do feto anencéfalo, no mais das vezes, reinam sentimentos mórbidos, de dor, de angústia, de impotência, de tristeza, de luto, de desespero, dada a certeza do óbito. (...) Ao Estado não é dado intrometer-se. Ao Estado compete apenas se desincumbir do dever de informar e prestar apoio médico e psicológico a paciente, antes e depois da decisão, seja ela qual for, o que se mostra viável, conforme esclareceu a então ministra da Secretaria Especial de Políticas para as Mulheres, Nilcéa Freire [103]. (...) Não se trata de impor a antecipação do parto do feto anencéfalo. De modo algum. O que a arguente pretende é que 'se assegure a cada mulher o direito de viver as suas escolhas, os seus valores, as suas crenças'[105]. Está em jogo o direito da mulher de autodeterminar-se, de escolher, de agir de acordo com a própria vontade num caso de absoluta inviabilidade de vida extrauterina. Estão em jogo, em última análise, a privacidade, a autonomia e a dignidade humana dessas mulheres. Hão de ser respeitadas tanto as que optem por prosseguir com a gravidez – por sentirem-se mais felizes assim ou por qualquer outro motivo que não nos cumpre perquirir – quanto as que prefiram interromper a gravidez, para pôr fim ou, ao menos, minimizar um estado de sofrimento. (...) Não se coaduna com o princípio da proporcionalidade proteger apenas um dos seres da relação, privilegiar aquele que, no caso da anencefalia, não tem sequer expectativa de vida extrauterina, aniquilando, em contrapartida, os direitos da mulher, impingindo-lhe sacrifício desarrazoado. A imposição estatal da manutenção de gravidez cujo resultado final será irremediavelmente a morte do feto vai de encontro aos princípios basilares do sistema constitucional, mais precisamente à dignidade da pessoa humana, à liberdade, à autodeterminação, à saúde, ao direito de privacidade, ao reconhecimento pleno dos direitos sexuais e reprodutivos de milhares de mulheres. O ato de obrigar a mulher a manter a gestação, colocando-a em uma espécie de cárcere privado em seu próprio corpo, desprovida do mínimo essencial de autodeterminação e liberdade, assemelha-se à tortura [109] ou a um sacrifício que não pode ser pedido a qualquer pessoa ou dela exigido. (...) Se alguns setores da sociedade reputam moralmente reprovável a antecipação terapêutica da gravidez de fetos anencéfalos, relembro-lhes de que essa crença não pode conduzir à incriminação de eventual conduta das mulheres que optarem em não levar a gravidez a termo. O Estado brasileiro é laico e ações de cunho meramente imorais não merecem a glosa do direito penal. A incolumidade física do feto anencéfalo, que, se sobreviver ao parto, o será por poucas horas ou dias, não pode ser preservada a qualquer custo, em detrimento dos direitos básicos da mulher. No caso, ainda que se conceba o direito à vida do feto anencéfalo – o que, na minha óptica, é inadmissível, consoante enfatizado –, tal direito cederia, em juízo de ponderação, em prol dos direitos à dignidade da pessoa humana, à liberdade no campo sexual, à autonomia, à privacidade, à integridade física, psicológica e moral e à saúde, previstos, respectivamente, nos arts. 1º III; 5º, cabeça e II III e X; e 6º, cabeça, da CR. Os tempos atuais, realço, requerem empatia, aceitação, humanidade e solidariedade para com essas mulheres. Pelo que ouvimos ou lemos nos depoimentos prestados na audiência pública, somente aquela que vive tamanha situação de angústia é capaz de mensurar o sofrimento a que se submete. Atuar com sapiência e justiça, calcados na Constituição da República e desprovidos de qualquer dogma ou paradigma moral e religioso, obriga-nos a garantir, sim, o direito da mulher de manifestar-se livremente, sem o temor de tornar-se ré em eventual ação por crime de aborto. Ante o exposto, julgo procedente o pedido formulado na inicial, para **declarar a inconstitucionalidade da interpretação segundo a qual a interrupção da gravidez de feto anencéfalo é conduta tipificada nos arts. 124, 126, e 128, I e II, do CP brasileiro.**" (ADPF 54, julgada em 2012 e relatada pelo Ministro Marco Aurélio).

23. É livre a **manifestação do pensamento**, vedado o anonimato, e assegurado direito de resposta proporcional ao agravo, **além** de eventual indenização por dano material, moral ou à imagem (a resposta não exclui o dever de indenizar).

24. "(...) (a) os **escritos anônimos** não podem justificar, só por si, desde que isoladamente considerados, a imediata instauração da *persecutio criminis*, eis que **peças apócrifas** não podem ser incorporadas, formalmente, ao processo, salvo quando tais documentos forem produzidos pelo acusado, ou, ainda, quando constituírem, eles próprios, o corpo de delito (como sucede com bilhetes de resgate no delito de extorsão mediante sequestro, ou como ocorre com cartas que evidenciem a prática de crimes contra a honra, ou que corporifiquem o delito de ameaça ou que materializem o *crimen falsi*, p. ex.); (b) nada impede, contudo, que o Poder Público provocado por delação anônima ('disque-denúncia', p. ex.), adote medidas informais destinadas a apurar, previamente, em averiguação sumária, 'com prudência e discrição', a possível ocorrência de eventual situação de ilicitude penal, desde que o faça com o objetivo de conferir a verossimilhança dos fatos nela denunciados, em ordem a promover, então, em caso positivo, a formal instauração da *persecutio criminis*, mantendo-se, assim, completa desvinculação desse procedimento estatal em relação às peças apócrifas; e (c) o Ministério Público, de outro lado, independentemente da prévia instauração de inquérito policial, também pode formar a sua *opinio delicti* com apoio em outros elementos de convicção que evidenciem a materialidade do fato delituoso e a existência de indícios suficientes de sua autoria, desde que os dados informativos que dão suporte à acusação penal não tenham, como único fundamento causal, documentos ou escritos anônimos." (Inq 1.957, Rel. Min. Carlos Velloso, voto do Min. Celso de Mello, julgamento em 11-5-2005, Plenário, DJ de 11-11-2005.)

25. Inviolabilidade do domicílio

INVIOLABILIDADE DO DOMICÍLIO	
Regra	**Exceções: hipóteses em que se pode penetrar em casa mesmo sem o consentimento do morador**
A casa (englobando escritórios, motéis, hotéis e congêneres, segundo o STF) é asilo inviolável do indivíduo e nela ninguém pode penetrar sem consentimento do morador.	**a) a qualquer horário:** em caso de flagrante delito ou desastre, ou para prestar socorro **b) somente durante o dia:** por determinação judicial.

- De acordo com a posição do STF no HC 93.050, julgado em 2008 e relatado pelo ministro Celso de Mello, para os fins da proteção jurídica a que se refere o art. 5º, XI, da CF, **"o conceito normativo de 'casa' revela-se abrangente** e, por estender-se a qualquer compartimento privado não aberto ao público, onde alguém exerce profissão ou atividade (CP, art. 150, § 4º, III), compreende, observada essa específica limitação espacial (área interna não acessível ao público), os escritórios profissionais, inclusive os de contabilidade. Sem que ocorra qualquer das situações excepcionais taxativamente previstas no texto constitucional (art. 5º, XI), nenhum agente público, ainda que vinculado à administração tributária do Estado, poderá, contra a vontade de quem de direito ('invito domino'), ingressar, durante o dia, sem mandado judicial, em espaço privado não aberto ao público, onde alguém exerce sua atividade profissional, sob pena de a prova resultante da diligência de busca e apreensão assim executada reputar-se inadmissível, porque impregnada de ilicitude material. O atributo da autoexecutoriedade dos atos administrativos, que traduz expressão concretizadora do 'privilège du preálable', não prevalece sobre a garantia constitucional da inviolabilidade domiciliar, ainda que se cuide de atividade exercida pelo Poder Público em sede de fiscalização tributária."
- O conceito normativo de casa é abrangente; assim, qualquer compartimento privado onde alguém exerce profissão ou atividade está protegido pela inviolabilidade do domicílio. Apesar disso, **há a possibilidade de se instalar escuta ambiental em escritório de advocacia que seja utilizado como reduto para a prática de crimes, conforme já decidiu o STF**: "Escuta ambiental e exploração de

local. Captação de sinais óticos e acústicos. Escritório de advocacia. Ingresso da autoridade policial, no período noturno, para instalação de equipamento. Medidas autorizadas por decisão judicial. Invasão de domicílio. Não caracterização. (...) Inteligência do art. 5º, X e XI, da CF; art. 150, § 4º, III, do CP; e art. 7º, II, da Lei 8.906/1994. (...) Não opera a inviolabilidade do escritório de advocacia, quando o próprio advogado seja suspeito da prática de crime, sobretudo concebido e consumado no âmbito desse local de trabalho, sob pretexto de exercício da profissão." (Inq 2.424, julgado em 2008 e relatado pelo Ministro Cezar Peluso).

- Para que se considere flagrante delito a fim de justificar a invasão domiciliar, necessária justa causa. "**Não configura justa causa apta a autorizar invasão domiciliar a mera intuição da autoridade policial de eventual traficância** praticada por indivíduo, fundada unicamente em sua fuga de local supostamente conhecido como ponto de venda de drogas, ante iminente abordagem policial." (STJ. 6ª Turma. REsp 1574681-RS, Rel. Min. Rogério Schietti Cruz, julgado em 20/4/2017- Info 606)

26. É assegurado a todos o **acesso à informação** e resguardado o sigilo da fonte, quando necessário ao exercício profissional.

- "O sigilo profissional constitucionalmente determinado não exclui a possibilidade de **cumprimento de mandado de busca e apreensão em escritório de advocacia**. O local de trabalho do advogado, desde que este seja investigado, pode ser alvo de busca e apreensão, observando-se os limites impostos pela autoridade judicial. Tratando-se de local onde existem documentos que dizem respeito a outros sujeitos não investigados, é indispensável a especificação do âmbito de abrangência da medida, que não poderá ser executada sobre a esfera de direitos de não investigados. Equívoco quanto à indicação do escritório profissional do paciente, como seu endereço residencial, deve ser prontamente comunicado ao magistrado para adequação da ordem em relação às cautelas necessárias, sob pena de tornar nulas as provas oriundas da medida e todas as outras exclusivamente delas decorrentes. Ordem concedida para declarar a nulidade das provas oriundas da busca e apreensão no escritório de advocacia do paciente, devendo o material colhido ser desentranhado dos autos do Inq 544 em curso no STJ e devolvido ao paciente, sem que tais provas, bem assim quaisquer das informações oriundas da execução da medida, possam ser usadas em relação ao paciente ou a qualquer outro investigado, nesta ou em outra investigação." (HC 91.610, julgado em 2010 e relatado pelo Ministro Gilmar Mendes).

27. Ninguém será privado de direitos por motivo de crença religiosa ou de convicção filosófica ou política, salvo se as invocar para eximir-se de obrigação legal a todos imposta e recusar-se a cumprir prestação alternativa, fixada em lei;

- Apesar de a prestação de serviço militar ser obrigatória (art. 143, *caput*, da CF), a recusa em cumpri-la é admitida sob a alegação do direito de escusa de consciência, cabendo, nesse caso, às forças armadas atribuir àquele que exercer esse direito serviço alternativo em tempo de paz (art. 143, § 1º, da CF), cuja recusa enseja como sanção a declaração da **perda** dos direitos políticos (art. 15, IV, da CF). A matéria é regulamentada, ainda, pela Lei Federal nº 8.239, de 1991, segundo a qual será atribuído **serviço alternativo ao serviço militar obrigatório aos que, em tempo de paz, após alistados, alegarem imperativo de consciência decorrente de crença religiosa ou de convicção filosófica ou política, para se eximirem de atividades de caráter essencialmente militar**. O mesmo diploma legal define, ademais, o que se entende por serviço alternativo, a ser prestado em substituição às atividades de caráter essencialmente militar.

- Destaca-se que, tradicionalmente, a doutrina sempre se pronunciou no sentido de que a recusa prestação alternativa implica na **perda** dos direitos políticos. Entretanto, o art. 4º, § 2º, da Lei 8.239/91 (que regulamenta o art. 143, §§ 1º e 2º da Constituição Federal, sobre a prestação de Serviço Alternativo ao Serviço Militar Obrigatório), enuncia que a recusa de prestação alternativa gerará a **suspensão** dos direitos políticos.

28. Consoante art. 210, § 1º, da CF, o **ensino religioso**, de **matrícula facultativa**, constituirá disciplina dos horários normais das escolas públicas de ensino fundamental. Note que, por apenas o **oferecimento da disciplina ser obrigatório**, mas não a matrícula, não há que se falar em qualquer ofensa à liberdade de crença, pois aquele que não quiser participar da disciplina simplesmente não precisa se matricular.

29. É assegurada, nos termos da lei, a **proteção às participações individuais em obras coletivas e à reprodução da imagem e voz humanas, inclusive** nas atividades desportivas.

30. A **sucessão de bens de estrangeiros situados no País** será regulada pela lei brasileira em benefício do cônjuge ou dos filhos brasileiros, sempre que não lhes seja mais favorável a lei pessoal do "de cujus". Em outras palavras: **aplica-se a lei brasileira, salvo se a do falecido for mais favorável**.

31. O **sigilo da correspondência e das comunicações telegráficas, de dados e das comunicações telefônicas** é inviolável, **salvo**, no último caso, por **ordem judicial**, nas hipóteses e na forma que a lei estabelecer para fins de **investigação criminal ou instrução processual penal** (não para processo civil).

- Os sigilos bancário e fiscal estão incluídos na proteção ao **sigilo de dados**.

- **O STF já firmou posicionamento no sentido que a interceptação telefônica se submete à reserva de jurisdição, sem exceção**. Vale ressaltar que se a gravação for feita por um dos interlocutores, desconfigura-se a interceptação telefônica, restando mera gravação ambiental (RE 453.562-AgR, julgado em 2008 e relatado pelo Ministro Joaquim Barbosa).

- Importante destacar que a **interceptação** (gravações de conversas presentes e futuras) **não se confunde com a quebra de sigilo** (acesso a dados passados). Tal distinção é relevante, pois as CPIs (órgãos que não são investidos de poderes jurisdicionais) até podem determinar a quebra de sigilo de dados telefônicos (registro de chamadas recebidas e efetuadas), mas não a interceptação telefônica.
- Conforme posição do STF no RE 461366, julgado em 2007 e relatado pelo Ministro Marco Aurélio: "**A atuação fiscalizadora do Banco Central do Brasil não encerra a possibilidade de, no campo administrativo, alcançar dados bancários de correntistas**, afastando o sigilo previsto no inciso XII do artigo 5º da Constituição Federal".

32. **Interceptação e prova emprestada**: "Prova emprestada. Penal. Interceptação telefônica. Escuta ambiental. Autorização judicial e produção para fim de investigação criminal. Suspeita de delitos cometidos por autoridades e agentes públicos. Dados obtidos em inquérito policial. Uso em procedimento administrativo disciplinar, contra outros servidores, cujos eventuais ilícitos administrativos teriam despontado à colheita dessa prova. Admissibilidade. Resposta afirmativa a questão de ordem. Inteligência do art. 5º, XII, da CF e do art. 1º da Lei federal 9.296/1996. (...) Dados obtidos em interceptação de comunicações telefônicas e em escutas ambientais, judicialmente autorizadas para produção de prova em investigação criminal ou em instrução processual penal, **podem ser usados em procedimento administrativo disciplinar, contra a mesma ou as mesmas pessoas em relação às quais foram colhidos, ou contra outros servidores cujos supostos ilícitos teriam despontado à colheita dessa prova**." (Inq 2.424-QO-QO, Rel. Min. Cezar Peluso, julgamento em 20-6-2007, Plenário, DJ de 24-8-2007).

33. **Interceptação e prorrogações sucessivas de prazo**: "É lícita a interceptação telefônica, determinada em decisão judicial fundamentada, quando necessária, como único meio de prova, à apuração de fato delituoso. (...) **É lícita a prorrogação do prazo legal de autorização para interceptação telefônica, ainda que de modo sucessivo**, quando o fato seja complexo e, como tal, exija investigação diferenciada e contínua. (...) O ministro relator de inquérito policial, objeto de supervisão do STF, tem competência para determinar, durante as férias e recesso forenses, realização de diligências e provas que dependam de decisão judicial, inclusive interceptação de conversação telefônica. (...) O disposto no art. 6º, § 1º, da Lei federal 9.296, de 24-7-1996, só comporta a interpretação sensata de que, salvo para fim ulterior, só é exigível, na formalização da prova de interceptação telefônica, a transcrição integral de tudo aquilo que seja relevante para esclarecer sobre os fatos da causa sub iudice." (Inq 2.424, Rel. Min. Cezar Peluso, julgamento em 26-11-2008, Plenário, DJE de 26-3-2010.)

34. **Interceptação e encontro fortuito de prova em crime punido com detenção:** Encontro fortuito de prova da prática de crime punido com detenção. (...) O STF, como intérprete maior da CR, considerou compatível com o art. 5º, XII e LVI, o uso de prova obtida fortuitamente através de interceptação telefônica licitamente conduzida, ainda que o crime descoberto, conexo ao que foi objeto da interceptação, seja punido com detenção." (AI 626.214-AgR, Rel. Min. Joaquim Barbosa, julgamento em 21-9-2010, Segunda Turma, DJE de 8-10-2010.)

35. Segundo o STF, **a análise dos últimos registros telefônicos em aparelhos celulares apreendidos após a efetuação de prisão em flagrante é lícita**. Assim restou decidido no HC 91.867, julgado em 2012 e relato pelo Ministro Gilmar Mendes: "Suposta ilegalidade decorrente do fato de os policiais, após a prisão em flagrante do corréu, terem realizado a análise dos últimos registros telefônicos dos dois aparelhos celulares apreendidos. Não ocorrência. 2.2 Não se confundem comunicação telefônica e registros telefônicos, que recebem, inclusive, proteção ju-rídica distinta. Não se pode interpretar a cláusula do artigo 5º, XII, da CF, no sentido de proteção aos dados enquanto registro, depósito re-gistral. A proteçãoconstitucional é da comunicação de dados e não dos dados. 2.3 Art. 6º do CPP: dever da autoridade policial de proceder à coleta do material comprobatório da prática da infração penal. Ao proceder à pesquisa na agenda eletrônica dos aparelhos devidamente apreendidos, meio material indireto de prova, a autoridade policial, cumprindo o seu mister, buscou, unicamente, colher elementos de in-formação hábeis a esclarecer a autoria e a materialidade do delito (dessa análise logrou encontrar ligações entre o executor do homicídio e o ora paciente). Verificação que permitiu a orientação inicial da linha investigatória a ser adotada, bem como possibilitou concluir que os aparelhos seriam relevantes para a investigação. 2.4 À guisa de mera argumentação, mesmo que se pudesse reputar a prova produzida como ilícita e as demais, ilícitas por derivação, nos termos da teoria dos frutos da árvore venenosa (fruit of the poisonous tree), é certo que, ainda assim, melhor sorte não assistiria à defesa. É que, na hipótese, não há que se falar em prova ilícita por derivação. Nos termos da teoria da descoberta inevitável, construída pela Suprema Corte norte-americana no caso Nix x Williams (1984), o curso normal das investigações conduziria a elementos informativos que vinculariam os pacientes ao fato investigado. Bases desse entendimento que parecem ter encontrado guarida no ordenamento jurídico pátrio com o advento da Lei 11.690/2008, que deu nova redação ao art. 157 do CPP, em especial o seu §2º.

Segundo o STF, "o acesso direto a aparelhos telefônicos e à residência de suspeitos, sem autorização judicial, fora das hipóteses de flagrante e sem o estabelecimento de procedimentos bem delimitados que garantam a observância dos direitos fundamentais, também conflita com o direito fundamental à não autoincriminação." (STF. HC 168052/SP, rel. Min. Gilmar Mendes, julgamento em 11.6.2019. (HC-168052). (Info 944).)

36. "O princípio constitucional da reserva de jurisdição – que incide sobre as hipóteses de busca domiciliar (CF, art. 5º, XI), de interceptação telefônica (CF, art. 5º, XII) e de decretação da prisão, ressalvada a situação de flagrância penal (CF, art. 5º, LXI) – **não se estende ao tema da quebra de sigilo, pois, em tal matéria, e por efeito de expressa autorização dada pela própria CR (CF, art. 58, § 3º), assiste competência à CPI, para decretar, sempre em ato necessariamente motivado, a excepcional ruptura dessa esfera de privacidade das pessoas.**" (MS 23.652, julgado no ano 2000 e relatado pelo Ministro Celso de Mello).

- Segundo a jurisprudência do STF, "**A quebra do sigilo inerente aos registros bancários, fiscais e telefônicos, por traduzir medida de caráter excepcional, revela-se incompatível com o ordenamento constitucional, quando fundada em deliberações emanadas de CPI cujo suporte decisório apoia-se em formulações genéricas, destituídas da necessária e específica indicação de causa provável**, que se qualifica como pressuposto legitimador da ruptura, por parte do Estado, da esfera de intimidade a todos garantida pela CR. Precedentes. Doutrina. O controle jurisdicional de abusos praticados por CPI não ofende o princípio da separação de poderes. O STF, quando intervém para assegurar as franquias constitucionais e para garantir a integridade e a supremacia da Constituição, neutralizando, desse modo, abusos cometidos por CPI, desempenha, de maneira plenamente legítima, as atribuições que lhe conferiu a própria Carta da República. O regular exercício da função jurisdicional, nesse contexto, porque vocacionado a fazer prevalecer a autoridade da Constituição, não transgride o princípio da separação de Poderes. Doutrina. Precedentes." (MS 25.668, julgado em 2006 e relatado pelo Ministro Celso de Mello).

37. Segundo o entendimento do STF, "**A administração penitenciária**, com fundamento em razões de segurança pública, de disciplina prisional ou de preservação da ordem jurídica, **pode, sempre excepcionalmente**, e desde que respeitada a norma inscrita no art. 41, parágrafo único, da Lei 7.210/1984, **proceder à interceptação da correspondência remetida pelos sentenciados, eis que a cláusula tutelar da inviolabilidade do sigilo epistolar não pode constituir instrumento de salvaguarda de práticas ilícitas.**" (HC 70.814, Rel. Min. Celso de Mello, julgamento em 1º-3-1994, Primeira Turma, DJ de 24-6-1994.)

38. Assegura-se a todos, **independentemente do** pagamento de taxas, o **direito de petição** aos Poderes Públicos em defesa de direitos ou contra ilegalidade ou abuso de poder.

- "O **direito de petição**, presente em todas as Constituições brasileiras, qualifica-se como importante prerrogativa de caráter democrático. Trata-se de **instrumento jurídico-constitucional posto à disposição de qualquer interessado – mesmo daqueles destituídos de personalidade jurídica** –, com a explícita finalidade de viabilizar a defesa, perante as instituições estatais, de direitos ou valores revestidos tanto de natureza pessoal quanto de significação coletiva. Entidade sindical que pede ao PGR o ajuizamento de ação direta perante o STF. *Provocatio ad agendum*. Pleito que traduz o exercício concreto do direito de petição. Legitimidade desse comportamento." (STF. ADI 1.247, julgada em 2005 e relatada pelo Ministro Celso de Mello).

39. É livre o direito de reunião pacífica, não sendo necessária autorização. Entretanto, exige-se **prévio aviso** (não pedido de autorização) à autoridade competente, para que não frustre outra reunião anteriormente convocada.

- **Atenção!** A finalidade do direito de reunião é a manifestação do pensamento. A liberdade ambulatorial constitui apena um meio para o exercício do direito de reunião. Nesse sentido, diante de uma violação ao direito fundamental, líquido e certo, de reunião, cabível será o **mandado de segurança**, não o habeas corpus.

40. No caso de iminente perigo público, a autoridade competente poderá usar de propriedade particular, assegurada ao proprietário **indenização ulterior**, apenas **se houver dano** (e não em qualquer caso).

41. Associações

ASSOCIAÇÕES	
OBJETIVO	**EXIGÊNCIAS**
1. Criação	Não depende de autorização do poder público. É **vedada** a criação de associações de caráter paramilitar
2. Suspensão das Atividades	Somente por decisão Judicial
3. Dissolução	Somente por decisão judicial com trânsito em julgado

- A jurisprudência do STF **não é pacífica** quanto ao fato de as pessoas jurídicas serem titulares da liberdade de associação. Vale destacar trecho da ADI 2054: "I. Liberdade de associação. 1. Liberdade negativa de associação: sua existência, nos textos constitucionais anteriores, como corolário da liberdade positiva de associação e seu alcance e inteligência, na Constituição, quando se cuide de entidade destinada a viabilizar a gestão coletiva de arrecadação e distribuição de direitos autorais e conexos, cuja forma e organização se remeteram à lei. 2. Direitos autorais e conexos: sistema de gestão coletiva de arrecadação e distribuição por meio do ECAD (L 9610/98, art. 99), sem ofensa do art. 5º, XVII e XX, da Constituição, cuja aplicação, na esfera dos direitos autorais e conexos, hão de conciliar-se com o disposto no art. 5º, XXVIII, b, da própria Lei Fundamental. 3. **Liberdade de associação: garantia constitucional de duvidosa extensão às pessoas jurídicas** (ADI 2054, julgado em 2003 e relatado pelo Ministro Ilmar Galvão).

- Conforme entendimento do STF, "A **obrigatoriedade do visto de advogado para o registro de atos e contratos constitutivos de pessoas jurídicas** (art. 1º, § 2º, da Lei 8.906/1994) **não ofende** os princípios constitucionais da isonomia e da liberdade associativa." (ADI 1.194, Rel. p/ o ac. Min. Cármen Lúcia, julgamento em 20-5-2009, Plenário, DJE de 11-9-2009.)

42. Súmula 654 do STF: "A garantia da irretroatividade da lei, prevista no art. 5º, XXXVI, da Constituição da República, não é invocável pela entidade estatal que a tenha editado".

43. Somente os crimes de racismo e de ações de grupos armadas, civis ou militares, contra a ordem constitucional e o Estado Democrático são **imprescritíveis** (além de inafiançáveis). Já os crimes de tortura, tráfico ilícito de entorpecentes e drogas afins, terrorismo e os definidos em lei como hediondos, são **insuscetíveis de graça ou anistia** (além de inafiançáveis).

CRIME	INAFIANÇÁVEL	IMPRESCRITÍVEL	INSUSCETÍVEL DE GRAÇA OU ANISTIA
Racismo	Sim	Sim	Não
Ações de Grupos Armados, Civis ou Militares contra a Ordem Constitucional e o Estado Democrático	Sim	Sim	Não
Tortura	Sim	Não	Sim
Tráfico Ilícito de Entorpecentes e Drogas Afins	Sim	Não	Sim
Terrorismo	Sim	Não	Sim
Hediondo	Sim	Não	Sim

- Dica para memorização: **TTTH** prescrevem! (**T**ortura, **T**ráfico Ilícito de Entorpecentes e Drogas Afins, **T**errorismo e **H**ediondos).
- Vale destacar que os crimes insuscetíveis de graça ou anistia também não admitem **indulto** (que é espécie de graça, segundo entendimento do STF exposto no HC 84.312) e **comutação de pena** (que é tipo de indulto, também segundo o STF em julgamento do HC 84.312).
- No julgamento do HC 82424, julgado em 2003 e relatado para o acórdão pelo Ministro Maurício Corrêa, em que se discutia o **alcance da expressão "racismo"**, contida no inciso XLII do art. 5º, da CF, ("a prática do racismo constitui crime inafiançável e imprescritível, sujeito à pena de reclusão, nos termos da lei;"), o Tribunal, por maioria, acompanhou o voto proferido pelo Min. Maurício Corrêa no sentido do indeferimento do writ, sob o entendimento de que **o racismo é antes de tudo uma realidade social e política, sem nenhuma referência à raça enquanto caracterização física ou biológica, refletindo, na verdade, reprovável comportamento que decorre da convicção de que há hierarquia entre os grupos humanos, suficiente para justificar atos de segregação, inferiorização e até de eliminação de pessoas.** O Min. Marco Aurélio, ao proferir seu voto, salientando a necessidade do exame da causa em face da realidade social brasileira – na qual não há predisposição para a prática de discriminação contra o povo judeu, diferentemente do que ocorre com o negro, para o qual a CF/88 conferiu a proteção prevista no inciso XLII do art. 5º –, e tendo em conta a colisão entre os direitos fundamentais da liberdade de expressão e da proteção à dignidade do povo judeu, considerou não demonstrado que a conduta do paciente pudesse resultar em incitação à prática de discriminação ou colocar em risco a segurança do povo judeu, a justificar limitação do direito à liberdade de expressão. (Informativo 321 do STF). **A incitação de ódio público feita por líder religioso contra outras religiões pode configurar o crime de racismo, não sendo protegida pela liberdade de expressão.** (STF. 2ª Turma. RHC 146303/RJ, rel. Min. Edson Fachin, red. p/ o ac. Min. Dias Toffoli, julgado em 6/3/2018- Info 893).

Nesse mesmo sentido, entendeu que a expressão "racismo" alcança também a homotransfobia. (STF. ADO 26/DF, rel. Min. Celso de Mello, julgamento em 13.6.2019. (ADO-26) MI 4733/DF, rel. Min. Edson Fachin, julgamento em 13.6.2019. (MI-4733) (Info 944).

Outra limitação apontada pelo STF à liberdade de expressão diz respeito a atentados contra o Estado de Direito e a democracia: "A liberdade de expressão existe para a manifestação de opiniões contrárias, jocosas, satíricas e até mesmo errôneas, mas não para opiniões criminosas, discurso de ódio ou atentados contra o Estado Democrático de Direito e a democracia." (STF, Info 1051, AP 1.044-DF, rel. min. Alexandre de Moraes, julgado em 20/04/2022).

"A liberdade de expressão não alcança a prática de discursos dolosos, com intuito manifestamente difamatório, de juízos depreciativos de mero valor, de injúrias em razão da forma ou de críticas aviltantes. É possível vislumbrar restrições à livre manifestação de ideias, inclusive mediante a aplicação da lei penal, em atos, discursos ou ações que envolvam, por exemplo, a pedofilia, nos casos de discursos que incitem a violência ou quando se tratar de discurso com intuito manifestamente difamatório." (STF, info 1053, – Pet 8242 AgR/DF, Pet 8259 AgR/DF, Pet 8262 AgR/DF, Pet 8263 AgR/ DF, Pet 8267 AgR/ DF e Pet 8366 AgR/DF rel. min. Gilmar Mendes, julgado em: 03/05/2022)

44. A CF garante que não haverá prisão civil por dívida, **salvo** a do responsável pelo inadimplemento voluntário e inescusável (não desculpável) de obrigação alimentícia e a do depositário infiel (mas o STF já declarou inaplicável a prisão civil do depositário infiel).

45. O Estado prestará **assistência jurídica integral e gratuita** (apenas) aos que comprovarem **insuficiência de recursos** (e não a todos, indistintamente).

46. Todos têm direito a receber dos órgãos públicos informações de seu interesse particular, ou de interesse coletivo ou geral, que serão prestadas no prazo da lei, sob pena de responsabilidade, **ressalvadas aquelas cujo sigilo seja imprescindível à segurança da sociedade e do Estado, não** havendo prevalência do direito individual neste caso.

47. O registro civil de nascimento e a certidão de óbito são gratuitos **apenas aos reconhecidamente pobres**.

48. É livre o exercício de qualquer trabalho, ofício ou profissão, **desde que** atendidas as qualificações profissionais que a lei estabelecer.

- "O **jornalismo** é uma profissão diferenciada por sua estreita vinculação ao pleno exercício das liberdades de expressão e de informação. O jornalismo é a própria manifestação e difusão do pensamento e da informação de forma contínua, profissional e remunerada. Os jornalistas são aquelas pessoas que se dedicam profissionalmente ao exercício pleno da liberdade de expressão. O jornalismo e a liberdade de expressão, portanto, são atividades que estão imbricadas por sua própria natureza e não podem ser pensadas e tratadas de forma separada. Isso implica, logicamente, que a interpretação do art. 5º, XIII, da Constituição, na hipótese da profissão de jornalista, se faça, impreterivelmente, em conjunto com os preceitos do art. 5º, IV, IX, XIV, e do art. 220, da Constituição, que asseguram as liberdades de expressão, de informação e de comunicação em geral. (...) No campo da profissão de jornalista, não há espaço para a regulação estatal quanto às qualificações profissionais. **O art. 5º, IV, IX, XIV, e o art. 220 não autorizam o controle, por parte do Estado, quanto ao acesso e exercício da profissão de jornalista. Qualquer tipo de controle desse tipo, que interfira na liberdade profissional no momento do próprio acesso à atividade jornalística, configura, ao fim e ao cabo, controle prévio que, em verdade, caracteriza censura prévia das liberdades de expressão e de informação, expressamente vedada pelo art. 5º, IX, da Constituição.** A impossibilidade do estabelecimento de controles estatais sobre a profissão jornalística leva à conclusão de que não pode o Estado criar uma ordem ou um conselho profissional (autarquia) para a fiscalização desse tipo de profissão. O exercício do poder de polícia do Estado é vedado nesse campo em que imperam as liberdades de expressão e de informação. Jurisprudência do STF: Representação 930, Rel. p/ o ac. Min. Rodrigues Alckmin, DJ de 2-9-1977." (RE 511.961, julgado em 2009 e relatado pelo Ministro Gilmar Mendes).
- "Nem todos os ofícios ou profissões podem ser condicionadas ao cumprimento de condições legais para o seu exercício. A regra é a liberdade. Apenas quando houver potencial lesivo na atividade é que pode ser exigida inscrição em conselho de fiscalização profissional. **A atividade de músico prescinde de controle**. Constitui, ademais, manifestação artística protegida pela garantia da liberdade de expressão." (RE 414.426, Rel. Min. Ellen Gracie, julgamento em 1º-8- 2011, Plenário, DJE de 10-10-2011.)
- Já entendeu o STF, segundo noticiado no Informativo nº 748, que **"A exigência, pela Fazenda Pública, de prestação de fiança, garantia real ou fidejussória para a impressão de notas fiscais de contribuintes em débito com o Fisco viola as garantias do livre exercício do trabalho, ofício ou profissão** (CF, art. 5º, XIII), da atividade econômica (CF, art. 170, parágrafo único) e do devido processo legal (CF, art. 5º, LIV)" (RE 565048, julgado em 2014 e relatado pelo Ministro Marco Aurélio).

49. A lei assegurará aos autores de inventos industriais **privilégio temporário** para sua utilização, bem como proteção às criações industriais, à propriedade das marcas, aos nomes de empresas e a outros signos distintivos, tendo em vista o interesse social e o desenvolvimento tecnológico e econômico do País.

50. O Supremo Tribunal Federal entende que decorre da regra que veda a utilização no processo de provas obtidas por meios ilícitos a proibição de utilização também das provas derivadas das ilícitas – teoria que se tornou conhecida pela alcunha de **"frutos da árvore envenenada"**. Todas essas provas são consideradas **nulas**. Entretanto, a jurisprudência daquele tribunal admite a utilização das provas derivadas das ilícitas em processo penal, quando a acusação demonstrar que as provas derivadas advêm de uma **fonte independente** (RHC 90.376, julgado em 2007 e relatado pelo Ministro Celso de Mello).

- O STF, como intérprete maior da Constituição Federal, considerou **compatível com o art. 5º, XII e LVI, o uso de prova obtida fortuitamente através de interceptação telefônica licitamente conduzida**, ainda que o crime descoberto, conexo ao que foi objeto da interceptação, seja punido com detenção." (AI 626.214, julgado em 2010 e relatado pelo Ministro Joaquim Barbosa).

51. A prisão de qualquer pessoa e o local onde se encontre serão comunicados imediatamente ao juiz competente e à família do preso ou à pessoa por ele indicada

52. É assegurada, nos termos da lei, a prestação de **assistência religiosa** nas entidades civis e militares de internação coletiva.

53. De acordo com entendimento da **Súmula vinculante 14 do STF**, é direito do defensor, no interesse do representado, ter acesso amplo aos elementos de prova que, **já documentados em procedimento investigatório realizado por órgão com competência de polícia judiciária, digam respeito ao exercício do direito de defesa** em procedimento investigatório realizado por órgão com competência de polícia judiciária.

- Sobre a Súmula vinculante 14, destaca-se o seguinte precedente representativo: 4. **Há, é verdade, diligências que devem ser sigilosas, sob o risco do comprometimento do seu bom sucesso. Mas, se o sigilo é aí necessário à apuração e à atividade instrutória, a formalização documental de seu resultado já não pode ser subtraída ao indiciado nem ao defensor, porque, é óbvio, cessou a causa mesma do sigilo.** (...) Os atos de instrução, enquanto documentação dos elementos retóricos colhidos na investigação, esses devem estar acessíveis ao indiciado e ao defensor, à luz da Constituição da República, que garante à classe dos acusados, na qual não deixam de situar-se o indiciado e o investigado mesmo, o direito de defesa. O sigilo aqui, atingindo a defesa, frustra-lhe, por conseguinte, o exercício. (...) 5. Por outro lado, o instrumento disponível para assegurar a intimidade dos investigados (...) não figura título jurídico para limitar a defesa nem a publicidade, enquanto direitos do acusado. E invocar a intimidade dos demais acusados, para impedir o acesso aos autos, importa restrição ao direito de cada um do envolvidos, pela razão manifesta de que os impede a todos de conhecer o que, documentalmente, lhes seja contrário. Por isso, a autoridade que investiga deve, mediante expedientes adequados, aparelhar-se para permitir que a defesa de cada paciente tenha acesso, pelo menos, ao que diga respeito ao seu constituinte." HC 88.190 (DJ 6.10.2006) – Relator Ministro Cezar Peluso – Segunda Turma.

54. **Nenhuma pena** passará da pessoa do condenado, podendo a obrigação de reparar o dano e a decretação do perdimento de bens ser, nos termos da lei, estendidas aos sucessores e contra eles executadas, **até o limite** do valor do patrimônio transferido (art. 5º, XLV, da CF).

55. De acordo com o art. 5º, LXVI, da CF, ninguém será levado à prisão ou nela mantido, quando a lei admitir a **liberdade provisória**, com ou sem fiança. O Plenário do **STF já declarou, incidentalmente, a inconstitucionalidade da vedação da liberdade provisória constante do art. 44, caput, da Lei 11.343/2006 (Lei de Drogas)**. "(...) essa vedação apriorística de concessão de liberdade provisória (Lei 11.343/2006, art. 44) é incompatível com o princípio constitucional da presunção de inocência, do devido processo legal, entre outros. É que a Lei de Drogas, ao afastar a concessão da liberdade provisória de forma apriorística e genérica, retira do juiz competente a oportunidade de, no caso concreto, analisar os pressupostos da necessidade do cárcere cautelar, em inequívoca antecipação de pena, indo de encontro a diversos dispositivos constitucionais. (...) a segregação cautelar – mesmo nos crimes atinentes ao tráfico ilícito de entorpecentes – deve ser analisada tal quais as prisões decretadas nos casos dos demais delitos previstos no ordenamento jurídico, o que conduz à necessidade de serem apreciados os fundamentos da decisão que denegou a liberdade provisória ao ora paciente, no intuito de verificar se estão presentes os requisitos do art. 312 do CPP que rege a matéria. (...) Ante o exposto, declaro, *incidenter tantum*, a inconstitucionalidade da vedação à liberdade provisória imposta pelo art. 44 da Lei 11.343/2006." (HC 104.339, julgado em 2012 e relatado pelo Ministro Gilmar Mendes).

56. De acordo com posição consolidada do Supremo Tribunal Federal, **a exigência de depósito prévio** como requisito de admissibilidade de ação judicial na qual se pretenda discutir a exigibilidade de crédito tributário **ofende a garantia de acesso ao Poder Judiciário**. Essa é a conclusão que se extrai da **Súmula Vinculante 28**, aprovada em 2010.

57. Súmula 667 do STF: viola a garantia constitucional de acesso à jurisdição a **taxa judiciária calcada sem limite sobre o valor da causa**.

58. No bojo do RHC 79785, julgado em 2002, o STF se pronunciou no sentido de que o **duplo grau de jurisdição** não seria uma garantia constitucional. Entretanto, em 2007, no HC 88.420, julgado em 2007, a Suprema Corte relativizou a negativa, passando a entender aplicável o duplo grau de jurisdição como uma garantia constitucional implícita, que decorre da previsão da existência e competência dos Tribunais para apreciação de decisões proferidas em instâncias inferiores. Vale ainda destacar que a existência de processos com instância única ou originária (AP 470, sobre o Mensalão, v.g.) faz parte da lógica constitucional, impondo uma ponderação de valores. Nos casos de instância única, não se aplica o duplo grau, mas isso não significa que ele deixa de existir como uma garantia implícita.

59. No bojo do RE 207.732, julgado em 2002 e relatado pela Ministra Ellen Gracie, o STF definiu que: "**Cabe ao Estado o custeio do exame de DNA para os beneficiários da Assistência Judiciária gratuita, em virtude da auto-executoriedade do art. 5º, LXXIV, da CF**, possibilitando o amplo acesso à Justiça e a igualdade no litígio para os menos favorecidos, sendo incabível a discussão de descumprimento do precatório judicial, tendo em vista que não existe lide entre o Estado agravante e as partes do processo contencioso (...)". Assim, a alternativa está incorreta porque a obrigação de o Estado-membro custear o exame de DNA em favor de hipossuficientes **não é condicional**, mas sim direta, imediata e integral.

60. Nos autos da ADPF 87, julgada em 2011 e relatada pelo Ministro Celso de Mello, cujo tema era a "**Marcha da Maconha**", o STF assim se manifestou: "[...] o presente feito não teria por objetivo discutir eventuais propriedades terapêuticas ou supostas virtudes medicinais ou possíveis efeitos benéficos resultantes da utilização de drogas ou de qualquer outra substância entorpecente. Destacou-se estar em jogo a proteção às liberdades individuais de reunião e de manifestação do pensamento. Em passo seguinte, assinalou-se que a liberdade de reunião, enquanto direito-meio, seria instrumento **viabilizador da liberdade de expressão e qualificar-se-ia como elemento apto a propiciar a ativa participação da sociedade civil na vida política do Estado.** A praça pública, desse modo, desde que respeitado o direto de reunião, passaria a ser o espaço, por excelência, para o debate. E, nesse sentido, salientou-se que **esta Corte, há muito, firmara compromisso com a preservação da integridade das liberdades fundamentais contra o arbítrio do Estado.** [...] Dessa forma, esclareceu-se que **seria nociva e perigosa a pretensão estatal de reprimir a liberdade de expressão, fundamento da ordem democrática, haja vista que não poderia dispor de poder algum sobre a palavra, as idéias e os modos de sua manifestação. Afirmou-se que, conquanto a livre expressão do pensamento não se revista de caráter absoluto, destinar-se-ia a proteger qualquer pessoa cujas opiniões pudessem conflitar com as concepções prevalecentes, em determinado momento histórico, no meio social"**.

61. A **proibição de tratamento caricatural e humorístico a candidatos a cargos eletivos, no período eleitoral, constitui ofensa à liberdade de imprensa**. Assim decidiu o STF na ADI 4451: "Não cabe ao Estado, por qualquer dos seus órgãos, definir previamente o que pode ou o que não pode ser dito por indivíduos e jornalistas. Dever de omissão que inclui a própria atividade legislativa, pois é vedado à lei dispor sobre o núcleo duro das atividades jornalísticas, assim entendidas as coordenadas de tempo e de conteúdo da manifestação do pensamento, da informação e da criação lato sensu. Vale dizer: não há liberdade de imprensa pela metade ou sob as tenazes da censura prévia, pouco importando o poder estatal de que ela provenha. Isso porque a liberdade de imprensa não é uma bolha normativa ou uma fórmula prescritiva oca. Tem conteúdo, e esse conteúdo é formado pelo rol de liberdades que se lê a partir da cabeça do art. 220 da CF: liberdade de 'manifestação do pensamento', liberdade de 'criação', liberdade de 'expressão', liberdade de 'informação'. Liberdades constitutivas de verdadeiros bens de personalidade, porquanto correspondentes aos seguintes direitos que o art. 5º da nossa Constituição intitula de 'Fundamentais': 'livre manifestação do pensamento' (inciso IV); 'livre (...) expressão da atividade intelectual, artística, científica e de comunicação' (inciso IX); 'acesso a informação' (inciso XIV). (...) Programas humorísticos, charges e modo caricatural de pôr em circulação ideias, opiniões, frases e quadros espirituosos compõem as atividades de 'imprensa', sinônimo perfeito de 'informação jornalística' (§ 1º do art. 220). Nessa medida, gozam da plenitude de liberdade que é assegurada pela Constituição à imprensa. (...) A liberdade de imprensa assim abrangentemente livre não é de sofrer constrições em período eleitoral. Ela é plena em todo o tempo, lugar e circunstâncias. (ADI 4.451, julgada em 2010 e relatada pelo Ministro Ayres Britto).

62. Para o STF a liberdade de expressão **não** protege os discursos racistas e preconceituosos, o que restou consignado no seguinte julgado: "Liberdade de expressão. Garantia constitucional que não se tem como absoluta. Limites morais e jurídicos. **O direito à livre expressão não pode abrigar, em sua abrangência, manifestações de conteúdo imoral que implicam ilicitude penal**. As liberdades públicas não são incondicionais, por isso devem ser exercidas de maneira harmônica, observados os limites definidos na própria CF (CF, art. 5º, § 2º, primeira parte). **O preceito fundamental de liberdade de expressão não consagra o 'direito à incitação ao racismo', dado que um direito individual não pode constituir-se em salvaguarda de condutas ilícitas, como sucede com os delitos contra a honra.** Prevalência dos princípios da dignidade da pessoa humana e da igualdade jurídica." (HC 82.424, Rel. p/ o ac. Min. Presidente Maurício Corrêa, julgamento em 17-9-2003, Plenário, DJ de 19-3-2004.)

63. Desde o RE 153.531, julgado em 1997 e relatado para o acórdão pelo Ministro Marco Aurélio, o STF **entende que no conflito entre o direito de manifestação cultural e a proibição de práticas de crueldade contra os animais, deve prevalecer esta última**. Vale destacar o seguinte trecho do julgado: "A manifestação cultural deve ser estimulada, mas não a prática cruel. Admitida a chamada "farra do boi", em que uma turba ensandecida vai ensandecida atrás do animal para procedimentos que estarrecem, como vimos, não há poder de polícia que consiga coibir esse procedimento. Não vejo como chegar-se a posição intermediária. A distorção alcançou tal ponto que somente uma medida que obstaculize terminantemente a prática pode evitar o que verificamos nesse ano de 1997 [...] Não se trata, no caso, de uma manifestação cultural que mereça o agasalho da Carta da República. Como disse no início de meu voto, cuida-se de uma prática cuja crueldade é ímpar e decorre das circunstâncias de pessoas envolvidas por paixões condenáveis buscarem, a todo custo, o próprio sacrifício do animal."

64. Segundo a jurisprudência do STF, "[...] no Brasil, sendo o princípio do respeito ao direito adquirido, ao ato jurídico perfeito e à coisa julgada de natureza constitucional, sem qualquer exceção a qualquer espécie de legislação ordinária, **não tem sentido a afirmação de muitos – apegados ao direito de países em que o preceito é de origem meramente legal – de que as leis de ordem pública se aplicam de imediato, alcançando os efeitos futuros do ato jurídico perfeito ou da coisa julgada**, e isso porque, se se alteram os efeitos, é óbvio que se está introduzindo modificação na causa, o que é vedado constitucionalmente." (Rp 1451, julgada em 1988 e relatada pelo Ministro Moreira Alves).

65. Em matéria de **direito intertemporal e direito adquirido**, a Constituição brasileira, de acordo com a jurisprudência do STF, aderiu à chamada teoria **subjetiva,** que veda a retroatividade das leis e a incidência de normas de ordem pública sobre efeitos futuros de negócios jurídicos celebrados no passado. No RE 441.409, julgado em 2007 e relatado pelo Ministro Gilmar Mendes, restou consignado que: "A discussão sobre direito intertemporal assume delicadeza ímpar, entre nós, tendo em vista a disposição constante do art. 5o, inciso XXXVI, da Constituição, que reproduz norma tradicional do direito brasileiro. Os princípios constitucionais do direito adquirido e do ato jurídico perfeito não se mostram aptos a proteger as posições jurídicas contra eventuais mudanças dos institutos ou dos próprios estatutos jurídicos previamente fixados. **Na lição de Moreira Alves, domina, na nossa tradição, a teoria subjetiva do direito adquirido. É o que se lê na seguinte passagem do voto proferido na ADI nº 493, verbis: "Por fim, há de salientar-se que as nossas Constituições, a partir de 1934, e com exceção de 1937, adotaram desenganadamente, em matéria de direito intertemporal, a teoria subjetiva dos direitos adquiridos e não a teoria objetiva da situação jurídica,** que é a teoria de ROUBIER. [...] É certo, outrossim, que a dimensão constitucional que se confere ao princípio do direito adquirido, entre nós, não permite que se excepcionem da aplicação do princípio as chamadas regras de ordem pública. Daí concluir Moreira Alves que o princípio do direito adquirido "se aplica a toda e qualquer lei infraconstitucional, sem qualquer distinção entre lei de direito público e lei de direito privado, ou entre lei de ordem pública e lei dispositiva" [ADI no 493, Relator Ministro Moreira Alves, RTJ 143, p. 724 (746)]. O problema relativo à modificação das situações subjetivas em virtude da mudança de um instituto de direito não passou despercebido a Carlos Maximiliano, que assinala, a propósito, em seu clássico O Direito Intertemporal, *verbis*: "**Não há direito adquirido no tocante a instituições, ou institutos jurídicos. Aplica-se logo, não só a lei abolitiva, mas também a que, sem os eliminar, lhes modifica essencialmente a natureza. Em nenhuma hipótese granjeia acolhida qualquer alegação de retroatividade, posto que, às vezes, tais institutos envolvam certas vantagens patrimoniais que, por eqüidade, o diploma ressalve ou mande indenizar**". (MAXIMILIANO, Carlos. Direito Intertemporal, cit. p. 62).Essa orientação básica, perfilhada por nomes de prol das diferentes correntes jurídicas sobre direito intertemporal, encontrou acolhida na jurisprudência do Supremo Tribunal Federal. Assentou-se que a proteção ao direito adquirido e ao ato jurídico perfeito não obstava à modificação ou à supressão de determinado instituto jurídico. Em acórdão mais recente, proferido no RE no 94.020, de 4 de novembro de 1981, deixou assente a Corte, pela voz do eminente Ministro Moreira Alves: "**em matéria de direito adquirido vigora o princípio – que este Tribunal [...]tem assentado inúmeras vezes – de que não há direito adquirido a regime jurídico de um instituto de direito. Quer isso dizer que, se a lei nova modificar o regime jurídico de determinado instituto de direito (como é o direito de propriedade, seja ela de coisa móvel ou imóvel, ou de marca), essa modificação se aplica de imediato**". [RE no 94.020, Relator Ministro Moreira Alves, RTJ 104, p. 269 (272)].**Esse entendimento tem sido reiterado pelo Supremo Tribunal Federal**. Nesse sentido, arrolo os seguintes precedentes: RE no 105.137, Relator: Ministro Cordeiro Guerra, RTJ 115, p. 379; ERE no 105.137, Relator Ministro Rafael Mayer, RTJ 119, p. 783; RE no 105.322, Relator Ministro Francisco Rezek, RTJ 118, p. 709.

66. Princípio da Razoável Duração do Processo: a todos, no âmbito judicial e administrativo, são assegurados a razoável duração do processo e os meios que garantam a celeridade de sua tramitação.

Direito à proteção de dados

Seguindo uma tendência de proteção aos dados inaugurada pela lei geral de proteção de dados (lei nº 13.709/2018), a EC 115/2022 conferiu à proteção de dados status de direito fundamental, com a inserção do inciso LXXIX no art. 5º da CF/88: "é assegurado, nos termos da lei, o direito à proteção de dados pessoais, inclusive nos meios digitais". A emenda ainda estabeleceu, no art. 21, como competência da União, organizar e fiscalizar a proteção e o tratamento de dados pessoais, bem como, no art. 22, estabeleceu a competência privativa da União para disciplinar a proteção e o tratamento de dados pessoais.

67. Ações ou remédios constitucionais

Habeas Corpus

- Conceder-se-á ***habeas corpus*** sempre que alguém sofrer ou se achar ameaçado de sofrer violência ou coação em sua liberdade de locomoção (também denominada **ambulatorial**), por ilegalidade ou abuso de poder.

- "**Não cabe** *habeas corpus* originário para o Tribunal Pleno **de decisão de turma, ou do plenário,** proferida em habeas corpus ou no respectivo recurso (Súmula 606 do STF).
- "Não cabe habeas corpus quando já **extinta a pena privativa de liberdade**." (Súmula 695 do STF.)
- "Não cabe habeas corpus contra a **imposição da pena de exclusão de militar ou de perda de patente ou de função pública**." (Súmula 694 do STF)
- "Não cabe habeas corpus contra **decisão condenatória a pena de multa, ou relativo a processo em curso por infração penal a que a pena pecuniária seja a única cominada**." (Súmula 693 do STF)
- "Não se conhece de habeas **corpus contra omissão de relator de extradição, se fundado em fato ou direito estrangeiro cuja prova não constava dos autos**, nem foi ele provocado a respeito." (Súmula 692 do STF)
- "Não se conhece de recurso de habeas corpus cujo objeto seja **resolver sobre o ônus das custas, por não estar mais em causa a liberdade de locomoção**." (Súmula 395 do STF)
- Ao **estrangeiro**, residente no exterior, é assegurado o direito de impetrar habeas corpus (STF, HC 94.404, julgado em 2008 e relatado pelo Ministro Celso de Mello).
- O habeas corpus **não pode ser proposto em favor de pessoa jurídica**, pois não há que se falar em liberdade ambulatorial. Nesse sentido o STF: "Habeas corpus. Negativa de seguimento. (...) Na concreta situação dos autos, a pessoa jurídica da qual o paciente é representante legal se acha processada por delitos ambientais. Pessoa Jurídica que somente poderá ser punida com multa e pena restritiva de direitos. Noutro falar: a liberdade de locomoção do agravante não está, nem mesmo indiretamente, ameaçada ou restringida." (HC 88.747-AgR, Rel. Min. Ayres Britto, julgamento em 15-9-2009, Primeira Turma, DJE de 29-10-2009.)
- **Entretanto,** segundo a doutrina e a jurisprudência predominantes, a pessoa jurídica pode impetrar habeas corpus **em favor de pessoa física**.
- "É nulo julgamento de recurso criminal, na segunda instância, sem prévia intimação ou publicação da pauta, salvo em habeas corpus." (Súmula 431 do STF)
- "O habeas corpus é **medida idônea para impugnar decisão judicial que autoriza a quebra de sigilos fiscal e bancário em procedimento criminal**, haja vista a possibilidade destes resultarem em constrangimento à liberdade do investigado. Com base nesse entendimento, a Turma, resolvendo questão de ordem, deu provimento a agravo de instrumento interposto pelo Ministério Público Federal para, convertendo-o em recurso extraordinário, negar-lhe provimento. Alegava-se, na espécie, ofensa ao art. 5º, LXVIII, da CF, ao fundamento de que a decisão que determinara a quebra de sigilos não ameaçaria o imediato direito de locomoção do paciente, consoante exigido constitucionalmente" (STF. AI 573623 QO/RJ, julgado em 2006 e relatado pelo Ministro Gilmar Mendes).
- Admite-se a **impetração de *habeas corpus* contra ato de particular**. Assim é a lição da doutrina, que ilustra o cabimento: "contra o médico que ilegalmente promove a retenção de paciente no hospital ou contra o fazendeiro que não libera o colono da fazenda" (CUNHA, Rogério Sanches; LORENZATO, Gustavo Müller; FERRAZ, Maurício Lins e PINTO, Ronaldo Batista. *Processo Penal Prático*. 2 ed. Salvador: Juspodivm, 2007, p. 180).
- A doutrina brasileira do *habeas corpus* **não subsiste** nos dias atuais. Nesse sentido o STF: "A ação de *habeas corpus* não se revela cabível, quando inexistente situação de dano efetivo ou de risco potencial ao *jus manendi, ambulandi, eundi ultro citroque* do paciente. Esse entendimento decorre da circunstância histórica de a reforma constitucional de 1926 – que importou na cessação da doutrina brasileira do *habeas corpus* – haver restaurado a função clássica desse extraordinário remédio processual, destinando-o, quanto à sua finalidade, à específica tutela jurisdicional da imediata liberdade de locomoção física das pessoas." (HC 102.041, julgado em 2010 e relatado pelo Ministro Celso de Mello).
- ***Habeas corpus* e liberdade na internet:** "O *habeas corpus*, em sua condição de instrumento de ativação da jurisdição constitucional das liberdades, configura um poderoso meio de cessação do injusto constrangimento ao estado de liberdade de locomoção física das pessoas. Se essa liberdade não se expõe a qualquer tipo de cerceamento, e se o direito de ir, vir ou permanecer sequer se revela ameaçado, **nada justifica o emprego do remédio heróico do habeas corpus, por não estar em causa a liberdade de locomoção física** (de todo inconfundível com a 'liberdade de locomoção pelos sítios informativos' existentes no universo virtual, cuja proteção é ora pretendida pelo impetrante) (...)." (HC 100.231, julgado em 2009 e relatado pelo Ministro Celso de Mello).
- ***Habeas corpus* e ação de improbidade:** segundo o STF, "O *habeas corpus* é meio processual destinado à proteção do direito de ir e vir ameaçado por ilegalidade ou abuso de poder. Daí a impropriedade desse instrumento processual para solver controvérsia cível. Ainda que se admita que a ação de improbidade administrativa tem natureza penal, não há como trancá-la em habeas corpus, porquanto as sanções previstas na Lei 8.429/1992 não consubstanciam risco à liberdade de locomoção."

(HC 100.244-AgR, julgado em 2009 e relatado pelo Ministro Eros Grau).

67.1. Mandado de Segurança

- Caberá **mandado de segurança** para proteger **direito líquido e certo, não amparado por habeas corpus ou habeas data,** quando o responsável pela ilegalidade ou abuso de poder for **autoridade pública ou agente de pessoa jurídica no exercício de atribuições do Poder Público.**
- "**Não cabe condenação em honorários de advogado** na ação de mandado de segurança." (Súmula 512 do STF)
- "Não cabe mandado de segurança para impugnar enquadramento da Lei 3.780, de 12-7-1960, **que envolva exame de prova ou de situação funcional** complexa." (Súmula 270 do STF)
- "Não cabe mandado de segurança contra **decisão judicial com trânsito em julgado**." (Súmula 268 do STF)
- "Não cabe mandado de segurança contra **ato judicial passível de recurso ou correição**." (Súmula 267 do STF)
- "Não cabe mandado de segurança **contra lei em tese**." (Súmula 266 do STF)
- Entretanto, segundo o STF, "**Se o decreto é**, materialmente, ato administrativo, assim **de efeitos concretos, cabe contra ele mandado de segurança**. Todavia, se o decreto tem efeito normativo, genérico, por isso mesmo sem operatividade imediata, necessitando, para a sua individualização, da expedição de ato administrativo, contra ele não cabe mandado de segurança. (Súmula 266)." (MS 21.274, julgado em 1994 e relatado pelo Ministro Carlos Velloso).
- **Vale ressaltar**, que em MC no MS 26.325, em 2007, o Ministro Gilmar Mendes entendeu pela admissão de mandado de segurança para a impugnação de leis "dotadas de eficácia imediata e capazes de afetar direito subjetivo".
- "É constitucional lei que fixa **prazo de decadência** para impetração de mandado de segurança." (Súmula 632 do STF)
- Nos termos da Súmula 474 do STF, **não há direito líquido e certo**, amparado pelo mandado de segurança, quando se escuda em lei cujos efeitos foram anulados por outra, declarada constitucional pelo Supremo Tribunal Federal.
- Ao estrangeiro, residente no exterior, é assegurado o **direito de impetrar mandado de segurança** (STF, MS 4706, julgado em 1969 e relado pelo Ministro Ari Franco)
- o STF reconhece o direito de impetração de mandado de segurança a **diferentes órgãos públicos despersonalizados que tenham prerrogativas ou direitos próprios a defender**, tais como as Chefias dos Executivos e de Ministério Público; as Presidências das Mesas dos Legislativos; as Presidências dos Tribunais; os Fundos Financeiros; as Presidências de Comissões Autônomas; as Superintendências de Serviços e demais órgãos da Administração centralizada ou descentralizada contra atos de outros órgãos públicos.
- Não compete ao Supremo Tribunal Federal conhecer originariamente de mandado de segurança contra **atos de outros Tribunais**. (Súmula 624 do STF)
- "**Controvérsia sobre matéria de direito** não impede concessão de mandado de segurança." (Súmula 625 do STF)
- "Praticado o ato por **autoridade, no exercício de competência delegada**, contra ela cabe o mandado de segurança ou a medida judicial." (Súmula 510 do STF)
- "**Pedido de reconsideração** na via administrativa não interrompe o prazo para o mandado de segurança." (Súmula 430 do STF)
- "Concessão de mandado de segurança não produz efeitos patrimoniais em relação a **período pretérito**, os quais devem ser reclamados administrativamente ou pela via judicial própria." (Súmula 271 do STF)
- "O mandado de segurança **não é substitutivo de ação de cobrança**." (Súmula 269 do STF)
- Em que pese o teor da súmula 267, do Supremo Tribunal Federal, que afirma **não caber Mandado de Segurança contra ato judicial passível de recurso ou correição**, é certo que o próprio STF, abrandando a rigidez da referida súmula, **tem admitido** o *mandamus* quando, do ato judicial impugnado, puder resultar **dano irreparável**, desde logo cabalmente demonstrado. Tal posicionamento restou assentado no MS 22.623-AgR, julgado em 1996 e relatado pelo Ministro Sydney Sanches).
- "O mandado de segurança **não substitui a ação popular**." (Súmula 101 do STF)
- Lei 12.016/09: Art. 5º: **Não se concederá mandado de segurança** quando se tratar:

I – de ato do qual caiba recurso administrativo com efeito suspensivo, independentemente de caução;

II – de decisão judicial da qual caiba recurso com efeito suspensivo;

III – de decisão judicial transitada em julgado.

- O mandado de segurança pode ser utilizado **contra ato de juiz criminal, praticado em processo penal** (STJ. REsp 96024 GO, julgado em 1998 e relatado pelo Ministro José Dantas)
- **Entende-se por direito líquido e certo** aquele que pode ser demonstrado de plano por meio de prova pré-constituída, isto é, sem que haja necessidade de dilação probatória. Na dicção de conceituada doutrina de **Hely Lopes Meirelles**, é o direito "manifesto na sua existência, delimitado na sua extensão e apto a ser exercitado no momento da impetração" (*Mandado de Segurança*. 22 ed. São Paulo: Malheiros, 2000. p. 21-22).

- Conforme decidiu o STF, diante da ausência de previsão constitucional e com fundamento no art. 21 VI, da Loman, "a competência originária para conhecer de mandado de segurança contra coação imputada a Turma Recursal dos Juizados Especiais **é dela mesma e não do Supremo Tribunal Federal**" (MS 24.691).

- Na esteira de notícia divulgada pelo STF, por maioria de votos, no dia 02/05/2013, o Plenário do Supremo Tribunal Federal (STF) decidiu que a desistência do mandado de segurança é uma prerrogativa de quem o propõe e pode ocorrer a qualquer tempo, sem anuência da parte contrária e independentemente de já ter havido decisão de mérito, ainda que favorável ao autor da ação. A decisão ocorreu no julgamento do Recurso Extraordinário (RE) 669367, com repercussão geral reconhecida, em que a empresa Pronor Petroquímica S/A questionava decisão do Superior Tribunal de Justiça (STJ), que não admitiu a desistência de um mandado de segurança movido pela empresa contra a Comissão de Valores Imobiliários (CVM). De acordo com o entendimento da maioria dos ministros, o mandado de segurança é uma ação dada ao cidadão contra o Estado e, portanto, não gera direito a autoridade pública considerada coatora, pois seria "intrínseco na defesa da liberdade do cidadão".

67.2. Mandado de Segurança Coletivo

- O **mandado de segurança coletivo** pode ser impetrado por: a) partido político com representação no Congresso Nacional; b) organização sindical; c) entidade de classe ou **associação legalmente constituída** e em funcionamento há **pelo menos um ano**, em defesa dos interesses de seus membros ou associados.

- Conforme entendimento do STF, **os partidos políticos não têm legitimidade ativa ad causam para impetrar mandado de segurança coletivo em defesa de terceiros**, com vistas a impugnar direito individual disponível, como a incidência de imposto. Tal posicionamento restou evidenciado em 2004, no julgamento do RE 196.184, relatado pela Ministra Ellen Gracie: "Uma exigência tributária configura interesse de grupo ou classe de pessoas, só podendo ser impugnada por eles próprios, de forma individual ou coletiva. Precedente: RE 213.631, Rel. Min. Ilmar Galvão, DJ de 7-4-2000. O partido político não está, pois, autorizado a valer-se do mandado de segurança coletivo para, substituindo todos os cidadãos na defesa de interesses individuais, impugnar majoração de tributo."

- A impetração de mandado de segurança coletivo por entidade de classe em favor dos associados **independe da autorização destes** (Súmula 629 do STF).

- "A entidade de classe tem legitimação para o mandado de segurança **ainda quando a pretensão veiculada interesse apenas a uma parte da respectiva categoria**." (Súmula 630 do STF)

- Segundo o STF, "a **legitimidade de sindicato** para atuar como substituto processual no mandado de segurança coletivo **pressupõe tão somente a existência jurídica**, ou seja, o registro no cartório próprio, **sendo indiferente estarem ou não os estatutos arquivados e registrados no Ministério do Trabalho.**" (RE 370.834, julgado em 2011 e relatado pelo Ministro Marco Aurélio).

- O STF já entendeu pela "legitimidade do **sindicato** para a impetração de mandado de segurança coletivo **independentemente da comprovação de um ano de constituição e funcionamento**." (RE 198.919, julgado em 1999 e relatado pelo Ministro Ilmar Galvão).

- Segundo o STF, "A **legitimação** das organizações sindicais, entidades de classe ou associações, para a segurança coletiva, é **extraordinária**, ocorrendo, em tal caso, substituição processual. CF, art. 5º, LXX. **Não se exige, tratando-se de segurança coletiva, a autorização expressa** aludida no inciso XXI do art. 5º da Constituição, que contempla hipótese de representação." (RE 193.382, Rel. Min. Carlos Velloso, julgamento em 28-6-1996, Plenário, DJ de 20-9-1996.). Assim, por exemplo, um sindicato não dependerá de autorização expressa de seus filiados para promover a defesa de seus interesses em juízo.

67.3. *Habeas Data*

- Conceder-se-á ***habeas data***: a) para assegurar o conhecimento de **informações relativas à pessoa do impetrante**, constantes de registros ou bancos de dados de entidades governamentais ou de caráter público; b) para a retificação de dados, quando não se prefira fazê-lo por processo sigiloso, judicial ou administrativo. Se forem informações de **interesse pessoal**, mas não da pessoa do impetrante, cabe **mandado de segurança**.

- Segundo o STF, "O *habeas data* configura remédio jurídico-processual, de natureza constitucional, que se destina a garantir, em favor da pessoa interessada, o exercício de pretensão jurídica discernível em seu tríplice aspecto: **(a) direito de acesso aos registros; (b) direito de retificação dos registros; e (c) direito de complementação dos registros.** Trata-se de relevante instrumento de ativação da jurisdição constitucional das liberdades, a qual representa, no plano institucional, a mais expressiva reação jurídica do Estado às situações que lesem, efetiva ou potencialmente, os direitos fundamentais da pessoa, quaisquer que sejam as dimensões em que estes se projetem. O acesso ao habeas data pressupõe, entre outras condições de admissibilidade, a existência do interesse de agir. Ausente o interesse legitimador da ação, torna-se inviável o exercício desse remédio constitucional. **A prova do anterior indeferimento do pedido de informação de dados pessoais, ou da omissão em atendê-lo, constitui requisito indispensável para que se concretize o interesse de agir no *habeas data*.** Sem que se configure situação prévia de pretensão resistida, há carência da ação constitucional do *habeas data*." (RHD 22, julgado em 1991 e relatado para o acórdão pelo Ministro Celso de Mello).

- No que se refere à legitimidade ativa, tem-se que **pessoa jurídica pode impetrar *habeas data*.** Conforme entendeu o STF no RE 673707, julgado em 2015 e relatado pelo Ministro Luiz Fux, "**A *legitimatio ad causam* para interpretação de *Habeas Data* estende-se às pessoas físicas e jurídicas, nacionais e estrangeiras, porquanto garantia constitucional aos direitos individuais ou coletivas**" (Informativo 790, de 2015).
- Atenção! Não confunda o mandado de segurança com o *habeas data*. São comuns as questões que desafiam os candidatos quanto ao cabimento dessas duas ações constitucionais. Para facilitar a compreensão, elaboramos a seguinte tabela.

MANDADO DE SEGURANÇA	*HABEAS DATA*
1. Conhecimento de informações de **interesse pessoal** do impetrante	1. Conhecimento de informações **relativas/referentes à pessoa** do impetrante
2. Obtenção de **certidão** que contenha informações de interesse pessoal do impetrante	2. Obtenção de **informações constantes em registros ou bancos de dados** (não em certidões)[1]

- **Atenção! São gratuitas** as ações de *habeas corpus* e *habeas data*, e, na forma da lei, os atos necessários ao exercício da cidadania.

67.4. Mandado de Injunção

- O mandado de injunção é utilizado **sempre que a falta de norma regulamentadora torne inviável o exercício dos direitos e liberdades constitucionais e das prerrogativas inerentes à nacionalidade, à soberania e à cidadania.**
- O entendimento atual do STF é no sentido de que **não** é cabível liminar em mandado de injunção (vide MI 680, julgado em 2008 e relatado pela Ministra Ellen Gracie).
- "Mandado de injunção. Garantia fundamental (CF, art. 5º, LXXI). Direito de greve dos servidores públicos civis (CF, art. 37, VII). Evolução do tema na jurisprudência do STF. Definição dos parâmetros de competência constitucional para apreciação no âmbito da Justiça Federal e da Justiça estadual até a edição da legislação específica pertinente, nos termos do art. 37, VII, da CF. Em observância aos ditames da segurança jurídica e à evolução jurisprudencial na interpretação da omissão legislativa sobre o direito de greve dos servidores públicos civis, fixação do prazo de sessenta dias para que o Congresso Nacional legisle sobre a matéria. Mandado de injunção deferido para determinar a aplicação das Leis 7.701/1988 e 7.783/1989. Sinais de evolução da garantia fundamental do mandado de injunção na jurisprudência do STF. No julgamento do MI 107/DF, Rel. Min. Moreira Alves, DJ de 21-9-1990, **o Plenário do STF consolidou entendimento que conferiu ao mandado de injunção os seguintes elementos operacionais**: **i)** os direitos constitucionalmente garantidos por meio de mandado de injunção apresentam-se como direitos à expedição de um ato normativo, os quais, via de regra, não poderiam ser diretamente satisfeitos por meio de provimento jurisdicional do STF; **ii)** a decisão judicial que declara a existência de uma omissão inconstitucional constata, igualmente, a mora do órgão ou poder legiferante, insta-o a editar a norma requerida; **iii)** a omissão inconstitucional tanto pode referir-se a uma omissão total do legislador quanto a uma omissão parcial; **iv)** a decisão proferida em sede do controle abstrato de normas acerca da existência, ou não, de omissão é dotada de eficácia erga omnes, e não apresenta diferença significativa em relação a atos decisórios proferidos no contexto de mandado de injunção; **v)** o STF possui competência constitucional para, na ação de mandado de injunção, determinar a suspensão de processos administrativos ou judiciais, com o intuito de assegurar ao interessado a possibilidade de ser contemplado por norma mais benéfica, ou que lhe assegure o direito constitucional invocado; **vi)** por fim, esse plexo de poderes institucionais legitima que o STF determine a edição de outras medidas que garantam a posição do impetrante até a oportuna expedição de normas pelo legislador. Apesar dos avanços proporcionados por essa construção jurisprudencial inicial, **o STF flexibilizou a interpretação constitucional primeiramente fixada para conferir uma compreensão mais abrangente à garantia fundamental do mandado de injunção. A partir de uma série de precedentes, o Tribunal passou a admitir soluções 'normativas' para a decisão judicial como alternativa legítima de tornar a proteção judicial efetiva** (CF, art. 5º, XXXV). Precedentes: MI 283, Rel. Min. Sepúlveda Pertence, DJ de 14-11-1991; MI 232/RJ, Rel. Min. Moreira Alves, DJ de 27-3-1992; MI 284, Rel. Min. Marco Aurélio, Rel. p/ o ac. Min. Celso de Mello, DJ de 26-6-1992; MI 543/DF, Rel. Min. Octavio Gallotti, DJ de 24-5-2002; MI 679/DF, Rel. Min. Celso de Mello, DJ de 17-12-2002; e MI 562/DF, Rel. Min. Ellen Gracie, DJ de 20-6-2003. (...) Em razão da evolução jurisprudencial sobre o tema da interpretação da omissão legislativa do direito de greve dos servidores públicos civis e em respeito aos ditames de segurança jurídica, fixa-se o prazo de sessenta dias para que o Congresso Nacional legisle

---

1. O habeas data também não se presta para obtenção de vista em processo administrativo, consoante posicionamento do STF: "A ação de habeas data visa à proteção da privacidade do indivíduo contra abuso no registro e/ou revelação de dados pessoais falsos ou equivocados. O habeas data não se revela meio idôneo para se obter vista de processo administrativo". (HD 90-AgR, julgado em 2010 e relatado pela Ministra Ellen Gracie).

sobre a matéria. Mandado de injunção conhecido e, no mérito, deferido para, nos termos acima especificados, determinar a aplicação das Leis 7.701/1988 e 7.783/1989 aos conflitos e às ações judiciais que envolvam a interpretação do direito de greve dos servidores públicos civis." (MI 708, Rel. Min. Gilmar Mendes, julgamento em 25-10-2007, Plenário, DJE de 31-10-2008). No mesmo sentido: MI 670, Rel. p/ o ac. Min. Gilmar Mendes, e MI 712, Rel. Min. Eros Grau, julgamento em 25-10-2007, Plenário, DJE de 31-10-2008.

- Quanto à decisão no mandado de injunção, temos as seguintes teorias: a) **teoria não-concretista**: assinala que a decisão do mandado de injunção possui natureza declaratória, apenas reconhecendo a omissão legislativa, mas não possuindo forças para concretizar o exercício do direito. É pautada no princípio da separação de Poderes; b) **teoria concretista:** reconhece a natureza constitutiva da decisão de mandado de injunção (e não apenas a declaratória). Esse reconhecimento implica viabilizar o exercício do direito carente de regulamentação. Como desdobramento da teoria concretista, temos: b.1) teoria concretista geral: a decisão produzirá efeitos *erga omnes;* b.2) teoria concretista individual: a decisão terá apenas efeitos *inter partes*, podendo ser direta (o Judiciário não aguarda que a autoridade competente edite a lei, conferindo o exercício do direito de imediato) ou intermediária (hipótese em que o Judiciário, ao reconhecer a omissão, comunicará o órgão competente, fixando-lhe prazo que, persistindo a omissão, o próprio judiciário concretizará o direito pendente de regulamentação). Em um primeiro momento, o STF adotou a teoria não-concretista. Todavia, esse posicionamento foi superado, de modo que, atualmente, **o posicionamento adotado pela Suprema Corte é a teoria concretista**.
- Apesar de não haver previsão constitucional, o STF e a Lei 13.300/2016 (que regulamentou o Mandado de Injunção) admitem o Mandado de Injunção Coletivo.
- O **STF já reconheceu sua competência para apreciar mandado de injunção impetrado por servidor público municipal** (vide MI 3815, relatado pelo Ministro Luiz Fux e julgado no dia 23/05/2013).
- Se, após a impetração de mandado de injunção, o diploma legal objeto da reclamação foi promulgado a ação estará prejudicada pela perda do objeto. Conforme consolidado no STF: "AGRAVO REGIMENTAL EM MANDADO DE INJUNÇÃO. SUPERAÇÃO DA MORA LEGISLATIVA. PERDA DO OBJETO. 1. A jurisprudência desta Corte se firmou no sentido de que a edição do diploma reclamado pela Constituição leva à perda de objeto do mandado de injunção. 2. "Excede os limites da via eleita a pretensão de sanar a alegada lacuna normativa do período pretérito à edição da lei regulamentadora" (MI 634-AgR, Rel. Min. Sepúlveda Pertence). 3. Agravo regimental improvido" (MI 3709 AgR, julgado em 2014 e Relatado pelo Min. Roberto Barroso).

67.5. Ação Popular

- A **ação popular** pode ser proposta por qualquer **cidadão** (nacional no gozo dos direitos políticos) com o objetivo de anular ato lesivo ao patrimônio público ou de entidade de que o Estado participe, à moralidade administrativa, ao meio ambiente e ao patrimônio histórico e cultural, ficando o autor, **salvo comprovada má-fé**, isento de custas judiciais e do ônus da sucumbência;
- "**Pessoa jurídica** não tem legitimidade para propor ação popular." (Súmula 365.)
- "**O mandado de segurança não substitui** a ação popular." (Súmula 101.)
- Como o requisito para a propositura é ser cidadão (art. 5º, LXXIII, da CF), e formalmente isso significa ter título de eleitor, aquele que, **a partir dos 16 anos** estiver munido deste documento, poderá ajuizar ação popular.
- Nos casos de ação popular movida contra o Presidente da República, a competência originária para o seu julgamento **não é** do Supremo Tribunal Federal, pois não há previsão no art. 102, da CF, que conta com rol taxativo (regime de direito estrito). Nesse sentido, a jurisprudência do STF: "**A competência para julgar ação popular contra ato de qualquer autoridade, até mesmo do presidente da República, é, via de regra, do juízo competente de primeiro grau**. Precedentes. Julgado o feito na primeira instância, se ficar configurado o impedimento de mais da metade dos desembargadores para apreciar o recurso voluntário ou a remessa obrigatória, ocorrerá a competência do STF, com base na letra n do inciso I, segunda parte, do art. 102 da CF." (AO 859-QO, julgado em 2001 e relatado pelo Ministro Maurício Corrêa).
- O prazo de contestação na ação popular é de **20 (vinte)** dias, prorrogável por mais **20 (vinte)**, a requerimento do interessado, se particularmente difícil a produção da prova documental, e será comum a todos os interessados, correndo da entrega em cartório do mandado cumprido, ou, quando for o caso, do decurso do prazo assinado em edital, de acordo com o art. 7º, IV, da Lei 4.717/65.
- A ação popular **prescreve em 05 (cinco) anos**, consoante art. 21, da Lei 4.717/65

◉ DIREITOS SOCIAIS

- **CF, artigos 6º a 11.**

1. Os direitos sociais, econômicos, e culturais são **direitos humanos de segunda geração, realizáveis por meio de políticas públicas estatais, e normalmente descritos em normas programáticas**, mas isso não significa que não podem ser exigidos juridicamente. Isso porque, **todos os direitos humanos são juridicamente exigíveis**, e os direi-

tos fundamentais expressos na Constituição têm aplicabilidade imediata.

2. Nos termos do art. 6º, da CF, **são direitos sociais:** a educação, a saúde, a alimentação, o trabalho, a moradia, o transporte, o lazer, a segurança, a previdência social, a proteção à maternidade e à infância, além da assistência aos desamparados, na forma da Constituição.

- O parágrafo único, por sua vez, estabelece que todo brasileiro em situação de vulnerabilidade social terá direito a uma renda básica familiar, garantida pelo poder público em programa permanente de transferência de renda, cujas normas e requisitos de acesso serão determinados em lei, observada a legislação fiscal e orçamentária.

  Vale notar que esse artigo já foi objeto de quatro emendas constitucionais (EC 26/2000, EC 64/2010, EC 90/2015 e EC 114/2021). A primeira emenda incluiu a moradia, a segunda inseriu a alimentação, a terceira adicionou o transporte e a quarta incluiu o parágrafo único, que instituiu a renda básica familiar.

3. A **relevância econômica dos objetos dos direitos sociais prestacionais** (que exigem atuação estatal) faz com que a discussão, previsão e aplicação de recursos públicos, atribuições estas originárias dos órgãos políticos, notadamente do Poder Executivo, **legitime o Poder Judiciário, diante da inércia ou deficiência de atuação dos legitimados ordinários, à concretização dos direitos**. Aliás, esse é uma das características do que se tem chamado de judicialização de políticas públicas, uma das facetas do neoconstitucionalismo.

4. Canotilho ensina que: "1. "**Reserva do possível**" significa total desvinculação jurídica do legislador quanto à dinamização dos direitos sociais constitucionais consagrados. 2. Reserva do possível significa a "tendência para o zero" da eficácia jurídica das normas constitucionais consagradoras de direitos sociais. 3. Reserva do possível significa gradualidade com dimensão lógica e necessária da concretização dos direitos sociais, tendo sobretudo em conta os limites financeiros. 4. Reserva do possível significa insindicabilidade jurisdicional das opções legislativas quanto à densificação legislativa das normas constitucionais reconhecedoras de direitos sociais" (CANOTILHO, J. J. Gomes. Estudos Sobre Direitos Fundamentais, Coimbra: Coimbra, 2004, p. 108)

- "**A cláusula da reserva do possível – que não pode ser invocada, pelo Poder Público, com o propósito de fraudar, de frustrar e de inviabilizar a implementação de políticas públicas definidas na própria Constituição – encontra insuperável limitação na garantia constitucional do mínimo existencial**, que representa, no contexto de nosso ordenamento positivo, emanação direta do postulado da essencial dignidade da pessoa humana. (...) A **noção de 'mínimo existencial'**, que resulta, por implicitude, de determinados preceitos constitucionais (CF, art. 1º, III, e art. 3º, III), compreende um **complexo de prerrogativas cuja concretização revela-se capaz de garantir condições adequadas de existência digna**, em ordem a assegurar, à pessoa, acesso efetivo ao direito geral de liberdade e, também, a prestações positivas originárias do Estado, viabilizadoras da **plena fruição de direitos sociais básicos, tais como o direito à educação, o direito à proteção integral da criança e do adolescente, o direito à saúde, o direito à assistência social, o direito à moradia, o direito à alimentação e o direito à segurança.** Declaração Universal dos Direitos da Pessoa Humana, de 1948 (Artigo XXV)." (ARE 639.337, julgado em 2011 e relatado pelo Ministro Celso de Mello).

- Ademais, "Embora resida, primariamente, nos Poderes Legislativo e Executivo, a prerrogativa de formular e executar políticas públicas, **revela-se possível, no entanto, ao Poder Judiciário, determinar, ainda que em bases excepcionais, especialmente nas hipóteses de políticas públicas definidas pela própria Constituição, sejam estas implementadas pelos órgãos estatais inadimplentes**, cuja omissão – por importar em descumprimento dos encargos político-jurídicos que sobre eles incidem em caráter mandatório – mostra-se apta a comprometer a eficácia e a integridade de direitos sociais e culturais impregnados de estatura constitucional. A questão pertinente à 'reserva do possível'." (RE 436.996, julgado em 2005 e relatado pelo Ministro Celso de Mello).

5. A Constituição Federal, estabelece **proibição de distinção entre trabalho** manual, técnico e intelectual e entre os profissionais respectivos.

6. Há proibição de qualquer trabalho a menores de dezesseis anos, salvo na condição de aprendiz, a partir de **quatorze** anos.

7. É direito do trabalhador urbano e rural, **remuneração do serviço extraordinário** superior, no mínimo, em cinquenta por cento (50%) à do normal.

8. **Trabalhador doméstico**

- Os trabalhadores **domésticos tiveram os seus direitos ampliados pela Emenda Constitucional 72** de 2 de abril de 2013. Com a alteração constitucional, passam a existir dois grupos de direitos relativos aos domésticos: **a) direitos incondicionados**; e **b) direitos condicionados**. Os direitos incondicionados são aqueles que devem ser aplicados independentemente de qualquer determinação estabelecida na legislação infraconstitucional. Já os direitos condicionados são aqueles que devem ser aplicados com atendimento às condições estabelecidas em legislação infraconstitucional e observância de simplificação do cumprimento das obrigações tributárias, principais e acessórias, decorrentes da relação de trabalho e suas peculiaridades. Os detalhes estão arrolados na tabela a seguir.

DIREITOS CONSTITUCIONALMENTE ASSEGURADOS AO TRABALHADOR DOMÉSTICO DEPOIS DA EC 72/13		
	Direitos incondicionados	**Direitos condicionados à legislação infraconstitucional e à observância de simplificação do cumprimento das obrigações tributárias, principais e acessórias, decorrentes da relação de trabalho e suas peculiaridades**
Os que já existiam antes da EC 72/13	1. Salário mínimo 2. Irredutibilidade do salário 3. Décimo terceiro salário com base na remuneração integral ou no valor da aposentadoria 4. Repouso semanal remunerado, preferencialmente aos domingos 5. Férias anuais remuneradas com, pelo menos, um terço a mais do que o salário normal 6. Licença-gestante de 120 dias 7. Licença-paternidade 8. Aviso-prévio 9. Aposentadoria	1. Integração à previdência social
Os que foram estabelecidos pela EC 72/13	10. Garantia de salário, nunca inferior ao mínimo, para os que percebem remuneração variável 11. Proteção do salário na forma da lei, constituindo crime sua retenção dolosa 12. Duração do trabalho normal não superior a oito horas diárias e quarenta e quatro semanais, facultada a compensação de horários e a redução da jornada, mediante acordo ou convenção coletiva de trabalho	2. Relação de emprego protegida contra despedida arbitrária ou sem justa causa, nos termos de lei complementar, que preverá indenização compensatória, dentre outros direitos; 3. Seguro-desemprego, em caso de desemprego involuntário; 4. Fundo de garantia do tempo de serviço; 5. Remuneração do trabalho noturno superior à do diurno;
Os que foram estabelecidos pela EC 72/13	13. Remuneração do serviço extraordinário superior, no mínimo, em cinqüenta por cento à do normal 14. Redução dos riscos inerentes ao trabalho, por meio de normas de saúde, higiene e segurança 15. Reconhecimento das convenções e acordos coletivos de trabalho 16. Proibição de diferença de salários, de exercício de funções e de critério de admissão por motivo de sexo, idade, cor ou estado civil 17. Proibição de qualquer discriminação no tocante a salário e critérios de admissão do trabalhador portador de deficiência 18. Proibição de trabalho noturno, perigoso ou insalubre a menores de dezoito e de qualquer trabalho a menores de dezesseis anos, salvo na condição de aprendiz, a partir de quatorze anos	6. Salário-família pago em razão do dependente do trabalhador de baixa renda nos termos da lei 7. Assistência gratuita aos filhos e dependentes desde o nascimento até 5 (cinco) anos de idade em creches e pré-escolas 8. Seguro contra acidentes de trabalho, a cargo do empregador, sem excluir a indenização a que este está obrigado, quando incorrer em dolo ou culpa

- **Atenção!** Como a matéria é nova, a doutrina ainda se posicionará a respeito do tema. É possível que, com base na doutrina de José Afonso da Silva se diga que os direitos aqui denominados de **condicionados**, representam, em verdade, **normas constitucionais de eficácia limitada**, aplicabilidade indireta, mediata e reduzida e, por isso, poderiam ser chamados de direitos de aplicabilidade mediata. **Aliás, fique ligado, pois a FCC, na prova do TRT SC/2013, adotou justamente esse entendimento!**

9. Nos termos da doutrina de Alexandre de Moraes, o **direito de relacionamento ou de filiação** em organizações sindicais internacionais é manifestação do princípio da solidariedade internacional dos interesses dos trabalhadores (*Direito Constitucional*. 25 ed. São Paulo: Atlas, 2010, p. 204).

10. Ninguém poderá ser obrigado a **filiar-se ou manter-se filiado** a qualquer sindicato. Por isso, entendeu o STF que: "São compatíveis com a Constituição Federal os dispositivos da Lei 13.467/2017 (Reforma Trabalhista) que extinguiram a obrigatoriedade da contribuição sindical e condicionaram o seu pagamento à prévia e expressa autorização dos filiados." [ADI 5.794, rel. p/ o ac. min. Luiz Fux, j. 29-6-2018, P, Informativo 908. "O art. 8º, III, da Constituição não trata da necessidade de participação das entidades sindicais representativas de servidores públicos na reformulação de planos de cargos e remuneração que atinjam as categorias representadas." [ADI 4.461, rel. min. Roberto Barroso, j. 11-11-2019, P, DJE de 4-12-2019.]

11. É **vedada a dispensa** do empregado sindicalizado a partir do registro da candidatura a cargo de direção ou representação sindical e, se eleito, ainda que suplente, até um ano após o final do mandato, salvo se cometer falta grave.

12. O **aposentado filiado** tem direito a votar e ser votado nas organizações sindicais.

13. É vedada a criação de mais de uma organização sindical, em qualquer grau, representativa de categoria profissional ou econômica, na mesma base territorial, que será definida pelos trabalhadores ou empregadores interessados, não podendo ser inferior à área de um **Município** (não de um Estado).

⦿ DIREITOS DA NACIONALIDADE

- **CF, artigos 12 e 13.**

1. O fato natural do nascimento não é suficiente para o reconhecimento de nacionalidade, pois devem ser levados em consideração outros elementos tais como: i) o local do nascimento; ii) nacionalidade dos pais; e; iii) função exercida pelos pais no local de nascimento da criança.

2. A origem sanguínea firma a nacionalidade pelo critério *jus sanguinis*, e a vinculação territorial reconhece o brasileiro via critério *jus solis*.

3. São brasileiros **natos:** a) os **nascidos na República Federativa do Brasil**, ainda que de pais estrangeiros, desde que estes não estejam a serviço de seu país; b) os nascidos no estrangeiro, de pai brasileiro ou mãe brasileira, desde que **qualquer deles** esteja **a serviço da República Federativa do Brasil** e; c) os nascidos no estrangeiro de pai brasileiro ou de mãe brasileira, desde que sejam **registrados em repartição brasileira competente ou venham a residir na República Federativa do Brasil e optem**, em qualquer tempo, depois de atingida a maioridade, pela nacionalidade brasileira (nacionalidade potestativa).

4. São brasileiros **naturalizados:** a) os que, na forma da lei, **adquiram a nacionalidade brasileira**, exigidas aos originários de países de língua portuguesa apenas residência por um ano ininterrupto e idoneidade moral (ato discricionário de soberania estatal, não sendo direito público subjetivo); b) os estrangeiros de qualquer nacionalidade, residentes na República Federativa do Brasil há mais de quinze anos ininterruptos e sem condenação penal, desde que **requeiram** a nacionalidade brasileira (direito público subjetivo).

SÃO BRASILEIROS	
1. Natos (Nacionalidade Primária/Originária)	a) os **nascidos na República Federativa do Brasil**, ainda que de pais estrangeiros, desde que estes não estejam a serviço de seu país;
1. Natos (Nacionalidade Primária/Originária)	b) os nascidos no estrangeiro, de pai brasileiro ou mãe brasileira, desde que **qualquer deles** esteja **a serviço da República Federativa do Brasil**.
	c) os nascidos no estrangeiro de pai brasileiro ou de mãe brasileira, desde que sejam **registrados em repartição brasileira competente ou venham a residir na República Federativa do Brasil e optem**, em qualquer tempo, depois de atingida a maioridade, pela nacionalidade brasileira.
2. Naturalizados (Nacionalidade Secundária)	a) os que, na forma da lei, **adquiram a nacionalidade brasileira**, exigidas aos originários de países de língua portuguesa apenas residência por um ano ininterrupto e idoneidade moral;
	b) os estrangeiros de qualquer nacionalidade, residentes na República Federativa do Brasil há mais de quinze anos ininterruptos e sem condenação penal, desde que **requeiram** a nacionalidade brasileira.

5. São **privativos de brasileiros natos** os cargos: I – de Presidente e Vice-Presidente da República; II – de Presidente da Câmara dos Deputados; III – de Presidente do Senado Federal; IV – de Ministro do Supremo Tribunal Federal; V – da carreira diplomática; VI – de oficial das Forças Armadas; VII – de Ministro de Estado da Defesa.

- Para memorizar os cargos privativos de brasileiro nato, o amigo leitor pode valer-se da expressa mnemônica **"MP3.COM"**

Cargos privativos de brasileiro nato		
	M	inistro do STF
P3	**P**	residente da República (e Vice)
	P	residente da Câmara dos Deputados
	P	residente do Senado Federal
	C	arreira Diplomática
	O	ficial das Forças Armadas
	M	inistro de Estado da Defesa

- **Atenção** para as "pegadinhas" clássicas: a) o cargo de Ministro do STJ não é privativo de brasileiro nato, mas o de Ministro do STF é; b) o cargo de Ministro da Justiça não é privativo de brasileiro nato, mas o de Ministro de Estado da Defesa é; c) o cargo de Senador não é privativo de brasileiro nato, mas o de Presidente do Senado Federal é.

  O **brasileiro nato <u>não pode mais perder a nacionalidade (a menos que isso seja por ele requerido)</u>**, pois, com a edição da EC 131/2023, que alterou o § 4º do art. 12 da CF, somente haverá perda da nacionalidade:

  a) quando o brasileiro <u>naturalizado</u> tiver **cancelada** sua naturalização, por sentença judicial, em virtude de fraude relacionada ao processo de naturalização ou de atentado contra a ordem constitucional e o Estado Democrático; ou

  b) quando o brasileiro **<u>nato ou naturalizado</u>** fizer pedido **expresso** de perda da nacionalidade brasileira perante autoridade brasileira competente, ressalvadas situações que acarretem apatridia.

  Ademais, foi incluído §5º ao art. 12 no qual se determina que, no caso da perda da nacionalidade por pedido expresso, será possível ao interessado readquirir sua nacionalidade brasileira originária, nos termos da lei. Verifica-se, contudo, que essa disposição trata apenas do brasileiro **nato**, e não do naturalizado, já que fala em nacionalidade **originária.**

6. O STF já decidiu que, o **Ministro da Justiça não tem competência para cancelar naturalização concedida**: "Conforme revela o inciso I do § 4º do art. 12 da CF, o ministro de Estado da Justiça não tem competência para rever ato de naturalização." (RMS 27.840, rel. p/ o ac. min. Marco Aurélio, julgamento em 7-2-2013, Plenário, DJE de 27-8-2013.)

7. A **deportação** se materializada na hipótese de entrada ou permanência irregular de estrangeiro no país, independentemente da prática de qualquer crime. Desta feita, será deportado aquele que entrar ou permanecer no território nacional violando normas administrativas, e não quiser se retirar voluntariamente no prazo fixado pela autoridade competente.

8. O **banimento ou degredo** se refere ao envio compulsório de um nacional ao estrangeiro, sem possibilidade de retorno, como forma de punição. Trata-se de medida vedada pelo ordenamento brasileiro.

9. **O Supremo Tribunal Federal não fica vinculado ao juízo formulado pelo Poder Executivo na concessão administrativa de asilo político**. A condição de asilado político (art. 4, X, da CF) **não** suprime, por si só, a possibilidade de o Estado brasileiro conceder a extradição que lhe haja sido requerida (vide Ext 524, julgada em 1989 e relatada pelo Ministro Celso de Mello), **salvo** quando o fato que enseja o pedido assume a qualificação de crime político ou de opinião (art. 5º, LII, da CF).

- "Deveras, antes de deliberar sobre a existência de poderes discricionários do presidente da República em matéria de extradição, ou mesmo se essa autoridade se manteve nos lindes da decisão proferida pelo Colegiado anteriormente, é necessário definir se o ato do chefe de Estado é sindicável pelo Judiciário, em abstrato. (...) **O sistema 'belga' ou 'da contenciosidade limitada', adotado pelo Brasil, investe o STF na categoria de órgão juridicamente existente apenas no âmbito do direito interno, devendo, portanto, adstringir-se a examinar a legalidade da extradição; é dizer, seus aspectos formais, nos termos do art. 83 da Lei 6.815/1980 (...). O presidente da República, no sistema vigente, resta vinculado à decisão do STF apenas quando reconhecida alguma irregularidade no processo extradicional, de modo a impedir a remessa do extraditando ao arrepio do ordenamento jurídico, nunca, contudo, para determinar semelhante remessa, porquanto, o Poder Judiciário deve ser o último guardião dos direitos fundamentais de um indivíduo, seja ele nacional ou estrangeiro, mas não dos interesses políticos de Estados alienígenas, os quais devem entabular entendimentos com o chefe de Estado, vedada a pretensão de impor sua vontade através dos tribunais internos. (...)** O princípio da separação dos Poderes (art. 2º da CRFB), indica não competir ao STF rever o mérito de decisão do presidente da República, enquanto no exercício da soberania do país, tendo em vista que o texto constitucional conferiu ao chefe supremo da Nação a função de representação externa do país. (...) A extradição não é ato de nenhum Poder do Estado, mas da República Federativa do Brasil, pessoa jurídica de direito público externo, representada na pessoa de seu chefe de Estado, o presidente da República. A reclamação por descumprimento de decisão ou por usurpação de poder, no caso de extradição, deve considerar que a Constituição de 1988 estabelece que a soberania deve ser exercida, em âmbito interno, pelos três Poderes (Executivo, Legislativo e Judiciário) e, no plano internacional, pelo chefe de Estado, por isso que é insindicável o poder exercido pelo presidente da República e, consequentemente, incabível a reclamação, porquanto juridicamente impossível submeter o ato presidencial à apreciação do Pretório Excelso." (STF. Rcl 11.243, julgada em 2011 e relatada pelo Ministro Luiz Fux).

10. A **expulsão** é medida política que se aplica ao estrangeiro que pratica condutas que coloquem em risco a segurança ou a ordem pública do país. Normalmente se refere à prática de crime, mas pode também decorrer da violação de normas administrativas, sendo aplicável aos casos em que a deportação não seja aconselhável.

    O art. 54, §1º da Lei nº 13.445/2017, prevê como hipóteses que ensejam expulsão: "I – crime de genocídio, crime contra a humanidade, crime de guerra ou crime de agressão, nos termos definidos pelo Estatuto de Roma do Tribunal Penal Internacional; ou II – crime comum doloso passível de pena privativa de liberdade, consideradas a gravidade e as possibilidades de ressocialização em território nacional."

    Por sua vez, o art. 55 da Lei nº 13.445/2017 prevê as hipóteses **que impedem a expulsão** do estrangeiro:

    a) Quando a medida configurar extradição inadmitida pela legislação brasileira;

    b) Quando o extraditando:

    - tiver filho brasileiro que esteja sob sua guarda ou dependência econômica ou socioafetiva ou tiver pessoa brasileira sob sua tutela;
    - tiver cônjuge ou companheiro residente no Brasil, sem discriminação alguma, reconhecido judicial ou legalmente;
    - tiver ingressado no Brasil até os 12 (doze) anos de idade, residindo desde então no País;
    - for pessoa com mais de 70 (setenta) anos que resida no País há mais de 10 (dez) anos, considerados a gravidade e o fundamento da expulsão.

11. O **ostracismo** tem origem na Grécia Antiga. Em palavras simples, pode-se dizer que se trata de um "banimento ou degredo com prazo determinado". Desta feita, seria o envio compulsório de um nacional ao estrangeiro, sem possibilidade de retorno, como forma de punição, mas apenas por um determinado prazo. Assim como o banimento ou degredo, o ostracismo é prática vedada no ordenamento jurídico brasileiro.

12. Regras sobre **extradição**: a) O brasileiro nato **nunca** será extradito (por crime comum ou de opinião); b) O brasileiro naturalizado somente poderá ser extraditado em caso de crime comum (praticado **antes** da naturalização), ou de comprovado envolvimento em tráfico ilícito de entorpecentes e drogas afins (**antes ou depois** da naturalização), na forma da lei, mas **não** por crime político; c) O estrangeiro pode ser extraditado pela prática de crime comum, mas **não** por crime político e; d) O Brasil não extradita **ninguém** pela prática de crime político.

POSSIBILIDADE DE EXTRADIÇÃO		
	CRIME COMUM	**CRIME POLÍTICO OU DE OPINIÃO**
1. Brasileiro Nato	Não	Não
2. Brasileiro Naturalizado	Sim, desde que seja por: a) crime praticado antes da naturalização; b) comprovado envolvimento em tráfico ilícito de entorpecentes e drogas afins, na forma da lei.	Não
3. Estrangeiro	Sim	Não
REGRA GERAL:	**O Brasil não extradita ninguém pela prática de crime político ou de opinião**	

A respeito da extradição, observou o STF que não se deve conceder extradição caso o país requerente esteja enfrentando uma situação de instabilidade política, como com a demissão de juízes e prisão de opositores do governo, em razão do risco de que o extraditando seja submetido a um tribunal ou juízo de exceção (STF. 2ª Turma. Ext 1578/DF, Rel. Min. Edson Fachin, julg. 06/08/2019- Info 946).

São condições para a extradição (art. 82 da Lei 13.445/2017) ter sido o crime cometido no território do Estado requerente ou serem aplicáveis ao extraditando as leis penais desse Estado; e estar o extraditando respondendo a processo investigatório ou a processo penal ou ter sido condenado pelas autoridades judiciárias do Estado requerente a pena privativa de liberdade.

- Segundo a Súmula 421 do STF: "**Não impede a extradição** a circunstância de ser o extraditando casado com brasileira ou ter filho brasileiro".

  Para o STF, o Estado Brasileiro deve negar extradição quando houver possibilidade concreta de o Estado solicitante desrespeitar os direitos humanos e fundamentais dos extraditandos, como pela excessiva abertura dos tipos penais e pela possibilidade das penas de prisão perpétua ou de morte. STF. 2ª Turma. Ext 1428/DF, Rel. Min. Gilmar Mendes, julgado em 7/5/2019 (Info 939).

- O Supremo Tribunal Federal, em revisão da jurisprudência, firmou a orientação de que **o Estado requerente deve emitir prévio compromisso em comutar a pena de prisão perpétua**, para a pena privativa de liberdade com o prazo máximo de trinta anos (pena máxima no Brasil). Esse entendimento baseia-se na garantia individual fundamental prevista pelo art. 5º, XLVII, b, da Constituição Federal do Brasil. (Ext 985, julgada em 2006 e relatada pelo Ministro Joaquim Barbosa).

13. A língua portuguesa é o **idioma oficial** da República Federativa do Brasil, que tem como **símbolos** a bandeira, o hino, as armas e o selo nacionais.

⦿ DIREITOS POLÍTICOS E SISTEMAS ELEITORAIS

- **CF, artigos 14 a 17.**

1. Conceitos Fundamentais

1.1. Democracia: podemos classificar os regimes democráticos em três espécies:

- Democracia Direta: povo exerce seus poderes diretamente, sem representantes.
- Democracia Representativa: o poder é exercido indiretamente, por meio da outorga de poderes aos representantes eleitos pelo povo.
- Democracia Semidireta ou Participativa: sistema híbrido, em que se tem uma democracia representativa com atributos da democracia direta. Nesse sistema, além da participação direta e concreta do cidadão na democracia representativa, há também um controle popular sobre os atos estatais.

OBS: Adotada pelo Brasil a partir da exegese do parágrafo único do artigo 1º c.c. o artigo 14, ambos da CF. Participação popular no poder.

1.2. Soberania Popular: é a qualidade máxima de poder extraída da soma dos atributos de cada membro da sociedade estatal, encarregado de escolher os seus representantes no governo através do sufrágio universal e do voto direto.

1.3. Nacionalidade: é o vínculo jurídico-político que liga um indivíduo a um determinado Estado, tornando-lhe apto a contrair obrigações e exercer direitos.

1.4. Cidadania: é a característica decorrente da nacionalidade que consiste na capacidade de exercer direitos políticos devido ao fato de o indivíduo ter direito de sufrágio (votar e ser votado).

1.5. Sufrágio: é o direito de votar e ser votado.

1.6. Voto: instrumento do exercício do direito de sufrágio.

1.7. Escrutínio: é a forma de exteriorização do voto, pública ou secreta.

2. Tem **capacidade eleitoral passiva** aquele que preenche as condições do direito de ser escolhido para exercício de mandato eletivo por meio de voto. Em sentido oposto, **capacidade eleitoral ativa** é atributo de quem reúne condições para votar em candidato, partido ou coligação.

3. O **alistamento eleitoral e o voto** são: I – **obrigatórios** para os maiores de dezoito anos; II – **facultativos** para: a) os analfabetos; b) os maiores de setenta anos e; c) os maiores de dezesseis e menores de dezoito anos.

ALISTAMENTO E VOTO	
1. Obrigatórios	Maiores de 18 anos
2. Facultativos	a) Maiores de 16 e menores 18 anos b) Maiores de 70 anos; c) Analfabetos;

4. São **inalistáveis** (para votarem ou serem votados) os estrangeiros e os conscritos, durante o período militar obrigatório.

5. São **condições de elegibilidade**, na forma da lei: I – a nacionalidade brasileira;II – o pleno exercício dos direitos políticos; III – o alistamento eleitoral; IV – o domicílio eleitoral na circunscrição; V – a filiação partidária; VI – a idade mínima.

IDADE MÍNIMA PARA EXERCÍCIO DE MANDATO POLÍTICO ELETIVO	
Idade Mínima	**Mandato Político Eletivo**
18 anos	Vereador
21 anos	Prefeito, Vice Prefeito, Deputado Estadual ou Distrita e Deputado Federal
30 anos	Governador e Vice Governador de Estado e do Distrito Federal
35 anos	Presidente da República, Vice Presidente da República e Senador

6. O **quase-nacional**, português que exerce direitos de brasileiros, condicionado à existência de reciprocidade (art. 12, § 1º, da CF), também poderá exercer direitos políticos no Brasil, como eleitor ou candidato (respeitadas as restrições constitucionais), nos termos do art. 17 do Decreto 3.927/01, que versa sobre o Tratado de Amizade, Cooperação e Consulta entre a República Federativa do Brasil e a República Portuguesa. Assim, nem sempre a nacionalidade será condição de elegibilidade.

7. Nem todos os que tiverem feito alistamento eleitoral serão elegíveis, isso porque, o alistamento é facultativo entre 16 e 18 anos, e nessa idade o eleitor será absolutamente inelegível porque sequer terá adquirido capacidade eleitoral passiva.

Segundo entendimento do STF: "É válido o cancelamento do título do eleitor que, convocado por edital, não comparecer ao processo de revisão eleitoral, em virtude do que dispõe o art. 14, caput e §1º, da Constituição de 1988". [ADPF 541, rel. min. Roberto Barroso, j. 26-9-2018, P, DJE de 16-5-2019.]

8. São **inelegíveis** (não podem ser votados) os inalistáveis e os analfabetos.

9. Assim, **todo inalistável é inelegível, mas nem todo inelegível é inalistável**, pois o analfabeto é inelegível (não pode ser votado), mas é alistável (pode votar). Somente os estrangeiros e os conscritos são inalistáveis e inelegíveis.

10. **Súmula Vinculante 18:** "A **dissolução da sociedade ou do vínculo conjugal, no curso do mandato**, não afasta a inelegibilidade prevista no § 7º do art. 14 da CF".

11. A improbidade administrativa é caso de **suspensão** de direitos políticos (art. 15, V, c.c. art. 37, § 4º, ambos da CF)

12. A condenação **criminal** (não a cível) transitada em julgado, enquanto durarem seus efeitos, é caso de **suspensão** dos direitos políticos, lembrando que **é vedada a cassação de direitos políticos**.

    "A suspensão de direitos políticos prevista no art. 15, III, da Constituição Federal, aplica-se no caso de substituição da pena privativa de liberdade pela restritiva de direitos". STF. Plenário. RE 601182/MG, Rel. Min. Marco Aurélio, red. p/ o ac. Min. Alexandre de Moraes, julgado em 8/5/2019 (repercussão geral) (Info 939).

13. O cancelamento de naturalização por **sentença judicial** (e não por decisão administrativa) é caso de perda de nacionalidade e, por consequência, também dos direitos políticos.

- **Cuidado!** A incapacidade civil que gera a **suspensão** (não a perda) de direitos políticos é a de natureza **absoluta**, não relativa.

14. As eleições para Presidente e Governador seguem o sistema majoritário com exigência de maioria absoluta ou dois turnos. Nos termos do art. 28, alterado pela EC 111/2021: "A eleição do Governador e do Vice-Governador de Estado, para mandato de 4 (quatro) anos, realizar-se-á no primeiro domingo de outubro, em primeiro turno, e no último domingo de outubro, em segundo turno, se houver, do ano anterior ao do término do mandato de seus antecessores, e a posse ocorrerá em 6 de janeiro do ano subsequente, observado, quanto ao mais, o disposto no art. 77 desta Constituição.". Antes dessa emenda, a posse se dava no dia primeiro de janeiro do ano subsequente. Estabelece também o art. 82 da CF/88 que: "Art. 82. O mandato do Presidente da República é de 4 (quatro) anos e terá início em 5 de janeiro do ano seguinte ao de sua eleição." Essas alterações, contudo, só vão ser aplicadas a partir das eleições de 2026.

15. A eleição do Prefeito e do Vice-Prefeito será realizada no primeiro domingo de outubro do ano anterior ao término do mandato dos que devam suceder, aplicadas as regras do art. 77 da CF (com segundo turno ou exigência de maioria absoluta) apenas no caso de Municípios com mais de duzentos mil eleitores. Sendo assim, nos Municípios de até duzentos mil eleitores considera-se eleito o candidato que obtiver a maioria (simples) dos votos, independentemente de ter obtido a aprovação da maioria absoluta dos eleitores.

    Atenção! A partir da edição da EC 111/2021, que incluiu o §12 e §13 no art. 14 da CF/88, "Serão realizadas concomitantemente às eleições municipais as consultas populares sobre questões locais aprovadas pelas Câmaras Municipais e encaminhadas à Justiça Eleitoral até 90 (noventa) dias antes da data das eleições, observados os limites operacionais relativos ao número de quesitos.". Ademais, eventuais manifestações a tais questões ocorrerão durante as campanhas eleitorais sem a utilização de propaganda gratuita no rádio e na televisão.

16. São **Congressistas** o Deputado Federal e o Senador. O deputado federal é eleito pelo sistema proporcional (art. 45, da CF), e o Senador é eleito pelo majoritário simples (art. 46, da CF). Desta feita, é errado dizer que o Congressista é eleito mediante sistema proporcional, pois tal afirmativa ignora que o Senador se elege via sistema majoritário.

    Recentemente, no julgamento da ADO 38, o STF manifestou que:

    "O Tribunal, por unanimidade, julgou procedente a presente ação direta, para declarar a mora do Congresso Nacional quanto à edição da Lei Complementar prevista na segunda parte do §1º do art. 45 da CF (revisão periódica da proporcionalidade na relação deputado/população), fixando prazo até 30 de junho de 2025 para que seja sanada a omissão, pela redistribuição proporcional das cadeiras hoje existentes, e entendeu que, após esse prazo, e na hipótese de persistência da omissão inconstitucional, caberá ao Tribunal Superior Eleitoral determinar, até 1º de outubro de 2025, o número de deputados federais de cada Estado e do Distrito Federal para a legislatura que se iniciará em 2027, bem como o consequente número de deputados estaduais e distritais (CF, arts. 27, caput, e 32, §3º), observado o piso e o teto constitucional por circunscrição e o número total de parlamentares previsto na LC nº 78/1993, valendo-se, para tanto, dos dados demográficos coletados pelo IBGE no Censo 2022 e da metodologia utilizada por ocasião da edição da Resolução-TSE 23.389/2013. Tudo nos termos do voto do Relator. Falou, pelo requerente, a Dra. Viviane Ruffeil Teixeira Pereira, Procuradora do Estado do Pará. Plenário, Sessão Virtual de 18.8.2023 a 25.8.2023."

17. O **Vereador** será eleito mediante sistema proporcional.

18. Para concorrerem a **outros cargos**, o Presidente da República, os Governadores de Estado e do Distrito Federal e os **Prefeitos** devem **renunciar** aos respectivos mandatos **até seis meses antes** do pleito.

19. **Inelegibilidade reflexa:** são **inelegíveis**, no território de jurisdição do titular, o cônjuge e os parentes consangüíneos ou afins, até o segundo grau ou por adoção, do Presidente da República, de Governador de Estado ou Território, do Distrito Federal, de Prefeito ou de quem os haja substituído dentro dos seis meses anteriores ao pleito, salvo se já titular de mandato eletivo e candidato à reeleição (art. 14, § 7º, da CF).

- **Parâmetros para aplicação da inelegibilidade reflexa** (art. 14, § 7º, da CF). "É inelegível para o cargo de Prefeito de Município resultante de desmembramento territorial o irmão do atual Chefe do Poder Executivo do Município-mãe. O regime jurídico das inelegibilidades comporta interpretação construtiva dos preceitos que lhe compõem a estrutura normativa. Disso resulta a plena validade da exegese que, norteada por parâmetros axiológicos consagrados pela própria Constituição, visa a impedir que se formem grupos hegemônicos nas instâncias políticas locais. O primado da ideia republicana – cujo fundamento ético-político repousa no exercício do regime democrático e no postulado da igualdade – rejeita qualquer prática que possa monopolizar o acesso aos mandatos eletivos e patrimonializar o poder governamental, comprometendo, desse modo, a legitimidade do processo eleitoral". (STF. RE 158314, julgado em 1992 e relatado pelo Ministro Celso de Mello).

20. O **militar alistável é elegível**, sendo que, se contar mais de dez anos de serviço, será agregado pela autoridade superior e, se eleito, passará automaticamente, no ato da diplomação, para a inatividade, e, se contar **menos** (não mais) de dez anos de serviço, deverá afastar-se da atividade.

21. As hipóteses de inelegibilidade constam de rol **exemplificativo**. Prova disso é o artigo 14, § 9º, da CF, segundo o qual **lei complementar estabelecerá outros casos de inelegibilidade e os prazos de sua cessação,** a fim de proteger a probidade administrativa, a moralidade para exercício de mandato considerada vida pregressa do candidato, e a normalidade e legitimidade das eleições contra a influência do poder econômico ou o abuso do exercício de função, cargo ou emprego na administração direta ou indireta.

- Utilizando-se da classificação elaborada por José Afonso da Silva, o Supremo Tribunal Federal decidiu que a norma constitucional que prevê que '"lei complementar estabelecerá outros casos de inelegibilidade...", além das previstas no texto constitucional, é **norma de eficácia limitada** (não contida), portanto, não autoaplicável e dependente de lei para poder ser aplicada, o que se deu nos seguintes termos: "Como venho de assinalar, o § 9º do art. 14 da Constituição, por traduzir norma revestida de eficácia meramente limitada, não dispõe de autoaplicabilidade. Esta Suprema Corte não pode, por isso mesmo, substituindo-se, inconstitucional-mente, ao legislador, estabelecer, com apoio em critérios próprios, meios destinados a viabilizar a imediata incidência da regra constitucional mencionada (CF, art. 14, § 9º), ainda mais se se considerar que resultarão, dessa proposta da Associação dos Magistrados Brasileiros (AMB), restrições que comprometerão, sem causa legítima, a esfera jurídica de terceiros, a quem não se impôs sanção condenatória com trânsito em julgado. É preciso advertir que o princípio constitucional da reserva de lei formal traduz limitação ao exercício da atividade jurisdicional do Estado" (ADPF 144, julgada em 2008 e relatada pelo Ministro Celso de Mello).

22. No julgamento do Supremo Tribunal Federal (ADC 29 e 30 e ADI 4578) sobre Lei Complementar 135/2010, conhecido como **caso "ficha limpa"**, a questão central da discussão baseou-se na **interpretação do princípio da anualidade**, o qual significa que a lei que alterar o processo eleitoral entrará em vigor na data de sua publicação, não se aplicando à eleição que se realize até um ano da data de sua vigência, nos termos do art. 16, da CF, com redação dada pela EC 04/93. Por maioria de votos, prevaleceu o entendimento em favor da constitucionalidade da lei, que poderia ser aplicada nas eleições de 2012, alcançando atos e fatos ocorridos antes de sua vigência.

- Ademais, **os candidatos a cargo eletivo que tenham sido condenados, mesmo por sentença não transitada em julgado, são, conforme entendimento atual do STF (pois, anteriormente a posição da Suprema Corte era em sentido contrário), inelegíveis**, desde que assim esteja previsto em lei complementar (LC 135/2010, popularmente conhecida como Lei da Ficha Limpa). Após análise conjunta das Ações Declaratórias de Constitucionalidade (ADC 29 e 30) e da Ação Direta de Inconstitucionalidade (ADI 4578) que tratam da Lei Complementar 135/2010, por maioria de votos, prevaleceu o entendimento em favor da constitucionalidade da lei, que pode ser aplicada nas eleições de 2012, alcançando atos e fatos ocorridos antes de sua vigência. Assim, é plenamente válida a previsão no sentido de que são considerados inelegíveis os candidatos que forem condenados, em decisão transitada em julgado ou proferida por órgão judicial colegiado, em razão da prática de crimes contra a economia popular, a fé pública, a administração pública e o patrimônio público; contra o patrimônio privado, o sistema financeiro, o mercado de capitais e os previstos na lei que regula a falência; e contra o meio ambiente e a saúde pública.

  "A condenação por abuso do poder econômico ou político em ação de investigação judicial eleitoral transitada em julgado, ex vi do art. 22, XIV, da LC 64/90, em sua redação primitiva, é apta a atrair a incidência da inelegibilidade do art. 1º, inciso I, alínea d, na redação dada pela LC nº 135/2010, aplicando-se a todos os processos de registro de candidatura em trâmite". [RE 929.670, rel. p/ o ac. min. Luiz Fux, j. 1º-3-2018, P, DJE de 12-4-2019, Tema 860.]

23. O mandato eletivo poderá ser **impugnado** ante a Justiça Eleitoral no prazo de quinze dias contados da diplomação, instruída a ação com provas de abuso do poder econômico, corrupção ou fraude.

- A ação de impugnação de mandato **tramitará** em segredo de justiça, respondendo o autor, na forma da lei, se temerária ou de manifesta má-fé.

24. É livre a criação, fusão, incorporação e extinção de partidos políticos, resguardados a soberania nacional, o regime democrático, o pluripartidarismo, os direitos fundamentais da pessoa humana (art. 17, *caput*, da CF).

"É vedada a fusão ou incorporação de partidos políticos que tenham obtido o registro definitivo do Tribunal Superior Eleitoral há menos de 5 anos." STF. Plenário. ADI 6044/DF, Rel. Min. Cármen Lúcia, julgado em 6/3/2021 (Info 1008).

25. Nos termos do art. 17, § 2º, da CF, os **partidos políticos** adquirem personalidade jurídica (de direito privado) **na forma da lei civil, com a inscrição dos atos constitutivos no respectivo registro.** Existe ainda o dever de **posterior registro de seus estatutos no Tribunal Superior Eleitoral (TSE)**, consoante art. 44, V, art. 44 § 3º e art. 45, todos do Código Civil c.c. artigos 8º, 9º e 10 da Lei 9.096/95, mas que não é requisito para criação.

- De acordo com o art. 7º, § 2º, da Lei 9.096/95, só o partido que tenha registrado seu estatuto no Tribunal Superior Eleitoral pode participar do processo eleitoral, receber recursos do Fundo Partidário e ter acesso gratuito ao rádio e à televisão, nos termos fixados nesta Lei.

  Atenção! De acordo com a Emenda Constitucional 97/2017 (que alterou alguns parágrafos do art. 17 da CF):

  a) É assegurada aos partidos políticos autonomia para definir sua estrutura interna e estabelecer regras sobre escolha, formação e duração de seus órgãos permanentes e provisórios e sobre sua organização e funcionamento e para adotar os critérios de escolha e o regime de suas coligações nas eleições majoritárias, vedada a sua celebração nas eleições proporcionais, sem obrigatoriedade de vinculação entre as candidaturas em âmbito nacional, estadual, distrital ou municipal, devendo seus estatutos estabelecer normas de disciplina e fidelidade partidária;

  b) Somente terão direito a recursos do fundo partidário e acesso gratuito ao rádio e à televisão, na forma da lei, os partidos políticos que alternativamente: I. obtiverem, nas eleições para a Câmara dos Deputados, no mínimo, 3% (três por cento) dos votos válidos, distribuídos em pelo menos um terço das unidades da Federação, com um mínimo de 2% (dois por cento) dos votos válidos em cada uma delas; ou II - tiverem elegido pelo menos quinze Deputados Federais distribuídos em pelo menos um terço das unidades da Federação.

  c) Ao eleito por partido que não preencher esses requisitos ("b") é assegurado o mandato e facultada a filiação, sem perda do mandato, a outro partido que os tenha atingido, não sendo essa filiação considerada para fins de distribuição dos recursos do fundo partidário e de acesso gratuito ao tempo de rádio e de televisão.

- Atenção! A Emenda Constitucional 111/2021 incluiu no art. 17, CF/88 a seguinte disposição:

  "§ 6º Os Deputados Federais, os Deputados Estaduais, os Deputados Distritais e os Vereadores que se desligarem do partido pelo qual tenham sido eleitos PERDERÃO O MANDATO, salvo nos casos de anuência do partido ou de outras hipóteses de justa causa estabelecidas em lei, não computada, em qualquer caso, a migração de partido para fins de distribuição de recursos do fundo partidário ou de outros fundos públicos e de acesso gratuito ao rádio e à televisão."

  Vamos destrinchar esse parágrafo para melhor compreendê-lo. Na primeira parte, ele traz uma consequência àqueles que se desligam do partido pelo qual foram eleitos.

  A quem se aplica? Deputados Federais, Estaduais e Distritais e Vereadores. Logo, não se aplica a Senadores e aos representantes do Poder Executivo (Presidente da República, Governadores e Prefeitos).

  Qual a conduta? Se desligar do partido pelo qual foram eleitos.

  Qual a consequência? Perda do mandato

  Há exceções? Sim: 1. Em caso de anuência (concordância) do partido; 2. Em casos de justa causa (estabelecidas em lei- norma de eficácia limitada-as hipóteses estão no art. 22-A, parágrafo único da lei 9.096/95- lei orgânica dos partidos políticos- e foram incluídos nesta lei em 2015.)

  Na segunda parte o artigo fala da distribuição de recursos do fundo partidário e de outros fundos públicos, bem como do acesso gratuito ao rádio e à televisão. Essas distribuições são feitas de acordo com o número de candidatos que aquele partido conseguiu eleger na última eleição. Como fica no caso de o candidato eleito mudar para outro partido? As distribuições de tempo e recursos não são afetadas.

- A fim de estimular a inclusão progressiva de mulheres na atuação política, foi editada a EC nº 117/2022, que incluiu os parágrafos 7º e 8º no art. 17. O §7º obriga os partidos a aplicarem no mínimo 5% dos recursos do fundo partidário na criação e manutenção de programas de promoção e difusão da participação política das mulheres. Já o §8º obriga os partidos a destinarem às candidatas mulheres no mínimo:

  o 30% do montante do Fundo especial de financiamento de campanha;

  o 30% da parcela do fundo partidário destinada a campanhas eleitorais;

  o 30% do tempo de propaganda gratuita no rádio e na televisão.

  Essa distribuição deve ser proporcional ao número de candidatas, conforme critérios definidos pelos respectivos órgãos de direção e pelas normas estatutárias, considerados a autonomia e o interesse partidário.

  Com a quantidade de alterações promovidas às normas constitucionais sobre eleições, importante sempre ter em mente o que dispõe o art. 16 da CF/88: " Art. 16. A lei que alterar o processo eleitoral entrará em vigor na data de sua publicação, não se aplicando à eleição que ocorra até um ano da data de sua vigência."

Assim, por exemplo, uma norma eleitoral editada em janeiro de 2022, entraria em vigor na data de sua aplicação, mas somente se aplicaria às eleições de 2024 (considerando que não seria aplicada às eleições de 2022 e a próxima eleição a se realizar seria em 2024). Já uma norma editada antes de outubro de 2021 poderia ser aplicada à eleição de 2022, pois se daria em período maior que um ano da data de sua vigência.

◉ ORGANIZAÇÃO POLÍTICO-ADMINISTRATIVA

1. A **organização político-administrativa da República Federativa do Brasil** compreende a União, os Estados, o Distrito Federal e os Municípios, todos autônomos, nos termos desta Constituição (art. 18, *caput*, da CF).

2. A autonomia dos Estados federados está assegurada por meio da sua capacidade de **auto-organização** (elaboração das Constituições Estaduais e Leis Orgânicas do DF e dos Municípios), de **autolegislação** (criação de leis estaduais, distritais e municipais), de **autogoverno** (eleição de seus representantes) e **autoadministração** (organizações próprias dos Poderes Executivo, Legislativo e Judiciário, ressalvado o judiciário municipal, que não existe).

3. **Brasília** é a Capital Federal (art. 18, § 1º, da CF).

4. Os **Territórios Federais** integram a União, e sua criação, transformação em Estado ou reintegração ao Estado de origem serão reguladas em lei complementar (art. 18, § 2º, da CF).

5. **Os Estados podem incorporar-se entre si, subdividir-se ou desmembrar-se para se anexarem a outros, ou formarem novos Estados ou Territórios Federais**, mediante aprovação da população diretamente interessada, através de plebiscito, e do Congresso Nacional, por lei complementar (art. 18,§ 3º, da CF).

- **Atenção!** Exige-se **lei complementar federal** (com trâmite no Congresso Nacional) para a aprovação da **criação de novos Entes Estaduais** (novos Estados).

6. Os Estados podem **incorporar-se entre si**, mas mediante aprovação da população diretamente interessada, através de **plebiscito,** não de referendo.

- Consoante art. 3º, da Lei 9.709/98, nas questões de relevância nacional, de competência do Poder Legislativo ou do Poder Executivo, e no caso do § 3º do art. 18 da Constituição Federal (Os Estados podem incorporar-se entre si, subdividir-se ou desmembrar-se para se anexarem a outros, ou formarem novos Estados ou Territórios Federais, mediante aprovação da população diretamente interessada, através de plebiscito, e do Congresso Nacional, por lei complementar), o plebiscito e o referendo são convocados **mediante decreto legislativo, por proposta de um terço, no mínimo, dos membros que compõem qualquer das Casas do Congresso Nacional**, de conformidade com esta Lei.

- A consulta à população do território que restar do Estado originário é **requisito para a reconfiguração de Estados** (art. 18, § 3º, da CF). Nesse sentido: "A expressão 'população diretamente interessada' constante do § 3º do art. 18 da CF (...) deve ser entendida como a população tanto da área desmembrada do Estado-membro como da área remanescente." (ADI 2.650, julgada em 2011 e relatado pelo Ministro Dias Toffoli).

- No bojo da ADI 2650, a Mesa da Assembleia Legislativa do Estado de Goiás (AL-GO) impugnava a primeira parte do artigo 7º da Lei 9.709/98, e o STF decidiu, por unanimidade, que **o plebiscito para o desmembramento de um estado da federação deve envolver não somente a população do território a ser desmembrado, mas a de todo o Estado.** A ação tinha como objeto o plebiscito para o desmembramento do Estado do Pará, que objetivava criar os Estados do Tapajós e de Carajás. Por fim, no dia 11 de dezembro de 2011, toda a população do Pará pode ir às urnas, e o resultado indicou que 66,59% escolheu "não" para a criação do Estado de Carajás e 66,08% rejeitou a criação do Estado de Tapajós.

7. **A criação, a incorporação, a fusão e o desmembramento de Municípios**, far-se-ão por lei estadual, dentro do período determinado por Lei Complementar Federal, e dependerão de consulta prévia, mediante plebiscito, às populações dos Municípios envolvidos, após divulgação dos Estudos de Viabilidade Municipal, apresentados e publicados na forma da lei (art. 18, § 4º, da CF).

- Nos termos do art. 5º da Lei 9.709/98 (que regulamenta os plebiscitos, os referendos e a iniciativa popular de lei), o plebiscito destinado à criação, à incorporação, à fusão e ao desmembramento de Municípios, será convocado pela Assembléia Legislativa (não pela Câmara de Vereadores), de conformidade com a legislação federal e estadual.

- Não obstante a **inexistência de lei complementar federal regulamentando a criação de novos municípios**, o STF deixou de pronunciar a nulidade de leis estaduais de criação de diversos municípios em razão da consolidada situação de fato e em respeito ao princípio da segurança jurídica. O art. 18, §4º, da CF diz que é necessária LC federal para criação, a incorporação, a fusão e o desmembramento de municípios. Entretanto, vários municípios foram criados sem essa LC, que ainda não existe. Com isso o STF declarou inconstitucional a criação desses municípios, mas não anulou a criação deles. O Supremo, então, fixou um prazo (em alguns casos de 18 e outros de 24 meses) para o Congresso criar a LC. Porém, ao invés de o Congresso editar a LC, editou a EC 57/2008 que acrescentou o art. 96 ao ADCT, convalidou os atos de criação dos municípios, desmembrados, fundidos ou incorporados – Art. 96 ADCT

8. Os **Municípios integram a federação brasileira**, possuindo autogoverno (gestão próprio de suas atividades por Prefeito, Vereadores, e demais agentes públicos), auto-organização (possuem Lei Orgânica) e auto-administração (prestam e mantêm serviços próprios).

9. O número de Vereadores não é definido por proporcionalidade. A CF, no art. 29, IV, estabelece os **limites máximos** de vereadores de acordo com **faixas que levam em consideração o número de habitantes**.

10. Município pode ter **eleição em segundo turno** se contar com mais de duzentos mil **eleitores,** não habitantes (art. 29, II, da CF).

- Portanto, **cuidado!** Para fixação de vereadores o critério é número de habitantes, mas para determinação de segundo turno em eleições para o executivo municipal o critério é número de eleitores.

11. Não é possível na ordem constitucional **a realização de eleições extemporâneas para a instalação de Municípios recém-criados**. Assim decidiu o TSE: "Município. Criação. Primeira eleição. Constituição. Simultaneidade. Observância. Necessidade. A eletividade do prefeito, do vice-prefeito e dos vereadores é a regra constitucional asseguradora da autonomia política do município, conforme o art. 29 da Constituição. A Constituição Federal de 1988 extinguiu a nomeação de prefeito em qualquer município. Como cediço, as regras de hermenêutica jurídica orientam que não é dado ao intérprete distinguir onde a lei não o fez. O inciso I do art. 29 da Constituição estabelece que as eleições para prefeito, vice-prefeito e vereador são realizadas simultaneamente em todo o país, não havendo distinção entre município criado e município instalado, pelo que descabida a pretendida realização de pleito específico para instituir vigência de mandato mais curto, até as eleições gerais de 2012. Nem a Constituição nem a legislação infraconstitucional tratam de situação privilegiada dos municípios recém-criados e ainda não instalados que enseje a promoção de eleições extemporâneas. Há somente uma exceção: nos casos de dupla vacância na chefia do Poder Executivo. Trata-se, contudo, de excepcionalidade prevista na própria Constituição. Além disso, existe a previsão legal de situações específicas, descritas no art. 224 do Código Eleitoral, que possibilitam a realização de novas eleições em período diverso ao das eleições ordinárias. Todavia, esses pleitos decorrem da anulação de eleição anteriormente realizada que, de alguma forma, tenha sido maculada, afastando sua incidência no caso concreto. Sendo assim, as eleições extraordinárias constituem medida extrema, excepcional e singular, e devem ocorrer apenas nas hipóteses previstas na Constituição ou em lei federal. À míngua de previsão específica sobre o tema, prevalece a simultaneidade constitucional. Ademais, a criação de um novo município não está vinculada a sua imediata estruturação e seu funcionamento, devendo ser observado o regramento constitucional. Assim, conquanto o município recém-criado possua personalidade jurídica e possa compor seu governo, a ausência de norma que disponha sobre a realização das primeiras eleições no município implica a observância do inciso I do art. 29 da Constituição Federal. Nesse caso, não haverá prejuízo algum ao município, uma vez que seu patrimônio e rendas continuarão a ser administrados pelo município-mãe. Some-se a isso o fato de que o processo eleitoral é de competência legislativa da União, nos termos do inciso I do art. 22 da Constituição, razão pela qual é vedado a outra unidade da federação legislar sobre o tema. Tampouco caberia a qualquer órgão da Justiça Eleitoral promover eleições sem amparo na Constituição Federal ou em outra lei (MS 39691-03, julgado em 2011 e relatado pelo Ministro Aldir Passarinho Junior).

12. Segundo o art. 29, X, da CF, o **Prefeito** está sujeito a julgamento perante o Tribunal de Justiça. Por sua vez, a Súmula 702 do STF determina que a competência do Tribunal de Justiça para julgar prefeitos restringe-se aos crimes de competência da justiça comum estadual; nos demais casos, a competência originária caberá ao respectivo tribunal de segundo grau", tal como o TRF ou o TRE. Tanto o texto da CF quanto a Súmula referem-se ao **julgamento de crimes comuns**. Em se tratando de crimes de responsabilidade, entra em cena o Decreto-Lei 201/66, segundo o qual, no **crime de responsabilidade próprio** (infração político administrativa punida com a cassação do mandato), a competência será da Câmara Municipal; já no **crime de responsabilidade impróprio** (crime de responsabilidade punido com pena privativa de liberdade de detenção ou reclusão), a competência será do Tribunal de Justiça. Assim, trocando em miúdos, o TJ julgará o Prefeito tanto em caso de crime comum de competência da justiça estadual (porque se for federal, a competência será do TRF) e nos crimes de responsabilidade impróprios (punidos com pena privativa de liberdade de detenção ou reclusão).

13. Compete à Justiça Federal processar e julgar prefeito municipal por desvio de verba sujeita à prestação de contas perante órgão federal **(súmula 208 do STJ).**

14. Intervenção

- Segundo classificação doutrinária, os **princípios constitucionais sensíveis** são aqueles arrolados no art. 34, VII, da CF: a) forma republicana, sistema representativo e regime democrático; b) direitos da pessoa humana; c) autonomia municipal; d) prestação de contas da administração pública, direta e indireta; e) aplicação do mínimo exigido da receita resultante de impostos estaduais, compreendida a proveniente de transferências, na manutenção e desenvolvimento do ensino e nas ações e serviços públicos de saúde.

PRINCÍPIOS CONSTITUCIONAIS SENSÍVEIS (art. 34, VII, da CF)
a) forma republicana, sistema representativo e regime democrático;
b) direitos da pessoa humana;
c) autonomia municipal;
d) prestação de contas da administração pública, direta e indireta;
e) aplicação do mínimo exigido da receita resultante de impostos estaduais, compreendida a proveniente de transferências, na manutenção e desenvolvimento do ensino e nas ações e serviços públicos de saúde.

- O descumprimento dos princípios sensíveis enseja intervenção da União nos Estados ou no DF, **não sendo possível intervenção nos Municípios por desrespeito a eles.**

15. Entes federados e distribuição de competências

15.1. Regras gerais

COMPETÊNCIAS			
Natureza das Competências	**Espécie**	**Regra**	**Exceção**
I. ADMINISTRATIVAS	**1. Exclusiva:** art. 21, da CF	Somente a União exerce	
	2. Comum: art. 23, da CF	Cooperação entre União, Estados, DF e Municípios	
II. LEGISLATIVAS	**1. Privativa:** art. 22, da CF	A União legisla privativamente	Lei complementar poderá autorizar os Estados a legislar sobre questões relativas à competência privativa da União, criando a competência legislativa delegada
II. LEGISLATIVAS	**2. Delegada:** art. 22, p. único, da CF	Mediante LC, em que a União delega para Estados e DF.	
	3. Concorrente: art. 24, da CF	A União edita as normas Gerais e os Estados e o DF editam as normas específicas de seus interesses	Se a União não editar as normas gerais, os Estados e o DF passarão a ter competência plena. Se, posteriormente, a União legislar, as normas gerais feitas pelos Estados terão a sua eficácia suspensa.

15.2. A competência **material/administrativa** exclusiva, do art. 21, é indelegável. Já a competência material/administrativa comum do art. 23 segue a regra da cooperação entre União, Estados, DF e Municípios (a cooperação será regulada por Lei Complementar).

15.3. A competência legislativa da União ou é privativa (art. 22, da CF) ou é concorrente (art. 24, da CF). Já a competência administrativa da União pode ser exclusiva (art. 21, da CF) ou comum (art. 23, da CF). Portanto, **a União não exerce competência remanescente ou residual**. Na distribuição de competências feita pela CF, a competência residual ou remanescente administrativa fica com os Estados (art. 25, § 1º) e a legislativa (em razão do interesse local) resta aos Municípios (art. 30, I, da CF).

15.4. Lei complementar poderá autorizar os Estados a legislar sobre questões relativas à competência privativa da União. Assim, há a **possibilidade de delegação**.

- Para Alexandre de Moraes, há três **requisitos pertinentes à delegação de competência legislativa privativa da União para os Estados**: i. formal; ii. material e; iii. Implícito. O requisito formal se refere à necessidade de expedição de Lei complementar. Já o requisito material se refere ao fato de que a delegação deve ser pontual, ou seja, especificando-se alguma matéria expressamente disposta no art. 22 da CF, que detalhada os temas de competência privativa da União. Por fim, o requisito implícito se refere ao fato que, se a União delegar determinada matéria a um Estado, deverá estender a mesma possibilidade a todos os Estados da Federação, sob pena de afronta ao princípio do art. 19, da CF, que veda o estabelecimento de preferência entre entes federados (*Direito Constitucional*. São Paulo: Atlas, 2010, p. 309-310). Vale notar, que a questão da delegação de competência legislativa privativa da União aos Estados tem como base o art. 22, parágrafo único, da CF: "Lei complementar poderá autorizar os Estados a legislar sobre questões específicas das matérias relacionadas neste artigo".

15.5. Na competência legislativa concorrente, a União limita-se a estabelecer normas gerais. Entretanto, a competência da União para legislar sobre normas gerais **não** exclui a competência suplementar dos Estados.

15.6. Os Estados, **inexistindo** Lei Federal sobre normas gerais, exercerão a competência legislativa plena, para atender a suas peculiaridades. Nesse caso, a superveniência de Lei Federal sobre normas gerais não suspende a eficácia da Lei Estadual, **somente** no que lhe for contrário.

15.7. A União **não pode avocar** uma competência estadual ou municipal, ainda que o interesse público exigir. Isso porque, deve haver respeito à distribuição de competências feita pela CF, pois protege o equilíbrio do Pacto Federativo.

15.8. A suplementação na competência legislativa concorrente do art. 24, da CF, **cabe aos Municípios**, não à União.

16. Competência da União

- Compete privativamente à União legislar sobre **comércio exterior e interestadual**, o que engloba a importação de bens de outros países.
- Compete privativamente à União legislar sobre **direito civil**. Gratuidade de pagamento em estacionamento privado e mensalidade de serviço educacional são matérias de direito civil.
- Compete privativamente à União legislar sobre **direito processual.** Mas, é de **competência concorrente o estabelecimento de normas gerais sobre procedimentos.**
- Súmula Vinculante 46: "A definição dos crimes de responsabilidade e o estabelecimento das respectivas normas de processo e julgamento são da competência legislativa privativa da União".
- Nos termos do art. 177, V, da CF, constituem monopólio da União, a pesquisa, a lavra, o enriquecimento, o reprocessamento, a industrialização e o comércio de minérios e minerais nucleares e seus derivados, com exceção dos radioisótopos cuja, comercialização e utilização poderão ser autorizadas sob regime de permissão, conforme as alíneas b e c do inciso XXIII do caput do art. 21 desta Constituição Federal. Em seguida, no art. 177, § 1º, da CF, há regra segundo a qual a União poderá contratar com empresas estatais ou privadas a realização das atividades previstas nos incisos I a IV deste artigo observadas as condições estabelecidas em lei. Sendo assim, o inciso V, do art. 177 fica excluído, ou seja, a pesquisa, a lavra, o enriquecimento, o reprocessamento, a industrialização e o comércio de minérios e minerais nucleares e seus derivados não pode ficar a cargo de empresas estatais ou privadas, ainda que contratadas com a União.
- Caso se edite lei estadual proibindo as empresas de telecomunicações de cobrarem taxas para a instalação de segundo ponto de acesso à Internet, tal lei deverá ser considerada inconstitucional, visto que invadirá a competência privativa da União para legislar sobre telecomunicações (art. 22, IV, da CF), matéria que já foi decidida pelo STF na ADI 4.083, julgada em 2010 e relatada pela Ministra Cármen Lúcia.
- Lei estadual que institua a obrigatoriedade de instalação de cinto de segurança em veículo de transporte coletivo será **inconstitucional**, visto que trânsito e transporte é matéria de competência privativa da União (art. 22, XI, da CF e ADI 874, julgada em 2011 e relatada pelo Ministro Gilmar Mendes).

  Se for editada lei distrital de iniciativa parlamentar instituindo gratificação específica para os policiais militares e o Corpo de Bombeiros Militar do DF, essa lei será inconstitucional, pois é competência da União organizar e manter a polícia civil, a polícia penal, a polícia militar e o corpo de bombeiros, conforme art. 21, XIV, da CF e ADI 3.791, julgada em 2010 e relatada pelo Ministro Ayres Britto.
- "A Constituição estadual representa, no plano local, a expressão mais elevada do exercício concreto do poder de auto-organização deferido aos Estados-membros pela Lei Fundamental da República. Essa prerrogativa, contudo, não se reveste de caráter absoluto, pois se acha submetida, quanto ao seu exercício, a limitações jurídicas impostas pela própria Carta Federal (art. 25). **O Estado-membro não dispõe de competência para instituir, mesmo em sua própria Constituição, cláusulas tipificadoras de crimes de responsabilidade,** ainda mais se as normas estaduais definidoras de tais ilícitos tiverem por finalidade viabilizar a responsabilização política dos membros integrantes do Tribunal de Contas. A competência constitucional para legislar sobre crimes de responsabilidade (e, também, para definir-lhes a respectiva disciplina ritual) pertence, exclusivamente, à União Federal. Precedentes. Súmula 722/STF. (ADI 4.190-MC-REF, julgada em 2010 e relatada pelo Ministro Celso de Mello).
- Segundo o STF: "Legislação sobre trânsito: **competência privativa federal**: CF, art. 22, XI. Lei 11.766, de 1997, do Estado do Paraná, que **torna obrigatório a qualquer veículo automotor transitar permanentemente com os faróis acesos nas rodovias do Estado do Paraná**, impondo a pena de multa aos que descumprirem o preceito legal: inconstitucionalidade, porque a questão diz respeito ao **trânsito**." (ADI 3.055, julgada em 2005 e relatada pelo Ministro Carlos Velloso).

- No julgamento da ADI 3.279, em 2011, relatada pelo Ministro Cezar Peluso, o STF entendeu que **a definição dos crimes de responsabilidade do Chefe do Executivo Estadual é de competência privativa da União** (art. 22, I, da CF).
- É inconstitucional lei estadual que estabeleça, em favor dos portadores de deficiência proprietários de automóveis, a gratuidade nos estacionamentos situados no estado, pois nos termos da jurisprudência do STF, há **invasão da competência da União**, *in verbis*: "Estacionamento de veículos em áreas particulares. Lei estadual que limita o valor das quantias cobradas pelo seu uso. Direito Civil. Invasão de competência privativa da União. Hipótese de inconstitucionalidade formal por invasão de **competência privativa da União para legislar sobre Direito Civil (CF, art. 22, I)**. Enquanto a União regula o direito de propriedade e estabelece as regras substantivas de intervenção no domínio econômico, os outros níveis de governo apenas exercem o policiamento administrativo do uso da propriedade e da atividade econômica dos particulares, tendo em vista, sempre, as normas substantivas editadas pela União." (ADI 1.918, julgada em 2001 e relatada pelo Ministro Maurício Corrêa).
- **Telecomunicações e energia elétrica. Abrangência. "O sistema federativo instituído pela CF de 1988 torna inequívoco que cabe à União a competência legislativa e administrativa para a disciplina e a prestação dos serviços públicos de telecomunicações e energia elétrica (CF, arts. 21, XI e XII, b, e 22, IV)**. A Lei 3.449/2004 do Distrito Federal, ao proibir a cobrança da **tarifa de assinatura básica 'pelas concessionárias prestadoras de serviços de água, luz, gás, TV a cabo e telefonia** no Distrito Federal' (art. 1º, caput), incorreu em inconstitucionalidade formal, porquanto necessariamente inserida a fixação da 'política tarifária' no âmbito de poderes inerentes à titularidade de determinado serviço público, como prevê o art. 175, parágrafo único, III, da Constituição, elemento indispensável para a preservação do equilíbrio econômico-financeiro do contrato de concessão e, por consequência, da manutenção do próprio sistema de prestação da atividade. Inexiste, *in casu*, suposto respaldo para o diploma impugnado na competência concorrente dos Estados-membros para dispor sobre direito do consumidor (CF, art. 24, V e VII), cuja interpretação não pode conduzir à frustração da teleologia da referida regra expressa contida no art. 175, parágrafo único, III, da CF, descabendo, ademais, a aproximação entre as figuras do consumidor e do usuário de serviços públicos, já que o regime jurídico deste último, além de informado pela lógica da solidariedade social (CF, art. 3º, I), encontra sede específica na cláusula 'direitos dos usuários' prevista no art. 175, parágrafo único, II, da Constituição. Ofende a denominada reserva de administração, decorrência do conteúdo nuclear do princípio da separação de poderes (CF, art. 2º), a proibição de cobrança de tarifa de assinatura básica no que concerne aos serviços de água e gás, em grande medida submetidos também à incidência de leis federais (CF, art. 22, IV), mormente quando constante de ato normativo emanado do Poder Legislativo fruto de iniciativa parlamentar, porquanto supressora da margem de apreciação do chefe do Poder Executivo Distrital na condução da administração pública, no que se inclui a formulação da política pública remuneratória do serviço público." (ADI 3.343, Rel. p/ o ac. Min. Luiz Fux, julgamento em 1º-9-2011, Plenário, DJE de 22-11-2011).
- De acordo com notícia divulgada no Informativo 634 do STF, "O Plenário julgou procedente pedido formulado em ação direta, ajuizada pelo Governador do Estado de Santa Catarina, para declarar a **inconstitucionalidade da Lei 12.775/2003, daquela unidade federativa, que dispõe sobre o uso obrigatório de equipamento que ateste a autenticidade de cédulas de dinheiro por estabelecimentos bancários** e dá outras providências. Reputou-se que **a norma adversada teria invadido a competência privativa da União para legislar sobre o sistema financeiro nacional**" (CF, artigos 21, VIII; 22, VII; e 192, caput). ADI 3515/SC, rel. Min. Cezar Peluso, 1º.8.2011. (ADI-3515)
- **Lei estadual que disponha sobre a destinação de armas de fogo apreendidas, fazendo remissão expressa à lei federal que trata do tema e utilizando os preceitos nela contidos é inconstitucional, pois invade competência legislativa atribuída à União**. Assim entende o STF: "Competência da União para legislar sobre direito penal e material bélico. Lei 1.317/2004 do Estado de Rondônia. Lei estadual que autoriza a utilização, pelas polícias civil e militar, de armas de fogo apreendidas. A competência exclusiva da União para legislar sobre material bélico, complementada pela competência para autorizar e fiscalizar a produção de material bélico, abrange a disciplina sobre a destinação de armas apreendidas e em situação irregular." (ADI 3.258, Rel. Min. Joaquim Barbosa, julgamento em 6-4-2005, Plenário, DJ de 9-9-2005.) No mesmo sentido: ADI 3.193, rel. min. Marco Aurélio, julgamento em 9-5-2013, Plenário, DJE de 6-8-2013.
- "**Mensalidades escolares**. Fixação da data de vencimento. **Matéria de direito contratual**. (...) Os serviços de educação, seja os prestados pelo Estado, seja os prestados por particulares, configuram serviço público não privativo, podendo ser desenvolvidos pelo setor privado independentemente de concessão, permissão ou autorização. Nos termos do art. 22, I, da CB, **compete à União legislar sobre Direito Civil.**" (ADI 1.007, Rel. Min. Eros Grau, julgamento em 31-8-2005, Plenário, DJ de 24-2-2006.) No mesmo sentido: ADI 1.042, Rel. Min. Cezar Peluso, julgamento em 12-8-2009, Plenário, DJE de 6-11-2009.
- "A definição das **condutas típicas configuradoras do crime de responsabilidade e o estabele-**

cimento de regras que disciplinem o processo e julgamento das agentes políticos federais, estaduais ou municipais envolvidos são da **competência legislativa privativa da União** e devem ser tratados em lei nacional especial (art. 85 da CR)." (ADI 2.220, Rel. Min. Cármen Lúcia, julgamento em 16-11-2011, Plenário, DJE de 7-12-2011.).

- Segundo o entendimento da Suprema Corte, divulgado no Informativo 782, é **formalmente inconstitucional lei estadual que estabelecer restrições ao ingresso, armazenamento e comercialização de produtos agrícolas importados no âmbito do estado-membro, pois estará caracterizada invasão da competência privativa da União para legislar sobre comércio exterior**. Nesse sentido, "Ação direta de inconstitucionalidade. Lei estadual (RS) nº 12.427/2006. Restrições ao comércio de produtos agrícolas importados no Estado. Competência privativa da União para legislar sobre comércio exterior e interestadual (CF, art. 22, inciso VIII). 1. É formalmente inconstitucional a lei estadual que cria restrições à comercialização, à estocagem e ao trânsito de produtos agrícolas importados no Estado, ainda que tenha por objetivo a proteção da saúde dos consumidores diante do possível uso indevido de agrotóxicos por outros países. A matéria é predominantemente de comércio exterior e interestadual, sendo, portanto, de competência privativa da União (CF, art. 22, inciso VIII). 2. É firme a jurisprudência do Supremo Tribunal Federal no sentido da inconstitucionalidade das leis estaduais que constituam entraves ao ingresso de produtos nos Estados da Federação ou a sua saída deles, provenham esses do exterior ou não (cf. ADI nº 280, Rel. Min. Francisco Rezek, DJ de 17/6/94; e ADI nº 3.035, Rel. Min. Gilmar Mendes, DJ de 14/10/05). 3. Ação direta julgada procedente" (STF. ADI 3813, julgada em 2015 e Relatada pelo Min. Dias Toffoli).

  É inconstitucional lei municipal que proíba o serviço de transporte de passageiros mediante aplicativo, pois legislar sobre "trânsito e transporte" é matéria de competência da União, nos termos do art. 22, XI da CF/88, além de violação dos princípios da livre iniciativa e da livre concorrência. STF. Plenário. ADPF 449/DF, Rel. Min. Luiz Fux; RE 1054110/SP, Rel. Min. Roberto Barroso, julgados em 8 e 9/5/2019 (repercussão geral) (Info 939)

17. Competência dos Estados e competência concorrente

- São reservadas aos Estados **as competências que não lhes sejam vedadas** pela constituição (art. 25, § 1º, da CF). Além disso, o § 2º do art. 25 da CF dispõe expressamente que cabe aos Estados (privativamente) explorar, diretamente ou mediante concessão, os **serviços locais de gás canalizado**, na forma da lei, vedada a edição de medida provisória para a sua regulamentação.

- Segundo a jurisprudência do STF, é constitucional **lei estadual** que disponha sobre o ensino de língua espanhola aos alunos da rede pública do respectivo estado, pois o legislador estadual "atuara nos limites da competência concorrente dos Estados-membros e do DF para legislar sobre educação, cultura, ensino e desporto (CF, art. 24, IX). Ademais, asseverou-se que a Constituição, ao prever a competência privativa da União para tratar de diretrizes e bases da educação nacional (art. 22, XXIV) – cujo tratamento em âmbito nacional se dá pela Lei 9.394/96 – permitira que os entes estaduais e o DF atuassem no campo de suas especificidades" (ADI 3669, julgada em 2007 e relatada pela Ministra Cármen Lúcia).

- É **constitucional** lei estadual que fixe índices de correção monetária de créditos fiscais desde que o fator de correção adotado seja igual ou inferior ao utilizado pela União, conforme decisão do STF na ADI 442, julgada em 2010 e relatada pelo Ministro Eros Graus.

- A competência para legislar sobre direito urbanístico é **concorrente** entre União, Estados e Distrito Federal, e não privativa dos Municípios.

- A competência para legislar sobre defesa dos recursos naturais é **concorrente** entre União, Estados e Distrito Federal, pois é matéria de interesse de todos os entes da Federação, e não somente da União.

- **O estado federado não tem competência para dispor sobre as condições do exercício da profissão de motoboy** no âmbito do seu território. Assim entende o STF: "Competência legislativa. Direito do Trabalho. Profissão de motoboy. Regulamentação. Inadmissibilidade. (...) Competências exclusivas da União. (...) É inconstitucional a lei distrital ou estadual que disponha sobre condições do exercício ou criação de profissão, sobretudo quando esta diga à segurança de trânsito." (ADI 3.610, julgada em 2011 e relatada pelo Ministro Cezar Peluso).

- A **Súmula Vinculante** 2 é clara ao dispor que é inconstitucional a lei ou ato normativo estadual ou distrital que disponha sobre consórcios e sorteios, inclusive bingos e loterias.

- "Custas e emolumentos são espécies tributárias, classificando-se como taxas. Precedentes do STF. **À União, ao Estado membro e ao Distrito Federal é conferida competência para legislar concorrentemente sobre custas dos serviços forenses**, restringindo-se a competência da União, no âmbito dessa legislação concorrente, ao estabelecimento de normas gerais, certo que, inexistindo tais normas gerais, os Estados exercerão a competência legislativa plena, para atender a suas peculiaridades (CF, art. 24, IV, §§ 1º e 3º)." (ADI 1.624, julgada em 2003 e relatada pelo Ministro Carlos Velloso).

18. Competência dos Municípios

- O Município **possui** competência para suplementar a legislação federal e a estadual no que couber, além de poder legislar sobre assuntos de interesse local.

- É competente o Município para fixar o horário de funcionamento de estabelecimento comercial (Súmula Vinculante 38).

- "É pacífica a jurisprudência desta Corte de que **os Municípios detêm competência para legislar sobre o tempo máximo de espera por atendimento nas agências bancárias**, uma vez que essa questão é de interesse local e diz respeito às normas de proteção das relações de consumo, não se confundindo com a atividade-fim das instituições bancárias". (**STF. AI 495187**, julgado em 2011 e relatado pelo Ministro Dias Tóffoli).

- Segundo o STF, ""Distrito Federal: competência legislativa para fixação de tempo razoável de espera dos usuários dos **serviços de cartórios**. A imposição legal de um limite ao tempo de espera em fila dos usuários dos serviços prestados pelos cartórios não constitui matéria relativa à disciplina dos registros públicos, mas **assunto de interesse local, cuja competência legislativa a Constituição atribui aos Municípios** (...)." (RE 397.094, julgado em 2006 e relatado pelo Ministro Sepúlveda Pertence).

- O Município dispõe de competência, para, com apoio no poder autônomo que lhe confere a Constituição, exigir, mediante lei, a **instalação de sanitários ou a colocação de bebedouros em estabelecimentos bancários** (AI-AgR 614510, julgado em 2007 e relatado pelo Ministro Celso de Mello).

- O STF firmou entendimento no sentido de que é constitucional **lei municipal que determina às agências bancárias a instalação de portas eletrônicas de segurança**, visto que é competência do Município legislar sobre assuntos de interesse local dispondo sobre medidas referentes à segurança dos usuários de serviços bancários (AI-AgR 347.717, julgado em 2005 e relatado pelo Ministro Celso de Mello)

- A Constituição de 1988, no que se refere à organização federativa aplicada aos Municípios, dispõe que compete ao Município organizar e prestar, diretamente ou sob regime de concessão ou permissão, os **serviços públicos de interesse local, incluído o de transporte coletivo, que tem caráter essencial** (art. 30. V, da CF).

- Compete aos Municípios instituir e arrecadar os tributos de sua competência, bem como aplicar suas rendas, sem prejuízo da obrigatoriedade de prestar contas e publicar balancetes nos prazos fixados em lei.

- Os Municípios podem **criar, organizar e suprimir distritos, observada a legislação estadual, não havendo necessidade de Lei Federal** para nenhuma hipótese.

- Compete aos Municípios promover, no que couber, adequado ordenamento territorial, mediante planejamento e controle do uso, do parcelamento e da ocupação do solo urbano

- A jurisprudência do STF entende que, pelo princípio da simetria, os crimes de responsabilidade praticados pelos Prefeitos serão julgados pela **Câmara Municipal**, cabendo ao **TJ** a competência para os crimes comuns (art. 29, X, da CF). No julgamento perante o TJ, a competência para a decisão poderá ser do Plenário, do Órgão Fracionário ou do Órgão Especial, o que será fixado no Regimento Interno do Tribunal, Além disso, há a Súmula 702 do STF, que dispõe: "a competência do Tribunal de Justiça para julgar prefeitos restringe-se aos crimes de competência da justiça comum estadual; nos demais casos, a competência originária caberá ao respectivo tribunal de segundo grau", o que reafirma não ser competência privativa do TJ o julgamento de Prefeito.

- É inconstitucional a Lei Estadual que determina o fornecimento gratuito de água potável à população por meio de caminhão-pipa todas as vezes que houver interrupção do fornecimento normal do serviço, pois invade o âmbito de competência legislativa municipal (STF. 2340, julgada em 2013 e relatada pelo Ministro Ricardo Lewandowski).

- Compete aos Municípios legislar sobre assuntos de interesse local, notadamente sobre a definição do tempo máximo de espera de clientes em filas de instituições bancárias. STF. Plenário virtual. RE 610221 RG, Rel. Min. Ellen Gracie, julgado em 29/04/2010 (repercussão geral).

◉ ADMINISTRAÇÃO PÚBLICA

- **CF, artigos 37 a 42.**

1. **Constituição e a atuação administrativa:** de acordo com os ensinamentos de Gustavo Binenbojm (*Uma teoria do Direito Administrativo*: direitos fundamentais, democracia e constitucionalização. Rio de Janeiro: Renovar, 2006), as políticas públicas não estão mais restritas à interposição legislativa, pois "a reserva vertical de lei foi substituída por uma reserva vertical de Constituição. **A Constituição passa a figurar como norma diretamente habilitadora da atuação administrativa**, havendo uma verdadeira 'osmose entre a Constituição e a lei'. Pode-se, assim, dizer, com Canotilho, que se abre caminho para 'uma legalidade sem lei'. [...] **a Constituição se presta (i) não só como norma direta e imediatamente habilitadora de competências administrativas, como também (ii) serve de critério imediato de decisão administrativa**". Assim, em apertada síntese, pode-se dizer que, na condução da máquina administrativa e das políticas públicas, o administrador não mais se submete à mera legalidade estrita, mas sim aos preceitos que emanam diretamente da Constituição Federal.

2. **Princípios da Administração Pública: p**ara memorizar os princípios da administração pública que constam do artigo 37, da CF, o amigo leitor pode valer-se da clássica expressa mnemônica **"LIMPE"**.

Princípios da Administração Pública	
L	egalidade
I	mpessoalidade
M	oralidade
P	ublicidade
E	ficiência
LIMPE	

3. O **conteúdo do Princípio da Legalidade** (art. 37, *caput*, da CF) **não exclui a possibilidade de atividade discricionária pela Administração Pública**, desde que observados os limites da lei, quando esta deixa alguma margem para a Administração agir conforme os critérios de conveniência e oportunidade. Isso porque, é ínsita à atividade administrativa a tomada de decisões políticas, que se referem às opções que o administrador pode escolher na administração dos bens e serviços públicos. Por exemplo: um administrador pode decidir entre a construção de uma escola ou hospital (valendo-se de critérios de conveniência e oportunidade), e ambas são opções políticas legítimas. Entretanto, para materializar a obra, ele deverá abrir procedimento licitatório, pois a Constituição Federal (art. 37, XXI) lhe impõe esse dever.

4. A Administração Pública pode ser **direta** (prestada pela própria pessoa política, União, Estado ou Município) ou **indireta** (descentralizada para outra pessoa jurídica, Autarquia, Fundação, Empresa Pública ou Sociedade de Economia Mista).

5. Somente por **lei específica** poderá ser criada autarquia e autorizada a instituição de empresa pública, de sociedade de economia mista e de fundação, cabendo à **lei complementar**, neste último caso (fundação), definir as áreas de sua atuação.

6. Depende de **autorização legislativa**, em cada caso, a criação de subsidiárias de empresa pública, assim como a participação de qualquer delas em empresa privada.

7. A **autonomia gerencial, orçamentária e financeira dos órgãos e entidades da administração direta e indireta poderá ser ampliada** mediante contrato, a ser firmado entre seus administradores e o poder público, que tenha por objeto a fixação de metas de desempenho para o órgão ou entidade, cabendo à lei dispor sobre prazo de duração do contrato, os controles e critérios de avaliação de desempenho, direitos, obrigações e responsabilidade dos dirigentes, bem como a remuneração do pessoal.

8. A **administração fazendária** e seus servidores fiscais terão, dentro de suas áreas de competência e jurisdição, **precedência sobre os demais setores administrativos**, na forma da lei (art. 37, XVIII, da CF).

9. A **publicidade dos atos, programas, obras, serviços e campanhas dos órgãos públicos** deverá ter **caráter educativo, informativo ou de orientação,** dela não podendo constar nomes, símbolos ou imagens que caracterizem promoção pessoal de autoridades ou servidores públicos.

- No ARE 652777, julgado em 2015 e relatado pelo Ministro Teori Zavascki, em que se reconheceu repercussão geral**, o STF entendeu ser legítima a publicação, inclusive em sítio eletrônico mantido pela Administração Pública, dos nomes dos seus servidores e do valor dos correspondentes vencimentos e vantagens pecuniárias**.

10. As obras, serviços, compras e alienações, ressalvados os casos especificados na legislação, serão contratados mediante processo de **licitação pública** que assegure igualdade de condições a todos os concorrentes, com cláusulas que estabeleçam obrigações de pagamento, mantidas as condições efetivas da proposta, nos termos da lei, o qual somente permitirá as exigências de qualificação técnica e econômica indispensáveis à garantia do cumprimento das obrigações.

11. Concurso Público

- Quanto a **concurso público e o princípio da igualdade**, segundo **entendimento do STF**, é possível: a) fixação limites etários máximos para a admissão de pessoal no serviço público em atenção à natureza das atribuições do cargo a ser preenchido; e b) estabelecimento de limites mínimos de altura para candidatos em concurso público.

CONCURSO PÚBLICO E O PRINCÍPIO DA IGUALDADE Segundo entendimento do STF é possível:
a) fixação **limites etários máximos** para a admissão de pessoal no serviço público em atenção à natureza das atribuições do cargo a ser preenchido (Súmula 683, do STF);
b) estabelecimento de **limites mínimos de altura** para candidatos em concurso público;

- Súmula 683, do STF: "O limite de idade para a inscrição em concurso público só se legitima em face do art. 7º, XXX, da Constituição, quando possa ser justificado pela natureza das atribuições do cargo a ser preenchido."

- Segundo a jurisprudência do STF: "Razoabilidade da exigência de altura mínima para ingresso na carreira de delegado de polícia, dada a natureza do cargo a ser exercido. Violação ao princípio da isonomia. Inexistência." (RE 140.889, Rel. p/ o ac. Min. Maurício Corrêa, julgamento em 30-5-2000, Segunda Turma, DJ de 15-12-2000.)

- A **Súmula 15 do STF** dispõe: "Dentro do prazo de validade do concurso, o candidato aprovado tem

direito à nomeação, quando o cargo for preenchido sem observância da classificação."

- "A **abertura de novo concurso**, no prazo de validade de concurso anterior, não gera direito de nomeação para os candidatos aprovados no primeiro, mas apenas **prioridade sobre os novos concursados.**" (STF. RMS 22.926, julgado em 1997 e relatado pelo Ministro Ilmar Galvão).

- A exigência constitucional de reserva de vagas para portadores de deficiência em concurso público **não pode** ser afastada se o percentual legalmente previsto for inferior a um, hipótese em que a fração deve ser arredondada, obedecendo a regra constitucional constante no art. 37, VIII, da CF.

12. Os cargos, empregos e funções públicas são acessíveis aos brasileiros que preencham os requisitos legais, **assim como aos estrangeiros**, na forma da lei (art. 37, I, da CF).

13. É **inconstitucional** toda modalidade de provimento que propicie ao servidor investir-se, sem prévia aprovação em concurso público destinado ao seu provimento, em cargo que não integra a carreira na qual anteriormente investido (Súmula Vinculante 43).

14. Adquire **estabilidade, após três anos de efetivo exercício**, o servidor nomeado para cargo de provimento efetivo em virtude de concurso público, consoante art. 41, *caput*, da CF.

15. Em 2007, no bojo dos Mandados de Injunção (MIs) 670, 708 e 712, o STF autorizou **a aplicação da lei de greve da iniciativa privada** (Lei 7.783/89) **para garantir o exercício grevista regular dos servidores públicos**.

- Vale notar, entretanto, que o STF vem entendendo pela **inadmissibilidade de exercício de greve por policiais**. "O direito constitucional de greve atribuído aos servidores públicos em geral não ampara indiscriminadamente todas as categorias e carreiras, mas antes excepciona casos como o de agentes armados e policiais cujas atividades não podem ser paralisadas, ainda que parcialmente, sem graves prejuízos para a segurança e a tranquilidade pública. (Ministro Gilmar Mendes, ao negar seguimento ao MI 774).

16. Tanto a vinculação quanto a equiparação de quaisquer espécies remuneratórias no serviço público **são vedadas** para o efeito de remuneração de pessoal das carreiras públicas (art. 37, XIII, da CF).

17. É **vedada a acumulação** remunerada de cargos ou empregos públicos, exceto, quando houver compatibilidade de horários, nos seguintes casos: a) a de dois cargos de professor; b) a de um cargo de professor com outro técnico ou científico; c) a de dois cargos ou empregos privativos de profissionais de saúde, com profissões regulamentadas.

ACUMULAÇÃO REMUNERADA DE CARGOS PÚBLICOS	
1. Regra →	Vedação/Impossibilidade
2. Exceções	a) dois cargos de professor b) um cargo de professor com outro técnico ou científico c) dois cargos ou empregos privativos de profissionais de saúde, com profissões regulamentadas

- **Cuidado! Não é possível** a acumulação nos seguintes casos:

  a) de cargo técnico com outro privativo de profissional da saúde;

  b) de mais de dois cargos ou empregos públicos (três ou mais).

  c) de dois cargos técnicos;

- Segundo o STF, é admitida a acumulação de cargos públicos de profissionais de saúde, prevista no art. 37, XVI da CF/88, mesmo que a jornada semanal ultrapasse 60 horas (o que somente era estabelecido como limite por norma infraconstitucional). Esse requisito não é previsto na Constituição Federal, logo, não pode obstar referida acumulação. STF. 1ª Turma. RE 1176440/DF, Rel. Min. Alexandre de Moraes, julgado em 9/4/2019 (Info 937).

  Observe-se que, em se tratando de cargos acumuláveis, entende o STF ser possível inclusive a cumulação de pensões por morte deles decorrentes (STF. Info 1080.Plenário. RE 658999/SC, Rel. Min. Dias Toffoli, julgado em 16/12/2022. Repercussão Geral – Tema 627)

18. As **funções de confiança**, exercidas exclusivamente por servidores ocupantes de cargo efetivo, e os **cargos em comissão**, a serem preenchidos por servidores de carreira nos casos, condições e percentuais mínimos previstos em lei, **destinam-se apenas às atribuições de direção, chefia e assessoramento**.

19. A nomeação de cargos de natureza política não está incluída nas proibições elencadas pela Súmula Vinculante 13, que veda a prática do nepotismo em qualquer dos Poderes de todos os Entes Federados no Brasil, nos seguintes termos: "A nomeação de cônjuge, companheiro ou parente em linha reta, colateral ou por afinidade, até o terceiro grau, inclusive, da autoridade nomeante ou de servidor da mesma pessoa jurídica, investido em cargo de direção, chefia ou assessoramento, para o exercício de cargo em comissão ou de confiança, ou, ainda, de função gratificada na Administração Pública direta e indireta, em qualquer dos Poderes da União, dos Estados, do Distrito Federal e dos municípios, compreendido o ajuste mediante designações recíprocas, viola a Constituição Federal."

"Direito Administrativo. Agravo interno em reclamação. Nepotismo. Súmula Vinculante 13. 1. O

Supremo Tribunal Federal tem afastado a aplicação da Súmula Vinculante 13 a cargos públicos de natureza política, ressalvados os casos de inequívoca falta de razoabilidade, por manifesta ausência de qualificação técnica ou inidoneidade moral. Precedentes. 2. Não há nos autos qualquer elemento que demonstre a ausência de razoabilidade da nomeação." [Rcl 28.024 AgR, rel. min. Roberto Barroso, 1ª T, j. 29-5-2018, DJE 125 de 25-6-2018.]

20. **Reintegração:** invalidação da pena de demissão aplicada a servidor público, com o retorno ao cargo, sem prejuízo da indenização. Se quem estiver em seu lugar for estável, será reconduzido ao cargo anteriormente ocupado, ou será afastado com vencimentos proporcionais, ou aproveitado em outro cargo (sem direito a indenização), mas se quem estava no lugar não era estável, será simplesmente exonerado.

21. A **exoneração** somente será a pedido ou por conveniência da administração, já a **demissão** é sempre a título de punição.

- O servidor público ocupante de cargo efetivo **não pode ser exonerado segundo livre critério da autoridade competente**, pois os casos de perda de cargo estão previstos no § 1º do art. 41 da CF (I – Em virtude de sentença judicial transitada em julgado; II – Mediante Processo Administrativo em que lhe seja assegurada ampla defesa; III – Mediante Procedimento de Avaliação Periódica de Desempenho, na forma da lei complementar, assegurada ampla defesa).
- No caso da **falta de necessidade do cargo**, o servidor **ficará em disponibilidade**, com remuneração proporcional ao tempo de serviço, até o seu adequado aproveitamento em outro cargo.
- O servidor público ocupante de cargo efetivo **não pode ser exonerado *ad nutum***, com base em decreto que declara a desnecessidade do cargo (Súmula 21 do STF).

  É inconstitucional lei estadual que prevê dispensa de exigências para revalidar diploma internacional de ensino superior a fim de conceder benefícios e progressões a servidores públicos, pois trata-se de competência privativa da União legislar sobre diretrizes e bases da educação nacional, nos termos do art. 22, XXIV da CF/88. STF. Plenário. ADI 6073, Rel. Min. Edson Fachin, julgado em 27/03/2020.

22. Os **vencimentos** referem-se ao vencimento básico somado às gratificações permanentes previstas em lei (art. 1º, da Lei 8.852/94), que se aplicam aos agentes administrativos submetidos a regime estatutário, os denominados servidores públicos.

23. Já o **subsídio**, na lição de Leandro Bortoleto "é o pagamento de uma única parcela, sem subdivisões [...] forma normalmente adotada para se remunerar os agentes políticos" (*Direito Administrativo*. Salvador: Juspodivm, 2012, p. 142).

24. Segundo Hely Lopes Meirelles "**vantagens pecuniárias** são acréscimos de estipêndio do servidor, concedidas a título definitivo ou transitório, pela decorrência do tempo de serviço (*ex facto temporis*), ou pelo desempenho de funções especiais (*ex facto officii*), ou em razão das condições anormais em que se realiza o serviço (*propter laborem*), ou, finalmente, em razão de condições pessoais do servidor (*propter personam*). As duas primeiras espécies constituem os adicionais (adicionais de vencimento e adicionais de função), as duas últimas formam a categoria das gratificações (gratificações de serviço e gratificações pessoais). (*Direito Administrativo Brasileiro*, 18 ed. São Paulo: Malheiros, 1993, p. 402). Portanto, pode-se dizer que **os vencimentos abrangem vantagens pecuniárias (gratificações)**

25. O membro de Poder, o detentor de mandato eletivo, os Ministros de Estado e os Secretários Estaduais e Municipais serão remunerados exclusivamente por **subsídio fixado em parcela única** (e não em quatro parcelas, trimestrais), vedado o acréscimo de qualquer gratificação, adicional, abono, prêmio, verba de representação ou outra espécie remuneratória.

26. É vedada a **vinculação ou equiparação de quaisquer espécies remuneratórias** para o efeito de remuneração de pessoal do serviço público.

27. Os **acréscimos pecuniários percebidos por servidor público** não serão computados e acumulados para fins de concessão de acréscimos ulteriores. É vedada a incorporação de vantagens de caráter temporário ou vinculadas ao exercício de função de confiança ou de cargo em comissão à remuneração do cargo efetivo.

28. A fixação dos **padrões de vencimento e dos demais componentes do sistema remuneratório** observará a natureza, o grau de responsabilidade e a complexidade dos cargos componentes de cada carreira; os requisitos para a investidura; e as peculiaridades dos cargos.

29. A Lei da União, dos Estados, do Distrito Federal e dos Municípios disciplinará a aplicação de recursos orçamentários provenientes da economia com despesas correntes em cada órgão, autarquia e fundação, para aplicação no desenvolvimento de programas de qualidade e produtividade, treinamento e desenvolvimento, modernização, reaparelhamento e racionalização do serviço público, **inclusive** sob a forma de adicional ou prêmio de produtividade (art. 39, § 7º, da CF).

30. A remuneração dos servidores públicos deve ser fixada por lei específica, assegurada a revisão geral anual, **sempre na mesma data e sem distinção de índices**, e não depois de decorrido o prazo mínimo de um ano do último reajuste concedido à categoria.

31. A **fixação de vencimentos dos servidores** públicos não pode ser objeto de **convenção coletiva** (Súmula 679 do STF).

32. O **teto salarial do funcionalismo público**, previsto no texto constitucional e cujo parâmetro é o subsídio dos ministros do STF, **aplica-se** aos servidores da administração direta, autárquica e fundacional, e também, aos empregados das empresas públicas e sociedades de economia mista, e suas subsidiárias, que receberem recursos da União, dos Estados, do DF ou dos Municípios para pagamento de despesas de pessoal ou de custeio em geral (art. 37, § 9º, da CF).

33. A União, os Estados e o Distrito Federal manterão escolas de governo para a formação e o aperfeiçoamento dos servidores públicos, constituindo-se a participação nos cursos um dos requisitos para a promoção na carreira, **facultada** (e não sendo obrigatória), para isso, a celebração de convênios ou contratos entre os entes federados, que deverão promovê-los anualmente.

- **Súmula Vinculante 37**: "Não cabe ao Poder Judiciário, que não tem função legislativa, aumentar vencimentos de servidores públicos sob fundamento de isonomia".

34. Aos servidores titulares de cargos efetivos da União, dos Estados, do Distrito Federal e dos Municípios, **incluídas** suas autarquias e fundações, é assegurado **regime de previdência de caráter contributivo e solidário**, mediante contribuição do respectivo ente público, dos servidores ativos e inativos e dos pensionistas, observados critérios que preservem o equilíbrio financeiro e atuarial.

35. Os servidores abrangidos pelo regime de previdência serão aposentados: I – por incapacidade permanente para o trabalho, no cargo em que estiver investido, quando insuscetível de readaptação, hipótese em que será obrigatória a realização de avaliações periódicas para verificação da continuidade das condições que ensejaram a concessão da aposentadoria; II – compulsoriamente, com proventos proporcionais ao tempo de contribuição, aos 70 (setenta) anos de idade, ou aos 75 (setenta e cinco) anos de idade, na forma de lei complementar; III – no âmbito da União, aos 62 (sessenta e dois) anos de idade, se mulher, e aos 65 (sessenta e cinco) anos de idade, se homem, e, no âmbito dos Estados, do Distrito Federal e dos Municípios, na idade mínima estabelecida mediante emenda às respectivas Constituições e Leis Orgânicas, observados o tempo de contribuição e os demais requisitos estabelecidos em lei complementar do respectivo ente federativo.

36. Os proventos de aposentadoria e as pensões, por ocasião de sua concessão, não poderão ser inferiores ao valor mínimo a que se refere o § 2º do art. 201 ou superiores ao limite máximo estabelecido para o Regime Geral de Previdência Social, observado o disposto nos §§ 14 a 16.

37. Os proventos **nunca poderão ser excedentes ao subsídio mensal, em espécie, dos Ministros do Supremo Tribunal Federal**, o que não abrange as parcelas de caráter indenizatório previstas em lei.

<table>
<tr><th colspan="5">REGRAS CONSTITUCIONAIS PARA APOSENTADORIA DO SERVIDOR</th></tr>
<tr><th>Modalidade</th><th>Sexo</th><th>Requisito</th><th>Aposentadoria</th><th>Limite/Teto</th></tr>
<tr><td>I – Por Incapacidade Permanente</td><td>Homem ou Mulher</td><td>Incapacidade Permanente</td><td>Condicionada à realização de avaliações periódicas para verificação da continuidade das condições que ensejaram a concessão da aposentadoria</td><td rowspan="4">Proventos nunca excedentes ao subsídio mensal, em espécie, dos Ministros do Supremo Tribunal Federal</td></tr>
<tr><td>II – Compulsoriamente</td><td>Homem ou Mulher</td><td>70 ou 75 anos de idade, na forma de lei complementar</td><td>Com proventos proporcionais ao tempo de contribuição.</td></tr>
<tr><td rowspan="2">III – Voluntariamente</td><td>1) Homem</td><td colspan="2">a) 65 anos de idade</td></tr>
<tr><td>2) Mulher</td><td colspan="2">a) 62 anos de idade</td></tr>
</table>

38. É **vedada a existência de mais de um regime próprio de previdência social para os servidores titulares de cargos efetivos**.

39. As pessoas jurídicas de direito público e as de direito privado prestadoras de serviços públicos **responderão pelos danos que seus agentes, nessa qualidade, causarem a terceiros**, assegurado o direito de regresso contra o responsável nos casos de dolo ou culpa.

40. Segundo o STF, "A **responsabilidade civil das pessoas jurídicas de direito privado prestadoras de serviço público é objetiva relativamente a terceiros usuários, e não usuários do serviço**, segundo decorre do art. 37, § 6º, da CF. A inequívoca presença do nexo de causalidade entre o ato administrativo e o dano causado ao terceiro não usuário do serviço público é condição suficiente para estabelecer a responsabilidade objetiva da pessoa jurídica de direito privado." (RE 591.874, julgado em 2009 e relatado pelo Ministro Ricardo Lewandowski).

41. A lei disporá sobre os requisitos e as restrições ao ocupante de cargo ou emprego da administração direta e indireta que possibilite o acesso a informações privilegiadas.

42. A Administração pode anular seus próprios atos, quando eivados de vícios que os tornem ilegais, porque deles não se originam direitos, ou revogá-los, por motivo de conveniência ou oportunidade, mas **não pode** fazer revisão de direitos adquiridos, consoante súmula 473 do STF.

43. Os atos de improbidade administrativa importarão a **suspensão** de direitos políticos, a perda da função pública, a indisponibilidade de bens e o ressarcimento ao erário, na forma e gradação previstas em lei, **sem prejuízo da ação penal cabível**.

✦ SÚMULAS

- **Súmula Vinculante 21:** É inconstitucional a exigência de depósito ou arrolamento prévios de dinheiro ou bens para a admissibilidade de recurso administrativo.

◉ SEPARAÇÃO DOS PODERES

- **CF, artigos 44 a 126 da CF.**

1. Separação dos Poderes: são **independentes e harmônicos entre si**, o Executivo, o Legislativo e o Judiciário, que se fiscalizam, uns aos outros, em mecanismo de freios e contrapesos, eliminando-se os excesso e desvios.

- Piero Calamandrei ensina que o **critério orgânico** explica o exercício da função estatal a partir do órgão responsável por seu exercício. Sendo assim, a função jurisdicional (jurisdição) é aquela exercida fundamentalmente pelo Poder Judiciário. Ao seu lugar, a função de administrar ou executar pertence ao Poder Executivo. Por fim, a função de legislar é a desempenhada pelo Poder Legislativo. (c.f. Instituições de Direito Processual Civil. 1 V. Campinas: booksellers, 2003). Desta feita, é o critério orgânico que considera como jurisdição aquilo que o legislador constituinte incluiu na competência dos órgãos Judiciários e como administração o que conferiu aos órgãos do Executivo.

2. Em âmbito Federal, o **Poder Legislativo** é exercido pelo Congresso Nacional, que se compõe da Câmara dos Deputados e do Senado Federal.

- O Congresso Nacional reúne-se, anualmente, na Capital Federal, de 2 de **fevereiro** (não janeiro) a **17 de julho** (não 30 de junho) e de 1º de agosto a 22 de dezembro, nos termos do art. 57, *caput*, da CF.
- Salvo disposição constitucional em contrário, as **deliberações** de cada Casa do Congresso Nacional e de suas Comissões serão tomadas por maioria dos votos, presente a maioria absoluta de seus membros.

ATIVIDADE LEGISLATIVA DO CONGRESSO NACIONAL	
Legislatura	Período de 4 anos de atividade legislativa
Sessão Legislativa	Período compreendido entre 2 de fevereiro a 17 de julho e 1º de agosto a 22 de dezembro de cada ano
Sessão Extraordinária	Ocorre por convocação ou do Presidente do Senado Federal ou do Presidente da Câmara dos Deputados ou do Presidente da República ou a requerimento da maioria dos membros de ambas as Casas, em caso de urgência ou interesse público relevante.
Sessão Conjunta	Reunião da Câmara dos Deputados e do Senado Federal destinada, por exemplo, a conhecer do veto presidencial e sobre ele deliberar.

- A **Câmara dos Deputados** compõe-se de representantes do povo, eleitos, pelo sistema proporcional, em cada Estado, em cada Território e no Distrito Federal.
- Os Deputados Federais representam o povo e possuem mandato de quatro anos (art. 45, da CF), **o mesmo período de duração da legislatura do Congresso Nacional**.
- Cada **Território** elegerá quatro Deputados Federais.
- O **Senado Federal** compõe-se de representantes dos Estados e do Distrito Federal, eleitos segundo o princípio majoritário para mandato de oito anos. Com esse mandato, o Senador exercerá o cargo por duas legislaturas. A renovação se dará de quatro em quatro anos, alternadamente, por um e dois terços.
- Cada Estado e o Distrito Federal elegerão **3 Senadores**.
- A representação de cada Estado e do Distrito Federal será **renovada de 4 em 4 anos, alternadamente**, por **1/3 e 2/3.** Em uma eleição, é escolhido 1 senador (enquanto os outros 2 representantes do Estado ou do DF estão no meio do mandato de 8 anos), na seguinte, que ocorre 4 anos depois, são escolhidos 2 senadores (enquanto o outro senador que representa o Estado ou o DF está no meio de seu mandato de 8 anos) e, assim, sucessivamente.
- A Câmara dos Deputados e o Senado Federal, ou qualquer de suas Comissões, poderão convocar Ministro de Estado, quaisquer titulares de órgãos diretamente subordinados à Presidência da República ou o Presidente do Comitê Gestor do Imposto sobre Bens e Serviços para prestarem, pessoalmente, informações sobre assunto previamente determinado, importando crime de responsabilidade a ausência sem justificação adequada.
- Compete exclusivamente ao Congresso Nacional **sustar os atos normativos** do Poder Executivo que

exorbitem do poder regulamentar ou dos limites de delegação legislativa.

- Compete exclusivamente ao Congresso Nacional resolver definitivamente apenas sobre tratados acordos ou atos internacionais **que acarretem encargos ou compromissos gravosos ao patrimônio nacional,** e não sobre tratados de qualquer natureza.
- Compete exclusivamente ao Congresso Nacional aprovar o estado de defesa e a intervenção federal, e **autorizar** o estado de sítio, ou **suspender** qualquer dessas medidas, consoante disposto no art. 49, IV, da CF.
- Para não haver confusão, quanto às **contas do Presidente da República**, memorizar: TCU **aprecia** as contas (art. 71, I, da CF), o Congresso Nacional **julga** as contas (art. 49, IX, da CF) e a Câmara dos Deputados **procede a tomada** de contas (art. 51, II, da CF).
- O Presidente da República somente pode **ausentar-se do país por período superior a 15 dias se o Congresso Nacional autorizá-lo**, nos termos do art. 49, III, da CF.

3. Imunidades

- **Imunidade Material/Inviolabilidade:** Deputados e Senadores são **invioláveis**, civil e penalmente, por quaisquer de suas opiniões, palavras e votos.
- **Imunidade Formal:** desde a expedição do diploma, os membros do Congresso Nacional **não poderão ser presos**, salvo em flagrante de crime inafiançável. Nesse caso, os autos serão remetidos dentro de 24 horas à Casa respectiva, para que, pelo voto da maioria de seus membros, resolva sobre a prisão.
- Deputados e Senadores gozam de foro por prerrogativa de função, de modo que, desde a expedição do diploma, serão submetidos a julgamento perante o Supremo Tribunal Federal. No entanto, se já encerrada a instrução processual, não será o julgamento afetado pela diplomação. (Info 900/STF)

  Deputados Estaduais gozam das mesmas imunidades formais previstas para os parlamentares federais no art. 53 da CF/88 STF. Plenário. ADI 5823 MC/RN, ADI 5824 MC/RJ e ADI 5825 MC/MT, rel. orig. Min. Edson Fachin, red. p/ o ac. Min. Marco Aurélio, julgados em 8/5/2019 (Info 939).
- "É inconstitucional dispositivo da Constituição Estadual que confere foro por prerrogativa de função, no Tribunal de Justiça, para Procuradores do Estado, Procuradores da ALE, Defensores Públicos e Delegados de Polícia." STF. Plenário. ADI 2553/MA, Rel. Min. Gilmar Mendes, red. p/ o ac. Min. Alexandre de Moraes, julgado em 15/5/2019 (Info 940).
- Recebida a denúncia contra o Senador ou Deputado, por crime ocorrido após a diplomação, o Supremo Tribunal Federal dará ciência à Casa respectiva, que, **por iniciativa de partido político** nela representado e pelo voto da maioria de seus membros, **poderá**, até a decisão final, **sustar o andamento** da ação. Assim, **o STF não precisa de licença** da Cada Legislativa para processar um de seus membros.
- No bojo do HC 89.417, julgado pelo STF em 2006 e relatado pela Ministra Carmem Lúcia ficou consignado que, nem sempre, devem ser aplicadas as regras dos parágrafos 2º e 3º do art. 52, da CF (imunidades), *in verbis*: "Os elementos contidos nos autos impõem interpretação que considere mais que a regra proibitiva da prisão de parlamentar, isoladamente, como previsto no art. 53, § 2º, da CR. Há de se buscar interpretação que conduza à aplicação efetiva e eficaz do sistema constitucional como um todo. **A norma constitucional que cuida da imunidade parlamentar e da proibição de prisão do membro de órgão legislativo não pode ser tomada em sua literalidade, menos ainda como regra isolada do sistema constitucional**. Os princípios determinam a interpretação e aplicação corretas da norma, sempre se considerando os fins a que ela se destina. A Assembleia Legislativa do Estado de Rondônia, composta de 24 deputados, dos quais, 23 estão indiciados em diversos inquéritos, afirma situação excepcional e, por isso, não se há de aplicar a regra constitucional do art. 53, § 2º, da CF, de forma isolada e insujeita aos princípios fundamentais do sistema jurídico vigente".
- A **inviolabilidade parlamentar não se estende ao congressista quando, na condição de candidato a qualquer cargo eletivo, vem a ofender, moralmente, a honra de terceira pessoa**, inclusive a de outros candidatos, em pronunciamento motivado por finalidade exclusivamente eleitoral, que não guarda qualquer conexão com o exercício das funções congressuais. Segundo o STF, "o postulado republicano – que repele privilégios e não tolera discriminações – impede que o parlamentar-candidato tenha, sobre seus concorrentes, qualquer vantagem de ordem jurídico-penal resultante da garantia da imunidade parlamentar, sob pena de dispensar-se, ao congressista, nos pronunciamentos estranhos à atividade legislativa, tratamento diferenciado e seletivo, capaz de gerar, no contexto do processo eleitoral, inaceitável quebra da essencial igualdade que deve existir entre todos aqueles que, parlamentares ou não, disputam mandatos eletivos". (Inq-QO 1400, julgado em 2002 e relatado pelo Ministro Celso de Mello).
- "Perda do mandato parlamentar. Entendimento da maioria no sentido de que **não cabe ao Poder Judiciário decretar a perda de mandato de parlamentar federal, em razão de condenação criminal. Determinação de comunicação à respectiva Casa para instauração do procedimento do art. 55, § 2º, da Constituição Federal**" (STF. AP 572, julgada em 2014 e relatada pelo Ministro Gilmar Mendes).

- **Os Vereadores gozam de imunidade material** (inviolabilidade) relativa às suas opiniões, palavras e votos, no exercício do mandato e na **circunscrição (limites territoriais) do Município** a que estejam vinculados.
- A **imunidade formal** (que garante regras especiais para a prisão e o processo de Parlamentar) **não se aplica aos Vereadores**, por falta de expressa previsão no Texto Constitucional. Aliás, esse é o posicionamento do STF sobre o tema: "O Tribunal, por maioria, julgou procedente o pedido formulado na inicial de ação direta ajuizada pelo Procurador-Geral da República para declarar a inconstitucionalidade da expressão abaixo destacada, constante da parte final do inciso XVII, do art. 13, da Constituição do Estado de Sergipe, que estabelece "a inviolabilidade do vereador por suas opiniões, palavras e votos, no exercício do mandato e na circunscrição do Município, não podendo, desde a expedição do diploma até a inauguração da legislatura seguinte, ser preso, salvo em flagrante de crime inafiançável, nem processado criminalmente sem prévia autorização da Câmara Municipal, cujo deferimento da licença ou ausência de deliberação suspende a prescrição enquanto durar o mandato;". Considerou-se caracterizada na espécie a ofensa ao art. 22, I, da CF/88, que prevê a competência privativa da União para legislar sobre direito penal e processual. O Min. Sepúlveda Pertence também julgou procedente o pedido formulado, mas por fundamento diverso, qual seja, por ofensa ao art. 29, VIII - "inviolabilidade dos vereadores por suas opiniões, palavras e votos no exercício do mandato e na circunscrição do município". - haja vista que a CF, ao estender expressamente aos vereadores a imunidade material, excluiu implicitamente a que eles se aplicasse a imunidade formal. Vencido o Min. Marco Aurélio que julgava improcedente o pedido formulado, por considerar que os vereadores devem gozar das mesmas prerrogativas quanto ao exercício do mandato no que diz respeito aos deputados federais e senadores. ADI 371, julgada em 2002 e relatada pelo Ministro Maurício Corrêa).

4. Comissão Parlamentar de Inquérito – CPI

- **STF e as CPIs:** "Criação de CPI: requisitos constitucionais. O Parlamento recebeu dos cidadãos, não só o poder de representação política e a competência para legislar, mas também o mandato para fiscalizar os órgãos e agentes do Estado, respeitados, nesse processo de fiscalização, os limites materiais e as exigências formais estabelecidas pela CF. O direito de investigar - que a Constituição da República atribuiu ao Congresso Nacional e às Casas que o compõem (art. 58, § 3º) - tem, no inquérito parlamentar, o instrumento mais expressivo de concretização desse relevantíssimo encargo constitucional, que traduz atribuição inerente à própria essência da instituição parlamentar. A instauração do inquérito parlamentar, para viabilizar-se no âmbito das Casas legislativas, está vinculada, unicamente, à satisfação de três exigências definidas, de modo taxativo, no texto da Carta Política: **(1) subscrição do requerimento de constituição da CPI por, no mínimo, 1/3 dos membros da Casa legislativa, (2) indicação de fato determinado a ser objeto de apuração e (3) temporariedade da CPI.** Preenchidos os requisitos constitucionais (CF, art. 58, § 3º), impõe-se a criação da CPI, que não depende, por isso mesmo, da vontade aquiescente da maioria legislativa. Atendidas tais exigências (CF, art. 58, § 3º), cumpre, ao presidente da Casa legislativa, adotar os procedimentos subsequentes e necessários à efetiva instalação da CPI, não lhe cabendo qualquer apreciação de mérito sobre o objeto da investigação parlamentar, que se revela possível, dado o seu caráter autônomo (RTJ 177/229 – RTJ 180/191-193), ainda que já instaurados, em torno dos mesmos fatos, inquéritos policiais ou processos judiciais. A prerrogativa institucional de investigar, deferida ao Parlamento (especialmente aos grupos minoritários que atuam no âmbito dos corpos legislativos), não pode ser comprometida pelo bloco majoritário existente no Congresso Nacional e que, por efeito de sua intencional recusa em indicar membros para determinada CPI (ainda que fundada em razões de estrita conveniência político-partidária), culmine por frustrar e nulificar, de modo inaceitável e arbitrário, o exercício, pelo Legislativo (e pelas minorias que o integram), do poder constitucional de fiscalização e de investigação do comportamento dos órgãos, agentes e instituições do Estado, notadamente daqueles que se estruturam na esfera orgânica do Poder Executivo. (...) Legitimidade passiva ad causam do presidente do Senado Federal – autoridade dotada de poderes para viabilizar a composição das comissões parlamentares de inquérito." (MS 24.831, julgado em 2005 e relatado pelo Ministro Celso de Mello).
- De acordo com o STF, "O **princípio da colegialidade** traduz diretriz de fundamental importância na regência das deliberações tomadas por qualquer CPI, notadamente quando esta, no desempenho de sua competência investigatória, ordena a adoção de medidas restritivas de direitos, como aquelas que importam na revelação (disclosure) das operações financeiras ativas e passivas de qualquer pessoa. A **legitimidade do ato de quebra do sigilo bancário**, além de supor a plena adequação de tal medida ao que prescreve a Constituição, deriva da necessidade de a providência em causa respeitar, quanto à sua adoção e efetivação, o princípio da colegialidade, sob pena de essa deliberação reputar-se nula." (MS 24.817, Rel. Min. Celso de Mello, julgamento em 3-2-2005, Plenário, DJE de 6-11-2009.) Ademais, no bojo do MS 23.669, julgado no ano 2000, o Supremo Tribunal Federal decidiu que "A quebra do sigilo bancário, que compreende a ruptura da esfera de intimidade financeira da pessoa, quando determinada por ato de qualquer Comissão Parlamentar de Inquérito, **depende, para revestir-se de validade jurídica, da aprovação**

da maioria absoluta dos membros que compõem o órgão de investigação legislativa (Lei nº 4.595/64, art. 38, § 4º)".

- "A fundamentação exigida das Comissões Parlamentares de Inquérito quanto à **quebra de sigilo bancário, fiscal, telefônico e telemático não ganha contornos exaustivos** equiparáveis à dos atos dos órgãos investidos do ofício judicante. Requer-se que constem da deliberação as razões pelas quais veio a ser determinada a medida" (MS 24.749 julgado em 2004 e relatado pelo Ministro Marco Aurélio).
- De acordo com o STF, "**O sigilo bancário, o sigilo fiscal e o sigilo telefônico (sigilo este que incide sobre os dados/registros telefônicos e que não se identifica com a inviolabilidade das comunicações telefônicas) – ainda que representem projeções específicas do direito à intimidade, fundado no art. 5º, X, da Carta Política – não se revelam oponíveis, em nosso sistema jurídico, às comissões parlamentares de inquérito**, eis que o ato que lhes decreta a quebra traduz natural derivação dos poderes de investigação que foram conferidos, pela própria CR, aos órgãos de investigação parlamentar. As CPIs, no entanto, para decretarem, legitimamente, por autoridade própria, a quebra do sigilo bancário, do sigilo fiscal e/ou do sigilo telefônico, relativamente a pessoas por elas investigadas, devem demonstrar, a partir de meros indícios, a existência concreta de causa provável que legitime a medida excepcional (ruptura da esfera de intimidade de quem se acha sob investigação), justificando a necessidade de sua efetivação no procedimento de ampla investigação dos fatos determinados que deram causa à instauração do inquérito parlamentar, sem prejuízo de ulterior controle jurisdicional dos atos em referência (CF, art. 5º, XXXV). As deliberações de qualquer comissão parlamentar de inquérito, à semelhança do que também ocorre com as decisões judiciais (RTJ 140/514), quando destituídas de motivação, mostram-se írritas e despojadas de eficácia jurídica, pois nenhuma medida restritiva de direitos pode ser adotada pelo Poder Público, sem que o ato que a decreta seja adequadamente fundamentado pela autoridade estatal." (MS 23.452, julgado em 1999 e relatado pelo Ministro Celso de Mello).
- A testemunha e o indiciado, quando convocados, **não são obrigados a responder às perguntas que possam incriminá-los, em razão do seu direito constitucional ao silêncio e a não autoincriminação**. Entretanto, tanto o indiciado quanto a testemunha tem **o dever de ao menos comparecer** à CPI.
- É possível a ampliação da atuação de CPI para além da finalidade para a qual ela tenha sido criada. Segundo o STF, **fatos inicialmente imprevistos podem ser acrescidos a uma CPI que esteja em funcionamento** (HC 71.039, julgado em 1996).

  É constitucionalmente **legítima** a decisão judicial, emanada por autoridade competente, determinando o compartilhamento de registros bancários entre diversos órgãos de investigação. Também é possível a ampliação do objeto da investigação no curso dos trabalhos. Assim decidiu o STF: "Quarta preliminar. Prova emprestada. Caso 'Banestado'. **Autorização de compartilhamento tanto pela Comissão Parlamentar Mista de Inquérito como pelo STF. Legalidade.** Quinta preliminar. **Ampliação do objeto de investigação de CPI no curso dos trabalhos. Possibilidade**. Precedentes. Sexta preliminar. Quebra de sigilo pela CPMI. Fundamento exclusivo em matéria jornalística. Alegação inconsistente. Posterior autorização para quebra também pelo relator, no âmbito do inquérito e das ações cautelares incidentais. Sétima preliminar. Dados de empréstimo fornecidos pelo Banco Central. Pedido direto do Ministério Público. Ilegalidade. Ausência. Requisição feita pela CPMI dos Correios. Posterior autorização de compartilhamento com o Ministério Público para instrução do inquérito. Legalidade. (...) Oitava preliminar. Dados fornecidos ao Ministério Público pelo banco BMG. **Existência de decisão judicial de quebra de sigilo proferida pelo presidente do STF e, posteriormente, de modo mais amplo, pelo relator do inquérito. Ausência de ilegalidade**." (Inq 2.245, Rel. Min. Joaquim Barbosa, julgamento em 28-8-2007, Plenário, DJ de 9-11-2007.)
- De acordo com o STF, "**Não aparentam caracterizar abuso de exposição da imagem pessoal na mídia, a transmissão e a gravação de sessão em que se toma depoimento de indiciado, em CPI.**" (MS 24.832, julgado em 2004, e relatado pelo Ministro Cezar Peluso).
- Nos termos da jurisprudência do STF, "**O privilégio contra a autoincriminação – que é plenamente invocável perante as CPIs – traduz direito público subjetivo** assegurado a qualquer pessoa, que, na condição de testemunha, de indiciado ou de réu, deva prestar depoimento perante órgãos do Poder Legislativo, do Poder Executivo ou do Poder Judiciário. O exercício do direito de permanecer em silêncio não autoriza os órgãos estatais a dispensarem qualquer tratamento que implique restrição à esfera jurídica daquele que regularmente invocou essa prerrogativa fundamental. Precedentes. **O direito ao silêncio** – enquanto poder jurídico reconhecido a qualquer pessoa relativamente a perguntas cujas respostas possam incriminá-la (*nemo tenetur se detegere*) – impede, quando concretamente exercido, que aquele que o invocou venha, por tal específica razão, a ser preso, ou ameaçado de prisão, pelos agentes ou pelas autoridades do Estado. Ninguém pode ser tra-

tado como culpado, qualquer que seja a natureza do ilícito penal cuja prática lhe tenha sido atribuída, sem que exista, a esse respeito, decisão judicial condenatória transitada em julgado. O princípio constitucional da não culpabilidade, em nosso sistema jurídico, consagra uma regra de tratamento que impede o Poder Público de agir e de se comportar, em relação ao suspeito, ao indiciado, ao denunciado ou ao réu, como se estes já houvessem sido condenados definitivamente por sentença do Poder Judiciário." (HC 79.812, julgado no ano 2000 e relatado pelo Ministro Celso de Mello).

- Para facilitar, preparamos os seguintes quadros:

CPI pode	
	a) quebrar sigilo fiscal, bancário e de dados;
	b) ouvir testemunhas e, se for o caso, determinar condução coercitiva (garantido o direito ao silêncio);
	c) ouvir investigados ou indiciados (garantido o direito ao silêncio).

CPI não pode	
	a) determinar busca domiciliar;
	b) determinar interceptação telefônica ou quebra do sigilo de comunicação telefônica (mas poderá determinar quebra do sigilo de dados telefônicos, ou seja, dos registros pretéritos em lista),
	c) determinar prisão (salvo em flagrante, como no falso testemunho).

- As comissões parlamentares de inquérito **não são permanentes,** pois são criadas para a apuração de fato determinado e por prazo certo. Além disso, possuem **poderes de investigação próprios das autoridades judiciais**, mas **não podem** aplicar sanções, devendo, se for o caso, encaminhar suas conclusões ao Ministério Público, para que promova a responsabilidade civil ou criminal dos infratores.

5. **Tribunal de Contas:** o controle externo, a cargo do Congresso Nacional, será exercido com o auxílio do Tribunal de Contas da União – TCU.

- **Natureza e Poderes do TCU:** de acordo com o STF, "A posição constitucional dos Tribunais de Contas – órgãos investidos de autonomia jurídica – inexistência de qualquer vínculo de subordinação institucional ao poder legislativo – atribuições do Tribunal de Contas que traduzem direta emanação da própria Constituição da República. Os Tribunais de Contas ostentam posição eminente na estrutura constitucional brasileira, não se achando subordinados, por qualquer vínculo de ordem hierárquica, ao Poder Legislativo, de que não são órgãos delegatários nem organismos de mero assessoramento técnico. A competência institucional dos Tribunais de Contas não deriva, por isso mesmo, de delegação dos órgãos do Poder Legislativo, mas traduz emanação que resulta, primariamente, da própria Constituição da República. Doutrina. Precedentes." (ADI 4.190-MC-REF, Rel. Min. Celso de Mello, julgamento em 10-3-2010, Plenário, DJE de 11-6-2010.)

- **TCU e Poderes Implícitos:** "(...) a atribuição de poderes explícitos, ao Tribunal de Contas, tais como enunciados no art. 71 da Lei Fundamental da República, supõe que se lhe reconheça, ainda que por implicitude, a titularidade de meios destinados a viabilizar a adoção de medidas cautelares vocacionadas a conferir real efetividade às suas deliberações finais, permitindo, assim, que se neutralizem situações de lesividade, atual ou iminente, ao erário público. Impende considerar, no ponto, em ordem a legitimar esse entendimento, a formulação que se fez em torno dos poderes implícitos, cuja doutrina, construída pela Suprema Corte dos Estados Unidos da América, no célebre caso McCulloch v. Maryland (1819), enfatiza que a outorga de competência expressa a determinado órgão estatal importa em deferimento implícito, a esse mesmo órgão, dos meios necessários à integral realização dos fins que lhe foram atribuídos. (...) É por isso que entendo revestir-se de integral legitimidade constitucional a atribuição de índole cautelar, que, reconhecida com apoio na teoria dos poderes implícitos, permite, ao TCU, adotar as medidas necessárias ao fiel cumprimento de suas funções institucionais e ao pleno exercício das competências que lhe foram outorgadas, diretamente, pela própria CR." (MS 24.510, Rel. Min. Ellen Gracie, voto do Min. Celso de Mello, julgamento em 19-11-2003, Plenário, DJ de 19-3-2004.)

Tribunal de Contas e ato de aposentadoria: manifestou o STJ que "Os Tribunais de Contas estão sujeitos ao prazo de 5 anos para o julgamento da legalidade do ato de concessão inicial de aposentadoria, reforma ou pensão, a contar da chegada do processo à respectiva Corte de Contas." (STJ, Informativo Especial nº5. AgInt no RMS 47.738-RJ, Rel. Min. Francisco Falcão, Segunda Turma, julgado em 03/05/2022, DJe 13/05/2022.). Esse entendimento foi um realinhamento da jurisprudência do STJ com a do STF, face ao Tema 445 fixado pelo STF nesse sentido. Trata-se da incidência do **prazo decadencial** previsto no art. 54 da Lei 9.784/1999 para a Administração anular ato de concessão de aposentadoria. Portanto, decorrido esse prazo, não é mais possível ao Tribunal de contas julgar a legalidade desses atos.

6. Processo Legislativo

- O **processo legislativo compreende** a elaboração de: I – emendas à Constituição; II – leis complementares; III – leis ordinárias; IV – leis delegadas; V – medidas provisórias; VI – decretos legislativos e; VII – resoluções.
- A **Lei Complementar** exige aprovação por maioria absoluta, enquanto a **Lei Ordinária** é aprovada por maioria simples dos membros presentes à sessão, desde que presente a maioria absoluta dos membros de cada Casa ou de suas Comissões.
- As matérias que devem ser regradas por **Lei Complementar** encontram-se taxativamente indicadas no texto constitucional (ao longo dos dispositivos) e, desde que não seja assunto específico de normatização por decreto legislativo ou resolução, o regramento de todo o resíduo competirá à lei ordinária (conclusão que se extrai a partir de interpretação sistemática do texto constitucional).
- **Não** existe **hierarquia** entre lei complementar e lei ordinária, nem entre lei federal e lei estadual.
- As matérias reservadas à Lei Complementar **não** serão objeto de **delegação** do Congresso ao Presidente da República.
- Se uma **lei denominada de complementar versar sobre matéria relativa a lei ordinária** (ou seja, para a qual não seria exigível lei complementar), então ela poderá ser revogada também por lei ordinária posterior. Esse é o entendimento do STF (RE, 377.457, julgado em 2008 e relatado pelo Ministro Gilmar Mendes).
- Na apreciação de **projeto de lei delegada** pelo Congresso Nacional, não são admitidas emendas parlamentares.
- A discussão e votação dos **Projetos de Lei Ordinária não** devem, obrigatoriamente, ter início na Câmara dos Deputados. Somente os projetos de lei de iniciativa do Presidente da República, do Supremo Tribunal Federal e dos Tribunais Superiores terão início obrigatoriamente na Câmara dos Deputados (art. 64, da CF).
- A **correção redacional** a um projeto de lei ordinária **não importa** em retorno à casa iniciadora. Somente se exige o retorno à Casa iniciadora se a emenda parlamentar introduzida acarretar modificação no sentido da proposição jurídica, o que não ocorre quando há mera correção de redação.
- "**Não é necessária a reapreciação**, pela Câmara dos Deputados, de expressão suprimida pelo Senado Federal em texto de proposta de emenda constitucional que, na redação remanescente, aprovada por ambas as Casas do Congresso Nacional, **não perdeu sentido normativo**". (STF, ADI 3.367, julgada em 2005 e relatada pelo Ministro Cezar Peluso).
- **A sanção de projeto de lei não convalida o vício** de inconstitucionalidade resultante da usurpação do poder de iniciativa.
- Dá-se a chamada **sanção tácita** quando o Presidente da República permanece inerte durante o prazo de que dispõe para vetar ou sancionar o projeto de lei.
- É possível o controle sobre a **intempestividade do veto,** nos termos da jurisprudência do STF: "Processo legislativo: veto mantido pelo Legislativo: decreto-legislativo que, anos depois, sob fundamento de ter sido o veto intempestivo, desconstitui a deliberação que o mantivera e declara tacitamente sancionada a parte vetada do projeto de lei. Inconstitucionalidade formal do decreto-legislativo, independentemente da indagação acerca da validade material ou não da norma por ele considerada sancionada: aplicação ao **processo legislativo, que é verdadeiro processo, da regra da preclusão que, como impede a retratação do veto, também obsta a que se retrate o Legislativo de sua rejeição ou manutenção; preclusão, no entanto, que, não se confundindo com a coisa julgada, esta sim, peculiar do processo jurisdicional, não inibe o controle judicial da eventual intempestividade do veto.**" (ADI 1.254, Rel. Min. Sepúlveda Pertence, julgamento em 9-12-1999, Plenário, DJ de 17-3-2000.)
- A **iniciativa popular** pode ser exercida pela apresentação à Câmara dos Deputados de projeto de lei subscrito por, no mínimo, um por cento do eleitorado nacional, distribuído pelo menos por cinco Estados, com não menos de três décimos por cento dos eleitores de cada um deles.
- **Não** há previsão de iniciativa popular para se emendar a Constituição.
- São de iniciativa privativa do **Presidente da República** as leis que disponham sobre a criação de cargos, funções ou empregos públicos na administração direta e autárquica ou **aumento de sua remuneração** (art. 61, § 1º, II, "a", da CF). Essa regra, também deve ser aplicada ao Governador e à administração estadual, em decorrência do **Princípio da Simetria ou Parametricidade**, segundo o qual, as normas de organização do Estado dispostas na Constituição Federal e válidas para a União, devem ser reproduzidas nas Constituições Estaduais e aplicadas aos Estados Membros. O mesmo se dá em relação aos Municípios, na medida em que será de iniciativa privativa dos Prefeitos a criação de cargos, funções ou empregos públicos na administração direta e autárquica ou aumento de sua remuneração no âmbito de cada Município.
- No bojo da ADI 2813 (rel. Min. Cármen Lúcia, 1º.8.2011), **o STF entendeu pela possibilidade de emendas parlamentares a projetos de lei de iniciativa do Chefe do Poder Executivo, desde que** haja pertinência temática com o projeto de lei originário e que delas não decorra aumento da despesa global prevista (art. 166, §§ 3º e 4º da CF).

- Ainda, segundo consta do Informativo 773 do STF, no bojo da ADI 3942/DF, julgada em 2014 e relatada pela Ministra Cármen Lúcia, "**A iniciativa de competência privativa do Poder Executivo não impede a apresentação de emendas parlamentares, presente a identidade de matéria e acompanhada da estimativa de despesa e respectiva fonte de custeio**. Com base nessa orientação, o Plenário julgou improcedente pedido formulado em ação direta em face do art. 2º da Lei 11.075/2004, que dispõe sobre a criação de 435 cargos em comissão do Grupo-Direção e Assessoramento Superiores – DAS e Funções Gratificadas – FG. **O Plenário enfatizou que a Lei 11.075/2004 resultaria da fusão de conteúdo de duas normas de iniciativas presidenciais que contaram com parecer de comissão mista parlamentar incumbida da apreciação da matéria. Asseverou que, no caso, a incorporação ou a fusão de um projeto de lei em outro – projeto de conversão de medida provisória em lei – por emenda parlamentar seria admissível, desde que ambos tivessem sido propostos pela mesma autoridade, em respeito à competência para iniciar o processo legislativo**. Frisou que **a emenda parlamentar não desvirtuara a proposta inicial e tampouco incorrera na vedação ao aumento da despesa originalmente prevista (CF, art. 63, I e II)**. Ademais, a eventual superação do limite estabelecido pela LC 101/2000 para despesas com pessoal, decorrente da criação de novos cargos em comissão e das funções gratificadas, não importaria em ofensa direta e imediata à Constituição, porque seu exame estaria restrito à verificação de sua legalidade".
- A **Constituição poderá ser emendada** mediante **proposta**: I – de um terço, no mínimo, dos membros da Câmara dos Deputados ou do Senado Federal (nunca Congressista sozinho); II – do Presidente da República; III – de mais da metade das Assembléias Legislativas das unidades da Federação, manifestando-se, cada uma delas, pela maioria relativa de seus membros.

EMENDA À CONSTITUIÇÃO A Constituição poderá ser emendada mediante proposta:
1. De 1/3, no mínimo, dos membros da Câmara dos Deputados ou do Senado Federal (nunca Congressista sozinho);
2. Do Presidente da República;
3. De mais da metade das Assembléias Legislativas das unidades da Federação, manifestando-se, cada uma delas, pela maioria relativa de seus membros.

- A proposta de emenda constitucional será discutida e votada em cada Casa do Congresso Nacional, em **dois turnos**, considerando-se aprovada se obtiver, em ambos, **três quintos dos votos** (portanto, mais do que maioria absoluta) dos respectivos membros.
- **Atenção!** Emenda à Constituição será promulgada pelas **Mesas da Câmara dos Deputados e do Senado Federal** (não pelo Presidente da República), com o respectivo número de ordem.
- A matéria constante de proposta de **emenda à Constituição rejeitada ou havida por prejudicada** não pode ser objeto de nova proposta na mesma sessão legislativa (Princípio da Irrepetibilidade).
- Em caso de relevância e urgência, o Presidente da República poderá adotar **medidas provisórias**, com força de lei, devendo submetê-las de imediato ao Congresso Nacional.
- As medidas provisórias, regra geral, perderão eficácia, desde a edição, **se não forem convertidas em lei** no prazo de sessenta dias, prorrogável uma vez por igual período, devendo o Congresso Nacional disciplinar, por **decreto legislativo**, as relações jurídicas delas decorrentes.
- **Não editado o decreto legislativo** até sessenta dias após a **rejeição ou perda de eficácia** de medida provisória, as relações jurídicas constituídas e decorrentes de atos praticados durante sua vigência conservar-se-ão por ela regidas.
- A não apreciação pela Câmara dos Deputados e, após, pelo Senado Federal, no prazo de 45 dias contados da publicação, tem como consequência a entrada em **regime de urgência**, subseqüentemente, em cada uma das Casas do Congresso Nacional, **ficando sobrestadas**, até que se ultime a votação, **todas as demais deliberações** legislativas da Casa em que estiver tramitando.
- Se a Medida Provisória perder eficácia por decurso de prazo ou, em caráter expresso, for rejeitada pelo Congresso Nacional, **vedada será sua reedição na mesma sessão legislativa**.
- **Atenção! É vedada** a edição de medidas provisórias sobre matéria relativa a nacionalidade, cidadania, direitos políticos, partidos políticos, direito eleitoral, direito penal, processual penal e processual civil, **mas não sobre direito civil!**
- É **vedada** a edição de medidas provisórias sobre matéria já disciplinada em projeto de lei aprovado pelo Congresso Nacional e pendente de sanção ou veto do Presidente da República.
- É **vedada a reedição**, na mesma sessão legislativa, de medida provisória que tenha sido rejeitada ou que tenha perdido sua eficácia por decurso de prazo
- **Não é vedada** a edição de medidas provisórias para a abertura de crédito extraordinário, para a criação de normas gerais de licitações e contratos administrativos ou para aumento de **alíquota de imposto.**
- Segundo o STF, porque possui força de lei e eficácia imediata a partir de sua publicação, **a medida provisória não pode ser 'retirada' pelo presidente da República à apreciação do Congresso Nacional.**

(...). Entretanto, como qualquer outro ato legislativo, a medida provisória é passível de ab-rogação mediante diploma de igual ou superior hierarquia. (...). A revogação da medida provisória por outra apenas suspende a eficácia da norma ab-rogada, que voltará a vigorar pelo tempo que lhe reste para apreciação, caso caduque ou seja rejeitada a medida provisória ab-rogante. Consequentemente, o ato revocatório não subtrai ao Congresso Nacional o exame da matéria contida na medida provisória revogada. (ADI 2.984, julgada em 2003 e relatada pela Ministra Ellen Gracie).

- De acordo com a jurisprudência atual do Supremo Tribunal Federal, **a medida provisória pode ser adotada pelos Estados-membros**, desde que: i. Esteja expressamente previsto na Constituição do Estado; e ii. Sejam observados os princípios e as limitações impostas pelo modelo adotado pela CF, tendo em vista a necessidade da observância simétrica do processo legislativo federal. *In verbis:* "Ação direta de inconstitucionalidade. Art. 51 e parágrafos da Constituição do Estado de Santa Catarina. Adoção de medida provisória por Estado-membro. Possibilidade. Arts. 62 e 84, XXVI, da CF. EC 32, de 11-9-2001, que alterou substancialmente a redação do art. 62. Revogação parcial do preceito impugnado por incompatibilidade com o novo texto constitucional. Subsistência do núcleo essencial do comando examinado, presente em seu caput. Aplicabilidade, nos Estados-membros, do processo legislativo previsto na CF. Inexistência de vedação expressa quanto às medidas provisórias. Necessidade de previsão no texto da Carta estadual e da estrita observância dos princípios e limitações impostas pelo modelo federal. Não obstante a permanência, após o superveniente advento da EC 32/2001, do comando que confere ao chefe do Executivo Federal o poder de adotar medidas provisórias com força de lei, tornou-se impossível o cotejo de todo o referido dispositivo da Carta catarinense com o teor da nova redação do art. 62, parâmetro inafastável de aferição da inconstitucionalidade arguida. Ação direta prejudicada em parte. No julgamento da ADI 425, Rel. Min. Maurício Corrêa, DJ 19-12-2003, o Plenário desta Corte já havia reconhecido, por ampla maioria, a constitucionalidade da instituição de medida provisória estadual, desde que, primeiro, esse instrumento esteja expressamente previsto na Constituição do Estado e, segundo, sejam observados os princípios e as limitações impostas pelo modelo adotado pela CF, tendo em vista a necessidade da observância simétrica do processo legislativo federal. Outros precedentes: ADI 691, Rel. Min. Sepúlveda Pertence, DJ 19-6-1992 e ADI 812-MC, Rel. Min. Moreira Alves, DJ de 14-5-1993. Entendimento reforçado pela significativa indicação na CF, quanto a essa possibilidade, no capítulo referente à organização e à regência dos Estados, da competência desses entes da Federação para 'explorar diretamente, ou mediante concessão, os serviços locais de gás canalizado, na forma da lei, vedada a edição de medida provisória para a sua regulamentação' (art. 25, § 2º). Ação direta cujo pedido formulado se julga improcedente." (ADI 2.391, julgada em 2007 e relatada pela Ministra Ellen Gracie).
- **Não será admitido aumento de despesa** prevista: I – nos projetos de iniciativa exclusiva do Presidente da República (salvo nas leis orçamentárias); II – nos projetos sobre organização dos serviços administrativos da Câmara dos Deputados, do Senado Federal, dos Tribunais Federais e do Ministério Público.
- Nos termos da ADI 4034, julgada no ano 2000 e relatada pelo Ministro Sepúlveda Pertence, **as regras básicas do processo legislativo federal são de absorção compulsória pelos Estados-membros** em tudo aquilo que diga respeito – como ocorre às que enumeram casos de iniciativa legislativa reservada – ao princípio fundamental de independência e harmonia dos poderes, como delineado na Constituição da República.

7. Poder Executivo

- A **eleição do Presidente e do Vice-Presidente da República** realizar-se-á, simultaneamente, no primeiro domingo de outubro, em primeiro turno, e no último domingo de outubro, em segundo turno, se houver, do ano anterior ao do término do mandato presidencial vigente.
- Substituirá o Presidente, no caso de impedimento, e suceder-lhe-á, no de vaga, o **Vice-Presidente**.
- O Presidente e o Vice-Presidente da República tomarão posse em sessão do Congresso Nacional, prestando o compromisso de manter, defender e cumprir a Constituição, observar as leis, promover o bem geral do povo brasileiro, sustentar a união, a integridade e a independência do Brasil. Essa é a função típica (da essência do Poder Executivo) de ordem constitucional (porque prevista na Constituição) do Presidente e do Vice. Em regra, quem a exerce é o Presidente, mas, em caso de impedimento, será substituído pelo Vice-Presidente (art. 79, da CF).
- Na hipótese de impedimento ou vacância dos cargos de PR e Vice, serão chamados, sucessivamente: Presidente da Câmara, Presidente do STF e o Presidente do STF, nessa ordem. Mas se não for simples impedimento (que [e temporário, como férias, ou doença), mas vacância (definitiva), deve-se resolver a questão em definitivo. Assim, na dupla vacância, vigem as seguintes regras:
- Vagando os cargos de Presidente e Vice-Presidente da República **nos dois primeiros anos** do mandato presidencial, far-se-á eleição noventa dias depois de aberta a última vaga.
- Ocorrendo a vacância dos cargos de Presidente e Vice-Presidente da República nos últimos dois anos do período presidencial, será feita a eleição para

ambos os cargos trinta dias depois da última vaga, pelo Congresso Nacional (eleição indireta).

VACÂNCIA DOS CARGOS DE PRESIDENTE DA REPÚBLICA E VICE (DUPLA VACÂNCIA)	
1. Nos 2 primeiros anos do mandato presidencial*	Eleição direta 90 dias depois de aberta a última vaga.
2. Nos 2 últimos anos do mandato presidencial*	Eleição indireta para ambos os cargos 30 dias depois da última vaga, pelo Congresso Nacional.

* **Atenção! Em ambos os casos haverá mandato "Tampão", ou seja, pelo prazo restante.** O eleito somente completará o mandato do sucedido.

- Tendo em vista o Princípio da Simetria, vagando o cargo de Governador de Estado e diante do impedimento do Vice-Governador será chamado para governar o Presidente da Assembleia Legislativa. "Acerca do rol de substitutos (a serem acionados em caso de duplo impedimento ou durante a espera da realização das eleições em hipótese de dupla vacância) nos âmbitos estadual, distrital e municipal, a doutrina informa que, por simetria ao modelo federal estabelecido no art. 80, CF, deve-se observar o seguinte regramento: (i) **nos Estados-membros, o impedimento simultâneo do Governador e do Vice, ou quando há vacância de ambos os cargos, exigiria o chamamento sucessivo do Presidente da Assembleia Legislativa e do Presidente do Tribunal de Justiça local**; (ii) **no Distrito Federal, o impedimento simultâneo do Governador e do Vice, ou quando há vacância de ambos os cargos, exigiria o chamamento sucessivo do Presidente da Câmara Legislativa e do Presidente do Tribunal de Justiça do Distrito Federal e Territórios**; (iii) **nos Municípios, o impedimento simultâneo do Prefeito e do Vice, ou quando há vacância de ambos os cargos, exigiria o chamamento do Presidente da Câmara Municipal. Como este também pode estar impossibilitado, convém que a Lei Orgânica do Município inclua, na sequência, o Vice-Presidente da Câmara Municipal** (como ocorre em São Paulo e no Rio de Janeiro), **nunca sendo viável, porém, que o documento municipal agregue o Presidente do Tribunal de Justiça, por ser ele integrante do Poder Judiciário estadual** (não há Poder Judiciário municipal)" (MASSON, Nathalia. *Manual de Direito Constitucional*. Salvador: Juspodivm, 2013, p. 746). Todavia, **no caso de vacância do Governador e do Vice-Governador, pode o Estado-membro, em sua Constituição Estadual, disciplinar a eleição do novo titular do Poder Executivo estadual** (ou seja, apenas o procedimento e não a ordem sucessiva), **não sendo necessário observar o modelo previsto na CF para o Poder Executivo federal**. O entendimento da Suprema Corte encontra-se no julgamento da ADI 4298, em sede de tutela antecipada, julgada em 2009 e relatada pelo Ministro Cezar Peluso, em que se reconheceu não ser norma de observância obrigatória aos Estados-membros o modelo estabelecido para eleição do novo titular do Poder Executivo federal. Em outras palavras, vale destacar que: a) em caso de impedimento do Governador e do Vice-Governador, quem deve assumir, sucessivamente, é o presidente da Assembleia Legislativa e o Presidente do Tribunal de Justiça do Estado, hipótese que deverá seguir o modelo federal, por conta do princípio da simetria; b) sendo caso de vacância dos cargos de Governador e Vice, pode o Estado-membro, em sua Constituição Estadual, disciplinar a eleição do novo titular do Poder Executivo estadual, não sendo necessário observar o modelo previsto na CF para o Poder Executivo federal, por não se tratar de norma de observância obrigatória.

  Contudo: "É inconstitucional, por violação ao princípio democrático, norma de Constituição estadual que, a pretexto de disciplinar a dupla vacância no último biênio do mandato do chefe do Poder Executivo, suprime a realização de eleições." (STF. Info. Nº 1064. ADI 7472 e ADI 7137/SP, relatora Min. Rosa Weber, julgamento virtual finalizado em 19.8.2022).

- **Réus de processo criminal não podem substituir o Presidente da República**. "[...] os substitutos eventuais do presidente da República a que se refere o art. 80 da Constituição Federal, caso ostentem a posição de réus criminais perante o Supremo Tribunal Federal, ficarão impossibilitados de exercer o ofício de presidente da República[...]"(STF. Plenário. ADPF 402 MC-REF/DF, Rel. Min. Marco Aurélio, julgado em 7/12/2016 - Info 850)
- Os **Ministros de Estado** serão escolhidos dentre brasileiros maiores de 21 anos e no exercício dos direitos políticos.
- Quanto à **responsabilidade dos Ministros de Estado,** nos termos dos artigos 52, I e 102, I, "c", da CF, **caso sejam crimes de responsabilidade autônomos (sem conexão), o julgamento ocorrerá perante o STF**. Em se tratando de crimes de responsabilidade conexos com crimes da mesma natureza, praticados pelo presidente ou pelo vice-presidente da República, o julgamento será perante o Senado Federal.
- Compete privativamente ao Presidente da República dispor, mediante **decreto autônomo**, sobre organização e funcionamento da administração federal, quando não implicar aumento de despesa nem criação ou extinção de órgãos públicos, bem como sobre a extinção de funções ou cargos públicos, quando vagos (conforme art. 84, VI, da CF).
- De acordo com o art. 84, parágrafo único, da CF, o Presidente da República poderá **delegar as atribuições** mencionadas nos incisos VI (dispor, mediante decreto, sobre organização e funcionamento da administração federal, quando não implicar aumento de despesa nem criação ou extinção de órgãos públicos; e sobre extinção de funções ou cargos públicos, quando vagos), XII (conceder indulto e comutar penas, com audiência, se necessário, dos órgãos instituídos em lei) e XXV, primeira parte (prover cargos públicos federais, na forma da lei), aos Ministros de Estado, ao Procurador-Geral da República ou ao

Advogado-Geral da União, que observarão os limites traçados nas respectivas delegações.

Vale observar, contudo, que "É inconstitucional – por manifesta violação ao art. 84, VI, "b", da Constituição Federal – a extinção de cargos e funções que estejam ocupados na data da edição do decreto do presidente da República." (STF. Info 1091. Plenário. ADI 6.186/DF, Rel. Min. Gilmar Mendes, julgado em 18/4/2023).

- O Presidente da República responde a processo criminal, por **crime comum** no Supremo Tribunal Federal, e por **crime de responsabilidade** perante o Senado Federal, somente após ser declarada procedente a acusação por parte da Câmara dos Deputados.
- "Enfatize-se que **a necessidade de licença não obstaculiza o inquérito policial**, muito menos o oferecimento da denúncia. Impede, contudo, o seu recebimento, que é o primeiro ato de presseguimento exercido pelo Supremo Tribunal Federal (STF, Diário de Justiça 69. Ministro Celso de Mello. Seção I, 10.04.1995, p. 9223).
- O ato do Presidente da República que atenta contra o livre exercício do Poder Legislativo, do Poder Judiciário, do Ministério Público e dos Poderes constitucionais das unidades da Federação é considerado **crime de responsabilidade**.
- Os atos do Presidente da República que atentem contra a Constituição Federal e, especialmente, contra a lei orçamentária, são **crimes de responsabilidade.**
- Nos Crimes de Responsabilidade do Presidente da República, a Câmara autoriza a instauração do processo pelo voto da maioria **qualificada de dois terços,** e não pela maioria absoluta dos seus membros. O julgamento ocorre pelo Senado Federal, cuja decisão será proferida por **dois terços** (não maioria simples) dos votos do Senado Federal. No julgamento funcionará como Presidente o do Supremo Tribunal Federal.
- O Presidente ficará suspenso de suas funções nos crimes de responsabilidade, por **180** dias, **assim que instaurado o processo** pelo Senado Federal (**e não** após a condenação pelo órgão competente).
- Condenado o Presidente por Crime de Responsabilidade, perderá o cargo, com inabilitação, por oito anos, para o exercício de função pública, sem prejuízo das demais sanções judiciais cabíveis. Portanto **o Senado não condena ao cumprimento de pena privativa de liberdade**.
- Compete ao **Supremo Tribunal Federal** (e não ao Superior Tribunal de Justiça) processar e julgar, originariamente, nas infrações penais comuns e nos crimes de responsabilidade, os Ministros de Estado e os Comandantes da Marinha, do Exército e da Aeronáutica, ressalvado o disposto no art. 52, I, da CF, os membros dos Tribunais Superiores, os do Tribunal de Contas da União e os chefes de missão diplomática de caráter permanente (consoante art. 102, I, "c", da CF).
- **Não podem ser estendidas ao Governador de Estado** as **imunidades** segundo as quais enquanto não sobrevier sentença condenatória, nas infrações comuns, o Presidente da República não estará sujeito a prisão e, que, na vigência de seu mandato, o Presidente da República não pode ser responsabilizado por atos estranhos ao exercício de suas funções. Esse foi o posicionamento adotado pelo STF, em 1995, no julgamento da ADI 978.
- De acordo com a doutrina, a Constituição Federal reconhece apenas a **irresponsabilidade penal relativa** (mas, não a absoluta) **do Presidente da República,** consoante art. 86, §§ 3º e 4º, da CF: enquanto não sobrevier sentença condenatória, nas infrações comuns, o Presidente da República não estará sujeito a prisão; o Presidente da República, na vigência de seu mandato, não pode ser responsabilizado por atos estranhos ao exercício de suas funções. O STF referenda esse posicionamento: "O art. 86, § 4º, da Constituição, ao outorgar privilégio de ordem político-funcional ao presidente da República, excluiu-o, durante a vigência de seu mandato – e por atos estranhos ao seu exercício –, da possibilidade de ser ele submetido, no plano judicial, a qualquer ação persecutória do Estado. A cláusula de exclusão inscrita nesse preceito da Carta Federal, ao inibir a atividade do Poder Público, em sede judicial, alcança as infrações penais comuns praticadas em momento anterior ao da investidura no cargo de chefe do Poder Executivo da União, bem assim aquelas praticadas na vigência do mandato, desde que estranhas ao ofício presidencial. A norma consubstanciada no art. 86, § 4º, da Constituição, reclama e impõe, em função de seu caráter excepcional, exegese estrita, do que deriva a sua inaplicabilidade a situações jurídicas de ordem extrapenal. O presidente da República não dispõe de imunidade, quer em face de ações judiciais que visem a definir-lhe a responsabilidade civil, quer em função de processos instaurados por suposta prática de infrações político-administrativas, quer, ainda, em virtude de procedimentos destinados a apurar, para efeitos estritamente fiscais, a sua responsabilidade tributária. **A CB não consagrou, na regra positivada em seu art. 86, § 4º, o princípio da irresponsabilidade penal absoluta do presidente da República**. O chefe de Estado, nos ilícitos penais praticados in officio ou cometidos propter officium, poderá, ainda que vigente o mandato presidencial, sofrer a persecutio criminis, desde que obtida, previamente, a necessária autorização da Câmara dos Deputados." (Inq 672-QO, Rel. Min. Celso de Mello, julgamento em 16-9-1992, Plenário, DJ de 16-4-1993.)
- A imunidade relativa à proibição de prisão do Presidente da República **não impede a prisão em flagrante por crime inafiançável**.
- O STF já se pronunciou no sentido que **o processo por crime de responsabilidade praticado pelo Presidente da República (*Impeachment*) implica em considerá-lo como acusado e, por isso, deve**

se desenvolver sob o manto do devido processo legal (*due process of Law*), com todas as garantias a ele inerentes, sob pena de nulidade do procedimento (MS 21.623. Rel. Carlos Velloso. J. 17.12.1992). Nesse mesmo sentido, Dirley da Cunha Júnior: "[...] devem ser asseguradas ao Presidente da República as garantias constitucionais, em especial o contraditório e a ampla defesa" (*Curso de Direito Constitucional.* 6 ed. Salvador: Juspodivm, 2012, p. 1.104).

- As consequências diante da condenação pela prática de crime de responsabilidade são **autônomas** (podem ser aplicadas isoladamente, pois são independentes) **e cumulativas** (também podem ser aplicadas em conjunto, pois geram conseqüências diversas). Tais características ficaram evidentes no *Impeachment* (Processo pela Prática de Crime de Responsabilidade) de 1992, envolvendo o Ex- Presidente Fernando Collor de Mello que, dado o fato de ter renunciado ao Cargo antes do julgamento, apenas recebeu a medida de inabilitação, por 8 anos, para o exercício de função pública. Para encerrar os comentário, destacamos que os termos dispostos nas demais alternativas da questão não tem qualquer pertinência com o tema.
- "**Afronta os princípios constitucionais da harmonia e independência entre os Poderes e da liberdade de locomoção norma estadual que exige prévia licença da Assembleia Legislativa para que o governador e o vice-governador possam ausentar-se do País por qualquer prazo**. Espécie de autorização que, segundo o modelo federal, somente se justifica quando o afastamento exceder a quinze dias. Aplicação do princípio da simetria." (ADI 738, julgada em 2002 e relatada pelo Ministro Maurício Corrêa).
- De acordo com o art. 29, X, da CF, os **Prefeitos** serão submetidos a julgamento perante o Tribunal de Justiça. Ainda, segundo a Súmula 702 do STF, a competência do Tribunal de Justiça para julgar Prefeitos restringe-se aos crimes de competência da justiça comum estadual (compreendendo as condutas de desvio de verba transferida e incorporada ao patrimônio municipal, conforme Súmula 209 do STJ); nos demais casos, a competência originária caberá ao respectivo Tribunal de segundo grau. Assim, o Tribunal Regional Eleitoral julgará os crimes eleitorais e o Tribunal Regional Federal será competente para as hipóteses de crimes praticados em detrimento de bens, serviços ou interesses da União, suas autarquias e empresas públicas (englobando situações de desvio de verba sujeita a prestação de contas perante órgão federal, segundo a Súmula 208 do STJ). Por fim, quanto aos crimes de responsabilidade, segundo o STF, aplica-se o princípio da simetria, de modo que os Prefeitos devem ser julgados pelas respectivas Câmaras Municipais.
- O **Conselho de Defesa Nacional** é órgão de consulta do Presidente da República nos assuntos relacionados com a soberania nacional e a defesa do Estado democrático. Ele tem como membros: I – o Vice-Presidente da República; II – o Presidente da Câmara dos Deputados; III – o Presidente do Senado Federal; IV – o Ministro da Justiça; V – o Ministro de Estado da Defesa; VI – o Ministro das Relações Exteriores; VII – o Ministro do Planejamento; VIII – os Comandantes da Marinha, do Exército e da Aeronáutica. Portanto, o **Procurador Geral da República não o compõe.**

8. Poder Judiciário

- São **órgãos** do Poder Judiciário: I – o Supremo Tribunal Federal; I-A o Conselho Nacional de Justiça; II – o Superior Tribunal de Justiça; II-A – o Tribunal Superior do Trabalho; III – os Tribunais Regionais Federais e Juízes Federais; IV – os Tribunais e Juízes do Trabalho; V – os Tribunais e Juízes Eleitorais; VI – os Tribunais e Juízes Militares; VII – os Tribunais e Juízes dos Estados e do Distrito Federal e Territórios.
- De acordo com o que dispõe o art. 93, da CF, **Lei complementar, de iniciativa do Supremo Tribunal Federal, disporá sobre o Estatuto da Magistratura**.
- **É obrigatória a promoção** do juiz que figure por três vezes consecutivas ou cinco alternadas em lista de merecimento.
- **Não será promovido** o juiz que, injustificadamente, retiver autos em seu poder além do prazo legal, **não** podendo devolvê-los ao cartório sem o devido despacho ou decisão. Trata-se de nova regra criada pela EC 45/04, no contexto da reforma do Poder Judiciário, que teve como vetor fundamental a busca pela celeridade processual, estampada também no princípio da razoável duração do processo (art. 5º, LXXVIII, da CF).
- A **promoção por merecimento** pressupõe **2 anos** de exercício na respectiva entrância e integrar o juiz a primeira **quinta parte** da lista de antiguidade desta, salvo se não houver com tais requisitos quem aceite o lugar vago.
- Para fins de promoção, deverá ocorrer a aferição do merecimento conforme o desempenho e pelos critérios objetivos de produtividade e presteza no exercício da jurisdição e **pela frequência e aproveitamento em cursos** oficiais ou reconhecidos de aperfeiçoamento (portanto, o aproveitamento não é dispensável), consoante art. 93, II, "c", da CF.
- Na **apuração de antiguidade**, o tribunal somente poderá recusar o juiz mais antigo pelo voto fundamentado de **dois terços** de seus membros, conforme procedimento próprio, e assegurada ampla defesa, repetindo-se a votação até fixar-se a indicação (art. 93, II, "d", da CF).
- A permuta de magistrados de comarcas de igual entrância passou a ser admitida com a edição da EC nº 130/2023.
- **Vitaliciedade:** de acordo com a doutrina, "todos os membros dos tribunais têm a garantia da vitali-

ciedade, independentemente da forma de acesso. Mesmo que um advogado ou membro do MP integre a carreira da magistratura, por exemplo, através da regra do quinto constitucional - art. 94 [...], no exato momento da posse adquirirá a vitaliciedade, não tendo de passar por qualquer estágio probatório (LENZA, Pedro. Direito constitucional esquematizado. 18. ed. São Paulo: Saraiva, 2014, p. 796)

- **Foro especial:** o STF já firmou entendimento no sentido de que: "**O foro especial por prerrogativa de função não se estende a magistrados aposentados**. Essa a conclusão do Plenário ao, por maioria, negar provimento a recurso extraordinário, afetado ao Pleno pela Primeira Turma, no qual desembargador aposentado insurgia-se contra decisão da Corte Especial do STJ, que declinara de sua competência para julgar ação penal contra ele instaurada, pois não teria direito à referida prerrogativa pelo encerramento definitivo da função – v. Informativos 485, 495 e 585. Aduziu-se que a pretensão do recorrente esbarraria em orientação jurisprudencial fixada pelo Supremo no sentido de que: a) o foro especial por prerrogativa de função teria por objetivo o resguardo da função pública; b) o magistrado, no exercício do ofício judicante, gozaria da prerrogativa de foro especial, garantia voltada não à pessoa do juiz, mas aos jurisdicionados; e c) o foro especial, ante a inexistência do exercício da função, não deveria perdurar, haja vista que a proteção dos jurisdicionados, nesse caso, não seria mais necessária. Ressaltou-se, ainda, que o provimento vitalício seria o ato que garantiria a permanência do servidor no cargo, aplicando-se apenas aos integrantes das fileiras ativas da carreira pública. Consignou-se não haver se falar em parcialidade do magistrado de 1ª instância para o julgamento do feito, porquanto a lei processual preveria o uso de exceções capazes de afastar essa situação. Enfatizou-se, também, cuidar-se de matéria de direito estrito que teria por destinatários aqueles que se encontrassem *in officio*, de modo a não alcançar os que não mais detivessem titularidades funcionais no aparelho de Estado. Assinalou-se, outrossim, que essa prerrogativa seria estabelecida *ratione muneris* e destinar-se-ia a compor o estatuto jurídico de determinados agentes públicos enquanto ostentassem essa particular condição funcional." (RE 549.560, Rel. Min. Ricardo Lewandowski, julgamento em 22-3-2012, Plenário, Informativo 659.)
- O Conselho da Justiça Federal funcionará junto ao Superior Tribunal de Justiça e lhe cabe exercer, na forma da lei, a **supervisão administrativa e orçamentária da Justiça Federal** de primeiro e segundo graus, como órgão central do sistema e com **poderes correicionais**, cujas decisões terão **caráter vinculante**. Trata-se de uma novidade instituída pela EC 45/04, no contexto da Reforma do Poder Judiciário.
- Compete ao Supremo Tribunal Federal, precipuamente, a guarda da Constituição, cabendo-lhe processar e julgar, originariamente, nas infrações penais comuns e nos crimes de responsabilidade, os Ministros de Estado e os Comandantes da Marinha, do Exército e da Aeronáutica, ressalvado o disposto no art. 52, I (crimes de responsabilidade conexos com o Presidente da República serão julgados pelo Senado Federal), os membros dos Tribunais Superiores, os do Tribunal de Contas da União e os chefes de missão diplomática de caráter permanente.
- Compete ao Supremo Tribunal Federal julgar **processar e julgar originariamente** (e não mediante recurso extraordinário) nas infrações penais comuns, o Presidente da República, o Vice-Presidente, os membros do Congresso Nacional, seus próprios Ministros e o Procurador- Geral da República (art. 103, I, "b", da CF).
- Compete ao Supremo Tribunal Federal julgar ação direta de inconstitucionalidade de lei ou ato normativo federal ou estadual e a ação declaratória de constitucionalidade de lei ou ato normativo federal, nos termos do art. 102, I, "a", da CF.
- No julgamento do HC 86.834, em 2006, sob relatoria do Ministro Marco Aurélio, DJ 9.3.2007, o STF firmou entendimento no sentido de que **a Corte Constitucional é incompetente para apreciar e julgar pedidos de habeas corpus diretamente impetrados contra atos de Turmas ou Colégios Recursais de Juizados Especiais**. A competência para o julgamento do habeas corpus é definida pelos envolvidos, paciente e impetrante. Estando os integrantes das turmas recursais dos juizados especiais submetidos, nos crimes comuns e nos de responsabilidade, à jurisdição do tribunal de justiça ou do tribunal regional federal incumbe a cada qual, conforme o caso, julgar os habeas impetrados contra ato que tenham praticado. Esse precedente implicou a superação da Súmula 690 do STF.
- Consoante art. 102, III, "d", da CF, compete ao Supremo Tribunal Federal julgar, mediante recurso extraordinário, as causas decididas em única ou última instância, quando a decisão recorrida julgar válida lei local contestada em face de lei federal. Essa competência foi incluída no Texto Constitucional pela EC 45/04, responsável pela Reforma do Poder Judiciário.
- No recurso extraordinário o recorrente deverá demonstrar a **repercussão geral** das questões constitucionais discutidas no caso, nos termos da lei, a fim de que o Tribunal examine a admissão do recurso, somente podendo recusá-lo pela manifestação de dois terços de seus membros.
- **Compete ao STF julgar Mandado de Segurança em face do TCU.** "A jurisprudência desta Corte é firme no sentido de que o TCU é parte legítima para figurar no polo passivo de mandado de segurança apenas quando o ato impugnado estiver revestido de caráter impositivo. Nesse sentido o MS 24.001, Rel. Min. Maurício Corrêa, DJ de 20-5-2002. A especificação da autoridade coatora na petição inicial há

de ser feita em função do órgão do TCU que tenha proferido a decisão impugnada no mandamus. Tanto o presidente daquela Corte de Contas quanto os das respectivas Câmaras podem figurar como autoridades coatoras. O Supremo, no entanto, não faz essa distinção, conhecendo dos mandados de segurança impetrados contra o presidente do TCU (MS 23.919, Rel. Min. Carlos Velloso, DJ de 20-6-2003), contra os presidentes de suas Câmaras (MS 25.090, Rel. Min. Eros Grau, DJ de 1º-4-2005 e MS 24.381, Rel. Min. Gilmar Mendes, DJ de 13-5-2004) ou, simplesmente, contra o TCU (MS 23.596, Rel. Min. Sepúlveda Pertence, DJ de 18-5-2001). O ato emanado do TCU deve impor diretamente determinada conduta ao órgão público, configurando a coação impugnável pelo writ. Em se tratando de mandado de segurança de caráter preventivo, a concessão da ordem pressupõe a existência de efetiva ameaça a direito, ameaça que decorra de atos concretos da autoridade pública (MS 25.009, Rel. Min. Carlos Velloso, Plenário, DJ de 24-11-2004)." (MS 26.381-AgR, julgado em 2007 e relatado pelo Ministro Eros Grau).

- **STF e Regime de direito estrito:** "A competência do STF – cujos fundamentos repousam na CR – submete-se a regime de direito estrito. A competência originária do STF, por qualificar-se como um complexo de atribuições jurisdicionais de extração essencialmente constitucional – e ante o regime de direito estrito a que se acha submetida –, não comporta a possibilidade de ser estendida a situações que extravasem os limites fixados, em numerus clausus, pelo rol exaustivo inscrito no art. 102, I, da CR. Precedentes. **O regime de direito estrito, a que se submete a definição dessa competência institucional, tem levado o STF, por efeito da taxatividade do rol constante da Carta Política, a afastar, do âmbito de suas atribuições jurisdicionais originárias, o processo e o julgamento de causas de natureza civil que não se acham inscritas no texto constitucional** (ações populares, ações civis públicas, ações cautelares, ações ordinárias, ações declaratórias e medidas cautelares), mesmo que instauradas contra o presidente da República ou contra qualquer das autoridades, que, em matéria penal (CF, art. 102, I, b e c), dispõem de prerrogativa de foro perante a Corte Suprema ou que, em sede de mandado de segurança, estão sujeitas à jurisdição imediata do Tribunal (CF, art. 102, I, d). Precedentes." (Pet 1.738-AgR, Rel. Min. Celso de Mello, julgamento em 1º-9-1999, Plenário, DJ de 1º-10-1999.)
- O **Superior Tribunal de Justiça** compõe-se de, no mínimo, **33 Ministros**. Os Ministros do Superior Tribunal de Justiça serão nomeados pelo Presidente da República, dentre brasileiros com mais de trinta e cinco e menos de setenta anos, de notável saber jurídico e reputação ilibada, depois de aprovada a escolha pela maioria absoluta do Senado Federal.
- A divisão de vagas no Superior Tribunal de Justiça permite o ingresso de **um terço dos membros** dentre juízes dos Tribunais Regionais Federais e **um terço** dentre desembargadores dos Tribunais de Justiça, indicados em lista tríplice elaborada pelo próprio Tribunal; **além de outro terço em partes iguais, dentre advogados e membros do Ministério Público Federal, Estadual, do Distrito Federal e Territórios**.
- A competência para julgamento dos membros do Ministério Público da União que oficiem perante Tribunais, e dos Governadores dos Estados nos crimes comuns, é do **Superior Tribunal de Justiça** (não do STF).
- Com o advento da EC 45/2004, a concessão de *exequatur* às cartas e a homologação de sentença estrangeira passaram a ser de competência do **Superior Tribunal de Justiça.**
- **Órgãos da Justiça Federal:** I – os Tribunais Regionais Federais; II – os Juízes Federais.
- **Tribunais Regionais Federais**: compõem-se de, no mínimo, 7 juízes, recrutados, quando possível, na respectiva região e nomeados pelo Presidente da República dentre brasileiros com mais de 30 e menos de 70 anos, sendo: I – um quinto dentre advogados com mais de dez anos de efetiva atividade profissional e membros do Ministério Público Federal com mais de dez anos de carreira; II – os demais, mediante promoção de juízes federais com mais de cinco anos de exercício, por antigüidade e merecimento, alternadamente.
- A lei disciplinará a **remoção ou a permuta de juízes dos Tribunais Regionais Federais** e determinará sua jurisdição e sede.
- Os Tribunais Regionais Federais instalarão a **justiça itinerante**, com a realização de audiências e demais funções da atividade jurisdicional, nos limites territoriais da respectiva jurisdição, servindo-se de equipamentos públicos e comunitários.
- Os Tribunais Regionais Federais **poderão funcionar descentralizadamente**, constituindo Câmaras regionais, a fim de assegurar o pleno acesso do jurisdicionado à justiça em todas as fases do processo.
- Nos termos do art. 108, da CF, **compete aos Tribunais Regionais Federais**:

I – processar e julgar, originariamente:

a) os juízes federais da área de sua jurisdição, incluídos os da Justiça Militar e da Justiça do Trabalho, nos crimes comuns e de responsabilidade, e os membros do Ministério Público da União, ressalvada a competência da Justiça Eleitoral;

b) as revisões criminais e as ações rescisórias de julgados seus ou dos juízes federais da região;

c) os mandados de segurança e os "habeas-data" contra ato do próprio Tribunal ou de juiz federal;

d) os "habeas-corpus", quando a autoridade coatora for juiz federal;

e) os conflitos de competência entre juízes federais vinculados ao Tribunal;

II - julgar, em grau de recurso, as causas decididas pelos juízes federais e pelos juízes estaduais no exercício da competência federal da área de sua jurisdição.

- De acordo com o art. 109, da CF, aos **juízes federais compete** processar e julgar:

I - as causas em que a União, entidade autárquica ou empresa pública federal forem interessadas na condição de autoras, rés, assistentes ou oponentes, exceto as de falência, as de acidentes de trabalho e as sujeitas à Justiça Eleitoral e à Justiça do Trabalho;

II - as causas entre Estado estrangeiro ou organismo internacional e Município ou pessoa domiciliada ou residente no País;

III - as causas fundadas em tratado ou contrato da União com Estado estrangeiro ou organismo internacional;

IV - os crimes políticos e as infrações penais praticadas em detrimento de bens, serviços ou interesse da União ou de suas entidades autárquicas ou empresas públicas, excluídas as contravenções e ressalvada a competência da Justiça Militar e da Justiça Eleitoral;

V - os crimes previstos em tratado ou convenção internacional, quando, iniciada a execução no País, o resultado tenha ou devesse ter ocorrido no estrangeiro, ou reciprocamente;

V- A as causas relativas a direitos humanos a que se refere o § 5º deste artigo;

VI - os crimes contra a organização do trabalho e, nos casos determinados por lei, contra o sistema financeiro e a ordem econômico-financeira;

VII - os "habeas-corpus", em matéria criminal de sua competência ou quando o constrangimento provier de autoridade cujos atos não estejam diretamente sujeitos a outra jurisdição;

VIII - os mandados de segurança e os "habeas-data" contra ato de autoridade federal, excetuados os casos de competência dos tribunais federais;

IX - os crimes cometidos a bordo de navios ou aeronaves, ressalvada a competência da Justiça Militar;

X - os crimes de ingresso ou permanência irregular de estrangeiro, a execução de carta rogatória, após o "exequatur", e de sentença estrangeira, após a homologação, as causas referentes à nacionalidade, inclusive a respectiva opção, e à naturalização;

XI - a disputa sobre direitos indígenas.

- As **causas em que a União for autora** serão aforadas na seção judiciária onde tiver domicílio a outra parte.
- As **causas intentadas contra a União** poderão ser aforadas na seção judiciária em que for domiciliado o autor, naquela onde houver ocorrido o ato ou fato que deu origem à demanda ou onde esteja situada a coisa, ou, ainda, no Distrito Federal.
- Nas **ações de improbidade administrativa**, a competência da Justiça Federal é definida em razão da presença das pessoas jurídicas de direito público previstas no art. 109, I, da Constituição Federal na relação processual, e não em razão da natureza da verba federal sujeita à fiscalização da Tribunal de Contas da União. (STJ, CC 174.764-MA, rel. Min. Mauro Campbell Marques, julg. 09/02/2022, info 724-STJ).
- Lei **poderá autorizar** que as causas de competência da Justiça Federal em que forem parte instituição de previdência social e segurado **possam ser processadas e julgadas na justiça estadual quando a comarca do domicílio do segurado não for sede de vara federal.** Neste caso, o recurso cabível será sempre para o Tribunal Regional Federal na área de jurisdição do juiz de primeiro grau.
- Conforme restou apurado do voto prolatado pelo Ministro Gilmar Mendes, no bojo do HC 100.772/GO, julgado em 2011 e relatado pelo Min. Gilmar Mendes, **a competência para processar e julgar ação que se discute o desvio de recursos proveniente do Fundo de Manutenção e de Desenvolvimento do Ensino Fundamente e Valorização do Magistério (FUNDEF) é da Justiça Federal**, com fundamento no artigo 109, IV, da CF. Considera o Pretório Excelso que, com base na redação do dispositivo mencionado, a Constituição atribuiu à União função supletiva e redistributiva em matéria educacional, bem como o interesse na universalização de um padrão mínimo de qualidade do ensino, sendo que isso seria condição suficiente para caracterizar o interesse da União nas ações penais concernentes a desvios do FUNDEF, independentemente de repasse de verba federal. Assim, conforme se destaca do Informativo 643 de 2011 também entendeu a Suprema Corte que a propositura da ação penal, no caso de desvio de recursos do FUNDEB, é atribuição do MPF (Ministério Público Federal), ainda que não haja repasse de verbas da União, sendo julgada pela Justiça Federal. Já no caso de investigação de improbidade administrativa e a eventual ação de responsabilização civil, a competência é do Ministério Público Estadual.
- Cada Estado, bem como o Distrito Federal, constituirá uma **seção judiciária** que terá por sede a respectiva Capital, e varas localizadas segundo o estabelecido em lei.
- Nos Territórios Federais, a jurisdição e as atribuições cometidas aos juízes federais caberão aos juízes da justiça local, **na forma da lei**.
- O **Tribunal Superior do Trabalho** compõe-se de 27 Ministros, escolhidos dentre brasileiros com

mais de 35 e menos de 70 anos, nomeados pelo Presidente da República após aprovação pela maioria absoluta do Senado Federal, sendo: I. um quinto dentre advogados com mais de 10 anos de efetiva atividade profissional e membros do Ministério Público do Trabalho com mais de 10 anos de efetivo exercício; II. os demais dentre juízes dos Tribunais Regionais do Trabalho, oriundos da magistratura da carreira, indicados pelo próprio Tribunal Superior. Sendo assim, apenas um quinto das 27 vagas será ocupado por advogados ou membros do Ministério Público (aliás, vale notar que o art. 111-A é oriundo da EC 45/04 e prevê o instituto do quinto constitucional, que não existia para Justiça do Trabalho), e o restante ficará com juízes dos Tribunais Regionais do Trabalho, oriundos da magistratura da carreira, indicados pelo próprio Tribunal Superior.

- Os Ministros do Tribunal Superior do Trabalho devem ser brasileiros, **mas, não necessariamente, natos (portanto, podem também ser naturalizados)**, nomeados pelo Presidente da República, após aprovação pela maioria absoluta do **Senado Federal** (não do Congresso Nacional), consoante art. 111-A, da CF.
- A **lei disporá sobre a competência do Tribunal Superior do Trabalho**, e funcionará, junto a ele a Escola Nacional de Formação e Aperfeiçoamento de Magistrados do Trabalho, cabendo-lhe, dentre outras funções, regulamentar os cursos oficiais para o ingresso e promoção na carreira. O dispositivo tem origem na EC 45/04, que promoveu a reforma do Poder Judiciário.
- O **Conselho Superior da Justiça do Trabalho** funcionará junto ao Tribunal Superior do Trabalho (não é entidade separada e independente e também não pertence à administração pública), cabendo-lhe exercer, na forma da lei, a supervisão administrativa, orçamentária, financeira e patrimonial da Justiça do Trabalho de primeiro e segundo graus, como **órgão central do sistema, cujas decisões terão efeito vinculante.**
- Previstas na redação original do art. 112, da CF, **as Juntas de Conciliação e Julgamento não mais encontram guarida constitucional, por força da EC 45/04**. Segundo nova redação do art. 112, da CF, a lei criará varas da Justiça do Trabalho, podendo, nas comarcas não abrangidas por sua jurisdição, atribuí-la aos juízes de direito, com recurso para o respectivo Tribunal Regional do Trabalho. Portanto, não há mais menção das Juntas de Conciliação e Julgamento na estrutura da Justiça do Trabalho.
- Consoante art. 114, VI, da CF, **compete à Justiça do Trabalho** processar e julgar as ações de indenização por dano moral ou patrimonial, decorrentes da relação de trabalho. Tal regra foi incluída pela Emenda Constitucional nº 45, de 2004. Interessante notar que, logo depois da inclusão da nova regra, o STF no bojo do RE 438639, chegou a entender de modo diverso, firmando competência para a justiça do trabalho. Entretanto, logo em seguida, nos autos do Conflito de Competência 7.204-1, a Suprema Corte mudou de posição firmou a competência da justiça comum para o processo e o julgamento de ações de indenização por dano moral decorrente de acidente do trabalho propostas por empregado contra empregador, alinhando-se ao Texto Constitucional.
- Os **Tribunais Regionais do Trabalho compõem-se** de, **no mínimo**, sete juízes, recrutados, quando possível, na respectiva região, e nomeados pelo Presidente da República dentre brasileiros com mais de trinta e menos de setenta anos (art. 115 da CF, com redação dada pela EC 122/22).
- Os Tribunais Regionais do Trabalho instalarão a **justiça itinerante**, com a realização de audiências e demais funções de atividade jurisdicional, nos limites territoriais da respectiva jurisdição (e não além deles), servindo-se de equipamentos públicos e comunitários (art. 115, § 1º, da CF).
- Os Tribunais Regionais do Trabalho **poderão** funcionar de forma descentralizada, **constituindo Câmaras regionais**, a fim de assegurar o pleno acesso do jurisdicionado à justiça em todas as fases do processo (art. 115, § 2º, da CF).
- Conforme determina a CF em seu art. 120, § 1º, III, o TRE é composto, entre outros, por dois juízes oriundos da classe dos advogados, os quais são nomeados pelo presidente da República, após indicação do respectivo tribunal de justiça. No entanto, **esses juízes não estão impedidos de continuar a exercer a advocacia**, conforme se pronunciou o STF na ADI 1127, julgada em 2006 e relatada pelo Ministro Ricardo Lewandowski.
- **Regra do Quinto Constitucional: um quinto dos lugares dos Tribunais Regionais Federais, dos Tribunais dos Estados, e do Distrito Federal e Territórios** será composto de membros, do **Ministério Público**, com mais de dez anos de carreira, e de **advogados** de notório saber jurídico e de reputação ilibada, com mais de dez anos de efetiva atividade profissional, indicados em lista sêxtupla pelos órgãos de representação das respectivas classes.
- O Advogado oriundo do Quinto Constitucional nos Tribunais de Justiça concorre como magistrado para ocupar vagas no Superior Tribunal de Justiça, **pois disputa o terço das vagas a serem ocupadas por Desembargadores dos Tribunais de Justiça**.

9. Conselho Nacional de Justiça – CNJ

CONSELHO NACIONAL DE JUSTIÇA – CNJ	
1. Natureza Jurídica	Órgão Integrante do Poder Judiciário, mas sem poder jurisdicional

CONSELHO NACIONAL DE JUSTIÇA – CNJ	
2. Composição	15 membros, sendo: a) 9 do Poder Judiciário; b) 2 do Ministério Público; c) 2 advogados; d) 2 cidadãos. A Presidência do CNJ cabe ao Presidente do STF, que é um dos integrantes oriundo do Poder Judiciário.
3. Nomeação dos Membros	Pelo Presidente da República, após aprovação pela maioria absoluta do Senado Federal, salvo o Presidente e o Vice-Presidente, que não se submetem a essa exigência.
4. Mandatos dos Membros	2 anos, admitida uma recondução
5. Competência	Controle da atuação administrativa e financeira do Poder Judiciário e do cumprimento dos deveres funcionais dos juízes
6. Poderes/ Prerrogativas Especiais	a) apreciar, de ofício ou mediante provocação, a legalidade dos atos administrativos praticados por membros ou órgãos do Poder Judiciário, podendo desconstituí-los, revê-los ou fixar prazo para que se adotem as providências necessárias ao exato cumprimento da lei; b) receber e conhecer das reclamações contra membros ou órgãos do Poder Judiciário. c) avocar processos disciplinares em curso e determinar a remoção, ou a disponibilidade e aplicar outras sanções administrativas, assegurada ampla defesa d) rever, de ofício ou mediante provocação, os processos disciplinares de juízes e membros de tribunais julgados há menos de um ano (portanto, não pode ser a qualquer tempo).
7. Controle Externo	Os atos do CNJ sujeitam-se ao controle do Supremo Tribunal Federal (art. 102, I, "r", da CF).

- O CNJ, órgão integrante do Poder Judiciário (art. 92, I-A, da CF), não pode julgar magistrados por crime de abuso de autoridade, pois sua **competência é administrativa e financeira**, não judicial.
- **Compete ao CNJ o controle da atuação administrativa e financeira do Poder Judiciário e do cumprimento dos deveres funcionais dos juízes**, cabendo-lhe, além de outras atribuições que lhe forem conferidas pelo Estatuto da Magistratura, zelar pela observância do art. 37 (que contém os princípios da administração) e apreciar, de ofício ou mediante provocação, a legalidade dos atos administrativos praticados por membros ou órgãos do Poder Judiciário, podendo desconstituí-los, revê-los ou fixar prazo para que se adotem as providências necessárias ao exato cumprimento da lei, sem prejuízo da competência do Tribunal de Contas da União.
- "Ação direta. EC 45/2004. Poder Judiciário. CNJ. Instituição e disciplina. Natureza meramente administrativa. Órgão interno de controle administrativo, financeiro e disciplinar da magistratura. **Constitucionalidade reconhecida**. Separação e independência dos Poderes. História, significado e alcance concreto do princípio. Ofensa a cláusula constitucional imutável (cláusula pétrea). Inexistência. Subsistência do núcleo político do princípio, mediante preservação da função jurisdicional, típica do Judiciário, e das condições materiais do seu exercício imparcial e independente. Precedentes e Súmula 649. Inaplicabilidade ao caso. Interpretação dos arts. 2º e 60, § 4º, III, da CF. Ação julgada improcedente.Votos vencidos. **São constitucionais as normas que, introduzidas pela EC 45, de 8-12-2004, instituem e disciplinam o CNJ**, como órgão administrativo do Poder Judiciário nacional. Poder Judiciário. Caráter nacional. Regime orgânico unitário. Controle administrativo, financeiro e disciplinar. Órgão interno ou externo. Conselho de Justiça. Criação por Estado-membro. Inadmissibilidade. Falta de competência constitucional. Os Estados-membros carecem de competência constitucional para instituir, como órgão interno ou externo do Judiciário, conselho destinado ao controle da atividade administrativa, financeira ou disciplinar da respectiva Justiça. Poder Judiciário. CNJ. Órgão de natureza exclusivamente administrativa. Atribuições de controle da atividade administrativa, financeira e disciplinar da magistratura. Competência relativa apenas aos órgãos e juízes situados, hierarquicamente, abaixo do STF. Preeminência deste, como órgão máximo do Poder Judiciário, sobre o Conselho, cujos atos e decisões estão sujeitos a seu controle jurisdicional. Inteligência dos arts. 102, caput, I, letra r, e 103-B, § 4º, da CF. O CNJ não tem nenhuma competência sobre o STF e seus ministros, sendo esse o órgão máximo do Poder Judiciário nacional, a que aquele está sujeito." (ADI 3.367, Rel. Min. Cezar Peluso, julgamento em 13-4-2005, Plenário, DJ de 22-9-2006.)
- "As provas obtidas em razão de diligências deflagradas na esfera criminal podem ser utilizadas em processo administrativo disciplinar, uma vez submetidas ao contraditório, posto estratégia conducente à duração razoável do processo, sem conjuração das cláusulas pétreas dos processos administrativo e judicial. A instauração de um Processo Administrativo Disciplinar (PAD) prescinde de prévia sindicância, quando o objeto da apuração encontra-se elucidado à luz de outros elementos lícitos de convicção. A competência originária do CNJ resulta do

texto constitucional e independe de motivação do referido órgão, bem como da satisfação de requisitos específicos. **A competência do CNJ não se revela subsidiária**. Ressalva do redator do acórdão no sentido de que o STF, por força do princípio da unidade da Constituição e como guardião da Carta Federal, não pode desconsiderar a autoridade do CNJ e a autonomia dos tribunais, por isso que a conciliação possível, tendo em vista a atividade correcional de ambas as instituições, resulta na competência originária do órgão, que pode ser exercida de acordo com os seguintes termos e parâmetros apresentados de forma exemplificativa: a) comprovação da inércia do tribunal local quanto ao exercício de sua competência disciplinar. Nesse contexto, o CNJ pode fixar prazo não inferior ao legalmente previsto de 140 dias [60 dias (art. 152 da Lei 8.112) + 60 dias (art. 152 da Lei 8.112, que admite prorrogação de prazo para a conclusão do PAD) + 20 dias (prazo para o administrador competente decidir o PAD, ex vi do art. 167 da Lei 8.112)] para que as corregedorias locais apurem fatos que cheguem ao conhecimento do órgão, avocando os feitos em caso de descumprimento imotivado do lapso temporal; sem prejuízo da apuração de responsabilidade do órgão correcional local; b) demora irrazoável na condução, pelo tribunal local, de processo administrativo com risco de prescrição; c) falta de quórum para deliberação, por suspeição, impedimentos ou vagas de magistrados do tribunal; d) simulação quanto ao exercício da competência correicional pelo Poder Judiciário local; e) prova da incapacidade de atuação dos órgãos locais por falta de condições de independência, hipóteses nas quais é lícita a inauguração de procedimento pelo referido Conselho ou a avocação do processo; f) a iminência de prescrição de punições aplicáveis pelas corregedorias no âmbito de suas atribuições autoriza o CNJ a iniciar ou avocar processos; g) qualquer situação genérica avaliada motivadamente pelo CNJ que indique a impossibilidade de apuração dos fatos pelas corregedorias autoriza a imediata avocação dos processos pelo CNJ; h) arquivado qualquer procedimento, disciplinar ou não, da competência das corregedorias, é lícito ao CNJ desarquivá-los e prosseguir na apuração dos fatos; i) havendo conflito de interesses nos tribunais que alcancem dimensão que torne o órgão colegiado local impossibilitado de decidir, conforme avaliação motivada do próprio CNJ, poderá o mesmo avocar ou processar originariamente o feito; j) os procedimentos disciplinares iniciados nas corregedorias e nos tribunais locais deverão ser comunicados ao CNJ dentro do prazo razoável de trinta dias para acompanhamento e avaliação acerca da avocação prevista nas alíneas antecedentes; k) as regras acima não se aplicam aos processos já iniciados, aos em curso e aos extintos no CNJ na data deste julgamento; l) as decisões judiciais pretéritas não são alcançadas pelos parâmetros acima. O instituto da translatio judicii, que realça com clareza solar o princípio da instrumentalidade do processo, viabiliza o aproveitamento dos atos processuais praticados no âmbito do CNJ pelo órgão correicional local competente para decidir a matéria. Denegação da segurança, mantendo-se a decisão do CNJ com o aproveitamento de todas as provas já produzidas." (MS 28.003, julgado em 2012 e relatado para o acórdão pelo Ministro Luiz Fux).

- De acordo com o entendimento da Suprema Corte, **a competência estabelecida no artigo 102, I, *r*, da CF, de processar e julgar as ações contra o Conselho Nacional de Justiça, restringe-se às ações constitucionais**, quais sejam, mandado de segurança, mandado de injunção, habeas corpus e habeas data. Desse modo, segundo dispõe o próprio Pretório: "**A competência desta Corte para conhecer e julgar ações que questionam atos do Conselho Nacional de Justiça – CNJ e do Conselho Nacional do Ministério Público – CNMP se limita às ações tipicamente constitucionais: mandados de segurança, mandados de injunção, habeas corpus e habeas data**" (STF. Pet 4794 ED, julgado em 2015 e relatado pelo Ministro Luiz Fux).

10. Precedentes e Súmula Vinculante

- **Precedente Constitucional** é uma decisão anterior sobre matéria constitucional que pode ser invocada para a resolução de um caso presente ou futuro.
- Os precedentes constitucionais são comumente utilizados no **sistema do *common law*,** da **tradição anglo-saxônica,** que atribui importância destacada aos costumes e às decisões judiciais, justificando a existência do princípio do ***stare decisis*** ("já está decidido").
- No Brasil, os precedentes constitucionais têm sido muito aplicados nas decisões proferidas em sede de **controle de constitucionalidade**, notadamente por conta do **efeito vinculante**. Porém, o instituto que traduz com perfeição a ideia dos precedentes constitucionais é a **súmula vinculante** que, atendidos os pressupostos constitucionais e legais, estabelece a **síntese de um precedente abstrato, de uma jurisprudência prevalente, com força vinculante.**
- Somente o **STF** pode editar Súmula Vinculante.
- O Supremo Tribunal Federal poderá, de ofício ou por provocação, mediante decisão de **dois terços** (e não da maioria absoluta) de seus membros, **após reiteradas decisões sobre matéria constitucional**, aprovar súmula que, a partir de sua publicação na imprensa oficial, terá **efeito vinculante** em relação aos demais órgãos do Poder Judiciário e à administração pública direta e indireta, nas esferas federal, estadual e municipal, bem como proceder à sua revisão ou cancelamento, na forma estabelecida em lei.
- **A súmula vinculante terá por objetivo** a validade, a interpretação e a eficácia de normas determinadas, acerca das quais haja controvérsia atual entre órgãos judiciários ou entre esses e a administração

pública que acarrete **grave insegurança jurídica** e **relevante multiplicação de processos** sobre questão idêntica.

- **A edição, a revisão ou o cancelamento de enunciado de súmula vinculante podem ser provocados** pelos legitimados para a propositura da ação direta de inconstitucionalidade, e também pelo Defensor Público-Geral da União, os Tribunais Superiores, os Tribunais de Justiça de Estados ou do Distrito Federal e Territórios, os Tribunais Regionais Federais, os Tribunais Regionais do Trabalho, os Tribunais Regionais Eleitorais e os Tribunais Militares, nos termos do art. 3º da Lei 11.417/06, que regulamenta o art. 103-A da Constituição Federal, disciplinando a edição, a revisão e o cancelamento de enunciado de súmula vinculante pelo Supremo Tribunal Federal.
- Atenção! O **Município** poderá propor, **incidentalmente ao curso de processo em que seja parte**, a edição, a revisão ou o cancelamento de enunciado de súmula vinculante, o que não autoriza a suspensão do processo.
- Conforme art. 103-A, da CF, o quórum para a decisão da aprovação da Súmula será de **dois terços de seus membros,** e não da maioria simples dos Ministros presentes.
- Do ato administrativo ou decisão judicial que contrariar a súmula aplicável ou que indevidamente a aplicar, caberá **reclamação** ao Supremo Tribunal Federal que, julgando-a procedente, anulará o ato administrativo ou cassará a decisão judicial reclamada, e determinará que outra seja proferida com ou sem a aplicação da súmula, conforme o caso.
- **É plenamente cabível** revisão ou cancelamento da Súmula Vinculante mesmo após sua edição, por força do que dispõe o Art. 103-A, da CF.
- Consoante art. 7º, § 1º, da Lei 11.417/06, contra omissão ou ato da administração pública, o uso da reclamação só será admitido **após esgotamento das vias administrativas**.

◉ FUNÇÕES ESSENCIAIS À JUSTIÇA

- **CF, artigos 127 a 135.**

1. Ministério Público

- O **Ministério Público** é instituição permanente, essencial à função jurisdicional do Estado, incumbindo-lhe a **defesa da ordem jurídica, do regime democrático** e **dos interesses sociais e individuais indisponíveis**.
- São **princípios institucionais** do Ministério Público: a **unidade,** a **indivisibilidade** e a **independência funcional**.
- São **funções institucionais** do Ministério Público:

a) promover, privativamente, a ação penal pública, na forma da lei;

b) zelar pelo efetivo respeito dos Poderes Públicos e dos serviços de relevância pública aos direitos assegurados nesta Constituição, promovendo as medidas necessárias a sua garantia;

c) promover o inquérito civil e a ação civil pública, para a proteção do patrimônio público e social, do meio ambiente e de outros interesses difusos e coletivos;

d) promover a ação de inconstitucionalidade ou representação para fins de intervenção da União e dos Estados, nos casos previstos nesta Constituição;

e) defender judicialmente os direitos e interesses das populações indígenas;

f) expedir notificações nos procedimentos administrativos de sua competência, requisitando informações e documentos para instruí-los, na forma da lei complementar respectiva;

g) exercer o controle externo da atividade policial, na forma da lei complementar mencionada no artigo anterior;

h) requisitar diligências investigatórias e a instauração de inquérito policial, indicados os fundamentos jurídicos de suas manifestações processuais;

i) exercer outras funções que lhe forem conferidas, desde que compatíveis com sua finalidade, sendo-lhe vedada a representação judicial e a consultoria jurídica de entidades públicas.

- Ao Ministério Público é assegurada **autonomia funcional e administrativa**, podendo propor ao Poder Legislativo a criação e extinção de seus cargos e serviços auxiliares, provendo-os por concurso público de provas ou de provas e títulos, a política remuneratória e os planos de carreira.
- O Ministério Público elaborará sua **proposta orçamentária** dentro dos limites estabelecidos na lei de diretrizes orçamentárias. Se o Ministério Público **não encaminhar a respectiva proposta** orçamentária dentro do prazo estabelecido na lei de diretrizes orçamentárias, o Poder Executivo **considerará, para fins de consolidação da proposta orçamentária anual, os valores aprovados na lei orçamentária vigente**.
- **Princípio ou Postulado do Promotor Natural**: de acordo com o STF, "O postulado do promotor natural, que se revela **imanente** ao sistema constitucional brasileiro, repele, a partir da vedação de designações casuísticas efetuadas pela chefia da instituição, a figura do acusador de exceção. Esse princípio consagra uma garantia de ordem jurídica, destinada tanto a proteger o membro do Ministério Público, na medida em que lhe assegura o exercício pleno e independente do seu ofício, quanto a tutelar a própria coletividade, a quem se reconhece o direito de ver atuando, em quaisquer causas, apenas o promotor cuja intervenção se justifique a partir de critérios abstratos e predeterminados, estabelecidos em lei. **A matriz constitucional**

desse princípio assenta-se nas cláusulas da independência funcional e da inamovibilidade dos membros da instituição. O postulado do promotor natural limita, por isso mesmo, o poder do procurador-geral que, embora expressão visível da unidade institucional, não deve exercer a chefia do Ministério Público de modo hegemônico e incontrastável. Posição dos Min. Celso de Mello (relator), Sepúlveda Pertence, Marco Aurélio e Carlos Velloso. Divergência, apenas, quanto a aplicabilidade imediata do princípio do promotor natural: necessidade da interpositio legislatoris para efeito de atuação do princípio (Min. Celso de Mello); incidência do postulado, independentemente de intermediação legislativa (Min. Sepúlveda Pertence, Marco Aurélio e Carlos Velloso)." (HC 67.759, Rel. Min. Celso de Mello, julgamento em 6-8-1992, Plenário, DJ de 1º-7-1993.). Portanto, trata-se de **princípio implícito.**

- O **Princípio do Promotor Natural não é violado pela designação de Promotor de Justiça Substituto para prestar auxílio ao titular da Comarca**, ainda que ambos subscrevam a denúncia. A subscrição da denúncia pelo Promotor da Comarca e por Promotores auxiliares não a torna à margem do Direito. Nesse sentido o RHC 93.247, julgado em 2008 e relatado pelo Ministro Marco Aurélio.
- São **garantias dos membros do Ministério Público:**

a) **vitaliciedade**, após dois anos de exercício, não podendo perder o cargo senão por sentença judicial transitada em julgado;

b) **inamovibilidade**, salvo por motivo de interesse público, mediante decisão do órgão colegiado competente do Ministério Público, pelo voto da maioria absoluta de seus membros, assegurada ampla defesa

c) **irredutibilidade de subsídio.**

- **Vedações aos Membros do Ministério Público**:

a) receber, a qualquer título e sob qualquer pretexto, honorários, percentagens ou custas processuais;

b) exercer a advocacia;

c) participar de sociedade comercial, na forma da lei;

d) exercer, ainda que em disponibilidade, qualquer outra função pública, salvo uma de magistério;

e) exercer atividade político-partidária;

f) receber, a qualquer título ou pretexto, auxílios ou contribuições de pessoas físicas, entidades públicas ou privadas, ressalvadas as exceções previstas em lei.

g) exercer, ainda que em disponibilidade, outro cargo ou função, salvo uma de magistério;

h) receber, a qualquer título ou pretexto, custas ou participação em processo;

i) dedicar-se à atividade político-partidária.

j) receber, a qualquer título ou pretexto, auxílios ou contribuições de pessoas físicas, entidades públicas ou privadas, ressalvadas as exceções previstas em lei;

- Segundo entendimento do STF, **membro do MP pode exercer cargo ou função pública em órgão externo à organização do MP**, desde que tenha ingressado na instituição **antes** da promulgação da CF/88. Ressalte-se que a alternativa não citou acumulação de funções, mas sim fez referência ao exercício de cargo ou função em órgão diverso da organização do MP, questão já decidida pelo Supremo no MS 26.595, julgado em 2010 e relatado pela Ministra Cármen Lúcia.
- O Ministério Público **abrange**:

I – o Ministério Público da União, que compreende:

a) o Ministério Público Federal;

b) o Ministério Público do Trabalho;

c) o Ministério Público Militar;

d) o Ministério Público do Distrito Federal e Territórios;

II – os Ministérios Públicos dos Estados.

- O Ministério Público da União **tem por chefe o Procurador-Geral da República – PGR**, nomeado pelo Presidente da República dentre integrantes da carreira, maiores de trinta e cinco anos, após a aprovação de seu nome pela maioria absoluta dos membros do Senado Federal, para mandato de dois anos, permitida a recondução.
- **Procurador-Geral de Justiça:** "A escolha do PGR deve ser aprovada pelo Senado (CF, art. 128, § 1º). A nomeação do procurador-geral de Justiça dos Estados não está sujeita à aprovação da Assembleia Legislativa. Compete ao governador nomeá-lo dentre lista tríplice composta de integrantes da carreira (CF, art. 128, § 3º). Não aplicação do princípio da simetria." (ADI 452, Rel. Min. Maurício Corrêa, Plenário, DJ de 31-10-2002.)

MINISTÉRIO PÚBLICO	
1. Incumbências/ Missão	a) Defesa da Ordem Jurídica b) Defesa do Regime Democrático c) Defesa dos interesses sociais e individuais indisponíveis
2. Princípios Institucionais	a) Unidade b) Indivisibilidade c) Independência Funcional
3. Funções Institucionais	a) promover, privativamente, a ação penal pública, na forma da lei; b) zelar pelo efetivo respeito dos Poderes Públicos e dos serviços de relevância pública aos direitos assegurados nesta Constituição, promovendo as medidas necessárias a sua garantia; c) promover o inquérito civil e a ação civil pública, para a proteção do patrimônio público e social, do meio ambiente e de outros interesses difusos e coletivos; d) promover a ação de inconstitucionalidade ou representação para fins de intervenção da União e dos Estados, nos casos previstos nesta Constituição; e) defender judicialmente os direitos e interesses das populações indígenas; f) expedir notificações nos procedimentos administrativos de sua competência, requisitando informações e documentos para instruí-los, na forma da lei complementar respectiva; g) exercer o controle externo da atividade policial, na forma da lei complementar mencionada no artigo anterior;
	h) requisitar diligências investigatórias e a instauração de inquérito policial, indicados os fundamentos jurídicos de suas manifestações processuais; i) exercer outras funções que lhe forem conferidas, desde que compatíveis com sua finalidade, sendo-lhe vedada a representação judicial e a consultoria jurídica de entidades públicas.

MINISTÉRIO PÚBLICO	
4. Garantias dos Membros	a) vitaliciedade, após dois anos de exercício, não podendo perder o cargo senão por sentença judicial transitada em julgado; b) inamovibilidade, salvo por motivo de interesse público, mediante decisão do órgão colegiado competente do Ministério Público, pelo voto da maioria absoluta de seus membros, assegurada ampla defesa c) irredutibilidade de subsídio.
5. Vedações aos Membros	a) receber, a qualquer título e sob qualquer pretexto, honorários, percentagens ou custas processuais; b) exercer a advocacia; c) participar de sociedade comercial, na forma da lei; d) exercer, ainda que em disponibilidade, qualquer outra função pública, salvo uma de magistério; e) exercer atividade político-partidária f) receber, a qualquer título ou pretexto, auxílios ou contribuições de pessoas físicas, entidades públicas ou privadas, ressalvadas as exceções previstas em lei. g) exercer, ainda que em disponibilidade, outro cargo ou função, salvo uma de magistério; h) receber, a qualquer título ou pretexto, custas ou participação em processo; i) dedicar-se à atividade político-partidária. j) receber, a qualquer título ou pretexto, auxílios ou contribuições de pessoas físicas, entidades públicas ou privadas, ressalvadas as exceções previstas em lei;
6. Composição	6.1. Ministério Público da União a) Ministério Público Federal; b) Ministério Público do Trabalho; c) Ministério Público Militar; d) Ministério Público do Distrito Federal e Territórios; 6.2. Ministérios Públicos dos Estados

MINISTÉRIO PÚBLICO	
7. Chefia	<u>7.1. Ministério Público da União</u> – Procurador Geral da República, nomeado pelo Presidente da República dentre integrantes da carreira, maiores de 35 anos, após a aprovação de seu nome pela maioria absoluta dos membros do Senado Federal, para mandato de 2 anos, permitida a recondução. <u>7.2. Ministérios Públicos dos Estados e do Distrito Federal e Territórios</u> – Procuradores Gerais dos Estados e do Distrito Federal e Territórios, serão nomeados pelo Chefe do Poder Executivo, a partir de lista tríplice formada por integrantes da carreira, na forma da lei respectiva, mandato de 2 anos, permitida uma recondução.

- Segundo posicionamento do STF, **as atribuições do Ministério Público não estão sujeitas à reserva de lei complementar**: IV. Atribuições do Ministério Público: matéria não sujeita à reserva absoluta de lei complementar: improcedência da alegação de inconstitucionalidade formal do art. 66, caput e § 1º, do Código Civil (L. 10.406, de 10.1.2002). 1. O art. 128, § 5º, da Constituição, não substantiva reserva absoluta à lei complementar para conferir atribuições ao Ministério Público ou a cada um dos seus ramos, na União ou nos Estados-membros. 2. A tese restritiva é elidida pelo art. 129 da Constituição, que, depois de enumerar uma série de "funções institucionais do Ministério Público", admite que a elas se acresçam a de "exercer outras funções que lhe forem conferidas, desde que compatíveis com sua finalidade, sendo-lhe vedada a representação judicial e a consultoria jurídica de entidades públicas". 3. **Trata-se, como acentua a doutrina, de uma "norma de encerramento", que, à falta de reclamo explícito de legislação complementar, admite que leis ordinárias – qual acontece, de há muito, com as de cunho processual – possam aditar novas funções às diretamente outorgadas ao Ministério Público pela Constituição, desde que compatíveis com as finalidades da instituição e às vedações de que nelas se incluam "a representação judicial e a consultoria jurídica das entidades públicas"** (STF. ADI 2794, julgada em 2006 e relatada pelo Ministro Sepúlveda Pertence).
- A **destituição do Procurador-Geral da República**, por iniciativa do Presidente da República, deverá ser precedida de autorização da maioria absoluta do Senado Federal.
- **Os Procuradores-Gerais nos Estados e no Distrito Federal e Territórios poderão ser destituídos** por deliberação da maioria absoluta do Poder Legislativo, na forma da lei complementar respectiva.
- O **ingresso na carreira do Ministério Público** far-se-á mediante concurso público de provas e títulos, assegurada a participação da Ordem dos Advogados do Brasil em sua realização, exigindo-se do bacharel em direito, no mínimo, 3 anos de atividade jurídica e observando-se, nas nomeações, a ordem de classificação.
- As funções do Ministério Público só podem ser exercidas por integrantes da carreira, que **deverão residir na comarca da respectiva lotação, salvo autorização do chefe da instituição**.

Foro por Prerrogativa de Função dos Membros do MP		
1. Membros do Ministério Público DOS ESTADOS que:		
– Oficiarem no 1° grau de jurisdição	→	respondem perante o TJ do Estado.
– Oficiarem no 2° grau de jurisdição	→	respondem perante o TJ do Estado.
2. Membros do Ministério Público DA UNIÃO (MPF/MPT/MPM/MPDFT) que:		
– Oficiarem no 1° grau de jurisdição	→	respondem perante o TRF.
– Oficiarem no 2° grau de jurisdição	→	respondem perante o STJ.

- Para julgamento do Procurador-Geral da República, a competência será do STF, nos crimes comuns, e do Senado Federal, nos crimes de responsabilidade. Quanto aos Procuradores-Gerais de Justiça, o STF se manifestou no sentido de que **cabe à Constituição de cada Estado-membro** estabelecer a competência dos seus tribunais, com base no art. 125, § 1º, da CF, inclusive para fixar a competência do Tribunal de Justiça para processar e julgar, originariamente, nos crimes comuns ou de responsabilidade, o PGJ (ADI 541, julgada em 2007 e relatada pelo Ministro Carlos Velloso).
- A **distribuição de processos** no Ministério Público será imediata.
- O Ministério Público **está legitimado** a ingressar com ação civil pública para proteger direitos individuais homogêneos. Na jurisprudência do STF: "Concurso. Isenção de taxa de inscrição de candidatos carentes. Ação civil pública. Legitimidade ativa *ad causam* do MPF. (...) A legitimação do Ministério Público para o ajuizamento de ação civil pública, não se restringe à defesa dos direitos difusos e coletivos, mas também abarca a defesa dos direitos individuais homogêneos, máxime quando presente o interesse social." (AI 737.104-AgR, julgado em 2011 e relatado pelo Ministro Luiz Fux).

- Há decisão do STF no sentido de que "A Constituição do Brasil, em seu art. 127, confere expressamente ao Ministério Público poderes para agir em **defesa de interesses sociais e individuais indisponíveis**, como no caso de garantir o fornecimento de medicamentos a hipossuficiente. Não há que se falar em usurpação de competência da defensoria pública [...]". (RE 497858, julgado em 2010 e relatado pelo Ministro Joaquim Barbosa).
- Segundo o STF, "[...] as **garantias constitucionais da ampla defesa e do contraditório não são aplicáveis na fase do inquérito civil**, que tem de natureza administrativa, de caráter pré-processual, e somente se destina à colheita de informações para propositura da ação civil pública." (RE 481.955-AgR, julgado em 2011 e relatado pela Ministra Cármen Lúcia).
- **O Conselho Nacional do Ministério Público (CNMP)** compõe-se de **14 membros nomeados pelo Presidente da República,** depois de aprovada a escolha pela maioria absoluta do Senado Federal, para um **mandato de 2 anos, admitida uma recondução**, sendo:

I. o Procurador-Geral da República, que o preside;

II. quatro membros do Ministério Público da União, assegurada a representação de cada uma de suas carreiras;

III. três membros do Ministério Público dos Estados;

IV. dois juízes, indicados um pelo Supremo Tribunal Federal e outro pelo Superior Tribunal de Justiça;

V. dois advogados, indicados pelo Conselho Federal da Ordem dos Advogados do Brasil;

VI. dois cidadãos de notável saber jurídico e reputação ilibada, indicados um pela Câmara dos Deputados e outro pelo Senado Federal.

- Os membros do Conselho oriundos do Ministério Público serão **indicados pelos respectivos Ministérios Públicos**, na forma da lei.
- Compete ao Conselho Nacional do Ministério Público o **controle da atuação administrativa e financeira do Ministério Público e do cumprimento dos deveres funcionais de seus membros**, cabendo-lhe:

I. zelar pela autonomia funcional e administrativa do Ministério Público, podendo expedir atos regulamentares, no âmbito de sua competência, ou recomendar providências;

II. zelar pela observância do art. 37 e apreciar, de ofício ou mediante provocação, a legalidade dos atos administrativos praticados por membros ou órgãos do Ministério Público da União e dos Estados, podendo desconstituí-los, revê-los ou fixar prazo para que se adotem as providências necessárias ao exato cumprimento da lei, sem prejuízo da competência dos Tribunais de Contas;

III. receber e conhecer das reclamações contra membros ou órgãos do Ministério Público da União ou dos Estados, inclusive contra seus serviços auxiliares, sem prejuízo da competência disciplinar e correicional da instituição, podendo avocar processos disciplinares em curso, determinar a remoção ou a disponibilidade e aplicar outras sanções administrativas, assegurada ampla defesa;

IV. rever, de ofício ou mediante provocação, os processos disciplinares de membros do Ministério Público da União ou dos Estados julgados há menos de um ano;

V. elaborar relatório anual, propondo as providências que julgar necessárias sobre a situação do Ministério Público no País e as atividades do Conselho, o qual deve integrar a mensagem prevista no art. 84, XI.

- O Conselho escolherá, em votação secreta, um **Corregedor nacional**, dentre os membros do Ministério Público que o integram, vedada a recondução, competindo-lhe, além das atribuições que lhe forem conferidas pela lei, as seguintes:

I. receber reclamações e denúncias, de qualquer interessado, relativas aos membros do Ministério Público e dos seus serviços auxiliares;

II. exercer funções executivas do Conselho, de inspeção e correição geral;

III. requisitar e designar membros do Ministério Público, delegando-lhes atribuições, e requisitar servidores de órgãos do Ministério Público.

- **O Presidente do Conselho Federal da Ordem dos Advogados do Brasil oficiará junto ao Conselho.**
- **Leis da União e dos Estados criarão ouvidorias do Ministério Público**, competentes para receber reclamações e denúncias de qualquer interessado contra membros ou órgãos do Ministério Público, inclusive contra seus serviços auxiliares, representando diretamente ao Conselho Nacional do Ministério Público.

2. Advocacia Pública

- **A Advocacia-Geral da União** é a instituição que, diretamente ou através de órgão vinculado, representa a União, judicial e extrajudicialmente, cabendo-lhe, nos termos da lei complementar que dispuser sobre sua organização e funcionamento, as atividades de consultoria e assessoramento jurídico do Poder Executivo.
- O **ingresso nas classes iniciais das carreiras da AGU** far-se-á mediante concurso público de provas e títulos.
- A **Advocacia-Geral da União** tem por chefe o Advogado-Geral da União, nomeado pelo Presidente da República, **não necessariamente dentre integrantes da carreira**, maiores de 35 anos, de notável saber jurídico e reputação ilibada.
- Na execução da dívida ativa de natureza tributária, a representação da União caberá à **Procuradoria-Geral da Fazenda Nacional**.

- Os **Procuradores dos Estados e do Distrito Federal**, organizados em carreira, na qual o ingresso dependerá de concurso público de provas e títulos, com a participação da Ordem dos Advogados do Brasil em todas as suas fases, exercerão a **representação judicial e a consultoria jurídica das respectivas unidades federadas**.

- Aos **Procuradores dos Estados e do Distrito Federal**, que ingressarem na carreira mediante concurso público, é assegurada **estabilidade** (não vitaliciedade) **após 3 anos** de efetivo exercício, mediante avaliação periódica de desempenho perante os órgãos próprios, após relatório circunstanciado das corregedorias.

- Conforme decisão exarada pelo STF, "A **garantia da inamovibilidade** é conferida pela CF apenas aos magistrados, aos membros do Ministério Público e aos membros da Defensoria Pública, **não podendo ser estendida aos procuradores do Estado**." (ADI 291, julgada em 2010 e relatada pelo Ministro Joaquim Barbosa).

- **Não é** inconstitucional lei estadual que crie Procuradoria-Geral para consultoria, assessoramento jurídico e representação judicial de Assembleia Legislativa.

- Segundo a jurisprudência do STF, **dispositivo de constituição estadual que confira independência funcional aos procuradores estaduais é inconstitucional**, "dado o princípio da hierarquia que informa a atuação dos servidores da Administração Pública". (ADI 291, julgada em 2010 e relatada pelo Ministro Joaquim Barbosa).

- Na ADI 2587, cujo relator foi o Ministro Maurício Corrêa, julgada em 2004, o STF entendeu que **a Constituição estadual pode conferir prerrogativa de foro aos Procuradores de Estado.**

- **A Defensoria Pública Estadual tem autonomia funcional e administrativa (art. 134, § 2º, da CF), mas as Procuradorias Estaduais não têm**, conforme posicionamento do STF na ADI 291, sob relatoria do Ministro Joaquim Barbosa, julgada em 2010. Nesse julgado o Supremo entendeu que os Procuradores dos Estados são subordinados hierárquicos do Chefe do Poder Executivo.

- No julgamento pelo STF da ADI 94, em 2011, sob relatoria do Ministro Gilmar Mendes, "asseverou-se a **possibilidade de existência de carreiras especiais para representação judicial das assembléias e dos tribunais de contas nos casos em que estes necessitassem praticar, em juízo e em nome próprio, atos processuais na defesa de sua autonomia e independência em face dos demais Poderes**. Sublinhou-se, outrossim, que essas procuradorias poderiam ser responsáveis pela consultoria e pelo assessoramento jurídico dos demais órgãos da assembléia e do tribunal de contas. Ademais, tendo em vista a alteração na Constituição da República, estabelecida pela EC 19/98, consignou-se a não-prejudicialidade da ação em curso, de modo que se imporia a verificação da constitucionalidade das normas impugnadas em relação aos dois paradigmas constitucionais. No ponto, não se observou qualquer ofensa ao art. 135 da CF, seja na sua redação original, seja na atual."

3. Advocacia

- O **advogado é indispensável à administração da justiça**, sendo inviolável por seus atos e manifestações no exercício da profissão, nos limites da lei.

4. Defensoria Pública

- A Defensoria Pública é **instituição permanente, essencial à função jurisdicional do Estado, incumbindo-lhe, como expressão e instrumento do regime democrático, fundamentalmente, a orientação jurídica, a promoção dos direitos humanos e a defesa, em todos os graus, judicial e extrajudicial, dos direitos individuais e coletivos, de forma integral e gratuita, aos necessitados**, na forma do inciso LXXIV do art. 5º desta Constituição Federal. ("o Estado prestará assistência jurídica integral e gratuita aos que comprovarem insuficiência de recursos").

- São **princípios institucionais da Defensoria Pública** a unidade, a indivisibilidade e a independência funcional, aplicando-se também, no que couber, o disposto no art. 93 e no inciso II do art. 96 desta Constituição Federal.

- Acerca dos **princípios institucionais da Defensoria Pública** (unidade, indivisibilidade e independência funcional), assevera Uadi Lammêgo Bulos que "Pelo vetor da unidade, a Defensoria Pública é una, vedando-se a formação de 'panelinhas' ou 'grupelhos' que busquem a satisfação de interesses particulares. Segundo o ditame da indivisibilidade, a Defensoria Pública não pode ser dividida ou fragmentada, porque a prestação da assistência jurídica é contínua, ainda quando um defensor possa vir a ser substituído por outro ao longo de sua atividade. Conforme a diretriz da independência funcional, o defensor não deve satisfações a ninguém, mas apenas a sua própria consciência, podendo desagradar aqueles que se sentirem ofendidos por sua atuação, sem que sofra represálias ou retaliações de quem quer que seja" (BULOS, Uadi Lammêgo. *Curso de Direito Constitucional*. 9 ed. São Paulo: Saraiva, 2015, p. 1443).

- Lei complementar organizará a Defensoria Pública da União e do Distrito Federal e dos Territórios e prescreverá normas gerais para sua organização nos Estados, em cargos de carreira, providos, na classe inicial, mediante concurso público de provas e títulos, assegurada a seus integrantes a garantia da **inamovibilidade** (mas não a vitaliciedade) e vedado o exercício da advocacia fora das atribuições institucionais.

- **Atenção!** A **EC 69/12** passou a disciplinar que compete à União organizar e manter a Defensoria Pública dos Territórios, mas que a organização e a manutenção da Defensoria Pública do Distrito Federal caberá ao próprio DF.

- Nos termos da jurisprudência do STF, "A EC 45/2004 outorgou expressamente autonomia funcional e administrativa às defensorias públicas estaduais, além da iniciativa para a propositura de seus orçamentos (art. 134, § 2º): donde, ser **inconstitucional a norma local que estabelece a vinculação da Defensoria Pública a Secretaria de Estado**. A norma de autonomia inscrita no art. 134, § 2º, da CF pela EC 45/2004 é de eficácia plena e aplicabilidade imediata, dado ser a Defensoria Pública um instrumento de efetivação dos direitos humanos." (ADI 3.569, julgada em 2007 e relatada pelo Ministro Sepúlveda Pertence).

- "A Defensoria Pública pode prestar assistência jurídica às pessoas jurídicas que preencham os requisitos constitucionais. Há a possibilidade de que pessoas jurídicas sejam, de fato, hipossuficientes. As expressões "insuficiência de recursos" e "necessitados" podem aplicar-se tanto às pessoas físicas quanto às pessoas jurídicas. Os defensores públicos não precisam de inscrição na OAB para desempenhar suas funções." (STF, ADI 4636/DF, rel. min. Gilmar Mendes, julgamento em 03/11/2021, info 1036).

- De acordo com as jurisprudências do STJ e do STF, as **Defensorias Públicas Estaduais podem atuar perante os tribunais superiores**. O fundamento é o art. 106 da Lei Complementar 80/94, segundo o qual, a Defensoria Pública do Estado prestará assistência jurídica aos necessitados, em todos os graus de jurisdição e instâncias administrativas do Estado e caberá a ela interpor recursos aos Tribunais Superiores, quando cabíveis.

- **Defensoria e convênio com a OAB**: "É inconstitucional toda norma que, impondo a Defensoria Pública estadual, para prestação de serviço jurídico integral e gratuito aos necessitados, a obrigatoriedade de assinatura de convênio exclusivo com a OAB, ou com qualquer outra entidade, viola, por conseguinte, a autonomia funcional, administrativa e financeira daquele órgão público." (ADI 4.163, julgada em 2012 e relatada pelo Ministro Cezar Peluso).

- **Ao Defensor Público aplica-se o regramento disposto no art. 41 da CF, ou seja, será estável após 3 anos de efetivo exercício** e poderá perder o cargo em virtude de sentença judicial transitada em julgado, ou mediante processo administrativo em que lhe seja assegurada ampla defesa, ou mediante procedimento de avaliação periódica de desempenho, na forma da lei complementar, assegurada ampla defesa. Aliás, o STF já entendeu inconstitucional previsão da Constituição do Rio de Janeiro que previa estabilidade com 2 anos e perda do cargo apenas por sentença judicial transitada em julgado (ADI 230, julgada em 2010 e relatada pela Ministra Cármen Lúcia).

- **Atenção! A EC 80/2014** alterou o art. 98 do ADCT, que passou a dispor o seguinte: O número de defensores públicos na unidade jurisdicional será proporcional à efetiva demanda pelo serviço da Defensoria Pública e à respectiva população. § 1º: No prazo de 8 (oito) anos, a União, os Estados e o Distrito Federal deverão contar com defensores públicos em todas as unidades jurisdicionais, observado o disposto no caput deste artigo. Durante o decurso do prazo previsto no § 1º deste artigo, a lotação dos defensores públicos ocorrerá, prioritariamente, atendendo as regiões com maiores índices de exclusão social e adensamento populacional.

✦ SÚMULAS

- **Súmula 644, do STF:** "Ao titular do cargo de Procurador de autarquia não se exige a apresentação de instrumento de mandato para representá-la em juízo."

◉ CONTROLE DE CONSTITUCIONALIDADE

- **CF, artigos 97 e 102 a 103 da CF.**

1. O Controle de Constitucionalidade consiste na **fiscalização da compatibilidade** entre condutas (comissivas ou omissivas) dos Poderes Públicos e o bloco de constitucionalidade, integrado pela Constituição Formal.

2. **Bloco de constitucionalidade** (ideia de Louis Favoreu, mas desenvolvida por Canotilho e consagrada nas ADIs 595 e 514, pelo Ministro Celso de Mello) consiste no **conjunto de normas materialmente constitucionais**, que servem de paradigma para controle de constitucionalidade, mas que, não necessariamente, integram formalmente a Constituição, a exemplo dos tratados internacionais de direitos humanos aprovados de acordo com o regramento do art. 5º, § 3º, da CF. Entretanto, nesse bloco não estão incluídas as normas infraconstitucionais. Assim, se uma norma ofende uma lei, mas não viola diretamente a Constituição, não é possível a realização do controle de constitucionalidade, posto que lei eventualmente violada não integra o bloco de constitucionalidade. Essa lei ofendida, que fica entre a norma objeto de questionamento e a Constituição, recebe o nome de norma interposta. **O STF tem posição firme no sentido de que não se admite controle de constitucionalidade em face de norma interposta**, ou seja, só há controle de constitucionalidade quando ocorrer violação ao bloco de constitucionalidade. Destacamos o seguinte julgado: "Ação direta de inconstitucionalidade. Lei nº 6.004, de 14/04/98, do Estado de Ala-

goas. Alegada violação aos arts. 150, § 6º; e 155, § 2º, XII, g, da constituição federal. **Ausência de conflito direto com o texto constitucional. Não cabe controle abstrato de constitucionalidade por violação de norma infraconstitucional interposta, sem ocorrência de ofensa direta à Constituição Federal.** Hipótese caracterizada nos autos, em que, para aferir a validade da lei alagoana sob enfoque frente aos dispositivos da Constituição Federal, seria necessário o exame do conteúdo da Lei Complementar nº 24/75 e do Convênio 134/97, inexistindo, no caso, conflito direto com o texto constitucional. Ação direta de inconstitucionalidade não conhecida". (STF. ADI 2122, julgada no ano 2000 e relatada pelo Ministro Ilmar Galvão).

3. **Evolução do controle de constitucionalidade no Brasil**

- **Constituição de 1891:** o controle difuso de constitucionalidade, que pode ser realizado por qualquer juiz mediante a provocação de qualquer indivíduo que tenha direito seu obstaculizado por uma inconstitucionalidade, tem raiz no direito norte-americano (caso Marbury vs Madison de 1803), mas somente foi introduzido no Brasil pela Constituição de 1891.

- **Constituição de 1934:** criou a ação direta de inconstitucionalidade interventiva, introduziu a cláusula da reserva de plenário (exigência que a declaração de inconstitucionalidade somente possa ser pronunciada pela maioria absoluta do tribunal), e estabeleceu ao Senado Federal atribuição para suspender a execução, no todo ou em parte, de lei ou ato normativo declarado inconstitucional por decisão definitiva.

- **Constituição de 1937:** de cunho ditatorial, criou a esdrúxula possibilidade de o Presidente da República submeter as decisões de inconstitucionalidade do Poder Judiciário ao crivo do Parlamento, para reexame. Havendo dois terços dos votos em cada Casa do Congresso, a decisão judicial de inconstitucionalidade perdia seus efeitos.

- **Constituição de 1946:** reestruturou o controle de constitucionalidade brasileiro. Ademais, a teor da Emenda Constitucional nº 16, de 1965, admitiu a representação contra inconstitucionalidade de lei ou ato de natureza normativa, federal, estadual, em face da Constituição da República, cujo julgamento competia exclusivamente ao STF. Também foi responsável por prever o controle concentrado de constitucionalidade em âmbito estadual (EC 16/65).

- **Constituição de 1967:** por meio da EC 01/69, previu o controle de constitucionalidade de lei municipal frente à Constituição Estadual. Também foi sob a égide da Constituição de 1967 que surgiu o primeiro elemento ou sucedâneo de incidência do *stare decisis*. A teor da EC 07/77, adotou-se a representação para interpretação de lei ou ato normativo federal ou estadual, que tinha, segundo o Regimento Interno do Supremo Tribunal Federal, "força vinculante". O *stare decisis* (está decidido) é o elemento que atribui efeito vinculante ao precedente judicial.

- **Constituição de 1988:** foi responsável pela democratização da legitimidade para a propositura de ações no controle concentrado, criando o rol de legitimados do art. 103, da CF, abandonando a legitimidade exclusiva do PGR. Além disso, criou a ação direta de inconstitucionalidade por omissão e o mandado de injunção, instrumentos que atacam as omissões inconstitucionais. Também é da Constituição Cidadã de 1988 o reconhecimento do controle concentrado de constitucionalidade estadual (art. 125, § 2º, da CF). Outra novidade foi a criação da ADPF – arguição de descumprimento de preceito fundamental (art. 102, parágrafo único, da CF). Por fim, a EC 03/93, fez previsão da ação declaratória de constitucionalidade, de lei ou ato normativo federal, com efeito vinculante.

4. **Formas de inconstitucionalidade**

- A inconstitucionalidade atacada pode ser **formal ou nomodinâmica** (vício de procedimento legislativo ou de afronta a regras de iniciativa/competência) ou **material ou nomoestática** (vício que afeta o conteúdo substantivo das normas constitucionais). Ex: projeto de lei de iniciativa de deputado federal visando criação de cargos na administração federal padecerá de vício de inconstitucionalidade **formal subjetiva** (vício de competência ou iniciativa), pois nesse caso a iniciativa é privativa do Presidente da República, nos termos do art. 61, § 1º, II, "a", da CF.

- Considerando-se que a inconstitucionalidade formal se relaciona a vício de procedimento ou de iniciativa/competência, ela só pode ser aferida em relação às regras constitucionais vigentes no momento de sua elaboração, e não em razão da mudança posterior do parâmetro constitucional.

- Segundo o STF, "Tem-se **inconstitucionalidade reflexa** – a cuja verificação não se presta a ação direta – quando o vício de ilegitimidade ir-rogado a um ato normativo é o desrespeito à Lei Fundamental por ha-ver violado norma infraconstitucional interposta, a cuja observância estaria vinculado pela Constituição" (ADI 3132, Rel. Sepúlveda Pertence. Julgamento em 15.02.2006).

5. **Controle prévio ou preventivo**

- **Proposta legislativa pretensamente inconstitucional pode ser impugnada** por meio de mandado de segurança individual manejado por parlamentar sob o argumento de vulneração às cláusulas pétreas e violação ao direito líquido e certo de participação de um processo legislativo hígido (STF. MS 20.257, julgado em 1981 e relatado pelo Ministro Décio Miranda).

- O **veto do Presidente da República** a projeto de lei aprovado pelas casas do Congresso Nacional, por motivo de inconstitucionalidade é considerado mecanismo de controle político prévio de constitucionalidade, a teor do art. 66, § 1º, da CF.

- A sustação, pelo Poder Legislativo, de atos normativos do presidente da República que exorbitem do poder regulamentar constitui exemplo do controle de constitucionalidade **posterior ou repressivo** (não prévio ou preventivo), manejado via **Decreto Legislativo** produzido pelo Congresso Nacional (art. 49, V, da CF).

6. **Controle posterior ou repressivo**

- **Em regra, o controle repressivo de constitucionalidade é exercido pelo Poder Judiciário. Excepcionalmente** o Legislativo pode realizar esse controle, o que se dá por decreto legislativo emitido pelo Congresso Nacional para sustar atos normativos do Poder Executivo que exorbitem de poder regulamentar ou da delegação legislativa (artigos 49, V, 84, IV e 68, todos da CF). O Legislativo também faz controle repressivo em relação às medidas provisórias (art. 62 da CF). O Executivo também tem a possibilidade de realizar controle repressivo, o que se materializa pelo descumprimento, por parte de seu Chefe, de lei ou ato normativo que entenda inconstitucional.

- Apesar de haver dissonância na doutrina, há julgados do STF e do STJ que sinalizam pela possibilidade de o chefe do Executivo deixar de aplicar lei que entenda inconstitucional, podendo ainda determinar a seus subordinados que assim procedam. (STF. ADI 221, julgada em 1993 e relatada pelo Ministro Moreira Alves: "O controle de constitucionalidade da lei ou dos atos normativos é de competência exclusiva do Poder Judiciário. Os Poderes Executivo e Legislativo, por sua chefia – e isso mesmo tem sido questionado com o alargamento da legitimação ativa na ação direta de inconstitucionalidade –, podem tão só determinar aos seus órgãos subordinados que deixem de aplicar administrativamente as leis ou atos com força de lei que considerem inconstitucionais"). (STJ, REsp 23121, julgado em 1993 e relatado pelo Ministro Humberto Gomes de Barros: "O Poder Executivo deve negar execução a ato normativo que lhe pareça inconstitucional").

7. **Controle jurisdicional**

- O Brasil adota duas formas de controle jurisdicional: **difuso** (realizado por qualquer juízo) e **concentrado** (realizado apenas por um órgão de cúpula, que em âmbito federal, é o STF). Assim, o direito brasileiro dispõe de um **controle ou sistema jurisdicional misto.**

- O Controle difuso também pode ser denominado por: concreto; Incidental ou *incidenter tantum*; Via de Exceção; Processo Subjetivo; De efeitos inter partes; Estadunidense e Aberto.

- O Controle concentrado pode ser denominado por: Abstrato; Principal; Via de Ação; Processo Objetivo; De efeitos *erga omnes*; Austríaco e Reservado.

DENOMINAÇÕES DAS FORMAS DE CONTROLE DE CONSTITUCIONALIDADE NO BRASIL	
1. Controle Difuso	**2. Controle Concentrado**
Concreto	Abstrato
Incidental ou *incidenter tantum*	Principal
Via de Exceção	Via de Ação
Processo Subjetivo	Processo Objetivo
De efeitos *inter partes*	De efeitos *erga omnes*
Estadunidense	Austríaco
Aberto	Reservado

8. **Controle difuso**

- O controle difuso é fruto de construção jurisprudencial da Suprema Corte dos Estados Unidos (no famoso **caso Marbury *versus* Madison**, em 1803), embora alguns autores defendam que decisões anteriores já indicavam a possibilidade de o Judiciário declarar uma norma contrária à Constituição, a exemplo de Uadi Lammêgo Bulos: "A justiça do Estado de New Jersy, nos idos de 1780, já havia declarado que leis contrárias à constituição reputavam-se nulas. Em 1782, um grupo de juízes da Virgínia declararam, em seus vereditos, que leis inconstitucionais afiguravam-se nulas. No ano de 1787, a Suprema Corte da Carolina do Norte invalidou leis contrárias aos artigos da Confederação. Todas essas datas demonstram o quão é equivocada a ideia de que o controle difuso nasceu no caso Madison versus Marbury. Na realidade, o *decisum* de Marshall resultou do amadurecimento de séculos. Homens e instituições, de todo o mundo, exigiam o respeito incondicional às normas constitucionais, a fim de se encontrar a tão almejada salvaguarda de direitos e garantias". (BULOS, Uadi Lammêgo. Curso de Direito Constitucional. 2. ed. São Paulo: Saraiva, 2008, p. 114).

- O controle de constitucionalidade incidental brasileiro **pode ser provocado por qualquer pessoa e realizado por todo juiz, inclusive de ofício**, pois a questão constitucional somente servirá de fundamentação para decisão quanto ao pedido que envolve a resolução de um caso concreto.

- No controle difuso, a pronúncia do Judiciário sobre a inconstitucionalidade não é feita enquanto manifestação sobre o objeto principal da lide, mas sim sobre questão prévia (**via de exceção)**, indispensável ao julgamento do mérito. Em outras palavras: na via de exceção, a questão constitucional é a **causa de pedir**, e não o pedido.

- Somente pelo voto da maioria absoluta de seus membros ou dos membros do respectivo órgão especial poderão os tribunais declarar a inconstitucionalidade de lei ou ato normativo do Poder Público. Trata-se do denominado **Princípio da Reserva de Plenário**, previsto no art. 97, da CF, e reafirmado na Súmula Vinculante 10.

- Nos termos do parágrafo único, do art. 949 do CPC, os órgãos fracionários dos tribunais não submeterão ao plenário, ou ao órgão especial, a arguição de inconstitucionalidade, quando já houver pronunciamento destes ou do plenário do Supremo Tribunal Federal sobre a questão. Trata-se de **abrandamento da cláusula de reserva de plenário** (art. 97, da CF), e que encontra guarida na jurisprudência do STF (RE 190.725, julgado em 1995 e relatado pelo Ministro Ilmar Galvão)
- A cláusula constitucional de reserva de plenário, insculpida no art. 97 da CF, fundada na presunção de constitucionalidade das leis, **não impede que os órgãos fracionários ou os membros julgadores dos tribunais, quando atuem monocraticamente, rejeitem a arguição de invalidade dos atos normativos, conforme consagrada lição da doutrina** (MOREIRA, José Carlos Barbosa. Comentários ao Código de Processo Civil, Vol. V – Arts. 476 a 565, Rio de Janeiro: Ed. Forense, 2009, p. 40)." (STF. RE 636.359-AgR, julgado em 2011 e relatado pelo ministro Luiz Fux).
- Nos termos da Súmula Vinculante 10, **viola a cláusula de reserva de plenário** (CF, artigo 97) a decisão de órgão fracionário de tribunal que, embora não declare expressamente a inconstitucionalidade de lei ou ato normativo do poder público, afasta sua incidência, no todo ou em parte.
- Entretanto, como já decidiu o STF, "a simples ausência de aplicação de uma dada norma jurídica ao caso sob exame não caracteriza, apenas por isso, violação da orientação firmada pelo STF. Para caracterização da contrariedade à Súmula Vinculante 10, do STF, **é necessário que a decisão fundamente-se na incompatibilidade entre a norma legal tomada como base dos argumentos expostos na ação e a Constituição**." (Rcl 6.944, julgada em 2010 e relatada pela Ministra Cármen Lúcia).
- Segundo o STF, "EMENTA: (...) 1. **A cláusula de reserva de plenário (full bench) é aplicável somente aos textos normativos erigidos sob a égide da atual Constituição**. 2. As normas editadas quando da vigência das Constituições anteriores se submetem somente ao juízo de recepção ou não pela atual ordem constitucional, o que pode ser realizado por órgão fracionário dos Tribunais sem que se tenha por violado o art. 97 da CF. (...)" AI 669.872 AgR (DJe 14.02.2013) – Relator Ministro Luiz Fux – Primeira Turma.
- "Vê-se, portanto, na linha de iterativa jurisprudência prevalecente nesta Suprema Corte e em outros tribunais (RTJ 82/44 – RTJ 99/544 – RTJ 124/415 – RTJ 135/32 – RT 179/922 – RT 208/197 – RT 231/665, v.g.), que a incompatibilidade entre uma lei anterior (como a norma ora questionada inscrita na Lei 691/1984 do Município do Rio de Janeiro/RJ, p. ex.) e uma Constituição posterior (como a Constituição de 1988) resolve-se pela constatação de que se registrou, em tal situação, revogação pura e simples da espécie normativa hierarquicamente inferior (o ato legislativo, no caso), não se verificando, por isso mesmo, hipótese de inconstitucionalidade (RTJ 145/339 – RTJ 169/763). **Isso significa que a discussão em torno da incidência, ou não, do postulado da recepção – precisamente por não envolver qualquer juízo de inconstitucionalidade (mas, sim, quando for o caso, o de simples revogação de diploma pré-constitucional) – dispensa, por tal motivo, a aplicação do princípio da reserva de Plenário (CF, art. 97), legitimando, por isso mesmo, a possibilidade de reconhecimento, por órgão fracionário do Tribunal, de que determinado ato estatal não foi recebido pela nova ordem constitucional** (RTJ 191/329-330), além de inviabilizar, porque incabível, a instauração do processo de fiscalização normativa abstrata (RTJ 95/980 – RTJ 95/993 – RTJ 99/544 – RTJ 143/355 – RTJ 145/339, v.g.)." (AI 582.280 AgR, voto do Rel. Min. Celso de Mello, julgamento em 12-9-2006, Segunda Turma, DJ de 6-11-2006.) No mesmo sentido: RE 495.370-AgR, Rel. Min. Joaquim Barbosa, julgamento em 10-8-2010, Segunda Turma, DJE de 1º-10-2010.
- De acordo com o STF, "O **art. 97 da Constituição**, ao subordinar o reconhecimento da inconstitucionalidade de preceito normativo a decisão nesse sentido da 'maioria absoluta de seus membros ou dos membros dos respectivos órgãos especiais', está se dirigindo aos tribunais indicados no art. 92 e aos respectivos órgãos especiais de que trata o art. 93, XI. A referência, portanto, **não atinge juizados de pequenas causas (art. 24, X) e juizados especiais (art. 98, I)**, os quais, pela configuração atribuída pelo legislador, não funcionam, na esfera recursal, sob regime de plenário ou de órgão especial." (ARE 792.562-AgR, rel. min. Teori Zavascki, julgamento em 18-3-2014, Segunda Turma, DJE de 2-4-2014.)
- **O princípio da reserva de plenário não se aplica ao STF no julgamento de recursos extraordinários**. Assim já assentou a jurisprudência: "O STF exerce, por excelência, o controle difuso de constitucionalidade quando do julgamento do recurso extraordinário, tendo os seus colegiados fracionários competência regimental para fazê-lo sem ofensa ao art. 97 da CF." (RE 361.829, julgado em 2010 e relatado pela Ministra Ellen Gracie).
- **Súmula 513 do STF**: "a decisão que enseja a **interposição de recurso** ordinário ou extraordinário não é a do plenário, que resolve o incidente de inconstitucionalidade, mas a do órgão (câmaras, grupos ou turmas) que completa o julgamento do feito".

- **Em regra, a ação civil pública não pode ser usada como instrumento de controle de constitucionalidade**, sob pena de usurpação das atribuições do STF (Ag. 189.601, julgado em 1997 e relatado pelo Ministro Moreira Alves).
- **Entretanto, é possível a utilização da ação civil pública** como instrumento de controle incidental de constitucionalidade de leis ou atos do poder público, **desde que a questão qualifique-se apenas como questão prejudicial, indispensável à resolução da lide principal**. Nesse sentido, é esclarecedora a RCL 1.733, apreciada no ano 2000 e relatada pelo Ministro Celso de Mello: "O Supremo Tribunal Federal tem reconhecido a legitimidade da utilização da ação civil pública como instrumento idôneo de fiscalização incidental de constitucionalidade, pela via difusa, de quaisquer leis ou atos do Poder Público, mesmo quando contestados em face da Constituição da República, desde que, nesse processo coletivo, a controvérsia constitucional, longe de identificar-se como objeto único da demanda, qualifique-se como simples questão prejudicial, indispensável à resolução do litígio principal".
- A eficácia da decisão no controle difuso é ***inter partes***, não *erga omnes*.
- Poderá haver a geração de efeitos *erga omnes* se aplicado o art. 52, X, da CF, segundo o qual o **Senado Federal pode suspender a execução**, no todo ou em parte, de lei declarada inconstitucional por decisão definitiva do Supremo Tribunal Federal. No entanto, a jurisprudência do STF tem avançado em reconhecer a mutação constitucional desse inciso, de modo que a decisão do STF, por si só, já teria efeitos vinculantes, de modo que a manifestação do Senado teria o mero caráter de publicar e divulgar a decisão. [ADI 3.406 e ADI 3.470, rel. min. Rosa Weber, j. 29-11-2017, P, Informativo 886.]
- A resolução do **Senado Federal** que suspende **a execução** (e não a eficácia), **no todo ou em parte**, de lei declarada inconstitucional por decisão definitiva do Supremo Tribunal Federal é forma de controle político de constitucionalidade, nos termos do art. 52, X, da CF.
- No controle difuso, quando houver **declaração de não recepção** (e não de inconstitucionalidade), não há enquadramento ao art. 52, X, da CF, portanto, o STF **não** deverá encaminhar a decisão ao Senado Federal.
- Segundo o STF, uma vez expedida, a **resolução senatorial é irretratável**.
- **Predomina o entendimento** no sentido de que o Senado Federal **não é obrigado** a suspender a execução de lei declarada inconstitucional pelo STF, pois se trata de atividade discricionária desse órgão do Poder Judiciário. Quanto à extensão da suspensão, o entendimento é no sentido de que **o Senado Federal está vinculado ao que decidiu o STF**. Assim, se, por exemplo, o STF declarou uma inconstitucionalidade parcial, o Senado tem que seguir a mesma linha, não podendo suspender a execução total da lei. Por fim, também é assente o pensamento segundo o qual a suspensão da execução pelo Senado Federal pode se dar em relação a **lei federal, estadual, distrital ou municipal**.
- Ao contrário dos demais órgãos jurisdicionais, que, no controle difuso, só podem declarar a inconstitucionalidade *incidenter tantum* (como fundamento para apreciação dos pedidos de cada caso julgado) de norma que devesse ser aplicada à hipótese concreta de julgamento, **ao Supremo Tribunal Federal, conforme sua jurisprudência dominante, é possível, quando apreciada a inconstitucionalidade em sede de controle difuso, emitir juízo quanto à validade ou invalidade da norma, ainda que a aplicação ou não desta se mostre dispensável à solução concreta da controvérsia** (MENDES, Gilmar Ferreira; COELHO, Inocêncio Mártires; BRANCO, Paulo Gustavo Gonet. *Curso de Direito Constitucional.* 2 ed. São Paulo: Saraiva, 2008, p. 1.076). Referido posicionamento foi adotado pelo STF em 2005, no julgamento do MS 20.505, relatado pelo Ministro Néri da Silveira, e também na apreciação do RE 102.553, julgado em 2005 e relatado pelo Ministro Francisco Rezek.
- "O poder de que dispõe qualquer juiz ou tribunal para deixar de aplicar a lei inconstitucional a determinado processo (...) pressupõe a invalidade da lei e, com isso, a sua nulidade. **A faculdade de negar aplicação à lei inconstitucional corresponde ao direito do indivíduo de recusar-se a cumprir a lei inconstitucional, assegurando-se-lhe, em última instância, a possibilidade de interpor recurso extraordinário ao STF contra decisão judicial que se apresente, de alguma forma, em contradição com a Constituição (...) (Cf., a propósito, Rp 980, Rel. Min. Moreira Alves, RTJ 96, p. 508). Tanto o poder do juiz de negar aplicação à lei inconstitucional quanto a faculdade assegurada ao indivíduo de negar observância à lei inconstitucional (mediante interposição de recurso extraordinário) demonstram que o constituinte pressupôs a nulidade da lei inconstitucional.** Em certos casos, o efeito necessário e imediato da declaração de nulidade de uma norma, na declaração de inconstitucionalidade pelo STF ou pelos Tribunais de Justiça dos Estados, há de ser a exclusão de toda ultra-atividade da lei inconstitucional. **A eventual eliminação dos atos praticados com fundamento na lei inconstitucional terá de ser considerada em face de todo o sistema jurídico, especialmente das chamadas fórmulas de preclusão**. Na espécie, com a declaração de inconstitucionalidade, pelo tribunal local, dos atos normativos que conferiam pontuação extra a todos os servidores públicos municipais, quando submetidos a concurso público, atribuindo-lhes 40% da pontuação total das provas, entendo que o ato do Prefeito não violou direito líquido e certo dos

impetrantes." (RE 348.468, voto do Relator, Ministro Gilmar Mendes, julgamento em 2009).

- "**No direito brasileiro, jamais se aceitou a idéia de que a nulidade da lei importaria na eventual nulidade de todos os atos que com base nela viessem a ser praticados**. Embora a ordem jurídica brasileira não disponha de preceitos semelhantes aos constantes do § 79 da Lei do Bundesverfassungsgericht, que prescreve a intangibilidade dos atos não mais suscetíveis de impugnação, **não se deve supor que a declaração de nulidade afete, entre nós, todos os atos praticados com fundamento na lei inconstitucional**. É verdade que o nosso ordenamento não contém regra expressa sobre o assunto, aceitando-se, genericamente, a idéia de que o ato fundado em lei inconstitucional está eivado, igualmente, de iliceidade (Cf., a propósito, RMS 17.976, Rel. Amaral Santos, RTJ 55, p. 744). **Concede-se, porém, proteção ao ato singular, em homenagem ao princípio da segurança jurídica, procedendo-se à diferenciação entre o efeito da decisão no plano normativo (Normebene) e no plano do ato singular (Einzelaktebene) mediante a utilização das chamadas fórmulas de preclusão** (cf. Ipsen, Jörn, Rechtsfolgen der Verfassungswidrigkeit von Norm und Einzelakt, Baden-Baden, 1980, p. 266 e s. Ver, também, Mendes, Gilmar, Jurisdição Constitucional, 5ª ed., São Paulo: Saraiva, 2005, p. 334)." (RE 217.141-AgR, voto do Relator, Ministro Gilmar Mendes, julgamento em 2006).

- **Os efeitos da decisão no controle difuso são *ex tunc*.** Entretanto, o STF já admitiu a modulação dos efeitos das decisões proferidas em sede de controle difuso de constitucionalidade, o que representa uma flexibilização do princípio da nulidade no controle de constitucionalidade. "A declaração de inconstitucionalidade reveste-se, ordinariamente, de eficácia ex tunc (RTJ 146/461-462 – RTJ 164/506-509), retroagindo ao momento em que editado o ato estatal reconhecido inconstitucional pelo STF. **O STF tem reconhecido, excepcionalmente, a possibilidade de proceder à modulação ou limitação temporal dos efeitos da declaração de inconstitucionalidade, mesmo quando proferida, por esta Corte, em sede de controle difuso. Precedente: RE 197.917/SP, Rel. Min. Maurício Corrêa (Pleno).** Revela-se inaplicável, no entanto, a teoria da limitação temporal dos efeitos, se e quando o STF, ao julgar determinada causa, nesta formular juízo negativo de recepção, por entender que certa lei préconstitucional mostra-se materialmente incompatível com normas constitucionais a ela supervenientes. A não recepção de ato estatal pré-constitucional, por não implicar a declaração de sua inconstitucionalidade – mas o reconhecimento de sua pura e simples revogação (RTJ 143/355 – RTJ 145/339) –, descaracteriza um dos pressupostos indispensáveis à utilização da técnica da modulação temporal, que supõe, para incidir, dentre outros elementos, a necessária existência de um juízo de inconstitucionalidade. Inaplicabilidade, ao caso em exame, da técnica da modulação dos efeitos, por tratar-se de diploma legislativo, que, editado em 1984, não foi recepcionado, no ponto concernente à norma questionada, pelo vigente ordenamento constitucional." (STF. AI 589.281-AgR, julgado em 2006 e relatado pelo Ministro Celso de Mello).

- Vale destacar trecho do Informativo 304, do STF, que versa sobre o julgamento do **RE 197.917, conhecido popularmente como "Caso Mira Estrela"**, que foi o *leading case* sobre modulação de efeitos no controle difuso de constitucionalidade: "Retomado o julgamento de recurso extraordinário interposto contra acórdão do Tribunal de Justiça do Estado de São Paulo que reconhecera a constitucionalidade do parágrafo único do art. 6º da Lei Orgânica do Município de Mira Estrela, de menos de três mil habitantes, que fixara em 11 o número de vereadores da Câmara Municipal, por entender que o número estabelecido não se afastou dos limites constantes da CF, art. 29, IV, a, b e c. Na assentada anterior, o Min. Maurício Corrêa, relator, proferira voto no sentido de julgar procedente, em parte, o pedido formulado na ação, declarando a inconstitucionalidade do parágrafo único do art. 6º da Lei 226/90 do referido Município, por considerar que o citado preceito constitucional estabelece um critério de proporcionalidade aritmética para o cálculo do número de vereadores, não tendo os municípios autonomia para fixar esse número discricionariamente, sendo que, na espécie, o Município em questão somente poderia ter 9 vereadores, sob pena de incompatibilidade com a proporção determinada pela CF (v. Informativos 271 e 274). Na presente Sessão, **O Min. Gilmar Mendes, embora acompanhando o voto do Min. Maurício Corrêa, relator, proferiu voto-vista no sentido de restringir a declaração da inconstitucionalidade pro futuro, de modo que tal declaração não afete a composição da atual legislatura da Câmara Municipal, cabendo ao legislativo municipal estabelecer nova disciplina sobre a matéria, em tempo hábil para que se regule o próximo pleito eleitoral**. (STF. RE 197.917-SP, julgado em 2003 e relatado pelo Ministro Maurício Corrêa).

- **Repercussão Geral**

- No recurso extraordinário o recorrente deverá demonstrar a **repercussão geral** das questões constitucionais discutidas no caso, nos termos da lei, a fim de que o Tribunal examine a admissão do recurso, somente podendo recusá-lo pela manifestação de dois terços de seus membros (art. 102, § 3º, da CF).

- **Atenção!** A **preliminar formal de repercussão geral** é exigida nos recursos extraordinários interpostos de acórdãos publicados a partir de 3 de maio de 2007, data da entrada em vigor da Emenda Regimental nº 21/07 ao RISTF, que estabeleceu as normas necessárias à execução das disposições legais e constitucionais sobre o novo instituto (QO-AI 664.567, Min. Sepúlveda Pertence).

- Em regra, o **recurso extraordinário** apresenta-se como um instrumento do controle difuso de constitucionalidade. Entretanto, em sede de controle concentrado de constitucionalidade, se uma norma da Constituição Estadual violada é idêntica à norma da Constituição Federal, caso tenha sido provocado o controle de constitucionalidade estadual, será cabível um Recurso Extraordinário da decisão do TJ (que aprecia o controle concentrado estadual) para o STF, pois, nos termos do art. 102, III, "a", da CF, compete ao Supremo Tribunal Federal, precipuamente, a guarda da Constituição, cabendo-lhe julgar, mediante recurso extraordinário, as causas decididas em única ou última instância, quando a decisão recorrida contrariar dispositivo da Constituição. Assim, nesse caso excepcional, o recurso extraordinário poderá ser utilizado como um elemento do controle concentrado.

9. Controle concentrado

- O Controle concentrado pode ser manejado via: **ADI** – Ação Direta de Inconstitucionalidade (por ação, omissão ou interventiva); **ADC** – Ação Declaratória de Constitucionalidade e; **ADPF** – Arguição de Descumprimento de Preceito Fundamental.

- Compete ao **Supremo Tribunal Federal**, precipuamente, a **guarda da Constituição**, cabendo-lhe processar e julgar, originariamente, entre outras, a ação direta de inconstitucionalidade de lei ou ato normativo federal ou estadual (mas, não municipal) e a ação declaratória de constitucionalidade de lei ou ato normativo federal, consoante art. 102, I, "a", da CF.

- Desde a edição da EC 45/04, o **rol de legitimados** para a propositura de ADI e de ADC é o mesmo: aquele disposto no art. 103 da CF.

- **Podem propor** a ação direta de inconstitucionalidade, a ação declaratória de constitucionalidade e a arguição de descumprimento de preceito fundamental: I – o Presidente da República; II – a Mesa do Senado Federal; III – a Mesa da Câmara dos Deputados; IV – a Mesa de Assembléia Legislativa ou da Câmara Legislativa do Distrito Federal; V – o Governador de Estado ou do Distrito Federal; VI – o Procurador-Geral da República; VII – o Conselho Federal da Ordem dos Advogados do Brasil; VIII – partido político com representação no Congresso Nacional; IX – confederação sindical ou entidade de classe de âmbito nacional.

- No caso de um partido **político perder sua representação no Congresso Nacional** após ter proposto uma ação direta de inconstitucionalidade, essa **ação não é considerada prejudicada**, pois a aferição de legitimidade deve ser feita apenas no momento da propositura, conforme jurisprudência do STF.

- Segundo a jurisprudência do STF, figuram como **requisitos qualificativos das entidades de classe de âmbito nacional**, para fins de acesso ao controle abstrato de normas, **(i) a delimitação subjetiva da associação**, que deve representar categoria delimitada ou delimitável de pessoas físicas ou jurídicas, sendo vedada a heterogeneidade de composição (ADI nº 4.230/RJ-AgR, de relatoria do Ministro Dias Tóffoli); **(ii) o caráter nacional, configurada com a comprovação da presença de associados em ao menos nove Estados da Federação** (ADI nº 108/DF-QO, Ministro Celso de Mello, DJ de 5/6/92); e **(iii) a vinculação temática entre os objetivos institucionais da postulante e a norma objeto de sindicância**.

- **Associações de associações:** Em especial, quanto às associações de associações, decidiu o STF: ""Ação direta de inconstitucionalidade: legitimação ativa: 'entidade de classe de âmbito nacional': compreensão da 'associação de associações' de classe: revisão da jurisprudência do Supremo Tribunal. **O conceito de entidade de classe é dado pelo objetivo institucional classista, pouco importando que a eles diretamente se filiem os membros da respectiva categoria social ou agremiações que os congreguem, com a mesma finalidade, em âmbito territorial mais restrito.** É entidade de classe de âmbito nacional – como tal legitimada à propositura da ação direta de inconstitucionalidade (CF, art. 103, IX) – aquela na qual se congregam associações regionais correspondentes a cada unidade da Federação, a fim de perseguirem, em todo o País, o mesmo objetivo institucional de defesa dos interesses de uma determinada classe. **Nesse sentido, altera o Supremo Tribunal sua jurisprudência, de modo a admitir a legitimação das 'associações de associações de classe', de âmbito nacional, para a ação direta de inconstitucionalidade.**" (ADI 3.153-AgR, Rel. Min. Sepúlveda Pertence, julgamento em 12-8-2004, Plenário, DJ de 9-9-2005.)

- Segundo o STF: "O rol do artigo 103 da Constituição Federal é exaustivo quanto à legitimação para a propositura da ação direta de inconstitucionalidade. **Os denominados conselhos**, compreendidos no gênero "autarquia" e tidos como a consubstanciar a espécie corporativista **não se enquadram na previsão constitucional relativa às entidades de classe de âmbito nacional**. Da Lei Básica Federal exsurge a legitimação de Conselho único, ou seja, o Federal da Ordem dos Advogados do Brasil. **Daí a ilegitimidade "ad causam" do Conselho Federal de Farmácia e de todos os demais que tenham idêntica personalidade jurídica** – de direito público (Ação Direta de Inconstitucionalidade nº 641, Relator Ministro Néri da Silveira, vencido, na qual fui designado para redigir o acórdão, publicado no Diário da Justiça de 12 de março de 1999, página 03557, Ementário 01695-02, página 00.223)".

- As **centrais sindicais não têm legitimidade ativa** para ajuizar ADI perante o STF. "Ação direta de inconstitucionalidade. Ausência de legitimidade ativa de Central Sindical (CUT)." (ADI 1.442, Rel. Min. Celso de Mello, julgamento em 3-11-2004, Plenário, DJ de 29-4-2005.)

- De acordo com o STF, "no âmbito das **associações sindicais**, apenas estão aptas a deflagrar o controle concentrado de constitucionalidade as entidades de terceiro grau, ou seja, as confederações sindicais organizadas na forma da lei, excluindo-se, portanto, os sindicatos e as federações, **ainda que possuam abrangência nacional**" (ADO 9. Relatora: Ministra Ellen Gracie. Julgamento: 21/10/2010).
- Nos termos da jurisprudência do STF, são **legitimados especiais**, ou seja, precisam demonstrar **pertinência temática**: a) Mesa da Assembleia Legislativa ou da Câmara Legislativa do Distrito Federal; b) Governador do Estado ou do Distrito Federal; c) Confederação Sindical ou Entidade de Classe de âmbito nacional. Os demais são legitimados neutros ou universais e não precisam demonstrar pertinência temática.
- "O requisito da **pertinência temática** – **que se traduz na relação de congruência que necessariamente deve existir entre os objetivos estatutários ou as finalidades institucionais da entidade autora e o conteúdo material da norma questionada em sede de controle abstrato** – foi erigido à condição de pressuposto qualificador da própria legitimidade ativa ad causam para efeito de instauração do processo objetivo de fiscalização concentrada de constitucionalidade." Essa foi a conclusão do STF no bojo da ADI 1.157-MC, julgada em 1994 e relatada pelo Ministro Celso de Mello.
- No controle concentrado de constitucionalidade, a petição inicial nem sempre precisa ser assinada por advogado. Essa exigência de assinatura da inicial atinge apenas: a) partido político com representação no Congresso Nacional e; b) Confederação Sindical ou Entidade de Classe de âmbito nacional. Os demais legitimados têm **capacidade postulatória presumida ou especial**.
- O entendimento encampado pelo STF é que **o Governador de Estado deve assinar a petição inicial**, sendo **facultada a assinatura do Procurador-Geral do Estado**, tendo em vista que a legitimidade repousa sobre o Governador. Ou seja, a petição inicial pode ser assinada pelo Governador de Estado ou do DF isolada ou conjuntamente com o Procurador-Geral do Estado ou Advogado habilitado, mas o Procurador-Geral do Estado não pode assiná-la sozinho, por não possuir legitimidade *ad causam*. Nesse sentido, decisão monocrática da Ministra Rosa Weber, no bojo da ADI 5084, julgada em 2014 e ARE 893279/DF, julgado em 2015 e relatado pelo Ministro Celso de Mello.
- **Particularidades do processo objetivo do controle concentrado** (Listagem realizada com base nas lições de: LENZA, Pedro. *Direito Constitucional Esquematizado*. 16 ed. São Paulo: Saraiva, 2012, p. 329).

I. Inexistência de **prazo recursal em dobro ou diferenciado para contestar** (STF, ADI 2.130, julgada em 2001 e relatada pelo Ministro Celso de Mello);

II. Inexistência de **prazo prescricional ou decadencial** (STF, ADI 1.247, julgada em 1995 e relatada pelo Ministro Celso de Mello);

III. Inadmissibilidade de **assistência jurídica** a qualquer das partes (art. 169, § 2º, do Regimento Interno do STF);

IV. Inadmissibilidade de **intervenção de terceiros** (art. 7º, *caput*, da Lei 9.868/99 e art. 169, § 2º, do Regimento Interno do STF). Mas, o relator, considerando a relevância da matéria e a representatividade dos postulantes, poderá, por despacho irrecorrível, admitir a **manifestação de outros órgãos ou entidades** (art. 7º, § 2º, da Lei 9.868/99), o que abre espaço para a figura do *amicus curiae*, conforme já decidiu o STF na ADI 2238, julgada em 2002 e relatada pelo Ministro Ilmar Galvão. Assim, pode-se dizer que a atuação do ***amicus curiae*** tem natureza *sui generis*.

V. Vedação expressa à **desistência** da ação proposta (art. 5º, *caput*, da Lei 9.868/99 e art. 169, § 1º, do Regimento Interno do STF);

VI. **Irrecorribilidade** da decisão proferida, **salvo embargos de declaração** (art. 26 da Lei 9.868/99);

VII. **Irrescindibilidade** da decisão proferida (não pode ser atacada por ação rescisória), nos termos do art. 26 da Lei 9.868/99;

VIII. **Não vinculação do STF à tese jurídica/causa de pedir**, já que no processo objetivo de controle de constitucionalidade o que importa é a apreciação do pedido.

IX. **Possibilidade de dilação probatória com perícia ou audiência pública**: nos termos do art. 9º, § 2º, da Lei 9.868/99, em caso de necessidade de esclarecimento de matéria ou circunstância de fato ou de notória insuficiência das informações existentes nos autos, poderá o relator requisitar informações adicionais, designar perito ou comissão de peritos para que emita parecer sobre a questão, ou fixar data para, em audiência pública, ouvir depoimentos de pessoas com experiência e autoridade na matéria.

- Quanto à **participação do *amicus curiae***, vale destacar a jurisprudência do STF: "Ação direta de inconstitucionalidade. Embargos de declaração opostos por amicus curiae. Ausência de legitimidade. Interpretação do § 2º da Lei 9.868/1999. A jurisprudência deste Supremo Tribunal é assente quanto ao não cabimento de recursos interpostos por terceiros estranhos à relação processual nos processos objetivos de controle de constitucionalidade. **Exceção apenas para impugnar decisão de não admissibilidade de sua intervenção nos autos**. Precedentes." (ADI 3.615, julgada em 2008 e relatada pela Ministra Cármen Lúcia).

- Com o advento do CPC (Lei 13.105/2015), **o *amicus curiae* passou a ser admitido em qualquer processo**, de maneira ampla. Desse modo, segundo a nova norma processualística, **o juiz ou o relator, considerando a relevância da matéria, a especificidade do tema objeto da demanda ou a repercussão social da controvérsia, poderá, por decisão irrecorrível, de ofício ou a requerimento das partes ou de quem pretenda manifestar-se, solicitar ou admitir a participação de pessoa natural ou jurídica, órgão ou entidade especializada, com representatividade adequada, no prazo de 15 (quinze) dias de sua intimação** (art. 138, do CPC). Assim, interpretando a aplicação do *amicus curiae* com o advento do novel ordenamento processualista, "A intervenção do *amicus curiae* passou a ser possível em qualquer processo, desde que se trate de causa relevante, ou com tema muito específico ou que tenha repercussão social (art. 138, caput, CPC). Generalizou-se a intervenção do *amicus curiae*" (DIDIER JÚNIOR, Fredie. *Curso de Direito Processual Civil*, Vol 1, 17. Ed. Salvador: Ed. Juspodivm, 2015, p. 523). Além disso, compete destacar que **o Código inseriu o *amicus curiae* dentre as disposições relativas à intervenção de terceiros**.
- Segundo a Ministra do STF Cármen Lúcia, no julgamento da ADI 3943, "**a pertinência temática também é requisito para a admissão de *amicus curiae*** [...]. Reduzir a pertinência temática ao disposto no estatuto das entidades, desconsiderando a sua natureza jurídica e a sua finalidade precípua, colocaria o Supremo Tribunal na condição submissão de ter de admitir sempre toda entidade em qualquer ação de controle abstrato de constitucionalidade de normas jurídicas como *amicus curiae*, bastando incluir-se em seu estatuto a finalidade de defender a Constituição da República".
- **Presença do contraditório:** de acordo com o STF "CONTROLE DE CONSTITUCIONALIDADE E GARANTIA DO CONTRADITÓRIO. – [...] **O postulado do contraditório, no processo de controle abstrato de constitucionalidade, vê-se atendido**, de um lado, com a possibilidade de o órgão estatal defender, objetivamente, o próprio ato que editou, e, de outro, com a intervenção do Advogado-Geral da União, que, em atuação processual plenamente vinculada, deve assumir, na condição de garante e curador da presunção de constitucionalidade, a defesa irrestrita da validade jurídica da norma impugnada (...)". (ADI 1434 MC/SP)
- **Impedimento e suspeição:** conforme restou claro no voto do Ministro Gilmar Mendes quando do julgamento da AS 37, em 2009, "Na linha de pensamento da Corte constitucional alemã, (...), **a arguição de suspeição revela-se incabível no âmbito do processo objetivo de controle normativo abstrato de constitucionalidade**. No tocante ao **impedimento, este pode ocorrer se o julgador houver atuado no processo como requerente, requerido, Advogado-Geral da União ou Procurador-Geral da República**. (...). No voto que proferiu quando do julgamento da ADI 2.370/CE, o eminente Ministro Sepúlveda Pertence esclareceu, forte em precedentes da casa (ADI 55, Gallotti, 13.5.89; ADI 2.243, Março Aurélio, 16.8.2000) que o Supremo Tribunal Federal não admite, no processo objetivo da ação direta de inconstitucionalidade, 'nem impedimentos, que não sejam os de formal participação na relação processual, nem de suspeição'. Ante o exposto, nego seguimento à presente arguição de suspeição (art. 21, § 1º, do RISTF).

10. ADI

- O **objeto** da ADI é lei ou ato normativo federal, estadual ou distrital. Já o objeto da **ADC** é somente lei ou ato normativo federal (art. 102, I, "a", da CF). Por sua vez, a **ADPF** admite como objeto também a lei ou ato normativo municipal.
- Enumerando os **atos que podem ser objeto de controle concentrado** de constitucionalidade, Ives Gandra da Silva Martins e Gilmar Ferreira Mendes (*Controle Concentrado de Constitucionalidade*. 2 ed. São Paulo: Saraiva, 2005, p. 171-175):

I. Direito Federal:

1. Disposições da Constituição propriamente ditas, desde que sejam normas secundárias (oriundas de emendas constitucionais, conforme ADI 829-3, julgada em 1993 e relatada pelo Ministro Moreira Alves); 2. Leis de todas as formas e conteúdos, incluídas todas as leis formais e atos normativos gerais federais, além das medidas provisórias; 3. Decreto Legislativo que contém a aprovação do Congresso Nacional aos tratados e autoriza o Presidente da República a ratificá-los em nome do Brasil (art. 49, I, da CF); 4. Decreto do Chefe do Executivo que promulga os Tratados e Convenções; 5. Decreto Legislativo do Congresso Nacional que suspende a execução de ato do Executivo, em virtude de incompatibilidade com a lei regulamentada (art. 49, V, da CF); 6. Atos normativos editados por pessoas jurídicas de direito público criadas pela União, bem como, 7. Os regimentos dos Tribunais Superiores, se configurado o seu caráter autônomo, não meramente acessório;

II. Direito Estadual:

1. Disposições das Constituições Estaduais; 2. Leis Estaduais de qualquer espécie ou conteúdo; 3. Leis Estaduais editadas para regulamentar matéria de competência exclusiva da União (art. 22, parágrafo único da CF); 4. Decreto editado com força de Lei (c.f. ADI 460-3, julgada em 1991 e relatado pelo Ministro Sepúlveda Pertence); 5. Regimento Interno dos Tribunais Estaduais; 6. Regimento Interno das Assembleias Legislativas; 7. Atos Normativos expedidos por pessoas jurídicas de direito público estadual.

ATOS QUE PODEM SER OBJETO DE CONTROLE CONCENTRADO DE CONSTITUCIONALIDADE PERANTE O STF	
I. Normas de Direito Federal	**II. Normas de Direito Estadual**
1. Disposições da Constituição propriamente ditas, desde que sejam normas secundárias (oriundas de emendas constitucionais)	1. Disposições das Constituições Estaduais;
2. Leis de todas as formas e conteúdos, incluídas todas as leis formais e atos normativos gerais federais, além das medidas provisórias	2. Leis Estaduais de qualquer espécie ou conteúdo
3. Decreto Legislativo que contém a aprovação do Congresso Nacional aos tratados e autoriza o Presidente da República a ratificá-los em nome do Brasil;	3. Leis Estaduais editadas para regulamentar matéria de competência exclusiva da União;
4. Decreto do Chefe do Executivo que promulga os Tratados e Convenções;	4. Decreto editado com força de Lei;
5. Decreto Legislativo do Congresso Nacional que suspende a execução de ato do Executivo, em virtude de incompatibilidade com a lei regulamentada (art. 49, V, da CF);	5. Regimento Interno dos Tribunais Estaduais;
6. Atos normativos editados por pessoas jurídicas de direito público criadas pela União;	6. Regimento Interno das Assembleias Legislativas;
7. Os regimentos dos Tribunais Superiores, se configurado o seu caráter autônomo, não meramente acessório.	7. Atos Normativos expedidos por pessoas jurídicas de direito público estadual.

- Complementando, segundo a doutrina são atos normativos e, portanto, podem ser objeto de controle de constitucionalidade: a) **resoluções administrativas dos tribunais** (c.f. medida cautelar na ADI 1352-1, julgada em 1995 e relatada pelo Ministro Sepúlveda Pertence); b) **deliberações administrativas de outros órgãos do Poder Judiciário** (c.f. ADI 728, relatada pelo Ministro Marco Aurélio), inclusive dos Tribunais Regionais do Trabalho (c.f. ADI 681, julgada em 1992 e relatada pelo Ministro Néri da Silveira), salvo as convenções coletivas de trabalho; c) **atos estatais de conteúdo meramente derrogatórios, como as resoluções administrativas desde que incidam sobre atos de caráter normativo** (c.f. ADI 1716, relatado pelo Ministro Sepúlveda Pertence). (MORAES, Alexandre de. *Direito Constitucional*. 25 ed. São Paulo: Atlas, 2010, p. 739).
- O STF ainda reconhece que os **decretos autônomos** podem ser objeto de controle concentrado de constitucionalidade: "Decreto que, não se limitando a regulamentar lei, institua benefício fiscal ou introduza outra novidade normativa, reputa-se **autônomo e, como tal, é suscetível de controle concentrado de constitucionalidade** (ADI 3.664, julgada em 2011 e relatada pelo Ministro Cezar Peluso).
- **Resolução administrativa do Conselho Nacional de Justiça** que discipline determinada matéria, de forma geral e abstrata, pode ser objeto de ação direta de inconstitucionalidade. Assim entendeu o STF no bojo da ADI 3367, julgada em 2005 e relatada pelo Ministro Cezar Peluso.
- **Resolução do CNMP** também já foi reconhecida como objeto possível de ADI (Cautelar na ADI 3831, julgada em 2006 e relatada pela Ministra Cármen Lúcia).
- As **emendas constitucionais** podem ser objeto de controle de constitucionalidade, ou em outras palavras: admite-se a existência de normas constitucionais inconstitucionais, desde que não sejam originárias, mas oriundas de emendas constitucionais (vide ADIs 4357, 4372, 4400 e 4425, que versam sobre a inconstitucionalidade da EC 62/2009, que criou um regime especial de pagamento de precatórios).
- **Excepcionalmente se admite o controle concentrado de normas de efeito concreto, notadamente em se tratando de lei formal.** Na ADI 4048 MC/DF, julgada em 2008 e relatada pelo Ministro Gilmar Mendes, o STF entendeu possível o controle concentrado de normas de efeito concreto, admitindo-se o controle de constitucionalidade da Medida Provisória 405/2007, que abriu crédito extraordinário, em favor da Justiça Eleitoral e de diversos órgãos do Poder Executivo. Assim julgou o STF: "O Supremo Tribunal Federal deve exercer sua função precípua de fiscalização da constitucionalidade das leis e dos atos normativos quando houver um tema ou uma controvérsia constitucional suscitada em abstrato, independente do caráter geral ou específico, concreto ou abstrato de seu objeto. Possibilidade de submissão das normas orçamentárias ao controle abstrato de constitucionalidade".
- **Controle concentrado de Leis Orçamentárias.** Estabelecendo **mudança de posicionamento, em 2008 o STF passou a admitir o controle concentrado de leis orçamentárias**. Destacamos trecho do julgado: "A extensão da jurisprudência, desenvolvida para afastar do controle abstrato de normas os atos administrativos de efeito concreto, às chamadas leis formais suscita, sem dúvida, alguma insegurança, porque coloca a salvo do controle de constitucionalidade um sem-número de leis. (...) Outra há de ser, todavia, a interpretação, se se

cuida de atos editados sob a forma de lei. Nesse caso, houve por bem o constituinte não distinguir entre leis dotadas de generalidade e aqueloutras, conformadas sem o atributo da generalidade e abstração. Essas leis formais decorrem ou da vontade do legislador ou do desiderato do próprio constituinte, que exige que determinados atos, ainda que de efeito concreto, sejam editados sob a forma de lei (v.g., lei de orçamento, lei que institui empresa pública, sociedade de economia mista, autarquia e fundação pública). Ora, se a Constituição submete a lei ao processo de controle abstrato, até por ser este o meio próprio de inovação na ordem jurídica e o instrumento adequado de concretização da ordem constitucional, não parece admissível que o intérprete debilite essa garantia da Constituição, isentando um número elevado de atos aprovados sob a forma de lei do controle abstrato de normas e, muito provavelmente, de qualquer forma de controle. É que muitos desses atos, por não envolverem situações subjetivas, dificilmente poderão ser submetidos a um controle de legitimidade no âmbito da jurisdição ordinária. Ressalte-se que não se vislumbram razões de índole lógica ou jurídica contra a aferição da legitimidade das leis formais no controle abstrato de normas, até porque abstrato – isto é, não vinculado ao caso concreto – há de ser o processo e não o ato legislativo submetido ao controle de constitucionalidade. (...) **Todas essas considerações parecem demonstrar que a jurisprudência do STF não andou bem ao considerar as leis de efeito concreto como inidôneas para o controle abstrato de normas. (...) A Corte não pode se furtar à análise do tema posto nesta ação direta. Há uma questão constitucional, de inegável relevância jurídica e política, que deve ser analisada a fundo."** (ADI 4.048, julgada em 2008 e relatada pelo Ministro Gilmar Mendes)

- **A revogação de lei ou ato normativo objeto de ação direta de inconstitucionalidade implica perda de objeto da ação**. Este é o posicionamento do STF: "É por essa razão que o magistério jurisprudencial desta Suprema Corte tem advertido que o controle concentrado de constitucionalidade reveste-se de um só e único objetivo: o de julgar, em tese, a validade de determinado ato estatal contestado em face do ordenamento constitucional, desde que em regime de plena vigência, pois – conforme já enfatizado pelo Supremo Tribunal Federal (RTJ 95/980 – RTJ 95/993 – RTJ 99/544 – RTJ 145/339) –, o julgamento da argüição de inconstitucionalidade, quando deduzida "in abstracto", não deve considerar, para efeito do contraste que lhe é inerente, a existência de paradigma revestido de valor meramente histórico" (ADC 8, julgada em 2004 e relatada pelo Ministro Celso de Mello).

- Vale ressaltar que atos normativos **secundários**, tais como decretos regulamentares que não inovam originariamente a ordem jurídica, **não** poderão ser objeto de controle concentrado de constitucionalidade.

- Nos termos da Súmula 642, do STF: "**Não cabe ação direta de inconstitucionalidade de lei do Distrito Federal derivada da sua competência legislativa municipal**". Assim, apesar de o Distrito Federal poder fazer uso das competências legislativas dos Estados (art. 32, § 1º, da CF) e dos Municípios, somente as normas criadas por ele no exercício de competência estadual poderão ser objeto de ação direta de inconstitucionalidade. Isso porque, conforme art. 102, I, "a", da CF, compete ao Supremo Tribunal Federal, precipuamente, a guarda da Constituição, cabendo-lhe processar e julgar, originariamente, a ação direta de inconstitucionalidade de lei ou ato normativo federal ou estadual.

- Lei municipal que apresenta antinomia direta e frontal, somente com a Constituição Federal, **não** pode ser objeto de ação direta de inconstitucionalidade proposta perante o Tribunal de Justiça Estadual, pois esse ajuizamento somente seria possível se também houvesse afronta à Constituição Estadual, no caso de haver normas repetidas (Rcl 383, julgada em 1992 e relatada pelo Ministro Octavio Gallotti). Por sua vez, nessa **hipótese em que um ato normativo municipal puder ser contestado em face de norma da constituição do Estado repetida da CF, por força da reprodução obrigatória, a competência para julgar a ADI somente poderá ser do TJ em face da Constituição Estadual, pois lei municipal não poder ser objeto de ADI perante o STF (art. 102, I, "a", da CF).**

- Predomina na doutrina o entendimento que **a Súmula Vinculante não pode ser objeto de ação direta de inconstitucionalidade**. Isso porque, ela tem **procedimento próprio** para edição, revisão ou cancelamento (art. 103-A, da CF), que inclusive exige quórum mais qualificado (dois terços) do que o exigido para o STF declarar um ato normativo inconstitucional (maioria absoluta).

- O STF somente admite como objeto de ação direta de inconstitucionalidade lei ou ato normativo federal ou estadual que contrariar a CF, estando **excluídos os decretos e resoluções**.

- **Lei ou norma de caráter ou efeito concreto já exaurido não pode** ser objeto de controle abstrato de constitucionalidade, em ação direta de inconstitucionalidade. (STF. ADI 2.980, julgada em 2009 e relatada pelo Ministro Cezar Peluso).

- **Procedimento para julgamento da ADI**

- A **petição inicial** da ação direta de inconstitucionalidade inepta, não fundamentada e a manifestamente improcedente será liminarmente indeferida pelo relator, **mas cabe agravo** (consoante art. 3º, parágrafo único, e art. 4º, ambos da lei 9.868/99).

- Nos termos do art. 103, § 1º, da CF, **o Procurador-Geral da República deverá ser previamente ouvido nas ações de inconstitucionalidade** e em todos os processos de competência do Supremo Tribunal Federal.

- De acordo com o art. 103, § 3º, da CF, quando o Supremo Tribunal Federal apreciar a inconstitucionalidade, em tese, de norma legal ou ato normativo, **citará, previamente, o Advogado-Geral da União, que defenderá o ato ou texto impugnado**.
- Salvo no período de recesso, a **medida cautelar (também chamada de liminar)** na ação direta será concedida por decisão da maioria absoluta dos membros do Tribunal, após a audiência dos órgãos ou autoridades dos quais emanou a lei ou ato normativo impugnado, que deverão pronunciar-se no prazo de cinco dias, consoante art. 10, da Lei 9.868/99.
- A **eficácia de uma liminar** concedida em sede de ação direta de inconstitucionalidade opera, regra geral, efeitos *ex nunc*, podendo ter efeitos *ex tunc*, em caráter excepcional, se o Supremo Tribunal Federal assim o declarar expressamente, demonstrando a conveniência da medida.
- A concessão de medida cautelar **torna aplicável a legislação anterior acaso existente**, salvo expressa manifestação em sentido contrário, nos exatos termos do art. 11, § 2º, da Lei 9.868/99.
- Conforme entendimento do STF, **não cabe reclamação da decisão que conceder ou negar a liminar** proferida em ação direta de inconstitucionalidade. "O indeferimento de liminar em ação direta de inconstitucionalidade, pouco importando o fundamento, não dá margem à apresentação de reclamação" (STF. Rcl-AgR 2810, julgada em 2004 e relatada pelo Ministro Marco Aurélio).
- A decisão sobre a constitucionalidade ou a inconstitucionalidade da lei ou do ato normativo somente será tomada **se presentes na sessão pelo menos 8 Ministros** (art. 22, da Lei 9.868/99).
- Efetuado o julgamento, **proclamar-se-á a constitucionalidade ou a inconstitucionalidade da disposição ou da norma impugnada se num ou noutro sentido se tiverem manifestado pelo menos 6 Ministros**, quer se trate de ação direta de inconstitucionalidade ou de ação declaratória de constitucionalidade (art. 23, da Lei 9.868/99).
- As **decisões definitivas de mérito**, proferidas pelo Supremo Tribunal Federal, nas ações diretas de inconstitucionalidade e nas ações declaratórias de constitucionalidade produzirão eficácia contra todos *(erga omnes)* e efeito vinculante, relativamente aos demais órgãos do Poder Judiciário e à administração pública direta e indireta, nas esferas federal, estadual e municipal (art. 28, parágrafo único, da Lei 9.868/99).
- De acordo com a jurisprudência dominante do Supremo Tribunal Federal, "a mera instauração do processo de controle normativo abstrato não se reveste, só por si, de efeitos inibitórios das atividades normativas do Poder Legislativo, que não fica impossibilitado, por isso mesmo, de revogar, enquanto pendente a respectiva ação direta, a própria lei objeto de impugnação perante o Supremo Tribunal, podendo, até mesmo, reeditar o diploma anteriormente pronunciado inconstitucional, eis que **não se estende, ao Parlamento, a eficácia vinculante que resulta, naturalmente, da própria declaração de inconstitucionalidade proferida em sede concentrada.**" (ADI 2.903, Rel. Min. Celso de Mello, julgamento em 1º-12-2005, Plenário, DJE de 19-9-2008.)
- **A eficácia geral e o efeito vinculante de decisão proferida pelo STF em ação declaratória de constitucionalidade ou direta de inconstitucionalidade de lei ou ato normativo federal não alcançam o Poder Legislativo**, que pode editar nova lei com idêntico teor ao texto anteriormente censurado pela Corte. Perfilhando esse entendimento, e tendo em conta o disposto no § 2º do art. 102 da CF e no parágrafo único do art. 28 da Lei 9.868/99, o Plenário negou provimento a agravo regimental em reclamação na qual se alegava que a edição da Lei 14.938/2003, do Estado de Minas Gerais, que instituiu taxa de segurança pública, afrontava a decisão do STF na ADI 2424 MC/CE (acórdão pendente de publicação), em que se suspendera a eficácia de artigos da Lei 13.084/2000, do Estado do Ceará, que criara semelhante tributo. Ressaltou-se que entender de forma contrária afetaria a relação de equilíbrio entre o tribunal constitucional e o legislador, reduzindo o último a papel subordinado perante o poder incontrolável do primeiro, acarretando prejuízo do espaço democrático-representativo da legitimidade política do órgão legislativo, bem como criando mais um fator de resistência a produzir o inaceitável fenômeno da chamada fossilização da Constituição. Rcl 2617 AgR/MG, rel. Min. Cezar Peluso, 23.2.2005. (Rcl-2617)
- **Modulação dos efeitos da decisão:** nos termos do art. 27, da Lei 9.868/99, ao declarar a inconstitucionalidade de lei ou ato normativo, e tendo em vista **razões de segurança jurídica ou de excepcional interesse social**, poderá o Supremo Tribunal Federal, por maioria de **dois terços de seus membros**, restringir os efeitos daquela declaração ou decidir que ela só tenha eficácia a partir de seu trânsito em julgado ou de outro momento que venha a ser fixado.
- **Modulação dos efeitos da decisão via embargos de declaração:** conforme argumentação exarada na ADI 2791, julgada perante o STF, como regra geral, as decisões proferidas em sede de ação direta possuem efeitos *ex tunc*, sendo nulo o ato impugnado desde a sua origem, mas, excepcionalmente, poderão ter eficácia *ex nunc* quando, por razões de segurança jurídica ou de relevante interesse social, mostrar-se oportuno que seja fixado outro momento de eficácia, nos termos do art. 27 da Lei 9.868/99. O Min. Gilmar Mendes, relator, **conhe-**

ceu dos embargos de declaração e a eles deu provimento para esclarecer que a declaração de inconstitucionalidade não afeta os casos de benefícios previdenciários, aposentadorias e pensões já assegurados, assim como nas hipóteses em que o serventuário já preencheu todos os requisitos legais para a obtenção desses benefícios até a data da publicação da decisão de declaração de inconstitucionalidade, ocorrida em 23.8.2006. **Entendeu que, nas hipóteses em que se reconhecesse que a declaração de inconstitucionalidade com efeitos limitados ou restritos seria uma imposição da própria Constituição, não se atribuiria valor definitivo a uma eventual omissão por parte do Tribunal. Assim, seria possível, em tese, identificar a omissão no âmbito dos embargos de declaração para os fins de explicitar a necessária limitação de efeitos da decisão de inconstitucionalidade. Afirmou que uma limitação de efeitos decorreria de algum princípio constitucional imanente, sobretudo da idéia de segurança jurídica** (Informativo 499 do STF).

- Nos termos do art. 5º da Lei 9.868/99, **não é possível a desistência** em sede de controle concentrado, pois o processo é objetivo, de interesse público.
- A Ação Direta de Inconstitucionalidade **não** se submete a qualquer **prazo prescricional ou decadencial**.
- "À vista do modelo dúplice de controle de constitucionalidade por nós adotado, **a admissibilidade da ação direta não está condicionada à inviabilidade do controle difuso**." (ADI 3.205, julgada em 2006 e relatada pelo Ministro Sepúlveda Pertence).
- Sendo editada Medida Provisória para revogar lei objeto de ADI, a ação ainda poderá ser julgada enquanto não for votada a Medida Provisória, ou seja, a MP não acarretará perda de objeto da ADI até que seja aprovada, e convertida em lei. STF. Plenário. ADI 5717/DF, ADI 5709/DF, ADI 5716/DF e ADI 5727/DF, Rel. Min. Rosa Weber, julgados em 27/3/2019 (Info 935).

11. ADC

- Na **ADC não há** manifestação do Advogado-Geral da União, porque não há ato normativo a ser defendido quanto a sua constitucionalidade, pois o objeto é **por termo a controvérsia judicial relevante** (art. 14, da Lei 9.868/99).
- Só há exigência de **controvérsia judicial relevante** na ADC.
- A ação direta de inconstitucionalidade e a ação declaratória de constitucionalidade são consideradas **ações dúplices, ambivalentes, gêmeas, ou de sinais trocados**, quanto aos efeitos da decisão. Isso porque, nos termos do art. 24, da Lei 9.868/99, "Proclamada a constitucionalidade, julgar-se-á improcedente a ação direta ou procedente eventual ação declaratória; e, proclamada a inconstitucionalidade, julgar-se-á procedente a ação direta ou improcedente eventual ação declaratória". Assim também entende o STF: "Concluindo o julgamento de questão de ordem em agravo regimental interposto contra decisão do Min. Maurício Corrêa, relator – que não conhecera de reclamação ajuizada pelo Município de Turmalina-SP em que se pretendia ver respeitada a decisão proferida pelo STF na ADIn 1.662-SP por falta de legitimidade ativa ad causam do reclamante – o Tribunal, por maioria, decidiu todos aqueles que forem atingidos por decisões contrárias ao entendimento firmado pelo STF no julgamento de mérito proferido em ação direta de inconstitucionalidade, sejam considerados como parte legítima para a propositura de reclamação, e declarou a constitucionalidade do parágrafo único do art. 28 da Lei 9.868/99. Considerou-se que a ADC consubstancia uma ADI com sinal trocado e, tendo ambas caráter dúplice, seus efeitos são semelhantes. Vencidos os Ministros Moreira Alves, Ilmar Galvão e Marco Aurélio, que declaravam a inconstitucionalidade do mencionado dispositivo por ofensa ao princípio da separação de Poderes. (Lei 9.868/99, art. 28, parágrafo único: "A declaração de constitucionalidade ou de inconstitucionalidade, inclusive a interpretação conforme a Constituição e a declaração parcial de inconstitucionalidade sem redução de texto, têm eficácia contra todos e efeito vinculante em relação aos órgãos do Poder Judiciário e à Administração Pública federal, estadual e municipal."). Rcl (AgR-QO) 1.880, julgada em 2002 e relatada pelo Ministro Maurício Corrêa.
- O Supremo Tribunal Federal, por decisão da maioria absoluta de seus membros, poderá deferir **pedido de medida cautelar na ação declaratória de constitucionalidade**, consistente na determinação de que os juízes suspendam o julgamento dos processos que envolvam a aplicação da lei ou do ato normativo objeto da ação até seu julgamento definitivo, tudo de acordo com o art. 21, da Lei 9.868/99.

12. ADI por omissão

- Declarada a inconstitucionalidade por omissão de medida para tornar efetiva norma constitucional, **será dada ciência ao Poder competente para a adoção das providências necessárias** e, em se tratando de órgão administrativo, para fazê-lo em trinta dias.
- A ação direta de inconstitucionalidade por omissão **admite** medida cautelar. Nos termos do art. 12-F, da Lei 9.868/99 (incluído pela Lei 12.063/09), em caso de excepcional urgência e relevância da matéria, o Tribunal, por decisão da maioria absoluta de seus membros, observado o disposto no art. 22, poderá conceder medida cautelar, após a audiência dos órgãos ou autoridades responsáveis pela omissão inconstitucional, que deverão pronunciar-se no prazo de 5 (cinco) dias.

- **ADI, ADI por omissão e fungibilidade.** A jurisprudência do STF firma-se no seguinte sentido: "Senhores Ministros, Senhoras Ministras. Estamos diante de um caso deveras interessante. Temos quatro ações diretas de inconstitucionalidade (ADI n.º 1.987/DF, ADI n.º 875/DF, ADI n.º 2.727/DF e ADI n.º 3.243/DF) imbricadas por uma evidente relação de conexão, fenômeno que determina o seu julgamento conjunto, conforme a jurisprudência desta Corte (ADI-MC n.º 150, rel. min. Moreira Alves, DJ 9.3.1990). Por outro lado, é possível observar a intenção dos requerentes de estabelecer uma nítida distinção de pedidos: uns pela declaração da inconstitucionalidade por omissão e outros pela declaração da inconstitucionalidade (por ação). (...) O quadro aqui revelado, portanto, está a demonstrar uma clara imbricação de pedidos e causas de pedir e, dessa forma, a **evidenciar a patente fungibilidade que pode existir entre a ação direta de inconstitucionalidade e a ação direta de inconstitucionalidade por omissão**. (...) A Lei n.º 9.868/99 possui capítulos específicos para a ação direta de inconstitucionalidade (Capítulo II) e para a ação declaratória de constitucionalidade (Capítulo III). Com a nova Lei n.º 12.063, de 22 de outubro de 2009, a Lei n.º 9.868/99 passa a contar com o capítulo II-A, que estabelece rito procedimental e medidas cautelares específicas para a ação direta de inconstitucionalidade por omissão. A Lei n.º 9.882/99, por seu turno, trata da arguição de descumprimento de preceito fundamental. No Supremo Tribunal Federal, atualmente, todas as ações possuem uma classe específica de autuação: Ação Direta de Inconstitucionalidade (ADI); Ação Declaratória de Constitucionalidade (ADC); Ação Direta de Inconstitucionalidade por Omissão (ADO) e Arguição de Descumprimento de Preceito Fundamental (ADPF). Portanto, ante a aparente confusão inicialmente verificada nos diversos pedidos, como demonstrado, e tendo em vista a patente defasagem da jurisprudência até então adotada pelo Tribunal, temos aqui uma valiosa oportunidade para superarmos o antigo entendimento e reconhecermos o caráter fungível entre as ações." (ADI 875; ADI 1.987; ADI 2.727, voto do rel. min. Gilmar Mendes, julgamento em 24-2-2010, Plenário, DJE de 30-4-2010.)

13. ADI interventiva

- A ação direta de inconstitucionalidade interventiva, também denominada por representação de inconstitucionalidade interventiva federal (art. 36, III, da CF), tem como legitimado ativo o **Procurador-Geral da República** e o decreto de intervenção federal, que especificará a amplitude, o prazo e as condições de execução e que, se couber, nomeará o interventor, **será submetido à apreciação do Congresso Nacional ou da Assembléia Legislativa do Estado, no prazo de vinte e quatro horas** (art. 34, § 1º, da CF).

14. ADPF

- A arguição de descumprimento de preceito fundamental é cabível para **evitar ou reparar lesão a preceito fundamental resultante de ato do poder público** e seu julgamento é da competência do Supremo Tribunal Federal (art. 1º, da Lei 9.882/99). Caberá também ADPF quando for relevante o fundamento da controvérsia constitucional sobre lei ou ato normativo federal, estadual ou municipal, incluídos os anteriores à Constituição (art. 1º, parágrafo único, da Lei 9.882/99).

- Aplica-se à arguição de descumprimento o **princípio da subsidiariedade**, pois, nos termos do art. 4º, § 1º, da Lei 9.882/99, não será admitida arguição de descumprimento de preceito fundamental quando houver qualquer outro meio eficaz de sanar a lesividade.

- **Princípio da fungibilidade e ADI:** "Aplicação do princípio da fungibilidade. (...) É lícito conhecer de ação direta de inconstitucionalidade como arguição de descumprimento de preceito fundamental, quando coexistentes todos os requisitos de admissibilidade desta, em caso de inadmissibilidade daquela." (ADI 4.180-MC-REF, Rel. Min. Cezar Peluso, julgamento em 10-3-2010, Plenário, DJE de 27-8-2010.)

- A arguição de descumprimento de preceito fundamental (ADPF), prevista do art. 102, § 1º, da CF, é a única ação do controle concentrado de constitucionalidade federal (apreciado pelo STF) que pode realizar controle de **recepção constitucional** (direito infraconstitucional anterior à Constituição vigente), nos termos do art. 1º, parágrafo único, I, da Lei nº 9.882/1999. A ADPF **também é a única ação a contemplar a hipótese de controle concentrado de constitucionalidade pelo Supremo Tribunal Federal sobre lei ou ato normativo municipal** em face da Constituição da República (art. 1º, parágrafo único, I, da Lei nº 9.882/1999).

- **Direito pré-constitucional revogado e a ADPF:** ADPF 33: "[...] 6. Cabimento de argüição de descumprimento de preceito fundamental para solver controvérsia sobre legitimidade de lei ou ato normativo federal, estadual ou municipal, **inclusive anterior à Constituição (norma pré-constitucional)**. 7. Requisito de admissibilidade implícito relativo à relevância do interesse público presente no caso. 8. Governador de Estado detém aptidão processual plena para propor ação direta (ADIMC 127/AL, Rel. Min. Celso de Mello, DJ 04.12.92), bem como arguição de descumprimento de preceito fundamental, constituindo-se verdadeira hipótese excepcional de *jus postulandi*. 9. ADPF configura modalidade de integração entre os modelos de perfil difuso e concentrado no Supremo Tribunal Federal. 10. **Revogação da lei ou ato normativo não impede o exame da matéria em sede de ADPF, porque o que se postula nessa ação é a declaração de ilegitimidade ou de não-recepção da norma pela ordem**

constitucional superveniente. 11. Eventual cogitação sobre a inconstitucionalidade da norma impugnada em face da Constituição anterior, sob cujo império ela foi editada, não constitui óbice ao conhecimento da arguição de descumprimento de preceito fundamental, uma vez que nessa ação o que se persegue é a verificação da compatibilidade, ou não, da norma pré-constitucional com a ordem constitucional superveniente. [...] 15. Argüição de descumprimento de preceito fundamental julgada procedente para declarar a ilegitimidade (não-recepção) do Regulamento de Pessoal do extinto IDESP em face do princípio federativo e da proibição de vinculação de salários a múltiplos do salário mínimo (art. 60, § 4º, I, c/c art. 7º, inciso IV, in fine, da Constituição Federal). STF. ADPF 33. Relator(a): Gilmar Mendes. Julgamento: 07/12/2005.

- Segundo restou evidente no julgamento da ADPF 37, em 2010, o STF segue a opinião de Gilmar Mendes no sentido de que **a arguição de descumprimento de preceito fundamental pode ter por objeto ato normativo já revogado**, segundo Gilmar Mendes, a ADPF, na hipótese de ato normativo revogado, tendo em vista o interesse jurídico da solução quanto à legitimidade de sua aplicação no passado.

- **Para o STF não cabe arguição de descumprimento de preceito fundamental em face de sentenças transitadas em julgado.** Tal posicionamento restou assentado na ADPF 134: ""O presente caso objetiva a desconstituição de decisões judiciais, dentre as quais muitas já transitadas em julgado, que aplicaram índice de reajuste coletivo de trabalho definido pelos Decretos Municipais 7.153/1985, 7.182/1985, 7.183/1985, 7.251/1985, 7.144/1985, 7.809/1988 e 7.853/1988, bem como pela Lei Municipal 6.090/86, todos do Município de Fortaleza/CE. Este instituto de controle concentrado de constitucionalidade não tem como função desconstituir coisa julgada. A argüição de descumprimento de preceito fundamental é regida pelo princípio da subsidiariedade a significar que a admissibilidade desta ação constitucional pressupõe a inexistência de qualquer outro meio juridicamente apto a sanar, com efetividade real, o estado de lesividade do ato impugnado. A ação tem como objeto normas que não se encontram mais em vigência. A ofensa à Constituição Federal, consubstanciada na vinculação da remuneração ao salário mínimo, não persiste nas normas que estão atualmente em vigência. Precedentes. A admissão da presente ação afrontaria o princípio da segurança jurídica." (STF. ADPF 134-AgR-terceiro, Relator Ministro Ricardo Lewandowski, julgamento em 2009).

- **O STF admite ato infralegal como objeto de ADPF.** "O Plenário julgou improcedente pedido formulado em arguição de descumprimento de preceito fundamental ajuizada, pelo Partido Democratas – DEM, contra atos da Universidade de Brasília – UnB, do Conselho de Ensino, Pesquisa e Extensão da Universidade de Brasília – Cepe e do Centro de Promoção de Eventos da Universidade de Brasília – Cespe, os quais instituíram sistema de reserva de 20% de vagas no processo de seleção para ingresso de estudantes, com base em critério étnico-racial. Preliminarmente, admitiu-se o cabimento da ação, por inexistir outro meio hábil para sanar a lesividade questionada. Apontou-se entendimento da Corte no sentido de que a **subsidiariedade da via eleita** deveria ser confrontada com a existência, ou não, de instrumentos processuais alternativos capazes de oferecer provimento judicial com eficácia ampla, irrestrita e imediata para solucionar o caso. Articulou-se que, diante **da natureza infralegal dos atos impugnados**, a ação direta de inconstitucionalidade não seria medida idônea para o enfrentamento da controvérsia, tampouco qualquer das ações que comporiam o sistema de jurisdição constitucional abstrata. (ADPF 186, julgada em 2012 e relatada pelo Ministro Ricardo Lewandowski).

- O **STF não reconhece a prefeito municipal legitimidade ativa para o ajuizamento de ADPF**. *In verbis*: "Ação por descumprimento de preceito fundamental (ADPF). Prefeito municipal. Autor não legitimado para ação direta de inconstitucionalidade. Ilegitimidade reconhecida. Negativa de seguimento ao pedido. Recurso, ademais, impertinente. Agravo improvido. Aplicação do art. 2º, I, da Lei federal nº 9.882/99. Precedentes. **Quem não tem legitimidade para propor ação direta de inconstitucionalidade, não a tem para ação de descumprimento de preceito fundamental**". (ADPF 148. Relator Cezar Peluso. Julgamento: 03/12/2008).

O STF reconheceu a possibilidade de conhecimento da APDF mesmo que a lei atacada tenha sido revogada antes do julgamento da ação, desde que persista a utilidade de se proferir a decisão com caráter vinculante e erga omnes. STF. Plenário. ADPF 449/DF, Rel. Min. Luiz Fux, julgado em 8 e 9/5/2019 (Info 939).

15. Controle concentrado estadual

- É possível a **representação de inconstitucionalidade de leis ou atos normativos estaduais ou municipais diante da Constituição Estadual perante os Tribunais de Justiça dos Estados**, o que se denomina Controle Concentrado de Constitucionalidade Estadual. Assim dispõe o art. 125, § 2º, da CF: "Cabe aos Estados a instituição de representação de inconstitucionalidade de leis ou atos normativos estaduais ou municipais em face da Constituição Estadual, vedada a atribuição da legitimação para agir a um único órgão".

- Compete aos Estados a instituição de representação de inconstitucionalidade de leis ou atos normativos estaduais ou municipais em face da Constituição Estadual, **mas não é reconhecida expressamente a legitimação para agir aos mesmos órgãos e entidades legitimados a propositura de ação**

direta de inconstitucionalidade. Cada Estado é livre para estabelecer o seu rol de legitimados.

- **Simultaneidade de ações nos controles concentrados Estadual e Federal:** "A instauração do processo de fiscalização normativa abstrata, perante o Supremo Tribunal Federal, em que se postule a invalidação de diploma normativo editado por Estado-membro ou pelo Distrito Federal, questionado em face da Constituição da República (CF, art. 102, I, "a"), qualifica-se como **causa de suspensão prejudicial do processo de controle concentrado de constitucionalidade, que, promovido perante o Tribunal de Justiça local** (CF, art. 125, § 2º), tenha, por objeto de impugnação, exatamente os mesmos atos normativos emanados do Estado-membro ou do Distrito Federal, contestados, porém, em face da Constituição estadual ou, então, como sucede na espécie, em face da Lei Orgânica do Distrito Federal. Tal entendimento, no entanto, há de ser observado, sempre que tal impugnação – deduzida perante a Corte Judiciária local – invocar, como parâmetro de controle, princípios inscritos na Carta Política local impregnados de predominante coeficiente de federalidade, tal como ocorre com os **postulados de reprodução necessária** constantes da própria Constituição da República (RTJ 147/404 – RTJ 152/371-373, v.g.). Isso significa, portanto, que, em ocorrendo hipótese caracterizadora de "*simultaneus processus*", impor-se-á **a paralisação do processo de fiscalização concentrada em curso perante o Tribunal de Justiça local, até que esta Suprema Corte julgue a ação direta**, que, ajuizada com apoio no art. 102, I, "a", da Constituição da República, tenha por objeto o mesmo diploma normativo local (estadual ou distrital), embora contestado em face da Carta Federal. Cabe assinalar, neste ponto, por relevante, que **esse entendimento acha-se consagrado na jurisprudência do Supremo Tribunal Federal**, cuja orientação, no tema, tem sido reafirmada em sucessivas decisões que proclamam, em situações como a destes autos, a necessidade de suspensão prejudicial do processo de fiscalização normativa abstrata instaurado perante Tribunal de Justiça local (CF, art. 125, § 2º), se houver, em tramitação simultânea no Supremo, processo de controle concentrado em que se questione a constitucionalidade do mesmo diploma normativo, também contestado na ação direta ajuizada no âmbito local". (STF. ADI 3482, julgada em 2006 e relatada pelo Ministro Celso de Mello).

- Cabe **recurso extraordinário contra decisão de Tribunal de Justiça que julgou ação direta de inconstitucionalidade em face da Constituição Estadual**, o que se dará em duas hipóteses: "(1) na situação de a norma da Constituição estadual eleita como parâmetro ser de repetição obrigatória da Constituição Federal. [...] (2) na hipótese de o Tribunal de Justiça considerar inconstitucional o parâmetro, isto é, a própria norma da Constituição estadual invocada como norma de referência. (MASSON, Nathalia. *Manual de direito constitucional*. Salvador: Juspodivm, 2013, p. 1.111).

16. Reclamação Constitucional

- A **Reclamação Constitucional** é um instrumento por meio do qual se busca assegurar a autoridade das decisões proferidas pelo STF. Nos termos do art. 102, I, "l", da CF, compete ao Supremo Tribunal Federal, precipuamente, a guarda da Constituição, cabendo-lhe processar e julgar, originariamente, reclamação para a **preservação de sua competência e garantia da autoridade de suas decisões**.

- Na linha da Súmula 734 do STF, **não cabe reclamação quando já houver transitado em julgado o ato judicial** que se alega tenha desrespeitado decisão do Supremo Tribunal Federal.

- De acordo com o STF, "a reclamação, constitucionalmente vocacionada a cumprir a dupla função a que alude o art. 102, I, l, da Carta Política (RTJ 134/1033) – embora cabível, em tese, quando se tratar de decisão revestida de efeito vinculante (como sucede com os julgamentos proferidos em sede de arguição de descumprimento de preceito fundamental, de ação direta de inconstitucionalidade ou de ação declaratória de constitucionalidade) –, **não se qualifica como sucedâneo recursal** nem configura instrumento viabilizador do reexame do conteúdo do ato reclamado, além de não constituir meio de revisão da jurisprudência eleitoral, eis que tal finalidade revela-se estranha à destinação constitucional subjacente à instituição dessa medida processual. Precedentes." (Rcl 6.534-AgR, Rel. Min. Celso de Mello, julgamento em 25-9-2008).

- Segundo entendimento do STF, todo aquele (pessoa física ou jurídica, pública ou privada), que for atingido por deliberações que contrariem decisões de mérito do STF, **pode ajuizar reclamação** (Recl. em AgRg 1.880, julgada em 2004 e relatada pelo Ministro Maurício Corrêa).

- **Segundo o próprio STF, a reclamação é cabível tanto no controle de constitucionalidade federal, quanto no Estadual.** Nesse sentido a ADI 2480, julgada em 2007 e relatada pelo Ministro Sepúlveda Pertence "O Tribunal, por maioria, julgou improcedente pedido formulado em ação direta ajuizada pelo Governador do Estado da Bahia, na qual se requeria fosse dada interpretação conforme a Constituição Federal ao art. 357 do Regimento Interno do Tribunal de Justiça local, que determina, nos casos omissos, a aplicação subsidiária dos Regimentos Internos do STF e do STJ. Alegava-se, na espécie, que se teria criado, por analogia, o instituto da reclamação, para preservar a competência do Tribunal ou garantir a autoridade das suas decisões, conforme o art. 156 e seguintes do Regimento Interno do Supremo. Considerou-se o texto da Constituição do Estado da Paraíba que prevê cláusulas de poderes implícitos, atribuídos ao Tribunal de Justiça estadual, para fazer valer os poderes explicitamente conferidos pela ordem legal, ainda que por instrumento com nomenclatura diversa ("Art. 105. Compete ainda ao Tribunal de Justiça: I – processar e julgar:... e) a representação para assegurar a observância de princípios indicados nesta Constituição; f) a representação para prover a execução de lei, no caso de desobediência a ordem ou decisão judiciária emanada do próprio Tribunal, de juiz de direito ou de auditor militar estadual;"). Entendeu-se, em razão disso, não haver afronta ao art. 125, § 1º da CF ("Art. 125. Os Estados organizarão sua Justiça, observados os princípios estabelecidos nesta Constituição. § 1º – A competência dos tribunais será definida na Constituição do Estado, sendo a lei de organização judiciária de iniciativa do Tribunal de Justiça."), haja vista que a reclamação paraibana não fora criada com a norma regimental impugnada, a qual, na interpretação dada pelo Tribunal de Justiça estadual no exercício dos seus poderes implícitos, possibilita a observância das normas de processo e das garantias processuais das partes (CF, art. 96, I, a). Vencido o Min. Marco Aurélio que julgava procedente o pedido, ao fundamento de que a mesclagem de regimentos de Cortes diversas estaria a violar o que disposto no art. 125, § 1º, da CF. ADI 2480/PB, rel. Min. Sepúlveda Pertence, 2.4.2007. (ADI-2480)

- Segundo entendimento do STF, aos estados **não** é vedada a criação do instituto da reclamação. *In verbis:* "Ação direta de inconstitucionalidade: dispositivo do Regimento Interno do Tribunal de Justiça do Estado da Paraíba (art. 357), que admite e disciplina o processo e julgamento de reclamação para preservação da sua competência ou da autoridade de seus julgados: ausência de violação dos arts. 125, caput e § 1º, e 22, I, da CF. **O STF, ao julgar a ADI 2.212 (Pleno, 2-10-2003, Ellen Gracie, DJ de 14-11-2003), alterou o entendimento – firmado em período anterior à ordem constitucional vigente (v.g., Rp 1.092, Pleno, Djaci Falcão, RTJ 112/504) – do monopólio da reclamação pelo STF e assentou a adequação do instituto com os preceitos da Constituição de 1988: de acordo com a sua natureza jurídica (situada no âmbito do direito de petição previsto no art. 5º, XXIV, da CF) e com os princípios da simetria (art. 125, caput e § 1º)** e da efetividade das decisões judiciais, é permitida a previsão da reclamação na Constituição Estadual. Questionada a constitucionalidade de norma regimental, é desnecessário indagar se a colocação do instrumento na seara do direito de petição dispensa, ou não, a sua previsão na Constituição estadual, dado que consta do texto da Constituição do Estado da Paraíba a existência de cláusulas de poderes implícitos atribuídos ao Tribunal de Justiça estadual para fazer valer os poderes explicitamente conferidos pela ordem legal – ainda que por instrumento com nomenclatura diversa (Constituição do Estado da Paraíba, art. 105, I, e e f). Inexistente a violação do § 1º do art. 125 da CF: a reclamação paraibana não foi criada com a norma regimental impugnada, a qual – na interpretação conferida pelo Tribunal de Justiça do Estado à extensão dos seus poderes implícitos – possibilita a observância das normas de processo e das garantias processuais das partes, como exige a primeira parte da alínea a do art. 96, I, da CF. Ação direta julgada improcedente. (ADI 2212 CE, Rel. Min. Ellen Gracie, julgamento em 02/10/2003, DJ 14/11/2003).

17. Hermenêutica no controle de constitucionalidade

- **O STF não admite a inconstitucionalidade superveniente.** "Constituição. Lei anterior que a contrarie. Revogação. Inconstitucionalidade superveniente. Impossibilidade. A lei ou é constitucional ou não é lei. Lei inconstitucional é uma contradição em si. A lei é constitucional quando fiel à Constituição; inconstitucional na medida em que a desrespeita, dispondo sobre o que lhe era vedado. **O vício da inconstitucionalidade é congênito à lei e há de ser apurado em face da Constituição vigente ao tempo de sua elaboração. Lei anterior não pode ser inconstitucional em relação à Constituição superveniente; nem o legislador poderia infringir Constituição futura.** A Constituição sobrevinda não torna inconstitucionais leis anteriores com ela conflitantes: revoga-as. Pelo fato de ser superior, a Constituição não deixa de produzir efeitos revogatórios. Seria ilógico que a lei fundamental, por ser suprema, não revogasse, ao ser promulgada, leis ordinárias. A lei maior valeria menos que a lei ordinária." (ADI 2. Julgada em 1997 e relatada pelo Ministro Paulo Brossard).

- **Alteração de parâmetro e inconstitucionalidade superveniente:** Conforme noticiado no Informativo 600 do STF, "o Tribunal, em apreciação conjunta de duas ações diretas, julgou, por maioria, procedente em parte o pedido formulado na ADI 2158/PR, e, por unanimidade, procedente o na ADI 2198/PR, propostas, respectivamente, pela Associação dos Magistrados Brasileiros – AMB e pelo Procurador-Geral da República, para declarar a inconstitucionalidade de expressões e dispositivos constantes da Lei 12.398/98, do Estado do Paraná. A lei impugnada prevê a incidência de contribuição previdenciária sobre os proventos de servidores inativos e pensionistas no âmbito daquela unidade federativa. **Inicialmente, em votação majoritária, rejeitou-se a preliminar de prejudicialidade das ações em face da substancial alteração de parâmetro de controle operada pela EC 41/2003**, a qual – ao contrário do que previsto na EC 20/98, em vigor à época da edição da norma impugnada – admite expressamente a incidência da contribuição previdenciária sobre os proventos dos inativos na parte em que exceder o limite máximo para os benefícios do Regime Geral de Previdência Social (CF, art. 40, § 18). Salientou-se que, no caso, apesar de até hoje não ter sido cobrada a aludida contribuição naquele Estado, uma vez que a lei adversada fora suspensa com a concessão de medidas cautelares pela Corte, a norma não fora revogada, permanecendo no mundo jurídico. **Tendo isso em conta, asseve-**

rou-se que, se o Supremo aplicasse sua jurisprudência tradicional no sentido do prejuízo das ações, revogar-se-iam, em conseqüência, as medidas cautelares. Além disso, a lei estadual, não obstante patentemente inconstitucional, tornaria a produzir seus efeitos à luz do regramento instituído pela EC 41/2003, a qual lhe conferiria uma aparência de validade. Aduziu-se, na linha de precedentes, que esse inconveniente poderia ser evitado com a excepcional admissão do exame de mérito das ações. **Ao enfatizar que o sistema brasileiro não contempla a figura da constitucionalidade superveniente, consignou-se que a norma em apreço não fora convalidada e, por isso, sua inconstitucionalidade persistiria e seria atual, embora se referisse a dispositivos da Constituição que não se encontram mais em vigor, modificados pela EC 41/2003.** Desse modo, reputou-se que, **se o sistema veda a convalidação da lei inconstitucional, seria necessária a existência de mecanismos eficazes para expungir a norma ainda inconstitucional do ordenamento jurídico, mesmo que em face de parâmetro de controle alterado ou revogado**. Concluiu-se que, na situação dos autos, cumpriria ao STF, ainda que já ajuizada a ação direta, declarar a inconstitucionalidade da norma, com eficácia erga omnes e efeito vinculante, em benefício da máxima efetividade da jurisdição constitucional. Salientou-se, por fim, o progressivo reforço legislativo na expansão da jurisdição constitucional abstrata do Supremo. Vencidos os Ministros Marco Aurélio, Ellen Gracie e Celso de Mello que assentavam o prejuízo das ações. ADI 2158/PR, rel. Min. Dias Toffoli, 15.9.2010. (ADI-2158)

- A **Teoria da Transcendência dos Motivos Determinantes** prega que a *ratio decidendi* (razões de decidir ou fundamentos determinantes de uma sentença) também estaria incluída no efeito vinculante gerado pela decisão em sede de controle de constitucionalidade. O STF reconheceu a aplicação dessa teoria na apreciação da ADI 3345, julgada em 2005 e relatada pelo Ministro Celso de Mello. A ação versava sobre uma Resolução do TSE que reduzia o número de vereadores em Municípios brasileiros. Vale destacar trecho do voto do Relator: "em relação ao mérito, concluiu-se pela inexistência das apontadas violações aos princípios da reserva de lei, da separação de poderes, da anterioridade da lei eleitoral e da autonomia municipal. Esclareceu-se que a Resolução 21.702/2004 foi editada com o propósito de dar efetividade e concreção ao julgamento do Pleno no RE 197917/SP (DJU de 27.4.2004), já que nele o STF dera interpretação definitiva à cláusula de proporcionalidade inscrita no inciso IV do art. 29 da CF, conferindo efeito transcendente aos **fundamentos determinantes** que deram suporte ao mencionado julgamento". **Entretanto, na apreciação da Rcl 3014, em 2007, o STF deu sinais que irá inverter sua orientação.** Nos termos do Informativo 475 do STF: "o Tribunal retomou julgamento de reclamação ajuizada pelo Município de Indaiatuba contra acórdão do Tribunal Regional do Trabalho da 15ª Região que mantivera a expedição de requisição de pequeno valor em patamar superior ao fixado pela Lei municipal 4.233/2002, por considerá-la inconstitucional ante a ausência de fixação da quantia em número de salários mínimos. Alega-se, na espécie, desrespeito à autoridade da decisão do Supremo na ADI 2868/PI (DJU de 11.12.2004), na qual se teria reconhecido a possibilidade de fixação, pelos estados-membros, de valor referencial inferior ao do art. 87 do ADCT. Na sessão de 13.12.2006, o Min. Carlos Britto, relator, julgou improcedente a reclamação. Asseverou, inicialmente, que, no julgamento da ADI 2868/PI, o Tribunal examinara a constitucionalidade da Lei piauiense 5.250/2002, que fixou, no âmbito da Fazenda Estadual, o quantum da obrigação de pequeno valor. **Salientou que o acolhimento da pretensão ora deduzida passaria pelo exame da possibilidade de se atribuir efeitos transcendentes aos motivos determinantes da decisão tomada no controle abstrato de normas. Considerando o fato de que, no julgamento da Rcl 4219 QO/SP (v. Informativos 441 e 458) – em que retomada a discussão do tema da aplicabilidade da chamada "transcendência dos fundamentos determinantes" –, quatro ministros já teriam votado em sentido contrário à respectiva adoção, votou, preliminarmente, pelo não-conhecimento da reclamação.** Rcl 3014/SP, rel. Min. Carlos Britto, 8.8.2007".

- **Interpretação Conforme a Constituição e Declaração parcial de Inconstitucionalidade sem redução de texto**

- Tanto a interpretação conforme quanto a declaração de inconstitucionalidade sem redução de texto são reconhecidas e consideradas válidas pelo STF. Nos termos da Rcl 1880, julgada em 2002 e relatada pelo Ministro Maurício Corrêa: "A declaração de constitucionalidade ou de inconstitucionalidade, **inclusive a interpretação conforme a Constituição e a declaração parcial de inconstitucionalidade sem redução de texto**, têm eficácia contra todos e efeito vinculante em relação aos órgãos do Poder Judiciário e à Administração Pública federal, estadual e municipal".

- "Ainda que se não possa negar a semelhança dessas categorias e a proximidade do resultado prático de sua utilização, é certo que, enquanto, na **interpretação conforme a Constituição** se tem, dogmaticamente, a declaração de que uma lei é constitucional com a interpretação que lhe é conferida pelo órgão judicial, constata-se, na **declaração de nulidade sem redução de texto**, a expressa exclusão, por inconstitucionalidade, de determinadas hipóteses de aplicação (Anwendungsfälle) do programa normativo sem que se produza alteração expressa do texto legal". (MENDES, Gilmar Ferreira. *Jurisdição Constitucional*. São Paulo: Saraiva, 1996, p.275).

- Caso **paradigmático sobre interpretação conforme foi o da ADPF 54, julgada em 2012 e**

relatada pelo Ministro Marco Aurélio, que teve como tema a antecipação terapêutica do parto de anencéfalos. A Ministra Rosa Weber, em seu voto, se referiu expressamente à interpretação conforme: "Expressou que a tese da ausência de vontade do legislador para previsão da anencefalia como causa excludente da ilicitude não seria bom parâmetro hermenêutico para o caso. Evidenciou que, no direito contemporâneo, o processo legislativo seria muito complexo, a dificultar a aferição da vontade real do Legislativo e que seus documentos preparatórios nem sempre se mostrariam fontes seguras. Além disso, registrou que não seria rara a criação da lei de maneira ambígua e atécnica de forma proposital, a fim de que sua aprovação fosse politicamente viável, deixando-se a resolução das dúvidas futuras ao Judiciário. Também considerou que a Constituição determinaria os limites dessa vontade, de modo que a do legislador não poderia lhe ser contrária. Afastou a aplicação do precedente proferido no julgamento do RE 121336/CE (DJU de 26.6.92) à espécie, tendo em conta que não se trataria de vontade inconstitucional com atribuição de conteúdo para salvar o texto, mas de **interpretação conforme a Constituição** para mantê-lo e impedir que ele se estendesse a outra hipótese, que seria a anencefalia. No que diz respeito ao método da ponderação valorativa, recorreu à proporcionalidade em sentido estrito, pois as ações que preservariam os valores em concorrência para a situação concreta seriam necessárias e adequadas. Segundo esse princípio, que levaria à técnica da ponderação, impenderia estabelecer as razões argumentativas, que justificariam a restrição de abrangência de um princípio sobre outro, sempre com relação ao caso sob análise" (Informativo 661 do STF).

- "Ação direta de inconstitucionalidade: eficácia da suspensão cautelar da norma argüida de inconstitucional, que alcança, no caso, o dispositivo da lei primitiva, substancialmente idêntico. Ação direta de inconstitucionalidade e impossibilidade jurídica do pedido: **não se declara a inconstitucionalidade parcial quando haja inversão clara do sentido da lei**, dado que não é permitido ao Poder Judiciário agir como legislador positivo: hipótese excepcional, contudo, em que se faculta a emenda da inicial para ampliar o objeto do pedido." (ADI 1.949, julgada em 1996 e relatada pelo Ministro Sepúlveda Pertence).
- Sobre os efeitos das decisões em que há manifestação sobre interpretação conforme ou declaração parcial, vale o destaque ao seguinte julgado: "As decisões consubstanciadoras de declaração de constitucionalidade ou de inconstitucionalidade, inclusive aquelas que importem em interpretação conforme à Constituição e em declaração parcial de inconstitucionalidade sem redução de texto, quando proferidas pelo STF, em sede de fiscalização normativa abstrata, revestem-se de eficácia contra todos (erga omnes) e possuem efeito vinculante em relação a todos os magistrados e tribunais, bem assim em face da administração pública federal, estadual, distrital e municipal, impondo-se, em consequência, à necessária observância por tais órgãos esta-tais, que deverão adequar-se, por isso mesmo, em seus pronunciamentos, ao que a Suprema Corte, em manifestação subordinante, houver decidido, seja no âmbito da ação direta de inconstitucionalidade, seja no da ação declaratória de constitucionalidade, a propósito da validade ou da invalidade jurídico-constitucional de determinada lei ou ato normativo." (Rcl 2.143-AgR, Rel. Min. Celso de Mello, julgamento em 12-3-2003, Plenário, DJ de 6-6-2003.)
- "A doutrina e a jurisprudência nacionais admitem plenamente a **teoria da divisibilidade da lei**, de modo que somente deve ser proferida a inconstitucionalidade daquelas normas viciadas, não devendo se estender o juízo da censura às outras partes da lei, salvo se elas não puderem subsistir de forma autônoma. Essa é a lição de Gilmar Ferreira Mendes, que, complementando ainda ensina que: "Faz-se mister, portanto, verificar se estão presentes as condições objetivas de divisibilidade. Para isso, impõe-se aferir o grau de dependência entre os dispositivos, isto é, examinar se as disposições estão em uma relação de vinculação que impediria sua divisibilidade. Impõe-se verificar, igualmente, se a norma que irá subsistir após a declaração de nulidade parcial corresponderia à vontade do legislador. Portanto, devem ser investigadas não só a existência de uma relação de dependência (unilateral ou recíproca), mas também a possibilidade de intervenção no âmbito da vontade do legislador (*Jurisdição constitucional: o controle abstrato de normas no Brasil e na Alemanha*. 5.ed. São Paulo: Saraiva, 2007, p. 342-343).
- O ordenamento jurídico brasileiro **admite a inconstitucionalidade por arrastamento ou atração**, que consistiria na possibilidade de o STF declarar a inconstitucionalidade de uma norma objeto de pedido e também de outro ato normativo que não tenha sido objeto do pedido, em virtude de correlação, conexão ou interdependência entre uma e outro. Trata-se de uma mitigação ao princípio da adstrição ou congruência. Assim definiu o STF, na ADI 2995, julgada em 2006 e relatada pelo Ministro Celso de Mello: "Por entender caracterizada a ofensa ao art. 22, XX, da CF, que confere à União a competência privativa para legislar sobre sistemas de consórcios e sorteios, o Tribunal, por maioria, julgou procedente pedido formulado em ação direta ajuizada pelo Procurador-Geral da República, para declarar a inconstitucionalidade da Lei 12.343/2003 **e, por arrastamento**, do Decreto 24.446/2002, ambos do Estado de Pernambuco, que dispõem sobre o serviço de loterias no âmbito da referida unidade federativa".

18. Técnicas de Decisões no Direito Comparado e o Controle de Constitucionalidade

- ***Distinguishing:*** é um termo norte-americano aplicado quando se distingue o caso concreto do precedente, ainda que sumulado. Tendo em vista condições essenciais do caso concreto, o precedente não deve ser aplicado, o que não significa que ele esteja sendo definitivamente abandonado.

- ***Overruling:*** ao contrário do distinguishing, as decisões do caso concreto significam o abandono definitivo do precedente da matéria.
- ***Stare decisis:*** A doutrina norte-americana do *stare decisis* sustenta que deve ser dado o devido peso aos precedentes judiciais, devido às bases do *common law* dos EUA. Essa doutrina é dividida em dois efeitos:

a) **Horizontal**: impõe o respeito aos precedentes dentro do mesmo tribunal. No Brasil, instituto semelhante é a "cláusula de reserva de plenário", do art. 97, da CF.

b) **Vertical:** impõe respeito dos precedentes da Suprema Corte aos demais órgãos do Judiciário e do Executivo. No âmbito do judiciário é chamado de ***binding effect*** pelo qual os precedentes de qualquer tribunal superior têm que ser observados pelos tribunais inferiores. No Brasil, esse instituto é parecido com o efeito vinculante, só que neste, o respeito aos precedentes restringe-se ao STF.

◉ DEFESA DO ESTADO E DAS INSTITUIÇÕES DEMOCRÁTICAS

- **CF, artigos 136 a 144.**

1. **Estado de Defesa:** De acordo com o art. 136, da CF, o Presidente da República pode, ouvidos o Conselho da República e o Conselho de Defesa Nacional, decretar Estado de Defesa para preservar ou prontamente restabelecer, em locais restritos e determinados, a ordem pública ou a paz social ameaçadas por grave e iminente instabilidade institucional ou atingidas por calamidades de grandes proporções na natureza.

- O Estado de Defesa será **instituído por decreto**, que determinará o tempo de sua duração, especificará as áreas a serem abrangidas e indicará, nos termos e limites da lei, as medidas coercitivas a vigorarem, dentre as quais estão abrangidas as que imponham restrições aos direitos de: i. reunião, ainda que exercida no seio das associações; ii. sigilo de correspondência e; iii. sigilo de comunicação telegráfica e telefônica. Também ficam permitidos a ocupação e ouso temporários de bens e serviços públicos, na hipótese de calamidade pública, respondendo a União pelos danos e custos decorrentes.
- **Decretado o estado de defesa ou sua prorrogação, o Presidente da República, dentro de 24 horas, submeterá o ato com a respectiva justificação ao Congresso Nacional**, que decidirá por maioria absoluta. Se o Congresso Nacional estiver em recesso, será convocado, extraordinariamente, no prazo de cinco dias. O Congresso Nacional apreciará o decreto dentro de dez dias contados de seu recebimento, devendo continuar funcionando enquanto vigorar o estado de defesa. Rejeitado o decreto, cessa imediatamente o estado de defesa.

2. **Estado de Sítio:** O Presidente da República pode, ouvidos o Conselho da República e o Conselho de Defesa Nacional, **solicitar ao Congresso Nacional autorização para decretar o Estado de Sítio** nos casos de: I – comoção grave de repercussão nacional ou ocorrência de fatos que comprovem a ineficácia de medida tomada durante o estado de defesa; II – declaração de estado de guerra ou resposta a agressão armada estrangeira.

- O Presidente da República, ao solicitar autorização para decretar o estado de sítio ou sua prorrogação, **relatará os motivos determinantes do pedido, devendo o Congresso Nacional decidir por maioria absoluta**.
- O **decreto do estado de sítio indicará sua duração, as normas necessárias a sua execução e as garantias constitucionais que ficarão suspensas**, e, depois de publicado, o Presidente da República designará o executor das medidas específicas e as áreas abrangidas.

3. As **Forças Armadas**, constituídas pela Marinha, pelo Exército e pela Aeronáutica, são instituições nacionais permanentes e regulares, organizadas com base na hierarquia e na disciplina, sob a autoridade suprema do Presidente da República, e destinam-se à defesa da Pátria, à garantia dos poderes constitucionais e, por iniciativa de qualquer destes, da lei e da ordem.

- Lei complementar estabelecerá as normas gerais a serem adotadas na organização, no preparo e no emprego das Forças Armadas.

4. **A Segurança Pública, dever do Estado, direito e responsabilidade de todos,** é exercida para a preservação da ordem pública e da incolumidade das pessoas e do patrimônio, através dos seguintes órgãos:

I – polícia federal;

II – polícia rodoviária federal;

III – polícia ferroviária federal;

IV – polícias civis;

V – polícias militares e corpos de bombeiros militares.

VI – polícias penais federal, estaduais e distrital.

- **Rol taxativo:** conforme noticiado no informativo 600 do STF, "**o rol de órgãos encarregados do exercício da segurança pública, previsto no art. 144, I a V, da CF, é taxativo e esse modelo federal deve ser observado pelos Estados-membros e pelo Distrito Federal.** Com base nesse entendimento, o Tribunal, por maioria, julgou procedente, em parte, pedido formulado em ação direta proposta pelo Partido Social Liberal – PSL para declarar a inconstitucionalidade da EC 19/98 e da expressão

"Instituto-Geral de Perícias" constante da EC 18/97, ambas da Constituição do Estado do Rio Grande do Sul, que dispõem sobre o aludido Instituto-Geral de Perícias. Preliminarmente, rejeitou-se a alegada inépcia da inicial, uma vez que o requerente indicara os dispositivos sobre os quais versaria a ação, bem como os fundamentos jurídicos do pedido. Ademais, ressaltou-se estar superada a tese relativa à prejudicialidade da ação direta em face da perda superveniente de representação do partido no Congresso Nacional. Assinalou-se, inclusive, que o requerente já teria readquirido sua representatividade. ADI 2827/RS, rel. Min. Gilmar Mendes, 16.9.2010".

Nos termos do artigo 144, § 10º, da CF, com redação dada pela EC n. 82/2014, a segurança viária, exercida para a preservação da ordem pública e da incolumidade das pessoas e do seu patrimônio nas vias públicas: I – compreende a educação, engenharia e fiscalização de trânsito, além de outras atividades previstas em lei, que assegurem ao cidadão o direito à mobilidade urbana eficiente; II – compete, no âmbito dos Estados, do Distrito Federal e dos Municípios, aos respectivos órgãos ou entidades executivos e seus agentes de trânsito, estruturados em Carreira, na forma da lei.

◉ TRIBUTAÇÃO E ORÇAMENTO

- **CF, artigos 145 a 169.**

1. A União, os Estados, o Distrito Federal e os Municípios poderão instituir os seguintes **tributos:** I – impostos; II – taxas, em razão do exercício do poder de polícia ou pela utilização, efetiva ou potencial, de serviços públicos específicos e divisíveis, prestados ao contribuinte ou postos a sua disposição; III – contribuição de melhoria, decorrente de obras públicas.

2. Sempre que possível, **os impostos terão caráter pessoal e serão graduados segundo a capacidade econômica do contribuinte**, facultado à administração tributária, especialmente para conferir efetividade a esses objetivos, identificar, respeitados os direitos individuais e nos termos da lei, o patrimônio, os rendimentos e as atividades econômicas do contribuinte.

3. As **taxas** não poderão ter base de cálculo própria de impostos.

O Sistema Tributário Nacional deve observar os princípios da simplicidade, da transparência, da justiça tributária, da cooperação e da defesa do meio ambiente.

As alterações na legislação tributária buscarão atenuar efeitos regressivos.

4. Sem prejuízo de outras garantias asseguradas ao contribuinte, **é vedado à União, aos Estados, ao Distrito Federal e aos Municípios**:

I – **exigir ou aumentar tributo** sem lei que o estabeleça (**Princípio da Legalidade Tributária**);

II – **instituir tratamento desigual entre contribuintes** que se encontrem em situação equivalente, proibida qualquer distinção em razão de ocupação profissional ou função por eles exercida, independentemente da denominação jurídica dos rendimentos, títulos ou direitos (**Princípios da Isonomia e da Capacidade Contributiva**);

III – **cobrar tributos**:

a) **em relação a fatos geradores ocorridos antes do início da vigência da lei** que os houver instituído ou aumentado;

b) **no mesmo exercício financeiro** em que haja sido publicada a lei que os instituiu ou aumentou **(Princípio da Anterioridade Comum)**;

c) antes de decorridos noventa dias da data em que haja sido publicada a lei que os instituiu ou aumentou **(Princípio da Anterioridade Nonagesimal)**,

IV – utilizar tributo com efeito de confisco **(Princípio do Não-confisco ou Não-confiscatoriedade)**;

V – **estabelecer limitações ao tráfego de pessoas ou bens, por meio de tributos** interestaduais ou intermunicipais, ressalvada a cobrança de pedágio pela utilização de vias conservadas pelo Poder Público **(Princípio da Liberdade de Tráfego)**;

VI – **instituir impostos sobre**:

a) patrimônio, renda ou serviços, uns dos outros (**Princípio da Imunidade Recíproca)**;

b) entidades religiosas e templos de qualquer culto, inclusive suas organizações assistenciais e beneficentes;

c) patrimônio, renda ou serviços dos partidos políticos, inclusive suas fundações, das entidades sindicais dos trabalhadores, das instituições de educação e de assistência social, sem fins lucrativos, atendidos os requisitos da lei;

d) livros, jornais, periódicos e o papel destinado a sua impressão;

e) fonogramas e videofonogramas musicais produzidos no Brasil contendo obras musicais ou literomusicais de autores brasileiros e/ou obras em geral interpretadas por artistas brasileiros bem como os suportes materiais ou arquivos digitais que os contenham, salvo na etapa de replicação industrial de mídias ópticas de leitura a laser.

- Segundo decisão do STF no RE 455.017, julgado em 2009 e relatado pela Ministra Cármen Lúcia, **ofende o princípio da não confiscatoriedade** hipótese normativa que estipule multa fiscal de 300%, **ainda** que se trate de inadimplemento pelo contribuinte de obrigação tributária.

- Súmula Vinculante 50: "Norma legal que altera o prazo de recolhimento de obrigação tributária não se sujeita ao princípio da anterioridade."
- **A jurisprudência do STF entende cabível, em sede de controle normativo abstrato, a possibilidade de a Corte examinar se determinado tributo ofende, ou não, o princípio constitucional da não confiscatoriedade**, consagrado no art. 150, IV, da Constituição. Precedente: ADI 2.010-MC/DF, Rel. Min. Celso de Mello. A proibição constitucional do confisco em matéria tributária nada mais representa senão a interdição, pela Carta Política, de qualquer pretensão governamental que possa conduzir, no campo da fiscalidade, à injusta apropriação estatal, no todo ou em parte, do patrimônio ou dos rendimentos dos contribuintes, comprometendo-lhes, pela insuportabilidade da carga tributária, o exercício do direito a uma existência digna, ou a prática de atividade profissional lícita ou, ainda, a regular satisfação de suas necessidades vitais (educação, saúde e habitação, por exemplo). **A identificação do efeito confiscatório deve ser feita em função da totalidade da carga tributária, mediante verificação da capacidade de que dispõe o contribuinte considerado o montante de sua riqueza (renda e capital) – para suportar e sofrer a incidência de todos os tributos que ele deverá pagar, dentro de determinado período, à mesma pessoa política que os houver instituído (a União Federal, no caso), condicionando-se, ainda, a aferição do grau de insuportabilidade econômico-financeira, à observância, pelo legislador, de padrões de razoabilidade destinados a neutralizar excessos de ordem fiscal eventualmente praticados pelo Poder Público.** Resulta configurado o caráter confiscatório de determinado tributo, sempre que o efeito cumulativo – resultante das múltiplas incidências tributárias estabelecidas pela mesma entidade estatal – afetar, substancialmente, de maneira irrazoável, o patrimônio e/ou os rendimentos do contribuinte. O Poder Público, especialmente em sede de tributação (as contribuições de seguridade social revestem-se de caráter tributário), não pode agir imoderadamente, pois a atividade estatal acha-se essencialmente condicionada pelo princípio da razoabilidade." (ADC 8-MC, Rel. Min. Celso de Mello, julgamento em 13-10-1999, Plenário, DJ de 4-4-2003.)
- SV 57: A imunidade tributária constante do art. 150, VI, "d", da CF/88 aplica-se a importação e comercialização, no mercado interno, do livro eletrônico (e-book) e dos suportes exclusivamente utilizados para fixá-lo, como os leitores de livros eletrônicos (e-readers), ainda que possuam funcionalidades acessórias.
- Súmula Vinculante 52: "Ainda quando alugado a terceiros, permanece imune ao IPTU o imóvel pertencente a qualquer das entidades referidas pelo art. 150, VI, "c", da Constituição Federal, desde que o valor dos aluguéis seja aplicado nas atividades para as quais tais entidades foram constituídas."

5. A competência da União para **emitir moeda** será exercida exclusivamente pelo banco central (art. 164, *caput*, da CF).
6. É **vedado ao banco central** conceder, direta ou indiretamente, empréstimos ao Tesouro Nacional e a qualquer órgão ou entidade que não seja instituição financeira (art. 164, § 1º, da CF).
7. Leis de iniciativa do Poder **Executivo** (não do Poder Legislativo) estabelecerão o **plano plurianual**, as **diretrizes orçamentárias** e os **orçamentos anuais** (art. 165, da CF).

- A lei que instituir o **Plano Plurianual** estabelecerá, de forma regionalizada, as diretrizes, objetivos e metas da administração pública federal para as despesas de capital e outras delas decorrentes e para as relativas aos programas de duração continuada.
- A **Lei de Diretrizes Orçamentárias** compreenderá as metas e prioridades da administração pública federal, estabelecerá as diretrizes de política fiscal e respectivas metas, em consonância com trajetória sustentável da dívida pública, orientará a elaboração da lei orçamentária anual, disporá sobre as alterações na legislação tributária e estabelecerá a política de aplicação das agências financeiras oficiais de fomento.
- A **Lei Orçamentária Anual** não conterá dispositivo estranho à previsão da receita e à fixação da despesa, não se incluindo na proibição a autorização para abertura de créditos suplementares e contratação de operações de crédito, ainda que por antecipação de receita.
- Os projetos de lei relativos ao plano plurianual, às diretrizes orçamentárias, ao orçamento anual e aos créditos adicionais serão apreciados **pelas duas Casas do Congresso Nacional, na forma do regimento comum** (e não pelo Chefe do Executivo), consoante art, 166, *caput*, da CF.

◉ ORDEM ECONÔMICA E FINANCEIRA

- **CF, artigos 170 a 192.**

1. A ordem econômica, **fundada** na valorização do trabalho humano e na livre iniciativa, tem por **fim** assegurar a todos existência digna, conforme os ditames da justiça social.
2. São **princípios da ordem econômica**: I – soberania nacional; II – propriedade privada; III – função social da propriedade; IV – livre concorrência; V – defesa do consumidor; VI – defesa do meio ambiente, inclusive mediante tratamento diferenciado conforme o impacto ambiental dos produtos e serviços e de seus processos de elaboração e prestação; VII – redução das desigualdades regionais e sociais; VIII – busca do pleno emprego; IX – tratamento favorecido para as empresas de pequeno porte constituídas sob as leis brasileiras e que tenham sua sede e administração no País.

- Súmula Vinculante 49: "**Ofende o princípio da livre concorrência** lei municipal que impede a instalação de estabelecimentos comerciais do mesmo ramo em determinada área".

3. Excetuadas hipóteses previstas na Constituição da República, **o Estado poderá explorar atividade econômica quando necessária aos imperativos da segurança nacional ou a relevante interesse coletivo**, conforme definido em lei (art. 173, da CF).

4. As empresas públicas e as sociedades de economia mista **não poderão gozar de privilégios fiscais não extensivos às do setor privado**.

5. A lei **reprimirá o abuso do poder econômico** que vise à dominação dos mercados, à eliminação da concorrência e ao aumento arbitrário dos lucros.

6. Tem-se por **inadmissível**, no sistema da Constituição de 1988, que **norma de constituição estadual proíba, no estado-membro, que este possa reordenar, no âmbito da própria competência, sua posição na economia, transferindo à iniciativa privada atividades indevidas ou, sem qualquer necessidade, exploradas pelo setor público**. Assim restou decidido pelo STF na ADI 234, julgada em 1995 e relatada pelo Ministro Néri da Silveira.

7. **Política Urbana**

- Nos termos do art. 182, da CF, a **política de desenvolvimento urbano**, executada pelo Poder Público municipal, conforme diretrizes gerais fixadas em lei, tem por objetivo ordenar o pleno desenvolvimento das funções sociais da cidade e garantir o bem- estar de seus habitantes. O plano diretor, aprovado pela Câmara Municipal, obrigatório para cidades com mais de vinte mil habitantes, é o instrumento básico da política de desenvolvimento e de expansão urbana. Ademais, a propriedade urbana cumpre sua função social quando atende às exigências fundamentais de ordenação da cidade expressas no plano diretor. Nesse sentido é facultado ao Poder Público municipal, mediante lei específica para área incluída no plano diretor, exigir, nos termos da lei federal, do proprietário do solo urbano não edificado, subutilizado ou não utilizado, que promova seu adequado aproveitamento, sob pena, sucessivamente, de: I – parcelamento ou edificação compulsórios; II – imposto sobre a propriedade predial e territorial urbana progressivo no tempo; III – desapropriação com pagamento mediante títulos da dívida pública de emissão previamente aprovada pelo Senado Federal, com prazo de resgate de até dez anos, em parcelas anuais, iguais e sucessivas, assegurados o valor real da indenização e os juros legais. As desapropriações de imóveis urbanos serão feitas com prévia e justa indenização em dinheiro.

8. **Política agrícola e fundiária e da reforma agrária**

- Compete à União **desapropriar por interesse social, para fins de reforma agrária**, o imóvel rural que não esteja cumprindo sua função social, mediante prévia e justa indenização em títulos da dívida agrária, com cláusula de preservação do valor real, resgatáveis no prazo de até vinte anos, a partir do segundo ano de sua emissão, e cuja utilização será definida em lei. As benfeitorias úteis e necessárias serão indenizadas em dinheiro.

- O **decreto** que declarar o imóvel como de interesse social, para fins de reforma agrária, autoriza a União a propor a ação de desapropriação.

- Cabe à **lei complementar** estabelecer procedimento contraditório especial, de rito sumário, para o processo judicial de desapropriação.

- **São insuscetíveis de desapropriação para fins de reforma agrária**:

I – a pequena e média propriedade rural, assim definida em lei, desde que seu proprietário não possua outra;

II – a propriedade produtiva.

- A lei garantirá **tratamento especial à propriedade produtiva** e fixará normas para o cumprimento dos requisitos relativos a sua função social.

9. **Sistema financeiro nacional**

- O **sistema financeiro nacional**, estruturado de forma a promover o desenvolvimento equilibrado do País e a servir aos interesses da coletividade, em todas as partes que o compõem, abrangendo as cooperativas de crédito, será regulado por leis complementares que disporão, inclusive, sobre a participação do capital estrangeiro nas instituições que o integram.

- **Súmula Vinculante 3**: nos processos perante o Tribunal de Contas asseguram-se o contraditório e a ampla defesa quando da decisão puder resultar anulação ou revogação de ato administrativo que beneficie o interessado, excetuada a apreciação da legalidade do ato de concessão inicial de aposentadoria, reforma e pensão.

⊙ ORDEM SOCIAL

- **CF, artigos 193 a 232.**

1. A **ordem social tem como base** o primado do trabalho, e como objetivo o bem-estar e a justiça sociais.

2. A **seguridade social** compreende um conjunto integrado de ações de iniciativa dos Poderes Públicos e da sociedade, destinadas a assegurar os direitos relativos à **saúde**, à **previdência** e à **assistência social**.

- A **saúde** é direito de todos e dever do Estado, garantido mediante políticas sociais e econômicas que visem à redução do risco de doença e de outros agravos e ao acesso universal e igualitário às ações e serviços para sua promoção, proteção e recuperação.

- "Consolidou-se a jurisprudência desta Corte no sentido de que, **embora o art. 196 da Constituição de 1988 traga norma de caráter programático, o Município não pode furtar-se do dever de propiciar os meios necessários ao gozo do direito à saúde por todos os cidadãos**. Se uma pessoa necessita, para garantir o seu direito à saúde, de tratamento médico adequado, é dever solidário da União, do Estado e do Município providenciá-lo." (AI 550.530, julgado em 20012 e relatado pelo Ministro Joaquim Barbosa).

- O art. 199, § 4º, da CF, **veda todo tipo de comercialização de sangue**, entretanto estabelece que a lei infraconstitucional disporá sobre as condições e requisitos que facilitem a coleta de sangue. Por isso, na visão do STF, se um ato normativo estadual não determina recompensa financeira à doação ou estimula a comercialização de sangue, mas apenas incentiva a doação, na composição entre o princípio da livre iniciativa e o direito à vida há de ser preservado o interesse da coletividade, interesse público primário." (ADI 3.512, Rel. Min. Eros Grau, julgamento em 15-2-2006.).
- **Medicamentos e o STF:** "O recebimento de medicamentos pelo Estado é direito fundamental, podendo o requerente pleiteá-los de qualquer um dos entes federativos, desde que **demonstrada sua necessidade e a impossibilidade de custeá-los com recursos próprios**. Isso por que, uma vez satisfeitos tais requisitos, o ente federativo deve se pautar no espírito de solidariedade para conferir efetividade ao direito garantido pela Constituição, e não criar entraves jurídicos para postergar a devida prestação jurisdicional." (RE 607.381, julgado em 2011 e relatado pelo Ministro Luiz Fux).
- **Para que sejam concedidos os medicamentos, foram estabelecidos os seguintes requisitos pelo STJ**: comprovação, por laudo médico, da imprescindibilidade ou necessidade do medicamento, bem como da ineficácia dos medicamentos fornecidos pelo SUS; incapacidade financeira de arcar com o custo do medicamento existência de registro na ANVISA do medicamento pleiteado (STJ. 1ª Seção. REsp 1.657.156-RJ, Rel. Min. Benedito Gonçalves, julgado em 25/04/2018 - recurso repetitivo- Info 625).
- No art. 196 da Constituição Federal está estabelecido que a "saúde é direito de todos e dever do Estado, garantido mediante políticas sociais e econômicas que visem à redução do risco de doença e de outros agravos e ao acesso universal e igualitário às ações e serviços para sua promoção, proteção e recuperação", A referida norma é programática, ou seja, depende de ações estatais para ser implementada, mas, não obstante essa característica, **se algum paciente carente com patologia crônica com indiscutível risco de morte necessitar de remédio de alto custo não fornecido pelo SUS – Sistema Único de Saúde –, será possível mover ação judicial para sua obtenção e, se houver recurso, em última instância a pretensão será acolhida, pois o STF admite a judicialização de políticas públicas**, em especial, o fornecimento de medicamentos de alto custo (conforme Suspensões de Tutela (STA) 175, 211 e 278; Suspensões de Segurança 3724, 2944, 2361, 3345 e 3355; e Suspensão de Liminar (SL) 47, de Relatoria do Ministro Gilmar Mendes, julgadas em 2010).
- A **previdência social** será organizada sob a forma de regime geral, de caráter contributivo e de filiação obrigatória, observados critérios que preservem o equilíbrio financeiro e atuarial.
- A **assistência social** será prestada a quem dela necessitar, independentemente de contribuição à seguridade social, e tem por objetivos:

I – a proteção à família, à maternidade, à infância, à adolescência e à velhice;

II – o amparo às crianças e adolescentes carentes;

III – a promoção da integração ao mercado de trabalho;

IV – a habilitação e reabilitação das pessoas portadoras de deficiência e a promoção de sua integração à vida comunitária;

V – a garantia de um salário mínimo de benefício mensal à pessoa portadora de deficiência e ao idoso que comprovem não possuir meios de prover à própria manutenção ou de tê-la provida por sua família.

VI – a redução da vulnerabilidade socioeconômica de famílias em situação de pobreza ou de extrema pobreza.

3. A **educação**, direito de todos e dever do Estado e da família, será promovida e incentivada com a colaboração da sociedade, visando ao pleno desenvolvimento da pessoa, seu preparo para o exercício da cidadania e sua qualificação para o trabalho.

- De acordo com o art. 208, da CF, **o dever do Estado com a educação** será efetivado mediante a garantia de:

I – educação básica obrigatória e gratuita dos 4 aos 17 anos de idade, assegurada inclusive sua oferta gratuita para todos os que a ela não tiveram acesso na idade própria;

II – progressiva universalização do ensino médio gratuito;

III – atendimento educacional especializado aos portadores de deficiência, **preferencialmente na rede regular de ensino**;

IV – educação infantil, em **creche e pré-escola**, às crianças até 5 anos de idade;

V – acesso aos níveis mais elevados do ensino, da pesquisa e da criação artística, segundo a capacidade de cada um;

VI – oferta de ensino noturno regular, adequado às condições do educando;

VII – atendimento ao educando, em todas as etapas da educação básica, por meio de programas suplementares de material didáticoescolar, transporte, alimentação e assistência à saúde.

A União, os Estados, o Distrito Federal e os Municípios exercerão ação redistributiva em relação a suas escolas.

- o **STF** já decidiu que: "A educação infantil representa prerrogativa constitucional indisponível, que, deferida às crianças, a estas assegura, para efeito de seu desenvolvimento integral, e como primeira etapa do processo de educação básica, o atendimento em creche e o acesso à pré-escola (CF, art. 208, IV). Essa prerrogativa jurídica, em consequência, **impõe, ao Estado, por efeito da alta significação social de que se reveste a educação infantil, a obrigação constitucional de criar condições objetivas que possibilitem, de maneira concreta, em favor das 'crianças até cinco anos de idade'** (CF, art. 208, IV), o efetivo acesso e atendimento em creches e unidades de pré-escola, sob pena de configurar-se inaceitável omissão governamental, apta a frustrar, injustamente, por inércia, o integral adimplemento, pelo Poder Público, de prestação estatal que lhe impôs o próprio texto da CF. A educação infantil, por qualificar-se como direito fundamental de toda criança, **não se expõe, em seu processo de concretização, a avaliações meramente discricionárias da administração pública nem se subordina a razões de puro pragmatismo governamental**." (ARE 639.337-AgR, julgado em 2011 e relatado pelo Ministro Celso de Mello). "A jurisprudência do STF firmou-se no sentido da existência de **direito subjetivo público de crianças até cinco anos de idade ao atendimento em creches e pré-escolas**. (...) também consolidou o entendimento de que **é possível a intervenção do Poder Judiciário visando à efetivação daquele direito constitucional**." (RE 554.075-AgR, Rel. Min. Cármen Lúcia, julgamento em 30-6-2009, Primeira Turma, DJE de 21-8-2009.)

- **Não se admite no Brasil a educação domiciliar**, devendo haver uma parceria obrigatória entre família e Estado na educação de crianças e adolescentes. (Info 915, STF)

- "É consentânea com a Carta da República previsão normativa asseguradora, ao militar e ao dependente estudante, do acesso a instituição de ensino na localidade para onde é removido. Todavia, **a transferência do local do serviço não pode se mostrar verdadeiro mecanismo para lograr-se a transposição da seara particular para a pública, sob pena de se colocar em plano secundário a isonomia** – art. 5º, cabeça e inciso I –, a impessoalidade, a moralidade na administração pública, a igualdade de condições para o acesso e permanência na escola superior, prevista no inciso I do art. 206, bem como a viabilidade de chegar-se a níveis mais elevados do ensino, no que o inciso V do art. 208 vincula o fenômeno à capacidade de cada qual." (ADI 3.324, julgada em 2004 e relatada pelo Ministro Marco Aurélio).

- ADC 17: Ementa: Direito Constitucional. Ação Declaratória de Constitucionalidade. Fixação da Idade mínima de 06 (seis) anos para o ingresso no Ensino Fundamental. 1. Ação declaratória de constitucionalidade que tem por objeto os artigos 24, II, 31, I e 32, caput, da Lei de Diretrizes e Bases da Educação Nacional, que dispõem que o ensino fundamental obrigatório se inicia aos 06 (seis) anos de idade. 2. É constitucional a norma que fixa a idade de 6 (seis) anos como marco para o ingresso no ensino fundamental, tendo em vista que o legislador constituinte utilizou critério etário plenamente compatível com essa previsão no art. 208, IV, da Constituição, de acordo com o qual a educação infantil deve ser oferecida "às crianças até 5 (cinco) anos de idade".

- A educação será prestada com garantia de **ensino religioso**, de matrícula **facultativa** (não obrigatória) nas escolas públicas de ensino fundamental (art. 210, § 1º, da CF).

- **Súmula vinculante 12:** A cobrança de taxa de matrícula nas universidades públicas viola o disposto no art. 206, IV, da Constituição Federal. No entanto, a garantia constitucional da gratuidade de ensino **não obsta a cobrança por universidades públicas de mensalidade em cursos de especialização**. (Tese definida no RE 597.854, rel. min. Edson Fachin, P, j. 26-4-2017, DJE 214 de 21-9-2017, Tema 535.)

4. **Cultura:** Art. 215, da CF: O Estado garantirá a todos o **pleno exercício dos direitos culturais e acesso às fontes da cultura nacional**, e apoiará e incentivará a valorização e a difusão das manifestações culturais. Ademais, o Estado protegerá as manifestações das culturas populares, indígenas e afro-brasileiras, e das de outros grupos participantes do processo civilizatório nacional.

- Segundo o §1º, do artigo 216-A, da CF, o **Sistema Nacional de Cultura** (e não o Plano Nacional de Cultura) **fundamenta-se na política nacional de cultura e nas suas diretrizes, estabelecidas no Plano Nacional de Cultura** (e não Sistema Nacional de Cultura) e rege-se pelos seguintes princípios: I – diversidade das expressões culturais; II – universalização do acesso aos bens e serviços culturais; III – fomento à produção, difusão e circulação de conhecimento e bens culturais; IV – cooperação entre os entes federados, os agentes públicos e privados atuantes na área cultural; V – integração e interação na execução das políticas, programas, projetos e ações desenvolvidas; VI – complementaridade nos papéis dos agentes culturais; VII – transversalidade das políticas culturais; VIII – autonomia dos entes federados e das instituições da sociedade civil; IX – transparência e compartilhamento das informações; X – democratização dos processos decisórios com participação e controle social; XI – descentralização articulada e pactuada da gestão, dos recursos e das ações; XII – ampliação progressiva dos recursos contidos nos orçamentos públicos para a cultura.

- **Sistema Nacional de Ciência, Tecnologia e Inovação (SNCTI):** Instituído pela Emenda Constitucional nº 85/2015, o artigo 219-B da CF dispõe que o Sistema Nacional de Ciência, Tecnologia e Inovação

(SNCTI) será organizado em regime de colaboração entre entes, tanto públicos quanto privados, com vistas a promover o desenvolvimento científico e tecnológico e a inovação. Lei federal disporá sobre as normas gerais do SNCTI. Os Estados, o Distrito Federal e os Municípios legislarão concorrentemente sobre suas peculiaridades.

5. **Meio Ambiente:** Art. 225, da CF: Todos têm direito ao **meio ambiente ecologicamente equilibrado**, bem de uso comum do povo e essencial à sadia qualidade de vida, impondo-se ao Poder Público e à coletividade o dever de defendê-lo e preservá- lo para as presentes e futuras gerações.

- Sacrifício de animais em cultos religiosos de matriz africana: entendeu o STF ser constitucional lei de proteção animal que, para resguardar a liberdade religiosa, permite o sacrifício ritual de animais nos cultos de religiões de matriz africana. STF. Plenário. RE 494601/RS, rel. orig. Min. Marco Aurélio, red. p/ o ac. Min. Edson Fachin, julgado em 28/3/2019 (Info 935).

6. **Família, Criança, Adolescente, Jovem e Pessoa Idosa**

- Consoante art. 226, da CF, a **família, base da sociedade, tem especial proteção do Estado**.
- O **casamento** é civil e gratuita a celebração **(Família Formal)**. O casamento religioso tem efeito civil, nos termos da lei.
- Para efeito da proteção do Estado, é reconhecida a união estável **(Família Informal)** entre o homem e a mulher como entidade familiar, **devendo a lei facilitar sua conversão em casamento**.
- Entende-se, também, como entidade familiar a **comunidade formada por qualquer dos pais e seus descendentes (Família Monoparental)**.
- Os direitos e deveres referentes à **sociedade conjugal** são exercidos igualmente pelo homem e pela mulher.
- O casamento civil pode ser dissolvido pelo **divórcio**.
- Fundado nos princípios da dignidade da pessoa humana e da paternidade responsável, o **planejamento familiar é livre decisão do casal**, competindo ao Estado propiciar recursos educacionais e científicos para o exercício desse direito, vedada qualquer forma coercitiva por parte de instituições oficiais ou privadas.
- É dever da família, da sociedade e do Estado assegurar **à criança, ao adolescente e ao jovem**, com absoluta prioridade, o direito à vida, à saúde, à alimentação, à educação, ao lazer, à profissionalização, à cultura, à dignidade, ao respeito, à liberdade e à convivência familiar e comunitária, além de colocá-los a salvo de toda forma de negligência, discriminação, exploração, violência, crueldade e opressão.
- A lei **punirá severamente** o abuso, a violência e a exploração sexual da criança e do adolescente.
- Lei estabelecerá: I – o **estatuto da juventude**, destinado a regular os direitos dos jovens; II – o **plano nacional de juventude, de duração decenal**, visando à articulação das várias esferas do poder público para a execução de políticas públicas.
- **A família, a sociedade e o Estado têm o dever de amparar as pessoas idosas**, assegurando sua participação na comunidade, defendendo sua dignidade e bem-estar e garantindo-lhes o direito à vida.
- De acordo com o STF, o artigo da CF que assegura a **gratuidade nos transportes coletivos urbanos aos maiores de sessenta e cinco anos de idade** constitui norma de eficácia plena e de aplicabilidade imediata, conforme restou decidido no seguinte julgado: "Ação direta de inconstitucionalidade. Art. 39 da Lei 10.741, de 1º de outubro de 2003 (Estatuto da Pessoa Idosa), que assegura gratuidade dos transportes públicos urbanos e semiurbanos aos que têm mais de 65 (sessenta e cinco) anos. Direito constitucional. Norma constitucional de eficácia plena e aplicabilidade imediata. Norma legal que repete a norma constitucional garantidora do direito. Improcedência da ação. O art. 39 da Lei 10.741/2003 (Estatuto da Pessoa Idosa) apenas repete o que dispõe o § 2º do art. 230 da Constituição do Brasil. **A norma constitucional é de eficácia plena e aplicabilidade imediata, pelo que não há eiva de invalidade jurídica na norma legal que repete os seus termos e determina que se concretize o quanto constitucionalmente disposto**. Ação direta de inconstitucionalidade julgada improcedente." (ADI 3.768, julgada em 2007 e relatada pela Ministra Cármen Lúcia).

7. **Índios**

- **São reconhecidos aos índios** sua organização social, costumes, línguas, crenças e tradições, e os direitos originários sobre as terras que tradicionalmente ocupam, competindo à União demarcá-las, proteger e fazer respeitar todos os seus bens.
- As terras tradicionalmente ocupadas pelos **índios** destinam-se à sua posse.

  A propósito, a Lei 14.701/2023 foi editada para dispor sobre o reconhecimento, a demarcação, o uso e a gestão de terras indígenas.
- As terras tradicionalmente ocupadas pelos **índios** destinam-se à sua posse permanente, **cabendo-lhes o usufruto exclusivo das riquezas do solo, dos rios e dos lagos nelas existentes** (sem qualquer participação da União), nos termos do art. 231, § 1º, da CF.
- A CF, em seu art. 231, § 5º, consagrou o **princípio da irremovibilidade dos índios de suas terras**, salvo, *ad referendum* do Congresso Nacional, em caso de catástrofe ou epidemia que ponha em risco sua população, ou no interesse da soberania do país, devendo, cessado o risco, os índios retornar, de imediato, às suas terras

- O aproveitamento dos recursos hídricos, incluídos os potenciais energéticos, a pesquisa e a lavra das riquezas minerais em terras indígenas só podem ser efetivados com autorização **do Congresso Nacional** (e não da Fundação Nacional do Índio – FUNAI), ouvidas, as comunidades afetadas, ficando-lhes assegurada participação nos resultados da lavra, na forma da lei.

◉ DISPOSIÇÕES CONSTITUCIONAIS GERAIS

- **CF, artigos 233 a 250.**
- **A Emenda Constitucional nº 81 de 2014 incluiu no artigo 243, da CF, a possibilidade de expropriação das propriedades em que localizada exploração de trabalho escravo.** Desse modo, as propriedades rurais e urbanas de qualquer região do País onde forem localizadas culturas ilegais de plantas psicotrópicas ou a exploração de trabalho escravo na forma da lei serão expropriadas e destinadas à reforma agrária e a programas de habitação popular, sem qualquer indenização ao proprietário e sem prejuízo de outras sanções previstas em lei, observado, no que couber, o disposto no art. 5º. Todo e qualquer bem de valor econômico apreendido em decorrência do tráfico ilícito de entorpecentes e drogas afins e da exploração de trabalho escravo será confiscado e reverterá a fundo especial com destinação específica, na forma da lei (art. 243, CF).

✦ SÚMULAS APLICÁVEIS

STF

DIREITO CONSTITUCIONAL INTERTEMPORAL

- Súmula Vinculante 1: Ofende a garantia constitucional do ato jurídico perfeito a decisão que, sem ponderar as circunstâncias do caso concreto, desconsidera a validez e a eficácia de acordo constante de termo de adesão instituído pela Lei Complementar 110/2001.
- Súmula Vinculante 5: A falta de defesa técnica por advogado no processo administrativo disciplinar não ofende a Constituição.
- Súmula Vinculante 11: Só é lícito o uso de algemas em casos de resistência e de fundado receio de fuga ou de perigo à integridade física própria ou alheia, por parte do preso ou de terceiros, justificada a excepcionalidade por escrito, sob pena de responsabilidade disciplinar, civil e penal do agente ou da autoridade e de nulidade da prisão ou do ato processual a que se refere, sem prejuízo da responsabilidade civil do Estado.
- Súmula vinculante 14: É direito do defensor, no interesse do representado, ter acesso amplo aos elementos de prova que, já documentados em procedimento investigatório realizado por órgão com competência de polícia judiciária, digam respeito ao exercício do direito de defesa em procedimento investigatório realizado por órgão com competência de polícia judiciária.
- Súmula Vinculante 25: É ilícita a prisão civil de depositário infiel, qualquer que seja a modalidade do depósito.
- Súmula Vinculante 28: É inconstitucional a exigência de depósito prévio como requisito de admissibilidade de ação judicial na qual se pretenda discutir a exigibilidade de crédito tributário.
- Súmula 654 do STF: A garantia da irretroatividade da lei, prevista no art 5º, XXXVI, da Constituição da República, não é invocável pela entidade estatal que a tenha editado.
- Súmula 667 do STF: viola a garantia constitucional de acesso à jurisdição a taxa judiciária calcada sem limite sobre o valor da causa.
- Súmula 693 do STF: Não cabe habeas corpus contra decisão condenatória a pena de multa, ou relativo a processo em curso por infração penal a que a pena pecuniária seja a única cominada.
- Súmula 694 do STF: "Não cabe habeas corpus contra a imposição da pena de exclusão de militar ou de perda de patente ou de função pública".
- Súmula 695 do STF: Não cabe habeas corpus quando já extinta a pena privativa de liberdade.
- Súmula 693 do STF: Não cabe habeas corpus contra decisão condenatória a pena de multa, ou relativo a processo em curso por infração penal a que a pena pecuniária seja a única cominada.
- Súmula 692 do STF: Não se conhece de habeas corpus contra omissão de relator de extradição, se fundado em fato ou direito estrangeiro cuja prova não constava dos autos, nem foi ele provocado a respeito.
- Súmula 395 do STF: Não se conhece de recurso de habeas corpus cujo objeto seja resolver sobre o ônus das custas, por não estar mais em causa a liberdade de locomoção.
- Súmula 512 do STF: Não cabe condenação em honorários de advogado na ação de mandado de segurança.
- Súmula 270 do STF: Não cabe mandado de segurança para impugnar enquadramento da Lei 3.780, de 12-7-1960, que envolva exame de prova ou de situação funcional complexa.
- Súmula 268 do STF: Não cabe mandado de segurança contra decisão judicial com trânsito em julgado.

- Súmula 267 do STF: Não cabe mandado de segurança contra ato judicial passível de recurso ou correição.
- Súmula 266 do STF: Não cabe mandado de segurança contra lei em tese.
- Súmula 431 do STF: É nulo julgamento de recurso criminal, na segunda instância, sem prévia intimação ou publicação da pauta, salvo em habeas corpus.
- Súmula 632 do STF: É constitucional lei que fixa prazo de decadência para impetração de mandado de segurança.
- Súmula 630 do STF: A entidade de classe tem legitimação para o mandado de segurança ainda quando a pretensão veiculada interesse apenas a uma parte da respectiva categoria.
- Súmula 629 do STF: A impetração de mandado de segurança coletivo por entidade de classe em favor dos associados independe da autorização destes.
- Súmula 624 do STF: Não compete ao Supremo Tribunal Federal conhecer originariamente de mandado de segurança contra atos de outros Tribunais.
- Súmula 625 do STF: Controvérsia sobre matéria de direito não impede concessão de mandado de segurança.
- Súmula 510, do STF: Praticado o ato por autoridade, no exercício de competência delegada, contra ela cabe o mandado de segurança ou a medida judicial.
- Súmula 430, do STF: Pedido de reconsideração na via administrativa não interrompe o prazo para o mandado de segurança.
- Súmula 271 do STF: Concessão de mandado de segurança não produz efeitos patrimoniais em relação a período pretérito, os quais devem ser reclamados administrativamente ou pela via judicial própria.
- Súmula 629 do STF: O mandado de segurança não é substitutivo de ação de cobrança.
- Súmula 101 do STF: O mandado de segurança não substitui a ação popular.
- Súmula 365 do STF: Pessoa jurídica não tem legitimidade para propor ação popular.

ORGANIZAÇÃO POLÍTICO ADMINISTRATIVA

- Súmula Vinculante 2: É inconstitucional a lei ou ato normativo estadual ou distrital que disponha sobre sistemas de consórcios e sorteios, inclusive bingos e loterias.
- Súmula Vinculante 39: Compete privativamente à União legislar sobre vencimentos dos membros das polícias civil e militar e do corpo de bombeiros militar do Distrito Federal.
- Súmula 722 do STF: São da competência legislativa da União a definição dos crimes de responsabilidade e o estabelecimento das respectivas normas de processo e julgamento.
- Súmula Vinculante 38: É competente o Município para fixar o horário de funcionamento de estabelecimento comercial
- Súmula Vinculante 46: "A definição dos crimes de responsabilidade e o estabelecimento das respectivas normas de processo e julgamento são da competência legislativa privativa da União".

ADMINISTRAÇÃO PÚBLICA

- Súmula Vinculante 21: É inconstitucional a exigência de depósito ou arrolamento prévios de dinheiro ou bens para a admissibilidade de recurso administrativo.

FUNÇÕES ESSENCIAIS À JUSTIÇA

- Súmula 644, do STF: "Ao titular do cargo de Procurador de autarquia não se exige a apresentação de instrumento de mandato para representá-la em juízo."

CONTROLE DE CONSTITUCIONALIDADE

- Súmula Vinculante 10: Viola a cláusula de reserva de plenário (cf, artigo 97) a decisão de órgão fracionário de tribunal que, embora não declare expressamente a inconstitucionalidade de lei ou ato normativo do poder público, afasta sua incidência, no todo ou em parte.
- Súmula 513 do STF: A decisão que enseja a interposição de recurso ordinário ou extraordinário não é a do plenário, que resolve o incidente de inconstitucionalidade, mas a do órgão (câmaras, grupos ou turmas) que completa o julgamento do feito.

TRIBUTAÇÃO E ORÇAMENTO

- Súmula 657 do STF: A imunidade prevista no art. 150, VI, d, da CF (livros, jornais, periódicos e o papel destinado a sua impressão), abrange os filmes e papéis fotográficos necessários à publicação de jornais e periódicos

DIREITOS POLÍTICOS

- Súmula Vinculante 18: "A dissolução da sociedade ou do vínculo conjugal, no curso do mandato, não afasta a inelegibilidade prevista no § 7º do art. 14 da CF".

IMUNIDADE PARLAMENTAR

- Súmula. 245 do STF. A imunidade parlamentar não se estende ao corréu sem essa prerrogativa.

MAGISTRATURA

- Súmula. 628 do STF. Integrante de lista de candidatos a determinada vaga da composição de tribunal é parte legítima para impugnar a validade da nomeação de concorrente.

MINISTÉRIO PÚBLICO

- Súmula. 643 do STF. O Ministério Público tem legitimidade para promover ação civil pública cujo fundamento seja a ilegalidade de reajuste de mensalidades escolares.

PRECATÓRIOS

- Súmula. Vinculante 17. Durante o período previsto no parágrafo 1º do artigo 100 da Constituição, não incidem juros de mora sobre os precatórios que nele sejam pagos.
- Súmula. 655 do STF. A exceção prevista no art. 100, caput, da Constituição, em favor dos créditos de natureza alimentícia, não dispensa a expedição de precatório, limitando-se a isentá-los da observância da ordem cronológica dos precatórios decorrentes de condenações de outra natureza.

PROCESSO LEGISLATIVO

- Súmula 651 do STF. A medida provisória não apreciada pelo Congresso Nacional podia, até a EC 32/2001, ser reeditada dentro do seu prazo de eficácia de trinta dias, mantidos os efeitos de lei desde a primeira edição.

REPARTIÇÃO DE RECEITAS TRIBUTÁRIAS

- Súmula 578 do STF. Não podem os Estados, a título de ressarcimento de despesas, reduzir a parcela de 20% do produto da arrecadação do imposto de circulação de mercadorias, atribuídas aos Municípios pelo art. 23, § 8º, da Constituição Federal.

SISTEMA FINANCEIRO NACIONAL

- Súmula 725 do STF. É constitucional o § 2º do art. 6º da L. 8.024/90, resultante da conversão da MPr 168/90, que fixou o BTN fiscal como índice de correção monetária aplicável aos depósitos bloqueados pelo Plano Collor I.

TRIBUNAL DE CONTAS

- Súmula Vinculante 3. Nos processos perante o Tribunal de Contas da União asseguram-se o contraditório e a ampla defesa quando da decisão puder resultar anulação ou revogação de ato administrativo que beneficie o interessado, excetuada a apreciação da legalidade do ato de concessão inicial de aposentadoria, reforma e pensão.
- Súmula 347 do STF: O Tribunal de Contas, no exercício de suas atribuições, pode apreciar a constitucionalidade das leis e dos atos do Poder Público.
- Súmula 6 do STF. A revogação ou anulação, pelo Poder Executivo, de aposentadoria, ou qualquer outro ato aprovado pelo Tribunal de Contas, não produz efeitos antes de aprovada por aquele tribunal, ressalvada a competência revisora do Judiciário.
- Súmula 653 do STF. No Tribunal de Contas estadual, composto por sete conselheiros, quatro devem ser escolhidos pela Assembleia Legislativa e três pelo chefe do Poder Executivo estadual, cabendo a este indicar um dentre auditores e outro dentre membros do Ministério Público, e um terceiro à sua livre escolha.

STJ

AÇÃO CIVIL PÚBLICA

- Súmula 329 do STJ. O Ministério Público tem legitimidade para propor ação civil pública em defesa do patrimônio público.
- Súmula 489 do STJ. Reconhecida a continência, devem ser reunidas na justiça federal as ações civis públicas propostas nesta e na justiça estadual.

DIREITOS FUNDAMENTAIS

- Súmula. 280 do STJ. O art. 35 do Decreto-lei nº 7.661, de 1945, que estabelece a prisão administrativa, foi revogado pelos incisos LXI e LXVII do art. 5º da Constituição Federal de 1988.
- Súmula 419 do STJ: Descabe a prisão civil do depositário judicial infiel.

DIREITO CONSTITUCIONAL INTERTEMPORAL

- Súmula 2 do STJ: não cabe o habeas data (CF, art. 5º, LXXII, letra "a") se não houve recusa de informações por parte da autoridade administrativa.
- Súmula 333 do STJ: cabe mandado de segurança contra ato praticado em licitação promovida por sociedade de economia mista ou empresa pública.
- Súmula 105 do STJ: na ação de mandado de segurança, não se admite condenação em honorários advocatícios.
- Súmula 481 do STJ: faz jus ao benefício da justiça gratuita a pessoa jurídica com ou sem fins lucrativos que demonstrar sua impossibilidade de arcar com os encargos processuais

MANDADO DE SEGURANÇA

- Súmula 41 do STJ. O Superior Tribunal de Justiça não tem competência para processar e julgar, originariamente, mandado de segurança contra ato de outros tribunais ou dos respectivos órgãos.
- Súmula 105 do STJ: na ação de mandado de segurança, não se admite condenação em honorários advocatícios.
- Súmula 169 do STJ. São inadmissíveis embargos infringentes no processo de mandado de segurança.

- Súmula 177 do STJ. O Superior Tribunal de Justiça é incompetente para processar e julgar, originariamente, mandado de segurança contra ato de órgão colegiado presidido por ministro de Estado.
- Súmula 202 do STJ. A impetração de segurança por terceiro, contra ato judicial, não se condiciona à interposição de recurso.
- Súmula 213 do STJ. O mandado de segurança constitui ação adequada para a declaração do direito à compensação tributária.
- Súmula 333 do STJ: cabe mandado de segurança contra ato praticado em licitação promovida por sociedade de economia mista ou empresa pública.
- Súmula 376 do STJ: compete à turma recursal processar e julgar o mandado de segurança contra ato de juizado especial.
- Súmula 460 do STJ. É incabível o mandado de segurança para convalidar a compensação tributária realizada pelo contribuinte.

PRECATÓRIOS

- Súmula. 144 do STJ. Os créditos de natureza alimentícia gozam de preferência, desvinculados os precatórios da ordem cronológica dos créditos de natureza diversa.
- Súmula. 311 do STJ. Os atos do Presidente do Tribunal que disponham sobre processamento e pagamento de precatório não têm caráter jurisdicional.)

ORGANIZAÇÃO POLÍTICO-ADMINISTRATIVA

- Súmula 208 do STJ: Compete à Justiça Federal processar e julgar prefeito municipal por desvio de verba sujeita à prestação de contas perante órgão federal.

Direito Eleitoral

Jaime Barreiros Neto

TABELA DE INCIDÊNCIA DE QUESTÕES		
Assunto	**Número de questões**	**Peso**
1. CONCEITO, FONTES E PRINCÍPIOS DO DIREITO ELEITORAL. JUSTIÇA ELEITORAL E MINISTÉRIO PÚBLICO ELEITORAL	24	14,91%
2. OS DIREITOS POLÍTICOS E O ALISTAMENTO ELEITORAL	17	10,56%
3. CONDIÇÕES DE ELEGIBILIDADE E CAUSAS DE INELEGIBILIDADE	28	17,39%
4. OS PARTIDOS POLÍTICOS	15	9,32%
5. OS SISTEMAS ELEITORAIS, CONVENÇÕES, COLIGAÇÕES E REGISTRO DE CANDIDATURAS	16	9,94%
6. PESQUISAS ELEITORAIS E PROPAGANDA POLÍTICA	11	6,83%
7. ORGANIZAÇÃO DAS ELEIÇÕES, CONDUTAS VEDADAS, PRESTAÇÃO DE CONTAS NAS CAMPANHAS ELEITORAIS E DIPLOMAÇÃO DOS ELEITOS	25	15,53%
8. AÇÕES E RECURSOS ELEITORAIS	17	10,56%
9. CRIMES ELEITORAIS E PROCESSO PENAL ELEITORAL	8	4,97%
Total	**161**	**100%**

Direito Eleitoral

Jaime Barreiros Neto

✦ QUESTÕES

1. CONCEITO, FONTES E PRINCÍPIOS DO DIREITO ELEITORAL. JUSTIÇA ELEITORAL E MINISTÉRIO PÚBLICO ELEITORAL

01. (Consulplan – Técnico Judiciário – Área Administrativa – TRE – RJ/2017) A Constituição da República Federativa do Brasil estabelece a composição do Tribunal Superior Eleitoral. Sobre o tema, assinale a alternativa INCORRETA.

a) Terá três juízes dentre os Ministros do Supremo Tribunal Federal.

b) Terá dois juízes dentre os Ministros do Superior Tribunal de Justiça.

c) Terá dois juízes advogados de notável saber jurídico e idoneidade moral.

d) Terá um membro do Ministério Público, indicado pela Procurador Geral da República.

COMENTÁRIOS

Alternativa correta: letra "d". Não há membro do Ministério Público na composição dos órgãos da Justiça Eleitoral. O TSE é composto de 07 membros, sendo 3 ministros do STF, 02 ministros do STJ e 02 advogados (responde as demais).

02. (Cespe – Técnico Judiciário – Área Administrativa – TRE – TO/2017) De acordo com o Código Eleitoral, são órgãos integrantes da justiça eleitoral

a) os juízes eleitorais e os delegados partidários.

b) as juntas eleitorais e os delegados partidários.

c) o TSE e os delegados partidários.

d) o TSE e os tribunais regionais federais.

e) os juízes eleitorais e as juntas eleitorais.

COMENTÁRIOS

Alternativas "a", "b" e "c". Delegados partidários não são órgãos da Justiça Eleitoral

Alternativa "d". Tribunais regionais federais não são órgãos da Justiça Eleitoral

Alternativa "e". Compõem a Justiça Eleitoral o Tribunal Superior Eleitoral, os Tribunais Regionais Eleitorais, os Juízes Eleitorais e as Juntas Eleitorais.

Alternativa correta: letra "e".

03. (Cespe – Analista Judiciário – Área Administrativa – TRE – BA/2017) Determinado tribunal regional eleitoral foi provocado a se manifestar, em ação correspondente, a respeito de cassação de registro de candidato em determinada região de sua competência. Presentes todos os seus membros, o tribunal, em decisão aprovada por unanimidade, se pronunciou pelo deferimento do pleito de cassação.

Nessa situação hipotética, a validade da decisão está relacionada

a) à homologação pelo TSE.

b) à presença de todos os membros do tribunal.

c) à inaplicabilidade do efeito suspensivo dos recursos.

d) à avocação de competência.

e) à unanimidade da decisão.

COMENTÁRIOS

Alternativa "a". Não há necessidade de homologação da decisão pelo TSE, o qual funcionará como instância recursal.

Alternativa "b". Desde a reforma eleitoral de 2015, processos de cassações de registro de candidatura só podem ser julgados com a presença de todos os membros do tribunal eleitoral competente. Na ausência de algum, o substituto deverá ser convocado.

Alternativa "c". . Não há relação entre a validade da decisão e os efeitos de eventual recurso.

Alternativa "d". Não houve, no caso, avocação de competência, como deixa claro o enunciado da questão.

Alternativa "e". A decisão não precisa ser unânime.

Alternativa correta: letra "b".

---

04. (Consulplan - Técnico Judiciário - Programação - TRE-MG/2015) O princípio democrático encontra-se inscrito no artigo 1° parágrafo único da Constituição Brasileira que dispõe: "todo poder emana do povo, que o exerce por meio de representantes eleitos ou diretamente, nos termos desta Constituição". Assinale a alternativa que contempla direito político que representa desdobramento direto deste princípio.

a) Filiação partidária.
b) Sufrágio capacitário.
c) Iniciativa popular das leis.
d) Referendo para aprovação de projeto de lei.

COMENTÁRIOS

✪ **Nota do autor:** o sufrágio é o "poder que se reconhece a certo número de pessoas (o corpo de cidadãos) de participar direta ou indiretamente na soberania, isto é, na gerência da vida pública". Em uma democracia participativa, como a brasileira, o poder de sufrágio é exercido através do voto, instrumento de materialização do sufrágio manifestado nas eleições e nas consultas populares (plebiscitos e referendos), bem como por outros meios de participação direta do povo na formação da vontade política do Estado, a exemplo da iniciativa popular de lei.

Alternativa "c". O artigo 14, III da Carta Magna prevê que "a soberania popular será exercida pelo sufrágio universal e pelo voto direto e secreto, com valor igual para todos, e, nos termos da lei, mediante iniciativa popular de lei". Desta forma, a assertiva "c" é a única, das disponíveis, que se revela como um desdobramento direto do princípio democrático, uma vez que representa uma forma de exercício do poder político. (responde as demais alternativas)

Alternativa correta: letra "c".

---

05. (Consulplan - Técnico Judiciário - Área Administrativa - TRE - MG/2015) "Pedro pretende integrar o Tribunal Regional Eleitoral na categoria de jurista. Após contatar seus colegas advogados, verifica que existe a necessidade de integrar uma lista de acesso para sua nomeação. Nos termos do Código Eleitoral, caso tenha sucesso, o procedimento que redundará na sua nomeação, ocorrerá pelo ato de escolha do ____________ de dois dentre seis cidadãos de notável saber jurídico e idoneidade moral, indicados pelo Tribunal de Justiça."

Assinale a alternativa que completa corretamente a afirmativa anterior.

a) Governador do Estado
b) Presidente da República
c) Presidente do Tribunal Superior Eleitoral
d) Presidente do Supremo Tribunal Federal

COMENTÁRIOS

Alternativa correta: letra"b". Regra prevista no artigo 119, II da Constituição Federal (responde as demais).

---

06. (Consulplan - Técnico Judiciário - Área Administrativa - TRE - MG/2015) Os Juízes Eleitorais tem inúmeras competências de acordo com o Código Eleitoral, dentre as quais a de dividir a zona em:

a) áreas eleitorais.
b) seções eleitorais.
c) setores eleitorais.
d) circunscrições eleitorais.

COMENTÁRIOS

✪ **Nota do autor:** Enquanto que a Justiça Comum Estadual é dividida em comarcas, a Justiça Eleitoral é dividida em zonas eleitorais, nem sempre coincidentes com o território de um município. Grandes municípios, a exemplo de Salvador, São Paulo ou Rio de Janeiro, são divididos em várias zonas eleitorais, enquanto que também é muito comum vários municípios pouco populosos serem englobados em uma única zona eleitoral. É a zona eleitoral o espaço territorial sob jurisdição do juiz eleitoral. Em cada zona eleitoral funcionará um juiz eleitoral que, como já observado, não integra uma carreira própria da magistratura eleitoral. Os juízes eleitorais, assim, serão juízes de direito estaduais em efetivo exercício, que acumularão às suas funções próprias as funções de juiz eleitoral. Vale destacar que na zona eleitoral onde houver mais de uma vara da justiça comum estadual, o Tribunal Regional Eleitoral designará aquela a que incumbe o serviço eleitoral. Quanto à competência dos juízes eleitorais, a mesma é prevista no artigo 35 do Código Eleitoral. Dentre as principais competências, podemos destacar o processamento e julgamento dos crimes eleitorais e dos comuns que lhe forem conexos, ressalvada a competência originária do TSE e dos tribunais regionais eleitorais; a decisão sobre habeas corpus e mandado de segurança, desde que tal competência não seja atribuída privativamente a instância superior; o alistamento e a expedição dos títulos eleitorais, bem como a concessão de transferências de eleitores; a divisão da zona eleitoral em seções eleitorais e a designação dos seus locais de instalação; a nomeação de mesários; o fornecimento de justificativas de ausência nas eleições, àqueles que não comparecerem à votação; e o exercício do poder de polícia previsto no artigo 41 da Lei nº. 9.504/97.

Alternativa correta: letra "b". Regra prevista no artigo 35, X do Código Eleitoral (responde as demais).

07. (Consulplan – Técnico Judiciário – Área Administrativa – TRE – MG/2015) Os Tribunais Regionais Eleitorais possuem competência originária determinada pelo Código Eleitoral, dentre as quais encontram-se o registro e o cancelamento do registro das candidaturas a:

a) Prefeito.

b) Vereador.

c) Conselheiro.

d) Governador.

COMENTÁRIOS

✪ **Nota do autor:** As competências dos tribunais regionais eleitorais estão previstas nos artigos 29 e 30 do Código Eleitoral. Dentre as principais, podemos indicar o processamento e o julgamento originário dos pedidos de registro e cancelamento de registros dos diretórios estaduais e municipais de partidos políticos; os conflitos de jurisdição entre juízes eleitorais do respectivo estado; a suspeição ou impedimento dos seus membros, servidores, do procurador regional eleitoral, bem como dos juízes e escrivães eleitorais; os crimes eleitorais cometidos pelos juízes eleitorais; bem como habeas corpus e mandado de segurança, em matéria eleitoral, contra ato de autoridades que respondam perante os tribunais de justiça por crimes de responsabilidade. Em grau de recurso, os TREs ainda são competentes para processar e julgar habeas corpus ou mandado de segurança denegados ou concedidos por juízes eleitorais; bem como outros atos e decisões proferidas pelos juízes e juntas eleitorais. Cabe ainda aos tribunais regionais eleitorais elaborar seus regimentos internos, organizar suas secretarias e corregedorias regionais; constituir as juntas eleitorais, nos termos da lei, responder a consultas em tese, em matéria eleitoral, formuladas por autoridade pública ou partido político; dividir a respectiva circunscrição em zonas eleitorais, submetendo essa divisão, assim como a criação de novas zonas, à aprovação do TSE; e aplicar penas disciplinares de advertência e de suspensão de até trinta dias aos juízes eleitorais. Por fim, vale destacar que de acordo com o § 4º o artigo 121 da Constituição Federal, das decisões dos tribunais regionais eleitorais somente caberá recurso quando forem proferidas contra disposição expressa da Constituição ou de lei; ocorrer divergência na interpretação da lei entre dois ou mais TREs; versarem sobre inelegibilidade, expedição ou anulação de diplomas nas eleições para deputados federais, senadores, deputados estaduais, governadores e vice-governadores; decretarem perda de mandato de deputados federais, senadores, deputados estaduais, governadores e vice-governadores; ou denegarem habeas corpus, mandado de segurança, habeas data ou mandado de injunção. Como observado, decisões de TREs que denegarem habeas data ou mandado de injunção são recorríveis. O mesmo não ocorre que a denegação do habeas data ou mandado de injunção for promovida pelo TSE, uma vez que, de acordo com a Constituição Federal, somente são recorríveis as decisões do TSE que contrariarem a Constituição e as denegatórias de habeas corpus ou mandado de segurança.

Alternativa correta: letra "d". Regra prevista no artigo 29, I, "a" do Código Eleitoral (responde as demais).

08. (Consulplan – Técnico Judiciário – Área Programação – TRE – MG/2015) A Justiça Eleitoral é composta por distintos órgãos, os quais possuem composição e atribuições específicas. As atribuições do Corregedor Geral da Justiça Eleitoral são fixadas pelo:

a) Tribunal Superior Eleitoral.

b) Supremo Tribunal Federal.

c) Superior Tribunal de Justiça.

d) Presidente do Tribunal Superior Eleitoral.

COMENTÁRIOS

✪ **Nota do autor:** Dispõe a Constituição Federal, no parágrafo único do seu artigo 119, que o TSE elegerá seu presidente e seu vice-presidente dentre os ministros do STF, e o corregedor-geral eleitoral dentre os ministros do STJ.

Alternativa correta:letra "a". Regra prevista no artigo 23, II do Código Eleitoral. (responde as demais).

09. (Consulplan – Técnico Judiciário – Área Administrativa – TRE – MG/2015) "De acordo com o Código Eleitoral, o Tribunal Superior Eleitoral é formado por magistrados que têm origem em diversos outros órgãos do Poder Judiciário, vez que nosso sistema não possui uma carreira própria para a magistratura eleitoral. Na composição do Tribunal Superior Eleitoral atuam _____ ministros dentre os do Supremo Tribunal Federal."

Assinale a alternativa que completa corretamente a afirmativa anterior.

a) dois

b) três

c) quatro

d) cinco

COMENTÁRIOS

✪ **Nota do autor:** Previsto como órgão de cúpula da Justiça Eleitoral pela Constituição Federal de 1988, o Tribunal Superior Eleitoral (TSE), sediado na capital federal, compor-se-á, no mínimo, por sete membros, de acordo com o caput do artigo 119 da

Carta Magna. Lei complementar de iniciativa do TSE, contudo, poderá aumentar o número de membros do TSE, conforme previsão do artigo 121 da Constituição (atualmente, o Código Eleitoral, recepcionado com status de Lei Complementar pela Constituição de 1988, dispõe sobre a organização e a competência do TSE e demais órgãos da Justiça Eleitoral, naquilo que é compatível com o texto constitucional). De acordo com o referido artigo 119 da CF/88, os sete membros do TSE serão escolhidos mediante eleição, pelo voto secreto: três deles dentre ministros do Supremo Tribunal Federal, dois dentre ministros do Superior Tribunal de Justiça, além de dois advogados de notável saber jurídico e idoneidade moral, indicados a partir de uma lista sêxtupla elaborada pelo STF e nomeados pelo presidente da república. Na prática, entretanto, são elaboradas pelo STF, para cada vaga de advogados, listas tríplices de causídicos, das quais é nomeado um advogado, pelo presidente da república. É importante destacar que os integrantes do TSE continuam a exercer suas atividades no STF, STJ e advocacia de forma concomitante ao exercício das suas funções naquela corte. Aos advogados impede-se, tão somente, o exercício da advocacia na Justiça Eleitoral, durante o período dos seus mandatos como magistrados eleitorais. Vale destacar que de acordo com a com jurisprudência consolidada do TSE (Ac. 2.833, de 18.12.01, DJ de 01.03.02), os advogados que compõem os tribunais eleitorais deverão ter dez anos de efetiva atividade profissional. Além disso, de acordo com o § 2º do artigo 16 do Código Eleitoral, não poderão ser nomeados advogados que ocupem cargos públicos dos quais sejam demissíveis *ad nutum*, que sejam diretores, proprietários ou sócios de empresas beneficiadas com subvenções, privilégios, isenções ou favores em virtude de contrato com a administração pública, ou que exerçam mandato de caráter político, federal, estadual ou municipal.

Alternativa correta: letra "b". Regra prevista no artigo 119, I, "a" da Constituição Federal (responde as demais).

---

10. (AOCP – Analista Judiciário – Área Judiciária – TRE – AC/2015) A expedição de diploma aos eleitos para cargos municipais compete

a) ao Tribunal Superior Eleitoral (TSE).

b) ao Tribunal Regional Eleitoral (TRE).

c) ao Prefeito.

d) à Câmara de Vereadores.

e) às Juntas Eleitorais.

COMENTÁRIOS

Alternativa correta. letra "e". Regra prevista expressamente no artigo 40, IV do Código Eleitoral (responde as demais).

---

11. (AOCP – Analista Judiciário – Área Judiciária – TRE – AC/2015) De acordo com a Lei 9.504/97, as reclamações referentes às eleições federais devem dirigir-se

a) aos Juízes Eleitorais.

b) aos Tribunais Regionais Eleitorais.

c) ao Tribunal Superior Eleitoral.

d) ao Ministério Público.

e) às Juntas Eleitorais.

COMENTÁRIOS

Alternativa correta: letra "b". Regra prevista expressamente no artigo 96, II da Lei das Eleições. (responde as demais).

---

12. (Cespe – Analista Judiciário – Área Judiciária – TRE-MS/2013) Assinale a opção correta acerca da organização e competência da justiça eleitoral.

a) Não podem ser nomeados membros das juntas eleitorais, escrutinadores ou auxiliares na mesma circunscrição eleitoral dois parentes em qualquer grau.

b) Nos municípios onde haja mais de uma junta eleitoral, a expedição dos diplomas aos eleitos para cargos municipais é feita pela junta presidida pelo juiz eleitoral mais antigo.

c) Compete ao Tribunal Superior Eleitoral (TSE) processar e julgar originariamente os crimes eleitorais e os comuns a eles conexos, cometidos pelos seus próprios ministros e pelos juízes dos tribunais regionais.

d) Nas eleições municipais, compete ao corregedor regional eleitoral apurar e punir as transgressões pertinentes à origem de valores pecuniários e abuso do poder econômico ou político, em detrimento da liberdade de voto.

e) A arguição de inelegibilidade de um candidato a prefeito é feita perante o tribunal regional eleitoral do respectivo estado da Federação.

COMENTÁRIOS

Alternativa "a". De acordo com o artigo 36, § 3º, I do Código Eleitoral, a limitação ocorre até o parentesco de segundo grau.

Alternativa "b". *Regra prevista no parágrafo único do artigo 40 do Código Eleitoral, que dispõe que "nos municípios onde houver mais de uma junta eleitoral, a expedição dos diplomas será feita pela que for presidida pelo juiz eleitoral mais antigo, à qual as demais enviarão os documentos da eleição.*

Alternativa "c". A competência para tais julgamentos será do STF, de acordo com o artigo 102 da CF/1988 para os ministros do TSE. Já no caso dos membros dos TREs, a competência será do TRE respectivo.

Alternativa "d". A competência será do juiz eleitoral da zona respectiva.

Alternativa "e". Tal arguição será feita perante o juízo eleitoral de primeiro grau competente.

Alternativa correta: letra "b".

---

13. (Consulplan - Analista Judiciário - Área Judiciária - TRE - MG/2013) O Ministério Público Eleitoral desempenha importantes atribuições na defesa do regime democrático. Atua de diversas formas, nas fases do processo eleitoral. Em relação às atribuições do Ministério Público (MP), assinale a alternativa correta, de acordo com a legislação vigente e a jurisprudência do Tribunal Superior Eleitoral.

a) Nos processos de registro de candidaturas, o MP deve necessariamente emitir parecer, mas não é legitimado a impugnar candidaturas.

b) O MP é legitimado, juntamente com candidatos, partidos e coligações, a ajuizar representação por propaganda eleitoral irregular.

c) A atuação do MP no processo penal eleitoral é supletiva, já que a legitimação para deflagrar ações penais eleitorais é, por primazia, dos próprios candidatos.

d) O MP deve ser previamente ouvido nos casos de abertura de investigação judicial eleitoral, cuja iniciativa é limitada a candidatos, afastada a legitimação ativa de partidos políticos.

e) Nos casos de desfiliação partidária sem justa causa (infidelidade partidária), a legitimação ativa é do MP e, apenas na sua inércia, surge a legitimação subsidiária dos partidos políticos para a perda do cargo eletivo.

COMENTÁRIOS

Alternativa : "b" → De acordo com o art. 96-B, § 1º da Lei nº. 9.504/97, com redação determinada pela lei nº. 13.165/15, "O ajuizamento de ação eleitoral por candidato ou partido político não impede ação do Ministério Público no mesmo sentido".

Alternativa"a". O ajuizamento de ação eleitoral por candidato ou partido político não impede ação do Ministério Público no mesmo sentido.

Alternativa: "b" → De acordo com o art. 96-B, § 1º da Lei nº. 9.504/97, com redação determinada pela lei nº. 13.165/15, "O ajuizamento de ação eleitoral por candidato ou partido político não impede ação do Ministério Público no mesmo sentido"

Alternativa "c". O ajuizamento de ação eleitoral por candidato ou partido político não impede ação do Ministério Público no mesmo sentido.

Alternativa "d". O ajuizamento de ação eleitoral por candidato ou partido político não impede ação do Ministério Público no mesmo sentido. Partidos políticos e coligações também têm legitimidade para propor a AIJE.

Alternativa "e".. É o contrário. A legitimação inicial é dos partidos políticos, tenho o MP legitimação subsidiária, conforme previsão da Resolução TSE nº. 22.610/07.

Alternativa correta: letra "b".

---

14. (Consulplan - Analista Judiciário - Área Judiciária - TRE - MG/2013) A Justiça Eleitoral brasileira completa 81 anos de existência em 2013. Suas competências, atribuições, estruturação e composição são peculiares. No que tange à composição e à organização de nossos Tribunais Eleitorais, assinale a alternativa correta.

a) A presidência dos Tribunais Regionais Eleitorais pode ser exercida por qualquer de seus membros, mediante eleição secreta.

b) Composto por sete Ministros, o Tribunal Superior Eleitoral é sempre presidido por um Ministro oriundo do Supremo Tribunal Federal.

c) Pelo menos dois dos Ministros do Tribunal Superior Eleitoral devem ser Juízes de carreira, um indicado pelo Supremo Tribunal Federal e outro pelo Superior Tribunal de Justiça.

d) Em observância ao chamado "quinto constitucional", integra o Tribunal Superior Eleitoral um Promotor de Justiça ou um Procurador da República indicado pelo Conselho Nacional do Ministério Público.

e) Nos Tribunais Regionais Eleitorais, há sempre sete membros, dos quais um advogado, nomeado pelo Governador do Estado, e um Promotor de Justiça, indicado pelo Procurador Regional Eleitoral ao Procurador-Geral de Justiça.

COMENTÁRIOS

Alternativa "a". A presidência dos TREs será sempre exercida por um dos membros desembargadores de Tribunal de Justiça, conforme o art. 120, § 2º da CF/1988.

Alternativa "b" → regra prevista no art. 119, parágrafo único da Constituição Federal, o qual dispõe que "O Tribunal Superior Eleitoral elegerá seu Presidente e o Vice-Presidente dentre os Ministros do Supremo Tribunal Federal, e o Corregedor Eleitoral dentre os Ministros do Superior Tribunal de Justiça".

Alternativa "c". Juízes de carreira não compõem o TSE, mas apenas os TREs.

Alternativa "d". Membros oriundos do Ministério Público não compõem os órgãos da Justiça Eleitoral.

Alternativa"e". Membros oriundos do Ministério Público não compõem os órgãos da Justiça Eleitoral. Além disso, os dois advogados que compõem os TREs são indicados pelo presidente da república, e não pelo governador do estado, a partir de listas tríplices elaboradas pelo TJ estadual.

Alternativa correta: letra "b"

---

15. (Analista Judiciário – Área Judiciária TRE/CE 2012 – FCC) A nomeação dos membros das Juntas Eleitorais e a designação das respectivas sedes compete ao

a) Corregedor Regional Eleitoral e ao Juiz Eleitoral, respectivamente.

b) Juiz Eleitoral da Zona Eleitoral correspondente, após aprovação do Ministério Público.

c) Tribunal Regional Eleitoral e ao Juiz Eleitoral, respectivamente.

d) Superior Tribunal Eleitoral e ao Tribunal Regional Eleitoral, respectivamente.

e) Presidente do Tribunal Regional Eleitoral, após a aprovação desse órgão.

COMENTÁRIOS

✪ **Nota do autor:** Na primeira instância da Justiça Eleitoral também funcionarão, de acordo com o Código Eleitoral (arts. 36 a 41), as Juntas Eleitorais, compostas por um juiz de direito, que a presidirá, e de dois a quatro cidadãos de notória idoneidade. O juiz de direito que presidirá a junta eleitoral não necessariamente será o juiz eleitoral da zona eleitoral respectiva, embora haja preferência para este. Vale destacar que, em uma mesma zona eleitoral, poderá ser organizada mais de uma Junta Eleitoral, podendo ser organizadas tantas juntas quantas permitir o número de juízes de direito atuantes na área territorial correspondente à zona eleitoral.

Alternativa correta: letra "e" (responde as demais alternativas). De acordo com o artigo 36, § 1º do Código Eleitoral, os membros das Juntas Eleitorais serão nomeados 60 dias antes da eleição, pelo presidente do TRE, após aprovação deste Tribunal.

---

16. (Consulplan – Técnico Judiciário – Área Administrativa – TSE/2012) Representam formas de exercício da soberania popular, conforme a Constituição da República Federativa do Brasil de 1988,

I. o referendo e a iniciativa popular.

II. o referendo e o voto aberto.

III. o plebiscito e o referendo.

IV. o sufrágio e o voto indireto.

Estão corretas apenas as alternativas

a) I, III

b) II, III

c) I, IV

d) III, IV

COMENTÁRIOS

Alternativa I – O referendo e a iniciativa popular de lei estão elencados, no artigo 14, incisos II e III da Constituição, como institutos da democracia semidireta, exercida no Brasil, conforme previsão constitucional.

Alternativa II – O voto no Brasil é secreto, e não aberto, sendo este o motivo do erro da afirmativa.

Alternativa III – O plebiscito e o referendo estão elencados, no artigo 14, incisos I e II da Constituição, como institutos da democracia semidireta, exercida no Brasil, conforme previsão constitucional.

Alternativa IV – O voto no Brasil será sempre direto, sendo esta regra, inclusive, cláusula pétrea, conforme previsão do artigo 60, § 4º, II da CF/1988.

Alternativa correta: letra "a".

---

17. (FCC – Analista Judiciário / TRE-TO / 2011) De acordo com a Constituição Federal, podem vir a integrar tanto o Tribunal Superior Eleitoral, como o Tribunal Regional Eleitoral do Estado de Tocantins,

a) Advogados de notável saber jurídico e idoneidade moral militantes no Estado de Tocantins.

b) Ministros do Supremo Tribunal Federal.

c) Ministros do Superior Tribunal de Justiça.

d) Desembargadores do Tribunal de Justiça do Estado de Tocantins.

e) Juízes de Direito da Justiça Estadual do Estado de Tocantins.

COMENTÁRIOS

✪ **Nota do autor:** Previsto como órgão de cúpula da Justiça Eleitoral pela Constituição Federal de 1988, o Tribunal Superior Eleitoral (TSE), sediado na capital federal, compor-se-á, no mínimo, por sete membros, de acordo com o caput do artigo 119 da Carta Magna. Lei complementar de iniciativa do TSE, contudo, poderá aumentar o número de membros do TSE, conforme previsão do artigo 121 da Constituição (atualmente, o Código Eleitoral, recepcionado com status de Lei Complementar pela Constituição de 1988, dispõe sobre a organização e a competência do TSE e demais órgãos da Justiça Eleitoral, naquilo que é compatível com o texto constitucional). De acordo com o referido artigo 119 da CF/88, os sete membros do TSE serão escolhidos mediante eleição, pelo voto secreto: três deles dentre ministros do Supremo Tribunal Federal, dois dentre ministros do Superior Tribunal de Justiça, além de dois advogados de notável saber jurídico e idoneidade moral, indicados a partir de uma lista sêxtupla elaborada pelo STF e nomeados pelo presidente da república. Na prática, entretanto, são elaboradas pelo STF, para cada vaga de advogados, listas tríplices de causídicos, das quais é nomeado um advogado, pelo presidente da república. Os integrantes do TSE continuam a exercer suas atividades no STF, STJ e advocacia de forma concomitante ao exercício das suas funções naquela corte. Aos advogados impede-se, tão somente, o exercício da advocacia na Justiça Eleitoral, durante o período dos seus mandatos como magistrados eleitorais. Dispõe, ainda, a Constituição Federal, no parágrafo único do seu artigo 119, que o TSE elegerá seu presidente e seu vice-presidente dentre os ministros do STF, e o corregedor-geral eleitoral dentre os ministros do STJ.

De acordo, por sua vez, com o artigo 120 da Constituição Federal, haverá um Tribunal Regional Eleitoral na capital de cada estado e no Distrito Federal, composto, também por sete membros, eleitos pelo voto secreto (vale ressaltar, mais uma vez, que Lei Complementar poderá aumentar o número de membros dos TREs, conforme interpretação do artigo 121 da Constituição). As composições dos tribunais regionais eleitorais, entretanto, embora parecidas com a do TSE, têm as suas peculiaridades, previstas nos incisos I, II e III do § 1º do referido artigo 120 da CF/88. Assim, compõem os tribunais regionais eleitorais dois juízes dentre desembargadores do Tribunal de Justiça estadual; dois juízes de direito, também escolhidos pelo Tribunal de Justiça do estado; um juiz federal, escolhido pelo Tribunal Regional Federal respectivo (caso a capital sede do TRE seja também sede de TRF, ao invés de um juiz federal comporá o Tribunal Regional Eleitoral um desembargador federal oriundo do TRF respectivo); além de dois advogados, de notável saber jurídico e idoneidade moral, nomeados pelo presidente da república a partir de lista de seis nomes elaborada pelo Tribunal de Justiça estadual (neste caso, valem os mesmos comentários relativos aos advogados que compõem o TSE).

Alternativa "a". Tanto no TSE quanto nos TREs há previsão constitucional da presença de dois advogados de notável saber jurídico e reputação ilibada como membros efetivos, servindo por um biênio, renovável uma vez, de forma consecutiva (arts. 119 e 120 da CF/1988).

Alternativa "b". Ministros do STF não podem integrar TREs, mas apenas o TSE (art. 120 da CF/1988)

Alternativa "c". Ministros do STJ não podem integrar TREs, mas apenas o TSE (art. 120 da CF/1988).

Alternativa "d". Desembargadores de tribunais de justiça não podem integrar o TSE (art. 119 da CF/1988)

Alternativa "e". Juízes estaduais não podem integrar o TSE, mas apenas os tribunais regionais eleitorais (art. 119 da CF/1988).

Alternativa correta: letra "a".

---

18. (Cespe – Analista Judiciário / TRE-ES / 2011) O número de juntas eleitorais que podem ser organizadas é igual ao número de juízes de direito que gozam das garantias constitucionais inerentes à magistratura, mesmo que estes não sejam juízes eleitorais.

COMENTÁRIOS

✪ **Nota do autor:** Na primeira instância da Justiça Eleitoral também funcionarão, de acordo com o Código Eleitoral (arts. 36 a 41), as Juntas Eleitorais, compostas por um juiz de direito, que a presidirá, e de dois a quatro cidadãos de notória idoneidade. O juiz de direito que presidirá a junta eleitoral não necessariamente será o juiz eleitoral da zona eleitoral respectiva, embora haja preferência para este. Vale destacar que, em uma mesma zona eleitoral, poderá ser organizada mais de uma Junta Eleitoral, podendo ser organizadas tantas juntas quantas permitir o número de juízes de direito atuantes na área territorial correspondente à zona eleitoral. Os membros das juntas eleitorais serão nomeados 60 (sessenta) dias antes da eleição, depois de aprovação do Tribunal Regional Eleitoral, pelo presidente deste. Cabe também ao presidente do TRE designar a sede da Junta Eleitoral. Até dez dias antes da nomeação, os nomes das pessoas indicadas para compor as juntas serão publicados no órgão oficial do estado, podendo qualquer partido, no prazo de três dias, em petição fundamentada, impugnar as indicações. Não podem ser nomeados membros das juntas eleitorais os candidatos e seus parentes, ainda que por afinidade, até o segundo grau, assim como o cônjuge; os membros de diretórios de partidos políticos, as autoridades e agentes policiais; funcionários no desempenho de cargos de confiança do Poder Executivo; além de servidores da Justiça Eleitoral. Os membros da junta, entrando em exercício, gozam da garantia da inamovibilidade e demais prerrogativas comuns aos magistrados, no que for aplicável. Às Juntas Eleitorais compete, de acordo com o artigo 40 do Código Eleitoral, apurar as eleições, resolver as impugnações e demais incidentes verificados durante os trabalhos de contagem e apuração, expedir os boletins de apuração, bem como os diplomas aos eleitos para cargos municipais (prefeito, vice-prefeito e vereadores). Nos municípios onde houver mais de uma junta eleitoral, a expedição dos diplomas do prefeito, vice-prefeito e vereadores eleitos será feita pela junta que for presidida pelo juiz eleitoral mais antigo.

De acordo com o caput do artigo 37 do Código Eleitoral, "poderão ser organizadas tantas juntas eleitorais quantas permitir o número de juízes de direito que gozem das garantias constitucionais inerentes à magistratura, mesmo que não sejam juízes eleitorais.

Alternativa correta: "certo".

---

19. (Cespe – Analista Judiciário / TRE-ES / 2011) As juntas eleitorais, compostas de um juiz de direito, a quem compete presidi-la, e de dois ou quatro cidadãos de notória idoneidade, são nomeadas antes da eleição, depois de aprovação do tribunal regional, pelo presidente deste, a quem cumpre também designar-lhes a sede.

COMENTÁRIOS

Regra prevista expressamente no artigo 36, § 1º do Código Eleitoral. O juiz de direito que presidirá a junta eleitoral não necessariamente será o juiz eleitoral da zona eleitoral respectiva, embora haja preferência para este. Vale destacar que, em uma mesma zona eleitoral, poderá ser organizada mais de uma Junta Eleitoral, podendo ser organizadas tantas juntas quantas permitir o número de juízes de direito atuantes na área territorial correspondente à zona eleitoral.

Alternativa correta: "certo".

---

20. (FCC – Analista Judiciário / TRE-RN / 2011) Embora integrante do Poder Judiciário, a Justiça Eleitoral possui algumas peculiaridades quando comparada com os demais ramos do Judiciário. Em tal sentido, são peculiaridades da Justiça Eleitoral:

a) Existência de procedimentos específicos; quadro próprio e permanente de juízes; exercício de função consultiva.
b) Princípio da temporalidade em relação ao quadro de juízes; exercício de função essencialmente administrativa e eventualmente jurisdicional; exigência de contraditório.
c) Existência de procedimentos específicos; capacidade interpretativa mediante Resoluções; função jurisdicional.
d) Exercício de função consultiva; princípio da temporalidade em relação ao quadro de juízes; capacidade interpretativa mediante Resoluções.
e) Exercício de função essencialmente administrativa e eventualmente jurisdicional; exigência de contraditório; quadro próprio e permanente de juízes.

COMENTÁRIOS

✪ **Nota do autor:** Em regra, vige no exercício das atribuições dos órgãos constituintes do Poder Judiciário o princípio da inércia, segundo o qual tal poder só deve atuar quando provocado, exercendo, assim, a jurisdição. Assim, não cabe ao Poder Judiciário, de forma geral, responder a questões abstratas, dissociadas de uma lide, papel este a ser exercido pelos doutrinadores. No âmbito da Justiça Eleitoral, no entanto, é possível nos depararmos com mais uma peculiaridade, prevista nos artigos 23, XII e 30, VIII do Código Eleitoral: a competência do Tribunal Superior Eleitoral e dos TREs para responder a consultas em tese formuladas por autoridades públicas ou partidos políticos (as consultas dirigidas ao TSE somente poderão ser feitas por autoridade pública federal e órgão nacional de partido político).

Alternativa "a". A justiça eleitoral realmente possui procedimentos específicos e exerce função consultiva (O TSE possui competência para responder a Consultas formuladas em tese por autoridade federal ou órgão nacional de partido político, conforme art. 23, XII do código eleitoral), mas não possui quadro próprio e permanente de juízes.

Alternativa "b". O quadro de juízes da justiça eleitoral realmente é temporário, mas ele exerce essencialmente atividade jurisdicional e eventualmente administrativa. Demais, a exigência de contraditório não é peculiaridade da justiça eleitoral, incidindo em todos os âmbitos do Judiciário, por imperativo constitucional (art. 5º, LV/CF).

Alternativa "c". O único erro da proposição está em citar o exercício de função jurisdicional como uma peculiaridade da justiça eleitoral eis que, por evidente, se trata de função exercida por todos os órgãos do Poder Judiciário.

Alternativa "d". A Justiça Eleitoral, ao contrário dos outros ramos do Poder Judiciário, pode responder a consultas em abstrato. Seus membros, por sua vez, servem por prazo determinado (em regra dois anos, prorrogáveis por igual período, no caso de membros do TSE e TREs, e de forma indeterminada, pelos juízes eleitorais). A Justiça Eleitoral ainda pode expedir resoluções, a fim de interpretar a legislação eleitoral.

Alternativa "e". A atividade jurisdicional da Justiça Eleitoral não é eventual, mas sim permanente. Não há quadro próprio e permanente de juízes eleitorais.

Alternativa correta: letra "d".

---

21. (FGV – Analista Judiciário / Área Administrativa – TRE-PA / 2011) Quanto aos órgãos da Justiça Eleitoral, é correto afirmar que:

a) cabe a jurisdição de cada uma das Zonas Eleitorais a um Juiz de Direito em efetivo exercício e, na falta deste, ao seu substituto legal, que, igualmente, deve ter adquirido a vitaliciedade para exercer as funções de juiz eleitoral.
b) são irrecorríveis as decisões do TSE salvo as que declararem a invalidade de lei ou ato contrário à Constituição Federal e as denegatórias de *habeas corpus* ou mandado de segurança, das quais caberá recurso ordinário para o STF, interposto no prazo de 3 (três) dias.
c) candidato a cargo eletivo, seu cônjuge e parente consanguíneo até segundo grau ou afim até o terceiro grau não podem servir como Escrivão Eleitoral.
d) compete, privativamente, aos Tribunais Regionais Eleitorais, na falta de determinação legal ou

constitucional, determinar a data das eleições a Governador e Vice-Governador, Deputados Federais e Estaduais, Prefeitos, Vice-Prefeitos e Vereadores.

e) no exercício de suas atribuições, o Corregedor Regional da Justiça Eleitoral somente se locomoverá para as Zonas Eleitorais por determinação do TSE ou do TRE, ou a pedido dos Juízes Eleitorais.

COMENTÁRIOS

Alternativa "a". O erro está tão somente no fato de mencionar que o substituto legal deve ter adquirido vitaliciedade para exercer as funções de juiz eleitoral. O restante reproduz o art. 32 do código eleitoral.

Alternativa "b". Texto expresso do art. 281 do código eleitoral, o qual dispõe que "são irrecorríveis as decisões do TSE salvo as que declararem a invalidade de lei ou ato contrário à Constituição Federal e as denegatórias de *habeas corpus* ou mandado de segurança, das quais caberá recurso ordinário para o STF, interposto no prazo de 3 (três) dias".

Alternativa "c". . O erro está tão somente no grau de parentesco mencionado na proposição, eis que a vedação, prevista no art. 33, § 1º do código eleitoral, abrange apenas parentes até o segundo grau.

Alternativa "d". A questão aborda o art. 30, IV do código eleitoral, sendo que seu único erro foi ter inserido as eleições para Deputado Federal. Quanto ao restante, a questão está correta. É de destacar, contudo, que, em regra, a Constituição impõe que as eleições sejam realizadas no primeiro domingo de outubro.

Alternativa "e". Conforme o art. 26, § 2º do código eleitoral, o Corregedor Regional da Justiça Eleitoral se locomoverá para as Zonas Eleitorais por determinação do Tribunal Superior Eleitoral ou do Tribunal Regional Eleitoral, a pedido dos juízes eleitorais, a requerimento de Partido, deferido pelo Tribunal Regional e, ainda, sempre que entender necessário, hipótese esta não contemplada no enunciado da questão.

Alternativa correta: letra "b".

---

22. (FCC – Analista Judiciário / TRE-AC / 2010) A respeito da composição dos órgãos da Justiça Eleitoral, é correto afirmar que:

a) um terço dos cargos do Tribunal Superior Eleitoral será reservado para advogados e membros do Ministério Público Federal.

b) os Desembargadores dos Tribunais de Justiça dos Estados poderão integrar o Tribunal Superior Eleitoral no cargo de livre nomeação do Presidente da República.

c) integram o Tribunal Superior Eleitoral três juízes nomeados pelo Presidente da República dentre Ministros do Superior Tribunal de Justiça.

d) integram o Tribunal Superior Eleitoral três juízes dentre Ministros do Supremo Tribunal Federal, escolhidos mediante eleição e pelo voto secreto.

e) o Corregedor Eleitoral será nomeado pelo Presidente da República dentre os membros do Tribunal Superior Eleitoral.

COMENTÁRIOS

✪ **Nota do autor:** De acordo com previsão constitucional (artigo 118 da CF/88), são órgãos da Justiça Eleitoral o Tribunal Superior Eleitoral (TSE), os tribunais regionais eleitorais (TREs), os juízes eleitorais e as juntas eleitorais. A Justiça Eleitoral é dotada de muitas peculiaridades, quando comparada aos demais ramos do Poder Judiciário brasileiro. Talvez a maior destas peculiaridades esteja, justamente, na composição dos seus órgãos jurisdicionais, uma vez que, como será destacado, compõem tais órgãos magistrados oriundos do Supremo Tribunal Federal, do Superior Tribunal de Justiça, dos Tribunais Regionais Federais, dos Tribunais de Justiça dos estados, juízes federais de primeiro grau, juízes estaduais, advogados e, até mesmo, cidadãos comuns, sem formação jurídica (neste caso, compondo as juntas eleitorais). Os referidos magistrados eleitorais, por sua vez, por não integrarem uma carreira própria, como será observado, não gozam da garantia da vitaliciedade. As garantias, contudo, da irredutibilidade de subsídios e da inamovibilidade são preservadas. Os juízes dos tribunais eleitorais (inclusive os ministros do TSE), salvo motivo justificado, servirão por dois anos, no mínimo, e nunca por mais de dois biênios consecutivos (se não forem consecutivos, podem ser mais de dois), sendo os substitutos escolhidos na mesma ocasião e pelo mesmo processo, em número igual para cada categoria.

Alternativa"a". Não há previsão de reserva de vagas para membros do Ministério Público no TSE. Os advogados, por sua vez, serão dois, dentre os sete ministros.

Alternativa "b".. Não há cargo de livro nomeação do presidente da república para o TSE.

Alternativa "c". Serão dois os juízes do TSE escolhidos pelo STJ para compor aquela corte.

Alternativa "d". Conforme art. 119 da Constituição, o TSE é integrado por 3 Ministros do STF, 2 Ministros do STJ e 2 advogados de notável saber jurídico e idoneidade moral, sendo que seu Presidente e Vice recairão dentre os Ministros do STF e o Corregedor será um dos Ministros do STJ. Já o TRE, pelo art. 120 da constituição, se compõe de 2 Desembargadores estaduais, 2 juízes estaduais, 1 juiz federal e 2 advogados de notável saber jurídico e idoneidade moral, recaindo a Presidência e a Vice dentre os Desembargadores estaduais.

Alternativa "e". No TSE, o corregedor-geral eleitoral será um dos integrantes da corte oriundos do STJ, escolhido pelos membros do Tribunal.

Alternativa correta: letra "d".

---

23. (FCC – Analista Judiciário / TRE-RS / 2010) O juiz oriundo da classe dos advogados com notável saber jurídico e idoneidade moral integrante de Tribunal Regional Eleitoral

a) não poderá ser eleito para os cargos de Presidente ou Vice-Presidente desse Tribunal.
b) servirá, salvo motivo justificado, no mínimo por dois anos, não podendo ser reconduzido ao cargo no biênio seguinte.
c) não poderá ser eleito para o cargo de Presidente desse Tribunal, apenas para o de Vice-Presidente.
d) não gozará, no exercício de suas funções, de plenas garantias, nem será inamovível.
e) poderá ser eleito para o cargo de Vice-Presidente desse Tribunal, mas não para o cargo de Presidente.

COMENTÁRIOS

Alternativa "a". Em conformidade com o art. 120, § 2º da Constituição, o Presidente e o Vice do TRE serão os desembargadores estaduais que integram a Corte. Vale acrescentar, considerando as outras proposições, que, na forma do art. 121, §§ 1º e 2º da Constituição, os juízes eleitorais gozam de plenas garantias, são inamovíveis e, salvo motivo justificado, servirão por dois anos, no mínimo, e nunca por mais de dois biênios consecutivos.

Alternativa "b". É possível a recondução dos membros do TSE para um segundo biênio, de forma consecutiva. O mesmo acontece em relação aos membros dos TREs.

Alternativa "c". Em conformidade com o art. 120, § 2º da Constituição, o Presidente e o Vice do TRE serão os desembargadores estaduais que integram a Corte.

Alternativa "d". Na forma do art. 121, §§ 1º e 2º da Constituição, os juízes eleitorais gozam de plenas garantias, são inamovíveis e, salvo motivo justificado, servirão por dois anos, no mínimo, e nunca por mais de dois biênios consecutivos.

Alternativa "e". Em conformidade com o art. 120, § 2º da Constituição, o Presidente e o Vice do TRE serão os desembargadores estaduais que integram a Corte.

Alternativa correta: letra "a".

---

24. (FCC – Analista Judiciário / TRE-AC / 2010) Nos municípios em que houver mais de uma Junta Eleitoral, a expedição dos diplomas aos eleitos para os cargos municipais será feita

a) pelo Tribunal Regional Eleitoral.
b) pela Junta Eleitoral que for presidida pelo Juiz Eleitoral mais antigo.
c) pela Junta Eleitoral que tiver apurado maior número de votos.
d) pelo Tribunal Superior Eleitoral.
e) pelo Corregedor Regional Eleitoral.

COMENTÁRIOS

Alternativa "b" (responde as demais alternativas). Regra prevista expressamente no parágrafo único do artigo 40 do Código Eleitoral, segundo o qual "nos municípios onde houver mais de uma junta eleitoral, a expedição dos diplomas será feita pela que for presidida pelo juiz eleitoral mais antigo, à qual as demais enviarão os documentos da eleição".

Alternativa correta: letra "b"

2. OS DIREITOS POLÍTICOS E O ALISTAMENTO ELEITORAL

---

25. (FCC – Técnico Judiciário – Área Administrativa – TRE – PR/2017) Carmem fará 16 anos no dia das eleições para escolha de Prefeito e Vereador que ocorrerão no próximo ano; José tem 16 anos completos; e Frederico, tem 35 anos e acabou de se alfabetizar, mas não deseja votar nas eleições que ocorrerão no próximo ano. Nesses casos, observados os prazos legais e de acordo com a Resolução TSE nº 21.538/2003, o alistamento de

a) Carmen é facultativo, o de José facultativo e o de Frederico obrigatório.
b) Carmen é obrigatório, o de José facultativo e o de Frederico obrigatório.
c) Carmen é facultativo, o de José obrigatório e o de Frederico obrigatório.
d) Carmen, de José e de Frederico são facultativos.
e) Carmen, de José e de Frederico são obrigatórios.

COMENTÁRIOS

Alternativa correta: letra "a" (responde as demais). O voto no Brasil é obrigatório para todos os brasileiros natos e naturalizados alfabetizados entre 18 e 70 anos de idade e facultativo para os jovens entre 16 e 18 anos e os idosos a partir dos 70 anos.

---

26. (FCC – Técnico Judiciário – Área Administrativa – TRE – SP/2017) Lineu completará dezesseis anos um dia antes da realização das eleições. Preenchidos os demais requisitos, de acordo com a Resolução nº 21.538/2003 do Tribunal Superior Eleitoral, o alistamento eleitoral de Lineu é

a) facultativo, podendo ser solicitado até o encerramento do prazo fixado para requerimento de inscrição eleitoral ou transferência, sendo que o título surtirá efeitos na data do pedido, mesmo não tendo completado dezesseis anos.

b) obrigatório, devendo ser solicitado até o encerramento do prazo fixado para requerimento de inscrição eleitoral ou transferência, sendo que o título somente surtirá efeitos com o implemento da idade de dezesseis anos.

c) proibido, sendo considerado inalistável em razão da idade inferior a dezesseis anos.

d) facultativo, podendo ser solicitado até o encerramento do prazo fixado para requerimento de inscrição eleitoral ou transferência, sendo que o título somente surtirá efeitos com o implemento da idade de dezesseis anos.

e) obrigatório, podendo ser solicitado até o encerramento do prazo fixado para requerimento de inscrição eleitoral ou transferência, sendo que o título surtirá efeitos na data do pedido, mesmo não tendo completado dezesseis anos.

COMENTÁRIOS

Alternativa correta: letra "d" (responde as demais). O cidadão de 16 anos pode se alistar como eleitor, de forma facultativa. Aos 15 anos, o alistamento é possível, desde que o cidadão comprove que terá 16 anos na data da eleição seguinte.

---

27. (Consulplan – Técnico Judiciário – Área Administrativa – TRE – RJ/2017) Os Direitos Políticos Ativos e Passivos contêm expressa regulamentação na Constituição da República Federativa do Brasil. Sobre o tratamento que a lei maior dá ao tema, analise as afirmativas a seguir.

I. Não podem alistar-se como eleitores, durante o período do serviço militar obrigatório, os conscritos.

II. É condição de elegibilidade a idade mínima de 21 anos para vereador.

III. Os inalistáveis são inelegíveis.

IV. Os analfabetos são alistáveis, mas inelegíveis.

Estão corretas apenas as afirmativas

a) I, II e III.

b) I, II e IV.

c) I, III e IV.

d) II, III e IV.

COMENTÁRIOS

Item I: Os conscritos, de acordo com o código eleitoral em vigor, são inalistáveis, até o término do serviço militar obrigatório. Militares de carreira são alistáveis.

Item II: A idade mínima para o vereador é de 18 anos na data do registro da candidatura.

Item III: Os inalistáveis não podem votar nem ser votados.

Item IV: Analfabetos podem votar, mas são inelegíveis conforme o art. 14, § 4º da Constituição.

Resposta correta: letra "c". Itens I, III e IV estão corretos.

---

28. (Cespe – Analista Judiciário – Área Judiciária-TRE-GO/2015) Julgue os itens subsequentes, relativos a alistamento e domicílio eleitoral.

28.01. Segundo a jurisprudência do Tribunal Superior Eleitoral, o domicílio eleitoral não se confunde, necessariamente, com o domicílio civil. A circunstância de o eleitor residir em determinado município não constitui obstáculo para que ele concorra, como candidato, a cargo eletivo em outra localidade, se nela for inscrito e mantiver vínculos políticos e econômicos.

COMENTÁRIOS

Trata-se da hipótese conhecida como "domicílio eleitoral afetivo", consolidada na jurisprudência do TSE (Ac. 18.124, de 16.11.00)

Alternativa correta: "certo"

28.02. O alistamento eleitoral e o voto são facultativos para analfabetos, portadores de necessidades especiais, maiores de setenta anos de idade e para os maiores de dezesseis e menores de dezoito anos de idade.

COMENTÁRIOS

Os portadores de necessidades especiais continuam obrigados ao alistamento eleitoral, se contarem com idade entre 18 e 70 anos e se forem alfabetizados e civilmente capazes.

Alternativa correta: "errado".

---

29. (Consulplan – Técnico Judiciário – Área Administrativa – TRE – MG/2015) Nos termos da Resolução TSE n° 21.538/2003 incorrerá em multa imposta pelo Juiz Eleitoral e cobrada no ato da inscrição, o brasileiro nato que não se alistar até os

a) 16 anos.

b) 17 anos.

c) 18 anos.

d) 19 anos.

COMENTÁRIOS

Alternativa correta: letra "d". De acordo com o art. 15 da Resolução nº. 21.538/03, o brasileiro nato que não se alistar até os 19 anos ou o naturalizado que não se alistar até um ano depois de adquirida a nacionalidade brasileira incorrerá em multa imposta pelo juiz eleitoral e cobrada no ato da inscrição. Ainda segundo o parágrafo único deste mesmo artigo, não se aplicará a pena ao não-alistado que requerer sua inscrição eleitoral até o centésimo quinquagésimo primeiro dia anterior à eleição subsequente à data em que completar 19 anos.

---

30. (Cespe – Analista Judiciário – Área Judiciária – TRE-MS/2013) À luz da legislação de regência e da Resolução/TSE/21.538/2003, assinale a opção correta no que se refere a alistamento eleitoral.

a) A segunda via do título de eleitor deve ser solicitada até trinta dias antes da eleição, podendo ser entregue ao solicitante até dez dias antes do pleito.

b) O despacho de pedido de inscrição eleitoral, transferência ou segunda via proferido pelo juiz eleitoral após o prazo legal estabelecido é crime para o qual é prevista pena de reclusão e multa.

c) A exclusão de eleitor não pode ser promovida de ofício pelo magistrado.

d) No caso de exclusão de eleitor, a defesa deve ser feita por advogado constituído.

e) Os requerimentos de inscrição eleitoral ou de transferência do título de eleitor só podem ser recebidos até cem dias antes da data da eleição.

COMENTÁRIOS

Alternativa "a". A segunda via do título pode ser requerida até dez dias antes da eleição, desde que entregue ao eleitor neste mesmo prazo. Segundo o artigo 8º da Res. TSE nº. 21.538/03, a segunda via do título deverá ser expedida automaticamente.

Alternativa "b". De acordo com o artigo 292 do Código Eleitoral, "é crime negar ou retardar a autoridade judiciária, sem fundamento legal, a inscrição requerida".

Alternativa "c". Segundo o artigo 71, § 1º do Código Eleitoral, o juiz, de ofício, poderá deflagrar o procedimento de exclusão do eleitor. O artigo 74 do Código também dispõe a respeito, ao determinar que o juiz eleitoral mandará processar a exclusão do eleitor sempre que tiver conhecimento de algumas das causas de cancelamento.

Alternativa "d". Não há esta previsão legal. Pelo contrário, o Código Eleitoral admite que até partidos políticos assumam a defesa do eleitor.

Alternativa 'e". Os requerimentos podem ser recebidos até 151 dias antes das eleições, conforme determina a Lei das Eleições no seu artigo 91.

Alternativa correta: letra "b".

---

31. (Técnico Judiciário – Área Administrativa TRE/MS 2013 – CESPE) Relativamente aos direitos políticos e aos partidos políticos, assinale a opção correta:

a) A inelegibilidade reflexa aplica-se ao cônjuge ou parente do vice-prefeito e dos secretários municipais.

b) Para concorrer a outro cargo, o deputado federal deve renunciar ao respectivo mandato até seis meses antes do pleito.

c) A CF adotou o sufrágio capacitário ao estabelecer a inelegibilidade dos analfabetos.

d) O conscrito não pode se alistar como eleitor.

e) A CF permite que os partidos políticos recebam recursos financeiros de governo estrangeiro, desde que haja a correspondente prestação de contas à justiça eleitoral.

COMENTÁRIOS

Alternativa "a". A inelegibilidade reflexa, também conhecida como inelegibilidade parental, prevista no art. 14, § 7º/CF, somente atinge os parentes do Chefe do Poder Executivo, não atingindo os parentes dos respectivos Vices nem os de Secretários de Estados.

Alternativa "b". Somente os Chefes de Poder Executivo precisam renunciar os mandatos até 6 meses antes do pleito para disputarem outros cargos, conforme art. 14, § 6º/CF.

Alternativa "c". Sufrágio capacitário é o sufrágio reconhecido às pessoas em razão de condições de capacidade educacional, por exemplo, o sufrágio reconhecido apenas aos que tenham determinado grau de escolaridade. A condição de analfabeto realmente revela um aspecto da capacidade educacional da pessoa, mas somente haveria sufrágio capacitário se os analfabetos fossem proibidos de votar e não é isso que ocorrer. Os analfabetos não podem ser votados, mas possuem direito de votar, conforme art. 14, § 1º, II/CF.

Alternativa "e". A constituição, no art. 17, veda que os partidos políticos recebam recursos de procedência estrangeira.

Alternativa correta: letra "d". Previsão expressa do art. 14, § 2º da CF/1988.

---

32. (Consulplan – Técnico Judiciário – Área Administrativa – TSE/2012) Confúcio, um jovem politicamente ativo em sua cidade, fez seu alistamento aos 16 anos, para expressar, por meio do voto, sua indignação acerca da atual administração municipal. Em 2012, ano em que as eleições se verificarão, ele, também por dever constitucional, está prestando o serviço militar obrigatório. No dia da eleição, portando seu título eleitoral, Confúcio encaminha-se para a sua seção eleitoral e é impedido pelo presidente da mesa de votar. Agiu o presidente de forma correta?

a) SIM

b) NÃO

COMENTÁRIOS

Alternativa correta: letra "a". O jovem em questão é inalistável, uma vez que esta está na condição de conscrito.

---

33. (Consulplan – Técnico Judiciário – Área Administrativa – TSE/2012) Com base na Resolução TSE 21.538, analise as afirmativas a seguir:

I. É facultado o alistamento, no ano em que se realizarem eleições, do menor que completar 16 anos até a data do pleito, inclusive.

II. O brasileiro nato que não se alistar até os 19 anos ou o naturalizado que não se alistar até um ano depois de adquirida a nacionalidade brasileira incorrerá em multa imposta pelo juiz eleitoral e cobrada no ato da inscrição.

III. Não se aplicará a pena ao não alistado que requerer sua inscrição eleitoral até o quinquagésimo dia anterior à eleição subsequente à data em que completar 19 anos.

Assinale

a) se apenas as afirmativas I e II estiverem corretas.
b) se todas as afirmativas estiverem corretas.
c) se apenas as afirmativas II e III estiverem corretas.
d) se apenas as afirmativas I e III estiverem corretas.

COMENTÁRIOS

Afirmativa I. Regra prevista no art. 14 da Resolução TSE nº. 21.538/03, a qual dispõe que "É facultado o alistamento, no ano em que se realizarem eleições, do menor que completar 16 anos até a data do pleito, inclusive".

Afirmativa II. De acordo com o caput do art. 15 da Resolução TSE nº. 21.538/03, "o brasileiro nato que não se alistar até os 19 anos ou o naturalizado que não se alistar até um ano depois de adquirida a nacionalidade brasileira incorrerá em multa imposta pelo juiz eleitoral e cobrada no ato da inscrição".

Afirmativa III. De acordo com o parágrafo único do art. 15 da Resolução TSE nº. 21.538/03, não se aplicará a pena ao não-alistado que requerer sua inscrição eleitoral até o centésimo quinquagésimo primeiro dia anterior à eleição subsequente à data em que completar 19 anos"

Alternativa correta: letra **"a".** Apenas as afirmativas I e II estiverem corretas.

---

34. (Consulplan – Técnico Judiciário – Área Administrativa – TSE/2012) De acordo com a Constituição da República Federativa do Brasil de 1988, são brasileiros naturalizados

a) os nascidos no estrangeiro de pai brasileiro ou de mãe brasileira, desde que sejam registrados em repartição brasileira competente.
b) os nascidos na República Federativa do Brasil, ainda que de pais estrangeiros, desde que estes não estejam a serviço de seu país.
c) os estrangeiros de qualquer nacionalidade, residentes na República Federativa do Brasil há mais de quinze anos ininterruptos e sem condenação penal.
d) os que, na forma da lei, adquiram a nacionalidade brasileira, exigidas aos originários de países de língua portuguesa apenas residência por um ano ininterrupto e idoneidade moral.

COMENTÁRIOS

✪ **Nota do autor:** Um dos três elementos fundamentais do Estado, ao lado do território e do poder soberano, é o povo, entendido como o grupo de indivíduos que guarda, com o Estado, vínculos jurídicos e políticos que vão além das próprias fronteiras estatais. O povo, assim, guarda com o Estado um vínculo de identidade, do qual derivam direitos e obrigações relacionadas ao exercício do poder e ao sufrágio, ao direito e ao dever de proteção recíprocos. Um brasileiro, esteja onde estiver no mundo, tem obrigações para com o Brasil, da mesma forma que o Brasil tem a obrigação de zelar pela vida, pela dignidade e pela proteção de todos os brasileiros, mesmo aqueles que vivem no exterior. O conceito de povo, assim, difere do de população, uma vez que a população é um mero conceito demográfico, que engloba a soma de todas as pessoas que estão no território de um Estado em determinado momento, inclusive as estrangeiras, e exclui as nacionais que não estão no território estatal. Um brasileiro que viaja pelo exterior, enquanto estiver fora do país, não integrará a população brasileira, mas continuará a ser considerado povo. Já um estrangeiro que reside no Brasil, sem ter sido naturalizado, será parte integrante da população brasileira, mas não do povo. É o povo que tem a prerrogativa de exercer direitos políticos. É o povo que tem capacidade política, sendo, por isso mesmo, elemento essencial do Estado. Através das regras do chamado "direito de nacionalidade", cada Estado define quem é o seu povo. Para isso, são aplicados critérios consagrados no âmbito do Direito Internacional, definidores dos conceitos de nacionalidade primária (também chamada de originária), decorrente do nascimento, e nacionalidade secundária (também chamada de derivada), decorrente de um ato de vontade, a naturalização. No Brasil, as normas referentes ao direito de nacionalidade estão previstas, fundamentalmente, no artigo 12 da Constituição Federal de 1988, e, subsidiariamente, no Estatuto do Estrangeiro (lei nº. 6.815/80). Assim, de acordo com o inciso I do artigo 12 da CF/88, são considerados brasileiros natos (nacionalidade primária), os nascidos no país, ainda que de pais estrangeiros, desde que estes não estejam a serviço do seu país; os nascidos no exterior, de pai ou mãe brasileira, desde que qualquer deles esteja a serviço da República Federativa do Brasil; e os nascidos no exterior, de pai ou mãe brasileira, que sejam registrados em repartição brasileira competente ou venham a residir no Brasil e optem, a qualquer tempo, depois de atingida a maioridade, pela nacionalidade brasileira. Pode-se afirmar, assim, que em relação à nacionalidade primária, o Brasil admite tanto o *jus solis* como o *jus sanguinis*. O *jus solis* é o critério do território, que defere nacionalidade aos nascidos no território do Estado. O *jus sanguinis* é o critério do sangue, da família, que defere a nacionalidade primária aos nascidos fora do território com laços familiares a nacionais (filhos de brasileiros nascidos no exterior). De acordo com o inciso II do citado artigo 12, por sua vez, são considerados brasileiros naturalizados (nacionalidade secundária), os que, na forma da lei (art. 65 da Lei nº. 13.445/2017), adquiram a nacionalidade brasileira, exigidos aos originários de países de língua portuguesa apenas residência no Brasil por um ano ininterrupto e idoneidade moral (naturalização ordinária); e os estrangeiros de qualquer nacionalidade, residentes no Brasil há mais de 15 anos ininterruptos e sem condenação penal, desde que requeiram a nacionalidade brasileira (naturalização extraordinária, também chamada de quinzenária). Tanto os brasileiros natos como os brasileiros naturalizados deverão, nos termos da lei, exercer direitos políticos. A aquisição da capacidade política, para todos os brasileiros alfabetizados, inclusive os naturalizados, é obrigatória, como já exposto, aos maiores de 18 e menores de 70 anos de idade, conforme previsão do artigo 14 da Constituição Federal de 1988, salvo os conscritos (art. 14, § 2º da CF/88), durante o período do serviço militar obrigatório (conscrito é aquele indivíduo recrutado para o serviço militar obrigatório).

Alternativa "a" e "b".. Em tal situação, o brasileiro será nato, conforme previsão constitucional.

Alternativa "c". A naturalização não é automática, neste caso, necessitando de um processo formal.

Alternativa "d". Regra prevista no art. 12, II, "a" da Constituição Federal.

Alternativa correta: letra "d".

---

35. (Consulplan – Analista Judiciário – Área Administrativa – TSE/2012) Com base na Resolução TSE 21.538 de 2003, analise.

I. A transferência do eleitor só será admitida após, pelo menos, um ano do alistamento ou da última transferência.

II. A transferência só será admitida ao eleitor com residência mínima de três meses no novo domicílio, declarada, sob as penas da lei, pelo próprio eleitor.

III. O disposto nas afirmativas I e II não se aplica à transferência de título eleitoral de servidor público civil, militar, autárquico, ou de membro de sua família, por motivo de remoção ou transferência.

Assinale

a) se apenas as afirmativas I e II estiverem corretas.

b) se todas as afirmativas estiverem corretas.

c) se apenas as afirmativas I e III estiverem corretas.

d) se apenas as afirmativas II e III estiverem corretas.

COMENTÁRIOS

✪ **Nota do autor:** De acordo com o art. 18 da Resolução TSE nº. 21.538/03:

> **Art. 18.** A transferência do eleitor só será admitida se satisfeitas as seguintes exigências:
>
> **I** – recebimento do pedido no cartório eleitoral do novo domicílio no prazo estabelecido pela legislação vigente;
>
> **II** – transcurso de, pelo menos, um ano do alistamento ou da última transferência;
>
> **III** – residência mínima de três meses no novo domicílio, declarada, sob as penas da lei, pelo próprio eleitor (Lei nº 6.996/82, art. 8º);
>
> **IV** – prova de quitação com a Justiça Eleitoral.
>
> **§ 1º** O disposto nos incisos II e III não se aplica à transferência de título eleitoral de servidor público civil, militar, autárquico, ou de membro de sua família, por motivo de remoção ou transferência (Lei nº 6.996/82, art. 8º, parágrafo único).
>
> **§ 2º** Ao requerer a transferência, o eleitor entregará ao atendente do cartório o título eleitoral e a prova de quitação com a Justiça Eleitoral.
>
> **§ 3º** Não comprovada a condição de eleitor ou a quitação para com a Justiça Eleitoral, o juiz eleitoral arbitrará, desde logo, o valor da multa a ser paga.
>
> **§ 4º** Despachado o requerimento de transferência pelo juiz eleitoral e processado pelo cartório, o setor da Secretaria do Tribunal Regional Eleitoral responsável pelos serviços de processamento de dados enviará ao cartório eleitoral, que as colocará à disposição dos partidos políticos, relações de inscrições atualizadas no cadastro, com os respectivos endereços.
>
> **§ 5º** Do despacho que indeferir o requerimento de transferência, caberá recurso interposto pelo eleitor no prazo de cinco

dias e, do que o deferir, poderá recorrer qualquer delegado de partido político no prazo de dez dias, contados da colocação da respectiva listagem à disposição dos partidos, o que deverá ocorrer nos dias 1º e 15 de cada mês, ou no primeiro dia útil seguinte, ainda que tenham sido exibidas ao requerente antes dessas datas e mesmo que os partidos não as consultem (Lei nº 6.996/82, *art. 8º*).

§ 6º O cartório eleitoral providenciará, para o fim do disposto no § 5º, relações contendo os pedidos indeferidos.

Afirmativa I. Regra prevista no art. 18, II da Resolução nº. 21.538/03.

Afirmativa II. Regra prevista no art. 18, III da Resolução nº. 21.538/03.

Afirmativa III. Regra prevista no art. 18, § 1º da Resolução nº. 21.538/03.

Alternativa correta: letra "c". Todas as afirmativas estão corretas.

---

36. (Consulplan – Analista Judiciário – Área Judiciária – TSE/2012) O conceito de domicílio eleitoral é

a) igual ao conceito de domicílio do direito civil.

b) idêntico ao conceito de residência do direito civil.

c) o local onde o eleitor exerce sua profissão.

d) o lugar onde o eleitor possui moradia ou residência.

COMENTÁRIOS

✪ **Nota do autor:** Segundo jurisprudência consolidada do TSE (Ac. 18.124, de 16.11.00, do TSE, RJTSE, v. 12, t.3), o domicílio eleitoral não se confunde, necessariamente, com o domicílio civil. Assim, o fato de o eleitor residir em determinado município não constitui óbice para que o mesmo se aliste como eleitor de outro, desde que com este outro mantenha vínculos (negócios, propriedades, atividades políticas etc.). É o chamado "domicílio eleitoral afetivo". A banca examinadora, de forma equivocada, atribuiu como resposta correta a letra "a". Na verdade, a questão não tem resposta correta.

---

37. (Cespe – Analista Judiciário – Área Judiciária – TRE-RJ/2012) Com base no disposto no Código Eleitoral (Lei nº 4.737/1965) acerca do cancelamento e da exclusão do alistamento eleitoral, julgue os itens a seguir.

I. No processo de exclusão de alistamento eleitoral, a defesa pode ser realizada pelo próprio interessado, por outro eleitor ou, ainda, por delegado de partido.

II. Ressalvada a hipótese de falecimento, a partir da instauração do processo de exclusão, o eleitor, preventivamente, já não poderá votar. Busca-se, com isso, evitar que seja computado como válido voto passível de ser anulado posteriormente no caso de sentença final que determine a exclusão do referido eleitor.

COMENTÁRIOS

✪ **Nota do autor:** São causas de cancelamento do título eleitoral a infração às regras do domicílio eleitoral; a suspensão ou perda dos direitos políticos (que serão estudadas ainda neste capítulo); a pluralidade de inscrição; o falecimento do eleitor e a falta injustificada em três eleições consecutivas, sem pagamento de multa. Anualmente, de forma ordinária, ou extraordinariamente, sempre que entender necessário ou ante a existência de indícios de irregularidade, o corregedor-regional eleitoral realizará correição do eleitorado, a fim de verificar se existem irregularidades no processo de alistamento eleitoral que comprometam a normalidade e a legitimidade das eleições (excesso de eleitores em determinado município, acima da média populacional, ou inscrição de eleitores falecidos, por exemplo). Caso, na correição, seja comprovada irregularidade comprometedora, será realizada a revisão do eleitorado, procedimento equivalente a um recadastramento, a partir do qual todos os eleitores de determinada zona ou região serão convocados para uma revisão eleitoral, sob pena de cancelamento do título.

Respostas:

Item I. Certo. O eleitor poderá realizar sua defesa, neste caso, assim como pode ser defendido por outro eleitor. De acordo com o artigo 27, II da Resolução nº 21.538/03, partido político também pode assumir a defesa do eleitor cuja exclusão esteja sendo promovida. A presente regra está prevista, expressamente, no artigo 73 do Código Eleitoral

Item II. Errado. De acordo com o artigo 72 do Código Eleitoral, "durante o processo e até a exclusão, pode o eleitor votar validamente".

Alternativa correta: "certo".

---

38. (FCC – Analista Judiciário – Área Judiciária – TRE-SP/2012) Os dados pessoais do eleitor José da Silva (filiação, data de nascimento, profissão, estado civil, escolaridade, telefone e endereço) poderão ser fornecidos

a) a qualquer pessoa que justifique adequadamente o pedido.

b) ao seu credor, desde que justifique o pedido com demonstração da dívida e a inércia do devedor.

c) a entidades autorizadas pelo Tribunal Superior Eleitoral, desde que exista reciprocidade de interesses.

d) aos jornalistas em geral, desde que desenvolvam matéria relacionada à sua profissão.

e) aos parentes do eleitor, quando estiverem buscando o seu paradeiro.

COMENTÁRIOS

Alternativa correta: letra "c" (responde as demais alternativas). De acordo com o artigo 29, § 1º da Resolução nº. 21.538/03, "em resguardo da privacidade do cidadão, não se fornecerão informações de caráter personalizado constante do cadastro eleitoral", exceto quando os dados forem requeridos pelo próprio eleitor pesquisado, por autoridade judicial ou pelo MP, no exercício das suas atividades funcionais, ou por entidades autorizadas pelo TSE, desde que haja reciprocidade de interesses.

---

39. (FGV – Analista Judiciário / TRE-PA / 2011) João da Silva, eleitor devidamente registrado, teve seus direitos políticos suspensos em virtude de improbidade administrativa e cumpriu integralmente a pena determinada pelo Poder Judiciário. Nos casos de perda ou suspensão dos direitos políticos, é correto afirmar que

a) quando da suspensão, a autoridade judiciária responsável determina a inclusão de dados no sistema mediante comando de FASE. Entretanto, não se tratando de eleitor de sua zona eleitoral, o juiz eleitoral comunicará o fato diretamente à zona eleitoral a que pertencer a inscrição.

b) cessadas as causas da suspensão, a pessoa com restrições pode pleitear a regularização da sua situação eleitoral, preenchendo requerimento e instruindo o pedido com a Declaração de Situação de Direitos Políticos e documentação comprobatória de sua alegação, que, no caso descrito, pode ser a sentença judicial, certidão do juízo competente ou outro documento.

c) a legislação eleitoral determina que a outorga a brasileiros do gozo dos direitos políticos em Portugal, devidamente comunicada ao Tribunal Superior Eleitoral, não importará suspensão desses mesmos direitos no Brasil.

d) os direitos políticos podem ser cassados no caso de cancelamento da naturalização por sentença judicial transitada em julgado, incapacidade civil absoluta, condenação criminal transitada em julgado e recusa em cumprir obrigação a todos imposta.

e) quando se tratar de pessoa com inscrição cancelada no cadastro, o registro será feito diretamente na Base de Perda e Suspensão de Direitos Políticos pelo juiz eleitoral da zona onde originalmente a pessoa estava cadastrada.

COMENTÁRIOS

✪ **Nota do autor:** Podemos afirmar que a perda dos direitos políticos é definitiva, enquanto que a suspensão é temporária. Diante desta diferenciação, é possível concluir que a única hipótese de perda de direitos políticos prevista no ordenamento jurídico brasileiro ocorre quando o indivíduo perde a sua nacionalidade, seja em ação de cancelamento de naturalização, ou seja, voluntariamente. Deixando de ser brasileiro, o indivíduo fica, evidentemente, impedido de exercer direitos políticos no Brasil, de forma definitiva. À margem da hipótese de perda da nacionalidade brasileira, não restam outras possibilidades de perda de direitos políticos no Brasil. Afinal, a Constituição Federal é muito clara ao vedar a cassação de direitos políticos. Assim, todas as demais hipóteses de impedimento pleno ao exercício de direitos políticos se vinculam a situações de suspensão de direitos políticos, de caráter temporário.

Alternativa "a". Nos termos do *caput* do artigo 51, de fato a autoridade judiciária determinará a imediata atualização do cadastro. Ocorre que, em se tratando de eleitor que não seja de sua zona eleitoral o juiz comunicará o fato diretamente àquela na qual for inscrito o titular, como decorre do § 1º do citado artigo.

Alternativa "b". Cessada a causa de suspensão dos direitos políticos, a pessoa pode pleitear a regularização de sua situação eleitoral, preenchendo requerimento e instruindo o pedido com a Declaração de Situação de Direitos Políticos e documentação comprobatória de sua alegação (art. 52 da Resolução nº. 21.538/03). No caso de improbidade administrativa, que é causa de suspensão dos direitos políticos, os documentos comprobatórios estão relacionados no art. 53, inciso II, cuja alínea "a" inclui sentença judicial, certidão do juízo competente ou outro documento.

Alternativa "c". É justamente o inverso, como decorre do art. 51, § 4º da Resolução, segundo o qual a outorga a brasileiros do gozo dos direitos políticos em Portugal, devidamente comunicada ao Tribunal Superior Eleitoral, importará suspensão desses mesmos direitos no Brasil. Importa destacar que Brasil e Portugal firmaram, em 22 de abril de 2000, o "Tratado de Amizade, Cooperação e Consulta", cujo art. 17, item 3, dispõe que o gozo de direitos políticos no Estado de residência importa na suspensão do exercício dos mesmos direitos no Estado da nacionalidade.

Alternativa "d". A Constituição Federal proíbe a cassação de direito políticos, os quais podem apenas serem suspensos ou perdidos.

Alternativa "e". Em tal hipótese, o registro será feito pela Corregedoria Regional Eleitoral que primeiro tomar conhecimento do fato, conforme previsão do § 2º do art. 51 da Resolução nº. 21.538/03.

Alternativa correta: letra "b".

---

40. (Cespe – Analista Judiciário / TRE-ES / 2011) Julgue o item abaixo, acerca de transferência de domicílio eleitoral.

Na hipótese de transferência de domicílio eleitoral, o eleitor permanece com o número originário da inscrição, devendo ser, obrigatoriamente, consignada, em campo próprio, a sigla da unidade da Federação anterior.

COMENTÁRIOS

Disposição reproduz texto do artigo 5º, § 1º da Resolução TSE nº 21.538/03, o qual dispõe que "na hipótese de transferência de domicílio eleitoral, o eleitor permanece com o número originário da inscrição, devendo ser, obrigatoriamente, consignada, em campo próprio, a sigla da unidade da Federação anterior"

Alternativa correta: "certo".

---

41. (Cespe – Analista Judiciário / TRE-BA / 2010) Considerando que um cidadão brasileiro tenha dupla cidadania e candidate-se a deputado federal, julgue os próximos itens com base nas leis eleitorais e partidárias e nas disposições constitucionais sobre cidadania.

I. A justiça eleitoral deverá indeferir essa candidatura, pois a CF veda que pessoa detentora de cidadania estrangeira seja candidata a esse cargo eletivo, ainda que se trate de caso de dupla cidadania.

II. A justiça eleitoral deverá deferir a candidatura apenas se o candidato em apreço renunciar expressamente à cidadania de outro país.

III. A candidatura considerada poderá ser deferida, mas, se o candidato for eleito, ele não poderá ocupar a presidência da Câmara dos Deputados.

IV. A candidatura em questão poderá ser deferida, mas, se o candidato for eleito, ele não poderá ocupar nenhum cargo da Mesa Diretora da Câmara dos Deputados.

COMENTÁRIOS

Item I e II. Errados. Não importa para a legislação eleitoral brasileira se o indivíduo possui dupla nacionalidade. A condição de elegibilidade requerida na Constituição de 1988 é a nacionalidade brasileira, independentemente da existência de polipatria.

Item III. Errado. Se o indivíduo for brasileiro nato, independentemente de ser polipátrida, poderá ocupar a presidência da Câmara dos Deputados, caso eleito.

Item IV. Errado. Se o indivíduo for brasileiro nato, independentemente de ser polipátrida, poderá ocupar qualquer cargo na Mesa Diretora da Câmara dos Deputados, caso eleito.

3. CONDIÇÕES DE ELEGIBILIDADE E CAUSAS DE INELEGIBILIDADE

---

42. (IBFC – Técnico Judiciário – Área Administrativa – TRE – PA/2020) As condições de elegibilidade são requisitos positivos que devem estar presentes para que determinado cidadão se candidate nas eleições, representando uma capacidade eleitoral passiva. As inelegibilidades consistem no conjunto de causas que impedem o exercício da capacidade eleitoral passiva. Diante disso, analise as afirmativas abaixo e dê valores Verdadeiro (V) ou Falso (F).

( ) São condições próprias de elegibilidade a nacionalidade brasileira, o pleno exercício dos direitos políticos, o alistamento eleitoral, o domicílio eleitoral na circunscrição, a filiação partidária e a idade mínima prevista para ocupação do cargo.

( ) As condições de elegibilidade e as causas de inelegibilidade devem ser aferidas no momento da formalização do pedido de registro da candidatura, ressalvadas as alterações, fáticas ou jurídicas, supervenientes ao registro que afastem a inelegibilidade.

( ) O mandato eletivo poderá ser impugnado ante a Justiça Eleitoral no prazo de trinta dias contados da diplomação, instruída a ação com provas de abuso do poder econômico, corrupção ou fraude. A ação de impugnação de mandato tramitará em segredo de justiça, respondendo o autor, na forma da lei, se temerária ou de manifesta má-fé.

( ) São inelegíveis, no território de jurisdição do titular, o cônjuge e os parentes consangüíneos ou afins, até o terceiro grau ou por adoção, do Presidente da República, de Governador de Estado ou Território, do Distrito Federal, de Prefeito ou de quem os haja substituído dentro dos seis meses anteriores ao pleito, salvo se já titular de mandato eletivo e candidato à reeleição.

Assinale a alternativa que apresenta a sequência correta de cima para baixo.

a) V, V, F, F

b) V, V, V, F

c) V, V, V, V

d) F, F, V, F

COMENTÁRIOS

Afirmativa I. VERDADEIRA. Regra prevista no art. 14, § 3º da CF/1988

Afirmativa II. VERDADEIRA.

Afirmativa III. FALSA. Prazdo é de 15 dias após a diplomação (Ação de Impugnação de Mandato Eletivo)

Afirmativa IV. FALSA. A inelegibilidade reflexa atinge até o segundo grau de parentesco, e não o terceiro.

Assertiva correta: letra "a".

---

43. (Consulplan – Técnico Judiciário – Área Administrativa – TRE – RJ/2017) "Estabelece a Lei

Complementar nº 64, de 18 de maio de 1990, que são inelegíveis para qualquer cargo os que forem condenados, em decisão transitada em julgado ou proferida por órgão judicial colegiado, desde a condenação até o transcurso do prazo de oito anos após o cumprimento da pena, pelos crimes ." Assinale a alternativa que NÃO complementa corretamente a afirmativa anterior.

a) contra a vida e a dignidade sexual
b) contra o meio ambiente e a saúde pública
c) de redução à condição análoga à de escravo
d) hediondos e de abuso de autoridade, em qualquer caso

COMENTÁRIOS

Alternativa correta: letra "d" (responde as demais). Os crimes de abuso de autoridade são estão contemplados no rol daqueles que geram inelegibilidade, conforme a alínea "e" do inciso I do art. 1º da Lei das Inelegibilidades (LC 64/90)

---

44. (Consulplan – Técnico Judiciário – Área Administrativa – TRE – RJ/2017) A idade mínima constitucionalmente estabelecida como condição de elegibilidade é verificada tendo por referência

a) a data da posse.
b) a data da eleição.
c) a data do pedido de registro, salvo quando fixada em dezoito anos, hipótese em que será aferida na data da eleição.
d) a data da posse, salvo quando fixada em dezoito anos, hipótese em que será aferida na data-limite para o pedido registro.

COMENTÁRIOS

Alternativa correta: letra "d". A regra geral, prevista no artigo 11 da Lei 9.504/97, é que a idade mínima é aferida na data da posse. A exceção é para os candidatos a vereador, cuja idade mínima de 18 anos deverá ser aferida quando da solicitação do registro de candidatura.

---

45. (Consulplan – Técnico Judiciário – Área Administrativa – TRE – RJ/2017) "O mandato eletivo poderá ser impugnado ante a Justiça Eleitoral no prazo de _____ dias, contados da _____, instruída a ação com provas de abuso do poder econômico, corrupção ou fraude." Assinale a alternativa que completa correta e sequencialmente a afirmativa anterior.

a) 10 / eleição
b) 15 / eleição
c) 10 / diplomação
d) 15 / diplomação

COMENTÁRIOS

Alternativa correta: letra "d" (responde as demais). Regra prevista no art. 14, §§ 10 e 11 da Constituição Federal de 1988.

---

46. (Consulplan – Técnico Judiciário – Área Administrativa – TRE – RJ/2017) "João da Silva, Prefeito Municipal de Águas Limpas, deseja candidatar-se ao cargo de Deputado Federal." Para tanto

a) poderá permanecer no cargo até as eleições.
b) deverá licenciar-se do cargo até seis meses antes do pleito.
c) deverá renunciar ao mandato até seis meses antes do pleito.
d) poderá optar entre permanecer no cargo ou licenciar-se e retornar no caso de derrota.

COMENTÁRIOS

Alternativa correta: letra "c" (responde as demais). Titulares de mandatos executivos deverão renunciar a seus cargos para concorrer a outros, conforme regra prevista no art. 2º da LC 64/90.

---

47. (FCC – Analista Judiciário – Área Administrativa – TRE – SP/2017) Considere a seguinte situação hipotética: Drauzio está no seu primeiro mandato como Presidente da República no Brasil. Sua esposa, Maria, deseja se candidatar ao mesmo cargo que seu marido nas próximas eleições. Nesse caso, Maria

a) poderá se candidatar ao cargo de Presidente da República apenas se Drauzio falecer, renunciar ou se afastar temporariamente do seu cargo até seis meses antes do pleito.
b) é inelegível, pois deseja se candidatar a cargo a ser exercido no mesmo território de jurisdição que seu cônjuge e, portanto, não poderá se candidatar em nenhuma hipótese.
c) poderá se candidatar ao cargo de Presidente da República apenas se Drauzio falecer, renunciar ou se afastar definitivamente do seu cargo até seis meses antes do pleito.
d) é inelegível por ser cônjuge do Presidente da República e, poderá se candidatar ao mesmo cargo apenas se Drauzio falecer seis meses antes do pleito.
e) poderá se candidatar ao cargo de Presidente da República apenas se Drauzio falecer, renunciar ou se afastar definitivamente do seu cargo até três meses antes do pleito.

COMENTÁRIOS

Alternativa "c" (responde as demais). Quem pode o mais pode o menos. Assim, se o próprio Dráuzio pode ser candidato, sua esposa também poderá à sua sucessão, desde que Dráuzio renuncie ao cargo de presidente da república 06 meses antes do pleito, para afastar a inelegibilidade reflexa.

Alternativa correta: letra "c"

---

48. (Cespe – Analista Judiciário – Área Judiciária – TRE – PE/2017) No que se refere a inelegibilidade, impugnação de registro de candidatura e abuso de poder, assinale a opção correta.

a) Para que seja julgada procedente a representação por abuso de poder econômico, o ato abusivo deve ter potencialidade para alterar o resultado da eleição.

b) A representação por abuso de poder importará na inelegibilidade do representado apenas se julgada procedente antes da proclamação dos eleitos.

c) A impugnação do pedido de registro de candidato feita por um partido político impede a ação do Ministério Público no mesmo sentido.

d) Os demitidos do serviço público em decorrência de processo administrativo são inelegíveis para qualquer cargo pelo prazo de oito anos, a contar da decisão válida e eficaz.

e) A arguição de inelegibilidade deve ser apresentada ao TSE quando se tratar de candidato a senador e deputado federal.

COMENTÁRIOS

Alternativa "a". . Não é necessária, desde 2010, potencialidade lesiva para alterar o resultado do pleito, bastando que se verifique a gravidade das circunstâncias do fato.

Alternativa "b". A declaração da inelegibilidade decorre da condenação, a qualquer tempo.

Alternativa "c". O Ministério Público é legitimado natural, independente dos outros legitimados.

Alternativa "d". Regra expressamente prevista no art. 1°, I, alínea "o" da LC 64/90.

Alternativa "e". Neste caso, a competência será do TER, por se tratar de cargos de eleições de circunscrição estadual.

Alternativa correta: letra "d".

---

49. (Consulplan – Técnico Judiciário – Programação – TRE-MG/2015) "Esculápio é médico radicado em município situado em região metropolitana de intensa atividade econômica há longos anos. Após ser diagnosticado com nível elevado de estresse, resolve transferir as suas atividades para o município W, que possui cerca de cinco mil habitantes, passando a levar uma vida mais pacata. O médico integra-se por completo à sociedade local e decide contribuir para a atividade política, criando uma associação destinada a fiscalizar a atividade política. Um dos atos encampados pela sua associação foi o de solicitar ao juiz com competência eleitoral a realização de prova de escolaridade básica com o intuito de comprovação da situação de eleitores e candidatos como analfabetos". Esse controle sobre a atuação política do analfabeto decorre do regime constitucional que estipula o(a):

a) voto do analfabeto como obrigatório.

b) exercício do voto pelo analfabeto sendo restrito.

c) candidatura a cargo eletivo do analfabeto como vedada.

d) analfabeto tendo cota para candidatar-se nas eleições municipais.

COMENTÁRIOS

Alternativa correta: letra "c". A Constituição Federal de 1988 garantiu o direito de voto aos analfabetos, mas, ao mesmo tempo, estabeleceu que os analfabetos são inelegíveis (responde as demais).

---

50. (IBFC – Analista Judiciário – Área Judiciária– TRE-AM/2014) A idade mínima constitucionalmente estabelecida como condição de elegibilidade é verificada:

a) Na data do registro do candidato.

b) Na data designada para ocorrer a votação.

c) Tendo por referência a data da posse.

d) Tendo por referência a data da diplomação.

COMENTÁRIOS

Alternativa correta: letra "c" → Regra prevista no art. 11, § da Lei nº. 9.504/97. Responde as demais.

---

51. (Consulplan – Analista Judiciário – Área Judiciária – TRE-MG/2013) A chamada "Lei da Ficha Limpa", publicada em junho de 2010, trouxe inovações no regime das inelegibilidades, mediante alterações à Lei Complementar 64/90. Foram introduzidas novas causas de inelegibilidade e modificados prazos de incidência de algumas hipóteses já existentes. Com relação ao tema, à luz da legislação vigente, é correto afirmar que ficam inelegíveis os que forem

a) declarados indignos do oficialato, ou com ele incompatíveis, pelo prazo de 10 anos.

b) demitidos do serviço público em decorrência de processo administrativo ou judicial, pelo prazo de 8 anos, contado da decisão, salvo se o ato houver sido suspenso ou anulado pelo Poder Judiciário.

c) condenados por crimes contra a administração pública ou o patrimônio público, em decisão transitada em julgado ou proferida por juízo singular, desde a condenação até o transcurso do prazo de 8 anos após o cumprimento da pena.

d) excluídos do exercício da profissão, por decisão sancionatória do órgão profissional competente, em decorrência de infração ético-profissional, pelo prazo de 10 anos, salvo se o ato houver sido anulado ou suspenso pelo Poder Judiciário.

e) condenados à suspensão dos direitos políticos, em decisão transitada em julgado ou proferida por juízo singular, por ato doloso de improbidade administrativa que importe lesão ao patrimônio público, desde a condenação ou o trânsito em julgado até o decurso do prazo de 10 anos após o cumprimento da sanção.

COMENTÁRIOS

Alternativa "a". → O prazo de inelegibilidade, nesta hipótese, será de 08 anos.

Alternativa "b". Regra prevista na alínea "o" do inciso I do art. 1º da Lei das Inelegibilidades (LC 64/90).

Alternativa "c". → Decisão de juízo singular, quando não transitada em julgado, não gera inelegibilidade.

Alternativa "d". → O prazo de inelegibilidade, nesta hipótese, será de 08 anos.

Alternativa "e". → O prazo de inelegibilidade, nesta hipótese, será contado desde a condenação ou o trânsito em julgado até o decurso do prazo de 08 anos após o cumprimento da sanção.

Alternativa correta: letra "b".

---

52. (Cespe – Analista Judiciário – Área Judiciária – TRE-MS/2013) Com base na Lei Complementar nº 64/1990 e na Lei nº 9.504/1997, e em suas respectivas alterações, assinale a opção correta.

a) Suponha que um candidato a prefeito tenha sido considerado inelegível por decisão transitada em julgado às vésperas da eleição. Nessa situação, o partido político do referido candidato poderá escolher um substituto para participar do pleito no lugar do inelegível.

b) O indivíduo condenado por crime contra o patrimônio privado, em decisão transitada em julgado ou proferida por órgão judicial colegiado, é inelegível para qualquer cargo enquanto durarem os efeitos da pena a ele aplicada.

c) A exclusão de um indivíduo do exercício da profissão por decisão sancionatória do órgão profissional competente não constitui causa de inelegibilidade.

d) O rol dos legitimamente aptos a impugnarem pedido de registro de candidato é composto pelo Ministério Público, pelos partidos políticos, por qualquer candidato e pelos cidadãos que estejam no gozo de seus direitos políticos.

e) No procedimento de investigação judicial eleitoral, para a configuração do ato abusivo, é considerada a potencialidade de o fato alterar o resultado da eleição.

COMENTÁRIOS

✪ **Nota do autor:** Aquela que talvez seja a mais salutar mudança legislativa proporcionada pela Lei nº. 12.891/13 diz respeito à alteração da redação do § 3º do artigo 13 da Lei nº. 9.504/97, a qual altera os prazos para a substituição de candidatos durante o pleito. Até as eleições de 2012, partidos políticos e coligações podiam mudar seus candidatos nas eleições proporcionais até 60 dias antes do pleito, enquanto que, nas eleições majoritárias, não havia prazo estabelecido. Assim, eram comuns mudanças de candidatos a prefeito, por exemplo, na véspera da eleição, confundindo o eleitor e ocasionando, muitas vezes, fraudes, uma vez que o substituto concorria com a foto e o nome do substituído na urna eletrônica, sem que o eleitor tivesse a devida informação acerca da alteração da chapa concorrente.

Com a nova redação do § 3º do artigo 13 da Lei das Eleições, "tanto nas eleições majoritárias como nas proporcionais, a substituição só se efetivará se o novo pedido for apresentado até 20 (vinte) dias antes do pleito, exceto em caso de falecimento de candidato, quando a substituição poderá ser efetivada após esse prazo". Resta saber se, em virtude do princípio da anualidade, previsto no artigo 16 da Constituição Federal, tal alteração legislativa já valerá nas eleições 2014, uma vez que a lei nº. 12.891/13 foi publicada apenas em dezembro de 2013, a menos de um ano, portanto, do pleito de 2014.

Alternativa "a". *De acordo com o artigo 13, § 3º da Lei das Eleições, esta alteração poderia ser feita até a véspera da eleição. De acordo com a nova redação do artigo, determinada pela lei nº. 12.891/13, contudo,* a substituição só se efetivará se o novo pedido for apresentado até 20 (vinte) dias antes do pleito, exceto em caso de falecimento de candidato, quando a substituição poderá ser efetivada após esse prazo.

Alternativa "b". Segundo o art. 1º, I, "e" da LC 64/90, a inelegibilidade perdura por até 08 anos após o cumprimento da pena.

Alternativa "c". A Lei da Ficha Limpa determinou a inelegibilidade por 08 anos, neste caso.

Alternativa "d". Os cidadãos em geral não são incluídos no rol, de acordo com o artigo 3º da LC 64/90.

Alternativa "e". Tal potencialidade não é mais considerada, de acordo com a redação do artigo 22, XVI da LC 64/90, mas sim a gravidade das circunstâncias que o caracterizam.

Alternativa correta: letra "a".

53. (Consulplan – Técnico Judiciário – Área Administrativa – TSE/2012) Patrício, brasileiro, casado, aos 34 anos, vice-governador de um estado da federação brasileira, nunca tendo assumido o cargo de chefe do executivo estadual, pretende uma candidatura à Presidência da República, antes de terminar seu atual mandato. Contagiada pelo espírito político do marido, Amália decide também concorrer a um cargo político, qual seja, de vereadora na capital do mesmo estado em que seu marido é o vice-governador. Preocupados com as implicações legais de uma possível decisão precipitada, o casal procura o assessor jurídico do partido, para dirimir algumas dúvidas sobre procedimento e possíveis vedações. Acerca das dúvidas sobre a possibilidade da candidatura,

a) para que Amália possa concorrer ao cargo pretendido, Patrício deve renunciar ao respectivo mandato até seis meses antes do pleito.

b) mesmo sendo cônjuge de Patrício, Amália será considerada elegível independente do afastamento de Patrício.

COMENTÁRIOS

✪ **Nota do autor:** De acordo com o previsto no § 7º do artigo 14 da Constituição Federal, "são inelegíveis, no território de jurisdição do titular, o cônjuge e os parentes consanguíneos ou afins, até o segundo grau ou por adoção, do presidente da república, de governador de estado ou território, do Distrito Federal, de prefeito ou de quem os haja substituído dentro dos seis meses anteriores ao pleito, salvo se já titular de mandato eletivo e candidato à reeleição.". É a chamada inelegibilidade reflexa, espécie de inelegibilidade relativa decorrente de parentesco. Interpretando o dispositivo constitucional supracitado (art. 14, § 7º), podemos concluir que os filhos, netos, pais, avós, irmãos, cunhados, sogros e o cônjuge de prefeito não pode ser candidato a prefeito ou vereador no mesmo município, salvo se já titular de mandato eletivo e candidato à reeleição. Assim, por exemplo, a esposa do prefeito pode ser candidata a vereadora, no mesmo município, se já for titular do mesmo mandato e estiver concorrendo à reeleição. Pode também, a referida esposa do prefeito, ser candidata a prefeita ou vereadora de outro município brasileiro, onde tenha domicílio eleitoral, uma vez que a inelegibilidade é apenas no território de jurisdição do prefeito (como exemplo desta situação, podemos citar que, em 2008, o ex-deputado federal Sérgio Carneiro, do PT da Bahia, foi candidato a prefeito de Feira de Santana, segundo maior município baiano, enquanto que seu irmão, João Henrique Carneiro, prefeito de Salvador, disputava a reeleição, sem que tal fato tenha gerado a inelegibilidade do ex-deputado). Parentes do prefeito, entretanto, podem ser candidatos a deputados no mesmo estado, sem que tal fato gere inelegibilidade reflexa, uma vez que o território de jurisdição do prefeito (o município) é menor do que a circunscrição das eleições para deputado estadual ou federal (todo o estado). Assim, por exemplo, o filho do prefeito de um município no interior do Paraná pode ser candidato a deputado estadual, federal, senador ou mesmo governador daquele estado, mesmo que não seja titular de mandato eletivo e esteja concorrendo à reeleição. O mesmo, entretanto, não ocorre se parente até o segundo grau do governador de um estado queira concorrer, no mesmo estado, a vereador ou prefeito de qualquer um dos municípios, ou mesmo deputado estadual, federal ou senador. Como a jurisdição do governador é todo o estado, ficam impedidos seus parentes até o segundo grau, bem como o seu cônjuge, de concorrer a mandatos eletivos no referido estado, salvo se já titulares de mandato eletivo e candidatos à reeleição. Da mesma forma, a única possibilidade existente, em regra, de parentes até o segundo grau, consanguíneos ou afins, ou por adoção, do presidente da república ser candidato a um cargo eletivo ocorre se o mesmo já for titular de mandato e estiver concorrendo à reeleição, uma vez que o território de jurisdição do presidente da república é todo o país. O falecimento ou a renúncia do prefeito, governador ou presidente da república, seis meses antes da eleição, afasta a inelegibilidade reflexa dos seus parentes e cônjuges. A única hipótese de inelegibilidade reflexa, neste caso, ocorre se o parente ou cônjuge desejar disputar o mesmo cargo anteriormente titularizado por seu familiar, caso este já tenha sido ocupado, de forma consecutiva, nos dois últimos mandatos pelo mesmo (familiar tenha sido eleito e reeleito para o cargo). Se o prefeito, governador ou presidente da república, no exercício do primeiro mandato, contudo, renunciar ao cargo seis meses antes da eleição, ou vier a falecer, no mesmo período, seus parentes poderão disputar o referido cargo, sem que haja inelegibilidade reflexa. Foi o que ocorreu com a ex-governadora do Rio de Janeiro, Rosinha Garotinho, que sucedeu, em 2002, seu marido, Anthony Garotinho, que houvera sido eleito governador em 1998, para um primeiro mandato, e renunciado ao cargo seis meses antes das eleições 2002 para concorrer à presidência da república. Se Anthony Garotinho já estivesse, naquela oportunidade, exercendo um segundo mandato consecutivo de governador, sua renúncia seis meses antes da eleição não seria suficiente para afastar a inelegibilidade reflexa de sua esposa, para a disputa do cargo de governador (para outro cargo afastaria). Como o ex-governador só havia exercido um mandato, Rosinha Garotinho pôde se candidatar e se eleger governadora do Rio de Janeiro, em 2002 (Neste sentido, cf. Ac. TSE nº. 19.442, de 21.08.2001). Ainda no que se refere à inelegibilidade reflexa prevista no § 7º do artigo 14 da Constituição Federal, vale destacar que o TSE já firmou entendimento no sentido de que havendo separação de fato, ou mesmo divórcio, durante o curso do mandato, entre titular de cargo de prefeito, governador ou presidente da república, tal fato não impede a inelegibilidade reflexa (Res. 21.798, de 03.06.04, DJ de 09.08.04). Assim, os ex-cunhados, ex-sogros e ex-cônjuge de prefeito, governador ou presidente da república continuam inelegíveis, no seu território de jurisdição, até o término do mandato, por inelegibilidade reflexa, caso o divórcio tenha ocorrido no curso do mesmo, salvo as exceções previstas em lei, já abordadas.

Alternativa correta: letra "b". A inelegibilidade reflexa não atinge os parentes do vice-governador. Sendo assim, sua esposa poderá ser candidata, na hipótese descrita.

---

54. (Consulplan - Técnico Judiciário - Área Administrativa - TSE/2012) José Maria, nascido em dezembro de 1992, filho do Prefeito de Rio Novo, eleito para a gestão 2009/2012, possui domicílio eleitoral na cidade circunvizinha de Rio Doce e pretende se candidatar a um cargo eletivo nas próximas eleições municipais de 2012. Em janeiro de 2011, José Maria contraiu núpcias com Maria Rita, vereadora do município de Rio Bonito. Em fevereiro de 2011, a vereadora Maria Rita foi eleita Presidente da Câmara de seu município e, em julho de 2011, separou-se de fato de José Maria. No mês seguinte, José Maria finalizou o curso técnico em Topografia e constituiu união estável com Adriana Cláudia, servidora pública efetiva do município de Rio Novo. Em janeiro de 2012, o prefeito de Rio Novo veio a falecer. Permanecendo a situação acima descrita com todos os vínculos dos envolvidos acima mantidos (civil, funcional e eleitoral), e tendo todos os três municípios menos de 10.000 habitantes, conforme último censo divulgado, responda às questões, de acordo com a legislação pertinente.

---

55. (Consulplan - Técnico Judiciário - Área Administrativa - TSE/2012) José Maria poderá candidatar-se a prefeito em 2012 em pelo menos uma das três citadas?

a) Sim.

b) Não.

COMENTÁRIOS

Alternativa correta: letra "b". José Maria não poderá ser candidato a prefeito, em nenhuma das cidades, porque não terá 21 anos na data da posse, a ocorrer em janeiro de 2013, já que fará 20 anos de idade em dezembro de 2012.

---

56. (Consulplan - Técnico Judiciário - Área Administrativa - TSE/2012) José Maria poderá candidatar-se a vereador na cidade de

a) Rio Doce.

b) Rio Novo.

COMENTÁRIOS

Alternativa correta: letra "a". José Maria poderá ser candidato a vereador, uma vez que já tem 20 anos de idade, no município onde tem domicílio eleitoral, Rio Doce.

---

57. (Consulplan - Técnico Judiciário - Área Administrativa - TSE/2012) A condição de ter se casado com Maria Rita e de ser filho do Prefeito de Rio Novo, recentemente falecido, impede José Maria de ser candidato a cargo eletivo no Legislativo do Município de Rio Doce?

a) Sim.

b) Não.

COMENTÁRIOS

Alternativa correta: letra"b". Não impede, uma vez que seu domicílio eleitoral localiza-se em circunscrição eleitoral distinta.

---

58. (Consulplan - Analista Judiciário - Área Judiciária - TSE/2012) Marco Túlio da Silva, vice-prefeito da cidade de Campo das Flores, que até hoje sempre se manteve nesta função, pretende se candidatar a vereador nas próximas eleições. Para garantir plenas condições para participar do pleito, é correto afirmar que Marco Túlio da Silva

a) deverá renunciar ao cargo até seis meses antes da disputa eleitoral.

b) mesmo se tiver substituído o titular nos últimos seis meses antes do pleito, poderá se candidatar.

c) se não tiver substituído o titular nos últimos seis meses antes do pleito, não necessitará renunciar.

d) se não tiver substituído o titular nos últimos seis meses antes do pleito, deverá se licenciar 30 dias antes do pleito.

COMENTÁRIOS

Alternativa "c". O vice-presidente, o vice-governador e o vice-prefeito não precisam se desincompatibilizar para disputar outros cargos (vide caso Marco Maciel, já destacado nesta obra), desde que, no prazo de desincompatibilização, não substituam, de forma temporária ou definitiva, os titulares do mandato. Da mesma forma, casos estes vices assumam, no prazo de desincompatibilização, mesmo de forma temporária, o mandato dos seus titulares, gerarão inelegibilidade reflexa para os seus parentes e cônjuges, na forma da lei. É o que dispõe os §§ 2 e 3ºº do artigo 1º da LC 64/90.

Alternativa correta: letra "c".

59. (Analista Judiciário – Área Judiciária TRE/CE 2012 – FCC) Pedro tem 32 anos de idade. Mesmo preenchidos os demais requisitos legais, NÃO poderá, em razão da sua idade, candidatar-se, dentre outros, ao cargo de

a) Prefeito Municipal.
b) Governador de Estado.
c) Deputado Federal.
d) Deputado Estadual.
e) Senador.

COMENTÁRIOS

✪ **Nota do autor:** A idade mínima para o exercício de cargos eletivos é condição de elegibilidade prevista no art. 14, § 3º da CF/1988, conforme tabela a seguir:

Idade Mínima para o exercício de cargos eletivos (Conforme o art. 14, § 3º da CF/1988)	
Presidente da República, Vice-Presidente e Senador	35 anos
Governador e Vice-Governador de estado ou do Distrito Federal	30 anos
Deputado Federal, Deputado Estadual ou Distrital, Prefeito, Vice-Prefeito e Juiz de Paz	21 anos
Vereador	18 anos

É de se destacar que, com a promulgação da lei nº. 13.165, em 29 de setembro de 2015, "a idade mínima constitucionalmente estabelecida como condição de elegibilidade é verificada tendo por referência a data da posse, salvo quando fixada em dezoito anos, hipótese em que será aferida na data-limite para o pedido de registro".

Alternativa "a". A idade mínima para o exercício do cargo de prefeito municipal é 21 anos de idade, contados na data da posse.

Alternativa "b". A idade mínima para o exercício do cargo de governador de estado é 30 anos de idade, contados na data da posse.

Alternativa "c". A idade mínima para o exercício do cargo de deputado federal é 21 anos de idade, contados na data da posse.

Alternativa "d". A idade mínima para o exercício do cargo de deputado estadual é 21 anos de idade, contados na data da posse.

Alternativa "e". A idade mínima para um brasileiro ocupar o cargo de senador é de 35 anos de idade, verificados na data da posse, de acordo com a Constituição Federal de 1988 e o artigo 11, § 2º da Lei nº. 9.504/97.

Alternativa correta: letra "e".

60. (Cespe – Analista Judiciário – Área Administrativa – TRE-RJ/2012) Com relação ao direito eleitoral, julgue os itens que se seguem.

60.01. Os analfabetos, mesmo aqueles que se tenham alistado, são inelegíveis para qualquer cargo.

COMENTÁRIOS

Alternativacorreta. Os analfabetos têm, de acordo com a CF/1988, capacidade eleitoral ativa, mas não têm capacidade eleitoral passiva.

60.02. Uma das condições de elegibilidade previstas pela CF é a filiação partidária, requisito esse que estará devidamente preenchido caso o candidato seja filiado a mais de um partido político.

COMENTÁRIOS

Alternativa errada. O candidato deverá estar filiado a um único partido, sendo vedada a duplicidade de filiação.

61. (FGV – Analista Judiciário /TRE-PA / 2011) A respeito das inelegibilidades, analise as afirmativas a seguir:

I. Os analfabetos são inelegíveis para qualquer cargo e, além disso, estão impedidos de votar por determinação legal.

II. É condição de elegibilidade a idade mínima de 35 (trinta e cinco) anos para os candidatos à Presidência da República e de 30 (trinta) anos para aqueles que pleiteiam a chefia do Poder Executivo dos Estados e do Distrito Federal.

III. Aqueles que forem condenados, em decisão transitada em julgado ou proferida por órgão judicial colegiado, desde a condenação até o transcurso do prazo de 8 (oito) anos após o cumprimento da pena, pelos crimes de lavagem de dinheiro e tráfico de drogas, entre outros, são inelegíveis para qualquer cargo.

IV. As arguições de inelegibilidade são conhecidas pelo TSE quando se tratar de candidato a Presidente ou Vice-Presidente da República e Senador, e pelos Tribunais Regionais Eleitorais no caso dos Governadores ou Vice-Governadores dos Estados e do Distrito Federal.

Assinale

a) se apenas as afirmativas I, III e IV estiverem corretas.
b) se apenas as afirmativas I e III estiverem corretas.
c) se apenas as afirmativas I, II e IV estiverem corretas.
d) se apenas as afirmativas II e III estiverem corretas.
e) se apenas as afirmativas II e IV estiverem corretas.

COMENTÁRIOS

✪ **Nota do autor:** a capacidade eleitoral, decorrente da capacidade para o exercício de direitos políticos, se divide em capacidade eleitoral ativa e capacidade eleitoral passiva. A capacidade eleitoral ativa, de acordo com o que foi abordado alhures, refere-se ao direito inerente ao cidadão de participar, como eleitor, de eleições e consultas populares, bem como propor Ação Popular, promover a Iniciativa Popular de Lei, e outras prerrogativas provenientes do exercício do poder de sufrágio. A capacidade eleitoral passiva, por sua vez, vincula-se à capacidade que o cidadão tem de ser votado, pleiteando mandatos políticos. Diretamente relacionados ao tema da capacidade eleitoral passiva encontram-se os conceitos de "condições de elegibilidade" e de "causas de inelegibilidade", suscitadores de constantes divergências doutrinárias. Segundo os seguidores da chamada "Teoria Clássica", doutrina majoritária no estudo das condições de elegibilidade e das causas de inelegibilidade, tem elegibilidade aquele que reúne as condições fixadas na lei (aspecto positivo) e não incorre nas causas de inelegibilidade (aspecto negativo). Na visão de Adriano Soares da Costa, por sua vez, "as chamadas condições de elegibilidade são, no mais estrito rigor terminológico, verdadeiras condições de registrabilidade, ou seja, pressupostos ao registro de candidatura. São exigências constitucionais ou legais para a realização do registro, implicando a ausência de uma delas a inexistência do direito a registrar". Assim, na visão do eminente doutrinador alagoano, não haveria, efetivamente, uma distinção entre as condições de elegibilidade, previstas no § 3º do artigo 14 da Constituição Federal de 1988, e as causas de inelegibilidade, previstas primordialmente nos §§ 4º a 7º do citado artigo constitucional, sendo ambas hipóteses faces de uma mesma moeda. A divergência existente entre a Teoria Clássica, seguida pelo TSE e pelo STF, e a Teoria de Adriano Soares da Costa, é dotada de importante efeito prático, fugindo ao mero academicismo. Abraçada a Teoria Clássica, o artigo 9º da Lei nº. 9.504/97, que dispõe que "para concorrer às eleições, o candidato deverá possuir domicílio eleitoral na respectiva circunscrição pelo prazo de seis meses e estar com a filiação deferida pelo partido no mesmo prazo", embora previsto em lei ordinária, coaduna-se com a Constituição, uma vez que, segundo a referida teoria, trata o citado dispositivo legal de condições de elegibilidade, previstas no artigo 14, § 3º da CF/88, e não de hipóteses de inelegibilidade. Prevalecendo, contudo, a doutrina de Adriano Soares da Costa, o mesmo dispositivo legal seria inconstitucional, uma vez que estabeleceria a inelegibilidade de quem, por exemplo, somente se filiasse a partido político a menos de um ano do pleito (a Constituição aponta como condição de elegibilidade e filiação partidária, sem indicar o prazo). Tal consequência decorreria da tese defendida pelo doutrinador de Alagoas segundo a qual as condições de elegibilidade previstas no § 3º do artigo 14 da CF/88 e as causas de inelegibilidade previstas nos §§ seguintes do mesmo artigo seriam equivalentes, o que denotaria a necessidade de lei complementar para a regulamentação dos dispositivos no referido § 3º do artigo 14, e não apenas lei ordinária, em conformidade com o previsto no § 9º do polêmico artigo constitucional que dispõe que outros casos de inelegibilidade e os prazos de sua cessação deverão ser estabelecidos, tão somente, por lei complementar.

Item I. Os analfabetos são inelegíveis para qualquer cargo (art. 14, § 4º/CF), fato que não os impede mas de votar, sendo-lhes facultados, pela própria Constituição, o alistamento eleitoral e o voto (art. 14, § 1º/CF).

Item II. Previsão do art. 14, § 3º/CF. É de se ressaltar que, de acordo com o artigo 11, § 2º da Lei nº. 9.504/97, a idade mínima, como condição de elegibilidade, é aferida na data da posse.

Item III. Previsão expressa do art. 1º, I, "e", 6 e 7 da LC 64/90, inseridos pela lei da ficha limpa.

Item IV. Ao TSE compete conhecer apenas das arguições de inelegibilidades referentes aos candidatos a Presidente e Vice-Presidente da República, que são as únicas candidaturas nacionais. As arguições referentes a candidatos ao Senador, assim com aos demais cargos de âmbito estadual (Governador e Vice, Deputado Estadual e Federal) são de competência do TRE. Por fim, as relativas aos mandatos municipais (Prefeito, Vice-Prefeito e Vereador) são de competência do juiz eleitoral, em conformidade com o art. 2º da LC 64/90.

Alternativa correta: letra "d". Apenas II e III estão corretas.

---

62. (FCC – Analista Judiciário / TRE-AP / 2011) João foi escolhido pela Convenção do Partido a que pertence para concorrer ao cargo de Deputado Estadual, embora tenha 20 anos de idade. Nesse caso, o pedido de registro de sua candidatura, desde que preenchidos os demais requisitos legais,

a) só deverá ser deferido, se João vier a completar 21 anos até a data do pleito.

b) deverá ser indeferido, porque o candidato a Deputado Estadual deve possuir 21 anos completos na data do pedido de registro da candidatura.

c) só deverá ser deferido, se João vier a completar 21 anos até a data da posse.

d) deverá ser indeferido, porque é de 30 anos a idade mínima para o cargo de Deputado Estadual.

e) deverá ser deferido, porque é de 18 anos a idade mínima para o cargo de Deputado Estadual.

COMENTÁRIOS

Alternativa "c" (responde as demais alternativas). As condições de elegibilidade estão previstas no art. 14, § 3º da Constituição Federal. No caso da idade, tem-se que, para o cargo de Deputado Estadual, a idade mínima fixada pela Constituição é de 21 anos. Quanto ao momento em que deve ser preenchida essa condição de elegibilidade, o art. 11, § 2º da lei 9.504/97 (lei das eleições), dispõe que a referência é a data da posse. Vale destacar que com a publicação da lei nº. 13.165/15, a idade mínima de 18 anos, para os cargos de vereador, passará a ser aferida não mais na data da posse, mas sim na data-limite para o pedido de registro (15 de agosto do ano eleitoral, também de acordo com a nova lei).

Alternativa correta: letra "c".

---

63. (FCC – Analista Judiciário / TRE-AP / 2011) Tício é Secretário de Estado. Para candidatar-se a Presidente da República ou Governador do Estado, em que exerce as suas funções, ou Prefeito Municipal da Capital desse Estado deverá observar o prazo para desincompatibilização de:

a) 6 meses, 6 meses e 4 meses, respectivamente.

b) 6 meses, 4 meses e 6 meses, respectivamente.

c) 4 meses, 6 meses e 4 meses, respectivamente.

d) 4 meses.

e) 6 meses.

COMENTÁRIOS

✪ **Nota do autor:** A desincompatibilização pode ser definida como o afastamento de cargo, emprego ou função, pública ou privada, exercido por cidadão brasileiro, de forma provisória ou definitiva, com o intuito de disputar mandato eletivo, de forma a afastar a inelegibilidade. Vale ressaltar, ainda, que a desincompatibilização, em alguns casos, é válida a fim de que seja evitada a inelegibilidade reflexa de parentes. Na maioria das hipóteses de desincompatibilização exigidas por lei, o prazo previsto é o de seis meses antes do pleito (principalmente no que se refere a titulares de cargos eletivos).

Alternativa correta: letra "a". Regra prevista expressamente na Lei Complementar 64/90, nos art. 1º II, "a", 12; III, "a"; e IV, "a".

---

64. (Cespe – Analista Judiciário / TRE-ES / 2011) O recurso administrativo interposto contra decisão sancionatória de órgão profissional competente que tenha reconhecido a exclusão do exercício profissional de pretenso candidato, em decorrência de infração ético-profissional por ele cometida, afasta a inelegibilidade do candidato por tal motivo.

COMENTÁRIOS

A questão aborda uma das novidades trazidas pela chamada *"Lei da Ficha Limpa" (LC nº. 135/10)* Nos termos do art. 1º, I, "m" da LC 64/90, incluído pela lei da ficha limpa, são absolutamente inelegíveis, por 8 anos, os que forem excluídos do exercício da profissão, por decisão sancionatória do órgão profissional competente, em decorrência de infração ético-profissional, salvo se o ato houver sido anulado ou suspenso pelo Poder Judiciário. Perceba-se que a questão dispõe que a inelegibilidade seria afastada pela interposição de recurso administrativo, o que está incorreto.

Alternativa correta: "errado".

---

65. (Cespe – Analista Judiciário / TRE-ES / 2011) Tanto a simulação quanto o desfazimento de vínculo conjugal ou de união estável com o intuito de evitar caracterização de inelegibilidade, assim reconhecidos por órgão judicial colegiado, geram o reconhecimento de inelegibilidade para qualquer cargo.

COMENTÁRIOS

✪ **Nota do autor:** De acordo com o previsto no § 7º do artigo 14 da Constituição Federal, "são inelegíveis, no território de jurisdição do titular, o cônjuge e os parentes consanguíneos ou afins, até o segundo grau ou por adoção, do presidente da república, de governador de estado ou território, do Distrito Federal, de prefeito ou de quem os haja substituído dentro dos seis meses anteriores ao pleito, salvo se já titular de mandato eletivo e candidato à reeleição.". É a chamada inelegibilidade reflexa, espécie de inelegibilidade relativa decorrente de parentesco. A inelegibilidade reflexa só atinge o cônjuge e os parentes até o segundo grau, consanguíneos, por afinidade ou adoção, dos titulares de cargos do Poder Executivo, ou de quem os haja substituído dentro dos seis meses anteriores ao pleito, no âmbito do território de jurisdição (circunscrição) dos mesmos. A Súmula Vinculante nº 18 do STF dispõe que a dissolução da sociedade ou vínculo conjugal, no curso do mandato, não afasta a inelegibilidade reflexa.

Essa inelegibilidade está prevista no art. 1º, I, "n da LC 64/90. Vale destacar que, conforme a redação do dispositivo legal, não é necessário o trânsito em julgado da decisão judicial para a configuração da inelegibilidade.

---

66. (Cespe – Analista Judiciário / TRE-ES / 2011) A condenação pelo crime de peculato culposo, transitada em julgado, não gera inelegibilidade de servidor público.

COMENTÁRIOS

Segundo o § 4º do art. 1º da LC 64/90, a inelegibilidade decorrente da prática de crimes não se aplica aos crimes culposos, tampouco a crimes de menor potencial ofensivo ou crimes de ação penal privada. Para que surja a inelegibilidade não basta a condenação pela prática de algum dos crimes previstos no art. 1º, I, "e", sendo preciso que a prática tenha sido dolosa, que não se trate de crime de menor potencial ofensivo e que não seja submetido a ação penal privada.

Alternativa correta: "certo".

67. (Cespe – Analista Judiciário / TRE-ES / 2011) Eventual representação julgada procedente pela Justiça Eleitoral, em decisão transitada em julgado ou proferida por órgão colegiado em processo de apuração de abuso do poder econômico ou político, não tem o condão de atingir candidato já diplomado.

COMENTÁRIOS

Conforme o art. 1º, I, "d" da LC 64/90, quem tiver contra si representação julgada procedente pela Justiça Eleitoral, em decisão transitada em julgado ou proferida por órgão colegiado em processo de apuração de abuso do poder econômico ou político fica inelegível para qualquer cargo por 8 anos. Tal representação é a Ação de Investigação Judiciária Eleitoral (AIJE), disciplinada pelo art. 22 da citada lei, alterada pela lei da ficha limpa, a qual passou a dispor, nos incisos XIV e XV do referido artigo, que a procedência da AIJE gera a cassação do diploma do candidato diretamente beneficiado pela interferência do poder econômico ou pelo desvio ou abuso do poder de autoridade.

Alternativa correta: "errado".

68. (FGV – Analista Judiciário /TRE-PA / 2011) A respeito das inelegibilidades, analise as afirmativas a seguir:

I. Os analfabetos são inelegíveis para qualquer cargo e, além disso, estão impedidos de votar por determinação legal.

II. É condição de elegibilidade a idade mínima de 35 (trinta e cinco) anos para os candidatos à Presidência da República e de 30 (trinta) anos para aqueles que pleiteiam a chefia do Poder Executivo dos Estados e do Distrito Federal.

III. Aqueles que forem condenados, em decisão transitada em julgado ou proferida por órgão judicial colegiado, desde a condenação até o transcurso do prazo de 8 (oito) anos após o cumprimento da pena, pelos crimes de lavagem de dinheiro e tráfico de drogas, entre outros, são inelegíveis para qualquer cargo.

IV. As arguições de inelegibilidade são conhecidas pelo TSE quando se tratar de candidato a Presidente ou Vice-Presidente da República e Senador, e pelos Tribunais Regionais Eleitorais no caso dos Governadores ou Vice-Governadores dos Estados e do Distrito Federal.

Assinale

a) se apenas as afirmativas I, III e IV estiverem corretas.

b) se apenas as afirmativas I e III estiverem corretas.

c) se apenas as afirmativas I, II e IV estiverem corretas.

d) se apenas as afirmativas II e III estiverem corretas.

e) se apenas as afirmativas II e IV estiverem corretas.

COMENTÁRIOS

✪ **Nota do autor:** a capacidade eleitoral, decorrente da capacidade para o exercício de direitos políticos, se divide em capacidade eleitoral ativa e capacidade eleitoral passiva. A capacidade eleitoral ativa, de acordo com o que foi abordado alhures, refere-se ao direito inerente ao cidadão de participar, como eleitor, de eleições e consultas populares, bem como propor Ação Popular, promover a Iniciativa Popular de Lei, e outras prerrogativas provenientes do exercício do poder de sufrágio. A capacidade eleitoral passiva, por sua vez, vincula-se à capacidade que o cidadão tem de ser votado, pleiteando mandatos políticos. Diretamente relacionados ao tema da capacidade eleitoral passiva encontram-se os conceitos de "condições de elegibilidade" e de "causas de inelegibilidade", suscitadores de constantes divergências doutrinárias. Segundo os seguidores da chamada "Teoria Clássica", doutrina majoritária no estudo das condições de elegibilidade e das causas de inelegibilidade, tem elegibilidade aquele que reúne as condições fixadas na lei (aspecto positivo) e não incorre nas causas de inelegibilidade (aspecto negativo). Na visão de Adriano Soares da Costa, por sua vez, "as chamadas condições de elegibilidade são, no mais estrito rigor terminológico, verdadeiras condições de registrabilidade, ou seja, pressupostos ao registro de candidatura. São exigências constitucionais ou legais para a realização do registro, implicando a ausência de uma delas a inexistência do direito a registrar". Assim, na visão do eminente doutrinador alagoano, não haveria, efetivamente, uma distinção entre as condições de elegibilidade, previstas no § 3º do artigo 14 da Constituição Federal de 1988, e as causas de inelegibilidade, previstas primordialmente nos §§ 4º a 7º do citado artigo constitucional, sendo ambas hipóteses faces de uma mesma moeda. A divergência existente entre a Teoria Clássica, seguida pelo TSE e pelo STF, e a Teoria de Adriano Soares da Costa, é dotada de importante efeito prático, fugindo ao mero academicismo. Abraçada a Teoria Clássica, o artigo 9º da Lei nº. 9.504/97, que dispõe que "para concorrer às eleições, o candidato deverá possuir domicílio eleitoral na respectiva circunscrição pelo prazo de seis meses e estar com a filiação deferida pelo partido no mesmo prazo", embora previsto em lei ordinária, coaduna-se com a Constituição, uma vez que, segundo a referida teoria, trata o citado dispositivo legal de condições de elegibilidade, previstas no artigo 14, § 3º da CF/88, e não de hipóteses de inelegibilidade. Prevalecendo, contudo, a doutrina de Adriano Soares da Costa, o mesmo dispositivo legal seria inconstitucional, uma vez que estabeleceria a inelegibilidade de quem, por exemplo, somente se filiasse a partido político a menos de um ano do pleito (a Constituição aponta como condição de elegibilidade e filiação partidária, sem indicar o prazo). Tal consequência decorreria da tese defendida pelo doutrinador de Alagoas segundo a qual as condições de elegibilidade previstas no § 3º do artigo 14 da CF/88 e as causas de inelegibilidade previstas nos §§ seguintes do mesmo artigo seriam equivalentes, o que denotaria a necessidade de lei complementar para a regulamentação dos dispositivos no referido § 3º do artigo 14, e não apenas lei ordinária, em conformidade com o previsto no § 9º do polêmico artigo constitucional que dispõe que outros casos de inelegibilidade e os prazos de sua cessação deverão ser estabelecidos, tão somente, por lei complementar.

Item I. Os analfabetos são inelegíveis para qualquer cargo (art. 14, § 4º/CF), fato que não os impede mais de votar, sendo-lhes facultados, pela própria Constituição, o alistamento eleitoral e o voto (art. 14, § 1º/CF).

Item II. Previsão do art. 14, § 3º/CF. É de se ressaltar que, de acordo com o artigo 11, § 2º da Lei nº. 9.504/97, a idade mínima, como condição de elegibilidade, é aferida na data da posse.

Item III. Previsão expressa do art. 1º, I, "e", 6 e 7 da LC 64/90, inseridos pela lei da ficha limpa.

Item IV. Ao TSE compete conhecer apenas das arguições de inelegibilidades referentes aos candidatos a Presidente e Vice-Presidente da República, que são as únicas candidaturas nacionais. As arguições referentes a candidatos ao Senador, assim como aos demais cargos de âmbito estadual (Governador e Vice, Deputado Estadual e Federal) são de competência do TRE. Por fim, as relativas aos mandatos municipais (Prefeito, Vice-Prefeito e Vereador) são de competência do juiz eleitoral, em conformidade com o art. 2º da LC 64/90.

Alternativa correta: letra "d". Apenas II e III estão corretas.

---

69. (Analista Judiciário – Área Judiciária TRE/AM 2010 – FCC) Paulo é Deputado Estadual pelo Estado do Amazonas e deseja candidatar-se a Deputado Federal. Nesse caso,

a) não há necessidade de afastar-se suas funções.

b) o prazo para desincompatibilização é de 6 meses.

c) o prazo para desincompatibilização é de 4 meses.

d) o prazo para desincompatibilização é de 3 meses, sem remuneração.

e) o prazo para desincompatibilização é de 3 meses, garantida a percepção dos vencimentos integrais.

COMENTÁRIOS

✪ Nota do autor: Prevê o § 6º do artigo 14 da Constituição Federal de 1988 que "para concorrerem a outros cargos, o presidente da república, os governadores de estado e do Distrito Federal e os prefeitos devem renunciar aos respectivos mandatos até seis meses antes do pleito". Firma-se, assim, a primeira regra de desincompatibilização das muitas previstas na legislação, em especial na Lei Complementar nº. 64/90, conforme será estudado ainda neste capítulo. Há de se observar, na leitura no dispositivo constitucional supracitado, que para concorrer ao mesmo cargo (reeleição) não é necessário aos titulares de mandatos executivos renunciarem aos seus mandatos respectivos. Seguiu assim, o legislador brasileiro, a fórmula consagrada na grande maioria das democracias que admitem o instituto da reeleição para cargos executivos, fato que, ainda hoje, é alvo de críticas por parte daqueles que entendem que a desnecessidade de desincompatibilização do agente político que pleiteia a reeleição gera desequilíbrio no pleito, em virtude do uso, pelo mandatário-candidato, da máquina pública ao seu favor. Quando, entretanto, o titular de mandato executivo desejar se candidatar a outro cargo, deverá o mesmo renunciar ao seu mandato, seis meses antes do pleito. Nas eleições 2010, por exemplo, os governadores de Minas Gerais, Aécio Neves, e de São Paulo, José Serra, tiveram que renunciar aos seus cargos para concorrer, respectivamente, ao Senado Federal e à presidência da república. Serra, inclusive, poderia ter optado pela reeleição, uma vez que exercia apenas o primeiro mandato à frente do executivo paulista, mas preferiu concorrer à presidência da república, cargo para o qual terminou derrotado no segundo turno eleitoral frente à sua adversária, Dilma Roussef, do Partido dos Trabalhadores, eleita presidente. Na mesma eleição, os governadores da Bahia, Jaques Wagner, e do Rio de Janeiro, Sérgio Cabral Filho, dentre outros, se reelegeram, sem a necessidade de desincompatibilização. Vale dizer, quanto a esta questão, que segundo entendimento consolidado do TSE (Res. 21.053, de 02.04.02, "não atende ao disposto no art. 14, § 6º, da Constituição Federal, a circunstância de o chefe do Poder Executivo licenciar-se do seu cargo, seis meses antes do pleito, querendo concorrer a outro cargo, para, após, se for indicado em convenção de seu partido, converter esta licença em renúncia". É de se ressaltar que o disposto no § 6º do artigo 14 da Constituição Federal aplica-se, tão somente, aos titulares de mandatos de presidente da república, governadores de estado e do Distrito Federal e prefeitos municipais. Seus respectivos vices, portanto, não são abrangidos pela previsão constitucional supracitada, desde que, nos seis meses anteriores ao pleito, não assumam, mesmo em substituição, o cargo de titular. Como exemplo histórico da possibilidade de vice ser candidato a outro cargo sem renunciar ao seu mandato, temos a eleição do vice-presidente da república Marco Maciel para o Senado Federal, pelo Partido da Frente Liberal (PFL) de Pernambuco, nas eleições 2002. Naquela oportunidade, Marco Maciel continuou a exercer o mandato de vice-presidente da república durante o período eleitoral, evitando, entretanto, substituir o titular do cargo, Fernando Henrique Cardoso, no período de seis meses anteriores ao pleito. Passada a eleição, e já eleito senador, Marco Maciel, ainda vice-presidente da república, voltou a estar habilitado a substituir o então presidente FHC, conforme prevê a Constituição Federal.

Alternativa correta: letra "a" (responde as demais alternativas). Titulares de cargos legislativos (deputados, senadores e vereadores) não precisam se desincompatibilizar das suas funções para disputar eleições para outro cargo.

4. OS PARTIDOS POLÍTICOS

70. (IBFC – Analista Judiciário – Área Judiciária – TRE – PA/2020) Devido à grande importância dos partidos políticos no processo eleitoral, a Lei n° 9.096/1995 dispensou especial atenção para disciplinar a criação, o funcionamento e demais peculiaridades inerentes a tais pessoas jurídicas. Sobre o tema, analise as afirmativas abaixo e dê valores Verdadeiro (V) ou Falso (F):

( ) É assegurada aos partidos políticos autonomia para definir o prazo de duração dos mandatos dos membros dos seus órgãos partidários permanentes ou provisórios. O prazo de vigência dos órgãos provisórios dos partidos políticos poderá ser de até 4 (quatro) anos.

( ) Exaurido o prazo de vigência de um órgão partidário, ficam vedados a extinção automática do órgão e o cancelamento de sua inscrição no Cadastro Nacional da Pessoa Jurídica (CNPJ).

( ) O requerimento do registro de partido político, dirigido ao cartório competente do Registro Civil das Pessoas Jurídicas do local de sua sede, deve ser subscrito pelos seus fundadores, em número nunca inferior a 101 (cento e um), com domicílio eleitoral em, no mínimo, 1/3 (um terço) dos estados.

( ) O partido está obrigado a enviar, anualmente, à Justiça Eleitoral, o balanço contábil do exercício findo, até o dia 30 de junho do ano seguinte. O balanço contábil do órgão nacional será enviado ao Tribunal Superior Eleitoral, o dos órgãos estaduais aos Tribunais Regionais Eleitorais e o dos órgãos municipais aos Juízes Eleitorais.

Assinale a alternativa que apresenta a sequência correta de cima para baixo.

a) V, F, F, F
b) F, F, F, V
c) V, V, V, F
d) F, V, V, V

COMENTÁRIOS

Afirmativa I. FALSA. O prazo de vigência dos órgãos provisórios dos partidos políticos poderá ser de até 8 (oito) anos.

Afirmativa II. VERDADEIRO

Afirmativa III. VERDADEIRO., garantindo o caráter nacional do partido

Afirmativa IV. VERDADEIRO. Antigamente era 30 de abril, regra alterada por lei para 30 de junho

Assertiva correta: letra "d".

---

71. (Consulplan – Técnico Judiciário – Área Administrativa – TRE – MG/2015) Os partidos políticos são dotados de autonomia e devem, nos seus estatutos, regular a disciplina e fidelidade partidária. Após a sua regular constituição de acordo com a lei civil deve, de acordo com a Constituição Federal, registrar seu estatuto no(a):

a) Junta Eleitoral.
b) Circunscrição Eleitoral.
c) Tribunal Superior Eleitoral.
d) Tribunal Regional Eleitoral.

COMENTÁRIOS

✪ **Nota do autor:** Os partidos políticos são pessoas jurídicas de direito privado, com autonomia e regidos por seus respectivos estatutos. A Lei Geral dos Partidos Políticos, no entanto, respeitando a liberdade inerente a cada partido para fixar seu programa, objetivos políticos, estrutura interna, organização e funcionamento, impõe algumas regras de observância obrigatória às agremiações partidárias, que, necessariamente, deverão ser contempladas em seus programas e estatutos. Assim, o estatuto do partido deverá conter, dentre outras, normas sobre seu nome, denominação abreviada, local de sede (que não precisará ser na capital federal, conforme alteração legislativa aprovada em 2019), filiação e desligamento dos seus membros, direitos e deveres dos seus filiados, modo de organização e administração, fidelidade e disciplina partidárias, condições e formas de escolha de seus candidatos a cargos e funções eletivas, finanças e contabilidade, critérios de distribuição dos recursos do fundo partidário entre os órgãos de nível municipal, estadual e nacional e procedimentos de reforma do programa e do estatuto.

Alternativa correta: letra "c". Regra prevista no artigo 17, § 2º da Constituição Federal de 1988 (responde as demais).

72. (Consulplan – Técnico Judiciário – Área de Contabilidade – TRE – MG/2015) A Lei nº 9096/1995 dispõe que o partido político, através de seus órgãos nacionais, regionais e municipais deve manter escrituração contábil, de forma a permitir o conhecimento da origem de suas receitas e a destinação de suas despesas. O Fundo Especial de Assistência Financeira aos Partidos Políticos (Fundo Partidário) é constituído por

a) entidade de classe ou sindical.
b) entidade ou governos estrangeiros.
c) multas e penalidades pecuniárias aplicadas nos termos do Código Eleitoral e leis conexas.
d) autarquias, empresas públicas ou concessionárias de serviços públicos, sociedades de economia mista e fundações instituídas em virtude de lei e para cujos recursos concorram órgãos ou entidades governamentais.

COMENTÁRIOS

✪ **Nota do autor:** Como forma de colaborar financeiramente para o funcionamento dos partidos políticos, a Lei nº. 9.096/95 estabeleceu, nos artigos 38 e seguintes, o Fundo Especial de Assistência Financeira aos Partidos Políticos, também chamado de Fundo Partidário, constituído pelos seguintes recursos:

Recursos constitutivos do Fundo Partidário

I – multas e penalidades pecuniárias aplicadas nos termos do Código Eleitoral e leis conexas;

II – recursos financeiros que lhe forem destinados por lei, em caráter permanente ou eventual;

III – doações de pessoas físicas ou jurídicas, efetuadas por intermédio de depósitos bancários, diretamente na conta do Fundo Partidário (por cheque cruzado ou depósito bancário na conta do partido);

IV – dotações orçamentárias da União, em valor nunca inferior, cada ano, ao número de eleitores inscritos em 31 de dezembro do ano anterior ao da proposta orçamentária, multiplicados por trinta e cinco centavos de real, em valores de agosto de 1995.

Alternativa correta: letra "c". Regra prevista no art. 38, I da Lei 9.096/95. O Fundo Partidário é um fundo de recursos financeiros, fato que exclui a possibilidade das demais alternativas estarem corretas. (Reponde as demais).

73. (Consulplan – Técnico Judiciário – Área de Contabilidade – TRE – MG/2015) O partido político, através de seus órgãos nacionais, regionais e municipais deve manter escrituração contábil, de forma a permitir o conhecimento da origem de suas receitas e a destinação de suas despesas. O partido está obrigado a enviar, anualmente, à Justiça Eleitoral, o balanço contábil do exercício findo, até

a) 30 de abril do ano seguinte.
b) 2 de janeiro do ano seguinte.
c) 31 de outubro do ano corrente.
d) 31 de dezembro do ano corrente.

COMENTÁRIOS

Alternativa correta:letra "a". A regra prevista no artigo 32 da Lei nº. 9.096/95, que dispunha que "o partido está obrigado a enviar, anualmente, à Justiça Eleitoral, o balanço contábil do exercício findo, até o dia 30 de abril do ano seguinte". Com a reforma eleitoral de 2019, este prazo passou a findar-se em 30 de junho do ano seguinte.

74. (AOCP – Analista Judiciário – Área Judiciária – TRE – AC/2015) Os requisitos para admissão do registro do estatuto de partido político de caráter nacional são:

a) comprovar o apoiamento de eleitores correspondente a, pelo menos, 0,5% dos votos totais dados na última eleição para Presidente, distribuídos por 1/3 (um terço), ou mais, dos Estados com um mínimo de 0,1% do eleitorado que haja votado em cada um deles
b) comprovar o apoiamento de eleitores não filiados a partido político, correspondente a, pelo menos, 0,5% dos votos dados na última eleição geral para a Câmara dos Deputados, não computados os votos em branco e nulos, distribuídos por 1/3 (um terço), ou mais, dos Estados, com um mínimo de 0,1% do eleitorado que haja votado em cada um deles.
c) comprovar o apoiamento de eleitores correspondente a, pelo menos, 0,1 % dos votos totais dados na última eleição para a Câmara dos Deputados, distribuídos por 1/5 (um quinto), ou mais, dos Estados, com um mínimo de 1% do eleitorado que haja votado em cada um deles.
d) comprovar o apoiamento de eleitores não filiados a partido político, correspondente a, pelo menos, 0,5% dos votos dados na última eleição geral para Presidente, não computados os votos em branco e nulos, distribuídos por 1/5 (um quinto), ou mais,

dos Estados, com um mínimo de 1% do eleitorado que haja votado em cada um deles.

e) comprovar o apoiamento de eleitores não filiados a partido político, correspondente a. pelo menos, 0.1% dos votos totais dados na última eleição geral para a Câmara dos Deputados distribuídos por 1/3 (um terço), ou mais, dos Estados; com um mínimo de 1% do eleitorado que haja votado em cada um deles.

COMENTÁRIOS

Alternativa correta: letra "b". Segundo o art. 7, § 1º da Lei 9.096/95, "Só é admitido o registro do estatuto de partido político que tenha caráter nacional, considerando-se como tal aquele que comprove, no período de dois anos, o apoiamento de eleitores não filiados a partido político, correspondente a, pelo menos, 0,5% (cinco décimos por cento) dos votos dados na última eleição geral para a Câmara dos Deputados, não computados os votos em branco e os nulos, distribuídos por um terço, ou mais, dos Estados, com um mínimo de 0,1% (um décimo por cento) do eleitorado que haja votado em cada um deles". (Responde as demais)

---

75. (FCC – Analista Judiciário – Área Judiciária – TRE-RO/2013) Os partidos Azul e Branco resolveram fundir-se num só, formando o partido Rosa. A existência legal do novo partido tem início

a) com o registro de estatuto e do programa do novo partido no Tribunal Superior Eleitoral.

b) com a elaboração pelos órgãos de direção dos partidos Azul e Branco dos projetos comuns de estatuto e programa.

c) quando os órgãos nacionais de deliberação dos partidos Azul e Branco votarem, em reunião conjunta, por maioria absoluta, os projetos e o programa do novo partido.

d) quando os órgãos nacionais de deliberação dos partidos Azul e Branco, em reunião conjunta, por maioria absoluta, elegerem o órgão de direção nacional do novo partido.

e) com o registro, no Ofício Civil competente do local de sua sede, do seu estatuto e do respectivo programa cujo requerimento deve ser acompanhado das atas e das decisões dos órgãos competentes.

COMENTÁRIOS

✪ **Nota do autor:** Segundo a Lei Geral dos Partidos Políticos (Lei nº. 9.096/95), são as seguintes as etapas previstas para a formação de um partido político: *1ª Etapa*: requerimento do registro de partido político, dirigido ao cartório competente do registro civil das pessoas jurídicas do local de sua sede, subscrito por, no mínimo, 101 fundadores, com domicílio eleitoral em, no mínimo, 1/3 dos estados, acompanhado de: a) cópia autenticada da ata da reunião de fundação do partido; b) exemplares do Diário Oficial que publicou, no seu inteiro teor, o programa e o estatuto; c) relação de todos os fundadores com o nome completo, naturalidade, número do título eleitoral com a zona, seção, município e estado, profissão e residência; d) nome e função dos dirigentes provisórios e o endereço da sede do partido.*2ª Etapa*: efetuação, pelo oficial do registro civil, do registro do partido no livro correspondente, com a consequente expedição de certidão de inteiro teor.*3ª Etapa*: obtenção do apoiamento mínimo de eleitores, correspondente a, pelo menos, meio por cento dos votos dados na última eleição geral, não computados os votos em branco e os nulos, distribuídos por um terço, ou mais, dos estados, com um mínimo de um décimo por cento do eleitorado que haja votado em cada um deles.*4ª Etapa*: promoção do registro do estatuto do partido junto ao TSE, através de requerimento acompanhado de exemplar autenticado de inteiro teor do programa e do estatuto partidários, inscritos no registro civil; certidão do registro civil da pessoa jurídica; certidões dos cartórios eleitorais que comprovem ter o partido obtido o apoiamento mínimo de eleitores. Não havendo eventuais falhas no processo, o TSE registra o estatuto do partido no prazo de trinta dias.

Alternativa correta. letra "a" (responde as demais). Apenas com o registro no TSE o novo partido garante o recebimento do Fundo partidário, o acesso gratuito ao rádio e à TV e a exclusividade da sua denominação, sigla e símbolos, bem como a possibilidade de participar das eleições. Antes de tal registro, portanto, o partido não existe como tal, sendo apenas uma associação civil.

---

76. (FCC – Analista Judiciário – Área Judiciária – TRE-SP/2012) O eleitor Pedro encaminhou à Justiça Eleitoral documento comprobatório de que determinado partido político está recebendo recursos financeiros de procedência estrangeira. Nesse caso, o processo de cancelamento do registro e do estatuto do partido

a) dependerá de representação fundamentada do Ministério de Relações Exteriores.

b) poderá ser determinado de ofício, sem qualquer defesa do partido.

c) dependerá de representação formulada por outro partido político.

d) dependerá de representação formulada pelo Ministério Público Eleitoral.

e) poderá ser iniciado pelo Tribunal Superior Eleitoral com base na denúncia formulada por Pedro.

COMENTÁRIOS

✪ **Nota do autor:** O partido político poderá se dissolver, na forma do seu estatuto, ou após decisão judicial transitada em julgado no Tribunal Superior Eleitoral, ter o seu registro civil e seu estatuto cancelado. São as seguintes as hipóteses legais ensejadoras do cancelamento do registro e do estatuto do partido político, de acordo com o artigo 28 da Lei nº. 9.096/95:

Hipóteses legais ensejadoras do cancelamento do registro e do estatuto do partido político, de acordo com o artigo 28 da Lei nº. 9.096/95:

I – recebimento de recursos financeiros de procedência estrangeira;

II – subordinação a entidade ou governo estrangeiro;

III – ausência de prestação de contas à Justiça Eleitoral;

IV – manutenção de organização paramilitar.

O processo de cancelamento é iniciado pelo TSE à vista de denúncia de qualquer eleitor, representante de partido ou de representação do Procurador-Geral Eleitoral. O partido político, em nível nacional, não sofrerá a suspensão das cotas do fundo partidário, nem qualquer outra punição, como consequência de atos praticados por órgãos regionais ou municipais.

Alternativa "a". O processo de cancelamento pode ser iniciado por denúncia de qualquer eleitor, representante de partido ou do Procurador-Geral Eleitoral. Não há necessidade de representação do Ministério das Relações Exteriores.

Alternativa "b". No processo de cancelamento de registro de partido deverá ser observado o devido processo legal, a ampla defesa e o contraditório.

Alternativa "c". Como já observado, o processo de cancelamento pode ser iniciado por denúncia de qualquer eleitor, representante de partido ou do Procurador-Geral Eleitoral.

Alternativa "d". Como já observado, o processo de cancelamento pode ser iniciado por denúncia de qualquer eleitor, representante de partido ou do Procurador-Geral Eleitoral.

Alternativa "e". De acordo com o artigo 28, I da Lei nº 9.096/95, é hipótese legal ensejadora de cancelamento do registro e do estatuto de partido político o recebimento de recursos de procedência estrangeira. Para que haja a dissolução do partido, no entanto, decorrente deste fato, há de se observar decisão transitada em julgado no TSE. O processo de cancelamento pode ser iniciado por denúncia de qualquer eleitor, representante de partido ou do Procurador-Geral Eleitoral.

Alternativa correta: letra "e"

77. (Analista Judiciário – Área Judiciária TRE/CE 2012 – FCC) Os partidos políticos

a) podem desenvolver campanhas publicitárias pagas por entidades estrangeiras.

b) são obrigados a conservar os documentos comprobatórios de suas prestações de contas por, pelo menos, cinco anos.

c) não podem impugnar as prestações de contas de outros partidos, função que cabe exclusivamente à Justiça Eleitoral.

d) podem ser mantidos por entidade de classe ou sindical, desde que os respectivos diretores sejam diferentes.

e) não estão obrigados, no ano em que ocorrem eleições, a enviar à Justiça Eleitoral nem balanço anual, nem balancetes mensais.

COMENTÁRIOS

✪ **Nota do autor:** Os partidos políticos são pessoas jurídicas de direito privado, com autonomia e regidos por seus respectivos estatutos. A Lei Geral dos Partidos Políticos, no entanto, respeitando a liberdade inerente a cada partido para fixar seu programa, objetivos políticos, estrutura interna, organização e funcionamento, impõe algumas regras de observância obrigatória às agremiações partidárias, que, necessariamente, deverão ser contempladas em seus programas e estatutos. Assim, o estatuto do partido deverá conter, dentre outras, normas sobre seu nome, denominação abreviada, local da sede (em qualquer município do país,conforme regra estabelecida pela reforma eleitoral de 2019), filiação e desligamento dos seus membros, direitos e deveres dos seus filiados, modo de organização e administração, fidelidade e disciplina partidárias, condições e formas de escolha de seus candidatos a cargos e funções eletivas, finanças e contabilidade, critérios de distribuição dos recursos do fundo partidário entre os órgãos de nível municipal, estadual e nacional e procedimentos de reforma do programa e do estatuto.

Alternativa "a". Incorreto. Aos partidos políticos brasileiros é vedado o recebimento de recursos financeiros de procedência estrangeira (regra prevista no art. 17 da Constituição Federal de 1988).

Alternativa "b". O § 3º do artigo 37 da lei nº. 9.096/95 estabelece uma "duração razoável do processo", relativo ao julgamento da prestação de contas partidárias, que não poderá durar mais de 05 anos, sob pena de impossibilidade de aplicação de sanção. Desta forma, conclui-se que os partidos são obrigados a conservar os documentos comprobatórios de suas prestações de contas por, pelo menos, cinco anos.

Alternativa "c". Qualquer partido político pode, de acordo com o artigo 35, parágrafo único da lei nº.

9.096/95, "relatar fatos, indicar provas e pedir a abertura de investigação para apurar qualquer ato que viole as prescrições legais ou estatutárias a que, em matéria financeira, os partidos e seus filiados estejam sujeitos".

Alternativa "d". Partidos políticos não podem receber, direta ou indiretamente, sob qualquer forma ou pretexto, contribuição ou auxílio pecuniário ou estimável em dinheiro de entidades sindicais (art. 31, IV da Lei nº. 9.096/95).

Alternativa "e". No ano em que ocorrem eleições, o partido deverá enviar balancetes mensais à Justiça Eleitoral, durante os 04 meses anteriores e os 02 meses posteriores ao pleito.

Alternativa correta: letra "b".

---

78. (Cespe – Analista Judiciário – Área Judiciária – TRE-RJ/2012) Na casa legislativa, o integrante de bancada partidária atua livremente, não estando subordinado às diretrizes estabelecidas em estatuto pelos órgãos de direção do partido político a que ele estiver filiado.

COMENTÁRIOS

O integrante de bancada partidária deverá obedecer às normas de disciplina e fidelidade partidárias, subordinando-se às diretrizes legítimas estabelecidas em estatuto pelos órgãos de direção do partido político a que estiver filiado.

Alternativa correta: "errado".

---

79. (Cespe – Analista Judiciário / TRE-ES / 2011) Eleitor considerado inelegível não pode se filiar a partido político em razão do fato de que tal condição afasta o reconhecimento do pleno gozo de seus direitos políticos.

COMENTÁRIOS

Errado. Segundo a Resolução nº. 23.117/2009 do TSE, eleitor considerado inelegível pode filiar-se a partido político. Quem não pode se filiar a partido político, de acordo com o que se afere do artigo 16 da lei nº. 9.096/95, é o eleitor com direitos políticos suspensos ou perdidos.

---

80. (Cespe – Analista Judiciário / TRE-ES / 2011) Eleitor considerado inelegível não pode se filiar a partido político em razão do fato de que tal condição afasta o reconhecimento do pleno gozo de seus direitos políticos.

COMENTÁRIOS

Conforme o art. 16 da lei dos partidos políticos, só pode filiar-se a partido o eleitor que estiver no pleno gozo dos direitos políticos. A inelegibilidade atinge a capacidade eleitoral passiva, mas não atinge o exercício pleno dos direitos políticos. Neste sentido, decidiu o TSE, através da Resolução nº. 23.117/09.

Alternativa correta: "errado".

---

81. (Cespe – Analista Judiciário / TRE-ES / 2011) Compete ao partido político em formação indicar, no pedido de registro, o número da legenda.

COMENTÁRIOS

✪ **Nota do autor:** Apenas após o registro no TSE, garante-se ao partido o recebimento de recursos do fundo partidário, o acesso gratuito ao rádio e TV e a exclusividade da sua denominação, sigla e símbolos, bem como a possibilidade de participar de eleições.

É o próprio partido quem indica, no pedido de registro, o número que pretende adotar. A Resolução TSE 23.282/2010 disciplina a criação, organização, fusão incorporação e extinção de partidos políticos e, em seu art. 19, § 2º, consta exatamente isso. Evidentemente, o partido não poderá escolher número já utilizado por outro partido já existente.

Alternativa correta: "certo".

---

82. (Cespe – Analista Judiciário / TRE-ES / 2011) Por se tratar de matéria meramente administrativa, inexiste previsão de sustentação oral nos julgamentos de requerimentos de registros de partidos.

COMENTÁRIOS

Há previsão expressa de sustentação oral no art. 23, § 2º da Resolução citada.

Alternativa correta: "errado".

---

83. (Cespe – Analista Judiciário / TRE-ES / 2011) O partido político com registro no Tribunal Superior Eleitoral (TSE) pode credenciar, respectivamente: até dois delegados perante o juízo eleitoral; até três delegados perante o Tribunal Regional Eleitoral; e até quatro delegados perante o TSE.

COMENTÁRIOS

A lei dos partidos políticos, em seu art. 11, estabelece que os partidos registrados no TSE podem credenciar delegados perante o juiz eleitoral, o TRE e o TSE, mas não indica números. Já a Resolução do TSE nº. 23.282/2010, no seu art. 32, dispõe que os partidos poderão registrar três delegados perante o Juiz Eleitoral, quatro delegados perante o Tribunal Regional Eleitoral e cinco delegados perante o Tribunal Superior Eleitoral.

Alternativa correta: "errado".

84. (FCC – Analista Judiciário /TRE-AC / 2010) O requerimento de registro de partido político deve ser subscrito pelos seus fundadores, em número nunca inferior a:

a) cento e um, com domicílio eleitoral em, no mínimo, um terço dos Estados.

b) duzentos e um, com domicílio eleitoral em, no mínimo, dois terços dos Estados.

c) trezentos e um, com domicílio eleitoral em, no mínimo, um quinto dos Estados.

d) quatrocentos e um, com domicílio eleitoral em, no mínimo, um sexto dos Estados.

e) quinhentos e um, com domicílio eleitoral em, no mínimo, metade dos Estados.

COMENTÁRIOS

✪ **Nota do autor:** São as seguintes as etapas para a formação de um partido político no Direito brasileiro:

1ª Etapa: requerimento do registro de partido político, dirigido ao cartório competente do registro civil das pessoas jurídicas da capital federal, subscrito por, no mínimo, 101 fundadores, com domicílio eleitoral em, no mínimo, 1/3 dos estados, acompanhado de:

a) cópia autenticada da ata da reunião de fundação do partido;

b) exemplares do Diário Oficial que publicou, no seu inteiro teor, o programa e o estatuto;

c) relação de todos os fundadores com o nome completo, naturalidade, número do título eleitoral com a zona, seção, município e estado, profissão e residência;

d) nome e função dos dirigentes provisórios e o endereço da sede do partido.

2ª Etapa: efetuação, pelo oficial do registro civil, do registro do partido no livro correspondente, com a consequente expedição de certidão de inteiro teor.

3ª Etapa: obtenção do apoiamento mínimo de eleitores, correspondente a, pelo menos, meio por cento dos votos dados na última eleição geral, não computados os votos em branco e os nulos, distribuídos por um terço, ou mais, dos estados, com um mínimo de um décimo por cento do eleitorado que haja votado em cada um deles.

4ª Etapa: promoção do registro do estatuto do partido junto ao TSE, através de requerimento acompanhado de exemplar autenticado de inteiro teor do programa e do estatuto partidários, inscritos no registro civil; certidão do registro civil da pessoa jurídica; certidões dos cartórios eleitorais que comprovem ter o partido obtido o apoiamento mínimo de eleitores.

Não havendo eventuais falhas no processo, o TSE registra o estatuto do partido no prazo de trinta dias. Apenas após o registro no TSE, garante-se ao partido o recebimento de recursos do fundo partidário, o acesso gratuito ao rádio e TV e a exclusividade da sua denominação, sigla e símbolos., bem como a possibilidade de participar de eleições. Fica cancelado, junto ao ofício civil e ao Tribunal Superior Eleitoral, o registro do partido que, na forma de seu estatuto, se dissolva, se incorpore ou venha a se fundir a outro.

Alternativa "a". Regra prevista expressamente no artigo 8º, caput, da Lei nº. 9.096/95, o qual afirma que o número mínimo de fundadores de um partido político será cento e um, nos termos citados no enunciado da questão. (responde as demais).

Alternativa correta: letra "a".

5. OS SISTEMAS ELEITORAIS, CONVENÇÕES, COLIGAÇÕES E REGISTRO DE CANDIDATURAS

85. (IBFC – Técnico Judiciário – Área Administrativa – TRE – PA/2020) A Lei n° 9.504 de 1997 estabelece normas e regras que norteiam o procedimento para as eleições dos cargos do Poder Executivo e Legislativo, no âmbito federal, estadual, distrital e municipal. Analise as afirmativas abaixo.

I. Para concorrer às eleições, o candidato deverá possuir domicílio eleitoral na respectiva circunscrição pelo prazo de seis meses e estar com a filiação deferida pelo partido no mesmo prazo. Havendo fusão ou incorporação de partidos após este prazo, será considerada, para efeito de filiação partidária, a data de filiação do candidato ao partido de origem.

II. Os partidos e coligações solicitarão à Justiça Eleitoral o registro de seus candidatos até as dezenove horas do dia 25 de agosto do ano em que se realizarem as eleições.

III. Até quinze dias antes da data das eleições, os Tribunais Regionais Eleitorais enviarão ao Tribunal Superior Eleitoral, para fins de centralização e divulgação de dados, a relação dos candidatos às eleições majoritárias e proporcionais, da qual constará obrigatoriamente a referência ao sexo e ao cargo a que concorrem.

IV. Os partidos podem comunicar ao Tribunal Superior Eleitoral até o 1° (primeiro) dia útil do mês de junho a renúncia ao Fundo Especial de Financiamento de Campanha (FEFC), vedada a redistribuição desses recursos aos demais partidos.

Assinale a alternativa correta.

a) Apenas as afirmativas I, III e IV estão corretas

b) Apenas as afirmativas II, III e IV estão corretas

c) Apenas as afirmativas I e III estão corretas

d) Apenas as afirmativas I e IV estão corretas

COMENTÁRIOS

Afirmativa I. VERDADEIRA

Afirmativa II. FALSA. Prazo é até às 19 horas do dia 15 de agosto do ano eleitoral

Afirmativa III. FALSA. Até vinte dias antes da data das eleições, os Tribunais Regionais Eleitorais enviarão ao Tribunal Superior Eleitoral, para fins de centralização e divulgação de dados, a relação dos candidatos às eleições majoritárias e proporcionais, da qual constará obrigatoriamente a referência ao sexo e ao cargo a que concorrem

Afirmativa IV. VERDADEIRA.

Assertiva correta: letra "d".

---

86. (Cespe – Analista Judiciário – Área Judiciária – TRE – PI/2016) À luz do disposto no CE, assinale a opção correta a respeito do registro de candidatos.

a) Qualquer candidato pode solicitar o cancelamento do registro de seu nome, bastando comunicar verbalmente sua decisão na junta eleitoral.

b) A escolha de candidatos deve ser concluída um ano antes das eleições e aprovada nas convenções partidárias a serem realizadas no mesmo período.

c) É permitido o registro de um mesmo candidato para mais de um cargo na mesma circunscrição.

d) O registro de candidatos a governador, vice-governador, prefeito, vice-prefeito, vereadores e juiz de paz é feito no tribunal regional eleitoral.

e) Para se candidatar a cargo eletivo, o militar que tiver menos de cinco anos de serviço deverá ser excluído do serviço ativo.

COMENTÁRIOS

Alternativa "a". A comunicação deverá se dar por escrito.

Alternativa "b". A escolha dos candidatos e as convenções deverão ocorrer entre 20 de julho e 05 de agosto do ano eleitoral.

Alternativa "c". Cada candidato só pode registrar um único pedido de candidatura (para um único cargo, em uma única circunscrição) a cada pleito.

Alternativa "d". Deste rol, apenas o registro das candidaturas de governador e vice-governador (cargos de circunscrição estadual) serão realizados nos TREs.

Alternativa "e". O militar que tiver menos de dez anos de serviço deverá ser excluído do serviço ativo, caso venha a disputar a eleição. Como o prazo de 10 anos engloba o período de 05 anos, a resposta está correta.

Alternativa correta: letra "e".

---

87. (Cespe – Analista Judiciário – Área Judiciária – TRE – PI/2016) Com base no disposto na Lei nº 9.504/1997, assinale a opção correta.

a) Nas eleições proporcionais, são computados como válidos todos os votos registrados pelas mesas receptoras.

b) As eleições para governador, vice-governador, prefeito, vice-prefeito e vereador realizam-se simultaneamente, no primeiro domingo de outubro do ano de eleições estaduais.

c) Nas eleições proporcionais, consideram-se válidos os votos dados a candidatos regularmente inscritos e às legendas partidárias.

d) Será considerado eleito o candidato a governador que obtiver a maioria absoluta de votos, computados os votos brancos e nulos.

e) Caso candidato a prefeito desista de concorrer à eleição municipal antes do segundo turno, deverá o juiz eleitoral cancelar imediatamente o pleito, devendo convocar novas eleições para o ano seguinte.

COMENTÁRIOS

Alternativa "a". Os votos brancos e os votos nulos não são votos válidos.

Alternativa "b". As eleições municipais se realizam em anos diferentes das eleições estaduais.

Alternativa "c". Por votos válidos se entende os votos distribuídos aos candidatos e às legendas, não se computando os votos brancos e nulos. Até 1997, os votos brancos eram considerados votos válidos, para fins de cálculos do quociente eleitoral.

Alternativa "d". Os votos brancos e os votos nulos não são votos válidos, não entrando, portanto, no cálculo para a averiguação da maioria absoluta.

Alternativa "e". Neste caso, chama-se o terceiro colocado no primeiro turno para a disputa do segundo turno eleitoral.

Alternativa correta: letra "c"

---

88. (AOCP – Analista Judiciário – Área Judiciária – TRE – AC/2015) Em relação às eleições, assinale a alternativa correta

a) Nas eleições proporcionais, os únicos votos considerados válidos são os dados a candidato regularmente inscrito.

b) Será considerado eleito, o candidato a Governador que obtiver a maioria absoluta dos votos, computando os nulos, mas não os brancos.

c) São realizadas eleições simultâneas para Presidente e Vice-Presidente, Governador e Vice-Governador de Estado e do Distrito Federal, Senador e Vereador.

d) Para o eleitor que deixar de votar e não se justificar perante o juiz eleitoral, em até quinze dias após a realização da eleição, incorrerá multa de dez a vinte por cento sobre o salário-mínimo da região.

e) Se, antes de realizado o segundo turno, ocorrer morte, desistência ou impedimento legal do candidato, convocar-se-á, dentre os remanescentes, o de maior votação.

COMENTÁRIOS

Alternativa "a". Os votos de legenda também são considerados válidos.

Alternativa "b". Votos nulos e votos brancos são votos inválidos, não sendo, portanto, levados em conta no resultado das eleições.

Alternativa "c". As eleições para vereador são realizadas junto com as de prefeito. O erro, portanto, está na inclusão do vereador no rol referido.

Alternativa "d". O prazo de justificativa será de 60 dias, e não de 15. A multa variará de 3 a 10% do salário-mínimo.

Alternativa "e". Regra prevista no artigo 77, § 4º da CF/1988.

Alternativa correta: letra "e".

---

89. (Cespe – Analista Judiciário – Área Judiciária – TRE – MT/2015 – ADAPTADA) Para que um candidato registrado por um partido político ou coligação seja eleito, é necessário que obtenha votos em número igual ou superior a 10% do quociente eleitoral, salvo aos suplentes.

COMENTÁRIOS

Conforme o art. 108 do Código Eleitoral, com redação da lei 13.165/15, "Estarão eleitos, entre os candidatos registrados por um partido ou coligação que tenham obtido votos em número igual ou superior a 10% (dez por cento) do quociente eleitoral, tantos quantos o respectivo quociente partidário indicar, na ordem da votação nominal que cada um tenha recebido".

Alternativa correta: "certo".

---

90. (AOCP – Analista Judiciário – Área Judiciária – TRE – AC/2015) Em relação às regras específicas para o registro de candidatos, assinale a alternativa correta.

a) Os candidatos podem concorrer à eleição estando ligados a um partido ou de maneira independente.

b) É permitido o registro em mais de uma circunscrição, contanto que seja para cargos diferentes.

c) Após a realização do registro, o candidato não pode requerer o cancelamento de seu registro.

d) O registro só pode ser feito pessoalmente pelo candidato.

e) O registro dos candidatos a vereador, prefeito e vice-prefeito deve ser realizado nos Juízos Eleitorais.

COMENTÁRIOS

Alternativa "a". Não há possibilidade, no Brasil, de candidatura avulsa. A filiação partidária é condição de elegibilidade (art. 14, § 3º da CF/1988)

Alternativa "b". Cada cidadão só pode, conforme a legislação em vigor, disputar um único cargo eletivo, em uma única circunscrição eleitoral, a cada pleito.

Alternativa "c". . O candidato é livre para renunciar à sua candidatura a qualquer tempo.

Alternativa "d". Quem faz, em regra, o pedido de registro de candidatura é o partido político ou coligação, até às 19 horas do dia 05 de agosto do ano eleitoral.

Alternativa "e". A competência originária para processar e julgar os registros de candidaturas varia conforme a circunscrição do pleito. Assim, nas eleições municipais, a competência será dos juízos eleitorais.

Alternativa correta: letra "e".

---

91. (Cespe – Analista Judiciário – Área Judiciária – TRE – RS/2015) O percentual médio de mulheres que ocupam cargos legislativos (câmaras baixas e senados) no mundo é de 20,3%. Nas câmaras baixas, elas representam 20,7% dos legisladores e nos senados, 18,1%. No Brasil, embora 16% dos membros do Senado Federal sejam mulheres, na Câmara dos Deputados elas ocupam apenas 8,6% das vagas, o que coloca o país entre os dois países com índices mais baixos de representação política feminina nestas posições da América Latina. A situação nas assembleias legislativas estaduais e câmaras municipais não difere tanto desse quadro: atualmente, elas ocupam 12,8% e 12,5%, respectivamente, das posições destas casas.

Teresa Sacchet. Democracia pela metade: candidaturas e desempenho eleitoral das mulheres.

Tendo esse fragmento de texto como referência inicial, assinale a opção que apresenta os percentuais mínimo e máximo de reserva previstos para cada um dos sexos nas Leis nº 9.504/1997 e nº 13.165/2015.

a) 30% e 70% do número de vagas efetivamente preenchidas pelo partido ou pela coligação

b) 35% e 65% das cadeiras em disputa

c) 35% e 65% do número das vagas efetivamente preenchidas pelo partido ou pela coligação

d) 30% e 70% das cadeiras em disputa

e) 30% e 70% do número de candidaturas que o partido ou a coligação tem o direito de apresentar, independentemente do número de vagas efetivamente preenchidas

COMENTÁRIOS

Alternativa correta: "a". Dispunha o § 3º do artigo 10 da Lei 9504/97, em sua redação original, que, do número de candidatos possíveis de serem lançados em uma disputa eleitoral, nas eleições proporcionais (deputados e vereadores), cada partido ou coligação deveria "reservar o **mínimo de trinta por cento e o máximo de setenta por cento** para candidaturas de cada sexo". Decorrente desta antiga redação do citado dispositivo legal, uma discussão, ao nosso ver, sem fundamento, foi por muito tempo travada, entre aqueles que entendiam, equivocadamente, que não havendo candidatos em número suficiente para garantir o mínimo de 30% de determinado sexo estaria o partido autorizado a preencher as vagas remanescentes com candidatos do sexo oposto, e aqueles que, no sentido contrário, entendiam que tal preenchimento não seria possível, ficando o partido ou coligação impedido de lançar candidatos de um mesmo sexo em número superior a 70% do total de candidatos possíveis de serem lançados pela coligação ou partidos. A **nova redação do § 3º do art. 10 da Lei das Eleições, estipulada a partir da publicação da Lei nº. 12.034/09,** aparentemente buscou encerrar tal polêmica, afirmando que "do número de vagas resultante das regras previstas neste artigo, cada partido ou coligação preencherá o mínimo de 30% (trinta por cento) e o máximo de 70% (setenta por cento) para candidaturas de cada sexo". Tem prevalecido no âmbito da Justiça Eleitoral, nas últimas eleições, o entendimento segundo o qual estes percentuais são obrigatórios, tendo como base de cálculo o número de candidatos efetivamente lançados por cada partido ou coligação, e não o número de candidatos potencialmente lançáveis. Assim, por exemplo, se um partido poderia lançar 50 candidatos, mas lançou apenas 10, destes 10 no mínimo 03 deverão ser homens e 03 deverão ser mulheres, podendo as outras 04 candidaturas serem de homens ou mulheres, indistintamente. (Responde as demais)

Alternativa correta: letra "a".

---

92. (IESES – Analista Judiciário – Área Judiciária – TRE – MA/2015) Em relação às convenções para escolha de candidatos assinale a alternativa correta:

a) Para a realização das convenções de escolha de candidatos, os partidos políticos só poderão usar prédios públicos se for realizado o pagamento antecipado do valor correspondente a utilização do prédio.

b) As normas para a escolha e substituição dos candidatos e para a formação de coligações serão estabelecidas na lei eleitoral, sendo vedado ao estatuto dos partidos políticos tratar desse tema.

c) Se a convenção partidária de nível inferior se opuser, na deliberação sobre coligações, às diretrizes legitimamente estabelecidas pelo órgão de direção nacional, nos termos do respectivo estatuto, poderá esse órgão anular a deliberação e os atos dela decorrentes.

d) A escolha dos candidatos pelos partidos e a deliberação sobre coligações deverão ser feitas no período de 12 de Junho a 05 de julho do ano em que se realizarem as eleições, devendo ser lavrada ata com assinatura do presidente do partido e todos os candidatos escolhidos.

COMENTÁRIOS

Alternativa "a". A utilização de prédios públicos para a realização de convenções para a escolha de candidatos é permitida, desde que de forma gratuita.

Alternativa "b". A lei estabelece os prazos, mas a forma de escolha e substituição de candidatos deverá obedecer ao estatuto de cada partido.

Alternativa "c". De acordo com o art. 7ª, §§ 2º e 3º da Lei 9.504/97, Se a convenção partidária de nível inferior se opuser, na deliberação sobre coligações, às diretrizes legitimamente estabelecidas pelo órgão de direção nacional, nos termos do respectivo estatuto, poderá esse órgão anular a deliberação e os atos dela decorrentes. As anulações de deliberações dos atos decorrentes de convenção partidária deverão ser comunicadas à Justiça Eleitoral no prazo de 30 (trinta) dias após a data limite para o registro de candidatos.

Alternativa "d". O prazo correto é de 20 de julho a 05 de agosto do ano eleitoral.

Alternativa correta: letra "c".

---

93. (FCC – Analista Judiciário – Área Judiciária – TRE-RO/2013) Os partidos Alpha e Beta pretendem formar uma coligação, tendo como candidato a Prefeito Municipal José João da Silva, candidato inscrito sob o nº 88. Dentre os nomes sugeridos pelos filiados, a coligação poderá denominar-se

a) José João é a solução.

b) É a vez de José João.

c) Vote em Alpha e Beta.

d) 88 vezes mais dedicação.

e) Economia e Trabalho.

COMENTÁRIOS

Alternativa correta. letra "e" (responde as demais). De acordo com a lei nº. 9.504/97, as coligações terão denominações próprias, que poderão ser a junção de todas as siglas dos partidos que as integram, sendo a elas atribuídas as prerrogativas e obrigações de partido político no que se refere ao processo eleitoral. A denominação da coligação não poderá coincidir, incluir ou fazer referência a nome ou número de candidato, nem conter pedido de voto para partido político.

---

94. (FCC - Analista Judiciário - Área Judiciária - TRE-RO/2013) O partido Gama requereu, na forma legal, o registro de seus candidatos a Deputado Estadual, dentre os quais Rita, Renoir e Ranulfo. Trinta dias antes do pleito, Rita veio a falecer, Renoir renunciou a sua candidatura e Ranulfo teve o registro de sua candidatura cancelado por decisão definitiva da Justiça Eleitoral em processo de impugnação de registro. Nesse caso, o partido Gama

a) não poderá substituir nenhum dos três candidatos, por faltar apenas trinta dias para o pleito eleitoral.
b) poderá substituir somente a candidata Rita.
c) poderá substituir os candidatos Rita e Renoir.
d) poderá substituir somente o candidato Ranulfo.
e) poderá substituir os três candidatos.

COMENTÁRIOS

✪ **Nota do autor:** Aquela que talvez seja a mais salutar mudança legislativa proporcionada pela Lei nº. 12.891/13 diz respeito à alteração da redação do § 3º do artigo 13 da Lei nº. 9.504/97, a qual altera os prazos para a substituição de candidatos durante o pleito. Até as eleições de 2012, partidos políticos e coligações podiam mudar seus candidatos nas eleições proporcionais até 60 dias antes do pleito, enquanto que, nas eleições majoritárias, não havia prazo estabelecido. Assim, eram comuns mudanças de candidatos a prefeito, por exemplo, na véspera da eleição, confundindo o eleitor e ocasionando, muitas vezes, fraudes, uma vez que o substituto concorria com a foto e o nome do substituído na urna eletrônica, sem que o eleitor tivesse a devida informação acerca da alteração da chapa concorrente.

Com a nova redação do § 3º do artigo 13 da Lei das Eleições, "tanto nas eleições majoritárias como nas proporcionais, a substituição só se efetivará se o novo pedido for apresentado até 20 (vinte) dias antes do pleito, exceto em caso de falecimento de candidato, quando a substituição poderá ser efetivada após esse prazo". Resta saber se, em virtude do princípio da anualidade, previsto no artigo 16 da Constituição Federal, tal alteração legislativa já valerá nas eleições 2014, uma vez que a lei nº. 12.891/13 foi publicada apenas em dezembro de 2013, a menos de um ano, portanto, do pleito de 2014.

Alternativa correta. letra "a". De acordo com a redação do artigo 13, § 3º da Lei nº. 9.504/97 válida à época do concurso referido, não poderia haver a mudança dos candidatos, uma vez que tal hipótese não era possível nos 60 dias anteriores à eleição. Com a publicação da lei nº. 12.891/13, tal mudança será possível até 20 dias antes do pleito. Contudo, não é sabido se tal regra valerá nas eleições de 2014.

---

95. (Consulplan - Analista Judiciário - Área Judiciária - TRE - MG/2013) Em outubro de 2014, o eleitorado brasileiro voltará às urnas para escolher representantes, a saber: Presidente da República, Governadores, Senadores, Deputados Federais e Estaduais. Os futuros candidatos deverão registrar suas candidaturas oportunamente. Só assim, seus nomes serão submetidos à vontade popular. Os candidatos ao cargo de Deputado Federal devem formular o pedido de registro de candidatura junto ao(à)

(a) Câmara dos Deputados.
(b) Tribunal Regional Eleitoral.
(c) Supremo Tribunal Federal.
(d) Tribunal Superior Eleitoral.
(e) Zona Eleitoral de seu domicílio.

COMENTÁRIOS

Alternativa "b". A competência para o registro de candidaturas depende da circunscrição eleitoral na qual é disputada a eleição. No caso da eleição para deputado federal, a eleição é disputada na circunscrição estadual, sendo competente para o registro de candidaturas o TRE, portanto. (Responde as demais)

Alternativa correta: letra "b".

---

96. (Consulplan - Analista Judiciário - Área Judiciária - TRE - MG/2013) Os eleitos para ocupar mandatos eletivos no Brasil são definidos segundo os sistemas proporcional ou majoritário. As regras constitucionais e legais é que definem qual o princípio adotado, a depender do cargo. É correto afirmar que se elegem, necessariamente, por maioria absoluta todos os

a) Vereadores.
b) Deputados Federais.
c) Prefeitos de Capitais.
d) Senadores da República.
e) Governadores de Estado.

COMENTÁRIOS

Alternativa "a" → O sistema eleitoral adotado é o proporcional.

Alternativa "b" → O sistema eleitoral adotado é o proporcional.

Alternativa "c" → O sistema majoritário absoluto só é utilizado nas eleições para prefeitos de capitais com mais de 200 mil eleitores.

Alternativa"d" → O sistema eleitoral é o majoritário simples, de turno único.

Alternativa "e" → O sistema majoritário absoluto é adotado, no Brasil, nas eleições para presidente da república, governadores e prefeitos de municípios com mais de 200 mil eleitores.

Alternativa correta: letra "e".

---

97. (Consulplan - Analista Judiciário - Área Judiciária - TSE/2012) No desenrolar do processo eleitoral para a Prefeitura de Arvoredo, o candidato a prefeito teve o registro indeferido, tendo sido deferido o registro do candidato a vice-prefeito. O partido Delta, do qual fazem parte, quer que o candidato a vice-prefeito assuma a candidatura para prefeito. Neste caso,

a) é possível que tal ocorra, desde que o candidato a vice prefeito renuncie expressamente à sua candidatura a vice.

b) é impossível admitir esta hipótese, visto que prefeito e vice compõem a mesma chapa.

c) é impossível que isto ocorra, uma vez que o registro para vice-prefeito já foi analisado pelo Tribunal Eleitoral.

d) é possível admitir esta substituição, desde que realizada outra convenção partidária.

COMENTÁRIOS

✪ **Nota do autor:** Segundo o artigo 13 da Lei das Eleições, é facultado ao partido ou coligação substituir candidato que for considerado inelegível, renunciar ou falecer após o termo final do prazo do registro ou, ainda, tiver seu registro indeferido ou cancelado. O registro da candidatura do substituto, a ser procedida na forma do estatuto do partido a que pertencer o substituído, deverá ser requerido até 10 (dez) dias contados do fato ou da notificação do partido da decisão judicial que deu origem à substituição. Nas eleições majoritárias, se o candidato for de coligação, a substituição deverá fazer-se por decisão da maioria absoluta dos órgãos executivos de direção dos partidos coligados, podendo o substituto ser filiado a qualquer partido dela integrante, desde que o partido ao qual pertencia o substituído renuncie ao direito de preferência. Nas eleições proporcionais, a substituição, segundo a redação original da Lei das Eleições, só se efetivará se o novo pedido for apresentado até sessenta dias antes do pleito. Já nas eleições majoritárias, a substituição do candidato poderá ocorrer até a véspera do pleito. Tais regras, geradoras de muitas polêmicas, foram, contudo, alteradas pela recente minirreforma eleitoral de dezembro de 2013, a qual não se aplicou às eleições de 2014. Como observado, até as eleições de 2012, partidos políticos e coligações podiam mudar seus candidatos nas eleições proporcionais até 60 dias antes do pleito, enquanto que, nas eleições majoritárias, não havia prazo estabelecido. Assim, eram comuns mudanças de candidatos a prefeito, por exemplo, na véspera da eleição, confundindo o eleitor e ocasionando, muitas vezes, fraudes, uma vez que o substituto concorria com a foto e o nome do substituído na urna eletrônica, sem que o eleitor tivesse a devida informação acerca da alteração da chapa concorrente. Com a nova redação do § 3º do artigo 13 da Lei das Eleições, "tanto nas eleições majoritárias como nas proporcionais, a substituição só se efetivará se o novo pedido for apresentado até 20 (vinte) dias antes do pleito, exceto em caso de falecimento de candidato, quando a substituição poderá ser efetivada após esse prazo".

Alternativa "a". Ninguém pode ser candidato a dois cargos políticos ao mesmo tempo. Por isso o candidato a vice terá que renunciar à sua candidatura, para assumir a candidatura a titular do cargo de prefeito. Até 20 dias antes do pleito, a substituição poderá ocorrer. (Responde as demais).

Alternativa correta: letra "a".

---

98. (FCC - Analista Judiciário - Área Judiciária - TRE-PR/2012) Determina-se o quociente eleitoral dividindo-se o número de

a) eleitores pelo de lugares a preencher em cada circunscrição eleitoral, desprezada a fração se igual ou inferior a meio, equivalente a um, se superior.

b) votos válidos dados sob a mesma legenda ou coligação de legendas pelo número de candidatos pelas mesmas registrados.

c) votos válidos apurados pelo de lugares a preencher em cada circunscrição eleitoral, desprezada a fração se igual ou inferior a meio, equivalente a um, se superior.

d) votos válidos atribuídos a cada partido ou coligação de partidos pelo número de lugares a preencher, desprezada a fração se igual ou inferior a meio, equivalente a um, se superior.

e) eleitores pelo número de votos válidos em cada circunscrição eleitoral, desprezada a fração se igual ou inferior a meio, equivalente a um, se superior.

COMENTÁRIOS

Alternativa correta: letra "c" (responde as demais alternativas). Regra expressa no caput do artigo 106 do Código Eleitoral, o qual estabelece que "determina-se o quociente eleitoral dividindo-se o número de votos válidos apurados pelo de lugares a preencher em cada circunscrição eleitoral, desprezada a fração se igual ou inferior a meio, equivalente a um, se superior.

99. (FCC – Analista Judiciário /TRE-TO / 2011) No caso das convenções partidárias não indicarem o número máximo de candidatos previstos em lei,

a) o preenchimento das vagas remanescentes dependerá da realização de nova convenção.

b) os partidos concorrerão apenas com os candidatos indicados na convenção.

c) os órgãos de direção dos partidos respectivos poderão preencher as vagas remanescentes até sessenta dias antes do pleito.

d) os filiados aos partidos políticos poderão livremente inscrever-se até atingir o número máximo permitido.

e) o preenchimento das vagas remanescentes será feito através da votação da maioria dos candidatos indicados na convenção.

COMENTÁRIOS

Alternativa "a". Não há necessidade de nova convenção para tal preenchimento.

Alternativa "b". Até sessenta dias antes do pleito, o partido poderá preencher as vagas remanescentes.

Alternativa "c". A questão aborda o art. 10 da lei das eleições, que disciplina o processo de escolha de candidatos nas convenções partidárias. Segundo o § 5º desse artigo, no caso de as convenções para a escolha de candidatos não indicarem o número máximo de candidatos permitido para as eleições, os órgãos de direção dos partidos respectivos poderão preencher as vagas remanescentes até sessenta dias antes do pleito.

Alternativa "d". É o partido que determina esta inscrição, e não seus filiados livremente.

Alternativa "e". Não há previsão do referido procedimento na Lei das Eleições Lei nº. 9.504/97).

Alternativa correta: letra "c".

100. (FCC – Analista Judiciário /TRE-AC / 2010) A respeito da representação proporcional, é correto afirmar:

a) Os lugares não preenchidos com a aplicação dos quocientes partidários serão livremente distribuídos pela Justiça Eleitoral.

b) Se nenhum partido ou coligação alcançar o quociente eleitoral, serão convocadas novas eleições.

c) Determina-se para cada coligação o quociente partidário, dividindo-se pelos lugares a preencher o número de votos válidos dados sob a mesma coligação de legendas, desprezada a fração.

d) Determina-se para cada partido o quociente partidário, dividindo-se pelos lugares a preencher o número de votos válidos dados sob a mesma legenda, desprezada a fração.

e) Determina-se o quociente eleitoral dividindo-se o número de votos válidos apurados pelo de lugares a preencher em cada circunscrição eleitoral, desprezada a fração se igual ou inferior a meio, equivalente a um, se superior.

COMENTÁRIOS

Alternativa "a". A distribuição dos lugares não preenchidos (distribuição de restos) segue o critério da maior média (art. 109 do código), não sendo feita livremente pela justiça eleitoral.

Alternativa "b". Se nenhum partido ou coligação alcançar o quociente eleitoral, considerar-se-ão eleitos, até serem preenchidos todos os lugares, os candidatos mais votados (art. 111 do código).

Alternativa "c" e "d". O quociente partidário, ou da coligação, corresponde à divisão do número de votos obtidos pela coligação, ou pelo partido, pelo quociente eleitoral (art. 107 do Código Eleitoral).

Alternativa "e". O quociente eleitoral corresponde à divisão do número de votos válidos pelo número de mandatos a preencher, desprezada a fração se igual ou inferior a meio, equivalente a um, se superior (art. 106 do código eleitoral).

Alternativa correta: letra "e".

6. PESQUISAS ELEITORAIS E PROPAGANDA POLÍTICA

101. (IBFC – Analista Judiciário – Área Judiciária – TRE – PA/2020) Com relação à propaganda eleitoral, tal qual disciplinada na Lei n° 9.504/1997, analise as afirmativas abaixo:

I. A propaganda eleitoral somente é permitida após o dia 15 de agosto do ano da eleição. Configuram propaganda eleitoral antecipada a menção à pretensa candidatura, a exaltação das qualidades pessoais dos pré-candidatos, ainda que não envolvam pedido explícito de voto.

II. É vedada a veiculação de qualquer tipo de propaganda eleitoral paga na internet, inclusive impulsionamento de conteúdos, ainda que identificado de forma inequívoca como tal e contratado exclusivamente por partidos, coligações e candidatos e seus representantes.

III. A propaganda será feita na eleição para Presidente da República, às terças e quintas-feiras e aos sábados, das treze horas às treze horas e doze minutos e trinta segundos e das vinte horas e trinta minutos às vinte horas e quarenta e dois minutos e trinta segundos, na televisão.

IV. O ofendido, ou seu representante legal, poderá pedir o exercício do direito de resposta à Justiça Eleitoral a qualquer tempo, quando se tratar de conteúdo que esteja sendo divulgado na internet, ou em até quarenta e oito horas, após a sua retirada.

Assinale a alternativa correta.

a) Apenas as afirmativas I, III e IV estão corretas
b) Apenas as afirmativas II e IV estão corretas
c) Apenas a afirmativa III está correta
d) Apenas a afirmativa IV está correta

COMENTÁRIOS

Afirmativa I. FALSA. De acordo com o artigo 36-A da Lei 9504/97, é permitido ao pré-candidato, antes do período oficial de propaganda eleitoral, mencionar pretensa candidatura e exaltar qualidades pessoais de pré-candidatos, desde que não haja pedido expresso de voto.

Afirmativa II. FALSA. É possível, no período de propaganda eleitoral, o impulsionamento pago de anúncios na internet.

Afirmativa III. CORRETA. Regra expressa na Lei 9.504/97

Afirmativa IV. FALSA. O ofendido, ou seu representante legal, poderá pedir o exercício do direito de resposta à Justiça Eleitoral a qualquer tempo, quando se tratar de conteúdo que esteja sendo divulgado na Internet, ou em 72 (setenta e duas) horas, após a sua retirada.

Assertiva correta: letra "c".

---

102. (IESES – Analista Judiciário – Área Judiciária – TRE – MA/2015) Conforme as normas que regulam a propaganda eleitoral assinale a alternativa correta:

a) A veiculação de propaganda eleitoral em bens particulares deve ser espontânea e gratuita, sendo vedado qualquer tipo de pagamento em troca de espaço para esta finalidade.
b) Na propaganda dos candidatos a cargo majoritário, deverá constar o nome do candidato, sendo facultado a inclusão doo nome do candidatos a vice.
c) A realização de qualquer ato de propaganda partidária ou eleitoral, em recinto aberto ou fechado, depende de licença da autoridade policial competente.
d) É vedada a veiculação de propaganda eleitoral, inclusive no período permitido pela lei, nas dependências do Poder Legislativo.

COMENTÁRIOS

Alternativa "a". Regra expressamente prevista no art. 37, § 8º da Lei das Eleições (Lei 9.504/97).

Alternativa "b". A inclusão do nome do vice é obrigatória. A propaganda dos candidatos a cargo majoritário deverá conter os nomes dos candidatos a vice, de modo claro e legível, em tamanho não inferior a 30% do nome do titular (art. 36, § 4º da Lei nº. 9.504/97).

Alternativa"c". Prevalece o princípio da liberdade de propaganda. A realização de qualquer ato de propaganda partidária ou eleitoral, em recinto aberto ou fechado, não depende de licença da polícia. O candidato, partido ou coligação promotora do ato fará a devida comunicação à autoridade policial em, no mínimo, vinte e quatro horas antes de sua realização, a fim de que esta lhe garanta, segundo a prioridade do aviso, o direito contra quem tencione usar o local no mesmo dia e horário.

Alternativa"d". A propaganda eleitoral nas dependências do Pode Legislativo depende de autorização da mesa diretora da casa (art. 37, § 3º da Lei das Eleições)

Alternativa correta: letra "a"

---

103. (AOCP – Analista Judiciário – Área Judiciária – TRE – AC/2015) O que é considerado propaganda eleitoral antecipada?

a) Entrevista, em programas de rádio, dada por pré-candidatos, com exposição de plataformas e projetos políticos.
b) Divulgação de atividades realizadas em encontros fechados nos quais foram discutidas as alianças partidárias visando às eleições.
c) Divulgação de prévias partidárias nas redes sociais.
d) Convocação, por parte dos Presidentes da Câmara dos Deputados, de redes de radiofusão para divulgação de atos que denotem propaganda política.
e) Posicionamento pessoal sobre questões políticas nas redes sociais.

COMENTÁRIOS

Alternativa "a". O novo art. 36-A da Lei das Eleições, com redação definida pela Lei nº. 13.165/15, autorizou tal conduta, desde que não haja pedido explícito de voto.

Alternativa "b". Possibilidade prevista no art. 36-A, II da Lei das Eleições.

Alternativa"c". Possibilidade prevista no art. 36-A, III da Lei das Eleições.

Alternativa "d". De acordo com o art. 36-B da Lei nº. 9.504/97, será considerada propaganda eleitoral antecipada a convocação, por parte do presidente da República, dos presidentes da Câmara dos Deputados, do Senado Federal e do Supremo Tribunal Federal, de redes de radiodifusão para divulgação de atos que denotem propaganda política ou ataques a partidos políticos e seus filiados ou instituições.

Alternativa "e". Possibilidade prevista no art. 36-A, V da Lei das Eleições.

Alternativa correta: letra "d".

---

104. (Consulplan - Analista Judiciário - Área Administrativa - TRE - MG/2013) A partir da escolha de candidatos em convenção, é assegurado o direito de resposta a candidato, partido ou coligação atingidos, ainda que de forma indireta, por conceito, imagem ou afirmação caluniosa, difamatória, injuriosa ou sabidamente inverídica, difundidos por qualquer veículo de comunicação social. O ofendido, ou seu representante legal, poderá pedir o exercício do direito de resposta à Justiça Eleitoral nos seguintes prazos, contados a partir da veiculação da ofensa, a saber:

a) Vinte e quatro horas, quando se tratar do horário eleitoral gratuito ou da programação normal das emissoras de rádio e televisão, e setenta e duas horas, quando se tratar de órgão da imprensa escrita.

b) Vinte e quatro horas, quando se tratar do horário eleitoral gratuito e da programação normal das emissoras de rádio e televisão, e quarenta e oito horas, quando se tratar de órgão da imprensa escrita.

c) Quarenta e oito horas, quando se tratar do horário eleitoral gratuito e da programação normal das emissoras de rádio e televisão, e setenta e duas horas, quando se tratar de órgão da imprensa escrita.

d) Vinte e quatro horas, quando se tratar do horário eleitoral gratuito, quarenta e oito horas, quando se tratar da programação normal das emissoras de rádio e televisão, e setenta e duas horas, quando se tratar de órgão da imprensa escrita.

e) Vinte e quatro horas, quando se tratar da programação normal das emissoras de rádio e televisão, quarenta e oito horas, quando se tratar do horário eleitoral gratuito, e setenta e duas horas, quando se tratar de órgão da imprensa escrita.

COMENTÁRIOS

Alternativa correta: letra "d". (Responde as demais) Prevê o artigo 58 da lei nº. 9.504/97 que "a partir da escolha de candidatos em convenção, é assegurado o direito de resposta a candidato, partido ou coligação atingidos, ainda que de forma indireta, por conceito, imagem ou afirmação caluniosa, difamatória, injuriosa ou sabidamente inverídica, difundidos por qualquer veículo de comunicação social", nos seguintes prazos, contados a partir da veiculação da ofensa (art. 58, § 1º):

Prazos para requerimento do direito de resposta à Justiça Eleitoral (contados a partir da veiculação da ofensa)		
24 horas	**48 horas**	**72 horas**
Quando se tratar de horário eleitoral gratuito.	Quando se tratar de programação normal das emissoras de rádio e TV.	Quando se tratar de órgão da imprensa escrita.

---

105. (Cespe - Analista Judiciário - Área Judiciária - TRE-RJ/2012) É vedado à entidade de classe ou sindical ceder seu cadastro de endereços eletrônicos a candidatos, partidos ou coligações.

COMENTÁRIOS

Regra prevista no artigo 57-E da Lei das Eleições, o qual também proíbe a venda de cadastro de endereços eletrônicos.

Alternativa correta: "certo"

---

106. (Consulplan - Analista Judiciário - Área Judiciária - TSE/2012) Ernesto Matias, cantor de música sertaneja, é candidato ao cargo de vereador no pleito municipal. Entretanto, em função do art. 39, § 7º da Lei nº 9.504/97, que veda especificamente a realização de showmício de candidatos com a finalidade de animar comício e reunião eleitoral, o candidato poderá continuar se apresentando

a) desde que de forma gratuita.

b) sem efetuar menção à candidatura ou eleição.

c) apenas em eventos de caráter privado.

d) apenas em shows fechados.

COMENTÁRIOS

Alternativa correta: letra "b". O candidato poderá continuar a exercer normalmente sua profissão, mas não poderá, em evento de campanha, realizar shows (responde as demais).

---

107. (Cespe - Analista Judiciário - Área Judiciária - TRE-RJ/2012) Será suspenso, indefinidamente, o acesso ao conteúdo informativo do sítio eletrônico que veicular propaganda eleitoral em ofensa às regras definidas pela legislação eleitoral, independentemente de requerimento ou da observância de qualquer rito específico.

COMENTÁRIOS

✪ **Nota do autor:** dispõe o artigo 57-I que, a requerimento de candidato, partido político ou coligação, a Justiça Eleitoral poderá determinar, observado o rito do artigo 96 da lei das Eleições (o qual será estudado oportunamente), a suspensão, por 24 horas, do acesso a todo o conteúdo informativo dos sites da internet que deixarem de cumprir as normas relativas à propaganda eleitoral na internet. Ainda segundo o referido artigo (§ 1º), a cada reiteração de conduta será duplicado o período da suspensão, durante o qual a empresa punida deverá informar a todos os usuários que se encontra temporariamente inoperante em virtude de descumprimento da legislação eleitoral em vigor.

De acordo com o caput do art. 57-I da Lei das Eleições, tal suspensão poderá ser imposta por um prazo de 24 horas.

Alternativa correta: "errado"

---

108. (Cespe - Analista Judiciário - Área Judiciária - TRE-RJ/2012) Somente será permitida a propaganda eleitoral por meio de rede social da Internet se o seu conteúdo tiver sido gerado pelo próprio candidato.

COMENTÁRIOS

Segundo o inciso IV do art. 57-B da Lei das Eleições, a propaganda eleitoral na internet poderá ser gerada por iniciativa do candidato, partido, coligação ou qualquer pessoa natural.

Alternativa correta: "errado".

---

109. (Cespe - Analista Judiciário - Área Judiciária - TRE-RJ/2012) Observadas as disposições da lei, é lícita a propaganda eleitoral veiculada pela Internet nas quarenta e oito horas que antecederem as eleições.

COMENTÁRIOS

= A propaganda eleitoral na internet poderá ocorrer até o dia das eleições, sendo a única, inclusive, possível no dia do pleito.

Alternativa correta: "certo"

---

110. (Cespe - Analista Judiciário / TRE-BA / 2010) Uma das mazelas do processo eleitoral brasileiro é o alto custo das campanhas eleitorais, elevado mesmo quando comparado ao de países com maior desenvolvimento econômico. Para mitigar essa situação, foi promulgada a chamada Lei da Minirreforma Eleitoral. A respeito desse assunto, julgue os itens subsequentes.

I. Nas eleições brasileiras, é vedada a propaganda eleitoral em outdoors.

II. Admite-se a realização de showmícios, desde que os artistas não sejam remunerados.

COMENTÁRIOS

Item I. Certo. Previsão do art. 39, § 8º da lei das eleições, que proíbe a propaganda em outdoors, regra imposta a partir da publicação da lei nº. 11.300/06.

Item II. Errado. Há vedação expressa no art. 39, § 7º da lei das eleições, o qual proíbe o showmício, mesmo quando não há remuneração do artista.

---

111. (Cespe - Analista Judiciário - Área Administrativa - TRE-RJ/2012) Com o apoio de 252 policiais e 70 fiscais, o TRE/RJ realizou uma operação no Complexo da Maré, que mobilizou dois blindados e um helicóptero. Trata-se da primeira grande ação do Centro de Controle e Comando das Eleições 2012 para impedir a formação de currais eleitorais e combater a propaganda irregular. "Mostramos que não existe lugar em que a justiça eleitoral não possa entrar", disse o presidente do TRE/RJ, que comandou a operação. "Queremos que a população se sinta segura para escolher livremente seus candidatos", complementou. Na operação, foram recolhidos três caminhões de placas e faixas com propaganda irregular. O presidente do TRE/RJ anunciou ainda que haverá novas operações em municípios do interior.

TRE/RJ faz operação no Complexo da Maré. In: Internet: <www.trerj.gov.br> (com adaptações).

A notícia acima aborda o problema da propaganda eleitoral irregular. A respeito desse assunto, julgue os seguintes itens.

111.01. É permitida, independentemente de autorização da justiça eleitoral, a veiculação de propaganda eleitoral em bens particulares por meio de faixas, placas, cartazes, pinturas ou inscrições, desde que estes não ocupem área superior a quatro metros quadrados e não contrariem a legislação eleitoral.

COMENTÁRIOS

Alternativa correta. A presente resposta foi considerada correta, conforme regra até então prevista no artigo 37, § 2º da Lei nº. 9.504/97. Ocorre que, com a publicação da lei nº. 13.165/15, a referida regra foi alterada, passando o referido dispositivo normativo a dispor que "em bens particulares, independe de obtenção de licença municipal e de autorização da Justiça Eleitoral a veiculação de propaganda eleitoral, desde que seja feita em adesivo ou papel, não exceda a 0,5 m^2 (meio metro quadrado) e não contrarie a legislação eleitoral, sujeitando-se o infrator às penalidades previstas no § 1º".

111.02. É vedada a colocação de propaganda eleitoral, de qualquer natureza, em árvores e jardins situados em área pública, ainda que não lhes cause dano.

COMENTÁRIOS

Alternativa correta. Regra prevista no artigo 37, § 5º da Lei nº. 9.504/97, o qual estabelece que "nas árvores e jardins localizados em áreas públicas, bem como em muros, cercas e tapumes divisórios, não é permitida a colocação de propaganda eleitoral de qualquer natureza, mesmo que não lhes cause dano".

111.03. Embora seja proibida a fixação de faixas com propaganda eleitoral nos bens cujo uso dependa de cessão ou permissão do poder público, sua colocação é permitida nos bens de uso comum, como, por exemplo, postes de iluminação pública e de sinalização de tráfego.

COMENTÁRIOS

Alternativa errada. Segundo o caput do art. 37 da lei nº. 9.504/97, nos bens cujo uso dependa de cessão ou permissão do Poder Público, ou que a ele pertençam, e nos de uso comum, inclusive postes de iluminação pública e sinalização de tráfego, viadutos, passarelas, pontes, paradas de ônibus e outros equipamentos urbanos, é vedada a propaganda eleitoral. Todos os bens a que a população em geral tem acesso são considerados de uso comum para fins eleitorais.

7. ORGANIZAÇÃO DAS ELEIÇÕES, CONDUTAS VEDADAS, PRESTAÇÃO DE CONTAS NAS CAMPANHAS ELEITORAIS E DIPLOMAÇÃO DOS ELEITOS

112. (Consulplan – Técnico Judiciário – Área Administrativa – TRE – RJ/2017) "A Lei n° 9.504, de 30 de setembro de 1997, regula, dentre outros temas, as Convenções para a escolha dos candidatos. Sobre o citado tema, estatui a referida norma que a escolha dos candidatos pelos partidos e a deliberação sobre coligações deverão ser feitas no período de ________ do ano em que se realizarem as eleições, lavrando-se a respectiva ata em livro aberto, rubricado pela Justiça Eleitoral, publicada em vinte e quatro horas em qualquer meio de comunicação." Assinale a alternativa que completa corretamente a afirmativa anterior.

a) 10 a 4 de junho
b) 12 a 30 de junho
c) 5 de junho a 10 de julho
d) 20 de julho a 5 de agosto

COMENTÁRIOS

Alternativa "d" (responde as demais). Regra estabelecida a partir da reforma eleitoral de 2015. Anteriormente, as convenções ocorriam de 10 a 30 de junho do ano eleitoral.

Alternativa correta: letra "d".

113. (Cespe – Técnico Judiciário – Área Administrativa – TRE – BA/2017) Os partidos deverão escolher os candidatos e deliberar sobre as coligações no período de

a) vinte de julho a cinco de agosto do ano em que se realizarem as eleições.
b) dezesseis de julho a cinco de agosto do ano em que se realizarem as eleições.
c) cinco de julho a cinco de agosto, um ano antes de se realizarem as eleições.
d) dezesseis de julho a quinze de agosto do ano em que se realizarem as eleições.
e) vinte de julho a quinze de agosto, dois anos antes de se realizarem as eleições.

COMENTÁRIOS

Alternativa "a" (responde as demais). Regra estabelecida a partir da reforma eleitoral de 2015. Anteriormente, as convenções ocorriam de 10 a 30 de junho do ano eleitoral.

Alternativa correta: letra "a".

114. (Consulplan – Analista Judiciário – Área Administrativa – TRE – RJ/2017) "Qualquer partido pode reclamar ao Juiz Eleitoral, no prazo de______, da nomeação da Mesa Receptora, devendo a decisão ser proferida em________." Assinale a alternativa que completa correta e sequencialmente a afirmativa anterior.

a) 48 horas / 5 dias
b) 5 dias / 48 horas
c) 10 dias / 48 horas
d) 24 horas / 48 horas

COMENTÁRIOS

Alternativa "b" (responde as demais). Regra expressa no art. 63, caput, da Lei 9.504/97.

Alternativa correta: letra "b".

115. (Consulplan – Técnico Judiciário – Área Administrativa – TRE – RJ/2017) "No Município 'X', cuja Câmara Municipal seja composta de nove vereadores, o Partido 'Y' deseja lançar 14 candidatos para as eleições municipais. Destes, deverão ser do sexo minoritário, no mínimo,__________candidatos."

Assinale a alternativa que completa corretamente a afirmativa anterior.

a) 2
b) 3
c) 4
d) 5

COMENTÁRIOS

Alternativa "d" (responde as demais). 30% dos candidatos do partido deverão ser do sexo minoritário (masculino ou feminino). 30% de 14 corresponde a 4,2. Sendo assim, o número mínimo de candidatos que atende à cota é 05.

Alternativa correta: letra "d".

---

116. (Cespe – Analista Judiciário – Área Administrativa – TRE – BA/2017) No caso de candidato falecer no terceiro mês que antecede o pleito eleitoral, a substituição do registro de sua candidatura deve ser requerida em até

a) dez dias antes do pleito.
b) vinte dias antes do pleito.
c) trinta dias antes do pleito.
d) vinte dias após seu falecimento.
e) dez dias após seu falecimento.

COMENTÁRIOS

Alternativa "e" (responde as demais). Em caso de falecimento de candidato, a substituição deverá ocorrer até 10 dias antes do pleito. É de se destacar que há um erro nesta questão, que, entretanto, não foi anulada. Não existe candidatura três meses antes do pleito, no atual calendário eleitoral, em que as candidaturas são requeridas até às 19 horas do dia 15 agosto e as convenções são realizadas entre 20 de julho e 05 de agosto, a menos de três meses, portanto, do primeiro domingo de outubro, quando as eleições ocorrem no primeiro turno.

Alternativa correta: letra "e".

---

117. (Cespe – Técnico Judiciário – Área Administrativa – TRE – TO/2017) Pedro, o candidato com a maioria expressiva dos votos válidos nas eleições para governador de determinado estado, faleceu antes da realização do segundo turno. Havia mais três candidatos ao pleito eleitoral, José — o segundo mais votado —, Lucas e João — que estavam empatados na terceira posição.

Nessa situação hipotética,

a) o presidente do Tribunal Superior Eleitoral (TSE) deverá determinar novas eleições.
b) o critério de idade será utilizado como desempate entre Lucas e João para a disputa do segundo turno.
c) o pleito seguirá com o vice do candidato falecido.
d) os candidatos Lucas e João deverão disputar em coligação contra José.
e) o candidato José será considerado vencedor.

COMENTÁRIOS

Alternativa "b" (responde as demais). Em caso de morte de um candidato entre o primeiro e o segundo turno, o terceiro colocado no primeiro turno substitui o falecido no segundo turno. Se houver empate entre dois candidatos no terceiro lugar, tem vantagem o mais velho.

Alternativa correta: letra "b".

---

118. (Cespe – Analista Judiciário – Área Judiciária – TRE – BA/2017) A apuração do quociente eleitoral é necessária para determinar o resultado de eleição para

a) prefeito.
b) senador.
c) vereador.
d) presidente da República.
e) governador.

COMENTÁRIOS

Alternativa "c" (responde as demais). Só existe quociente eleitoral nas eleições proporcionais (vereador e deputado, no Brasil)

Alternativa correta: letra "c"

---

119. (AOCP – Analista Judiciário – Área Judiciária – TRE – AC/2015) Referente ao transporte gratuito de eleitores, assinale a alternativa correta.

a) É sempre proibido.
b) É permitido apenas na véspera das eleições.
c) É realizado pela Justiça Eleitoral em zonas rurais com veículos e embarcações pertencentes à União, Estados, Territórios e Municípios ou particulares, quando for o caso.
d) No dia das eleições, todos os transportes regulares que ligam as áreas rurais às zonas eleitorais serão gratuitos.
e) É permitido em zonas rurais e em comunidades de difícil acesso, quando realizado por partidos políticos, com dinheiro próprio e declarado nos gastos do partido.

COMENTÁRIOS

Alternativa "c". Apenas a justiça eleitoral poderá oferecer transporte gratuito a eleitores no dia da eleição, tão somente na zona rural, conforme previsão da lei 6.091/74 (responde s demais).

Alternativa correta: letra "c".

---

120. (Cespe – Analista Judiciário – Área Judiciária– TRE-GO/2015) Julgue os itens a seguir, a respeito da propaganda eleitoral e das condutas vedadas aos agentes públicos.

120.01. No período compreendido entre os três meses que antecedem o pleito e a posse dos eleitos, é vedado aos agentes públicos nomear ou exonerar de ofício servidor público na circunscrição do pleito, mesmo que ele seja ocupante de cargo em comissão.

COMENTÁRIOS

Afirmação ERRADA De acordo com o art. 73, V da Lei nº 9.504/97, é proibido aos agentes públicos "nomear, contratar ou de qualquer forma admitir, demitir sem justa causa, suprimir ou readaptar vantagens ou por outros meios dificultar ou impedir o exercício funcional e, ainda, ex officio, remover, transferir ou exonerar servidor público, na circunscrição do pleito, nos três meses que o antecedem e até a posse dos eleitos, sob pena de nulidade de pleno direito", ressalvada, dentre outras hipóteses, a nomeação ou exoneração de cargos em comissão e designação ou dispensa de funções de confiança.

120.02. Como regra geral, considera-se propaganda eleitoral extemporânea a manifestação veiculada nos três meses anteriores ao pleito que divulgue a candidatura e os motivos pelos quais o candidato seria o mais apto para o exercício da função pública. Contudo, não se considera propaganda antecipada a manifestação e o posicionamento pessoal sobre questões políticas nas redes sociais.

COMENTÁRIOS

A banca examinadora considerou correta a questão a seguir, muito embora devesse anulá-la, uma vez que, conforme a nova redação do art. 36-A da Lei das Eleições, firmada pela Lei nº. 12.891/13 (e já alterada pela lei nº. 13.165/15), não há mais vedação ao pedido de voto formulado por pré-candidato em entrevistas, programas, encontros ou debates no rádio, na televisão e na internet.

Alternativa correta: "certo".

121. (AOCP - Analista Judiciário - Área Judiciária - TRE - AC/2015) Os partidos e coligações têm o direito de fiscalizar todas as fases do processo de votação, apuração e processamento eletrônico da totalização dos resultados. Referente ao assunto, é correto afirmar que

a) no dia da eleição será realizada, por amostragem, auditoria de verificação do funcionamento das urnas eletrônicas, através de votação paralela, na presença dos fiscais dos partidos e coligações

b) cada partido ou coligação tem direito a indicar ao credenciamento para a Justiça Eleitoral, no máximo, cinco fiscais por seção eleitoral.

c) não é permitido que um fiscal seja nomeado para mais de uma Seção Eleitoral.

d) os partidos e coligações têm direito a acompanhar determinadas etapas da eleição, mas estão impedidos de contratar empresas externas de auditoria de sistemas.

e) os boletins de urna serão entregues aos partidos e coligações pela Justiça Eleitoral, ficando proibido o contato entre os fiscais e delegados de partido e o Presidente da Mesa Receptora.

COMENTÁRIOS

✪ **Nota do autor:**

A urna eletrônica, instituída nos anos 1990, representou um grande avanço na busca da garantia da normalidade das eleições brasileiras, reduzindo, substancialmente, as possibilidades de fraudes nas eleições, muito comuns na época da urna de lona e das cédulas de papel.

Apesar do sucesso desta nova forma de votação, que permitiu, dentre outros avanços, uma grande celeridade no processo de apuração dos resultados, muitos são aqueles que desconfiam da urna, acreditando que a mesma pode ser violada por hackers ou manipulada para desviar os votos de um candidato para outro, alterando os resultados dos pleitos.

Contra estas dúvidas, a Justiça Eleitoral, desde a implementação do sistema eletrônico de votação, tem disponibilizado diversos meios de aferição da segurança das urnas, acessíveis ao Ministério Público, partidos políticos, candidatos e sociedade civil. Dentre estes instrumentos, podemos destacar a votação paralela, forma de auditoria realizada no dia das eleições que almeja comprovar a impossibilidade de manipulação das urnas com o objetivo de desviar votos de um candidato para outro.

De acordo com as regras da votação paralela, na véspera da eleição, urnas já preparadas e lacradas, direcionadas às seções eleitorais, são aleatoriamente sorteadas e levadas para as sedes dos tribunais regionais eleitorais, onde são auditadas no dia do pleito.

Esta auditoria consiste em uma votação simulada realizada das 08 da manhã às 17 horas do domingo da eleição, em que votos são digitados nas urnas sorteadas como se fosse uma eleição de verdade, perante testemunhas e documentação por filmagem. Encerrada a votação, apuram-se as urnas, a fim de que seja comparado o resultado apurado com aquele cantado no momento da votação simulada. Em todos os anos em que tal procedimento foi realizado, em nenhuma oportunidade, em qualquer TRE do país, houve divergência entre o resultado apurado e os votos sufragados na votação simulada, fato que comprova, estatisticamente, a confiabilidade da urna.

Uma outra suspeita sempre levantada diz respeito à possibilidade de invasão da urna eletrônica por hackers. Afinal, como muito se diz, se até os computadores do FBI, nos Estados Unidos, já foram invadidos por hackers, por que não a urna eletrônica?

Quem levanta esta suspeita, contudo, não conhece, efetivamente, o funcionamento de uma votação e de uma apuração de resultados em uma eleição brasileira, com o uso do sistema eletrônico. É impossível a invasão da urna por hackers, ameaçando a lisura dos resultados apurados, por um simples motivo: a urna eletrônica, durante todo o processo de votação, até a expedição do Boletim de Urna, não fica conectada em rede, inviabilizando, portanto, qualquer possibilidade de invasão.

Antes mesmo de ser iniciada a votação, os mesários, em cada sessão eleitoral, têm a obrigação de emitir um documento chamado de Zerésima, através do qual se demonstra que nenhum voto foi depositado, até aquele momento, na urna. Com a impressão da Zerésima, a urna fica pronta para receber os votos dos eleitores, o que começa a ocorrer às oito da manhã do dia da votação, em processo que se encerra às dezessete horas, ou até que todos os eleitores que se encontrem na fila de votação, neste horário, votem.

Encerrada a votação, os mesários emitem, através da urna, um novo documento, chamado Boletim de Urna, a partir do qual o resultado daquela urna é apurado. Cópias desse boletim são, então, distribuídas aos fiscais de partido, além de publicadas no local de votação e na sede da Justiça Eleitoral. Todo este procedimento é realizado sem que a urna esteja em rede, impossibilitando, portanto, a ação de hackers.

Somente após a emissão dos boletins de urna (BUs) é que os resultados são transmitidos, por rede, para fins de totalização junto aos TREs e TSE. Teoricamente, neste momento poderia haver invasão de hackers, mas, por outro lado, a totalização revela apenas a soma dos votos de cada urna eletrônica, já apurados através da emissão dos BUs. Qualquer mudança, portanto, seria facilmente contestada com a apresentação de cópias desses documentos, os quais, como já afirmado, são distribuídos para todos os partidos e Ministério Público, além de publicados no local de votação e na sede do órgão da Justiça Eleitoral.

Como se observa, os principais argumentos suscitados para levantar suspeitas sobre a confiabilidade das urnas eletrônicas são facilmente refutáveis.

Alternativa "a". Como já destacado, de acordo com as regras da votação paralela, na véspera da eleição, urnas já preparadas e lacradas, direcionadas às seções eleitorais, são aleatoriamente sorteadas e levadas para as sedes dos tribunais regionais eleitorais, onde são auditadas no dia do pleito. Esta auditoria consiste em uma votação simulada realizada das 08 da manhã às 17 horas do domingo da eleição, em que votos são digitados nas urnas sorteadas como se fosse uma eleição de verdade, perante testemunhas e documentação por filmagem. Encerrada a votação, apuram-se as urnas, a fim de que seja comparado o resultado apurado com aquele cantado no momento da votação simulada. Fiscais de partidos e coligações podem acompanhar o procedimento, que é público.

Alternativa "b". Cada partido político ou coligação poderá nomear 2 delegados para cada município e 2 fiscais para cada mesa receptora, atuando um de cada vez, mantendo-se a ordem no local de votação. O fiscal poderá acompanhar mais de uma seção eleitoral, no mesmo local de votação. Quando o município abranger mais de uma zona eleitoral, cada partido político ou coligação poderá nomear 2 delegados para cada uma delas. Cada partido político ou coligação poderá credenciar, perante as Juntas Eleitorais, até três fiscais, que se revezarão na fiscalização dos trabalhos de apuração.

Alternativa "c". O fiscal poderá acompanhar mais de uma seção eleitoral, no mesmo local de votação.

Alternativa "d". Não existe este impedimento, embora, na prática, tal possibilidade não esteja regulamentada.

Alternativa"e". Não há nenhum impedimento ao contato entre delegados, fiscais e mesários nas eleições.

Alternativa correta: letra "a".

---

122. (IBFC – Analista Judiciário – Área Judiciária– TRE-AM/2014) Analise as seguintes afirmativas relativas ao fornecimento de transporte gratuito em dias de eleição, a eleitores residentes nas zonas rurais, de acordo com a disciplina da Lei Federal nº 6.091/1974:

I. Os serviços requisitados serão pagos, até trinta dias depois do pleito, a preços que correspondam aos critérios da localidade. A despesa correrá por conta do Fundo Partidário.

II. É vedado aos partidos fiscalizar os locais onde houver transporte e fornecimento de refeições a eleitores.

III. O transporte de eleitores somente será feito entre Municípios vizinhos e, quando das zonas rurais, para as mesas receptoras distar pelo menos cinco quilômetros.

Está CORRETO o que se afirma em:

a) I, apenas.

b) III, apenas.

c) I e II, apenas.

d) II e III, apenas.

COMENTÁRIOS

Item I. Regra expressamente prevista no parágrafo único do art. 2º da citada lei, que dispõe que "os serviços requisitados serão pagos, até trinta dias depois do pleito, a preços que correspondam aos critérios da localidade. A despesa correrá por conta do Fundo Partidário".

Item II. De acordo com o art. 9º da Lei nº. 6.091/74, "é facultado aos partidos exercer fiscalização nos locais onde houver transporte e fornecimento de refeições e eleitores".

Item III. O transporte deve ocorrer dentro do município, e não entre municípios, exclusivamente nas zonas rurais.

Alternativa correta: letra "a". Apenas I está correto.

---

123. (IBFC – Analista Judiciário – Área Judiciária– TRE-AM/2014) Caio é servidor público concursado e foi nomeado para ser mesário. Entretanto, sem justa causa, deixou de comparecer no local, dia e hora determinados para realização da eleição. Nessa hipótese pode-se afirmar que Caio:

a) Não tinha a obrigação de comparecer, pois servidores públicos não podem ser nomeados mesários.

b) Pode ser penalizado com suspensão de até quinze dias.

c) Está sujeito à pena de detenção de até seis meses, por embaraçar o exercício do sufrágio.

d) Deverá ser conduzido, pela autoridade policial, até o local da votação a fim de garantir os trabalhos da mesa receptora.

COMENTÁRIOS

Assertiva "a". Qualquer cidadão maior de 18 anos, salvo os candidatos e seus parentes, os membros dos diretórios de partidos que exerçam função executiva, as autoridades e agentes policiais e os servidores da Justiça Eleitoral, poderá ser nomeado mesário.

Assertiva "c". A ausência do mesário não configura, por si só, a conduta típica de embaraçamento do exercício do sufrágio.

Assertiva "d". O art. 124 do CE prevê sanções de multa para o mesário faltoso, mas não de condução coercitiva por autoridade policial. Havendo necessidade, qualquer eleitor que atenda aos requisitos legais poderá ser convocado, de imediato, para substituir o mesário faltoso.

Alternativa correta: letra "b". Regra prevista expressamente no art. 124, § 2º do Código Eleitoral.

---

124. (Consulplan – Analista Judiciário – Área Administrativa – TRE – MG/2013) Determinadas condutas especificadas na legislação eleitoral são proibidas aos agentes públicos, servidores ou não, porque tendem a afetar a igualdade de oportunidades entre candidatos nos pleitos eleitorais. A esse respeito, é correto afirmar que

a) é proibido fazer, na circunscrição do pleito, revisão geral da remuneração dos servidores públicos, ainda que apenas para a recomposição da perda de seu poder aquisitivo ao longo do ano da eleição.

b) é proibido ceder ou usar, em benefício de candidato, partido político ou coligação, bens móveis ou imóveis pertencentes à Administração Direta ou Indireta da União, dos Estados, do Distrito Federal, dos Territórios e dos Municípios, mesmo para a realização de convenção partidária.

c) é proibido ceder servidor público ou empregado da Administração Direta ou Indireta Federal, Estadual ou Municipal do Poder Executivo, ou usar de seus serviços, para comitês de campanha eleitoral de candidato, partido político ou coligação, durante o horário de expediente normal, ainda que o servidor ou empregado esteja licenciado.

d) é proibida, na circunscrição do pleito, nos três meses que o antecedem e até a posse dos eleitos, sob pena de nulidade de pleno direito, a nomeação ou exoneração de cargos em comissão e designação ou dispensa de funções de confiança e a nomeação para cargos do Poder Judiciário, do Ministério Público, dos Tribunais ou Conselhos de Contas e dos órgãos da Presidência da República.

e) é proibido realizar, nos três meses que antecedem o pleito, a transferência voluntária de recursos da União aos Estados e Municípios, e dos Estados aos Municípios, sob pena de nulidade de pleno direito, ressalvados os recursos destinados a cumprir obrigação formal pré-existente para execução de obra ou serviço em andamento e com cronograma pré-fixado, e os destinados a atender situações de emergência e de calamidade pública.

COMENTÁRIOS

✪ **Nota do autor:** O art. 73, em especial, e os seguintes da Lei das Eleições elencam uma série de condutas vedadas aos agentes públicos em campanhas eleitorais, visando a preservar a normalidade e a legitimidade dos processos eleitorais. Reputa-se agente público, para os fins dos referidos artigos, "quem exerce, ainda que transitoriamente ou sem remuneração, por eleição, nomeação, designação, contratação ou qualquer outra forma de investidura ou vínculo, mandato, cargo, emprego ou função nos órgãos ou entidades da administração pública direta, indireta, ou fundacional" (art. 73, § 1º da Lei nº. 9.504/97).

Alternativa "a". De acordo com o inciso VIII do art. 73 da Lei das Eleições, é vedada a realização, na circunscrição do pleito, de revisão geral da remuneração dos servidores públicos que exceda a recomposição da perda de seu poder aquisitivo ao longo do ano da eleição, a partir do início do período de convenções partidárias (20 de julho do ano eleitoral) até a posse dos eleitos.

Alternativa"b". De acordo com o inciso I do referido art. 73, é conduta vedada em campanhas eleitorais a cessão ou o uso em benefício de candidato, partido político ou coligação, de bens móveis ou imóveis pertencentes à administração direta ou indireta da União, dos estados, do Distrito Federal, dos territórios e dos municípios, ressalvada a realização de convenção partidária. Vale destacar que não se enquadra na vedação do citado inciso I o uso, em campanha, de transporte oficial pelo presidente da república; nem o uso de residências oficiais, pelos candidatos à reeleição para os cargos de presidente e vice-presidente da república, governador e vice-governador dos estados e DF ou prefeito e vice-prefeito, para a realização de reuniões ou contatos pertinentes à campanha, desde que não tenham caráter de ato público.

Alternativa "c". O inciso III do artigo 73 da Lei das Eleições estabelece que é vedado a agente público em campanha eleitoral "ceder servidor público ou empregado da administração direta ou indireta federal, estadual ou municipal do Poder Executivo, ou usar de seus serviços, para comitês de campanha eleitoral de candidato, partido político ou coligação, durante o horário de expediente normal, salvo se o servidor ou empregado estiver licenciado".

Alternativa"d". De acordo com o art. 73, V da Lei nº. 9.504/97, não existem óbices à nomeação de pessoas para cargos do Poder Judiciário, do Ministério Público, dos tribunais ou conselhos de contas e dos órgãos da Presidência da República durante o período eleitoral. O mesmo não ocorre, contudo, com a nomeação de pessoas para cargos do Poder Legislativo ou mesmo do Poder Executivo (salvo no caso de órgãos da Presidência da República)

Alternativa "e". Regra prevista no art. 73, VI, "a" da Lei nº. 9.504/97.

Alternativa correta: letra "e".

---

125. (FCC – Analista Judiciário – Área Judiciária – TRE-PR/2012) Maria é advogada. Ana é professora. Luiz é investigador de polícia. Pedro pertence ao serviço eleitoral. No que concerne às Mesas Receptoras, somente poderão ser nomeados mesários

a) Maria e Ana.
b) Luiz e Pedro.
c) Maria e Pedro.
d) Ana e Pedro.
e) Maria e Luiz.

COMENTÁRIOS

✪ **Nota do autor:** Segundo o artigo 120 do Código Eleitoral, cada mesa receptora de votos deverá ser constituída por seis membros: um presidente, um primeiro e um segundo mesário, dois secretários e um suplente, nomeados pelo juiz eleitoral sessenta dias antes da eleição. Nas eleições 2010, no entanto, o TSE, por meio da Resolução nº. 23.218, de 02.03.2010, facultou aos TREs a dispensa do segundo secretário e do suplente.

Não podem ser nomeados para compor mesas receptoras, de acordo com o art. 120 do Código Eleitoral c/c art. 63, § 2º da Lei nº. 9.504/97
Candidatos, seus cônjuges e parentes, ainda que por afinidade, até o 2º grau
Membros de diretórios de partidos políticos que exerçam função executiva
Autoridades e agentes policiais, bem como funcionários no desempenho de cargos de confiança do poder executivo
Servidores da Justiça
Eleitores menores de 18 anos de idade quando se tratar de órgão da imprensa escrita.

Alternativa "a" → Policiais e servidores da Justiça Eleitoral não podem atuar como mesários nas eleições, de acordo com o previsto no art. 120 do Código Eleitoral c/c art. 63, § 2º da Lei das Eleições (Lei nº. 9.504/97). Desta forma, no presente caso concreto, somente Maria e Ana poderão ser nomeados mesários.

Alternativa correta: letra "a".

---

126. (FCC – Analista Judiciário – Área Judiciária – TRE-PR/2012) João é esportista e candidatou-se por seu partido ao cargo de Deputado Estadual. Dois meses antes das eleições, foi convidado para a inauguração de obra pública relevante para a sua atividade profissional. Consultou o advogado de seu partido que lhe respondeu que o comparecimento à inauguração de obras públicas nos três meses que antecedem as eleições é vedado

a) somente a candidatos a eleições municipais.
b) apenas a candidatos a cargos do Poder Executivo.
c) somente a candidatos a cargos do Poder Legislativo.
d) apenas a agentes públicos em campanha eleitoral para qualquer cargo eletivo.
e) a qualquer candidato.

COMENTÁRIOS

Alternativa correta: letra "e" (responde as demais alternativas). De acordo com o caput do artigo 77 da Lei nº. 9.504/97, "é proibido a qualquer candidato comparecer, nos três meses que precedem o pleito, a inaugurações de obras públicas".

---

127. (FCC – Analista Judiciário – Área Judiciária – TRE-SP/2012) O comitê financeiro do partido Alpha, tendo cumprido as exigências eleitorais e recebido seu número de registro de CNPJ, iniciou a arrecadação de recursos financeiros à campanha eleitoral. Pretendem fazer doações:

I. cooperativa não beneficiada com recursos públicos, composta por cooperados que não são concessionários ou permissionários de serviço público.

II. entidade esportiva privada, sem participação em campeonatos das divisões principais.

III. sindicato representativo de categoria profissional patronal de âmbito estadual.

IV. pessoa jurídica sem fins lucrativos que não recebe recurso do exterior.

Dentre os pretendentes, o comitê financeiro do partido Alpha NÃO poderá receber doações das entidades indicadas em

a) I e II.

b) I e III.

c) I e IV.

d) II e III

e) II e IV.

COMENTÁRIOS

✪ **Nota do autor:** Segundo o artigo 24 da Lei das Eleições, partidos e candidatos não poderão receber, direta ou indiretamente, inclusive por meio de publicidade de qualquer espécie, doações em dinheiro ou estimáveis e dinheiro das seguintes pessoas:

Não podem fazer doações a candidatos e partidos políticos em campanha:

> I – entidade ou governo estrangeiro;
>
> II – órgão da administração pública direta e indireta ou fundação mantida com recursos provenientes do poder público;
>
> III – concessionário ou permissionário de serviço público;
>
> IV – entidade de direito privado que receba, na condição de beneficiária, contribuição compulsória em virtude de disposição legal;
>
> V – entidade de utilidade pública;
>
> VI – entidade de classe ou sindical;
>
> VII – pessoa jurídica sem fins lucrativos que receba recursos do exterior;
>
> VIII – entidades beneficentes e religiosas;
>
> IX – entidades esportivas;
>
> X – organizações não-governamentais (ONGs) que recebam recursos públicos;
>
> XI – organizações da sociedade civil de interesse público (OSCIPs).

A presente questão ficou desatualizada, a partir da publicação da lei nº. 13.165/15, tendo em vista que não mais, desde então, passou a ser permitida a doação a campanhas eleitorais provenientes de pessoa jurídica.

---

128. (FCC – Analista Judiciário – Área Judiciária – TRE-SP/2012) Paulo é proprietário de uma van de aluguel com a qual faz transporte de alunos para uma escola particular. No dia da eleição, transportou todos os onze membros de sua família, da zona rural para os locais de votação. A conduta de Paulo

a) foi ilícita, por se tratar de veículo de aluguel.

b) foi ilícita, por se tratar de transporte de eleitores da zona rural.

c) foi lícita, porque se limitou a transportar os membros de sua família.

d) foi ilícita, por se tratar de utilitário e não de automóvel de passeio.

e) só poderá ser considerada lícita se tiver obtido prévia autorização da Justiça Eleitoral.

COMENTÁRIOS

✪ **Nota do autor:** o oferecimento indevido de transportes no dia da eleição configura abuso de poder econômico. É a lei nº. 6.091, de 15 de agosto de 1974, que regulamenta esta questão. Assim, de acordo com o art. 5º da referida lei, nenhum veículo ou embarcação poderá fazer transporte de eleitores desde o dia anterior até o posterior à eleição, salvo aqueles a serviço da Justiça Eleitoral, os veículos coletivos de linhas regulares e não fretados, os de uso individual do proprietário, para o exercício do próprio voto e dos membros de sua família, bem como os veículos de aluguel de serviço normal, sem finalidade eleitoral (carro alugado por eleitor para o seu próprio transporte e de seus familiares, serviços de táxi, mototáxi etc.). Apenas a Justiça Eleitoral poderá fornecer transporte gratuito a eleitores, mesmo assim apenas àqueles residentes nas zonas rurais. O transporte de eleitores somente será feito dentro dos limites territoriais do respectivo município e quando das zonas rurais para as mesas receptoras distar pelo menos dois quilômetros. Quinze dias antes do pleito, a Justiça Eleitoral divulgará, pelo órgão competente, o quadro geral de percursos e horários programados para o transporte de eleitores, dele fornecendo cópias aos partidos políticos. Os partidos políticos, candidatos ou eleitores, em número de vinte, poderão oferecer reclamações em três dias contados da divulgação do quadro, as quais serão apreciadas nos três dias subsequentes, delas cabendo recurso sem efeito suspensivo. Decididas as reclamações, a Justiça Eleitoral divulgará, pelos meios disponíveis, o quadro definitivo.

Alternativa "a". A situação, como visto, não é ilícita, mesmo o veículo sendo utilizado, cotidianamente, para o aluguel, uma vez que, neste caso, foi utilizado tão somente pelo eleitor proprietário e seus familiares.

Alternativa "b". Como o veículo foi utilizado somente pela família do proprietário, não há ilícito, mesmo em se tratando de transporte de eleitores em zona rural.

Alternativa "c". De acordo com o art. 5º da Lei nº. 6.091/74, nenhum veículo ou embarcação poderá fazer transporte de eleitores desde o dia anterior até o posterior à eleição, salvo aqueles a serviço da Justiça Eleitoral, os veículos coletivos de linhas regulares e não fretados, os de uso individual do proprietário, para o exercício do próprio voto e dos membros de sua família, bem como os veículos de aluguel de serviço normal, sem finalidade eleitoral (carro alugado por eleitor para o seu próprio transporte e de seus familiares, serviços de táxi, mototáxi etc.). No caso em tela, portanto, não houve ilícito, pois o veículo foi utilizado para o transporte da família do eleitor.

Alternativa "d". Não há este tipo de distinção na lei, entre automóvel de passeio e veículo utilitário.

Alternativa "e". Como se trata de transporte de familiares do dono do automóvel, não há necessidade de prévia autorização da Justiça Eleitoral.

Alternativa correta: letra "c".

---

129. (FCC – Analista Judiciário – Área Judiciária – TRE-SP/2012) Pedro é radialista e titular de um programa numa emissora da cidade. Tendo sido escolhido candidato a Prefeito Municipal pela convenção de seu partido, adotou variação nominal coincidente com o nome do seu programa. Em tal situação, a partir de 1º de julho do ano da eleição, a emissora de rádio, em sua programação normal,

a) poderá divulgar o nome do programa, porque não é o mesmo que o do candidato.
b) poderá divulgar o nome do programa, porque já existia antes da convenção partidária.
c) poderá divulgar o nome do programa, desde que não difunda opinião favorável ao candidato.
d) só poderá divulgar o nome do programa se não for apresentado ou comentado pelo candidato.
e) não poderá divulgar o nome do programa, por expressa vedação legal.

COMENTÁRIOS

Alternativa "e". De acordo com o art. 45, VI da Lei das Eleições, a partir de 1º de julho do ano eleitoral é vedado a emissoras de rádio e TV divulgar nome de programa que se refira a candidato escolhido em convenção, ainda quando o programa for preexistente, inclusive se coincidente com o nome de candidato ou com a variação nominal por ele adotada (responde as demais).

Alternativa correta: letra "e"

---

130. (FGV – Analista Judiciário / TRE-PA / 2011) Analise as três situações hipotéticas a seguir:

Situação 1: Durante o primeiro turno das eleições de 20XX, Maria, eleitora em dia com suas obrigações eleitorais, encontrava-se na China a turismo, tendo retornado ao Brasil no dia 12 de novembro do mesmo ano.

Situação 2: Durante o primeiro turno das eleições de 20XX, Maria, eleitora em dia com suas obrigações eleitorais, encontrava-se na China a trabalho, tendo retornado ao Brasil no dia 12 de novembro do mesmo ano.

Situação 3: Durante o primeiro turno das eleições de 20XX, Maria, eleitora em dia com suas obrigações eleitorais e com domicílio eleitoral em Belém do Pará, encontrava-se em Santa Catarina, tendo retornado a Belém no dia 12 de novembro do mesmo ano.

A respeito das situações acima, é correto afirmar que:

a) na situação 1, Maria tem 30 dias contados de seu retorno ao país para justificar sua falta por meio de requerimento dirigido ao Juiz Eleitoral de sua zona de inscrição, ao passo que, na situação 2, ela tem o prazo dilatado para 60 dias por estar ausente devido ao seu trabalho.
b) nas situações 1 e 2, Maria possui o prazo de 60 dias contados de seu retorno ao Brasil para justificar sua falta, uma vez que se encontrava no exterior, impossibilitada de cumprir com suas obrigações eleitorais.
c) na situação 3, por encontrar-se no país, Maria tem o prazo de 30 dias da data da eleição para justificar sua falta. Esse pedido pode ser formulado na zona eleitoral em que se encontrar o eleitor, a qual providenciará sua remessa ao juízo competente.
d) na s situações 1 e 2, o prazo para justificar sua falta é de 30 dias contados do seu retorno ao país. Já na situação 3, o prazo é de 60 dias após a realização da eleição, sendo que, no último caso, o pedido pode ser formulado na zona eleitoral em que se

encontrar o eleitor, a qual providenciará sua remessa ao juízo competente.

e) nas três situações, Maria tem o prazo de 30 dias para justificar sua falta, sendo que, em relação à viagem à China, o prazo é contado da data de seu retorno ao país.

COMENTÁRIOS

Alternativa correta: letra "d" (responde as demais alternativas). A questão aborda a "Justificação ao não comparecimento à eleição", disciplinada pelos arts. 80 a 82 da Resolução TSE 21.538/2003. Conforme o art. 80, *caput,* o eleitor que deixar de votar deve promover a justificação no prazo de 60 dias após a realização da eleição. Já pelo § 1º, estando o eleitor no exterior na data do pleito, o prazo será de 30 dias, a contar do seu retorno ao país, e não se faz nenhuma distinção quanto ao fato de o eleitor estar a turismo ou a trabalho. Por fim, o § 2º dispõe que o pedido de justificação será sempre dirigido ao juiz eleitoral da zona de inscrição, podendo ser formulado na zona eleitoral em que se encontrar o eleitor, a qual providenciará sua remessa ao juízo competente.

---

131. (FCC – Analista Judiciário /TRE-TO / 2011) De acordo com a Lei no 6.091/74, utilizar em campanha eleitoral, no decurso dos noventa dias que antecedem o pleito, veículos e embarcações pertencentes à União, Estados, Municípios e respectivas autarquias e sociedades de economia mista, acarreta

a) o cancelamento do registro do candidato ou de seu diploma, se já houver sido proclamado eleito.

b) a imposição de multa de 100 a 150 dias-multa.

c) a aplicação de pena de detenção de 3 a 6 meses, somente.

d) a aplicação de pena de detenção de 15 dias a 6 meses e de 200 a 300 dias-multa.

e) a aplicação de advertência verbal e pública pelo Presidente do Tribunal Regional Eleitoral

COMENTÁRIOS

✪ **Nota do autor:** apenas a Justiça Eleitoral poderá fornecer transporte gratuito a eleitores, mesmo assim apenas àqueles residentes nas zonas rurais. O transporte de eleitores somente será feito dentro dos limites territoriais do respectivo município e quando das zonas rurais para as mesas receptoras distar pelo menos dois quilômetros.

Alternativa "a". Regra expressa no art. 11, V da Lei nº. 6.091/74, o qual estabelece como crime eleitoral tal conduta, punível com a pena de cancelamento do registro ou diploma do candidato (caso já tenha sido eleito e diplomado).

Alternativa correta: letra "a".

---

132. (FCC – Analista Judiciário /TRE-RN / 2011) A utilização da máquina pública em campanhas eleitorais pode ser fator de desequilíbrio do pleito, ofendendo o princípio da igualdade de oportunidades. No intuito de coibir tais condutas, a legislação eleitoral estipula algumas vedações ao agente público que participe do pleito, dentre as quais, destaca-se a:

a) utilização de transporte oficial pelo Presidente da República, durante a campanha.

b) nomeação de aprovados em concursos públicos, homologados nos três meses que antecedem o pleito até a posse dos eleitos.

c) utilização da residência oficial, pelos candidatos à reeleição de Governador e de Vice-Governador de Estado e Distrito Federal, para a realização de contato, encontros e reuniões pertinentes à própria campanha, desde que não tenham caráter público.

d) nomeação ou exoneração, nos três meses que antecedem a eleição até a posse dos eleitos, de cargos em comissão e designação ou dispensa de funções de confiança, na circunscrição do pleito.

e) nomeação, nos três meses anteriores ao pleito, para cargos afetos ao Poder Judiciário.

COMENTÁRIOS

Alternativa "a". Conforme o § 2º do art. 73 da lei das eleições, o uso, em campanha, de transporte oficial pelo Presidente da República, não configura conduta vedada.

Alternativa "b". Conforme o inciso V, "c" do art. 73 da lei das eleições, é possível a nomeação dos aprovados em concursos públicos que tenham sido homologados nos três meses que antecedem o pleito. O erro da questão está em ter mencionado que seria possível a aprovação de aprovados em concursos homologados durante os três meses anteriores ao pleito, quando, como visto, os concursos devem ter sido homologados antes desse período.

Alternativa "c". Conforme o § 2º do art. 73 da lei das eleições essa conduta é permitida.

Alternativa "d". O inciso V, "a" do art. 73 da lei das eleições permite essa conduta.

Alternativa "e". O inciso V, "b" do art. 73 da lei das eleições permite essa conduta.

Alternativa correta: letra "b"

---

133. (FCC – Analista Judiciário /TRE-RN / 2011) Constitui captação ilícita de sufrágio o candidato doar, oferecer, prometer, ou entregar ao eleitor, com o fim de obter-lhe o voto, bem ou vantagem pessoal ou de qualquer natureza, inclusive emprego ou função pública, no prazo desde o registro de candidatura até o dia da eleição, sujeitando-se o infrator a pena de multa e cassação do registro ou do diploma (artigo 41-A da Lei no. 9504/97). Considerando a jurisprudência dominante do Tribunal Superior Eleitoral em relação a tal ilícito, pode-se dizer que

a) os gastos eleitorais disciplinados em lei podem configurar a captação ilícita de sufrágio.
b) é necessário, para a configuração do delito, a demonstração de que o eleitor efetivamente votou, sendo despiciendo, contudo, saber se votou a favor do agente ou não.
c) o candidato a cargo eletivo pode ser responsabilizado pela captação ilícita em decorrência de uma conduta de terceiro não candidato, desde que lhe tenha anuído explicitamente.
d) é desnecessário que o sujeito passivo da conduta descrita como captação ilegal de sufrágio seja eleitor.
e) a configuração do delito depende do pedido formal de voto pelo candidato, não bastando que tal objetivo esteja implícito ou dissimulado em sua conduta.

COMENTÁRIOS

✪ **Nota do autor:** A ação por captação ilícita de sufrágio se fundamenta no artigo 41-A da Lei 9.504/97, surgido a partir de um movimento popular liderado pelo Movimento de Combate à Corrupção Eleitoral que originou a lei federal nº. 9840, de 28 de setembro de 1999. A partir de pesquisa encomendada pela Comissão Brasileira de Justiça e Paz (CBJP), após a Campanha da Fraternidade da Conferência Nacional dos Bispos do Brasil, de 1996, que teve como tema "fraternidade e política", foi constatado que um dos elementos que mais contribuem para a distorção da democracia brasileira é a compra de votos. Assim, com base nesta constatação, nasceu um movimento popular a partir do qual foi encaminhado, inicialmente, projeto de iniciativa popular de lei, posteriormente convertido em projeto de lei comum, subscrito por deputados de todos os partidos com representação na Câmara dos Deputados, propondo alterações na Lei das Eleições, de forma a combater mais efetivamente a referida prática danosa. Em 28.09.1999, foi então sancionada a lei nº. 9.840, que fez incluir na Lei das Eleições o art. 41-A. A partir deste novo dispositivo legal, buscou-se combater a compra de voto e, por conseguinte, o abuso do poder político e econômico nas eleições, preservando-se a liberdade do voto. Ao contrário do que se verifica na Ação de Investigação Judicial Eleitoral, ou mesmo na Ação de Impugnação de Mandato Eletivo, para a propositura da ação por captação ilícita de sufrágio não é necessária a chamada "potencialidade lesiva", capaz de alterar, significativamente, o resultado das eleições. Basta a comprovação da compra de um único voto para que a captação ilícita de sufrágio esteja caracterizada, sendo pacífico o entendimento do TSE neste sentido (Ac. 26.118, de 1º.3.07, do TSE, DJ de 28.3.07). A captação ilícita de sufrágio é prevista no art. 41-A da Lei das Eleições, ensejando multa e cassação do registro ou diploma, sendo observado, no seu processamento, o rito previsto no art. 22 da LC 64/90. O objetivo da norma é combater práticas tendentes a violar a liberdade do voto, a compra de voto, tendo sido o referido artigo incluído no ordenamento jurídico a partir de forte manifestação popular, consubstanciada em apresentação de projeto de iniciativa popular de lei, viabilizado através do Movimento de Combate à Corrupção Eleitoral. A representação por captação ilícita de sufrágio prescreve, como conduta objetiva, as ações de dar, oferecer, prometer ou entregar qualquer bem ou vantagem de cunho pessoal, inclusive emprego ou função pública, a eleitor. Também a ameaça ao eleitor, com o intuito da conquista do seu voto, caracteriza a captação ilícita de sufrágio, conforme alteração legislativa patrocinada pela lei nº. 12.034/09. Promessas genéricas de campanha, por sua vez, não caracterizam a promessa de vantagem de cunho pessoal ensejadora da aplicação do art. 41-A (neste sentido Ac. TSE nº. 5.498, Rel. Min. Gilmar Mendes).

Alternativa "a". Os gastos eleitorais, que estão relacionados no art. 26 da lei das eleições, não são qualificados como captação ilícita de sufrágio, eis que o art. 41-A da lei, ao tipificar a captação ilícita de sufrágio, ressalva expressamente o art. 26.

Alternativa "b". Para a configuração da conduta ilícita é necessário tão somente a evidência de dolo por parte do agente, conforme § 1º do art.41-A, não sendo precisão confirmar se o eleitor votou.

Alternativa "c". Se o candidato concordou com a captação ilícita de sufrágio, visando obter para si o voto captado, ele será responsabilizado pela conduta.

Alternativa "d". Se o sujeito passivo não é eleitor não há como configurar captação de sufrágio, eis que o mesmo não poderá votar. Nesse sentido, o texto do art. 41-A caput menciona expressamente a figura do eleitor.

Alternativa "e". Conforme previsto no § 1º do art. 41-A, não é preciso o pedido explícito de voto para que se configure a conduta ilícita, bastando a evidência do dolo, consistente no especial fim de agir.

Alternativa correta: letra "c".

---

134. (FCC – Analista Judiciário /TRE-AC / 2010) Nos municípios em que houver mais de uma Junta Eleitoral, a expedição dos diplomas aos eleitos para os cargos municipais será feita:

a) pelo Tribunal Regional Eleitoral.
b) pela Junta Eleitoral que for presidida pelo Juiz Eleitoral mais antigo.
c) pela Junta Eleitoral que tiver apurado maior número de votos.

d) pelo Tribunal Superior Eleitoral.

e) pelo Corregedor Regional Eleitoral.

COMENTÁRIOS

Alternativa correta: letra "b" (responde as demais alternativas). Regra expressa no art. 40, parágrafo único, do Código Eleitoral, o qual estabelece a regra segundo a qual a diplomação do prefeito e dos vereadores eleitos será feita pela Junta Eleitoral presidida pelo juiz eleitoral mais antigo, caso haja mais de uma Junta Eleitoral na mesma Zona Eleitoral.

---

135. (FCC – Analista Judiciário /TRE-RS / 2010) A respeito do Sistema Eletrônico e da Totalização dos Votos, considere:

I. A urna eletrônica exibirá para o eleitor, primeiramente, os painéis referentes às eleições proporcionais e, em seguida, os referentes às eleições majoritárias.

II. A urna eletrônica disporá de recursos que, mediante assinatura digital, permitam o registro digital de cada voto, bem como a identificação do eleitor da urna em que foi registrado.

III. A urna eletrônica, ao final da eleição, procederá à assinatura digital do arquivo de votos, com aplicação do registro de horário e do arquivo do boletim de urna, de maneira a impedir a substituição de votos e a alteração dos registros dos termos de início e término da votação.

Está correto o que se afirma SOMENTE em

a) I e III.

b) I e II.

c) II e III.

d) II.

e) III.

COMENTÁRIOS

✪ **Nota do autor:** Com a adoção do sistema eletrônico de votação, tornou-se vedada a possibilidade de voto em trânsito, prevista no Código Eleitoral. Dessa forma, o eleitor passou a ser obrigado a votar, apenas, na seção eleitoral em que esteja alistado (art. 62 da Lei das Eleições).

Item I. Regra expressa no § 3º do art. 59 da Lei das Eleições, o qual estabelece que "a urna eletrônica exibirá para o eleitor, primeiramente, os painéis referentes às eleições proporcionais e, em seguida, os referentes às eleições majoritárias.

Item II. A assinatura digital identifica a urna em que o voto foi registrado, mas não o eleitor, cujo anonimato é resguardado.

Item III. Regra expressa no § 6º do art. 59 da Lei das Eleições, o qual dispõe que "a urna eletrônica, ao final da eleição, procederá à assinatura digital do arquivo de votos, com aplicação do registro de horário e do arquivo do boletim de urna, de maneira a impedir a substituição de votos e a alteração dos registros dos termos de início e término da votação".

Alternativa correta: letra "a". Somente I e III estão corretos.

---

136. (CONESUL – Analista Judiciário / TRE-PE / 2010) Ficam vedadas quaisquer doações em dinheiro, bem como de troféus, prêmios, ajudas de qualquer espécie feitas por candidato, entre o registro e a eleição, a pessoas físicas ou jurídicas.

COMENTÁRIOS

✪ **Nota do autor:** A ação por captação ilícita de sufrágio se fundamenta no artigo 41-A da Lei 9.504/97, surgido a partir de um movimento popular liderado pelo Movimento de Combate à Corrupção Eleitoral que originou a lei federal nº. 9840, de 28 de setembro de 1999. A partir de pesquisa encomendada pela Comissão Brasileira de Justiça e Paz (CBJP), após a Campanha da Fraternidade da Conferência Nacional dos Bispos do Brasil, de 1996, que teve como tema "fraternidade e política", foi constatado que um dos elementos que mais contribuem para a distorção da democracia brasileira é a compra de votos. Assim, com base nesta constatação, nasceu um movimento popular a partir do qual foi encaminhado, inicialmente, projeto de iniciativa popular de lei, posteriormente convertido em projeto de lei comum, subscrito por deputados de todos os partidos com representação na Câmara dos Deputados, propondo alterações na Lei das Eleições, de forma a combater mais efetivamente a referida prática danosa. Em 28.09.1999, foi então sancionada a lei nº. 9.840, que fez incluir na Lei das Eleições o art. 41-A. A partir deste novo dispositivo legal, buscou-se combater a compra de voto e, por conseguinte, o abuso do poder político e econômico nas eleições, preservando-se a liberdade do voto. Ao contrário do que se verifica na Ação de Investigação Judicial Eleitoral, ou mesmo na Ação de Impugnação de Mandato Eletivo, para a propositura da ação por captação ilícita de sufrágio não é necessária a chamada "potencialidade lesiva", capaz de alterar, significativamente, o resultado das eleições. Basta a comprovação da compra de um único voto para que a captação ilícita de sufrágio esteja caracterizada, sendo pacífico o entendimento do TSE neste sentido (Ac. 26.118, de 1º.3.07, do TSE, DJ de 28.3.07).

A conduta descrita configura captação ilícita de sufrágio, vedada pelo art. 41-A da Lei das Eleições.

Alternativa correta: "certo"

8. AÇÕES E RECURSOS ELEITORAIS

137. (IBFC – Técnico Judiciário – Área Administrativa – TRE – PA/2020) A competência para julgamento e consecução de demais procedimentos de arguições de inelegibilidade, perante a Justiça Eleitoral, encontram-se disciplinados, sobretudo, na Lei Complementar n° 64 de 1990. Nesse contexto, analise as afirmativas abaixo e dê valores Verdadeiro (V) ou Falso (F):

( ) A arguição de inelegibilidade será feita perante os Tribunais Regionais Eleitorais, quando se tratar de candidato a Senador, Governador e Vice-Governador de Estado e do Distrito Federal, Deputado Federal, Deputado Estadual e Deputado Distrital, Prefeito e Vice-Prefeito.

( ) Caberá a qualquer candidato, a partido político, coligação ou ao Ministério Público, no prazo de 5 (cinco) dias, contados do pedido de registro da candidatura, impugná-lo em petição fundamentada.

( ) A partir da data em que terminar o prazo para impugnação, passará a correr, após devida notificação, o prazo de 7 (sete) dias para que o candidato, partido político ou coligação possa contestá-la, juntar documentos, indicar rol de testemunhas e requerer a produção de outras provas.

( ) Para a configuração do ato abusivo, será considerada a potencialidade de o fato alterar o resultado da eleição e a gravidade das circunstâncias que o caracterizam.

Assinale a alternativa que representa a sequência correta de cima para baixo:

a) V, F, V, F
b) F, F, V, V
c) F, F, V, F
d) V, V, F, F

COMENTÁRIOS

Afirmativa I. FALSA. No caso de eleições de prefeito e vice-prefeito a arguição deverá ocorrer perante o juiz eleitoral da zona eleitoral competente

Afirmativa II. FALSA. Prazo se inicia da publicação, pela Justiça Eleitoral, do edital com os nomes dos pretensos candidatos postulantes

Afirmativa III. VERDADEIRA

Afirmativa IV. FALSA. Não é necessário o faro de alterar o resultado da eleição, bastando a gravidade das circunstâncias.

Assertiva correta: letra "c".

138. (FCC – Analista Judiciário – Área Judiciária – TRE-RO/2013) A respeito do processo de impugnação de registro de candidatura, é correto afirmar que

a) as partes somente poderão apresentar e requerer a produção de prova documental, vedada a oitiva de testemunhas, em razão da celeridade da tramitação.
b) quando qualquer documento necessário à formação da prova se achar em poder de terceiro e este, sem justa causa, não o exibir nem comparecer a juízo para depositá-lo, poderá o juiz contra ele expedir mandado de prisão e instaurar processo por crime de desobediência.
c) as alegações finais serão apresentadas pelas partes e pelo Ministério Público, após o encerramento da instrução probatória, no prazo sucessivo de 3 dias para cada um.
d) o juiz formará a sua convicção pela apreciação da prova constante dos autos, mas, na formação e motivação do seu convencimento, deverá se ater ao que foi alegado pelas partes.
e) o juiz não poderá determinar diligências de ofício, pois, em razão do princípio do contraditório, somente poderá ordenar a produção de provas a requerimento das partes.

COMENTÁRIOS

✪ **Nota do autor:** Poderá a autoridade judicial competente para o registro de candidatura indeferir o pedido de registro *ex officio*, em caso de ausência de uma condição de procedibilidade do registro. Não havendo tal espécie de indeferimento, qualquer candidato, partido político, coligação ou o Ministério Público Eleitoral terá legitimidade ativa para a propositura da AIRC. Os legitimados passivos para a AIRC são pré-candidatos que tenham incorrido em uma das causas de inelegibilidade ou que não tenham cumprido as condições de elegibilidade e as condições de procedibilidade do registro. O prazo para a interposição da AIRC, decadencial e improrrogável, é de 05 dias, contados da publicação do registro do candidato. Vale destacar, neste sentido, que há preclusão da matéria não impugnada em tempo hábil, em sede de AIRC, salvo se cuidar de matéria constitucional, quando a inelegibilidade poderá ser arguida posteriormente, inclusive em sede de Recurso Contra a Diplomação (RCD).

Alternativa "a". É possível às partes arrolar até seis testemunhas cada, as quais serão ouvidas em uma só assentada (de acordo com o art. 5º, § 1º da LC 64/90).

Alternativa "b". Segundo o § 5º do art. 3º da LC 64/90, "se o terceiro, sem justa causa, não exibir o documento ou não comparecer a juízo, poderá o juiz contra ele expedir mandado de prisão e instaurar processo por crime de desobediência".

Alternativa "c". O prazo é de 05 dias, comum às partes, inclusive o MP (art. 6º da LC 64/90).

Alternativa "d". O juiz pode firmar sua convicção com base em fatos não alegados pelas partes (art. 7º, parágrafo único da LC 64/90).

Alternativa "e". O juiz poderá determinar diligências de ofício, segundo prevê o artigo 5º, § 2º da LC 64/90.

Alternativa correta. letra "b".

---

139. (FCC – Analista Judiciário – Área Judiciária – TRE-RO/2013) O partido político a que Paulino é filiado requereu o registro de sua candidatura para o cargo de Vereador. Houve impugnação e, afinal, o registro foi indeferido pelo Juiz Eleitoral, por falta do requisito referente à idade mínima constitucionalmente exigida. Paulino recorreu para o Tribunal Regional Eleitoral, que confirmou a decisão recorrida, divergindo da interpretação dada ao texto constitucional por outro Tribunal Regional Eleitoral. Nesse caso, caberá recurso

a) ordinário para o Tribunal Superior Eleitoral.
b) especial para o Supremo Tribunal Federal.
c) especial para o Tribunal Superior Eleitoral.
d) ordinário para o Supremo Tribunal Federal.
e) extraordinário para o Supremo Tribunal Federal.

COMENTÁRIOS

Alternativa "c" (responde as demais): Caberá recurso especial. O recurso especial de decisões de TREs tem previsão no inciso I do artigo 276, e poderá ser interposto diante de decisões proferidas contra expressa disposição legal ou quando ocorrer divergência na interpretação de lei entre dois ou mais Tribunais Eleitorais. O prazo para a sua interposição também será de 03 dias, a contar da publicação da decisão, salvo quando se tratar de recurso especial contra decisão do juiz auxiliar em pedido de direito de resposta, quando o prazo será então de 24 horas (Ac. TSE nº. 27.839, de 06.03.2007).

Alternativa correta. letra "c"

---

140. (Analista Judiciário – Área Judiciária TRE/CE 2012 – FCC) A ação de impugnação de mandato eletivo:

a) pode ser ajuizada contra candidato eleito, até a diplomação.
b) contra deputados federais deve ser ajuizada perante o Tribunal Superior Eleitoral.
c) só pode ser ajuizada por partido político ou coligação.
d) deve tramitar em segredo de justiça.
e) comporta recurso somente quando for julgada improcedente.

COMENTÁRIOS

✪ **Nota do autor:** A Ação de Impugnação de Mandato Eletivo (AIME), com previsão no artigo 14, §§ 10 e 11 da Constituição, tem por objeto o combate ao abuso de poder econômico, da corrupção e da fraude eleitoral. No que se refere à possibilidade de abuso de poder econômico ensejador da propositura de AIME, entende o TSE que tal conceito não engloba o abuso de poder político ou de autoridade, a não ser que tais práticas tenham conexão com o abuso do poder econômico (neste sentido, conferir o Ac. TSE nº. 28.581, Rel. Min. Felix Fischer, j. 21.08.2008, DJ 23.09.2009, p.15). A corrupção que afete a lisura do pleito ensejadora de AIME, por sua vez, relaciona-se às práticas de "dar, oferecer, prometer, solicitar ou receber, para si ou para outrem, dinheiro, dádiva, ou qualquer outra vantagem, para obter ou dar voto e para conseguir ou prometer abstenção, ainda que a oferta não seja aceita", conduta tipificada como crime eleitoral de acordo com o art. 299 do CE. A fraude, por sua vez relaciona-se na AIME à votação, com comprometimento da lisura e da legitimidade do pleito, a exemplo de situações como a do eleitor votar mais de uma vez ou alterar dados da urna eletrônica. A AIME tramitará em segredo de justiça, mas o seu julgamento deverá ser público (Ac. TSE nº. 4.318). Prevalecerá, para a AIME, a gratuidade, salvo comprovada litigância de má-fé. O Tribunal Superior Eleitoral já firmou entendimento de que não existe litispendência entre AIJE, AIME e Recurso Contra a Diplomação, uma vez que os objetivos seriam distintos para cada um dos referidos institutos (Neste sentido, Acs. TSE nos 4.203, 21.218 e 35.923).

Alternativa "a". O termo final para a propositura da AIME é de 15 dias após a diplomação dos eleitos.

Alternativa "b". A AIME contra deputados federais deverá ser ajuizada junto aos tribunais regionais eleitorais, tendo em vista que a circunscrição da eleição para tal cargo é o estado.

Alternativa "c". Pode ser ajuizada também por candidato ou pelo Ministério Público.

Alternativa "d". A Constituição Federal de 1988 estabelece, em seu artigo 14, § 11, que a AIME tramitará em segredo de justiça. De acordo com jurisprudência consolidada do TSE (Ac. TSE nº 4.318), A AIME tramitará em segredo de justiça, mas seu julgamento será público.

Alternativa "e". Também caberá recurso da procedência da ação.

Alternativa correta: letra "d"

---

141. (Analista Judiciário – Área Judiciária TRE/CE 2012 – FCC) Das decisões que versarem sobre a expedição de diplomas nas eleições federais ou estaduais e das decisões que denegarem habeas corpus ou mandado de segurança,

a) cabe recurso especial e ordinário, respectivamente.

b) cabe somente recurso especial.
c) cabe recurso ordinário e especial, respectivamente.
d) cabe recurso ordinário.
e) não cabe recurso.

COMENTÁRIOS

Alternativa correta: letra "d" (responde as demais alternativas). De acordo com o art. 276, II do Código Eleitoral, das decisões dos tribunais regionais eleitorais que versarem sobre anulação de diploma ou decretação de perda de mandatos eletivos federais ou estaduais, bem como das decisões que denegarem habeas corpus ou mandado de segurança, caberá recurso ordinário para o TSE.

---

142. (FCC – Analista Judiciário – Área Administrativa – TRE-CE/2012) A representação por captação de sufrágio

a) só poderá ser feita pelo Ministério Público Eleitoral.
b) poderá ser ajuizada até a data da diplomação.
c) exige que tenha havido pedido explícito de votos.
d) poderá fundar-se em fato ocorrido antes do registro da candidatura.
e) não poderá ter por objeto vantagem pessoal destinada à obtenção de voto consistente em promessa de emprego público.

COMENTÁRIOS

✪ **Nota do autor:** Constitui captação de sufrágio o candidato doar, oferecer, prometer, ou entregar, ao eleitor, com o fim de obter-lhe o voto, bem ou vantagem pessoal de qualquer natureza, inclusive emprego ou função pública, desde o registro da candidatura até o dia da eleição, inclusive, sob pena de multa de mil a cinquenta mil UFIR, e cassação do registro ou do diploma. A lei eleitoral pune aquele candidato que busca aliciar o eleitor, desde o registro da candidatura até o dia da eleição, oferecendo-lhe vantagem indevida em troca do voto. Neste sentido, a mera insinuação do eleitor, sem a complacência do candidato, de busca de vantagem indevida não caracteriza a captação ilícita de sufrágio. É necessário que o candidato sucumba à insinuação do eleitor ou tome, por si só, a iniciativa de aliciá-lo.

Alternativa "b". A representação por captação ilícita de sufrágio abrange fatos ocorridos durante o período eleitoral, do registro de candidatura até a data da eleição. Seu ajuizamento, dessa forma, é permitido até a data da diplomação, a fim de viabilizar a punição daqueles que praticam atos de aliciamento abusivo de eleitores na data do pleito (responde as demais).

Alternativa correta: letra "b".

---

143. (FCC – Analista Judiciário – Área Judiciária – TRE-PR/2012) João foi diplomado Vereador. O Ministério Público Eleitoral interpôs recurso contra a diplomação, alegando errônea interpretação da lei quanto à aplicação do sistema de representação proporcional. Nesse caso,

a) o partido político a que João pertencer deverá integrar a lide na condição de litisconsorte passivo necessário.
b) o recurso contra a diplomação só pode ser interposto por candidato prejudicado pela errônea interpretação da lei quanto ao sistema de representação proporcional.
c) não cabe recurso contra a diplomação, pois a matéria deveria ter sido suscitada quando da divulgação do resultado das eleições.
d) o recurso contra a diplomação só pode ser interposto por outro partido político ou coligação prejudicado pela errônea interpretação da lei quanto ao sistema de representação proporcional.
e) todos os partidos políticos deverão integrar a lide na condição de litisconsortes passivos necessários, por tratar-se de questão relativa ao sistema de representação proporcional.

COMENTÁRIOS

✪ **Nota do autor:** O Recurso Contra a Diplomação é um meio jurídico previsto no art. 262 do Código Eleitoral que tem como objetivo a decretação da inelegibilidade ou incompatibilidade de candidato diplomado quando, depois do deferimento do registro e antes da diplomação aparecer uma inelegibilidade superveniente; ou quando, também depois do registro e antes da diplomação, for percebida a existência de uma inelegibilidade prevista na Constituição Federal e não arguida em sede de AIRC. Não há, nestes casos, preclusão, uma vez que, no primeiro caso, o fato é superveniente ao registro do candidato e, no segundo, mesmo o fato sendo anterior ao registro, a matéria é de ordem constitucional, podendo ser arguida após o fim do prazo estipulado para a propositura da AIRC.

Alternativa "a". Neste caso, o partido político a que pertencer João deve ser também citado, uma vez que eventual procedência do RCD alterará a composição de sua bancada na Câmara de Vereadores.

Alternativa "b". São legitimados ativamente para a propositura do Recurso Contra a Diplomação o Ministério Público Eleitoral, os partidos políticos e os candidatos que tenham concorrido ao pleito. Vale destacar, neste sentido, que o TSE tem defendido que somente candidato que possa ser diretamente beneficiado pelo provimento do RCD tem legitimidade para a propositura do mesmo (Ac. TSE nº. 592/1999).

Alternativa "c". É cabível sim o RCD, de acordo com previsão do art. 262, II do Código Eleitoral.

Alternativa "d". São legitimados ativamente para a propositura do Recurso Contra a Diplomação os partidos políticos e os candidatos que tenham concorrido ao pleito. Vale destacar, neste sentido que o TSE tem defendido que somente candidato que possa ser diretamente beneficiado pelo provimento do RCD tem legitimidade para a propositura do mesmo (Ac. TSE nº. 592/1999). Além disso, o Ministério Público Eleitoral também tem legitimidade para a propositura desta ação.

Alternativa "e". O único prejudicado será o partido de João, caso aja procedência no RCD. Assim, somente o mesmo deve figurar como litisconsorte passivo.

Alternativa correta: letra "a".

---

144. (FCC – Analista Judiciário /TRE-RN / 2011) O instrumento processual que tem como objetivo impedir que o cidadão possa disputar o pleito eleitoral, obstando sua passagem da condição de pré-candidato à de candidato, é:

a) Ação de impugnação de registro de candidato.
b) Ação de impugnação ao mandato eletivo.
c) Recurso contra a expedição de diploma.
d) Ação de investigação judicial eleitoral.
e) Ação de prestação de contas.

COMENTÁRIOS

Alternativa "a" (responde as demais alternativas). É a Ação de Impugnação de Registro de Candidatura (AIRC), prevista nos arts. 3º a 17 da LC 64/90. A Ação de Impugnação de Registro de Candidaturas (AIRC) é instrumento hábil a impedir que candidato escolhido em convenção partidária seja registrado, em virtude do não atendimento de algum requisito legal ou constitucional, a exemplo da ausência de uma ou mais condições de elegibilidade, a presença de uma causa de inelegibilidade ou mesmo a não apresentação de algum documento indispensável ao pedido de registro de candidatura previsto no art. 11, § 1º da lei nº. 9.504/97 (as chamadas "condições de procedibilidade do registro"). Encontra a AIRC previsão legal nos artigos 3º a 17 da LC 64/90.

Alternativa correta: letra "a".

---

145. (FCC – Analista Judiciário /TRE-AP / 2011) Salvo disposições específicas em contrário da Lei nº 9.504/97, as representações relativas ao descumprimento das suas normas podem ser feitas por qualquer partido político, coligação e candidato.

COMENTÁRIOS

Estabelece o artigo 96 da Lei das Eleições o rito processual das reclamações relativas ao descumprimento da referida lei, em especial no que tange ao desrespeito às normas previstas para a propaganda eleitoral. De acordo com o caput do artigo 96 referido, salvo disposições específicas em contrário, as reclamações ou representações relativas ao descumprimento da Lei das Eleições podem ser feitas por qualquer partido político, coligação ou candidato.

Alternativa correta: "certo"

---

146. (FCC – Analista Judiciário /TRE-AP / 2011) Interposto recurso especial contra decisão do Tribunal Regional Eleitoral, foi o mesmo denegado pelo Presidente. Dessa decisão,

a) caberá apenas pedido de reconsideração no prazo de cinco dias.
b) caberá agravo regimental para o Plenário do Tribunal Regional Eleitoral, no prazo de três dias.
c) não caberá recurso.
d) caberá agravo de instrumento para o Tribunal Superior Eleitoral, no prazo de três dias.
e) caberá agravo regimental para o Plenário do Tribunal Regional Eleitoral, no prazo de cinco dias.

COMENTÁRIOS

✪ **Nota do autor:** São seis as espécies de recursos cabíveis contra decisões proferidas pelos tribunais regionais eleitorais: o recurso parcial; embargos de declaração; recurso ordinário; recurso especial eleitoral; agravo de instrumento eleitoral; e agravo regimental. O recurso parcial é cabível das decisões de impugnações proferidas pelo Tribunal Regional Eleitoral em eleição cuja apuração for de sua competência (eleição estadual ou federal). O procedimento adotado é o mesmo referente ao recurso parcial frente às decisões das juntas eleitorais. Os embargos de declaração, por sua vez, serão cabíveis das decisões dos tribunais regionais eleitorais, nos termos do art. 275 do Código Eleitoral, sempre que houver, no acórdão, obscuridade, dúvida, contradição ou mesmo omissão acerca de questão sobre a qual o tribunal deveria se pronunciar. Os embargos serão opostos dentro em 03 dias da data da publicação do acórdão, em petição dirigida ao Relator, na qual será indicado o ponto obscuro, *duvidoso*, contraditório ou omisso. Vale ressaltar que em se tratando de julgamento de representação fundada no art. 96 da Lei das Eleições, tal prazo será de 24 horas. O Relator, então, porá os embargos em Mesa para julgamento, na primeira sessão seguinte proferindo o seu voto. Vencido o Relator, outro membro será designado para lavrar o acórdão. Os embargos de declaração *suspendem* o prazo para a interposição de outros recursos, salvo se manifestamente protelatórios e assim declarados na decisão que os rejeitar. Já o recurso ordinário será cabível para o TSE das seguintes decisões dos tribunais regionais eleitorais:

Hipóteses de cabimento de recurso ordinário das decisões dos TREs (art. 276, II do Código Eleitoral)
Decisões que versarem sobre inelegibilidades ou expedição de diplomas nas eleições federais ou estaduais.
Anulação de diploma ou decretação de perda de mandatos eletivos federais ou estaduais.
Decisão denegatórias de *habeas corpus*, **mandado de segurança,** *habeas data* **ou mandado de injunção.**

O prazo para a interposição do recurso ordinário das decisões dos tribunais regionais eleitorais será de 03 dias, a contar da publicação da decisão denegatória de habeas corpus, habeas data, mandado de injunção ou mandado de segurança, ou declaratória de perda mandato eletivo; ou da seção de diplomação, quando a matéria versar sobre expedição de diplomas nas eleições estaduais ou federais. O recurso especial de decisões de TREs, por outro lado, tem previsão no inciso I do artigo 276, e poderá ser interposto diante de decisões proferidas contra expressa disposição legal ou quando ocorrer divergência na interpretação de lei entre dois ou mais Tribunais Eleitorais. O prazo para a sua interposição também será de 03 dias, a contar da publicação da decisão, salvo quando se tratar de recurso especial contra decisão do juiz auxiliar em pedido de direito de resposta, quando o prazo será então de 24 horas (Ac. TSE nº. 27.839, de 06.03.2007). Caberá agravo de instrumento eleitoral, dirigido ao TSE no prazo de três dias, quando não for recebido o recurso especial, objetivando a sua subida. Do recurso deverá constar a exposição dos fatos e do direito; as razões do pedido de reforma da decisão, bem como a indicação das peças a serem trasladadas, sendo peças obrigatórias para o traslado a decisão recorrida e a certidão da sua intimação. O recorrido, por sua vez, deverá ser intimado a, também no prazo de três dias, apresentar suas contrarrazões e indicar peças a serem trasladadas para a formação do instrumento. Decorrido tal prazo, o instrumento deverá ser encaminhado ao TSE. O presidente do TRE não poderá negar seguimento ao agravo, ainda que interposto fora do prazo legal (art. 279, § 5º do Código Eleitoral). Por fim, caberá agravo regimental, na forma do art. 264 do Código Eleitoral, no prazo de três dias, de atos, resoluções ou despachos proferidos por presidente de TRE para o pleno do tribunal.

Alternativa "d" (responde as demais alternativas). Caberá agravo de instrumento para o TSE no prazo de três dias, de acordo com o previsto no caput art. 279 do Código Eleitoral.

Alternativa correta: letra "d".

---

147. (FCC – Analista Judiciário /TRE-TO / 2011) Das decisões do Tribunal Superior Eleitoral que declararem a invalidade de ato contrário à Constituição Federal e que denegarem *habeas corpus*, caberá recurso

a) ordinário e recurso extraordinário, respectivamente.

b) extraordinário e recurso ordinário, respectivamente.

c) ordinário.

d) extraordinário.

e) especial.

COMENTÁRIOS

✪ **Nota do autor:** De acordo com previsão expressa no art. 281 do Código Eleitoral, "são irrecorríveis as decisões do Tribunal Superior, salvo as que declararem a invalidade de lei ou ato contrário à Constituição Federal e as denegatórias de habeas corpus ou mandado de segurança, das quais caberá recurso ordinário para o Supremo Tribunal Federal, interposto no prazo de 3 (três) dias". Além disso, em conformidade com o disposto no artigo 121, § 3º da Constituição Federal de 1988, caberá recurso extraordinário de decisão do TSE que contrariar a Constituição. Em ambos os casos, juntada a petição nas 48 horas seguintes à decisão, os autos serão conclusos ao Presidente do Tribunal, que, no mesmo prazo, proferirá despacho fundamentado, admitindo ou não o recurso. Admitido o recurso, será aberta vista dos autos ao recorrido para que, dentro de 3 (três) dias, apresente as suas razões. Caso, no entanto, o recurso venha a ser denegado, caberá agravo de instrumento, também no prazo de três dias, nos moldes aplicáveis a este recurso em face de decisão de tribunal regional eleitoral (conferir item anterior, desta obra). Findo os prazos referidos, os autos serão remetidos ao Supremo Tribunal Federal se for o caso. Por fim, vale destacar que são cabíveis das decisões proferidas no âmbito do TSE, agravo regimental das decisões tomadas pelo seu presidente, na forma do regimento interno (art. 264 do CE), a ser julgado pelo plenário da corte; e embargos de declaração, conforme procedimento já estudado, previsto no artigo 275 do CE.

Alternativa correta: letra "b" (responde as demais alternativas). Da decisão que declarar a invalidade de ato contrário à Constituição Federal, caberá recurso extraordinário ao TSE, no prazo de 03 dias, de acordo com o previsto no art. 121, § 3º da CF/1988. Já da decisão denegatória de habeas corpus caberá, também no prazo de três dias, recurso ordinário, conforme previsto no art. 281 do Código Eleitoral.

---

148. (FCC – Analista Judiciário /TRE-RN / 2011) As demandas e litígios no âmbito do direito eleitoral possuem como característica a especial necessidade de celeridade, uma vez que devem ser ultimados para que o eleito tome posse no ano seguinte ao pleito. O dispositivo específico da lei eleitoral que representa tal característica é:

a) o período compreendido entre o registro das candidaturas até cinco dias após a realização do segundo turno das eleições, têm prioridade para despacho do Ministério Público e dos juízes eleitorais os feitos eleitorais, inclusive sobre os processos de *habeas corpus* e mandado de segurança.

b) os prazos não se interrompem, nem mesmo em dias feriados ou finais de semana, em relação ao pedido de impugnação de registro de candidato.

c) embora exigida a prioridade aos feitos eleitorais, sua inobservância pelo juiz não gera responsabilização pessoal do magistrado.

d) o não cumprimento dos prazos previstos na lei eleitoral somente é admissível no caso de comprovado acúmulo de serviço, em razão do exercício das funções regulares.

e) não obstante os prazos processuais exíguos, a notificação dos advogados dos candidatos ou dos partidos e coligações, para os feitos previstos na lei eleitoral, observará antecedência mínima de 5 (cinco) dias.

COMENTÁRIOS

Alternativa "a".. Conforme previsão do art. 94 da Lei das Eleições, os feitos eleitorais, no período entre o registro das candidaturas até cinco dias após a realização do segundo turno das eleições, terão prioridade para a participação do Ministério Público e dos Juízes de todas as Justiças e instâncias. Mas a lei ressalva os processos de *habeas corpus* e mandado de segurança.

Alternativa "b". Regra prevista no art. 16 da LC 64/90, segundo o qual "os prazos a que se referem os arts. 3º e seguintes desta Lei Complementar são peremptórios e contínuos e correm em Secretaria ou Cartório e, a partir da data do encerramento do prazo para registro de candidatos, não se suspendem aos sábados, domingos e feriados".

Alternativa "c". Em conformidade com previsão do art. 94, § 2º da lei das eleições, o não cumprimento da prioridade na tramitação dos feitos, por parte dos juízes e membros do Ministério Público, constitui crime de responsabilidade e será objeto de anotação funcional para efeito de promoção na carreira.

Alternativa "d". . Conforme previsão do art. 94, § 1º da lei das eleições, o exercício das funções regulares não autoriza o descumprimento de qualquer prazo dos feitos eleitorais.

Alternativa "e". De acordo com o art. 94, § 4º da lei das eleições, os advogados serão intimados com antecedência mínima de vinte e quatro horas e, não, de 5 dias, como consta na questão.

Alternativa correta: letra "b".

---

149. (FCC – Analista Judiciário /TRE-RN / 2011) Os recursos eleitorais, em razão da especial necessidade de celeridade no direito processual eleitoral, possuem algumas especificidades quando comparados com o processo civil ordinário. Acerca de tais especificidades, está correto:

a) as decisões do Tribunal Superior Eleitoral são irrecorríveis, salvo as denegatórias de *habeas corpus* ou mandado de segurança, das quais caberá recurso ao Superior Tribunal de Justiça.

b) o prazo para interposição de recurso extraordinário contra decisão do Tribunal Superior Eleitoral é de quinze dias.

c) o juiz eleitoral exerce juízo de admissibilidade dos recursos eleitorais, cabendo-lhe negar prosseguimento caso verifique a ausência de algum de seus pressupostos.

d) o juiz eleitoral possui a prerrogativa de realizar o juízo de retratação nos recursos eleitorais.

e) em regra, os recursos eleitorais são recebidos nos efeitos devolutivo e suspensivo.

COMENTÁRIOS

✪ **Nota do autor:** O recurso diferencia-se da impugnação, ato de oposição, de contradição, de refutação comum no âmbito do Direito Eleitoral e nas mais diversas fases do processo eleitoral. De forma geral a impugnação, que poderá ser verbal ou escrita, serve como pressuposto para evitar-se a preclusão. A impugnação serve, muitas vezes, como ato preparatório para um recurso (exemplo, impugnação de identidade do eleitor que ainda vai votar, no ato da votação). Recurso contra apuração, neste diapasão, só é admitido se tiver ocorrido prévia impugnação perante a junta apuradora. Do julgamento da impugnação cabe recurso quanto ao seu resultado. Algumas generalidades acerca dos recursos eleitorais merecem ser destacadas, conforme tabela abaixo:

Questões gerais de relevância quanto aos recursos eleitorais

a) **Os recursos, em regra, não têm efeito suspensivo,** conforme regra prevista no artigo 257 do

CE. Regra não abrange o RCD (que tem natureza jurídica de ação, como visto) conforme previsão do art. 216 do CE. Também a decretação de inelegibilidade, conforme previsão do art. 15 da LC 64/90, só produz efeitos após o trânsito em julgado de sentença, o que, dessa forma, determina o efeito suspensivo dos recursos interpostos contra decisões que acarretem tal sanção (vale ressaltar, neste sentido, que ações outras que não visam à decretação da inelegibilidade, mas, tão somente, a cassação do registro ou diploma do candidato, a exemplo da Ação por Captação Ilícita de Sufrágio, não admitem efeito suspensivo das decisões proferidas, em sede recursal).

b) Os prazos para a interposição de recursos eleitorais, em regra, são de três dias, contados da data da publicação do acórdão, sentença, ato, resolução ou despacho, salvo disposição em contrário. Vale destacar, neste sentido, que de acordo com o TSE, em se tratando de representação fundada no art. 96 da lei nº. 9.504/97, os prazos processuais serão contínuos e ininterruptos, desde 15 de agosto do ano eleitoral até a data da diplomação dos eleitos, incluindo-se fins de semana e feriados na contabilidade dos dias úteis. (Ac. TSE nº. 4.856, de 24.11.2005, Rel. Min. Humberto Gomes de Bastos).

c) Nas decisões finais em processo de apuração de crime eleitoral de que resulte condenação ou absolvição (art. 362 do CE), o prazo recursal será de 10 dias (conferir, neste sentido, art. XIV desta obra).

d) Prevalece a irrecorribilidade das decisões que emanam do TSE, ressalvadas as que contrariarem a CF, denegatórias de HC ou MS, das quais caberá recurso ordinário para o STF, interposto em três dias (art. 281 do CE).

e) Os prazos para interposição de recursos são preclusivos, salvo quando nestes se discuta matéria constitucional. O recurso em que se discutir matéria constitucional não poderá ser interposto fora do prazo. Perdido o prazo na fase própria, só em outra poderá ser interposto (CE, art. 259 e parag. Único).

f) As partes deverão ser sempre representadas por advogados, sob pena de defeito de representação (Res. TSE 16.724). É possível a sustentação oral nos Tribunais.

g) De forma geral, são irrecorríveis em separado as decisões interlocutórias, as quais deverão ser atacadas quando do recurso contra a decisão final. Exceções, entretanto, existem, a exemplo da prevista no art. 279 do Código Eleitoral, o qual prevê a interposição de agravo de instrumento quando não conhecido o recurso especial pelo TRE.

h) Os recursos eleitorais são gratuitos, não existindo preparo (neste sentido, Ac. TSE nº. 2.721, de 08.05.2001, relatado pelo Ministro Walter Costa Porto).

Alternativa "a". Conforme o art. 121, § 3º da constituição, as decisões do TSE são irrecorríveis, salvo quando contrariarem a Constituição ou deneguem habeas-corpus ou mandado de segurança, sendo que, em todos esses casos, o recurso será para o Supremo Tribunal Federal. Na primeira hipótese, o recurso cabível é o recurso extraordinário, enquanto que nas outras duas será o recurso ordinário.

Alternativa "b". O prazo de interposição do recurso extraordinário para o STF é de 3 dias, conforme entendimento pacífico do próprio STF, consolidado na Súmula 728 da Corte.

Alternativa "c". Não há juízo de admissibilidade por parte do juiz eleitoral. Processado o recurso, ele deverá encaminhar os autos ao Tribunal Regional Eleitoral, salvo se decidir reformar sua decisão, conforme art. 267, § 6º do código eleitoral.

Alternativa "d". Norma prevista no art. 267, § 6º do Código Eleitoral, o qual dispõe que o juiz fará subir o recurso ao TRE, salvo se entender de reforma sua decisão.

Alternativa "e". Como regra geral, prevista no art. 257 do código eleitoral, os recursos eleitorais não possuem efeito suspensivo.

Alternativa correta: letra "d".

---

150. (Analista Judiciário – Área Judiciária TRE/AL 2010 – FCC) A respeito da impugnação do registro de candidatura é correto afirmar:

a) A impugnação por parte de partido político ou coligação impede a ação do Ministério Público no mesmo sentido.

b) A impugnação do pedido de registro do candidato poderá ser feita, em petição fundamentada, por partido político ou coligação, não podendo ser formulada por outro candidato.

c) O prazo para impugnação é de 5 dias, contados da publicação do pedido de registro do candidato.

d) O impugnante especificará, desde logo, os meios de prova com que pretende demonstrar a veracidade do alegado, sendo vedada a produção de prova testemunhal.

e) Quando se tratar de candidato a Deputado Federal, a arguição de inelegibilidade será feita perante o Tribunal Superior Eleitoral.

COMENTÁRIOS

✪ **Nota do autor:** A Ação de Impugnação de Registro de Candidaturas (AIRC) é instrumento hábil a impedir que candidato escolhido em convenção partidária seja registrado, em virtude do não atendimento de algum requisito legal ou constitucional, a exemplo da ausência de uma ou mais condições de elegibilidade, a presença de uma causa de inelegibilidade ou mesmo a não apresentação de algum documento indispensável ao pedido de registro de candidatura previsto no art. 11, § 1º da lei nº. 9.504/97 (as chamadas "condições de procedibilidade do registro"). Encontra a AIRC previsão legal nos artigos 3º a 17 da LC 64/90. Poderá a autoridade judicial competente para o registro de candidatura indeferir o pedido de registro *ex officio*, em caso de ausência de uma condição de procedibilidade do registro. Não havendo tal espécie de indeferimento, qualquer candidato, partido político, coligação ou o Ministério Público Eleitoral terá legitimidade ativa para a propositura da AIRC. Os legitimados passivos para a AIRC são pré-candidatos que tenham incorrido em uma das causas de inelegibilidade ou que não tenham cumprido as condições de elegibilidade e as condições de procedibilidade do registro. O prazo para a interposição da AIRC, decadencial e improrrogável, é de 05 dias, contados da publicação do registro do candidato. Vale destacar, neste sentido, que há preclusão da matéria não impugnada em tempo hábil, em sede de AIRC, salvo se cuidar de matéria constitucional, quando a inelegibilidade poderá ser arguida posteriormente, inclusive em sede de Recurso Contra a Diplomação (RCD). De acordo com previsão expressa no artigo 16 da LC 64/90, os prazos da AIRC são peremptórios e contínuos, correndo em cartório ou secretaria, não se suspendendo aos sábados, domingos e feriados, a partir da data do encerramento do prazo legal para pedido de registro de candidatos (dia 15 de agosto do ano eleitoral).

Alternativa "a". O Ministério Público Eleitoral tem legitimidade para ingressar em juízo com a AIRC independentemente da legitimidade prevista aos partidos políticos, coligações e candidatos.

Alternativa "b". Candidatos também são legitimados para a propositura da AIRC, conforme previsto no caput do artigo 3º da LC 64/90.

Alternativa "c". O prazo para a propositura da AIRC, decadencial e improrrogável, é de 05 dias, contados da publicação do registro do candidato.

Alternativa "d". Não há vedação a prova testemunhal. O artigo 3º, § 3º da LC 64/90, neste sentido, determina que poderão ser arroladas até 06 testemunhas pelo impugnante.

Alternativa "e". . Neste caso, a AIRC será proposta perante o TRE.

Alternativa correta: letra "c".

---

151. (FCC – Analista Judiciário /TRE-AL / 2010) A respeito da impugnação do registro de candidatura é correto afirmar:

a) A impugnação por parte de partido político ou coligação impede a ação do Ministério Público no mesmo sentido.

b) A impugnação do pedido de registro do candidato poderá ser feita, em petição fundamentada, por partido político ou coligação, não podendo ser formulada por outro candidato.

c) O prazo para impugnação é de 5 dias, contados da publicação do pedido de registro do candidato.

d) O impugnante especificará, desde logo, os meios de prova com que pretende demonstrar a veracidade do alegado, sendo vedada a produção de prova testemunhal.

e) Quando se tratar de candidato a Deputado Federal, a arguição de inelegibilidade será feita perante o Tribunal Superior Eleitoral.

COMENTÁRIOS

Alternativa "a". Conforme art. 3º, § 1º da LC 64/90, a impugnação, por parte do candidato, partido político ou coligação, não impede a ação do Ministério Público no mesmo sentido. Vale acrescentar que não poderá impugnar o registro de candidatura o membro do MP que tenha exercido atividade político partidária nos 2 últimos anos, conforme interpretação feita pelo TSE a partir do art. 80 da LC 75/93. Quanto a isso, é importante destacar que o art. 3º, § 2º da LC 64/90 menciona um prazo de 4 anos, mas esse dispositivo encontra-se superado pelo disposto na LC 75/93.

Alternativa "b". De acordo com o caput do art. 3º da LC 64/90, a impugnação do pedido de registro do candidato poderá ser feita por candidato, partido político, coligação ou pelo Ministério Público.

Alternativa "c". Norma prevista no caput do art. 3º da LC 64/90, o qual estabelece que "caberá a qualquer candidato, partido político, coligação ou ao Ministério Público, no prazo de 05 (cinco) dias, contados da publicação do pedido de registro de candidato, impugná-lo em petição fundamentada".

Alternativa "d". A ação de impugnação de registro de candidatura admite, como visto, a prova testemunha, cabendo ao autor, na inicial, indicar o número de testemunhas, até o máximo de 6, tudo isso conforme art. 3º, § 3º da LC 64/90.

Alternativa "e". De acordo com o art. 2º, parágrafo único da LC 64/90, em tal hipótese a impugnação será feita perante o Tribunal Regional Eleitoral. Registre-se que a impugnação somente será feita perante o TSE quando se tratar de candidato a Presidente ou Vice-Presidente da República.

Alternativa correta: letra "c".

---

152. (FCC – Analista Judiciário /TRE-AL / 2010) A respeito da investigação judicial para apurar uso indevido, desvio ou abuso do poder econômico ou do poder de autoridade, ou utilização indevida de veículos ou meios de comunicação social, em benefício de candidato ou de partido político é INCORRETO afirmar:

a) Qualquer partido político, coligação, candidato ou Ministério Público Eleitoral poderá representar à Justiça Eleitoral diretamente ao Corregedor-Geral ou Regional.

b) O Corregedor-Geral ou Regional, que terá as mesmas atribuições do Relator em processos judiciais, indeferirá desde logo a inicial, quando não for o caso de representação ou lhe faltar algum requisito legal.

c) No caso do Corregedor-Geral ou Regional indeferir a representação, ou retardar-lhe a solução, poderá o interessado renová-la perante o Tribunal competente, que resolverá dentro de vinte e quatro horas.

d) Findo o prazo para defesa, serão ouvidas as testemunhas arroladas pelo representante e pelo representado até o máximo de seis para cada um, as quais comparecerão independentemente de intimação.

e) Terminado o prazo para as alegações finais, os autos serão conclusos ao Corregedor, que julgará a representação, declarando, no caso de procedência, a inelegibilidade do representado e quantos hajam contribuído para a prática do ato, cominando-lhes as sanções previstas em lei.

COMENTÁRIOS

✪ **Nota do autor:** a AIJE tem por finalidade a apuração de abuso de poder político ou econômico cuja gravidade influa na normalidade e legitimidade do exercício do poder de sufrágio popular, bem como para a apuração de condutas em desacordo com as normas da lei nº. 9.504/97 relativas à arrecadação e gastos de recursos (art. 30-A) e a doações de pessoas físicas ou jurídicas acima dos limites legais (art. 81). Vale destacar, quanto ao objeto da AIJE, que até meados de 2010, quando foi promulgada a LC 135/10 (Lei da Ficha Limpa), a qual alterou, em diversos pontos, a Lei das Inelegibilidades, era prevalente o entendimento segundo o qual o ato praticado caracterizador de abuso de poder econômico ou político, objeto da investigação eleitoral, teria que ter potencialidade para alterar o resultado da eleição. Com a promulgação da LC 135/10, foi acrescido ao art. 22 da LC 64/90 o inciso XVI, dispondo que "para a configuração do ato abusivo, não será considerada a potencialidade de o fato alterar o resultado da eleição, mas apenas a gravidade das circunstâncias que o caracterizam". O procedimento da AIJE está previsto nos incisos I a XIII do art. 22 da LC 64/90, conforme quadro a seguir:

Procedimento adotado na AIJE (Art. 22 da LC 64/90)

Art. 22. Qualquer partido político, coligação, candidato ou Ministério Público Eleitoral poderá representar à Justiça Eleitoral, diretamente ao Corregedor-Geral ou Regional, relatando fatos e indicando provas, indícios e circunstâncias e pedir abertura de investigação judicial para apurar uso indevido, desvio ou abuso do poder econômico ou do poder de autoridade, ou utilização indevida de veículos ou meios de comunicação social, em benefício de candidato ou de partido político, obedecido o seguinte rito:

I – o Corregedor, que terá as mesmas atribuições do Relator em processos judiciais, ao despachar a inicial, adotará as seguintes providências:

a) ordenará que se notifique o representado do conteúdo da petição, entregando-se-lhe a segunda via apresentada pelo representante com as cópias dos documentos, a fim de que, no prazo de 5 (cinco) dias, ofereça ampla defesa, juntada de documentos e rol de testemunhas, se cabível;

b) determinará que se suspenda o ato que deu motivo à representação, quando for relevante o fundamento e do ato impugnado puder resultar a ineficiência da medida, caso seja julgada procedente;

c) indeferirá desde logo a inicial, quando não for caso de representação ou lhe faltar algum requisito desta Lei Complementar;

II – no caso do Corregedor indeferir a reclamação ou representação, ou retardar-lhe a solução, poderá o interessado renová-la perante o Tribunal, que resolverá dentro de 24 (vinte e quatro) horas;

IV – feita a notificação, a Secretaria do Tribunal juntará aos autos cópia autêntica do ofício endereçado ao representado, bem como a prova da entrega ou da sua recusa em aceitá-la ou dar recibo;

V – findo o prazo da notificação, com ou sem defesa, abrir-se-á prazo de 5 (cinco) dias para inquirição, em uma só assentada, de testemunhas arroladas pelo representante e pelo representado, até o máximo de 6 (seis) para cada um, as quais comparecerão independentemente de intimação;

VI – nos 3 (três) dias subsequentes, o Corregedor procederá a todas as diligências que determinar, *ex officio* ou a requerimento das partes;

VII – no prazo da alínea anterior, o Corregedor poderá ouvir terceiros, referidos pelas partes, ou testemunhas, como conhecedores dos fatos e circunstâncias que possam influir na decisão do feito;

VIII – quando qualquer documento necessário à formação da prova se achar em poder de terceiro, inclusive estabelecimento de crédito, oficial ou privado, o Corregedor poderá, ainda, no mesmo prazo, ordenar o respectivo depósito ou requisitar cópias;

IX – se o terceiro, sem justa causa, não exibir o documento, ou não comparecer a Juízo, o Juiz poderá expedir contra ele mandado de prisão e instaurar processo por crime de desobediência;

X – encerrado o prazo da dilação probatória, as partes, inclusive o Ministério Público, poderão apresentar alegações no prazo comum de 2 (dois) dias;

XI – terminado o prazo para alegações, os autos serão conclusos ao Corregedor, no dia imediato, para apresentação de relatório conclusivo sobre o que houver sido apurado;

XII – o relatório do Corregedor, que será assentado em 3 (três) dias, e os autos da representação serão encaminhados ao Tribunal competente, no dia imediato, com pedido de inclusão incontinenti do feito em pauta, para julgamento na primeira sessão subsequente;

XIII – no Tribunal, o Procurador-Geral ou Regional Eleitoral terá vista dos autos por 48 (quarenta e oito) horas, para se pronunciar sobre as imputações e conclusões do relatório.

Alternativa "a". Norma prevista no art. 22, caput, da LC 64/90, o qual determina os legitimados para a propositura da AIJE.

Alternativa "b". Norma prevista no art. 22, I, "c" da LC 64/90, o qual determina que o corregedor eleitoral exercerá papel semelhante ao do relator em processos judiciais, podendo, inclusive, indeferir a inicial, quando lhe faltar requisito previsto legal.

Alternativa "c". Norma prevista no art. 22, II da LC 64/90, que reproduz literalmente as palavras descritas no enunciado da afirmativa "c" da presente questão.

Alternativa "d". Norma prevista no art. 22, V da LC 64/90. A inquirição das testemunhas será realizada em uma só assentada, no prazo de cinco dias a contar da finalização do prazo de defesa.

Alternativa "e". A ação não é julgada pelo Corregedor. Este é o responsável por instruir o processo, mas o feito é julgado pelo próprio Tribunal, pelo Colegiado, como se extrai dos incisos XI a XIV do art. 22 da LC 64/90. De acordo com o art. 22, incisos XI e XXI, da LC 64/90, terminado o prazo para alegações, os autos serão conclusos ao Corregedor, no dia imediato, para apresentação de relatório conclusivo sobre o que houver sido apurado, o qual será assentado em 3 (três) dias, devendo os autos da representação serem então encaminhados ao Tribunal competente, no dia imediato, com pedido de inclusão incontinenti do feito em pauta, para julgamento na primeira sessão subsequente.

Alternativa correta: letra "e".

---

153. (CONESUL – Analista Judiciário / TRE-PE / 2010) Das decisões dos Tribunais Regionais Eleitorais, somente não caberá recurso quando:

a) anularem diplomas ou decretarem a perda de mandatos eletivos federais ou estaduais.

b) denegarem *habeas corpus*, mandado de segurança, *habeas data*, mandado de injunção ou ação popular.

c) forem proferidas contra disposição expressa desta Constituição ou de lei.

d) ocorrer divergência na interpretação de lei entre dois ou mais tribunais eleitorais.

e) versarem sobre inelegibilidade ou expedição de diplomas nas eleições federais ou estaduais.

COMENTÁRIOS

✪ **Nota do autor:**: Em conformidade com o disposto no art. 121, 4º, da Constituição, das decisões dos Tribunais Regionais Eleitorais somente caberá recurso quando: I – forem proferidas contra disposição expressa desta Constituição ou de lei; II – ocorrer divergência na interpretação de lei entre dois ou mais tribunais eleitorais; III – versarem sobre inelegibilidade ou expedição de diplomas nas eleições federais ou estaduais; IV – anularem diplomas ou decretarem a perda de mandatos eletivos federais ou estaduais; V – denegarem "habeas-corpus", mandado de segurança, "habeas-data" ou mandado de injunção.

Alternativa "b" (responde as demais alternativas). De todas as hipóteses citadas, a única em que não caberá recurso de decisão de Tribunal Regional Eleitoral diz respeito à denegação de ação popular, uma vez que não há previsão de propositura da mesma no âmbito da Justiça Eleitoral. Em todas as outras alternativas, portanto, caberá recurso das decisões dos TREs.

Alternativa correta: letra "b".

9. CRIMES ELEITORAIS E PROCESSO PENAL ELEITORAL

154. (IBFC – Analista Judiciário – Área Judiciária – TRE – PA/2020) A Lei n° 13.834/2019 introduziu no Código Eleitoral nova modalidade de crime, previsto no artigo 326-A. Leia abaixo o inteiro teor do referido dispositivo legal:

"Art. 326-A. Dar causa à instauração de investigação policial, de processo judicial, de investigação administrativa, de _____, atribuindo a alguém a prática de _____ de que o sabe inocente, com finalidade eleitoral:

Pena - _____, de _____, e multa.

§1° A pena é _____, se o agente se serve do anonimato ou de nome suposto.

§2° A pena é _____, se a imputação é _____.

§3° Incorrerá nas mesmas penas deste artigo quem, comprovadamente ciente da inocência do denunciado e com finalidade eleitoral, divulga ou propala, por qualquer meio ou forma, o ato ou fato que lhe foi falsamente atribuído.»

Assinale a alternativa que preencha correta e respectivamente as lacunas.

a) inquérito civil ou ação de improbidade administrativa / crime ou ato infracional / detenção / 06 (seis) meses a um ano / aumentada de um sexto a dois terços / diminuída de um sexto / culposa
b) inquérito policial ou civil / crime / detenção / 06 (seis) meses a um ano / aumentada de um sexto a dois terços / atenuada / culposa
c) inquérito policial ou civil / crime / reclusão / 2 (dois) a 4 (quatro) anos / aumentada de dois terços / atenuada / de prática de contravenção
d) inquérito civil ou ação de improbidade administrativa / crime ou ato infracional / reclusão / 2 (dois) a 8 (oito) anos / aumentada de sexta parte / diminuída de metade / de prática de contravenção

COMENTÁRIOS

✪ **Nota do autor:** Eis a redação do artigo 326-A do Código Eleitoral:

> **Art. 326-A.** Dar causa à instauração de investigação policial, de processo judicial, de investigação administrativa, de inquérito civil ou ação de improbidade administrativa, atribuindo a alguém a prática de crime ou ato infracional de que o sabe inocente, com finalidade eleitoral:
>
> **Pena -** reclusão, de 2 (dois) a 8 (oito) anos, e multa.
>
> **§ 1º** A pena é aumentada de sexta parte, se o agente se serve do anonimato ou de nome suposto.
>
> **§ 2º** A pena é diminuída de metade, se a imputação é de prática de contravenção.
>
> **§ 3º** Incorrerá nas mesmas penas deste artigo quem, comprovadamente ciente da inocência do denunciado e com finalidade eleitoral, divulga ou propala, por qualquer meio ou forma, o ato ou o fato que lhe foi falsamente atribuído.

Alternativa correta: letra "d".

---

155. (FCC – Analista Judiciário – Área Judiciária – TRE – PR/2017) Fabrício, candidato a Senador, ofereceu pagar a faculdade de Direito da eleitora Mirtes, em troca de seu voto. Mirtes, porém, não aceitou a proposta. De acordo com o Código Eleitoral, Fabrício

a) cometeu tentativa de corrupção eleitoral punível apenas com reclusão de até 2 anos.
b) cometeu crime eleitoral punível com detenção de até 4 anos e pagamento de 5 a 15 dias-multa.
c) não cometeu crime eleitoral, uma vez que a proposta não foi aceita por Mirtes.
d) cometeu tentativa de corrupção eleitoral punível com detenção de até 4 anos e pagamento de 5 a 15 dias-multa.
e) cometeu crime eleitoral punível com reclusão de até 4 anos e pagamento de 5 a 15 dias-multa.

COMENTÁRIOS

Alternativa "e" (responde as demais). Trata-se do crime de corrupção eleitoral, previsto no art. 299 do Código Eleitoral, consubstanciado nas práticas de "Dar, oferecer, prometer, solicitar ou receber, para si ou para outrem, dinheiro, dádiva, ou qualquer outra vantagem, para obter ou dar voto e para conseguir ou prometer abstenção, ainda que a oferta não seja aceita". A pena prevista é de reclusão de até 4 anos e pagamento de 5 a 15 dias-multa.

Alternativa correta: **letra "e"**.

---

156. (Cespe – Analista Judiciário – Área Judiciária– TRE-GO/2015) No que concerne a crimes eleitorais e processo penal eleitoral, julgue os itens que se seguem.

156.01. No processo eleitoral, ao contrário do que ocorre no rito ordinário, é inadmissível o oferecimento de queixa-crime em ação penal privada subsidiária, ainda que o Ministério Público não tenha oferecido denúncia, requerido diligências ou solicitado o arquivamento do inquérito policial.

COMENTÁRIOS

Aplica-se, à situação descrita, as regras subsidiárias do CPP ao processo penal eleitoral.

Alternativa correta: "errado"

156.02. O crime de corrupção eleitoral configura-se com a mera promessa de vantagem, mesmo que de caráter geral e posta como um benefício à coletividade, não se exigindo, portanto, dolo específico consistente na obtenção de voto de determinados eleitores ou na promessa de abstenção.

COMENTÁRIOS

Promessas de caráter genérico e impessoal não caracterizam a captação ilícita de sufrágio, conforme previsão do at. 41-A da Lei nº. 9.504/97.

Alternativa correta: "errado".

157. (Consulplan - Analista Judiciário - Área Judiciária - TRE - MG/2013) Os crimes eleitorais estão tipificados não apenas no Código Eleitoral, mas também na Lei das Eleições, na Lei das Inelegibilidades, entre outras normas. No dia do pleito, para que a manifestação do eleitorado seja a mais livre possível, há certas restrições impostas pela legislação. Determinadas condutas podem caracterizar a prática de crime. Especificamente sobre o chamado crime de "boca de urna" e demais práticas delitivas no dia da eleição, assinale a alternativa correta.

a) O uso de alto-falantes e de amplificadores de som só é admitido à distância mínima de 200 metros dos locais de votação.

b) A distribuição de material gráfico só é autorizada até as 8 horas da manhã do dia da eleição, antes do início do processo de votação.

c) A "boca de urna" constitui crime inafiançável, cujos autores não podem ser beneficiados com transação penal, em virtude das elevadas penas aplicáveis.

d) Admite-se a manifestação individual e silenciosa da preferência do eleitor por partido político ou candidato, desde que revelada, exclusivamente, pelo uso de bandeiras, broches, dísticos e adesivos.

e) Para a realização de comício ou carreata, o candidato, partido ou coligação responsável pelo ato deve comunicar à autoridade policial, no mínimo, 24 horas antes, a fim de que seja assegurada, segundo a prioridade do aviso, o direito contra quem pretenda usar o local no horário do dia da votação.

COMENTÁRIOS

✪ **Nota do autor:** A lei nº. 11.300/06, intensificando o combate ao abuso de poder econômico e político nas eleições, estabeleceu diversas regras restritivas à propaganda eleitoral, desde a sua promulgação. Assim, o § 5º do art. 39 da Lei nº. 9.504/97, incluído pela referida reforma de 2006, passou a dispor:

> **Art. 39.** (...)
>
> § 5º. Constituem crimes, no dia da eleição, puníveis com detenção, de seis meses a um ano, com a alternativa de prestação de serviços à comunidade pelo mesmo período, e multa no valor de cinco mil a quinze mil UFIR:
>
> I - o uso de alto-falantes e amplificadores de som ou a promoção de comício ou carreata;
>
> II - a arregimentação de eleitor ou a propaganda de boca de urna;
>
> III - a divulgação de qualquer espécie de propaganda de partidos políticos ou de seus candidatos.

A prática de boca-de-urna, muito comum na história do processo eleitoral brasileiro, e, até certo ponto, tolerada, passou, dessa forma, a ser criminalizada. Uma dúvida, entretanto, pairou sobre os estudiosos e aplicadores do direito eleitoral: e a manifestação individual e silenciosa do eleitor no dia da eleição? Seria a mesma permitida? Afinal de contas, a Constituição Federal de 1988 garante a liberdade de expressão como direito fundamental, protegido, inclusive, por cláusula pétrea.

Disciplinando a questão, o Tribunal Superior Eleitoral, nas eleições 2008, permitiu, por meio do artigo 70 da Resolução nº. 22.718/08, a manifestação individual e silenciosa do eleitor, no dia da eleição, por meio de broches, bonés, camisas, bandeiras e adesivos.

Consolidando o entendimento da mais alta corte eleitoral, a lei nº. 12.034/09 incluiu, na lei nº. 9.504/97, o artigo 39-A, que assim dispõe:

> **Art. 39-A.** É permitida, no dia das eleições, a manifestação individual e silenciosa da preferência do eleitor por partido político, coligação ou candidato, revelada exclusivamente pelo uso de bandeiras, broches, dísticos e adesivos.
>
> § 1º É vedada, no dia do pleito, até o término do horário de votação, a aglomeração de pessoas portando vestuário padronizado, bem como os instrumentos de propaganda referidos no *caput*, de modo a caracterizar manifestação coletiva, com ou sem utilização de veículos.

§ 2º No recinto das seções eleitorais e juntas apuradoras, é proibido aos servidores da Justiça Eleitoral, aos mesários e aos escrutinadores o uso de vestuário ou objeto que contenha qualquer propaganda de partido político, de coligação ou de candidato.

§ 3º Aos fiscais partidários, nos trabalhos de votação, só é permitido que, em seus crachás, constem o nome e a sigla do partido político ou coligação a que sirvam, vedada a padronização do vestuário.

§ 4º No dia do pleito, serão afixadas cópias deste artigo em lugares visíveis nas partes interna e externa das seções eleitorais.

Como se vê, a legislação permite que o eleitor, no dia da eleição, manifeste a sua preferência por determinado partido, coligação ou candidato, desde que tal manifestação não seja ostensiva e se dê de forma individualizada. O contrário caracteriza o crime de boca-de-urna, previsto no artigo 39 da Lei das Eleições

Alternativa "a". Constitui crime, no dia da eleição, punível com detenção, de seis meses a um ano, com a alternativa de prestação de serviços à comunidade pelo mesmo período, e multa no valor de cinco mil a quinze mil UFIR, o uso de alto-falantes e amplificadores de som ou a promoção de comício ou carreata (art. 39, § 5º, I da Lei nº. 9.504/97).

Alternativa"b". Não é permitida a distribuição de material de campanha no dia da eleição.

Alternativa"c". O crime de boca-de-urna é considerado de menor potencial ofensivo, não sendo inafiançável.

Alternativa "d". Regra prevista no caput do art. 39-A da Lei das Eleições, o qual dispõe que "É permitida, no dia das eleições, a manifestação individual e silenciosa da preferência do eleitor por partido político, coligação ou candidato, revelada exclusivamente pelo uso de bandeiras, broches, dísticos e adesivos".

Alternativa "e".É crime eleitoral a realização de comícios no dia da eleição.

Alternativa correta: letra "d"

---

158. (Consulplan – Analista Judiciário – Área Judiciária – TSE/2012) Na Convenção do partido político "X", o Deputado Justo Veríssimo, infeliz por seu assessor parlamentar não ter sido escolhido como principal candidato a vereador para as próximas eleições, imbuído com o dolo de causar desordem aos trabalhos eleitorais que estavam sendo realizados, começa a gritar e tumultuar a votação partidária, causando efetivo transtorno ao desenvolvimento das atividades ali realizadas. Nessa hipótese, é correto afirmar que o Deputado Justo Veríssimo

a) cometeu o crime de impedir ou embaraçar o exercício do sufrágio, previsto no artigo 297 do Código Eleitoral.

b) cometeu o delito previsto no artigo 296 do Código Eleitoral, que prevê a conduta de promoção de desordem nos trabalhos eleitorais.

c) cometeu o crime descrito no artigo 301 do Código Eleitoral, pois usou de violência ou grave ameaça para coagir alguém a votar, ou não votar, em determinado candidato ou partido, ainda que os fins visados não sejam conseguidos.

d) não cometeu crime eleitoral.

COMENTÁRIOS

✪ **Nota do autor:** Os crimes eleitorais estão previstos no Código Eleitoral (arts. 289 a 354), na LC 64/90 (art. 25), bem como na Lei nº. 6.091/74 (art. 11) e na Lei nº. 9.504/97 (Lei das Eleições), podendo ser divididos, segundo lição de Suzana de Camargo Gomes (Crimes Eleitorais, 3. ed., 2008) em oito grandes grupos, a saber: os crimes eleitorais concernentes à formação do corpo eleitoral; os crimes relativos à formação e funcionamento dos partidos políticos; os crimes em matéria de inelegibilidade; os crimes eleitorais concernentes à propaganda eleitoral; os crimes relativos à votação; os crimes eleitorais pertinentes à garantia do resultado legítimo das eleições; os crimes concernentes à organização e funcionamento dos serviços eleitorais e os crimes contra a fé pública eleitoral.

É o Código Eleitoral, nos seus artigos 283 a 288, no entanto, que estabelece as disposições preliminares aplicáveis de forma geral aos crimes eleitorais. Assim, prevê o artigo 283 do CE, para efeitos penais, são considerados membros e funcionários da Justiça Eleitoral os magistrados a serviço da Justiça Eleitoral; cidadãos que integrem temporariamente órgãos da Justiça Eleitoral (a exemplo dos membros das juntas eleitorais) ou que tenham sido nomeados para atuar em mesas receptoras ou apuradoras de votos; e os funcionários públicos requisitados pela Justiça Eleitoral, além, evidentemente, dos servidores do quadro efetivo, juízes e membros dos tribunais eleitorais. Vale destacar ainda, quanto a esta questão, disposição geral do Código Penal, refletida nos §§ 1º e 2º do art. 283 do Código Eleitoral, segundo a qual se equipara a servidores públicos, para efeitos penais, quem, embora transitoriamente ou sem remuneração, exerce cargo, emprego ou função pública, além de quem exerce cargo, emprego ou função em entidade paraestatal ou em sociedade de economia mista.

> **Atenção!!!**
>
> O Código Eleitoral brasileiro não prevê sanções penais a título de culpa, resumindo-se a estabelecer tipos penais puníveis na modalidade dolosa.
>
> Em muitos casos, não prevê o Código Eleitoral pena mínima para os crimes tipificados.
>
> Quando isto ocorre, deve ser considerada a pena mínima de 15 dias para a detenção e 01 ano para a reclusão, de acordo com o artigo 284 do referido estatuto.

Ainda em relação às disposições penais preliminares elencadas no Código Eleitoral, estabelece o art. 285 que quando a lei determinar a agravação ou atenuação da pena sem mencionar o "quantum", deverá o juiz fixá-lo entre um quinto e um terço, guardados os limites da pena cominada ao crime.

O artigo 286, por sua vez, dispõe que as penas de multa em dinheiro deverão ter como base, na sua aplicação, o conceito de dia-multa. O montante de dias-multa imputáveis ao réu (no mínimo de um e no máximo de trezentos) deverá ser fixado segundo o prudente arbítrio do juiz, devendo este ter em conta as condições pessoais e econômicas do condenado, não podendo ser inferior ao salário-mínimo diário da região, nem superior ao valor de um salário-mínimo mensal. O § 2º do citado artigo 286, entretanto, estabelece que a multa poderá ser aumentada até o triplo, considerada, pelo juiz, a situação econômica do condenado e a necessidade de combate à ineficácia da pena.

Alternativa "d". Os crimes eleitorais relacionados à votação são aqueles que ocorrem durante as eleições. No caso concreto destacado, não estavam ocorrendo eleições, mas sim uma convenção partidária. (Responde as demais).

Alternativa correta: letra "d".

---

159. (FCC – Analista Judiciário – Área Judiciária – TRE-PR/2012) A respeito dos crimes eleitorais, considere:

I. Abandonar o serviço eleitoral, mesmo por justa causa.

II. Oferecer dinheiro para conseguir abstenção, ainda que a oferta não seja aceita.

III. Usar de grave ameaça para coagir alguém a votar em determinado partido, ainda que os fins visados não sejam conseguidos.

IV. Intervir o Juiz Eleitoral no funcionamento da Mesa Receptora.

Constituem crimes eleitorais as condutas descritas APENAS em

a) I e IV.

b) II e III.

c) II e IV.

d) III e IV.

e) I, II e III.

COMENTÁRIOS

✪ **Nota do autor:** Os crimes eleitorais estão previstos no Código Eleitoral (arts. 289 a 354), na LC 64/90 (art. 25), bem como na Lei nº. 6.091/74 (art. 11) e na Lei nº. 9.504/97 (Lei das Eleições), podendo ser divididos em oito grandes grupos, a saber: os crimes eleitorais concernentes à formação do corpo eleitoral; os crimes relativos à formação e funcionamento dos partidos políticos; os crimes em matéria de inelegibilidade; os crimes eleitorais concernentes à propaganda eleitoral; os crimes relativos à votação; os crimes eleitorais pertinentes à garantia do resultado legítimo das eleições; os crimes concernentes à organização e funcionamento dos serviços eleitorais e os crimes contra a fé pública eleitoral. É o Código Eleitoral, nos seus artigos 283 a 288, no entanto, que estabelece as disposições preliminares aplicáveis de forma geral aos crimes eleitorais. Assim, prevê o artigo 283 do CE, para efeitos penais, são considerados membros e funcionários da Justiça Eleitoral os magistrados a serviço da Justiça Eleitoral; cidadãos que integrem temporariamente órgãos da Justiça Eleitoral (a exemplo dos membros das juntas eleitorais) ou que tenham sido nomeados para atuar em mesas receptoras ou apuradoras de votos; e os funcionários públicos requisitados pela Justiça Eleitoral, além, evidentemente, dos servidores do quadro efetivo, juízes e membros dos tribunais eleitorais. Vale destacar ainda, quanto a esta questão, disposição geral do Código Penal, refletida nos §§ 1º e 2º do art. 283 do Código Eleitoral, segundo a qual se equipara a servidores públicos, para efeitos penais, quem, embora transitoriamente ou sem remuneração, exerce cargo, emprego ou função pública, além de quem exerce cargo, emprego ou função em entidade paraestatal ou em sociedade de economia mista. O Código Eleitoral brasileiro não prevê sanções penais a título de culpa, resumindo-se a estabelecer tipos penais puníveis na modalidade dolosa. Em muitos casos, não prevê o Código Eleitoral pena mínima para os crimes tipificados. Quando isto ocorre, deve ser considerada a pena mínima de 15 dias para a detenção e 01 ano para a reclusão, de acordo com o artigo 284 do referido estatuto. Ainda em relação às disposições penais preliminares elencadas no Código Eleitoral, estabelece o art. 285 que quando a lei determinar a agravação ou atenuação da pena sem mencionar o "quantum", deverá o juiz fixá-lo entre um quinto e um terço, guardados os limites da pena cominada ao crime. O artigo 286, por sua vez, dispõe que as penas de multa em dinheiro deverão ter como base, na sua aplicação, o conceito de dia-multa. O montante de dias-multa imputáveis ao réu (no mínimo de um e no máximo de trezentos) deverá ser fixado segundo o prudente arbítrio do juiz, devendo este ter em conta as condições pessoais e econômicas do condenado, não podendo ser inferior ao salário-mínimo diário da região, nem superior ao valor de um salário-mínimo mensal. O § 2º do citado artigo 286, entretanto, estabelece que a multa poderá ser aumentada até o triplo, considerada, pelo juiz, a situação econômica do condenado e a necessidade de combate à ineficácia da pena.

Conduta I. Não é crime eleitoral abandonar os serviços eleitorais com justa causa. P crime seria verificado no abandono deliberado, sem motivo, de acordo com o art. 344 do Código Eleitoral (pena de detenção até dois meses ou pagamento de 90 a 120 dias-multa).

Conduta II. Crime previsto no art. 299 do Código Eleitoral (pena de reclusão até 04 anos e pagamento de 05 a 15 dias-multa).

Conduta III. Crime previsto no art. 301 do Código Eleitoral (pena de reclusão até 04 anos e pagamento de 05 a 15 dias-multa).

Conduta IV. Tal conduta não constitui crime. Dispõe o art. 305 do Código Eleitoral, por sua vez, que é crime "intervir autoridade estranha à mesa receptora, salvo o juiz eleitoral, no seu funcionamento sob qualquer pretexto" (pena de detenção até seis meses e pagamento de 60 a 90 dias-multa).

Alternativa correta: letra "b". Apenas as condutas II e III constituem crimes eleitorais.

---

160. (FCC - Analista Judiciário /TRE-AP / 2011) NÃO é crime eleitoral

a) impedir ou embaraçar o exercício do sufrágio.
b) prender eleitor em flagrante delito no dia da eleição.
c) reter título eleitoral contra a vontade do eleitor.
d) fazer propaganda, qualquer que seja a sua forma, em língua estrangeira.
e) inutilizar, alterar ou perturbar meio de propaganda devidamente empregado.

COMENTÁRIOS

Alternativa "a". Impedir ou embaraçar o exercício do sufrágio é crime, tipificado no art. 297 do código eleitoral.

Alternativa "b". Dentre as garantias eleitorais está a de que nenhum eleitor pode ser preso desde 5 dias antes até 48hs depois do encerramento da eleição, salvo justamente a hipótese de flagrante delito, ou em virtude de sentença criminal condenatória por crime inafiançável, ou, ainda, por desrespeito a salvo-conduto conforme o art. 236 do código eleitoral.

Alternativa "c". A conduta descrita é crime, tipificado no art. 295 do código eleitoral.

Alternativa "d". A conduta descrita constitui crime, tipificado no art. 335 do código eleitoral.

Alternativa "e". Tal conduta constitui crime tipificado no art. 331 do código eleitoral.

Alternativa correta: letra "b".

---

161. (FCC - Analista Judiciário /TRE-RN / 2011) No intuito de se alistar em domicílio diverso do verdadeiro, o eleitor alterou documento particular verdadeiro e o apresentou à Justiça Eleitoral. Considerando que tal fato seja descoberto posteriormente, sem que tenha ocorrido um dano efetivo ao processo eleitoral, em qualquer uma de suas fases, é correto dizer que

a) não há fato típico eleitoral, uma vez que o crime previsto no artigo 349 do código eleitoral (falsidade material eleitoral) só se consuma caso ocorra efetivo dano ao processo eleitoral.
b) está configurado o tipo previsto no artigo 349 do código eleitoral (falsidade material eleitoral), uma vez que todos seus elementos, quais sejam alteração da verdade sobre fato juridicamente relevante, potencialidade de dano, finalidade eleitoral e dolo estão presentes.
c) não há fato típico eleitoral, uma vez que somente se configura o crime previsto no artigo 349 do código eleitoral (falsidade material eleitoral) quando reste constatada a finalidade eleitoral, a qual não se configura com a tentativa de fraude no ato de alistamento.
d) está configurado o tipo previsto no artigo 349 do código eleitoral (falsidade material eleitoral), uma vez que todos seus elementos, quais sejam alteração da verdade sobre fato juridicamente relevante, imitação da verdade, potencialidade de dano e dolo estão presentes, não sendo a finalidade eleitoral elemento do tipo, mas mera circunstância.
e) não há fato típico eleitoral, uma vez que somente se configura o crime previsto no artigo 349 do código eleitoral (falsidade material eleitoral) quando o agente for candidato concorrente no pleito eleitoral, não se aplicando ao eleitor.

COMENTÁRIOS

Alternativa correta: letra "b" (responde as demais alternativas). Há fato típico eleitoral, descrito no art. 349 do Código Eleitoral, sendo a finalidade eleitoral fundamental para a configuração do delito.

Alternativa correta: letra "b".

Direito Eleitoral

Jaime Barreiros Neto

✦ DICAS (RESUMO)

1. DIREITO ELEITORAL: NOÇÕES INTRODUTÓRIAS

- Pode-se compreender o objeto do Direito Eleitoral como sendo a normatização de todo o chamado "processo eleitoral", que se inicia com o alistamento do eleitor e a consequente distribuição do corpo eleitoral e se encerra com a diplomação dos eleitos.
- O Direito eleitoral tem como objetivo a garantia da normalidade e da legitimidade do procedimento eleitoral, viabilizando a democracia. A normalidade significa a plena garantia da consonância do resultado apurado nas urnas com a vontade soberana expressada pelo eleitorado. A legitimidade, por sua vez, significa o reconhecimento de um resultado justo, de acordo com a vontade soberana do eleitor.
- A competência privativa para legislar sobre Direito Eleitoral é da União, segundo o artigo 22 da Constituição Federal de 1988.
- O sufrágio é o poder inerente ao povo de participar da gerência da vida pública; o voto, por sua vez, é instrumento para a materialização deste poder; o escrutínio, por fim, designa a forma como se pratica o voto, o seu procedimento, portanto.
- No Brasil, de acordo com o artigo 14, caput, da Constituição Federal de 1988: "a soberania popular será exercida pelo sufrágio universal e pelo voto direto e secreto, com igual valor para todos". Vigem, assim, no Brasil, o princípio da imediaticidade do sufrágio, segundo o qual o voto deve resultar imediatamente da vontade do eleitor, sem intermediários, bem como o princípio da universalidade sufrágio, o qual impõe, dentro dos parâmetros da razoabilidade, o direito de sufrágio a todos os cidadãos.
- Segundo o artigo 16 da Constituição Federal, "a lei que alterar o processo eleitoral entrará em vigor na data da sua publicação, não se aplicando à eleição que ocorra até um ano da data da sua vigência". Estabeleceu, assim, o legislador constitucional originário, o princípio da anualidade eleitoral, de fundamental importância para a preservação da segurança jurídica. Evita-se, a partir da aplicação do princípio da anualidade, que as normas eleitorais sejam modificadas faltando menos de um ano e um dia para as eleições, prejudicando o equilíbrio da disputa, com a mudança das regras do jogo.
- Conforme previsão dos artigos 23, XII, e 30, VIII, do Código Eleitoral: a Justiça Eleitoral, por meio do Tribunal Superior Eleitoral e dos TREs poderá **responder a consultas em tese** formuladas por autoridades públicas ou partidos políticos (as consultas dirigidas ao TSE somente poderão ser feitas por autoridade pública federal e órgão nacional de partido político), as quais, como requisitos legais, deverão observar a legitimidade do consulente, bem como a desvinculação da consulta a situações concretas. A consulta deverá sempre ser formulada em tese, em abstrato, acerca de tema eleitoral previsto no Código Eleitoral, na legislação esparsa ou mesmo na Constituição Federal (cf. Res. TSE nº. 22.095/05 e Ac. TSE nº. 22.699, de 12.02.08, DJ de 10.03.08). Historicamente, as consultas respondidas pela Justiça Eleitoral não tinham efeito vinculante. As alterações legislativas promovidas pela Lei 13.655/2018 na Lei de Introdução às Normas do Direito Brasileiro, no entanto, modificaram este panorama. De acordo com o novo artigo 30 da referida lei, "As autoridades públicas devem atuar para aumentar a segurança jurídica na aplicação das normas, inclusive por meio de regulamentos, súmulas administrativas e respostas a consultas". O parágrafo único deste mesmo artigo, por sua vez, determina que "Os instrumentos previstos no *caput* deste artigo terão caráter vinculante em relação ao órgão ou entidade a que se destinam, até ulterior revisão". Assim, pode-se entender que as consultas ao TSE passaram a ter efeito vinculante. Neste sentido, o TSE decidiu pelo caráter vinculante das consultas em 29 de maio de 2018, ao responder a Consulta nº 060023494.
- Não se conhece de consulta sobre matéria já apreciada pelo Tribunal Superior Eleitoral.
- o artigo 2º da Emenda Constitucional 107 mitigou o art. 16 da Constituição, estabelecendo que, em face da excepcionalidade da pandemia, tal artigo não seria aplicável à emenda constitucional 107, que alterou o calendário eleitoral das eleições 2020.

– O projeto do Novo Código Eleitoral, aprovado na Câmara dos Deputados e pendente ainda de análise pelo Senado Federal quando do fechamento desta edição, prevê, no seu artigo 7º, critérios de densificação material do princípio da anualidade. Segundo a proposta do Novo Código, para fins de delimitação do alcance da regra da anualidade inscrita no art. 16 da Constituição Federal, deverão ser consideradas como alteradoras do processo eleitoral as inovações normativas e as decisões judiciais ou administrativas, notadamente as que disponham sobre: I – sistemas eleitorais; II – requisitos para a habilitação de candidatos, de partidos políticos e de coligações; III – propaganda, debates e pesquisas eleitorais; IV – cobertura informativa nos meios de comunicação; V – financiamento de partidos políticos e de campanhas eleitorais; VI – prestação de contas de campanha; VII – direito processual eleitoral, tais como competência, prazos e ritos de ações eleitorais; VIII – ilícitos eleitorais; IX – hipóteses de inelegibilidade e condições de elegibilidade.

2. OS SISTEMAS ELEITORAIS

- Por sistema eleitoral, podemos compreender o conjunto de critérios utilizados para definir os vencedores em um processo eleitoral, as regras, portanto, do jogo eleitoral.
- No sistema majoritário é considerado eleito o candidato que obtenha a maior soma de votos sobre os seus competidores, sendo os votos atribuídos aos demais candidatos desprezados, prevalecendo, assim, o pronunciamento emitido pela maioria.
- No sistema majoritário, pode ser necessária a mera maioria relativa para a aferição do candidato vencedor em uma eleição, como também pode haver exigência de maioria absoluta. Na primeira hipótese, estaremos diante do chamado sistema majoritário simples, adotado no Brasil nas eleições para senadores da república e prefeitos de municípios com até duzentos mil eleitores. Já na segunda hipótese, teremos a aplicação do sistema majoritário absoluto, adotado, no Brasil, nas eleições para presidente da república, governadores e prefeitos de municípios com mais de duzentos mil eleitores.
- O sistema majoritário simples, adotado nas eleições para prefeitos de municípios com até 200 mil eleitores (e não habitantes) e senadores da república exige um único turno de eleições. Vence o candidato mais votado, independentemente da soma dos votos dos seus adversários.
- No atual sistema eleitoral brasileiro, é exigida a maioria absoluta dos votos para se apontar o candidato vencedor, em uma eleição, apenas nos pleitos para os cargos de presidente da república, governador de estado, e prefeito de municípios com mais de duzentos mil eleitores, conforme disposto nos artigos 28; 29, II e 77 da Constituição Federal. Para estes cargos, o vencedor só será declarado no primeiro turno caso tenha a maioria absoluta dos votos válidos, ou seja, mais votos do que todos os seus adversários somados. De se ressaltar que esta maioria absoluta deve ser aferida somente dos votos válidos, não sendo, portanto, levados em conta os votos em branco, os votos nulos e as abstenções. Caso nenhum candidato consiga maioria absoluta, deverá haver segundo turno entre os dois candidatos mais votados.
- Os votos brancos e os votos nulos, de acordo com a atual legislação eleitoral, não têm nenhum valor. Não procede o mito de que votos brancos e nulos vão para o candidato mais votado. Tais votos proferidos no dia da eleição são desconsiderados, são invalidados, não servindo nem mesmo para anular o pleito, segundo jurisprudência pacificada do TSE. Votos brancos e votos nulos, sufragados de forma voluntária pelo eleitor, não anulam a eleição! Hipoteticamente, se um candidato único a prefeito consegue apenas um voto, e todos os demais votos do município são brancos ou nulos, esse candidato será eleito com 100% dos votos válidos.
- Na contramão do sistema eleitoral majoritário, nos deparamos com o sistema eleitoral proporcional, cujo pressuposto é a repartição aritmética das vagas, pretendendo-se, dessa forma, que a representação, em determinado território se distribua em proporção às correntes ideológicas ou de interesse, integrada nos partidos políticos concorrentes.
- O sistema Eleitoral adotado nas eleições para deputados e vereadores no Brasil é o sistema eleitoral proporcional de lista aberta, cabendo, tão somente, aos eleitores a definição dos nomes dos candidatos que ocuparão as vagas conquistadas pelos partidos ou coligações partidárias. Se o sistema fosse de lista fechada, como vem sendo proposto em muitos projetos de lei integrantes da chamada "reforma política", os eleitores brasileiros votariam apenas nas legendas, ou seja, nos números dos partidos. Neste sistema, os partidos decidem previamente, antes das eleições, a ordem em que os candidatos aparecerão na lista. O eleitor vota somente na legenda, não podendo escolher o seu candidato de preferência, não tendo, assim, a oportunidade de definir livremente os nomes daqueles que ocuparão as cadeiras conquistadas pelo partido ou coligação.

– Não se pode olvidar que, conforme a legislação brasileira em vigor, duas são as possibilidades existentes de sistema majoritário: o sistema majoritário simples, adotado nas eleições para prefeitos de municípios com até 200 mil eleitores (e não habitantes) e senadores da república o qual impõe um único turno de eleições, no qual é declarado vencedor o candidato mais votado (ou, eventualmente, os dois mais votados, quando há renovação de dois terços do Senado Federal, como em 2018), independentemente da soma dos votos dos seus adversários; e o sistema majoritário absoluto, aplicável aos pleitos para os cargos de presidente da república, governador de estado, e prefeito de municípios com mais de duzentos mil eleitores, conforme disposto nos artigos 28; 29, II e 77 da Constituição Federal. Para estes cargos, o vencedor só será declarado no primeiro turno caso tenha a maioria absoluta dos votos válidos, ou seja, mais votos do que todos os seus adversários somados. De se ressaltar que esta maioria absoluta deve ser aferida somente dos votos válidos, não sendo, portanto, levados em conta os votos em branco, os votos nulos e as abstenções. Caso nenhum candidato consiga a maioria absoluta dos votos válidos, deverá haver segundo turno entre os dois candidatos mais votados.

– o sistema eleitoral adotado nas eleições para deputados e vereadores no Brasil é o **sistema eleitoral proporcional de lista aberta**, cabendo, tão somente, aos eleitores a definição dos nomes dos candidatos que ocuparão as vagas conquistadas pelos partidos ou coligações partidárias. Se o sistema fosse de **lista fechada**, como vem sendo proposto em muitos projetos de lei integrantes da chamada "reforma política", os eleitores brasileiros votariam apenas nas legendas, ou seja, nos números dos partidos. Neste sistema, os partidos decidem previamente, antes das eleições, a ordem em que os candidatos aparecerão na lista. O eleitor vota somente na legenda, não podendo escolher o seu candidato de preferência, não tendo, assim, a oportunidade de definir livremente os nomes daqueles que ocuparão as cadeiras conquistadas pelo partido ou coligação.

3. PARTIDOS POLÍTICOS

- No Brasil, de acordo com o estabelecido no artigo 17 da Constituição Federal de 1988, os partidos políticos são considerados protagonistas do diálogo democrático, sendo vedadas candidaturas de pessoas que não estejam filiadas a partidos políticos. Considerados pessoas jurídicas de direito privado, os partidos políticos têm suas atuações genericamente disciplinadas na Carta Magna, na Lei nº 9096/95 (Lei Geral dos Partidos Políticos), além da própria Lei nº 9.504/97 (Lei das Eleições), que, no seu artigo sexto, disciplina a formação das coligações partidárias.
- De acordo com o caput do artigo 17 da Carta Magna, "é livre a criação, fusão, incorporação e extinção de partidos políticos, resguardados a soberania nacional, o regime democrático, o pluripartidarismo e os direitos fundamentais da pessoa humana". Ainda de acordo com o artigo 17, deverão ser observados, no funcionamento dos partidos políticos no país, o caráter nacional; a proibição de recebimento de recursos financeiros de entidade ou governo estrangeiro ou de subordinação a estes; a prestação de contas à Justiça Eleitoral e o funcionamento parlamentar de acordo com a lei.
- Assegura, ainda, a Constituição Federal, autonomia aos partidos políticos para definir sua estrutura e organização interna, liberdade para a adoção dos critérios de escolha e regime de suas coligações eleitorais, bem como direito a recursos do fundo partidário, acesso gratuito ao rádio e à televisão, na forma da lei, e vedação à utilização de organização paramilitar.

Etapas para a formação de um partido político no Direito brasileiro:	
1ª Etapa	requerimento do registro de partido político, dirigido ao cartório competente do registro civil das pessoas jurídicas do seu local de sede, subscrito por, no mínimo, 101 fundadores, com domicílio eleitoral em, no mínimo, 1/3 dos estados, acompanhado de: 1) cópia autenticada da ata da reunião de fundação do partido; 2) exemplares do Diário Oficial que publicou, no seu inteiro teor, o programa e o estatuto; 3) relação de todos os fundadores com o nome completo, naturalidade, número do título eleitoral com a zona, seção, município e estado, profissão e residência; 4) nome e função dos dirigentes provisórios e o endereço da sede do partido na capital federal.
2ª Etapa	efetuação, pelo oficial do registro civil, do registro do partido no livro correspondente, com a consequente expedição de certidão de inteiro teor.
3ª Etapa	obtenção do apoiamento mínimo de eleitores, correspondente a, pelo menos, meio por cento dos votos dados na última eleição geral, não computados os votos em branco e os nulos, distribuídos por um terço, ou mais, dos estados, com um mínimo de um décimo por cento do eleitorado que haja votado em cada um deles.
4ª Etapa	promoção do registro do estatuto do partido junto ao TSE, através de requerimento acompanhado de exemplar autenticado de inteiro teor do programa e do estatuto partidários, inscritos no registro civil; certidão do registro civil da pessoa jurídica; certidões dos cartórios eleitorais que comprovem ter o partido obtido o apoiamento mínimo de eleitores.
	Não havendo eventuais falhas no processo, o TSE registra o estatuto do partido no prazo de trinta dias.

– o partido deverá, para obter o seu registro junto ao Tribunal Superior Eleitoral, possuir caráter nacional, em conformidade com o disposto no art. 7º, I, da Lei nº 9096/95, buscando o apoiamento mínimo. Antes disso, no entanto, o partido deverá requerer seu registro no cartório do registro civil de pessoas jurídicas do local de sua sede (novidade estabelecida pela Lei 13.877/2019), quando adquirirá personalidade jurídica

– DOCUMENTOS NECESSÁRIOS PARA O REGISTRO DE PARTIDO POLÍTICO NO CARTÓRIO DO REGISTRO CIVIL DE PESSOAS JURÍDICAS DO DF I – Requerimento dirigido ao cartório do Registro Civil das Pessoas Jurídicas do local de sua sede, subscrito por 101 fundadores, com domicílio em 1/3 dos estados; II – Cópia autenticada da ata da reunião de fundação do partido; III – Exemplares do Diário Oficial que publicou, no seu inteiro teor, o programa e estatuto do novo partido; IV – Relação de todos os fundadores com o nome completo, naturalidade, número do título eleitoral com zona, seção, município e estado, profissão e endereço da residência. V – Nome e função dos dirigentes provisórios e endereço da sede no território nacional.

- o partido comunica ao Tribunal Superior Eleitoral a constituição e eventuais alterações de seus órgãos de direção nacional e nomes dos respectivos integrantes, e aos tribunais regionais eleitorais quando se tratar de órgãos de direção estaduais, municipais ou zonais
- Após o recebimento da comunicação de constituição dos órgãos de direção regionais e municipais, definitivos ou provisórios, o Tribunal Superior Eleitoral, na condição de unidade cadastradora, deverá proceder à inscrição, ao restabelecimento e à alteração de dados cadastrais e da situação cadastral perante o CNPJ na Secretaria Especial da Receita Federal do Brasil. (Redação dada pela Lei nº 14.063, de 2020)
- Na hipótese de fusão, a existência legal do novo partido tem início com o registro, no Ofício Civil competente da sede do novo partido, do estatuto e do programa, cujo requerimento deve ser acompanhado das atas das decisões dos órgãos competentes. Em 2021, o STF julgou a ADI 6044/DF, analisando a constitucionalidade de regra introduzida pela Lei 13.107/2015 na Lei dos Partidos Políticos (Lei 9.096/1995) que impede a fusão ou a incorporação de legendas criadas há menos de cinco anos. Segundo o STF, é **vedada a fusão ou incorporação de partidos políticos que tenham obtido o registro definitivo do Tribunal Superior Eleitoral há menos de 5 anos.** A Constituição Federal (CF) garante a liberdade para a criação, fusão, incorporação e extinção de partidos políticos, a eles assegurando a autonomia. Mas não há liberdade absoluta, tampouco autonomia sem limitação. A norma legal impugnada não afeta, reduz ou condiciona a autonomia partidária, porque o espaço de atuação livre dos partidos políticos conforma-se a normas jurídicas postas para a definição das condições pelas quais se pode dar a criação, ou recriação por fusão ou incorporação, de partido sem intervir no seu funcionamento interno. Com base nesse entendimento, o Plenário, por unanimidade, converteu o julgamento da medida cautelar em definitivo de mérito para julgar improcedente a presente ação direta e declarar.
- No caso de **incorporação**, por sua vez, caberá ao partido incorporando deliberar, por maioria absoluta de votos, em seu órgão nacional de deliberação, sobre a adoção do estatuto e do programa de outra agremiação. Adotados o estatuto e o programa do partido incorporador, realizar-se-á a eleição do novo órgão de direção nacional, em reunião conjunta dos órgãos nacionais de deliberação. Após, o instrumento formalizador da incorporação deverá ser levado ao ofício civil competente do seu local de sede nacional para que seja procedido o cancelamento do registro do partido incorporado. De acordo com o artigo 3º da Emenda Constitucional nº 111, publicada em 2021, até que entre em vigor lei específica sobre o tema, nos processos de incorporação de partidos políticos, as sanções eventualmente aplicadas aos órgãos partidários regionais e municipais do partido incorporado, inclusive as decorrentes de prestações de contas, bem como as de responsabilização de seus antigos dirigentes, não serão aplicadas ao partido incorporador nem aos seus novos dirigentes, exceto aos que já integravam o partido incorporado. No mesmo sentido, nas anotações relativas às alterações dos estatutos dos partidos políticos, serão objeto de análise pelo Tribunal Superior Eleitoral apenas os dispositivos objeto de alteração.
- A partir da publicação da Lei nº. 13.165/15, a colheita de assinatura de eleitores para o apoiamento mínimo necessário para o registro do partido no TSE deverá ocorrer durante o período de dois anos, exigência que não era prevista até então. O processo de criação de um novo partido, assim, será mais moroso do que aquele que era observado até a publicação da nova lei, quando não era exigido tal prazo. Como complemento a esta nova regra, o artigo 13 da Lei nº. 13.165/15, em regra de transição, deixa de exigir que o prazo mínimo de dois anos para o recolhimento das assinaturas necessárias ao apoiamento mínimo de eleitores para a criação de novos partidos políticos seja aplicado aos processos de criação de partidos já iniciados na data da promulgação dessa lei (29 de setembro de 2015), valendo, nesta hipótese, a legislação anterior.
- Em dezembro de 2019, respondendo a consulta formulada pelo partido político "Progressistas", o TSE, por 4 votos a 3, admitiu a possibilidade de apoiamento para a criação de partidos políticos por meio de assinaturas digitais, em procedimento a ser regulamentado pela corte oportunamente.
- O partido político não se equipara às entidades paraestatais."
- As atividades de direção exercidas nos órgãos partidários e em suas fundações e institutos, bem como as de assessoramento e as de apoio político-partidário, assim definidas em normas internas de organização, não geram vínculo de emprego, não sendo aplicável o regime jurídico previsto na Consolidação das Leis do Trabalho, aprovada pelo Decreto-Lei nº 5.452, de 1º de maio de 1943, quando remuneradas com valor mensal igual ou superior a 2 (duas) vezes o limite máximo do benefício do Regime Geral de Previdência Social.
- Poderá participar das eleições o partido que, até seis meses antes do pleito, tenha registrado seu estatuto no Tribunal Superior Eleitoral, conforme o disposto em lei, e tenha, até a data da convenção, órgão de direção constituído na circunscrição, de acordo com o respectivo estatuto (novidade da reforma eleitoral de 2017).

- Segundo o TSE, a limitação criada pela art. 2º da Lei 13.107/15, na parte que alterara os artigos 7º e 29 da Lei dos Partidos Políticos, quanto ao apoio para a criação de novos partidos, a qual ficaria restrita aos cidadãos sem filiação partidária, está em conformidade com o regramento constitucional relativo ao sistema representativo. A exigência temporal para se levar a efeito fusões e incorporações entre partidos assegura o atendimento do compromisso do cidadão com a sua opção partidária, o que evita o estelionato eleitoral ou a reviravolta política contra o apoio dos eleitores, então filiados. A norma distingue cidadãos filiados e não filiados para o exclusivo efeito de conferência de legitimidade do apoio oferecido à criação de novos partidos políticos. O objetivo único é a garantia de coesão, coerência e substância ao modelo representativo instrumentalizado pela atuação partidária. A disseminação de práticas antidemocráticas que vão desde a compra e venda de votos ao aluguel de cidadãos e de partidos inteiros, devem ser combatidas pelo legislador, sem prejuízo da autonomia partidária. Portanto, as normas objurgadas tendem a enfraquecer essa lógica mercantilista de prática política. Não se demonstrou ingerência estatal na autonomia constitucional dos partidos políticos.
- Segundo o novo § 7º do art. 29, com redação da Lei nº. 13.107/15 "havendo fusão ou incorporação, devem ser somados exclusivamente os votos dos partidos fundidos ou incorporados obtidos na última eleição geral para a Câmara dos Deputados, para efeito da distribuição dos recursos do Fundo Partidário e do acesso gratuito ao rádio e à televisão". Este novo dispositivo, contudo, logo foi declarado inconstitucional, tendo em vista o julgamento da ADI 5105, em 01 de outubro de 2015.

- Apenas após o registro no TSE, garante-se ao partido o recebimento de recursos do fundo partidário, o acesso gratuito ao rádio e TV e a exclusividade da sua denominação, sigla e símbolos, bem como a possibilidade de participar de eleições.
- Fica cancelado, junto ao ofício civil e ao Tribunal Superior Eleitoral, o registro do partido que, na forma de seu estatuto, se dissolva, se incorpore ou venha a se fundir a outro.
- O STF julgando as ADINs nos. 1351-3 e 1.354-8, ajuizadas pelo PC do B e pelo PSC, respectivamente, declarou a inconstitucionalidade do artigo 13 da Lei nº 9.096/95, derrubando a cláusula de barreira, em 07/12/2006, por decisão unânime. Com a Emenda Constitucional 97/17, a previsão de uma cláusula de desempenho voltou a ser prevista, válida a partir das eleições de 2018, conforme nova redação do art. 17 da Constituição Federal.
- Os partidos políticos são pessoas jurídicas de direito privado, com autonomia e regidos por seus respectivos estatutos. A Lei Geral dos Partidos Políticos, no entanto, respeitando a liberdade inerente a cada partido para fixar seu programa, objetivos políticos, estrutura interna, organização e funcionamento, impõe algumas regras de observância obrigatória às agremiações partidárias, que, necessariamente, deverão ser contempladas em seus programas e estatutos. Assim, o estatuto do partido deverá conter, dentre outras, normas sobre seu nome, denominação abreviada, sede na capital federal, filiação e desligamento dos seus membros, direitos e deveres dos seus filiados, modo de organização e administração, fidelidade e disciplina partidárias, condições e formas de escolha de seus candidatos a cargos e funções eletivas, finanças e contabilidade, critérios de distribuição dos recursos do fundo partidário entre os órgãos de nível municipal, estadual e nacional e procedimentos de reforma do programa e do estatuto. Os estatutos deverão ainda, conforme previsão da Lei 14.192/21, prever normas de prevenção, repressão e combate à violência política contra a mulher.
- Fidelidade partidária é o instituto de direito público que relaciona não apenas o mandatário ao seu partido político, mas sim ao próprio eleitor que, ao elegê-lo, escolheu também votar em determinado partido. O infiel, assim, deverá perder o mandato eletivo.
- Indisciplina partidária é o instituto de direito privado, que relaciona os partidos políticos aos seus filiados. Nos termos do estatuto do partido, o filiado indisciplinado deverá ser advertido, suspenso, ou até mesmo expulso do partido, sem que tal fato, no entanto, acarrete a perda de eventual mandato que esteja exercendo. O que está em jogo, tão somente, é a relação do filiado com o partido político, e o respeito a questões interna corporis da agremiação partidária.
- Em resposta à consulta nº 1398, formulada pelo antigo Partido da Frente Liberal (PFL), o TSE firmou entendimento que os mandatos de deputados e vereadores pertencem aos partidos políticos. Posteriormente, foi formulada pelo deputado federal Nilson Mourão (PT-AC), ao TSE, a consulta nº 1.407, em resposta da qual foi estendida aos titulares de mandatos majoritários (presidente da república, vice-presidente, governador, vice-governador, prefeito, vice-prefeito e senador) a possibilidade de perda de mandato eletivo por prática de atos de infidelidade partidária. Em maio de 2015, contudo, o STF, em decisão bastante questionável, no julgamento da ADI 5018, entendeu que o princípio da fidelidade partidária não mais se aplica aos detentores de mandatos eleitos pelo sistema majoritário, sob pena, segundo a Corte Maior "de violação da soberania popular e das escolhas feitas pelo eleitor".
- Por meio da Resolução nº 22.610, o TSE disciplinou o procedimento de perda de mandato eletivo por infidelidade partidária. O STF declarou a constitucionalidade da resolução.

- De acordo com a resolução nº 22.610, são legitimados para propor a ação de perda de mandato por infidelidade partidária o partido político, no prazo de 30 dias, e, após, em novo prazo de trinta dias, o Ministério Público e demais interessados jurídicos.
- A competência para processar e julgar ações de perda de mandato eletivo de deputados federais, senadores, presidente e vice-presidente da república é do TSE. Já as relativas a mandatos de governador, vice-governador, prefeito, vice-prefeito, deputado estadual e vereador são de competência dos tribunais regionais eleitorais.
- Considerava-se justa causa para a troca de partido, sem perda de mandato por infidelidade partidária, de acordo com a Resolução TSE nº. 22.610, a saída do partido para fundação de novo partido, a fusão ou incorporação do partido do mandatário a outro partido político, a grave discriminação pessoal sofrida pelo mandatário e praticada por seu partido, bem como a mudança substancial ou o desvio reiterado do programa partidário. Com a publicação da Lei nº. 13.165/15, e a criação do art. 22-A da Lei nº. 9.096/95, finalmente foi instituída a disciplina legal do instituto da fidelidade partidária, uma vez que, até então, infraconstitucionalmente, a matéria era disciplinada, tão somente, pela Resolução TSE nº. 22.610/07. Como novidade maior, o inciso III do art. 22-A trouxe a possibilidade de uma janela para a troca de partido por mandatários, durante o período de trinta dias que antecede o prazo de filiação exigido em lei para concorrer à eleição, majoritária ou proporcional, ao término do mandato vigente. As demais hipóteses, previstas nos incisos I e II, já eram previstas como situações autorizadoras da troca de partido, sem perda do mandato político, pela Resolução do TSE. Por outro lado, a hipótese também prevista na resolução de troca de partido para fundar partido novo por parte do mandatário, sem perda do mandato, não foi reproduzida pela lei nº. 13.165/15.
- Só há possibilidade de condenação de mandatários a perda de mandato por infidelidade partidária relativas a desfiliações consumadas após 27/03/2007, em se tratando de mandatários eleitos pelo sistema proporcional, e 16/10/2007, em se tratando de mandatários eleitos pelo sistema majoritário.
  - Com a publicação da Lei nº. 13.165/15, e a criação do art. 22-A da Lei nº. 9.096/95, finalmente foi instituída a disciplina legal do instituto da fidelidade partidária, uma vez que, até então, infraconstitucionalmente, a matéria era disciplinada, tão somente, pela Resolução TSE nº. 22.610/07. Como novidade maior, o inciso III do art. 22-A trouxe a possibilidade de uma janela para a troca de partido por mandatários, durante o período de trinta dias que antecede o prazo de filiação exigido em lei para concorrer à eleição, majoritária ou proporcional, ao término do mandato vigente. Assim, por exemplo, nas eleições municipais, apenas vereadores poderão utilizar-se dessa janela. Já nas eleições gerais, deputados poderão fazê-lo, sendo vedada tal prática aos vereadores.
  - Em 18 de fevereiro de 2016, com a promulgação da Emenda Constitucional nº 91, foi estabelecida uma regra excepcional, válida apenas para as eleições 206, referente à citada janela: a nova emenda permitiu a qualquer detentor de mandato eletivo, de forma excepcional, desligar-se do partido pelo qual foi eleito nos trinta dias seguintes à promulgação da referida Emenda Constitucional (ou seja, no período de 19 de fevereiro a 19 de março de 2016), sem prejuízo do mandato, não sendo essa desfiliação considerada para fins de distribuição dos recursos do Fundo Partidário e de acesso gratuito ao tempo de rádio e televisão. Uma emenda, portanto, puramente casuística, que afronta o princípio da fidelidade partidária. Assim, naquele ano, deputados puderam trocar de partido na referida janela, mesmo sem estar em fim de mandato. Essa regra não se aplica mais.
  - Em 2021, com a publicação da Emenda Constitucional 111, o Congresso Nacional deu mais um passo rumo à total impunidade relativa aos atos de infidelidade partidária. alterando o § 6º ao artigo 17 da Constituição Federal. Segundo o dispositivo constitucional alteado, os Deputados Federais, os Deputados Estaduais, os Deputados Distritais e os Vereadores que se desligarem do partido pelo qual tenham sido eleitos perderão o mandato, salvo nos casos de anuência do partido ou de outras hipóteses de justa causa estabelecidas em lei, não computada, em qualquer caso, a migração de partido para fins de distribuição de recursos do fundo partidário ou de outros fundos públicos e de acesso gratuito ao rádio e à televisão. Em resumo: para não perder o mandato por infidelidade partidária, basta que o parlamentar que deseje migrar de partido obtenha a concordância do seu partido, afastando-se, assim, a legitimidade do Ministério Público para a propositura de representação por infidelidade.
  - Segundo o TSE, acusações de atos de corrupção praticados por dirigentes do partido não são suficientes para configurar hipótese de justa causa para desfiliação partidária consistente na mudança substancial ou desvio reiterado do programa partidário, prevista no art. 22-A, I, da Lei nº 9.096/1995. Em seu voto, o Ministro Mauro Campbell Marques (relator) ressaltou que, segundo a jurisprudência do TSE, o pedido de desfiliação com fundamento em desvio reiterado de programa partidário, previsto no art. 22-A, I, da Lei dos Partidos Políticos, somente pode ser deferido quando comprovado por fatos que, praticados de forma ostensiva, vão de encontro à ideologia da agremiação, devendo ter caráter nacional, e não apenas regional ou local (Ação de Justificação de Desfiliação Partidária/Perda de Cargo Eletivo nº 0601837-37, Rio de Janeiro/RJ, rel. Min. Mauro Campbell Marques, julgada na sessão virtual de 13 a 19/8/2021).

- De acordo com o art. 14, § 3º, V da Constituição Federal de 1988, é condição de elegibilidade a filiação partidária. Cabe à lei 9.096/95, então, disciplinar esta condição de elegibilidade, estabelecendo as normas relativas à filiação partidária no seu capítulo IV do título II. (arts. 16 a 22).
- Deferido internamente o pedido de filiação, o partido político, por seus órgãos de direção municipais, regionais ou nacional, deverá inserir os dados do filiado no sistema eletrônico da Justiça Eleitoral, que automaticamente enviará aos juízes eleitorais, para arquivamento, publicação e cumprimento dos prazos de filiação partidária para efeito de candidatura a cargos eletivos, a relação dos nomes de todos os seus filiados, da qual constará a data de filiação, o número dos títulos eleitorais e das seções em que estão inscritos. Nos casos de mudança de partido de filiado eleito, a Justiça Eleitoral deverá intimar pessoalmente a agremiação partidária e dar-lhe ciência da saída do seu filiado, a partir do que passarão a ser contados os prazos para ajuizamento das ações cabíveis. Este procedimento é uma inovação estabelecida a partir da nova redação do art. 19 da Lei 9.096/95, formulada pela lei 13.877/19, acabando com a antiga previsão de obrigatoriedade de informação por parte dos partidos políticos, à Justiça Eleitoral, da sua lista atualizada de filiados, nos meses de abril e outubro, prevista na anterior redação do art. 19.
- Em 20 de agosto de 2019 o TSE aprovou a resolução 23.596/19 criando o sistema FILIA e estabelecendo procedimentos para a filiação e desfiliação de cidadãos a partidos políticos. Em 2021, a publicação da Resolução TSE 23.668/21 promoveu uma série de alterações na Resolução 23.596/19. De acordo com a Resolução TSE 23.596/19 e suas alterações posteriores, somente poderá filiar-se a partido político o eleitor que estiver no pleno gozo de seus direitos políticos (Lei nº 9.096/1995, art. 16), ressalvada a possibilidade de filiação do eleitor considerado inelegível, considerando-se deferida, para todos os efeitos, a filiação partidária com o atendimento das regras estatutárias do partido.
- Para concorrer a cargo eletivo, o eleitor deverá estar filiado ao respectivo partido político pelo prazo mínimo definido em lei. O partido político pode estabelecer, em seu estatuto, para a candidatura a cargos eletivos, prazos de filiação partidária superiores aos definidos em lei, os quais não poderão ser alterados no ano da eleição. filiação partidária poderá ser requerida a qualquer órgão partidário, observadas as regras do estatuto do partido político.
- O FILIA, desenvolvido pela Secretaria de Tecnologia da Informação do Tribunal Superior Eleitoral (TSE) e integrado ao Sistema de Gerenciamento de Informações Partidárias (SGIP), será utilizado em todo o território nacional para anotação das filiações partidárias a que se refere o art. 19 da Lei nº 9.096/1995. As informações referentes a filiações efetuadas perante os órgãos partidários, independentemente da abrangência, quando admitidas pelo estatuto do partido, deverão ser inseridas no FILIA com a finalidade de comunicação à Justiça Eleitoral. Observadas as disposições estatutárias, qualquer órgão partidário poderá registrar as filiações no sistema FILIA.
- Ainda no que se refere ao dispositivo constitucional que impõe a filiação partidária como condição de elegibilidade (art. 14, § 3º, I), vale destacar a polêmica tese segundo a qual tal dispositivo seria incompatível com a Convenção Interamericana dos Direitos Humanos (Pacto de San Jose da Costa Rica), o que permitiria, na visão de muitos, a candidatura avulsa. A matéria, inclusive, encontra-se em discussão no Supremo Tribunal Federal, tendo sido suscitada a repercussão geral no Agravo em Recurso Extraordinário ARE 1054490. No referido ARE 1054490, argumentou-se, como fundamento de uma suposta inconvencionalidade do disposto no art. 14, § 3º, V da Constituição Federal, que a regra constitucional violaria o direito fundamental de candidatura independente, a dignidade humana, a liberdade de associação e o Pacto de San Jose da Costa Rica, que, em seu artigo 23, assim dispõe:

> *Artigo 23 do Pacto San Jose da Costa Rica – Direitos políticos*
>
> *1. Todos os cidadãos devem gozar dos seguintes direitos e oportunidades:*
>
> *a) de participar da condução dos assuntos públicos, diretamente ou por meio de representantes livremente eleitos;*
>
> *b) de votar e ser eleito em eleições periódicas, autênticas, realizadas por sufrágio universal e igualitário e por voto secreto, que garantam a livre expressão da vontade dos eleitores; e*
>
> *c) de ter acesso, em condições gerais de igualdade, às funções públicas de seu país.*
>
> *2. A lei pode regular o exercício dos direitos e oportunidades, a que se refere o inciso anterior, exclusivamente por motivo de idade, nacionalidade, residência, idioma, instrução, capacidade civil ou mental, ou condenação, por juiz competente, em processo penal.*

- Em análise à jurisprudência internacional, no caso Castañeda Gutman versus México (2006), a Corte Interamericana, interpretando o artigo 23 do Pacto de San Jose da Costa Rica, decidiu que a indicação por partidos políticos aos cargos eletivos é proporcional como critério de organização dos processos eleitorais, sendo uma escolha política constitucional. Ao estabelecer o princípio do pluralismo político como fundamento constitucional, o legislador constituinte almejou garantir a democratização do poder, a representação das minorias e a pluralidade de ideias, pressupostos de uma democracia partidária. O sistema político brasileiro, portanto, fundamenta-se em uma escolha constitucional que privilegia a democracia partidária, cujo fundamento teórico encontra-se na obra "Democracia", de Hans

Kelsen, quando o jurista austríaco difunde a célebre frase segundo a qual "somente a hipocrisia poderia fundamentar uma democracia sem partidos políticos". O sistema político brasileiro, fundado no pluralismo político, baseia-se em premissas inclusivas de minorias, como o sistema proporcional, nas eleições para a Câmara dos Deputados, assembleias legislativas e câmaras de vereadores, e consequentemente, um sistema multipartidário, propugnador da representatividade e da legitimidade dessas minorias. É importante, contudo, acompanhar o desenrolar desta discussão, a qual poderá, talvez, viabilizar as candidaturas avulsas no Brasil.

- Até o dia 30 de junho (regra estabelecida pela reforma eleitoral de 2019) do ano seguinte, os partidos políticos estão obrigados a enviar, anualmente, à Justiça Eleitoral, balanços contábeis do exercício findo. O balanço contábil do órgão nacional deverá ser enviado ao TSE, os dos órgãos estaduais aos respectivos TREs e o dos órgãos municipais aos juízes eleitorais. No ano em que ocorrerem eleições, o partido deverá enviar balancetes mensais à Justiça Eleitoral durante os quatro meses anteriores e os dois meses posteriores ao pleito.
- De acordo com o artigo 31 da Lei nº 9.096/95, o partido político não pode receber, sob qualquer forma ou pretexto, contribuição em dinheiro, ou estimável em dinheiro, inclusive através de publicidade de qualquer espécie, procedente de: I – entidade ou governo estrangeiros; II – autoridade ou órgãos públicos, ressalvadas as originadas do fundo partidário; III – autarquias; IV – empresas públicas; V – concessionárias de serviços públicos; VI – sociedades de economia mista; VII – fundações instituídas em virtude de lei e para cujos recursos concorram órgãos ou entidades governamentais; VIII – entidade de classe ou sindical.
- Como forma de colaborar financeiramente para o funcionamento dos partidos políticos, a Lei nº 9.096/95 estabeleceu, nos artigos 38 e seguintes, o Fundo Especial de Assistência Financeira aos Partidos Políticos, também chamado de Fundo Partidário, constituído pelos seguintes recursos:

Recursos constitutivos do Fundo Partidário
I – multas e penalidades pecuniárias aplicadas nos termos do Código Eleitoral e leis conexas;
II – recursos financeiros que lhe forem destinados por lei, em caráter permanente ou eventual;
III – doações de pessoas físicas ou jurídicas, efetuadas por intermédio de depósitos bancários, diretamente na conta do Fundo Partidário (por cheque cruzado ou depósito bancário na conta do partido);
IV – dotações orçamentárias da União, em valor nunca inferior, cada ano, ao número de eleitores inscritos em 31 de dezembro do ano anterior ao da proposta orçamentária, multiplicados por trinta e cinco centavos de real, em valores de agosto de 1995.

De acordo com o previsto no artigo 44 da Lei nº 9.096/95, os **recursos oriundos do Fundo Partidário deverão ser aplicados da seguinte forma**:

Forma de aplicação dos recursos oriundos do Fundo Partidário (art. 44 da Lei nº 9.096/95)
I – na manutenção das sedes e serviços do partido, permitido o pagamento de pessoal, a qualquer título, observado, do total recebido, os seguintes limites: (Redação dada pela Lei nº 13.165, de 2015)
a) 50% (cinquenta por cento) para o órgão nacional; (Incluído pela Lei nº 13.165, de 2015)
b) 60% (sessenta por cento) para cada órgão estadual e municipal; (Incluído pela Lei nº 13.165, de 2015)
II – na propaganda doutrinária e política;
III – no alistamento e campanhas eleitorais;
IV – na criação e manutenção de instituto ou fundação de pesquisa e de doutrinação e educação política, sendo esta aplicação de, no mínimo, vinte por cento do total recebido.
V – na criação e manutenção de programas de promoção e difusão da participação política das mulheres, criados e executados pela Secretaria da Mulher ou, a critério da agremiação, por instituto com personalidade jurídica própria presidido pela Secretária da Mulher, em nível nacional, conforme percentual que será fixado pelo órgão nacional de direção partidária, observado o mínimo de 5% (cinco por cento) do total; (Redação dada pela Lei nº 13.877, de 2019)
VI – no pagamento de mensalidades, anuidades e congêneres devidos a organismos partidários internacionais que se destinem ao apoio à pesquisa, ao estudo e à doutrinação política, aos quais seja o partido político regularmente filiado; (Incluído pela Lei nº 13.165, de 2015)
VII – no pagamento de despesas com alimentação, incluindo restaurantes e lanchonetes. (Incluído pela Lei nº 13.165, de 2015)
VIII – na contratação de serviços de consultoria contábil e advocatícia e de serviços para atuação jurisdicional em ações de controle de constitucionalidade e em demais processos judiciais e administrativos de interesse partidário, bem como nos litígios que envolvam candidatos do partido, eleitos ou não, relacionados exclusivamente ao processo eleitoral; (Incluído pela Lei nº 13.877, de 2019)
IX – (VETADO); (Incluído pela Lei nº 13.877, de 2019)
X – na compra ou locação de bens móveis e imóveis, bem como na edificação ou construção de sedes e afins, e na realização de reformas e outras adaptações nesses bens; (Incluído pela Lei nº 13.877, de 2019)
XI – no custeio de impulsionamento, para conteúdos contratados diretamente com provedor de aplicação de internet com sede e foro no País, incluída a priorização paga de conteúdos resultantes de aplicações de busca na internet, inclusive plataforma de compartilhamento de vídeos e redes sociais, mediante o pagamento por meio de boleto bancário, de depósito identificado ou de transferência eletrônica diretamente para conta do provedor, proibido, nos anos de eleição, no período desde o início do prazo das convenções partidárias até a data do pleito. (Redação dada pela Lei nº 14.291, de 2022)

– De acordo com as regras estabelecidas pela Emenda Constitucional nº. 117/2022, que acrescentou os §§

7º e 8º no artigo 17 da Constituição Federal, os partidos políticos devem aplicar no mínimo 5% (cinco por cento) dos recursos do fundo partidário na criação e na manutenção de programas de promoção e difusão da participação política das mulheres, de acordo com os interesses intrapartidários. O montante do Fundo Especial de Financiamento de Campanha e da parcela do fundo partidário destinada a campanhas eleitorais, bem como o tempo de propaganda gratuita no rádio e na televisão a ser distribuído pelos partidos às respectivas candidatas, deverão ser de no mínimo 30% (trinta por cento), proporcional ao número de candidatas, e a distribuição deverá ser realizada conforme critérios definidos pelos respectivos órgãos de direção e pelas normas estatutárias, considerados a autonomia e o interesse partidário.

- Os partidos que não tenham observado a aplicação de recursos prevista no inciso V do **caput** do art. 44 da Lei 9.096/95 (incentivo à participação política feminina) nos exercícios anteriores a 2019, e que tenham utilizado esses recursos no financiamento das candidaturas femininas até as eleições de 2018, não poderão ter suas contas rejeitadas ou sofrer qualquer outra penalidade (regra determinada pela Lei 13.831/2019). Além disso, os partidos que, nos termos da legislação anterior à publicação da Lei 13.831/2019, ainda possuam saldo em conta bancária específica conforme o disposto no § 5º-A do art. 44 da Lei 9.096/95 poderão utilizá-lo na criação e na manutenção de programas de promoção e difusão da participação política das mulheres até o exercício de 2020, como forma de compensação.
- Também de acordo com regra estabelecida pela Lei 13.831/2019, ficam anistiadas as devoluções, as cobranças ou as transferências ao Tesouro Nacional que tenham como causa as doações ou contribuições feitas em anos anteriores por servidores públicos que exerçam função ou cargo público de livre nomeação e exoneração, desde que filiados a partido político

• Atualmente, o Fundo Partidário é assim repartido:

DISTRIBUIÇÃO DOS RECURSOS DO FUNDO PARTIDÁRIO (ART. 41-A DA LEI Nº 9.096/95)

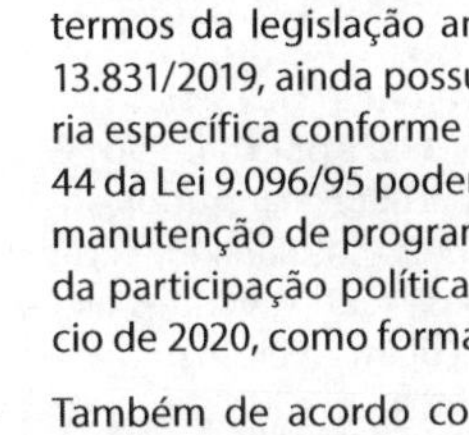

● 5%, em partes iguais, para todos os partidos com estatutos registrados no TSE.

● 95% a todos os partidos com estatutos registrados no TSE, na proporção dos votos obtidos na última eleição para Câmara Federal.

- A Lei nº. 13.165, de 29 de setembro de 2015, trouxe uma série de novidades no que se refere ao processo de arrecadação de recursos e prestação de contas pelos partidos políticos. Assim, por exemplo, ao revogar o § 3º do art. 32 da Lei nº. 9.096/95, a reforma eleitoral de setembro de 2015 acabou com a obrigatoriedade do partido político, em ano eleitoral, enviar balancetes mensais à Justiça Eleitoral, durante os quatro meses anteriores e os dois meses posteriores ao pleito. Importante também destacar que o novo § 5º do referido artigo 32 ressaltou que a desaprovação da prestação de contas do partido não enseja sanção alguma que o impeça de participar do pleito eleitoral, restringindo, portanto, as possibilidades de sanção possíveis de ser impostas aos partidos que não fazem a gerência de suas contas adequadamente. O novo caput do art.34 da Lei Geral dos Partidos Políticos, por sua vez, retirou, da Justiça Eleitoral, o papel de fiscal da escrituração contábil do partido político, preservando, contudo, a fiscalização sobre a prestação de contas do partido e das despesas de campanha eleitoral. Os novos incisos I e V, bem como o novo § 1º do referido artigo, por outro lado, reproduziram previsão expressa em vários dispositivos inovadores trazidos pela lei nº. 13.165/15, extinguindo a figura do comitê partidário nas campanhas eleitorais. Já o inciso II, que previa a responsabilização pessoal dos dirigentes do partido, no âmbito cível e criminal, por quaisquer irregularidades nas contas dos partidos foi revogado.
- Eventuais descontos nos futuros repasses do Fundo partidário, como consequência da sanção prevista no novo caput do art. 37, deverão ocorrer, segundo o § 3º, de forma proporcional e razoável, pelo período de um a doze meses. A sanção a que se refere o **caput** deste artigo deverá ser aplicada de forma proporcional e razoável, pelo período de 1 (um) a 12 (doze) meses, e o pagamento deverá ser feito por meio de desconto nos futuros repasses de cotas do fundo partidário a, no máximo, 50% (cinquenta por cento) do valor mensal, desde que a prestação de contas seja julgada, pelo juízo ou tribunal competente, em até 5 (cinco) anos de sua apresentação, vedada a acumulação de sanções. O cumprimento da sanção aplicada a órgão estadual, distrital ou municipal somente será efetivado a partir da data de juntada aos autos do processo de prestação de contas do aviso de recebimento da citação ou intimação, encaminhada, por via postal, pelo Tribunal Regional Eleitoral ou Juízo Eleitoral ao órgão partidário hierarquicamente superior (regras estabelecidas a partir da reforma eleitoral de 2019, lei 13.877/2019)
- A nova redação do § 3º do art. 39 da Lei Geral dos Partidos Políticos, por sua vez, ao instituir o seu novo inciso III, possibilitou que as doações de recursos financeiros a partidos políticos possam vir a ser realizadas mediante mecanismo disponível em sítio do partido na internet que permita o uso de cartão de crédito ou de débito, o que não era possível, até então. Com a reforma eleitoral de 2019 (Lei 13.877/2019), estabeleceu-se a possibilidade

de doações mediante emissão **on-line** de boleto bancário ou, ainda, convênios de débitos em conta. Além disso, As instituições financeiras devem oferecer aos partidos políticos pacote de serviços bancários que agreguem o conjunto dos serviços financeiros, e a mensalidade desse pacote não poderá ser superior à soma das tarifas avulsas praticadas no mercado, conforme previsto no § 8º do art. 39 da Lei 9.096/95, com redação determinada pela Lei 13.877/2019.

- Os órgãos partidários municipais que não hajam movimentado recursos financeiros ou arrecadado bens estimáveis em dinheiro ficam desobrigados de prestar contas à Justiça Eleitoral e de enviar declarações de isenção, declarações de débitos e créditos tributários federais ou demonstrativos contábeis à Receita Federal do Brasil, bem como ficam dispensados da certificação digital, exigindo-se do responsável partidário, até o dia 30 de junho, a apresentação de declaração da ausência de movimentação de recursos no respectivo período anterior. Por determinação da Lei 13.831/2019, o Tribunal Superior Eleitoral, na condição de unidade cadastradora, deverá proceder à reativação da inscrição perante o CNPJ na Secretaria Especial da Receita Federal do Brasil dos órgãos partidários municipais referidos no § 4º deste artigo que estejam com a inscrição baixada ou inativada, após o recebimento da comunicação de constituição de seus órgãos de direção regionais e municipais, definitivos ou provisórios. (Redação dada pela Lei nº 14.063, de 2020). O requerimento indicará se a agremiação partidária pretende a efetivação imediata da reativação da inscrição pela Secretaria Especial da Receita Federal do Brasil ou a partir de 1º de janeiro de 2020, hipótese em que a efetivação será realizada sem a cobrança de quaisquer taxas, multas ou outros encargos administrativos relativos à ausência de prestação de contas. As decisões da Justiça Eleitoral nos processos de prestação de contas não ensejam, ainda que desaprovadas as contas, a inscrição dos dirigentes partidários no Cadastro Informativo dos Créditos não Quitados do Setor Público Federal (Cadin).
- Os partidos que não tenham observado a aplicação de recursos prevista no inciso V do **caput** do art. 44 da Lei 9.096/95 (incentivo à participação política feminina) nos exercícios anteriores a 2019, e que tenham utilizado esses recursos no financiamento das candidaturas femininas até as eleições de 2018, não poderão ter suas contas rejeitadas ou sofrer qualquer outra penalidade (regra determinada pela Lei 13.831/2019). Além disso, Os partidos que, nos termos da legislação anterior à publicação da Lei 13.831/2019, ainda possuam saldo em conta bancária específica conforme o disposto no § 5º-A do art. 44 da Lei 9.096/95 poderão utilizá-lo na criação e na manutenção de programas de promoção e difusão da participação política das mulheres até o exercício de 2020, como forma de compensação.
- Também de acordo com regra estabelecida pela Lei 13.831/2019, ficam anistiadas as devoluções, as cobranças ou as transferências ao Tesouro Nacional que tenham como causa as doações ou contribuições feitas em anos anteriores por servidores públicos que exerçam função ou cargo público de livre nomeação e exoneração, desde que filiados a partido político.

Os partidos podem comunicar ao Tribunal Superior Eleitoral até o 1º (primeiro) dia útil do mês de junho a renúncia ao FEFC, vedada a redistribuição desses recursos aos demais partidos (regra estabelecida pela Lei 13.877/2019).

No que se refere ao inciso III do art. 16-D (que prevê que 48% (quarenta e oito por cento) do FEFC será dividido entre os partidos, na proporção do número de representantes na Câmara dos Deputados, consideradas as legendas dos titulares), a reforma eleitoral de 2019 ainda estabeleceu que a distribuição dos recursos entre os partidos terá por base o número de representantes eleitos para a Câmara dos Deputados na última eleição geral, ressalvados os casos dos detentores de mandato que migraram em razão de o partido pelo qual foram eleitos não ter cumprido os requisitos previstos no § 3º do art. 17 da Constituição Federal (cláusula de desempenho).

No mesmo sentido, a reforma eleitoral de 2019 determinou que os 15% (quinze por cento do FEFC, a ser dividido entre os partidos, na proporção do número de representantes no Senado Federal, terá por base o número de representantes eleitos para o Senado Federal na última eleição geral, bem como os Senadores filiados ao partido que, na data da última eleição geral, encontravam-se nº 1º (primeiro) quadriênio de seus mandatos.

- Se antes da lei nº. 13.165/15 a falta de prestação de contas implicava a suspensão de novas cotas do Fundo Partidário e sujeitava os responsáveis às penas da lei, agora tal procedimento implicará, tão somente, a suspensão de novas cotas do Fundo Partidário enquanto perdurar a inadimplência, mantendo-se a sujeição dos responsáveis às penas da lei. A nova redação do § 3º do art. 39 da Lei Geral dos Partidos Políticos, por sua vez, ao instituir o seu novo inciso III, possibilitou que as doações de recursos financeiros a partidos políticos possam vir a ser realizadas mediante mecanismo disponível em sítio do partido na internet que permita o uso de cartão de crédito ou de débito, o que não era possível, até então. Para que tal forma de doação seja possível, contudo, será necessário que tal mecanismo permita a identificação do doador e emita, obrigatoriamente, recibo eleitoral para cada doação realizada.

• De acordo com o disposto no artigo 17 da Constituição Federal de 1988, os partidos políticos têm direito a acesso gratuito ao rádio e a TV. A partir de 2018, a propaganda partidária foi extinta, conforme a reforma eleitoral de 2017. Em 03 de janeiro de

2022, foi promulgada a Lei nº 14.291/22, restabelecendo a propaganda partidária gratuita no rádio e na TV nos semestres não eleitorais, já válida para o primeiro semestre de 2022, uma vez que se trata de regra de direito partidário, e não de direito eleitoral, não abrangida, portanto, pelo princípio da anualidade, previsto no artigo 16 da Constituição Federal.

- De acordo com a Lei 14.291/2022, a propaganda partidária gratuita mediante transmissão no rádio e na televisão será realizada entre as 19h30 (dezenove horas e trinta minutos) e as 22h30 (vinte e duas horas e trinta minutos), em âmbito nacional e estadual, por iniciativa e sob a responsabilidade dos respectivos órgãos de direção partidária (art. 50-A da Lei 9.096/95, estabelecido pela Lei 14.291/2022).. De se destacar ainda que a propaganda partidária gratuita também é regulamentada pela Resolução TSE nº 23.679/2022.
- As transmissões serão em bloco, em cadeia nacional ou estadual, por meio de inserções de 30 (trinta) segundos, no intervalo da programação normal das emissoras. O órgão partidário respectivo apresentará à Justiça Eleitoral requerimento da fixação das datas de formação das cadeias nacional e estaduais.
- A formação das cadeias nacional e estaduais será autorizada respectivamente pelo Tribunal Superior Eleitoral e pelos Tribunais Regionais Eleitorais, que farão a necessária requisição dos horários às emissoras de rádio e de televisão. A critério do órgão partidário nacional, as inserções em redes nacionais poderão veicular conteúdo regionalizado, com comunicação prévia ao Tribunal Superior Eleitoral.
- Se houver coincidência de data, a Justiça Eleitoral dará prioridade ao partido político que apresentou o requerimento primeiro. As inserções serão entregues às emissoras com a antecedência mínima acordada e em mídia com tecnologia compatível com a da emissora recebedora. As inserções a serem feitas na programação das emissoras serão determinadas: I – pelo Tribunal Superior Eleitoral, quando solicitadas por órgão de direção nacional de partido político; e II – pelo Tribunal Regional Eleitoral, quando solicitadas por órgão de direção estadual de partido político. Em cada rede somente serão autorizadas até 10 (dez) inserções de 30 (trinta) segundos por dia.
- As inserções deverão ser veiculadas pelas emissoras de rádio e de televisão no horário estabelecido no caput, divididas proporcionalmente dentro dos intervalos comerciais no decorrer das 3 (três) horas de veiculação, da seguinte forma: I – na primeira hora de veiculação, no máximo 3 (três) inserções; II – na segunda hora de veiculação, no máximo 3 (três) inserções; III – na terceira hora de veiculação, no máximo 4 (quatro) inserções. É vedada a veiculação de inserções sequenciais, observado obrigatoriamente o intervalo mínimo de 10 (dez) minutos entre cada veiculação. As inserções serão veiculadas da seguinte forma: I – as nacionais: nas terças-feiras, quintas-feiras e sábados; II – as estaduais: nas segundas-feiras, quartas-feiras e sextas-feiras
- O partido político com estatuto registrado no Tribunal Superior Eleitoral poderá divulgar propaganda partidária gratuita mediante transmissão no rádio e na televisão, por meio exclusivo de inserções, para: I – difundir os programas partidários; II – transmitir mensagens aos filiados sobre a execução do programa partidário, os eventos com este relacionados e as atividades congressuais do partido; III – divulgar a posição do partido em relação a temas políticos e ações da sociedade civil; IV – incentivar a filiação partidária e esclarecer o papel dos partidos na democracia brasileira; V – promover e difundir a participação política das mulheres, dos jovens e dos negros.
- Os partidos políticos que tenham cumprido as condições estabelecidas no § 3º do art. 17 da Constituição Federal terão assegurado o direito de acesso gratuito ao rádio e à televisão, na proporção de sua bancada eleita em cada eleição geral, nos seguintes termos: I – o partido que tenha eleito acima de 20 (vinte) Deputados Federais terá assegurado o direito à utilização do tempo total de 20 (vinte) minutos por semestre para inserções de 30 (trinta) segundos nas redes nacionais, e de igual tempo nas emissoras estaduais; II – o partido que tenha eleito entre 10 (dez) e 20 (vinte) Deputados Federais terá assegurado o direito à utilização do tempo total de 10 (dez) minutos por semestre para inserções de 30 (trinta) segundos nas redes nacionais, e de igual tempo nas emissoras estaduais; III – o partido que tenha eleito até 9 (nove) Deputados Federais terá assegurado o direito à utilização do tempo total de 5 (cinco) minutos por semestre para inserções de 30 (trinta) segundos nas redes nacionais, e de igual tempo nas redes estaduais.
- O tempo total disponível para o partido político, no mínimo 30% (trinta por cento) deverão ser destinados à promoção e à difusão da participação política das mulheres. Nos anos de eleições, as inserções somente serão veiculadas no primeiro semestre.
- Ficam vedadas nas inserções: I – a participação de pessoas não filiadas ao partido responsável pelo programa; II – a divulgação de propaganda de candidatos a cargos eletivos e a defesa de interesses pessoais ou de outros partidos, bem como toda forma de propaganda eleitoral; III – a utilização de imagens ou de cenas incorretas ou incompletas, de efeitos ou de quaisquer outros recursos que distorçam ou falseiem os fatos ou a sua comunicação; IV – a utilização de matérias que possam ser comprovadas como falsas (fake news); V – a prática de atos que resultem em qualquer tipo de preconceito racial, de gênero ou de local de origem; VI – a prática de atos que incitem a violência. Tratando-se de propaganda partidária no rádio e na televisão, o partido político que descumprir estas regras será punido com a cassação do tempo equivalente a 2

(duas) a 5 (cinco) vezes o tempo da inserção ilícita, no semestre seguinte.

- A representação, que poderá ser oferecida por partido político ou pelo Ministério Público Eleitoral, será julgada pelo Tribunal Superior Eleitoral quando se tratar de inserções nacionais e pelos Tribunais Regionais Eleitorais quando se tratar de inserções transmitidas nos Estados correspondentes. O prazo para o oferecimento da representação encerra-se no último dia do semestre em que for veiculado o programa impugnado ou, se este tiver sido transmitido nos últimos 30 (trinta) dias desse período, até o 15º (décimo quinto) dia do semestre seguinte. Da decisão do Tribunal Regional Eleitoral que julgar procedente a representação, cassando o direito de transmissão de propaganda partidária, caberá recurso para o Tribunal Superior Eleitoral, que será recebido com efeito suspensivo.
- Para agilizar os procedimentos, condições especiais podem ser pactuadas diretamente entre as emissoras de rádio e de televisão e os órgãos de direção do partido, obedecidos os limites estabelecidos nesta Lei, dando-se conhecimento ao Tribunal Eleitoral da respectiva jurisdição. A propaganda partidária no rádio e na televisão fica restrita aos horários gratuitos disciplinados nesta Lei, com proibição de propaganda paga.
- O artigo 50-E da Lei 9.096/95, que seria incluído pela Lei 14.291/2022, estabelecendo copmpensações fiscais para as empresas de radiodifusão pela cessão do horário partidário no rádio e na TV, como ocorria até 2017, foi vetado pelo presidente Jair Bolsonaro. Tal veto ainda não havia sido apreciado pelo Congresso Nacional quando do fechamento desta edição.
- Com a publicação da lei nº 12.875/13, a redação do artigo 41-A da lei nº 9.096/95 sofreu pequena alteração, tendo sido o antigo caput dividido em dois incisos. Além disso, foi incluído o parágrafo único, estabelecendo que, para a distribuição dos 95% dos recursos do Fundo partidário para distribuição entre todos os partidos com estatutos registrados no TSE, na proporção dos votos obtidos na última eleição para a Câmara Federal, "serão desconsideradas as mudanças de filiação partidária, em quaisquer hipóteses, ressalvado o disposto no § 6º do art. 29", o qual, por sua vez, determina que "havendo fusão ou incorporação, devem ser somados exclusivamente os votos dos partidos fundidos ou incorporados obtidos na última eleição geral para a Câmara dos Deputados, para efeito da distribuição dos recursos do Fundo Partidário e do acesso gratuito ao rádio e à televisão". Buscou-se, dessa forma, evitar-se uma prática muito comum recentemente, vislumbrada principalmente quando da criação de novos partidos políticos e acatada pela JURISPRUDÊNCIA do TSE: a transferência de tempo de propaganda e recursos do Fundo Partidário de partidos já existentes para novos partidos, na proporção das incorporações de perda e ganho respectivo de bancadas na Câmara Federal a partir da criação destas novas legendas. Partidos que perdiam deputados para novas agremiações partidárias estavam perdendo também recursos financeiros e tempo de rádio e TV. É de destacar, contudo, que a Lei nº. 12.875/2013 foi declarada inconstitucional pelo Supremo Tribunal Federal no julgamento da ADI nº. 5015, ocorrido em setembro de 2015.
- O Plenário do TSE julgou inconstitucionais os artigos 1º e 2º da Lei 12.875/13, que, ao promoverem alterações nas leis 9.096/95 e 9.504/97, restringiram, aos novos partidos políticos, criados após a realização das eleições para a Câmara dos Deputados, qualquer acesso aos recursos do Fundo Partidário, bem como qualquer tempo destinado a propaganda eleitoral. De início, o Colegiado destacou que as disposições ora impugnadas decorreriam de superação legislativa da interpretação conferida pelo STF ao art. 47, § 2º, II, da Lei 9.504/97 (ADI 4430 e ADI 4795). A análise da justificação do projeto de lei que desaguara na norma supracitada revelaria a inaptidão dos fundamentos ali expendidos para legitimar a reversão da interpretação fixada pelo STF.
- Com a publicação da Lei nº. 13.165/15, algumas importantes novidades foram instituídas, referentes à utilização, pelos partidos políticos, dos recursos oriundos do Fundo Partidário. Assim, o novo inciso I do art. 41-A da Lei nº. 9.096/95, a exemplo de outros que tiveram suas redações alteradas pela Lei nº. 13.165/15, passou a possibilitar restrições ao recebimento de recursos do Fundo Partidário a partidos políticos que não venham a atender requisitos constitucionais de acesso ao Fundo Partidário. Atualmente, o requisito necessário, conforme previsão do art. 17 da CF/1988, é o registro do partido no TSE, aDispõe o referido dispositivo legal, com redação conferida pela Lei nº. 13.165/15, que, dos valores arrecadados pela União para a manutenção do benefício, "5% (cinco por cento) serão destacados para entrega, em partes iguais, a todos os partidos que atendam aos requisitos constitucionais de acesso aos recursos do Fundo Partidário". O novo inciso I do art. 44 da Lei Geral dos Partidos Políticos cria, por meio da nova alínea "b", um limite mais amplo, de 60% dos recursos oriundos do Fundo Partidário, para uso dos órgãos estaduais e municipais dos partidos políticos para fins de pagamento de pessoal. Até então, este limite era de 50%. O novo inciso V do art. 44, por sua vez, prevê a possibilidade dos partidos políticos criarem secretarias da mulher, com a finalidade de gerir programas de promoção e difusão da participação política feminina, mister que poderá ser cumprindo, também, por instituto ou fundação de pesquisa mantidos pelo partido para a doutrinação e educação política. O percentual mínimo de utilização de 5% dos recursos do Fundo Partidário para o incentivo à participação feminina na política, já previsto na legislação

anterior, foi preservado. De se destacar, também, o novo § 5º-A, incluído pela Lei nº. 13.165/15, o qual prevê que os partidos políticos que não aplicarem o percentual de 5% do Fundo Partidário em ações de incentivo à participação feminina na política, conforme o inciso V, deverão transferir o respectivo saldo para conta específica, sendo vedada sua aplicação para finalidade diversa, de modo que o saldo remanescente deverá ser aplicado dentro do exercício financeiro subsequente, sob pena de acréscimo de 12,5% (doze inteiros e cinco décimos por cento) do valor previsto, a ser aplicado na mesma finalidade. Por fim, o novo § 7º do artigo 44 prevê que o partido político, por meio da sua secretaria da mulher, ou, inexistindo esta, através da fundação de pesquisa e de doutrinação e educação política, poderá acumular os recursos a que se refere o inciso V do caput em diferentes exercícios financeiros, mantidos em contas bancárias específicas, para utilização futura em campanhas eleitorais de candidatas do partido. – De acordo com regras estabelecidas pela Emenda Constitucional nº. 117/2022, que acrescentou os §§ 7º e 8º no artigo 17 da Constituição Federal, Os partidos políticos devem aplicar no mínimo 5% (cinco por cento) dos recursos do fundo partidário na criação e na manutenção de programas de promoção e difusão da participação política das mulheres, de acordo com os interesses intrapartidários. O montante do Fundo Especial de Financiamento de Campanha e da parcela do fundo partidário destinada a campanhas eleitorais, bem como o tempo de propaganda gratuita no rádio e na televisão a ser distribuído pelos partidos às respectivas candidatas, deverão ser de no mínimo 30% (trinta por cento), proporcional ao número de candidatas, e a distribuição deverá ser realizada conforme critérios definidos pelos respectivos órgãos de direção e pelas normas estatutárias, considerados a autonomia e o interesse partidário. (Incluído pela Emenda Constitucional nº 117, de 2022)

- De acordo com o disposto no artigo 17, § 1º da Constituição Federal, os partidos políticos têm autonomia para "adotar os critérios de escolha e os regimes de suas coligações eleitorais, sem obrigatoriedade de vinculação entre as candidaturas em âmbito nacional, estadual, distrital ou municipal".

- É durante a realização das convenções partidárias, realizadas entre os dias 20 de julho e 05 de agosto do ano eleitoral, que os partidos políticos deliberam sobre a realização ou não de coligações com outras agremiações partidárias, em conformidade com a Constituição Federal de 1988 (art. 17, § 1º) e a Lei das Eleições (Lei nº 9.504/97), a qual, em seu artigo 6º, estabelece as regras relativas ao funcionamento das coligações partidárias, conceituadas como "acordos entre dois ou mais partidos para apresentação à eleição da mesma ou das mesmas candidaturas". Uma vez coligado, o partido político somente possui **legitimidade para atuar de forma isolada no processo eleitoral** quando questionar a validade da própria coligação, durante o período compreendido entre a data da convenção e o termo final do prazo para a impugnação do registro de candidatos, segundo norma expressa no § 4º do artigo 6º da lei nº. 9.504/97, incluído pela lei nº. 12.034/09, **encerrando uma antiga polêmica** acerca das prerrogativas dos partidos políticos coligados, ao dispor que os mesmos somente possuem legitimidade para atuar de forma isolada no processo eleitoral quando questionarem a validade da própria coligação, durante o período compreendido entre a data da convenção e o termo final do prazo para a impugnação do registro de candidatos. Tal disposição, dessa forma, se coaduna com o disposto no § 1º do mesmo artigo, que estabelece que **serão atribuídas à coligação "as prerrogativas e obrigações de partido político** no que se refere ao processo eleitoral", devendo a mesma atuar "como um só partido no relacionamento com a Justiça Eleitoral e no trato dos interesses interpartidários".

- Enquanto a formação de coalizões entre partidos políticos em sistemas pluripartidários, tanto no parlamentarismo como no presidencialismo, pode ser considerada como algo normal e necessário, a instituição volátil de coligações partidárias com finalidades meramente eleitorais, alheias a qualquer espécie de coerência programática ou ideológica, como ocorre no Brasil, se apresenta como um fato preocupante à estabilidade democrática, em um regime político que se propõe a fortalecer os partidos políticos como ventríloquos sociais. Não por outro motivo, as críticas ao atual regime jurídico das coligações eleitorais no Brasil têm sido constantes, como observado. O debate em torno da extinção ou, pelo menos, da alteração do modelo de coligações eleitorais vigentes no país, a partir, por exemplo, da substituição dessas por federações partidárias, revela-se, portanto, como um dos mais relevantes no âmbito da agenda das reformas institucionais, guardando relações não apenas com a necessidade de fortalecimento do sistema partidário, mas também com temas correlatos, como sistemas eleitorais e sistemas de governo. A Emenda Constitucional nº. 97, de 04 de outubro de 2017, modificou os §§ 1º, 3º e 5º do art. 17 da Constituição a fim de estabelecer limites e vedações à formação de coligações eleitorais, ao acesso a recursos do Fundo Partidário e ao exercício de propaganda política no rádio e na televisão.

  De acordo com o novo § 1º do artigo 17 da Constituição:

  > *É assegurada aos partidos políticos autonomia para definir sua estrutura interna e estabelecer regras sobre escolha, formação e duração de seus órgãos permanentes e provisórios e sobre sua organização e funcionamento e para adotar os critérios de escolha e o regime de suas coligações nas eleições majoritárias, vedada a sua celebração nas eleições proporcionais, sem obrigatoriedade de vinculação entre as candidaturas em âmbito nacional, estadual, distrital*

ou municipal, devendo seus estatutos estabelecer normas de disciplina e fidelidade partidária.

- Como se observa, a nova redação do referido dispositivo constitucional fez menção expressa à autonomia partidária para o estabelecimento de regras sobre escolha, formação e duração de seus órgãos permanentes e provisórios, algo que não era expressamente previsto na redação constitucional anterior, a qual apenas fazia menção à autonomia partidária de forma vaga.
- Além disso, como principal novidade, o novo texto constitucional vedou a celebração de coligações eleitorais nas eleições proporcionais (vereadores e deputados). De acordo com o disposto originalmente no artigo 17, § 1º da Constituição Federal, os partidos políticos tinham autonomia para "adotar os critérios de escolha e os regimes de suas coligações eleitorais, sem obrigatoriedade de vinculação entre as candidaturas em âmbito nacional, estadual, distrital ou municipal". Com a reforma eleitoral de 2017, o Congresso Nacional parece, enfim, ter conseguido superar as barreiras impostas historicamente ao tema do fim das coligações eleitorais, pelo menos no âmbito das eleições proporcionais. Para 2018, entretanto, as coligações nas eleições para deputados estaduais, distritais e federais continuaram a existir, uma vez que regras de transição, para o novo regime de coligações, foram impostas pelo legislador reformador. Assim, conforme previsão do artigo 2º da Emenda Constitucional nº. 97, "a vedação à celebração de coligações nas eleições proporcionais, prevista no § 1º do art. 17 da Constituição Federal, aplicar-se-á a partir das eleições de 2020".. Foi reiterada, assim, a possibilidade de formação de coligações eleições proporcionais, com modificação legislativa do artigo 6º da Lei 9.504/97.

- Foi acrescentado o parágrafo único ao artigo 3º da Lei nº 9.096/95, determinando que "é assegurada aos candidatos, partidos políticos e coligações autonomia para definir o cronograma das atividades eleitorais de campanha e executá-lo em qualquer dia e horário, observados os limites estabelecidos em lei". Entendemos que tal alteração não traz nenhuma novidade ao processo eleitoral, uma vez que, obviamente, tal autonomia já era implicitamente prevista.. Vale destacar que O STF, por maioria julgou procedente ADC para **declarar a plena validade constitucional do art. 15-A,caput,da Lei nº 9.096/95, com redação dada pela Lei nº 12.034/2009** (Plenário, 22.9.2021 (Sessão realizada por videoconferência – Resolução 672/2020/STF).
- Foi acrescentado o parágrafo único ao artigo 15-A da Lei nº 9.096/95, estabelecendo norma processual quanto à competência para demanda judiciais em face de diretório nacional de partido político nas ações cíveis e trabalhistas, Dispõe a nova norma que "o órgão nacional do partido político, quando responsável, somente poderá ser demandado judicialmente na circunscrição especial judiciária da sua sede, inclusive nas ações de natureza cível ou trabalhista".
- Foi acrescentado pela Lei nº 12.891/13 o inciso V e alterada a redação do parágrafo único do artigo 22 da Lei Geral dos Partidos Políticos, modificando, de forma relevante, a disciplina jurídica do cancelamento de filiação partidária por parte daquele que se filia a outro partido. Segundo o novo inciso V, será imediatamente cancelada a inscrição partidária daquele que se filiar a outro partido, desde que tal fato venha a ser comunicado ao juiz eleitoral da zona respectiva. Assim, abole-se a necessidade, neste caso, de comunicação, por parte do cidadão, de tal fato ao seu partido originário. O novo parágrafo único, por sua vez, estabelece nova disciplina para os casos de duplicidade de filiação. Doravante, a filiação partidária mais recente prevalece sobre as anteriores, ao contrário do que previa a legislação, a qual determinava que na ocorrência de dupla filiação, ambas seriam consideradas nulas para todos os efeitos.

- A Lei nº. 13.165, de 29 de setembro de 2015, trouxe uma importante novidade, no que se refere ao prazo para a filiação partidária, com vistas à disputa eleitoral. A filiação a partido político é uma das condições de elegibilidade previstas no artigo 14, § 3º da Constituição Federal de 1988. A escolha do legislador constituinte por esta regra denota a importância dos partidos políticos para o sistema político brasileiro, o qual não admite, portanto, candidaturas avulsas, dando aos partidos políticos, assim, o papel de protagonistas do processo democrático, organizadores do debate público e legítimos representantes do pluralismo político, interpretado como o princípio constitucional fundamental norteador da democratização do poder. Embora preveja a filiação partidária como condição de elegibilidade, a Constituição de 1988 não prevê expressamente qual seria o prazo mínimo desta filiação, delegando à legislação ordinária esta definição. É a Lei das Eleições (Lei 9.504/97), em seu artigo 9º, que define qual o prazo geral mínimo de filiação partidária exigível para que alguém possa disputar uma eleição. Vale destacar, neste sentido, que o prazo do referido artigo é o prazo mínimo geral de filiação, podendo cada partido, no exercício da sua respectiva autonomia, exigir prazos maiores de filiação para a promoção de candidaturas dos seus respectivos filiados. Até a publicação da Lei nº. 13.165, em 29 de setembro de 2015, o artigo 9º da Lei das Eleições previa que para concorrer às eleições, o candidato deveria possuir domicílio eleitoral na respectiva circunscrição e filiação partidária há pelo menos um ano, na data do pleito. Doravante, em regra válida a partir das as eleições municipais de 2016, o prazo para a filiação partidária dos pretensos candidatos foi alargado, podendo ocorrer até seis meses antes do pleito.

É vedado ao partido receber, direta ou indiretamente, sob qualquer forma ou pretexto, contribuição ou auxílio pecuniário ou estimável em dinheiro, inclusive através de publicidade de qualquer espécie, procedente de entes públicos e pessoas jurídicas de qualquer natureza, ressalvadas as dotações referidas no art. 38 da Lei 9.096/95 e as provenientes do Fundo Especial de Financiamento de Campanha.

- pessoas físicas que exerçam função ou cargo público de livre nomeação e exoneração, ou cargo ou emprego público temporário, ressalvados os filiados a partido político não poderão fazer doações a partidos.
- A fundação ou instituto de direito privado, criado por partido político, destinado ao estudo e pesquisa, à doutrinação e à educação política, rege-se pelas normas da lei civil e tem autonomia para contratar com instituições públicas e privadas, prestar serviços e manter estabelecimentos de acordo com suas finalidades, podendo, ainda, manter intercâmbio com instituições não nacionais.
- Deferido internamente o pedido de filiação, o partido político, por seus órgãos de direção municipais, regionais ou nacional, deverá inserir os dados do filiado no sistema eletrônico da Justiça Eleitoral, que automaticamente enviará aos juízes eleitorais, para arquivamento, publicação e cumprimento dos prazos de filiação partidária para efeito de candidatura a cargos eletivos, a relação dos nomes de todos os seus filiados, da qual constará a data de filiação, o número dos títulos eleitorais e das seções em que estão inscritos. Nos casos de mudança de partido de filiado eleito, a Justiça Eleitoral deverá intimar pessoalmente a agremiação partidária e dar-lhe ciência da saída do seu filiado, a partir do que passarão a ser contados os prazos para ajuizamento das ações cabíveis.
- As atividades de direção exercidas nos órgãos partidários e em suas fundações e institutos, bem como as de assessoramento e as de apoio político-partidário, assim definidas em normas internas de organização, não geram vínculo de emprego, não sendo aplicável o regime jurídico previsto na Consolidação das Leis do Trabalho, aprovada pelo Decreto-Lei nº 5.452, de 1º de maio de 1943, quando remuneradas com valor mensal igual ou superior a 2 (duas) vezes o limite máximo do benefício do Regime Geral de Previdência Social.
- A Lei 13.877/2019 estabeleceu que os partidos que não tenham observado a aplicação de recursos prevista no inciso V do **caput** do art. 44 desta Lei nos exercícios anteriores a 2019, e que tenham utilizado esses recursos no financiamento das candidaturas femininas até as eleições de 2018, não poderão ter suas contas rejeitadas ou sofrer qualquer outra penalidade. A não observância do disposto no inciso V do **caput** do art. 44 desta Lei até o exercício de 2018 não ensejará a desaprovação das contas. Foram ainda anistiadas, pela reforma eleitoral de 2019, as devoluções, as cobranças ou as transferências ao Tesouro Nacional que tenham como causa as doações ou contribuições feitas em anos anteriores por servidores públicos que exerçam função ou cargo público de livre nomeação e exoneração, desde que filiados a partido político.
- Os gastos com passagens aéreas serão comprovados mediante apresentação de fatura ou duplicata emitida por agência de viagem, quando for o caso, e os beneficiários deverão atender ao interesse da respectiva agremiação e, nos casos de congressos, reuniões, convenções, palestras, poderão ser emitidas independentemente de filiação partidária segundo critérios **interna corporis**, vedada a exigência de apresentação de qualquer outro documento para esse fim.
- Embora juridicamente tenham caráter de pessoas jurídicas de direito privado, com autonomia de organização e funcionamento, os partidos políticos, a partir de decisão do TSE em maio de 2020, passaram a ser obrigados a reservar cotas de gênero para as suas comissões executivas e diretórios municiapismunicipais, estaduais e federais. O Plenário do TSE, por unanimidade, respondeu afirmativamente a quesito de consulta formulada por senadora da República Benedita da Silva sobre reconhecer a aplicabilidade do art. 10, § 3º, da Lei nº 9.504/1997, que trata da previsão de reserva de vagas para a disputa de candidaturas proporcionais, para a composição de comissões executivas de partidos políticos, bem como de seus diretórios nacionais, estaduais e municipais, de suas comissões provisórias e demais órgãos equivalentes. (Consulta nº. 06003816-39.2017. Rel. Min. Rosa Weber, julgada em 19.5.2020)
- O Plenário do Supremo Tribunal Federal (STF), por maioria de votos, julgou improcedente a Ação Direta de Inconstitucionalidade (ADI) 5311, ajuizada pelo Partido Republicano da Ordem Social (Pros) contra alterações introduzidas pela Lei 13.107/2015 nas regras para criação e fusão de legendas previstas na Lei dos Partidos Políticos (Lei 9.096/1995). A norma veda a contabilização de assinatura de eleitores filiados a outras legendas e impede a fusão ou a incorporação de partidos com menos de cinco anos. A decisão confirma o indeferimento de liminar pela Corte em setembro de 2015 (04 de março de 2020, Rel. Min. Carmém Lúcia).
- Segundo o TSE, em processo de prestação de contas, referente ao exercício financeiro de 2014, prevaleceu entendimento de que a Justiça Eleitoral é o órgão competente para apreciar as contas dos institutos criados por partidos políticos para pesquisa, doutrinação e educação política, no que se refere aos valores oriundos do Fundo Partidário. (Prestação de contas nº. 241-43, Brasília-DF, Rel. Min. Luís Felipe Salomão, julgado em 27.4.2020).No que se refere, por sua vez, à competência da Justiça Eleitoral para a análise das contas de fundações vinculadas a partidos políticos, existe, historicamente, uma divergência jurisprudencial. Em julgado de maio de

2020, o TSE decidiu que não cabe à Justiça Eleitoral fiscalizar o emprego de recursos pelas fundações mantidas pelos partidos políticos. O Ministro Edson Fachin, relator, asseverou que as fundações possuem "natureza única", com patrimônio afetado para o atingimento de um fim. Desse modo, o legislador infraconstitucional optou pela adoção de regime diferenciado de fiscalização, incumbindo o Ministério Público Fundacional da referida missão. (Prestação de Contas nº 237-06, Brasília/DF, rel. Min. Edson Fachin, julgada na sessão virtual de 22 a 28.5.2020).

Ocorre que, ainda em 2020, em julgado de outubro, o TSE mudou de entendimento, decidindo que a partir do exercício financeiro de 2021, a Justiça Eleitoral será competente para processar e julgar as contas anuais envolvendo a aplicação de verbas do Fundo Partidário das fundações vinculadas aos partidos políticos (questão de ordem na prestação de contas nº. 192-65, julgada em 27.10.2020, Rel. Min. Luís Felipe Salomão).

- Durante o ano de 2021, discutiu-se bastante no Congresso Nacional a possibilidade de retorno das coligações proporcionais a partir das eleições 2022. Vencida, contudo, essa proposta, uma alternativa diferente terminou sendo aprovada, com a publicação da Lei 14.208: trata-se da possibilidade de criação de federações partidárias, a partir das quais partidos políticos poderão se unir em uma espécie de coligação duradoura e verticalizada, com duração superior à do processo eleitoral. De acordo com o art. 11-A da Lei 9.096/95, acrescido pela Lei 14.208/21, "Dois ou mais partidos políticos poderão reunir-se em federação, a qual, após sua constituição e respectivo registro perante o Tribunal Superior Eleitoral, atuará como se fosse uma única agremiação partidária", aplicando-se à federação todas as normas que regem o funcionamento parlamentar e a fidelidade partidária. A nva lei assegura, contudo, a preservação da identidade e da autonomia dos partidos integrantes de federação.
- A criação de federação obedecerá às seguintes regras: I – a federação somente poderá ser integrada por partidos com registro definitivo no Tribunal Superior Eleitoral; II – os partidos reunidos em federação deverão permanecer a ela filiados por, no mínimo, 4 (quatro) anos; III – a federação poderá ser constituída até a data final do período de realização das convenções partidárias; e IV – a federação terá abrangência nacional e seu registro será encaminhado ao Tribunal Superior Eleitoral. Caso um partido federado descumpra o prazo mínimo de adesão à federação (04 anos), rompendo o pacto, tal partido partido sofrerá vedação de ingressar em federação, de celebrar coligação nas 2 (duas) eleições seguintes e, até completar o prazo mínimo remanescente, de utilizar o fundo partidário. Na hipótese de desligamento de 1 (um) ou mais partidos, a federação continuará em funcionamento, até a eleição seguinte, desde que nela permaneçam 2 (dois) ou mais partidos.
- Perderá o mandato o detentor de cargo eletivo que se desfiliar, sem justa causa, de partido que integra federação. É vedada a formação de federação de partidos após o prazo de realização das convenções partidárias, com vistas à eleição subsequente.
- Proposta, pelo Partido Trabalhista Brasileiro (PTB), a ADI 7021, questionando a constitucionalidade das federações partidária, o Ministro Luís Roberto Barroso, relator da ADI, decidiu que as federações partidárias devem obter registro de estatuto até seis meses antes das eleições, mesmo prazo definido em lei para que qualquer legenda esteja registrada e apta a lançar candidatos, entendendo não ser inconstitucional a lei que estabeleceu a possibilidade de criação das federações.
- Em julgamento de 22 de setembro de 2021, o STF, julgamento o mérito da ADC 31/DF (rel. Min. Dias Tófoli), decidiu que não há responsabilidade solidária entre os diretórios partidários municipais, estaduais e nacionais pelo inadimplemento de suas respectivas obrigações ou por dano causado, violação de direito ou qualquer ato ilícito. Segundo o STF, a expressão "caráter nacional", contida no art. 17, I, da Constituição Federal (CF) (1) não guarda relação com a regra de responsabilidade. Mesmo inseridos na estrutura organizacional da mesma pessoa jurídica, os diretórios partidários dispõem de considerável autonomia administrativa, financeira, operacional e funcional e, por conseguinte, possuem liberdade e capacidade jurídica para praticar atos civis. Dessa forma, não é incompatível com a CF a previsão legal da responsabilidade exclusiva desses órgãos partidários pelos atos que individualmente praticarem.

4. JUSTIÇA ELEITORAL

- À Justiça Eleitoral compete, dentre outras atribuições, administrar todo o processo de organização das eleições e das consultas populares (plebiscitos e referendos), bem como exercer função jurisdicional no decorrer do mesmo processo, tecnicamente iniciado com o alistamento eleitoral e encerrado com a diplomação dos eleitos (embora também seja da competência da Justiça Eleitoral, como será estudado oportunamente, o julgamento de ações, a exemplo da Ação de Impugnação de Mandato Eletivo, que podem ser propostas após a diplomação).
- A substituição aos litigantes na resolução de conflitos é, como se sabe, a principal função exercida pelo Poder Judiciário. Como não poderia deixar de ser, é a função jurisdicional função típica da Justiça Eleitoral, ramo especializado do Poder Judiciário Federal brasileiro, verificada desde o momento do alistamento eleitoral até a diplomação dos eleitos, respectivamente a primeira e a última etapas do chamado "processo eleitoral". Neste sentido, válido é destacar o seguinte quadro esquemático relativo às etapas do processo eleitoral, diante das quais se

verifica o exercício da função jurisdicional pela Justiça Eleitoral:

Fases do processo eleitoral
1. Alistamento eleitoral;
2. Convenções para a escolha de candidatos;
3. Registro de candidaturas;
4. Propaganda política;
5. Votação e apuração de votos;
6. Proclamação dos eleitos e diplomação dos eleitos.

- Ainda em relação ao exercício da função jurisdicional pela Justiça Eleitoral, vale destacar que é pacífico o entendimento acerca da competência da referida justiça especializada para a execução fiscal de multa eleitoral.
- Com o advento da Resolução TSE nº 22.610/07, que disciplinou o processo de perda de mandato por infidelidade partidária, determinou-se a competência da Justiça Eleitoral para o julgamento de tais questões, mesmo quando o ato de infidelidade vier a ser praticado após a diplomação.
- Desde o alistamento dos eleitores, passando pela organização dos locais de votação e pela nomeação de mesários e escrutinadores, cabe à Justiça Eleitoral preparar e administrar todo o chamado "processo eleitoral", desempenhando, assim, função executiva.
- No exercício do poder de polícia, o juiz deverá se restringir "às providências necessárias para inibir práticas ilegais", não tendo poder, portanto, para impor, imediatamente, multas aos infratores da lei, as quais só poderão ser aplicadas mediante a observância do devido processo legal, a partir de representação proposta por partido político, coligação ou candidato, na forma do artigo 96 da Lei nº 9.504/97.
- Conforme previsto no novo artigo 105 da Lei nº 9.504/97, com redação dada pela lei nº 12.034/09, as resoluções do TSE devem se restringir ao caráter regulamentar da lei, não podendo diminuir direitos ou estabelecer sanções distintas das previstas na legislação. Em 2021, foi publicada, sobre a mesma matéria, a Lei nº. 14.211, que revogou o artigo 105 da Lei nº. 9.504/97 e criou o art. 23-A do Código Eleitoral. Segundo o novo dispositivo legal, a competência normativa regulamentar prevista no parágrafo único do art. 1º e no inciso IX do caput do art. 23 deste Código restringe-se a matérias especificamente autorizadas em lei, sendo vedado ao Tribunal Superior Eleitoral tratar de matéria relativa à organização dos partidos políticos.
- De acordo com previsão constitucional (artigo 118 da CF/88), são órgãos da Justiça Eleitoral o Tribunal Superior Eleitoral (TSE), os tribunais regionais eleitorais (TREs), os juízes eleitorais e as juntas eleitorais.
- Os juízes dos tribunais eleitorais (inclusive os ministros do TSE), salvo motivo justificado, servirão por dois anos, no mínimo, e nunca por mais de dois biênios consecutivos (se não forem consecutivos, podem ser mais de dois), sendo os substitutos escolhidos na mesma ocasião e pelo mesmo processo, em número igual para cada categoria.
- Composição do Tribunal Superior Eleitoral:

Quadro sinótico – Composição do TSE (art. 119 da CF/88)		
Três ministros oriundos do Supremo Tribunal Federal;	Dois ministros oriundos do Superior Tribunal de Justiça;	Dois advogados, de notável saber jurídico e reputação ilibada, nomeados pelo presidente da república, a partir de lista de seis nomes elaborada pelo STF.

- De acordo com a súmula nº 72 do Supremo Tribunal Federal, no julgamento de questão constitucional, vinculada a decisão do Tribunal Superior Eleitoral, não estão impedidos os ministros do STF que ali tenham funcionado no mesmo processo ou no processo originário.
- Integrantes do TSE continuam a exercer suas atividades no STF, STJ e advocacia de forma concomitante ao exercício das suas funções naquela corte. Aos advogados impede-se, tão somente, o exercício da advocacia na Justiça Eleitoral, durante o período dos seus mandatos como magistrados eleitorais.
- Os advogados que compõem o TSE (e também os TREs), por sua vez, deverão ter, de acordo com jurisprudência consolidada do TSE (Ac. 2.833, de 18.12.01, DJ de 01.03.02), dez anos de efetiva atividade profissional. Além disso, de acordo com o § 2º do artigo 16 do Código Eleitoral, não poderão ser nomeados advogados que ocupem cargos públicos dos quais sejam demissíveis ad nutum, que sejam diretores, proprietários ou sócios de empresas beneficiadas com subvenções, privilégios, isenções ou favores em virtude de contrato com a administração pública, ou que exerçam mandato de caráter político, federal, estadual ou municipal.
- O TSE não tem competência penal originária, diferentemente dos TREs, que processam e julgam crimes eleitorais cometidos pelos juízes eleitorais. É pacífico o entendimento, a partir da interpretação dos artigos 102, I, "c" e 105, I, "a" da Constituição Federal de 1988, segundo o qual os ministros do TSE são julgados pelo STF, pela prática de crimes eleitorais, e os membros dos TREs e os governadores de estado, pela prática dos mesmos crimes, são julgados pelo STJ (neste sentido, cf. Ac. 15.584, de 09.05.00, do TSE, DJ de 30.06.00).
- De acordo com o artigo 120 da Constituição Federal, haverá um Tribunal Regional Eleitoral na capital de cada estado e no Distrito Federal, composto, também

por sete membros, eleitos pelo voto secreto (vale ressaltar, mais uma vez, que Lei Complementar poderá aumentar o número de membros dos TREs, conforme interpretação do artigo 121 da Constituição).

- Composição dos TREs:

Quadro sinótico – Composição dos Tribunais Regionais Eleitorais (art. 120 da CF/88)
Dois juízes dentre desembargadores do Tribunal de Justiça;
Dois juízes dentre juízes de direito escolhidos pelo Tribunal de Justiça;
Um juiz do Tribunal Regional Federal com sede na capital do estado ou no Distrito Federal, ou, não havendo, de juiz federal, escolhido, em qualquer caso, pelo Tribunal Regional Federal respectivo;
Dois advogados, de notável saber jurídico e reputação ilibada, nomeados pelo presidente da república, a partir de lista de seis nomes elaborada pelo Tribunal de Justiça.

- Enquanto que no TSE o corregedor-geral eleitoral será, necessariamente, ministro oriundo do Superior Tribunal de Justiça (STJ), nos TREs o corregedor-regional eleitoral poderá ser qualquer um dos membros da corte.
- As competências dos tribunais regionais eleitorais, por sua vez, estão previstas nos artigos 29 e 30 do Código Eleitoral. Dentre as principais, podemos indicar o processamento e o julgamento originário dos pedidos de registro e cancelamento de registros dos diretórios estaduais e municipais de partidos políticos; os conflitos de jurisdição entre juízes eleitorais do respectivo estado; a suspeição ou impedimento dos seus membros, servidores, do procurador regional eleitoral, bem como dos juízes e escrivães eleitorais; os crimes eleitorais cometidos pelos juízes eleitorais; bem como habeas corpus e mandado de segurança, em matéria eleitoral, contra ato de autoridades que respondam perante os tribunais de justiça por crimes de responsabilidade. Em grau de recurso, os TREs ainda são competentes para processar e julgar habeas corpus ou mandado de segurança denegados ou concedidos por juízes eleitorais; bem como outros atos e decisões proferidas pelos juízes e juntas eleitorais.
- Em cada zona eleitoral funcionará um juiz eleitoral que, como já observado, não integra uma carreira própria da magistratura eleitoral. Os juízes eleitorais, assim, serão juízes de direito estaduais em efetivo exercício, que acumularão às suas funções próprias as funções de juiz eleitoral.
- Na primeira instância da Justiça Eleitoral também funcionarão, de acordo com o Código Eleitoral (arts. 36 a 41), as Juntas Eleitorais, compostas por um juiz de direito, que a presidirá, e de dois a quatro cidadãos de notória idoneidade. O juiz de direito que presidirá a junta eleitoral não necessariamente será o juiz eleitoral da zona eleitoral respectiva, embora haja preferência para este. Vale destacar que, em uma mesma zona eleitoral, poderá ser organizada mais de uma Junta Eleitoral, podendo ser organizadas tantas juntas quantas permitir o número de juízes de direito atuantes na área territorial correspondente à zona eleitoral.

– Em regra, vige no exercício das atribuições dos órgãos constituintes do Poder Judiciário o princípio da inércia, segundo o qual tal poder só deve atuar quando provocado, exercendo, assim, a jurisdição. Assim, não cabe ao Poder Judiciário, de forma geral, responder a questões abstratas, dissociadas de uma lide, papel este a ser exercido pelos doutrinadores. No âmbito da **Justiça Eleitoral**, no entanto, é possível nos depararmos com **mais uma peculiaridade**, prevista nos artigos 23, XII, e 30, VIII, do Código Eleitoral: a competência do Tribunal Superior Eleitoral e dos TREs para **responder a consultas em tese** formuladas por autoridades públicas ou partidos políticos (as consultas dirigidas ao TSE somente poderão ser feitas por autoridade pública federal e órgão nacional de partido político). Historicamente, as consultas respondidas pela Justiça Eleitoral não tinham efeito vinculante. As alterações legislativas promovidas pela Lei 13.655/2018 na Lei de Introdução às Normas do Direito Brasileiro, no entanto, modificaram este panorama. De acordo com o novo artigo 30 da referida lei, "As autoridades públicas devem atuar para aumentar a segurança jurídica na aplicação das normas, inclusive por meio de regulamentos, súmulas administrativas e respostas a consultas". O parágrafo único deste mesmo artigo, por sua vez, determina que "Os instrumentos previstos no **caput** deste artigo terão caráter vinculante em relação ao órgão ou entidade a que se destinam, até ulterior revisão". Assim, pode-se entender que as consultas ao TSE passaram a ter efeito vinculante. Neste sentido, o TSE decidiu pelo caráter vinculante das consultas em 29 de maio de 2018, ao responder a Consulta nº 060023494.

5. MINISTÉRIO PÚBLICO ELEITORAL

- De acordo com o princípio da federalização do Ministério Público Eleitoral, previsto no artigo 37, I c/c art. 72 da LC 75/93, compete ao Ministério Público Federal, a princípio, a atribuição de oficiar junto à Justiça Eleitoral, em todas as fases do processo.
- De acordo com o princípio da delegação, cuja base legal é o artigo 78 da LC 75/93, delega-se aos membros dos Ministérios Públicos dos estados (promotores de justiça) a atribuição de oficiar junto aos juízos eleitorais de primeira instância (juízes eleitorais e juntas eleitorais). É o princípio da delegação, assim, exceção ao princípio da federalização, marcante na organização do Ministério Público Eleitoral.
- Até 1993, a revogada lei nº 1.341/51, antiga Lei Orgânica do Ministério Público, previa, no seu artigo 78, parágrafo único, que membros dos Ministérios Públicos estaduais poderiam oficiar junto aos tribunais regionais eleitorais, auxiliando os Procuradores Regionais Eleitorais. A atuação, em virtude

do princípio da federalização, era excepcional, daí a nomenclatura "princípio da excepcionalidade". A Lei Complementar nº 75/93, no seu artigo 77, parágrafo único, no entanto, revogou o princípio da excepcionalidade, impedindo que promotores dos Ministérios Públicos estaduais possam atuar junto à segunda instância da Justiça Eleitoral. Assim, como já destacado, atualmente, em virtude do princípio da delegação, membros dos MPs estaduais atuam, tão somente, na primeira instância da Justiça Eleitoral, oficiando junto aos juízes e juntas eleitorais.

- Com o intuito de melhor esclarecer e definir os parâmetros de escolha dos membros dos Ministérios Públicos estaduais que atuarão como promotores eleitorais junto aos juízes e juntas eleitorais, o Conselho Nacional do Ministério Público (CNMP) baixou a resolução nº 30, de 19 de maio de 2008, estabelecendo o seguinte procedimento:

Normas para a escolha dos promotores eleitorais de primeira instância Resolução nº 30 do CNMP
I – a designação será feita por ato do Procurador Regional Eleitoral, com base em indicação do Chefe do Ministério Público local;
II – a indicação feita pelo Procurador-Geral de Justiça do Estado recairá sobre o membro lotado em localidade integrante de zona eleitoral que por último houver exercido a função eleitoral;
III – nas indicações e designações subsequentes, obedecer-se-á, para efeito de titularidade ou substituição, à ordem decrescente de antiguidade na titularidade da função eleitoral, prevalecendo, em caso de empate, a antiguidade na zona eleitoral;
IV – a designação será feita pelo prazo ininterrupto de dois anos, nele incluídos os períodos de férias, licenças e afastamentos, admitindo-se a recondução apenas quando houver um membro na circunscrição da zona eleitoral;"

- Não poderá ser indicado para exercer a função eleitoral o membro do Ministério Público: **I** – lotado em localidade não abrangida pela zona eleitoral perante a qual este deverá oficiar, salvo em caso de ausência, impedimento ou recusa justificada, e quando ali não existir outro membro desimpedido; **II** – que se encontrar afastado do exercício do ofício do qual é titular, inclusive quando estiver exercendo cargo ou função de confiança na administração superior da Instituição; ou **III** – que estiver respondendo a processo administrativo disciplinar por atraso injustificado no serviço.

- Junto aos tribunais regionais eleitorais, por sua vez, oficiam os Procuradores Regionais Eleitorais (um para cada TRE), a quem incumbe exercer as funções do Ministério Público nas causas de competência do Tribunal Regional Eleitoral respectivo, além de dirigir, no estado, as atividades do setor. O Procurador Regional Eleitoral, juntamente com o seu substituto, será designado pelo Procurador-Geral Eleitoral, dentre os Procuradores Regionais da República no Estado e no Distrito Federal, ou, onde não houver, dentre os Procuradores da República vitalícios, para um mandato de dois anos, podendo ser reconduzido uma vez e destituído, antes do término do mandato, por iniciativa do Procurador-Geral Eleitoral, anuindo a maioria absoluta do Conselho Superior do Ministério Público Federal.

- Junto ao Tribunal Superior Eleitoral, finalmente, atua o Procurador-Geral Eleitoral, que será o próprio Procurador-Geral da República (chefe do Ministério Público da União), a quem compete exercer as funções do Ministério Público nas causas de competência do Tribunal Superior Eleitoral.

- As principais atividades desempenhadas pelo Ministério Público Eleitoral são as seguintes:

Principais atividades desempenhadas pelo MP Eleitoral	
Na fase preparatória do pleito	opinar em todos os processos de pedidos de registro de candidaturas, inclusive promovendo impugnações; fiscalizar o exercício da propaganda política, zelando pelo cumprimento da lei eleitoral; acompanhar o processo de nomeação de mesários e de membros das juntas eleitorais; ajuizar Ação de Investigação Judicial Eleitoral.
Na fase da eleição (dia do pleito)	impugnar atuação de mesário, fiscal ou delegado de partido político; fiscalizar a entrega das urnas; opinar, oralmente ou por escrito, em todos os casos surgidos nesse dia, em sua esfera de atribuição.
Na fase de apuração	fiscalizar a instalação da junta eleitoral; acompanhar a apuração dos votos; zelar pela concessão do direito de ampla fiscalização do processo pelos partidos políticos; impugnar votos ou urnas; atuar como custos legis.
Na fase da diplomação	fiscalizar a expedição dos diplomas eleitorais; ajuizar Ação de Impugnação de Mandato Eletivo e Recurso Contra a Diplomação.

– As investiduras em função eleitoral não ocorrerão em prazo inferior a noventa dias da data do pleito eleitoral e não cessarão em prazo inferior a noventa dias após a eleição, devendo ser providenciadas pelo Procurador Regional Eleitoral as prorrogações eventualmente necessárias à observância deste preceito, ficando vedada a fruição de férias ou licença voluntária do promotor eleitoral no período de noventa dias que antecedem o pleito até quinze dias após a diplomação dos eleitos, salvo em situações excepcionais autorizadas pelo Chefe do Ministério Público respectivo, instruídos os pedidos, nessa ordem, com os seguintes requisitos: I – demonstração da necessidade e da ausência de prejuízo ao serviço eleitoral; II – indicação e ciência do Promotor substituto; III – anuência expressa do Procurador Regional Eleitoral.

- Podem exercer atividade político-partidária todos os membros do MP que ingressaram na carreira até a publicação da Emenda Constitucional nº 45/04, sendo que aqueles que ingressaram na carreira antes da promulgação da atual Constituição podem, inclusive, exercer cargo eletivo sem a necessidade de afastamento do Ministério Público. Encontra-se em tramitação no STF a ADI 5985, na qual a Associação Nacional dos Procuradores da República defende a possibilidade de exercício amplo dos direitos políticos por parte dos membros do MP, questionando a constitucionalidade do art. 128, § 5º, II, "e" da Constituição Federal. A matéria não havia sido julgada até o fechamento desta edição.

6. CAPACIDADE POLÍTICA E ALISTAMENTO ELEITORAL

- A aquisição da capacidade política para os brasileiros, firmada a partir do alistamento eleitoral, por sua vez, é obrigatória para os maiores de 18 anos e menores de 70 anos de idade, e facultativa para os maiores de 16 e menores de 18 anos, maiores de 70 anos e analfabetos.
- No Brasil, as normas referentes ao direito de nacionalidade estão previstas, fundamentalmente, no artigo 12 da Constituição Federal de 1988, e, subsidiariamente, na lei 13.445/2017. Assim, de acordo com o inciso I do artigo 12 da CF/88, são considerados brasileiros natos (nacionalidade primária), os nascidos no país, ainda que de pais estrangeiros, desde que estes não estejam a serviço do seu país; os nascidos no exterior, de pai ou mãe brasileira, desde que qualquer deles esteja a serviço da República Federativa do Brasil; e os nascidos no exterior, de pai ou mãe brasileira, que sejam registrados em repartição brasileira competente ou venham a residir no Brasil e optem, a qualquer tempo, depois de atingida a maioridade, pela nacionalidade brasileira.
- Ainda segundo a Constituição Federal (artigo 12, § 2º), "a lei não poderá estabelecer distinção entre brasileiros natos e naturalizados, salvo nos casos previstos nesta Constituição". São privativos de brasileiro nato, contudo, os seguintes cargos, conforme previsão do § 3º do artigo 12 da Carta Magna:

CARGOS PRIVATIVOS DE BRASILEIRO NATO
• Presidente e vice-presidente da República;
• Presidente da Câmara dos Deputados;
• Presidente do Senado Federal;
• Ministro do Supremo Tribunal Federal;
• Cargos da carreira diplomática;
• Oficial das Forças Armadas;
• Ministro de Estado da Defesa.

- Aos portugueses com residência permanente no país, se houver reciprocidade em favor de brasileiros, serão atribuídos os direitos inerentes ao brasileiro, salvo os casos previstos nesta Constituição. É a situação do chamado "português equiparado a brasileiro naturalizado", disciplinada pelo Tratado de Amizade, Cooperação e Consulta, assinado entre Brasil e Portugal em 22 de abril do ano 2000 (data em que se comemorou os 500 anos do descobrimento do Brasil pelos portugueses) e promulgado pelo decreto nº 3.927, de 19 de setembro de 2001. A Resolução TSE nº. 23.659/2021 estabelece, em seu artigo 11, § 3º que "A aquisição do gozo de direitos políticos por pessoa brasileira em Portugal não acarreta a suspensão de direitos políticos ou o cancelamento da inscrição eleitoral e não impede o alistamento eleitoral ou as demais operações do Cadastro Eleitoral".
- O alistamento eleitoral, considerado a primeira etapa do processo eleitoral, é o ato pelo qual o indivíduo se habilita, perante a Justiça Eleitoral, como eleitor e sujeito de direitos políticos, conquistando a capacidade eleitoral ativa.
- O alistamento eleitoral, segundo o artigo 42 do Código Eleitoral, se faz mediante a **qualificação e a inscrição do eleitor**. A qualificação é o ato através do qual o indivíduo faz prova que satisfaz as exigências legais para se tornar eleitor. Já a inscrição é o registro da pretensão à condição de eleitor, realizada por servidor da Justiça Eleitoral a partir de postulação do cidadão Os pedidos de alistamento, revisão, transferência e segunda via, inclusive no caso de pessoa residente no exterior, serão formalizados perante a Justiça Eleitoral por meio do Requerimento de Alistamento Eleitoral (RAE), disponibilizado pelo Tribunal Superior Eleitoral em modelo a ser preenchido e processado eletronicamente. O RAE serve como documento de entrada de dados e é processado eletronicamente, em todo o território nacional, por atendente da Justiça Eleitoral (não necessariamente um servidor concursado), na presença do eleitor, ou em caráter prévio, pela própria pessoa, mediante utilização de serviço disponibilizado no sítio do Tribunal Superior Eleitoral na internet para essa finalidade ("Título Net" ou sistema que venha a substituí-lo).

– A disciplina jurídica do alistamento eleitoral, atualmente, encontra-se no **Código Eleitoral (arts. 42 a 81)** e, principalmente, na **Resolução TSE nº. 23.659, de 26 de outubro de 2021, que substituiu a antiga e importante Resolução TSE nº 21.538/03**. Vale destacar, neste sentido, que o Código Eleitoral, promulgado em 1965, vinte e três anos, portanto, antes da atual Constituição, encontra-se superado em vários aspectos, que serão destacados neste capítulo. A Resolução TSE nº. 23.659/2021 dispõe sobre a gestão do cadastro eleitoral e sobre os serviços eleitorais que lhe são correlatos. Segundo o art. 1º da citada Resolução, a gestão do Cadastro Eleitoral e a prestação de serviços eleitorais que lhe são correlatos serão efetuadas, em todo o território nacional, em conformidade com as disposições legais, com a própria Resolução e com as normas do Tribunal Superior que lhes sejam complementares, as quais serão editadas com observância das seguintes diretrizes: I – modernização e desburocratização da gestão do Cadastro Eleitoral e dos serviços que lhe forem correlatos; II – conformidade do tratamento dos dados aos princípios e regras previstos na Lei Geral de Proteção dos Dados – LGPD (Lei nº 13.709/2018); III – preservação e facilitação do exercício da cidadania por pessoas ainda não alcançadas pela inclusão digital; e IV – expansão e especialização dos serviços eleitorais com vistas ao adequado atendimento a pessoas com deficiência e grupos socialmente vulneráveis e minorizados.

– É assegurada ao cidadão e à cidadã a emissão de certidão que reflita sua situação atual no Cadastro Eleitoral, com a necessária especificidade ao exercício de direitos, devendo ser disponibilizada, de forma automática no sistema, a geração de certidões relativas a:

Informações a serem disponibilizadas aos cidadãos em certidão relativa ao cadastro eleitoral
I – inscrição e domicílio eleitorais;
II – pleno gozo, perda ou suspensão dos direitos políticos;
III – facultatividade do exercício do voto;
IV – regularidade do exercício do voto, justificativa ou pagamento da multa no último turno da última eleição;
V – regularidade do comparecimento às urnas ou pagamento da multa pela ausência e do atendimento às convocações para os trabalhos eleitorais;
VI – inexigibilidade da obrigação de votar, em decorrência de impedimento legal ao exercício do voto;
VII – isenção da sanção decorrente do não cumprimento das obrigações eleitorais de alistamento ou de comparecimento às urnas, em razão de deficiência ou condição que torne impossível ou demasiadamente oneroso o cumprimento daquelas obrigações;
VIII – atendimento a convocação para os trabalhos eleitorais;
IX – inexistência, pagamento ou regular parcelamento de multas aplicadas por decisão definitiva da Justiça Eleitoral e não remitidas;
X – crimes eleitorais;
XI – regularidade em relação à obrigação de prestar contas à Justiça Eleitoral;
XII – quitação eleitoral para fins de instrução de registro de candidatura, abrangendo a plenitude do gozo dos direitos políticos, o regular exercício do voto, o atendimento a convocações da Justiça Eleitoral para auxiliar nos trabalhos relativos ao pleito, a inexistência de multas aplicadas, em caráter definitivo, pela Justiça Eleitoral e não remitidas, e a apresentação de contas de campanha eleitoral; e
XIII – ocorrência de hipóteses que possam constituir base de incidência de inelegibilidade.

– Na prestação dos serviços eleitorais, servidores, servidoras e atendentes da Justiça Eleitoral atuarão sempre de forma respeitosa, utilizando-se de linguagem não discriminatória e acessível à pessoa que está sendo atendida. Os tribunais eleitorais promoverão ações de capacitação, destinadas a magistrados e magistradas, servidores e servidoras e atendentes da Justiça Eleitoral, sobre linguagem não discriminatória e acessível às pessoas atendidas.

- De grande relevância é a distinção estabelecida entre alistamento eleitoral, transferência eleitoral, revisão eleitoral e segunda via, conforme a seguinte tabela:

Distinção entre alistamento eleitoral, transferência, revisão e segunda via	
alistamento	quando o alistando requerer inscrição e em seu nome não for identificada inscrição em nenhuma zona eleitoral do país ou exterior, ou a única inscrição localizada estiver cancelada por determinação de autoridade judiciária.
transferência	ocorre sempre que o eleitor desejar alterar seu domicílio eleitoral. Neste caso, é mantido o número do título de eleitor.
revisão	ocorre quando o eleitor necessitar alterar local de votação no mesmo município, ainda que haja mudança de zona eleitoral, retificar dados pessoais ou regularizar situação de inscrição cancelada por falecimento, duplicidade/pluralidade, deixar de votar em três eleições consecutivas e revisão do eleitorado, desde que comprovada a inexistência de outra inscrição regular ou suspensa para o eleitor.
Segunda via	ocorre quando o eleitor estiver inscrito e em situação regular na zona por ele procurada e desejar apenas a segunda via do seu título eleitoral, sem nenhuma alteração.
nos casos de revisão e segunda via	a data de domicílio do eleitor não será alterada.

- É facultado o alistamento, no ano em que se realizarem eleições, de menores com 15 anos de idade, desde que, na data da eleição, já tenham completado 16 anos. O brasileiro nato que não se alistar até os 19 anos ou o naturalizado que não se alistar até um ano depois de adquirida a nacionalidade brasileira incorrerá em multa imposta pelo juiz eleitoral e cobrada no ato da inscrição. Tal multa, entretanto, não será aplicada caso o não alistado venha a requerer sua inscrição eleitoral até o 151º dia anterior à eleição subsequente à data em que completar 19 anos.

– Os brasileiros domiciliados no exterior, interessados em requerer alistamento, transferência de domicílio e revisão dos dados à Justiça Eleitoral, deverão iniciar o atendimento de forma eletrônica por meio de sistema informatizado disponibilizado pelo Tribunal Superior Eleitoral. Os dados informados pelo eleitor/alistando no formulário disponível na Internet comporão o Requerimento de Alistamento Eleitoral (RAE), a ser conferido pela zona eleitoral incumbida do atendimento ao eleitorado do exterior, com base nos documentos digitalizados pelo interessado e encaminhados com o requerimento, bem como nas informações disponíveis no cadastro eleitoral (Resolução TSE nº 23.658/21).

- Segundo jurisprudência consolidada do TSE (Ac. 18.124, de 16.11.00, do TSE, RJTSE, v. 12, t.3), o domicílio eleitoral não se confunde, necessariamente, com o domicílio civil. Assim, o fato de o eleitor residir em determinado município não constitui óbice para que o mesmo se aliste como eleitor de outro, desde que com este outro mantenha vínculos (negócios, propriedades, atividades políticas etc.). É o chamado "domicílio eleitoral afetivo".
- A via digital do título eleitoral será expedida por meio de aplicativo da Justiça Eleitoral ("e-título" ou outro que venha a substituí-lo) e deverá observar as normas de acessibilidade, na forma da Lei Brasileira de Inclusão da Pessoa com Deficiência e dos protocolos técnicos aplicáveis. A validação da via digital do título de eleitor poderá ser realizada nas páginas do Tribunal Superior Eleitoral e dos tribunais regionais eleitorais na internet, ou pela leitura do QR Code disponível no próprio aplicativo. O título eleitoral impresso ou digital comprova o alistamento e a existência de inscrição regular ou suspensa na data de sua emissão, mas não faz prova da quitação eleitoral ou da regularidade de obrigações eleitorais específicas (art. 74, § 2º da Resolução TSE nº. 23.659/2021).
- Qualquer eleitor (art. 71, § 1º do CE), assim como o Ministério Público, partidos políticos e, até mesmo, o Juiz Eleitoral, de ofício, poderá provocar a deflagração de procedimento de exclusão de eleitor.
- São causas de cancelamento do título eleitoral a infração às regras do domicílio eleitoral; a suspensão ou perda dos direitos políticos (que serão estudadas ainda neste capítulo); a pluralidade de inscrição; o falecimento do eleitor e a falta injustificada em três eleições consecutivas, sem pagamento de multa.

– A correição de eleitorado poderá ser determinada, observada a conveniência e a disponibilidade de recursos:

Hipóteses de realização de correição do eleitorado (art. 102 da Resolução nº 23.659/2021)
I – pela Corregedoria-Geral Eleitoral, quando: a) o total de transferências ocorridas no ano em curso seja 10% superior ao do ano anterior; b) o eleitorado for superior ao dobro da população entre dez e quinze anos, somada à de idade superior a setenta anos do território daquele município; e c) o eleitorado for superior a 65% e menor ou igual a 80% da população projetada para aquele ano pelo Instituto Brasileiro de Geografia e Estatística (IBGE);
II – pela corregedoria regional, quando houver indícios consistentes ou denúncia fundamentada de fraude ou outras irregularidades no alistamento em zona ou município.

– O Tribunal Superior Eleitoral poderá, de ofício, determinar a revisão do eleitorado do município, observada a conveniência e a disponibilidade de recursos, quando: I – o total de transferências ocorridas no ano em curso seja 10% superior ao do ano anterior; II – o eleitorado for superior ao dobro da população entre dez e quinze anos, somada à de idade superior a setenta anos do território daquele município; e III – o eleitorado for superior a 80% da população projetada para aquele ano pelo Instituto Brasileiro de Geografia e Estatística (IBGE). Não será realizada revisão de eleitorado: I – em ano eleitoral, salvo se iniciado o procedimento revisional no ano anterior ou se, verificada situação excepcional, o Tribunal Superior Eleitoral autorizar que a ele se dê início; e II – que abranja apenas parcialmente o território do município, ainda que seja este dividido em mais de uma zona eleitoral.

- De acordo com o artigo 15 da Constituição Federal de 1988, "é vedada a cassação de direitos políticos, cuja perda ou suspensão só se dará nos casos de: I – cancelamento da naturalização por sentença transitada em julgado; II – incapacidade civil absoluta; III – condenação criminal transitada em julgado, enquanto durarem seus efeitos; IV – recusa de cumprir obrigação a todos imposta ou prestação alternativa, nos termos do art. 5º, VIII; V – improbidade administrativa, nos termos do art. 37, § 4º".
- Podemos afirmar que a perda dos direitos políticos é definitiva, enquanto que a suspensão é temporária. Diante desta diferenciação, é possível concluir que a única hipótese de perda de direitos políticos prevista no ordenamento jurídico brasileiro ocorre quando o indivíduo perde a sua nacionalidade, seja em ação de cancelamento de naturalização, ou seja, voluntariamente. Deixando de ser brasileiro, o indivíduo fica, evidentemente, impedido de exercer direitos políticos no Brasil, de forma definitiva.
- De acordo com a Súmula nº 09 do TSE, "a suspensão de direitos políticos decorrente de condenação criminal transitada em julgado cessa com o cumprimento ou a extinção da pena, independendo de reabilitação ou de prova de reparação de danos".

– Uma das grandes inovações legislativas do ano de 2015, ao lado do Novo Código de Processo Civil e da Lei nº. 13.165/15 (reforma eleitoral), com impactos no direito eleitoral, foi gerada pela publicação, em 06 de julho, do Estatuto da Pessoa com Deficiência (Lei nº. 13.146/15), cuja entrada em vigor foi determinada para janeiro de 2016, após 180 dias de *vacatio legis*. Com um capítulo específico sobre o direito à participação na vida pública e política, além de outras disposições normativas vinculadas ao processo democrático, com repercussões, inclusive, no âmbito criminal, o Estatuto da Pessoa com Deficiência estabelece, como primeira grande novidade geradora de impactos no direito eleitoral, a alteração dos artigos 3º e 4º do Código Civil, referentes à normatização da capacidade civil.

- Dispunha o Código Civil brasileiro, no seu artigo 3º, que eram absolutamente incapazes: os menores de dezesseis anos; os que, por enfermidade ou deficiência mental, não tivessem o necessário discernimento para a prática desses atos; e os que, mesmo por causa transitória, não pudessem exprimir sua vontade. Já o artigo 4º do Código Civil, antes da vigência do Estatuto da Pessoa com Deficiência, dispunha que seriam relativamente incapazes os maiores de dezesseis e menores de dezoito anos; os ébrios habituais, os viciados em tóxicos, e os que, por deficiência mental, tenham o discernimento reduzido; os excepcionais, sem desenvolvimento mental completo; e os pródigos. Ainda dispunha o parágrafo único do Código que a capacidade dos índios seria regulada por legislação especial. Doravante, com a publicação do Estatuto da Pessoa com Deficiência, o novo artigo 3º do Código Civil passa a dispor, no seu caput, que "são absolutamente incapazes de exercer pessoalmente os atos da vida civil os menores de 16 (dezesseis) anos". Os incisos que existiam anteriormente, referentes ao citado artigo, foram todos revogados pela nova lei. Assim, só será considerado absolutamente incapaz, no Brasil, o menor de 16 anos.
- O artigo 88, § 2º do Estatuto, por sua vez, estabelece que "considera-se pessoa com deficiência aquela que tem impedimento de longo prazo de natureza física, mental, intelectual ou sensorial, o qual, em interação com uma ou mais barreiras, pode obstruir sua participação plena e efetiva na sociedade em igualdade de condições com as demais pessoas", devendo a avaliação da deficiência, quando necessária, ser obtida de forma biopsicossocial, através de trabalho desenvolvido por equipe multidisciplinar, a qual deverá considerar os impedimentos nas funções e nas estruturas do corpo; os fatores socioambientais, psicológicos e pessoais; a limitação no desempenho de atividades; e a restrição de participação do indivíduo.
- A partir da publicação do Estatuto da Pessoa com Deficiência, passa a ser direito fundamental dessas pessoas, de forma inquestionável, a participação na vida política do Estado, inclusive no que se refere ao direito de serem votadas. No que se refere ao direito de votar, por sua vez, a nova lei estabelece que é dever do Estado, e, por conseguinte, da Justiça Eleitoral, garantir que os procedimentos, as instalações, os materiais e os equipamentos para votação sejam apropriados, acessíveis a todas as pessoas e de fácil compreensão e uso, sendo vedada a instalação de seções eleitorais exclusivas para a pessoa com deficiência, regra prevista para não estigmatizar estas pessoas, inserindo-as de forma completa na sociedade. Esta regra, de certa forma, já vem sendo observada pela Justiça Eleitoral há alguns anos, não se constituindo em verdadeira novidade.
- Sempre que necessário, e a pedido da pessoa com deficiência, deverá ser permitido que esta pessoa seja auxiliada na votação por pessoa de sua escolha.
- Para as eleições gerais de 2018, o TSE, por meio da Resolução nº 23.537/2017, criou o E-Título, aplicativo móvel que substituiu, para seus usuários, o título de eleitor. A grande novidade é que o título tradicional não possui foto, o que obriga o eleitor a apresentar um documento oficial com foto para votar. O E-Título, por sua vez, para os eleitores que já realizaram o cadastramento biométrico, possui foto, substituindo, assim, o título tradicional e também a obrigação de apresentação de um outro documento com foto na hora da votação.
- A Resolução TSE nº. 23.659/2021 dedica diversos dispositivos à efetivação dos direitos políticos fundamentais das pesssoas com deficiência. Segundo o art. 14 da Resolução, "é direito fundamental da pessoa com deficiência, inclusive a que for declarada relativamente incapaz para a prática de atos da vida civil, estiver excepcionalmente sob curatela ou tiver optado pela tomada de decisão apoiada, a implementação de medidas destinadas a promover seu alistamento e o exercício de seus direitos políticos em igualdade de condições com as demais pessoas".
- Ainda segundo a Resolução nº. 23.659/21, é assegurado à pessoa com deficiência: I – escolher, no ato de alistamento, transferência ou revisão, local de votação que permita sua vinculação a seção eleitoral com acessibilidade, dentro da zona eleitoral; II – indicar, no prazo estipulado pela Justiça Eleitoral para cada pleito, local de votação, diverso daquele em que está sua seção de origem, no qual prefere exercer o voto, desde que dentro dos limites da circunscrição do pleito; e III – ser auxiliada, no ato de votar, por pessoa de sua escolha, ainda que não o tenha requerido antecipadamente ao juízo eleitoral.
- É vedada a criação de seções eleitorais exclusivas para pessoas com deficiência.
- Será assegurada a acessibilidade, na forma da Lei Brasileira de Inclusão da Pessoa com Deficiência e dos protocolos técnicos aplicáveis, na comunicação das informações relativas aos serviços e procedimentos vinculados à gestão do cadastro eleitoral.
- Não estará sujeita às sanções legais decorrentes da ausência de alistamento e do não exercício do voto a pessoa com deficiência para quem seja impossível ou demasiadamente oneroso o cumprimento daquelas obrigações eleitorais. A pessoa nestas poderá, pessoalmente ou por meio de curador / curadora, apoiador/apoiadora ou procurador/procuradora devidamente constituído(a) por instrumento público ou particular, requerer: a) a expedição da certidão prevista no inciso VII do art. 3º desta Resolução, com prazo de validade indeterminado, se ainda não houver se alistado eleitora; ou b) caso já possua inscrição eleitoral, o lançamento da informação no Cadastro Eleitoral, mediante comando próprio que a isentará da sanção por ausência às urnas ou aos trabalhos eleitorais.

7. CONVENÇÕES PARTIDÁRIAS E REGISTRO DE CANDIDATURAS

- De acordo com a Lei nº 9.504/97, alterada pela Lei nº. 13.165/15, entre os dias 20 de julho e 05 de agosto do ano eleitoral, os partidos políticos deverão realizar suas convenções, a fim de firmar eventuais alianças e escolher seus candidatos, os quais, uma vez escolhidos, deverão solicitar o registro de suas candidaturas até o dia 15 de agosto, do mesmo ano.
- Para concorrer às eleições, o candidato, em regra, deverá possuir domicílio eleitoral na respectiva circunscrição e estar filiado a partido político há pelo menos um ano antes das eleições. Neste sentido, vale relembrar as situações especiais vivenciadas por militares, magistrados, membros do Ministério Público, membros dos tribunais de contas e servidores da Justiça Eleitoral.
- Dispõe o artigo 14, § 8º da Constituição Federal que o militar é elegível, atendidas as seguintes condições: I – se contar menos de dez anos de serviço, deverá afastar-se da atividade; II – se contar mais de dez anos de serviço, será agregado pela autoridade superior e, se eleito, passará automaticamente, no ato da diplomação, para a inatividade. A situação de militar agregado é aquela em que o militar da ativa deixa de ocupar a vaga na escala hierárquica do seu quadro, nela permanecendo sem número.
- Os magistrados e membros dos tribunais de contas, de acordo com a legislação em vigor, deverão se afastar definitivamente dos seus cargos nos prazos de desincompatibilização previstos na Lei Complementar nº 64/90, ou seja, seis meses antes do pleito (Res. TSE nº 20.539/99, 20.886/01, 20.993/02, 22.012/05 e 22.095/05). Uma vez promovida a desincompatibilização, magistrados em membros dos tribunais de contas deverão, imediatamente, filiar-se a partidos políticos, a fim de concorrerem a cargos eletivos.
- De acordo com o § 1º do artigo 8º da Lei nº 9.504/97, "aos detentores de mandato de deputado federal, estadual ou distrital, ou de vereador, e aos que tenham exercido esses cargos em qualquer período da legislatura que estiver em curso, é assegurado o registro de candidatura para o mesmo cargo pelo partido a que estejam filiados". É a chamada "candidatura nata". Analisando, entretanto, a ADI 2.530-9, o Supremo Tribunal Federal considerou o referido dispositivo legal inconstitucional, finalizando a questão. Assim, hoje não é mais possível a candidatura nata: todos os filiados de um partido, postulantes a candidaturas, deverão disputar as convenções partidárias, sem privilégios.. Sobre a ADI 2530, o STF , por unanimidade: conheceu da ação direta e julgou procedente o pedido formulado **para declarar a inconstitucionalidade do § 1º do art. 8º da Lei nº 9.504/97**, com modulação dos efeitos da declaração de inconstitucionalidade, de modo tal que o dispositivo seja considerado inconstitucional apenas a partir de 24 de abril de 2002 (data da suspensão de sua eficácia pelo Supremo Tribunal Federal, na medida cautelar deferida nestes autos), nos termos do voto do Relator. Não participou, justificadamente, deste julgamento o Ministro Gilmar Mendes. Presidência do Ministro Luiz Fux. Plenário, 18.08.2021 (Sessão realizada por videoconferência – Resolução 672/2020/STF).
- Nas eleições para presidente da república, vice-presidente da república, governadores, vice-governadores, prefeitos e vice-prefeitos, cada partido político, ou coligação, só poderá lançar um candidato para cada cargo.
- Nas eleições para o Senado Federal, por sua vez, cada partido ou coligação poderá lançar um único candidato ou dois candidatos a depender da eleição. Explicando melhor, o mandato de um senador tem duração de 08 anos e cada unidade federativa (estado e Distrito Federal) tem direito a três senadores no Congresso Nacional. De quatro em quatro anos, então, renova-se um terço ou dois terços das cadeiras do Senado. Assim, na eleição em que duas cadeiras de senadores vierem a ser renovadas (por exemplo, nas eleições 2010), cada partido ou coligação poderá indicar até dois candidatos a senador, cada um deles acompanhado de dois candidatos a suplente, do mesmo partido ou coligação. O eleitor, neste caso, vota em dois candidatos a senador. Já na eleição em que apenas um terço das cadeiras do Senado Federal estiver sendo renovado (por exemplo, nas eleições 2006 e 2014), cada partido ou coligação poderá indicar apenas um candidato a senador, acompanhado de dois candidatos a suplente, do mesmo partido ou coligação. O eleitor, neste caso, vota em apenas um candidato a senador, nesta eleição.
- Os candidatos a vice-presidente da república, vice-governador, vice-prefeito e suplente de senador são eleitos em chapa uma e indivisível juntamente com seus companheiros de chapa, candidatos a titulares dos referidos cargos.
- De acordo com previsão normativa estabelecida pela Lei nº. 14.211, de 01 de outubro de 2021, cada partido poderá registrar candidatos para a Câmara dos Deputados, a Câmara Legislativa, as Assembleias Legislativas e as Câmaras Municipais no total de até 100% (cem por cento) do número de lugares a preencher mais 1 (um). Até as eleições de 2020 este percentual era de 150% do total de vagas em disputa.
- Do número de candidatos possíveis de serem lançados em uma disputa eleitoral, nas eleições proporcionais (deputados e vereadores), cada partido ou federação partidária deverá reservar o mínimo de trinta por cento e o máximo de setenta por cento para candidaturas de cada sexo. É de se ressaltar que, a partir das eleições 2018, por decisão do tribunal superior eleitoral proferida em março de

2018 (consulta nº. 060405458), A reserva de vagas nas eleições não leva mais em conta o sexo do indivíduo biologicamente determinado no seu nascimento, mas sim o gênero autodeclarado. Assim, pessoas transgênero poderão, caso assim desejem, alterar seus cadastros eleitorais indicando o novo gênero e passando a ser contabilizadas, para efeitos de cotas de registro de candidatos, de acordo com o gênero autodeclarado. (Ac.-Tse, de 1º.3.2018, Na cta nº 060405458: a expressão *"cada sexo"* refere-se ao gênero, e não ao sexo biológico. Ac.-Tse, de 1º.3.2018, Na cta nº 060405458: a autodeclaração de gênero deve ser manifestada no alistamento eleitoral ou na atualização dos dados do cadastro eleitoral, respeitado o prazo previsto nesse artigo). Esta decisão ocorreu após o julgamento, pelo STF, da ADI 5617, também em março de 2018, a partir do qual foi definido que "o patamar legal mínimo de candidaturas femininas previsto neste dispositivo equipara-se ao mínimo de recursos do fundo partidário alocado a cada partido, para eleições majoritárias e proporcionais".

- Os partidos e coligações, de acordo com o artigo 11 da Lei nº 9.504/97, solicitação à Justiça Eleitoral o registro de seus candidatos até as 19 horas do dia 15 de agosto do ano eleitoral. Em se tratando de eleições municipais (prefeitos, vice-prefeitos e vereadores), o pedido deverá ser dirigido ao juiz eleitoral da zona eleitoral competente. Nas eleições para governador, vice-governador, deputados federais, deputados estaduais, deputados distritais e senadores, o pedido deverá ser formulado ao Tribunal Regional Eleitoral respectivo. Já nas eleições para presidente e vice-presidente da república, o pedido deverá ser formulado ao Tribunal Superior Eleitoral.
- A idade mínima constitucionalmente estabelecida como condição de elegibilidade é verificada tendo por referência a data da posse, conforme disposto no artigo 11, § 2º da Lei nº 9.504/97. A exceção, a partir da publicação da lei nº. 13.165/15, se dá com o cargo de vereador e a idade mínima de 18 anos, que deverá ser aferida quando do pedido de registro de candidatura.

– Até a publicação da Lei nº. 13.165, em 29 de setembro de 2015, o artigo 9º da Lei das Eleições previa que para concorrer às eleições, o candidato deveria possuir domicílio eleitoral na respectiva circunscrição e filiação partidária há pelo menos um ano, na data do pleito. Doravante, em regra já válida para as eleições municipais de 2016, o prazo para a filiação partidária dos pretensos candidatos será alargado, podendo ocorrer até seis meses antes do pleito. O prazo para a determinação do domicílio eleitoral, de um ano antes da eleição, contudo, foi preservado.

- O candidato cujo registro esteja sub judice poderá efetuar todos os atos relativos à campanha eleitoral, inclusive utilizar o horário eleitoral gratuito no rádio e na televisão e ter seu nome mantido na urna eletrônica enquanto estiver sob essa condição, ficando a validade dos votos a ele atribuídos condicionada ao deferimento de seu registro por instância superior.
- Candidatos que forem expulsos do partido político após o registro da candidatura e antes das eleições poderão ficar sujeitos ao cancelamento dos seus respectivos registros, em processo no qual deverá ser assegurada a ampla defesa e o contraditório e observadas as normas estatutárias da agremiação partidária.
- O candidato às eleições proporcionais indicará, no pedido de registro, além de seu nome completo, as variações nominais com que deseja ser registrado, até o máximo de três opções, que poderão ser o prenome, sobrenome, cognome, nome abreviado, apelido ou nome pelo qual é mais conhecido, desde que não se estabeleça dúvida quanto à sua identidade, não atente contra o pudor e não seja ridículo ou irreverente, mencionando em que ordem de preferência deseja registrar-se.
- A lei nº 12.891/13 incluiu um novo artigo à lei nº 9.504/97, o 16-B, dirimindo uma importante dúvida relativa ao processo eleitoral. De acordo com o novo dispositivo legal, candidato que ainda não tenha tido seu pedido de registro de candidatura apreciado pela Justiça Eleitoral, desde que o mesmo tenha sido apresentado no prazo legal, terá, indiscutivelmente, direito de realizar campanha, evitando-se, assim, prejuízos a tais candidatos decorrentes de fato alheios às suas vontades.
- Segundo o artigo 13 da Lei das Eleições, é facultado ao partido ou coligação substituir candidato que for considerado inelegível, renunciar ou falecer após o termo final do prazo do registro ou, ainda, tiver seu registro indeferido ou cancelado. O registro da candidatura do substituto, a ser procedida na forma do estatuto do partido a que pertencer o substituído, deverá ser requerido até 10 (dez) dias contados do fato ou da notificação do partido da decisão judicial que deu origem à substituição. Nas eleições proporcionais, a substituição só se efetivará se o novo pedido for apresentado até sessenta dias antes do pleito. Já nas eleições majoritárias, a substituição do candidato poderá ocorrer até a véspera do pleito. Aquela que talvez seja a mais salutar mudança legislativa proporcionada pela Lei nº 12.891/13 diz respeito à alteração da redação do § 3º do artigo 13 da Lei nº 9.504/97, a qual altera os prazos para a substituição de candidatos durante o pleito. Até as eleições de 2012, partidos políticos e coligações podiam mudar seus candidatos nas eleições proporcionais até 60 dias antes do pleito, enquanto que, nas eleições majoritárias, não havia prazo estabelecido. Assim, eram comuns mudanças de candidatos a prefeito, por exemplo, na véspera da eleição, confundindo o eleitor e ocasionando, muitas vezes, fraudes, uma vez que o substituto concorria com a foto e o nome do substituído na urna eletrô-

nica, sem que o eleitor tivesse a devida informação acerca da alteração da chapa concorrente.

- Com a nova redação do § 3º do artigo 13 da Lei das Eleições, "tanto nas eleições majoritárias como nas proporcionais, a substituição só se efetivará se o novo pedido for apresentado até 20 (vinte) dias antes do pleito, exceto em caso de falecimento de candidato, quando a substituição poderá ser efetivada após esse prazo". Tal alteração legislativa valerá a partir das eleições 2016, uma vez que a lei nº 12.891/13 foi publicada apenas em dezembro de 2013, a menos de um ano, portanto, do pleito de 2014.

– Como decorrência da publicação da Lei nº. 13.165/15, o novo artigo 16 da Lei das Eleições, em regra também reproduzida pelo novo artigo 93, § 1º do Código Eleitoral, estabelece que, doravante, os processos de pedido de registro de candidatura deverão estar julgados até vinte dias antes da data das eleições pelas instâncias ordinárias, e não mais em todas as instâncias, como anteriormente determinado (foram excluídas desta exigência as instâncias extraordinárias, que, no caso das eleições municipais, compreendem o TSE e o STF). Tais instâncias, portanto, terão cerca de vinte e cinco dias para proceder a tal julgamento, uma vez que o pedido de registro deverá ser formulado até o dia 15 de agosto, para o pleito que ocorrerá no primeiro domingo de outubro seguinte.

De acordo com a Súmula nº. 20 do Tribunal Superior Eleitoral, "a falta do nome do filiado ao partido na lista por este encaminhada à Justiça Eleitoral, nos termos do art. 19 da Lei nº. 9.096, de 19.09.95, pode ser suprida por outros elementos de prova de oportuna filiação". O artigo supracitado teve sua redação alterada pela lei 13.877/19, que passou a dispor que "Deferido internamente o pedido de filiação, o partido político, por seus órgãos de direção municipais, regionais ou nacional, deverá inserir os dados do filiado no sistema eletrônico da Justiça Eleitoral, que automaticamente enviará aos juízes eleitorais, para arquivamento, publicação e cumprimento dos prazos de filiação partidária para efeito de candidatura a cargos eletivos, a relação dos nomes de todos os seus filiados, da qual constará a data de filiação, o número dos títulos eleitorais e das seções em que estão inscritos".

– Em 2020, o TSE decidiu que os partidos políticos, diante do quadro de pandemia, poderiam realizar convenções virtuais para a escolha dos candidatos que disputariam as eleições com plena autonomia para a utilização de ferramentas tecnológicas que considerassem mais adequadas para esse fim. O Plenário da Corte assentou a possibilidade de os partidos políticos realizarem convenções, em formato virtual, para a escolha dos candidatos que disputarão as eleições, as quais devem seguir as regras e os procedimentos previstos na Lei nº 9.504/1997 e na Res.-TSE nº 23.609/2019, além de respeitarem as normas partidárias e a democracia interna das legendas. (julgamento conjunto das consultas 0600413-57, 0600460-31 e 0600479-37. Relator Min. Luís Felipe Salomão, julgadas em 04 de junho de 2020)

– Segundo o TSE, o direito à privacidade de ex-candidato não eleito deve prevalecer após o encerramento do processo eleitoral com a consequente exclusão de informações de caráter pessoal e patrimonial (Processo Administrativo nº. 0600448-51. Brasília –DF, rel. Min. Og Fernandes, julgado em 16.6.2020).

8. CONDIÇÕES DE ELEGIBILIDADE E CAUSAS DE INELEGIBILIDADE

- A capacidade eleitoral ativa refere-se ao direito inerente ao cidadão de participar, como eleitor, de eleições e consultas populares, bem como propor Ação Popular, promover a Iniciativa Popular de Lei, e outras prerrogativas provenientes do exercício do poder de sufrágio. A capacidade eleitoral passiva, por sua vez, vincula-se à capacidade que o cidadão tem de ser votado, pleiteando mandatos políticos.

- Seguindo a Teoria Clássica, abraçada pelo Supremo Tribunal Federal, podemos apontar as seguintes condições de elegibilidade, previstas no artigo 14, § 3º da Constituição Federal de 1988: a nacionalidade brasileira; o pleno exercício dos direitos políticos; o alistamento eleitoral; o domicílio eleitoral na circunscrição; a filiação partidária; e a idade mínima de 35 anos para presidente, vice-presidente da república e senador, 30 anos para governador e vice-governador de estado e do Distrito Federal, 21 anos para deputado federal, deputado estadual ou distrital, prefeito, vice-prefeito e juiz de paz; e dezoito anos para vereador.

Idade Mínima para o exercício de cargos eletivos (Conforme o art. 14, § 3º da CF/1988)	
Presidente da República, Vice-Presidente e Senador	35 anos
Governador e Vice-Governador de estado ou do Distrito Federal	30 anos
Deputado Federal, Deputado Estadual ou Distrital, Prefeito, Vice-Prefeito e Juiz de Paz	21 anos
Vereador	18 anos

- De acordo com o art. 11, § 2º da Lei nº 9.504/97 (Lei das Eleições), "a idade mínima constitucionalmente estabelecida como condição de elegibilidade é verificada tendo por referência a data da posse". A exceção ocorre na aferição da idade mínima dos candidatos a vereador, que deverá ser observada quando do pedido de registro de candidatura.

- O fato de brasileiro ser polipátrida (ter mais de uma nacionalidade, a brasileira e mais uma outra, por exemplo) não é impedimento para o exercício das capacidades eleitorais ativa e passiva no Brasil.

Classificação das inelegibilidades:

Classificação das inelegibilidades, segundo Adriano Soares da Costa

Inelegibilidades inatas	Inelegibilidades cominadas
Não resultam da prática de atos ilícitos. Visam a preservar o equilíbrio das disputas eleitorais e a moralidade administrativa e decorrem de incompatibilidades provenientes de parentescos com titulares de cargos eletivos ou mesmo do exercício de determinados cargos, em determinados momentos	Decorrem de uma sanção. Se dividem em cominadas simples, quando aplicáveis a um único pleito, ou cominadas potenciadas, quando tornam inelegível o eleitor para eleições futuras

- A classificação mais difundida, entretanto, no estudo das inelegibilidades, é aquela que diferencia as inelegibilidades absolutas das inelegibilidades relativas. As inelegibilidades absolutas valem para qualquer cargo (por exemplo, os analfabetos são inelegíveis para qualquer cargo). As inelegibilidades relativas, por sua vez, só se referem a determinados cargos, podendo ser originadas de motivos funcionais ou mesmo decorrentes de parentesco (por exemplo, o presidente da república é inelegível para um terceiro mandato consecutivo. O filho do governador da Bahia, salvo se já titular de mandato eletivo e candidato à reeleição, também é inelegível para qualquer cargo disputado na Bahia, mas não para cargos em Pernambuco).

Espécies de inelegibilidades		
Inelegibilidades relativas (para determinados cargos)		Inelegibilidades absolutas
originadas por motivos funcionais	decorrentes de parentesco	Válidas para qualquer cargo

- Seguindo a Teoria Clássica, podemos apontar como hipóteses constitucionais de inelegibilidade aquelas previstas nos § § 4º a 7º do artigo 14 da Carta Magna. As inelegibilidades constitucionais podem ser arguidas mesmo após o prazo para o ajuizamento da Ação de Impugnação de Registro de Candidatura (AIRC), ao contrário das inelegibilidades infraconstitucionais.
- São inelegíveis os inalistáveis e os analfabetos. Como inalistáveis, podemos apontar os estrangeiros, uma vez que estes não possuem capacidade política no Brasil (a exceção dos portugueses beneficiados pelo Tratado de Amizade, Cooperação e Consulta), e os conscritos, que são aqueles indivíduos que estão prestando o serviço militar obrigatório. Além desses dois casos, podemos também apontar como inalistáveis os menores de 16 anos (ressaltando, contudo, que, em ano eleitoral, menores com 15 anos de idade podem se alistar eleitores, desde que, na data da eleição já tenham completado 16 anos) e aqueles que tiveram seus direitos políticos perdidos ou suspensos.
- No que se refere aos analfabetos, por sua vez, o entendimento consolidado da Justiça Eleitoral é que o chamado "analfabeto funcional" encontra-se habilitado a disputar eleições, não sendo, portanto, inelegível.
- Segundo jurisprudência consolidada do TSE (Ac.-TSE nº 318/2004, 21.707/2004 e 21.920/2004), havendo dúvida fundada acerca do analfabetismo do candidato, poderá ser realizado teste de alfabetização, desde que individualmente, a fim de evitar constrangimentos. Também o TSE, em sede de acórdão proferido em 2004 (Ac. TSE nº 24.343/2004), entendeu que é ilegítimo o teste de alfabetização quando, apesar de não ser coletivo, traz constrangimentos ao candidato.
- De acordo com a Súmula nº 15 do TSE, "O exercício de cargo eletivo não é circunstância suficiente para, em recurso especial, determinar-se a reforma de decisão mediante a qual o candidato foi considerado analfabeto". Assim, poderá ser considerado analfabeto, e declarado inelegível, candidato que já exerceu mandatos eletivos anteriormente.
- O § 5º do artigo 14 da Constituição Federal de 1988, com redação dada pela Emenda Constitucional nº 16/97 dispõe que "o presidente da república, os governadores de estado e do Distrito Federal, os prefeitos e quem os houver sucedido ou substituído no curso dos mandatos, poderão ser reeleitos por um único período subsequente". É o instituto da reeleição para cargos executivos, criado na década de 1990 e consolidado nas últimas sete eleições (a partir de 1998).
- No que se refere, entretanto, ao Poder Executivo, o instituto da reeleição somente foi implementado, no Brasil republicano, a partir da citada EC 16/97, à exceção dos cargos de vice, para os quais era possível a reeleição na vigência da Constituição Federal de 1946 (exemplo de reeleição de vice-presidente na história brasileira ocorreu com João Goulart, eleito vice-presidente para dois mandatos consecutivos, em 1955, quando foi eleito vice-presidente de Juscelino Kubitscheck, e no mandato seguinte, quando foi eleito vice-presidente de Jânio Quadros, a quem terminou sucedendo na presidência da república). Atualmente, entretanto, o entendimento do TSE é consolidado no sentido de que o vice-presidente, o vice-governador e o vice-prefeito não podem exercer tais cargos por três vezes consecutivas (Res. TSE nº 22.529, de 20.03.07, DJ de 17.04.07).
- Questão muito interessante envolve a possibilidade, ou não, de prefeito reeleito disputar uma terceira eleição municipal consecutiva para prefeito

concorrendo, no entanto, na terceira eleição, em outro município. Segundo nova jurisprudência do TSE, consolidada a partir do Ac. 32. 539, de 17.12.08, é vedada tal manobra, por se constituir em forma de indevida perpetuação no poder. De acordo com o TSE, "não se pode, mediante a prática de ato formalmente lícito (mudança de domicílio eleitoral) alcançar finalidades incompatíveis com a Constituição: a perpetuação no poder e o apoderamento de unidades federadas para a formação de clãs políticos ou hegemonias familiares (...). Somente é possível eleger-se para o cargo de 'prefeito municipal' por duas vezes consecutivas".

- Prevê o § 6º do artigo 14 da Constituição Federal de 1988 que "para concorrerem a outros cargos, o presidente da república, os governadores de estado e do Distrito Federal e os prefeitos devem renunciar aos respectivos mandatos até seis meses antes do pleito". Há de se observar, na leitura no dispositivo constitucional supracitado, que para concorrer ao mesmo cargo (reeleição) não é necessário aos titulares de mandatos executivos renunciarem aos seus mandatos respectivos.
- De acordo com a jurisprudência do TSE (Res. 22.129, de 15.12.05, DJ de 13.03.06), o vice que passou a ser chefe do Poder Executivo, em qualquer esfera, somente disputa a reeleição se pleiteia o cargo de titular que ocupa por sucessão (de forma definitiva). Assim, por exemplo, na ocasião histórica da morte do governador de São Paulo, Mário Covas, assumiu o governo, por sucessão, o seu vice, Geraldo Alckmin, que concluiu o mandato. Na eleição seguinte (2002), Alckmin concorreu a reeleição, sendo eleito. Em 2006, por sua vez, Geraldo Alckmin não mais pôde concorrer ao governo paulista, uma vez que não poderia pleitear um terceiro mandato seguido. Ao contrário, se o ex-governador Covas não tivesse falecido no cargo, e Geraldo Alckmin tivesse, tão somente, o substituído durante o mandato de 1998 a 2002, poderia Alckmin ter concorrido a governador em 2002 e, uma vez eleito, ter disputado a reeleição em 2006.
- De acordo com o previsto no § 7º do artigo 14 da Constituição Federal, "são inelegíveis, no território de jurisdição do titular, o cônjuge e os parentes consanguíneos ou afins, até o segundo grau ou por adoção, do presidente da república, de governador de estado ou território, do Distrito Federal, de prefeito ou de quem os haja substituído dentro dos seis meses anteriores ao pleito, salvo se já titular de mandato eletivo e candidato à reeleição.". É a chamada inelegibilidade reflexa, espécie de inelegibilidade relativa decorrente de parentesco.
- A inelegibilidade reflexa só atinge o cônjuge e os parentes até o segundo grau, consanguíneos, por afinidade ou adoção, dos titulares de cargos do Poder Executivo, ou de quem os haja substituído dentro dos seis meses anteriores ao pleito, no âmbito do território de jurisdição (circunscrição) dos mesmos. A Súmula Vinculante nº 18 do STF dispõe que a dissolução da sociedade ou vínculo conjugal, no curso do mandato, não afasta a inelegibilidade reflexa.
- De acordo com a Súmula nº 06 do TSE "é inelegível, para o cargo de prefeito, o cônjuge e os parentes indicados no § 7º do art. 14 da Constituição, do titular do mandato, ainda que este haja renunciado ao cargo há mais de seis meses do pleito". Ainda de acordo com o TSE, o cônjuge e os parentes, até o segundo grau, consanguíneos, por afinidade ou por adoção, do chefe do executivo, são elegíveis para o mesmo cargo do titular, quando este for reelegível e tiver se desincompatibilizado seis meses antes do pleito (Acs. 19.442, de 21.08.01 e 3.043, de 27.11.01).
- O falecimento ou a renúncia do prefeito, governador ou presidente da república, seis meses antes da eleição, afasta a inelegibilidade reflexa dos seus parentes e cônjuges.
- Segundo jurisprudência pacífica do TSE, a união estável atrai a inelegibilidade reflexa (REspe nº 23.487), com a ressalva de que o mero namoro não se enquadra nessa hipótese (REspe nº 24.672). Da mesma forma, segundo o TSE (Respe nº 24.564, Rel. Min. Gilmar Mendes), a união homoafetiva também atrai a inelegibilidade reflexa.
- É a LC 64/90, com suas alterações posteriores, que disciplina, no Brasil, as hipóteses de inelegibilidades infraconstitucionais, as quais, de acordo com o disposto no § 9º do art. 14 da CF/88, somente poderão ser instituídas mediante lei complementar.
- De forma geral a LC 135/10 (Lei da Ficha Limpa) estabeleceu a substituição de diversas penas de inelegibilidade de três anos, previstas no artigo 1º da Lei Complementar nº 64/90, por outras de oito anos, a contar das eleições em que tenham concorrido os condenados. Da mesma forma, como principal inovação, a referida lei possibilitou a imputação de inelegibilidades a pessoas condenadas, sem trânsito em julgado, por diversas espécies crimes, desde que tais condenações sejam proferidas por órgãos colegiados do Poder Judiciário, flexibilizando o princípio da presunção da inocência. Foram alterados pela LC 135/10 o artigo 1º, I da LC 64/90 nas suas alíneas "c", "d", "e", "f", "g" e "h", além de incluídas, no mesmo inciso, as alíneas "j", "k", "l", "m", "n", "o", "p" e "q". Ainda no artigo 1º da LC 64/90, foram incluídos § § 4º e 5º. Os artigos 15 e 22, por sua vez, também sofreram alterações, e foram incluídos os artigos 26-A, 26-B e 26-C.
- Ficarão inelegíveis para as eleições que se realizarem durante o período remanescente do mandato para o qual foram eleitos e nos oito anos subsequentes ao término da legislatura, de acordo com a alínea b do inciso I do artigo 1º da Lei Complementar nº 64/90, os parlamentares federais, estaduais e municipais que:

Inelegibilidades decorrentes do art. 1º, I, b da LC 64/90	
Atinge os parlamentares que:	**Desde a expedição do diploma venham a:** 1) firmar ou manter contrato com pessoa jurídica de direito público, autarquia, empresa pública, sociedade de economia mista ou empresa concessionária de serviço público, salvo quando o contrato obedecer a cláusulas uniformes (por exemplo, contrato para fornecimento de luz elétrica ou água na residência do parlamentar); 2) aceitar ou exercer cargo, função ou emprego remunerado, inclusive os que sejam demissíveis ad nutum, nas entidades constantes da alínea anterior.
	Desde a posse venham a: 1) ser proprietários, controladores ou diretores de empresa que goze de favor decorrente de contrato com pessoa jurídica de direito público, ou nela exercer função remunerada; 2) ocupar cargo ou função de que sejam demissíveis ad nutum, em pessoas jurídicas de direito público, autarquias, empresas públicas, sociedades de economia mista ou empresas concessionárias de serviço público; ou patrocinar causas em que sejam interessadas qualquer uma destas entidades; 3) ser titulares de mais de um cargo ou mandato público eletivo.
	Tenham procedimento declarado incompatível com o decoro parlamentar.
A inelegibilidade será aplicada pelo período remanescente do mandato para o qual foram eleitos e nos oito anos subsequentes ao término da legislatura.	

- No que se refere à alínea "c" do referido inciso I do artigo 1º, dispõe a LC 64/90 que o governador e o vice-governador de estado e do Distrito Federal e o prefeito e o vice-prefeito que perderem seus cargos eletivos por infringência a dispositivo da Constituição Estadual, da Lei Orgânica do Distrito Federal ou da Lei Orgânica do Município, ficarão inelegíveis para as eleições que se realizarem durante o período remanescente e nos 8 (oito) anos subsequentes ao término do mandato para o qual tenham sido eleitos. O disposto na alínea "c" do inciso I do artigo 1º da LC 64/90 não se aplica ao presidente e ao vice-presidente da república, mas, tão somente, aos governadores, aos vice-governadores, aos prefeitos e aos vice-prefeitos.
- A alínea "d" do inciso I do artigo 1º da LC 64/90, por sua vez, prevê, de acordo com a nova redação patrocinada pela Lei do Ficha Limpa, que serão inelegíveis, para todos os cargos, "os que tenham contra sua pessoa representação julgada procedente pela Justiça Eleitoral, **em decisão** transitada em julgado **ou proferida por órgão colegiado**, em processo de apuração de abuso do poder econômico ou político, para a eleição na qual concorrem ou tenham sido diplomados, bem como para as que se realizarem nos **8 (oito)** anos seguintes".
- Muito semelhante à hipótese de inelegibilidade prevista na alínea "d" supracitada é a aquela prevista na alínea "h" do mesmo inciso I do artigo 1º da LC 64/90. Segundo a alínea "h", são inelegíveis, para todos os cargos, "os detentores de cargo na administração pública direta, indireta ou fundacional, que beneficiarem a si ou a terceiros, pelo abuso do poder econômico ou político, que forem condenados em decisão transitada em julgado ou proferida por órgão judicial colegiado, para a eleição na qual concorrem ou tenham sido diplomados, bem como para as que se realizarem nos 8 (oito) anos seguintes".
- A alínea "e" do artigo 1º, I da LC 64/90 prevê a inelegibilidade desde a condenação por órgão colegiado até o prazo de 08 anos, a contar do término do cumprimento de pena, para os condenados, mesmo sem trânsito em julgado, pelos seguintes crimes:

Crimes geradores da inelegibilidade prevista no art. 1º, I, "e" da LC 64/90
1) Crimes contra a economia popular, a fé pública, a administração pública e o patrimônio público; 2) Crimes contra o patrimônio privado, o sistema financeiro, o mercado de capitais e os previstos na lei que regula a falência; 3) Crimes contra o meio ambiente e a saúde pública; 4) Crimes eleitorais, para os quais a lei comine pena privativa de liberdade; 5) Crimes de abuso de autoridade, nos casos em que houver condenação à perda do cargo ou à inabilitação para o exercício de função pública;
6) Crimes de lavagem ou ocultação de bens, direitos e valores; 7) Crimes de tráfico de entorpecentes e drogas afins, racismo, tortura, terrorismo e hediondos; 8) Crimes de redução à condição análoga à de escravo; 9) Crimes contra a vida e a dignidade sexual; e 10) Crimes praticados por organização criminosa, quadrilha ou bando.
OBSERVAÇÃO: a inelegibilidade será aplicada a partir da condenação, em decisão transitada em julgado ou proferida por órgão judicial colegiado, gerando efeitos até 08 anos após o cumprimento da pena. Caso, no entanto, a condenação se dê por outros crimes, não previstos nesta lista, o eleitor terá apenas seus direitos políticos suspensos enquanto durarem os efeitos da condenação, de acordo com o previsto no artigo 15, III da Constituição Federal de 1988.

- Segundo a alínea "f" do inciso I do artigo 1º da LC 64/90, que os que forem declarados indignos do oficialato, ou com ele incompatíveis, serão declarados inelegíveis, para qualquer cargo, pelo prazo de **8 (oito)** anos. Antes da publicação da Lei do Ficha Limpa, o prazo de inelegibilidade previsto para esta situação era de quatro anos, e não de oito.

- De acordo com a nova redação da alínea "g" do inciso I do artigo 1º da LC 64/90, por sua vez, serão declarados inelegíveis, para qualquer cargo, "os que tiverem suas contas relativas ao exercício de cargos ou funções públicas rejeitadas por irregularidade insanável **que configure ato doloso de improbidade administrativa,** e por decisão irrecorrível do órgão competente, salvo **se esta houver sido suspensa ou anulada pelo** Poder Judiciário, para as eleições que se realizarem nos **8 (oito)** anos seguintes, contados a partir da data da decisão (...)".
- Encerrou, a nova redação da alínea "g", antiga polêmica no âmbito do Direito Eleitoral, geradora, inclusive, da Súmula nº 01 do TSE, agora revogada. De acordo com a antiga redação da alínea "g", eram declarados inelegíveis, para qualquer cargo, os que tivessem suas contas relativas ao exercício de cargos ou funções públicas rejeitadas por irregularidade insanável e por decisão irrecorrível do órgão competente, salvo se a questão houvesse sido ou estivesse sendo submetida à apreciação do Poder Judiciário, para as eleições que se realizassem nos 5 (cinco) anos seguintes, contados a partir da data da decisão. Assim, conforme entendimento sumulado do TSE (Súmula nº 01), proposta ação para desconstituir a decisão que rejeitara as contas, anteriormente à impugnação, ficava suspensa a inelegibilidade. Agora, com a nova redação da alínea "g" do inciso I do art. 1º da LC 64/90, patrocinada pela LC 135/10, a decisão de rejeição de contas por irregularidades insanáveis que configurem ato doloso de improbidade administrativa deverá ser suspensa ou anulada pelo Poder Judiciário para que seja evitada a sanção da inelegibilidade, não bastando, portanto, a mera submissão das contas à apreciação do Poder Judiciário, independentemente de manifestação deste, como previa a Súmula nº 01 do TSE.

– o Supremo Tribunal Federal, julgando o Recurso Extraordinário nº. 848826 RG / DF, no qual foi reconhecida a repercussão geral, decidiu que "a inelegibilidade prevista na alínea g do inciso I do art. 1° da LC nº 64/90 pode ser examinada a partir de decisão irrecorrível dos tribunais de contas que rejeitam as contas do prefeito que age como ordenador de despesas, diante da ressalva final da alínea g do inciso I do art. 1º da LC nº 64/90". Assim, quando o chefe do executivo atuar como ordenador de despesas, bastará a rejeição das suas contas pelo Tribunal de Contas para que seja possível a imputação da inelegibilidade, não havendo necessidade e possibilidade, neste caso, de reversão da decisão pela Câmara de Vereadores, restando, contudo, a possibilidade de análise judicial da matéria".

- O legislador da "Lei do Ficha-Limpa" inovou ao criar novas hipóteses geradoras de inelegibilidades, por meio das alíneas "j", "k", "l", "m", "n", "o", "p" e "q". Assim, tornar-se-ão inelegíveis pelo prazo de oito anos:
- As novas hipóteses de inelegibilidades instituídas pela Lei do Ficha Limpa: Alíneas "j" a "q" do inciso I do art. 1º da LC 64/90.
- Aqueles que forem condenados, em decisão transitada em julgado ou proferida por órgão colegiado da Justiça Eleitoral, por corrupção eleitoral, por captação ilícita de sufrágio, por doação, captação ou gastos ilícitos de recursos de campanha ou por conduta vedada aos agentes públicos em campanhas eleitorais que impliquem cassação do registro ou do diploma.
- O Presidente da República, o Governador de Estado e do Distrito Federal, o Prefeito, os membros do Congresso Nacional, das Assembleias Legislativas, da Câmara Legislativa, das Câmaras Municipais, que renunciarem a seus mandatos desde o oferecimento de representação ou petição capaz de autorizar a abertura de processo por infringência a dispositivo da Constituição Federal, da Constituição Estadual, da Lei Orgânica do Distrito Federal ou da Lei Orgânica do Município (prazo de oito anos a contar do término da legislatura, sem afastar a inelegibilidade durante o período restante do mandato).
- Os que forem condenados à suspensão dos direitos políticos, em decisão transitada em julgado ou proferida por órgão judicial colegiado, por ato doloso de improbidade administrativa que importe lesão ao patrimônio público e enriquecimento ilícito (desde a condenação até oito anos após o cumprimento da pena).
- Os que forem excluídos do exercício da profissão, por decisão sancionatória do órgão profissional competente, em decorrência de infração ético-profissional, salvo se o ato houver sido anulado ou suspenso pelo Poder Judiciário; os que forem condenados, em decisão transitada em julgado ou proferida por órgão judicial colegiado, em razão de terem desfeito ou simulado desfazer vínculo conjugal ou de união estável para evitar caracterização de inelegibilidade (prazo de oito anos a contar da decisão que reconhecer a fraude).
- Os que forem demitidos do serviço público em decorrência de processo administrativo ou judicial (prazo de 8 (oito) anos, contado da decisão, salvo se o ato houver sido suspenso ou anulado pelo Poder Judiciário).
- A pessoa física e os dirigentes de pessoas jurídicas responsáveis por doações eleitorais tidas por ilegais por decisão transitada em julgado ou proferida por órgão colegiado da Justiça Eleitoral, pelo prazo de 8 (oito) anos após a decisão, observando-se o procedimento previsto no art. 22 da LC 64/90.

- Os magistrados e os membros do Ministério Público que forem aposentados compulsoriamente por decisão sancionatória, que tenham perdido o cargo por sentença ou que tenham pedido exoneração ou aposentadoria voluntária na pendência de processo administrativo disciplinar.
- A desincompatibilização pode ser definida como o afastamento de cargo, emprego ou função, pública ou privada, exercido por cidadão brasileiro, de forma provisória ou definitiva, com o intuito de disputar mandato eletivo, de forma a afastar a inelegibilidade. Vale ressaltar, ainda, que a desincompatibilização, em alguns casos, é válida a fim de que seja evitada a inelegibilidade reflexa de parentes.
- Na maioria das hipóteses de desincompatibilização exigidas por lei, o prazo previsto é o de seis meses antes do pleito (principalmente no que se refere a titulares de cargos eletivos). São estas as principais hipóteses, de acordo com a LC 64/90, de necessidade de desincompatibilização 06 (seis) meses antes do pleito:

Principais hipóteses, de acordo com a LC 64/90, de necessidade de desincompatibilização 06 (seis) meses antes do pleito:
• Presidente da república, governadores de estado e prefeitos, para a disputa de outros cargos • Interventor federal. • Magistrados, membros do Ministério Público, membros dos Tribunais de Contas. • Advogado-Geral da União. • Chefes do Estado-Maior da Marinha, do Exército e da Aeronáutica. • Chefes dos gabinetes civil e militar de governador de estado ou do DF. • Ministro de Estado, secretários de governos estaduais, municipais ou do DF.
• Presidente, superintendente ou diretor de autarquias, empresas públicas, sociedades de economia mista e fundações públicas ou mantidas pelo poder público. • Diretor-geral do Departamento de Polícia Federal. • Nomeados, pelo presidente da república, para cargos ou funções cuja nomeação esteja sujeita à aprovação prévia do Senado Federal. • Diretores de órgãos estaduais, sociedades de assistência aos municípios ou bancos estaduais. • Diretor de empresa pública internacional. • Dirigente de entidade de assistência a município que receba contribuição de órgão público. • Dirigente de fundação privada que receba verbas públicas imprescindíveis à sua manutenção. • **OBS:** À exceção do presidente da república, dos governadores de estado e dos prefeitos municipais, todas as pessoas acima elencadas deverão se desincompatibilizar dos seus cargos apenas 04 meses antes, e não 06 meses, quando pleitearem concorrer aos cargos de prefeito e vice-prefeito (apenas estes dois cargos, de acordo com o art. 1º, IV, "a" da LC 64/90).

- Os dirigentes de entidades de classe mantidas, total ou parcialmente, por contribuições impostas pelo poder público, bem como os dirigentes sindicais (Res. TSE nº 21.041, de 21.03.02), deverão se desincompatibilizar dos seus cargos, para a disputa de mandatos eletivos, quatro meses antes das eleições. Além dessas pessoas, todas aquelas que necessitam se desincompatibilizar para a disputa dos cargos de presidente da república, vice-presidente da república, governador de estado ou do DF e vice-governador de estado ou do DF, caso desejem disputar os cargos de prefeito e vice-prefeito deverão se desincompatibilizar quatro meses antes das eleições. (art. 1º, IV, "a" da LC 64/90).
- Os servidores públicos civis, estatutários ou não, dos órgãos ou entidades da administração direta ou indireta da União, dos estados, do Distrito Federal, dos municípios e dos territórios, inclusive das fundações mantidas pelo poder público, deverão se afastar das suas atividades três meses antes do pleito, garantido o direito à percepção dos seus vencimentos integrais, de acordo com o previsto no artigo 1º, II, "j" da LC 64/90, para concorrer a qualquer cargo, inclusive o de prefeito municipal (Res. TSE nº 20.623, de 16.05.00, DJ de 02.06.00). Segundo jurisprudência consolidada do TSE (Acs. 16.595/00, 18.019/92, 18.160/92 e 20.128/98), empregados de empresas públicas e sociedades de economia mista também têm garantido o pagamento do salário, durante o período de afastamento.
- Os servidores da Justiça Eleitoral deverão se afastar definitivamente do cargo em tempo hábil para cumprir o prazo de filiação partidária (um ano antes das eleições), conforme entendimento do TSE (Res. 22.088/05).
- Os membros de Conselhos Tutelares, de acordo com o TSE (Ac. 16.878/00), também deverão se desincompatibilizar no prazo de três meses antes das eleições. Os defensores públicos, por sua vez, também deverão se desincompatibilizar das suas funções, de forma temporária, garantidos os vencimentos integrais, três meses antes do pleito, salvo se estiverem concorrendo ao cargo de prefeito ou vice-prefeito, quando a desincompatibilização deverá ocorrer quatro meses antes da eleição, caso estejam em exercício na comarca onde desejem se candidatar.

– Em 07 de outubro de 2020, o TSE decidiu, em questão relativa à chamada "inelegibilidade chapada" e à teoria da conta e risco que 1. o termo inelegibilidade chapada não encontra respaldo na legislação eleitoral, segundo a qual a postulação de candidatura é livre a todo cidadão, inexistindo indeferimento de registro de ofício.2. É assegurado a todos os concorrentes o devido processo legal do registro de candidatura, respeitando-se o contraditório e a ampla defesa.3. Nessa ordem de ideias, são permitidos a todo candidato, ainda que esteja com seu registro indeferido sub judice, a realização de campanha eleitoral, inclusive no rádio e televisão, e o acesso aos fundos públicos, até decisão do Tribunal Superior Eleitoral ou o trânsito em julgado. Precedentes.4. Comprovada a regularidade dos gastos do candidato, não há falar em violação ao art. 82, § 1º, da Res.-TSE nº 23.553/2017, sob o fundamento de utilização indevida de recursos do FEFC.

- No que se refere aos prazos de inelegibilidade, é de se destacar que nas eleições 2020, com o adiamento do calendário eleitoral **em virtude da pandemia**, muitos candidatos que estariam inelegíveis se a eleição tivesse sido realizada no dia 04 de outubro passaram a ser elegíveis, com a nova data do pleito, transferida para 15 de novembro. Em resposta a uma consulta, o TSE decidiu, sobre a questão que os candidatos cujos prazos de inelegibilidade, previstos no inciso I do art. 1º da Lei Complementar (LC) nº 64/1990, findaram em 7.10.2020 estariam elegíveis para concorrer às Eleições 2020, mesmo diante do adiamento da data do pleito para 15 de novembro por força da Emenda Constitucional nº 107/2020 (Consulta nº. 0601143-68, julgada em 01.09.2020. Rel. Min. Alexandre de Moraes).

- Em 19 de dezembro de 2020, o Min. Nunes Marques, do STF, em decisão cautelar no âmbito da ADI 6630, proposta pelo Partido Democrático Trabalhista (PDT), suspendeu a eficácia da expressão "a contar do término do cumprimento de pena", presente na alínea "e" do inciso I do art. 1º da LC 64/90, em comento, entendendo que o referido dispositivo, ao não estabelecer a detração do tempo de inelegibilidade cumprido anteriormente ao transito em julgado do processo criminal, cria uma insegurança jurídica, ao estabelecer uma inelegibilidade por tempo indeterminado, uma vez que o tempo de inelegibilidade poderá ser maior ou menor a depender do tempo de duração do processo criminal, após o julgamento colegiado. Segundo o relator, ""a ausência da previsão de detração, a que aludem as razões iniciais, faz protrair por prazo indeterminado os efeitos do dispositivo impugnado, em desprestígio ao princípio da proporcionalidade e com sério comprometimento do devido processo legal. Defiro o pedido de suspensão da expressão 'após o cumprimento da pena', contida na alínea 'e' do inciso I do art. 1º da Lei Complementar 64/1990, nos termos em que fora ela alterada pela Lei Complementar 135/2010, tão somente aos processos de registro de candidatura das eleições de 2020 ainda pendentes de apreciação, inclusive no âmbito do TSE e do STF. O mérito da ADI 6630 não havia ainda sido julgado quando do fechamento desta edição. Diversos candidatos considerados inelegíveis nas eleições 2020, em virtude da alínea "e", não puderam tomar posse, mas ficaram suspensas a convocações de eleições suplementares nesses locais até a definição da questão pelo plenário do Supremo. Na prática, presidentes da Câmaras Municipais assumiram as prefeituras em que esta situação ocorreu até a resolução da questão.

- Em resposta à Consulta nº 68-82/DF, relatada pela Ministra Luciana Lóssio (DJe de 5.9.2016), examinada conjuntamente com as Consultas nºs 100-87/DF, 103-42/DF, 211-71/DF, 212-56/DF e 227-25/DF, o Tribunal Superior Eleitoral deliberou no sentido de que "a reforma eleitoral promovida pela Lei nº 13.165/2015 não alterou os prazos de desincompatibilização para disputa de cargos eletivos constantes da LC nº 64/90".

- Em 2020, o TSE não conheceu da consulta nº. 0600190-41/DF, que questionava se servidor público afastado para tentar disputar eleição e não escolhido em convenção deveria restituir os valores percebidos durante o afastamento ao erário. Segundo o relator, Min. Tarcísio Vieira de Carvalho, "O cerne das questões suscitadas pelo consulente gravita em torno do direito remuneratório do servidor público civil da União durante o período de desincompatibilização do cargo efetivo, inclusive na hipótese de posterior desistência da candidatura. As controvérsias estabelecidas entre a União e seus servidores civis, inclusive sobre a percepção de vencimentos, independentemente da causa de pedir, devem ser dirimidas pela Justiça Comum federal, ex vi do art. 109, I, da CF".

9. ARRECADAÇÃO DE RECURSOS E PRESTAÇÃO DE CONTAS NAS CAMPANHAS ELEITORAIS

- É a Lei nº 9.504/97 (Lei das Eleições) que estabelece nos seus artigos 17 a 32 as normas gerais acerca da arrecadação e da aplicação de recursos nas campanhas eleitorais, bem como aquelas relativas à prestação de contas, temas sempre polêmicos.

- Pauta constante, como destacado, no debate da reforma política, o tema da arrecadação de recursos, administração financeira das campanhas eleitorais e prestação de contas é, talvez, o que mais destaque ganhou na elaboração da Lei nº. 13.165/15, muito embora o resultado final desta construção legislativa não tenha agradado à maioria dos críticos. De forma bastante polêmica, um dos pontos nevrálgicos da nova lei, a disciplina jurídica do financiamento empresarial de campanhas eleitorais, foi totalmente revogado pela presidente Dilma Rousseff, que seguiu entendimento consagrado pelo Supremo Tribunal Federal no julgamento da ADI nº. 4.650, ocorrido dias antes da promulgação da reforma eleitoral de setembro de 2015, na qual a nossa corte maior declarou a inconstitucionalidade desta forma de financiamento eleitoral.

- A manutenção de um sistema misto, com a anulação da influência das pessoas jurídicas no financiamento das campanhas eleitorais, é a regra vigente atualmente no Brasil, a partir de decisão do Supremo Tribunal Federal no julgamento da ADI 4.650, em 2015. Como consequência da decisão, o tema da arrecadação de recursos, administração financeira das campanhas eleitorais e prestação de contas foi, o que mais destaque ganhou na elaboração das últimas reformas eleitorais, em 2015, 2017 e 2019, especialmente no que se refere ao estabelecimento de novas regras de financiamento e ao estabelecimento de tetos de gastos.

- A arrecadação de recursos para campanha eleitoral de qualquer natureza deverá observar os seguintes pré-requisitos: I – para candidatos: a) requerimento do registro de candidatura; b) inscrição no Cadastro Nacional da Pessoa Jurídica (CNPJ); c) abertura de conta bancária específica destinada a registrar a movimentação financeira de campanha; e d) emissão de recibos eleitorais. II – para partidos: a) o registro ou a anotação conforme o caso, no respectivo órgão da Justiça Eleitoral; b) inscrição no Cadastro Nacional da Pessoa Jurídica (CNPJ); c) abertura de conta bancária específica destinada a registrar a movimentação financeira de campanha; e d) emissão de recibos de doação na forma regulamentada pelo Tribunal Superior Eleitoral nas prestações de contas anuais.
- Os recursos destinados às campanhas eleitorais, respeitados os limites previstos, somente são admitidos quando provenientes de: I – recursos próprios dos candidatos; II – doações financeiras ou estimáveis em dinheiro de pessoas físicas; III – doações de outros partidos políticos e de outros candidatos; IV – comercialização de bens e/ou serviços ou promoção de eventos de arrecadação realizados diretamente pelo candidato ou pelo partido político; V – recursos próprios dos partidos políticos, desde que identificada a sua origem e que sejam provenientes: a) do Fundo Partidário, de que trata o art. 38 da Lei nº 9.096/1995; b) do Fundo Especial de Financiamento de Campanha (FEFC); c) de doações de pessoas físicas efetuadas aos partidos políticos; d) de contribuição dos seus filiados; e) da comercialização de bens, serviços ou promoção de eventos de arrecadação; f) de rendimentos decorrentes da locação de bens próprios dos partidos políticos; VI – rendimentos gerados pela aplicação de suas disponibilidade.
- Os rendimentos financeiros e os recursos obtidos com a alienação de bens têm a mesma natureza dos recursos investidos ou utilizados para sua aquisição e devem ser creditados na conta bancária na qual os recursos financeiros foram aplicados ou utilizados para aquisição do bem.
- O partido político não poderá transferir para o candidato ou utilizar, direta ou indiretamente, nas campanhas eleitorais, recursos que tenham sido doados por pessoas jurídicas, ainda que em exercícios anteriores (STF, ADI nº 4.650).
- É **obrigatória** para os partidos e os candidatos a **abertura de conta bancária específica** para registrar todo o movimento financeiro da campanha, **salvo nos casos** de candidaturas a prefeito em municípios onde não haja agência bancária. Até as eleições de 2014, não era obrigatória a abertura dessa conta bancária específica para candidatos a vereador em municípios com menos de vinte mil eleitores, regra alterada pela Lei nº. 13.165/15. A partir das eleições municipais de 2016, o novo § 2º do artigo 22 da Lei das Eleições, com redação determinada pela Lei nº. 13.165/15, restringe a ausência de obrigação de abertura de conta bancária para movimentação dos recursos de campanha apenas para as situações em que, comprovadamente, não houver agência bancária ou posto de atendimento bancário no município. Desta forma, praticamente em todo o país os candidatos a cargos eletivos, nas eleições municipais, administrarão seus recursos de campanha em conta específica, dissociada das suas contas particulares, uma importante regra estabelecida pela reforma eleitoral de setembro de 2015 com o objetivo de fortalecer os meios de controle da Justiça Eleitoral sobre a movimentação de recursos em campanhas eleitorais. Os **bancos são obrigados a acatar**, em até três dias, o pedido de abertura de conta de qualquer comitê financeiro ou candidato escolhido em convenção partidária, **sendo-lhes vedado** condicioná-la a depósito mínimo e à cobrança de taxas ou outras despesas de manutenção.
- Com a reforma eleitoral de 2017, o referido artigo 22-A passou a contar com um novo parágrafo, o § 3º, o qual dispõe que "Desde o dia 15 de maio do ano eleitoral, é facultada aos pré-candidatos a arrecadação prévia de recursos na modalidade prevista no inciso IV do § 4º do art. 23 desta Lei, mas a liberação de recursos por parte das entidades arrecadadoras fica condicionada ao registro da candidatura, e a realização de despesas de campanha deverá observar o calendário eleitoral". É o chamado "crowdfunding" (páginas de financiamento coletivo na internet, também conhecidas como "vaquinhas eletrônicas"), muito popular em países como os Estados Unidos e a Espanha.
- Uma forte crítica ao *crowdfunding* nas campanhas eleitorais diz respeito ao risco de sua utilização como fonte de arrecadação de recursos paralelos aos oficialmente declarados, fomentando-se, assim, o caixa dois, ou mesmo como instrumento para a realização de doações ocultas, sem identificação dos doadores, prática também vedada. Por estes motivos, o TSE havia proibido tal prática nas eleições de 2014 e 2016.
- Defensores da prática entendem que o novo sistema de arrecadação poderá estabelecer uma nova forma de mobilização cívica fomentadora de criação de laços comunitários e de sentimentos de cidadania, contribuindo, assim, para a prática democrática.
- De acordo com as regras estabelecidas pela Lei nº 13.488/2017. A arrecadação de recursos através do *crowdfunding* poderão ser iniciadas ainda no mês de maio do ano eleitoral, antes, portanto, das con-

venções partidárias e do registro das candidaturas. Se não for efetivado, contudo, o registro da candidatura, as entidades arrecadadoras deverão devolver os valores arrecadados aos doadores.

- Ainda de acordo com as regras estabelecidas pela reforma eleitoral de 2017, instituições que promovam técnicas e serviços de financiamento coletivo por meio de sítios na internet, aplicativos eletrônicos e outros recursos similares, que deverão atender aos seguintes requisitos: a) cadastro prévio na Justiça Eleitoral, que estabelecerá regulamentação para prestação de contas, fiscalização instantânea das doações, contas intermediárias, se houver, e repasses aos candidatos; b) identificação obrigatória, com o nome completo e o número de inscrição no Cadastro de Pessoas Físicas (CPF) de cada um dos doadores e das quantias doadas; c) disponibilização em sítio eletrônico de lista com identificação dos doadores e das respectivas quantias doadas, a ser atualizada instantaneamente a cada nova doação; d) emissão obrigatória de recibo para o doador, relativo a cada doação realizada, sob a responsabilidade da entidade arrecadadora, com envio imediato para a Justiça Eleitoral e para o candidato de todas as informações relativas à doação; e) ampla ciência a candidatos e eleitores acerca das taxas administrativas a serem cobradas pela realização do serviço; f) não incidência em quaisquer das hipóteses listadas no art. 24 da Lei das Eleições (que estabelece fontes vedadas de financiamento de campanhas); g) observância do calendário eleitoral, especialmente no que diz respeito ao início do período de arrecadação financeira (observadas as peculiaridades do período para realização de *crowdfunding*, já apontadas; h) observância dos dispositivos desta Lei relacionados à propaganda na internet;
- Na prestação de contas de recursos eleitorais arrecadados mediante prática de *crowdfunding*, é dispensada a apresentação de recibo eleitoral, e sua comprovação deverá ser realizada por meio de documento bancário que identifique o CPF dos doadores. Todos os recursos arrecadados mediante esta nova prática deverão ser comunicados à Justiça Eleitoral no prazo de 72 horas.
- Na hipótese de doações realizadas por meio dessa nova modalidade, fraudes ou erros cometidos pelo doador sem conhecimento dos candidatos, partidos ou coligações não ensejarão a responsabilidade destes nem a rejeição de suas contas eleitorais.
- De acordo com a Resolução TSE 23.609/19, o financiamento coletivo, se adotado, deverá atender aos seguintes requisitos:

REQUISITOS PARA O FINANCIAMENTO COLETIVO (ART. 22 DA RESOLUÇÃO TSE 23.609/19)
I – cadastro prévio na Justiça Eleitoral pela instituição arrecadadora, observado o atendimento, nos termos da lei e da regulamentação expedida pelo Banco Central do Brasil, dos critérios para operar arranjos de pagamento;
II – identificação obrigatória, com o nome completo e o número de inscrição no cadastro de pessoas físicas (CPF) de cada um dos doadores, o valor das quantias doadas individualmente, a forma de pagamento e as datas das respectivas doações;
III disponibilização, em sítio eletrônico, de lista com identificação dos doadores e das respectivas quantias doadas, a ser atualizada instantaneamente a cada nova doação, cujo endereço eletrônico, bem como a identificação da instituição arrecadadora, devem ser informados à Justiça Eleitoral, na forma por ela fixada;
IV – emissão obrigatória de recibo de comprovação para cada doação realizada, sob a responsabilidade da entidade arrecadadora;
V – envio imediato para a Justiça Eleitoral, na forma por ela estabelecida, e para o candidato de todas as informações relativas à doação;
VI – ampla ciência a candidatos e eleitores acerca das taxas administrativas a serem cobradas pela realização do serviço;
VII – não incidência em quaisquer das hipóteses de vedação de fontes;
VIII – observância do Calendário Eleitoral para arrecadação de recursos;
IX – movimentação dos recursos captados na conta bancária destinada ao recebimento de doações para campanha;
X – observância dos dispositivos da legislação eleitoral relacionados à propaganda na internet.

- Desde a reforma eleitoral de 2017, passou a ser permitida a comercialização de bens e serviços por candidatos, com finalidade de arrecadação de recursos para campanhas eleitorais. Para a comercialização de bens e/ou serviços e/ou a promoção de eventos que se destinem a arrecadar recursos para campanha eleitoral, o partido político ou o candidato deve: I – comunicar sua realização, formalmente e com antecedência mínima de 5 (cinco) dias úteis, à Justiça Eleitoral, que poderá determinar sua fiscalização; II – manter à disposição da Justiça Eleitoral a documentação necessária à comprovação de sua realização e de seus custos, despesas e receita obtida. Os valores arrecadados constituem doação e devem observar todas as regras para o recebimento de doação. Para a fiscalização de eventos, a Justiça Eleitoral poderá nomear, entre seus servidores, fiscais ad hoc, devidamente credenciados. As despesas e as receitas relativas à realização do evento devem ser comprovadas por documentação idônea. Os comprovantes relacionados ao recebimento de recursos deverão conter referência que o valor recebido caracteriza doação eleitoral, com menção ao limite legal de doação, advertência de que a doação acima de tal limite poderá gerar a aplicação de multa de até 100% (cem por cento) do valor do excesso e de que devem ser observadas as vedações da lei eleitoral.
- O STF, na ADI 5.970, por maioria, julgou parcialmente procedente a ação direta, para conferir inter-

pretação conforme à Constituição ao **art. 23, § 4º, inc. V, da Lei 9.504/1997**, visando incluir no seu escopo a possibilidade de realização de apresentações artísticas ou shows musicais em eventos de arrecadação de recursos para campanhas eleitorais, vencidos, em parte, os Ministros Nunes Marques, Gilmar Mendes e Luiz Fux (Presidente), que julgavam improcedente a ação, e os Ministros Roberto Barroso e Cármen Lúcia, que a julgavam integralmente procedente. Na sequência, por maioria, o Tribunal entendeu pela não aplicação do princípio da anualidade em relação ao novel entendimento, vencidos, nesse ponto, os Ministros Nunes Marques, Gilmar Mendes e Luiz Fux, não participando, dessa votação, o Ministro Alexandre de Moraes. Tudo nos termos do voto do Relator. Plenário, 07.10.2021 (Sessão realizada por videoconferência – Resolução 672/2020/STF).

- De acordo com o art. 16 da Resolução TSE 23.607/2019, a utilização de recursos próprios que tenham sido obtidos mediante empréstimo somente é admitida quando a contratação ocorrer em instituições financeiras ou equiparadas autorizadas a funcionar pelo Banco Central do Brasil e, no caso de candidatos, quando cumpridos os seguintes requisitos cumulativos: I – devem estar caucionados por bem integrante do seu patrimônio no momento do registro de candidatura; II não devem ultrapassar a capacidade de pagamento decorrente dos rendimentos de sua atividade econômica.

- O candidato e o partido político devem comprovar à Justiça Eleitoral até a entrega da prestação de contas final: I – a realização do empréstimo por meio de documentação legal e idônea; e II – na hipótese de candidato, a sua integral quitação em relação aos recursos aplicados em campanha. A autoridade judicial pode determinar que o candidato ou o partido político identifique a origem dos recursos utilizados para a quitação, sob pena de serem os recursos considerados de origem não identificada.

- Deverá ser emitido recibo eleitoral de toda e qualquer arrecadação de recursos estimáveis em dinheiro para a campanha eleitoral, inclusive próprios; e por meio da internet (Lei nº 9.504/1997, art. 23, § 4º, III, "b").

- As doações financeiras devem ser comprovadas, obrigatoriamente, por meio de documento bancário que identifique o CPF/CNPJ dos doadores, sob pena de configurar o recebimento de recursos de origem não identificada.

- Os candidatos deverão imprimir recibos eleitorais diretamente do Sistema de Prestação de Contas Eleitorais (SPCE). § 3º Os partidos políticos deverão utilizar os recibos emitidos pelo Sistema de Prestação de Contas Anual (SPCA), ainda que as doações sejam recebidas durante o período eleitoral.

- Os recibos eleitorais deverão ser emitidos em ordem cronológica concomitantemente ao recebimento da doação.

- No caso das doações com cartão de crédito, o recibo eleitoral deverá ser emitido no ato da doação, devendo ser cancelado na hipótese de estorno, desistência ou não confirmação da despesa do cartão (Lei nº 9.504/1997, art. 23, § 4º, III, "b").

- É facultativa a emissão do recibo eleitoral previsto no caput nas seguintes hipóteses: I – cessão de bens móveis, limitada ao valor de R$ 4.000,00 (quatro mil reais) por cedente; II – doações estimáveis em dinheiro entre candidatos e partidos políticos decorrentes do uso comum tanto de sedes quanto de materiais de propaganda eleitoral, cujo gasto deverá ser registrado na prestação de contas do responsável pelo pagamento da despesa; e III – cessão de automóvel de propriedade do candidato, do cônjuge e de seus parentes até o terceiro grau para seu uso pessoal durante a campanha.

- As doações de pessoas físicas e de recursos próprios somente poderão ser realizadas, inclusive pela internet, por meio de: I – transação bancária na qual o CPF do doador seja obrigatoriamente identificado; II – doação ou cessão temporária de bens e/ou serviços estimáveis em dinheiro, com a demonstração de que o doador é proprietário do bem ou é o responsável direto pela prestação de serviços; III – instituições que promovam técnicas e serviços de financiamento coletivo por meio de sítios da internet, aplicativos eletrônicos e outros recursos similares.

- Vale destacar que a lei 13.878/19 incluiu o novo § 2º ao artigo 23 da Lei das Eleições, prevendo que o candidato poderá usar recursos próprios em sua campanha até o total de 10% (dez por cento) dos limites previstos para gastos de campanha no cargo em que concorrer.

- As doações financeiras de valor igual ou superior a R$ 1.064,10 (mil e sessenta e quatro reais e dez centavos) só poderão ser realizadas mediante transferência eletrônica entre as contas bancárias do doador e do beneficiário da doação ou cheque cruzado e nominal (art. 21 da Resolução TSE 23.609/19).

- Outro ponto inovador e polêmico suscitado pela Lei nº. 13.165/15 é o estabelecimento de um teto de gastos nas campanhas eleitorais, velha reivindicação daqueles que defendem uma diminuição dos custos destas campanhas, como forma de uma maior garantia de equilíbrio entre candidatos e partidos nas eleições.

- De acordo com a Resolução TSE 23.609/19, o limite de gastos nas campanhas dos candidatos às eleições para prefeito e vereador, na respectiva circunscrição, será equivalente ao limite para os respectivos cargos nas eleições de 2016, atualizado pelo Índice Nacional de Preços ao Consumidor Amplo (IPCA), aferido pela Fundação Instituto Brasileiro de

Geografia e Estatística (IBGE), ou por índice que o substituir (Lei nº 9.504/1997, art. 18-C). Nas eleições 2020, a atualização dos valores terá como termo inicial o mês de julho de 2016 e como termo final o mês de junho de 2020.

- O limite de gastos para os municípios criados após a eleição de 2016 será calculado conforme o limite de gastos previsto para o município-mãe, procedendo-se ao rateio de tal valor entre o município-mãe e o novo município de acordo com o número de eleitores transferidos, observando, quando for o caso, o menor valor previsto para o município no Estado.
- Como importante novidade, estabelecida pela reforma eleitoral de 2019, os gastos advocatícios e de contabilidade referentes a consultoria, assessoria e honorários, relacionados à prestação de serviços em campanhas eleitorais e em favor destas, bem como em processo judicial decorrente de defesa de interesses de candidato ou partido político, não estão sujeitos a limites de gastos ou a limites que possam impor dificuldade ao exercício da ampla defesa (Lei nº 9.504/1997, art. 18-A, parágrafo único).
- Os limites de gastos para cada eleição compreendem os gastos realizados pelo candidato e os efetuados por partido político que possam ser individualizados, e incluirão: I – o total dos gastos de campanha contratados pelos candidatos; II – as transferências financeiras efetuadas para outros partidos políticos ou outros candidatos; e III – as doações estimáveis em dinheiro recebidas.
- Os valores transferidos pelo candidato para a conta bancária do seu partido político serão considerados, para a aferição do limite de gastos, no que excederem as despesas realizadas pelo partido político em prol de sua candidatura, excetuada a transferência das sobras de campanhas.
- Gastar recursos além dos limites estabelecidos sujeita os responsáveis ao pagamento de multa no valor equivalente a 100% (cem por cento) da quantia que exceder o limite estabelecido, a qual deverá ser recolhida no prazo de cinco dias úteis contados da intimação da decisão judicial, podendo os responsáveis responderem, ainda, por abuso do poder econômico, na forma do art. 22 da Lei Complementar nº 64/1990, sem prejuízo de outras sanções cabíveis (Lei nº 9.504/1997, art. 18-B).
- A reforma eleitoral de 2017 criou o FEFC (Fundo Especial de Financiamento de Campanhas).
- De acordo com o art. 16-C da Lei das Eleições, instituído pela Lei 13.487/2017, o Fundo Especial de Financiamento de Campanha (FEFC) é constituído por dotações orçamentárias da União em ano eleitoral, em valor ao menos equivalente: I – ao definido pelo Tribunal Superior Eleitoral, a cada eleição, com base nos parâmetros definidos em lei; II ao percentual do montante total dos recursos da reserva específica a programações decorrentes de emendas de bancada estadual impositiva, que será encaminhado no projeto de lei orçamentária anual.
- Os recursos provenientes do Fundo Especial de Financiamento de Campanha que não forem utilizados nas campanhas eleitorais deverão ser devolvidos ao Tesouro Nacional, integralmente, no momento da apresentação da respectiva prestação de contas.
- Os partidos podem comunicar ao Tribunal Superior Eleitoral até o 1º (primeiro) dia útil do mês de junho a renúncia ao FEFC, vedada a redistribuição desses recursos aos demais partidos (regra estabelecida pela Lei 13.877/2019).
- No que se refere ao inciso III do art. 16-D (que prevê que 48% (quarenta e oito por cento) do FEFC será dividido entre os partidos, na proporção do número de representantes na Câmara dos Deputados, consideradas as legendas dos titulares), a reforma eleitoral de 2019 ainda estabeleceu que a distribuição dos recursos entre os partidos terá por base o número de representantes eleitos para a Câmara dos Deputados na última eleição geral, ressalvados os casos dos detentores de mandato que migraram em razão de o partido pelo qual foram eleitos não ter cumprido os requisitos previstos no § 3º do art. 17 da Constituição Federal (cláusula de desempenho).
- Os recursos do Fundo Especial de Financiamento de Campanha (FEFC), para o primeiro turno das eleições, serão distribuídos entre os partidos políticos, obedecidos os seguintes critérios: **I** – 2% (dois por cento), divididos igualitariamente entre todos os partidos com estatutos registrados no Tribunal Superior Eleitoral; **II** – 35% (trinta e cinco por cento), divididos entre os partidos que tenham pelo menos um representante na Câmara dos Deputados, na proporção do percentual de votos por eles obtidos na última eleição geral para a Câmara dos Deputados; **III** – 48% (quarenta e oito por cento), divididos entre os partidos, na proporção do número de representantes na Câmara dos Deputados, consideradas as legendas dos titulares; **IV** – 15% (quinze por cento), divididos entre os partidos, na proporção do número de representantes no Senado Federal, consideradas as legendas dos titulares.
- A reforma eleitoral de 2019 determinou que os 15% (quinze por cento do FEFC, a ser dividido entre os partidos, na proporção do número de representantes no Senado Federal, terá por base o número de representantes eleitos para o Senado Federal na última eleição geral, bem como os Senadores filiados ao partido que, na data da última eleição geral, encontravam-se nº 1º (primeiro) quadriênio de seus mandatos.
- O limite de gastos nas campanhas dos candidatos às eleições para prefeito e vereador, na respectiva circunscrição, será equivalente ao limite para os respectivos cargos nas eleições de 2016, atualizado

pelo Índice Nacional de Preços ao Consumidor Amplo (IPCA), aferido pela Fundação Instituto Brasileiro de Geografia e Estatística (IBGE), ou por índice que o substituir. Nas campanhas para segundo turno das eleições para prefeito, onde houver, o limite de gastos de cada candidato será de 40% (quarenta por cento) desse limite (regra estabelecida pela Lei 13.878/2019).

- Os recursos do FEFC ficarão à disposição do partido político somente após a definição dos critérios para a sua distribuição, os quais devem ser aprovados pela maioria absoluta dos membros do órgão de direção executiva nacional do partido (Lei nº 9.504/1997, art. 16-C, § 7º).
- Os critérios a serem fixados pela direção executiva nacional do partido devem prever a obrigação de aplicação do total recebido do FEFC de modo proporcional ao número de candidatas do partido ou da coligação, observado, em todo caso, o mínimo de 30% (trinta por cento) (STF: ADI nº 5.617/DF, j. em 15.03.2018, e TSE: Consulta nº 0600252-18, j. em 22.05.2018).
- De acordo com o art. 17, §§ 1º, 2º e §3º da Resolução 23.609/19, inexistindo candidatura própria ou em coligação na circunscrição, é vedado o repasse dos recursos do Fundo Especial de Financiamento de Campanha (FEFC) para outros partidos políticos ou candidaturas desses mesmos partidos. É vedado o repasse de recursos do FEFC, dentro ou fora da circunscrição, por partidos políticos ou candidatos não pertencentes à mesma coligação; e/ou não coligados. Os recursos provenientes do Fundo Especial de Financiamento de Campanha (FEFC) que não forem utilizados nas campanhas eleitorais deverão ser devolvidos ao Tesouro Nacional, integralmente, por meio de Guia de Recolhimento da União (GRU), no momento da apresentação da respectiva prestação de contas.
- Os partidos políticos podem aplicar nas campanhas eleitorais os recursos do Fundo Partidário, inclusive aqueles recebidos em exercícios anteriores.
- A Resolução TSE 23.605, de 2019, estabeleceu diretrizes gerais para a gestão e distribuição dos recursos do Fundo Especial de Financiamento de Campanha (FEFC), em conformidade com a lei das eleições
- De acordo com o art. 62 da Resolução TSE 23.609/19, a Justiça Eleitoral adotará sistema simplificado de prestação de contas para candidatos que apresentarem movimentação financeira correspondente, no máximo, ao valor de R$ 20.000,00 (vinte mil reais), fixado pela Lei nº 13.165/2015, atualizado monetariamente, a cada eleição, pelo Índice Nacional de Preços ao Consumidor (INPC) da Fundação Instituto Brasileiro de Geografia e Estatística (IBGE) ou por índice que o substituir. Nas eleições para prefeito e vereador em municípios com menos de 50 mil eleitores, a prestação de contas será feita pelo sistema simplificado (Lei 9.504/1997, art. 28, § 11). Considera-se movimentação financeira o total das despesas contratadas e registradas na prestação de contas. O sistema simplificado de prestação de contas se caracteriza pela análise informatizada e simplificada da prestação de contas. Poderão ser submetidas ao exame simplificado também as contas dos candidatos não eleitos.

• O partido que descumprir as normas referentes à arrecadação e aplicação de recursos fixada na Lei das Eleições perderá o direito ao recebimento das quotas do Fundo Partidário do ano seguinte. Além disso, os candidatos beneficiados poderão responder por abuso de poder econômico.

• De acordo com o art. 30 da Lei nº 9.504/97, a Justiça Eleitoral verificará a regularidade das contas de campanha, decidindo:

Pela aprovação das contas	Quando as contas estiverem regulares
Pela aprovação das contas com ressalvas	Quando verificadas falhas que não comprometam a regularidade
Pela desaprovação das contas	Quando verificadas falhas que lhes comprometam a regularidade
Pela não aprovação das contas	Quando não apresentadas as contas após notificação emitida pela Justiça Eleitoral, na qual constará a obrigação expressa de prestar as contas no prazo de 72 horas.

• Erros formais e materiais corrigidos ou irrelevantes no conjunto da prestação de contas não comprometem o seu resultado, não autorizando, dessa forma, a rejeição das contas, tampouco a cominação de sanções a candidatos ou partidos políticos.

• A ocorrência de irregularidades na arrecadação e gastos de recursos de campanha poderá ser objeto da propositura da chamada Ação por Captação e Gastos Ilícitos de Recursos, prevista no artigo 30-A da Lei nº 9.504/97 (artigo incluído pela Lei nº 11.300/06), cujo procedimento a ser adotado será o mesmo previsto para a Ação de Investigação Judicial Eleitoral (AIJE) previsto no artigo 22 da LC 64/90.

• Em conformidade com o artigo 31 da lei nº 9.504/97, caso, ao término da campanha, venham a ocorrer sobras de recursos arrecadados, tais sobras deverão ser declaradas na prestação final de contas e, após julgados todos os recursos, transferidas ao órgão do partido político na circunscrição do pleito ou à coligação, neste caso para divisão entre os partidos que a compõem.

- A decisão que julgar as contas dos candidatos eleitos será publicada em sessão até 03 (três) dias antes da diplomação, regra válida a partir das eleições municipais de 2016, em virtude de alteração legislativa promovida pela Lei nº. 13.165/15. Até as eleições de 2014, este prazo era de até 08 dias antes da diplomação.

- Até 180 (cento e oitenta) dias após a diplomação, candidatos e partidos deverão conservar a documentação atinente às suas contas. Caso, no entanto, ainda estejam tais contas pendentes de julgamento, após este prazo, a documentação pertinente deverá ser conservada até a decisão final.

- Ficam dispensadas de comprovação na prestação de contas a cessão de automóvel de propriedade do candidato, do cônjuge e de seus parentes até o terceiro grau para seu uso pessoal durante a campanha (regra estabelecida pela reforma eleitoral de 2017, Lei 13.488/17). Também são dispensadas da prestação de contas a cessão de bens móveis, limitada ao valor de R$ 4.000,00 (quatro mil reais) por pessoa cedente e doações estimáveis em dinheiro entre candidatos ou partidos, decorrentes do uso comum tanto de sedes quanto de materiais de propaganda eleitoral, cujo gasto deverá ser registrado na prestação de contas do responsável pelo pagamento da despesa.

- Em março de 2018, julgando a ADI 5617, o STF determinou que o patamar legal mínimo de candidaturas femininas previsto neste dispositivo equipara-se ao mínimo de recursos do Fundo Partidário alocado a cada partido, para eleições majoritárias e proporcionais. Dessa forma, o TSE, ao publicar a Resolução nº. 23568/2018, estabeleceu que na distribuição dos recursos do FEFC devem-se observar os percentuais mínimos de candidatura por gênero, na linha da orientação do STF na ADI nº 5.617 (Consulta nº. 060025218).. Esta regra é hoje também prevista nos §§ 7º e 8º do artigo 17 da CF/1988, após a publicação da Emenda Constitucional nº. 117.

- O § 12 do art. 28 da Lei das Eleições, com redação da lei 13.877/2019, por sua vez, estabeleceu que "os valores transferidos pelos partidos políticos oriundos de doações serão registrados na prestação de contas dos candidatos como transferência dos partidos e, na prestação de contas anual dos partidos, como transferência aos candidatos", em redação que corroborava para o aumento da ocorrência de doações ocultas de campanha, contrariando a transparência necessária ao processo eleitoral. Tendo em vista este retrocesso legislativo, O STF, na ADI 5394, por maioria e nos termos do voto do Relator, julgou procedente o pedido, para declarar a inconstitucionalidade da expressão "sem individualização dos doadores", constante da parte final do § 12 do art. 28 da Lei 9.504/97, acrescentada pela Lei 13.165/2015, que impediria a identificação, nas prestações de contas, do vínculo entre doadores e candidatos. No seu voto condutor, o relator, Min. Teori Zavascki afirmou que a doação oculta viola a transparência do processo eleitoral, no que foi seguido pelo Min. Dias Toffoli, que citou precedente do TSE nas eleições 2014, cristalizado na Resolução nº. 23.406, que determinou a identificação do doador originário nas prestações de contas, bem como destacou a Lei de Acesso à Informação como um dos fundamentos para a necessária transparência das doações eleitorais. Em 22.3.2018, o STF confirmou o entendimento, julgando o mérito da ADI e decidindo pela declaração da inconstitucionalidade da expressão *sem individualização dos doadores*. A partir desta decisão do STF, a Lei 13.877/19 alterou, então, a redação do referido dispositivo legal, a qual passou a ser a seguinte: "Os valores transferidos pelos partidos políticos oriundos de doações serão registrados na prestação de contas dos candidatos como transferência dos partidos e, na prestação de contas anual dos partidos, como transferência aos candidatos".

- O limite de gastos nas campanhas dos candidatos às eleições para prefeito e vereador, na respectiva circunscrição, será equivalente ao limite para os respectivos cargos nas eleições de 2016, atualizado pelo Índice Nacional de Preços ao Consumidor Amplo (IPCA), aferido pela Fundação Instituto Brasileiro de Geografia e Estatística (IBGE), ou por índice que o substituir. Nas campanhas para segundo turno das eleições para prefeito, onde houver, o limite de gastos de cada candidato será de 40% (quarenta por cento) desse limite (regra estabelecida pela Lei 13.878/2019).

- Os gastos advocatícios e de contabilidade referentes a consultoria, assessoria e honorários, relacionados à prestação de serviços em campanhas eleitorais e em favor destas, bem como em processo judicial decorrente de defesa de interesses de candidato ou partido político, não estão sujeitos a limites de gastos ou a limites que possam impor dificuldade ao exercício da ampla defesa, conforme previsão do artigo 18-A da Lei 9.504/97, com redação determinada pela Lei 13.877/2019.

- Além disso, o pagamento efetuado por pessoas físicas, candidatos ou partidos em decorrência de honorários de serviços advocatícios e de contabilidade, relacionados à prestação de serviços em campanhas eleitorais e em favor destas, bem como em processo judicial decorrente de defesa de interesses de candidato ou partido político, não será considerado para a aferição do limite previsto no art. 23 § 1º da Lei 9.504/97 (que estabelece o limite de doações de campanha, por parte de pessoas físicas em 10% dos rendimentos brutos auferidos pelo doador no ano anterior à eleição) não constitui doação de bens e serviços estimáveis em dinheiro.

- Ainda no que se refere aos gastos de campanha, previstos no artigo 26 da Lei 9.504/97, a reforma eleitoral de 2019 estabeleceu que as despesas com consultoria, assessoria e pagamento de honorários realizadas em decorrência da prestação de serviços advocatícios e de contabilidade no curso das campanhas eleitorais serão consideradas gastos eleitorais, mas serão excluídas do limite de gastos de campanha (previsão do artigo 26, § 4º).

- Para fins de custeio das despesas de campanha, inclusive as do artigo 26 § 4º da Lei 9.504/97, poderão ser utilizados recursos da campanha, do candidato, do fundo partidário ou do FEFC.

- Os valores transferidos pelos partidos políticos oriundos de doações serão registrados na prestação de contas dos candidatos como transferência dos partidos e, na prestação de contas anual dos partidos, como transferência aos candidatos.
- O candidato poderá usar recursos próprios em sua campanha até o total de 10% (dez por cento) dos limites previstos para gastos de campanha no cargo em que concorrer (regra estabelecida pela lei 13.878/2019).
- A decisão que julgar as contas eleitorais como não prestadas acarreta: I – ao candidato, o impedimento de obter a certidão de quitação eleitoral até o fim da legislatura, persistindo os efeitos da restrição após esse período até a efetiva apresentação das contas; II – ao partido político: a) a perda do direito ao recebimento da quota do Fundo Partidário, do Fundo Especial de Financiamento de Campanha, e b) a suspensão do registro ou anotação do órgão partidário, após decisão, com trânsito em julgado, precedida de processo regular que assegure ampla defesa (STF ADI nº 6032, j. em 05.12.2019).
- O aporte de recursos próprios na campanha eleitoral deve observar a regra de que as doações financeiras de valor igual ou superior a R$1.064,10 (um mil e sessenta e quatro reais e dez centavos) só poderão ser realizadas mediante transferência eletrônica entre as contas bancárias do doador e do beneficiário da doação, submetendo-se aos mesmos requisitos formais das doações realizadas por terceiros. (Agr. Reg. no RE 310-48, Seberi/RS, julgado em 18.6.2020. Rel. Min. Jorge Mussi, redator para o acórdão Min. Luís Roberto Barroso).
- Em resposta à consulta nº. 0600306-47.2019.6.00.0000, formulada pela deputada federal Benedita Souza da Silva, o TSE decidiu, em 2020, que os recursos públicos do Fundo Partidário, do Fundo Especial de Financiamento de Campanha (FEFC) e o tempo de rádio e TV, destinados às candidaturas de mulheres, em razão das cotas de gênero, devem ser repartidos entre mulheres negras e brancas, na exata proporção das candidaturas. No mesmo julgamento, também se fixou que os recursos públicos do Fundo Partidário, do FEFC e o tempo de rádio e TV devem ser destinados às candidaturas de pessoas autodeclaradas negras, na exata proporção das candidaturas apresentadas pelas agremiações. Tais premissas, firmadas na consulta, seriam aplicadas somente no pleito de 2022, após edição de resolução pelo TSE, com a fixação de critérios objetivos. O STF contudo, ao analisar a Arguição de Descumprimento de Preceito Fundamental nº 7384, ajuizada pelo Partido Socialismo e Liberdade (PSOL) após o julgamento desse processo, concedeu medida cautelar para determinar a aplicação, nas eleições de 2020, dos incentivos às candidaturas de pessoas negras no formato definido pelo TSE.
- O disposto no art. 26, § 3º, da Lei das Eleições, incluído pela Lei nº 13.488/2017 e que discrimina despesas específicas de natureza pessoal do candidato e estabelece que não serão elas qualificadas como gasto eleitoral nem se sujeitam à prestação de contas, incide somente nos casos que envolvam utilização de recursos privados. Despesas de natureza pessoal do candidato pagas com recursos de origem pública se sujeitam à fiscalização da Justiça Eleitoral.
- A legislação eleitoral incumbe aos partidos políticos, às coligações e aos candidatos o dever de apresentar relatórios parciais referentes à arrecadação e aos gastos de recursos na campanha. Em julgado relativo às Eleições 2018, o Tribunal Superior Eleitoral entendeu que o atraso no envio das prestações de contas parciais não enseja desaprovação automática das contas de campanha, cabendo à Justiça Eleitoral analisar as justificativas e as consequências dessa irregularidade. (Agravo Regimental no agravo de instrumento nº. 0600055-29 – Florianópolis-SC. Rel. Min, Tarcísio Vieira de Carvalho Neto, julgado em 12.12.2019).
- Em 2021, com a publicação da Emenda Constitucional nº 111, foi determinado, pelo artigo 2º da Emenda, que para fins de distribuição entre os partidos políticos dos recursos do fundo partidário e do Fundo Especial de Financiamento de Campanha (FEFC), os votos dados a candidatas mulheres ou a candidatos negros para a Câmara dos Deputados nas eleições realizadas de 2022 a 2030 serão contados em dobro. A contagem em dobro de votos a que se refere o **caput** somente se aplica uma única vez.
- Em 09 de dezembro de 2021 foi publicada a Resolução TSE nº. 23.664, alterando, em alguns pontos, a Resolução 23.605, especialmente para dispor sobre a observância das cotas de gênero e raciais na distribuição dos recursos do FEFC, bem como sobre a aplicação de tais recursos às federações partidárias. Desta forma, na hipótese de federação, os recursos do FEFC devem ser distribuídos aos diretórios nacionais na proporção do direito de cada um dos partidos que integram a federação. Para fins de distribuição entre os partidos políticos dos recursos do Fundo Partidário e do FEFC, os votos dados a candidatas ou a candidatos negros para a Câmara dos Deputados nas eleições realizadas de 2022 a 2030 serão contados em dobro. Esta contagem em dobro de votos somente se aplica uma única vez, devendo a Secretaria de Modernização, Gestão Estratégica e Socioambiental do TSE realizar o cálculo para identificar o valor individual do Fundo Especial de Financiamento de Campanha a ser destinado aos partidos políticos. Os percentuais de candidaturas femininas e de pessoas negras será obtido pela razão dessas candidaturas em relação ao total de candidaturas do partido em âmbito nacional.

10. PROPAGANDA ELEITORAL E PESQUISAS ELEITORAIS

Informações obrigatórias no ato do registro da pesquisa de opinião pública na Justiça Eleitoral (art. 33 da Lei nº 9.504/97):
I - identificação de quem contratou a pesquisa;
II - valor e origem dos recursos despendidos no trabalho;
III - metodologia e período de realização da pesquisa;
IV - plano amostral e ponderação quanto a sexo, idade, grau de instrução, nível econômico e área física de realização do trabalho, intervalo de confiança e margem de erro;
V - sistema interno de controle e verificação, conferência e fiscalização da coleta de dados e do trabalho em campo;
VI - questionário completo aplicado ou a ser aplicado;
VII - identificação de quem pagou pela realização do trabalho.

- A divulgação de pesquisa sem prévio registro das informações obrigatórias na Justiça Eleitoral sujeita o responsável a multa, em valor definido em resolução específica do TSE, para cada eleição (o § 3º do artigo 33 da lei das Eleições fala em multa de cinquenta mil a cem mil UFIR, unidade fiscal extinta pela lei nº 10.522/02). A divulgação de pesquisa fraudulenta, por sua vez, constitui crime, gerando, para o responsável, além de pagamento de multa, pena de detenção de seis meses a um ano (podem ser incriminados de acordo com o tipo penal supracitado os representantes legais da empresa ou entidade de pesquisa, bem como do órgão veiculador).
- Ac.-TSE, de 6.3.2018, no REspe nº 41492: nas pesquisas de opinião, em ferramentas como o WhatsApp e assemelhadas (Telegram, Viber, Hangouts, Skype, Chaton, Line, Wechat, Groupme), o julgador deve aferir se houve legítimo direito de expressão e comunicação ou se houve aptidão para levar ao "conhecimento público" o resultado da pesquisa eleitoral que interfira ou desvirtue a legitimidade e o equilíbrio do pleito.
- Ac.-TSE, de 8.2.2018, no AgR-AI nº 81736: divulgação de pesquisa eleitoral na rede social Facebook sem prévio registro insere-se na vedação prevista neste dispositivo; Ac.-TSE, de 30.5.2017, no AgR-REspe nº 10880: divulgação de pesquisa eleitoral em grupo da rede social WhatsApp sem prévio registro configura o ilícito tratado neste parágrafo.

– A partir de 1º de janeiro do ano da eleição, as entidades e as empresas que realizarem pesquisas de opinião pública relativas às eleições ou aos candidatos, para conhecimento público, são obrigadas, para cada pesquisa, a registrar, no Sistema de Registro de Pesquisas Eleitorais (PesqEle), até 5 (cinco) dias antes da divulgação, as seguintes informações (Lei nº 9.504/1997, art. 33, caput, I a VII e § 1º):

INFORMAÇÕES A SEREM REGISTRADAS NO SISTEMA PESQELE
I - contratante da pesquisa e seu número de inscrição no Cadastro de Pessoas Físicas (CPF) ou no Cadastro Nacional de Pessoas Jurídicas (CNPJ);
II - valor e origem dos recursos despendidos na pesquisa, ainda que realizada com recursos próprios;
III - metodologia e período de realização da pesquisa;
IV - plano amostral e ponderação quanto a gênero, idade, grau de instrução, nível econômico do entrevistado e área física de realização do trabalho a ser executado, bem como nível de confiança e margem de erro, com a indicação da fonte pública dos dados utilizados;
V - sistema interno de controle e verificação, conferência e fiscalização da coleta de dados e do trabalho de campo;
VI - questionário completo aplicado ou a ser aplicado;
VII - quem pagou pela realização do trabalho com o respectivo número de inscrição no CPF ou no CNPJ;
VIII - cópia da respectiva nota fiscal;
IX - nome do estatístico responsável pela pesquisa, acompanhado de sua assinatura com certificação digital e o número de seu registro no Conselho Regional de Estatística competente;
X - indicação do estado ou Unidade da Federação, bem como dos cargos aos quais se refere a pesquisa.

– O registro de pesquisa será obrigatoriamente realizado via internet, por meio do PesqEle, disponível nos sítios eletrônicos dos tribunais eleitorais. Para a utilização do PesqEle, as entidades e as empresas deverão, obrigatoriamente, cadastrar-se pelo próprio sistema, mediante o fornecimento das seguintes informações e documento eletrônico (Art. 5º da Resolução TSE 23.600/19): I nome de pelo menos um (e no máximo três) dos responsáveis legais; II razão social ou denominação; III número de inscrição no CNPJ; IV número do registro da empresa responsável pela pesquisa no Conselho Regional de Estatística, caso o tenha; V telefone móvel que disponha de aplicativo de mensagens instantâneas para recebimento de notificações ou quaisquer outras comunicações da Justiça Eleitoral; VI endereço eletrônico para recebimento de notificações ou quaisquer outras comunicações da Justiça Eleitoral, VII endereço completo para recebimento de notificações ou quaisquer outras comunicações da Justiça Eleitoral; VIII telefone fixo; IX arquivo, no formato PDF, com a íntegra do contrato social, estatuto social ou inscrição como empresário, que comprove o regular registro.

– Na divulgação dos resultados de pesquisas, atuais ou não, serão obrigatoriamente informados: I - o período de realização da coleta de dados; II - a margem de erro; III - o nível de confiança; IV - o número de entrevistas; V - o nome da entidade ou da empresa que a realizou e, se for o caso, de quem a contratou; VI - o número de registro da pesquisa (art. 10 da Resolução TSE 23.600/19). A Justiça Eleitoral não realiza qualquer controle prévio sobre o resultado das pesquisas, tampouco gerencia ou cuida de sua divulgação. O registro de pesquisas eleitorais não implica obrigatoriedade de divulgação de seus resultados (art. 10, § 2º da Resolução TSE 23.600/19, com redação estabelecida pela Resolução TSE 23.676/21).

– Mediante requerimento à Justiça Eleitoral, o Ministério Público, as candidatas e os candidatos, os partidos políticos, as coligações e as federações de partidos poderão ter acesso ao sistema interno de controle, verificação e fiscalização da coleta de dados das entidades e das empresas que divulgarem pesquisas de opinião relativas às candidatas, aos candidatos e às eleições, incluídos os referentes à identificação de entrevistadoras e entrevistadores e, por meio de escolha livre e aleatória de planilhas individuais, mapas ou equivalentes, confrontar e conferir os dados publicados, preservada a identidade das pessoas entrevistadas. Não possuem legitimidade para realizar, isoladamente, este requerimento o partido político, quando integrante de federação de partidos participantes das eleições ou quando a pesquisa se refira a cargo majoritário para o qual esteja concorrendo de modo coligado e a federação de partidos, quando a pesquisa se refira a cargo majoritário para o qual esteja concorrendo de modo coligado (art. 13, § 1º, I e II da Res. TSE 23.600/19, com redação promovida pela Res. TSE 23.676/21).

• A propaganda partidária estava disciplinada na Lei nº 9.096/95 (Lei Geral dos Partidos Políticos) e tinha como objetivo promover a difusão dos programas partidários; a transmissão de mensagens, por parte das agremiações partidárias, dirigidas aos filiados, bem como a divulgação da posição dos partidos em relação a temas político-comunitários. Era a propaganda partidária sempre realizada, de forma gratuita, no rádio e na TV, nos semestres não eleitorais. A partir de 2018, a propaganda partidária no rádio e na TV foi extinta, conforme a reforma eleitoral de 2017, tendo sido, entretanto, restabelecida a partir de 2022, após nova alteração legislativa.

• A propaganda intrapartidária, por sua vez, é aquela prevista no § 1º do artigo 36 da Lei das Eleições (Lei nº 9.504/97), segundo o qual "ao postulante a candidatura a cargo eletivo é permitida a realização, na quinzena anterior à escolha pelo partido, de propaganda intrapartidária com vista à indicação de seu nome, vedado o uso de rádio, televisão e outdoor".

• A propaganda eleitoral, por sua vez, é a espécie mais importante de propaganda política, dirigida à conquista do voto do eleitor, sendo permitida somente após o dia 15 de agosto do ano eleitoral (ou seja, a partir do dia 16), conforme regra estabelecida pela Lei nº. 13.165/15, que alterou o calendário eleitoral. Até as eleições de 2014, a propaganda eleitoral era autorizada a partir do dia 06 de julho do ano eleitoral. Estão previstas as normas referentes à propaganda eleitoral nos artigos 36 a 59-A da Lei das Eleições, os quais, inicialmente, tratam da "propaganda eleitoral em geral".

– A reforma eleitoral de 2015 trouxe, no seu bojo, importantes novidades relativas à propaganda eleitoral, completando uma nova disciplina relativa ao tema iniciada pela publicação da Lei nº. 12.891/13, a qual também será aplicada de forma inédita nas eleições municipais de 2016. A primeira grande novidade trazida pela Lei nº. 13.165/15 diz respeito à alteração do período de realização da propaganda eleitoral, prevista para iniciar-se, a partir de 2016, apenas depois do dia 15 de agosto do ano eleitoral, mais de quarenta dias após o prazo anteriormente estabelecido, portanto (até as eleições de 2014, a propaganda eleitoral se iniciava após o dia 05 de julho) Esta nova disciplina legal da propaganda eleitoral, relativa ao seu termo inicial, está expressamente prevista no art. 240 do Código Eleitoral, bem como no art. 36 da Lei das Eleições.

• A violação às regras de propaganda política (eleitoral, partidária ou intrapartidária) sujeita o responsável pela divulgação da propaganda e, quando comprovado o seu prévio conhecimento, o beneficiário da mesma, à multa no valor de R$ 5.000,00 (cinco mil reais) a R$ 25.000,00 (vinte e cinco mil reais), ou ao equivalente ao custo da propaganda, se este for maior.

– Para facilitar o estudo, apresentamos o seguinte quadro-resumo relativo às principais condutas permitidas e vedadas na propaganda eleitoral.

– Não é permitida a veiculação de material de propaganda eleitoral em bens públicos ou particulares, exceto del – bandeiras ao longo de vias públicas, desde que móveis e que não dificultem o bom andamento do trânsito de pessoas e veículos. II – adesivo plástico em automóveis, caminhões, bicicletas, motocicletas e janelas residenciais, desde que não exceda a 0,5 m² (meio metro quadrado) ➔ regra estabelecida pela reforma eleitoral de 2017.

• Prevê o artigo 58 da lei nº 9.504/97 que "a partir da escolha de candidatos em convenção, é assegurado o direito de resposta a candidato, partido ou coligação atingidos, ainda que de forma indireta, por conceito, imagem ou afirmação caluniosa, difamatória, injuriosa ou sabidamente inverídica, difundidos por qualquer veículo de comunicação social", nos seguintes prazos, contados a partir da veiculação da ofensa (art. 58, § 1º):

Prazos para requerimento do direito de resposta à Justiça Eleitoral (contados a partir da veiculação da ofensa)		
24 horas	**48 horas**	**72 horas**
quando se tratar de horário eleitoral gratuito.	quando se tratar da programação normal das emissoras de rádio e TV.	quando se tratar de orgão da imprensa escrita.

- Reclamações ou representações decorrentes do descumprimento das normas referentes à propaganda eleitoral deverão ser firmadas em conformidade com o disposto no artigo 96 da Lei das Eleições.
- A utilização, na propaganda eleitoral, de qualquer modalidade de conteúdo, inclusive veiculado por terceiras(os), pressupõe que a candidata, o candidato, o partido, a federação ou a coligação tenha verificado a presença de elementos que permitam concluir, com razoável segurança, pela fidedignidade da informação, sujeitando-se as pessoas responsáveis ao disposto no art. 58 da Lei nº 9.504/1997 , sem prejuízo de eventual responsabilidade penal.
- O artigo 241 do Código Eleitoral determina o princípio da solidariedade entre partidos, candidatos e adeptos pelos excessos eventualmente praticados durante a propaganda eleitoral. A grande novidade trazida pela Lei nº 12.891/13 diz respeito ao acréscimo do parágrafo único ao referido artigo, estabelecendo que a referida solidariedade será restrita aos candidatos e aos respectivos partidos, não alcançando outros partidos, mesmo quando integrantes de uma mesma coligação.
- É fato que, ao longo dos tempos, muitas vezes pré-candidatos, mesmo antes de terem seus nomes confirmados em convenções partidárias, empenham-se na caça aos votos muito antes do mês de julho do ano eleitoral, gerando, muitas vezes, desequilíbrio na disputa. É a chamada "propaganda antecipada", e, portanto, irregular, promotora de muita polêmica, na história recente da democracia brasileira, envolvendo a sua configuração: afinal de contas, o que caracterizaria a propaganda antecipada irregular? Visando a estabelecer parâmetros mais objetivos para o Poder Judiciário no momento de classificar determinados atos como propaganda antecipada ilícita ou não, assim dispôs o legislador, por meio de dispositivo legal (art. 36-A) incluído na Lei das Eleições pela reforma eleitoral de 2009 (Lei nº. 12.034/09). Tal artigo, contudo, foi totalmente alterado pela reforma eleitoral de setembro de 2015.
- O novo artigo 36-A, com redação da Lei nº. 13.165/15 torna ainda mais liberais os atos preparatórios às campanhas eleitorais, praticamente vinculando a caracterização da propaganda eleitoral extemporânea ao pedido explícito de voto. Curiosamente, as novas regras não deverão se aplicar totalmente aos profissionais de comunicação social no exercício da profissão, como forma de combate ao abuso de poder através do uso dos meios de comunicação. Pessoas, contudo, que se utilizem dos meios de comunicação social de forma não profissional não estão abrangidas por tais restrições.
- Segundo o artigo 36-A, com redação definida pela Lei 13.165/15, alterada pela lei 13.488/2017, não configuram propaganda eleitoral antecipada, desde que não envolvam pedido explícito de voto, a menção à pretensa candidatura, a exaltação das qualidades pessoais dos pré-candidatos e os seguintes atos, que poderão ter cobertura dos meios de comunicação social, inclusive via internet: I – a participação de filiados a partidos políticos ou de pré-candidatos em entrevistas, programas, encontros ou debates no rádio, na televisão e na internet, inclusive com a exposição de plataformas e projetos políticos, observado pelas emissoras de rádio e de televisão o dever de conferir tratamento isonômico; II – a realização de encontros, seminários ou congressos, em ambiente fechado e a expensas dos partidos políticos, para tratar da organização dos processos eleitorais, discussão de políticas públicas, planos de governo ou alianças partidárias visando às eleições, podendo tais atividades ser divulgadas pelos instrumentos de comunicação intrapartidária; III – a realização de prévias partidárias e a respectiva distribuição de material informativo, a divulgação dos nomes dos filiados que participarão da disputa e a realização de debates entre os pré-candidatos; IV – a divulgação de atos de parlamentares e debates legislativos, desde que não se faça pedido de votos; V – a divulgação de posicionamento pessoal sobre questões políticas, inclusive nas redes sociais; VI – a realização, a expensas de partido político, de reuniões de iniciativa da sociedade civil, de veículo ou meio de comunicação ou do próprio partido, em qualquer localidade, para divulgar ideias, objetivos e propostas partidárias; VII – campanha de arrecadação prévia de recursos na modalidade prevista no inciso IV do § 4º do art. 23 desta Lei (vaquinha eletrônica na internet, em regra estabelecida pela reforma eleitoral de 2017).
- Ainda dispondo sobre a coibição à chamada "propaganda eleitoral antecipada", a minirreforma eleitoral de dezembro de 2013 criou o artigo 36-B da Lei nº 9.504/97, dispondo, no seu caput, que "será considerada propaganda eleitoral antecipada a convocação, por parte do Presidente da República, dos Presidentes da Câmara dos Deputados, do Senado Federal e do Supremo Tribunal Federal, de redes de radiodifusão para divulgação de atos que denotem propaganda política ou ataques a partidos políticos e seus filiados ou instituições". Ainda de acordo com o novo artigo, em seu parágrafo único, nos casos permitidos de convocação das redes de radiodifusão, fica vedada a utilização de símbolos ou imagens, salvo aquelas previstas no artigo 13, § 1º da Constituição Federal (bandeira, hino, armas e selo nacionais).
- Independentemente da veiculação de propaganda eleitoral gratuita no horário definido nesta Lei, é facultada a transmissão por emissora de rádio ou televisão de debates sobre as eleições majoritária ou proporcional, assegurada a participação de candidatos dos partidos com representação no Congresso Nacional, de, no mínimo, cinco parlamentares, e facultada a dos demais (regra estabelecida pela reforma eleitoral de 2017).
- É vedada a veiculação de qualquer tipo de propaganda eleitoral paga na internet, excetuado o impulsionamento de conteúdos, desde que identificado de forma inequívoca como tal e contratado exclu-

sivamente por partidos, coligações e candidatos e seus representantes (reforma eleitoral de 2017).

- Em julgamento ocorrido em 2021, o TSE reafirmou entendimento segundo o qual se aplicam aos atos de pré-campanha as proibições impostas durante o período eleitoral. Logo, configura propaganda extemporânea, ainda que não haja pedido de votos, a distribuição de brindes por pré-candidato. Esse foi o entendimento deste Tribunal ao manter a condenação do recorrente em representação eleitoral por propaganda extemporânea, em razão da distribuição de kits com álcool em gel e equipamentos de proteção individual a munícipes no ano eleitoral. O relator, Ministro Mauro Campbell Marques, afirmou que, no julgamento do REspe nº 0600227-31/PE1, em 9 de abril de 2019, a jurisprudência desta Corte se firmou no sentido de que "a regra permissiva do art. 36-A da Lei das Eleições não legitima, no período de pré-campanha, a veiculação de propaganda por meios que são proscritos durante o período eleitoral" (Agravo Regimental no Agravo em Recurso Especial Eleitoral nº 0600046-63, Ibimirim/PE, rel. Min. Mauro Campbell Marques, julgado na sessão virtual de 5 a 11.2.2021)
- No mesmo sentido, também em julgamento de 2021, o TSE decidiu que "Se impulsionamento eletrônico contratado por pessoa natural em período de campanha eleitoral é meio vedado, de igual forma é vedada sua contratação por pretensos candidatos no período de pré-campanha". (Agravo Regimental no Recurso Especial Eleitoral nº 0600097-91, Niterói/RJ, rel. Min. Tarcisio Vieira de Carvalho Neto, julgado em 6.5.2021).
- Outra decisão importante do TSE ocorrida em 2021, relativa ao período da chamada "pré-campanha", foi no sentido de que discurso de ódio a pré-candidatos em publicação realizada por cidadão comum em perfil privado nas redes sociais durante período pré-eleitoral pode configurar propaganda eleitoral antecipada negativa.
- O TSE, em 22 de maio de 2018, respondendo à Consulta nº. 060025218, decidiu que na distribuição do tempo de propaganda eleitoral gratuita no rádio e na televisão devem-se observar os percentuais mínimos de candidatura por gênero, na linha da orientação do STF definida na ADI 5617.
- O **procedimento** a ser adotado no direito de resposta **varia de acordo com o meio de comunicação** por meio do qual a ofensa foi praticada, conforme tabela a seguir:

Regras a serem observadas no caso de pedido de resposta (art. 58, § 3º da Lei das Eleições)
I – Ofensa veiculada em órgão da imprensa escrita:
a) o pedido deverá ser instruído com um exemplar da publicação e o texto para resposta;
b) deferido o pedido, a divulgação da resposta dar-se-á no mesmo veículo, espaço, local, página, tamanho, caracteres e outros elementos de realce usados na ofensa, em até quarenta e oito horas após a decisão ou, tratando-se de veículo com periodicidade de circulação maior que quarenta e oito horas, na primeira vez em que circular;
c) por solicitação do ofendido, a divulgação da resposta será feita no mesmo dia da semana em que a ofensa foi divulgada, ainda que fora do prazo de quarenta e oito horas;
d) se a ofensa for produzida em dia e hora que inviabilizem sua reparação dentro dos prazos estabelecidos nas alíneas anteriores, a Justiça Eleitoral determinará a imediata divulgação da resposta;
e) o ofensor deverá comprovar nos autos o cumprimento da decisão, mediante dados sobre a regular distribuição dos exemplares, a quantidade impressa e o raio de abrangência na distribuição;
II – Ofensa veiculada em programação normal das emissoras de rádio e de televisão:
a) a Justiça Eleitoral, à vista do pedido, deverá notificar imediatamente o responsável pela emissora que realizou o programa para que entregue em vinte e quatro horas;
b) o responsável pela emissora, ao ser notificado pela Justiça Eleitoral ou informado pelo reclamante ou representante, por cópia protocolada do pedido de resposta, preservará a gravação até a decisão final do processo
c) deferido o pedido, a resposta será dada em até quarenta e oito horas após a decisão, em tempo igual ao da ofensa, porém nunca inferior a um minuto;
III – Ofensa veiculada no horário eleitoral gratuito:
a) o ofendido usará, para a resposta, tempo igual ao da ofensa, nunca inferior, porém, a um minuto;
b) a resposta será veiculada no horário destinado ao partido ou coligação responsável pela ofensa, devendo necessariamente dirigir-se aos fatos nela veiculados;
c) se o tempo reservado ao partido ou coligação responsável pela ofensa for inferior a um minuto, a resposta será levada ao ar tantas vezes quantas sejam necessárias para a sua complementação;
d) deferido o pedido para resposta, a emissora geradora e o partido ou coligação atingidos deverão ser notificados imediatamente da decisão, na qual deverão estar indicados quais os períodos, diurno ou noturno, para a veiculação da resposta, que deverá ter lugar no início do programa do partido ou coligação;
e) o meio magnético com a resposta deverá ser entregue à emissora geradora, até trinta e seis horas após a ciência da decisão, para veiculação no programa subsequente do partido ou coligação em cujo horário se praticou a ofensa;
f) se o ofendido for candidato, partido ou coligação que tenha usado o tempo concedido sem responder aos fatos veiculados na ofensa, terá subtraído tempo idêntico do respectivo programa eleitoral; tratando-se de terceiros, ficarão sujeitos à suspensão de igual tempo em eventuais novos pedidos de resposta e à multa no valor de duas mil a cinco mil UFIR.

– Para facilitar o estudo, apresentamos o seguinte quadro-resumo relativo às principais condutas permitidas e vedadas na propaganda eleitoral:

Conduta	Previsão legal
Propaganda eleitoral nos bens cujo uso dependa de cessão ou permissão do poder público, ou que a ele pertençam, e nos de uso comum, inclusive postes de iluminação pública e sinalização de tráfego, viadutos, passarelas, pontes, paradas de ônibus e outros equipamentos urbanos.	é vedada a veiculação de propaganda de qualquer natureza, inclusive pichação, inscrição a tinta e exposição de placas, estandartes, faixas, cavaletes, bonecos e assemelhados (art. 37, caput, da Lei das Eleições).
Propaganda em cinemas, clubes, lojas, centros comerciais, templos, igrejas, estádios, ainda que de propriedade privada.	Aplica-se a vedação do art. 37, caput, da Lei das Eleições, tendo em vista que os referidos bens são considerados de uso comum, para fins eleitorais.
Propaganda eleitoral em bens públicos e particulares.	Não é permitida a veiculação de material de propaganda eleitoral em bens públicos ou particulares, exceto de: I – bandeiras ao longo de vias públicas, desde que móveis e que não dificultem o bom andamento do trânsito de pessoas e veículos; II – adesivo plástico em automóveis, caminhões, bicicletas, motocicletas e janelas residenciais, desde que não exceda a 0,5 m^2 (meio metro quadrado).
Propaganda eleitoral nas dependências do Poder Legislativo.	Permitida, a critério da Mesa Diretora da Casa (art. 37, § 3º da Lei nº. 9.504/97).
Propaganda eleitoral em árvores e jardins localizados em áreas públicas.	Proibida, de acordo com o § 5º do art. 37 da Lei das Eleições.
Propaganda eleitoral em árvores e jardins localizados em áreas privadas.	Proibida, a partir da nova redação do § 2º do artigo 37 da Lei das Eleições, estabelecida pela reforma eleitoral de 2017.
Propaganda eleitoral em muros, cercas e tapumes divisórios.	Não é permitida a colocação de propaganda de qualquer natureza (art. 37, § 5º da Lei das Eleições). A Justiça Eleitoral, contudo, interpretando o referido dispositivo, tem admitido, de forma geral, a propaganda eleitoral em muros, cercas e tapumes divisórios privados.
Utilização de outdoors	É vedada a propaganda eleitoral mediante **outdoors**, inclusive eletrônicos, sujeitando-se a empresa responsável, os partidos, as coligações e os candidatos à imediata retirada da propaganda irregular e ao pagamento de multa no valor de R$ 5.000,00 (cinco mil reais) a R$ 15.000,00 (quinze mil reais).
Colocação de mesas para a distribuição de material de campanha e bandeiras ao longo das vias públicas.	Permitida, desde que móveis e que não dificultem o bom andamento do trânsito de veículos e pessoas. A mobilidade estará caracterizada com a retirada dos meios de propaganda após as 22 horas até as 06 horas da manhã (art. 37, §§ 6º e 7º da Lei das Eleições).
Distribuição de folhetos, volantes e outros impressos editados sob a responsabilidade do partido, coligação ou candidato.	Independe de obtenção de licença municipal e de autorização da Justiça Eleitoral. Todo o material impresso de campanha eleitoral deverá conter o número do CNPJ ou CPF do responsável pela confecção, bem como de quem a contratou, e respectiva tiragem. Adesivos distribuídos poderão ter a dimensão máxima de 50 (cinquenta) centímetros por 40 (quarenta) centímetros.
Plotagem de veículos	Prática vedada, a partir das eleições de 2016. É proibido colar propaganda eleitoral em veículos, exceto adesivos microperfurados até a extensão total do para-brisa traseiro e, em outras posições, adesivos até a dimensão máxima de 50 (cinquenta) centímetros por 40 (quarenta) centímetros, segundo prevê o § 4º do artigo 38 da Lei das Eleições. De forma contraditória, a reforma eleitoral de 2017 criou uma antinomia lógica, ao prever, no novo § 2º do artigo 37, que "Não é permitida a veiculação de material de propaganda eleitoral em bens públicos ou particulares, exceto de adesivo plástico em automóveis, caminhões, bicicletas, motocicletas e janelas residenciais, desde que não exceda a 0,5 m^2 (meio metro quadrado)". Pelos critérios clássicos de hermenêutica jurídica, havendo conflito aparente de normas de mesma hierarquia, prevalece a mais recente. Assim, entendemos que, doravante, a regra válida é a que estabelece propagandas em bens particulares de no máximo 0,5 metro quadrado.

Conduta	Previsão legal
Realização de ato de propaganda em recinto aberto ou fechado.	Não depende de licença da polícia. Deverá ser feita, entretanto, comunicação à autoridade policial com, no mínimo, 24 horas de antecedência (art. 39 da lei das Eleições).
Utilização de carros de som	Permitida até às 22 horas do dia que antecede às eleições. Considera-se carro de som o veículo automotor que usa equipamento de som com potência nominal de amplificação de, no máximo, 10.000 (dez mil) watts. É o carro de som qualquer veículo, motorizado ou não, ou ainda tracionado por animais, que transite divulgando **jingles** ou mensagens de candidatos. Com a reforma eleitoral de 2017, passou a ser permitida a circulação de carros de som e minitrios como meio de propaganda eleitoral, desde que observado o limite de oitenta decibéis de nível de pressão sonora, medido a sete metros de distância do veículo, apenas em carreatas, caminhadas e passeatas ou durante reuniões e comícios.
Funcionamento de alto-falantes ou amplificadores de som.	Permitido entre as 08 e as 22 horas, vedada a instalação a menos de 200 metros das sedes dos poderes executivo e legislativo da união, estados, DF e municípios; tribunais judiciais; quartéis e outros estabelecimentos militares; hospitais e casas de saúde; escolas; bibliotecas públicas; igrejas; teatros em funcionamento.
Utilização de aparelhagem de sonorização fixa em comícios.	Permitida no horário compreendido entre as 08 e as 24 horas.
Uso de alto-falantes, amplificadores de som, ou promoção de comícios ou carreatas no dia da eleição.	Vedada, constituindo crime punível com detenção de 06 meses a um ano, com alternativa de prestação de serviços à comunidade, e multa (art. 39, § 5º da Lei das Eleições).
Prática de boca-de-urna no dia da eleição.	Vedada, constituindo crime punível com detenção de 06 meses a um ano, com alternativa de prestação de serviços à comunidade, e multa (art. 39, § 5º da Lei das Eleições).
Realização de showmício ou evento assemelhado para promoção de candidatos, mesmo que o artista não venha a ser remunerado.	Prática vedada pelo § 7º do art. 39 da Lei das Eleições.

Conduta	Previsão legal
Utilização de trios elétricos em campanhas eleitorais.	Vedada, exceto para a sonorização dos comícios (art. 39, § 10 da Lei das Eleições).
Confecção, utilização, distribuição por comitê, candidato, ou com a sua autorização, de camisetas, chaveiros, bonés, canetas, brindes, cestas básicas ou quaisquer outros bens ou materiais que possam proporcionar vantagem ao eleitor.	Prática vedada pelo § 6º do art. 39 da Lei das Eleições.
Manifestação de preferência do eleitor por partido político, coligação ou candidato no dia da eleição.	Permitida, desde que revelada exclusivamente pelo uso de bandeiras, broches, dísticos e adesivos, de forma individual e silenciosa.
Uso de vestuário ou objeto que contenha propaganda de partido político, coligação ou de candidato, no recinto das seções eleitorais e juntas apuradoras.	Permitido, salvo para servidores da Justiça Eleitoral, mesários e escrutinadores. Aos fiscais partidários, nos trabalhos de votação, só é permitido que, em seus crachás, constem o nome e a sigla do partido político ou coligação a que sirvam, vedada a padronização do vestuário.
Uso de símbolos, frases ou imagens, associadas ou semelhantes às empregadas por órgão de governo, empresa pública ou sociedade de economia mista.	Prática vedada, constituindo crime, punível com detenção de 06 meses a 01 ano, com a alternativa de prestação de serviços à comunidade pelo mesmo período, e multa (art. 40 da Lei das Eleições).
Propaganda eleitoral na imprensa escrita.	São permitidas, até a antevéspera das eleições, a divulgação, na imprensa escrita, e a reprodução na internet do jornal impresso, de até 10 anúncios de propaganda eleitoral, por veículo, em datas diversas, para cada candidato, no espaço máximo, por edição, de 1/8 de página de jornal padrão e ¼ de página de revista ou tabloide.
Propaganda eleitoral no rádio e na TV	Restrita ao horário eleitoral gratuito e aos debates eleitorais, vedada a propaganda paga.
Propaganda eleitoral na internet.	Permitida após o dia 15 de agosto do ano da eleição, sempre de forma gratuita, em sítio de candidato, partido ou coligação, com endereço eletrônico comunicado à Justiça Eleitoral, em provedor de serviço de internet estabelecido no Brasil. Também é permitida a propaganda eleitoral por meio de blogs, redes sociais, sitos de mensagens instantâneas e assemelhados, bem como propaganda eleitoral através de e-mail.

Conduta	Previsão legal
Propaganda eleitoral na internet.	Veda-se, na propaganda eleitoral na internet, o anonimato e a veiculação de propaganda em sítios de pessoas jurídicas, com ou sem fins lucrativos, ou sítios oficiais ou hospedados por órgãos ou entidades da administração pública direta ou indireta da União, estados, DF e municípios. A partir da reforma eleitoral de 2017, passou a ser permitido o impulsionamento pago de propaganda eleitoral na internet, exceto no dia da eleição, desde que financiado por partido, coligação ou candidato.

- Art. 82. É permitida, no dia das eleições, a manifestação individual e silenciosa da preferência da eleitora ou do eleitor por partido político, coligação, federação, candidata ou candidato, revelada exclusivamente pelo uso de bandeiras, broches, dísticos, adesivos e camisetas (Lei nº 9.504/1997, art. 39-A, caput). (Redação dada pela Resolução nº 23.671/2021)
- É vedado, no dia da eleição, até o término do horário de votação, com ou sem utilização de veículos (Lei nº 9.504/1997, art. 39, § 5º, III e art. 39-A, § 1º) : I – aglomeração de pessoas portando vestuário padronizado ou os instrumentos de propaganda referidos no caput deste artigo; II – caracterização de manifestação coletiva e/ou ruidosa; III – abordagem, aliciamento, utilização de métodos de persuasão ou convencimento; IV – distribuição de camisetas.
- No recinto das seções eleitorais e juntas apuradoras, é proibido às servidoras e aos servidores da Justiça Eleitoral, às mesárias e aos mesários e às escrutinadoras e aos escrutinadores o uso de vestuário ou objeto que contenha qualquer propaganda de partido político, coligação, federação, candidata ou candidato (Lei nº 9.504/1997, art. 39-A, § 2º). (Redação dada pela Resolução nº 23.671/2021)
- À fiscalização partidária, nos trabalhos de votação, só é permitido que, de seus crachás, constem o nome e a sigla do partido político, da federação ou da coligação a que sirvam, vedada a padronização do vestuário (Lei nº 9.504/1997, art. 39-A, § 3º). (Redação dada pela Resolução nº 23.671/2021)
- De acordo com o artigo 8º da Resolução TSE nº. 23.610/19, "para assegurar a unidade e a isonomia no exercício do poder de polícia na internet, este deverá ser exercido: I nas eleições gerais, por um ou mais juízes designado(s) pelo tribunal eleitoral competente para o exame do registro do candidato alcançado pela propaganda; II nas eleições municipais, pelo juiz que exerce a jurisdição eleitoral no município e, naqueles com mais de uma zona eleitoral, pelos juízes eleitorais designados pelos respectivos tribunais regionais eleitorais".
- Os órgãos da Justiça Eleitoral distribuirão os horários reservados à propaganda de cada eleição entre os partidos políticos e as coligações que tenham candidato e que atendam ao disposto na Emenda Constitucional nº 97/2017, observados os seguintes critérios, tanto para distribuição em rede quanto para inserções (Lei nº 9.504/1997, art. 47, § 2º, e art. 51; e Emenda Constitucional nº 97/2017): I – 90% (noventa por cento) distribuídos proporcionalmente ao número de representantes na Câmara dos Deputados, considerando, no caso de coligações para as eleições majoritárias, o resultado da soma do número de representantes dos seis maiores partidos políticos que a integrem; II – 10% (dez por cento) distribuídos igualitariamente. Para tal fim, serão consideradas as eventuais novas totalizações do resultado das últimas eleições para a Câmara dos Deputados que ocorrerem até o dia 20 de julho do ano da eleição (Lei nº 9.504/1997, art. 47, § 3º).
- O número de representantes de partido político que tenha resultado de fusão ou a que se tenha incorporado outro corresponde à soma das vagas obtidas pelo partido político de origem na eleição. Serão desconsideradas as mudanças de filiação partidária, ressalvada a hipótese de criação de nova legenda, quando prevalecerá a representatividade política conferida aos parlamentares que migraram diretamente dos partidos políticos pelos quais foram eleitos para o novo partido político, no momento de sua criação (Lei nº 9.504/1997, art. 47, §§ 3º e 7º; Constituição Federal, art. 17, § 5º, incluído pela Emenda Constitucional nº 97/2017; STF: ADI nº 4430/DF, DJE de 19.09.2013; ADI nº 5105/DF, DJE de 16.03.2016; e ADI nº 5398/DF MC-Ref, DJE de 20.11.2018). Esta ressalva não se aplica no caso de o parlamentar que migrou para formação do novo partido político não estar a ele filiado no momento da convenção para escolha dos candidatos, hipótese na qual a representatividade política será computada para o partido político pelo qual o parlamentar foi originariamente eleito.
- Durante as eleições 2020, em virtude da pandemia e da popularização das lives na internet, questionou-se a possibilidade de realização das chamadas "Livesmício", ou seja, de shows artísticos em eventos de campanha realizados pela internet. Em resposta à consulta nº. 0601243-23, relatada pelo Min. Luís Felipe Salomão e julgada em 28.8.2020, o TSE decidiu que lives sem shows musicais se equipariam aos clássicos comícios, sendo portanto permitidas. Já as lives gratuitas e abertas ao público, contemplando eventos artísticos e de campanha, foram proibidas, uma vez que equiparadas aos showmícios. Por outro lado, depois de muita polêmica o Tribunal Superior Eleitoral permitiu que o cantor Caetano Veloso fizesse uma live de arrecadação de recursos para as campanhas dos

candidatos a prefeito de Porto Alegre e São Paulo, Manuela D'Ávila e Guilherme Boulos, entendendo que não seria equiparada a um showmício mas sim a um evento de arrecadação de recursos, uma vez que seria cobrado ingresso e não haveria, explicitamente, "palanque político" para os candidatos apoiados.

- A ocorrência da maior pandemia vivenciada pela humanidade nos últimos cem anos impôs, de forma inédita no atual período constitucional vigente, o adiamento das eleições, como medida necessária à preservação da saúde pública, tendo sido aprovada pelo Congresso Nacional a Emenda Constitucional 107, que passou a integrar, portanto, com supremacia sobre a legislação ordinária vigente, o ordenamento jurídico brasileiro, não apenas alterando o calendário eleitoral de 2020, como também estabelecendo regra excepcional, prevista no seu artigo 1º, §º, VI, segundo a qual "os atos de propaganda eleitoral não poderão ser limitados pela legislação municipal ou pela Justiça Eleitoral, salvo se a decisão estiver fundamentada em prévio parecer técnico emitido por autoridade sanitária estadual ou nacional". O ordenamento jurídico pátrio, portanto, passou a admitir a possibilidade excepcional de restrição a meios de propaganda eleitoral previstos em lei por parte da Justiça Eleitoral, desde que obedecido o requisito formal de observância de parecer técnico emitido pela autoridade sanitária estadual ou nacional, como legítimo instrumento de ponderação de interesses entre a liberdade de expressão, o exercício dos direitos políticos e o direito à realização de propaganda política e a contrapartida da necessidade de preservação da saúde pública, da higiene e da contenção da pandemia mortal.
- Segundo o **§ 3º do art. 39** da Lei das Eleições, é **permitido**, entre as **08 e as 22 horas**, o uso de **alto-falantes e amplificadores de som móveis** nas campanhas eleitorais, desde que em distância mínima de 200 metros das sedes dos poderes públicos municipal, estadual, do DF e dos municípios (poderes executivo, legislativo e judiciário), dos estabelecimentos militares, dos hospitais e casas de saúde, das escolas, bibliotecas públicas, igrejas e teatros, quando em funcionamento. A **realização de comícios** e a utilização de **aparelhagem de sonorização fixa**, por sua vez, são **permitidas das 08 às 24 horas**, sendo **vedada**, de acordo com o § 7º do artigo 39, a **realização dos chamados showmícios**, ou seja, a utilização de shows artísticos, **mesmo que de forma gratuita**, em eventos de campanha eleitoral. Durante as eleições 2020, em virtude da pandemia e da popularização das lives na internet, questionou-se a possibilidade de realização das chamadas "Livesmício", ou seja, de shows artísticos em eventos de campanha realizados pela internet. Em resposta à consulta nº. 0601243-23, relatada pelo Min. Luís Felipe Salomão e julgada em 28.8.2020, o TSE decidiu que lives sem shows musicais se equipårariam aos clássicos comícios, sendo, portanto permitidas. Já as lives gratuitas e abertas ao público, contemplando eventos artísticos e de campanha, foram proibidas, uma vez que equiparadas aos showmícios. Por outro lado, depois de muita polêmica o Tribunal Superior Eleitoral permitiu que o cantor **Caetano Veloso** fizesse uma live de arrecadação de recursos para as campanhas dos candidatos a prefeito de Porto Alegre e São Paulo, Manuela D'Ávila e Guilherme Boulos, entendendo que não seria equiparada a um showmício mas sim a um evento de arrecadação de recursos, uma vez que seria cobrado ingresso e não haveria, explicitamente, "palanque político" para os candidatos apoiados. O entendimento do TSE terminou por ser ratificado pelo STF no bojo do julgamento da ADI 5970/DF, ocorrido em 07 de outubro de 2021. Segundo a suprema corte, ao contrário dos "**showmícios**", disponibilizados ao público em geral, os eventos de arrecadação são frequentados por pessoas que já guardam simpatia pela campanha que pretendem financiar, não se caracterizando, dessa forma, qualquer interferência à livre consciência do eleitor. Os eventos de arrecadação materializam o exercício do direito de contribuir com o projeto político desejado pelo eleitor.
- Nas eleições proporcionais, os debates deverão ser organizados de modo que assegurem a presença de número equivalente de candidatos de todos os partidos a um mesmo cargo eletivo e poderão desdobrar-se em mais de um dia, respeitada a proporção de homens e mulheres estabelecida no § 3º do art. 10 da Lei nº. 9.504/97 (regra estabelecida pela Lei 14.211/21).

11. ORGANIZAÇÃO DAS ELEIÇÕES E DIPLOMAÇÃO DOS ELEITOS

- AÇÃO DIRETA DE INCONSTITUCIONALIDADE 4.467. O Tribunal, por unanimidade, confirmou a medida cautelar e julgou procedente a ação para conferir interpretação conforme à Constituição aos arts. 91-A da Lei 9.504/1997 e 47, § 1º, da Res.-TSE 23.218/2010, assentando que a ausência do título de eleitor no momento da votação não constitui, por si só, óbice ao exercício do sufrágio, nos termos do voto da Relatora.
- A divisão geográfica da Justiça Eleitoral de primeira instância se dá através da constituição das zonas eleitorais, correspondentes ao espaço territorial sob a jurisdição de um juiz eleitoral, podendo abranger mais de um município ou, em certas ocasiões, área inferior a de um território municipal. Grandes municípios, geralmente, comportam várias zonas eleitorais, enquanto que pequenos municípios costumam ser agrupados sob a égide de uma mesma zona eleitoral.
- As zonas eleitorais, por sua vez, deverão ser divididas em seções eleitorais, correspondentes ao local onde os eleitores comparecem para votar. Em cada

seção eleitoral é instalada uma urna, na eleição ou consulta popular. Em cada seção eleitoral, na data do pleito, funcionará uma mesa receptora de votos, composta por uma equipe de mesários nomeada pelo juiz eleitoral da zona eleitoral da qual a seção fizer parte.

- As seções eleitorais funcionarão preferencialmente em edifícios públicos, podendo, entretanto, ser utilizados, em caso de necessidade, edifícios particulares. Os locais de funcionamento das seções eleitorais são conhecidos como "locais de votação".
- Segundo o artigo 120 do Código Eleitoral, cada mesa receptora de votos deverá ser constituída por seis membros: um presidente, um primeiro e um segundo mesário, dois secretários e um suplente, nomeados pelo juiz eleitoral sessenta dias antes da eleição. Nas eleições 2010, no entanto, o TSE, por meio da Resolução nº 23.218, de 02.03.2010, facultou aos TREs a dispensa do segundo secretário e do suplente.

Não podem ser nomeados para compor mesas receptoras, de acordo com o art. 120 do Código Eleitoral c/c art. 63, § 2º da Lei nº 9.504/97
Candidatos, seus cônjuges e parentes, ainda que por afinidade, até o 2º grau
Membros de diretórios de partidos políticos que exerçam função executiva
Autoridades e agentes policiais, bem como funcionários no desempenho de cargos de confiança do poder executivo
Servidores da Justiça
Eleitores menores de 18 anos de idade quando se tratar de órgão da imprensa escrita.

- O presidente da mesa exercerá, durante o período de votação, o poder de polícia na sua respectiva seção, podendo, para isso requisitar a presença de força policial, se necessário. É o presidente da mesa, assim, durante os trabalhos, a autoridade superior, devendo zelar pela ordem do pleito, com poderes, inclusive para retirar do recinto quem não guardar a devida compostura ou estiver praticando ato atentatório à liberdade eleitoral.
- Nenhuma autoridade estranha à mesa poderá intervir na mesma, sob pretexto algum, salvo o juiz eleitoral. A força Armanda conservar-se-á a cem metros da seção eleitoral e não poderá aproximar-se do local de votação, ou nela penetrar, sem ordem do presidente da mesa.
- Antes do início da votação, deverá ser emitida a zerésima, documento que comprova a ausência de votos depositados previamente na urna eletrônica. Já ao final da mesma, deverá ser preenchida a ata e emitidos os boletins de urna e de justificativas. Dos boletins de urna (BUs) deverão constar as seguintes informações:

Dados constantes dos boletins de urna
a) Data da eleição;
b) identificação da zona eleitoral, município e seção eleitoral;
c) data e horário de encerramento da votação;
d) código de identificação da urna;
e) número de eleitores habilitados a votar;
f) número de eleitores votantes no pleito;
g) votação conferida para cada candidato e cada legenda;
h) quantidade de votos nulos e de votos brancos;
i) soma geral dos votos computados.

- É vedado ao eleitor, no momento da votação, portar aparelho de telefonia celular, máquinas fotográficas e filmadoras, dentro da cabina de votação, a fim de preservar o sigilo do voto, conforme regra estampada no parágrafo único do novo art. 91-A da Lei das Eleições, incluído pela recente reforma eleitoral.
- Com a adoção do sistema eletrônico de votação, tornou-se vedada a possibilidade de voto em trânsito, prevista no Código Eleitoral. Dessa forma, o eleitor passou a ser obrigado a votar, apenas, na seção eleitoral em que esteja alistado (art. 62 da Lei das Eleições).
- Com a recente reforma eleitoral promovida pela Lei nº 12.034/09, entretanto, foi incluído no Código Eleitoral o art. 233-A, dispondo que "aos eleitores em trânsito no território nacional é igualmente assegurado o direito de voto nas eleições para presidente e vice-presidente da república, em urnas especialmente instaladas nas capitais dos estados e na forma regulamentada pelo TSE". Dessa forma, criou-se o instituto do "voto em trânsito nas eleições presidenciais", disciplinado, nas eleições 2010, pela Resolução TSE nº 23.215, de 02 de março de 2010. Previu a citada resolução, no seu artigo 2º, que para votar em trânsito nas eleições presidenciais o eleitor deveria se habilitar em qualquer cartório eleitoral do país, entre 15 de julho e 15 de agosto de 2010, informando a capital de estado brasileiro em que estaria presente no dia da eleição, não sendo admitida a habilitação por procurador. Dessa forma, o eleitor faria uma "transferência provisória" do seu título para as citadas seções especiais, mantendo, no entanto, o domicílio eleitoral.

– Com a publicação da Lei nº. 13.165/15, em 29 de setembro de 2015, a regra do artigo 233-A do Código Eleitoral, criada pela Lei nº. 12.034/09, foi ampliada, permitindo, doravante, o voto em trânsito de eleitores não apenas para as eleições presidenciais, mas também nos pleitos de circunscrição estadual e/ou distrital (governadores, deputados e senadores). Além disso, o eleitor poderá, com as novas regras, a partir de 2018, votar em trânsito se estiver em qualquer município do estado (no caso das eleições com circunscrição estadual) ou do país (no caso das eleições presidenciais) que tenham mais de cem mil eleitores, fato que amplia a possibilidade de utilização do instituto.

– Os membros das Forças Armadas, os integrantes dos órgãos de segurança pública a que se refere o art. 144 da Constituição Federal, bem como os integrantes das guardas municipais mencionados no § 8o do mesmo art. 144, poderão votar em trânsito se estiverem em serviço por ocasião das eleições.

- Estando o eleitor no Brasil, o mesmo poderá justificar sua ausência ao pleito no dia da realização do mesmo ou, se preferir, até 60 dias após, em cartório eleitoral. Para o eleitor que, na data do pleito, se encontrar ausente do país, por sua vez, o prazo para apresentação de justificativa de ausência será de 30 dias, contados do seu retorno ao país. O pedido de justificação será sempre dirigido ao juiz eleitoral da zona da inscrição do eleitor, podendo ser formulado em qualquer zona eleitoral, a qual providenciará sua remessa ao juízo competente.

- Os partidos políticos exercem a fiscalização das eleições, em todas as suas fases, por meio de fiscais e delegados credenciados junto à Justiça Eleitoral. Enquanto o fiscal eleitoral, designado por partidos ou coligações, atua junto às mesas receptoras de votos, no dia da eleição, fiscalizando a votação e mesmo a apuração, apresentando, inclusive, impugnações, os delegados de partido, com atuação mais ampla, representam a agremiação partidária junto à Justiça Eleitoral na defesa dos mais diversos interesses, durante todo o pleito, podendo também atuar no dia da eleição, inclusive apresentando impugnações perante as juntas eleitorais, durante o processo de apuração.

- A diplomação, última fase do processo eleitoral, pode ser entendida, como o ato pelo qual a Justiça Eleitoral, por intermédio de seus órgãos, em solenidade própria, concede aos candidatos eleitos o diploma e o direito de assumirem e exercerem o respectivo mandato eletivo para o qual foram eleitos.

- Os diplomas do presidente e vice-presidente da república eleitos serão expedidos pelo TSE. Já os diplomas dos deputados federais, estaduais, distritais, senadores, respectivos suplentes, governadores de estado e vice-governadores eleitos serão expedidos pelos tribunais regionais eleitorais respectivos. Por fim, os diplomas do prefeito, vice-prefeito e vereadores eleitos, bem como dos suplentes desses, serão expedidos pela Junta Eleitoral competente. O presidente de cada um desses órgãos realizará a diplomação, na esfera da sua respectiva circunscrição eleitoral.

- De acordo com a Constituição Federal de 1988, desde a diplomação, deputados e senadores passam a gozar de prerrogativa de foro, não podendo também ser presos, salvo em flagrante de crime inafiançável. Também desde a diplomação, deputados e senadores não poderão firmar ou manter contrato com pessoa jurídica de direito público, autarquia, empresa pública, sociedade de economia mista ou empresa concessionária de serviço público, salvo quando o contrato obedecer a cláusulas uniformes, bem como aceitar ou exercer cargo, função ou emprego remunerado, inclusive os demissíveis ad nutum, nas entidades citadas. Vale ainda destacar que parlamentar eleito e diplomado para outro cargo poderá continuar a exercer o mandato em curso até a posse novo cargo.

- A nova redação do artigo 8º da lei das eleições, determinada pela lei nº 12.891/13, estabeleceu que as convenções para a escolha de candidatos terão início no dia 12/06 do ano eleitoral, e não mais no dia 10 do mesmo mês, mantida a data de 30/06 como termo final.

- Foi acrescentado, pela lei 12.891/13, o inciso III ao § 8º do artigo 11 da lei nº 9.504/97, estabelecendo que "o parcelamento das multas eleitorais é direito do cidadão, seja ele eleitor ou candidato, e dos partidos políticos, podendo ser parceladas em até 60 (sessenta) meses, desde que não ultrapasse o limite de 10% (dez por cento) de sua renda", norma que, sob um ponto de vista crítico, facilita a prática de atos ilícitos no processo eleitoral, uma vez que ameniza o impacto das penalidades estabelecidas em lei.

- Ao mesmo artigo também foi acrescentado pela minirreforma eleitoral ditada pela lei 12.891/13 o § 13, determinando que a dispensa da apresentação, por parte de candidatos, partidos e coligações, de documentos produzidos a partir de informações detidas pela Justiça Eleitoral, quando da formulação de pedido de registro de candidatura, mudança esta que, certamente, tornará ainda mais ardoroso o trabalho dos servidores dessa justiça especializada durante o processo de análise de tais pedidos de registro.

- O § 2º do art. 23 da Lei nº 9.504/97 teve a sua redação alterada pela lei nº 12.891/13. De acordo com a nova redação, doações estimáveis em dinheiro a candidato específico, comitê ou partido deverão ser feitas mediante recibo, assinado pelo doador, salvo nas hipóteses de cessão de bens móveis, limitada ao valor de R$ 4.000,00 (quatro mil reais) por pessoa cedente e doações estimáveis em dinheiro entre candidatos, partidos ou comitês financeiros, decorrentes do uso comum tanto de sedes quanto de materiais de propaganda eleitoral, cujo gasto deverá ser registrado na prestação de contas do responsável pelo pagamento da despesa, conforme previsão do novo § 6º do art. 28 da mesma lei, também incluído pela recente reforma de dezembro de 2013.

- Até a publicação da lei nº 12.891/13, o referido § 2º exigia a apresentação de recibo para a comprovação da doação, sem, contudo, a exigência de assinatura do doador.

- O § 4º do art. 28 da Lei nº 9.504/97 sofreu uma pequena alteração na sua redação, decorrente da publicação da lei nº 12.891/13. Anteriormente, as datas de publicação das informações exigíveis no referido dispositivo normativo eram, respectivamente, 06 de agosto e 06 de setembro do ano eleitoral. Agora, tais datas previstas são 08 de agosto e 08 de setembro. Além disso, foi incluído o § 6º ao mesmo artigo, dispondo que ficam dispensadas de comprovação na prestação de contas a cessão de bens móveis, limitada ao valor de R$ 4.000,00 (quatro mil reais) por pessoa cedente; bem como doações estimáveis em dinheiro entre candidatos, partidos ou comitês financeiros, decorrentes do uso comum tanto de sedes quanto de materiais de propaganda eleitoral, cujo gasto deverá ser registrado na prestação de contas do responsável pelo pagamento da despesa.
- O artigo 31 da Lei nº 9.504/97, o qual dispõe sobre a sobra de campanhas, teve sua redação totalmente modificada pela lei nº 12.891/13. De acordo com a redação original, a sobra de recursos financeiros deveria ser declarada na prestação de contas e, após julgados todos os recursos, transferida ao órgão do partido na circunscrição do pleito ou à coligação, para divisão entre os partidos componentes. Dispunha ainda o parágrafo único do referido artigo que as sobras de recursos financeiros de campanha seriam utilizadas pelos partidos políticos, devendo tais valores ser declarados em suas prestações de contas perante a Justiça Eleitoral, com a identificação dos candidatos. Conforme a nova redação, na ocorrência de sobra de campanha, a mesma deverá ser declarada na prestação de contas e, após julgados todos os recursos, transferida ao partido (a norma não se refere mais à coligação), a partir dos seguintes critérios: I – no caso de candidato a Prefeito, Vice-Prefeito e Vereador, esses recursos deverão ser transferidos para o órgão diretivo municipal do partido na cidade onde ocorreu a eleição, o qual será responsável exclusivo pela identificação desses recursos, sua utilização, contabilização e respectiva prestação de contas perante o juízo eleitoral correspondente; II – no caso de candidato a Governador, Vice-Governador, Senador, Deputado Federal e Deputado Estadual ou Distrital, esses recursos deverão ser transferidos para o órgão diretivo regional do partido no Estado onde ocorreu a eleição ou no Distrito Federal, se for o caso, o qual será responsável exclusivo pela identificação desses recursos, sua utilização, contabilização e respectiva prestação de contas perante o Tribunal Regional Eleitoral correspondente; III – no caso de candidato a Presidente e Vice-Presidente da República, esses recursos deverão ser transferidos para o órgão diretivo nacional do partido, o qual será responsável exclusivo pela identificação desses recursos, sua utilização, contabilização e respectiva prestação de contas perante o Tribunal Superior Eleitoral. Por fim, estabelece o novo artigo 31, em seu inciso IV, que "o órgão diretivo nacional do partido não poderá ser responsabilizado nem penalizado pelo descumprimento do disposto neste artigo por parte dos órgãos diretivos municipais e regionais".
- O novo inciso VII do art. 33, com redação dada pela Lei nº 12.891/13, passou a exigir a apresentação de nota fiscal pelo serviço de pesquisa prestado. Além disso, o § 5º, incluído pela nova lei, passou a proibir a realização de enquetes (sem obediência aos ditames legais relativos às pesquisas) relacionadas ao processo eleitoral durante o período de campanha.
- O artigo 65 da Lei das Eleições passou a contar com um novo parágrafo, o § 4º, a partir da minirreforma eleitoral de dezembro de 2013. De acordo com o novo dispositivo legal, cada partido ou coligação poderá credenciar no máximo dois fiscais por seção eleitoral, a fim de realizar o acompanhamento da votação.
- A minirreforma eleitoral de dezembro de 2013 buscou incentivar uma maior participação feminina na política, ao criar o artigo 93-A da Lei nº 9.504/97. De acordo com o novo dispositivo, "o Tribunal Superior Eleitoral (TSE), no período compreendido entre 1º de março e 30 de junho dos anos eleitorais, em tempo igual ao disposto no art. 93 desta Lei, poderá promover propaganda institucional, em rádio e televisão, destinada a incentivar a igualdade de gênero e a participação feminina na política".
- O artigo 100-A da Lei das Eleições foi criado pela minirreforma eleitoral de dezembro de 2013, através da lei nº 12.891/13, a fim de regulamentar uma prática muito comum e até então ignorada pela legislação eleitoral: a contratação dos chamados "cabos eleitorais", pessoas que trabalham, de forma gratuita ou onerosa, em campanhas eleitorais de candidatos, coligações ou partidos. As novas normas determinam, primeiramente, limites ao número de cabos eleitorais em campanhas: para candidatos a prefeito, um por cento do eleitorado por candidato em municípios com até trinta mil eleitorais e 0,1%, também por candidato, em municípios com maior número de eleitores, bem como no Distrito Federal. Além disso, o novo artigo de lei estabelece limites ao número de contratados nas eleições para presidente da república e senadores (em cada estado, o número estabelecido para o município com o maior número de eleitores); governador de estado ou do DF (dobro do limite estabelecido para o Município com o maior número de eleitores, e, no Distrito Federal, até 0,2% do eleitorado); deputado federal (na circunscrição, 70% do limite estabelecido para o Município com o maior número de eleitores, e, no Distrito Federal, esse mesmo percentual aplicado sobre o limite calculado sob a base de 0,1% do eleitorado, considerado o eleitorado da maior região administrativa); deputado estadual ou distrital (na circunscrição, 50% do limite estabelecido para Deputados Federais); e vereadores (50% do número de contratados pelos candidatos a prefeito, observado o limite de 80% do número máximo permitido

para contratação de cabos eleitorais de candidatos e deputado estadual). Os candidatos aos cargos de vice ou suplente seguem os limites dos titulares, tendo em vista a unicidade das candidaturas. Na prestação de contas, os candidatos passaram a ser obrigados a discriminar nominalmente as pessoas contratadas, com indicação de seus respectivos números de inscrição no Cadastro de Pessoas Físicas (CPF). São excluídos dos limites fixados pela lei a militância não remunerada, pessoal contratado para apoio administrativo e operacional, fiscais e delegados credenciados para trabalhar nas eleições e os advogados dos candidatos ou dos partidos e coligações. O descumprimento das normas do artigo 100-A configura crime sujeito às penas previstas no artigo 299 do Código Eleitoral (corrupção eleitoral).

- A partir das eleições de 2018, seria instituída a impressão do voto. No processo de votação eletrônica, a urna imprimiria o registro de cada voto, que será depositado, de forma automática e sem contato manual do eleitor, em local previamente lacrado. O STF, em 06 de junho de 2018, deferiu medida cautelar, com efeitos ex tunc, para suspender a eficácia do art. 59-A da Lei 9.504/1997, incluído pelo art. 2º da Lei 13.165/2015, nos autos da ADI 5889, proposta pela Procuradoria Geral da República. Assim, foi suspensa, em todo o país, a obrigatoriedade da impressão de votos nas eleições gerais de 2018. O STF julgou procedente o mérito da ADI 5889 confirmando a medida cautelar.
- Sobre a questão das nulidades, em 2020 o TSE decidiu que a cassação de mandato ou diploma de candidato eleito pelo sistema proporcional em ação autônoma pela prática dos ilícitos eleitorais enseja a anulação dos votos recebidos e, consequentemente, o recálculo dos quocientes eleitoral e partidário. Assim, será afastada a incidência do § 4º do art. 175 do Código Eleitoral (CE), e os votos recebidos pelo candidato cassado não serão aproveitados pelo partido pelo qual foi eleito. (RO nº. 0603900-65, Salvador/BA. Rel. Min. Sérgio Banhos, julgado em 13.10.2020).

12. CONDUTAS VEDADAS EM CAMPANHAS ELEITORAIS E ABUSO DE PODER

- O abuso de poder nas eleições (que inicia-se, muitas vezes, antes do período destinado à propaganda eleitoral) verifica-se com a ocorrência de práticas que venham a desestabilizar a normalidade e a legitimidade do processo democrático, de modo a favorecer interesses de determinados candidatos em desfavor de outros, comprometendo a suprema expressão da vontade popular.
- O abuso do poder político é observado quando o detentor do poder, na órbita do Poder Executivo, principalmente, mas também no âmbito do Legislativo, valendo-se de sua condição, age com abuso de autoridade, prejudicando a liberdade do voto. Configura abuso de poder político, por exemplo, a prática de atos de improbidade administrativa com potencial para afetar a normalidade de um pleito e o uso indevido de propaganda institucional durante o período eleitoral de forma a violar o princípio da impessoalidade dos atos da administração pública.
- O abuso do poder econômico, por sua vez, verifica-se quando candidato utiliza-se de recursos financeiros vedados, ou acima dos limites permitidos pela legislação, de forma a provocar desequilíbrio no pleito.
- O projeto do Novo Código Eleitoral, aprovado na Câmara dos Deputados e ainda pedente de discussão no Senado Federal, quando do fechamento desta edição, prevê um capítulo específico para tratar do abuso de poder nas eleições. Neste sentido, o artigo 615 do Projeto do Novo Código prevê que constitui abuso de poder econômico a utilização desmedida de aporte patrimonial que acarrete vantagem eleitoral indevida, punível com multa de R$ 10.000,00 (dez mil reais) a R$ 200.000,00 (duzentos mil reais). Ainda de acordo com a proposta, o reconhecimento judicial da gravidade da prática de abuso de poder econômico acarretará a cassação do registro, diploma ou mandato do candidato beneficiado e a inelegibilidade do respectivo responsável. O artigo 616 do Projeto, por sua vez, prevê que "constitui abuso de poder político a exploração eleitoreira da estrutura do Estado, bem como o uso desvirtuado das competências e prerrogativas inerentes à condição de agente público que acarrete vantagem eleitoral indevida, punível com multa de R$ 10.000,00 (dez mil reais) a R$ 200.000,00 (duzentos mil reais)". Observe-se que o projeto adota uma perspectiva mais restritiva do conceito de abuso de poder político do que a que propomos nesta obra, como objeto da interpretação da atual legislação em vigor. O artigo 617 do Projeto, por fm, aborda, de forma específica, o abuso de poder religioso, propondo que "Não configura abuso de poder a emissão, por autoridade religiosa, de sua preferência eleitoral, nem a sua participação em atos regulares de campanha, observadas as restrições previstas nesta Lei".
- O art. 73, em especial, e os seguintes da Lei das Eleições elencam uma série de condutas vedadas aos agentes públicos em campanhas eleitorais, visando a preservar a normalidade e a legitimidade dos processos eleitorais. Reputa-se agente público, para os fins dos referidos artigos, "quem exerce, ainda que transitoriamente ou sem remuneração, por eleição, nomeação, designação, contratação ou qualquer outra forma de investidura ou vínculo, mandato, cargo, emprego ou função nos órgãos ou entidades da administração pública direta, indireta ou fundacional" (art. 73, § 1º da Lei nº 9.504/97).

- De acordo com o disposto no art. 76 da Lei das Eleições, o ressarcimento das despesas com o uso de transporte oficial pelo presidente da república e sua comitiva em campanha eleitoral será de responsabilidade do partido político ou coligação a que o mesmo esteja vinculado, tendo como base o tipo de transporte usado e a respectiva tarifa de mercado cobrada no trecho correspondente, ressalvado o uso do avião presidencial, cujo ressarcimento corresponderá ao aluguel de uma aeronave de propulsão a jato do tipo táxi aéreo.
- Não existem óbices à nomeação de pessoas para cargos do Poder Judiciário, do Ministério Público, dos tribunais ou conselhos de contas e dos órgãos da Presidência da República durante o período eleitoral.
- É válida a nomeação de servidores públicos aprovados em concursos que tenham sido homologados até três meses antes das eleições, em qualquer esfera do Poder. Da mesma forma, é lícita a nomeação ou exoneração de cargos em comissão e designação ou dispensa de funções de confiança, mesmo no âmbito dos poderes Executivo e Legislativo.
- É vedado aos agentes públicos, nos três meses anteriores ao pleito, com exceção da propaganda de produtos e serviços que tenham concorrência no mercado, autorizar publicidade institucional dos atos, programas, obras, serviços e campanhas dos órgãos públicos federais, estaduais ou municipais, ou das respectivas entidades da administração indireta, salvo em caso de grave e urgente necessidade pública, assim reconhecida pela Justiça Eleitoral.
- Estabelece **o inciso VII do art. 73 da Lei das Eleições, com redação estipulada pela Lei nº. 13.165/15,** vedação à realização, no primeiro semestre do ano de eleição, de **despesas com publicidade dos órgãos públicos** federais, estaduais ou municipais, ou das respectivas entidades da administração indireta, **que excedam a média dos gastos no primeiro semestre dos três últimos anos que antecedem o pleito.** O novo inciso VII do art. 73 modifica a regra de limitação de despesas com publicidade no ano eleitoral, a qual, doravante, só será aplicada no primeiro semestre do ano eleitoral, ao contrário do que ocorria até as eleições de 2014, quando tal vedação atingia todo o ano da eleição.
- De acordo com o inciso VIII do art. 73 da Lei das Eleições, é vedada a realização, na circunscrição do pleito, de revisão geral da remuneração dos servidores públicos que exceda a recomposição da perda de seu poder aquisitivo ao longo do ano da eleição, a partir do início do período de convenções partidárias (10 de junho do ano eleitoral) até a posse dos eleitos. Considera-se revisão geral da remuneração dos servidores o aumento concedido em razão do poder aquisitivo da moeda e que não tem por objetivo corrigir situações de injustiça ou de necessidade de revalorização profissional de carreiras específica (Res. 21.296, de 12.11.02, do TSE, RJTSE v. 14, t. 1).
- De acordo com o art. 75 da Lei das Eleições (caput e parágrafo único), é vedada, nos três meses que antecederem as eleições, a contratação de shows artísticos, pagos com recursos públicos, para animar inaugurações realizadas nos três meses anteriores à eleição. O descumprimento desta norma acarreta a suspensão imediata da conduta, além da cassação do registro ou diploma do candidato beneficiado.
- É proibido a qualquer candidato comparecer, nos 3 (três) meses que precedem o pleito, a inaugurações de obras públicas.
- Constitui captação de sufrágio o candidato doar, oferecer, prometer, ou entregar, ao eleitor, com o fim de obter-lhe o voto, bem ou vantagem pessoal de qualquer natureza, inclusive emprego ou função pública, desde o registro da candidatura até o dia da eleição, inclusive, sob pena de multa de mil a cinquenta mil UFIR, e cassação do registro ou do diploma. A lei eleitoral pune aquele candidato que busca aliciar o eleitor, desde o registro da candidatura até o dia da eleição, oferecendo-lhe vantagem indevida em troca do voto. Neste sentido, a mera insinuação do eleitor, sem a complacência do candidato, de busca de vantagem indevida não caracteriza a captação ilícita de sufrágio. É necessário que o candidato sucumba à insinuação do eleitor ou tome, por si só, a iniciativa de aliciá-lo.
- Nenhum veículo ou embarcação poderá fazer transporte de eleitores desde o dia anterior até o posterior à eleição, salvo aqueles a serviço da Justiça Eleitoral, os veículos coletivos de linhas regulares e não fretados, os de uso individual do proprietário, para o exercício do próprio voto e dos membros de sua família, bem como os veículos de aluguel de serviço normal, sem finalidade eleitoral (carro alugado por eleitor para o seu próprio transporte e de seus familiares, serviços de táxi, mototáxi etc.).
- Somente a Justiça Eleitoral poderá, quando imprescindível, em face da absoluta carência de recursos de eleitores da zona rural, fornecer-lhes refeições, correndo, nesta hipótese, as despesas por conta do Fundo Partidário.
- Ac.-TSE, de 5.4.2017, no RO nº 265041: abuso do poder político qualifica-se quando a estrutura da administração pública é utilizada em benefício de determinada candidatura, para prejudicar a campanha de eventuais adversários ou para coagir servidores a aderirem a esta ou àquela candidatura.

  Ac.-TSE, de 21.8.2018, no RO nº 537003: enquadra-se como abuso de autoridade a extrapolação da ascendência e o poder de influência e de persuasão de líderes religiosos (pastores, padres, diáconos, sacerdotes) sobre os fiéis de comunidades religiosas.

- Ac.-TSE, de 7.3.2017, no RO nº 265308: possibilidade de caracterização como abuso de poder da prática de atos de propaganda por entidade religiosa; caracterização como uso indevido, previsto no *caput* deste artigo, da utilização dos meios de comunicação social para a difusão dos atos de promoção de candidaturas.

– Em 04 de agosto de 2021 foi promulgada a Lei 14.192, estabelecendo normas para prevenir, reprimir e combater a violência política contra a mulher. Segundo a Lei referida, considera-se violência política contra a mulher toda ação, conduta ou omissão com a finalidade de impedir, obstaculizar ou restringir os direitos políticos da mulher. Constituem igualmente atos de violência política contra a mulher qualquer distinção, exclusão ou restrição no reconhecimento, gozo ou exercício de seus direitos e de suas liberdades políticas fundamentais, em virtude do sexo.

– Serão garantidos os direitos de participação política da mulher, vedadas a discriminação e a desigualdade de tratamento em virtude de sexo ou de raça no acesso às instâncias de representação política e no exercício de funções públicas. As autoridades competentes priorizarão o imediato exercício do direito violado, conferindo especial importância às declarações da vítima e aos elementos indiciários.

– A lei 14.192/21 criou um novo tipo penal, previsto no art. 326-B do Código Eleitoral, estabelecendo que é crime, com pena de reclusão de 01 a 04 anos e multa, assediar, constranger, humilhar, perseguir ou ameaçar, por qualquer meio, candidata a cargo eletivo ou detentora de mandato eletivo, utilizando-se de menosprezo ou discriminação à condição de mulher ou à sua cor, raça ou etnia, com a finalidade de impedir ou de dificultar a sua campanha eleitoral ou o desempenho de seu mandato eletivo. Aumenta-se a pena em 1/3 (um terço), se o crime é cometido contra mulher: I – gestante; II – maior de 60 (sessenta) anos; III – com deficiência. A pena também é aumentada de 1/3 se o crime é cometido com menosprezo ou discriminação à condição de mulher ou à sua cor, raça ou etnia; ou por meio da internet ou de rede social ou com transmissão em tempo real. A nova lei ainda prevê, criando o inciso X no artigo 243 do Código Eleitoral, que não será tolerada propaganda que deprecie a condição de mulher ou estimule sua discriminação em razão do sexo feminino, ou em relação à sua cor, raça ou etnia.

13. AÇÕES E RECURSOS ELEITORAIS

13.1. AÇÕES ELEITORAIS

- A Ação de Impugnação de Registro de Candidaturas (AIRC) é instrumento hábil a impedir que candidato escolhido em convenção partidária seja registrado, em virtude do não atendimento de algum requisito legal ou constitucional, a exemplo da ausência de uma ou mais condições de elegibilidade, a presença de uma causa de inelegibilidade ou mesmo a não apresentação de algum documento indispensável ao pedido de registro de candidatura previsto no art. 11, § 1º da lei nº 9.504/97 (as chamadas "condições de procedibilidade do registro"). Encontra a AIRC previsão legal nos artigos 3º a 17 da LC 64/90.

- Poderá a autoridade judicial competente para o registro de candidatura indeferir o pedido de registro *ex officio*, em caso de ausência de uma condição de procedibilidade do registro. Não havendo tal espécie de indeferimento, qualquer candidato, partido político, coligação ou o Ministério Público Eleitoral terá legitimidade ativa para a propositura da AIRC. Segundo o TSE, coligações que lançam candidatos a cargos majoritários possuem legitimidade e interesse processual para impugnar candidaturas de eleições proporcionais (Recurso Especial nº 060028611, Mata de São João/BA, rel. Min. Mauro Campbell Marques, sessão de 18.5.2021).

- Os legitimados passivos para a AIRC são pré-candidatos que tenham incorrido em uma das causas de inelegibilidade ou que não tenham cumprido as condições de elegibilidade e as condições de procedibilidade do registro.

- O prazo para a interposição da AIRC, decadencial e improrrogável, é de 05 dias, contados da publicação do registro do candidato. Vale destacar, neste sentido, que há preclusão da matéria não impugnada em tempo hábil, em sede de AIRC, salvo se cuidar de matéria constitucional, quando a inelegibilidade poderá ser arguida posteriormente, inclusive em sede de Recurso Contra a Diplomação (RCD).

- A competência para o processamento e julgamento da AIRC é determinada pelo cargo pleiteado pelo pré-candidato com pedido de registro de candidatura impugnado, nos seguintes termos:

Órgãos da Justiça Eleitoral competentes originariamente para o processamento e julgamento da AIRC	
Juizes eleitorais	Impugnação de pedido de registro de candidatos a prefeito, vice-prefeito e vereador.
Tribunais regionais eleitorais	Impugnação de pedido de registro de candidatos a governador e vice-governador de estados e do DF, deputados federais, estaduais e distritais, senadores e suplentes de senadores (não existe candidato a suplente de deputado, como já observado no capítulo II desta obra, referente aos sistemas eleitorais).
Tribunal Superior Eleitoral	Impugnação de pedido de registro de candidatos a presidente e vice-presidente da república.

- O procedimento aplicável à AIRC está previstos nos artigos 3º a 17 da Lei Complementar nº 64/90.

- De acordo com previsão expressa no artigo 16 da LC 64/90, os prazos da AIRC são peremptórios e contínuos, correndo em cartório ou secretaria, não se suspendendo aos sábados, domingos e feriados, a partir da data do encerramento do prazo legal para pedido de registro de candidatos (dia 15 de agosto do ano eleitoral).

- É de se destacar, quanto ao tema, que, nas eleições de 2018, o Tribunal Superior Eleitoral, em decisão polêmica que representou uma alteração do seu entendimento tradicional, proibiu o Ex-Presidente da República, Luís Inácio Lula da Silva, indicado como candidato a presidência pelo Partido dos Trabalhadores (PT), de realizar qualquer ato de campanha, ao indeferir seu pedido de registro de candidatura, mesmo restando a possibilidade constitucional de recurso extraordinário ao Supremo Tribunal Federal.
- É fato público e notório que Lula, condenado criminalmente em decisão colegiada do Tribunal Regional Federal da 4ª Região, tornou-se inelegível, conforme a Lei da Ficha Limpa. De acordo com a Teoria da Conta e Risco, no entanto, ele poderia, uma vez escolhido candidato a Presidente da República pelo seu partido, agir como candidato, praticando todos os atos de campanha, especialmente os relativos à propaganda eleitoral, até a decisão judicial final pelo indeferimento da sua candidatura. O TSE, no entanto, entendeu diferente, proibindo Lula de realizar atos de campanha após a sua decisão de indeferimento de registro, entendendo que, ordinariamente, seria o Tribunal Superior Eleitoral, não obstante a possibilidade jurídica do recurso extraordinário, a última instância da Justiça Eleitoral.
- Por fim, polêmica interessante diz respeito à possibilidade de nulidade da eleição em caso de indeferimento do registro da candidatura do candidato mais votado, em face da teoria da conta e risco.
- Em entendimento consolidado pela jurisprudência do TSE, fundado no artigo 224, § 3º do Código Eleitoral, decisão da Justiça Eleitoral que importe o indeferimento do registro, a cassação do diploma ou a perda do mandato de candidato eleito em pleito majoritário acarreta nova eleição, independentemente do número de votos anulados.

  Dessa forma, segundo o TSE, e também conforme decisão proferida pelo STF, em 08 de março de 2018, no julgamento da ADI 5525, sempre que o candidato mais votado nas eleições tiver seu registro indeferido ou seu diploma cassado, independentemente de ter concorrido, no dia do pleito, com o registro deferido ou indeferido pela Justiça Eleitoral, nova eleição deverá ser imediatamente realizada, sem necessidade, inclusive, de transito em julgado da decisão do indeferimento.
- Ainda segundo o STF, no julgamento da ADI 5525, a regra da realização de eleições diretas caso a vacância ocorra até seis meses antes do término do mandato, prevista no § 4º do art. 224, não se aplica às eleições de Presidente e Vice-Presidente da República, bem como de senadores.
- Dispõe o art. 224, § 3º do Código Eleitoral que "A decisão da Justiça Eleitoral que importe o indeferimento do registro, a cassação do diploma ou a perda do mandato de candidato eleito em pleito majoritário acarreta, *após o trânsito em julgado*, a realização de novas eleições, independentemente do número de votos anulados". Decisão de julgamento do STF, de 8.3.2018, na ADI nº 5525 (acórdão pendente de publicação): declara a inconstitucionalidade da expressão "após o trânsito em julgado"; Ac.-TSE, de 28.11.2016, nos ED-REspe nº 13925: declara incidentalmente a inconstitucionalidade da expressão "após o trânsito em julgado" e fixa tese sobre cumprimento de decisão judicial e convocação de novas eleições.

• Qualquer partido político, coligação, candidato ou Ministério Público Eleitoral poderá representar à Justiça Eleitoral, diretamente ao Corregedor-Geral ou Regional, relatando fatos e indicando provas, indícios e circunstâncias e pedir abertura de investigação judicial para apurar uso indevido, desvio ou abuso do poder econômico ou do poder de autoridade, ou utilização indevida de veículos ou meios de comunicação social, em benefício de candidato ou de partido político.

• a AIJE tem por finalidade a apuração de abuso de poder político ou econômico cuja gravidade influa na normalidade e legitimidade do exercício do poder de sufrágio popular, bem como para a apuração de condutas em desacordo com as normas da lei nº 9.504/97 relativas à arrecadação e gastos de recursos (art. 30-A) e a doações de pessoas físicas ou jurídicas acima dos limites legais (art. 81).

• Vale destacar, quanto ao objeto da AIJE, que até meados de 2010, quando foi promulgada a LC 135/10 (Lei do Ficha Limpa), a qual alterou, em diversos pontos, a Lei das Inelegibilidades, era prevalente o entendimento segundo o qual o ato praticado caracterizador de abuso de poder econômico ou político, objeto da investigação eleitoral, teria que ter potencialidade para alterar o resultado da eleição. Com a promulgação da LC 135/10, foi acrescido ao art. 22 da LC 64/90 o inciso XVI, dispondo que "para a configuração do ato abusivo, não será considerada a potencialidade de o fato alterar o resultado da eleição, mas apenas a gravidade das circunstâncias que o caracterizam".

• Os mesmos legitimados ativos para a AIRC têm legitimidade para a propositura da AIJE. Vale lembrar mais uma vez, neste sentido, que partido político coligado não tem interesse de agir para a propositura de ações eleitorais enquanto perdurar a coligação, salvo quando estiver contestando a própria validade da mesma (Ac.-TSE nos 25.015/2005 e 24.982/2005).

- O Tribunal Superior Eleitoral tem firmado entendimento no sentido de que é possível o ajuizamento de AIJE mesmo antes de iniciado o período eleitoral (Ac.-TSE, de 17.4.2008, no RO nº 1.530). Quanto ao termo final para a propositura da AIJE, o TSE, por sua vez, tem entendido reiteradamente que o mesmo se dá com o ato de diplomação dos eleitos, operando a decadência, após este prazo (TSE, REsp's nos 15.263 e 12.531 e Ac. nº 15.099).
- Como se afere a partir da leitura do caput do artigo 22 da LC 64/90, o oferecimento da AIJE deverá ser feito junto ao Corregedor-Geral Eleitoral, quando se tratar de eleição para presidente e vice-presidente da república; e junto ao Corregedor-Regional Eleitoral, quando se tratar de eleição para governador e vice-governador dos estados ou DF; senadores e suplentes; deputados federais, estaduais e distritais. Nas eleições municipais, de acordo com previsão expressa no art. 24 da LC 64/90, o juiz eleitoral será competente para processar e julgar a AIJE, cabendo ao mesmo as funções atribuídas aos corregedores geral e regional previstas nos incisos I a XV do art. 22.
- **O procedimento da AIJE está previsto nos incisos I a XIII do art. 22 da LC 64/90, conforme quadro a seguir:**

Procedimento adotado na AIJE (Art. 22 da LC 64/90)
Art. 22. Qualquer partido político, coligação, candidato ou Ministério Público Eleitoral poderá representar à Justiça Eleitoral, diretamente ao Corregedor-Geral ou Regional, relatando fatos e indicando provas, indícios e circunstâncias e pedir abertura de investigação judicial para apurar uso indevido, desvio ou abuso do poder econômico ou do poder de autoridade, ou utilização indevida de veículos ou meios de comunicação social, em benefício de candidato ou de partido político, obedecido o seguinte rito:
I – o Corregedor, que terá as mesmas atribuições do Relator em processos judiciais, ao despachar a inicial, adotará as seguintes providências:
a) ordenará que se notifique o representado do conteúdo da petição, entregando-se-lhe a segunda via apresentada pelo representante com as cópias dos documentos, a fim de que, no prazo de 5 (cinco) dias, ofereça ampla defesa, juntada de documentos e rol de testemunhas, se cabível;
b) determinará que se suspenda o ato que deu motivo à representação, quando for relevante o fundamento e do ato impugnado puder resultar a ineficiência da medida, caso seja julgada procedente;
c) indeferirá desde logo a inicial, quando não for caso de representação ou lhe faltar algum requisito desta Lei Complementar;
II – no caso do Corregedor indeferir a reclamação ou representação, ou retardar-lhe a solução, poderá o interessado renová-la perante o Tribunal, que resolverá dentro de 24 (vinte e quatro) horas;
IV – feita a notificação, a Secretaria do Tribunal juntará aos autos cópia autêntica do ofício endereçado ao representado, bem como a prova da entrega ou da sua recusa em aceitá-la ou dar recibo;
V – findo o prazo da notificação, com ou sem defesa, abrir-se-á prazo de 5 (cinco) dias para inquirição, em uma só assentada, de testemunhas arroladas pelo representante e pelo representado, até o máximo de 6 (seis) para cada um, as quais comparecerão independentemente de intimação;
VI – nos 3 (três) dias subsequentes, o Corregedor procederá a todas as diligências que determinar, ex officio ou a requerimento das partes;
VII – no prazo da alínea anterior, o Corregedor poderá ouvir terceiros, referidos pelas partes, ou testemunhas, como conhecedores dos fatos e circunstâncias que possam influir na decisão do feito;
VIII – quando qualquer documento necessário à formação da prova se achar em poder de terceiro, inclusive estabelecimento de crédito, oficial ou privado, o Corregedor poderá, ainda, no mesmo prazo, ordenar o respectivo depósito ou requisitar cópias;
IX – se o terceiro, sem justa causa, não exibir o documento, ou não comparecer a Juízo, o Juiz poderá expedir contra ele mandado de prisão e instaurar processo por crime de desobediência;
X – encerrado o prazo da dilação probatória, as partes, inclusive o Ministério Público, poderão apresentar alegações no prazo comum de 2 (dois) dias;
XI – terminado o prazo para alegações, os autos serão conclusos ao Corregedor, no dia imediato, para apresentação de relatório conclusivo sobre o que houver sido apurado;
XII – o relatório do Corregedor, que será assentado em 3 (três) dias, e os autos da representação serão encaminhados ao Tribunal competente, no dia imediato, com pedido de inclusão incontinenti do feito em pauta, para julgamento na primeira sessão subsequente;
XIII – no Tribunal, o Procurador-Geral ou Regional Eleitoral terá vista dos autos por 48 (quarenta e oito) horas, para se pronunciar sobre as imputações e conclusões do relatório.

- Até a publicação da Lei do Ficha Limpa, a sanção de inelegibilidade perdurava pelo prazo de 03 anos, e não de 08 anos. O TSE então, através da súmula nº 19, firmou entendimento no sentido de que "o prazo de inelegibilidade de três anos, por abuso de poder econômico ou político, é contado a partir da data da eleição em que se verificou". Por analogia, podemos entender que a súmula nº 19 citada continua válida, apenas sendo alterado o prazo de inelegibilidade de três para oito anos, conforme nova previsão normativa.
- Uma grande inovação foi estabelecida pela nova redação do inciso XIV do art. 22, citada: a possibilidade de cassação do diploma de candidato eleito em sede de AIJE. Até a publicação da LC 135/10, prevalecia o entendimento, derivado da antiga redação do referido dispositivo legal, segundo o qual não seria possível a perda do diploma de candidato condenado por AIJE após a diplomação, o que tornava a referida ação ineficaz, quanto a esta questão. Para a cassação do diploma, era necessária a utili-

zação de outra via processual, a exemplo da Ação de Impugnação de Mandato Eletivo ou mesmo o Recurso Contra a Diplomação. Agora, a própria AIJE já serve a esta finalidade.

- A Ação de Impugnação de Mandato Eletivo (AIME), com previsão no artigo 14, § § 10 e 11 da Constituição, tem por objeto o combate ao abuso de poder econômico, da corrupção e da fraude eleitoral.
- A competência para o processamento e julgamento da AIME é aquela fixada de acordo com a regra do artigo 2º da LC 64/90. Assim, nas eleições municipais, será competente para processar e julgar a AIME os juízes eleitorais. Nas eleições para governador e vice-governador do DF, deputados das mais diversas esferas e senadores, será competente para processar e julgar a AIME os tribunais regionais eleitorais. Já nas eleições presidenciais, a referida competência será do TSE.
- A AIME tramitará em segredo de justiça, mas o seu julgamento deverá ser público (Ac. TSE nº 4.318). Prevalecerá, para a AIME, a gratuidade, salvo comprovada litigância de má-fé.
- O procedimento a ser adotado no processamento e julgamento da AIME, durante muito tempo, foi objeto de grandes divergências doutrinárias e jurisprudenciais entre aqueles que defendiam a aplicação do rito comum ordinário, previsto no Código de Processo Civil, e aqueles que pugnavam pela utilização do rito mais célere preconizado pela LC 64/90. Em 2004, o TSE finalmente pôs fim à polêmica, determinando, através da Resolução nº 21.634, que o rito aplicável à AIME é o previsto na LC 64/90, referente à AIRC.
- O Tribunal Superior Eleitoral já firmou entendimento de que não existe litispendência entre AIJE, AIME e Recurso Contra a Diplomação, umas vez que os objetivos seriam distintos para cada um dos referidos institutos (Neste sentido, Acs. TSE nos 4.203, 21.218 e 35.923).
- Estabelece o artigo 96 da Lei das Eleições o rito processual das reclamações relativas ao descumprimento da referida lei, em especial no que tange ao desrespeito às normas previstas para a propaganda eleitoral.
- De acordo com o caput do artigo 96 referido, salvo disposições específicas em contrário, as reclamações ou representações relativas ao descumprimento da Lei das Eleições podem ser feitas por qualquer partido político, coligação ou candidato.
- Para a caracterização da captação ilícita de sufrágio ensejadora da representação prevista no art. 41-A da Lei das Eleições, não é necessária a potencialidade lesiva. A violação da liberdade de voto de um único eleitor já caracteriza o ilícito, não sendo necessária, portanto, potencialidade capaz de gerar desequilíbrio nas eleições.
- Dispõe o art. 30-A da lei nº 9.504/97 que "qualquer partido político ou coligação poderá representar à Justiça Eleitoral, no prazo de 15 (quinze) dias da diplomação, relatando fatos e indicando provas, e pedir a abertura de investigação judicial para apurar condutas em desacordo com as normas desta Lei, relativas à arrecadação e gastos de recursos".
- O Recurso Contra a Diplomação é um meio jurídico previsto no art. 262 do Código Eleitoral que tem como objetivo a decretação da inelegibilidade ou incompatibilidade de candidato diplomado quando, depois do deferimento do registro e antes da diplomação aparecer uma inelegibilidade superveniente; ou quando, também depois do registro e antes da diplomação, for percebida a existência de uma inelegibilidade prevista na Constituição Federal e não arguida em sede de AIRC. Não há, nestes casos, preclusão, uma vez que, no primeiro caso, o fato é superveniente ao registro do candidato e, no segundo, mesmo o fato sendo anterior ao registro, a matéria é de ordem constitucional, podendo ser arguida após o fim do prazo estipulado para a propositura da AIRC.

Hipóteses de cabimento do RCD:	Decretação da inelegibilidade ou incompatibilidade de candidato diplomado (causa superveniente ao registro ou inelegibilidade constitucional não arguida anteriormente).

- São legitimados ativamente para a propositura do Recurso Contra a Diplomação os partidos políticos o os candidatos que tenham concorrido ao pleito. Vale destacar, neste sentido, que o TSE tem defendido que somente candidato que possa ser diretamente beneficiado pelo provimento do RCD tem legitimidade para a propositura do mesmo (Ac. TSE nº. 592/1999).

  No que se refere às coligações partidárias, persiste também uma discussão doutrinária acerca da legitimidade ativa das mesmas para a propositura do RCD, uma vez que o prazo para a sua interposição, como será destacado, começa a contar da diplomação, última fase do processo eleitoral, após a qual a coligação perde a sua existência jurídica. O TSE, entretanto, tem entendido que "a coligação partidária tem legitimidade concorrente com os partidos políticos e candidatos para a interposição de recurso contra expedição de diploma" (Neste sentido, Acs. TSE nºs 643/2004, 647/2004 e 652/2004).

  Além disso, o Ministério Público Eleitoral, indiscutivelmente, tem legitimidade ativa para a propositura do RCD, segundo entendimento consolidado do TSE.

  Os legitimados para figurar no polo passivo do RCD, por sua vez, são os candidatos eleitos e seus suplentes, desde que diplomados.

- No que se refere às coligações partidárias, persiste também uma discussão doutrinária acerca da legitimidade ativa das mesmas para a propositura do RCD, uma vez que o prazo para a sua interposição, como será destacado, começa a contar da diplomação, última fase do processo eleitoral, após a qual a coligação perde a sua existência jurídica. O TSE, entretanto, tem entendido que "a coligação partidária tem legitimidade concorrente com os partidos políticos e candidatos para a interposição de recurso contra expedição de diploma" (Neste sentido, Acs. TSE nºs 643/2004, 647/2004 e 652/2004).

- O artigo 262 do Código Eleitoral, o qual disciplina juridicamente o Recurso Contra a Diplomação, foi totalmente modificado pela Lei nº 12.891/13, passando a contar com nova redação do seu caput, bem como com a revogação dos seus quatro incisos. Com a nova redação, o referido artigo passou a dispor que o RCD é, doravante, cabível somente nos casos de inelegibilidade superveniente ou de natureza constitucional e de falta de condição de elegibilidade, não sendo mais apropriado, portanto, para a correção de erro de direito ou de fato na apuração final, errônea interpretação da lei quanto à aplicação do sistema proporcional ou mesmo concessão ou denegação de diploma em manifesta contradição com a prova nos autos, nas hipóteses do art. 222 do Código Eleitoral e do artigo 41-A da Lei das Eleições. A nova redação também abraçou uma tendência jurisprudencial do TSE quanto à possibilidade jurídica de utilização do RCD na análise das condições de elegibilidade, e não apenas nas causas de inelegibilidade, como ocorria tradicionalmente.

– A Lei nº. 13.165/15 criou, na Lei das Eleições, o art. 96-B, que, no seu § 3º, impede o conhecimento de ação nova que verse sobre o mesmo fato apreciado em outra ação, transitada em julgado, mesmo que a ação seja de natureza diversa, tendo em vista a ausência de qualquer exceção desta espécie, no novo texto normativo, fato que pode gerar grandes polêmicas.

– Até há pouco tempo, prevalecia o entendimento do não cabimento do RCD nas eleições presidenciais, tampouco juízo de retratação do órgão da Justiça Eleitoral que o conheceu. Em 07 de março de 2018, contudo, o Supremo Tribunal Federal, julgando a **ADPF nº 167**, decidiu que "O Tribunal Superior Eleitoral é o órgão competente para julgar os recursos contra expedição de diploma nas eleições presidenciais e gerais (federais e estaduais)"

– Novidades sobre o RCD (Lei 13.877/2019: O art. 262 da Lei nº 4.737, de 15 de julho de 1965 (Código Eleitoral), passa a vigorar acrescido dos seguintes §§ 1º, 2º e 3º:

> *'Art. 262. ....*
>
> *§ 1º A inelegibilidade superveniente que atrai restrição à candidatura, se formulada no âmbito do processo de registro, não poderá ser deduzida no recurso contra expedição de diploma.*
>
> *§ 2º A inelegibilidade superveniente apta a viabilizar o recurso contra a expedição de diploma, decorrente de alterações fáticas ou jurídicas, deverá ocorrer até a data fixada para que os partidos políticos e as coligações apresentem os seus requerimentos de registros de candidatos.*
>
> *§ 3º O recurso de que trata este artigo deverá ser interposto no prazo de 3 (três) dias após o último dia limite fixado para a diplomação e será suspenso no período compreendido entre os dias 20 de dezembro e 20 de janeiro, a partir do qual retomará seu cômputo*

13.2. RECURSOS ELEITORAIS

- O recurso diferencia-se da impugnação, ato de oposição, de contradição, de refutação comum no âmbito do Direito Eleitoral e nas mais diversas fases do processo eleitoral. De forma geral a impugnação, que poderá ser verbal ou escrita, serve como pressuposto para evitar-se a preclusão. A impugnação serve, muitas vezes, como ato preparatório para um recurso (exemplo, impugnação de identidade do eleitor que ainda vai votar, no ato da votação). Recurso contra apuração, neste diapasão, só é admitido se tiver ocorrido prévia impugnação perante a junta apuradora. Do julgamento da impugnação cabe recurso quanto ao seu resultado.

- Algumas generalidades acerca dos recursos eleitorais merecem ser destacadas, conforme tabela abaixo:

Questões gerais de relevância quanto aos recursos eleitorais
a) **Os recursos, em regra, não têm efeito suspensivo**, conforme regra prevista no artigo 257 do CE. Regra não abrange o RCD (que tem natureza jurídica de ação, como visto) conforme previsão do art. 216 do CE. Também a decretação de inelegibilidade, conforme previsão do art. 15 da LC 64/90, só produz efeitos após o trânsito em julgado de sentença, o que, dessa forma, determina o efeito suspensivo dos recursos interpostos contra decisões que acarretem tal sanção (vale ressaltar, neste sentido, que ações outras que não visam à decretação da inelegibilidade, mas, tão somente, a cassação do registro ou diploma do candidato, a exemplo da Ação por Captação Ilícita de Sufrágio, não admitem efeito suspensivo das decisões proferidas, em sede recursal). Vale destacar que o artigo 257 do Código Eleitoral, relativo aos recursos eleitorais e seus efeitos, também sofreu importante alteração. O novo §2º do referido artigo de lei, incluído pela reforma de setembro de 2015, inverteu a regra dos efeitos recursais no âmbito eleitoral, em matéria relativa à cassação de registro de candidatura, afastamento de titular de mandato ou perda do mandato eletivo. Doravante, o recurso ordinário interposto contra decisão proferida por juiz eleitoral ou por Tribunal Regional Eleitoral que resulte em cassação de registro, afastamento do titular ou perda de mandato eletivo será recebido pelo Tribunal competente com efeito suspensivo, e não apenas o efeito devolutivo, como ocorria até então. Desta forma, buscar-se-á evitar uma realidade muito observada na prática eleitoral, o troca-troca intenso de exercício da titularidade de mandatos, especialmente os executivos, no curso de processos eleitorais que tenham o condão de afastar o mandatário do seu posto, realidade, muitas vezes, prejudicial ao interesse público, por gerar descontinuidades administrativas.

Questões gerais de relevância quanto aos recursos eleitorais
b) Os prazos para a interposição de recursos eleitorais, em regra, são de três dias, contados da data da publicação do acórdão, sentença, ato, resolução ou despacho, salvo disposição em contrário. Vale destacar, neste sentido, que de acordo com o TSE, em se tratando de representação fundada no art. 96 da lei nº. 9.504/97, os prazos processuais serão contínuos e ininterruptos, desde o fim do prazo de solicitação de registro de candidaturas (15 de agosto do ano eleitoral, conforme disposto pela Lei nº. 13.165/15) até a data da diplomação dos eleitos, incluindo-se fins de semana e feriados na contabilidade dos dias úteis. (Ac. TSE nº. 4.856, de 24.11.2005, Rel. Min. Humberto Gomes de Bastos). Ainda sobre os prazos no processo eleitoral, é de se ressaltar que a nova regra geral de contagem dos prazos, estabelecida pelo CPC/2015 estabelece que a tal contagem deverá ocorrer nos dias úteis, como regra geral.
c) Nas decisões finais em processo de apuração de crime eleitoral de que resulte condenação ou absolvição (art. 362 do CE), o prazo recursal será de 10 dias (conferir, neste sentido, art. XIV desta obra).
d) Prevalece a irrecorribilidade das decisões que emanam do TSE, ressalvadas as que contrariarem a CF, denegatórias de HC ou MS, das quais caberá recurso ordinário para o STF, interposto em três dias (art. 281 do CE).
e) Os prazos para interposição de recursos são preclusivos, salvo quando nestes se discuta matéria constitucional. O recurso em que se discutir matéria constitucional não poderá ser interposto fora do prazo. Perdido o prazo na fase própria, só em outra poderá ser interposto (CE, art. 259 e parag. Único).
f) As partes deverão ser sempre representadas por advogados, sob pena de defeito de representação (Res. TSE 16.724). É possível a sustentação oral nos Tribunais.
g) De forma geral, são irrecorríveis em separado as decisões interlocutórias, as quais deverão ser atacadas quando do recurso contra a decisão final. Exceções, entretanto, existem, a exemplo da prevista no art. 279 do Código Eleitoral, o qual prevê a interposição de agravo de instrumento quando não conhecido o recurso especial pelo TRE.
h) Os recursos eleitorais são gratuitos, não existindo preparo (neste sentido, Ac. TSE nº. 2.721, de 08.05.2001, relatado pelo Ministro Walter Costa Porto).

- Das decisões das juntas eleitorais cabe o chamado recurso parcial, interposto diante do julgamento de eventuais impugnações às urnas, cédulas e votos durante o processo de apuração das eleições. Tais impugnações, apresentadas por fiscais e delegados de partidos, além de candidatos, deverão ser decididas de plano pela Junta, de acordo com o disposto no artigo 169 do Código Eleitoral.

- Além do recurso parcial, prevê o artigo 265 do Código Eleitoral que "dos atos, resoluções ou despachos dos Juízes ou Juntas Eleitorais caberá recurso para o Tribunal Regional". É o conhecido "recurso inominado", processado da mesma forma que o recurso parcial.

- De decisão de juiz eleitoral caberá também recurso inominado, contra sentença proferida em todas em ações processuais de primeira instância, nos termos previstos nos artigos 266 e 267 do Código Eleitoral, através de petição fundamentada.

- São admissíveis embargos de declaração nas hipóteses previstas no Código de Processo Civil (art. 275 do Código Eleitoral, com redação dada pelo novo CPC) Os embargos de declaração serão opostos no prazo de 3 (três) dias, contado da data de publicação da decisão embargada, em petição dirigida ao juiz ou relator, com a indicação do ponto que lhes deu causa. Os embargos de declaração não estão sujeitos a preparo. O juiz julgará os embargos em 5 (cinco) dias. Nos tribunais, o relator apresentará os embargos em mesa na sessão subsequente, proferindo voto; não havendo julgamento na sessão referida no inciso I, será o recurso incluído em pauta; vencido o relator, outro será designado para lavrar o acórdão. Os embargos de declaração interrompem o prazo para a interposição de recurso. Quando manifestamente protelatórios os embargos de declaração, o juiz ou o tribunal, em decisão fundamentada, condenará o embargante a pagar ao embargado multa não excedente a 2 (dois) salários-mínimos. Na reiteração de embargos de declaração manifestamente protelatórios, a multa será elevada a até 10 (dez) salários-mínimos.

- Ainda no que se refere aos recursos interpostos de decisões de juízes eleitorais, prevê o artigo 362 do Código Eleitoral a doutrinariamente chamada "apelação criminal", em sede de crimes eleitorais, cujo prazo de ajuizamento e oferecimento de razões é de 10 dias a contar da publicação da decisão. Esse recurso possui efeito suspensivo.

- São seis as espécies de recursos cabíveis contra decisões proferidas pelos tribunais regionais eleitorais: o recurso parcial; embargos de declaração; recurso ordinário; recurso especial eleitoral; agravo de instrumento eleitoral; e agravo regimental.

- O prazo para a interposição do recurso ordinário das decisões dos tribunais regionais eleitorais será de 03 dias, a contar da publicação da decisão denegatória de habeas corpus, habeas data, mandado de injunção ou mandado de segurança, ou declaratória de perda mandato eletivo; ou da seção de diplomação, quando a matéria versar sobre expedição de diplomas nas eleições estaduais ou federais.

- O recurso especial de decisões de TREs, por outro lado, tem previsão no inciso I do artigo 276, e poderá ser interposto diante de decisões proferidas contra expressa disposição legal ou quando ocorrer divergência na interpretação de lei entre dois ou mais Tribunais Eleitorais. O prazo para a sua interposição também será de 03 dias, a contar da publicação da decisão, salvo quando se tratar de recurso especial contra decisão do juiz auxiliar em pedido de direito de resposta, quando o prazo será então de 24 horas (Ac. TSE nº 27.839, de 06.03.2007).

- Caberá agravo de instrumento eleitoral, dirigido ao TSE no prazo de três dias, quando não for recebido o recurso especial, objetivando a sua subida. Do recurso deverá constar a exposição dos fatos e do direito; as razões do pedido de reforma da decisão, bem como a indicação das peças a serem trasladadas, sendo peças obrigatórias para o traslado a decisão recorrida e a certidão da sua intimação. O recorrido, por sua vez, deverá ser intimado a, também no prazo de três dias, apresentar suas contrarrazões e indicar peças a serem trasladadas para a formação do instrumento. Decorrido tal prazo, o instrumento deverá ser encaminhado ao TSE. O presidente do TRE não poderá negar seguimento ao agravo, ainda que interposto fora do prazo legal (art. 279, § 5º do Código Eleitoral).
- Caberá agravo regimental, na forma do art. 264 do Código Eleitoral, no prazo de três dias, de atos, resoluções ou despachos proferidos por presidente de TRE para o pleno do tribunal.
- De acordo com previsão expressa no art. 281 do Código Eleitoral, "são irrecorríveis as decisões do Tribunal Superior, salvo as que declararem a invalidade de lei ou ato contrário à Constituição Federal e as denegatórias de habeas corpus ou mandado de segurança, das quais caberá recurso ordinário para o Supremo Tribunal Federal, interposto no prazo de 3 (três) dias". Além disso, em conformidade com o disposto no artigo 121, § 3º da Constituição Federal de 1988, caberá recurso extraordinário de decisão do TSE que contrariar a Constituição.
- Vale destacar que são cabíveis das decisões proferidas no âmbito do TSE, agravo regimental das decisões tomadas pelo seu presidente, na forma do regimento interno (art. 264 do CE), a ser julgado pelo plenário da corte; e embargos de declaração, conforme procedimento já estudado, previsto no artigo 275 do CE.

– Dispõe o artigo 263 do Código Eleitoral que "no julgamento de um mesmo pleito eleitoral, as decisões anteriores sobre questões de direito constituem prejulgados para os demais casos, salvo se contra a tese votarem dois terços dos membros do Tribunal", criando uma espécie de "súmula vinculante" aplicável às cortes eleitorais. Ocorre que o TSE, em Acórdão de 1992 (Ac. 12.501/92) afirmou a inconstitucionalidade do referido dispositivo legal, referindo-se, inclusive, ao fato de tal inconstitucionalidade subsistir desde a Constituição Federal de 1946, antes mesmo da publicação do Código Eleitoral. Com o advento do CPC/2015, esta matéria terá que ser rediscutida, uma vez que os artigos 926, 927 e 928 do novo código preveem a consagração de um sistema de precedentes no Brasil, aplicável também ao processo eleitoral.

– Os novos §§ 4º e 5º do art. 28 do Código Eleitoral, incluídos pela reforma de setembro de 2015, por outro lado, estabeleceram que, doravante, decisões de TREs que importem cassação de registro de candidatos, anulação geral das eleições ou perda de diplomas somente poderão ser tomadas com a presença dos sete membros da corte. Quando isso não for possível, no caso, por exemplo, de impedimento de algum juiz, o suplente deverá ser convocado. Tal regra, que, certamente, criará dificuldades a alguns tribunais, principalmente porque se tornou comum, nos TREs, julgamentos sem a presença de todos os membros das cortes, já era prevista, no parágrafo único do art. 19 do Código, para o Tribunal Superior Eleitoral.

– Em termos de matéria processual eleitoral, a reforma de 2015 incluiu no Código Eleitoral o artigo 368-A, segundo o qual "a prova testemunhal singular, quando exclusiva, não será aceita nos processos que possam levar à perda do mandato". Este novo dispositivo tem como objetivo evitar a aplicação de sanções de perdas de mandato pautadas em provas frágeis, que possam vir a atingir a normalidade e a legitimidade da vontade popular. Assim, não será mais possível a condenação do réu acusado em processo que possa levar à perda de mandato quando a prova se resumir a uma única testemunha. Observe-se que a lei fala em "testemunha singular exclusiva", fato que, portanto, não afasta o uso da prova testemunhal acompanhada de outra prova, mesmo que esta outra prova seja outra prova testemunhal.

– Em conformidade com o disposto no artigo 121, § 3º da Constituição Federal de 1988, caberá recurso extraordinário de decisão do TSE que contrariar a Constituição. O prazo será de 03 dias.

– O TSE, através da Resolução nº. 23.478, de 15 de junho de 2016, regulamentou a aplicação do novo CPC ao processo eleitoral.

– Em razão da especialidade da matéria, as ações, os procedimentos e os recursos eleitorais permanecem regidos pelas normas específicas previstas na legislação eleitoral e nas instruções do Tribunal Superior Eleitoral. A aplicação das regras do Novo Código de Processo Civil tem caráter supletivo e subsidiário em relação aos feitos que tramitam na Justiça Eleitoral, desde que haja compatibilidade sistêmica.

– Aplicam-se aos processos eleitorais o contido nos arts. 9º e 10 do Novo Código de Processo Civil (Lei nº 13.105/2015).

– Os feitos eleitorais são gratuitos, não incidindo custas, preparo ou honorários (Lei nº 9.265/96, art. 1º).

– Não se aplica aos feitos eleitorais o instituto do *Amicus Curiae* de que trata o art. 138 da Lei nº 13.105, de 2015.

– Não se aplicam aos feitos eleitorais as regras relativas à conciliação ou mediação previstas nos arts. 165 e seguintes do Novo Código de Processo Civil.

– O disposto no art. 219 do Novo Código de Processo Civil (contagem de prazos em dias úteis) não se aplica aos feitos eleitorais.

- A suspensão dos prazos processuais entre os dias 20 de dezembro e 20 de janeiro de que trata o art. 220 do Novo Código de Processo Civil aplica-se no âmbito dos cartórios eleitorais e dos tribunais regionais eleitorais.
- Na Justiça Eleitoral não é admitida a autocomposição, não sendo aplicáveis as regras dos arts. 190 e 191 do Novo Código de Processo Civil.
- A regra do art. 205, § 3º, do Novo Código de Processo Civil não se aplica aos processos que tramitem durante o período previsto no calendário eleitoral para os quais seja admitida a publicação em cartório, sessão ou a utilização de edital eletrônico (LC nº 64/90, arts. 8º, 9º e 11, § 2º; Lei nº 9.504/97, art. 94, § 5º).
- Durante o período definido no calendário eleitoral, a carga dos autos para obtenção de cópias no curso de prazo comum às partes, prevista no art. 107, § 3º, do Novo Código de Processo Civil, será automaticamente permitida pela serventia pelo prazo de 2 (duas) horas, cabendo à autoridade judiciária decidir sobre eventual pedido de extensão até o limite de 6 (seis) horas.
- Nos Tribunais Eleitorais, o prazo para sustentação oral dos advogados das partes e do representante do Ministério Público será de: I 15 (quinze) minutos nos feitos originários (art. 937 do Novo Código de Processo Civil); II 10 (dez) minutos, nos recursos eleitorais (art. 272 do Código Eleitoral); III 20 (vinte) minutos no recurso contra expedição de diploma, (art. 272, parágrafo único, do Código Eleitoral).
- Os julgamentos das ações originárias e dos recursos nos Tribunais Eleitorais, inclusive os agravos e embargos de declaração na hipótese do art. 1.024, § 1º, do Novo Código de Processo Civil, somente poderão ser realizados 24 horas após a publicação da pauta. Tal regra não se aplica: I ao julgamento de habeas corpus; recurso em habeas corpus; tutela provisória; liminar em mandado de segurança; e, arguição de impedimento ou suspeição; II durante o período eleitoral, aos processos atinentes ao respectivo pleito; III às questões de ordem; IV à continuidade de julgamento de processos decorrentes da devolução tempestiva de pedido de vista; V aos feitos não apreciados cujo julgamento tiver sido expressamente adiado para a primeira sessão seguinte; VI aos embargos de declaração, quando julgados na sessão subsequente à respectiva oposição ou, se for o caso, à apresentação da manifestação do embargado; VII aos feitos administrativos, com exceção do pedido de registro de partido político; VIII às outras hipóteses previstas em lei ou nas resoluções do Tribunal Superior Eleitoral.
- As decisões interlocutórias ou sem caráter definitivo proferidas nos feitos eleitorais são irrecorríveis de imediato por não estarem sujeitas à preclusão, ficando os eventuais inconformismos para posterior manifestação em recurso contra a decisão definitiva de mérito. O Juiz ou Tribunal conhecerá da matéria versada na decisão interlocutória como preliminar à decisão de mérito se as partes assim requererem em suas manifestações. O agravo contra decisão que inadmitir o recurso especial interposto contra decisão interlocutória será processado em autos suplementares, prosseguindo o curso da demanda nos autos principais.
- A sistemática dos recursos repetitivos prevista nos arts. 1.036 a 1.042 do Novo Código de Processo Civil não se aplica aos feitos que versem ou possam ter reflexo sobre inelegibilidade, registro de candidatura, diplomação e resultado ou anulação de eleições.
- Em 2018, o TSE, julgando o AgR-AI nº 64093, decidiu pela aplicabilidade da regra que prevê que a distribuição do primeiro recurso que chegar ao Tribunal Regional ou Tribunal Superior prevenirá a competência do relator para todos os demais casos do mesmo município ou estado, aos feitos que têm o condão de alterar o resultado das eleições.

14. CRIMES ELEITORAIS E PROCESSO PENAL ELEITORAL

- O TSE, julgando o processo nº 15.584-Manaus (DJU, 30.06.2000, p. 159) ratificou entendimento pacífico daquela corte no sentido de que "a competência para processar e julgar, originariamente, os feitos relativos a crimes eleitorais praticados por governador de estado é do Superior Tribunal de Justiça". Em 1991, quando do julgamento do conflito de competência nº 6971-DF, o STF já havia decidido, por unanimidade, que os crimes eleitorais devem ser considerados crimes comuns, em contraposição aos crimes de responsabilidade, fazendo com que a competência para o processamento e julgamento de crimes eleitorais praticados por governadores de estado seja atraída para o STJ (STF, Tribunal Pleno, CJ nº 6971 – DF, Rel. Min. Paulo Brossard, j. em 30.10.1991, DJ 21.02.1992, p. 01693).
- No Supremo Tribunal Federal, são processadas e julgadas originariamente, pela prática de crimes eleitorais, as seguintes pessoas, enumeradas pelo art. 102, I, "b" e "c" da Constituição Federal de 1988:

Pessoas julgadas originariamente pelo STF pela prática de crimes eleitorais (art. 102, I, "b" e "c" da CF/1988)
I – Presidente e vice-presidente da república.
II – Membros do Congresso Nacional.
III – Ministros de Estado.
IV – Procurador-Geral da República.
V – Comandantes da Marina, Exército e Aeronáutica.
VI – Membros dos tribunais superiores.
VII – Membros do Tribunal de Contas da União.
VIII – Chefes de missão diplomática de caráter permanente.

- No Superior Tribunal de Justiça, por sua vez, são processadas e julgadas originariamente pela prática de crimes eleitorais as seguintes pessoas, elencadas no artigo 105, I, "a" da Constituição de 1988:

Pessoas julgadas originariamente pelo STJ pela prática de crimes eleitorais (art. 105, I, "a" da CF/1988)
I – Governadores e vice-governadores de estados e do DF.
II – Membros dos tribunais de contas dos estados e do DF.
III – Membros dos tribunais regionais federais, tribunais regionais eleitorais e tribunais regionais do trabalho.
IV – Membros dos tribunais de contas dos municípios
V – Membros do Ministério Público da União que oficiem perante tribunais.
VI – Desembargadores dos tribunais de justiça estaduais.

- Nos tribunais regionais eleitorais, por sua vez, são processados e julgados originariamente os crimes eleitorais praticados por todas as pessoas com privilégio de foro nos tribunais de justiça estaduais, conforme previsão específica de cada Constituição Estadual ou da Lei Orgânica do Distrito Federal. Além disso, prefeitos municipais, promotores de justiça e deputados estaduais deverão ser julgados originariamente pelos TREs, pela prática de crimes eleitorais.
- A competência para o processamento e julgamento originário pela prática de crimes eleitorais praticados por pessoas sem privilégio de foro é dos juízes eleitorais. Inclui-se nesta competência o processamento e julgamento de crimes eleitorais praticados por vereadores e vice-prefeitos.

– É importante destacar que o STF, jugando a ação penal 937, em 03 de maio de 2018, determinou novos parâmetros para a concessão ou não do chamado "foro privilegiado", entendimento também aplicável aos crimes eleitorais.

– O Tribunal, por maioria e nos termos do voto do Relator, resolveu questão de ordem no sentido de fixar as seguintes teses: "(i) O foro por prerrogativa de função aplica-se apenas aos crimes cometidos durante o exercício do cargo e relacionados às funções desempenhadas; e (ii) Após o final da instrução processual, com a publicação do despacho de intimação para apresentação de alegações finais, a competência para processar e julgar ações penais não será mais afetada em razão de o agente público vir a ocupar outro cargo ou deixar o cargo que ocupava, qualquer que seja o motivo", com o entendimento de que esta nova linha interpretativa deve se aplicar imediatamente aos processos em curso, com a ressalva de todos os atos praticados e decisões proferidas pelo STF e pelos demais juízos com base na jurisprudência anterior.

– Resumidamente, foi fixada a competência do STF para processar e julgar os membros do Congresso Nacional exclusivamente quanto aos crimes praticados após a diplomação, independentemente de sua relação ou não com a função pública em questão. Também foi fixada a competência por prerrogativa de foro, prevista na CF, quanto aos demais cargos exclusivamente quanto aos crimes praticados após a diplomação ou a nomeação, quando for o caso, independentemente de sua relação ou não com a função pública em questão.

– Foram ainda consideradas inaplicáveis as regras constitucionais de prerrogativa de foro quanto aos crimes praticados anteriormente à diplomação ou nomeação, conforme o caso, hipótese em que os processos deverão ser remetidos ao juízo de 1ª instância competente, independentemente da fase em que se encontre.

– Por fim, foi reconhecida a inconstitucionalidade de todas as normas previstas em constituições estaduais, bem como na lei orgânica do DF, que contemplem hipóteses de prerrogativa de foro não previstas expressamente na CF, vedada a invocação de simetria. Nestes casos, os processos deverão ser remetidos ao juízo de 1ª instância competente, independentemente da fase em que se encontram

– Em 14 de março de 2019, julgando agravo regimental no âmbito do inquérito 4435, o Plenário do Supremo Tribunal Federal, tendo como relator o Ministro Marco Aurélio, confirmou jurisprudência no sentido da competência da Justiça Eleitoral para processar e julgar crimes comuns que apresentam conexão com crimes eleitorais. A Corte observou ainda que cabe à Justiça especializada analisar, caso a caso, a existência de conexão de delitos comuns aos delitos eleitorais e, em não havendo, remeter os casos à Justiça competente.

- Em virtude da possibilidade de aplicação subsidiária do Código de Processo Penal ao processo penal eleitoral, prevista no art. 364 do Código Eleitoral, é possível o cabimento de revisão criminal eleitoral, por analogia a previsão do artigo 621 do CPP. Caberá a revisão criminal eleitoral nos processos com trânsito em julgado de decisão penal condenatória na ocorrência das seguintes situações, a saber:

Hipóteses de cabimento de revisão criminal eleitoral		
Existência de sentença penal condenatória contrária a expressa disposição legal ou à evidencia dos fatos.	Existência de sentença penal condenatória fundada em documentos, exames ou depoimentos comprovadamente falsos.	Descoberta de novas provas de inocência do condenado ou de circunstâncias que determine ou autorize a diminuição especial da penal, após o trânsito em julgado de sentença penal condenatória.

- Em 29 de abril de 2021, o TSE expediu a Resolução nº. 23.640, revogando a Resolução TSE 23.396/19, disciplinando a apuração dos crimes eleitorais e a instauração do inquérito policial eleitoral.
- De acordo com a resolução 23.640/21, o Departamento de Polícia Federal ficará à disposição da Justiça Eleitoral sempre que houver eleições, gerais ou parciais, em qualquer parte do Território Nacional. Polícia Federal exercerá, com prioridade sobre suas atribuições regulares, a função de polícia judiciária em matéria eleitoral. Quando no local da infração não existirem órgãos da Polícia Federal, a Polícia do respectivo Estado terá atuação supletiva.
- Qualquer pessoa que tiver conhecimento da existência de infração penal eleitoral deverá, verbalmente ou por escrito, comunicar a autoridade policial, Ministério Público Eleitoral ou ao Juiz Eleitoral. erificando a autenticidade e veracidade das informações, a autoridade policial mandará instaurar inquérito.
- Verificada a sua incompetência, o Juízo Eleitoral determinará a remessa dos autos ao Juízo competente. Quando o investigado possuir foro por prerrogativa de função o inquérito policial deverá ser imediatamente distribuído e registrado no Tribunal competente a fim de supervisão judicial das investigações.
- Recebida a notícia-crime, o Juiz Eleitoral a encaminhará ao Ministério Público Eleitoral ou, quando necessário, à Polícia, com requisição para instauração de inquérito policial.
- As autoridades policiais e seus agentes deverão prender quem for encontrado em flagrante pela prática de crime eleitoral, salvo quando se tratar de infração penal de menor potencial ofensivo, comunicando a prisão imediatamente ao Juiz Eleitoral, ao Ministério Público Eleitoral e à família do preso ou à pessoa por ele indicada. Em até 24 (vinte e quatro) horas após a realização da prisão, será encaminhado ao juiz competente o auto de prisão em flagrante e, caso o autuado não informe o nome de seu advogado, cópia integral para a Defensoria Pública. No mesmo prazo de até 24 (vinte e quatro) horas após a realização da prisão, será entregue ao preso, mediante recibo, a nota de culpa, assinada pela autoridade policial, com o motivo da prisão, o nome do condutor e os nomes das testemunhas
- Após receber o auto de prisão em flagrante, no prazo máximo de até 24 (vinte e quatro) horas após a realização da prisão, o juiz deverá promover audiência de custódia com a presença do investigado, seu advogado constituído ou membro da Defensoria Pública e o membro do Ministério Público, e, nessa audiência, o juiz deverá, fundamentadamente: I – relaxar a prisão ilegal; ou II – converter a prisão em flagrante em preventiva, quando presentes os requisitos constantes do art. 312 do Código de Processo Penal e se revelarem inadequadas ou insuficientes as medidas cautelares diversas da prisão; ou III – conceder liberdade provisória, com ou sem fiança.
- O inquérito policial eleitoral será instaurado de ofício pela autoridade policial; por requisição do Ministério Público Eleitoral ou determinação da Justiça Eleitoral O inquérito policial eleitoral será instaurado de ofício pela autoridade policial; por requisição do Ministério Público Eleitoral ou determinação da Justiça Eleitoral. e o indiciado tiver sido preso em flagrante ou preventivamente, o inquérito policial eleitoral será concluído em até 10 dias, contado o prazo a partir do dia em que se executar a ordem de prisão. Se o indiciado estiver solto, o inquérito policial eleitoral será concluído em até 30 dias, mediante fiança ou sem ela.
- O Ministério Público Eleitoral poderá requerer novas diligências, desde que necessárias à elucidação dos fatos. Quando o inquérito for arquivado por falta de elementos mínimos para o oferecimento da denúncia, a autoridade policial poderá proceder a nova investigação se de outras provas tiver conhecimento.
- Aplica-se subsidiariamente ao inquérito policial eleitoral as disposições do Código de Processo Penal. A ação penal eleitoral observará os procedimentos previstos no Código Eleitoral, com a aplicação obrigatória dos artigos 395, 396, 396-A, 397 e 400 do Código de Processo Penal, com redação dada pela Lei nº 11.971, de 2008.
- **Em 24 de dezembro de 2019, foi promulgada a lei 13.694/19, mais conhecida como pacote anticrime, estabelecendo uma série de novidades para o processo penal brasileiro, com importantes modificações no código de processo penal.**
- **Em geral, as novas regras se aplicam também ao processo penal eleitoral, uma vez que o CPP é uma importante fonte deste processo.**
- **Vale destacar, no entanto, a mais polêmica novidade trazida pela referida lei: a criação do juiz de garantias.**
- **Segundo os novos artigos 3º-B e 3º-C do Código de Processo Penal, estabelecidos pelo Pacote Anticrime, o processo penal terá estrutura acusatória, vedadas a iniciativa do juiz na fase de investigação e a substituição da atuação probatória do órgão de acusação. O juiz das garantias é, de acordo com o art. 3º-C, responsável pelo controle da legalidade da investigação criminal e pela salvaguarda dos direitos individuais cuja franquia tenha sido reservada à autorização prévia do poder judiciário, competindo-lhe especialmente:**

Competências do Juiz de Garantias (art. 3º-C do CPP)
I – receber a comunicação imediata da prisão, nos termos do inciso LXII do **caput** do art. 5º da Constituição Federal;
II – receber o auto da prisão em flagrante para o controle da legalidade da prisão, observado o disposto no art. 310 deste Código;

III – zelar pela observância dos direitos do preso, podendo determinar que este seja conduzido à sua presença, a qualquer tempo;
IV – ser informado sobre a instauração de qualquer investigação criminal;
V – decidir sobre o requerimento de prisão provisória ou outra medida cautelar, observado o disposto no § 1º deste artigo;
VI – prorrogar a prisão provisória ou outra medida cautelar, bem como substituí-las ou revogá-las, assegurado, no primeiro caso, o exercício do contraditório em audiência pública e oral, na forma do disposto neste Código ou em legislação especial pertinente;
VII – decidir sobre o requerimento de produção antecipada de provas consideradas urgentes e não repetíveis, assegurados o contraditório e a ampla defesa em audiência pública e oral;
VIII – prorrogar o prazo de duração do inquérito, estando o investigado preso, em vista das razões apresentadas pela autoridade policial e observado o disposto no § 2º deste artigo;
IX – determinar o trancamento do inquérito policial quando não houver fundamento razoável para sua instauração ou prosseguimento;
X – requisitar documentos, laudos e informações ao delegado de polícia sobre o andamento da investigação;
XI – decidir sobre os requerimentos de: a) interceptação telefônica, do fluxo de comunicações em sistemas de informática e telemática ou de outras formas de comunicação; b) afastamento dos sigilos fiscal, bancário, de dados e telefônico; c) busca e apreensão domiciliar; d) acesso a informações sigilosas; e) outros meios de obtenção da prova que restrinjam direitos fundamentais do investigado;
XII – julgar o **habeas corpus** impetrado antes do oferecimento da denúncia;
XIII – determinar a instauração de incidente de insanidade mental;
XIV – decidir sobre o recebimento da denúncia ou queixa, nos termos do art. 399 deste Código;
XV – assegurar prontamente, quando se fizer necessário, o direito outorgado ao investigado e ao seu defensor de acesso a todos os elementos informativos e provas produzidos no âmbito da investigação criminal, salvo no que concerne, estritamente, às diligências em andamento;
XVI – deferir pedido de admissão de assistente técnico para acompanhar a produção da perícia;
XVII – decidir sobre a homologação de acordo de não persecução penal ou os de colaboração premiada, quando formalizados durante a investigação;
XVIII – outras matérias inerentes às atribuições definidas no **caput** deste artigo.

- Segundo o novo art. 3º-C do CPP, a competência do juiz das garantias abrange todas as infrações penais, exceto as de menor potencial ofensivo, e cessa com o recebimento da denúncia ou queixa na forma do art. 399 do referido **código.**
- Grande polêmica se desenvolveu, entre os eleitoralistas, acerca da possibilidade de aplicação do juiz de garantias também aos processos penais de competência da Justiça Eleitoral. Em 15 de janeiro de 2020, no entanto, o presidente do Supremo Tribunal Federal, Ministro Dias Toffoli, concedeu liminar na ADI 6298 para suspender a aplicação do juiz de garantias aos processos de competência da Justiça Eleitoral. Segundo a decisão do Ministro:

> *Neste juízo precário da liminar, por ora, também entendo que o juiz das garantias não deve, ainda, ser aplicado aos processos criminais de competência da justiça eleitoral. Não se pode ignorar que a justiça eleitoral brasileira, em sua arquitetura ímpar, estruturada para conduzir o processo democrático, dotada de competências administrativa e jurisdicional, não dispõe de quadro próprio de magistrados, sendo composta por membros oriundos de outros ramos da justiça, situação que poderá dificultar a aplicação do juiz de garantias. Com efeito, é possível que um magistrado que atue como juiz das garantias em uma investigação de competência estadual fique impedido, em seguida, de atuar no processo criminal, caso se entenda que há crime eleitoral no fato investigado, causando embaraços ao regular andamento do processo, em prejuízo dos princípios da celeridade e da preclusão, que regem o processo eleitoral. Portanto, a aplicação do juiz das garantias ao processo eleitoral é tema que merece maior reflexão e, conforme o caso, regulamentação específica, fator que recomenda, em juízo liminar, a exclusão dos processos criminais de competência da justiça eleitoral do âmbito de incidência do juiz de garantias*

- Os crimes eleitorais estão previstos no Código Eleitoral (arts. 289 a 354), na LC 64/90 (art. 25), bem como na Lei nº. 6.091/74 (art. 11) e na Lei nº. 9.504/97 (Lei das Eleições), podendo ser divididos, segundo lição de Suzana de Camargo Gomes (Crimes Eleitorais, 3. ed., 2008) em oito grandes grupos, a saber: os crimes eleitorais concernentes à formação do corpo eleitoral; os crimes relativos à formação e funcionamento dos partidos políticos; os crimes em matéria de inelegibilidade; os crimes eleitorais concernentes à propaganda eleitoral; os crimes relativos à votação; os crimes eleitorais pertinentes à garantia do resultado legítimo das eleições; os crimes concernentes à organização e funcionamento dos serviços eleitorais e os crimes contra a fé pública eleitoral.
- É o Código Eleitoral, nos seus artigos 283 a 288, no entanto, que estabelece as disposições preliminares aplicáveis de forma geral aos crimes eleitorais. Assim, prevê o artigo 283 do CE, para efeitos penais, são considerados membros e funcionários da Justiça Eleitoral os magistrados a serviço da Justiça Eleitoral; cidadãos que integrem temporariamente órgãos da Justiça Eleitoral (a exemplo dos membros das juntas eleitorais) ou que tenham sido nomeados para atuar em mesas receptoras ou apuradoras de votos; e os funcionários públicos requisitados

pela Justiça Eleitoral, além, evidentemente, dos servidores do quadro efetivo, juízes e membros dos tribunais eleitorais. Vale destacar ainda, quanto a esta questão, disposição geral do Código Penal, refletida nos §§ 1º e 2º do art. 283 do Código Eleitoral, segundo a qual se equipara a servidores públicos, para efeitos penais, quem, embora transitoriamente ou sem remuneração, exerce cargo, emprego ou função pública, além de quem exerce cargo, emprego ou função em entidade paraestatal ou em sociedade de economia mista.

- O Código Eleitoral brasileiro não prevê sanções penais a título de culpa, resumindo-se a estabelecer tipos penais puníveis na modalidade dolosa. Em muitos casos, não prevê o Código Eleitoral pena mínima para os crimes tipificados. Quando isto ocorre, deve ser considerada a pena mínima de 15 dias para a detenção e 01 ano para a reclusão, de acordo com o artigo 284 do referido estatuto.
- As penas de multa em dinheiro deverão ter como base, na sua aplicação, o conceito de dia-multa. O montante de dias-multa imputáveis ao réu (no mínimo de um e no máximo de trezentos) deverá ser fixado segundo o prudente arbítrio do juiz, devendo este ter em conta as condições pessoais e econômicas do condenado, não podendo ser inferior ao salário-mínimo diário da região, nem superior ao valor de um salário-mínimo mensal. O § 2º do citado artigo 286, entretanto, estabelece que a multa poderá ser aumentada até o triplo, considerada, pelo juiz, a situação econômica do condenado e a necessidade de combate à ineficácia da pena.
- Os crimes eleitorais concernentes à formação do corpo eleitoral são aqueles que, em seu conjunto, atentam contra o processo de alistamento eleitoral, primeira fase do processo eleitoral, na qual é formado o corpo de eleitores. Estão estes crimes dispostos nos artigos 289 a 295 do Código Eleitoral, conforme tabela a seguir:

Conduta típica:	
Art. 289. Inscrever-se fraudulentamente eleitor.	**Pena** – reclusão até 05 anos e pagamento de multa de 05 a 15 dias-multa.
Art. 290. Induzir alguém a se inscrever eleitor com infração de qualquer dispositivo deste Código.	**Pena** – reclusão até 2 anos e pagamento de 15 a 30 dias-multa.
Art. 291. Efetuar o juiz, fraudulentamente, a inscrição de alistando.	**Pena** – reclusão de até 05 anos e pagamento de 05 a 15 dias-multa.
Art. 292. Negar ou retardar a autoridade judiciária, sem fundamento legal, a inscrição requerida.	**Pena** – pagamento de 30 a 60 dias-multa.
Art. 293. Perturbar ou impedir de qualquer forma o alistamento.	**Pena** – detenção de 15 dias a 06 meses ou pagamento de 30 a 60 dias-multa.
Art. 294. Revogado pela lei nº 8.868/94.	
Art. 295. Reter título eleitoral contra a vontade do eleitor.	**Pena** – detenção até 02 meses ou pagamento de 30 a 60 dias-multa.

- Os crimes eleitorais relativos à formação e funcionamento dos partidos políticos visam a garantir o efetivo exercício das atribuições exercidas por estes entes, preservando a lisura e a legitimidade do processo político. Merecem destaque os seguintes tipos delituosos relativos à formação e funcionamento dos partidos políticos, previstos no Código Eleitoral:

Conduta típica:	
Art. 319. Subscrever o eleitor mais de uma ficha de registro de um ou mais partidos.	**Pena** – detenção até 01 mês ou pagamento de 10 a 30 dias-multa.
Art. 320. Inscrever-se o eleitor, simultaneamente, em dois ou mais partidos.	**Pena** – pagamento de 10 a 20 dias-multa.
Art. 321. Colher a assinatura do eleitor em mais de uma ficha de registro de partido.	**Pena** – detenção até dois meses ou pagamento de 20 a 40 dias-multa.
Art. 338. Não assegurar o funcionário postal a prioridade prevista no art. 239.	**Pena** – pagamento de 30 a 60 dias-multa.
Art. 346. Violar o disposto no art. 377.	**Pena** – detenção até seis meses e pagamento de 30 a 60 dias-multa.

- Constitui crime eleitoral a arguição de inelegibilidade, ou a impugnação de registro de candidato feito por interferência do poder econômico, desvio ou abuso do poder e autoridade, deduzida de forma temerária ou de manifesta má-fé (art. 25 da LC 64/90).
- Os crimes eleitorais concernentes à propaganda eleitoral estão previstos tanto no Código Eleitoral como também na Lei das Eleições (lei nº 9.504/97). São os seguintes os crimes eleitorais previstos no Código Eleitoral:

Conduta típica:	
Art. 323. Divulgar, na propaganda eleitoral ou durante período de campanha eleitoral, fatos que sabe inverídicos em relação a partidos ou a candidatos e capazes de exercer influência perante o eleitorado: (Redação dada pela Lei nº 14.192, de 2021)	Pena – detenção de dois meses a um ano, ou pagamento de 120 a 150 dias-multa.

Conduta típica:	
Pena – detenção de dois meses a um ano, ou pagamento de 120 a 150 dias-multa. Parágrafo único. Revogado. (Redação dada pela Lei nº 14.192, de 2021) § 1º Nas mesmas penas incorre quem produz, oferece ou vende vídeo com conteúdo inverídico acerca de partidos ou candidatos. (Incluído pela Lei nº 14.192, de 2021) § 2º Aumenta-se a pena de 1/3 (um terço) até metade se o crime: (Incluído pela Lei nº 14.192, de 2021) I – é cometido por meio da imprensa, rádio ou televisão, ou por meio da internet ou de rede social, ou é transmitido em tempo real; (Incluído pela Lei nº 14.192, de 2021) II – envolve menosprezo ou discriminação à condição de mulher ou à sua cor, raça ou etnia. (Incluído pela Lei nº 14.192, de 2021)	
Art. 324. Caluniar alguém, na propaganda eleitoral, ou visando fins de propaganda, imputando-lhe falsamente fato definido como crime: Pena – detenção de seis meses a dois anos, e pagamento de 10 a 40 dias-multa. § 1° Nas mesmas penas incorre quem, sabendo falsa a imputação, a propala ou divulga. § 2º A prova da verdade do fato imputado exclui o crime, mas não é admitida: I – se, constituindo o fato imputado crime de ação privada, o ofendido, não foi condenado por sentença irrecorrível; II – se o fato é imputado ao Presidente da República ou chefe de governo estrangeiro; III – se do crime imputado, embora de ação pública, o ofendido foi absolvido por sentença irrecorrível.	Pena – detenção de seis meses a dois anos, e pagamento de 10 a 40 dias-multa.
Art. 325. Difamar alguém, na propaganda eleitoral, ou visando a fins de propaganda, imputando-lhe fato ofensivo à sua reputação:	Pena – detenção de três meses a um ano, e pagamento de 5 a 30 dias-multa.

Conduta típica:	
Pena – detenção de três meses a um ano, e pagamento de 5 a 30 dias-multa. Parágrafo único. A exceção da verdade somente se admite se ofendido é funcionário público e a ofensa é relativa ao exercício de suas funções.	
Art. 326. Injuriar alguém, na propaganda eleitoral, ou visando a fins de propaganda, ofendendo-lhe a dignidade ou o decôro: Pena – detenção até seis meses, ou pagamento de 30 a 60 dias-multa. § 1º O juiz pode deixar de aplicar a pena: I – se o ofendido, de forma reprovável, provocou diretamente a injúria; II – no caso de retorsão imediata, que consista em outra injúria. § 2º Se a injúria consiste em violência ou vias de fato, que, por sua natureza ou meio empregado, se considerem aviltantes: Pena – detenção de três meses a um ano e pagamento de 5 a 20 dias-multa, além das penas correspondentes à violência prevista no Código Penal.	Pena – detenção até seis meses, ou pagamento de 30 a 60 dias-multa.
Art. 331. Inutilizar, alterar ou perturbar meio de propaganda devidamente empregado.	**Pena** – detenção até seis meses ou pagamento de 90 a 120 dias-multa.
Art. 332. Impedir o exercício de propaganda.	**Pena** – detenção até seis meses e pagamento de 30 a 60 dias-multa.
Art. 334. Utilizar organização comercial de vendas, distribuição de mercadorias, prêmios e sorteios para propaganda ou aliciamento de eleitores.	**Pena** – detenção de 06 meses a 01 ano e cassação do registro se o responsável for candidato.
Art. 335. Fazer propaganda, qualquer que seja a sua forma, em língua estrangeira. **Parágrafo único.** Além da pena cominada, a infração ao presente artigo importa na apreensão e perda do material utilizado na propaganda.	**Pena** – detenção de três a seis meses e pagamento de 30 a 60 dias-multa.

Conduta típica:	
Art. 337. Participar, o estrangeiro ou brasileiro que não estiver no gozo dos seus direitos políticos, de atividades partidárias, inclusive comícios e atos de propaganda em recintos fechados ou abertos: **Parágrafo único.** Na mesma pena incorrerá o responsável pelas emissoras de rádio ou televisão que autorizar transmissões de que participem os mencionados neste artigo, bem como o diretor de jornal que lhes divulgar os pronunciamentos.	**Pena** – detenção até seis meses e pagamento de 90 a 120 dias-multa.

- Na Lei das Eleições (lei nº 9.504/97), por sua vez, estão previstos os seguintes crimes concernentes à propaganda eleitoral:

Conduta típica:
Art. 39. (...) **§ 5º.** Constituem crimes, no dia da eleição, puníveis com detenção, de 06 meses a 01 ano, com a alternativa de prestação de serviços à comunidade pelo mesmo período, e multa no valor de 5 mil a 15 mil UFIR:
I. o uso de alto-falantes e amplificadores de som ou a promoção de comício ou carreata; II. a arregimentação de eleitor ou a propaganda de boca de urna; III. a divulgação de qualquer espécie de propaganda de partidos políticos ou seus candidatos. **Art. 40.** O uso, na propaganda eleitoral, de símbolos, frases ou imagens, associadas ou semelhantes às empregadas por órgão de governo, empresa pública ou sociedade de economia mista constitui crime, punível com detenção, de 06 meses a 01 ano, com a alternativa de prestação de serviços à comunidade pelo mesmo período, e multa no valor de 10 mil a 20 mil UFIR:
Art. 33. (...) **§ 4º.** A divulgação de pesquisa fraudulenta constitui crime, punível com detenção de 06 meses a 01 ano e multa no valor de 50 mil a 100 mil UFIR.
Art. 34. (...) **§ 2º.** O não cumprimento do disposto neste artigo ou qualquer ato que vise a retardar, impedir ou dificultar a ação fiscalizadora dos partidos constitui crime, punível com detenção, de seis meses a um ano, com a alternativa de prestação de serviços à comunidade pelo mesmo prazo, e multa no valor de dez mil a vinte mil UFIR. (...) **§ 3º.** A comprovação de irregularidades nos dados publicados sujeita os responsáveis às penas mencionadas no parágrafo anterior, sem prejuízo da obrigatoriedade da veiculação dos dados corretos no mesmo espaço, local, horário, página, caracteres e outros elementos de destaque, de acordo com o veículo usado.

- Os crimes relativos à votação, assim classificados por Suzana de Camargo Gomes, são aqueles previstos nos artigos 296 a 312 e 316 do Código Eleitoral. Muitos destes crimes têm pouca utilidade prática nos dias de hoje, por se referirem ao processo de votação manual, muito pouco utilizado. Outros, por sua vez, são dotados de grande relevância, ainda hoje, na busca da garantia da liberdade para o exercício do poder de sufrágio, a liberdade de escolha do eleitor. São os seguintes os crimes relativos à votação previstos no Código Eleitoral:

Conduta típica:	
Art. 296. Promover desordem que prejudique os trabalhos eleitorais.	**Pena** – detenção até 02 meses e pagamento de 60 a 90 dias-multa.
Art. 297. Impedir ou embaraçar o exercício do sufrágio.	**Pena** – detenção até 06 meses e pagamento de 60 a 100 dias-multa.
Art. 298. Prender ou deter eleitor, membro de mesa receptora, fiscal, delegado de partido ou candidato, com violação do disposto no art. 236.	**Pena** – reclusão até 04 anos.
Art. 299. Dar, oferecer, prometer, solicitar ou receber, para si ou para outrem, dinheiro, dádiva, ou qualquer vantagem, para obter ou dar voto e para conseguir ou prometer abstenção, ainda que a oferta não seja aceita.	**Pena** – reclusão até 04 anos e pagamento de 05 a 15 dias-multa.
Art. 300. Valer-se o servidor público da sua autoridade para coagir alguém a votar ou não votar em determinado candidato ou partido. **Parágrafo único.** Se o agente é membro ou funcionário da Justiça Eleitoral e comete o crime prevalecendo-se do cargo a pena é agravada.	**Pena** – detenção até 06 meses e pagamento de 60 a 100 dias-multa.
Art. 301. Usar de violência ou grave ameaça para coagir alguém a votar, ou não votar, em determinado candidato ou partido, ainda que os fins visados não sejam conseguidos.	**Pena** – reclusão até 04 anos e pagamento de 05 a 15 dias-multa.
Art. 302. Promover, no dia da eleição, com o fim e impedir, embaraçar ou fraudar o exercício do voto, a concentração de eleitores, sob qualquer forma, inclusive o fornecimento gratuito de alimento e transporte coletivo.	**Pena** – reclusão de 04 a 06 anos e pagamento de 200 a 300 dias-multa.

Conduta típica:	
Art. 303. Majorar os preços de utilidades e serviços necessários à realização de eleições, tais como transporte e alimentação de eleitores, impressão, publicidade e divulgação de matéria eleitoral.	**Pena** – pagamento de 250 a 300 dias-multa.
Art. 304. Ocultar, sonegar, açambarcar ou recusar no dia da eleição o fornecimento, normalmente a todos, de utilidades, alimentação e meios de transporte, ou conceder exclusividade dos mesmos a determinado partido ou candidato.	**Pena** – pagamento de 250 a 300 dias-multa.
Art. 305. Intervir autoridade estranha à mesa receptora, salvo o juiz eleitoral, no seu funcionamento sob qualquer pretexto.	**Pena** – detenção até 06 meses e pagamento de 60 a 90 dias-multa.
Art. 306. Não observar a ordem em que os eleitores devem ser chamados a votar.	**Pena** – pagamento de 15 a 30 dias-multa.
Art. 307. Fornecer ao eleitor cédula oficial já assinalada ou por qualquer forma marcada.	**Pena** – reclusão até 05 anos e pagamento de 05 a 15 dias-multa.
Art. 308. Rubricar e fornecer a cédula oficial em outra oportunidade que não a de entrega da mesma ao eleitor.	**Pena** – reclusão até 05 anos e pagamento de 60 a 90 dias-multa.
Art. 309. Votar ou tentar votar mais de uma vez, ou em lugar de outrem.	**Pena** – reclusão até 03 anos.
Art. 310. Praticar, ou permitir membro da mesa receptora que seja praticada qualquer irregularidade que determine a anulação da votação, salvo no caso do art. 311.	**Pena** – detenção até 06 meses e pagamento de 90 a 120 dias-multa.
Art. 311. Votar em seção eleitoral em que não está inscrito, salvo nos casos expressamente previstos, e permitir, o presidente da mesa receptora, que o voto seja admitido.	**Pena** – detenção até 01 mês ou pagamento de 05 a 15 dias-multa para o eleitor e de 20 a 30 dias-multa para o presidente da mesa.
Art. 312. Violar ou tentar violar o sigilo de voto.	**Pena** – detenção até dois anos.

- Os crimes eleitorais pertinentes à garantia do resultado legítimo das eleições referem-se, fundamentalmente, ao processo de apuração, momento de fundamental importância para a garantia da lisura do pleito, no qual a vontade soberana do povo manifestada nas urnas é apurada. São eles:

Conduta típica:	
Art. 313. Deixar o Juiz e os membros da Junta de recolher as cédulas apuradas na respectiva urna, fechá-la e lacrá-la, assim que terminar a apuração de cada Seção e antes de passar à subsequente, sob qualquer pretexto e ainda que dispensada a providência pelos Fiscais, Delegados ou candidatos presentes.	**Pena** – 90 a 120 dias-multa.
Art. 314. Omissão no recolhimento das cédulas apuradas, no fechamento e lacração das urnas.	**Pena** – detenção até 02 meses ou pagamento de 90 a 120 dias-multa.
Art. 315. Alterar nos mapas ou nos boletins de apuração a votação obtida por qualquer candidato ou lançar nesses documentos votação que não corresponda às cédulas apuradas.	**Pena** – reclusão até 05 anos e pagamento de 05 a 15 dias-multa.
Art. 316. Não receber ou não mencionar nas atas da eleição ou da apuração os protestos devidamente formulados ou deixar de remetê-los à instância superior.	**Pena** – reclusão até 05 anos e pagamento de 05 a 15 dias-multa.
Art. 317. Violar ou tentar violar o sigilo da urna ou dos invólucros.	**Pena** – reclusão de 03 a 05 anos.
Art. 318. Efetuar a mesa receptora a contagem dos votos da urna quando qualquer eleitor houver votado sob impugnação (art. 190).	**Pena** – detenção até 01 ano ou pagamento de 30 a 60 dias-multa.

- De forma geral, a grande maioria dos crimes eleitorais, senão a sua totalidade, afetam a organização e o funcionamento dos serviços eleitorais. São os seguintes os crimes que se enquadram nesta categoria:

Conduta típica:	
Art. 296. Promover desordem que prejudique os trabalhos eleitorais.	**Pena** – detenção até dois meses e pagamento de 60 a 100 dias-multa.
Art. 339. Destruir, suprimir ou ocultar urna contendo votos, ou documentos relativos à eleição: **Parágrafo único.** Se o agente é membro ou funcionário da Justiça Eleitoral e comete o crime prevalecendo-se do cargo, a pena é agravada.	**Pena** – reclusão de dois a seis anos e pagamento de 5 a 15 dias-multa.

Conduta típica:	
Art. 340. Fabricar, mandar fabricar, adquirir, fornecer, ainda que gratuitamente, subtrair ou guardar urnas, objetos, mapas, cédulas ou papéis de uso exclusivo da Justiça Eleitoral: **Parágrafo único.** Se o agente é membro ou funcionário da Justiça Eleitoral e comete o crime prevalecendo-se do cargo, a pena é agravada.	**Pena** – reclusão até três anos e pagamento de 3 a 15 dias-multa.
Art. 341. Retardar a publicação ou não publicar, o diretor ou qualquer outro funcionário de órgão oficial federal, estadual, ou municipal, as decisões, citações ou intimações da Justiça Eleitoral:	**Pena** – detenção até um mês ou pagamento de 30 a 60 dias-multa.
Art. 342. Não apresentar o órgão do Ministério Público, no prazo legal, denúncia ou deixar de promover a execução de sentença condenatória:	**Pena** – detenção até dois meses ou pagamento de 60 a 90 dias-multa.
Art. 343. Não cumprir o Juiz o disposto no § 3º do art. 357:	**Pena** – detenção até dois meses ou pagamento de 60 a 90 dias-multa.

Conduta típica:	
Art. 348. Falsificar, no todo ou em parte, documento público, ou alterar documento público verdadeiro, para fins eleitorais. **§ 1º** Se o agente é funcionário público e comente o crime prevalecendo-se do cargo, a pena é agravada. **§ 2º** Para os efeitos penais, equipara-se a documento público o emanado de entidade paraestatal, inclusive Fundação do Estado.	**Pena** – reclusão de 02 a 06 anos e pagamento de 15 a 30 dias-multa.
Art. 349. Falsificar, no todo ou em parte, documento particular ou alterar documento particular verdadeiro, para fins eleitorais.	**Pena** – reclusão até 05 anos e pagamento de 03 a 10 dias-multa.
Art. 350. Omitir, em documento público ou particular, declaração que dele devia constar, ou nele inserir ou fazer inserir declaração falsa ou diversa da que devia ser escrita, para fins eleitorais. **Parágrafo único.** Se o agente da falsidade documental é funcionário público e comete o crime prevalecendo-se do cargo ou se a falsidade ou alteração é de assentamentos do registro civil, a pena é agravada.	**Pena** – reclusão até 05 anos e pagamento de 05 a 15 dias-multa, se o documento é público, e reclusão até 03 anos e pagamento de 03 a 10 dias-multa se o documento é particular.

Conduta típica:	
Art. 352. Reconhecer, como verdadeira, no exercício da função pública, firma ou letra que não o seja, para fins eleitorais.	**Pena** – reclusão até 05 anos e pagamento de 05 a 15 dias-multa se o documento é público, e reclusão até 03 anos e pagamento de 03 a 10 dias-multa se o documento é particular.
Art. 353. Fazer uso de qualquer dos documentos falsificados ou alterados, a que se referem os artigos 348 a 353.	**Pena** – a cominada à falsificação ou à alteração.
Art. 354. Obter, para uso próprio ou de outrem, documento público ou particular, material ou ideologicamente falso para fins eleitorais.	**Pena** – a cominada à falsificação ou alteração. **Pena** – detenção até dois meses ou pagamento de 60 a 90 dias-multa.
Art. 344. Recusar ou abandonar o serviço eleitoral sem justa causa:	**Pena** – detenção até dois meses ou pagamento de 90 a 120 dias-multa.
Art. 345. Não cumprir a autoridade judiciária, ou qualquer funcionário dos órgãos da Justiça Eleitoral, nos prazos legais, os deveres impostos por este Código, se a infração não estiver sujeita a outra penalidade.	**Pena** – pagamento de 30 a 90 dias-multa.
Art. 347. Recusar alguém cumprimento ou obediência a diligências, ordens ou instruções da Justiça Eleitoral ou opor embaraços à sua execução.	**Pena** – detenção de 03 meses a 01 ano e pagamento de 10 a 20 dias-multa.

- O grupo de crimes contra a fé pública eleitoral tem como objetividade jurídica a preservação da confiança nos trabalhos eleitorais, pressuposto para a efetivação do regime político democrático. Aqueles que ofendem a fé pública eleitoral, atentando contra os atos e documentos eleitorais, incorrem nas condutas tipificadas neste grupo de delitos. Vejamos, então, os tipos penais formadores deste grupo de delitos, previstos nos artigos 348 a 350 e 352 a 354 do Código Eleitoral:

Conduta típica:	
Art. 348. Falsificar, no todo ou em parte, documento público, ou alterar documento público verdadeiro, para fins eleitorais. **§ 1º** Se o agente é funcionário público e comente o crime prevalecendo-se do cargo, a pena é agravada. **§ 2º** Para os efeitos penais, equipara-se a documento público o emanado de entidade paraestatal, inclusive Fundação do Estado.	**Pena** – reclusão de 02 a 06 anos e pagamento de 15 a 30 dias-multa.

Conduta típica:	
Art. 349. Falsificar, no todo ou em parte, documento particular ou alterar documento particular verdadeiro, para fins eleitorais.	**Pena** – reclusão até 05 anos e pagamento de 03 a 10 dias-multa.
Art. 350. Omitir, em documento público ou particular, declaração que dele devia constar, ou nele inserir ou fazer inserir declaração falsa ou diversa da que devia ser escrita, para fins eleitorais.	**Pena** – reclusão até 05 anos e pagamento de 05 a 15 dias-multa, se o documento é público, e reclusão até 03 anos e pa-
Parágrafo único. Se o agente da falsidade documental é funcionário público e comete o crime prevalecendo-se do cargo ou se a falsidade ou alteração é de assentamentos do registro civil, a pena é agravada.	gamento de 03 a 10 dias-multa se o documento é particular.
Art. 352. Reconhecer, como verdadeira, no exercício da função pública, firma ou letra que não o seja, para fins eleitorais.	**Pena** – reclusão até 05 anos e pagamento de 05 a 15 dias-multa se o documento é público, e reclusão até 03 anos e pagamento de 03 a 10 dias-multa se o documento é particular.
Art. 353. Fazer uso de qualquer dos documentos falsificados ou alterados, a que se referem os artigos 348 a 353.	**Pena** – a cominada à falsificação ou à alteração.
Art. 354. Obter, para uso próprio ou de outrem, documento público ou particular, material ou ideologicamente falso para fins eleitorais.	**Pena** – a cominada à falsificação ou alteração.

– a Lei 13.834/19 criou um novo tipo penal eleitoral, acrescentando o artigo 326-A ao Código Eleitoral, in verbis:

> *Art. 326-A. Dar causa à instauração de investigação policial, de processo judicial, de investigação administrativa, de inquérito civil ou ação de improbidade administrativa, atribuindo a alguém a prática de crime ou ato infracional de que o sabe inocente, com finalidade eleitoral:*
>
> *Pena – reclusão, de 2 (dois) a 8 (oito) anos, e multa. ("Caput" do artigo acrescido pela Lei nº 13.834, de 4/6/2019)*
>
> *§ 1º A pena é aumentada de sexta parte, se o agente se serve do anonimato ou de nome suposto. (Parágrafo acrescido pela Lei nº 13.834, de 4/6/2019)*
>
> *§ 2º A pena é diminuída de metade, se a imputação é de prática de contravenção. (Parágrafo acrescido pela Lei nº 13.834, de 4/6/2019)*
>
> *§ 3º Incorrerá nas mesmas penas deste artigo quem, comprovadamente ciente da inocência do denunciado e com finalidade eleitoral, divulga ou propala, por qualquer meio ou forma, o ato ou fato que lhe foi falsamente atribuído.*

– Esse artigo foi acrescentado ao Código Eleitoral pela Lei 13.834/19, estabelecendo o crime de denunciação caluniosa com finalidade eleitoral.

– É relevante destacar que a inexistência de custas processuais no processo eleitoral se torna, muitas vezes, elemento motivador de denunciações caluniosas nas eleições, fato que justifica, plenamente, a criação deste novo tipo penal, como elemento de coibição dessa prática.

– É prática comum, no jogo político, que, em período eleitoral, candidatos, partidos e seus apoiadores, de forma temerária e sem fundamento, tentem imputar a adversários a prática de crimes ou atos infracionais, movimentando a máquina judiciária com o objetivo, tão somente, de criar fatos políticos que possam desmoralizar os rivais.

Nesse sentido, é importante também destacar a relevância do § 3º deste novo artigo, que havia, inclusive, sido vetado (o veto foi derrubado pelo Congresso Nacional em novembro de 2019), o qual busca punir quem, de forma proposital, e com finalidade eleitoral, divulga ou propala, por qualquer meio ou forma, ato ou fato falsamente atribuído a outrem, tendo comprovada ciência de que o suposto autor de tal ato ou fato é inocente.

– Segundo o TSE, o crime de inscrição fraudulenta (art. 289 do CE) consuma-se com o comparecimento do eleitor à Justiça Eleitoral para requerer alistamento. (Conflito de Competência nº 0600001-95, Brasília/DF, rel. Min. Edson Fachin, julgado na sessão virtual de 5 a 11.6.2020).

– Segundo o TSE, o crime de desobediência à ordem ou à instrução da Justiça Eleitoral (art. 347 do Código Eleitoral) pressupõe que o ato contrariado tenha conteúdo estritamente eleitoral. (RO no HC 0600244-42, rel. Min. Tarcísio Vieira de Carvalho, julgado em 01.07.2020)

✦ SÚMULAS APLICÁVEIS

1. SÚMULAS DO SUPREMO TRIBUNAL FEDERAL

- **Súmula nº 72:** No julgamento de questão constitucional, vinculada a decisão do Tribunal Superior Eleitoral, não estão impedidos os ministros do Supremo Tribunal Federal que ali tenham funcionado no mesmo processo, ou no processo originário.

- **Súmula nº 728:** É de três dias o prazo para a interposição de recurso extraordinário contra decisão do Tribunal Superior Eleitoral, contado, quando for o caso, a partir da publicação do acórdão, na própria sessão de julgamento, nos termos do art. 12 da Lei 6.055/74, que não foi revogado pela Lei 8.950/94.

- **Súmula Vinculante nº 18:** O Tribunal, por maioria, vencido o Senhor Ministro Marco Aurélio, acolheu e aprovou a proposta de edição da Súmula Vinculante nº 18, nos seguintes termos: "A dissolução da sociedade ou do vínculo conjugal, no curso do mandato, não afasta a inelegibilidade prevista no § 7º do artigo 14 da Constituição Federal".

2. SÚMULAS DO SUPERIOR TRIBUNAL DE JUSTIÇA

- **Súmula nº 192:** Compete ao Juízo das Execuções Penais do Estado a execução das penas impostas a sentenciados pela Justiça Federal, Militar ou Eleitoral, quando recolhidos a estabelecimentos sujeitos à administração estadual.
- **Súmula nº 368:** Compete à Justiça comum estadual processar e julgar os pedidos de retificação de dados cadastrais da Justiça Eleitoral.
- **Súmula nº 374:** Compete à Justiça Eleitoral processar e julgar a ação para anular débito decorrente de multa eleitoral.

3. SÚMULAS DO TRIBUNAL SUPERIOR ELEITORAL

- **Súmula nº 01:** Proposta a ação para desconstituir a decisão que rejeitou as contas, anteriormente à impugnação, fica suspensa a inelegibilidade (Lei Complementar nº 64/90, art. 1º, I, g) – CANCELADA
- **Súmula nº 02:** Assinada e recebida a ficha de filiação partidária até o termo final do prazo fixado em lei, considera-se satisfeita a correspondente condição de elegibilidade, ainda que não tenha fluído, até a mesma data, o tríduo legal de impugnação.
- **Súmula nº 03:** No processo de registro de candidatos, não tendo o juiz aberto prazo para o suprimento de defeito da instrução do pedido, pode o documento, cuja falta houver motivado o indeferimento, ser juntado com o recurso ordinário.
- **Súmula nº 04:** Não havendo preferência entre candidatos que pretendam o registro da mesma variação nominal, defere-se o do que primeiro o tenha requerido.
- **Súmula nº 05:** Serventuário de cartório, celetista, não se inclui na exigência do art. 1º, II, l, da LC nº 64/90.
- **Súmula nº 06:** É inelegível, para o cargo de prefeito, o cônjuge e os parentes indicados no par. 7º do art. 14 da Constituição, do titular do mandato, ainda que este haja renunciado ao cargo há mais de seis meses do pleito.

  Nota: com a promulgação da Emenda Constitucional da reeleição para cargos executivos, o TSE flexibilizou a interpretação desta súmula, estabelecendo que "cônjuge e parentes do chefe do Executivo são elegíveis para o mesmo cargo do titular, quando este for reelegível e tiver se afastado definitivamente do cargo até seis meses antes do pleito (Acs. TSE nºs 3.043/2001 e 19.442/2001)".
- **Súmula nº 07:** É inelegível para o cargo de prefeito a irmã da concubina do atual titular do mandato.

  Nota: súmula cancelada pela Resolução TSE nº 20.920/2001.
- **Súmula nº 08:** O vice-prefeito é inelegível para o mesmo cargo.

  Nota: súmula cancelada pela Res. TSE nº 20.920/ 2001.
- **Súmula nº 09:** A suspensão de direitos políticos decorrente de condenação criminal transitada em julgado cessa com o cumprimento ou a extinção da pena, independendo de reabilitação ou de prova de reparação dos danos.
- **Súmula nº 10:** No processo de registro de candidatos, quando a sentença for entregue em Cartório antes de três dias contados da conclusão ao Juiz, o prazo para o recurso ordinário, salvo intimação pessoal anterior, só se conta do termo final daquele tríduo.
- **Súmula nº 11:** No processo de registro de candidatos, o partido que não o impugnou não tem legitimidade para recorrer da sentença que o deferiu, salvo se se cuidar de matéria constitucional.
- **Súmula nº 12:** São inelegíveis, no Município desmembrado e ainda não instalado, o cônjuge e os parentes consanguíneos ou afins, até o segundo grau ou por adoção, do Prefeito do Município-mãe, ou de quem o tenha substituído, dentro dos seis meses anteriores ao pleito, salvo se já titular de mandato eletivo.
- **Súmula nº 13:** Não é autoaplicável o § 9º, Art. 14, da Constituição, com a redação da Emenda Constitucional de Revisão nº 4-94.
- **Súmula nº 14:** A duplicidade de que cuida o parágrafo único do artigo 22 da Lei nº 9.096-95 somente fica caracterizada caso a nova filiação houver ocorrido após a remessa das listas previstas no parágrafo único do artigo 58 da referida lei.

  Nota: súmula cancelada pela Resolução TSE nº 21.885/2004.
- **Súmula nº 15:** O exercício de cargo eletivo não é circunstância suficiente para, em recurso especial, determinar-se a reforma de decisão mediante a qual o candidato foi considerado analfabeto.
- **Súmula nº 16:** A falta de abertura de conta bancária específica não é fundamento suficiente para a rejeição de contas de campanha eleitoral, desde que, por outros meios, se possa demonstrar sua regularidade (art. 34 da Lei 9.096, de 19.9.95).

  Nota: súmula revogada em 05/11/2002.

- **Súmula nº 17:** Não é admissível a presunção de que o candidato, por ser beneficiário de propaganda eleitoral irregular, tenha prévio conhecimento de sua veiculação (arts. 36 e 37 da Lei 9.504, de 30/9/97).

  Nota: súmula cancelada em 16/04/2002 por decisão em Questão de Ordem formulada no julgamento do REspe nº 19.600-CE

- **Súmula nº 18:** Conquanto investido de poder de polícia, não tem legitimidade o juiz eleitoral para, de ofício, instaurar procedimento com a finalidade de impor multa pela veiculação de propaganda eleitoral em desacordo com a Lei nº 9.504/97.
- **Súmula nº 19:** O prazo de inelegibilidade decorrente da condenação por abuso do poder econômico ou político tem início no dia da eleição em que este se verificou e finda no dia de igual número no oitavo ano seguinte (art. 22, XIV, da LC nº 64/1990).
- **Súmula nº 20:** A falta do nome do filiado ao partido na lista por este encaminhada à Justiça Eleitoral, nos termos do Art. 19 da Lei 9.096, de 19.9.95, pode ser suprida por outros elementos de prova de oportuna filiação.
- **Súmula-TSE nº 22:** Não cabe mandado de segurança contra decisão judicial recorrível, salvo situações de teratologia ou manifestamente ilegais.
- **Súmula-TSE nº 23:** Não cabe mandado de segurança contra decisão judicial transitada em julgado.
- **Súmula-TSE nº 24:** Não cabe recurso especial eleitoral para simples reexame do conjunto fático-probatório.
- **Súmula-TSE nº 25:** É indispensável o esgotamento das instâncias ordinárias para a interposição de recurso especial eleitoral.
- **Súmula-TSE nº 26:** É inadmissível o recurso que deixa de impugnar especificamente fundamento da decisão recorrida que é, por si só, suficiente para a manutenção desta.
- **Súmula-TSE nº 27:** É inadmissível recurso cuja deficiência de fundamentação impossibilite a compreensão da controvérsia.
- **Súmula-TSE nº 28:** A divergência jurisprudencial que fundamenta o recurso especial interposto com base na alínea b do inciso I do art. 276 do Código Eleitoral somente estará demonstrada mediante a realização de cotejo analítico e a existência de similitude fática entre os acórdãos paradigma e o aresto recorrido.
- **Súmula-TSE nº 29:** A divergência entre julgados do mesmo Tribunal não se presta a configurar dissídio jurisprudencial apto a fundamentar recurso especial eleitoral.
- **Súmula-TSE nº 30:** Não se conhece de recurso especial eleitoral por dissídio jurisprudencial, quando a decisão recorrida estiver em conformidade com a jurisprudência do Tribunal Superior Eleitoral.
- **Súmula-TSE nº 31:** Não cabe recurso especial eleitoral contra acórdão que decide sobre pedido de medida liminar.
- **Súmula-TSE nº 32:** É inadmissível recurso especial eleitoral por violação à legislação municipal ou estadual, ao Regimento Interno dos Tribunais Eleitorais ou às normas partidárias.
- **Súmula-TSE nº 33:** Somente é cabível ação rescisória de decisões do Tribunal Superior Eleitoral que versem sobre a incidência de causa de inelegibilidade.
- **Súmula-TSE nº 34:** Não compete ao Tribunal Superior Eleitoral processar e julgar mandado de segurança contra ato de membro de Tribunal Regional Eleitoral.
- **Súmula-TSE nº 35:** Não é cabível reclamação para arguir o descumprimento de resposta a consulta ou de ato normativo do Tribunal Superior Eleitoral.
- **Súmula-TSE nº 36:** Cabe recurso ordinário de acórdão de Tribunal Regional Eleitoral que decida sobre inelegibilidade, expedição ou anulação de diploma ou perda de mandato eletivo nas eleições federais ou estaduais (art. 121, § 4º, incisos III e IV, da Constituição Federal).
- **Súmula-TSE nº 37:** Compete originariamente ao Tribunal Superior Eleitoral processar e julgar recurso contra expedição de diploma envolvendo eleições federais ou estaduais.
- **Súmula-TSE nº 38:** Nas ações que visem à cassação de registro, diploma ou mandato, há litisconsórcio passivo necessário entre o titular e o respectivo vice da chapa majoritária.
- **Súmula-TSE nº 39:** Não há formação de litisconsórcio necessário em processos de registro de candidatura.
- **Súmula-TSE nº 40:** O partido político não é litisconsorte passivo necessário em ações que visem à cassação de diploma.
- **Súmula-TSE nº 41:** Não cabe à Justiça Eleitoral decidir sobre o acerto ou desacerto das decisões proferidas por outros Órgãos do Judiciário ou dos Tribunais de Contas que configurem causa de inelegibilidade.
- **Súmula-TSE nº 42:** A decisão que julga não prestadas as contas de campanha impede o candidato de obter a certidão de quitação eleitoral durante o curso do mandato ao qual concorreu, persistindo esses efeitos, após esse período, até a efetiva apresentação das contas.
- **Súmula-TSE nº 43:** As alterações fáticas ou jurídicas supervenientes ao registro que beneficiem o candidato, nos termos da parte final do art. 11, § 10, da Lei nº 9.504/97, também devem ser admitidas para as condições de elegibilidade.
- **Súmula-TSE nº 44:** O disposto no art. 26-C da LC nº 64/90 não afasta o poder geral de cautela conferido ao magistrado pelo Código de Processo Civil.

- **Súmula-TSE nº 45:** Nos processos de registro de candidatura, o Juiz Eleitoral pode conhecer de ofício da existência de causas de inelegibilidade ou da ausência de condição de elegibilidade, desde que resguardados o contraditório e a ampla defesa.
- **Súmula-TSE nº 46:** É ilícita a prova colhida por meio da quebra do sigilo fiscal sem prévia e fundamentada autorização judicial, podendo o Ministério Público Eleitoral acessar diretamente apenas a relação dos doadores que excederam os limites legais, para os fins da representação cabível, em que poderá requerer, judicialmente e de forma individualizada, o acesso aos dados relativos aos rendimentos do doador.
- **Súmula-TSE nº 47:** A inelegibilidade superveniente que autoriza a interposição de recurso contra expedição de diploma, fundado no art. 262 do Código Eleitoral, é aquela de índole constitucional ou, se infraconstitucional, superveniente ao registro de candidatura, e que surge até a data do pleito.
- **Súmula-TSE nº 48:** A retirada da propaganda irregular, quando realizada em bem particular, não é capaz de elidir a multa prevista no art. 37, § 1º, da Lei nº 9.504/97.
- **Súmula-TSE nº 49:** O prazo de cinco dias, previsto no art. 3º da LC nº 64/90, para o Ministério Público impugnar o registro inicia-se com a publicação do edital, caso em que é excepcionada a regra que determina a sua intimação pessoal.
- **Súmula-TSE nº 50:** O pagamento da multa eleitoral pelo candidato ou a comprovação do cumprimento regular de seu parcelamento após o pedido de registro, mas antes do julgamento respectivo, afasta a ausência de quitação eleitoral.
- **Súmula-TSE nº 51:** O processo de registro de candidatura não é o meio adequado para se afastarem os eventuais vícios apurados no processo de prestação de contas de campanha ou partidárias.
- **Súmula-TSE nº 52:** Em registro de candidatura, não cabe examinar o acerto ou desacerto da decisão que examinou, em processo específico, a filiação partidária do eleitor.
- **Súmula-TSE nº 53:** O filiado a partido político, ainda que não seja candidato, possui legitimidade e interesse para impugnar pedido de registro de coligação partidária da qual é integrante, em razão de eventuais irregularidades havidas em convenção.
- **Súmula-TSE nº 54:** A desincompatibilização de servidor público que possui cargo em comissão é de três meses antes do pleito e pressupõe a exoneração do cargo comissionado, e não apenas seu afastamento de fato.
- **Súmula-TSE nº 55:** A Carteira Nacional de Habilitação gera a presunção da escolaridade necessária ao deferimento do registro de candidatura.
- **Súmula-TSE nº 56:** A multa eleitoral constitui dívida ativa de natureza não tributária, submetendo-se ao prazo prescricional de 10 (dez) anos, nos moldes do art. 205 do Código Civil.
- **Súmula-TSE nº 57:** A apresentação das contas de campanha é suficiente para a obtenção da quitação eleitoral, nos termos da nova redação conferida ao art. 11, § 7º, da Lei nº 9.504/97, pela Lei nº 12.034/2009.
- **Súmula-TSE nº 58:** Não compete à Justiça Eleitoral, em processo de registro de candidatura, verificar a prescrição da pretensão punitiva ou executória do candidato e declarar a extinção da pena imposta pela Justiça Comum.
- **Súmula-TSE nº 59:** O reconhecimento da prescrição da pretensão executória pela Justiça Comum não afasta a inelegibilidade prevista no art. 1º, I, e, da LC nº 64/90, porquanto não extingue os efeitos secundários da condenação.
- **Súmula-TSE nº 60:** O prazo da causa de inelegibilidade prevista no art. 1º, I, e, da LC nº 64/90 deve ser contado a partir da data em que ocorrida a prescrição da pretensão executória e não do momento da sua declaração judicial.
- **Súmula-TSE nº 61:** O prazo concernente à hipótese de inelegibilidade prevista no art. 1º, I, e, da LC nº 64/90 projeta-se por oito anos após o cumprimento da pena, seja ela privativa de liberdade, restritiva de direito ou multa.
- **Súmula-TSE nº 62:** Os limites do pedido são demarcados pelos fatos imputados na inicial, dos quais a parte se defende, e não pela capitulação legal atribuída pelo autor.
- **Súmula-TSE nº 63:** A execução fiscal de multa eleitoral só pode atingir os sócios se preenchidos os requisitos para a desconsideração da personalidade jurídica previstos no art. 50 do Código Civil, tendo em vista a natureza não tributária da dívida, observados, ainda, o contraditório e a ampla defesa.
- **Súmula-TSE nº 64:** Contra acórdão que discute, simultaneamente, condições de elegibilidade e de inelegibilidade, é cabível o recurso ordinário.
- **Súmula-TSE nº 65:** Considera-se tempestivo o recurso interposto antes da publicação da decisão recorrida.
- **Súmula-TSE nº 66:** A incidência do § 2º do art. 26-C da LC nº 64/90 não acarreta o imediato indeferimento do registro ou o cancelamento do diploma, sendo necessário o exame da presença de todos os requisitos essenciais à configuração da inelegibilidade, observados os princípios do contraditório e da ampla defesa.
- **Súmula-TSE nº 67:** A perda do mandato em razão da desfiliação partidária não se aplica aos candidatos eleitos pelo sistema majoritário.
- **Súmula-TSE nº 68:** A União é parte legítima para requerer a execução de astreintes, fixada por descumprimento de ordem judicial no âmbito da Justiça Eleitoral.

- **Súmula-TSE nº 69:** Os prazos de inelegibilidade previstos nas alíneas j e h do inciso I do art. 1º da LC nº 64/90 têm termo inicial no dia do primeiro turno da eleição e termo final no dia de igual número no oitavo ano seguinte.
- **Súmula-TSE nº 70:** O encerramento do prazo de inelegibilidade antes do dia da eleição constitui fato superveniente que afasta a inelegibilidade, nos termos do art. 11, § 10, da Lei nº 9.504/97.
- **Súmula-TSE nº 71:** Na hipótese de negativa de seguimento ao recurso especial e da consequente interposição de agravo, a parte deverá apresentar contrarrazões tanto ao agravo quanto ao recurso especial, dentro do mesmo tríduo legal.

⊙ ANEXO 3

TESES DE REPERCUSSÃO GERAL DO STF NO ÂMBITO DO DIREITO ELEITORAL

a) Princípios do direito eleitoral: princípio da anualidade[1]

Tema 387: "Aplicabilidade imediata da Lei Complementar nº 135/2010, que prevê novas hipóteses de inelegibilidade, às eleições de 2010.". **Tese:** "A Lei Complementar 135/2010 não é aplicável às eleições gerais de 2010, em face do princípio da anterioridade eleitoral (art. 16 da Constituição Federal)".
Tema 367: "Inelegibilidade em razão de renúncia a mandato"[2]. **Tese:** "A Lei Complementar 135/2010 não é aplicável às eleições gerais de 2010, em face do princípio da anterioridade eleitoral (art. 16 da Constituição Federal)".

b) Ministério Público Eleitoral

Tema 680: "Legitimidade do Ministério Público Eleitoral para recorrer de decisão que defere registro de candidatura, ainda que não haja apresentado impugnação ao pedido inicial". **Tese:** "A partir das eleições de 2014, inclusive, o Ministério Público Eleitoral tem legitimidade para recorrer da decisão que julga o pedido de registro de candidatura, ainda que não tenha apresentado impugnação".

c) Elegibilidade e inelegibilidade

Tema 172: "Reeleição de membro do Ministério Público para o exercício de atividade político-partidária após a Emenda Constitucional nº. 45/2004".
Tese: "Membro do Ministério Público possui direito a concorrer à nova eleição e ser reeleito, nos termos do art. 14, § 5º da Constituição Federal, desde que já ocupe cargo eletivo à época do advento da EC 45/2004".
Tema 564: "Candidatura de prefeito reeleito à chefia do Poder Executivo em Municipalidade diversa e aplicação imediata de modificação jurisprudencial da Justiça Eleitoral". **Tese:** "I – O art. 14, § 5º, da Constituição deve ser interpretado no sentido de que a proibição da segunda reeleição é absoluta e torna inelegível para determinado cargo de Chefe do Poder Executivo o cidadão que já exerceu dois mandatos consecutivos (reeleito uma única vez) em cargo da mesma natureza, ainda que em ente da Federação diverso; II – As decisões do Tribunal Superior Eleitoral – TSE que, no curso do pleito eleitoral ou logo após o seu encerramento, impliquem mudança de jurisprudência não têm aplicabilidade imediata".
Tema 61: "Elegibilidade de ex-cônjuge de ocupante de cargo político quando a dissolução da sociedade conjugal se dá durante o exercício do mandato". **Tese:** "A dissolução da sociedade ou do vínculo conjugal, no curso do mandato, não afasta a inelegibilidade prevista no § 7º do artigo 14 da Constituição Federal".
Tema 678: "Incidência da inelegibilidade prevista no art. 14, § 7º, da Constituição federal e na Súmula Vinculante 18, nos casos em que a dissolução da sociedade conjugal ocorre em razão da morte, durante o curso do mandato, do cônjuge anteriormente eleito". **Tese:** "A Súmula Vinculante 18 do STF ("A dissolução da sociedade ou do vínculo conjugal, no curso do mandato, não afasta a inelegibilidade prevista no § 7º do artigo 14 da Constituição Federal") não se aplica aos casos de extinção do vínculo conjugal pela morte de um dos cônjuges.".
Tema 157: "Competência exclusiva da Câmara Municipal para o julgamento das contas do prefeito". **Tese:** "O parecer técnico elaborado pelo Tribunal de Contas tem natureza meramente opinativa, competindo exclusivamente à Câmara de Vereadores o julgamento das contas anuais do Chefe do Poder Executivo local, sendo incabível o julgamento ficto das contas por decurso de prazo".

1. A tese firmada nos autos não guarda relação direta com o tema tal como classificado pelo STF. A tese firmada, construída a partir da reprodução da tese estabelecida no tema 387, diz respeito à dimensão jurídica do princípio da anualidade eleitoral (art. 16 da Constituição Federal de 1988).

Tema 835: "Definição do órgão competente, se o Poder Legislativo ou o Tribunal de Contas, para julgar as contas de Chefe do Poder Executivo que age na qualidade de ordenador de despesas".

Tese: "Para os fins do art. 1º, inciso I, alínea "g", da Lei Complementar 64, de 18 de maio de 1990, alterado pela Lei Complementar 135, de 4 de junho de 2010, a apreciação das contas de prefeitos, tanto as de governo quanto as de gestão, será exercida pelas Câmaras Municipais, com o auxílio dos Tribunais de Contas competentes, cujo parecer prévio somente deixará de prevalecer por decisão de 2/3 dos vereadores".

Tema 781: "Aplicabilidade do prazo de desincompatibilização de 6 meses previsto no art. 14, § 7º, da Constituição Federal às eleições suplementares.".

Tese: "As hipóteses de inelegibilidade previstas no art. 14, § 7º, da Constituição Federal, inclusive quanto ao prazo de seis meses, são aplicáveis às eleições suplementares".

Tema 860: "Possibilidade de aplicação do prazo de 8 anos de inelegibilidade por abuso de poder previsto na Lei Complementar 135/2010 às situações anteriores à referida lei em que, por força de decisão transitada em julgado, o prazo de inelegibilidade de 3 anos aplicado com base na redação original do art. 1º, I, d, da Lei Complementar 64/1990 houver sido integralmente cumprido.".

Tese: ainda não publicada. Por seis votos a cinco, o STF admitiu a retroatividade da Lei da Ficha Limpa a situações pretéritas à sua publicação.

D) liberdade de reunião e propaganda política

Tema 855: *"Liberdade de reunião e prévio aviso à autoridade competente* - RE 806339/SE"

Tese: **"A exigência constitucional de aviso prévio relativamente ao direito de reunião é satisfeita com a veiculação de informa**ção que permita ao poder público zelar para que seu exercício se dê de forma pacífica ou para que não frustre o**utra reunião no mesmo local".**

ANEXO 4

Resolução nº 23.478, de 10 de maio de 2016

PROCESSO ADMINISTRATIVO Nº 84-36.2016.6.00.0000 CLASSE 26 BRASÍLIA DISTRITO FEDERAL

Relator: Ministro Dias Toffoli

Interessado: Tribunal Superior Eleitoral

Ementa:

Estabelece diretrizes gerais para a aplicação da Lei nº 13.105, de 16 de março de 2015 Novo Código de Processo Civil, no âmbito da Justiça Eleitoral.

O Tribunal Superior Eleitoral, no uso das atribuições que lhe confere o art. 23, inciso IX, do Código Eleitoral, considerando a necessidade de disciplinar a aplicabilidade da Lei nº 13.105/2015, no âmbito da Justiça Eleitoral, resolve expedir a seguinte resolução:

CAPÍTULO I
DISPOSIÇÕES GERAIS

Art. 1º A presente resolução dispõe sobre a aplicabilidade, no âmbito da Justiça Eleitoral, do Novo Código de Processo Civil Lei nº 13.105, de 16 de março de 2015, que entrou em vigor no dia 18 de março de 2016.

Parágrafo único. As disposições contidas nesta Resolução não impedem que outras sejam estipuladas a partir da verificação de sua necessidade.

Art. 2º Em razão da especialidade da matéria, as ações, os procedimentos e os recursos eleitorais permanecem regidos pelas normas específicas previstas na legislação eleitoral e nas instruções do Tribunal Superior Eleitoral.

Parágrafo único. A aplicação das regras do Novo Código de Processo Civil tem caráter supletivo e subsidiário em relação aos feitos que tramitam na Justiça Eleitoral, desde que haja compatibilidade sistêmica.

Art. 3º Aplicam-se aos processos eleitorais o contido nos arts. 9º e 10 do Novo Código de Processo Civil (Lei nº 13.105/2015).

Art. 4º Os feitos eleitorais são gratuitos, não incidindo custas, preparo ou honorários (Lei nº 9.265/96, art. 1º).

Art. 5º Não se aplica aos feitos eleitorais o instituto do *Amicus Curiae* de que trata o art. 138 da Lei nº 13.105, de 2015.

Art. 6º Não se aplicam aos feitos eleitorais as regras relativas à conciliação ou mediação previstas nos arts. 165 e seguintes do Novo Código de Processo Civil.

CAPÍTULO II
DOS PRAZOS

Art. 7º O disposto no art. 219 do Novo Código de Processo Civil não se aplica aos feitos eleitorais.

§ 1º Os prazos processuais, durante o período definido no calendário eleitoral, serão computados na forma do art. 16 da Lei Complementar nº 64, de 1990, não se suspendendo nos fins de semana ou feriados.

§ 2º Os prazos processuais, fora do período definido no calendário eleitoral, serão computados na forma do art. 224 do Novo Código de Processo Civil.

§ 3º Sempre que a lei eleitoral não fixar prazo especial, o recurso deverá ser interposto no prazo de 3 (três) dias, a teor do art. 258 do Código Eleitoral, não se aplicando os prazos previstos no Novo Código de Processo Civil.

Art. 8º O prazo de 30 (trinta) dias de que trata o art. 178 do Novo Código de Processo Civil não se aplica na Justiça Eleitoral.

Art. 9º Durante o período previsto no calendário eleitoral (Lei Complementar nº 64/90) não se aplica o prazo previsto no art. 234, § 2º, do Novo Código de Processo Civil (três dias), podendo a autoridade judiciária determinar a imediata busca e apreensão dos autos se, intimado, o advogado não os devolver.

Art. 10. A suspensão dos prazos processuais entre os dias 20 de dezembro e 20 de janeiro de que trata o art. 220 do Novo Código de Processo Civil aplica-se no âmbito dos cartórios eleitorais e dos tribunais regionais eleitorais.

CAPÍTULO III
DOS ATOS PROCESSUAIS

Art. 11. Na Justiça Eleitoral não é admitida a autocomposição, não sendo aplicáveis as regras dos arts. 190 e 191 do Novo Código de Processo Civil.

Art. 12. As disposições previstas no artigo 203, § 4º, do Novo Código de Processo Civil são aplicáveis aos feitos eleitorais.

Art. 13. A regra do art. 205, § 3º, do Novo Código de Processo Civil não se aplica aos processos que tramitem durante o período previsto no calendário eleitoral para os quais seja admitida a publicação em cartório, sessão ou a utilização de edital eletrônico (LC nº 64/90, arts. 8º, 9º e 11, § 2º; Lei nº 9.504/97, art. 94, § 5º).

CAPÍTULO IV
DA TUTELA PROVISÓRIA

Art. 14. Os pedidos autônomos de tutela provisória serão autuados em classe própria.

Parágrafo único. Os pedidos apresentados de forma incidental em relação a feitos em tramitação serão encaminhados à autoridade judiciária competente, que determinará a sua juntada aos autos principais ou adotará as providências que entender cabíveis.

CAPÍTULO V
DOS PROCURADORES

Art. 15. Durante o período definido no calendário eleitoral, a carga dos autos para obtenção de cópias no curso de prazo comum às partes, prevista no art. 107, § 3º, do Novo Código de Processo Civil, será automaticamente permitida pela serventia pelo prazo de 2 (duas) horas, cabendo à autoridade judiciária decidir sobre eventual pedido de extensão até o limite de 6 (seis) horas.

CAPÍTULO VI
DA ORDEM DOS PROCESSOS NO TRIBUNAL

Art. 16. Nos Tribunais Eleitorais, o prazo para sustentação oral dos advogados das partes e do representante do Ministério Público será de:

I 15 (quinze) minutos nos feitos originários (art. 937 do Novo Código de Processo Civil);

II 10 (dez) minutos, nos recursos eleitorais (art. 272 do Código Eleitoral);

III 20 (vinte) minutos no recurso contra expedição de diploma, (art. 272, parágrafo único, do Código Eleitoral).

Art. 17. Não se aplica, nos Tribunais Eleitorais, o quórum previsto no art. 941, § 2º, do Novo Código de Processo Civil (arts. 19, parágrafo único, e 28, § 4º, do Código Eleitoral).

Art. 18. Os julgamentos das ações originárias e dos recursos nos Tribunais Eleitorais, inclusive os agravos e embargos de declaração na hipótese do art. 1.024, § 1º, do Novo Código de Processo Civil, somente poderão ser realizados 24 horas após a publicação da pauta.

Parágrafo único: O disposto no *caput* não se aplica:

I – ao julgamento de habeas corpus; recurso em habeas corpus; tutela provisória; liminar em mandado de segurança; e, arguição de impedimento ou suspeição;

II – durante o período eleitoral, aos processos atinentes ao respectivo pleito;

III – às questões de ordem;

IV – à continuidade de julgamento de processos decorrentes da devolução tempestiva de pedido de vista;

V – aos feitos não apreciados cujo julgamento tiver sido expressamente adiado para a primeira sessão seguinte;

VI – aos embargos de declaração, quando julgados na sessão subsequente à respectiva oposição ou, se for o caso, à apresentação da manifestação do embargado;

VII – aos feitos administrativos, com exceção do pedido de registro de partido político;

VIII – às outras hipóteses previstas em lei ou nas resoluções do Tribunal Superior Eleitoral.

CAPÍTULO VII
DOS RECURSOS

Art. 19. As decisões interlocutórias ou sem caráter definitivo proferidas nos feitos eleitorais são irrecorríveis de imediato por não estarem sujeitas à preclusão, ficando os eventuais inconformismos para posterior manifestação em recurso contra a decisão definitiva de mérito.

§ 1º O Juiz ou Tribunal conhecerá da matéria versada na decisão interlocutória como preliminar à decisão de mérito se as partes assim requererem em suas manifestações.

§ 2º O agravo contra decisãob que inadmitir o recurso especial interposto contra decisão interlocutória será processado em autos suplementares, prosseguindo o curso da demanda nos autos principais.

Art. 20. A sistemática dos recursos repetitivos prevista nos arts. 1.036 a 1.042 do Novo Código de Processo Civil não se aplica aos feitos que versem ou possam ter reflexo sobre inelegibilidade, registro de candidatura, diplomação e resultado ou anulação de eleições.

CAPÍTULO VIII
DISPOSIÇÕES FINAIS E TRANSITÓRIAS

Art. 21. Até que seja criada a nova classe processual prevista no art. 14 desta Resolução, os pedidos de tutela provisória serão autuados, no Processo Judicial Eletrônico, na classe de Ação Cautelar.

Art. 22. A oitiva de testemunhas e a sustentação oral por meio de videoconferência, previstas nos arts. 385, § 3º, 453, § 1º, 461, § 2º, e 937, § 4º, do Novo Código de Processo Civil, serão implantadas de acordo com a disponibilidade técnica de cada cartório ou Tribunal Eleitoral.

Art. 23. As disposições previstas nesta Resolução não prejudicam os atos processuais praticados antes da sua publicação.

Art. 24. Esta Resolução entra em vigor na data de sua publicação.

Brasília, 10 de maio de 2016.

MINISTRO DIAS TOFFOLI PRESIDENTE E RELATOR

MINISTRO GILMAR MENDES

MINISTRO LUIZ FUX

MINISTRO HERMAN BENJAMIN

MINISTRO NAPOLEÃO NUNES MAIA FILHO

MINISTRO HENRIQUE NEVES DA SILVA

MINISTRA LUCIANA LÓSSIO

Direito Civil

Plácido de Souza Neto

TABELA DE INCIDÊNCIA DE QUESTÕES		
Assunto	**N. de questões**	**Peso**
1. LEI DE INTRODUÇÃO ÀS NORMAS DO DIREITO BRASILEIRO – LINDB	9	10,00%
2. PARTE GERAL DO CÓDIGO CIVIL	28	31,11%
3. DIREITO DAS OBRIGAÇÕES	13	14,44%
4. CONTRATOS	25	27,78%
5. RESPONSABILIDADE CIVIL	3	3,33%
6. DIREITO DAS COISAS	6	6,67%
7. DIREITO DE FAMÍLIA	5	5,56%
8. DIREITO DAS SUCESSÕES	1	1,11%
TOTAL	**90**	**100%**

Direito Civil

Plácido de Souza Neto

✦ QUESTÕES

1. LEI DE INTRODUÇÃO ÀS NORMAS DO DIREITO BRASILEIRO – LINDB

01. (IBFC – Analista Judiciário – Área Judiciária – TRE – PA/2020) A Lei de Introdução às Normas do Direito Brasileiro (LINDB), enquanto norma de sobredireito, define normas de vigência e aplicação de leis, e não tem sua incidência restrita ao direito privado. Nesse sentido, assinale a alternativa incorreta.

a) A nova lei, que estabelece disposições gerais ou especiais a par das já existentes, não revoga nem modifica a lei anterior. Salvo disposição em contrário, a lei revogada não se restaura por ter a lei revogadora perdido a vigência

b) Consideram-se atos jurídicos perfeitos os direitos que o seu titular ou alguém por ele possa exercer, como aqueles cujo começo do exercício tenha termo pré-fixo, ou condição pré-estabelecida inalterável, a arbítrio de outrem

c) Ninguém se escusa de cumprir a lei, alegando que não a conhece. Trata-se do Princípio da obrigatoriedade da norma que comporta exceções previstas no próprio ordenamento jurídico

d) No caso de conflito entre norma posterior e norma anterior, valerá a primeira, pelo critério cronológico, caso de antinomia de primeiro grau aparente

COMENTÁRIOS

✪ **Nota do autor:** a interpretação e aplicação das leis é a matéria tratada pelo Decreto-Lei 4.657, de 04 de setembro de 1942, anteriormente conhecido como Lei de Introdução ao Código Civil e que, com o advento da Lei 12.376, de 30 de dezembro de 2010, passou a ser denominado de Lei de Introdução às Normas do Direito Brasileiro (LINDB). Referida lei não se aplica somente ao Direito Civil, mas também aos demais ramos do direito. Trata-se de uma norma sobre normas ou norma de sobredireito, que desempenha as seguintes funções: a) regular a vigência e a eficácia das normas jurídicas, disciplinando os conflitos de leis no tempo e no espaço (LINDB, arts. 1º, 2º, 6º e 7º a 19); b) apresentar as soluções para a integração das lacunas normativas (LINDB, art. 4º); c) fornecer os critérios de hermenêutica (LINDB, art. 5º); d) preservar a efetividade global do sistema (LINDB, art. 3º e 6º) e e) regular os deveres e responsabilidades dos agentes públicos, quando da aplicação da lei (arts. 20 a 30, incluídos pela Lei nº 13.655, de 25 de abril de 2018), normas que são estritamente de direito público.

Alternativa "a": De acordo com o § 2º do art. 2º da LINDB, de fato, a nova lei que estabelecer disposições gerais ou especiais sobre questões já reguladas por outra lei, não revoga e nem modifica a lei anterior. Ademais, a segunda parte da alternativa corresponde à transcrição do § 3º do art. 2º da LINDB, que assim estatui: "Salvo disposição em contrário, a lei revogada não se restaura por ter a lei revogadora perdido a vigência."

Alternativa "b": A alternativa traz a definição legal de direito adquirido e não de ato jurídico perfeito. Deste modo, nos termos do § 1º do art. 6º da LINDB, o ato jurídico perfeito é aquele "já consumado segundo a lei vigente ao tempo em que se efetuou."

Alternativa "c": A alternativa define corretamente o princípio da obrigatoriedade, previsto no art. 3º da LINDB. Além disso, de fato, tal princípio comporta exceções no ordenamento jurídico brasileiro. Um exemplo de exceção a este princípio é o erro de direito previsto no art. 139, III, do CC, que autoriza a anulação do negócio jurídico; outro exemplo é o erro inescusável sobre a ilicitude do fato previsto no art. 21 do CP, que isenta o agente de pena.

Alternativa "d": Dentre os critérios para resolução de antinomias, existe o critério cronológico, segundo o qual a norma posterior deve prevalecer sobre a norma anterior.

Alternativa correta: letra "b".

02. (Consulplan – Analista Judiciário – Área Administrativa – TRE – RJ/2017) No tocante à Lei de Introdução às normas do Direito Brasileiro, interprete o caso proposto e assinale a afirmativa juridicamente verdadeira. "A Lei nº 8.112/90 previa o direito de licença por assiduidade para os servidores federais. Posteriormente, a Lei nº 9.527/97 revogou o referido direito e o substitui por um direito à licença para capacitação. Supondo que seja aprovada a Lei "X" em 2017 revogando a Lei nº 9.527/97, poder-se-á concluir que

a) não existindo disposição em contrário, a Lei "X" terá vigência de cinco anos, prescrevendo após este período.
b) com a revogação da Lei nº 9.527/97, fica restaurado o direito de licença por assiduidade dos servidores federais.
c) salvo disposição em contrário, a Lei "X" começa a vigorar quarenta e cinco dias depois de oficialmente publicada.
d) a lei nova, em regra, tem vigência retroativa, cassando as licenças dos servidores federais que já se encontravam em gozo do direito.

COMENTÁRIOS

Alternativa "a":. De acordo com o art. 2º, *caput*, da LINDB "não se destinando à vigência temporária, a lei terá vigor até que outra a modifique ou revogue".

Alternativa "b": O ordenamento jurídico brasileiro não admite a repristinação como regra. O art. 2º, § 3º, da LINDB estabelece que "salvo disposição em contrário, a lei revogada não se restaura por ter a lei revogadora perdido a vigência". Deste modo, o direito de licença por assiduidade dos servidores federais só seria restaurado se houvesse previsão expressa na lei "X".

Alternativa "c": De acordo com o art. 1º da LINDB "salvo disposição contrária, a lei começa a vigorar em todo o país 45 (quarenta e cinco) dias depois de oficialmente publicada".

Alternativa "d": Em regra, a lei nova tem efeito imediato e geral, devendo respeitar o ato jurídico perfeito, o direito adquirido e a coisa julgada, nos termos do art. 6º, *caput*, da LINDB. No exemplo indicado na alternativa, os servidores públicos que estavam em gozo da licença são titulares de um direito adquirido, pois já haviam reunido todas as condições para o seu exercício, nos termos do parágrafo 2º do mesmo artigo.

Alternativa correta: letra "c".

---

03. (FCC – Analista Judiciário – Área Judiciária – TRE – SP/2017) André adquiriu um terreno onde pretendia construir uma fábrica de tintas. Na época da aquisição, não havia lei impedindo esta atividade na região em que se localizava o terreno. Passado o tempo, porém, antes de André iniciar qualquer construção, sobreveio lei impedindo o desenvolvimento de atividades industriais naquela área, por razões ambientais. A lei tem efeito

a) imediato e atinge André, que não tem direito adquirido ao regime jurídico anterior a seu advento.
b) retroativo e atinge André, por tratar de questão de ordem pública.
c) imediato, mas não atinge André, que possui direito adquirido ao regime jurídico anterior a seu advento.
d) retroativo, mas não atinge André, que possui direito adquirido ao regime jurídico anterior a seu advento.
e) retroativo mas não atinge André, por tratar de direito disponível.

COMENTÁRIOS

Alternativa "a" (responde as demais alternativas). De acordo com o art. 6º da LINDB "a Lei em vigor terá efeito imediato e geral, respeitados o ato jurídico perfeito, o direito adquirido e a coisa julgada". O art. 6º, § 2º, da LINDB estatui que "Consideram-se adquiridos assim os direitos que o seu titular, ou alguém por ele, possa exercer, como aqueles cujo começo do exercício tenha termo pré-fixo, ou condição pré-estabelecida inalterável, a arbítrio de outrem". A doutrina ensina que "direito adquirido é o que já se incorporou definitivamente ao patrimônio e à personalidade de seu titular, não podendo lei nem fato posterior alterar tal situação jurídica" (GONÇALVES, Carlos Roberto. Curso de Direito Civil: Parte Geral. 13 ed. São Paulo: Saraiva, 2015). André não possui o direito adquirido de produzir tintas em seu terreno, porque a lei que impediu o desenvolvimento de atividades industriais na região entrou em vigor antes mesmo do início de qualquer edificação destinada a esse fim.

Alternativa correta: letra "a".

---

04. (Cespe – Analista Judiciário – Área Judiciária – TRE – TO/2017) De acordo com a Lei de Introdução às Normas do Direito Brasileiro,

a) o princípio da obrigatoriedade das leis é incompatível com o instituto do erro de direito.
b) em relação à eficácia da lei no tempo, a retroatividade de uma lei no ordenamento jurídico será máxima.
c) adota-se, quanto à eficácia da lei no espaço, o princípio da territorialidade mitigada.
d) em caso de omissão da lei, o juiz decidirá o caso de acordo com as regras de experiência.
e) será admitida correção de texto legal apenas antes de a lei entrar em vigor.

COMENTÁRIOS

Alternativa "a": Há total compatibilidade entre o princípio da obrigatoriedade das leis, segundo o qual ninguém pode deixar de cumprir a lei alegando desconhecimento (art. 3º da LINDB), com o instituto do erro de direito, que consiste na compreensão errônea de seu conteúdo e permite a anulação de negócio jurídico, desde que não implique recusa ao cumprimento da lei (art. 139, III, CC). A doutrina ensina que "A inaceitabilidade da alegação de ignorância da lei não afasta, todavia, a relevância do erro de direito, que é o conhecimento falso da lei, como causa de anulação de negócio jurídico" (GONÇALVES, Carlos Roberto. Curso de Direito Civil. 13 ed. São Paulo: Saraiva, 2015).

Alternativa "b": De acordo com a doutrina "a retroatividade pode ser **máxima**, **média** e **mínima**. A primeira atinge o direito adquirido e afeta negócios jurídicos perfeitos; a segunda faz com que a lei nova alcance os fatos pendentes, os direitos já existentes mas ainda não integrados no patrimônio do titular; a terceira se configura quando a lei nova afeta apenas os efeitos dos atos anteriores, mas produzidos após a data em que ela entrou em vigor" (GONÇALVES, Carlos Roberto. Curso de Direito Civil. 13 ed. São Paulo: Saraiva, 2015). No direito brasileiro, entretanto, a regra é a irretroatividade da **lei**, que só regulará fatos pretéritos nos casos expressamente permitidos pela Constituição Federal, como em matéria criminal para beneficiar o réu. Assim, a lei em vigor terá aplicação imediata, devendo respeitar o ato jurídico perfeito, o direito adquirido e a coisa julgada (art. 6º, *caput,* LINDB).

Alternativa "c": Em regra, no território nacional aplica-se somente a lei brasileira (Princípio da Territorialidade). Todavia, há exceções em que podem ser aplicados no Brasil tratados e convenções internacionais e até mesmo a lei estrangeira, como ocorre, por exemplo, nas hipóteses previstas no art. 7º da LINDB. Esse fenômeno mitiga o Princípio da Territorialidade, que passa a ser denominado de Territorialidade Mitigada ou Temperada.

Alternativa "d": O art. 4º da LINDB, que cuida das formas de integração das normas jurídicas em geral, não menciona a experiência como instrumento apto a suprir uma lacuna legal. Prescreve o mencionado dispositivo que "quando a lei for omissa, o juiz decidirá o caso de acordo com a analogia, os costumes e os princípios gerais de direito".

Alternativa "e": É permitida a correção a texto de lei a qualquer tempo. Entretanto, as correções a texto de lei já em vigor consideram-se lei nova, conforme dispõe o art. 1º, § 4º, da LINDB.

Alternativa correta: **letra** "**c**".

---

05. (Cespe – Analista Judiciário – Área Judiciária – TRE – PI/2016) O aplicador do direito, ao estender o preceito legal aos casos não compreendidos em seu dispositivo, vale-se da

a) interpretação teleológica.

b) socialidade da lei.

c) interpretação extensiva.

d) analogia.

e) interpretação sistemática.

COMENTÁRIOS

Alternativa correta letra "c" (responde as demais alternativas): a analogia é a técnica de decisão que estende para um caso não previsto no texto a norma que regula outro caso semelhante em aspectos relevantes. A analogia difere da interpretação extensiva, que é uma técnica de decisão que amplia o sentido do texto, fazendo com que um caso que aparentemente não estaria nele previsto, passe a estar abrangido pela norma extraída desse texto.

---

06. (Cespe – Analista Judiciário – Área Judiciária – TRE – MT/2015) Com base no disposto na Lei de Introdução às Normas do Direito Brasileiro, assinale a opção correta.

a) No tocante aos regramentos do direito de família, adota-se o critério *jus sanguinis* na referida lei.

b) A sucessão de bens de estrangeiros situados no território brasileiro é disciplinada pela lei brasileira em favor do cônjuge ou dos filhos brasileiros, mesmo se a lei do país de origem do *de cujus* for-lhes mais favorável.

c) Ao confronto entre uma lei especial e outra lei geral e posterior dá-se o nome de antinomia de segundo grau.

d) Ocorre lacuna ontológica na lei quando existe texto legal para a solução do caso concreto, mas esse texto contraria os princípios que regem a própria justiça.

e) O juiz poderá decidir por equidade, mesmo sem previsão legal.

COMENTÁRIOS

✪ **Nota do autor:** As lacunas das normas jurídicas classificam-se como: a) lacuna **normativa**: ausência de norma prevista para um determinado caso concreto; b) lacuna **ontológica**: existe norma para o caso concreto, mas desprovida de eficácia social; c) lacuna **axiológica**: existe norma para o caso concreto, mas sua aplicação é injusta; d) lacuna de conflito ou **antinomia**: confronto real ou aparente entre duas ou mais normas válidas. A **antinomia jurídica** é caracterizada pela presença de conflito, real ou aparente, entre duas ou mais normas válidas. A antinomia será **real**, quando não for possível afirmar qual das normas em confronto merecerá aplicação em determinado caso concreto. Será aparente quando puder ser solucionada com a utilização dos seguintes critérios: 1º) critério **cronológico**: a norma posterior prevalece sobre a norma anterior; 2º) critério da **especialidade**: a norma especial prevalece sobre a norma geral; 3º) critério **hierárquico**: a norma superior prevalece sobre a norma inferior. De acordo com os critérios utilizados para solucionar a antinomia, esta pode ser classificada como: a) **antinomia de 1º grau**: conflito de normas que envolve apenas um dos critérios acima expostos; b) **antinomia de 2º grau**: choque de normas válidas que envolve dois dos critérios antes analisados.

Alternativa "a": O art. 7º da LINDB estabelece que "a lei do país em que domiciliada a pessoa determina as regras sobre o começo e o fim da personalidade, o nome, a capacidade e os direitos de família". Como se vê, o critério adotado pela Lei de Introdução às Normas do Direito Brasileiro para o direito de família não é o *jus sanguinis*, ligado à nacionalidade dos pais, independentemente do local de nascimento da pessoa. O critério adotado é o *jus domicilii*, segundo o qual a norma a ser aplicada é aquela vigente no local de domicílio da família, observando-se o local onde ela se estabeleceu com ânimo definitivo.

Alternativa "b": O art. 10, § 1º, da LINDB dispõe que "a sucessão de bens de estrangeiros, situados no País, será regulada pela lei brasileira em benefício do cônjuge ou dos filhos brasileiros, ou de quem os represente, sempre que não lhes seja mais favorável a lei pessoal do *de cujus*." Destarte, se a lei do país de origem do falecido for mais favorável ao cônjuge ou filhos brasileiros, prevalecerá em detrimento da lei brasileira.

Alternativa "c": A hipótese de confronto entre uma lei especial anterior e uma lei geral posterior caracteriza-se como antinomia jurídica de segundo grau. Isso apenas a utilização do primeiro critério (cronológico) não é suficiente para solucionar o conflito. Será necessário recorrer ao segundo critério (especialidade) para determinar qual norma deverá ser aplicada.

Alternativa "d": A lacuna da lei caracterizada pela existência de norma para o caso concreto cuja aplicação é injusta denomina-se lacuna axiológica. A lacuna ontológica é caracterizada pela existência de norma aplicável ao caso concreto desprovida de eficácia social.

Alternativa "e": O art. 140, parágrafo único, do CPC/2015 estabelece que "o juiz só decidirá por equidade **nos casos previstos em lei**."

Alternativa correta: letra "c".

07. (IESES – Analista Judiciário – Área Judiciária – TRE – MA/2015) Sobre a vigência das normas, responda as questões:

I. Transcorrido o período designado como *vacatio legis*, as correções ao texto legal são consideradas lei nova, e podem estar novamente sujeitas à *vacatio legis*.

II. A repristinação é admitida quando se tratar de lei mais benéfica às partes.

III. É possível que uma lei seja destinada à vigência temporária.

Assinale a correta:

a) Todas as assertivas são falsas.

b) Apenas a assertiva III é verdadeira

c) Todas as assertivas são verdadeiras.

d) Apenas as assertivas I e III são verdadeiras.

COMENTÁRIOS

Item I: pois de acordo com o art. 1º, § 4º, da LINDB "as correções a texto de lei já em vigor consideram-se lei nova." Tratando-se de lei nova, as correções a uma lei já em vigor, vale dizer, em relação à qual já decorreu o prazo de *vacatio legis*, sujeitam-se novamente às regras relativas à *vacatio legis*.

Item II: pois o art. 2º, § 3º, da LINDB, estipula que "salvo disposição em contrário, a lei revogada não se restaura por ter a lei revogadora perdido a vigência." Destarte, se uma segunda lei revoga a primeira e é posteriormente revogada por uma terceira, a primeira lei (revogada pela segunda) não volta a vigorar, a menos que haja disposição expressa na terceira lei. Isso ocorre porque, de acordo com a LINDB, a repristinação somente será admitida quando expressamente prevista em ato normativo, **não se admitindo a repristinação implícita ou tácita, mesmo que a primeira lei preveja regras mais benéficas para alguém**. Vale lembrar que, se ao invés de ser revogada por uma terceira lei, a segunda lei do nosso exemplo for declarada inconstitucional, a primeira lei voltará a produzir efeitos. Haverá nesse caso o denominado efeito repristinatório, que é diferente de repristinação.

Item III: pois o art. 2º da LINDB prevê expressamente a existência de leis com vigência por tempo determinado.

Alternativa correta: letra "d". Estão corretos os itens I e III.

08. (IBFC – Analista Judiciário – Área Judiciária– TRE-AM/2014) De acordo com a Lei de Introdução às Normas do Direito Brasileiro, se determinada lei for omissa, o juiz decidirá o caso de acordo com:

a) A equidade, a analogia e os costumes.

b) Os usos e costumes, a analogia e a jurisprudência.

c) A analogia, os costumes e os princípios gerais de direito.

d) Os costumes, a doutrina e a jurisprudência.

COMENTÁRIOS

Alternativa correta letra "c" (responde as demais alternativas). O art. 4º da LINDB dispõe expressamente que "quando a lei for omissa, o juiz decidirá o caso de acordo com a analogia, os costumes e os princípios gerais de direito". Por essa regra, o juiz não pode deixar de julgar uma demanda sob o argumento de que a lei é omissa sobre o tema em discussão, ou seja, proíbe o *non liquet*.

09. (FCC – Analista Judiciário – Área Judiciária – TRE-PR/2012) NÃO se destinando a vigência temporária, a lei

a) terá vigor até que outra a modifique ou revogue.

b) vigorará enquanto não cair em desuso.

c) só poderá ser revogada pela superveniência de nova ordem constitucional.

d) somente vigorará, até que outra lei expressamente a revogue.

e) não poderá ser revogada.

COMENTÁRIOS

Alternativa correta letra "a" (responde as demais alternativas). De acordo com o *caput* do art. 2º da LINDB, quando uma lei não contiver em seu texto um prazo definido para sua vigência, vigorará até que outra lei a altere ou a revogue.

2. PARTE GERAL DO CÓDIGO CIVIL

2.1. PESSOAS NATURAIS

2.1.1. PERSONALIDADE E CAPACIDADE

10. (Cespe – Analista Judiciário – Área Judiciária – TRE – TO/2017) Jovem de dezesseis anos de idade que se case com indivíduo civilmente capaz e que se torne viúva antes de completar dezoito anos de idade

a) passará, automaticamente, ao estado de relativamente incapaz.

b) regressará, desde que sentença judicial assim determine, ao estado de incapacidade.

c) permanecerá, independentemente de sentença judicial, capaz para os atos da vida civil.

d) permanecerá, desde que sentença judicial assim determine, capaz para os atos da vida civil.

e) regressará, automaticamente, ao estado de absolutamente incapaz.

COMENTÁRIOS

Alternativa correta: letra "c" (responde as demais alternativas). O casamento é uma das hipóteses de emancipação legal (art. 5º, parágrafo único, II, CC). Esta é uma situação imutável, ou seja, ainda que haja divórcio ou morte do cônjuge, o jovem continuará capaz para os atos da vida civil. Nesse sentido, prescreve a doutrina: "Preleciona, com efeito, Caio Mario da Silva Pereira que, "**em qualquer caso a emancipação é irrevogável, e, uma vez concedida, habilita o beneficiado para os atos civis**". Silvio Rodrigues, por sua vez, diz que a emancipação cria uma "situação irreversível". Embora estivessem comentando outras hipóteses, os mencionados autores não abriram nenhuma exceção, nem mesmo quando cuidaram da emancipação pelo exercício do cargo público" (GONÇALVES, Carlos Roberto. Curso de Direito Civil. 13 ed. São Paulo: Saraiva, 2015).

11. (FCC – Analista Judiciário – Área Administrativa – TRE – SP/2017) O menor de dezesseis anos

a) não possui personalidade, a qual é adquirida com a maioridade civil.

b) possui personalidade e tem resguardados todos os direitos inerentes a ela, mas é absolutamente incapaz para os atos da vida civil.

c) possui personalidade, mas os direitos inerentes a ela, bem como os atos da vida civil, poderão ser exercidos pessoalmente apenas aos dezesseis anos completos, quando é adquirida capacidade plena.

d) possui personalidade, mas os direitos inerentes a ela, bem como os atos da vida civil, poderão ser exercidos, sob representação, apenas aos dezesseis anos completos, quando é adquirida capacidade relativa.

e) possui personalidade e tem resguardados todos os direitos inerentes a ela, mas é relativamente incapaz para os atos da vida civil.

COMENTÁRIOS

Alternativa correta: letra "b" (responde as demais alternativas). De acordo com o art. 2º do CC "a personalidade civil da pessoa começa do nascimento com vida". Assim, o menor de dezesseis anos possui personalidade civil. Entretanto, é considerado absolutamente incapaz para os atos da vida civil, por força do art. 3º do CC.

2.1.2. DIREITOS DA PERSONALIDADE

12. (Consulplan – Analista Judiciário – Área Administrativa – TRE – RJ/2017) Uma empresa, com o intuito de promover uma campanha comercial, divulgou, sem autorização, o nome de alguns funcionários em peças publicitárias de rádio e televisão. Nos termos do Código Civil brasileiro,

a) a divulgação do nome alheio, em propaganda comercial, prescinde de autorização.
b) a conduta da empresa, em relação aos funcionários, feriu o direito da personalidade.
c) o nome alheio pode ser divulgado, sem autorização, apenas em campanhas de rádio.
d) os funcionários devem abrir mão dos direitos da personalidade para não perderem o emprego.

COMENTÁRIOS

Alternativa correta: letra "b" (responde as demais alternativas). De acordo com a doutrina "o direito ao nome é espécie dos direitos da personalidade, pertencente ao gênero do direito à integridade moral, pois todo indivíduo tem o direito à identidade pessoal, de ser reconhecido em sociedade por denominação própria" (GONÇALVES, Carlos Roberto. Curso de Direito Civil. 13 ed. São Paulo: Saraiva, 2015). Para proteger esse direito, o art. 18 do CC dispõe que "sem autorização, não se pode usar o nome alheio em propaganda comercial". Assim, a conduta da empresa, ao divulgar o nome dos funcionários em propaganda comercial sem autorização, violou o referido dispositivo legal.

---

13. (Cespe – Analista Judiciário – Área Judiciária – TRE – RS/2015) O Código Civil brasileiro cuida de relações humanas que produzem efeitos jurídicos, normatizando, entre outras situações, os direitos da pessoa humana. Acerca desse assunto, assinale a opção correta, no que se refere à pessoa natural.

a) Consoante entendimento do STF, é inexigível o consentimento de pessoa biografada relativamente a obras biográficas, literárias ou audiovisuais, sendo por igual desnecessária autorização de pessoas retratadas como coadjuvantes.
b) Todas as pessoas naturais detêm, por si só, plena capacidade para o exercício pessoal dos atos civis.
c) O nome da pessoa natural recebe proteção legal, que não se estende aos pseudônimos quando utilizados em atividades lícitas.
d) O incapaz possui capacidade de fato desde o seu nascimento, mas só adquire capacidade de direito após completar dezoito anos ou após obter a sua emancipação.
e) A emancipação voluntária firmada perante o tabelionato de notas exige a anuência comum dos pais e depende de homologação judicial.

COMENTÁRIOS

Alternativa "a": No julgamento da Ação Direta de Inconstitucionalidade n. 4815, o Supremo Tribunal Federal reconheceu não ser exigível a autorização prévia para a publicação de biografias. De acordo com a Suprema Corte os artigos 20 e 21 do Código Civil devem ser interpretados em conformidade com os direitos fundamentais à liberdade de expressão da atividade intelectual, artística, científica e de comunicação, não se admitindo a censura ou exigência de licença de pessoa biografada.

Alternativa "b": Os art. 3º e 4º do CC estabelecem as hipóteses de incapacidade absoluta e relativa para a prática dos atos da vida civil.

Alternativa "c": O art. 19 do CC dispõe que "o pseudônimo adotado para atividades lícitas goza da proteção que se dá ao nome."

Alternativa "d": A capacidade pode ser jurídica (de direito/gozo) e de fato (de exercício/ação). A capacidade de direito decorre da personalidade, significa capacidade de aquisição de direitos, reconhecida a qualquer ser humano, como o doente mental, a criança. A capacidade de fato é a aptidão de exercer os atos da vida civil por si mesmo, sem outra pessoa que o assista ou represente. Toda pessoa nasce com capacidade de direito ou de aquisição de direitos (reconhecida a todo ser humano), mas somente adquirirá capacidade de fato com a maioridade ou emancipação, se não incidir em alguma das hipóteses de incapacidade relativa previstas no art. 4º do CC.

Alternativa "e": O art. 5º, parágrafo único, do CC, determina que "cessará, para os menores, a incapacidade: I – pela concessão dos pais, ou de um deles na falta do outro, mediante instrumento público, **independentemente de homologação judicial** (...)".

Alternativa correta: letra "a".

2.1.3. AUSÊNCIA

---

14. (IESES – Analista Judiciário – Área Judiciária – TRE – MA/2015) Sobre a ausência, responda:

I. A declaração de ausência poderá ser requerida com o desaparecimento de uma pessoa, sem deixar representante ou procurador.
II. A sucessão provisória poderá ser requerida pelos interessados após o transcurso do prazo de um ano da arrecadação dos bens do ausente, ou após três anos, caso tenha deixado procurador ou representante.
III. A sucessão definitiva poderá ser requerida após dez anos da arrecadação dos bens do ausente.
IV. Também pode ser requerida a sucessão definitiva se o ausente contar com mais de setenta anos, e sem notícias por mais de cinco anos.

Assinale a alternativa correta:

a) Apenas as assertivas I, III e IV são verdadeiras.
b) Apenas as assertivas I e II são verdadeiras.
c) Todas as assertivas são verdadeiras.
d) Apenas a assertiva III é verdadeira.

COMENTÁRIOS

✪ **Nota do autor:** Se alguém desaparece sem deixar representante ou administrador de seus bens, ou se deixar pessoa que não queira, não possa ou não tenha poderes suficientes para fazê-lo, deve ser declarada sua **ausência**, nomeando-se um curador (art. 22 do CC). Passados três anos, poderá ser aberta a **sucessão provisória** (art. 26 do CC), quando os herdeiros poderão receber os bens do ausente, desde que apresentem algum tipo de garantia (caução), exceto se tratar-se de cônjuge, ascendente ou descendente. Dez anos após a sentença que determinou a abertura da sucessão provisória, ou se o ausente tiver oitenta anos de idade e não houver notícias suas há mais de cinco anos, será aberta a **sucessão definitiva**, com o levantamento da caução dada pelos herdeiros (art. 37 e 38 do CC). Veja, sobre este tema, o Enunciado 97 das Jornadas de Direito Civil do CJF.

Item I: pois o art. 22 do CC determina que "desaparecendo uma pessoa do seu domicílio sem dela haver notícia, se não houver deixado representante ou procurador a quem caiba administrar-lhe os bens, o juiz, a requerimento de qualquer interessado ou do Ministério Público, declarará a ausência, e nomear-lhe-á curador."

Item II: nos termos do art. 26 do CC, que estatui que "decorrido um ano da arrecadação dos bens do ausente, ou, se ele deixou representante ou procurador, em se passando três anos, poderão os interessados requerer que se declare a ausência e se abra provisoriamente a sucessão."

Item III:pois o art. 37 do CC dispõe que "dez anos depois de **passada em julgado a sentença que concede a abertura da sucessão provisória**, poderão os interessados requerer a sucessão definitiva e o levantamento das cauções prestadas."

Item IV: pois de acordo com o art. 38 do CC "pode-se requerer a sucessão definitiva, também, provando-se que o ausente conta **oitenta** anos de idade, e que de cinco datam as últimas notícias dele."

Alternativa correta: letra "b". Estão corretos os itens I e II.

2.2. PESSOAS JURÍDICAS

15. (Consulplan – Analista Judiciário – Área Administrativa – TRE – RJ/2017) Na classificação das pessoas jurídicas, conforme estatui o Código Civil brasileiro,

a) as fundações são pessoas jurídicas de direito público.

b) os partidos políticos são pessoas jurídicas de direito privado.

c) a União é pessoa jurídica de direito público externo e os Estados, interno.

d) as associações, ainda que públicas, são pessoas jurídicas de direito privado.

COMENTÁRIOS

✪ **Nota do autor:** Quanto à função ou à órbita de sua atuação, as pessoas jurídicas são classificadas em: a) de direito público; e b) de direito privado. As primeiras subdividem-se em: a.1) de direito público externo (Estados da comunidade internacional, por exemplo); e a.2) de direito público interno (União e os Estados, por exemplo). O rol das pessoas jurídicas de direito privado, por seu turno, está insculpido no art. 44 do CC.

Alternativa "a": De acordo com o art. 44, III, do CC as fundações são pessoas jurídicas de direito **privado.**

Alternativa "b": De acordo com o art. 44, V, do CC os partidos políticos são pessoas jurídicas de direito privado.

Alternativa "c": De acordo com o art. 41, I, a União é pessoa jurídica de direito **público interno**.

Alternativa "d": De acordo com o art. 41, IV, do CC as associações públicas são pessoas jurídicas de direito **público interno.**

Alternativa correta: letra "b".

2.3. DOMICÍLIO

16. (Cespe – Analista Judiciário – Área Judiciária – TRE – BA/2017) Acerca do domicílio, assinale a opção correta.

a) O foro de eleição é uma espécie de domicílio necessário ou legal.

b) É inadmissível, pelo ordenamento jurídico, a pluralidade de domicílios.

c) O domicílio da pessoa jurídica que possui vários estabelecimentos empresariais é sua sede administrativa.

d) O servidor público tem domicílio no local onde exerce permanentemente suas funções, ainda que exerça função de confiança de forma transitória em local diverso.

e) O domicílio necessário do preso é o local onde foi capturado, ainda que cumpra a sentença condenatória em local diverso.

COMENTÁRIOS

Alternativa "a" O domicílio classifica-se em a) voluntário: pode ser escolhido livremente pela pessoa; b) de eleição ou especial: escolhido de comum acordo pelos contratantes; e c) necessário ou legal: determinado pela lei, em razão da circunstância ou situação de certas pessoas.

Alternativa "b": De acordo com o art. 71 do CC se "a pessoa natural tiver diversas residências, onde alternadamente, viva, considerar-se-á domicílio seu qualquer delas". Deste modo, é plenamente possível a pluralidade de domicílios. Note que o conceito de domicílio é mais amplo que o de residência. Residência é o lugar em que uma pessoa mora com intuito de permanência. Domicílio, por sua vez, pode ser o local onde a pessoa reside, onde exerce suas funções profissionais ou, ainda, onde a lei determinar.

Alternativa "c": O art. 75, § 1º, do CC dispõe que se a pessoa jurídica possuir diversos estabelecimentos em lugares diferentes, cada um deles será considerado domicílio.

Alternativa "d": Conforme dispõe o art. 76, parágrafo único, do CC, o domicílio do servidor público é o local em que exerce suas funções de forma permanente. Trata-se, portanto, de um domicílio necessário, que é aquele determinado pela lei, em razão da circunstância ou situação de certas pessoas. Assim, não há margem de escolha para que o indivíduo mude o domicílio voluntariamente.

Alternativa "e": O art. 76, parágrafo único, do CC estabelece que o domicílio necessário do preso é o lugar em que cumprir a sentença a que foi condenado.

Alternativa correta: letra "d".

---

17. (Consulplan – Analista Judiciário – Área Administrativa – TRE – RJ/2017) "Rogério nasceu em Petrópolis; viveu em Duque de Caxias até completar a maioridade; é servidor efetivo do Tribunal Regional Eleitoral, lotado na capital do Rio de Janeiro; e reside, atualmente, com sua família em Niterói." Nos termos do Código Civil brasileiro, o domicílio de Rogério é:

a) Niterói.

b) Petrópolis.

c) Duque de Caxias.

d) Rio de Janeiro, capital.

COMENTÁRIOS

Alternativa correta: letra "d" (responde as demais alternativas). Rogério possui domicílio necessário, tendo em vista que é servidor efetivo do TRE. Assim, de acordo com o art. 76, parágrafo único, do CC seu domicílio necessário é o local em que exercer permanentemente suas funções, ou seja, o Rio de Janeiro, capital.

---

18. (FCC – Analista Judiciário – Área Administrativa – TRE – SP/2017) Manoel trabalha na cidade de Cajamar, reside, alternadamente, nas cidades de Jundiaí e Campinas, com ânimo definitivo, e passa férias, ocasionalmente, na cidade de Itatiba. De acordo com o Código Civil, considera(m)-se domicílio(s) de Manoel

a) Jundiaí e Campinas, apenas.

b) Cajamar, apenas.

c) Cajamar, quanto às relações concernentes à profissão, Jundiaí e Campinas, apenas.

d) Cajamar, Jundiaí, Campinas e Itatiba.

e) Jundiaí, Campinas e Itatiba, apenas.

COMENTÁRIOS

Alternativa correta: letra "c" (responde as demais alternativas). O art. 70 do CC estabelece a regra geral sobre domicílio. Prescreve o mencionado dispositivo que "o domicílio da pessoa natural é o lugar onde ela estabelece a sua residência com ânimo definitivo". O art. 72 do CC, por seu turno, estabelece que quanto às relações concernentes à profissão, o lugar onde esta é exercida também é considerado domicílio. Assim, percebe-se que Jundiaí, Campinas e Cajamar são os domicílios de Manoel, este último apenas no tocante às relações profissionais. Vale mencionar que Itatiba não pode ser considerado seu domicílio, pois não reside com ânimo definitivo na referida cidade.

---

19. (FCC – Analista Judiciário – Área Judiciária – TRE – PR/2017) João, com dezesseis anos de idade e não emancipado, filho de José e Maria, foi autorizado por seus pais, que são médicos e residiam na cidade de Campo Mourão, a morar com os avós maternos em Curitiba, a fim de matricular-se na escola de sua preferência. Chegando a Curitiba e já instalado, João alistou-se eleitor. No mesmo dia do embarque do filho, seus pais transferiram a residência definitivamente para Londrina, passando ambos a clinicar três dias da semana nessa cidade e a mãe, em dois dias alternados, também na cidade de Arapongas, enquanto o pai, também em dois dias alternados, na cidade de Cornélio Procópio, viajando e retornando a Londrina, no fim de cada dia de trabalho, naquelas cidades. Nesse caso, o domicílio de João é

a) em Campo Mourão.

b) em Curitiba.

c) em Londrina.

d) plural, em Londrina, Arapongas e Cornélio Procópio.

e) plural, em Londrina e Curitiba.

COMENTÁRIOS

Alternativa "c" (responde as demais alternativas). O domicilio de João obedece à regra prevista no art. 76, parágrafo único, do CC, segundo o qual o domicílio do incapaz é o do seu representante ou assistente. No caso de João, que é relativamente incapaz (art. 4º, I, CC), os assistentes são seus pais (José e Maria), por força do art. 1.690 do CC. Neste ponto, é preciso definir o domicílio dos pais de João. Segundo o art. 70 do CC "o domicílio da pessoa natural é o lugar onde ela estabelece a sua residência com **animo definitivo**". Assim, percebe-se que José e Maria, apesar de trabalharem em duas cidades, fixaram sua residência definitiva em Londrina. Deste modo, o domicílio de João, menor de dezesseis anos (relativamente incapaz), é fixado pela lei em Londrina (hipótese de domicílio legal ou necessário), muito embora more com os avós maternos em Curitiba.

Alternativa correta: letra "c";

---

20. (Cespe – Analista Judiciário – Área Judiciária – TRE – RS/2015) A doutrina civilista brasileira aduz que o estudo sobre o domicílio da pessoa é de suma importância, pois dele decorrem diversas situações no campo jurídico. Nesse sentido, assinale a opção correta, relativa ao domicílio da pessoa.

a) A pessoa natural poderá perder o domicílio por motivo de mudança, por determinação da lei ou por eleição das partes em contratos.

b) O domicílio legal do tutelado é o lugar onde ele for encontrado.

c) Residência é o local onde a pessoa natural se estabelece com ânimo definitivo.

d) Morada é a radicação permanente da pessoa natural em uma certa residência.

e) A pessoa natural, segundo o Código Civil, pode ter diversas residências, mas lhe é vedado possuir mais de um domicílio, filiando-se ao sistema francês de unidade domiciliar.

COMENTÁRIOS

Alternativa "a": A pessoa natural poderá perder o domicílio que tinha anteriormente por motivo de mudança (art. 74 do CC), por determinação da lei (art. 76 do CC) ou por eleição das partes em um contrato (art. 78 do CC). Assim, se alguém muda de residência com ânimo definitivo, perde seu domicílio anterior. Se é interditado, seu domicílio passa a ser o de seu curador. Se assina um contrato com cláusula de foro de eleição, as questões relativas àquele negócio jurídico serão resolvidas em outro local, que não o domicílio do contratante.

Alternativa "b": O art. 76, parágrafo único, do CC estabelece que o domicílio do incapaz é o do seu representante (no caso de incapacidade absoluta) ou assistente (no caso de responsabilidade relativa).

Alternativa "c": incorreta. O art. 70 do CC dispõe que "o **domicílio** da pessoa natural é o lugar onde ela estabelece a sua **residência** com ânimo definitivo."

Alternativa "d": A fixação (radicação) de uma pessoa natural em certa residência traduz a definição legal de domicílio, contida no art. 70 do CC.

Alternativa "e": De acordo com o art. 71 do CC prevê que "se, porém, a pessoa natural tiver diversas residências, onde, alternadamente, viva, considerar-se-á domicílio seu qualquer delas." O direito brasileiro, nesse particular, seguiu o sistema alemão, que admite a possibilidade de pluralidade de domicílios.

Alternativa correta: letra "a".

---

21. (IBFC – Analista Judiciário – Área Judiciária– TRE-AM/2014) Beltrana, agente diplomática, foi citada no estrangeiro, mas alegou extraterritorialidade sem designar onde tem, no Brasil, o seu domicílio. Diante de tal situação, poderá ser demandada:

a) Em qualquer Município, a ser escolhido pelo autor.

b) No Distrito Federal ou no último ponto do território brasileiro onde teve domicílio.

c) Somente no último ponto do território brasileiro teve domicílio.

d) Na capital do Estado da federação onde teve seu último domicílio.

COMENTÁRIOS

Alternativa "b" (responde as demais alternativas). O art. 77 do CC estabelece que "o agente diplomático do Brasil, que, citado no estrangeiro, alegar extraterritorialidade sem designar onde tem, no país, o seu domicílio, poderá ser demandado no Distrito Federal ou no último ponto do território brasileiro onde o teve". O agente público que atua no exterior no serviço diplomático não pode beneficiar-se desse fato para não ser demandado no Brasil. Se for citado no exterior em uma ação ajuizada no Brasil (o que exige a expedição de carta rogatória) e não indicar seu domicílio em território nacional, poderá ser demandado no Distrito Federal ou no último local em que teve residência no Brasil.

Alternativa correta letra "b".

2.4. BENS

2.4.1. BENS MÓVEIS E IMÓVEIS

---

22. (FCC – Analista Judiciário – Oficial de Just. Avaliador – TRF 5/2017) Considera-se bem imóvel, para os efeitos legais,

a) o direito à sucessão aberta.

b) o automóvel que, por defeito irreparável do motor, é insuscetível de movimento próprio.

c) a energia que tenha valor econômico.

d) o direito pessoal de caráter patrimonial.

e) o direito real sobre objetos móveis.

COMENTÁRIOS

✪ **Nota do autor:** Os bens considerados em si mesmos podem ser classificados como **móveis** ou **imóveis**. Bens móveis são aqueles que podem ser removidos ou transportados sem destruição, com exceção daqueles que a lei considera como imóveis. Os bens imóveis propriamente ditos ou bens de raiz são aqueles que não podem ser removidos sem destruição. Classificam-se como: 1) **imóveis por natureza** (solo, subsolo e espaço aéreo); 2) **imóveis por acessão natural** (árvores nativas, por exemplo); 3) **imóveis por acessão artificial ou industrial** (edificações, plantações, etc.); e 4) **imóveis por disposição legal** (aqueles que, embora possam ser transportados de um lugar para outro, sem deterioração, recebem o mesmo tratamento jurídico reservado pela lei aos bens imóveis, como ocorre, por exemplo, com uma casa de madeira separada do solo). Veja, nas dicas de estudo no final do capítulo, as diferenças do tratamento previsto no ordenamento jurídico para os bens móveis e imóveis.

Alternativa "a": Nos termos do art. 80, II, CC, o direito à sucessão aberta é considerado bem imóvel para efeitos legais.

Alternativa "b": O automóvel é bem **móvel**, nos termos do art. 82 do CC, independente dos defeitos de funcionamento que possa apresentar.

Alternativa "c": De acordo com o art. 83, I, do CC as energias que tenham valor econômico são bens **móveis.**

Alternativa "d": O art. 83, III, do CC estabelece os direitos pessoais de caráter patrimonial são bens **móveis.**

Alternativa "e": Conforme dispõe o art. 83, II, do CC, os direitos reais sobre objetos móveis são considerados bens **móveis.**

Alternativa correta: letra "a".

---

23. (FCC – Analista Judiciário – Área Judiciária – TRF 4/2014) Considere as seguintes hipóteses:

I. Mario removeu sua casa pré-fabricada para outro local, retirando-a do solo e colocando-a em veículo especial.

II. Maria possui direito real sobre o veículo marca X, modelo Y, ano 2012.

III. Carmelita possui direito à sucessão aberta.

IV. Marta removeu as janelas de sua moradia e colocou-as, durante a realização de outros serviços, em um depósito para posterior recolocação no local em que se encontravam.

Nestes casos, de acordo com o Código Civil brasileiro, são exemplos de bens imóveis os indicados APENAS em

a) I e II.

b) II, III e IV.

c) I e III.

d) I, III e IV.

e) II e IV.

COMENTÁRIOS

Item I: O art. 81, inc. I do CC, estabelece que "as edificações que, separadas do solo, mas conservando a sua unidade, forem removidas para outro local" continuam tendo natureza jurídica de bem imóvel. Por isso a casa de Mario, mesmo acoplada a um veículo, possui natureza jurídica de bem imóvel.

Item II: De acordo com o art. 83, inc. II, do CC, "os direitos reais sobre objetos móveis e as ações correspondentes" possuem natureza jurídica de bem móvel. Por conseguinte, o direito real sobre um veículo automotor é considerado bem móvel para efeitos legais.

Item III: O direito à sucessão aberta possui natureza jurídica de **bem imóvel**, nos termos do art. 80, inc. II, do CC.

Item IV: O art. 81, inc. II, do CC, dispõe que não perdem o caráter de bem imóvel "os materiais provisoriamente separados de um prédio, para nele se reempregarem". Por essa razão, as janelas da casa de Marta tem natureza jurídica de bem imóvel.

Alternativa correta: letra "d". Estão corretos os itens I, III e IV.

2.4.2. BENS FUNGÍVEIS E INFUNGÍVEIS

24. (Analista Judiciário – Execução de Mandados – TRF 1ª região/ 2011 – FCC) Um saco de cimento e um saco de arroz são bens

a) fungível e infungível, respectivamente.

b) infungível e fungível, respectivamente.

c) infungíveis.

d) fungíveis.

e) não consumíveis.

COMENTÁRIOS

✪ **Nota do autor:** Os bens considerados em si mesmos também podem ser classificados como **fungíveis** ou **infungíveis**. Fungíveis são os que podem ser substituídos por outros da mesma espécie, qualidade e quantidade (art. 85 do CC). Infungíveis são os que não admitem essa substituição, como um animal de raça ou uma obra de arte. Os bens também podem ser **consumíveis** ou **inconsumíveis**. Consumíveis são os bens móveis cuja utilização resulta em sua destruição imediata (consumíveis de fato, como um produto alimentício, por exemplo), bem como aqueles destinados à alienação (juridicamente consumíveis, como o estoque de sapatos de uma loja, por exemplo).

Alternativa correta letra "d" (responde as demais alternativas). O art. 85 do CC estabelece que os móveis que podem substituir-se por outros da mesma espécie, qualidade e quantidade são bens fungíveis. Quando alguém compra um saco de arroz ou um saco de cimento, não tem em vista aquele saco de arroz ou de cimento especificamente, antes pretende adquirir tais produtos em certa quantidade e com determinadas características, não havendo óbice à substituição, desde que não haja alteração destas últimas.

2.4.3. BENS DIVISÍVEIS E INDIVISÍVEIS

25. (Analista Judiciário – Área Judiciária TRE/MT 2010 – CESPE) Quanto à matéria bens, assinale a opção correta conforme o ordenamento jurídico brasileiro.

a) O direito à sucessão aberta obedece ao regime de bens móveis.

b) Os bens naturalmente divisíveis podem tornar-se indivisíveis por determinação legal ou por vontade das partes.

c) Tanto os bens públicos quanto os privados podem ser usucapidos.

d) Os bens públicos dominicais e os de uso especial não podem ser alienados.

e) O uso comum dos bens públicos pode ser retribuído conforme estabelecido legalmente pela entidade a cuja administração pertencem, sendo vedado seu uso gratuito.

COMENTÁRIOS

✪ **Nota do autor:** Os bens considerados em si mesmos também podem ser classificados como **divisíveis** ou **indivisíveis**. São divisíveis os bens podem ser repartidos em porções reais e distintas, sem que isso cause alteração em sua substância, nem diminuição considerável de seu valor e prejuízo do uso a que se destinem (art. 87 do CC). Se o fracionamento ocasionar uma dessas situações, o bem é indivisível.

Alternativa "a": O art. 80, inc. II, do CC estabelece que o direito à sucessão aberta é considerado **bem imóvel** para efeitos legais.

Alternativa "b": De acordo com o art. 88 do CC, bens que são divisíveis por sua natureza podem tornar-se indivisíveis por determinação legal (uma herança, por exemplo) ou por vontade das partes (uma biblioteca, por exemplo).

Alternativa "c": O art. 102 do CC determina que "os bens públicos **não estão sujeitos a usucapião**".

Alternativa "d": De acordo com o art. 101 do CC "os bens públicos dominicais **podem ser alienados**, observadas as exigências da lei". Vale anotar que tanto o art. 17 da Lei 8.666/93, quanto o art. 76 da Lei 14.133/2021, estabelecem regramentos a serem observados em caso de alienação de bem de propriedade da administração pública. Importante ressaltar que ambas as leis dividem vigência até meados de 2023, cabendo à administração pública optar por qual legislação aplicar, por força dos artigos 191 e 193, II, da Lei 14.133/2021.

Alternativa "e": De acordo com o art. 103 do CC "o uso comum dos bens públicos **pode ser gratuito ou retribuído**, conforme for estabelecido legalmente pela entidade a cuja administração pertencerem". Assim, a utilização dos bens públicos de uso comum do povo poderá ser gratuito ou mediante pagamento, desde que a cobrança seja instituída por lei editada pelo ente público a que o bem pertença. Assim, poderá ser cobrada tarifa pelo acesso a um parque municipal, desde que a cobrança seja instituída por lei municipal (não pode ser criada por decreto do prefeito e nem por lei estadual, por exemplo).

Alternativa correta: letra "b".

2.4.4. BENS SINGULARES E COLETIVOS

26. (Analista Judiciário - Área Judiciária - TRF 1ª região/ 2006 – FCC) De acordo com a classificação dos bens adotada pelo Código Civil brasileiro, é correto afirmar que

a) os bens naturalmente divisíveis podem tornar-se indivisíveis por determinação da lei, mas não por vontade das partes.

b) o direito à sucessão aberta é considerado bem móvel para os efeitos legais, havendo, expressa determinação legal neste sentido.

c) são infungíveis os móveis que podem substituir-se por outros da mesma espécie, qualidade e quantidade.

d) as energias que tenham valor econômico são consideradas bens imóveis para os efeitos legais, havendo, expressa determinação legal neste sentido.

e) são singulares os bens que, embora reunidos, se consideram *de per si*, independentemente dos demais.

COMENTÁRIOS

✪ **Nota do autor:** Os bens considerados em si mesmos podem ser classificados como **singulares** ou **coletivos**. Bens singulares são os que, em embora reunidos, são considerados de *per si*, independentemente dos demais, razão pela qual são individualmente considerados. Espécies: 1) **simples**: aqueles cujas partes estão ligadas por natureza (ex: um animal); 2) **compostos**: se as partes estiverem unidas pelo trabalho humano (ex: um automóvel). Já os bens coletivos ou universais são aqueles que reunidos formam um todo, distinto das unidades que o compõem, e com individualmente própria (ex: um rebanho, uma biblioteca). Espécies: 1) **universalidade de fato** (CC, art. 90): é a pluralidade de bens singulares que, pertinentes à mesma pessoa, tenham destinação unitária, por vontade do titular (ex: uma biblioteca, um rebanho). Diferencia-se os bens coletivos (universais) dos bens compostos, porque a autonomia dos bens é conservada nos primeiros, não passam de mera pluralidade de bens singulares, a ponto de figurarem como objeto de relações jurídicas próprias (CC, art. 90, parágrafo único); 2) **universalidade de direito** (CC, art. 91): constitui universalidade de direito o complexo de relações jurídicas, de uma pessoa, dotadas de valor econômico, onde o efeito da unidade é decorrência legal (ex: herança, massa falida). Veja, sobre este tema, o Enunciado 288 das Jornadas de Direito Civil do CJF.

Alternativa "a": De acordo com o art. 88 do CC, "os bens naturalmente divisíveis podem tornar-se indivisíveis por determinação da lei **ou por vontade das partes**". Exemplo de bens naturalmente divisíveis que se tornam indivisíveis por vontade do proprietário são os livros reunidos em uma biblioteca.

Alternativa "b": O art. 80, inc. II, do CC estabelece que o direito à sucessão aberta é considerado **bem imóvel** para efeitos legais.

Alternativa "c": O art. 85 do CC estabelece que os móveis que podem substituir-se por outros da mesma espécie, qualidade e quantidade são **bens fungíveis**.

Alternativa "d": De acordo com o art. 83, inc. I, do CC, as energias que tenham valor econômico são considerados **bens móveis** para efeitos legais.

Alternativa "e": O art. 89 do CC dispõe que "são singulares os bens que, embora reunidos, se consideram de per si, independentemente dos demais".

Alternativa correta: letra "e".

2.4.5. BENS PRINCIPAIS E ACESSÓRIOS

27. (Analista Judiciário – Área Judiciária – TRF 2ª região/ 2012 – FCC) No tocante à classificação de bens, segundo o Código Civil brasileiro, considere as seguintes benfeitorias realizadas em um apartamento tipo cobertura com trinta anos de construção visando a habitação de um casal de meia idade, sem filhos:

I. Impermeabilização do terraço com a aplicação de manta e colocação de pisos novos.

II. Substituição da fiação elétrica do apartamento.

III. Colocação de tela nas varandas.

IV. Criação de painel de pastilhas azuis com mosaico na entrada do apartamento visando diferenciá-la do apartamento vizinho.

V. Construção de um lavabo em parte da sala de almoço.

Com relação aos bens reciprocamente considerados, são benfeitorias úteis as indicadas APENAS em

a) IV e V.

b) I, II, III e V.

c) I, III e V.

d) III e V.

e) I, II e III.

COMENTÁRIOS

✪ **Nota do autor:** Os bens reciprocamente considerados podem ser classificados como **principais** ou **acessórios**. Bem principal é o que existe sobre si, é autônomo, abstrata ou concretamente, exercendo funções e finalidades independentes. Acessório é o bem cuja existência supõe a do principal, formando uma relação de dependência para com aquele, como uma casa (principal) e seus móveis (acessórios). Os acessórios compreendem as pertenças, os frutos, os produtos e as benfeitorias. Para ler mais sobre o tema, vá até as dicas de estudo, no final deste capítulo. Veja, sobre este tema, o Enunciado 535 das Jornadas de Direito Civil do CJF.

Itens I e II: A impermeabilização do terraço com a aplicação de manta, a colocação de pisos novos e a substituição da fiação elétrica em um apartamento antigo devem ser classificadas como benfeitorias necessárias, pois têm por fim conservar o bem ou evitar que se deteriore (art. 96, § 3º, do CC).

Itens III e V: A colocação de tela nas varandas e a construção de um lavabo em parte da sala de almoço devem ser classificadas como benfeitorias úteis, pois aumentam ou facilitam o uso do bem (art. 96, § 2º, do CC).

Item IV: A criação de painel de pastilhas azuis com mosaico na entrada do apartamento visando diferenciá-la do apartamento vizinho deve ser classificada como benfeitoria voluptuária, pois destinam-se ao mero deleite ou recreio, não aumentam o uso habitual do bem, ainda que o tornem mais agradável ou sejam de elevado valor (art. 96, § 1º, do CC).

Alternativa correta: letra "d". Estão corretos os itens III e V.

28. (Analista Judiciário – Área Judiciária – TRF 4ª região/ 2010 – FCC) No que concerne aos Bens Reciprocamente Considerados, é INCORRETO afirmar:

a) Em regra, os negócios jurídicos que dizem respeito ao bem principal abrangem as pertenças.

b) Principal é o bem que existe sobre si, abstrata ou concretamente; acessório, aquele cuja existência supõe a do principal.

c) Apesar de ainda não separados do bem principal, os frutos e produtos podem ser objeto de negócio jurídico.

d) Não se consideram benfeitorias os melhoramentos ou acréscimos sobrevindos ao bem sem a intervenção do proprietário, possuidor ou detentor.

e) São voluptuárias as benfeitorias de mero deleite ou recreio, que não aumentam o uso habitual do bem, ainda que o tornem mais agradável ou sejam de elevado valor.

COMENTÁRIOS

Alternativa "a": A afirmação é FALSA, pois contraria o disposto no art. 94 do CC, segundo o qual "os negócios jurídicos que dizem respeito ao bem principal não abrangem as pertenças".

Alternativa "b": A afirmação é VERDADEIRA, pois de acordo com o art. 92 do CC "principal é o bem que existe sobre si, abstrata ou concretamente; acessório, aquele cuja existência supõe a do principal".

Alternativa "c": A afirmação é VERDADEIRA, pois o art. 95 do CC estabelece que "apesar de ainda não separados do bem principal, os frutos e produtos podem ser objeto de negócio jurídico". Por essa regra, é possível negociar, por exemplo, a colheita de uma lavoura que acabou de ser plantada.

Alternativa "d": A afirmação é VERDADEIRA, pois o art. 97 do CC estabelece que não se consideram benfeitorias os melhoramentos ou acréscimos que tenham ocorrido sem intervenção do proprietário, possuidor ou detentor. Assim, se a melhoria de um bem decorreu pelo trabalho de terceira pessoa ou ocorreu naturalmente, como o acréscimo de terreno pelo depósito de material trazido por um rio (acessão natural por aluvião), não será considerada benfeitoria.

Alternativa "e": A afirmação é VERDADEIRA, pois de acordo com o art. 96, § 1º, as benfeitorias que não sejam indispensáveis à conservação de um bem nem aumentem sua utilidade são consideradas voluptuárias.

Alternativa correta: letra "a".

2.4.6. BENS PÚBLICOS E PARTICULARES

29. (IBFC – Analista Judiciário – Área Judiciária-TRE-AM/2014) Analise as seguintes afirmativas:

I. São bens públicos de uso comum do povo, os edifícios destinados a serviço da administração federal, inclusive os de suas autarquias.

II. Os bens públicos dominicais podem ser alienados, observadas as exigências da lei.

III. O uso comum dos bens públicos pode ser gratuito ou retribuído, conforme for estabelecido legalmente pela entidade a cuja administração pertencerem.

NÃO está correto o que se afirma em:

a) I, apenas.

b) II, apenas.

c) I e III, apenas.

d) II e III, apenas.

COMENTÁRIOS

✪ **Nota do autor:** Quanto ao titular do domínio, os bens classificam-se em públicos ou particulares. O art. 98 do CC estabelece que os bens públicos são aqueles pertencentes às pessoas jurídicas de direito público interno, estipulando que todos os demais são bens particulares. Os bens públicos podem ser: a) de uso comum do povo: podem ser utilizados por todos, a exemplo das ruas, praças, estradas, mares, etc.; b) de uso especial: são aqueles destinados ao serviço público, como as instalações das administrações públicas, em todas as esferas; c) dominicais ou dominiais: são os que compõem o acervo patrimonial de direito pessoal e real das pessoas jurídicas de direito público, seu patrimônio disponível. Veja, nas dicas de estudo na parte final deste capítulo, a Súmula 340 do STF.

Item I: Pois o art. 99, inc. I, do CC, estabelece que são bens públicos "os de uso comum do povo, tais como rios, mares, estradas, ruas e praças". Os edifícios destinados ao serviço da Administração Pública são bens públicos de uso especial (art. 99, inc. II, do CC).

Item II: O art. 101 do CC expressamente permite a alienação dos bens públicos dominicais, desde que observadas as exigências legais. Vale anotar que tanto o art. 17 da Lei 8.666/93, quanto o art. 76 da Lei 14.133/2021, estabelecem regramentos a serem observados em caso de alienação de bem de propriedade da administração pública. Importante ressaltar que ambas as leis dividem vigência até meados de 2023, cabendo à administração pública optar por qual legislação aplicar, por força dos artigos 191 e 193, II, da Lei 14.133/2021.

Item III: O art. 103 do CC prevê que a utilização dos bens públicos de uso comum do povo poderá ser gratuito ou mediante pagamento, desde que a cobrança seja instituída por lei editada pelo ente público a que o bem pertença. Assim, poderá ser cobrada tarifa pelo acesso a um parque municipal, desde que a cobrança seja instituída por lei municipal (não pode ser criada por decreto do prefeito e nem por lei estadual, por exemplo).

Alternativa correta: letra "a". Não está correta somente a afirmação lançada no item I.

2.5. NEGÓCIOS JURÍDICOS

30. (Cespe – Analista Judiciário – Área Judiciária – TRE – MT/2015) No que se refere aos negócios jurídicos, assinale a opção correta.

a) A reserva mental, emissão de uma declaração não querida em conteúdo e resultado que tem por objetivo enganar o outro contratante, é, por si só, motivo de nulidade ou anulabilidade do negócio jurídico firmado.

b) quando as circunstâncias reais do negócio jurídico divergirem do conteúdo escrito do contrato, deverá ser respeitada mais a intenção consubstanciada na declaração de vontade do que no sentido literal da linguagem.

c) O termo inicial suspende o exercício e a aquisição do direito.

d) Para a caracterização do estado de perigo como defeito do negócio jurídico, é imprescindível a constatação do chamado dolo de aproveitamento pelo agente a quem o desequilíbrio desfavorece.

e) Sendo a outorga do cônjuge no contrato de promessa de compra e venda de imóvel requisito de validade do pacto, é correto afirmar que sua ausência invalida o ajuste por vício na legitimidade.

COMENTÁRIOS

✪ **Nota do autor:** O **negócio jurídico** é um ato jurídico em sentido amplo (ação humana a qual o ordenamento atribui efeitos jurídicos), que visa a alcançar uma finalidade autorizada pela lei, dentre as várias possíveis no âmbito do direito privado. Leia mais sobre o tema nas dicas de estudo, no final deste capítulo.

Alternativa "a": O art. 110 do CC estabelece que "a manifestação de vontade subsiste ainda que o seu autor haja feito a reserva mental de não querer o que manifestou, salvo se dela o destinatário tinha conhecimento." Assim, se o outro contratante não tem conhecimento da divergência entre a vontade manifestada e a real intenção de seu autor, não haverá nulidade, pois a boa-fé do primeiro será prestigiada.

Alternativa "b": De acordo com o art. 112 do CC, "nas declarações de vontade se atenderá mais à intenção nelas consubstanciada do que ao sentido literal da linguagem." Vale anotar que a intenção consubstanciada nas declarações de vontade são extraídas a partir das circunstâncias do negócio e da praxe (prática costumeira) em situações assemelhadas. Sendo possível identificar que a intenção dos contratantes diverge do conteúdo escrito do instrumento do contrato, prevalecerá a primeira.

Alternativa "c": O art. 131 do CC dispõe que "o termo inicial suspende o exercício, **mas não a aquisição** do direito."

Alternativa "d": Segundo estatui o art. 156 do CC "configura-se o estado de perigo quando alguém, premido da necessidade de salvar-se, ou a pessoa de sua família, de grave dano conhecido pela outra parte, assume obrigação excessivamente onerosa." Destarte, é desnecessária a intenção deliberada de aproveitamento, bastando que o contratante que obteve posição de vantagem no negócio jurídico tenha conhecimento do perigo que corre o outro contratante.

Alternativa "e": A jurisprudência do STJ assentou o entendimento de que a ausência de outorga uxória (anuência do cônjuge) não é causa de nulidade do compromisso de compra e venda, tendo em vista sua natureza obrigacional. É o que foi decidido no AgRg nos EDcl no Ag 670.583. Destarte, a falta de anuência de um dos cônjuges em relação ao compromisso de compra e venda não o anula, apenas retira sua natureza de direito real, subsistindo seus efeitos obrigacionais. Caso o cônjuge que não anuiu com o compromisso recusar-se a concretizar a venda, o outro cônjuge (aquele que assumiu o compromisso) responderá por perdas e danos perante o outro contratante.

Alternativa correta: letra "b".

2.6. DEFEITOS DOS NEGÓCIOS JURÍDICOS

31. (IBFC – Analista Judiciário – Área Judiciária – TRE – PA/2020) Os vícios ou defeitos do negócio jurídico são divididos pela doutrina em duas categorias, os vícios da vontade ou do consentimento e os vícios sociais. Considere as disposições do Código Civil e assinale a alternativa correta:

a) Configura-se lesão quando alguém, premido da necessidade de salvar-se, ou a pessoa de sua família, de grave dano conhecido pela outra parte, assume obrigação excessivamente onerosa

b) Será nulo o negócio jurídico por dolo de terceiro, se a parte a quem aproveite dele tivesse ou devesse ter conhecimento; em caso contrário, ainda que subsista o negócio jurídico, o terceiro responderá por todas as perdas e danos da parte a quem ludibriou

c) Vicia o negócio jurídico a coação exercida por terceiro, se dela tivesse ou devesse ter conhecimento a parte a que aproveite, e esta responderá solidariamente com aquele por perdas e danos

e) É anulável o negócio jurídico simulado, mas subsistirá o que se dissimulou, se válido for na substância e na forma. Ressalvam-se os direitos de terceiros de boa-fé em face dos contraentes do negócio jurídico simulado

COMENTÁRIOS

✪ **Nota do autor:** A separação dos defeitos dos negócios jurídicos entre vícios de consentimento e vícios sociais não está prevista em lei, mas é amplamente aceita pela doutrina. Nesse sentido: "Nos vícios de consentimento há um descompasso entre a vontade real, interna, subjetiva, e a vontade que foi exteriorizada mediante uma declaração (eu declaro que quero doar minha casa, a declaração foi essa; mas na verdade eu não quero isso, só declarei porque fui coagido, ameaçado. Isso é um exemplo de vício de consentimento). Já nos vícios sociais há um descompasso entre a vontade declarada e o direito (quem declara sabe o que quer, porém se trata de um querer que pretende violar a ordem jurídica e prejudicar terceiros – tenho dívidas em meu nome e, para burlar o pagamento, transfiro meus carros para a titularidade de terceiros. Esse seria um vício social)." (FARIAS, Cristiano Chaves de; BRAGA NETTO, Felipe; ROSENVALD, Nelson. Manual de Direito Civil – Volume Único. 6. ed. rev, ampl. e atual. Salvador: Ed. Juspodivm, 2021). O negócio jurídico é um ato jurídico (ação humana a qual o ordenamento atribui efeitos jurídicos), que visa a alcançar uma finalidade autorizada pela lei, dentre as várias possíveis no âmbito do direito privado. Em relação à validade, é necessário o preenchimento dos requisitos legais relativos ao agente, à manifestação da vontade e à forma. À falta de um desses requisitos, o negócio será nulo ou anulável, a depender da gravidade do vício. Os vícios considerados mais graves geram a nulidade absoluta ou simplesmente nulidade. Os vícios menos graves resultam em nulidade relativa ou anulabilidade. As principais diferenças entre a nulidade absoluta e a relativa estão elencadas nas dicas de estudo na parte final deste capítulo.

Alternativa "a": O art. 157 do CC estatui que "Ocorre a lesão quando uma pessoa, sob premente necessidade, ou por inexperiência, se obriga a prestação manifestamente desproporcional ao valor da prestação oposta." Por seu turno, a alternativa traz a definição exata de outro defeito do negócio jurídico: o estado de perigo, previsto no art. 156 do CC.

Alternativa "b": Inicialmente, cumpre destacar que, nos termos do art. 171, II, do CC, o negócio jurídico viciado por dolo será **anulável** e não nulo. Além disso, o art. 148 do CC determina que "poderá também ser anulado o negócio jurídico por dolo de terceiro".

Alternativa "c": A alternativa corresponde à transcrição do art. 154 do CC, segundo o qual "Vicia o negócio jurídico a coação exercida por terceiro, se dela tivesse ou devesse ter conhecimento a parte a que aproveite, e esta responderá solidariamente com aquele por perdas e danos."

Alternativa "d": Nos termos do art. 167 do CC, "É **nulo** o negócio jurídico simulado, mas subsistirá o que se dissimulou, se válido for na substância e na forma." Logo o negócio jurídico simulado não será anulável e sim **nulo**.

Alternativa correta: letra "c".

---

32. (FCC – Analista Judiciário – Área Judiciária – TRE – PR/2017) João vendeu para Atílio 28 hectares de terra, estipulado o preço por medida de extensão, pelo valor total de R$ 1.540.000,00 (um milhão, quinhentos e quarenta mil reais), o que corresponde a R$ 55.000,00 (cinquenta e cinco mil reais) por hectare. Da escritura de compra e venda, porém, constou que o valor do imóvel era R$ 1.450.000,00 (um milhão, quatrocentos e cinquenta mil reais), permanecendo íntegras as dimensões da área e o valor do hectare. Após pago o preço, Atílio, embora tenha desejado realizar o negócio, arrependeu-se em virtude de notícia de possível desapropriação e, a pretexto de sentir-se prejudicado, ajuizou ação para anular o contrato, arguindo que houve erro na escritura a respeito do preço. Nesse caso, o negócio jurídico deverá ser

a) anulado, porque a hipótese é de falso motivo, que vicia o negócio jurídico.
b) mantido, porque o erro, apesar de essencial, não era inescusável.
c) mantido, porque o contrato, sendo bilateral, exigia o erro de ambas as partes.
d) anulado, porque houve erro a respeito do preço, que é elemento essencial em um contrato de compra e venda.
e) mantido, porque o erro de cálculo apenas autoriza a retificação da declaração de vontade, não sendo o caso de anulação do contrato de compra e venda.

COMENTÁRIOS

Alternativa "e" (responde as demais alternativas). Nos termos do art. 138 do CC, os negócios jurídicos somente serão anulados em caso de erro substancial. O erro de cálculo, por não ser substancial, autoriza apenas a retificação da declaração de vontade, conforme dispõe o art. 143 do CC. Deste modo, deverá ser reconhecida a validade do contrato firmado entre João e Atílio.

Alternativa correta: letra "e".

---

33. (FCC – Analista Judiciário – Área Judiciária – TRE – SP/2017) Para se furtar à legislação eleitoral, Paulo transferiu para si patrimônio da empresa na qual é sócio. Na sequência, simulou doar o dinheiro a candidato, pela pessoa física. Na verdade, porém, foi a empresa quem realizou, de fato, a doação. O negócio simulado é

a) válido, se atender à forma prescrita em lei e não prejudicar direito de terceiros.
b) nulo, matéria cognoscível de ofício, não se sujeitando a declaração de nulidade a prazo de decadência ou de prescrição.
c) anulável, dependendo, a sua invalidação, de provocação da parte, sujeita a prazo decadencial de quatro anos.
d) anulável, matéria cognoscível de ofício e não sujeita a prazo de decadência ou de prescrição.
e) nulo, dependendo a sua invalidação de provocação da parte, sujeita a prazo decadencial de quatro anos.

COMENTÁRIOS

Alternativa "b" (responde as demais alternativas). De acordo com o art. 167 do CC o negócio jurídico simulado é **nulo**. O art. 169 do CC, por sua vez, estabelece que "o negócio jurídico nulo não é suscetível de confirmação, nem convalesce pelo decurso do tempo". Assim, conclui-se que o negócio jurídico simulado deve ter o mesmo tratamento recebido pelos demais atos nulos, ou seja, a nulidade pode ser reconhecida de ofício pelo juiz, não se sujeitando a prazo decadencial ou prescricional.

Alternativa correta: letra "b".

---

34. (Cespe – Analista Judiciário – Área Judiciária – TRE – PI/2016) A remissão de dívida que leve o devedor à insolvência configura

a) abuso de direito.

b) má-fé.

c) fraude contra credores.

d) dolo.

e) lesão.

COMENTÁRIOS

Alternativa "c" (responde as demais alternativas): de acordo com o art. 158 do CC estatui que "Os negócios de transmissão gratuita de bens ou remissão de dívida, se os praticar o devedor já insolvente, ou por eles reduzido à insolvência, ainda quando o ignore, poderão ser anulados pelos credores quirografários, como lesivos dos seus direitos." Imaginemos que "A" tenha um débito para saldar com "B" e também tenha uma dívida para receber de "C". Se "A" perdoar a dívida de "C" e, com isso, ficar sem recursos para pagar "B" (cair em insolvência), este último poderá pleitear a anulação da remissão (perdão). Trata-se de nulidade relativa, nos termos do art. 171, inc. II, do CC.

Alternativa correta: letra "c".

2.7. PRESCRIÇÃO E DECADÊNCIA

---

35. (Cespe – Analista Judiciário – Área Judiciária – TRE – PE/2017) Com relação a negócios jurídicos, prescrição e provas, assinale a opção correta à luz do Código Civil e da jurisprudência do STJ.

a) A pretensão condenatória decorrente da declaração de nulidade de cláusula contratual que preveja reajuste em plano de saúde prescreve em três anos.

b) A prova exclusivamente testemunhal é admitida somente para negócios jurídicos cujo valor não ultrapasse o décuplo do maior salário mínimo vigente no país ao tempo que forem celebrados.

c) A presunção é inferida a partir de um fato jurídico indireto e, por essa razão, não consta no rol dos meios de prova do Código Civil.

d) Nas declarações de vontade, prevalece o sentido literal da linguagem em detrimento da intenção nelas consubstanciada.

e) A validade do negócio jurídico pode subordinar-se, se convencionado pelas partes, a evento futuro e incerto, mediante condição.

COMENTÁRIOS

✪ **Nota do autor:** A prescrição extingue a pretensão, que é o direito que o credor tem de exigir em juízo o cumprimento de uma obrigação de fazer, de não fazer, de entregar coisa ou de pagar quantia, que foi descumprida pelo devedor. De acordo com o art. 189 do CC, a pretensão somente surge com a violação de um direito. Poder-se-ia acrescentar que esse direito necessariamente refere-se a uma prestação, pois a relação jurídica subjacente à pretensão será sempre de natureza obrigacional, com pelo menos um credor e pelo menos um devedor. Para distinguir prescrição de decadência, veja o quadro existente nas dicas de estudo ao final do capítulo. A contagem do prazo prescricional pode ser suspensa ou interrompida. A suspensão da prescrição significa que ela não é computada enquanto a situação prevista na lei persistir. É o que ocorre com os cônjuges enquanto estiverem casados. É diferente do que ocorre nas hipóteses em que a lei prevê a interrupção da prescrição, como, por exemplo, quando o devedor pratica qualquer ato inequívoco, em juízo ou fora dele, por meio do qual deixa claro que reconhece a obrigação. Nesses casos, a contagem da prescrição é reiniciada, volta a contar "do zero". Vale anotar que o *caput* art. 202 do CCl estabelece que a interrupção da prescrição somente pode ocorrer uma única vez. Já a suspensão da prescrição não sofre tal restrição. Veja, sobre este tema, o Enunciado 296 das Jornadas de Direito Civil do CJF.

Alternativa "a": O STJ firmou, em julgamento de recurso repetitivo (REsp 1.360.969 – tema 610), o entendimento de que, para os fatos ocorridos na vigência do atual Código Civil, a pretensão de nulidade de cláusula de contrato de plano de saúde prescreve em três anos, nos termos do art. 206, § 3º, IV, do CC/2002. Veja item 1.2 dos Informativos do Superior Tribunal de Justiça.

Alternativa "b": O art. 227, *caput*, do CC, que vedava a utilização de prova exclusivamente testemunhal para negócios jurídicos de valor superior a dez vezes o salário mínimo, foi expressamente revogado pelo art. 1.072, II, da Lei 13.105/2015 (Novo CPC), o qual também dispõe em seu art. 442 que "A prova testemunhal é sempre admissível, não dispondo a lei de modo diverso".

Alternativa "c": . A utilização da presunção como meio de prova de um fato jurídico é expressamente autorizada pelo art. 212, IV, do CC.

Alternativa "d": A alternativa descreve exatamente o oposto do que está previsto na regra prescrita no art. 112 do CC, *in verbis:* "nas declarações de vontade se **atenderá mais à intenção nelas consubstanciada** do que ao sentido literal da linguagem".

Alternativa "e": Para que um negócio jurídico seja válido ele deve preencher os requisitos do art. 104 do CC (agente capaz; objeto lícito, possível, determinado ou determinável; forma prescrita ou não defesa em lei). A condição (evento futuro e incerto) está relacionada ao plano da **eficácia** do negócio jurídico.

Alternativa correta: letra "a".

---

36. (Cespe - Analista Judiciário - Área Judiciária - TRE - RS/2015) Na escada ponteana, analisa-se a tricotomia existência-validade- eficácia dos negócios jurídicos para que possam produzir todos os efeitos esperados, sem que reste qualquer situação que os maculem. Acerca dessa tricotomia, assinale a opção correta.

a) A reserva mental desconhecida pelo outro contraente - destinatário - torna inválido o negócio jurídico, uma vez que a declaração de vontade expressada conflita com o íntimo do declarante.

b) O negócio jurídico realizado por agente relativamente incapaz é nulo de pleno direito, não sendo passível de convalidação pelo decurso do tempo nem de confirmação pelas partes.

c) Decorridos dois anos e um dia, a contar da realização do negócio jurídico entabulado com vício de lesão, será possível a sua anulação, uma vez que ainda não decaiu o direito do lesado.

d) A ausência de declaração de vontade torna o negócio jurídico anulável, mesmo nos casos em que o silêncio possa ser admitido diante das circunstâncias.

e) A ausência de declaração de vontade expressa torna nulo o negócio jurídico, pois o condiciona a um evento futuro e incerto.

COMENTÁRIOS

Alternativa "a": O art. 110 do CC estabelece que "a manifestação de vontade subsiste ainda que o seu autor haja feito a reserva mental de não querer o que manifestou, salvo se dela o destinatário tinha conhecimento." Assim, se o outro contratante não tem conhecimento da divergência entre a vontade manifestada e a real intenção de seu autor, não haverá nulidade, pois a boa-fé do primeiro será prestigiada.

Alternativa "b": O art. 171 do CC dispõe que "é **anulável** o negócio jurídico: I - por incapacidade relativa do agente;". O negócio jurídico anulável pode ser convalidado pelo decurso do tempo ou confirmado pelo incapaz, após atingir a maioridade.

Alternativa "c": De acordo com o art. 178, inc. II, do CC, "é de quatro anos o prazo de decadência para pleitear-se a anulação do negócio jurídico, contado: (...) II - no de erro, dolo, fraude contra credores, estado de perigo ou lesão, do dia em que se realizou o negócio jurídico."

Alternativa "d":(responde também a alternativa "e"). O art. 111 do CC prevê que "o silêncio importa anuência, quando as circunstâncias ou os usos o autorizarem, e não for necessária a declaração de vontade expressa." Vale mencionar que a ausência de declaração de vontade, em regra, torna o negócio jurídico inexistente. Todavia, há situações em que a ausência de declaração de vontade não significa necessariamente ausência de vontade, pois a lei atribui efeitos jurídicos ao silêncio da parte.

Alternativa correta: letra "c".

2.8. PROVA

---

37. (Cespe - Analista Judiciário - Área Judiciária- TRE-GO/2015) Julgue os próximos itens, referentes à interpretação da lei, aos direitos da personalidade, à validade dos negócios jurídicos e à prova.

Considere a seguinte situação hipotética.

37.01. Carlos, maior e capaz, celebrou com Rafael, menor de dezessete anos de idade, contrato pelo qual se comprometeu a realizar reparos na casa onde Rafael reside. Nessa situação, Carlos poderá pleitear a anulação do contrato com base na incapacidade de Rafael.

COMENTÁRIOS

O art. 105 do CC estabelece que "a incapacidade relativa de uma das partes não pode ser invocada pela outra em benefício próprio, nem aproveita aos co-interessados capazes, salvo se, neste caso, for indivisível o objeto do direito ou da obrigação comum". Na hipótese mencionada no enunciado, Rafael é menor púbere é relativamente incapaz de exercer pessoalmente os atos da vida civil. Carlos, por outro lado, é maior e capaz. Logo, Carlos não pode invocar a incapacidade relativa de Rafael para anular o contrato celebrado entre ambos.

Considere a seguinte situação hipotética.

Alternativa correto: "errado".

37.02. Durante o trâmite de uma ação judicial, João confessou fatos relevantes para a resolução do conflito. Posteriormente, João informou ao juiz da causa ter-se arrependido da confissão e solicitado a revogação do ato.

Nessa situação, caberá ao juiz indeferir o pedido de João com base no caráter irrevogável da confissão.

COMENTÁRIOS

O art. 214 do CC dispõe que "A confissão é irrevogável, mas pode ser anulada se decorreu de erro de fato ou de coação". Logo, o mero arrependimento de João não é motivo para justificar a retratação da confissão feita em juízo.

Alternativa correto: "certo".

37.03. No âmbito contratual, o princípio geral da boa-fé objetiva permite interpretação extensiva dos pactos firmados, e é aplicado inclusive no que diz respeito a relações pré-contratuais, o que garante a validade de normas de conduta implícitas.

COMENTÁRIOS

A boa-fé objetiva é uma regra de conduta, segundo a qual todos devem agir com eticidade em suas relações recíprocas. É norma de conduta porque é apta a criar direitos e deveres contratuais anexos àqueles expressamente previstos no contrato. Imaginemos um contrato de compra e venda em uma relação de consumo. É intuitivo considerar que a obrigação do vendedor é apenas entregar a coisa e a do comprador é somente pagar o preço. Ocorre que o princípio da boa-fé objetiva exige mais, impondo ao vendedor, por exemplo, o dever de informação, pelo qual está obrigado a informar ao consumidor eventuais riscos decorrentes da utilização do produto. Além da função de criar esses deveres anexos de proteção, o princípio da boa-fé objetiva exerce também uma função interpretativa. Com efeito, o art. 113 do CC determina que "Os negócios jurídicos devem ser interpretados conforme a boa-fé e os usos do lugar de sua celebração". Além disso, a Lei 13.874, de 20 de setembro 2019 (Declaração de Direitos de Liberdade Econômica), trouxe importantes regras sobre a interpretação dos negócios jurídicos a partir do princípio da boa-fé. Nesse sentido, dispõe o § 1º incluído pela mencionada lei ao art. 113 do CC: "§ 1º A interpretação do negócio jurídico deve lhe atribuir o sentido que: I - for confirmado pelo comportamento das partes posterior à celebração do negócio; II - corresponder aos usos, costumes e práticas do mercado relativas ao tipo de negócio; III - corresponder à boa-fé; IV - for mais benéfico à parte que não redigiu o dispositivo, se identificável; e V - corresponder a qual seria a razoável negociação das partes sobre a questão discutida, inferida das demais disposições do negócio e da racionalidade econômica das partes, consideradas as informações disponíveis no momento de sua celebração", deste modo, agora o julgador possui alguns critério objetivos para interpretar os contratos de acordo com a boa-fé, como a regra do inciso IV, que em caso de haver cláusula ambígua, deverá ser adotada a interpretação mais favorável à parte que não a tenha redigido. A supracitada lei incluiu ainda o § 2º ao art. 113 do CC, permitindo que as partes fixem, no contrato, regras "de interpretação, de preenchimento de lacunas e de integração dos negócios jurídicos diversas daquelas previstas em lei". O princípio da boa-fé objetiva exerce sua função interpretativa de maneira a preencher lacunas existentes no ordenamento jurídico, especialmente em relação aos contratos (função integradora), razão pela qual é perfeitamente possível a interpretação extensiva dos pactos firmados. Por fim, embora o art. 422 do CC estabeleça que os contratantes devem observar o princípio da boa-fé objetiva "assim na conclusão do contrato, como em sua execução", a jurisprudência do Superior Tribunal de Justiça tem reconhecido sua incidência também na fase pré-contratual. Veja as dicas de estudo na parte final deste capítulo, bem como os Enunciados n. 24, 25, 26, 27, 167 a 170, 362 e 363 das Jornadas de Direito Civil do Conselho da Justiça Federal.

Considere a seguinte situação hipotética.

Alternativa correto: "certo".

37.04. Ricardo e Andrea adquiriram imóvel residencial de uma construtora que prometeu a entrega do bem em janeiro de 2013. Entretanto, o imóvel foi entregue somente em fevereiro de 2014, o que obrigou o casal a residir na casa de parentes por um ano.

Nessa situação, os adquirentes fazem jus a indenização por danos morais em razão do atraso na entrega do imóvel.

COMENTÁRIOS

O mero inadimplemento contratual, em regra, não é suficiente para caracterizar o dano moral, havendo a necessidade de situação atípica, capaz de gerar angústia, dor ou tristeza ao outro contratante. Vale anotar, por outro lado, que o atraso injustificado de imóvel residencial pela construtora sujeita-a ao pagamento de lucros cessantes (valor correspondente ao aluguel) pelo tempo do atraso. Por conseguinte, na hipótese mencionada no enunciado, Ricardo e Andrea teriam direito ao recebimento de indenização por lucros cessantes (que é uma das espécies do gênero "dano material"), todavia não fariam jus ao recebimento de reparação por danos morais, a menos que alegassem e comprovassem a ocorrência de situação anormal capaz de causar-lhes sofrimento ou angústia. Veja a jurisprudência nas dicas da parte final deste capítulo.

Alternativa correto: "errado".

3. DIREITO DAS OBRIGAÇÕES

3.1. MODALIDADES

38. (Cespe – Analista Judiciário – Área Judiciária – TRE – PI/2016) Se toda obrigação se tornar inválida pela perda do objeto em razão de a prestação principal padecer de impossibilidade originária, haverá uma obrigação

a) solidária.
b) indivisível.
c) alternativa.
d) modal.
e) facultativa.

COMENTÁRIOS

Alternativa "a": As obrigações solidárias são aquelas em que há mais de um devedor obrigado ao cumprimento da dívida toda ou mais de um credor com o direito de exigir a totalidade da dívida. Aqui há pluralidade de sujeitos, seja ativo ou passivo, da obrigação.

Alternativa "b": De acordo com o art. 258 do CC, as obrigações indivisíveis são aquelas que "tem por objeto uma coisa ou um fato não suscetíveis de divisão, por sua natureza, por motivo de ordem econômica, ou dada a razão determinante do negócio jurídico."

Alternativa "c": As obrigações alternativas ou disjuntivas são aquelas que têm como objeto duas ou mais prestações (objeto múltiplo), podendo o devedor exonerar-se cumprindo apenas uma delas. Como regra geral, nas obrigações alternativas, se o cumprimento de uma delas se torna impossível, a outra subsiste.

Alternativa "d": As obrigações modais são aquelas oneradas com um encargo, vale dizer, contém uma cláusula acessória que impõe um ônus adicional ao devedor.

Alternativa "e": A obrigação facultativa é aquela que possui um único objeto. O credor tem o direito de exigir apenas a obrigação principal, porém o devedor tem a faculdade de substituí-la por outra, também prevista no contrato ou na lei. Ocorre que, exatamente por constituir **uma faculdade do devedor**, o credor não poderá exigir o cumprimento da prestação subsidiária, em caso de impossibilidade de cumprimento da prestação principal. Nessa hipótese, a obrigação será extinta, resolvendo-se em perdas e danos.

Alternativa correta: letra "e".

---

39. (Cespe – Analista Judiciário – Área Judiciária – TRE-MS/2013) Márcio celebrou contrato de compra e venda no qual ficou acertada a sua obrigação de entregar um cavalo, avaliado em R$ 60.000,00, a Marcelo, Augusto e Rodrigo. Augusto remiu todo o débito. Com isso, a obrigação ainda se mantém em relação a Marcelo e Rodrigo, que poderão exigir a entrega do cavalo, mas deverão pagar a Márcio, em dinheiro, a quota do credor remitente – R$ 20.000,00.

Nessa situação hipotética, tem-se um exemplo de obrigação

a) indivisível.
b) natural.
c) divisível.
d) solidária mista.
e) solidária ativa.

COMENTÁRIOS

Alternativa "a" (responde as demais alternativas). A obrigação de entregar um cavalo é indivisível, pois um animal vivo é insuscetível de divisão por sua natureza. Tratando de obrigações indivisíveis, o *caput* do art. 262 do CC estabelece que "se um dos credores remitir a dívida, a obrigação não ficará extinta para com os outros; mas estes só a poderão exigir, descontada a quota do credor remitente". Antes de prosseguir, um esclarecimento: **remir** uma dívida significa resgatá-la mediante pagamento, enquanto **remitir** uma dívida significa perdoá-la. No exemplo indicado no enunciado, a expressão correta seria "Augusto remitiu todo o débito". Nesse caso, Augusto é um de três credores e não pode extinguir pela remissão (perdão) a parte do crédito que cabe aos demais credores. Marcelo e Rodrigo, por sua vez, não tem direito à totalidade do crédito, porque são três os credores e um deles perdoou a dívida. A solução que o Código Civil adotou para essa hipótese é a seguinte: tanto Marcelo quanto Rodrigo poderão exigir a entrega do cavalo, mas deverão pagar a Marcio (devedor) o valor que seria devido a Augusto (credor remitente), pois nessa parte a dívida foi perdoada. Vale lembrar que, nos termos do art. 261 do CC, aquele que receber a totalidade do crédito (cavalo) deverá pagar ao outro credor a parte que lhe caberia.

Alternativa correta: letra "a".

3.2. CESSÃO DE CRÉDITO

---

40. (IBFC – Analista Judiciário – Área Judiciária – TRE – PA/2020) A Teoria Geral das Obrigações é o primeiro tema a ser tratado pela parte especial do Código Civil, entre os seus artigos 233 a 420. Sobre esse assunto, analise as afirmativas abaixo:

I. O vínculo imaterial ou espiritual da obrigação consiste no vínculo jurídico existente entre as partes na relação obrigacional, ou seja, o elo que sujeita o devedor à determinada prestação, seja ela positiva ou negativa, em favor do credor.

II. Se um dos credores remitir a dívida, a obrigação não ficará extinta para com os outros; mas estes só a poderão exigir, descontada a quota do credor remitente. O mesmo critério se observará no caso de transação, novação, compensação ou confusão.

III. Nos contratos onerosos, responde por simples culpa o contratante, a quem o contrato aproveite, e por dolo aquele a quem não favoreça. Nos contratos benéficos, responde cada uma das partes por culpa, salvo as exceções previstas em lei.

IV. Na cessão por título oneroso, o cedente, ainda que não se responsabilize, fica responsável ao cessionário pela existência do crédito ao tempo em que lhe cedeu; a mesma responsabilidade lhe cabe nas cessões por título gratuito, se tiver procedido de má-fé.

Assinale a alternativa correta.

a) Apenas a afirmativa III está correta
b) Apenas as afirmativas I e II estão corretas
c) Apenas as afirmativas I, II e IV estão corretas
d) As afirmativas I, II, III e IV estão corretas

COMENTÁRIOS

Item I: Em geral, pode-se dizer que as obrigações são compostas por três elementos: a) o elemento subjetivo; b) o elemento objetivo; e c) o elemento abstrato, espiritual ou imaterial. O elemento subjetivo é composto pelos sujeitos que compõem a obrigação, ou seja, credor(es) e devedor(es). O elemento objetivo é composto pelo objeto da obrigação, ou seja, a prestação que é devida. E por fim, o elemento abstrato é composto pelo vínculo jurídico que une as partes. Sobre o elemento imaterial, a doutrina ensina que "O elemento imaterial e cerne da obrigação é o *vínculo jurídico* estabelecido entre os sujeitos. Trata-se do liame abstrato que une as partes (credor e devedor)" (FARIAS, Cristiano Chaves de; BRAGA NETTO, Felipe; ROSENVALD, Nelson. Manual de Direito Civil – Volume Único. 6. ed. rev, ampl. e atual. Salvador: Ed. Juspodivm, 2021).

Item II: O item trata das obrigações indivisíveis e corresponde à transcrição do art. 262 e seu parágrafo único, que assim prevê: Art. 262. Se um dos credores remitir a dívida, a obrigação não ficará extinta para com os outros; mas estes só a poderão exigir, descontada a quota do credor remitente. Parágrafo único. O mesmo critério se observará no caso de transação, novação, compensação ou confusão."

Item III: O item inverte a regra prevista no art. 392 do CC sobre os contratos onerosos e os contratos benéficos, segundo o qual: "Nos contratos benéficos, responde por simples culpa o contratante, a quem o contrato aproveite, e por dolo aquele a quem não favoreça. Nos contratos onerosos, responde cada uma das partes por culpa, salvo as exceções previstas em lei."

Item IV: O item corresponde à exata transcrição do art. 295 do CC.

Alternativa correta: letra "c".

---

41. (Cespe – Analista Judiciário – Área Judiciária – TRE – TO/2017) Pedro, com o objetivo de pagar uma dívida que possuía com Roberto, cedeu-lhe, de forma onerosa, crédito vincendo que tinha a receber de Carlos, responsabilizando-se somente pela existência do referido crédito. Na data do vencimento da dívida, Roberto descobriu que Carlos era insolvente.

Nessa situação hipotética, a dívida que Pedro tinha com Roberto

a) não estará extinta, pois Pedro assumiu a obrigação de garantira existência do crédito.
b) estará quitada, pois o crédito foi cedido em caráter pro soluto.
c) não estará extinta, pois a cessão de crédito é sempre em caráter pro soluto.
d) estará quitada, pois não há distinção entre a cessão de crédito pro soluto e a cessão de crédito pro solvendo.
e) estará quitada, pois a cessão de crédito é sempre em caráter pro solvendo.

COMENTÁRIOS

✪ **Nota do autor:** Sobre a distinção entre cessão de crédito *pro soluto* e *pro solvendo*, a doutrina explica que "opera-se a cessão *pro soluto*, que exonera o cedente da responsabilidade pelo adimplemento do crédito, ao conceder plena quitação do débito ao cessionário, não respondendo posteriormente pela boa ou má liquidação da prestação (art. 295 do CC) (...) No conceito de Maria Helena Diniz, a cessão *pro solvendo* "é a transferência de um direito de crédito, feita com o intuito de extinguir uma obrigação, que, no entanto, não se extinguirá de imediato, mas apenas se e na medida em que o crédito cedido for efetivamente cobrado" (FARIAS, Cristiano Chaves de; ROSENVALD, Nelson. Curso de Direito Civil: Obrigações. 11 ed. Salvador: Ed. Juspodivm, 2017).

Alternativa "b" (responde as demais alternativas). Da leitura do enunciado percebe-se que a cessão realizada por Pedro amolda-se ao disposto no art. 295 do CC, de modo que sua responsabilidade é restrita à existência do crédito ao tempo do acordo. Trata-se, portanto, de uma cessão de crédito *pro soluto.*

Alternativa correta: letra "b".

---

42. (Analista Judiciário – Área Judiciária TRE/AL 2010 – FCC) Considere as seguintes assertivas a respeito da transmissão das obrigações:

I. Ocorrendo várias cessões do mesmo crédito, prevalece a primeira cessão formalmente e legalmente realizada independentemente da tradição.

II. Independentemente do conhecimento da cessão pelo devedor, pode o cessionário exercer os atos conservatórios do direito cedido.

III. Salvo estipulação em contrário, o cedente não responde pela solvência do devedor.

IV. Em regra, consideram-se extintas, a partir da assunção da dívida, as garantias especiais originariamente dadas pelo devedor primitivo ao credor.

De acordo com o Código Civil Brasileiro está correto o que se afirma APENAS em

a) I, II e III.

b) I e IV.

c) II e III.

d) II e IV.

e) II, III e IV.

COMENTÁRIOS

Item I: pois contraria o disposto no art. 291 do CC, que estabelece que "ocorrendo várias cessões do mesmo crédito, **prevalece a que se completar com a tradição do título do crédito cedido**". Por esta regra, se o titular de um crédito cedê-lo a várias pessoas distintas, valerá aquela que for acompanhada da entrega do título correspondente.

Item II: pois de acordo com o art. 293 do CC, mesmo que o devedor não tenha conhecimento de que o crédito correspondente à sua obrigação foi cedido a outrem, este último (cessionário) poderá exercer os atos necessários à preservação do direito cedido como, por exemplo, notificar judicialmente o devedor para evitar a prescrição.

Item III: pois o art. 296 do CC estabelece que, se as partes não convencionarem o contrário, o cedente (credor originário) não responde perante o cessionário (novo credor) pela solvência do cedido (devedor).

Item IV: De acordo o art. 300 do CC "salvo assentimento expresso do devedor primitivo, consideram-se extintas, a partir da assunção da dívida, as garantias especiais por ele originariamente dadas ao credor". Destarte, se o devedor originário não consentir expressamente, a assunção de dívida (ou cessão de débito) implica necessariamente na extinção das garantias dadas por ele (como um penhor ou uma hipoteca, por exemplo).

Alternativa correta: letra "e". Estão corretos os itens II, III e IV

3.3. PAGAMENTO E OUTRAS FORMAS DE EXTINÇÃO

43. (Cespe – Analista Judiciário – Área Judiciária – TRE – BA/2017) João deve determinada quantia a Carlos, o qual deve igual valor a Pedro. Feito acordo entre os três, João deverá pagar a referida quantia diretamente a Pedro, o que retira Carlos da relação obrigacional.

O instituto utilizado pelas partes para adimplemento da obrigação nessa situação hipotética denomina-se

a) novação.

b) assunção de dívida.

c) confusão.

d) compensação.

e) dação em pagamento.

COMENTÁRIOS

Alternativa "a": Segundo a doutrina, "a novação é uma interessante modalidade de extinção de obrigações em virtude da constituição de uma nova obrigação que venha ocupar o lugar da primitiva. Nessa espécie de pagamento indireto, percebemos que em único ato, uma nova dívida assume a posição da outra, que desaparece. Via de consequência, a novação envolve a ideia de substituição de uma obrigação, pela intenção das partes de novar, manifestada mediante acordo, cessando o vínculo anterior com a aquisição de novo direito de crédito. O mesmo ato jurídico que ceifa uma obrigação é o gérmen para o brotar de outra" (FARIAS, Cristiano Chaves de; ROSENVALD, Nelson. Curso de Direito Civil: Obrigações. 11 ed. Salvador: Ed. Juspodivm, 2017). A partir daí, percebe-se que o instrumento utilizado por João, Carlos e Pedro para adimplemento foi a novação subjetiva passiva, prevista no art. 360, II, do CC, que ocorre "quando novo devedor sucede ao antigo, ficando este quite com o credor". Ver dicas do autor (item 3.6).

Alternativa "b": Dispõe o art. 299 do CC "é facultado a terceiro assumir a obrigação do devedor, com o consentimento expresso do credor, ficando exonerado o devedor primitivo, salvo se aquele, ao tempo da assunção, era insolvente e o credor o ignorava". A assunção de dívida é uma forma de transmissão de obrigações. No caso sob exame, não se tratou de mera transferência da obrigação de um devedor para outro, razão pela qual exclui-se a incidência do instituto da assunção de dívida.

Alternativa "c": A doutrina afirma que a confusão "consiste na união, na mesma pessoa, das qualidades opostas de credor e devedor da obrigação, desaparecendo a pluralidade das situações jurídicas, o que inviabiliza a obrigação no tocante à sua exigência, porquanto não há como exigi-la de si própria" (FARIAS, Cristiano Chaves de; ROSENVALD, Nelson. Curso de Direito Civil: Obrigações. 11 ed. Salvador: Ed. Juspodivm, 2017). Segundo o CC, a confusão é uma das formas de extinção das obrigações, *in verbis*: "extingue-se a obrigação, desde que na mesma pessoa se confundam as qualidades de credor e devedor". No caso concreto, nenhum dos envolvidos na avença passou a ostentar a coexistência dos atributos de credor e devedor relativamente à mesma obrigação.

Alternativa "d": O CC, no art. 368, afirma que "se duas pessoas forem ao mesmo tempo credor e devedor uma da outra, as duas obrigações extinguem-se, até onde se compensarem". Trata-se de uma das formas de extinção das obrigações denominada compensação. No caso em lume, não há falar neste fenômeno, pois nenhum dos envolvidos é, ao mesmo tempo, credor e devedor do outro (João deve a Carlos, que, por sua vez, deve a Pedro).

Alternativa "e": Segundo a doutrina a "dação em pagamento é uma causa extintiva das obrigações em que o credor consente em receber objeto diverso ao da prestação originariamente pactuada, com efeito liberatório, extinguindo-se a obrigação (art. 356, CC)" (FARIAS, Cristiano Chaves de; ROSENVALD, Nelson. Curso de Direito Civil: Obrigações. 11 ed. Salvador: Ed. Juspodivm, 2017). De acordo com os autores mencionados, a dação em pagamento possui como requisitos: 1) a preexistência de um vínculo obrigacional entre as partes; 2) acordo entre credor e devedor; e 3) diversidade entre a prestação devida e a oferecida em substituição. Nesta situação apresentada, não se observa o preenchimento destes requisitos, uma vez que surgiu uma nova relação jurídica, cuja prestação possui a mesma natureza da anterior.

Alternativa correta: letra "a".

---

44. (Cespe - Analista Judiciário - Área Judiciária - TRE - PE/2017) Assinale a opção correta no que se refere ao adimplemento das obrigações.

a) O pagamento feito por terceiro ao credor não obriga o reembolso pelo devedor, se este tiver ciência da prescrição da pretensão do credor e se opuser ao adimplemento.

b) Caso haja dúvida quanto ao fato de o terceiro ter efetuado pagamento em nome próprio ou do devedor, presume-se que o tenha feito em nome do devedor.

c) Embora a quitação seja um direito subjetivo do devedor, ele não pode reter o pagamento como forma de compelir o credor a fornecer-lhe o recibo.

d) Caso sejam designados dois ou mais lugares para o pagamento, a escolha do local para efetuá-lo caberá ao devedor, em exceção à regra geral de que o pagamento seja efetuado no domicílio do credor.

e) O terceiro não interessado que paga a dívida, em nome próprio, se sub-roga nos direitos do credor.

COMENTÁRIOS

Alternativa "a": De acordo com o disposto no art. 306 do CC "o pagamento feito por terceiro, com desconhecimento ou oposição do devedor, não obriga a reembolsar aquele que pagou, se o devedor tinha meios para ilidir a ação". Assim, se o devedor sabia que a dívida estava prescrita e manifestou sua oposição ao pagamento feito por terceira pessoa, não estará obrigado a reembolsar quem adimpliu a obrigação.

Alternativa "b": Esta presunção não está prevista em lei. O art. 320 do CC estabelece que o instrumento de quitação sempre indicará o nome do devedor ou de quem por ele pagou. Se o pagamento é efetuado por outra pessoa que não o devedor, não se pode presumir que tenha sido feito em nome deste, por falta de previsão legal para tanto.

Alternativa "c": De acordo com o art. 319 do CC "o devedor que paga tem direito a quitação regular, e **pode reter** o pagamento, enquanto não lhe seja dada".

Alternativa "d": A alternativa inverte completamente as disposições sobre o lugar do pagamento das obrigações. O CC estabelece que, em regra, o pagamento será efetuado no domicílio do **devedor** (art. 327, CC). Se designados dois ou mais lugares, cabe ao **credor** escolher entre eles (art. 327, parágrafo único, CC).

Alternativa "e": De acordo com o art. 305 do CC, o terceiro não interessado que paga a dívida em seu próprio nome tem o direito de ser reembolsado do valor pago, porém não se sub-roga nos direitos do credor. Por conseguinte, não poderá usufruir de eventuais privilégios ou executar alguma garantia do crédito original. Assim, o terceiro não interessado que paga uma dívida de pensão alimentícia tem o direito de cobrar do alimentante o valor que desembolsou, porém não pode promover execução por rito processual que autorize a prisão do devedor, por exemplo.

Alternativa correta: letra "a".

---

45. (Cespe - Analista Judiciário - Área Judiciária - TRE - TO/2017) No que se refere ao adimplemento das obrigações, assinale a opção correta.

a) Será inválido pagamento de dívida de menor que seja efetuado, de forma ciente, pelo pai dele, ainda que demonstre que o benefício foi efetivamente revertido em favor do incapaz.

b) O pagamento da dívida deverá ser feito, em qualquer caso, exclusivamente ao credor.

c) Caso seja ofertada prestação diversa da que lhe é devida, o credor deverá consentir em recebê-la, desde que seja mais valiosa que a original.

d) Devedor cuja dívida seja paga por terceiro e que, tendo ciência da perda da pretensão do credor, se opuser ao adimplemento, não estará obrigado a reembolsar o pagador.

e) Terceiro não interessado que pague dívida em nome próprio se sub-rogará nos direitos do credor.

COMENTÁRIOS

Alternativa "a": De acordo com o art. 310 do CC "não vale o pagamento cientemente feito ao credor incapaz de quitar, se o devedor não provar que em benefício dele efetivamente reverteu.".

Alternativa "b": O art. 308 do CC abre a possibilidade para que o devedor pague a dívida ao representante do credor, afirmando que o pagamento deve ser feito ao credor **ou a quem de direito o represente**.

Alternativa "c": De acordo com o art. 313 do CC "o credor não é obrigado a receber prestação diversa da que lhe é devida, **ainda que mais valiosa**".

Alternativa "d": Dispõe o art. 306 do CC "o pagamento feito por terceiro, com desconhecimento ou oposição do devedor, não obriga a reembolsar aquele que pagou, se o devedor tinha meios para ilidir a ação". É o que ocorre, por exemplo, quando o terceiro paga uma dívida prescrita contra a vontade do devedor. Nesse caso, o devedor não deverá reembolsar o terceiro, uma vez que tem a prescrição a seu favor.

Alternativa "e": De acordo com o art. 305 do CC "o terceiro não interessado, que paga a dívida em seu próprio nome, tem direito a reembolsar-se do que pagar; mas **não se sub-roga** nos direitos do credor".

Alternativa correta: letra "d".

---

46. (Cespe – Analista Judiciário – Área Judiciária – TRE – TO/2017) No que tange ao adimplemento, ao inadimplemento e à extinção de obrigações, julgue os itens que se seguem.

I O pagamento de dívida quesível deverá ser feito no domicílio do devedor, ficando o credor obrigado a buscar o adimplemento.

II O Código Civil adota o princípio do nominalismo monetário nas dívidas em dinheiro, admitindo, contudo, que as partes convencionem cláusula de escala móvel.

III Poderá ocorrer mora em caso tanto de inadimplemento absoluto quanto de inadimplemento relativo de uma obrigação.

IV Multa moratória e multa compensatória poderão ser cumuladas com a exigência de cumprimento regular da obrigação principal.

Estão certos apenas os itens

a) I e II.

b) I e III.

c) II e IV.

d) I,III e IV.

e) II,III e IV.

COMENTÁRIOS

Item I: Segundo a doutrina, a dívida quesível, ou dívida de "ir buscar", é aquela que cabe ao credor "procurar o devedor para obter o adimplemento, tal como ocorre com os títulos que circulam ao portador" (FARIAS, Cristiano Chaves de; ROSENVALD, Nelson. Curso de Direito Civil: Obrigações. 11 ed. Salvador: Ed. Juspodivm, 2017). Esta é a regra geral para o lugar do pagamento, prevista no art. 327 do CC.

Item II: Segundo a doutrina o princípio do nominalismo monetário está insculpido no art. 315 do CC, *in verbis:* "as dívidas em dinheiro deverão ser pagas no vencimento, em moeda corrente e pelo valor nominal, salvo o disposto nos artigos subsequentes". A cláusula de escala móvel é utilizada para a correção monetária da obrigação, ou seja, serve para evitar a corrosão do valor pelo decurso do tempo. O CC, em seu art. 316, permite que as partes convencionem o aumento progressivo de prestações sucessivas.

Item III: Somente ocorrerá a mora no caso de inadimplemento relativo. Isso porque no inadimplemento absoluto subsistirá ao credor apenas a resolução da relação obrigacional. A doutrina explica que "enquanto o inadimplemento absoluto conduz à resolução da relação obrigacional (art. 475, CC) em razão da completa impossibilidade de sua manutenção, a mora pode ser caracterizada como o imperfeito cumprimento de uma obrigação, tanto pelo devedor como pelo credor. Apesar da falha no adimplemento da obrigação, ela ainda poderá ser cumprida de maneira proveitosa". (FARIAS, Cristiano Chaves de; ROSENVALD, Nelson. Curso de Direito Civil: Contratos. 7 ed. Salvador: Ed. Juspodivm, 2017).

Item IV: . No tocante às multas contratuais, o art. 409 do CC prevê que "a cláusula penal estipulada conjuntamente com a obrigação, ou em ato posterior, pode referir-se à inexecução completa da obrigação, à de alguma cláusula especial ou simplesmente à mora." O art. 411 do CC autoriza expressamente a cumulação da cláusula penal prevista para o caso de mora ou para assegurar o cumprimento de uma cláusula específica. No tocante à multa compensatória para o caso de inexecução completa da obrigação, a jurisprudência do STJ entende não admite a cumulação a multa compensatória com o cumprimento da obrigação principal (AgRg no Ag: 741776). De fato, não é razoável permitir que o credor receba a multa prevista para o caso de inadimplemento total de uma obrigação e também possa exigir, cumulativamente, o cumprimento dessa mesma obrigação.

Alternativa correta: letra"a". Estão corretos os itens I e II.

---

47. (Cespe – Analista Judiciário – Área Judiciária – TRE – MT/2015) Assinale a opção correta a respeito do direito das obrigações.

a) Havendo dois débitos de mesma natureza e sendo o credor omisso na quitação, em regra, a imputação do pagamento se faz em relação à dívida mais onerosa, ainda que não vencida.

b) Na cessão de crédito, como regra, o cedente responde pela solvência do devedor.

c) A obrigação perde a natureza solidária com a conversão da prestação em perdas e danos.

d) O terceiro não interessado que paga a dívida em seu próprio nome sub-roga-se nos direitos do credor.

e) A sub-rogação transfere ao novo credor todos os direitos, ações, privilégios e garantias do primitivo, em relação à dívida, contra o devedor principal e os fiadores.

COMENTÁRIOS

Alternativa "a": De acordo com o art. 355 do CC, havendo várias dívidas vencidas e pagamento apenas parcial, caso o credor não indique quais dívidas foram quitadas, a imputação "se fará nas dívidas líquidas e vencidas em primeiro lugar. Se as dívidas forem todas líquidas e vencidas ao mesmo tempo, a imputação far-se-á na mais onerosa." Destarte, a lei não prevê imputação de pagamento em dívida ainda não vencida.

Alternativa "b": O art. 296 do CC dispõe que "Salvo estipulação em contrário, o cedente **não** responde pela solvência do devedor."

Alternativa "c": Se o cumprimento de uma obrigação se torna impossível por culpa de um dos devedores solidários, converter-se-á em perdas e danos. A solidariedade passiva permanecerá em relação ao pagamento do equivalente em dinheiro, nos termos do que dispõe a primeira parte do art. 279 do CC, segundo o qual "impossibilitando-se a prestação por culpa de um dos devedores solidários, subsiste para todos o encargo de pagar o equivalente." O mesmo ocorre com os juros incidentes pelo atraso no cumprimento da obrigação, nos termos do art. 280 do CC. Contudo, se o devedor tiver direito a indenização adicional que ultrapasse o pagamento do valor equivalente ao da obrigação cujo cumprimento tornou-se impossível, a responsabilidade será unicamente do devedor culpado. Portanto, a obrigação de pagar o equivalente em caso de conversão em perdas e danos mantém sua natureza solidária. Somente eventual indenização adicional é que poderá ser exigida apenas do devedor culpado pela impossibilidade de cumprimento da obrigação original.

Alternativa "d": O art. 305 do CC estabelece que "o terceiro não interessado, que paga a dívida em seu próprio nome, tem direito a reembolsar-se do que pagar; mas **não** se sub-roga nos direitos do credor."

Alternativa "e": A alternativa transcreve *ipsis litteris* o art. 349 do CC, segundo o qual "a sub-rogação transfere ao novo credor todos os direitos, ações, privilégios e garantias do primitivo, em relação à dívida, contra o devedor principal e os fiadores."

Alternativa correta: letra "e".

48. (IESES - Analista Judiciário - Área Judiciária - TRE - MA/2015) Em relação ao adimplemento das obrigações: ANULADA

I. Ocorre a sub-rogação legal do credor que paga a dívida do devedor comum.

II. A confusão somente pode se verificar sobre a integralidade da dívida.

III. A novação pode ser objetiva e subjetiva.

IV. A dação em pagamento consiste na aceitação, pelo credor, em receber prestação diversa da que é devida.

Assinale a alternativa correta.

a) Apenas a assertiva I é verdadeira.

b) Todas as assertivas são verdadeiras.

c) Apenas as assertivas I e III são verdadeiras.

d) Apenas a assertiva II é verdadeira.

COMENTÁRIOS

✪ **Nota do autor:** O pagamento com sub-rogação, modo especial de extinção das obrigações, traduz a ideia de cumprimento da dívida por terceiro, com a consequente substituição de sujeitos na relação jurídica obrigacional originária: sai o credor e entra o terceiro que pagou a dívida ou emprestou o necessário para que o devedor solvesse a obrigação. Portanto, a dívida será considerada extinta em face do antigo credor, remanescendo, todavia, o direito transferido ao novo titular do crédito. A sub-rogação será legal nas hipóteses previstas no art. 346 do CC, nos seguintes casos: I – do credor que paga a dívida do devedor comum; II – do adquirente do imóvel hipotecado, que paga a credor hipotecário, bem como do terceiro que efetiva o pagamento para não ser privado de direito sobre imóvel; e III – do terceiro interessado, que paga a dívida pela qual era ou podia ser obrigado, no todo ou em parte. Nessas hipóteses, o sub-rogado (sempre um terceiro juridicamente interessado no pagamento da dívida) poderá exercer os direitos e as ações do credor (ter preferência na cobrança de seu crédito, executar uma hipoteca, etc.) somente até o limite da soma que tiver desembolsado para desobrigar o devedor (art. 350 CC). Por outro lado, a sub-rogação será convencional nas hipóteses elencadas no art. 347 do CC, quais sejam: I – quando o credor recebe o pagamento de terceiro e expressamente lhe transfere todos os seus direitos; e II – quando terceira pessoa empresta ao devedor a quantia precisa para solver a dívida, sob a condição expressa de ficar o mutuante sub-rogado nos direitos do credor satisfeito. Nessas hipóteses, o novo credor terá "todos os direitos, ações, privilégios e garantias do primitivo, em relação à dívida, contra o devedor principal e os fiadores".

Item I: de acordo com o art. 346, inc. I, do CC, que estabelece que "a sub-rogação opera-se, de pleno direito, em favor: I – do credor que paga a dívida do devedor comum". Isso significa que o credor que paga a dívida de alguém que deve a ele e a outrem sub-roga-se em todos os direitos, ações, privilégios e garantias do credor primitivo, tanto em relação ao devedor comum (que devia aos dois) quanto em relação aos fiadores.

Item II: pois o art. 382 do CC estatui que "a confusão pode verificar-se a respeito de toda a dívida, ou só de parte dela."

Item III: pois o art. 360 do CC prevê que "dá-se a novação: I – quando o devedor contrai com o credor nova dívida para extinguir e substituir a anterior; II – quando novo devedor sucede ao antigo, ficando este quite com o credor; III – quando, em virtude de obrigação nova, outro credor é substituído ao antigo, ficando o devedor quite com este., não podem casar entre si "os irmãos, unilaterais ou bilaterais, e demais colaterais, até o terceiro grau inclusive." Os incisos I e II preveem hipóteses de novação subjetiva, na qual ocorre a alteração do devedor ou do credor primitivo. Já o inciso III prevê hipóteses de novação objetiva, em que a modificação é do objeto da dívida.

Item IV: pois de acordo com o art. 356 do CC, a dação em pagamento ocorre quando o credor "consentir em receber prestação diversa da que lhe é devida".

QUESTÃO ANULADA.

---

49. (IBFC – Analista Judiciário – Área Judiciária-TRE-AM/2014) Segundo o Código Civil, os prazos de favor, embora consagrados pelo uso geral, não obstam a:

a) Novação.
b) Dação em pagamento.
c) Remissão das dívidas.
d) Compensação.

COMENTÁRIOS

✪ **Nota do autor:** A compensação é um meio de extinção de obrigações entre pessoas que são, ao mesmo tempo, credora e devedora uma da outra. A compensação acarreta a extinção de duas obrigações até o limite da existência do crédito recíproco, remanescendo, se houver, o saldo em favor do maior credor.

Alternativa "d" (responde as demais alternativas). De acordo com o art. 372 do CC, "os prazos de favor, embora consagrados pelo uso geral, não obstam a compensação". Por esta regra, se a dívida estiver vencida e o credor conceder um prazo adicional para o devedor adimpli-la, tal fato não impede que se faça a compensação, se presentes os demais requisitos legais.

Alternativa correta: letra "d".

3.4. INADIMPLEMENTO E MORA

50. (Cespe – Analista Judiciário – Área Judiciária – TRE – BA/2017) Em 20/5/2014, o carro conduzido por Fernando foi atingido na traseira pelo automóvel conduzido por Rafael, o qual não respeitou sinalização de parada obrigatória. Os dois convencionaram que Fernando apresentaria a Rafael três orçamentos dos reparos no automóvel e que Rafael lhe pagaria o de menor valor. No dia 2/6/2014, Fernando, então, apresentou os três orçamentos, mas Rafael recusou-se a efetuar o pagamento, sob o argumento de que os valores estavam muito altos. Em 10/6/2014, Rafael fez contraproposta, que não foi aceita por Fernando. Fernando, então, ingressou com ação de cobrança e, em 14/6/2014, Rafael foi citado. Após o regular trâmite do processo, o juiz reconheceu a culpa de Rafael e o condenou, em 2/3/2015, a pagar quantia certa a Fernando.

Considerando-se o disposto no Código Civil e a jurisprudência do Superior Tribunal de Justiça, nessa situação hipotética o termo inicial dos juros de mora é

a) 14/6/2014.
b) 2/3/2015.
c) 20/5/2014.
d) 2/6/2014.
e) 10/6/2014.

COMENTÁRIOS

✪ **Nota do autor:** Mora é o cumprimento imperfeito da obrigação, por retardo ou inobservância do tempo ajustado. Também é chamada de inadimplemento relativo. Distingue-se do inadimplemento absoluto, que consiste no descumprimento total da obrigação em circunstância tal que o adimplemento não mais interessa ao credor. O que diferencia a mora do inadimplemento absoluto da obrigação é que, na primeira, subsiste para o credor a utilidade do cumprimento da obrigação, enquanto na segunda não há mais utilidade no cumprimento da obrigação para o credor. Prepondera, portanto, o fator econômico. Por exemplo, se o devedor de certa quantia em dinheiro efetua o pagamento com uma semana de atraso em relação à data do vencimento, haverá mora, porque o dinheiro é útil para o credor a qualquer tempo. Por outro lado, se a empresa que se obrigou a fazer a filmagem de um casamento não aparece no dia da cerimônia, de nada adiantará oferecer-se para prestar o serviço uma semana depois. Nesse caso, haverá inadimplemento absoluto.

Alternativa "c" (responde as demais alternativas): De acordo com o art. 398 do CC, quem comete um ato ilícito está em mora desde a data em que o praticou. No caso descrito no enunciado da questão, os juros moratórios devem ser contados desde a data do acidente de trânsito, independente da data de ajuizamento da ação ou da prolação da sentença judicial. Esse entendimento é corroborado pelo enunciado da Súmula 54 do STJ, segundo o qual *"os juros moratórios fluem a partir do evento danoso, em caso de responsabilidade extracontratual"*.

Alternativa correta: letra "c".

4. CONTRATOS

51. (FCC – Analista Judiciário – Área Judiciária – TRE – PR/2017) Considere as afirmações abaixo a respeito da teoria do adimplemento substancial.

I. Embora não esteja expressamente prevista na legislação, a jurisprudência, com base na doutrina, tem admitido esta teoria para evitar a rescisão do contrato.

II. Foi expressamente prevista na legislação civil e sua adoção evita a resolução do contrato, quando ocorrer inadimplemento mínimo.

III. Caso adotada, apesar de a obrigação contratualmente estabelecida não ter sido cumprida totalmente, se ela foi adimplida substancialmente, apenas se admitirá a resolução do contrato, mas impede a condenação em indenização por perdas e danos, se o devedor agiu de boa-fé.

IV. Se adotada, não impedirá o credor de receber o que lhe é devido.

V. Apesar de prevista em lei, com a vigência do Código Civil de 2002, foi abandonada, em razão da regra que impõe a observância da boa-fé.

Está correto o que se afirma APENAS em

a) I e IV.
b) II e IV.
c) I e III.
d) II e III.
e) IV e V.

COMENTÁRIOS

✪ **Nota do autor:** O STJ tem adotado a teoria do adimplemento substancial ou *substancial performance*, que impede a resolução de um contrato em que uma das partes tenha cumprido parte relevante ou substancial de suas obrigações. No julgamento do REsp 76.362, a corte superior assentou o entendimento de que a aplicação da Teoria do Adimplemento Substancial exige o preenchimento dos seguintes requisitos: a) a existência de expectativas legítimas geradas pelo comportamento das partes; b) o pagamento faltante há de ser ínfimo em se considerando o total do negócio; c) deve ser possível a conservação da eficácia do negócio sem prejuízo ao direito do credor de pleitear a quantia devida pelos meios ordinários. Por fim, convém destacar que o STJ decidiu que essa teoria não pode ser invocada nos contratos de alienação fiduciária de veículos para impedir a busca e apreensão dos bens (REsp 1622555/MG, j. 22/02/2017).

Item I: (responde também os itens II e V, cujas afirmativas estão incorretas). Como já foi explicado na nota do autor, a teoria do adimplemento substancial não está prevista expressamente na legislação pátria. Todavia, ela pode ser extraída dos princípios gerais do direito civil da boa-fé objetiva e da função social do contrato.

Item III: Através da teoria do adimplemento substancial, se o devedor tiver cumprido parcela substancial das obrigações pactuadas, estando inadimplente em relação a parcela mínima da avença, o contrato **não** poderá ser resolvido (extinto).

Item IV: A aplicação da teoria do adimplemento substancial não impede que o credor receba o que lhe é devido, pelo contrário, busca justamente preservar a eficácia do contrato nos termos em que pactuado pelos contratantes.

Alternativa correta: letra "a". Estão corretos os itens I e IV.

52. (Cespe – Analista Judiciário – Área Judiciária – TRE – RS/2015) Contrato é o negócio jurídico resultante de mútuo consenso, capaz de criar, modificar ou extinguir direitos e obrigações para os contratantes. Quando descumprido, alguns efeitos daí emergem, entre eles, a resolução. Acerca desse assunto, assinale a opção correta.

a) Segundo entendimento do STJ, o adimplemento substancial do contrato não autoriza o credor a resolver unilateralmente o negócio jurídico.

b) Em contratos bilaterais, o direito civil brasileiro prescreve que um contratante pode exigir do outro o implemento da obrigação, mesmo que não cumprida a sua.

c) Nos contratos em geral, o Código Civil prevê que a resolução não poderá ser evitada, ainda que haja a possibilidade de modificação equitativa das condições do contrato.

d) O ordenamento jurídico brasileiro não admite a hipótese de resolução contratual por onerosidade excessiva aventada pelo devedor, por vigorar nos contratos a cláusula *rebus sic stantibus*.

e) Depois de perfeito o contrato de compra e venda de bem imóvel de valor superior a trinta vezes o salário mínimo nacional, sem qualquer vício, mediante escritura pública, é possível a resilição bilateral, com efeito *ex tunc*, inclusive perante terceiros, uma vez que as partes voltam ao estado anterior ao negócio jurídico entabulado, sendo inexigível a escritura pública para esse distrato.

COMENTÁRIOS

Alternativa "a": O STJ tem adotado a teoria do adimplemento substancial ou *substancial performance*, que impede a resolução de um contrato em que uma das partes tenha cumprido parte relevante ou substancial de suas obrigações. No julgamento do REsp 76.362, a corte superior assentou o entendimento de que a aplicação da Teoria do Adimplemento Substancial exige o preenchimento dos seguintes requisitos: a) a existência de expectativas legítimas geradas pelo comportamento das partes; b) o pagamento faltante há de ser ínfimo em se considerando o total do negócio; c) deve ser possível a conservação da eficácia do negócio sem prejuízo ao direito do credor de pleitear a quantia devida pelos meios ordinários.

Alternativa "b": De acordo com o art. 476 do CC, "nos contratos bilaterais, nenhum dos contratantes, antes de cumprida a sua obrigação, pode exigir o implemento da do outro." Trata-se da figura jurídica da *exceptio non adimpleti contractus* ou a exceção do contrato não cumprido. Assim, por exemplo, se alguém compra uma mercadoria e o vendedor não a entrega, pode reter o pagamento até o recebimento do bem. Essa regra se inverte se se tratar de compra e venda a vista. Nesse caso, de acordo com o art. 491 do CC, o vendedor não é obrigado a entregar a coisa enquanto não receber o preço.

Alternativa "c": O art. 479 do CC dispõe que "a resolução poderá ser evitada, oferecendo-se o réu a modificar equitativamente as condições do contrato."

Alternativa "d": O art. 480 do CC prevê que "se no contrato as obrigações couberem a apenas uma das partes, poderá ela pleitear que a sua prestação seja reduzida, ou alterado o modo de executá-la, a fim de evitar a onerosidade excessiva." Vale anotar que a cláusula *rebus sic stantibus* permite a modificação das cláusulas de um contrato que preveja obrigação diferida ou de trato sucessivo, caso sobrevenha fato imprevisto e imprevisível que altere de maneira substancial a prestação, de modo a prejudicar uma parte em benefício da outra. A onerosidade excessiva prevista no art. 480 do CC, por outro lado, pode estar presente já no momento da celebração do negócio.

Alternativa "e": O art. 108 do CC determina que "não dispondo a lei em contrário, a escritura pública é essencial à validade dos negócios jurídicos que visem à constituição, transferência, modificação ou renúncia de direitos reais sobre imóveis de valor superior a trinta vezes o maior salário mínimo vigente no País." Por sua vez, o art. 472 do CC prevê que "o distrato faz-se pela mesma forma exigida para o contrato."

Alternativa correta: letra "a".

---

53. (FCC – Analista Judiciário – Área Judiciária – TRE-PR/2012) Em relação a Contrato, considere:

I. É anulável o contrato que tenha por objeto herança de pessoa viva.

II. Os contratos atípicos não precisam observar as normas gerais fixadas pelo Código Civil.

III. Quando houver no contrato de adesão cláusulas ambíguas ou contraditórias, dever-se-á adotar a interpretação mais favorável ao aderente.

IV. A liberdade de contratar será exercida em razão e nos limites da função social do contrato.

V. Nos contratos de adesão, são nulas as cláusulas que estipulam a renúncia antecipada do aderente a direito resultante da natureza do negócio.

Está correto o que se afirma APENAS em

a) I, III e IV.

b) II, III e IV.

c) I, IV e V.

d) I, III e V.

e) III, IV e V.

COMENTÁRIOS

Item I: O contrato que tenha por objeto herança de pessoa vivia é nulo e não anulável. Com efeito, o art. 426 do CC estabelece que "não pode ser objeto de contrato a herança de pessoa viva". Já o art. 166, inc. II, do CC determina que "é nulo o negócio jurídico quando: (...) II – for **ilícito**, impossível ou indeterminável o seu objeto". Como a lei proíbe que a herança de pessoa viva não pode ser negociada, se for celebrado contrato com tal objeto, estará caracterizada sua ilicitude e, por conseguinte, a **nulidade absoluta** do contrato.

Item II: O art. 425 do CC dispõe que "é lícito às partes estipular contratos atípicos, **observadas as normas gerais fixadas neste Código**". Contratos atípicos são aqueles cujo regramento não estão especificamente previstos no Código Civil ou na legislação especial. Pelo princípio da liberdade contratual, as partes podem celebrar qualquer tipo de contrato, desde que observem as normas gerais estabelecidas pelo Código Civil relativamente à capacidade das partes, à forma e à licitude do objeto (prestação prevista no contrato).

Item III: A afirmação reproduz a redação do art. 423 do CC, tratando dos contratos de adesão, que são aqueles em que em que as cláusulas são definidas unilateralmente por uma das partes, cabendo à outra aceitar ou recusar o contrato, sem poder discutir seu conteúdo, estabelece que, havendo cláusulas ambíguas (que podem ser interpretadas de mais de uma maneira) ou contraditórias (cuja interpretação seja conflitante entre si), estas deverão ser interpretadas da maneira mais favorável aderente, vale dizer, à parte que não interferiu em sua elaboração. Veja, sobre este tema, o Enunciado 167 das Jornadas de Direito Civil do Conselho da Justiça Federal.

É imperioso destacar que a MP nº 881, de 30 de abril de 2019, deu uma nova redação ao artigo supracitado e incluiu o parágrafo único ao dispositivo. Entretanto, quando a MP foi convertida na Lei 13.874, de 20 de setembro de 2019 (Lei de Liberdade Econômica), esta alteração não foi mantida, voltando o artigo em comento a ter a sua redação original. Veja-se a redação que o artigo em comento teve momentaneamente:

> "Art. 423. Quando houver no contrato de adesão cláusulas que gerem dúvida quanto à sua interpretação, será adotada a mais favorável ao aderente. (Redação dada pela Medida Provisória nº 881, de 2019)
>
> Parágrafo único. Nos contratos não atingidos pelo disposto no caput, exceto se houver disposição específica em lei, a dúvida na interpretação beneficia a parte que não redigiu a cláusula controvertida. (Incluído pela Medida Provisória nº 881, de 2019)"

Item IV: a afirmação reproduz a redação anterior do art. 421, do CC, que a par de reconhecer a autonomia da vontade, vale dizer, a liberdade que as pessoas tem de celebrar contratos e definir suas cláusulas, determina que esta liberdade será exercida em razão e nos limites da função social do contrato. (Vide enunciados 22, 23, 166, 360, 361 e 431 das Jornadas de Direito Civil do CJF). A Lei 13.874, de 20 de setembro de 2019, deu nova redação ao "caput" do artigo, incluindo também, o parágrafo único, dando assim, maior autonomia para celebração de contratos.

> "Art. 421. A liberdade contratual será exercida nos limites da função social do contrato. (Redação dada pela Lei nº 13.874, de 2019)
>
> Parágrafo único. Nas relações contratuais privadas, prevalecerão o princípio da intervenção mínima e a excepcionalidade da revisão contratual. (Incluído pela Lei nº 13.874, de 2019)"

Item V:. O art. 424 do CC determina que "nos contratos de adesão, são nulas as cláusulas que estipulem a renúncia antecipada do aderente a direito resultante da natureza do negócio". Assim, se alguém compra um veículo financiado com alienação fiduciária em garantia, tem o direito de ser notificado previamente em caso de atraso no pagamento. Pela regra em comento, seria nula uma cláusula no contrato de financiamento (contrato de adesão) na qual o devedor renunciasse ao direito de ser previamente notificado caso o banco pretendesse retomar o veículo por atraso no pagamento da dívida.

Alternativa correta: letra "e". Estão corretos os itens III, IV e V.

4.1. EVICÇÃO

54. (IESES – Analista Judiciário – Área Judiciária – TRE – MA/2015) Sobre os contratos em geral, assinale a alternativa correta:

a) A evicção parcial permite ao evicto optar entre a rescisão do contrato e a restituição da parte do preço correspondente ao desfalque, salvo se este não for considerável, hipótese em que somente caberá direito à indenização.

b) A clausula resolutiva tácita opera de pleno direito, independente de interpelação.

c) No contrato aleatório, pode uma das partes reservar- se a faculdade de indicar a pessoa que deve adquirir os direitos, e assumir as obrigações dele decorrentes

d) Havendo vício redibitório em coisa objeto de contrato, o alienante tão somente restituirá o valor recebido, mais as despesas do contrato, ainda que conhecesse o vício ou defeito da coisa.

COMENTÁRIOS

✪ **Nota do autor:** Evicção é a perda da coisa para terceiro (evictor) em razão de decisão judicial fundada em causa jurídica anterior ao contrato pelo qual o alienante transferiu a propriedade do bem ao adquirente (evicto). A regra geral do nosso ordenamento jurídico é que o vendedor responde pela evicção. Essa regra está baseada no princípio da garantia do bem alienado contra os defeitos do direito transferido e incide por imposição legal em todo contrato oneroso pelo qual se transfere o domínio, a posse ou o uso de uma coisa. Para compreender o instituto, imaginemos que "X" venda um lote de terreno a "Y", receba o preço e outorgue escritura pública, que é registrada normalmente. Posteriormente, sobrevém sentença judicial determinando a partilha do imóvel e destinando metade da área a "Z", que viveu muitos anos em união estável com "X". Trata-se de evicção parcial e, de acordo com os art. 447 e 450, parágrafo único, do CC, "Y" poderá exigir de "X" o ressarcimento metade do preço do bem, calculado com base no valor de mercado apurado na data em que o perdeu. O art. 445 do CC autoriza ainda, em razão da perda de parte considerável do bem, o adquirente poderá pleitear a extinção do contrato, voltando as partes à situação anterior, com a devolução dos valores pagos.

Alternativa "a": De acordo com o art. 455 do CC "Se parcial, mas considerável, for a evicção, poderá o evicto optar entre a rescisão do contrato e a restituição da parte do preço correspondente ao desfalque sofrido. Se não for considerável, caberá somente direito a indenização." Assim, em caso de evicção parcial de valor considerável, o evicto (quem sofreu a perda em razão de decisão judicial proferida em favor de terceiro) poderá optar pelo ressarcimento de seu prejuízo ou pela rescisão do contrato. Se o prejuízo não for considerável, o evicto poderá pleitear do alienante somente o ressarcimento de seu prejuízo.

Alternativa "b": Em todo contrato bilateral ou sinalagmático, que estabelecem obrigações para ambos os contratante, há uma cláusula resolutiva, que autoriza a um dos contratantes optar pela extinção do contrato em decorrência do inadimplemento da obrigação assumida contratualmente pelo outro. A cláusula resolutiva pode ser expressa ou tácita. Será tácita quando o contrato for omisso quanto à sua pactuação. Nos termos do art. 474 do CC, a cláusula resolutiva tácita somente poderá produzir efeitos se o credor interpelar o devedor, por meio de notificação judicial ou extrajudicial.

Alternativa "c": O contrato em que uma das partes pode reservar- se a faculdade de indicar a pessoa que deve adquirir os direitos e assumir as obrigações dele decorrentes é o "contrato com pessoa a declarar", previsto no art. 467 do CC. Já o contrato aleatório, de acordo com os art. 458 e 459 do CC, é aquele que diz respeito a coisas ou fatos futuros, que podem não virem a existir ou virem a existir em qualquer quantidade.

Alternativa "d": A primeira parte do art. 443 do CC estatui que "Se o alienante conhecia o vício ou defeito da coisa, **restituirá o que recebeu com perdas e danos**." Portanto, se o alienante conhecia o fato que ocasionou a evicção, não se exonera de sua obrigação pagando apenas o valor do bem e as despesas do contrato. Deverá ressarcir os prejuízos comprovadamente causados ao evicto pela perda da coisa.

Alternativa correta: letra "a".

4.2. CONTRATO ALEATÓRIO

55. (Analista Judiciário – Área Judiciária TRE/AC 2010 – FCC) Considere as seguintes assertivas a respeito do contrato aleatório:

I. Se o contrato for aleatório, por dizer respeito a coisas ou fatos futuros, cujo risco de não virem a existir um dos contratantes assuma, terá o outro direito de receber integralmente o que lhe foi prometido, desde que de sua parte não tenha havido dolo ou culpa, exceto se nada do avençado venha a existir.

II. Se for aleatório o contrato, por se referir a coisas existentes, mas expostas a risco, assumido pelo adquirente, terá igualmente direito o alienante a todo o preço, posto que a coisa já não existisse, em parte ou de todo, no dia do contrato.

III. Se for aleatório, por serem objeto dele coisas futuras, tomando o adquirente a si o risco de virem a existir em qualquer quantidade, terá também direito o alienante a todo o preço, desde que de sua parte não tiver concorrido culpa, ainda que a coisa venha a existir em quantidade inferior à esperada.

De acordo com o Código Civil brasileiro, está correto o que se afirma APENAS em

a) I.

b) I e II.

c) I e III.

d) II.

e) II e III.

COMENTÁRIOS

Nota do autor: Contrato aleatório é aquele em que a prestação de uma ou ambas as partes depende de um risco futuro e incerto, não se podendo antecipar seu montante. O contrato pode ser aleatório: 1) por natureza: Ex. jogo, aposta, seguro; e 2) acidentalmente: quando o valor ou o objeto é incerto. Ex. contrato de compra e venda de colheita futura. Neste último caso, o contrato pode referir-se a coisas que podem ou não vir a existir ou a coisas existentes, cuja quantidade possa variar. Assim, é possível que as partes negociem toda a produção de uma lavoura, assumindo o comprador o risco de não haver produção. Também é possível que o comprador compre determinada produção, assumindo apenas o risco da variação da quantidade, mas não o da inexistência de colheita. O contrato também pode ser acidentalmente aleatório por se referir a coisas existentes, mas expostas a risco, como ocorre com as mercadorias que estão em trânsito. É possível negociar produtos importados da China, por exemplo, que estão em um navio em algum ponto do oceano. Se o adquirente assumir o risco sobre essas mercadorias, o contrato será aleatório.

Item I: pois contraria o art. 458 do CC estabelece que "Se o contrato for aleatório, por dizer respeito a coisas ou fatos futuros, cujo risco de não virem a existir um dos contratantes assuma, terá o outro direito de receber integralmente o que lhe foi prometido, desde que de sua parte não tenha havido dolo ou culpa, **ainda que nada do avençado venha a existir**".

Item II: . De acordo com o art. 460 do CC, se o contrato for aleatório, por se referir a coisas existentes, mas expostas a risco, assumido pelo adquirente, terá igualmente direito o alienante a todo o preço, posto que a coisa já não existisse, em parte, ou de todo, no dia do contrato. Podemos citar como exemplo uma mercadoria que está sendo transportada por navio. Se o adquirente assumiu o risco de que elas se percam, o vendedor terá direito ao preço, mesmo que fique provado que no dia do contrato o navio já havia afundado. Essa regra somente não será aplicada se o vendedor já tinha ciência do naufrágio e, mesmo assim, negociou a mercadoria (art. 461 do CC).

Item III: O *caput* do art. 459 do CC estabelece que se o contrato for aleatório, por serem objeto dele coisas futuras (como uma colheita, por exemplo), assumindo o adquirente o risco de virem a existir em qualquer quantidade, o alienante terá direito a todo o preço, mesmo que a coisa venha a existir em quantidade inferior à esperada, desde que a redução na quantidade não tenha ocorrido por culpa do vendedor (por deixar de adotar os cuidados normais a uma lavoura, por exemplo). O parágrafo único do mesmo artigo dispõe que, nesse caso, se nada for colhido, alienação não haverá, e o alienante restituirá o preço recebido.

Alternativa correta: letra "e". Estão corretos os itens II e III.

4.3. CONTRATOS EM ESPÉCIE

4.3.1. CONTRATO DE COMPRA E VENDA

56. (FCC – Analista Judiciário – Área Judiciária – TRF 4/2019) Patrícia e Beatriz celebraram contrato de compra e venda de um automóvel usado, convencionando que o preço seria fixado por Fernando, o qual, por sua vez, recusou a incumbência. Nesse caso, o contrato

a) é nulo de pleno direito, pois é vedado atribuir a terceiro a fixação do preço em contrato de compra e venda.

b) é nulo de pleno direito, pois só se admite atribuir a terceiro a fixação do preço em contratos de compra e venda de coisas fungíveis.

c) era válido por ocasião da celebração, mas a recusa de Fernando o tornou inválido.

d) é válido, mas ficará sem efeito por conta da recusa de Fernando, salvo se Patrícia e Beatriz designarem outra pessoa para fixar o preço.

e) é juridicamente inexistente, pois é vedado atribuir a terceiro a fixação do preço em contrato de compra e venda.

COMENTÁRIOS

✪ **Nota do autor:** A compra e venda é a modalidade de contrato por meio da qual uma parte obriga-se a transferir a outra a propriedade de uma coisa corpórea ou incorpórea, mediante o pagamento de um preço (art. 481 do CC). O contrato de compra e venda classifica-se como: 1) **bilateral ou sinalagmático**, pois gera obrigações para ambos os contratantes, sendo que o comprador obriga-se a pagar o preço pactuado e o vendedor obriga-se a entregar a coisa; 2) **consensual**, pois se aperfeiçoa com o acordo de vontade das partes, não sendo necessária a efetiva entrega da coisa vendida; 3) **comutativo**, pois o montante das prestações devidas por cada um dos contratantes pode ser vislumbrado previamente e tendem à equivalência; 4) **oneroso**, pois impõe sacrifícios e benefícios recíprocos; e 5) **não solene**, pois não exige forma específica para sua celebração, exceto se seu objeto for bem imóvel com valor superior a 30 salários mínimos, quando deverá ser concretizado por meio de escritura pública (art. 108 do CC).

Alternativa "d" (responde as demais alternativas). A situação narrada na questão acima se encaixa na hipótese do art. 485 do CC, segundo o qual "a fixação do preço pode ser deixada ao arbítrio de terceiro, que os contratantes logo designarem ou prometerem designar. Se o terceiro não aceitar a incumbência, ficará sem efeito o contrato, salvo quando acordarem os contratantes designar outra pessoa". Assim, a recusa de Fernando não torna o contrato nulo ou inválido, apenas retira a eficácia do contrato até que seja designada outra pessoa para fixar o preço.

Alternativa correta: letra "d".

57. (FCC – Analista Judiciário – Oficial de Just. Avaliador – TRF 3/2014) Marcia celebrará contrato de compra e venda de imóvel com Isaías possuindo a intenção de estipular cláusula especial de retrovenda. No tocante à retrovenda, Márcia

a) terá que respeitar o prazo decadencial máximo de dois anos previsto no Código Civil brasileiro.

b) terá que respeitar o prazo prescricional máximo de doze meses previsto no Código Civil brasileiro.

c) poderá estipular qualquer prazo uma vez que o Código Civil brasileiro não limita o tempo para o exercício da retomada do imóvel.

d) terá que respeitar o prazo decadencial máximo de três anos previsto no Código Civil brasileiro.

e) poderá estipular prazo não superior a cinco anos, sendo que este prazo, em casos excepcionais, poderá ser aumentado conjuntamente pelas partes.

COMENTÁRIOS

Alternativa "d" (responde as demais alternativas). A retrovenda é uma cláusula especial que pode ser pactuada no contrato de compra e venda, por meio da qual o vendedor reserva para si o direito de comprar de volta a coisa, mediante a restituição do preço e das despesas efetuadas pelo comprador para concretizar o negócio (com o registro imobiliário, por exemplo). É uma condição resolutiva expressa, pois se o vendedor exercer sua opção, a venda se desfaz, retornando os contratantes ao estado anterior. A retrovenda não pode ser pactuada como um direito que possa ser exercido por tempo indeterminado, mas deve observar o prazo decadencial máximo de 03 (três) anos, previsto no art. 505 do CC. Trata-se de um prazo decadencial, pois limita no tempo o exercício do direito de comprar de volta determinado bem, por ato unilateral. Se não for exercido dentre desse prazo, extingue-se o direito. Os contratantes podem estipular um prazo menor para a retrovenda, mas não maior do que o previsto em lei, mesmo que haja consenso entre eles.

Alternativa correta: letra "d".

58. (FCC – Analista Judiciário – Área Judiciária – TRF 3/2014) Considere uma venda realizada à vista de amostras, protótipos ou modelos. Neste caso, de acordo com o Código Civil brasileiro, em regra, a referida venda é

a) amparada pela legislação sendo que, se houver contradição ou diferença com a maneira pela qual se descreveu a coisa no contrato de compra e venda, prevalecerá a amostra, o protótipo ou o modelo.
b) vedada em razão da proibição da celebração de contrato de compra e venda com base em amostras, protótipos ou modelos.
c) amparada pela legislação sendo que, se houver contradição ou diferença com a maneira pela qual se descreveu a coisa no contrato de compra e venda, prevalecerá o contrato celebrado entre as partes.
d) vedada se a celebração do contrato for realizada entre pessoas físicas.
e) amparada pela legislação sob a condição de que as amostras, protótipos ou modelos tenham sido aprovados pelos órgãos de fiscalização administrativa, bem como façam parte integrantes do contrato de compra e venda, independentemente de descrição da coisa.

COMENTÁRIOS

✪ **Nota do autor:** Por meio da venda mediante amostra, ao invés de descrever detalhadamente uma mercadoria, o vendedor exibe ao comprador um exemplar, um protótipo ou um modelo do produto a ser vendido. Para resguardar a boa-fé do comprador, a lei determina que a coisa entregue deverá ter as mesmas qualidades verificadas na amostra.

Alternativa "a": (responde, também, as alternativas "b", "c" e "d"). O Código Civil expressamente autoriza, no *caput* de seu art. 484, a venda mediante amostra. O parágrafo único do referido artigo estabelece textualmente que "prevalece a amostra, se houver contradição ou diferença com a maneira pela qual se descreveu a coisa no contrato". Para a lei, a amostra apresentada pelo vendedor, por constituir a base fática, material, sobre a qual o negócio foi celebrado, deve prevalecer em relação ao aspecto formal, que é a descrição no instrumento do contrato.

Alternativa "e": O Código Civil não exige a aprovação dos órgãos de fiscalização administrativa, como condição de validade do contrato. Veja que as amostras, protótipos ou modelos fazem parte do contrato (aspecto material), tanto que o vendedor obriga-se a entregar a coisa em conformidade com elas, porém não se exige, para a validade do negócio jurídico, que estejam descritas ou mesmo mencionadas em eventual instrumento (aspecto formal). Vale anotar que o contrato de compra e venda é classificado como "não solene", porque não exige uma forma específica, podendo ser celebrado até mesmo verbalmente.

Alternativa correta: letra "a".

4.3.2. CONTRATO DE DOAÇÃO

59. (Cespe – Analista Judiciário – Área Judiciária – TRE – BA/2017) Acerca das espécies de contratos regulados pelo Código Civil, assinale a opção correta.

a) Tratando-se de contrato de comodato, o comodatário pode recobrar do comodante as despesas feitas com a conservação da coisa emprestada.
b) A culpa de terceiro elide a responsabilidade contratual do transportador no caso de contrato de transporte de pessoas.
c) O benefício de ordem em contrato de fiança aproveita ao fiador que se obrigou como devedor solidário.
d) Em se tratando de venda ad corpus, o preço do imóvel é determinado por sua área.
e) Morto o doador, o Ministério Público poderá exigir do donatário o cumprimento dos encargos da doação de interesse geral, se ainda não cumpridos.

COMENTÁRIOS

Alternativa "a": De acordo com o art. 584 do CC "o comodatário **não poderá jamais** recobrar do comodante as despesas feitas com o uso e gozo da coisa emprestada".

Alternativa "b": De acordo com o art. 735 do CC "a responsabilidade contratual do transportador por acidente com o passageiro **não** é elidida por culpa de terceiro, contra o qual tem ação regressiva".

Alternativa "c": De acordo com o art. 827 do CC, o fiador tem direito ao que se denomina "benefício de ordem", isto é, pode exigir que primeiro sejam executados os bens do devedor, desde que o faça no prazo de contestação e indique onde os bens do afiançado podem ser encontrados. Essa é a regra geral. As exceções estão relacionadas no art. 828 do CC, cujo inciso II estabelece que o benefício de ordem não aproveita ao fiador que se obrigou como devedor solidário.

Alternativa "d": . Na venda *ad corpus*, o objeto do contrato é considerado como um todo, e não apenas sua metragem. Nesse tipo de contrato, o preço do imóvel não é determinado por sua área, pois o bem é vendido como coisa certa e determinada (art. 500, § 3º, CC).

Alternativa "e": De acordo com o art. 553, parágrafo único, do CC, o Ministério Público poderá exigir que o donatário cumpra os encargos da doação, depois da morte do doador, se este não tiver feito, quando o cumprimento desses encargos for de interesse da sociedade.

Alternativa correta: letra "e".

---

60. (FCC – Analista Judiciário – Área Judiciária – TRE-SP/2012) Minotauro, empresário milionário, celebrou contrato de doação com seu amigo de infância Aquiles. Através do referido contrato Minotauro doou para Aquiles uma pequena propriedade imóvel, onde ele pudesse organizar seu comitê eleitoral, já que pretende se candidatar nas próximas eleições municipais. O contrato de doação, em regra, é

a) oneroso, bilateral e solene.
b) gratuito, bilateral e de natureza real.
c) gratuito, unilateral e de natureza real.
d) gratuito, bilateral e de caráter pessoal.
e) gratuito, unilateral e de caráter pessoal.

COMENTÁRIOS

✪ **Nota do autor:** O contrato de doação é aquele por meio do qual uma pessoa transfere, por liberalidade, bens ou vantagens a outrem (art. 538 do CC). O contrato de doação classifica-se como: 1) unilateral, visto que, exceto na doação com encargo, gera obrigações somente para o doador; 2) consensual, pois se aperfeiçoa com o acordo de vontade das partes, não se exigindo a efetiva entrega da coisa doada; e 3) solene, deve ser feito por instrumento público ou particular, mas pode ser celebrado verbalmente para os bens móveis de pequeno valor, desde que com a imediata tradição (entrega) do bem. Por fim, vale anotar que a doação gera um vínculo de natureza pessoal e não real, ou seja, o donatário tem o direito de exigir do doador a transmissão da propriedade do bem doado, mas não é seu proprietário enquanto não ocorrer a tradição (se for móvel) ou o registro (se for imóvel). Veja, no final do capítulo, o Enunciado 549 das Jornadas de Direito Civil do CJF.

Alternativa "e" (responde as demais alternativas). Como mencionado na nota do autor, o contrato de doação é, em regra, unilateral, pois cria obrigações somente para uma das partes, gratuito, pois não impõe contraprestação ou encargo, e tem caráter pessoal, pois gera um vínculo obrigacional entre os contratantes e não um direito real sobre o bem doado.

Alternativa correta: letra "e".

4.3.3. CONTRATO DE COMODATO

---

61. (Cespe – Analista Judiciário – Área Judiciária – TRE – PE/2017) A empresa Bebidas Bom Preço Ltda. celebrou com uma empresa de alimentos, por prazo determinado, contrato de comodato cujo objeto era o empréstimo de um freezer. Era dever da comodatária armazenar somente produtos adquiridos da comodante.

Nessa situação hipotética, conforme a legislação aplicável ao caso e o entendimento doutrinário sobre o tema,

a) por ter natureza pessoal, o contrato de comodato não se estenderá no caso de sucessão empresarial da empresa comodatária.
b) a comodante não poderá suspender o uso da coisa antes do término do prazo do contrato, ainda que demonstre necessidade imprevista e urgente.
c) o negócio jurídico perfez-se com a assinatura do contrato.
d) a empresa comodatária pode cobrar da empresa comodante as despesas referentes ao uso e ao gozo da coisa emprestada.
e) a cláusula de exclusividade acerca dos produtos que devem ficar armazenados no freezer não poderia ter sido estipulada.

COMENTÁRIOS

Alternativa "a": De acordo com a doutrina, em regra, o comodato tem natureza personalíssima (*intuitu personae*). Sobre o tema, Cristiano Chaves e Nelson Rosenvald anotam que "esta modalidade contratual é celebrada em atenção às condições e às qualidades da pessoa do comodatário, estabelecendo em seu favor um benefício. Assim, a relação contratual não é transmitida para os sucessores do comodatário, extinguindo-se e permitindo a retomada do bem emprestado" (FARIAS, Cristiano Chaves de; ROSENVALD, Nelson. Curso de Direito Civil: Obrigações. 11 ed. Salvador: Ed. Juspodivm, 2017).

Alternativa "b": Por força do art. 581 do CC, se o comodante (aquele que cedeu a coisa em empréstimo) demonstrar necessidade imprevista e urgente, reconhecida pelo juiz, poderá suspender o uso e gozo da coisa emprestada.

Alternativa "c": Consoante dispõe o art. 579 do CC, o contrato de comodato perfaz-se com a tradição (entrega) do objeto.

Alternativa "d": De acordo com o art. 584 do CC "o comodatário **não poderá jamais** recobrar do comodante as despesas feitas com o uso e gozo da coisa emprestada".

Alternativa "e": De acordo com o art. 582 do CC as partes podem convencionar sobre como a coisa emprestada deve ser usada. Deste modo, a cláusula de exclusividade acerca dos produtos que devem ficar armazenados no freezer é válida.

Alternativa correta: letra "a".

4.3.4. CONTRATO DE MÚTUO

62. (Analista Judiciário – Área Judiciária TRE/AP 2011 – FCC) Mário celebrou contrato de mútuo com Hortência emprestando-lhe a quantia de R$ 15.000,00 em dinheiro. Segundo as normas estabelecidas pelo Código Civil brasileiro, considerando que Mário e Hortência não convencionaram expressamente o prazo do mútuo, este será de pelo menos

a) quarenta e cinco dias.

b) dez dias.

c) quinze dias.

d) trinta dias.

e) sessenta dias.

COMENTÁRIOS

✪ **Nota do autor:** O contrato de mútuo é uma das espécies de contratos de empréstimo reguladas pelo Código Civil. Por meio desse tipo de contrato, o mutuante empresta ao mutuário coisas **fungíveis**. Vale lembrar que o empréstimo de coisas infungíveis denomina-se comodato. O contrato de mútuo obriga o mutuário a restituir ao mutuante o que dele recebeu em coisa do mesmo gênero, qualidade e quantidade, no prazo pactuado no contrato ou previsto em lei. O contrato de mútuo classifica-se como: 1) **unilateral**, pois cria obrigações somente ao mutuário, sendo a principal delas restituir a coisa emprestada; 2) **gratuito**, pois em regra não é remunerado, embora possa ser estipulada uma contraprestação, quando então será oneroso; e 3) **real**, visto que se aperfeiçoa com a entrega da coisa, momento em que há a transferência da propriedade do bem emprestado (art. 587 do CC).

Alternativa "d" (responde as demais alternativas). De acordo com o art. 592 inc. II, do CC, não sendo pactuado expressamente o prazo do mútuo feneratício (empréstimo de dinheiro), este será de, no mínimo, **trinta dias**.

Alternativa correta: letra "d".

---

63. (Analista Judiciário – Área Judiciária TRE/RS 2010 – FCC) Considere as seguintes assertivas a respeito do mútuo:

I. Em regra, o mútuo feito a pessoa menor, sem prévia autorização daquele sob cuja guarda estiver, não pode ser reavido nem do mutuário, nem de seus fiadores.

II. Não se tendo convencionado expressamente, o prazo do mútuo será de sessenta dias, pelo menos, se for de dinheiro.

III. O mútuo transfere o domínio da coisa emprestada ao mutuário, por cuja conta correm todos os riscos dela desde a tradição.

IV. O mutuante não pode exigir, em nenhuma hipótese, garantia da restituição, tratando-se de risco inerente a este tipo de empréstimo.

De acordo com o Código Civil está correto o que se afirma SOMENTE em

a) II e IV.

b) I, II e III.

c) I e III.

d) I, III e IV.

e) I e II.

COMENTÁRIOS

Item I: a pois o art. 588 do CC estabelece que "o mútuo feito a pessoa menor, sem prévia autorização daquele sob cuja guarda estiver, não pode ser reavido nem do mutuário, nem de seus fiadores". Essa é a regra geral. O art. 589 do CC, todavia, prevê exceções, determinando que "cessa a disposição do artigo antecedente: I – se a pessoa, de cuja autorização necessitava o mutuário para contrair o empréstimo, o ratificar posteriormente; II – se o menor, estando ausente essa pessoa, se viu obrigado a contrair o empréstimo para os seus alimentos habituais; III – se o menor tiver bens ganhos com o seu trabalho. Mas, em tal caso, a execução do credor não lhes poderá ultrapassar as forças; IV – se o empréstimo reverteu em benefício do menor; V – se o menor obteve o empréstimo maliciosamente".

Item II: De acordo com o art. 592 inc. II, do CC, não sendo pactuado expressamente o prazo do mútuo feneratício (empréstimo de dinheiro), este será de, no mínimo, **trinta dias**.

Item III: pois o art. 587 do CC prevê que o mútuo "transfere o domínio da coisa emprestada ao mutuário, por cuja conta correm todos os riscos dela desde a tradição". A partir do momento em que o mutuário recebe determinado bem móvel por empréstimo (contrato de mútuo), será dele o prejuízo se a coisa vier a deteriorar-se ou perder-se, mesmo que não seja por sua culpa.

Item IV: pois o art. 590 do CC dispõe expressamente que "o mutuante **pode exigir garantia da restituição**, se antes do vencimento o mutuário sofrer notória mudança em sua situação econômica". Assim, se o mutuário se torna insolvente ou tem vários títulos protestados na praça, quem emprestou o bem (mutuante) pode exigir de quem o tomou emprestado (mutuário) sua devolução, mesmo que o prazo pactuado entre eles não tenha vencido.

Alternativa correta: letra "c". Estão corretos os itens I e III.

4.3.5. CONTRATO DE PRESTAÇÃO DE SERVIÇOS

64. (IBFC – Analista Judiciário – Área Judiciária-TRE-AM/2014) Considerando as disposições do Código Civil, o contrato de prestação de serviço NÃO se acaba:

a) Pelo escoamento do prazo.

b) Pela rescisão do contrato mediante aviso prévio, por inadimplemento de qualquer das partes.

c) Com a morte de qualquer das partes.

d) Diante da impossibilidade da continuação do contrato, independentemente do motivo.

COMENTÁRIOS

✪ **Nota do autor:** A regulamentação dos contratos de prestação de serviços prevista no Código Civil tem aplicação apenas residual nos dias de hoje. Com efeito, os contratos de trabalho que envolvem relação empregatícia são regidos pela CLT. O vínculo existente entre os servidores públicos e a Administração Pública é estatutário, não se aplicando o Código Civil. De outro lado, muitos profissionais autônomos prestam seus serviços a destinatários finais pessoas físicas, o que, em linha de princípio, atrai a aplicação do Código de Defesa do Consumidor. Por fim, o Código Civil regula contratos específicos de prestação de serviço, como o de empreitada (art. 610 a 626), comissão (art. 693 a 709), agência e distribuição (art. 710 a 721), corretagem (art. 722 a 729) e transporte (art. 730 a 756). Assim, o contrato de prestação de serviços acaba sendo reservado para as tarefas executadas por profissionais autônomos para pessoas jurídicas de direito privado, desde que não se caracterize vínculo empregatício nem qualquer dos contratos específicos regulados pelo Código Civil. Poderíamos citar como exemplo o serviço de jardinagem ou dedetização prestado por um autônomo a uma empresa.

Alternativa "d" (responde as demais alternativas). O art. 607 do CC estabelece que "o contrato de prestação de serviço acaba com a morte de qualquer das partes. Termina, ainda, pelo escoamento do prazo, pela conclusão da obra, pela rescisão do contrato mediante aviso prévio, por inadimplemento de qualquer das partes ou pela impossibilidade da continuação do contrato, motivada por força maior". Então, não é qualquer impossibilidade de dar continuidade ao contrato que determina sua extinção, mas apenas aquela decorrente de força maior, que é o evento previsível ou imprevisível, porém inevitável, como, por exemplo, a destruição causada por uma catástrofe natural ou uma multidão descontrolada.

Alternativa correta: letra "d".

4.3.6. CONTRATO DE EMPREITADA

65. (Cespe – Analista Judiciário – Área Judiciária – TRE – BA/2017) Pedro, a fim de reformar seu imóvel, celebrou contrato de empreitada com João, empreiteiro que lhe ofereceu o menor preço e se comprometeu a concluir a obra em três meses. O contrato previa a prestação de serviços e o fornecimento de materiais, contudo, durante a execução da obrigação, João faleceu. Pedro estava em mora.

À luz do Código Civil e do entendimento doutrinário sobre o tema, assinale a opção correta, acerca dessa situação hipotética.

a) Os riscos correriam por conta de João até o momento da entrega da obra, já que Pedro estava em mora.

b) A obrigação assumida por João é alternativa.

c) A obrigação assumida por João é de não fazer.

d) O fornecimento de materiais por João é presumido no contrato de empreitada.

e) O falecimento de João não implica a extinção do contrato.

COMENTÁRIOS

✪ **Nota do autor:** O contrato de empreitada é aquele por meio do qual o empreiteiro se obriga a executar uma obra para outrem, mediante remuneração, por si ou terceiro, e sem subordinação, mas de acordo com as instruções do contratante. O contrato de empreitada classifica-se como: 1) **bilateral ou sinalagmático**, pois gera obrigações para ambos os contratantes; 2) **consensual**, pois aperfeiçoa-se com o acordo de vontade das partes; 3) comutativo, pois o montante das prestações devidas por cada um dos contratantes pode ser vislumbrado previamente e tendem à equivalência; 4) **oneroso**, pois impõe sacrifícios e benefícios recíprocos; e 5) **não solene**, pois não exige forma específica para sua celebração. O contrato de empreitada pode referir-se apenas à mão de obra (serviços) ou à mão de obra + materiais, nos termos do *caput* do art. 610 do CC.

Alternativa "a": De acordo com o art. 611 do CC "quando o empreiteiro fornece os materiais, correm por sua conta os riscos até o momento da entrega da obra, a contento de quem a encomendou, se este não estiver em mora de receber. Mas se estiver, por sua conta correrão os riscos". Tendo em vista que o empreitante Pedro estava em mora, os riscos da obra correm por sua conta.

Alternativa "b": A obrigação alternativa é aquela que tem como objeto duas ou mais prestações, de modo que o devedor exonera-se ao cumprir apenas uma delas. No caso não se cuida de obrigação alternativa, mas de cumulativa, uma vez que o devedor deverá cumprir as duas prestações (serviço empreitada e fornecimento de materiais).

Alternativa "c": Tendo em vista que o devedor atuará ativamente para cumprir a obrigação, não há falar em obrigação de não fazer.

Alternativa "d": De acordo com o art. 610, § 1º, do CC "a obrigação de fornecer os materiais **não se presume**; resulta da lei ou da vontade das partes". Assim, se o contrato for omisso, o empreiteiro não estará obrigado a fornecer os materiais para a obra.

Alternativa "e": De acordo com o art. 626 do CC "não se extingue o contrato de empreitada pela morte de qualquer das partes, salvo se ajustado em consideração às qualidades pessoais do empreiteiro". Assim, como o enunciado não menciona que o contrato ostente natureza *intuitu personae*, vale dizer, que tenha sido celebrado em razão das habilidades de João, a morte do empreiteiro não altera a continuidade do contrato de empreitada, que deverá ser cumprido por seus herdeiros. A mora do empreitante não modifica essa regra, apenas faz com ele arque com os riscos de deterioração da obra, nos termos do art. 611 do CC.

Alternativa correta: letra"e".

---

66. (FCC – Analista Judiciário – Área Judiciária – TRE-RO/2013) Sobre o contrato de empreitada analise as seguintes assertivas:

I. A obrigação do empreiteiro de fornecer os materiais é presumida no contrato de empreitada.

II. O contrato para elaboração de um projeto não implica a obrigação de executá-lo, ou de fiscalizar-lhe a execução.

III. Nos contratos de empreitada de edifícios, o empreiteiro responderá, durante o prazo irredutível de cinco anos, pela solidez e segurança do trabalho, assim em razão dos materiais, como do solo e o dono do imóvel está sujeito ao prazo de decadência de 60 dias do aparecimento do vício ou defeito para propor a ação contra o empreiteiro.

Está correto o que consta em

a) I e II, apenas.

b) I e III, apenas.

c) II e III, apenas.

d) II, apenas.

e) I, II e III.

COMENTÁRIOS

Item I: Em relação ao empreiteiro, o § 1º do art. 610 do CC estabelece que "a obrigação de fornecer os materiais **não se presume**; resulta da lei ou da vontade das partes". Assim, se o contrato for omisso, presume-se que a obrigação de fornecer os materiais para construção é do empreitante, cabendo ao empreiteiro apenas a execução dos serviços.

Item II: De acordo com o disposto no art. 610, § 2º, do CC, se alguém contrata um engenheiro ou arquiteto para elaboração de um projeto de uma obra, este não implica a obrigação de executar o projeto ou de fiscalizar sua execução.

Item III: De fato o art. 618 do CC prevê que "nos contratos de empreitada de edifícios ou outras construções consideráveis, o empreiteiro de materiais e execução responderá, durante o prazo irredutível de cinco anos, pela solidez e segurança do trabalho, assim em razão dos materiais, como do solo", tal como consta do enunciado. Todavia, o parágrafo único do mesmo dispositivo legal determina que "decairá do direito assegurado neste artigo o dono da obra que não propuser a ação contra o empreiteiro, **nos cento e oitenta dias** seguintes ao aparecimento do vício ou defeito". Veja, no final do capítulo, o Enunciado 181 das Jornadas de Direito Civil do CJF.

Alternativa correta: letra "d". Apenas o item II está correto.

---

67. (Analista Judiciário – Área Judiciária TRE/PE 2011 – FCC) Considere as seguintes assertivas a respeito do contrato de empreitada:

I. Nos contratos de empreitada de edifícios, o empreiteiro de materiais e execução responderá, durante o prazo máximo de três anos, pela solidez e segurança do trabalho, em razão dos materiais.

II. Se ocorrer diminuição no preço do material ou da mão-de-obra superior a um décimo do preço global convencionado, poderá este ser revisto, a pedido do dono da obra, para que se lhe assegure a diferença apurada.

III. Em regra, não se extingue o contrato de empreitada pela morte de qualquer das partes.

IV. O contrato para elaboração de um projeto implica a obrigação de executá-lo e de fiscalizar-lhe a execução.

De acordo com o Código Civil brasileiro está correto o que consta APENAS em

a) III e IV.

b) I, II e III.

c) I, II e IV.

d) I e IV.

e) II e III.

COMENTÁRIOS

Item I: O art. 618 do CC prevê que "nos contratos de empreitada de edifícios ou outras construções consideráveis, o empreiteiro de materiais e execução responderá, durante **o prazo irredutível de cinco anos**, pela solidez e segurança do trabalho, **assim em razão dos materiais, como do solo**".

Item II: De acordo com o art. 620 do CC, se ocorrer diminuição no preço do material (se a empreitada incluir o fornecimento de material pelo empreiteiro) ou da mão-de-obra superior a um décimo do preço global convencionado, poderá este ser revisto, a pedido do dono da obra, para que se lhe assegure a diferença apurada. Assim, se o empreitante verificar que houve uma diminuição no preço de mercado do serviço ou do material (se este estiver incluído no contrato), superior a 10%, poderá pleitear, até mesmo judicialmente, uma revisão do preço ajustado. Se a variação for menor que 10%, a revisão não é permitida por lei.

Item III: De fato o art. 626 do CC prevê que "Não se extingue o contrato de empreitada pela morte de qualquer das partes, salvo se ajustado em consideração às qualidades pessoais do empreiteiro". Por conseguinte, a regra geral é que as obrigações assumidas pelas partes no contrato de empreitada transmitem-se ao espólio ou aos herdeiros, conforme o caso. A exceção se dá nos casos em que a empreitada foi ajustada com base nas qualidades pessoais do empreiteiro (contrato *intuitu personae* ou personalíssimo).

Item IV: O art. 610, § 2º, do CC prevê que "o contrato para elaboração de um projeto não implica a obrigação de executá-lo, ou de fiscalizar-lhe a execução". Assim, se alguém contrata um engenheiro ou arquiteto para elaboração de um projeto de uma obra, este não implica a obrigação de executar o projeto ou de fiscalizar sua execução.

Alternativa correta: letra "d". Estão corretos os itens II e III.

4.3.7. CONTRATO DE DEPÓSITO

68. (FCC - Analista Judiciário - Oficial de Just. Avaliador - TRF 3/2014) No tocante ao depósito, considere as seguintes assertivas:

I. O depósito necessário não se presume gratuito.

II. Seja o depósito voluntário ou necessário, o depositário que não o restituir quando exigido será compelido a fazê-lo mediante prisão não excedente a dois anos.

III. No depósito voluntário, em regra, a restituição da coisa deve dar-se no lugar em que tiver de ser guardada. As despesas de restituição correm por conta do depositante.

IV. No depósito voluntário, o depositante é obrigado a pagar ao depositário as despesas feitas

De acordo com o Código Civil brasileiro, está correto o que consta APENAS em

a) III e IV.

b) I, II e III.

c) II e IV.

d) I.

e) I, III e IV.

COMENTÁRIOS

✪ **Nota do autor:** O contrato de depósito é aquele por meio do qual o depositário assume a responsabilidade pela guarda ou custódia de determinada coisa e a obrigação de restituí-la ao depositante em momento determinado ou quando lhe for reclamada. O Código Civil Brasileiro prevê a figura do **depósito necessário** e do **depósito voluntário**. O depósito voluntário decorre da vontade das partes, por meio de um contrato. Já o depósito necessário se dá quando o depositante é compelido pela lei ou por circunstâncias imprevistas, deposita a coisa com pessoa não escolhida livremente. O depósito necessário pode ser: 1) **depósito legal**: está previsto no art. 647, inc. I, CC, decorre de uma obrigação legal, como a daquela pessoa que encontra uma coisa perdida cujo dono seja desconhecido ou esteja em local incerto (art. 1.233 do CC); 2) **depósito miserável**: está previsto no art. 647, inc. II, CC, ocorre por força maior, em razão de alguma calamidade, como o incêndio, a inundação, o naufrágio, ou o saque; 3) **depósito essencial ou do hospedeiro**: decorre necessariamente de algum outro contrato, como o de prestação de serviço de hospedagem. É o que se dá com bagagem nos hotéis, carros em estacionamentos ou oficinas; e 4) **depósito judicial**: É determinado por ordem do juiz, a pedido do interessado ou de ofício, como decorrência de da realização de atos processuais como o sequestro, o arresto ou a penhora, que exigem que o bem objeto da constrição seja colocado sob a guarda de alguém. O contrato de depósito classifica-se como: 1) **unilateral**, porquanto depois de ultimado, cria obrigações somente para o depositário, salvo se remunerado; 2) **gratuito**, pois o art. 628 do CC estabelece se não houver previsão expressa, não será remunerado. Todavia, é comum que a guarda e o cuidado de bens móveis sejam remunerados, como ocorre em um estacionamento, por exemplo; 3) **real**, pois somente se aperfeiçoa com a entrega da coisa depositada; e 4) **não solene**, pois não exige forma específica.

Item I: pois corresponde à transcrição literal da primeira parte do art. 651 do CC, que estabelece que "o depósito necessário não se presume gratuito". Assim, se alguém exerce a função de depositário judicial, faz jus à remuneração pelo trabalho de zelar pela guarda e conservação da coisa. Nessa hipótese, a remuneração deverá ser arbitrada pelo juiz nos autos do processo em que foi determinado o depósito do bem.

Item II: , pois o art. 652 do CC previa prisão civil pelo prazo de um ano para o depositário infiel, tanto no caso de depósito necessário como voluntário, e não de dois anos, como consta no enunciado. Além disso, o Supremo Tribunal Federal editou a Súmula Vinculante n. 25, afastando a possibilidade de prisão civil de depositário infiel em todas as modalidade de depósito.

Item III: pois corresponde à transcrição de ambas as disposições do art. 631 do CC, segundo o qual "Salvo disposição em contrário, a restituição da coisa deve dar-se no lugar em que tiver de ser guardada. As despesas de restituição correm por conta do depositante."

Item IV: embora o depósito voluntário, em regra, não seja remunerado, o depositário tem o direito de ser ressarcido das despesas que efetuar com a guarda do bem, podendo até mesmo retê-lo até que o depositante faça o pagamento. É o que dispõe o *caput* do art. 644 do CC.

Alternativa correta: letra"e". Estão corretos os itens I, III e IV.

4.3.8. CONTRATO DE MANDATO

69. (Cespe – Analista Judiciário – Área Judiciária – TRE – PI/2016) Pedro, em razão de ter mudado de cidade, concedeu a seu amigo Carlos, que tem dezesseis anos de idade, poderes para, em seu nome, praticar os atos necessários à venda de um imóvel.

Considerando essa situação hipotética, assinale a opção correta.

a) Caso Carlos desatenda a alguma instrução, Pedro se desobriga a cumprir o contrato.

b) Para que o contrato se aperfeiçoe, Carlos deverá aceitar expressamente.

c) Caso Pedro venha a falecer, Carlos poderá agir no interesse dos herdeiros, se houver.

d) O fato de Carlos ter dezesseis anos não torna anulável o contrato.

e) Por ser ato *intuitu personae*, é vedado a Carlos substabelecer.

COMENTÁRIOS

✪ **Nota do autor:** O contrato de mandato é aquele por meio do qual alguém (mandatário) recebe de outrem (mandante) poderes de representação para, em seu nome, praticar atos ou administrar interesses. Trata-se de representação voluntária ou convencional. A procuração é seu instrumento, que pode ser público ou particular. O contrato de mandato classifica-se como: 1) bilateral ou sinalagmático, pois cria obrigações tanto para o mandante como para o mandatário; 2) gratuito, pois se não contiver menção expressa, não será remunerado (exceto quando seu objeto corresponder à atividade profissional do mandatário, como é o caso do advogado, hipótese em que se presume oneroso); 3) personalíssimo ou *intuito personae*, pois é celebrado tendo em vista as condições pessoais do mandatário, embora admita substabelecimento dos poderes outorgados pelo mandante; 4) consensual, visto que aperfeiçoa-se pelo acordo de vontade dos contratantes; e 5) não solene, pois não exige forma específica. O mandato pode ser: a) *ad negotia* – para a prática de atos negociais; b) *ad judicia* – destinada à prática de atos no âmbito judicial, nesse caso somente pode ser exercida por advogado inscrito na OAB, é oneroso e exige instrumento escrito.

Alternativa "a": De acordo com o art. 679 do CC, "Ainda que o mandatário contrarie as instruções do mandante, se não exceder os limites do mandato, ficará o mandante obrigado para com aqueles com quem o seu procurador contratou; mas terá contra este ação pelas perdas e danos resultantes da inobservância das instruções." Destarte, mesmo que Carlos deixe de observar alguma instrução de Pedro, este deverá cumprir o contrato celebrado pelo mandatário.

Alternativa "b": O art. 659 do CC dispõe que "A aceitação do mandato pode ser tácita, e resulta do começo de execução." Assim, mesmo que não haja aceitação expressamente o mandato que lhe foi outorgado, o contrato será considerado celebrado se Carlos der início à sua execução, isto é, praticar atos em nome de Pedro como seu mandatário.

Alternativa "c": O mandato cessa com a morte de qualquer das partes, seja do mandante seja do mandatário. É o que dispõe expressamente o art. 682, inc. II, do CC.

Alternativa "d": De acordo com o art. 666 do CC "O maior de dezesseis e menor de dezoito anos não emancipado pode ser mandatário, mas o mandante não tem ação contra ele senão de conformidade com as regras gerais, aplicáveis às obrigações contraídas por menores." Por essa regra, eventual contrato de compra e venda celebrado por Carlos na condição de mandatário de Pedro será válido. Todavia, se Carlos praticar algum ato com excesso de poderes em prejuízo de Pedro, responderá perante o mandante como menor, o que acarreta restrições, por exemplo, à responsabilidade patrimonial, haja vista que, nos termos do art. 928 do CC, o patrimônio do menor somente poderá ser expropriado para ressarcimento dos prejuízos por ele causados se seus responsáveis não puderem arcar com o valor respectivo e se não privá-lo do necessário para sua subsistência ou de quem dele dependa economicamente.

Alternativa "e": Se a procuração (instrumento do contrato de mandato) for omissa, o mandatário poderá substabelecer, porém responderá por qualquer prejuízo causado por culpa do substabelecido. É o que determina o art. 667 do CC, que estabelece que "O mandatário é obrigado a aplicar toda sua diligência habitual na execução do mandato, e a indenizar qualquer prejuízo causado por culpa sua ou daquele a quem substabelecer, sem autorização, poderes que devia exercer pessoalmente." Mesmo que haja proibição de substabelecimento, o mandatário poderá designar outra pessoa para exercer o mandato que lhe foi outorgado. Nesse caso, todavia, responderá por qualquer prejuízo causado pelo substabelecido, com ou sem culpa deste. A única exceção prevista em lei incide se o mandatário provar que o prejuízo ocorreria mesmo que não houvesse feito o substabelecimento. É a regra prevista no § 1º do art. 667, que estatui que "Se, não obstante proibição do mandante, o mandatário se fizer substituir na execução do mandato, responderá ao seu constituinte pelos prejuízos ocorridos sob a gerência do substituto, embora provenientes de caso fortuito, salvo provando que o caso teria sobrevindo, ainda que não tivesse havido substabelecimento."

Alternativa correta: letra "d".

---

70. (Cespe – Analista Judiciário – Área Judiciária – TRE-MS/2013) Assinale a opção correta no tocante aos contratos em espécie.

a) A fiança admite interpretação extensiva.

b) Se o indivíduo X outorgar, por instrumento público, mandato ao indivíduo Y para, em nome de X, praticar determinados atos e, nesse mesmo instrumento, permitir o substabelecimento dos poderes outorgados, Y poderá substabelecer tais poderes por instrumento particular.

c) A venda a contento é cláusula inserida em contrato de compra e venda pela qual o vendedor se reserva o direito de reaver, em certo tempo, o bem alienado.

d) Celebrado contrato de promessa de compra e venda de imóvel, o devedor – caso esteja em dificuldades financeiras e objetive não mais prosseguir na respectiva execução – poderá, no tocante à avença, postular a sua resolução.

e) De acordo com os regramentos relativos ao contrato de seguro e a jurisprudência do STJ, o atraso no pagamento de prestação mensal acarreta o desfazimento automático do contrato, mesmo sem prévia notificação do segurado.

COMENTÁRIOS

Alternativa "a": O art. 819 do CC estabelece que "a fiança dar-se-á por escrito, e não admite interpretação extensiva". A fiança é contrato acessório que necessariamente deverá constar em documento escrito. Mesmo que o contrato principal (compra e venda de um veículo automotor, por exemplo) tenha sido celebrado verbalmente, se houver um fiador da obrigação correspondente, a fiança deverá ser feita por escrito. Além disso, o fiador responde somente pelas obrigações que constem expressamente no instrumento do contrato de fiança, não se admitindo interpretação que amplie a garantia. Veja, no final do capítulo, a Súmula 214 do STJ.

Alternativa "b": O art. 655 do CC estabelece que "ainda quando se outorgue mandato por instrumento público, pode substabelecer-se mediante instrumento particular". Veja, no final do capítulo, o Enunciado 182 das Jornadas de Direito Civil do Conselho da Justiça Federal.

Alternativa "c": A cláusula pela qual o vendedor se reserva o direito de reaver, em certo tempo, o bem alienado, denomina-se **retrovenda**, conforme se extrai do art. 505 do CC, e não venda a contento.

Alternativa "d": De acordo com o art. 463 do CC, "concluído o contrato preliminar, com observância do disposto no artigo antecedente, e desde que dele não conste cláusula de arrependimento, qualquer das partes terá o direito de exigir a celebração do definitivo, assinando prazo à outra para que o efetive". Como o exemplo indicado no enunciado não menciona a existência de cláusula permitindo o arrependimento, qualquer das partes pode ingressar com uma ação para compelir (obrigar) a outra a concretizar a avença. Especificamente em relação à promessa de venda de imóvel, o art. 1.417 do CC prevê que "mediante promessa de compra e venda, em que se não pactuou arrependimento, celebrada por instrumento público ou particular, e registrada no Cartório de Registro de Imóveis, adquire o promitente comprador direito real à aquisição do imóvel". Já o art. 1.418 do CC estabelece que "o promitente comprador, titular de direito real, pode exigir do promitente vendedor, ou de terceiros, a quem os direitos deste forem cedidos, a outorga da escritura definitiva de compra e venda, conforme o disposto no instrumento preliminar; e, se houver recusa, requerer ao juiz a adjudicação do imóvel. Destarte, caso o promitente vendedor se recuse a outorgar a escritura, o promitente comprador pode obter a adjudicação do bem. Nessa hipótese, o registro imobiliário é feito por ordem judicial (por meio de um mandado de adjudicação), sendo desnecessária a assinatura do vendedor. Veja, no final do capítulo, a Súmula 413 do STF, a Súmula 239 do STJ e os Enunciados 95, 253 e 435 das Jornadas de Direito Civil do Conselho da Justiça Federal.

Alternativa "e": A jurisprudência do STJ já assentou o entendimento de que o contrato de seguro não pode ser desfeito automaticamente pelo simples atraso no pagamento do prêmio, sendo indispensável a prévia notificação do segurado. Com efeito, a Corte Especial do Superior Tribunal de Justiça decidiu que "o mero atraso no pagamento de prestação do prêmio de seguro **não importa** em desfazimento automático do contrato, para o que se exige, ao menos, a prévia constituição em mora do contratante pela seguradora, mediante interpelação" (REsp n. 316.552/SP, Rel. Min. Aldir Passarinho Junior, DJU de 12.04.2004).

Alternativa correta: letra "b".

4.3.9. CONTRATO DE SEGURO

71. (FCC – Analista Judiciário – Área Judiciária – TRE-RO/2013) Paulo celebrou contrato de seguro de dano com uma determinada seguradora que opera no mercado nacional, envolvendo um veículo de passeio. Alguns meses depois, a esposa de Paulo, Larissa, dirigindo outro veículo da família, segurado com outra seguradora, ao manobrá-lo na garagem da residência onde residem, colide violentamente e culposamente contra o veículo segurado de propriedade de Paulo. Paulo, então, aciona a seguradora de seu veículo após o acidente e recebe o valor da indenização, nos termos previstos em contrato. Neste caso, a seguradora do veículo de Paulo

a) não terá direito à sub-rogação, pois a causadora do sinistro é esposa do segurado.

b) terá direito à sub-rogação e poderá exercer direito regressivo contra Larissa, causadora do sinistro.

c) terá o direito à sub-rogação e poderá exercer direito regressivo contra Larissa, causadora do sinistro, mas poderá exigir apenas o pagamento de 50% do valor da indenização que pagou para o segurado.

d) terá o direito à sub-rogação e poderá exercer direito regressivo contra Larissa, causadora do sinistro, mas poderá exigir apenas o pagamento de 25% do valor da indenização que pagou para o segurado.

e) terá direito à sub-rogação e poderá exercer direito regressivo contra Larissa, causadora do sinistro, mas poderá exigir apenas o pagamento de 75% do valor da indenização que pagou para o segurado.

COMENTÁRIOS

✪ **Nota do autor:** O contrato de seguro é aquele por meio do qual a seguradora assume, mediante o pagamento de certa quantia (prêmio), a obrigação de pagar uma indenização ao segurado ou a um beneficiário por ele indicado, caso ocorra evento futuro expressamente previsto no contrato (sinistro). Tem por objeto um interesse legitimo relativo a pessoa ou coisa. Segurador é quem suporta o risco. O contrato de seguro classifica-se como: 1) **bilateral ou sinalagmático**, pois gera obrigações para ambos os contratantes; 2) **oneroso**, pois impõe sacrifícios e benefícios recíprocos; 3) **aleatório**, pois o montante da prestação devida pelo segurador depende de evento futuro e incerto; 4) **solene ou formal**, pois deve ser pactuado por escrito; e 5) **de adesão**, aperfeiçoa-se com a aceitação, pelo segurado, de cláusulas previamente estabelecidas pelo segurador.

Alternativa "a" (responde as demais alternativas). O *caput* do art. 786 do CC estabelece que "Paga a indenização, o segurador sub-roga-se, nos limites do valor respectivo, nos direitos e ações que competirem ao segurado contra o autor do dano". Por essa regra, a seguradora do veículo de Paulo tem o direito de cobrar do causador do acidente o valor pago a ele. Todavia, o § 1º do mesmo artigo estabelece a seguinte exceção à retromencionada regra geral: "Salvo dolo, a sub-rogação não tem lugar se o dano foi causado pelo **cônjuge do segurado**, seus descendentes ou ascendentes, consangüíneos ou afins". No exemplo mencionado no enunciado, o acidente foi causado pela esposa do segurado de maneira culposa, vale dizer, não houve dolo (intenção deliberada de danificar o veículo de Paulo). Por conseguinte, a seguradora do veículo de Paulo não terá direito à sub-rogação legal, de modo que não poderá cobrar da causadora do acidente o valor da indenização que pagou ao segurado. Veja, no final do capítulo, a Súmula 188 do STF.

Alternativa correta: letra "a".

72. (Analista Judiciário – Área Judiciária TRE/AP 2011 – FCC) No caso de sinistro parcial, salvo disposição em contrário, o seguro de um interesse por menos do que valha

a) acarreta a redução proporcional da indenização.

b) não gera qualquer redução ou amortização da indenização devida.

c) acarreta a redução legal e prefixada de, no máximo, 10% da indenização.

d) acarreta a redução legal e prefixada de, no máximo, 15% da indenização.

e) acarreta a redução legal e prefixada de, no máximo, 50% da indenização.

COMENTÁRIOS

Alternativa correta: letra "a" (responde as demais alternativas). O art. 783 do CC estabelece que "Salvo disposição em contrário, o seguro de um interesse por menos do que valha acarreta a redução proporcional da indenização, no caso de sinistro parcial". Por exemplo, se um veículo automotor que vale R$ 100.000,00 for segurado por R$ 50.000,00 e vier a se envolver em um acidente que cause danos cujo custo do reparo equivalha a 50% de seu valor, o segurado não receberá a totalidade do valor da indenização, mas somente a metade, isto é, receberá apenas R$ 25.000,00.

4.3.10. CONTRATO DE FIANÇA

73. (FCC – Analista Judiciário – Área Judiciária – TRE – SP/2017) A respeito da fiança, considere:

I. Pode ser estipulada na forma verbal, desde que na presença de, ao menos, duas testemunhas.
II. Pode ser estipulada ainda que contra a vontade do devedor.
III. Não pode ser de valor inferior ao da obrigação principal.
IV. Não admite interpretação extensiva.

Está correto o que consta APENAS em

a) II e IV.
b) II e III.
c) I e IV.
d) I e II.
e) I e III.

COMENTÁRIOS

✪ **Nota do autor:** O contrato de fiança é aquele por meio do qual o fiador assume perante o credor a responsabilidade por uma dívida caso o devedor principal não efetue o pagamento. A doutrina chama esse tipo de garantia de fidejussória, por se tratar de uma garantia baseada na credibilidade pessoal do fiador, diferentemente do que ocorre com a garantia real, na qual o pagamento é garantido por meio de um bem móvel ou imóvel. A fiança tem natureza jurídica de contrato acessório e subsidiário em relação ao contrato principal. Sua execução somente ocorrerá se houver o inadimplemento pelo devedor principal. Em decorrência desta característica, em regra, se for declarada a nulidade do contrato principal a fiança se extinguirá. A exceção é o caso de incapacidade do devedor principal, não se tratando de menoridade, isto é, se um contrato for nulo porque o devedor é interditado, por exemplo, a fiança subsiste. Se a nulidade decorrer da menoridade do devedor, a fiança estará anulada também. O valor da fiança pode ser inferior e em condições menos onerosas que as da obrigação principal. Não poderá, contudo, ultrapassar o valor da obrigação afiançada. Se isso ocorrer, não se anula toda a fiança, mas somente o excesso. A obrigação do fiador, em regra, é subsidiária, vale dizer, o credor somente pode exigir o pagamento do fiador se antes executar os bens do devedor principal, que é denominado de benefício de ordem em favor do fiador. Todavia, esta responsabilidade pode ser convencionada como sendo solidária, hipótese em que não subsiste o benefício de ordem. O contrato de fiança classifica-se como: 1) unilateral, pois depois de concluído gera obrigações apenas para o fiador; 2) gratuito, pois em regra não é remunerado, embora possa, excepcionalmente, ser oneroso; 3) solene ou formal, pois deve ser pactuado por escrito; e 4) acessório, na medida em que depende da existência do contrato principal e somente será executado se houver o inadimplemento deste.

Item I: . O contrato de fiança só pode ser entabulado na forma escrita, conforme dispõe a primeira parte do art. 819 do CC.

Item II: O art. 820 do CC estabelece que "pode-se estipular a fiança, ainda que sem consentimento do devedor ou contra a sua vontade".

Item III: Consoante dispõe a primeira parte do art. 823 do CC "a fiança pode ser de valor **inferior** ao da obrigação principal".

Item IV: A parte final do art. 819 do CC veda a interpretação extensiva do contrato de fiança.

Alternativa correta: letra "a". Estão corretos os itens II e IV.

---

74. (Cespe - Analista Judiciário - Área Judiciária - TRE - MT/2015) Em relação aos contratos, assinale a opção correta à luz da jurisprudência do Superior Tribunal de Justiça (STJ).

a) É lícita a cláusula firmada em contrato de mútuo que prevê expressamente a prorrogação automática da fiança prestada no caso de haver a extensão da vigência do contrato principal.
b) O direito de exigir a prestação de contas do mandatário não se transmite aos herdeiros do mandante, pois tal dever está vinculado à vigência do contrato, que se extingue com a morte do mandante.
c) O aluguel fixado de modo unilateral pelo comodante em razão de mora do comodatário na restituição do imóvel emprestado tem natureza de indenização pela ocupação indevida da coisa.
d) Na hipótese em que o vício oculto só puder ser conhecido mais tarde, o adquirente de bem móvel terá o prazo de trinta dias, a partir da ciência do defeito, para exercer o direito de obter a redibição ou abatimento no preço, mesmo que o conhecimento do vício ocorra após o prazo de cento e oitenta dias da aquisição do bem.
e) A dívida de jogo firmada em casa de bingo é exigível na hipótese de o funcionamento da casa ter sido autorizado pelo Poder Judiciário.

COMENTÁRIOS

Alternativa "a": A jurisprudência do STJ assentou, no julgamento do REsp 1.253.411 e na súmula 656, o entendimento de que não há qualquer nulidade na cláusula de contrato de mútuo bancário que preveja a prorrogação automática da fiança no caso de extensão da vigência da obrigação principal.

Alternativa "b": A jurisprudência do STJ orientou-se no sentido de que o **dever de prestar contas** decorrente do contrato de mandato, previsto no artigo 668 do Código Civil, é personalíssimo e extingue-se com a morte do mandatário, de modo que seu espólio ou seus herdeiros não podem ser obrigados a prestar contas ao mandante. É o que foi decidido do julgamento do REsp 1.055.819. A situação indicada na alternativa, contudo, é diferente, pois trata do **direito de os herdeiros do mandante exigirem a prestação de contas** do mandatário. Quanto ao exercício desse direito, no julgamento do REsp 1.122.589, o STJ entendeu que o dever do mandatário de prestar contas aos herdeiros do mandante decorre diretamente da lei, não havendo qualquer vinculação à vigência do contrato.

Alternativa "c": No julgamento do REsp 1.175.848, o STJ decidiu que é "razoável o arbitramento do aluguel pelo comodante em valor inferior ao dobro da média do mercado locativo." Em seu voto, o Ministro Paulo de Tarso Sanseverino assentou que o aluguel fixado de modo unilateral pelo comodante em razão de mora do comodatário na restituição do imóvel emprestado, com base na previsão contida na parte final do art. 582 do CC, tem natureza jurídica de pena privada pela mora e não de mera indenização pela ocupação indevida da coisa.

Alternativa "d": No julgamento do REsp 1.095.882, prevaleceu no STJ o entendimento de que "O prazo decadencial para o exercício da pretensão redibitória ou de abatimento do preço de bem móvel é de 30 dias (art. 445 do CC). Caso o vício, por sua natureza, somente possa ser conhecido mais tarde, o § 1º do art. 445 estabelece, em se tratando de coisa móvel, o prazo máximo de 180 dias para que se revele, correndo o prazo decadencial de 30 dias a partir de sua ciência." De acordo com esse entendimento, o adquirente de um bem móvel tem o prazo máximo de 180 para identificar o vício oculto. Se o vício for constatado dentro desse prazo, disporá de 30 (trinta) dias para ajuizamento da ação respectiva. Se o vício somente for constatado após esse prazo, ocorrerá a decadência do o direito de exercitar a pretensão redibitória ou de abatimento proporcional do preço.

Alternativa "e": Ao julgar o REsp 1.406.487, o STJ adotou o entendimento de que as dívidas de jogo ou de aposta não obrigam a pagamento, exceto em relação aos aos jogos e apostas legalmente permitidos. A exceção da proibição não abrange os jogos autorizados por liminares judiciais, dada a natureza precária destas últimas.

Alternativa correta: letra "a".

4.4. ATOS UNILATERAIS

75. (Cespe – Analista Judiciário – Área Judiciária – TRE – TO/2017) Ana, aflita com a fuga de seu cão, espalhou, nas imediações de sua residência, avisos públicos prometendo pagar recompensa em dinheiro no valor de R$ 1.000 para quem fornecesse informações seguras a respeito do paradeiro do animal.

Com base nessa situação hipotética, assinale a opção correta.

a) O ato de promessa de recompensa praticado por Ana tem natureza bilateral.

b) Ana poderá revogar a promessa, mesmo após o animal ser localizado, pois a promessa constitui ato unilateral.

c) Se duas pessoas informarem a Ana, ao mesmo tempo, a respeito da localização do cão, deverá ser realizado sorteio do valor da recompensa.

d) Caso Ana receba de dois indivíduos, de forma sucessiva, a mesma informação que leve ao resgate do cão, o valor da recompensa deverá ser dividido entre eles.

e) Alguém que, ignorando a promessa de recompensa, encontre o cão e o entregue a Ana poderá, ao tomar conhecimento dos avisos, exigir dela o pagamento do valor prometido.

COMENTÁRIOS

Alternativa "a": A promessa de recompensa tem natureza unilateral, pois a obrigação dela decorrente é criada com a própria declaração de vontade, a partir do momento em que se torna pública, independente de manifestação de aceitação por quem quer que seja.

Alternativa "b": De acordo com o art. 856 do CC Ana só poderá revogar a promessa antes de prestado o serviço, ou seja, antes do animal ser localizado.

Alternativa "c": De acordo com o art. 858 do CC "sendo simultânea a execução, a cada um tocará quinhão igual na recompensa; se esta não for divisível, conferir-se-á por sorteio, e o que obtiver a coisa dará ao outro o valor de seu quinhão". Assim, tendo em vista que o valor da recompensa é divisível, poderá ser rateado proporcionalmente entre as pessoas que prestaram a informação sobre o cachorro.

Alternativa "d": De acordo com o art. 857 do CC terá direito à recompensa o indivíduo que primeiro prestou a informação.

Alternativa "e": De acordo com o art. 855 do CC o indivíduo, se fizer o serviço estipulado, poderá requerer a recompensa estipulada, ainda que não tenha agido por causa da gratificação prometida. A mesma regra aplica-se a quem desconhecia a promessa.

Alternativa correta: letra "e".

5. RESPONSABILIDADE CIVIL

76. (Cespe – Analista Judiciário – Área Judiciária – TRE – PE/2017) Quando caminhava pelo acostamento de uma via pública, Francisco foi atropelado por veículo de propriedade de uma locadora de veículos conduzido por Pedro. Em razão do acidente, Francisco sofreu fratura do fêmur e ficou internado por um mês. As lesões por ele sofridas geraram debilidade permanente, que o impedem de trabalhar, e cicatrizes na perna, que lhe causam constrangimento.

Nessa situação hipotética, conforme a legislação aplicável e a jurisprudência dos tribunais superiores,

a) Francisco não pode cumular pedido de compensação por danos morais e estéticos, porquanto os danos estéticos estão incluídos nos danos morais.

b) se Francisco não comprovar o valor auferido por seu trabalho, o juiz poderá determinar que a eventual indenização arbitrada seja paga de uma só vez, mesmo contra a vontade da vítima.

c) a locadora de veículos e Pedro são solidariamente responsáveis pelos danos causados a Francisco.

d) caso Francisco viesse a óbito, cessariam seus direitos da personalidade e seus pais não poderiam pleitear perdas e danos.

e) a debilidade permanente causada a Francisco pode dar causa ao pagamento de pensão alimentícia pela causadora do dano, no valor de no máximo um salário mínimo, até ele completar sessenta e cinco anos de idade.

COMENTÁRIOS

Alternativa "a": De acordo com a Súmula 387 do STJ "é lícita a cumulação das indenizações de dano estético e dano moral".

Alternativa "b": O Código Civil estabelece que a indenização poderá ser paga de uma só vez apenas se o prejudicado preferir (art. 950, parágrafo único, CC).

Alternativa "c": A súmula n. 492 do STF assentou o entendimento de que: "a empresa locadora de veículos responde, civil e solidariamente com o locatário, pelos danos por este causados a terceiro, no uso do carro locado".

Alternativa "d": De acordo com o art. 12, parágrafo único, do CC os pais de Francisco teriam legitimidade para pleitear a reparação dos danos sofridos pelo filho, caso ele viesse a óbito.

Alternativa "e": De acordo com o art. 950, *caput,* do CC "se da ofensa resultar defeito pelo qual o ofendido não possa exercer o seu ofício ou profissão, ou se lhe diminua a capacidade de trabalho, a indenização, além das despesas do tratamento e lucros cessantes até ao fim da convalescença, incluirá pensão correspondente à importância do trabalho para que se inabilitou, ou da depreciação que ele sofreu". Percebe-se que o dispositivo legal não limita o montante da pensão alimentícia ao valor do salário mínimo e também não estabelece uma idade máxima para que o ofendido tenha direito ao pensionamento.

Alternativa correta: letra "c".

---

77. (Cespe – Analista Judiciário – Área Judiciária– TRE-GO/2015) A respeito da posse, da propriedade, da hipoteca e da responsabilidade civil, julgue os itens seguintes.

77.01. A hipoteca legal, que consiste em um favor concedido pela lei a certas pessoas, difere da hipoteca convencional por não depender de registro para ter eficácia *erga omnes*.

COMENTÁRIOS

O art. 1.497 do CC dispõe que "as hipotecas legais, de qualquer natureza, deverão ser **registradas** e especializadas". De acordo com esta regra, a hipoteca legal deve incidir sobre bens imóveis certos e determinados (especialização) e constar expressamente na matrícula do imóvel respectivo (registro).

Alternativa correta: "errado".

77.02. Em uma ação de indenização, o juiz pode, ao fixar o montante a ser pago pelo autor do dano, levar em consideração eventual conduta culposa da vítima.

COMENTÁRIOS

Certo. O art. 945 do CC dispõe que "Se a vítima tiver concorrido culposamente para o evento danoso, a sua indenização será fixada **tendo-se em conta a gravidade de sua culpa** em confronto com a do autor do dano". Veja, ao final do capítulo, a Súmula n. 28 do STF.

Alternativa correta: "certo".

77.03. Se, mediante esbulho, João tirar de Carlos a posse sobre um imóvel rural, João não terá, nessa situação hipotética, posse exclusiva, mas posse nova, haja vista que, nesse caso, a precariedade não se convalida.

COMENTÁRIOS

O **esbulho** é o ato pelo qual uma pessoa desprovida de qualquer direito sobre a coisa suprime do legítimo possuidor o exercício dos poderes mencionados no art. 1.196 do CC. O esbulho sempre gerará uma **posse injusta**. De acordo com o art. 1.200 do CC, a posse é injusta quando for violenta, clandestina ou precária. Violenta é a conduta de que se apossa da coisa à força, clandestina é a conduta de quem o faz às ocultas e precária é a conduta de quem recebe a coisa do seu legítimo possuidor e depois se nega a restituí-la. Dito isso, vale anotar que o art. 1.208 do CC prevê que "não induzem posse os atos de mera permissão ou tolerância assim como não autorizam a sua aquisição os atos violentos, ou clandestinos, senão depois de cessar a violência ou a clandestinidade". Isto significa dizer que, cessada a violência ou clandestinidade, o esbulhador terá a **posse exclusiva** da coisa. Vale anotar que a posse exclusiva se contrapõe à **composse**, que é a posse exercida simultaneamente por várias pessoas sobre o mesmo bem, o que não se vislumbra no enunciado. Já a posse nova é aquela exercida há menos de ano e dia. A afirmativa lançada no enunciado está incorreta porque, como há apenas um esbulhador (João), este terá posse exclusiva ou não terá posse, mas jamais haverá composse (posse que não seja exclusiva) em caso de esbulho.

Alternativa correta: "errado".

---

78. (IBFC – Analista Judiciário – Área Judiciária– TRE-AM/2014) Tício, credor de Beltrano, propôs ação visando a cobrança do que lhe era devido antes de vencida a dívida. Diante desse fato, indique a alternativa CORRETA:

a) A lei não veda essa prática, mas resta ao devedor indicar a forma e o local do pagamento.

b) O credor ficará obrigado a conceder desconto ao credor, utilizando o índice de reajuste previsto no contrato para hipótese de atraso.

c) O credor ficará obrigado a esperar o tempo que faltava para o vencimento, a descontar os juros correspondentes, embora estipulados, e a pagar as custas em dobro.

d) O credor ficará obrigado a esperar o dobro do tempo que faltava para o vencimento, sem a cobrança dos juros correspondentes.

COMENTÁRIOS

Alternativa "c" (responde as demais alternativas). O art. 939 do CC dispõe que "o credor que demandar o devedor antes de vencida a dívida, fora dos casos em que a lei o permita, ficará obrigado a esperar o tempo que faltava para o vencimento, a descontar os juros correspondentes, embora estipulados, e a pagar as custas em dobro." Vale anotar que a lei somente admite a cobrança de dívida antes do vencimento nas hipóteses previstas no art. 333 do CC, quais sejam: "I – no caso de falência do devedor, ou de concurso de credores; II – se os bens, hipotecados ou empenhados, forem penhorados em execução por outro credor; III – se cessarem, ou se se tornarem insuficientes, as garantias do débito, fidejussórias, ou reais, e o devedor, intimado, se negar a reforçá-las". Fora dessas hipóteses, a cobrança de dívida antes de seu vencimento sujeita o credor às sanções mencionadas no início.

Alternativa correta: letra "c".

6. DIREITO DAS COISAS

6.1. PROPRIEDADE

---

79. (Analista Judiciário – Área Judiciária TRE/PE 2011 – FCC) De acordo com o Código Civil brasileiro, o imóvel urbano que o proprietário abandonar, com a intenção de não mais o conservar em seu patrimônio, e que não se encontrar na posse de outrem,

a) não poderá ser arrecadado como bem vago, uma vez que não existe a figura do abandono de bem imóvel no Código Civil brasileiro.

b) poderá ser arrecadado como bem vago e passar, três anos depois, à propriedade do Município ou à do Distrito Federal, se se achar nas respectivas circunscrições.

c) poderá ser arrecadado como bem vago e passar, dois anos depois, à propriedade do Município ou à do Distrito Federal, se se achar nas respectivas circunscrições.

d) poderá ser arrecadado como bem vago e passar, cinco anos depois, à propriedade da União.

e) poderá ser arrecadado como bem vago e passar, dez anos depois, à propriedade do Estado ou à do Distrito Federal, se se achar nas respectivas circunscrições.

COMENTÁRIOS

Alternativa "b" (responde as demais alternativas). O *caput* do art. 1.276 do CC dispõe que "o imóvel urbano que o proprietário abandonar, com a intenção de não mais o conservar em seu patrimônio, e que se não encontrar na posse de outrem, poderá ser arrecadado, como bem vago, e passar, três anos depois, à propriedade do Município ou à do Distrito Federal, se se achar nas respectivas circunscrições". Veja, no fim do capítulo, o Enunciado 242 das Jornadas de Direito Civil do CJF.

Alternativa correta: letra "b".

---

80. (Analista Judiciário – Área Judiciária TRE/RS 2010 – FCC) O imóvel urbano que o proprietário abandonar, com a intenção de não mais o conservar em seu patrimônio, e que se não encontrar na posse de outrem, poderá ser arrecadado, como bem vago, e passar,

a) três anos depois, à propriedade do Município ou à do Distrito Federal, se se achar nas respectivas circunscrições.

b) dez anos depois, à propriedade da União.

c) cinco anos depois, à propriedade do respectivo Estado ou à do Distrito Federal, se se achar nas respectivas circunscrições.

d) cinco anos depois, à propriedade da União.

e) dez anos depois, à propriedade do Município ou à do Distrito Federal, se se achar nas respectivas circunscrições.

COMENTÁRIOS

Alternativa "a" (responde as demais alternativas). O *caput* do art. 1.276 do CC dispõe que "o imóvel urbano que o proprietário abandonar, com a intenção de não mais o conservar em seu patrimônio, e que se não encontrar na posse de outrem, poderá ser arrecadado, como bem vago, e passar, três anos depois, à propriedade do Município ou à do Distrito Federal, se se achar nas respectivas circunscrições".

Alternativa correta: letra "a".

6.1.1. USUCAPIÃO

81. (FCC – Analista Judiciário – Área Judiciária – TRF 3/2014) Considere as seguintes hipóteses:

I. Mariana, por onze anos, sem interrupção e nem oposição, possui, como sua, uma casa de 300 metros quadrados, tendo estabelecido no referido imóvel sua moradia habitual, realizando obras de conservação e ampliação da casa.

II. Gleison não é proprietário de imóvel urbano ou rural, mas possui, como sua, uma casa de 150 metros quadrados por sete anos ininterruptos e sem oposição utilizando-a como sua moradia.

III. Benício, proprietário de um terreno rural de 10 hectares, possui, como sua, uma casa de 70 metros quadrados, por oito anos ininterruptamente e sem oposição, utilizando-a como sua moradia.

De acordo com o Código Civil brasileiro, em razão da posse, poderá adquirir a propriedade dos imóveis acima mencionados

a) Mariana, apenas.
b) Mariana e Gleison, apenas.
c) Gleison, apenas.
d) Mariana, Gleison e Benício.
e) Gleison e Benício, apenas.

COMENTÁRIOS

✪ **Nota do autor:** A usucapião, também chamada de prescrição aquisitiva, é uma forma originária de aquisição da propriedade (isto é, a propriedade não é transmitida, mas simplesmente adquirida) pelo exercício da posse, com intenção de assenhorar-se da coisa (*animus domini*), durante certo período de tempo previsto em lei. Pode incidir sobre bens móveis ou imóveis. Para saber mais sobre as espécies de usucapião de bens imóveis, veja as dicas de estudo no final do capítulo, bem como os Enunciados 86 e 497 a 502 das Jornadas de Direito Civil do CJF.

Item I: Considerando que Mariana ocupa o imóvel há mais de dez anos e nele edificou sua moradia habitual, pode usucapir (adquirir por usucapião) o referido bem, pois estão preenchidos os requisitos legais para usucapião extraordinária.

Item II: Em relação a Gleison, aplica-se o disposto no art. 183 da Constituição Federal e art. 1.240 do Código Civil, pois possui como seu imóvel urbano com área inferior a duzentos e cinquenta metros quadrados, por prazo superior a cinco anos, e não tem outro bem imóvel.

Item III: Benício é proprietário de um imóvel rural e não atingiu o prazo mínimo de dez anos, previsto no art. 1.238, parágrafo único, do CC. Vale anotar que, atingido esse prazo, Benício poderá usucapir o imóvel urbano onde mora, mesmo sendo proprietário de outro bem imóvel.

Alternativa correta: letra "b". Poderão adquirir a propriedade por usucapião as pessoas indicadas nos itens I e II.

6.2. POSSE

82. (Analista Judiciário – Área Judiciária TRE/CE 2012 – FCC) Com relação a Posse, considere:

I. As benfeitorias não se compensam com os danos, e só obrigam ao ressarcimento se, ao tempo da evicção, ainda existirem.

II. O possuidor pode intentar a ação de esbulho, ou a de indenização, contra o terceiro, que recebeu a coisa esbulhada sabendo que o era.

III. Ao possuidor de má-fé serão ressarcidos somente as benfeitorias necessárias.

IV. O possuidor de boa-fé tem direito, enquanto ela durar, aos frutos percebidos.

De acordo com o Código Civil brasileiro, está correto o que se afirma APENAS em

a) II e IV.
b) I, II e III.
c) I e III.
d) III e IV.
e) II, III e IV.

COMENTÁRIOS

✪ **Nota do autor:** Posse é a exteriorização do domínio. Trata-se de uma situação de fato a que lei confere juridicidade. Considera-se possuidor todo aquele que tem de fato o exercício, pleno ou não, de algum dos poderes inerentes à propriedade (usar, gozar, dispor e reivindicar). Leia mais sobre a posse nas dicas de estudo no final do capítulo.

Item I: De acordo com o art. 1.221 do CC "as benfeitorias **compensam-se** com os danos, e só obrigam ao ressarcimento se ao tempo da evicção ainda existirem". Para compreender essa regra, é preciso observar que o possuidor de boa-fé na responde pela perda ou deterioração da coisa que não foi causada por ele (art. 1.217 do CC). Além disso, o possuidor de boa-fé tem o direito de ser indenizado pelas benfeitorias necessárias e úteis, podendo exercer o direito de retenção em relação a elas (isto é, pode recusar-se a devolver o bem enquanto não for ressarcido). Também poderá levantar as benfeitorias voluptuárias, se não lhe forem pagas, desde que não danifique a coisa (art. 1.219 do CC). Já o possuidor de má-fé responde pelos danos à coisa, mesmo aos que não deu causa, salvo se provar que teriam ocorrido mesmo que o bem estivesse na posse do legítimo possuidor ou proprietário (art. 1.218 do CC). O possuidor de má fé não tem direito ao ressarcimento das benfeitorias úteis e voluptuárias, nem pode levantar estas últimas. Quanto às benfeitorias necessárias, tem direito ao ressarcimento, porém não pode reter o bem até ser pago (art. 1.220 do CC). Ocorrendo a perda da coisa para o legítimo proprietário, por exemplo, o possuidor evicto (que teve de devolver o bem) terá direito ao ressarcimento pelas benfeitorias e pode ter obrigação de pagar por eventuais danos, a depender da natureza de sua posse, se de boa ou má-fé. O que a regra prevista no art. 1.221 permite é a compensação entre eventual obrigação de pagar pelos danos com eventual direito de ser ressarcido por benfeitorias, desde que estas existam no momento em que ocorreu a evicção.

Item II: De acordo com o art. 1.212 do CC, o possuidor pode intentar a ação possessória ou indenizatória contra o terceiro que recebeu a coisa esbulhada sabendo desse vício. Veja, no final do capítulo, o Enunciado 80 das Jornadas de Direito Civil do CJF.

Item III: De acordo com o art. 1.220 do CC, o possuidor de má fé não tem direito ao ressarcimento das benfeitorias úteis e voluptuárias, nem pode levantar estas últimas. Quanto às benfeitorias necessárias, tem direito ao ressarcimento, porém não pode reter o bem até ser pago.

Item IV: O *caput* do art. 1.214 do CC estabelece que enquanto durar a posse de boa-fé, o possuidor tem direito aos frutos percebidos. Assim, se alguém de boa-fé adquire a posse de um imóvel e o aluga a terceiros e, posteriormente, tem de restituir o bem ao legítimo proprietário, tem direito aos aluguéis recebidos até o momento da devolução.

Alternativa correta: letra "e". Estão corretos os itens II, III e IV.

6.3. HIPOTECA

83. (Cespe – Analista Judiciário – Área Judiciária – TRE-MS/2013) A respeito dos direitos reais, assinale a opção correta.

a) Aquele que, trabalhando em matéria-prima totalmente alheia, obtiver espécie nova a perderá para o dono do material utilizado, ainda que haja boa-fé.

b) De acordo com a jurisprudência do Superior Tribunal de Justiça, a hipoteca firmada entre a construtora e o agente financeiro, anterior ou posteriormente à celebração da promessa de compra e venda, não tem eficácia perante os adquirentes do imóvel.

c) O exercício do usufruto não pode ser transferido a título oneroso.

d) É possível a estipulação de cláusula que proíba o proprietário de alienar o imóvel hipotecado.

e) Os encargos e tributos que incidirem sobre imóvel que esteja sob o regime de exercício do direito de superfície permanecerão a cargo do proprietário e não do superficiário.

COMENTÁRIOS

✪ **Nota do autor:** A hipoteca é um direito real de garantia que confere ao credor o privilégio sobre determinado bem, pertencente ao devedor ou a terceiros, para fins de recebimento de seu crédito. A hipoteca pode ser: 1) legal (visa a garantir a reparação de danos, são aquelas que a própria lei constitui a favor de determinados credores); 2) judicial (resultante de uma sentença com conteúdo condenatório); e 3) voluntária ou convencional (tem origem nos contratos).

Alternativa "a": Tratando do instituto da especificação, o art. 1.270 do CC dispõe que aquele que, trabalhando de boa-fé em matéria-prima totalmente alheia, obtiver espécie nova, que não se possa reduzir à forma anterior, será proprietário do fruto de seu trabalho, incluindo, obviamente, a matéria-prima utilizada.

Alternativa "b": O Superior Tribunal de Justiça editou súmula assentando a ineficácia da hipoteca firmada entre a construtora e agente financeiro em relação ao consumidor adquirente do imóvel. Veja as dicas de estudo no final do capítulo e a Súmula 308 do STJ.

Alternativa "c": Dispõe o art. 1.393 do CC que "não se pode transferir o usufruto por alienação; mas o seu exercício pode ceder-se por título gratuito ou oneroso". De acordo com essa regra, o usufrutuário de um imóvel urbano não pode transmitir a outrem o usufruto em si, mas pode, por exemplo, celebrar contrato de locação do bem ou ceder gratuitamente seu uso por meio de comodato a terceira pessoa.

Alternativa "d": De acordo com o *caput* do art. 1.475 do CC "é nula a cláusula que proíbe ao proprietário alienar imóvel hipotecado". A hipoteca não impede que o bem hipotecado seja negociado. Não se trata, portanto, de uma indisponibilidade do bem.

Por outro lado, como a hipoteca deve ser levada ao registro imobiliário, quem compra um imóvel hipotecado necessariamente terá ciência da existência da dívida e da garantia hipotecária. A consequência jurídica da hipoteca é que o credor hipotecário poderá exigir judicialmente a alienação do bem para o pagamento de seu crédito, independente de quem seja seu proprietário.

Alternativa "e": O art. 1.371 do CC estabelece que "o superficiário responderá pelos encargos e tributos que incidirem sobre o imóvel". De acordo com essa regra, o superficiário, que é a pessoa que tem o direito de plantar ou construir sobre terreno de outrem, deve responder pelos tributos (IPTU, por exemplo) e encargos (tarifa de água e luz, por exemplo) que incidam sobre o bem.

Alternativa correta: letra "b".

6.4. USUFRUTO

84. (IBFC - Analista Judiciário - Área Judiciária - TRE - PA/2020) São direitos reais, dentre outros, o usufruto, a habitação e o direito do promitente comprador do imóvel, previstos expressamente no diploma civil. Sobre os referidos institutos, analise as afirmativas abaixo e dê valores Verdadeiro (V) ou Falso (F):

( ) O usufruto pode ser transferido por alienação, mas o seu exercício pode ceder-se por título gratuito ou oneroso.

( ) O promitente comprador adquire direito real à aquisição do imóvel, mediante promessa de compra e venda, em que se pactuou ou não arrependimento, caso celebrada por instrumento público, ainda que não registrada no Cartório de Registro de Imóveis.

( ) Constituído o usufruto em favor de duas ou mais pessoas, transferir-se-á proporcionalmente aos sobreviventes a parte relativa aos usufrutuários falecidos, salvo se, por estipulação expressa ou tácita, vier a ser extinto o quinhão desses.

( ) Se o direito real de habitação for conferido a mais de uma pessoa, qualquer delas que sozinha habite a casa terá de pagar aluguel à outra, ou às outras, mas não as pode inibir de exercerem, querendo, o direito, que também lhes compete, de habitá-la.

Assinale a alternativa que apresenta a sequência correta de cima para baixo.

a) V, V, V, V

b) V, F, V, F

c) F, V, F, V

d) F, F, F, F

COMENTÁRIOS

Primeira afirmativa: O art.1.393 do CC dispõe que "não se pode transferir o usufruto por alienação". Logo, **a primeira afirmativa é falsa.**

Segunda afirmativa: O art. 1.417 do CC prevê que "mediante promessa de compra e venda, em que se não pactuou arrependimento, celebrada por instrumento público ou particular, e registrada no Cartório de Registro de Imóveis, adquire o promitente comprador direito real à aquisição do imóvel". Logo, **a segunda afirmativa é falsa** por dois motivos, em primeiro lugar por afirmar que o direito real de aquisição será adquirido independentemente de se ter pactuado o arrependimento; e em segundo lugar por afirmar que independe do registro no Cartório de Registro de Imóveis.

Terceira afirmativa: Segundo o art. 1.411 do CC, "Constituído o usufruto em favor de duas ou mais pessoas, extinguir-se-á a parte em relação a cada uma das que falecerem, salvo se, por estipulação expressa, o quinhão desses couber ao sobrevivente." Logo, **a terceira afirmativa é falsa**, pois em caso de falecimento do usufrutuário, o usufruto será extinto e não transferido.

Quarta afirmativa: O art. 1.415 do CC determina que "Se o direito real de habitação for conferido a mais de uma pessoa, qualquer delas que sozinha habite a casa **não** terá de pagar aluguel à outra, ou às outras, mas não as pode inibir de exercerem, querendo, o direito, que também lhes compete, de habitá-la." Logo, **a quarta afirmativa é falsa.**

Alternativa correta: letra "d"

7. DIREITO DE FAMÍLIA

85. (Cespe - Analista Judiciário - Área Judiciária - TRE - PE/2017) A respeito do direito das famílias, assinale a opção correta.

a) O ato jurídico da adoção depende da efetiva assistência do poder público e de sentença constitutiva, ressalvados os casos de maiores de dezoito anos de idade, que independem de sentença.

b) O reconhecimento de filhos havidos fora do casamento pode ser feito por manifestação direta e expressa perante o juiz.

c) Não se admite a alteração do regime de bens no curso do matrimônio.

d) A obrigação de prestar alimentos não é transmitida aos herdeiros do devedor.

e) O bem de família pode ser instituído mediante qualquer instrumento que evidencie a vontade da entidade familiar de destacar parte de seu patrimônio.

COMENTÁRIOS

Alternativa "a": Segundo o art. 1.619 do CC a adoção de maiores de 18 (dezoito) anos dependerá da efetiva assistência do poder público e de sentença constitutiva.

Alternativa "b": O art. 1º, IV, da lei 8.560/92 dispõe que "o reconhecimento dos filhos havidos fora do casamento é irrevogável e será feito: (...) IV – por manifestação expressa e direta perante o juiz, ainda que o reconhecimento não haja sido o objeto único e principal do ato que o contém". Essa regra foi repetida pelo art. 1.609, IV, do CC, *in verbis*: "o reconhecimento dos filhos havidos fora do casamento é irrevogável e será feito: (...) IV – por manifestação direta e expressa perante o juiz, ainda que o reconhecimento não haja sido o objeto único e principal do ato que o contém".

Alternativa "c": Consoante dispõe o art. 1.639, § 2º, do CC a alteração do regime de bens no curso do matrimônio é permitida, desde que autorizada judicialmente atendendo a pedido motivado de ambos os cônjuges.

Alternativa "d": De acordo com o art. 1.700 do CC "a obrigação de prestar alimentos **transmite-se** aos herdeiros do devedor".

Alternativa "e": Nos termos do art. 1º da Lei 8.009/90, o imóvel residencial próprio da entidade familiar é impenhorável, salvo as exceções previstas na própria lei, independentemente de qualquer formalidade. O art. 5º do mesmo diploma legal determina que, se a família possuir vários imóveis, a impenhorabilidade recairá sobre o de menor valor, salvo se outro houver sido formalmente instituído como bem de família. Essa instituição, de acordo com o art. 1.711 do CC, não pode ser feita por qualquer instrumento, mas somente por meio de testamento ou escritura pública.

Alternativa correta: letra "b".

---

86. (Cespe – Analista Judiciário – Área Judiciária – TRE – PI/2016) Assinale a opção correta acerca das relações de parentesco. ANULADA

a) A morte faz cessar o parentesco por afinidade na linha reta.

b) Os afins de um cônjuge se vinculam com os afins do outro até o segundo grau.

c) Pelo casamento, há parentesco por finalidade entre o marido e a mãe da esposa.

d) O casamento putativo, por presença da boa-fé, reflete no parentesco por afinidade.

e) Na linha transversal, o parentesco por afinidade é considerado até o terceiro grau.

COMENTÁRIOS

Alternativa "a": incorreta. De acordo com o art. 1.595, § 2º, do CC, "Na linha reta, a afinidade não se extingue com a dissolução do casamento ou da união estável." Vale anotar que o preceito legal não veicula qualquer exceção, de sorte que mesmo em caso de morte, que é uma das hipóteses de extinção do vínculo matrimonial, nos termos do art. 1.571, inc. I, do CC, remanescerá o parentesco por afinidade na linha reta. Por essa regra, em caso de morte de um dos cônjuges ou companheiros, cessará o vínculo de cunhadio que ligava o sobrevivente aos irmãos do falecido. Por outro lado, o vínculo com os pais e os filhos do falecido não será afetado.

Alternativa "b" (responde, também, a alternativa "e"): incorreta. De acordo com o art. 1.595, § 1º, do CC, "O parentesco por afinidade limita-se aos ascendentes, aos descendentes e aos irmãos do cônjuge ou companheiro". Observe que, na linha colateral ou transversal, somente os irmãos de um cônjuge ligam-se ao outro pelo parentesco por afinidade. Note ainda que somente os parentes consanguíneos de um cônjuge tornam-se parentes por afinidade do outro. Portanto, as pessoas que tem parentesco por afinidade com um cônjuge não tem relação de parentesco com o outro cônjuge e nem com os afins deste último. Para citar um exemplo, podemos mencionar que o cunhado da esposa (popularmente conhecido como concunhado) não é parente do marido.

Alternativa "c": incorreta. O art. 1.595 do CC estabelece que "cada cônjuge ou companheiro é aliado aos parentes do outro pelo vínculo da afinidade." Assim, a partir do casamento, o marido se torna parente por afinidade de sua sogra, mãe de sua esposa. A expressão "parentesco por finalidade" não é prevista em nossa lei civil.

Alternativa "d": incorreta. O casamento putativo é aquele celebrado indevidamente de boa-fé, em que um ou ambos os nubentes acreditavam ter preenchido todos os requisitos de validade, mas que possuía vício que caracteriza nulidade absoluta ou relativa. De acordo com o art. 1.561 do Código Civil, mesmo sendo nulo ou anulável o casamento, se ambos os contraentes estiverem de boa-fé, o casamento produz efeitos em benefício deles e dos filhos, até a data da sentença que o anular. Se apenas um deles estiver de boa-fé, os efeitos beneficiarão este contraente e os filhos. Se ambos estiverem de má-fé, os efeitos somente beneficiarão os filhos. Note-se que a lei não prevê a produção de efeitos em relação aos ascendentes ou colaterais dos contraentes, razão pela qual o casamento putativo não repercute no parentesco por afinidade.

QUESTÃO ANULADA.

87. (Cespe – Analista Judiciário – Área Judiciária – TRE – MT/2015) A respeito do direito de família, assinale a opção correta à luz da jurisprudência do STJ.

a) Se a união estável for formalizada por escritura pública, a fiança prestada por um dos conviventes sem a autorização do outro é inválida.

b) Em regra, não se mostra cabível a fixação, por tempo determinado, de pensão alimentícia para ex-cônjuge.

c) É incabível o pedido de alimentos decorrente do rompimento de união estável homoafetiva.

d) A invalidação da venda de imóvel comum fundada na falta de consentimento do companheiro dependerá da publicidade conferida à união estável ou da demonstração de má-fé do adquirente.

e) É suficiente para a caracterização da união estável o fato de um casal de namorados que moram juntos projetar constituir família no futuro.

COMENTÁRIOS

Alternativa "a": No julgamento do REsp 1.299.866, o STJ adotou o entendimento de que "não é nula nem anulável a fiança prestada por fiador convivente em união estável sem a outorga uxória do outro companheiro." Tal orientação prevalece mesmo que a união estável tenha sido formalizada por escritura pública.

Alternativa "b": No julgamento do REsp 1.370.778, o STJ decidiu que é "a pensão entre ex-cônjuges deve ser fixada, em regra, com termo certo, assegurando ao beneficiário tempo hábil para que seja inserido no mercado de trabalho, possibilitando-lhe a manutenção pelos próprios meios. A perpetuidade do pensionamento só se justifica em excepcionais situações, como a incapacidade laboral permanente, saúde fragilizada ou impossibilidade prática de inserção no mercado de trabalho."

Alternativa "c": No julgamento do REsp 1.302.467, prevaleceu no STJ o entendimento de que são devidos alimentos por ex-companheiro em união estável homoafetiva, nos mesmos moldes em que se admite aos casais heterossexuais, com base na jurisprudência daquela corte e também do Supremo Tribunal Federal, que assentou a "viabilidade jurídica de uniões estáveis formadas por companheiros do mesmo sexo, sob a égide do sistema constitucional inaugurado em 1988, que tem como caros os princípios da dignidade da pessoa humana, a igualdade e repúdio à discriminação de qualquer natureza." A ementa do acórdão acrescentou ainda que "os alimentos não podem ser negados a pretexto de uma preferência sexual diversa."

Alternativa "d": A jurisprudência do STJ assentou, no julgamento do REsp 1.424.275, o entendimento de que "a invalidação da alienação de imóvel comum, realizada sem o consentimento do companheiro, dependerá da publicidade conferida a união estável mediante a averbação de contrato de convivência ou da decisão declaratória da existência união estável no Ofício do Registro de Imóveis em que cadastrados os bens comuns, ou pela demonstração de má-fé do adquirente."

Alternativa "e": Ao julgar o REsp 1.454.643, o STJ adotou o entendimento de que não basta para a caracterização da união estável o fato de um casal de namorados coabitar (morar juntos) e projetar constituir família no futuro. Constou expressamente do acórdão proferido pela 3ª Turma daquela corte superior que: "2.1. O propósito de constituir família, alçado pela lei de regência como requisito essencial à constituição da união estável – a distinguir, inclusive, esta entidade familiar do denominado "namoro qualificado" –, não consubstancia mera proclamação, para o futuro, da intenção de constituir uma família. É mais abrangente. Esta deve se afigurar presente durante toda a convivência, a partir do efetivo compartilhamento de vidas, com irrestrito apoio moral e material entre os companheiros. É dizer: a família deve, de fato, restar constituída. 2.2. Tampouco a coabitação, por si, evidencia a constituição de uma união estável (ainda que possa vir a constituir, no mais das vezes, um relevante indício)".

Alternativa correta: letra "d".

88. (IESES – Analista Judiciário – Área Judiciária – TRE – MA/2015) Sobre o parentesco, responda:

I. Não há parentesco por afinidade com colaterais.

II. Na linha reta, o parentesco consanguíneo limita-se ao quarto grau.

III. Há impedimento matrimonial entre parentes consanguíneos colaterais de segundo grau.

Assinale a alternativa correta

a) Apenas as assertivas I e II são verdadeiras.

b) Todas as assertivas são verdadeiras.

c) Apenas a assertiva III é verdadeira

d) Apenas as assertivas I e III são verdadeiras.

COMENTÁRIOS

Item I: , pois de acordo com o art. 1.595, 1º, do CC "o parentesco por afinidade limita-se aos ascendentes, aos descendentes e aos irmãos do cônjuge ou companheiro." Destarte, o irmão de um cônjuge, que é seu colateral de segundo grau, será cunhado do outro, gerando parentesco por afinidade na linha colateral.

Item II: pois o art. 1.595, § 1º, do CC não limita o parentesco por afinidade na linha reta.

Item III: pois de acordo com o art. 1.521, inc. IV, do CC, não podem casar entre si "os irmãos, unilaterais ou bilaterais, e demais colaterais, até o terceiro grau inclusive."

Alternativa correta: letra "c". Está correto o item III.

89. (Cespe – Analista Judiciário – Área Judiciária – TRE-MS/2013) Em relação ao direito de família, assinale a opção correta.

a) Em razão do caráter personalíssimo, o direito a alimentos é insuscetível de cessão mas admite-se a compensação.

b) Se o imóvel residencial for o único bem da família e estiver locado, não perderá o atributo da impenhorabilidade, desde que a renda auferida seja destinada à moradia e subsistência do núcleo familiar.

c) Quando feito em testamento, o reconhecimento de filho pode ser revogado.

d) A declaração de nulidade do casamento possui efeitos *ex nunc*, produzindo efeitos a partir da data da sentença que a pronunciar.

e) O concubinato e a união estável são institutos jurídicos que se equivalem.

COMENTÁRIOS

Alternativa "a": Dispõe o art. 1.707 do CC que "pode o credor não exercer, porém lhe é vedado renunciar o direito a alimentos, **sendo o respectivo crédito insuscetível de** cessão, **compensação** ou penhora". Veja, no final do capítulo, o Enunciado 263 das Jornadas de Direito Civil do CJF.

Alternativa "b": O Superior Tribunal de Justiça sumulou o entendimento de que o único imóvel da entidade familiar, caso esteja alugado a terceiros, é impenhorável se renda obtida com o aluguel for revertida para manutenção do proprietário. Veja, no final do capítulo, o teor da Súmula n. 486 do STJ.

Alternativa "c": Dispõe o art. 1.609, inc. III, do CC que o reconhecimento de um filho havido fora do casamento **é irrevogável** e pode ser feito por meio de testamento, ainda que de maneira incidental, isto é, ainda que o propósito principal da manifestação da vontade não seja o reconhecimento em si.

Alternativa "d": De acordo com o art. 1.563 do CC a sentença que decretar a nulidade do casamento retroagirá à data da sua celebração. Trata-se, portanto, de sentença com eficácia *ex tunc*. Essa sentença, todavia, não poderá prejudicar a aquisição de direitos, a título oneroso, por terceiros de boa-fé que negociaram com o casal, nem afetar os direitos reconhecidos em sentença transitada em julgado, pois, do contrário, haveria violação à coisa julgada, o que é vedado pelo art. 5º, inc. XXXVI, da CF e pelo art. 6º da LINDB.

Alternativa "e": O *caput* do art. 1.723 do CC estabelece que "é reconhecida como entidade familiar a união estável entre o homem e a mulher, configurada na convivência pública, contínua e duradoura e estabelecida com o objetivo de constituição de família". O § 1º do mesmo dispositivo legal determina que "a união estável **não se constituirá se ocorrerem os impedimentos do art. 1.521**; não se aplicando a incidência do inciso VI no caso de a pessoa casada se achar separada de fato ou judicialmente". Deste modo, quem é legalmente casado mas está separado de fato ou judicialmente pode constituir nova família por meio de uma união estável. Todos os demais impedimentos ao casamento elencados no art. 1.521 do CC, como aquelas ligadas ao parentesco, subsistem em relação à união estável. Se mesmo assim, pessoas impedidas de casar (observada a exceção já mencionada) passarem a viver juntas, não haverá união estável, mas sim concubinato, nos termos do art. 1.727 do CC, segundo o qual "as relações não eventuais entre o homem e a mulher, impedidos de casar, constituem concubinato". Vale anotar que o concubinato não recebe do ordenamento jurídico a mesma proteção que a lei reserva ao casamento e à união estável, no tocante às questões patrimoniais, alimentos e direito sucessório.

Alternativa correta: letra "b".

8. DIREITO DAS SUCESSÕES

90. (Cespe – Analista Judiciário – Área Judiciária– TRE-GO/2015) A respeito de aspectos diversos do direito civil brasileiro, cada um dos próximos itens apresenta uma situação hipotética, seguida de assertiva a ser julgada.

90.01. Márcia, casada com Tito e proprietária de grande fortuna, faleceu por causas naturais.

Nessa situação, Tito poderá administrar a herança até que um inventariante seja nomeado pelo juiz.

COMENTÁRIOS

Aberta a sucessão, com a morte de uma pessoa que deixou bens, deve ser aberto o processo de inventário (são coisas distintas, portanto). Esse processo pode ser judicial ou administrativo (art. 610 do CPC). Sendo processado pela via judicial, há necessidade de nomeação de um inventariante, que terá cinco dias para assinar o termo de compromisso (art. 617 do CPC). Até que isso ocorra, pode levar algum tempo. Durante esse intervalo entre a abertura da sucessão (morte) e a nomeação do inventariante, aplica-se o disposto no art. 1.797 do CC, que dispõe o seguinte: "Até o compromisso do inventariante, a administração da herança caberá, sucessivamente: I – ao cônjuge ou companheiro, se com o outro convivia ao tempo da abertura da sucessão; II – ao herdeiro que estiver na posse e administração dos bens, e, se houver mais de um nessas condições, ao mais velho; III – ao testamenteiro; IV – a pessoa de confiança do juiz, na falta ou escusa das indicadas nos incisos antecedentes, ou quando tiverem de ser afastadas por motivo grave levado ao conhecimento do juiz". A norma legal estabelece uma ordem de preferência a ser observada. Somente se não houver pessoas classificadas no inciso I é que poderá ser nomeada alguma das pessoas previstas no inciso seguinte e assim sucessivamente. Na hipótese indicada no enunciado, Tito era cônjuge da falecida, de modo que, enquanto não houver nomeação de inventariante, caberá a ele a administração provisória da herança.

Alternativa correta: "certo".

90.02. Carla, com vinte e um anos de idade, sofreu lesões físicas em decorrência de acidente provocado por condutor de veículo oficial. Nessa situação, o prazo prescricional a ser observado por Carla para o ajuizamento de eventual ação de indenização por danos materiais começou a correr a partir da data do acidente.

COMENTÁRIOS

Certo. O art. 189 do CC adotou a teoria da *actio nata*, estabelecendo que: "violado o direito, nasce para o titular a pretensão, a qual se extingue, pela prescrição, nos prazos a que aludem os arts. 205 e 206." Por conseguinte, a prescrição começa a contar após a efetiva lesão do direito material que, no exemplo ofertado no enunciado, ocorre na data do acidente. Na hipótese aventada no enunciado, pela aplicação do art. 1º do Decreto 20.910/32, o prazo será de 05 (cinco) anos, prazo esse que fluirá normalmente, visto que Carla é maior e presumivelmente capaz, pois não há menção a incapacidade no enunciado. Vale lembrar que o prazo prescricional começa a fluir do dia do acidente refere-se àqueles danos que podem ser desde logo verificados. Com efeito, se as lesões decorrentes do acidente gerarem algum tipo de sequela que, por sua natureza, somente possa ter sua extensão aferida após tratamento médico, por exemplo, o termo inicial da contagem para pleitear os danos materiais daí decorrentes somente terá início a partir da ciência inequívoca de eventual invalidez. Veja os precedentes mencionados nas dicas de estudo no final do capítulo.

Alternativa correta: "certo".

90.03. Antônio e Viviane, casados entre si, possuem juntos dois imóveis de valor aproximadamente similar. Nessa situação, é vedado ao casal instituir um desses imóveis como bem de família voluntário.

COMENTÁRIOS

De acordo com o *caput* do art. 1.711 do CC "podem os cônjuges, ou a entidade familiar, mediante escritura pública ou testamento, destinar parte de seu patrimônio para instituir bem de família, desde que não ultrapasse um terço do patrimônio líquido existente ao tempo da instituição, mantidas as regras sobre a impenhorabilidade do imóvel residencial estabelecida em lei especial". Considerando que cada um dos imóveis de propriedade de Antônio e Viviane corresponde a aproximadamente metade do valor de seu patrimônio, eles não podem instituir um desses imóveis como bem de família. Vale lembrar que a regra retro mencionada não exclui a incidência do disposto no art. 1º da Lei 8.009/90, que dispõe o seguinte "O imóvel residencial próprio do casal, ou da entidade familiar, é impenhorável e não responderá por qualquer tipo de dívida civil, comercial, fiscal, previdenciária ou de outra natureza, contraída pelos cônjuges ou pelos pais ou filhos que sejam seus proprietários e nele residam, salvo nas hipóteses previstas nesta lei". Na hipótese indicada no enunciado, Antônio e Viviane não podem instituir um dos imóveis como bem de família, mas aquele em que residirem será considerado bem de família por força da Lei 8.009/90, independentemente da instituição por escritura pública. Veja, no final do capítulo, a Súmula 205 do STJ.

Alternativa correta: "certo".

Plácido de Souza Neto

✦ DICAS

1. LEI DE INTRODUÇÃO ÀS NORMAS DO DIREITO BRASILEIRO – LINDB

- Como já mencionado no início do capítulo, a Lei de Introdução às Normas do Direito Brasileiro (LINDB) não se aplica somente ao Direito Civil, mas também aos demais ramos do direito, com a função de regular a aplicação, interpretação, vigência e a eficácia das normas jurídicas, disciplinando os conflitos de leis no tempo e no espaço. Vale anotar, contudo, que há exceções à aplicabilidade da LINDB em alguns ramos do direito. Por exemplo, a regra da LINDB a respeito da integração das lacunas normativas que permite o recurso à analogia, aos costumes e aos princípios gerais de direito, não incide no Direito Penal em prejuízo do réu (não se admite a analogia *in malam partem*), em função do princípio da reserva legal (CP, art. 1º). De igual maneira, o princípio da legalidade estrita não permite o emprego da analogia no Direito Tributário para exigir tributo não previsto em lei (CTN, art. 108, § 2º, CF, art. 150, I).

1.1. VIGÊNCIA, REVOGAÇÃO E REPRISTINAÇÃO

- Não se deve confundir o início da vigência da lei, que ocorre com sua publicação, com *vacatio legis*, intervalo entre a data da publicação e a sua entrada em vigor (força vinculante). Não confundir, ainda, os termos vigência e vigor de uma lei; o primeiro refere-se ao período de sua duração, seu efeito temporal; o segundo, à força vinculante de suas regras, à autoridade normativa sobre os fatos ocorridos durante sua vigência. Uma lei pode não mais estar em vigência, mas ainda estar em vigor em razão das situações jurídicas constituídas sob sua égide (art. 2.035 do CC).

- O "princípio da obrigatoriedade simultânea ou sincrônica", também chamado de "critério do prazo único ou isócrono", estabelece que a lei terá vigência a um só momento, ou seja, o intervalo de *vacatio legis* será comum e simultâneo para o país todo. A primeira "Lei de Introdução ao Código Civil", aprovada em 1916, juntamente com o Código Civil daquela época – motivo de seu nome – dispunha de prazos diversos para vigência da lei, em ordem crescente do Distrito Federal para os Estados e Territórios mais distantes da capital federal, sendo denominado de "critério do prazo progressivo".

- Vale mencionar também que a Lei Complementar 95/1998 dispõe sobre a elaboração, a redação, a alteração e a consolidação das leis, conforme determina o parágrafo único do art. 59 da Constituição Federal, e estabelece normas para a consolidação de atos normativos. Seu art. 8º, *caput*, estabelece que "A vigência da lei será indicada de forma expressa e de modo a contemplar prazo razoável para que dela se tenha amplo conhecimento, reservada a cláusula "entra em vigor na data de sua publicação" para as leis de pequena repercussão". Por sua vez, diz o preceito da LINDB, art. 1º, caput: "Salvo disposição contrária, a lei começa a vigorar em todo o país quarenta e cinco dias depois de oficialmente publicada". Interpretando os dispositivos acima, temos que, caso a lei nova não possua indicação especial e expressa do momento a partir do qual terá vigor, haverá a incidência da LINDB, art. 1º, caput, ou seja, se a lei for omissa quanto ao prazo de *vacatio legis*, segue a regra de que a "lei começa a vigorar em todo o país quarenta e cinco dias depois de oficialmente publicada".

- No estrangeiro, a lei brasileira terá prazo de *vacatio legis* de 03 meses, contados a partir da publicação. Assim, antes de transcorrido o prazo trimestral, a lei brasileira não terá incidência em país estrangeiro.

- Durante a *vacatio legis*, período entre a publicação da lei e sua entrada em vigor, as relações jurídicas estão sujeitas à lei velha, pois a lei nova não produz qualquer efeito naquele intervalo, mesmo que ambas as legislações sejam incompatíveis entre si.

- A contagem dos prazos para entrada em vigor das leis que estabeleçam período de vacância far-se-á com a inclusão da data da publicação e do último dia do prazo, entrando em vigor no dia subsequente à sua consumação integral, nos termos do art. 8º, § 1º, da LC nº 95/98. Assim, se uma lei for publicada no dia 31 de dezembro com vacatio legis de 30 dias, entrará em vigor no dia 30 de janeiro do ano subsequente. Isso porque o dia 31/12 é contado, de modo que os 30 dias vencem em 29/01. O início da produção de efeitos se dá no dia seguinte, 30/01.

- A **revogação** da lei significa a cessação de sua vigência, suprimindo-lhe a existência e a força obrigatória. As leis, em regra, permanecem vigentes até que outra as modifique ou revogue, exceto quando sua vigência for temporária (LINDB, art. 2º, caput). Assim, em regra, as leis possuem o caráter permanente, assentado no princípio da continuidade.
- As leis temporárias cessam sua vigência por causas intrínsecas (isto é, previstas na própria lei). Essas causas não se limitam apenas ao decurso de determinado período de tempo, mas pode referir-se ao implemento de condição resolutiva prevista na própria lei. Vale assinalar que não há propriamente revogação das leis temporárias, mas caducidade de seus efeitos, isso porque as causas de sua extinção são previamente estabelecidas, não sendo necessária a edição de outra lei para que cessem seus efeitos, embora nada impeça que uma lei posterior a revogue.
- Revogação é o gênero, do qual são espécies a **ab-rogação** e a **derrogação**. Ab-rogar é extinguir uma lei por outra, totalmente. Derrogar, por sua vez, é cessar a existência parcial de uma lei. A revogação, ainda, poderá ser: expressa, quando a lei posterior expressamente o declare, nos termos da LINDB, art. 2º, § 1º, primeira parte. De acordo com a LC nº 95/98, art. 9º, com redação dada pela LC nº 107/2001, "A cláusula de revogação deverá enumerar, expressamente, as leis ou disposições legais revogadas". A revogação será tácita quando a lei posterior a) for incompatível com a anterior; ou b) quando regule inteiramente a matéria de que tratava a lei anterior. É de bom alvitre que "A lei nova, que estabeleça disposições gerais ou especiais a par das já existentes, não revoga nem modifica a lei anterior" (LINDB, art. 2º, § 2º). O preceito deverá ser lido segundo o contexto dos parágrafos anteriormente mencionados, ou seja, se a nova lei geral/especial for incompatível ou regular o assunto da lei anterior em formato diverso, haverá revogação, em razão do conflito, pelo que haverá revogação tácita. Todavia, se a lei nova, geral ou especial, reafirmar os termos já vigentes em outra norma, não haverá revogação.
- **Repristinação** x **efeito repristinatório**: de acordo com a LINDB/art. 2º, § 3º, "salvo disposição em contrário, a lei revogada não se restaura por ter a lei revogadora perdido a vigência". O preceito em tela dispõe a respeito da repristinação, que é admitida e reconhecida no sistema brasileiro, não como regra geral, mas por exceção. É necessária disposição legal expressa para que ocorra. Já o efeito "efeito repristinatório" significa que, uma vez declarada a inconstitucionalidade de lei, uma das repercussões do efeito *ex tunc* da decisão é o restabelecimento dos efeitos da legislação anterior.
- A inconstitucionalidade de uma lei faz com que seu "efeito revocatório" também seja invalidado (LINDB/art. 2º, § 1º); dessa forma, a lei anterior, revogada por lei posterior declarada inconstitucional, tem a vigência restabelecida, porém, nessa situação, fala-se que houve "efeito repristinatório", conforme já decidiu o STJ (REsp. 445.455-BA, DJ 5/12/2005).
- posição do STF: "A declaração de inconstitucionalidade de uma lei alcança, inclusive, os atos pretéritos com base nela praticados, eis que o reconhecimento desse supremo vício jurídico, que inquina de total nulidade os atos emanados do Poder Público, desampara as situações constituídas sob sua égide e inibe – ante a sua inaptidão para produzir efeitos jurídicos válidos – a possibilidade de invocação de qualquer direito. – A declaração de inconstitucionalidade em tese encerra um juízo de exclusão, que, fundado numa competência de rejeição deferida ao Supremo Tribunal Federal, consiste em remover do ordenamento positivo a manifestação estatal inválida e desconforme ao modelo plasmado na Carta Política, com todas as consequências daí decorrentes, inclusive a plena restauração de eficácia das leis e das normas afetadas pelo ato declarado inconstitucional" (STF – Pleno, Ac. un. ADIn 652-5-MA – Questão de Ordem – Rel. Min. Celso de Mello, DJU de 02.04.93, p. 5.615)". Ainda de acordo com o STF, o efeito repristinatório será afastado se a norma anterior padecer do mesmo vício de inconstitucionalidade (ADIn nº 2.574/AP, rel. Ministro Carlos Velloso).

1.2. APLICAÇÃO DAS LEIS NO ESPAÇO

- Os art. 7º a 19 da LINDB dispõem a respeito das normas do direito internacional público e privado, as quais destinam-se a estabelecer os limites territoriais da aplicação da lei brasileira e da lei estrangeira.
- Sistema da **territorialidade**: a norma jurídica aplica-se no território do Estado, abrangendo as embaixadas, consulados, navios de guerra, etc.
- Sistema da **extraterritorialidade**: a norma é aplicada em território de outro Estado, seguindo os princípios e convenções internacionais.
- Sistema da **territorialidade moderada** (adotado no Brasil): o direito pátrio é plenamente eficaz, mas, em algumas situações, decorrentes de tratados, convenções e princípios, ele passa a coexistir com o alienígena, no que se denomina "estatuto pessoal", ou seja, o direito externo é invocado para disciplinar a condição do estrangeiro.
- estatuto pessoal: é situação jurídica que rege o estrangeiro pelas leis de seu país de origem. É baseado na lei da nacionalidade ou do domicílio. Para a LINDB, o "estatuto pessoal" do estrangeiro

é fundado na "Lei do domicílio" (*lex domicilii*). De acordo com seu art. 7º, *caput*, "A lei do país em que domiciliada a pessoa determina as regras sobre o começo e o fim da personalidade, o nome, a capacidade e os direitos de família".

- *Lex loci actus*: a lei brasileira será aplicável para o casamento realizado no Brasil em relação aos impedimentos absolutos e às formalidades da celebração do casamento (art. 7º, § 1º, da LINDB). É inaplicável a disposição, no entanto, em relação aos impedimentos proibitivos ou meramente impedientes, referentes às causas suspensivas do casamento (CC, art. 1.523).
- casamento de estrangeiros: segundo a LINDB, art. 7º, § 2º, o casamento de estrangeiros poderá celebrar-se perante autoridades diplomáticas ou consulares do país de ambos os nubentes. Nesse caso, será aplicável a lei do país que celebrar o casamento.
- Casamento de brasileiros no exterior: se ambos os nubentes forem brasileiros, o casamento poderá realizar-se no exterior, perante a autoridade consular brasileira.
- *Lex rei sitae*: significa a lei da situação da coisa. Dispõe o art. 8º da LINDB, em relação aos bens: a) para qualificar os bens e regular as relações a eles concernentes, aplicar-se-á a lei do país em que estiverem situados; b) Aplicar-se-á a lei do país em que for domiciliado o proprietário, quanto aos bens moveis que ele trouxer ou se destinarem a transporte para outros lugares; c) o penhor regula-se pela lei do domicílio que tiver a pessoa, em cuja posse se encontre a coisa apenhada.
- Sucessão *causa mortis*: a lei do domicílio também é aplicável em se tratando de sucessão. Dispõe o art. 10 da LINDB que a sucessão por morte ou por ausência obedece à lei do país em que domiciliado o defunto ou o desaparecido, qualquer que seja a natureza e a situação dos bens. No entanto, prescreve o § 2º do mesmo artigo que a lei do domicílio do herdeiro ou legatário regula a capacidade para suceder. É importante lembrar o princípio do *prélèvement*, do sistema criado na França, como forma de favorecimento ao nacional em detrimento do estrangeiro. Segundo a LINDB, art. 10, § 1º, a sucessão de bens de estrangeiros, situados no País, será regulada pela lei brasileira em benefício do cônjuge ou dos filhos brasileiros, ou de quem os represente, sempre que não lhes seja mais favorável a lei pessoal do de cujus (art. 5º, XXXI, da CF).
- Competência judiciária do Brasil: ainda que estrangeiro, o réu que tiver domicílio no Brasil se sujeita à competência judiciária brasileira. Vale a mesma regra se a obrigação tiver de ser cumprida no Brasil (art. 12 da LINDB). Só à autoridade judiciária brasileira compete conhecer das ações relativas a imóveis situados no Brasil, tratando-se de norma absoluta e obrigatória (art. 12, § 1º, da LINDB). Por fim, em relação às cartas rogatórias, quanto ao objeto (conteúdo e matéria) subordinam-se à lei do país rogante e em relação ao procedimento (formalidades), aplica-se a lei do país rogado (art. 12, § 2º, da LINDB). Observe-se, por outro lado, que as cartas rogatórias, assim como as sentenças ou quaisquer declarações de vontade de outro país serão ineficazes, no Brasil, se ofenderem a soberania nacional, a ordem pública e os bons costumes (art. 17 da LINDB).
- Produção de provas: a prova dos fatos ocorridos em país estrangeiro rege-se pela lei que nele vigorar, quanto ao ônus e aos meios de produzir-se (*lex loci*), não admitindo os tribunais brasileiros provas que a lei brasileira desconheça. Em relação aos modos de produção, será observada a *lex fori*, ou seja, as normas de ordem processual aplicáveis serão aquelas do direito brasileiro (art. 13 da LINDB).
- Execução de sentença estrangeira no Brasil: as sentenças estrangeiras, assim consideradas aquelas proferidas no estrangeiro, dependem do cumprimento dos requisitos do art. 15 da LINDB c/c art. 105, inc. I, i, da CF, de acordo com a redação dada pela Emenda nº 45/2004, quais sejam: a) proferida por juiz competente; b) terem sido as partes citadas ou haver-se legalmente verificado à revelia; c) ter passado em julgado e estar revestida das formalidades necessárias para a execução no lugar em que foi proferida; d) traduzida por intérprete autorizado; e) ter sido homologada pelo Superior Tribunal de Justiça, a quem compete "a homologação de sentenças estrangeiras e a concessão de *exequatur* às cartas rogatórias". Vale anotar que o art. 17 da LINDB determina que "As leis, atos e sentenças de outro país, bem como quaisquer declarações de vontade, não terão eficácia no Brasil, quando ofenderem a soberania nacional, a ordem pública e os bons costumes". O controle judicial que se desenvolve em relação às sentenças estrangeiras possui a finalidade de verificar os aspectos formais da decisão alienígena, sem qualquer incursão no mérito da questão debatida em cenário externo; no entanto, a análise não se circunscreve aos requisitos do art. 15 da LINDB, mas abrange aqueles previstos no art. 17 do mesmo diploma legal, ou seja, a decisão externa não terá eficácia no Brasil quando ofender a soberania nacional, a ordem pública e os bons costumes.
- De acordo com o STJ "(...) A Corte Especial, amparada em julgados do STF, ostenta precedente no sentido de não exigir, para fins de homologação de sentença estrangeira, a comprovação de que

houve intimação da parte para todos os atos do processo, bastando, para fins de cumprimento da Res. nº 09/2005 do STJ, que a parte tenha tido ciência do trâmite do feito em curso perante a Justiça alienígena". (SEC 6.551/EX, Rel. Ministra ELIANA CALMON, CORTE ESPECIAL, julgado em 17/12/2012, DJe 20/02/2013).

- A Lei 12.874, de 29 de outubro de 2013, acrescentou dois parágrafos ao art. 18 da LINDB. De acordo com o art. 18, caput, da LINDB, os brasileiros domiciliados ou não no Brasil, que estejam no exterior, podem celebrar matrimônio perante a autoridade consular brasileira, que poderá, ainda, exercer as funções de tabelião e de oficial de registro civil em todos os atos alusivos, levados a efeito no estrangeiro. Igualmente, admite-se o registro de nascimento e de óbito dos filhos de brasileiro ou brasileira nascidos no país da sede do Consulado.
- A inovação legal confere poderes à autoridade consular brasileira, permitindo que celebrem, ainda: separação consensual e o divórcio consensual de brasileiros, não havendo filhos menores ou incapazes do casal e observados os requisitos legais quanto aos prazos, devendo constar da respectiva escritura pública as disposições relativas à descrição e à partilha dos bens comuns e à pensão alimentícia e, ainda, ao acordo quanto à retomada pelo cônjuge de seu nome de solteiro ou à manutenção do nome adotado quando se deu o casamento (LINDB, art. 18, § 1º). No Brasil, a mesma redação é encontrada no art. 733 do CPC, , que passou a prever a separação e divórcio pela via administrativa, por escritura pública, ou extrajudicial.
- Para a prática desses atos perante a autoridade consular, é indispensável a assistência de advogado, devidamente constituído, que se dará mediante a subscrição de petição, juntamente com ambas as partes, ou com apenas uma delas, caso a outra constitua advogado próprio, não se fazendo necessário que a assinatura do advogado conste da escritura pública (LINDB, art. 18, § 2º). É importante notar que a presente disposição difere daquela prevista no art. 733, § 2º, do CPC, , pois a qualificação e assinatura do advogado, no Brasil, são obrigatórias.

1.3. ANTINOMIA OU CONFLITO DE NORMAS

- Pode acontecer que a aplicação das leis esbarre na circunstância de se verificar a presença de duas ou mais normas válidas que se revelam em conflito por apresentarem soluções diversas para o mesmo fato concreto. No quadro a seguir, vemos os principais critérios para solução de antinomias jurídicas.

Métodos de solução dos conflitos	**critério cronológico**	• a norma posterior prevalece sobre a anterior
	critério da especialidade ou especificidade	• a norma especial prevalece sobre a geral
	critério hierárquico	• a norma superior prevalece sobre a inferior

1.4. LEI 13.655/2018

- Trata-se de polêmica novidade legislativa inserida na LINDB, que tem o condão de atingir diversos ramos do Direito, sobretudo o Direito Administrativo. Segundo os legisladores, esta mudança tem como objetivo fundamental trazer segurança jurídica, pois estabelece balizas "objetivas" a serem observadas pelo juiz ou outro julgador no momento da interpretação da lei e quando prolatar eventual decisão. Há aqueles, entretanto, que condenam a lei por aprofundar a imprevisibilidade das decisões, tendo em vista que aquela é permeada de conceitos jurídicos indeterminados. Nesse sentido, o eminente ex-ministro do Supremo Tribunal Federal Carlos Ayres Britto afirmou que a lei é "de um inconstitucionalidade enlouquecida".
- Em que pese o debate doutrinário, é importante que o candidato conheça o texto integral dos novos dispositivos, *in verbis:*

Art. 20. Nas esferas administrativa, controladora e judicial, não se decidirá com base em valores jurídicos abstratos sem que sejam consideradas as consequências práticas da decisão.

Parágrafo único. A motivação demonstrará a necessidade e a adequação da medida imposta ou da invalidação de ato, contrato, ajuste, processo ou norma administrativa, inclusive em face das possíveis alternativas.

Art. 21. A decisão que, nas esferas administrativa, controladora ou judicial, decretar a invalidação de ato, contrato, ajuste, processo ou norma administrativa deverá indicar de modo expresso suas consequências jurídicas e administrativas.

Parágrafo único. A decisão a que se refere o **caput** deste artigo deverá, quando for o caso, indicar as condições para que a regularização ocorra de modo proporcional e equânime e sem prejuízo aos interesses gerais, não se podendo impor aos sujeitos atingidos ônus ou perdas que, em função das peculiaridades do caso, sejam anormais ou excessivos.

Art. 22. Na interpretação de normas sobre gestão pública, serão considerados os obstáculos e as dificuldades reais do gestor e as exigências das políticas públicas a seu cargo, sem prejuízo dos direitos dos administrados.

§ 1º Em decisão sobre regularidade de conduta ou validade de ato, contrato, ajuste, processo ou norma administrativa, serão consideradas as circunstâncias práticas que houverem imposto, limitado ou condicionado a ação do agente.

§ 2º Na aplicação de sanções, serão consideradas a natureza e a gravidade da infração cometida, os danos que dela provierem para a administração pública, as circunstâncias agravantes ou atenuantes e os antecedentes do agente.

§ 3º As sanções aplicadas ao agente serão levadas em conta na dosimetria das demais sanções de mesma natureza e relativas ao mesmo fato.

Art. 23. A decisão administrativa, controladora ou judicial que estabelecer interpretação ou orientação nova sobre norma de conteúdo indeterminado, impondo novo dever ou novo condicionamento de direito, deverá prever regime de transição quando indispensável para que o novo dever ou condicionamento de direito seja cumprido de modo proporcional, equânime e eficiente e sem prejuízo aos interesses gerais.

Parágrafo único. (VETADO.

Art. 24. A revisão, nas esferas administrativa, controladora ou judicial, quanto à validade de ato, contrato, ajuste, processo ou norma administrativa cuja produção já se houver completado levará em conta as orientações gerais da época, sendo vedado que, com base em mudança posterior de orientação geral, se declarem inválidas situações plenamente constituídas.

Parágrafo único. Consideram-se orientações gerais as interpretações e especificações contidas em atos públicos de caráter geral ou em jurisprudência judicial ou administrativa majoritária, e ainda as adotadas por prática administrativa reiterada e de amplo conhecimento público.

Art. 25. (VETADO).

Art. 26. Para eliminar irregularidade, incerteza jurídica ou situação contenciosa na aplicação do direito público, inclusive no caso de expedição de licença, a autoridade administrativa poderá, após oitiva do órgão jurídico e, quando for o caso, após realização de consulta pública, e presentes razões de relevante interesse geral, celebrar compromisso com os interessados, observada a legislação aplicável, o qual só produzirá efeitos a partir de sua publicação oficial.

§ 1º O compromisso referido no **caput** deste artigo:

I - buscará solução jurídica proporcional, equânime, eficiente e compatível com os interesses gerais;

II – (VETADO);

III - não poderá conferir desoneração permanente de dever ou condicionamento de direito reconhecidos por orientação geral;

IV - deverá prever com clareza as obrigações das partes, o prazo para seu cumprimento e as sanções aplicáveis em caso de descumprimento.

§ 2º (VETADO).

Art. 27. A decisão do processo, nas esferas administrativa, controladora ou judicial, poderá impor compensação por benefícios indevidos ou prejuízos anormais ou injustos resultantes do processo ou da conduta dos envolvidos.

§ 1º A decisão sobre a compensação será motivada, ouvidas previamente as partes sobre seu cabimento, sua forma e, se for o caso, seu valor.

§ 2º Para prevenir ou regular a compensação, poderá ser celebrado compromisso processual entre os envolvidos.

Art. 28. O agente público responderá pessoalmente por suas decisões ou opiniões técnicas em caso de dolo ou erro grosseiro.

§ 1º (VETADO).

§ 2º (VETADO).

§ 3º (VETADO).

Art. 29. Em qualquer órgão ou Poder, a edição de atos normativos por autoridade administrativa, salvo os de mera organização interna, poderá ser precedida de consulta pública para manifestação de interessados, preferencialmente por meio eletrônico, a qual será considerada na decisão.

§ 1º A convocação conterá a minuta do ato normativo e fixará o prazo e demais condições da consulta pública, observadas as normas legais e regulamentares específicas, se houver.

§ 2º (VETADO).

Art. 30. As autoridades públicas devem atuar para aumentar a segurança jurídica na aplicação das normas, inclusive por meio de regulamentos, súmulas administrativas e respostas a consultas. Parágrafo único. Os instrumentos previstos no **caput** deste artigo terão caráter vinculante em relação ao órgão ou entidade a que se destinam, até ulterior revisão.

2. PARTE GERAL DO CÓDIGO CIVIL

2.1. PESSOAS NATURAIS

- Distinção entre **personalidade**, **capacidade** e **legitimidade**:

- **personalidade**: significa a aptidão jurídica de exercer direitos e contrair obrigações.

- **capacidade**: divide-se em jurídica (de direito/gozo) e de fato (de exercício/ação). A primeira decorre da personalidade, significa capacidade de aquisição de direitos, reconhecida a qualquer ser humano, como o doente mental, a criança. A segunda é a aptidão de exercer os atos da vida civil por si mesmo, sem outra pessoa que o assista ou represente.

- **legitimidade**: aptidão especial exigida para a prática de determinado ato. Ex. De acordo com o art. 1.601 do CC, somente o marido pode contestar a paternidade dos filhos nascidos de sua esposa. Nem os outros filhos podem fazê-lo, embora possam prosseguir na ação iniciada pelo marido, se este vier a óbito.

- A **existência** da pessoa natural começa com o **nascimento com vida** (embora a lei resguarde, desde a concepção, os direitos do nascituro) e termina com a **morte**, a qual pode ser:

- morte **real ou física**: ocorre com a cessação das atividades encefálicas, conforme o art. 3º da Lei 9.434/97. A prova da morte é feita mediante certidão de óbito, ou mediante justificação para o assento de óbito. (LRP, art. 77 e 88).
- morte **presumida com prévia declaração de ausência**: haverá morte presumida com declaração de ausência e abertura de sucessão provisória para posterior abertura da sucessão definitiva, conforme os art. 22 a 39 do CC, observado o rito dos art. art. 744 e 745 do CPC. Nessa hipótese, a sucessão definitiva do ausente somente poderá ocorrer: 1) 10 anos depois de passada em julgado a sentença que concede a abertura da sucessão provisória, poderão os interessados requerer a sucessão definitiva e o levantamento das cauções prestadas (CC, art. 37); 2) provando-se que o ausente conta 80 anos de idade, e que de 5 anos datam as últimas notícias dele (CC, art. 38).
- morte **presumida sem prévia declaração de ausência**: é possível reconhecer a morte presumida sem a necessidade de prévia abertura de sucessão provisória, nas hipóteses previstas no CC, art. 7º, I e II, do CC: 1) se for extremamente provável a morte de quem estava em perigo de vida (ex. acidente aéreo); 2) se alguém, desaparecido em campanha ou feito prisioneiro, não for encontrado até 02 anos após o término da guerra. Trata-se de procedimento judicial que segue o procedimento da justificação (LRP, art. 88).
- morte **simultânea ou comoriência**: ocorre quando, em um só momento (identidade de tempo, ocasião, e não mesmo evento), dois ou mais indivíduos falecerem, não se podendo averiguar se algum dos comorientes precedeu aos outros, presumir-se-ão simultaneamente mortos (CC, art. 8º). Para que essa questão seja juridicamente relevante, é necessário que entre os indivíduos mortos haja relação sucessória, ou seja, que um deles seja herdeiro ou beneficiário de outro. A presunção de morte simultânea afasta a possibilidade de sucessão entre eles. Importa dizer que um não herda do outro. Por outro lado, o momento que ocorreu a morte de ser determinado por perícia médica. Somente se esta for inconclusiva, incide a presunção legal, que é de natureza relativa (*juris tantum*).
- O STJ tem reconhecido a **legitimidade** do nascituro para pleitear na justiça, por meio de seu representante legal, indenização por dano moral: "(...) **O nascituro também tem direito aos danos morais pela morte do pai** (...)" (REsp 399.028/SP, Rel. Ministro SÁLVIO DE FIGUEIREDO TEIXEIRA, QUARTA TURMA, julgado em 26/02/2002, DJ 15/04/2002, p. 232). Vale anotar que o efetivo recebimento da indenização está condicionado ao nascimento com vida. Esse entendimento foi reafirmado em 23.06.2015, no julgamento do Recurso Especial n. 1.487.089/SP, envolvendo ofensas proferidas por humorista contra artista que estava grávida **e contra** o feto. O humorista foi condenado pelo tribunal estadual ao pagamento de indenização por danos morais à criança (que já nasceu) e a condenação foi mantida pelo tribunal superior.

2.2. PESSOAS JURÍDICAS

- Em nosso ordenamento, a pessoa jurídica ou pessoa moral é o sujeito de direito personificado não humano, dotada de aptidão para titularizar direitos e obrigações que, em regra, não se confunde com seus integrantes (sócios, administradores, associados, etc.).
- No tocante aos requisitos necessários para desconsideração da personalidade jurídica, de modo a permitir que os credores de uma empresa possam executar os administradores da pessoa jurídica, o STJ tem entendido que, em regra, se exige, a par da demonstração de que a empresa não possui patrimônio para honrar suas dívidas (insolvência), a demonstração de desvio de finalidade (para praticar crimes, por exemplo) ou confusão patrimonial (aquisição de bens em nome dos sócios com dinheiro da empresa, por exemplo). Essa regra geral, denominada Teoria Maior da Desconsideração, é excepcionada quando se tratar de obrigações relacionadas com Direito do Consumidor e Direito Ambiental, quando se aplica a Teoria Menor da Desconsideração, que exige apenas a prova do descumprimento da obrigação. Nesse sentido, o seguinte trecho da ementa de acórdão proferido pela Terceira Turma daquela corte superior: "(...) – **A teoria maior da desconsideração, regra geral no sistema jurídico brasileiro, não pode ser aplicada com a mera demonstração de estar a pessoa jurídica insolvente para o cumprimento de suas obrigações. Exige-se, aqui, para além da prova de insolvência, ou a demonstração de desvio de finalidade (teoria subjetiva da desconsideração), ou a demonstração de confusão patrimonial (teoria objetiva da desconsideração). – A teoria menor da desconsideração, acolhida em nosso ordenamento jurídico excepcionalmente no Direito do Consumidor e no**

Direito Ambiental, incide com a mera prova de insolvência da pessoa jurídica para o pagamento de suas obrigações, independentemente da existência de desvio de finalidade ou de confusão patrimonial. (...)" (REsp 279.273/SP, Rel. Ministro ARI PARGENDLER, Rel. p/ Acórdão Ministra NANCY ANDRIGHI, TERCEIRA TURMA, julgado em 04/12/2003, DJ 29/03/2004, p. 230).

- Atenção: A lei 13.874/2019, popularmente difundida como "lei da liberdade econômica", editada com o objetivo de diminuir a burocracia e promover facilidades para os empreendedores, em especial para as empresas de micro e pequeno porte. Uma de suas alterações refere-se às hipóteses de DESCONSIDERAÇÃO DA PERSONALIDADE JURÍDICA.

  Como se sabe, o Código Civil adotou a teoria maior da desconsideração da personalidade jurídica. Em síntese, segundo esta teoria, para que a personalidade jurídica seja episodicamente afastada é necessário o abuso desta, caracterizada pelo desvio de finalidade ou pela confusão patrimonial. Com efeito, a nova lei resolveu conceituar estes dois institutos. O art. 50, § 1º, do CC conceitua o desvio de finalidade como a "utilização da pessoa jurídica com o propósito de lesar credores e para a prática de atos ilícitos de qualquer natureza". O § 2º do mesmo artigo, por sua vez, prescreve que a confusão patrimonial é "a ausência de separação de fato entre os patrimônios, caracterizada por cumprimento repetitivo pela sociedade de obrigações do sócio ou do administrador ou vice-versa; transferência de ativos ou de passivos sem efetivas contraprestações, exceto os de valor proporcionalmente insignificante; e outros atos de descumprimento da autonomia patrimonial".

  Além disso, o legislador achou por bem definir aquilo que NÃO constitui desvio de finalidade. Assim, de acordo com o art. 50, § 5º do CC, "não constitui desvio de finalidade a mera expansão ou a alteração da finalidade original da atividade econômica específica da pessoa jurídica".

  Por fim, vale destacar que a nova lei criou um obstáculo para a aplicação do instituto no caso de existência de grupos econômicos. O § 4º do art. 50 do CC dispõe que "a mera existência de grupo econômico sem a presença dos requisitos de que trata o caput deste artigo não autoriza a desconsideração da personalidade da pessoa jurídica".

- O advento da Lei 13.151/2015, publicada em 28 de julho de 2015, com vigência a partir dessa data, modificou o parágrafo único do art. 62 do Código Civil, limitando a instituição de fundações para fins de assistência social, cultura, defesa e conservação do patrimônio histórico e artístico, educação, saúde, segurança alimentar e nutricional, defesa, preservação e conservação do meio ambiente e promoção do desenvolvimento sustentável, pesquisa científica, desenvolvimento de tecnologias alternativas, modernização de sistemas de gestão, produção e divulgação de informações e conhecimentos técnicos e científicos, promoção da ética, da cidadania, da democracia e dos direitos humanos e atividades religiosas.

- A mesma lei estabeleceu que, quando uma fundação estiver localizada no Distrito Federal ou em território, quem a fiscalizará será o Ministério Público do Distrito Federal e Territórios. É essa a nova redação do art. 66, § 1º, do CC. A redação anterior, que atribuía a fiscalização dessas fundações ao Ministério Público Federal foi declarada inconstitucional pelo STF no julgamento da ADI 2794/DF, de sorte que a nova lei apenas adequou o Código Civil à jurisprudência do Supremo Tribunal Federal.

- Outra inovação da lei em questão é que o Ministério Público passou a ter o prazo de 45 dias para analisar o pedido de criação de uma fundação. Se não emitir uma resposta dentro desse prazo, o interessado poderá recorrer ao Poder Judiciário. É o que estabelece a nova redação do art. 67, inc. III, do CC.

- **ATENÇÃO:** A Lei 13.129/2015, publicada em 27/05/2015, com vigência a partir de 26/07/2015, acrescentou o artigo 136-A à Lei das Sociedades Anônimas (Lei nº 6.404/76), permitindo a inserção de convenção de arbitragem no estatuto social da empresa pela maioria dos acionistas. O dispositivo prevê que a decisão somente terá eficácia após 30 dias da publicação da ata da assembleia geral que a aprovou. Desse modo, a sociedade anônima pode estabelecer em seu estatuto social que eventuais disputas entre acionistas será resolvida por um árbitro privado e não pelo Poder Judiciário. Vale lembrar que o acionista que discordar da deliberação da assembleia geral terá o direito de retirar-se da companhia mediante o reembolso do valor das suas ações.

2.3. DOMICÍLIO

- **Domicílio** é a sede jurídica da pessoa natural ou jurídica, onde se presume que esteja para fins de direito. É o local onde as pessoas serão encontradas, por lei ou escolha, para responder por suas obrigações. A palavra domicílio provém do latim *domus*, que significa casa ou morada.

- Elementos: os art. 70 a 72 do CC dispõem sobre os elementos que compõem o domicílio da pessoa natural. De acordo com o art. 70 do CC, "O domicílio da pessoa natural é o lugar onde ela estabelece a sua residência com ânimo definitivo". O art. 71 do CC traz a seguinte previsão "Se, porém, a pessoa natural tiver diversas residências, onde, alternadamente, viva, considerar-se-á domicílio seu qualquer delas". Por sua vez, afirma o CC, art. 72: "É também domicílio da pessoa natural, quanto às relações concernentes à profissão, o lugar onde esta é exercida". Por fim, o parágrafo único do mesmo artigo prevê que "Se a pessoa exercitar profissão em lugares diversos, cada um deles constituirá domicílio para as relações que lhe corresponderem".

- Elemento **objetivo**: residência ou centro profissional (situação física, de fato ou exterior).
- Elemento **subjetivo**: ânimo definitivo ou permanente (situação psicológica ou interior).
- A residência é um dos elementos do domicílio, mas com ele não se confunde. É uma situação física, é o local onde a pessoa está radicada. Pode haver domicílio sem residência, se a pessoa natural não tiver residência habitual. Neste caso, terá por domicílio o local onde for encontrada (CC, art. 73). Trata-se do "domicílio aparente, ocasional ou presumido".
- Domicílio **único ou familiar** é o local onde a pessoa natural estabelece a sua residência com ânimo definitivo ou o local onde exerce profissão, quanto às relações concernentes à profissão.
- Domicílio **plúrimo ou plural** se verifica quando a pessoa natural tiver diversas residências onde viva alternadamente, caso em que considerar-se-á domicílio seu qualquer delas. Da mesma forma se a pessoa exercitar profissão em lugares diversos, cada um deles constituirá domicílio para as relações que lhe corresponderem.
- Domicílio **real**: são os domicílios fixos, residenciais ou profissionais.
- Domicílio **presumido, aparente ou ocasional**: ter-se-á por domicílio da pessoa natural, que não tenha residência habitual, o lugar onde for encontrada. Em nosso ordenamento jurídico nenhuma pessoa é considerada sem domicílio para efeitos legais. Em decorrência do "princípio da cogência do domicílio", não se admite a falta ou ausência de domicílio, sendo que, em último caso, o domicílio da pessoa natural será o lugar onde ela for encontrada (art. 73 do CC).
- Domicílio **necessário ou legal** (art. 76, parágrafo único, do CC): por expressa disposição legal, o domicílio do incapaz é o do seu representante legal. O do servidor público é o lugar que exercer permanentemente suas funções. O do militar é o lugar onde servir. O do militar da Marinha ou da Aeronáutica é a sede do comando a que se encontrar imediatamente subordinado. O do marinheiro é o local onde o navio estiver matriculado. O do preso é o lugar em que cumprir a sentença. O agente diplomático do Brasil, que, citado no estrangeiro, alegar extraterritorialidade sem designar onde tem, no país, o seu domicílio, poderá ser demandado no Distrito Federal ou no último ponto do território brasileiro onde o teve (art. 77 do CC).
- para a **pessoa jurídica** o elemento objetivo para fixação do domicílio é a sede, estabelecimento ou centro de atividades, enquanto para a pessoa natural o elemento objetivo é a residência.
- O domicílio das pessoas **jurídicas de Direito Público**: o domicílio da União é o Distrito Federal. O dos Estados e Territórios são as respectivas capitais e o dos Municípios é o lugar onde funcione a administração municipal.
- O domicílio das **pessoas jurídicas de Direito Privado** pode ser 1) comum: é o lugar onde funcionarem sua diretoria e administração (art. 74, IV, do CC, primeira parte); 2) especial: onde elegerem domicílio especial no seu estatuto ou atos constitutivos (art. 74, IV, do CC, segunda parte); 3) plúrimo ou plural: tendo a pessoa jurídica diversos estabelecimentos em lugares diferentes, cada um deles será considerado domicílio para os atos nele praticados (CC, art. 75, § 1º).
- Domicílio da **pessoa jurídica de Direito Privado Estrangeira** com sede e administração no exterior: será o lugar de cada uma das suas agências, sito no Brasil, a que corresponder cada obrigação (art. 75, § 2º, do CC).

2.4. BENS

- Quadro comparativo do tratamento jurídico dado aos bens móveis e aos imóveis pelo ordenamento pátrio:

	BENS MÓVEIS	BENS IMÓVEIS
Aquisição da propriedade	Simples tradição, usucapião, ocupação, achado de tesouro, especificação, confusão, comistão, adjunção (CC, art. 1.260 a 1.274)	Escritura pública e registro no Cartório de Registro de Imóveis (CC, art. 108, 1.226 e 1.227), acessão, usucapião e direito hereditário (CC, art. 1.238 a 1.244, 1.248 e 1.784)
Aquisição por usucapião	Prazo de 03 a 05 anos	Prazo de 05 a 15 anos
Alienação por pessoa casada	Podem ser alienados sem anuência do cônjuge	Exigem, para serem alienados, hipotecados ou gravados de ônus real, a anuência do cônjuge, exceto no regime da separação absoluta (CC, art. 1.647, I)
Direito real de garantia	Penhor	Hipoteca
Negócios jurídicos que lhes são próprios	Só os móveis podem ser objeto de contrato de mútuo	Só os imóveis podem ser objeto de direito real de superfície e habitação

	BENS MÓVEIS	BENS IMÓVEIS
Incidência de tributos	Estão sujeitos ao ICMS – Imposto sobre Circulação de Mercadorias e Serviços, IPI – Imposto sobre Produtos Industrializados, II – Imposto sobre Importações, IE – Imposto sobre Exportações e ITCMD – Imposto sobre a transmissão *mortis causa* e Doação.	Estão sujeitos ao ITBI – Imposto de Transmissão de Bens Imóveis, em caso de alienação *inter vivos*, ao IPTU – Imposto Predial e Territorial urbano, ITR – Imposto sobre a Propriedade Territorial Rural e ITCMD – Imposto sobre a transmissão *mortis causa* e Doação.
Regras processuais	As ações reais mobiliárias e a penhora de bens móveis não exigem a citação ou intimação do cônjuge da parte interessada.	As ações reais imobiliárias exigem a citação do cônjuge da parte que for casada (art. 73, CPC). A penhora incidente sobre bem imóvel exige a intimação do cônjuge do devedor (art. 842, CPC).

2.5. NEGÓCIO JURÍDICO

- O negócio jurídico é uma espécie de ato jurídico que, por sua vez, é uma espécie de fato jurídico. **Fato jurídico**, em sentido amplo, é todo acontecimento, quer seja humano, quer seja natural, apto a produzir efeitos jurídicos, provocando o surgimento, a modificação ou a extinção de relações jurídicas e dos direitos que a elas se referem. Dividem-se em: 1) **fatos naturais** ou **fatos jurídicos em sentido estrito** (stricto sensu); e 2) **fatos humanos voluntários** ou **atos jurídicos em sentido amplo** (*lato sensu*). **Atos jurídicos**, portanto, são aqueles que resultam da atuação humana, seja ela positiva ou negativa. São caracterizados pela atuação da vontade e dividem-se em: 2.1) **atos jurídicos em sentido estrito**: a declaração de vontade é dirigida para a produção de efeitos previamente determinados em lei, imodificáveis pela ação volitiva. Não compete à parte modificar, moldar os efeitos dessa declaração de vontade, mas apenas decidir pela produção de um ato que possui os seus efeitos já previamente estipulados. A manifestação de vontade se corporifica pela intenção ou não de sofrer em sua esfera jurídica os efeitos já determinados pela letra da lei (ex: reconhecimento de paternidade, aceitação de herança); e 2) **negócio jurídico**: os efeitos que se produzem a partir dos negócios jurídicos são todos aqueles que não forem proibidos pela lei. Não confrontando com a dicção legal, as partes possuem espaço para construir relações jurídicas de diversos moldes. A escolha dos efeitos jurídicos é permitida em maior ou menor grau, possibilitando a composição de interesses dos envolvidos.

- **Elementos essenciais** do negócio jurídico:

- **manifestação de vontade**: pode ser expressa, tácita ou presumida.
- **capacidade do agente**: é a aptidão para celebrar negócios jurídicos. Trata-se da capacidade de fato ou de exercício, de o agente agir por si. Essa possibilidade é atingida aos 18 anos completos, ou antes, com a emancipação (CC, art. 5º). Como já visto, a incapacidade poderá ser absoluta ou relativa, sendo suprida pela representação ou assistência, respectivamente.
- **objeto lícito, possível, determinado ou determinável**: o objeto lícito é o que não contraria a lei, a moral e os bons costumes. Se for ilícito o objeto, o negócio jurídico será nulo (CC, art. 166, I). O objeto possível é aquele que apresenta viabilidade física ou natural, bem jurídica. Se absolutamente impossível o objeto, o negócio jurídico é nulo (CC, art. 166, II). A impossibilidade relativa, que atinge o devedor, não invalida o negócio (CC, art. 106). O objeto também deve ser determinado ou determinável, porém admite-se a indeterminação relativa, como a venda de coisa incerta (gênero e quantidade) ou alternativa (duas ou mais prestações, com objetos distintos), postergando-se a determinação para o momento da execução (CC, art. 243 e 252).
- **forma prescrita ou não defesa em lei**: forma é o meio pelo qual a vontade é manifestada, externamente (CC, art. 107). O CC/2002 adota o sistema do consensualismo (forma livre, não solene), sendo o formalismo (forma específica, solene) a exceção (ex: CC, art. 108). Não atendida a formalidade prescrita, ou a solenidade que a lei considere essencial para a validade do ato, o negócio jurídico será nulo (CC, art. 166, IV e V).

- **Elementos acidentais** do negócio jurídico: condição, termo e encargo.

- **condição**: é a cláusula de introdução facultativa que subordina o efeito do negócio jurídico a evento futuro e incerto. Vale lembrar que a morte é um acontecimento futuro e certo, pois não há dúvidas sobre sua ocorrência, só não se sabe o momento. Classificam-se as condições: 1) quanto à licitude: 1.1) **lícitas**: aquelas não contrárias à lei, à ordem pública ou aos bons costumes (CC, art. 122); 1.1) **ilícitas**: por sua vez, estas atentam contra os bens jurídicos protegidos acima. Além disso, segundo o CC, art. 122, 2ª parte, e 123, são proibidas as condições que privarem de todo efeito o negócio jurídico (perplexas); que sujeitarem ao puro arbítrio de uma das partes (puramente potestativas); física ou juridicamente impossíveis; incompreensíveis ou contraditórias. 2) quanto à possibilidade: 2.1) **possíveis**: são as praticáveis; 2.2) **impossíveis**: aquelas inexequíveis. Poder ser: 2.2.1) fisicamente impossíveis: nenhum ser humano consegue cumprir, motivo pelo qual são chamadas de genéricas; 2.2.2) juridicamente impossíveis: aquelas que contrariam lei expressa, a moral ou os bons costumes (ex: CC, art. 426); 3) quanto ao modo de atuação: 3.1) **suspensivas**: impedem a eficácia do negócio jurídico até que o evento futuro e incerto ocorra. Subordinando-se a eficácia do negócio jurídico à condição suspensiva, enquanto esta não se verificar, não se adquire o direito a que ele se refere; 3.2) **resolutivas**: resolvem (extinguem) o direito transferido pelo negócio, verificado o implemento do evento futuro e incerto. Enquanto não verificada, o negócio jurídico vigorará, podendo exercer-se desde a celebração deste o direito por ele estabelecido. Verificada a condição, extingue-se para todos os efeitos o direito a que ela se refere.

- **termo**: é o dia ou momento inicial ou final que determina o surgimento da eficácia ou a cessação dos efeitos do negócio jurídico. O termo inicial, de acordo com o CC/art. 131, suspende o exercício, mas não a aquisição do direito. Nisso difere da condição suspensiva, porque nesta, enquanto pendente o evento é futuro e incerto, não se adquire o direito (CC/art. 125). Termo e prazo são conceitos intimamente relacionados, porque o último é espaço de tempo ou o intervalo entre o termo inicial e o final (Cf. CC/art. 132 a 134).
- **encargo ou modo**: é a cláusula acessória que impõe um ônus ou obrigação ao beneficiário de uma liberalidade. Também é admitido o encargo ou modo nas declarações unilaterais de vontade. São expressões comuns utilizadas para destacar a eficácia jurídica dos motivos do ato "para que", "a fim de", com a "obrigação de", etc. É admitido nos negócios *inter vivos* (doação) ou *causa mortis* (testamento). O cumprimento do encargo pode ser exigido por ação cominatória e seu descumprimento pode gerar a revogação da liberalidade (ex: CC, art. 555).
- DA INTERPRETAÇÃO DOS NEGÓCIOS JURÍDICOS: o art. 113 do Código Civil, que estabelece as premissas interpretativas dos negócios jurídicos, foi alterado pela Lei 13.874/2019 (Lei da Liberdade Econômica). Foram incluídos os § 1º e 2º estabelecendo critérios para descobrir o melhor sentido do negócio jurídico e determinar que "as partes poderão livremente pactuar regras de interpretação, de preenchimento de lacunas e de integração dos negócios jurídicos diversas daquelas previstas em lei."

2.6. DEFEITOS DO NEGÓCIO JURÍDICO

- Quadro comparativo entre nulidade absoluta e nulidade relativa:

Nulidade Absoluta (nulidade)	Nulidade Relativa (anulabilidade)
- Incapacidade absoluta do agente; - ilicitude do objeto; - inobservância da norma prevista em lei ou preterição de solenidade que a lei considere essencial; - ilicitude do motivo determinante, desde que comum a ambas as partes, ou intenção de fraudar lei imperativa; - inobservância de vedação ou proibição expressa em lei ou quando esta declarar o ato nulo, sem cominar sanção; - simulação.	- Incapacidade relativa do agente; - erro; - dolo; - coação; - estado de perigo; - lesão; - fraude contra credores.
Art. 166 a 170 do CC.	Art. 171 a 179 do CC.
Viola norma que resguarda interesse de ordem pública.	Afronta norma que resguarda interesse privado.
Pode ser alegada a qualquer tempo.	Está sujeita a prazo decadencial.
Não convalesce com o passar do tempo.	Pode ser sanada com o passar do tempo.
Pode ser alegada pelas partes, por terceiro interessado, pelo MP ou reconhecida de ofício pelo juiz.	Somente pode ser arguida pelas partes ou terceiro interessado.
Opera efeitos *erga omnes* (atinge todos, independente de terem alegado ou não).	Seus efeitos só aproveitam aos que a alegarem, salvo os casos de solidariedade ou indivisibilidade.
Não pode ser suprida pelo juiz nem sanada pela confirmação.	Pode ser suprida pelo juiz, a requerimento das partes ou sanada pela confirmação do ato jurídico.
A sentença que a reconhece tem natureza declaratória e eficácia *ex tunc*, isto é, seus efeitos retroagem ao momento da prática do ato nulo.	A sentença que a reconhece tem natureza desconstitutiva e eficácia *ex nunc*, isto é, só produz efeitos após sua prolação, de modo que o ato anulado subsiste até o momento em que é decretada sua invalidade.

2.7. PRESCRIÇÃO E DECADÊNCIA

- Quadro comparativo de distinções entre decadência de prescrição:

PRESCRIÇÃO	DECADÊNCIA
Seu decurso extingue a **pretensão**, que é o direito de exigir em juízo o cumprimento de uma obrigação de fazer, de não fazer, de entregar coisa ou de pagar quantia que foi descumprida.	Seu decurso extingue um **direito**, que seria exercido em juízo ou fora dele. Em geral, a decadência se refere a direitos potestativos, os quais não necessariamente envolvem relações obrigacionais, caracterizadas pela existência de ao menos um credor e um devedor. É o caso, por exemplo, do direito de desistir de uma compra feita pela internet (art. 49 do CDC) ou de pleitear a desconstituição de determinado negócio jurídico por vício de consentimento (art. 178, CC, por ex.)

PRESCRIÇÃO	DECADÊNCIA
No Código Civil, os prazos prescricionais estão localizados somente nos art. 205 e 206.	Os prazos decadenciais estão dispersos por todo o Código Civil. Ex. art. 46, 178, 179, 445, 501, 618, parágrafo único, 2.027, parágrafo único, do CC.
Os prazos prescricionais estão sujeitos à interrupção e à suspensão.	Os prazos decadenciais, em regra, não se suspendem nem se interrompem.
Decorre da lei.	Decorre da lei (decadência legal) ou da vontade das partes (decadência convencional).
Pode ser decretada de ofício pelo juiz, que julgará liminarmente improcedente o pedido, se verificar sua ocorrência ao receber a petição inicial (art. 332, § 1º, do CPC). Superada esta fase inicial, o juiz ainda poderá reconhecer a prescrição de ofício, porém deverá facultar a prévia manifestação das partes (art. 487, parágrafo único, do CPC).	Somente a decadência legal pode ser reconhecida de ofício pelo juiz (art. 210 e 211 do CC).

- No que diz respeito ao início da contagem dos prazos prescricionais, nosso ordenamento jurídico adotou o princípio da *actio nata*. Veja-se a jurisprudência do STJ sobre o tema: "(...) Por força do princípio da *actio nata*, **o direito de ação de indenização em face da Administração Pública exsurge com a efetiva lesão do direito tutelado**. (...)" (AgRg no REsp 1329574/RS, Rel. Ministro HUMBERTO MARTINS, SEGUNDA TURMA, julgado em 12/05/2015, DJe 19/05/2015). Para os danos que, por sua natureza, somente possam ser apurados posteriormente, o termo inicial da contagem para pleitear os danos materiais daí decorrentes somente terá início a partir da ciência inequívoca da extensão do dano. Nesse sentido tem decidido o STJ: "(...) A jurisprudência desta Corte firmou-se no sentido de que **o prazo prescricional da ação para indenizar dano irreversível** (...) **começa a fluir a partir do momento em que a vítima tomou ciência inequívoca de sua invalidez, bem como da extensão de sua incapacidade**. Aplicação do princípio da *actio nata*. (...)" (AgRg no Ag 1098461/SP, Rel. Ministro RAUL ARAÚJO, QUARTA TURMA, julgado em 22/06/2010, DJe 02/08/2010).
- **ATENÇÃO:** O advento da Lei 13.129/2015, publicada em 27/05/2015, com vigência a partir de 26/07/2015, criou nova hipótese de interrupção da prescrição. Com efeito, o novo diploma legal introduziu o acrescentou o § 2º ao artigo 19 da Lei 9.307/96, para estabelecer que a instituição da arbitragem interrompe a prescrição, retroagindo à data do requerimento de instauração da arbitragem, ainda que extinta a arbitragem por ausência de jurisdição dos árbitros. Assim, se houver a tentativa de solução de determinado litígio por meio de árbitro privado e não pelo Poder Judiciário, o início do procedimento interrompe a prescrição, que passa a ser contada do "zero".

3. OBRIGAÇÕES

3.1. CLASSIFICAÇÃO DAS OBRIGAÇÕES

- Quanto à <u>obrigatoriedade de cumprimento</u> as obrigações podem ser **civis** ou **naturais**.
- As obrigações civis são aquelas em que o credor tem a possibilidade de recorrer ao Poder Judiciário para compelir o devedor a adimplir a prestação.
- As obrigações naturais são aquelas não dotadas desse caráter de coercibilidade (ex: dívida prescrita – art. 882, CC; dívida de jogo – art. 814, CC). Conferem, todavia, ao credor a *soluti retentio* (direito de reter o pagamento voluntário).
- Quanto ao <u>resultado</u> as obrigações podem ser **de meio** ou **de resultado**.
- As obrigações de meio são aquelas em que o devedor compromete-se a utilizar-se dos recurso de que dispõe para atingir determinado fim, sem garantia de que vá alcançá-lo (ex: advogado, médico).
- As obrigações de resultado, por outro lado, são aquelas em que o devedor obriga-se a alcançar determinado objetivo (ex: construtor, transportador).
- Quanto ao <u>momento da execução</u> as obrigações podem ser **de execução instantânea**, de **execução diferida** ou **de execução continuada (ou de trato sucessivo)**.
- As obrigações de execução instantânea são aquelas em que a prestação é cumprida em um só ato, logo após a constituição do vínculo.
- As obrigações de execução diferida também são cumpridas em um só ato, mas em momento posterior à constituição do vínculo obrigacional.
- As obrigações de execução continuada ou de trato sucessivo são aquelas em que o cumprimento prolonga-se no tempo, por meio de prestações periódicas.
- Quanto ao <u>modo por que existem</u> ou <u>reciprocamente consideradas</u> as obrigações podem ser **principais** ou **acessórias**.
- As obrigações principais são aquelas que subsistem por si, sem depender de qualquer outra.
- As obrigações acessórias são as que tem sua existência subordinada à existência de outra obrigação (ex: fiança, juros, retrovenda).
- Quanto à <u>liquidez</u> as obrigações podem ser **líquidas** ou **ilíquidas**.
- A obrigação líquida é aquela que é certa quanto à sua existência e determinada, quanto à sua extensão ou objeto.

- A obrigação é ilíquida quando a real extensão de seu objeto (*quantum debeatur*) depende de prévia apuração.
- Exemplos de efeitos práticos da distinção: art. 362 do CC (não há compensação entre obrigação líquida e ilíquida), art. 397 do CC (na obrigação líquida a mora opera-se independentemente de notificação – mora *ex re*; na ilíquida somente se verifica se o devedor for notificado judicial ou extrajudicialmente – mora *ex persona*).
- Quanto aos **elementos acidentais** as obrigações podem ser **puras e simples**, **condicionais**, **modais (ou com encargo)** ou **a termo (ou a prazo)**.
- As obrigações puras e simples são aquelas que não ostentam quaisquer dos elementos acidentais do negócio jurídico (condição, termo ou encargo).
- As obrigações condicionais são aquelas cujo efeito está subordinado a um evento futuro e incerto. A condição pode ser suspensiva (o negócio jurídico não produz efeitos até que ocorra seu implemento) ou resolutiva (o negócio jurídico produz efeitos até que ocorra seu implemento).
- As obrigações modais, com encargo ou onerosas são aquelas sobre as quais incidem cláusula acessória que impõe um ônus ao beneficiário de determinada relação jurídica.
- As obrigações a termo ou a prazo são aquelas cujo efeito está subordinado a um evento futuro e certo. Prazo é o intervalo entre o termo inicial (*dies a quo*) e o termo final (*dies ad quem*).
- Quanto à <u>cumulatividade</u> as obrigações podem ser **conjuntivas (ou cumulativas)** ou **alternativas (ou disjuntivas)**.
- Nas obrigações cumulativas, as prestações são devidas de forma cumulada. O credor tem o poder de exigir o cumprimento de todas elas, na medida em que todas são devidas. Nesse caso, o objeto composto que constitui a prestação vem destacado pela partícula aditiva "e". Um exemplo de obrigação conjunta é a de entregar um carro <u>e</u> uma casa.
- Nas obrigações alternativas (ou disjuntivas) ao devedor compete a entrega de uma das coisas objeto da obrigação. O objeto não é único, mas o devedor se desobriga entregando um deles. Diferentemente das obrigações cumulativas, essa modalidade de obrigação é dotada de um regime especial que corresponde aos arts. 252 a 256 do Código Civil. O objeto da obrigação aqui é ligado pela partícula "ou". Exemplo disso é a obrigação de entregar um carro <u>ou</u> uma casa. Apenas uma das obrigações é devida.

3.2. OBRIGAÇÕES DE DAR, DE FAZER E NÃO FAZER

- Quanto ao objeto as obrigações podem ser **de dar**, **de fazer** ou **de não fazer**.
- A obrigação de dar consiste, em linhas gerais, na entrega ou restituição de uma coisa, que pode ser **coisa certa** ou **coisa incerta**.
- A obrigação de dar não importa na transferência efetiva da posse ou propriedade da coisa (o que só ocorre com a tradição), mas apenas num comprometimento de sua entrega. Gera um vínculo obrigacional e não real.
- A **obrigação de dar coisa certa** consiste em entregar uma coisa determinada, perfeitamente caracterizada e individualizada, diferente de todas as demais da mesma espécie, tanto que, de acordo com o art. 313 do CC, o credor não é obrigado a receber prestação diversa da que lhe é devida, ainda que mais valiosa.
- Na obrigação de dar coisa certa, antes da tradição ou enquanto o negócio jurídico encontra-se pendente do implemento de condição suspensiva, o devedor, que ainda é o proprietário, deve ser beneficiado com os eventuais melhoramentos ou acréscimos verificados na coisa que deve ser entregue.
- Por outro lado, no que se refere à responsabilidade pela perda ou deterioração da coisa a ser entregue ou restituída, o mesmo raciocínio leva à aplicação do princípio *res perit domino* em detrimento do devedor. Por conseguinte, visto que antes da tradição ou enquanto o negócio jurídico encontra-se pendente do implemento de condição suspensiva o devedor ainda é o proprietário, é ele quem deve suportar todos os riscos.
- Quadro resumo da responsabilidade do devedor da obrigação de dar coisa certa pela perda ou deterioração da coisa:

perda com culpa do devedor	o devedor responde pelo equivalente mais perdas e danos
perda sem culpa do devedor	resolve-se a obrigação, com o retorno das partes à situação anterior (restituição das quantias eventualmente pagas)
deterioração com culpa do devedor	poderá o credor exigir o equivalente, ou aceitar a coisa no estado em que se acha, com direito a reclamar, em um ou em outro caso, indenização das perdas e danos
deterioração sem culpa do devedor	poderá o credor resolver a obrigação (e receber de volta o que pagou), ou aceitar a coisa, abatido de seu preço o valor que perdeu

- Na **obrigação de dar coisa incerta**, é de extrema importância o momento que antecede a entrega da coisa, no qual o credor ou devedor escolhem a coisa a ser entregue, obedecendo a regra do art. 244 do CC. Esse momento é denominado de concentração.

- Após a escolha da coisa (concentração), a obrigação passa a ser de dar coisa certa, nos termos do art. 245 do CC.
- A obrigação de dar coisa incerta é, em tese, mais favorável ao devedor, uma vez que a obrigação corresponde a uma coisa ou um conjunto delas tendo em vista o seu gênero. O objeto das obrigações de dar coisa incerta é constituído por coisas fungíveis.
- Por outro lado, nas obrigações de dar coisa incerta, a responsabilidade quanto ao perecimento da coisa também será maior para o devedor: Enquanto na obrigação de dar coisa certa, a perda da coisa sem culpa do devedor deriva na resolução da obrigação, na obrigação de dar coisa incerta a prestação ainda será devida. A razão disso é a aplicação da regra *genus nunquam perit* (o gênero nunca perece). Essa regra é destacada no art. 246 do Código Civil.
- A **obrigação de fazer** importa numa atividade do devedor. O conteúdo dessa obrigação é uma atividade, seja ela eminentemente física ou intelectual. Da mesma forma que a obrigação de dar, trata-se de uma obrigação positiva.
- A obrigação de fazer pode ser **fungível** ou **infungível**.
- Se a obrigação de fazer for contraída tendo em vista a figura do devedor, não se admitindo que outro a realize, ela é infungível. Isso ocorre, por exemplo, quando o devedor é um artista famoso e assume a obrigação de pintar um quadro. Não serviria o quadro de qualquer pessoa, mas sim o daquele artista que congrega características a ele inerentes. O art. 247 do Código Civil trata das obrigações de fazer de natureza infungível, também conhecidas como *intuitu personae*. De acordo com elas, a obrigação é assumida tendo em vista a figura do devedor e este não pode ser substituído. Essa impossibilidade deriva tanto da natureza da obrigação, como no exemplo do pintor do quadro, como da livre convenção das partes, quando mesmo havendo outras pessoas que poderiam executar a mesma tarefa, acertam os contratantes no sentido da impossibilidade de substituição do devedor.
- Se a obrigação de fazer não for contraída tendo em vista a figura do devedor, podendo ser cumprida por terceiro, ela é fungível. Havendo a impossibilidade da execução de obrigação de fazer pelo devedor, o art. 249 do CC estabelece que, se o fato puder ser executado por terceiro, será livre ao credor mandá-lo executar às custas do devedor, havendo recusa ou mora deste, sem prejuízo da indenização cabível.
- A **obrigação de não fazer** é de natureza negativa. Por meio desse tipo de obrigação, o devedor se compromete a manter uma abstenção. O devedor se compromete a não praticar determinada atividade que, sob condições normais, não encontraria qualquer restrição.
- Vale destacar que a necessidade de licitude, inerente a todos os negócios jurídicos, assume aqui uma dimensão particular: a obrigação de não fazer não pode atentar contra a liberdade individual. Dessa maneira, ilícita é a obrigação de não contrair matrimônio, de não gerar descendentes, de não professar determinada religião.

3.3. OBRIGAÇÕES DIVISÍVEIS E INDIVISÍVEIS

- Quanto à divisibilidade as obrigações podem ser divisíveis ou indivisíveis.
- As obrigações divisíveis são as obrigações passíveis de cumprimento fracionado.
- As obrigações indivisíveis são as obrigações que só podem ser cumpridas em sua integralidade, pela natureza da prestação (entregar um animal de raça ou um terreno que não pode ser fracionado por força de lei, por exemplo), por razão de ordem econômica (um estabelecimento comercial ou industrial, por exemplo) ou por ser a razão determinante do negócio (uma coleção de especial interesse do comprador, por exemplo).
- Para melhor compreensão da noção de indivisibilidade das obrigações, deve-se buscar auxílio nos artigos 87 e 88 do Código Civil, que trata dos bens indivisíveis. O cerne do conceito de indivisibilidade reside na possibilidade ou impossibilidade de fracionamento do objeto da prestação. Adicionalmente, não basta só essa consideração quanto à viabilidade da divisão, mas se requer, igualmente, a presença de uma pluralidade de sujeitos, pois do contrário não haveria sentido em se realizar essa distinção.
- Na pluralidade de devedores, quando a prestação for indivisível, o art. 259, caput, do CC, determina que cada um responde pela dívida toda.
- Se, ao contrário, a prestação indivisível for devida a uma pluralidade de credores, abrir-se-á a possibilidade de cada um deles demandar a integralidade da dívida, nos termos dos art. 260 e 261 do CC.
- Nas obrigações indivisíveis, a remissão da dívida por parte de um dos credores significa que ele perdoou o devedor. No entanto, quando a prestação é indivisível os demais credores não podem ser prejudicados. Nesse caso, a dívida deve ser paga aos credores não remitentes, mas estes, ao exigi-la, devem descontar a quota remitida (perdoada), nos termos do art. 262 do CC.

- A conversão de uma obrigação indivisível em perdas e danos implica na perda do seu caráter de indivisibilidade, nos termos do art. 263 do CC. Se a indenização tiver sido motivada por culpa imputável a todos os devedores, responderão eles por partes iguais (§1º). Por outro lado, se a culpa for de um só, apenas este responderá por perdas e danos (§2º). Destaque-se que todos responderão pelo valor da prestação.

3.4. OBRIGAÇÕES SOLIDÁRIAS

- A solidariedade é um expediente de ordem técnica que tem por escopo reforçar o vínculo, facilitando o adimplemento da obrigação. Em linhas gerais, implica na possibilidade de reclamar a totalidade da prestação. Ela pode estar em qualquer um dos polos da obrigação e dessa forma, temos a solidariedade ativa (solidariedade entre vários credores) e a solidariedade passiva (solidariedade entre vários devedores).
- A solidariedade não deriva da natureza das prestações, mas sim da vontade das partes ou da lei. Sendo assim, solidariedade não se presume. A sua caracterização deriva do disposto no art. 264 do Código Civil. Nas obrigações solidárias destacam-se duas características preponderantes: (i) unidade de prestação; (ii) pluralidade e independência do vínculo.
- A **solidariedade** em relação a uma obrigação pode ser ativa ou passiva. A solidariedade nunca é presumida, provém da lei ou da vontade das partes. Na **solidariedade ativa**, vários credores têm direito ao recebimento da totalidade da dívida, como ocorre quando duas ou mais pessoas abrem uma conta conjunta em um banco: qualquer um deles pode sacar a totalidade do saldo depositado na instituição financeira. Em relação a esse saldo, são credores solidários. A **solidariedade passiva** é aquela em que há pluralidade de devedores vinculados a uma única obrigação (denominada de obrigação solidária), cada um obrigado ao pagamento da totalidade da dívida. Esta regra é prevista no contrato ou na lei sempre em benefício do **credor**. Na solidariedade passiva, se um dos devedores pagar uma parte da dívida, cada um dos devedores (até o que pagou uma parte) continua responsável pela totalidade do débito (art. 275, *caput*, do CC). O mesmo acontece se um dos devedores solidários obtiver a remissão (perdão) de parte da dívida. Outra regra prevista no Código Civil é que o credor pode dispensar um ou alguns dos devedores da solidariedade, mantendo-a em relação aos demais (art. 282, *caput* e parágrafo único, do CC). Outra regra que precisa ser levada em conta é a que determina que se um dos devedores solidários pagar integralmente a dívida que interessa a apenas um dos codevedores, poderá exigir deste o pagamento da dívida (art. 285 do CC). Pode ocorrer, todavia, que a dívida interesse a todos. Nesse caso, o que pagou terá o direito de exigir dos demais a cota correspondente a cada qual (art. 283 do CC), hipótese em que deverá ser feito um rateio entre os codevedores, que incluirá todos, inclusive aqueles em relação aos quais o credor dispensou (exonerou) da solidariedade. Importante observar que nas relações internas entre os codevedores, não há solidariedade, isto é, cada um responde pela sua parte. Pode acontecer, ainda, que um dos codevedores seja insolvente, isto é, não possua patrimônio suficiente para ressarcir a parte que lhe cabe da dívida àquele que pagou ao credor. Nessa hipótese específica, será feito um outro rateio, desta feita da cota do insolvente entre os demais codevedores (que sejam solventes). Nesse segundo rateio, aqueles devedores dispensados da solidariedade pelo credor também serão obrigados a contribuir. Isso se deve ao fato de que a dispensa da solidariedade não afeta as relações jurídicas internas entre os codevedores solidários.

3.5. TRANSMISSÃO DAS OBRIGAÇÕES

- **Cessão de crédito** é o negócio jurídico de natureza contratual, através do qual ocorre a alienação de bens imateriais, no caso o direito a um crédito, que a par do seu valor nominal também possui valor de mercado. Não se considera o consentimento do devedor para a realização desse negócio jurídico, uma vez que ele é, em regra, estranho ao eventual instrumento de cessão.
- Nesse negócio jurídico, existem as seguintes figuras: o cedente (quem aliena o crédito), o cessionário (adquirente do crédito) e o cedido (o devedor ou o obrigado). O devedor somente estará obrigado a fazer o pagamento ao cessionário (adquirente dos direitos de crédito) após ser notificado da cessão. Se a notificação não for feita, o devedor poderá se desobrigar validamente pagando a dívida ao credor primitivo (cedente), nos termos do art. 290 CC.
- Vale anotar que a cessão de crédito não é forma de extinção das obrigações, visto que a mesma se conserva, alterando-se apenas o polo ativo. Destaque-se também a possibilidade da cessão ter fim especulativo, podendo ser transferida por valor diverso (normalmente menor) do que aquele enunciado na relação creditícia, embora o obrigado fique vinculado ao valor nominal da obrigação.
- A **cessão de crédito** pode ser ***pro soluto*** ou ***pro solvendo***. Na cessão *pro soluto* o cedente se responsabiliza somente pela existência do crédito, mas não assume junto ao cessionário a responsabilidade pelo pagamento da obrigação. Diferen-

temente, na obrigação *pro solvendo*, essa garantia suplementar é ofertada, responsabilizando-se do cedente pelo adimplemento da obrigação.

- Já na **cessão de débito** ou **assunção de dívida** ocorre a substituição da parte passiva da obrigação. Nesse caso, verifica-se a figura do assuntor, isto é, um terceiro que se obriga pela dívida. A cessão de débito não pode ocorrer sem a anuência do credor. Trata-se de corolário lógico da ideia de que o patrimônio do devedor é garantia do cumprimento da obrigação. Assim, a substituição de um devedor solvente por um insolvente (cujo patrimônio é insuficiente para pagar a dívida) prejudicaria o credor.
- O credor não está obrigado a aceitar outro devedor, ainda que ele possua melhores condições de pagara dívida ou seja detentor de patrimônio maior. De acordo com o parágrafo único do art. 299 do CC, o silêncio do credor, quando notificado da intenção da assunção da dívida por terceira pessoa, resulta deve ser interpretado como recusa da transmissão da obrigação.
- A assunção de dívida pode se processar de duas formas diversas: (i) por acordo entre o terceiro e o credor, sem conhecimento ou consentimento do devedor (expromissão); (ii) por acordo entre terceiro e o devedor, com autorização do credor (delegação).
- Na **cessão de posição contratual**, uma das partes, denominada cedente, contando com a anuência do outro contratante, o cedido, transmite sua posição no contrato a um terceiro, denominado cessionário. Nessa modalidade, as obrigações são transmitidas juntamente com os direitos correspondentes, de modo que ocorre a transferência de um complexo de relações jurídicas englobadas pelo contrato, operando-se simultaneamente pelo menos uma cessão de crédito e ao menos uma assunção de dívida.
- Na cessão de posição contratual, a concordância do cedido, isto é, da parte que remanesce no contrato, é imprescindível para a formação desse negócio jurídico, uma vez que necessariamente haverá cessão de débito.

3.6. EXTINÇÃO DAS OBRIGAÇÕES

- O desfecho natural de uma obrigação é o seu cumprimento e o pagamento é o meio normal de sua extinção.
- O termo **pagamento**, em sentido técnico, representa toda a forma de cumprimento da obrigação. Essa noção de pagamento deve ser transposta às obrigações de dar, fazer e não fazer. O vendedor paga a obrigação, na compra e venda, quando entrega a coisa vendida. Paga-se na obrigação de fazer, quando se termina a obra ou atividade encomendada. Paga-se na obrigação de não fazer, quando o devedor se abstém de praticar o fato, pelo tempo pactuado no contrato.
- Quem deve pagar é denominado ***solvens***. Aquele a quem se deve pagar é denominado ***accipiens***.
- Quanto ao ***solvens***, em regra, quem é obrigado a pagar é o devedor, mas isso não exclui a possibilidade de que terceiros o façam. A previsão para que terceiros saldem a obrigação encontra-se no art. 304 do Código Civil. Excetuam-se, por força da lógica, as obrigações personalíssimas, isto é, aquelas obrigações onde a figurado devedor é primordial para o próprio cumprimento da obrigação.
- O pagamento pode ser feito por terceiro não interessado (em nome próprio ou em nome do devedor) ou por terceiro interessado. Terceiro interessado é um termo genérico que abarca todos aqueles que seriam de alguma forma atingidos pelos efeitos jurídicos que se desdobram dessa relação jurídica em curso, em caso de inadimplemento da obrigação. Exemplo de interessado é o fiador. Se o devedor não paga, competirá ao fiador, por força de contrato, fazê-lo. Do inadimplemento perpetrado pelo devedor podem sobrevir novos encargos, como juros, multas contratuais diversas, entre outros que tornariam mais gravosa a obrigação.
- Pode haver situações em que o devedor possui justo motivo para não pagar a dívida, mas não obstante, o terceiro faz o pagamento. Para exemplificar a existência desse justo motivo, pode-se destacar as seguintes situações: uma dívida prescrita, uma obrigação oriunda de negócio jurídico anulável ou a possibilidade de alegar exceção do contrato não cumprido. O art. 306 do CC estabelece que, nesses casos, o devedor original não está obrigado a reembolsar o terceiro do valor por ele pago.
- Deve-se ter em mente ainda que efetuar o pagamento em conformidade com as condições acordadas pelas partes é também um direito do devedor, na medida em que se não o faz, torna sua obrigação em regra ainda mais onerosa. Por isso, a lei confere ao devedor instrumentos legais que garantam o seu direito de adimplir a obrigação, como é o caso da consignação em pagamento (art. 334/345 do CC e 539/549 do CPC).
- Quanto ao ***accipiens***, a regra geral em matéria da pessoa que recebe é a aquela constante do art. 308 do Código Civil, vale dizer, o pagamento deve ser feito ao credor ou a quem validamente o represente. Mas situações podem ocorrer em que o devedor poderá desincumbir-se pagando a quem não seja credor nem seu representante.

- De acordo com os art. 308 e 309 do CC, são três as situações em que o devedor pode se exonerar pagando a terceiro não autorizado: (i) ratificação pelo credor do pagamento recebido por outrem. Isto é, pago equivocadamente, mas ainda assim o credor, anuindo com o pagamento realizado, libera o devedor; (ii) – quando o pagamento, mesmo realizado a pessoa diversa, reverte em benefício do credor. Exemplo: pagamento efetuado ao irmão do credor (R$ 1.000,00) que somente lhe repassou 30% do valor (R$ 300,00). Deve o *solvens* provar o repasse dos R$ 300,00 reais ao credor, de modo a poder arcar apenas com os outros R$ 700,00 não recebidos por aquele. Poderá ajuizar a ação cabível para obter a devolução do valor indevidamente pago ao irmão do credor; (iii) o pagamento feito ao credor putativo, que vem a ser pessoa que tenha a aparência de credor ou mesmo de pessoa autorizada. Em suma, trata-se da situação em que se efetua um pagamento a pessoa não legitimada a recebê-lo, mas que de acordo com o contexto parecia possuir tais poderes. Para que o pagamento seja reputado válido, não só se faz necessário que o *accipiens* tenha a aparência de credor, como também que o *solvens* esteja de boa-fé. O verdadeiro credor poderá exigir o pagamento do falso *accipiens*.
- Embora o pagamento (cumprimento) seja o meio normal de extinção das obrigações, a lei prevê outros meios especiais para sua extinção.
- **Sub-rogação** é o ato pelo qual se substitui uma pessoa, ou uma coisa, por outra pessoa ou outra coisa, em uma relação jurídica. No primeiro caso, a sub-rogação é pessoal; no segundo, real. Na sub-rogação objetiva ou real, a coisa que toma o lugar da outra fica com os mesmos ônus e atributos da primeira. (ex. art. 39, 1.446, 1.659, I e II, 1.668, I, 1.719 e 1.911, parágrafo único do CC). Na sub-rogação subjetiva ou pessoal ocorre a substituição de sujeitos na relação jurídica. Em uma relação obrigacional, opera-se a transferência dos direitos do credor para aquele que solveu a obrigação, ou emprestou o necessário para solvê-la. No capítulo referente ao pagamento com sub-rogação, é desta espécie que trata o Código Civil.
- O **pagamento com sub-rogação**, modo especial de extinção das obrigações, traduz a ideia de cumprimento da dívida por terceiro, com a consequente substituição de sujeitos na relação jurídica obrigacional originária: sai o credor e entra o terceiro que pagou a dívida ou emprestou o necessário para que o devedor solvesse a obrigação. Portanto, a dívida será considerada extinta em face do antigo credor, remanescendo, todavia, o direito transferido ao novo titular do crédito. A sub-rogação será legal nas hipóteses previstas no art. 346 do CC, nos seguintes casos: I – do credor que paga a dívida do devedor comum; II – do adquirente do imóvel hipotecado, que paga a credor hipotecário, bem como do terceiro que efetiva o pagamento para não ser privado de direito sobre imóvel; e III – do terceiro interessado, que paga a dívida pela qual era ou podia ser obrigado, no todo ou em parte. Nessas hipóteses, o sub-rogado (sempre um terceiro juridicamente interessado no pagamento da dívida) poderá exercer os direitos e as ações do credor (ter preferência na cobrança de seu crédito, executar uma hipoteca, etc.) somente até o limite da soma que tiver desembolsado para desobrigar o devedor (art. 350 CC). Por outro lado, a sub-rogação será convencional nas hipóteses elencadas no art. 347 do CC, quais sejam: I – quando o credor recebe o pagamento de terceiro e expressamente lhe transfere todos os seus direitos; e II – quando terceira pessoa empresta ao devedor a quantia precisa para solver a dívida, sob a condição expressa de ficar o mutuante sub-rogado nos direitos do credor satisfeito. Nessas hipóteses, o novo credor terá "todos os direitos, ações, privilégios e garantias do primitivo, em relação à dívida, contra o devedor principal e os fiadores".
- Outro modo especial de extinção das obrigações é a **novação**, que pode ser: 1) **objetiva**: há modificação no objeto da obrigação, na prestação (art. 360, inc. I, do CC). Ex: obrigação de dar coisa certa por obrigação de fazer; 2) **subjetiva**: ocorre quando há substituição dos sujeitos da relação jurídica. A **novação subjetiva** pode ser: 1.1) **passiva**, que ocorre "quando novo devedor sucede ao antigo, ficando este quite com o credor" (art. 360, inc. II, do CC); B.2) **ativa**, que ocorre "quando, em virtude de obrigação nova, outro credor é substituído ao antigo, ficando o devedor quite com este" (art. 360, inc. III, do CC). A **novação subjetiva passiva** pode ser: 1.1.1) **por expromissão**: a substituição do devedor se dá independentemente do seu consentimento, por simples ato de vontade do credor, que o afasta, fazendo-o substituir por um novo devedor (art. 362 do CC); 1.1.2) **por delegação**: nesse caso, o devedor participa do ato novatório, indicando terceira pessoa que assumirá o débito, com a devida aquiescência do credor. Há neste caso um novo contrato de que todos os interessados participam, dando seu consentimento. Esta modalidade não é mencionada no Código Civil, por ser desnecessário, já que a lei autoriza a substituição até mesmo sem o consentimento do devedor.
- As obrigações também podem ser extintas pela **compensação**, que se classifica em: 1) **legal**: opera por força de lei e tem como requisitos: 1.1) **reciprocidade de créditos**: a compensação só pode extinguir obrigações de uma das partes ante a outra, não se incluindo obrigações de terceiros (CC,

art. 376), salvo o fiador (CC, art. 371); 1.1) **liquidez das dívidas**: para que haja a compensação legal, é necessário identificar a expressão numérica das dívidas; 1.3) **exigibilidade** atual das obrigações: vencimento da dívida, entendido como a imediata exigibilidade da prestação; 1.4) **homogeneidade das prestações**: deve haver fungibilidade das prestações, de acordo com o art. 369 do CC; e 1.5) **existência e validade do crédito** compensante: se o débito que se pretende compensar não existe ou é nulo, não é possível a compensação. 2) **voluntária ou convencional**: quando as partes concordam, podendo compensar até mesmo dívidas ilíquidas e não vencidas, como decorrência da autonomia da vontade, não se exigindo os mesmos requisitos para a compensação legal. 3) **compensação judicial**: que é aquela realizada em juízo, por autorização de norma processual, independentemente de provocação expressa das partes nesse sentido. Ex.: art. 21 do Código de Processo Civil, que permite a compensação de honorários advocatícios sucumbenciais, quando no julgamento de determinada demanda, ambas as partes sagram-se ao mesmo tempo vencedoras e vencidas em relação a uma parte do direito em discussão.

4. CONTRATOS

- CONCEITO DE CONTRATO: "Negócio jurídico bilateral, resultante da vontade emitida pelos celebrantes, que tem por finalidade, por meio do consenso das partes acerca do mesmo objeto, gerar, disciplinar ou extinguir relações de natureza patrimonial."

4.1. PRINCÍPIOS CONTRATUAIS

- Princípio da **autonomia da vontade** ou **autonomia privada**, preceitua as seguintes características: 1) liberdade de contratar ou não contratar; 2) liberdade de escolher com quem contratar; 3) liberdade de escolher o conteúdo das cláusulas (exceção: contrato de adesão); 4) necessidade de observância dos preceitos de ordem pública.
- Princípio da **obrigatoriedade das convenções** ("pacta sunt servanda"): o acordo de vontade é apto para o surgimento de um contrato (consensualismo) e, uma vez formado, as partes devem cumpri-lo, não se admitindo alteração unilaterais de seu conteúdo, admitindo-se, porém, os temperos legais para a manutenção ou o restabelecimento do equilíbrio contratual (teorias revisionistas, teoria da imprevisão, etc.).
- Princípio da **relatividade do contrato**: os efeitos do contrato irradiam entre as partes, são internos, não repercutindo na esfera jurídica de terceiros. Todavia, o princípio não é absoluto (estipulação em favor de terceiro, promessa de fato de terceiro, contrato com pessoa a declarar, etc.).
- Princípio da **função social do contrato**: previsto no art. 421 do CC, tem por foco atender às necessidades do conjunto da sociedade. Vale lembrar que a função social do contrato não exclui a incidência do princípio da autonomia contratual, mas opera no sentido de atenuá-lo ou fazer ceder diante do protagonismo concedido aos interesses e objetivos sociais legitimamente escolhidos pela sociedade.
- Princípio da **boa-fé objetiva**: os contratantes são obrigados a guardar, na conclusão do contrato como em sua execução, os princípios de probidade e boa-fé (CC, art. 422). A boa-fé objetiva não se liga à vontade íntima das partes, mas ao comportamento exteriorizado na conduta. A boa-fé objetiva é uma regra de conduta, segundo a qual todos devem agir com eticidade em suas relações recíprocas. É norma de conduta porque é apta a criar direitos e deveres contratuais anexos àqueles expressamente previstos no contrato. Temos, portanto, em todos os contratos, os deveres principais (obrigação de fazer, não fazer, dar, etc.) e os deveres anexos (decorrentes da boa-fé objetiva, de proteção, informação, lealdade, etc.). Vejamos alguns institutos jurídicos cuja aplicação emana do princípio da boa-fé objetiva:
- *venire contra factum proprium*: a vedação do comportamento contraditório funda-se na proteção da confiança, tal como se extrai dos arts. 187 e 422 do Código Civil (Enunciado 362 da IV Jornada de Direito Civil). Por tal princípio, é assegurada a manutenção de uma situação de confiança e coerência legitimamente nascida durante a relação contratual, decorrente de um agir padrão pelo qual a outra parte espera que assim continue, gerando expectativa, a qual é frustrada pela ação do agente que antagoniza seu anterior posicionamento. Sua violação ocorre quando do comportamento contraditório em relação àquele até então praticado, ou seja, a parte vai contra os atos próprios já exercidos. É o exercício de uma posição jurídica em contradição com o comportamento assumido anteriormente pelo exercente.
- *tu quoque*: expressa o significado de "tu também". As partes nos negócios jurídicos não podem exigir um comportamento que não tenham cumprido, ou seja, vedam-se as exigências de conduta não observadas. Exemplo da situação é prevista no CC, art. 150, segundo o qual "se ambas as partes procederem com dolo, nenhuma pode alegá-lo para anular o negócio, ou reclamar indenização".
- *supressio*: significa que um direito não exercido durante um determinado lapso de tempo não poderá mais sê-lo, por contrariar a boa-fé, pois,

em decorrência da inércia, surge para a outra parte a expectativa de que aquele direito não será exercido. É a diminuição de conteúdo do negócio jurídico.

- *surrectio*: caracteriza-se pela ampliação do direito subjetivo de uma parte, não convencionado expressamente, mas que decorre do comportamento continuado da outra parte. É o aumento de conteúdo do negócio jurídico em razão de determinado comportamento capaz de gerar na outra parte uma expectativa legítima de que essa ampliação aderiu ao objeto do contrato.
- *duty to mitigate the loss*: significa basicamente o dever de agir para amenizar o prejuízo da outra parte. A boa-fé objetiva, enquanto *standard* ético-jurídico, é de observância obrigatória pelas partes, em todas as fases do negócio jurídico. As condutas devem ser pautadas pela probidade, cooperação e lealdade, preceitos éticos insertos no ordenamento jurídico, que resultam a obrigação de mitigar o próprio prejuízo, ou seja, devem os agentes tomar as medidas necessárias e possíveis para que o dano não seja agravado. A parte a que a perda aproveita não pode permanecer, deliberadamente, inerte diante do dano, pois o agravamento do prejuízo, em razão da inércia do credor, caracteriza infringência aos deveres de cooperação e lealdade. (STJ, REsp 758518 /PR).
- adimplemento substancial: veda a extinção do contrato quando houver o adimplemento quase completo, tão próximo do resultado final da obrigação, que a resolução do contrato mostra-se francamente contra os princípios da função social e da boa-fé objetiva. Formalmente há inexecução, mas materialmente, visto o contrato como um todo, há mínima fração para se alcançar a entrega completa da prestação. Nesse caso, afasta-se o reconhecimento do direito de resolução, permitindo-se, unicamente, a indenização pelo que resta a ser adimplido.
- O Superior Tribunal de Justiça tem reconhecido a incidência do **princípio da boa-fé objetiva** na fase pré-contratual. Veja-se: "(...) A transparência e a boa-fé permeiam a contratação na fase pré-contratual. (...)" (REsp 1344967/SP, Rel. Ministro RICARDO VILLAS BÔAS CUEVA, TERCEIRA TURMA, julgado em 26/08/2014, DJe 15/09/2014).
- Os requisitos ou condições de validade dos contratos podem ser divididos em três grandes grupos: **subjetivos**, **objetivos** e **formais**.
- Requisitos subjetivos: 1) **capacidade genérica para contratar**: capacidade de agir em geral. Pode ocorrer a nulidade (art. 166, inc. I, do CC) ou anulabilidade (art. 171, inc. I, do CC) dos contratos se a incapacidade, absoluta ou relativa, não for suprida pela representação ou assistência. No caso de pessoa jurídica, os atos podem ser praticados pela pessoa que os seus estatutos indicarem para representá-la; 2) **capacidade específica para contratar**: em alguns casos exige-se uma capacidade mais intensa que a normal, como no caso de doação que exige capacidade ou poder de disposição da coisa ou dos direitos que são objeto do contrato. A outorga uxória para alienar bem imóvel (CC, arts. 1.647, 1649 e 1.650) ou o consentimento dos descendentes e do cônjuge do alienante para a venda para outros descendentes (art. 496 do CC); 3) **consentimento**: todo contrato depende da manifestação positiva de vontade dos celebrantes, de modo que o querer de ambos, embora possa estar marcado por interesses opostos, convirja em um só sentido. Deve ser livre e espontâneo, sob pena de ter sua validade afetada pelos vícios ou defeitos do negócio jurídico: erro, dolo, coação, estado de perigo, lesão e fraude.
- Requisitos objetivos: dizem respeito ao objeto do contrato, que deve ser lícito possível determinado ou determinável (art. 104, inc. II, do CC). O objeto do contrato é uma conduta humana ou ato humano: dar, fazer ou não fazer. É a ação ou omissão a que o devedor fica adstrito e que o credor tem o direito de exigir. A obrigação assumida pelo devedor gera uma prestação. Esta é o objeto imediato. Ocorre que, podemos verificar também a existência do objeto da prestação (que se descobre indagando: dar, fazer ou não fazer o quê?) este é o objeto mediato da obrigação.
- O objeto mediato deve obedecer a certos requisitos: ser **lícito, possível** e **determinado ou determinável.**
- Objeto **lícito** é o que não contraria a lei, a moral e os bons costumes. Por exemplo, não é válido o casamento por contrato (duas ou mais pessoas de sexo oposto combinam viver casados durante certo tempo, como marido e mulher, em troca de determinadas vantagens materiais) ou o contrato que tenha por objeto a comercialização de órgãos humanos para transplante;
- Objeto **possível**: se o objeto for impossível, o negócio é nulo. A impossibilidade pode ser: 1) **física** – emana de leis físicas, naturais, ultrapassa as forças humanas. Deve ser absoluta, ou seja, alcançar a todos indistintamente, como por exemplo, entregar uma aeronave que leve passageiros a plutão, a venda de um pedaço da lua. A impossibilidade relativa, que atinge somente o devedor e não outras pessoas não é obstáculo à realização do negócio; 2) **jurídica** – quando o ordenamento jurídico proíbe, expressamente, negócio a respeito de determinado bem, como a herança de pessoa viva (art. 426 do CC) ou usucapião de bem público (art. 100 do CC), por exemplo;

- Objeto **determinado** ou **determinável**: será determinada a prestação quando perfeitamente individualizado o objeto (Ex.: um automóvel específico, um animal de raça). Será determinável quando a identificação é relegada para o momento do cumprimento, existindo critérios fixados na lei ou na convenção para identificação. É o que ocorre na obrigação de dar coisa incerta (art. 243 do CC), em que o devedor se compromete a entregar, por exemplo, certa quantidade de sacos de arroz, de determinada qualidade. Admite-se contrato a respeito de safra futura cuja extensão e valor serão apurados posteriormente (CC, arts. 458 e 459). De qualquer forma, a generalização comporta limitações porque, de outro modo, inexistiria a obrigação, como no caso em que o devedor se obrigasse a dar algumas sacas de café, sem precisar, no entanto, a qualidade e a quantidade.
- Requisitos formais: A validade do negócio jurídico depende da regularidade da forma, que é o meio pelo qual se manifesta a vontade. A forma deve ser aquela prescrita e não defesa (proibida) em lei. No direito brasileiro a forma é, em regra livre. As partes podem celebrar o contrato por escrito, público ou particular, ou verbalmente, a não ser nos casos em que a lei, para dar maior segurança ao negócio exija a forma escrita, pública ou particular, nos termos do art. 107 do CC.

4.2. CLASSIFICAÇÃO DOS CONTRATOS

- Quanto aos seus efeitos os contratos podem ser **unilaterais, bilaterais (ou sinalagmáticos)** ou **plurilaterais.**
- Contratos **unilaterais** são os que implicam direitos apenas para um dos contratantes e obrigações para o outro. Nessa linha, quando o contrato estabelecer uma "via de mão única", com as partes em posição estática de credor e devedor, pelo fato de se estabelecer uma prestação apenas para uma das partes, há contrato unilateral. Ex.: Doação pura, depósito.
- Contratos **bilaterais ou sinalagmáticos** são os que geram direitos e obrigações para ambos os contraentes, produzindo simultaneamente prestações para todos os contraentes. A dependência recíproca das obrigações (uma é a causa de ser da outra), denomina-se sinalagma. Somente a esses contratos se aplica o art. 476, CC, que trata da exceção do contrato não cumprido (um contratante pode se recusar ao cumprimento de sua parte na avença se o outro deixar de cumprir sua. A definição sobre quem deve cumprir sua parte primeiro varia de acordo com a natureza de cada contrato).
- Contratos **plurilaterais** são os que contêm mais de duas partes. Na compra e venda, mesmo que haja vários vendedores e compradores, agrupam-se ele em apenas dois polos: o ativo e o passivo. Se um imóvel é locado ou vendido a um grupo de pessoas, a avença continua sendo bilateral, porque todos os inquilinos ou compradores ocupam um único polo contratual. Nos contratos plurilaterais (ou plúrimos), ao contrário, há várias partes com interesses e direitos distintos, como ocorre num contrato de sociedade ou de consórcio. Uma das características dos contratos plurilaterais é a rotatividade de seus membros.
- ATENÇÃO: todo contrato é um negócio jurídico bilateral, na medida em que exige a conjugação de vontades. Suas cláusulas, todavia, poderão beneficiar apenas uma das partes, quando então será classificado como unilateral, mas somente em relação aos seus efeitos.
- Ainda quanto aos seus efeitos, os contratos podem ser **onerosos** ou **gratuitos**.
- Contratos **onerosos** são aqueles em que a um benefício recebido corresponde um sacrifício patrimonial, como ocorre com o contrato de compra e venda. Os contratos onerosos podem ser comutativos ou aleatórios.
- Contratos onerosos **comutativos** são aqueles em que as obrigações se equivalem, conhecendo os contraentes, *ab initio*, as suas respectivas prestações. As partes podem antever as vantagens e os sacrifícios, que geralmente se equivalem, decorrentes de sua celebração, porque não envolvem nenhum risco. Ex.: compra e venda de um veículo automotor, contrato de empreitada, etc.
- Contratos onerosos **aleatórios** são aqueles em que a obrigação de uma das partes somente pode ser exigida em função de coisas ou fatos futuros, cujo risco da não ocorrência for assumido pelo outro contraente. Estes contratos caracterizam-se pela incerteza, para as duas partes, sobre as vantagens e sacrifícios que deles podem advir. É que a perda ou lucro dependem de um fato futuro e imprevisível. O vocábulo aleatório é originário do latim *alea*, que significa sorte, risco, acaso. Ex.: contrato de seguro, jogo e aposta.
- Contratos **gratuitos ou benéficos** são aqueles em que somente uma das partes auferirá benefício e a outra arcará com toda a obrigação. Toda a carga contratual fica por conta de um dos contraentes; o outro só pode auferir benefícios do negócio. Há uma liberalidade que está ínsita ao contrato, com a redução do patrimônio de uma das partes, em benefício da outra, cujo patrimônio se enriquece. Ex.: doação pura.
- Quanto à sua formação os contratos podem ser **paritários** ou **de adesão.**
- Contratos **paritários** são aqueles em que as partes estão em iguais condições de negociação estabelecendo livremente as cláusulas contratuais (fase

de puntuação). São os contratos do tipo tradicional, em que as partes discutem livremente as condições, porque se encontram em pé de igualdade.

- Contratos **de adesão** são aqueles em que um dos pactuantes predetermina as cláusulas do negócio jurídico. São os contratos que não permitem a liberdade ventilada nos contratos paritários, devido à preponderância da vontade de um dos contratantes, que elabora todas as cláusulas. O outro adere ao modelo de contrato previamente confeccionado, não podendo modificá-las: ou as aceita ou rejeita, de forma pura e simples, e em bloco, afastada qualquer alternativa de discussão.
- Quanto ao momento de sua execução os contratos podem ser de **execução instantânea**, **de execução diferida** ou **de trato sucessivo (ou de execução continuada)**.
- Os contratos de **execução instantânea** são os que se consumam num só ato, sendo cumpridos imediatamente após a sua celebração. Relações jurídicas contratuais cujos efeitos são produzidos de uma só vez. Ex.: compra e venda a vista de bens móveis, em que o contrato se consuma com a tradição da coisa.
- Os contratos de **execução diferida** são aqueles cumpridos em um só ato mas em momentos futuros. Nesses contratos é aplicável a teoria da imprevisão, por dependeram de circunstâncias futuras, o que, por óbvio, inexiste nos contratos de execução imediata. Ex.: entrega, em determinada data, do objeto alienado. Compra e venda de uma mercadoria com entrega futura.
- Os contratos **de trato sucessivo ou de execução continuada** são aqueles cumpridos por meio de atos reiterados. Ex: prestação de serviço de limpeza e locação de imóveis. Tal duração pode ser determinada ou indeterminada, na medida em que haja ou não previsão expressa de termo final ou condição resolutiva a limitar a eficácia do contrato.
- Atenção: 1) **a resolução por onerosidade excessiva**, prevista nos art. 478 e 480 do C.C. somente é aplicável aos contratos de execução continuada, em que devem ser respeitados os efeitos produzidos; 2) nos contratos de execução instantânea, a declaração de nulidade ou a resolução por inadimplemento impõe a restituição do *status quo ante* (momento anterior à celebração do contrato).
- Quanto ao modo porque existem os contratos podem ser **principais**, **acessórios** ou **derivados (ou subcontratos)**.
- Contratos **principais** são os que têm existência própria e não dependem de qualquer outro. Ex: compra e venda, locação, etc.
- Contratos **acessórios** são os que têm sua existência subordinada à de um contrato principal, pois visam assegurar a sua execução. Ex: uma fiança é contrato acessório, estabelecido para garantir uma locação, por exemplo, que é contrato principal; logo, a fiança não poderá existir sem a locação.
- Contratos **derivados ou subcontratos** são os que têm por objetivo direitos estabelecidos em outro contrato denominado básico ou principal, como, por exemplo, uma sublocação. Tem em comum com o contrato acessório o fato de que ambos são dependentes de outro. Diferem, porém, pela circunstância de o derivado participar da própria natureza do direito versado no contrato-base. Nessa modalidade um dos contratantes transfere a terceiro, sem se desvincular, a utilidade correspondente à sua posição contratual. Pela sublocação, por exemplo, o locatário transfere ao sublocatário uma parte ou a totalidade dos direitos que decorrem do contrato de locação.
- Quanto à forma os contratos podem ser **solenes (ou formais)** ou **não solenes (ou não formais)**.
- Contratos **solenes ou formais** são aqueles que exigem, para sua validade, uma forma especial ou uma solenidade na sua celebração. Diz-se, nesse caso, que a forma é *ad solemnitatem*, vale dizer, é da essência do ato. É o que ocorre com a escritura pública nos contratos envolvendo imóveis de valor superior a 30 salários mínimos (art. 108 do CC).
- Contratos **não solenes ou não formais** – A forma livre é a regra em nosso país. Podem ser celebrados por qualquer forma, inclusive a verbal. Diz-se, nesse caso, que a forma é *ad probationem tantum*, vale dizer, destina-se apenas à prova da existência do negócio jurídico, mas não afeta sua essência.
- Quanto à forma pela qual se aperfeiçoam os contratos podem ser **consensuais** ou **reais**.
- Contratos **consensuais** são os que se aperfeiçoam com o consentimento, isto é, com o acordo de vontades, independente da entrega da coisa e da observância de determinada forma. Ex.: Compra e venda.
- Contratos **reais** – São aqueles que apenas se ultimam com a entrega da coisa, feita por um contraente e outro. Exigem, para aperfeiçoar, além do consentimento, a entrega da coisa que lhe serve de objeto. Ex.: Depósito, comodato, mútuo.
- Quanto à designação os contratos podem ser **nominados (ou típicos)** ou **inominados (ou atípicos)**.
- Contratos **nominados ou típicos** são aqueles que têm designação própria e recebem do ordenamento jurídico uma regulamentação específica. Possuem, portanto, uma denominação são regulados por norma jurídica específica, formando espécies definidas. Estão previstos no Código Civil e em leis especiais. Ex.: doação, compra e venda, locação.

- Contratos **inominados ou atípicos** são os que não têm designação própria. Resultam de um acordo de vontades, não tendo, porém, as suas características e requisitos definidos e regulamentados em lei. Afastam-se dos modelos legais, pois não são disciplinados ou regulados expressamente pelo Código Civil ou por lei extravagante, porém são permitidos juridicamente, desde que não contrariem a lei e os bons costumes. Ex.: Contrato sobre exploração de lavoura de soja, cessão de cadastro de clientela, locação de carro forte.

4.3. FORMAÇÃO DOS CONTRATOS

- Em geral, o contrato é negócio jurídico bilateral decorrente da convergência de manifestação de vontades contrapostas. Com efeito, até a formação do contrato (por meio do consentimento firmado), os interesses dos contraentes são contrários. Tome-se o exemplo de um contrato de compra e venda. O vendedor quer vender pelo preço mais alto, e o comprador quer comprar pelo preço mais baixo. Nessa linha, superada a fase das tratativas preliminares, formula-se uma proposta interessante também para o comprador, que, aquiescendo, culmina por fechar o negócio.
- Para o nascimento de um contrato há um verdadeiro processo de formação: 1) negociações ou tratativas preliminares (fase de puntuação); 2) proposta de contratar (oferta, policitação ou oblação) e 3) aceitação.
- A fase de **puntuação** (ou de **negociações preliminares**) é o momento em que as partes discutem, ponderam, refletem, fazem cálculos, estudos, redigem a minuta do contrato, enfim, contemporizam interesses antagônicos, para que possam chegar a uma proposta final e definitiva. A característica básica desta fase é justamente a não vinculação das partes a uma relação jurídica obrigacional, pois as partes ainda não formularam uma proposta ou contraproposta definitiva e nem manifestaram a sua aceitação. Todavia não se deve olvidar que o princípio da boa-fé objetiva também é aplicável a esta fase pré-contratual, notadamente os deveres acessórios de lealdade e confiança recíprocas.
- Nesta fase, qualquer das partes pode afastar-se, simplesmente alegando desinteresse, sem responder por perdas e danos. Tal responsabilidade só ocorrerá se ficar demonstrada que, com a falsa manifestação de interesse, uma parte induziu a outra a acreditar legitimamente que o negócio se concretizaria e, com isso, sofreu danos (perda de outro negócio ou realização de investimentos, por exemplo). O fundamento para o pedido de perdas e danos da parte lesada não é, nesse caso, o inadimplemento contratual, mas a prática de um ilícito civil extracontratual (art. 186 do CC). Ao avaliar o caso, é preciso observar sempre se, a depender das circunstâncias do caso concreto, uma das partes formou a legítima expectativa de contratar.
- A fase de **proposta** (**oferta, policitação ou oblação**) inicia-se com a oferta de contratar que uma parte faz à outra, com vistas à celebração de determinado negócio (daí, aquele que apresenta a oferta é chamado de proponente, ofertante ou policitante). Desde que séria e consciente a proposta vincula o proponente (art. 427 do CC). A proposta pode ser provada por testemunhas, qualquer que seja o seu valor. A sua retirada sujeita o proponente ao pagamento das perdas e danos. A lei abre, entretanto, várias exceções a essa regra. Dentre elas não se encontram, contudo, a morte ou a interdição do policitante. Nesses dois casos, respondem, respectivamente, os herdeiros ou curadores do incapaz pelas consequências jurídicas do ato.
- A proposta de contratar obriga o proponente ou policitante, que não poderá voltar atrás, salvo se estiverem presentes alguma das hipóteses previstas nos art. 427 e 428 do CC.
- A proposta deixa de ser obrigatória se o contrário resultar dos termos da proposta, como no caso de o proponente salientar, quando da sua declaração de vontade (oferta), que reserva o direito de retratar-se ou arrepender-se de concluir o negócio.
- A proposta deixa de ser obrigatória se o contrário resultar da natureza do negócio, como é o caso das chamadas propostas abertas ao público, que se consideram limitadas ao estoque existente. Podem ser citadas também as promoções radiofônicas de promessa de recompensa para quem responder primeiro a uma pergunta no ar (se alguém responder no ar já está consumada a obrigação, não havendo como outro a praticar).
- A proposta deixa de ser obrigatória se o contrário resultar das circunstâncias, que somente podem ser aquelas previstas no artigo 428 do CC;
- Uma circunstância em que a proposta deixa de ser obrigatória é se foi feita sem prazo a pessoa presente (inclui quem está ao telefone ou meio semelhante), não foi imediatamente aceita (art. 428, inc. I, do CC);
- Outra circunstância em que a proposta deixa de ser obrigatória é se foi feita sem prazo a pessoa ausente, tiver decorrido tempo suficiente para chegar a resposta ao conhecimento do proponente (art. 428, inc. II, do CC);
- Outra circunstância em que a proposta deixa de ser obrigatória é se foi feita a pessoa ausente, não tiver sido expedida a resposta dentro do prazo dado (art. 428, inc. III, do CC);

- Outra circunstância em que a proposta deixa de ser obrigatória é se, antes da proposta, ou simultaneamente, chegar ao conhecimento da outra parte a retratação do proponente (art. 428, inc. IV, do CC).
- A **aceitação** é a aquiescência a uma proposta formulada. É o ato pelo qual o oblato (quem recebeu a proposta) manifesta, expressa ou tacitamente, e dentro do tempo propício, a vontade de realizar o negócio proposto pelo ofertante. É manifestação de vontade imprescindível para que se repute concluído o contrato. Tanto a oferta como a aceitação são necessárias para a conclusão do ato negocial, por representarem o reflexo da vontade dos contraentes. Se a aceitação for feita fora do prazo, com adições, restrições ou modificações, importará em nova proposta. Ou seja, caso a aquiescência não seja integral, mas feita intempestivamente ou com alterações (restritivas ou ampliativas), converter-se-á em contraproposta, nos termos do art. 431 do CC.
- Se a aceitação, por circunstância imprevista, chegar tarde ao conhecimento do proponente, este deverá comunicar o fato imediatamente ao aceitante, sob pena de responder por perdas e danos (art. 430 do CC).
- A aceitação pode ser **expressa** ou **tácita**, consoante art. 432 do CC. Nesses casos, o costume negocial, ou até mesmo a dispensa do proponente, fazem com que se admita a aceitação tácita, se não chegar ao aceitante, antes da conclusão do negócio, a recusa do proponente.
- A aceitação é tácita quando: 1) não for usual aceitação expressa. Por exemplo, quando um industrial costuma todos os anos enviar seus produtos a certa pessoa que os recebe e, na época oportuna, faz o pagamento. Se, em um dado momento não convier ao comprador continuar recebendo a mercadoria, deverá avisar o industrial, sob pena de continuar vinculada ao negócio; 2) o ofertante dispensar a aceitação. Por exemplo, se alguém reserva acomodação num hotel, dizendo que chegará tal dia, se o hoteleiro não expedir a tempo a negativa, o contrato estará firmado.
- O art. 434 do Código Civil acolheu expressamente a **teoria da expedição** ao afirmar que os contratos entre ausentes tornam-se perfeitos desde que a aceitação é expedida. Entretanto, o CC estabeleceu quatro exceções (art. 433/434): a) no caso de haver retratação do aceitante; b) se o proponente se houver comprometido a esperar resposta; c) se ela não chegar no prazo convencionado; d) se a retratação for efetivada antes ou simultaneamente à chegada da resposta às mãos do proponente.
- Segundo o art. 435 do Código Civil, reputar-se-á celebrado o contrato no lugar em que foi proposto. O que se analisa agora não é o fator temporal, mas sim aquele relacionado ao espaço, ao *locus* (lugar) do contrato. O principal efeito desse posicionamento consiste na definição do foro competente para dirimir eventuais conflitos decorrentes da avença firmada. É bem verdade que as partes podem desde sempre determinar, de comum acordo, que as controvérsias acaso surgidas sejam processadas e julgadas em um lugar específico, denominado foro de eleição. Caso as partes não tenham estabelecido um foro de eleição, prevalecerão as regras do artigo 435 do CC.

4.4. EXTINÇÃO DOS CONTRATOS

- O contrato, como todo e qualquer negócio jurídico, cumpre seu ciclo existencial. Nasce do mútuo consenso e termina normalmente com o adimplemento (cumprimento) da prestação, sendo executado pelas partes contratantes em todas as suas cláusulas. Portanto, como o próprio ciclo da vida, o contrato nasce, desenvolve-se e "morre" (extingue-se).
- A **extinção** de um contrato pode ocorrer por diversas modalidades.
- Extinção **normal** do contrato: **cumprimento** – O vínculo contratual é, por natureza, passageiro e deve desaparecer, naturalmente, tão logo o devedor cumpra a prestação prometida ao credor. A execução (seja ela instantânea, diferida ou continuada) é o modo normal da extinção do vínculo contratual. O cumprimento da prestação libera o devedor e satisfaz o credor. Ou seja, uma vez executado o contrato, extinguir-se-ão todos os direitos e obrigações que dele se originaram. Por outro lado, é importante esclarecer que comprova-se o pagamento pela quitação fornecida pelo credor, observados os requisitos exigidos no art. 320 do CC.
- Extinção **anormal** do contrato: além do pagamento, o contrato pode ser extinto sem o cumprimento da obrigação. Essas causas podem ser anteriores, contemporâneas ou posteriores à formação do contrato.
- Extinção por causas **anteriores ou contemporâneas à formação do contrato**: A extinção de um contrato pode ocorrer por motivos que já existiam no momento de sua formação. Isso ocorre em razão da nulidade e da anulabilidade do negócio jurídico.
- Extinção por **nulidade** – sanção, por meio da qual a lei priva de efeitos jurídicos o contrato celebrado contra os preceitos disciplinadores dos pressupostos de validade do negócio jurídico. As hipóteses de nulidade estão previstas nos art. 166, I a VII, e 167 do C.C. – é a sanção cominada ao contratante que transgride preceito de ordem

pública, operando de pleno direito, de sorte que o contrato não poderá ser confirmado, nem convalescerá pelo decurso de tempo, e não produzirá efeitos desde a sua formação – art. 169 CC – efeitos *ex tunc*).

- Extinção por **anulabilidade** (art. 171 do CC. – é uma sanção que apenas poderá ser pleiteada pela pessoa a quem a lei protege e que se dirige contra os contratos celebrados por relativamente incapazes ou por pessoas cujo consentimentos se deu por erro, dolo, coação, estado de perigo, lesão e fraude contra credores. Tais contratos, porém subsistirão até o instante de sua anulação, produzindo efeitos durante algum tempo, admitindo, ainda, confirmação e purificando-se com o decurso do tempo – art. 172 a 174. É importante frisar que nesse caso o contrato permanecerá eficaz enquanto não se mover ação que decrete tal nulidade, por ter a nulidade relativa efeito *ex nunc*).
- Extinção por causas **supervenientes à formação dos contratos**: A extinção do vínculo contratual pode operar-se por motivos supervenientes à sua formação, que impedem a execução. São as hipóteses de resolução, rescisão e resilição do contrato.
- Extinção por **resolução por inexecução voluntária:** decorre de comportamento culposo de um dos contraentes, com prejuízo ao outro. Extingue o que já foi executado e obriga a restituição recíproca do que foi pago adiantadamente, sujeitando ainda o inadimplente ao pagamento de perdas e danos e da cláusula penal, convencionada para o caso de total inadimplemento da prestação (compensatória).
- Extinção por **resolução por inexecução involuntária**: decorre de fatos alheios à vontade dos contratantes (caso fortuito ou força maior), que impossibilitam o cumprimento da obrigação que incumbe a um deles, operando-se de pleno direito, então, a resolução do contrato, sem ressarcimento das perdas e danos, por ser esta uma sanção aplicada a quem agiu culposamente, e sem intervenção judicial, exonerando-se o devedor do liame obrigacional. A impossibilidade superveniente há de ser objetiva (não referente à própria pessoa do devedor), total e definitiva. O inadimplente não fica, nesse caso, responsável pelo pagamento de perdas e danos, salvo se expressamente se obrigou a ressarcir os prejuízos resultantes do caso fortuito ou força maior, ou se tiver em mora (art. 393 e 399 do CC).
- Extinção por **resolução por onerosidade excessiva**: ocorre com a superveniência de casos extraordinários e imprevisíveis por ocasião da formação do contrato, que o tornam, de um lado, excessivamente oneroso para um dos contraentes e acarretam, de outro, lucro desarrazoado para a outra parte. Diante da onerosidade excessiva é possível, à escolha das partes, a revisão do contrato, para assegurar seu equilíbrio econômico-financeiro, ou sua resolução do contrato. Considera-se implícita nos contratos comutativos e de execução diferida ou continuada a cláusula *rebus sic stantibus* (art. 478 a 480 do CC).
- Extinção por **resilição bilateral ou distrato**: não deriva de inadimplemento contratual, mas unicamente da manifestação de vontade, que pode ser bilateral ou unilateral. A resilição bilateral ou distrato é negócio jurídico que rompe o vínculo contratual, mediante a declaração de vontade de ambos os contraentes de por fim ao contrato que firmaram e cujos efeitos não se exauriram. O distrato submete-se às normas e formas relativas aos contratos (art. 472 do C.C.) Se a lei não exige forma especial, a preferência manifestada pelas partes não as obriga a observá-la no distrato. Produz efeitos *ex nunc*, a partir de sua celebração, não atingindo os atos pretéritos, nem os direitos adquiridos por terceiros.
- Extinção por **resilição unilateral**: pode ocorrer somente em determinados contratos, pois a regra é a impossibilidade de um contraente romper o vínculo contratual por sua exclusiva vontade. Alguns contratos, no entanto, por sua própria natureza, podem ser dissolvidos unilateralmente. Tal ocorre com os de execução continuada, celebrados por prazo indeterminado (prestação de serviços, fornecimento de mercadorias, etc.). Nesses casos, a resilição denomina-se **denúncia**. Podem ser mencionados ainda, como exemplo, os contratos de mandato, comodato e depósito. A resilição unilateral independe de pronunciamento judicial e produz somente efeitos *ex nunc*, não retroagindo. Nos termos do parágrafo único do art. 473 do CC se, em razão da natureza do negócio, uma das partes fez investimentos consideráveis para execução daquele contrato, a denúncia somente produzirá efeitos após o decurso de prazo suficiente para recuperação do valor investido.
- Extinção por **rescisão** – entre nós, o referido termo é usado como sinônimo de resolução e de resilição. Originalmente era empregado apenas para as hipóteses de dissolução de determinados contratos, como aqueles em que ocorreu lesão ou que foram celebrados em estado de perigo.
- **ATENÇÃO:** a **morte** de uma das partes somente gera sua extinção se a obrigação correspondente era de natureza **personalíssima ou *intuitu personae***. Nos demais casos, o contrato permanece válido e eficaz e deve ser cumprido pelos sucessores (espólio ou herdeiros).
- A Lei 13.874/2019 (Lei de Liberdade Econômica) apresentou profundas mudanças nos fundamentos dos contratos regidos pelo Código Civil. Em

primeiro lugar, o art. 421 do CC passou a dispor que a liberdade contratual será exercida nos limites da função social do contrato e não "em razão" desta, como constava na redação original do artigo. O parágrafo único do artigo 421 do CC incluiu dois princípios das relações contratuais privadas, a saber: intervenção mínima e excepcionalidade da revisão contratual. O legislador resolveu deixar claro no Código Civil (art. 421-A, caput) que os "contratos civis e empresariais presumem-se paritários e simétricos até a presença de elementos concretos que justifiquem o afastamento dessa presunção, ressalvados os regimes jurí-dicos previstos em leis especiais". Ou seja, há a intenção de reconhecer a presunção relativa (ou iuris tantum) de paridade nos contratos civis e empresariais. Ademais, em seus incisos, o art. 421-A dispõe sobre as garantias estabelecidas por lei aos contratantes, quais sejam :" as partes negociantes poderão estabelecer parâmetros objetivos para a interpretação das cláusulas negociais e de seus pressupostos de revisão ou de resolução; a alocação de riscos definida pelas partes deve ser respeitada e observada; e a revisão contratual somente ocorrerá de maneira excepcional e limitada.

5. RESPONSABILIDADE CIVIL

- O ato ilícito é fonte de obrigações. Todo aquele que causar dano a outrem, material ou moral, tem o dever de repará-lo. Também comete ato ilícito o titular de um direito que, ao exercê-lo, excede manifestamente os limites impostos pelo seu fim econômico ou social, pela boa-fé ou pelos bons costumes. Tradicionalmente a responsabilidade civil é baseada na conduta culposa. Apesar disso, é admitida, em algumas situações legalmente previstas, a responsabilidade objetiva. A teoria do risco, na mesma linha, admite a responsabilidade objetiva, quando a atividade normalmente desenvolvida pelo autor do dano implicar, por sua natureza, risco para os direitos de outrem. (art. 927, parágrafo único, do CC).

5.1. RESPONSABILIDADE CONTRATUAL X EXTRACONTRATUAL

- A responsabilidade civil será contratual se tiver origem num negócio jurídico, ou seja, nasce do descumprimento de um dever contratual. O inadimplemento dessa natureza implica a responsabilidade de indenizar perdas e danos, segundo o art. 389 do CC. Por sua vez, a responsabilidade extracontratual é resulta da infração a um dever legal de conduta, genericamente previsto nos art. 186, 187 e 927, todos dos CC.
- O CC/2002 adotou a teoria dualista em relação à responsabilidade extracontratual e contratual, afastando a unitária, ou seja, a obrigação de ressarcir é comum, mas a disciplina normativa é diversa. Os "atos ilícitos" são tratados nos art. 186, 187 e 927. A "inexecução das obrigações" nos art. 389 e 395.
- Quadro resumo das diferenças entre responsabilidade contratual e extracontratual:

Responsabilidade extracontratual ou aquiliana	**Responsabilidade contratual**
• nasce da inobservância de um dever genérico legal de não causar dano	• origina-se de um contrato ou avença prévia
• incumbe ao ofendido o ônus de provar o dolo ou a culpa do autor do dano	• o inadimplemento da obrigação assumida em um contrato presume-se culposo (presunção relativa ou *juris tantum*)
• os incapazes podem causá-lo (amentais e menores)	• a validade dos negócios celebrados exige plena capacidade dos agentes

5.2. ELEMENTOS ESSENCIAIS DOS ATOS ILÍCITOS

- **ação ou omissão**: a pessoa pode ser responsabilizada por agir mal ou por deixar de praticar um fato quando existente um dever jurídico legal ou convencional de fazê-lo. O agente pode ser responsabilizado: 1) por **ato próprio** (art. 939, 940, 953 e outros do CC); 2) por **ato de terceiro**, como filho menor, empregado, etc. (art. 932 do CC); 3) por **fato de animal** de sua propriedade (art. 936 do CC); 4) por **fato da coisa** de sua propriedade (art. 937 do CC) e 5) por **coisas lançadas ou caídas de prédio em que habita** mesmo que não seja de sua propriedade (*effusis* ou *dejectis*) (art. 938 do CC).
- **culpa ou dolo do agente**: culpa é a falta de diligência que vem a causar um dano. Dolo é a vontade intencional e direcionada da causar um dano.
- O Código Civil adotou a **teoria subjetiva da culpa**. As exceções envolvem a Administração Pública, o Direito do Consumidor e as normas sobre danos ambientais, que preveem a **responsabilidade objetiva**.
- Quanto à extensão, a culpa poderá ser: 1) **lata ou grave**: totalmente evitável; 2) **leve**: evitável com diligência ordinária; 3) **levíssima**: só evitável com extraordinária habilidade.
- Outras espécies de culpa: 1) culpa *in eligendo*: má escolha; 2) culpa *in vigilando*: falta de fiscalização; 3) culpa *in comittendo*: por ação ou ato positivo; 4) culpa *in omittendo*: por omissão, sempre que tiver um dever jurídico de agir; 5) culpa *in custodiendo*: falta de cuidado na guarda de um animal ou coisa.

- Tratando da responsabilidade civil do incapaz, o STJ tem entendimento no sentido de que: "(...) **A norma do art. 942 do Código Civil deve ser interpretada em conjunto com aquela dos arts. 928 e 934**, que tratam, respectivamente, (i) **da responsabilidade subsidiária e mitigada do incapaz** e (ii) da **inexistência de direito de regresso em face do descendente absoluta ou relativamente incapaz**. (...)" (REsp 1319626/MG, Rel. Ministra NANCY ANDRIGHI, TERCEIRA TURMA, julgado em 26/02/2013, DJe 05/03/2013).
- quadro resumo responsabilidade do menor:

Menor não emancipado	os pais são responsáveis objetiva e diretamente, sem ação regressiva; se as pessoas por ele responsáveis não tiverem obrigação de fazê-lo, ou não dispuserem de meios suficientes, o menor indeniza, mas de forma equitativa, e não terá lugar se privar do necessário o incapaz ou as pessoas que dele dependem.	a responsabilidade do menor é subsidiária e mitigada.
Menor legalmente emancipado	com a emancipação legal, cessa a responsabilidade dos pais em relação aos atos dos filhos. O emancipado, neste caso, responde diretamente pelos danos que causar. Os pais são irresponsáveis.	A responsabilidade do menor é direta.
Menor voluntariamente emancipado	segundo o STJ, a emancipação possível ao filho que se mantém com os recursos dos pais (STJ. REsp 586399), não os afasta do dever de indenizar por ato praticado; trata-se de emancipação concedida. A emancipação direta dos pais os mantém responsáveis pelos atos dos filhos menores. Em resumo, a emancipação voluntária direta e a concedida, geram a incidência do CC, art. 942, parágrafo único, pelo qual ambos, pais e filhos, são solidariamente responsáveis pelo dano.	A responsabilidade do menor é direta e solidária.

- No tocante à responsabilidade civil no caso de acidente causado por pessoa que "dá carona", o STJ editou a súmula 145, segundo a qual, "**no transporte desinteressado, de simples cortesia, o transportador só será civilmente responsável** por danos causados ao transportado **quando incorrer em dolo ou culpa grave**". *Contrario sensu*, no transporte aparentemente gratuito, que ocorre quando o transportador possui interesse econômico, como o de um corretor que leva um cliente para ver um imóvel ou de empresa de transporte coletivo que está obrigada por lei a não cobrar tarifa de uma pessoa idosa, a responsabilidade do transportador é objetiva, independendo, portanto, da verificação de culpa.
- **Relação de causalidade ou etiológica**: a responsabilidade emerge quando há relação de causa e efeito entre o comportamento do agente e o dano produzido.
- São excludentes do nexo de causalidade: 1) a culpa exclusiva da vítima; 2) a culpa exclusiva de terceiro; 3) o caso fortuito; 4) a força maior.
- **Dano**: não há responsabilidade civil sem dano. Espécies de dano: 1) **dano material**: é o que repercute na esfera patrimonial ou financeira do lesado; 2) **dano moral**: ataca a ordem extrapatrimonial do lesado, sua honra, imagem, etc.
- O **dano material** pode configurar-se como: 1) danos emergentes – atinge o patrimônio atual do ofendido; 2) lucros cessantes – prejudica o patrimônio futuro do ofendido, privando-o de valores que razoavelmente esperava lucrar.
- Sobre o **dano moral**, a jurisprudência do Superior Tribunal de Justiça é pacífica no sentido de que o mero descumprimento de obrigação contratual não caracteriza, por si só, o dano moral indenizável. Nesse sentido: "(...) A jurisprudência desta Corte Superior é no sentido de **que o simples inadimplemento contratual, em regra, não configura dano indenizável, devendo haver consequências fáticas capazes de ensejar o sofrimento psicológico**. (...)" (AgRg no AREsp 391.324/RJ, Rel. Ministro MARCO BUZZI, QUARTA TURMA, julgado em 21/05/2015, DJe 29/05/2015).
- No tocante a atraso injustificado de imóvel residencial pela construtora, o STJ entende que esta sujeita-a ao pagamento de lucros cessantes (valor correspondente ao aluguel) pelo tempo do atraso. Nesse sentido: "(...) De acordo com a jurisprudência desta Corte**, a ausência de entrega do imóvel na data acordada no contrato firmado entre as partes acarreta o pagamento de indenização por lucros cessantes**, tendo em vista a impossibilidade de fruição do imóvel durante o tempo da mora. (...)" (AgRg no AREsp 395.105/RJ, Rel. Ministro MARCO AURÉLIO BELLIZZE, TERCEIRA TURMA, julgado em 28/04/2015, DJe 01/06/2015).
- Sobre o direito do espólio (enquanto não homologada a partilha) ou dos herdeiros (após o en-

cerramento do espólio) pleitear indenização por dano moral causado a pessoa falecida, a Corte Especial do Superior Tribunal de Justiça decidiu o seguinte: "(...) A posição atual e dominante que vigora nesta c. Corte é no sentido de **embora a violação moral atinja apenas o plexo de direitos subjetivos da vítima, o direito à respectiva indenização transmite-se com o falecimento do titular do direito, possuindo o espólio ou os herdeiros legitimidade ativa ad causam para ajuizar ação indenizatória por danos morais, em virtude da ofensa moral suportada pelo de cujus**. (...)" (AgRg nos EREsp 978.651/SP, Rel. Ministro FELIX FISCHER, CORTE ESPECIAL, julgado em 15/12/2010, DJe 10/02/2011).

- Sobre a possibilidade de pessoa jurídica sofrer dano moral, o Superior Tribunal de Justiça já decidiu o seguinte: "(...) **A jurisprudência desta eg. Corte consolidou-se no sentido de reconhecer a possibilidade de a pessoa jurídica sofrer dano moral (Súmula 227/STJ), desde que demonstrada, como na hipótese, ofensa à sua honra objetiva (imagem e boa fama)**. (...)" (AgRg no AREsp 621.401/RJ, Rel. Ministro RAUL ARAÚJO, QUARTA TURMA, julgado em 19/05/2015, DJe 22/06/2015).
- Quanto aos critérios para o arbitramento do valor da indenização por dano moral, o STJ tem entendido que "(...) **a valoração do *quantum* fixado a título de dano moral depende das peculiaridades de cada situação, tais como** gravidade e repercussão da lesão, **grau de culpa do ofensor** e nível socioeconômico das partes. (...)" (AgRg no Ag 1262836/RJ, Rel. Ministro RAUL ARAÚJO, QUARTA TURMA, julgado em 15/06/2010, DJe 24/06/2010)".

5.3. ATOS LESIVOS NÃO ILÍCITOS

- **legitima defesa**: estabelece o art. 188, I, 1ª parte, do CC, que não constituem atos ilícitos os praticados em legítima defesa, ou seja, quem, usando moderadamente dos meios necessários, repele injusta agressão, atual ou iminente, a direito seu ou de outrem. Regras importantes: 1) se o ato é praticado contra o agressor, o agente não é responsabilizado; 2) se por erro terceiro é atingido, o agente repara o dano, mas terá ação regressiva contra o agressor; 3) a mesma ação regressiva competirá contra aquele em defesa de quem se causou o dano.
- **exercício regular do direito**: não constituem atos ilícitos aqueles praticados no exercício regular de um direito reconhecido, diz o CC, art. 188, I, 2ª parte. Também está inserido no preceito os atos praticados no estrito cumprimento do dever legal. Não se reconhece a licitude se o ato é irregular ou abusivo, com desvio de finalidade social, prescindindo de culpa.
- **estado de necessidade**: não constitui ato ilícito a deterioração ou destruição da coisa alheia, ou a lesão à pessoa, a fim de remover perigo iminente, quando as circunstâncias o tornarem absolutamente necessário e quando não exceder os limites do indispensável para a remoção do perigo, descreve o CC, art. 188, II, e parágrafo único. Se a pessoa lesada, ou o dono da coisa, não forem culpados do perigo, assistir-lhes-á direito à indenização do prejuízo que sofreram. Se o perigo ocorrer por culpa de terceiro, contra este terá o autor do dano ação regressiva para haver a importância que tiver ressarcido ao lesado.

6. DIREITO DAS COISAS

6.1. POSSE

- noções gerais: considera-se possuidor todo aquele que tem de fato o exercício, pleno ou não, de algum dos poderes inerentes à propriedade (usar, gozar, dispor e reivindicar). É a exteriorização da propriedade, situação de fato que lei confere juridicidade.

6.1.1. TEORIAS SOBRE A POSSE

- Teoria subjetiva: defendida por Savigny, reconhece que a posse se compõe de três elementos, dois subjetivos (*affectio tenendi* e o *animus domini*) e um objetivo (*corpus*). O *corpus* caracteriza-se pela detenção física da coisa, o que importa na permanente disponibilidade direta e imediata, de forma a excluir toda a intervenção humana estranha. É o elemento externo. O *animus* ou elemento subjetivo se converge na intenção de ter a coisa como própria, a intenção de ser dono (*animus domini*) e o agir como proprietário (*affectio tenendi*). Para a teoria subjetiva, portanto, é possuidor quem reunir em relação à coisa o elemento físico ou material (*corpus*) + agir como proprietário (*affectio tenendi*) + intenção de ser dono (*animus domini*). Sem os elementos subjetivos, também chamados de morais ou intelectuais, não haverá posse, mas mera detenção.
- Teoria objetiva: sustentada por Jhering, em oposição e crítica à teoria subjetiva, diz que a posse nada mais é do que proceder como proprietário, ou seja, o *animus* já está contido no comportamento de agir sobre a coisa na condição aparente, externa e visível de dono, com ou sem apreensão física da coisa. A intenção de dono, o *animus domini*, exigência da teoria subjetiva, é dispensada, motivo pelo qual é chamada de teoria objetiva.
- Teoria adotada pelo Código Civil: a teoria objetiva foi adotada pelo CC/2002 em seu art. 1.196, porque considera possuidor quem, em razão do exercício de uma posição de fato sobre a coisa, que exterioriza e confere visibilidade de proprietário.

A exceção é a posse *ad usucapionem*, que exige o *animus domini* (intenção de ser dono) para aquisição da propriedade por usucapião.

6.1.2. CLASSIFICAÇÃO DA POSSE

- ***jus possessionis*** e ***jus possidendi***: a posse recebe proteção em nosso sistema mesmo quando não está vinculada a documento (título) algum. Neste caso, diz-se que a posse é autônoma e capaz de gerar um estado de proteção conhecido como *jus possessionis*; se a posse advém de um título de propriedade ou de usufruto, por exemplo, tem-se o *jus possidendi* ou posse causal, ou seja, uma posse que não é autônoma, mas apenas o conteúdo de um direito real.
- **posse direta** e **posse indireta** (art. 1.197 do CC): a posse direta é aquela exercida por pessoa que tem a coisa em seu poder, temporariamente, em virtude de direito pessoal ou real. Esse contato direto com a coisa (corpus) do possuidor direto não anula a posse indireta da pessoa de quem a posse foi havida. Exemplo comum desse desdobramento da posse é o contrato de locação. O locatário tem a posse direta do bem, enquanto o locador (que pode ser proprietário ou apenas possuidor) mantém a posse indireta.
- **posse exclusiva e composse** (art. 1.199 do CC): posse exclusiva é aquela exercida por apenas uma pessoa. A composse é aquela exercida por duas ou mais pessoas sobre coisa indivisa. Na composse, cada compossuidor poderá exercer atos possessórios, contanto que não exclua os dos outros compossuidores. Nesta situação de composse, que pode surgir do acordo de vontade das partes ou por imposição legal (como ocorre com a herança), a proteção possessória (autotutela e heterotutela) é admitida tanto de um compossuidor contra o outro que pretenda a posse exclusiva, como dos compossuidores contra terceiros. Admite-se a composse ***pro diviso***, em que há uma divisão de fato entre os vários possuidores de um mesmo bem, com partes certas e determinadas, e a composse ***pro indiviso***, em que cada compossuidor tem direito a uma fração ideal do mesmo bem.
- **posse justa** e **posse injusta** (CC/art. 1.200): posse justa é aquela que não é **violenta, clandestina** ou **precária**. Posse injusta é aquela que ostenta qualquer um desses vícios. A posse é **violenta** quando obtida mediante coação física ou moral, como ocorre na invasão de um imóvel em que o possuidor anterior é expulso à força ou ameaçado para abandonar o bem, por exemplo. A posse é **clandestina** quando obtida às escondidas, como a que decorre de furto de bem móvel ou de ocupação de um imóvel feita durante a noite, sem conhecimento do proprietário. Por fim, é **precária** a posse daquele que inicialmente recebeu a coisa em razão de negócio jurídico (depósito ou locação, por exemplo), e se nega devolvê-la ao término do contrato respectivo.
- **posse de boa-fé** e **posse de má-fé** (CC/art. 1.201): a distinção entre posse de boa ou má fé só tem relevância se a posse for injusta. A posse de boa-fé é aquela em que eventual vício existente na aquisição da coisa é ignorado pelo possuidor. A posse de má-fé é aquela em que o possuidor tem ciência da violência, clandestinidade ou precariedade na aquisição da posse. Assim, se alguém furta um objeto e o aliena a terceira pessoa, o adquirente será possuidor de boa-fé se não tiver conhecimento do furto e também não dispuser de elementos para duvidar da origem legítima do bem (preço da operação, antecedentes criminais do vendedor, etc.).
- **posse nova** ou **posse velha**. Posse nova é a posse exercida há menos de ano e dia. Posse velha é a exercida há pelo menos um ano e um dia. Era da tradição do nosso ordenamento jurídico que, depois de um ano e um dia, considerava-se purgado o de eventual posse injusta. Essa regra não foi prevista no Código Civil de 2002 que, pelo contrário, dispõe em seu artigo 1.208 que os atos violentos ou clandestinos não geram posse enquanto não cessar a violência ou a clandestinidade. Não se deve confundir a posse nova ou velha com a ação de força nova ou velha. A ação de força nova ou velha é aquela que se baseia no tempo decorrido desde a turbação ou esbulho para fins de concessão de liminar (ver art. 558 do CPC) e não no tempo da posse.
- **posse natural** e **posse civil ou jurídica**: a posse natural decorre da efetiva detenção da coisa e do exercício dos poderes de fato inerentes à propriedade (art. 1.196 e 1.204 do CC). Já a posse civil ou jurídica opera em decorrência de uma relação jurídica. É exemplo de posse civil a posse gerada pelo constituto possessório ou cláusula *constituti*. Por essa regra, se alguém vende um imóvel a outro e nele permanece como locatário, o proprietário/locador, que nunca teve contato físico com o imóvel, passa a exercer a posse indireta do mesmo, como decorrência jurídica do contrato de compra e venda.
- **posse *ad interdicta*** e **posse *ad usucapionem***: posse *ad interdicta* é aquela que pode ser defendida, seja pela autotutela seja pelo manejo de ações possessórias, mas não é apta a gerar a aquisição da propriedade por usucapião. Já a posse *ad usucapionem* é a posse que, além de poder ser defendida, é capaz de gerar a aquisição da propriedade após determinado período de tempo.

- **posse** x **detenção**: posse é diferente da mera detenção. Esta última é a relação de fato de uma pessoa sobre a coisa, mas decorrente de uma situação de dependência econômica ou de vínculo e subordinação em relação a outrem. É o caso do zelador ou caseiro, por exemplo. O detentor não pode manejar ações possessórias, mas admite-se a autotutela (legitima defesa da posse e desforço imediato) para defender os direitos do proprietário ou possuidor.

6.1.3. AQUISIÇÃO DA POSSE

- A lei não prevê um rol *numerus clausus* (taxativo, fechado) de situações que podem gerar a aquisição da posse. Excetuando-se os casos de usucapião, o CC/2002 adotou a teria objetiva da posse, segundo a qual é possuidor aquele que aparenta ser dono da coisa, uma impressão objetiva e externa. Assim, geram posse, dentre outros, a apreensão (apropriação unilateral de coisa sem dono, porque abandonada ou não pertencente a ninguém – *res derelicta* ou res *nullius*), a tradição (real, simbólica ou ficta) e a sucessão.
- Aquisição **originária**: não tem relação de causalidade com possuidor ou proprietário anterior.
- Aquisição **derivada**: com relação de causalidade com o direito de propriedade ou posse anterior.
- A **aquisição derivada** pode decorrer da **tradição** ou da **sucessão.** A tradição consiste na entrega material ou na transmissão jurídica da coisa. Pode ser real, simbólica ou ficta.
- **Tradição real**: é aquela em que ocorre a entrega material e efetiva da coisa sobre a qual a posse é exercida.
- **Tradição simbólica**: ocorre apenas um ato que representa a transmissão da posse, como a entrega das chaves de um veículo ou de um apartamento.
- **Tradição ficta**: é a que ocorre apenas no âmbito jurídico, sem a prática de atos materiais ou simbólicos de entrega. É o que ocorre na tradição *brevi manu* ocorre para aquele que possuía em nome alheio e passa a possuí-la em nome próprio, em decorrência de uma relação jurídica, como o caseiro que adquire a posse do imóvel em que residia, e no constituto possessório (cláusula *constituti*), por meio da qual uma pessoa que possuía o bem em nome próprio, passa a possuí-la em nome alheio, como ocorre com quem era proprietário e, depois da venda, permanece no bem na condição de locatário.
- Aquisição da posse por **sucessão** é a que ocorre, por exemplo, em favor dos herdeiros legítimos do possuidor. Se alguém morre na condição de possuidor (e não proprietário) de um imóvel, seus herdeiros receberão a posse com os mesmos caracteres (justa ou injusta, por exemplo) que ostentava em relação ao possuidor anterior. A posse transmite-se aos herdeiros ou legatários do possuidor com os mesmos caracteres (CC/art. 1.206).
- *Sucessio possessionis*: na sucessão universal (herança) a posse é contínua e única, e necessariamente somada a anterior, porque não há novo período possessório, mas mera continuidade do anterior (art. 1.207 do CC, primeira parte).
- *Acessio possessionis*: na sucessão singular (compra e venda, por exemplo) há mera faculdade de unir a posse, porque a posse do adquirente pode ter caracteres distintos da posse anterior (art. 1.207 do CC, segunda parte).
- De acordo com o art. 1.205 do CC, a posse pode ser adquirida pela própria pessoa que a pretende ou por seu representante legal ou voluntário (como o mandatário), bem como por terceiro sem mandato, desde que haja ratificação.
- A aquisição da posse ocorre desde o momento em que se torna possível o exercício, em nome próprio, de qualquer dos poderes inerentes à propriedade (CC/art. 1.204).

6.1.4. PERDA DA POSSE

- A perda da posse caracteriza-se quando cessa, embora contra a vontade do possuidor, o poder sobre o bem, assim considerado todo aquele que tem de fato o exercício, pleno ou não, de alguma das forças inerentes à propriedade (CC/art. 1.196).
- Entre presentes, de acordo com o art. 1.223 do CC, a posse é perdida quando cessa, embora contra a vontade do possuidor, o poder sobre o bem, ao qual se refere o art. 1.196.
- Entre ausentes, o CC/art. 1.224, diz que só se considera perdida a posse para quem não presenciou o esbulho, quando, tendo notícia dele, se abstém de retornar a coisa, ou, tentando recuperá-la, é violentamente repelido.

6.1.5. PROTEÇÃO DA POSSE

- A proteção da posse pode se dar por meio da autodefesa ou autotutela.
- A **autodefesa** ou **autotutela** pode ser exercida pelo desforço imediato (em caso de esbulho) e legitima defesa da posse (no caso de turbação), que estão previstos no CC, art. 1.210, § 1º, pelo qual: "o possuidor turbado, ou esbulhado, poderá manter-se ou restituir-se por sua própria força, contanto que o faça logo; os atos de defesa, ou de desforço, não podem ir além do indispensável à manutenção, ou restituição da posse".
- A **heterotutela** é exercida por meio das ações possessórias, que pode ser de reintegração de posse (quando esta foi perdida em razão de es-

bulho), manutenção de posse (quando esta encontra-se ameaçada por turbação) e de interdito proibitório (quando o possuidor tem fundadas razões para crer que está na iminência de sofrer esbulho ou turbação). Estão sujeitas ao rito processual dos art. 554 e seguintes do CPC, que prevê ritos distintos conforme o tempo decorrido desde o esbulho ou turbação.

- Quadro demonstrativo dos efeitos da perda da posse para o vencido em ação possessória:

	Se for considerado possuidor de boa-fé	Se for considerado possuidor de má-fé
Frutos	tem direito aos frutos percebidos. Os frutos pendentes ao tempo em que cessar a boa-fé, devem ser restituídos, depois de deduzidas as despesas da produção e custeio. Os frutos colhidos com antecipação também devem ser restituídos	responde por todos os frutos colhidos e percebidos, bem como pelos que, por culpa sua, deixou de perceber, desde o momento em que se constituiu de má-fé, mas terá direito às despesas da produção e custeio
Benfeitorias	tem direito à indenização das benfeitorias necessárias e úteis, e ainda, o direito de retenção por elas. Quanto às voluptuárias, se não lhe forem pagas, a levantá-las, quando o puder sem detrimento da coisa	serão ressarcidas somente as benfeitorias necessárias, não tendo o direito de retenção pela importância destas, nem o de levantar as voluptuárias.
Responsabilidade pela perda ou deterioração do bem	não responde pela perda ou deterioração da coisa, a que não der causa.	responde pela perda, ou deterioração da coisa, ainda que acidentais, salvo se provar que de igual modo se teriam dado, estando ela na posse do reivindicante.

6.2. PROPRIEDADE

6.2.1. NOÇÕES GERAIS

- A propriedade é o direito real por excelência, pois reúne em si os direitos de usar, gozar e dispor de um bem, ou reavê-lo de quem injustamente o possua ou detenha. O exercício desses direito, contudo, encontra limitações ditadas pelos direitos de vizinhança e também pela função social da propriedade, segundo a qual a propriedade deve obedecer a uma finalidade econômico-social.
- propriedade **plena**: quando todos os elementos acima estão reunidos numa só pessoa, física ou jurídica.
- propriedade limitada: se algum daqueles direitos estiver destacado a pessoa diversa. Exemplo de situação em que ocorre esse desdobramento é o usufruto. Neste caso surgem, de um lado, a nua-propriedade ou domínio direto: é a situação jurídica do senhorio, titular do bem, aquele que o tem em seu nome, e, de outro, o domínio útil: exercido pelo titular dos direitos de usar e gozar, mas não de dispor, que é o usufrutuário.

6.2.2. AQUISIÇÃO DA PROPRIEDADE DE BEM IMÓVEL

- Assim como ocorre em relação à posse, a aquisição da propriedade pode incidir sobre bens móveis ou imóveis, e pode ser originária ou derivada. Será originária quando inexistir qualquer solução de continuidade ou transferência entre os titulares anterior e o posterior, o que ocorre na usucapião, por exemplo, em que a causa da aquisição é desvinculada por completo do domínio que pertencia ao antigo titular. Na derivada ocorre o inverso, pois ocorre a transferência do direito anterior, em função da manifestação da vontade das partes. É importante distinção, em razão dos vícios, atributos e limitações que não acompanham a propriedade na aquisição originária, mas são transferidos com a coisa ao adquirente na derivada.
- Modos de **aquisição da propriedade imóvel**: usucapião (prescrição aquisitiva), registro do título aquisitivo, acessão, formação de ilhas, aluvião, avulsão, abandono de álveo, plantações ou construções e direito hereditário (herança ou legado).
- A **usucapião** é forma de aquisição da propriedade pelo decurso do tempo. Por isso é chamada de prescrição aquisitiva, pois, nesse caso, o passar do tempo atua para gerar um direito ao invés de apenas extinguir direitos. Espécies de **usucapião de bens imóveis**: 1) **usucapião extraordinária** – prevista no art. 1.238 do Código Civil, que estabelece que quem ocupa um imóvel como seu (com *animus domini*, intenção de assenhorar-se da coisa), mesmo que de má-fé, desde que sem oposição (de maneira mansa e pacífica), por quinze anos, tem direito a adquirir sua propriedade por usucapião. Esse prazo, contudo, é reduzido para dez anos se o possuidor "houver estabelecido no imóvel a sua moradia habitual, ou nele realizado obras ou serviços de caráter produtivo" (art. 1.238, parágrafo único, CC); 2) **usucapião ordinária** – prevista no art. 1.242 do Código Civil, segundo o qual adquire a propriedade de um imóvel quem o possuir por dez anos, de boa-fé e com justo título, assim entendido aquele que tem aptidão para ensejar a transmissão da propriedade; 3) **usucapião especial urbana** – prevista no art. 183 da CF e art. 1.240 do CC. Tem como requisitos a posse sem

oposição de área urbana de até duzentos e cinquenta metros quadrados por cinco anos ininterruptos, utilizando-a como moradia sua ou de sua família, sendo vedada a posse de qualquer outro imóvel; 4) **usucapião especial rural ou *pro labore*** – prevista no art. 191 da CF e art. 1.239 do CC e tem como requisitos a posse como sua por cinco anos ininterruptos e sem oposição, de área rural não superior a cinquenta hectares, desde que já não seja possuidor de qualquer outro imóvel, seja rural ou urbano. Ainda exige que o possuidor torne a terra produtiva por seu trabalho ou de sua família e tenha nela sua moradia. Vale lembrar que esse tipo de usucapião somente pode ser deferido uma única vez por pessoa, nos termos do art. 183, § 2º, da CF; 5) **usucapião coletiva** – prevista no artigo 10 da Lei nº 10.257/2001 (Estatuto da Cidade), autoriza a aquisição da propriedade em condomínio por pessoas de baixa renda que, coletivamente, ocupem por cinco anos e sem oposição, áreas urbanas com mais de duzentos e cinquenta metros quadrados, com o fim de constituir sua moradia; 6) **usucapião familiar** – prevista no art. 1.240-A do CC, permite a aquisição da propriedade dividida com ex-cônjuge ou ex-companheiro que abandonou o lar por aquele que, após a separação, por dois anos, ininterruptamente e sem oposição, posse direta, com exclusividade, sobre imóvel urbano de até 250 metros quadrados, utilizando-o para sua moradia ou de sua família e desde que não seja proprietário de outro imóvel urbano ou rural; 7) 6) **usucapião indígena** – prevista no art. 33 da Lei 6.001/73 (Estatuto do Índio), permite a aquisição da propriedade por indígena (a definição de indígena consta no art. 3º da referida lei), integrado ou não, que exerça posse sobre área de terras inferior a cinquenta hectares, por mais de dez anos.

- Quadro resumo das espécies de **usucapião** de bem imóvel:

Espécie de usucapião	Base legal	Requisitos
Extraordinária	art. 1.238 do CC	posse mansa e pacífica por 15 anos, independente de justo título ou de boa-fé.
Ordinária	art. 1.242 do CC	posse mansa e pacífica por 10 anos, com justo título e boa-fé.
Especial urbana	art. 183 da CF, art. 9º da Lei 10.257/2001 e art. 1.240 do CC.	posse de área não superior a 250 m2 por 5 anos, desde que não seja proprietário de outro imóvel (só pode ser reconhecida uma vez).
Especial rural	art. 191 da CF e art. 1.239 do CC.	posse de área não superior a 50 ha por 5 anos, desde que a torne produtiva por seu trabalho ou de sua família e não seja proprietário de outro imóvel .
Familiar	art. 1.240-A do CC	propriedade anterior dividida com ex-cônjuge ou ex-companheiro e exercício, após a separação, de posse ininterrupta por 2 anos, com exclusividade, sobre imóvel urbano de até 250 m2, destinado à moradia e desde que não seja proprietário de outro imóvel.
Coletiva	art. 10 da Lei 10.257/2001	posse exercida em condomínio por pessoas de baixa renda que, coletivamente, ocupem por cinco anos e sem oposição, áreas urbanas com mais de duzentos e cinquenta metros quadrados, com o fim de constituir sua moradia.
Indígena	art. 33 da Lei 6.001/73	posse exercida por indígena por mais de 10 anos sobre área de terra inferior a 50 hectares.

- aquisição pelo **registro do título**: De acordo com o art. 1.227 do CC "Os direitos reais sobre imóveis constituídos, ou transmitidos por atos entre vivos, só se adquirem com o registro no Cartório de Registro de Imóveis dos referidos títulos (arts. 1.245 a 1.247), salvo os casos expressos neste Código".
- São conhecidos três sistemas de aquisição da propriedade imobiliária: o francês, o alemão e o misto.
- Sistema francês: basta o contrato para a aquisição da propriedade, tendo no registro um mero instrumento de publicidade. Assim, não há necessidade de anular o registro para desfazer o negócio jurídico envolvendo um imóvel.
- Sistema alemão: nesse sistema, após o registro, a propriedade torna-se um direito absoluto, sem manter qualquer vinculação com o título. A fase do registro do título ocorre mediante um processo sumário, perante os juízes do registro imobiliário, pelo qual é formado um novo negócio jurídico, formal, abstrato e desvinculado do título, o qual servirá de registro em um cadastro de imóveis, com presunção absoluta de legitimidade da aquisição da propriedade. Deste modo, mesmo que provada a invalidade do negócio jurídico, se o procedimento de registro foi feito dentro da lei, o direito de propriedade não será atingido.
- Sistema misto ou eclético: adotado no Brasil tanto pelo CC/1916 como no CC/2002, o registro é constitutivo do direito real sobre a coisa imóvel, porém, distanciando-se do sistema alemão, em que o registro possui autonomia em relação ao título, porque dele se desliga em determinado momento, no sistema misto, o título é a causa do registro e ele permanece vinculado, de tal sorte que eventual invalidade do negócio jurídico, contamina o registro.

- Aquisição da propriedade por **acessão**: ocorre por formação de ilhas, aluvião, avulsão, abandono de álveo e plantações ou construções (art. 1.248, I a V, do CC); caracteriza-se pelo direito que o proprietário de um bem passa a ter sobre tudo aquilo que aderir ou for unido a ele; dessa forma, haverá acessão em função da aderência de algo em um bem, alterando-o em quantidade, qualidade, volume ou valor.
- A acessão pode ser: a) natural; b) industrial ou artificial; o que diferencia uma e outra é a ação humana que não ocorre na natural (aluvião, avulsão, etc.), mas se verifica na artificial (plantações, construções).
- Acessão natural por **aluvião**: são os acréscimos formados, sucessiva e imperceptivelmente, por depósitos e aterros naturais ao longo das margens das correntes (aluvião própria), ou pelo desvio das águas destas, descobrindo parte do álveo (aluvião imprópria) que importa na aquisição da propriedade do dono do imóvel a que aderirem essas terras, sem indenização; o terreno aluvial, que se formar em frente a prédios de proprietários diferentes, dividir-se-á entre eles, na proporção da testada de cada um sobre a antiga margem (art. 1.250 e 1.251 do CC).
- Acessão natural por avulsão: é o repentino e abrupto deslocamento de terra, que venha a ocorrer por força natural violenta, resultando que uma porção de terra se destaque de um prédio e se junte a outro; nesse caso, o dono deste último adquirirá a propriedade do acréscimo, se indenizar o dono do primeiro ou se não o fizer em 01 ano (prazo decadencial), sem que ninguém reclame. Se o dono do prédio beneficiado recusar-se ao pagamento de indenização, o dono do prédio que perdeu a porção de terra poderá remover a parte acrescida.
- Acessão natural por **formação de ilhas**: é acessão natural em correntes comuns ou particulares, em razão de depósitos regulares, graduais e fragmentados de areia, pedras ou terra, carreados pela própria correnteza ou, ainda, pelo declínio das águas, resultando na exposição a seco de parte do fundo daquelas correntes (art. 1.248, inc. I, e 1.249 do CC); a propriedade das ilhas formadas pertence aos proprietários ribeirinhos, de acordo com a disciplina do art. 1.249, I a III, do CC; segundo o Código de Águas (Decreto 24.643/34), as ilhas que se formarem em águas públicas pertencem ao domínio público, e ao domínio particular, no caso de águas comuns ou particulares (art. 23).
- Acessão natural por **abandono do álveo**: ocorre quando um rio seca por completo, ou se desvia por razões naturais; neste caso, o álveo abandonado de corrente pertence aos proprietários ribeirinhos das duas margens, sem que tenham indenização os donos dos terrenos por onde as águas abrirem novo curso, entendendo-se que os prédios marginais se estendem até o meio do álveo. É previsto no art. 1.252 do CC, e nos art. 26 e 27 do Código de Águas (Decreto 24.643/34).
- A acessão industrial ou artificial (decorrente da ação humana) pode se dar por **construção** ou **plantação**.
- A propriedade da construção ou da plantação, em regra, é do dono do imóvel em que foi feita, pela aplicação do princípio *accessorium sequitur principale*, isto é, o acessório segue o principal.
- Toda construção ou plantação existente em um terreno presume-se feita pelo proprietário e à sua custa, até que se prove o contrário (presunção *juris tantum* ou relativa), nos termos do art. 1.253 do CC.
- Quem semeia, planta ou edifica em terreno próprio com sementes, plantas ou materiais alheios, adquire a propriedade destes; mas fica obrigado a pagar-lhes o valor, além de responder por perdas e danos, se agiu de má-fé. Se o construtor ou plantador agiu de boa-fé, o Código Civil não prevê indenização em favor do proprietário das sementes ou materiais. É possível sustentar, todavia, o direito deste último, com base na regra geral existente em nosso ordenamento jurídico que repele o enriquecimento sem causa.
- Quem semeia, planta ou edifica em terreno alheio perde, em proveito do proprietário, as sementes, plantas e construções; se procedeu de boa-fé, terá direito a indenização. Todavia, **se a construção ou a plantação exceder consideravelmente o valor do terreno**, aquele que, de boa-fé, plantou ou edificou, adquirirá a propriedade do solo, mediante pagamento da indenização fixada judicialmente, se não houver acordo (art. 1.255, parágrafo único, do CC).
- No caso de má-fé de ambas as partes, o proprietário adquirirá as sementes, plantas e construções, devendo ressarcir o valor das acessões. Presume-se má-fé no proprietário, quando o trabalho de construção, ou lavoura, se fez em sua presença e sem impugnação sua.
- Se terceiro de boa-fé plantar ou edificar em solo alheio, com sementes e material de outrem, o dono da matéria-prima perderá sua propriedade, mas será indenizado pelo valor dela. Deverá exigir a indenização do plantador ou construtor e, subsidiariamente, poderá exigi-la do dono do solo.
- Se a construção feita em solo próprio invadir imóvel lindeiro (vizinho) em proporção NÃO superior a 1/20 (5%) do imóvel invadido, o construtor de boa-fé (que ignorava a invasão) adquire a

propriedade da parte do solo invadido, se o valor da construção exceder o dessa parte, e responde por indenização que represente, também, o valor da área perdida e a desvalorização da área remanescente. Já o construtor de má-fé (que tinha ciência da invasão e mesmo assim construiu) adquire a propriedade da parte do solo que invadiu, pagando o décuplo (dez vezes) das perdas e danos sobre o valor da área perdida e a desvalorização, desde que o valor da construção exceda consideravelmente o do terreno e não se possa demolir a porção invasora sem grave prejuízo para a construção.

- Se a construção feita em solo próprio invadir imóvel lindeiro (vizinho) em proporção superior a 1/20 (5%), o construtor de boa-fé adquire a propriedade da parte do solo invadido, e responde por perdas e danos que abranjam o valor que a invasão acrescer à construção, mais o da área perdida e o da desvalorização da área remanescente. Já o construtor de má-fé é obrigado a demolir o que nele construiu e a pagar as perdas e danos apurados, que serão devidos em dobro.
- **Atenção:**
- A Lei 13.786/2018 ("Lei dos Distratos") trouxe importantes inovações para o direito imobiliário, em especial para as incorporações imobiliárias. Com efeito, esta lei promoveu alterações na lei 4.591/64, a qual dispõe sobre condomínio em edificação e incorporações imobiliárias e na 6.766/79 (parcelamento do solo urbano).
- O objeto precípuo da nova legislação é disciplinar a resolução do contrato por inadimplemento do adquirente de unidade imobiliária em incorporações imobiliárias e em parcelamento do solo urbano.
- A incorporação imobiliária é conhecida popularmente como a aquisição de imóvel "na planta", ou seja, o incorporador financia o empreendimento com o capital oriundo da venda antecipada das unidades imobiliárias (casas, apartamentos, etc).
- A lei estabelece que em caso de distrato ou resolução por inadimplemento do adquirente de contrato estabelecido exclusivamente com o incorporador, este último não poderá ficar com a quantia integral que o contratante houver pago. Todavia, poderá deduzir a integralidade da comissão de corretagem e a pena convencional, que não poderá exceder a 25% (vinte e cinco por cento) da quantia paga, independente da alegação de qualquer prejuízo. Vale mencionar que, quando a incorporação estiver submetida ao regime do patrimônio de afetação (segregação patrimonial de bens do incorporador para uma atividade específica, com o intuito de assegurar a continuidade do empreendimento imobiliário e a entrega das unidades em construção aos futuros adquirentes, mesmo em caso de falência ou insolvência do incorporador), poderá ser retido até 50% (cinquenta por cento) da quantia paga, nos termos do art. 67-A, § 5º, da lei 4.591. Ademais, se o desfazimento ocorreu depois da entrega da unidade imobiliária, o adquirente responderá pelas quantias correspondentes aos impostos reais incidentes sobre o imóvel; cotas de condomínio e contribuições devidas a associações de moradores; valor correspondente à fruição do imóvel, equivalente a 0,5% (cinco décimos por cento) sobre o valor atualizado do contrato, *pro rata die*, e demais encargos incidentes sobre o imóvel e despesas previstas no contrato.

6.2.3. AQUISIÇÃO DA PROPRIEDADE DE BEM MÓVEL

- A **usucapião de bem móvel**: pode ser ordinária ou extraordinária. A ordinária posse de boa-fé contínua e inconteste por três anos e justo título. A extraordinária exige apenas posse contínua por cinco anos, dispensando-se o justo título e a boa-fé.
- A **descoberta** recai sobre coisa móvel perdida e resulta em uma obrigação de restituir; o descobridor que o fizer, entregando a coisa ao dono, terá direito a uma recompensa, como prêmio pela honestidade, não inferior a 5% do valor da coisa, chamada de achádego, sem prejuízo de eventual indenização pelas despesas de conservação da coisa. No entanto, se o dono preferir, poderá abandonar a coisa, modo voluntário de perda da propriedade (CC, art. 1.234). Assim, a descoberta não é considerada, inicialmente, como um dos modos de aquisição da propriedade, em função do dever de restituir. Todavia, se o dono, para eximir-se do pagamento da indenização e preferir abandonar a coisa, o descobridor adquire a propriedade, por ser *res derelicta* (coisa abandonada).
- A **ocupação** trata-se de um dos modos de aquisição da coisa móvel (inanimada) ou semovente (propriamente dita), que não tenha dono. Abrange a *res nullius*, coisa que nunca teve dono e a *res derelicta*, que teve dono, mas foi abandonada, fato que se caracteriza pela disposição física e anímica do bem. Para que seja reconhecida, exige-se a reunião de requisitos, quais sejam: 1) intenção ou vontade de adquirir (elemento subjetivo, *animus*); 2) apreensão física da *res nullius* ou da *res derelicta* (elemento objetivo) e 3) reconhecimento legal do ato como modo originário de aquisição (elemento normativo).
- O **achado de tesouro** é um dos modos de aquisição da propriedade móvel; tesouro é o depósito antigo de coisas preciosas, oculto e de cujo dono não haja memória. É importante não confundir. A coisa sem dono compreende a coisa que nunca teve dono (*res nullius*) e a coisa abandonada pelo

dono (*res derelicta*). No achado de tesouro, a coisa foi "depositada", mas há tanto tempo, que não se lembra mais quem seja o dono. O tesouro pertencerá por inteiro ao proprietário do prédio, se for achado pelo próprio, em pesquisa por ele ordenada ou por terceiro não autorizado. Se o imóvel for objeto de enfiteuse, em que o domínio útil é exercido por terceiro (enfiteuta) que não o proprietário, metade do bem caberá ao descobridor, se encontrado por terceiro no terreno aforado. Se achado pelo enfiteuta, será dele por inteiro

- A **tradição** é meio de aquisição da propriedade assim como da posse. Pode ser real (efetiva entrega de um bem móvel vendido ou doado), simbólica (entrega das chaves de um carro) ou ficta (constituto possessório de bem móvel, como ocorre se eu vendo um automóvel mas continuo na posse do mesmo por meio de contrato de locação de veículo).
- A venda a *non domino*: é a venda realizada por quem não é dono. Em regra, não transfere a propriedade. Há duas exceções: 1) oferecida ao público, em leilão ou estabelecimento comercial, for transferida em circunstâncias tais que, ao adquirente de boa-fé, como a qualquer pessoa, o alienante se afigurar dono; 2) se o adquirente estiver de boa-fé e o alienante adquirir depois a propriedade, considera-se realizada a transferência desde o momento em que ocorreu a tradição. Neste caso, os efeitos da tradição operam-se com efeitos *ex tunc*.
- A **especificação** é o modo de adquirir a propriedade mediante a transformação de coisa móvel em espécie nova, em virtude do trabalho ou da indústria do especificador, de que não seja possível reduzi-la à sua forma primitiva (Washington de Barros Monteiro). Ex. escultura em relação à pedra, pintura em relação ao quadro (Maria Helena Diniz).
- A coisa nova feita com matéria-prima alheia pertence ao especificador de boa-fé, desde que não possa voltar à forma anterior. Pertencerá ao especificador, de boa ou má-fé, possa ou não voltar ao estado anterior, se o valor da espécie nova exceder consideravelmente o da matéria-prima. Pertencerá ao dono da matéria prima, se o especificador estiver de má-fé, e desde que não possa volver à forma primitiva. E, por fim, pertencerá ao dono da matéria-prima, se puder voltar à forma original.
- A **confusão** (mistura de coisas liquidas), a **comistão** (mistura de coisas sólidas ou secas) e a **adjunção** (justaposição de uma coisa à outra tornando impossível destacar o acessório do principal, sem deterioração) pode gerar aquisição da propriedade ou a instituição de um condomínio.
- mistura de boa-fé: se a mistura for intencional (voluntária), os proprietários decidem com quem ficará o produto final, podendo instituir um condomínio ou negociar as frações respectivas. Se a mistura não for intencional (involuntária) a lei civil prevê três situações: 1) sendo possível separar a coisa sem deterioração, a propriedade permanece inalterada; 2) não sendo possível a separação das coisas, ou exigindo dispêndio excessivo, por ordem natural ou econômica, subsiste indiviso o todo, cabendo a cada um dos donos quinhão proporcional ao valor da coisa com que entrou para a mistura ou agregado, ocorrendo na hipótese condomínio forçado. Se uma das coisas puder considerar-se principal, o dono sê-lo-á do todo, indenizando os outros pelo valor dos acessórios.
- mistura de má-fé: se a confusão, comissão ou adjunção se operou de má-fé, à outra parte caberá escolher entre adquirir a propriedade do todo, pagando o que não for seu, abatida a indenização que lhe for devida, ou renunciar ao que lhe pertencer, caso em que será indenizado pela sua parte.

6.2.4. PERDA DA PROPRIEDADE

- Perda da propriedade por ato voluntário: decorre da vontade do titular, como, por exemplo, na venda, doação, abandono, etc.
- Perda da propriedade por ato involuntários: decorre da lei, independentemente da vontade do proprietário, como por exemplo, na usucapião, na desapropriação, etc.
- Os art. 1.275 e 1.276 do CC preveem um rol exemplificativo dos modos voluntários e involuntários de perda da propriedade, ao qual devem ser acrescidas as hipóteses previstas nos §§ 3º, 4º e 5º do art. 1.228 do CC.

6.2.5. PROPRIEDADE RESOLÚVEL

- constitui exceção ao caráter perpétuo e irrevogável, é prevista no CC/art. 1.360 e 1.361, e se verifica quando no título aquisitivo da propriedade há inserção de condição resolutiva ou termo.
- **Propriedade fiduciária** é a propriedade resolúvel de coisa móvel infungível que o devedor, com escopo de garantia, transfere ao credor (CC/art. 1.361).

6.3. CONDOMÍNIO

- noções gerais: é o direito de propriedade pertencente, simultaneamente, a mais de um titular (art. 1.314 a 1.356). O condomínio não é pessoa jurídica, pois a lei não lhe confere personalidade, embora o art. 75, inc. XI, do CPC, lhe admita a capacidade de ser parte em juízo, representado pelo síndico. condomínio **voluntário** ou convencional é o resultante da vontade dos condôminos, no momento da compra de um bem, por exemplo, assim como o que ocorre por vontade de terceiro, quando será eventual (doador, testador).

- condomínio **necessário ou legal** é o condomínio imposto por lei, como ocorre com os bens componentes da herança (art. 1.791 do CC) e com os muros e paredes divisórias (art. 1.307 c/c art. 1.327, do CC).
- condomínio **edilício** ou em edificações é aquele formado de áreas exclusivas e áreas comum dos condôminos (CC/art. 1.331). A Lei 4.591/64 é de aplicação subsidiária ao CC/2002.
- condomínio ***pro diviso*** (comunhão de direito, mas não de fato) é aquele exercido sobre parte certa e determinada da coisa, como se o condômino fosse dono exclusivo da parte por ele ocupada do bem tido em condomínio.
- condomínio ***pro indiviso*** (comunhão de direito e de fato) é aquele em que o bem tido em condomínio é o ocupado em partes ideais, sem qualquer delimitação da coisa em partes ou frações individualizadas.
- condomínio **permanente** é o que não se pode extinguir, em virtude da natureza do bem ou em decorrência da relação jurídica que o gerou ou do exercício do direito correlativo. É o que ocorre, por exemplo, com as áreas comuns de um prédio com vários apartamentos. Mesmo que os condôminos desejem, não será possível extingui o condomínio em relação ao elevador e escadas, o que somente ocorrerá se o prédio for destruído ou ameaçar ruir (art. 1.357 do CC).
- condomínio **transitório** é aquele que, oriundo ou não de convenção, vigora durante um certo lapso de tempo ou enquanto não se lhe ponha termo, mas que sempre e em qualquer momento pode cessar.
- condomínio **universal** é o que compreende a totalidade do bem, inclusive frutos e rendimentos.
- condomínio **singular ou particular** é o que restringe a determinadas coisas ou efeitos, ficando livres os demais.

Atenção:

- A Lei 13.465/2017 incluiu no Código Civil o art. 1.358-A, que permite expressamente a instituição de condomínio sobre lotes de terreno. Com o advento desse diploma, é possível a pluralidade de proprietários sobre um lote de terreno, sem desmembramento, com áreas de propriedade exclusiva e outras de propriedade comum.
- A Lei 13.777, publicada no dia 21 de dezembro de 2018, fixou no Código Civil o instituto do "Condomínio em Multipropriedade". A multipropriedade imobiliária ou sistema de "time-sharing" é, segundo expressa dicção do art. 1.358-C do CC, o regime de condomínio em que cada um dos proprietários de um mesmo imóvel é **titular de uma fração de tempo**, à qual corresponde a faculdade de uso e gozo, com exclusividade, da totalidade do imóvel, a ser exercida pelos proprietários de forma alternada. Além disso, a lei prescreve as características do imóvel objeto da multipropriedade, o tempo mínimo de cada condômino, a forma de instituição da multipropriedade, os direitos e obrigações do multiproprietário, entre outras disposições.
- O condomínio em multipropriedade tem, de acordo com o Superior Tribunal de Justiça, **natureza jurídica de direito real**, *in verbis:*
- *PROCESSUAL CIVIL E CIVIL. RECURSO ESPECIAL. EMBARGOS DE TERCEIRO.MULTIPROPRIEDADE IMOBILIÁRIA (TIME-SHARING). NATUREZA JURÍDICA DE DIREITO REAL. UNIDADES FIXAS DE TEMPO. USO EXCLUSIVO E PERPÉTUO DURANTE CERTO PERÍODO ANUAL. PARTE IDEAL DO MULTIPROPRIETÁRIO.PENHORA. INSUBSISTÊNCIA. RECURSO ESPECIAL CONHECIDO E PROVIDO.1. O sistema time-sharing ou multipropriedade imobiliária, conforme ensina Gustavo Tepedino, é uma espécie de condomínio relativo a locais de lazer no qual se divide o aproveitamento econômico de bem imóvel (casa, chalé, apartamento) entre os cotitulares em unidades fixas de tempo, assegurando-se a cada um o uso exclusivo e perpétuo durante certo período do ano.2. Extremamente acobertada por princípios que encerram os direitos reais, a multipropriedade imobiliária, nada obstante ter feição obrigacional aferida por muitos, detém forte liame com o instituto da propriedade, se não for sua própria expressão, como já vem proclamando a doutrina contemporânea, inclusive num contexto de não se reprimir a autonomia da vontade nem a liberdade contratual diante da preponderância da tipicidade dos direitos reais e do sistema de numerus-clausus.3. No contexto do Código Civil de 2002, não há óbice a se dotar o instituto da multipropriedade imobiliária de caráter real, especialmente sob a ótica da taxatividade e imutabilidade dos direitos reais inscritos no art. 1.225.4. O vigente diploma, seguindo os ditames do estatuto civil anterior, não traz nenhuma vedação nem faz referência à inviabilidade de consagrar novos direitos reais. Além disso, com os atributos dos direitos reais se harmoniza o novel instituto, que, circunscrito a um vínculo jurídico de aproveitamento econômico e de imediata aderência ao imóvel, detém as faculdades de uso, gozo e disposição sobre fração ideal do bem, ainda que objeto de compartilhamento pelos multiproprietários de espaço e turnos fixos de tempo.5. A multipropriedade imobiliária, mesmo não efetivamente codificada, possui natureza jurídica de direito real, harmonizando-se, portanto, com os institutos constantes do rol previsto no art.*

1.225 do Código Civil; e o multiproprietário, no caso de penhora do imóvel objeto de compartilhamento espaço-temporal (time-sharing), tem, nos embargos de terceiro, o instrumento judicial protetivo de sua fração ideal do bem objeto de constrição.6. É insubsistente a penhora sobre a integralidade do imóvel submetido ao regime de multipropriedade na hipótese em que a parte embargante é titular de fração ideal por conta de cessão de direitos em que figurou como cessionária.7. Recurso especial conhecido e provido.(REsp 1546165/SP, Rel. Ministro RICARDO VILLAS BÔAS CUEVA, Rel. p/ Acórdão Ministro JOÃO OTÁVIO DE NORONHA, TERCEIRA TURMA, julgado em 26/04/2016, DJe 06/09/2016)

6.4. DIREITOS REAIS SOBRE COISAS ALHEIAS

- Quadro resumo dos direitos reais sobre coisa alheia elencados no art. 1.225 do CC:

	Direitos reais de gozo e fruição	**Direitos reais de garantia**
Espécies	• superfície • servidão • usufruto • uso • habitação • direito do promitente comprador do imóvel • penhor • hipoteca • anticrese • concessão de uso especial para fins de moradia • concessão de direito real de uso • laje • direitos oriundos da imissão provisória na posse, quando concedida à União, aos Estados, ao Distrito Federal, aos Municípios ou às suas entidades delegadas e a respectiva cessão e promessa de cessão.	• penhor • hipoteca • anticrese
Conteúdo	confere ao titular o uso e a fruição de alguma das utilidades da coisa alheia, restringindo o direito do proprietário da coisa	vincula o bem alheio (ou seus rendimentos) ao pagamento de uma dívida sem, contudo, conferir ao credor o direito de usar o bem
Classificação em relação ao direito do proprietário	são autônomos	são acessórios

- Os direitos reais de garantia diferem das garantias pessoais ou fidejussórias, porque nestas últimas uma terceira pessoa com seu patrimônio se responsabiliza pela dívida, se o devedor não a honrar (CC, art. 818); naquelas, o que garante a dívida é um bem, seja móvel (penhor) ou imóvel (hipoteca).
- Os direitos de garantia são acessórios de uma obrigação principal. A respeito, confira-se o art. 1.419 do CC: "Nas dívidas garantidas por penhor, anticrese ou hipoteca, o bem dado em garantia fica sujeito, por vínculo real, ao cumprimento da obrigação".
- Pelo "princípio da indivisibilidade dos direitos reais de garantia", o bem fica integral e completamente gravado, ainda que a dívida representada na obrigação seja de menor valor, em cotejo com aquele; noutro sentido, ainda que paga parte da dívida, a garantia remanesce íntegra, salvo quando diversos bens forem dados em garantia, e houver disposição expressa no título ou na quitação admitindo a liberação de parte deles, na ordem pretendida (art. 1.421 e 1.429 do CC).
- Referido princípio (da indivisibilidade dos direitos reais) sofre exceção no art. 1.488 do CC, o qual admite o fracionamento da garantia, quando o bem vier a ser loteado, ou se nele se constituir condomínio edilício, admitindo-se a divisão do ônus, gravando cada lote ou unidade autônoma, se o requererem ao juiz o credor, o devedor ou os donos, obedecida a proporção entre o valor de cada um deles e o crédito; embora possa parecer o contrário, o fracionamento é admitido nesta hipótese por via negocial ou judicial.
- é nula a cláusula que autoriza o credor pignoratício, anticrético ou hipotecário a ficar com o objeto da garantia, se a dívida não for paga no vencimento (proibição de pacto comissório). Após o vencimento, poderá o devedor dar a coisa em pagamento da dívida.
- A existência de direitos reais de garantia sobre determinado bem não impede o reconhecimento da **usucapião** nem subsistem após a aquisição pelo uscapiente (*usucapio libertatis*). O STJ já decidiu que "(...) A usucapião é forma de aquisição originária da propriedade, de modo que não permanecem os ônus que gravavam o imóvel antes da sua

declaração..."(AgRg no REsp 647.240/DF, Rel. Min. Ricardo Villas Bôas Cueva, julgado em 07/02/2013); em outra decisão, a mesma corte assentou que "(...) Consumada a prescrição aquisitiva, a titularidade do imóvel é concebida ao possuidor desde o início de sua posse, presentes os efeitos *ex tunc* da sentença declaratória, não havendo de prevalecer contra ele eventuais ônus constituídos pelo anterior proprietário...". (AgRg no Ag 1319516/MG, Rel. Min. Sidnei Beneti, julgado em 28/09/2010).

- É **nula** a **hipoteca** conferida depois de já consumado o lapso da prescrição aquisitiva, porque junto com a usucapião, naturalmente, perde-se a capacidade para alienar (art. 1.420 do CC).
- É **ineficaz** a **hipoteca** firmada entre um banco e uma construtora em relação às unidades imobiliárias vendidas no mercado. Vale anotar que muitas incorporadoras imobiliárias ou construtoras costumavam dar como garantia para obtenção de empréstimos ou financiamentos, imóveis destinados à venda a consumidores. Ocorre que, se a empresa vendedora não pagasse a dívida, o comprador corria o risco de perder sua casa ou apartamento. Diante dessa situação, o STJ editou a Súmula 308, com o seguinte teor: *"A hipoteca firmada entre a construtora e o agente financeiro, anterior ou posterior à celebração da promessa de compra e venda, não tem eficácia perante os adquirentes do imóvel"*. A regra baseia-se no entendimento de que, se a construtora possui unidades imobiliárias em seu estoque, elas necessariamente destinam-se à comercialização, não podendo a instituição financeira alegar desconhecimento de tal fato. Diante disso, é inadmissível que a construtora grave tais bens com hipoteca, seja antes ou depois da venda ao consumidor final, cujo patrimônio não pode ser atingido pelo negócio. Confira-se, sobre o tema, trecho do voto do Sr. Ministro Ruy Rosado de Aguiar, quando do julgamento do REsp n. 187.940-SP (DJ de 21.06.1999): *"O princípio da boa fé objetiva impõe ao financiador de edificação de unidades destinadas à venda aprecatar-se para receber o seu crédito da sua devedora ou sobre os pagamentos a ela efetuados pelos terceiros adquirentes. O que se não lhe permite é assumir a cômoda posição de negligência na defesa dos seus interesses, sabendo que os imóveis estão sendo negociados e pagos por terceiros, sem tomar nenhuma medida capaz de satisfazer os seus interesses, para que tais pagamentos lhe sejam feitos e de impedir que o terceiro sofra a perda das prestações e do imóvel. O fato de constar do registro a hipoteca da unidade edificada em favor do agente financiador da construtora não tem o efeito que se lhe procura atribuir, para atingir também o terceiro adquirente, pois que ninguém que tenha adquirido imóvel neste país, financiado pelo SFH, assumiu a responsabilidade de pagar a sua dívida e mais a dívida da construtora perante o seu financiador. Isso seria contra a natureza da coisa, colocando os milhares de adquirentes de imóveis, cujos projetos foram financiados pelo sistema, em situação absolutamente desfavorável, situação essa que a própria lei tratou claramente de eliminar. Além disso, consagraria abuso de direito em favor do financiador que deixa de lado os mecanismos que a lei lhe alcançou, para instituir sobre o imóvel – que possivelmente nem existia ao tempo do seu contrato, e que estava destinado a ser transferido a terceiro, – uma garantia hipotecária pela dívida da sua devedora, mas que produziria necessariamente efeitos sobre o terceiro".*

Atenção:

- Com o advento da Lei 13.465/2017, foi incluído o inciso XIII do art. 1.225 do CC, para inserir no rol dos direitos reais de garantia sobre coisa alheia o direito de laje, por meio do qual "o proprietário de uma construção-base poderá ceder a superfície superior ou inferior de sua construção a fim de que o titular da laje mantenha unidade distinta daquela originalmente construída sobre o solo", nos termos do art. 1.510-A do CC.

7. MODIFICAÇÕES INTRODUZIDAS NO DIREITO CIVIL PELO CPC (LEI 13.105/2015) E LEI DA MEDIAÇÃO (LEI 13.140/2015)

7.1. PESSOAS NATURAIS

- **ESTATUTO DA PESSOA COM DEFICIÊNCIA:** no dia 07/07/2015 foi publicada a Lei n. 13.146/2015 (Estatuto da Pessoa Com Deficiência), com *vacatio legis* de 180 dias. De acordo com o art. 8º, § 2º, da Lei Complementar n. 95/98, incluído pela Lei Complementar n. 107/2001, *"1º A contagem do prazo para entrada em vigor das leis que estabeleçam período de vacância far-se-á com a inclusão da data da publicação e do último dia do prazo, entrando em vigor no dia subsequente à sua consumação integral."* Por esse critério de cálculo, Estatuto da Pessoa com Deficiência entrou em vigor no dia 03/01/2016. Vale anotar que essa lei introduziu profundas alterações no regime jurídico da capacidade de fato, com repercussão no Direito Civil como um todo e mais especialmente no direito de família, visto que o diploma normativo em questão prevê alterações específicas no regramento previsto no Código Civil para o casamento, a interdição e a curatela. De maneira resumida, pode-se dizer que, com o advento da aludida lei, não mais existe em nosso ordenamento jurídico pessoa absolutamente incapaz que seja maior de 16 anos de idade. Como consequência, não haverá mais a ação de interdição plena, pois os menores não estão sujeitos à curatela, mas somente à tutela. Todas as pessoas com deficiência passam a ser, em regra, plenamente capazes para o Direito Civil, embora seja possível a interdição de pessoas com deficiência mental para a prática de certos atos.

7.2. NEGÓCIO JURÍDICO

- **CPC/2015:** com a entrada em vigor da Lei n. 13.105/2015, que ocorreu em 18/03/2016, de acordo com o Enunciado Administrativo n. 1, aprovado pelo Plenário do Superior Tribunal de Justiça em 02/03/2016, o ordenamento jurídico pátrio passa a prever uma cláusula geral que permite a celebração dos denominados "negócios jurídicos processuais". O art. 190 do CPC estabelece que *"Versando o processo sobre direitos que admitam autocomposição, é lícito às partes plenamente capazes estipular mudanças no procedimento para ajustá-lo às especificidades da causa e convencionar sobre os seus ônus, poderes, faculdades e deveres processuais, antes ou durante o processo"*. Fala-se em cláusula geral porque o CPC/73 já permite, ainda que timidamente, a celebração de acordo sobre o procedimento, pois as partes já podem, consensualmente, eleger o foro em que tramitará a ação envolvendo determinado contrato, suspender o andamento do processo (art. 265, II, CPC/73) ou adiar a audiência de instrução uma única vez (art. 453, I, CPC/73). Com o CPC/2015, contudo, nos processos que envolvam direitos patrimoniais disponíveis (que são os que admitem autocomposição) e em que todas as partes sejam plenamente capazes, será possível transacionar tanto sobre o procedimento e sobre os poderes ou deveres de cada parte em juízo. As partes podem, por exemplo, transferir para outrem a legitimidade para defender determinado interesse em juízo, renunciar ao direito de interpor recurso, abrir mão de certos meios de prova, ampliar ou reduzir prazos e até mesmo estabelecer um calendário para os atos do processo, desde que o juiz que preside o feito concorde, caso em que as partes não serão intimadas para a prática dos atos processuais, o que está expressamente previsto no art. 191 do CPC. Vale lembrar que o conteúdo do negócio jurídico processual estará sujeito a controle do juiz, que somente indeferirá sua aplicação nos casos de nulidade ou de inserção abusiva em contrato de adesão ou em que alguma parte se encontre em manifesta situação de vulnerabilidade (art. 190, parágrafo único, do CPC). Logo, o negócio jurídico processual está sujeito ao sistema de nulidades do Código Civil, podendo ser anulado dentro do prazo decadencial previsto em lei (para os casos de nulidade relativa, como um vício de consentimento, por exemplo) ou ter sua nulidade declarada a qualquer tempo (para os casos de nulidade absoluta, como a incapacidade da parte, por exemplo).
- **LEI DA MEDIAÇÃO:** A Lei nº 13.140, publicada em junho de 2015, com vigência a partir de 26 de dezembro de 2015, regulamenta a técnica da mediação, por meio da qual um profissional capacitado e sem poder decisório auxilia as partes a encontrarem por conta própria a solução da controvérsia. A principal função do mediador é facilitar o restabelecimento da comunicação entre as partes e criar as bases para que possam encerrar o litígio por meio de acordo.
- A Lei nº 13.140/15 permite a previsão contratual da chamada "cláusula de mediação" (art. 2º, § 1º), segundo a qual, na ocorrência de conflito relacionado com o conteúdo do contrato, as partes devem obrigatoriamente buscar um acordo por meio da mediação antes de submeter a questão ao Poder Judiciário ou a tribunal arbitral.
- Para conferir efetividade à cláusula de mediação, a Lei nº 13.140/15 estabelece que, se o contrato tiver cláusula de mediação por meio da qual as partes se comprometam a não recorrer ao Poder Judiciário ou à arbitragem antes de verificada certa condição ou decorrido determinado prazo, a ação judicial ou procedimento arbitral em curso deverá ser suspenso até seu implemento (art. 23). Vale anotar que a condição pode ser, por exemplo, a realização de certo número de sessões de mediação. Nesse caso, a recusa da parte em se submeter à mediação poderá ser um impeditivo para a discussão judicial ou arbitral. Só não haverá óbice à apreciação dos casos de urgência, quando a exigência de prévio cumprimento da cláusula de mediação possa causar o perecimento de direito da parte (art. 23, parágrafo único). A lei também estabeleceu uma penalidade para a parte que se recusa a comparecer à primeira reunião de mediação. Salvo disposição contratual diversa, a parte que não comparece à primeira reunião, mas posteriormente vence o procedimento arbitral ou judicial, passa a ser responsável pelo pagamento de 50% das custas e dos honorários advocatícios (art. 22, inc. IV).

7.3. PRESCRIÇÃO

- **CPC/2015:** a Lei n. 13.105/2015, em seu art. 921, passou a prever para a execução das obrigações em geral parte da regra que estava positivada apenas para as execuções fiscais, qual seja, a prescrição intercorrente na hipótese de o devedor não possuir bens penhoráveis. Até o advento do CPC/2015, dois sistemas jurídicos coexistiam na hipótese de o devedor não possuir bens passíveis de constrição judicial. Na execução fiscal, suspende-se a execução por 01 ano e, após esse prazo, não sendo localizados bens, o processo é arquivado por 05 anos. Se ainda assim não forem localizados bens, a dívida (e a execução) é extinta pela prescrição. Essa regra está prevista no art. 40 da Lei de Execução Fiscal (LEF). Nas demais execuções, a regra era diferente: se não fossem localizados bens, o processo era suspenso e não corria a prescrição, salvo se comprovada a inércia, a desídia do credor. Veja a jurisprudência do STJ da época: "Consoante entendimento consolidado das Turmas que compõem a Segunda Seção desta Corte, não flui o prazo da prescrição intercorrente no período em que o processo de execução fica suspenso por ausência de bens penhoráveis. Ademais a prescrição intercorrente pressupõe desídia do credor que, intimado a diligenciar, se mantém inerte." (AgRg no AREsp 277.620/ DF, Rel. Ministro ANTONIO CARLOS FERREIRA, QUARTA TURMA, julgado em 17/12/2013, DJe de 3/2/2014). Na prática, esse entendimento tornava as dívidas imprescritíveis. O CPC/2015 aproximou os dois sistemas, de modo que, a partir de sua vigência, a regra passou a ser a mesma nos casos de inexistência de bens penhoráveis, independentemente de tratar-se de execução fiscal, cumprimento de sentença judicial ou execução de título executivo extrajudicial (cheque, nota promissória, etc.). A Lei 14.125, de 26 de agosto de 2021, deu nova redação ao inciso III do "caput" do art. 921 do CPC. Além disso, a mencionada lei deu nova redação ao § 5º e incluiu o § 4º-A, o § 6º e o § 7º ao dispositivo em comento. Somente com estas alterações que os sistemas de prescrição intercorrente das execuções fiscais e demais execuções foram unificados, uma vez que o art. 921, III, do CPC passou a prever a prescrição intercorrente também para os casos em que o devedor não fosse encontrado. Finalmente, cumpre destacar que a Lei 14.382, de 27 de junho de 2022, incluiu o art. 206-A ao CC passando a prever que o prazo da prescrição intercorrente será o mesmo prazo da prescrição da pretensão. Portanto, o que variará de uma para outra é o prazo para que se atinja a prescrição intercorrente, que obecerá ao disposto no citado art. 206-A do CC e na Súmula 150 do STF, in verbis: "Precreve a execução no mesmo prazo de prescrição da ação". Para exemplificar, imaginemos que uma pessoa ingresse com duas ações judiciais, uma para cobrança de dívida líquida constante em instrumento particular (que prescreve em 05 anos, nos termos do art. 206, § 5º, I, CC) e outra pleiteando a condenação de terceira pessoa por danos morais pela prática de ofensa verbal (esta prescreve em 03 anos, nos termos do art. 206, § 3º, 206, § 5º, I, CC). Se essa pessoa sagra-se vencedora em ambas as ações, após o trânsito em julgado da sentença respectiva, começa a correr prazo prescricional para requerer o cumprimento da sentença (que também é de 05 anos para a cobrança e de 03 anos para o dano moral). Essa regra já existia no CPC/73, não mudou. A novidade trazida pelo CPC/2015 é que, se não forem achados bens penhoráveis, os processos de execução (cumprimento de sentença) serão suspensos por um ano e, passado esse intervalo sem localização de bens, ambos serão arquivados. Passados 03 anos (no caso do dano moral) ou 05 anos (no caso da cobrança), as execuções serão extintas pela prescrição intercorrente.

7.4. EVICÇÃO

- **CPC/2015:** a Lei n. 13.105/2015, em seu art. 1.072, inc. II, revogou o art. 456 do CC, que permitia que o evicto pleiteasse a reparação dos prejuízos sofridos tanto do alienante imediato quanto de qualquer um dos alienantes anteriores, que era a chamada denunciação da lide *per saltum*. Veja a jurisprudência do STF: *"DENUNCIAÇÃO DA LIDE PER SALTUM. CABIMENTO APÓS O ADVENTO DO ART. 456 DO CÓDIGO CIVIL DE 2002. INEXISTÊNCIA DE CONFLITO FEDERATIVO. CAUSA DE NATUREZA ESTRITAMENTE PATRIMONIAL. AGRAVO DESPROVIDO. 1. O art. 456 do Código Civil de 2002 introduziu no Direito brasileiro a possibilidade de denunciação da lide per saltum, de acordo com a orientação doutrinária dominante (...)"* (ACO: 1551 MS , Relator: Min. LUIZ FUX, Data de Julgamento: 29/02/2012, Tribunal Pleno, Data de Publicação: 20-03-2012). Por essa regra, o alienante pode ser responsabilizado em caso de perda do bem alienado em favor de quem possui melhor direito, não somente pela pessoa com a qual negociou, mas também por qualquer comprador subsequente. Vale anotar que a revogação dessa norma destina-se a adequar a regra de direito material (evicção) com as regras de direito processual previstas para a denunciação da lide, modalidade de intervenção de terceiro, por meio da qual aquele que é demandado em relação à posse ou propriedade de determinado bem pode incluir no processo a pessoa que deve responder por eventual evicção. O novo regramento processual da denunciação da lide está disciplinado pelos art. 125 a 129 do CPC. A mudança consiste em limitar a denunciação sucessiva a uma única vez (art. 125, § 2º, do CPC). Para compreender melhor a mudança, imaginemos que "A" venda um veículo automotor a "B", que o revende a "C", que faz uma permuta com "D" que, por sua vez, revende o bem para "E". Suponhamos que "E" seja demandado por "X", que prova ser o verdadeiro proprietário do veículo, que havia sido furtado. Pela regra anterior (art. 456 do CC), "E" poderia optar por ajuizar ação para ser ressarcido do prejuízo sofrido contra "A", "B", "C" ou "D", normalmente escolhendo aquele que tem melhor condição de pagar pelo prejuízo. De acordo com a regra do CPC, "E" somente poderá acionar judicialmente o "D", que poderá trazer o "C" para o processo. "C" poderá promover a denunciação da lide ao "B" e para por aí. Não é possível trazer o "A" a este processo, pois, daí para frente, a responsabilidade do alienante somente pode ser discutida em ação autônoma. É o que prevê o art. 125, § 2º, do CPC.

7.5. USUCAPIÃO

- **CPC/2015:** a Lei n. 13.105/2015 introduziu duas modificações relevantes no procedimento para reconhecimento da usucapião. A primeira delas foi a retirada da ação de usucapião do rol de procedimentos especiais do CPC/2015. Manteve-se como especificidade desta ação a necessidade de publicação de editais, nos termos do art. 259, inc. I, do CPC. A segunda foi a possibilidade de reconhecimento administrativo da usucapião, que poderá ser feito diretamente perante o oficial de registro de imóveis. É o que prevê o art. 1.071 do CPC, que alterou a Lei 6.015/73 (Lei de Registros Públicos). Pela regra anterior, a prescrição aquisitiva somente poderia ser reconhecida pelo juiz, em ação sujeita a rito próprio. A partir da vigência do CPC, o usucapiente (quem adquiriu a propriedade por usucapião) pode formalizar seu requerimento perante o registro de imóveis do local da situação do bem. Se o usucapido (quem perdeu a propriedade do bem por causa da usucapião) sentir-se prejudicado, poderá ingressar com uma ação judicial para anular o registro. Com a inovação processual, somente serão submetidas ao crivo de um juiz as situações em que de fato existe litigiosidade.

7.6. HIPOTECA

- **CPC/2015:** a Lei n. 13.105/2015, em seu art. 1.072, inc. II, revogou os art. 1.482 e 1.483 do CC, que permite ao executado, seu cônjuge, ascendente ou descendente, remir (resgatar) o bem imóvel dado em garantia hipotecária, pagando o preço da avaliação (se não houver interessados) ou igual ao do maior lance e desde que o faça antes da assinatura do auto de arrematação ou de adjudicação. De acordo com a inovação introduzida pelo CPC, a possibilidade de remição subsiste somente em favor do executado e das pessoas elencadas nos inc. II a VII do CPC, conforme determinam os §§ 3º e 4º do art. 877 do novo estatuto processual. Embora a lei se refira somente ao executado, vale lembrar que, sempre que o bem de quem não é o devedor for penhorado em uma execução, essa pessoa necessariamente deverá integrar o polo passivo da ação executiva. Veja a jurisprudência do STJ: *"PROCESSUAL CIVIL. EXECUÇÃO AJUIZADA CONTRA O DEVEDOR. PENHORA QUE RECAI SOBRE BEM DADO EM GARANTIA HIPOTECÁRIA. AUSÊNCIA DE CITAÇÃO DO TERCEIRO GARANTIDOR. NULIDADE DA PENHORA. 1. É indispensável que o garantidor hipotecário figure como executado, na execução movida pelo credor, para que a penhora recaia sobre o bem dado em garantia, porquanto não é possível que a execução seja endereçada a uma pessoa, o devedor principal, e a constrição judicial atinja bens de terceiro, o garantidor hipotecário. 2. Recurso especial provido."* (REsp 472.769/SP, Rel. Ministro LUIS FELIPE SALOMÃO, QUARTA TURMA, julgado em 11/05/2010, DJe 24/05/2010) (vide REsp 472769/SP). Vale lembrar que, com o advento do CPC/2015, o direito do executado, seja o devedor ou do terceiro que deu o bem em garantia hipotecária, remir o bem, pagando o preço da avaliação ou do maior lance oferecido antes da assinatura do auto de arrematação ou adjudicação, foi preservado. O que deixou de existir foi a possibilidade de remição da dívida pelo cônjuge, descendentes ou ascendentes do devedor hipotecário.

Atenção:

- A Lei 14.711/2023 introduziu alterações importantes nas regras relativas à hipoteca. Em seu artigo 3º, a referida lei incluiu o art. 1.478 no Código Civil, segundo o qual o credor hipotecário que efetuar o pagamento, a qualquer tempo, das dívidas garantidas pelas hipotecas anteriores sub-rogar-se-á nos seus direitos, sem prejuízo dos que lhe competirem contra o devedor comum. O mesmo dispositivo legal introduziu o art. 1.487-A no Código Civil para autorizar a extensão da hipoteca para garantir novas obrigações em favor do mesmo credor, a requerimento do proprietário, observado o limite máximo da garantia original. Vale mencionar ainda que o art. 9º da nova Lei 14.711/2023 inaugurou a possibilidade de execução extrajudicial dos créditos garantidos por hipoteca.

✦ SÚMULAS APLICÁVEIS

⦿ STF

PARTE GERAL DO CÓDIGO CIVIL

- **Súmula 150 do STF** – Prescreve a execução no mesmo prazo de prescrição da ação.
- **Súmula 340 do STF** – Desde a vigência do Código Civil, os bens dominicais, como os demais bens públicos, não podem ser adquiridos por usucapião.
- **Súmula 383 do STF** – A prescrição em favor da Fazenda Pública recomeça a correr, por dois anos e meio, a partir do ato interruptivo, mas não fica reduzida aquém de cinco anos, embora o titular do direito a interrompa durante a primeira metade do prazo.
- **Súmula 443 do STF** – A prescrição das prestações anteriores ao período previsto em lei não ocor-

re, quando não tiver sido negado, antes daquele prazo, o próprio direito reclamado, ou a situação jurídica de que ele resulta.

CONTRATOS

- **Súmula Vinculante n. 25** – É ilícita a prisão civil de depositário infiel, qualquer que seja a modalidade de depósito.
- **Súmula 188 do STF** – O segurador tem ação regressiva contra o causador do dano, pelo que efetivamente pagou, até ao limite previsto no contrato de seguro.

RESPONSABILIDADE CIVIL

- **Súmula 28 do STF** – O estabelecimento bancário é responsável pelo pagamento de cheque falso, ressalvadas as hipóteses de culpa exclusiva ou concorrente do correntista (superada em parte).
- **Súmula 159 do STF** – Cobrança excessiva, mas de boa-fé, não dá lugar às sanções do art. 1531 do Código Civil (obs.: corresponde ao art. 940 do CC/02).
- **Súmula 492 do STF** – A empresa locadora de veículos responde, civil e solidariamente com o locatário, pelos danos por este causados a terceiro, no uso do carro locado.

DIREITO DAS COISAS

- **Súmula 413 do STF** – O compromisso de compra e venda de imóveis, ainda que não loteados, dá direito à execução compulsória, quando reunidos os requisitos legais.

DIREITO DE FAMÍLIA

- **Súmula 377 do STF –** No regime de separação legal de bens, comunicam-se os adquiridos na constância do casamento.
- **Súmula 382 do STF** – A vida em comum sob o mesmo teto "more uxorio", não é indispensável à caracterização do concubinato.

◉ STJ

PARTE GERAL DO CÓDIGO CIVIL

- **Súmula 54 do STJ** – Os juros moratórios fluem a partir do evento danoso, em caso de responsabilidade extracontratual.
- **Súmula 85 do STJ** – Nas relações jurídicas de trato sucessivo em que a Fazenda Pública figure como devedora, quando não tiver sido negado o próprio direito reclamado, a prescrição atinge apenas as prestações vencidas antes do quinquênio anterior a propositura da ação.
- **Súmula 101 do STJ** – A ação de indenização do segurado em grupo contra a seguradora prescreve em um ano.
- **Súmula 106 do STJ** – Proposta a ação no prazo fixado para o seu exercício, a demora na citação, por motivos inerentes ao mecanismo da justiça, não justifica o acolhimento da arguição de prescrição ou decadência.
- **Súmula 143 do STJ** – Prescreve em cinco anos a ação de perdas e danos pelo uso de marca comercial.
- **Súmula 229 do STJ** – O pedido do pagamento de indenização à seguradora suspende o prazo de prescrição até que o segurado tenha ciência da decisão.
- **Súmula 278 do STJ** – O termo inicial do prazo prescricional, na ação de indenização, é a data em que o segurado teve ciência inequívoca da incapacidade laboral.
- **Súmula 291 do STJ** – A ação de cobrança de parcelas de complementação de aposentadoria pela previdência privada prescreve em cinco anos.
- **Súmula 398 do STJ** – A prescrição da ação para pleitear os juros progressivos sobre os saldos de conta vinculada do FGTS não atinge o fundo de direito, limitando-se às parcelas vencidas.
- **Súmula 405 do STJ** – A ação de cobrança do seguro obrigatório (DPVAT) prescreve em três anos.
- **Súmula 412 do STJ** – A ação de repetição de indébito de tarifas de água e esgoto sujeita-se ao prazo prescricional estabelecido no Código Civil.
- **Súmula 503 do STJ –** O prazo para ajuizamento de ação monitória em face do emitente de cheque sem força executiva é quinquenal, a contar do dia seguinte à data de emissão estampada na cártula.
- **Súmula 504 do STJ** – O prazo para ajuizamento de ação monitória em face do emitente de nota promissória sem força executiva é quinquenal, a contar do dia seguinte ao vencimento do título.
- **Súmula 573 do STJ** – Nas ações de indenização decorrente de seguro DPVAT, a ciência inequívoca do caráter permanente da invalidez, para fins de contagem do prazo prescricional, depende de laudo médico, exceto nos casos de invalidez permanente notória ou naqueles em que o conhecimento anterior resulte comprovado na fase de instrução.
- **Súmula 624 do STJ** – É possível cumular a indenização do dano moral com a reparação econômica da Lei n. 10.559/2002 (Lei da Anistia Política).
- **Súmula 647 do STJ** – São imprescritíveis as ações indenizatórias por danos morais e materiais decorrentes de atos de perseguição política com violação de direitos fundamentais ocorridos durante o regime militar.

CONTRATOS

- **Súmula 214 do STJ** – O fiador na locação não responde por obrigações resultantes de aditamento ao qual não anuiu.
- **Súmula 609 do STJ** - A recusa de cobertura securitária, sob a alegação de doença preexistente, é ilícita se não houve a exigência de exames médicos prévios à contratação ou a demonstração de má-fé do segurado.
- **Súmula 616 do STJ** - A indenização securitária é devida quando ausente a comunicação prévia do segurado acerca do atraso no pagamento do prêmio, por constituir requisito essencial para a suspensão ou resolução do contrato de seguro.
- **Súmula 620 do STJ** - A embriaguez do segurado não exime a seguradora do pagamento da indenização prevista em contrato de seguro de vida.
- **Súmula 632 do STJ** - Nos contratos de seguro regidos pelo Código Civil, a correção monetária sobre a indenização securitária incide a partir da contratação até o efetivo pagamento.
- **Súmula 638 do STJ** – É abusiva a cláusula contratual que restringe a responsabilidade de instituição financeira pelos danos decorrentes de roubo, furto ou extravio de bem entregue em garantia no âmbito de contrato de penhor civil.
- **Súmula 656 do STJ** – É válida a cláusula de prorrogação automática de fiança na renovação do contrato principal. A exoneração do fiador depende da notificação prevista no artigo 835 do Código Civil.

RESPONSABILIDADE CIVIL

- **Súmula 37 do STJ** – São cumuláveis as indenizações por dano material e dano moral oriundos do mesmo fato.
- **Súmula 43 do STJ** – Incide correção monetária sobre dívida por ato ilícito a partir da data do efetivo prejuízo.
- **Súmula 54 do STJ** – Os juros moratórios fluem a partir do evento danoso, em caso de responsabilidade extracontratual.
- **Súmula 145 do STJ** – no transporte desinteressado, de simples cortesia, o transportador só será civilmente responsável por danos causados ao transportado quando incorrer em dolo ou culpa grave.
- **Súmula 227 do STJ** – A pessoa jurídica pode sofrer dano moral.
- **Súmula 362 do STJ** – A correção monetária do valor da indenização do dano moral incide desde a data do arbitramento.
- **Súmula 370 do STJ** – Caracteriza dano moral a apresentação antecipada de cheque pré-datado.
- **Súmula 385 do STJ** – Da anotação irregular em cadastro de proteção ao crédito, não cabe indenização por dano moral, quando preexistente legítima inscrição, ressalvado o direito ao cancelamento.
- **Súmula 387 do STJ** – É lícita a cumulação das indenizações de dano estético e dano moral.
- **Súmula 388 do STJ** – A simples devolução indevida de cheque caracteriza dano moral.
- **Súmula 642 do STJ** – O direito à indenização por danos morais transmite-se com o falecimento do titular, possuindo os herdeiros da vítima legitimidade ativa para ajuizar ou prosseguir a ação indenizatória.
- **Súmula 652** – A responsabilidade civil da Administração Pública por danos ao meio ambiente, decorrente de sua omissão no dever de fiscalização, é de caráter solidário, mas de execução subsidiária.

DIREITO DAS COISAS

- **Súmula 239 do STJ** – O direito à adjudicação compulsória não se condiciona ao registro do compromisso de compra e venda no cartório de imóveis.
- **Súmula 308 do STJ** – A hipoteca firmada entre a construtora e o agente financeiro, anterior ou posterior à celebração da promessa de compra e venda, não tem eficácia perante os adquirentes do imóvel.
- **Súmula 619 do STJ** - A ocupação indevida de bem público configura mera detenção, de natureza precária, insuscetível de retenção ou indenização por acessões e benfeitorias.

Direito Processual Civil

Luciano Alves Rossato e
Dailson Soares de Rezende

TABELA DE INCIDÊNCIA DE QUESTÕES		
Assunto	**N. de Questões**	**Peso**
1. DAS NORMAS FUNDAMENTAIS DO PROCESSO CIVIL	2	2,90%
2. DA JURISDIÇÃO E DA AÇÃO	2	2,90%
3. DAS PARTES E DOS PROCURADORES	3	4,35%
4. DO LITISCONSÓRCIO	3	4,35%
5. DA INTERVENÇÃO DE TERCEIROS	4	5,80%
6. DO JUIZ E DOS AUXILIARES DA JUSTIÇA	2	2,90%
7. DO MINISTÉRIO PÚBLICO	2	2,90%
8. DA COMPETÊNCIA	3	4,35%
9. DOS ATOS PROCESSUAIS	7	10,14%
10. DA TUTELA PROVISÓRIA	3	4,35%
11. DA FORMAÇÃO, DA SUSPENSÃO E DA EXTINÇÃO DO PROCESSO	1	1,45%
12. DO PROCEDIMENTO COMUM	9	13,04%
13. DA SENTENÇA E DA COISA JULGADA	3	4,35%
14. DA LIQUIDAÇÃO DE SENTENÇA	1	1,45%
15. DO CUMPRIMENTO DA SENTENÇA	3	4,35%
16. DA ORDEM DOS PROCESSOS NOS TRIBUNAIS E DOS RECURSOS	9	13,04%
17. DO PROCESSO DE EXECUÇÃO	2	2,90%
18. DOS PROCEDIMENTOS ESPECIAIS PREVISTOS NO CPC	1	1,45%
19. DA AÇÃO CIVIL PÚBLICA	2	2,90%
20. DA AÇÃO POPULAR	3	4,35%
21. DO MANDADO DE SEGURANÇA	4	5,80%
TOTAL	**69**	**100%**

Direito Processual Civil

Luciano Alves Rossato e
Dailson Soares de Rezende

✦ QUESTÕES

1. DAS NORMAS FUNDAMENTAIS DO PROCESSO CIVIL

01. (Cespe – Analista Judiciário – Área Judiciária – TRE – PE/2017) Acerca das normas processuais civis, assinale a opção correta.

a) O juiz não pode decidir com base em fundamento a respeito do qual não tenha sido dada oportunidade de manifestação às partes, ressalvado o caso de matéria que deva decidir de ofício.

b) Os juízes e tribunais terão de, inexoravelmente, atender à ordem cronológica de conclusão para proferir sentença ou decisão.

c) A boa-fé processual objetiva, que não se aplica ao juiz, prevê que as partes no processo tenham um comportamento probo e leal.

d) O modelo cooperativo, que atende à nova ordem do processo civil no Estado constitucional, propõe que o juiz seja assimétrico no decidir e na condução do processo.

e) O contraditório substancial tem por escopo propiciar às partes a ciência dos atos processuais, bem como possibilitar que elas influenciem na formação da convicção do julgador.

COMENTÁRIOS

✪ **Nota dos autores:** o processo civil será ordenado, disciplinado e interpretado conforme os valores e as normas fundamentais estabelecidos na Constituição da República Federativa do Brasil, observando-se as disposições do Código de Processo Civil.

Alternativa "a". O juiz não pode decidir, em grau algum de jurisdição, com base em fundamento a respeito do qual não se tenha dado às partes oportunidade de se manifestar, ainda que se trate de matéria sobre a qual deva decidir de ofício (CPC/15, art.10).

Alternativa "b". Os juízes e os tribunais atenderão, preferencialmente, à ordem cronológica de conclusão para proferir sentença ou acórdão (CPC/15, art.12).

Alternativa "c". Aquele que de qualquer forma participa do processo deve comportar-se de acordo com a boa-fé (CPC/15, art.5º).

Alternativa "d". A estruturação do processo pelo modelo cooperativo atende à necessidade da nova ordem constitucional processual, por não admitir protagonista e se estrutura a partir do modelo constitucional do processo, sendo dever o juiz ser paritário na condução e diálogo processual e assimétrico na decisão (CPC, art.6º).

Alternativa "e". O contraditório pode ter a roupagem formal ou substancial. No aspecto formal a parte tem o direito de tomar ciência dos atos processuais e ter a possibilidade de reagir. No aspecto substancial a parte tem o direito de tomar ciência dos atos processuais, poder de influir na decisão que deve levar em consideração seus argumentos em resultado sem surpresas.

Alternativa correta: letra "e".

---

02. (Cespe – Analista Judiciário – Área Judiciária – TRE – BA/2017) Em um tribunal, o relator de determinado recurso concedeu o prazo de cinco dias ao recorrente para que fosse sanado vício e complementada a documentação exigida pela legislação para interposição de recurso.

Nessa situação, o magistrado tomou tal providência com base no princípio denominado

a) dialeticidade.

b) fungibilidade.

c) primazia do julgamento do mérito.

d) dispositivo.

e) identidade física do juiz.

COMENTÁRIOS

✪ **Nota dos autores:** uma das inovações do CPC/2015 foi a dedicação do livro I às normas fundamentais e forma de aplicação das normas processuais.

Alternativa "a". Princípio da dialeticidade consiste na exigência de exposição de todos os argumentos suficientes para infirmar as fundamentações da decisão impugnada.

Alternativa "b". Princípio da fungibilidade consiste na possibilidade de admissão de um meio processual (recurso, ação etc.) ao invés do que foi denominado pela parte.

Alternativa "c". Princípio da primazia do julgamento do mérito consiste na priorização do exercício da tutela jurisdicional almejada (solução integral do mérito). Em sua aplicação, por exemplo, haverá prazo para regularização de defeito processual de recursos e demais atos processuais, primando para que seja decidido o mérito.

Alternativa "d". Princípio dispositivo consiste na disposição processual inicial às partes e impulso resultante pelo juiz.

Alternativa "e". Princípio da identidade física do juiz consiste na vinculação da confecção da sentença ao magistrado que encerrar a instrução probatória. O CPC/15 não tem referida previsão, diversamente do anterior (CPC/73, art.132).

Alternativa correta: letra "c".

2. DA JURISDIÇÃO E DA AÇÃO

03. (Cespe - Analista Judiciário - Área Judiciária - TRE - BA/2017) Durante a instrução probatória no curso de processo referente a ação de cobrança proposta por indivíduo identificado, na petição inicial, como credor do réu, o juiz verificou que o demandante não era o verdadeiro titular do crédito.

Nessa situação, o juiz deve considerar o autor como parte legítima e examinar o mérito do processo se adotar a teoria da

a) carga dinâmica da prova.
b) substanciação.
c) asserção.
d) exposição.
e) causa madura.

COMENTÁRIOS

✪ **Nota dos autores:** o CPC adotou as teorias da carga dinâmica da prova, substanciação, asserção e causa madura.

Alternativa "a". A teoria da carga dinâmica da prova determina que o ônus probatório é analisado sobre a dinâmica do caso concreto, de incumbência a quem tem condição de melhor produção de provas.

Alternativa "b". Com relação à causa de pedir há duas principais teorias: substanciação e individuação. Pela teoria da substanciação a causa de pedir relaciona-se aos fatos ou complexos fáticos que servem de fundamento para a pretensão. A teoria da individuação relaciona causa de pedir à aduzida relação ou estado jurídico afirmado pelo autor, ao invés dos fundamentos fáticos da pretensão.

Alternativa "c". Pela teoria da asserção as condições da ação devem ser analisadas sob o enfoque das assertivas abstratas do autor.

Alternativa "d". Segundo a teoria da exposição as condições da ação devem ser analisadas sob o enfoque das assertivas comprovadas do autor, sendo eventualmente necessária dilação probatória para tal mister.

Alternativa "e". Pela teoria da causa madura o julgamento do mérito deve ser realizado sempre que possível, nos casos de não necessidade de dilação probatória ou prática de outro ato processual prévio.

Alternativa correta: letra "c".

04. (Cespe - Analista Judiciário - Área Judiciária - TRE-RJ/2012 - adaptado) Com relação ao direito processual civil, julgue o item seguinte.

I. De acordo com a teoria da exposição, a parte autora deve provar a existência da legitimidade das partes, a possibilidade jurídica do pedido, o interesse de agir e a capacidade postulatória.

COMENTÁRIOS

✪ **Nota dos autores:** as condições da ação sempre foram identificadas como aquelas necessárias para que seja proferido pronunciamento com resolução do mérito. No CPC de 1973, eram identificadas três condições da ação, quais sejam: legitimidade ad causam, interesse de agir e possibilidade jurídica do pedido. Ainda sob a vigência daquele Código, já havia o debate sobre a possibilidade de se defender a teoria da asserção, por meio da qual as condições da ação eram verificadas diante das afirmativas apresentadas pelo autor na petição inicial (ou mesmo pelo réu, na reconvenção), de modo que, se o juiz, estando o processo em estágio já avançado, verificasse a ausência daquelas condições, poderá proferir sentença de improcedência, ao invés de extinguir o processo. De outro lado, pela teoria da exposição, admite-se que a presença das condições da ação seja demonstrada durante o trâmite do processo. Se não houver esta demonstração, o magistrado extinguirá o processo sem resolução do mérito. No CPC de 2015, há certa controvérsia quanto à permanência das condições da ação como categoria processual. Com efeito, há autores respeitados que são defensores da ideia de que o CPC/2015 não encampou as condições da ação como categoria processual. Há outros, no entanto, que defendem a sua permanência, muito embora tais condições estejam restritas a apenas duas, quais sejam, a legitimidade de agir e o interesse processual. Dessa maneira, a possibilidade jurídica do pedido deixou de ser considerada matéria processual, sendo analisada juntamente com o mérito.

A questão inclui a capacidade postulatória e a possibilidade jurídica do pedido como espécies de condições da ação, o que não se afigura correto. Com efeito, a capacidade postulatória é um dos pressupostos processuais de desenvolvimento válido do processo, ao passo que a possibilidade jurídica do pedido é matéria de mérito. Dessa maneira, será mais adequado afirmar que pela teoria da exposição deverá a parte demonstrar a presença da legitimidade ad causam e do interesse de agir, apenas.

Alternativa correta: "errado".

3. DAS PARTES E DOS PROCURADORES

05. (Cespe - Analista Judiciário - Área Judiciária - TRE - TO/2017) A procuração geral para o foro, outorgada pela parte a seu patrono no início da fase de conhecimento, habilita o advogado a

a) assinar declaração de hipossuficiência econômica em nome da parte.
b) atuar na fase de cumprimento de sentença, salvo disposição contrária na procuração.
c) receber citação ou intimação.
d) reconhecer a procedência do pedido.
e) representar a parte que não possa comparecer à audiência de conciliação.

COMENTÁRIOS

✪ **Nota dos autores:** a procuração geral para o foro, outorgada por instrumento público ou particular assinado pela parte, habilita o advogado a praticar todos os atos do processo, exceto receber citação, confessar, reconhecer a procedência do pedido, transigir, desistir, renunciar ao direito sobre o qual se funda a ação, receber, dar quitação, firmar compromisso e assinar declaração de hipossuficiência econômica, que devem constar de cláusula específica.

Alternativa "a". A constituição de poder para assinar declaração de hipossuficiência econômica deve constar de cláusula específica em procuração (CPC/15, art. 105).

Alternativa "b". Salvo disposição expressa em sentido contrário constante do próprio instrumento, a procuração outorgada na fase de conhecimento é eficaz para todas as fases do processo, inclusive para o cumprimento de sentença (**CPC/15, art.** 105, §4º).

Alternativa "c". A constituição de poder para receber citação deve constar de cláusula específica em procuração (**CPC/15, art.** 105, §4º).

Alternativa "d". A constituição de poder para reconhecer a procedência do pedido deve constar de cláusula específica em procuração (**CPC/15, art.** 105, §4º).

Alternativa "e". A parte poderá constituir representante, por meio de procuração específica, com poderes para negociar e transigir (**CPC/15, art.** 334, §10).

Alternativa correta: letra "b".

06. (Cespe - Analista Judiciário - Área Judiciária - TRE - BA/2017) Julgue os itens a seguir, com base no Código de Processo Civil.

I. É cabível a fixação de honorários de sucumbência na reconvenção, no cumprimento de sentença, na execução e em grau recursal.
II. A legislação processual proíbe que a tutela da evidência seja concedida antes da manifestação do réu.
III. Somente para rescindir decisão de mérito pode-se utilizar ação rescisória.
IV. A concessão do benefício da prioridade de tramitação de processo a parte idosa que figure como beneficiado deve ser estendido em favor de seu cônjuge supérstite no caso de óbito da parte.

Estão certos apenas os itens

a) I e II.
b) I e III.
c) I e IV.
d) II e III.
e) III e IV.

COMENTÁRIOS

✪ **Nota dos autores:** a tramitação processual prioritária independe de deferimento pelo órgão jurisdicional e deverá ser imediatamente concedida diante da prova da condição de beneficiário.

Item I. São devidos honorários advocatícios na reconvenção, no cumprimento de sentença, provisório ou definitivo, na execução, resistida ou não, e nos recursos interpostos, cumulativamente (CPC/15, art.85, §1º).

Item II. Se as alegações de fato puderem ser comprovadas apenas documentalmente e houver tese firmada em julgamento de casos repetitivos ou em súmula vinculante, bem como se tratar de pedido reipersecutório fundado em prova documental adequada do contrato de depósito, caso em que será decretada a ordem de entrega do objeto custodiado, sob cominação de multa, a tutela de evidência por ser concedida in limine, com contraditório postergado (CPC/15, art.311, parágrafo único).

Item III. O óbice à nova propositura da demanda ou admissibilidade do recurso correspondente ocasionado por decisão sem conteúdo de mérito transitada em julgado dá ensejo à possibilidade de ajuizamento de ação rescisória nas hipóteses legais (CPC/15, art.966, §2º).

Item IV. A prioridade de tramitação do processo concedida não cessará com a morte do beneficiado, estendendo-se em favor do cônjuge supérstite ou do companheiro em união estável (CPC/15, art.1048, §3º).

Alternativa correta: letra "c". Estão corretos os itens I e IV.

---

07. (Cespe - Analista Judiciário - Área Administrativa - TRE - BA/2017) É sabido que o advogado é indispensável à administração da justiça e que a capacidade postulatória é pressuposto processual de validade dos atos decorrente da representação por advogado. Contudo, conforme o Código de Processo Civil (CPC), mesmo sem procuração o advogado pode

a) postular em juízo para praticar ato considerado urgente.

b) obter cópias de todo e qualquer processo independentemente da fase de tramitação.

c) requerer vista dos autos de qualquer processo.

d) examinar autos de todo e qualquer processo em cartório de fórum e secretaria de tribunal.

e) retirar os autos em conjunto com o procurador da outra parte do processo.

COMENTÁRIOS

✪ **Nota dos autores:** a procuração é o instrumento do mandato que permite ao advogado postular, em juízo ou fora dele, os interesses de seu constituinte.

Alternativa "a". O advogado não será admitido a postular em juízo sem procuração, salvo para evitar preclusão, decadência ou prescrição, ou para praticar ato considerado urgente (CPC/15, art.104).

Alternativa "b". Salvo se protegido pelo segredo de justiça, o advogado sem procuração tem direito a examinar, em cartório de fórum e secretaria de tribunal, autos de qualquer processo, independentemente da fase de tramitação (CPC/15, art.107, I).

Alternativa "c". Como procurador, o advogado tem direito a requerer vista dos autos de qualquer processo, pelo prazo de cinco dias (CPC/15, art.107, II).

Alternativa "d". Salvo se protegido pelo segredo de justiça, o advogado sem procuração tem direito a obter cópia e registrar anotações em autos de qualquer processo (CPC/15, art.107, I).

Alternativa "e". Sempre que lhe couber falar por determinação judicial nos casos previstos em lei, o advogado tem direito a retirar os autos do cartório ou da secretaria pelo prazo legal (CPC/15, art.107, III). Se o prazo for comum, o advogado com procuração nos autos pode retirar os autos em conjunto ou mediante prévio ajuste com o procurador da parte adversa, por petição nos autos (CPC/15, art.107, §2º).

Alternativa correta: letra "a".

4. DO LITISCONSÓRCIO

---

08. (FCC - Analista Judiciário - Área Judiciária - TRE - PR/2017) Em matéria de litisconsórcio, é correto afirmar:

a) O litisconsórcio é simples quando, pela natureza da relação jurídica, o juiz tiver de decidir o mérito de modo uniforme para todos os litisconsortes.

b) No litisconsórcio unitário os atos e omissões de um dos litisconsortes, benéficos ou prejudiciais, estendem-se aos demais litisconsortes.

c) O litisconsórcio necessário por força de lei é sempre unitário.

d) Nos casos de litisconsórcio passivo necessário, o juiz, se o caso, determinará ao autor que requeira a citação de todos que devam ser litisconsortes, dentro do prazo que assinar, sob pena de extinção do processo.

e) Os litisconsortes que tiverem diferentes procuradores, de escritórios de advocacia distintos, terão prazos contados em quádruplo para todas as suas manifestações, em qualquer juízo ou tribunal, independentemente de requerimento.

COMENTÁRIOS

✪ **Nota dos autores:** o juiz poderá limitar o litisconsórcio facultativo quanto ao número de litigantes na fase de conhecimento, na liquidação de sentença ou na execução, quando este comprometer a rápida solução do litígio ou dificultar a defesa ou o cumprimento da sentença.

Alternativa "a". O litisconsórcio será unitário quando, pela natureza da relação jurídica, o juiz tiver de decidir o mérito de modo uniforme para todos os litisconsortes (CPC/2015, art. 116).

Alternativa "b". Os litisconsortes serão considerados, em suas relações com a parte adversa, como litigantes distintos, exceto no litisconsórcio unitário, caso em que os atos e as omissões de um não prejudicarão os outros, mas os poderão beneficiar (CPC/2015, art. 117).

Alternativa "c". O litisconsórcio será necessário por disposição de lei ou quando, pela natureza da relação jurídica controvertida, a eficácia da sentença depender da citação de todos que devam ser litisconsortes, mas o litisconsórcio será unitário quando, pela natureza da relação jurídica, o juiz tiver de decidir o mérito de modo uniforme para todos os litisconsortes (CPC/15, arts.114 e 116).

Alternativa "d". Nos casos de litisconsórcio passivo necessário, o juiz determinará ao autor que requeira a citação de todos que devam ser litisconsortes, dentro do prazo que assinar, sob pena de extinção do processo (CPC/2015, art.115, parágrafo único).

Alternativa "e". Os litisconsortes que tiverem diferentes procuradores, de escritórios de advocacia distintos, terão prazos contados em dobro para todas as suas manifestações, em qualquer juízo ou tribunal, independentemente de requerimento (CPC/2015, art.229).

Alternativa correta: letra "d".

---

09. (Cespe – Analista Judiciário – Área Judiciária – TRE – PE/2017) João e José, residentes em Recife – PE, foram vítimas de acidente automobilístico provocado por Pedro, maior e capaz, domiciliado em Olinda – PE. As vítimas impetraram ações indenizatórias individuais em 10/3/2016, ambas no juízo de Recife – PE.

Nessa situação hipotética,

a) caso Pedro oponha incidente de exceção de incompetência relativa após a entrada em vigor do CPC/2015, o juiz deverá declinar da competência.

b) João e José poderiam optar por ingressar em litisconsórcio ativo e, nesse caso, seriam considerados como litigantes distintos em suas relações com Pedro.

c) se as ações forem distribuídas para juízos distintos, os processos deverão ser reunidos em razão da existência de continência.

d) ambos os processos devem seguir o rito ordinário, porquanto o procedimento sumário foi extinto no CPC/2015.

e) a citação de Pedro deve ocorrer por mandado, por meio de oficial de justiça.

COMENTÁRIOS

✪ **Nota dos autores:** duas ou mais pessoas podem litigar, no mesmo processo, em conjunto, ativa ou passivamente, quando: I – entre elas houver comunhão de direitos ou de obrigações relativamente à lide; II – entre as causas houver conexão pelo pedido ou pela causa de pedir; ou III – ocorrer afinidade de questões por ponto comum de fato ou de direito.

Alternativa "a". Não há mais incidente de incompetência relativa, sendo matéria alegável em preliminar de contestação (CPC/15, arts.64, caput e 337, II). Ademais, o juízo do domicílio do autor ou do local do acidente automobilístico é o foro territorial competente para conhecer e julgar ação de reparação de danos corresponde (CPC/15, art.53, V) e como consta que o domicílio dos autores é o foro onde se ajuizou a ação não há que se falar em declínio de competência.

Alternativa "b". Por se tratar de litisconsortes ativos facultativos, eles serão considerados como litigantes distintos em suas relações com a parte adversa (CPC/15, arts. 113, II, e 117).

Alternativa "c". O caso seria de reunião por conexão e não continência, pois a causa de pedir é comum, não se falando em identidade de partes, tampouco de ser um pedido contido no outro (CPC/15, arts. 55 e 56).

Alternativa "d". Em se tratando de ação de ressarcimento por danos causados em acidente de veículo de via terrestre, cujo rito pelo CPC/73 (art. 275, II, "d") era o sumário, há a possibilidade de seguir o procedimento do Juizado Especial Cível (Lei nº 9.099/95, art. 3º, II) ou o procedimento comum (CPC/15, art. 1049, parágrafo único).

Alternativa "e". Atenção à nova redação do art. 247, do CPC, alterado pela Lei nº 14.195/2021. De acordo com o novo dispositivo, a citação será feita por meio eletrônico ou pelo correio para qualquer comarca do País, exceto: I – nas ações de estado, observado o disposto no art. 695, § 3º; II – quando o citando for incapaz; III – quando o citando for pessoa jurídica de direito público; IV – quando o citando residir em local não atendido pela entrega domiciliar de correspondência; V – quando o autor, justificadamente, a requerer de outra forma.

Alternativa correta: letra "b".

---

10. (Cespe – Analista Judiciário – Área Judiciária– TRE-GO/2015 – adaptado) Julgue o item a seguir, referente à intervenção de terceiros.

A lei processual permite a limitação do litisconsórcio facultativo ou necessário quando for verificado que um número excessivo de litigantes pode comprometer a razoável duração do processo ou causar prejuízo à ampla defesa.

COMENTÁRIOS

✪ **Nota dos autores:** a formação do litisconsórcio necessário deve ser fiscalizada pelo juiz, que deverá determinar ao autor que promova o aditamento da petição inicial, bem como a citação de todos os litisconsortes necessários, sob pena de extinção do feito.

A limitação do litisconsórcio somente poderá ocorrer na modalidade facultativa. Nesse caso, em consonância com o disposto no art. 113, §§ 1º e 2º, do CPC, o juiz poderá limitar o litisconsórcio facultativo quanto ao número de litigantes na fase de conhecimento, na liquidação de sentença ou na execução, quando este comprometer a rápida solução do litígio ou dificultar a defesa ou o cumprimento de sentença. A este litisconsórcio dá-se o nome de multitudinário.

Alternativa Correta: "errado".

5. DA INTERVENÇÃO DE TERCEIROS

11. (IBFC – Analista Judiciário – Área Judiciária – TRE – PA/2020) A intervenção de terceiros consiste em permissão legal para que um sujeito alheio à relação jurídica processual originária ingresse em processo já em andamento, transformando-se em parte. Com relação ao tema, analise as afirmativas abaixo e dê valores Verdadeiro (V) ou Falso (F):

( ) A decisão do juiz ou relator sobre o ingresso de 'amicus curiae' é irrecorrível.

( ) O incidente de desconsideração da personalidade jurídica, enquanto modalidade de intervenção de terceiros, não se aplica ao processo de competência dos juizados especiais, dada a existência de vedação legal expressa.

( ) No chamamento ao processo, a citação daqueles que devam figurar em litisconsórcio passivo será requerida pelo réu na contestação e deve ser promovida no prazo de 30 (trinta) dias, sob pena de extinção do feito.

( ) Demonstrado o desvio de finalidade ou a confusão patrimonial, será acolhido o pedido de desconsideração da personalidade jurídica para tornar ineficaz a alienação ou a oneração de bens, havida em fraude de execução, em relação a todos os possíveis credores prejudicados, ainda que não tenham intervindo nos autos.

Assinale a alternativa que apresenta a sequência correta de cima para baixo.

a) V, V, V, V
b) V, F, F, V
c) V, F, F, F
d) F, F, F, F

COMENTÁRIOS

✪ **Notas do Autor:**

Assertiva I – correta. De fato, o juiz ou o relator, considerando a relevância da matéria, a especificidade do tema objeto da demanda ou a repercussão social da controvérsia, poderá, por decisão irrecorrível, de ofício ou a requerimento das partes ou de quem pretenda manifestar-se, solicitar ou admitir a participação de pessoa natural ou jurídica, órgão ou entidade especializada, com representatividade adequada, no prazo de 15 (quinze) dias de sua intimação (art. 138, *caput*, CPC).

Assertiva II – incorreta. O incidente de desconsideração da personalidade jurídica aplica-se ao processo de competência dos juizados especiais (art. 1.062, CPC), constituindo-se em exceção à inadmissibilidade de intervenção de terceiros prevista na Lei n. 9.099/1995 (art. 10).

Assertiva III – incorreta. A citação daqueles que devam figurar em litisconsórcio passivo será requerida pelo réu na contestação e deve ser promovida no prazo de 30 (trinta) dias, sob pena de ficar sem efeito o chamamento (art. 131, *caput*, CPC).

Assertiva IV – incorreta. Nos casos de desconsideração da personalidade jurídica, a fraude à execução verifica-se a partir da citação da parte cuja personalidade se pretende desconsiderar (art. 792, § 3º, CPC). Logo, verifica-se a necessidade de citação da parte.

Alternativa correta: letra "C".

12. (FCC – Analista Judiciário – Área Judiciária – TRE – SP/2017) O incidente de desconsideração da personalidade jurídica, disciplinado pelo novo Código de Processo Civil,

a) pode ser instaurado de ofício.
b) é cabível no cumprimento de sentença, mas não na execução fundada em título executivo extrajudicial.
c) não suspende o processo se instaurado na fase de cumprimento de sentença.
d) é resolvido por sentença.
e) é cabível em todas as fases do processo de conhecimento.

COMENTÁRIOS

✪ **Nota dos autores:** acolhido o pedido de desconsideração da personalidade jurídica, a alienação ou a oneração de bens, havida em fraude de execução, será ineficaz em relação ao requerente.

Alternativa "a". O incidente de desconsideração da personalidade jurídica será instaurado a pedido da parte ou do Ministério Público, quando lhe couber intervir no processo (CPC/2015, art. 133).

Alternativa "b". O incidente de desconsideração é cabível em todas as fases do processo de conhecimento, no cumprimento de sentença e na execução fundada em título executivo extrajudicial (CPC/2015, art. 134).

Alternativa "c". A instauração do incidente suspenderá o processo, salvo na hipótese de ter sido feito pedido de desconsideração da personalidade jurídica na petição inicial (CPC/2015, 134, § 3º).

Alternativa "d". Concluída a instrução, se necessária, o incidente será resolvido por decisão interlocutória (CPC/2015, art. 136).

Alternativa e". O incidente de desconsideração é cabível em todas as fases do processo de conhecimento, no cumprimento de sentença e na execução fundada em título executivo extrajudicial (CPC/2015, art. 134).

Alternativa correta: letra "e".

13. (Cespe – Analista Judiciário – Área Judiciária – TRE – BA/2017) De acordo com o Código de Processo Civil, o *amicus curiae*

a) deve ser pessoa jurídica, órgão ou entidade especializada, sendo vedado à pessoa natural atuar nessa condição.

b) depende de autorização da parte interessada para participar da relação processual.

c) pode opor embargos de declaração e ainda recorrer da decisão que julgar o incidente de resolução de demandas repetitivas.

d) pode ingressar somente em demandas que tramitem nos tribunais.

e) tem o direito, assegurado na lei, de realizar sustentação oral em julgamento de qualquer causa da qual participe.

COMENTÁRIOS

✪ **Nota dos autores:** *amicus curiae* é a pessoa natural ou jurídica, órgão ou entidade especializada, com representatividade adequada, admitido em processo alheio para atuação limitada ao fixado judicialmente.

Alternativa "a". Como vimos, a lei possibilita pessoa natural como *amicus curiae* (CPC/15, art.138, *caput*).

Alternativa "b". A admissão de *amicus curiae* não depende de aceitação da parte interessada.

Alternativa "c". O *amicus curiae* pode tão somente opor Embargos de Declaração e recorrer da decisão que julgar o incidente de resolução de demandas repetitivas (CPC/15, art.138, §§1º e 2º).

Alternativa "d". O *amicus curiae* pode ingressar em ações e recursos que tramitam em primeira instância e Tribunais (CPC/15, art.138, *caput*).

Alternativa "e". Caberá ao juiz ou ao relator, na decisão que solicitar ou admitir a intervenção, definir os poderes do *amicus curiae* (CPC/15, art.138, §2º). A lei não prevê o prévio direito à sustentação oral.

Alternativa correta: letra "c".

14. (Cespe – Analista Judiciário – Área Judiciária– TRE-GO/2015 – adaptado) Julgue o item a seguir, referente ao litisconsórcio.

Considere a seguinte situação hipotética.

Após ter adquirido imóvel de Roberto, Caio foi citado em ação judicial reivindicatória ajuizada por Pedro, que alegava ser o verdadeiro proprietário do bem.

Nessa situação, para que garanta o direito que a evicção do bem venha a trazer, Caio deve trazer Roberto à lide mediante o instituto denominado chamamento ao processo.

COMENTÁRIOS

✪ **Nota dos autores:** tem-se a denunciação da lide quando uma das partes promove, no mesmo processo, ação regressiva contra terceiro, dito denunciado. Pressupõe-se que o denunciante tenha uma pretensão própria contra o denunciado.

De acordo com a jurisprudência do STJ, em nenhuma hipótese, nem mesmo na evicção, a denunciação da lide é obrigatória, podendo a demanda regressiva ser exercida em outra ação. O CPC encampa essa ideia, ao determinar, no art. 125, que a denunciação da lide é admissível, entre outras hipóteses, ao alienante imediato, no processo relativo à coisa cujo domínio foi transferido ao denunciante. Além disso, não se admite mais a denunciação *per saltum*, de modo que somente pode ser denunciado o alienante imediato. No que se refere à denunciação sucessiva, admite-se apenas uma no processo.

Alternativa correta: "errado".

6. DO JUIZ E DOS AUXILIARES DA JUSTIÇA

15. (FCC – Analista Judiciário – Área Judiciária – TRE – SP/2017) Acerca dos impedimentos e suspeições do juiz, segundo o novo Código de Processo Civil, considere:

I. Há suspeição do juiz quando promover ação contra a parte ou seu advogado.

II. Há impedimento do juiz que for amigo íntimo ou inimigo de qualquer das partes ou de seus advogados.

III. Há impedimento do juiz quando qualquer das partes for sua credora ou devedora, de seu cônjuge ou companheiro ou de parentes destes, em linha reta até o terceiro grau, inclusive.

IV. Há impedimento do juiz no processo em que figure como parte cliente do escritório de advocacia de seu cônjuge, companheiro ou parente, consanguíneo ou afim, em linha reta ou colateral, até o terceiro grau, inclusive.

V. Há suspeição do juiz interessado no julgamento do processo em favor de qualquer das partes.

Está correto o que consta APENAS em

a) I e III.

b) I e II.

c) II e IV.

d) III e V.

e) IV e V.

COMENTÁRIOS

✪ **Nota dos autores:** aplicam-se os motivos de impedimento e de suspeição: i – ao membro do Ministério Público; ii – aos auxiliares da justiça; iii – aos demais sujeitos imparciais do processo.

Item I. É hipótese de impedimento e não suspeição (CPC/2015, art. 144, IX).

Item II. É hipótese de suspeição e não impedimento (CPC/2015, art. 145, I).

Item III. . É hipótese de suspeição e não impedimento (CPC/2015, art. 145, III).

Item IV. Há impedimento do juiz, sendo-lhe vedado exercer suas funções no processo em que figure como parte cliente do escritório de advocacia de seu cônjuge, companheiro ou parente, consanguíneo ou afim, em linha reta ou colateral, até o terceiro grau, inclusive, mesmo que patrocinado por advogado de outro escritório; (CPC/2015, art. 144, VIII).

Item V. Há suspeição do juiz interessado no julgamento do processo em favor de qualquer das partes. (CPC/2015, art. 145, IV).

Alternativa correta: letra "d". Estão corretos os itens IV e V.

---

16. (Cespe – Analista Judiciário – Área Administrativa – TRE – BA/2017) De acordo com o CPC, é atribuição expressa do chefe de secretaria redigir, na forma legal,

a) ordens judiciais.

b) intimações.

c) citações.

d) mandados.

e) decisões interlocutórias.

COMENTÁRIOS

✪ **Nota dos autores:** incumbe ao escrivão ou ao chefe de secretaria: I – redigir, na forma legal, os ofícios, os mandados, as cartas precatórias e os demais atos que pertençam ao seu ofício; II – efetivar as ordens judiciais, realizar citações e intimações, bem como praticar todos os demais atos que lhe forem atribuídos pelas normas de organização judiciária; III – comparecer às audiências ou, não podendo fazê-lo, designar servidor para substituí-lo; IV – manter sob sua guarda e responsabilidade os autos, não permitindo que saiam do cartório, exceto: a) quando tenham de seguir à conclusão do juiz; b) com vista a procurador, à Defensoria Pública, ao Ministério Público ou à Fazenda Pública; c) quando devam ser remetidos ao contabilista ou ao partidor; d) quando forem remetidos a outro juízo em razão da modificação da competência; V – fornecer certidão de qualquer ato ou termo do processo, independentemente de despacho, observadas as disposições referentes ao segredo de justiça; VI – praticar, de ofício, os atos meramente ordinatórios.

Alternativa correta: letra "d" (responde as demais alternativas). Incumbe ao escrivão ou ao chefe de secretaria redigir, na forma legal, os ofícios, os mandados, as cartas precatórias e os demais atos que pertençam ao seu ofício (CPC/15, art.152, I).

Alternativa correta: letra "d".

7. DO MINISTÉRIO PÚBLICO

---

17. (Cespe – Analista Judiciário – Área Judiciária – TRE-RJ/2012) Julgue o item relativo ao Ministério Público.

I. No processo civil, o Ministério Público atua como parte ou como *custos legis*, não podendo atuar como mandatário ou procurador da parte.

COMENTÁRIOS

✪ **Nota dos autores:** o Ministério Público, no processo civil, poderá agir como parte ou como fiscal da ordem jurídica – art. 178 do CPC/2015 (antes, indicado como fiscal da lei).

O Ministério Público não poderá agir como mandatário ou como procurador da parte. Pode, como foi dito acima, agir na qualidade de parte, ou como fiscal da ordem jurídica (em três situações: interesse público ou social; interesse de incapaz; e, litígios coletivos pela posse de terra rural ou urbana).

Alternativa correta: "certo".

---

18. (Analista Judiciário – Área Judiciária TRE/ES 2011 – CESPE – adaptado) Com relação à intimação do Ministério Público, suspeição do juiz e prazo para contestar, julgue o item subsecutivo.

I. Se o Ministério Público não intervier em processo que envolva interesse de incapaz, ainda que seja intimado, ocorrerá a nulidade do processo.

COMENTÁRIOS

✪ **Nota dos autores:** pelo regramento geral, será nulo o processo quando o membro do Ministério Público não for intimado a acompanhar o feito em que deva intervir como fiscal da ordem jurídica. Deve haver bastante atenção para essas situações, pois houve alteração considerável em comparação ao Código anterior, pois não há mais a necessidade de atuação em ações que envolvam casamento. Nesse sentido, para além das hipóteses indicadas na Constituição Federal ou em lei, deverá o Ministério Público ser intimado nos processos que envolvam interesse público ou social, interesse de incapaz e litígios coletivos pela posse de terra rural ou urbana.

Antes de adentrar na questão da nulidade do processo em razão da falta da intervenção do Ministério Público, deve ser lembrado que o Novo Código de Processo Civil encampou o princípio da primazia do julgamento do mérito (art. 4º), de modo que eventuais nulidades poderão até mesmo ser desconsideradas se a decisão puder ser proferida em favor daquele que seria beneficiado por aquela decisão. Por esse motivo, se o próprio Ministério Público, em estágio mais avançado, reconhecer que não houve qualquer prejuízo em decorrência da falta de sua manifestação, não haverá motivo para se reconhecer a invalidade do ato processual, tanto que o § 2º do art. 279 determina que a "nulidade só pode ser decretada após a intimação do Ministério Público, que se manifestará sobre a existência ou a inexistência do prejuízo. Em razão disso, muito embora os pareceres ministeriais não vinculem o juiz, que poderá decidir de maneira diversa daquela proposta, já se defende que, no caso manifestação quanto à falta de prévia intimação em caso de atuação obrigatória, seria definitiva. Em outros termos, "a palavra do Ministério Público é definitiva para se decretar, ou não, a nulidade. É do Ministério Público a última palavra".[1] Outros, porém, enfatizam que teria o Ministério Público o "ônus argumentativo de demonstrar o prejuízo para fins de decretação da nulidade"[2], devendo o art. 279 ser interpretado em conjunto com o art. 277, que reconhece a sanabilidade de todo ato processual, tendo como condição que este atinja a sua finalidade. O mais importante é que, pelo Novo Código de Processo Civil, embora haja um vício qualificado como sendo nulidade absoluta, não haverá propriamente a necessidade de que o ato seja invalidado, se não houver prejuízo. Nesse passo, diante de uma nulidade, se não houver prejuízo, a invalidade não será reconhecida, ou poderá até mesmo ser ignorada. Em conformidade com a regra contida no art. 279, é imprescindível a intimação do Ministério Público para manifestação. Porém, se esta ocorrer e o *parquet* silenciar-se, não haverá qualquer nulidade, uma vez que foi oportunizada a manifestação, razão da incorreção da afirmativa contida no exercício.

Alternativa correta: "errado".

8. DA COMPETÊNCIA

19. (Cespe – Analista Judiciário – Área Judiciária – TRE – PI/2016) A respeito da atuação do Ministério Público (MP), do advogado e do juiz e da competência do órgão jurisdicionado, assinale a opção correta.

a) A suspeição e o impedimento do juiz podem ser arguidos em qualquer tempo ou grau de jurisdição, ou até mesmo após o trânsito em julgado da sentença, mediante ação rescisória.

b) A competência para processar e julgar ação reivindicatória de bens imóveis situados em dois ou mais municípios é fixada pela prevenção entre os municípios em que o bem estiver situado.

c) A parte que não seja advogado poderá postular em causa própria perante a justiça comum, mas com atuação limitada ao primeiro grau de jurisdição, caso na localidade não haja advogados ou se os ali existentes se recusarem a fazê-lo ou se encontrarem impedidos para tal.

d) Nas ações referentes ao estado e à capacidade das pessoas propostas pelo MP, a falta de intervenção deste como fiscal da lei provocará a nulidade do processo.

e) A incompetência em razão da matéria e da pessoa pode ser conhecida e declarada de ofício, mas a incompetência em razão do lugar e da hierarquia só pode ser declarada mediante provocação da parte interessada.

COMENTÁRIOS

✪ **Nota dos autores:** a questão trata do tema competência e da atuação do Ministério Público no processo civil.

Alternativa "a". O impedimento e a suspeição do juiz, como regra geral, devem ser alegados por meio de simples petição, no prazo de 15 dias contados da ciência do fato. Se transcorrido esse prazo, não poderá a parte alegar a suspeição do juiz, em razão da preclusão. Contudo, poderá fazê-lo em relação ao impedimento, tanto que pode ser alegado até mesmo em ação rescisória.

Alternativa "b". Como regra, a competência territorial para as ações que disserem respeito a bens imóveis será do foro do lugar da situação da coisa. Trata-se de competência que, embora territorial, é absoluta. Porém, é possível que o bem tenha a sua extensão situada em mais de um município, quando então a competência será do juízo prevento.

Alternativa "c". É possível que o advogado, em causa própria, atue em todas as instâncias necessárias.

Alternativa "d". O Ministério Público poderá atuar no processo civil como parte ou como fiscal da ordem jurídica. Em relação a esta atuação (fiscal da ordem jurídica), houve alteração da enumeração das situações que a ensejam. Nesse sentido, em conformidade com o art. 178, atuará o Ministério Público nos processos que envolvam interesse público ou social, interesse de incapaz e litígios coletivos pela posse de terra rural ou urbana. Não há mais necessidade

1. WAMBIER, Teresa Arruda Alvim. CONCEIÇÃO, Maria Lúcia Lins. RIBEIRO, Leonardo Ferres da Silva. MELLO, Rogério Licastro Torres de. Primeiros Comentários ao Novo Código de Processo Civil. Artigo por Artigo. São Paulo: Revista dos Tribunais, 2015, p. 465.

2. GAJARDONI, Fernando da Fonseca. DELLORE, Andre Vasconcelos Roque. OLIVEIRA Jr., Zulmar Duarte de. Teoria Geral do Processo. Comentários ao CPC de 2015. Parte Geral. São Paulo: Forense, 2015, p. 808.

da intervenção em ações relacionadas a casamento, salvo se houver interesse de incapaz. A falta de intimação do Ministério Público, nas causas em que deve atuar, gerará a nulidade, que poderá ser sanada ou até desconsiderada, observando-se os princípios da primazia do julgamento do mérito, máximo aproveitamento dos atos processuais e instrumentalidade das formas.

Alternativa "e". A incompetência em razão do lugar poderá ser reconhecida de ofício pelo juiz, como ocorre, por exemplo, nas ações que se referem a bem imóvel. Além disso, a incompetência em razão da hierarquia também deve ser reconhecida de ofício.

Alternativa correta: letra "b".

---

20. (Cespe – Analista Judiciário – Área Judiciária – TRE – MT/2015) Assinale a opção correta, no que se refere à competência no processo civil.

a) A competência estabelecida por critérios material e territorial poderá ser prorrogada em razão da conexão, continência e inércia da parte.

b) Havendo conexão entre demandas, se os diferentes juízos para os quais foram distribuídas as ações não tiverem a mesma competência territorial, a prevenção será daquele que primeiro realizou a citação válida do réu.

c) Em se tratando de ação fundada em direito real sobre imóvel, a competência é relativa se o litígio recai sobre direito de vizinhança.

d) Distribuídas ações a diferentes juízos, para a modificação da competência pela conexão, exige-se a demonstração de que entre as demandas há identidade do objeto e da causa de pedir.

e) A declaração de incompetência absoluta importa em reconhecimento da invalidade de todos os atos até então praticados perante o juízo incompetente.

COMENTÁRIOS

✪ **Nota dos autores:**

Alternativa "a". A competência relativa poderá ser modificada pela conexão ou pela continência. A competência determinada em razão da matéria, da pessoa ou da função é inderrogável por convenção das partes.

Alternativa "b". É importante verificar que, esta alternativa, sob a ótica do CPC/2015, estaria incorreta. Com o CPC de 1973, para a fixação do juízo prevento era importante saber se os juízos concorrentes eram de mesma ou de diferente competência territorial. Contudo, o CPC/2015 modificou esse regramento. Pela regra atual, o registro ou a distribuição tornará prevento o juízo (art. 59). Desse modo, para se saber qual entre dois juízos é o prevento, basta verificar em qual deles houve o registro ou a distribuição em primeiro lugar.

Alternativa "c". Para as ações fundadas em direito real sobre imóveis é competente o foro de situação da coisa. O autor pode optar pelo foro de domicílio do réu ou pelo foro de eleição se o litígio não recair sobre direito de propriedade, vizinhança, servidão, divisão e demarcação de terras e de nunciação de obra nova.

Alternativa "d". Haverá conexão entre duas demandas quando entre elas for comum o pedido ou a causa de pedir. Não se exige a cumulatividade dos requisitos.

Alternativa "e". A declaração de incompetência absoluta não importa, automaticamente, a nulidade dos atos praticados. Nos termos do § 4º, do art. 64, salvo decisão judicial em sentido contrário, conservar-se-ão os efeitos de decisão proferida pelo juízo incompetente até que outra seja proferida, se for o caso, pelo juízo competente.

Alternativa correta: letra "b".

---

21. (Cespe – Analista Judiciário – Área Judiciária – TRE-MS/2013) A respeito de competência, assinale a opção correta.

a) Compete à autoridade judiciária brasileira, em concorrência com qualquer outra autoridade estrangeira, realizar o inventário e a partilha de bens situados no Brasil, ainda que o autor da herança seja estrangeiro e tenha residido fora do território nacional.

b) A incompetência absoluta é suscitada no processo ordinário por meio de exceção.

c) A jurisdição é o poder de dizer o direito objetivo, razão pela qual o juiz poderá conceder ao demandante tutela jurisdicional diversa do postulado.

d) Segundo a jurisprudência do Supremo Tribunal Federal, em caso de conflito negativo de atribuições entre o Ministério Público Federal e Ministério Público estadual no âmbito de inquérito civil, a competência para resolver o conflito será do STF.

e) Em ação que trate de propriedade, posse ou demarcação de terra, o autor poderá optar por demandar no foro do domicílio do réu ou no foro do local do imóvel objeto da demanda, pois se trata de hipótese de competência territorial relativa.

COMENTÁRIOS

✪ **Nota dos autores:** a questão trata da competência, definida como a delimitação da jurisdição. Matéria importantíssima para concursos como estes aqui tratados.

Alternativa "a". Como dito acima, o CPC/2015 trata da questão como matéria envolvendo jurisdição, exatamente os limites da jurisdição nacional. Há algumas matérias que somente podem ser decididas pelo Judiciário brasileiro, enquanto outras, embora aqui produzam efeitos, podem ser decididas pela jurisdição estrangeira, devendo apenas ser homologada pelo Superior Tribunal de Justiça. É importante frisar que nem sempre a decisão estrangeira será proveniente do Poder Judiciário, embora o órgão exerça jurisdição. Nesse sentido, por exemplo, nos tribunais em que vigente o contencioso administrativo (ou, mais atual, a jurisdição administrativa), tem-se a possibilidade de que o Tribunal Administrativo decida e a matéria seja objeto de homologação pelo STJ. Os casos indicados no art. 23 retratam as hipóteses em que se admite apenas a decisão proferida pela jurisdição brasileira, excluindo-se a proferida em outros países. Nestes casos, o Superior Tribunal de Justiça não poderá homologar a decisão estrangeira. Nesse sentido, entre outras hipóteses, compete à autoridade judiciária brasileira, com exclusão de qualquer outra, em matéria de sucessão hereditária, proceder à confirmação de testamento particular e ao inventário e à partilha de bens situados no Brasil, ainda que o autor da herança seja de nacionalidade estrangeira ou tenha domicílio fora do território nacional. Como é possível notar, a alternativa está incorreta pois menciona que se trata de hipótese de "competência concorrente", o que já não era admitido anteriormente.

Alternativa "b". A incompetência deverá ser alegada por meio de preliminar de contestação, seja ela absoluta ou relativa. Note-se a significativa alteração em relação ao CPC de 1973. Em razão dessa regra, atualmente são duas as preliminares cujas matérias não poderão ser conhecidas de ofício pelo juiz, quais sejam, a incompetência territorial e a existência de convenção de arbitragem. Para estes dois casos, há necessidade de que a parte expressamente alegue a matéria e, se não o fizer, tem-se que o juízo que era incompetente passa a ser competente (prorrogação da competência), bem como que a jurisdição pública será a competente para decidir a questão, muito embora tivessem as partes avençado regra diversa anteriormente. Outro fator importante é que não mais existe a exceção de incompetência, assim como também não mais persiste a exceção de suspeição e a de impedimento.

Alternativa "c". Em consonância com o princípio da ação ou da inércia da jurisdição, deverá a parte provocar a atuação da jurisdição, exercendo a demanda (entendida como o ato de vir a juízo e provocar a jurisdição). A petição inicial, nesse contexto, é o instrumento da demanda. Por isso, tem-se que a demanda é um pressuposto processual de constituição da relação processual e, diante da importância para o processo, a petição inicial apta se apresenta como pressuposto de desenvolvimento válido. É na petição inicial que o autor apresenta e o seu pedido. A resposta jurisdicional deve levar em conta que este pedido é o seu limite, observando-se o que foi denominado de princípio da congruência ou da correlação entre o pedido e a sentença (entendida em sentido amplo). Assim, se o autor pede a condenação ao pagamento de quantia para ressarcimento de danos morais no valor de um milhão de reais, não poderá o magistrado deferir condenação em dois milhões de reais. A inobservância desta regra gera a nulidade da sentença. Porém, em atendimento ao princípio da primazia do julgamento do mérito, bem como ao da sanabilidade, será possível que o Tribunal, reconhecendo a nulidade, em grau recursal, profira nova decisão, que há de prevalecer sobre a decisão anterior (art. 1.013, § 3º, II e III do CPC). A depender do vício, pode-se ter uma sentença que seja citra petita (aquém do pedido), ultra petita (além do pedido) e extra petita (de natureza diversa).

Alternativa "d". É necessário muito cuidado, uma vez que, atualmente, esta alternativa estaria incorreta. Houve alteração de entendimento do Supremo Tribunal Federal em relação a essa questão. Inicialmente, decidiu o STF que competiria a ele decidir sobre conflito negativo de atribuições entre o MP Federal e o MP Estadual. Porém, o entendimento contemporâneo é outro. O Plenário do Supremo Tribunal Federal decidiu nesta que não cabe à Corte julgar conflitos de atribuição entre o Ministério Público Federal e os Ministérios Públicos dos estados. Por maioria, os ministros não conheceram das Ações Cíveis Originárias (ACO) 924 e 1394 e das Petições (Pet) 4706 e 4863, com o entendimento de que a questão não é jurisdicional, e sim administrativa, e deve ser remetida ao procurador-geral da República.

Alternativa "e". . Como regra, nas ações reais imobiliárias será competente o foro da situação da coisa. Trata-se de competência que, embora seja territorial, é absoluta, regramento que também vale para a ação possessória. Contudo, nas ações reais imobiliárias, permite-se ao autor optar pelo foro de domicílio do réu ou pelo foro de eleição se o litígio não recair sobre direito de propriedade, vizinhança, servidão, divisão e demarcação de terras e de nunciação de obra nova (art. 47, § 1º, CPC).

Alternativa correta: letra "d".

9. DOS ATOS PROCESSUAIS

22. (Cespe – Analista Judiciário – Área Judiciária – TRE – TO/2017) No que concerne ao agravo interno, à comunicação dos atos processuais, aos prazos e à desconsideração da personalidade jurídica, julgue os seguintes itens.

I. Ao prolatar voto em julgamento de agravo interno, o relator pode se limitar a reproduzir a decisão agravada para se manifestar pela improcedência do recurso.

II. Na execução de título extrajudicial, é possível que o executado seja citado pelo correio.

III. Os prazos processuais do Ministério Público, da Defensoria Pública e da Advocacia Pública ficam suspensos no período compreendido entre 20 de dezembro e 20 de janeiro.

IV. É vedado à parte requerer a desconsideração da personalidade jurídica na petição inicial.

De acordo com a legislação processual civil, estão certos apenas os itens

a) I e II.
b) II e III.
c) III e IV.
d) I, II e IV.
e) I, III e IV.

COMENTÁRIOS

✪ **Nota dos autores:** citação é o ato pelo qual são convocados o réu, o executado ou o interessado para integrar a relação processual.

Item I. É vedado ao relator limitar-se à reprodução dos fundamentos da decisão agravada para julgar improcedente o agravo interno (CPC/15, art.1.021).

Item II. O CPC não tem vedação de realização do ato de citação do executado por meio dos correios, que é a regra geral. Na prática haverá apenas a postergação da penhora e avaliação de bens.

Item III. Suspende-se o curso do prazo processual nos dias compreendidos entre 20 de dezembro e 20 de janeiro, inclusive (CPC/15, art. 220).

Item IV. Dispensa-se a instauração do incidente se a desconsideração da personalidade jurídica for requerida na petição inicial, hipótese em que será citado o sócio ou a pessoa jurídica (**CPC/15, art.133, §2°**).

Alternativa correta: letra "b". Estão corretos os itens II e III.

---

23. (Cespe – Analista Judiciário – Área Judiciária – TRE – PE/2017) A respeito dos poderes, deveres e responsabilidades do juiz e dos atos processuais, assinale a opção correta à luz do Código de Processo Civil (CPC).

a) Não podem ocorrer durante as férias forenses citações, intimações e penhoras, ainda que haja autorização judicial.

b) Na ausência de preceito legal ou prazo determinado pelo juiz, será de cinco dias úteis o prazo para a prática de ato processual a cargo da parte.

c) O juiz pode dilatar e reduzir os prazos processuais, adequando-os às necessidades do conflito, de modo a conferir maior efetividade à tutela do direito.

d) Pode o magistrado declarar-se suspeito no processo por razões de foro íntimo; contudo, para assim fazer, ele deve externar tais razões.

e) O terceiro que demonstre interesse jurídico poderá requerer ao juiz certidão de inteiro teor da sentença, no caso de processo que tramite sob segredo de justiça.

COMENTÁRIOS

✪ **Nota dos autores:** os atos processuais são públicos, todavia tramitam em segredo de justiça os processos: I – em que o exija o interesse público ou social; II – que versem sobre casamento, separação de corpos, divórcio, separação, união estável, filiação, alimentos e guarda de crianças e adolescentes.

Alternativa "a". Independentemente de autorização judicial, as citações, intimações e penhoras poderão realizar-se no período de férias forenses, onde as houver, e nos feriados ou dias úteis fora do horário das 06 às 20h, observado o disposto no art. 5º, inciso XI, da Constituição Federal (CPC/15, art.212, §2º).

Alternativa "b". Inexistindo preceito legal ou prazo determinado pelo juiz, será de 5 (cinco) dias úteis o prazo para a prática de ato processual a cargo da parte (CPC/15, arts.218, §3º e 219, *caput*).

Alternativa "c". Não há autorização para o juiz reduzir prazos processuais, mas tão somente dilatar, para adequá-los às necessidades do conflito, de modo a conferir maior efetividade à tutela do direito (CPC/15, arts.139, VI).

Alternativa "d". Poderá o juiz declarar-se suspeito por motivo de foro íntimo, SEM NECESSIDADE DE DECLARAR SUAS RAZÕES (CPC/15, art.145, §1º).

Alternativa "e". Em processos que tramitam sob o pálio do segredo de justiça, somente as partes e seus procuradores podem pedir certidões de seus atos. Ademais, o terceiro que demonstrar interesse jurídico pode requerer ao juiz certidão do dispositivo da sentença (CPC, art.189, §§1º e 2º).

Alternativa correta: letra "b".

---

24. (Cespe – Analista Judiciário – Área Administrativa – TRE – BA/2017) De acordo com o CPC, no que se refere aos atos processuais, cabe ao servidor

a) documentar sentenças pronunciadas oralmente, dispensada a revisão pelo juiz.

b) praticar os atos ordinatórios de juntada e vista obrigatória, com revisão do juiz, se necessário.

c) tomar decisões interlocutórias, com a revisão do juiz, se necessário.

e) documentar acórdão pronunciado oralmente, dispensada a revisão pelo juiz prolator.

e) redigir despachos, com a revisão do juiz, se necessário.

COMENTÁRIOS

✪ **Nota dos autores:** os pronunciamentos do juiz consistirão em sentenças, decisões interlocutórias e despachos.

Alternativa "a". Quando os despachos, as decisões, as sentenças e os acórdãos forem proferidos oralmente, o servidor os documentará, submetendo-os aos juízes para revisão e assinatura (CPC/15, art. 205, §1º).

Alternativa "b". Os atos meramente ordinatórios, como a juntada e a vista obrigatória, independem de despacho, devendo ser praticados de ofício pelo servidor e revistos pelo juiz quando necessário (CPC/15, art.203, §4º).

Alternativa "c". Os despachos, as decisões, as sentenças e os acórdãos serão redigidos, datados e assinados pelos juízes (CPC/15, art.205, *caput*).

Alternativa "d". Quando os despachos, as decisões, as sentenças e os acórdãos forem proferidos oralmente, o servidor os documentará, submetendo-os aos juízes para revisão e assinatura (CPC/15, art. 205, §1º).

Alternativa "e". Os despachos, as decisões, as sentenças e os acórdãos serão redigidos, datados e assinados pelos juízes (CPC/15, art.205, *caput*).

Alternativa correta: letra "b".

---

25. (Cespe - Analista Judiciário - Área Judiciária - TRE - PI/2016) Assinale a opção correta acerca dos atos processuais, da suspensão do processo e da resposta do réu.

a) O ato do juiz que julga procedente a exceção de incompetência formulada pelo requerido é considerado uma sentença.

b) Havendo autorização judicial expressa, qualquer ato processual poderá ser realizado fora do expediente forense ou em dias não úteis.

c) Caso o requerido se encontre fora da sede do juízo, em outro estado da Federação, a citação pelo correio deverá ser realizada, necessariamente, via carta precatória.

d) A arguição de suspeição e de impedimento do juiz provoca a suspensão do curso do processo, mas a arguição de incompetência só a provoca em caso de interposição de recurso contra a decisão que julga tal incidente.

e) Nas citações realizadas por oficial de justiça, a falta da contrafé junto com o mandado de citação não vicia o ato processual nem provoca a nulidade do processo, se o réu apresentar contestação no prazo legal e não alegar esse defeito processual.

COMENTÁRIOS

✪ **Nota dos autores:** a questão trata de vários institutos processuais.

Alternativa "a". Primeiramente, a incompetência relativa não é mais alegada por meio de exceção, mas por simples petição nos autos. Dessa maneira, aboliu-se a exceção de incompetência, assim como também a de impedimento e a de suspeição. Dessa maneira, a questão tornou-se prejudicada.

Alternativa "b". Em conformidade com o art. 212, § 2º, independentemente de autorização judicial, as citações, intimações e penhoras poderão realizar-se no período de férias forenses, onde as houver, e nos feriados ou dias úteis fora do horário estabelecido neste artigo, observado o disposto no art. 5º, inciso XI, da Constituição Federal.

Alternativa "c". Estando o réu em outro Estado da federação, será possível que a citação seja realizada pelo correio, salvo nas hipóteses em que se exige a sua realização por oficial de justiça, quando então será expedida carta precatória.

Alternativa "d". Uma vez arguido o impedimento ou a suspeição, por meio de simples petição, o processo estará suspenso. Se o magistrado entender que não é impedido ou suspeito, determinará o desentranhamento da petição e encaminhamento ao Tribunal para análise. Nesse passo, o Relator a quem for distribuída a petição analisará se recebe a alegação com ou sem efeito suspensivo.

Alternativa "e". Em observância ao princípio da instrumentalidade das formas, do máximo aproveitamento dos atos processuais e da primazia do julgamento do mérito, se o ato processual atingir a sua finalidade, não há motivo para a sua invalidação. Sendo assim, não será invalidada a citação se, embora tenha ocorrido de maneira irregular, o réu teve conhecimento dos termos da postulação e se defendeu.

Alternativa correta: letra "e".

---

26. (Cespe - Analista Judiciário - Área Judiciária - TRE - RS/2015) Mediante a citação, dá-se ciência da ação ao réu, chamando-o a participar da relação processual. A respeito desse assunto, assinale a opção correta.

a) O ordenamento jurídico brasileiro prevê diferentes formas de citação do réu, não fazendo qualquer distinção se a citação for real ou ficta, direta ou indireta.

b) A citação será efetuada em qualquer lugar em que se encontre o réu, podendo, por exemplo, ser realizada quando ele estiver assistindo a qualquer ato de culto religioso, ainda que não haja risco de perecimento do direito.

c) A citação válida torna prevento o juízo, induz litispendência, faz litigiosa a coisa, constitui em mora o devedor e interrompe a prescrição, salvo se ordenada por juiz incompetente, caso em que não produzirá nenhum dos efeitos relacionados.

d) A citação por hora certa é uma forma de dar ao réu o conhecimento da existência da demanda, consistindo em uma citação real, porquanto não se exige, nesse caso, a nomeação de curador especial ao réu.

e) O CPC prevê a citação por edital na hipótese de ser inacessível o lugar em que se encontrar o réu, em que a notícia de sua citação será divulgada também por rádio, caso se na comarca houver emissora de radiodifusão.

COMENTÁRIOS

✪ **Nota dos autores:** o art. 238 do CPC indicou que a citação é o ato pelo qual são convocados o réu, o executado ou o interessado para integrar a relação processual. A citação será efetivada em até quarenta e cinco dias a partir da propositura da ação.

Alternativa "a". A citação será ficta quando houver presunção de que se realizou, como ocorre na citação por edital. Não há certeza de que tenha ocorrido, mas se presume tal fato. Na citação real, diferentemente, tem-se esta certeza. Citação direta é aquela realizada na pessoa de quem comporá o próprio polo passivo da ação, ou, ao menos, na pessoa de quem tenha poderes para recebê-la. Será indireta quando realizada por meio de pessoa diversa daquela que oferecerá a defesa, sendo o ato autorizado por lei ou por contrato. Ocorrerá na hipótese do § 2º do art. 242: "O locador que se ausentar do Brasil sem cientificar o locatário de que deixou, na localidade onde estiver situado o imóvel, procurador com poderes para receber citação será citado na pessoa do administrador do imóvel encarregado do recebimento dos aluguéis, que será considerado habilitado para representar o locador em juízo".

Alternativa "b". A citação será realizada no lugar em que o réu for encontrado. Contudo, em respeito à dignidade da pessoa, há certas ocasiões em que o ato judicial não deverá ser realizado.

Alternativa "c". Houve alteração considerável em relação aos efeitos da citação válida. Pela nova sistemática, a citação válida, ainda que ordenada por juiz incompetente, produzirá os seguintes efeitos: induzir litispendência, tornar litigiosa a coisa e constituir em mora o devedor. Não há mais de se falar em tornar prevento o juízo ou interromper a prescrição.

Alternativa "d". A citação por hora certa é uma espécie de citação ficta, presumindo-se que o ato processual tenha atingido a sua finalidade.

Alternativa "e". A citação poderá ser realizada pelo correio, pelo escrivão, pelo oficial de justiça, por edital e por meio eletrônico. Será feita por edital: I – quando desconhecido ou incerto o citando; II – quando ignorado, incerto ou inacessível o lugar em que se encontrar o citando; III – em outros casos expressos em lei.

Alternativa correta: letra "e".

---

27. (IESES – Analista Judiciário – Área Judiciária – TRE – MA/2015) João da Silva, devidamente representado por advogado constituído, propõe ação cujo objeto é matéria unicamente de direito. Ao despachar o pedido inicial, o magistrado dispensa a citação do réu e profere sentença de total improcedência, apresentando como fundamento casos idênticos. Assinale a alternativa correta:

a) Desta decisão cabe recurso de apelação, podendo o magistrado decidir em não manter a sentença e dar prosseguimento à ação, ou remeter ao Tribunal.

b) Desta decisão cabe recurso de apelação, e deverá ser remetido ao Tribunal para julgamento antes mesmo da citação do réu.

c) A decisão proferida pode ser objeto de recurso de agravo de instrumento, cabível, portanto, a retratação do magistrado.

d) Desta decisão cabe agravo de instrumento, que será julgado independentemente da citação do réu.

COMENTÁRIOS

✪ **Nota dos autores:** a questão tratava da hipótese de improcedência liminar indicada no art. 285-A do CPC de 1973. Porém, a improcedência liminar, pelo CPC/2015, será possível não mais naquela situação, mas em outras, em observância notadamente aos precedentes ou no caso de reconhecimento da prescrição ou da decadência. Nesse sentido, segundo o art. 332 do NCPC, nas causas que dispensem a fase instrutória, o juiz, independentemente da citação do réu, julgará liminarmente improcedente o pedido que contrariar: I – enunciado de súmula do Supremo Tribunal Federal ou do Superior Tribunal de Justiça; II – acórdão proferido pelo Supremo Tribunal Federal ou pelo Superior Tribunal de Justiça em julgamento de recursos repetitivos; III – entendimento firmado em incidente de resolução de demandas repetitivas ou de assunção de competência; IV – enunciado de súmula de tribunal de justiça sobre direito local.

Alternativa "a". Da sentença proferida de improcedência liminar, poderá o autor interpor recurso de apelação. Se o juiz não se retratar, será o réu citado para oferecer contrarrazões ao recurso do autor. Contudo, se a improcedência liminar for relativa a apenas parte dos pedidos, o pronunciamento jurisdicional terá natureza de decisão interlocutória e, dessa maneira, será cabível o recurso de agravo de instrumento. Exclui automaticamente as demais alternativas.

Alternativa correta: letra "a".

28. (Cespe – Analista Judiciário – Área Judiciária – TRE – RS/2015) Consoante o Código de Processo Civil (CPC), os atos processuais realizar-se-ão nos prazos prescritos em lei, sob pena de preclusão. Dessa forma, os prazos têm a finalidade de impulsionar a marcha processual para se efetivar a jurisdição. No que se refere a prazo processual, assinale a opção correta.

a) Segundo entendimento do STF, não se conta em dobro o prazo para recorrer, quando um só dos litisconsortes houver sucumbido.

b) É lícito às partes, de comum acordo, reduzir ou prorrogar os prazos peremptórios, mas nunca por prazo superior a sessenta dias.

c) Segundo o CPC, não havendo preceito legal nem assinação pelo juiz, será de dez dias o prazo para a prática do ato processual a cargo da parte.

d) A superveniência de férias ou feriado interromperá o curso do prazo processual, iniciando-se novamente a contagem no primeiro dia útil seguinte ao termo das férias ou do feriado.

e) Quando os litisconsortes tiverem diferentes procuradores, ser-lhes-ão contados em quádruplo os prazos para contestar e, em dobro, para recorrer.

COMENTÁRIOS

✪ **Nota dos autores:** o prazo processual corresponde ao período compreendido entre o termo inicial e o termo final, no qual deverá ser praticado um ato processual. Os prazos processuais serão contados em dias úteis, havendo regras diferenciadas de contagem em certos casos, como ocorre com os litisconsortes com diversos procuradores. Para estes, será contado em dobro o prazo, desde que não se trate de processo eletrônico e os advogados não pertençam ao mesmo escritório jurídico.

Alternativa "a". Se apenas um dos litisconsortes sucumbir, o outro não contará com prazo em dobro para praticar o ato processual (no caso, recorrer). Trata-se de entendimento sumulado pelo STF. Além disso, o CPC/2015 previu que cessará a contagem em dobro se apenas um dos réus contestar.

Alternativa "b". Em conformidade com o CPC/2015, o prazo será peremptório quando não puder ser reduzido pelo juiz senão com a concordância das partes. Note-se a sensível diferença em relação ao conceito do Código anterior. Todos os prazos poderão ser dilatados pelo juiz, mas a sua diminuição requer a concordância das partes.

Alternativa "c". Não havendo prazo fixado pela lei ou pelo juiz, será de cindo dias o prazo para a parte praticar o ato processual.

Alternativa "d". Em conformidade com o art. 220, o prazo processual será suspenso no período compreendido entre os dias 20 dezembro e 20 de janeiro, inclusive.

Alternativa "e". No caso de litisconsortes com diversos procuradores, de escritórios jurídicos distintos e não se tratando de processo eletrônico, o prazo será contado em dobro para a prática de atos processuais pelos litisconsortes.

Alternativa correta: letra "a".

10. DA TUTELA PROVISÓRIA

29. (IBFC – Analista Judiciário – Área Judiciária – TRE – PA/2020) No tocante à disciplina das tutelas provisórias, tal qual previstas no Código de Processo Civil, assinale a alternativa incorreta.

a) Para a concessão de tutela de urgência ou evidência, o juiz pode, conforme o caso, exigir caução real ou fidejussória idônea para ressarcir os danos que a outra parte possa vir a sofrer, podendo a caução ser dispensada se a parte economicamente hipossuficiente não puder oferecê-la

b) A tutela da evidência será concedida, independentemente da demonstração de perigo de dano ou de risco ao resultado útil do processo, quando as alegações de fato puderem ser comprovadas apenas documentalmente e houver tese firmada em julgamento de casos repetitivos ou em súmula vinculante, caso em que o juiz poderá decidir liminarmente

c) Independentemente da reparação por dano processual, a parte responde pelo prejuízo que a efetivação da tutela de urgência causar à parte adversa, entre outras hipóteses, obtida liminarmente a tutela em caráter antecedente, não fornecer os meios necessários para a citação do requerido no prazo de 5 (cinco) dias

d) Efetivada a tutela cautelar, o pedido principal terá de ser formulado pelo autor no prazo de 30 (trinta) dias, caso em que será apresentado nos mesmos autos em que deduzido o pedido de tutela cautelar, não dependendo do adiantamento de novas custas processuais.

COMENTÁRIOS

✪ **Notas do autor:**

Alternativa "A": incorreta. Para a concessão da tutela de urgência, o juiz pode, conforme o caso, exigir caução real ou fidejussória idônea para ressarcir os danos que a outra parte possa vir a sofrer, podendo a causação ser dispensada se a parte economicamente hipossuficiente não puder oferecê-la (art. 300, § 1º, CPC). Note-se que o dispositivo não se refere à tutela da evidência, para a qual não se justifica a exigência, motivo pelo qual a afirmação é falsa.

Alternativa "B": correta. As hipóteses em que será possível a concessão da tutela da evidência estão elencadas, de forma exemplificativa, no art. 311, do CPC, tal como referidas na assertiva.

Alternativa "C": correta. A responsabilidade da parte pelos danos é de natureza objetiva, ou seja, independe de culpa. Assim, Independentemente da reparação por dano processual, a parte responde pelo prejuízo que a efetivação da tutela de urgência causar à parte adversa, se: I - a sentença lhe for desfavorável; II - obtida liminarmente a tutela em caráter antecedente, não fornecer os meios necessários para a citação do requerido no prazo de 5 (cinco) dias; III - ocorrer a cessação da eficácia da medida em qualquer hipótese legal; IV - o juiz acolher a alegação de decadência ou prescrição da pretensão do autor.

Alternativa "D": correta. Efetivada a tutela cautelar, o pedido principal terá de ser formulado pelo autor no prazo de 30 (trinta) dias, caso em que será apresentado nos mesmos autos em que deduzido o pedido de tutela cautelar, não dependendo do adiantamento de novas custas processuais (art. 308, caput).

Alternativa correta: letra "A".

---

30. (FCC – Analista Judiciário – Área Judiciária – TRE – SP/2017) Ao disciplinar a tutela provisória, o novo Código de Processo Civil estabelece que

a) a tutela de urgência não poderá ser concedida sem justificação prévia, salvo se prestada caução idônea, caso em que poderá ser concedida liminarmente.

b) a tutela antecipada requerida em caráter antecedente torna-se estável se da decisão que a conceder não for interposto o respectivo recurso, caso em que o processo será extinto.

c) para a concessão da tutela de evidência, exige-se, dentre outros requisitos, a demonstração de perigo de dano ou de risco ao resultado útil do processo.

d) efetivada a tutela cautelar requerida em caráter antecedente, o pedido principal terá de ser formulado pelo autor no prazo de 15 dias, em ação própria, cujos autos deverão ser apensados aos do pedido cautelar.

e) é vedada, em qualquer caso, a concessão liminar de tutela de evidência, antes da oitiva da parte contrária.

COMENTÁRIOS

✪ **Nota dos autores:** a petição inicial da ação que visa à prestação de tutela cautelar em caráter antecedente indicará a lide e seu fundamento, a exposição sumária do direito que se objetiva assegurar e o perigo de dano ou o risco ao resultado útil do processo.

Alternativa "a". A tutela de urgência pode ser concedida liminarmente ou após justificação prévia (CPC/2015, art. 300, § 2º).

Alternativa "b". A tutela antecipada, concedida em caráter antecedente, torna-se estável se da decisão que a conceder não for interposto o respectivo recurso, caso em que o processo será extinto (CPC/2015, art. 304).

Alternativa "c". A tutela da evidência será concedida independentemente da demonstração de perigo de dano ou de risco ao resultado útil do processo (CPC/2015, art. 311).

Alternativa "d". Efetivada a tutela cautelar, o pedido principal terá de ser formulado pelo autor no prazo de 30 (trinta) dias, caso em que será apresentado nos mesmos autos em que deduzido o pedido de tutela cautelar, não dependendo do adiantamento de novas custas processuais (CPC/2015, art.308).

Alternativa "e". A tutela da evidência será concedida liminarmente sem a oitiva da parte contrária, independentemente da demonstração de perigo de dano ou de risco ao resultado útil do processo, quando: i – as alegações de fato puderem ser comprovadas apenas documentalmente e houver tese firmada em julgamento de casos repetitivos ou em súmula vinculante; e ii – se tratar de pedido reipersecutório fundado em prova documental adequada do contrato de depósito, caso em que será decretada a ordem de entrega do objeto custodiado, sob cominação de multa (CPC/2015, art.311, II, II e parágrafo único).

Alternativa correta: letra "b".

---

31. (Consulplan – Analista Judiciário – Área Administrativa – TRE – RJ/2017) Analise as afirmativas a seguir.

I. As tutelas provisórias podem ser classificadas considerando o momento em que são propostas, podendo ser antecedente ou incidental.

II. A tutela provisória pode ser conceituada como uma tutela jurisdicional sumária e não definitiva. Pois, se exige apenas um juízo de probabilidade e não de certeza, além disto pode ser revogada ou substituída em qualquer tempo do curso do processo.

III. Para a concessão da tutela de urgência, o juiz pode, conforme o caso, exigir caução real ou fidejussória idônea para ressarcir os danos que a outra parte possa vir a sofrer, podendo a caução ser dispensada se a parte economicamente hipossuficiente não puder oferecê-la.

IV. A tutela da evidência será concedida mediante a demonstração de perigo de dano ou de risco ao resultado útil do processo, quando as alegações de fato puderem ser comprovadas apenas documentalmente e houver tese firmada em julgamento de casos repetitivos ou em súmula vinculante.

Estão corretas apenas as afirmativas

a) I e II.

b) III e IV.

c) I, II e III.

d) I, III e IV.

COMENTÁRIOS

✪ **Nota dos autores:** o juiz poderá determinar as medidas que considerar adequadas para efetivação da tutela provisória.

Item I. A tutela provisória pode fundamentar-se em urgência ou evidência e ser concedida em caráter antecedente ou incidental (CPC/15, art.294).

Item II. Na tutela provisória ocorre o juízo de probabilidade e provisoriedade, podendo ser revista a qualquer tempo (CPC/15, arts.296 e 300).

Item III. Para a concessão da tutela de urgência, o juiz pode, conforme o caso, exigir caução real ou fidejussória idônea para ressarcir os danos que a outra parte possa vir a sofrer, podendo a caução ser dispensada se a parte economicamente hipossuficiente não puder oferecê-la (CPC/15, art.300, §1º).

Item IV. A tutela da evidência será concedida, independentemente da demonstração de perigo de dano ou de risco ao resultado útil do processo, quando: I – ficar caracterizado o abuso do direito de defesa ou o manifesto propósito protelatório da parte; II – as alegações de fato puderem ser comprovadas apenas documentalmente e houver tese firmada em julgamento de casos repetitivos ou em súmula vinculante; III – se tratar de pedido reipersecutório fundado em prova documental adequada do contrato de depósito, caso em que será decretada a ordem de entrega do objeto custodiado, sob cominação de multa; IV – a petição inicial for instruída com prova documental suficiente dos fatos constitutivos do direito do autor, a que o réu não oponha prova capaz de gerar dúvida razoável (CPC/15, art.311).

Alternativa correta: letra "c". Estão corretos os itens I, II e III.

11. DA FORMAÇÃO, DA SUSPENSÃO E DA EXTINÇÃO DO PROCESSO

32. (IBFC – Analista Judiciário – Área Judiciária– TRE-AM/2014) Indique a alternativa que, de acordo com o Código de Processo Civil, apresenta situação em que o processo não poderá ficar suspenso por prazo superior a 6 (seis) meses:

a) Por motivo de força maior.

b) Quando for oposta exceção de incompetência do juízo, da câmara ou do tribunal, bem como de suspeição ou impedimento do juiz.

c) No caso de morte ou perda da capacidade processual de qualquer das partes.

d) Pela convenção das partes.

COMENTÁRIOS

✪ **Nota dos autores:** a suspensão do processo é indicada por Dinamarco como uma das hipóteses de crise do processo, uma vez que o ideal é a sua continuidade para a solução do mérito. Há duas espécies de suspensão processual. A suspensão própria, pela qual não poderão ser praticados quaisquer atos processuais, com exceção dos reputados urgentes, a fim de evitar dano irreparável. E a suspensão imprópria, nos quais se admite a prática de alguns atos processuais. Como exemplo, tem-se a alegação de impedimento do juiz, que é feito por meio de simples petição apresentada pela parte. Nesse sentido, alegado o impedimento, não sendo os autos remetidos pelo juiz ao seu substituto legal, será o processo suspenso e o magistrado determinará a remessa da petição e outros documentos (devidamente autuados) ao Tribunal. Note-se que houve a paralisação do processo. Contudo, outros atos serão praticados.

Alternativa "a".. Por motivo de força maior, não há um prazo legal predeterminado de suspensão do processo.

Alternativa "b". A alegação de suspeição e impedimento não mais ocorrerá por meio de exceção, mas por simples petição. Ao ser apresentada a petição, ocorrerá a suspensão do processo, o que perdurará até análise do relator quando aportar a alegação no Tribunal, quando então haverá decisão a respeito.

Alternativa "c". No caso de perda da capacidade processual de qualquer das partes, deverá o magistrado fixar um prazo para regularização.

Alternativa "d". A suspensão do processo por convenção das partes afigura-se como hipótese de convenção processual típica, assim como também ocorre com o foro de eleição. Tratando-se de convenção das partes e em respeito ao princípio da autonomia de vontade, não poderá o magistrado negar-se a deferir a suspensão, a qual não poderá exceder, contudo, o prazo de seis meses. Note-se que, se de um lado, há de ser respeitada a autonomia de vontade, de outro lado, tem-se o impulso oficial, havendo interesse do magistrado no sentido de que a demanda seja solucionada rapidamente com julgamento do mérito.

Alternativa correta: letra "d".

12. DO PROCEDIMENTO COMUM

33. (FCC – Analista Judiciário – Área Administrativa – TRE – SP/2017) É requisito da petição inicial a formulação de pedido, com suas especificações. De acordo com o novo Código de Processo Civil,

a) na ação que visar ao cumprimento de obrigação em prestações sucessivas, essas só serão consideradas incluídas no pedido mediante declaração expressa do autor.

b) é permitida a formulação de pedido genérico em reconvenção nas mesmas hipóteses em que seria cabível em ação principal.

c) o pedido poderá ser aditado até a citação, desde que haja consentimento do réu.

d) é lícita a cumulação, em um único processo, contra o mesmo réu, de vários pedidos, desde que entre eles haja conexão.

e) é vedada a cumulação de pedidos se para cada um deles corresponder tipo diverso de procedimento, ainda que o autor empregue o procedimento comum.

COMENTÁRIOS

✪ **Nota dos autores:** a falta de pedido torna inapta a petição inicial.

Alternativa "a". Na ação que tiver por objeto cumprimento de obrigação em prestações sucessivas, essas serão consideradas incluídas no pedido, independentemente de declaração expressa do autor, e serão incluídas na condenação, enquanto durar a obrigação, se o devedor, no curso do processo, deixar de pagá-las ou de consigná-las (CPC/2015, art. 323).

Alternativa "b". O pedido na inicial e na reconvenção deve ser determinado. É lícito, porém, formular pedido genérico: I – nas ações universais, se o autor não puder individuar os bens demandados; II – quando não for possível determinar, desde logo, as consequências do ato ou do fato; III – quando a determinação do objeto ou do valor da condenação depender de ato que deva ser praticado pelo réu (CPC/2015, art.324).

Alternativa "c". O autor poderá: I – até a citação, aditar ou alterar o pedido ou a causa de pedir, independentemente de consentimento do réu; II – até o saneamento do processo, aditar ou alterar o pedido e a causa de pedir, com consentimento do réu, assegurado o contraditório mediante a possibilidade de manifestação deste no prazo mínimo de 15 (quinze) dias, facultado o requerimento de prova suplementar (CPC/2015, art. 329).

Alternativa "d". É lícita a cumulação, em um único processo, contra o mesmo réu, de vários pedidos, ainda que entre eles não haja conexão (CPC/2015, art. 327).

Alternativa "e". Quando, para cada pedido, corresponder tipo diverso de procedimento, será admitida a cumulação se o autor empregar o procedimento comum, sem prejuízo do emprego das técnicas processuais diferenciadas previstas nos procedimentos especiais a que se sujeitam um ou mais pedidos cumulados, que não forem incompatíveis com as disposições sobre o procedimento comum (CPC/2015, art. 327, § 2º).

Alternativa correta: letra "b".

34. (Cespe – Analista Judiciário – Área Judiciária – TRE – TO/2017) Após ter sido citado em demanda que tramita pelo procedimento comum, Celso, além de se defender quanto ao mérito das alegações, deseja alegar incompetência relativa e incorreção quanto ao valor da causa, bem como apresentar reconvenção.

Nessa situação hipotética, de acordo com o CPC, devem ser apresentadas

a) a defesa de mérito, a incompetência relativa e a incorreção do valor da causa, na contestação; e a reconvenção, em peça distinta.

b) a defesa de mérito, a alegação de incompetência relativa e a reconvenção, na peça de contestação; e a alegação de incorreção do valor da causa, em peça distinta.

c) a defesa de mérito, a alegação de incompetência relativa, a alegação de incorreção do valor da causa e a reconvenção, em uma única peça processual de contestação.

d) a defesa de mérito, na contestação; a alegação de incompetência relativa, por meio de exceção; a alegação de incorreção do valor da causa e a reconvenção, em peças distintas.

e) a defesa de mérito e a incompetência relativa, na contestação; a alegação de incorreção do valor da causa e a reconvenção, em peças distintas.

COMENTÁRIOS

✪ **Nota dos autores:** o impedimento e a suspeição devem ser alegados no prazo de quinze dias úteis a contar da ciência do fato, por meio de petição endereçada ao juiz da causa, instruída com os documentos probatórios e Rol de testemunhas (CPC/15, art.146). Diferentemente da incompetência absoluta e relativa que podem ser alegadas no prazo e por meio da contestação.

Alternativa correta: letra "c" (responde as demais alternativas). No procedimento comum, o prazo de resposta e a contestação são o momento e a peça processual para o Réu: I – apresentar reconvenção com as provas que pretende produzir; apresentar defesa de mérito com as provas que pretende produzir; III – apresentar preliminares e prejudiciais ao mérito (a – inexistência ou nulidade da citação; b – incompetência absoluta e relativa; c – incorreção do valor da causa; d – inépcia da petição inicial; e – perempção; f – litispendência; g – coisa julgada; h – conexão; i – incapacidade da parte, defeito de representação ou falta de autorização; j – convenção de arbitragem; k – ausência de legitimidade ou de interesse processual; l – falta de caução ou de outra prestação que a lei exige como preliminar; e m – indevida concessão do benefício de gratuidade de justiça (CPC/15, arts. 64, 293, 336, 337 e 343).

Alternativa correta: letra "c".

35. (Cespe – Analista Judiciário – Área Judiciária – TRE – PE/2017) No que se refere às provas no processo civil, assinale a opção correta.

a) Foi adotado o sistema do livre convencimento puro na valoração das provas pelo juiz.

b) O ônus da prova incumbirá à parte que produziu o documento, quando for contestada a autenticidade deste.

c) Devido ao fato de os indivíduos com menos de dezesseis anos de idade serem incapazes para depor, o juiz não pode admitir que eles deponham.

d) É permitido ao advogado requerer o depoimento pessoal da parte que esteja sob o seu patrocínio.

e) São admitidos os meios típicos e atípicos para a prova dos fatos em juízo, ainda que tais meios sejam moralmente ilegítimos.

COMENTÁRIOS

✪ **Nota dos autores:** os meios de provas são os instrumentos à disposição das partes para demonstrar suas alegações ou contradizer as alegações contrárias para contribuir com a formação de convicção da decisão de seu interesse.

Alternativa "a". O juiz apreciará a prova constante dos autos, independentemente do sujeito que a tiver promovido, e indicará na decisão as razões da formação de seu convencimento (CPC/15, art.371). O CPC/2015 suprimiu a palavra livre contida no revogado art.131 do CPC/73, deixando tão somente convencimento motivado.

Alternativa "b". A autenticidade questionada de documento deve ser comprovada por quem o produziu e não por quem o impugnou (CPC/15, art.429, II).

Alternativa "c". Sendo necessário, pode o juiz admitir o depoimento das testemunhas menores, impedidas ou suspeitas (CPC/15, art.447, §4º).

Alternativa "d". Cabe à parte requerer o depoimento pessoal da outra parte, a fim de que esta seja interrogada na audiência de instrução e julgamento, sem prejuízo do poder do juiz de ordená-lo de ofício (CPC/15, art.385).

Alternativa "e". Não são admitidos meios probatórios ilegítimos moralmente (CPC/15, art.369).

Alternativa correta: letra "b".

---

36. (Cespe – Analista Judiciário – Área Administrativa – TRE – BA/2017) João ajuizou ação contra Maria e Joana, as quais, citadas, se fizeram representar por diferentes procuradores, de escritórios de advocacia distintos. As procurações foram juntadas aos autos eletrônicos.

Nessa situação hipotética, o prazo para Maria e Joana apresentarem suas contestações no processo é de

a) 5 dias.

b) 15 dias.

c) 10 dias.

d) 8 dias.

e) 30 dias.

COMENTÁRIOS

✪ **Nota dos autores:** em autos físicos, os litisconsortes que tiverem diferentes procuradores, de escritórios de advocacia distintos, têm prazo em dobro para todas as suas manifestações. Este direito cessará para litisconsorte passivo em que tão somente um apresenta resposta (CPC/15, art.229).

Alternativa correta: letra "b" (responde as demais alternativas). Por se tratar de autos digitais o prazo é simples de quinze dias para oferta de contestação (CPC/15, arts.229 e 335).

---

37. (Cespe – Analista Judiciário – Área Administrativa – TRE – BA/2017) Acerca do procedimento ordinário, assinale a opção correta.

a) A audiência de instrução poderá ser fracionada injustificadamente pelo juiz.

b) Se não houver conexão, não é lícita a cumulação de vários pedidos em um único processo, ainda que contra o mesmo réu.

c) Não se presumem verdadeiros os fatos não impugnados que estiverem em contradição com a defesa, considerada em seu conjunto.

d) Como regra, a confissão é irrevogável e divisível, podendo a parte que a quiser invocar aceitá-la tão somente quanto ao tópico que a beneficiar.

e) Os fatos, ainda que notórios, dependem de prova.

COMENTÁRIOS

✪ **Nota dos autores:** aplica-se o procedimento comum se não for especificado outro no CPC ou outra lei, bem como subsidiariamente aos demais procedimentos especiais e execução.

Alternativa "a". A audiência é una e contínua, podendo ser excepcional e justificadamente cindida na ausência de perito ou de testemunha, desde que haja concordância das partes (CPC/15, art.365, caput).

Alternativa "b". A conexão entre os pedidos não é requisito para cumulação (CPC/15, art.327, caput).

Alternativa c". A presunção de veracidade de fatos não impugnados por quem tenha o ônus de assim fazer não se aplica se: I – não for admissível, a seu respeito, a confissão; II – a petição inicial não estiver acompanhada de instrumento que a lei considerar da substância do ato; e III – estiverem em contradição com a defesa, considerada em seu conjunto (CPC/15, art.341).

Alternativa "d". A confissão é, em regra, indivisível, não podendo a parte que a quiser invocar como prova aceitá-la no tópico que a beneficiar e rejeitá-la no que lhe for desfavorável, porém cindir-se-á quando o confitente a ela aduzir fatos novos, capazes de constituir fundamento de defesa de direito material ou de reconvenção (CPC/15, art.395).

Alternativa "e". Não dependem de prova os fatos: I – notórios; II – afirmados por uma parte e confessados pela parte contrária; III – admitidos no processo como incontroversos; IV – em cujo favor milita presunção legal de existência ou de veracidade (CPC/15, art. 374).

Alternativa correta: letra "c".

---

38. (Cespe – Analista Judiciário – Área Judiciária – TRE – MT/2015) No que diz respeito a petição inicial, resposta do réu e revelia, assinale a opção correta.

a) São requisitos da petição inicial o pedido, a causa de pedir e a indicação dos dispositivos legais que fundamentam a pretensão do autor.

b) O indeferimento da petição inicial poderá importar em extinção do processo com resolução do mérito.

c) A revelia importa em presunção absoluta de veracidade dos fatos descritos pelo autor, exceto quanto àqueles para os quais não se admite confissão.

d) Preenchidos os requisitos, o juiz deve admitir a reconvenção proposta em desfavor do substituto processual e determinar que este exerça, em nome próprio, a sua defesa dentro do prazo legal.

e) A cumulação de pedidos em uma mesma petição inicial depende da existência de conexão entre as diversas demandas cumuladas e de um único juízo competente para conhecê-las separadamente.

COMENTÁRIOS

✪ **Nota dos autores:** em relação à petição inicial, houve também importantes alterações derivadas do Novo Código de Processo Civil. A petição inicial correspondente ao instrumento da demanda, assim entendida por ser a forma adequada de se levar a pretensão ao Judiciário, de ir a juízo.

Alternativa "a". Entre os requisitos da petição inicial não se encontra o fundamento legal, mas o fundamento jurídico do pedido.

Alternativa "b". Em conformidade com o CPC 1973, o indeferimento da petição inicial poderia ensejar uma sentença com ou sem análise de mérito. Nesse sentido, seria possível reconhecer-se a prescrição por meio de petição de indeferimento da inicial, quando então o mérito estava sendo analisado. Contudo, com o CPC/2015, a sistemática é outra. Com efeito, o indeferimento da petição inicial somente ocorrerá em situações que importem em pronunciamento sem análise de mérito. A prescrição e a decadência, por sua vez, poderão ensejar a improcedência liminar. Assim, em resumo: indeferimento da petição inicial – somente com decisão em que não há análise de mérito. Pelas observações, atualmente, a alternativa estaria incorreta.

Alternativa "c". A revelia é um fato, que corresponde à falta de oferecimento de contestação no tempo adequado. Desse fato, decorrem os efeitos material e processual. É efeito material a presunção legal de veracidade dos fatos afirmados pelo autor. Trata-se de presunção relativa e não absoluta.

Alternativa "d". A reconvenção, em conformidade com o CPC/2015, deverá ser oferecida na própria contestação, não exigindo mais que seja apresentada em separado. Se o autor propuser ação na condição de substituto processual, estará defendendo, em seu nome, interesse de outrem. Nessas condições, questiona-se a possibilidade de que o réu ofereça a reconvenção, já que exercerá pretensão em face do autor, que não está em juízo defendendo interesse próprio, mas de outrem. Assim, o CPC/2015 admitiu a reconvenção, ainda que o autor seja substituto processual, unicamente se o reconvinte afirmar ser titular de direito em face do substituído, e a reconvenção deverá ser proposta em face do autor, também na qualidade de substituto processual.

Alternativa "e". É possível que o autor cumule vários pedidos em sua petição inicial. Nesse sentido, poderá requerer a condenação do réu a ressarcir os danos materiais existentes, bem como em obrigação de fazer, por exemplo. A cumulação de pedidos é classificada em cumulação própria e cumulação imprópria. No primeiro caso, cumulam-se os pedidos e o autor requer que todos eles sejam acolhidos. Naturalmente, nesses casos, há necessidade de que haja compatibilidade entre os pedidos. No segundo caso, porém, formulam-se vários pedidos, mas o autor requer que apenas um deles seja acolhido. Aqui, contudo, não há necessidade de compatibilidade entre os pedidos, já que o autor poderá, por exemplo, apresentar um pedido e, se o juiz não o acolher, desde já apresenta outra para apreciação.

Alternativa correta: letra "b".

---

39. (IESES – Analista Judiciário – Área Judiciária – TRE – MA/2015) Assinale a alternativa correta:

a) As exceções não suspendem o curso do processo, salvo as de impedimento.

b) A desistência da ação principal obsta ao prosseguimento da reconvenção.

c) A incompetência absoluta ou relativa deve ser arguida por exceção, no prazo da resposta.

d) A revelia de um dos réus não prejudica os demais que apresentaram resposta.

COMENTÁRIOS

✪ **Nota dos autores:** a questão trata de vários temas.

Alternativa "a". O CPC/2015 aboliu as exceções de impedimento, suspeição e incompetência. O impedimento e a suspeição serão alegados por meio de simples petição. De outro lado, a incompetência relativa, assim como a absoluta, será alegada por meio de preliminar de contestação.

Alternativa "b". A desistência da ação principal não obsta ao prosseguimento da ação reconvencional.

Alternativa "c". A incompetência absoluta e a relativa deverão ser alegadas por meio de preliminar de contestação.

Alternativa "d". A revelia é um fato que apenas prejudica aquele que deixou de oferecer a resposta.

Alternativa correta: letra "d".

---

40. (Cespe – Analista Judiciário – Área Judiciária – TRE – RS/2015) A prova é um meio hábil de confirmar a existência ou a inexistência de um acontecimento ou de um ato, e, quando dirigida ao magistrado, visa dar solução ao caso posto em juízo. O CPC estabelece regras acerca da prova e da sua produção. No que se refere à prova e às situações que a envolvem, assinale a opção correta.

a) Segundo as regras processuais expressas relativas ao ônus da prova, incumbe ao autor provar o fato constitutivo do seu direito, sendo lícita a convenção que distribui o ônus da prova de maneira diversa, quando recair sobre direito indisponível da parte ou tornar excessivamente difícil a uma parte o exercício do direito.

b) Do atual CPC, extrai-se o entendimento de que quem alega o que não aconteceu terá o ônus de provar o fato negativo, o que constitui o que a doutrina denomina de prova diabólica.

c) Em relação à distribuição do ônus da prova, o CPC instituiu expressamente a teoria da carga dinâmica da prova, dispondo que compete a quem alega provar o fato.

d) O direito processual civil positivado determina que os fatos notórios sejam provados por quem os alega, sob pena de cercear a defesa daquele contra quem a prova é utilizada.

e) A confissão é a declaração de uma parte acerca da verdade dos fatos, que pode ser judicial ou extrajudicial. Há confissão quando a parte admite a verdade de um fato contrário ao adversário e favorável ao seu interesse.

COMENTÁRIOS

✪ **Nota dos autores:** as provas têm a finalidade de demonstrar a veracidade dos fatos.

Alternativa "a". Admite-se que as partes convencionem de maneira diferente a regra do ônus probatório, desde que, porém, tal convenção não recaia sobre direito indisponível da parte ou torne excessivamente difícil a uma parte o exercício do direito.

Alternativa "b". Prova diabólica é a impossível ou excessivamente difícil de ser produzida, como a prova de fato negativo. A questão deve ser tratada sob o foco do ônus da prova. O CPC de 2015 encampou a carga estática do ônus da prova, aduzindo que ao autor compete provar os fatos constitutivos de seu direito, ao passo que ao réu os fatos extintivos, modificativos ou impeditivos do direito do autor. Admitiu-se, também, a carga dinâmica do ônus probatório, competindo a prova àquele que tiver melhores condições de fazê-lo. Nesse sentido, o § 1º do art. 373 prevê que, nos casos previstos em lei ou diante de peculiaridades da causa relacionadas à impossibilidade ou à excessiva dificuldade de cumprir o encargo nos termos do caput ou à maior facilidade de obtenção da prova do fato contrário, poderá o juiz atribuir o ônus da prova de modo diverso, desde que o faça por decisão fundamentada, caso em que deverá dar à parte a oportunidade de se desincumbir do ônus que lhe foi atribuído.

Alternativa "c". O CPC/2015 fez previsão das cargas estática e dinâmica do ônus probatório.

Alternativa "d". Diferentemente do afirmado, os fatos notórios não dependem de prova.

Alternativa "e". A confissão deve ser relativa a fato contrário ao interesse do confitente.

Alternativa correta: letra "b".

---

41. (Cespe – Analista Judiciário – Área Judiciária– TRE-GO/2015 – adaptado) Julgue o seguinte item, relativo à resposta do réu no sistema processual civil.

Reconvenção é o instituto típico e exclusivo do procedimento comum ordinário e, uma vez apresentada, gera cumulação objetiva de ações. Não se admitirá a reconvenção nas chamadas ações dúplices, nas quais é lícito ao réu formular pedido contra o autor na própria contestação.

COMENTÁRIOS

✪ **Nota dos autores:** a reconvenção configura-se como uma ação proposta pelo réu em face do autor, no mesmo processo. Tem-se a possibilidade de cumulação subjetiva e objetiva. Pela primeira, tem-se que na ação reconvencional figurará o réu originário, assim como também outra pessoa, formando-se litisconsórcio ativo. Da mesma forma, também será possível que o reconvinte insira no polo passivo outra pessoa que não só o autor da ação principal. Tem-se, em conclusão, a possibilidade de inserção de outras partes na reconvenção que não só aqueles que lá constam inicialmente. Ao apresentar o seu pedido, o reconvinte, naturalmente, amplia objetivamente a demanda.

Está correta apenas a afirmação de que a reconvenção gera cumulação objetiva de ações, ante sua natureza jurídica com ampliação do objeto da demanda. Convém destacar que as ações dúplices podem ser vistas por dois enfoques: a) processual – ampliação objetiva da demanda; e b) processual – cumulação de posições das partes – não há só autor ou réu, mas partes opostas que ocupam a mesma situação, defendendo e atacando. Portanto, em determinadas situações, como nas ações dúplices, desnecessária a formulação de pedido pelo réu em reconvenção.

Alternativa correta: "errado".

13. DA SENTENÇA E DA COISA JULGADA

42. (IBFC – Analista Judiciário – Área Judiciária – TRE – PA/2020) Há no diploma processual civil a previsão de pronunciamentos judiciais em diferentes momentos do processo. A respeito da temática, analise as afirmativas abaixo:

I. Pedido que contrariar entendimento firmado em incidente de resolução de demandas repetitivas ou de assunção de competência será julgado liminarmente improcedente, independentemente da citação do réu, nas causas que não dispensem a fase instrutória.

II. Quando um ou mais dos pedidos formulados ou parcela deles mostrar-se incontroverso ou, ainda, quando estiver em condições de imediato julgamento, nos termos do art. 355, o juiz decidirá parcialmente o mérito.

III. O juiz extinguirá o processo com resolução do mérito quando acolher a alegação de existência de convenção de arbitragem ou quando o juízo arbitral reconhecer sua competência, caso em que incumbirá ao réu apresentar as referidas alegações em sede de contestação, não podendo o juiz conhecer tais matérias de ofício.

IV. A decisão que condenar o réu ao pagamento de prestação consistente em dinheiro e a que determinar a conversão de prestação de fazer, de não fazer ou de dar coisa em prestação pecuniária valerão como título constitutivo de hipoteca judiciária, exceto se a condenação for genérica.

Assinale a alternativa correta.

a) Apenas as afirmativas I, III e IV estão corretas

b) Apenas as afirmativas II e IV estão corretas

c) Apenas a afirmativa II está correta

d) Apenas a afirmativa IV está correta

COMENTÁRIOS

Assertiva I – incorreta. Como se verifica do art. 332, do CPC, nas causas que dispensem a fase instrutória, o juiz, independentemente da citação do réu, julgará liminarmente improcedente o pedido que contrariar, entre outros, entendimento firmado em incidente de resolução de demandas repetitivas ou de assunção de competência (inciso III).

Assertiva II – correta. Admite-se o julgamento antecipado parcial do mérito quando um ou mais dos pedidos formulados ou parcela deles: I – mostrar-se incontroverso; II – estiver em condições de imediato julgamento, nos termos do art. 355, do CPC.

Assertiva III – incorreta. O juiz não resolverá o mérito, entre outras situações, quando acolher a alegação de existência de convenção de arbitragem ou quando o juízo arbitral reconhecer sua competência (art. 485, VII, CPC).

Assertiva IV – incorreta. A decisão que condenar o réu ao pagamento de prestação consistente em dinheiro e a que determinar a conversão de prestação de fazer, de não fazer ou de dar coisa em prestação pecuniária valerão como título constitutivo de hipoteca judiciária. A decisão produzirá a hipoteca judiciária, embora a condenação seja genérica (art. 495, § 1º, CPC).

Alternativa correta: letra "C".

43. (Cespe – Analista Judiciário – Área Judiciária – TRE – PI/2016) Tendo em vista que, em uma relação processual, o pronunciamento de mérito está condicionado ao cumprimento de algumas formalidades, tais como a atuação do órgão jurisdicional competente e o tempo dessa atuação, as condições da ação e os pressupostos processuais, assinale a opção correta.

a) Transcorrido o prazo legal sem que o jurisdicionado ingresse em juízo para proteger seu direito, opera-se a preclusão do direito de ação.

b) Quando a ação for considerada intransmissível por disposição legal, a morte de um dos sujeitos da relação processual provocará a extinção do processo sem resolução de mérito.

c) Para não contrariar o princípio da inércia da jurisdição, segundo o qual a jurisdição deve ser provocada, é vedado ao juiz determinar, de ofício, a produção de provas.

d) A jurisdição voluntária pode ser exercida extrajudicialmente em casos expressamente autorizados pelo ordenamento jurídico vigente, como nos casos de inventário ou divórcio extrajudiciais.

e) O defeito ou a ausência de representação na relação processual provoca, por falta de uma das condições da ação, a extinção do processo sem resolução de mérito.

COMENTÁRIOS

✪ **Nota dos autores:** a questão trata de vários institutos processuais, que serão tratados com mais profundidade na sequência.

Alternativa "a". A preclusão é um instituto processual. Por meio dele, tem-se a impossibilidade de que haja a prática de ato processual, em razão do tempo transcorrido (preclusão temporal), pela prática de ato incompatível (preclusão lógica) ou por já ter ocorrido a prática do ato (preclusão consumativa). Em conformidade com a alternativa, o correto seria fazer alusão à prescrição da pretensão.

Alternativa "b". Ocorrendo a morte de um dos sujeitos da relação processual, deverá ser verificado se a ação é ou não transmissível. Em caso positivo, deverá ser providenciada a habilitação dos herdeiros. Diferentemente, tem-se a necessidade de que ocorra a extinção do processo sem que haja a resolução do mérito, como ocorre, por exemplo, na ação de divórcio.

Alternativa "c". Pelo contrário, admite-se que o magistrado determine, de ofício, a produção de provas. Trata-se de questão complexa, pois, de um lado, o magistrado não poderá simplesmente substituir a atuação das partes sob pena de prejudicar a sua imparcialidade; de outro, porém, tem total interesse em descobrir a verdade dos fatos. Na verdade, determinar as provas necessárias ao julgamento do mérito está entre os poderes instrutórios do juiz, que devem ser vistos em conformidade com a visão publicista do processo, por meio do qual deve estar o magistrado comprometido com o descobrimento da verdade para a efetivação do direito material.

Alternativa "d". A jurisdição voluntária será exercida pelo Estado-juiz. Porém, em alguns casos, admite-se que sejam celebrados negócios jurídicos que podem produzir os mesmos efeitos, como ocorre com o divórcio consensual.

Alternativa "e". As condições da ação são exigências para que o magistrado profira pronunciamento com análise de mérito. Pelo CPC/2015, são duas as condições: a legitimidade ad causam e o interesse de agir. A possibilidade jurídica do pedido não é mais vista como condição da ação, mas como matéria de mérito. As condições da ação não se confundem com os pressupostos processuais. Estes referem-se à relação processual e podem ser classificados como pressupostos de constituição e de desenvolvimento da relação processual. Por meio dos primeiros, haverá o nascimento da relação processual (que exige, por exemplo, a petição inicial). Uma vez formada a relação, esta deve desenvolver de modo válido, identificando-se assim os pressupostos processuais de desenvolvimento. Paralelamente, há também os pressupostos processuais negativos ou extrínsecos, que não podem estar presentes, pois impedem o desenvolvimento da relação processual. São eles: litispendência, coisa julgada, convenção de arbitragem e perempção. A capacidade processual se apresenta como um dos pressupostos processuais de validade. Para que não haja qualquer dúvida, passa-se a elencar os pressupostos processuais: (i) pressupostos de existência – jurisdição, petição inicial e citação; (ii) pressupostos de validade – juízo competente, juiz imparcial, capacidade e legitimidade processual, petição inicial válida e citação válida. Não se pode confundem a capacidade processual da legitimidade processual. A capacidade processual é a aptidão conferida genericamente para que se possa agir em juízo, conforme os critérios da lei civil. Porém, a legitimidade processual refere-se a uma situação específica em que, embora o sujeito tenha capacidade processual, em razão de uma particularidade, não poderá demandar. É o que ocorre, por exemplo, com marido e mulher nas ações sobre direitos reais imobiliários. O marido detém capacidade processual, mas não tem legitimidade processual, pois, necessita da outorga de sua mulher.

Alternativa correta: letra "b".

---

44. (Cespe – Analista Judiciário – Área Judiciária – TRE – MT/2015) Assinale a opção correta no que diz respeito à sentença e à coisa julgada.

a) A possibilidade de o julgador proferir sentença incerta restringe-se às situações em que decida relação jurídica condicional.

b) A sentença publicada torna-se irretratável, e o juiz somente poderá corrigir erros materiais dela constantes em caso de requerimento da parte.

c) Proferida sentença de extinção do processo em razão da ilegitimidade passiva para a causa, a não interposição de recurso, no prazo legal, importará imutabilidade da decisão pela coisa julgada material.

d) Ainda que importantes para determinar o alcance da parte dispositiva da sentença, os motivos não são alcançados pela imutabilidade da coisa julgada.

e) Sentenças terminativas são aquelas que resolvem o mérito, dando fim ao processo.

COMENTÁRIOS

✪ **Nota dos autores:** a questão trata da sentença e da coisa julgada, sendo detalhados pontos importantes na correção das alternativas.

Alternativa a. A sentença deve ser líquida. Admite-se, contudo, em situações excepcionais, que o magistrado profira sentença ilíquida: i) se não for possível determinar, de modo definitivo, o montante devido; ii) se a apuração do valor devido depender da produção de prova da realização demorada ou excessivamente dispendiosa, assim reconhecida na sentença.

Alternativa "b". A publicação do ato judicial consiste em torná-la pública e não se confunde com a intimação das partes. Com o recebimento do ato judicial pelo escrivão, torna-se público o pronunciamento jurisdicional. A partir de então, não se admite a modificação da sentença, salvo para corrigir-lhe, de ofício ou a requerimento da parte, inexatidões materiais ou erros de cálculo; ou, por meio de embargos de declaração.

Alternativa "c". Proferida sentença sem a resolução do mérito, em razão de ilegitimidade, tem-se a possibilidade de que a questão seja discutida em outro processo, desde que corrigido o vício. Como se vê, não se forma coisa julgada material, mas apenas formal, por impedir a rediscussão no mesmo processo.

Alternativa "d". A sentença, quanto à sua estrutura, deverá possuir três requisitos: o relatório, a fundamentação e o dispositivo. A fundamentação é exigência constitucional para os atos judiciais e o CPC/2015, na linha do neoprocessualismo, exigiu a observância da fundamentação analítica. Desse modo, não se considera fundamentada qualquer decisão judicial, seja ela interlocutória, sentença ou acórdão, que: I – se limitar à indicação, à reprodução ou à paráfrase de ato normativo, sem explicar sua relação com a causa ou a questão decidida; II – empregar conceitos jurídicos indeterminados, sem explicar o motivo concreto de sua incidência no caso; III – invocar motivos que se prestariam a justificar qualquer outra decisão; IV – não enfrentar todos os argumentos deduzidos no processo capazes de, em tese, infirmar a conclusão adotada pelo julgador; V – se limitar a invocar precedente ou enunciado de súmula, sem identificar seus fundamentos determinantes nem demonstrar que o caso sob julgamento se ajusta àqueles fundamentos; VI – deixar de seguir enunciado de súmula, jurisprudência ou precedente invocado pela parte, sem demonstrar a existência de distinção no caso em julgamento ou a superação do entendimento. Como se vê, não basta ao magistrado a simples motivação. A fundamentação analítica vai além, pois o juiz deve indicar os motivos que o levaram a decidir de determinada forma e, também, afastar os argumentos apresentados pela parte. Embora seja importante, a fundamentação não estará abrangida pela coisa julgada, de modo que poderá ser posteriormente rediscutida, como regra.

Alternativa "e". A sentença terminativa corresponde àquelas em que não houve a resolução do mérito.

Alternativa correta: letra "d".

14. DA LIQUIDAÇÃO DE SENTENÇA

45. (Analista Judiciário – Área Judiciária – TRF 5ª região/ 2008 – FCC) No que concerne à liquidação de sentença, de acordo com o Código de Processo Civil, é correto afirmar:

a) Em regra, do requerimento de liquidação de sentença será a parte citada e intimada pessoalmente.

b) A liquidação não poderá ser requerida na pendência de recurso.

c) Far-se-á a liquidação por artigos quando determinado pela sentença ou convencionado entre as partes.

d) Far-se-á a liquidação por arbitramento, quando, para determinar o valor da condenação, houver necessidade de alegar e provar fato novo.

e) Da decisão de liquidação caberá agravo de instrumento.

COMENTÁRIOS

Nota dos autores: para que seja possível dar-se início à fase de cumprimento de obrigação reconhecida em sentença, aquela deve preencher os requisitos da certeza, exigibilidade e liquidez. Nesse sentido, deve o pronunciamento jurisdicional haver indicado o valor do débito. Se não o fez, em razão de autorização legal, deverá a parte valer-se da fase de liquidação, que pode ser requerida pelo credor ou mesmo pelo devedor e observar uma das seguintes técnicas: (i) arbitramento, quando determinado pela sentença, convencionado pelas partes ou exigido pela natureza do objeto da liquidação; (ii) pelo procedimento comum, quando houver necessidade de alegar e provar fato novo. É digno de nota que, muito embora tenha o magistrado indicado uma das técnicas em sua sentença, será admitida a utilização de outra, o que não se afigurará ofensa ao princípio da correlação, justamente por se tratar apenas de um procedimento para que se possa chegar ao valor correto. De toda forma, é vedado discutir na liquidação de novo a lide ou modificar a sentença que a julgou. Admite-se a liquidação ainda que não transitada em julgado a sentença, ou ainda que impugnado o pronunciamento com recurso dotado de efeito suspensivo. Nestes casos, será processada em autos apartados no juízo de origem.

Alternativa "a". A liquidação será realizada por meio das seguintes técnicas: i) por arbitramento, quando determinado pela sentença, convencionado pelas partes ou exigido pela natureza do objeto da liquidação; ii) pelo procedimento comum, quando houver necessidade de alegar e prova fato novo (art. 509 do CPC).

Alternativa "b". A liquidação poderá ser requerida na pendência de recurso, independentemente de seus efeitos. Neste caso, a liquidação será identificada como provisória.

Alternativa "c". A liquidação observará o procedimento comum quando houver necessidade de alegar e provar fato novo (art. 509, II do CPC).

Alternativa "d". Far-se-á a liquidação por arbitramento quando determinado pela sentença, convencionado pelas partes ou o exigir a natureza do objeto da liquidação.

Alternativa "e". Do pronunciamento jurisdicional que decidir a liquidação caberá a interposição do recurso de agravo de instrumento (art. 1.015, parágrafo único).

Alternativa correta: letra "e".

15. DO CUMPRIMENTO DA SENTENÇA

46. (Cespe - Analista Judiciário - Área Judiciária - TRE - PI/2016) Assinale a opção correta relativamente ao cumprimento de sentença e ao processo de execução de título executivo extrajudicial.

a) Situação hipotética: Contra a sentença que julgou procedente o pedido formulado pelo requerente e confirmou os efeitos da antecipação da tutela, o requerido interpôs recurso de apelação. Assertiva: Nessa situação, o requerente poderá requerer a execução provisória do julgado, e os autos do processo não poderão subir ao tribunal para análise do apelo, enquanto não for liquidada a sentença.

b) Situação hipotética: Transitada em julgado a sentença condenatória de pagar quantia certa, o executado foi intimado para cumprir a obrigação no prazo de dez dias, embora já tivesse cumprido a obrigação imposta pela sentença. Assertiva: Nessa situação, o executado deverá oferecer embargos do devedor com o objetivo de desconstituir a pretensão executiva.

c) Em ação de execução por quantia certa, caso o devedor não cumpra a obrigação, o juiz poderá mandar intimar o executado para, caso existam bens disponíveis, indicar quais são e onde se encontram, sob pena de se caracterizar ato atentatório à dignidade da justiça e sujeitar o executado ao pagamento de multa que será revertida em favor do exequente.

d) Em ação de execução de título executivo extrajudicial na qual o devedor ofereça embargos à execução no prazo legal, objetivando desconstituir a pretensão executiva, caso haja indícios do cumprimento da obrigação, o juiz poderá, de ofício, conceder efeito suspensivo aos embargos.

e) Situação hipotética: Proposta ação de execução de título executivo extrajudicial, o executado opôs embargos com o objetivo de desconstituir totalmente a pretensão executiva em função de uma dação em pagamento. Assertiva: Nessa situação, se acolher o pedido formulado nos embargos, o juiz deverá proferir sentença nos autos da ação executiva, na qual deve julgar improcedente a pretensão executiva e extinguir o feito com resolução de mérito.

COMENTÁRIOS

✪ **Nota dos autores:** a questão trata do processo de execução autônomo, fundado em título executivo extrajudicial, bem como do cumprimento provisório e definitivo de obrigação consubstanciada em decisão judicial.

Alternativa "a". O CPC/2015 fez a previsão do cumprimento provisório e também do definitivo da sentença que reconhece a obrigação de pagar quantia. Será possível o cumprimento provisório se a sentença judicial, por ser impugnável por recurso com só efeito devolutivo, abrindo-se a oportunidade de buscar-se a satisfação da obrigação, muito embora a questão ainda não tenha sido julgada em definitivo. O cumprimento provisório será requerido pelo credor e não importará em óbice à remessa dos autos ao Tribunal para julgamento do recurso de apelação interposto.

Alternativa "b". Trata-se de hipótese em que deverá ser alegado o cumprimento de obrigação reconhecida em sentença, não sendo viável a utilização dos embargos à execução. Com relação ao meio adequado, devem ser feitas as seguintes observações: como regra, o devedor deverá oferecer impugnação ao cumprimento de sentença, no prazo de 15 dias, contados do término do prazo para a satisfação voluntária. Se o pagamento ocorrer posteriormente à possibilidade de oferecimento da impugnação, contudo, abre-se a via de serem alegadas por meio de simples petição, no prazo de 15 dias, contados da ciência do fato ou da intimação do ato, conforme reconhece o § 11 do art. 525.

Alternativa "c". Na execução por quantia, o executado será citado para pagar a dívida no prazo de três dias, contado da citação. Se não cumprir a obrigação, poderá ser intimado para indicar ao juiz quais são e onde estão os bens sujeitos à penhora e os respectivos valores, ou exibir prova de sua propriedade e, se for o caso, certidão negativa de ônus. Se não o fizer, praticará conduta atentatória à dignidade da justiça.

Alternativa "d". O efeito suspensivo poderá ser concedido a requerimento do embargante, consoante se vê do art. 919 do CPC, desde que presentes os requisitos para a concessão da tutela provisória e garantida a execução. Não obstante, é possível defender-se a possibilidade de concessão de tal efeito de ofício, sem prévio requerimento, por ser possível a equiparação a ser uma medida correspondente à tutela cautelar. Porém, pela interpretação literal, depende de prévio requerimento.

Alternativa "e". Em verdade, o magistrado proferirá sentença com resolução do mérito nos embargos à execução, hipótese em que reconhecerá a extinção da obrigação em razão da dação em pagamento. Consequentemente, extinta a obrigação, estará ausente requisito para prosseguimento da execução, importando na sua extinção.

Alternativa correta: letra "c".

---

47. (Cespe – Analista Judiciário – Área Judiciária – TRE – PI/2016) A respeito da resposta do réu, da instrução processual e da sentença, assinale a opção correta.

a) Situação hipotética: Aberta a audiência de instrução, o juiz identificou que o advogado do autor havia peticionado demonstrando a sua impossibilidade de comparecer ao ato processual, pois estava acometido de grave enfermidade. Assertiva: Nessa situação, o juiz deverá colher o depoimento pessoal das partes e a oitiva das testemunhas e determinar a suspensão do processo até o final da convalescença do advogado.

b) Situação hipotética: Em audiência de instrução, o réu requereu a juntada de documentos para fazer contraprova de fatos alegados em depoimento pessoal, mas o juiz indeferiu o requerimento por ter sido este feito intempestivamente. Assertiva: Nessa situação, não cabe recurso contra a decisão de indeferimento, mas o réu poderá suscitar tal fato em razões ou contrarrazões de eventual recurso de apelação.

c) Na ação de obrigação de fazer cuja sentença julgar procedente o pedido do autor, poderá haver aplicação de multa para o caso de não cumprimento da obrigação no prazo especificado, sendo vedada em qualquer caso a conversão da obrigação específica em perdas e danos.

d) Caso o réu, citado na forma da lei, não apresente contestação, e a causa verse sobre direito indisponível, o juiz deverá proferir sentença desde logo, julgando antecipadamente a lide.

e) Deferida a contradita diante da suspeição ou do impedimento, e sendo estritamente necessário o depoimento da testemunha contraditada, o juiz ouvirá o depoimento desta, independentemente de compromisso, e atribuirá a tal depoimento o valor que possa merecer diante das demais provas colhidas.

COMENTÁRIOS

✪ **Nota dos autores:** a questão revela uma tendência do CESPE, no sentido de apresentar uma situação hipotética e, posteriormente, fazer uma afirmação, buscando-se que o candidato possa entender se a conclusão apresentada é correta ou não.

Alternativa "a". Diferentemente, deverá o magistrado determinar a suspensão do processo, sem promover à colheita da prova oral.

Alternativa "b". Em conformidade com o CPC/2015, as questões decididas por meio de decisão interlocutória não são impugnáveis de imediato por recurso, salvo situações excepcionais, indicadas também no art. 1.015. Para aqueles casos, porém, a impugnação poderá ser feita quando da interposição do recurso de apelação ou nas contrarrazões, sob pena de preclusão (chamada preclusão elástica). Para os casos previstos no art. 1.015, caberá a interposição do recurso de agravo de instrumento, sob pena de preclusão. O indeferimento de produção da prova, tal como indicado na assertiva, não se encontra em as situações constantes do art. 1.015, de modo que não somente poderá ser alegado o vício quando do oferecimento da apelação ou de eventuais contrarrazões, por meio de preliminar própria. Note-se que a questão foi elaborada de acordo com o CPC de 1973 e, por isso, esta alternativa foi apontada como incorreta. Atualmente, sob a égide do CPC de 2015, pode-se defender que seria correta.

Alternativa "c". Via de regra, a obrigação descumprida poderá ser convertida em indenização por penas e danos, sem prejuízo da multa, se o autor solicitar OU se impossível a tutela jurisdicional específica ou pelo resultado prático equivalente (CPC, arts.499, caput e 500). O juiz não poderá converter a obrigação em indenização antes de possibilitar a efetivação da tutela específica, para os casos de responsabilidade contratual por vícios redibitórios, de empreitada e seguros (CPC, art.499, parágrafo único).

Alternativa "d". Versando a causa sobre direitos indisponíveis, não haverá a incidência do efeito material da revelia, de modo que não serão presumidos como verdadeiros os fatos articulados pelo autor.

Alternativa "e". As testemunhas a serem ouvidas podem ser contraditadas, sob o argumento do impedimento e da suspeição (ou mesmo da incapacidade). Naqueles casos, porém, ainda que o juízo acolha a contradita, será possível a oitiva da testemunha independentemente de compromisso.

Alternativa correta: letra "e".

---

48. (Cespe – Analista Judiciário – Área Judiciária – TRE – MT/2015) No tocante à execução e ao cumprimento de sentença, assinale a opção correta.

a) Havendo desistência da execução pelo credor, a extinção dos embargos que versarem apenas sobre questões processuais independe da concordância do embargante.

b) Transitada em julgado a sentença que condena ao pagamento de determinada quantia, o devedor deverá ser citado para cumpri-la em até quinze dias, sob pena de incidência de multa de 10% sobre o montante da condenação.

c) A sentença arbitral constitui título executivo extrajudicial, uma vez que oriunda da atividade de um árbitro escolhido pelas partes.

d) Para a oposição de embargos à execução fundada em título extrajudicial, o devedor deverá tornar seguro o juízo mediante penhora, depósito ou caução.

e) Os embargos opostos pelo devedor à execução fundada em título extrajudicial terão, em regra, efeito suspensivo, cabendo ao julgador, em caso de requerimento da parte, fundamentar a decisão que lhes afastar esse efeito.

COMENTÁRIOS

✪ **Nota dos autores:** o cumprimento de obrigação consubstanciada em sentença inaugurará nova fase no processo sincrético. Tem-se a fase de cumprimento de sentença. A execução encerra um processo autônomo.

Alternativa "a". Vige no processo de execução o princípio da disponibilidade, de modo que o credor poderá, por sua vontade, desistir de prosseguir com a execução, sem que haja necessidade de consentimento do devedor. Haverá entrave para a homologação da desistência se, contudo, o devedor já tiver apresentados os seus embargos à execução, que tem natureza jurídica de ação incidental e se discutir tema relativo à obrigação devida. Neste caso, a desistência da execução depende do consentimento do embargante. Porém, se os embargos versarem apenas sobre matéria processual, não haverá necessidade da concordância, uma vez que a intenção do credor é a de justamente finalizar o processo.

Alternativa "b". Transitada em julgado a sentença condenatória, deverá o credor requerer o início da fase de execução, apresentando o cálculo do valor que é devido. Tomada essa providência, haverá a intimação do devedor para o cumprimento da obrigação no prazo de 15 dias, acrescida de custas, se houver. Não ocorrendo o pagamento, haverá a incidência de multa coercitiva equivalente a 10%, além de também honorários advocatícios no importe de 10%.

Alternativa "c". A sentença arbitral constitui-se em título executivo judicial, uma vez que o árbitro, ao proferi-la, exerce jurisdição (jurisdição privada).

Alternativas "d" e "e". Os embargos à execução se constituem em ação incidental oferecida pelo executado. O CPC/2015 confirmou a desnecessidade de que a execução esteja previamente garantida para que os embargos possam ser admitidos (art.919). Porém, para que haja o deferimento de efeito suspensivo, a execução deve estar garantida por penhora, depósito ou caução suficientes, além de estarem presentes os requisitos para a concessão da tutela provisória. Desse modo, o efeito suspensivo poderá ter por fundamentos a urgência (aliados com relevantes fundamentos) ou a evidência (alta probabilidade de acolhimento da pretensão).

Alternativa correta: letra "a".

16. DA ORDEM DOS PROCESSOS NOS TRIBUNAIS E DOS RECURSOS

49. (Consulplan – Analista Judiciário – Área Administrativa – TRE – RJ/2017) À luz do CPC/2015, acerca dos processos nos tribunais e meios de impugnação das decisões judiciais, assinale a afirmativa INCORRETA.

a) Os embargos de declaração não possuem efeito suspensivo e interrompem o prazo para a interposição de recurso.

b) O recurso pode ser interposto pela parte vencida, pelo terceiro prejudicado e pelo Ministério Público, como parte ou como fiscal da ordem jurídica.

c) O recurso adesivo fica subordinado ao recurso independente, sendo-lhe aplicáveis as mesmas regras deste quanto aos requisitos de admissibilidade e julgamento no tribunal.

d) Quando o resultado da remessa necessária for não unânime, o julgamento terá prosseguimento em sessão a ser designada com a presença de outros julgadores, que serão convocados nos termos previamente definidos no regimento interno, em número suficiente para garantir a possibilidade de inversão do resultado inicial, assegurado às partes e a eventuais terceiros o direito de sustentar, oralmente, suas razões perante os novos julgadores.

COMENTÁRIOS

✪ **Nota dos autores:** está sujeita ao duplo grau de jurisdição, não produzindo efeito senão depois de confirmada pelo tribunal, a sentença: I – proferida contra a União, os Estados, o Distrito Federal, os Municípios e suas respectivas autarquias e fundações de direito público; II – que julgar procedentes, no todo ou em parte, os embargos à execução fiscal.

Alternativa "a". Os embargos de declaração não possuem efeito suspensivo e interrompem o prazo para a interposição de recurso (CPC/15, art. 1.026)

Alternativa "b". O recurso pode ser interposto pela parte vencida, pelo terceiro prejudicado e pelo Ministério Público, como parte ou como fiscal da ordem jurídica (CPC/15, art. 996).

Alternativa "c". O recurso adesivo fica subordinado ao recurso independente, sendo-lhe aplicáveis as mesmas regras deste quanto aos requisitos de admissibilidade e julgamento no tribunal (CPC/15, art. 997, §2º).

Alternativa "d". Quando o resultado da apelação for não unânime, o julgamento terá prosseguimento em sessão a ser designada com a presença de outros julgadores, que serão convocados nos termos previamente definidos no regimento interno, em número suficiente para garantir a possibilidade de inversão do resultado inicial, assegurado às partes e a eventuais terceiros o direito de sustentar oralmente suas razões perante os novos julgadores (CPC/15, art. 942). Referido procedimento não se aplica ao reexame necessário.

Alternativa correta: letra "d".

---

50. (Cespe – Analista Judiciário – Área Judiciária – TRE – TO/2017) Determinado cidadão impetrou, na justiça cível estadual, mandado de segurança contra ato do presidente do partido político ao qual é filiado, que lhe teria negado o direito de concorrer ao cargo de vereador. Na oportunidade, questionou, ainda, a validade da convenção partidária na qual foram escolhidos os candidatos do partido. Ao receber a petição inicial, o juízo declinou sua competência para a justiça eleitoral. Posteriormente, o juízo da zona eleitoral, por entender que a matéria referente a critérios do partido político para a escolha de candidatos diz respeito à validade de ato interno do partido, suscitou conflito de competência por entender que a competência seria do juízo que a havia declinado.

Considerando essa situação hipotética, assinale a opção correta de acordo com a legislação em vigor e com a jurisprudência dos tribunais superiores.

a) O conflito de competência deve ser decidido pelo Superior Tribunal de Justiça, e a competência para exame do mandado de segurança é da justiça eleitoral.

b) O conflito de competência deve ser decidido pelo Supremo Tribunal Federal, e a competência para exame do mandado de segurança é da justiça estadual.

c) O conflito de competência deve ser decidido pelo Supremo Tribunal Federal, e a competência para exame do mandado de segurança é da justiça eleitoral.

d) O conflito de competência não deve ser conhecido porque esse incidente somente pode ser suscitado pelas partes ou pelo Ministério Público.

e) O conflito de competência deve ser decidido pelo Superior Tribunal de Justiça, e a competência para exame do mandado de segurança é da justiça estadual.

COMENTÁRIOS

✪ **Nota dos autores:** o conflito de competência pode ser suscitado por qualquer das partes, pelo Ministério Público ou pelo juiz.

Alternativa "a". Compete ao Superior Tribunal de Justiça para dirimir os conflitos de competência entre juízes vinculados a tribunais diversos (art. 105, I, "d", da CF/1988). Para o Superior Tribunal de Justiça, compete à Justiça Eleitoral processar e julgar as causas em que a análise da controvérsia é capaz de produzir reflexos diretos no processo eleitoral (Info 596, CC 148.693-BA, Rel. Min. Ricardo Villas Bôas Cueva, por unanimidade, julgado em 14/12/2016, DJe 19/12/2016).

Alternativa correta: letra "a".

---

51. (Cespe – Analista Judiciário – Área Judiciária – TRE – TO/2017) De acordo com o Código de Processo Civil (CPC), são consideradas como julgamento de casos repetitivos apenas as decisões proferidas em

a) incidente de resolução de demandas repetitivas e em incidente de assunção de competência.

b) incidente de resolução de demandas repetitivas, em recurso especial repetitivo e em recurso extraordinário repetitivo.

c) incidente de assunção de competência, em recurso especial repetitivo e em recurso extraordinário repetitivo.

d) incidente de assunção de competência, em incidente de resolução de demandas repetitivas, em recursos especiais repetitivos e em recurso extraordinário repetitivo.

e) recurso especial repetitivo e em recurso extraordinário repetitivo.

COMENTÁRIOS

✪ **Nota dos autores:** o julgamento de casos repetitivos tem por objeto questão de direito material ou processual.

Alternativa correta: letra "b" (responde as demais alternativas). Considera-se julgamento de casos repetitivos a decisão proferida em incidente de resolução de demandas repetitivas e em recursos especial e extraordinário repetitivos (CPC/15, art.928).

---

52. (Cespe – Analista Judiciário – Área Judiciária – TRE – BA/2017) De acordo com a jurisprudência dos tribunais superiores, julgue os itens que se seguem.

I. A fixação de astreintes pelo juiz faz coisa julgada material, caso não seja objeto de recurso pela parte interessada, não podendo ser alterada posteriormente.

II. Tendo sido a intimação feita por oficial de justiça, a contagem do prazo recursal inicia-se da data em que a parte tomou conhecimento da intimação, porque a contagem a partir da data da juntada do mandado somente se aplica para hipóteses de citação.

III. O prazo decadencial para a impetração de mandado de segurança em razão de redução ilegal do valor de vantagem integrante de remuneração de servidor público se renova a cada mês.

IV. São protelatórios os embargos de declaração cuja finalidade seja rediscutir matéria julgada em conformidade com precedente firmado pelo rito dos recursos repetitivos.

Estão certos apenas os itens

a) I e II.

b) I e IV.

c) II e III.

d) III e IV.

e) II, III e IV.

COMENTÁRIOS

✪ **Nota dos autores:** admitindo-se a formação de precedentes no âmbito do Supremo Tribunal Federal, do Superior Tribunal de Justiça e, também, dos Tribunais Regionais Federais e Tribunais de Justiça (o que é negado por Daniel Mitidiero em relação a estes dois últimos, empregando-se, então, a menção de que emitem jurisprudência vinculante), tem-se que os pronunciamentos oriundos do plenário ou do órgão especial desses Tribunais também têm efeito vinculante,[3] como pode ocorrer, por exemplo, com a ação direta de inconstitucionalidade julgada pelo colegiado maior de Tribunal de Justiça.

Item I. A majoração ou redução do valor das astreintes pode ocorrer a qualquer tempo, por não estar sujeita a coisa julgada material, conforme jurisprudência do Superior Tribunal de Justiça (AgRg no AREsp 195303 / SP).

Item II. O Superior Tribunal de Justiça julgou o *leading case* REsp 1632777 SP (Tema 379) e fixou a seguinte tese de observância obrigatória: "nos casos de intimação/citação realizadas por Correio, Oficial de Justiça, ou por Carta de Ordem, Precatória ou Rogatória, o prazo recursal inicia-se com a juntada aos autos do aviso de rece-bimento, do mandado cumprido, ou da juntada da carta".

Item III. O STJ já decidiu que "o prazo decadencial para impetrar mandado de segurança contra redução do valor de vantagem integrante de proventos ou de remuneração de servidor público renova-se mês a mês" (Info 578, EREsp 1.164.514-AM, Rel. Min. Napoleão Nunes Maia Filho, julgado em 16/12/2015, DJe 25/2/2016).

Item IV. O Superior Tribunal de Justiça julgou o *leading case* REsp 1410839 / SC (Tema 698) e fixou a seguinte tese de observância obrigatória: "caracterizam-se como protelatórios os embargos de declaração que visam rediscutir matéria já apreciada e decidida pela Corte de origem em conformidade com súmula do STJ ou STF ou, ainda, precedente julgado pelo rito dos artigos 543-C e 543-B, do CPC".

Alternativa correta: letra "d". Estão corretos os itens III e IV.

---

53. (Cespe – Analista Judiciário – Área Judiciária – TRE – BA/2017) Tendo examinado uma petição inicial com dois pedidos, em demanda que tramitava pelo procedimento comum, o juiz indeferiu parcialmente a petição quanto a um dos pedidos apresentados pelo autor e determinou a citação do réu para que o processo prosseguisse apenas em relação ao outro pedido.

Nesse momento processual, o pronunciamento do juiz será

a) recorrível por apelação.

b) irrecorrível.

c) recorrível por agravo retido.

d) recorrível por agravo de instrumento.

e) recorrível por agravo interno.

COMENTÁRIOS

✪ **Nota dos autores:** o CPC/2015 adotou o princípio da taxatividade nas hipóteses de cabimento do Agravo de Instrumento, ou seja, somente é possível interpor tal recurso se a lei assim possibilitar expressamente.

Alternativa "a". O objeto da Apelação é a sentença e não a decisão interlocutória.

Alternativa "b". Como visto, tem previsão recursal.

Alternativa "c". Não tem previsão no CPC/2015.

Alternativa "d". Considerando que a decisão é interlocutória (não colocou fim a uma fase processual) e versou sobre extinção parcial do processo, o meio de impugnação previsto é o Agravo de Instrumento (CPC/15, art.354, parágrafo único).

Alternativa "e". O objeto do Agravo Interno é decisão monocrática nos Tribunais e não decisão interlocutória.

Alternativa correta: letra "d".

---

54. (Cespe – Analista Judiciário – Área Administrativa – TRE – BA/2017) Acerca do sistema recursal previsto no CPC, julgue os itens a seguir.

3. DIDIER JÚNIOR, Fredie. BRAGA, Paula Sarno. OLIVEIRA, Rafael Alexandria de. *Op. Cit.*, p. 467.

I. O recorrente só poderá desistir do recurso com a anuência do recorrido e dos litisconsortes.

II. Os embargos de declaração interrompem o prazo para a interposição de recurso.

III. Não comprovado o recolhimento do preparo no ato da interposição do recurso, a parte será intimada, na pessoa do seu advogado, para realizar o pagamento em dobro, sob pena de deserção.

Assinale a opção correta.

a) Apenas o item I está certo.

b) Apenas o item II está certo.

c) Apenas os itens I e III estão certos.

d) Apenas os itens II e III estão certos.

e) Todos os itens estão certos.

COMENTÁRIOS

✪ **Nota dos autores:** cada parte interporá o recurso independentemente, no prazo e com observância das exigências legais.

Item I. O recorrente poderá, a qualquer tempo, sem a anuência do recorrido ou dos litisconsortes, desistir do recurso (CPC/15, art.998, *caput*).

Item II. Os embargos de declaração não possuem efeito suspensivo e interrompem o prazo para a interposição de recurso (CPC/15, art.1026, *caput*).

Item III. O recorrente que não comprovar, no ato de interposição do recurso, o recolhimento do preparo, inclusive porte de remessa e de retorno, será intimado, na pessoa de seu advogado, para realizar o recolhimento em dobro, sob pena de deserção (CPC/15, art.1007, §4º).

Alternativa correta: letra "d". Estão corretos os itens II e III.

---

55. (IESES – Analista Judiciário – Área Judiciária – TRE – MA/2015) Em relação aos recursos, responda:

I. Da decisão que indeferir a petição inicial cabe apelação, sendo facultado ao juiz prolator reforma-la antes da remessa ao Tribunal.

II. Com base no princípio da unicidade recursal, o recurso interposto por um dos litisconsortes não aproveita aos demais.

III. Depois de apresentadas as contrarrazões pela parte adversa, e distribuído o recurso ao relator, não pode mais a parte desistir do recurso.

Assinale a alternativa correta

a) Apenas a assertiva II é verdadeira.

b) Apenas a assertiva I é verdadeira.

c) Todas as assertivas são verdadeiras.

d) Apenas as assertivas I e III são verdadeiras.

COMENTÁRIOS

✪ **Nota dos autores:** os recursos constituem-se em um dos meios de impugnação das decisões judiciais. É regido por vários princípios.

Assertiva I – Da sentença que indeferir a petição inicial, será cabível a interposição do recurso de apelação, com possibilidade de exercício do juízo de retratação pelo juiz. A novidade com o CPC/2015 consiste no fato de que o réu será citado para oferecer resposta ao recurso apresentado pelo autor, no caso de não ter sido exercida a retratação.

Assertiva II – Em conformidade com o princípio da unicidade, cada pronunciamento jurisdicional poderá ser impugnado por um único recurso.

Assertiva III – A parte poderá desistir do prosseguimento do recurso a qualquer tempo.

Alternativa Correta: letra "b".

---

56. (Cespe – Analista Judiciário – Área Judiciária– TRE-GO/2015) Fábio propôs ação judicial contra uma empresa fornecedora de serviços de bufê em razão de vício na prestação do serviço contratado. A ação foi proposta na vara cível competente para julgamento da demanda, por meio da qual se requereu indenização por danos materiais e morais supostamente sofridos pelo autor. Ao final, o juiz proferiu sentença na qual reconheceu parcialmente os danos materiais sofridos e condenou a empresa ré a indenizar o autor. O juiz não se manifestou, contudo, sobre os danos morais pleiteados na petição inicial.

Acerca dessa situação hipotética, julgue os itens a seguir.

Na hipótese descrita, há possibilidade de interposição de recurso na modalidade adesiva, uma vez que está presente a chamada sucumbência recíproca, requisito indispensável para a interposição desse recurso.

COMENTÁRIOS

✪ **Nota dos autores:** o recurso adesivo não se trata propriamente de uma modalidade recursal, mas de forma como o recurso é interposto. Dessa maneira, a parte aderirá ao recurso interposto pela outra, no prazo das contrarrazões, desde que exista sucumbência recíproca. Será admitido na apelação, no recurso extraordinário e no recurso especial. Ficará subordinado ao recurso independente, sendo-lhe aplicáveis as mesmas regras deste quanto aos requisitos de admissibilidade e julgamento no tribunal.

Há interesse recursal da parte que foi parcialmente vencida em interpor recurso adesivo no prazo das contrarrazões recursais (CPC/2015, art. 997, §1º).

Alternativa correta: "certo".

57. (Cespe – Analista Judiciário – Área Judiciária– TRE-GO/2015) Fábio propôs ação judicial contra uma empresa fornecedora de serviços de bufê em razão de vício na prestação do serviço contratado. A ação foi proposta na vara cível competente para julgamento da demanda, por meio da qual se requereu indenização por danos materiais e morais supostamente sofridos pelo autor. Ao final, o juiz proferiu sentença na qual reconheceu parcialmente os danos materiais sofridos e condenou a empresa ré a indenizar o autor. O juiz não se manifestou, contudo, sobre os danos morais pleiteados na petição inicial. Acerca dessa situação hipotética, julgue os itens a seguir. Para sanar a omissão do juiz quanto ao pedido de indenização por danos morais formulado, Fábio deverá interpor recurso de embargos de declaração no prazo de cinco dias, contados da ciência da sentença.

COMENTÁRIOS

✪ **Nota dos autores:** os embargos declaratórios possuem natureza jurídica mista, pois, a um só tempo, constituem-se em meios de aperfeiçoamento do pronunciamento jurisdicional, bem como em recursos. É espécie de fundamentação vinculada, isento de preparo recursal e que deve ser interposto no prazo de cinco dias, interrompendo-se o curso do prazo para o oferecimento de outros recursos.

Considerando-se o princípio da correlação entre o pedido e a sentença, deverá o magistrado analisar todos os pedidos apresentados pelo autor, sob pena de incorrer em um dos vícios de decisão citra, ultra ou extra petita. No caso em questão, a sentença é citra petita, na medida em que não analisou todos os pedidos apresentados pelo autor. Com efeito, o polo ativo se valeu da cumulação de pedidos (no caso, em específico, cumulação própria simples de pedidos), de modo que todos deverão ser analisados. Como não houve a análise de um dos pedidos, tem-se sentença citra petita, vício esse que poderá ser corrigido por meio dos embargos declaratórios.

Alternativa correta: "certo".

17. DO PROCESSO DE EXECUÇÃO

58. (IBFC – Analista Judiciário – Área Judiciária – TRE – PA/2020) O processo de execução é tratado no Livro II do Código de Processo Civil (CPC). Sobre o assunto, assinale a alternativa correta.

a) O exequente que estiver, por direito de retenção, na posse de coisa pertencente ao devedor não poderá promover a execução sobre outros bens senão depois de excutida a coisa que se achar em seu poder

b) Se a execução tiver por objeto obrigação de que seja sujeito passivo o proprietário de terreno submetido ao regime do direito de superfície, ou o superficiário, responderá pela dívida, exclusivamente, o direito real do qual é titular o executado, recaindo a penhora ou outros atos de constrição exclusivamente sobre a construção ou a plantação, no primeiro caso, ou sobre o terreno, no segundo caso

c) O título estrangeiro só terá eficácia executiva quando satisfeitos os requisitos de formação exigidos pela lei do lugar do cumprimento da obrigação e quando o Brasil for indicado para tanto

d) Quando houver mais de um executado, o prazo para cada um deles embargar conta-se a partir da juntada do último comprovante de citação, salvo no caso de cônjuges ou de companheiros, quando será contado a partir da juntada do respectivo comprovante.

COMENTÁRIOS

✪ **Notas do autor:** a questão trata de vários temas ligados ao processo de execução.

Alternativa "A": correta. O exequente que estiver, por direito de retenção, na posse de coisa pertencente ao devedor não poderá promover a execução sobre outros bens senão depois de excutida a coisa que se achar em seu poder (art. 793, CPC).

Alternativa "B": incorreta. Se a execução tiver por objeto obrigação de que seja sujeito passivo o proprietário de terreno submetido ao regime do direito de superfície, ou o superficiário, responderá pela dívida, exclusivamente, o direito real do qual é titular o executado, recaindo a penhora ou outros atos de constrição exclusivamente sobre o terreno, no primeiro caso, ou sobre a construção ou a plantação, no segundo caso [itens grifados são os corretos, e não como constante da questão]. Vide o caput do art. 791, do CPC.

Alternativa "C": incorreta. O título estrangeiro só terá eficácia executiva quando satisfeitos os requisitos de formação exigidos pela lei do lugar de sua celebração e quando o Brasil for indicado como o lugar de cumprimento da obrigação (art. 784, § 3º, CPC).

Alternativa "D": incorreta. Quando houver mais de um executado, o prazo para cada um deles embargar conta-se a partir da juntada do respectivo comprovante da citação, salvo no caso de cônjuges ou de companheiros, quando será contado a partir da juntada do último (art. 915, § 1º, CPC).

Alternativa correta: letra A.

59. (FCC – Analista Judiciário – Área Judiciária – TRE – PR/2017) Em relação à execução contra a Fazenda Pública, considere as afirmativas abaixo.

I. É cabível a execução por título extrajudicial contra a Fazenda Pública, hipótese em que será citada para opor embargos no prazo de 30 dias.

II. No cumprimento de sentença que impuser à Fazenda Pública a obrigação de pagar quantia certa, o exequente não precisará apresentar demonstrativo discriminado e atualizado do crédito.

III. Dentre as matérias que podem ser alegadas pela Fazenda Pública em impugnação ao cumprimento de sentença estão a ilegitimidade de parte, a inexigibilidade da obrigação e o excesso de execução.

IV. Se a impugnação ao cumprimento de sentença for parcial, a parte não questionada pela executada não poderá ser, desde logo, objeto de cumprimento.

Está correto o que se afirma APENAS em

a) I e II.
b) I e III.
c) II e III.
d) III e IV.
e) I e IV.

COMENTÁRIOS

✪ **Nota dos autores:** na execução fundada em título extrajudicial contra a Fazenda Pública, não opostos embargos ou transitada em julgado a decisão que os rejeitar, expedir-se-á precatório ou requisição de pequeno valor em favor do exequente.

Item I. Na execução fundada em título extrajudicial, a Fazenda Pública será citada para opor embargos em 30 (trinta) dias (CPC/2015, art.910).

Item II. No cumprimento de sentença que impuser à Fazenda Pública o dever de pagar quantia certa, o exequente apresentará demonstrativo discriminado e atualizado do crédito contendo: I – o nome completo e o número de inscrição no Cadastro de Pessoas Físicas ou no Cadastro Nacional da Pessoa Jurídica do exequente; II – o índice de correção monetária adotado; III – os juros aplicados e as respectivas taxas; IV – o termo inicial e o termo final dos juros e da correção monetária utilizados; V – a periodicidade da capitalização dos juros, se for o caso; VI – a especificação dos eventuais descontos obrigatórios realizados (CPC/2015, art.534).

Item III. A Fazenda Pública será intimada na pessoa de seu representante judicial, por carga, remessa ou meio eletrônico, para, querendo, no prazo de 30 (trinta) dias e nos próprios autos, impugnar a execução, podendo arguir: I – falta ou nulidade da citação se, na fase de conhecimento, o processo correu à revelia; II – ilegitimidade de parte; III – inexequibilidade do título ou inexigibilidade da obrigação; IV – excesso de execução ou cumulação indevida de execuções; V – incompetência absoluta ou relativa do juízo da execução; VI – qualquer causa modificativa ou extintiva da obrigação, como pagamento, novação, compensação, transação ou prescrição, desde que supervenientes ao trânsito em julgado da sentença (CPC/2015, art. 535).

Item IV. Tratando-se de impugnação parcial, a parte não questionada pela executada será, desde logo, objeto de cumprimento (CPC/2015, art. 535, § 4º).

Alternativa correta: letra "b". Estão corretos os itens I e III.

18. DOS PROCEDIMENTOS ESPECIAIS PREVISTOS NO CPC

▸ Artigos 539 a 770 do CPC/15

60. (Consulplan – Analista Judiciário – Área Administrativa – TRE – RJ/2017) Os Embargos de Terceiros fazem parte do procedimento especial, previsto no Código de Processo Civil, sendo possível sua utilização por quem, não sendo parte no processo, sofre constrição ou sofre ameaça de constrição sobre bens que possua ou sobre os quais tenha direito incompatível com o ato constritivo. Sobre o ajuizamento dos embargos, assinale a alternativa INCORRETA.

a) Pode defender-se por meio de embargos aquele que pretende negar ter adquirido bem em fraude à execução.
b) O companheiro é terceiro legítimo para ajuizamento dos Embargos de Terceiros quando defende a posse de bens próprios.
c) É admissível a oposição de Embargos de Terceiros fundados em alegação de posse advinda do compromisso de compra e venda de imóveis, ainda que desprovido do registro.
d) Além da sentença que promova a anulação da penhora sobre o bem, é possível ainda em sede de Embargos de Terceiros a declaração de nulidade do ato jurídico que verse sobre fraude contra credores.

COMENTÁRIOS

✪ **Nota dos autores:** quem, não sendo parte no processo, sofrer constrição ou ameaça de constrição sobre bens que possua ou sobre os quais tenha direito incompatível com o ato constritivo, poderá requerer seu desfazimento ou sua inibição por meio de embargos de terceiro.

Alternativa "a". Considera-se terceiro, para ajuizamento dos embargos, o adquirente de bens cuja constrição decorreu de decisão que declara a ineficácia da alienação realizada em fraude à execução (CPC/15, art.674, §2º).

Alternativa "b". Considera-se terceiro, para ajuizamento dos embargos o cônjuge ou companheiro, quando defende a posse de bens próprios ou de sua meação (CPC/15, art.674, §2º).

Alternativa "c". É admissível a oposição de embargos de terceiro fundados em alegação de posse advinda do compromisso de compra e venda de imóvel, ainda que desprovido do registro (Súmula 84 do STJ).

Alternativa "d". Além da sentença que promova a anulação da penhora sobre o bem, é possível ainda em sede de Embargos de Terceiros a declaração de nulidade do ato jurídico que verse sobre fraude contra credores.

Alternativa correta: letra "a".

19. DA AÇÃO CIVIL PÚBLICA

▸ (Lei nº 7.347/85).

61. (Cespe – Analista Judiciário – Oficial de Just. Avaliador – TRF 1/2017 – adaptado) A respeito da ação civil pública, julgue o item a seguir.

O servidor público deve provocar o Ministério Público apresentando-lhe informações sobre fatos que sejam objeto de ação civil pública e indicando-lhe elementos de convicção.

COMENTÁRIOS

✪ **Nota dos autores:** se, no exercício de suas funções, os juízes e tribunais tiverem conhecimento de fatos que possam ensejar a propositura da ação civil, remeterão peças ao Ministério Público para as providências cabíveis.

Qualquer pessoa poderá e o servidor público deverá provocar a iniciativa do Ministério Público, ministrando-lhe informações sobre fatos que constituam objeto da ação civil e indicando-lhe os elementos de convicção (Lei nº 7.347/85, art.6º).

Alternativa correta: "certo".

62. (Cespe – Analista Judiciário – Área Judiciária – TRF 1/2017 – adaptado) A respeito de ação civil pública, julgue o item a seguir.

Na hipótese de abandono de ação civil pública proposta por associação, poderá a Defensoria Pública assumir a titularidade ativa.

COMENTÁRIOS

✪ **Nota dos autores:** têm legitimidade para propor a ação civil pública principal ou cautelar: I – o Ministério Público; II – a Defensoria Pública; III – a União, os Estados, o Distrito Federal e os Municípios; IV – a autarquia, empresa pública, fundação ou sociedade de economia mista; V – a associação que, concomitantemente: a) esteja constituída há pelo menos 1 (um) ano nos termos da lei civil; b) inclua, entre suas finalidades institucionais, a proteção ao patrimônio público e social, ao meio ambiente, ao consumidor, à ordem econômica, à livre concorrência, aos direitos de grupos raciais, étnicos ou religiosos ou ao patrimônio artístico, estético, histórico, turístico e paisagístico.

Em caso de desistência infundada ou abandono da ação por associação legitimada, o Ministério Público ou outro legitimado assumirá a titularidade ativa (Lei nº 7.347/85, art.5º, §3º). E, como a Defensoria Pública é um dos legitimados, poderá assumir a titularidade ativa da Ação Civil Pública abandonada ou desistida sem fundamento por outro.

Alternativa correta: "certo".

20. DA AÇÃO POPULAR

▸ (Lei nº 4.717/65).

63. (Cespe – Analista Judiciário – Área Judiciária – TRE – TO/2017) Em razão da existência de ato lesivo ao patrimônio público, determinado cidadão propôs ação popular e incluiu no polo passivo da ação o gestor público e a pessoa jurídica de direito público responsáveis pelo ato, além dos particulares supostamente beneficiados.

Nessa situação hipotética,

a) a pessoa jurídica de direito público deve obrigatoriamente contestar a demanda, sob pena de responsabilização do advogado público.

b) o litisconsórcio formado no polo passivo da ação popular deve ser classificado como necessário e simples.

c) em razão de o Ministério Público ter de atuar como fiscal da ordem jurídica, é vedado ao órgão, em qualquer hipótese, assumir o polo ativo da ação popular.

d) de acordo com a lei, a prova da cidadania que o autor deve fazer para promover esse tipo de ação ocorre exclusivamente pela apresentação do título de eleitor.

e) a sentença proferida se submeterá ao regime de remessa necessária apenas se o ente público vier a ser condenado.

COMENTÁRIOS

✪ **Nota dos autores:** o desvio de finalidade é uma das causas de nulidade de ato lesivo ao patrimônio público para fins de ajuizamento de ação popular e se verifica quando o agente pratica o ato visando a fim diverso daquele previsto, explícita ou implicitamente, na regra de competência.

Alternativa "a". A pessoa jurídica de direito público ou de direito privado, cujo ato seja objeto de impugnação, poderá abster-se de contestar o pedido, ou poderá atuar ao lado do autor, desde que isso se afigure útil ao interesse público, a juízo do respectivo representante legal ou dirigente (Lei nº 4.717/1965, art.6º, § 3º).

Alternativa "b". Para o Min. Relator, a exegese da legislação aplicável à ação popular revela que as pessoas jurídicas de Direito Público, cuja citação faz-se imprescindível para integrar o litisconsórcio passivo necessário simples, restringem-se àquelas cujos atos sejam objeto da impugnação, vale dizer, no caso, a companhia de energia, visto que é sociedade de economia mista, com personalidade própria e patrimônio distinto daquele do estado. (...) Devem ser citados, para integrar o litisconsórcio passivo necessário simples, os sujeitos elencados no art. 6º c/c o art. 1º da Lei nº 4.717/1965. (REsp 258.122-PR, DJ 5/6/2007, e REsp 266.219-RJ, DJ 3/4/2006. REsp 879.999-MA, Rel. Min. Luiz Fux, julgado em 2/9/2008.)

Alternativa "c". Se o autor desistir da ação ou der motivo à absolvição da instância, serão publicados editais, ficando assegurado a qualquer cidadão, bem como ao representante do Ministério Público, dentro do prazo de 90 (noventa) dias da última publicação feita, promover o prosseguimento da ação (Lei nº 4.717/1965, art.9º).

Alternativa "d". A prova da cidadania, para ingresso em juízo, será feita com o título eleitoral, ou com documento que a ele corresponda (Lei nº 4.717/1965, art.1º, §3º).

Alternativa "e". A sentença que concluir pela carência ou pela improcedência da ação está sujeita ao duplo grau de jurisdição, não produzindo efeito senão depois de confirmada pelo tribunal; da que julgar a ação procedente caberá apelação, com efeito suspensivo (Lei nº 4.717/1965, art.19).

Alternativa correta: letra "b"

---

64. (Cespe - Analista Judiciário - Área Judiciária - TRE - PE/2017) Acerca dos aspectos processuais das ações coletivas, assinale a opção correta.

a) Em ação civil pública, fará coisa julgada erga omnes a sentença cujo pedido tiver sido julgado improcedente por insuficiência de provas.

b) O processamento e o julgamento das ações civis públicas competem ao juízo do domicílio do causador do dano.

c) Em ação de improbidade administrativa, é facultado ao Ministério Público agir no processo como fiscal da lei, desde que ele não atue como parte.

d) Partido político tem legitimidade para impetrar mandado de segurança coletivo, sem a necessidade de demonstrar representação no Congresso Nacional.

e) A legitimidade para propor ação popular é do cidadão; se ele desistir da ação, poderá o Ministério Público promover o seu prosseguimento.

COMENTÁRIOS

✪ **Nota dos autores:** consideram-se patrimônio público para os fins de ajuizamento de ação popular, os bens e direitos de valor econômico, artístico, estético, histórico ou turístico.

Alternativa "a". A sentença civil fará coisa julgada *erga omnes*, nos limites da competência territorial do órgão prolator, exceto se o pedido for julgado improcedente por insuficiência de provas, hipótese em que qualquer legitimado poderá intentar outra ação com idêntico fundamento, valendo-se de nova prova (Art. 16 da Lei nº. 7.357/85).

Alternativa "b". O processamento e o julgamento das ações civis públicas competem ao juízo do local onde ocorrer o dano (Art. 2º da Lei nº. 7.357/85).

Alternativa "c". De acordo com a atual redação do caput, do art. 17, da Lei nº 8.429/1992, a legitimidade para a propositura da ação de improbidade administrativa seria exclusiva do Ministério Público. Contudo, quando do julgamento das ADI 7.042 e 7.043, o STF entendeu pela inconstitucionalidade da vedação e admitiu a legitimação da pessoa jurídica interessada. Assim, o Ministério Público, ou atuará como autor (não exclusivo), ou como fiscal da ordem jurídica.

Alternativa "d". O mandado de segurança coletivo pode ser impetrado por partido político com representação no Congresso Nacional, na defesa de seus interesses legítimos relativos a seus integrantes ou à finalidade partidária (Art. 21 da Lei nº. 12.016/2009).

Alternativa "e". Qualquer cidadão será parte legítima para pleitear a anulação ou a declaração de nulidade de atos lesivos ao patrimônio da União, do Distrito Federal, dos Estados, dos Municípios, de entidades autárquicas, de sociedades de economia mista, de sociedades mútuas de seguro nas quais a União represente os segurados ausentes, de empresas públicas, de serviços sociais autônomos, de instituições ou fundações para cuja criação ou custeio o tesouro público haja concorrido ou concorra com mais de cinquenta por cento do patrimônio ou da receita ânua, de empresas incorporadas ao patrimônio da União, do Distrito Federal, dos Estados e dos Municípios, e de quaisquer pessoas jurídicas ou entidades subvencionadas pelos cofres públicos (Art. 1º da Lei nº 4717/65). Se o autor desistir da ação ou der motivo à absolvição da instância, serão publicados editais, ficando assegurado a qualquer cidadão, bem como ao representante do Ministério Público, dentro do prazo de 90 (noventa) dias da última publicação feita, promover o prosseguimento da ação (Art. 9º da Lei nº 4717/65).

Alternativa correta: letra "e"

---

65. (IBFC - Analista Judiciário - Área Judiciária– TRE-AM/2014) Analise as seguintes alternativas, de acordo com a Lei Federal nº 4.717/1965, que regula a ação popular:

I. A prova da cidadania, para ingresso em juízo, será feita exclusivamente com o título eleitoral.

II. Das sentenças e decisões proferidas contra o autor da ação e suscetíveis de recurso, poderão recorrer somente o autor e também o Ministério Público.

III. Quando o réu condenado perceber dos cofres públicos, a execução far-se-á por desconto em folha até o integral ressarcimento do dano causado, se assim mais convier ao interesse público.

Está CORRETO o que se afirma em:

a) II, apenas.

b) III, apenas.

c) I e II, apenas.

d) I, II e III, apenas.

COMENTÁRIOS

✪ **Nota dos autores:** a ação popular é um remédio constitucional que tem por finalidade corrigir atos lesivos ao patrimônio público ou de entidade de que o Estado participe, à moralidade administrativa, ao meio ambiente e ao patrimônio histórico e cultural.

Item I. A prova da cidadania, para ingresso em juízo, será feita com o título eleitoral, OU com documento que a ele corresponda (Lei nº 4.717/65, art.1º, §3º).

Item II. Das sentenças e decisões proferidas contra o autor da ação e suscetíveis de recurso, poderá recorrer qualquer cidadão e também o Ministério Público (Lei nº 4.717/65, art.19, §2º).

Item III. Quando o réu condenado perceber dos cofres públicos, a execução far-se-á por desconto em folha até o integral ressarcimento do dano causado, se assim mais convier ao interesse público (Lei nº 4.717/65, art.14, §3º).

Alternativa correta: letra "b". Está correto apenas o item III.

21. DO MANDADO DE SEGURANÇA

▸ (Lei nº 12.016/2009).

66. Alternativa correta:"errado"(FCC – Analista Judiciário – Área Judiciária – TRE – PR/2017) A respeito do mandado de segurança é INCORRETO afirmar:

a) O direito de requerer mandado de segurança extinguir-se-á decorridos cento e vinte dias, contados da ciência, pelo interessado, do ato impugnado.

b) Do indeferimento da petição inicial pelo juiz de primeiro grau caberá agravo de instrumento.

c) Da sentença que conceder ou denegar a segurança caberá apelação.

d) Concedida a segurança, a sentença estará sujeita obrigatoriamente ao duplo grau de jurisdição.

e) O pedido de mandado de segurança poderá ser renovado dentro do prazo decadencial, se a decisão denegatória não lhe houver apreciado o mérito.

COMENTÁRIOS

✪ **Nota dos autores:** o mandado de segurança coletivo não induz litispendência para as ações individuais, mas os efeitos da coisa julgada não beneficiarão o impetrante a título individual se não requerer a desistência de seu mandado de segurança no prazo de 30 (trinta) dias a contar da ciência comprovada da impetração da segurança coletiva.

Alternativa "a". O direito de requerer mandado de segurança extinguir-se-á decorridos 120 (cento e vinte) dias, contados da ciência, pelo interessado, do ato impugnado (Lei nº 12.016/2009, art. 23).

Alternativa "b". Do indeferimento da inicial pelo juiz de primeiro grau caberá apelação e, quando a competência para o julgamento do mandado de segurança couber originariamente a um dos tribunais, do ato do relator caberá agravo para o órgão competente do tribunal que integre (Lei nº 12.016/2009, art. 10, §1º).

Alternativa "c". Da sentença, denegando ou concedendo o mandado, cabe apelação (Lei nº 12.016/2009, art. 14).

Alternativa "d". Concedida a segurança, a sentença estará sujeita obrigatoriamente ao duplo grau de jurisdição (Lei nº 12.016/2009, art. 14, § 1º).

Alternativa "e". O pedido de mandado de segurança poderá ser renovado dentro do prazo decadencial, se a decisão denegatória não lhe houver apreciado o mérito (Lei nº 12.016/2009, art. 6, §6º).

Alternativa correta: letra "b".

67. (FCC – Analista Judiciário – Área Administrativa – TRE – SP/2017) Sobre o mandado de segurança, considere:

I. Quando o direito ameaçado ou violado couber a várias pessoas, a utilização do mandado de segurança depende do seu ajuizamento conjunto por todas elas, em litisconsórcio ativo.

II. O direito de requerer mandado de segurança extinguir-se-á decorridos 90 dias, contados da ciência, pelo interessado, do ato impugnado.

III. O titular de direito líquido e certo decorrente de direito, em condições idênticas, de terceiro poderá impetrar mandado de segurança a favor do direito originário, se o seu titular não o fizer, no prazo de 30 dias, quando notificado judicialmente.

IV. É cabível mandado de segurança contra os atos de gestão comercial praticados pelos administradores de empresas públicas, de sociedade de economia mista e de concessionárias de serviço público.

V. Das decisões em mandado de segurança proferidas em única instância pelos tribunais cabe recurso especial e extraordinário, nos casos legalmente previstos, e recurso ordinário, quando a ordem for denegada.

É correto o que consta APENAS em

a) I e II.
b) I e III.
c) II e IV.
d) III e V.
e) IV e V.

COMENTÁRIOS

✪ **Nota dos autores:** concedida a segurança no Mandado de Segurança, a sentença estará sujeita obrigatoriamente ao duplo grau de jurisdição.

Item I. Quando o direito ameaçado ou violado couber a várias pessoas, qualquer delas poderá requerer o mandado de segurança (art. 1º, §3º, da Lei nº 12.016/09).

Item II. O direito de requerer mandado de segurança extinguir-se-á decorridos 120 (cento e vinte) dias, contados da ciência, pelo interessado, do ato impugnado (art. 23 da Lei nº 12.016/09).

Item III. O titular de direito líquido e certo decorrente de direito, em condições idênticas, de terceiro poderá impetrar mandado de segurança a favor do direito originário, se o seu titular não o fizer, no prazo de 30 (trinta) dias, quando notificado judicialmente (art. 3º, caput, da Lei nº 12.016/09).

Item IV. Não cabe mandado de segurança contra os atos de gestão comercial praticados pelos administradores de empresas públicas, de sociedade de economia mista e de concessionárias de serviço público (art. 1º, §2º, da Lei nº 12.016/09).

Item V. Das decisões em mandado de segurança proferidas em única instância pelos tribunais cabe recurso especial e extraordinário, nos casos legalmente previstos, e recurso ordinário, quando a ordem for denegada (art.18 da Lei nº 12.016/09).

Alternativa correta: letra "d". Estão corretos os itens III e V.

---

68. (Consulplan - Analista Judiciário - Área Administrativa - TRE - RJ/2017) Analise o caso hipotético a seguir: "O Secretário de Fazenda do Estado X editou Instrução Normativa que suprime diversas vantagens dos Promotores de Justiça, tais como insalubridade, horas extras, vale-alimentação, em outras. Todas estas vantagens estão previstas no Estatuto da Classe. A fim de resguardar seus direitos, João, Promotor de Justiça, impetrou Mandado de Segurança contra o ato do Secretário. Sobre o mandado de segurança, assinale a alternativa correta.

a) No caso de pedido de reconsideração na via administrativa, o prazo decadencial para a interposição do mandado de segurança fica suspenso.

b) O prazo decadencial para impetrar mandado de segurança contra redução do valor de vantagem integrante de proventos ou de remuneração de servidor público renova-se mês a mês.

c) João, na qualidade de Promotor de Justiça, tem legitimidade para postular em causa própria o mandado de segurança, uma vez que a referida Instrução Normativa fere direito líquido e certo previsto em Lei.

d) Considerando que o Governador do Estado X delegou a função ao Secretário de Fazenda para criar a Instrução Normativa que supre direitos dos Promotores de Justiça, somente o Governador poderá figurar no polo passivo como autoridade coatora.

COMENTÁRIOS

✪ **Nota dos autores:** o direito de requerer mandado de segurança extinguir-se-á decorridos 120 (cento e vinte) dias, contados da ciência, pelo interessado, do ato impugnado.

Alternativa "a". Pedido de reconsideração na via administrativa não interrompe o prazo para o mandado de segurança (Súmula 430 do STF).

Alternativa "b". No julgamento do EREsp 1164514/AM, a Corte Especial do Superior Tribunal de Justiça reafirmou seu entendimento (v.g. AgRg no REsp 1211840-MS e AgRg no REsp 1424117-AM) no sentido de ser de trato sucessivo o ato administrativo de redução de proventos ou vencimentos resultando em não ocorrência de prazo decadencial para impetração de Mandado de Segurança (v.g. AgRg no REsp 1211840-MS e AgRg no REsp 1424117-AM).

Alternativa "c". A advocacia é incompatível, mesmo em causa própria, com os membros de órgãos do Poder Judiciário, do Ministério Público, dos tribunais e conselhos de contas, dos juizados especiais, da justiça de paz, juízes classistas, bem como de todos os que exerçam função de julgamento em órgãos de deliberação coletiva da administração pública direta e indireta (Lei nº 8.906/94, art. 28).

Alternativa "d". Praticado o ato por autoridade, no exercício de competência delegada, contra ela cabe o mandado de segurança ou a medida judicial (STF, Súmula 510).

Alternativa correta: letra "b".

69. (Cespe – Analista Judiciário – Área Judiciária – TRE – PE/2017) Acerca do prazo decadencial para impetrar mandado de segurança contra a redução ilegal de vantagem integrante de remuneração de servidor público e dos efeitos financeiros decorrentes de eventual concessão da ordem mandamental, assinale a opção correta de acordo com o entendimento do STJ.

a) O prazo renova-se mês a mês e os efeitos financeiros da concessão da ordem retroagem à data do ato impugnado.

b) O prazo conta-se a partir da redução, não havendo efeitos financeiros retroativos de valores eventualmente vencidos, por não haver direito adquirido no regime jurídico.

c) O prazo conta-se a partir da redução, devendo o impetrante ajuizar nova demanda de natureza condenatória para reivindicar os valores vencidos.

d) O prazo renova-se mês a mês, devendo o impetrante ajuizar nova demanda de natureza condenatória para reivindicar os valores vencidos.

e) O prazo conta-se a partir da redução e os efeitos financeiros da concessão da ordem retroagem à data do ato impugnado.

COMENTÁRIOS

✪ **Nota dos autores:** como será demonstrado no comentário abaixo, o entendimento da corte superior do STJ vacilou em sentidos opostos, por isso a nosso ver esta questão deveria ter sido anulada.

Alternativa "a" (responde as demais alternativas). No julgamento do EREsp 1164514/AM, a Corte Especial do Superior Tribunal de Justiça reafirmou seu entendimento (v.g. AgRg no REsp 1211840-MS e AgRg no REsp 1424117-AM) no sentido de ser de trato sucessivo o ato administrativo de redução de proventos ou vencimentos resultando em não ocorrência de prazo decadencial para impetração de Mandado de Segurança (v.g. AgRg no REsp 1211840-MS e AgRg no REsp 1424117-AM) e, ainda, afastou a aplicação das Súmulas 269 e 271 do STF e ao art. 14, § 4º da Lei do MS, fixando como termo inicial das diferenças suprimidas o próprio ato originário, por aplicação dos princípios da justiça, da efetividade processual, da celeridade e da razoável duração do processo. Ocorre que a mesma Corte Especial, quanto ao termo inicial de produção de efeitos financeiros de sentença concessiva de Segurança, no julgamento do EREsp 1087232 / ES voltou a aplicar Súmulas 269 e 271 do STF e ao art. 14, § 4º da Lei do MS, estabelecendo que a data da impetração do MS é o termo inicial dos valores resultantes da anulação do ato ilegal ou abusivo. Portanto, considerando que era vacilante o entendimento do STJ no tocante à temática abordada, a nosso ver esta questão deveria ser anulada.

Alternativa correta: letra "a".

Direito Processual Civil

Luciano Alves Rossato

✦ DICAS

1. NORMAS FUNDAMENTAIS

Modelo Constitucional de Processo

As Normas Fundamentais têm a sua origem na Constituição Federal, constituindo-se na forma de como o legislador compreendeu a aplicação, no âmbito processual, do princípio do devido processo legal em sua plenitude, nele contido todos os princípios que lhe são derivados, como os do contraditório, ampla defesa, boa-fé etc.

Para tanto, as Normas Fundamentais partem do modelo fundamental ou do modelo constitucional de processo.

Portanto, estabelece a Constituição as linhas fundamentais do processo, suas bases normativas e garantias mínimas, competindo ao legislador infraconstitucional traçar as especificidades próprias de cada ramo processual rumo à sua otimização.

O Princípio do devido processo legal como princípio nuclear

Os princípios fundamentais decorrem de um núcleo comum, que é o princípio do devido processo legal, indicado por Nelson Nery Júnior como "o gênero do qual todos os demais princípios constitucionais do processo são espécies". O devido processo legal se caracteriza de duas formas: material (devido processo legal em sentido material) e processual (devido processo legal em sentido processual).

Regra jurídica da iniciativa da parte e do impulso oficial

Deverá o Poder Judiciário ser provocado para que possa atuar no caso concreto. Trata-se de efeito corolário da regra jurídica da iniciativa da parte, dispositivo ou inércia da jurisdição.

Princípio do acesso à justiça ou inafastabilidade do controle jurisdicional

O princípio do acesso à justiça foi positivado no inciso XXXV, do art. 5º, do Texto Fundamental, garantindo-se que "a lei não excluirá da apreciação do Poder Judiciário lesão ou ameaça a direito".

Ao contrário do que pode parecer, o dispositivo constitucional não revela apenas ao direito de ação, ou seja, de peticionar e requerer providências pelo Estado-juiz. A par da própria consciência de respeito e confiança na Justiça, a garantia está ligada à noção de democracia e igualdade, com o objetivo de tornar efetivos os direitos individuais e coletivos por meio do processo. Trata-se, a um só tempo, de direito fundamental e de garantia à efetivação de direitos, formando-se entre as partes uma situação de interdependência e não propriamente de submissão.

Princípio da primazia do julgamento de mérito

Em conformidade com o disposto no art. 4º do CPC, "as partes têm o direito de obter em prazo razoável a solução integral do mérito, incluída a atividade satisfativa". Neste dispositivo é possível extrair o princípio da preferência ou da primazia pelo julgamento de mérito.

Princípio da duração razoável do processo

Seguindo a tendência internacional, a Emenda Constitucional n. 45/2004 inseriu o inciso LXXVIII ao art. 5º da Constituição Federal e, partir de então, o princípio da duração razoável do processo passou a ter status constitucional.

Princípio da boa-fé processual

Sendo a segurança jurídica um dos fundamentos da República, tem a boa-fé processual base na Constituição Federal, também como decorrência da dignidade da pessoa humana (art. 1º, III) e da própria solidariedade social (art. 3º, I). Para outros, trata-se de corolário do devido processo legal.

Princípio da cooperação processual

O princípio processual da cooperação processual tem o seu cerne na concepção de que o processo rege uma relação processual entre as partes e o juiz, que interagem entre si, estabelecendo-se uma comunidade de trabalho.

Princípio da isonomia

O art. 7º do CPC assegura a paridade de tratamento em relação ao exercício de direitos e faculdades processuais, aos meios de defesa, aos ônus, aos deveres e à aplicação de sanções processuais, cabendo ao magistrado zelar pelo efetivo contraditório. Encampou-se o direito à igualdade processual como sendo um componente integrante do processo justo.

Princípio da publicidade dos atos processuais

Em conformidade com o art. 5º, LX, "a lei só poderá restringir a publicidade dos atos processuais quando a defesa da intimidade ou o interesse social o exigirem", enquanto o art. 93, IX, dispõe que "todos os julgamentos dos órgãos do Poder Judiciário serão públicos".

Princípio do contraditório dinâmico

Não há processo sem o efetivo contraditório. Trata-se de princípio inerente ao devido processo legal, pelo qual deve ser garantido às partes a possibilidade de se manifestar previamente à decisão judicial, com a finalidade de influenciá-lo, evitando-se a decisão surpresa.

Princípio da fundamentação analítica

A fundamentação das decisões judiciais é um dever imposto pela Constituição Federal (art. 93, IX), reiterado pelo Código de Processo Civil de 2015 (art. 11), que registrou um conteúdo mínimo das decisões judiciais (art. 489 do CPC).

Em conformidade com o previsto no § 1º do art. 489 do CPC, não se considera fundamentada qualquer decisão judicial, seja ela interlocutória, sentença ou acórdão, que: I) se limitar à indicação, à reprodução ou à paráfrase de ato normativo, sem explicar sua relação com a causa ou a questão decidida; II) empregar conceitos jurídicos indeterminados, sem explicar o motivo concreto de sua incidência no caso; III) invocar motivos que prestariam a justificar qualquer outra decisão; IV) não enfrentar todos os argumentos deduzidos no processo capazes de, em tese, infirmar a conclusão adotada pelo julgador; V) se limitar a invocar precedente ou enunciado de súmula, sem identificar seus fundamentos determinantes nem demonstrar que o caso sob julgamento se ajusta àqueles fundamentos; VI) deixar de seguir enunciado de súmula, jurisprudência ou precedente invocado pela parte, sem demonstrar a existência de distinção no caso em julgamento ou a superação do entendimento.

Atendimento preferencial da ordem cronológica

De acordo com o art. 12, do CPC, houve previsão no sentido de que "os juízes e os tribunais atenderão, preferencialmente, à ordem cronológica de conclusão para proferir sentença ou acórdão". Estão excluídos da regra do *caput*: I – as sentenças proferidas em audiência, homologatórias de acordo ou de improcedência liminar do pedido; II – o julgamento de processos em bloco para aplicação de tese jurídica firmada em julgamento de casos repetitivos; III – o julgamento de recursos repetitivos ou de incidente de resolução de demandas repetitivas; IV – as decisões proferidas com base nos arts. 485 e 932; V – o julgamento de embargos de declaração; VI – o julgamento de agravo interno; VII – as preferências legais e as metas estabelecidas pelo Conselho Nacional de Justiça; VIII – os processos criminais, nos órgãos jurisdicionais que tenham competência penal; IX – a causa que exija urgência no julgamento, assim reconhecida por decisão fundamentada.

> **Prioridade de tramitação**
>
> Terão prioridade de tramitação, em qualquer juízo ou tribunal, entre outros procedimentos, aqueles em que figure como parte a vítima de violência doméstica e familiar, nos termos da Lei Maria da Penha e, também aqueles em que se discuta a aplicação do disposto nas normas gerais de licitação e contratação.

Princípios regentes da aplicação do ordenamento jurídico

Conforme dispõe o art. 8º do Código de Processo Civil, ao aplicar o ordenamento jurídico, "o juiz atenderá aos fins sociais e às exigências do bem comum, resguardando e promovendo a dignidade da pessoa humana e observando a proporcionalidade, a razoabilidade, a legalidade, a publicidade e a eficiência".

Garantias constitucionais do processo

As garantias constitucionais são princípios qualificados que limitam o poder. Há várias garantias previstas na Constituição Federal, como o habeas corpus, o habeas data, a garantia do direito à propriedade, do direito à herança etc.

2. ATOS PROCESSUAIS

Definição

São atos processuais aqueles que se destinam à criação, modificação, conservação ou extinção da relação jurídica processual.[1] Podem ser praticados

---

1. WAMBIER, Luiz Rodrigues. TALAMINI, Eduardo. ALMEIDA. Flávio Renato Correia. *Curso Avançado de Processo Civil*. VOL. 1. 10ª ed. São Paulo: RT, 2008.

pelas partes, pelos auxiliares do juízo e pelo magistrado.

Diferenciam-se dos fatos processuais, que são fatos humanos ou não que tenham repercussão no processo.

Forma, Tempo e Lugar

Os atos processuais não dependem de prova determinada, salvo quando a lei expressamente o exigir.

Princípio da instrumentalidade das formas: consideram-se válidos os atos processuais que, embora realizados de outro modo, tenham preenchido a finalidade essencial.

Deve ser observado, ainda, os princípios da primazia do julgamento do mérito e do máximo aproveitamento do ato processual.

Como regra, os atos processuais são públicos. Porém, correrão em segredo de justiça: i) aqueles em que se exija o interesse público ou social; ii) que versem sobre casamento, separação de corpos, divórcio, separação, união estável, filiação, alimentos e guarda de crianças e adolescentes; iii) em que constem dados protegidos pelo direito constitucional à intimidade; iv) que versem sobre arbitragem, inclusive sobre cumprimento de carta arbitral, desde que a confidencialidade estipulada na arbitragem seja comprovada perante o juízo.

Os atos processuais serão praticados em horário autorizado por lei, qual seja, das 6 às 20 horas. Se iniciados antes, podem ser concluídos após as 20 horas, se o adiamento prejudicar a diligência ou causar grave dano.

As citações, intimações e as penhoras podem ser realizadas no período de férias forenses, nos feriados ou dias úteis fora do horário estabelecido, desde que se observe a impossibilidade de ingresso em domicílio em horário noturno sem a autorização do morador.

O ato eletrônico poderá ser praticado até as 24 horas do último dia do prazo.

Os atos processuais, como regra, serão praticados na sede do juízo. Excepcionalmente, poderão ser praticados em outro lugar em razão de deferência, interesse da justiça, da natureza do ato ou de obstáculo arguido pelo interessado e acolhido pelo juiz.

Os pronunciamentos judiciais

Conforme dispõe o parágrafo primeiro do art. 203, "ressalvadas as disposições expressas dos procedimentos especiais, sentença é o pronunciamento por meio do qual o juiz, com fundamento nos arts. 485 e 487, põe fim à fase cognitiva do procedimento comum, bem como extingue a execução".

A decisão interlocutória constitui-se no pronunciamento judicial de natureza decisória que não se enquadre nas hipóteses de sentença (art. 203, § 2º do CPC).

Admitem-se decisões interlocutórias (portanto, com carga decisória) com ou sem análise de mérito. Pode-se dizer que serão com análise de mérito todas as decisões proferidas e que, muito embora não encerrem uma fase procedimental, tenham como conteúdo uma das hipóteses indicadas no art. 487 do Novo Código de Processo Civil. A interlocutória que prefere julgamento antecipado parcial da lide é uma hipótese de decisão interlocutória de mérito.

Em conformidade com o art. 203, § 3º, do Novo Código de Processo Civil, são despachos todos os demais pronunciamentos do juiz praticados no processo, de ofício ou a requerimento da parte.

Prazos

A lei prescreverá os prazos em que serão realizados os atos processuais. Se a lei não fizer previsão do prazo, o juiz o fixará, levando em consideração a sua complexidade.

Contagem dos prazos processuais no processo civil
a) Regra: somente serão contados os dias úteis.
b) Juizados Especiais: na contagem de prazo em dias, estabelecidos por lei ou pelo juiz, para a prática de qualquer ato processual, inclusive para a interposição de recursos, computar-se-ão somente os dias úteis (art. 12-A, da Lei nº 9.099/1995).
c) Procedimentos do Estatuto da Criança e do Adolescente que tramitem perante a Vara da Infância: os prazos estabelecidos no ECA e aplicáveis aos seus procedimentos são contados em dias corridos, excluído o dia do começo e incluído o do vencimento.

Atenção
Salvo disposição em sentido diverso, considera-se dia do começo do prazo, entre outras situações, o quinto dia útil seguinte à confirmação, na forma prevista na mensagem de citação, do recebimento da citação realizada por meio eletrônico.

Comunicação dos atos processuais

Citação é o ato pelo qual são convocados o réu, o executado ou o interessado para integrar a relação processual. Para que a relação processual seja válida, é imprescindível a citação do réu ou do executado, salvo nas hipóteses de indeferimento da petição inicial ou de improcedência liminar do pedido.

Decorrem certos efeitos da citação válida, ainda que o ato tenha sido ordenado por juiz incompetente. **Efeitos da citação válida: i) induzir litispendência; ii) tornar litigiosa a coisa; iii) constituir em mora o devedor, ressalvadas excepcionalidades previstas no Código Civil.**

Alterações importantes sobre a citação
1 – a citação será efetivada em até 45 dias a partir da propositura da ação. Trata-se, naturalmente, de prazo impróprio;
2 - A citação será feita preferencialmente por meio eletrônico, no prazo de até 2 (dois) dias úteis, contado da decisão que a determinar, por meio dos endereços eletrônicos indicados pelo citando no banco de dados do Poder Judiciário, conforme regulamento do Conselho Nacional de Justiça.
3 - As empresas públicas e privadas são obrigadas a manter cadastro nos sistemas de processo em autos eletrônicos, para efeito de recebimento de citações e intimações, as quais serão efetuadas preferencialmente por esse meio.
4 - A ausência de confirmação, em até 3 (três) dias úteis, contados do recebimento da citação eletrônica, implicará a realização da citação: I – pelo correio; II – por oficial de justiça; III – pelo escrivão ou chefe de secretaria, se o citando comparecer em cartório; IV – por edital. Competirá ao réu, citado de uma dessas formas alternativas à eletrônica, apresentar justa causa para a ausência de confirmação do recebimento da citação enviada eletronicamente.
5 - Considera-se ato atentatório à dignidade da justiça, passível de multa de até 5% (cinco por cento) do valor da causa, deixar de confirmar no prazo legal, sem justa causa, o recebimento da citação recebida por meio eletrônico.
6 - A União, o Distrito Federal e o Município são obrigados a manter cadastro nos sistemas de processo em autos eletrônicos, para efeito de recebimento de citações e intimações, as quais serão efetuadas preferencialmente por esse meio.
7 - As citações por correio eletrônico serão acompanhadas das orientações para realização da confirmação de recebimento e de código identificador que permitirá a sua identificação na página eletrônica do órgão judicial citante.
8 – Microempresas e pequenas empresas: somente serão obrigadas a manter cadastro nos sistemas de processo em autos eletrônicos, quando não possuírem endereço eletrônico cadastrado no sistema integrado da Rede Nacional para a Simplificação do Registro e da Legalização de Empresas e Negócios (Redesim).
9 – A citação será feita por meio eletrônico ou pelo correio para qualquer comarca do país, exceto: I – nas ações de estado; II – quando o citando for incapaz; III – quando o citando for pessoa jurídica de direito público; IV – quando o citando residir em local não atendido pela entrega domiciliar de correspondência; V – quando o autor, justificadamente, a requerer de outra forma.

3. DAS PARTES E DOS PROCURADORES

Partes

Há dois sentidos para o conceito parte: sentido material e o sentido processual. Por meio do primeiro, traça-se correlação para com o negócio jurídico de direito material discutido em juízo. Porém, é possível que o demandante ou demandado não seja esse titular, mas ainda assim possa postular ou ser postulado. Tem-se aqui o conceito de parte em sentido processual, pois não se identifica com a lide.

As pessoas físicas maiores (salvo as emancipadas) e as pessoas jurídicas possuem capacidade civil de direito e de ser parte. Tem aptidão para ter direitos e podem praticar os atos da vida civil. Tendo possibilidade de exercício, terão capacidade processual.

Nesse sentido, o art. 70 do CPC: "toda pessoa que se encontre no exercício de seus direitos tem capacidade para estar em juízo".

Se o indivíduo, embora tenha capacidade civil de direito, não puder exercê-la, deve ter a capacidade de agir ou processual integrada. Por isso, o incapaz será representado ou assistido por seus pais, por tutor ou por curador, na forma da lei.

Atenção
A partir de 19/05/2022 o Município pode ser representado em juízo por Associação de Representação de Municípios, quando envolver interesse comum dos associados, mediante autorização do respectivo chefe do Poder Executivo municipal, com indicação específica do direito ou da obrigação a ser objeto das medidas judiciais.

Curatela especial

Prevê a lei que, em certas ocasiões, deverá o juiz nomear curador especial:

i) ao incapaz, se não tiver representante legal ou se os interesses destes colidirem com os daquele, enquanto durar a incapacidade, bem como
ii) ao réu preso revel, bem como ao réu revel citado por edital ou com hora certa, enquanto não constituído advogado.

A curatela especial será exercida pela Defensoria Pública (que tem essa atribuição institucional). O curador especial tem a obrigatoriedade de oferecer a resposta, o que poderá fazer por negativa geral, não lhe sendo aplicado o ônus da impugnação especificada. De outro lado, não estará obrigado a recorrer.

Procuradores

A parte somente litigará em juízo se for representado por advogado devidamente inscrito na OAB. Permite-se a litigância em causa própria, desde que a parte tenha habilitação legal.

Há situações excepcionais em que se admite que a parte demande sem o patrocínio de advogado, como ocorre nas ações trabalhistas, nos Juizados Especiais Cíveis (até vinte salários mínimos), nos alimentos provisórios e nas ações para inserção de criança em família substituta quando os genitores consentirem ou já houver ocorrida a prévia destituição do poder familiar.

O advogado não poderá postular sem procuração, salvo para evitar a preclusão, decadência ou a prescrição, ou ainda para praticar ato considerado urgente.

Nestes casos, compromete-se o advogado a apresentar a procuração no prazo de 15 dias, prorrogável pelo mesmo período. A apresentação da procuração acarretará a ratificação do ato. A não observância da regra acarretará na ineficácia do ato em relação àquele em cujo nome foi praticado.

A procuração habilita o advogado para o foro em geral. Para alguns atos, no entanto, exige-se que conste expressamente a autorização.

Litisconsórcio

Tem-se o litisconsórcio quando duas ou mais pessoas litigarem em conjunto, no mesmo processo, em um dos polos da ação. Todos integrarão a relação jurídica processual na condição de partes.

O litisconsórcio comporta diversas classificações, com suas consequências práticas.

a) Quanto à posição dos sujeitos.

A reunião de pessoas poderá ocorrer no polo ativo, no polo passivo, ou até nos dois. Desse modo, identifica-se o litisconsórcio ativo, passivo e misto.

b) Quanto ao momento de sua formação.

Em relação ao momento de sua formação, tem-se o litisconsórcio inicial, quando o autor, na sua postulação, já indica a existência de mais de um componente do polo ativo, ou mais de um réu.

Porém, se tal indicação ocorrer supervenientemente, por determinação do juiz ou pela própria vontade da parte, tem-se o litisconsórcio ulterior.

c) Quanto à obrigatoriedade de sua formação.

A formação do litisconsórcio poderá ser uma opção do autor ou uma necessidade imposta pela lei. Tem-se, dessa maneira, o litisconsórcio facultativo e o necessário.

O litisconsórcio facultativo decorre exclusivamente da iniciativa do autor, que ao invés de propor várias ações contra réus diferentes, apresenta uma única demanda. Poderá ocorrer nas hipóteses indicadas no art. 113: I – entre elas houver comunhão de direitos ou de obrigações relativamente à lide; II – entre as causas houver conexão pelo pedido ou pela causa de pedir; III – ocorrer afinidade de questões por ponto comum de fato ou de direito (litisconsórcio impróprio).

Ocorre, contudo, que o número de litisconsortes poderá comprometer a rápida solução do litígio ou dificultar a defesa ou o cumprimento da sentença, hipótese em que se admite a sua limitação. Trata-se do que foi denominado de litisconsórcio facultativo multitudinário.

Litisconsórcio facultativo multitudinário é aquele em que o número de litisconsortes poderá comprometer a rápida solução do litígio ou dificultar a defesa ou o cumprimento da sentença. Poderá ser determinada a sua limitação pelo juízo, de ofício, ou atendendo a requerimento da parte contrária.

A parte poderá requerer a limitação do litisconsórcio multitudinário, quando então o prazo para manifestação ou resposta será interrompido, retomando-se da intimação do pronunciamento que decidir o requerimento.

Se, apresentado o requerimento de limitação do litisconsórcio, não for o mesmo acolhido pelo magistrado, poderá o prejudicado interpor recurso de agravo de instrumento (art. 1.015, VII).

Paralelamente, o litisconsórcio também poderá ser obrigatório ou necessário, quer em razão de disposição legal ou por conta da natureza da relação jurídica. Para tais hipóteses, a eficácia da sentença depende da citação de todos os litisconsortes.

A formação do litisconsórcio necessário deverá ser fiscalizada pelo juiz que, detectando a falha, determinará a regularização pelo autor, indicando prazo para tanto, sob pena de extinção do processo.

Note-se que o Código elencou consequências diferentes para a inobservância do litisconsórcio necessário, a depender se a decisão deveria ou não ser uniforme em relação a todos os que deveriam ter integrado o processo.

Como adiante se verá, o litisconsórcio será unitário se a decisão for obrigatoriamente uniforme em relação a todos os litisconsortes e será simples se tal uniformidade não for obrigatória.

Adianta-se tal informação justamente para que seja possível analisar, com mais precisão, a consequência advinda da inobservância da citação de todos os litisconsortes. Não se pode, com essa informação, confundir as modalidades de litisconsórcio.

Com efeito, litisconsórcio necessário não é a mesma coisa que unitário. No primeiro, há obrigatoriedade de sua formação. Por este, a formação do litisconsórcio não é obrigatória, mas, se ocorrer, a decisão deverá ser uniforme para todos os litisconsortes, não se admitindo pronunciamentos de teor diferentes.

Nesse sentido, tratando-se de litisconsórcio necessário e unitário, ao mesmo tempo, proferida sentença de mérito sem a citação de todos os litisconsortes, tem-se que esta é nula. Por outro lado, não havendo necessidade de tal uniformidade, a sentença não produzirá efeitos em relação àqueles que não foram citados.

Consequências decorrentes da não citação de todos os litisconsortes:

Litisconsórcio necessário e unitário	Litisconsórcio necessário e simples
Sentença nula	Ineficaz em relação aos litisconsortes não citados

d) Quanto à uniformidade da decisão.

Analisa-se, nesse ponto, se a decisão proferida deverá ser uniforme para todos os litisconsortes, ou se não há essa necessidade de identidade (muito embora ela possa ocorrer).

A propósito de tal critério, tem-se o litisconsórcio simples e o unitário, cada qual com seu regime jurídico.

No litisconsórcio simples, a decisão não precisa necessariamente uniforme em relação a todos os litisconsortes, sendo tratados como litigantes distintos. Consequentemente, os atos e omissões não beneficiarão ou prejudicarão os demais litisconsortes.

No litisconsórcio simples, a contestação apresentada por um dos litisconsortes não afastará a incidência do efeito material da revelia em relação aos demais.

Diferentemente, no litisconsórcio unitário, a decisão há de ser uniforme em relação a todos os litisconsortes. Por essa razão, estes serão considerados como integrantes de um bloco único, motivo pelo qual o ato praticado por um deles a todos aproveitará, embora as omissões não prejudicarão aos demais.

No litisconsórcio unitário, a contestação apresentada por um dos litisconsortes afastará a incidência do efeito material da revelia em relação aos demais.

Deve-se diferenciar, ainda, as figuras do litisconsórcio eventual, alternativo e sucessivo.

Litisconsórcio eventual: são colocadas em juízo duas pessoas, estabelecendo-se uma ordem de preferência entre elas. Ocorre, por exemplo, na desconsideração da personalidade jurídica.

Litisconsórcio alternativo: o autor postula contra dois réus, pois se encontra em dúvida sobre quem deve ocupar o polo passivo. Exemplo típico é o da ação de consignação em pagamento. E outro exemplo é o do pedido postulado em face da seguradora e do intermediário do seguro, pois, se aquele se livrar da responsabilização, requer que este seja obrigado a reparar.

Litisconsórcio sucessivo: o segundo litisconsorte somente terá reconhecido o seu direito se, antes, o primeiro também o tiver. É o exemplo da ação de alimentos com indenização de ressarcimento de despesas do parto.

Da intervenção de terceiros: intervenção voluntária e provocada

A intervenção de terceiros é caracterizada pelo ingresso de um sujeito em processo pendente. Ele não participava do processo, sendo provocado para tanto, ou comparecendo e requerendo o seu ingresso espontaneamente.

Assistência

A assistência é uma modalidade de intervenção de terceiros. Por meio dela, tem-se o ingresso voluntário de terceiro que demonstra possuir um interesse jurídico.

Há duas modalidades de assistência: simples e litisconsorcial.

Na assistência simples, o terceiro intervém no processo para auxiliar o assistido, uma vez que sua esfera jurídica será afetada de forma reflexa. Deve demonstrar a existência de interesse jurídico. O assistente, ao ingressar na ação, não poderá manifestar-se contrariamente aos interesses do assistido.

Nessa hipótese, sendo revel o assistido, o assistente será considerado seu substituto processual.

De outro lado, há assistência litisconsorcial (ou qualificada) quando a sentença houver de influir na relação jurídica entre ele o adversário do assistido. Nessa hipótese, o assistente poderia ser parte no processo.

Denunciação da lide

Tem-se a denunciação da lide quando uma das partes promove, no mesmo processo, ação regressiva contra terceiro, dito denunciado. Pressupõe-se que o denunciante tenha uma pretensão própria contra o denunciado.

São requisitos indispensáveis para o deferimento da denunciação: a) pretensão própria do denunciante versus o denunciado; e b) existência de direito de regresso do denunciante frente ao denunciado.

Têm legitimidade à denunciação as partes da ação principal (autor e réu, além dos que já figurem como denunciados), desde que exista uma pretensão de regresso.

DENUNCIAÇÃO DA LIDE PELO AUTOR	DENUNCIAÇÃO DA LIDE PELO RÉU
O autor requer a denunciação na própria petição inicial. Ela somente será julgada se a ação principal, movida em face do réu, for julgada improcedente.	O réu a requer no prazo de resposta. Somente será julgada se a ação principal, movida em face do denunciante, for julgada procedente.
Requerida a citação do denunciado, o processo principal permanecerá paralisado. Realizada a citação, poderá o denunciado assumir a posição de litisconsorte do denunciante e acrescentar novos argumentos à petição inicial, procedendo-se em seguida à citação do réu.	Oferecida a denunciação, podem surgir três situações distintas: i) se o denunciado contestar o pedido formulado pelo autor, o processo prosseguirá tendo, na ação principal, em litisconsórcio, denunciante e denunciado; ii) se o denunciado for revel, o denunciante pode deixar de prosseguir com a sua defesa e abster-se de recorrer, restringindo sua atuação à ação regressiva; iii) se o denunciado confessar os fatos alegados pelo autor, o denunciante poderá prosseguir com sua defesa ou, aderindo a tal reconhecimento, pedir apenas a procedência da ação de regresso.

Chamamento ao processo

O chamamento ao processo é modalidade de intervenção de terceiros provocada pelo réu, que deverá exercer tal direito na contestação.

Existem duas teses a respeito da natureza do chamamento ao processo.

a) Trata-se de ação condenatória requerida pelo devedor solidário que, acionado sozinho para responder pela totalidade da dívida, pretende acertar, na ação secundária de chamamento, a responsabilidade do devedor principal ou dos demais codevedores solidários, na proporção de suas cotas. De acordo com os autores adeptos desta teoria, tese contrária ofenderia a opção do litisconsórcio facultativo para o autor nos casos de solidariedade.

b) Outros autores defendem tratar-se de forma de ampliação subjetiva passiva da relação processual.

O CPC/2015, ao que parece, adotou a segunda tese, como se pode extrair do que está previsto no art. 131, *caput*, ao mencionar que "a citação daqueles que devam figurar em litisconsórcio passivo (...)".

Incidente de desconsideração da personalidade jurídica

Com a finalidade de resguardar os princípios do contraditório dinâmico e da ampla defesa, o legislador fez previsão do incidente de desconsideração da personalidade jurídica, por meio do qual o sócio ou a própria pessoa jurídica (desconsideração invertida) serão previamente ouvidos, antes de se decidir pela possibilidade de desconsiderá-la.

A lei processual não fez previsão das hipóteses em que será admitida a desconsideração, reservando tal regulação para o direito material, como é possível verificar no Código Civil, Código de Defesa do Consumidor etc.

O incidente de desconsideração da personalidade jurídica será instaurado a pedido da parte ou do Ministério Público, quando lhe couber intervir no processo.

Aquele que demandar no processo poderá requerer a instauração do incidente de desconsideração da personalidade jurídica. Nesse sentido, poderão fazê-lo: i) autor; ii) o réu, por meio de reconvenção; iii) o autor ou o réu, quando requererem a denunciação da lide; iv) o réu, quando valer-se do chamamento ao processo; v) o assistente litisconsorcial também poderá requerer, até porque poderia ser parte na relação processual.

O Ministério Público também poderá fazê-lo, atuando como parte no processo, ou como fiscal da ordem jurídica.

Amicus Curiae

O *amicus curiae* não é parte no processo, pois não tem qualquer interesse no resultado da ação. Tem unicamente interesse em auxiliar o órgão judicial. Terá legitimidade recursal limitada, pois somente poderá recorrer para opor embargos declaratórios e para impugnar o pronunciamento que julgar o incidente de resolução de demandas repetitivas (art. 138, § 3º do CPC).

Se, de um lado, o CPC prevê a intervenção do *amicus curiae* em quatro dispositivos, restringe a possibilidade de interposição de recurso a apenas um deles – incidente de resolução de demandas repetitivas – e admite a apresentação de embargos declaratórios em todos (art. 138, §§ 1º e 3º).

Poderes do juiz

O juiz atuará como presidente do processo, sendo de sua atribuição dirigi-lo (princípio do impulso oficial), como um verdadeiro gestor para a garantia da ampla defesa, contraditório e com o objetivo de ser alcançada uma sentença de mérito justa e efetiva.

É sabido que o juiz não se exime de decidir sob a alegação de lacuna ou obscuridade do ordenamento jurídico, sendo proibido o *non liquet*, como consequência do princípio da indeclinabilidade da jurisdição.

O juiz responderá civil e regressivamente por perdas e danos quando: i) no exercício de suas funções, proceder com dolo ou fraude; ii) recusar, omitir ou retardar, sem justo motivo, providência que deva ordenar de ofício ou a requerimento da parte (art. 143).

NOTE-SE QUE SE TRATA DE RESPONSABILIDADE REGRESSIVA

A imparcialidade é essencial para a validade da relação processual. Porém, esta imparcialidade poderá estar comprometida em determinadas situações.

No art. 144 há a previsão do impedimento do juiz, sendo-lhe vedado exercer suas funções no processo nas hipóteses mencionadas nos incisos. Para estes casos, o impedimento poderá ser conhecido de ofício pelo magistrado ou alegado pelas partes. Como regra, deverão fazê-lo no prazo de 15 dias contados da ciência do fato, muito embora se admita a alegação posterior. Poderá ser objeto até mesmo de ação rescisória.

De outro lado, o art. 145 prevê as hipóteses de suspeição, que poderão ser conhecidas de ofício pelo juiz e as partes poderão alegá-las no prazo de 15 dias contados da ciência. Porém, se não o fizerem, ocorre a preclusão.

Atuação do Ministério Público

O Ministério Público atuará no processo civil como parte ou como fiscal da ordem jurídica.

Alteração Legislativa
O Ministério Público intervirá, quando não for parte, nas ações de família em que figure como parte vítima de violência doméstica e familiar, nos termos da Lei Maria da Penha

4. JURISDIÇÃO E COMPETÊNCIA

Jurisdição

A doutrina tradicional de Direito Processual Civil identifica a existência de categorias processuais básicas, indicadas como sendo a jurisdição, ação, exceção e processo, sendo que cada qual será vista nos itens abaixo.

A Jurisdição é o poder que detém o Estado de fazer atuar as regras jurídicas de forma concreta. Frise-se: só diante de casos concretos é que atuará a função jurisdicional. Essa atividade apresenta-se como secundária, instrumental, declarativa, desinteressada e provocada.

A Jurisdição é informada por três princípios basilares:

(i) **Princípio do juiz natural:** somente exercerá a Jurisdição aquele devidamente investido na forma prevista pela Constituição Federal;

(ii) **A Jurisdição** é **improrrogável:** os limites do poder jurisdicional são traçados pela Constituição Federal;

(iii) **A Jurisdição** é **indeclinável:** não pode o Poder Jurisdicional recusar-se a cumprir a sua função, e nem delegá-la a quem quer que seja.

Limites da jurisdição nacional e cooperação internacional

O CPC 2015 corrigiu a imprecisão conceitual existente anteriormente, ao modificar o tratamento da antiga competência internacional para "limites da jurisdição nacional e da cooperação internacional". De fato, não se trata de um problema que envolva a competência, mas de jurisdição, porque se verifica quais são as causas ou que deverão ser submetidas à jurisdição nacional.

EXCLUSIVA	CONCORRENTE
Somente podem ser decididas pela jurisdição brasileira. Eventuais decisões estrangeiras não serão homologadas pelo Superior Tribunal de Justiça.	Podem ser decididas tanto pelo tribunal estrangeiro quanto pela jurisdição nacional, ressalvadas disposições em contrário de tratados internacionais e acordos bilaterais. Eventual decisão estrangeira deverá ser homologada pelo Superior Tribunal de Justiça. A ação proposta perante o Tribunal estrangeiro não induz litispendência.

O juízo estrangeiro poderá decretar o divórcio, hipótese em que estará dispensada a homologação da sentença no Brasil (art. 961 CPC). Porém, a decisão sobre a partilha somente poderá ser proferida pela autoridade judicial brasileira.

Divórcio consensual puro ou simples: estará dispensada a homologação da sentença pelo Superior Tribunal de Justiça. Competirá a qualquer juiz examinar a validade da decisão, em caráter principal ou incidental, quando essa questão for suscitada em processo de sua competência (art. 961, §§ 5º e 6º).

***Divórcio consensual qualificado*: assim considerado aquele que dispõe sobre a guarda, ali-**

mentos e/ou partilha de bens, nos termos dos artigos 1º e 2º, do Provimento nº 56/2016, do CNJ, não dispensará a homologação da sentença pelo Superior Tribunal de Justiça.

Admite-se a cooperação jurídica internacional que tenha por objeto: i) citação, intimação e notificação judicial e extrajudicial; ii) colheita de provas e obtenção de informações; iii) homologação e cumprimento de decisão; iv) concessão de medida judicial de urgência; v) assistência jurídica internacional; vi) qualquer outra medida judicial ou extrajudicial não proibida pela lei brasileira.

Competência

A competência territorial, em regra, será relativa, pois prevista no interesse das partes, que podem modificá-la por convenção (foro de eleição) ou por não terem apresentado a respectiva preliminar no tempo oportuno.

Constituem-se exceções à regra as ações fundadas em direito real sobre imóveis e ações possessórias, que devem ser processadas perante o foro da situação da coisa.

Admite-se que o autor opte pelo foro de domicílio do réu ou pelo foro de eleição se o litígio não recair sobre direito de propriedade, vizinhança, servidão, divisão e demarcação de terras e de nunciação de obra nova.

A ação fundada em direito pessoal e a ação fundada em direito real sobre bens móveis serão propostas, em regra, no foro do domicílio do réu. Tendo este mais de um domicílio, poderá ser demandado em qualquer um deles. Essa é a regra geral, sem prejuízo da existência de regras subsidiárias, se acaso aquela não puder ser aplicada.

A ação em que o incapaz for réu será proposta no foro de seu representante ou assistente.

Atenção – alteração legislativa – Lei nº 13.894/2019

É competente o foro: I – para a ação de divórcio, separação, anulação de casamento e reconhecimento ou dissolução de união estável: (...) d) de domicílio da vítima de violência doméstica e familiar, nos termos da Lei nº 11.340/2006.

As causas movidas pela União serão processadas perante o foro do domicílio do réu. Se a União for a demandada, será competente o foro do domicílio do autor, no de ocorrência do ato ou fato que originou a demanda, no de situação da coisa ou no Distrito Federal.

Nos termos do art. 52, parágrafo único, do CPC, se o Estado ou o Distrito Federal for o demandado, a ação poderia ser proposta no foro de domicílio do autor, no de ocorrência do ato ou fato que originou a demanda, no de situação da coisa ou na capital do respectivo ente federado. Contudo, o STF, na ADI 5.737, restringiu a competência a competência do foro de domicílio do autor às comarcas inseridas nos limites territoriais do Estado-membro ou do Distrito Federal que figure como réu.

As hipóteses de foro especial sobrepõem-se à regra geral, segundo a qual a ação deve ser ajuizada perante o domicílio do réu.

As regras de competência podem existir para atendimento do interesse público, quando então se diz que se está diante da competência absoluta, ou para comodidade das partes, hipótese em que será relativa.

A competência absoluta é um pressuposto de validade da relação processual, configurando-se matéria que pode ser conhecida de ofício pelo juiz. Aliás, em consonância com o princípio da competência sobre a competência, admite-se que o juiz analise se tem ou não competência para decidir sobre determinada questão que lhe foi apresentada. Admite-se que a parte alegue o vício da incompetência absoluta até mesmo após o trânsito em julgado, por meio da ação rescisória.

Diferentemente, a competência relativa não é um pressuposto de validade da relação processual. Não poderá ser conhecida de ofício pelo juiz, devendo ser alegada oportunamente pela parte interessada, na própria contestação, como preliminar.

A *perpetuatio jurisdicionais* (ou perpetuação da competência, como seria mais adequado) não prevalecerá em quaisquer situações, conforme a própria ressalva do Código. Assim, se houver supressão do órgão judiciário ou alteração da competência da competência absoluta em decorrência das modificações do estado de fato ou de direito, haverá a alteração da competência.

A competência poderá ser alterada em decorrência de previsão legal (como ocorre com a conexão, por exemplo) ou por vontade das partes (foro de eleição ou não formulação de preliminar na contestação).

Prevê o art. 54 que a competência relativa poderá ser modificada pela conexão ou pela continência.

É possível estabelecer uma relação de afinidade entre ações, o que pode gerar vários efeitos práticos, como a reunião de processos para julgamento conjunto, a suspensão de um processo para se aguardar o julgamento de outro etc.

Consideram-se conexas duas ações quando lhes for comum o pedido ou a causa de pedir. Trata-se de hipótese mínima em que as causas serão conexas, porque é possível que exista esta relação muito embora não seja comum o pedido ou a causa de pedir.

EXISTIRÁ CONEXÃO ENTRE CAUSAS

Se houver comunhão entre elas em relação ao pedido OU a causa de pedir.

A reunião dos processos será feita em favor do juízo prevento, que os decidirá. A prevenção do juízo será estabelecida pelo registro ou pela distribuição. Não mais se trata de efeito da citação válida.

A prevenção não mais se trata de efeito da citação válida. O juízo prevento será estabelecido em razão do registro ou da distribuição.

Para que ocorra a reunião dos processos haverá a necessidade de observância dos seguintes requisitos: i) juízo absolutamente competente para decidir as causas; ii) existência de liame entre as causas; iii) que a causa não tenha sido sentenciada.

A reunião dos processos para julgamento conjunto também será possível à execução de título executivo extrajudicial e à ação de conhecimento relativa ao mesmo ato jurídico, bem como às execuções fundadas no mesmo título executivo.

Admite o CPC, ainda, a reunião de processos para julgamento conjunto, ainda que não haja conexão. Isso será permitido em relação aos processos que possam gerar risco de prolação de decisões conflitantes ou contraditórias caso decididas separadamente.

5. DA TUTELA PROVISÓRIA

O Código de Processo Civil de 2015 denominou de provisória a tutela sumária, revogável, que pode ser deferida para em razão da existência de fundamentos relevantes e de risco de dano grave ou de difícil reparação, ou por conta da alta probabilidade de acolhimento da pretensão, não se justificando a necessidade de aguardar-se pelo final da caminhada processual.

A tutela de urgência será concedida quando houver elementos que evidenciem a probabilidade do direito (*fumus boni iuris*) e o perigo de dano ou o risco ao resultado útil do processo (*periculum in mora*).

Inovou o Código de Processo Civil de 2015 ao permitir que a tutela antecipada seja requerida de forma antecedente à instauração da relação processual.

Diferentemente do CPC de 1973, as medidas requeridas de forma antecedente não serão objeto de processo próprio, mas importarão na própria provocação do Poder Judiciário, que aguardará a vinda de futura complementação, a ser juntada nos próprios autos.

O procedimento da tutela cautelar requerida em caráter antecedente segue o disposto no art. 305 e seguintes do Código de Processo Civil.

A parte apresentará petição inicial antecedente, na qual indicará a lide e seu fundamento, a exposição sumária do direito que se objetiva assegurar e o perigo de dano ou o risco ao resultado útil do processo.

A tutela da evidência – antecipação de tutela sem o requisito exigência – poderá ser deferida nas hipóteses indicadas no art. 311, 558, 563, 678 e 701 do CPC 2015, bem como na indisponibilidade de bens na ação de improbidade administrativa e liminar de busca e apreensão de bem alienado fiduciariamente (DL nº 911/69).

O art. 311 do CPC demonstra a ampliação das hipóteses em que a tutela da evidência poderá ser deferida, se comparada com o regime anterior. São elas:

I – se ficar caracterizado o abuso do direito de defesa ou o manifesto propósito protelatório da parte: a tutela da evidência, na hipótese, é concedida em razão do comportamento abusivo da parte, contrário à boa-fé processual;

II – se as alegações de fato puderem ser comprovadas apenas documentalmente e houver tese em julgamento de casos repetitivos ou em súmula vinculante: se os fatos puderem ser comprovados por meio de documentos, não haverá necessidade de produção de outras provas. Além disso, a pretensão tem amparo jurídico em precedente que pode ser extraído de julgamento de casos repetitivos ou em súmula vinculante, o que permite afirmar que está em conformidade com precedente vinculante, conforme orienta o art. 927 do CPC;

III – se tratar de pedido reipersecutório fundado em prova documental adequada de contrato de depósito, caso em que será decretada a ordem de entrega do objeto custodiado, sob cominação de multa: é ação reipersecutória aquela em que se reivindica a posse ou a propriedade de uma coisa. Em tais ações, havendo prova documental adequada do contrato de depósito, será decretada a ordem de entrega do objeto custodiado, independentemente de urgência;

IV – se a petição inicial for instruída com prova documental suficiente dos fatos constitutivos do direito do autor, a que o réu não oponha prova capaz de gerar dúvida razoável: neste caso, a contestação não é suficiente para provocar qualquer dúvida no juízo. Note-se que é desnecessário que a tese esteja embasada em entendimento consubstanciado em precedente.

Nas hipóteses dos incisos II e III, o juiz poderá deferir liminarmente a tutela da evidência, pois, nesses casos, não há que se esperar pela conduta do réu.

A estabilização da tutela antecipada concedida em caráter antecedente a torna irrevogável no mesmo processo, exigindo que a parte ajuíze nova ação para o fim de rever, reformar ou invalidá-la.

Perceba-se que a estabilização da tutela não forma a coisa julgada. A propósito, não houve sentença de mérito sobre a questão, de modo que o magistrado não emitiu juízo de acertamento da situação subjetiva. Em outras palavras, não analisou se o pedido é procedente ou improcedente. Desse modo, o mérito continuará em aberto. De outro lado, foi estabilizada a tutela provisória, que permanecerá viva, mas somente modificável por meio de outra ação.

Haverá a estabilização da tutela se o réu não impugnar, por meio do recurso de agravo de instrumento (art. 1.015, I do CPC), a decisão interlocutória que, versando sobre o mérito, deferir a medida.

Ainda sobre o tema, deve ser registrado que:

> **A tutela antecipada antecedente torna-se estável unicamente se não houver qualquer tipo de impugnação pela parte contrária**. Desse modo, o afastamento da estabilização da tutela não ocorrerá apenas se houver a impugnação da decisão judicial por meio de recurso. Admite-se, para tanto, a mera apresentação de contestação (Resp 1.760.966-SP).

6. FORMAÇÃO, SUSPENSÃO E EXTINÇÃO DO PROCESSO

Formação.

Em conformidade com o **princípio da ação ou da inércia da jurisdição**, a relação processual se desenvolve a partir de **provocação da parte interessada**, que o faz por meio do instrumento adequado. Nesse contexto, tem-se o sentido da palavra **demanda**, que **significa o ato de vir a juízo e apresentar a devida postulação**, sendo a petição inicial seu instrumento.

Somente de forma excepcional poderá o magistrado iniciar o processo sem que seja antes devidamente provocado pela parte interessada. A propósito, a título de exemplo, assim poderá proceder em relação ao procedimento de apuração de irregularidade praticada por entidade de atendimento, previsto no Estatuto da Criança e do Adolescente e, entre outros, do procedimento de arrecadação de bens em caso de herança jacente (art. 738 do CPC 2015), devendo ser registrado, de antemão, que o Código de Processo Civil de 2015 excluiu a possibilidade do magistrado de iniciar, de ofício, o procedimento de inventário.

> O CPC de 2015 não autoriza o início do procedimento de inventário, de ofício, pelo juízo.

A propositura da ação.

Enquanto não protocolada a petição inicial, tem-se que se trata de um documento exclusivo da parte autora, elaborado por profissional a que a lei deu essa atribuição.

Por isso, somente se considera proposta a ação quando **a petição inicial for protocolada** (art. 312). Note-se que houve correção da falha técnica contida no CPC 1973 (art. 263), que considerava proposta a ação quando a petição inicial fosse despachada ou distribuída.

Estabelecer de forma adequada e objetiva o momento em que a ação é proposta tem importância prática, pois, como se verá adiante, a interrupção da prescrição, ocorrida com o despacho da inicial, **retroagirá à data da propositura da ação** (entenda-se, data em que foi protocolada), quando for providenciado o necessário para a realização da citação.

Efeitos da propositura para o réu: somente a partir da citação válida.

Conforme deixa claro o art. 312 do CPC, embora se considere proposta a ação quando for protocolada, os efeitos de tal **propositura para o réu** somente se iniciam quando este for devidamente citado.

Assim, **a citação válida induz litispendência, torna litigiosa a coisa e constitui em mora o devedor** (salvo as exceções legais), retroagindo unicamente o efeito da interrupção da prescrição à data da propositura da ação, desde que tenham sido providenciado o necessário para a citação do réu.

Verifica-se que tais efeitos decorrem da citação válida e não da propositura da ação.

Da Suspensão do processo.

A suspensão e a extinção como causas de crise do processo.

A busca da solução do mérito é o caminho natural do processo. Aliás, em conformidade com o art. 4º, do CPC, tem-se como norma fundamental o **princípio da preferência pelo julgamento do mérito**. Não obstante, o caminhar do processo está sujeito a determinados eventos que poderão importar na sua **paralisação ou até na extinção**, pondo-se fim, neste último caso, à relação processual. Nas duas situações, ocorre o que se convencionou denominar de **crise do processo.**

Tal expressão, contudo, não é livre de críticas em relação à suspensão. Ora, é verdade que a relação processual deve ser desenvolvida para que tenha um fim. Porém, podem as partes entender que é conveniente para os seus interesses – e mesmo para a própria solução do litígio – que ocorra a paralização temporária do processo. Nesse passo, antevendo uma possível solução amigável, resolvem as partes suspender o andamento do processo, estabelecendo-se um negócio processual, em atenção ao princípio da autonomia de vontade (autorregulação do processo). Não se pode dizer, então, que a situação é reveladora de crise do processo, mas, justamente o contrário, de que o embate processual foi capaz de gerar reflexão e, quiçá, de conduzir as partes à solução amigável, sem a necessidade de resolução pelo Estado-Juiz.

Efeito da suspensão: paralisação do processo.

A suspensão do processo, por si só, é capaz de gerar o paralisar de seu andamento. Porém, em certas situações, será possível a prática de alguns atos processuais.

Tem-se, como regra, a **paralisação integral do processo**, admitindo-se unicamente a **prática de atos reputados urgentes**, salvo no caso de arguição de impedimento ou de suspeição.

Pelo que se extrai do que está previsto no art. 314 do CPC, portanto, se arguido o impedimento ou a suspeição, o juiz não poderá praticar qualquer ato, com exceção daqueles destinados ao processamento (desentranhamento da petição e juntada de manifestação do próprio juiz) e encaminhamento ao Tribunal para análise. E isso, pois, **a partir da entrada da petição em que se argui o impedimento ou a suspeição, estará o processo suspenso**, situação essa que poderá ser reavaliada pelo relator a que for distribuída a petição.

> Na suspensão própria poderão ser praticados unicamente atos reputados urgentes, com exceção se arguido o impedimento ou a suspeição.

Como dito, ainda que suspenso o processo, salvo se arguido o impedimento ou a suspeição, poderá o magistrado determinar a prática de atos urgentes a fim de evitar dano irreparável, como, por exemplo, **a efetivação de tutela provisória em razão da urgência (tutela antecipada ou tutela cautelar)**. Não é possível, em tese, que decida sobre a tutela da evidência, pois não se está diante de ato que tenha como requisito a urgência, salvo se tal requisito também for deliberadamente comprovado pela parte.

Praticado um ato reputado urgente, como o deferimento da tutela provisória de urgência, o prazo para que a parte contrária possa interpor o respectivo recurso (agravo de instrumento) não estará paralisado, correndo normalmente.

Causas de suspensão do processo.

Sem prejuízo de outras causas mencionadas em lei, posto que o rol do artigo 313 do CPC não é taxativo, são causas de suspensão do processo:

I) Morte ou perda da capacidade processual de qualquer das partes, de seu representante legal ou de seu procurador.

Ocorrendo a morte de qualquer uma das partes, o processo será suspenso, aguardando-se a **habilitação dos herdeiros**, salvo se a demanda versar sobre direitos intransmissíveis, como ocorre na ação de divórcio, quando então haverá a sua extinção.

Merece muita atenção a modificação de que se extrai da redação do art. 313, I do CPC, em comparação ao previsto no § 1º. do art. 265 do CPC/1973, pois, atualmente, **não mais se diferencia se a morte ou a perda da capacidade processual ocorreram antes ou depois de iniciada a audiência de instrução e julgamento**.

> Dessa forma, não importa se a morte ou a perda da capacidade processual ocorreram antes ou depois de iniciada a audiência de instrução e julgamento. Ocorrendo tais eventos, haverá a suspensão do processo, independentemente do momento.

A habilitação dos herdeiros seguirá o procedimento constante dos artigos 687 a 692 do Código de Processo Civil. Poderá ser iniciada pela parte, em relação aos sucessores do falecido, ou pelos próprios sucessores do falecido, em relação à parte.

Será processada nos autos do processo principal, na instância em que estiver. Recebida a petição, o juiz determinará a citação dos requeridos para que se pronunciem no prazo de cinco dias. O ato poderá ser realizado na pessoa do advogado, se já constituído nos autos.

O magistrado decidirá o pedido de habilitação imediatamente, proferindo-se decisão interlocutória. Porém, **se for necessária dilação probatória diversa da documental**, determina o **art. 691 que o pedido seja autuado em apartado**, sendo decidido ao final por **sentença**.

> Não havendo impugnação ou sendo desnecessária dilação probatória complexa, a habilitação de herdeiros será processada **nos próprios autos**. Porém, **havendo necessidade de prova documental diversa da probatória**, o pedido será autuado em apartado e decidido por **sentença** (art. 692).

Ainda que se trate de habilitação processada em apartado, o pronunciamento jurisdicional desafiará o recurso de agravo de instrumento, com fundamento no art. 1.015, II do CPC.

Se não providenciada a habilitação, ao tomar conhecimento da morte da parte, o magistrado determinará a suspensão do processo e observará o seguinte:

i) falecido o réu, ordenará a intimação do autor para que promova a citação do respectivo espólio, de quem for o sucessor ou, se for o caso, dos herdeiros, no prazo que designar, de no mínimo dois e no máximo seis meses;

ii) falecido o autor e sendo transmissível o direito, determinará a intimação de seu espólio, de quem for o sucessor ou, se for o caso, dos herdeiros, pelos meios de divulgação que reputar mais adequados, para que manifestem interesse na sucessão processual e promovam a respectiva habilitação no prazo designado, sob pena de extinção do processo sem resolução do mérito.

Como é possível extrair da interpretação conjunta dos artigos 313, § 2º, e 689, do CPC, **a suspensão do processo ocorrerá no momento em que o magistrado tiver conhecimento do falecimento da parte**, seja por meio do pedido de habilitação, seja por outro meio. Neste último caso, determinará a intimação do indicado pela lei para que promova a habilitação.

Passa-se à análise da suspensão do processo em decorrência da morte do procurador de qualquer das partes.

Neste caso, também independentemente do momento em que ocorrida a morte, o processo será suspenso e o juiz determinará que a parte constitua novo mandatário, no prazo de quinze dias. Na inércia, o processo será extinto sem resolução do mérito, se o autor não nomear novo mandatário, ou ordenará o prosseguimento do processo à revelia do réu, se falecido procurador deste. Note-se que se trata de hipótese de revelia ulterior que produzirá unicamente efeito processual (não intimação dos atos processuais posteriores), se a resposta já tiver sido apresentada anteriormente.

II) Convenção das partes.

Poderão as partes ajustar a **suspensão do processo**, sendo a paralisação **limitada a seis meses**. Trata-se de **negócio processual** entabulado entre as partes, que produzirá efeitos a partir do momento em que ajustado, não obstante haja necessidade de homologação judicial.

Escoado o prazo de seis meses, deverá o juiz determinar a continuidade do processo.

III) Pela arguição de impedimento e suspeição.

As causas de impedimento e a suspeição prejudicam a imparcialidade do juiz e serão arguidas, de acordo com o CPC, mediante mera petição nos próprios autos. Não mais devem ser arguidas por meio de exceção.

Arguido o impedimento ou a suspeição, tem-se que ocorrerá a suspensão imediata do processo, não podendo o juiz praticar sequer atos reputados urgentes.

Ao ter ciência da arguição, o juiz poderá reconhecer a causa de impedimento ou de suspeição e determinar o encaminhamento dos autos ao seu substituto legal. De outro lado, discordando, determinará o desentranhamento da petição, podendo instrui-la, bem como o seu encaminhamento ao Tribunal para decisão a respeito.

Aportando no Tribunal respectivo e distribuída ao relator, este decidirá sobre a manutenção ou não do efeito suspensivo.

IV) Pela Admissão do Incidente de Resolução de Demandas Repetitivas.

O CPC se preocupou em atender aos reclamos da sociedade para solucionar a litigiosidade repetitiva. Para tanto, fez previsão de incidentes e meios capazes de formar pronunciamentos judiciais, dos quais será possível extrair precedentes que vincularão juízes e o tribunal no julgamento de casos futuros (art. 927).

Entre esses instrumentos, destaca-se o incidente de resolução de demandas repetitivas, por meio do qual, havendo efetiva repetição de processos que contenham controvérsia sobre a mesma questão unicamente de direito e risco de ofensa à isonomia e à segurança jurídica, visando fixar uma tese que possa ser aplicada pelos juízes do mesmo tribunal.

Em conformidade com o art. 982 do CPC, admitido o incidente, o relator suspenderá os processos pendentes, individuais ou coletivos, que tramitam no Estado ou na região (no caso de Tribunal Regional Federal).

Decidido o incidente, se não interposto recurso, cessará a suspensão dos processos. Contudo, interposto recurso (extraordinário e/ou especial, que terão efeito suspensivo nesse caso), a suspensão do processo prosseguirá.

Como se vê, a causa de suspensão do processo, aqui analisada, não é automática ou decorrente da instauração do incidente de resolução de demandas repetitivas, mas carece de decisão de seu relator e terá vigência enquanto tramitar, salvo se houver decisão em sentido contrário.

V) Quando a sentença de mérito.

Nesta hipótese, abrem-se outras duas situações:

a) se a sentença de mérito depender do julgamento de outra causa ou da declaração da existência ou da inexistência de relação jurídica que constitua o objeto principal de outro processo pendente:

Neste caso, para que seja proferida sentença de mérito, **há necessidade de se aguardar pelo julgamento de outro processo, no qual será analisada questão prejudicial externa.**

Questão prejudicial é aquela que influenciará no mérito do processo. Pode ser interna (controvertida no próprio processo), ou externa (quando será decidida em outro processo).

b) tiver de ser proferida somente após a verificação de determinado fato ou a produção de certa prova:

Nesse caso, a prova será produzida em outro juízo, havendo necessidade de se aguardar por ela. A suspensão terá o prazo máximo de um ano nas duas hipóteses.

Dependendo o conhecimento do mérito de verificação de existência de fato delituoso, será determinada a suspensão do processo até que haja decisão no processo criminal. Será aguardado pelo prazo de três meses para o ajuizamento da ação penal. Se já ajuizada, porém, o processo ficará suspenso pelo prazo máximo de um ano.

VI) Por motivo de força maior.

Na hipótese constante do inciso V, indica o CPC que o processo poderá ser suspenso por motivo de força maior, que não decorre propriamente da vontade das partes, como, por exemplo, o alagamento de uma cidade por conta de fortes chuvas.

VII) quando se discutir em juízo questão decorrente de acidentes e fatos da navegação de competência do Tribunal Marítimo.

Havendo necessidade de se aguardar por decisão do Tribunal Marítimo como questão que influenciará o mérito da decisão de mérito, o juiz suspenderá o processo.

VIII) nos demais casos previstos em lei.

O rol constante do art. 313 não é exaustivo, mas exemplificativo, existindo outras hipóteses de suspensão do processo, como, por exemplo, a concessão de efeito suspensivo em embargos à execução.

IX) pelo parto ou pela concessão de adoção, quando a advogada responsável pelo processo constituir a única patrona da causa.

Trata-se de hipótese incluída pela Lei n. 13.363/2016, em que o período de suspensão será de trinta dias, contado a partir da data do parto ou da concessão da adoção, mediante apresentação de certidão de nascimento ou documento similar que comprove a realização do parto, ou de termo judicial que tenha decidido a adoção, desde que haja notificação ao cliente.

X - quando o advogado responsável pelo processo constituir o único patrono da causa e tornar-se pai.

Hipótese também incluída pela Lei n. 13.363/2016, segundo a qual o período de suspensão será de oito dias, contado a partir da data do parto ou da concessão da adoção, mediante apresentação de certidão de nascimento ou documento similar que comprove a realização do parto, ou de termo judicial que tenha concedido a adoção, desde que haja notificação ao cliente.

Extinção do processo.

A **extinção do processo** ocorrerá por meio de sentença, que terá por fundamento um dos incisos do art. 485, bem como os incisos II e III do art. 487 do CPC (vide, a respeito, o art. 354).

Nesse passo, a extinção do processo decorrerá de sentença em que não é analisado o mérito, ou, então, em sentença que decide, de ofício ou a requerimento, sobre a ocorrência de decadência ou prescrição, bem como a que homologa ato de reconhecimento da procedência do pedido e da reconvenção, a transação e a renúncia à pretensão formulada na ação ou na reconvenção.

Fala-se em extinção do processo, por isso, diz-se que será proferida sentença. Contudo, será possível que o magistrado profira **decisão interlocutória** em que **extingue parcialmente o processo**, com ou sem análise de mérito. Neste caso, o processo prosseguirá em relação à parte não objeto de extinção. A extinção também poderá ocorrer por meio de decisão monocrática, em julgamento, por exemplo, de agravo de instrumento.

7. PROCEDIMENTO COMUM

Petição inicial

É possível a identificação de requisitos intrínsecos e extrínsecos da petição inicial. Aqueles devem estar constantes do próprio corpo da petição inicial, ao passo que estes se revelam como documentos que devem acompanhar a peça, por serem imprescindíveis à propositura da ação.

Classificação dos Requisitos da Petição Inicial	
Intrínsecos	**Extrínsecos**
Contidos no corpo da petição inicial	Documentos indispensáveis à propositura da ação
Ausência: o juiz determinará a emenda.	Ausência: o juiz determinará que a peça seja completada

As causas serão levadas à distribuição/registro. A distribuição poderá ser livre ou vinculada (dependência).

Serão distribuídas por dependência as causas de qualquer natureza: i) quando se relacionarem, por conexão ou continência, com outra já ajuizada; ii) quando, tendo sido extinto o processo sem resolução de mérito, for reiterado o pedido, ainda que em litisconsórcio com outros autores ou que sejam parcialmente alterados os réus da demanda; iii) quando houver ajuizamento de ações que serão reunidas, ao juízo prevento.

A toda causa deve ser atribuído um valor, ainda que a ação não tenha conteúdo econômico.

Há critérios para a fixação do valor da causa. Nesse sentido:

> Art. 292. O valor da causa constará da petição inicial ou da reconvenção e será: I – na ação de cobrança de dívida, a soma monetariamente corrigida do principal, dos juros de mora vencidos e de outras penalidades, se houver, até a data de propositura da ação; II – na ação que tiver por objeto a existência, a validade, o cumprimento, a modificação, a resolução, a resilição ou a rescisão de ato jurídico, o valor do ato ou o de sua parte controvertida; III – na ação de alimentos, a soma de 12 (doze) prestações mensais pedidas pelo autor; IV – na ação de divisão, de demarcação e de reivindicação, o valor de avaliação da área ou do bem objeto do pedido; V – na ação indenizatória, inclusive a fundada em dano moral, o valor pretendido; VI – na ação em que há cumulação de pedidos, a quantia correspondente à soma dos valores de todos eles; VII – na ação em que os pedidos são alternativos, o de maior valor; VIII – na ação em que houver pedido subsidiário, o valor do pedido principal.

Admite-se a cumulação de pedidos, observando-se a seguinte classificação: i) cumulação própria – os pedidos são apresentados, pretendendo o autor o acolhimento de todos eles; ii) cumulação imprópria – os pedidos são apresentados, mas o autor não pretende que todos eles sejam acolhidos. Poderá ser subsidiária (estabelece-se uma ordem entre eles), ou alternativa (sem estabelecimento desta ordem).

O indeferimento da petição inicial consiste na manifestação do juiz no sentido de que, a partir dos elementos indicados naquela peça, a ação não poderá prosseguir. Poderá ocorrer de forma parcial, com relação a algum dos pedidos, ou total, o que refletirá na natureza do pronunciamento jurisdicional (decisão interlocutória ou sentença).

Entende-se por liminar o pronunciamento proferido no início do processo, no seu limiar. A liminar poderá consistir em uma decisão interlocutória (tutela antecipada), em uma sentença (sentença de indeferimento da inicial), decisão monocrática proferida por relator e, por que não, até por decisão colegiada em Tribunal.

Como regra, uma vez iniciado o procedimento, haverá a citação da parte contrária e o andamento regular dos atos processuais, para que o magistrado possa, ao final, proferir a sentença de mérito.

Contudo, como visto no item anterior, será possível que o magistrado entenda que a petição inicial não reúne condições para que haja o desenrolar do processo, hipótese em que poderá indeferir a petição inicial, com pronunciamento sem análise de mérito.

Em outros casos, faculta o CPC que o juiz analise o mérito desde já, independentemente de citação da parte contrária, proferindo pronunciamento de improcedência liminar do pedido.

Há uma diferenciação a ser feita que é vital para o entendimento. Na improcedência liminar, o magistrado analisa o mérito. Julga-o desde já, com possibilidade de formação da coisa julgada material, se não houver a interposição de recurso. No indeferimento da inicial, contudo, não há análise de mérito.

Assim, o autor postula os seus pedidos e o magistrado, quando da análise da inicial, profere julgamento de improcedência liminar.

O CPC permite que tal julgamento ocorra, em suma, quando a pretensão apresentada pela parte contrária encampar tese jurídica contrária ao já decidido em determinados precedentes, quais sejam: I – enunciado de súmula do Supremo Tribunal Federal ou do Superior Tribunal de Justiça; II – acórdão proferido pelo Supremo Tribunal Federal ou pelo Superior Tribunal de Justiça em julgamento de recursos repetitivos; III – entendimento firmado em incidente de resolução de demandas repetitivas ou de assunção de competência; IV – enunciado de súmula de tribunal de justiça sobre direito local.

Audiência de conciliação e mediação

Estando a petição inicial em ordem e não entendendo o magistrado ser o caso de ser proferida sentença de improcedência liminar, será designada audiência de conciliação ou de mediação com antecedência mínima de 30 dias, devendo o réu ser citado com pelo menos vinte dias de antecedência.

Contestação e reconvenção

A contestação é regida pelos seguintes princípios:

a) concentração: deverá o réu concentrar em sua defesa toda a matéria de defesa, ainda que contraditória. Trata-se do momento oportuno para que isso seja feito. Uma vez apresentada, não poderá ser posteriormente complementada, uma vez que verificada a preclusão consumativa.

Há, porém, matérias que o réu poderá alegar posteriormente. Estão elencadas no art. 342 do CPC: i) relativas a direito ou a fato superveniente; ii) competir ao juiz conhecer delas de ofício; iii) por expressa autorização legal, puderem ser formuladas em qualquer tempo e grau de jurisdição.

Nestes casos, admite-se que a matéria seja alegada posteriormente. Imagine-se, por exemplo, o tema prescrição. Como sabido, dele o juiz poderá conhecer, de ofício, a qualquer momento. Por isso, o réu poderá alegá-la posteriormente, ainda que já oferecida contestação. A decadência contém uma particularidade, em razão de suas duas espécies. A decadência legal poderá ser alegada e conhecida a qualquer momento. De outro lado, a decadência convencional poderá ser alegada a qualquer tempo, muito embora somente poderá ser conhecida se houver requerimento nesse sentido. O juiz não poderá conhecê-la de ofício.

A regra, portanto, é de que toda a matéria de defesa seja alegada na contestação, ainda que ela seja contraditória.

b) ônus da impugnação especificada: a contestação é a oportunidade para que o réu impugne os fatos apresentados pelo autor na petição inicial. Algumas explicações preliminares são importantes para o entendimento correto deste princípio.

Na petição inicial, o autor apresenta os fatos dos quais extrai determinadas consequências jurídicas. O réu, ao ser citado, terá oportunidade de impugnar cada um destes fatos por meio da contestação, quando, então, passa-se a ter uma questão controvertida sobre a qual incidirá a prova. De outro lado, se o fato não for impugnado, será presumida a sua veracidade. Trata-se do ônus da impugnação especificada.

Porém, não haverá a presunção de veracidade, se não for admissível, a seu respeito, a confissão; se a petição inicial não estiver acompanhada de instrumento que a lei considerar da substância do ato; se os fatos estiverem em contradição com a defesa, considerada em seu conjunto.

Tal ônus não será aplicado ao defensor público, ao advogado dativo e ao curador especial. Dessa maneira, pela previsão contida no art. 341, parágrafo único do CPC, se a parte for assistida por Defensor Público, ainda que não apresente resposta, tem-se que não serão presumidos como verdadeiros os fatos articulados na petição inicial.

A contestação deverá ser apresentada por meio de petição, no prazo de 15 dias, sendo aplicáveis os prazos especiais previstos na lei.

Têm prazos especiais: Ministério Público, Defensoria Pública, Fazenda Pública e litisconsortes com diversos procuradores, que não sejam do mesmo escritório jurídico e não seja processo eletrônico.

No CPC de 1973, o prazo para o oferecimento de resposta era contado da juntada do mandado de citação aos autos. No CPC de 2015, porém, como houve previsão da necessidade de ser designada a audiência de conciliação ou de mediação, o prazo de resposta terá outro termo inicial.

Nesse sentido, prevê o art. 335 do Código de Processo Civil que o termo inicial será a data:

i) da audiência de conciliação ou de mediação, ou da última sessão de conciliação, quando qualquer parte não comparecer ou, comparecendo, não houver autocomposição: uma vez designada a audiência para tentativa conciliação ou de mediação, deverão as partes comparecer para a composição. Se esta ocorrer, será o ajuste homologado por sentença judicial. Porém, se a composição não ocorrer e houver necessidade de continuação do procedimento, será iniciado o prazo para que o réu possa apresentar a sua contestação. Importante que o (a) candidato(a) esteja bem atento à forma de contagem deste prazo, pois é possível que haja questionamento para indicação de seu termo final em um determinado problema. A título de exemplo, examina-se a seguinte hipótese.

O autor propôs ação de cobrança. Foi designada audiência de conciliação. As partes compareceram à audiência, oportunidade em que foi tentada a composição entre elas, que restou infrutífera. Nesse caso, haverá necessidade de continuidade do processo, abrindo-se prazo para que o réu ofereça resposta. Considerando-se que a audiência foi realizada no dia 23.09.2016, assinale o prazo final para que o réu possa oferecer resposta.

ii) do protocolo do pedido de cancelamento da audiência de conciliação ou de mediação apresentado pelo réu, quando ocorrer a hipótese do art. 334, § 4º, inciso I: poderá o autor ter indicado na petição inicial que não pretende conciliar-se, tendo o réu feito o mesmo no prazo legal. Dessa maneira, não há motivo para que seja realizada a audiência, que será dada como prejudicada. Nesse caso, o prazo para que o réu possa oferecer a sua resposta será na data do protocolo do pedido de cancelamento apresentado pelo réu.

Se houver litisconsórcio passivo, o prazo será contado a partir de cada pedido de cancelamento da audiência. Registre-se que, nesta hipótese, o prazo não será iniciado conjuntamente para todos os réus. Será contado de uma maneira para aqueles que requererem o cancelamento da audiência e da audiência para os demais, se ela ainda assim for realizada.

iii) prevista no art. 231, de acordo com o modo como foi feita a citação, nos demais casos: no inciso III estão incluídas várias situações, como, por exemplo, o caso em que o magistrado vislumbrou, de imediato, que não deverá ser designada audiência de conciliação ou de mediação, uma vez que o direito é indisponível. Dessa forma, desde já, dispensa a audiência e determina a citação do réu para oferecer resposta. Assim, o prazo para a contestação será iniciado: a) da data de juntada aos autos do aviso de recebimento, quando a citação for pelo correio; b) da data de juntada aos autos do mandado cumprido, quando a citação for por oficial de justiça; c) da data da citação, se esta for promovida pelo escrivão ou chefe de secretaria; d) do dia útil seguinte ao fim da dilação assinada pelo juiz, quando a citação for por edital; e) do dia seguinte à consulta ao teor da citação ou ao término do prazo para que a consulta se dê, quando a citação for eletrônica; f) da data da juntada do comunicado de que houve a citação pelo juízo deprecado, ou, não havendo tal, da data de juntada da carta aos autos de origem devidamente cumprida.

Tratando-se de prazo processual, naturalmente, o prazo de resposta será contado em dias úteis.

O Código de Processo Civil de 2015 acarretou na concentração das matérias que podem ser alegadas na contestação, se comparado com o Código anterior.

Nesse sentido, podem ser alegadas e apresentadas as seguintes matérias processuais e substanciais. Além disso, será também possível apresentar pedido na própria contestação, como adiante será visto.

CONTEÚDO DA CONTESTAÇÃO		
DEFESA PROCESSUAL	DEFESA DE MÉRITO	EXERCÍCIO DE PRETENSÃO

Defesa processual: poderá o réu alegar determinadas matérias, que são indicadas como processuais, por não se referirem ao mérito. Tratam-se das preliminares, que podem ser ainda classificadas em dilatória ou peremptórias.

A defesa processual dilatória importa no prolongamento da relação processual, como ocorre com a incompetência absoluta. Nesse caso, o juiz não encerra o processo, mas determina o seu encaminhamento para o juízo competente, o que importa em uma demora na solução da questão.

De outro lado, a defesa processual peremptória importará na extinção do processo, como ocorre com o reconhecimento da existência de coisa julgada.

O art. 337 do Código de Processo Civil elenca as preliminares. Em comum, já poderiam ser conhecidas de ofício pelo juiz, ou seja, independentemente de serem alegadas na contestação, com exceção da incompetência relativa e da convenção de arbitragem, que dependem de ser alegadas pela parte.

Há duas preliminares que tratam de matérias que não podem ser conhecidas de ofício pelo juiz. São elas: incompetência relativa e a convenção de arbitragem.

Exercício de pretensão: poderá o réu, ainda na contestação, exercer pretensão em face do autor, ou mesmo de terceiro. E assim ocorrerá na reconvenção ou mesmo na denunciação da lide.

A reconvenção é o contra-ataque exercido pelo réu (identificado como réu-reconvinte), ou, no mínimo este e mais pessoas, em face do autor ou também autor e outras pessoas. Trata-se de ação promovida no mesmo processo, que será exercida na própria contestação, quando então deverá o réu indicar o valor da causa (art. 292 *caput* CPC), devendo o pedido ser certo e determinado, admitindo-se também o pedido genérico nas hipóteses legais (art. 324 § 2º).

Por ser ação autônoma, a desistência da ação principal ou a ocorrência de causa extintiva que impeça o exame de seu mérito não obsta ao prosseguimento do processo quanto à reconvenção.

Oferecida a reconvenção, o magistrado determinará que se proceda à respectiva anotação pelo distribuidor (art. 286, parágrafo único).

Na reconvenção não se exigirá caução para que o brasileiro ou estrangeiro, que resida fora do Brasil ou que deixar de residir no país ao longo da tramitação de processo, ainda que não tenha bens imóveis no Brasil que assegure o pagamento das custas e dos honorários de advogado da parte contrária (art. 83, III do CPC).

Revelia

É efeito material da revelia a presunção de veracidade dos fatos articulados pelo autor na inicial. Não decorre a lógica procedência do pedido, mas apenas a presunção de que os fatos indicados na petição inicial são verdadeiros.

Porém, não haverá a produção deste efeito se: i) havendo pluralidade de réus, algum deles contestar a ação; ii) o litígio versar sobre direitos indisponíveis; iii) a petição inicial não estiver acompanhada de instrumento que a lei considere indispensável à prova do ato; iv) as alegações de fato formuladas pelo autor forem inverossímeis ou estiverem em contradição com a prova constante dos autos.

Providências preliminares

Tendo o réu apresentado a sua resposta, poderá o magistrado tomar algumas providências, indicadas como preliminares. E assim são identificadas, porque objetivam preparar o processo para a fase processual seguinte.

Nesse sentido, verificando o magistrado que o réu não ofereceu resposta, mas que não haverá a incidência do efeito material da revelia, abrirá oportunidade para que o autor possa especificar as provas que pretende produzir, se ainda não as tiver indicado (art. 348).

Julgamento conforme o estado do processo

Verificando o magistrado que poderá proferir pronunciamento sem a análise de mérito por incidir uma das hipóteses do art. 485, ou então, ser possível a análise de mérito com fundamento nos incisos II e III do art. 487 do CPC, proferirá sentença e extinguirá o processo (se decidir sobre a decadência ou a prescrição, ou, ainda, se homologar o reconhecimento da procedência do pedido formulado na ação ou na reconvenção, a transação ou a renúncia à pretensão formulada ou na reconvenção).

Audiência de saneamento e organização do processo

Se o magistrado entender que não é o caso de extinção do processo ou de promover ao julgamento antecipado do mérito, então, deverá proferir decisão de saneamento e de organização do processo, por meio da qual: i) resolverá as questões processuais pendentes, se houver; ii) delimitará as questões de fato sobre as quais recairá a atividade probatória, especificando os meios de prova admitidos; iii) definirá a distribuição do ônus probatório; iv) delimitará as questões de direito relevantes para a decisão do mérito; v) designará, se necessário, audiência de instrução e julgamento.

Audiência de instrução e julgamento

Tem a audiência de instrução e julgamento a finalidade de ser colhida a prova oral a ser produzida.

8. DAS PROVAS

Por *meios de prova* compreendem-se os procedimentos adequados para a obtenção da informação e o seu registro. Há vários meios de prova, como a pericial, a testemunhal. Não se confunde com fonte de prova.

A prova é extraída de uma fonte de prova. Uma pessoa pode ser uma fonte de prova, sendo aquela examinada por um perito médico, por exemplo. Tem-se, então, uma fonte de prova, que não se confunde com os meios de prova.

Serão admitidos todos os meios de prova moralmente legítimos, ainda que atípicos.

Admite-se, também, que o magistrado determine a produção da prova que entenda pertinente como decorrência do dever-poder instrutório do juiz (art. 370 do CPC).

Em consonância com o princípio da comunhão das provas, uma vez sendo produzida, poderá qualquer uma das partes dela se aproveitar, ainda que não tenha a requerido. A prova não pertence à parte que a produziu.

Em conformidade com o art. 5º, XII, CF, são inadmissíveis, no processo, as provas obtidas por meios ilícitos.

São princípios que regem a prova cível: atipicidade da prova; proibição da utilização das provas obtidas por meios ilícitos; aquisição e comunhão da prova; oralidade; máxima eficiência dos meios probatórios; deveres-poderes instrutórios do juiz; unidade probatória; e, livre convencimento motivado do juiz.

Distribuição do ônus da prova.

Ônus probatório: a propósito do tema, deve haver prévia análise da carga estática e da carga dinâmica do ônus probatório. Pela carga estática do ônus probatório, que ainda é a regra, há a prévia distribuição daquilo que cada parte no processo deverá comprovar. Desse modo, incumbe ao autor o ônus da prova quanto ao fato constitutivo de seu direito e ao réu, por sua vez, quanto ao fato impeditivo, modificativo ou extintivo do direito do autor.

Admite-se que as partes, por convenção, modifiquem o ônus da prova. Contudo, tal convenção não será admitida quando recair sobre direito indisponível da parte ou se tornar excessivamente difícil a uma parte o exercício do direito (art. 373, § 3º).

O CPC inovou ao prever, também, a carga dinâmica do ônus probatório. Diferentemente do que foi anteriormente analisado, será possível que o juiz atribua o ônus da prova de modo diverso, desde que o faça por decisão fundamentada, justificada nos casos previstos em lei ou diante de peculiaridades da causa decorrentes da excessiva dificuldade de cumprir o encargo. Enfim, terá o ônus de provar aquele que tiver melhores condições de fazê-lo.

Fatos que independem de prova.

As provas buscam demonstrar os fatos. Porém, nem todos os fatos precisam ser demonstrados.

Nesse sentido, o art. 374 dispensa a prova dos fatos: i) notórios; ii) afirmados por uma parte e confessados pela parte contrária; iii) admitidos no processo como incontroversos; iv) em cujo favor milita presunção legal de existência ou de veracidade.

Produção antecipada de prova

O Código fez previsão da denominada ação probatória, que tem por finalidade exclusiva a produção antecipada de prova que poderá ser utilizada posteriormente em procedimento arbitral, judicial ou administrativo. Será admitida se: houver fundado receio de que venha a tornar-se impossível ou muito difícil a verificação de certos fatos na pendência da ação; a prova a ser produzida seja suscetível de viabilizar a autocomposição ou outro meio adequado de solução de conflito; o prévio conhecimento dos fatos possa justificar ou evitar o ajuizamento de ação.

Note-se que nem sempre haverá necessidade do elemento urgência.

A ação probatória não admitirá defesa ou recurso, salvo contra decisão que indeferir totalmente a produção da prova pleiteada pelo requerente originário.

Uma vez deferida e produzida a prova, os autos permanecerão durante um mês para extração de cópias e certidões.

Provas típicas e atípicas:

Ata notarial

A existência e o modo de existir de algum fato podem ser atestados ou documentados, a requerimento do interessado, mediante ata lavrada por tabelião.

Dados representados por imagem ou som gravados em arquivos eletrônicos poderão constar da ata notarial.

O Provimento nº 65, de 14.12.2017, da Corregedoria Nacional de Justiça, estabeleceu diretrizes para o procedimento da usucapião extrajudicial nos serviços notariais e de registro de imóveis.

Depoimento pessoal.

O depoimento pessoal é um meio de prova consistente na colheita do depoimento do autor e do réu. Será produzido na audiência de instrução e julgamento, com possibilidade de que haja a formulação de reperguntas pelo advogado da parte contrária.

Não obstante, admite-se que, se a parte residir em comarca, seção ou subseção judiciária diversa daquela onde tramita o processo poderá ser colhida por meio de videoconferência ou outro recurso tecnológico de transmissão de sons e imagens em tempo real, o que poderá ocorrer, inclusive, durante a realização da audiência de instrução e julgamento.

Se a parte não comparecer, apesar de pessoalmente intimada, ser-lhe-á aplicada a pena de confesso. Da mesma forma, se recusar a depor.

A parte não é obrigada a depor sobre fatos criminosos ou torpes que lhe forem imputados, a cujo respeito, por estado ou profissão, deva guardar sigilo, acerca dos quais não possa responder sem desonra própria, de seu cônjuge, de seu companheiro ou de parente em grau sucessível, que coloquem em perigo a vida do depoente ou das pessoas antes indicadas. Esta regra, contudo, não se aplica às ações de estado e de família.

Difere o depoimento pessoal do interrogatório, que poderá ser colhido a qualquer momento. Porém, no interrogatório a parte não está obrigada a depor e, se deixar de fazê-lo, não lhe será aplicada a pena de confesso.

Confissão.

Haverá a confissão quando a parte admite a verdade de fato contrário ao seu interesse e favorável ao do adversário.

Ela poderá ocorrer no âmbito judicial ou extrajudicial. Pode ainda ser espontânea ou provocada.

A confissão é irrevogável, mas poderá ser anulada se decorreu de erro de fato ou de coação. A legitimidade para a propositura desta ação é exclusiva do confitente e pode ser transferida a seus herdeiros se ele falecer após a propositura.

Exibição de documento ou coisa

A exibição poderá ser determinada pelo juiz, estando o documento ou coisa sob poder da parte ou de terceiros.

Atenção
O pedido formulado pela parte conterá: I – a descrição, tão completa quanto possível, do documento ou da coisa, ou das categorias de documentos ou de coisas buscados; II – a finalidade da prova, com indicação dos fatos que se relacionam com o documento ou com a coisa, ou com suas categorias; III – as circunstâncias em que se funda o requerente para afirmar que o documento ou a coisa existe, ainda que a referência seja a categoria de documentos ou de coisas, e se acha em poder da parte contrária.

Se estiver em poder da parte contrária, esta será intimada para responder no prazo de cinco dias contados de sua intimação. Instaura-se um incidente processual. Poderá o requerido afirmar que não possui o documento. Se o juiz não admitir a sua recusa, admitirá como verdadeiros os fatos que, por meio do documento ou da coisa, a parte pretendia provar se: i) o requerido não efetuar a exibição e nem fizer nenhuma declaração no prazo de cinco dias; ii) a recusa for havida por ilegítima.

Estando o documento ou coisa em poder de terceiro, será instaurado processo incidente. Nesse sentido, o terceiro será citado para responder no prazo de 15 dias. Não havendo motivo justo, o juiz ordenará o depósito em cartório, podendo haver a expedição de mandado de busca e apreensão.

Prova documental.

De todos os aspectos da prova documental, merecem ser destacados pela própria incidência em provas e concursos, alguns aspectos importantes.

O réu manifestar-se-á na contestação sobre os documentos anexos à inicial, e o autor na réplica sobre os documentos anexados na contestação.

A parte poderá requerer a juntada de documento aos processos e a outra poderá arguir a sua falsidade na contestação, na réplica ou no prazo de 15 dias contados da intimação da juntada dos documentos aos autos.

Arguida a falsidade como questão incidental, assim será decidida e não fará coisa julgada. Porém, poderá ser resolvida como questão principal, desde que haja requerimento da parte e seja o juiz competente, hipótese em que fará coisa julgada.

A propósito, indica o art. 433: "A declaração sobre a falsidade do documento, quando suscitada como questão principal, constará da parte dispositiva da sentença e sobre ela incidirá também a autoridade da coisa julgada".

Em regra, a prova documental deve ser apresentada juntamente com a petição inicial e contestação, sendo lícito às partes, porém, em qualquer momento, juntar aos autos documentos novos, se destinados a fazer prova de fatos ocorridos depois dos alegados, ou para contrapô-los aos que foram produzidos nos autos.

Sendo assim, se o réu apresenta fatos modificativos do direito do autor, poderá o autor apresentar novos documentos, afastando as alegações trazidas.

Os documentos podem ser públicos ou privados.

Competirá à parte impugnar a autenticidade da assinatura e a veracidade do contexto, o que presumir-se-á tendo em vista o seu silêncio. Tal eficácia cessa, contudo, se o documento foi obtido por erro, dolo ou coação, que podem ser alegados em momento posterior.

Documentos eletrônicos

A utilização de documentos eletrônicos no processo convencional dependerá de sua conversão à forma impressa e da verificação de sua autenticidade, na forma da lei.

O juiz apreciará o valor probante do documento eletrônico não convertido, assegurado às partes o acesso a seu teor.

Serão admitidos documentos eletrônicos produzidos e conservados com a observância da legislação específica.

Prova testemunhal.

A testemunha é a fonte da prova testemunhal. É a pessoa que, não sendo parte, será chamada a depor sobre fatos tratados no processo, sendo indeferida a sua oitiva sobre fatos já provados por documento ou confissão da parte, ou que só por documento ou por exame pericial puderem ser provados.

Todas as pessoas podem ser acionadas como testemunhas, havendo ressalva, contudo, em relação às incapazes, impedidas e suspeitas.

Sendo necessário, o magistrado poderá ouvir as testemunhas menores, impedidas ou suspeitas, sem tomar-lhes o compromisso de dizer a verdade.

A testemunha é obrigada a depor e a dizer a verdade, sob pena de praticar o crime de falso testemunho. Porém, não é obrigada a depor sobre fatos: (i) que lhe acarretem grave dano, bem como ao seu cônjuge e aos seus parentes consanguíneos ou afins, em linha reta, ou na colateral em segundo grau; (ii) a cujo respeito, por estado ou profissão, deva guardar sigilo.

Nos casos em que a lei exigir prova escrita da obrigação, é admissível a prova testemunhal quando houver começo de prova por escrito, emanado da parte contra a qual se pretende produzir a prova.

Também se admite a prova testemunhal quando o credor não pode ou não podia, moral ou materialmente, obter a prova escrita da obrigação, em casos como o de parentesco, de depósito necessário ou de hospedagem em hotel ou em razão das práticas comerciais do local onde contraída a obrigação.

O juiz fixará, na decisão saneadora, o prazo comum não superior a 15 dias para que as partes apresentem rol de testemunhas. No caso de saneamento compartilhado, as partes devem levar consigo o rol de testemunhas.

O número de testemunhas não pode ser superior a dez, sendo 03 no máximo para a prova de cada fato.

Admite-se que o juiz limite o número de testemunhas levando em conta a complexidade da causa e dos fatos individualmente considerados.

Prova pericial.

A prova pericial consiste em exame, vistoria ou avaliação. Trata-se de meio de prova em que se necessita dos conhecimentos de expert nomeado pelo Juízo.

A prova pericial poderá ser substituída pela prova técnica simplificada, se o ponto controvertido for de menor complexidade, consistindo apenas na inquirição de especialista pelo juiz.

Ao nomear o perito, o juiz fixará prazo para a entrega do laudo.

Uma vez intimada, a parte terá o prazo de quinze dias para arguir o impedimento ou a suspeição do perito, indicar assistente técnico ou apresentar quesitos.

Ciente da notificação, o perito apresentará proposta de honorários, currículo com comprovação de especialização e contatos profissionais, sendo as partes intimadas, podendo manifestar-se a respeito em cinco dias.

Ultrapassado o prazo, com ou sem manifestação, o juiz arbitrará o valor, intimando-se as partes.

É admissível a apresentação de quesitos suplementares durante a diligência, que poderão ser respondidos pelo perito previamente ou na audiência de instrução e julgamento.

É admissível também que as partes escolham o perito, indicando-o mediante requerimento, desde que sejam plenamente capazes e a causa possa ser resolvida por autocomposição.

Inspeção judicial.

A inspeção judicial consiste na possibilidade de o juiz, sem intermediários, constatar determinado fato indicado na inicial ou na contestação.

Assim, o juiz, de ofício ou a requerimento da parte, poderá, em qualquer fase do processo, inspecionar pessoas ou coisas, com a finalidade de esclarecer sobre fato.

Realizada a inspeção, será lavrado auto circunstanciado.

9. DA SENTENÇA E DA COISA JULGADA

Quanto à espécie de tutela jurisdicional concedida à parte, tem-se que as sentenças podem ser declaratórias, constitutivas e condenatórias. Para os adeptos da teoria quinária da ação, também podem ser mandamentais e executivas lato sensu.

- Sentença declaratória: tem a finalidade de declarar a existência, a inexistência ou o modo de ser de uma relação jurídica. De se lembrar que toda sentença possui uma carga declaratória, mas há algumas em que isso prevalece. A improcedência de qualquer pedido gera uma sentença declaratória.

- Sentença condenatória: neste pronunciado, será certificado o direito da parte vencedora. Por meio dela, verifica-se a existência do direito e impõe o seu cumprimento.

- Sentença constitutiva: por meio dela, o pronunciamento criará, modificará ou extinguirá um estado ou uma relação jurídica. Exemplo: sentença de divórcio.

É possível que uma sentença encampe uma multiplicidade de efeitos. Poderá ter predominância em relação a um dos efeitos, mas imponha também outro.

- Sentenças mandamental e executiva *lato sensu* para aqueles que defendem a sua existência, tem-se que na primeira haverá a imposição de uma ordem, de um mandamento, a ser cumprido pelo próprio obrigado. Diferentemente, na executiva lato sensu, impõe-se uma ordem que será cumprida independentemente da vontade daquele que tem o dever de fazê-lo. Exemplo: mandado de reintegração de posse. A ordem será cumprida ainda que o ocupante não concorde ou não o permita.

Os pronunciamentos do juiz em que houve ou não a resolução do mérito já foram analisados anteriormente, quando do estudo dos pronunciamentos judiciais.

A sentença possui uma estrutura orgânica, devendo ser composta pelo relatório, pelos fundamentos e pelo dispositivo.

- Relatório: conterá os nomes das partes, a identificação do caso, com a suma do pedido e da contestação, e o registro das principais ocorrências havidas no andamento do processo;

- Fundamentação: por meio dos fundamentos o juiz analisará as questões de fato e de direito;

- Dispositivo: o juiz resolverá as questões principais que as partes lhe submeterem.

Em observância ao princípio da fundamentação analítica, não será considerada fundamentada qualquer decisão judicial, seja ela interlocutória, sentença ou acórdão, que: I – se limitar à indicação, à reprodução ou à paráfrase de ato normativo, sem explicar sua relação com a causa ou a questão decidida; II – empregar conceitos jurídicos indeterminados, sem explicar o motivo concreto de sua incidência no caso; III – invocar motivos que se prestariam a justificar qualquer outra decisão; IV – não enfrentar todos os argumentos deduzidos no processo capazes de, em tese, infirmar a conclusão adotada pelo julgador; V – se limitar a invocar precedente ou enunciado de súmula, sem identificar seus fundamentos determinantes nem demonstrar que o caso sob julgamento se ajusta àqueles fundamentos; VI – deixar de seguir enunciado de súmula, jurisprudência ou precedente invocado pela parte, sem demonstrar a existência de distinção no caso em julgamento ou a superação do entendimento.

Podem ser apontados os seguintes efeitos da sentença em que ocorra a análise de mérito:

i) colocar fim à fase cognitiva e na execução;

ii) a sentença que impuser obrigação se constituirá em título executivo judicial;

iii) a hipoteca judiciária, como previsto no art. 495: "a decisão que condenar o réu ao pagamento de prestação consistente em dinheiro e a que determinar a conversão de prestação de fazer, de não fazer ou de dar coisa em prestação pecuniária valerão como título constitutivo de hipoteca judiciária". Por isso, a decisão (pode ser sentença ou mesmo decisão interlocutória de mérito) produzirá hipoteca judiciária: a) ainda que a condenação seja genérica, exigindo futura liquidação; b) ainda que submetida a cumprimento provisório apenas; c) ainda que impugnada com recurso com efeito suspensivo.

A possibilidade de interposição de recurso com efeito suspensivo não retira a possibilidade da hipoteca judiciária.

A hipoteca judiciária, uma vez constituída, implicará, para o credor hipotecário, o direito de preferência, quanto ao pagamento, em relação a outros credores, observada a prioridade no registro. Responderá a parte de forma objetiva (sem necessidade de demonstração de dolo ou culpa) pelos prejuízos causados se acaso houver reforma ou invalidação da decisão que impôs o pagamento de quantia. Os danos serão apurados no próprio processo, onde também serão executados.

A hipoteca judiciária constitui efeito secundário da sentença.

Constitui a publicação o ato de tornar pública a sentença. Trata-se da entrega do pronunciamento ao escrivão. A partir de então, o magistrado somente poderá alterar a sentença para corrigir-lhe, de ofício ou a requerimento da parte, inexatidões materiais ou erros de cálculo ou por meio dos embargos de declaração.

Para a correção de inexatidões materiais ou erros de cálculo, como foi dito, a correção poderá se dar de ofício, a qualquer tempo.

Tem os embargos declaratórios natureza mista, na medida em que se constituem em recursos, mas também em meio de correção e integração da sentença.

Uma vez publicada a sentença (tornada pública), providenciará o escrivão (e os demais agentes – auxiliares da justiça) a intimação das partes, seguindo-se as regras gerais para tanto.

O juiz estará atrelado ao pedido apresentado pela parte, por força do princípio da inércia. Estará adstrito ao que foi requerido pelo demandante. A essa adstrição correspondente o princípio da congruência, da correlação ou da adstrição.

VÍCIOS DA INOBSERVÂNCIA DO PRINCÍPIO DA ADSTRIÇÃO NA SENTENÇA		
ULTRA PETITA	*EXTRA PETITA*	*CITRA PETITA*
Vai além do pedido. Exemplo: o autor pede a condenação do réu em R$ 100,00 e o juiz defere R$ 200,00.	O magistrado defere pedido diverso do que foi requerido.	A sentença não analisa todos os pedidos apresentados.

Coisa julgada

Quer seja por ter decorrido o prazo para interposição de recursos, quer seja porque houve o esgotamento das vias recursais possíveis, a sentença passa a conter uma qualidade especial, da *res judicata*, garantia constitucional (art. 5º, XXXVI, CF), que impede a discussão eterna da questão, propiciando segurança jurídica. É gerada, assim, a imutabilidade da sentença.

A coisa julgada, no entanto, não é uma garantia absoluta, devendo conviver com outras garantias e bens jurídicos de igual importância. Sendo assim, muito embora presente a coisa julgada, a lei permite, em casos excepcionais, a rescisão de tal qualidade, por meio da ação rescisória, apta a ser ajuizada nos casos mencionados no art. 966, do Código de Processo Civil.

O estudo do regime jurídico da coisa julgada compreende a análise de seus limites objetivos, limites subjetivos e também de seu modo de produção.

a) Limites objetivos: verifica-se o que é atingido pela coisa julgada material, se toda a sentença, ou se parte dela.

Como sabido, a sentença é constituída por três elementos essenciais: o relatório, a fundamentação e a parte dispositiva (dispositivo), mas somente a última é atingida pela coisa julgada, excluindo-se os motivos, ainda que importantes para determinar o alcance da parte dispositiva da sentença, assim como também a verdade dos fatos, estabelecida como fundamento da sentença.

A questão prejudicial, decidida incidentalmente no processo, também não fará coisa julgada material. Trata-se de antecedente lógico da sentença e, por isso, não abrangida pela coisa julgada, salvo em relação à hipótese analisada mais adiante. O Código de Processo Civil atual permite o ajuizamento de ação autônoma para arbitramento e cobrança de honorários advocatícios sucumbenciais não fixados em sentença, o que antes era incabível, por força de precedentes do STJ (Súmulas 453 e 456 e Temas 222 e 506).

b) Limites subjetivos: nesse ponto, verifica-se quem será atingido pela coisa julgada formada.

Em um primeiro momento, a coisa julgada estará adstrita às partes do processo e, por isso, é denominada de inter-partes.

Contudo, admitem-se exceções.

Na primeira, verifica-se a coisa julgada ultra partes, que vai além das partes do processo, para atingir também determinados terceiros. É o que ocorre nos casos de substituição processual, em que o substituído, apesar de não ter participado do processo, terá sua esfera jurídica atingida.

Outra exceção é a coisa julgada erga omnes, que atingirá a todos os jurisdicionados, sendo eles partes ou não. A ação de usucapião é um exemplo, assim como a procedência da ação civil pública para a tutela de interesses difusos.

c) Quanto ao modo de produção: de acordo com esse critério, a coisa julgada será pro et contra, *secundum eventum litis* e *secundum eventum probationis*.

Em regra, a coisa julgada forma-se independentemente do resultado do processo. Sendo o pedido procedente ou improcedente, havendo ou não o esgotamento das provas, haverá a coisa julgada.

Portanto, se o autor propuser a sua demanda e o magistrado julgá-la improcedente em decorrência da ausência de comprovação dos fatos apresentados na inicial, ainda assim, será formada a coisa julgada.

Nesse contexto, surgem as técnicas que se passa a expor.

Haverá a coisa julgada *secundum eventum litis* (segundo o resultado do processo), em casos específicos e previstos em lei. Assim, na procedência da ação civil pública em que se busca a tutela de interesses difusos, poderão as vítimas buscar, individualmente, a liquidação do julgado.

Já a coisa julgada *secundum eventum probationis* (segundo a prova produzida) existirá quando houver o esgotamento das provas. Assim, se a ação popular, por exemplo, for julgada improcedente, porém, sem o esgotamento das provas, admite-se a nova ação sobre a mesma matéria. Note-se que se trata de exceção à regra.

A coisa julgada abrangerá apenas a questão principal. Porém, de acordo com o CPC/2015, poderá abranger também a questão prejudicial, desde que seja decidida expressa e incidentalmente no processo, observando-se os incisos do § 1º do art. 503 (independentemente de ação declaratória incidental, abolida no CPC de 2015).

Se houver conflito entre coisas julgadas, qual delas prevalecerá?

Existindo conflito entre coisas julgadas, prevalecerá a forma da em segundo lugar, enquanto não desconstituída mediante ação rescisória. Contudo, a regra tem uma exceção: se a execução da primeira já se iniciou ou foi concluída.

REGRA: havendo conflito de coisas julgadas, prevalecerá a que transitar em julgado em segundo lugar.
EXCEÇÃO: prevalecerá a primeira, contudo, se a execução desta já se iniciou ou foi concluída.

Os Pronunciamentos Ilíquidos que Reconhecem a Existência de Obrigação

O pronunciamento jurisdicional que reconhece a existência de obrigação e impõe o seu cumprimento, como regra, deverá indicar a sua extensão, o índice de correção monetária, a taxa de juros, o termo inicial de ambos e a periodicidade da capitalização dos juros, se for o caso.

A liquidação poderá ser iniciada apesar de estar pendente de julgamento o recurso interposto para impugnar o pronunciamento judicial, ainda que tenha efeito suspensivo.

Trata-se da liquidação provisória, que será processada em autos apartados, em que o credor busca adiantar-se. Poderia aguardar o julgamento do recurso, mas prefere já buscar delimitar o valor devido.

Não havendo modificação da decisão em execução, será iniciada a fase de cumprimento de sentença, bastando ao credor atualizar os cálculos. De outro lado, se houver modificação do pronunciamento, o valor da obrigação deverá ser ajustado ao novo desenho traçado com o julgamento do recurso.

Concomitantes liquidação e cumprimento de sentença em relação ao mesmo título

É possível que o mesmo título executivo judicial contenha uma parte líquida, permitindo-se o cumprimento de sentença imediato, e outra parte ilíquida, a exigir a devida apuração do valor. Nesse caso, poderá o credor, de imediato, iniciar a fase de cumprimento, em relação à primeira, e promover a liquidação no que tange à segunda.

Apuração do Valor Dependente de Cálculos Aritméticos

Não carecerá de liquidação o cumprimento de pronunciamento que reconheça obrigação, cujo montante poderá ser delimitado com a apresentação de cálculos aritméticos.

Tais cálculos deverão ser apresentados pelo credor ao requerer o início da fase de cumprimento de sentença, observando-se estritamente o que foi fixado no título judicial, sendo vedado discutir de novo a lide ou modificar a sentença que a julgou.

A propósito, o Superior Tribunal de Justiça admite a utilização da ação rescisória para rescindir a sentença que homologa a liquidação, se esta não respeitar a coisa julgada.[2]

Liquidação Incidental e Autônoma.

Inicialmente, deve ser lembrado que o Código de Processo Civil adota a ideia do processo sincrético.

Nesse contexto, insere-se a liquidação como integrante de tal processo, uma fase específica para a delimitação do valor da obrigação.

Existem outras situações em que a liquidação não ocorre como fase no processo sincrético. Em verdade, o processo se inicia com a própria liquidação (incisos VI a IX, do art. 515 do CPC/2015), quando o devedor será citado no juízo cível para o cumprimento da sentença ou para a liquidação no prazo de 15 dias.

E assim ocorre nas seguintes hipóteses: a) sentença penal condenatória transitada em julgado; b) sentença arbitral; c) sentença estrangeira homologada pelo Superior Tribunal de Justiça; e, d) decisão interlocutória estrangeira, após a concessão do exequatur à carta rogatória pelo STJ.

A sentença penal condenatória transitada em julgado configura-se como título executivo judicial apto à execução. Porém, em regra, a sentença circunscreve-se à condenação do réu pela prática criminosa, bem como na fixação da pena a ser cumprida.

É certo que Código de Processo Penal determina que o juiz fixe, sempre que possível, o valor da reparação devida em razão da prática delituosa. Contudo, tal valor configura-se em um mínimo, e nada impede que a parte busque, em processo autônomo, a complementação. Na maioria dos casos, simplesmente não há essa fixação de valor, porque o juiz, no processo penal, não possui elementos suficientes para a sua fixação.

Diante disso, compete à vítima ingressar no juízo cível e buscar executar o título executivo, passando, antes, pela liquidação da obrigação.

Dessa maneira, como a liquidação não se processará perante o juízo criminal, haverá necessidade da formação de nova relação processual, que tramitará no juízo cível competente para a execução.

Também enseja a liquidação autônoma a sentença arbitral, aquela decorrente da convenção de arbitragem, desde que, obviamente, não tenha sido fixado o objeto devido, o mesmo ocorrendo com os casos que exigem homologação pelo STJ.

Note-se que, neste caso, não houve anterior processo civil de conhecimento em trâmite no Poder Judiciário brasileiro, exigindo-se o início de uma ação para a apuração do valor, na qual, posteriormente, correrá o cumprimento de sentença.

Cumprimento das sentenças

A intimação do devedor se dará:

I – pelo Diário da Justiça, na pessoa de seu advogado constituído nos autos, salvo se o requerimento de início da fase de execução ocorrer após um ano do trânsito em julgado, quando a intimação será realizada na pessoa do devedor;

Como regra, o devedor será intimado na pessoa de seu advogado, que o representou na fase de conhecimento ou que ingressou nos autos posteriormente. Porém, se já transcorrido prazo de um ano do trânsito em julgado, a intimação será realizada diretamente na pessoa do devedor e não mais do advogado.

II – por carta com aviso de recebimento, quando representado pela Defensoria Pública ou quando não tiver procurador constituído nos autos, ressalvada a hipótese do inciso IV;

Se o devedor será intimado por meio de carta com aviso de recebimento e não na pessoa do Defensor Público.

III – por meio eletrônico, quando, no caso do § 1º do art. 246, não tiver procurador constituído nos autos;

IV – por edital, quando, citado na forma do art. 256, tiver sido revel na fase de conhecimento.

Tendo sido o réu revel na fase de conhecimento, o devedor será intimado por edital na fase de execução.

IMPORTANTE!

Em razão do constante no art. 513, § 2º, CPC, resta prejudicada a Súmula 410 do Superior Tribunal de Justiça, apesar de ainda não ter sido cancelada.

Com efeito, tendo advogado constituído nos autos, não haverá necessidade de intimação pessoal do executado.

IMPORTANTE!

Sendo o réu citado por edital e não tendo constituído advogado na fase de conhecimento, deverá haver intimação por edital do executado.

Se o devedor mudar de endereço sem prévia comunicação ao juízo, considera-se realizada a intimação.

2. REsp 1513261/RS, Rel. Ministro PAULO DE TARSO SANSEVERINO, TERCEIRA TURMA, julgado em 22/09/2015, DJe 28/09/2015.

De toda forma, se já transcorrido o prazo de um ano do trânsito em julgado da sentença, a intimação será feita na pessoa do devedor, por meio de carta com aviso de recebimento.

Como ficou, então?

a) o executado precisa ser intimado, na pessoa de seu advogado, havendo procurador constituído nos autos;

b) se antes citado por edital, não tendo procurador constituído nos autos (ainda que tenha curador especial), deverá ser intimado por edital;

c) ultrapassado o prazo de um ano do trânsito em julgado, a intimação deverá feita na pessoa do devedor, por meio de carga com aviso de recebimento.

Competência para a fase de cumprimento de sentença

O cumprimento da sentença efetuar-se-á perante:

I – os tribunais, nas causas de sua competência originária;

II – o juízo que decidiu a causa no primeiro grau de jurisdição;

III – o juízo cível competente, quando se tratar de sentença penal condenatória, de sentença arbitral, de sentença estrangeira ou de acórdão proferido pelo Tribunal Marítimo.

Nas hipóteses dos incisos II e III, o exequente poderá optar pelo juízo do atual domicílio do executado, pelo juízo do local onde se encontrem os bens sujeitos à execução ou pelo juízo do local onde deva ser executada a obrigação de fazer ou de não fazer, casos em que a remessa dos autos do processo será solicitada ao juízo de origem.

Em razão da nova natureza do protesto de títulos, não só possível para a comprovação da mora, mas também como meio extrajudicial apto a compelir o devedor a cumprir a obrigação, veio o art. 517 do CPC permitir que a decisão transitada em julgado poderá ser levada a protesto, nos termos da lei, depois de transcorrido o prazo para pagamento voluntário da obrigação.

Todas as questões relativas à validade do procedimento de cumprimento da sentença e dos atos executivos subsequentes poderão ser arguidas pelo executado nos próprios autos e nestes serão decididas pelo juiz.

As questões relativas a fato superveniente ao término do prazo para apresentação da impugnação, assim como aquelas relativas à validade e à adequação da penhora, da avaliação e dos atos executivos subsequentes, podem ser arguidas por simples petição, tendo o executado, em qualquer dos casos, o prazo de 15 (quinze) dias para formular esta arguição, contado da comprovada ciência do fato ou da intimação do ato.

O cumprimento da sentença que reconhece a exigibilidade de obrigação de pagar quantia certa poderá ser provisório ou definitivo, atentando-se ao seguinte esquema:

> Cumprimento provisório: se não ocorreu o trânsito em julgado da sentença e pende de julgamento recurso que possui apenas efeito devolutivo.
>
> Cumprimento definitivo: se a sentença já transitou em julgado.

O cumprimento de sentença provisório será realizado da mesma forma que o cumprimento definitivo, sujeitando-se ao seguinte regime:

I – corre por iniciativa e responsabilidade do exequente (responsabilidade objetiva);

II – fica sem efeito, sobrevindo decisão que modifique ou anule a sentença objeto da execução, restituindo-se as partes ao estado anterior e liquidando-se eventuais prejuízos nos mesmos autos;

III – se a sentença objeto de cumprimento provisório for modificada ou anulada apenas em parte, somente nesta ficará sem efeito a execução; IV – o levantamento de depósito em dinheiro e a prática de atos que importem transferência de posse ou alienação de propriedade ou de outro direito real, ou dos quais possa resultar grave dano ao executado, dependem de caução suficiente e idônea, arbitrada de plano pelo juiz e prestada nos próprios autos. Esta caução, contudo, poderá ser dispensada nos casos em que: i) o crédito for de natureza alimentar, independentemente de sua origem; ii) o credor demonstrar situação de necessidade; iii) pender o agravo de despacho denegatório de recurso extraordinário ou de recurso especial; iv) a sentença a ser provisoriamente cumprida estiver em consonância com súmula da jurisprudência do STF ou do STJ ou em conformidade com acórdão proferido no julgamento de casos repetitivos.

Ainda que ocorra uma das situações em que a caução está dispensada, a garantia será mantida se por conta da dispensa possa resultar manifesto risco de grave dano de difícil ou incerta reparação.

Deverá o credor requerer o cumprimento de sentença por meio de petição dirigida ao juízo competente, instruindo-se a petição com as seguintes peças do processo, cuja autenticidade poderá ser certificada pelo próprio advogado, sob pena de sua responsabilidade pessoal: I – decisão exequenda; II – certidão de interposição do recurso não dotado de efeito suspensivo; III – procurações outorgadas pelas partes; IV – decisão de habilitação, se for o caso; V – facultativamente, outras peças processuais consideradas necessárias para demonstrar a existência do crédito.

10. PROCEDIMENTOS ESPECIAIS DE JURISDIÇÃO CONTENCIOSA E VOLUNTÁRIA

Consignação de Pagamento

Finalidade:

Tem a ação de consignação em pagamento a finalidade de proporcionar ao devedor ou a terceiro liberar-se de determinada obrigação de pagar ou de entregar coisa. Para tanto, deverá depositar o respectivo valor ou coisa e pleitear que seja proferida sentença de natureza declaratória, pela qual o juiz declara extinta a obrigação.

Efeito interruptivo da prescrição:

O ajuizamento da ação consignatória importará na interrupção da prescrição da respectiva ação de cobrança, pois acarreta o reconhecimento inequívoco, por parte do devedor, do direito do credor em relação às prestações consignadas.

Consignação extrajudicial:

Permite o CPC de 2015 que, tratando-se de obrigação em dinheiro, poderá o valor ser depositado em estabelecimento bancário, oficial onde houver, situado no lugar do pagamento, cientificando-se o credor por carta com aviso de recebimento, assinado o prazo de dez dias para a manifestação de recusa.

Atenção!

A consignação extrajudicial somente tem cabimento para depósito de dinheiro e não é obrigatória.

Procedimento da Consignação Extrajudicial:

Notificado o credor, aguarda-se pelo prazo de dez dias, contado do retorno do aviso de recebimento. Decorrido o prazo, sem manifestação de recusa, estará o devedor liberado da obrigação, permanecendo o valor à disposição do credor. De outro lado, havendo manifestação de recusa, que deverá ser por escrito, poderá ser proposta ação de consignação, no prazo de um mês, instruindo-se a inicial com a prova do depósito e da recusa.

Ajuizada a ação, deverá o autor comprovar o ajuizamento à instituição financeira, para que a correção monetária tenha índice diverso. Com efeito, os depósitos extrajudiciais são atualizados pela TR, ao passo que os judiciais seguem as regras da caderneta de poupança (art. 6º, parágrafo único, da Resolução n. 2.814 do Bacen). Se não ajuizada a ação no prazo de um mês, ficará sem efeito o depósito, podendo levantar o valor o depositante.

Embora a Lei de Locações não faça qualquer previsão a respeito da consignação extrajudicial, prevaleceu a tese segundo a qual poderá ser buscada a liberação do cumprimento da obrigação por esse meio.[3]

Procedimento da ação consignatória:

A ação consignatória deverá ser ajuizada no lugar do pagamento, consoante preveem os artigos 540 CPC/2015 e art. 337 do Código Civil. Tratando-se, de outro lado, de consignação de alugueres, será competente o foro da situação da coisa.

Informativo n. 543 do STJ: competirá ao foro do local em que situado o imóvel o julgamento de ação consignatória e de ação de rescisão de contrato cumulada com retificação de escritura pública, reunidas para julgamento conjunto por conexão.

Sentença na ação consignatória:

Dessa forma, a sentença: i) ou reconhecerá que o depósito inicial é suficiente, liberando-se o devedor (sentença declaratória), condenando-se o réu ao pagamento de custas e honorários advocatícios; ii) ou reconhecerá que o depósito não é integral e condenará o autor ao pagamento do valor restante, formando-se título executivo judicial, com possibilidade de exigir-se o cumprimento da obrigação nos próprios autos (cumprimento de sentença).

Consignatória: ação de natureza dúplice.

Consoante o § 2º do art. 545 do CPC, a consignatória é ação de natureza dúplice. Portanto, tendo sido apurada a diferença entre o valor efetivamente devido e o consignado, o juízo proferirá sentença condenatória, cujo cumprimento poderá ser exigido nos próprios autos. Assim, tal condenação independerá de reconvenção. No entanto, será possível a reconvenção para que se determine o despejo. Por isso, poderá o réu, na sua própria contestação, como determina o CPC, além de alegar as matérias de defesa, pugnar também pelo decreto de despejo do autor.

Consignatória: dúvida quanto ao titular do crédito.

Como regra, o autor formula o seu pedido e espera que o mesmo seja acolhido para acertamento da situação subjetiva ligada a um réu específico. Porém, existem situações em que o autor pode apresentar o pedido e deixar que o juiz escolha em face de qual dos litisconsortes passivos ele será acolhido.

A consignatória, nesse passo, poderá ser ajuizada em face de possíveis titulares do crédito, pois há dúvida de quem tem legitimidade para receber o pagamento.

Em tal caso, se, uma vez citados, não comparecer pretendente algum, converter-se-á o depósito em arrecadação de coisas vagas. De outro lado, comparecendo apenas um, o juiz decidirá de plano. E, por fim, comparecendo mais de um, o magistrado poderá declarar efetuado o depósito e extinta a obrigação, continuando o processo a correr unicamente entre os presuntivos credores, segundo o procedimento comum.

Atenção para a alteração jurisprudencial

3. LOCAÇÃO. ALUGUÉIS. CONSIGNAÇÃO EXTRAJUDICIAL. CREDOR. NOTIFICAÇÃO. PESSOAL. I- O depósito extrajudicial dos aluguéis tem o efeito de desonerar o locatário da obrigação. II - É necessário que o locatário comprove o efetivo conhecimento do depósito pelo locador, o que se perfaz com a notificação pessoal deste. Interpretação sistemática do §1º do art. 890 com o art. 223, parágrafo único do CPC. Recurso especial desprovido. (REsp 618.295/DF, Rel. Ministro FELIX FISCHER, QUINTA TURMA, julgado em 06/06/2006, DJ 01/08/2006, p. 514).

Tema Repetitivo 967 – STJ.

Em ação consignatória, a insuficiência do depósito realizado pelo devedor conduz ao julgamento de improcedência do pedido, pois o pagamento parcial da dívida não extingue o vínculo obrigacional.

Ação de Exigir Contas

O autor, em sua petição inicial, deverá especificar as razões pelas quais exige as contas, instruindo-a com documentos comprobatórios dessa necessidade.

O réu será citado e, no prazo de quinze dias, poderá prestar as contas ou contestar o pedido. O exercício de uma das opções, automaticamente, exclui a outra, por conta da preclusão lógica.

Prestadas as contas, o autor terá quinze dias para se manifestar, competindo-lhe, se o caso, impugná-las de forma precisa, seguindo-se a produção das provas.

Poderá o réu, no entanto, contestar o dever de prestar as contas, o que será objeto de análise pelo magistrado.

Ações Possessórias

Em relação às ações possessórias, o CPC prevê a aplicabilidade do princípio da fungibilidade, de modo que a propositura de uma ação possessória em vez de outra não obsta a que o juiz defira a proteção necessária.

Dessa maneira, se ajuizada ação com pedido de interdito proibitório, porém, já verificado que houve o esbulho, deverá ser deferida a medida que conferir a tutela necessária – reintegração de posse.

A depender da proteção necessária, admite-se três tipos diferentes de ações possessórias: i) o interdito proibitório – que tem finalidade preventiva, em razão ser iminente a invasão; ii) a reintegração de posse – que pressupõe a perda total da posse (esbulho); iii) a manutenção de posse – que pressupõe a inexistência de privação integral.

Inventário e partilha

Como consequência do princípio da *saisine*, com a morte, os bens do falecido serão imediatamente transmitidos aos sucessores, o que ocorre de forma universal, sem que haja devida divisão entre os herdeiros.

E para que haja a devida divisão entre os herdeiros será possível que estes, sendo todos capazes, havendo concordância com os termos da partilha, assistidos por advogado ou defensor público e não sendo caso de cumprimento de testamento, poderão valer-se de escritura pública de inventário, ou, então podem ajuizar a respectiva ação de inventário.

Arrolamento litigioso ou inventário e partilha: se houver divergência entre os sucessores em relação ao inventário e a partilha.

Arrolamento sumário: procedimento de jurisdição voluntária, sendo todos os herdeiros capazes e havendo concordância quanto à partilha.

> A homologação da partilha no procedimento sumário não pressupõe o atendimento das obrigações tributárias principais e tampouco acessórias relativas ao imposto sobre transmissão *causa mortis* (REsp 1.751.332-DF).

Arrolamento comum: se o total da herança for igual ou inferior a mil salários mínimos, ainda que haja discordância e também interesses de incapazes.

Embargos de terceiro

Os embargos de terceiro constituem-se em procedimento de jurisdição contenciosa por meio do qual se busca desfazer a constrição judicial que se entende indevida, já realizada ou na iminência de ser.

> **ATENÇÃO!**
>
> Em relação ao prazo para o ajuizamento dos embargos, há de se observar duas regras:
>
> a) Regra geral: antes do trânsito em julgado se a constrição ocorrer na fase de conhecimento, ou em cinco dias contados da adjudicação, da arrematação ou da alienação.
>
> b) Regra especial: se os embargos se justificarem na declaração de ineficácia proferida em razão de reconhecida fraude à execução, o prazo será de quinze dias, a partir de sua intimação.

> **Atualização jurisprudencial**
>
> A nulidade do negócio jurídico simulado pode ser reconhecida no julgamento de embargos de terceiro
>
> (REsp 1.927.496-SP).

Habilitação

Havendo o falecimento de qualquer das partes, o juiz suspenderá o processo, a fim de que os interessados possam sucedê-lo no processo.

Terá a habilitação a natureza de procedimento especial, embora existam dois procedimentos distintos para o seu processamento.

A regra da habilitação no CPC/2015 é a de que o seu processamento ocorrerá nos próprios autos principais. E assim será sempre requerida. Porém, verificando-se a necessidade de dilação probatória diversa da documental, determinará que o pedido seja autuado em apartado e disporá sobre a instrução.

> **ATENÇÃO!**
>
> Regra da habilitação: processamento nos próprios autos principais.
>
> Exceção: será autuada em apartado, se houver necessidade de dilação probatória diversa da documental.

Ação monitória

Por meio de tal ação, aquele que se afirmar, com base em prova escrita sem eficácia de título executivo, ter direito de exigir do devedor capaz: i) o pagamento de quantia em dinheiro; ii) a entrega de coisa fungível ou infungível ou de bem móvel ou imóvel; iii) o adimplemento de obrigação de fazer ou de não fazer.

Foi equiparada à prova escrita sem eficácia de título executivo a prova escrita documentada em ação de produção antecipada de prova.

Restauração de Autos

Os autos constituem-se no **registro**, para fins de consulta, **dos vários atos praticados no processo**. Este registro pode ser feito por meio físico, em papel, ou por meio eletrônico, nos termos das diretrizes lançadas pela Lei n. 11.419/2006, bem como pelo que é determinado pelo Código de Processo Civil.

Há interesse público na integridade dos autos e a sua guarda e responsabilidade compete ao escrivão ou chefe de secretaria (art. 152, IV CPC) que, em relação aos autos físicos, não permitirá que saiam do cartório, salvo: a) quando tenham de seguir à conclusão do juiz; b) com vista a procurador, à Defensoria Pública, ao Ministério Público ou à Fazenda Pública; c) quando devam ser remetidos ao contabilista ou ao partidor; e, d) quando forem remetidos a outro juízo em razão da modificação da competência.

Procedimentos de Jurisdição Voluntária

Natureza Jurídica

A jurisdição voluntária consiste na administração pública de negócios privados. Em razão da importância destes, há necessidade da chancela judicial, do controle pelo juiz, tal como ocorre, por exemplo, com a alienação de bem pertencente a incapazes.

Ações processadas de acordo com as regras do Procedimento de Jurisdição Voluntária

O art. 725 do CPC elenca, exemplificativamente, os procedimentos que se processão pelo procedimento de jurisdição voluntária. São eles:

Emancipação: se o adolescente estiver sob tutela ou houver divergência entre os seus genitores, a emancipação deverá ser requerida por meio judicial.

Sub-rogação: considerando-se a existência de cláusula de inalienabilidade e a necessidade de liberação de um bem para que tal ônus passa a incidir sobre outro, deverá ser requerida a sub-rogação.

Alienação, arrendamento ou oneração de bens de crianças ou adolescentes, de órgãos e de interditos: a venda de bens de incapazes, ou de interditados, somente produzirá efeitos se requerida no âmbito judicial;

Alienação de quinhão de coisa comum: embora esteja elencada entre as hipóteses de jurisdição voluntária, na verdade seria de jurisdição contenciosa, à vista da discordância existente;

Extinção do usufruto, quando não decorrer da morte do usufrutuário, do termo de sua duração ou da consolidação, e de fideicomisso, quando decorrer de renúncia ou quando ocorrer antes do evento que caracterizar a condição resolutória: havendo a necessidade de extinção do usufruto ou do fideicomisso, deverá a parte indicar ao juiz os motivos para tanto, que serão avaliados;

Expedição de alvará judicial: o alvará judicial consistirá na autorização judicial para a prática de um ato, como, por exemplo, para que o interessado, que não o proprietário, possa promover a regularização de um imóvel junto ao cadastro do Município;

Homologação de autocomposição extrajudicial, de qualquer natureza ou valor: consiste na chancela judicial à composição levada a cabo pelas partes.

Notificação, Interpelação e do Protesto

A notificação e a interpelação são procedimentos que têm como finalidade precípua a documentação. O juízo não analisará o mérito e nem proferirá pronunciamento que o finalize. Poderá ser utilizada, por exemplo, para a interrupção da prescrição.

Por isso, quem tiver interesse em manifestar formalmente sua vontade a outra pessoa poderá notificar pessoas participantes da mesma relação jurídica para dar-lhes ciência de seu propósito.

Admite-se, também, que o interessado interpele o requerido, para que faça ou deixe de fazer alguma coisa.

Deferida a realização da notificação ou interpelação, os autos serão entregues ao requerente.

Alienação Judicial

Nos casos expressos em lei, não havendo acordo entre os interessados sobre o modo como se deve realizar a alienação do bem, o juiz, de ofício ou a requerimento dos interessados ou do depositário, mandará aliená-lo em leilão.

Separação, divórcio e alteração de regime de bens

A homologação do divórcio ou da separação consensuais, observados os requisitos legais, poderá ser requerida em petição assinada por ambos os cônjuges, da qual constarão: I – as disposições relativas à descrição e à partilha dos bens comuns; II – as disposições relativas à pensão alimentícia entre os cônjuges; III – o acordo relativo à guarda dos filhos incapazes e ao regime de visitas; e IV – o valor da contribuição para criar e educar os filhos.

Se os cônjuges não acordarem sobre a partilha dos bens, far-se-á esta depois de homologado o divórcio.

Estas regras aplicam-se, no que couber, ao processo de homologação da extinção consensual de união estável.

O divórcio consensual, a separação consensual e a extinção consensual de união estável, não havendo nascituro ou filhos incapazes e observados os requisitos legais, poderão ser realizados por escritura pública.

O tabelião somente lavrará a escritura se os interessados estiverem assistidos por advogado ou por defensor público, cuja qualificação e assinatura constarão do ato notarial.

A alteração do regime de bens do casamento, observados os requisitos legais, poderá ser requerida, motivadamente, em petição assinada por ambos os cônjuges, na qual serão expostas as razões que justificam a alteração, ressalvados os direitos de terceiros.

Ao receber a petição inicial, o juiz determinará a intimação do Ministério Público e a publicação de edital que divulgue a pretendida alteração de bens, somente podendo decidir depois de decorrido o prazo de 30 (trinta) dias da publicação do edital.

Os cônjuges, na petição inicial ou em petição avulsa, podem propor ao juiz meio alternativo de divulgação da alteração do regime de bens, a fim de resguardar direitos de terceiros.

Após o trânsito em julgado da sentença, serão expedidos mandados de averbação aos cartórios de registro civil e de imóveis e, caso qualquer dos cônjuges seja empresário, ao Registro Público de Empresas Mercantis e Atividades Afins.

Testamentos e dos codicilos

Recebendo testamento cerrado, o juiz, se não achar vício externo que o torne suspeito de nulidade ou falsidade, o abrirá e mandará que o escrivão o leia em presença do apresentante.

Do termo de abertura constarão o nome do apresentante e como ele obteve o testamento, a data e o lugar do falecimento do testador, com as respectivas provas, e qualquer circunstância digna de nota.

Depois de ouvido o Ministério Público, não havendo dúvidas a serem esclarecidas, o juiz mandará registrar, arquivar e cumprir o testamento.

Feito o registro, será intimado o testamenteiro para assinar o termo da testamentária.

Se não houver testamenteiro nomeado ou se ele estiver ausente ou não aceitar o encargo, o juiz nomeará testamenteiro dativo, observando-se a preferência legal.

O testamenteiro deverá cumprir as disposições testamentárias e prestar contas em juízo do que recebeu e despendeu.

Qualquer interessado, exibindo o traslado ou a certidão de testamento público, poderá requerer ao juiz que ordene o seu cumprimento.

Herança jacente

Nos casos em que a lei considere jacente a herança, o juiz em cuja comarca tiver domicílio o falecido procederá imediatamente à arrecadação dos respectivos bens.

A herança jacente ficará sob a guarda, a conservação e a administração de um curador até a respectiva entrega ao sucessor legalmente habilitado ou até a declaração de vacância.

Terminada a arrecadação, o juiz mandará expedir edital, que será publicado na rede mundial de computadores, no sítio do tribunal a que estiver vinculado o juízo e na plataforma de editais do Conselho Nacional de Justiça, onde permanecerá por 3 (três) meses, ou, não havendo sítio, no órgão oficial e na imprensa da comarca, por 3 (três) vezes com intervalos de 1 (um) mês, para que os sucessores do falecido venham a habilitar-se no prazo de 6 (seis) meses contado da primeira publicação.

Verificada a existência de sucessor ou de testamenteiro em lugar certo, far-se-á a sua citação, sem prejuízo do edital.

Quando o falecido for estrangeiro, será também comunicado o fato à autoridade consular.

Julgada a habilitação do herdeiro, reconhecida a qualidade do testamenteiro ou provada a identidade do cônjuge ou companheiro, a arrecadação converter-se-á em inventário.

Os credores da herança poderão habilitar-se como nos inventários ou propor a ação de cobrança.

Passado 1 (um) ano da primeira publicação do edital e não havendo herdeiro habilitado nem habilitação pendente, será a herança declarada vacante. Pendendo habilitação, a vacância será declarada pela mesma sentença que a julgar improcedente, aguardando-se, no caso de serem diversas as habilitações, o julgamento da última.

Transitada em julgado a sentença que declarou a vacância, o cônjuge, o companheiro, os herdeiros e os credores só poderão reclamar o seu direito por ação direta.

Bens dos ausentes

Declarada a ausência nos casos previstos em lei, o juiz mandará arrecadar os bens do ausente e nomear-lhes-á curador.

Feita a arrecadação, o juiz mandará publicar editais na rede mundial de computadores, no sítio do tribunal a que estiver vinculado e na plataforma de editais do Conselho Nacional de Justiça, onde permanecerá por 1 (um) ano, ou, não havendo sítio, no órgão oficial e na imprensa da comarca, durante 1 (um) ano, reproduzida de 2 (dois) em 2 (dois) meses, anunciando a arrecadação e chamando o ausente a entrar na posse de seus bens. Findo o prazo previsto no edital, poderão os interessados requerer a abertura da sucessão provisória, observando-se o disposto em lei.

Das coisas vagas

Recebendo do descobridor coisa alheia perdida, o juiz mandará lavrar o respectivo auto, do qual constará a descrição do bem e as declarações do descobridor.

Recebida a coisa por autoridade policial, esta a remeterá em seguida ao juízo competente.

Depositada a coisa, o juiz mandará publicar edital na rede mundial de computadores, no sítio do tribunal a que estiver vinculado e na plataforma de editais do Conselho Nacional de Justiça ou, não havendo sítio, no órgão oficial e na imprensa da comarca, para que o dono ou o legítimo possuidor a reclame, salvo se se tratar de coisa de pequeno valor e não for possível a publicação no sítio do tribunal, caso em que o edital será apenas afixado no átrio do edifício do fórum.

Da interdição

O estudo da **curatela** deverá compreender uma análise conjuntado Código Civil, Código de Processo Civil e também do Estatuto das Pessoas com Deficiência.

Note-se que, pelo Estatuto das Pessoas com Deficiência, a pessoa com deficiência não é mais considerada um incapaz.

Estão sujeitos à **curatela** aqueles que, por causa transitória ou permanente, não puderem exprimir a sua vontade, os ébrios habituais e os viciados em tóxico, bem como os pródigos.

Reconhece-se que a curatela se constitui em medida protetiva excepcional, proporcional às necessidades e às circunstâncias de cada caso, devendo durar o menor tempo possível.

De acordo com o novo regramento, a curatela afetará tão somente os atos relacionados aos direitos de natureza patrimonial e negocial, não alcançando o direito ao próprio corpo, à sexualidade, ao matrimônio, à privacidade, à educação, à saúde, ao trabalho e ao voto.

Na nomeação de curador para a pessoa com deficiência, o juiz poderá estabelecer curatela compartilhada a mais de uma pessoa.

Admite-se, como medida preferencial à curatela, o processo de tomada de decisão apoiada.

Para formular pedido de tomada de decisão apoiada, a pessoa com deficiência e os apoiadores devem apresentar termo em que constem os limites do apoio a ser oferecido e os compromissos dos apoiadores, inclusive o prazo de vigência do acordo e o respeito à vontade, aos direitos e aos interesses da pessoa que devem apoiar.

O pedido de tomada de decisão apoiada será requerido pela pessoa a ser apoiada, com indicação expressa das pessoas aptas a prestarem o apoio previsto no *caput* deste artigo.

Antes de se pronunciar sobre o pedido de tomada de decisão apoiada, o juiz, assistido por equipe multidisciplinar, após oitiva do Ministério Público, ouvirá pessoalmente o requerente e as pessoas que lhe prestarão apoio.

A decisão tomada por pessoa apoiada terá validade e efeitos sobre terceiros, sem restrições, desde que esteja inserida nos limites do apoio acordado

Terceiro com quem a pessoa apoiada mantenha relação negocial pode solicitar que os apoiadores contra-assinem o contrato ou acordo, especificando, por escrito, sua função em relação ao apoiado.

Em caso de negócio jurídico que possa trazer risco ou prejuízo relevante, havendo divergência de opiniões entre a pessoa apoiada e um dos apoiadores, deverá o juiz, ouvido o Ministério Público, decidir sobre a questão.

A esterilização cirúrgica em pessoas absolutamente incapazes somente poderá ocorrer mediante autorização judicial (art. 10, §6º, Lei nº 9.263/1996).

A interdição pode ser promovida: I – pelo cônjuge ou companheiro; II – pelos parentes ou tutores; III – pelo representante da entidade em que se encontra abrigado o interditando; IV – pelo Ministério Público.

A legitimidade deverá ser comprovada por documentação que acompanhe a petição inicial.

Disposições comuns à Tutela e à Curatela

O tutor ou o curador será intimado a prestar compromisso no prazo de 5 (cinco) dias contado da: I – nomeação feita em conformidade com a lei; II – intimação do despacho que mandar cumprir o testamento ou o instrumento público que o houver instituído.

O tutor ou o curador poderá eximir-se do encargo apresentando escusa ao juiz no prazo de 5 (cinco) dias contado: I – antes de aceitar o encargo, da intimação para prestar compromisso; II – depois de entrar em exercício, do dia em que sobrevier o motivo da escusa.

Incumbe ao Ministério Público ou a quem tenha legítimo interesse requerer, nos casos previstos em lei, a remoção do tutor ou do curador.

O tutor ou o curador será citado para contestar a arguição no prazo de 5 (cinco) dias, findo o qual observar-se-á o procedimento comum. Em caso de extrema gravidade, o juiz poderá suspender o tutor ou o curador do exercício de suas funções, nomeando substituto interino.

11. PROCESSO DE EXECUÇÃO

O **processo de execução autônomo** é objeto do Livro II, da Parte Especial, do Novo Código de Processo Civil. As suas disposições serão aplicadas, **no que couber**, aos procedimentos especiais de execução (execução fiscal, por exemplo), aos atos executivos realizados no procedimento de cumprimento de sentença, bem como aos efeitos de atos ou fatos processuais a que a lei atribuir força executiva.

> **ATENÇÃO!**
>
> Na fase de cumprimento de sentença será possível a prática de atos executivos (penhora), bem como de atos expropriatórios (como a adjudicação, por exemplo), aos quais serão aplicadas as disposições, no que couber, do processo de execução.

Para que se admita a execução fundada em título executivo extrajudicial, a **obrigação** deve estar fundada em título líquido, certo e exigível.

Liquidez: tem-se a obrigação líquida se especificado o *quantum*, o valor do débito em execução.

Certeza: a obrigação deve ser certa quanto à sua existência.

Exigível: a obrigação deve estar apta a ser exigida.

Entre os títulos executivos extrajudiciais, houve a inserção do contrato de contragarantia ou qualquer outro instrumento que materialize o direito de ressarcimento da seguradora contra tomadores de seguro-garantia e seus garantidores (incluído pela Lei nº 14.711, de 2023).

Nos títulos executivos constituídos ou atestados por meio eletrônico, é admitida qualquer modalidade de assinatura eletrônica prevista em lei, dispensada a assinatura de testemunhas quando sua integridade for conferida por provedor de assinatura.

A execução será suspensa:

i) nas hipóteses gerais de suspensão do processo;

ii) no todo ou em parte, quando recebidos com efeito suspensivo os embargos à execução;

III – quando não for localizado o executado ou bens penhoráveis, quando a suspensão terá o prazo de um ano, durante o qual se suspenderá a prescrição.

IV – se a alienação dos bens penhorados não se realizar por falta de licitantes e o exequente, em 15 (quinze) dias, não requerer a adjudicação nem indicar outros bens penhoráveis;

V – quando concedido o parcelamento judicial.

Uma vez suspensa a execução, não serão praticados atos processuais, podendo o juiz, entretanto, salvo no caso de arguição de impedimento ou de suspeição, ordenar providências urgentes.

PRESCRIÇÃO INTERCORRENTE – ALTERAÇÕES LEI 14.195/2021.
Sobre a **prescrição intercorrente**, podem ser feitos os seguintes apontamentos:
I – suspende-se a execução, pelo prazo de um ano, quando não for localizado o executado ou bens penhoráveis. Neste período, o prazo prescricional estará suspenso;
II – decorrido o prazo máximo de um ano sem que seja localizado o executado ou que sejam encontrados bens penhoráveis, o juiz ordenará o arquivamento dos autos;
III – os autos serão desarquivados para prosseguimento da execução se a qualquer tempo forem encontrados bens penhoráveis;
IV – o termo inicial da prescrição no curso do processo será a ciência da primeira tentativa infrutífera de localização do devedor ou de bens penhoráveis, e será suspensa, por uma única vez, pelo prazo máximo de um ano;
V - A efetiva citação, intimação do devedor ou constrição de bens penhoráveis interrompe o prazo de prescrição, que não corre pelo tempo necessário à citação e à intimação do devedor, bem como para as formalidades da constrição patrimonial, se necessária, desde que o credor cumpra os prazos previstos na lei processual ou fixados pelo juiz;
VI - O juiz, depois de ouvidas as partes, no prazo de 15 (quinze) dias, poderá, de ofício, reconhecer a prescrição no curso do processo e extingui-lo, sem ônus para as partes;
V - A alegação de nulidade quanto ao procedimento somente será conhecida caso demonstrada a ocorrência de efetivo prejuízo, que será presumido apenas em caso de inexistência da intimação mencionada no item V, acima.

A execução será extinta:

I – a petição inicial for indeferida;

II – a obrigação for satisfeita;

III – o executado obtiver, por qualquer outro meio, a extinção total da dívida;

IV – o exequente renunciar ao crédito;

V – **ocorrer a prescrição intercorrente.**

Fraude à execução

> **ATENÇÃO!**
>
> Na fraude à execução, diferentemente do que ocorre na fraude contra credores, o ato negocial praticado pelo devedor **não é nulo.** É válido. **Porém, será considerado ineficaz em relação ao credor.** Considera-se como se não praticado.

A ocorrência da fraude à execução e a declaração de ineficácia do negócio jurídico celebrado pelo responsável patrimonial poderá se consumar por meio de decisão interlocutória proferida no próprio processo em que apurada, independentemente da instauração de nova relação processual.

Para que haja o reconhecimento da ocorrência de ato em fraude à execução, será necessário que o juízo, em cognição sumária, verifique estarem presentes os seguintes requisitos: a) realização do negócio jurídico após a instauração da relação processual; b) inexistência de outros bens suficientes; c) prévia manifestação do terceiro adquirente do bem.

> **ATENÇÃO!**
>
> O § 4º do art. 792 do CPC inseriu interessante novidade no procedimento de declaração da fraude à execução, ao determinar a prévia manifestação do terceiro adquirente do bem.

O artigo 792 do CPC elenca as hipóteses em que a alienação ou a oneração é considerada fraude à execução. São elas:

I – quando sobre o bem pender ação fundada em direito real ou com pretensão reipersecutória, desde que a pendência do processo tenha sido averbada no respectivo registro público, se houver;

II – quando tiver sido averbada, no registro do bem, a pendência do processo de execução, na forma do art. 828;

III – quando tiver sido averbado, no registro do bem, hipoteca judiciária ou outro ato de constrição judicial originário do processo onde foi arguida a fraude;

IV – quando, ao tempo da alienação ou da oneração, tramitava contra o devedor ação capaz de reduzi-lo à insolvência;

V – nos demais casos expressos em lei

Execução por quantia certa

Na execução de obrigação de pagar quantia certa: o juiz despachará a inicial, fixando os honorários advocatícios em 10%, a serem pagos pelo executado. Este será citado para que dê integral cumprimento ao pagamento no prazo de três dias. Se o fizer, a verba honorária será reduzida de metade.

A penhora é o ato executivo destinado à apreensão de bens do devedor, vinculando-os à execução. Com a penhora, o credor também passa a ter preferência em relação a outros credores, da mesma categoria, que futuramente penhorem o mesmo bem. Trata-se do direito de prelação ou de preferência.

No prazo de embargos, poderá o devedor reconhecer o crédito do exequente e comprovando o depósito de 30% do valor em execução, acrescido de custas e de honorários do advogado, requerer que lhe seja permitido pagar o restante em até seis parcelas mensais, acrescidas de correção monetária e de juros de um por cento ao mês.

Os embargos à execução não terão efeito suspensivo. Poderá o juiz concedê-lo, no entanto, a requerimento do embargante, quando verificados os requisitos para a concessão da tutela provisória e desde que a execução já esteja garantida por penhora, depósito ou caução suficientes.

A expropriação consistirá em: i) adjudicação; ii) alienação; iii) apropriação de frutos e rendimentos de empresa ou de estabelecimentos e de outros bens.

Não obstante seja considerada perfeita, acabada e irretratável com a assinatura do auto de arrematação, poderão ser alegadas, no prazo de dez dias, as situações indicadas no art. 903, § 1º do CPC. Nesse passo, a arrematação poderá ser invalidada, considerada ineficaz ou resolvida, conforme explicado no seguinte quadro:

Invalidação	**Se realizada por preço vil ou com outro vício.**
Ineficácia em relação a determinadas pessoas.	Alienação sem a intimação prévia: i) dos respectivos credores pignoratício, hipotecário e anticrético; ii) do promitente comprador ou do cessionário de bem objeto de promessa de compra e venda ou de cessão registrada; iii) concedente ou concessionário de direito de superfície; iv) enfiteuta ou concessionário na alienação de imóvel sobre o qual tenha sido instituída a enfiteuse, concessão de uso especial para fins de moradia ou concessão de direito real de uso; do proprietário do imóvel no caso de alienação de direitos do enfiteuta, do concessionário de direito real de uso ou do concessionário de uso especial para fins de moradia; titular do direito de usufruto, uso ou habitação.
Resolvida	Se não for pago o preço ou não for prestada a caução.

Execução de alimentos

No cumprimento da sentença que condene ao pagamento de prestação alimentícia ou de decisão interlocutória que fixe alimentos, o juiz, a requerimento do exequente, mandará intimar o executado pessoalmente para, em três dias, pagar o débito, provar que o fez ou justificar a impossibilidade de efetuá-lo.

Se o executado não pagar ou se a justificativa apresentada não for aceita, o juiz, além de mandar protestar o pronunciamento judicial, decretar a prisão pelo prazo de um a três meses. A prisão será cumprida em regime fechado, devendo o preso ficar separado dos presos comuns.

O débito alimentar que autoriza a prisão civil do alimentante é o que compreende até as três prestações anteriores ao ajuizamento da execução e as que se vencerem no curso do processo.

Na execução fundada em título executivo extrajudicial que contenha obrigação alimentar, o juiz mandará citar o executado para, em três dias, efetuar o pagamento das parcelas anteriores ao início da execução e das que se vencerem no seu curso, provar que o fez ou justificar a impossibilidade de fazê-lo.

Na execução de obrigação alimentar fundada em título executivo extrajudicial, como uma escritura pública, por exemplo, ou uma transação referendada por Advogados, o credor indicará se pretende que seja realizada a penhora de bens, para futura expropriação, ou, então, ser pretende que seja utilizada a medida coercitiva da prisão.

Duas opções do credor:

a) valer-se da constrição de bens e, se necessário, dos meios expropriatórios necessários para a satisfação do direito mediante a adjudicação ou a entrega de dinheiro.
b) ou, então, pela adoção da medida coercitiva voltada à prisão civil do executado, consoante admitido na Constituição Federal e disciplinado nos §§ 2º a 7º do art. 528 do CPC.

ATENÇÃO!

Se o credor optar pela prática de constrição de bens, ao invés da utilização da medida coercitiva da prisão civil, a execução seguirá as regras gerais existentes, com a diferença de que a concessão de efeito suspensivo aos embargos à execução não constitui óbice a que o exequente levante mensalmente a importância da prestação.

Optando o credor pela execução em que será possível, posteriormente e se possível, a prisão civil do alimentante, quando fundada em título executivo extrajudicial, o executado será citado para, em três dias, efetuar o pagamento das parcelas anteriores ao início da execução e das que se vencerem no seu curso, provar que o fez ou justificar a impossibilidade de fazê-lo.

ATENÇÃO!

A defesa do executado será possibilitada por meio da justificativa de impossibilidade de cumprimento da obrigação, a qual terá o condão único de, se acolhida, afastar a prisão, permanecendo íntegra a obrigação de pagar, que somente poderá ser afastada por meio da ação exoneratória de pagamento de alimentos.

Também será determinado à autoridade, à empresa ou ao empregador que, sob pena de desobediência, proceda ao desconto em folha de pagamento a partir da primeira remuneração posterior do executado, a contar do protocolo do ofício.

Ao final, não cumprida a obrigação e não acolhida a justificativa apresentada, o magistrado poderá decretar a prisão civil do executado, pelo prazo de um a três meses, que será cumprida em regime fechado, devendo o preso ficar separado dos presos comuns.

12. PROCESSO NOS TRIBUNAIS E RECURSOS

Deveres dos tribunais.

O art. 926 do CPC, além de inaugurar o Livro III, da Parte Especial, determina que os Tribunais devem uniformizar sua jurisprudência e mantê-la estável, íntegra e coerente.

Imediata Distribuição

Os autos serão registrados no protocolo do tribunal no dia de sua entrada, devendo ser imediatamente distribuídos pela secretaria, observando-se a seguinte ordem:

		Julgamento Monocrático
DISTRIBUIÇÃO ➔	RELATOR	Manifestação da(s) Parte(s)
		Presidente Designa Data

O Novo CPC não tratou do voto de revisão.

Prevenção do Relator

Estará prevento para os demais recursos, no mesmo ou em processos conexos, o relator do que for anteriormente protocolado no tribunal.

Assim, se antes houver a interposição do recurso de agravo de instrumento, o mesmo relator estará prevento para o julgamento da futura apelação.

Incumbências do Relator

Ao relator competirá presidir o processo que tramitar no tribunal, incumbindo-lhe:

I – dirigir e ordenar o processo no tribunal, inclusive em relação à produção de prova, bem como, quando for o caso, homologar autocomposição das partes;

II – apreciar o pedido de tutela provisória nos recursos e nos processos de competência originária do tribunal;

III – não conhecer de recurso inadmissível, prejudicado ou que não tenha impugnado especificamente os fundamentos da decisão recorrida;

IV – negar provimento a recurso que for contrário a:

a) súmula do Supremo Tribunal Federal, do Superior Tribunal de Justiça ou do próprio tribunal;

b) acórdão proferido pelo Supremo Tribunal Federal ou pelo Superior Tribunal de Justiça em julgamento de recursos repetitivos;

c) entendimento firmado em incidente de resolução de demandas repetitivas ou de assunção de competência;

V – depois de facultada a apresentação de contrarrazões, dar provimento ao recurso se a decisão recorrida for contrária a:

a) súmula do Supremo Tribunal Federal, do Superior Tribunal de Justiça ou do próprio tribunal;

b) acórdão proferido pelo Supremo Tribunal Federal ou pelo Superior Tribunal de Justiça em julgamento de recursos repetitivos;

c) entendimento firmado em incidente de resolução de demandas repetitivas ou de assunção de competência;

VI – decidir o incidente de desconsideração da personalidade jurídica, quando este for instaurado originariamente perante o tribunal;

VII – determinar a intimação do Ministério Público, quando for o caso;

VIII – exercer outras atribuições estabelecidas no regimento interno do tribunal.

Competirá ao relator, ainda, constatada a ocorrência de vício sanável, inclusive aquele que possa ser conhecido de ofício, determinar a realização ou a renovação do ato processual, no próprio tribunal ou em primeiro grau de jurisdição, intimando-se as partes.

Se reconhecer a necessidade de produção de provas, deverá o relator converter o julgamento em diligência, que se realizará no tribunal ou em primeiro grau de jurisdição.

TÉCNICA DE AMPLIAÇÃO DO QUÓRUM PARA JULGAMENTO	
APLICABILIDADE	**NÃO APLICABILIDADE**
Apelação não unânime	Incidente de assunção de competência e de resolução de demandas repetitivas.
Ação rescisória não unânime, com rescisão da sentença.	Remessa necessária.
Agravo de instrumento, se houver reforma da decisão que julgar parcialmente o mérito.	Julgamento não unânime proferido pelo plenário ou pela corte especial.

Deverá ser **utilizada a técnica de julgamento ampliado na apelação quando a decisão for por maioria**, seja **reformando ou confirmando a sentença**, analisando ou não o mérito.

ATENÇÃO! Cabimento da técnica de ampliação do quórum para o julgamento da apelação quando a decisão for por maioria, não importando se haverá reforma ou confirmação da sentença, diferentemente do que ocorria nos embargos infringentes do CPC de 1973.

Atualização jurisprudencial

A técnica de ampliação do colegiado, prevista no art. 942 do CPC/2015, aplica-se também ao julgamento de apelação interposta contra sentença proferida em mandado de segurança.

Precedente, jurisprudência e súmula

Considerando-se a imprecisão terminológica existente sobre as expressões **jurisprudência, exemplo, súmula e precedente**, procura-se, neste primeiro momento, indicar os principais pontos conceituais que diferem um instituto do outro.

Há vários significados para a expressão **jurisprudência**, que pode designar, conforme registrado por Lenio Luiz Streck, em sentido estrito, a Ciência do Direito e, em sentido lato, o "conjunto de sentenças dos Tribunais" e, ainda, pode indicar somente as sentenças uniformes.[4]

Significado mais comum: conjunto de decisões uniformes, ou proferidas em sentido dominante. Pode se referir a dezenas, centenas e até milhares de decisões. Trata-se de ideia plural, ao contrário da ideia singular ligada ao precedente (diferença de caráter quantitativo).

JURISPRUDÊNCIA:	IDEIA PLURAL. VÁRIAS DECISÕES.
PRECEDENTE:	IDEIA SINGULAR.

4. STRECK, Lenio Luiz. *Súmulas no direito brasileiro: eficácia, poder e função*. Porto Alegre: Livraria do Advogado, 1998, p. 83.

Incidente de assunção de competência

Cabimento: é admissível quando o julgamento de recurso, de remessa necessária ou de processo de competência originária envolver questão de direito, com grande repercussão social, sem repetição em múltiplos processos, com o objetivo de que sejam julgados pelo órgão colegiado que o regimento interno indicar.

Instauração: proposta pelo relator, de ofício, ou a requerimento da parte, do Ministério Público ou da Defensoria Pública.

Requisito: o órgão colegiado julgará o recurso, a remessa necessária ou o processo de competência originária se reconhecer interesse público na assunção da competência.

IRDR	ASSUNÇÃO DE COMPETÊNCIA
Há cisão no julgamento	Não há cisão do julgamento
Repetição em múltiplos casos	Sem repetição em múltiplos casos

Incidente de arguição de inconstitucionalidade

Formas de reconhecimento da inconstitucionalidade.

A inconstitucionalidade de lei ou de ato normativo poderá ser reconhecida incidentalmente em um processo, quando se terá o denominado *controle difuso de constitucionalidade*, ou então, ser objeto de ação própria, o que ocorrerá por meio do controle concentrado de constitucionalidade.

CONTROLE DIFUSO	CONTROLE CONCENTRADO
Pode ser realizado por qualquer juiz ou tribunal quando do julgamento de um caso concreto.	Será realizado por um único Tribunal.
Será sempre incidental.*	Se faz por via de ação própria.

*** Como alerta a doutrina,**

"não se pode confundir controle incidental com controle difuso. Há possibilidade de controle incidental no controle concentrado, como por exemplo na Ação declaratória de constitucionalidade n. 1-1/DF. Antes de abordar o mérito da ação (...), o Supremo Tribunal Federal declarou, em sede de controle incidental, a constitucionalidade da ação declaratória (prevista por Emenda Constitucional), e somente depois apreciou o mérito".[5]

Conflito de competência

As Espécies de Conflito de Competência

Será possível que, entre dois Juízos, haja divergência quanto à competência para o julgamento de determinada demanda, quando se está diante do **conflito de competência**, que poderá ser positivo ou negativo.

O **conflito positivo de competência** ocorrerá quando dois juízos se derem por competentes. Diferentemente, haverá o **conflito negativo** se houver a recusa entre eles, por entenderem não ser competentes, o que será possível se um atribuir ao outro a competência, ou se surgir controvérsia sobre a reunião ou separação de processos.

Se excluído do feito o ente federal, cuja presença foi fator preponderante para que o juízo estadual declinasse de sua competência, deverá o juízo federal restituir os autos e não suscitar o conflito (Súmula 224 STJ), não podendo o juízo estadual discutir sobre o interesse do ente federal.

O juiz que não acolher a competência declinada deverá **suscitar o conflito**, salve se a atribuir a outro juízo.

O conflito poderá ser suscitado por qualquer das partes, pelo Ministério Público ou pelo juiz. A parte, contudo, não poderá suscitá-lo se já alegou a incompetência relativa.

Ação Rescisória

A **coisa julgada** é uma garantia assegurada pela Constituição Federal, fundada na necessidade de proporcionar a **segurança jurídica**. Com efeito, como decorrência da soberania de um país, compete ao seu Poder competente a aplicação da ordem jurídica vigente, dirimindo os conflitos existentes.

Por **objeto** da ação rescisória, busca-se definir o seu **pedido**, que sempre será o de **rescindir** a coisa julgada formada, bem como, em alguns casos, o de ser **rejulgada** a causa. Diz-se, então, que há o **juízo rescindente (rescindir)** e o **juízo rescisório (rejulgamento da causa)**.

Pedido rescindente

OBJETO DA AÇÃO RESCISÓRIA

Pedido rescisório

Em suma: tem-se que a ação rescisória poderá rescindir:

i) a coisa julgada material (formada por meio de decisão interlocutória, sentença ou acórdão);

ii) a coisa julgada formal, desde que haja impedimento à propositura de nova ação;

iii) decisão que não admita recurso, desde que já transcorrido o prazo para que tal *decisum seja* impugnado pelo meio adequado.

5. FERREIRA, Olavo Augusto Vianna Alves. Controle de Constitucionalidade e seus efeitos. 3ª. ed. Salvador: Juspodivm, 2016, p. 41.

Para a fixação da competência do Tribunal competente para o julgamento da ação rescisória, devem ser observadas **três regras cumulativas**:

> i) trata-se de ação originária dos tribunais;
> ii) cada tribunal é competente para o julgamento das rescisórias de seus próprios julgados;
> iii) Aplicação das Súmulas 249 e 515 do STF.

São requisitos específicos:

(i) decisão (de mérito) transitada em julgado (já analisado quando do estudo do objeto da ação rescisória);

(ii) observância do prazo legal;

(iii) depósito da multa de 5%;

(iv) presença de uma das hipóteses do art. 966 do CPC.

Incidente de Resolução de Demandas Repetitivas

Cabimento: será cabível quando houver, simultaneamente: I) efetiva repetição de processos que contenham controvérsia sobre a mesma questão unicamente de direito; II) risco de ofensa à isonomia e à segurança jurídica. O instituto possui três pilares fundamentais: i) isonomia, pelo qual se exige tratamento igualitário para a solução de litígios isomórficos; ii) a segurança jurídica, pois se busca a uniformidade das decisões judiciais e, iii) prestação razoável em termos de tempo em que prestada.[6]

Pedido para instauração: o pedido será dirigido ao presidente de tribunal (I) pelo juiz ou relator, por ofício; (II) pelas partes, por petição; e, (III) pelo Ministério Público ou pela Defensoria Pública, por petição.

Custas: não serão exigidas custas processuais no incidente.

Causa impeditiva de instauração: não será cabível a instauração do incidente quando um dos tribunais superiores, no âmbito de sua respectiva competência, já tiver afetado recurso para definição de tese sobre questão de direito material ou processual repetitiva.

Suspensão dos processos pendentes: admitido o incidente, o relator (I) suspenderá os processos pendentes, individuais ou coletivos, que tramitam no Estado ou na região, conforme o caso; (II) poderá requisitar informações a órgãos em cujo juízo tramita processo no qual se discute o objeto do incidente; (III) intimará o Ministério Público para, querendo, manifestar-se no prazo de quinze dias. Durante a suspensão, o pedido de tutela de urgência deverá ser dirigido ao juízo onde tramita o processo suspenso.

Suspensão nacional dos processos pendentes: visando à garantia da segurança jurídica, os legitimados poderão requerer, ao tribunal competente para conhecer do recurso extraordinário ou especial, a suspensão de todos os processos individuais ou coletivos em curso no território nacional que versem sobre a questão objeto do incidente já instaurado. Cessará a suspensão se não for interposto o recurso especial ou recurso extraordinário contra a decisão proferida no incidente. Consoante o que foi decidido no Pedido de Suspensão no IRDR nº 7, o pedido de suspensão nacional de processos em IRDR estará presente na hipótese em que o incidente admitido no tribunal de segunda instância:

a) demandar a interpretação da legislação infraconstitucional federal;

b) abranger matéria que se repete em processos em tramitação em outros estados ou regiões; e,

c) ensejar divergência de entendimentos entre pelo menos dois tribunais.

Fixação da tese: haverá a fixação da tese jurídica e também o julgamento do recurso, da remessa necessária ou do processo de competência originária de onde se originou o incidente. Julgado o incidente, a tese jurídica será aplicada: I - a todos os processos individuais ou coletivos que versem sobre idêntica questão de direito e que tramitem na área de jurisdição do respectivo tribunal, inclusive àqueles que tramitem nos juizados especiais do respectivo Estado ou região; II - aos casos futuros que versem idêntica questão de direito e que venham a tramitar no território de competência do tribunal, salvo revisão na forma do art. 986.

Cabimento de reclamação: não observada a tese adotada no incidente, caberá reclamação.

Recursos: do julgamento do mérito do incidente, será cabível a interposição de recurso extraordinário ou especial, conforme o caso, que terão efeito suspensivo.

> Interposto recursos especial ou recurso extraordinário contra o acórdão que julgou incidente de resolução de demandas repetitivas – IRDR, a suspensão dos processos realizada pelo relator ao admitir o incidente só cessará com o julgamento dos referidos recursos, não sendo necessário, entretanto, aguardar o trânsito em julgado (REsp 1.869.867/SC).

Revisão da tese: a revisão da tese jurídica será feita no mesmo tribunal, **de ofício** ou **mediante requerimento do Ministério Público ou da Defensoria Pública.**

6. MENDES, Aluísio Gonçalves de Castro. TEMER, Sofia. *O incidente de resolução de demandas repetitivas do Novo Código de Processo Civil. Op. Cit.*, p. 285.

Ministério Público no Incidente de Resolução de Demandas Repetitivas
a) Poderá requerer a sua instauração;
b) Se não for o requerente, atuará como fiscal da ordem jurídica;
c) Poderá requerer a suspensão nacional de todos os processos individuais ou coletivos em curso no território nacional que versem sobre a questão objeto do incidente já instaurada;
d) Tem legitimidade para a interposição de recurso especial ou extraordinário;
e) Poderá requerer a revisão da tese jurídica.

Reclamação

A reclamação possui natureza jurídica de ação e poderá ser ajuizada para preservar a competência de tribunal, garantir a autoridade das decisões do tribunal, garantir a observância de enunciado de súmula vinculante e de decisão do Supremo Tribunal Federal em controle concentrado de constitucionalidade e para garantir a observância de acórdão proferido em julgamento de incidente de resolução de demandas repetitivas ou de incidente de assunção de competência.

Inadmissibilidade

Não será cabível a reclamação se a decisão já tiver transitado em julgado. Também não será admissível para garantir a observância de acórdão de recurso extraordinário com repercussão geral reconhecida ou de acórdão proferido em julgamento de recursos extraordinário ou especial repetitivos, quando não esgotadas as vias ordinárias.

Sendo julgada procedente a reclamação, o tribunal cassará a decisão exorbitante de seu julgado ou determinará medida adequada à solução da controvérsia.

Recursos

Os requisitos intrínsecos "são aqueles que dizem respeito à decisão recorrida em si mesma considerada".[7] Consideram "o conteúdo e a forma da decisão impugnada. De tal modo que, para proferir o juízo de admissibilidade, toma-se o ato judicial impugnado no momento e da maneira como foi prolatado".[8] Constituem-se requisitos intrínsecos de admissibilidade: o cabimento, a legitimação para recorrer e o interesse recursal.

(i) Efeito devolutivo: o efeito devolutivo é aquele em virtude do qual a matéria é devolvida ao órgão judicante, seja ele superior àquele que proferiu a decisão, seja ao próprio órgão prolator da decisão. Compreende o princípio do ***tantum devolutum quantum appellatum***. Todo recurso conta com esse efeito.

Tal efeito deve ser analisado quanto à sua extensão e quanto à sua profundidade.

Sob o primeiro aspecto (quanto à extensão), tem-se a delimitação da matéria objeto do recurso. Trata-se da dimensão horizontal do efeito devolutivo.

Assim, se o réu é condenado ao pagamento de indenização por danos materiais e morais e somente recorre em relação a estes últimos, ele delimita o seu recurso, a sua irresignação, e o Tribunal estará vinculado a essa vontade.

Sob o segundo aspecto (quanto à profundidade), tem-se que ficam devolvidas todas as questões suscitadas e discutidas no processo, ainda que a sentença não as tenha julgado por inteiro, desde que relativas ao capítulo impugnado. Trata-se da dimensão vertical do efeito devolutivo.

Em decorrência da preferência pelo julgamento do mérito, se o processo estiver em condições de imediato julgamento, o tribunal deve decidir desde logo o mérito quando: I – reformar sentença fundada no art. 485; II – decretar a nulidade da sentença por não ser ela congruente com os limites do pedido ou da causa de pedir; III – constatar a omissão no exame de um dos pedidos, hipótese em que poderá julgá-lo; IV – decretar a nulidade de sentença por falta de fundamentação.

(ii) Efeito translativo: apesar do efeito devolutivo, algumas matérias, poderão ser conhecidas de ofício, independentemente de requerimento ou arguição da parte. São as matérias de ordem pública.

(iii) Efeito suspensivo: pelo efeito suspensivo, impede-se a produção imediata de efeitos da decisão, situação essa que durará até o julgamento do recurso. Essa suspensividade não advém da interposição do recurso, mas da simples previsão de que terá tal efeito por força de lei.

O efeito suspensivo poderá existir por força de lei (ope legis) ou em razão de decisão judicial a respeito (*ope judicis*).

A apelação, como regra, tem duplo efeito – devolutivo e suspensivo. Terão somente efeito devolutivo a sentença que: I – homologa divisão ou demarcação de terras; II – condena a pagar alimentos; III – extingue sem resolução do mérito ou julga improcedentes os embargos do executado; IV – julga procedente o pedido de instituição de arbitragem; V – confirma, concede ou revoga tutela provisória; VI – decreta a interdição.

---

7. NERY JÚNIOR, Nelson. *Teoria Geral dos Recursos*. 7. ed. São Paulo: RT, 2013, p. 266.
8. NERY JÚNIOR, Nelson. *Teoria Geral dos Recursos*. 7. ed. São Paulo: RT, 2013, p. 266.

Em tais situações, o apelado poderá promover o pedido de cumprimento provisório de sentença.

Não obstante, o apelante poderá pleitear a concessão de efeito suspensivo em tais casos, se for demonstrada a probabilidade de provimento do recurso ou se, sendo relevante a fundamentação, houver risco de dano grave ou de difícil reparação. Este requerimento será dirigido ao: I – tribunal, no período compreendido entre a interposição da apelação e sua distribuição, ficando o relator designado para seu exame prevento para julgá-la; II – relator, se já distribuída a apelação.

Da mesma forma, os recursos extraordinário e especial também não são dotados de efeito suspensivo. Tal efeito, contudo, poderá ser requerido ao tribunal superior, no período compreendido entre a publicação da decisão de admissão do recurso e sua distribuição, ficando o relator designado para seu exame prevento para julgá-lo; ao relator, se já distribuído o recurso; ou, então, ao presidente ou ao vice-presidente do tribunal recorrido, no período compreendido entre a interposição do recurso e a publicação da decisão de admissão do recurso, assim como no caso de recurso ter sido sobrestado.

(iv) Efeito expansivo ou extensivo: em decorrência desse efeito, consideram-se sem efeito os atos ou decisões dependentes da decisão recorrida, naquilo em que forem incompatíveis com o julgamento do recurso. Se o julgamento do recurso afetar outras decisões que não a recorrida, estar-se-á diante do efeito expansivo externo; se, porém, o recurso fizer referência apenas a um dos capítulos da decisão, que examina questão preliminar ou prejudicial, e o acolhimento do recurso repercutir no capítulo relacionado à questão subordinada, estar-se-á diante de efeito expansivo interno.

(v) Efeito substitutivo: o julgamento proferido pelo tribunal substituirá a sentença ou a decisão recorrida no que tiver sido objeto de recurso.

Portanto, não existirão dois atos ou decisões sobre a mesma matéria, mas apenas um, fato esse que é relevante para se saber a competência para conhecimento da ação rescisória, como adiante será visto.

Cada parte interporá o recurso independentemente, no prazo e com observância das exigências legais. Se vencidos o autor e réu, ao recurso interposto por qualquer deles poderá aderir o outro.

O recurso adesivo fica subordinado ao recurso independente, sendo-lhe aplicáveis as mesmas regras deste quanto aos requisitos de admissibilidade e julgamento no tribunal, salvo disposição legal diversa, observado, ainda, o seguinte: I - será dirigido ao órgão perante o qual o recurso independente fora interposto, no prazo de que a parte dispõe para responder; II - será admissível na apelação, no recurso extraordinário e no recurso especial; III - não será conhecido, se houver desistência do recurso principal ou se for ele considerado inadmissível.

13. LEGISLAÇÃO ESPECIAL

Mandado de Segurança (Lei n. 12.016/2009)

O mandado de segurança é um remédio constitucional, por meio do qual o impetrante buscará proteger direito líquido e certo, não amparado por habeas corpus ou habeas data, sempre que, ilegalmente ou com abuso de poder, qualquer pessoa física ou jurídica sofrer violação ou houver justo receio de sofrê-lo por parte de autoridade, seja de que categoria for e sejam quais forem as funções que exerça.

O mandado de segurança também poderá ser espécie de ação coletiva para a tutela de determinados interesses.

Nesse sentido, assegura-se a possibilidade de ajuizamento do mandado de segurança coletivo por partido político com representação no Congresso Nacional ou por organização sindical, entidade de classe ou associação legalmente constituída e em funcionamento há pelo menos um ano, em defesa dos interesses de seus membros ou associados (art. 5º, LXX, da Constituição Federal).

Importante: houve o julgamento da **ADIN 4926**, que analisou a constitucionalidade de vários dispositivos da Lei nº 12.016/2009.

Reconhecida a inconstitucionalidade	Reconhecida a constitucionalidade.
Art. 7º, § 2º. Desse modo, entendeu-se inconstitucional a vedação da concessão de medida liminar que tenha por objeto a compensação de créditos tributários, a entrega de mercadorias e bens provenientes do exterior, a reclassificação ou equiparação de servidores públicos e a concessão de aumento ou a extensão de vantagens ou pagamento de qualquer natureza. Art. 22, §2º - reconheceu-se a inconstituicionalidade da exigência de contraditório prévio par a concessão de liminar.	Não cabimento de mandado de segurança contra os atos de gestão comercial praticados pelos administradores de empresas públicas, de sociedade de economia mista e de concessionárias de serviço público; Admissibilidade do juiz exigir do impetrante caução, fiança ou depósito, com o objetivo de assegurar o ressarcimento à pessoa jurídica, no caso de deferimento de tutela provisória; Reconheceu-se a constitucionalidade do prazo decadencial de 120 dias para o ajuizamento do mandado de segurança; Reconheceu-se a constitucionalidade da inviabilidade de condenação ao pagamento dos honorários advocatícios, sem prejuízo da aplicação de sanções no caso de litigância de má-fé.

Habeas data

O *habeas data* foi previsto na Constituição Federal como um remédio constitucional destinado a (i) assegurar o conhecimento de informações relativas à pessoa do impetrante, constantes de registros ou bancos de dados de entidades governamentais ou de caráter público, ou, então (ii) para a retificação de dados, quando não se prefira fazê-lo por processo sigiloso, judicial ou administrativo.

Ação popular

Trata-se de remédio constitucional que tem por finalidade corrigir atos lesivos ao patrimônio público ou de entidade de que o Estado participe, à moralidade administrativa, ao meio ambiente e ao patrimônio histórico e cultural.

A legitimação para a propositura da ação popular é constante da Constituição Federal (art. 5º, LXXIII) e nos arts. 1º e 4º, da Lei 4.717/65. Portanto, somente o brasileiro (nato ou naturalizado), que ostente a condição de eleitor, poderá ajuizá-la.

O autor popular agirá como substituto processual da coletividade e, por isso, se acaso abandonar a causa, poderá o polo ativo ser ocupado por outro legitimado. Supletivamente, poderá o Ministério Público assumir o polo ativo, se nenhum outro legitimado o fizer.[9]

14. PROCESSO ELETRÔNICO

Os órgãos do Poder Judiciário poderão desenvolver sistemas eletrônicos de processamento de ações judiciais por meio de autos total ou parcialmente digitais, utilizando, preferencialmente, a rede mundial de computadores e acesso por meio de redes internas e externas.

Todos os atos processuais do processo eletrônico serão assinados eletronicamente na forma estabelecida nesta Lei.

No processo eletrônico, todas as citações, intimações e notificações, inclusive da Fazenda Pública, serão feitas por meio eletrônico, na forma desta Lei.

A intimação e a citação da Fazenda Pública poderão ser realizadas por meio eletrônico.

As citações, intimações, notificações e remessas que viabilizem o acesso à íntegra do processo correspondente serão consideradas vista pessoal do interessado para todos os efeitos legais.

Quando, por motivo técnico, for inviável o uso do meio eletrônico para a realização de citação, intimação ou notificação, esses atos processuais poderão ser praticados segundo as regras ordinárias, digitalizando-se o documento físico, que deverá ser posteriormente destruído.

A distribuição da petição inicial e a juntada da contestação, dos recursos e das petições em geral, todos em formato digital, nos autos de processo eletrônico, podem ser feitas diretamente pelos advogados públicos e privados, sem necessidade da intervenção do cartório ou secretaria judicial, situação em que a autuação deverá se dar de forma automática, fornecendo-se recibo eletrônico de protocolo.

Quando o ato processual tiver que ser praticado em determinado prazo, por meio de petição eletrônica, serão considerados tempestivos os efetivados até as 24 (vinte e quatro) horas do último dia. Se o Sistema do Poder Judiciário se tornar indisponível por motivo técnico, o prazo fica automaticamente prorrogado para o primeiro dia útil seguinte à resolução do problema.

Sistema inoperante: prazo será prorrogado para o primeiro dia útil seguinte à resolução do problema.

Os documentos produzidos eletronicamente e juntados aos processos eletrônicos com garantia da origem e de seu signatário, serão considerados originais para todos os efeitos legais.

Os extratos digitais e os documentos digitalizados e juntados aos autos pelos órgãos da Justiça e seus auxiliares, pelo Ministério Público e seus auxiliares, pelas procuradorias, pelas autoridades policiais, pelas repartições públicas em geral e por advogados públicos e privados têm a mesma força probante dos originais, ressalvada a alegação motivada e fundamentada de adulteração antes ou durante o processo de digitalização.

A arguição de falsidade do documento original será processada eletronicamente na forma da lei processual em vigor. Os originais dos documentos digitalizados, nesse caso, deverão ser preservados pelo seu detentor até o trânsito em julgado da sentença ou, quando admitida, até o final do prazo para interposição de ação rescisória.

Os documentos cuja digitalização seja tecnicamente inviável devido ao grande volume ou por motivo de ilegibilidade deverão ser apresentados ao cartório ou secretaria no prazo de 10 (dez) dias contados do envio de petição eletrônica comunicando o fato, os quais serão devolvidos à parte após o trânsito em julgado.

Os documentos digitalizados juntados em processo eletrônico somente estarão disponíveis para

9. REsp 638.011/RJ, Rel. Ministro LUIZ FUX, PRIMEIRA TURMA, julgado em 25/04/2006, DJ 18/05/2006, p. 182.

acesso por meio da rede externa para suas respectivas partes processuais e para o Ministério Público, respeitado o disposto em lei para as situações de sigilo e de segredo de justiça.

O magistrado poderá determinar que sejam realizados por meio eletrônico a exibição e o envio de dados e de documentos necessários à instrução do processo.

15. PROCESSO COLETIVO

A partir do conjunto normativo em vigência, reconhece-se a existência de um "subsistema específico, rico e sofisticado, aparelhado para atender aos conflitos coletivos, característicos da sociedade moderna"[10], denominado de **Direito Processual Coletivo**, dividido em *especial* e *comum*[11], interessando, neste momento, o segundo.

Assim, o **processo coletivo comum engloba a ação civil pública, a ação popular, o mandado de injunção, o mandado de segurança coletivo, o dissídio coletivo, a impugnação de mandato eletivo e a ação direta interventiva**. Esse direito processual coletivo é regido por princípios próprios de um novo sub-ramo da processualística.[12]Em comuns a todas essas ações, tem-se a **legitimidade coletiva** e o **regime da coisa julgada**.

Nos termos do art. 81, parágrafo único, I, do Código de Defesa do Consumidor, direitos ou interesses difusos são aqueles "transindividuais, de natureza indivisível, de que sejam titulares pessoas indeterminadas e ligadas por circunstâncias de fato". Compreendem grupos menos determinados de pessoas, sendo que entre elas não existe vínculo jurídico preciso.[13] O objeto desses interesses é indivisível, de modo que não é possível ser dividido entre os membros da coletividade.[14]

Sobre a relação entre tais interesses, Hugo Nigro Mazzilli apresenta didático quadro para compreensão:[15]

Interesses	Grupo	Objeto	Origem
Difusos	Indeterminável	Indivisível	Situação de fato
Coletivos	Determinável	Indivisível	Relação jurídica
Ind. Homog.	Determinável	Divisível	Origem comum

10. ZAVASCKI, Teori Albino. Op. cit., p. 36.
11. MANCUSO, Rodolfo de Camargo. *Jurisdição Coletiva e Coisa Julgada. Teoria Geral das Ações coletivas*. 2 ed. São Paulo: Revista dos Tribunais, 2007, p. 72-73.
12. Idem, ibidem, p.72-73.
13. MAZZILLI, Hugo Nigro. *A Defesa dos Interesses Difusos em Juízo*. São Paulo: Saraiva, 2006, p. 50-51.
14. Idem, ibidem, p. 52.
15. MAZZILLI, Hugo Nigro. Op. cit., p. 58.

Como foi demonstrado acima, os direitos podem ser coletivos por natureza e, por isso, são denominados de essencialmente coletivos. Correspondem aos direitos difusos e coletivos em sentido estrito.

De outro lado, existem os direitos que não são propriamente coletivos, mas que podem ser tutelados pela ação coletiva, conforme autorizado pela lei. Tem-se, nessa hipótese, a tutela coletiva de direitos.

Tutela de direitos coletivos # Tutela coletiva de direitos

Direitos essencialmente coletivos. Direitos acidentalmente coletivos

Há duas características marcantes das ações coletivas, que as distinguem em relação às ações individuais: a **legitimidade** e o **regime jurídico da coisa julgada**.

Em relação à legitimação, destaca-se a existência de modelos distintos: o primeiro, utilizado para a ação popular, que poderá ser ajuizada por qualquer cidadão; e, também, o modelo segundo o qual determinado entes são escolhidos para substituir a coletividade, tal como ocorre na ação civil pública.

(i) Ação popular:

A legitimação para a propositura da ação popular é constante da Constituição Federal (art. 5º, LXXIII) e nos arts. 1º e 4º, da Lei 4.717/65. Portanto, somente o ***brasileiro*** (nato ou naturalizado), que ostente a condição de ***eleitor***, poderá ajuizá-la.

O autor popular agirá como substituto processual da coletividade e, por isso, se acaso abandonar a causa, poderá o polo ativo ser ocupado por outro legitimado. Supletivamente, poderá o Ministério Público assumir o polo ativo, se nenhum outro legitimado o fizer.[16] Exclui-se a possibilidade de ser ajuizada por pessoa jurídica (súmula 365, STF). Somente poderá ser ajuizada por aquele que se encontre no exercício pleno do direito político de eleger os representantes do povo.

O Superior Tribunal de Justiça também admite que a ação popular seja ajuizada pelo **Ministério Público**, legitimando-o a toda e qualquer demanda que vise à defesa dos interesses difusos e coletivos, sob ângulo material ou imaterial.[17]

(ii) Ação civil pública:

A legitimação para a defesa dos interesses metaindividuais de crianças e adolescentes decorre

16. REsp 638.011/RJ, Rel. Ministro LUIZ FUX, PRIMEIRA TURMA, julgado em 25/04/2006, DJ 18/05/2006, p. 182.
17. AgRg no AREsp 746.846/RJ, Rel. Ministro HERMAN BENJAMIN, SEGUNDA TURMA, julgado em 15/12/2015, DJe 05/02/2016.

da integração da Lei da Ação Civil Pública, do Código de Defesa do Consumidor, do Estatuto da Criança e do Adolescente, entre outras leis.

Nesse sentido, possuem legitimação para a propositura da ação civil pública: I – o Ministério Público; II – a Defensoria Pública; III – a União, os Estados, o Distrito Federal e os Municípios; IV – a autarquia, empresa pública, fundação ou sociedade de economia mista; V – a associação que, concomitantemente: a) esteja constituída há pelo menos um ano e, b) inclua entre suas finalidades institucionais a proteção ao meio ambiente, ao consumir, à ordem econômica, à livre concorrência ou ao patrimônio artístico, estético, histórico, turístico e paisagístico.

O Ministério Público tem missão especial em relação à ação civil pública, competindo-lhe a tutela dos interesses difusos, coletivos e individuais homogêneos, além de direitos individuais indisponíveis.

Ainda em caso de desistência infundada ou abandono da ação por associação legitimada, o MP ou outro legitimado assumirá a titularidade ativa. No REsp 1.372.593, também se estendeu esta possibilidade aos casos em que for verificado vício na representação processual da associação autora.

A Defensoria Pública é indicada na Constituição Federal como instituição essencial à função jurisdicional do Estado, cabendo-lhe a orientação jurídica e a defesa, em todos os graus, dos necessitados, na forma do seu art. 5º, LXXIV. A expressão "necessitados" não está adstrita ao plano econômico, abrangendo, também, os necessitados do ponto de vista organizacional, que são os socialmente vulneráveis.[18]

A legitimação das associações para a defesa de interesses metaindividuais deve ser entendida no contexto como "participação popular na boa gestão da coisa pública, sob a égide da democracia participativa, incentivada pela Constituição Federal (art. 1º, parágrafo único), como se dá com a defesa do meio ambiente (art. 225, *caput*) e do patrimônio cultural (art. 216 e § 1º)".[19]

(iii) Mandado de segurança coletivo:

Assegura-se a possibilidade de ajuizamento do mandado de segurança coletivo por partido político com representação no Congresso Nacional ou por organização sindical, entidade de classe ou associação legalmente constituída e em funcionamento há pelo menos um ano, em defesa dos interesses de seus membros ou associados (art. 5º, LXX, da Constituição Federal).

O Superior Tribunal de Justiça também admite a legitimação ativa do Ministério Público para ao ajuizamento de mandado de segurança coletivo, defendendo-se que o Parquet pode valer-se da ação necessária para a defesa de interesses metaindividuais.

O Código de Defesa do Consumidor disciplinou a coisa julgada nas ações coletivas, relacionando-a ao interesse tutelado, o que pode ser resumido no seguinte quadro:

Interesse	Coisa julgada
Difuso	*Erga omnes*, salvo se a improcedência decorrer da falta de provas.
Coletivo	*Ultra partes*, limitada ao grupo, categoria ou classe de lesados, salvo se a improcedência se der por falta de provas.
Individuais homogêneos	*Erga omnes* em caso de procedência, beneficiando vítimas e sucessores.

De outro lado, **na sentença de improcedência**, há de ser feita uma importante distinção, segundo haja ou não esgotamento das provas.

Por falta de provas	Outros legitimados poderão propor a ação civil pública, desde que fundada em nova prova.
Por outro motivo	Outros legitimados não poderão propor a ação civil pública, ainda que fundada em nova prova.

18. Disponível em http://www.anadep.org.br/wtksite/cms/conteudo/4820/Documento10.pdf.

19. MANCUSO, Rodolfo de Camargo. *Ação Civil Pública – Em defesa do meio ambiente, do patrimônio cultural e dos consumidores*. 10ª ed. São Paulo: RT, 2006, p. 138-139.

Direito Penal

Danilo da Cunha Sousa

TABELA DE INCIDÊNCIA DE QUESTÕES		
ASSUNTO	**NÚMERO DE QUESTÕES**	**PESO**
1. PARTE GERAL	72	58,06%
2. PARTE ESPECIAL	43	34,68%
3. LEGISLAÇÃO EXTRAVAGANTE	9	7,26%
TOTAL	**124**	**100%**

Direito Penal

Danilo da Cunha Sousa

✦ QUESTÕES

1. PARTE GERAL

1.1. DA APLICAÇÃO DA LEI PENAL

- CF, art. 5º, XXXVI a L, e art. 228.
- CP, Título I da Parte Geral.
- CP, arts. 1º a 12.

01. (IBFC – Analista Judiciário – Área Judiciária – TRE – PA/2020) A execução penal tem por objetivo efetivar as disposições de sentença ou decisão criminal e proporcionar condições para a harmônica integração social do condenado e do internado. Com relação ao tema, assinale a alternativa incorreta:

a) Não fere o contraditório e o devido processo decisão que, sem ouvida prévia da defesa, determine transferência ou permanência de custodiado em estabelecimento penitenciário federal

b) O plenário do Supremo Tribunal Federal (STF), no julgamento das Ações Declaratória de Constitucionalidade (ADC) 43, 44 e 54, pacificou o entendimento no sentido de ser admitida a chamada "execução provisória da pena", após prolação de Acórdão condenatório em segunda instância, sendo que isso não ofende o princípio constitucional da presunção de inocência

c) O cumprimento de prisão domiciliar não impede a liberdade de culto, razão pela qual, considerada a possibilidade de controle do horário e de delimitação da área percorrida por meio do monitoramento eletrônico, o comparecimento a culto religioso não representa risco ao cumprimento da pena

d) O indulto extingue os efeitos primários da condenação (pretensão executória), mas não atinge os efeitos secundários, penais ou extrapenais

COMENTÁRIOS

✪ **Nota do autor:** o examinador exigiu a alternativa incorreta.

Alternativa "a". O STF entende (HC 188072/PR) que não há violação ao contraditório e à ampla defesa no caso de transferência ou permanência de preso em estabelecimento penitenciário federa, sem oitiva da defesa, quando se constatar o caráter urgente e emergencial da medida ou o prejuízo que a ouvida preliminar do preso poderia acarretar para a garantia da ordem pública.

Alternativa "b". O STF julgou como constitucional o artigo 283 do CPP, o qual determina o início de cumprimento de pena depois do trânsito em julgado da sentença penal condeatória. A chamada "execução provisória" em matéria penal é inconstitucional por violar o princípio da presunção de inocência.

Alternativa "c". O cumprimento de prisão domiciliar não impede a liberdade de culto, quando compatível com as condições impostas ao reeducando, atendendo à finalidade ressocializadora da pena (REsp 1788562/TO, STJ).

Alternativa "d". O indulto extingue os efeitos primários da condenação (pretensão executória), mas não atinge os efeitos secundários, penais ou extrapenais (Súmula 632, STJ).

Alternativa correta: letra "b".

02. (Cespe – Analista Judiciário – Área Judiciária – TRE – MT/2015) Com relação às fontes e aos princípios de direito penal, bem como à aplicação e interpretação da lei penal no tempo e no espaço, assinale a opção correta.

a) No Código Penal brasileiro, adota-se, com relação ao tempo do crime, a teoria da ubiquidade.

b) A lei penal brasileira aplica-se ao crime perpetrado no interior de navio de guerra de pavilhão pátrio, ainda que em mar territorial estrangeiro, dado o princípio da territorialidade.

c) Segundo a doutrina majoritária, os costumes e os princípios gerais do direito são fontes formais imediatas do direito penal.

d) Dado o princípio da legalidade estrita, é proibido o uso de analogia em direito penal.

e) Dada a ampla margem de escolha atribuída ao legislador no que se refere à tipificação dos crimes e cominações de pena, é-lhe permitido tipificar crimes de perigo abstrato e criminalizar atitudes internas das pessoas, como orientações sexuais.

COMENTÁRIOS

Alternativa "a": em relação ao tempo do crime, aplica-se o **princípio da atividade**, pois considera-se tempo do crime o momento da ação ou omissão, ainda que outro seja o do resultado.

Alternativa "b": os navios públicos, como o de guerra, são considerados **extensão do território brasileiro** e, portanto, aplica-se a norma penal do Brasil, ainda que o fato tenha ocorrido em mar territorial estrangeiro, em face do princípio da territorialidade (art. 5º, § 1º, CP).

Alternativa "c": a fonte formal do direito penal é a lei, enquanto as fontes formais mediatas são os costumes e os princípios gerais do direito.

Alternativa "d": veda-se no direito penal a analogia *in malam partem*, ou seja, a não se admite que se criem crime e pena por meio da analogia, senão apenas por meio de lei. Por outro lado, é possível a analogia *in bonam partem*, como aquela usada para absolver o acusado.

Alternativa "e": em Direito Penal, aplica-se o princípio da fragmentariedade: o Direito Penal só deve tutelar bens juridicamente relevantes. Embora a jurisprudência e a doutrina majoritárias admitam crimes de perigo abstrato, não se pode punir condutas internas, como a orientação sexual, e questões meramente morais.

Alternativa correta: letra "b".

---

03. (Cespe – Analista Judiciário – Área Judiciária– TRE-GO/2015) No que concerne à lei penal no tempo, tentativa, crimes omissivos, arrependimento posterior e crime impossível, julgue os itens a seguir.

A revogação expressa de um tipo penal incriminador conduz a *abolitio criminis*, ainda que seus elementos passem a integrar outro tipo penal, criado pela norma revogadora.

COMENTÁRIOS

✪ **Nota do autor:** *Aboltio criminis* é uma forma de extinção da punibilidade em que os elementos do tipo penal deixam de ser considerados crime por lei revogadora.

Se a nova lei revoga o tipo penal, mas os elementos constitutivos deste passam a integrar outro tipo, a conduta continua a ser considerada crime. Não há *abolitio criminis*, mas mera desclassificação da conduta. Isso ocorreu no caso do crime de atentado violento ao pudor, que era previsto no art. 214, CP e foi, revogado pela Lei nº 12.015/2009. Porém, seus elementos do tipo passaram a integrar o art. 213, CP, crime de estupro.

Alternativa correta: "errado".

---

04. (Cespe – Analista Judiciário – Área Judiciária – TRE-MS/2013) No que diz respeito aos princípios aplicáveis ao direito penal, assinale a opção correta.

a) Para que ocorra o reconhecimento do princípio da insignificância, tem de haver conduta típica, ou seja, ofensa grave a bens jurídicos tutelados, sendo suficientes lesões irrelevantes aos bens ou interesses protegidos.

b) O princípio da legalidade ou princípio da reserva legal não se estende às consequências jurídicas da infração penal, em especial aos efeitos da condenação, nem abarca as medidas de segurança.

c) O princípio da adequação social do fato não se confunde com a teoria do risco permitido ainda que tenham como pressuposto fundamental a existência de uma lesão ao bem jurídico que não chega a constituir um desvalor do resultado, o qual é obtido por uma interpretação teleológica restritiva dos tipos penais, na adequação social, e, no risco permitido, ocorre pelo desvalor da ação que repercute no desvalor do resultado.

d) O princípio do ne bis in idem ou non bis in idem traduz a proibição de punir ou processar alguém duas ou mais vezes pelo mesmo fato e concretiza-se pela valoração integral da conduta delituosa perpetrada pelo agente, incidindo apenas nos casos de concurso de delitos.

e) De acordo com o princípio da fragmentariedade, a lei penal só deverá intervir quando for absolutamente necessário, para a sobrevivência da comunidade, como ultima ratio.

COMENTÁRIOS

✪ **Nota do autor:** os princípios do direito penal moderno representam a delimitação do poder punitivo do Estado. O Direito Penal é visto, assim, como um sistema normativo de garantia individual da pessoa perante o Estado.

Alternativa "a": o princípio da insignificância, que **afasta a tipicidade material,** tem como requisitos objetivos: (a) mínima ofensividade da conduta do agente, (b) nenhuma periculosidade social da ação, (c) grau reduzido de reprovabilidade do comportamento, e (d) inexpressividade da lesão jurídica provocada.

Alternativa "b": o princípio da legalidade ou da reserva legal abrange os efeitos penais da sentença penal condenatória e as medidas de segurança. Com efeito, se uma pessoa é condenada e sobrevém norma que deixe de considerar determinado fato como criminoso (*abolitio criminis*), pelo princípio da reserva legal, essa pessoa deixa de responder penalmente pelo fato.

Alternativa "c": pelo princípio da adequação social, o agente pratica um fato formalmente típico, mas **deixa de ser considerado crime por ser essa conduta aceitável socialmente**. É o que ocorre nas lesões corporais ocorridas em práticas esportivas, como o futebol. Já o risco permitido decorre da vida em sociedade. A atividade desempenhada pela pessoa, como o tráfego de automóveis, acarreta risco inerente à vida social e, portanto, apesar de eventualmente, causar dano, é um risco permitido.

Alternativa "d": o princípio que veda o *bis in idem* proíbe que a pessoa responda mais de uma vez pelo mesmo e único crime/fato. Assim, quem respondeu por um homicídio não poderá responder pelo mesmo crime mais uma vez. No concurso de crimes, há mais de dois crimes.

Alternativa "e": o princípio da **fragmentariedade** implica que o Estado deve **criminalizar o mínimo de condutas** dentro das infinitas que podem ser praticadas pelo ser-humano. Já o princípio da **intervenção mínima** implica que o Direito Penal é a *ultima ratio*, ou seja, **deve atuar se outros ramos do Direito não forem eficientes.**

Alternativa correta: letra "c".

---

05. (Analista Judiciário – Área Judiciária TRE/CE 2012 – FCC) NÃO é uma das condições necessárias dentre aquelas estabelecidas pelo Código Penal para aplicação da lei brasileira, ao crime cometido no estrangeiro praticado por brasileiro:

a) entrar o agente no território nacional no prazo máximo de dois anos após o crime.

b) ser o fato punível também no país onde foi praticado.

c) estar o crime incluído entre aqueles pelos quais a lei brasileira autoriza a extradição.

d) não ter sido o agente absolvido no estrangeiro.

e) não ter sido o agente perdoado no estrangeiro.

COMENTÁRIOS

✪ **Nota do autor:** o candidato deve ficar atento, pois o examinador exigiu a questão **incorreta**. A extraterritorialidade, que consiste na aplicação da lei brasileira a fato cometido no exterior, está normatizada no art. 7º, do Código Penal. Nas hipóteses do inciso I, a aplicação da lei brasileira é **incondicionada**, dada a relevância do bem jurídico tutelado. Já nas hipóteses do inciso II, a aplicação da lei brasileira fica **condicionada** aos fatores elencados no § 2º.

Alternativa "a": uma das condições é a entrada do brasileiro no território nacional, mas não há um prazo específico para isso (art. 7º, § 2º, a, CP). O agente só deixará de ser punido, **se houve prescrição ou outra causa extintiva de punibilidade.**

Alternativa "b": trata-se do princípio da dupla tipicidade, que exige que o fato seja previsto no Brasil e no País estrangeiro como crime (art. 7º, § 2º, a, CP).

Alternativa "c": nem todo crime permite a extradição, tal como ocorre com o **crime político e o de opinião** (art. 7º, § 2º, c, CP).

Alternativa letra "d": se o agente foi absolvido no estrangeiro, a sentença do País alienígena faz coisa julgada e vincula a justiça brasileira (art. 7º, § 2º, d, CP).

Alternativa "e": se o agente foi perdoado no estrangeiro, não pode haver uma sentença condenatória no Brasil (art. 7º, § 2º, e, CP).

Alternativa errada: letra "a".

---

06. (Analista Judiciário – Área Judiciária TRE/ES 2011 – CESPE) Julgue os itens que se seguem, à luz dos dispositivos do Código Penal (CP).

06.01. Lugar do crime, para os efeitos de incidência da lei penal brasileira, é aquele onde foi praticada a ação ou omissão, no todo ou em parte, bem como aquele onde se produziu ou, no caso da tentativa, teria sido produzido o resultado.

COMENTÁRIOS

Para fins de determinar o local do crime, adotou-se a **teoria da ubiquidade**, ou seja, considera-se local do crime onde foi praticada a conduta ou se deu o resultado (art. 6º, CP), com o que se garante a aplicação da lei brasileira nos chamados crimes à distância, em que a conduta é realizada em um País e o resultado em outro. Imagine-se que o tiro ocorreu no Brasil, mas a morte na Argentina, a lei brasileira pode ser aplicada ao exemplo.

Alternativa correta: "certo".

06.02. A lei penal que beneficia o agente não apenas retroage para alcançar o fato praticado antes de sua entrada em vigor, como também, embora revogada, continua a reger o fato ocorrido ao tempo de sua vigência.

COMENTÁRIOS

A lei que beneficia o réu é retroativa, ou seja, é aplicável a casos anteriores à sua vigência (art. 2º, CP, e art. 5º, XL, CF). Mas, tal espécie de lei é também ultra-ativa, uma vez que vai ser aplicada aos casos praticados durante sua vigência, porém, julgados quando a norma for revogada por lei mais grave. Exemplo, durante a vigência da lei "A", pessoa comete um crime, cuja pena é privativa de liberdade e vem a lei "B" que torna a pena de multa, aplica-se a lei "B" (princípio da retroatividade). Durante a vigência da Lei "B", outra pessoa comete o mesmo crime, mas vem a ser julgada quando já está em vigor a Lei "C", que voltou a cominar pena privativa de liberdade ao crime. Neste caso, aplica-se a Lei "B" (princípio da ultra-atividade).

Alternativa correta: "certo".

---

07. (Analista Judiciário – Área Judiciária TRE/RN 2011 – FCC) O prazo de natureza penal fixado em um mês, iniciado no dia 13 de janeiro de 2010, quarta-feira, expirou-se no dia

a) 15 de fevereiro de 2010, segunda-feira.
b) 14 de fevereiro de 2010, domingo.
c) 13 de fevereiro de 2010, sábado.
d) 12 de fevereiro de 2010, sexta-feira.
e) 11 de fevereiro de 2010, quinta-feira.

COMENTÁRIOS

✪ **Nota do autor:** a contagem do prazo penal se dá nos termos do art. 10 do CP: o dia do começo inclui-se no cômputo do prazo. Contam-se os dias, os meses e os anos pelo calendário comum.

Alternativa "a": o prazo será dia 12 de fevereiro.

Alternativa "b": o prazo será dia 12 de fevereiro.

Alternativa "c": o prazo será dia 12 de fevereiro.

Alternativa "d": computa-se o dia 13 de janeiro como o primeiro dia e exclui-se o dia 13 de fevereiro como o último. Logo, o prazo de um mês dar-se-á no dia 12 de fevereiro.

Alternativa "e": o prazo será dia 12 de fevereiro.

Alternativa correta: letra "d".

---

08. (Analista Judiciário – Área Judiciária TRE/RS 2010 – FCC) "A" foi denunciado pela prática de furto, tendo a denúncia narrado que ele abordou a vítima e, após desferir-lhe socos e pontapés, subtraiu para si a bolsa que ela carregava. Nesse caso:

a) o Juiz não poderá condenar o réu por roubo, por ser a pena desse crime mais grave que a do furto.
b) como o fato foi classificado erroneamente, o Juiz poderá condenar o réu por roubo, devendo, antes, proceder ao seu interrogatório.
c) o Juiz poderá dar aos fatos classificação jurídica diversa, condenando o réu pela prática de roubo.
d) o Juiz poderá dar ao fato classificação jurídica diversa da que constou da denúncia, dando ao Ministério Público e à Defesa oportunidade para se manifestarem e arrolarem testemunhas.
e) o processo será nulo se o Juiz condenar o acusado por roubo, porque violado o princípio da correlação entre a sentença e o pedido.

COMENTÁRIOS

✪ **Nota do autor:** trata-se de questão que mais exigia do candidato conhecimento de processo penal do que de direito penal. De se recordar que, em processo penal, o réu se defende dos **fatos** que lhe são imputados e não da imputação legal.

Alternativa "a": o juiz só não poderia condenar o réu por roubo, se a denúncia não narrasse os atos de violência contra a vítima. Do contrário, como no caso em tela, já pode condenar, ainda que o crime de roubo tenha pena maior (art. 383, CPP).

Alternativa "b": o juiz pode condenar o réu pelo crime de roubo, porque está descrito na denúncia (art. 383, CPP). O interrogatório é dispensável para a condenação, por exemplo, intimado para audiência de interrogatório, o réu não comparece, sendo declarado revel nos termos do CPP

Alternativa "c": no processo penal, o acusado se defende dos **fatos** descritos na denúncia e não do artigo de lei que o Promotor de Justiça capitula a conduta. Por isso, se os elementos (grave ameaça ou violência) que distinguem o roubo do furto estão descritos na denúncia, o juiz pode já condenado réu por roubo, apesar de o promotor ter capitulado sua conduta por furto (art. 383, CPP).

Alternativa "d": as manifestações do Ministério Público e da Defesa só seriam necessárias se a denúncia não narrasse a violência (art. 384, CPP).

Alternativa "e": o princípio da correlação entre denúncia e sentença consiste no fato de que esta deve estar adstrita aos fatos narrados na inicial acusatória. É o que ocorreu no presente caso, pois considerou a violência narrada na denúncia, modificando-se apenas a capitulação do crime (art. 383, CPP).

Alternativa correta: letra "c".

---

09. (Analista Judiciário – Área Judiciária TRE/RS 2010 – FCC) "A", menor de 18 anos, efetua disparos de arma de fogo contra a vítima que, em virtude dos ferimentos recebidos, vem a falecer um mês depois, quando "A" já havia atingido aquela idade. Nesse caso, "A":

a) não será tido como imputável, porque se considera como tempo do crime o momento da ação ou omissão.
b) só será considerado inimputável se provar que, ao tempo do crime, não possuía a plena capacidade de entender o caráter ilícito do fato.

c) será tido como imputável, pois o Código Penal considera como tempo do crime tanto o momento da ação quanto o momento do resultado.

d) não será considerado imputável se provar que cometeu o delito sob estado de necessidade ou em legítima defesa.

e) será considerado imputável, pois a consumação do crime ocorreu quando já era maior de 18 anos.

COMENTÁRIOS

✪ **Nota do autor:** convém ao candidato memorizar: **tempo do crime = teoria da atividade (art. 4º, CP); lugar do crime = teoria da ubiquidade (art. 6º, CP).**

Alternativa "a": o Código Penal adotou a teoria da atividade, considerando que o crime tenha sido cometido no momento da ação ou omissão. Portanto, a idade do sujeito ativo do crime deve ser aferida no momento da conduta, quando o agente efetuou os disparos. No caso do problema, "A" era menor de dezoito anos quando efetuou os disparos e, portanto, está sujeito ao ECA, mesmo que a morte tenha ocorrido depois que ele completara dezoito anos.

Alternativa "b": a menoridade penal é causa absoluta de inimputabilidade (art. 27, CP). Adota-se um critério biológico-etário, não se necessita de exame de insanidade mental.

Alternativa "c": o Código Penal considera como **local** (e não tempo) do crime tanto o momento da ação quanto o momento do resultado (teoria da ubiquidade – art. 6º, CP).

Alternativa "d": estado de necessidade e legítima defesa são causas excludentes de ilicitude, enquanto a imputabilidade está relacionada à culpabilidade (arts. 23, I e II, e 26, CP).

Alternativa "e": em relação ao tempo do crime, o Código Penal adotou a teoria da atividade e não do resultado (art. 4º, CP). Portanto, "A" é considerado inimputável, pois no momento da conduta era menor de dezoito anos.

Alternativa correta: letra "a".

---

10. (Analista Judiciário – Área Judiciária TRE/RS 2010 – FCC) Dentre os casos de extraterritorialidade incondicionada da lei penal, previstos no Código Penal, NÃO se incluem os crimes cometidos:

a) contra a fé pública da União.

b) contra o patrimônio de autarquia ou fundação instituída pelo Poder Público.

c) contra a administração pública, por quem está a seu serviço.

d) em aeronaves ou embarcações brasileiras.

e) contra a vida ou a liberdade do Presidente da República.

COMENTÁRIOS

✪ **Nota do autor:** em regra, a lei penal brasileira só se aplica no território nacional. Porém, dada a relevância do bem jurídico a ser tutelado, aplica-se em País estrangeiro (princípio da **extraterritorialidade**). Note-se que o examinador exigiu a alternativa **incorreta.**

Alternativa a": nesse caso, aplica-se o princípio da extraterritorialidade dada a relevância do bem jurídico tutelado, ou seja, a fé pública da União (art. 7º, I, b, CP).

Alternativa "b": nesse caso, aplica-se o princípio da extraterritorialidade dada a relevância do bem jurídico tutelado, ou seja, o patrimônio de autarquia ou fundação instituída pelo Poder Público (art. 7º, I, b, CP).

Alternativa "c": nesse caso, aplica-se o princípio da extraterritorialidade dada a relevância do bem jurídico tutelado, ou seja, a administração pública, por quem está a seu serviço (art. 7º, I, c, CP). A probidade administrativa é princípio constitucional a ser tutelada de servidores públicos lotados no exterior.

Alternativa "d": em relação às aeronaves ou embarcações, se elas forem **públicas**, são consideradas **extensões do território brasileiro** (art. 5º, § 1º, CP). Se forem particulares, aplica-se a lei do País, se estiverem no **espaço aéreo ou mar territorial nacional.** Portanto, em relação às embarcações e aeronaves, quanto à aplicação da lei penal o **princípio da territorialidade** (art. 5º, § 2º, CP).

Alternativa "e": nesse caso, aplica-se o princípio da extraterritorialidade dada a relevância do bem jurídico tutelado, ou seja, a vida ou a liberdade do Presidente da República, Chefe de Estado e de Governo brasileiro (art. 7º, I, a, CP).

Alternativa errada: letra "d".

---

11. (Analista Judiciário – Área Judiciária TRE/MT 2010 – CESPE) Acerca da parte geral do direito penal, assinale a opção correta.

a) A lei excepcional ou temporária aplica-se aos fatos praticados durante a sua vigência, salvo quando decorrido o período de sua duração ou cessadas as circunstâncias que a determinaram.

b) Com relação ao lugar do crime, aplica-se a teoria da atividade, considerando-se praticado o crime no lugar em que ocorreu a ação ou omissão, não onde se produziu ou deveria se produzir o resultado.

c) A superveniência de causa relativamente independente exclui a imputação quando, por si só, produziu o resultado; os fatos anteriores, entretanto, imputam-se a quem os praticou.

d) Presentes os pressupostos legais da configuração do arrependimento eficaz, o efeito será a redução da pena de um terço a dois terços.

e) O Código Penal, em sua parte geral, estabelece, como regra, a possibilidade de o sujeito ativo do crime responder por crime culposo quando a lei não prevê a punição a título doloso, sem necessidade de previsão expressa do tipo culposo na parte especial.

COMENTÁRIOS

✪ **Nota do autor:** Em relação ao nexo de causalidade entre a conduta do agente e o resultado criminoso, no Direito Penal, em regra, adota-se a teoria da ***conditio sine qua non*** (art. 13, *caput*, do CP). Porém, excepcionalmente, adotou-se a teoria da **causa adequada** em se tratando de causa superveniente relativamente independente (art. 13, § 1º, CP).

Alternativa "a": mesmo depois de decorrido o período de sua duração ou cessadas as circunstâncias que as determinaram, as leis temporárias e as extraordinárias se aplicam aos fatos praticados durante a sua vigência, pois, do contrário, seriam ineficazes (art. 3º, CP).

Alternativa "b" em relação ao lugar do crime, o art. 6º do CP adotou a teoria da **ubiquidade**, ou seja, considera-se praticado o crime no lugar em que ocorreu a ação ou omissão, no todo ou em parte, bem como onde se produziu ou deveria produzir-se o resultado.

Alternativa "c": a vítima sofre um atentado com tiros e, levada ao hospital, sofre acidente com a ambulância no trajeto, vindo, por este motivo, a falecer. O acidente automobilístico é causa **relativamente** (porque, não fosse o tiro, a vítima não estaria na ambulância) **independente** (o acidente, por si só, deu causa à morte do ofendido) **superveniente** (o acidente de trânsito é posterior aos tiros). Neste caso, o agente que deu os tiros não responde pelo crime de homicídio consumado, pois se considera rompido o nexo de causalidade, mas responde por tentativa de homicídio (art. 13, § 1º, CP).

Alternativa "d": No arrependimento eficaz, em que o agente inicia a execução do crime, mas, por vontade sua, não a conclui, **responderá pelos atos que já cometera** (art. 15, CP). Se "A" atira em "B" e, arrependido, evita a morte do ofendido, "A" responde por lesão corporal sem redução de pena. Já, no **arrependimento posterior**, o crime, cometido sem violência ou grave ameaça, se consuma, mas o agente repara o dano até o recebimento da denúncia ou da queixa-crime, **terá a pena reduzida de um a dois terços** (art. 16, CP). Nesse caso, se "A" furta "B", mas restitui os bens subtraídos, responde por crime de furto consumado com causa de diminuição de pena do art. 15, CP.

Alternativa "e": em nome do **princípio da reserva legal**, segundo o qual os crimes devem estar previamente previstos em lei, os crimes culposos, assim como os dolosos, **devem ter um tipo penal que descreve a conduta** (art. 1º, CP).

Alternativa correta: letra "c".

1.2. DO CRIME

- CP, Título II da Parte Geral.
- CP, arts. 13 a 25.

---

12. (IBFC – Analista Judiciário – Área Judiciária – TRE – PA/2020) Quanto ao "erro sobre elementos do tipo" e "erro sobre a ilicitude do fato", analise as afirmativas abaixo e dê valores Verdadeiro (V) ou Falso (F):

( ) Não cabe a incidência de erro de tipo nos crimes omissivos espúrios, em face do dever de agir para evitar o resultado, levando-se em conta a relação de normalidade ou perigo do caso concreto.

( ) O erro relativo à existência de uma causa de exclusão de ilicitude consiste em descriminante putativa por erro de proibição. Nesse caso, se inescusável o erro, afasta-se o dolo, subsistindo a responsabilidade por crime culposo, se previsto em lei.

( ) Ao agente provocador que atua dolosamente deverá ser imputado, na forma dolosa, o crime cometido pelo provocado. Já o agente provocado ficará impune, desde que escusável o seu erro.

( ) Incide sobre o [3]error in persona' a teoria da equivalência do bem jurídico atingido. Nesse caso, o agente responderá pelo crime praticado, porém, no momento da aplicação da pena, serão consideradas as condições da vítima virtual.

Assinale a alternativa que apresenta a sequência correta de cima para baixo.

a) V, F, F, V

b) F, F, V, V

c) F, V, V, F

d) V, V, V, V

COMENTÁRIOS

Item "I". Nos crimes omissivos espúrios ou impróprios, o dever de agir é elemento do tipo penal, consoante art. 13, § 2º, CP. Logo, o erro de tipo pode incidir sobre esse dever de agir.

Item "II". O erro sobre a excludente de ilicitude incide sobre a potencial consciência da ilicitude, elemento da culpabilidade. Se se inevitável, isenta de pena; se evitável, poderá diminuí-la de um sexto a um terço (art. 21, CP).

Item "III". O agente provocador responde pelo crime que provocou (art. 20, § 2º, CP). O agente que foi induzido a erro, desde que esse seja escusável, fica isento de pena (art. 20, § 1º, CP).

Item "IV". O erro quanto à pessoa contra a qual o crime é praticado não isenta de pena. Não se consideram, neste caso, as condições ou qualidades da vítima, senão as da pessoa contra quem o agente queria praticar o crime (art. 20, § 3º, CP).

Alternativa correta: letra "b".

---

13. (Cespe – Analista Judiciário – Área Administrativa – TRE – BA/2017) Pedro, José e Alfredo integram uma organização criminosa que opera com tráfico de drogas e comete vários crimes na periferia de uma grande cidade brasileira. José ocupa uma posição mais alta na organização, sendo responsável por punir quem não correspondesse às expectativas do grupo. Certo dia, tendo Alfredo falhado na cobrança de uma dívida do tráfico, José, com a ajuda de Pedro, deu-lhe uma surra. Com o objetivo de se vingar de ambos, Alfredo armou um plano para acabar com a vida de José e atribuir a responsabilidade a Pedro. Assim, durante um tiroteio entre integrantes da organização criminosa e policiais, Alfredo, apontando na direção de José, que estava atrás de um arbusto, orientou Pedro a atirar nele, sob a alegação de que se tratava de um policial. O tiro atingiu José e Alfredo fugiu. Tendo percebido o erro, Pedro levou José ao hospital, o que evitou sua morte.

Considerando que, conforme o Código Penal, o crime de homicídio consiste em matar alguém e o crime de lesão corporal em ofender a integridade corporal ou a saúde de outrem, assinale a opção correta a respeito da responsabilização de Alfredo e Pedro na situação hipotética apresentada.

a) Pedro não será responsabilizado pela prática de crime, em razão do erro sobre pessoa, e Alfredo responderá por tentativa de homicídio.

b) Alfredo será responsabilizado por tentativa de homicídio e Pedro por lesão corporal.

c) Nem Alfredo nem Pedro serão responsabilizados pela prática de crime, já que Pedro impediu a morte de José.

d) Tanto Pedro quanto Alfredo responderão por tentativa de homicídio.

e) Pedro não será responsabilizado pela prática de crime, por estar configurada discriminante putativa, e Alfredo responderá por lesão corporal.

COMENTÁRIOS

Alternativas "a" e "d". Pedro responde criminalmente, porque agiu com o dolo de matar alguém, mas, por lesão corporal por causa do arrependimento eficaz. Alfredo responde por homicídio porque induziu terceiro a erro (art. 20, § 2º, CP).

Alternativa "b". No caso, houve erro determinado por terceiro: responde pelo crime o terceiro que determina o erro (art. 20, § 2º, CP). Portanto, Alfredo responde pelo crime de homicídio, pois esse era o seu dolo, na forma tentada, porque não se consumou por circunstância alheia à sua vontade. Por sua vez, Pedro agiu com dolo de matar alguém, porém, por ato voluntário seu, impediu a produção de resultado, configurando a hipótese de arrependimento eficaz (art. 15, CP), motivo pelo qual responde apenas pelos atos já praticados, ou seja, lesão corporal.

Alternativa "c". Pedro responde por lesão corporal, porque beneficiado pela regra do arrependimento eficaz. Já Alfredo responde por homicídio tentado, já que a morte da vítima, seu intento ao induzir terceiro a erro, só não se consumou por circunstâncias alheias à sua vontade.

Alternativa "e". Não houve discriminante putativa em relação a Pedro, pois ele agiu com a potencial consciência da ilicitude de sua conduta. Ele agiu com dolo de matar e só responde por lesão corporal por causa do arrependimento eficaz. Alfredo responde por tentativa de homicídio, já que a morte da vítima não adveio por ato de Alfredo, mas de terceiro.

Alternativa correta: letra "b".

---

14. (Cespe – Analista Judiciário – Área Judiciária – TRE – TO/2017) Acerca de crime, imputabilidade penal e concurso de pessoas, assinale a opção correta.

a) As circunstâncias e as condições de caráter pessoal sempre se comunicam entre todos que concorrem para o crime.

b) A utilização da mesma fundamentação para dosar a pena aos corréus, com análise conjunta das circunstâncias judiciais, por violar a individualização da pena, não pode ser admitida.

c) O uso de cerca elétrica nos muros das residências constitui espécie de legítima defesa putativa.

d) A ofensa irrogada na discussão da causa pela parte ou por seu procurador configura causa excludente de ilicitude.

e) O trote acadêmico em que o calouro é obrigado a ingerir álcool não configura embriaguez por força maior, não afastando a imputabilidade do agente.

COMENTÁRIOS

Alternativas "a". Apenas as circunstâncias elementares do crime se comunicam (art. 30, CP), como a condição de funcionário público nos crimes contra administração, como o peculato. Circunstâncias que não são elementares de crime não se comunicam. Por exemplo, se "A" mata seu irmão em concurso de agentes com "B", a circunstância agravante só se aplica a "A".

Alternativa "b". Se as circunstâncias forem de caráter objetivo, como as consequências do crime, é possível que elas sejam usadas da mesma forma entre os diversos corréus. O mesmo não vale em relação a circunstâncias pessoais, como, no caso em que apenas um deles é reincidente e o outro não.

Alternativa "c". A colocação de cerca elétrica é exemplo de ofendículo, que consiste em hipótese de legítima defesa preordenada. Não se trata de hipótese de erro do agente que leva a crer que há agressão ou ameaça de lesão a bem jurídico seu que torne legítima sua reação. Esse erro faz incidir hipótese de legítima defesa putativa.

Alternativa "d". O art. 142, I, CP, dispõe que não há crime se a ofensa for irrogada em juízo pela parte ou por seu procurador, pois se trata de exercício regular de direito da ampla defesa e do contraditório.

Alternativa "e". No trote acadêmico, o agente é coagido a se embriagar, motivo pelo qual é o caso de força maior. Mas, haverá isenção de pena apenas se a embriaguez for completa.

Alternativa correta: letra "d".

---

15. (Cespe – Analista Judiciário – Área Administrativa – TRE – BA/2017) Considera-se inimputável aquele que comete crime

a) antes de completar dezoito anos de idade.
b) em estado de embriaguez preordenada.
c) agindo em legítima defesa, o que o isenta de pena.
d) sem ser inteiramente capaz de entender o caráter ilícito de sua conduta, o que o isenta de pena.
e) sob forte emoção ou paixão.

COMENTÁRIOS

Alternativa "a". O ordenamento jurídico brasileiro acolhe a presunção absoluta que o menor de dezoito anos é inimputável. A pessoa só responde criminalmente a partir do dia de seu aniversário de dezoito anos. Antes, está sujeita ao ECA.

Alternativa "b". A embriaguez preordenada não isenta o agente de pena (art. 28, II, CP. No caso, o CP adotou a teoria da *actio libera in causa*, ou seja, considera-se a situação psíquica do agente antes dele se colocar em situação de embriaguez, que preordenada, é circunstância agravante (art. 61, II, I, CP).

Alternativa "c". A legítima defesa é causa de exclusão de ilicitude ou antijuricidade. Ou seja, o fato é típico, mas lícito.

Alternativa "d". É inimputável o agente que, ao tempo do crime, era inteiramente incapaz de entender o caráter ilícito do fato ou de determinar-se de acordo com esse entendimento.

Alternativa "e". O CP é no sentido de que a emoção ou a paixão não exclui a inimputabilidade (art. 28, I, CP).

Alternativa correta: letra "a".

---

16. (Cespe – Analista Judiciário – Área Judiciária – TRE – PE/2017) De acordo com os principais teóricos do direito penal, a teoria da imputação objetiva se refere especificamente à

a) culpabilidade.
b) antijuridicidade.
c) tipicidade material.
d) relação de causalidade.
e) punibilidade.

COMENTÁRIOS

Alternativa "a". A culpabilidade é juízo de reprovação que recai sobre o fato praticado pelo acusado.

Alternativa "b". Antijuricidade se refere à ilicitude da conduta, que não encontra amparo na ordem jurídica.

Alternativa "c". A tipicidade material ocorre se há efetiva violação ao bem jurídico tutelado pela norma penal.

Alternativa "d". A imputação objetiva se relaciona com a relação de causalidade entre conduta e resultado. O agente não responde criminalmente se o risco criado pela sua conduta é permitido pelo ordenamento jurídico, rompendo-se o nexo causal. Só há responsabilidade penal se o risco criado ou incrementado pela conduta for proibido e relevante ao resultado.

Alternativa "e". Punibilidade é a possibilidade jurídica do Estado impor sanção penal ao autor de um fato, típico antijurídico e culpável.

Alternativa correta: letra "d".

---

17. (Cespe – Analista Judiciário – Área Judiciária – TRE – PE/2017) Um dos elementos da culpabilidade, a imputabilidade será excluída no caso de o agente atuar sob o estado de embriaguez completa

a) intencional.
b) fortuita.
c) culposa.
d) preordenada.
e) voluntária.

COMENTÁRIOS

Alternativas "a", "c" e "e". Se o agente se coloca **voluntariamente** (intencional ou culposamente) em situação de embriaguez, aplica-se a teoria da *actio libera in causa*. Ou seja, leva-se em consideração a capacidade do agente de entender o caráter ilícito do fato e de assim se determinar antes de se colocar em situação de embriaguez. Nesse caso, o agente não é isento de pena (art. 28, II, CP).

Alternativa "b". A embriaguez fortuita é aquela que não decorre de culpa ou dolo do agente. Ela é involuntária e, por isso, exclui a imputabilidade (art. 28, § 1º, CP).

Alternativa "d". A embriaguez preordenada não exclui a culpabilidade e, mais do que isso, é circunstância agravante da pena, já que o agente se coloca nessa situação para ter coragem de cometer a infração penal (art. 61, II, *l*, CP).

Alternativa correta: letra "b".

---

18. (Consulplan – Analista Judiciário – Área Administrativa – TRE – RJ/2017) "João da Silva atira contra 'X' no dia 29/5, tendo 'X' falecido 20 dias depois." Sobre o tempo do crime, o Código Penal adota a teoria:

a) Ubiquidade.

b) Da atividade.

c) Do resultado.

d) Ambivalência.

COMENTÁRIOS

Alternativa "a". Pela **teoria da ubiquidade**, considera-se o tempo do crime o momento da conduta ou o da produção do resultado. Não foi adotada pelo CP para determinação do tempo do crime, mas sim para a fixação do **lugar** do crime (art. 6º, CP).

Alternativa "b". O art. 4º, CP, adotou a **teoria da atividade** para determinação do **tempo** do crime: "Considera-se praticado o crime no momento da ação ou omissão, ainda que outro seja o momento do resultado". No problema, o tempo do crime é 29/5.

Alternativa "c". A teoria do resultado leva em consideração o momento em que o crime produz o resultado. Não foi adotada pelo CP.

Alternativa "d". Não se conhece a teoria da ambivalência para fixação do momento do crime.

Alternativa correta: letra "b".

---

19. (IESES – Analista Judiciário – Área Judiciária – TRE – MA/2015) No tocante as excludentes de culpabilidade é correto afirmar:

a) A legítima defesa, causa excludente de culpabilidade, é quando o agente usando moderadamente dos meios necessários repele injusta agressão, atual ou iminente, a direito seu ou de outrem.

b) O erro sobre a ilicitude do fato, erro de proibição, se evitável, isenta de pena; se inevitável, poderá diminuí-la de um sexto.

c) O erro quanto à pessoa contra a qual o crime é praticado não isenta de pena. É considerado, neste caso, as condições ou qualidade da vitima.

d) O erro sobre elemento constitutivo do tipo legal de crime exclui o dolo, mas permite a punição por crime culposo, somente quanto previsto em lei.

COMENTÁRIOS

✪ **Nota do autor:** essa questão foi ANULADA pela comissão examinadora.

Alternativa "a": a legítima defesa é causa excludente de antijuricidade ou ilicitude.

Alternativa "b": O desconhecimento da lei é inescusável. O erro sobre a ilicitude do fato, se inevitável, isenta de pena; se evitável, poderá diminuí-la de **um sexto a um terço**.

Alternativa "c": O erro quanto à pessoa contra a qual o crime é praticado não isenta de pena. Não se consideram, neste caso, as condições ou qualidades da vítima, mas as da pessoa contra quem o agente queria praticar o crime.

Alternativa "d": O erro sobre elemento constitutivo do tipo legal de crime exclui o dolo, mas permite a punição por crime culposo, se previsto em lei. Ou seja, o que se exige é a previsão de lei prevendo crime culposo.

---

20. (IESES – Analista Judiciário – Área Judiciária – TRE – MA/2015) No que se refere ao Código Penal, é correto afirmar:

a) Não há crime quando o agente é menor de 18 anos ou pratica o fato em estado de necessidade, legítima defesa, estrito cumprimento do dever legal, ou no exercício regular de direito.

b) Nos crimes cometidos sem violência ou grave ameaça, reparado o dano ou restituída a coisa, até o oferecimento da denúncia ou da queixa, por ato voluntário do agente, a pena será reduzida de um a dois terços.

c) O agente que, voluntariamente, desiste de prosseguir na execução ou impede que o resultado se produza, poderá ter sua pena reduzida de um a dois terços.

d) Crime consumado é quando nele se reúnem todos os elementos de sua definição legal; crime tentado, quando iniciada a execução, não se consuma por circunstâncias alheias à vontade do agente, punindo- se a pena correspondente ao crime consumado, diminuída de um a dois terços.

COMENTÁRIOS

✪ **Nota do autor:** essa questão foi ANULADA pela Comissão Organizadora.

Alternativa "a": se o agente pratica o fato em estado de necessidade, legítima defesa, estrito cumprimento do dever legal, ou no exercício regular de direito, não há crime, pois sua conduta, apesar de típica, está acobertada por **excludente de ilicitude**. Se ele for menor de dezoito anos, é considerado inimputável e, portanto, falta um dos elementos da culpabilidade. Pela lei, ele comete **ato infracional** (ECA).

Já, pela doutrina, depende se adota a teoria tripartite (crime é fato típico, ilícito e culpável) ou a teoria bipartida (crime é fato típico e ilícito).

Alternativa "b": Nos crimes cometidos sem violência ou grave ameaça, reparado o dano ou restituída a coisa, até o **recebimento** da denúncia ou da queixa, por ato voluntário do agente, a pena será reduzida de um a dois terços. Importa o momento em que o Juiz decide por receber a denúncia, não quando o MP a apresenta ao Juízo. Trata-se do arrependimento posterior (art. 16, CP).

Alternativa "c": o agente que, voluntariamente, desiste de prosseguir na execução ou impede que o resultado se produza, só responde pelos atos já praticados. Trata-se do arrependimento eficaz (art. 15, CP). Assim, se o agente inicia a prática do homicídio, mas deixa de prosseguir na execução, só responde pelas lesões corporais produzidas, sem redução de pena.

Alternativa: "d": Crime consumado é quando nele se reúnem todos os elementos de sua definição legal; crime tentado, quando iniciada a execução, não se consuma por circunstâncias alheias à vontade do agente, punindo-se a pena correspondente ao crime consumado, diminuída de um a dois terços, **salvo disposição em sentido contrário, como ocorre no crime de evasão mediante violência contra a pessoa**.

---

21. (Cespe – Analista Judiciário – Área Judiciária – TRE – MT/2015) A respeito das leis penais em branco e da teoria geral do delito, assinale a opção correta.

a) A concepção welzeliana de ação implicou a inclusão do dolo – sem a consciência de ilicitude – e da culpa nos tipos de injustos. Além disso, conforme essa concepção, ao desvalor da ação corresponderia um desvalor do resultado, consistente na lesão ou perigo de lesão ao bem jurídico tutelado.

b) Em se tratando de crimes omissivos próprios ou puros, não há uma causalidade fática, mas jurídica, uma vez que o omitente, devendo e podendo, não impede o resultado. Nesse caso, apesar de se tratar de crime material, o agente responde não por ter causado o resultado, mas por não ter evitado sua ocorrência.

c) Com relação ao dolo, o legislador penal brasileiro adotou a teoria da representação, conforme a qual, para a existência do dolo, é suficiente a representação subjetiva ou a previsão do resultado como certo ou provável.

d) Configura lei penal em branco em sentido estrito o artigo do Código Penal, que estabelece como criminosa a conduta de casar-se mesmo conhecendo existir impedimento que acarrete a nulidade absoluta do casamento.

e) Crimes pluriofensivos são aqueles dotados de iter criminis fracionável, de forma que sua execução se desdobra em vários atos.

COMENTÁRIOS

Alternativa "a": Welzel é o pai do finalismo, escola que considera que o dolo e a culpa são elementos do tipo penal, não da culpabilidade, como defende a teoria causal da ação. Além disso, são elementos do tipo penal para o finalismo a conduta e o resultado.

Alternativa "b": Crime omissivo próprio: há somente a omissão de um dever de agir, imposto normativamente, dispensando, via de regra, a investigação sobre a relação de causalidade naturalística (são delitos de mera conduta). Crime omissivo impróprio: o dever de agir é para evitar um resultado concreto.

Alternativa "c": o CP adotou a teoria da vontade (dolo direto: há vontade consciente de querer praticar a infração penal) e a teoria do consentimento ou do assentimento (dolo eventual: o agente prevê o resultado como possível e ainda assim continua na prática assumindo o risco de produzi-lo.

Alternativa "d": Lei penal em branco em sentido amplo (homogênea, homóloga ou imprópria): o complemento é feito pela mesma fonte legislativa que editou a lei penal em branco, ou seja, pelo próprio Poder Legislativo. É o que ocorre no caso do crime de do art. 237, CP, pois as hipóteses de impedimento matrimonial são estabelecidas pelo Código Civil. De outro lado, nas normas penais em branco em sentido estrito (heterogênea ou própria), o complemento é formulado por fonte legislativa diversa (portaria, decreto, resolução) da que editou a lei penal em branco, ou seja, não se origina do Poder Legislativo. É o caso dos crimes previstos na Lei de Drogas, pois o conceito de drogas é definido por portaria da Anvisa.

Alternativa "e": Crimes pluriofensivos são aqueles que atingem dois ou mais bens jurídicos, tal como no latrocínio (CP, art. 157, § 3º, parte final), que afronta a vida e o patrimônio.

Alternativa correta: letra "a".

---

22. (Cespe – Analista Judiciário – Área Judiciária – TRE – MT/2015) Com relação aos institutos da desistência voluntária, do arrependimento posterior e do arrependimento eficaz, ao crime impossível e às infrações qualificadas pelo resultado e descriminantes putativas, assinale a opção correta.

a) Crime qualificado pelo resultado é o mesmo que crime preterdoloso.

b) Conforme a teoria limitada da culpabilidade, todo e qualquer erro que recaia sobre uma causa de justificação é erro de proibição.

c) De acordo com a doutrina majoritária, a espontaneidade não é requisito para o reconhecimento da desistência voluntária e do arrependimento eficaz.

d) O instituto do arrependimento posterior não se aplica ao autor de um crime de lesão corporal culposa.

e) Com relação ao crime impossível, o legislador penal brasileiro adotou a teoria subjetiva.

COMENTÁRIOS

Alternativa "a": No crime preterdoloso, o agente pratica uma conduta dolosa, menos grave, porém obtém um resultado danoso mais grave do que o pretendido, na forma culposa. É o caso da lesão corporal seguida de morte. O crime qualificado pelo resultado é aquele em que a lei prevê uma pena mais severa quando ocorre um resultado mais grave do que aquele previsto no tipo fundamental. Esse resultado pode advir de dolo ou de culpa, como no latrocínio (o resultado morte pode advir de culpa ou dolo).

Alternativa "b": Para a teoria limitada da culpabilidade, se o erro do agente incidir sobre uma situação fática que, se existisse, tornaria a conduta legítima, fala-se em erro de tipo (erro de tipo permissivo); mas, se o erro recair sobre a existência ou, os limites de uma causa de justificação, o erro é de proibição (erro de proibição indireto/ erro de permissão).

Alternativa "c": na desistência voluntária e no arrependimento eficaz, exige-se a voluntariedade, mas não a espontaneidade. Ou seja, o agente pode se arrepender se induzido ou instigado por outro, sem ter iniciativa própria.

Alternativa "d": Não é possível o arrependimento posterior, se o crime é cometido mediante violência. Trata-se de conduta violenta dolosa. Ocorre que, no crime de lesão corporal culposa, a violência está no resultado, não na conduta, a qual é culposa. Assim, o arrependimento posterior é possível no crime de lesão corporal culposa.

Alternativa "e": o CP, no art. 17, CP, que trata do crime impossível, adotou a teoria objetiva temperada ou moderada, onde exige que o meio empregado pelo agente e o objeto sobre o qual recai a conduta sejam absolutamente inidôneos para produzir a finalidade e o resultado buscado.

Alternativa correta: letra "c".

---

23. (Cespe – Analista Judiciário – Área Judiciária– TRE-GO/2015) Julgue os itens seguintes, a respeito de concurso de pessoas, tipicidade, ilicitude, culpabilidade e fixação da pena.

23.01. Aquele que for fisicamente coagido, de forma irresistível, a praticar uma infração penal cometerá fato típico e ilícito, porém não culpável.

COMENTÁRIOS

✪ **Nota do autor:**

Coação **Física** Irresistível	O fato é **atípico**
Coação **Moral** Irresistível	O fato é **típico, antijurídico, mas não culpável**

Há de se fazer uma diferenciação. Se a coação irresistível for **física**, não há qualquer resquício de vontade na conduta do agente e, assim, não há dolo ou culpa, afastando-se a **tipicidade**. De outro lado, se a coação for **moral**, resta manifestação de vontade, porém, viciada, sendo assim afastada a **culpabilidade**.

Alternativa correta: "errado."

23.02. Um indivíduo que, ao repelir injusta agressão à sua vida, agindo com *animus defendi*, fira terceiro, mesmo que empregando moderadamente o meio necessário para repetir a agressão, poderá alegar legítima defesa para excluir a ilicitude de tal ato.

COMENTÁRIOS

No caso, houve **erro na execução** e, assim, o agente responderia por crime contra a pessoa que pretendia atingir, não contra aquela que foi atingida efetivamente (art. 73, *caput*, CP). No entanto, no caso em tela, o indivíduo agiu em legítima defesa, não havendo que se falar em crime contra a pessoa que ele pretendia atingir, havendo no caso excludente de ilicitude (art. 25, CP), circunstância que se estende em relação à pessoa que ele efetivamente atingiu.

Alternativa correta: "certo".

---

24. (Cespe – Analista Judiciário – Área Judiciária– TRE-GO/2015) No que concerne à lei penal no tempo, tentativa, crimes omissivos, arrependimento posterior e crime impossível, julgue os itens a seguir.

24.01. Configura-se tentativa incruenta no caso de o agente não conseguir atingir a pessoa ou a coisa contra a qual deveria recair sua conduta.

COMENTÁRIOS

A tentativa ocorre quando o agente inicia os atos executórios, mas não consuma o crime por circunstâncias alheias à sua vontade, seja porque não atinge o objeto material tutelado pela norma penal **(tentativa incruenta)**, seja porque o atingiu **(tentativa cruenta)**, mas mesmo assim o crime não se consumou. No primeiro caso, o agente atira contra a vítima, mas erra todos os disparos, quando então chega um terceiro que evita que ele efetue novos disparo. No segundo caso, o agente acerta a vítima, mas o ofendido é socorrido e salvo por terceiros.

Alternativa correta: "certo".

24.02. A mãe que, apressada para fazer compras, esquecer o filho recém-nascido dentro de um veículo responderá pela prática de homicídio doloso no caso de o bebê morrer por sufocamento dentro do veículo fechado, uma vez que ela, na qualidade de agente garantidora, possui a obrigação legal de cuidado, proteção e vigilância da criança.

COMENTÁRIOS

No caso, a mãe age com **negligência**, pois não atuou com o cuidado que dela se espera em situações como essa. Assim, responde por **homicídio culposo.** Sua conduta é omissiva e responde porque tinha o dever e podia evitar o resultado danoso (art. 13, § 2º, CP).

Alternativa correta: "errado".

24.03. De acordo com a teoria subjetiva, aquele que se utilizar de uma arma de brinquedo para ceifar a vida de outrem mediante disparos, não logrando êxito em seu desiderato, responderá pelo delito de tentativa de homicídio.

COMENTÁRIOS

Pela teoria subjetiva, há de se observar tão somente o elemento subjetivo na conduta do agente para se verificar em qual tipo penal incide sua conduta. Assim, se a intenção era matar a vítima, responde pelo crime tentado ainda que o meio usado por ele não fosse capaz de produzir o resultado. A lei brasileira, em matéria de tentativa, adotou o critério **objetivo**, já que é punida em face do perigo proporcionado ao bem jurídico tutelado pela lei penal. Se o meio utilizado pelo agente se valer de meio absolutamente ineficaz para produzir o resultado, há crime impossível, como no uso de arma de brinquedo para matar alguém.

Alternativa correta: "certo".

---

25. (Cespe – Analista Judiciário – Área Judiciária – TRE-RJ/2012) A respeito de institutos diversos de direito penal, julgue os itens a seguir.

25.01. Nos casos de delitos contra o patrimônio praticados sem violência ou grave ameaça à pessoa, a aplicação do princípio da insignificância é admitida pelo Superior Tribunal de Justiça, mesmo que existam condições pessoais desfavoráveis, tais como maus antecedentes, reincidência ou ações penais em curso.

COMENTÁRIOS

✪ **Nota do autor:** em que pese posicionamento em sentido contrário, prevalece o entendimento no sentido de que o princípio da insignificância exclui a **tipicidade** da conduta. Assim, quem subtrai um bem que custa R$ 10,00 de um hipermercado. A conduta é atípica porque o patrimônio do hipermercado não foi efetivamente atingido.

A jurisprudência do STJ é no sentido de que: 1) a reiteração criminosa não impede a aplicação do princípio da insignificância, caso seja a medida socialmente recomendável (STJ – RHC n. 105834 / RO); 2) se o réu for reincidente específico – réu com condenação anterior pelo mesmo crime (STJ – RHC n. 105.834/RO); c) a reincidência, por si só, não é óbice para o reconhecimento do princípio da insignificância, devendo ser analisados junto com os requisitos estabelecidos pela jurisprudência: (a) a mínima ofensividade da conduta do agente, (b) nenhuma periculosidade social da ação, (c) o reduzidíssimo grau de reprovabilidade do comportamento e (d) a inexpressividade da lesão jurídica provocada (STJ – AgRg no HC n. 450.706/MS) ,

Alternativa correta: "certo".

25.02. A venda de cópias não autorizadas de CDs e DVDs – cópias piratas – por vendedores ambulantes que não possuam outra renda além da advinda dessa atividade, apesar de ser conduta tipificada, não possui, segundo a jurisprudência do STJ, tipicidade material, aplicando-se ao caso o princípio da adequação social.

COMENTÁRIOS

O direito autoral é assegurado constitucionalmente, de maneira que a comercialização de CD's e DVD's piratas implica prejuízo patrimonial e moral ao autor da obra. Assim, é razoável que o Direito Penal incrimine tal conduta. A comercialização generalizada pelos chamados camelôs não tem o condão de revogar a norma penal. Ademais, não se pode admitir uma atividade ilícita como única forma de ganho de renda.

Alternativa correta: "errado".

---

26. (Analista Judiciário – Área Judiciária TRE/AP 2011 – FCC) Paulo abordou a vítima Pedro em via pública e, mediante grave ameaça com emprego de arma de fogo, anunciou o assalto e exigiu a entrega da carteira com dinheiro. No momento em que Pedro retirava a carteira do bolso para entregar para Paulo este resolveu ir embora espontaneamente sem subtrair a res. Trata-se de hipótese típica de

a) arrependimento eficaz.

b) desistência voluntária.

c) tentativa.

d) arrependimento posterior.

e) crime impossível.

COMENTÁRIOS

✪ **Nota do autor:** os conceitos de crime consumado, crime tentado, desistência voluntária, arrependimento eficaz, arrependimento posterior e crime impossível devem ser memorizados pelo candidato (arts. 14 a 17 do CP).

Alternativa "a": no arrependimento eficaz, o agente já **concluiu a conduta**, mas **impede a pro-**

dução do resultado por vontade própria (art. 15, segunda parte, CP). É o que ocorre no caso de o atirador se arrepender e prestar socorro à vítima baleada, levando-a ao hospital, onde sobrevive.

Alternativa "b": trata-se de desistência voluntária, uma vez que Paulo resolveu ir embora por **vontade própria, antes de concluir a conduta**. No caso ele responde pelos atos já praticados, ou seja, pelo crime de ameaça (art. 15, primeira parte, CP).

Alternativa "c": no arrependimento posterior, o crime já se consumou. Porém, o agente voluntariamente repara o dano ou restitui a coisa, o que, se feito até o recebimento da denúncia ou da queixa, nos crimes cometidos sem violência ou grave ameaça à pessoa, a pena será reduzida de um a dois terços.

Alternativa "d": na tentativa, o resultado não é atingido pelo agente por circunstâncias alheias à sua vontade (art. 14, II, CP). No caso, a consumação não ocorreria, por exemplo, por reação da vítima.

Alternativa "e": no crime impossível, o crime **jamais se consumará**, tendo-se em vista a **ineficácia absoluta do meio** (matar uma pessoa sadia com açúcar) ou **absoluta impropriedade do objeto** (atirar contra pessoa já morta) – art. 17, CP.

Alternativa correta: letra "b".

---

27. (Analista Judiciário – Área Judiciária TRE/ES 2011 – CESPE) Julgue os itens que se seguem, à luz dos dispositivos do Código Penal (CP).

27.01. O erro que recai sobre elemento constitutivo do tipo permissivo também é conhecido como descriminante putativa, embora nem todo erro relacionado a uma descriminante seja erro sobre elemento constitutivo do tipo permissivo.

COMENTÁRIOS

✪ **Nota do autor:** questão que pode ser considerada difícil dada a complexidade da matéria.

A legítima defesa, o estado de necessidade, o exercício regular de um direito e estrito cumprimento do dever legal são excludentes de antijuricidade ou **discriminantes**, uma vez que, presentes, o fato deixa de ser considerado crime. Se uma pessoa imagina uma **situação fática** em que estaria permitido o uso de uma discriminante, tem-se **erro de tipo** (art. 20, *caput*, CP), pois afastado o dolo. Assim, durante uma discussão, um dos envolvidos coloca a mão no bolso, o que leva o outro a atirar primeiro, e depois se descobre que a vítima não estava armada. Vê-se que o autor do disparo agiu mediante erro, tinha a intenção de se defender legitimamente, não de matar, afastando-se o dolo do homicídio. De outro lado, se o erro recai sobre a **existência jurídica** de uma discriminante putativa, tem-se **erro de proibição** (art. 21, CP), em que se mantém o dolo, mas a pessoa é isenta de pena. Imaginemos a hipótese de um médico estrangeiro que aplica a eutanásia aqui no Brasil. Agiu com o dolo de matar o paciente, mas é isento de pena, pois agiu sob o efeito de erro quanto à legalidade da medida.

Alternativa correta: "certo".

27.02. Erro de pessoa é o mesmo que erro na execução ou *aberratio ictus*.

COMENTÁRIOS

No erro contra a pessoa, o erro incide sobre a pessoa propriamente dita. Assim, "A" atira em "B", imaginando erradamente que se tratava de "C" (art. 20, § 3º, CP). No erro de execução, o erro incide sobre a conduta do agente. Assim, "D" atira em "E", mas, por erro na execução, atinge "F" (art. 73, CP).

Alternativa correta: "errado".

---

28. (Analista Judiciário – Área Judiciária TRE/RN 2011 – FCC) Quando o agente dá início à execução de um delito e desiste de prosseguir em virtude da reação oposta pela vítima, ocorre

a) arrependimento eficaz.
b) crime consumado.
c) fato penalmente irrelevante.
d) desistência voluntária.
e) crime tentado.

COMENTÁRIOS

Alternativa "a": no arrependimento eficaz, o agente deixa de consumar o crime em razão de sua vontade própria e não de fator alheio a ele, como a reação da vítima (art. 15, segunda parte, CP).

Alternativa "b": No crime consumado, todas as elementares do tipo penal se concretizam. No caso, a reação da vítima impede a consumação do delito.

Alternativa "c": o fato é penalmente relevante, pois o agente iniciou a execução do crime, mas não o consumou por circunstâncias alheias à sua vontade (art. 14, II, CP).

Alternativa "d": na desistência voluntária, por vontade própria, o agente desiste de prosseguir na execução do crime (art. 15, primeira parte, CP).

Alternativa "e": trata-se de crime tentado porque o agente só não consumou o delito por circunstâncias alheias à sua vontade, qual seja a reação da vítima (art. 14, II, CP).

Alternativa correta: letra "e".

---

29. (Analista Judiciário – Área Judiciária TRE/BA/ 2010 – CESPE) Acerca do *iter criminis* e do crime, julgue os itens seguintes

✪ **Nota do autor:** *iter criminis* significa o caminho do crime, dividido em quatro fases: cogitação, atos preparatórios, atos executórios e consumação.

29.01. Os atos de cogitação materialmente não concretizados são impuníveis em quaisquer hipóteses.

COMENTÁRIOS

A cogitação é o momento em que o agente se firma no propósito de praticar o crime. Fica restrita ao aspecto psicológico, interno do agente, não sendo assim punível. No *iter criminis*, não são punidos a cogitação e os atos preparatórios. A punição ocorre a partir dos atos executórios.

Alternativa correta: "certo".

29.02. No crime impossível, jamais ocorre consumação, enquanto no crime putativo tanto pode ocorrer seu exaurimento quanto sua consumação.

COMENTÁRIOS

No crime **impossível**, de fato, jamais haverá consumação em decorrência da **ineficácia absoluta do meio** ou por **absoluta impropriedade do objeto** (art. 17, CP). No **crime putativo**, também, **não haverá consumação do crime**, já que o agente, erroneamente, considera que esteja a praticar um crime, mas o fato é atípico, como por exemplo, uma pessoa subtrai um chapéu pensando que é de seu vizinho, quando, em verdade, é dele próprio. Nesse caso, o agente imagina que está a praticar um furto, mas, como o chapéu, é seu não há crime.

Alternativa correta: "errado".

1.3. DA IMPUTABILIDADE

- CP, Título III, da Parte Geral.
- CP, arts. 26 a 28.

---

30. (Consulplan - Analista Judiciário - Área Administrativa - TRE - RJ/2017) No caso de semi-imputalilidade, pode o magistrado, ao reconhecê-la, reduzir a pena de um a dois terços ou substituí-la por medida de segurança. Trata-se de aplicação do sistema

a) vicariante.

b) psicológico.

c) do duplo trilho.

d) do duplo binário.

COMENTÁRIOS

Alternativa "a". O art. 98, CP, adotou o sistema vicariante ou unitário, pelo qual, em caso de semi-imputabilidade, o juiz deve aplicar **medida de segurança ao condenado OU pena privativa de liberdade**, reduzida de 1/3 a 2/3.

Alternativa "b". O sistema psicológico não é levado em conta para aplicação da sanção penal cabível. Mas, se relaciona à aferição de imputabilidade do agente, considerando-se imputável o agente que no momento do delito não se encontrava privado de compreender a natureza ilícita do fato por ele praticado ou ainda agir em conformidade com este entendimento.

Alternativas "c" e "d". Pelo sistema do duplo trilho ou do duplo binário, o semi-imputável cumpre inicialmente a pena privativa de liberdade e, ao seu final, se mantida a presença da periculosidade, seria submetido a uma medida de segurança. Foi adotado pelo CP em sua redação originária, mas foi substituído pelo sistema vicariante com a reforma da Parte Geral do CP em 1984.

Alternativa correta: letra "a".

1.4. DO CONCURSO DE PESSOAS

- CP, Título IV, da Parte Geral.
- CP, arts. 29 a 31.

---

31. (Consulplan - Analista Judiciário - Área Administrativa - TRE - RJ/2017) Quando dois agentes, embora convergindo suas condutas para a prática de determinado fato criminoso, não atuam unidos pelo liame subjetivo, tem-se autoria

a) incerta.

b) colateral.

c) sucessiva.

d) desconhecida.

COMENTÁRIOS

Alternativa "a". A autoria incerta se dá quando, na autoria colateral, não se descobre quem produziu o resultado ofensivo ao bem jurídico.

Alternativa "b". Na autoria colateral, os dois ou mais agentes têm a intenção de produzir o mesmo resultado, mas um desconhece a vontade dos demais, sendo que o resultado é obtido pela conduta de um ou de todos. "A" e "B", sem saber da conduta do outro, atiram ao mesmo tempo contra "C", que vem a falecer. Diante disso, "C" falece em razão de ambos os disparos, motivo pelo qual "A" e "B" respondem por homicídio.

Alternativa "c". A autoria sucessiva ocorre quando alguém ofende o mesmo bem jurídico já afetado antes por outra pessoa. Exemplo: CP, art. 138, § 1.º: quem propala ou divulga a calúnia precedente, sabendo falsa a imputação.

Alternativa "d". Autoria desconhecida é a hipótese em que não se descobre quem foi o autor do crime.

Alternativa correta: letra "b".

---

32. (Consulplan – Analista Judiciário – Área Administrativa – TRE – RJ/2017) A teoria segundo a qual se pune a participação se o autor tiver levado a efeito uma conduta típica e ilícita é chamada de teoria da

a) hiperacessoriedade.
b) acessoriedade mínima.
c) acessoriedade máxima.
d) acessoriedade limitada.

COMENTÁRIOS

Alternativa "a". Pela teoria da hiperacessoriedade, o partícipe só responde se o autor crime cometer fato típico, antijurídico e culpável e, ainda, haver punibilidade em relação a ele (autor).

Alternativa "b". Pela teoria da acessoriedade mínima, o partícipe responde pelo crime se o autor cometer um fato típico. É indiferente que o autor do fato o pratique acobertado por causa excludente de ilicitude ou culpabilidade para a responsabilização penal do partícipe.

Alternativa "c". Pela teoria da acessoriedade máxima, o partícipe responde pelo crime se o autor cometer um fato típico, antijurídico e culpável.

Alternativa "d". Pela teoria da acessoriedade limitada, o partícipe responde pelo crime se o autor cometer um fato típico e antijurídico. A culpabilidade é individualizada.

Alternativa correta: letra "d".

---

33. (Cespe – Analista Judiciário – Área Judiciária – TRE – PI/2016) A respeito do concurso de pessoas, assinale a opção correta.

a) As circunstâncias objetivas se comunicam, mesmo que o partícipe delas não tenha conhecimento.
b) Em se tratando de peculato, crime próprio de funcionário público, não é possível a coautoria de um particular, dada a absoluta incomunicabilidade da circunstância elementar do crime.
c) A determinação, o ajuste ou instigação e o auxílio não são puníveis.
d) Tratando-se de crimes contra a vida, se a participação for de menor importância, a pena aplicada poderá ser diminuída de um sexto a um terço.
e) No caso de um dos concorrentes optar por participar de crime menos grave, a ele será aplicada a pena referente a este crime, que deverá ser aumentada mesmo na hipótese de não ter sido previsível o resultado mais grave.

COMENTÁRIOS

Alternativa "a": as circunstâncias objetivas se comunicam, desde que o partícipe delas tenha conhecimento, pois, no direito penal, não se admite a responsabilidade objetiva.

Alternativa "b": as circunstâncias elementares dos crimes se comunicam ao partícipe. Assim, o particular pode cometer crime de peculato desde que em concurso com o funcionário público.

Alternativa "c": a determinação e o ajuste não configuram crime, porque não se entra na fase de execução. Já a instigação e o auxílio são puníveis, porque são elementos da participação.

Alternativa "d": a pena deve ser fixada de acordo com a participação da pessoa para a produção do resultado, o que permite que a pena seja reduzida de um sexto a um terço (art. 29, § 1º, CP).

Alternativa "e": No caso de um dos concorrentes optar por participar de crime menos grave, a ele será aplicada a pena referente a este crime, que deverá ser aumentada só na hipótese de ter sido previsível o resultado mais grave.

Alternativa correta: letra "d".

---

34. (Cespe – Analista Judiciário – Área Judiciária– TRE-GO/2015) Julgue os itens seguintes, a respeito de concurso de pessoas, tipicidade, ilicitude, culpabilidade e fixação da pena.

> Caso um indivíduo obtenha de um amigo, por empréstimo, uma arma de fogo, dando-lhe ciência de sua intenção de utilizá-la para matar outrem, o amigo que emprestar a arma será considerado partícipe do homicídio se o referido indivíduo cometer o crime pretendido, ainda que este não utilize tal arma para fazê-lo e que o amigo não o estimule a praticá-lo.

COMENTÁRIOS

No caso, o indivíduo não responde pelo crime de homicídio, pois o autor do delito não usou a arma que ele havia emprestado. Ora, só responderia pelo crime, se seu auxílio fosse determinante para a produção do resultado.

Alternativa correta: "errado".

---

35. (FCC – Analista Judiciário – Área Judiciária – TRE-RO/2013) A respeito do concurso de pessoas, considere:

I. Quem, agindo com negligência, facilita a prática de um delito por outrem, responde por esse crime a título de participação.
II. Não há possibilidade de reconhecimento de participação em ilícito contravencional.

III. Pode ocorrer concurso de agentes em crime culposo.

Está correto o que consta APENAS em

a) III.
b) I e II.
c) II e III.
d) I e III.
e) II.

COMENTÁRIOS

Item I: aquele que agiu com negligência responde por **crime culposo**, se houver previsão nesse sentido na lei. Não responde como partícipe, para o que é indispensável o **liame subjetivo**, o qual se dá por meio de dolo, não de mera culpa.

Item II: não há qualquer vedação legal a impedir a participação em contravenção penal, o que faz incidir **subsidiariamente o CP** (art. 1º da Lei de Contravenções Penais).

Item III: em que pese controverso na doutrina, a jurisprudência firmou entendimento de que é possível, desde que haja o **liame subjetivo entre autor e partícipe**, como o passageiro que incentiva o motorista a exceder na velocidade do carro.

Alternativa: letra "a" - correta: Está correto o item III.

---

36. (Analista Judiciário - Área Judiciária TRE/CE 2012 - FCC) José, João e Mario praticam um determinado delito. Contudo, José, um dos concorrentes, queria participar de delito menos grave daquele cometido pelos agentes.

Neste caso, para José, será aplicada a pena do crime

a) menos grave, aumentada de 1/6 a 2/3, independentemente da previsibilidade do resultado mais grave.
b) mais grave diminuída de 1/6 a 1/3.
c) mais grave em qualquer hipótese.
d) menos grave, que será aumentada até metade, na hipótese de ter sido previsível o resultado mais grave.
e) menos grave, em qualquer hipótese, sem nenhuma majoração ou redução.

COMENTÁRIOS

✪ **Nota do autor:** mais uma vez, tem de se ter em mente que, no direito penal, a responsabilidade sempre será subjetiva, na medida da proporcionalidade.

Alternativa "a": o aumento de pena, consistente até a metade, depende da previsibilidade do resultado mais grave - art. 29, § 1º, CP.

Alternativa "b": responderá somente pelo crime menos grave, mas, se lhe era previsível o resultado mais grave, a pena será aumentada até a metade - art. 29, § 1º, CP.

Alternativa "c": responderá somente pelo crime menos grave, mas, se lhe era previsível o resultado mais grave, a pena será aumentada até a metade - art. 29, § 1º, CP.

Alternativa "d": trata-se de **individualização da pena**, postulado de natureza penal. Como José quis participar do crime menos grave, responderá somente por ele, mas, se lhe era previsível o resultado mais grave, a pena será aumentada até a metade - art. 29, § 2º, CP.

Alternativa "e": responderá somente pelo crime menos grave, mas, se lhe era previsível o resultado mais grave, a pena será aumentada até a metade - art. 29, § 1º, CP.

Alternativa correta: letra "d".

---

37. (Analista Judiciário - Área Judiciária TRE/PE 2011 - FCC) De acordo com o Código Penal brasileiro,

a) não há distinção entre autores, co-autores e partícipes, que incidem de forma idêntica nas penas cominadas ao delito.
b) os autores, co-autores e partícipes incidem nas penas cominadas ao delito na medida de sua culpabilidade.
c) ao autor principal será obrigatoriamente imposta pena mais alta que a dos co-autores e partícipes.
d) ao autor principal e aos coautores será obrigatoriamente imposta pena mais alta que a dos partícipes.
e) ao autor principal será imposta a pena prevista para o delito, sendo que os co-autores e os partícipes terão obrigatoriamente a pena reduzida de um sexto a um terço.

COMENTÁRIOS

✪ **Nota do autor:** questão interessante que o candidato poderia responder ao conhecer o princípio da individualização da pena, segundo o qual as sanções impostas aos infratores devem ser **personalizadas e particularizadas** de acordo com a **natureza e as circunstâncias dos delitos** e as características **pessoais** do infrator (art. 5º, XLVI, CF/88).

Alternativa "a": em regra, autores, coautores e partícipes respondem pelo mesmo tipo penal (teoria monista), mas a pena aplicada a cada um deles pode ser diferente, diante do princípio constitucional da individualização da pena.

Alternativa "b": não se pode confundir a teoria monista, segundo a qual autores, coautores e partícipes responderão pelo mesmo tipo penal, com a individualização da pena. Assim, todos responderam pelo furto, mas a pena de um e de outro poderá ser diferente dadas circunstâncias do caso concreto, como a participação maior ou menor de cada um na realização do crime, bem como as condições de cada um dos agentes.

Alternativa "c": suponhamos um crime em que todos contribuíram de forma igual para a produção do resultado. O autor é primário, enquanto o coautor é reincidente e o partícipe é descendente da vítima. Nesse caso, a pena do autor será menor do que a do coautor e do partícipe, já que, em relação a cada um destes, incide uma circunstância agravante.

Alternativa "d": o mesmo raciocínio da alternativa anterior é aplicável nessa hipótese, destacando que autor e coautor podem ter penas distintas.

Alternativa "e": na verdade, a pena é diminuída de um sexto a um terço, **se a participação for de menor importância** (art. 29, § 1º, CP). Mas, por vezes, a participação é tão ou mais relevante que a conduta do autor ou coautor, o que justifica a não incidência dessa causa de diminuição de pena. Ora, se o empregado deixa a porta da casa aberta para facilitar a entrada do assaltante, a conduta de ambos foi relevante, não devendo o empregado ser beneficiado com a redução.

Alternativa correta: letra "b".

---

38. (Analista Judiciário - Área Judiciária TRE/RS 2010 - FCC) "A", médico, determina à enfermeira que seja ministrado veneno ao paciente, e ela o faz, acreditando tratar-se de medicamento, verificando-se a morte da vítima. Nesse caso há

a) cooperação dolosamente distinta.
b) participação sucessiva, em relação à enfermeira.
c) concurso de agentes.
d) autoria imediata, em relação ao médico.
e) autoria mediata, em relação ao médico.

COMENTÁRIOS

✪ **Nota do autor:** autor mediato é aquele que se vale de um terceiro que age sem dolo, que age atipicamente ou que age justificadamente, para praticar a figura típica.

Alternativa "a": na cooperação dolosamente distinta, no concurso de agentes, se algum dos concorrentes quis participar de **crime menos grave**, ser-lhe-á aplicada a **pena deste** (art. 29, § 2º, CP). Assim, se um dos agentes (A) só quis participar do furto, e, durante a execução desse crime, o seu comparsa (B) resolve estuprar a vítima, somente (B) responderá pelo estupro e pelo furto, enquanto (A) responderá somente pelo furto. No caso, a enfermeira não queria sequer provocar a morte da vítima.

Alternativa "b": na participação sucessiva, um partícipe instiga o autor ao cometimento de determinado crime e, o outro partícipe, sem saber da atuação do primeiro, também instiga o mesmo autor ao cometimento do mesmo crime.

Alternativa "c": não se trata de concurso de agentes, porque não há o **liame subjetivo** entre o médico e a enfermeira, já que esta desconhecia de que o produto que ministrava era veneno.

Alternativa "d": não se trata de autoria imediata em relação ao médico, porque não foi este que ministrou o veneno diretamente, mas se valeu da enfermeira, como se ela fosse um instrumento, uma arma para conseguir atingir seu objetivo.

Alternativa "e": trata-se de autoria mediata porque o médico usou a enfermeira como **instrumento** para atingir o intento dele, isto é, a morte. A enfermeira não responde pelo crime, pois ministrou o veneno acreditando ser medicamento, agindo assim sem o dolo.

Alternativa correta: letra "e".

1.5. DAS PENAS

- CF, art. 5º, XXXVI a L, e art. 228.
- CP, Título V, da Parte Geral.
- CP, arts. 33 a 95.

---

39. (IBFC - Analista Judiciário - Área Judiciária - TRE - PA/2020) Por concurso de crimes se entende a prática de duas ou mais infrações penais, mediante a unidade ou pluralidade de condutas. Quanto às espécies do referido instituto, analise as afirmativas abaixo:

I. Segundo jurisprudência dos tribunais superiores, não há continuidade delitiva entre os crimes de roubo e extorsão, ainda que praticados em conjunto, uma vez que os referidos crimes, apesar de serem da mesma natureza, são de espécies diversas.

II. Ocorre concurso material quando o agente, mediante uma só ação, pratica crimes de roubo contra vítimas diferentes, ainda que da mesma família, eis que caracterizada a violação a patrimônios distintos.

III. Segundo decisão do Superior Tribunal de Justiça, os desígnios autônomos que caracterizam o concurso formal próprio ou perfeito referem-se a qualquer forma de dolo, direto ou eventual.

IV. Dentre as espécies de crime continuado, o parágrafo único do artigo 71 do Código Penal prevê o crime continuado qualificado, segundo a doutrina, o qual se verifica nos crimes dolosos, contra vítimas diferentes, cometidos com violência ou grave ameaça à pessoa.

Assinale a alternativa correta.

a) Apenas as afirmativas I, III e IV estão corretas

b) Apenas as afirmativas I e IV estão corretas
c) Apenas as afirmativas II e III estão corretas
d) Apenas a afirmativa I está correta

COMENTÁRIOS

Item "I". De acordo com o STJ, é inviável o reconhecimento da continuidade delitiva entre os crimes de roubo e de extorsão, por se tratarem de delitos de espécies distintas, ainda que cometidos no mesmo contexto temporal (HC n. 552.481/SP, Rel. Ministro JOEL ILAN PACIORNIK, Quinta Turma, julgado em 18/2/2020, DJe 2/3/2020)..

Item "II". Ocorre concurso formal quando o agente, mediante uma só ação, pratica crimes de roubo contra vítimas diferentes, ainda que da mesma família, eis que caracterizada a violação a patrimônios distintos. (STJ – AgRg no AgRg no AREsp 2083407/DF).

Item "III". A expressão desínios autônomos caracteriza o concurso formal impróprio ou imperfeito e incide atanto no caso de dolo direito, quanto no de eventual (STJ – AgRg no HC 732410/RS).

Item "IV". Nos crimes continuados específicos ou qualificados, são exigidos os seguintes requisitos: a) crimes dolosos; b) contra vítimas diferentes; c) cometidos mediante violência ou grave ameaça contra a pessoa; d) demais requisitos do crime continuado simples: mais de uma ação ou omissão, prática de dois ou mais crimes da mesma espécie e mesmas condições de tempo, lugar, maneira de execução e outras semelhantes.

Alternativa correta: letra "d".

---

40. (Cespe – Analista Judiciário – Área Judiciária – TRE – TO/2017) A respeito das penas e das medidas de segurança, assinale a opção correta.

a) A atenuante da confissão espontânea é preponderante em relação à reincidência, impossibilitando a compensação plena entre uma e outra na segunda fase da dosimetria.
b) São espécies de penas privativas de liberdade a reclusão, a detenção, a prisão simples e a prisão especial.
c) São espécies de penas restritivas de direitos a prestação de serviços à comunidade, a interdição temporária de direitos e a obrigação de reparar o dano causado pelo crime.
d) São princípios constitucionais aplicáveis à pena a personalidade ou responsabilidade pessoal, a legalidade, a inderrogabilidade, a proporcionalidade, a individualização e a humanização.
e) A duração da medida de segurança é por tempo indeterminado, e o condenado só será liberado depois que perícia médica atestar a cessação de sua periculosidade.

COMENTÁRIOS

Alternativa "a". A Terceira Seção do Superior Tribunal de Justiça, no julgamento do EREsp 1.154.752/RS, pacificou o entendimento no sentido de que a agravante da reincidência e a atenuante da confissão espontânea são igualmente preponderantes, pelo que devem ser compensadas

Alternativa "b". São espécies de penas privativas de liberdade a reclusão, a detenção, e a prisão simples. As duas primeiras são voltadas aos crimes, enquanto a última se refere à contravenção penal. Prisão especial se refere à prerrogativa que determinadas classes têm para o cumprimento de pena privativa de liberdade ou de se manter preso provisoriamente.

Alternativa "c". São espécies de penas restritivas de direitos I – prestação pecuniária; II – perda de bens e valores; III – limitação de fim de semana; IV – prestação de serviço à comunidade ou a entidades públicas; V – interdição temporária de direitos; VI – limitação de fim de semana. O dever de reparar o dano é efeito civil da sentença penal condenatória.

Alternativa "d".

Personalidade ou responsabilidade pessoal	Também conhecido como princípio da intranscendência: nenhuma pena passará da pessoa do condenado, podendo a obrigação de reparar o dano e a decretação do perdimento de bens ser, nos termos da lei, estendidas aos sucessores e contra eles executadas, até o limite do valor do patrimônio transferido (art. 5º, XLV, CF/88)
Legalidade	Na verdade, em matéria penal, vige o princípio da reserva legal: não há crime sem lei anterior que o defina, nem pena sem prévia cominação legal (art. 5º, XXXIX, CF/88)
Inderrogabilidade	Desde que respeitado o devido processo legal em seu aspecto material e formal, o Estado não pode abrir mão de aplicar a pena ao condenado
Proporcionalidade	A pena deve ser proporcional à gravidade da infração penal, meio proporcional ao fim perseguido com a aplicação da pena, meio proporcional à prevenção especial e à retribuição.
Individualização	A individualização da pena deve levar em consideração aspectos objetivos e subjetivos que envolvam o crime, desde a previsão do tipo penal em abstrato em lei, a aplicação da pena pelo juízo de conhecimento e a execução da pena na fase executiva.
Humanização	Não haverá penas: a) de morte, salvo em caso de guerra declarada, nos termos do art. 84, XIX; b) de caráter perpétuo; c) de trabalhos forçados; d) de banimento; e) cruéis (art. 5º, XLVII, CF/88).

Alternativa "e". A 5ª Turma do STJ entendeu que o tempo de cumprimento da medida de segurança, na modalidade internação ou tratamento ambulatorial, deve ser limitado ao máximo da pena abstratamente cominada ao delito perpetrado e não pode ser superior a 30 anos. Dessa forma, concedeu Habeas Corpus de ofício a paciente absolvido da acusação de homicídio e submetido a medida de segurança há mais de 24 anos. A periculosidade do agente não impede o fim da medida de segurança, se atingido o critério temporal demonstrado (Superior Tribunal de Justiça, 5ª Turma, HC 208336/SP, Rel. Min. Laurita Vaz, julgado em 20 de mar. 2012).

Alternativa correta: letra "d".

---

41. (Cespe – Analista Judiciário – Área Administrativa – TRE – BA/2017) A respeito de penas, julgue os itens a seguir.

I. O trabalho externo é admissível no regime fechado.

II. Em se tratando de reincidentes em crimes dolosos, as penas restritivas de direitos não podem ser autônomas.

III. São penas restritivas de direitos: interdição temporária de direitos e pagamento de multa.

IV. A limitação de final de semana é uma das penas restritivas de direitos e consiste em permanecer em casa de albergado por cinco horas aos finais de semana.

Estão certos apenas os itens

a) I e III.

b) I e IV.

c) II e III.

d) II e IV.

e) III e IV.

COMENTÁRIOS

Item I: O trabalho externo é admissível, no regime fechado, em serviços ou obras públicas (art. 34, § 3º, CP).

Item II: Em regra, não é possível a aplicação de penas restritivas de direito ao reincidente em crime doloso, salvo se, **em face de condenação anterior, a medida seja socialmente recomendável e a reincidência não se tenha operado em virtude da prática do mesmo crime.** (art. 44, II e § 3º, CP)

Item III: São penas restritivas de direitos: I – prestação pecuniária; II – perda de bens e valores; III – limitação de fim de semana. IV – prestação de serviço à comunidade ou a entidades públicas; V – interdição temporária de direitos.

Item IV: A limitação de fim de semana consiste na obrigação de permanecer, aos sábados e domingos, por cinco horas diárias, em casa de albergado ou outro estabelecimento adequado (art. 48, CP).

Alternativa correta: letra "b". Estão corretos os itens I e IV.

---

42. (Cespe – Analista Judiciário – Área Judiciária – TRE – BA/2017) Depois de finalizado o devido processo legal, um indivíduo foi condenado à pena concreta mínima de um ano de reclusão e de dez dias-multa por ter praticado crime de estelionato.

De acordo com o Código Penal e com o entendimento dos tribunais superiores, nesse caso é permitido ao juiz, na sentença condenatória,

a) converter a pena de reclusão aplicada em duas penas restritivas de direitos, sendo uma de prestação de serviços comunitários e outra de prestação pecuniária.

b) estabelecer prestação de serviços comunitários como condição do regime aberto.

c) aplicar o regime aberto, ainda que o condenado seja reincidente.

d) estabelecer regime mais severo que o permitido em lei, ainda que a pena base tenha se mantido no mínimo legal.

e) converter a pena de reclusão aplicada em uma pena de multa.

COMENTÁRIOS

Alternativa "a". Como a pena aplicada foi um ano de reclusão, a substituição pode ser por **multa <u>ou</u> uma** pena restritiva de direitos.

Alternativa "b". A jurisprudência do STJ é no sentido de que, como a pena restritiva de direitos é autônoma em relação à pena privativa de liberdade, elas não podem ser cumuladas. Condicionar a progressão ao regime aberto à prestação de serviços à comunidade representa essa cumulação indevida, o que seria vedado por lei (STJ – HC nº 167.390/SP. Rel. Min. Vasco de la Giustina. DJ. 10/05/2011).

Alternativa "c". A interpretação gramatical do art. 33, CP, impõe o regime fechado para o início de cumprimento de pena, se o condenado for reincidente, independentemente do *quantum* de pena. Mas, a jurisprudência do STJ permite a imposição de regime semiaberto, caso as circunstâncias judiciais sejam favoráveis, ainda que reincidente o condenado (Súmula 269, STJ).

Alternativa "d". A **Súmula 440 do STJ** dispõe que, "fixada a pena-base no mínimo legal, é vedado o estabelecimento de regime prisional mais gravoso do que o cabível em razão da sanção imposta, com base apenas na gravidade abstrata do delito". Já a **Súmula 719 do STF é no sentido de que** "a imposição do regime de cumprimento mais severo do que a pena aplicada permitir exige motivação idônea". HC nº 309.939-SP, Rel. Min. Newton Trisotto. DJ. 28/4/2015.

Alternativa "e". Nos termos do art. 44, § 2º, CP, na condenação **igual ou inferior a um ano**, a substituição pode ser feita por **multa** ou por uma pena restritiva de direitos. No caso, como a condenação foi de um ano, pode o juiz substituir a pena privativa de liberdade por uma de multa.

Alternativa correta: letra "e".

---

43. (IESES – Analista Judiciário – Área Judiciária – TRE – MA/2015) No tocante às penas, o Código Penal descreve:

I. As penas restritivas de direito são autônoma e substituem as privativas de liberdade quando aplicada pena privativa de liberdade não superior a 4 (quatro) anos e o crime não foi cometido com violência ou grave ameaça à pessoa, ou qualquer que seja a pena aplicada, se o crime for culposo.
II. As penas descritas no Código Penal são: privativas de liberdade, restritivas de direito, multa e medida de segurança.
III. A limitação de fim de semana consiste na obrigação de permanecer, aos sábados e domingos, por 5 (cinco) horas diárias, em casa do albergado ou outro estabelecimento adequado.
IV. A prestação pecuniária consiste no pagamento ao Estado de importância fixada pelo Juiz, não inferior a 2 (dois) salários mínimos nem superior a 360 (trezentos e sessenta) salários mínimos.

Quanto às afirmativas anteriores, assinale a correta:

a) Somente II e IV estão corretas.
b) Somente I está correta.
c) Somente I e III estão corretas.
d) Somente III está correta.

COMENTÁRIOS

Item I: é importante dizer que as penas restritivas de direito, em que pese substituírem as privativas de liberdade, têm autonomia. Dois de seus requisitos são pena privativa de liberdade não superior a 4 (quatro) anos e o crime não foi cometido com violência ou grave ameaça à pessoa, ou qualquer que seja a pena aplicada, se o crime for culposo.

Item II: As penas descritas no Código Penal são: privativas de liberdade, restritivas de direito e multa. A medida de segurança é espécie de sanção penal, mas não é pena. São sanções penais a pena e a medida de segurança.

Item III: conforme estabelece expressamente o art. 48, CP: A limitação de fim de semana consiste na obrigação de permanecer, aos sábados e domingos, por 5 (cinco) horas diárias, em casa de albergado ou outro estabelecimento adequado.

Item IV: A prestação pecuniária consiste no pagamento em **dinheiro à vítima, a seus dependentes ou a entidade pública ou privada com destinação social**, de importância fixada pelo juiz, não inferior a 1 (um) salário mínimo nem superior a 360 (trezentos e sessenta) salários mínimos. O valor pago será deduzido do montante de eventual condenação em ação de reparação civil, se coincidentes os beneficiários. A multa que é paga em favor do Estado.

Alternativa correta: letra "c": Somente I e III estão corretas.

---

44. (Cespe – Analista Judiciário – Área Judiciária – TRE – MT/2015) No tocante a aplicação da pena, concurso de crimes e causas de exclusão de ilicitude e de culpabilidade, assinale a opção correta.

a) A legítima defesa sucessiva é inadmissível como causa excludente de ilicitude da conduta.
b) A coação física irresistível configura causa excludente da culpabilidade.
c) No que se refere ao concurso de pessoas, configuram exceções à teoria dualista a previsão expressa de conduta de cada concorrente em tipo penal autônomo e a cooperação dolosamente distinta.
d) Conforme o STJ, aquele que, ao juiz, admite a autoria de um crime, ainda que alegue, em seu favor, a existência de causa excludente de ilicitude, pode se beneficiar da atenuante genérica relativa à confissão espontânea.
e) De acordo com a jurisprudência do STJ, em se tratando de delitos ocorridos em comarcas limítrofes ou próximas, não se admite a continuidade delitiva.

COMENTÁRIOS

Alternativa "a": a legítima defesa sucessiva ocorre quando há repulsa ao excesso. Hipótese: "A" começa a agredir "B" que, inicialmente, se defende legitimamente. Mas, "B" passa a se extrapolar e, então, "A" exerce a legítima defesa sucessiva, apenas contra o excesso. Nesse caso, essa repulsa ao excesso é considerada legítima defesa e é excludente de ilicitude, portanto.

Alternativa "b": A coação física irresistível configura causa excludente da tipicidade, porque não há qualquer resquício de vontade na conduta do agente. Se não há vontade, não á conduta, logo, não há fato típico.

Alternativa "c": no concurso de agentes, a regra é a teoria monista da ação, em que todos os agentes respondem pelo mesmo crime. Na teoria dualista, há tipos penais distintos para os partícipes.

Alternativa "d": Súmula 545 STJ. Quando a confissão for utilizada para a formação do convencimento do julgador, o réu fará jus à atenuante prevista no art. 65, III, d, do Código Penal. Firmou-se o entendimento de que nas hipóteses em que a condenação criminal do réu basear-se em **algum elemento de sua confissão**, este fará jus à redução, ainda que o agente alegue, por exemplo, legítima defesa (STJ - AgRg no HC 629152/SC). Mas, há no STF posicionamento em sentido de que a confissão qualificada não autoriza a atenuante genérica (STF - RHC 190420 AgR/ES).

Alternativa "e": De acordo com a jurisprudência do STJ, em se tratando de delitos ocorridos em comarcas limítrofes ou próximas, se admite a continuidade delitiva, porque essa peculiaridade não descaracteriza a circunstância espacial.

Alternativa correta: letra "d".

---

45. (Cespe – Analista Judiciário – Área Judiciária – TRE – RS/2015) A respeito dos efeitos da condenação, da ação penal e das causas de extinção da punibilidade previstas no Código Penal (CP), assinale a opção correta.

a) Constitui efeito extrapenal automático da condenação pela prática do crime de corrupção passiva a perda do cargo ocupado por servidor, desde que a pena aplicada ao condenado seja igual ou superior a um ano.

b) O prazo decadencial de seis meses para a propositura de queixa-crime por crime para o qual se prevê ação penal privada tem início na data em que ocorrer o fato contra o ofendido, independentemente do dia em que tenha tido conhecimento da identidade do autor do crime.

c) A perda do cargo público imposta na sentença penal condenatória, como efeito extrapenal, possui efeitos permanentes, contudo não implica impossibilidade de investidura em outro cargo público.

d) As causas de extinção da punibilidade que atingem a pretensão executória eliminam todos os efeitos penais de eventual sentença condenatória, não podendo ser pressuposto da reincidência tampouco ser usada como título executivo judicial na área cível.

e) A anistia destina-se a um indivíduo determinado, condenado irrecorrivelmente, podendo, assim como o indulto, ser concedida de forma total ou parcial.

COMENTÁRIOS

Alternativa "a": Constitui efeito extrapenal da condenação pela prática do crime de corrupção passiva a perda do cargo ocupado por servidor, desde que a pena aplicada ao condenado seja igual ou superior a um ano. Mas, **não é efeito automático, devendo o juiz fundamentar a decisão.**

Alternativa "b": O prazo decadencial de seis meses para a propositura de queixa-crime por crime para o qual se prevê ação penal privada tem início na data em que se tenha tido **conhecimento da identidade do autor do crime**.

Alternativa "c": a perda do cargo público é permanente em relação ao cargo perdido, mas nada impede que o condenado concorra a novo cargo.

Alternativa "d": a extinção da punibilidade que atinge a pretensão executória só impossibilita a execução da pena, mas outros efeitos permanecem, como a reincidência e os efeitos cíveis da sentença penal condenatória, pois esta não é desconstituída, permanecendo íntegro o reconhecimento de autoria e materialidade delitivas.

Alternativa "e": A anistia não é outorgada à pessoa do réu, **mas ao crime**, via de regra político, beneficiando automaticamente todos os que o cometeram. É mais abrangente do que a graça ou o indulto, visto que estes extinguem a execução da pena, sendo a primeira concedida a pedido do réu e a segunda por iniciativa do Poder Público a determinados réus, ao passo que a anistia não apenas extingue a execução da pena, mas o próprio ato delituoso, o qual é esquecido, desaparecendo as suas consequências na esfera penal, inclusive o instituto da reincidência.

Alternativa correta: letra "c".

---

46. (Cespe – Analista Judiciário – Área Judiciária – TRE – RS/2015) Em relação às penas, assinale a opção correta.

a) Poderá ser substituída por pena restritiva de direitos a pena privativa de liberdade aplicada a réu reincidente, anteriormente condenado pela prática do crime de lesões corporais culposas e sentenciado a pena de cinco anos de reclusão pela prática de homicídio culposo.

b) Não se admite que o condenado a prisão em regime fechado execute trabalho externo.

c) A pena de reclusão será cumprida em regime fechado, semiaberto ou aberto; a de detenção, por sua vez, será cumprida em regime semiaberto ou aberto, vedada a transferência para o regime fechado.

d) De acordo com o CP, o condenado a pena de seis anos de reclusão poderá cumpri-la em regime semiaberto, ainda que seja reincidente.

e) A pena de multa aplicada de forma isolada, injustificadamente inadimplida pelo condenado, poderá ser convertida em pena privativa de liberdade.

COMENTÁRIOS

Alternativa "a": a reincidência só impede a substituição da pena privativa de liberdade por restritiva de direitos, se for por crime **doloso** (art. 44, II, CP). Além disso, mesmo em caso de reincidência por crime doloso, o juiz poderá substituir a pena privativa de liberdade por restritiva de direitos, se não for reincidência específica e as circunstâncias recomendarem o benefício (art. 44, § 3º, CP).

Alternativa "b": admite-se que o condenado a prisão em regime fechado execute trabalho externo, desde que, em serviços ou obras públicas (art. 34, § 3º, CP).

Alternativa "c": A pena de reclusão será cumprida em regime fechado, semiaberto ou aberto; a de detenção, por sua vez, será cumprida em regime semiaberto ou aberto, sendo possível a transferência para o regime fechado, em caso de **regressão de regime** (art. 33, *caput*, CP).

Alternativa "d": De acordo com o CP, o condenado a pena de seis anos de reclusão deverá cumpri-la em **regime fechado, caso seja reincidente** (art. 33, § 2º, b, CP).

Alternativa "e": A pena de multa aplicada de **forma isolada**, injustificadamente inadimplida pelo condenado, **nunca** poderá ser convertida em pena privativa de liberdade.

Alternativa correta: letra "a".

---

47. (Cespe - Analista Judiciário - Área Judiciária-TRE-GO/2015) Julgue os itens seguintes, a respeito de concurso de pessoas, tipicidade, ilicitude, culpabilidade e fixação da pena.

É possível que réu primário portador de circunstâncias judiciais desfavoráveis condenado à pena de quatro anos de reclusão inicie o cumprimento da reprimenda em regime semiaberto.

COMENTÁRIOS

Em regra, o primário apenado com pena igual a quatro anos deve estar sujeito ao regime aberto (art. 33, § 12º, *c*, CP). Porém, o juiz também deve observar **as circunstâncias judiciais do art. 59, CP**, para a fixação do regime inicial de cumprimento de pena (art. 33, § 3º, CP). E, assim, se forem elas desfavoráveis, pode fixar o regime mais gravoso, no caso, o semiaberto.

Alternativa correta: "certo".

---

48. (IBFC - Analista Judiciário - Área Judiciária-TRE-AM/2014) NÃO é pena restritiva de direito prevista no Código Penal:

a) Perda de bens e valores.
b) Recolhimento domiciliar.
c) Interdição temporária de direitos.
d) Prestação de serviço à comunidade ou a entidades públicas.

COMENTÁRIOS

✪ **Nota do autor:** as penas restritivas de direitos são aquelas previstas em lei e que consistem em aplicação de sanção diversa da prisão. O rol do art. 43, CP, é meramente exemplificativo, já que existem outras espécies dessa pena, como as previstas no art. 28, Lei nº 11.343/06.

Alternativa "a": a pena de perdas e valores (art. 43, II, CP) é restritiva de direitos e consiste em transferências de bens do condenado ressalvada a legislação especial, em favor do Fundo Penitenciário Nacional, e seu valor terá como teto – o que for maior – o montante do prejuízo causado ou do provento obtido pelo agente ou por terceiro, em consequência da prática do crime (art. 45, § 3º, CP).

Alternativa "b": o recolhimento domiciliar não é previsto como pena restritiva de direitos na lei penal. Deve-se seguir o princípio da legalidade ou da reserva legal, pois as penas restritivas de direito têm natureza de sanção penal.

Alternativa "c": a pena de interdição temporária de direitos (art. 43, V, CP) é restritiva de direitos e consiste na: I – proibição do exercício de cargo, função ou atividade pública, bem como de mandato eletivo; II – proibição do exercício de profissão, atividade ou ofício que dependam de habilitação especial, de licença ou autorização do poder público; III – suspensão de autorização ou de habilitação para dirigir veículo (art. 47, CP).

Alternativa "d": a pena de prestação de serviço à comunidade ou a entidades públicas (art. 43, IV, CP) é restritiva de direitos e consiste na atribuição de tarefas gratuitas ao condenado e será cumprida em entidades assistenciais, hospitais, escolas, orfanatos e outros estabelecimentos congêneres, em programas comunitários ou estatais.

Alternativa correta: letra "b".

---

49. (Cespe - Analista Judiciário - Área Judiciária - TRE-MS/2013) Com referência às espécies e à cominação das penas, bem como à sua aplicação e à sua suspensão condicional, assinale a opção correta.

a) A condenação anterior, no estrangeiro, por crime doloso, por sentença penal condenatória transitada, depende de homologação no Brasil para obstar a concessão de sursis.
b) As penas de reclusão e de detenção têm em comum o regime de cumprimento inicial fechado, sendo vedada a imposição de regime mais gravoso em razão da gravidade abstrata do delito.
c) Aos crimes hediondos, por expressa disposição legal, é obrigatória a fixação do regime inicial fechado para cumprimento da reprimenda, inde-

pendentemente da pena aplicada, sendo vedada a substituição da pena privativa de liberdade por restritiva de direitos.

d) O condenado por crime contra a administração pública, terá a progressão de regime prisional condicionada à reparação do dano que tiver causado, ou à devolução do produto do ilícito praticado, com os acréscimos legais.

e) A condenação anterior à pena de multa obsta a concessão de sursis e repercute no regime inicial de cumprimento da reprimenda e na substituição da pena privativa de liberdade por restritiva de direitos.

COMENTÁRIOS

Alternativa "a": a condenação anterior **impede** a concessão do *sursis* (art. 77, CP). Proferida no estrangeiro, ela **não depende** de homologação para impedir a concessão do benefício.

Alternativa "b": nos crimes apenados com **detenção**, o regime inicial poderá ser o semiaberto ou aberto, **nunca o fechado** (art. 33 do CP). O condenado por crime apenado com detenção só ficará em regime fechado em caso de regressão.

Alternativa "c": os requisitos para a substituição da pena privativa de liberdade por restritiva de direitos estão previstos no art. 44 do CP. **Não há** disposição legal que **proíba** a substituição em caso de crime hediondo, logo é possível que o condenado por esse crime receba esse benefício.

Alternativa "d": nos crimes contra a Administração Pública, o ressarcimento do dano causado é buscado pelo legislador. De se notar que a pretensão estatal de se ver ressarcido não está sujeita à prescrição. Por isso, em crimes de tal espécie, a lei prevê **esse requisito a mais** para a progressão de regime do sentenciado (art. 33, § 4º, CP).

Alternativa "e": a condenação anterior por pena de **multa não impede a concessão do *sursis*** (art. 77, § 1º, CP). Já, no que tange à fixação do regime inicial de cumprimento de pena e da substituição da pena privativa de liberdade, a condenação anterior por multa implica reincidência, o que impõe o regime fechado e impede a substituição da pena privativa de liberdade.

Alternativa correta: letra "d".

---

50. (FCC – Analista Judiciário – Área Judiciária – TRE-SP/2012) Considere as seguintes situações hipotéticas de cidadãos processados pela Justiça Pública:

I. José, não reincidente, é condenado a cumprir pena de 04 anos de reclusão por crime de denunciação caluniosa e poderá iniciar o cumprimento da pena em regime aberto.

II. Paulo é condenado a cumprir pena de 02 anos de reclusão por crime de coação no curso do processo, e tem sua pena privativa de liberdade substituída por uma pena restritiva de direitos e por multa.

III. Murilo registra condenação anterior por crime de falso testemunho e está sendo processado por crime de peculato. Nesse caso, não poderá ter a sua pena privativa de liberdade substituída pela restritiva de direitos, por expressa vedação legal.

De acordo com o Código Penal, está correto o que consta APENAS em

a) I.

b) II.

c) III.

d) I e II.

e) II e III.

COMENTÁRIOS

✪ **Nota do autor:** sempre bom destacar, a reincidência implica imposição de regime inicial fechado, seja qual for a quantidade da pena aplicada, de acordo com o que dispõe o art. 33, CP.

Item I: o regime aberto é destinado ao condenado, **não reincidente**, cuja pena privativa de liberdade for **igual ou inferior a quatro anos** (art. 33, § 2º, c, CP).

Item II: como o crime de coação no curso do processo envolve **violência ou grave ameaça**, não é possível a substituição da pena priva de liberdade por restritiva de direitos (art. 44, I, CP).

Item III: o reincidente pode ser beneficiado com a pena restritiva de direitos, desde que **não seja reincidente específico**, ou seja, seja condenado pelo mesmo crime (art. 44, § 3º, CP).

Alternativa correta: letra "a": Está correto o item I.

---

51. (FCC – Analista Judiciário – Área Judiciária – TRE-PR/2012) Tício amarrou dois inimigos juntos num poste e os matou com um único disparo. Nesse caso, houve

a) crime continuado, aplicando-se a pena de um dos crimes aumentada de dois terços até o dobro.

b) crime continuado, aplicando-se as penas de um dos crimes aumentada de um sexto a dois terços.

c) concurso formal próprio, aplicando-se as penas de um dos crimes, aumentada de um sexto até a metade.

d) concurso formal impróprio e as penas aplicam-se cumulativamente.

e) concurso formal próprio, aplicando-se as penas de um dos crimes aumentada até o triplo.

COMENTÁRIOS

Alternativas "a" e "b": não se trata de crime continuado, porque houve mais de uma conduta. Se fosse crime continuado, as penas seriam aumentadas até o triplo (art. 71, parágrafo único, do CP), por causa da violência empregada na execução do crime.

Alternativas erradas: "c" e "e": não se trata de concurso formal perfeito ou próprio (art. 70, primeira parte, CP), em que se aplica a pena de um só dos crimes, se idênticas, ou a mais grave, se diversas, aumentada, em qualquer caso, de um sexto a dois terços, porque os desígnios foram autônomos.

Alternativa "d": no concurso formal **impróprio ou imperfeito**, há uma **única conduta** (no caso, um disparo), mas há desígnios autônomos de se produzir dois ou mais resultados (matar as duas pessoas amarradas no poste), somando-se as penas dos dois crimes (art. 70, segunda parte, CP).

Alternativa correta: letra "d".

---

52. (Cespe - Analista Judiciário - Área Judiciária - TRE-RJ/2012) A respeito de institutos diversos de direito penal, julgue os itens a seguir.

- Segundo a jurisprudência do Superior Tribunal de Justiça, é inidônea a utilização do critério do número de infrações penais praticadas para calcular o percentual de aumento da pena fundado no crime continuado.

COMENTÁRIOS

O entendimento no Superior Tribunal de Justiça é no sentido de que o número de infrações penais cometidas é que deve balizar o *quantum* de aumento de pena (intervalo entre um sexto e dois terços, conforme art. 71, CP), pois se trata de um **critério objetivo.**

Alternativa correta: "errado".

---

53. (Analista Judiciário - Área Judiciária TRE/AP 2011 - FCC) Quando o agente, mediante uma só ação ou omissão dolosa, pratica dois ou mais crimes, idênticos ou não, e os crimes concorrentes resultam de desígnios autônomos, haverá

a) concurso formal, aplicando-se a mais grave das penas cabíveis ou, se iguais, somente uma delas, mas aumentada, em qualquer caso, de um sexto até metade.

b) crime continuado, podendo o juiz, considerando a culpabilidade, os antecedentes, a conduta social e a personalidade do agente, bem como os motivos e as circunstâncias, aumentar a pena de um só dos crimes, se idênticas, ou a mais grave, se diversas, até o triplo.

c) concurso material, aplicando-se cumulativamente as penas privativas de liberdade para cada delito.

d) concurso formal, aplicando-se cumulativamente as penas privativas de liberdade cominadas para cada delito.

e) crime continuado, aplicando-se a pena de um só dos crimes, se idênticas, ou a mais grave, se diversas, aumentada, em qualquer caso, de um sexto a dois terços.

COMENTÁRIOS

✪ **Nota do autor:** concurso de crimes: há dois ou mais crimes praticados pelo mesmo agente: concurso material (art. 69, CP); concurso formal (art. 70, CP); crime continuado (art. 71, CP).

Alternativa "a": essa alternativa traz o conceito de **crime formal perfeito,** em que o agente mediante uma única conduta produz dois ou mais resultados (art. 70, segunda parte, do CP).

Alternativa "b": no crime continuado, o agente pratica duas ou mais condutas, produzindo cada uma delas resultados distintos, valendo-se das mesmas condições de lugar, tempo e modo de execução. Se se tratar de crime doloso contra vítimas diferentes, cometidos com violência ou grave ameaça, as penas serão somadas, levando-se em conta as circunstâncias judiciais (art. 71, parágrafo único, CP).

Alternativa "c": no concurso material, produzem-se dois ou mais resultados, mediante duas ou mais condutas, sem que haja aproveitamento das condições do crime continuado (art. 69, CP).

Alternativa "d": trata-se do chamado concurso formal **imperfeito,** já que o agente atuou com **desígnios autônomos**, ou seja, queria produzir dois ou mais resultados com uma única conduta. Nesse caso, somam-se as penas de todos os crimes (cúmulo material), conforme art. 70, segunda parte, do CP.

Alternativa "e": no crime continuado, o agente pratica duas ou mais condutas, produzindo cada uma delas resultados distintos, valendo-se das mesmas condições de lugar, tempo e modo de execução, havendo aumento de pena (art. 71, CP).

Alternativa correta: letra "d".

---

54. (Analista Judiciário - Área Judiciária TRE/TO 2011 - FCC) Nos termos do Código Penal, é efeito automático da condenação, não sendo necessário ser declarado na sentença:

a) A perda de cargo, função pública ou mandato eletivo quando for aplicada pena privativa de liberdade por tempo superior a quatro anos em qualquer crime, salvo nos crimes praticados com abuso de poder ou violação de dever para com a Administração Pública.

b) A perda de cargo, função pública ou mandato eletivo, quando aplicada pena privativa de liberdade por tempo igual ou superior a um ano, nos crimes praticados com abuso de poder ou violação de dever para com a Administração Pública.

c) Tornar certa a obrigação de indenizar o dano causado pelo crime.

d) A incapacidade para o exercício do pátrio poder, tutela ou curatela, nos crimes dolosos, sujeitos à pena de reclusão, cometidos contra filho, tutelado ou curatelado.

e) A inabilitação para dirigir veículo, quando utilizado como meio para a prática de crime doloso.

COMENTÁRIOS

✪ **Nota do autor:** os efeitos extrapenais genéricos da condenação estão previstos no art. 91 do CP e não dependem de fundamentação por parte do Juiz. Já os efeitos específicos estão previstos no art. 92 do CP e dependem de fundamentação por parte do Magistrado.

Alternativas "a" e "d": em ambos os casos, o Juiz deve apontar que o crime cometido pelo agente é **incompatível com a sua manutenção nos quadros do serviço público** (art. 92, I e II, CP).

Alternativa "b": nesse caso, o Juiz deve apontar que o crime cometido pelo agente é **incompatível com o exercício do poder familiar, da tutela e da curatela** (art. 92, II, CP).

Alternativa "c": com o cometimento de um crime, surgem as pretensões do Estado de aplicar uma pena ao autor do fato e da vítima de se ver indenizada. A condenação penal vincula o juízo cível, valendo a **sentença penal condenatória como título executivo judicial** (art. 91, I, CP).

Alternativa "e": nesse caso, o Juiz deve apontar que o crime cometido pelo agente é **incompatível com a habilitação para a direção de veículo automotor** (art. 92, III, CP).

Alternativa correta: letra "c".

55. (Analista Judiciário – Área Judiciária TRE/AM 2010 – FCC) No que diz respeito à reabilitação, é correto afirmar que:

a) se o condenado for reincidente, somente poderá ser requerida decorridos 5 (cinco) anos do dia em que for extinta a pena ou encerrar a sua execução.

b) é admissível no caso de ter sido decretada a extinção da punibilidade pela prescrição da pretensão punitiva.

c) será revogada caso o reabilitado seja condenado, por sentença definitiva, a pena que não seja restritiva de direitos.

d) faz com que fiquem suspensos condicionalmente alguns efeitos penais da condenação e, se revogada, ficam eles restabelecidos.

e) um dos requisitos para a sua concessão é não ter o condenado, nos últimos dois anos, mudado de domicílio sem comunicar o Juízo.

COMENTÁRIOS

✪ **Nota do autor:** reabilitação é um direito subjetivo do condenado que, por meio dela, retoma às suas condições anteriores ao cumprimento da pena.

Alternativa "a": o prazo para se obter a reabilitação é de **dois anos** do dia em que for extinta a pena ou encerrar a sua execução (art. 94, CP). A reincidência não dilata tal prazo, mas pode impedir a concessão da reabilitação, pois demonstra mau comportamento.

Alternativa "b": a extinção da punibilidade pela prescrição da pretensão punitiva implica desconsideração de qualquer efeito penal em relação ao agente. Portanto, este não tem interesse em obter a reabilitação.

Alternativa "c": a reabilitação é revogada se a pessoa for novamente condenada pelo cometimento de um crime punido com pena privativa de liberdade ou como restritiva de direitos, exceto se este crime for punido unicamente por **multa** (art. 95, CP).

Alternativa "d": a sentença penal condenatória produz efeitos penais e extrapenais (arts. 91 e 92 do CP). Como a reabilitação recoloca o condenado no estado anterior à condenação, os efeitos da sentença penal condenatória ficam **suspensos**, exceto no que tange à perda de cargo, função pública ou mandato eletivo e à incapacidade para o exercício do pátrio poder, tutela ou curatela, nos crimes dolosos, sujeitos à pena de reclusão, cometidos contra filho, tutelado ou curatelado. Trata-se de mera suspensão porque a reabilitação pode ser revogada.

Alternativa "e": o agente pode mudar de domicílio, mas deve permanecer no **território nacional** (art. 94, I, CP).

Alternativa correta: letra "d".

56. (Analista Judiciário – Área Judiciária TRE/AC 2010 – FCC) A reparação do dano causado ou a devolução do produto do ilícito, pelo condenado por crime contra a administração pública, constitui

a) condição para a progressão de regime do cumprimento da pena.

b) causa de extinção de punibilidade.

c) causa de redução da pena.

d) motivo para perdão judicial.

e) descriminante genérica.

COMENTÁRIOS

Alternativa "a": a reparação do dano é uma condição específica para a progressão de regime em relação aos crimes contra a Administração Pública (art.

33, 4º, CP). A supremacia do interesse público e a imprescritibilidade do dever de reparação do dano ao erário justificam essa causa especial.

Alternativa "b": as causas de extinção de punibilidade são aquelas previstas em lei, notadamente no art. 107 do CP. A reparação do dano causado ou a devolução do produto do ilícito, pelo condenado por crime contra a administração pública é uma condição específica de progressão de regime, nos termos do art. 33, § 4º, do CP.

Alternativa "c": as causas de redução de pena são consideradas na terceira fase de aplicação da pena e são circunstâncias enumeradas pelo legislador que fazem com que a pena seja diminuída, como a tentativa (art. 14, II, CP) ou o homicídio privilegiado (art. 121, § 1º, CP).

Alternativa "d": o perdão judicial é uma forma de extinção de punibilidade. O Juiz, diante de circunstâncias previstas em lei, concede o perdão à pessoa que condenada pelo crime (art. 107, IX, CP), como pode ocorrer no crime de homicídio culposo.

Alternativa "e": discriminante genérica são as causas excludentes de ilicitude: legítima defesa, estado de necessidade, exercício regular de um direito e estrito cumprimento do dever legal (art. 23, CP).

Alternativa correta: letra "a".

---

57. (Analista Judiciário – Área Judiciária TRE/AC 2010 – FCC) NÃO é circunstância agravante obrigatória, prevista no Código Penal brasileiro, ter o agente cometido o crime:

a) contra cônjuge.

b) em ocasião de desgraça particular do ofendido.

c) contra adolescente.

d) prevalecendo-se de relações domésticas.

e) com violação de dever inerente à profissão.

COMENTÁRIOS

✪ **Nota do autor:** circunstâncias agravantes são aquelas previstas nos arts. 61 e 62 do CP, que implicam aumento de pena na segunda fase de aplicação da sanção penal. De se destacar que o examinador exigiu a alternativa **errada**.

Alternativa "a": trata-se de previsão do art. 61, II, d, do CP, que visa tutelar a paz conjugal, prevendo maior pena para quem atentar contra essa paz.

Alternativa "b": aproveitar-se da fragilidade momentânea da desgraça particular merece maior reprovação. Daí a razão da presente circunstância agravante (art. 61, II, j, CP).

Alternativa "c": não é circunstância agravante o fato de a vítima ser adolescente (pessoa entre doze e dezoito anos), mas sim se ela for **criança** (pessoa até doze anos de idade incompletos) – art. 61, II, h, CP.

Alternativa "d": trata-se de previsão reforçada pela Lei Maria da Penha. Mais uma vez, visa-se tutelar a paz do lar (art. 61, II, f, CP).

Alternativa "e": a desonra aos mandamentos éticos da profissão também justifica um resultado mais grave (art. 61, II, g, CP).

Alternativa correta: letra "c".

---

58. (Analista Judiciário – Área Judiciária TRE/RS 2010 – FCC) Sobre a pena de MULTA prevista no Código Penal, é INCORRETO afirmar que

a) deve ser paga dentro de 10 (dez) dias depois do trânsito em julgado da sentença.

b) se converte em pena de detenção, quando o condenado solvente deixa de pagá-la ou frustra a sua execução.

c) sua cobrança pode ser efetuada mediante desconto no salário do condenado, quando aplicada isoladamente.

d) sua execução será suspensa se sobrevém ao condenado doença mental.

e) se cobrada mediante desconto no salário, não deve incidir sobre os recursos indispensáveis ao sustento do condenado e de sua família.

COMENTÁRIOS

✪ **Nota do autor:** deve-se ficar atento que o examinador exige a **alternativa incorreta**.

Alternativa "a": trata-se de dispositivo expresso do art. 50 do CP, que ainda permite o parcelamento do pagamento a ser autorizado pelo Juiz.

Alternativa "b": a pena de multa jamais será convertida em pena privativa de liberdade, seja de reclusão, seja de detenção (art. 51, CP). Na ADI 7.032, o STF decidiu que, quando cumulada com pena privativa de liberdade, o não pagamento da multa impede o reconhecimento da extinção da punibilidade, salvo comprovada a impossibilidade pagamento, mesmo que de forma parcelada. Com isso, caso o condenado não pague a multa, estará sujeito à **Execução Fiscal**, pela Procuradoria da Fazenda.

Alternativa "c": é possível o pagamento por meio de desconto do salário nas hipóteses em que o condenado vai **cumprir a pena em liberdade**, ou seja, a multa é aplicada de forma isolada ou cumulada, neste caso, com pena restritiva de direitos ou com *sursis* (art. 50, § 1º, CP).

Alternativa "d": a superveniência de doença mental provoca a **suspensão** da execução da pena, pois o agente se torna incapaz de se autodeterminar e entender o caráter da medida (art. 41, CP).

Alternativa "e": como a execução da multa recai sobre o patrimônio do condenado, há de se preservar o mínimo de sua dignidade, sem abrir mão da pretensão estatal, motivo pelo qual, diante de certas circunstâncias, o Juiz pode **parcelar** a forma de pagamento da multa (art. 50, CP).

Alternativa errada: letra "b".

---

59. (Analista Judiciário – Área Judiciária TRE/MT 2010 – CESPE) Com relação à parte geral do Código Penal, assinale a opção correta.

a) Se o fato é cometido em estrita obediência à ordem, não manifestamente ilegal, de superior hierárquico, são puníveis o autor da ordem e o agente que agiu em obediência hierárquica, havendo, em relação a este, causa de redução da pena.

b) Agindo o sujeito ativo em legítima defesa, havendo excesso em sua conduta, ele somente responderá pelo excesso se o praticar de forma dolosa, não havendo a previsão de responsabilidade pelo excesso culposo.

c) Em caso de concurso de crimes, a aplicação da pena de multa seguirá a regra de aplicação da pena privativa de liberdade, procedendo-se ao cúmulo material ou à aplicação de pena mais grave, quando idênticas.

d) A reincidência em crime culposo não impede a aplicação da suspensão da pena, desde que presentes os demais requisitos legais.

e) Não se admite o livramento condicional quando o condenado for reincidente em crime doloso.

COMENTÁRIOS

✪ **Nota do autor:** reincidência: verifica-se a reincidência quando o agente comete novo crime, depois de transitar em julgado a sentença que, no País ou no estrangeiro, o tenha condenado por crime anterior, ou quando o agente pratica uma contravenção depois de passar em julgado a sentença que o tenha condenado, no Brasil ou no estrangeiro, por qualquer crime, ou, no Brasil, por motivo de contravenção.

Alternativa "a": se o fato é cometido em estrita obediência à ordem, não manifestamente ilegal, de superior hierárquico, **é punível apenas o autor da ordem** (art. 22, CP). Já o agente que agiu em obediência hierárquica é **isento de pena**, pois presente a excludente da culpabilidade da **inexigibilidade de conduta diversa.**

Alternativa "b": há também previsão de excesso culposo, desde que o resultado do excesso tenha previsão do tipo culposo (art. 23, parágrafo único, CP).

Alternativa "c": no concurso de crimes, as penas de multa são aplicadas são distintas e integralmente, ou seja, são somadas (**cúmulo material**) – art. 72, CP.

Alternativa "d": a lei presume que a reincidência indica que a personalidade do agente persiste contrária ao convívio social, o que limita vários direitos da pessoa reincidente. No entanto, em se tratando de reincidência por **crime culposo**, em que não há vontade ou assunção do risco de se produzir o resultado criminoso, não se impe a concessão do ***sursis*** (art. 77, I, CP).

Alternativa "e": o livramento condicional é um **direito subjetivo do réu,** cujos requisitos estão previstos no art. 83 do CP. Permite-se sua concessão em crimes dolosos, mas, se o crime for cometido mediante violência ou grave ameaça, é necessário o exame para demonstrar se o condenado não vai voltar a delinquir.

Alternativa correta: letra "d".

1.6. DAS MEDIDAS DE SEGURANÇA

- CP, Título VI, da Parte Geral.
- CP, arts. 96 a 99.

---

60. (Analista Judiciário – Execução de Mandados – TRF 2ª região/ 2007 – FCC) Sobre o prazo para internação na hipótese de imposição de medida de segurança, considere:

I. Será indeterminado, perdurando até a cessação da periculosidade.

II. Será o mesmo da pena que seria imposta se o réu fosse imputável.

III. Deverá ser de no mínimo de 01 (um) a 03 (três) anos.

IV. Será no máximo o prazo previsto para a pena privativa de liberdade para o crime praticado.

V. Será fixado no máximo o prazo da prescrição em abstrato.

Está correto o que consta APENAS em

a) I e III.

b) I, II e IV.

c) II, III e V.

d) II e V.

e) IV e V.

COMENTÁRIOS

✪ **Nota do autor:** medida de segurança é a sanção penal destinada à pessoa que é inimputável, ou seja, aquele que em razão de doença mental não tem capacidade de entender o caráter ilícito do fato e de se determinar de acordo com esse entendimento.

Item I: a medida de segurança se funda na periculosidade do agente. Assim, é ele submetido a exames periódicos e, constada a permanência da periculosidade, o agente permanece internado (art. 97, § 1º, CP). O STF firmou entendimento de que a internação tem o prazo máximo igual ao da pena privativa de liberdade, que, atualmente, é de 40 anos.

Item II: a medida de segurança é por prazo máximo indeterminado, perdurando enquanto presente ainda a periculosidade do agente (art. 97, § 1º, CP), limitada ao prazo máximo de cumprimento de sanção penal no Brasil, que, atualmente, é de 40 anos;

Item II: a medida de segurança é por prazo mínimo determinado pelo Juiz, entre um a três anos, findo o qual será o agente submetido a exame para se verificar a cessação de periculosidade (art. 97, § 1º, CP). Permanecendo o estado de periculosidade, há prorrogação de internação por prazo indeterminado, lembrando que o STF fixou o entendimento de que a soma dessas internações não pode ser maior que quarenta anos.

Item IV: a medida de segurança é por prazo máximo indeterminado, perdurando enquanto presente ainda a periculosidade do agente (art. 97, § 1º, CP).

Item V: À época de elaboração dessa questão, esse item foi considerado errado, porém, os Tribunais Superiores firmaram o entendimento de que a medida de segurança está sujeita a prazo prescricional, estando sujeita ao mesmo prazo da pena em abstrato prevista ao crime.

Alternativa correta: letra "a": Estão corretos os itens I e III.

---

61. (Analista Judiciário – Área Judiciária – TRF 4ª região/ 2006 – FCC) Em tema de medidas de segurança, analise as assertivas abaixo:

I. As medidas de segurança previstas no Código Penal são: Internação em hospital de custódia e tratamento psiquiátrico ou, à falta, em outro estabelecimento adequado; e sujeição a tratamento ambulatorial.

II. A reforma do Código Penal adotou o sistema *vicariante* ou *unitário*, no qual as medidas de segurança só podem ser aplicadas isoladamente, e não cumuladas com a pena privativa de liberdade.

III. Mesmo que extinta a punibilidade, deve ser imposta a medida de segurança, devendo, ainda, ser executada a que tiver sido imposta.

IV. A internação ou a medida de segurança será por tempo determinado, e o seu prazo será fixado entre o mínimo e o máximo da pena restritiva de liberdade prevista para o crime.

V. Se o agente for inimputável, mesmo que o crime seja punível com detenção, o juiz aplicará a medida de segurança consistente em internação.

É correto o que consta APENAS em

a) IV e V.

b) II, IV e V.

c) II, III e V.

d) I, III e IV.

e) I e II.

COMENTÁRIOS

✪ **Nota do autor:** vê-se que o item II se refere à reforma do Código Penal, que consistiu na nova redação da Parte Geral, conferida pela Lei nº 7.209/84, que introduziu elementos da chamada **escola finalista da ação**.

Item I: as medidas de segurança se destinam ao inimputável ou semi-imputável, portadores de doença mental que os torna incapacitados penalmente. A medida de **internação** é destinada a quem comete crime punido com **reclusão**, enquanto o **tratamento ambulatorial** a quem comete crime punido com **detenção** (art. 97, CP).

Item II: a Parte Geral do Código Penal passou por uma grande reforma em 1984. Antes, em termos de medida de segurança, permitia-se sua cumulação com pena de prisão (**sistema do duplo binário**). Com referida reforma, não se mais admite a cumulação (sistema vicariante).

Item III: a punibilidade é a **possibilidade jurídica** de aplicação da sanção penal. Com sua extinção, fica inviabilizada a aplicação de pena ou de medida de segurança (art. 96, parágrafo único, CP).

Item IV: a medida de segurança aplicada ao **inimputável** é fixada por **prazo indeterminado,** havendo apenas a fixação de um **prazo mínimo** para se verificar a cessação da periculosidade. Mantida esta, permanece a pessoa sob medida de segurança (art. 97, § 3º, CP).

Item V: em caso de crime apenado com **detenção**, o juiz aplica a medida de segurança de **tratamento ambulatorial** (art. 96, CP).

Alternativa correta: letra "e": Estão corretos os itens I e II.

1.7. DA AÇÃO PENAL

- CF, art. art. 129, I.
- CP, Título VII, da Parte Geral.
- CP, arts. 100 a 106.

---

62. (Cespe – Analista Judiciário – Área Administrativa – TRE – BA/2017) No que se refere à ação penal, julgue os itens a seguir.

I. Concedido a qualquer dos querelados no concurso de agentes, o perdão do ofendido não prossegue contra os demais.

II. A renúncia pode ser definida como a desistência da ação penal em casos em que o ofendido, ou seus sucessores, abdica do direito de ação contra o autor do crime.

III. Em se tratando de crimes que se processam mediante queixa, caso o ofendido pratique ato incompatível com o desejo de condenação do agressor, a sentença transitada em julgado pode ser revista.

IV. Diante de certas circunstâncias, o ofendido pode substituir o Ministério Público no oferecimento da ação penal pública.

Estão certos apenas os itens

a) I e II.

b) I e III.

c) I e IV.

d) II e III.

e) III e IV.

COMENTÁRIOS

✪ **Nota do autor:** essa questão foi ANULADA pela comissão examinadora do concurso.

Item I Na ação penal privada, vige o princípio da indivisibilidade. Assim, se concedido o perdão a um dos querelados, o benefício é estendido a todos os demais. Porém, a extinção da punibilidade não é automática, já que o perdão é ato bilateral e só produz efeito se o querelado aderir a ele.

Item II. Renúncia é ato pelo qual o ofendido ou seu representante legal manifesta, expressa ou tacitamente, que não tem interesse em promover a ação penal privada por meio da queixa ou que não tem interesse em representar para que se dê início à persecução criminal na ação penal pública condicionada à representação.

Item III. Na ação penal privada, após o trânsito em julgado da sentença penal condenatória, a pretensão executória é de exclusividade do Estado. Não está na esfera de disponibilidade do ofendido, o que ocorre apenas na fase de conhecimento.

Item IV. É garantia constitucional do ofendido a promoção da ação penal privada subsidiária da pública, caso o Ministério Público quede-se inerte, não oferecendo denúncia, não requisitando novas diligências ou não promovendo o arquivamento do inquérito policial.

1.8. DA EXTINÇÃO DE PUNIBILIDADE

- CF, art. 5º, XLII e XLIII.
- CP, Título I da Parte Geral.
- CP, arts. 107 a 120.

63. (Cespe – Analista Judiciário – Área Judiciária – TRE – BA/2017) Um indivíduo de dezenove anos de idade, livre, consciente e capaz, dirigiu-se a uma joalheria com a intenção de praticar furto. Na loja, passou-se por cliente e pediu a uma vendedora para ver algumas peças. Enquanto via as joias, aproveitando-se de um descuido da vendedora, o indivíduo colocou um colar de ouro em seu bolso e, em seguida, saiu da loja, sem nada ter comprado. Trinta minutos depois, ele retornou à loja e devolveu a joia, incentivado por sua mãe. Apesar disso, o gerente, representando a joalheria, decidiu registrar boletim de ocorrência sobre o fato em uma delegacia de polícia, e o homem foi indiciado por furto simples. Após o término do inquérito policial, o Ministério Público denunciou o acusado por furto simples. A denúncia foi recebida pelo juízo competente quatro anos e seis meses depois da prática do delito, com a determinação da citação do acusado.

Nesse caso, é possível o reconhecimento de

a) arrependimento eficaz.

b) desistência voluntária.

c) prescrição da pretensão punitiva.

d) tentativa de furto.

e) crime oco.

COMENTÁRIOS

Alternativa "a". No arrependimento eficaz (art. 15, CP), o próprio autor do fato, por ato voluntário, impede a consumação do crime, só respondendo pelos atos já praticados. No caso, houve a consumação do furto e só depois o agente devolveu o bem à joalheria.

Alternativa "b". Na desistência voluntária (art. 15, CP), o próprio autor do fato, por ato voluntário, deixa de dar continuidade aos atos executórios, apesar de poder fazê-lo até a consumação do crime, só respondendo pelos atos já praticados. No caso, houve a consumação do furto e só depois o agente devolveu o bem à joalheria.

Alternativa "c". O crime de furto simples tem como pena máxima quatro anos (art. 155, CP). Como houve, arrependimento posterior, já que o autor do fato restituiu o bem à vítima, antes do recebimento da denúncia, deve-se descontar 1/3 dessa pena. Assim, a pena a ser considerada é de dois anos e oito meses. Nesse caso, o prazo prescricional é de oito anos (art. 109, IV, CP). Como o autor era menor de vinte e um anos na data do fato, a prescrição é reduzida à metade (art.115, CP). Assim, no caso do problema, é de quatro anos. Como a denúncia foi recebida quatro anos e seis meses (marco interruptivo – art. 117, I, CP) depois do crime, houve a prescrição.

Alternativa "d". O crime de furto se consumou no momento em que o agente teve a posse do bem, ainda que por breve espaço de tempo.

Alternativa "e". Crime oco é sinônimo de crime impossível. No caso, o crime de furto se consumou.

Alternativa correta: letra "c".

64. (Cespe – Analista Judiciário – Área Judiciária – TRE – PE/2017) O prazo prescricional da pretensão punitiva

a) será calculado sobre o total da pena aplicada a todos os crimes praticados após a incidência do acréscimo, se se tratar de concurso formal imperfeito.

b) será calculado sobre o total correspondente à soma das penas de todos os crimes praticados, se se tratar de crime continuado.

c) será calculado sobre o total correspondente à soma de todas as penas dos crimes praticados, se se tratar de concurso material.

d) será calculado isoladamente em cada crime praticado, desconsiderando-se o acréscimo decorrente do concurso, se se tratar de concurso formal perfeito.

e) será calculado isoladamente em cada um dos crimes praticados, computando-se o acréscimo decorrente da continuidade, se se tratar de crime continuado.

COMENTÁRIOS

Alternativas "a", "b", "c" e "e". Para se determinar a extinção da punibilidade, em caso de concurso de crimes, cada um dos crimes será considerado isoladamente (art. 119, CP).

Alternativa "d". Para fins de extinção de punibilidade, em caso de concurso de crimes (material, formal ou continuidade delitiva), cada um dos crimes será considerado isoladamente (art. 119, CP), sem levar em consideração a pena resultante do cúmulo material ou formal, com o acréscimo da fração.

Alternativa correta: letra "d".

---

65. (FCC – Analista Judiciário – Área Administrativa – TRE – SP/2017) Moisés respondeu processo por crime de corrupção ativa cometido no dia 30 de setembro de 2010, quando tinha 66 anos de idade. A denúncia oferecida pelo Ministério Público em 16 de outubro de 2014 é recebida pelo Magistrado competente no dia 18 de Outubro do mesmo ano de 2014. O processo tramita regularmente e Moisés é condenado a cumprir pena de 2 anos de reclusão, em regime inicial semiaberto, e ao pagamento de 10 dias-multa por sentença proferida em 25 de Abril de 2016 e publicada no dia 27 do mesmo mês e ano. Não houve interposição de recurso pelas partes e é certificado o trânsito em julgado. No caso hipotético apresentado, a prescrição da pretensão punitiva estatal regula-se pela pena aplicada ao réu Moisés e verifica-se em

a) 02 anos, devendo ser extinta a punibilidade do réu diante do decurso deste prazo entre a data do crime e do recebimento da denúncia.

b) 04 anos, devendo ser extinta a punibilidade do réu diante do decurso deste prazo entre a data do crime e do recebimento da denúncia.

c) 01 ano e 06 meses, devendo ser extinta a punibilidade do réu diante do decurso deste prazo entre a data do crime e do recebimento da denúncia e entre a data do recebimento da denúncia e da publicação da sentença.

d) 03 anos, devendo ser extinta a punibilidade do réu diante do decurso deste prazo entre a data do crime e do recebimento da denúncia.

e) 02 anos e o réu deverá cumprir integralmente a sua pena, não sendo o caso de extinção da sua punibilidade.

COMENTÁRIOS

Alternativas "a", "b" e "d". O prazo prescricional pela pena aplicada é de dois anos, mas em nenhuma hipótese, pode ter por termo inicial data anterior à da denúncia ou queixa (art. 110, § 1º, CP).

Alternativa "c". O prazo prescricional pela pena aplicada é de dois anos, mas em nenhuma hipótese, pode ter por termo inicial data anterior à da denúncia ou queixa (art. 110, § 1º, CP). E entre o recebimento da denúncia e a publicação da sentença o prazo foi inferior a dois anos.

Alternativa "e". A pena aplicada foi de dois anos. O prazo prescricional, nesse caso, é de quatro anos (art. 109, V, CP). Mas, o acusado era maior de setenta anos na data da sentença, logo, o prazo prescricional é reduzido à metade. A prescrição retroativa não ocorreu, porque o prazo entre a publicação da sentença **e o recebimento da denúncia foi menor que dois anos. Essa modalidade de prescrição não pode anteceder a data da d**enúncia. Logo, não houve prescrição.

Alternativa correta: letra "e".

---

66. (FCC – Analista Judiciário – Área Judiciária – TRE – SP/2017) Paulo, quando tinha 20 anos de idade, após ser abordado em uma blitz da polícia rodoviária federal na Rodovia Presidente Dutra, no dia 1o de junho de 2010, oferece R$ 1.000,00, em dinheiro, para o policial responsável pela abordagem para não ser autuado por excesso de velocidade. Paulo é conduzido ao Distrito Policial, preso em flagrante, e acaba beneficiado pela Justiça sendo colocado em liberdade após pagamento de fiança. Encerrado o inquérito Policial, a denúncia em desfavor de Paulo, pelo crime de corrupção ativa, é recebida no dia 15 de julho de 2014. O processo tramita regularmente e Paulo é condenado a cumprir pena de 2 anos de reclusão, em regime inicial aberto, por sentença publicada em 14 de agosto de 2016. A sentença transita em julgado. Ricardo, advogado de Paulo, postula ao Magistrado competente para a execução da sentença o reconhecimento da prescrição. Neste caso, de acordo com o Código Penal, a prescrição da pretensão punitiva estatal ocorre em

a) 8 anos e a pena cominada ao réu, Paulo, não está prescrita, cabendo a ele cumprir regularmente sua pena.

b) 4 anos e a pena cominada ao réu, Paulo, não está prescrita, cabendo a ele cumprir regularmente sua pena.

c) 3 anos e a pena cominada ao réu, Paulo, está prescrita em decorrência do decurso do prazo superior a 3 anos entre a data do crime e do recebimento da denúncia.

d) 4 anos e a pena cominada ao réu, Paulo, está prescrita em decorrência do decurso do prazo entre a data do crime e do recebimento da denúncia.

e) 2 anos e a pena cominada ao réu, Paulo, está prescrita em decorrência do decurso do prazo entre a data do recebimento da denúncia e a publicação da sentença condenatória.

COMENTÁRIOS

Alternativa "a". O prazo da prescrição da pretensão punitiva propriamente dita, a princípio, seria de dezesseis anos, mas, como se trata de menor de vinte e um anos na data do fato, reduz-se a oito anos tal prazo. Entre a data do fato e o recebimento da denúncia, decorreram mais de quatro anos. Depois, entre o recebimento da denúncia e a publicação da sentença, houve o prazo de mais de dois anos. Logo, não houve a prescrição da pretensão punitiva propriamente dita. Houve, como demonstrado abaixo, a prescrição da pretensão punitiva retroativa.

Alternativa "b". A prescrição calculada com base na pena fixada na sentença é de dois anos, pois o agente era menor de vinte e um anos na data do fato.

Alternativas "c" e "d". A prescrição calculada com base na pena fixada na sentença é de dois anos, pois o agente era menor de vinte e um anos na data do fato. Em relação à prescrição retroativa, não se pode ir a período anterior à denúncia.

Alternativa "e". A pena aplicada é de dois anos, logo, o prazo da prescrição retroativa é de quatro anos. Como Ricardo era menor de vinte e um anos na data do fato, o prazo prescricional é reduzido de metade. Entre o recebimento da denúncia e a publicação da sentença condenatória, dois marcos interruptivos do prazo prescricional, foi superior a dois anos. Logo, houve a prescrição da pretensão punitiva retroativa.

Alternativa correta: letra "e".

---

67. (Cespe – Analista Judiciário – Área Judiciária – TRE – PI/2016) No que se refere ao instituto da prescrição, assinale a opção correta.

a) O Supremo Tribunal Federal entende ser admissível a extinção da punibilidade em virtude da prescrição da pretensão punitiva com base na previsão da pena que hipoteticamente seria aplicada, ou seja, da pena em perspectiva.

b) Não se considera, para fins de aferição da prescrição executória, a redução da pena decorrente da concessão de indulto.

c) Na hipótese de crime continuado, a prescrição regula-se pela pena imposta na sentença, computando-se o acréscimo decorrente da continuação.

d) O recebimento de denúncia por magistrado absolutamente incompetente não interrompe a prescrição penal.

e) Anulada a ação penal após a fixação de pena em segundo grau de jurisdição, a prescrição regula-se pela pena concretizada no título anulado.

COMENTÁRIOS

Alternativa "a": o STF não admite a chamada prescrição virtual, calculada com base na provável pena aplicável ao final do processo.

Alternativa "b": a prescrição executória é calculada com base na pena aplicada em definitiva, inclusive, com as causas de diminuição.

Alternativa "c": Quando se tratar de crime continuado, a prescrição regula-se pela pena imposta na sentença, não se computando o acréscimo decorrente da continuação (Súmula 497, STF).

Alternativa "d": a decisão do juiz que recebe a denúncia interrompe a prescrição. Mas, a decisão proferida por juiz absolutamente incompetente é nula e, portanto, não gera efeitos.

Alternativa "e": Anulada a sentença, todos os seus efeitos são anulados, inclusive, no que se refere à prescrição.

Alternativa correta: letra "d".

---

68. (IESES – Analista Judiciário – Área Judiciária – TRE – MA/2015) Com relação às causas de extinção da punibilidade previstas no artigo 107 do Código Penal, assinale a alternativa correta.

a) A perempção é causa de extinção de punibilidade exclusiva da ação penal pública condicionada à representação.

b) No caso de concurso de crime, a extinção da punibilidade incidirá sobre a soma das penas.

c) A extinção da punibilidade pela morte do agente poderá ocorrer em qualquer momento da persecução penal, desde a instauração do inquérito até o término da execução penal, porém, extingue somente os efeitos principais da sentença condenatória não extinguindo a pena de multa.

d) O perdão do ofendido é a manifestação de vontade, expressa ou tácita, do ofendido ou do seu representante legal, no sentido de desistir da ação penal privada já iniciada, ou seja, é a desistência manifesta após o oferecimento da queixa, portanto, só será realizado na ação penal exclusivamente privada, sendo inadmissível na ação privada subsidiária da pública.

COMENTÁRIOS

Alternativa "a": a perempção é causa de extinção da punibilidade nas ações penais privadas e decorre da contumácia do querelante.

Alternativa "b": No caso de concurso de crimes, a extinção da punibilidade incidirá sobre a pena de cada um, isoladamente (art. 119, CP).

Alternativa "c": com a morte, extingue-se a punibilidade por completo, pois, em matéria penal, vige o princípio da intranscendência da pena, ou seja, os herdeiros do autor do crime não têm responsabilidade penal pelos atos por ele praticados.

Alternativa "d": na ação penal privada, vige o princípio da disponibilidade, depende da vontade do ofendido para ser iniciada ou continuada. Com o perdão do ofendido, não há interesse no prosseguimento da ação penal privada. No caso de ação penal privada subsidiária da pública, caso o ofendido desista do prosseguimento da ação, o Ministério Público tem o dever de prosseguir na demanda, pois, nela, que é sucedâneo da ação penal pública, vige o princípio da obrigatoriedade.

Alternativa correta: letra "d".

---

69. (IBFC – Analista Judiciário – Área Judiciária– TRE-AM/2014) Sobre as causas extintivas da punibilidade, pode-se afirmar que:

a) A sentença concessiva do perdão judicial é declaratória da extinção da punibilidade, não subsistindo qualquer efeito condenatório.
b) Nos crimes conexos, a extinção da punibilidade de um deles impede, quanto aos outros, a agravação da pena resultante da conexão.
c) A sentença que conceder perdão judicial deverá ser considerada para efeitos de reincidência.
d) A prescrição, antes de transitar em julgado a sentença final, começa a correr, no caso de tentativa, da data em que o fato se tornou conhecido.

COMENTÁRIOS

Alternativa "a": A sentença concessiva de perdão judicial é declaratória da extinção da punibilidade, não subsistindo qualquer efeito condenatório (Súmula 18, STJ). O Juiz é obrigado a decidir sobre o mérito, ou seja, se houve um fato típico, antijurídico e culpável, mas declara extinta a punibilidade pelo perdão judicial, não existindo qualquer efeito condenatório.

Alternativa "b": Nos crimes conexos, a extinção da punibilidade de um deles não impede, quanto aos outros, a agravação da pena resultante da conexão (art. 108, segunda parte, do CP). A autonomia de cada um dos crimes cometidos em conexão se restringe à prescrição, não afetando a pena.

Alternativa "c": conforme Súmula 18, do STJ, a sentença concessiva de perdão judicial faz desaparecer qualquer efeito da condenação, entre os quais a reincidência.

Alternativa "d": A prescrição, antes de transitar em julgado a sentença final, começa a correr, no caso de tentativa, do dia em que cessou a atividade criminosa (art. 111, II, CP).

Alternativa correta: letra "a".

---

70. (Cespe – Analista Judiciário – Área Judiciária – TRE-MS/2013) Assinale a opção correta com referência à punibilidade e às suas causas de extinção.

a) A prescrição é causa extintiva da punibilidade e, nos delitos de punibilidade condicionada, o termo inicial da prescrição começa a correr no dia em que o crime se consumou.
b) A ausência de condições objetivas de punibilidade constitui obstáculo ao início ou prosseguimento da ação penal.
c) As condições objetivas de punibilidade são taxativamente previstas na lei penal e não se comunicam aos eventuais coautores ou partícipes da infração penal.
d) As condições objetivas de punibilidade são próprias da definição de delito e indispensáveis ao nexo causal, uma vez que se encontram abarcadas pelo dolo ou culpa, e delas depende a punibilidade objetiva do delito.
e) A consumação do crime independe da presença, ou não, das condições de punibilidade, todavia, não se verificando estas, o delito não poderá ser punido, nem sequer na forma tentada.

COMENTÁRIOS

✪ **Nota do autor:** punibilidade é a possibilidade jurídica de se aplicar sanção penal a uma pessoa que praticou um crime. Em nome da segurança jurídica, a punibilidade não é eterna, podendo ser extinta por fenômenos como a prescrição.

Alternativa "a": por vezes, a lei impõe **condições objetivas de punibilidade**. É o que ocorre em crimes falimentares, os quais exigem a decretação da falência para surgir a possibilidade jurídica de se impor a pena. O crime já se consumou, mas para se aplicar a pena é necessário o preenchimento da condição objetiva, a partir do que (não da consumação) que se inicia o prazo prescricional.

Alternativa "b": a banca examinadora considerou essa alternativa incorreta. Porém, a ausência de condição objetiva de punibilidade impede a instauração de inquérito policial ou de ação penal por **falta de justa causa**, segundo entendimento do STJ (AgRg no REsp 1327319 MG 2012/0117498-0 Min. JORGE MUSSI DJ: 05/02/2013).

Alternativa "c": as condições objetivas de punibilidade são previstas em lei e se **comunicam aos demais agentes**, pois não têm caráter subjetivo, mas objetivo, como a própria nomenclatura sugere.

Alternativa "d": nexo de causalidade, dolo e culpa são elementos do **fato típico** e nada se referem à punibilidade.

Alternativa "e": crime é fato típico, ilícito e culpável. A punibilidade **não é elemento do crime**, mas **condição** para que o Estado aplique a pena ao infrator da norma penal.

Alternativa correta: letra "e".

---

71. (FCC – Analista Judiciário – Área Judiciária – TRE-SP/2012) Rubens está sendo processado por crime de peculato, praticado no dia 03 de fevereiro de 2008, quando tinha 20 anos de idade. A denúncia foi recebida no dia 05 de junho de 2008. Por sentença judicial, publicada no Diário Oficial no dia 10 de novembro de 2011, Rubens foi condenado a cumprir pena de 02 (dois) anos e 06 (seis) meses de reclusão, em regime inicial aberto, e ao pagamento de 10 (dez) dias-multa. A pena privativa de liberdade aplicada pelo Magistrado foi substituída, na forma do artigo 44, do Código Penal, por uma pena restritiva de direitos de prestação de serviços à comunidade, pelo prazo da pena privativa de liberdade aplicada, e por 10 (dez) dias-multa, no valor unitário mínimo. A sentença transitou em julgado no dia 1º de janeiro de 2012.

Nesse caso, após o trânsito em julgado, a prescrição para as penalidades aplicadas ao réu verifica-se no prazo de

a) 02 anos para a pena privativa de liberdade e para as multas.
b) 08 anos para a pena privativa de liberdade e 02 anos para as multas.
c) 04 anos para a pena privativa de liberdade e para as multas.
d) 04 anos para a pena privativa de liberdade e 02 anos para as multas.
e) 08 anos para a pena privativa de liberdade e para as multas.

COMENTÁRIOS

✪ **Nota do autor:** questão bastante complexa que exigiu do candidato amplos conceitos sobre prescrição.

1º dado importante: o examinador se refere à prescrição da pena após o trânsito em julgado da sentença penal condenatória, que é regulada pela pena privativa de liberdade fixada na sentença, no caso, 02 (dois) anos e 06 (seis) meses de reclusão (art. 110, CP).

2º dado importante: para a pena de 02 (dois) anos e 06 (seis) meses de reclusão, o prazo prescricional é de 08 (oito) anos, conforme art. 109, V, do CP.

3º dado importante: o autor do fato era **menor de vinte e um anos à época dos fatos**, logo o prazo prescricional é reduzido de metade, indo a 04 (quatro) anos (art. 115, CP).

4ª dado importante: a pena restritiva de direitos, no caso, uma das multas, correspondente à que substituiu a pena privativa de liberdade, prescreve no mesmo prazo que esta (art. 109, parágrafo único, CP).

5ª dado importante: a outra pena de multa prescreve no mesmo prazo estabelecido para prescrição da pena privativa de liberdade, pois aplicada cumulativamente (art. 114, II, CP).

CONCLUSÃO: a prescrição ocorrerá no prazo de 04 anos para a pena privativa de liberdade e para as multas.

Alternativas "a", "b", "c", "d" e "e": conforme amplamente demonstrado o prazo prescricional ocorreu em 04 anos para a pena privativa de liberdade e para as multas.

Alternativa correta: letra "c".

---

72. (Analista Judiciário – Área Judiciária TRE/AP 2011 – FCC) De acordo com o Código Penal NÃO é causa de extinção da punibilidade a

a) reparação do dano posterior à sentença irrecorrível no crime de peculato culposo.
b) morte do agente.
c) anistia.
d) prescrição.
e) retroatividade de lei que não mais considera o fato como criminoso.

COMENTÁRIOS

✪ **Nota do autor:** a reparação do dano no peculato culposo tem um tratamento especial, distinto dos demais crimes previstos no CP, conforme se pode notar no art. 312, § 3º, CP. Assim, a este crime a reparação do dano não produz os efeitos do art. 16 do CP (arrependimento posterior), nem do art. 65, III, b, CP (circunstância atenuante genérica), conforme se demonstra a seguir.

Alternativa "a": no peculato culposo, a reparação do dano, **se precede à sentença irrecorrível, extingue a punibilidade**; se lhe é **posterior, reduz de metade a pena** imposta (art. 312, § 3º, CP).

Alternativa "b": a morte do agente implica extinção da punibilidade, pois à sanção penal aplica-se o princípio da intranscendência, ou seja, somente o autor do crime pode ser preso pelo fato que cometerá, sendo que a responsabilidade de seus herdeiros se limita à indenização (art. 107, I, CP).

Alternativa" - errada: a anistia é um perdão concedido pelo Poder Legislativo e significa o esquecimento de que determinada conduta constituiu crime. Geralmente, a anistia está relacionada a crimes políticos (art. 107, II, CP).

Alternativa "d": a prescrição é a extinção da punibilidade em decorrência da inércia do Estado, que não faz valer a pretensão punitiva dentro de um prazo determinado em lei (art. 107, IV, CP).

Alternativa "e": quando uma lei deixa de considerar determinada conduta infração penal, tem-se a *abolitio criminis*, que, por ser norma penal favorável à pessoa, retroage para beneficiá-lo (art. 107, III, CP).

Alternativa correta: letra "a".

2. PARTE ESPECIAL

2.1. CRIMES CONTRA A PESSOA

- CF, art. 5º, XXXVI a L, e art. 228.
- CP, Título I, da Parte Especial.
- CP, arts. 121 a 145.

73. (Cespe - Analista Judiciário - Área Judiciária - TRE - TO/2017) Chegando ao local de onde partira pedido de socorro de uma mulher, os policiais encontraram o ex-marido tentando arrombar a porta da casa e ameaçando-a de morte caso ela não abrisse a porta. Revistado o agressor, os policiais encontraram com ele um revólver calibre 38, municiado, que portava sem autorização. Ele disse que a arma era de um amigo, que havia lhe emprestado pouco antes, sem mencionar a intenção exclusiva de matar a ex-mulher. Vizinhos viram os policiais prendendo o agressor que gritava, exaltado, palavras ofensivas e injuriosas aos policiais.

Com relação à conduta do agressor nessa situação hipotética, julgue os seguintes itens, de acordo com a legislação pertinente e o entendimento dos tribunais superiores.

I. Configuraram-se os crimes de ameaça, tentativa de invasão de domicílio, porte de arma de fogo e desacato.

II. Configuraram-se os crimes de ameaça, tentativa de homicídio, porte de arma de fogo e de desacato.

III. Ao injuriar os policiais, o agente apenas manifestou a sua liberdade de expressão, assegurada pela convenção americana sobre direitos humanos, não se configurando o desacato.

IV. Se fosse consumado o intuito de matar, o delito de porte de arma poderia ser absorvido pelo homicídio, de acordo com a teoria da consunção.

Estão certos apenas os itens

a) I e IV.
b) II e III.
c) II e IV.
d) I, II e III.
e) I, III e IV.

COMENTÁRIOS

Item I - correto:

Ameaça	Houve o crime de ameaça, quando o ex-marido ameaça de morte a sua ex-mulher
Tentativa de invasão de domicílio	Embora seja crime de mera conduta, o art. 150, CP, admite tentativa nas suas formas comissivas, como na tentativa de entrar na casa da vítima.
Porte de arma de fogo	O agente praticou o crime previsto no art. 14, do Estatuto do Desarmamento, porque ele portava um revólver calibre. 38 sem a devida autoriza**ção e em desacordo com as disposições legais**
Desacato	Ao se dirigir injuriosa e ofensivamente contra os policiais, o agente cometeu o crime de desacato, pois os policiais estavam no exercício de suas funções.

Item II: Não houve tentativa de homicídio, pois o agente se quer iniciou atos de execução para a prática do crime de homicídio e, ainda, disse que não tinha tal intenção.

Item III: No REsp 1.640.084-SP, Rel. Min. Ribeiro Dantas, por unanimidade, julgado em 15/12/2016, DJe 1/2/2017, a Quinta Turma do STJ entendeu que as leis de desacato se prestam ao abuso, como meio para silenciar ideias e opiniões consideradas incômodas pelo *establishment*, bem assim proporcionam maior nível de proteção aos agentes do Estado do que aos particulares, em contravenção aos princípios democrático e igualitário, conforme decisões do Corte Interamericana de Direitos Humanos. **Porém,** no HC 379.269-MS, Rel. Min. Reynaldo Soares da Fonseca, Rel. para acórdão Min. Antônio Saldanha Palheiro, por maioria, julgado em 24/5/2017, DJe 30/6/2017, a Terceira Seção do STJ entendeu que o **desacato não é incompatível com o Pacto de San José da Costa Rica**, porque a liberdade de expressão não é um direito absoluto.

Item IV – se o porte de arma for usado exclusivamente para o cometimento do crime de homicídio, trata-se de crime meio para a prática do crime fim. Nesse caso, o art. 14, do Estatuto do Desarmamento não pode ser tido como autônomo, sendo absorvido pelo art. 121, CP.

Alternativa correta: letra "a".

74. (Cespe – Analista Judiciário – Área Judiciária – TRE-MS/2013) Em relação aos crimes contra a honra, assinale a opção correta.

a) A lei penal prevê a impossibilidade de arguição da exceção da verdade no crime de calúnia se o fato imputado for crime de ação privada e o ofendido não tiver sido condenado por sentença irrecorrível.
b) O crime de difamação não admite a exceção da verdade, mas permite que o agente ofereça a exceção de notoriedade do fato, de modo a demonstrar que, para o agente, o fato era de domínio público, afastando o dolo da conduta.
c) A configuração do crime de calúnia prescinde da imputação falsa de fato definido como crime ou contravenção, podendo ser suprida mediante a determinação e a presença do *animus caluniandi*.
d) A consumação do crime de calúnia se dá com o conhecimento, por parte do sujeito passivo, da imputação falsa de fato definido como crime, independentemente da ciência ou divulgação por parte de terceiros.
e) O autor de imputação falsa de fato descrito como infração penal que, na mesma circunstância, der causa à instauração de investigação policial e de processo judicial contra a vítima responderá em concurso material pelos crimes de calúnia e denunciação caluniosa.

COMENTÁRIOS

✪ **Nota do autor:** a honra é um direito da personalidade e, portanto, merece a tutela penal, o que se dá pelos crimes de calúnia, difamação e injúria. Os dois primeiros tutelam a honra objetiva, enquanto o último, a honra subjetiva.

Alternativa "a": no crime de calúnia, **em regra, é permitida a exceção da verdade**, por meio da qual o réu pode provar que a imputação feita à vítima não é falsa e, assim, não existe crime (art. 138, § 3º, CP). Esse mesmo dispositivo prevê as exceções em que não cabe a exceção de verdade: I – se, constituindo o fato imputado crime de ação privada, o ofendido não foi condenado por sentença irrecorrível; II – se o fato é imputado a qualquer das pessoas indicadas no nº I do art. 141; III – se do crime imputado, embora de ação pública, o ofendido foi absolvido por sentença irrecorrível.

Alternativa "b": no crime de difamação a exceção da verdade é admitida **somente**, se o ofendido é **funcionário público** e a ofensa é relativa ao exercício de suas funções.

Alternativa "c": na calúnia, é **indispensável** que a imputação seja **falsa**. Ademais, se o fato falso for contravenção penal, não é calúnia, mas difamação.

Alternativa "d": como na calúnia se tutela a honra **objetiva**, que é o conceito que a pessoas desfruta no meio social em que vive, a consumação se dá quando **terceiros tomam conhecimento** da falsa imputação.

Alternativa "e": neste caso, o autor responderá pelo crime de denunciação caluniosa, que **absorve** o crime de calúnia por ser crime mais complexo.

Alternativa correta: letra "a".

---

75. (Analista Judiciário – Área Judiciária TRE/AC 2010 – FCC) Considere as hipóteses:

I. O agente deixa de prestar imediato socorro à vítima.
II. O delito é resultado da inobservância de regra técnica de profissão.
III. O crime é praticado contra pessoa menor de 14 anos ou maior de 60 anos.
IV. O agente foge para evitar prisão em flagrante.
V. O agente encontrava-se em estado de embriaguez preordenada.

De acordo com o Código Penal brasileiro, é qualificado o homicídio culposo nas hipóteses:

a) I, II e III.
b) I, II e IV.
c) I, II e V.
d) II, III e V.
e) III e IV.

COMENTÁRIOS

✪ **Nota do autor:** embora o examinador tenha se referido a **homicídio culposo qualificado**, em verdade tais circunstâncias são consideradas **causas de aumento de pena**, pois não fazem que surja um novo patamar de pena, mas um acréscimo de um terço na pena (art. 121, § 4º, CP).

Item I: se o agente podia prestar socorro à vítima, sua conduta merece maior reprovação, motivo pelo qual incide a causa de aumento de pena prevista no art. 121, § 4º, do CP.

Item II: a inobservância de regra técnica, por si só, configura imperícia. Mas, se decorrer da profissão do agente, tem-se a maior reprovabilidade do art. 121, § 4º, do CP.

Item III: o fato de a vítima ser menor de 14 anos ou maior de 60 anos, é causa de aumento de pena para o **homicídio doloso** (art. 121, § 4º, parte final, do CP).

Item IV: se o agente foge para evitar a prisão em flagrante delito, também demonstrar personalidade mais desfavorável motivadora de maior reprovabilidade (art. 121, § 4º, do CP).

Item V: o estado de embriaguez preordenada é uma **circunstância agravante**, prevista no art. 61, II, I, do CP.

Alternativa correta: letra "b".

---

76. (Analista Judiciário – Área Judiciária TRE/AC 2010 – FCC) Poderá ser concedido perdão judicial para o autor do crime de injúria no caso de

a) não ter resultado lesão corporal da injúria real.
b) ter sido a ofensa irrogada em juízo, na discussão da causa, pela parte ou por seu procurador.
c) ter sido a opinião desfavorável emitida em crítica literária, artística ou científica.
d) ter sido o conceito desfavorável emitido por funcionário público, em apreciação ou informação prestada no cumprimento de dever do ofício.
e) ter o ofendido, de forma reprovável, provocado diretamente a ofensa.

COMENTÁRIOS

Alternativa "a": na injúria real, bastam as meras vias de fato (art. 140, § 2º, do CP). Se resultar lesão corporal, o agente responde por injúria e por lesão corporal em concurso.

Alternativa "b": neste caso, não se trata de perdão judicial, mas, sim, de causa excludente da ilicitude da conduta, pois devem prevalecer as garantias da ampla defesa (art. 142, I, CP).

Alternativa "c": a opinião crítica é um exercício regular de um direito, garantido constitucionalmente (liberdade de expressão). Não se trata de um perdão judicial, mas de uma excludente de ilicitude (art. 142, II, CP).

Alternativa "d": nesse caso, o funcionário público está no estrito cumprimento do dever legal. Não se trata de um perdão judicial, mas de uma excludente de ilicitude (art. 142, III, CP).

Alternativa "e": trata-se da chamada retorsão imediata, ou seja, uma resposta ofensiva imediata a uma ofensa (art. 140, § 1º, do CP).

Alternativa correta: letra "e".

2.2. CRIMES CONTRA O PATRIMÔNIO

- CP, Título II da Parte Especial.
- CP, arts. 155 a 183.

77. (Cespe – Analista Judiciário – Área Judiciária – TRE – TO/2017) Um açougueiro de uma rede de supermercados subtraiu duas peças de carne avaliadas em R$ 78,93 e ocultou-as nas vestes, mas a sua ação que foi observada por outro empregado, que comunicou ao chefe da segurança, e este, por sua vez, acionou a polícia. O agente foi preso em flagrante e a *res furtiva* foi restituída. O agente, de cinquenta e cinco anos de idade, tinha registro de outra ocorrência de furto praticado havia mais de cinco anos, sem que o inquérito policial tivesse sido concluído.

Nessa situação hipotética, assinale a opção correta, de acordo com a legislação pertinente e o entendimento dos tribunais superiores.

a) A reincidência do agente afasta o furto privilegiado.
b) Houve arrependimento eficaz com a restituição da *res furtiva*.
c) O agente deverá ser absolvido em razão do princípio da insignificância.
d) Trata-se de crime impossível por ineficácia absoluta do meio.
e) A hipótese configura tentativa de furto simples.

COMENTÁRIOS

Alternativa "a". O furto privilegiado exige que o agente seja primário (art. 155, § 2º, CP). No caso em tela, o autor é primário, pois contra ele existe apenas inquérito não concluído há mais de cinco anos. Mas, é caso de atipicidade de conduta por aplicação do princípio da insignificância, não se falando em furto privilegiado.

Alternativa "b". Não houve arrependimento eficaz, pois a *res furtiva* não foi restituída por ato voluntário do autor do crime, mas porque os seguranças o interromperam. Haveria em tese tentativa, porque o crime não se consumou por circunstância alheia à vontade do açougueiro.

Alternativa "c". É possível a aplicação do princípio da insignificância, pois, além do ínfimo valor da *res furtiva*, houve recuperação imediata do bem, como ainda o agente não ostenta maus antecedentes, pois há apenas a existência de inquérito policial sem conclusão. Registre-se que o STJ já entendeu em caso semelhante que nem mesmo a reincidência é óbice para reconhecer a insignificância do crime (HC 299.185-SP, Rel. Min. Sebastião Reis Júnior, julgado em 9/9/2014).

Alternativa "d". O STJ firmou entendimento de que o sistema de vigilância do estabelecimento comercial, por si só, não é suficiente para tornar o crime impossível, pois não torna o meio usado pelo agente absolutamente ineficaz.

Alternativa "e". Não há tentativa de furto, pois, embora a subtração não tenha se consumado por circunstância alheia à vontade do agente, aplica-se o princípio da insignificância, em que o fato se torna atípico materialmente.

Alternativa correta: letra "c".

78. (Cespe – Analista Judiciário – Área Judiciária – TRE – TO/2017) A respeito de crimes contra o patrimônio, assinale a opção correta, à luz do entendimento dos tribunais superiores.

a) A regra do furto privilegiado não se aplica ao crime qualificado por ruptura de obstáculo.
b) A extorsão é crime material, e a sua consumação exige a concretização da vantagem econômica exigida pelo agente.

c) O pagamento, antes da sentença, de cheque emitido sem provisão de fundos implica a extinção da punibilidade.

d) O reconhecimento da atipicidade material do furto pelo princípio da insignificância depende exclusivamente da inexpressividade do valor res furtiva.

e) No furto de água ou de energia elétrica, o pagamento do débito à companhia fornecedora antes de recebida a denúncia implica a extinção da punibilidade.

COMENTÁRIOS

Alternativa "a". A jurisprudência do STJ é no sentido de que é possível o reconhecimento do **furto privilegiado-qualificado**, se presentes os requisitos do furto privilegiado (agente primário e de pequeno valor a coisa furtada) e a qualificadora for de ordem objetiva, como o rompimento de obstáculo (STJ – Súmula 511).

Alternativa "b". A jurisprudência do STJ é no sentido de que a extorsão é crime formal e se consuma no momento em que a vítima é constrangida, mediante violência ou grave ameaça, independentemente da obtenção da indevida vantagem patrimonial (STJ – HC 353818/RS. Rel. Min. Reynaldo Soares da Fonseca. DJ. 21/02/2017).

Alternativa "c". Súmula 554, STF: O pagamento de cheque emitido sem provisão de fundos, após o recebimento da denúncia, não obsta ao prosseguimento da ação penal. Assim, interpretação que se dá a essa Súmula é que há extinção de punibilidade se o pagamento for feito **até o recebimento da denúncia.**

Alternativa "d". A aplicação do Princípio da Insignificância, na linha do que decidido pelo STF, pressupõe ofensividade mínima da conduta do agente, reduzido grau de reprovabilidade, inexpressividade da lesão jurídica causada e ausência de periculosidade social. Com isso, o julgador deve analisar outras circunstâncias além do valor da *res furtiva* para reconhecimento do princípio da insignificância crime de furto (STF –. HC nº 138390AgR/MG. Rel. Min. Edson Fachin. DJ. 05/12/2017).

Alternativa "e". De acordoo com a jurisprudência do STJ, a contraprestação pecuniária paga pelo consumidor às concessionárias de serviço público de água e energia elétrica, apesar de não ter natureza tributária, se caracteriza como **preço público**. Assim, firmou-se no sentido de que o pagamento do preço da água ou energia elétrica furtada antes do recebimento da denúncia implica extinção da punibilidade, em analogia ao que ocorre nos crimes contra a ordem tributária (STJ – AgRg no AREsp 796250/RJ. Rel. Min. Nefi Cordeiro. DJ. 26/09/2017).

Alternativa correta: letra "e".

79. (Cespe – Analista Judiciário – Área Judiciária – TRE – TO/2017) Por volta das dezessete horas de determinado dia, no interior de um ônibus de transporte coletivo, João subtraiu para si pertences de vários passageiros mediante grave ameaça exercida com o emprego de arma de fogo. Após a ação, João empreendeu fuga levando consigo os bens subtraídos e a arma utilizada. A partir de informações fornecidas por testemunhas, policiais localizaram João às cinco horas da manhã do dia seguinte, data em que ocorreria o segundo turno das eleições para prefeito. João foi preso em flagrante e foram apreendidos parte dos objetos subtraídos encontrados em seu poder.

Nessa situação hipotética, a prisão de João foi

a) legal: houve hipótese de flagrante esperado.

b) legal: houve hipótese de flagrante presumido.

c) ilegal: não pode ser efetuada prisão em período eleitoral.

d) legal: houve hipótese de flagrante impróprio.

e) ilegal: não houve hipótese de flagrante, e a medida cautelar dependeria de decisão judicial.

COMENTÁRIOS

Alternativa "a". No flagrante esperado, os agentes policiais sabem que o agente vai cometer infração penal e aguardam que ele a execute com o fim de poder melhor colher a prova.

Alternativa "b". No flagrante presumido, o agente é preso, logo depois da prática do delito, na posse de instrumentos, objetos, armas ou papéis que façam presumir ser ele o autor do crime (art. 302, IV, CPP), como, no caso, em tela, em que João foi surpreendido na posse de parte dos objetos subtraídos da vítima.

Alternativa "c". O art. 236, do Código Eleitoral, estabelece: Nenhuma autoridade poderá, **desde cinco dias antes e até quarenta e oito horas depois do encerramento da eleição**, prender ou deter qualquer eleitor, **salvo em flagrante delito** ou em virtude de sentença criminal condenatória por crime inafiançável, ou, ainda, por desrespeito a salvo-conduto.

Alternativa "d". No flagrante impróprio, a perseguição ao autor do crime começa logo depois de praticada a infração penal (art. 302, III, CPP). Já, no flagrante presumido, não há perseguição imediata, mas a prisão do agente, como se fosse por acaso (art. 302, IV, CPP).

Alternativa "e". Houve prisão em flagrante presumido, conduta que se mostra lícita e que independe de ordem judicial para ser efetivada.

Alternativa correta: letra "b".

80. (Cespe – Analista Judiciário – Área Judiciária – TRE – BA/2017) Acerca do crime de estelionato, julgue os seguintes itens.

I. Em se tratando de crime de estelionato cometido contra a administração pública, não se aplica o princípio da insignificância, pois a conduta que ofende o patrimônio público, a moral administrativa e a fé pública possui elevado grau de reprovabilidade.

II. Aplica-se a regra do concurso material de delitos a crime de estelionato previdenciário cometido por um só agente após o óbito do segurado, tendo esse agente efetuado saques mensais de prestações previdenciárias por meio de cartão magnético.

III. Extingue-se a punibilidade do delito de estelionato previdenciário se o agente devolver a vantagem ilícita recebida à Previdência Social antes do recebimento da denúncia.

Com base no entendimento do Superior Tribunal de Justiça, assinale a opção correta.

a) Apenas o item I está certo.
b) Apenas o item II está certo.
c) Apenas os itens I e III estão certos.
d) Apenas os itens II e III estão certos.
e) Todos os itens estão certos.

COMENTÁRIOS

Item I. Nos crimes contra o patrimônio, não há de se observar apenas o valor do bem objeto material do crime. O estelionato praticado contra a Administração Pública impõe maior reprovabilidade à conduta do agente, de modo que incompatível com o princípio da insignificância (STJ – RHC nº 56.754/RS. Rel. Min. Nefi Cordeiro. DJ. 03/05/2016).

Item II. O delito de estelionato, praticado contra a Previdência Social, mediante a realização de saques depositados em favor de beneficiário já falecido, consuma-se a cada levantamento do benefício, caracterizando-se, assim, continuidade delitiva, nos termos do art. 71 do Código Penal, devendo, portanto, o prazo prescricional iniciar-se com a cessação do recebimento do benefício previdenciário. Precedentes" (STJ – AgRg no REsp. nº 1.378.323/PR, 6ª Turma, j. 26/08/2014).

Item III. Não extingue a punibilidade do crime de estelionato previdenciário (art. 171, § 3º, do CP) a devolução à Previdência Social, antes do recebimento da denúncia, da vantagem percebida ilicitamente, podendo a iniciativa, eventualmente, caracterizar arrependimento posterior, previsto no art. 16 do CP. Não se aplica ao estelionato previdenciário o caso de extinção de punibilidade decorrente do pagamento previsto no art. 9º da Lei 10.684/2003, pois, em tal crime, se aplica o ardil, diferentemente do que ocorre nos crimes de sonegação fiscal, apropriação indébita previdenciária e sonegação de contribuição previdenciária (STJ – REsp 1.380.672-SC, Rel. Min. Rogerio Schietti Cruz, julgado em 24/3/2015, DJe 6/4/2015).

Alternativa correta: letra "a". Apenas o item I está certo.

81. (Cespe – Analista Judiciário – Área Judiciária– TRE-GO/2015) No que se refere aos crimes contra o patrimônio, contra a dignidade sexual e contra a fé e a administração públicas, julgue os itens que se seguem.

81.01. Cometerá o crime de extorsão o servidor público que, em razão do cargo e mediante grave ameaça, exigir para si vantagem econômica.

COMENTÁRIOS

Os crimes de extorsão e de concussão são muito semelhantes de modo que é preciso se socorrer do princípio da especialidade para se afastar o conflito aparente de normas. Assim, no caso, apesar de o sujeito ativo do crime ser funcionário público e ter feito a exigência valendo-se dessa condição, há extorsão em decorrência do uso de **grave ameaça para obtenção de indevida vantagem econômica**. Na concussão, há exigência, mas sem grave ameaça ou violência.

Alternativa correta: "certo".

81.02. Cometerá o crime de estupro a mulher que constranger homem, mediante grave ameaça, a com ela praticar conjunção carnal.

COMENTÁRIOS

Com a nova redação conferida ao art. 312, CP, a mulher passou a ser considerada sujeito ativo do crime de estupro e o homem, sujeito passivo, desde que ela o constranja, mediante violência ou grave ameaça, a praticar conjunção carnal ou ato libidinoso diverso desta.

Alternativa correta: "certo".

82. (Analista Judiciário – Área Judiciária TRE/AC 2010 – FCC) Sobre o crime de extorsão mediante sequestro, é INCORRETO afirmar que

a) seu objeto jurídico é o patrimônio e, indiretamente, a liberdade individual e a incolumidade pessoal.
b) se trata de crime permanente.
c) aquele que participou do delito, caso preste informações que facilitem a libertação do sequestrado, terá sua pena reduzida.
d) se trata de crime material, que se consuma quando o agente obtém a vantagem econômica exigida.
e) se trata de crime formal que admite tentativa.

COMENTÁRIOS

✪ **Nota do autor:** o candidato deve ficar atento, pois é dele exigido o item **incorreto**. O crime de extorsão mediante sequestro foi o fundamento para se instituir os crimes hediondos na lei brasileira.

Alternativa "a": de fato, o crime de extorsão mediante sequestro está no capitulo dos crimes contra o patrimônio (art. 159, CP). Além disso, tutela-se também a liberdade de locomoção da vítima.

Alternativa "b": o crime permanente é aquele cuja consumação se prolata no tempo. Na extorsão mediante sequestro, a consumação se dá com a privação da liberdade do agente e, assim se mantém, até a sua libertação.

Alternativa "c": trata-se de uma hipótese de delação premiada prevista no art. 159, § 4º, do CP. Mas, atenção, a delação do beneficiado deve ser a causa eficaz para liberação da vítima.

Alternativa "d": o crime de extorsão mediante sequestro é crime **formal**, bastando a privação de liberdade da vítima, não sendo necessária a obtenção da vantagem econômica (art. 159, CP).

Alternativa "e": trata-se de crime formal que admite a tentativa, pois a conduta do agente pode ser fracionada (crime plurissubsistente). É o caso da pessoa que tenta sequestrar a vítima, mas é impedida por policiais que passavam pelo local.

Alternativa errada: letra "d".

2.3. DOS CRIMES CONTRA A PAZ PÚBLICA

- CP, Título IX, da Parte Especial.
- CP, arts. 286 a 288-A, CP

83. (Cespe – Analista Judiciário – Área Judiciária – TRE – PE/2017) Antônio e mais três pessoas, todas desempregadas, reuniram-se no intuito de planejar e executar crimes de roubos armados a carros-fortes.

Nessa situação hipotética, a conduta de Antônio

a) não caracteriza crime de associação criminosa, pois, havendo mais de três agentes, caracteriza-se a organização criminosa, dado o princípio da especialidade.

b) só poderá ser caracterizada como crime de organização criminosa se a pena máxima prevista pelos delitos praticados for igual ou superior a quatro anos e se estes tiverem caráter transnacional.

c) configura crime de roubo em concurso de pessoas, em face da associação transitória dos agentes, já que não houve divisão de tarefas nem hierarquia entre eles.

d) só poderá ser caracterizada como crime de associação criminosa se os outros agentes forem maiores de idade ou praticarem pelo menos um roubo.

e) configura crime de associação criminosa, ainda que os agentes sejam quatro e a pena máxima prevista para a prática do crime de roubo seja superior a quatro anos.

COMENTÁRIOS

Alternativa "a". O conflito aparente entre as normas do art. 288, CP (associação criminosa) e do art. 1º, § 1º, Lei n. 12.850/2013 (organização criminosa), é resolvido pelo princípio da especialidade, já que o segundo tipo penal tem elementos especializantes em relação ao primeiro, pois exige maior estruturação, como a divisão de tarefas e a hierarquia entre os componentes, elementos que não constam do problema, motivo pelo qual, no caso em tela, houve mera associação criminosa.

Alternativas "b". No crime de organização criminosa, a associação tem a finalidade de praticar crimes apenas com penas máximas superiores a quatro anos **ou** tenham caráter transnacional.

Alternativa "c". Pelo narrado, não houve mero concurso de agentes para a prática de um crime de roubo, mas associação para a prática de vários crimes dessa natureza, o que, embora não configure organização criminosa, pela falta de estrutura organizacional, há tipifica**ção no crime do art. 288, CP.**

Alternativa "d". A jurisprudência é no sentido de que, mesmo que haja inimputáveis entre os agentes, configura-se o crime de associação criminosa. Além disso, trata-se de crime formal, que se consuma ainda que a associação não pratique o crime ou os crimes que visavam.

Alternativa "e". Houve crime de associação criminosa (art. 288, CP), pois Antônio se associou a outras pessoas para a prática de crimes. Trata-se de crime de concurso necessário, pois deve haver **no mínimo três sujeitos ativos.** A associação dos agentes tem a finalidade específica de cometer crimes.

Alternativa correta: letra "e".

2.4. DOS CRIMES CONTRA A FÉ PÚBLICA

- CP - Título X
- CP - arts. 289 a 311-A

84. (Cespe – Analista Judiciário – Área Administrativa – TRE – BA/2017) A pedido de Ronaldo, um amigo portador de doença congênita cardiovascular, a médica Joana emitiu atestado médico afirmando que ele estava apto a praticar, sem prejuízos para sua saúde, esportes como a corrida. Ronaldo, então, utilizou o atestado como instrumento de prova para um concurso público para a polícia civil. Uma semana depois de assumir o cargo, Ronaldo passou mal, e o atestado foi colocado à prova, tendo passado a ser objeto de investigação criminal. O perito escalado para contestar ou reafirmar o atestado concedido pela médica protegeu a colega de profissão e atestou que o problema cardíaco de Ronaldo, embora congênito, pode ser de difícil diagnóstico, o que justificaria suposta falha de Joana. Ronaldo, entretanto, em sede de inquérito, confessou que havia pedido o atestado à médica. O perito voltou atrás e retratou-se, tendo afirmado que seria impossível a médica não ter verificado a doença.

A respeito das condutas de Ronaldo, de Joana e do perito, assinale a opção correta.

a) Ronaldo não cometeu crime, configurando arrependimento eficaz o fato de ele ter confessado em sede de inquérito.

b) A conduta de Joana configura crime contra a administração pública.

c) O perito não cometeu crime, cabendo-lhe apenas punição administrativa.

d) Joana cometeu crime de certidão ou atestado ideologicamente falso.

e) A conduta de Joana configura crime de falsidade de atestado médico.

COMENTÁRIOS

Alternativa "a". Ronaldo cometeu crime de uso de documento falso, previsto no art. 304, CP. Não houve arrependimento eficaz (art. 15, CP), porque o crime se consumou. Pode haver no máximo arrependimento posterior (art. 16, CP), se ele reparar os danos que sua conduta eventualmente causou.

Alternativa "b". O crime de falsidade de atestado médico (art. 302, CP) é considerado crime contra a fé pública.

Alternativa "c". O perito cometeu crime de falsa perícia, porque fez afirmação falsa em inquérito policial (art. 342, CP), mas não vai ser punido, pois se retratou (art. 342, § 2º, CP).

Alternativa "d". Não houve o crime de certidão ou atestado ideologicamente falso (art. 301, CP), porque não há informação que Joana exerça função pública. Além disso, Joana falsificou o atestado médico para que Ronaldo possa praticar exercício físico. Depois, sem a ciência de Joana, que Ronaldo usou o atestado para se beneficiar em concurso público.

Alternativa "e". Joana, na qualidade de médica, deu atestado falso, pois dele omitiu doença cardiovascular congênita de que Ronaldo era portador, assim, responde ela pelo crime previsto no art. 302, CP.

Alternativa correta: letra "e".

---

85. (Cespe – Analista Judiciário – Área Judiciária – TRE – PE/2017) Caracteriza crime de falsidade ideológica a conduta consistente em

a) omitir que está empregado ao preencher cadastro público para obtenção de benefício social.

b) trocar a foto do documento de identificação por outra, própria, mais recente.

c) fingir que é outra pessoa para obter algum benefício, como o ingresso em evento privado.

d) utilizar o título de eleitor do irmão que se encontre em viagem para votar em seu lugar.

e) alterar por conta própria o nome que consta na carteira nacional de habilitação.

COMENTÁRIOS

Alternativa "a". No crime de falsidade ideológica (art. 299, CP), há descompasso entre a realidade fática e os fatos descritos no documento. No caso, o agente omitiu que estava empregado. Logo, o documento não expressava a realidade fática. Essa omissão é juridicamente relevante, pois proporcionou que o agente recebesse o benefício assistencial.

Alternativas "b". No caso, houve crime de falsidade de documento público (art. 297, CP), já que o particular não pode substituir a sua própria fotografia no documento de identidade.

Alternativa "c". Nesse caso, houve crime de falsa identidade (art. 307, CP), pois o agente atribuiu-se falsa identidade para obtenção de vantagem.

Alternativa "d". Nesse caso, houve crime do art. 308, CP: **Usar, como próprio**, passaporte, **título de eleitor**, caderneta de reservista ou qualquer documento de identidade **alheia** ou ceder a outrem, para que dele se utilize, documento dessa natureza, próprio ou de terceiro.

Alternativa "e". No caso, houve crime de falsidade de documento público (art. 297, CP), já que o particular não pode alterar o nome que consta da CNH.

Alternativa correta: letra "a".

---

86. (FCC – Analista Judiciário – Área Judiciária – TRE – SP/2017) À luz do Código Penal, sobre a falsidade documental nos crimes contra a fé pública,

a) a falsificação de um documento emanado de sociedade de economia mista federal caracteriza o crime de falsificação de documento público.

b) equipara-se a documento público para caracterização do crime de falsificação de documento público o cartão de crédito ou débito.

c) se o autor do crime de falsificação de selo ou sinal público é funcionário público e comete o crime prevalecendo-se do cargo, a pena é aumentada de um terço.

d) aquele que faz inserir na Carteira de Trabalho e Previdência Social do empregado declaração falsa ou diversa da que deveria ter constado estará sujeito às penas cominadas ao crime de falsidade ideológica.

e) o médico que dá, no exercício de sua função, atestado falso com o fim lucrativo estará sujeito à pena privativa de liberdade cominada ao delito de falsidade de atestado médico aumentada de metade.

COMENTÁRIOS

Alternativa "a". As sociedades de economia mista são pessoas jurídicas de direito privado, mas, para fins penais, os documentos emitidos por elas, se equiparam a p**ú**blicos, conforme art. 297, § 2º, CP (no termo entidades paraestatais, se incluem as sociedades de economia mista).

Alternativa "b". O cartão de crédito e de débito é considerado documento particular (art. 298, parágrafo único, CP).

Alternativa "c". Se o autor do crime de falsificação de selo ou sinal público é funcionário público e comete o crime prevalecendo-se do cargo, a pena é aumentada de sexta parte (art. 296, § 2º, CP).

Alternativa "d". Aquele que faz inserir na Carteira de Trabalho e Previdência Social do empregado declaração falsa ou diversa da que deveria ter constado estará sujeito às penas cominadas ao crime de falsidade documental – material (art. 297, § 3º, CP).

Alternativa "e". O médico que dá, no exercício de sua função, atestado falso com o fim lucrativo estará sujeito à pena privativa de liberdade cominada ao delito de falsidade de atestado médico (art. 302, CP), sem aumento de pena.

Alternativa correta: letra "a".

---

87. (IESES – Analista Judiciário – Área Judiciária – TRE – MA/2015) Quanto aos crimes contra a fé pública, é correto afirmar:

a) A conduta descrita no crime de falsidade ideológica é omitir, em documento público ou particular, declaração que dele devia constar, ou nele inserir ou fazer inserir declaração falsa ou diversa da que devia ser escrita com o fim de prejudicar direito, criar obrigação ou alterar a verdade sobre qualquer fato.

b) Pratica o crime de moeda falsa o agente que falsificar, fabricando ou alterando moeda metálica ou papel- moeda de curso legal no país ou no estrangeiro, porém, a utilização de papel-moeda grosseiramente falsificado configura, em tese, o crime de estelionato, da competência da Justiça Estadual.

c) O crime de falso reconhecimento de firma ou letra possui pena de detenção, de 1 (um) a 5 (cinco) anos ou multa.

d) O crime de adulteração de sinal identificador de veículo automotor, possui como conduta adulterar, remarcar ou retirar número de chassi ou qualquer sinal identificador de veículo automotor.

COMENTÁRIOS

Alternativa "a": lamentavelmente, o examinador quis que o candidato caísse em uma "pegadinha". Somente, o final da expressão está incorreto, pois o falso deve visar alterar verdade sobre **fato juridicamente relevante**, não qualquer fato.

Alternativa "b": nos crimes de falsidade em geral, o falso deve ser idôneo para enganar terceiros. A falsidade grosseira afasta a tipicidade da conduta. No crime de moeda falsa, pode restar configurado o crime de estelionato, se o falso, ainda que grosseiro, induzir alguém a erro. Nesse caso, a competência é do Juízo Estadual, enquanto que, no crime de moeda falsa, a competência é da Justiça Federal.

Alternativa "c": lamentavelmente, o examinador quis que o candidato decorasse a pena do crime. No caso, a pena é de reclusão, de um a cinco anos, e multa, se o documento é público; e de um a três anos, e multa, se o documento é particular.

Alternativa "d": O crime de adulteração de sinal identificador de veículo automotor, possui como conduta adulterar ou remarcar número de chassi ou qualquer sinal identificador de veículo automotor. Não possui a conduta de retirar tais sinais identificadores.

Alternativa correta: letra "b".

---

88. (Cespe – Analista Judiciário – Área Judiciária– TRE-GO/2015) No que se refere aos crimes contra o patrimônio, contra a dignidade sexual e contra a fé e a administração públicas, julgue os itens que se seguem.

Cometerá o delito de falsidade ideológica o médico que emitir atestado declarando, falsamente, que determinado paciente está acometido por enfermidade.

COMENTÁRIOS

O médico tinha atribuição para prestar a declaração sobre a saúde do paciente. Mas, o fez em dissonância com a verdade. Em tese, assim, cometeria crime de falsidade ideológica (art. 299, CP). Porém, há um crime específico a afastar a regra pelo princípio da especialidade, qual seja, o de **falsidade de atestado médico** (art. 302, CP).

Alternativa correta: "errado".

---

89. (Cespe – Analista Judiciário – Área Judiciária – TRE-MS/2013) Silas, maior e capaz, foi abordado por policiais militares e, ao ser questionado acerca do documento de identificação, apresentou, como sendo seu, o único documento que carregava, um título de eleitor, autêntico, pertencente a terceira pessoa. Nessa situação hipotética,

a) a conduta de Silas ajusta-se ao crime de uso de documento de identidade alheio.

b) Silas praticou o crime de falsidade ideológica.

c) configurou-se o delito de uso de documento falso.

d) Silas perpetrou o crime de falsa identidade.

e) a conduta de Silas foi atípica, pois ele exibiu o documento apenas por exigência dos policiais.

COMENTÁRIOS

Alternativa "a": no crime de uso de documento alheio, a pessoa se utiliza de **documento verdadeiro, mas que não é seu**, com o fim de se identificar (art. 308, CP).

Alternativa "b": no crime de falsidade ideológica, a pessoa tem atribuição para a feitura do documento, mas o **conteúdo do documento não exprime a verdade**. Ou seja, o conteúdo do documento não reproduz a verdade dos fatos (art. 299, CP).

Alternativa "c": não é crime de uso de documento falso (art. 304, CP), porque o agente se valeu de um **documento verdadeiro**.

Alternativa "d": Silas não se apresentou como a pessoa titular do título de eleitor. Ele apenas **fez uso do documento**, logo não cometeu o crime de falsa identidade (art. 307, CP).

Alternativa "e": a conduta de Silas foi típica, pois a exibição de documento é a **forma normal de utilizá-los** (STJ - hc nº 63516. Rel. Min. Ministro HAMILTON CARVALHIDO).

Alternativa correta: letra "a".

---

90. (FCC - Analista Judiciário - Área Judiciária - TRE-RO/2013) O crime de falsa identidade

a) só é punido quando não for elemento de crime mais grave.

b) não se caracteriza quando o agente se faz passar por pessoa inexistente, fornecendo identidade imaginária.

c) só se configura se tiver o objetivo de obter vantagem patrimonial.

d) exige imprudência ou negligência por parte do agente, na forma culposa.

e) não se caracteriza quando tiver o objetivo de causar dano a outrem.

COMENTÁRIOS

Alternativa "a": o crime de falsa identidade é **subsidiário**, porque a pessoa só é punida por ele se sua conduta, ao mesmo tempo, não constituir crime mais grave (art. 307, CP). Assim, se para cometer o estelionato, o agente se atribui falsa identidade, responderá apenas pelo estelionato.

Alternativa "b": o tipo do crime de falsa identidade tutela a **fé-pública**, logo incide no tipo penal quem se faz por outra pessoa ou por pessoa inexistente.

Alternativa "c": o art. 307 do CP **não faz restrição à vantagem patrimonial**. Pode ser qualquer tipo de vantagem, como, por exemplo, se identificar falsamente para não ser citado por oficial de justiça.

Alternativa "d": o art. 307 do CP só admite o **dolo** como elemento subjetivo do tipo. Assim, a mera negligência ou imprudência, referentes à culpa, não é suficiente para configurar o crime.

Alternativa "e": conforme a parte final do art. 307 do CP, o crime também se configura caso o agente vise **causar danos a terceiros.**

Alternativa correta: letra "a".

---

91. (Analista Judiciário - Área Judiciária ter/PE 2011 - FCC) O crime de uso de documento falso

a) só se caracteriza se a falsidade do documento for material.

b) é punível a título de culpa.

c) caracteriza-se independentemente do agente ter ciência da falsidade.

d) pode ser cometido com dolo eventual.

e) não pode ser cometido pelo autor da falsificação.

COMENTÁRIOS

Alternativa "a": admite-se também se a falsidade for ideológica, ou seja, se o documento foi emitido por quem tenha legitimidade para fazê--lo, mas o que ele expressa não corresponde à verdade (art. 297, CP).

Alternativa "b": não há previsão legal de crime de uso de documento falso culposo, portanto, não é punível se o agente agiu com imprudência, imperícia ou negligência.

Alternativa "c": é necessário que o agente tenha ciência da falsidade do documento, pois o dolo do tipo penal deve abranger todas as suas elementares (art. 304, CP).

Alternativa "d": o crime de uso de documento público é doloso, logo admite tanto o dolo direto, quanto o dolo eventual (art. 304, CP).

Alternativa "e": o entendimento majoritário é no sentido de que, se o autor da falsidade documental vier a ser a mesma pessoa que o usa, tem-se que o crime de uso é absorvido pelo de falsidade (STJ, REsp. nº 25999/RS; TRF1, HC nº 30172/MG).

Alternativa correta: letra "d".

---

92. (Analista Judiciário - Área Judiciária TRE/RS 2010 - FCC) Constitui modalidade privilegiada do crime de moeda falsa:

a) falsificar moeda metálica ou papel moeda de curso legal no país de forma grosseira, insuscetível de iludir.

b) autorizar, como gerente de banco, a emissão de papel-moeda em quantidade superior à autorizada, desconhecendo tal circunstância.

c) adquirir moeda falsa e guardá-la, deixando de colocá-la em circulação.

d) desviar e fazer circular moeda, cuja circulação não estava ainda autorizada.

e) receber, de boa-fé, como verdadeira, moeda falsa, porém restituí-la à circulação, depois de conhecer a falsidade.

COMENTÁRIOS

✪ **Nota do autor:** crime privilegiado é aquele em que a pena é fixada em um **patamar menor** que o destinado ao crime principal, em razão de circunstâncias consideradas menos graves pelo legislador, como ocorre no caso do crime de moeda falsa privilegiado (art. 289, § 2º, CP). Essa questão foi **anulada** pela comissão examinadora.

Alternativa "a": se a falsificação for grosseira, **o fato é atípico**, já que não é suscetível de agredir o bem jurídico tutelado pela norma, qual seja a fé pública.

Alternativa "b": o gerente desconhecia a ilegalidade de sua medida, motivo pelo qual agiu sem o dolo exigido pelo tipo penal.

Alternativa "c": o crime de moeda falsa privilegiado exige que a moeda seja **colocada em circulação** (art. 289, § 2º, CP).

Alternativa "d": nesse caso, trata-se de **crime de moeda falsa qualificado**, conforme prevê o art. 289, § 4º, CP.

Alternativa "e": trata-se de crime de moeda falsa privilegiado conforme estabelece o art. 289, § 2º, CP.

---

93. (Analista Judiciário – Área Judiciária TRE/MT 2010 – CESPE) Acerca dos crimes contra a fé e a administração públicas, assinale a opção correta.

a) O crime de uso de documento falso não possui preceito secundário específico, sendo aplicável a tal crime a pena cominada à falsificação ou à alteração do documento.

b) Considerando que um indivíduo tenha falsificado cinquenta moedas metálicas de vinte e cinco centavos de reais, colocando-as em circulação, segundo o entendimento do Superior Tribunal de Justiça (STJ), por serem as moedas de pequeno valor, será aplicável o princípio da insignificância, pela mínima ofensividade da conduta do agente.

c) No crime de corrupção passiva, a pena não será aumentada se, em consequência da vantagem ou promessa, o funcionário retardar ou deixar de praticar qualquer ato de ofício, pois tal fato já constitui elementar do crime.

d) Praticará crime de prevaricação o funcionário público que deixe de responsabilizar, por indulgência, subordinado que cometa infração no exercício do cargo, tendo competência para fazê-lo.

e) O indivíduo que, no exercício da função pública, tenha praticado violência contra colega de trabalho responderá por lesões corporais, pois não há previsão de crime funcional próprio semelhante.

COMENTÁRIOS

Alternativa "a": o crime de uso de documento falso (art. 304, CP) é classificado pela doutrina como **crime remetido**, uma vez que o seu tipo penal se refere a outros tipos penais (arts. 297 a 302, CP), inclusive, no que se refere à pena aplicada. Assim, se o documento falso materialmente usado for público, a pena será do crime do art. 297. Se o documento for particular, será do art. 298, etc.

Alternativa "b": o crime de moeda falsa não tutela o patrimônio, mas a **fé pública,** sendo impossível a aplicação do princípio da insignificância em crimes dessa natureza dada a supremacia do interesse público.

Alternativa "c": a corrupção passiva é um **crime formal**, que se consuma com o simples ato do funcionário público de solicitar, receber ou aceitar a promessa de vantagem indevida. Caso o agente deixe de praticar o ato de ofício, incide a causa de aumento de pena do art. 317, §1º, do CP.

Alternativa "d": nessa alternativa, está descrita a conduta do crime de **condescendência criminosa**, previsto no art. 321, CP. A prevaricação consiste em retardar ou deixar de praticar, indevidamente, ato de ofício, ou praticá-lo contra disposição expressa de lei, para satisfazer interesse ou sentimento pessoal.

Alternativa "e": antes da Nova Lei de Abuso de Autoridade, o agente responderia por crime previsto na Antiga Lei. Com a vigência da Lei n. 13.869/2019, nos parece que essa conduta não mais pode ser considerada crime de abuso de autoridade, configurando lesão corporal.

Alternativa correta: letra "a".

2.5. DOS CRIMES CONTRA A ADMINISTRAÇÃO PÚBLICA

- CP, Título X, da Parte Especial.
- CP, arts. 312 a 359-H.

---

94. (Cespe – Analista Judiciário – Área Administrativa – TRE – BA/2017) Marcos estava sendo acusado de roubo. Preocupado com o futuro de Marcos, que havia recentemente sido aprovado em um concurso para a carreira policial, Carlos, pai de Marcos, comunicou à autoridade ser o autor do roubo e assumiu, em juízo, a prática do crime.

Nessa situação hipotética, caso seja descoberta a mentira, Carlos responderá pela prática do crime de

a) falso testemunho.
b) fraude processual.
c) autoacusação falsa.
d) denunciação caluniosa.
e) comunicação falsa de crime.

COMENTÁRIOS

Alternativa "a". Carlos não prestou depoimento como testemunha e, ainda, assumiu a autoria de crime cometido por outrem. Assim, sua conduta incide no art. 341, CP.

Alternativa "b". No crime de fraude processual, o agente inova artificiosamente, na pendência de processo civil ou administrativo, o estado de lugar, de coisa ou de pessoa, com o fim de induzir a erro o juiz ou o perito. No caso, houve mera autoacusação falsa.

Alternativa "c". O art. 341, CP, prevê como fato típico: Acusar-se, perante a autoridade, de crime inexistente ou praticado por outrem. No caso, Carlos assumiu a autoria do crime que fora praticado por Marcos.

Alternativa "d". Na denunciação caluniosa, o autor do crime imputa a outrem a autoria de um crime, sabendo-o inocente (art. 339, CP). Seria tal crime se Carlos imputasse a um terceiro a prática do crime, cujo autor fora Marcos.

Alternativa "e". No crime de comunicação falsa de crime, o agente provoca a ação de autoridade, comunicando-lhe a ocorrência de crime ou de contravenção que sabe não se ter verificado (art. 340, CP). Nesse crime, o fato inexistiu. O falso recaiu sobre o fato.

Alternativa correta: letra "c".

---

95. (Cespe – Analista Judiciário – Área Judiciária – TRE – BA/2017) No exercício de suas atribuições, um funcionário público prestava atendimento a um cidadão quando necessitou buscar, no interior da repartição, um documento para concluir um procedimento. Por descuido do funcionário, um laptop da instituição, que estava sendo utilizado por ele, ficou desvigiado, às vistas do cidadão que recebia o atendimento. Quando o funcionário retornou, não encontrou o cidadão e observou que o laptop havia sumido. Posteriormente, as investigações policiais concluíram que aquele cidadão havia furtado o laptop, que não foi recuperado.

Nesse caso, o funcionário público

a) não praticou crime, uma vez que não anuiu à conduta delituosa.
b) foi partícipe do crime de furto praticado e, por isso, será condenado às penas cominadas para esse crime, na medida de sua culpabilidade.
c) praticou peculato culposo, podendo a punibilidade ser extinta caso ele repare o dano ao órgão até o trânsito em julgado da sentença penal condenatória.
d) cometeu crime de peculato-furto, pois concorreu para a realização do furto, podendo ser reconhecida a atipicidade do fato pelo princípio da insignificância.
e) responderá por peculato impróprio desde que o cidadão seja condenado por furto.

COMENTÁRIOS

Alternativa "a". O funcionário público praticou o crime de peculato culposo, pois, com a sua negligência, concorreu para que o particular cometesse o crime de furto contra a Administração Pública.

Alternativa "b". Não responde pelo crime de furto, pois, em primeiro lugar, não agiu com dolo de subtrair bens da administração Pública. Além disso, se tivesse o dolo, responderia por peculato-furto.

Alternativa "c". No peculato culposo (art. 312, § 2º, CP), o funcionário público concorre culposamente para o crime de outrem contra a Administração Pública. No caso, o funcionário público agiu com negligência e, com isso, concorreu para que o particular furtasse o laptop da Administração Pública. Responde por peculato culposo, cuja punibilidade é extinta se o dano é reparado até a sentença irrecorrível (art. 312, § 3º, CP).

Alternativa "d". Não responde o agente por peculato-furto por falta de dolo. Ademais, não haveria que se falar em aplicação do princípio da insignificância, pois tal princípio, em regra, é inaplicável aos crimes contra a Administração Pública (Súmula 599 – STJ).

Alternativa "e". Peculato impróprio é sinônimo de peculato-furto, pelo qual o agente não responde, pois não tinha o dolo de subtrair bens da Administração Pública. Por ser negligente, responde por peculato culposo, enquanto o particular por furto. Se o funcionário público agisse com dolo, ele e o particular responderiam por peculato-furto.

Alternativa correta: letra "c".

---

96. (Cespe – Analista Judiciário – Área Judiciária – TRE – PE/2017) Acerca do crime de assunção de obrigação no último ano do mandato ou legislatura, assinale a opção correta.

a) Tal crime classifica-se como crime de mão própria, exigindo-se, para sua tipificação, atuação pessoal e direta do agente, razão pela qual não se admite coautoria ou participação.

b) É típica a conduta do agente que autoriza a assunção de obrigação nos dois últimos quadrimestres do último ano do mandato caso reste parcela a ser paga no exercício seguinte, ainda que haja contrapartida suficiente de disponibilidade de caixa.

c) O sujeito ativo desse crime é o funcionário público competente para ordenar ou autorizar a assunção de obrigação, podendo ser inclusive diretor de fundos, autarquias, fundações e empresas estatais dependentes.

d) O tipo penal em questão prevê as modalidades dolosa e culposa, podendo o comportamento do agente ser comissivo, omissivo próprio ou impróprio.

e) Por se tratar de crime de menor potencial ofensivo, admite-se a transação penal, mas, como a conduta do agente ofende a moralidade e a probidade administrativa, há vedação expressa à concessão de suspensão condicional da pena.

COMENTÁRIOS

Alternativa "a". Trata-se de crime próprio, admitindo-se a coautoria e a participação, quando, por exemplo, o funcionário público delega a função de assunção de obrigação.

Alternativa "b". Se houver assunção de obrigação nos dois últimos quadrimestres com restos a pagar, não há crime, se há contrapartida suficiente de disponibilidade de caixa.

Alternativa "c". O crime de assunção de obrigação no último ano do mandato ou legislatura (art. 359-C, CP) é crime próprio, pois se exige qualidade especial do sujeito ativo na prática do crime, qual seja ter atribuição de autorizar a assunção de obrigação, como o Chefe do Executivo ou diretores da Administração Indireta.

Alternativa "d". O crime em comento só pode ser cometido de forma dolosa e o tipo penal é comissivo. Em tese, nesse tipo de crime, se admite a conduta omissiva imprópria, mas, especificamente, nesse crime, não se vislumbra tal possibilidade.

Alternativa "e". Não se trata de infração penal de menor potencial ofensivo, porque a pena máxima é **superior a dois anos**. Não há qualquer vedação expressa a impedir a suspensão condicional do processo no crime em tela.

Alternativa correta: letra "c".

---

97. (FCC – Analista Judiciário – Área Administrativa – TRE – SP/2017) Ricardo reside na cidade de São Paulo e acaba testemunhando, da janela de sua residência, o furto de um veículo que estava estacionado na via pública, defronte ao seu imóvel, praticado por dois agentes. Para se vingar do seu desafeto e vizinho Rodolfo e sabendo de sua inocência, Ricardo apresenta uma denúncia anônima à Polícia noticiando que Rodolfo foi um dos autores do referido crime de furto. A autoridade policial determina a instauração de inquérito policial para apuração da autoria delitiva em relação a Rodolfo. Nesse caso hipotético, Ricardo cometeu crime de

a) denunciação caluniosa, com pena prevista de reclusão de dois a oito anos e multa, aumentada de sexta parte, pois serviu- se de anonimato.

b) comunicação falsa de crime, com pena prevista de detenção de um a seis meses ou multa, aumentada de sexta parte, pois serviu-se de anonimato.

c) denunciação caluniosa, com pena prevista de reclusão de dois a oito anos e multa, sem qualquer majoração.

d) comunicação falsa de crime, com pena prevista de detenção de um a seis meses ou multa sem qualquer majoração.

e) falso testemunho.

COMENTÁRIOS

Alternativa "a". Ricardo cometeu crime de denunciação caluniosa, porque imputou a seu desafeto crime que sabe que este é inocente (art. 339, CP). Dessa imputação falsa, resultou instauração de inquérito policial. A pena desse crime é de reclusão, de dois a oito anos, e multa. Por ter se valido de denúncia anônima, a pena é aumentada de sexta parte (art. 339, § 1º, CP).

Alternativa "b". Na comunicação falsa de crime, o falso recai sobre o fato, que não existiu, mas o agente diz que aconteceu. No caso, houve o furto, mas o agente imputa falsamente a seu desafeto. Se fosse o crime do art. 340, CP, o anonimato não é causa de aumento de pena.

Alternativa "c". Há denunciação caluniosa, mas com causa de aumento de pena em decorrência do anonimato.

Alternativa "d". Houve denunciação caluniosa.

Alternativa "e". Não se trata de falso testemunho, porque Ricardo não foi qualificado como testemunha e ainda imputou outrem a prática do crime, dando início à investigação.

Alternativa correta: letra "a".

---

98. (FCC – Analista Judiciário – Área Judiciária – TRE – SP/2017) Maurício, funcionário do gabinete do Vereador Tício em um determinado município paulista, ocupante de cargo em comissão, recebe a quantia em dinheiro público de R$ 2.000,00 para custear uma viagem na qual representaria o Vereador Tício em um encontro nacional marcado para a cidade de Brasília. Contudo, Maurício se apropria do numerário e não comparece ao compromisso oficial, viajando para o Estado de Mato Grosso do Sul com a família, passando alguns dias em um hotel na cidade de Bonito. Maurício cometeu, no caso hipotético apresentado, crime de

a) corrupção passiva, sujeito à pena de reclusão de dois a doze anos, e multa, aumentada da terça parte por ser ocupante de cargo em comissão.
b) corrupção passiva, sujeito à pena de reclusão de dois a doze anos, e multa, sem qualquer majoração.
c) peculato, sujeito à pena de reclusão de dois a doze anos, e multa, sem qualquer majoração.
d) peculato, sujeito à pena de reclusão de dois a doze anos, e multa, aumentada da terça parte por ser ocupante de cargo em comissão.
e) prevaricação, sujeito à pena de detenção de 3 meses a 1 ano.

COMENTÁRIOS

Alternativa "a". Não houve corrupção passiva, pois o agente não recebeu ilicitamente o dinheiro em decorrência do cargo que ocupou. Originalmente, ele teve a posse lícita dos valores e se apropriou deles posteriormente.

Alternativa "b". Houve peculato-apropriação. Mas, se fosse corrupção passiva, também incidiria a causa de aumento de pena por ser ele ocupante de cargo em comissão (art. 327, § 2º, CP).

Alternativa "c". Houve peculato-apropriação. Mas, incide a causa de aumento de pena por ser ele ocupante de cargo em comissão (art. 327, § 2º, CP).

Alternativa "d". Houve crime de peculato-apropriação (art. 312, CP), porque Maurício estava na posse lícita do dinheiro público, invertendo o ânimo e se apropriando da quantia em dinheiro em proveito próprio e da família. A pena é de reclusão de dois a doze anos. Há causa de aumento de pena, por ser ele ocupante de cago em comissão e o peculato é crime contra a Administração Pública praticado por funcionário público (art. 327, § 2º, CP).

Alternativa "e". Na prevaricação, o funcionário público retarda ou deixa de praticar, indevidamente, ato de ofício, ou o pratica contra disposição expressa de lei, para satisfazer interesse ou sentimento pessoal (art. 319, CP).

Alternativa correta: letra "d".

---

99. (FCC – Analista Judiciário – Área Judiciária – TRE – SP/2017) O Delegado de Polícia de um determinado município paulista recebe a notícia de um crime de roubo que vitimou Alfredo, que teve seu veículo subtraído por um agente mediante grave ameaça, com emprego de arma de fogo. Durante o trâmite do Inquérito Policial apura-se que Joaquim foi o autor do crime, o qual tem a sua prisão preventiva decretada. Ainda na fase policial Fabíola, a pedido de Joaquim, comparece na Delegacia de Polícia para prestar depoimento e alega que Joaquim, seu amigo, estava em sua companhia no momento do crime. Encerrado o Inquérito Policial o Ministério Público denuncia Joaquim pelo crime de roubo, denúncia esta recebida pelo Magistrado competente. Fabíola não é encontrada para prestar depoimento em juízo sob o crivo do contraditório, mesmo arrolada pela Defesa de Joaquim. Ao final do processo Joaquim é condenado pelo crime de roubo em primeira instância e, posteriormente, é instaurada ação penal contra Fabíola por crime de falso testemunho. Durante o trâmite do recurso interposto por Joaquim contra a sentença que o condenou por crime de roubo, e da ação penal instaurada por falso testemunho contra Fabíola, esta resolve se retratar, afirmando que Joaquim não estava com ela no dia do crime. No caso hipotético apresentado, na esteira do Código Penal, Fabíola

a) não cometeu crime de falso testemunho, pois prestou depoimento falso apenas durante o trâmite do Inquérito Policial.
b) será regularmente processada pelo crime de falso testemunho e estará sujeita à pena cominada ao delito, sem qualquer causa de redução de pena.
c) não poderá ser punida por crime de falso testemunho, pois se retratou antes da sentença proferida nos autos da ação penal instaurada por falto testemunho.
d) será regularmente processada pelo crime de falso testemunho e estará sujeita à pena cominada ao delito no Código Penal, reduzida de 1/3.
e) será regularmente processada pelo crime de falso testemunho e estará sujeita à pena cominada ao delito no Código Penal, reduzida de 1/6.

COMENTÁRIOS

Alternativa "a". O crime de falso testemunho também pode ocorrer na fase de inquérito policial.

Alternativa "b". Houve crime de falso testemunho (art. 342, CP), porque Fabíola, em depoimento como testemunha à Autoridade Policial, fez afirmação falsa relevante ao deslinde da causa ao afirmar que Joaquim estava em sua companhia no momento do crime. O fato de Fabíola ser amiga de Joaquim não é causa de diminuição de pena.

Alternativa "c". A retratação é causa de extinção de punibilidade, se feita antes do processo em que ocorreu o falso, ou seja, no caso, antes da sentença que condenou Joaquim (art. 342, § 2º, CP).

Alternativas "d" e "e". No crime de falso testemunho, não há causa de diminuição de pena.

Alternativa correta: letra "b".

100. (FCC – Analista Judiciário – Área Judiciária – TRE – PR/2017) Luiz, condenado há vários anos de prisão pela prática de diversos crimes assume, perante a autoridade, a autoria de crime que não cometeu, com o intuito de livrar outra pessoa da condenação. Assim agindo, Luiz

a) praticou o crime de comunicação falsa de crime.

b) não praticou qualquer tipo penal.

c) praticou o crime de fraude processual.

d) praticou o crime de denunciação caluniosa.

e) praticou o crime de auto-acusação falsa.

COMENTÁRIOS

Alternativa "a". Na comunicação falsa de crime, o agente provoca a atividade de autoridade, como a instauração de inquérito policial, ao comunicar a ocorrência de crime ou contravenção penal que sabe que não existiu (art. 340, CP). Não há autoincriminação.

Alternativa "b". Houve crime de autoacusação falsa (art. 341, CP).

Alternativa "c". No crime de fraude processual (art. 347), o agente inova artificiosamente, na pendência de processo civil ou administrativo, o estado de lugar, de coisa ou de pessoa, com o fim de induzir a erro o juiz ou o perito.

Alternativa "d". No crime de denunciação caluniosa, o agente imputa falsamente a outrem a prática de que crime que sabe que este é inocente (art. 339, CP).

Alternativa "e". Houve crime de autoacusação falsa (art. 341, CP), porque Luiz assumiu a autoria de crime que não cometeu, perante Autoridade.

Alternativa correta: letra "e".

---

101. (FCC – Analista Judiciário – Área Judiciária – TRE – PR/2017) Augusto, diretor de uma repartição pública, por estar distraído, esquece a porta do cofre ali existente destrancada. Alexandre, outro funcionário público que ali trabalha, valendo-se da facilidade de acesso ao local em razão de seu cargo, percebe o ocorrido e subtrai bens particulares que ali estavam guardados. De acordo com esta situação,

a) Augusto e Alexandre responderão pelo crime de peculato-furto em concurso de agentes.

b) Augusto cometeu o crime de furto culposo, enquanto Alexandre praticou o crime de furto qualificado, considerando que os bens subtraídos do cofre eram particulares.

c) Augusto praticou o crime de peculato culposo, ao passo que Alexandre responderá pelo crime de peculato mediante erro de outrem.

d) Augusto cometeu o crime de peculato culposo e Alexandre praticou o crime de peculato-furto.

e) Augusto não cometeu crime algum, em razão da ausência de dolo. Alexandre responderá pela prática de peculato-apropriação.

COMENTÁRIOS

Alternativa "a". Augusto não agiu com dolo, mas com culpa, por isso, responde por peculato culposo, pois concorreu para que outrem cometesse crime contra a Administração Pública. Alexandre responde por peculato-furto, pois agiu com dolo ao subtrair os bens que estavam sob a posse da Administração Pública.

Alternativa "b". Não há o crime de furto culposo. Alexandre responde por peculato-furto, por conta da sua qualidade de funcionário público. A subtração recaiu sobre bens particulares, mas que estavam sob a posse da Administração Pública.

Alternativa "c". Alexandre não recebeu os bens em decorrência do erro de outrem, mas os subtraiu dolosamente, aproveitando-se da conduta culposa de Augusto.

Alternativa "d". Augusto foi negligente (distraído) e, portanto, agiu com culpa. A sua conduta contribuiu para que Alexandre, dolosamente, subtraísse bens particulares que estavam sob a posse da Administração Pública. Como ambos são funcionários públicos, Augusto responde por peculato culposo (art. 312, § 2º, CP), enquanto que Alexandre responde por peculato-furto (art. 312, § 1º, CP).

Alternativa "e". Augusto responde pelo crime de peculato culposo, pois de sua negligência houve concorrência para que Alexandre praticasse o peculato--furto, pois este subtraiu os bens.

Alternativa correta: letra "d".

---

102. (FCC – Analista Judiciário – Área Judiciária – TRE – PR/2017) Renato, fiscal da prefeitura, flagra Rogério, pessoa que até então não conhecia, cometendo determinada irregularidade. Ao abordá-lo, deixa, contudo, de aplicar-lhe a devida multa em razão de insistentes pedidos de Rogério. Renato, com sua conduta

a) cometeu o crime de prevaricação.

b) praticou o crime de corrupção passiva privilegiada.

c) não praticou qualquer crime.

d) cometeu o crime de condescendência criminosa.

e) praticou o crime de desobediência.

COMENTÁRIOS

Alternativa "a". Na prevaricação (art. 319, CP), o funcionário público retarda ou deixa de praticar, indevidamente, ato de ofício, ou o pratica contra disposição expressa de lei, **para satisfazer interesse ou sentimento pessoal**. No caso, Renato apenas atendeu ao pedido do terceiro, não agiu por interesse ou sentimento pessoal.

Alternativa "b". Renato cometeu crime de corrupção passiva privilegiada (art. 317, § 2º, CP), porque deixou de praticar ato de ofício, com infração de dever funcional, cedendo a pedido ou influência de outrem.

Alternativa "c". Renato cometeu crime de corrupção passiva privilegiada (art. 317, § 2º, CP).

Alternativa "d". No crime de condescendência criminosa (art. 320, CP), o funcionário público deixa, por indulgência, de responsabilizar subordinado que cometeu infração no exercício do cargo ou, quando lhe falte competência, não levar o fato ao conhecimento da autoridade competente.

Alternativa "e". No crime de desobediência, o particular desobedece a ordem legal de funcionário público (art. 330, CP).

Alternativa correta: letra "b".

---

103. (Cespe – Analista Judiciário – Área Judiciária – TRE – PI/2016) Com relação aos crimes contra a administração pública, assinale a opção correta.

a) O detentor de cargo em comissão não é equiparado a funcionário público para fins penais.

b) A exigência, por funcionário público no exercício da função, de vantagem indevida, configura crime de corrupção ativa.

c) Caso os autores de crime contra a administração pública sejam ocupantes de função de direção de órgão da administração direta, as penas a eles impostas serão aumentadas em um terço.

d) Tratando-se de crime de peculato culposo, a reparação do dano após o trânsito em julgado de sentença penal condenatória ocasiona a extinção da punibilidade do autor.

e) Não configura crime o fato de o funcionário deixar de praticar ato de ofício a pedido de outrem se, com isso, ele não obtiver vantagem patrimonial.

COMENTÁRIOS

Alternativa "a": Considera-se funcionário público, para os efeitos penais, quem, embora transitoriamente ou sem remuneração, exerce cargo, emprego ou função pública. Não há distinção entre cargo por concurso ou em comissão.

Alternativa "b": A exigência, por funcionário público no exercício da função, de vantagem indevida, configura crime de concussão.

Alternativa "c": A pena será aumentada da terça parte quando os autores dos crimes previstos nos crimes contra a Administração forem ocupantes de cargos em comissão ou de função de direção ou assessoramento de órgão da administração direta, sociedade de economia mista, empresa pública ou fundação instituída pelo poder público.

Alternativa "d": Tratando-se de crime de peculato culposo, a reparação do dano, se precede à sentença irrecorrível, extingue a punibilidade; se lhe é posterior, reduz de metade a pena imposta.

Alternativa "e": configura crime de peculato o fato de o funcionário deixar de praticar ato de ofício a pedido de outrem se, com isso, ele não obtiver vantagem patrimonial.

Alternativa correta: letra "c".

---

104. (Cespe – Analista Judiciário – Área Judiciária – TRE – RS/2015) Mário, chefe e advogado do escritório onde Caio trabalhava como estagiário, mandou-o oferecer a José, servidor de uma serventia judicial, o valor de R$ 1.000 em espécie, para que José não juntasse aos autos de um processo petição protocolada pela parte adversa. José aceitou a oferta, deixou de juntar a peça processual aos autos, mas a propina, que deveria ser paga posteriormente, não foi paga.

No que se refere à situação hipotética apresentada, assinale a opção correta.

a) Mário cometeu o crime de corrupção ativa na modalidade tentada e José, o crime de corrupção passiva consumada, sendo Caio isento de pena nesse caso.

b) Caio e Mário cometeram o crime de corrupção ativa e José, o crime de corrupção passiva, todos na modalidade consumada.

c) Caio e Mário cometeram o crime de corrupção ativa, mas a conduta de José não é considerada crime.

d) Caio e Mário cometeram o crime de corrupção passiva na modalidade tentada e José, o de corrupção ativa, também na modalidade tentada.

e) Mário cometeu o crime de corrupção ativa e José, o crime de corrupção passiva, ambos na modalidade consumada, não tendo Caio cometido nenhum crime, uma vez que agiu em obediência hierárquica.

COMENTÁRIOS

Alternativa "a": todos cometeram crimes na forma consumada, pois são crimes formais. Caio não é isento de pena, pois a ordem que recebeu era manifestamente ilegal.

Alternativa "b": os crimes de corrupção ativa e passiva são **formais**. Desse modo, não é preciso que agente público tenha obtido a vantagem indevida, bastam o oferecimento e a aceitação.

Alternativa "c": José cometeu crime de corrupção passiva ao aceitar a oferta indevida.

Alternativa "d": todos cometeram crimes na forma consumada, pois são crimes formais.

Alternativa "e": todos cometeram crimes na forma consumada, pois são crimes formais. Caio responde pelo crime, pois obedeceu a ordem manifestamente ilegal.

Alternativa correta: letra "b".

---

105. (FCC – Analista Judiciário – Área Judiciária – TRE-RO/2013) João e José invadiram um presídio e, mediante grave ameaça com armas de fogo, dominaram o carcereiro e os seguranças e possibilitaram a fuga de seu comparsa Jocival, que estava legalmente preso cumprindo pena privativa de liberdade, para que o mesmo voltasse a auxiliá-los na prática de novos delitos. João e José responderão por crime de

a) arrebatamento de preso.
b) evasão mediante violência contra pessoa.
c) fuga de pessoa presa.
d) motim de presos.
e) favorecimento real.

COMENTÁRIOS

✪ **Nota do autor:** em exames da FCC, é importante que o candidato memorize os tipos penais dos crimes contra a Administração Pública.

Alternativa "a": no crime de arrebatamento de preso, o agente visa tirar o preso da prisão com o **fim de maltratá-lo** (art. 353, CP). No caso a intenção dos agentes era que Jocival voltasse a praticar crimes com ele, não maltratar.

Alternativa "b": no crime de evasão mediante violência contra a pessoa, o tipo penal exige que o agente se valha de **violência** para a fuga (art. 352, CP). No caso, houve emprego de grave ameaça, não violência.

Alternativa letra "c": o crime de fuga de pessoa presa restou configurado, pois João e José invadiram o presídio e, ao renderem o carcereiro e os seguranças, **possibilitaram a fuga** de Jocival, que estava preso **legalmente** (art. 351, CP).

Alternativa "d": o crime de motim de presos ocorre, quando há rebelião no presídio a perturbar a ordem ou a disciplina local. No caso, não houve motim, mas fuga de um preso, auxiliado por pessoas não presas, mediante grave ameaça (art. 354, CP).

Alternativa "e": no crime de favorecimento pessoal, o agente ajuda a outra a fugir da ação policial **para evitar que ela seja presa** (art. 348, CP). Isso ocorreria se Jocival ainda não estava preso, mas estava em situação de flagrante ou contra ele havia mandado de prisão, e João e José estaria a protegê-lo para evitar a prisão.

Alternativa correta: letra "c".

---

106. (Analista Judiciário – Área Judiciária TRE/CE 2012 – FCC) Pedro, menor de dezessete anos, comete um ato infracional equiparado a crime de roubo contra um supermercado, empreendendo fuga logo em seguida. José, seu melhor amigo, de 22 anos de idade, deixa Pedro ingressar em sua residência e ali permanecer por alguns dias, impedindo a ação da Polícia. Neste caso, José

a) cometeu crime de tráfico de influência.
b) cometeu crime de favorecimento pessoal.
c) não cometeu nenhum crime.
d) cometeu crime de favorecimento real.
e) cometeu crime de fraude processual.

COMENTÁRIOS

✪ **Nota do autor:** ato infracional não é crime, mas é a conduta praticada por criança e adolescente, pessoas inimputáveis.

Alternativa "a": o crime de tráfico de influência (art. 332, do CP) consiste na conduta do agente que solicitar, exigir, cobrar ou obter, para si ou para outrem, vantagem ou promessa de vantagem, a pretexto de influir em ato praticado por funcionário público no exercício da função.

Alternativa "b": não se trata de crime de favorecimento pessoal (art. 348, do CP), porque o adolescente comete ato infracional e não crime.

Alternativa "c": José auxiliou um adolescente a fugir da ação da autoridade. No caso, o adolescente cometera um ato infracional, conforme prevê o ECA, e **não crime**, logo não há figura típica em que a conduta de José pode ser subsumida.

Alternativa "d": no crime de favorecimento pessoal (art. 348, do CP), o agente auxilia o agente a tomar proveito do crime, fora dos casos de coautoria e receptação, como, por exemplo, esconde o carro roubado a pedido do assaltante.

Alternativa "e": na fraude processual (art. 347, do CP), o agente altera o cenário probatório com o fim de induzir juiz ou perito a erro.

Alternativa correta: letra "c".

---

107. (Analista Judiciário – Área Judiciária TRE/CE 2012 – FCC) Manoel e Reinaldo, funcionários de uma copiadora, utilizavam carimbos de autenticação pertencentes a um determinado Ofício de Notas e Protestos da comarca de Aracaju, fornecidos pelo próprio Tabelião, em cópias de documentos, encaminhando-as posteriormente ao cartório para aposição de assinaturas por escreventes autorizados. Manoel e Reinaldo praticaram em tese, crime de

a) exercício funcional ilegalmente antecipado ou prolongado.

b) usurpação de função pública.

c) advocacia administrativa.

d) corrupção ativa.

e) tráfico de influência.

COMENTÁRIOS

Alternativa "a": no crime de exercício funcional ilegalmente antecipado ou prolongado (art. 324, do CP), o agente já foi nomeado, mas ainda não tomou posse. Neste caso, os sujeitos ativos sequer eram aprovados em concurso público.

Alternativa "b": trata-se de crime de usurpação de função pública (art. 328, do CP), porque Manoel e Reinaldo não são funcionários públicos, porém, exercem uma função pública.

Alternativa "c": no crime de advocacia administrativa (art. 321, do CP)., o **funcionário público,** o que Manoel e Reinaldo não são, patrocina, direta ou indiretamente, interesse privado perante a administração pública, valendo-se da qualidade de funcionário.

Alternativa "d": na corrupção ativa (art. 333, do CP), o **particular** oferece ou promete vantagem indevida a funcionário público, para determiná-lo a praticar, omitir ou retardar ato de ofício.

Alternativa "e": no tráfico de influência (art. 332, do CP), solicita, exige, cobra ou obtém, para si ou para outrem, vantagem ou promessa de vantagem, a pretexto de influir em ato praticado por funcionário público no exercício da função.

Alternativa errada: letra "b".

---

108. (FCC – Analista Judiciário – Área Judiciária – TRE-PR/2012) João foi parado numa estrada porque dirigia em excesso de velocidade. Ao ser abordado pelo policial, ofereceu-lhe a quantia de R$ 100,00 para que relevasse a multa. Nisso, uma viatura policial chegou ao local e João, em vista disso, antes que o policial tivesse se manifestado a respeito da aceitação ou não da oferta, dela desistiu, dizendo-lhe para lavrar a autuação. Nesse caso, João

a) não cometeu nenhum delito porque o fato é penalmente atípico.

b) não cometeu nenhum crime, porque houve desistência voluntária.

c) cometeu crime de corrupção passiva na forma tentada.

d) não cometeu nenhum delito porque houve arrependimento eficaz.

e) cometeu crime de corrupção ativa na forma consumada.

COMENTÁRIOS

Alternativa "a": o fato é típico, porquanto configurada a infração penal de **corrupção ativa.**

Alternativa "b": na desistência voluntária, o agente, por vontade própria, deixa de prosseguir nos exatos de execução, o que impede a consumação do delito (art. 15, CP). No caso, a corrupção ativa se consumou no momento em que o agente ofereceu a vantagem indevida.

Alternativa "c": a corrupção passiva é crime próprio, porquanto praticado por **funcionário público,** que solicita, recebe ou aceita promessa de vantagem indevida. Trata-se também de crime formal (art. 317, do CP).

Alternativa "d": no arrependimento eficaz, o agente impede a consumação do delito. No caso, o crime já havia sido consumado (art. 15).

Alternativa "e": a corrupção ativa (art. 333, do CP) é **crime formal**, que se consuma com o ato de oferecer ou prometer a vantagem indevida ao funcionário público. Ou seja, não é necessário que haja o pagamento da propina, que vem a ser mero exaurimento do crime.

Alternativa correta: letra "e".

---

109. (FCC – Analista Judiciário – Área Judiciária – TRE-PR/2012) No que concerne aos crimes praticados contra a Administração em geral, é correto afirmar:

a) O crime de resistência só se consuma se, em razão da violência ou grave ameaça, o ato legal não vier a ser executado.

b) A reintrodução no país de produtos de fabricação nacional destinados exclusivamente à exportação e de venda proibida no Brasil, constitui crime de contrabando.

c) O crime de desacato admite a forma culposa quando o agente estiver no exercício de suas funções.

d) O crime de corrupção passiva admite a forma culposa quando cometido através de interposta pessoa.

e) O funcionário público, estando fora de suas funções, não pode cometer crime de desobediência.

COMENTÁRIOS

Alternativa "a": o crime de resistência é **formal**, consumando-se no momento em que o particular emprega a violência ou ameaça, mesmo que seja executado o ato legal pelo funcionário público (art. 329, do CP).

Alternativa "b": uma das modalidades de contrabando é a **importação de mercadoria proibida.** No caso, o produto, apesar de ser produzido legalmente, **tem a venda proibida no Brasil**, motivo pelo qual sua reintrodução no território nacional configura o crime de contrabando (art. 334, do CP).

Alternativa "c": o crime de desacato só pode ser praticado de forma dolosa, por falta de previsão legal quanto ao crime na forma culposa (art. 331, do CP).

Alternativa "d": o crime de corrupção passiva só pode ser praticado de forma dolosa, por falta de previsão legal quanto ao crime na forma culposa (art. 317, do CP).

Alternativa "e": o funcionário público, estando fora de suas funções, é **particular, logo pode** cometer crime de desobediência (art. 330, do CP).

Alternativa correta: letra "b".

110. (Analista Judiciário - Área Judiciária TRE/AP 2011 - FCC) No tocante aos crimes contra a Administração Pública, o funcionário que retarda ato de ofício, com infração de dever funcional, cedendo a pedido ou influência de outrem, comete crime de

a) Prevaricação.
b) Peculato.
c) Concussão.
d) Excesso de Exação.
e) Corrupção Passiva.

COMENTÁRIOS

Alternativa "a": na prevaricação (art. 319, CP), o agente retarda ou deixa de praticar, indevidamente, ato de ofício, ou o pratica contra disposição expressa de lei, **para satisfazer interesse ou sentimento pessoal**.

Alternativa "b": no peculato (art. 312, CP), o agente se **apropria, subtrai ou desvia** bem ou valor público, em proveito próprio ou alheio.

Alternativa "c": na concussão (art. 316, CP), o agente **exige** vantagem indevida para si ou para outrem.

Alternativa "d": no excesso de exação (art. 316, §1º, CP), o agente exige **tributo ou contribuição social** que sabe ou deveria saber indevido, ou, quando devido, emprega na cobrança **meio vexatório ou gravoso**, que a lei não autoriza.

Alternativa "e": trata-se do crime de **corrupção passiva privilegiada**, prevista no art. 317, § 2º, CP (Se o funcionário pratica, deixa de praticar ou retarda ato de ofício, com infração de dever funcional, cedendo a pedido ou influência de outrem), já que a pena prevista nesse caso é menor do que a do *caput*.

Alternativa correta: letra "e".

111. (Analista Judiciário - Área Judiciária TRE/ES 2011 - CESPE) Julgue os itens que se seguem, à luz dos dispositivos do Código Penal (CP).

Aplica-se ao peculato culposo a figura do arrependimento posterior previsto na parte geral do CP, que implica redução da pena de um a dois terços se reparado o dano até o recebimento da denúncia ou da queixa, desde que por ato voluntário do agente.

COMENTÁRIOS

✪ **Nota do autor:** veja-se como é cobrada a exceção prevista no art. 312, § 3º, CP, exigindo do candidato sua memorização.

Há uma norma específica no peculato culposo que, em caso de arrependimento posterior, afasta a incidência do art. 16 do CP. Assim, no **peculato culposo**, a reparação do dano, se **precede à sentença irrecorrível, extingue a punibilidade**; se lhe é **posterior, reduz de metade a pena imposta.**

Alternativa correta: "errado".

112. (Analista Judiciário - Área Judiciária TRE/RN 2011 - FCC) Considere:

I. Tutor dativo.
II. Funcionário de empresa prestadora de serviço contratada para execução de atividade típica da Administração Pública.
III. Funcionário de empresa conveniada para execução de atividade típica da Administração Pública.

Equipara-se a funcionário público para os efeitos penais os indicados APENAS em

a) I e II.
b) I e III.
c) II.
d) III.
e) II e III.

COMENTÁRIOS

✪ **Nota do autor:** o conceito de funcionário público para fins penais está previsto no art. 327, *caput*, do CP. Enquanto que o conceito de funcionário público por equiparação está previsto no art. 327, § 1º, do CP.

Item I o tutor dativo, apesar de exercer um *múnus* público, não é funcionário público por equiparação, cujo conceito deve ser interpretado restritivamente, pois o art. 327, § 1º, do CP, é norma incriminadora.

Item II e III: equipara-se a funcionário público quem trabalha para empresa prestadora de serviço **contratada ou conveniada** para a execução de atividade típica da Administração Pública (art. 327, § 1º, do CP).

Alternativa correta: letra "e".

113. (Analista Judiciário - Área Judiciária TRE/RN 2011 - FCC) A restituição integral do valor apropriado aos cofres públicos pelo autor de peculato doloso, antes do recebimento da denúncia,

a) implica na extinção da punibilidade do agente.
b) caracteriza arrependimento posterior e a pena pode ser reduzida de um a dois terços.

c) constitui arrependimento eficaz, isentado o agente de pena.

d) não exclui o delito, nem implica em redução de pena, por já ter ocorrido a consumação.

e) constitui desistência voluntária e isenta o agente de pena.

COMENTÁRIOS

✪ **Nota do autor:** no peculato culposo, há uma norma específica a tratar de arrependimento posterior (art. 312, § 3º, do CP), que **não se aplica ao crime na modalidade dolosa**.

Alternativa "a": a extinção da punibilidade ocorre no **peculato culposo**, se a restituição ocorrer até o trânsito em julgado da sentença penal condenatória.

Alternativa "b": no peculato doloso, a restituição do bem à Administração Pública implica arrependimento posterior, previsto na Parte Geral, art. 16, CP.

Alternativa "c": não se trata de arrependimento eficaz, pois, neste, o crime não se consuma por ato voluntário do agente (art. 15, CP).

Alternativa "d": o delito não é excluído, pois já consumado. Mas, a pena é diminuída em decorrência do arrependimento posterior (art. 16, CP).

Alternativa "e": na desistência voluntária, o agente deixa de prosseguir na execução do delito (art. 15, CP).

Alternativa correta: letra "b".

---

114. (Analista Judiciário – Área Judiciária TRE/AL 2010 – FCC) Sobre a denunciação caluniosa é correto afirmar:

a) A pena é diminuída de metade, se a imputação é de prática de crime de menor potencial ofensivo.

b) Consiste em provocar a ação de autoridade, comunicando- lhe a ocorrência de crime ou de contravenção que sabe não se ter verificado.

c) As penas aumentam-se de um sexto a um terço se, em razão da denunciação falsa, a pessoa injustamente acusada vem a ser condenada por sentença transitada em julgado.

d) O fato deixa de ser punível se, antes da sentença no processo que tramita contra a pessoa injustamente acusada, o agente se retrata ou declara a verdade.

e) A pena é aumentada de sexta parte, se o agente se serve de anonimato.

COMENTÁRIOS

Alternativa "a": crime de menor potencial ofensivo é aquele a que a lei comine pena **máxima não superior a 2 (dois) anos**, cumulada ou não com multa. Não há previsão no tipo penal que torne a conduta do agente menos grave se a imputação se referir a crime dessa natureza. Há, no entanto, em relação às contravenções penais, que é a outra espécie de **infração penal** de menor potencial ofensivo (art. 339, § 2º, CP).

Alternativa "b": na denunciação caluniosa, a falsidade recai sobre a **autoria** do fato, já que o agente imputa um crime, infração ético-disciplinar ou ato ímprobo (art. 329, "caput", CP) ou contravenção penal (art. 329, § 2º, CP) a uma pessoa mesmo sabendo que ela é inocente.

lternativa "c": se a pessoa vier a ser condenada por sentença transitada em julgado, presume-se que a denúncia tinha certo fundamento, afastando-se a tipicidade da conduta.

Alternativa "d": o que se tutela com o crime de denunciação caluniosa é a administração da justiça, já abalada com a instauração indevida de procedimento investigatório.

Alternativa letra "e": trata-se de causa de aumento prevista no art. 339, § 1º, do Código Penal. De fato, valer-se do anonimato para fazer uma denúncia falsa é mais reprovável do que se apresentar devidamente.

Alternativa correta: letra "e".

---

115. (Analista Judiciário – Área Judiciária TRE/BA/ 2010 – CESPE) Francisco, renomado advogado eleitoral, em audiência, induziu a testemunha José a fazer afirmação falsa em processo judicial, instruindo-o a prestar depoimento inverídico, com o fim de obter prova destinada a produzir efeito em ação penal em curso. Com base nessa situação hipotética, julgue os itens que se seguem.

Segundo os tribunais superiores, não se admite a participação de Francisco no crime de falso testemunho, por se tratar de crime de mão própria, isto é, somente José pode ser seu sujeito ativo.

COMENTÁRIOS

✪ **Nota do autor:** CESPE e FCC têm estilos diferentes de prova. Enquanto nesta privilegia-se o texto de lei, na primeira o conhecimento de recentes posicionamentos do STJ e do STF é exigido, motivo pelo qual a leitura de Informativos é fundamental.

Segundo orientação do STJ e do STF, o crime de falso testemunho (art. 342, CP) é de **mão-própria**, pois apenas a pessoa qualificada como testemunha pode praticá-lo. No entanto, se admite a **participação** do advogado que estimula a testemunha a mentir, como ocorre no caso em tela, pois **moralmente ele contribuiu** para a testemunha faltar com a verdade.

Alternativa correta: "errado".

Cabe ao juiz condutor da audiência e julgador da causa apreciar a validade ou não do depoimento de José, por aplicação do princípio do livre convencimento motivado.

COMENTÁRIOS

A constatação de que houve crime de falso testemunho se dá perante análise dos demais elementos de prova constantes dos autos, o que o juiz faz ao seguir o princípio do livre convencimento motivado.

Alternativa correta: "certo".

3. LEGISLAÇÃO EXTRAVAGANTE

3.1. CRIME AMBIENTAL

- CF, art. 225, § 3º.
- Lei nº 9.605/98.

---

116. (Cespe - Analista Judiciário - Área Judiciária - TRE - PI/2016) Acerca dos crimes em espécie, assinale a opção correta.

a) Em se tratando de crime ambiental, não se admite a incidência do princípio da insignificância.

b) A apreensão de arma de fogo na posse do autor dias após o cometimento de crime de roubo não constitui crime autônomo, sendo fato impunível.

c) A nulidade do exame pericial na arma de fogo descaracteriza o crime de porte ilegal, mesmo diante de conjunto probatório idôneo, conforme entendimento do Supremo Tribunal Federal.

d) O particular não pode responder pela prática do crime de abuso de autoridade, nem mesmo como partícipe.

e) Conforme o entendimento do Supremo Tribunal Federal, é possível a condenação de pessoa jurídica pela prática de crime ambiental, mesmo que absolvidas as pessoas físicas ocupantes de cargos de presidência ou direção.

COMENTÁRIOS

Alternativa "a": A Segunda Turma do Supremo Tribunal Federal (STF) concedeu, por maioria de votos, Habeas Corpus (HC 112563) e absolveu um pescador de Santa Catarina que havia sido condenado por crime contra o meio ambiente (contra a fauna) por pescar durante o período de defeso, utilizando-se de rede de pesca fora das especificações do Ibama. Ele foi flagrado com 12 camarões. Foi a primeira vez que a Turma aplica o princípio da insignificância (ou bagatela) em crime ambiental.

Alternativa "b": A apreensão de arma de fogo na posse do autor dias após o cometimento de crime de roubo constitui crime autônomo de porte de arma de fogo. Se a apreensão se desse no momento da prática do crime de roubo, o crime deporte de arma de fogo seria absorvido pelo crime de roubo, pois seria meio para o cometimento desse.

Alternativa "c": A nulidade do exame pericial na arma de fogo caracteriza o crime de porte ilegal, se os demais elementos de prova forem idôneos para comprovar a potencialidade lesiva da arma, conforme entendimento do Supremo Tribunal Federal, pois tal crime é de perigo abstrato.

Alternativa "d": O particular pode responder pela prática do crime de abuso de autoridade, como partícipe de uma autoridade pública nos termos da lei.

Alternativa "e": o STF mudou o seu entendimento. Não mais se exige a condenação da pessoa física para se condenar a pessoa jurídica (dupla imputação). A relevância do meio ambiente, direito de todos, da presente e futuras gerações, é o fundamento para a condenação da pessoa jurídica, mesmo sem identificação das pessoas físicas responsáveis pelo dano ambiental.

Alternativa correta: letra "e".

---

117. (Cespe - Analista Judiciário - Área Judiciária - TRE-RJ/2012) A respeito das disposições do Estatuto da Criança e do Adolescente, dos crimes contra o meio ambiente e dos direitos do consumidor, julgue os itens que se seguem.

Não se aplica o princípio da insignificância às infrações penais que atinjam o meio ambiente, uma vez que não se pode mensurar de forma segura o grau de lesão ambiental.

COMENTÁRIOS

Errado: o meio ambiente mereceu especial proteção pelo legislador constitucional, uma vez que é considerado um direito de todos, da presente e futuras gerações, razão pela qual há corrente doutrinária no sentido de não se admitir o princípio da insignificância nesses tipos penais. De outro lado, recentemente a 2ª Turma do Supremo Tribunal Federal, por maioria de votos, admitiu a aplicação do princípio da insignificância em tais crimes, devendo-se observar o princípio da proporcionalidade entre a ofensa ao meio ambiente (no caso, houve a pesca de doze camarões) e a sanção penal (STF, HC 112563/SC).

Alternativa correta:"errado".

3.2. CRIMES ELEITORAIS

- CE, Título IV.
- CE, arts. 283 a 364.
- Lei nº 9.504/97, arts. 33, § 4º, 34, §§ 2º e 3º, 39, § 5º, 40, 68, § 2º, 72, 87, § 4º, 90, 91, parágrafo único, 94, § 2º.

118. (Analista Judiciário – Área Judiciária TRE/AL 2010 – FCC) Considere as assertivas abaixo.

I. Oferecer quantia em dinheiro para obter o voto de eleitor que, entretanto, não aceita a oferta.

II. Fornecer alimentação e transporte coletivo gratuito a eleitores, no dia da eleição, qualquer que seja a finalidade do agente.

III. Fazer uso de fotocópia não autenticada de documento público falso, para fins eleitorais.

IV. Falsificar documento verdadeiro emanado de Fundação do Estado, para fins eleitorais.

A alternativa que contém APENAS crimes eleitorais é:

a) I, II e III.

b) I, II e IV.

c) I e IV.

d) II, III e IV.

e) III e IV.

COMENTÁRIOS

✪ **Nota do autor:** todo crime tutela um objeto jurídico. No caso dos crimes eleitorais, tutela-se o **devido processo eleitoral**, punindo-se aquelas condutas que causam dano ou perigo de dano ao livre exercício das garantias e direitos eleitorais.

Item I: trata-se de crime de **corrupção eleitoral**, previsto no art. 299 do Código Eleitoral. De se notar que a intenção do agente é a **compra do voto**, atingindo assim a lisura do **processo eleitoral** no que tem de mais sagrado: a liberdade de voto.

Item II: fornecer alimentação e transporte coletivo gratuito a eleitores no dia da eleição é crime eleitoral se a pessoa agir com o fim especial de **impedir, embaraçar ou fraudar o exercício do voto** (art. 302 do Código Eleitoral).

Item III: a fotocópia não **autenticada não é considerada documento** para fins penais, motivo pelo qual a conduta descrita nesse item é atípica.

Item IV: trata-se do crime de falsidade material, previsto no art. 348 do Código Eleitoral. Destaque-se a finalidade do agente: usar o documento no processo eleitoral. Além disso, o documento é público por equiparação (era. 348, § 2º, do Código Eleitoral).

Alternativa correta: letra "c".

3.3. INTERCEPTAÇÃO TELEFÔNICA E JECRIM

- CF, art. 5º, XII.
- CF, art. 98, I.
- Lei nº 9.099/95 e Lei nº 10.259/2001.
- Lei nº 9.296/1996.

119. (Analista Judiciário – Área Judiciária TRE/BA/ 2010 –CESPE) A respeito de interceptação telefônica, julgue o seguinte item.

O juiz da causa pode avaliar a necessidade de renovação das autorizações de interceptação telefônica, levando em conta a natureza dos fatos e dos crimes e as circunstâncias que envolvem o caso. Nesse sentido, os tribunais superiores vêm admitindo sucessivas prorrogações enquanto perdurar a necessidade da investigação, sem configurar ofensa à Lei n.º 9.296/1996 e à CF.

COMENTÁRIOS

O **sigilo** das comunicações telefônicas é uma **garantia constitucional**, que só pode ser afastada por meio de **decisão judicial devidamente fundamentada** com o fim de se proceder à **investigação criminal** (art. 5º, XII, CF/88). A lei estabelece que o prazo de interceptação será de quinze dias, prorrogável por mais quinze dias (art. 5º, Lei nº 9.296/96). O STJ entende ser possível a prorrogação por prazo superior aos trinta dias, se demonstrada a **necessidade** da medida excepcional, em face da **complexidade** do caso investigado, tudo mediante **decisão judicial fundamentada**.

Alternativa correta: "certo".

120. (FCC – Analista Judiciário – Área Judiciária – TRE-SP/2012) Moacir foi conduzido ao Distrito Policial acusado de praticar crime de desacato, pois teria xingado um Policial Militar quando foi abordado em uma operação bloqueio da "Lei Seca" na cidade de São Paulo. Foi lavrado o respectivo Termo Circunstanciado e encaminhado ao Fórum local. Moacir ostenta vasta folha de antecedentes criminais e não fazia jus a qualquer benefício legal. O Ministério Público ofereceu, então, denúncia contra Moacir, acusando-o de praticar o delito em questão (desacato). Designada audiência de instrução, debates e julgamento, o acusado foi regularmente citado e compareceu ao ato acompanhado de seu advogado. Iniciado o ato processual, o Magistrado concedeu a palavra ao advogado de Moacir para responder aos termos da denúncia. Em seguida, o Magistrado, em decisão fundamentada, rejeitou a denúncia apresentada pelo Ministério Público. Contra essa decisão

a) não caberá recurso.

b) caberá apelação, no prazo de três dias, que será julgada por turma composta de três Juízes em exercício no primeiro grau de jurisdição, reunidos na sede do Juizado.

c) caberá apelação, no prazo de cinco dias, que será julgada por turma composta de três Juízes em exercício no primeiro grau de jurisdição, reunidos na sede do Juizado.

d) caberá apelação, no prazo de dez dias, que será julgada por turma composta de três Juízes em exercício no primeiro grau de jurisdição, reunidos na sede do Juizado.

e) caberá apelação, no prazo de quinze dias, que será julgada por turma composta de três Juízes em exercício no primeiro grau de jurisdição, reunidos na sede do Juizado.

COMENTÁRIOS

✪ **Nota do autor:** trata-se de questão que exigiu do candidato conhecimento acerca da legislação processual penal, mais especificamente a Lei dos Juizados Especiais Criminais.

Alternativa "a": caberá recurso de apelação.

Alternativas "b", "c" e "e" – erradas: o prazo do recurso de apelação no JECRIM é de **dez dias.**

Alternativa correta: letra "d": no Juizado Especial Criminal, cabe recurso de apelação no prazo de dez dias. O recurso é dirigido ao Colégio Recursal, composto por três juízes de primeiro grau de jurisdição (art. 82, § 1º, Lei nº 9.099/95).

Alternativa correta: letra "d".

3.4. OUTRAS LEIS EXTRAVAGANTES

121. (IBFC – Analista Judiciário – Área Judiciária – TRE – PA/2020) Considere o posicionamento do Supremo Tribunal Federal (STF) em relação às disposições do Código Penal e demais leis extravagantes para assinalar a alternativa incorreta.

a) causa de aumento prevista no § 2° do art. 327 do Código Penal (CP), incidente nos crimes praticados por A funcionário público contra a Administração em geral, quando os autores forem ocupantes de cargos em comissão, função de direção ou assessoramento, não pode ser aplicada aos dirigentes de autarquias

b) É possível que se configure o crime de corrupção passiva (art. 317 do CP) na conduta de Deputado Federal (líder do seu partido) que receba vantagem indevida para dar sustentação política e apoiar a permanência de determinada pessoa no cargo de Presidente de empresa pública federal

c) Deve-se reconhecer a consunção entre os crimes de corrupção passiva e lavagem de dinheiro quando a propina é recebida no exterior por meio de transação envolvendo utilização de contas secretas em nome de uma "offshore", na qual resta evidente a intenção de ocultar valores

d) Não configura o crime de lavagem de dinheiro (artigo 1° da Lei n° 9.613/98) a conduta do agente que recebe propina decorrente de corrupção passiva e tenta viajar com ele, em vôo doméstico, escondendo as notas de dinheiro nos bolsos do paletó, na cintura e dentro das meias, tampouco o fato de, após ter sido descoberto, dissimular ("mentir") a natureza, a origem e a propriedade dos valores

COMENTÁRIOS

✪ **Nota do autor:** o examinador exigiu a alternativa incorreta.

Alternativa "a". O STF entende (AO 2093/RN) que não pode haver aplicação da causa de aumento do art. 312, § 2º, CP, a dirigentes de autarquia por ausência de previsão legal expressa, sendo vedada, em matéria penal, a analogia analogia "in malam partem"

Alternativa "b". O STF (Inq 3515/SP) entende que é possível que o líde r de partido responda por crime de corrupção passiva que receba vantagem indevida para dar sustentação política e apoiar a permanência de determinada pessoa no cargo de Presidente de empresa pública federal.

Alternativa "c". O crime de lavagem de dinheiro é autônomo em relação ao crime de corrupção passiva, havendo o primeiro com a coultação da vantagem indevida em "offshare" (HC 165036/PR, STF).

Alternativa "d". O ato de receber, de forma indireta, valores supostamente provenientes de corrupção, integra o tipo previsto no artigo 317 do Código Penal, de modo que a conduta de esconder notas pelo corpo, sob as vestes, nos bolsos do paletó, junto à cintura e dentro das meias não se reveste de indispensável autonomia em relação ao crime antecedente, não se ajustando à infração versada no artigo 1º, inciso V, da Lei nº 9.613/1998 (Inq. 3515, STf).

Alternativa correta: letra "c".

122. (Cespe – Analista Judiciário – Área Judiciária – TRE – BA/2017) Julgue os itens a seguir.

I. A Convenção Americana sobre Direitos Humanos garante de forma relativa o direito à vida, pois autoriza a utilização da pena de morte em caso de crimes graves, sendo proibido seu restabelecimento nos países que a tiverem abolido.

II. A condenação de servidor público por quaisquer crimes decorrentes de preconceito de raça ou de cor implica perda automática do cargo público.

III. Não haverá crime de lavagem de dinheiro caso o agente seja absolvido, por atipicidade da conduta, do crime antecedente a ele imputado, uma vez que o crime de branqueamento, embora autônomo, é delito derivado do antecedente.

Assinale a opção correta.

a) Apenas o item I está certo.

b) Apenas o item II está certo.

c) Apenas os itens I e III estão certos.
d) Apenas os itens II e III estão certos.
e) Todos os itens estão certos.

COMENTÁRIOS

Item I. A pena de morte não é proibida pela Convenção Interamericana de Direitos Humanos, desde que já haja previsão no ordenamento jurídico do Estado e que seja reservada aos delitos mais graves. Nos Estados em que tal sanção penal já foi abolida, não pode ela ser restaurada (art. 4º, CIDH).

Item II. De acordo com o art. 18 da Lei de Racismo, a perda do cargo público não é efeito automático da sentença penal condenatória por crime previsto na lei, devendo o juiz motivadamente demonstrar a incompatibilidade de manutenção do agente no cargo público ante o fato cometido.

Item III. O crime de lavagem de dinheiro pressupõe a existência de indícios mínimos de crime antecedente. Caso haja absolvição em relação a esse crime antecedente, não há que se falar em crime de lavagem, pois não há mínimos índices em relação ao crime antecedente.

Alternativa correta: letra "c". Estão corretos os itens I e III.

---

123. (Cespe – Analista Judiciário – Área Judiciária – TRE – MT/2015) Com base no disposto na legislação penal especial, assinale a opção correta.

a) Segundo a Lei n.º 12.850/2013, não é permitido ao juiz conceder perdão judicial ao réu colaborador que tenha identificado os demais coautores e partícipes da organização criminosa e das infrações penais por ele praticadas.
b) Segundo o entendimento do STJ, o réu condenado, pela prática do crime de tortura, a reprimenda de dois anos de reclusão deve, por expressa previsão legal, iniciar o cumprimento da pena em regime fechado.
c) A perda do cargo ou função pública constitui efeito automático da condenação de funcionário público que tiver cometido crimes de racismo no exercício de suas funções, independentemente de motivação específica na sentença.
d) Conforme entendimento do STJ, tendo sido o motorista, com base no previsto no Código de Trânsito Brasileiro (CTB), condenado por homicídio culposo por ter matado alguém ao conduzir imprudentemente, no exercício de sua profissão ou atividade, veículo de transporte de passageiros, aplica-se causa de aumento de pena prevista no CTB, independentemente de ele estar efetivamente transportando passageiros no momento do delito.
e) Indivíduo que guarda, em sua residência, arma de fogo de uso restrito comete o crime de posse irregular de arma de fogo.

COMENTÁRIOS

Alternativa "a": O juiz poderá, a requerimento das partes, conceder o **perdão judicial, reduzir em até 2/3 (dois terços) a pena privativa de liberdade ou substituí-la por restritiva de direitos** daquele que tenha colaborado efetiva e voluntariamente com a investigação e com o processo criminal (art. 4º, Lei nº 12.850/2013).

Alternativa "b": O STJ segue o entendimento de que é inconstitucional a fixação obrigatória de regime inicial fechado para cumprimento de pena, por se ferir o princípio da individualização da pena. Com isso, o regime inicial deve ser feito nos termos do art. 33, CP.

Alternativa "c": a perda de função pública, como efeito da sentença penal condenatória, decorre nas seguintes hipótese: a) quando aplicada pena privativa de liberdade por tempo igual ou superior a um ano, nos crimes praticados com abuso de poder ou violação de dever para com a Administração Pública; b) quando for aplicada pena privativa de liberdade por tempo superior a 4 (quatro) anos nos demais casos. **E sempre deve ser fundamentada**, demonstrando-se a incompatibilidade do exercício da função pública com a conduta criminosa.

Alternativa "d": Ora, faz-se imperioso, na espécie, a aplicação da majorante, uma vez que o Paciente é comprovadamente motorista profissional de veículo de transporte de passageiros, e, segundo Damásio Evangelista de Jesus, "nessa hipótese é maior o cuidado objetivo necessário, mostrando-se mais grave o seu descumprimento " (in Crimes de Trânsito, 5ª edição, 2002, p. 91) (STJ – HABEAS CORPUS Nº 115.301 – SC).

Alternativa "e": A posse de arma de fogo de uso restrito é crime previsto no art. 16 do Estatuto do Desarmamento, não o crime do art. 12.

Alternativa correta: letra "d".

---

124. (Cespe – Analista Judiciário – Área Judiciária – TRE-RJ/2012) A respeito das disposições do Estatuto da Criança e do Adolescente, dos crimes contra o meio ambiente e dos direitos do consumidor, julgue os itens que se seguem.

124.01. É do credor o ônus da baixa da indicação do nome do consumidor em cadastro de proteção ao crédito, caracterizando crime a não correção imediata de informações inexatas relativas a consumidores constantes nesses bancos de dados.

COMENTÁRIOS

É direito do credor a inclusão do nome do consumidor em cadastro de proteção ao crédito. Porém, tendo-se em vista a presunção de vulnerabilidade do consumidor, é de responsabilidade do credor a exatidão dos dados cadastrais. A inexatidão dos dados abala o nome do consumidor na praça comercial, atentando contra sua honra, motivo pelo qual há o crime previsto no art. 73 do Código de Defesa do Consumidor.

Alternativa correta: "certo".

124.02. As regras pertinentes à punibilidade constantes na parte geral do Código Penal são aplicáveis, de forma subsidiária, aos atos infracionais praticados por adolescentes, devendo o prazo prescricional penal ser empregado às medidas socioeducativas, que, a par de sua natureza preventiva e reeducativa, possuem também caráter retributivo e repressivo.

COMENTÁRIOS

Em que pese o sistema do ECA parte do princípio da vulnerabilidade da criança e do adolescente, que merecem receber a proteção do Estado e da família diante da condição de pessoas em estado de desenvolvimento, no que tange aos atos infracionais se aplica a teoria do direito penal juvenil, o que, apesar não afastar o caráter preventivo e reeducativo da medida, não impede a aplicação de institutos do direito penal, entre os quais a prescrição.

Alternativa correta: "certo".

Direito Penal

Danilo da Cunha Sousa

✦ DICAS (RESUMO)

1. HISTÓRIA DO DIREITO PENAL

- A primeira fase do Direito Penal é marcada pela **vingança**, que, de início, era **pessoal**, evoluiu para **divina** e, enfim, **pública**.
- **Vingança pessoal:** "olho por olho, dente por dente". Cometido o crime, a vítima, os familiares ou componentes da tribo praticavam atos de vingança com violência desproporcional ao crime cometido.
- **Vingança divina:** a aplicação da pena é de incumbência dos sacerdotes para que se acalme a ira dos deuses.
- **Vingança social:** a pena passa a ser aplicada pelo líder da comunidade, supostamente, em favor dos interesses da comunidade.
- **Período humanitário**: surge com o pensamento **iluminista**, como fator de limitação ao poder absoluta do Estado. Vai contra a possibilidade de aplicação de penas cruéis.
- **Período científico**: surge a criminologia. O criminoso deixa de ser visto como um párea e o crime é visto como um fenômeno social, político, econômico, etc.

2. CRIMINOLOGIA

- A criminologia visa estudar os motivos, as circunstâncias e as consequências do crime, inclusive, sociais, a personalidade e a conduta do criminoso a fim de que se lhe imponha a pena justa e se evite a reiteração criminosa e promover a ressocialização criminosa.
- **Escola clássica:** tem como expoente Beccaria, autor de "Dos delitos e das penas". Encontra fundamento no Iluminismo e, assim, vê o crime como fenômeno jurídico e a resposta a ele deve ser racional. Busca a humanização da pena.
- **Escola positivista:** tem como expoentes Lambroso e Ferri. Traz o purismo científico do positivismo. O estudo criminológico tem a influência do evolucionismo de Darwin e do surgimento da Sociologia. Lambroso tem o mérito de trazer o método empírico para a criminologia, mas a sua teoria da tipologia, em que o criminoso teria características físicas, como tamanho das orelhas, do nariz, comuns a todos eles, é objeto de diversas críticas.
- **Criminologia Crítica:** surge a partir da década de 1930. Deixa-se de ter o criminoso como problema central do crime, porque ele é diferente de todas as demais pessoas. O crime é visto como um fenômeno social e, por isso, devem ser estudas não só a condição do autor do fato, mas também a vítima, o controle social sobre o crime, não só no campo da prevenção, como também da ressocialização do delinquente.
- **Abolicionismo penal**: a pena e o sistema penal com seus institutos e instituições estatais possuem mais efeitos negativos que positivos e, por isso, defendem a completa eliminação do Direito Penal, com a instituição de meios alternativos de promoção de Justiça.

3. POLÍTICA CRIMINAL

- A **política criminal** é o conjunto sistemático de **princípios e regras** através dos quais o Estado promove a luta de prevenção e repressão das infrações penais, bem como proporcionar a reinserção do executado ao meio social.
- Por meio da política criminal, que o estado "escolhe" quais são os bens jurídicos relevantes para ser protegidos penalmente.
- A criminologia se ocupa do estudo do criminoso e das causas da criminalidade, enquanto que a política criminal tem como objeto os meios de prevenção e repressão à delinquência, embora ambas têm pontos de conexão e podem e devem ser trabalhadas em conjunto.

4. PRINCÍPIOS PENAIS E CONSTITUCIONAIS

- A concepção moderna de Direito Penal o conceitua como conjunto de normas que visam limitar a pretensão punitiva do Estado em favor dos direitos e garantias do acusado.
- A Constituição Federal estabeleceu um rol de direitos e garantias de natureza penal.
- **Princípio da reserva legal e da anterioridade**: não há crime sem lei anterior que o defina, nem pena sem prévia cominação legal.

- **Princípio da irretroatividade da norma penal**: a lei penal não retroagirá, salvo para beneficiar o réu;
- **Princípio da intranscendência da pena**: nenhuma pena passará da pessoa do condenado, podendo a obrigação de reparar o dano e a decretação do perdimento de bens ser, nos termos da lei, estendidas aos sucessores e contra eles executadas, até o limite do valor do patrimônio transferido;
- **Princípio da individualização da pena**: a lei regulará a individualização da pena e adotará, entre outras, as seguintes: a) privação ou restrição da liberdade; b) perda de bens; c) multa; d) prestação social alternativa; e) suspensão ou interdição de direitos.
- **Princípio da vedação das penas cruéis ou humanitário**: não haverá penas: a) de morte, salvo em caso de guerra declarada, nos termos do art. 84, XIX. CF; b) de caráter perpétuo; c) de trabalhos forçados; d) de banimento; e) cruéis.
- **Princípio da individualização da execução da pena**: a pena será cumprida em estabelecimentos distintos, de acordo com a natureza do delito, a idade e o sexo do apenado.
- **Princípio da integridade física e moral do preso**: é assegurado aos presos o respeito à integridade física e moral.
- **Princípio da integridade física e moral da presa**: às presidiárias serão asseguradas condições para que possam permanecer com seus filhos durante o período de amamentação.
- **Além de direitos e garantias fundamentais do acusado, a Constituição Federal estabelece mandados de criminalização, ou seja, dispositivos constitucionais que devem ser observados pelo legislador ordinário na elaboração do sistema penal, entre os quais:**
- **Inafiançabilidade do crime de racismo**: a prática do racismo constitui crime inafiançável e imprescritível, sujeito à pena de reclusão, nos termos da lei.
- **Crimes Hediondos**: a lei considerará crimes inafiançáveis e insuscetíveis de graça ou anistia a prática da tortura, o tráfico ilícito de entorpecentes e drogas afins, o terrorismo e os definidos como crimes hediondos, por eles respondendo os mandantes, os executores e os que, podendo evitá-los, se omitirem.
- **Inafiançabilidade dos crimes contra a ordem constitucional e o Estado Democrático**: constitui crime inafiançável e imprescritível a ação de grupos armados, civis ou militares, contra a ordem constitucional e o Estado Democrático;

5. INTERPRETAÇÃO E INTEGRAÇÃO DA LEI PENAL

- A **norma penal incriminadora**, como implica restrição do direito de liberdade de ir e vir, deve ser interpretada **restritivamente**.
- **Interpretação extensiva:** busca o verdadeiro alcance da norma. O intérprete analisa um caso, a norma que regula esse caso, e procura entender qual o alcance e a elasticidade dela.
- O STJ não admite a interpretação extensiva de tipo penal que prejudique o réu, sob pena de violação ao princípio da reserva legal (STJ – REsp. nº 1.407.255/SC, Rel. Min. Joel Ilan Paciornick. DJ. 21/08/2018).
- O STJ, em prol do preso e da sociedade, uma vez que o aprimoramento dele contribui decisivamente para os destinos da execução, admite a interpretação extensiva em processo de execução de pena para reconhecimento de remição de pena pelo trabalho (STJ – AgRg. no REsp. nº 1.720.628/RO, Rel. Min. Sebastião Reis Júnior. DJ. 18/09/2018).• **Interpretação analógica:** é autorizada pelo próprio legislador que, de início, estabelece a casuística e, em seguida, estabelece cláusula aberta. Exemplo: mediante paga ou promessa de recompensa, ou por **outro motivo torpe** (art. 121, § 2º, I, CP).

5.1. ANALOGIA

- Analogia é o método de **integração da norma**, em que se aplica, a uma hipótese não regulada por lei, a legislação de um caso semelhante.
- **Analogia em norma penal incriminadora ou *in malam partem***: é aquela aplicada em desfavor do réu. É **vedada em matéria penal**.
- Por exemplo: no processo penal, há a figura do assistente técnico. Não pode ele ser condenado por falso testemunho ou falsa perícia, pois os sujeitos ativos deste crime só podem ser testemunha e perito. Não se pode usar analogia para condenar o assistente técnico que elabore falso laudo.
- **Analogia *in bonam partem***: é aquela aplicada em favor do réu. É **admitida em matéria penal**.
- Por exemplo: não é punido o aborto praticado por médico com o consentimento da gestante, se a gravidez for resultado de estupro (art. 128, II, CP). Admite-se a aplicação desse preceito se a gravidez resultar de crime de violação sexual mediante fraude.

6. NORMA PENAL. CLASSIFICAÇÃO E ESPÉCIE DAS INFRAÇÕES PENAIS. CONCURSO APARENTE DE NORMAS

- **Normas penais**: são aquelas que tutelam os bens jurídicos penalmente relevantes e limitam o poder punitivo estatal.

- **Normas penais incriminadoras**: são aquelas que definem infrações penais ao proibirem determinadas condutas (crimes comissivos)[1] ou imporem outras (crimes omissivos)[2] e ainda estabelecem a pena a ser aplicada.
- **Preceito primário da norma penal incriminadora**: é aquele que descreve a conduta criminosa. Exemplo: Subtrair para si ou para outrem coisa alheia móvel.
- **Preceito secundário da norma penal incriminadora**: é aquele que prevê a sanção penal a quem violar o preceito primário. Exemplo: reclusão, de um a quatro anos, e multa.
- **Normas penais não incriminadoras**: têm o escopo de ser fonte de interpretação do direito penal, bem como de limitar o poder punitivo estatal. Classificam-se em permissivas, complementares e explicativas.
- **Normas permissivas**: são aquelas que afastam a ilicitude da conduta, como ocorre no caso de legítima defesa ou estado de necessidade (normas penais justificantes) ou afastam a reprovabilidade da conduta, ou seja, a culpabilidade (normas penais exculpantes), como os casos de inimputabilidade.
- **Normas explicativas**: são aquelas que visam esclarecer ou explicitar conceitos penais das normas penais incriminadoras. Exemplo: art. 327: define o conceito de funcionário público para efeitos penais.
- **Normas complementares**: fornecem princípios gerais para aplicação da norma penal, como o art. 59, CP, circunstâncias judiciais a serem consideradas na aplicação da pena.
- **Norma penal em branco**: é aquela em que o tipo penal depende de um complemento de outra norma.
- **Norma penal em branco homogênea**: é aquela que o complemento advém em outra norma de mesma natureza, ou seja, a lei. Assim, é crime contrair casamento, conhecendo a existência de impedimento que o torne nulo (art. 237, CP). O conceito de impedimento é preciso buscar em outra lei, qual seja o Código Civil.
- **Norma penal em branco heterogênea**: é aquela que o complemento advém em outra norma de mesma espécie, como decretos, portarias, etc. Exemplo é do crime de tráfico de drogas, pois o conceito de droga advém de portaria da ANVISA.
- **Infração penal**: é o ilícito penal, a violação ao objeto jurídico penalmente relevante, tutelado pela norma penal.
- Ontologicamente, ou seja, essencialmente, não há distinção entre crime, delito e contravenção penal.
- **Teoria tripartida:** adotada pelo Código Penal Francês de 1791, em que havia distinção entre **crime**, o qual tutelava os chamados direitos naturais, como a vida, **delito** que protegeria os direitos decorrentes do contrato social, como a propriedade, e **contravenção penal**, que punia as disposições administrativas de polícia.
- **Teoria bipartida:** nessa teoria, crime e delito são sinônimos e se distinguem da contravenção penal. É a adotada pelo Brasil, em que a diferença entre um e outro se dá no campo da pena.
- **Contravenção penal:** a infração penal a que a lei comina, isoladamente, **pena de prisão simples** ou de **multa**, ou ambas, alternativa ou cumulativamente.
- **Crime:** as penas serão de **reclusão ou de detenção** quer isolada, alternativa ou cumulativamente com a pena de multa.
- **art. 28 da Lei de Drogas:** não prevê pena privativa de liberdade (prisão simples, detenção ou reclusão), motivo pelo qual houve entendimento de que não se tratava de infração penal, mas o STF entendeu que se trata de **infração penal**, porque a CF estabelece rol exemplificativo de sanções penais a serem admitidas na ordem jurídica (art. 5º, XLVI).

6.1. CONFLITO APARENTE DE NORMAS PENAIS

- **Conflito aparente de normas**: a um fato concreto aplica-se uma única norma. Pode ocorrer que, aparentemente, mais de uma lei pode ser aplicada a um fato, o que deve ser resolvido pelas técnicas de resolução do conflito.

Princípios	Características
Especialidade	Há uma norma especial que afasta a aplicação geral. Especial é a norma que reúne todos os elementos da norma geral, acrescidos de alguns outros denominados especializantes.
Subsidiariedade	A norma subsidiária afasta a aplicação da norma principal, ambas a tutelar o mesmo bem jurídico. Essa relação se revela pela análise do fato concreto
Consunção	A norma definidora de um crime é meio necessário ou fase normal de preparação ou execução de outro crime. Tem-se o fato anterior ou posterior impunível, porque fase preparatória ou consequência lógica para a realização do crime.

1. Por exemplo: quando o art. 121, CP, estabelece que é crime "Matar alguém", em verdade, ele impõe uma obrigação negativa: Não matar alguém, pois se o fizer será punido.
2. Por exemplo: o art. 135, CP, incrimina a omissão de socorro, ele impõe a conduta positiva: prestar assistência.

7. APLICAÇÃO DA LEI PENAL

7.1. A LEI PENAL NO TEMPO E NO ESPAÇO

- Princípio da **irretroatividade da norma penal:** a norma penal não retroage, exceto para beneficiar o réu.
- A qualquer tempo, mesmo depois de condenação transitada em julgado a sentença penal condenatória ou já extinta a punibilidade por qualquer motivo, inclusive, cumprimento de pena, a norma penal mais benéfica é aplicada.
- *Abolitio criminis*: a norma deixa de considerar determinado fato como crime. Nesse caso, aplica-se a nova norma aos fatos ocorridos antes do início de sua vigência.
- Mas, não se aplica a lei penal posterior mais gravosa. Assim, se norma superveniente prevê penas mais severas a determinada conduta, não se aplica aos fatos ocorridos no passado, havendo ultratividade da norma penal mais benéfica, apesar de revogada.
- Exceções: **lei excepcional ou temporária**, embora decorrido o período de sua duração ou cessadas as circunstâncias que a determinaram, aplica-se ao fato praticado durante sua vigência.
- **Exemplo**: durante a guerra, promulga-se lei que incrimina o desperdício de água potável. Encerrado o evento excepcional, essa lei deixa de ter vigência e tal conduta deixa de ser considerada crime. Mesmo assim, por ser considerada lei excepcional, essa norma penal goza de ultratividade, apesar de ser norma penal mais gravosa.
- **Princípio da territorialidade:** se aplica a lei brasileira aos crimes cometidos no território nacional, ou seja, o espaço territorial em que o Brasil é soberano.

EXTENSÃO DO TERRITÓRIO NACIONAL	*i.* as embarcações e aeronaves brasileiras, de natureza pública ou a serviço do governo brasileiro, em qualquer lugar que se encontre; *ii.* as embarcações e aeronaves brasileiras, de natureza mercantil ou privada, que se achem respectivamente em alto-mar ou no espaço aéreo correspondente; *iii.* aeronaves e embarcações estrangeiras de propriedade privada, se estiverem sobre o território nacional, em aeroporto ou porto, ou no espaço aéreo ou marítimo (art. 5º, §§ 1º e 2º, do Código Penal).

- **Atenção**: se um crime é cometido em embarcação estrangeira particular, quando está em porto nacional, como o de Santos, aplica-se a lei brasileira por força do **princípio da territorialidade**, pois tal embarcação é considerada extensão do território nacional. Não se trata de aplicação do princípio da extraterritorialidade.
- **Princípio da extraterritorialidade**: em razão de determinadas circunstâncias, como de pessoas envolvidas ou dos bens jurídicos atingidos, aplica-se a lei brasileira, ainda que o fato tenha acontecido no exterior (art. 7º do Código Penal). É o caso de homicídio contra o Presidente da República praticado no exterior.

7.2. TEMPO E LUGAR DO CRIME

- **Tempo do crime:** art. 4º do Código Penal: adotou a teoria da **atividade**: considera-se praticado o crime no momento da ação ou da omissão, ainda que seja outro o do resultado.
- Se o agente tem 17 anos no dia em que atirou na vítima, que só veio a falecer dois meses depois, quando o autor do fato já completou 18 anos, este não responde penalmente.
- Os crimes descritos no art. 159, § 1º, e art. 288, parágrafo único, do Código Penal, são **permanentes.** Em consequência, se o menor atingir a idade de 18 (dezoito) anos enquanto os delitos se encontrarem em plena consumação, será por eles responsabilizado (STJ - HC nº 169510/SP – Rel. Min. Marco Aurélio Bellizze. DJ 07/02/2012).
- **Lugar do crime**: art. 6º do Código Penal: adotou a teoria da **ubiquidade:** considera-se praticado o crime no lugar em que ocorreu a ação ou omissão, no todo ou em parte, bem como onde se produziu ou deveria produzir o resultado.

7.3. LEI PENAL EXCEPCIONAL, ESPECIAL E TEMPORÁRIA

- **Lei excepcional:** é aquela adotada em razão de um fato extraordinário, como a guerra ou terremoto.
- **Lei temporária**: é aquela adotada durante período de tempo determinado.
- **Lei especial:** é a norma penal não prevista no Código Penal, como os crimes eleitorais do Código Eleitoral.

7.4. TERRITORIALIDADE E EXTRATERRITORIALIDADE DA LEI PENAL

- A aplicação da lei penal está relacionada à soberania do Estado e, portanto, incide aos limites de seu território.
- Excepcionalmente, a lei penal brasileira se aplica a fatos ocorridos no exterior.

Espécies	Características	Hipóteses	Condições
Extraterritorialidade incondicionada	A lei brasileira se aplica aos fatos praticados no exterior, independentemente de qualquer condição	Os crimes: a) contra a vida ou a liberdade do Presidente da República; b) contra o patrimônio ou a fé pública da União, do Distrito Federal, de Estado, de Território, de Município, de empresa pública, sociedade de economia mista, autarquia ou fundação instituída pelo Poder Público; c) contra a administração pública, por quem está a seu serviço; d) de genocídio, quando o agente for brasileiro ou domiciliado no Brasil.	INEXISTEM
Extraterritorialidade condicionada	A aplicação da lei brasileira depende do concurso de diversas condições	I – os crimes: a) que, por tratado ou convenção, o Brasil se obrigou a reprimir; b) praticados por brasileiro; c) praticados em aeronaves ou embarcações brasileiras, mercantes ou de propriedade privada, quando em território estrangeiro e aí não sejam julgados. II- crime cometido por estrangeiro contra brasileiro fora do Brasil	a) entrar o agente no território nacional; b) ser o fato punível também no país em que foi praticado; c) estar o crime incluído entre aqueles pelos quais a lei brasileira autoriza a extradição; d) não ter sido o agente absolvido no estrangeiro ou não ter aí cumprido a pena; e) não ter sido o agente perdoado no estrangeiro ou, por outro motivo, não estar extinta a punibilidade, segundo a lei mais favorável.

7.5. PENA CUMPRIDA NO ESTRANGEIRO

- **Pena cumprida no estrangeiro**: é causa de **detração penal**: porque atenua a pena imposta no Brasil pelo mesmo crime, quando diversas, ou nela é computada, quando idênticas.

7.6. EFICÁCIA DA SENTENÇA ESTRANGEIRA

- A competência para homologação de sentença penal estrangeira é do **STJ.**

7.7. CONTAGEM DE PRAZO

- **Prazo penal**: dia do começo inclui-se no cômputo do prazo.
- Assim, a pessoa que comete crime no dia em que completa dezoito anos está sujeito à legislação penal, não ao ECA.
- **Prazos mistos**: são aqueles que têm importância para o Direito Penal e para o Direito Processual Penal, como no caso de prazo decadencial para representação na ação penal pública condicionada ou para oferecer queixa-crime. Nesse caso, aplica-se a regra do direito penal.

7.8. FRAÇÕES NÃO COMPUTÁVEIS DA PENA

- Desprezam-se, nas penas privativas de liberdade e nas restritivas de direitos, as frações de dia, e, na pena de multa, as frações de moeda.
- Com efeito, a pena aplicada é de ano, mês e dia.

7.9. IRRETROATIVIDADE DA LEI PENAL

- A irretroatividade da norma penal é uma garantia constitucional: **a lei penal não retroagirá, salvo para beneficiar o réu**.
- Assim, não retroagem as normas que instituem crime, aumentam pena, criam causa de aumento de pena, etc.
- Retroagem as normas que deixam de considerar crime um determinado fato (*abolitio criminis*), diminuem pena, alteram pena de reclusão por detenção, etc.

8. TEORIA DO DELITO

- **Conceito analítico:** crime é fato **típico, antijurídico e culpável.** Embora, haja entendimento de que crime é fato típico e antijurídico, sendo a culpabilidade elemento que incide sobre a reprovabilidade da pessoa, não do fato.

- **Conceito material:** crime é o comportamento humano causador de lesão ou perigo de lesão ao bem jurídico tutelado, passível de sanção penal.
- **Conceito formal:** crime é aquilo que está estabelecido em uma normal penal incriminadora sob ameaça de pena.
- **Crimes Comuns**: É o que pode ser praticado por qualquer pessoa (lesão corporal, estelionato, furto).
- **Crimes Próprios**: São aqueles que exigem ser o agente portador de uma capacidade ou qualidade especial.
- **Crime de Mão Própria**: Distinguem-se dos delitos próprios porque estes não são suscetíveis de ser cometidos por um número limitado de pessoas, que podem, no entanto, valer-se de outras para executá-los, enquanto nos delitos de mão própria – embora passíveis de serem cometidos por qualquer pessoa – ninguém os pratica por intermédio de outrem.
- **Crimes de Dano**: Só se consumam com a efetiva lesão do bem jurídico visado, por exemplo, lesão à vida, no homicídio; ao patrimônio, no furto; à honra, na injúria etc.
- **Crimes de Perigo**: O delito consuma-se com o simples perigo criado para o bem jurídico. O perigo pode ser individual, quando expõe ao risco o interesse de uma só ou de um número determinado de pessoas, ou coletivo, quando ficam expostos ao risco os interesses jurídicos de um número indeterminado de pessoas, tais como nos crimes de perigo comum.
- **Crimes Materiais**: Há necessidade de um resultado externo à ação, descrito na lei, e que se destaca lógica e cronologicamente da conduta.
- **Crimes Formais**: Não há necessidade de realização daquilo que é pretendido pelo agente, e o resultado jurídico previsto no tipo ocorre ao mesmo tempo em que se desenrola a conduta. A lei antecipa o resultado no tipo; por isso, são chamados crimes de conduta antecipada.
- **Crimes de Mera Conduta**: A Lei não exige qualquer resultado naturalístico, contentando-se com a ação ou omissão do agente. Não sendo relevante o resultado material, há uma ofensa (de dano ou de perigo) presumida pela lei diante da prática da conduta.
- **Crimes Comissivos**: São os que exigem, segundo o tipo penal objetivo, em princípio, uma atividade positiva do agente, um fazer. Na rixa (art. 137) será o "participar"; no furto (art. 155) o "subtrair" etc.
- **Crimes Omissivos**: São os que objetivamente são descritos com uma conduta negativa, de não fazer o que a lei determina, consistindo a omissão na transgressão da norma jurídica e não sendo necessário qualquer resultado naturalístico. Ex: Não prestar assistência a uma pessoa ferida (omissão de socorro, art. 135).
- **Crimes Comissivos por Omissão**: A omissão consiste na transgressão do dever jurídico de impedir o resultado, praticando-se o crime que, abstratamente, é comissivo. Ex: Mãe que deixa de amamentar ou cuidar do filho causando-lhe a morte.
- **Crimes Instantâneos**: É aquele que, uma vez consumado, está encerrado, a consumação não se prolonga. Isso não quer dizer que a ação seja rápida, mas que a consumação ocorre em determinado momento e não mais prossegue. Ex: Homicídio.
- **Crimes Permanentes**: A consumação se prolonga no tempo, dependente da ação do sujeito ativo. Ex: Cárcere privado (art. 148).
- **Crimes Instantâneos de Efeitos Permanentes**: Ocorrem quando, consumada a infração em dado momento, os efeitos permanecem, independentemente da vontade do sujeito ativo. Na bigamia (art. 235), não é possível aos agentes desfazer o segundo casamento.

ESCOLAS DA TEORIA GERAL DO CRIME	SÍNTESE
NATURALISMO OU CLASSICISMO	Tem como principal teórico **von Liszt**. Busca fundamento no positivismo jurídico, em que se afastam considerações éticas, sociais, políticas ou filosóficas, com subordinação exclusiva ao Direito Positivo. A conduta é o comportamento corporal (ação) que produz resultado no mundo exterior. O tipo penal e antijuridicidade são objetivos. Já a culpabilidade é subjetiva, pois, nela se situam o dolo e a culpa. Tem dificuldades em explicar os crimes omissivos, culposos, formais, de mera conduta e tentados.
NEOKANTISMO OU NEOCLASSICISMO	Tem como principais teóricos **Radbruch** e **Sauer**. Não é uma ruptura completa com o positivismo, mas busca superar o pensamento meramente formal e introduzir elementos valorativos (axiológicos) e finalísticos (teleológicos) do Direito. O tipo penal passa a ter elementos normativos (conteúdo de valor) e subjetivos. A antijuridicidade deixa de ser meramente formal, exigindo-se efetiva lesão ao bem jurídico tutelado (antijuricidade material). Já a culpabilidade continua subjetiva, pois, nela se situam o dolo e a culpa, mas se acrescenta a reprovabilidade. Tem dificuldades em explicar os crimes omissivos, formais, de mera conduta e tentados.

ESCOLAS DA TEORIA GERAL DO CRIME	SÍNTESE
FINALISMO	Tem como principal teórico **Welzel**. Rompe em definitivo com o positivismo. **A ação humana** é **exercício de atividade final**. A conduta é voltada a uma finalidade previsível pelo saber humano. Com o finalismo o dolo e a culpa são deslocados para o tipo penal do injusto, enquanto a culpabilidade passa a ser meramente objetiva, consistindo em juízo de reprovabilidade. As grandes contribuições do finalismo foram introduzir a finalidade da conduta e representação (previsibilidade) do resultado, como elementos do injusto e concepção mais adequada dos tipos penais, principalmente, na distinção entre tipo culposo e tipo doloso.
FUNCIONALISMO DUALISTA	Tem como principal teórico **Roxin**. O Direito Penal não pode ser reduzido a questões meramente ontológicas, sendo que é produto de escolhas de políticas criminais, não só sob o ponto de vista da escolha dos bens jurídicos a serem tutelados por ele, como ainda como limitação constitucional do poder punitivo estatal, priorizando-se valores e princípios garantistas. À finalidade da conduta, somam-se critérios de **imputação objetiva**, em que se investiga se a conduta representa ou não uma realização típica de um **risco permitido**.
FUNCIONALISMO MONISTA	Tem como principal teórico **Jakobs**. Diferencia-se do funcionalismo dualista, porque este busca limitações fora do sistema penal, enquanto o monista defende que o sistema penal tem seus limites internamente, sem parâmetros em outras áreas do conhecimento jurídico. Para Jakobs, devem ser afastadas valorações não normativas-penais, sendo o Direito Penal um sistema fechado, o que dificulta qualquer tentativa de limitação do poder punitivo estatal, deixando de lado a tutela dos reais interesses da sociedade, para dar ênfase a interesses meramente simbólicos. Ressalta a função da pena, como mecanismo de defesa de valores da sociedade. Àqueles que negam a existência do ordenamento jurídico e do próprio Estado, como terroristas, não se merece qualquer tutela do sistema penal.

8.1. TEORIA DO TIPO. O FATO TÍPICO E SEUS ELEMENTOS

- **Fato típico**: é o fato descrito na norma penal como crime.

São elementos do fato típico	a) Conduta; b) Resultado; c) Nexo de causalidade; d) Tipicidade.

8.1.1. CONDUTA

- **Conduta**: é o comportamento humano, comissivo ou omissivo, voltado para a prática de um fato definido em lei como típico.
- **Elementos objetivos da conduta**: é a descrição da conduta pelo tipo penal. Há crimes comissivos e crimes omissivos.
- **Crimes comissivos**: descreve uma ação, uma conduta positiva. Exemplo: Provocar aborto com o consentimento da gestante.
- **Crimes omissivos**: descreve uma omissão, uma conduta negativa. Exemplo: Calar a verdade como testemunha.
- **Crimes omissivos próprios**: o fato típico é uma omissão. Por exemplo, crime de omissão de socorro.
- **Crimes omissivos impróprios**: o fato típico é uma conduta positiva, mas o resultado pode ser obtido por omissão, como, no caso, de homicídio, em que o salva-vidas deixa a vítima se afogar deliberadamente.
- Nos crimes omissivos impróprios, a conduta só é relevante para o Direito Penal, se o agente **podia e tinha o dever de evitar o resultado.**

Dever evitar o resultado em crimes omissivos	a) tenha por lei obrigação de cuidado, proteção ou vigilância; b) de outra forma, assumiu a responsabilidade de impedir o resultado; c) com seu comportamento anterior, criou o risco da ocorrência do resultado.

- **Elemento subjetivo do tipo penal**: se refere à vontade do agente. No direito penal contemporâneo, veda-se a responsabilidade penal objetiva. Só são relevantes ao direito penal as condutas culposas: dolo ou culpa em sentido estrito.
- De acordo com a teoria finalista, o **dolo** e a **culpa** são elementos da conduta.

Teorias do dolo	• **teoria da vontade:** há dolo direto quando há vontade consciente de querer praticar a infração penal; • **teoria da representação:** o agente prevê o resultado como possível e ainda assim opta por continuar a conduta (esta teoria abrange tanto o dolo eventual quanto a culpa consciente). • **teoria do consentimento ou assentimento:** há dolo quando o agente prevê o resultado como possível e ainda assim continua na prática assumindo o risco de produzi-lo.

- **Dolo direto**: é a vontade de, por meio de conduta, produzir o resultado previsto em lei como crime. Teoria da vontade.
- **Dolo eventual**: o agente não tem como finalidade a produção do resultado, mas, diante de sua conduta, assume o risco de produzi-lo, sem se importar que ele advenha. Teoria do assentimento.

- **Culpa**: é a conduta do agente que por **imprudência, negligência** ou **imperícia** produz o resultado.
- **Culpa inconsciente:** objetivamente, é previsível que a conduta vai produzir o resultado típico. Mas, em decorrência de imprudência, imperícia ou negligência, subjetivamente, o agente não prevê a produção do resultado.
- **Culpa consciente**: o agente prevê o advento do resultado típico, mas, mesmo assim, continua em sua conduta.
- A **Culpa consciente** guarda semelhanças com o dolo eventual, porém, não se confundem.

Dolo eventual	Culpa consciente
O agente prevê o resultado e assume o risco de produzi-lo, pouco se importando que ele advenha	O agente prevê o resultado, mas acredita sinceramente que pode evita-lo

- **Crime preterdoloso:** Há a previsão de uma conduta inicial dolosa e de um resultado adicional culposo, que justifica o agravamento da sanção.
- Exemplo: lesão corporal seguida de morte. O dolo do agente era praticar lesão corporal, mas por culpa sua a vítima falece.
- **Crime progressivo** é aquele realizado mediante um único ato ou atos que compõem único contexto. Em outras palavras, ocorre quando o agente, para alcançar um resultado mais grave, passa necessariamente por uma conduta inicial que produz um evento menos grave.
- Exemplo: para provocar o homicídio (crime mais grave), é preciso que o agente provoque lesão corporal (crime menos grave). Nesse caso, o agente responde por homicídio doloso, sendo a lesão corporal absorvida pelo crime mais grave.
- A **progressão criminosa** é aquela realizada mediante dois atos, dois movimentos, ou seja, quando o agente inicia um comportamento que configura um crime menos grave, porém, ainda dentro do mesmo *inter criminis*, resolve praticar uma infração mais grave, que pressupõe a primeira.
- **Exemplo:** inicialmente, o agente visa apenas cometer crime de lesão corporal e depois muda seu intento e comete crime de homicídio, respondendo por este.

8.1.2. RELAÇÃO DE CAUSALIDADE. TEORIAS. IMPUTAÇÃO OBJETIVA

- Nexo causal é o vínculo existente entre a conduta do agente e o resultado por ela produzido.

Teorias	• **da equivalência das condições ou equivalência dos antecedentes ou *conditio sine que non***: quaisquer das condutas que compõem a totalidade dos antecedentes é causa do resultado; • **da causalidade adequada:** considera causa do evento apenas a ação ou omissão do agente apta e idônea a gerar o resultado; • **imputação objetiva**: para que uma conduta seja considerada causa do resultado é preciso que: 1) o agente tenha, com sua ação ou omissão, criado, realmente, um risco não tolerado nem permitido ao bem jurídico; ou 2) que o resultado não fosse ocorrer de qualquer forma, ou; 3) que a vítima não tenha contribuído com sua atitude irresponsável ou dado seu consentimento para o ocorrência do resultado.

- O CP adotou a teoria da conditio *sine qua non*, cujo problema é a possibilidade de regresso ao infinito para se determinador um evento como causa.
- Esse problema é resolvido pelo **processo de eliminação hipotética**: no campo mental da cogitação e suposições, o aplicador deve proceder a eliminação da conduta do sujeito ativo para concluir pela persistência ou desaparecimento do resultado. Persistindo o resultado não é causa, desaparecendo é causa.
- **No art. 13, § 1º, CP, que cuida de superveniência de causa independente, adotou-se a teoria da causalidade adequada.**
- **Concausas: concurso de fatores (preexistentes, concomitantes ou supervenientes) que, paralelamente ao comportamento do agente, são capazes de modificar o curso natural do resultado.**
- **Concausas <u>absolutamente</u> independentes: não possuem qualquer vínculo com a conduta do agente, ou seja, possuem uma origem totalmente divorciada da conduta delitiva e ocorreriam ainda que o agente jamais tivesse agido. Nesse caso, seja preexistente, concomitante ou superveniente, o agente não responde pelo crime, porque não há nexo causal entre sua conduta e o resultado.**
- **Exemplo: o agente ministra veneno a quem já se encontrava morto.**
- **Concausas <u>relativamente</u> independentes: são causas do resultado: a conduta do agente e outra causa, ligadas de alguma forma à conduta do agente, mas que por si só têm a capacidade de produzir o resultado.**

- **O Código Penal, no art. 13, § 1º, mencionou apenas as concausas relativamente independentes supervenientes. Desse modo, as causas concomitantes e preexistentes não rompem o nexo de causalidade.**
- **A concausa relativamente independente superveniente não afasta a responsabilidade penal do agente, se ela for evento previsível. Se ela não constar da linha evolutiva do perigo, há rompimento do nexo de causalidade.**
- **Exemplo: "A" atira em "B", que é conduzido ao hospital, onde internado, morre em decorrência de incêndio que atingiu o hospital. Esse segundo evento não é previsível ao agente, não decorre de uma linha evolutiva esperada da sua conduta e, portanto, há rompimento do nexo de causalidade entre a conduta de "A" e o resultado. No caso, "A" responde apenas pelos atos já praticados, ou seja, tentativa de homicídio.**
- **Exemplo: "A" atira em "B", que é conduzido ao hospital, onde morre em decorrência de erro médico. Esse segundo evento é previsível ao agente, decorre de uma linha evolutiva que pode ser esperada da sua conduta e, portanto, não há rompimento do nexo de causalidade entre a conduta de "A" e o resultado. No caso, "A" responde homicídio doloso consumado, enquanto o médico pode responder por homicídio culposo.**

Concausas	Momento	Nexo de causalidade
Absolutamente independente	Preexistente Concomitante Superveniente	Há rompimento
Relativamente independente	Preexistente Concomitante	Não há rompimento
Relativamente independente	Superveniente	Há rompimento, se o evento posterior não se encontrar na linha evolutiva esperada pela conduta do agente. Não há rompimento, se o evento posterior se encontra na linha evolutiva esperada pela conduta do agente.

- "PENAL. AGRAVO REGIMENTAL NO RECURSO ESPECIAL. HOMICÍDIO CULPOSO. IMPRUDÊNCIA. ACIDENTE DE VEÍCULO. CONCAUSA RELATIVAMENTE INDEPENDENTE. SUPERVENIÊNCIA. MOTIVO GERADOR. MORTE POR CHOQUE SÉPTICO, PNEUMONIA BACTERIANA, TRAUMA RAQUIMEDULAR E POLITRAUMATISMO DECORRENTE DA CONDUTA IMPUTADA NA DENÚNCIA. AFASTAMENTO. INCIDÊNCIA DA SÚMULA 7/STJ." (STJ – AgRg no REsp nº 1.666.375/RO. Rel. Min. Reynaldo Soares da Fonseca. DJ. 13/06/2017). No caso, embora a causa morte tenha sido as complicações acima descritas, o Tribunal de origem concluiu que elas foram consequência natural da conduta imprudente do agente, não rompendo o nexo de causalidade.

8.1.3. TIPICIDADE

- Tipicidade é a subsunção (adequada) da conduta praticada pela pessoa em um tipo penal.
- A conduta só será punível se houver tipicidade formal e tipicidade material.
- **Tipicidade formal:** é a adequação da conduta ao tipo penal descrito na norma.
- **Tipicidade material:** é a conduta relevante penalmente que efetivamente violam o objeto jurídico tutelado pela norma penal.

Excluem a tipicidade	a) **PRINCÍPIO DA LESIVIDADE** – a conduta que não provoca sequer ameaça de lesão ao bem jurídico; b) **PRINCÍPIO DA INSIGNIFICÂNCIA**: a conduta que provoca uma lesão irrelevante ao bem jurídico; c) **PRINCÍPIO DA ADEQUAÇÃO SOCIAL**: a conduta que é socialmente adequada. Exemplo: furar a orelha de um bebê. d) **PRINCÍPIO DA ALTERIDADE:** a conduta que não lesa bens jurídicos de terceiros. Exemplo: o suicídio, a prostituição, a autolesão, destruição de coisa própria.

- **Requisitos do princípio da insignificância segundo o STF**: a) mínima ofensividade da conduta; b) a ausência de periculosidade social da ação; c) o reduzido grau de reprovabilidade do comportamento; d) a inexpressividade da lesão jurídica

8.2. ANTIJURICIDADE

- **Ilicitude**: a conduta do agente é contrária ao direito.
- **Excludentes de ilicitude ou de antijuricidade**: a conduta do agente é típica, ou seja, se "encaixa" em um fato descrito como crime pela lei. Mas há uma circunstância, no caso concreto, que torne essa conduta **lícita,** o que faz com que ele não responda penalmente por tal fato.
- **São excludentes de ilicitude**: legítima defesa, estado de necessidade, estrito cumprimento do dever legal e exercício regular de um direito (arts. 23 a 25 do Código Penal).

- **Legítima defesa**: Entende-se em legítima defesa quem, usando moderadamente dos meios necessários, repele injusta agressão, atual ou iminente, a direito seu ou de outrem.

Requisitos da legítima defesa	• Uso moderado; • Meios necessários; • Contra agressão atual e iminente; • Defesa de direito seu ou de outrem.

- A Lei Anticrime, acrescentou o parágrafo único, ao art. 25, do Código Penal: observados os requisitos previstos no caput deste artigo, considera-se também em legítima defesa o agente de segurança pública que repele agressão ou risco de agressão a vítima mantida refém durante a prática de crimes
- Antes da Lei, havia uma discussão doutrinária se a circunstância abrangida se tratava de legítima defesa de terceiro ou estrito cumprimento do dever legal.
- Com a Lei Anticrime, o legislador optou por tratar a hipótese como **legítima defesa de terceiro.**
- **Legítima defesa putativa**: ocorre no caso em que o agente, por erro, reage a agressão inexistente. Há, no caso, erro de permissão e, como não há potencial consciência de ilicitude, há **exclusão de culpabilidade**, ao invés de exclusão de ilicitude.
- **Legítima defesa sucessiva**: ocorre no caso em que o agente reage ao excesso culposo ou doloso de quem, incialmente, se defendia contra ele. Exemplo: "A" agride "B" que, incialmente, se defende legitimamente. "B", na continuidade de sua conduta, por excesso, desfere um golpe de faca contra "A", que, legitimamente, reage a "B", quebrando-lhe o braço, no qual estava a faca.
- **Legítima defesa de legítima defesa**: é logicamente impossível, pois um dos requisitos da legítima defesa é que a agressão seja injusta. Ora, se a agressão decorre de exercício de legítima defesa, não se pode ter que ela seja injusta. Admite-se a legítima defesa contra agressão decorrente de legítima defesa putativa.
- **Legítima defesa da honra**: o STF firmou entendimento de que a tese de legítima defesa da honra é inconstitucional, por violar princípios constitucionais, como a proteção da vida; Desse modo, não se pode alegar tal tese sequer em Tribunal do Júri, em que vige o princípio da plenitude de defesa.
- **Estado de necessidade**: Considera-se em estado de necessidade quem pratica o fato para salvar de perigo atual, que não provocou por sua vontade, nem podia de outro modo evitar, direito próprio ou alheio, cujo sacrifício, nas circunstâncias, não era razoável exigir-se.
- **Distinção entre legítima defesa e estado de necessidade**: em ambos, há uma reação a uma agressão ao bem jurídico. No entanto, na legítima defesa, a reação se volta contra a pessoa autora da agressão injusta, enquanto, no estado de necessidade, em regra, a reação se dá contra um objeto (um carro, um cão etc.), cujo titular não ocasionou o perigo intencionalmente. Excepcionalmente, a reação no estado de necessidade se volta contra uma pessoa, cuja conduta é lícita, porque, se fosse ilícita, haveria legítima defesa.
- **Estrito cumprimento do dever legal**: compreende as normas e princípios relativos à atuação de quem, sob comando legal, pratica conduta descrita em um tipo legal.
- Exemplo: o soldado do corpo de bombeiros que destrói a parede de uma casa (tipo do dano) para salvar a vítima. É uma conduta típica, porém lícita.
- **Exercício regular de direito**: compreende ações do cidadão comum autorizadas pela existência de direito definido em lei e condicionadas a regularidade do exercício desse direito.
- Exemplo: o proprietário que imediatamente afasta com as próprias mãos a turbação à posse do imóvel. No caso, a conduta é típica (exercício arbitrário das próprias razões), mas é lícita, porque abrigado pelo Direito Civil.

EXCESSO NAS EXCLUDENTES DE ILICITUDE	
Doloso	Quando o agente, consciente e propositadamente, ao se defender, causa maior lesão que seria necessária para causar o dano. Responde pelo excesso doloso.
Culposo	Quando o agente, por inobservância do dever de cuidado, causa maior lesão que seria necessária para causar o dano. Responde pelo excesso culposo, se houver tipo culposo.

8.3. CULPABILIDADE

- **Culpabilidade**: é o juízo de reprovação que recai sobre a pessoa que cometeu um fato típico e antijurídico.
- **Excludentes de culpabilidade**: o agente comete um fato típico e antijurídico, mas, diante de uma situação que justifique a sua conduta, deixa de ser punido.
- Por exemplo, uma pessoa de quinze anos mata outra pessoa. Seu fato é típico (art. 121 do Código Penal), ilícito (não agiu em legítima defesa ou outra excludente de ilicitude), mas há uma circunstância que impede a aplicação da sanção penal, qual seja a menoridade.
- **Requisitos da culpabilidade**: imputabilidade (no que se inclui a maioridade), potencial consciência da ilicitude do fato e exigibilidade de conduta diversa.
- **Imputabilidade**: é a possibilidade jurídica de alguém ser responsabilizado penalmente.

- **O MENOR DE DEZOITO ANOS É INIMPUTÁVEL.**
- Outro fator de inimputabilidade é a doença mental, que, conforme o grau, pode tornar o agente inimputável, semi-imputável ou imputável.

Situação pessoal do agente	Característica	Sanção penal
Imputável	**Inteiramente capaz** de entender o caráter ilícito do fato e de se autodeterminar	Pena.
Semi-imputável	**Parcialmente incapaz** de entender o caráter ilícito do fato e de se autodeterminar	Medida de segurança ou pena reduzida.
Inimputável	**Inteiramente incapaz** de entender o caráter ilícito do fato e de se autodeterminar	Medida de segurança.

EMBRIAGUEZ	CONSEQUÊNCIA
Voluntária	Não exclui a imputabilidade penal
Culposa	Não exclui a imputabilidade penal
Caso fortuito ou força maior – completa	A pessoa é considerada **inimputável**
Caso fortuito ou força maior – incompleta	A pessoa é considerada **semi-imputável**
Preordenada (a pessoa se coloca na situação de embriaguez para "ter coragem" de cometer o crime).	Não exclui a imputabilidade penal e incide a agravante do art. 61, II, l, do CP.

- Tecnicamente falando, a pessoa que se encontra em estado de embriaguez completa, seria inimputável, pois não possuía condições de entender o caráter ilícito do fato e de determinar-se nesse sentido. Porém, por questão de política criminal, o legislador considera em caso de embriaguez voluntária ou culposa a pessoa imputável.
- Adotuou o legislador a Teoria da *actio libera in causa*, pela qual consideram-se as condições da pessoa no momento anterior a se embriagar.
- **Inexigibilidade de conduta diversa**: exclui a culpabilidade, porque não se podia exigir do agente outra conduta que não fosse aquela que adotou.
- **Potencial consciência da ilicitude:** o agente tem que ter consciência de que a sua conduta é ilícita.
- **Erro de proibição:** o agente atua de modo a imaginar que está presente uma causa excludente de ilicitude, mas que em verdade não existe, como a legítima defesa putativa. Aqui a exclui a culpabilidade, porque o agente atua sem a potencial consciência da ilicitude.

8.4. CONDIÇÕES OBJETIVAS DE PUNIBILIDADE E ESCUSAS ABSOLUTÓRIAS

- **Condições objetivas de punibilidade:** são circunstâncias que não são elementos do tipo penal, mas que são pressupostos da punibilidade. Ou seja, sem elas, não há a possibilidade jurídica de aplicação ou execução da pena.
- Exemplo de c**ondição objetiva de punibilidade:** Art. 7º, § 2º, b e c, do CP.
- **Escusas absolutórias:** também conhecidas como imunidade absolutas, são circunstâncias de caráter pessoal, referente a laços familiares ou afetivos entre os envolvidos, que por razões de política criminal, o legislador houve por bem afastar a punibilidade.
- **Exemplos de escusas absolutórias:** art. 181, I e II, CP.

8.5. CONSUMAÇÃO E TENTATIVA. DESISTÊNCIA VOLUNTÁRIA E ARREPENDIMENTO EFICAZ. ARREPENDIMENTO POSTERIOR. CRIME IMPOSSÍVEL

- *Iter criminis*: é o caminho percorrido para que o crime se considere consumado.
- A conduta passa a ser relevante penalmente a partir dos atos executivos, quando o agente pratica os verbos-núcleos do tipo, como o início da subtração no furto.
- Se todos os elementos do tipo penal ocorrerem, há consumação.

INSTITUTO	DEFINIÇÃO	CONSEQUÊNCIA
TENTATIVA	o agente inicia a execução do crime, que não se consuma por **circunstâncias alheias** à **sua vontade**, como na hipótese de o agente atirar como a vítima, mas erra os tiros, ou, se acerta, esta é salva por terceiros	salvo disposição em contrário, **a pena** é **reduzida de um a dois terços.** Uma disposição em contrário: crime de evasão mediante violência contra a pessoa (art. 352 do CP), em que a tentativa de fuga mediante violência é punida com a mesma pena da fuga consumada.

INSTITUTO	DEFINIÇÃO	CONSEQUÊNCIA
DESISTÊNCIA VOLUNTÁRIA	o agente inicia a execução do crime, que não se consuma por vontade dele próprio. Por exemplo, a pessoa coloca a mão no bolso da vítima para furtar sua carteira, mas antes de ter a posse desta desiste de consumar a subtração por vontade sua.	o agente responde apenas pelos atos que já havia praticado.
ARREPENDIMENTO EFICAZ	O agente voluntariamente impede a produção do resultado.	Idem.
ARREPENDIMENTO POSTERIOR	o crime já se consumou, porém, o sujeito ativo, voluntariamente, repara o dano sofrido pela vítima. É o que ocorre no caso do furtador que devolve o dinheiro à vítima.	a pena é reduzida de um a dois terços.

- No crime impossível, o agente pratica atos de execução, mas jamais conseguiria consumar o crime por ineficácia absoluta do meio por ele empregado ou absoluta impropriedade do objeto.
- Exemplos: ineficácia absoluta do meio: ministrar farinha ao invés de veneno à vítima; absoluta impropriedade do objeto: esfaquear uma pessoa que já está morta.
- O Código Penal, em seu art. 14, II, adotou a teoria objetiva quanto à punibilidade da tentativa, pois, malgrado semelhança subjetiva com o crime consumado, diferencia a pena aplicável ao agente doloso de acordo com o perigo de lesão ao bem jurídico tutelado. Nessa perspectiva, a jurisprudência desta Corte adota critério de diminuição do crime tentado de forma inversamente proporcional à aproximação do resultado representado: quanto <u>maior</u> o *iter criminis* percorrido pelo agente, <u>menor</u> será a fração da causa de diminuição (STJ – HC nº 398409/SC. Rel. Min. Ribeiro Dantas. DJ. 05/12/2017).

9. ERRO

- **Erro de tipo:** incide sobre uma das elementares do tipo penal. O agente que age em erro de tipo não responde pelo crime, pois se exclui o dolo, salvo se houver previsão de tipo culposo para a conduta.

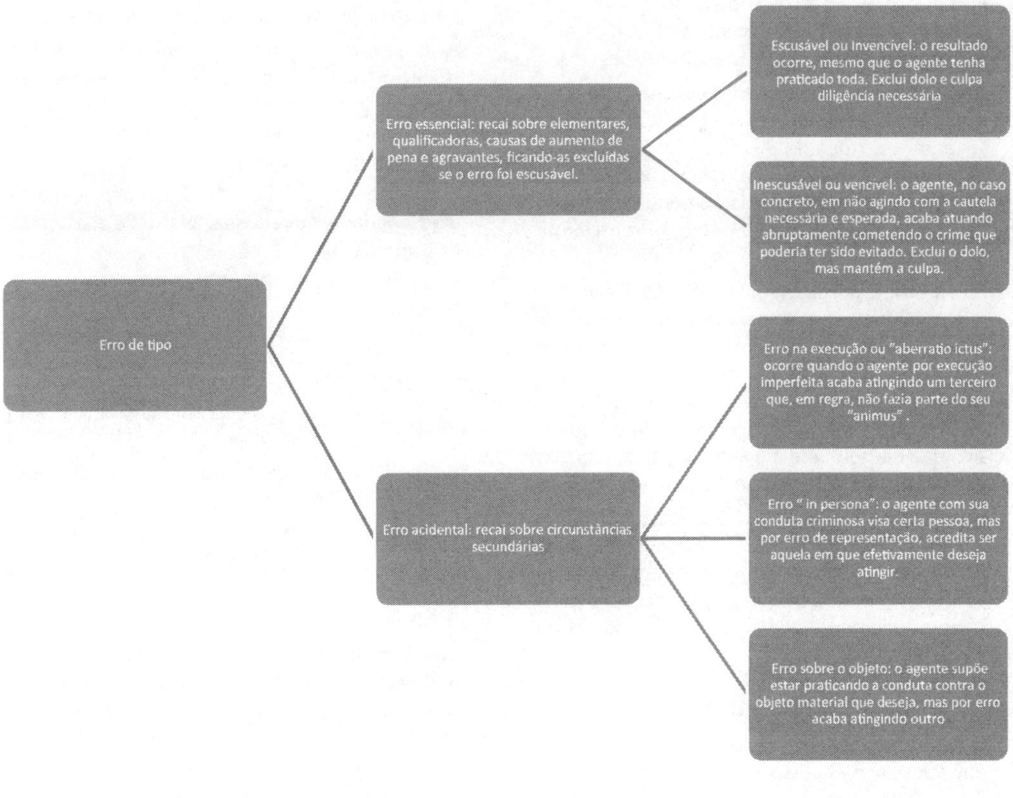

- **Descriminantes putativas:** As descriminantes putativas ocorrem nas hipóteses, em que o agente acredita estar amparado por uma causa legal de exclusão da antijuridicidade (descriminante) que não existe (putativa).
- O agente tem na mente que há um fato que lhe permite agir, por exemplo, em legítima defesa, mas esse fato não existe.
- Se o erro for invencível, exclui-se o dolo e a culpa.
- Se o erro for vencível, exclui-se o dolo, mas mantém-se a culpa. É a chamada **culpa imprópria**.
- **Erro determinado por terceiro:** é o erro provocado por terceiro, que induz o agente a atuar com erro.
- Nesse caso, o terceiro responde pelo crime cometido.
- **Erro sobre pessoa ou erro *in persona*:** o agente com sua conduta criminosa visa certa pessoa, mas por erro de representação, acredita ser aquela em que efetivamente deseja atingir.
- Trata-se de erro acidental e, com isso, não são excluídos o dolo e a culpa, respondendo o agente pela sua conduta.
- Por exemplo, o agente mata "A" pensando que se trata de "B". Responde o agente pelo crime de homicídio, como se a vítima fosse "B".
- **Erro de proibição:** exclui a potencial consciência da ilicitude. Portanto, o fato é típico e antijurídico, mas, se o erro for escusável, o agente é isento de pena.
- O agente atua com vontade, ou seja, dolo, portanto o primeiro requisito do fato típico punível encontra-se superado. A solução da questão se dará na culpabilidade. Esta não há, uma vez que se pratica o fato por erro quanto a antijuridicidade de sua conduta, não tem a potencial consciência da ilicitude.
- **Erro de tipo permissivo:** O Prof. Luiz Flávio Gomes salienta que se trata de uma espécie sui generis de erro, posto que não pode ser tratado como erro de tipo, já que nesse, a finalidade é a exclusão do dolo, o que não acontece em tais circunstâncias. Para o autor, o erro de tipo permissivo traz em seu bojo a fusão das consequências previstas para o erro de tipo e o erro de proibição.
- **Erro de tipo permissivo:** a) quando o erro é inevitável, impõe-se a isenção da pena, como se dá no erro de proibição; b) quando o erro se mostra vencível (evitável) ao agente será imposta a pena correspondente ao crime culposo, como ocorre nos casos de erro de tipo.

10. DO CONCURSO DE PESSOAS

- O concurso de pessoas ocorre nas hipóteses em que duas ou mais pessoas contribuem para a produção do resultado previsto em lei como crime.

<table>
<tr><td rowspan="3">Teorias do concurso de agentes</td><td>a) Teoria monista: dois ou mais agentes praticam condutas distintas e produzem um único resultado. Há somente um delito e cada um dos agentes respondem por esse mesmo crime.</td></tr>
<tr><td>b) Teoria dualista: dois ou mais agentes praticam condutas diversas e produzem um único resultado. Mas, coautores e partícipes respondem por delitos diferentes.</td></tr>
<tr><td>c) Teoria pluralista: dois ou mais agentes praticam condutas diversas, ainda que produzam um único resultado, respondem por delitos distintos.</td></tr>
</table>

- **No concurso de pessoas**, o Código Penal adotou a **teoria monista**. Assim, a pessoa que entra no imóvel (autor) responde pelo crime de furto, assim como aquele que ficou na rua a vigiar a chegada de terceiros (partícipe).
- Excepcionalmente, aplica-se a **teoria pluralista**. É o que ocorre no caso de disciplina do aborto, em que a gestante que pratica o aborto voluntariamente responde pelo tipo penal do art. 124, CP, enquanto que o terceiro que provoca o mesmo aborto responde pelo crime do art. 126, CP.
- Em atendimento ao princípio constitucional da **individualização da pena,** cada um dos coautores e partícipes terá a pena aplicada na medida proporcional à sua contribuição para o evento.
- A participação ocorre nas hipóteses em que o sujeito ativo do crime não prática um dos verbos-núcleos do tipo penal, mas concorre de qualquer forma para a sua consumação por meio de **instigação, indução** ou **auxílio.**
- A punição do partícipe é explicada pela teoria da acessoriedade, ou seja, sua conduta é acessória à do autor do fato.
- No Brasil, se adotou o princípio da acessoriedade limitada.

Teoria da acessoriedade	Característica
Mínima	Basta que o autor tenha praticado uma conduta típica
Limitada	Basta que o autor tenha praticado uma conduta típica e antijurídica
Extrema	O autor deve ter praticado uma conduta típica, antijurídica e culpável

11. PENAS

- **Conceito de pena:** a imposição da perda ou diminuição de um bem jurídico, prevista em lei e aplicada pelo órgão judiciário, a quem praticou ilícito penal.
- A história da pena se confunde com a própria do Direito Penal como exposto acima.

Teoria ou Finalidades da pena	• **Retributiva:** a pena é uma resposta do Estado àquele que viola a norma penal; • **Preventiva:** a pena é exemplo para que outros não cometam a infração (prevenção geral), bem como o próprio autor do crime não reincida (prevenção especial); • **Ressocializadora:** durante a execução da pena, deve-se dar condições ao condenado de retornar à vida em sociedade.

- **Pena privativa de liberdade:** é a pena que implica restrição da liberdade de ir e vir e deve ser cumprida no sistema de reclusão ou detenção.

Sistema	Formas de Regime Inicial
Reclusão	Fechado, semiaberto e aberto.
Detenção	Semiaberto e aberto.

- **No sistema de reclusão,** o agente inicia o cumprimento de pena pelo regime aberto, semiaberto ou fechado.
- **No sistema de detenção,** o agente inicia o cumprimento de pena pelo regime aberto ou semiaberto, admitindo-se, porém, a **regressão** de regime semiaberto para o fechado.

Regime	Local de cumprimento	A quem é destinado
Fechado	Estabelecimento de segurança máxima ou média	**Reincidente** e primário com pena superior a 8 anos
Semiaberto	Colônia agrícola ou industrial ou estabelecimento similar	**Primário** com pena superior a quatro e não exceda oito anos
Aberto	Casa de albergado ou estabelecimento adequado	**Primário** com pena igual ou inferior a quatro anos.

- A princípio, ao reincidente, só seria cabível o regime inicial fechado para cumprimento de pena. Porém, os Tribunais Superiores admitem regime menos gravoso, como o semiaberto, se as circunstâncias judiciais do art. 59, CP, forem favoráveis.
- Os Tribunais Superiores também admitem a imposição de regime mais gravoso do que a pena privativa de liberdade permitir, desde que haja motivação idônea. Considera-se como inidônea a opinião em abstrato do julgador (Vide Enunciados 718 e 719 das Súmulas do STF).
- De acordo com a lei**,** quem comete **crime hediondo** o regime **inicial** para cumprimento de pena é o **fechado.**
- Mas, o STF, ao julgar o HC n. 111.840/ES, assentou que inexiste a obrigatoriedade do regime inicial fechado para os condenados por crimes hediondos e equiparados, determinando, também nesses casos, a observância do disposto no art. 33, §§ 2º e 3º, do Código Penal.
- Ou seja, se a pena aplicada ao condenado for inferior a oito anos e as circunstâncias judiciais lhe forem favoráveis, é possível a imposição de regime de pena menos gravoso que o fechado, ainda que o fato constitua crime hediondo.
- Na sentença penal condenatória, o juiz fixa o regime inicial de cumprimento de pena. Mas, durante a execução, o agente está sujeito à **progressão ou regressão de regime**.
- **Pena restritiva de direitos:** são autônomas e substituem a pena privativa de liberdade, se presentes os requisitos legais do art. 44 do CP.

Espécies de pena restritiva de direitos	• prestação pecuniária; • perda de bens e valores; • limitação de fim de semana. • prestação de serviço à comunidade ou a entidades públicas; • interdição temporária de direitos; • limitação de fim de semana.
Requisitos para a aplicação de penas restritivas de direitos	• aplicada pena privativa de liberdade não superior a quatro anos e o crime não for cometido com violência ou grave ameaça à pessoa ou, qualquer que seja a pena aplicada, se o crime for culposo; • o réu não for reincidente em crime doloso; • a culpabilidade, os antecedentes, a conduta social e a personalidade do condenado, bem como os motivos e as circunstâncias indicarem que essa substituição seja suficiente.

- **O reincidente** pode ser beneficiado com pena restritiva de direitos, se **não for reincidente específico** (ou seja, não for condenado pelo mesmo crime da condenação anterior) e se a medida for socialmente recomendável.
- **Multa**: espécie de sanção penal sanção de caráter patrimonial, que se subsume na diminuição do patrimônio do condenado através de uma prestação em dinheiro.
- A pena de multa é aplicada em dias-multa. O valor do dia-multa será fixado pelo juiz não podendo ser inferior a um trigésimo do maior salário mínimo mensal vigente ao tempo do fato, nem superior a 5 (cinco) vezes esse salário.
- O não pagamento da multa **jamais** será convertido em pena privativa de liberdade.
- Com a Lei nº 9.266/1996, se tornou impossível a conversão da multa em prisão, em caso de inadimplemento injustificada do condenado.

- A pena multa passou a ser considerada dívida de valor e, com isso, surgiu discussão doutrinária e jurisprudência, se ela deveria ser executada no Juízo Criminal, por iniciativa do Ministério Público, ou na Vara de Fazenda Pública, com iniciativa da Procuradoria da Fazenda.
- No julgamento da ADI 3150/DF, o STF firmou entendimento no sentido de que a multa pena, embora siga o procedimento da execução fiscal, não perde a natureza de pena e, portanto, cabe ao Ministério Público ser o autor da execução, que deve ter prosseguimento no Juízo Penal.
- A Lei Anticrime adotou a orientação firmada pelo STF e estabeleceu que transitada em julgada a sentença penal condenatória:
  a) multa será executada perante o juiz da **execução penal**;
  b) será considerada **dívida de valor**, aplicáveis as normas relativas à dívida ativa da Fazenda Pública, inclusive no que concerne às causas interruptivas e suspensivas da prescrição.
- Com efeito, cabe ao Ministério Público a titularidade para a execução da pena de multa.
- **Cominação da pena** é a pena prevista em lei, fixada pelo legislador.
- Consiste no preceito secundário da norma penal. Exemplo: reclusão, de seis a vinte anos (art. 121, *caput,* CP).
- **Aplicação da pena** é a pena imposta pelo juiz.
- O CP, no art. 68, adotou a teoria trifásica de aplicação da pena: 1ª fase (circunstâncias judiciais), 2ª fase (agravantes e atenuantes genéricas) e 3ª fase (causas especiais de aumento e diminuição de pena).
- Na primeira e na segunda fases, o juiz não pode fixar a pena aquém ou além da pena cominada (**TEMAS 190 e 191 DE RECURSOS REPETITIVOS DO STJ)**.
- É possível, na segunda fase da dosimetria da pena, a compensação integral da atenuante da confissão espontânea com a agravante da reincidência, seja ela específica ou não. Todavia, nos casos de multirreincidência, deve ser reconhecida a preponderância da agravante prevista no art. 61, I, do Código Penal, sendo admissível a sua compensação proporcional com a atenuante da confissão espontânea, em estrito atendimento aos princípios da individualização da pena e da proporcionalidade **(TEMA 585 DO STJ)**.
- Na terceira fase, em caso de diminuição de pena, ela pode ser fixada aquém do mínimo legal.
- Na terceira fase, em caso de aumento de pena, ela pode ser fixada além do mínimo legal.

Instituto	Conceito
Circunstâncias judiciais	Estão enumeradas no art. 59 do CP e devem ser valoradas pelo juiz para aplicação da pena-base
Agravantes Genéricas	Previstas nos arts. 61 e 62 do CP, são levadas em consideração pelo Juiz na 2ª fase para aumentar a pena
Atenuantes Genéricas	Previstas nos arts. 65 e 66 do CP, são levadas em consideração pelo juiz na 2ª fase para diminuir a pena
Causas especiais de aumento de pena	Previstas na Parte Geral e Especial, aumentam a pena em fração determinada por lei (art. 155, § 1º, CP)
Causa especiais de diminuição de pena	Previstas na Parte Geral e Especial, diminuem a pena em fração determinada por lei (art. 14, p.u., CP)
Qualificadoras	Circunstâncias mais graves que fazem com que o legislador preveja pena mais grave (art. 155, § 4º, CP)
Privilégios	Circunstâncias menos graves que fazem com que o legislador preveja pena mais branda (art. 155, § 2º, CP)

- **Concurso de crimes**: acontece quando o agente comete mais de um crime mediante uma ou mais ação ou omissão. No direito brasileiro, por questões de política criminal, cada forma de concurso tem uma maneira distinta no sistema de aplicação e cálculo das penas.

Instituto	Requisitos	Penas
Concurso material	Duas ou mais condutas produzem dois ou mais resultados	Cúmulo material (as penas são somadas)
Concurso formal perfeito ou próprio	Uma única conduta produz dois ou mais resultados	Cúmulo formal (considera-se apenas uma pena, a mais alta ou uma delas se iguais, acrescida de 1/6 a 1/2)
Concurso formal imperfeito ou impróprio	Uma única conduta produz dois ou mais resultados, que eram queridos pelo agente (desígnios autônomos)	Cúmulo material (as penas são somadas)

Instituto	Requisitos	Penas
Crime continuado	Duas ou mais condutas produzem dois ou mais resultados, referentes a crimes de mesma espécie, valendo-se os agentes das mesmas condições de lugar, tempo, maneira de execução e outros semelhantes.	Cúmulo formal (considera-se apenas uma pena, a mais alta ou uma delas se iguais, acrescida de 1/6 a 2/3).
Crime continuado específico	Duas ou mais condutas produzem dois ou mais resultados, referentes a crimes de mesma espécie, dolosos contra vítimas diferentes, cometidos mediante violência ou grave ameaça, valendo-se os agentes das mesmas condições de lugar, tempo, maneira de execução e outros semelhantes.	Considera-se uma única pena, a maior ou uma delas se idênticas, até o triplo.

"Requisitos do crime continuado: três requisitos objetivos: I) pluralidade de condutas; II) pluralidade de crime da mesma espécie; III) condições semelhantes de tempo lugar, maneira de execução e outras semelhantes (conexão temporal, espacial, modal e ocasional); IV) e, por fim, adotando a teoria objetivo-subjetiva ou mista, a doutrina e jurisprudência inferiram implicitamente da norma um requisito da unidade de desígnios na prática dos crimes em continuidade delitiva, exigindo-se, pois, que haja um liame entre os crimes, apto a evidenciar de imediato terem sido os crimes subsequentes continuação do primeiro, isto é, os crimes parcelares devem resultar de um plano previamente elaborado pelo agente. 4. A exasperação da pena do crime de maior pena, realizado em continuidade delitiva, será determinada, basicamente, pelo número de infrações penais cometidas, parâmetro este que especificará no caso concreto a fração de aumento, dentro do intervalo legal de 1/6 a 2/3. Nesse diapasão esta Corte Superior de Justiça possui o entendimento consolidado de que, em se tratando de aumento de pena referente à continuidade delitiva, aplica-se a fração de aumento de 1/6 pela prática de 2 infrações; 1/5, para 3 infrações; 1/4 para 4 infrações; 1/3 para 5 infrações; 1/2 para 6 infrações e 2/3 para 7 ou mais infrações" (STJ – HC nº 289.310/SP, Rel. Min. Ribeiro Dantas. DJ. 04/04/2017).

- **Suspensão condicional da pena** é conhecida como *sursis* e implica na imposição de medidas restritivas de direitos e na suspensão da execução da pena privativa de liberdade durante o período de prova, findo o qual, sem revogação do benefício, há extinção de punibilidade.

Pressupostos	I – o condenado **não seja reincidente** em crime doloso; II – a culpabilidade, os antecedentes, a conduta social e personalidade do agente, bem como os motivos e as circunstâncias autorizem a concessão do benefício; III – Não seja indicada ou cabível a substituição prevista no art. 44 deste Código.

- Se a condenação anterior for a pena de multa, é possível o *sursis*.

Espécies de *sursis*	• **Simples**: **condições estabelecidas pelo juiz** + no primeiro ano do prazo, deverá o condenado **prestar serviços** à **comunidade** ou submeter-se à **limitação de fim de semana** (art. 78, *caput*, e § 1º, CP). • **Especial**: em caso de reparação do dano ou na impossibilidade de fazê-lo e condições judiciais favoráveis: **condições estabelecidas pelo juiz** + a) proibição de frequentar determinados lugares; b) proibição de ausentar-se da comarca onde reside, sem autorização do juiz; comparecimento pessoal e obrigatório a juízo, mensalmente, para informar e justificar suas atividades (art. 78, *caput* e § 2º, CP).

- ***Sursis* etário:** concedido ao condenado **maior de setenta anos**.
- ***Sursis* humanitário:** concedido ao condenado por razões de saúde que justifiquem.

Regra geral	Regra do sursis etário e humanitário
• Condenação por pena privativa de liberdade não superior a **dois anos;** • Período de prova de **dois a quatro anos**.	• Condenação por pena privativa de liberdade não superior a **quatro anos**; • Período de prova de **quatro a seis anos.**

Revogação do *sursis*	Hipóteses
Obrigatória	• é condenado, em sentença irrecorrível, por crime doloso; • frustra, embora solvente, a execução de pena de multa ou não efetua, sem motivo justificado, a reparação do dano; • descumpre a condição de, no primeiro ano do prazo, prestar serviços à comunidade ou submeter-se à limitação de fim de semana.
Facultativa	• se o condenado descumpre qualquer outra condição imposta; • ou é irrecorrivelmente condenado, por crime culposo ou por contravenção, a pena privativa de liberdade ou restritiva de direitos

"Inexiste constrangimento ilegal quanto à revogação do benefício da suspensão condicional da pena em razão de condenação pelo cometimento de outro crime durante o período de prova, desde que não tenha sido extinta a punibilidade do agente mediante sentença transitada em julgado, nos termos do inciso I do art. 81 do Código Penal. 2. Esta Corte tem firmado o entendimento no sentido de que o período de prova do sursis fica automaticamente prorrogado quando o beneficiário está sendo processado por outro crime ou contravenção, bem como que a superveniência de sentença condenatória irrecorrível é caso de revogação obrigatória do benefício, mesmo quando ultrapassado o período de prova."

- **Livramento condicional** é benefício concedido ao condenado que preencher algumas condições, pelo qual **se antecipa** a liberdade daquele que cumpre pena privativa liberdade.

Requisitos	• Condenação **igual ou superior a dois anos**; • Cumprida **mais de um terço** da pena se o condenado **não for reincidente em crime doloso** e tiver **bons antecedentes**; • Cumprida **mais da metade** se o condenado for **reincidente em crime doloso**; • Comprovado **a) bom comportamento durante a execução da pena; b) não cometimento de falta grave nos últimos 12 (doze) meses; c) bom desempenho no trabalho que lhe foi atribuído; e d) aptidão para prover a própria subsistência mediante trabalho honesto (De acordo com a Lei Anticrime)**; • Tenha **reparado**, salvo efetiva impossibilidade de fazê-lo, **o dano causado pela infração.**

Hipóteses específicas	Condições especiais
• Condenado por **crime doloso**, cometido com **violência ou grave ameaça** à pessoa	• Constatação de condições pessoais que façam presumir que o **liberado não voltará a delinquir.**
• Condenação por **crime hediondo, prática da tortura, tráfico de pessoas e terrorismo**, se o apenado não for reincidente específico em crimes dessa natureza.	• **Não reincidente específico nesses crimes**: cumprido **mais de dois terços da pena;** • **Reincidente específico nesses crimes: VEDADO** o livramento condicional.
• **arts. 33, caput e § 1º** (tráfico de drogas)**, e 34** (associação para o tráfico) **a 37 da Lei de Drogas.**	• **Não reincidente específico nesses crimes**: após o cumprimento de **dois terços da pena;** • **Reincidente específico nesses crimes: VEDADO** o livramento condicional.

Revogação do livramento condicional	Hipóteses
Obrigatória	• se o liberado vem a ser **condenado a pena privativa de liberdade, em sentença irrecorrível**: a) por crime cometido durante a vigência do benefício; b) por crime anterior, observado o disposto no art. 84 do Código Penal.
Facultativa	• se o liberado deixar de cumprir qualquer das obrigações constantes da sentença; • ou for irrecorrivelmente condenado, por crime ou contravenção, a pena que não seja privativa de liberdade.

- A Constituição Federal de 1988 veda pena privativa de liberdade de caráter perpétuo.
- A Lei Anticrime aumentou o prazo máximo de privação de liberdade de **tinta para quarenta anos**.
- Importante ressaltar que, quando o agente for condenado a penas privativas de liberdade cuja soma seja superior a 40 (quarenta) anos, devem elas ser **unificadas** para atender ao limite máximo deste artigo.
- Contudo, para outros efeitos da execução da pena, com contagem de tempo para progressão de regime ou livramento condicional, deve-se ter em conta a pena individualmente.

12. EFEITOS DA CONDENAÇÃO

Espécies	Efeitos
Penais	a) **Direto:** cumprimento da pena imposta; b) **Indireto:** consequências provocadas pela condenação, tais como a reincidência, os maus antecedentes, a revogação de algum benefício etc.
Extrapenais	a) **Genéricos, obrigatórios e automáticos:** **a.1)** tornar certa a **obrigação de indenizar o dano** causado pelo crime**;** **a.2) perda em favor da União,** ressalvado o direito da vítima e do terceiro de boa-fé**,** dos instrumentos do crime, quando ilícitos, do produto do delito e do proveito auferido pelo agente com a prática criminosa. **b.1) a perda de cargo, função pública ou mandato eletivo,** quando aplicada pena privativa de liberdade igual ou superior a um ano, nos crimes cometidos com abuso de poder ou violação de dever para com a administração pública, bem como quando aplicada pena de prisão superior a quatro anos em qualquer caso**;** **b.2) a incapacidade para o exercício do poder familiar, da tutela ou da curatela nos crimes dolosos sujeitos à pena de reclusão cometidos contra outrem**

Extrapenais	**igualmente titular do mesmo poder familiar, contra filho, filha ou outro descendente ou contra tutelado ou curatelado;** **b.3) a inabilitação para dirigir veículos** quando usado para o cometimento de delito doloso.

- A Lei nº 13.715/2018, modificou o ECA com o fim de estabelecer no art. 23, § 2º, que A condenação criminal do pai ou da mãe não implicará a destituição do poder familiar, exceto na hipótese de condenação por crime doloso sujeito à pena de reclusão contra outrem igualmente titular do mesmo poder familiar ou contra filho, filha ou outro descendente.
- A mesma Lei nº 13.715/2018, estabeleceu como efeito da sentença penal condenatória a perda do poder familiar das seguintes hipóteses do art. 1.638, parágrafo único, do CC.

Crime contra outrem igualmente titular do mesmo poder familiar	Crime contra filho, filha ou outro descendente
a) homicídio, feminicídio ou lesão corporal de natureza grave ou seguida de morte, quando se tratar de crime doloso envolvendo violência doméstica e familiar ou menosprezo ou discriminação à condição de mulher; **b) estupro ou outro crime contra a dignidade sexual sujeito à pena de reclusão**	a) homicídio, feminicídio ou lesão corporal de natureza grave ou seguida de morte, quando se tratar de crime doloso envolvendo violência doméstica e familiar ou menosprezo ou discriminação à condição de mulher; b) estupro, estupro de vulnerável ou outro crime contra a dignidade sexual sujeito à pena de reclusão."

- **A Lei nº 13.804/2019, acresceu ao CTB que o motorista que se utilize de veículo para a prática dos crimes de** receptação, descaminho e contrabando**,** condenado **por um desses crimes em decisão judicial** transitada em julgado**, terá** cassado seu documento de habilitação ou será proibido de obter a habilitação **para dirigir veículo automotor pelo prazo de** cinco **anos (art. 278-A, CTB).**

Efeitos da condenação pela Lei Anticrime

A) **Incompatibilidade entre patrimônio da pessoa condenada e rendimento líquido**

- A Lei Anticrime estabeleceu **efeito da condenação** específico, quando o **patrimônio da pessoa condenada for <u>incompatível</u> com seu rendimento líquido.**
- Com efeito, o juiz vai decretar a perda dos bens correspondentes à diferença entre o valor do patrimônio do condenado e aquele que seja compatível com o seu rendimento lícito, que será equiparado a proveito ou produto do crime.
- Esse efeito da condenação caberá nos crimes em que a lei comine (preveja) **pena máxima superior a seis anos.**
- No caso, entende-se por patrimônio do condenado todos os bens: I - de sua **titularidade**, ou em relação aos quais ele tenha **o domínio e o benefício direto ou indireto**, na data da infração penal ou recebidos posteriormente; e II - **transferidos a terceiros a título gratuito ou mediante contraprestação irrisória**, a partir do início da atividade criminal.
- O Ministério Público deve requerer esse efeito da sentença penal condenatória ao oferecer a denúncia, a fim de que se garanta o contraditório e a ampla defesa.
- Em sua defesa, o acusado poderá demonstrar que a) **não há incompatibilidade** entre o seu patrimônio e o rendimento líquido seu; b) que o patrimônio tem **origem lícita**.
- Na sentença condenatória, o juiz deve declarar o valor da diferença apurada e especificar os bens cuja perda for decretada.

B) **Perda de bens em caso de organização criminosa e milícias**

- Além disso, a Lei Anticrime estabelece que nos instrumentos utilizados para a prática de crimes por organizações criminosas e milícias deverão ser declarados perdidos em favor da União ou do Estado, dependendo da Justiça onde tramita a ação penal, ainda que não ponham em perigo a segurança das pessoas, a moral ou a ordem pública, nem ofereçam sério risco de ser utilizados para o cometimento de novos crimes.

13. REABILITAÇÃO

- **Conceito:** benefício jurídico criado com o intuito de **restituir o condenado** à **sua situação anterior** à **condenação**, retirando de sua ficha de antecedentes criminais as anotações negativas nela apostas.

Requisitos a serem observados pelo condenado	• tenha tido domicílio no País no prazo acima referido; • tenha dado, durante esse tempo, demonstração efetiva e constante de bom comportamento público e privado; • tenha ressarcido o dano causado pelo crime ou demonstre a absoluta impossibilidade de o fazer, até o dia do pedido, ou exiba documento que comprove a renúncia da vítima ou novação da dívida.

- **Revogação:** se o reabilitado for condenado, como reincidente, por decisão definitiva, a pena que não seja de multa.

14. MEDIDAS DE SEGURANÇA E EXECUÇÃO DAS MEDIDAS DE SEGURANÇA

- São duas as medidas de segurança: **internação** em hospital de tratamento psiquiátrico e **aten-**

dimento ambulatorial, reservados, respectivamente, para condenados por crimes apenados com reclusão e detenção.

- Na internação de inimputável, o prazo é **indeterminado**, perdurando enquanto for constatada a periculosidade do agente, fixando-se **um prazo mínimo de um a três anos**, ao final do qual se realizará exame para aferição de **periculosidade do agente**.
- Observada a cessação de periculosidade o agente é colocado em liberdade, mas se, no prazo de um ano, praticar ato que indique que se mantém a periculosidade, a medida de segurança é restabelecida.
- O STJ e o STF firmaram jurisprudência no sentido de que o prazo máximo de internação é de **trinta anos**. Trata-se de aplicação do princípio da isonomia, pois esse é o limite de pena reservado ao imputável.
- Em caso de semi-imputável, há duas possibilidades: aplicação de **pena reduzida** de um a dois terços ou, necessitando o condenado de especial tratamento curativo, a pena privativa de liberdade pode ser substituída pela **internação**, ou **tratamento ambulatorial**, pelo prazo mínimo de um a três anos.

15. AÇÃO PENAL

- Ação penal pública **incondicionada** é aquela que se inicia por meio de denúncia do Ministério Público, independentemente da vontade da vítima.
- Ação penal pública **condicionada** à **representação** é aquela iniciada por meio de denúncia do Ministério Público, mediante o expresso consentimento da vítima, por meio de representação, nos casos previstos em lei.
- A representação é **irretratável após o oferecimento da denúncia** pelo Ministério Público.
- No caso da Lei Maria da Penha, a retratação da representação deve ser feita em audiência em Juízo e só pode ser feita antes do recebimento da denúncia, ouvido o Ministério Público.
- Ação penal pública condicionada à requisição é aquela iniciado por meio de denúncia de denúncia do Ministério Público, mediante **requisição do Ministro da Justiça**, nos casos previstos em lei.
- Ação penal pública **privada** é aquela iniciada por meio de queixa crime do ofendido, nos casos previstos em lei.
- **Legitimidade concorrente**: Ministério Público e ofendido em crimes contra honra contra funcionário público em razão do exercício de suas funções.

16. CAUSAS EXTINTIVAS DE PUNIBILIDADE

- A punibilidade é a possibilidade jurídica do Estado de aplicar sanção penal ao infrator da norma penal.
- Tem-se por extinta a punibilidade, quando um fato previsto em lei torna impossível a aplicação da sanção penal.

CAUSAS EXTINTIVAS DE PUNIBILIDADE
Morte do agente
Anistia, graça e indulto
Pela retroatividade de lei que não mais considera o fato como criminoso (*abolitio criminis*)
Pela prescrição, decadência ou perempção
Pela renúncia do direito de queixa ou pelo perdão aceito, nos crimes de ação privada
Pela retratação do agente, nos casos em que a lei a admite
Pelo perdão judicial, nos casos previstos em lei

- **Morte:** no direito penal brasileiro, aplica-se o princípio da intranscedência da responsabilidade penal, ou seja, somente o autor do fato pode ser punido pelo crime.
- O STJ entendeu que pode ser revogada a decisão que, com base em certidão de óbito falsa, julga extinta a punibilidade do ora paciente, uma vez que não gera coisa julgada em sentido estrito. A formalidade não pode ser levada a ponto de tornar imutável uma decisão lastreada em uma falsidade. O agente não pode ser beneficiado por sua própria torpeza. (HC 143.474-SP, Rel. Min. Celso Limongi (Desembargador convocado do TJ-SP), julgado em 6/5/2010).
- Se a extinção da punibilidade do agente for declarada com base em **certidão de** óbito **falsa**, essa decisão judicial pode ser revista, segundo entendimento jurisprudencial predominante.
- **Anistia:** é estabelecida por **lei**, que tem efeito retroativo, fazendo que se apaguem os efeitos penais do crime. Relacionada, geralmente, a crimes políticos.
- **Graça:** é concedida pelo Presidente da República, mediante provocação do interessado, e é direcionada a uma pessoa específica.
- **Indulto:** é concedida espontaneamente pelo Presidente da República e tem caráter generalizado, destinada a um grupo de sentenciados com características próprias.
- ***Abolitio criminis:*** uma lei deixa de considerar determinado fato como criminoso. É o que ocorreu com o adultério, que deixou de ser considerado crime pela Lei nº 11.106/2005. Como se trata de norma penal mais benéfica, retroage

para beneficiar o agente, extinguindo a sua punibilidade.

- **Decadência** é a extinção da punibilidade decorrente da perda de direito de ação, já que o ofendido se mantém inerte e não oferece representação, no caso de ação penal pública condicionada à representação, ou queixa-crime, no caso de ação penal privada.
- Em regra, o prazo decadencial é de **seis meses** depois que se tem conhecimento de quem foi o **autor do crime**.
- **Perempção:** é a extinção da punibilidade decorrente da inércia do querelante (ofendido) na ação penal privada.

Causas de Perempção (art. 60, CPP)
Iniciada a ação penal, o querelante deixar de promover o andamento do processo durante 30 dias seguidos
Falecendo o querelante, ou sobrevindo sua incapacidade, não comparecer em juízo, para prosseguir no processo, dentro do prazo de 60 (sessenta) dias, qualquer das pessoas a quem couber fazê-lo, ressalvado o disposto no art. 36
Quando o querelante deixar de comparecer, sem motivo justificado, a qualquer ato do processo a que deva estar presente, ou deixar de formular o pedido de condenação nas alegações finais
Quando, sendo o querelante pessoa jurídica, esta se extinguir sem deixar sucessor.

- **Prescrição** é a extinção da punibilidade decorrente da inércia estatal que não exerce sua pretensão punitiva, que ocorre antes da sentença penal condenatória transitada em julgado, ou executória, que ocorre depois da sentença penal condenatória transitada em julgado.

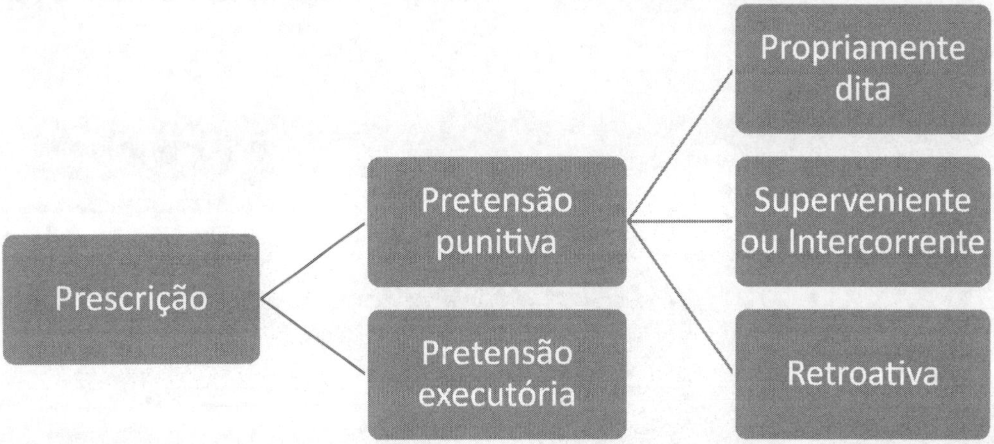

Espécie	Forma de contagem	Termo Inicial	Efeitos	Modo de Ocorrência
Pretensão punitiva propriamente dita	Pega-se o máximo da pena prevista em lei	Em regra, o dia que o crime se consumou o crime.	Apagam-se todas as consequências penais do crime, obstando desde a instauração de Inquérito Policial até a prolação de sentença penal condenatória.	Transcurso do prazo prescricional sem que tenha ocorrido um fator que o suspenda ou interrompa.
Superveniente ou intercorrente	Pega-se a pena em concreto estabelecido na sentença.	Publicação da sentença peal condenatória.	Apagam-se todas as consequências penais do crime, tirando o efeito da sentença penal condenatória, já prolatada, mas não transitada em julgado.	Transcurso do prazo prescricional entre a publicação da sentença e a intimação do réu ou a publicação da sentença e o julgamento do recurso da defesa.
Retroativa	Pega-se a pena em concreto estabelecido na sentença.	Publicação da sentença peal condenatória.	Apagam-se todas as consequências penais do crime, tirando o efeito da sentença penal condenatória, já prolatada, mas não transitada em julgado.	Conta-se para trás os eventos que suspendem ou interrompem o prazo prescricional
Executória	Pega-se a pena fixada na sentença ou acórdão condenatório transitado em julgado	Trânsito em julgado da sentença condenatória para a acusação	Impede a aplicação da pena, mas permanecem os demais efeitos penais, como reincidência, e extrapenais, como indenizatória.	Transcurso do prazo prescricional para o início ou a continuação da execução da pena

- A prescrição, depois da sentença condenatória com trânsito em julgado para a acusação ou depois de improvido seu recurso, regula-se pela pena aplicada, não podendo, em nenhuma hipótese, ter por termo inicial data anterior à da denúncia ou queixa.
- Termos iniciais para a contagem do prazo prescricional antes do trânsito em julgado da sentença penal condenatória:

Regra Geral	**Data de Consumação do Crime**
Tentativa	**Dia em que Cessou a Atividade Criminosa**
Crimes Permanentes	**Dia em que Cessou a Permanência**
Bigamia e falsidades de Registro Público	**Dia em que o fato se tornou conhecido**
Crimes contra a dignidade sexual de crianças e adolescente	**Data em que a vítima completar 18 anos, salvo se a ação penal já fora proposta**

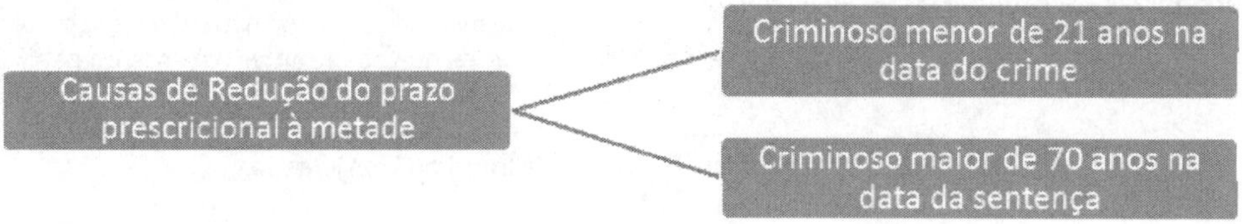

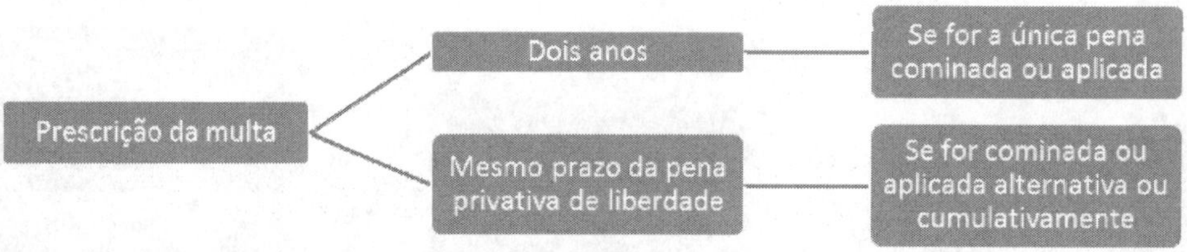

CAUSAS IMPEDITIVAS DE PRAZO PRESCRICIONAL	I - enquanto não resolvida, em outro processo, questão de que dependa o reconhecimento da existência do crime; II - enquanto o agente cumpre pena no exterior; III - na pendência de embargos de declaração ou de recursos aos Tribunais Superiores, quando inadmissíveis; e IV - enquanto não cumprido ou não rescindido o acordo de não persecução penal.

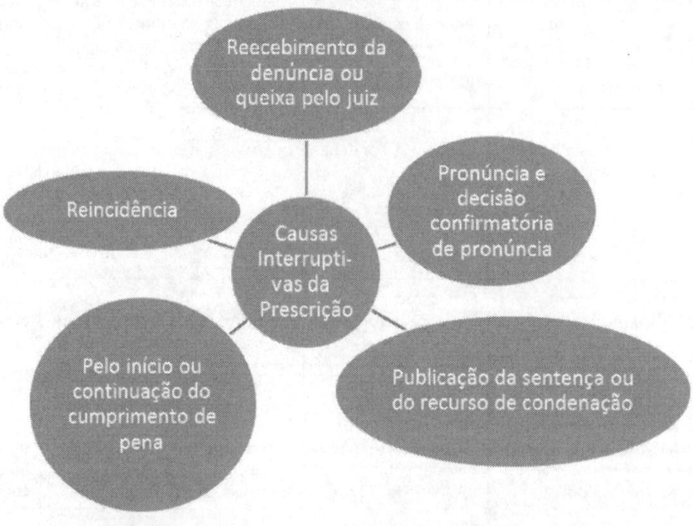

- **Perdão judicial:** a faculdade concedida ao juiz de comprovada a prática de uma infração penal, deixar de aplicar a pena imposta pela lei, em face de justificadas circunstâncias excepcionais.
- No perdão judicial, a lei prevê que as consequências do crime já são suficientemente graves que a pena se torna desnecessária, como pode ocorrer no homicídio culposo em que a vítima é filha do autor.
- A concessão do perdão judicial depende da análise do caso concreto.
- A sentença concessiva de perdão judicial é declaratória da extinção da punibilidade, não subsistindo qualquer efeito condenatório (Súmula 18, STJ).

17. CRIMES EM ESPÉCIE

17.1. CRIMES CONTRA A PESSOA

- Apenas os crimes dolosos contra a vida são submetidos ao Tribunal do Júri: **homicídio doloso, induzimento instigação ou auxílio ao suicídio, infanticídio e aborto.**
- É possível a realização de **Tribunal do Júri na Justiça Federal**, se o crime for cometido em detrimento de bens, serviços ou interesse da União ou de suas entidades autárquicas ou empresas públicas.
- Por exemplo, é de competência da Justiça Federal o julgamento de homicídio doloso contra Policial Rodoviário Federal no exercício de suas funções.
- Os crimes de latrocínio (roubo seguido de morte) e genocídio (homicídio com a intenção de extinção de uma raça, credo ou cultura) **não são** crimes contra a vida.
- A Lei nº 13.491/2017 alterou o Código Penal Militar com o fim de estabelecer que o Militar das **Forças Armadas** que cometa crime doloso contra a vida de civil será julgado pela **JUSTIÇA MILITAR DA UNIÃO**, afastando-se a competência do Tribunal do Júri, se praticado nos contextos abaixo descritos.

cumprimento de atribuições que lhes forem estabelecidas pelo Presidente da República ou pelo Ministro de Estado da Defesa	ação que envolva a segurança de instituição militar ou de missão militar, mesmo que não beligerante;	atividade de natureza militar, de operação de paz, de garantia da lei e da ordem ou de atribuição subsidiária, realizadas em conformidade com o disposto no art. 142 da Constituição Federal e na forma dos seguintes diplomas legais: a) Código Brasileiro de Aeronáutica; b) Lei Complementar no 97/99; c) Código de Processo Penal Militar; e d) Código Eleitoral.

- A Lei nº 13.491/2017 manteve a competência do Tribunal do Júri caso o crime doloso contra civil seja cometido por **Militar Estadual**, como policial militar, ainda que presentes os mesmos requisitos acima apontados.

HOMICÍDIO

- **Homicídio** é o crime em que o agente mata alguém.
- Tutela-se no crime de homicídio a vida extrauterina. De acordo com o STJ, iniciado o trabalho de parto, é o caso de se falar em homicídio ou infanticídio, conforme o caso, não havendo necessidade de comprovação de respiração do nascituro, pois há outas formas de comprovar o nascimento com vida" (HC n. 228.998/MG).
- **Consumação:** evento morte: no direito brasileiro, o parâmetro a ser seguido é o momento da morte encefálica nos termos da Lei nº 9.437/97.
- No **homicídio privilegiado**, o juiz deve reduzir a pena de um sexto a um terço (art. 121, § 1º, do Código Penal). Trata-se de causa de diminuição de pena.
- A eutanásia pode configurar homicídio privilegiado.

Requisitos do homicídio privilegiado: basta a presença de um deles (a, b ou c) para a configuração do privilégio	a) Se o agente comete o crime impelido por motivo de relevante valor social: levam-se em consideração valores relevantes para a comunidade, com o patriotismo, a paz pública, etc. Por exemplo: assassinato do traidor da pátria.
	b) Se o agente comete o crime impelido por motivo de relevante valor moral: levam-se em consideração valores relevantes individuais: eutanásia.
	c) Se o agente comete o crime sob o domínio de violenta emoção, logo em seguida a injusta provocação da vítima: o agente está dominado, não meramente influenciado, pela injusta provocação da vítima.

- se o agente comete o homicídio influenciado por violenta emoção, não se trata de homicídio privilegiado, devendo incidir a circunstância atenuante do art. 65, III, *c*, CP.
- **Homicídio qualificado**: os patamares da pena prevista para o crime são maiores (pena: reclusão de 12 a 30 anos), em decorrência de circunstâncias objetivas e subjetivas, consideradas mais graves pelo legislador (art. 121, § 2º, CP).

Qualificadoras subjetivas	Qualificadoras objetivas
Mediante paga ou promessa de recompensa ou por outro motivo torpe.	Com emprego de veneno, fogo, explosivo, asfixia, tortura ou outro meio insidioso ou cruel, ou de que possa resultar perigo comum

Por motivo fútil.	À traição, de emboscada, ou mediante dissolução ou outro recurso que dificulte ou torne impossível a defesa do ofendido.
Para assegurar a execução, a ocultação, a impunidade ou vantagem de outro crime.	Contra autoridade ou agente descrito nos arts. 142 e 144 da Constituição Federal, integrantes do sistema prisional e da Força Nacional de Segurança Pública, no exercício da função ou em decorrência dela, ou contra seu cônjuge, companheiro ou parente consanguíneo até terceiro grau, em razão dessa condição
	com emprego de arma de fogo de uso restrito ou proibido:
	contra menor de 14 (quatorze) anos

- **Feminicídio:** é o homicídio praticado contra mulher em razão dessa condição, ou seja, em razão do gênero.

Condições para reconhecimento de feminicídio	I – violência doméstica e familiar; II – menosprezo ou discriminação à condição de mulher.

Natureza jurídica da qualificadora do feminicídio: Há três correntes	**Subjetiva**: o homicídio deve ser cometido contra a mulher por razões da condição de sexo feminino, que vem a ser, portanto, o **motivo do crime.**
	Objetiva: o feminicídio ocorre, quando, objetivamente, há agressão contra a mulher em decorrência de violência doméstica, na esteira da mesma doutrina que inspirou a Lei Maria da Penha.
	Objetiva: violência doméstica e familiar: **Subjetiva:** menosprezo ou discriminação à condição de mulher.

- O STJ já decidiu que é possível que haja o crime de homicídio qualificado pelo motivo torpe e pelo **feminicídio**, pois este tem natureza **objetiva** (em razão do seu gênero feminino e/ou sempre que o crime estiver atrelado à violência doméstica e familiar propriamente dita, assim o animus do agente não é objeto de análise), enquanto a torpeza tem natureza subjetiva (STJ – Ministro Felix Fischer, REsp 1.707.113-MG, publicado em 07/12/2017).
- A vítima pode ser mulher, homossexual ou heterossexual, ou transexual, pois não se trata de identidade de sexo biológico, mas questão de gênero.
- Admite-se o **homicídio privilegiado-qualificado**, se a qualificadora decorrer de motivo objetivo. Assim, impelido por motivo de relevante valor social, o agente mata a vítima por meio de asfixia.
- De acordo com a jurisprudência do STF, o **homicídio privilegiado-qualificado não é considerado hediondo**, pois não consta do rol taxativo do art. 1º da Lei nº 8.072/90.

Causas de aumento de pena no Homicídio doloso: a pena é aumentada de **um terço** (art. 121, § 4º, parte final, CP):	I – se o crime é praticado contra pessoa menor **de 14 (quatorze).** PS: em relação ao fato de a vítima ser menor de 14 anos, há duas correntes: a) não há mais incidência dessa causa de diminuição de pena, porque haveria "bis in idem" ante a nova qualificadora do art. 121, IX, CP; b) aplica-se a causa de aumento de pena, se há outra qualificadora, no caso concreto, além da causa etária (por exemplo, vítima menor de quatorze anos e crime praticado por envenenamento. Nesse caso, o uso do veneno serve como qualificadora, enquanto a idade menor de 14 anos serve como causa de aumento). II – Crime praticado por maior de 60 (sessenta) anos.

Causa de aumento de pena no Feminicídio: a pena é aumentada de **um terço até a metade** (art. 121, § 7º, CP):	I – durante a **gestação** ou nos **3 (três) meses posteriores ao parto;** II – contra pessoa **maior de 60 (sessenta) anos**, com **deficiência** ou portadora de **doenças degenerativas** que acarretem condição **limitante** ou de **vulnerabilidade física ou mental**; III – na **presença** física ou virtual de **descendente** ou de **ascendente da vítima**; IV – em **descumprimento** das **medidas protetivas de urgência** previstas Lei Maria da Penha.

Contra **menor de 14 anos** é aumentada de (art. 121, § 2º-B, CP)	I – **um terço até a metade** se a vítima é pessoa com **deficiência ou com doença** que implique o aumento de sua vulnerabilidade; II – dois terços se o autor é **ascendente, padrasto ou madrasta, tio, irmão, cônjuge, companheiro, tutor, curador, preceptor ou empregador** da vítima ou por qualquer outro título tiver **autoridade** sobre ela. III - 2/3 (dois terços) se o crime for praticado em instituição de educação básica pública ou privada

A pena é aumentada de **um terço até a metade** (art. 121, § 6º, CP):	se o crime for praticado **por milícia privada,** sob o pretexto de prestação de serviço de segurança, **ou por grupo de extermínio.**

- No **homicídio culposo**, o agente provoca a morte da vítima em decorrência de inobservância do dever de cuidado, caracterizada pela imprudência, imprudência ou negligência (art. 121, § 3º, CP).

Causas de aumento de pena no homicídio **culposo**	se o crime resulta de inobservância de regra técnica de profissão, arte ou ofício, ou se o agente deixa de prestar imediato socorro à vítima, não procura diminuir as consequências do seu ato, ou foge para evitar prisão em flagrante

- Admite-se o perdão judicial no crime de homicídio culposo, como ocorre na hipótese em que um pai negligente acaba por causar a morte de seu próprio filho.
- O homicídio culposo na direção de veículo automotor caracteriza o crime do art. 302 do Código de Trânsito Brasileiro.

INDUZIMENTO, INSTIGAÇÃO OU AUXÍLIO A SUICÍDIO OU A AUTOMUTILAÇÃO

- O suicídio e automutilação, por si sós, não são crime.
- Pune-se aquela pessoa que **induz** (incutir na vítima o desejo de se suicidar ou automutilar), **instiga** (reforça na vítima o desejo de se suicidar ou automutilar) ou **auxilia** (ajuda a vítima materialmente a se suicidar ou automutilar).
- Trata-se de **tipo misto alternativo**. Assim, se o agente induz, instiga e auxilia a vítima, responde por crime único.
- No crime de induzimento, instigação ou auxílio ao suicídio, na redação original, só haveria punição se houve lesão corporal de natureza grave ou morte.
- Com a redação atual, se não houver lesão grave ou gravíssima ou morte, o agente responde pela figura simples do art. 122, "Caput", do CP: reclusão, de 6 (seis) meses a 2 (dois) anos.
- Se houver lesão grave ou gravíssima, o agente responde pela figura qualificadora do art. 122, § 1º, do CP: reclusão, de 1 (um) a 3 (três) anos.
- Se houver morte, o agente responde pela figura qualificadora do art. 122, § 2º, do CP: reclusão, de 2 (dois) a 6 (seis) anos.
- Atualmente, admite-se a tentativa em crimes dessa natureza.

A PENA É DUPLICADA	I – se o crime é praticado por motivo egoístico, torpe ou fútil II – se a vítima é menor ou tem diminuída, por qualquer causa, a capacidade de resistência

- A pena é aumentada até o dobro se a conduta é realizada por meio da rede de computadores, de rede social ou transmitida em tempo real.
- Aplica-se a pena em dobro se o autor é líder, coordenador ou administrador de grupo, de comunidade ou de rede virtual, ou por estes é responsável.

INFANTICÍDIO

- No infanticídio (art. 123, CP), **a mãe**, em **estado puerperal**, provoca a morte do filho, **durante ou logo após o parto.**
- **Atenção:** o infanticídio é norma especial em relação ao homicídio, já que se exige uma qualidade especial do sujeito ativo, que deve ser a **mãe da vítima influenciada pelo estado puerperal,** ocorrendo a conduta durante ou logo após o parto.
- Se o **pai** da criança ou qualquer outra pessoa induzir, instigar ou auxiliar a mãe a cometer o crime, responde também por **infanticídio**, em decorrência da comunicação das elementares do tipo ao partícipe (art. 30, CP).

ABORTO

- Nos crimes de aborto (arts. 124 a 126, CP), a morte da vítima ocorre durante a gestação, ou seja, tutela-se a vida intrauterina.
- Iniciado o trabalho de parto, não há crime de aborto, mas sim homicídio ou infanticídio conforme o caso. Para configurar o crime de homicídio ou infanticídio, não é necessário que o nascituro tenha respirado, notadamente quando, iniciado o parto, existem outros elementos para demonstrar a vida do ser nascente, por exemplo, os batimentos cardíacos. (STJ - HC 228.998-MG, Rel. Min. Marco Aurélio Bellizze, julgado em 23/10/2012.
- As três modalidades de aborto, exigem o dolo como elemento subjetivo do tipo penal.

1 – Aborto provocado pela gestante ou com o seu consentimento: art. 124, CP, Provocar aborto em si mesma ou consentir que outrem lho provoque.

- **Sujeito ativo**: a gestante. Trata-se de crime próprio.
- O terceiro que pratica o aborto com o consentimento da gestante pratica o crime do art. 126, CP, (Aborto provocado por terceiro com o consentimento da gestante). Trata-se de exceção à teoria monista, pois a gestante responde pelo crime do art. 124, CP.
- O namorado que instiga, induz ou auxilia a gestante na prática do aborto consentido responde pelo crime do art. 124, CP como partícipe.

2 – Aborto provocado por terceiro sem o consentimento da gestante: Provocar aborto, sem o consentimento da gestante.

- **Sujeito ativo**: qualquer pessoa. Trata-se de crime comum.
- **Dissentimento presumido: se** grávida **não é maior de 14 anos ou é alienada ou débil mental**, presume-se que não pode dar consentimento

válido para realização do aborto. Dessa forma, a conduta dela não pode ser considerada típica (não responde a adolescente nessa condição por ato infracional), enquanto que o autor do fato responde pelo crime do art. 125, CP.

3 – Aborto provocado por terceiro com o consentimento da gestante (art. 126, CP): Provocar aborto, com o consentimento da gestante.

- **Sujeito ativo**: qualquer pessoa. Trata-se de crime comum.
- O consentimento da gestante deve ser válido.
- Se a gestante não é **maior de quatorze anos**, ou é **alienada ou débil mental**, ou se o consentimento é obtido mediante **fraude, grave ameaça ou violência**, o agente responde pelo crime do art. 125, CP.

4 – Forma qualificada: art. 127, CP: As penas cominadas nos artigos 125 e 126, CP são aumentadas de **um terço**, se, em consequência do aborto ou dos meios empregados para provocá-lo, a gestante sofre **lesão corporal de natureza grave**; e são **duplicadas**, se, por qualquer dessas causas, lhe sobrevém **a morte**.

- Na verdade, são causas de aumento de pena, porque a pena é aumentada em fração, não havendo preceito penal secundário distinto, como se exige na qualificadora, mas é com este nome que o CP trata o art. 127, CP.

5 – Aborto permitido: art. 128, CP.

- Permite-se o aborto praticado por médico no caso de risco de morte para a gestante, de gravidez resultante de estupro e de gravidez de feto anencefálico.
- Se o aborto for praticado por outra pessoa que não seja médico, o agente responde pelo crime, exceto, no caso de risco de morte para a gestante, se presentes os requisitos do estado de necessidade.

LESÃO CORPORAL

- A integridade física também é um bem jurídico tutelado constitucional e penalmente, motivo pelo qual há o crime de lesão corporal.

Leve	Grave	Gravíssima
Residual	Incapacidade para ocupações habituais por mais de 30 dias: Ocupações habituais não se confundem com trabalho, podendo abarcar atividades não remuneradas, com escola ou esportes. A doutrina entende que indispensável laudo pericial realizado no 31º dia após o fato. Mas, a jurisprudência do STJ já admitiu a realização do laudo mais de trinta dias, se a incapacidade for corroborada por outras provas (AgRg. no AREsp. 848.882/SP).	Incapacidade permanente para o trabalho: trata-se de incapacidade permanente (duradoura) para atividade remunerada. A atividade desempenhada deve ser lícita. Se a atividade for considerada imoral, porém, legal. como a prostituição, há incidência desse dispositivo.
-----------------------	Perigo de vida: deve-se comprovar por laudo pericial que, desde o momento em que sofrera a lesão corporal, a vida da vítima esteve em perigo concreto, efetivo.	Enfermidade incurável: A transmissão do vírus HIV, se o sujeito ativo do crime tem ciência de que é portador, configura a qualificadora, pois a AIDS é considerada doença incurável no atual estágio da medicina (STJ - HC 160.982/DF, 5ª Turma, Rel. Min. Laurita Vaz. Julgado em 17 mai. 2012).
-----------------------	Debilidade permanente de membro, sentido ou função: trata-se da diminuição da capacidade de membro, sentido ou função. Não se exige que seja perpétua, mas duradoura, como a fratura de uma perna que a debilite permanentemente.	Perda ou inutilizarão de membro, sentido ou função: Perda é a ablação do membro ou órgão. Inutilização é a inaptidão do órgão à sua função. o STJ já entendeu que a perda de apenas um dos olhos não configura perda do sentido da visão, mas apenas debilidade permanente (STJ - HC 44.116/PB)
-----------------------	Aceleração de Parto: em decorrência das lesões corporais sofridas, a gestante da à luz antes do tempo. É imprescindível que o feto nasça com vida.	Deformidade permanente. Trata-se do dano estético permanente. Deve ser visível, ainda que há um número limitado de pessoas, e incorrigível naturalmente, pelo decurso do tempo.
-----------------------	-----------------------	Aborto: Trata-se de crime preterdolso, já que o agente tinha o dolo de provocar a lesão corporal, enquanto resultado aborto decorre de conduta culposa.

- Jurisprudência: A deformidade permanente prevista no art. 129, § 2º, IV, do Código Penal é, segundo a doutrina, aquela irreparável, indelével. Assim, a perda de dois dentes, muito embora possa reduzir a capacidade funcional da mastigação, não enseja a deformidade permanente prevista no referido tipo penal, mas sim, a debilidade permanente de membro, sentido ou função, prevista no art. 129, § 1º,III, do Código Penal.
- Se houver mais de um motivo que qualifique a lesão corporal (p.ex: deformidade permanente, aborto e incapacidade permanente para o trabalho), um deles serve para subsunção da conduta ao tipo penal qualificado e as demais como circunstâncias judiciais desfavoráveis na aplicação da pena-base.
- No crime de lesão corporal seguida de morte, há um crime preterdoloso, já que o agente tinha o dolo de provocar a lesão corporal, enquanto resultado morte decorre de conduta culposa.

Lesão corporal no ambiente de **violência doméstica**	praticada contra **ascendente, descendente, irmão, cônjuge ou companheiro**, ou com quem **conviva ou tenha convivido**, ou, ainda, **prevalecendo-se** o agente das **relações domésticas, de coabitação ou de hospitalidade**	a) Lesão corporal **leve**: trata-se de **qualificadora**, pois a pena prevista no § 9º é maior que a do *caput*, ambos do art. 129, CP. b) Lesão corporal **grave ou gravíssima:** trata-se de causa de **aumento de pena:** aumenta-se de 1/3 a pena (art. 129, § 10, CP).

CRIMES DE PERICLITAÇÃO DA VIDA E DA SAÚDE

- São crimes de perigo, ou seja. que se consumam mesmo que não haja dano à vítima.
- **Perigo de contágio venéreo:** meios de contaminação: **relações sexuais ou qualquer ato libidinoso.**
- **Moléstia venérea:** doença transmissível pelo contato sexual: **AIDS não é doença venérea**, pois pode ser transmitida por outra forma que não a sexual, como a transfusão de sangue.
- **Elemento subjetivo:** o agente sabia (dolo direito) ou devia saber (dolo eventual) que está contaminado pela doença venérea.
- **Intenção de transmitir a doença:** forma qualificada do art. 130, § 1º, CP. Se a doença realmente for transmitida, pode haver crime de lesão corporal ou tentativa de homicídio conforme o caso concreto.
- **Perigo de contágio de moléstia grave:** Praticar, com o fim de transmitir a outrem moléstia grave de que está contaminado, ato capaz de produzir o contágio.
- Não se trata de doença venérea, mas deve ser grave a enfermidade, como tuberculose.
- **Perigo para a vida ou saúde de outrem:** trata-se de crime de perigo concreto, pois deve ficar demonstrado que a conduta do agente colocou em efetivo perigo a vida ou a saúde de pessoa certa e determinada.
- **Abandono de incapaz:** o autor do crime deixa a vítima incapaz só, desamparada em perigo. Exige-se o dolo de colocar o ofendido em perigo. Trata-se de crime próprio, pois exige que o autor tenha condição sobre a vítima de cuidado, guarda, vigilância e autoridade.
- **Incapacidade:** não se confunde com o conceito civil de incapacidade. São as circunstâncias do caso concreto que indicam se a pessoa está incapacitada, ainda que seja maior de dezoito anos e sadia (Guilherme de Souza Nucci, *Código Penal Comentado*).
- **Exposição ou abandono de recém-nascido:** trata-se de crime próprio, pois o sujeito ativo deve ser mãe ou o pai da vítima recém-nascida, que visam ocultar desonra própria, o que deve ser analisado no caso concreto pelo juiz de acordo com os costumes e regras do local, etc.
- **Omissão de socorro:** trata-se de crime omissivo próprio, pois a conduta descrita é negativa: "Deixar de ...".
- Há o crime de **omissão de socorro** se o autor podia prestá-lo sem risco pessoal.
- O socorro deve ser prestado pessoalmente pelo agente ou este deve acionar a autoridade competente para prestá-lo.

CRIMES CONTRA A HONRA

- A honra é um direito da personalidade assegurado pela Constituição Federal, pelo Pacto de San José da Costa Rica, bem como na legislação infraconstitucional, como o Código Penal, o Código Civil e o Código Eleitoral.
- **Honra subjetiva:** refere-se à autoestima, ao conceito que a própria pessoa tem de si mesmo.
- **Honra objetiva:** refere-se ao conceito que a pessoa tem no meio social em que vive.
- Para a configuração de um dos crimes contra a honra (calúnia, difamação e injúria) é indispensável que o agente tenha o propósito de ofender (**elemento subjetivo especial do tipo**).
- Se a ofensa tem motivação eleitoral, trata-se de um dos crimes contra a honra previstos no Código Eleitoral.
- O STF declarou que a Lei de Imprensa não foi recepcionada pela CF/88, motivo pelo qual se a ofensa se der por meio de veículo de comunica-

ção, a conduta do agente se subsume em uma das figuras dos arts. 138 a 140, CP.

- Imunidade parlamentar é uma causa de exclusão da **tipicidade material.**
- Para as declarações ofensivas feitas no recinto do Parlamento, a inviolabilidade é absoluta.
- Para as declarações feitas fora do Parlamento, como à imprensa, deverá haver um nexo entre as declarações e a atividade parlamentar, podendo, assim, ser afastada a imunidade em caso de abuso.
- **Calúnia**: imputação falsa de um **crime** a uma pessoa.
- Criança, adolescentes e doentes mentais podem ser vítimas de **calúnia**, pois, apesar de serem inimputáveis, podem praticar **fato definido como crime**, como o é o ato infracional praticado por criança e adolescente.
- A calúnia contra os mortos é punível, porém, as vítimas são os familiares do *de cujos*.
- Não há calúnia se a imputação se referir a **contravenção penal**.
- Na calúnia, admite-se, em regra, **a exceção da verdade**, meio de defesa em que o agente visa demonstrar que a imputação que fez é verdadeira.

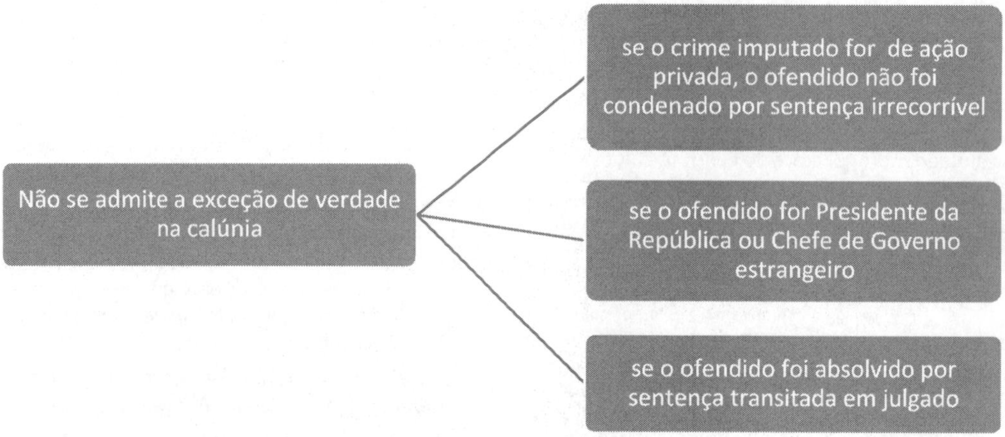

- Exceção de notoriedade: trata-se de figura prevista no art. 523 do Código de Processo Penal. Fato notório é aquele que todas ou muitas pessoas têm conhecimento. Assim, sendo o fato notório, não haverá calúnia, pois é verdadeira a imputação.
- O crime de calúnia praticado por meio de internet se consuma no local em que se encontra o responsável pela veiculação e divulgação do fato ofensivo.
- A denunciação caluniosa, em que se ofende a Administração da Justiça, por ser mais ampla, absorve a calúnia.
- Assim, a imputação falsa sobre o mesmo fato criminoso feita à Autoridade Policial, que, por causa dela, instaura Inquérito Policial, configura crime de denunciação caluniosa, não se falando em calúnia.
- **Difamação:** é a imputação recai sobre fato desonroso, fato esse que não é considerado crime.
- A imputação pode ser falsa ou verdadeira, que se consuma a difamação.
- Na difamação, a exceção de verdade só se admite se o ofendido for funcionário público e a ofensa se referir a essa qualidade.
- Se o ofendido for Presidente da República, considerado funcionário público para efeitos penais, não se admite a exceção de verdade em caso de difamação, dada a vedação expressa no crime de calúnia.
- No caso da difamação, acolhida a exceção de verdade, o fato permanece típico, porém, reconhece-se a excludente da ilicitude do **exercício regular de um direito.**
- **Na injúria,** o agente atribui à vítima uma qualidade desfavorável, um atributo negativo, a provocar abalo em sua autoestima.
- A injúria ocorre no momento em que a vítima toma conhecimento da ofensa.

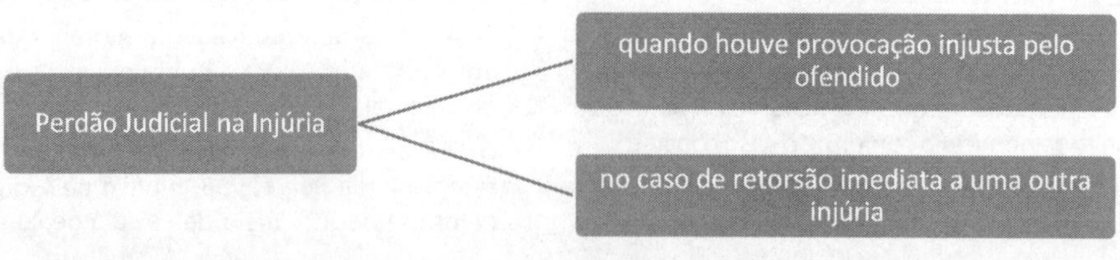

- A **injúria** real: a ofensa é provocada mediante violência ou vias de fato, como, por exemplo, dar um tapa no rosto da vítima.
- No caso de haver produção de lesões corporais, haverá soma da pena da injúria com a da lesão corporal.

COMENTÁRIOS À LEI Nº 14.532/2023

- Antes da Lei nº 14.532/2023, o crime de injúria racial estava previsto no art. 140, § 3º, CP, ao lado das injúrias em razão de religião, da idade e o fato de a pessoa ser portadora de deficiência.
- Com a Lei nº 14.532/2023, o art. 140, § 3º, CP, passou a tratar apenas da injúria consiste na utilização de elementos referentes **a religião ou à condição de pessoa idosa ou com deficiência**.
- Por sua vez, o chamado crime de **injúria racial** foi transferido para o novo art. 2º-A, da Lei nº 7.716/1989 (Lei de Racismo).
- Essa modificação se deve ao fato de que o legislador, tal como já entendia o STF, estabelecer que o crime de **injúria racial tem a mesma natureza dos demais crimes de racismo,** motivo pelo qual também é **IMPRESCRITÍVEL E INAFIANÇÁVEL**.
- No novo crime de **injúria racial**, a ofensa se refere a **raça, cor, etnia ou procedência nacional**.
- O crime de racismo, por sua vez, está previsto no art. 20 da Lei nº 7.716/1989.
- A diferença entre o art. 2º e o art. 20, ambos da Lei da Lei nº 7.716/1898, é que a discriminação do primeiro tem caráter **individual**, enquanto no segundo a discriminação atinge uma **coletividade de pessoas**.
- **Causa de aumento de pena** no crime do art. 2º-A, lei n. 7.716/1989: A pena é aumentada de metade se o crime for cometido mediante concurso de 2 (duas) ou mais pessoas.
- **Qualificadoras** do crime do art. 20, Lei n. 7.716/1989:

a) for cometido por intermédio dos **meios de comunicação social, de publicação em redes sociais, da rede mundial de computadores ou de publicação de qualquer natureza**;

b) for cometido no contexto **de atividades esportivas, religiosas, artísticas ou culturais destinadas ao público.**

- Os crimes previstos nos arts. 2º-A e 20 da Lei n. 7.716/1989 terão as penas aumentadas de **1/3 (um terço) até a metade**, quando praticados por **funcionário público**, conforme definição prevista no Código Penal, **no exercício de suas funções ou a pretexto de exercê-las.**
- Na interpretação da Lei nº 7.716/1989, o juiz deve considerar como **discriminatória** qualquer atitude ou tratamento dado à pessoa ou a grupos minoritários que cause constrangimento, humilhação, vergonha, medo ou exposição indevida, e que usualmente não se dispensaria a outros grupos em razão da cor, etnia, religião ou procedência.
- O STF entendeu que houve omissão inconstitucional do Congresso Nacional por não editar lei que **criminalize atos de homofobia e de transfobia** (ADO n 26 e MI 4733).
- Por maioria, a Corte reconheceu a mora do Congresso Nacional para incriminar atos atentatórios a direitos fundamentais dos integrantes da comunidade LGBT.
- Os ministros Celso de Mello, Edson Fachin, Alexandre de Moraes, Luís Roberto Barroso, Rosa Weber, Luiz Fux, Cármen Lúcia e Gilmar Mendes **votaram pelo enquadramento da homofobia e da transfobia como tipo penal definido na Lei do Racismo (Lei 7.716/1989) até que o Congresso Nacional edite lei sobre a matéria**. Nesse ponto, ficaram vencidos os ministros Ricardo Lewandowski e Dias Toffoli, por entenderem que a conduta só pode ser punida mediante lei aprovada pelo Legislativo. O ministro Marco Aurélio não reconhecia a mora.

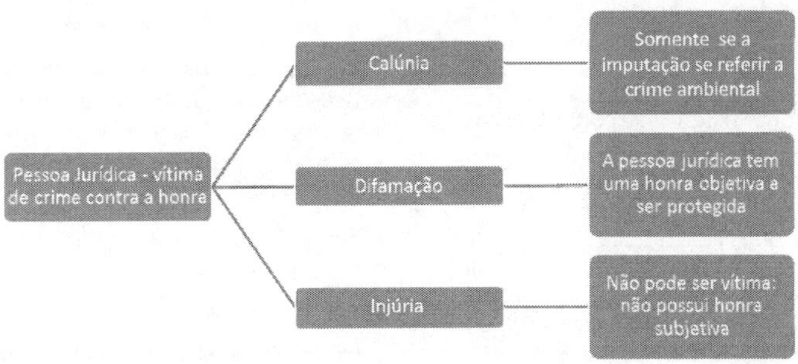

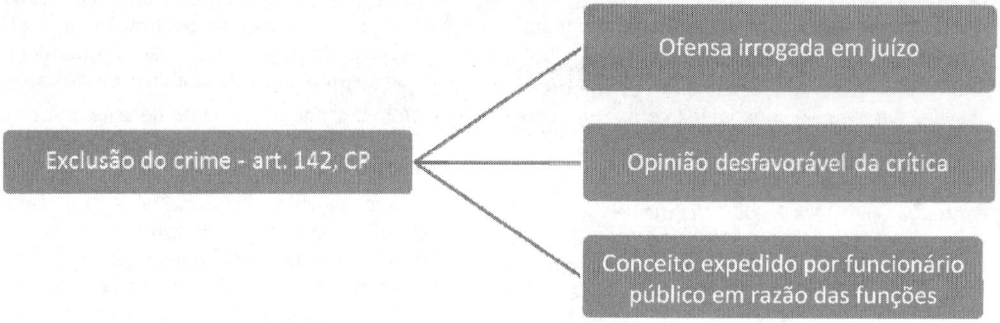

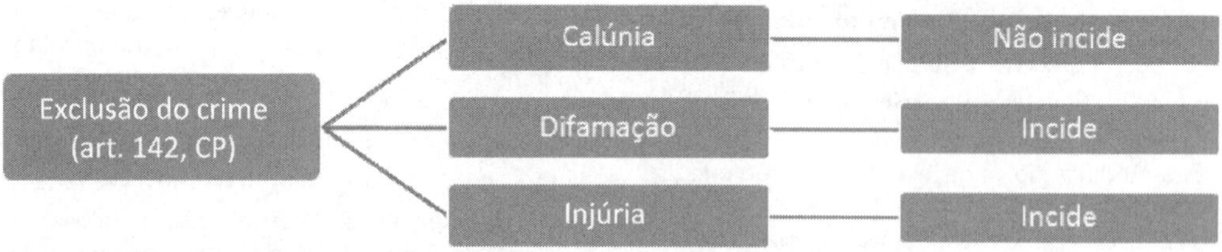

CRIMES CONTRA A LIBERDADE PESSOAL

CONSTRANGIMENTO ILEGAL

- Ninguém será obrigado a fazer ou deixar de fazer alguma coisa senão em virtude de lei (art. 5º, II, CF/88). É essa garantia constitucional que se tutela com o crime de **constrangimento ilegal** (art. 146, CP).
- Constranger significa forçar alguém a fazer alguma coisa ou deixar de fazer alguma coisa.
- No crime de constrangimento ilegal, o agente se vale de **violência, grave ameaça ou qualquer outro meio** (como embriagar a vítima) para reduzir a capacidade de resistência da vítima para que esta pratique ou deixe de praticar ato a que não está obrigado por lei.
- Elemento subjetivo: **dolo.** Não existe a forma culposa.
- Causas de aumento da pena ao dobro: crime praticado por **mais de três pessoas** reunidas ou há emprego de **armas**.
- Se o constrangimento ilegal for cometido mediante violência, à pena do art. 146, CP, soma-se a pena correspondente da violência (como lesão corporal).

Não caracteriza constrangimento ilegal, se o constrangimento visa	I – **intervenção médica ou cirúrgica**, sem o consentimento do paciente ou de seu representante legal, se justificada por **iminente perigo de vida**; II – **impedir suicídio**.

AMEAÇA

INTIMIDAÇÃO SISTEMÁTICA (*BULLYING*)

- **art. 146-A, CP:** Intimidar sistematicamente, individualmente ou em grupo, mediante violência física ou psicológica, uma ou mais pessoas, de modo intencional e repetitivo, sem motivação evidente, por meio de atos de intimidação, de humilhação ou de discriminação ou de ações verbais, morais, sexuais, sociais, psicológicas, físicas, materiais ou virtuais.
- Trata-se de inovação trazida pela Lei n. 14.811/2024.
- O verbo-núcleo do tipo penal é **intimidar**, ou seja, causar medo, pavor ou apreensão; amedrontar, assustar.
- o crime pode ser cometido por uma só pessoa ou em grupo. Nesse caso, o juiz pode levar em consideração como circunstância judicial desfavorável o fato de o crime ser cometido em grupo.
- **Elemento normativo do tipo:** sistematicamente. Isso implica que a conduta do agente seja reiterada, devendo o juiz, no caso concreto, analisar se houve essa reiteração suficiente para causar a intimidação à vítima.

  Pena – multa, se a conduta não constituir crime mais grave.

FORMA QUALIFICADA

- **Intimidação sistemática virtual (*cyberbullying*)**: Se a conduta é realizada por meio da rede de computadores, de rede social, de aplicativos, de jogos *on-line* ou por qualquer outro meio ou ambiente digital, ou transmitida em tempo real: reclusão, de

2 (dois) anos a 4 (quatro) anos, e multa, se a conduta não constituir crime mais grave.

- No crime de **ameaça**, o mal prometido deve ser injusto e grave.
- O Mal deve ser nocivo, grave, sério e verossímil.
- O simples temor reverencial não configura o crime do art. 147, CP.
- O crime de ameaça depende de **representação** do ofendido para o início da ação penal, inclusive, no caso de violência doméstica contra a mulher.
- Meios de realizar a ameaça: **escrito, palavras, gestos ou qualquer outro meio simbólico.**
- O crime de ameaça pode ser absorvido por outro se ela for meio de praticar tal conduta, como ocorre no roubo.

SEQUESTRO E CÁRCERE PRIVADO

- A diferença entre **sequestro e cárcere privado** é doutrinária: no crime de sequestro, o vitima possui **maior liberdade** de locomoção, por exemplo fica detida em uma fazenda onde ela pode circular pela propriedade. No crime de cárcere privado a vitima quase não tem como se locomover, sua **liberdade é mais restrita**, por exemplo, fica confinada em um quarto ou um armário.

Qualificadoras no crime de cárcere privado e sequestro	I – se a vítima é ascendente, descendente, cônjuge ou companheiro do agente ou maior de 60 (sessenta) anos; II – se o crime é praticado mediante internação da vítima em casa de saúde ou hospital;
Qualificadoras no crime de cárcere privado e sequestro	III – se a privação da liberdade dura mais de quinze dias. IV – se o crime é praticado contra menor de 18 (dezoito) anos; V – se o crime é praticado com fins libidinosos.

- A consumação do crime de sequestro ou cárcere privado se consuma no momento em que a vítima é privada da liberdade.
- Com isso, se a finalidade for libidinosa, a consumação se dá ainda que não se pratique o ato libidinoso, basta a privação de liberdade.

Redução à condição análoga a de escravo

- O crime de **redução à condição análoga a de escravo** consiste na submissão de uma pessoa a uma de forma degradante, sem respeito a seus direitos mínimos inerentes à condição humana.
- Na escravidão dos negros africanos na América, exigia-se que o escravo fosse comercializado. Nesse crime, a **comercialização não se faz necessária**. Basta que a pessoa seja colocada em condição degradante e se vê aprisionada a outra.
- **Condutas:**

(a) Submeter a vítima a **trabalhos forçados**: o trabalhador, mediante alguma forma de coerção, é submetido a trabalho contra a sua vontade;

(b) Submeter a vítima a **jornada exaustiva**: o empregador exige, impõe ao trabalhador a jornada extra de trabalho em desacordo com a legislação trabalhista sem o pagamento de verbas devidas;

(c) Sujeitar o trabalhador a **condições degradantes de trabalho:** o trabalhador é submetido a condições humilhantes de trabalho, que mais o aproximam de escravo do que homem livre. O juiz vai analisar no caso concreto se as condições são degradantes, tomando por base, inclusive, mas não exclusivamente, a legislação trabalhista**;**

(d) Restringir, por qualquer meio, **sua locomoção** em razão de **dívida contraída com o empregador ou preposto:** o trabalhador tem a sua liberdade cerceada pelo empregador em razão de dívida contraída. Exemplo clássico: o empregador tem uma mercearia dentro da Fazenda e obriga que o trabalhador compre dele produtos a preços aviltantes. Contraída a dívida, o trabalhador fica impedido de sair da fazenda, enquanto não a pagar**;**

(e) Cercear o uso de qualquer **meio de transporte** por parte do trabalhador**,** com o fim de **retê-lo no local de trabalho:** tutela-se a livre opção do trabalhador de usar meios de transporte para se ausentar do local de trabalho. Geralmente, ocorre em fazendas distantes de grandes centros urbanos, em que o empregador torne inviável o deslocamento do empregado ao retirar do local meios de transporte.**;**

(f) Manter vigilância ostensiva no local de trabalho com o fim de **reter o trabalhador no local de trabalho:** o uso de vigilantes armados por si só não configura o crime, como ocorre em bancos. O crime se configurar se a manutenção dessa vigilância tem como finalidade de reter o trabalhador no local de trabalho.

(g) Apoderar-se de documentos ou objetos pessoais do trabalhador, com o fim de **retê-lo no local de trabalho:** nesse crime a retenção de documentos do trabalhador, qualquer que seja ele, não só a CTPS, visa impedir que ele deixe o local de trabalho. Também ocorre se o emprego reter objetos pessoais doo trabalhador, como utensílios domésticos, instrumentos de trabalho.

- De acordo com recentes decisões do STJ e do STF, crime de redução à condição análoga a de escravo, além de atingir a dignidade da pessoa humana, viola a organização do trabalho, motivo pelo qual a competência para o seu julgamento é da

Justiça Federal (art. 109, V-A e VI, CF/88).

Causas de aumento de pena (1/2), se o crime é cometido	I – contra **criança ou adolescente**; II – por motivo de **preconceito de raça, cor, etnia, religião ou origem**.

Tráfico de pessoas: visa tutelar a liberdade da pessoa de permanecer no local em que escolher de acordzo com a sua conveniência.

Condutas criminosas (tipo penal misto alternativo: basta que o agente cometa um dos verbos. Se cometer mais de um deles, responderá por um único crime. Por exemplo: compra e aloja a mesma vítima	Agenciar; Aliciar; Recrutar; Transportar; Transferir; Comprar; Alojar; Acolher pessoa

Meios de praticar o crime	Grave ameaça; Violência; Coação; Fraude ou; Abuso

Finalidade especial: elemento subjetivo específico	I – remover-lhe **órgãos, tecidos ou partes do corpo**; II – submetê-la a **trabalho em condições análogas à de escravo**; III – submetê-la a qualquer **tipo de servidão**; IV – **adoção ilegal**; ou V – **exploração sexual**

Causas especiais de aumento de pena	I – o crime for cometido por **funcionário público** no exercício de suas funções ou a pretexto de exercê-las; II – o crime for cometido contra **criança, adolescente** ou pessoa **idosa** ou com **deficiência**; III – o agente se prevalecer de relações de **parentesco**, **domésticas, de coabitação, de hospitalidade, de dependência econômica, de autoridade ou de superioridade hierárquica inerente ao exercício de emprego, cargo ou função**; ou IV – a vítima do tráfico de pessoas for **retirada do território nacional**.

17.2. DOS CRIMES CONTRA O PATRIMÔNIO

- Nos crimes contra o patrimônio, tutelam-se a propriedade e a posse da vítima sobre um bem.

FURTO

- **Furto**: o agente subtrai coisa alheia móvel pertencente a outrem.
- Ladrão que furta ladrão comete crime de furto, mas a vítima continua sendo o proprietário ou o possuidor originário.
- Objeto material: coisa corporal com valor patrimonial.
- Coisa de valor sentimental: há entendimento da doutrina majoritária no sentido de que pode ocorrer crime de furto.
- A subtração de cheque em branco não configura crime de furto por falta de valor econômico. Mas, se o agente que subtraiu o cheque o preenche e o faz circular, comete crime de estelionato.
- A coisa deve pertencer a uma terceira pessoa.
- A coisa abandonada, portanto, não pode ser objeto de furto.
- Se o agente subtrair coisa própria que está em poder de terceiro, pode cometer crime de exercício arbitrário das próprias razões (art. 346, CP) ou furto de coisa comum (art. 156, CP).

- Furto de uso: figura atípica.

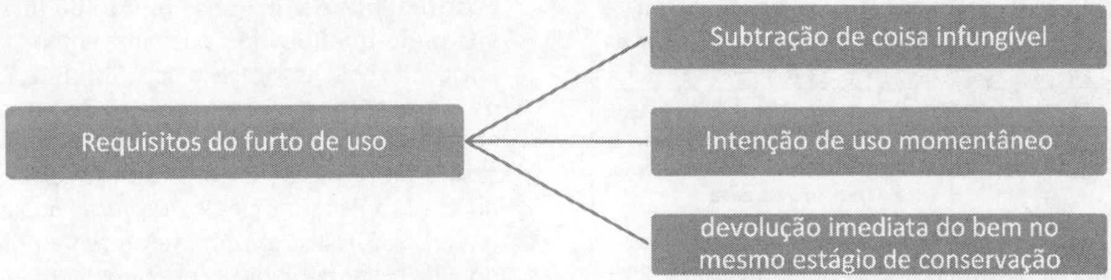

- **TEMA 934 DE RECURSOS REPETITIVOS DO STJ:** O Plenário do Supremo Tribunal Federal, superando a controvérsia em torno do tema, consolidou a adoção da teoria da *apprehensio* (ou *amotio*), segundo a qual se considera **consumado o delito de furto quando, cessada a clandestinidade, o agente detenha a posse de fato sobre o bem, ainda que seja possível à vítima retomá-lo, por ato seu ou de terceiro, em virtude de perseguição imediata**. Desde então, o tema encontra-se pacificado na jurisprudência dos Tribunais Superiores.
- **TEMA 924 DE RECURSOS REPETITIVOS DO STJ:** o fato de a loja ser equipada com aparelhos de vigilância, como câmeras, alarmes, por si só, não caracteriza o crime impossível, já que, mesmo sistemas de segurança mais avançados são falíveis.
- **Furto noturno: art. 155, § 1º, CP:** praticado durante o repouso noturno, que deve ser analisado de acordo com os usos e costumes do lugar. O repouso noturno no campo é diferente do repouso noturno de uma grande cidade.
- **TEMA 1087 DE RECURSOS REPETITIVOS DO STJ:** A causa de aumento prevista no § 1° do art. 155 do Código Penal (prática do crime de furto no período noturno) não incide no crime de furto na sua forma qualificada (§ 4°).

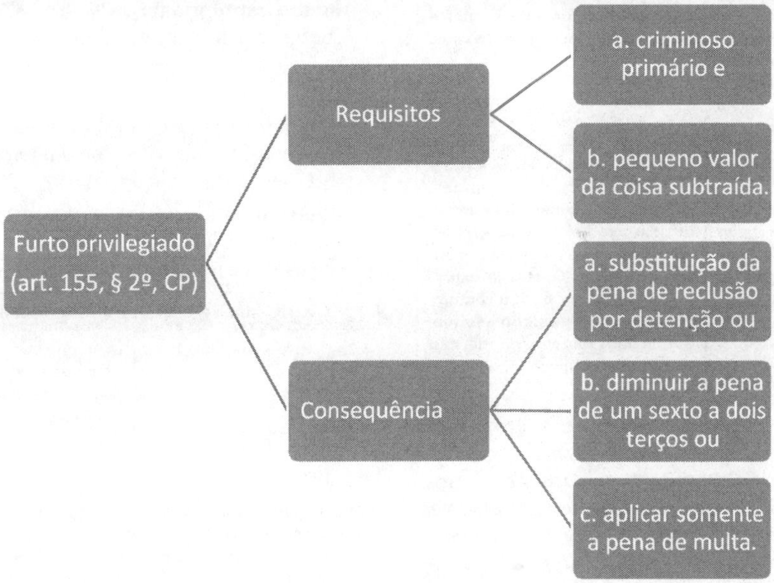

- Há um escalonamento para se diferenciar o furto privilegiado do furto em que incide o princípio da insignificância. No primeiro caso, trata-se de coisa com pequeno valor (até um salário mínimo); no segundo, o valor do bem é insignificante a ponto de não ser ofendido o patrimônio da vítima da subtração.
- **Furto qualificado – art. 155, §§ 4º a 7º, CP:** são circunstâncias que fazem com que o preceito penal secundário seja elevado.

QUALIFICADORA	CARACTERÍSTICAS
Destruição ou rompimento de obstáculo	**O agente pratica uma violência contra uma coisa que protege o bem a ser subtraído: corta a cerca elétrica da casa. Exige perícia.**
Com abuso de confiança	**Há uma relação de confiança entre vítima e agente que facilita a subtração. A simples relação empregatícia não significa, por si só, que o empregador tenha confiança em relação ao empregado, para fins penais.**

Mediante fraude	**O agente utiliza um ardil para diminuir a vigilância da vítima sobre o bem e, assim, ter mais facilidade para subtrair a coisa.**
Escalada	**O agente entra no local em que está o bem por meio anormal e esforço imediato. Por exemplo, escalar o muro da casa.**
Destreza	**O agente usa uma especial habilidade para subtrair o bem, como na subtração de uma carteira do bolso da calça da vítima sem que ela perceba a ação do agente.**
Chave falsa	**Uso de instrumento para fazer vezes de chave verdadeira, como mixa, gazua, arame, alicate.**
Concurso de pessoas	**Duas ou mais pessoas participam da execução do crime, seja como autores, seja como partícipes.**
Veículo automotor que venha a ser transportado de um estado para outro ou para o exterior	**O veículo é transportado de um Estado da Federação para outro (de SP para MG) ou para o exterior (do Brasil para o Paraguai)**
Subtração for de semovente domesticável de produção, ainda que abatido ou dividido em partes no local da subtração.	**Exemplo de semovente domesticável: gado. Pena de dois a cinco anos**
se houver emprego de explosivo ou de artefato análogo que cause perigo comum	**A pena é de reclusão de 4 (quatro) a 10 (dez) anos e multa. Trata-se de qualificadora introduzida pela Lei nº 13.654/2018. Visa o combate a furto de agências bancárias. O uso de explosivo deve causar perigo comum, ou seja, atingir de alguma forma, outros bens da coletividade, não só da agência bancária.**

- A pena é de reclusão, de **quatro a oito anos, e multa,** se o furto **mediante fraude** é cometido por meio de dispositivo **eletrônico ou informático,** conectado ou não à rede de computadores, com ou sem a violação de mecanismo de segurança ou a utilização de programa malicioso, ou por qualquer outro meio fraudulento análogo.

Causas de aumento de pena no crime de furto mediante fraude eletrônica	I – aumenta-se de 1/3 (um terço) a 2/3 (dois terços), se o crime é praticado mediante a utilização de servidor mantido fora do território nacional; II – aumenta-se de 1/3 (um terço) ao dobro, se o crime é praticado contra idoso ou vulnerável.

- **TEMA 561 DE RECURSOS REPETITIVOS DO STJ: Possibilidade de reconhecimento do furto privilegiado-qualificado**: Consoante entendimento pacificado pelo julgamento do EREsp. 842.425/RS, de que relator o eminente Ministro Og Fernandes, afigura-se absolutamente "possível o reconhecimento do privilégio previsto no § 2º do art. 155 do Código Penal nos casos de furto qualificado (CP, art. 155, § 4º)", máxime se presente qualificadora de ordem objetiva, a primariedade do réu e, também, o pequeno valor da res furtiva.

ROUBO

- **Roubo majorado:** circunstância que faz o juiz aumentar a pena do agente de um terço (art. 157, § 2º, CP) ou de dois terços (art. 157, § 2º-A, CP)
- **TEMA 916 DE RECURSOS REPETITIVOS DO STJ:** Consuma-se o crime de roubo com a inversão da posse do bem, mediante emprego de violência ou grave ameaça, ainda que por breve tempo e em seguida a perseguição imediata ao agente e recuperação da coisa roubada, sendo prescindível a posse mansa e pacífica ou desvigiada.
- **Roubo Impróprio (art. 157, § 1º, CP):** depois de subtrair o bem, para assegurar a posse e/ou impunidade, o agente pratica violência ou grave ameaça contra a vítima.
- **Roubo majorado:** circunstância que faz o juiz aumentar a pena do agente de um terço (art. 157, § 2º, CP) ou de dois terços (art. 157, § 2º-A, CP).
- **Roubo majorado (art. 157, § 2º, CP):** circunstância que faz o juiz aumentar a pena do agente de um terço até metade.

Circunstância	Característica
Concurso de duas ou mais pessoas	Duas ou mais pessoas participam da execução do crime, seja como autores, seja como partícipes.
A vítima está em transporte de valores	Como por exemplo, carros fortes.
Veículo automotor que venha a ser transportado de um estado para outro ou para o exterior	O veículo é transportado de um Estado da Federação para outro (de SP para MG) ou para o exterior (do Brasil para o Paraguai)
Restrição de liberdade da vítima	A restrição de liberdade da vítima deve se dar por um tempo juridicamente relevante e deve ser para executar o crime ou garantir a fuga
Se a subtração for de substâncias explosivas ou de acessórios que, conjunta ou isoladamente, possibilitem sua fabricação, montagem ou emprego	Aqui o objeto material do crime de roubo, ou seja, a coisa subtraída é substâncias explosivas ou acessórios para tal fim.

Se a violência ou grave ameaça é exercida com emprego de arma branca	Trata-se de causa de aumento de pena introduzida pela Lei Anticrime. Arma branca pode ser faca, caco de vidro, pé-de-ferro, etc. Trata-se de norma penal mais grave que só incide nos casos de roubo praticados depois do início de vigência da Lei Anticrime.

- **Roubo majorado (art. 157, § 2º-A, CP):** circunstância que faz o juiz aumentar a pena do agente de 2/3: Trata-se de parágrafo introduzido pela Lei nº 13.654/2018.

Circunstância	Característica
se a violência ou ameaça é exercida com emprego de arma de fogo	Antes da Lei nº 13.654/2018, a causa de aumento mencionava apenas "arma". De acordo com a jurisprudência majoritária, o uso de arma branca ou de fogo, fazia a pena do roubo aumentar. Com a referida Lei, apenas o uso de arma de fogo é causa de aumento de pena. Houve *reformatio in melius* em relação ao uso de arma branca, porque deixou de ser causa de aumento de pena, devendo a norma retroagir nesse ponto. Já, em relação ao uso de arma de fogo, como a causa de aumento de pena se tornou maior, houve *reformatio in pejus*, o que implica impossibilidade retroatividade da norma. Note-se que com a Lei Anticrime o uso de arma branca é causa de aumento de pena do § 2º conforme comentário acima. Portanto, **se a arma for branca incide o § 2º, se a arma for de fogo incide o § 2º-A do CP.**
se há destruição ou rompimento de obstáculo mediante o emprego de explosivo ou de artefato análogo que cause perigo comum	No caso dessa causa de aumento de pena, o agente se vale de explosivos para rompimento de obstáculo à subtração. Há incidência apenas se o uso dos explosivos cause aumento de pena.

ATENÇÃO: **cálculo de pena se, no mesmo houver circunstâncias do § 2º e do § 2º-A, como por exemplo: roubo duplamente circunstanciado pelo** concurso de pessoas e uso de arma de fogo:

1ª Corrente: **aplica-se apenas o aumento decorrente do art. 157, § 2º-A, CP, pois ele maior que o do art. 157, § 2º, CP. Estas circunstâncias serão levadas em conta como circunstância judicial ou circunstância agravante, conforme o caso. Trata-se de interpretação do art. 68, CP.**

2ª Corrente**: o art. 68, parágrafo único, CP, não impede que o juiz cumule a aplicação de duas ou mais causas de aumento. É possível que haja a cumulação de causas de aumento de pena, desde que, justificadamente, o juiz demonstre o motivo de ter escolhido essa cumulação e que o resultado desta não se mostre excessivo. Assim, depende do caso concreto para se cumular ou não as causas de aumento de pena. Se cumulo se mostrar excessivo ou desproporcional, ele é ilícito (STJ – HC n. 472.771/SC. Rel. Min. Reynaldo Soares da Fonseca. DJ. 04/12/2018).**

- **Roubo majorado (art. 157, § 2º-B, CP):** circunstância que faz o juiz aumentar a pena no dobro do "caput": Trata-se de parágrafo introduzido pela Lei Anticrime: se a violência ou grave ameaça é exercida com emprego de arma de fogo de **uso restrito ou proibido**, aplica-se em dobro a pena prevista no caput deste artigo.
- **Roubo qualificado: da violência empregada resulta lesão corporal de natureza grave ou morte (latrocínio).**
- O latrocínio consiste na subtração do bem, bem como, no mesmo contexto, na morte da vítima, que pode se dar pela forma culposa ou pela forma dolosa.
- Caso haja a subtração de um patrimônio, mas, em razão da violência, morrem mais de uma pessoa, o STJ entendia que se tratava de concurso formal imperfeito. Mas, o STJ alinhou a sua jurisprudência ao que entende o STF. Portanto, entende-se que, no caso, há crime único, pois um único patrimônio foi atingido (STJ – AgRg no AREsp 2.119.185-RS).

SUBTRAÇÃO	MORTE	LATROCÍNIO
Consumada	Consumada	Consumado
Consumada	Tentada	Tentado
Tentado	Consumada	Consumado
Tentada	Tentada	Tentado

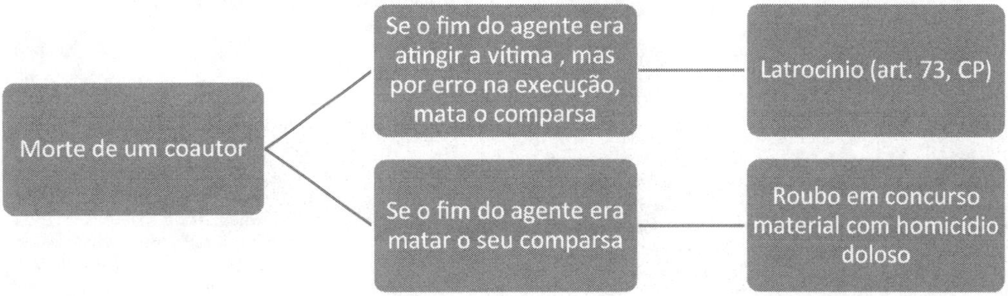

EXTORSÃO

- **Extorsão (art. 158, CP)**: mediante violência ou grave ameaça, o agente constrange alguém a fazer algo, como que obtém vantagem econômica.
- Na **extorsão**, a vítima é constrangida a fazer, tolerar que se faça ou deixar de fazer alguma coisa, mediante violência ou grave ameaça, tendo o sujeito ativo do crime a finalidade de obter, para si ou para outrem, indevida vantagem econômica.
- A diferença fundamental entre roubo e extorsão se encontra **na necessidade de participação ativa** da vítima para que o agente obtenha a vantagem patrimonial.
- No roubo, a coisa desejada pelo agente está à mão e a subtração independe da colaboração da vítima. Na extorsão, a conduta ativa da vítima é imprescindível para que o sujeito ativo do crime obtenha a indevida vantagem econômica.
- O crime de extorsão é formal e se consuma mesmo que o agente não obtenha a indevida vantagem econômica.

EXTORSÃO MEDIANTE SEQUESTRO

- **Extorsão mediante sequestro (art. 159, CP)**: a obtenção da vantagem econômica é obtida por meio da restrição de liberdade da vítima.
- Trata-se de crime complexo, pois o sequestro, por si só, é uma infração autônoma e que, praticado com o fim de obter indevida vantagem, configura o tipo penal do art. 159, CP.
- É também crime formal, pois se consuma mesmo que não haja obtenção da indevida vantagem econômica, o que vem a ser mero exaurimento da conduta.

Formas qualificadas (art. 159, § 1º, CP)	Característica
O sequestro dura mais de vinte e quatro horas	A privação de liberdade traz fortes abalos emocionais à vítima, muitas vezes confinadas em locais insalubres, sem notícias de parentes e o medo de desfecho trágico, o que justifica a qualificadora em tela
O sequestrado é menor de dezoito anos ou maior de sessenta	A vulnerabilidade das pessoas menores de dezoito e maiores de sessenta anos exige maior reprimenda. Essa circunstância deve ser abrangida pelo dolo do agente, que sabia ou devia saber de sua existência.
Crime cometido por bando ou quadrilha	Com a Lei nº 12.850/2013, o *nomen criminis* passou a ser associação criminosa, sendo necessário que, pelo menos, **três pessoas** estejam associadas com o fim específico de praticar crimes. Ou seja, não basta o mero concurso de três pessoas a praticar o sequestro, mas se exige a estabilidade da associação voltada à prática de crimes

- Os delitos de roubo e extorsão mediante sequestro não se confundem na hipótese, pois nitidamente independentes e praticados com desígnios autônomos. Isso porque a conduta dos réus de subtrair bens da vítima (roubo) - o acórdão recorrido faz menção a carro, carteira, dinheiro, relógio e cartões de crédito - não se confunde com a conduta de cercear a sua liberdade, com o intuito de obter vantagem patrimonial, por meio de pagamento de resgate, o que implica no comportamento de terceiro (extorsão mediante sequestro) (EDcl. no REsp. n. 1.133.029/SP. Rel. Min. Nefi Cordeiro. DJ. 22/09/2015).

APROPRIAÇÃO INDÉBITA

- **Apropriação Indébita (art. 168, CP)**: a posse do bem é obtida licitamente pelo agente, que, no entanto, passa a ter a coisa como sua ilicitamente. Há uma inversão da vontade do agente.
- **Mero descumprimento contratual** não configura o crime de apropriação indébita. Trata-se de mero ilícito civil.

Causas de aumento de pena	Depósito necessário: se refere ao depósito que se faz em ocasião de **calamidade pública** (art. 647, II, CC). Tutor, curador, síndico liquidatário, inventariante, testamenteiro ou depositário judicial: em decorrência da elevada função que exercem recebem bens de terceiros e devem devolvê-los.
Causas de aumento de pena	Em razão de ofício, emprego ou profissão: a pessoa recebe o bem em razão da profissão e, se não o devolver, responde pela apropriação indébita com causa de aumento de pena.

APROPRIAÇÃO PREVIDENCIÁRIA

- **Crime de apropriação indébita previdenciária**: CP, art. 168-A. No crime de apropriação indébita previdenciária, basta que o agente deixe de recolher a contribuição aos cofres da Previdência Social.
- Não é necessário que o agente vise fraudar a Previdência Social, ou que reverta o dinheiro apropriado em proveito próprio (o chamado *animus rem sibi habendi*) (STJ – 5.ª T. – REsp. 629.091 – Rel. Arnaldo Esteves Lima – DJU 24.04.2006).

Possibilidade de perdão judicial ou de aplicação somente da pena de multa	a) Agente primário e de bons antecedentes; b) Agente tenha promovido, após o início da ação fiscal e antes de oferecida a denúncia, o pagamento da contribuição social previdenciária, inclusive acessórios; c) O valor das contribuições devidas, inclusive acessórios, seja igual ou inferior àquele estabelecido pela previdência social, administrativamente, como sendo o mínimo para o ajuizamento de suas execuções fiscais.

- Não é possível o perdão judicial ou a aplicação da pena de multa, aos casos de parcelamento de contribuições cujo valor, inclusive dos acessórios, seja superior àquele estabelecido, administrativamente, como sendo o mínimo para o ajuizamento de suas execuções fiscais. Esse valor, atualmente é de R$ 20.000,00.

ESTELIONATO

- **Estelionato (art. 171, CP):** o agente obtém a vantagem patrimonial em detrimento de prejuízo da vítima, induzida ou mantida em erro, em decorrência de ardil.

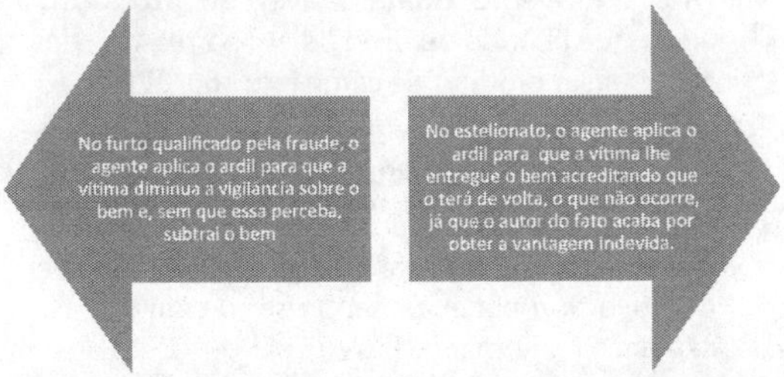

Meios de induzimento ou manutenção em erro	Características
Artifício	É astúcia, esperteza, manobra que implica engenhosidade. Ex: o agente se faz passar como representante de uma entidade caridade respeitada na comunidade e induz o ofendido a fazer doação que, desde o início, tem a intenção de tê-la para si
Ardil	É também artifício, esperteza, embora na forma de armadilha, cilada ou estratagema. Ex: o agente prepara um local como sendo agência de veículos, vende automóvel à vítima, recebe o dinheiro, mas, antes de entregá-lo, desaparece com o dinheiro obtido.
Qualquer outro meio fraudulento	Trata-se de interpretação analógica

CAUSA DE AUMENTO DE PENA: o estelionato é cometido em detrimento de entidade de direito público ou de instituto de economia popular, assistência social ou beneficência.

- A forma mais comum dessa modalidade de estelionato é o chamado estelionato previdenciário, praticado contra o INSS.
- Crime de estelionato previdenciário: CP, art. 171, § 3º. Não raro a Previdência Social é vítima de fraude por meio da qual uma pessoa passa a receber benefícios previdenciários.
- Classificação do estelionato previdenciário de acordo com o Prof. Rogério Sanches Cunha

Crime Permanente: **caso o fraudador seja o próprio beneficiário, pois se compreende a obtenção da vantagem como produto de reiteração de condutas baseada no ato fraudulento cometido pelo próprio agente.**
Instantâneo de efeitos permanentes: **caso a conduta fraudulenta seja praticada em favor de terceiro que receberá o benefício indevido. Neste caso, o agente comete apenas uma conduta, da qual outra pessoa se beneficia reiteradamente (razão dos efeitos permanentes).**
Continuado**: caso alguém permaneça recebendo o benefício que, devido na origem, deveria ter cessado em virtude da morte do beneficiário. Em virtude das mesmas circunstâncias de tempo, local e modo de execução, considera-se como se uma obtenção de vantagem fosse continuação de outra.**

ESTELIONATO ELETRÔNICO: A pena é de reclusão, de quatro a oito anos, e multa, se a **fraude** é cometida com a utilização de informações fornecidas pela vítima ou por terceiro induzido a erro por meio de **redes sociais, contatos telefônicos** ou envio de **correio eletrônico fraudulento,** ou por qualquer **outro meio fraudulento análogo.**

Causas de aumento de pena no crime de estelionato eletrônico	a) considerada a relevância do resultado gravoso, aumenta-se de 1/3 (um terço) a 2/3 (dois terços), se o crime é praticado mediante a utilização de servidor mantido fora do território nacional;

Ação penal no crime de estelionato: redação do Pacote Anticrime:

Regra: **ação penal pública condicionada à representação.**

Exceções: **ação penal pública incondicionada:** se a vítima for: I – a Administração Pública, direta ou indireta; II – criança ou adolescente; III – pessoa com deficiência mental; ou IV – maior de 70 (setenta) anos de idade ou incapaz.

Retroatividade da norma que estabelece a ação penal pública condicionada à representação:

> O Supremo Tribunal Federal pacificou a divergência até então existente entre suas Turmas e, por maioria, proclamou a retroatividade da lei nova, mesmo após o recebimento da denúncia anterior à Lei n. 13.964/2019. Precedente: HC 208.817 AgRg, Relatora Ministra Cármen Lúcia, Tribunal Pleno, julgado em 13/4/2023, DJe 2/5/2023. Neste precedente restou assentado que a retroatividade da lei deve ser aplicada apenas àqueles casos em que não haja demonstração inequívoca do interesse da vítima na persecução penal. Ainda assim, se inexistentes elementos indicativos da vontade da vítima na persecução penal, deve o magistrado proceder

à respectiva intimação dos ofendidos para que apresentem eventual representação (STJ – AgRg no HC 846046/PE).

RECEPTAÇÃO

- **Receptação própria**: o agente, adquire, recebe, transporta, conduz ou oculta, para si ou para outrem, coisa que **sabe ser produto de crime.**
- **Receptação imprópria:** o agente influencia para que terceiro, de boa-fé, a adquira, receba ou oculte a coisa que ele, sujeito ativo do crime, sabe ser produto de crime.
- **Receptação qualificada:** trata-se de crime próprio, porque o agente deve ter uma qualidade especial: comerciante, ainda que irregular ou clandestino, ou empresário.
- **Elemento subjetivo:** no tipo penal da receptação qualificação, o legislador usa a seguinte expressão: coisa que **deve saber** ser produto de crime.
- Houve entendimento de que o único dolo a incidir nesse crime seria o dolo indireto, sendo que, se o agente soubesse a origem espúria do bem, haveria crime de receptação do art. 180, *caput*, CP.
- Porém, o entendimento majoritário é no sentido de que no art. 180, § 1º, CP, também, se admite o dolo direto, ou seja, se o agente sabia a origem espúria do bem, haverá o crime de receptação qualificada.
- Ressalte-se: o elemento do tipo que torna o art. 180, § 1º, CP, especial em relação ao art. 180, *caput*, CP, é o fato de que o primeiro é **crime próprio**, pois exige-se do sujeito ativo qualidade especial, qual seja, que ele seja **comerciante ou empresário** e que o crime tenha sido cometido no exercício de tais atividades,

RECEPTAÇÃO DE ANIMAL

- Com a Lei nº 13.330/2016, passou-se a ter o seguinte tipo penal: adquirir, receber, transportar, conduzir, ocultar, terem depósito ou vender, **com a finalidade de produção ou de comercialização, semovente domesticável de produção**, ainda que abatido ou dividido em partes, que deve saber ser produto de crime (art. 180, CP).
- Veja-se que o novo tipo penal exige uma finalidade especial do agente: **produção ou comercialização.**
- Caso a pessoa cometa um dos verbos do tipo, mas visa o consumo pessoal, sua conduta não incide no novo tipo penal, podendo ser o crime de receptação comum (art. 180-A, CP).
- Além disso, o objeto material: deve ser semovente domesticável de produção, como, por exemplo, o gado.

ESCUSAS ABSOLUTÓRIAS

- **Escusa absolutória**: há isenção de pena, apesar da conduta do agente ser típica.

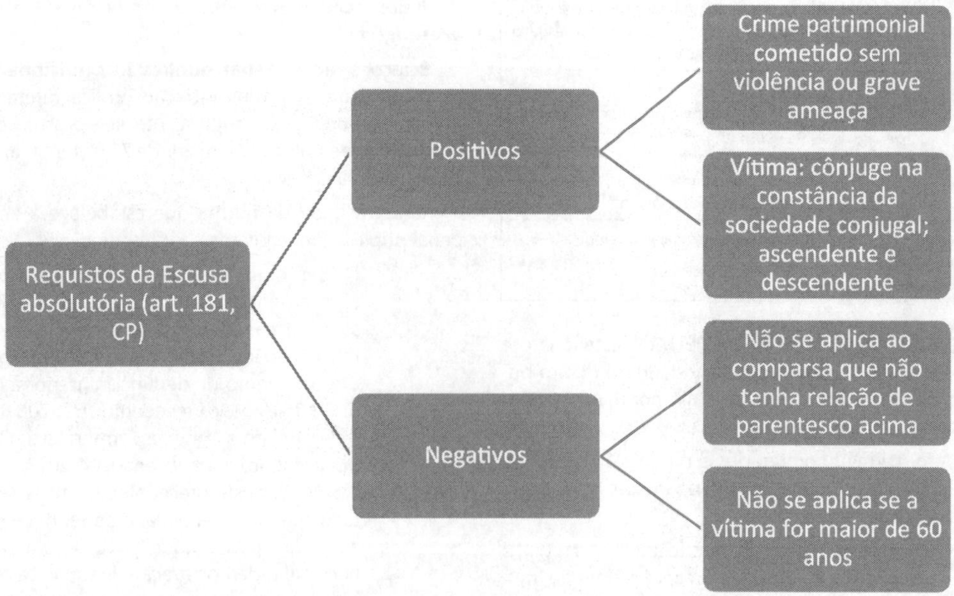

AÇÃO PENAL NOS CRIMES CONTRA O PATRIMÔNIO

- Em regra, a ação penal é pública incondicionada.
- No caso de a vítima ser cônjuge divorciado ou judicialmente separado, irmão ou tio ou sobrinho, com quem o agente coabita, a **ação penal é pública condicionada à representação,** exceto: se o crime é de roubo ou de extorsão, ou, em geral, quando haja emprego de grave ameaça ou violência à pessoa; ao estranho que participa do crime; se o crime é praticado contra pessoa com idade igual ou superior a sessenta anos.
- No crime de dano praticado por motivo egoístico ou com prejuízo considerável para a vítima, a **ação penal é pública condicionada à representação**.
- **A Lei Anticrime estabeleceu que, no crime de estelionato, a** ação penal é pública condicionada à representação do ofendido**, exceto no caso de vítima for: I - a Administração Pública, direta ou indireta; II - criança ou adolescente; III - pessoa com deficiência mental; ou IV - maior de 70 (setenta) anos de idade ou incapaz** (art. 171, § 5º, CP).

17.3. CRIMES CONTRA A ORGANIZAÇÃO DO TRABALHO

- Os crimes contra a organização do trabalho visam tutelar a **dignidade do trabalhador nas relações de trabalho**, seja sob o aspecto individual, seja sob o aspecto coletivo.
- Se o crime contra a organização do trabalho atingir o **interesse coletivo**, a competência é da **Justiça Federal**. Contudo, se atingir apenas o **interesse individual** do trabalhador ou do empregador, haverá competência da **Justiça Estadual**.
- **Atentado contra a liberdade de trabalho** (art. 197, CP): trata-se de constranger a vítima, mediante grave ameaça ou violência, a fazer ou deixar de fazer alguma coisa relacionada ao livre exercício do trabalho, seja na qualidade de trabalhador (art. 197, I, CP), seja na qualidade de empregador (art. 197, II, CP).
- **Atentado contra a liberdade de contrato de trabalho e boicotagem violenta** (art. 198, CP): trata-se de constranger a vítima, mediante grave ameaça ou violência, a fazer ou deixar de fazer alguma coisa relacionada ao livre exercício de celebração do contrato de trabalho (art. 198, primeira parte, CP), ou de impedir que a pessoa desenvolva livremente a atividade industrial ou agrícola (art. 198, segunda parte, CP).
- **Atentado contra a liberdade de associação** (art. 199, CP): trata-se de constranger a vítima, mediante grave ameaça ou violência, a se associar ou deixar de se associar a um determinado sindicato ou associação profissional.
- **Participação de trabalho, seguida de violência ou perturbação da ordem** (art. 200, CP): trata-se do exercício do lockout, suspensão do trabalho pelo empregador, e da greve de trabalhadores, promovida por meio de violência contra pessoa ou coisa. Como o tipo penal tem como verbo-núcleo "participar", exige-se que haja multiplicidade de pessoas a participar da paralisação, pelo menos três.
- **Paralisação de trabalho de interesse coletivo** (art. 201, CP): trata-se do exercício do lockout, suspensão do trabalho pelo empregador, e da greve de trabalhadores, em que há interrupção de obra pública ou serviço de interesse público. Nesse caso, há abuso do direito de greve e, portanto, deve-se analisar o tipo penal à luz da Lei de Greve (Lei nº 7.783/89). Também, se exige a participação de pelo menos três pessoas.
- **Invasão de estabelecimento industrial, comercial ou agrícola. Sabotagem** (art. 202, CP): a invasão ou a sabotagem (danificação do estabelecimento ou das coisas que ele guarnece) deve ser feita com a finalidade de impedir ou embaraçar o curso normal do trabalho.
- **Frustração de direito assegurado por lei trabalhista** (art. 203, CP): mais uma vez, a incidência da norma penal depende da conjugação com interpretação da legislação trabalhista, constitucional ou inconstitucional. Deve haver o dolo por parte do agente, sendo que o simples inadimplemento com as normas trabalhistas não implica incidência do tipo penal.
- No parágrafo primeiro, o agente não se vale de simples fraude, como no caput, mas de coação. Estranhamento, contudo, as penas previstas são as mesmas.
- Causa especial de pena: vítima menor de dezoito anos, idosa, gestante, indígena ou portadora de deficiência física ou mental.
- **Frustração da lei sobre a nacionalização do trabalho** (art. 204, CP): trata-se de norma penal em branco, porque as regras sobre nacionalização do trabalho são previstas em legislação do trabalho, especialmente os arts. 352 e 354, CLT.
- **Exercício de atividade com infração de decisão administrativa** (art. 205, CP): o livre exercício da profissão é garantia constitucional, porém, a lei pode condicionar e limitar esse direito. Algumas profissões estão sujeitas ao controle administrativo, como, por exemplo, de seus conselhos, como o CRECI, CREA, CRM, etc., que podem impor sanções aos seus associados, como a suspensão da atividade. A inobservância dessa suspensão pode acarretar na subsunção da conduta ao crime do art. 205, CP, desde que seja feita de forma habitual.

- **Aliciamento para fim de emigração** (art. 206, CP): nesse crime, o sujeito ativo recruta (alicia, atrai), mediante fraude (falsas promessas), trabalhadores (no mínimo dois) para levá-los ao exterior.
- **Aliciamento de trabalhadores de um local para outro do território nacional** (art. 207, CP): nesse crime, o sujeito ativo alicia (recruta, atrai), mediante fraude (falsas promessas), trabalhadores (no mínimo dois) com o fim de levá-los de uma localidade para outra do território nacional. No caso, há violação não só a liberdade trabalhista, como ainda da liberdade de locomoção, dos sujeitos passivos do crime, que se deslocam de seu Estado de origem para outro.
- Causas especiais de aumento de pena (art. 207, CP): qualidade especial da vítima: menor de dezoito anos, idosa, gestante, indígena ou portadora de deficiência física ou mental.

17.4. CRIMES CONTRA A DIGNIDADE SEXUAL

- A Lei nº 12.015/09 provocou radical mudança no tratamento dado aos crimes sexuais. Antes se tutelavam os costumes. Agora, se tutela a dignidade sexual, ou seja, o desenvolvimento sadio da sexualidade.

ESTUPRO

- Com a nova sistemática, o crime de estupro (art. 213, CP) pode ter como sujeitos passivos **homens e mulheres.**
- Para a caracterização do crime de estupro é indispensável que a haja o dissenso por parte da vítima, ou seja, que ela não concorde com a relação sexual que só acontece em decorrência de **violência** ou **grave ameaça**.
- Consuma-se o estupro com a conjunção carnal (coito vaginal) ou com qualquer outra modalidade de ato libidinoso, como o coito anal, o sexo oral, o toque em regiões erógenas como o pênis, os seios, a própria vagina, etc.
- O condenado por estupro e atentado violento ao pudor, praticados no mesmo contexto fático e contra a mesma vítima, tem direito à aplicação retroativa da Lei 12.015/2009, de modo a ser reconhecida a ocorrência de crime único, devendo a prática de ato libidinoso diverso da conjunção carnal ser valorada na aplicação da pena-base referente ao crime de estupro (Informativo 0543 do STJ).
- Recurso especial representativo de controvérsia provido para declarar a natureza hedionda dos crimes de estupro e atentado violento ao pudor praticados antes da edição da Lei nº 12.015/09, independentemente que tenham resultado lesões corporais de natureza grave ou morte. Acórdão sujeito ao regime do art. 543-C do CPC e da Resolução STJ 08/2008 (**TESE 581 DE RECURSOS REPETITIVOS DO STJ**).
- Estupro qualificado:

Art. 213, § 1º, CP: reclusão de 8 a 12 anos	• Se da conduta resulta **lesão corporal de natureza grave**. • Se a vítima é menor de 18 anos ou maior de 14 anos.
Art. 213, § 2º, CP: reclusão de 12 a 30 anos	• Se da conduta resulta morte.

ASSÉDIO SEXUAL

- **Assédio Sexual:** Trata-se de crime **próprio** porque o sujeito ativo deve ser superior hierárquico à vítima em relação de trabalho, seja no setor privado, seja no setor público.
- O STJ já decidiu que pode haver o crime de Assédio Sexual na relação entre professor e aluno.

ESTUPRO DE VULNERÁVEL

- No crime de estupro de vulnerável (art. 217-A, CP), **não são necessárias** a violência ou **grave ameaça**. Isso porque o legislador presume que as vítimas não têm capacidade de discernimento sobre o consentimento na realização do sexo. **Trata-se de presunção absoluta**.

Vulneráveis para fins sexuais	• Menor de **14 anos;** • Portador de **enfermidade ou deficiência mental**, não tem o necessário discernimento para a prática do ato; • Por qualquer **outra causa, não pode oferecer resistência**: como por exemplo, a vítima que está em completo estado de embriaguez.

- **Corrupção de menores:** para fins sexuais, o crime de corrupção de menores passou a ser previsto nos arts. 218-A e 218-B do CP.
- **Satisfação de lascívia mediante presença de criança ou adolescente (art. 218-A, CP):** o adolescente apenas presencia o ato sexual do autor ou de terceiro, com o fim de satisfazer a lasciva desses. **Trata-se de crime formal**: não é necessária a efetiva corrupção da criança ou adolescente.
- **Favorecimento da prostituição ou de outra forma de exploração sexual de criança ou adolescente ou de vulnerável. (art. 218-B, CP): Submeter**, **induzir** ou **atrair** à **prostituição** ou outra forma de **exploração sexual** alguém **menor de 18 anos** ou que, por enfermidade ou deficiência mental, **não tem o necessário discernimento para a prática do ato**, **facilitá**-la, **impedir** ou **dificultar** que a abandone.
- na primeira parte do tipo penal, o agente introduz a vítima no mundo da prostituição, enquanto que

na segunda parte ele impede ou dificulta que ela saia desse mundo.

- Trata-se de tipo penal misto alternativo, em que a prática de duas ou mais condutas implica reconhecimento de um único crime.
- O cliente de prostituição não comete crime, exceto se mantém conjunção carnal ou outro ato libidinoso com **menor de 18 anos e menor de 14 anos**, ciente dessa situação e que ela se encontre em estado de exploração sexual (art. 318-B, § 2º, I, CP).
- **LENOCÍNIO (arts. 227 e 228, CP)**: é a prestação de apoio, assistência e incentivo à vida voluptuosa de outra pessoa, dela tirando proveito. É o cafetão, rufião ou proxeneta.
- **Mediação para servir a lasciva de outrem (art. 227, CP):** o agente induz a vítima a satisfazer a lasciva de outrem. Para Nucci, se a vítima é adulta, esse tipo penal fere o princípio da intervenção mínima, pois não se viola a dignidade sexual de adulto incentivá-lo, sem qualquer ameaça ou violência, a praticar ato sexual consentido com outrem.
- **Finalidade de lucro:** aplica-se também a pena de multa.
- **Favorecimento de prostituição ou outra forma de exploração sexual (art. 228, CP):** o agente induz, atrai, impede ou dificulta que a vítima saia da prostituição ou outra forma de exploração sexual.
- Se a vítima for menor de 18 anos, aplica-se o tipo penal do art. 218-B, Código Penal, já se for maior de 18 anos, aplica-se o art. 228, CP.
- Não é necessário que o agente vise lucro, mas se tiver esse intento, além da pena privativa de liberdade.

17.4.1 NOVIDADES TRAZIDAS PELA LEI Nº 13.718/2018

a) Crime de importunação sexual
   - Foi revogado o art. 61 da Lei de Contravenções Penais e importunação sexual passou a ser considerado crime, tipificado no art. 215-A, CP:
   - Praticar contra alguém e **sem a sua anuência** ato libidinoso com o objetivo de satisfazer a própria lascívia ou a de terceiro.
   - Assim, como no estupro, a vítima não dá anuência para a prática de ato libidinoso, mas, no estupro, o agente se vale de grave ameaça ou violência para a prática do ato libidinoso, enquanto que, no novo crime, o agente não se vale desses meios.
   - Exemplo: o sujeito ativo se masturba nas proximidades da vítima, sem que essa consinta, e ejacula no corpo dela.
   - Se a vítima for vulnerável nos termos do art. 217-A, CP, a conduta incide neste artigo (não no art. 215-A, CP), pois a Lei nº 13.718/2018 positivou o entendimento jurisprudencial que, neste crime, é irrelevante que a vítima tenha consentido com o ato ou que já tenha praticado ato libidinoso anteriormente (art. 217, § 5º, CP).

b) **Crime de Divulgação de cena de estupro ou de cena de estupro de vulnerável, de cena de sexo ou de pornografia**
   - A Lei nº 13.718/2018 introduziu o art. 218-C ao CP: Oferecer, trocar, disponibilizar, transmitir, vender ou expor à venda, distribuir, publicar ou divulgar, por qualquer meio - inclusive por meio de comunicação de massa ou sistema de informática ou telemática -, fotografia, vídeo ou outro registro audiovisual que contenha cena de estupro ou de estupro de vulnerável ou que faça apologia ou induza a sua prática, ou, sem o consentimento da vítima, cena de sexo, nudez ou pornografia.

Objeto material	cena de estupro
	cena de estupro de vulnerável
	cena que faça apologia ou induza a sua prática
	cena de sexo, nudez ou pornografia, sem o consentimento da vítima

   - Se as cenas envolverem criança e adolescente, pode-se configurar os crimes previstos no art. 241 e 241-A, ECA, conforme a conduta.

c) Irrelevância do consentimento e da experiência sexual no estupro de vulnerável: art. 217-A, CP: trata-se de norma penal explicativa que vem a positivar o entendimento consolidado na doutrina e na jurisprudência.

d) Natureza da ação penal: todos os crimes contra a liberdade sexual e crimes sexuais contra vulnerável passam a ser considerados de **ação penal pública incondicionada** (art. 225, CP).

e) Causas de aumento de pena: art. 226, CP.

Inciso	Quantum de aumento	Circunstância
I	¼ da pena	se o crime é cometido com o concurso de duas ou mais pessoas: esse inciso se aplica a todos os crimes contra a dignidade sexual, exceto estupro e estupro de vulnerável.
II	½ da pena	se o crime é cometido com o concurso de duas ou mais pessoas.
IV	1/3 a 2/3 da pena	Estupro coletivo: mediante concurso de dois ou mais agentes
IV	1/3 a 2/3 da pena	Estupro corretivo: para controlar o comportamento social ou sexual da vítima.

17.5. CRIMES CONTRA A PAZ PÚBLICA

- **Incitação ao crime:** a conduta deve ser pública, ou seja, na presença de várias pessoas que tenham acesso livre ao evento. Pode ser feito por qualquer meio de discursos, orais ou escritos. A incitação deve se referir a um crime determinado e individualizado, como, por exemplo, o agente que instiga as pessoas a matarem uma pessoa.
- **Apologia ao crime**: o autor faz elogios a um crime ou ao autor do crime, porque o cometeu. O elogio deve ser com o objetivo de atingir número indeterminado de pessoas com o intuito de propagá-la.
- **Associação criminosa**: o tipo penal exige que a associação seja composta por **no mínimo três pessoas**. Portanto, se trata de crime plurissubsistente. Para a caracterização do crime, é necessário que os agentes devam estar associados com o fim específico de cometer crimes.
- **Milícia privada:** As milícias privadas são um fenômeno social em que ela atua em substituição ao Estado, controlando a vida da comunidade por meio de extorsões e coações, interferindo na prestação de serviços, como de água, energia, gás GLP, sinais de TV a cabo, etc. Com o crescimento desse fenômeno, a Lei nº 12.720/2012 acrescentou ao art. 288-A, CP em que se tipificou: Constituir, organizar, integrar, manter ou custear organização paramilitar, milícia particular, grupo ou esquadrão com a finalidade de praticar qualquer dos crimes previstos neste Código.

17.6. DOS CRIMES CONTRA A FÉ PÚBLICA

- Nos crimes contra a fé-pública, tutela-se a presunção de veracidade que se emana dos documentos.

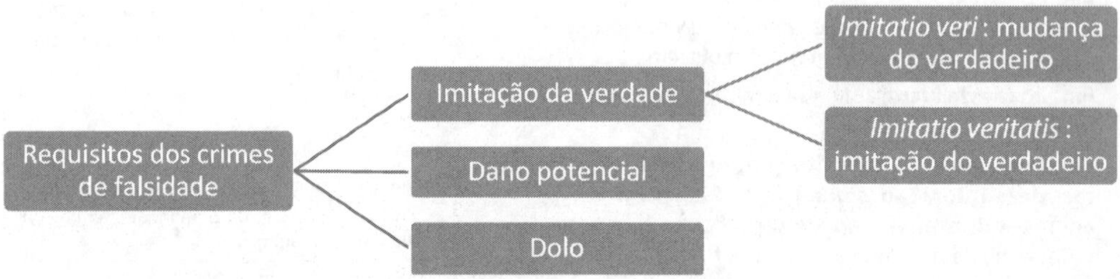

- **Moeda falsa (art. 290, CP):** consiste na fabricação de moeda falsa ou alteração do valor de moeda verdadeira.
- A moeda pode ser **metálica ou papel-moeda, nacional ou estrangeira.**
- A competência para o julgamento do crime é da **Justiça Federal**.
- É atípica a conduta de falsificar moeda que já saiu de circulação, como o cruzeiro ou cruzado.
- **Moeda falsa privilegiada (art. 290, § 2º, CP):** inicialmente, a pessoa recebe a moeda de boa-fé, sem saber da falsidade. No entanto, ao tomar conhecimento de que se trata de moeda falsa, a coloca em circulação.
- **Moeda falsa qualificada (art. 290, § 3º, CP):** trata-se de crime **próprio**, pois o sujeito ativo sempre será **funcionário público ou diretor, gerente, ou fiscal de banco de emissão que fabrica emite ou autoriza a fabricação ou emissão:**

- **Moeda falsa qualificada por equiparação (art. 290, § 4º, CP): funcionário público ou diretor, gerente, ou fiscal de banco de emissão** desvia e faz circular moeda, cuja **circulação não estava ainda autorizada**. Vê-se que a moeda não é falsa, mas sua circulação ainda não é permitida.
- **Petrechos para falsificação de moedas (art. 291, CP):** trata-se de um tipo penal **subsidiário**, pois, se o agente usa o maquinário e fabrica moeda falsa, responde apenas pelo tipo de crime de moeda falsa (art. 290, CP).
- **Falsificação de papéis públicos (art. 293, CP):** conceito de papel público: são os de feitura atribuída privativamente à administração do Estado ou a entidade de direito público cujos objetivos particulares são realizados no interesse da cole-

tividade e que se ajustam ao programa funcional do Poder Público (Júlio Fabbrini Mirabete. *Manual de Direito Penal.* v. 3. p. 223).

- Há inúmeros papéis públicos, mas o crime só se caracterizará se a falsidade recair sobre um daqueles enumerados pelo art. 293, CP, tais como: estampilha, papel selado, papel de crédito público, etc.
- Quem falsifica vale postal incide na figura penal prevista no art. 47 da Lei nº 6.538/78, que revogou tacitamente o art. 293, III, CP.
- **Falsidade documental.**

Não são considerados documentos
Escrito a lápis
Fotografias isoladas
Fotocópia não autenticada
Falsificação grosseira, facilmente perceptível

- **Falsidade material:** (arts. 297 a 298, CP) o documento ou parte dele é falso em sua estrutura. Significa formar um documento materialmente ou alterá-lo. Por exemplo, uma gráfica produz espelho de CNH ou alguém rasura o contrato.
- **Falsidade de documento público:** (art. 297, CP). Documento público: é o elaborado por funcionário público no desempenho de suas funções: escritura pública, RG, CPF, CTPS, alvará judicial, etc.
- **Documentos públicos por equiparação:** emanado de entidade paraestatal, título ao portador ou transmissível por endosso, ações da sociedade comercial, os livros mercantis e o testamento particular.
- **O particular** pode ser sujeito ativo do crime de falsidade de documento público, se fazer um documento que deveria ser elaborado por funcionário público ou adultera um documento público.
- **Causa de aumento de pena:** se o funcionário público for o autor da falsificação e se valer de sua função para cometer o crime (art. 297, § 1º, CP).
- **Crimes de falsidade de documentos relativos** à **Previdência Social:** art. 297, §§ 3º e 4º, CP: na verdade, seria falsidade ideológica, já que o que é falso é o conteúdo do documento, o fato que expressa. Mas, por falta de técnica de legislador, foi incluído no art. 297, tendo as mesmas penas deste, portanto.
- **Falsidade de documento particular:** (art. 298, CP): documento particular tem conceito residual, ou seja, é aquele que não é elaborado por funcionário público no exercício de suas funções ou não é equiparado pela lei.
- Em caso de documento público, a **Justiça Federal** será competente se o documento público for emanado de entidade ligada à União; se o documento for particular, a **justiça Federal** será competente, se a intenção do autor era causar prejuízo à União.
- A cópia autenticada de um documento particular continua particular. No entanto, se a falsificação recair precisamente sobre a autenticação, haverá falsificação de documento público.
- **Falsidade Ideológica:** (art. 299, CP) o documento é materialmente verdadeiro, emanado de quem tenha legitimidade para fazê-lo, mas o conteúdo que expressa é falso.

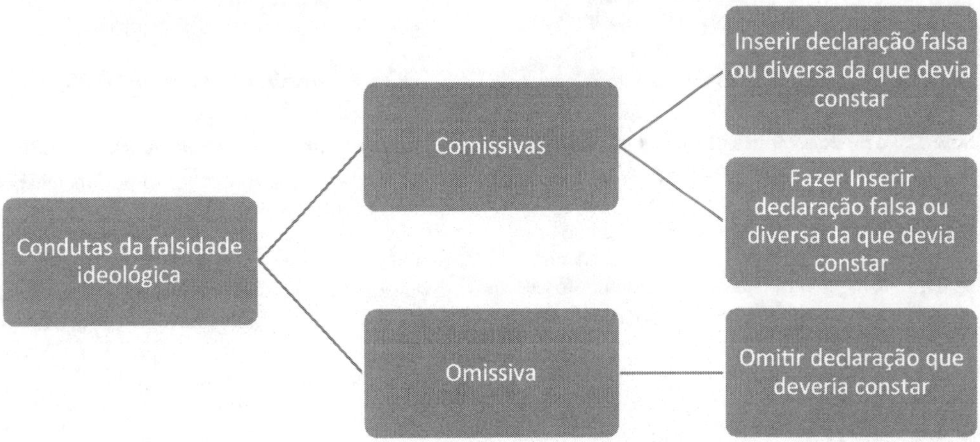

- Na falsidade ideológica, o documento pode ser público ou particular, conforme o art. 299, CP. Porém, a pena é maior se for público.
- O autor do documento pode não responder pelo crime, se não for ciente da declaração falsa. Por exemplo, "A" passou uma informação falsa a um funcionário público que produz uma certidão com esses dados falsos, sem saber desse fato. Somente, "A" responde pelo crime.
- Somente haverá crime de falsidade ideológica se o autor agir com um fim especial: **prejudicar direito, criar obrigação ou alterar a verdade sobre fato juridicamente relevante.**
- Na falsidade material, é **imprescindível o exame de corpo de delito;** enquanto falsidade ideológica não pode ser provado por perícia, já que, nesse caso, o documento é materialmente verdadeiro.

Falsidade Material	Falsidade Ideológica
Fabricação de espelho de RG em uma gráfica não autorizada para emiti-lo	Funcionário Público tem um espelho de RG verdadeiro em suas mãos e, com atribuição para preenchê-lo, acrescenta dados falsos
Particular tem espelho em branco de um RG verdadeiro e o preenche com dados falsos ou mesmo verdadeiro	Particular fornece dados inverídicos ao funcionário público que tem atribuição para emitir RG

- **Uso de documento falso:** (art. 304, CP): Fazer uso de um dos documentos falsos na forma dos arts. 297 a 302, CP.
- Trata-se de um tipo penal **remitido**, uma vez que faz referência a outros tipos penais para a sua configuração.
- Posição majoritária: **aquele que falsifica um documento e depois faz uso dele, só responde pelo crime de falsidade**. De acordo com essa corrente, o uso de documento falso, material ou formalmente, seria mero *post factum* impunível.
- Policiais em cumprimento de mandado de busca e apreensão domiciliar encontram o documento em uma gaveta, não há crime de uso de documento falso, pois não foi a pessoa que o apresentou, que dele fez uso.
- **Finalidade especial:** fazer prova de fato relevante juridicamente.
- **Supressão de documento público**: (art. 305, CP): **destruição, supressão ou ocultação** de um documento público ou particular.
- **Falsa identidade**: (art. 307, CP): o agente não usa um documento falso, mas se identifica falsamente. Ou seja, mente em relação a um elemento de identificação, como nome, estado civil, sexo, idade, filiação, nacionalidade, etc.
- **Finalidade específica**: obter alguma vantagem ou causar prejuízo a terceiros.
- O Supremo Tribunal Federal, ao examinar o RE 640.139/DF, cuja repercussão geral foi reconhecida, entendeu que o **princípio constitucional da autodefesa não alcança aquele que atribui falsa identidade perante autoridade policial** com o objetivo de ocultar maus antecedentes, sendo, portanto, **típica a conduta praticada pelo agente.**
- **Adulteração de sinal de veículo automotor:** (art. 311, CP): trata-se de falsificação de numeração de chassi, de placas, de motor, de câmbio e qualquer outro dado de identificação de veículo.
- Para o Superior Tribunal de Justiça, é típica a conduta de adulterar a placa de veículo automotor mediante a colocação de **fita adesiva.**

Art. 311-A, CP, Fraudes em certames de interesse público

- Conduta criminosa: **Utilizar** ou **divulgar**, indevidamente, com o fim de beneficiar a si ou a outrem, ou de comprometer a credibilidade do certame, conteúdo sigiloso dos certames públicos a seguir enumerados.
- Condutas equiparadas: quem **permite ou facilita**, por qualquer meio, o acesso de pessoas não autorizadas às informações mencionadas.

Certames	I – concurso público; II – avaliação ou exame públicos; III – processo seletivo para ingresso no ensino superior; IV – exame ou processo seletivo previstos em lei.

- **Finalidade especial:** beneficiar a si ou a outrem, ou de comprometer a credibilidade do certame.
- Exemplo: alguém divulga as questões ou o gabarito do concurso antes de sua realização.
- A partir desse tipo penal, a chamada "cola", como a eletrônica, passou a ser considerada crime.
- Trata-se de crime formal, pois não se exige o efetivo benefício ou prejuízo à credibilidade do certame. Basta a conduta que vise um ou outro objetivo. Se houver o dano, há a qualificadora.

17.7. DOS CRIMES CONTRA A ADMINISTRAÇÃO PÚBLICA

I. Conceito de Funcionário Público (art. 327, CP)

- Para fins penais, há um conceito de funcionário público próprio, previsto no art. 327 do Código Penal. Conceito esse que não se limita aos crimes previstos no Código, mas se estende à legislação extravagante, como a Lei nº 8.137/1990.
- O conceito abarca quem exerce transitoriamente ou sem remuneração cargo, emprego ou função. É o caso dos jurados do Tribunal do Júri.

- O modo de investidura no serviço público é indiferente. Pode ser por meio de concurso público (servidor de carreira), de eleição (prefeitos, vereadores, vice-prefeitos etc.) ou de livre nomeação (Ministros de Estado).
- Não importa se se trata de agente político (como membro de um dos Poderes ou do Ministério Público), servidor público estatutário, celetista ou ocupante de função pública.
- Estagiário no serviço público: é considerado funcionário público para efeitos penais (STJ – RHC 21951/MT – Rel. Min. Félix Fisher. DJ. 02/09/2008).
- Para fins penais: o art. 327, *caput*, do Código Penal, se aplica tanto às hipóteses em que o funcionário público é autor do crime (por exemplo, concussão, excesso de exação, corrupção passiva), quanto às hipóteses em que é vítima ao lado do Estado, da infração penal (por exemplo, desacato, desobediência e resistência). (STJ – HC nº 52.989/AC, Rel. Min. Félix Fisher, DJ. 23/05/2006)
- Funcionário público por equiparação: Art. 327, § 1º, do Código Penal.
- A expressão entidade paraestatal do art. 327, § 1º, do Código Penal, deve ser interpretada ampliativamente e deve abranger: autarquias, fundações públicas, sociedades de economia mista, empresas públicas, entidades do sistema S (SESI, SENAI, SENAC) etc.
- São equiparados a funcionários públicos os empregados das pessoas jurídicas de direito privado que mantêm contratos de concessão, permissão, autorização e convênios com o Poder Público, desde que o objeto desse contrato seja uma atividade típica da Administração Pública, como a prestação de serviços de saúde por uma Santa Casa.

II. Princípio da insignificância em crimes contra a Administração Pública

- **Súmula 599 do STJ: não se aplica o princípio da insignificância em crimes contra a Administração Pública.**
- Porém, o próprio STJ já afastou a incidência dessa Súmula em caso concreto, como no caso em que o prejuízo da Administração de aproximadamente R$ 25,00.
- E a jurisprudência do STF é firme no entendimento de que é possível o reconhecimento de insignificância em crime de descaminho
- Aplica-se o princípio da insignificância ao crime de descaminho quando o montante do tributo não recolhido for inferior ao limite de R$ 20.000,00 — valor estipulado pelo art. 20, Lei 10.522/2002 (1), atualizado pelas portarias 75 e 130/2012, do Ministério da Fazenda. Com base nesse entendimento, a Segunda Turma concedeu ordem de "habeas corpus" para declarar a atipicidade da conduta prevista no art. 334, do Código Penal (CP) (2) e trancar a ação penal. No caso, o paciente introduziu mercadorias estrangeiras no território nacional, sem o recolhimento dos tributos devidos, calculados em R$ 19.750,41. (1) Lei 10.522/2002: "Art. 20. Serão arquivados, sem baixa na distribuição, mediante requerimento do Procurador da Fazenda Nacional, os autos das execuções fiscais de débitos inscritos como Dívida Ativa da União pela Procuradoria-Geral da Fazenda Nacional ou por ela cobrados, de valor consolidado igual ou inferior a R$ 10.000,00 (dez mil reais) ". (2) CP: "Art. 334. Iludir, no todo ou em parte, o pagamento de direito ou imposto devido pela entrada, pela saída ou pelo consumo de mercadoria: Pena - reclusão, de 1 (um) a 4 (quatro) anos". (STF – Informativo nº 898).

III. Crimes contra Administração Pública praticados por funcionário público contra a Administração Pública em Geral

- Todos os crimes previstos entre o art. 312 e o art. 326, CP, são **crimes próprios**, ou seja, o autor do crime deve ser **funcionário público** na forma do art. 327, CP**.**
- **O particular** pode praticar tais crimes, desde que em concurso de agentes com o funcionário público.
- **Causa especial de aumento de pena:** funcionário público ocupante de **cargos em comissão ou de função de direção ou assessoramento.**

Arts. 312 e 313, CP, PECULATO

- **Peculato** (arts. 312 e 313 do Código Penal). Peculato é um crime praticado por funcionário público e que visa tutelar o patrimônio da Administração e, excepcionalmente, atinge um bem particular, quando este está sob a posse ou a detenção da Administração Pública.

Peculato doloso	Peculato culposo
Peculato-apropriação	–
Peculato-desvio	–
Peculato-furto	–
Peculato mediante erro de outrem	–

- **Peculato-apropriação**: art. 312, *caput*, 1ª parte, do Código Penal: o funcionário público, em razão da função que ocupa, tem **a posse lícita do bem público, mas passa a agir como se dono fosse do bem**. Por exemplo, o funcionário público tem a posse do computador em que trabalha e, então, resolve levá-lo para casa, dele se apropriando.

- **Peculato-desvio**: art. 312, *caput*, 2ª parte: o funcionário público, em razão da função que ocupa, tem a posse lícita do bem público, mas desvia a sua aplicação em proveito próprio ou alheio. Por exemplo, há uma verba destinada ao pagamento pela construção da praça pública.
- **Prefeito Municipal**: não há crime de peculato-desvio, mas crime próprio, previsto no Decreto-Lei nº 201/1967 – que cuida dos crimes de responsabilidade de prefeitos.
- **Peculato-furto**: art. 312, § 1º, do Código Penal: o funcionário público, valendo-se das facilidades de sua função, subtrai (furta) ou concorre (auxilia, induz ou instigue) outrem a subtrair, para si ou para outrem, o bem da Administração Pública ou que esteja sob sua posse ou detenção.
- Nesse caso, o bem não está na posse ou detenção do funcionário-público (como ocorre no peculato-apropriação). Por exemplo, o segurança de um Banco estatal subtrai o dinheiro do caixa da agência, em que trabalha.
- **Peculato mediante erro de outrem**: agindo em erro, um particular entrega à Administração Pública um bem de expressão econômica, o funcionário público percebe o erro, mas mantém o particular nesse estado, e, ainda, se apropria do bem.
- Exemplo: agindo em erro, o particular paga R$ 2.000,00 (dois mil reais), relativa a uma multa administrativa, quando o valor seria de R$ 1.000,00 (mil reais). O funcionário público percebe o erro, mas mantém o particular dessa forma, e se apropria dos R$ 1.000,00 (mil reais).
- **Peculato culposo**: Art. 312, § 2º, do Código Penal: o agente age com culpa (negligência, imprudência ou imperícia), e, de sua conduta culposa, uma terceira pessoa se aproveita para praticar um crime contra a Administração Pública, como um furto ou um peculato, etc.

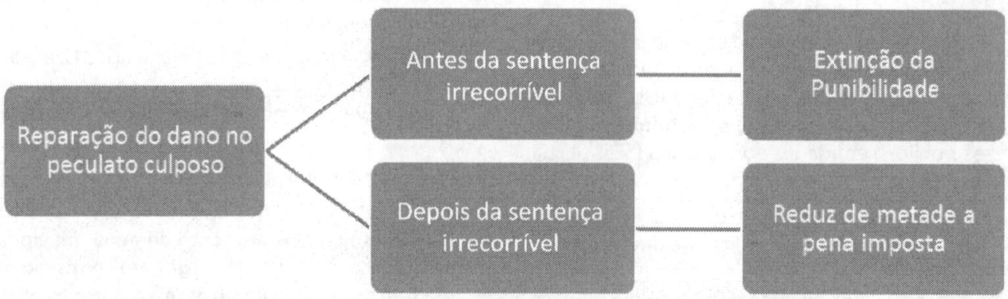

- **NO PECULATO DOLOSO, A REPARAÇÃO DO DANO NÃO EXTINGUE A PUNIBILIDADE.**

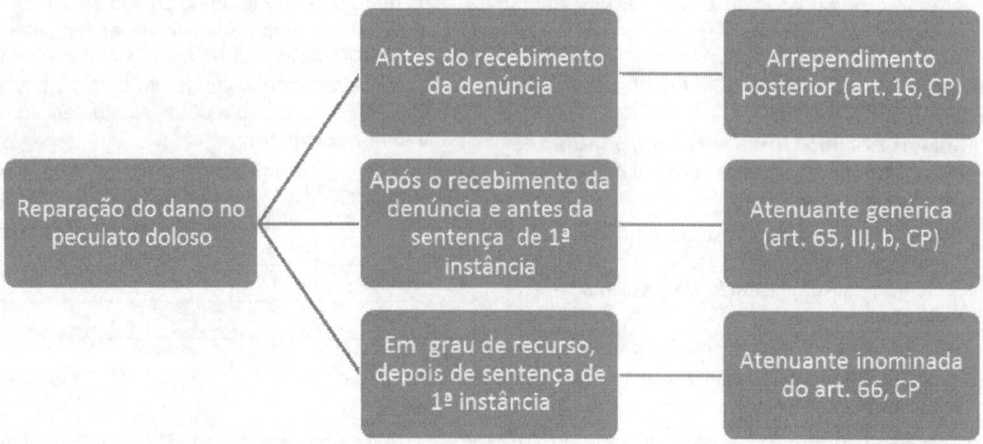

- Porém, apesar de não ser crime, tal conduta pode configurar ato de improbidade administrativa (Lei nº 8.429/92).
- **Penas nos crimes de peculato.**

Peculato apropriação, desvio e furto	Pena – reclusão, de dois a doze anos, e multa.
Peculato culposo	Pena – detenção, de três meses a um ano.
Peculato mediante erro de outro	Pena – reclusão, de um a quatro anos, e multa.

Art. 313-A, CP, Inserção de dados falsos em sistema de informações

- Conduta criminosa: **Inserir** ou **facilitar** o funcionário autorizado a inserção de dados falsos, **alterar** ou **excluir** indevidamente dados corretos nos sistemas informatizados ou bancos de dados da Administração Pública com o fim de obter vantagem indevida para si ou para outrem ou para causar dano.
- Há doutrinadores que denominam esse crime de **peculato virtual**, pois a conduta do agente se assemelha ao peculato-estelionato, já que, por meio de ardil (falsificação dos sistemas de informática ou do banco de dados) ele visa obter vantagem indevida ou causar dano.
- O objeto jurídico desse crime é a fidelidade e integridade do sistema de informática e de bancos de dados da Administração Pública.
- **Finalidade especial do agente** de obter vantagem indevida para si ou para outrem ou de causar dano.
- **Consumação:** trata-se de **crime formal**, cuja consumação se dá no momento em que o agente inseri ou facilita a inserção de dados falsos ou altera ou exclui indevidamente os dados corretos, **mesmo que não obtenha a vantagem indevida para si ou para outrem** ou **cause danos.**
- **Pena:** reclusão, de 2 (dois) a 12 (doze) anos, e multa.

Art. 313-B, CP, Modificação ou alteração não autorizada de sistema de informações

- Conduta criminosa: **Modificar** ou **alterar** o funcionário sistema de informações ou programa de informática sem autorização ou solicitação de autoridade competente.
- Tutela-se o sistema de informações ou o sistema de informática da administração pública.

ART. 313-A, CP	ART. 313-B, CP
O agente não ingressa no sistema operacional (*software*), mas apenas falsifica os arquivos do programa.	O agente altera a própria programação, de modo a modificar o meio e modo de geração e criação de arquivos e dados.

- Não se exige obtenção de vantagem indevida ou prejuízo à administração.
- **Pena:** detenção, de três meses a dois anos, e multa.
- Caso haja prejuízo à Administração Pública ou ao administrado, **há causa de aumento de pena de um terço até a metade da pena.**

Art. 314, CP, Extravio, sonegação ou inutilização de livro ou documento

- Conduta criminosa: **Extraviar** livro oficial ou qualquer documento, de que tem a guarda em razão do cargo**; sonegá-lo ou inutilizá-lo**, total ou parcialmente**.**
- Livro Oficial pertence à Administração Pública, como, por exemplo, o livro de rol de culpados do Tribunal do Júri**.** O documento pode ser particular.
- Em ambas as hipóteses, o funcionário público tem a guarda em razão da função.
- **Pena: reclusão, de um a quatro anos, se o fato não constitui crime mais grave.**

Art. 315, CP, Emprego irregular de verbas ou rendas públicas

- Conduta criminosa: **Dar** às verbas ou rendas públicas aplicação diversa da estabelecida em lei.
- O sujeito ativo do presente crime, além de ser funcionário público, tem que ter a atribuição de destinar verbas ou rendas públicas.
- Algumas verbas públicas têm destinação vinculada em lei. Assim, o agente que, ao invés de aplicar a verba destinada à saúde, a aplica na educação.
- O Prefeito Municipal que pratica essa conduta incide no crime previsto no art. 1º, III, Decreto-Lei nº 201/1967.
- **Pena: detenção, de um a três meses, ou multa.**

Art. 316, CP, CONCUSSÃO

- Conduta criminosa: **Exigir**, para si ou para outrem, direta ou indiretamente, ainda que fora da função ou antes de assumi-la, mas em razão dela, vantagem indevida**.**
- **Concussão**: O funcionário público, faz uma exigência ao particular, em que há uma **ameaça**, ao

menos implicitamente, para receber vantagem indevida.

- Exemplo: o agente florestal **exige** do poluidor uma quantia em dinheiro para si, para deixar de aplicar a multa.
- O agente deve se valer da condição de funcionário público, que sequer pode ainda não estar a exercer, como no caso de nomeado, mas não empossado, ou se já aposentado.
- O crime se consuma com a **exigência**, independentemente da efetiva vantagem pretendida pelo agente. Trata-se de crime formal.
- A vantagem pode ser econômica ou de outra natureza, mas sempre tem que ser **vantagem indevida.**
- A vantagem pode ser em favor do próprio funcionário público ou de terceiro.
- **Pena - reclusão, de 2 (dois) a 12 (doze) anos, e multa.** (Pena estabelecida pela Lei Anticrime)

Art. 316, §§ 1º e 2º, CP, EXCESSO DE EXAÇÃO

- Conduta criminosa: Se o funcionário **exige** tributo ou contribuição social que **sabe ou deveria saber indevido**, ou, **quando devido**, emprega na cobrança meio **vexatório ou gravoso**, que a lei não autoriza
- **Excesso de exação**: art. 316, § 1º, do Código Penal: Crime relacionado à cobrança de tributos.
- Há duas figuras. Na primeira delas, o funcionário sabe ou devia saber que o tributo é indevido, mas mesmo assim exige o seu pagamento.
- Na segunda delas, o tributo é devido, mas o funcionário público expõe o devedor a uma cobrança vexatória ou gravosa, por meio não previsto em lei.
- A cobrança de tributo não deixa de ser meio invasivo, mas está delimitada nos termos da lei. O crime ocorre se o funcionário aplica meio vexatório não previsto em lei.
- **Pena: reclusão, de 3 (três) a 8 (oito) anos, e multa.**
- Há modalidade especial de excesso de exação previsto: art. 316, § 2º, do Código Penal: o funcionário público desvia a quantia recebida indevidamente **em proveito próprio ou alheio.**
- **Pena: reclusão, de dois a doze anos, e multa.**

Art. 317, CP, Corrupção passiva

- Conduta criminosa: **Solicitar** ou **receber**, para si ou para outrem, direta ou indiretamente, ainda que fora da função ou antes de assumi-la, mas em razão dela, vantagem indevida, ou **aceitar** promessa de tal vantagem.
- **Corrupção passiva**: o funcionário público solicita, recebe ou aceita promessa de vantagem indevida.
- Na concussão, o agente **exige** a vantagem indevida, enquanto, na corrupção passiva, há mera **solicitação**.
- Não é necessário que o funcionário público receba a vantagem indevida, basta que solicite ou aceite a promessa de recompensa, para a configuração do crime de corrupção passiva, já que se trata de **crime formal**.
- O agente deve se valer da condição de funcionário público, que sequer pode ainda não estar a exercer, como no caso de nomeado, mas não empossado, ou se já aposentado.
- O crime se consuma com a **solicitação ou aceitação**, independentemente da efetiva vantagem pretendida pelo agente. Trata-se de crime formal.
- A vantagem pode ser econômica ou de outra natureza, mas sempre tem que ser **vantagem indevida.**
- A vantagem pode ser em favor do próprio funcionário público, como particular.
- **Pena: reclusão, de 2 (dois) a 12 (doze) anos, e multa.**
- **Causa de aumento de pena:** art. 317, § 1º, CP: A pena é aumentada de **um terço**, se, em consequência da vantagem ou promessa, o funcionário **retarda ou deixa de praticar** qualquer **ato de ofício** ou o **pratica infringindo dever funcional**.
- **Corrupção privilegiada:** art. 317, § 2º, CP: Se o funcionário **pratica, deixa de praticar ou retarda ato de ofício**, com infração de dever funcional, cedendo a **pedido ou influência de outrem**.
- Na corrupção privilegiada, o funcionário público não solicita, recebe vantagem indevida ou aceita promessa de indevida vantagem. Ele age em desconformidade com a lei ao atender a pedido ou influência de outrem.
- **Pena: detenção, de três meses a um ano, ou multa.**

Art. 319, CP, PREVARICAÇÃO

- Conduta criminosa: **Retardar** ou **deixar de praticar**, indevidamente, ato de ofício, ou praticá-lo contra disposição expressa de lei, para satisfazer interesse ou sentimento pessoal.
- **Prevaricação**: se o funcionário público agir de forma contrária ao que determina a lei, comete crime de prevaricação, desde que vise a satisfazer interesse ou sentimento pessoal.
- No caso de dúvida ou erro na interpretação da lei, o funcionário público não responde por prevaricação.
- Além de querer não observar o que estabelece em lei, o funcionário público age **para satisfazer interesse ou sentimento pessoal**, como o ódio,

a afeição, a teimosia, o capricho, a contemplação, benefício patrimonial indireto, etc.

- **Pena: detenção, de três meses a um ano, e multa.**

Art. 319-A, CP, PREVARICAÇÃO IMPRÓPRIA OU ESPECIAL

- Conduta criminosa: **Deixar** o Diretor de Penitenciária e/ou agente público, de **cumprir seu dever** de vedar ao preso o acesso a aparelho telefônico, de rádio ou similar, que permita a comunicação com outros presos ou com o ambiente externo.
- Além da qualidade de funcionário público, o autor do crime deve ser **DIRETOR DE PENITENCIÁRIA e/ou agente público** que tenha a atribuição de impedir a comunicação de pessoas presas.
- Trata-se de crime omissivo próprio, pois a conduta descrita no tipo penal é negativa: deixar de....
- O preso pode se comunicar com o mundo exterior, como por exemplo, visitas, cartas, mas não pode por telefone e, diante de vários casos de telefone celular no interior dos presídios, cuja entrada decorria de conduta de agentes penitenciários, houve por bem o legislador a prever o crime em tela.
- Para a configuração do crime, basta que haja a entrada dos objetos descritos no tipo penal no interior do presídio, não é preciso que o preso use o aparelho. Essa entrada deve decorrer da omissão dolosa do agente público.
- **Pena: detenção, de 3 (três) meses a 1 (um) ano.**

Art. 320, CP, Condescendência criminosa

- Conduta criminosa: **Deixar** o funcionário, por indulgência, **de responsabilizar** subordinado que cometeu infração no exercício do cargo ou, quando lhe falte competência, não levar o fato ao conhecimento da autoridade competente.
- **Condescendência criminosa:** art. 320, CP: o superior hierárquico, por indulgência, deixa de tomar as medidas legais cabíveis contra o funcionário público subordinado que cometeu uma infração administrativa.
- **Indulgência:** piedade, clemência, é o motivo que leva o autor a não punir o funcionário público faltoso.
- **Pena: detenção, de quinze dias a um mês, ou multa.**

Art. 321, CP, advocacia administrativa

- Conduta criminosa: **Patrocinar**, direta ou indiretamente, interesse privado perante a administração pública, valendo-se da qualidade de funcionário.
- Patrocinar significa defender, advogar.
- Nesse crime, o funcionário público defende perante a Administração interesse de um particular.
- **Pena: detenção, de um a três mês, ou multa.**
- **Pena: detenção, de três meses a um ano, além da multa,** se o interesse é ilegítimo, como cancelamento de imposto que é devido.

Art. 323 CP, ABANDONO DE FUNÇÃO

- Conduta criminosa: **Abandonar** cargo público, fora dos casos permitidos em lei.
- Abandonar significa renunciar, afastar-se, retirar-se, do cargo por **tempo relevante** e em hipótese **não autorizada em lei.**
- Não se configura o crime, se o abandono for por causa autorizada em lei, como férias, licenças, etc.
- Não precisa de haver prejuízo concreto à Administração Pública, se ocorrer a forma qualificada com pena mais gravosa.
- Também, há pena mais gravosa, se o abandono for em região de fronteira, dado os interesses de proteger a soberania do Estado nessas regiões, como Polícia Federal e Receita Federal.
- **Pena: detenção, de quinze dias a um mês, ou multa.**
- **Pena: detenção, de três meses a um ano, e multa,** se do abandono houver prejuízo para a Administração Pública.
- **Pena: detenção, de um a três anos, e multa**, se o abandono ocorrer em região de fronteira.

Art. 324, CP, Exercício funcional ilegalmente antecipado ou prolongado

- Conduta criminosa: **Entrar** no exercício de função pública antes de satisfeitas as exigências legais**, ou continuar a exercê-la**, sem autorização, depois de saber oficialmente que foi exonerado, removido, substituído ou suspenso:
- Nesse crime, o agente entra em exercício antes de tomar posse ou continua em exercício mesmo depois de exonerado, removido, substituído ou suspenso.
- **Pena: detenção, de quinze dias a um mês, ou multa.**

Art. 325, CP, Violação de sigilo funcional

- Conduta criminosa: **Revelar** fato de que tem ciência em razão do cargo e que deva permanecer em segredo, ou **facilitar-lhe** a revelação.
- Nesse crime, deve haver perigo ao interesse público protegido pelo segredo para a configuração do crime.
- A consumação ocorre quando o terceiro toma conhecimento do fato que estava sob segredo.

Condutas equiparadas	I – permite ou facilita, mediante atribuição, fornecimento e empréstimo de senha ou qualquer outra forma, o acesso de pessoas não autorizadas a sistemas de informações ou banco de dados da Administração Pública; II – se utiliza, indevidamente, do acesso restrito.

- **Pena: detenção, de seis meses a dois anos, ou multa, se o fato não constitui crime mais grave.**
- **Pena: reclusão, de 2 (dois) a 6 (seis) anos, e multa, e da quebra do sigilo, houver dano à Administração Pública.**

IV. Dos crimes praticados por particulares contra Administração em Geral

Art. 328, CP, USURPAÇÃO DE FUNÇÃO PÚBLICA

- Conduta criminosa: **Usurpar** o exercício de função pública.
- Usurpar: o autor do crime pratica ato público como se fosse funcionário público.
- O funcionário público que pratica ato que não é de sua atribuição, mas de outro funcionário, comete o crime de usurpação.
- **Pena: detenção, de três meses a dois anos, e multa.**
- **Pena: reclusão, de dois a cinco anos, e multa.** Se do fato, o autor do crime obtém vantagem. Não só vantagem de natureza patrimonial, como de outra natureza. Essa vantagem pode ser devida ou indevida.

Art. 329, CP, RESISTÊNCIA

- Conduta criminosa: **Opor-se** à execução de ato legal, mediante violência ou ameaça a funcionário competente para executá-lo ou a quem lhe esteja prestando auxílio.
- **Resistência**: Para a caracterização do crime de resistência, o sujeito ativo deve se voltar contra **ato legal** da Administração Pública, isto é, ato praticado formal e materialmente nos termos da lei.
- O agente deve resistir mediante **violência ou grave ameaça**.
- O ato de resistência deve ser voltado contra **o funcionário público competente** para a sua prática ou contra **o particular** que, por ventura, o esteja a **auxiliá-lo**.
- Exemplo: o funcionário da empresa pública de fornecimento de água vai cortar o fornecimento por falta de pagamento, mas o particular resiste mediante violência ou grave ameaça.
- O crime se consuma mesmo que o ato administrativo seja realizado.
- Caso o ato não se realize, há uma qualificadora.
- **Pena: detenção, de dois meses a dois anos.**
- **Pena: reclusão, de um a três anos.** Se o ato, em razão da resistência, não se executa:

Art. 330, CP, Desobediência

- Conduta criminosa: **Desobedecer** a ordem legal de funcionário público.
- **Desobediência**: O particular deixa de cumprir uma ordem legal, emanada de funcionário público que tenha competência para dar tal ordem.
- Pode o funcionário público praticar crime de desobediência, desde que não se dê em descumprimento hierarquia interna, hipótese em que não há o crime em tela, podendo configurar mera infração administrativa ou, no máximo, prevaricação (STJ – ROHC nº 12.780/MS. Rel. Min. Félix Fisher. DJ. 27.05.2003).
- Na desobediência, **não há violência ou grave ameaça.**
- **Pena: detenção, de quinze dias a seis meses, e multa.**

Art. 331, CP, DESACATO

- Conduta criminosa: **Desacatar** funcionário público no exercício da função ou em razão dela
- **Desacato:** o agente, por qualquer meio, como palavras ou gestos ou escritos, humilha, ofende, desprestigia o funcionário público no exercício ou em função dela.
- O que se tutela é a dignidade da função pública, ou seja, há crime ainda que o servidor não se sinta ofendido subjetivamente.
- Se a ofensa for feita ao funcionário público ausente, haverá crime de injúria qualificada.
- A discussão exaltada entre o particular e o funcionário público **não** tipifica o crime de desacato (STJ – REsp. 13.946/PR. Rel. Min. Cid Flaquer Scartezzini. DJ. 24.06.1992).
- **Pena: detenção, de seis meses a dois anos, ou multa.**

Art. 332, CP, TRÁFICO DE INFLUÊNCIA

- Conduta criminosa: **Solicitar, exigir, cobrar ou obter,** para si ou para outrem, vantagem ou promessa de vantagem, a pretexto de influir em ato praticado por funcionário público no exercício da função.
- O autor do fato pode ter ou não qualquer influência sobre o funcionário público, que o crime se consuma.
- Na verdade, essa suposta influência é mero pretexto para o agente obter a indevida vantagem, que pode ser patrimonial ou de outra natureza.

- Trata-se de crime formal, que se consuma no momento em que o agente pratica um dos verbos da conduta típica.
- Não precisa que o agente peça a influência ao funcionário público.
- **Pena: reclusão, de 2 (dois) a 5 (cinco) anos, e multa.**
- **Causa de aumento de pena:** A pena é aumentada da **metade**, se o agente **alega ou insinua** que a vantagem é também destinada ao funcionário.
- Para a incidência da causa de aumento, não é preciso que o funcionário público esteja de fato em conluio com o autor do fato. Basto alegação ou insinuação nesse sentido.

Art. 333, CP, CORRUPÇÃO ATIVA

- Conduta criminosa: **Oferecer** ou **prometer** vantagem indevida a funcionário público, para determiná-lo a praticar, omitir ou retardar ato de ofício.
- **Corrupção ativa**: o particular oferece ou promete a vantagem indevida comete crime.
- Trata-se de exceção à teoria monista, pois o funcionário público responde por corrupção passiva, enquanto o particular por corrupção ativa.

Corrupção ativa	Corrupção passiva
-------------------	Solicitar
Oferecer	Receber
Prometer	Aceitar promessa.

- **Atenção**: se o funcionário público tomar a iniciativa e solicitar a vantagem econômica, o particular **não** responde por corrupção ativa, mesmo que efetue o pagamento.
- **Finalidade específica:** o oferecimento ou a promessa de vantagem indevida tem o fim específico de determinar o funcionário público a praticar, omitir ou retardar ato de ofício.
- Trata-se de **crime formal**, basta o oferecimento ou a promessa. Independe que o funcionário público deixe de praticar o ato de ofício.
- **Pena: reclusão, de 2 (dois) a 12 (doze) anos, e multa.**
- **Causa de aumento de pena:** A pena é aumentada de **um terço**, se, em razão da vantagem ou promessa, o funcionário **retarda ou omite ato de ofício**, ou **o pratica infringindo dever funcional**.
- Incide a causa de aumento de pena, se, em decorrência do oferecimento ou promessa, o funcionário público toma conduta contrária ao seu dever legal.

Art. 334, CP, DESCAMINHO

- Conduta criminosa**: Iludir**, no todo ou em parte, o pagamento de direito ou imposto devido pela entrada, pela saída ou pelo consumo de mercadoria.
- No crime de descaminho, a mercadoria tem origem lícita, mas o agente toma conduta que visa não pagar direito ou imposto devido pela **entrada, saída ou consumo da mercadoria**.
- Como visto a jurisprudência do STF admite a aplicação do princípio da insignificância em crime de descaminho, cujo valor de tributo não arrecado seja inferior a vinte mil reais. Porém, mesmo que o valor seja inferior a tal montante fica inviável o reconhecimento da insignificância ante outras circunstâncias, como a habitualidade delitiva (AgRg no REsp 1.679.396/SC. Rel. Min. Félix Fischer. DJ. 12/12/2017)

Pena: reclusão, de 1 (um) a 4 (quatro) anos.

Art. 334-A, CP, CONTRABANDO

- Conduta criminosa**: Importar ou exportar** mercadoria proibida**.**
- Trata-se de norma penal em branco, pois o conceito de mercadoria proibida advém de outro ato normativo.

> **Jurisprudência do STJ:** Configura **contrabando** - e não descaminho - importar, à **margem da disciplina legal**, arma de pressão por ação de gás comprimido ou por ação de mola, ainda que se trate de artefato de calibre inferior a 6 mm, **não sendo aplicável, portanto, o princípio da insignificância, mesmo que o valor do tributo incidente sobre a mercadoria seja inferior a R$ 10 mil.** Na situação em análise, não se aplica o entendimento - firmado para os casos de descaminho - de que incide o princípio da insignificância quando o valor do tributo elidido for inferior a R$ 10 mil (REsp 1.112.748-TO, Terceira Seção, DJe 13/10/2009). Com efeito, nos casos de contrabando (importação ou exportação de mercadoria proibida), em que, **para além da sonegação de tributos, há lesão à moral, higiene, segurança e saúde pública, não há como excluir a tipicidade material da conduta à vista do valor da evasão fiscal**. No caso, embora não haja proibição absoluta de entrada no território nacional de arma de pressão, há inequívoca proibição relativa, haja vista se tratar de produto que se submete a rigorosa normatização federal de controle de comercialização e importação. (...) Nessa linha, por não estar a questão limitada ao campo da tributação, destaca-se que a jurisprudência do STJ nega aplicação do princípio da insignificância em sede de importação de produtos que, embora permitidos, submetem-se a proibição relativa - como, por exemplo, certos produtos agrícolas, cigarros, gasolina etc. (AgRg no AREsp 520.289-PR, Quinta Turma, DJe 2/9/2014; e AgRg no AREsp 327.927-PR, Quinta Turma, DJe 14/8/2014). REsp 1.427.796-RS, Rel. Min. Maria Thereza De Assis Moura, julgado em 14/10/2014.

Pena: reclusão, de 2 (dois) a 5 (cinco) anos.

Art. 336, CP, Inutilização de edital ou de sinal

- Conduta criminosa**: Rasgar** ou, de qualquer forma**, inutilizar ou conspurcar** edital afixado por ordem de funcionário público**; violar** ou **inutilizar** selo ou sinal empregado, por determinação legal ou por ordem de funcionário público, para identificar ou cerrar qualquer objeto.

- A Administração Pública pode fixar editais em lugares públicos, como, por exemplo, editais de citação em processos.
- Pode também colocar seus sinais em outros lugares, como, para interdição de estabelecimento comercial.
- Esses editais ou selos que são objeto material do crime.
- **Pena: detenção, de um mês a um ano, ou multa.**

Art. 337, CP, Subtração ou inutilização de livro ou documento

- Conduta criminosa**: Subtrair,** ou **inutilizar,** total ou parcialmente, livro oficial, processo ou documento confiado à custódia de funcionário, em razão de ofício, ou de particular em serviço público.
- Na subtração, não basta que o livro oficial seja tirado do lugar. É preciso que o agente tome a coisa para si, a leve consigo, tome posse do livro.
- Na inutilização, não basta o simples risco ou a simples rasura, o livro deve se tornar inútil, não podendo mais ser usado para o seu devido fim.
- **Pena: reclusão, de dois a cinco anos, se o fato não constitui crime mais grave.**

V. Crimes contra Administração da Justiça

- Os crimes desse capítulo tutelam a correta prestação jurisdicional.

Art. 339, CP, DENUNCIAÇÃO CALUNIOSA

- Conduta criminosa**: Dar causa** à instauração de inquérito policial, de procedimento investigatório criminal, de processo judicial, de processo administrativo disciplinar, de inquérito civil ou de ação de improbidade administrativa contra alguém, imputando-lhe crime, infração ético-disciplinar ou ato ímprobo de que o sabe inocente**.**

Procedimentos	inquérito policial, procedimento investigatório criminal, processo judicial, processo administrativo disciplinar, inquérito civil ou; ação de improbidade administrativa

- O crime se consuma com o início das investigações, mesmo que não haja inquérito policial formalmente instaurado.
- O crime ocorre se o fato não ocorreu e o agente, além de mentir quanto ao fato, imputa a alguém a autoria.
- O crime ocorre se o fato ocorreu e o agente imputa falsamente a alguém a autoria.
- O envio de carta anônima dando notícia de um crime e apontando falsamente a autoria delitiva configura crime de denunciação caluniosa, se a partir dela se iniciam as investigações.
- **Pena: reclusão, de dois a oito anos, e multa.**
- **Causa de aumento de pena:** A pena é aumentada de **sexta parte,** se o agente se serve de **anonimato** ou **de nome suposto.**
- **Causa de diminuição de pena:** A pena é diminuída de **metade, se** a imputação é de prática de **contravenção.**

Art. 340, CP, COMUNICAÇÃO FALSA DE CRIME

- Conduta criminosa**: Provocar** a ação de autoridade, comunicando-lhe a ocorrência de crime ou de contravenção que sabe não se ter verificado.
- Nesse crime, o agente não imputa o fato a alguém, mas comunica à autoridade policial que houve um **crime ou contravenção penal, que não ocorreu.**
- O crime não está na simples comunicação, mas no momento em que autoridade inicia qualquer ato de investigação, ainda que não inquérito policial, se tem a consumação do crime.
- **Pena: detenção, de um a seis meses, ou multa.**

Art. 341, CP, Auto-acusação falsa

- Conduta criminosa**: Acusar-se**, perante a autoridade, de crime inexistente ou praticado por outrem.
- Nesse caso, o agente se acusa falsamente como autor de um **crime**, que não ocorreu, se ocorreu, foi praticado por outra pessoa.
- **Pena: detenção, de três meses a dois anos, ou multa.**

Art. 342, CP, Falso testemunho ou falsa perícia

- Conduta criminosa**: Fazer** afirmação falsa, ou **negar** ou **calar** a verdade como testemunha, perito, contador, tradutor ou intérprete em processo judicial, ou administrativo, inquérito policial, ou em juízo arbitral**.**
- **Falso testemunho:** se o falso é cometido no cumprimento de carta precatória, o Juízo deprecado é o competente para o julgamento do crime, pois o crime se consumou nesse local.

Sujeitos ativos	Testemunha; Perito; Contador; Tradutor; Intérprete

- O Superior Tribunal de Justiça firmou compreensão de que, apesar do crime de falso testemunho ser de mão própria, pode haver a participação do advogado no seu consentimento;

- Se a vítima mentir em Juízo, **não** comete crime de falso testemunho.
- Condutas comissivas: **Fazer** a afirmação falsa ou **negar** a verdade.
- Conduta omissiva: **Calar** a verdade.
- **Pena: reclusão, de 2 (dois) a 4 (quatro) anos, e multa.**
- **Causa de aumento de pena:** As penas aumentam-se de **um sexto a um terço,** se o crime é praticado **mediante suborno** ou se cometido com o fim de obter prova destinada a produzir efeito em **processo penal**, ou em **processo civil** em que for parte **entidade da administração pública direta ou indireta.**
- **Retratação:** o fato deixa de ser punível se, **antes da sentença no processo em que ocorreu o ilícito**, o agente se retrata ou declara a verdade.

Art. 343, CP, CORRUPÇÃO ATIVA DE TESTEMUNHA OU PERITO

- Conduta criminosa**: Dar, oferecer ou promoter** dinheiro ou qualquer outra vantagem a testemunha, perito, contador, tradutor ou intérprete, para fazer afirmação falsa, negar ou calar a verdade em depoimento, perícia, cálculos, tradução ou interpretação.
- A vantagem pode ser econômica ou de outra natureza.
- Não é preciso que a testemunha ou outro destinatário receba a vantagem basta que haja oferecimento ou promessa.
- Finalidade especial: a corrupção é para fazer afirmação falsa, negar ou calar a verdade em depoimento, perícia, cálculos, tradução ou interpretação.
- **Pena: reclusão, de três a quatro anos, e multa.**
- **Causa de aumento de pena:** As penas aumentam-se de **um sexto a um terço**, se o crime é cometido com o fim de obter prova destinada a produzir efeito **em processo penal** ou **em processo civil** em que for parte entidade da **administração pública direta ou indireta.**

Art. 344, CP, Coação no curso do processo

- Conduta criminosa**: Usar** de violência ou grave ameaça**,** com o fim de favorecer interesse próprio ou alheio, contra autoridade, parte, ou qualquer outra pessoa que funciona ou é chamada a intervir em processo judicial, policial ou administrativo, ou em juízo arbitral**.**
- Meio de coação: **violência ou grave ameaça.**
- Finalidade especial: **favorecer interesse próprio ou alheio**

Vítimas	Autoridade; Parte; Qualquer outra pessoa que funciona ou é chamada a intervir

- **Pena: reclusão, de um a quatro anos, e multa, além da pena correspondente à violência.**
- Causa de aumento de pena: A pena aumenta-se de 1/3 (um terço) até a metade se o processo envolver crime contra a dignidade sexual.

Art. 345, CP, Exercício arbitrário das próprias razões

- Conduta criminosa**: Fazer** justiça pelas próprias mãos, para satisfazer pretensão, embora legítima, salvo quando a lei o permite**.**
- O Estado tem o monopólio da prestação jurisdicional, só ele faz a Justiça.
- Então, ninguém pode fazer Justiça pelas próprias mãos, ainda que sua pretensão seja legítima.
- Por vezes, a lei autoriza que a pessoa defenda sua pretensão sem necessidade de buscar a tutela jurisdicional**.**
- Exemplo: O possuidor turbado, ou esbulhado, poderá manter-se ou restituir-se **por sua própria força**, contanto que o **faça logo**; os atos de defesa, ou de desforço, não podem ir além do indispensável à manutenção, ou restituição da posse (art. 1.2010, § 1°, CP).
- **Pena: detenção, de quinze dias a um mês, ou multa, além da pena correspondente à violência.**
- **Ação penal:** em regra, se procede **mediante queixa** (ação penal privada). Se houver violência, a ação penal é pública incondicionada.

Art. 346, CP, Subtração, supressão ou danificação de coisa própria no legítimo poder de terceiro

- Conduta criminosa**: Tirar, suprimir, destruir ou danificar** coisa própria, que se acha em poder de terceiro por determinação judicial ou convenção.
- Mais uma vez, o Estado tutela o monopólio da prestação jurisdicional.
- O bem pertence ao agente, mas por decisão judicial ou contrato, tal bem está na posse de outra pessoa. O dano então tira, suprimi, destrói ou danifica tal bem.
- **Pena: detenção, de seis meses a dois anos, e multa.**

Art. 347, CP, Fraude processual

- Conduta criminosa**: Inovar** artificiosamente, na pendência de processo civil ou administrativo, o estado de lugar, de coisa ou de pessoa, com o fim de induzir a erro o juiz ou o perito**.**

Tipo penal	a) a conduta consiste em **inovar** (mudar, alterar), b) **artificiosamente** (mediante artifício ou ardil); c) o estado de **lugar**, de **coisa** ou de **pessoa**; d) com o **fim** de **induzir a erro ou juiz ou o perito**.

- **Pena: detenção, de três meses a dois anos, e multa.**
- **Causa de aumento de pena:** Se a inovação se destina a produzir efeito em **processo penal**, ainda que **não iniciado**, as penas aplicam-se em **dobro.**

Inovação artificial em processo civil ou administrativo	Inovação artificial em processo penal
O processo já **deve ter se iniciado (pendência)**	A inovação pode ocorrer mesmo antes de iniciado o processo

Art. 357, CP, Exploração de prestígio

- Conduta criminosa**: Solicitar ou receber** dinheiro ou qualquer outra utilidade, a pretexto de influir em juiz, jurado, órgão do Ministério Público, funcionário de justiça, perito, tradutor, intérprete ou testemunha:
- Esse crime se assemelha ao de tráfico de influência a diferença é que a suposta influência vai recair sobre **juiz, jurado, órgão do Ministério Público, funcionário de justiça, perito, tradutor, intérprete ou testemunha**.
- **Pena: reclusão, de um a cinco anos, e multa.**
- **Causa de aumento de pena:** As penas aumentam-se de **um terço,** se o agente alega ou insinua que o dinheiro ou utilidade também se destina a qualquer das pessoas referidas neste artigo.

Art. 359, CP, Desobediência a decisão judicial sobre perda ou suspensão de direito

- Conduta criminosa**: Exercer** função, atividade, direito, autoridade ou múnus, de que foi suspenso ou privado por decisão judicial.
- Há ordem judicial que proíbe ou suspende a pessoa de praticar função atividade, direito, autoridade ou múnus.
- O crime ocorre caso o agente desobedece a essa ordem judicial.
- **Pena: detenção, de três meses a dois anos, ou multa.**

18. LEGISLAÇÃO EXTRAVAGANTE

18.1. CÓDIGO DE DEFESA DO CONSUMIDOR

- Uma das grandes preocupações do Código de Defesa do Consumidor é tutelar o consumidor da propaganda enganosa. E, assim, enumera quatro condutas como criminosas.
- Art. 66. Fazer afirmação falsa ou enganosa, ou omitir informação relevante sobre a natureza, característica, qualidade, quantidade, segurança, desempenho, durabilidade, preço ou garantia de produtos ou serviços.
- Art. 67. Fazer ou promover publicidade que sabe ou deveria saber ser enganosa ou abusiva.
- Art. 68. Fazer ou promover publicidade que sabe ou deveria saber ser capaz de induzir o consumidor a se comportar de forma prejudicial ou perigosa a sua saúde ou segurança.
- Art. 69. Deixar de organizar dados fáticos, técnicos e científicos que dão base à publicidade.

18.2. CRIMES AMBIENTAIS

- Meio ambiente é o conjunto de condições, leis, influências, alterações e interações de ordem física, química e biológica que permite, abriga e rege a vida em todas essas formas.
- Os crimes ambientais podem ser cometidos por pessoas naturais e jurídicas.
- **Teoria da dupla imputação:** a pessoa jurídica só responde criminalmente se a conduta também for imputada à pessoa física responsável pela conduta da empresa que causou o dano.
- O STF passou a entender que **não se aplica a teoria da dupla imputação em crime ambiental** em face do postulado constitucional de **tutela integral de meio ambiente** (RE 548.181/PR, de relatoria da Ministra Rosa Weber).
- Com isso, pode a pessoa jurídica responder penalmente por crime ambiental, mesmo que seus diretores (pessoas físicas) sejam absolvidos.
- O baixo grau de instrução ou escolaridade do agente não exclui o crime, mas é atenuante genérica.
- Nos crimes ambientais de menor potencial ofensivo, se admite a transação penal, desde que haja prévia composição do dano ambiental, salvo em caso de comprovada impossibilidade.
- Praticar ato de abuso, maus-tratos, ferir ou mutilar animais silvestres, domésticos ou domesticados, nativos ou exóticos constitui crime. É o que ocorre nas **brigas de galo**.
- Para efeitos da norma penal-ambiental, considera-se pesca todo ato tendente de retirar grupos de **peixe, crustáceos, moluscos e vegetais hidróbios.**
- A mera **utilização** de floresta considerada área de preservação permanente constitui crime, se não observadas normas de proteção ambiental.
- Destruir **plantas de ornamentação** de logradouros públicos e em propriedade privada constitui crime ambiental.

18.3. CRIMES HEDIONDOS

- Trata-se de mandado de criminalização da Constituição Federal a previsão legal de crimes hediondos (art. 5º, XLIII, CF/88).
- Crimes equiparados a hediondos – previsão mínima da CF/88: **a tortura, o tráfico ilícito de entorpecentes e drogas afins e o terrorismo.**
- O Brasil adotou o critério legal para definição de crimes hediondos: rol taxativo previsto no art. 1º da Lei nº 8.072/90.

Rol de crimes hediondos atualizado pela Lei Anticrime	I – homicídio (art. 121), quando praticado em atividade típica de grupo de extermínio, ainda que cometido por um só agente, e homicídio qualificado (art. 121, § 2º, incisos I, II, III, IV, V, VI, VII e VIII); I-A – lesão corporal dolosa de natureza gravíssima (art. 129, § 2º) e lesão corporal seguida de morte (art. 129, § 3o), quando praticadas contra autoridade ou agente descrito nos arts. 142 e 144 da Constituição Federal, integrantes do sistema prisional e da Força Nacional de Segurança Pública, no exercício da função ou em decorrência dela, ou contra seu cônjuge, companheiro ou parente consanguíneo até terceiro grau, em razão dessa condição; II – roubo: a) circunstanciado pela restrição de liberdade da vítima (art. 157, § 2º, inciso V); b) circunstanciado pelo emprego de arma de fogo (art. 157, § 2º-A, inciso I) ou pelo emprego de arma de fogo de uso proibido ou restrito (art. 157, § 2º-B); c) qualificado pelo resultado lesão corporal grave ou morte (art. 157, § 3º); III – extorsão qualificada pela restrição da liberdade da vítima, ocorrência de lesão corporal ou morte (art. 158, § 3º); IV – extorsão mediante sequestro e na forma qualificada (art. 159, caput, e §§ 1º, 2º e 3º); V – estupro (art. 213, caput e §§ 1º e 2º); VI – estupro de vulnerável (art. 217-A, caput e §§ 1º, 2º, 3º e 4º); VII – epidemia com resultado morte (art. 267, § 1º); VII-B – falsificação, corrupção, adulteração ou alteração de produto destinado a fins terapêuticos ou medicinais (art. 273, caput e § 1º, § 1º-A e § 1º-B, com a redação dada pela Lei no 9.677, de 2 de julho de 1998). VIII – favorecimento da prostituição ou de outra forma de exploração sexual de criança ou adolescente ou de vulnerável (art. 218-B, caput, e §§ 1º e 2º). IX – furto qualificado pelo emprego de explosivo ou de artefato análogo que cause perigo comum (art. 155, § 4º-A).

Rol de crimes hediondos atualizado pela Lei Anticrime	X – induzimento, instigação ou auxílio a suicídio ou a automutilação realizados por meio da rede de computadores, de rede social ou transmitidos em tempo real (art. 122, caput e § 4º); XI – sequestro e cárcere privado cometido contra menor de 18 (dezoito) anos (art. 148, § 1º, inciso IV); XII – tráfico de pessoas cometido contra criança ou adolescente (art. 149-A, caput, incisos I a V, e § 1º, inciso II).

Consideram-se também hediondos, tentados ou consumados:	I – o crime de genocídio, previsto nos arts. 1º, 2º e 3º da Lei nº 2.889, de 1º de outubro de 1956; II – o crime de posse ou porte ilegal de arma de fogo de uso proibido, previsto no art. 16 da Lei nº 10.826, de 22 de dezembro de 2003; III – o crime de comércio ilegal de armas de fogo, previsto no art. 17 da Lei nº 10.826, de 22 de dezembro de 2003; IV – o crime de tráfico internacional de arma de fogo, acessório ou munição, previsto no art. 18 da Lei nº 10.826, de 22 de dezembro de 2003; V – o crime de organização criminosa, quando direcionado à prática de crime hediondo ou equiparado VI – os crimes previstos no Código Penal Militar, que apresentem identidade com os crimes previstos no art. 1º da Lei de Crimes Hediondos. VII – os crimes previstos no § 1º do art. 240 e no art. 241-B da Lei nº 8.069, de 13 de julho de 1990 (Estatuto da Criança e do Adolescente)."

- **Além desses crimes, em decorrência de mandado de criminalização constitucional, são equiparados a hediondo os crimes de a prática da tortura, o tráfico ilícito de entorpecentes e drogas afins e o terrorismo.**

Consequências mais gravosas em caso de crime hediondo ou equiparado	I - Prazo de progressão de regime: a) 40% (quarenta por cento) da pena, se o apenado for condenado pela prática de crime hediondo ou equiparado, se for primário; b) 50% (cinquenta por cento) da pena, se o apenado for: a) condenado pela prática de crime hediondo ou equiparado, com resultado morte, se for primário, vedado o livramento condicional; b) condenado por exercer o comando, individual ou coletivo, de organização criminosa estruturada para a prática de crime hediondo ou equiparado; c - 60% (sessenta por cento) da pena, se o apenado for reincidente na prática de crime hediondo ou equiparado;

Consequências mais gravosas em caso de crime hediondo ou equiparado	d - 70% (setenta por cento) da pena, se o apenado for reincidente em crime hediondo ou equiparado com resultado morte, vedado o livramento condicional. II - Não terá direito à saída temporária a que se refere o caput deste artigo o condenado que cumpre pena por praticar crime hediondo com resultado morte. III – Prazo da prisão temporária: 30 dias com possibilidade de prorrogação; IV – Forma qualificada de associação criminosa: pena de três anos a seis anos de reclusão;. V – Inaplicabilidade de concessão de anistia, graça e indulto; VI – Regime inicial fechado (Mas, de acordo com a jurisprudência, é possível a fixação de regime prisional diferente do fechado para o início do cumprimento de pena imposta ao condenado por tráfico de drogas. O STF declarou a inconstitucionalidade do § 1º do art. 2º da Lei n. 8.072/1990, com redação dada pela Lei n 11.464/2007, afastando a obrigatoriedade do regime inicial fechado para os condenados por crimes hediondos e por aqueles a eles equiparados, como é o caso do tráfico de drogas. Precedentes citados do STF: HC 111.247-MG, DJe 12/4/2012; HC 111.840-ES, DJe 2/2/2012 ; do STJ: HC 118.776-RS, DJe 23/8/2010, e HC 196.199-RS, DJe 14/4/2011. EREsp 1.285.631-SP, Rel. Min. Sebastião Reis Junior, julgado em 24/10/2012. VII -

18.4. LEI DE LAVAGEM DE DINHEIRO

- Trata-se da Lei nº 9.613/98.
- Consiste a lavagem de dinheiro nos atos de ocultar ou dissimular a natureza, origem, localização, disposição, movimentação ou propriedade de bens, direitos ou valores provenientes, direta ou indiretamente, de **infração penal.**
- O crime de lavagem de dinheiro exige uma infração penal antecedente, cujo produto será o objeto da lavagem.
- Com a Lei nº 12.683/2012, a infração penal antecedente pode ser **crime ou contravenção penal.**

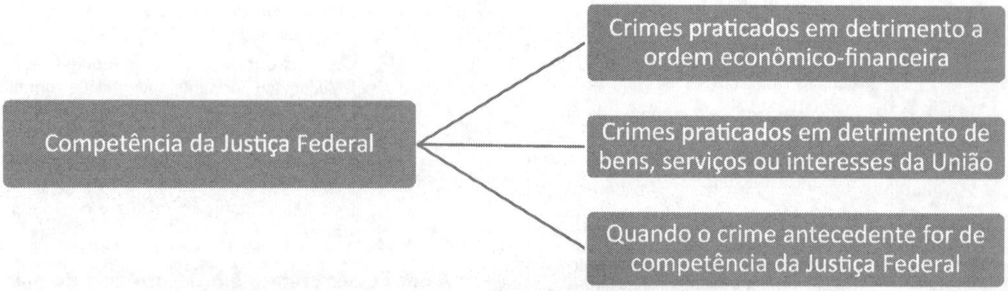

- Causas especiais de aumento de pena: crime de lavagem de dinheiro praticado de forma habitual ou por crime organizado.
- **Para a apuração do crime de que trata este artigo, admite-se a utilização da ação controlada e da infiltração de agentes (Inovação trazida pela Lei Anticrime).**

18.5. LEI DE TORTURA

- Tortura é um crime equiparado a hediondo, consistente, em síntese, no emprego de grave ameaça ou violência, que cause sofrimento físico ou mental à vítima.
- No Brasil, o funcionário público e o particular podem ser sujeito ativo do crime de tortura.

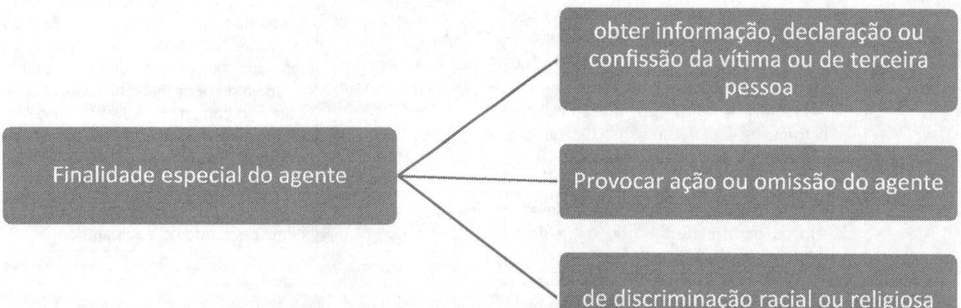

- Tortura imprópria: art. 1º, § 2º, da Lei de Tortura – **OMISSÃO DO AGENTE,** que tinha o dever de evitá-la ou puni-la.
- Crime qualificado: se da tortura resulta **morte ou lesões corporais graves ou gravíssimas.**
- **Princípio da extraterritorialidade incondicionada:** aplicação da lei brasileira, ainda que o fato tenha acontecido no exterior, mas se a vítima é brasileira ou se o agente se encontrar em local sob jurisdição brasileira.

18.6. LEI DE DROGAS

- A Lei nº 11.343/06 trouxe dois sistemas de repressão bem diferentes para quem porta a droga para consumo pessoal e para quem promove o tráfico de drogas.
- Para quem visa o consumo próprio, a Lei prevê apenas penas restritivas de direito: advertência sobre os efeitos das drogas; prestação de serviços à comunidade e medida educativa de comparecimento a programa ou curso educativo.
- As penas de prestação de serviços à comunidade e medida educativa de comparecimento a programa ou curso educativo são pelo período de cinco meses, salvo se a pessoa for reincidente, quando a pena será de dez meses.
- Para determinar se a droga destinava-se a consumo pessoal, o juiz atenderá à natureza e à quantidade da substância apreendida, ao local e às condições em que se desenvolveu a ação, às circunstâncias sociais e pessoais, bem como à conduta e aos antecedentes do agente.
- Prescrevem em 2 (dois) anos a imposição e a execução das penas do crime do art. 28 da Lei nº 11.343/06.
- Já para o crime de tráfico de drogas, equiparado a hediondo, são reservadas penas privativas de liberdade e de multa bem mais elevadas.
- No crime de tráfico, a intenção do agente é disseminar a droga a terceiras pessoas, ainda que gratuitamente.
- Oferecer droga, eventualmente e sem objetivo de lucro, a pessoa de seu relacionamento, para juntos a consumirem é o crime previsto no art. 33, § 3º, Lei nº 11.343/06.
- Causa de diminuição de pena: o agente seja primário, de bons antecedentes, não se dedique às atividades criminosas nem integre organização criminosa.
- **TEMA 600 DOS RECURSOS REPETITIVOS DO STJ:** O Supremo Tribunal Federal, no recente julgamento do HC 118.533/MS, firmou entendimento de que apenas as modalidades de tráfico ilícito de drogas definidas no art. 33, caput e § 1°, da Lei nº 11.343/2006 seriam equiparadas aos crimes hediondos, enquanto referido delito na modalidade privilegiada apresentaria "contornos mais benignos, menos gravosos, notadamente porque são relevados o envolvimento ocasional do agente com o delito, a não reincidência, a ausência de maus antecedentes e a inexistência de vínculo com organização criminosa."
- A Lei Anticrime estabeleceu que, para efeitos de execução penal, o art. 33, § 4º, da Lei de Drogas, não é considerado hediondo.
- No dia 12/05/2023, o STF aprovou nova súmula vinculante: "É impositiva a fixação do regime aberto e a substituição da pena privativa de liberdade por restritiva de direitos quando reconhecida a figura do tráfico privilegiado (art. 33, § 4º, da Lei 11.343/06) e ausentes vetores negativos na primeira fase da dosimetria (art. 59 do CP), observados os requisitos do art. 33, § 2º, alínea c e do art. 44, ambos do Código Penal."
- No crime de associação para o tráfico de drogas, se exige estabilidade na conduta de duas ou mais pessoas voltadas para o mesmo fim, qual seja o tráfico de drogas.
- Médico, farmacêutico ou enfermeiro podem praticar o crime próprio do art. 38 da Lei nº 11.343/06.
- O art. 40 da Lei de Drogas prevê causas de aumento de pena de um sexto a dois terços, tai como:
- A infração tiver sido cometida nas dependências ou imediações de estabelecimentos prisionais, de ensino ou hospitalares, de sedes de entidades estudantis, sociais, culturais, recreativas, esportivas, ou beneficentes, de locais de trabalho coletivo, de recintos onde se realizem espetáculos ou diversões de qualquer natureza, de serviços de tratamento de dependentes de drogas ou de reinserção social, de unidades militares ou policiais ou em transportes públicos.
- Sua prática envolver ou visar a atingir criança ou adolescente ou a quem tenha, por qualquer motivo, diminuída ou suprimida a capacidade de entendimento e determinação.
- É pacífico na jurisprudência do STF e do STJ a inconstitucionalidade do art. 44 da Lei de Drogas no ponto em que veda a concessão de liberdade e a conversão das penas em restritivas de direitos para o crime de tráfico.

18.7. ESTATUTO DA CRIANÇA E DO ADOLESCENTE

- Considera-se ato infracional a conduta descrita como **crime ou contravenção penal** praticada por criança e adolescente.
- A criança que cometer ato infracional será submetida a medias protetivas do art. 101, ECA.
- O adolescente que comete ato infracional está submetido a **medida socioeducativa e/ou protetiva.**
- No Título VII, o ECA trata dos crimes e das infrações administrativas relacionadas à proteção integral da criança e do adolescente.

- Os crimes do ECA tem como objetividade jurídica a tutela dos direitos e garantias fundamentais da criança e do adolescente.

Art. 228, ECA: Deixar o encarregado de serviço ou o dirigente de estabelecimento de atenção à saúde de gestante de manter registro das atividades desenvolvidas, na forma e prazo referidos no art. 10 do ECA, bem como de fornecer à parturiente ou a seu responsável, por ocasião da alta médica, declaração de nascimento, onde constem as intercorrências do parto e do desenvolvimento do neonato	C**rime omissivo próprio**, pois a conduta descrita é "Deixar" **Crime próprio:** exige qualidade especial do sujeito ativo: encarregado do serviço ou dirigente de atenção à saúde Elemento subjetivo: dolo ou culpa
Art. 229, ECA: Deixar o médico, enfermeiro ou dirigente de estabelecimento de atenção à saúde de gestante de identificar corretamente o neonato e a parturiente, por ocasião do parto, bem como deixar de proceder aos exames referidos no art. 10 do ECA.	**Crime omissivo próprio**, pois a conduta descrita é "Deixar" **Crime próprio:** exige qualidade especial do sujeito ativo: médico, enfermeiro ou dirigente de atenção à saúde Elemento subjetivo: dolo ou culpa
Art. 230, ECA: Privar a criança ou o adolescente de sua liberdade, procedendo à sua apreensão sem estar em flagrante de ato infracional ou inexistindo ordem escrita da autoridade judiciária competente.	Nesse tipo penal, se tutela o direito de locomoção da criança e do adolescente, que só pode ser privado em caso de flagrante de ato infracional ou por ordem judicial. Incide na mesma pena aquele que não obedecer as formalidades legais no ato de apreensão. Esse crime está relacionado ao cometimento ou não de ato infracional. Outras hipóteses de privação de liberdade podem configurar outros crimes previstos na legislação penal, como sequestro ou cárcere privado e extorsão mediante sequestro.
Art. 231, ECA: Deixar a autoridade policial responsável pela apreensão de criança ou adolescente de fazer imediata comunicação à autoridade judiciária competente e à família do apreendido ou à pessoa por ele indicada	Também se trata de crime próprio, pois exige qualidade especial do sujeito ativo que deve ser Autoridade Policial. Também é crime omissivo próprio. Tutela-se o direito da criança e do adolescente de ter a sua apreensão comunicada à Autoridade Judiciária e à família ou pessoa por ele indicada.
Art. 232, ECA: Submeter criança ou adolescente sob sua autoridade, guarda ou vigilância a vexame ou a constrangimento	Trata-se de crime próprio, pois se exige qualidade de subordinação do ofendido ao autor do crime. Vexame ou constrangimento significa colocar a vítima em situação vergonhosa, humilhante etc. Como o pai que coloca o seu filho sem roupas, como se fosse um castigo, em exposição a outras pessoas em via pública.
Art. 234, ECA: Deixar a autoridade competente, sem justa causa, de ordenar a imediata liberação de criança ou adolescente, tão logo tenha conhecimento da ilegalidade da apreensão.	Trata-se de crime próprio, pois se exige qualidade especial do sujeito ativo, pois se refere à autoridade competente, que, no caso, pode ser **policial ou judicial**.. A regra é que criança e adolescente fiquem em liberdade, ainda que respondam a ato infracional. A exceção é a apreensão que se for manifestamente ilegal pode a autoridade responde ao crime.
Art. 235, ECA: Descumprir, injustificadamente, prazo fixado no ECA em benefício de adolescente privado de liberdade.	O ECA estabelece alguns prazos em benefício do adolescente apreendido. É o caso do prazo de 45 dias da chamada internação provisória. Transcorrido esse prazo, pode haver o crime em comento.
Art. 236, ECA. Impedir ou embaraçar a ação de autoridade judiciária, membro do Conselho Tutelar ou representante do Ministério Público no exercício de função prevista no ECA.	Tutela-se a atuação de órgãos de proteção dos direitos e garantias fundamentais de criança e do adolescente, como o Conselho Tutelar.
Art. 237, ECA. Subtrair criança ou adolescente ao poder de quem o tem sob sua guarda em virtude de lei ou ordem judicial, com o fim de colocação em lar substituto:	Nesse crime, o sujeito ativo retira a criança e adolescente da pessoa que lhe tem a guarda legal ou judicial. A mera guarda de fato não é tutelada no crime em tela, que exige ainda um elemento subjetivo específico do tipo penal, qual seja que a subtração se dê com a finalidade de colocar a criança ou adolescente em lar substituto.
Art. 238, ECA. Prometer ou efetivar a entrega de filho ou pupilo a terceiro, mediante paga ou recompensa	O termo filho se refere tanto aos já nascidos, quanto aos nascituros (já concebidos, mas não nascidos). Deve haver uma promessa precisa, de modo que mera avença genérica não configura o crime.

Art. 239, ECA. Promover ou auxiliar a efetivação de ato destinado ao envio de criança ou adolescente para o exterior com inobservância das formalidades legais ou com o fito de obter lucro.	Esse crime foi, parcialmente, derrogado pelo crime de tráfico de pessoas (art. 149-A, CP), do qual é subsidiário. Assim, só há sua incidência se não constituir o crime do CP.

Art. 240, ECA. Produzir, reproduzir, dirigir, fotografar, filmar ou registrar, por qualquer meio, cena de sexo explícito ou pornográfica, envolvendo criança ou adolescente..	O tipo penal visa tutelar o sadio desenvolvimento da sexualidade da criança e do adolescente, além de preservação de sua imagem. Em caso de relação sexual, pode haver o crime de estupro de vulnerável, se a vítima for menor de 14 anos. Nesse caso, há concurso entre o art. 240, ECA, e o art. 217-A, CP.

Art. 241, ECA. Vender ou expor à venda fotografia, vídeo ou outro registro que contenha cena de sexo explícito ou pornográfica envolvendo criança ou adolescente	O tipo penal visa tutelar o sadio desenvolvimento da sexualidade da criança e do adolescente, além de preservação de sua imagem. Mas, no caso do crime presente, o agente vende ou expõe à venda o material com sexo explícito ou pornografia com criança ou adolescente.

Art. 241-A, ECA. Oferecer, trocar, disponibilizar, transmitir, distribuir, publicar ou divulgar por qualquer meio, inclusive por meio de sistema de informática ou telemático, fotografia, vídeo ou outro registro que contenha cena de sexo explícito ou pornográfica envolvendo criança ou adolescente	O tipo penal visa tutelar o sadio desenvolvimento da sexualidade da criança e do adolescente, além de preservação de sua imagem. Mas, no caso do crime presente, o agente divulga o material por outras formas sem venda, o que faz com que a figura seja considerada privilegiada em relação ao tipo penal anterior, com patamar de pena menor.

Art. 241-B, ECA. Adquirir, possuir ou armazenar, por qualquer meio, fotografia, vídeo ou outra forma de registro que contenha cena de sexo explícito ou pornográfica envolvendo criança ou adolescente	O tipo penal visa tutelar o sadio desenvolvimento da sexualidade da criança e do adolescente, além de preservação de sua imagem. Mas, no caso do crime presente, o agente é o destinatário do material, ao adquirir, possuir ou armazená-lo. Incide nessa pena quem armazena imagens pornográficas em computadores e celulares.

Art. 241-C, ECA. Simular a participação de criança ou adolescente em cena de sexo explícito ou pornográfica por meio de adulteração, montagem ou modificação de fotografia, vídeo ou qualquer outra forma de representação visual	Nesse tipo penal, o agente simula a participação de criança ou adolescente em cena de sexo explícito ou pornográfico, mediante montagem ou adulteração.

Art. 241-D, ECA. Aliciar, assediar, instigar ou constranger, por qualquer meio de comunicação, criança, com o fim de com ela praticar ato libidinoso:	Nesse tipo penal, o agente atrai a criança ou adolescente para a prática de ato libidinoso, valendo-se de qualquer meio de comunicação, como internet.

Art. 241-E, ECA. Para efeito dos crimes previstos no ECA, a expressão "cena de sexo explícito ou pornográfica" compreende qualquer situação que envolva criança ou adolescente em atividades sexuais explícitas, reais ou simuladas, ou exibição dos órgãos genitais de uma criança ou adolescente para fins primordialmente sexuais. :	Trata-se de norma penal explicativa, pois o explica o conceito de cena de sexo explícito e de pornografia para fins de ECA, notadamente, para os crimes dos arts. 241.

Art. 242, ECA. Vender, fornecer ainda que gratuitamente ou entregar, de qualquer forma, a criança ou adolescente arma, munição ou explosivo.	Esse crime foi revogado implicitamente pelo art. 16, parágrafo único, IV, do Estatuo do Desarmamento.

Art. 243, ECA. Vender, fornecer, servir, ministrar ou entregar, ainda que gratuitamente, de qualquer forma, a criança ou a adolescente, bebida alcoólica ou, sem justa causa, outros produtos cujos componentes possam causar dependência física ou psíquica.	Elemento normativo do tipo: sem justa causa. Servir remédio que cause dependência à criança ou adolescente, sem que ele necessite por não estar doente, pode fazer incidir o crime. Se a criança ou adolescente, necessitar do remédio por estar doente, há a justa causa e se afasta a tipicidade penal. Caso a substância seja considerada droga pela ANVISA para efeitos da Lei nº 11.343/06, a conduta do agente incide em um dos crimes da Lei de Drogas, como o art. 33, afastando-se a incidência do crime em comento.

Art. 244, ECA. Vender, fornecer ainda que gratuitamente ou entregar, de qualquer forma, a criança ou adolescente fogos de estampido ou de artifício, exceto aqueles que, pelo seu reduzido potencial, sejam incapazes de provocar qualquer dano físico em caso de utilização indevida	O objeto material do crime presente é fogos de estampido ou de artifício que causem perigo concreto à integridade física de criança ou adolescente. Se não houver perigo, não há crime.

Art. 244-A, ECA. Submeter criança ou adolescente, como tais definidos no caput do art. 2o desta Lei, à prostituição ou à exploração sexual.	Esse tipo penal foi revogado implicitamente pelo art. 218-B do Código Penal: Submeter, induzir ou atrair à prostituição ou outra forma de exploração sexual alguém menor de 18 (dezoito) anos ou que, por enfermidade ou deficiência mental, não tem o necessário discernimento para a prática do ato, facilitá-la, impedir ou dificultar que a abandone

Art. 244-B, ECA. Corromper ou facilitar a corrupção de menor de 18 (dezoito) anos, com ele praticando infração penal ou induzindo-o a praticá-la.	"Para a configuração do crime de corrupção de menores, atual artigo 244-B do Estatuto da Criança e do Adolescente, não se faz necessária a prova da efetiva corrupção do menor, uma vez que se trata de delito formal, cujo bem jurídico tutelado pela norma visa, sobretudo, a impedir que o maior imputável induza ou facilite a inserção ou a manutenção do menor na esfera criminal." (REsp 1.127.954/DF, Relator Ministro MARCO AURÉLIO BELLIZZE, Terceira Seção, DJe 1/2/2012). Nesse sentido, é o Enunciado nº 500 do STJ.

18.8. ESTATUTO DO DESARMAMENTO

1 – **Posse irregular de arma de fogo de uso permitido (art. 12, ED):** Possuir ou manter sob sua guarda arma de fogo, acessório ou munição, de uso permitido, **em desacordo com determinação legal ou regulamentar, no interior de sua residência ou dependência desta, ou, ainda no seu local de trabalho**, desde que seja o titular ou o responsável legal do estabelecimento ou empresa.

- **Trata-se de crime de perigo abstrato e de mera conduta e, portanto, segundo a jurisprudência dos Tribunais Superiores:**
  a) É **irrelevante** que haja **dano ou efetivo perigo** da posse de arma em desacordo com determinação legal;
  b) Não é necessária a realização de laudo pericial para a configuração do tipo penal. Porém, se este for feito e ficar demonstrado que a arma de fogo é ineficaz para o uso, a conduta é atípica.
  c) A arma de fogo de uso permitido **desmuniciada** não afasta os crimes de posse ou porte de arma de fogo.
  d) Princípio da insignificância: "A Sexta Turma do Superior Tribunal de Justiça, alinhando-se ao Supremo Tribunal Federal, tem entendido pela **possibilidade da aplicação do princípio da insignificância** aos crimes previstos na Lei nº 10.826/03, a despeito de serem delitos de mera conduta, afastando, assim, a tipicidade material, quando **evidenciada flagrante desproporcionalidade da resposta penal**. 2. Ainda que formalmente típica, a apreensão de apenas **5 munições na residência do réu, desacompanhada de arma de fogo, é desprovida de lesividade ao bem jurídico tutelado** (STJ – AgRg. no AREsp. N. 1.269.446/SP. Rel. Min. Nefi Cordeiro. DJ. 27/11/2018).
- Decreto nº 9.685, de 15 janeiro de 2019: trata-se de Decreto editado pelo Poder Executivo para regulamentar a posse de armas de fogo.
- Esse decreto não revogou o art. 12 do ED, pois decreto não revoga lei. Não houve abolitio criminis. Continua sendo crime a posse de arma de fogo em desacordo com determinação legal ou regulamentar.
- A norma do art. 12 do ED é norma penal em branco, pois a ocorrência do crime depende de complementação: desobediência ao que determina a lei ou o regulamento. Esse regulamento é o Decreto 5.123/2004, que foi modificado pelo Decreto n. 9.685/2019, com a finalidade de diminuir as exigências para a posse de arma de fogo.
- Um dos efeitos do Decreto n. 9.685/2019 foi a renovação automática dos registros de arma de fogo concedidos antes da sua publicação. Aqueles que estavam com o registro vencido, em tese, se fossem flagrados na posse de arma de fogo, poderiam incidir no art. 12 do ED. Porém, com a edição do Decreto n. 9.685/2019, os registros foram renovados e a situação regularizada. **Nesses casos específicos**, houve *abolitio criminis* com retroatividade da norma para beneficiar o réu.

2 – **Omissão de cautela (art. 13, ED):** Deixar de observar as cautelas necessárias para impedir que **menor de 18 (dezoito) anos ou pessoa portadora de deficiência mental** se apodere de arma de fogo que esteja sob sua posse ou que seja de sua propriedade:

- **Trata-se de crime de omissivo próprio, porque a conduta descrita no tipo penal é omissiva: "Deixar de...".**
- **Trata-se de crime doloso.**
- **Elemento normativo do tipo: cautelas necessárias. O juiz no caso concreto vai analisar se o sujeito ativo deixou de observar os cuidados necessários que se espera do homem médio na guarda da arma em local que há menor de dezoito anos ou portador de doença mental.**

- **De acordo com a doutrina, trata-se de crime de perigo concreto, devendo o menor de dezoito anos ou o deficiente mental se apodere da arma em decorrência da omissão de cautela.**

3 – **Porte ilegal de arma de fogo de uso permitido (art. 14, ED):** Portar, deter, adquirir, fornecer, receber, ter em depósito, transportar, ceder, ainda que gratuitamente, emprestar, remeter, empregar, manter sob guarda ou ocultar arma de fogo, acessório ou munição, de uso permitido, sem autorização e em desacordo com determinação legal ou regulamentar.

- **Trata-se de crime com as mesmas características do art. 12, ED, com diferença que, no art. 14, ED, o agente pratica o crime fora de sua residência ou dependência desta, ou, ainda fora do seu local de trabalho, desde que seja o titular ou o responsável legal do estabelecimento ou empresa.**

Posse de arma de fogo	Porte de arma de fogo
Conduta em manter no interior de **residência** (ou dependência desta) ou no **local de trabalho** a arma de fogo	Pressupõe que a arma de fogo esteja fora da residência ou local de trabalho

- Se o agente mantém a arma de fogo em seu local de trabalho, mas não é o titular ou o responsável legal do estabelecimento ou da empresa, responde pelo crime do art. 14, ED.
- Diante das mesmas características do crime do art. 12, ED (crime de perigo abstrato e de mera conduta), aplicam-se as mesmas disposições da jurisprudência dos Tribunais Superiores, enumeradas nos itens a, b, c e d, comentadas no art. 12, ED, acima.
- art. 14, parágrafo único, ED: o crime do art. 14, ED é inafiançável. Mas, na ADI n. 3.112, o STF declarou inconstitucional, pois não há previsão expressa nesse sentido na CF. Portanto, se trata de crime afiançável.

4 – **Disparo de arma de fogo (art. 15, ED):** Disparar arma de fogo ou acionar munição em lugar habitado ou em suas adjacências, em via pública ou em direção a ela, desde que essa conduta não tenha como finalidade a prática de outro crime.

- **Crime subsidiário:** só o crime do art. 15, ED, se a conduta não tenha como finalidade a prática de outro crime (art. 15, Estatuto do Desarmamento). Assim, quem dispara em via pública para matar alguém responde apenas pelo **crime de homicídio**.
- **art. 15, parágrafo único, ED: o crime do art. 15, ED é inafiançável. Mas, na ADI n. 3.112, o STF declarou inconstitucional, pois não há previsão expressa nesse sentido na CF. Portanto, se trata de crime afiançável.**

5 – **Posse ou porte ilegal de arma de fogo de uso restrito (art. 16, ED):** Possuir, deter, portar, adquirir, fornecer, receber, ter em depósito, transportar, ceder, ainda que gratuitamente, emprestar, remeter, empregar, manter sob sua guarda ou ocultar **arma de fogo, acessório ou munição de uso restrito**, sem autorização e em desacordo com determinação legal ou regulamentar.

- **Objeto material:** arma de fogo, acessório ou munição de **uso proibido ou restrito**. Ao contrário dos crimes dos arts. 12 e 14, em que o objeto material é o de **uso permitido**.
- **Pune-se tanto a posse, quanto o porte de arma de fogo de uso restrito ou proibido. Pode o juiz levar em conta a diferença no momento de aplicação da pena.**
- **Forma equiparada: art. 16, § 1º, ED: exemplo: arma de fogo de uso permitido que esteja com numeração, marca ou qualquer outro sinal de identificação raspado, suprimido ou adulterado (art. 16, § 1º, IV, ED – redação dada pela Lei Anticrime).**
- **Forma qualificada: art. 16, § 2º, ED: Se as condutas descritas no caput e no § 1º deste artigo envolverem arma de fogo de uso proibido, a pena é de reclusão, de 4 (quatro) a 12 (doze) anos.**

6 – **Comércio ilegal de arma de fogo (art. 17, ED):** Adquirir, alugar, receber, transportar, conduzir, ocultar, ter em depósito, desmontar, montar, remontar, adulterar, vender, expor à venda, ou de qualquer forma utilizar, **em proveito próprio ou alheio, no exercício de atividade comercial ou industrial**, arma de fogo, acessório ou munição, sem autorização ou em desacordo com determinação legal ou regulamentar.

- **É permitida a comercialização de arma de fogo no território brasileiro, pois o art. 35, ED, que proibia tal atividade, foi rejeitado pela população em referendo.**
- **O crime ocorre se a comercialização é feita em desacordo com a determinação legal ou regulamentar.**
- **Trata-se de crime próprio, porque o sujeito ativo deve ser comerciante ou industrial, cujo objeto da atividade seja a comercialização ou industrialização de arma de fogo.**
- **Figura equiparada ao comércio ou indústria de arma de fogo: qualquer forma de prestação de serviços, fabricação ou comércio irregular ou clandestino, inclusive o exercido em residência.**
- **Trata-se de crime de perigo abstrato e de mera conduta.**

7 – **Tráfico internacional de arma de fogo (art. 18, ED):** Importar, exportar, favorecer a entrada ou

saída do território nacional, a qualquer título, de arma de fogo, acessório ou munição, sem autorização da autoridade competente.

- **Nesse artigo, há atividade comercial, mas há tráfico internacional.**
- **Competência para julgamento: Justiça Federal.**

8 – **Causas de aumento de pena (art. 19, ED):** Nos crimes previstos nos **arts. 17 e 18** (comércio ilegal de arma de fogo e tráfico internacional de arma de fogo), a pena é aumentada da metade se a arma de fogo, acessório ou munição forem de uso proibido ou restrito.

9 – **Causas de aumento de pena (art. 19, ED):** Nos crimes previstos nos **arts. 14, 15, 16, 17 e 18** (Porte ilegal de arma de fogo de uso permitido**,** Disparo de arma de fogo, Posse ou porte ilegal de arma de fogo de uso restrito comércio ilegal de arma de fogo e tráfico internacional de arma de fogo), a pena é aumentada da metade se forem praticados por integrante dos órgãos e empresas referidas nos arts. 6o, 7o e 8o desta Lei.

10 – **Prisão preventiva obrigatória (art. 21, ED):** Os crimes previstos nos **arts. 16, 17 e 18** (Posse ou porte ilegal de arma de fogo de uso restrito comércio ilegal de arma de fogo e tráfico internacional de arma de fogo) são insuscetíveis de liberdade provisória. O STF declarou **inconstitucional** esse dispositivo na ADI **n. 3.112.**

18.9. LEI MARIA DA PENHA

Configura violência doméstica e familiar contra a mulher aquela que é decorrente do gênero, praticadas:	no âmbito da unidade doméstica, compreendida como o espaço de convívio permanente de pessoas, com ou sem vínculo familiar, inclusive as esporadicamente agregadas.
	no âmbito da família, compreendida como a comunidade formada por indivíduos que são ou se consideram aparentados, unidos por laços naturais, por afinidade ou por vontade expressa.
	no âmbito da família, compreendida como a comunidade formada por indivíduos que são ou se consideram aparentados, unidos por laços naturais, por afinidade ou por vontade expressa.

- Configura violência contra a mulher, ensejando a aplicação da Lei nº 11.340/2006, a agressão cometida por **ex-namorado que não se conformou com o fim de relação de namoro**, restando demonstrado nos autos o nexo causal entre a conduta agressiva do agente e a relação de intimidade que existia com a vítima.
- Por força de exigência legal, o **sujeito passivo**, para fins de incidência da proteção e assistência previstas na Lei Maria da Penha, deve ser **mulher**.
- Todavia, no que tange ao **agressor**, isto é, ao **sujeito ativo**, a Lei nº 11.340/06, no parágrafo único de seu art. 5º, **não repetiu o mencionado requisito**, permitindo, por conseguinte, sua aplicabilidade também em hipótese de **relações homoafetivas entre mulheres**.
- Medidas **protetivas de urgência contra o OFENSOR:** I – suspensão da posse ou restrição do porte de armas, com comunicação ao órgão competente, nos termos da Lei no 10.826, de 22 de dezembro de 2003; II – afastamento do lar, domicílio ou local de convivência com a ofendida; III – proibição de determinadas condutas, entre as quais: a) aproximação da ofendida, de seus familiares e das testemunhas, fixando o limite mínimo de distância entre estes e o agressor; b) contato com a ofendida, seus familiares e testemunhas por qualquer meio de comunicação; c) frequentação de determinados lugares a fim de preservar a integridade física e psicológica da ofendida; IV – restrição ou suspensão de visitas aos dependentes menores, ouvida a equipe de atendimento multidisciplinar ou serviço similar; V – prestação de alimentos provisionais ou provisórios.

TEMA 177 DOS RECURSOS REPETITIVOS DO STJ: 2. Assim, a tese fixada passa a ser a seguinte: a ação penal nos crimes de lesão corporal leve cometidos em detrimento da mulher, no âmbito doméstico e familiar, é pública incondicionada (Redação conferida em 10/05/2017).

Jurisprudência do STJ

Súmula 600: Para a configuração da violência doméstica e familiar prevista no artigo 5º da Lei n. 11.340/2006 (Lei Maria da Penha) não se exige a coabitação entre autor e vítima.

Súmula 589: É inaplicável o princípio da insignificância nos crimes ou contravenções penais praticados contra a mulher no âmbito das relações domésticas.

Súmula 588: A prática de crime ou contravenção penal contra a mulher com violência ou grave ameaça no ambiente doméstico impossibilita a substituição da pena privativa de liberdade por restritiva de direitos.

- A Lei nº 13.641/2018 acrescentou o crime de descumprimento de decisão judicial que defere medidas protetivas de urgência previstas na Lei Maria da Penha (art. 24-A).
- A medida descumprida pode ter sido deferida por Juízo Criminal ou Cível.
- O crime é afiançável, mas a fiança só pode ser fixada por Juiz
- A aplicação da pena do crime não exclui outras.

Inovações trazidas pela Lei n.13.827/2019 (art. 12-A da Lei Maria da Penha)

Hipótese de violência	Consequência	Autoridade competente
risco atual ou iminente à vida ou à integridade física da mulher em situação de violência doméstica e familiar, ou de seus dependentes	O agressor será imediatamente afastado do lar, domicílio ou local de convivência com a ofendida	I - pela autoridade judicial; II - pelo delegado de polícia, quando o Município não for sede de comarca; ou III - pelo policial, quando o Município não for sede de comarca e não houver delegado disponível no momento da denúncia.

- Se a medida for aplicada por Autoridade Policial ou por policial, o juiz será comunicado no prazo máximo de 24 (vinte e quatro) horas e decidirá, em igual prazo, sobre a manutenção ou a revogação da medida aplicada, devendo dar ciência ao Ministério Público concomitantemente.
- Nos casos de risco à integridade física da ofendida ou à efetividade da medida protetiva de urgência, não será concedida liberdade provisória ao preso.

18.10. LEI DE CRIME ORGANIZADO

- Crime Organizado: é o fenômeno social, criminológico e político, caracterizado pela extrema periculosidade e dificuldade no combate a tal crime pelas forças do Estado, motivo pelo qual implica ameaça ou lesão a direitos fundamentais e essenciais da pessoa, individualmente e coletivamente, tais como, a democracia, a paz, a vida, o patrimônio e, até mesmo, o futuro do planeta (distribuição do meio ambiente.
- Organização criminosa: conceituação normativa decorrente da necessidade se observar o princípio da reserva legal e apurar-se a responsabilidade penal dos seus integrantes.
- A Lei nº 12.850/2013 considera **organização criminosa a associação de 4 (quatro) ou mais pessoas** estruturalmente ordenada e caracterizada pela divisão de tarefas, ainda que informalmente, com objetivo de obter, direta ou indiretamente, vantagem de qualquer natureza, mediante a prática de infrações penais cujas penas máximas sejam superiores a 4 (quatro) anos, ou que sejam de caráter transnacional.
- O crime é promover, constituir, financiar ou integrar, pessoalmente ou por interposta pessoa, organização criminosa.
- Com o objetivo de preservar a persecução penal de organização criminosa, a mesma pena é cominada a quem embaraçar a investigação de organização criminosa.
- Causa de aumento de pena: se há uso de arma de fogo pela organização criminosa (até a metade).
- Circunstância agravante: ser o líder da organização criminosa, ainda que não participe de atos de execução.

Causas de aumento de pena (1/6 a 2/3)	I – se há participação de criança ou adolescente; II – se há concurso de funcionário público, valendo-se a organização criminosa dessa condição para a prática de infração penal III – se o produto ou proveito da infração penal destinar-se, no todo ou em parte, ao exterior; IV – se a organização criminosa mantém conexão com outras organizações criminosas independentes; V – se as circunstâncias do fato evidenciarem a transnacionalidade da organização

- Os demais tipos penais previstos na Lei nº 12.850/2013 visam tutelar os meios de obtenção de prova específicos da referida Lei.

Meio de Prova tutelado	Crime
Colaboração premiada	Revelar a identidade, fotografar ou filmar o colaborador, sem sua prévia autorização por escrito
Colaboração premiada	Imputar falsamente, sob pretexto de colaboração com a Justiça, a prática de infração penal a pessoa que sabe ser inocente, ou revelar informações sobre a estrutura de organização criminosa que sabe inverídicas:
Ação controlada e infiltração de agentes	Descumprir determinação de sigilo das investigações que envolvam a ação controlada e a infiltração de agentes.
Fornecimento de dados em geral	Recusar ou omitir dados cadastrais, registros, documentos e informações requisitadas pelo juiz, Ministério Público ou delegado de polícia, no curso de investigação ou do processo

Jurisprudência do STJ: Colaboração premiada. Encontro fortuito de provas. Autoridade com prerrogativa de foro. Competência para homologação do acordo. Teoria do juiz aparente. A homologação de acordo de colaboração premiada por juiz de primeiro grau de jurisdição, que mencione autoridade com prerrogativa de foro no STJ, não traduz em usurpação de competência desta Corte Superior. (Informativo 612).

Jurisprudência do STJ: Colaboração premiada. Encontro fortuito de provas. Autoridade com prerrogativa de foro. Remessa imediata dos autos ao foro prevalente. Inexistência. Usurpação de competência. Caracterização. Informativo 612.

- Conclusão: pode o Juiz de Primeiro Grau homologar a colaboração premiada, se nela houver encontro fortuito de provas relativo a autoridade com prerrogativa de foro. Mas, uma vez, encontradas tais provas, os autos devem ser enviados ao Tribunal competente imediatamente, sob pena de usurpação de competência;
- Na colaboração premiada, as tratativas são efetuadas pela Autoridade Policial ou pelo Ministério Público, cabendo ao Juiz apenas zelar pela legalidade da medida, a qual, se constatada, permite a sua homologação.
- Ação controlada: há retardamento da intervenção da Autoridade Policial em ato criminoso da organização criminosa para que tal intervenção se dê em momento mais oportuno para as investigações. Independe de autorização judicial prévia, mas deve a autoridade policial responsável enviar relatório circunstanciado da conduta.
- Infiltração de agentes: um agente policial é infiltrado na organização criminosa. Depende de prévia autorização judicial e manifestação do Ministério Público, depois de representação circunstanciada da Autoridade Policial responsável.
- Na sistemática da Lei nº 12.850/2013, o agente infiltrado não responde por eventual crime que tenha que cometer, isento de pena por inexigibilidade de conduta diversa de acordo com o caso em concreto.
- O procedimento judicial para apuração de organização criminosa a ser adotado é o ordinário previsto no CPP.
- Se o réu estiver preso, o prazo para conclusão do procedimento é de 120 dias, prorrogáveis em até igual período.

18.11. CÓDIGO DE TRÂNSITO BRASILEIRO

- Os crimes do Código de Trânsito Brasileiro (CTB) são aqueles praticados na condução de **veículo automotor em via pública.**
- **Veículo automotor**: todo veículo a motor de propulsão que circule por seus próprios meios, e que serve normalmente para o transporte viário de pessoas e coisas, ou para a tração viária de veículos utilizados para o transporte de pessoas e coisas. O termo compreende os veículos conectados a uma linha elétrica e que não circulam sobre trilhos (ônibus elétrico).
- **Via pública**: superfície por onde transitam veículos, pessoas e animais, compreendendo a pista, a calçada, o acostamento, ilha e canteiro central.
- Não comete o crime se o fato ocorreu dentro de uma garagem, ou no interior de um jardim particular, ou em um rio, no mar, etc.
- **Homicídio culposo na direção de veículo automotor:** previsto no art. 302 do CTB, trata-se do homicídio causado pelo agente na direção de veículo automotor, em decorrência de negligência, imprudência ou imperícia.
- Interessante questão surge no que se refere ao homicídio ocorrido em ambiente de disputas de automóveis não autorizadas (**rachas ou pegas**): admissível, em crimes de homicídio na direção de veículo automotor, o reconhecimento do dolo eventual, a depender das circunstâncias concretas da conduta.

Causas de aumento de pena no crime de homicídio do CTB	• não possuir Permissão para Dirigir ou Carteira de Habilitação; • praticá-lo em faixa de pedestres ou na calçada; • deixar de prestar socorro, quando possível fazê-lo sem risco pessoal, à vítima do acidente; • no exercício de sua profissão ou atividade, estiver conduzindo veículo de transporte de passageiros

Formas qualificadas: Se o agente conduz o veículo automotor	• com capacidade psicomotora alterada em razão da **influência de álcool ou de outra substância psicoativa** que determine dependência: é necessário que a ingestão de álcool ou droga tenha provocado alteração da capacidade psicomotora; • participa, em via, de corrida, disputa ou competição automobilística ou ainda de exibição ou demonstração de perícia em manobra de veículo automotor, não autorizada pela autoridade competente: é a hipótese do **racha** em que foi reconhecida modalidade culposa e a incidência do CTB, não dolosa.

- **Lesão corporal culposa na direção de veículo automotor:** trata-se do crime de lesão corporal culposa praticada na direção de veículo automotor (art. 303, CTB).
- Incidem nesse tipo penal as causas de aumento de pena do crime de homicídio culposo na direção de veículo automotor.
- Mas, não incide as formas qualificadas.
- Ação penal: em regra, a ação penal é pública condicionada à representação porque incide a Lei nº 9.099/95.
- Será de ação penal pública incondicionada nos seguintes casos do art. 291, CTB, se o agente: I – sob a influência de álcool ou qualquer outra substância psicoativa que determine dependência; II – participando, em via pública, de corrida, disputa ou competição automobilística, de exibição ou demonstração de perícia em manobra de veículo automotor, não autorizada

pela autoridade competente; III – transitando em velocidade superior à máxima permitida para a via em 50 km/h (cinquenta quilômetros por hora).

- **Omissão de socorro na direção de veículo automotor:** no art. 304, CTB, pune-se o crime de omissão de socorro praticado pelo condutor do veículo que causou acidente em que houve vítima.
- Se quem não presta o socorro é o condutor que não causou o acidente ou se não é o condutor do veículo, como o passageiro ou um pedestre, o agente responde pelo crime do art. 135, CP.
- Se houver crime de homicídio culposo na direção de veículo automotor e omissão de socorro: o agente responde apenas pelo crime do art. 302, § 1º, III, CTB, sem incidência do art. 304, CTB, sob pena de bis in idem.
- **Embriaguez ao volante:** O crime do art. 306, CTB, incide no caso de conduzir veículo automotor com capacidade psicomotora alterada em razão da influência de álcool ou de outra substância psicoativa que determine dependência.

Caracterização da embriaguez	• Concentração igual ou superior a 6 decigramas de álcool por litro de sangue ou igual ou superior a 0,3 miligrama de álcool por litro de ar alveolar; ou • Sinais que indiquem, na forma disciplinada pelo Contran, alteração da capacidade psicomotora.

18.12. CRIMES CONTRA A ORDEM TRIBUTÁRIA

- A Lei nº 8.137/90 regulamentou os crimes contra a ordem tributária, econômica e relações de consumo.
- No capítulo I dessa lei, cuida-se dos crimes contra a ordem tributária em duas seções: Seção I dos crimes praticados por particulares; Seção II dos crimes praticados por funcionários públicos.
- Previstos nos arts. 1º e 2º, da Lei nº 8137/90, os crimes praticados por particulares contra ordem tributária se caracterizam pela **sonegação fiscal dolosa** praticada pelo contribuinte.
- Para a caracterização das condutas previstas no art. 1º, I a IV, da Lei nº 8.137/90, faz-se **imprescindível o lançamento tributário definitivo**, motivo pelo qual a natureza jurídica de **crime material** (Súmula Vinculante nº 24 do Supremo Tribunal Federal).
- Se o agente falsificar um documento fiscal, o crime de falsidade é absorvido pelo crime contra a ordem tributária, pois é crime meio para isso.

CONDUTAS POR MEIO DAS QUAIS A PESSOA PRATICA A SONEGAÇÃO FISCAL
Omitir informação, ou prestar declaração falsa às autoridades fazendárias
Fraudar a fiscalização tributária, inserindo elementos inexatos, ou omitindo operação de qualquer natureza, em documento ou livro exigido pela lei fiscal
Falsificar ou alterar nota fiscal, fatura, duplicata, nota de venda, ou qualquer outro documento relativo à operação tributável
Elaborar, distribuir, fornecer, emitir ou utilizar documento que saiba ou deva saber falso ou inexato
Negar ou deixar de fornecer, quando obrigatório, nota fiscal ou documento equivalente, relativa a venda de mercadoria ou prestação de serviço, efetivamente realizada, ou fornecê-la em desacordo com a legislação

- Se o agente pagar o tributo devido, ou parcelar a dívida, é extinta a punibilidade.

18.13. JUIZADO ESPECIAL CRIMINAL

- Princípios (art. 2º da Lei nº 9.099/95):
  a) Oralidade: deve prevalecer a palavra oral sobre a palavra escrita. Os termos processuais devem ser gravados em mídia.
  b) Simplicidade e Informalidade: os atos processuais devem ser realizados sem interrupções, livres de qualquer burocracia.
  c) Economia processual e celeridade: a resolução do processo não pode se alongar no tempo.
- Objetivos: a) desburocratização do procedimento criminal; b) como prioridade, busca-se a transação penal ou a composição civil dos danos sempre que possível; c) procedimento criminal, marcado pela celeridade e economia processual, com a concentração dos atos em uma única audiência, sempre que possível.
- Infração penal de menor potencial ofensivo: contravenções penais e os crimes a que a lei comine pena máxima não superior a dois anos, cumulada ou não com multa.
- Transação penal: O Ministério Público oferece transação penal ao suposto infrator. Assim, ele abre mão de oferecer denúncia e o agente cumpre as medidas propostas por ele, sem qualquer outra consequência penal (como ser considerado reincidente) ou processual penal (como a confissão).
- Composição civil dos danos: nesse caso, o acordo é feito entre a vítima e ofensor.
- **Resumo:**
- ação penal pública incondicionada: o Ministério Público oferece a transação penal ao autor do fato. Obtida a transação encerra-se o processo. Não obtida, o Ministério Público oferece denúncia e o processo prossegue.

- ação penal pública condicionada à representação: tenta-se a composição civil entre a vítima e autor do fato. Se obtida, encerra-se o processo. Não obtida, abre-se oportunidade para o Ministério Público oferecer transação. Obtida a transação encerra-se o processo. Não obtida, o Ministério Público oferece denúncia e o processo prossegue.
- ação penal privada: há oportunidade para a composição civil entre o autor do fato e a vítima. Obtida a composição civil, encerra-se o processo. Não obtida, o ofendido pode oferecer queixa-crime e o processo prossegue.
- Transação na ação penal privada: o Ministério Público não tem legitimidade para oferecer transação penal na ação penal privada (STJ – Apn 634/RJ – Rel. Min. Félix Fischer. Corte Especial. DJ. 21/03/2012).
- Suspensão condicional do processo: nos crimes cuja pena mínima culminada for igual ou inferior a um ano, o Ministério Público oferece a denúncia, mas presentes os requisitos legais, propõe a suspensão condicional do processo por um prazo de dois a quatro anos.
- Se, durante esse prazo, o denunciado cumprir as condições celebradas com o Ministério Público, o processo é extinto, sem que haja condenação em face dele. Do contrário, se não cumprir as condições, o processo é retomado até final sentença, condenatória ou absolutória.

18.14. LEI DE EXECUÇÃO PENAL

Direitos e Garantias Fundamentais da Execução Penal
Individualização da pena (art. 5º, XLVI, CF/88)
Vedação de penas cruéis, desumanas e perpétuas (art. 5º, XLVII, CF)
Cumprimento da pena em estabelecimentos prisionais distintos, de acordo com a natureza do delito, a idade e o sexo do apenado (art. 5º, XLVIII, CF/88).
Respeito à integridade física e moral do preso (art. 5º, XLIX, CF/88)
Às presidiárias, serão asseguradas condições para que possam permanecer com seus filhos durante o período de amamentação

- **Identificação de perfil genético:** os condenados por crime praticado, **dolosamente, com violência de natureza grave contra pessoa, ou por qualquer dos crimes hediondos ou equiparados a hediondo**, serão submetidos, obrigatoriamente, à identificação do perfil genético, mediante extração de DNA - ácido desoxirribonucleico, por técnica adequada e indolor.
- Constitui falta grave a recusa do condenado em submeter-se ao procedimento de identificação do perfil genético (Lei Anticrime).
- O processo de execução penal se inicia de ofício pelo Juiz, mediante expedição ode guia de recolhimento, não existindo a citação do condenado.
- **Penitenciária**: destinada ao condenado definitivamente ao cumprimento de pena em regime fechado. O preso deve ser acomodado isoladamente nas celas;
- **Colônia agrícola, industrial ou similar**: destinado ao condenado ao cumprimento de pena em regime semiaberto. É possível a acomodação coletiva;
- **Casa do albergado**: destinada ao condenado ao regime aberto. Deve se localizar no perímetro urbano e sem mecanismos que impeçam a fuga do preso, pois o regime aberto pressupõe a responsabilidade do condenado;
- **Centro de observação**: destinado à realização de exames gerais e criminológicos.
- **Hospital de custódia e tratamento psiquiátrico**: destinado ao cumprimento de pena de internação e ambulatorial ao inimputável ou semi-imputável.
- **Cadeia Pública:** destinada aos presos provisórios, devendo haver uma em cada comarca. Assim, os presos provisórios devem ficar separados dos definitivos.
- A pena **privativa de liberdade** será executada em forma progressiva com a transferência para regime menos rigoroso, a ser determinada pelo juiz, depois de cumpridos os seguintes percentuais de pena:

I - 16% (dezesseis por cento) da pena, se o apenado for primário e o crime tiver sido cometido sem violência à pessoa ou grave ameaça;
II - 20% (vinte por cento) da pena, se o apenado for reincidente em crime cometido sem violência à pessoa ou grave ameaça;
III - 25% (vinte e cinco por cento) da pena, se o apenado for primário e o crime tiver sido cometido com violência à pessoa ou grave ameaça;
IV - 30% (trinta por cento) da pena, se o apenado for reincidente em crime cometido com violência à pessoa ou grave ameaça;
V - 40% (quarenta por cento) da pena, se o apenado for condenado pela prática de crime hediondo ou equiparado, se for primário;
VI - 50% (cinquenta por cento) da pena, se o apenado for:
a) condenado pela prática de crime hediondo ou equiparado, com resultado morte, se for primário, vedado o livramento condicional;
b) condenado por exercer o comando, individual ou coletivo, de organização criminosa estruturada para a prática de crime hediondo ou equiparado; ou
c) condenado pela prática do crime de constituição de milícia privada;
VII - 60% (sessenta por cento) da pena, se o apenado for reincidente na prática de crime hediondo ou equiparado;
VIII - 70% (setenta por cento) da pena, se o apenado for reincidente em crime hediondo ou equiparado com resultado morte, vedado o livramento condicional.

- Em todos os casos, o apenado somente terá direito à progressão de regime se ostentar boa conduta carcerária, comprovada pelo diretor do estabelecimento, e pelos resultados do exame criminológico, respeitadas as normas que vedam a progressão.
- O cometimento de falta grave durante a execução da pena privativa de liberdade interrompe o prazo para a obtenção da progressão no regime de cumprimento da pena, caso em que o reinício da contagem do requisito objetivo terá como base a pena remanescente.
- **Não se admite a progressão por salto**, que consiste na progressão do regime fechado para o aberto sem passagem pelo semiaberto.
- **TEMA 20 DE RECURSOS REPETITIVOS DO STJ:** É lícito ao Juiz estabelecer condições especiais para a concessão do regime aberto, em complementação daquelas previstas na LEP (art. 115, da LEP), mas não poderá adotar a esse título nenhum efeito já classificado como pena substitutiva (art. 44 do CPB), porque aí ocorreria o indesejável bis in idem, importando na aplicação de dúplice sanção.
- A regressão ocorre nas hipóteses em que o condenado comete **fato definido como crime doloso ou falta grave.**
- Há uma graduação de faltas em **leve, média e grave**. As duas primeiras são previstas em legislação local, enquanto as graves são aquelas enumeradas taxativamente no art. 50 da LEP.
- O RDD tem as seguintes características: I - **duração máxima de até 2 (dois) anos**, sem prejuízo de repetição da sanção por nova falta grave de mesma espécie; II - recolhimento em **cela individual**; III - **visitas quinzenais, de 2 (duas) pessoas por vez**, a serem realizadas em instalações equipadas para **impedir o contato físico e a passagem de objetos**, por pessoa da família ou, no caso de terceiro, autorizado judicialmente, com duração de 2 (duas) horas; IV - direito do preso à **saída da cela por 2 (duas) horas diárias** para banho de sol, em grupos de até 4 (quatro) presos, desde que não haja contato com presos do mesmo grupo criminoso; V - **entrevistas sempre monitoradas**, exceto aquelas com seu defensor, em instalações equipadas para impedir o contato físico e passagem de objetos, salvo expressa autorização judicial em contrário; VI - fiscalização do **conteúdo da correspondência**; VII - participação em audiências judiciais preferencialmente por **videoconferência**, garantindo-se a participação do defensor no mesmo ambiente do preso (Redação dada pela Lei Anticrime).

Cabimento do RDD de acordo com a Lei Anticrime	I- prática de fato previsto como crime doloso constitui falta grave e, quando ocasionar subversão da ordem ou disciplina internas;
Cabimento do RDD de acordo com a Lei Anticrime	II – presos que apresentem alto risco para a ordem e a segurança do estabelecimento penal ou da sociedade; III – presos sob os quais recaiam fundadas suspeitas de envolvimento ou participação, a qualquer título, em organização criminosa, associação criminosa ou milícia privada, independentemente da prática de falta grave.

- **Desvio ou excesso de execução**: incidente instaurado para adequação da execução aos exatos termos da sentença ou da previsão legal. O desvio se caracteriza pela destinação diversa da finalidade da pena, enquanto o excesso pela aplicação abusiva do previsto em lei.

• **Remição: direito do condenado de abreviar o tempo imposto em sua sentença penal, pode ocorrer mediante trabalho, estudo e, de forma mais recente, pela leitura.** Remição pelo Trabalho	A remição por meio do trabalho está prevista na Lei de Execução Penal, garantindo um dia de pena a menos a cada três dias de trabalho. A remição pelo trabalho é um direito de quem cumpre a pena em regime fechado ou semiaberto. Em maio de 2015, a 3ª Seção do Superior Tribunal de Justiça (STJ) pacificou o entendimento de que o trabalho externo pode ser contado para remir a pena de condenados à prisão, e não apenas o trabalho exercido dentro do ambiente carcerário.
Remição pelo Estudo	De acordo com a legislação em vigor, o condenado que cumpre a pena em regime fechado ou semiaberto pode remir um dia de pena a cada 12 horas de frequência escolar, caracterizada por atividade de ensino fundamental, médio, inclusive profissionalizante, superior, ou ainda de requalificação profissional. De acordo com a Recomendação n. 44 do CNJ, para fins de remição por estudo, deve ser considerado o número de horas correspondente à efetiva participação do apenado nas atividades educacionais, independentemente de aproveitamento, exceto quando o condenado for autorizado a estudar fora do estabelecimento penal. Neste caso, o preso tem que comprovar, mensalmente, por meio de autoridade educacional competente, tanto a frequência, quanto o aproveitamento escolar.

Remição pela Leitura	A possibilidade de remir a pena por meio da leitura já é realidade em diversos presídios do país. De acordo com a Recomendação n. 44 do CNJ, deve ser estimulada a remição pela leitura como forma de atividade complementar, especialmente para apenados aos quais não sejam assegurados os direitos ao trabalho, educação e qualificação profissional. Para isso, há necessidade de elaboração de um projeto por parte da autoridade penitenciária estadual ou
Remição pela Leitura	federal visando a remição pela leitura, assegurando, entre outros critérios, que a participação do preso seja voluntária e que exista um acervo de livros dentro da unidade penitenciária. Segundo a norma, o preso deve ter o prazo de 22 a 30 dias para a leitura de uma obra, apresentando ao final do período uma resenha a respeito do assunto, que deverá ser avaliada pela comissão organizadora do projeto. Cada obra lida possibilita a remição de quatro dias de pena, com o limite de doze obras por ano, ou seja, no máximo 48 dias de remição por leitura a cada doze meses.

Jurisprudência do STJ: Esta Corte Superior de Justiça possui entendimento, com fulcro no art. 126 da Lei de Execução Penal, que a remição da pena pelo trabalho somente é possível aos condenados que cumprem pena em regime fechado ou semiaberto. Precedentes. III - No regime aberto, o referido benefício somente é conferido, conforme disciplinado no parágrafo 6º do mesmo dispositivo, se há frequência em curso de ensino regular ou de educação profissional **(STJ – HC nº 413.132/RS. Rel. Min. Félix Fischer. DJ. 27/02/2018).**

- **Detração penal:** Computam-se, na pena privativa de liberdade e na medida de segurança, o tempo de prisão provisória, no Brasil ou no estrangeiro, o de prisão administrativa e o de internação em qualquer dos estabelecimentos referidos no artigo anterior
- **Saída temporária:** concedida ao preso que cumpre pena em regime semiaberto, como parte do processo do retorno ao convício social. É concedida, geralmente, em datas comemorativas como Natal, dia das mães e dos pais. O juiz pode determinar que o preso em saída temporária seja submetido ao **monitoramento eletrônico.**
- Toda e qualquer decisão do Juízo das execuções é impugnável por agravo em execução, sem prejuízo da possibilidade de manejo de habeas corpus e mandado de segurança.

18.15. LEI DE ABUSO DE AUTORIDADE (LEI N. 13.869/2019)

- Essa é a nova lei de abuso de autoridade, que visa modernizar o tratamento legal à matéria, adaptando-a à Constituição Federal de 1988.
- De início a lei estabelece um elemento subjetivo específico do tipo penal, pois exige que o agente aja com **a finalidade específica de prejudicar outrem ou beneficiar a si mesmo ou a terceiro, ou, ainda, por mero capricho ou satisfação pessoal.**
- Qualquer **agente público**, servidor ou não, da administração direta, indireta ou fundacional de qualquer dos Poderes da União, dos Estados, do Distrito Federal, dos Municípios e de Território, compreendendo,

Rol exemplificativo	I – **servidores** públicos e militares ou pessoas a eles equiparadas; **II – membros do Poder Legislativo;** **III – membros do Poder Executivo;** **IV – membros do Poder Judiciário;** **V – membros do Ministério Público;** **VI – membros dos tribunais ou conselhos de contas.**

- A ação penal é pública incondicionada, admitida a ação penal privada subsidiária da pública.

Efeitos da sentença penal condenatória	I – tornar certa a obrigação de indenizar o dano causado pelo crime, devendo o juiz, a requerimento do ofendido, fixar na sentença o valor mínimo para reparação dos danos causados pela infração, considerando os prejuízos por ele sofridos; II – a inabilitação para o exercício de cargo, mandato ou função pública, pelo período de 1 (um) a 5 (cinco) anos; III – a perda do cargo, do mandato ou da função pública.

- Os efeitos previstos nos incisos II e III são condicionados à ocorrência de reincidência em crime de abuso de autoridade e não são automáticos, devendo ser declarados motivadamente na sentença.

Art. 9º Decretar medida de privação da liberdade em manifesta desconformidade com as hipóteses legais:	Medida de privação de liberdade pode ser, por exemplo, pena privativa de liberdade, prisão de natureza cautelar (prisão preventiva, em flagrante e temporária), medidas de segurança privativas de liberdade e medidas socioeducativas, como internação de adolescentes

Art. 9º, parágrafo único, Incorre na mesma pena a autoridade judiciária que, dentro de prazo razoável, deixar de: I – relaxar a prisão manifestamente ilegal; II – substituir a prisão preventiva por medida cautelar diversa ou de conceder liberdade provisória, quando manifestamente cabível; III – deferir liminar ou ordem de habeas corpus, quando manifestamente cabível.'	Trata-se de crime que só pode ser praticado por autoridade judiciária.

Art. 10 Decretar a condução coercitiva de testemunha ou investigado manifestamente descabida ou sem prévia intimação de comparecimento ao juízo:	A condução coercitiva para interrogatório foi considerada inconstitucional pelo STF. A condução coercitiva de testemunha depende de prévia intimação e não atendimento a essa intimação.

Art. 12. Deixar injustificadamente de comunicar prisão em flagrante à autoridade judiciária no prazo legal: I – deixa de comunicar, imediatamente, a execução de prisão temporária ou preventiva à autoridade judiciária que a decretou; II – deixa de comunicar, imediatamente, a prisão de qualquer pessoa e o local onde se encontra à sua família ou à pessoa por ela indicada; III – deixa de entregar ao preso, no prazo de 24 (vinte e quatro) horas, a nota de culpa, assinada pela autoridade, com o motivo da prisão e os nomes do condutor e das testemunhas; IV – prolonga a execução de pena privativa de liberdade, de prisão temporária, de prisão preventiva, de medida de segurança ou de internação, deixando, sem motivo justo e excepcionalíssimo, de executar o alvará de soltura imediatamente após recebido ou de promover a soltura do preso quando esgotado o prazo judicial ou legal.	O objeto jurídico é o controle jurisdicional da regularidade da prisão.

Art. 13. Constranger o preso ou o detento, mediante violência, grave ameaça ou redução de sua capacidade de resistência, a: I – exibir-se ou ter seu corpo ou parte dele exibido à curiosidade pública; II – submeter-se a situação vexatória ou a constrangimento não autorizado em lei; III – produzir prova contra si mesmo ou contra terceiro.	Visa-se tutelar a dignidade humana do preso.

Art. 15. Constranger a depor, sob ameaça de prisão, pessoa que, em razão de função, ministério, ofício ou profissão, deva guardar segredo ou resguardar sigilo: Parágrafo único. Incorre na mesma pena quem prossegue com o interrogatório: I – de pessoa que tenha decidido exercer o direito ao silêncio; ou II – de pessoa que tenha optado por ser assistida por advogado ou defensor público, sem a presença de seu patrono.	Visa-se tutelar o direito da pessoa enquanto depoente.

Art. 15-A. Submeter a vítima de infração penal ou a testemunha de crimes violentos a procedimentos desnecessários, repetitivos ou invasivos, que a leve a reviver, sem estrita necessidade I – a situação de violência; ou; II – outras situações potencialmente geradoras de sofrimento ou estigmatização.	Visa-se impedir processo de revitimização, que ocorre, noradamente, em crimes contra a dignidade sexual.
Causas de aumento de pena	§ 1º Se o agente público permitir que terceiro intimide a vítima de crimes violentos, gerando indevida revitimização, aplica-se a pena aumentada de 2/3 (dois terços). § 2º Se o agente público intimidar a vítima de crimes violentos, gerando indevida revitimização, aplica-se a pena em dobro.
Art. 16. Deixar de identificar-se ou identificar-se falsamente ao preso por ocasião de sua captura ou quando deva fazê-lo durante sua detenção ou prisão. Incorre na mesma pena quem, como responsável por interrogatório em sede de procedimento investigatório de infração penal, deixa de identificar-se ao preso ou atribui a si mesmo falsa identidade, cargo ou função.	Visa-se tutelar o direito do preso à identificação do servidor público responsável pela prisão.

Art. 18. Submeter o preso a interrogatório policial durante o período de repouso noturno, salvo se capturado em flagrante delito ou se ele, devidamente assistido, consentir em prestar declarações:	Visa-se tutelar o direito do preso anão se autoincriminar.

Art. 19. Impedir ou retardar, injustificadamente, o envio de pleito de preso à autoridade judiciária competente para a apreciação da legalidade de sua prisão ou das circunstâncias de sua custódia Parágrafo único. Incorre na mesma pena o magistrado que, ciente do impedimento ou da demora, deixa de tomar as providências tendentes a saná-lo ou, não sendo competente para decidir sobre a prisão, deixa de enviar o pedido à autoridade judiciária que o seja.	O preso tem direito de ter acesso à tutela jurisdicional.

Art. 20. Impedir, sem justa causa, a entrevista pessoal e reservada do preso com seu advogado. Parágrafo único. Incorre na mesma pena quem impede o preso, o réu solto ou o investigado de entrevistar-se pessoal e reservadamente com seu advogado ou defensor, por prazo razoável, antes de audiência judicial, e de sentar-se ao seu lado e com ele comunicar-se durante a audiência, salvo no curso de interrogatório ou no caso de audiência realizada por videoconferência.	O preso tem direito a se entrevistar com seu advogado.

Art. 21. Manter presos de ambos os sexos na mesma cela ou espaço de confinamento. Parágrafo único. Incorre na mesma pena quem mantém, na mesma cela, criança ou adolescente na companhia de maior de idade ou em ambiente inadequado, observado o disposto na Lei nº 8.069, de 13 de julho de 1990 (Estatuto da Criança e do Adolescente).	Deve haver separação entre presos mulheres e homens, bem como não se pode colocar crianças e adolescentes com maiores de idade, com o fim de se tutelar esses hipossuficientes.

Art. 22. Invadir ou adentrar, clandestina ou astuciosamente, ou à revelia da vontade do ocupante, imóvel alheio ou suas dependências, ou nele permanecer nas mesmas condições, sem determinação judicial ou fora das condições estabelecidas em lei: § 1º Incorre na mesma pena, na forma prevista no caput deste artigo, quem: I – coage alguém, mediante violência ou grave ameaça, a franquear-lhe o acesso a imóvel ou suas dependências; II – (VETADO); III – cumpre mandado de busca e apreensão domiciliar após as 21h (vinte e uma horas) ou antes das 5h (cinco horas). § 2º Não haverá crime se o ingresso for para prestar socorro, ou quando houver fundados indícios que indiquem a necessidade do ingresso em razão de situação de flagrante delito ou de desastre.	Tutelam-se a propriedade privada e preivacidade.

Art. 23. Inovar artificiosamente, no curso de diligência, de investigação ou de processo, o estado de lugar, de coisa ou de pessoa, com o fim de eximir-se de responsabilidade ou de responsabilizar criminalmente alguém ou agravar-lhe a responsabilidade. Parágrafo único. Incorre na mesma pena quem pratica a conduta com o intuito de: I – eximir-se de responsabilidade civil ou administrativa por excesso praticado no curso de diligência;	Tutela-se a administração da Justiça.
II – omitir dados ou informações ou divulgar dados ou informações incompletos para desviar o curso da investigação, da diligência ou do processo. Art. 24. Constranger, sob violência ou grave ameaça, funcionário ou empregado de instituição hospitalar pública ou privada a admitir para tratamento pessoa cujo óbito já tenha ocorrido, com o fim de alterar local ou momento de crime, prejudicando sua apuração: Art. 25. Proceder à obtenção de prova, em procedimento de investigação ou fiscalização, por meio manifestamente ilícito. Parágrafo único. Incorre na mesma pena quem faz uso de prova, em desfavor do investigado ou fiscalizado, com prévio conhecimento de sua ilicitude.	

Art. 27. Requisitar instauração ou instaurar procedimento investigatório de infração penal ou administrativa, em desfavor de alguém, à falta de qualquer indício da prática de crime, de ilícito funcional ou de infração administrativa. Parágrafo único. Não há crime quando se tratar de sindicância ou investigação preliminar sumária, devidamente justificada.	Tutela-se a presunção de inocência.

Art. 28. Divulgar gravação ou trecho de gravação sem relação com a prova que se pretenda produzir, expondo a intimidade ou a vida privada ou ferindo a honra ou a imagem do investigado ou acusado.	Tutelam-se a vida privada, a honra e a imagem do acusado.

Art. 29. Prestar informação falsa sobre procedimento judicial, policial, fiscal ou administrativo com o fim de prejudicar interesse de investigado: Art. 30. Dar início ou proceder à persecução penal, civil ou administrativa sem justa causa fundamentada ou contra quem sabe inocente.	Tutelam-se a presunção de inocência e a Administração da Justiça.
Art. 31. Estender injustificadamente a investigação, procrastinando-a em prejuízo do investigado ou fiscalizado: Parágrafo único. Incorre na mesma pena quem, inexistindo prazo para execução ou conclusão de procedimento, o estende de forma imotivada, procrastinando-o em prejuízo do investigado ou do fiscalizado.	

Art. 32. Negar ao interessado, seu defensor ou advogado acesso aos autos de investigação preliminar, ao termo circunstanciado, ao inquérito ou a qualquer outro procedimento investigatório de infração penal, civil ou administrativa, assim como impedir a obtenção de cópias, ressalvado o acesso a peças relativas a diligências em curso, ou que indiquem a realização de diligências futuras, cujo sigilo seja imprescindível.	Tutela-se o direito de defesa.

Art. 33. Exigir informação ou cumprimento de obrigação, inclusive o dever de fazer ou de não fazer, sem expresso amparo legal. Parágrafo único. Incorre na mesma pena quem se utiliza de cargo ou função pública ou invoca a condição de agente público para se eximir de obrigação legal ou para obter vantagem ou privilégio indevido.	Tutela-se a liberdade de manifestação de vontade.

Art. 36. Decretar, em processo judicial, a indisponibilidade de ativos financeiros em quantia que extrapole exacerbadamente o valor estimado para a satisfação da dívida da parte e, ante a demonstração, pela parte, da excessividade da medida, deixar de corrigi-la.	Tutela-se o princípio que veda o excesso de execução.

Art. 37. Demorar demasiada e injustificadamente no exame de processo de que tenha requerido vista em órgão colegiado, com o intuito de procrastinar seu andamento ou retardar o julgamento	Tutela-se o princípio da razoável duração do processo.

Art. 38. Antecipar o responsável pelas investigações, por meio de comunicação, inclusive rede social, atribuição de culpa, antes de concluídas as apurações e formalizada a acusação:	Tutela-se a presunção de inocência.

18.16. DOS CRIMES ELEITORAIS

- Os crimes eleitorais visam tutelar o devido processo eleitoral em todas as suas fases.
- Alguns crimes eleitorais estão em conflito aparente de normas com crimes previstos em outras leis: por exemplo, o crime de calúnia eleitoral (art. 324, CP). Resolve-se o conflito pelo **princípio da especialidade**.
- Dada a relevância do bem jurídico tutelado, os crimes eleitorais são de **ação penal pública incondicionada**.
- Sanção penal: pode ser privativa de liberdade ou restritiva de direitos.
- No Código Eleitoral, em alguns crimes, são previstas apenas as penas **máximas** (por exemplo, reclusão de até quatro anos – art. 299, CE) em abstrato, cabendo ao juiz fixar a pena mínima. Há corrente doutrinária no sentido de que esse modelo de previsão de sanção.
- Passa-se à análise de alguns crimes eleitorais.

Corrupção (art. 299, CE): Dar, oferecer, prometer, solicitar ou receber, para si ou para outrem, dinheiro, dádiva, ou qualquer outra vantagem, para obter ou dar voto e para conseguir ou prometer abstenção, ainda que a oferta não seja aceita	Ao contrário do CP, o CE adotou a teoria monista, punido no mesmo artigo o corruptor ativo e o corruptor passivo. Também é crime formal.

Inscrição fraudulenta – arts. 289 (inscrever-se fraudulentamente eleitor) e 290 (inscrever-se fraudulentamente eleitor), ambos do CE	O eleitor deve se inscrever de acordo com a legislação, tal como haver uma única inscrição de cada cidadão, no domicílio eleitoral.
Coação ou Ameaça – art. 301 do CE: Usar de violência ou grave ameaça para coagir alguém a votar, ou não votar, em determinado candidato ou partido, ainda que os fins visados não sejam conseguidos	É garantia do eleitor que o exercício do voto seja livre e consciente.
Art. 302, CE: Promover, no dia da eleição, com o fim de impedir, embaraçar ou fraudar o exercício do voto a concentração de eleitores, sob qualquer forma, inclusive o fornecimento gratuito de alimento e transporte coletivo	O fornecimento de alimentos ou transporte coletivo desequilibra o devido processo eleitoral e é punido como crime.
Art. 312, CE: Violar ou tentar violar o sigilo do voto.	É garantia constitucional do cidadão que o voto seja secreto. A violação ou a mera tentativa de violação dessa garantia constitui crime.
Art. 313, CE: Deixar o juiz e os membros da Junta de expedir o boletim de apuração imediatamente após a apuração de cada urna e antes de passar à subsequente, sob qualquer pretexto e ainda que dispensada a expedição pelos fiscais, delegados ou candidatos presentes.	Trata-se de crime próprio, pois só podem ser sujeito ativo do crime o juiz e os membros da Junta eleitoral.
Art. 309, CE: Votar ou tentar votar mais de uma vez, ou em lugar de outrem	Aquele que vota mais uma vez ou no lugar de outrem comente crime, pois o voto é ato personalismo.
Art. 323, CE: Divulgar, na propaganda, fatos que sabe inverídicos, em relação a partidos ou candidatos e capazes de exercerem influência perante o eleitorado	A propaganda eleitoral visa fornecer informação ao eleitor para formar livremente sua convicção.
Crimes contra a honra: injúria, calúnia e difamação	O CE prevê crimes contra a honra realizados no contexto de propaganda eleitoral.

✦ SÚMULAS APLICÁVEIS

⊙ STF

APLICAÇÃO DA LEI PENAL

- **STF 711.** A lei penal mais grave aplica-se ao crime continuado ou ao crime permanente, se a sua vigência é anterior à cessação da continuidade ou da permanência.

PENA

- **STF Vinculante 26.** Para efeito de progressão de regime no cumprimento de pena por crime hediondo, ou equiparado, o juízo da execução observará a inconstitucionalidade do art. 2º da Lei nº 8.072, de 25 de julho de 1990, sem prejuízo de avaliar se o condenado preenche, ou não, os requisitos objetivos e subjetivos do benefício, podendo determinar, para tal fim, de modo fundamentado, a realização de exame criminológico.
- **STF 499.** Não obsta a concessão do "sursis" condenação anterior a pena de multa.
- **STF 716.** Admite-se a progressão de regime de cumprimento da pena ou a aplicação imediata de regime menos severo nela determinada, antes do trânsito em julgado da sentença condenatória.
- **STF 717.** Não impede a progressão de regime de execução da pena, fixada em sentença não transitada em julgado, o fato de o réu se encontrar em prisão especial.
- **STF 718.** A opinião do julgador sobre a gravidade em abstrato do crime não constitui motivação idônea para a imposição de regime mais severo do que o permitido segundo a pena aplicada.
- **STF 719.** A imposição do regime de cumprimento mais severo do que a pena aplicada permitir exige motivação idônea.

PRESCRIÇÃO

- **STF 146.** A prescrição da ação penal regula-se pela pena concretizada na sentença, quando não há recurso da acusação.
- **STF 497.** Quando se tratar de crime continuado, a prescrição regula-se pela pena imposta na sentença, não se computando o acréscimo decorrente da continuação.
- **STF 592.** Nos crimes falimentares, aplicam-se as causas interruptivas da prescrição, previstas no Código Penal.

TIPIFICAÇÃO PENAL

- **STF Vinculante 24.** Não se tipifica crime material contra a ordem tributária, previsto no art. 1º, incisos I a IV, da Lei nº 8.137/90, antes do lançamento definitivo do tributo.
- **STF 145.** Não há crime, quando a preparação do flagrante pela polícia torna impossível a sua consumação.
- **STF 246.** Comprovado não ter havido fraude, não se configura o crime de emissão de cheque sem fundos.
- **STF 610.** Há crime de latrocínio, quando o homicídio se consuma, ainda que não se realize o agente a subtração de bens da vítima.

- **STF 720.** O art. 309 do Código de Trânsito Brasileiro, que reclama decorra do fato perigo de dano, derrogou o art. 32 da Lei das Contravenções Penais no tocante à direção sem habilitação em vias terrestres. STJ 17. Quando o falso se exaure no estelionato, sem mais potencialidade lesiva, é por este absorvido.

EXECUÇÃO PENAL

- **STF Vinculante 9.** O disposto no artigo 127 da Lei nº 7.210/1984 (Lei de Execução Penal) foi recebido pela ordem constitucional vigente, e não se lhe aplica o limite temporal previsto no caput do artigo 58.
- **STF 611.** Transitada em julgado a sentença condenatória, compete ao juízo das execuções a aplicação de lei mais benigna.
- **STF 715.** A pena unificada para atender ao limite de trinta anos de cumprimento, determinado pelo art. 75 do Código Penal, não é considerada para a concessão de outros benefícios, como o livramento condicional ou regime mais favorável de execução

⦿ STJ

APLICAÇÃO DA LEI PENAL

- **STJ 501.** É cabível a aplicação retroativa da Lei nº 11.343/2006, desde que o resultado da incidência das suas disposições, na íntegra, seja mais favorável ao réu do que o advindo da aplicação da Lei nº 6.368/1976, sendo vedada a combinação de leis.

Extinção da punibilidade

- **STJ 18.** A sentença concessiva do perdão judicial é declaratória da extinção da punibilidade, não subsistindo qualquer efeito condenatório.
- **STJ 438.** É inadmissível a extinção da punibilidade pela prescrição da pretensão punitiva com fundamento em pena hipotética, independentemente da existência ou sorte do processo penal.

PENA

- **STJ 74.** Para efeitos penais, o reconhecimento da menoridade do réu requer prova por documento hábil.
- **STJ 171.** Cominadas cumulativamente, em lei especial, penas privativas de liberdade e pecuniária, é defeso a substituição da prisão por multa.
- **STJ 231.** A incidência da circunstância atenuante não pode conduzir à redução da pena abaixo do mínimo legal.
- **STJ 241.** A reincidência penal não pode ser considerada como circunstância agravante e, simultaneamente, como circunstância judicial.
- **STJ 269.** É admissível a adoção do regime prisional semiaberto aos reincidentes condenados a pena igual ou inferior a quatro anos se favoráveis as circunstâncias judiciais.
- **STJ 440.** Fixada a pena-base no mínimo legal, é vedado o estabelecimento de regime prisional mais gravoso do que o cabível em razão da sanção imposta, com base apenas na gravidade abstrata do delito.
- **STJ 442.** É inadmissível aplicar, no furto qualificado, pelo concurso de agentes, a majorante do roubo.
- **STJ 443.** O aumento na terceira fase de aplicação da pena no crime de roubo circunstanciado exige fundamentação concreta, não sendo suficiente para a sua exasperação a mera indicação do número de majorantes.
- **STJ 444.** É vedada a utilização de inquéritos policiais e ações penais em curso para agravar a pena-base.
- **STJ 493.** É inadmissível a fixação de pena substitutiva (art. 44 do CP) como condição especial ao regime aberto.
- **STJ 607.** A majorante do tráfico transnacional de drogas (art. 40, I, da Lei n. 11.343/2006) configura-se com a prova da destinação internacional das drogas, ainda que não consumada a transposição de fronteiras.
- **STJ 631.** A incidência da atenuante da confissão espontânea no crime de tráfico ilícito de entorpecentes exige o reconhecimento da traficância pelo acusado, não bastando a mera admissão da posse ou propriedade para uso próprio.
- **STJ 636.** A folha de antecedentes criminais é documento suficiente a comprovar os maus antecedentes e a reincidência.
- **STJ 659.** A fração de aumento em razão da prática de crime continuado deve ser fixada de acordo com o número de delitos cometidos, aplicando-se 1/6 pela prática de duas infrações, 1/5 para três, 1/4 para quatro, 1/3 para cinco, 1/2 para seis e 2/3 para sete ou mais infrações.

PRESCRIÇÃO

- **STJ 191.** A pronúncia é causa interruptiva da prescrição, ainda que o Tribunal do Júri venha a desclassificar o crime.
- **STJ 220.** A reincidência não influi no prazo da prescrição da pretensão punitiva.
- **STJ 338.** A prescrição penal é aplicável nas medidas socioeducativas.
- **STJ 415.** O período de suspensão do prazo prescricional é regulado pelo máximo da pena cominada.

TIPIFICAÇÃO PENAL

- **STJ 24.** Aplica-se ao crime de estelionato em que figure como vítima entidade autárquica da Previdência Social a qualificadora do § 3º do art. 171 do Código Penal.

- **STJ 51**. A punição do intermediador, no jogo do bicho, independe da identificação do "apostador" ou do "banqueiro".
- **STJ 73**. A utilização de papel moeda grosseiramente falsificado configura, em tese, o crime de estelionato, da competência da justiça estadual.
- **STJ 96**. O crime de extorsão consuma-se independentemente da obtenção da vantagem indevida.
- **STJ 500**. A configuração do crime do art. 244-B do ECA independe da prova da efetiva corrupção do menor, por se tratar de delito formal.
- **STJ 502**. Presentes a materialidade e a autoria, afigura-se típica, em relação ao crime previsto no art. 184, § 2º, do CP, a conduta de expor à venda CDs e DVDs "piratas".
- **STJ 511**. É possível o reconhecimento do privilégio previsto no § 2º do art. 155 do CP nos casos de crime de furto qualificado, se estiverem presentes a primariedade do agente, o pequeno valor da coisa e a qualificadora for de ordem objetiva.
- **STJ 606**. Não se aplica o princípio da insignificância a casos de transmissão clandestina de sinal de internet via radiofrequência, que caracteriza o fato típico previsto no art. 183 da Lei n. 9.472/1997.
- **STJ 645**. O crime de fraude à licitação é formal, e sua consumação prescinde da comprovação do prejuízo ou da obtenção de vantagem.
- **STJ 658**. O crime de apropriação indébita tributária pode ocorrer tanto em operações próprias, como em razão de substituição tributária.
- **STJ 664**. É inaplicável a consunção entre o delito de embriaguez ao volante e o de condução de veículo automotor sem habilitação. (TERCEIRA SEÇÃO, julgado em 8/11/2023, DJe de 13/11/2023)

EXECUÇÃO PENAL

- **STJ 40**. Para obtenção dos benefícios de saída temporária e trabalho externo, considera-se o tempo de cumprimento da pena no regime fechado.
- **STJ 192**. Compete ao juízo das execuções penais do estado a execução das penas impostas a sentenciados pela justiça federal, militar ou eleitoral, quando recolhidos a estabelecimentos sujeitos à administração estadual.
- **STJ 341**. A frequência a curso de ensino formal é causa de remição de parte do tempo de execução de pena sob regime fechado ou semiaberto.
- **STJ 439**. Admite-se o exame criminológico pelas peculiaridades do caso, desde que em decisão motivada.
- **STJ 441**. A falta grave não interrompe o prazo para obtenção de livramento condicional.
- **STJ 471**. Os condenados por crimes hediondos ou assemelhados cometidos antes da vigência da Lei nº 11.464/2007 sujeitam-se ao disposto no art. 112 da Lei nº 7.210/1984 (Lei de Execução Penal) para a progressão de regime prisional.
- **STJ 491**. É inadmissível a chamada progressão "per saltum" de regime prisional.
- **STJ 617**. A ausência de suspensão ou revogação do livramento condicional antes do término do período de prova enseja a extinção da punibilidade pelo integral cumprimento da pena.
- **STJ 631**. O indulto extingue os efeitos primários da condenação (pretensão executória), mas não atinge os efeitos secundários, penais ou extrapenais.
- **STJ 639**. Não fere o contraditório e o devido processo decisão que, sem ouvida prévia da defesa, determine transferência ou permanência de custodiado em estabelecimento penitenciário federal.
- **STJ 643**. A execução da pena restritiva de direitos depende do trânsito em julgado da condenação.
- **STJ 660**. A posse, pelo apenado, de aparelho celular ou de seus componentes essenciais constitui falta grave.
- **STJ 661**. A falta grave prescinde da perícia do celular apreendido ou de seus componentes essenciais.
- **STJ 662**. Para a prorrogação do prazo de permanência no sistema penitenciário federal, é prescindível a ocorrência de fato novo; basta constar, em decisão fundamentada, a persistência dos motivos que ensejaram a transferência inicial do preso.

ESTATUTO DO DESARMAMENTO

- **STJ 513**. A 'abolitio criminis' temporária prevista na Lei nº 10.826/2003 aplica-se ao crime de posse de arma de fogo de uso permitido com numeração, marca ou qualquer outro sinal de identificação raspado, suprimido ou adulterado, praticado somente até 23/10/2005.

Direito Processual Penal

Danilo da Cunha Sousa e
Orlins Pinto Guimarães Junior

TABELA DE INCIDÊNCIA DE QUESTÕES		
ASSUNTO		
1. LEI PROCESSUAL PENAL	3	4,41%
2. INQUÉRITO POLICIAL	6	8,82%
3. DA AÇÃO PENAL	1	1,47%
4. COMPETÊNCIA	6	8,82%
5. QUESTÕES E PROCESSOS INCIDENTES	4	5,88%
6. DA PROVA	7	10,29%
7. SUJEITOS PROCESSUAIS	2	2,94%
8. PRISÃO E LIBERDADE PROVISÓRIA	8	11,76%
9. CITAÇÃO E INTIMAÇÃO	6	8,82%
10. SENTENÇA	2	2,94%
11. DO PROCESSO	2	2,94%
12. NULIDADES	1	1,47%
13. RECURSOS E AÇÕES DE IMPUGNAÇÃO	10	14,71%
14. LEIS ESPECIAIS	10	14,71%
TOTAL	**68**	**100%**

Direito Processual Penal

Danilo da Cunha Sousa e
Orlins Pinto Guimarães Junior

✦ QUESTÕES

1. LEI PROCESSUAL PENAL

01. (CESPE – Analista Judiciário – Área Judiciária/ TRE de Tocantins/2017) Acerca da aplicação da lei processual penal no tempo e no espaço, assinale a opção correta.

a) Não se aplica o princípio da retroatividade da lei mais benéfica às normas de caráter híbrido ou normas mistas.

b) Lei nova que altere procedimento previsto no Código de Processo Penal, criando novas hipóteses de aplicação do benefício da suspensão condicional do processo, não retroagirá em decorrência da regra da aplicação imediata.

c) Norma que altere o Código de Processo Penal e crie nova hipótese de suspensão do prazo prescricional não deve ser aplicada a fatos ocorridos em data anterior a sua vigência.

d) O Código de Processo Penal brasileiro adotou a regra da territorialidade absoluta e o princípio da aplicação imediata da lei nova em vigor.

e) A imunidade de jurisdição plena que rege as relações diplomáticas decorre da aplicação da regra da territorialidade adotada pelo Código de Processo Penal brasileiro.

COMENTÁRIOS

Alternativa "a": As normas de caráter híbrido ou mistas são aquelas que apresentam disposições de caráter penal e processual penal. Nesse caso, prevalece o caráter penal da norma, de forma a se aplicar o princípio da retroatividade da norma mais benéfica, previsto no artigo 5º, inciso XL, da Constituição Federal, e no artigo 2º, parágrafo único, do Código Penal.

Alternativa "b": A suspensão condicional do processo, prevista no artigo 89 da Lei nº 9.099/95, constitui instituto favorável ao acusado, pois o regular cumprimento das condições durante o período de suspensão, acarretará a extinção da punibilidade (Lei nº 9.099/95, art. 89, § 5º). Dessa maneira, a previsão de novas hipóteses de suspensão condicional do processo deverá retroagir para alcançar fatos anteriores a sua vigência.

Alternativa "c": as normas que regulam a prescrição, inclusive as hipóteses de sua interrupção ou suspensão, possuem nítido caráter penal, tendo em vista que referido instituto constitui uma das causas de extinção da punibilidade, nos termos do artigo 107, inciso IV, do Código Penal. Dessa forma, norma que crie nova hipótese de suspensão do prazo prescricional, por ser mais desfavorável ao autor do ilícito penal, não poderá retroagir (CF, art. 5º, inciso XL e CP, artigo 2º, parágrafo único), devendo ser aplicada apenas aos fatos ocorridos posteriormente a sua vigência.

Alternativa "d": O Código de Processo Penal Brasileiro adotou expressamente o princípio da territorialidade mitigada (ou relativa) na aplicação da lei processual penal. É o que dispõe o artigo 1º do Código de Processo Penal (CPP), que, após afirmar que processo penal reger-se-á, em todo o território brasileiro, pelo CPP, ressalva a aplicação de: tratados, convenções e regras de direito internacional; prerrogativas constitucionais de certas autoridades, além dos processos de competência da justiça militar. Ressalte-se que, conforme lições doutrinárias e jurisprudência do STF, os incisos IV (previsão de tribunais especiais) e V (procedimento especial dos crimes de imprensa) do artigo 1º do CPP não possuem mais aplicação, pois incompatíveis com a ordem constitucional vigente.

Alternativa "e": Na verdade, a imunidade de jurisdição plena que rege as relações diplomáticas decorre da aplicação da regra da territorialidade temperada ou relativa, pois fundada na aplicação da Convenção de Viena sobre Relações Diplomáticas, de 1961, aprovada no Brasil pelo Decreto Legislativo nº 103/64 e ratificada e promulgada pelo Decreto nº 56.435/65.

Alternativa correta: letra "c".

02. (CESPE – Analista Judiciário – TRE do Rio Grande do Sul/ 2015) A respeito dos princípios gerais do direito processual penal e do inquérito policial, assinale a opção correta.

a) Lei processual que, de qualquer modo, altere rito procedimental, de forma a favorecer o acusado, aplica-se aos atos processuais praticados antes de sua vigência.

b) A incomunicabilidade do indiciado somente será permitida quando o interesse da sociedade ou a conveniência da investigação o exigir.

c) O arquivamento do inquérito policial embasado no princípio da insignificância faz coisa julgada material, o que impede seu desarquivamento diante do surgimento de novas provas.

d) Expressamente previsto na Constituição Federal, o princípio do promotor natural garante a todo e qualquer indivíduo o direito de ser acusado por órgão imparcial do Estado, previamente designado por lei, vedada a indicação de acusador para atuar em casos específicos.

e) Diplomata de Estado estrangeiro que cometer crime de homicídio dentro do território nacional será processado conforme o que determina a lei processual brasileira.

COMENTÁRIOS

Alternativa "a". Diferentemente da lei penal, a aplicação da lei processual penal ocorre desde logo, sem prejuízo da validade dos atos realizados sob a vigência da lei anterior (CPP, art. 2º). Não há diferença, no caso, se a lei processual penal favorece ou não o acusado.

Alternativa: "b". Nos termos da redação expressa do Código de Processo Penal, (CPP, art. 21), a incomunicabilidade do indiciado dependerá sempre de despacho nos autos e somente será permitida quando o interesse da sociedade ou a conveniência da investigação o exigir. No entanto, prevalece na doutrina[1] que "este dispositivo, em face do disposto no art. 136, § 3º, IV, da CF, que não admite a incomunicabilidade até mesmo durante o Estado de Defesa, não foi recepcionado pela Carta Magna".

Alternativa "c". Conforme ensino de Nestor Távora e Rosmar Rodrigues Alencar[2], "a jurisprudência majoritária dos Tribunais Superiores entende que, se o arquivamento é realizado com base na prova da atipicidade do fato, [...] e se o pedido for homologado nestes exatos termos, a decisão, de forma excepcional, faz coisa julgada material". No mesmo sentido a jurisprudência do STJ, conforme se observa do excerto seguinte: RECURSO ORDINÁRIO EM HABEAS CORPUS. DESCAMINHO. ARQUIVAMENTO. INQUÉRITO. PRINCÍPIO DA INSIGNIFICÂNCIA. REAVALIAÇÃO DO TRIBUTO. OFERECIMENTO DE DENÚNCIA. COISA JULGADA MATERIAL. RECURSO PROVIDO. 1. [...]. **2. A decisão que determina o arquivamento de inquérito policial, por atipicidade da conduta, tem força de coisa julgada material.** 3. Recurso provido para determinar o trancamento da ação penal (STJ – RHC: 18099 SC 2005/0120848-2, Relator: Ministro HÉLIO QUAGLIA BARBOSA, Data de Julgamento: 07/03/2006, SEXTA TURMA, Data de Publicação: DJ 27.03.2006, p. 333).

Alternativa "d". A doutrina reconhece a existência do princípio do promotor natural, extraído de forma implícita em nossa Constituição Federal. Conforme lições de Hugo Nigro Mazzilli, "o princípio do promotor natural é decorrência do princípio da independência funcional. Consiste na existência de um órgão do Ministério Público investido nas suas atribuições por critérios legais prévios". No mesmo sentido Eugênio Paccelli "a Constituição da República, ao estampar em seu art. 5º, XXXVII, a vedação de juízos ou de tribunais de exceção, não admite, a toda evidência, os acusadores por indicação"[3].

Alternativa "e". Nos termos do artigo 1º do CPP, o processo penal será regido, em todo o território brasileiro, pelo Código de Processo Penal, ressalvados, entre outros, os tratados, as convenções e regras de direito internacional (inciso I). Para Leonardo Barreto[4], um exemplo dessa exceção "são os casos de imunidades diplomáticas: agentes diplomáticos, que possuem imunidade em território nacional, quando estiverem a serviço de seu país de origem, tais como embaixadores, secretários de embaixada, bem como seus familiares, além de funcionários de organizações internacionais (exemplo: ONU), se praticarem algum crime em território nacional, não serão processados no Brasil, por força da Convenção de Viena, de 1961, referendada pelo Decreto nº 56.435/65".

Alternativa correta: letra "c".

03. (CESPE – Analista Judiciário/TRE do Mato Grosso do Sul/ 2013) No que diz respeito à aplicação da lei processual no tempo, no espaço e em relação às pessoas, assinale a opção correta.

a) Por força do princípio *tempus regit actum*, o fato de lei nova suprimir determinado recurso, existente em legislação anterior, não afasta o direito à re-

1. Idem, p. 118.
2. *Curso de Direito Processual Penal*, 8ª edição, 2013, Salvador, Editora Juspodivm, p. 131.
3. Idem, p. 66.
4. *Processo penal. Parte Geral. Coleção Sinopses para Concurso.* 5ª edição, 2015, Salvador, Ed. Juspodivm, p. 79-80.

corribilidade subsistente pela lei anterior, quando o julgamento tiver ocorrido antes da entrada em vigor da lei nova.

b) A nova lei processual penal aplicar-se-á imediatamente, invalidando os atos realizados sob a vigência da lei anterior que com ela for incompatível.

c) O princípio da imediatidade da lei processual penal abarca o transcurso do prazo processual iniciado sob a égide da legislação anterior, ainda que mais gravosa ao réu.

d) A lei processual penal posterior, que de qualquer modo favorecer o agente, aplicar-se-á aos fatos anteriores, ainda que decididos por sentença condenatória transitada em julgado.

e) De acordo com o princípio da territorialidade, aplica-se a lei processual penal brasileira a todo delito ocorrido em território nacional, sem exceção, em vista do princípio da igualdade estabelecido na Constituição Federal de 1988.

COMENTÁRIOS

✪ **Nota do autor a questão cobra conhecimentos dos princípios que regem a aplicação da lei processual penal no tempo e no espaço.**

Alternativa "a": estabelece o Código de Processo Penal que a lei processual penal se aplica desde logo, mas sem prejuízo da validade dos atos realizados sob a vigência da lei anterior (CPP, art. 2º). Dessa maneira, a despeito da aplicação imediata da lei processual penal (lei nova que suprimiu determinado recurso), o próprio CPP ressalva a garantia do respeito aos atos já praticados durante a vigência da legislação revogada (direito à recorribilidade subsistente pela lei anterior, pois o julgamento ocorreu antes da entrada em vigor da lei nova).

Alternativa "b": A alternativa está errada porque não ressalva a validade dos atos realizados sob a vigência da lei anterior (CPP, art. 2º).

Alternativa "c": a lei nova não incide sobre o prazo processual cujo transcurso já teve início sob a legislação anterior. Aplica-se aqui, mais uma vez, a ressalva final do artigo 2º do Código de Processo Penal: validade dos atos realizados sob a vigência da lei anterior. Com o início do transcurso do prazo já se dá a aplicação da lei em vigor. Eventual modificação ou supressão do prazo não será mais aplicável a esse prazo processual, que já teve seu início.

Alternativa "d": apenas a **lei penal** posterior, que de qualquer modo favorecer o agente, será aplicada aos fatos anteriores, ainda que decididos por sentença condenatória transitada em julgado (CF, art. 5º, inciso XL e CP, art. 2º). A **lei processual penal** possui aplicação imediata, ainda que desfavorecer o agente, ressalva apenas para os atos já praticados sob a vigência da legislação anterior (CPP, art. 2º).

Alternativa "e": O próprio Código de Processo Penal faz ressalvas quanto à aplicação da lei processual penal em todo o território brasileiro (CPP, art. 1º). Assim, de maneira exemplificativa, o processo e o julgamento de crimes previstos em tratados ou em convenções internacionais, entre outros, podem excepcionar a aplicação do princípio da territorialidade da lei processual penal (CPP, art. 1º).

Alternativa correta: letra "a".

2. INQUÉRITO POLICIAL

▸ CPP, art. 4º a 23

04. (CESPE – Analista Judiciário – Área Administrativa/TRE da Bahia/2017) Indiciado em determinado inquérito policial, Pedro requereu, por meio de seu advogado, acesso aos autos da investigação. O requerimento foi negado pelo delegado de polícia. Nessa situação hipotética, a decisão da autoridade policial está

a) sendo procedimento inquisitório, não há de se falar em assistência de advogado no curso do inquérito policial.

b) o exercício do direito de defesa e contraditório são plenamente aplicáveis ao inquérito policial.

c) afronta o princípio da publicidade, igualmente aplicável às ações penais em curso e aos inquéritos policiais.

d) o inquérito policial, sendo procedimento inquisitório, deve ser mantido em sigilo até o ajuizamento da ação penal.

e) o acesso do indiciado, por meio de seu advogado, aos autos do procedimento investigatório é garantia de seu direito de defesa.

COMENTÁRIOS

✪ **Nota do autor:** para correta resposta da questão é preciso estar atento à alteração legislativa recente e à Súmula Vinculante nº 14 do STF.

Alternativa "a": a inquisitoriedade do inquérito policial não retira o direito do advogado do investigado de ter acesso aos autos, para garantia do direito de defesa.

Alternativa "b": o inquérito policial constitui procedimento inquisitório, onde não vigora o princípio do contraditório, aplicável somente posteriormente, em caso de deflagração de ação penal.

Alternativa "c": o inquérito, em regra, é sigiloso (CPP, art. 20). O fundamento que permite o acesso aos autos de inquérito policial pelo advogado de diligência já documentada é a garantia de seu direito de defesa, nos termos da **Súmula Vinculante nº 14 do STF**.

Alternativa "d": O sigilo do inquérito policial (CPP, art. 20) não é oponível ao advogado do investigado

(CPP, art. 21, parágrafo único e Lei nº 8.906/94), que deve ter acesso amplo aos elementos de prova já documentados em procedimento investigatório, ressalvadas apenas as diligências ainda em andamento, notadamente quando a ciência pelo investigado e seu defensor puder prejudicar sua eficácia.

Alternativa "e": Conforme o disposto no artigo 7º, inciso XIV, do Estatuto da OAB (Lei nº 8.906/94), com redação dada pela Lei nº 13.245/2016, é direito do advogado examinar, em qualquer instituição responsável por conduzir investigação, mesmo sem procuração, autos de flagrante e de investigações de qualquer natureza, findos ou em andamento, ainda que conclusos à autoridade, podendo copiar peças e tomar apontamentos, em meio físico ou digital. Além disso, a **Súmula Vinculante nº 14 do STF**, dispõe que "é direito do defensor, no interesse do representado, ter acesso amplo aos elementos de prova que, já documentados em procedimento investigatório realizado por órgão com competência de polícia judiciária, digam respeito ao exercício do direito de defesa".

Alternativa correta: letra "e".

---

05. (FCC – Analista Judiciário – Área Judiciária/TRE do Paraná/2017) Acerca do inquérito policial, é correto afirmar:

a) Nos crimes de ação penal pública, sempre será necessária a autorização da vítima para a abertura de inquérito.

b) Tendo em vista a preservação da incolumidade pública, a instauração de inquérito policial para a apuração de crime de alçada privada poderá ser requisitado pela autoridade judiciária.

c) A instauração de inquérito policial interrompe o prazo da prescrição.

d) Mesmo depois de ordenado o arquivamento do inquérito pelo juiz, em razão de falta de elementos para a denúncia, a autoridade policial poderá reativar as investigações se tiver conhecimento de novas provas.

e) A autoridade policial garantirá, durante o inquérito, o sigilo necessário ao esclarecimento dos fatos investigados, observando, porém, em todas as suas manifestações, o princípio do contraditório.

COMENTÁRIOS

Alternativa "a": O inquérito, nos crimes em que a ação pública depender de representação (de ação penal pública condicionada à representação do ofendido), não poderá sem ela ser iniciado (CPP, art. 5º, § 4º). De outro lado, nos crimes de ação penal pública incondicionada, como a própria denominação refere, não depende de autorização ou anuência da vítima para instauração do respectivo inquérito policial.

Alternativa "b": Nos crimes de ação privada, a autoridade policial somente poderá proceder a inquérito a requerimento de quem tenha qualidade para intentá-la (CPP, art. 5º, § 5º).

Alternativa "c": Entre as causas interruptivas da prescrição, previstas no artigo 117 do Código Penal, não consta a instauração de inquérito policial.

Alternativa correta "d": Depois de ordenado o arquivamento do inquérito pela autoridade judiciária, por falta de base para a denúncia, a autoridade policial poderá proceder a novas pesquisas, se de outras provas tiver notícia (CPP, art. 18). **STF Súmula nº 524**: Arquivado o inquérito policial, por despacho do juiz, a requerimento do Promotor de Justiça, não pode a ação penal ser iniciada, sem novas provas.

Alternativa "e": A primeira parte do dispositivo está correta, pois autoridade policial deve assegurar, no inquérito, o sigilo necessário à elucidação do fato ou exigido pelo interesse da sociedade (CPP, art. 20). No entanto, a parte final da assertiva está errada, pois o inquérito constitui procedimento inquisitivo, onde não vigora o princípio do contraditório.

Alternativa correta: letra "d".

---

06. (CESPE – Analista Judiciário/TRE de Goiás/2015) Após a realização de inquérito policial iniciado mediante requerimento da vítima, Marcos foi indiciado pela autoridade policial pela prática do crime de furto qualificado por arrombamento.

> Nessa situação hipotética, de acordo com o disposto no Código de Processo Penal e na atual jurisprudência do Superior Tribunal de Justiça acerca de inquérito policial, o Ministério Público pode requerer ao juiz a devolução do inquérito à autoridade policial, se necessária a realização de nova diligência imprescindível ao oferecimento da denúncia, como, por exemplo, de laudo pericial do local arrombado.

Certo ( ) Errado ( )

COMENTÁRIOS

O Ministério Público, ao receber o inquérito policial, poderá, além de oferecer denúncia ou promover o arquivamento, solicitar ao juiz a devolução do inquérito à autoridade policial para novas diligências, desde que imprescindíveis ao oferecimento da denúncia (CPP, art. 16).

Alternativa correta: "certo".

---

07. (CESPE – Analista Judiciário/TRE de Goiás/2015) Embora fosse possível a instauração do inquérito mediante requisição do juiz, somente a autoridade policial poderia indiciar Marcos como o autor do delito.

Certo ( ) Errado ( )

COMENTÁRIOS

O indiciamento é o ato pelo qual há a atribuição da autoria de infração penal durante a fase de investigação preliminar (inquérito policial). Conforme entendimento dos tribunais superiores e da doutrina majoritária, o indiciamento constitui ato privativo da autoridade policial, por se tratar de "medida ínsita à fase investigatória, por meio da qual o delegado de polícia externa o seu convencimento sobre a autoria dos fatos apurados". No mesmo sentido, o art. 2º, § 6º, da Lei n. 12.830/2013 estabelece a atribuição privativa da autoridade policial para instaurar inquérito policial. Confira julgado do STJ:

> STJ DIREITO PROCESSUAL PENAL. **INDICIAMENTO COMO ATRIBUIÇÃO EXCLUSIVA DA AUTORIDADE POLICIAL. O magistrado não pode requisitar o indiciamento em investigação criminal.** Isso **porque o indiciamento constitui atribuição exclusiva da autoridade policial**. De fato, é por meio do indiciamento que a autoridade policial aponta determinada pessoa como a autora do ilícito em apuração. Por se tratar de medida ínsita à fase investigatória, por meio da qual o delegado de polícia externa o seu convencimento sobre a autoria dos fatos apurados, não se admite que seja requerida ou determinada pelo magistrado, já que tal procedimento obrigaria o presidente do inquérito à conclusão de que determinado indivíduo seria o responsável pela prática criminosa, em nítida violação ao sistema acusatório adotado pelo ordenamento jurídico pátrio. Nesse mesmo sentido, é a inteligência do art. 2º, § 6º, da Lei 12.830/2013, o qual consigna que o indiciamento é ato inserto na esfera de atribuições da polícia judiciária. Precedente citado do STF: HC 115.015-SP, Segunda Turma, DJe 11/9/2013. RHC 47.984-SP, Rel. Min. Jorge Mussi, julgado em 4/11/2014 (STF INFO 717)

A jurisprudência dos tribunais, inclusive, entende que, **após o recebimento da denúncia, não pode o magistrado requisitar o formal indiciamento do réu**, por incompatibilidade com o sistema acusatório imposto pela Constituição Federal (**STF Informativo 717**):

> **Indiciamento por magistrado. Ementa: HABEAS CORPUS. PROCESSUAL PENAL. CRIME CONTRA ORDEM TRIBUTÁRIA. REQUISIÇÃO DE INDICIAMENTO PELO MAGISTRADO APÓS O RECEBIMENTO DENÚNCIA. MEDIDA INCOMPATÍVEL COM O SISTEMA ACUSATÓRIO IMPOSTO PELA CONSTITUIÇÃO DE 1988. INTELIGÊNCIA DA LEI 12.830/2013. CONSTRANGIMENTO ILEGAL CARACTERIZADO. SUPERAÇÃO DO ÓBICE CONSTANTE NA SÚMULA 691. ORDEM CONCEDIDA. 1. Sendo o ato de indiciamento de atribuição exclusiva da autoridade policial, não existe fundamento jurídico que autorize o magistrado, após receber a denúncia, requisitar ao Delegado de Polícia o indiciamento de determinada pessoa. A rigor, requisição dessa natureza é incompatível com o sistema acusatório, que impõe a separação orgânica das funções concernentes à persecução penal, de modo a impedir que o juiz adote qualquer postura inerente à função investigatória. Doutrina. Lei 12.830/2013. 2. Ordem concedida.** Não cabe ao juiz determinar indiciamento. Com base nessa orientação, a 2ª Turma superou o Enunciado 691 da Súmula do STF para conceder habeas corpus e anular o indiciamento dos pacientes. No caso, diretores e representantes legais de pessoa jurídica teriam sido denunciados pelo Ministério Público em razão da suposta prática do crime previsto no art. 1º, I e II, da Lei 8.137/90. Após o recebimento da denúncia, o magistrado de 1º grau determinara à autoridade policial a efetivação do indiciamento formal dos pacientes. (**HC 115015/SP, rel. Min. Teori Zavascki, 27.8.2013. (HC-115015)**

Alternativa correta: "certo".

---

08. (CESPE – Analista Judiciário/TRE de Goiás/ 2015) O prazo legal para que o delegado de polícia termine o inquérito policial é de trinta dias, se Marcos estiver solto, ou de dez dias, se preso preventivamente pelo juiz, contado esse prazo, em ambos os casos, da data da portaria de instauração.

Certo ( ) Errado ( )

COMENTÁRIOS

A primeira parte da assertiva está correta. O prazo para o encerramento do inquérito policial é de 10 dias, para indiciado preso, e de 30 dias, para indiciado solto. O erro se encontra no momento a partir do qual se inicia a contagem do prazo: do dia da prisão em flagrante ou do dia em que se executar a ordem de prisão (CPP, art. 10). **ATENÇÃO!** Com a **Lei nº 13.964/2019 (Pacote Anticrime)**, passou a ser **possível**, no caso de **investigado preso**, que o juiz das garantias, mediante representação da autoridade policial e ouvido o Ministério Público, prorrogue, uma única vez, a duração do inquérito por **até 15**

dias, após o que, se ainda assim a investigação não for concluída, a prisão será imediatamente relaxada.

Alternativa correta: "errado".

---

09. (CESPE – Analista Judiciário/TRE do Mato Grosso do Sul/ 2013) Em relação ao inquérito policial e à ação penal, assinale a opção correta.

a) Admite-se a ação penal privada subsidiária da pública, nos crimes de ação pública ou privada, se esta não for intentada no prazo legal, decaindo o ofendido, ou seu representante legal, desse direito se não o exercer dentro do prazo de seis meses, contado do dia em que vier a saber da omissão do MP.

b) Mesmo depois de ordenado o arquivamento do inquérito pela autoridade judiciária, por falta de base para a denúncia, a autoridade policial poderá prosseguir com as investigações, se tiver notícia de outras provas.

c) Ainda que o inquérito policial tenha sido arquivado por despacho do juiz, o promotor de justiça poderá ingressar com ação penal independentemente do surgimento de novas provas.

d) Por força do dever de persecução penal do Estado, assim que tiver conhecimento da prática de crime – seja de ação pública, seja de ação privada –, a autoridade policial terá o dever de instaurar inquérito policial.

e) Caso o membro do Ministério Público requeira o arquivamento de inquérito policial ou de quaisquer peças de informação, o juiz, se discordar dessa manifestação ministerial, poderá ordenar a remessa do inquérito ou das peças de informação a outro representante do MP, para que este ofereça a denúncia.

COMENTÁRIOS

✪ **Nota do autor:** a questão gira em torno dos temas inquérito policial e ação penal, assuntos muito cobrados em provas de tribunais.

Alternativa "a". Como o próprio nome já revela, a ação penal privada subsidiária da pública somente é cabível nos crimes de ação pública, mas não nas ações penais privadas propriamente ditas (CPP, art. 29).

Alternativa: "b". Depois de ordenado o arquivamento do inquérito pela autoridade judiciária, por falta de base para a denúncia, a autoridade policial poderá proceder a novas pesquisas, se de outras provas tiver notícia (CPP, art. 18).

Alternativa "c". Caso ordenado o arquivamento do inquérito pela autoridade judiciária, somente com surgimento de novas provas poderá o inquérito ser reaberto (CPP, art. 18). Nesse mesmo sentido o teor da **Súmula STF nº 524:** arquivado o inquérito policial, por despacho do juiz, a requerimento do Promotor de Justiça, não pode a ação penal ser iniciada, sem novas provas.

Alternativa "d". O inquérito poderá ser instaurado de ofício somente para apuração de crimes de ação penal pública incondicionada (CPP, art. 5º). Se o crime a ser investigado for de ação penal pública condicionada, não poderá ser instaurado sem a representação do ofendido (CPP, art. 5º, § 4º). O mesmo se dá com inquérito para apuração de crime de ação penal privada (CPP, art. art. 5º, § 5º), que depende de requerimento "de quem tenha qualidade para intentá-la".

Alternativa "e". Com o sistema criado pelo Pacote Anticrime e após o julgamento das ADIs 6298, 6299, 6300 e 6305, ficou estabelecido que, ao se manifestar pelo arquivamento do inquérito policial ou de quaisquer elementos informativos da mesma natureza, o Ministério Público submeterá sua manifestação ao juiz competente e comunicará o fato à vítima, ao investigado e à autoridade policial, podendo encaminhar os autos para o procurador-geral ou para a instância de revisão ministerial, quando houver, para fins de homologação. Caso o juiz competente discorde da manifestação do "Parquet", ele deve encaminhar os Autos aos órgãos superiores do MP, que poderá manter o arquivo, requisitar novas diligências ou designar outro membro do MP para oferecer denúncia.

Alternativa correta: letra "b".

3. DA AÇÃO PENAL

▸ -CPP, art. 24 a 62

---

10. (CESPE – Analista Judiciário – TRE do Mato Grosso/ 2015) Maria, casada, foi vítima do crime de calúnia praticado por Ana e Paula, suas vizinhas. Após a proposição e a admissão da ação pertinente, Maria resolveu desistir da queixa prestada contra Ana, mas prosseguiu com a ação contra Paula. Considerando essa situação hipotética, assinale a opção correta.

a) Caso Maria seja judicialmente declarada ausente, seus descendentes terão preferência sobre os ascendentes na sua sucessão na referida ação.

b) Por se tratar de ação privada, se Maria fosse declarada absolutamente incapaz, em decorrência de enfermidade mental, o magistrado não poderia nomear de ofício curador especial.

c) Caso Maria abandone a ação e seu cônjuge não dê prosseguimento ao feito em até sessenta dias, o irmão dela poderá fazê-lo, dentro do referido prazo.

d) Até o trânsito em julgado da sentença Maria poderá dispor de seu direito de ação, perdoando as ofensoras, caso em que a ação será extinta, ainda que Paula não aceite o perdão.

e) Se Maria falecer antes da conclusão da ação, será extinta a punibilidade das agentes, pois se trata de ação personalíssima, razão por que não haverá sucessão da ofendida.

COMENTÁRIOS

✪ **Nota do autor:** A ordem legal de sucessão do direito de queixa ou de representação é muito conhecida através da seguinte regra mnemônica: **C**ônjuge **A**scendente **D**escendente **I**rmão – **CADI**.

Alternativa "a". Incorreta. No caso de morte do ofendido ou quando declarado ausente por decisão judicial, o direito de oferecer queixa ou prosseguir na ação passará ao cônjuge, ascendente, descendente ou irmão (CPP, art. 31). Caso compareça mais de uma pessoa para prosseguimento da ação penal privada, "terá preferência o cônjuge, e, em seguida, o parente mais próximo na ordem de enumeração constante do art. 31" (CPP, art. 36).

Alternativa: "b". Se o ofendido for menor de 18 (dezoito) anos, mentalmente enfermo ou retardado mental e não tiver representante legal, ou colidirem os interesses deste com os daquele, o direito de queixa poderá ser exercido por curador especial, nomeado, de ofício ou a requerimento do Ministério Público, pelo juiz competente para o processo penal (CPP, art. 33).

Alternativa "c". Conforme previsão do artigo 36, parte final, do Código de Processo Penal, qualquer das pessoas enumeradas no artigo 31 (cônjuge, ascendente, descendente ou irmão) podem prosseguir na ação penal privada, caso o querelante "desista da instância ou a abandone". Além disso, caso compareça mais de uma pessoa para prosseguimento da ação penal privada, "terá preferência o cônjuge, e, em seguida, o parente mais próximo na ordem de enumeração constante do art. 31", nos termos da primeira parte do citado dispositivo legal (CPP, art. 36).

Alternativa "d". O perdão do ofendido, nas ações penais privadas, possui natureza bilateral, pois apenas produzirá o efeito de extinguir a punibilidade do querelado em relação ao que o aceitar (CPP, art. 51), de maneira expressa ou tácita (CPP, art. 57).

Alternativa "e". A ação penal privada personalíssima é aquela em que apenas o próprio ofendido pode intentar. Nela não ocorre a sucessão por morte ou ausência, prevista no artigo 100, § 4º, do Código Penal e no artigo 31 do Código de Processo Penal. No caso do crime de calúnia, descrito na questão, a ação penal privada não é personalíssima, havendo, pois, possibilidade de sucessão da ofendida na ação penal privada, que passará ao cônjuge, ascendente, descendente ou irmão (CPP, art. 31).

Alternativa correta: letra "c".

4. COMPETÊNCIA

- -CF, art. 102, 105, 108 e 109
- -CPP, art. 24 a 62

11. (FCC – Analista Judiciário – Área Judiciária/TRE de São Paulo/2017) Xisto, policial militar rodoviário no exercício da função, resolve em um único dia de trabalho praticar três crimes de corrupção passiva, utilizando para tanto o mesmo modus operandi, solicitando dinheiro de condutores de veículos para não fazer a autuação administrativa pelo excesso de velocidade. O primeiro crime é praticado às 09h na cidade de Guarulhos. O segundo é praticado às 12h na cidade de Mogi das Cruzes. E o terceiro é praticado às 14h na cidade de Jacareí, onde Xisto é preso em flagrante por policiais civis, prisão esta analisada e mantida pelo Magistrado competente daquela comarca. Xisto é denunciado pelo Ministério Público da comarca de Jacareí pelos três crimes de corrupção passiva. Sobre o caso hipotético apresentado e à luz do Código de Processo Penal, a competência da comarca de Jacareí foi determinada

a) por conexão.

b) por continência.

c) por prevenção.

d) pela prerrogativa de função.

e) pelo lugar da infração.

COMENTÁRIOS

Alternativa "a": a competência é fixada por conexão, quando há um liame entre as infrações penais, que justifica a união dos processos, conforme os casos estabelecidos no art. 76, CPP. Mas, não é causa de fixação de competência territorial, objeto do problema.

Alternativa "b": a competência é fixada por continência, quando há concurso de pessoas acusadas pela prática do mesmo crime, ou nos casos de crime continuado, *aberratio ictus* e concurso formal. No caso, há unificação dos processos, porque os crimes foram praticados de forma continuada, mas a questão se refere à fixação da competência territorial em Jacareí, o que não decorre da continência.

Alternativa "c": O caso apresentado pela questão descreve a prática de infrações continuadas, de maneira a atrair a incidência do artigo 71 do Código Penal, já que houve a prática de "dois ou mais crimes da mesma espécie e, pelas condições de tempo, lugar, maneira de execução e outras semelhantes, devem os subsequentes ser havidos como continuação do primeiro". No caso de crime continuado e de crime permanente, quando praticados em território de duas ou mais jurisdições, dispõe o artigo 71 do Código de Processo Penal que a competência territorial será firmada pela prevenção. O Juízo de Jacareí é prevento, porque foi o primeiro a tomar conhecimento dos fatos e a proferir decisão sobre eles;

Alternativa "d": a competência pela prerrogativa de função decorre do cargo que o autor do crime ocupa. Assim, por exemplo, os Deputados Federais devem ser julgados pelo STF.

Alternativa "e": a competência territorial é determinada pelo lugar em que se consumar a infração, ou, no caso de tentativa, pelo lugar em que for praticado o último ato de execução. No caso, houve três crimes em continuidade delitiva, o que implica a unificação dos processos, pelo critério da continência. Como os crimes ocorreram em três cidades diferentes, deve-se usar o critério da prevenção para fixar o Juízo de Jacareí para o julgamento do feito.

Alternativa correta: letra "c".

---

12. (CESPE – Analista Judiciário – Área Judiciária/ TRE de Pernambuco/2017) Em ano sem eleições, João, durante crise de ciúmes, destruiu o título de eleitor de sua esposa, Maria, para causar-lhe transtornos e dificultar que ela obtivesse passaporte. Após queixa de Maria, foi instaurado inquérito policial para a apuração de crime.

Nessa situação hipotética, de acordo com a atual jurisprudência dos tribunais superiores, eventual ação penal deverá ser proposta na

a) justiça estadual, por se tratar de crime de destruição de documento público.
b) justiça federal ou justiça eleitoral, por aplicação da regra da prevenção.
c) justiça federal, por se tratar de crime de destruição de documento público federal.
d) justiça estadual, por não estar o crime vinculado a pleito eleitoral.
e) justiça eleitoral, por se tratar de crime de destruição de documento relativo à eleição.

COMENTÁRIOS

✪ **Nota do autor:** para a correta resolução da questão é necessário conhecimento da jurisprudência dos tribunais superiores quanto à competência da justiça eleitoral.

Alternativa "a": O título de eleitor, emitido pela Justiça Eleitoral, um dos ramos do Poder Judiciário da União., é documento público federal.

Alternativa "b": Como se trata de competência em razão da matéria, não há que se falar em prevenção, pois apenas um dos juízos é competente para o julgamento do feito.

Alternativa "c": Para a configuração de crime eleitoral previsto no artigo 339 do Código Eleitoral ("destruir, suprimir ou ocultar urna contendo votos, ou documentos relativos à eleição"), conforme jurisprudência do STJ e do STF, é necessário que a conduta tenha sido praticada com objetivo de atingir os valores ou bens jurídicos protegidos pela norma penal eleitoral, como a liberdade do exercício do voto ou a regularidade do processo eleitoral. A destruição de título eleitoral da vítima sem vínculo com o pleito eleitoral, apenas para dificultar a sua identificação ou causar transtornos, não atrai a competência da Justiça Eleitoral. Nesse sentido: STJ. 3ª Seção. CC 127101/RS, julgado em 11/02/2015. No caso, o crime cometido seria o de supressão de documento, previsto no artigo 305 do Código Penal, que será da competência da justiça federal, nos termos do art. 109, IV, da CF/88, pois o título de eleitor é um documento expedido pela Justiça Eleitoral, que é um órgão federal, configurando crime cometido em detrimento de um serviço da União.

Alternativa "d": Como o título de eleitor é um documento público federal, a competência não é da Justiça Estadual.

Alternativa "e": Como a conduta do autor não tinha como intenção violar a liberdade do exercício de voto da vítima ou o devido processo eleitoral, fica afastada a competência da Justiça Eleitoral.

Alternativa correta: letra "c".

---

13. (CESPE – Analista Judiciário – Área Judiciária/ TRE de Tocantins/2017) Com a finalidade de beneficiar diretamente um candidato a quem apoiava nas eleições estaduais, Diego, utilizando-se de cártula de cheque falsificada, alugou um ônibus na cidade A. No dia seguinte, data das eleições, utilizou o ônibus na cidade B, para transportar gratuitamente eleitores da zona rural até as proximidades da zona eleitoral.

Nessa situação hipotética, considerando que as condutas praticadas por Diego se amoldam aos ilícitos penais previstos nos arts. 171 do Código Penal e 302 do Código Eleitoral, assinale a opção correta acerca da competência para o processo e julgamento dos crimes.

a) Não se trata de hipótese de unidade de processo por conexão ou continência, e prevalecerá a competência do local em que foi consumada cada infração penal.
b) Haverá unidade de processo em razão da continência decorrente do concurso formal de crimes, e prevalecerá a competência da justiça especializada.
c) Haverá unidade de processo em razão da conexão objetiva, e prevalecerá a regra da competência da justiça especializada.
d) Haverá unidade de processo em razão da conexão instrumental, e prevalecerá a regra da prevenção.

e) Haverá unidade de processo em razão da conexão lógica, e prevalecerá a competência da justiça comum do local em que se consumou o crime mais grave.

COMENTÁRIOS

✪ **Nota do autor:** Para responder a questão o candidato deveria saber diferenciar os casos de conexão e continência, previstos nos incisos do artigo 76 do CPP.

Alternativa "a": Há conexão objetiva entre os crimes, o que implica unidade de processo na Justiça Eleitoral.

Alternativa "b": No caso, não há continência (CPP, art. 76, I), mas sim conexão objetiva teleológica (CPP, art. 76, II), pois o estelionato foi cometido para facilitar a execução do crime eleitoral.

Alternativa "c": No caso da questão, há inegável conexão objetiva entre os delitos de estelionato (CP, art. 171) e o crime eleitoral (CE, art. 302), em que o vínculo das infrações está na motivação de um deles em relação ao outro. O estelionato foi praticado como forma de facilitar a execução do crime eleitoral (CPP, art. 76, II). Dessa forma, havendo conexão entre crime comum (estelionato) e crime sujeito à jurisdição especial (crime eleitoral), nos termos do artigo 78, inciso IV, do CPP, prevalecerá a competência da justiça especializada (Justiça Eleitoral).

Alternativa "d": Não houve conexão instrumental (ou probatória ou processual ou ocasional), prevista no artigo 76, III, do CPP, que ocorre quando a prova de uma infração ou de qualquer de suas circunstâncias elementares influir na prova de outra infração, como se dá com o crime de furto em relação à receptação anteriormente praticada. É caso de conexão objetiva teleológica (CPP, art. 76, II), como já mencionado anteriormente. Além disso, não se aplica a regra da prevenção, já que prevalece a competência da justiça eleitoral. O critério da prevenção, como determinador de competência, só tem cabimento quando "concorrendo dois ou mais juízes **igualmente competentes ou com jurisdição cumulativa**, um deles tiver antecedido aos outros na prática de algum ato do processo ou de medida a este relativa, ainda que anterior ao oferecimento da denúncia ou da queixa" (CPP, art. 83).

Alternativa "e": Como já comentado, prevalecerá a competência da justiça especializada (justiça eleitoral), nos termos do CPP (art. 78, inciso IV). A regra da prevalência da competência do local em que se consumou o crime mais grave somente é aplicável nos casos de concurso de jurisdições da mesma categoria (CPP, art. 78, II).

Alternativa correta: letra "c".

14. (CESPE – Analista Judiciário/TRE do Piauí/ 2016) Com relação a jurisdição e competência, assinale a opção correta.

a) Prefeito municipal do estado do Rio Grande do Sul que cometa o delito de porte ilegal de arma em cidade do estado de São Paulo será processado e julgado pelo Tribunal de Justiça do Estado de São Paulo.

b) Caso parlamentar federal cometa crimes de licitações fraudulentas e obras superfaturadas, apurados por inquérito civil durante o exercício funcional, o foro por prerrogativa de função persistirá mesmo após o encerramento do mandato, pois o STF assegura tal prerrogativa nos casos de crimes de improbidade administrativa.

c) Parlamentar estadual que cometa crime contra bens e interesses da União deverá ser processado e julgado pelo tribunal de justiça com jurisdição no local do delito.

d) Prefeito municipal que cometa homicídio doloso será processado e julgado pelo tribunal de justiça local, e não pelo tribunal do júri.

e) Ocorrerá a separação de processos quando um parlamentar federal praticar homicídio doloso em concurso com outro parlamentar estadual, pois, no caso deste, o foro especial é estabelecido pela Constituição estadual.

COMENTÁRIOS

✪ **Nota do autor:** A questão versa sobre casos de competência por prerrogativa de função na jurisprudência dos tribunais superiores. **ATENÇÃO!** O atual entendimento do STF sobre o tema foro por prerrogativa de função mudou. Conforme atual jurisprudência da Suprema Corte (STF. Plenário. AP 937 QO/RJ, Rel. Min. Roberto Barroso, julgado em 03/05/2018), as normas da Constituição de 1988 que estabelecem as hipóteses de foro por prerrogativa de função devem ser interpretadas restritivamente, aplicando-se apenas aos **crimes que tenham sido praticados durante o exercício do cargo e em razão dele**. No caso de crime praticado antes da diplomação do parlamentar, não se justifica a competência do STF, devendo ele ser julgado pela 1ª instância. Ademais, mesmo que o crime tenha sido cometido após a investidura no mandato, se não apresentar **relação direta com as funções exercidas**, também não haverá foro privilegiado. Tese fixada: "O foro por prerrogativa de função aplica-se apenas aos crimes cometidos durante o exercício do cargo e relacionados às funções desempenhadas".

Alternativa "a". Nos casos de crimes comuns cometidos por prefeitos municipais, a competência será do tribunal de justiça pertencente ao estado do município governado pelo prefeito. Confira o julgado a seguir do STJ: CONFLITO POSITIVO DE COMPETÊNCIA. CONSTITUCIONAL E PROCESSUAL PENAL. ART. 14, DA LEI N.º 10.826/03. CRIME COMUM, SUPOSTAMENTE PRATICADO POR PREFEITO, EM OUTRO ESTADO. COMPETÊNCIA DO TRIBUNAL DE JUSTIÇA DO ESTADO DO MUNICÍPIO GOVERNADO PELO INTERESSADO. ART. 29, INCISO X, DA CONSTITUIÇÃO DA REPÚBLICA. PRERROGATIVA DE FORO CRIADA EM FUNÇÃO DA RELEVÂNCIA DO CARGO DE PREFEITO PARA O RESPECTIVO ESTADO. CONFLITO DE COMPETÊNCIA CONHECIDO, PARA RECONHECER A COMPETÊNCIA DO TRIBUNAL SUSCITADO. 1. No caso, o Interessado, prefeito do Município de Rafael Fernandes/RN, foi autuado em flagrante-delito em ocasião em que portava um revólver calibre 38 sem autorização ou registro, em rodovia no Município de Salgueiro/PE. O Tribunal de Justiça do Estado do Rio Grande do Norte, posteriormente, expediu alvará de soltura. O Tribunal de Justiça do Estado de Pernambuco, então, suscitou o presente conflito, sob o fundamento de que a Corte potiguar não tinha jurisdição sobre crime comum ocorrido em município pernambucano. 2. O Poder Constituinte, ao criar a prerrogativa prevista no art. 29, inciso X, da Constituição da República, previu que o julgamento dos Prefeitos, em razão do cometimento de crimes comuns, ocorre perante o Tribunal de Justiça. 3. A **razão teleológica** dessa regra é a de que, devido ao relevo da função de um Prefeito, e o **interesse que isso gera ao Estado em que localizado o Município**, a apreciação da conduta deve se dar pelo Tribunal de Justiça da respectiva unidade da Federação. 4. Ora, a Constituição é clara ao prever como um dos preceitos que regem o Município o "julgamento do Prefeito perante **o** Tribunal de Justiça". Ressalte-se: está escrito no inciso X do Art. 29 da Carta Magna "perante o Tribunal de Justiça", e não "perante Tribunal de Justiça". O artigo definido que consta na referida redação, conferida pelo Constituinte, determina sentido à norma que não pode ser ignorado pelo aplicador da Lei, impedindo a interpretação de que se utilizou a Corte Suscitante. [...] (STJ – CC: 120848 PE 2012/0012676-0, Relator: Ministra LAURITA VAZ, Data de Julgamento: 14/03/2012, TERCEIRA SEÇÃO, Data de Publicação: DJe 27/03/2012).

Alternativa: "b". A competência por prerrogativa de função não se estende após o encerramento de mandato de parlamentar, nos termos da **Súmula STF 451:** a competência especial por prerrogativa de função não se estende ao crime cometido após a cessação definitiva do exercício funcional.

Alternativa "c". A competência para crimes contra bens e interesses da União é da Justiça Federal (CF, art. 109, inciso I). Por outro lado, a Constituição Federal também prevê que as regras constitucionais (entre elas se incluem o foro por prerrogativa de função) previstas para deputados federais e senadores sejam aplicadas aos deputados estaduais, em verdadeira simetria (CF, art. 27, § 1º). De forma a compatibilizar ambos dispositivos constitucionais, a jurisprudência tem invocado o mesmo raciocínio preconizado na **Súmula STF 702**, que se aplica aos prefeitos municipais, com o seguinte teor: "a competência do Tribunal de Justiça para julgar prefeitos restringe-se aos crimes de competência da Justiça comum estadual; nos demais casos, a competência originária caberá ao respectivo tribunal de segundo grau". Dessa forma, parlamentares estaduais, nos crimes comuns, possuem foro junto aos Tribunais e Justiça, por simetria aos congressistas federais. No entanto, nos casos de crimes de competência da Justiça Federal, serão processados e julgados pelo respectivo Tribunal Regional Federal. Confira o seguinte julgado do STJ sobre o tema: HABEAS CORPUS. DEPUTADO ESTADUAL. CRIME PRATICADO CONTRA INTERESSE DA UNIÃO. COMPETÊNCIA DO TRIBUNAL REGIONAL FEDERAL. EMENDA CONSTITUCIONAL Nº 35/2001. [...]. 1. Embora a Constituição do Estado da Bahia determine ser do Tribunal de Justiça a competência para processar e julgar, originariamente, os Deputados Estaduais, tendo em vista o contido no art. 109, VI, da Constituição Federal, e observado o princípio da simetria, na hipótese de crime praticado contra interesse da União, a competência passa a ser do Tribunal Regional Federal. [...]. 4. Habeas corpus parcialmente conhecido e denegado. (STJ – HC 56597/BA, 2006/0062791-4, Rel. Min. PAULO GALLOTTI, Julgamento: 20/09/2007, 6ª Turma, Publicação: DJ 29.10.2007, p. 317).

Alternativa "d". No cotejo entre o dispositivo constitucional que garante o julgamento dos crimes dolosos contra a vida pelo tribunal de júri (CF, art. 5º, inciso XXXVIII, alínea d) e aquele que concede competência aos Tribunais de Justiça para julgamento dos prefeitos municipais (CF, art. 29, inciso X), prevalece na jurisprudência, inclusive do STF, a competência por prerrogativa de função. A competência do tribunal de júri para crimes dolosos contra a vida somente prevalece se o foro por prerrogativa for estabelecido **exclusivamente** por Constituição estadual. É nesse sentido o teor da **Súmula 721 do STF**: A competência constitucional do Tribunal do Júri prevalece sobre o foro por prerrogativa de função estabelecido exclusivamente pela Constituição estadual.

Alternativa "e". Quanto à primeira parte da assertiva, o erro está na previsão de separação de processos. Para o Supremo Tribunal Federal, quando há concorrência de réus com prerrogativa de função, o foro de maior graduação será o competente, exercendo atração para o processo e julgamento do outro réu que também possua prerrogativa de função em outro tribunal, de menor graduação. O caso a seguir, onde um promotor de justiça (com foro no TJ) e um desembargador (com foro no STJ) são corréus, ilustra essa hipótese: Competência Criminal. Ação penal. Membro do Ministério Público estadual.

Condição de corréu. Conexão da acusação com fatos imputados a desembargador. Pretensão de ser julgado perante o Tribunal de Justiça. Inadmissibilidade. Prerrogativa de foro. Irrenunciabilidade. Ofensa às garantias do juiz natural e da ampla defesa, elementares do devido processo legal. Inexistência. Feito da competência do Superior Tribunal de Justiça. HC denegado. **Aplicação da súmula 704**. Não viola as garantias do juiz natural e da ampla defesa, elementares do devido processo legal, a atração, por conexão ou continência, do processo do corréu ao foro por prerrogativa de função de um dos denunciados, a qual é irrenunciável. (**STF – HC: 91437/PI**, Rel. Min. CEZAR PELUSO, Julgamento: 04/09/2007, 2ª Turma, Data de Publicação: DJe-126 DIVULG 18-10-2007 PUBLIC 19-10-2007 DJ 19-10-2007). Quanto à segunda parte da assertiva, também está incorreta. No caso, não se aplica o entendimento da **Súmula STF 721**: "a competência do tribunal de júri para crimes dolosos contra a vida somente prevalece se o foro por prerrogativa for estabelecido **exclusivamente** por Constituição estadual. Isso ocorre porque, nos termos da jurisprudência do STJ (Informativo 457), "as Constituições locais, ao estabelecerem, para os deputados estaduais, idêntica garantia prevista para os congressistas, **refletem a própria Constituição Federal, não se podendo, portanto, afirmar que a referida prerrogativa encontra-se prevista, exclusivamente, na Constituição estadual**". Dessa maneira, "deve prevalecer a teoria do paralelismo constitucional, referente à integração de várias categorias de princípios que atuam de forma conjunta, sem hierarquia, irradiando as diretrizes constitucionais para os demais diplomas legais do estado" (**STJ – CC 105.227-TO**, Rel. Maria Thereza de Assis Moura, julgado em 24/11/2010). Em suma, com base nesse raciocínio, a competência por prerrogativa de função dos deputados estaduais não é estabelecida exclusivamente por Constituição Estadual, mas decorre da própria Constituição Federal, contrariando a segunda e última parte da assertiva.

Alternativa correta: letra "d".

---

15. (CESPE – Analista Judiciário – TRE do Mato Grosso/ 2015) Considere que determinado juiz titular da justiça eleitoral de uma comarca do estado de Mato Grosso, regularmente investido na função, sem dolo, tenha prolatado sentença em processo de competência do tribunal do júri. Nessa situação hipotética, o ato praticado pelo juiz configura

a) nulidade relativa.

b) inexistência.

c) prorrogação de competência.

d) irregularidade.

e) nulidade absoluta.

COMENTÁRIOS

✪ **Nota do autor:** A questão requer conhecimento da competência da justiça eleitoral.

Alternativa "a": o juiz eleitoral é absolutamente incompetente para o julgamento de crimes dolosos contra a vida, logo se trata de nulidade absolta, insanável.

Alternativa "b": o juiz eleitoral é investido de jurisdição, logo a decisão por ele prolatada existe, mas, como ele é absolutamente incompetente, tem-se caso de nulidade absoluta, não de ato inexistente.

Alternativa "c": há prorrogação de competência, quando um juiz, a princípio incompetente, se torna competente para o julgamento do feito. Por exemplo, a incompetência territorial deve ser alegada pela defesa em exceção de incompetência, sob pena de preclusão, de acordo com o STJ. Pois bem, se a defesa não alega a incompetência territorial no prazo legal, o juiz, a princípio, incompetente se torna competente para o julgamento do feito.

Alternativa "d": Não se trata de mera irregularidade, mas de violação a preceito constitucional, motivo pelo qual se trata de nulidade absoluta.

Alternativa "e": Conforme expressa previsão constitucional (CF, art. 5º, XXXVIII, d), os crimes dolosos contra a vida são de competência do Tribunal do Júri. Dessa maneira, a Justiça Eleitoral é materialmente incompetente para o processo e o julgamento de crimes dessa espécie. Vale ressaltar que, mesmo nos casos em que haja alguma conexão entre um crime eleitoral e um crime doloso contra a vida, como ambos os crimes têm competência prevista na Constituição Federal, deve ser operada a disjunção (separação) dos mesmos, vindo o crime eleitoral a ser julgado pela Justiça Eleitoral e o crime doloso contra a vida pelo Tribunal do Júri, segundo posicionamento doutrinário prevalente. Dessa forma, como a questão retrata caso de decisão proferida por juiz incompetente em razão da matéria, por incompetência absoluta, será caso de nulidade absoluta, onde o prejuízo é presumido.

Alternativa correta: letra "e".

---

16. (IBFC – Analista Judiciário/TRE do Amazonas/ 2014) Não sendo conhecido o lugar da infração, a competência regular-se-á:

a) Pela conexão.

b) Pela competência por distribuição.

c) Pela natureza da infração.

d) Pelo domicílio ou residência do réu.

COMENTÁRIOS

Alternativas "a", "b", "c" e "e": em desacordo com o disposto no Código de Processo Penal, no que respeita as regras de competência.

Alternativa "d": Segundo o Código de Processo Penal (CPP, art. 72), quando não for conhecido o lugar da infração, a competência será regulada pelo domicílio ou residência do réu.

Alternativa correta: letra "d".

5. QUESTÕES E PROCESSOS INCIDENTES

▸ -CPP, art. 92 a 154

17. (CESPE - Analista Judiciário - Área Judiciária/ TRE de Tocantins/2017) Pedro praticou crime de furto em uma joalheria da cidade, vendeu as peças subtraídas e ficou na posse de apenas um par de alianças. Com o dinheiro da venda das peças subtraídas, Pedro adquiriu um imóvel, que foi registrado em nome de sua tia.

Considerando essa situação hipotética, assinale a opção correta acerca das medidas aplicáveis aos bens.

a) O par de alianças poderá ser objeto de arresto a ser decretado por autoridade judicial.

b) O imóvel poderá ser objeto de hipoteca legal a ser decretada por autoridade judicial.

c) O imóvel não poderá ser objeto de sequestro já que foi transferido a terceira pessoa.

d) O imóvel poderá ser objeto de sequestro, que não dependerá de ajuizamento prévio de ação cível de ressarcimento.

e) O par de alianças poderá ser sequestrado e colocado à disposição do ofendido para reparação do dano.

COMENTÁRIOS

Alternativa "a": O arresto é medida cautelar que visa assegurar o ressarcimento do dano sofrido pela vítima e pode recair sobre bens móveis ou imóveis do autor do fato, mas que sejam de origem lícita.

Alternativa "b": A hipoteca legal é medida assecuratória que recai sobre imóveis de origem lícita do autor do fato e visa preservar o interesse da vítima em se ver ressarcida por dano causado pelo crime.

Alternativa "c": Ainda que transferidos a terceiros adquirentes, o imóvel poderá ser objeto de sequestro (CPP, art. 125, parte final).

Alternativa "d": No caso, caberá o sequestro do imóvel, que foi obtido com o proveito (ou "proventos") do crime de furto (CPP, art. 125), através da venda dos objetos subtraídos. Para a decretação do sequestro, bastará a existência de indícios veementes da proveniência ilícita dos bens (CPP, art. 126), não sendo necessário o ajuizamento de ação de ressarcimento.

Alternativa "e": O par de alianças constitui o próprio objeto criminoso do furto, pertencente à vítima, de forma a ser cabível sua restituição (CPP, art. 120), desde que não exista dúvida quanto ao direito do reclamante.

Alternativa correta: letra" d".

18. (FCC - Analista Judiciário/TRE de Alagoas/ 2010) Suscitada questão prejudicial obrigatória, poderá ter como conseqüência:

a) a suspensão do curso da ação penal até a solução da controvérsia sobre o estado das pessoas no Juízo Cível, por sentença transitada em julgado.

b) a interposição de recurso em sentido estrito, caso seja denegada a suspensão do curso da ação penal.

c) a suspensão do curso do inquérito policial e da ação penal, vedada a produção de prova.

d) a suspensão da ação penal por prazo determinado, que poderá ser razoavelmente prorrogado, se a demora não for imputável à parte.

e) a suspensão do processo e, tratando-se de ação penal pública ou privada, a intervenção do Ministério Público na causa civil, para o fim de promover-lhe o rápido andamento.

COMENTÁRIOS

✪ **Nota do autor:** Questão prejudicial consiste em uma controvérsia surgida no âmbito do processo penal acerca da existência da infração penal e que deve ser analisada antes do mérito da causa, porque constitui antecedente lógico a ser examinado pelo julgador. Essa questão prejudicial pode ser a) **obrigatória**, quando relacionada ao estado civil da pessoa, desde que o juiz a repute séria e fundada, ocasionando a suspensão da ação penal até que no juízo cível seja a controvérsia dirimida por sentença passada em julgado; b) **facultativa**, sobre questão diversa do estado civil da pessoa, também da competência do juízo cível, e desde que neste houver sido proposta ação para resolvê-la, o juiz criminal poderá, desde que essa questão seja de difícil solução e não verse sobre direito cuja prova a lei civil limite, suspender o curso do processo, após a inquirição das testemunhas e realização das outras provas de natureza urgente e fundada.

Alternativa "a". A questão prejudicial obrigatória determina a suspensão da ação penal até que no juízo cível seja a controvérsia dirimida por sentença passada em julgado (CPP, art. 92).

Alternativa "b". Pois do despacho que denegar a suspensão não caberá recurso (CPP, art. 93, § 2º).

Alternativa "c". A suspensão em virtude de questão prejudicial só atinge a ação penal, mas não o inquérito policial.

Alternativa "d". Somente no caso de questão prejudicial facultativa o juiz deverá suspender a ação por prazo determinado (CPP, art. 93, § 1º). Como o enunciado da questão afirma que foi suscitada questão prejudicial obrigatória (CPP, art. 92), a suspensão se dará sem prazo, até o trânsito em julgado da decisão que definir a questão no juízo cível.

Alternativa "e". Apenas em caso de crime de ação pública incumbirá ao Ministério Público intervir imediatamente na causa cível, para o fim de promover-lhe o rápido andamento (CPP, art. 93, § 3º).

Alternativa correta: letra "a".

---

19. (FCC – Analista Judiciário/TRE do Acre/ 2010) Entendendo não ser o Juiz que recebeu a denúncia competente para a causa, a defesa arguiu exceção de incompetência, tendo sido aberta vista dos autos ao Ministério Público, que concordou com a excipiente. Se o Juiz rejeitar a exceção,

a) poderá o Ministério Público exigir a remessa dos autos ao Juiz competente, se tratar-se de incompetência absoluta.

b) continuará no feito, não cabendo recurso da decisão do Juiz que se dá por competente.

c) prosseguirá no feito, mas deverá suscitar conflito negativo de competência.

d) poderá o Ministério Público interpor recurso em sentido estrito.

e) caberá recurso de apelação, com efeito devolutivo.

COMENTÁRIOS

✪ **Nota do autor:** A exceção de incompetência poderá ser oposta, verbalmente ou por escrito, no prazo de defesa (CPP, art. 108). O juiz do feito também poderá declarar-se incompetente nos autos, haja ou não alegação da parte (CPP, art. 109).

Alternativa "a". Se recusada a exceção de incompetência, o juiz continuará no feito (CPP, art. 108, § 2º).

Alternativa "b". No caso de julgar improcedente a exceção de incompetência, o juiz continuará no feito, fazendo tomar por termo a declinatória, se formulada verbalmente (CPP, art. 108, § 2º.

Alternativa "c". Se o juiz do feito julgou improcedente a exceção de incompetência, não há motivo para suscitar conflito de competência de ofício.

Alternativa "d". Não cabe recurso em sentido estrito da decisão do juiz que rejeitar a exceção de incompetência. Caberá este recurso apenas nos casos de o próprio juiz dar-se por incompetente de ofício (CPP, art. 581, II) ou quando for julgada procedente a exceção de incompetência (CPP, art. 581, III).

Alternativa "e"". Não cabe recurso de apelação, pois a decisão do juiz que se declarar competente não é definitiva, nem tem força de definitiva, pois o processo permanece em seus ulteriores atos. Não há incidência de uma das hipóteses do art. 593, CPP, que trata do cabimento da apelação.

Alternativa correta: letra "b".

---

20. (CESPE – Analista Judiciário/TRE do Rio de Janeiro/ 2012) Julgue os itens a seguir, que versam sobre ação civil, competência criminal e processos incidentes.

O arresto pressupõe a origem ilícita dos bens móveis, sendo determinado com o objetivo de garantir a satisfação, em caso de condenação, de eventual pena de multa, custas processuais e ressarcimento dos danos causados pela perpetração delitiva.

Certo ( ) Errado ( )

COMENTÁRIOS

✪ **Nota do autor:** Como medidas assecuratórias o Código de Processo Penal prevê o sequestro, a hipoteca legal e o arresto. O sequestro recai sobre os bens (imóveis ou móveis) que constituem proveitos do delito, ou seja, de origem ilícita, adquiridos com o produto da infração penal. A hipoteca legal (sobre imóvel) e o arresto (sobre imóvel ou móvel) possuem objeto diferente do sequestro, pois vão recair sobre os bens de origem lícita pertencentes ao autor criminoso. As medidas assecuratórias visam, em primeiro lugar, à reparação do dano à vítima e, residualmente, ao pagamento de multa pecuniária eventualmente imposta e das custas processuais.

A assertiva está errada, pois o arresto recai sobre os bens de origem lícita pertencentes ao autor da infração penal e não sobre aqueles originados dos proveitos do crime (sobre os quais caberá o sequestro), portanto não é pressuposto do arresto a origem ilícita dos bens.

Alternativa correta: "errado".

6. DA PROVA

▸ -CPP, art. 155 a 250

---

21. (FCC – Analista Judiciário – Área Judiciária/ TRE de São Paulo/2017) Manoel está cumprindo pena em penitenciária paulista de segurança máxima, na cidade de Presidente Bernardes, após ser condenado por quatro crimes de homicídio. Na cidade e comarca de São Paulo é instaurada uma nova ação penal contra Manoel por crime de coação no curso do processo. Havendo fundada suspeita de que o réu, Manoel, integra organização criminosa e que poderá fugir durante o deslocamento entre as cidades de Presidente Bernardes e São Paulo, o Magistrado competente, por decisão fundamentada, e em caráter excepcional, assegurando ao réu a entrevista prévia com seu advogado e o acompanhamento da audiência una de instrução, poderá,

a) de ofício, ou, a requerimento das partes, realizar o interrogatório de Manoel por sistema de videoconferência, intimando as partes com, pelo menos, 10 dias de antecedência.
b) se houver requerimento das partes, apenas, realizar o interrogatório de Manoel por sistema de videoconferência, intimando as partes com, pelo menos, 10 dias de antecedência.
c) de ofício, ou, a requerimento das partes, realizar o interrogatório de Manoel por sistema de videoconferência, intimando as partes com, pelo menos, 5 dias de antecedência.
d) se houver requerimento das partes, apenas, realizar o interrogatório de Manoel por sistema de videoconferência, intimando as partes com, pelo menos, 5 dias de antecedência.
e) de ofício, ou, a requerimento das partes, realizar o interrogatório de Manoel por sistema de videoconferência, intimando as partes com, pelo menos, 7 dias de antecedência.

COMENTÁRIOS

Alternativa "a": A princípio, o interrogatório do réu preso será realizado, em sala própria, no estabelecimento em que estiver recolhido, desde que sejam garantidas a segurança do juiz, do Ministério Público e dos auxiliares, bem como a presença do defensor e a publicidade do ato (CPP, art. 185, § 1º). No entanto, excepcionalmente, o juiz, por decisão fundamentada, **de ofício ou a requerimento das partes**, poderá realizar o interrogatório do réu preso por sistema de videoconferência ou outro recurso tecnológico, desde que presentes algumas das hipóteses descritas no art. 185, § 2º do Código de Processo Penal: a) prevenir risco à segurança pública; b) viabilizar a participação do réu no referido ato processual; c) impedir a influência do réu no ânimo de testemunha ou da vítima ou d) responder à gravíssima questão de ordem pública. Além disso, da decisão que determinar a realização de interrogatório por videoconferência, as partes serão intimadas com **10 (dez) dias** de antecedência (CPP, art. 185, § 3º).

Alternativa "b": O interrogatório por videoconferência poderá ser determinado de ofício pelo juiz ou a requerimento das partes.

Alternativa "c": O prazo para intimação das partes é de dez dias de antecedência à realização da audiência, pelo menos.

Alternativa "d": O interrogatório por videoconferência poderá ser determinado de ofício pelo juiz ou a requerimento das partes e o prazo para intimação das partes é de dez dias de antecedência à realização da audiência, pelo menos.

Alternativa "c": O prazo para intimação das partes é de dez dias de antecedência à realização da audiência, pelo menos.

Alternativa correta: letra "a".

---

22. (IESES – Analista Judiciário – Área Judiciária – TRE – MA/ 2015) O Juiz formará sua convicção pela livre apreciação da prova produzida em contraditório judicial. Das questões enumeradas a seguir, assinale a alternativa correta:

a) Não se deferirá o compromisso de dizer a verdade aos doentes e deficientes mentais e aos menores de 16 (dezesseis) anos.
b) Prova ilícita é aquela que foi produzida mediante violação de norma de direito processual, enquanto que a prova ilegítima foi produzida mediante violação de norma de direito material prevista na Constituição Federal ou em Lei Ordinária.
c) A testemunha que morar fora da jurisdição do Juiz será inquirido pelo Juiz do lugar de sua residência, expedindo-se, para esse fim, carta precatória com prazo razoável, sendo obrigatória, sob pena de nulidade, a intimação das partes para esse fim.
d) As testemunhas poderão ser contraditadas, pelas partes, ao final do depoimento. Poderão, também, o Ministério Público ou o Defensor arguir circunstâncias que a tornem suspeitas de parcialidade.

COMENTÁRIOS

Alternativa "a". Nos termos do artigo 208 do Código de Processo Penal, não se deferirá o compromisso de dizer a verdade aos doentes e deficientes mentais e aos **menores de 14 (quatorze) anos**, nem às pessoas descritas no art. 206 (o ascendente ou descendente, o afim em linha reta, o cônjuge, ainda que desquitado, o irmão e o pai, a mãe, ou o filho adotivo do acusado).

Alternativa: "b". A doutrina costuma utilizar a expressão "prova vedada" como gênero, do qual seriam espécies as provas ilícitas (produzidas com violação à normas de direito material) e as provas ilegítimas (produzidas com violação à normas de direito processual). No entanto, o CPP não adotou referida diferenciação, pois dispõe que as provas ilícitas devem ser entendidas como as obtidas em violação a normas constitucionais ou legais (CPP, art. 157).

Alternativa "c". A testemunha que morar fora da jurisdição do juiz será inquirida através de carta precatória, que será expedida com prazo razoável, intimadas as partes (CPP, art. 222). Além disso, "intimada a defesa da expedição da carta precatória, torna-se desnecessária intimação da data da audiência no juízo deprecado" (**Súmula 273 STJ**).

Alternativa "d". A possibilidade de contraditar as testemunhas ou arguir defeitos que a tornem suspeita de parcialidade ou indigna de fé deve ser exercitada antes de iniciado o depoimento (CPP, art. 214), por qualquer das partes.

Alternativa correta: letra "c".

---

23. (CESPE – Analista Judiciário – TRE do Rio Grande do Sul/ 2015) No que se refere ao regime das provas em processo penal, assinale a opção correta.

a) A testemunha pode se eximir do dever de prestar depoimento se for ascendente, descendente, cônjuge, companheiro, irmão, pai ou mãe do acusado ou da vítima, salvo se não for possível, por outro modo, obter a prova do fato e de suas circunstâncias.

b) O interrogatório do surdo-mudo será, necessariamente, acompanhado de pessoa habilitada a entendê-lo, ainda que o interrogando saiba ler e escrever.

c) Embora não sejam admitidas em juízo, as correspondências particulares obtidas por meios criminosos podem ser exibidas pelo respectivo destinatário se servirem à defesa de direito seu, ainda que não haja consentimento de seu interlocutor.

d) A busca domiciliar deve ser precedida da expedição de mandado apenas no caso de a própria autoridade policial ou judiciária não a realizar pessoalmente.

e) Os exames de corpo de delito devem ser realizados por dois peritos oficiais, portadores de diploma de curso superior e, na falta de perito oficial, por duas pessoas idôneas, com ensino superior completo.

COMENTÁRIOS

Alternativa "a". Só poderão se recusar a depor, na forma do artigo 206 do CPP, o ascendente, o descendente, o afim em linha reta, o cônjuge, ainda que desquitado, o irmão, o pai, a mãe ou o filho adotivo **do acusado**, salvo quando não for possível, por outro modo, obter-se ou integrar-se a prova do fato e de suas circunstâncias. Não há previsão de extensão aos parentes da **vítima**, como consta da assertiva.

Alternativa: "b". O interrogatório do mudo, do surdo ou do surdo-mudo será feito pela forma descriminada no Código de Processo Penal, artigo 192. Apenas no caso em que o interrogando não saiba ler ou escrever, intervirá no ato, como intérprete e sob compromisso, pessoa habilitada a entendê-lo (CPP, art. 192, parágrafo único).

Alternativa "c". As cartas particulares, interceptadas ou obtidas por meios criminosos, não serão admitidas em juízo (CPP, art. 233, *caput*). No entanto, as cartas poderão ser exibidas em juízo pelo respectivo destinatário, para a defesa de seu direito, ainda que não haja consentimento do signatário (CPP, art. 233, parágrafo único).

Alternativa "d". A busca e apreensão, por representar uma exceção à inviolabilidade domiciliar, garantida constitucionalmente, submete-se à chamada cláusula de reserva de jurisdição. Conforme doutrina dominante, a redação do artigo 241 do Código de Processo Penal não foi recepcionada pela Constituição Federal de 1988 no que se refere à possibilidade da autoridade policial cumprir a diligência de busca e apreensão domiciliar sem mandado judicial. Apenas no caso de a autoridade judicial realizar a diligência pessoalmente será possível a busca domiciliar sem mandado.

Alternativa "e". O exame de corpo de delito e outras perícias serão realizados por apenas um perito oficial, portador de diploma de curso superior (CPP, art. 159, *caput*). Apenas na falta de perito oficial o exame será realizado por 2 (duas) pessoas idôneas, portadoras de diploma de curso superior preferencialmente na área específica, dentre as que tiverem habilitação técnica relacionada com a natureza do exame (CPP, art. 159, § 1º).

Alternativa correta: letra "c".

---

24. (CESPE – Analista Judiciário/TRE de Goiás/ 2015) Considerando que, em audiência de instrução e julgamento à qual compareceu a mãe do acusado como testemunha de acusação arrolada pelo Ministério Público, a defesa tenha, imediatamente, suscitado questão de ordem requerendo ao juiz que não tomasse seu depoimento por notório impedimento, julgue o próximo item conforme as normas previstas no Código de Processo Penal sobre provas.

> Nessa situação, o juiz deve indeferir a questão de ordem suscitada pela defesa, mas deve informar à mãe do réu que ela pode abster-se de depor e que, mesmo que tenha interesse em prestar seu depoimento, não estará compromissada a dizer a verdade.

Certo ( ) Errado ( )

COMENTÁRIOS

Regra geral, toda pessoa poderá ser testemunha (CPP, art. 202). No entanto, a lei faculta a algumas pessoas a recusa ao depoimento (o ascendente ou descendente, o afim em linha reta, o cônjuge, ainda que desquitado, o irmão, o pai, a mãe ou o filho adotivo do acusado), salvo quando não for possível, por outro modo, obter-se ou integrar-se a prova do fato e de suas circunstâncias (CPP, art. 208). Além disso, no caso de oitiva das pessoas indicadas no artigo 206, não será tomado o compromisso (CPP, art. 208).

Alternativa correta: "certo"

25. (IBFC – Analista Judiciário/TRE do Amazonas/ 2014) No exame pericial por precatória:

a) Somente caberá quesitos das partes e do juízo deprecado.
b) Em ação penal pública, a nomeação do perito será feita no juízo deprecante.
c) Em ação penal pública, o laudo pericial será elaborado no prazo máximo de 30 dias, podendo este prazo ser prorrogado, em casos excepcionais, a requerimento dos peritos.
d) Havendo, no caso de ação privada, acordo das partes, a nomeação do perito poderá ser feita pelo juiz deprecante.

COMENTÁRIOS

Alternativa "a": os quesitos do juiz deprecante e das partes serão transcritos na carta precatória (CPP, art. 177, parágrafo único).

Alternativa "b": a nomeação dos peritos nas ações penais públicas será feita no juízo deprecado (CPP, art. 177, *caput*, primeira parte). Apenas nas ações penais privadas, havendo acordo entre as partes, essa nomeação poderá ser feita pelo juiz deprecante (CPP, art. 177, *caput*, segunda parte).

Alternativa "c": o laudo pericial será elaborado no prazo máximo de 10 dias, podendo este prazo ser prorrogado, em casos excepcionais, a requerimento dos peritos (CPP, art. 160, parágrafo único). Não há previsão de prazo diferenciado para entrega do laudo pericial no caso de ação penal pública ou privada.

Alternativa "d": No exame por meio de carta precatória, a nomeação dos peritos será feita no juízo deprecado. No entanto, no caso de ação privada, se houver acordo entre as partes, essa nomeação poderá ser feita pelo juiz deprecante (CPP, art. 177, *caput*).

Alternativa correta: letra "d".

26. (CESPE – Analista Judiciário/TRE do Mato Grosso do Sul/ 2013) No que concerne às provas no processo penal, assinale a opção correta à luz do Código de Processo Penal (CPP), bem como da doutrina e da jurisprudência pertinentes.

a) O juiz não poderá fundamentar decisão condenatória ou absolutória com base em elementos informativos colhidos exclusivamente na investigação policial.
b) Para a prova da idade, serão observadas as restrições estabelecidas na lei civil, devendo ela ser comprovada pelo assento de nascimento, cuja certidão – salvo quando o registro seja posterior ao fato – tem sido considerada prova inequívoca, para fins criminais, da idade tanto do acusado quanto da vítima.
c) A produção antecipada de provas no processo penal é medida excepcional, sendo admitida tão somente nos casos de suspensão do processo e do curso do prazo prescricional, quando o acusado, citado por edital, não comparecer, nem constituir advogado, desde que o juiz fundamente concretamente a necessidade, não a justificando com o mero decurso do tempo.
d) O princípio da comunhão da prova autoriza qualquer das partes a apropriar-se da prova, mas excetua a possibilidade de o ex adverso utilizar essa prova contra si, de modo a assegurar o direito da não autoincriminação.
e) O CPP veda de forma expressa e enfática a utilização de quaisquer provas produzidas extrajudicialmente, para condenação do réu, mesmo que elas possam ser repetidas em juízo.

COMENTÁRIOS

✪ **Nota do autor:** a alternativa que responde a questão se funda no conhecimento de informativo de jurisprudência do STF.

Alternativa "a". Regra geral, a convicção do juiz deverá ser formada pela livre apreciação da prova produzida em contraditório judicial, não podendo fundamentar sua decisão exclusivamente nos elementos informativos colhidos na investigação. No entanto, o próprio Código de Processo Penal faz expressa ressalva acerca das **provas cautelares, não repetíveis** e **antecipadas** (CPP, art. 155, *caput*, parte final). Dessa forma, nem sempre haverá a vedação para o magistrado fundamentar sua decisão em elementos colhidos unicamente durante a investigação policial.

Alternativa "b". Estabelece o Código de Processo Penal que somente quanto ao estado das pessoas serão observadas as restrições estabelecidas na lei civil (CPP, 155, parágrafo único). A idade do réu ou do ofendido (vítima) caracteriza o estado civil das pessoas, conforme decidiu o Supremo Tribunal Federal:

Habeas corpus. Corrupção de menores (art. 1º da Lei nº 2.252/54). Prova criminal. Menoridade. Inexistência de prova específica. Impossibilidade de configuração típica da conduta imputada ao paciente. Precedentes. Ordem concedida. 1. **A idade compõe o estado civil da pessoa e se prova pelo assento de nascimento, cuja certidão – salvo quando o registro seja posterior ao fato – tem sido considerada prova inequívoca, para fins criminais, tanto da idade do acusado quanto da vítima. Precedentes**

do STF. Inteligência do art. 155, parágrafo único, do CPP. 2. Writ concedido. (**STF – 1ª Turma – HC 110.303/DF – Informativo nº 672**).

Alternativa "c". A produção antecipada de provas (quaisquer provas, não apenas a prova testemunhal, tratada na segunda parte do enunciado) é sim admitida no processo penal (CPP, art. 156, inciso I). A alternativa tenta enganar o candidato menos atento, com a afirmação final, acerca da antecipação da prova testemunhal nos casos do artigo 366 do Código de Processo, quando, efetivamente, incide a **STJ Súmula 455**: "A decisão que determina a produção antecipada de provas com base no artigo 366 do CPP deve ser concretamente fundamentada, não a justificando unicamente o mero decurso do tempo". Dessa maneira, o que torna a questão incorreta, é a afirmação inicial de que a produção antecipada de provas no processo penal é admitida tão somente nos casos de suspensão do processo e do curso do prazo prescricional.

Alternativa "d". A alternativa está incorreta, pois mistura dois princípios aplicados à teoria geral da prova no âmbito do processo penal: o princípio da comunhão da prova e o princípio de que ninguém está obrigado a produzir prova contra si mesmo. O princípio da comunhão da prova (ou da aquisição processual) prevê que, uma vez produzida determina prova, ela passa a fazer parte da busca pela verdade real, que permeia o processo penal, desprendendo-se daquele que exclusivamente a produziu. Com isso, caso o resultado colhido com a prova se demonstre prejudicial àquele que a produziu, não poderá impedir que seja utilizada no convencimento do magistrado. Já o princípio da não autoincriminação (conhecido pelo brocardo latino *nemo tenetur se detegere*), funda-se no princípio constitucional da presunção da inocência (CF, art. 5º LVII), garantindo que a pessoa a quem se imputa a prática de infração penal não seja obrigada a produzir determinada prova que leve a sua autoincriminação.

Alternativa "e". O Código de Processo Penal faz expressa ressalva acerca das **provas cautelares, não repetíveis** e **antecipadas** (CPP, art. 155, *caput*, parte final), que podem fundamentar eventual decisão do magistrado, ainda que colhidas unicamente durante a investigação policial. Nesses casos, conforme aponta a doutrina, dada a própria natureza excepcional dessas provas, produzidas unicamente quando da investigação policial, o contraditório será diferido, postergando-se a análise de sua validade para momento oportuno.

Alternativa correta: letra "b".

---

27. (CESPE – Analista Judiciário/TRE do Rio de Janeiro/ 2012) A respeito das provas e das normas procedimentais para os processos perante o Superior Tribunal de Justiça e o Supremo Tribunal Federal, julgue o item abaixo.

O firme e coeso depoimento da vítima é suficiente para comprovar o emprego de arma de fogo pelo réu no delito de roubo.

Certo ( ) Errado ( )

COMENTÁRIOS

✪ **Nota do autor:** a resposta a essa questão se baseia em jurisprudência recente do STJ e do STF, que consolidou o entendimento a respeito da necessidade de apreensão de arma de fogo para configuração de roubo majorado.

A necessidade de apreensão da arma de fogo para fins de caracterização do delito de roubo majorado (CP, art. 157, § 2º, I) era controversa na jurisprudência. Nos **Embargos de Divergência no Recurso Especial n.º 961.863/RS (julgado em 13.12.2010)**, firmou-se a orientação prevalente do **STJ** no sentido de que para a incidência da majorante prevista no art. 157, § 2º, I, do Código Penal, não há a necessidade de apreensão da arma e submissão a perícia, podendo, em tal hipótese, comprovar-se o emprego da arma de fogo por outros meios, tais como as declarações da vítima ou o depoimento de testemunhas. No **HC nº 177.026/MT (agosto/2012)** o **STJ** reafirmou sua jurisprudência, conforme ementa: Habeas corpus. Penal. **Roubo majorado. Arma de fogo. Exame pericial. Não apreensão do instrumento. Dispensabilidade para a caracterização da causa especial de aumento, quando provado o seu emprego na prática do crime, como no caso, pelo firme e coeso depoimento das vítimas. Orientação firmada pela terceira seção desta Corte, no julgamento do ERESP n.º 961.863/RS.** Concurso Formal impróprio. Caracterização. Ordem denegada.

No **STF** prevalece o mesmo entendimento, estampado no acórdão proferido no julgamento do **HC nº 96.099/RS (julgamento em 19.02.2009)**: "EMENTA: ROUBO QUALIFICADO PELO EMPREGO DE ARMA DE FOGO. APREENSÃO E PERÍCIA PARA A COMPROVAÇÃO DE SEU POTENCIAL OFENSIVO. DESNECESSIDADE. CIRCUNSTÂNCIA QUE PODE SER EVIDENCIADA POR OUTROS MEIOS DE PROVA. ORDEM DENEGADA. I – **Não se mostra necessária a apreensão e perícia da arma de fogo empregada no roubo para comprovar o seu potencial lesivo, visto que tal qualidade integra a própria natureza do artefato.** II – Lesividade do instrumento que se encontra *in re ipsa*. III – **A qualificadora do art. 157, § 2º, I, do Código Penal, pode ser evidenciada por qualquer meio de prova, em especial pela palavra da vítima** – reduzida à impossibilidade de resistência pelo agente – ou pelo depoimento de testemunha presencial. IV – Se o acusado alegar o contrário ou sustentar a ausência de potencial lesivo da arma empregada para intimidar a vítima, será dele o ônus de produzir tal prova, nos termos do art. 156 do Código de Processo Penal. V – A arma de fogo, mesmo que não tenha o poder de disparar projéteis, pode ser empregada como instrumento contundente, apto a produzir lesões graves. VI – Hipótese que não guarda correspondência com o roubo praticado com arma de brinquedo. VII – Precedente do STF. VIII – Ordem indeferida."

Alternativa correta: "certo".

7. SUJEITOS PROCESSUAIS

- -CPP, art. 251 a 281

28. (IESES – Analista Judiciário – TRE do Maranhão/ 2015) Sujeitos processuais são as pessoas que participam da relação jurídica processual. Quanto a esses sujeitos, pode-se afirmar que:

I. O assistente será admitido na ação pública, após ser ouvido o Ministério Público, enquanto não passar em julgado a sentença e receberá o processo no estado em que se achar.

II. O Juiz não poderá exercer jurisdição no processo em que tiver funcionado seu cônjuge ou parente consanguíneo ou afim, em linha reta ou colateral até o terceiro grau, inclusive.

III. O impedimento ou suspeição do Juiz e do Ministério Público, decorrente de parentesco por afinidade cessará pela dissolução do casamento que lhe tiver dado causa, mesmo sobrevindo descendente.

IV. O Juiz antes de nomear o perito deverá consultará o Ministério Público e o defensor do acusado.

Quanto às assertivas anteriores estão corretas:

a) Somente I, III e IV.
b) Somente I, II e III.
c) Somente I e II.
d) Todas estão corretas.

COMENTÁRIOS

Item I: O assistente poderá será admitido enquanto não houver o trânsito em julgado e receberá a causa no estado em que se achar (CPP, art. 269). O Ministério Público será ouvido previamente sobre a admissão do assistente (CPP, art. 272).

Item II: Entre outras causas de impedimento, o juiz não poderá exercer jurisdição no processo em que tiver funcionado seu cônjuge ou parente, consanguíneo ou afim, em linha reta ou colateral até o terceiro grau, inclusive, como defensor ou advogado, órgão do Ministério Público, autoridade policial, auxiliar da justiça ou perito (CPP, art. 252, I).

Item III: O impedimento ou suspeição decorrente de parentesco por afinidade cessará pela dissolução do casamento que lhe tiver dado causa, **salvo** sobrevindo descendentes (CPP, art. 255).

Item IV: As partes não intervirão na nomeação do perito (CPP, art. 276).

Alternativa correta: letra "c".

29. (CESPE – Analista Judiciário – TRE do Mato Grosso/ 2015) Conforme disposição expressa no Código de Processo Penal, o magistrado estará impedido de atuar no processo, sob pena de acarretar sua nulidade absoluta, se

a) seu cunhado estiver respondendo a processo por fato análogo.
b) for acionista de sociedade interessada no resultado do processo.
c) for amigo íntimo de alguma das partes.
d) tiver aconselhado, em algum momento, alguma das partes.
e) sua sobrinha tiver atuado como oficial de justiça.

COMENTÁRIOS

✪ **Nota do autor:** A questão pede que o candidato aponte a alternativa que descreve hipótese de impedimento do magistrado. **ATENÇÃO!** A **Lei nº 13.964/2019** (Pacote Anticrime), introduziu mais uma hipótese de impedimento, prevista no **artigo 3º-D do CPP**: "O juiz que, na fase de investigação, praticar qualquer ato incluído nas competências dos arts. 4º e 5º deste Código ficará impedido de funcionar no processo." Contudo, no julgamento das ADIs 6.298, 6.29 e 6.300, o STF, por unanimidade, declarou inconstitucional este dispositivo.

Alternativas "a", "b", "c" e "d". São todos casos de suspeição, tratados no art. 254, incisos II, VI, I e IV do Código de Processo Penal, respectivamente.

Alternativa "e". O juiz estará impedido de atuar no feito se ele próprio ou seu cônjuge ou parente, consanguíneo ou afim em linha reta ou colateral até o terceiro grau, inclusive, tiver funcionado como defensor ou advogado, órgão do Ministério Público, autoridade policial, **auxiliar da justiça** ou perito (CPP, art. 252, inciso IV). O oficial de justiça é um dos auxiliares da justiça.

Alternativa correta: letra "e".

8. PRISÃO E LIBERDADE PROVISÓRIA

- CF, art. 5º
- CPP, art. 282 a 350

30. (IBFC – Analista Judiciário – Área Judiciária – TRE – PA/2020) Os temas, prisão e liberdade' são tratados, sobretudo, pela Lei Processual Penal, sendo que a jurisprudência dos tribunais superiores tem moldado sua aplicação à luz dos princípios constitucionais. Sobre tal permissão, analise as afirmativas abaixo:

I. A prisão preventiva imposta à mulher gestante ou que for mãe ou responsável por crianças ou pessoas com deficiência será substituída por prisão domiciliar, desde que não tenha cometido crime com violência ou grave ameaça a pessoa e não tenha cometido o crime contra seu filho ou dependente, não se admitindo outras exceções não previstas em lei.

II. A prática de contravenção penal, no âmbito de violência doméstica, não é motivo idôneo para justificar a prisão preventiva do réu. Não há previsão legal que autorize a prisão preventiva contra o autor de uma contravenção penal, logo, decretar a prisão preventiva nesta hipótese representa ofensa ao princípio da legalidade estrita.

III. A decisão que, na audiência de custódia, determina o relaxamento da prisão em flagrante sob o argumento de que a conduta praticada é atípica faz coisa julgada material. Assim, não poderá o juiz receber denúncia posterior contra o indivíduo, narrando os mesmos fatos.

IV. A decretação de prisão temporária só pode ser considerada legítima caso constitua medida comprovadamente adequada e necessária ao acautelamento da fase pré-processual, não servindo para tanto a suposição de que o suspeito virá a comprometer a atividade investigativa.

Assinale a alternativa correta.

a) Apenas as afirmativas I, II e III estão corretas
b) Apenas as afirmativas II, III e IV estão corretas
c) Apenas as afirmativas II e IV estão corretas
d) As afirmativas I, II, III e IV estão corretas

COMENTÁRIO

Item "I". Na esteira do decidido no HC n. 143641/SP, STF, os Tribunais Superiores ententem que há certa discricionariedade do juiz quanto à possibilidade de substituição da prisão preventiva por prisão domiciliar. Desse modo, mesmo que preenchidos os requisitos do art. 318-A, CPP, o juiz, diante de circunstâncias excepcionalíssimas, pode indeferir o benefício. Em sentido contrário, pode o juiz deferir a substitição em casos semelhantes aos descritos no art. 318-A, CPP.

Item "II". De acordo o STJ (HC 437535/SP), como a prisão preventiva é medida extrema, que limita o direito de locomoção, "não há campo para interpretação diversa da literal, de modo que não existe previsão legal autorizadora da prisão preventiva contra autor de uma contravenção, mesmo na hipótese específica de transgressão das cautelas de urgência diversas já aplicadas".

Item "III". "A decisão proferida durante a audiência de custódia, ao relaxar a prisão em flagrante da recorrente, **independentemente dos motivos** que determinaram a concessão da liberdade, não vincula o titular da ação penal, e, portanto, não obsta o posterior oferecimento de denúncia, sob pena de negativa de vigência ao art. 24 do Código de Processo Penal." (STJ – RHC 85970/SP).

Item "IV". Por estar também a prisão temporária "demarcada pelos princípios do estado de não-culpabilidade e da proporcionalidade, sua decretação só pode ser considerada legítima caso constitua medida comprovadamente adequada e necessária ao acautelamento das investigações criminais, não servindo para tanto a mera suposição de que o suspeito virá a comprometer a atividade investigativa" (STJ – RHC 106559/RJ).

Alternativa correta: letra "c".

---

31. (CESPE – Analista Judiciário – Área Administrativa/TRE da Bahia/2017) Ivo, indivíduo primário e com endereço fixo, foi preso em flagrante pela prática do delito de homicídio qualificado, definido como crime hediondo.

Nessa situação hipotética, ao receber o auto de prisão em flagrante, caberá ao juiz

a) manter a prisão, por se tratar de crime insuscetível de liberdade provisória.
b) conceder liberdade provisória a Ivo, por ser ele réu primário com endereço fixo, ainda que verificada a presença dos requisitos da prisão preventiva.
c) conceder liberdade provisória a Ivo, se verificada a ausência dos requisitos da prisão preventiva, sem possibilidade de imposição do pagamento de fiança.
d) conceder liberdade provisória a Ivo, se verificada a ausência dos requisitos da prisão preventiva, com possibilidade de imposição do pagamento de fiança.
e) manter a prisão, ainda que reconhecida a ilegalidade da prisão em flagrante, tendo em vista a hediondez do crime.

COMENTÁRIOS

Alternativa "a": não há vedação legal à concessão de liberdade provisória aos acusados de crime hediondos, conforme, inclusive, jurisprudência do STF.

Alternativa "b": A concessão de liberdade provisória somente será possível se ausentes os requisitos da prisão preventiva (CPP, art. 321).

✪ **Alternativa "c":** Caso estejam ausentes os requisitos que autorizam a decretação da prisão preventiva, o juiz deverá conceder liberdade provisória, impondo, se for o caso, as medidas cautelares previstas no art. 319 (CPP, art. 321), com exceção da fiança, tendo em vista que os crimes hediondos são inafiançáveis (CF/88, art. 5º, inciso XLIII, Lei nº 8.072/90, art. 2º, inciso II). **ATENÇÃO!** A resposta da questão espelha a legislação vigente à sua época. Com o advento da **Lei nº 13.964/2019** (Pacote Anticrime), após receber o auto de **prisão em flagrante**, no prazo máximo de **até 24 horas após a prisão**, o juiz deverá promover **audiência de custódia** (**CPP, art. 310**). Nessa audiência, deverá, fundamentadamente: **verificar**, pelo auto de prisão em flagrante, **se o agente praticou o fato** em qualquer das **condições constantes dos incisos I, II ou III do caput do art. 23** (excludentes da ilicitude) do **Código Penal**, caso em que poderá, fundamentadamente, conceder ao acusado liberdade provisória, mediante termo de comparecimento obrigatório a todos os atos processuais, sob pena de revogação (**CPP, art. 310, §1º**); **verificar** se o **agente é reincidente ou** que **integra organização criminosa armada ou milícia**, ou que **porta arma de fogo de uso restrito**, caso em que deverá **denegar a liberdade provisória**, com ou sem medidas cautelares (**CPP, art. 310, §2º**); **ATENÇÃO!** No julgamento das **ADIs 6.298, 6.29 e 6.300,** o STF, por unanimidade, atribuiu interpretação conforme ao caput do art. 310 do CPP, alterado pela Lei nº 13.964/2019, para assentar que o juiz, em caso de urgência e se o meio se revelar idôneo, poderá realizar a audiência de custódia por videoconferência; e, por unanimidade, atribuiu interpretação conforme ao § 4º do art. 310 do CPP, incluído pela Lei nº 13.964/2019, para assentar que a autoridade judiciária deverá avaliar se estão presentes os requisitos para a prorrogação excepcional do prazo ou para sua realização por videoconferência, sem prejuízo da possibilidade de imediata decretação de prisão preventiva;

Alternativa "d": os crimes hediondos são inafiançáveis (CF/88, art. 5º, inciso XLIII, Lei nº 8.072/90, art. 2º, inciso II).

Alternativa "e": Ao receber o auto de prisão em flagrante, o juiz deverá fundamentadamente relaxar a prisão ilegal (CPP, art. 310, inciso I, na redação anterior ao advento da Lei nº 13.964/2019).

Alternativa correta: letra "c".

---

32. (CESPE – Analista Judiciário – Área Judiciária/ TRE da Bahia/2017) Define-se prisão preventiva como

a) providência adotada pela autoridade policial ou judicial para privar de liberdade o acusado ou o indiciado se houver dúvida sobre a autoria do crime.

b) remédio constitucional utilizado para privar da liberdade aquele que for condenado por sentença transitada em julgado.

c) espécie de prisão cautelar que pode ser decretada de ofício pelo delegado se houver prova da materialidade do crime e confissão do indiciado.

d) medida processual de privação da liberdade do acusado ou do indiciado para impedir que ele cometa novos crimes ou embarace as investigações policiais ou judicial.

e) instrumento judicial de privação da liberdade a ser adotada nos casos de cometimento de crimes com grande clamor público e repercussão social.

COMENTÁRIOS

Alternativas "a" e "c": A prisão preventiva só pode ser decretada pelo juiz, nunca pela autoridade policial (CPP, art. 311). Além disso, a mera confissão do acusado, ausentes os requisitos legais, não autoriza a decretação da prisão preventiva.

Alternativa "b": A prisão preventiva é modalidade de prisão cautelar, não constituindo remédio constitucional, denominação dada aos instrumentos processuais previstos na Constituição para a salvaguarda dos direitos fundamentais, como o mandado de segurança, o habeas corpus, o habeas data, entre outros.

Alternativa "d": A prisão preventiva pode ser decretada em qualquer fase da investigação policial ou do processo penal (CPP, art. 311), podendo ter por fundamento, entre outras hipóteses legais, a garantia da ordem pública e por conveniência da instrução criminal, quando houver prova da existência do crime e indício suficiente de autoria (CPP, art. 312).

Alternativa "e": O grande clamor público e a repercussão social, por si sós, não são motivos idôneos para a decretação da prisão preventiva. Devem estar presentes os fundamentos e requisitos do artigo 312 do CPP.

Alternativa correta: letra "d".

---

33. (IESES – Analista Judiciário – Área Judiciária – TRE do Maranhão/ 2015) A respeito das prisões cautelares, pode-se afirmar:

a) O preso em flagrante será informado de seus direitos constitucionais e, caso não informe o nome de seu advogado, será comunicado, imediatamente, o Promotor de Justiça da Comarca.

b) Poderá o Juiz substituir a prisão preventiva pela domiciliar quando o agente for maior de 70 anos ou extremamente debilitado por motivo de doença grave.

c) A prisão de qualquer pessoa e o local onde se encontre serão comunicados ao Juiz competente, ao Ministério Público em até 24 horas da data da prisão.

d) A prisão preventiva poderá ser decretada como garantia da ordem pública, da ordem econômica, por conveniência da instrução criminal, ou para assegurar a aplicação da lei penal, quando houver prova da existência do crime e indício suficiente de autoria. Poderá, também, ser decretada em caso de descumprimento de qualquer das obrigações impostas por força de outras medidas cautelares.

COMENTÁRIOS

✪ **Nota do autor:** Questões sobre prisão e liberdade provisória são frequentemente abordadas nos concursos de tribunais. **ATENÇÃO!** Os casos de prisão domiciliar foram recentemente alterados pela Lei nº 13.257/2016 e pela Lei nº 13.769/18, que expandiram as hipóteses previstas no artigo 318 do CPP.

Alternativa "a". Até 24 (vinte e quatro) horas após a realização da prisão em flagrante, será encaminhado ao juiz competente o auto de prisão em flagrante e, caso o autuado não informe o nome de seu advogado, cópia integral para a Defensoria Pública (CPP, art. 306, § 1º).

Alternativa: "b". O Código de Processo Penal prevê a possibilidade excepcional de o juiz substituir a prisão preventiva pela domiciliar (CPP, art. 318), quando o agente for: a) **maior** de **80** (oitenta) **anos**; b) extremamente debilitado por motivo de doença grave; c) imprescindível aos cuidados especiais de pessoa menor de 6 (seis) anos de idade ou com deficiência; d) gestante; e) mulher com filho de até 12 (doze) anos de idade incompletos; f) homem, caso seja o único responsável pelos cuidados do filho de até 12 (doze) anos de idade incompletos. Além disso, a prisão preventiva imposta à mulher gestante ou que for mãe ou responsável por crianças ou pessoas com deficiência será substituída por prisão domiciliar, preenchidos os pressupostos do artigo 318-A do CPP.

Alternativa "c". A prisão de qualquer pessoa e o local onde se encontre serão comunicados imediatamente ao juiz competente, ao Ministério Público e à família do preso ou à pessoa por ele indicada (CPP, art. 306).

Alternativa "d". A prisão preventiva poderá ser decretada (**fundamentos**) como garantia da ordem pública, da ordem econômica, por conveniência da instrução criminal, ou para assegurar a aplicação da lei penal, quando (**requisitos**) houver prova da existência do crime, indício suficiente de autoria e de **perigo gerado pelo estado de liberdade do imputado**. (**Lei 13.964/19**). Além disso, a prisão preventiva também poderá ser decretada em caso de descumprimento de qualquer das obrigações impostas por força de outras medidas cautelares (CPP, art. 282, § 4º).

Alternativa correta: letra "d".

---

34. (CESPE – Analista Judiciário – TRE do Rio Grande do Sul/ 2015) Em relação aos sujeitos processuais, à prisão, à liberdade provisória e à comunicação dos atos processuais, assinale a opção correta.

a) Conforme o Código de Processo Penal, o juiz pode substituir a prisão preventiva pela domiciliar se o agente for maior de oitenta anos de idade.

b) Se o réu estiver preso fora da jurisdição do juiz do processo, a citação poderá ser feita por edital.

c) Configura hipótese de suspeição do juiz a oitiva de sua esposa como testemunha no processo.

d) Se o acusado não atender à intimação para o interrogatório, o juiz poderá mandar conduzi-lo à sua presença.

e) Admite-se a concessão, pela autoridade policial, de liberdade provisória mediante fiança ao acusado da prática do crime de falsificação de documento público sujeito à pena de reclusão, de dois a seis anos, e multa.

COMENTÁRIOS

✪ **Nota do autor:** Os institutos da prisão, liberdade provisória e da fiança foram reformulados pela Lei nº 12.403/11, que alterou o Código de Processo Penal. **ATENÇÃO!** a **Lei nº 13.964/2019** (Pacote Anticrime) reformulou novamente os referidos institutos.

Alternativa a". O juiz poderá substituir a prisão preventiva pela domiciliar, entre outras hipóteses, quando o agente for maior de 80 (oitenta) anos (CPP, art. 318, inciso I).

Alternativa "b". Se o réu estiver preso, será pessoalmente citado (CPP, art. 360). O réu será citado por edital, com o prazo de 15 (quinze) dias, quando não for encontrado (CPP, art. 361).

Alternativa: "c". A hipótese descrita não se enquadra nos casos de suspeição (CPP, art. 254). Além disso, o juiz estará impedido de atuar no processo em que tiver funcionado seu **cônjuge** ou parente, consanguíneo ou afim, em linha reta ou colateral até o terceiro grau, inclusive, como defensor ou advogado, órgão do Ministério Público, autoridade policial, auxiliar da justiça ou perito (CPP, art. 252, I) ou quando ele próprio houver desempenhado qualquer dessas funções ou servido como testemunha (CPP, art. 252, II).

Alternativa "d". Apesar de ainda se encontrar em vigor o artigo 260 do Código de Processo Penal, boa parte da doutrina entende que o referido dispositivo legal não foi recepcionado pela Constituição Federal, no que se refere à possibilidade de condução coercitiva do réu para interrogatório, por violação ao direito ao silêncio do e também à proibição de produção de provas contra si mesmo (CF, art. 5º, LXIII). Quanto ao tema, já decidiu o STJ: RESP. PROCESSUAL PENAL. ATOS PROCESSUAIS. PRESENÇA DO ACUSADO. 1. O comparecimento do réu aos atos processuais, em princípio, é um direito e não um dever, sem embargo da possibilidade de sua condução coercitiva, caso necessário, por exemplo, para audiência de reconhecimento. Nem mesmo ao interrogatório estará obrigado a comparecer, mesmo porque as respostas às perguntas formuladas ficam ao seu alvedrio. 2. Já a presença do defensor à audiência de instrução é necessária e obrigatória, seja defensor constituído, defensor público, dativo ou nomeado para o ato. 3. Recurso especial não conhecido. (STJ, REsp 346677, 6ª Turma, Relator Min. Fernando Gonçalves, j. 10/9/2002, DJ 30/9/2002, p. 297). **ATENÇÃO!** O **STF** (Plenário. **ADPF 395/DF** e **ADPF 444/DF**, Rel. Min. Gilmar Mendes, julgados em 13 e 14/6/2018 - **Info 906**), declarou que a expressão "para o interrogatório" prevista no art. 260 do CPP não foi recepcionada pela Constituição Federal. Assim, não se pode fazer a condução coercitiva do investigado ou réu com o objetivo de submetê-lo ao interrogatório sobre os fatos. Importante frisar que o(s) julgado(s) se referem apenas à impossibilidade de condução coercitiva de investigado ou réu para interrogatório. Não abrange testemunhas ou mesmo a condução de réu ou investigado para outros atos (identificação, reconhecimento, entre outros).

Alternativa "e". a autoridade policial somente poderá conceder fiança nos casos de infração cuja pena privativa de liberdade máxima não seja superior a 4 (quatro) anos (CPP, art. 322).

Alternativa correta: letra "a".

---

35. (CESPE – Analista Judiciário – TRE do Mato Grosso/ 2015) A respeito da prisão temporária, assinale a opção correta.

a) O prazo máximo da prisão temporária decretada contra suspeito da prática de crime de tortura é de quinze dias, prorrogável por igual período, em caso de extrema e comprovada necessidade.

b) Findo o prazo da prisão, o preso temporariamente em decorrência de investigação pela prática do crime qualificado de envenenamento de água potável, que tenha resultado na morte de vinte pessoas, deve ser imediatamente solto se a prisão temporária não for prorrogada.

c) Ao tomar conhecimento, por meio de recebimento de auto de prisão em flagrante, da prática de genocídio, em qualquer de sua forma típica, o magistrado deve decretar, de ofício, a prisão temporária do detido.

d) Estando ambos submetidos a prisões cautelares, o preso temporariamente e o preso preventivamente podem ficar no mesmo local.

e) As comunicações de prisão temporária serão levadas ao juízo competente da vara até quarenta e oito horas após a prisão.

COMENTÁRIOS

✪ **Nota do autor:** A prisão temporária é uma das modalidades de prisão cautelar, ao lado da prisão preventiva e da prisão em flagrante.

Alternativa "a". O crime de tortura, por ser assemelhado aos crimes hediondos, possui o mesmo regramento desses últimos, no que se refere à prisão temporária. Dessa forma, nos termos do art. 2º, § 4º da Lei nº 8.072/90, a prisão temporária, no caso de crime de tortura, terá o prazo de 30 (trinta) dias, prorrogável por igual período em caso de extrema e comprovada necessidade.

Alternativa "b". Nos termos do artigo 2º da Lei nº 7.960/89, decorrido o prazo da prisão temporária, o preso deverá ser posto imediatamente em liberdade, salvo se já tiver sido decretada sua prisão preventiva, ou também, caso ainda seja permitida a sua prorrogação.

Alternativa: "c". A decretação da prisão temporária pelo juiz dependerá de representação da autoridade policial ou de requerimento do Ministério Público (Lei nº 7.960/89, art. 2º, *caput*). Não pode ser decretada de ofício pelo magistrado. Com o advento da Lei nº 13.964/2019 (Pacote Anticrime), aliás, nem a prisão preventiva poderá ser decretada de ofício pelo magistrado (CPP, artigos 310 e 311, na redação dada pela Lei 13.964/2019).

Alternativa "d". Existe expressa previsão legal de que os presos temporários deverão permanecer, obrigatoriamente, separados dos demais detentos (Lei nº 7.960/89, art. 3º).

Alternativa "e". Constituição Federal determina, em seu artigo 5º, LXII, que a prisão de qualquer pessoa e o local onde se encontre serão comunicados imediatamente ao juiz competente e à família do preso ou à pessoa por ele indicada.

Alternativa correta: letra "b".

---

36. (CESPE – Analista Judiciário/TRE de Goiás/ 2015) Camila foi presa em flagrante delito pela suposta prática de tráfico de drogas. Após ser citada da ação penal, manifestou interesse em ser assistida pela defensoria pública. Com relação a essa situação hipotética, julgue o próximo item, com base na jurisprudência do Superior Tribunal de Justiça e nas disposições do Código de Processo Penal.

> Devido à gravidade do delito de que Camila é acusada, o juiz que receber o auto de prisão em flagrante está legalmente impedido de, de ofício, conceder-lhe liberdade provisória ou aplicar-lhe medidas cautelares.

Certo ( ) Errado ( )

COMENTÁRIOS

Se ausentes os requisitos que autorizam a decretação da prisão preventiva, o juiz deverá conceder liberdade provisória, impondo, se for o caso, as medidas cautelares previstas no art. 319 do Código de Processo Penal (CPP, art. 321). Lembre-se, ainda, que a jurisprudência dos tribunais superiores é no sentido de exigir do julgador fundamentação idônea, alicerçada em fatos concretos, e não apenas na gravidade abstrata do crime, para a manutenção da prisão em flagrante. Aliás, pelo teor atual do **artigo 315, § 1º do CPP** (redação dada pela **Lei nº 13.964/2019**), na motivação da decretação da prisão preventiva ou de qualquer outra cautelar, o juiz deverá indicar concretamente a existência de fatos novos ou contemporâneos que justifiquem a aplicação da medida adotada.

Alternativa correta: "errado"

---

37. (CESPE – Analista Judiciário/TRE do Mato Grosso do Sul/ 2013) Assinale a opção correta a respeito da prisão e da liberdade provisória.

a) Decretada de ofício ou a requerimento das partes, a prisão preventiva por descumprimento a medida cautelar anteriormente imposta não se submete aos requisitos fáticos e normativos previstos no CPP, pois, nesse caso, se trata de prisão cautelar subsidiária.

b) A decretação da custódia preventiva de acusado reincidente em crime doloso – que prescinde da observância do requisito de ser a infração crime doloso punido com pena privativa de liberdade máxima superior a quatro anos – requer, tão somente, que a infração penal seja dolosa e que estejam presentes os requisitos fáticos previstos no CPP.

c) A prisão preventiva, como medida constritiva da liberdade, poderá ser decretada de ofício pelo juiz em qualquer fase da investigação policial ou do processo penal, presentes os requisitos autorizadores.

d) A prisão preventiva, na atual sistemática processual penal, poderá ser decretada como conversão da prisão em flagrante ou por descumprimento de medida cautelar anteriormente imposta.

e) A prisão preventiva é admitida quando houver dúvida sobre a identidade civil da pessoa ou quando esta não fornecer elementos suficientes para esclarecê-la, devendo o acusado permanecer preso, após a identificação, se for recomendada a manutenção da medida, mesmo que ele tenha praticado crime culposo.

COMENTÁRIOS

✪ **Nota do autor:** a questão foi anulada pelo CESPE, pois, no entender da organizadora, há mais de uma alternativa correta e que, portanto, respondem à questão.

QUESTÃO ANULADA!

Alternativa "a". A afirmação da alternativa é polêmica, pois há divergência doutrinária a respeito, motivo pelo qual não deveria estar presente em prova de múltipla escolha. Com efeito, existem autores, como Rogério Sanches, que afirmam ser necessário analisar os requisitos da prisão preventiva (CPP, art. 313), mesmo quando ela se fundar no descumprimento de medida cautelar anteriormente imposta (CPP, art. 312, parágrafo único), pois o artigo 313 do Código de Processo Penal deve ser aplicado a todas as hipóteses do artigo 312 do mesmo diploma, inclusive a seu parágrafo único. Por outro lado, para autores como Renato Marcão e Andrey Borges de Mendonça, a prisão preventiva decretada por descumprimento de medida cautelar é efetivamente uma prisão cautelar subsidiária, onde não há exigência de análise das circunstâncias que a autorizam (CPP, art. 312, *caput*) ou mesmo das hipóteses de cabimento (CPP, art. 313), pois seu objetivo é garantir a eficácia da execução das medidas diversas da prisão.

Alternativa "b". Prevalece na doutrina que as hipóteses de cabimento da prisão preventiva, elencadas no artigo 313 do Código de Processo Penal, devem ser analisadas de maneira isolada. Assim, inicialmente, somente é cabível a custódia preventiva nos crimes dolosos punidos com pena privativa de liberdade máxima superior a 4 anos (CPP, art. 313, inciso I). No entanto, no caso de decretação da prisão preventiva de acusado reincidente em crime doloso (CPP, art. 313, inciso II), "não é necessário verificar se o novo crime, pelo qual se pretende a decretação da prisão preventiva, tem cominada pena privativa de liberdade máxima superior a quatro anos, pois as hipóteses de cabimento devem ser analisadas isoladamente."[5]

Alternativa "c". Com a **Lei nº 13.964/2019** (Pacote Anticrime) a prisão preventiva não poderá mais ser decretada de ofício pelo magistrado (**CPP, artigos 310 e 311**, na redação dada pela Lei 13.964/2019), nem na fase investigatória, nem na fase judicial.

Alternativa "d". Uma vez recebido o auto de prisão em flagrante, o magistrado deverá verificar se: 1) a prisão é ilegal, quando deverá relaxá-la (CPP, art. 310, inciso I); 2) o auto de prisão em flagrante está em ordem, quando deverá converter a prisão

---

5. MARCÃO, Renato. *Prisões Cautelares, Liberdade Provisória e Medidas Cautelares Restritivas.* 2ª edição, São Paulo: Editora Saraiva, 2012.

em flagrante em preventiva. Mas isso somente se presentes os requisitos constantes do art. 312 e desde que se revelarem inadequadas ou insuficientes as medidas cautelares diversas da prisão (CPP, art. 310, inciso II). **ATENÇÃO!** Com a **Lei nº 13.964/2019** (Pacote Anticrime) o **artigo 310 do CPP** foi reformulado, de forma que, após receber o auto de prisão em flagrante, no prazo máximo de até 24 (vinte e quatro) horas, o juiz deverá promover audiência de custódia. O STF, por unanimidade, atribuiu interpretação conforme ao caput do art. 310 do CPP, alterado pela Lei nº 13.964/2019, para assentar que o juiz, em caso de urgência e se o meio se revelar idôneo, poderá realizar a audiência de custódia por videoconferência; e, por unanimidade, atribuiu interpretação conforme ao § 4º do art. 310 do CPP, incluído pela Lei nº 13.964/2019, para assentar que a autoridade judiciária deverá avaliar se estão presentes os requisitos para a prorrogação excepcional do prazo ou para sua realização por videoconferência, sem prejuízo da possibilidade de imediata decretação de prisão preventiva;

Alternativa "e". No caso de prisão preventiva decretada quando houver dúvida sobre a identidade civil da pessoa, o preso deverá ser colocado imediatamente em liberdade após a identificação, exceto se outra hipótese recomendar a manutenção da medida (CPP, art. 313, parágrafo único).

9. CITAÇÃO E INTIMAÇÃO

▸ -CPP, art. 351 a 372

38. (CESPE – Analista Judiciário – Área Administrativa/TRE da Bahia/2017) Caso verifique que o réu se oculta para não ser citado, o oficial de justiça deverá certificar a ocorrência e proceder à citação

a) com hora certa, prosseguindo-se o curso processual com nomeação de defensor dativo se o réu não comparecer nos autos.
b) por edital, com prazo de quinze dias, suspendendo-se o curso processual até o comparecimento do réu nos autos.
c) por edital, com prazo de quinze dias, prosseguindo-se o curso processual com a nomeação de defensor dativo.
d) por intermédio de qualquer outra pessoa localizada em seu endereço.
e) com hora certa, suspendendo-se o curso processual até que o réu compareça nos autos.

COMENTÁRIOS

Alternativa "a": Com o advento da Lei nº 11.719/2008, o CPP passou a prever expressamente o cabimento de citação por hora certa, na forma regulada pelo Código de Processo Civil, quando o oficial de justiça verificar que o réu se oculta para não ser citado (CPP, art. 362).

Alternativas "b" e "c": após a alteração promovida no CPP pela Lei nº 11.719/2008, não é mais cabível citação por edital no caso em que o réu se oculta para não ser citado.

Alternativa "d": A citação é ato pessoal e não pode ser realizada através de outra pessoa localizada no endereço indicado no mandado.

Alternativa "e": não há previsão legal de suspensão do processo nos casos de citação com hora certa.

Alternativa correta: letra "a".

39. (CONSULPLAN – Analista Judiciário – Área Administrativa/TRE do Rio de Janeiro/2017) "Fulano de Tal foi condenado a 10 anos de reclusão pelo crime de peculato. Foi intimado da sentença condenatória por carta precatória. Irresignado, o acusado deseja interpor recurso." Seu prazo começa a fluir da data da

a) publicação da sentença.
b) expedição da precatória.
c) juntada da carta precatória.
d) intimação do acusado, pelo Oficial de Justiça.

COMENTÁRIOS

Alternativas "a", "b" e "c": estão em desacordo com o que prescreve a legislação processual penal acerca da intimação da sentença condenatória (CPP, art. 392 e 798).

Alternativa d": No processo penal, os prazos são contados a partir da data da intimação, e não da data de juntada do mandado ou da carta precatória ou de ordem aos autos (CPP, art. 798, § 1º, a). Além disso, a intimação do réu acerca da sentença condenatória, regra geral, deve sempre ser pessoal (CPP, art. 392, incisos I e II). Apenas em caso de réu foragido e não localizado a sua intimação da sentença condenatória se fará por edital (CPP, art. 392, incisos IV a VI).

Alternativa correta: letra "d".

40. (CONSULPLAN – Analista Judiciário – Área Administrativa/TRE do Rio de Janeiro/2017) Em relação ao tema Citação no Direito Processual Penal, assinale a alternativa INCORRETA.

a) A citação do militar far-se-á por intermédio do chefe do respectivo serviço.
b) O processo terá completada a sua formação quando realizada a citação do acusado.
c) Verificando que o réu se oculta para não ser citado, o oficial de justiça certificará a ocorrência e procederá à citação com hora certa, na forma estabelecida no Código de Processo Civil.

d) Se o acusado, citado por edital, não comparecer, nem constituir advogado, ficará suspenso o processo, correndo o prazo prescricional, podendo o juiz determinar a produção antecipada das provas consideradas urgentes e, se for o caso, decretar prisão preventiva.

COMENTÁRIOS

Alternativa "a": A citação do militar far-se-á por intermédio do chefe do respectivo serviço (art. 358, CPP).

Alternativa "b": O processo terá completada a sua formação com a citação do réu (CPP, art. 363), que passa, então, juntamente com o autor da ação penal e o juiz, a integrar a relação jurídica processual.

Alternativa "c". É exatamente o que dispõe o artigo 362 do Código de Processo Penal, com redação atual dada pela Lei nº 11.719/2008.

Alternativa "d": Essa é a única alternativa incorreta, que, portanto, responde a questão. No caso de o réu ser citado por edital e não comparecer ou constituir advogado, a suspensão do processo ocasionará também a suspensão do prazo prescricional (CPP, art. 366).

Alternativa correta: letra "d".

---

41. (CESPE – Analista Judiciário – TRE do Mato Grosso/ 2015) De acordo com o entendimento dos tribunais superiores a respeito das comunicações dos atos processuais, assinale a opção correta em relação a citações e intimações.

a) A citação por edital será válida, ainda que não transcreva a denúncia, bastando indicar o dispositivo da lei penal.

b) Em se tratando de processo penal, a contagem dos prazos inicia-se na data da juntada do mandado aos autos.

c) Publicado ato processual com efeito de intimação em uma sexta-feira, nessa mesma data se iniciará a contagem do prazo judicial.

d) É nula a citação editalícia de réu preso em unidade da Federação diversa daquela onde o magistrado que a tenha determinado exerce a sua jurisdição.

e) A falta de intimação da expedição de precatória para inquirição de testemunha implica nulidade absoluta do processo.

COMENTÁRIOS

✪ **Nota do autor:** A questão exige conhecimentos de entendimentos sumulados do STF a respeito das comunicações dos atos processuais.

Alternativa "a". Nos termos da **Súmula 366 STF**: Não é nula a citação por edital que indica o dispositivo da lei penal, embora não transcreva a denúncia ou queixa, ou não resuma os fatos em que se baseia.

Alternativa "b". Nos termos do artigo 798, § 5º, letra a, do Código de Processo Penal, em regra, os prazos correrão a partir da intimação. Esse entendimento é corroborado pela **Súmula 710 STF:** No processo penal, contam-se os prazos da data da intimação, e não da juntada aos autos do mandado ou da carta precatória ou de ordem.

Alternativa: "c". De acordo com a **Súmula 310 STF**, quando a intimação tiver lugar na sexta-feira, ou a publicação com efeito de intimação for feita nesse dia, o prazo judicial terá início na segunda-feira imediata, salvo se não houver expediente, caso em que começará no primeiro dia útil que se seguir.

Alternativa "d". Prescreve a **Súmula 351 STF** que é nula a citação por edital de réu preso na mesma unidade da Federação em que o juiz exerce a sua jurisdição.

Alternativa "e". Nos termos da **Súmula 155 STF**, é relativa a nulidade do processo criminal por falta de intimação da expedição de precatória para inquirição de testemunha.

Alternativa correta: letra "a".

---

42. (CESPE – Analista Judiciário/TRE de Goiás/ 2015) Tendo recebido denúncia feita pelo Ministério Público contra José pela prática do delito de roubo circunstanciado devido ao emprego de arma de fogo e ao concurso de agentes, o juiz determinou a citação pessoal do acusado no endereço residencial constante nos autos. O oficial de justiça, por não ter localizado José, certificou que ele se encontrava em local incerto e não sabido. Considerando as disposições do Código de Processo Penal, julgue os itens que se seguem, tendo como referência a situação hipotética apresentada.

Suponha que José tenha constituído advogado. Nessa situação, a intimação do advogado deve, em regra, ser realizada por publicação no órgão incumbido da publicidade dos atos judiciais e deve incluir o nome do acusado.

Certo ( ) Errado ( )

COMENTÁRIOS

A intimação do defensor constituído será feita por publicação no órgão oficial (CPP, art. 370, § 1º). Além disso, essa publicação deverá incluir, sob pena de nulidade, o nome do acusado.

Alternativa correta: "certo".

---

43. (CESPE – Analista Judiciário/TRE de Goiás/ 2015) O juiz deve determinar a citação de José por edital e decretar a sua prisão preventiva ainda que este tenha constituído advogado.

COMENTÁRIOS

Se o réu, apesar de não ter sido encontrado pelo oficial justiça para citação pessoal, constituir defensor, estará demonstrando que teve notícia do processo contra si instaurado, motivo pelo qual não será necessária a sua citação por edital. Pode-se aplicar aqui o disposto no artigo 363, § 4º, do Código de Processo Penal, com a intimação do defensor constituído para apresentação de resposta à acusação. Já quanto à prisão preventiva, a não localização do réu para citação pessoal não constitui permissivo para sua decretação, uma vez que o juiz deverá se ater à presença concreta dos requisitos legais (CPP, artigos 312 e 313).

Alternativa correta: "errado".

10. SENTENÇA

▸ CPP, art. 381 a 393

44. (FCC – Analista Judiciário/TRE do Paraná/ 2012) A decisão que julga extinta a punibilidade do acusado classifica-se como sentença

a) absolutória.
b) condenatória.
c) declaratória.
d) constitutiva.
e) mandamental.

COMENTÁRIOS

✪ **Nota do autor:** A questão pede conhecido doutrinário a respeito da classificação da decisão que julga extinta a punibilidade do agente.

Alternativa "a": a sentença absolutória resolve o mérito do processo e absolve o réu com fundamento em regra no art. 386, CPP.

Alternativa "b": a sentença condenatória resolve o mérito do processo e condena o réu, porque comprovadas a materialidade e autoria delitivas.

Alternativa "c": de acordo com a doutrina predominante, existem decisões no processo penal chamadas de **decisões interlocutórias mistas** (ou decisões com força de definitivas), que, ou encerram uma etapa do procedimento processual (interlocutória mista não terminativa), ou encerram a própria relação processual (interlocutória mista terminativa), mas **não condenam nem absolvem o réu**. A decisão que julga extinta a punibilidade do agente é uma espécie das chamadas decisões interlocutórias mistas, pois, sem absolver ou condenar o réu, põe fim à relação jurídica processual, declarando extinta a punibilidade do agente. Como essa decisão não adentra o mérito (não absolve e nem condena), ela possui **natureza declaratória**, pois seu comando declara o fim do direito de punir que o Estado possuía contra o acusado (fim da punibilidade).

Alternativa "d": a sentença constitutiva é aquela que cria um estado jurídico novo, independentemente de processo executivo. A doutrina aponta, como exemplo de sentença constitutiva no processo penal, aquela que reconhece a inimputabilidade do acusado em razão de doença mental.

Alternativa "e": a sentença mandamental é aquela que contém uma ordem judicial, no processo penal, além das sentenças proferidas em mandado de segurança, parte da doutrina entende que a decisão que ordena a prisão do acusado tem natureza de sentença mandamental.

Alternativa correta: letra "c".

---

45. (FCC – Analista Judiciário/TRE de Alagoas/ 2010) O réu foi denunciado como incurso nas penas do artigo 155, "caput", do Código Penal, porém a prova colhida na fase de instrução demonstra que ele não subtraiu a coisa alheia mas, sim, apropriou-se de coisa de que tinha a posse. Nesse caso, o Juiz deverá

a) condenar o réu às penas do artigo 168, "caput", do Código Penal, sem necessidade de aditamento à inicial, já que os crimes são igualmente apenados.
b) julgar o processo, atribuindo ao fato definição jurídica diversa, ainda que tenha que aplicar pena mais grave.
c) determinar a abertura de vista dos autos ao Ministério Público para proceder ao aditamento da denúncia.
d) anular o processo desde o início, pois o réu defendeu-se de um fato diferente daquele na verdade ocorrido.
e) condenar o réu às penas do furto, posto que não pode obrigar o Ministério Público a dar nova definição jurídica ao fato.

COMENTÁRIOS

✪ **Nota do autor:** A questão trata da chamada *mutatio libelli*.

Alternativas "a", "b", "d" e "e". Se a mudança da imputação dada na inicial acusatória decorrer de apuração feita durante a instrução, não poderá o magistrado atribuir ao fato descrito na denúncia definição jurídica diversa sem o aditamento, ainda que a pena imposta ao novo delito seja inferior ao da infração em que o réu foi denunciado. Isso ocorre porque o réu teria até esse momento se defendido de um fato determinado, não podendo ser condenado por outro. Deve haver, dentro do devido processo legal, o que a doutrina chama de correlação entre a acusação e a sentença. Por outro lado, dado o princípio da economia processual e da instrumentalidade das formas, não é caso de anulação de todo o feito, mas apenas de adequação da acusação, com abertura de nova instrução (CPP, art. 384, § 2º).

Alternativa "c". Estabelece o Código de Processo Penal que, encerrada a instrução probatória, se entender cabível nova definição jurídica do fato, em consequência de prova existente nos autos de elemento ou circunstância da infração penal não contida na acusação, o Ministério Público deverá aditar a denúncia ou queixa, no prazo de 5 (cinco) dias, se em virtude desta houver sido instaurado o processo em crime de ação pública, reduzindo-se a termo o aditamento, quando feito oralmente (CPP, art. 384, *caput*). É o que a doutrina denomina de *mutatio libelli*..

Alternativa correta: letra "c".

11. DO PROCESSO

- -CPP, art. 394 a 405
- -CPP, art. 531 a 540

46. (CESPE – Analista Judiciário – Área Judiciária/ TRE da Bahia/2017) Considere que o Ministério Público tenha oferecido denúncia contra determinado indivíduo pela prática de crime que somente se processa mediante queixa. Nessa situação, o juiz deve

a) designar audiência de tentativa de reconciliação entre a vítima e o ofendido.

b) intimar o ofendido, para que ele assuma a titularidade da ação penal.

c) rejeitar a denúncia.

d) determinar a citação do querelado, para que ele ofereça defesa no prazo de quinze dias.

e) exigir do órgão ministerial a correção da peça acusatória.

COMENTÁRIOS

Alternativas "a", "b", "d" e "e": Estão incorretas, pois em desacordo com o estabelecido no artigo 395 do Código de Processo Penal.

Alternativa "c": São casos de rejeição da denúncia (CPP, art. 395): I – inépcia da denúncia; II - faltar pressuposto processual ou condição para o exercício da ação penal; ou III - faltar justa causa para o exercício da ação penal. No caso de o Ministério Público oferecer denúncia contra alguém pela prática de crime que somente se processa mediante queixa, haverá ilegitimidade da parte autora, faltando uma das condições da ação penal (legitimidade), de maneira a autorizar o juiz a rejeitar a denúncia (CPP, art. 395, inciso II).

Alternativa correta: letra "c".

47. (CESPE – Analista Judiciário/TRE do Piauí/ 2016) Acerca dos procedimentos, no juízo singular, dos crimes de responsabilidade dos funcionários públicos, dos crimes de calúnia e injúria e dos crimes contra a propriedade imaterial, assinale a opção correta.

a) Em se tratando de procedimentos dos crimes contra a propriedade imaterial, se a infração deixar vestígios, a queixa será instruída com a perícia realizada, admitindo-se o suprimento por outro meio de prova caso a perícia não possa ser realizada ou os vestígios desapareçam.

b) O procedimento de apuração dos crimes contra a propriedade imaterial independe da natureza da ação penal, pois esses crimes são de ação penal pública incondicionada.

c) Os procedimentos dos crimes contra honra relativos aos processos e julgamentos dos crimes de calúnia e de injúria são inaplicáveis aos crimes de difamação por falta de previsão legal.

d) O rito previsto para o procedimento dos crimes contra honra é idêntico ao previsto para o procedimento comum ordinário, agregando-se, apenas, a audiência de tentativa de conciliação e a possibilidade de serem deduzidas, em determinados casos, as exceções da verdade e notoriedade do fato.

e) De acordo com o CPP, o procedimento dos crimes funcionais aplica-se a todos os crimes funcionais afiançáveis e inafiançáveis.

COMENTÁRIOS

✪ **Nota do autor:** A questão trata dos procedimentos especiais previstos no Código de Processo Penal.

Alternativa "a". Na verdade, quando se trata de crimes contra a propriedade imaterial, no caso de haver o crime deixado vestígio, a queixa ou a denúncia não será recebida se não for instruída com o exame pericial dos objetos que constituam o corpo de delito (CPP, art. 525).

Alternativa: "b". Nos termos do artigo 186 do Código Penal: **a)** procede-se **mediante queixa** nos crimes previstos no ***caput* do art. 184 do Código Penal**; **b)** a ação penal será **pública incondicionada** nos crimes previstos nos **§§ 1o e 2o do art. 184**, bem como no caso de crimes cometidos em desfavor de entidades de direito público, autarquia, empresa pública, sociedade de economia mista ou fundação instituída pelo Poder Público e **c)** Por fim, a ação penal será **pública condicionada à representação** nos crimes previstos no **§ 3o do art. 184**.

Alternativa "c". O procedimento especial previsto no CPP para os crimes de calúnia e injúria será aplicado, também, ao crime de difamação, a despeito de não constar expressamente no artigo 519. Sobre esta omissão, explica Tourinho Filho, citado por Nestor Távora e Fábio Roque[6], que "antes do Código Penal de 1940, não havia, entre nós, a difamação com esse *nomen iuris*, vale dizer, como figura delitual autônoma. O Código Penal de 1890, no art. 317, b, dela cuidava como modalidade de injúria. Por isso, quando da elaboração do estatuto processual penal, que entrou em vigor em janeiro de 1942, por uma lamentável falha, os seus autores esqueceram-se de incluir no corpo do art. 519 a figura da difamação. Mas nem por isso se tem por excluído desse dispositivo".

Alternativa "d". Nos termos da redação do Código de Processo Penal (CPP, art. 519), nos processo por crimes contra a honra, desde que não haja outra forma estabelecida em lei especial, deverá ser observado o disposto nos Capítulos I e III, Titulo I ("Do Processo Comum"), do Livro II ("Dos Processos em Espécie"), com as modificações constantes dos artigos 520 a 523. Em outras palavras, pela literalidade legal, será adotado o procedimento ordinário, com a realização de audiência de reconciliação e a possibilidade de oposição de exceção de verdade ou de notoriedade, nos casos permitidos. É o que, de maneira geral, defende a doutrina. Consigne-se, no entanto, que, com o advento da Lei nº 11.719/08, dividindo o procedimento comum em ordinário, sumário e sumaríssimo de acordo com a sanção máxima cominada (CPP, art. 394, § 1º), alguns autores passaram a defender a adoção, após a realização da audiência de reconciliação, do rito sumaríssimo (se a pena máxima não superar dois anos) ou do rito ordinário, se for superior.

Alternativa "e". O procedimento especial dos crimes funcionais somente se aplica aos crimes funcionais afiançáveis, por expressa disposição legal (CPP, art. 514).

Alternativa correta: letra "d".

12. NULIDADES

▸ -CPP, art. 563 a 573

---

48. (FCC – Analista Judiciário – Área Administrativa/TRE de São fPaulo/2017) Sobre as nulidades, à luz do Código de Processo Penal, é INCORRETO afirmar que

a) a nulidade de citação estará sanada se o acusado comparecer em juízo, antes de o ato consumar-se, ainda que declare que o faz para o único fim de argui-la.

b) as omissões da denúncia poderão ser supridas a todo tempo antes da sentença final.

c) nenhuma das partes poderá arguir nulidade referente a formalidade cuja observância só à parte contrária interesse.

d) a nulidade decorrente de omissão de formalidade que constitua elemento essencial do ato é considerada absoluta e não poderá ser sanada.

e) a incompetência do juízo anula somente os atos decisórios, devendo o processo, quando for declarada a nulidade, ser remetido ao juiz competente.

COMENTÁRIOS

Alternativa "a": A falta ou a nulidade de citação, intimação ou de notificação estará sanada, caso o interessado compareça, antes de o ato consumar-se, ainda que o faça unicamente para o fim de argui-la (CPP, art. 570). Nesse caso, o juiz ordenará a suspensão ou o adiamento do ato, quando reconhecer que a irregularidade poderá prejudicar direito da parte.

Alternativa "b": As omissões da denúncia, da queixa, da representação ou do auto de prisão em flagrante poderão ser supridas a todo o tempo, antes da sentença final (CPP, art. 569).

Alternativa "c": Nenhuma das partes poderá arguir nulidade a que haja dado causa, ou para que tenha concorrido, ou referente à formalidade cuja observância só à parte contrária interesse (CPP, art. 565).

Alternativa d": A nulidade decorrente de omissão de formalidade que constitua elemento essencial do ato (CPP, art. 564, inciso IV) é relativa, pois poderá ser sanada se não for arguida em tempo oportuno ou se, praticado por outra forma, o ato tiver atingido o seu fim (CPP, art. 572, incisos I e II).

Alternativa "e": A incompetência do juízo anula somente os atos decisórios, devendo o processo, quando for declarada a nulidade, ser remetido ao juiz competente (CPP, art. 567), que decidirá acerca da necessidade de repetição dos atos instrutórios.

Alternativa correta: letra "d".

13. RECURSOS E AÇÕES DE IMPUGNAÇÃO

▸ -CPP, art. 574 a 667

---

49. (CESPE – Analista Judiciário – Área Judiciária/TRE de Pernambuco/2017) Com relação à apelação criminal, assinale a opção correta.

a) O julgamento de apelação por órgão fracionário de tribunal composto majoritariamente por juízes de primeiro grau convocados viola o princípio constitucional do juiz natural.

b) O efeito devolutivo amplo permite ao tribunal competente, no julgamento de apelação exclusiva da defesa, agravar a situação do condenado.

c) Em razão da preclusão, a apresentação extempo-

---

6. *Código de Processo Penal para Concursos*, 6ª edição, 2015, Salvador, Editora Juspodivm, p. 626.

rânea das razões impede o conhecimento do recurso de apelação tempestivamente interposto.

d) O efeito devolutivo da apelação contra decisões do tribunal do júri é adstrito aos fundamentos nela presentes.

e) A renúncia ao direito de apelar manifestada pelo réu impede o conhecimento de eventual recurso de apelação já interposto pelo seu defensor.

COMENTÁRIOS

✪ **Nota do autor:** a questão pede conhecimentos da jurisprudência, inclusive sumulada, dos tribunais superiores.

Alternativa "a": conforme entendimento do STF: "HABEAS CORPUS. PROCESSUAL PENAL. JULGAMENTO DE APELAÇÃO NO TRIBUNAL DE JUSTIÇA DO ESTADO DE SÃO PAULO. CÂMARA COMPOSTA MAJORITARIAMENTE POR JUÍZES CONVOCADOS. NULIDADE. INEXISTÊNCIA. OFENSA AO PRINCÍPIO DO JUIZ NATURAL. INOCORRÊNCIA. ORDEM DENEGADA. I - Esta Corte já firmou entendimento no sentido da constitucionalidade da Lei Complementar 646/1990, do Estado de São Paulo, que disciplinou a convocação de juízes de primeiro grau para substituição de desembargadores do TJ/SP. II - Da mesma forma, **não viola o postulado constitucional do juiz natural o julgamento de apelação por órgão composto majoritariamente por juízes convocados** na forma de edital publicado na imprensa oficial. III - Colegiados constituídos por magistrados togados, que os integram mediante inscrição voluntária e a quem a distribuição de processos é feita aleatoriamente. IV - Julgamentos realizados com estrita observância do princípio da publicidade, bem como do direito ao devido processo legal, à ampla defesa e ao contraditório. V - Ordem denegada" (**STF HC 96.821**, Rel. Min. Ricardo Lewandowski, Plenário, DJe 25.6.2010).

Alternativa "b": conforme entendimento sumulado do Supremo Tribunal Federal: **Súmula STF 160**: "É nula a decisão do Tribunal que acolhe, contra o réu, nulidade não arguida no recurso da acusação, ressalvados os casos de recurso de ofício".

Alternativa "c": Nos termos da jurisprudência do STF e do STJ, a apresentação extemporânea das razões não impede o conhecimento do recurso de apelação que foi tempestivamente interposto. Confira o julgado a seguir: FURTO QUALIFICADO. RECURSO DE APELAÇÃO INTERPOSTO TEMPESTIVAMENTE. RAZÕES RECURSAIS APRESENTADAS EXTEMPORANEAMENTE. MERA IRREGULARIDADE. NECESSIDADE DE CONHECIMENTO DO RECLAMO. CONCESSÃO DA ORDEM DE OFÍCIO. 1. Pacificou-se nesta Corte Superior de Justiça e no Supremo Tribunal Federal o entendimento de que **a apresentação tardia das razões recursais configura simples irregularidade, que não tem o condão de tornar intempestivo o apelo oportunamente interposto**. 2. No caso dos autos, conquanto a defesa tenha interposto o recurso de apelação dentro do prazo legal, verifica-se que o reclamo não foi conhecido pelo Tribunal de origem sob o argumento de que as respectivas razões teriam sido apresentadas extemporaneamente, o que revela a coação ilegal a que está sendo submetido o paciente, cuja insurgência deixou de ser examinada em decorrência de uma mera irregularidade. 3. Habeas corpus não conhecido. Ordem concedida de ofício para determinar o processamento da apelação interposta pelo paciente. (**STJ HC 358.217/RS**, Rel. Ministro JORGE MUSSI, QUINTA TURMA, julgado em 23/08/2016, DJe 31/08/2016).

Alternativa "d": As hipóteses de cabimento do recurso de apelação, contra decisões do tribunal do júri, estão elencadas no artigo 593, inciso III: a) quando ocorrer nulidade posterior à pronúncia; b) quando for a sentença do juiz-presidente contrária à lei expressa ou à decisão dos jurados; c) quando houver erro ou injustiça no tocante à aplicação da pena ou da medida de segurança; d) quando for a decisão dos jurados manifestamente contrária à prova dos autos. Em todos os casos, o objeto do recurso de apelação será restrito ao fundamento pelo qual se recorreu, por isso se diz que a apelação envolvendo decisões do tribunal do júri é de fundamentação vinculada. Nesse sentido, a **Súmula STF 713**: "o efeito devolutivo da apelação contra decisões do júri é adstrito aos fundamentos da sua interposição".

Alternativa "e": Nos termos da **Súmula STF 705**, "a renúncia do réu ao direito de apelação, manifestada sem a assistência do defensor, não impede o conhecimento da apelação por este interposta". Isso porque o direito do réu e de seu defensor de interpor o recurso é autônomo, devendo ser privilegiada a ampla defesa.

Alternativa correta: letra "d".

---

50. (FCC – Analista Judiciário – Área Judiciária/TRE do Paraná/2017) Sobre os recursos em processo penal, de acordo com entendimento sumulado, é correto afirmar:

a) A renúncia do réu ao direito de apelação, manifestada sem a assistência do defensor, impede o conhecimento da apelação por este interposta.

b) Fica prejudicada a apelação entregue em cartório no prazo legal, embora despachada tardiamente.

c) O conhecimento de recurso de apelação do réu depende de sua prisão.

d) Sentença de primeira instância concessiva de habeas corpus, em caso de crime praticado em detrimento de bens, serviços ou interesses da União, não está sujeita a recurso ex officio.

e) É nulo o julgamento da apelação se, após a manifestação nos autos da renúncia do único defensor, o réu não foi previamente intimado para constituir outro.

COMENTÁRIOS

Alternativa "a": Nos termos da **Súmula STF 705**, "a renúncia do réu ao direito de apelação, manifestada sem a assistência do defensor, não impede o conhecimento da apelação por este interposta". Isso porque o direito do réu e de seu defensor de interpor o recurso é autônomo, devendo ser privilegiada a ampla defesa.

Alternativa "b": Não serão prejudicados os recursos que, por erro, falta ou omissão dos funcionários, não tiverem seguimento ou não forem apresentados dentro do prazo. (CPP, art. 575). Dessa forma, desde que o recurso seja protocolado no prazo legal, eventual demora do despacho que analisa sua admissibilidade não poderá prejudicar o regular processamento da apelação.

Alternativa "c": Nos termos da **Súmula STJ 347**, "o conhecimento de recurso de apelação do réu independe de sua prisão". A nova ordem constitucional instituída em 1988 não mais admite a prisão como condição de admissibilidade do recurso de apelação. O juiz deverá, de maneira fundamentada, analisar a necessidade de prisão preventiva do sentenciado quando do decreto condenatório, sem prejuízo do regular processamento do apelo interposto.

Alternativa "d": No caso de crime praticado em detrimento de bens, serviços ou interesses da União, a ação penal será da competência da Justiça Federal (CF, art. 109), aplicando-se, sem qualquer distinção, a previsão legal de "recurso de ofício" (remessa necessária) da decisão que concede o habeas corpus (CPP, art. 574, inciso I).

Alternativa "e": Consoante entendimento sumulado do Supremo Tribunal Federal, "é nulo o julgamento da apelação se, após a manifestação nos autos da renúncia do único defensor, o réu não foi previamente intimado para constituir outro" (**Súmula STF 708**).

Alternativa correta: letra "e".

---

51. (FCC - Analista Judiciário - Área Judiciária/ TRE de São Paulo/2017) Sobre o recurso de apelação à luz do Código de Processo Penal,

a) a apelação de sentença condenatória, em regra, não terá efeito suspensivo.

b) é vedado ao apelante arrazoar o recurso de apelação na superior instância.

c) havendo assistente de acusação este arrazoará o recurso de apelação, no prazo de cinco dias após o Ministério Público.

d) quando cabível a apelação, se a parte pretender recorrer somente de parte da decisão, poderá usar o recurso em sentido estrito.

e) a renúncia do réu ao direito de apelação, manifestada sem a assistência do defensor, não impede o conhecimento da apelação por este interposta.

COMENTÁRIOS

Alternativa "a": Na hipótese de sentença condenatória, em regra, a apelação terá efeito suspensivo (CPP, art. 597), vigendo o princípio da presunção de inocência (CF, art. 5º, LVII), segundo o qual "ninguém será considerado culpado até o trânsito em julgado de sentença penal condenatória".

Alternativa "b": O apelante, no ato de interposição da apelação, poderá declarar que deseja arrazoar o recurso na superior instância, oportunidade em que, após a remessa dos autos ao tribunal *ad quem*, será aberta vista à parte para apresentar suas razões recursais (CPP, art. 600, § 4º).

Alternativa "c": O prazo para o assistente de acusação apelar será de 5 (cinco) dias somente quando já esteja habilitado nos autos. Se da sentença não for interposta apelação pelo Ministério Público no prazo legal, o assistente ainda não habilitado poderá interpor apelação, com prazo de 15 (quinze) dias (CPP, art. 598).

Alternativa "d": A legislação é expressa no sentido de que, quando cabível a apelação, não poderá ser usado o recurso em sentido estrito, ainda que somente de parte da decisão se recorra (CPP, art. 593, § 4º).

Alternativa "e": Nos termos da **Súmula STF 705**, "a renúncia do réu ao direito de apelação, manifestada sem a assistência do defensor, não impede o conhecimento da apelação por este interposta". Isso porque o direito do réu e de seu defensor de interpor o recurso é autônomo, devendo ser privilegiada a ampla defesa e o princípio do duplo grau de jurisdição.

Alternativa correta: letra "e".

---

52. (CESPE - Analista Judiciário - TRE do Piauí/ 2016) Considerando as disposições legais e jurisprudenciais sobre o habeas corpus, assinale a opção correta.

a) Na qualidade de titulares de seus cargos, o delegado de polícia, o promotor de justiça e o juiz de direito podem impetrar habeas corpus em favor de terceiros.

b) Conforme a lei e a jurisprudência, não se admite liminar em habeas corpus, ainda que presentes o fumus boni iuris e o periculum in mora.

c) É inadmissível a reiteração de pedido de habeas corpus, ainda que haja novos fatos, não analisados no pedido anterior.

d) É indispensável, sob pena de nulidade, a manifestação do Ministério Público no procedimento de habeas corpus impetrado perante juiz de direito.

e) Qualquer pessoa, quer se trate de brasileiro, quer de estrangeiro não residente no país, pode impetrar habeas corpus, devendo o writ ser redigido em português.

COMENTÁRIOS

✪ **Nota do autor:** O tema habeas corpus é muito cobrado em provas dos tribunais.

Alternativa "a". O promotor de justiça poderá impetrar *habeas corpus* na qualidade de órgão de execução do Ministério Público, pois compatível com suas atribuições funcionais. No entanto, o delegado de polícia e o magistrado não possuem essa prerrogativa funcional decorrente do cargo. Podem, enquanto particulares, impetrarem *habeas corpus* em favor de qualquer pessoa, mas não em decorrência do cargo que ocupam.

Alternativa: "b". A possibilidade de liminar em *habeas corpus* não tem previsão legal, pois resulta de construção jurisprudencial, bem como decorre do nosso próprio sistema constitucional de direitos e garantias fundamentais. Se a Constituição Federal garante que ninguém será preso senão nos casos e nas formais legais, a liberdade do indivíduo é a regra, e sua prisão deve ser exceção. Caso alguém sofra (ou estiver na iminência de sofrer) violência ou coação ilegal na sua liberdade de ir e vir, desde que ausente qualquer justa causa para a restrição de sua liberdade, deverá o juiz conceder liminar em *habeas corpus*, para que a ilegalidade ou o abuso de direito possa cessar imediatamente.

Alternativa "c". A reiteração do pedido de *habeas corpus* somente é admitida quando houver novos fatos ou se basear em novo fundamento.

Alternativa "d". Nos termos dos ensinamentos de Nestor Távora e Rosmar Rodrigues Alencar[7], não há previsão legal de abertura de prazo para parecer do Ministério Público perante o juiz de primeiro grau. Nesse caso, o MP apenas é intimado da decisão tomada e poderá recorrer, com fundamento no artigo 581, inciso X, do CPP. No entanto, no caso de *habeas corpus* impetrado junto aos tribunais, por força do que dispõe o Decreto-lei 552/1969, o Ministério Público deverá ter vista dos autos para manifestar-se, no prazo de dois dias, após as informações da autoridade coatora (Decreto-lei 552/1969, art. 1º e § 2º).

Alternativa "e". Prevê o art. 654, *caput*, do Código de Processo Penal que o *habeas corpus* pode ser impetrado por qualquer pessoa, em seu favor ou de outrem. Não é necessária capacidade postulatória (inscrição nos quadros da Ordem dos Advogados do Brasil).

Alternativa correta: letra "e".

7. *Curso de Direito Processual Penal*, 8ª edição, 2013, Salvador, Editora Juspodivm, p. 1183.

53. (IESES – Analista Judiciário – Área Judiciária – TRE do Maranhão/ 2015) Quanto aos recursos é correto afirmar:

a) O prazo para interpor apelação criminal é de 5 (cinco) dias a contar da juntada do mandado nos autos.

b) Da decisão que não receber a denúncia ou queixa caberá Recurso em Sentido Estrito no prazo de 5 (cinco) dias, enquanto no Juizado Especial (Lei 9.099/95) caberá Apelação Criminal no prazo de 10 (dez) dias.

c) No caso de concursos de agentes, a decisão do recurso interposto por um dos réus, se fundado em motivo que sejam de caráter exclusivamente pessoal, aproveitará aos outros.

d) A revisão dos processos findos poderá ser requerida pelo próprio réu ou por procurador legalmente habilitado ou, no caso de morte do réu, pelo conjugue, ascendente, descendente ou colateral até o terceiro grau, inclusive.

COMENTÁRIOS

✪ **Nota do autor:** A apelação criminal e de recurso em sentido estrito são os principais recursos abordados em provas de tribunais.

Alternativa "a". O prazo do recurso de apelação previsto no CPP é efetivamente de 5 (cinco) dias (CPP, art. 593). No entanto, salvo os casos expressos, os prazos correrão: a) da intimação; b) da audiência ou sessão em que for proferida a decisão, se a ela estiver presente a parte; c) do dia em que a parte manifestar nos autos ciência inequívoca da sentença ou despacho (CPP, art. 798, § 5º). Lembre-se ainda da **Súmula 710 STF**: No processo penal, contam-se os prazos da data da intimação, e não da juntada aos autos do mandado ou da carta precatória ou de ordem.

Alternativa "b". Conforme inciso I, do art. 581 do CPP, caberá recurso em sentido estrito da decisão, despacho ou sentença que não receber a denúncia ou a queixa. Por sua vez, nos Juizados Especiais Criminais, da decisão de rejeição da denúncia ou queixa e da sentença caberá apelação, que poderá ser julgada por turma composta de três Juízes em exercício no primeiro grau de jurisdição, reunidos na sede do Juizado (Lei 9.099/95, art. 82). Essa apelação deverá ser interposta no prazo de dez dias, por petição escrita, já com as razões (Lei 9.099/95, art. 82, § 1º).

Alternativa: "c". No caso de concurso de agentes, a decisão do recurso interposto por um dos réus só aproveitará aos demais quando for fundado em motivos que não sejam de caráter exclusivamente pessoal (CPP, art. 580).

Alternativa "d". A revisão criminal poderá ser pedida pelo próprio réu ou por procurador legalmente habilitado. No caso da morte do réu, terão legitimidade o cônjuge, ascendente, descendente ou irmão (CPP, art. 623).

Alternativa correta: letra "b".

---

54. (CESPE – Analista Judiciário/TRE do Mato Grosso/ 2015) Considere que, posta em liberdade provisória mediante recolhimento de fiança e cumprimento de obrigações impostas judicialmente, Joana tenha voltado a delinquir, razão por que o juízo competente decidiu ter havido quebra da fiança. Nessa situação hipotética, contra a decisão do juiz cabe a interposição de

a) recurso em sentido estrito.

b) correição.

c) agravo de instrumento.

d) apelação.

e) reclamação.

COMENTÁRIOS

✪ **Nota do autor:** As hipóteses de cabimento do recurso em sentido estrito são taxativas e estão previstas no art. 581 do Código de Processo Penal.

Alternativa "a". Da decisão que conceder, negar, arbitrar, cassar ou julgar inidônea a fiança, caberá recurso em sentido estrito, no prazo de 5 (cinco) dias (CPP, art. 581, inciso V).

Alternativas "b", "c", "d" e "e": em desacordo com o sistema recursal do Código de Processo Penal, que prevê expressamente o cabimento de recurso em sentido estrito no caso.

Alternativa correta: letra "a".

---

55. (CESPE/Analista Judiciário/TRE de Goiás/ 2015) Célio, réu primário e de bons antecedentes, foi condenado em primeira instância à pena de vinte e dois anos de reclusão em regime fechado pela prática do crime de latrocínio tentado, o que motivou o advogado do réu a se preparar para interpor apelação. O juiz que emitiu a sentença decretou também a prisão preventiva de Célio, que havia respondido ao processo em liberdade. No entanto, a polícia, que tentava cumprir o mandado de prisão emitido pelo juiz, não conseguiu encontrar o réu condenado. Considerando as normas previstas no Código de Processo Penal a respeito de prazos e recursos, julgue o item a seguir, referente à situação hipotética apresentada.

O advogado de Célio tem cinco dias para apelar da sentença, prazo no qual devem ser também oferecidas as razões recursais ao juízo de primeira instância ou ao tribunal competente.

Certo ( ) Errado ( )

COMENTÁRIOS

Da sentença condenatória cabe recurso de apelação, cujo prazo de interposição é de 05 (cinco) dias (CPP, art. 593). No entanto, apenas após a interposição do recurso o recorrente será intimado para apresentação das razões recursais (CPP, art. 600). Diferentemente, nos Juizados Especiais Criminais as razões de recursais devem ser apresentadas juntamente com a interposição do recurso de apelação (Lei nº 9.099/1995, art. 82, § 1º).

Alternativa correta: "errado".

---

56. (IBFC – Analista Judiciário/TRE do Amazonas/ 2014) Indique a alternativa CORRETA, de acordo com a sistemática do Código de Processo Penal, relativa aos recursos:

a) O Ministério Público não poderá desistir de recurso que haja interposto.

b) Será negado seguimento, se o juiz, desde logo, reconhecer a impropriedade do recurso interposto pela parte.

c) O recurso da pronúncia não suspende o julgamento.

d) A apelação suspenderá a execução da medida de segurança aplicada provisoriamente.

COMENTÁRIOS

Alternativa "a": Conforme dispõe o artigo 576 do Código de Processo Penal, o Ministério Público não poderá desistir de recurso que haja interposto.

Alternativa "b": Com exceção da hipótese de má-fé, a parte não será prejudicada pela interposição de um recurso por outro. Além disso, caso o juiz, desde logo, reconhecer a impropriedade do recurso interposto pela parte, mandará processá-lo de acordo com o rito do recurso cabível (CPP, art. 579).

Alternativa "c": Na verdade, o recurso da pronúncia suspenderá tão-somente o julgamento (CPP, art. 584, § 2º).

Alternativa "d": A apelação da sentença absolutória não impedirá que o réu seja posto imediatamente em liberdade. No entanto, o apelo não suspenderá a execução da medida de segurança aplicada provisoriamente (CPP, art. 596).

Alternativa correta: letra "a".

---

57. (CESPE – Analista Judiciário/TRE do Rio de Janeiro/ 2012) Em relação às nulidades, aos recursos e à execução penal, julgue os itens subsecutivos.

Consoante entendimento do Superior Tribunal de Justiça, é inadmissível, dado o princípio da fungibilidade, o recebimento de simples petição em que se requeira a reconsideração de decisão singular de relator como agravo regimental, ainda que atendidos os pressupostos processuais do recurso correto.

Certo ( ) Errado ( )

COMENTÁRIOS

✪ **Nota do autor:** A questão exige do candidato o conhecimento da jurisprudência do Superior Tribunal de Justiça.

A jurisprudência do Superior Tribunal de Justiça é no sentido de admitir, com fundamento no princípio da fungibilidade recursal, o recebimento de simples petição em que se requeira a reconsideração de decisão singular de relator como agravo regimental, desde que atendidos os pressupostos processuais do recurso correto, conforme demonstram decisões que seguem.

> PROCESSUAL CIVIL. **PEDIDO DE RECONSIDERAÇÃO. RECEBIMENTO. AGRAVO REGIMENTAL. POSSIBILIDADE. PRINCÍPIO DA FUNGIBILIDADE.** EX-COMBATENTE. PENSÃO. INTEGRANTE DA AERONÁUTICA. PARTICIPAÇÃO EM MISSÃO DE VIGILÂNCIA. DEMONSTRAÇÃO. 1. **O princípio da fungibilidade permite receber petição requerendo a reconsideração de decisão singular do relator como agravo regimental, desde que atendidos os pressupostos processuais.** Precedentes. [...] 4. Agravo regimental provido. (**AgRg no Ag 1.047.545/SC**, 5.ª Turma, Rel. Min. JORGE MUSSI, DJe de 13/10/2009.)

> PROCESSUAL CIVIL. **PEDIDO DE RECONSIDERAÇÃO. RECEBIMENTO. AGRAVO REGIMENTAL. POSSIBILIDADE. PRINCÍPIO DA FUNGIBILIDADE**. FORMAÇÃO DO AGRAVO DE INSTRUMENTO. PEÇA DE TRASLADO OBRIGATÓRIO. CONTRARRAZÕES DE RECURSO ESPECIAL. AUSÊNCIA. ART. 544, § 1º, DO CPC.

> **1. O princípio da fungibilidade permite receber petição requerendo a reconsideração de decisão singular do relator como agravo regimental, desde que atendidos os pressupostos processuais**. Precedentes. [...] 4. Agravo regimental improvido. (**AgRg no Ag Nº 1.352.879/SC**, 5.ª Turma, Rel. Min. JORGE MUSSI, julgado em 16.02.2012).

> **Alternativa correta: "errado".**

---

58. (CESPE – Analista Judiciário/TRE do Espírito Santo/ 2011) À luz dos conceitos e das normas aplicáveis à ação e ao processo penal, julgue os itens subseqüentes.

Há descumprimento de uma das condições da ação, por impossibilidade jurídica, no pedido de anulação de pena de multa em habeas corpus.

Certo ( ) Errado ( )

COMENTÁRIOS

✪ **Nota do autor:** Recentemente o tema da questão foi sumulado pelo Supremo Tribunal Federal.

O *habeas corpus* visa proteger o direito de ir, vir e ficar do indivíduo. A penal de multa cominada, acaso não paga, será considerada dívida de valor, sendo aplicadas as normas da legislação relativa à dívida ativa da Fazenda Pública (CP, art. 51). Dessa forma, não há possibilidade alguma de o indivíduo que está sendo processado por crime apenado com multa vir a ser ameaçado em seu direito de liberdade. Por esse motivo se assentou na jurisprudência o entendimento de que não cabe *habeas corpus* contra decisão condenatória a pena de multa, ou relativo a processo em curso por infração penal a que a pena pecuniária seja a **única cominada**, ante a falta de uma das condições da ação, qual seja, o interesse processual (**STF Súmula nº 693**).

Alternativa correta: "certo".

14. LEIS ESPECIAIS

- Lei nº 9.099/95
- Lei nº 9.296/96
- Lei nº 9.613/98
- Lei nº 10.259/01
- Lei nº 11.343/06

---

59. (IBFC – Analista Judiciário – Área Judiciária – TRE – PA/2020) Leia abaixo o que dispõe o parágrafo 6° do artigo 2° da Lei de Organizações Criminosas (Lei n° 12.850 de 2013):

"Art. 2°. § 6° A condenação com trânsito em julgado acarretará ao funcionário público _____ do cargo, função, emprego ou mandato eletivo e _____ pelo prazo _____ ao cumprimento da pena.

Assinale a alternativa que preencha correta e respectivamente as lacunas.

a) a perda / a suspensão dos direitos políticos / de 8 (oito) a 10 (dez) anos subsequentes
b) a perda / a interdição para o exercício de função ou cargo público / de 8 (oito) anos subsequentes
c) a demissão a bem do serviço público / a interdição para o exercício de função ou cargo público / de 8 (oito) a 10 (dez) anos subsequentes
d) a demissão a bem do serviço público / a suspensão dos direitos políticos / de 8 (oito) anos subsequentes

COMENTÁRIO

Alternativa "a". a perda / **a interdição para o exercício de função ou cargo público / de 8 (oito) anos.**

Alternativa "b". A condenação com trânsito em julgado acarretará ao funcionário público **a perda** do cargo, função, emprego ou mandato eletivo e **a interdição para o exercício de função ou cargo público** pelo prazo **de 8 (oito) anos** subsequentes ao cumprimento da pena (art. 6º, § 2º, CPP).

Alternativa "c". a perda / a interdição para o exercício de função ou cargo público / **de 8 (oito) anos**

Alternativa "d". a perda / a interdição para o exercício de função ou cargo público / de 8 (oito) anos

Alternativa correta: letra "b".

---

60. (FCC – Analista Judiciário – Área Administrativa/TRE de São Paulo/2017) Considere as seguintes situações hipotéticas:

I. Marcos é denunciado pelo Ministério Público pelo crime de falso testemunho na sua forma simples, com pena prevista de reclusão de 2 a 4 anos e multa.

II. Júlio é denunciado pelo Ministério Público pelo crime de descaminho, com pena prevista de 1 a 4 anos.

III. Juliana é denunciada pelo Ministério Público pelo crime de fraude processual, com pena prevista de 3 meses a 2 anos e multa.

Nos termos preconizados pelas Leis no 9.099/1995 e no 10.259/2001, que regulam os Juizados Especiais Criminais, o Ministério Público poderá oferecer proposta de suspensão condicional do processo, presentes os demais requisitos legais, para

a) Marcos, Júlio e Juliana.

b) Júlio, apenas.

c) Júlio e Juliana, apenas.

d) Marcos e Júlio, apenas.

e) Juliana, apenas.

COMENTÁRIOS

Alternativas "a", "b", "d" e "e": desacordo com o disposto na Lei nº 9.099/95 sobre a suspensão condicional do processo.

Alternativa "c": De acordo com a Lei nº 9.099/95 (art. 89), nos crimes em que a pena mínima cominada for igual ou inferior a um ano, o Ministério Público, ao oferecer a denúncia, poderá propor a suspensão do processo. Dessa maneira, apenas nas hipóteses II (crime de descaminho imputado a Júlio) e III (crime de fraude processual imputado à Juliana) o Ministério Público poderá oferecer proposta de suspensão condicional do processo, presentes os demais requisitos legais, pois apenas nesses casos a pena mínima comida ao delito é igual ou inferior a um ano.

Alternativa correta: letra "c".

---

61. (FCC – Analista Judiciário – Área Judiciária/TRE de São Paulo/2017) Nos termos preconizados pelas Leis nº 9.099/1995 e no 10.259/2001, que regulam os Juizados Especiais Criminais, considere:

I. A homologação da transação penal prevista no artigo 76 da Lei no 9.099/1995 não faz coisa julgada material e, descumpridas suas cláusulas, retoma-se a situação anterior, possibilitando-se ao Ministério Público a continuidade da persecução penal mediante oferecimento de denúncia ou requisição de inquérito policial.

II. O Ministério Público poderá oferecer proposta de transação penal a Ricardo, primário e de bons antecedentes, acusado de cometer crime eleitoral previsto no artigo 39, da Lei no 9.507/1997, ao ser surpreendido realizando propaganda de boca de urna no último pleito, crime este punível com detenção de 6 meses a 1 ano e multa.

III. O Ministério Público não poderá oferecer proposta de transação penal a Rodolfo, primário e de bons antecedentes, e acusado de cometer crime de usurpação de função pública, previsto no artigo 328, do Código Penal, que prevê pena de detenção de 3 meses a 2 anos e multa.

Está correto o que consta APENAS em

a) II e III.

b) II.

c) I e III.

d) I e II.

e) I.

COMENTÁRIOS

Item I. A assertiva está de acordo com a **Súmula Vinculante 35 STF**: "a homologação da transação penal prevista no artigo 76 da Lei 9.099/1995 não faz coisa julgada material e, descumpridas suas cláusulas, retoma-se a situação anterior, possibilitando-se ao Ministério Público a continuidade da persecução penal mediante oferecimento de denúncia ou requisição de inquérito policial".

Item II. São consideradas infrações penais de menor potencial ofensivo, para os efeitos das Leis nº 9.099/95 e no 10.259/2001, as contravenções penais e os crimes a que a lei comine pena máxima não superior a 2 (dois) anos, cumulada ou não com multa (Lei nº 9.099/95, art. 61). Por sua vez, a transação penal é cabível nas infrações penais de menor potencial ofensivo, desde que preenchidos os requisitos do art. 76, § 2º (não ter sido o autor da infração condenado, pela prática de crime, à pena privativa de liberdade, por sentença definitiva; não ter sido o agente beneficiado anteriormente, no prazo de cinco anos, pela aplicação de pena restritiva ou multa, nos termos deste artigo; e não indicarem os antecedentes, a conduta social e a personalidade do agente, bem como os motivos e as circunstâncias, ser necessária e suficiente a adoção da medida. Dessa maneira, Ricardo, tendo praticado o crime eleitoral previsto no artigo 39 da Lei no 9.507/1997 e sendo réu primário e de bons antecedentes, faz jus ao benefício legal da transação penal.

Item III. Como Rodolfo é primário e de bons antecedentes, sendo-lhe imputado crime de usurpação de função pública (CP, art. 328), com pena de detenção de 3 meses a 2 anos e multa, é possível a proposta de transação penal, nos termos das Leis nº 9.099/95 e no 10.259/2001.

Alternativa correta: letra "d".

---

62. (CESPE – Analista Judiciário – TRE do Piauí/ 2016) Assinale a opção correta a respeito dos procedimentos penais.

a) Nos termos da Lei nº 8.038/1990, o relator não poderá decidir sozinho quanto ao recebimento ou à rejeição da exordial, impondo-se ao tribunal, de forma colegiada, deliberar a esse respeito.

b) Tratando-se do procedimento ordinário, expirado o prazo para o oferecimento da defesa inicial, opera-se a preclusão temporal.

c) Em se tratando do procedimento sumaríssimo, não é necessário que a sentença contenha relatório, sendo também prescindível a motivação, devido à celeridade de seus atos processuais.

d) Não será aplicado o procedimento sumaríssimo da lei dos juizados especiais criminais na hipótese de alta complexidade da causa, caso em que o juiz deverá encaminhar os autos ao juiz comum para a adoção do procedimento comum ordinário.

e) De acordo com o Código de Processo Penal (CPP), as hipóteses de absolvição sumária, rejeição da denúncia e resposta do réu aplicam-se a todos os procedimentos penais de primeiro grau e aos procedimentos dos crimes de competência originária dos tribunais.

COMENTÁRIOS

✪ **Nota do autor:** A Lei nº 8.038/90 disciplina os processos criminais de competência originária dos tribunais.

Alternativa "a". No procedimento previsto na Lei nº 8.038/90, após a apresentação da denúncia ou da queixa e a posterior notificação do acusado para oferecer resposta (art. 4º), o relator pedirá dia para que o Tribunal delibere sobre o recebimento, a rejeição da denúncia ou da queixa, ou a improcedência da acusação, se a decisão não depender de outras provas (Lei nº 8.038/90, art. 6º). Dessa forma, apenas o órgão colegiado poderá decidir sobre o recebimento ou a rejeição da inicial acusatória.

Alternativa "b". Caso não seja apresentada a resposta no prazo legal o juiz deverá nomear defensor para oferecê-la, concedendo-lhe vista dos autos por 10 (dez) dias (CPP, art. 396 § 2º).

Alternativa: "c". No procedimento da Lei 9.099/95 há previsão expressa de dispensa somente do relatório na sentença (art. 81, § 3º), com vistas à celeridade processual e simplificação procedimental. A motivação ou fundamentação e o dispositivo são elementos obrigatórios da sentença, sob pena de nulidade.

Alternativa "d". De acordo com a Lei nº 9.099/95, se a complexidade ou as circunstâncias do caso não permitirem a formulação da denúncia, o Ministério Público poderá requerer ao Juiz o encaminhamento das peças existentes ao Juízo comum para a adoção "do procedimento previsto em lei" (Lei 9.099/95 art. 77 § 2º). Por sua vez, o Código de Processo Penal prevê expressamente que, quando o juizado especial criminal encaminhar ao juízo comum as peças existentes para a adoção de outro procedimento, será observado o procedimento sumário (CPP, art. 538) e não o ordinário, como consta da assertiva.

Alternativa "e". As disposições dos artigos 395 a 398 do Código de Processo Penal (hipóteses de absolvição sumária, rejeição da denúncia e resposta do réu), somente se aplicam aos procedimentos penais de primeiro grau, ainda que não regulados pelo Código (CPP, art. 394 § 4º).

Alternativa correta: letra "a".

---

63. (CESPE – Analista Judiciário/TRE do Piauí/ 2016) Assinale a opção correta, no que se refere ao concurso de crimes.

a) Não se admite a suspensão condicional do processo se a soma da pena mínima com o aumento mínimo de um sexto for superior a um ano.

b) Não se aplica a continuidade delitiva quando os delitos atingirem bens jurídicos personalíssimos de pessoas diversas, segundo o entendimento do Supremo Tribunal Federal.

c) O Supremo Tribunal Federal admite a continuidade delitiva entre os crimes de furto e roubo.

d) Configura-se concurso material a ação única lesiva ao patrimônio de diversas pessoas.

e) Conforme o entendimento do Superior Tribunal de Justiça, não se aplica o princípio da consunção entre os crimes de falsidade e estelionato, por se tratar de caso de aplicação do concurso formal.

COMENTÁRIOS

✪ **Nota do autor:** A questão exige conhecimento da jurisprudência dos tribunais superiores no que se refere ao tema concurso de crimes.

Alternativa "a". Nos termos da **Súmula 243 STJ**: O benefício da suspensão do processo não é aplicável em relação às infrações penais cometidas em concurso material, concurso formal ou continuidade delitiva, quando a pena mínima cominada, seja pelo somatório, seja pela incidência da majorante, ultrapassar o limite de um (01) ano.

Alternativa "b". O atual Código Penal, em seu art. 71, parágrafo único, trouxe a possibilidade, que era vedada pela **Súmula 605 STF**, do reconhecimento de continuidade delitiva nos crimes que atingem bens personalíssimos. Conforme decidiu o STF, "o Código Penal determina, expressamente, no parágrafo único de seu artigo 71, seja aplicada a continuidade delitiva também nos crimes dolosos contra a vida. Essa norma, resultado da reforma penal de 1984, é posterior à edição da Súmula 605/STF, que vedava o reconhecimento da continuidade delitiva nos crimes contra a vida." (STF, HC 93367, Relator Ministro Eros Grau, Segunda Turma, julgamento em 11.3.2008, *DJe* de 18.4.2008). Assim também: HABEAS CORPUS. DECISÃO QUE NEGOU A POSSIBILIDADE DE APLICAR-SE A CONTINUIDADE DELITIVA QUANDO O BEM LESADO É PERSONALÍSSIMO E HÁ DIVERSIDADE DE VÍTIMAS. PRETENSÃO DE RECONHECIMENTO DO BENEFÍCIO, BEM COMO DE FIXAÇÃO IMEDIATA DA PENA DEFINITIVA, COM A DETERMINAÇÃO DE PROTESTO POR NOVO JÚRI. Nos termos da atual jurisprudência do STF, formada após a Reforma Penal de 1984 (art. 71, parágrafo único, do CP), a circunstância de os delitos praticados atingirem bens jurídicos personalíssimos de pessoas diversas não impede a continuação delitiva. [...]. (STF, HC 81579/MS, Relator: Min. ILMAR GALVÃO, Data de Julgamento: 19/02/2002, 1ª Turma, Data de Publicação: DJ 05/04/2002).

Alternativa: "c". O STF não admite o reconhecimento de continuidade delitiva entre os crimes de furto e roubo, conforme excerto a seguir: FURTO E ROUBO SÃO ESPÉCIES DIFERENTES, POR ISSO NÃO CABE A CONTINUIDADE DELITIVA. 1. Habeas Corpus. 2. Continuidade delitiva dos crimes de roubo e furto. Impossibilidade. Espécies distintas. 3. Constrangimento ilegal não evidenciado. 4. Ordem denegada. (**STF HC 97057**, Rel. Min. GILMAR MENDES, 2ª Turma, j. em 03/08/2010, DJe-164, DIVULG 02-09-2010 PUBLIC 03-09-2010).

Alternativa "d". O crime de roubo, praticado no mesmo contexto fático, contra **vítimas** diferentes, constitui concurso formal. Nesse sentido: PENAL. PROCESSUAL PENAL. RECURSO ESPECIAL. ROUBO QUALIFICADO. CONCURSO FORMAL. AÇÃO ÚNICA CONTRA VÁRIAS VÍTIMAS. CÁLCULO DA PENA. VÍCIO TÉCNICO. MERA IRREGULARIDADE. PROVA TESTEMUNHAL. ANTECIPAÇÃO. AUSÊNCIA DE VÍCIO. CRIME DE ATENTADO VIOLENTO AO PUDOR. INSUFICIÊNCIA DE PROVA. INCIDÊNCIA DA SÚMULA 7/STJ. RECURSO NÃO CONHECIDO. [...]. 2. **O crime de roubo, praticado no mesmo contexto fático, contra vítimas diferentes, constitui concurso formal**. Precedentes do STF e STJ. [...]. (STJ – REsp 1017296 RJ 2006/0214828-2, Relator: Ministro ARNALDO ESTEVES LIMA, Data de Julgamento: 19/03/2009, 5ª Turma).

Alternativa "e". nos termos da súmula de entendimento predominante do Superior Tribunal de Justiça. **Súmula STJ 17**: Quando o falso se exaure no estelionato, sem mais potencialidade lesiva, é por este absorvido.

Alternativa correta: letra "a".

---

64. (IESES – Analista Judiciário – Área Judiciária – TRE do Maranhão/ 2015) No tocante à lei 9.099/95, pode-se afirmar:

I. Nos crimes em que a pena mínima cominada for igual ou inferior a um ano, o Ministério Público, ao oferecer a denúncia, poderá propor a suspensão do processo, por 2 (dois) a 4 (quatro) anos, desde que o autor do fato não tenha sido indiciado em crime cuja pena seja privativa de liberdade.

II. A composição dos danos civis será reduzida a escrito e, homologada pelo Juiz mediante sentença irrecorrível, terá eficácia de título a ser executado no juízo civil competente. Tratando-se de ação penal pública, o acordo homologado acarreta a renúncia ao direito de queixa ou representação.

III. Da decisão de rejeição da denúncia ou queixa e da sentença caberá apelação, que poderá ser julgada por Turma composta de três Juízes em exercício no primeiro grau de jurisdição, reunidos na sede do Juizado. A apelação será interposta no prazo de dez dias, contados da ciência da sentença pelo Ministério Público, pelo réu e seu defensor, por petição escrita, da qual constarão as razões e o pedido do recorrente.

IV. A competência do Juizado Especial Criminal será determinada pelo lugar onde foi praticada a infração penal.

Quanto às assertivas anteriores estão corretas:

a) Somente I, III e IV.

b) Todas estão corretas.

c) Somente III e IV.

d) Somente II e IV.

COMENTÁRIOS

Item I. Para fazer jus à suspensão condicional do processo, o acusado não poderá estar sendo processado ou nem ter sido condenado por outro crime, presentes os demais requisitos que autorizariam a suspensão condicional da pena. (Lei nº 9.099/95, art. 89).

Item II. A primeira parte da assertiva está correta, pois a composição dos danos civis será reduzida a escrito e, depois de homologada pelo juiz por sentença irrecorrível, terá eficácia de título a ser executado no juízo civil competente. No entanto, a segunda parte da assertiva está incorreta, já que, quando se tratar de ação penal de iniciativa privada ou de ação penal pública condicionada à representação, o acordo homologado acarreta a renúncia ao direito de queixa ou representação (Lei nº 9.099/95, art. 74, parágrafo único).

Item III. É exatamente o que dispõe o artigo 82 da Lei nº 9.099/95.

Item IV. A competência, nos Juizados Especiais Criminais, será determinada pelo lugar em que foi praticada a infração penal (Lei nº 9.099/95, art. 63). Adotou-se, pois, a teoria da atividade.

Alternativa correta: letra "c".

---

65. (IBFC – Analista Judiciário/TRE do Amazonas/ 2014) Segundo a Lei Federal nº 8.038/1990, que institui normas procedimentais para os processos perante o Superior Tribunal de Justiça e o Supremo Tribunal Federal, por expressa determinação do relator:

a) As intimações poderão ser feitas por carta registrada com aviso de recebimento.

b) As intimações serão feitas por edital, com prazo de 15 (quinze) dias.

c) Se houver urgência, a precatória poderá ser expedida por via telegráfica.

d) A carta rogatória pode ser expedida por meio eletrônico, situação em que a assinatura do Ministro deverá ser eletrônica, na forma da lei.

COMENTÁRIOS

Alternativa "a": Nos processos perante o STF e o STJ, ante a expressa determinação do relator, as intimações poderão ser feitas por carta registrada com aviso de recebimento (Lei nº 8.038/90, art. 9º, § 2º).

Alternativas "b", "c" e "d": em descordo com o que estabelece a Lei nº 8.038/90 a respeito das normas procedimentais para os processos perante o Superior Tribunal de Justiça e o Supremo Tribunal Federal.

Alternativa correta: letra "a".

---

66. (IBFC – Analista Judiciário/TRE do Amazonas/ 2014) Constitui sanção disciplinar prevista na Lei de Execução Penal:

a) Advertência por escrito.

b) Inclusão no regime disciplinar diferenciado.

c) Perda do contato com o mundo exterior por meio de correspondência escrita.

d) Restrição de direitos limitada a 60 (sessenta) dias.

COMENTÁRIOS

✪ **Nota do autor:** As sanções disciplinares da Lei de Execuções Penais (LEP) estão previstas no artigo 53 da Lei nº 7.210/1984.

Alternativa "a": A Lei de Execuções Penais (LEP) prevê como sanção a **advertência verbal** (Lei nº 7.210/1984, art. 53, inciso I).

Alternativa "b": A inclusão no regime disciplinar diferenciado constitui uma das sanções disciplinares prevista pela LEP (Lei nº 7.210/1984, art. 53, inciso V). **ATENÇÃO!** A **Lei nº 13.964/2019** alterou o artigo 52 da LEP (Lei de Execução Penal), que regula do Regime Disciplinar Diferenciado (RDD).

Alternativa "c": O contato com o mundo exterior por meio de correspondência escrita constitui um dos direitos do preso (Lei nº 7.210/1984, art. 41, inciso XV). Apesar de esse direito poder ser suspenso ou sofrer restrição mediante ato motivado do diretor do estabelecimento (Lei nº 7.210/1984, art. 41, parágrafo único), a perda desse direito não se apresenta como sanção disciplinar (Lei nº 7.210/1984, art. 53).

Alternativa "d": A sanção disciplinar de suspensão ou de restrição de direitos (Lei nº 7.210/1984, art. 53, inciso III), regra geral, não poderá exceder a **trinta dias** (Lei nº 7.210/1984, art. 58, *caput*). A lei apenas ressalva a hipótese do regime disciplinar diferenciado.

Alternativa correta: letra "b".

---

67. (CESPE – Analista Judiciário/TRE do Mato Grosso do Sul/ 2013) No que tange ao processo penal no âmbito dos juizados especiais criminais e ao entendimento do Supremo Tribunal Federal (STF) e do Superior Tribunal de Justiça (STJ) nesse sentido, assinale a opção correta.

a) O rito do juizado especial não comporta o cumprimento de carta precatória para a coleta e produção de provas oriundas do juízo comum, visto que essa impossibilidade deriva do preceito constitucional que reserva ao juizado a competência nos crimes de menor potencial ofensivo.

b) A extinção da punibilidade em decorrência da suspensão condicional do processo é medida de implementação automática, uma vez que possui conteúdo meramente declaratório de circunstância fática consolidada pelo exaurimento do período de provas sem anterior suspensão ou revogação.

c) É impossível a imposição, como condição para a suspensão condicional do processo, de prestação de serviços ou prestação pecuniária, por serem ambas inconstitucionais ou inválidas, mesmo que adequadas ao fato e à situação pessoal do acusado.

d) Admite-se a suspensão condicional do processo na ação pública incondicionada ou na ação penal privada, por expressa disposição da lei de regência, desde que a pena mínima do delito seja igual ou inferior a um ano e que ocorra a reparação prévia do dano causado pela infração, suspendendo-se de igual modo o prazo de prescrição.

e) O descumprimento das condições impostas em transação firmada nos juizados especiais autoriza, apenas, a execução do pactuado, no juízo competente.

COMENTÁRIOS

✪ **Nota do autor:** a questão cobra conhecimentos da jurisprudência do STF e do STJ acerca da aplicação de institutos previstos na Lei nº 9.099/95, como a suspensão condicional do processo e a transação penal.

Alternativa "a". os juizados especiais criminais possuem competência apenas para processo e julgamento de crimes de menor potencial ofensivo (CF, art. 98, inciso I) e possuem uma principiologia própria (Lei nº 9.099/95, art. 2º). Dessa forma, o cumprimento de carta precatória para produção de prova, oriunda de juízo criminal comum, não se coaduna com o sistema dos juizados especiais.

Alternativa "b". É entendimento consolidado no STF e no STJ que a suspensão condicional do processo pode ser revogada após expirado o período de prova, desde que a decisão se funde em acontecimento ocorrido durante o período de suspensão. Confira abaixo:

> **STF (Informativo nº 658): Suspensão condicional do processo e cumprimento de período de prova. O benefício da suspensão condicional do processo pode ser revogado mesmo após o período de prova, desde que motivado por fatos ocorridos até o seu término.** [...]. Considerou-se que a melhor interpretação do art. 89, § 4º, da Lei 9.099/95 levaria à conclusão de que não haveria óbice a que o juiz decidisse após o final do período de prova. Reputou-se que, embora o instituto da suspensão condicional do processo constituísse importante medida despenalizadora – estabelecida por questões de política criminal, com o objetivo de possibilitar, em casos previamente especificados, que o processo não chegasse a iniciar-se –, o acusado não soubera se valer do favor legal que lhe fora conferido, sem demonstrar o necessário comprometimento, em claro menoscabo da justiça. Vencido o Min. Marco Aurélio, que provia o agravo regimental, por entender que, após o decurso do período de prova assinalado pelo juiz, não seria mais possível a revogação da suspensão condicional do processo. **AP 512 AgR/BA, rel. Min. Ayres Britto, 15.3.2012. (AP-512)**

No mesmo sentido a posição do **Superior Tribunal de Justiça**:

> RECURSO ESPECIAL. CRIME CONTRA O MEIO AMBIENTE. **SUSPENSÃO CONDICIONAL DO PROCESSO. DECURSO DO PERÍODO DE PROVA. EXTINÇÃO AUTOMÁTICA DA PUNIBILIDADE. IMPOSSIBILIDADE.** RECURSO PROVIDO. 1. O Superior Tribunal de Justiça assentou o entendimento de que **"o término do período de prova sem revogação do sursis processual não enseja, automaticamente, a decretação da extinção da punibilidade, que somente tem lugar após certificado que o acusado cumpriu as obrigações estabelecidas e não veio a ser denunciado por novo delito durante a fase probatória."** (RHC 28504/PA, Rel. Ministro OG FERNANDES, SEXTA TURMA, julgado em 04/08/2011, DJe 17/08/2011). 2. Recurso especial provido para anular a decisão que declarou extinta a punibilidade dos recorridos, e determinar que o Juízo Federal competente avalie o cumprimento das condições impostas a estes durante o período de prova do sursis processual, prosseguindo no julgamento do feito, como bem entender de direito. **REsp 849626/MG, 6ª Turma, Rel. Min. Vasco Della Giustina, DJe 26/09/2011.**

Alternativa "c". A jurisprudência do STF também se assentou no sentido de considerar válida a imposição, como condição para a suspensão condicional do processo, de prestação de serviços à comunidade ou de prestação pecuniária.

> EMENTA HABEAS CORPUS. PROCESSUAL PENAL. FURTO. SUSPENSÃO CONDICIONAL DO PROCESSO. IMPOSIÇÃO DE PRESTAÇÃO DE SERVIÇOS OU DE PRESTAÇÃO PECUNIÁRIA. VALIDADE. **Não é inconstitucional ou inválida a imposição, como condição para a suspensão condicional do processo, de prestação de serviços ou prestação pecuniária,** desde que **adequadas ao fato e à situação pessoal do acusado e fixadas em patamares distantes das penas decorrentes de eventual condenação**. A

imposição das condições previstas fica sujeita ao prudente arbítrio do juiz, não cabendo revisão em habeas corpus, salvo se manifestamente ilegais ou abusivas. **HC 108.914/RS – 1ª Turma – julgado em 29/05/2012 – Relatora: Ministra ROSA WEBER**

Alternativa "d". Efetivamente, a lei nº 9.099/95 prevê **expressamente** a possibilidade de oferecimento de suspensão condicional do processo **apenas na ação pública incondicionada**. Admite-se a aplicação desse instituto, **por analogia** em benefício do réu, na **ação penal privada**, conforme julgado abaixo do STJ.

> RECURSO ORDINÁRIO EM HABEAS CORPUS. PROCESSUAL PENAL. CRIMES CONTRA A HONRA. LEI DE IMPRENSA. AÇÃO PENAL PRIVADA. SUSPENSÃO CONDICIONAL DO PROCESSO. LEGITIMIDADE PARA O SEU OFERECIMENTO. APLICAÇÃO ANALÓGICA DO ART. 89, DA LEI N.º 9.099/1995. 1. **O benefício processual previsto no art. 89, da Lei n.º 9.099/1995, mediante a aplicação da analogia *in bonam partem*, prevista no art. 3.º, do Código de Processo Penal, é cabível também nos casos de crimes de ação penal privada**. Precedentes do STJ. 2. Recurso provido. **RHC 17.061/RJ – 6ª Turma, Rel. Min. HÉLIO QUAGLIA – Julg. 30/05/2006.**

Alternativa "e". a jurisprudência do STF e do STJ já se posicionou no sentido de admitir a propositura de ação penal quando descumpridas as condições impostas em transação penal. Para o STF, a decisão homologatória do acordo de transação penal não faz coisa julgada material. Confira abaixo (**STF Informativo nº 568**).

> **Transação Penal Descumprida e Seguimento da Ação Penal**. O Tribunal, após reconhecer a existência de **repercussão geral** no tema objeto de recurso extraordinário interposto contra acórdão da Turma Recursal do Estado do Rio Grande do Sul, **reafirmou a jurisprudência da Corte acerca da possibilidade de propositura de ação penal quando descumpridas as cláusulas estabelecidas em transação penal (Lei 9.099/95, art. 76)** e negou provimento ao apelo extremo. Aduziu-se que **a homologação da transação penal não faz coisa julgada material e, descumpridas suas cláusulas**, retorna-se ao *status quo ante*, viabilizando-se ao Ministério Público a continuidade da persecução penal. Precedentes citados: HC 88785/SP (DJU de 4.8.2006); HC 84976/SP (DJU de 23.3.2007) HC 79572/GO (DJU de 22.2.2002); RE 581201/RS (DJE de 20.8.2008); RE 473041/RO (DJU de 16.5.2006); HC 86694 MC/SP (DJU de 11.10.2005); HC 86573/SP (DJU de 5.9.2005); RE 268319/PR (DJU de 27.10.2000). **RE 602072 QO/RS, rel. Min. Cezar Peluso, 19.11.2009.**

No mesmo sentido o STJ (**STJ Informativo nº 492**).

> TRANSAÇÃO PENAL. DESCUMPRIMENTO. PROPOSITURA. AÇÃO PENAL. A Turma, prosseguindo o julgamento, por maioria, reconheceu ser possível a propositura de ação penal quando descumpridas as condições impostas em transação penal (art. 76 da Lei n. 9.099/1995). Destacou-se que **o Supremo Tribunal Federal reconheceu a repercussão geral do tema, firmando o posicionamento de que não fere os preceitos constitucionais a propositura de ação penal em decorrência do não cumprimento das condições estabelecidas em transação penal**, uma vez que **a decisão homologatória do acordo não faz coisa julgada material**. Dessa forma, diante do descumprimento das cláusulas estabelecidas na transação penal, retorna-se ao *status quo ante*, viabilizando-se, assim, ao *Parquet* a continuidade da persecução penal. Precedentes citados do STF: RE 602.072-RS, DJe 26/2/2010; do STJ: HC 188.959-DF, DJe 9/11/2011. HC 217.659-MS, Rel. originária Min. Maria Thereza de Assis Moura, Rel. para acórdão Min. Og Fernandes, julgado em 1º/3/2012.
>
> **Alternativa correta: letra "a".**

---

68. (CESPE – Analista Judiciário/TRE do Rio de Janeiro/ 2012) Em relação às nulidades, aos recursos e à execução penal, julgue os itens subsecutivos.

É inexigível a instauração de procedimento administrativo disciplinar para o reconhecimento de falta grave cometida por condenado durante o cumprimento de pena privativa de liberdade; contudo, é indispensável a realização de audiência de justificação, na qual devem ser observados os princípios da ampla defesa e do contraditório, sob pena de nulidade absoluta.

Certo ( ) Errado ( )

COMENTÁRIOS

✪ **Nota do autor:** A questão se baseia em jurisprudência do Superior Tribunal de Justiça e do Supremo Tribunal Federal.

O Superior Tribunal de Justiça, ao interpretar a aplicação do art. 118, § 2º da Lei de Execução Penal, já decidiu no sentido de que não se exige a instauração de Procedimento Administrativo Disciplinar para o reconhecimento de falta grave, bastando seja realizada audiência de justificação, na qual sejam observadas a ampla defesa e o contraditório, conforme resumo do acórdão abaixo transcrito.

> "CRIMINAL. RECURSO ESPECIAL. **FALTA GRAVE**. FUGA. **INSTAURAÇÃO DE PROCEDIMENTO ADMINISTRATIVO DISCIPLINAR. DESNECESSIDADE. AUDIÊNCIA DE JUSTIFICAÇÃO. AMPLA DEFESA. CONTRADITÓRIO**. RECURSO PROVIDO. I – A jurisprudência desta Corte já se posicionou no sentido de que o art. 118, § 2º da LEP não exige a instauração de Procedimento Administrativo Disciplinar para o reconhecimento de falta grave, bastando seja realizada audiência de justificação, na qual sejam observadas a ampla defesa e o contraditório, hipótese dos autos. II – Recurso provido." (**REsp 1.191.549/RS**, Rel. Min. GILSON DIPP).

No Supremo Tribunal Federal o entendimento é no mesmo sentido, conforme se pode constatar do excerto abaixo transcrito.

> "Recurso ordinário em habeas corpus. **Falta grave**. Fuga. **Pretendida nulidade** do ato que reconheceu a prática da falta de natureza grave por **ausência de procedimento administrativo** disciplinar (PAD). Não ocorrência. **Nulidade suprida na audiência de justificação. Oitiva do paciente em juízo**, devidamente **assistido por um defensor** e na presença do Ministério Público. Observância dos preceitos constitucionais do contraditório e da ampla defesa (art. 5º, incisos LIV e LV). Finalidade essencial pretendida no procedimento administrativo disciplinar alcançada de forma satisfatória. Princípio da instrumentalidade das formas (, NCPC, art. 282, § 2º e art. 317). Aplicabilidade. Recurso ao qual se nega provimento" (**RHC 109.847/DF**, Rel. Min. Dias Toffoli, 1ª Turma, DJe 6.12.2011).
>
> **Alternativa correta: "certo".**

Direito Processual Penal

Danilo da Cunha Sousa

✦ DICAS

1. INQUÉRITO POLICIAL

1. A polícia judiciária será exercida pelas autoridades policiais no território de suas respectivas circunscrições e terá por fim a apuração das infrações penais e da sua autoria (CPP, art. 4º).

2. O inquérito policial é um procedimento administrativo realizado com vistas à apuração e documentação da materialidade e da autoria da prática de infração penal.

3. O inquérito pode ser instaurado: **a)** por iniciativa da própria autoridade policial (**de ofício**); **b)** mediante **requisição** (sinônimo de ordem) do juiz ou do Ministério Público; **c)** através de **requerimento do ofendido** ou de seu representante legal.

4. Lembrando-se que se o crime for de ação penal pública condicionada é necessária a **representação** ou a requisição do Ministro da Justiça para a instauração do inquérito (CPP, art. 5º, § 5º). Não devemos confundir a mera notícia de um crime (*noticia criminis*), normalmente materializada pela lavratura de um boletim de ocorrência, com a representação da vítima. Normalmente, com a lavratura do boletim de ocorrência já se colhe, no mesmo ato, a representação da vítima. Caso isso não ocorra, o ofendido terá até o fim do prazo decadencial para que ofereça representação. Como o art. 5º, § 4º, do Código de Processo Penal estabelece que o inquérito, nos crimes em que a ação pública depender de representação, **não poderá sem ela ser iniciado**, caso não tenha sido colhida a representação quando da lavratura do boletim de ocorrência, a autoridade policial deverá aguardar a representação da vítima para instaurar o inquérito policial.

5. Deverá a autoridade policial, logo que tiver conhecimento da prática da infração penal, apreender os objetos que tiverem relação com o fato, após liberados pelos peritos criminais (CPP, art. 6º), bem como colher informações sobre a existência de filhos, respectivas idades e se possuem alguma deficiência e o nome e o contato de eventual responsável pelos cuidados dos filhos, indicado pela pessoa presa **(CPP, art. 6º, inciso X)**.

6. São características do inquérito policial:

   Forma escrita. Todas as peças do inquérito policial serão, num só processado, reduzidas a escrito ou datilografadas e, neste caso, rubricadas pela autoridade (CPP, art. 9º).

   Não obrigatoriedade (ou dispensabilidade). O inquérito policial não é obrigatório. O objetivo do inquérito policial é apurar a autoria e a materialidade de eventual infração penal cometida. Se o Ministério Público ou querelante já possuir elementos suficientes para instaurar a ação penal (justa causa), como documentos ou peças de informação, poderá dar início ao processo penal independente do inquérito.

   Oficialidade. A polícia judiciária será exercida pelas autoridades policiais no território de suas respectivas circunscrições (CPP, art. 4º), órgãos oficiais da Administração Pública.

   Sigilo. A autoridade assegurará no inquérito o sigilo necessário à elucidação do fato ou exigido pelo interesse da sociedade (CPP, art. 20). O sigilo não se aplica à autoridade judiciária e ao Ministério. Quanto ao advogado, é direito do defensor, no interesse do representado, ter acesso amplo aos elementos de prova que, já documentados em procedimento investigatório realizado por órgão com competência de polícia judiciária, digam respeito ao exercício do direito de defesa (**STF Súmula Vinculante nº 14**).

7. Nos atestados de antecedentes que lhe forem solicitados, a autoridade policial não poderá mencionar quaisquer anotações referentes à instauração de inquérito contra os requerentes (CPP, art. 20, com redação dada pela **Lei nº 12.681/12**).

8. **Prazos do inquérito Policial**

PRAZOS DO INQUÉRITO POLICIAL		
	INDICIADO PRESO	**INDICIADO SOLTO**
Código de Processo Penal (CPP, art. 10)	**10 dias**	**30 dias**
Justiça Federal (Lei nº 5.010/66, art. 66)	**15 dias** (prorrogável por mais 15 dias)	Segue a regra geral do Código de Processo Penal, de **30 dias**

Lei de drogas (Lei nº 11.343/06, art. 51)	**30 dias** (prorrogável por mais 30 dias)	**90 dias** (prorrogável por mais 90 dias)
Lei de crimes contra economia popular (Lei nº 1.521/51, art. 10, § 1º)	**10 dias**, sem previsão de prazo distinto para indicado preso e solto, nem para prorrogação	**10 dias**, sem previsão de prazo distinto para indicado preso e solto, nem para prorrogação

Observação! Nos termos do **artigo 3º-B, § 2º do CPP** (com redação dada pela **Lei nº 13.964/19**), caso o **investigado** estiver **preso**, o juiz das garantias poderá, mediante representação da autoridade policial e ouvido o Ministério Público, prorrogar, **uma única vez**, a duração do inquérito **por até 15 dias**, após o que, se ainda assim a investigação não for concluída, a prisão será imediatamente relaxada.

9. A autoridade policial não poderá mandar arquivar autos de inquérito (CPP, art. 17).

10. Depois de ordenado o arquivamento do inquérito pela autoridade judiciária, por falta de base para a denúncia, a autoridade policial poderá proceder a novas pesquisas, se de outras provas tiver notícia (CPP, art. 18). **STF Súmula nº 524**: Arquivado o inquérito policial, por despacho do juiz, a requerimento do Promotor de Justiça, não pode a ação penal ser iniciada, sem novas provas.

11. A decisão que determina o **arquivamento de inquérito policial, por atipicidade da conduta, tem força de coisa julgada material**. É o entendimento da doutrina dominante e do STJ (STJ – RHC 18099/SC).

12. Estão entre os direitos do advogado: a) examinar, em qualquer instituição responsável por conduzir investigação, mesmo sem procuração, autos de flagrante e de investigações de qualquer natureza, findos ou em andamento, ainda que conclusos à autoridade, podendo copiar peças e tomar apontamentos, em meio físico ou digital; b) assistir a seus clientes investigados durante a apuração de infrações, sob pena de nulidade absoluta do respectivo interrogatório ou depoimento e, subsequentemente, de todos os elementos investigatórios e probatórios dele decorrentes ou derivados, direta ou indiretamente, podendo, inclusive, no curso da respectiva apuração apresentar razões e quesitos **(Lei nº 8.906/94, art. 7º, incisos XIV e XXI)**.

13. A Lei nº 13.344/2016 alterou o Código de Processo Penal, de maneira a prever, no art. 13-A do CPP, a possibilidade de requisição, pelo Ministério Público ou pelo delegado de polícia, de quaisquer órgãos do poder público ou de empresas da iniciativa privada, dados e informações cadastrais da vítima ou de suspeitos, nos crimes que especifica. A requisição deverá ser atendida no prazo de 24 (vinte e quatro) horas (CPP, art. 13-A, parágrafo único),

14. Além disso, se necessário à prevenção e à repressão dos crimes relacionados ao tráfico de pessoas, o membro do Ministério Público ou o delegado de polícia poderão requisitar, mediante autorização judicial, às empresas prestadoras de serviço de telecomunicações e/ou telemática que disponibilizem imediatamente os meios técnicos adequados – como sinais, informações e outros – que permitam a localização da vítima ou dos suspeitos do delito em curso (CPP, art. 13-B).

15. Conforme julgamento noticiado no Informativo STF 912 (2ª T., Inq 4420/DF, Rel. Min. Gilmar Mendes, julgado em 21/8/2018), a Suprema Corte (STF) pode, de ofício, arquivar inquérito quando verificar que, mesmo após terem sido feitas diligências investigativas, não forem reunidos indícios mínimos de autoria ou materialidade (art. 231, § 4º, "e", do RISTF). Consignou-se que "a pendência de investigação, por prazo irrazoável, sem amparo em suspeita contundente, ofende o direito à razoável duração do processo (art. 5º, LXXVIII, da CF/88) e a dignidade da pessoa humana (art. 1º, III, da CF/88)".

16. **Juiz de Garantias**. A **Lei nº 13.694/2019** ("Pacote Anticrime"), de 24 de dezembro de 2019, com *vacatio legis* de 30 dias (art. 19) criou o chamado "Juiz de Garantias", adicionando os artigos 3º-A a 3º-F ao Código de Processo Penal. Houve adoção do **sistema acusatório de forma expressa** (**CPP, art. 3º-A**). De acordo com a redação do art. 3ª-A, CPP, são "vedadas a iniciativa do juiz na fase de investigação e a substituição da atuação probatória do órgão de acusação.". Mas, no julgamento das **ADIs 6.298, 6.299 e 6.300** do STF, por maioria, atribuiu interpretação conforme ao art. 3º-A do CPP, para assentar que o juiz, pontualmente, nos limites legalmente autorizados, pode determinar a realização de diligências suplementares, para o fim de dirimir dúvida sobre questão relevante para o julgamento do mérito. O STF fixou a seguinte regra de transição: quanto às ações penais já instauradas no momento da efetiva implementação do juiz das garantias pelos tribunais, a eficácia da lei não acarretará qualquer modificação do juízo competente.

17. O Juiz de Garantias é responsável pelo **controle da legalidade da investigação criminal** e pela salvaguarda dos direitos individuais cuja franquia tenha sido reservada à autorização prévia do Poder Judiciário, com competência definida no art. 3º-B do CPP (com redação dada pela **Lei nº 13.694/2019**), em rol exemplificativo. O STF declarou a constitucionalidade da instauração do

juiz de garantias e deu prazo, a partir da publicação da ata de julgamento, de doze meses para implantação pelos Tribunais, prazo prorrogável por mais doze meses, conforme diretrizes estabelecidas pelo CNJ.

18. O STF firmou o entendimento de que o juiz de garantias não se aplica aos seguintes casos: a) processos de competência originária dos tribunais, os quais são regidos pela Lei nº 8.038/1990; b) processos de competência do tribunal do júri; c) casos de violência doméstica e familiar; e d) infrações penais de menor potencial ofensivo. O STF também firmou entendimento de que é inconstitucional a parte final do art. 3º-C, CPP, de que a competência do juízo das garantias cessa com o recebimento da denúncia. Assim, de acordo com o decidido pelo STF, oferecida a denúncia ou queixa, as questões pendentes serão decididas pelo juiz da instrução e julgamento.

19. Por maioria, o STF declarou a inconstitucionalidade do termo "recebimento" contido no § 2º do art. 3º-C do CPP, incluído pela Lei nº 13.964/2019, e atribuir interpretação conforme ao dispositivo para assentar que, após o oferecimento da denúncia ou queixa, o juiz da instrução e julgamento deverá reexaminar a necessidade das medidas cautelares em curso, no prazo máximo de 10 (dez) dias.

20. O STF firmou entendimento de que os autos que compõem as matérias de competência do juiz das garantias **serão remetidos ao juiz da instrução e julgamento**. Assim, declarou a inconstitucionalidade do art. 3º-C, §§ 3º e 4º, CPP, que determinavam que os autos não seriam apensados ao que era enviado ao juiz de instrução e julgamento.

21. **ATENÇÃO!** O juiz que, na fase de investigação, praticar qualquer ato incluído nas competências dos arts. 4º e 5º deste Código ficará **impedido** de funcionar no processo (**CPP, art. 3º-D**). Contudo, o STF declarou a inconstitucionalidade desse dispositivo e, assim, não mais existe essa nova hipótese de impedimento do juiz.

22. **ARQUIVAMENTO DO INQUÉRITO POLICIAL: após o julgamento das ADIs acima apontadas, o sistema de arquivamento de inquérito policial passou a ser da seguinte forma:**
    - O Ministério Público, titular da ação penal, é que tem atribuição constitucional para manifestar pelo arquivamento do Inquérito Policial ou de outras peças de informação.
    - Essa manifestação do Ministério Público está sujeita às seguintes formas de controle:
        a) O órgão do Ministério Público deve submeter a manifestação ao juízo competente, que poderá homologar o arquivamento ou, caso discorde, enviar os Autos ao Órgão Superior do Ministério Público com atribuição para deliberar sobre o arquivamento;
        b) O órgão do Ministério Público deve comunicar a vítima ou seu representante legal sobre o arquivamento, os quais poderão recorrer a instância superior do "Parquet" com atribuição para deliberar sobre o arquivamento;
        c) O próprio órgão do Ministério Público pode encaminhar a manifestação aos Órgãos Superiores para eventual revisão de sua manifestação.
    - O órgão Superior do Ministério Público poderá adotar as seguintes decisões: manter o arquivamento, requisitar novas diligências ou designar outro membro do MP para oferecimento da denúncia.

23. **Acordo de Não Persecução Penal. ATENÇÃO!** A **Lei nº 13.694/2019** regulamentou referido instituto no **artigo 28-A** do Código de Processo Penal. **REQUISITOS: a) Não ser caso de arquivamento; b)** ter o investigado **confessado** formal e circunstancialmente a conduta delituosa; **c)** nos casos de infração penal **sem violência ou grave ameaça** e com **pena mínima inferior a 4 anos** (consideradas as causas de aumento e diminuição aplicáveis ao caso concreto). Nesses casos, o Ministério Público poderá propor ACORDO DE NÃO PERSECUÇÃO PENAL, desde que **necessário e suficiente para reprovação e prevenção do crime**.

    No HC 657165/RJ, a 6ª Turma do STJ entendeu que a não confissão durante o interrogatório na fase de inquérito policial não impede o ANPP. A confissão é pressuposto objetivo do ANPP, mas pode ocorrer na audiência para a sua celebração, ainda que o acusado tenha se mantido em silêncio na fase policial.

24. **CONDIÇÕES DO ACORDO DE NÃO PERSECUÇÃO PENAL (CPP, art. 28-A, incisos I a V): I** – reparar o dano ou restituir a coisa à vítima, exceto na impossibilidade de fazê-lo; **II** – renunciar voluntariamente a bens e direitos indicados pelo Ministério Público como instrumentos, produto ou proveito do crime; **III** – prestar serviço à comunidade ou a entidades públicas por período correspondente à pena mínima cominada ao delito diminuída de 1/3 a 2/3, em local a ser indicado pelo juízo da execução, na forma do art. 46 do Código Penal; **IV** – pagar prestação pecuniária, a ser estipulada nos termos do art. 45 do Código Penal, a entidade pública ou de interesse social, a ser indicada pelo juízo da execução, que tenha, preferencialmente, como função proteger bens jurídicos iguais ou semelhantes aos aparentemente lesados pelo delito; **ou V** – cumprir, por prazo de-

terminado, outra condição indicada pelo Ministério Público, desde que proporcional e compatível com a infração penal imputada.

25. **NÃO SE APLICA O ACORDO DE NÃO PERSECUÇÃO PENAL (CPP, art. 28-A, § 2º, incisos I a IV):** **I** – se for cabível transação penal de competência dos Juizados Especiais Criminais, nos termos da lei; **II** – se o investigado for reincidente ou se houver elementos probatórios que indiquem conduta criminal habitual, reiterada ou profissional, exceto se insignificantes as infrações penais pretéritas; **III** – ter sido o agente beneficiado nos 5 anos anteriores ao cometimento da infração, em acordo de não persecução penal, transação penal ou suspensão condicional do processo; e **IV** – nos crimes praticados no âmbito de violência doméstica ou familiar, ou praticados contra a mulher por razões da condição de sexo feminino, em favor do agressor.
26. No caso de recusa, por parte do Ministério Público, em propor o acordo de não persecução penal, o investigado poderá requerer a remessa dos autos a órgão superior, na forma do art. 28 do CPP.
27. Retroatividade da norma que instituiu o ANPP: a questão não é pacífica nos Tribunais Superiores:
    a) STJ: "A norma do art. 28-A do CPP, que trata do acordo de não persecução penal, somente é aplicável aos processos em curso até o recebimento da denúncia" (AgRg no REsp 1882601/PR, Rel. Ministro JOÃO OTÁVIO DE NORONHA, QUINTA TURMA, Dje 12/3/2021).
    b) STF: o Acordo de Não Persecução Penal é aplicável também aos processos iniciados antes da vigência da Lei 13.964/2019, desde que ainda não transitados em julgados e mesmo que ausente a confissão (RE. 1456264 AgR.; Relator Ministro: Cristiano Zanin).

2. DA AÇÃO PENAL

1. A ação penal pode ser pública, cujo titular é o Ministério Público (CF, art. 129, inciso I), ou privada, que é aquela exercida pelo ofendido ou seu representante legal (CPP, art. 30). A ação penal, em regra, é sempre pública, salvo quando a lei expressamente a declara privativa do ofendido (CP, art. 100, *caput*). Além disso, a regra geral é que a ação seja pública e incondicionada. Somente quando a lei exige a representação do ofendido ou a requisição do Ministro da Justiça é que a ação penal pública será pública condicionada (CP, art. 100, § 1º).
2. Seja qual for o crime, quando praticado em detrimento do patrimônio ou interesse da União, Estado e Município, a ação penal será pública (CPP, art. 24, § 2º).

Ação Penal Pública Incondicionada.

3. A ação penal pública, cuja titularidade é privativa do Ministério Público (CF, art. 129, inciso I), será incondicionada quando a lei não exigir qualquer condição para o seu exercício.
4. O Ministério Público não poderá desistir da ação penal (CPP, art. 42).

Ação Penal Pública Condicionada.

5. Quando a lei exige a representação do ofendido ou a requisição do Ministro da Justiça é que a ação penal pública será pública condicionada (CP, art. 100, § 1º).
6. A representação possui natureza jurídica de condição de procedibilidade e corresponde à simples manifestação da vítima de ver processado o eventual autor da infração penal.
7. Não há previsão legal de qualquer rigorismo formal para a representação da vítima. Entende a doutrina que é suficiente qualquer declaração do ofendido no sentido de responsabilizar o autor da infração penal, sem vincular o Ministério Público na formação de sua convicção acerca da infração penal cometida. No entanto, isso não dá ao Ministério Público o poder de, com base em representação da vítima pela prática de determinado delito, ampliar objetivamente o fato criminoso de que o ofendido se diz vítima e alcançar novos fatos não mencionado na representação. O STF já decidiu nesse sentido: **"Representação e denúncia: limitação material que resulta do fato objeto da delação postulatória. O fato que constitui objeto da representação oferecida pelo ofendido** (ou, quando for o caso, por seu representante legal) **traduz limitação material ao poder persecutório do Ministério Público**, que não poderá, agindo 'ultra vires', proceder a uma indevida ampliação objetiva da *'delatio criminis'* postulatória, para, desse modo, incluir, na denúncia, outros delitos cuja perseguibilidade, embora dependente de representação, não foi nesta pleiteada por aquele que a formulou. Precedentes. [...]. Hipótese em que o Ministério Público ofereceu denúncia por suposta prática dos crimes de calúnia, difamação e injúria, não obstante pleiteada, unicamente, pelo magistrado autor da delação postulatória (representação), instauração de *'persecutio criminis'* pelo delito de injúria. Inadmissibilidade dessa ampliação objetiva da acusação penal." (**HC 98.237**, Rel. Min. Celso de Mello, julgamento em 15-12-2009, Segunda Turma, DJE de 6-8-2010.) Vide: RHC 81.750, Rel. Min. Celso de Mello, julgamento em 12-11-2002, Segunda Turma, DJ de 10-8-2007."
8. O direito de **representação** poderá ser exercido **pessoalmente** ou por **procurador com poderes especiais** (CPP, art. 39, *caput*).

9. Salvo disposição legal em contrário, o prazo decadencial para oferecimento de representação é de **06 (seis) meses** (CPP, art. 38), contado do dia em que o ofendido ou seu representante legal **vier a saber quem é o autor do crime**.

10. No caso de morte do ofendido ou quando declarado ausente por decisão judicial, o direito de representação passará ao cônjuge, ascendente, descendente ou irmão (CPP, art. 24, § 1º). A ordem legal de sucessão é muito conhecida através da seguinte regra mnemônica: **C**ônjuge **A**scendente **D**escendente **I**rmão – **CADI**.

11. O art. 25 do Código de Processo Penal prescreve que a representação será irretratável depois de **oferecida a denúncia**.

12. Dentro do prazo decadencial de 6 (seis) meses (e antes de oferecida a denúncia) é possível a retratação da representação oferecida, bem como a retratação da retração, quando a vítima que se retratou da representação, volta atrás novamente e decide representar.

13. A requisição do Ministro da Justiça também possui natureza jurídica de condição de procedibilidade da ação penal pública condicionada à sua existência.

14. Diferentemente da representação, não há prazo previsto para a requisição do Ministro da Justiça, não se aplicando o prazo decadencial, pois, enquanto não prescrita a ação penal, poderá ela ser oferecida.

15. Assim como ocorre com a representação, a existência de requisição do Ministro da Justiça não vincula o Ministério Público na formação de sua convicção acerca do exercício da ação penal pública.

Ação Penal Privada

16. Nos crimes de ação privada, a requerimento do ofendido ou de seu representante que comprovar a sua pobreza, o juiz nomeará advogado para promover a ação penal (CPP, art. 32). O Código de Processo Penal considera pobre a pessoa que não pode prover às despesas do processo, sem privar-se dos recursos indispensáveis ao próprio sustento ou da família (CPP, art. 32, § 1º). O atestado de pobreza lavrado pela própria autoridade policial será prova suficiente da pobreza (CPP, art. 32, § 2º).

17. A ação penal privada se divide em mais de uma espécie. A **ação penal privada exclusiva** é a ação penal privada propriamente dita, em que a titularidade pertence ao ofendido ou a seu representante legal. Em caso de morte ou ausência do ofendido o direito de oferecer queixa ou de prosseguir na ação passará para seus sucessores, nos termos do artigo 100, § 4º, do Código Penal e do artigo 31 Código de Processo Penal. A ordem legal de sucessão é muito conhecida através da seguinte regra mnemônica: **C**ônjuge **A**scendente **D**escendente **I**rmão – **CADI**.

18. Se comparecer em juízo mais de uma pessoa daquelas previstas na ordem de sucessão legal (CPP, art. 31) para o exercício do direito de queixa, terá preferência o cônjuge, e, em seguida, o parente mais próximo na ordem de enumeração lá constante, podendo, entretanto, qualquer delas prosseguir na ação, caso o querelante desista da instância ou a abandone (CPP, art. 36).

19. A **ação penal privada personalíssima** é aquela em que apenas o próprio ofendido pode intentar. Nela não ocorre a sucessão por morte ou ausência, prevista no artigo 100, § 4º, do Código Penal e no artigo 31 do Código de Processo Penal. É o que ocorre, por exemplo, com o crime de induzimento a erro essencial e ocultação de impedimento (CP, art. 236): o parágrafo único do art. 236 prevê que a ação penal depende de queixa do próprio contraente enganado.

20. A ação penal ajuizada pelo ofendido ou por quem tenha condições de representá-lo, nos crime de ação pública, quando não for intentada pelo Ministério Público no prazo legal, denomina-se **ação penal privada subsidiária da pública**. Além de estar descrita no artigo 29 do Código de Processo Penal, a ação penal privada subsidiária da pública está também prevista no art. 5º, inciso LIX, da Constituição Federal.

21. Na **ação penal privada subsidiária da pública**, a atuação do Ministério Público é obrigatória (a ação penal é originariamente pública) e seus poderes são amplos, pois poderá: a) aditar a queixa; b) repudiá-la e oferecer denúncia substitutiva; c) intervir em todos os termos do processo; d) fornecer elementos de prova; e) interpor recurso e d) a todo tempo, no caso de negligência do querelante, retomar a ação como parte principal (CPP, art. 29). Dessa forma, se discordar dos termos da queixa subsidiária oferecida em juízo, poderá aditá-la e intervir amplamente no processo.

22. A **queixa** poderá ser dada por **procurador** com **poderes especiais**, devendo constar do instrumento do mandato o nome do querelado e a menção do fato criminoso, salvo quando tais esclarecimentos dependerem de diligências que devem ser previamente requeridas no juízo criminal. (CPP, art. 44).

23. A queixa contra qualquer dos autores do crime obrigará ao processo de todos, e o Ministério Público velará pela sua indivisibilidade (CPP, art. 48). É o chamado princípio da indivisibilidade da ação penal privada.

24. Ainda quando a ação penal seja privada, o Ministério Público poderá aditar a queixa e caberá intervir em todos os termos subsequentes do processo (CPP, art. 45). O **Ministério Público** poderá **aditar a queixa** privativa do ofendido no prazo de **03 (três) dias** (CPP, art. 46, § 2º).

Prazo denuncia e queixa.

25. Como é possível a **prisão** em flagrante em crimes de **ação penal privada**, desde que haja requerimento do ofendido ou de seu representante, o **prazo** para oferecimento da **queixa**, em caso de réu preso, será o mesmo prazo para oferecimento da denúncia, de **5 (cinco) dias**, aplicado por analogia.

PRAZOS PARA DENÚNCIA E QUEIXA (CPP)		
PRAZOS	**RÉU PRESO**	**RÉU SOLTO**
DENÚNCIA	5 dias	15 dias
QUEIXA	5 dias	6 meses do dia em que se conhecer a autoria

26. A denúncia ou queixa conterá a exposição do fato criminoso, com todas as suas circunstâncias (CPP, art. 41).

27. No procedimento dos Juizados Especiais Criminais (Lei nº 9.099/95), nos casos de ação penal pública, quando não houver aplicação de transação penal, o Ministério Público oferecerá ao Juiz, de imediato, **denúncia oral**, na própria audiência, se não houver necessidade de diligências imprescindíveis (Lei nº 9.099/95, art. 77, *caput*). Dessa forma, a denúncia não será sempre escrita.

28. As fundações, associações ou sociedades legalmente constituídas poderão exercer a ação penal, devendo ser representadas por quem os respectivos contratos ou estatutos designarem ou, no silêncio destes, pelos seus diretores ou sócios-gerentes (CPP, art. 37).

Renúncia

29. A renúncia é ato unilateral do querelante, pois não necessita de aceitação da parte contrária, e deve ser exercida antes do início da ação penal privada, ou seja, antes do recebimento da queixa.

30. A renúncia ao exercício do direito de queixa, em relação a um dos autores do crime, a todos se estenderá (CPP, art. 49). Trata-se da aplicação do princípio da indivisibilidade da ação penal privada.

31. A renúncia pode ser expressa, que constará de declaração assinada pelo ofendido, por seu representante legal ou procurador com poderes especiais (CPP, art. 50). Mas ela pode ser tácita também, quando se admitirá todos os meios de prova (CPP, art. 57).

Perdão

32. O perdão concedido a apenas um ou alguns dos querelados a todos se estenderá (CPP, art. 51), pois na ação penal privada vigora o princípio da indivisibilidade (CPP, art. 48). Entretanto, como o perdão é bilateral, é necessária a aceitação pelo querelado, sem o que não produzirá efeitos (CPP, art. 51, parte final).

33. Se for concedido o perdão, mediante declaração expressa nos autos, o querelado será intimado para dizer, em **3 (três) dias**, se o aceita, devendo, ao mesmo tempo, ser cientificado de que o seu silêncio importará aceitação (CPP, art. 58). Se o querelado aceitar o perdão, o juiz julgará extinta a punibilidade.

34. A aceitação do perdão fora do processo constará de declaração assinada pelo querelado, por seu representante legal ou procurador com poderes especiais (CPP, art. 59).

35. Além do perdão concedido mediante declaração nos próprios autos, ele também pode ser extraprocessual (CPP, art. 56) e tácito (CPP, art. 57), admitidos todos os meios de prova.

Perempção

36. A ação penal privada será considerada perempta, nos seguintes casos (CPP, art. 60):

PEREMPÇÃO (CPP, art. 60)	
I	quando o **querelante** deixar de promover o **andamento do processo** durante **30 dias seguidos**
II	quando, **falecendo o querelante**, **ou** sobrevindo sua **incapacidade**, não comparecer em juízo, para prosseguir no processo, dentro do **prazo de 60 (sessenta) dias**, qualquer das pessoas a quem couber fazê-lo, ressalvado o disposto no art. 36 do Código de Processo Penal
III	quando o **querelante deixar de comparecer, sem motivo justificado**, a qualquer **ato do processo a que deva estar presente**, ou **deixar de formular** o pedido de **condenação** nas **alegações finais**
IV	quando, sendo o **querelante pessoa jurídica**, esta se **extinguir sem deixar sucessor**

Extinção da punibilidade

37. O juiz, em qualquer fase do processo, se reconhecer extinta a punibilidade, deverá declará-lo de ofício (CPP, art. 61).

38. O Ministério Público, o querelante ou o réu podem apresentar requerimento ao juiz visando ao reconhecimento da extinção da punibilidade em juízo. O pedido será autuado em apartado, com a oitiva da parte contrária, podendo, se o julgar conveniente, ser concedido o prazo de cinco dias para produção de prova, com decisão proferida dentro de cinco dias ou reservando-se para apreciar a matéria na sentença final (CPP, art. 61, parágrafo único).

39. No caso de morte do acusado, o juiz somente à vista da certidão de óbito, e depois de ouvido o Ministério Público, declarará extinta a punibilidade (CPP, art. 62).

3. DA AÇÃO CIVIL

1. Não se pode questionar mais sobre a existência do fato, ou sobre quem seja o seu autor, quando estas questões se acharem decididas no juízo criminal (CC, art. 935).

2. A independência das esferas cível e penal é relativa, pois faz coisa julgada na esfera cível a sentença penal que reconhecer ter sido o ato praticado em estado de necessidade, em legítima defesa, em

estrito cumprimento de dever legal ou no exercício regular de direito (CPP, art. 65).

3. Ainda que o réu seja absolvido no juízo criminal, a ação civil poderá ser proposta quando não tiver sido, categoricamente, reconhecida a inexistência material do fato (CPP, art. 66).
4. Do mesmo modo, não impedirão a propositura da ação civil: I – o despacho de arquivamento do inquérito ou das peças de informação; II – a decisão que julgar extinta a punibilidade; III – a sentença absolutória que decidir que o fato imputado não constitui crime (CPP, art. 67).
5. A vítima do crime poderá optar por ajuizar a ação para ressarcimento do dano no juízo cível, contra o autor do crime ou contra o responsável civil (CPP, art. 64), ou aguardar o trânsito em julgado da sentença penal condenatória, promovendo-lhe a execução, no juízo cível, para o efeito da reparação do dano (CPP, art. 63).
6. Transitada em julgado a sentença condenatória, a execução poderá ser efetuada pelo valor fixado nos termos do inciso IV do caput do art. 387 deste Código sem prejuízo da liquidação para a apuração do dano efetivamente sofrido. (CPP, art. 63, parágrafo único).

4. COMPETÊNCIA

1. A competência será determinada pelo: I – o lugar da infração; II – o domicílio ou residência do réu; III – a natureza da infração; IV – a distribuição; V – a conexão ou continência; VI – a prevenção; VII – a prerrogativa de função (CPP, art. 69).

Competência por prerrogativa de função

2. A competência por prerrogativa de função é do Supremo Tribunal Federal, do Superior Tribunal de Justiça, dos Tribunais Regionais Federais e Tribunais de Justiça dos Estados e do Distrito Federal, relativamente às pessoas que devam responder perante eles por crimes comuns e de responsabilidade (CPP, art. 84). **ATENÇÃO! O Supremo Tribunal Federal**, no julgamento de Questão de Ordem (QO) suscitada na Ação Penal nº 937/RJ (Plenário, julgado em 03/05/2018 – Informativo 900), **deu interpretação restrita às normas constitucionais que estabelecem a competência por prerrogativa de foro**, de maneira a serem **aplicadas apenas aos crimes que tenham sido praticados durante o exercício do cargo e em razão dele**. Dessa forma, tanto ao crime praticado antes de o indivíduo ser diplomado como àquele cometido após a investidura no mandato, mas sem relação direta com as funções exercidas, não se aplicam as regras do foro privilegiado. Consignou-se ainda, naquele julgado, que, após o **fim da instrução processual**, com a **publicação do de intimação para apresentação de alegações finais**, a competência para processar e julgar ações penais no STF não poderá mais ser alterada, ainda que o agente público venha a deixar o cargo que ocupava.
3. Nos processos por crime contra a honra, em que forem querelantes pessoas com prerrogativa de foro, esta será observada no julgamento, quando oposta e admitida exceção da verdade (CPP, art. 85).
4. A competência do tribunal de justiça para julgar prefeitos restringe-se aos crimes de competência da Justiça comum estadual; nos demais casos, a competência originária caberá ao respectivo tribunal de segundo grau **(STF Súmula nº 702).**
5. **Competência Criminal do Supremo Tribunal Federal**

COMPETÊNCIA CRIMINAL DO SUPREMO TRIBUNAL FEDERAL (CF, art. 102)
PROCESSAR E JULGAR ORIGINARIAMENTE
Nas **INFRAÇÕES PENAIS COMUNS**: Presidente da República, Vice-Presidente, membros do Congresso Nacional, seus próprios Ministros e o Procurador-Geral da República;
Nas **INFRAÇÕES PENAIS COMUNS** e nos **CRIMES DE RESPONSABILIDADE**: os Ministros de Estado e os Comandantes da Marinha, do Exército e da Aeronáutica (exceto os crimes comuns conexos com crimes de responsabilidade praticados pelo Presidente da República), membros dos Tribunais Superiores, os do Tribunal de Contas da União e os chefes de missão diplomática de caráter permanente;
O ***habeas corpus*** quando o **paciente** for qualquer uma das autoridades referidas anteriormente;
O ***habeas corpus***, quando o **coator** foi **Tribunal Superior** ou quando **o coator ou o paciente** for autoridade ou funcionário cujos atos estejam sujeitos diretamente à jurisdição do STF, ou se trate de crime sujeito à mesma jurisdição em uma única instância;
A **revisão criminal** de seus julgados;
A **reclamação** para a preservação de sua competência e garantia da autoridade de suas decisões;
A **execução da sentença** nas causas de sua competência originária, facultada a delegação de atribuições para a prática de atos processuais;
Os **conflitos de competência** entre o STJ e quaisquer Tribunais, entre os Tribunais Superiores, ou entre estes e qualquer outro Tribunal;

6. Competência Criminal do Superior Tribunal Justiça

COMPETÊNCIA CRIMINAL DO SUPERIOR TRIBUNAL DE JUSTIÇA (CF, art. 105)
PROCESSAR E JULGAR ORIGINARIAMENTE
Nos **CRIMES COMUNS**, os Governadores dos Estados e do Distrito Federal e, **nestes e nos de responsabilidade**, os desembargadores dos Tribunais de Justiça dos Estados e do DF, os dos TRFs, dos TREs e dos TRTs, os membros dos Tribunais de Contas dos Estados e do Distrito Federal e dos Conselhos ou Tribunais de Contas dos Municípios e do Ministério Público da União que oficiem perante tribunais;

Os ***habeas corpus***, quando o **coator** ou **paciente** for qualquer das pessoas mencionadas na alínea *a*, ou quando o **coator** for tribunal sujeito à sua jurisdição, Ministro de Estado ou Comandante da Marinha, do Exército ou da Aeronáutica, ressalvada a competência da Justiça Eleitoral;
As **revisões criminais** de seus julgados;
A **reclamação** para a preservação de sua competência e garantia da autoridade de suas decisões;
Os **conflitos de competência** entre quaisquer tribunais, ressalvado o disposto no art. 102, I, o, bem como entre Tribunal e juízes a ele não vinculados e entre juízes vinculados a Tribunais diversos;

7. Competência Criminal dos Tribunais Regionais Federais

COMPETÊNCIA CRIMINAL DOS TRIBUNAIS REGIONAIS FEDERAIS (CF, art. 108)
PROCESSAR E JULGAR ORIGINARIAMENTE
Os **juízes federais** da área de sua jurisdição, incluídos os **da Justiça Militar** e **da Justiça do Trabalho**, nos **crimes comuns e de responsabilidade**, e os membros do **Ministério Público da União**, ressalvada a competência da Justiça Eleitoral;
Os ***habeas-corpus***, quando a autoridade coatora for juiz federal;
As **revisões criminais** de julgados seus ou dos juízes federais da região;
A **reclamação** para a preservação de sua competência e garantia da autoridade de suas decisões;
Os **conflitos de competência** entre **juízes federais** vinculados ao Tribunal;

8. Competência Criminal dos Juízes Federais

COMPETÊNCIA CRIMINAL DOS JUÍZES FEDERAIS (CF, art. 109)
PROCESSAR E JULGAR
Os **crimes políticos** e as **infrações penais praticadas em detrimento de bens, serviços ou interesse da União** ou de suas **entidades autárquicas** ou **empresas públicas**, excluídas as contravenções e ressalvada a competência da Justiça Militar e da Justiça Eleitoral;
Os **crimes previstos em tratado ou convenção internacional**, quando, iniciada a execução no País, o resultado tenha ou devesse ter ocorrido no estrangeiro, ou reciprocamente;
As causas relativas a **direitos humanos** quando, o Procurador-Geral da República, com a finalidade de assegurar o cumprimento de obrigações decorrentes de tratados internacionais de direitos humanos dos quais o Brasil seja parte, suscitar, perante o Superior Tribunal de Justiça, em qualquer fase do inquérito ou processo, **incidente de deslocamento de competência para a Justiça Federal** (CF, art. 109, § 5º);
Os **crimes** contra a **organização do trabalho** e, nos casos determinados por lei, contra o **sistema financeiro** e a **ordem econômico-financeira**;
Os ***habeas-corpus***, em matéria criminal de sua competência ou quando o constrangimento provier de autoridade cujos atos não estejam diretamente sujeitos a outra jurisdição;
Os **crimes** cometidos **a bordo de navios ou aeronaves**, ressalvada a competência da Justiça Militar;
Os crimes de ingresso ou permanência irregular de **estrangeiro**;

Competência Criminal da Justiça Eleitoral

9. A Justiça Eleitoral terá competência para processo e julgamento dos crimes eleitorais. Por sua vez, a Constituição Federal delegou à lei complementar dispor sobre a organização e **competência** dos tribunais, dos juízes de direito e das juntas eleitorais (CF, art. 121).

10. Os crimes eleitorais cometidos por prefeito devem ser julgados pelos respectivos Tribunais Regionais Eleitorais, e não pelos Tribunais de Justiça, nos termos do verbete da **Súmula nº 702 do STF**.

11. Nos casos em que haja alguma conexão entre um crime eleitoral e um crime doloso contra a vida, como ambos os crimes têm competência prevista na Constituição Federal, deve ser operada a disjunção (separação) dos mesmos, vindo o crime eleitoral a ser julgado pela Justiça Eleitoral e o crime doloso contra a vida pelo Tribunal do Júri, segundo posicionamento doutrinário prevalente.

Competência Criminal dos Tribunais e Juízes dos Estados

12. Os Tribunais e Juízes dos Estados organizarão sua Justiça com a observância dos princípios estabelecidos na Constituição Federal. A competência dos tribunais será definida na Constituição do Estado e na respectiva lei de organização judiciária, de iniciativa do Tribunal de Justiça (CF, art. 125, § 1º).

Competência do Tribunal do Júri

13. É da competência do Tribunal do Júri o julgamento dos crimes dolosos contra a vida (CF, art. 5º, inciso XXXVIII, alínea d e CPP, art. 74, § 1º).

14. Se o juiz da pronúncia desclassificar a infração de competência do tribunal do júri para outra atribuída à competência de juiz singular, deverá ser observado o disposto no art. 410 do Código de Processo Penal (inquirição das testemunhas e realização das diligências requeridas pelas partes, no prazo máximo de 10 dias). No entanto, se a desclassificação for feita pelo próprio Conselho de Sentença do tribunal do júri, a seu presidente caberá proferir a sentença (CPP, art. 74, § 3º).

15. No conflito entre o dispositivo constitucional que garante o julgamento dos crimes dolosos contra a vida pelo tribunal de júri (CF, art. 5º, inciso XXXVIII, alínea d) e aquele que concede competência por prerrogativa de função, a competência do tribunal de júri somente prevalece se o foro por prerrogativa for estabelecido **exclusivamente** por Constituição estadual. (**STF Súmula nº 721**).

Competência pelo lugar da infração

16. Uma vez verificado não ser caso de competência por prerrogativa de função e já ter sido estabelecida a justiça especializada competente, resta determinar o foro (comarca ou subseção judiciária competente).

17. No processo penal, como regra geral, a competência é determinada pelo lugar em que se **consumar** a infração (teoria da consumação). Em caso de **crime tentado**, pelo lugar em que for praticado o **último ato de execução** (CPP, art. 70).

18. Lembre-se que nos **Juizados Especiais Criminais** foi adotada teoria diversa (teoria da atividade), pois a competência do Juizado será determinada pelo **lugar em que foi praticada a infração penal**. (Lei nº 9.099/95, art. 63).

19. Nos chamados crimes cometidos à distância (ou de espaço máximo), onde conduta e resultado ocorrem em países diversos, caso seja iniciada a execução no território nacional e a infração se consumar fora dele, a competência será determinada pelo lugar em que tiver sido praticado, no Brasil, o último ato de execução (CPP, art. 70, § 1º).

20. De modo contrário, quando, nos crimes à distância, o último ato de execução for praticado fora do território nacional, será competente o juiz do lugar em que o crime, embora parcialmente, tenha produzido ou devia produzir seu resultado (CPP, art. 70, § 2º)

21. Quando não se sabe a que jurisdição pertence o local de consumação do delito (é incerto o limite territorial entre duas ou mais jurisdições), ou quando a infração penal é cometida durante o trajeto entre uma ou mais jurisdições (incerta a jurisdição por ter sido a infração consumada ou tentada nas divisas de duas ou mais jurisdições), a competência será firmada pela prevenção (CPP, art. 70, § 3º).

22. No caso de crime continuado ou de crime permanente, praticado em território de duas ou mais jurisdições, também se adotará o critério da prevenção (CPP, art. 71).

Competência pelo domicílio ou residência do réu

23. Caso não seja conhecido o lugar em que se consumou a infração, a competência será regulada pelo domicílio ou pela residência do réu (CPP, art. 72).

24. Réu com mais de uma residência, competência firmada pela prevenção. Réu sem residência certa ou ignorado o seu paradeiro, será competente o juiz que primeiro tomar conhecimento do fato (CPP art. 71, § 1º e 2º).

25. Nos casos de **exclusiva ação privada**, o querelante poderá preferir o foro de domicílio ou da residência do réu, ainda quando conhecido o lugar da infração (CPP, art. 73).

Prevenção

26. A competência será determinada pela prevenção toda vez que, entre dois ou mais juízes igualmente competentes ou com jurisdição cumulativa, um deles tiver antecedido aos outros na prática de algum ato do processo ou de medida a este relativa, ainda que anterior ao oferecimento da denúncia ou da queixa (CPP, art. 83).

Distribuição

27. Quando no mesmo foro (comarca ou subseção judiciária) houver mais de um juiz igualmente competente, a competência será fixada pela precedência da distribuição (CPP, art. 75).

Conexão

28. Haverá conexão quando entre duas ou mais infrações penais exista alguma ligação. Esse vínculo poderá ser: a) subjetivo (conexão intersubjetiva); b) objetivo (conexão objetiva); ou c) probatório (conexão probatória).

ESPÉCIES DE CONEXÃO
CONEXÃO INTERSUBJETIVA: a ligação existente é a presença de duas ou mais pessoas na prática da infração penal (CPP, art. 76, inciso I).
a) Por **SIMULTANEIDADE** ou **OCASIONAL**: mais de uma pessoa reunida, de maneira ocasional, cometem duas ou mais infrações penais ao mesmo tempo, **sem ajuste prévio** entre as pessoas. Exemplo: crime de dano praticado por várias pessoas, sem conhecimento prévio entre elas;
a) Por **CONCURSO**: duas ou mais pessoas praticam duas ou mais infrações penais, mas agora **com ajuste prévio**. Exemplo: crimes praticados em concurso de pessoas (CP, art. 29);
c) Por **RECIPROCIDADE**: duas ou mais pessoas praticam duas ou mais infrações penais, **umas contra as outras** (reciprocamente). Exemplo: lesões corporais recíprocas;
CONEXÃO OBJETIVA: a ligação entre as infrações penais se encontra no motivo que move a prática das condutas criminosas (CPP, art. 76, inciso II).
a) **TELEOLÓGICA**: infração cometida para facilitar a prática de outra infração penal.
b) **CONSEQUENCIAL**: infração cometida para ocultar outra(s), ou para conseguir impunidade ou vantagem em relação a quaisquer delas;
CONEXÃO PROBATÓRIA: quando a prova de uma infração ou de qualquer de suas circunstâncias elementares influir na prova de outra infração (CPP, art. 76, inciso III).

Continência

29. Ocorrerá continência quando: a) duas ou mais pessoas forem acusadas pela mesma infração (concurso de agentes em relação a **um só crime**) ou b) nos casos de **concurso formal de crimes** (CP, art. 70), **erro na execução** (CP, art. 73) e **resultado diverso do pretendido** (CPP, art. 74).

30. Foro Prevalente

FORO PREVALENTE NOS CASOS DE CONEXÃO E CONTINÊNCIA (CPP, art. 78)	
Critérios para determinar foro prevalente no concurso entre o tribunal do júri e outro órgão	**QUAL PREVALECE?**

JÚRI X JURISDIÇÃO COMUM	**JÚRI**
JÚRI X PRERROGATIVA FUNÇÃO CONSTITUIÇÃO FEDERAL	**PRERROGATIVA DE FUNÇÃO**
JURI X PRERROGATIVA FUNÇÃO EXCLUSIVAMENTE CONSTITUIÇÃO ESTADUAL	**JÚRI (STF Súmula 721)**
Critérios no concurso de JURISDIÇÕES de MESMA CATEGORIA	
1º) lugar da infração coma **pena mais grave**;	
2º) lugar com **maior número de infrações**;	
3º) **prevenção**.	
Critérios no concurso de JURISDIÇÕES de DIVERSAS CATEGORIAS	
1º) jurisdição de **MAIOR GRADUAÇÃO**	
2º) jurisdição **ESPECIAL** prevalece sobre a **COMUM**	

Separação de processos

31. Mesmo havendo conexão ou continência, em alguns casos, não haverá processo e julgamento único, pois a lei determina a separação obrigatória dos processos (CPP, art. 79) ou permite que o juiz pondere acerca da conveniência da separação (CPP, art. 78).

32. São casos de **separação obrigatória**: a) no concurso entre a jurisdição comum e a militar; b) no concurso entre a jurisdição comum e a do juízo da infância e da juventude; c) se, em relação a algum corréu, sobrevier doença mental (CPP, art. 152); d) se houver corréu foragido que não possa ser julgado à revelia (CPP, art. 366); e) no processo de julgamento do tribunal do júri, em razão das recusas, não for obtido o número mínimo de 7 (sete) jurados para compor o Conselho de Sentença (CPP, art. 469, § 1º); e f) aplicada a suspensão condicional do processo em relação a algum dos corréus (Lei nº 9.099/95, art. 89).

33. Será **facultativa** a separação dos processos quando: a) as infrações tiverem sido praticadas em circunstâncias de tempo ou de lugar diferentes; b) pelo excessivo número de acusados; c) para não prolongar a prisão provisória ou d) por outro motivo relevante, o juiz reputar conveniente a separação (CPP, art. 80).

Competência em casos específicos de estelionato (Lei n. 14.155/2021).

34. O crime de estelionato, quando praticado mediante depósito, mediante emissão de cheques sem suficiente provisão de fundos em poder do sacado ou com o pagamento frustrado ou mediante transferência de valores, a competência será definida pelo local do domicílio da vítima,

35. Em caso de pluralidade de vítimas, a competência será determinada pela prevenção entre os juízos dos domicílios dessas vítimas.

5. QUESTÕES E PROCESSOS INCIDENTES

1. **Questão Prejudicial.** Consiste em uma controvérsia surgida no âmbito do processo penal acerca da existência da infração penal e que deve ser analisada antes do mérito da causa, porque constitui antecedente lógico a ser examinado pelo julgador. Essa questão prejudicial pode ser **a) obrigatória**, quando relacionada ao **estado civil da pessoa**, desde que o juiz a repute **séria** e **fundada**, ocasionando a **suspensão da ação penal** até que no juízo cível seja a controvérsia dirimida por sentença passada em julgado; **b) facultativa**, sobre questão diversa do estado civil da pessoa, também da competência do juízo cível, e desde que neste houver sido proposta ação para resolvê-la, o juiz criminal poderá, desde que essa questão seja de difícil solução e não verse sobre direito cuja prova a lei civil limite, suspender o curso do processo, após a inquirição das testemunhas e realização das outras provas de natureza urgente e fundada.

2. Do despacho que denegar a suspensão do processo, em virtude de questão prejudicial alegada por um das partes, não caberá recurso (CPP, art. 93, § 2º).

3. **Exceção de incompetência de juízo.** Poderá ser oposta verbalmente ou por escrito, no prazo de defesa (CPP, art. 108). O juiz do feito também poderá declarar-se incompetente nos autos, haja ou não alegação da parte (CPP, art. 109).

4. No caso de julgar improcedente a exceção de incompetência, o juiz continuará no feito, fazendo tomar por termo a declinatória, se formulada verbalmente (CPP, art. 108, § 2º).

5. Não cabe recurso da decisão do juiz que rejeitar a exceção de incompetência. Caberá recurso em sentido estrito apenas nos casos de o próprio juiz dar-se por incompetente de ofício (CPP, art. 581, II) ou quando for julgada procedente a exceção de incompetência (CPP, art. 581, III).

6. **Medidas assecuratórias.** Como medidas assecuratórias o Código de Processo Penal prevê o sequestro, a hipoteca legal e o arresto. O **sequestro** recai sobre os bens (imóveis ou móveis) que constituem **proveitos do delito**, ou seja, de **origem ilícita**, adquiridos com o produto da infração penal. A **hipoteca legal** (sobre imóvel) e o **arresto** (sobre imóvel ou móvel) possuem objeto diferente do sequestro, pois vão recair sobre os **bens de origem lícita** pertencentes ao autor criminoso.

7. As medidas assecuratórias visam, em primeiro lugar, à reparação do dano à vítima e, residualmente, ao pagamento de multa pecuniária eventualmente imposta e das custas processuais.

8. Transitada em julgado a sentença condenatória, o juiz, **de ofício ou a requerimento** do interessado ou do Ministério Público, determinará a avaliação

e a venda dos bens em leilão público cujo perdimento tenha sido decretado. Do valor em dinheiro apurado será recolhido aos cofres públicos o que não couber ao lesado ou a terceiro de boa-fé. O valor apurado deverá ser recolhido ao Fundo Penitenciário Nacional, exceto se houver previsão diversa em lei especial (**CPP, art. 133**, com redação dada pela **Lei nº 13.964/19**).

9. O juiz poderá autorizar, constatado o interesse público, a utilização de **bem sequestrado, apreendido ou sujeito a qualquer medida assecuratória** pelos órgãos de segurança pública (art. 144 da Constituição Federal), do sistema prisional, do sistema socioeducativo, da Força Nacional de Segurança Pública e do Instituto Geral de Perícia.

6. DA PROVA

1. O juiz formará sua convicção pela livre apreciação da prova produzida em contraditório judicial, não podendo fundamentar sua decisão exclusivamente nos elementos informativos colhidos na investigação, **ressalvadas** as **provas cautelares, não repetíveis** e **antecipadas** (CPP, art. 155).
2. São **inadmissíveis**, devendo ser desentranhadas do processo, as **provas ilícitas**, assim entendidas as obtidas em violação a normas constitucionais ou legais (CPP, art. 157, *caput*), bem como as **provas derivadas das ilícitas** (CPP, art. 157, § 1º), **salvo** quando não evidenciado o nexo de causalidade entre umas e outras, ou quando as derivadas puderem ser obtidas por uma fonte independente das primeiras. **ATENÇÃO!** O juiz que conhecer do conteúdo da prova declarada inadmissível não poderá proferir a sentença ou acórdão (**CPP, art. 157, § 5º**, com redação dada pela **Lei nº 13.964/19**). Contudo, o STF, no julgamento das **ADIs 6.298, 6.299 e 6.300,** declarou a inconstitucionalidade desse dispositivo.
3. **Interrogatório do acusado.** O acusado que comparecer perante a autoridade judiciária, no curso do processo penal, será qualificado e interrogado na presença de seu defensor (CPP, art. 185). Do interrogatório deverá constar a informação sobre a existência de filhos, respectivas idades e se possuem alguma deficiência e o nome e o contato de eventual responsável pelos cuidados dos filhos, indicado pela pessoa presa (CPP, art. 185, § 10).
4. **Réu preso.** A princípio, o interrogatório do réu preso será realizado, em sala própria, no estabelecimento em que estiver recolhido, desde que sejam garantidas a segurança do juiz, do Ministério Público e dos auxiliares, bem como a presença do defensor e a publicidade do ato (CPP, art. 185, § 1º).
5. **Excepcionalmente**, o juiz, por decisão fundamentada, de ofício ou a requerimento das partes, poderá realizar o interrogatório do réu preso por sistema de **videoconferência** ou outro recurso tecnológico (CPP, art. 185, § 2º).
6. Decisão que determina realização de interrogatório do réu por videoconferência deve ser fundamentada em algumas das hipóteses descritas no art. 185, § 2º do Código de Processo Penal: a) prevenir risco à segurança pública; b) viabilizar a participação do réu no referido ato processual; c) impedir a influência do réu no ânimo de testemunha ou d) da vítima ou responder à gravíssima questão de ordem pública.
7. Somente em último caso, frustradas as possibilidades de interrogatório do réu preso no próprio estabelecimento em que recolhido e por videoconferência, será requisitada a apresentação do réu preso em juízo (CPP, art. 185, § 7º).
8. **Testemunhas.** Toda pessoa poderá ser testemunha (CPP, art. 202), que não poderá eximir-se da obrigação de depor.
9. Poderão se **recusar a depor** como testemunha: a) o ascendente; b) o descendente; c) o afim em linha reta; d) o cônjuge, ainda que desquitado; e) o irmão; f) o pai; g) a mãe; h) o filho adotivo **do acusado, salvo** quando não for possível, por outro modo, obter-se ou integrar-se a prova do fato e de suas circunstâncias (CPP, art. 206)
10. São **proibidas de depor** como testemunhas as pessoas que, em razão de função, ministério, ofício ou profissão, devam guardar segredo, **salvo se, desobrigadas** pela parte interessada, **quiserem dar o seu testemunho** (CPP, art. 207).
11. A testemunha que morar fora da jurisdição do juiz será inquirida através de carta precatória, com prazo razoável, intimadas as partes (CPP, art. 222). A expedição da precatória **não suspenderá** a instrução criminal. Intimada a defesa da expedição da carta precatória, torna-se desnecessária intimação da data da audiência no juízo deprecado (**STJ Súmula nº 273**). Nos termos da **Súmula 155 STF**, é relativa a nulidade do processo criminal por falta de intimação da expedição de precatória para inquirição de testemunha
12. O **Presidente** e o **Vice-Presidente da República**, os **senadores** e **deputados federais**, os **ministros de Estado**, os **governadores de Estados e Territórios**, os **secretários de Estado**, os **prefeitos** do Distrito Federal e dos Municípios, os **deputados estaduais**, os **membros do Poder Judiciário**, os ministros e juízes dos **Tribunais de Contas** da União, dos Estados, do Distrito Federal, bem como os do **Tribunal Marítimo** serão inquiridos **em local, dia e hora previamente ajustados entre eles e o juiz** (CPP, art. 221).
13. O **Presidente** e o **Vice-Presidente da República**, os **presidentes** do **Senado** Federal, da **Câmara** dos Deputados **e do Supremo** Tribunal Federal

poderão **optar** pela prestação de **depoimento por escrito**, caso em que as perguntas, formuladas pelas partes e deferidas pelo juiz, serão a eles transmitidas por ofício (CPP, art. 221, §1º).

14. **Exame de corpo de delito.** Quando a **infração deixar vestígios**, será **indispensável** o exame de corpo de delito, direto ou indireto, não podendo supri-lo a confissão do acusado (CPP, art. 158). Será realizado em qualquer dia e a qualquer hora (CPP, art. 161). Dar-se-á prioridade à realização do exame de corpo de delito quando se tratar de crime que envolva: a) violência doméstica e familiar contra mulher e b) violência contra criança, adolescente, idoso ou pessoa com deficiência, nos termos do artigo 158, parágrafo único, do CPP (redação dada pela Lei nº 13.721, de 2018).

15. Não sendo possível o exame de corpo de delito, por haverem desaparecido os vestígios, a **prova testemunhal** poderá suprir-lhe a falta (CPP, art. 167).

16. O exame de corpo de delito e outras perícias serão realizados por perito oficial, portador de diploma de curso superior (CPP, art. 159, *caput*). Na falta de perito oficial, o exame será realizado por 2 (duas) pessoas idôneas, portadoras de diploma de curso superior preferencialmente na área específica (CPP, art. 159, § 1º), que prestarão compromisso (CPP, art. 159, § 2º).

17. O **laudo pericial** será elaborado no **prazo máximo de 10 dias**, permitida a **prorrogação**, em casos excepcionais, a requerimento dos peritos (CPP, art. 160, parágrafo único).

18. **Perícia.** Firmou-se a orientação, prevalente no **STJ** e no **STF**, no sentido de que, para a incidência da majorante prevista no art. 157, § 2º, I, do Código Penal, não há a necessidade de apreensão da arma e submissão a perícia, podendo, em tal hipótese, comprovar-se o emprego da arma de fogo por outros meios, tais como as declarações da vítima ou o depoimento de testemunhas (**STJ, HC nº 177.026/MT**, julgamento em agosto/2012 e **STF HC nº 96.099/RS**, julgamento em 19.02.2009):

19. A **busca e apreensão**, por representar uma exceção à inviolabilidade domiciliar, garantida constitucionalmente, submete-se à chamada cláusula de reserva de jurisdição. Conforme doutrina dominante, a redação do artigo 241 do Código de Processo Penal não foi recepcionada pela Constituição Federal de 1988 no que se refere à possibilidade da autoridade policial cumprir a diligência de busca e apreensão domiciliar sem mandado judicial. Apenas no caso de a autoridade judicial realizar a diligência pessoalmente será possível a busca domiciliar sem mandado.

20. O STF, por seu Plenário, por maioria, julgou procedente o pedido formulado em arguições de descumprimento de preceito fundamental (ADPF 395/DF e ADPF 444/DF), para declarar a não recepção da expressão "para o interrogatório" constante do art. 260 do CPP, e a **incompatibilidade com a Constituição Federal da condução coercitiva de investigados ou de réus para interrogatório**, sob pena de responsabilidade disciplinar, civil e penal do agente ou da autoridade e de ilicitude das provas obtidas, sem prejuízo da responsabilidade civil do Estado. O Tribunal destacou que a decisão não desconstitui interrogatórios realizados até a data desse julgamento, ainda que os interrogados tenham sido coercitivamente conduzidos para o referido ato processual (modulação dos efeitos da decisão).

21. A **Lei nº 13.964/2019** (Pacote Anticrime) inseriu no Código de Processo Penal a previsão da chamada Cadeia de Custódia (**CPP, art. 158-A a 158-F**). **Cadeia de Custódia** consiste no conjunto de todos os procedimentos utilizados para manter e documentar a história cronológica do vestígio coletado em locais ou em vítimas de crimes, para rastrear sua posse e manuseio a partir de seu reconhecimento até o descarte (**CPP, art. 158-A, *caput***).

22. As **etapas** que compõem a **cadeia de custódia** estão descritas nos incisos do **artigo 158-B do CPP**: I – reconhecimento; II – isolamento; III – fixação; IV – coleta; V – acondicionamento; VI – transporte; VII – recebimento; VIII processamento; IX – armazenamento; e X – descarte.

7. SUJEITOS PROCESSUAIS

Juiz

1. **Impedimentos**

CASOS DE IMPEDIMENTO NO PROCESSO PENAL (CPP, art. 252)
I – tiver funcionado seu cônjuge ou parente, consanguíneo ou afim, em linha reta ou colateral até o terceiro grau, inclusive, como defensor ou advogado, órgão do Ministério Público, autoridade policial, auxiliar da justiça ou perito;
II – ele próprio houver desempenhado qualquer dessas funções ou servido como testemunha;
III – tiver funcionado como juiz de outra instância, pronunciando-se, de fato ou de direito, sobre a questão;
IV – ele próprio ou seu cônjuge ou parente, consanguíneo ou afim em linha reta ou colateral até o terceiro grau, inclusive, for parte ou diretamente interessado no feito.

2. **Suspeição**

CASOS DE SUSPEIÇÃO NO PROCESSO PENAL (CPP, art. 254)
I – se for amigo íntimo ou inimigo capital de qualquer deles;
II – se ele, seu cônjuge, ascendente ou descendente, estiver respondendo a processo por fato análogo, sobre cujo caráter criminoso haja controvérsia;
III – se ele, seu cônjuge, ou parente, consanguíneo, ou afim, até o terceiro grau, inclusive, sustentar demanda ou responder a processo que tenha de ser julgado por qualquer das partes;
IV – se tiver aconselhado qualquer das partes;
V – se for credor ou devedor, tutor ou curador, de qualquer das partes;
VI – se for sócio, acionista ou administrador de sociedade interessada no processo.

3. Ao **Ministério Público** cabe promover, privativamente, a ação penal pública e fiscalizar a execução da lei.

Acusado e seu defensor

4. Desde que certa a identidade física, a impossibilidade de identificação do acusado com o seu verdadeiro nome ou outros qualificativos não retardará a ação penal (CPP, art. 259).
5. Nenhum acusado, ainda que ausente ou foragido, será processado ou julgado sem defensor (CPP, art. 261).
6. A constituição de defensor independerá de instrumento de mandato se o acusado o indicar por ocasião do interrogatório (CPP, art. 266).
7. O acusado a quem foi nomeado defensor poderá, a todo tempo, nomear outro de sua confiança, ou a si mesmo defender-se, caso tenha habilitação (CPP, art. 263).
8. O defensor não poderá abandonar o processo sem justo motivo, previamente comunicado ao juiz, sob pena de responder por infração disciplinar perante o órgão correicional competente. Em caso de abandono do advogado, o acusado deverá ser intimado para constituir novo defensor e, caso não o faça, em seu favor, atuará a Defensoria Pública ou advogado dativo.
9. A audiência poderá ser adiada, por motivo justificado, caso o defensor não puder comparecer, devendo, no entanto, **provar** o **impedimento** até a **abertura da audiência**. Caso contrário, o juiz deverá nomear defensor substituto, ainda que provisoriamente ou só para o efeito do ato (CPP, art. 265).

Assistente do Ministério Público

10. Em todos os termos da ação pública, poderá intervir, como assistente do Ministério Público, o ofendido ou seu representante legal, ou, na falta, qualquer das pessoas mencionadas no art. 31 do Código de Processo Penal (CPP, art. 268).
11. O Ministério Público será ouvido previamente sobre a admissão do assistente (CPP, art. 272).
12. Não caberá recurso do despacho que admitir, ou não, o assistente, devendo, entretanto, constar dos autos o pedido e a decisão (CPP, art. 273).
13. Ao assistente será permitido propor meios de prova, requerer perguntas às testemunhas, aditar o libelo e os articulados, participar do debate oral e arrazoar os recursos (CPP, art. 271).
14. O assistente será admitido enquanto não passar em julgado a sentença e receberá a causa no estado em que se achar (CPP, art. 269).
15. O processo prosseguirá independentemente de nova intimação do assistente, quando este, intimado, deixar de comparecer a qualquer dos atos da instrução ou do julgamento, sem motivo de força maior devidamente comprovado (CPP, art. 271, § 2º).

8. PRISÃO E LIBERDADE PROVISÓRIA

1. Os institutos da prisão, liberdade provisória e da fiança foram reformulados pela Lei nº 12.403/11, que alterou o Código de Processo Penal.

Prisão em flagrante

2. Qualquer do povo poderá (**flagrante facultativo**) e as autoridades policiais e seus agentes deverão (**flagrante obrigatório**) prender quem quer que seja encontrado em flagrante delito (CPP, art. 301).
3. A doutrina classifica as hipóteses de prisão em flagrante previstas no art. 302 do Código de Processo Penal em: a) **flagrante próprio**, que abrange os incisos I e II do art. 302; b) **flagrante impróprio** ou **quase flagrante**, no inciso III do mesmo art. 302 do Código de Processo Penal; c) **flagrante presumido**, descrito no inciso IV do art. 302.
4. O flagrante presumido pressupõe que o agente seja encontrado, **logo depois**, com instrumentos, armas, objetos ou papéis que façam presumir ser ele autor da infração. Na doutrina o entendimento é de que a expressão "logo depois" consiste em tempo razoável e superior ao descrito no art. 302, inciso III, onde o agente é perseguido "logo após". No entanto, o encontro fortuito (num bloqueio policial) de objetos e instrumentos do crime, após já passados alguns dias da prática da infração penal, descaracteriza o flagrante, pois representa razoável tempo decorrido, não sendo possível dizer que foi "logo depois" da prática criminosa.
5. Apresentado o preso à autoridade competente, ouvirá esta o condutor e, em seguida, procederá à oitiva das testemunhas que o acompanharem e ao interrogatório do acusado (CPP, art. 304).
6. A falta de testemunhas da infração não impedirá o auto de prisão em flagrante; mas, nesse caso, com o condutor, deverão assiná-lo pelo menos **duas**

pessoas que hajam **testemunhado** a **apresentação do preso** à autoridade (CPP, art. 304, § 2º).

7. Quando o acusado se recusar a assinar, não souber ou não puder fazê-lo, o auto de prisão em flagrante será assinado por **duas testemunhas**, que tenham **ouvido** sua **leitura** na presença deste (CPP, art. 304, § 3º).
8. A prisão de qualquer pessoa e o local onde se encontre serão comunicados **imediatamente** ao juiz competente, ao Ministério Público e à família do preso ou à pessoa por ele indicada (CPP, art. 306).
9. No **prazo de 24 (vinte e quatro) horas** após a realização da prisão deverá: **a)** ser encaminhado ao juiz competente o auto de prisão em flagrante; **b)** caso o autuado não informe o nome de seu advogado, cópia integral para a Defensoria Pública; **c)** entregue ao preso, mediante recibo, a **nota de culpa**.
10. Depois de receber o auto de prisão em flagrante, o juiz, no **prazo máximo de até 24 (vinte e quatro) horas** após a realização da prisão, deverá promover **audiência de custódia** com a presença do acusado, seu advogado constituído ou membro da Defensoria Pública e o membro do Ministério Público (**CPP, art. 310**, com redação dada pela **Lei nº 13.964/19**). **ATENÇÃO!** O STF firmou entendimento de que o juiz, em caso de urgência e se o meio se revelar idôneo, poderá realizar a audiência de custódia por videoconferência; b) a autoridade judiciária deverá avaliar se estão presentes os requisitos para a prorrogação excepcional do prazo ou para sua realização por videoconferência, sem prejuízo da possibilidade de imediata decretação de prisão preventiva. Se o juiz verificar, pelo auto de prisão em flagrante, que o agente praticou o fato amparado por algumas das **causas excludentes da ilicitude** previstas no **art. 23 do Código Penal**, poderá, fundamentadamente, conceder ao acusado **liberdade provisória**, mediante termo de comparecimento a todos os atos processuais, sob pena de revogação. **ATENÇÃO!** Se o juiz verificar que **o agente é reincidente ou** que **integra organização criminosa armada ou milícia**, ou que **porta arma de fogo de uso restrito**, **deverá denegar** a **liberdade provisória**, com ou sem medidas cautelares (**CPP, art. 310, § 2º**, com redação dada pela **Lei nº 13.964/19**).

Prisão preventiva

11. Em qualquer fase da investigação policial ou do processo penal, caberá a **prisão preventiva** decretada pelo juiz, **a requerimento** do Ministério Público, do querelante ou do assistente, **ou por representação** da autoridade policial. Com a nova redação do **artigo 311 do CPP** (redação dada pela **Lei nº 13.964/19**), não é mais possível a decretação de prisão preventiva de ofício pelo juiz, seja na fase investigatória, seja na fase judicial. Mas **ATENÇÃO!** O **juiz** poderá, **de ofício ou a pedido** das partes, **revogar a prisão preventiva** se, no correr da investigação ou do processo, verificar a falta de motivo para que ela subsista, **bem como novamente decretá-la**, se sobrevierem razões que a justifiquem (CPP, art. 316, com redação dada pela **Lei nº 13.964/19**).
12. A decisão que decretar a prisão preventiva deve ser **motivada e fundamentada** em **receio de perigo e existência concreta de fatos novos ou contemporâneos** que justifiquem a aplicação da medida adotada (**CPP, art. 312, § 2º**). A prisão preventiva será determinada quando não for cabível a sua substituição por outra medida cautelar (CPP, art. 282, § 6º).

PRISÃO PREVENTIVA (CPP, art. 312)
PRESSUPOSTOS (CPP, art. 312, parte final)
I – **prova** da **existência do crime**;
II – **indício suficiente** de **autoria**;
III - **perigo gerado pelo estado de liberdade do imputado (Lei nº 13.964/19)**
FUNDAMENTOS (CPP, art. 312, primeira parte e parágrafo único)
I – **garantia** da **ordem pública**;
II – **garantia** da **ordem econômica**;
III – por **conveniência** da **instrução criminal**;
IV – para **assegurar** a **aplicação da lei penal**;
V – em caso de **descumprimento** de **medidas cautelares** diversas da prisão
HIPÓTESES de admissão da PRISÃO PREVENTIVA (CPP, art. 313)
I – **crimes dolosos** punidos com **pena** privativa de liberdade **máxima superior** a **4 (quatro) anos**;
II – **condenado** por outro **crime doloso**, em **sentença transitada em julgado**, ressalvado o disposto no inciso I do *caput* do art. 64 do Código Penal;
III – **crime** que envolver **violência doméstica e familiar** contra a mulher, criança, adolescente, idoso, enfermo ou pessoa com deficiência, para **garantir** a **execução** das **medidas protetivas de urgência**;
IV – quando houver **dúvida sobre** a **identidade civil** da pessoa **ou** quando esta **não fornecer** elementos suficientes para esclarecê-la, devendo o preso ser colocado **imediatamente em liberdade após a identificação**, salvo se outra hipótese recomendar a manutenção da medida (CPP, art. 313, parágrafo único).

Observação: Nos termos do artigo 318-A do CPP, A prisão preventiva imposta à **mulher gestante** ou que **for mãe ou responsável** por **crianças ou pessoas com deficiência** será substituída por prisão domiciliar, desde que: I - não tenha cometido crime com violência ou grave ameaça a pessoa; II - não tenha cometido o crime contra seu filho ou dependente (**Lei nº 13.769/2018**).

12-A. Decretada a prisão preventiva, deverá o órgão emissor da decisão revisar a necessidade de sua manutenção a cada 90 (noventa) dias, mediante decisão fundamentada, de ofício, sob pena de tornar a prisão ilegal.

12-B. Na ADI n. 6,581, o STF firmou entendimento de que:

(i) a inobservância da reavaliação prevista no parágrafo único do artigo 316 do Código de Processo Penal (CPP), com a redação dada pela Lei 13.964/2019, após o prazo legal de 90 (noventa) dias, não implica a revogação automática da prisão preventiva, devendo o juízo competente ser instado a reavaliar a legalidade e a atualidade de seus fundamentos;

(ii) o art. 316, parágrafo único, do Código de Processo Penal aplica-se até o final dos processos de conhecimento, onde há o encerramento da cognição plena pelo Tribunal de segundo grau, não se aplicando às prisões cautelares decorrentes de sentença condenatória de segunda instância ainda não transitada em julgado;

(iii) o artigo 316, parágrafo único, do Código de Processo Penal aplica-se, igualmente, nos processos onde houver previsão de prerrogativa de foro.

13. **Prisão Domiciliar.** O juiz poderá substituir a prisão preventiva pela domiciliar, exigindo prova idônea dos requisitos estabelecidos no art. 318 do Código de Processo Penal. **ATENÇÃO!** Conforme novo **artigo 318-A**, incluído pela **Lei nº 13.769, de 2018**, a **prisão preventiva imposta à mulher gestante ou** que for **mãe ou responsável por crianças ou pessoas com deficiência** será substituída por **prisão domiciliar**, desde que: I - **não tenha** cometido **crime** com **violência ou grave ameaça a pessoa**; II - **não tenha** cometido o **crime contra seu filho ou dependente**. Além disso, a eventual substituição tratada nos artigos 318 e 318-A poderá ser efetuada **sem prejuízo** da aplicação **concomitante** das **medidas alternativas** previstas no **art. 319 do CPP** (art. 318-A, parágrafo único).

PRISÃO DOMICILIAR (CPP, art. 318)
I – **maior** de **80** (oitenta) **anos**;
II – extremamente **debilitado** por motivo de **doença grave**;
III – imprescindível aos cuidados especiais de pessoa **menor de 6 (seis) anos** de idade **ou com deficiência**;
IV – **gestante**;
V – **mulher** com **filho** de **até 12 (doze) anos** de idade **incompletos**;
VI – **homem**, caso seja o **único responsável** pelos **cuidados** do **filho** de **até 12 (doze) anos** de idade **incompletos**.

14. **Medidas cautelares.** Serão decretadas pelo juiz, **de ofício** ou a **requerimento** das partes ou, quando no curso da investigação criminal, por representação da autoridade policial ou mediante requerimento do Ministério Público (CPP, art. 282, § 2º).

MEDIDAS CAUTELARES DIVERSAS DA PRISÃO (CPP, art. 319)
I – comparecimento periódico em juízo, no prazo e nas condições fixadas pelo juiz, para informar e justificar atividades;
II – proibição de acesso ou frequência a determinados lugares quando, por circunstâncias relacionadas ao fato, deva o indiciado ou acusado permanecer distante desses locais para evitar o risco de novas infrações;
III – proibição de manter contato com pessoa determinada quando, por circunstâncias relacionadas ao fato, deva o indiciado ou acusado dela permanecer distante;
IV – proibição de ausentar-se da Comarca quando a permanência seja conveniente ou necessária para a investigação ou instrução;
V – recolhimento domiciliar no período noturno e nos dias de folga quando o investigado ou acusado tenha residência e trabalho fixos;
VI – suspensão do exercício de função pública ou de atividade de natureza econômica ou financeira quando houver justo receio de sua utilização para a prática de infrações penais;
VII – internação provisória do acusado nas hipóteses de crimes praticados com violência ou grave ameaça, quando os peritos concluírem ser inimputável ou semi-imputável (art. 26 do Código Penal) e houver risco de reiteração;
VIII – fiança, nas infrações que a admitem, para assegurar o comparecimento a atos do processo, evitar a obstrução do seu andamento ou em caso de resistência injustificada à ordem judicial;
IX – monitoração eletrônica.

Prisão Temporária

15. A prisão temporária é uma das modalidades de prisão processual ou prisão cautelar, ao lado da prisão preventiva. Aplica-se apenas a crimes graves.

PRISÃO TEMPORÁRIA (Lei nº 7.960/89)
I – quando **imprescindível** para as **investigações** do **inquérito policial**;
II – se **indiciado sem residência fixa** ou **não fornecer** elementos necessários ao esclarecimento de sua **identidade**;
III – **fundadas razões** de autoria ou de **participação** nos crimes elencados no art. 1º, inciso III, da Lei nº 7.960/89.

16. O art. 1º da Lei nº 7.960/89 prevê, em seu art. 1º, incisos I e II, que caberá prisão temporária quando imprescindível para as investigações do **inquérito policial** e quando o **indiciado** não tiver residência fixa ou não fornecer elementos necessários ao esclarecimento de sua identidade. Dessa maneira, a prisão temporária só é cabível na fase de inquérito (ou de investigação preliminar), nunca durante a fase judicial. Em juízo, havendo necessidade e pre-

sentes os requisitos legais, deverá ser decretada a prisão preventiva ou ser determinada outra medida cautelar diversa da prisão.

16-A. o STF no julgamento da ADI n. 3.660 deu interpretação conforme a à Constituição aos requisitos da prisão temporária.

16-B. Dessa forma, ao decretar a prisão temporária, o juiz deve interpretar o art. 1º, I, II e III, da Lei n. 7.960/1989, levando em conta os seguintes parâmetros: cumulativamente 1) for imprescindível para as investigações do inquérito policial (art. 1º, I, Lei 7.960/1989) (*periculum libertatis*), constatada a partir de elementos concretos, e não meras conjecturas, vedada a sua utilização como prisão para averiguações, em violação ao direito à não autoincriminação, ou quando fundada no mero fato de o representado não possuir residência fixa (inciso II); 2) houver fundadas razões de autoria ou participação do indiciado nos crimes previstos no art. 1º, III, Lei 7.960/1989 (*fumus comissi delicti*), vedada a analogia ou a interpretação extensiva do rol previsto no dispositivo; 3) for justificada em fatos novos ou contemporâneos que fundamentem a medida (art. 312, § 2º, CPP); 4) a medida for adequada à gravidade concreta do crime, às circunstâncias do fato e às condições pessoais do indiciado (art. 282, II, CPP); 5) não for suficiente a imposição de medidas cautelares diversas, previstas nos arts. 319 e 320 do CPP (art. 282, § 6º, CPP).

17. A decretação da prisão temporária pelo juiz dependerá de representação da autoridade policial ou de requerimento do Ministério Público (Lei nº 7.960/89, art. 2º, *caput*). Não pode ser decretada de ofício pelo magistrado.

18. O preso deverá ser posto **imediatamente** em liberdade após o decurso do prazo da prisão temporária (Lei nº 7.960/89, art. 2º, § 7º).

19. A prisão temporária só pode ser prorrogada uma única vez, por igual período, em caso de extrema e comprovada necessidade (Lei nº 7.960/89, art. 2º, *caput*).

20. O prazo da prisão temporária será de **05 (cinco) dias**, em regra, prorrogável por igual período em caso de extrema e comprovada necessidade.

21. A **Lei nº 8.072/90** (Lei dos Crimes Hediondos) prevê a possibilidade de prisão temporária em seu art. 2º, § 4º, pelo prazo de **30 (trinta) dias**, prorrogável por igual período, nos casos de crimes hediondos, tráfico de entorpecentes, terrorismo e tortura.

22. O art. 3º da Lei nº 7.960/89 prevê expressamente que os presos temporários deverão permanecer, obrigatoriamente, separados dos demais detentos.

Liberdade Provisória

23. Se ausentes os requisitos que autorizam a decretação da prisão preventiva, o juiz deverá conceder liberdade provisória, impondo, se for o caso, as medidas cautelares previstas no art. 319 do Código de Processo Penal (CPP, art. 321).

24. A **fiança** é uma das medidas cautelares diversas da prisão (CPP, art. 319, inciso VIII) e poderá ser **arbitrada** pela **autoridade policial** nos casos de infração cuja pena privativa de liberdade máxima **não** seja **superior a 4 (quatro) anos** (CPP, art. 322) segundo os parâmetros do art. 325 do Código de Processo Penal.

CRIMES INAFIANÇÁVEIS (CPP, art. 323)
I – nos crimes de **racismo**;
II – nos crimes de **tortura**, **tráfico** ilícito de **entorpecentes** e drogas afins, **terrorismo** e nos definidos como **crimes hediondos**;
III – nos **crimes** cometidos por **grupos armados**, civis ou militares, contra a **ordem constitucional** e o **Estado Democrático**;
NÃO será concedida FIANÇA (CPP, art. 324)
I – aos que, no mesmo processo, tiverem **quebrado fiança** anteriormente concedida **ou infringido**, sem motivo justo, qualquer das **obrigações**;
II – em caso de **prisão civil** ou **militar**;
III – quando **presentes** os **motivos** que autorizam a decretação da **prisão preventiva** (art. 312).

25. A fiança será **sempre definitiva** e consistirá em depósito de dinheiro, pedras, objetos ou metais preciosos, títulos da dívida pública, federal, estadual ou municipal, ou em hipoteca inscrita em primeiro lugar (CPP, art. 330).

26. A fiança será concedida independentemente de audiência do Ministério Público, este terá vista do processo a fim de requerer o que julgar conveniente (CPP, art. 333).

27. O dinheiro ou objetos dados como fiança servirão ao pagamento das custas, da indenização do dano, da prestação pecuniária e da multa, se o réu for condenado, mesmo no caso da prescrição depois da sentença condenatória (CPP, art. 336).

9. CITAÇÃO E INTIMAÇÃO

1. A citação inicial será realizada por mandado, quando o réu estiver no território sujeito à jurisdição do juiz que a houver ordenado (CPP, 351).
2. Caso o réu esteja fora do território da jurisdição do juiz processante, será citado mediante precatória (CPP, art. 353).
3. A citação do militar será feita por intermédio do chefe do respectivo serviço (CPP, art. 358) e o dia designado para funcionário público comparecer em juízo, como acusado, será notificado assim a ele como ao chefe de sua repartição (CPP, art. 359).
4. Se o réu não for encontrado, será citado por edital, com o prazo de 15 (quinze) dias (CPP, art. 361). Caso o réu estiver preso, será pessoalmente citado (CPP, art. 360)

5. O oficial de justiça verificando que o réu se oculta para não ser citado, certificará a ocorrência e procederá à citação com hora certa, na forma estabelecida nos artigos 227 a 229 do Código de Processo Civil (CPP, art. 362).
6. Se o acusado, citado por edital, não comparecer, nem constituir advogado, ficarão suspensos o processo e o curso do prazo prescricional, podendo o juiz determinar a produção antecipada das provas consideradas urgentes e, se for o caso, decretar prisão preventiva, nos termos do disposto no art. 312 (CPP, art. 366).
7. Se o réu estiver no estrangeiro, mas em lugar conhecido, será citado mediante carta rogatória. Se o local em que se encontra no estrangeiro for desconhecido, será citado por edital, com o prazo de 15 (quinze) dias (CPP, art. 361).
8. As intimações seguem as disposições relativas à citação, naquilo que for aplicável (CPP, art. 370).
9. A intimação do Ministério Público, do defensor nomeado e do Defensor Público será pessoal (CPP, art. 370, § 4º). Apenas a intimação do defensor constituído, do advogado do querelante e do assistente será feita por publicação no órgão oficial (CPP, art. 370, § 1º).
10. Consolidou-se na jurisprudência do STF e do STJ que o termo inicial de contagem do prazo recursal para o Ministério Público se dá a partir da entrega dos autos em setor administrativo do respectivo órgão. Veja abaixo: PROCESSUAL CIVIL. RECURSO ESPECIAL. AÇÃO DE BUSCA E APREENSÃO. AGRAVO DE INSTRUMENTO. INTEMPESTIVIDADE. 1. O Ministério Público e a Defensoria Pública possuem a prerrogativa de intimação pessoal das decisões em qualquer processo ou grau de jurisdição, sendo que o prazo de recurso deve ser contado a partir do recebimento dos autos com vista. 2. **A partir do julgamento do HC 83.255-5/SP, pelo Plenário do Supremo Tribunal Federal, ficou consolidado o entendimento de que a contagem dos prazos para a interposição de recursos pelo Ministério Público ou pela Defensoria Pública começa a fluir da data do recebimento dos autos com vista no respectivo órgão, e não da ciência de seu membro no processo.** 3. Recurso especial não provido. (**STJ**, Relator: Ministra NANCY ANDRIGHI, Data de Julgamento: **23/10/2012**, T3 – TERCEIRA TURMA).
11. Além disso, **se a intimação pessoal ocorrer em cartório**, com ciência nos próprios autos, a partir **daí passará a correr o prazo**. Confira abaixo: **DIREITO PROCESSUAL PENAL. TERMO INICIAL DO PRAZO PARA O MP RECORRER. Quando o Ministério Público for intimado pessoalmente em cartório, dando ciência nos autos, o seu prazo recursal se iniciará nessa data, e não no dia da remessa dos autos ao seu departamento administrativo.** Isso porque o prazo recursal para o MP inicia-se na data da sua intimação pessoal. Trata-se de entendimento extraído da leitura dos dispositivos legais que regem a matéria (arts. 798, § 5º, e 800, § 2º, do CPP), que visa garantir a igualdade de condições entre as partes no processo penal. Precedentes citados: AgRg nos EREsp 310.417-PB, Terceira Seção, DJe 27/3/2008; REsp 258.826-TO, Sexta Turma, DJe 7/12/2009; e AgRg no REsp 1.102.059-MA, Quinta Turma, DJe 13/10/2009. (**EREsp 1.347.303-GO, Rel. Min. Gurgel de Faria, julgado em 10/12/2014, DJe 17/12/2014**).
12. Será admissível a intimação por despacho na petição em que for requerida (CPP, art. 371).
13. Todos os prazos correrão em cartório e serão contínuos e peremptórios, não se interrompendo por férias, domingo ou dia feriado (CPP, art. 798).
14. Não será computado no prazo o dia do começo, incluindo-se, porém, o do vencimento. O prazo que terminar em domingo ou dia feriado considerar-se-á prorrogado até o dia útil imediato. (CPP, art. 798 e parágrafos).
15. Os prazos serão suspensos entre 20 de dezembro e 20 de janeiro, excetuados os casos: (i) que envolvam réus presos, nos processos vinculados às prisões; (ii) nos procedimentos regidos pela Lei Maria da Penha; (iii) nas medidas consideradas urgentes, após despacho fundamentado do juízo competente.
16. Com exceções das sessões de julgamento, **os** demais **atos do processo** (como a citação e a intimação, por exemplo) poderão ser **praticados** em período de **férias**, em **domingos** e dias **feriados** (CPP, art. 797).
17. No processo penal, contam-se os **prazos da data da intimação**, e não da juntada aos autos do mandado ou da carta precatória ou de ordem (**STF Súmula nº 710**).
18. De acordo com a **Súmula 310 STF**, quando a intimação tiver lugar na sexta-feira, ou a publicação com efeito de intimação for feita nesse dia, o prazo judicial terá início na segunda-feira imediata, salvo se não houver expediente, caso em que começará no primeiro dia útil que se seguir

10. SENTENÇA

1. A classificação doutrinária das decisões proferidas no processo penal não é uniforme. Prevalece, entretanto, a seguinte classificação, com fundamento no art. 800 do Código de Processo Penal, conforme, entre outros autores, Fernando Capez e Júlio Fabbrini Mirabete:

a) **Definitiva:** absolvem ou condenam ou réu (julgam procedente ou improcedente a acusação);

b) **Interlocutória simples**: decidem questões incidentes de natureza processual. Exemplos: o recebimento da denúncia, a decretação de prisão cautelar (preventiva ou temporária) etc;

c) **Interlocutórias mistas**: são também chamadas decisões **com força de definitivas**, pois encerram uma etapa do procedimento processual ou a própria relação processual, mas não condenam nem absolvem o réu.

c1) **Interlocutórias mistas não terminativas:** encerram apenas uma etapa do procedimento processual, sem por fim ao processo. Exemplo de Fernando Capez: a decisão de pronúncia no procedimento do júri.

c2) **Interlocutórias mistas terminativas:** decisões que encerram o processo, apesar de não adentrarem no mérito da acusação (não absolvem nem condenam), São exemplos: a que extingue a punibilidade e a que concede o perdão judicial.

d) **Despachos** de expediente, que apenas impulsionam a marcha processual, como os de abertura de vista, de designação de data para a prática de atos processuais etc.

2. O juiz, sem modificar a descrição do fato contida na denúncia ou queixa, poderá atribuir-lhe definição jurídica diversa, ainda que, em consequência, tenha de aplicar pena mais grave (CPP, art. 383). É o que a doutrina denomina *emendatio libeli*.
3. Se, em consequência de definição jurídica diversa, houver possibilidade de proposta de suspensão condicional do processo (Lei nº 9.099/95, art. 89), o juiz procederá de acordo com o disposto na lei. Por sua vez, em caso de infração da competência de outro juízo, a este serão encaminhados os autos.
4. Encerrada a instrução probatória, se entender cabível nova definição jurídica do fato, **em consequência** de **prova** existente nos autos **de elemento** ou **circunstância** da infração penal **não contida na acusação**, o Ministério Público deverá aditar a denúncia ou queixa, no prazo de 5 (cinco) dias, se em virtude desta houver sido instaurado o processo em crime de ação pública, reduzindo-se a termo o aditamento, quando feito oralmente. É o que a doutrina denomina *mutatio libeli*.
5. Ouvido o defensor do acusado no **prazo de 5 (cinco) dias** e admitido o aditamento, o juiz, a requerimento de qualquer das partes, designará dia e hora para continuação da audiência, com inquirição de testemunhas, novo interrogatório do acusado, realização de debates e julgamento.
6. Havendo aditamento, cada parte poderá arrolar **até 3 (três) testemunhas**, no **prazo de 5 (cinco) dias**, ficando o juiz, na sentença, adstrito aos termos do aditamento.
7. Na ação penal pública, o juiz poderá proferir sentença condenatória, ainda que o Ministério Público tenha opinado pela absolvição, bem como reconhecer agravantes, embora nenhuma tenha sido alegada (CPP, art. 385).

Hipóteses de SENTENÇA ABSOLUTÓRIA (CPP, art. 326)
I – estar provada a **inexistência** do **fato**;
II – **não** haver **prova** da **existência do fato**;
III – **não** constituir o fato **infração penal**;
IV – estar **provado** que o **réu não concorreu** para a **infração penal**;
V – **não** existir **prova** de ter o **réu concorrido** para a **infração penal**;
VI – existirem **circunstâncias** que **excluam o crime ou isentem o réu de pena**, ou mesmo se houver fundada dúvida sobre sua existência;
VII – **não** existir **prova suficiente** para a **condenação**.

8. O juiz, ao proferir **sentença condenatória**, mencionará, entre outras coisas, as circunstâncias apuradas e tudo o mais que deva ser levado em conta na aplicação da pena e fixará valor mínimo para reparação dos danos causados pela infração, considerando os prejuízos sofridos pelo ofendido (CPP, art. 387).
9. O juiz decidirá, fundamentadamente, sobre a manutenção ou, se for o caso, a imposição de prisão preventiva ou de outra medida cautelar, sem prejuízo do conhecimento de apelação que vier a ser interposta (CPP, art. 387, § 1º, com redação da **Lei nº 12.736/12**).
10. O tempo de prisão provisória, de prisão administrativa ou de internação, no Brasil ou no estrangeiro, será computado para fins de determinação do regime inicial de pena privativa de liberdade (CPP, art. 87, § 1º, com redação da **Lei nº 12.736/12**).

11. NULIDADES

1. Apesar das divergências da doutrina em relação à classificação das nulidades, em geral, é muito prestigiada aquela preconizada pelos professores Ada Pellegrini Grinover, Antônio Scarance Fernandes e Antônio Magalhães Gomes Filhos[1]:

CLASSIFICAÇÃO DAS NULIDADES
ATO INEXISTENTE: "A desconformidade com o modelo legal é tão intensa" que não produzem efeito algum.
ATO IRREGULAR: quando o "desacordo com o modelo legal é mínimo, não chegando a descaracterizar o ato".
ATO NULO: "aqueles em que a falta de adequação ao tipo legal pode levar ao reconhecimento de sua inaptidão para produzir efeitos". A nulidade de um ato "pode levar" ao reconhecimento da sua ineficácia, mas "a nulidade dos atos processuais não é automática".

1. GRINOVER, Ada Pellegrini *et alli*. *As Nulidades no Processo Penal*, 6ª edição, São Paulo, Editora Revista dos Tribunais, p. 18-20.

NULIDADE ABSOLUTA: aqui "a gravidade do ato viciado é flagrante e manifesto o prejuízo que sua permanência acarreta para a efetividade do contraditório ou para a justiça da decisão". Como "o vício atinge o próprio interesse público", o juiz pode agir de ofício, decretando a invalidade do ato.
NULIDADE RELATIVA: "o legislador deixa à parte prejudicada a faculdade de pedir ou não a invalidação do ato irregularmente praticado, subordinando, também o reconhecimento do vício à efetiva demonstração do prejuízo sofrido".

2. Nenhum ato será declarado nulo, se da nulidade não resultar prejuízo para a acusação ou para a defesa (CPP, art. 563). É o que a doutrina denomina de **princípio da *pás de nullité sans grief***, não há nulidade sem prejuízo.

3. As hipóteses legais de nulidades estão previstas no art. 564 do Código de Processo Penal, que deve ser memorizado pelo candidato:

Hipóteses legais de NULIDADES previstas no Código de Processo Penal (CPP, art. 564)
I – **incompetência**, **suspeição** ou **suborno do juiz**;
II – **ilegitimidade** de parte;
III – **falta** da **denúncia**, da **queixa** ou da **representação**;
IV – **falta** do **exame do corpo de delito** nos crimes que deixam vestígios, ressalvado o exame indireto (CPP, art. 167);
V- **falta** de nomeação de **defensor** ao réu presente, que o não tiver, ou ao ausente;
VI – **falta** da intervenção do **Ministério Público** em todos os termos da ação por ele intentada e nos da intentada pela parte ofendida, quando se tratar de crime de ação pública;
VII – **falta** de **citação** do réu para ver-se processar, do seu **interrogatório**, quando presente, e dos **prazos** concedidos à acusação e à defesa;
VIII – **falta** da **sentença de pronúncia**, do libelo e da entrega da respectiva cópia, com o rol de testemunhas, nos processos perante o Tribunal do Júri;
IX – **falta** da **intimação** do **réu** para a **sessão de julgamento**, pelo **Tribunal do Júri**, quando a lei não permitir o julgamento à revelia;
X) **falta** da **intimação** das **testemunhas** arroladas no libelo e na contrariedade, nos termos estabelecidos pela lei;
XI) **falta** da presença pelo menos de **15 jurados** para a **constituição do júri**;
XII) **falta** do **sorteio dos jurados** do conselho de sentença em número legal e sua **incomunicabilidade**;
XIII) **falta** dos **quesitos** e as respectivas **respostas**;
XIII) **falta** da **acusação** e da **defesa**, na **sessão de julgamento**;
XIV) **falta** da **sentença**;
XV) **falta** do **recurso de oficio**, nos casos em que a lei o tenha estabelecido;
XVI) **falta** da **intimação**, nas condições estabelecidas pela lei, para ciência de **sentenças** e **despachos** de que caiba recurso;
XVII) **falta**, nos **tribunais**, do ***quorum* legal** para o julgamento;
XVIII) por **omissão de formalidade** que constitua elemento **essencial do ato**.

Hipóteses legais de NULIDADES previstas no Código de Processo Penal (CPP, art. 564)
XIX) em decorrência de **decisão carente de fundamentação**. (**Lei nº 13.964/2019**)
XX) Ocorrerá ainda a nulidade, por **deficiência** dos **quesitos** ou das suas **respostas**, e **contradição** entre estas (CPP, art. 564, parágrafo único).

4. Nenhuma das partes poderá arguir nulidade a que haja dado causa, ou para que tenha concorrido, ou referente à formalidade cuja observância só à parte contrária interesse (CPP, art. 565).

5. Não será declarada a nulidade de ato processual que não houver influído na apuração da verdade substancial ou na decisão da causa (CPP, art. 566). É o que a doutrina denomina de **princípio da instrumentalidade das formas**.

6. A **incompetência do juízo anula** somente os **atos decisórios**, devendo o processo, quando for declarada a nulidade, ser remetido ao juiz competente (CPP, art. 567).

7. As **omissões** da **denúncia**, da **queixa** ou da **representação** poderão ser supridas a todo o tempo, antes da **sentença final** (CPP, art. 569).

8. A falta ou a nulidade da citação, da intimação ou notificação estará sanada, desde que o interessado compareça, antes de o ato consumar-se, embora declare que o faz para o único fim de argui-la. O juiz ordenará, todavia, a suspensão ou o adiamento do ato, quando reconhecer que a irregularidade poderá prejudicar direito da parte (CPP, art. 570).

9. As nulidades que admitem preclusão (possuem prazo para serem apontadas) deverão ser arguidas:

I – as da instrução criminal dos **processos da competência do júri**, no prazo de **alegações orais** previstas no art. 411, § 4º, do Código de Processo Penal;

II – as da instrução criminal dos **processos de competência do juiz singular** e dos **processos especiais**, nos prazos das **alegações finais** (CPP, art. 403);

III – as do **processo sumário**, no prazo da **resposta à acusação** (CPP, art. 396). Se verificadas depois desse prazo, logo depois de **aberta a audiência de instrução** (CPP, art. 531) e apregoadas as partes;

IV – as ocorridas **posteriormente** à **pronúncia**, logo depois de anunciado o julgamento e apregoadas as partes;

V – as de instrução criminal dos **processos** de **competência originária dos tribunais**, no prazo previsto para **alegações finais**;

VI – verificadas após a decisão da primeira instância, nas razões de recurso ou logo depois de anunciado o julgamento do recurso e apregoadas as partes;

VII – aquelas ocorridas durante o julgamento em plenário, em audiência ou em sessão do tribunal, logo depois de ocorrerem.

10. O art. 572 do Código de Processo Penal prescreve as hipóteses de **nulidades** que podem ser **sanadas**: **a)** se não forem arguidas em tempo oportuno; **b)** se, praticado por outra forma, o ato tiver atingido o seu fim; e **c)** se a parte, ainda que tacitamente, tiver aceito os seus efeitos.

12. RECURSOS E AÇÕES DE IMPUGNAÇÃO

Disposições gerais.

1. Em regra, os recursos serão voluntários. Nos seguintes casos, haverá a chamada remessa necessária ou "recurso de ofício" (CPP, art. 574):

RECURSO DE OFÍCIO
I – da sentença que **conceder *habeas corpus***;
II – da decisão que **concede** a **reabilitação criminal** (CPP, art. 746);
III – Se o relator, no **pedido** de **revisão criminal**, julgá-lo insuficientemente instruído o pedido e inconveniente ao interesse da justiça que se apensem os autos originais, **indeferindo-o liminarmente**, hipóteses em que haverá remessa necessária para as câmaras reunidas ou para o tribunal, conforme o caso (CPP, art. 625, § 3º);
V – da decisão que **absolver** ou que determina o **arquivamento** de inquérito policial, na apuração de **crimes contra a economia popular** (Lei nº 1.521/51, art. 7º).

- **Nota:** Antes do advento da Lei nº 11.689/08, o art. 411 do Código de Processo Penal dispunha que, em caso de absolvição sumária no procedimento do tribunal do júri, o juiz deveria "recorrer de ofício". Atualmente, ante a revogação desse dispositivo legal, entende a doutrina majoritária que não há mais previsão de reexame necessário nessa hipótese, uma vez que o atual art. 415 do Código de Processo Penal, não mais o prevê.

2. O Ministério Público não poderá desistir de recurso que haja interposto (CPP, art. 576).
3. O recurso poderá ser interposto pelo Ministério Público, pelo querelante, pelo réu, seu procurador ou seu defensor (CPP, art. 577), mas não se admitirá, entretanto, recurso da parte que não tiver interesse na reforma ou modificação da decisão. Dessa forma, o próprio réu poderá interpor recurso autonomamente.
4. O Código de Processo Penal prevê o chamado **princípio da fungibilidade recursal**, pois, salvo a hipótese de má-fé, a parte não será prejudicada pela interposição de um recurso por outro (CPP, art. 579).
5. No caso de **concurso de agentes**, a decisão do recurso interposto por um dos réus, se fundado em motivos que não sejam de caráter exclusivamente pessoal, aproveitará aos outros (CPP, art. 580).

Recurso em Sentido Estrito.

6. Algumas das hipóteses de cabimento do recurso em sentido estrito em incidentes do processo de execução penal, descritas no art. 581 do Código de Processo Penal, não são mais aplicáveis, pois foram revogadas pela lei de execução penal (Lei nº 7.210/84), que prevê para esses casos o agravo em execução.

RECURSO EM SENTIDO ESTRITO (CPP, art. 581)
I – que **não receber** a **denúncia** ou a **queixa**;
II – que concluir pela **incompetência do juízo**;
III – que julgar **procedentes** as **exceções**, **salvo** a de **suspeição**;
IV – que **pronunciar o réu**;
V – que conceder, negar, arbitrar, cassar ou julgar inidônea a **fiança**, **indeferir** requerimento de **prisão preventiva** ou **revogá-la**, **conceder liberdade provisória** ou **relaxar a prisão em flagrante**;
VII – que julgar **quebrada** a **fiança** ou **perdido** o seu **valor**;
VIII – que decretar a **prescrição ou** julgar, por outro modo, **extinta a punibilidade**;
IX – que **indeferir** o pedido de reconhecimento da **prescrição** ou de outra **causa extintiva da punibilidade**;
X – que **conceder** ou **negar** a ordem de ***habeas corpus***;
XIII – que **anular** o processo da **instrução criminal**, no todo ou em parte;
XV – que **denegar** a **apelação ou** a **julgar deserta**;
XVI – que ordenar a **suspensão do processo**, em virtude de **questão prejudicial**;
XVIII – que decidir o **incidente de falsidade**;
XXV - que **recusar homologação à proposta de acordo de não persecução penal**, previsto no art. 28-A desta Lei. (**Lei 13.964/19**)

7. Conforme ensino de Nestor Távora e Rosmar Rodrigues Alencar[2], não é mais cabível recurso em sentido estrito contra decisão que incluir jurado na lista geral ou desta o excluir (CPP, art. 581, inciso XIV), tendo em vista que, com o advento da Lei nº 11.689/08, a lista geral dos jurados poderá ser alterada de ofício ou mediante reclamação de qualquer do povo ao juiz presidente até o dia 10 de novembro, data de sua publicação definitiva (CPP, art. 426). Portanto, agora não cabe mais recurso, mas sim reclamação contra a lista geral de jurados, no procedimento do tribunal do júri.
8. Terá **efeito suspensivo** o recurso em sentido estrito nos casos de: a) **perda da fiança**; b) que **denegar a apelação ou a julgar deserta** (CPP, art. 584).
9. **Prazos.** O prazo para **interposição** do recurso em sentido estrito: **5 dias** (CPP, art. 586). O **prazo** pa-

2. *Curso de Direito Processual Penal*, 8ª edição, Salvador, Editora Juspodivm, p. 1032-1033.

ra oferecimento de **razões recursais**: **2 dias** (CPP, art. 588).

10. **Efeito regressivo.** Juntada a resposta do recorrido ao recurso (contrarrazões), ou sem ela, será o recurso concluso ao juiz, que, dentro de dois dias, reformará ou sustentará o seu despacho. No caso de o juiz reconsiderar o despacho recorrido (efeito regressivo do recurso), a parte contrária, por simples petição, poderá recorrer da nova decisão, se couber recurso, não sendo mais lícito ao juiz modificá-la. Neste caso, independentemente de novos arrazoados, subirá o recurso nos próprios autos ou em traslado (CPP, art. 589).

Apelação.

Cabimento da APELAÇÃO (CPP, art. 593)
I – das **sentenças definitivas** de condenação ou absolvição proferidas por juiz singular;
II – das **decisões definitivas, ou com força de definitivas**, proferidas por juiz singular;
III – das decisões do **Tribunal do Júri**, quando: a) ocorrer **nulidade posterior** à **pronúncia**; b) for a **sentença** do juiz-presidente **contrária à lei expressa** ou à **decisão dos jurados**; c) houver **erro** ou **injustiça** no tocante à **aplicação da pena** ou da **medida de segurança**; d) for a **decisão** dos **jurados manifestamente contrária** à **prova dos autos**.

11. **Prazos.** O prazo para **interposição** da apelação é de **5 (cinco) dias** (CPP, art. 593). O **prazo** para oferecimento de **razões recursais** é de **8 (oito) dias**, salvo nos processos de **contravenção**, em que o prazo será de **3 (três) dias** (CPP, art. 600).

12. Se houver **assistente** de acusação **já habilitado nos autos**, este arrazoará no prazo de **3 (três dias)**, após o Ministério Público (CPP, art. 600, § 1º).

13. Caso o **ofendido não** esteja **habilitado nos autos** como assistente de acusação e, proferida sentença, não for interposta apelação pelo Ministério Público no prazo legal, aquele ou qualquer das pessoas enumeradas no art. 31 do Código de Processo Penal poderá interpor apelação no **prazo de 15 (quinze) dias**, que correrá do dia em que terminar o do Ministério Público

Embargos Infringentes ou de Nulidade.

14. Quando não for unânime a decisão de segunda instância, desfavorável ao réu, serão admitidos embargos infringentes e de nulidade, que poderão ser opostos dentro de **10 (dez) dias**, a contar da publicação de acórdão. Se o desacordo for parcial, os embargos serão restritos à matéria objeto de divergência (CPP, art. 609, parágrafo único).

Embargos de Declaração.

15. Qualquer das partes poderá, no prazo de **2 (dois) dias**, pedir ao juiz que declare a sentença, sempre que nela houver obscuridade, ambiguidade, contradição ou omissão (CPP, art. 382).

16. Contra **acórdãos** proferidos pelos tribunais, câmaras ou turmas, poderão ser opostos **embargos de declaração**, no prazo de **2 (dois) dias** contados da sua publicação, quando houver na sentença ambiguidade, obscuridade, contradição ou omissão (CPP, art. 619).

Revisão Criminal.

17. A revisão poderá ser requerida em qualquer tempo, antes da extinção da pena ou após, mas só se admitirá a reiteração do pedido se fundado em novas provas (CPP, art. 622).

18. No caso de julgar procedente a revisão criminal, o tribunal poderá alterar a classificação da infração penal, absolver o réu, modificar a pena ou anular o processo, mas não poderá ser agravada a pena imposta pela decisão revista (CPP, art. 626).

19. A **Carta Testemunhável** será cabível da decisão que denegar o recurso e da que, embora admita o recurso, obstar à sua expedição e seguimento para o juízo *ad quem* (CPP, art. 639).

20. Deverá ser requerida ao escrivão ou ao secretário do tribunal, conforme o caso, nas **48 (quarenta e oito) horas** seguintes ao despacho que denegar o recurso, indicando o requerente as peças do processo que deverão ser trasladadas (CPP, art. 640).

Habeas Corpus.

21. Terá cabimento o *habeas corpus* sempre que alguém sofrer ou se achar na iminência de sofrer **violência** ou **coação ilegal** na sua **liberdade de ir e vir**, salvo nos casos de punição disciplinar (CPP, art. 647).

22. O *habeas corpus* pode ser impetrado por qualquer pessoa, em seu favor ou de outrem. Não é necessária capacidade postulatória (inscrição nos quadros da Ordem dos Advogados do Brasil).

23. O Código de Processo Penal prevê expressamente no art. 654, *caput*, o Ministério Público como legitimado à impetração de *habeas corpus*.

24. Os juízes e os tribunais têm competência para expedir de ofício ordem de **habeas corpus**, quando no curso de processo verificarem que alguém sofre ou está na iminência de sofrer coação ilegal (CPP, art. 654, § 2º).

25. Estabelece o art. 659 do Código de Processo Penal, no que se refere ao *habeas corpus*, que, caso o juiz ou o tribunal verificar que já cessou a violência ou coação ilegal, julgará prejudicado o pedido.

26. Permite-se a impetração de habeas corpus na justiça eleitoral. Assim, atos de autoridades policiais que possam consubstanciar violação à liberdade de locomoção de eleitor podem ser questionados por habeas corpus, sendo respeitada, no entanto, a competência originária dos tribunais eleitorais.

27. O art. 581, inciso X, do Código de Processo Penal dispõe que cabe recurso em sentido estrito da decisão que conceder ou que negar a ordem de *habeas corpus*.

28. A 2ª Turma do STF entendeu **cabível a impetração de habeas corpus coletivo** (**Info STF 891**). Consignou-se que "esse remédio constitucional é notadamente maleável diante de lesões a direitos fundamentais, e existem dispositivos legais que encorajam o cabimento do "writ" na forma coletiva, como o art. 654, § 2º, do CPP, que preconiza a competência de juízes e tribunais para expedir ordem de "habeas corpus" de ofício. O art. 580 do mesmo diploma, por sua vez, permite que a ordem concedida em determinado "writ" seja estendida para todos que se encontram na mesma situação. Além disso, a existência de outras ferramentas disponíveis para suscitar a defesa coletiva de direitos não deve obstar o conhecimento desta ação, pois o rol de legitimados não é o mesmo, mas consideravelmente mais restrito na ADPF, por exemplo" (STF. 2ª T., HC 143641/SP. Rel. Min. Ricardo Lewandowski, j. em 20/2/2018.

13. JUIZADOS ESPECIAIS CRIMINAIS

1. O Juizado Especial Criminal tem competência para a conciliação, o julgamento e a execução das infrações penais de menor potencial ofensivo, respeitadas as regras de conexão e continência (Lei nº 9.099/95, art. 60).

2. Lembre-se que se houver reunião de processos, perante o juízo comum ou o tribunal do júri, decorrentes da aplicação das regras de conexão e continência, deverão ser observados os institutos da transação penal e da composição dos danos civis.

3. São consideradas infrações de menor potencial ofensivo as **contravenções penais** e os **crimes** a que a lei comine **pena máxima não superior a 2 (dois) anos**, cumulada **ou não** com multa (Lei nº 9.099/95, art. 61).

4. Diferentemente do Código de Processo Penal, a **competência** do Juizado será determinada pelo **lugar** em que foi **praticada** a **infração penal** (**teoria da atividade**).

5. O benefício da suspensão condicional do processo não é direito público e subjetivo do autor do fato, conforme já decidiu o Supremo Tribunal Federal. Reunidos os pressupostos legais permissivos da suspensão condicional do processo, mas se recusando o promotor de justiça a propô-la, o juiz, dissentindo, remeterá a questão ao Procurador-Geral, aplicando-se por analogia o art. 28 do Código de Processo Penal (**STF Súmula nº 696**). Trata-se de poder-dever do Ministério Público, a quem incumbe promover de maneira privativa a ação penal pública (CF, art. 127).

6. É entendimento consolidado no STF e no STJ que a suspensão condicional do processo pode ser revogada após expirado o período de prova, desde que a decisão se funde em acontecimento ocorrido durante o período de suspensão. Confira abaixo:

> **STF (Informativo nº 658)**: Suspensão condicional do processo e cumprimento de período de prova. **O benefício da suspensão condicional do processo pode ser revogado mesmo após o período de prova, desde que motivado por fatos ocorridos até o seu término.** [...]. Considerou-se que a melhor interpretação do art. 89, § 4º, da Lei 9.099/95 levaria à conclusão de que não haveria óbice a que o juiz decidisse após o final do período de prova. Reputou-se que, embora o instituto da suspensão condicional do processo constituísse importante medida despenalizadora – estabelecida por questões de política criminal, com o objetivo de possibilitar, em casos previamente especificados, que o processo não chegasse a iniciar-se –, o acusado não soubera se valer do favor legal que lhe fora conferido, sem demonstrar o necessário comprometimento, em claro menoscabo da justiça. Vencido o Min. Marco Aurélio, que provia o agravo regimental, por entender que, após o decurso do período de prova assinalado pelo juiz, não seria mais possível a revogação da suspensão condicional do processo. **AP 512 AgR/BA, rel. Min. Ayres Britto, 15.3.2012.**

No mesmo sentido a posição do **Superior Tribunal de Justiça**:

> RECURSO ESPECIAL. CRIME CONTRA O MEIO AMBIENTE. SUSPENSÃO CONDICIONAL DO PROCESSO. DECURSO DO PERÍODO DE PROVA. EXTINÇÃO AUTOMÁTICA DA PUNIBILIDADE. IMPOSSIBILIDADE. RECURSO PROVIDO. 1. O Superior Tribunal de Justiça assentou o entendimento de que **"o término do período de prova sem revogação do sursis processual não enseja, automaticamente, a decretação da extinção da punibilidade, que somente tem lugar após certificado que o acusado cumpriu as obrigações estabelecidas e não veio a ser denunciado por novo delito durante a fase probatória."** (RHC 28504/PA, Rel. Ministro OG FERNANDES, SEXTA TURMA, julgado em 04/08/2011, DJe 17/08/2011). 2. Recurso especial provido para anular a decisão que declarou extinta a punibilidade

dos recorridos, e determinar que o Juízo Federal competente avalie o cumprimento das condições impostas a estes durante o período de prova do sursis processual, prosseguindo no julgamento do feito, como bem entender de direito. **REsp 849626/MG, 6ª Turma, Rel. Min. Vasco Della Giustina, DJe 26/09/2011**.

7. A jurisprudência do STF também se assentou no sentido de considerar válida a imposição, como condição para a suspensão condicional do processo, de **prestação de serviços à comunidade ou de prestação pecuniária**.

    EMENTA HABEAS CORPUS. PROCESSUAL PENAL. FURTO. SUSPENSÃO CONDICIONAL DO PROCESSO. IMPOSIÇÃO DE PRESTAÇÃO DE SERVIÇOS OU DE PRESTAÇÃO PECUNIÁRIA. VALIDADE. **Não é inconstitucional ou inválida a imposição, como condição para a suspensão condicional do processo, de prestação de serviços ou prestação pecuniária, desde que adequadas ao fato e à situação pessoal do acusado e fixadas em patamares distantes das penas decorrentes de eventual condenação**. A imposição das condições previstas fica sujeita ao prudente arbítrio do juiz, não cabendo revisão em habeas corpus, salvo se manifestamente ilegais ou abusivas. **HC 108.914/RS - 1ª Turma - julgado em 29/05/2012 - Relatora: Ministra ROSA WEBER**

8. Da decisão de **rejeição** da **denúncia** ou **queixa** e **da sentença** caberá **apelação**, no **prazo de 10 (dez) dias**, que poderá ser julgada por turma composta de três Juízes em exercício no primeiro grau de jurisdição, reunidos na sede do Juizado.

9. Caberão **embargos de declaração** quando, em sentença ou acórdão, houver obscuridade, contradição, omissão ou dúvida, no **prazo de 5 (cinco) dias**, contados da ciência da decisão.

10. Serão criados e instalados os **Juizados Especiais Itinerantes**, que deverão dirimir, prioritariamente, os conflitos existentes nas áreas rurais ou nos locais de menor concentração populacional.

11. Compete ao **Juizado Especial Federal Criminal** processar e julgar os feitos de competência da Justiça Federal relativos às infrações de menor potencial ofensivo, respeitadas as regras de conexão e continência.

12. As **Turmas Recursais** dos **Juizados Especiais Federais** serão instituídas por decisão do **Tribunal Regional Federal**, que definirá sua composição e área de competência, podendo abranger mais de uma seção (Lei nº 10.259/01, art. 21, com redação dada pela **Lei nº 12.665/12**).

13. De acordo com a Lei nº 9.099/95, se a complexidade ou as circunstâncias do caso não permitirem a formulação da denúncia, o Ministério Público poderá requerer ao Juiz o encaminhamento das peças existentes ao Juízo comum para a adoção "do procedimento previsto em lei" (Lei 9.099/95 art. 77 § 2º). Por sua vez, o Código de Processo Penal prevê expressamente que, quando o juizado especial criminal encaminhar ao juízo comum as peças existentes para a adoção de outro procedimento, será observado o **procedimento sumário** (**CPP, art. 538**)

14. LEIS ESPECIAIS

Lei nº 9.296/96.

1. A interceptação de comunicações telefônicas, de qualquer natureza, para prova em investigação criminal e em instrução processual penal, observará o disposto nesta na Lei nº 9.296/96 e dependerá de ordem do juiz competente da ação principal, sob segredo de justiça (Lei nº 9.296/96, art. 1º).

2. A interceptação das comunicações telefônicas poderá ser determinada pelo **juiz**, **de ofício ou a requerimento** da **autoridade policial**, na investigação criminal e do representante do **Ministério Público**, na investigação criminal e na instrução processual penal (Lei nº 9.296/96, art. 3º).

3. A decisão será fundamentada, sob pena de nulidade, indicando também a forma de execução da diligência, que não poderá exceder o prazo de **quinze dias**, **renovável** por igual tempo uma vez comprovada a indispensabilidade do meio de prova (Lei nº 9.296/96, art. 5º).

4. Conforme jurisprudência do Supremo Tribunal Federal e do Superior Tribunal de Justiça, o disposto no art. 5º da Lei nº 9.296/96 não limita a **prorrogação da interceptação telefônica** a um único período, podendo haver sucessivas renovações, desde que devidamente fundamentadas **(STJ, HC 143.805/SP, julgado em 14/2/2012** e **STF HC 102.601/MS, 1ª Turma, DJe 28/10/2011)**.

5. A interceptação de comunicação telefônica, de qualquer natureza, ocorrerá em autos apartados, apensados aos autos do inquérito policial ou do processo criminal, preservando-se o sigilo das diligências, gravações e transcrições respectivas (Lei nº 9.296/96, art. 8º).

6. A jurisprudência do Superior Tribunal de Justiça assentou entendimento no sentido de "**não haver necessidade** de identificação dos interlocutores por meio de **perícia técnica** ou de **degravação dos diálogos em sua integridade por peritos oficiais**, visto que a citada lei não faz qualquer exigência nesse sentido" (REsp 1.134.455-RS, Rel. Min. Gilson Dipp, julgado em 22/2/2011 – **Informativo 464**). O Supremo Tribunal Federal possuía o mes-

mo entendimento de que "é dispensável a degravação integral dos áudios captados, cabendo à Autoridade Policial, nos exatos termos do art. 6º, §§ 1º e 2º da Lei 9.296/96, conduzir a diligência dentro dos parâmetros fixados pelo Juiz", bem como que **"segundo a jurisprudência desta Corte, basta a transcrição dos trechos necessários ao embasamento da denúncia"** (**HC 114.639/SP**, Relator Min. Celso de Mello, julgado em 19.10.2012).

7. **O Supremo Tribunal Federal** voltou a reafirmar que "**não é necessária a transcrição integral das conversas interceptadas, desde que possibilitado ao investigado o pleno acesso a todas as conversas captadas, assim como disponibilizada a totalidade do material que, direta e indiretamente, àquele se refira, sem prejuízo do poder do magistrado em determinar a transcrição da integralidade ou de partes do áudio**" (**Inq 3693/PA, rel. Min. Cármen Lúcia, 10.4.2014 – Informativo 742**).

8. É ilícito o acesso aos dados e às conversas de whatsapp, obtidas diretamente pela polícia em celular apreendido no flagrante, sem prévia autorização judicial, nos termos da jurisprudência do STJ (**STJ, RHC 51.531-RO**, 6ª Tur-ma. Rel. Min. Nefi Cordeiro, julgado em 19/4/2016). No entanto, "não há ilegalidade na perícia de aparelho de telefonia celular pela polícia, sem prévia autorização judicial, na hipótese em que seu proprietário (a vítima) foi morto, tendo o referido telefone sido entregue à autoridade policial por sua esposa" (**STJ, RHC 86.076-MT**, 6ª Turma. Rel. Min. Sebastião Reis Júnior, Rel. Acd. Min. Rogerio Schietti Cruz, julgado em 19/10/2017).

9. O juiz poderá autorizar, para **investigação ou instrução** criminal, a **requerimento** da autoridade policial ou do Ministério Público, a **captação ambiental** de sinais eletromagnéticos, ópticos ou acústicos, quando: **I** - a prova não puder ser feita por outros meios disponíveis e igualmente eficazes; e **II** - houver elementos probatórios razoáveis de autoria e participação em infrações criminais cujas **penas máximas** sejam **superiores a 4 (quatro) anos ou** em **infrações penais conexas.** (Lei nº 9.296/96, **art. 8º-A**, redação dada pela **Lei nº 13.964/19**). § 3º A captação ambiental não poderá exceder o **prazo de 15 (quinze) dias, renovável por decisão judicial** por iguais períodos, se comprovada a indispensabilidade do meio de prova e quando presente atividade criminal permanente, habitual ou continuada (**Lei nº 9.296/96, art. 8º-A, § 3º**, redação dada pela **Lei nº 13.964/19**).

9.1. Instalação do dispositivo de captação ambiental: pode ser realizado por policiais disfarçados ou, à noite, neste caso respeitado a inviolabilidade do domicílio na foram do art. 5º, XI, CF/88.

9.2. Captação ambiental feita por um dos interlocutores, sem conhecimento da autoridade policial ou do Ministério Público pode ser utilizada como defesa, desde que demonstrada sua integridade.

10. Constitui **crime** a conduta de realizar **captação ambiental** de sinais eletromagnéticos, ópticos ou acústicos para investigação ou instrução criminal **sem autorização judicial**, quando esta for exigida (**Lei nº 9.296/96, art. 10-A**, redação dada pela **Lei nº 13.964/19**). No entanto, **não há crime** se a captação é realizada **por um dos interlocutores**. A **pena** será aplicada **em dobro** ao **funcionário público** que descumprir determinação de sigilo das investigações que envolvam a captação ambiental ou revelar o conteúdo das gravações enquanto mantido o sigilo judicial.

Lei nº 9.613/98.

1. A **Lei nº 9.613/98**, que dispõe sobre os crimes de "lavagem" ou ocultação de bens, direitos e valores, foi recentemente alterada pela **Lei nº 12.683/12**.

2. O processo e julgamento dos crimes previstos na Lei nº 9.613/98 deverão obedecer às disposições relativas ao procedimento comum dos **crimes** punidos com **reclusão**, da competência do juiz singular, bem como **independem** do processo e julgamento **das infrações penais antecedentes**, ainda que praticados em outro país, cabendo ao juiz competente para os crimes previstos nesta Lei a decisão sobre a unidade de processo e julgamento (Lei nº 9.613/98, art. 2º).

3. Serão da competência da **Justiça Federal** quando: **a)** praticados contra o sistema financeiro e a ordem econômico-financeira, ou em detrimento de bens, serviços ou interesses da União, ou de suas entidades autárquicas ou empresas públicas; bem como **b)** quando a infração penal antecedente for de competência da Justiça Federal (Lei nº 9.613/98, art. 2º, inciso III, alínea b).

4. A **denúncia** será instruída com indícios suficientes da existência da infração penal antecedente, sendo puníveis os fatos previstos na Lei nº 9.613/98 **ainda que** desconhecido ou isento de pena o autor, ou extinta a punibilidade da infração penal antecedente (Lei nº 9.613/98, art. 2º, § 1º).

5. **Não se aplica** o disposto no **art. 366 do Código de Processo Penal**, devendo o acusado que não comparecer nem constituir advogado ser citado por edital, prosseguindo o feito até o julgamento, com a nomeação de defensor dativo.

6. O **juiz**, de ofício, a requerimento do Ministério Público ou mediante representação do delegado de polícia, ouvido o Ministério Público em 24 (vinte e quatro) horas, havendo indícios suficientes de infração penal, poderá decretar **medidas assecura-**

tórias de bens, direitos ou valores do **investigado** ou **acusado**, ou existentes em nome de **interpostas pessoas**, que sejam instrumento, produto ou proveito dos crimes previstos na Lei nº 9.613/98 ou das infrações penais antecedentes.

7. Nenhum pedido de liberação será conhecido sem o **comparecimento pessoal** do **acusado** ou de **interposta pessoa** contra os quais foram decretadas as medidas assecuratórias.

8. Admite-se a utilização da ação controlada e da infiltração de agentes para apuração do crime de "lavagem" ou ocultação de bens, direitos e valores (**Lei 9.613/98, art. 1º, § 6º,** redação dada pela **Lei nº 13.964/19**).

Lei nº 8.038/90.

1. A Lei nº 8.038/90 disciplina os processos criminais de competência originária dos tribunais

2. No procedimento previsto na Lei nº 8.038/90, após a apresentação da denúncia ou da queixa e a posterior notificação do acusado para oferecer resposta (art. 4º), o relator pedirá dia para que o Tribunal delibere sobre o recebimento, a rejeição da denúncia ou da queixa, ou a improcedência da acusação, se a decisão não depender de outras provas (Lei nº 8.038/90, art. 6º). Dessa forma, apenas o órgão colegiado poderá decidir sobre o recebimento ou a rejeição da inicial acusatória.

3. **ATENÇÃO!** Admite-se o **acordo de não persecução penal** nos processos de competência originária dos tribunais (**Lei nº 8.038/90, art. 1º, § 3º**, com redação dada pela **Lei nº 13.964/19**).

Lei nº 12.850/2013.

1. A Lei 12.850/2013 define organização criminosa e dispõe sobre a investigação criminal, os meios de obtenção da prova, infrações penais correlatas e o procedimento criminal.

2. O **acordo de colaboração premiada** é negócio jurídico processual e meio de obtenção de prova, que pressupõe utilidade e interesse públicos (**Lei nº 12.850/2013, art. 3º-A, caput**, com redação dada pela **Lei nº 13.964/19**).

3. Realizado o acordo de colaboração premiada, serão remetidos ao juiz, para análise, o respectivo termo, as declarações do colaborador e cópia da investigação, devendo o juiz ouvir sigilosamente o colaborador, acompanhado de seu defensor, oportunidade em que analisará os seguintes aspectos na homologação: **I - regularidade e legalidade; II - adequação dos benefícios pactuados** àqueles previstos em lei, sendo nulas as cláusulas que violem o critério de definição do regime inicial de cumprimento de pena do art. 33 do Código Penal, as regras de cada um dos regimes previstos no Código Penal e na Lei de Execução Penal e os requisitos de progressão de regime não abrangidos pelo § 5º do artigo; **III - adequação dos resultados da colaboração aos resultados mínimos exigidos** em lei; **IV - voluntariedade** da manifestação de vontade, especialmente nos casos em que o colaborador está ou esteve sob efeito de medidas cautelares. (**Lei nº 12.850/2013, art. 4º, § 4º-A**, com redação dada pela **Lei nº 13.964/19**).

4. Nenhuma das seguintes medidas será decretada ou proferida com fundamento apenas nas declarações do colaborador: **I - medidas cautelares** reais ou pessoais; **II - recebimento de denúncia ou queixa-crime**; **III - sentença condenatória** (**Lei nº 12.850/2013, art. 4º, §16**, com redação dada pela **Lei nº 13.964/19**).

5. A previsão legal expressa (§§ 2º e 6º do art. 4º da Lei 12.850/13) da **possibilidade de delegado de polícia realizar acordos de colaboração premiada**, na **fase de inquérito policial**, é constitucional (**Info STF 907**), respeitadas as prerrogativas do Ministério Público, o qual deverá se manifestar, sem caráter vinculante, previamente à decisão judicial. A representação pelo perdão judicial, proposta pelo delegado de polícia, ante colaboração premiada, ouvido o Ministério Público, não é causa impeditiva do oferecimento da denúncia pelo órgão acusador. Uma vez comprovada a eficácia do acordo, será extinta pelo juiz, a punibilidade do delator.

6. O STF entende que o delatado não tem legitimidade para impugnar o acordo de colaboração premiada, por se tratar de negócio jurídico personalíssimo. O contraditório em relação aos delatados seria estabelecido nas ações penais instruídas com as provas produzidas pelo colaborador. A **impugnação quanto à competência para homologação do acordo**, porém, diz respeito às disposições constitucionais quanto à **prerrogativa de foro**. Assim, ainda que seja negada ao delatado a possibilidade de impugnar o acordo, esse entendimento não se aplica em caso de homologação sem respeito à prerrogativa de foro. Portanto, o caso é de reconhecimento da ineficácia, em relação ao governador, dos atos de colaboração premiada, decorrentes de acordo de colaboração homologado em usurpação de competência do STJ. Dessa forma, em caso de delação de autoridade com foro por prerrogativa de função, a homologação do acordo de colaboração premiada será de competência do respectivo tribunal (**Info STF 895**).

7. As lideranças de organizações criminosas armadas ou que tenham armas à disposição deverão iniciar o cumprimento da pena em estabelecimentos penais de segurança máxima. (**Lei nº 12.850/2013, art. 2º, § 8º**, com redação dada pela **Lei nº**

13.964/19). O condenado expressamente em sentença por integrar organização criminosa ou por crime praticado por meio de organização criminosa não poderá progredir de regime de cumprimento de pena ou obter livramento condicional ou outros benefícios prisionais se houver elementos probatórios que indiquem a manutenção do vínculo associativo (**Lei nº 12.850/2013, art. 2º, § 9º**, com redação dada pela **Lei nº 13.964/19**).

✦ SÚMULAS APLICÁVEIS

◉ STF

INQUÉRITO POLICIAL

- **STF 524** – Arquivado o inquérito policial, por despacho do juiz, a requerimento do Promotor de Justiça, não pode a ação penal ser iniciada, sem novas provas.

AÇÃO PENAL

- **STF 609** – É pública incondicionada a ação penal por crime de sonegação fiscal.
- **STF 709** – Salvo quando nula a decisão de primeiro grau, o acórdão que provê o recurso contra a rejeição da denúncia vale, desde logo, pelo recebimento dela.
- **STF 594** – Os direitos de queixa e de representação podem ser exercidos, independentemente, pelo ofendido ou por seu representante legal.
- **STF 714** – É concorrente a legitimidade do ofendido, mediante queixa, e do Ministério Público, condicionada à representação do ofendido, para a ação penal por crime contra a honra de servidor público em razão do exercício de suas funções.

COMPETÊNCIA

COMPETÊNCIA POR PRERROGATIVA DE FUNÇÃO

- **Súm. Vinculante 45** – A competência especial por prerrogativa de função não se estende ao crime cometido após a cessação definitiva do exercício funcional.
- **STF 721** – A competência constitucional do Tribunal do Júri prevalece sobre o foro por prerrogativa de função estabelecido exclusivamente pela Constituição estadual.
- **STF 702** – A competência do tribunal de justiça para julgar prefeitos restringe-se aos crimes de competência da justiça comum estadual; nos demais casos, a competência originária caberá ao respectivo tribunal de segundo grau.
- **STF 704** – Não viola as garantias do juiz natural, da ampla defesa e do devido processo legal a atração por continência ou conexão do processo do corréu ao foro por prerrogativa de função de um dos denunciados.

CONFLITO DE COMPETÊNCIA ENTRE JUSTIÇA FEDERAL E JUSTIÇA ESTADUAL

- **STF 522** – Salvo ocorrência de tráfico com o exterior, quando, então, a competência será da Justiça Federal, compete à justiça dos Estados o processo e o julgamento dos crimes relativos a entorpecentes.

OUTROS

- **Sum. Vinculante 36.** Compete à justiça federal comum processar e julgar civil denunciado pelos crimes de falsificação e de uso de documento falso quando se tratar de falsificação da caderneta de inscrição e registro (CIR) ou de carteira de habilitação de amador (CHA), ainda que expedidas pela Marinha do Brasil.

DO PROCESSO

- **STF 453** – Não se aplicam à segunda instância o art. 384 e parágrafo único do Código de Processo Penal, que possibilitam dar nova definição jurídica ao fato delituoso, em virtude de circunstância elementar não contida, explícita ou implicitamente, na denúncia ou queixa.

CITAÇÃO E INTIMAÇÃO

- **STF 710** – No processo penal, contam-se os prazos da data da intimação, e não da juntada aos autos do mandado ou da carta precatória ou de ordem.

PRISÃO E LIBERDADE PROVISÓRIA

- **STF 697** – A proibição de liberdade provisória nos processos por crimes hediondos não veda o relaxamento da prisão processual por excesso de prazo.

NULIDADES

- **STF 155** – É relativa a nulidade do processo criminal por falta de intimação da expedição de precatória para inquirição de testemunha.
- **STF 160** – É nula a decisão do tribunal que acolhe, contra o réu, nulidade não arguida no recurso da acusação, ressalvados os casos de recurso de ofício.
- **STF 351** – É nula a citação por edital de réu preso na mesma unidade da federação em que o juiz exerce a sua jurisdição.
- **STF 366** – Não é nula a citação por edital que indica o dispositivo da lei penal, embora não transcreva a denúncia ou queixa, ou não resuma os fatos em que se baseia.

- **STF 523** – No processo penal, a falta da defesa constitui nulidade absoluta, mas a sua deficiência só o anulará se houver prova de prejuízo para o réu.
- **STF 706** – É relativa a nulidade decorrente da inobservância da competência penal por prevenção.
- **STF 707** – Constitui nulidade a falta de intimação do denunciado para oferecer contra-razões ao recurso interposto da rejeição da denúncia, não a suprindo a nomeação de defensor dativo.
- **STF 708** – É nulo o julgamento da apelação se, após a manifestação nos autos da renúncia do único defensor, o réu não foi previamente intimado para constituir outro.
- **STF 712** – É nula a decisão que determina o desaforamento de processo da competência do júri sem audiência da defesa.

RECURSOS

- **STF 210** – O assistente do Ministério Público pode recorrer, inclusive extraordinariamente, na ação penal, nos casos dos artigos 584, § 1º e 598 do Código de Processo Penal.
- **STF 431** – É nulo o julgamento de recurso criminal, na segunda instância, sem prévia intimação, ou publicação da pauta, salvo em habeas-corpus.
- **STF 448** – O prazo para o assistente recorrer, supletivamente, começa a correr imediatamente após o transcurso do prazo do Ministério Público.
- **STF 699** – O prazo para interposição de agravo, em processo penal, é de cinco dias, de acordo com a Lei 8.038/90, não se aplicando o disposto a respeito nas alterações da Lei 8.950/94 ao Código de Processo Civil.
- **STF 700** – É de cinco dias o prazo para interposição de agravo contra decisão do juiz da execução penal.
- **STF 705** – A renúncia do réu ao direito de apelação, manifestada sem a assistência do defensor, não impede o conhecimento da apelação por este interposta.
- **STF 713** – O efeito devolutivo da apelação contra decisões do júri é adstrito aos fundamentos da sua interposição.

HABEAS CORPUS

- **STF 208** – O assistente do Ministério Público não pode recorrer, extraordinariamente, de decisão concessiva de habeas corpus.
- **STF 344** – Sentença de primeira instância concessiva de habeas corpus, em caso de crime praticado em detrimento de bens, serviços ou interesses da União, está sujeita a recurso "ex officio".
- **STF 395** – Não se conhece de recurso de habeas corpus cujo objeto seja resolver sobre o ônus das custas, por não estar mais em causa a liberdade de locomoção.
- **STF 606** – Não cabe habeas corpus originário para o Tribunal Pleno de decisão de turma, ou do plenário, proferida em habeas corpus ou no respectivo recurso.
- **STF 691** – Não compete ao Supremo Tribunal Federal conhecer de habeas corpus impetrado contra decisão do relator que, em habeas corpus requerido a tribunal superior, indefere a liminar.
- **STF 693** – Não cabe habeas corpus contra decisão condenatória a pena de multa, ou relativo a processo em curso por infração penal a que a pena pecuniária seja a única cominada.
- **STF 694** – Não cabe habeas corpus contra a imposição da pena de exclusão de militar ou de perda de patente ou de função pública.
- **STF 695** – Não cabe habeas corpus quando já extinta a pena privativa de liberdade.

JUIZADOS ESPECIAIS CRIMINAIS

- **Súm. Vinculante 35** – A homologação da transação penal prevista no artigo 76 da Lei 9.099/1995 não faz coisa julgada material e, descumpridas suas cláusulas, retoma-se a situação anterior, possibilitando-se ao Ministério Público a continuidade da persecução penal mediante oferecimento de denúncia ou requisição de inquérito policial.
- **STF 696** – Reunidos os pressupostos legais permissivos da suspensão condicional do processo, mas se recusando o promotor de justiça a propô-la, o juiz, dissentindo, remeterá a questão ao procurador-geral, aplicando-se por analogia o art. 28 do Código de Processo Penal.
- **STF 723** – Não se admite a suspensão condicional do processo por crime continuado, se a soma da pena mínima da infração mais grave com o aumento mínimo de um sexto for superior a um ano.

◉ STJ

INQUÉRITO POLICIAL

- **STJ 234** – A participação de membro do Ministério Público na fase investigatória criminal não acarreta o seu impedimento ou suspeição para o oferecimento da denúncia.

COMPETÊNCIA

COMPETÊNCIA POR PRERROGATIVA DE FUNÇÃO

- **STJ 164** O prefeito municipal, após a extinção do mandato, continua sujeito a processo por crime previsto no art. 1º do Decreto-lei nº 201, de 27.2.67.

- **STJ 208** Compete à justiça federal processar e julgar prefeito municipal por desvio de verba sujeita a prestação de contas perante órgão federal.
- **STJ 209** Compete à justiça estadual processar e julgar prefeito por desvio de verba transferida e incorporada ao patrimônio municipal.

CONFLITO DE COMPETÊNCIA ENTRE JUSTIÇA FEDERAL E JUSTIÇA ESTADUAL

- **STJ 38** – Compete à justiça estadual comum, na vigência da Constituição de 1988, o processo por contravenção penal, ainda que praticada em detrimento de bens, serviços ou interesse da União ou de suas entidades.
- **STJ 42** – Compete à justiça comum estadual processar e julgar as causas cíveis em que é parte sociedade de economia mista e os crimes praticados em seu detrimento.
- **STJ 62** – Compete à justiça estadual processar e julgar o crime de falsa anotação na Carteira de Trabalho e Previdência Social, atribuído a empresa privada.
- **STJ 104** – Compete à justiça estadual o processo e julgamento dos crimes de falsificação e uso de documento falso relativo a estabelecimento particular de ensino.
- **STJ 107** – Compete à justiça comum estadual processar e julgar crime de estelionato praticado mediante falsificação das guias de recolhimento das contribuições previdenciárias, quando não ocorrente lesão à autarquia federal.
- **STJ 122** – Compete à justiça federal o processo e julgamento unificado dos crimes conexos de competência federal e estadual, não se aplicando a regra do art. 78, II, "a", do Código de Processo Penal.
- **STJ 140** – Compete à justiça comum estadual processar e julgar crime em que o indígena figure como autor ou vítima.
- **STJ 147** – Compete à justiça federal processar e julgar os crimes praticados contra funcionário público federal, quando relacionados com o exercício da função.

OUTROS

- **STJ 59** – Não há conflito de competência se já existe sentença com trânsito em julgado, proferida por um dos juízos conflitantes.
- **STJ 151** – A competência para o processo e julgamento por crime de contrabando ou descaminho define-se pela prevenção do juízo federal do lugar da apreensão dos bens.
- **STJ 165** – Compete à justiça federal processar e julgar crime de falso testemunho cometido no processo trabalhista.
- **STJ 200** – O juízo federal competente para processar e julgar acusado de crime de uso de passaporte falso é o do lugar onde o delito se consumou.
- **STJ 244** – Compete ao foro do local da recusa processar e julgar o crime de estelionato mediante cheque sem provisão de fundos.

PROVAS

- **STJ 455** – A decisão que determina a produção antecipada de provas com base no art. 366 do CPP deve ser concretamente fundamentada, não a justificando unicamente o mero decurso do tempo.

DO PROCESSO

- **STJ 330** – É desnecessária a resposta preliminar de que trata o artigo 514 do Código de Processo Penal, na ação penal instruída por inquérito policial.

CITAÇÃO E INTIMAÇÃO

- **STJ 273** – Intimada a defesa da expedição da carta precatória, torna-se desnecessária intimação da data da audiência no juízo deprecado.

RECURSOS

- **STJ 604** – O mandado de segurança não se presta para atribuir efeito suspensivo a recurso criminal interposto pelo Ministério Público
- **STJ 648** – A superveniência da sentença condenatória prejudica o pedido de trancamento da ação penal por falta de justa causa feito em habeas corpus.

ALEGAÇÃO DE CONSTRANGIMENTO ILEGAL

- **STJ 21** – Pronunciado o réu, fica superada a alegação do constrangimento ilegal da prisão por excesso de prazo na instrução.
- **STJ 52** – Encerrada a instrução criminal, fica superada a alegação de constrangimento por excesso de prazo.
- **STJ 64** – Não constitui constrangimento ilegal o excesso de prazo na instrução, provocado pela defesa.

JUIZADOS ESPECIAIS CRIMINAIS

- **STJ 243** – O benefício da suspensão do processo não é aplicável em relação às infrações penais cometidas em concurso material, concurso formal ou continuidade delitiva, quando a pena mínima cominada, seja pelo somatório, seja pela incidência da majorante, ultrapassar o limite de um (01) ano.
- **STJ 337** – É cabível a suspensão condicional do processo na desclassificação do crime e na procedência parcial da pretensão punitiva.

Noções de Sustentabilidade

Robnei Stefanes

TABELA DE INCIDÊNCIA DE QUESTÕES		
ASSUNTO	**NÚMERO DE QUESTÕES**	**PESO**
1. AGENDA AMBIENTAL NA ADMINISTRAÇÃO PÚBLICA (A3P)	2	18,18%
2. LEI Nº 12.305/2010 – POLÍTICA NACIONAL DE RESÍDUOS SÓLIDOS	6	54,55%
3. LEI Nº 12.187/2009 – POLÍTICA NACIONAL DE MUDANÇA DO CLIMA	2	18,18%
4. RESOLUÇÃO TSE Nº 23.474/2016	1	9,09%
TOTAL	**11**	**100%**

Noções de Sustentabilidade

Robnei Stefanes

✦ QUESTÕES

Temos observado, nos concursos de tribunais, a inserção de novas disciplinas ao conteúdo programático. Essa tendência em provas corrobora um processo de seleção mais adequado, visando aproximar às vagas o candidato que detenha conhecimento, além dos básicos e específicos, de assuntos impactantes na sociedade moderna.

No intuito de oportunizar a preparação dos candidatos nessa nova matéria, foram comentadas questões dos últimos concursos para Tribunais, os quais exigiram o conhecimento de Noções de Sustentabilidade. E, ainda, como forma de propiciar o melhor "revisaço", na seção de dicas, encontraremos resumos e esquemas focados e que correspondem aos conteúdos para o TRF e TRE.

Apesar de os editais cobrarem Noções de Sustentabilidade, buscou-se desenvolver os assuntos com a profundidade necessária para gabaritar as questões e permitir maiores chances de aprovação aos candidatos nos certames de TRFs e TREs.

1. AGENDA AMBIENTAL NA ADMINISTRAÇÃO PÚBLICA (A3P)

01. (Consulplan – Técnico Judiciário – Área Administrativa – TRE – RJ/2017) "A Agenda Ambiental na Administração Pública (A3P) surgiu em 1999 como um projeto do Ministério do Meio Ambiente que buscava a revisão dos padrões de produção e consumo e a adoção de novos referenciais de sustentabilidade ambiental nas instituições da administração pública. Dois anos após o lançamento do projeto, foi criado o Programa Agenda Ambiental na Administração Pública, cujo objetivo era sensibilizar os gestores públicos para a importância das questões ambientais, estimulando-os a incorporar princípios e critérios de gestão ambiental em suas atividades rotineiras. Inúmeras são as contribuições relacionadas às questões de sustentabilidade preconizadas na Agenda Ambiental na Administração Pública." Nela estão elencados, segundo os sistemas de certificação que são referência na área de construção sustentável no mundo, os nove princípios que norteiam as diretrizes de uma obra que se proponha a ser ambientalmente equilibrada. Assinale a alternativa que apresenta dois desses princípios.

a) Eficiência energética e gestão e economia de água.

b) Conforto termoacústico e inexistência de resíduos.

c) Uso de tecnologias modernas e gestão democrática.

d) Aproveitamento passivo dos recursos naturais e custo irrisório.

COMENTÁRIOS

✪ **Nota do autor:** O enunciado da questão é proveitoso para seu estudo, pois sintetiza o porquê da criação do Programa Agenda Ambiental na Administração Pública.

A Agenda trata de vários assuntos relacionados a práticas sustentáveis, tais como a implantação de planos de ação para enfrentar as mudanças climáticas, empregos verdes, lixo eletrônico, construção sustentável, rotulagem ambiental etc.

O conhecimento exigido nesta questão refere-se à construção sustentável e aos 09 (nove) princípios de uma obra que busca ser ambientalmente equilibrada. Construção sustentável é um conceito que denomina um conjunto de medidas adotadas durante todas as etapas da obra que visam à sustentabilidade da edificação, que, segundo os sistemas de certificação na área de construção sustentável no mundo, são:

NOVE PRINCÍPIOS DA CONSTRUÇÃO SUSTENTÁVEL
1. Planejamento sustentável da obra
2. Aproveitamento passivo dos recursos naturais
3. Eficiência energética

4. Gestão e economia de água
5. Gestão dos resíduos na edificação
6. Qualidade do ar e do ambiente interior
7. Conforto termo-acústico
8. Uso racional de matérias
9. Uso de produtos e tecnologias ambientalmente amigáveis

Alternativa "a". São os princípios 3 e 4 da nossa tabela.

Alternativa "b": O conforto termo-acústico está correto, porém não se trata de um princípio a inexistência de resíduos, visto que são naturalmente produzidos em uma obra. O ideal é geri-los e aproveitá-los, conforme cada caso.

Alternativa "c": Tecnologias modernas nem sempre são ambientalmente amigáveis, e, para que sejam considerados um princípio, necessitam ser sustentáveis. Já a gestão democrática foi inclusa para confundir sua avaliação, no entanto não compõe o princípio das construções sustentáveis.

Alternativa "d": O aproveitamento passivo dos recursos naturais é um princípio, tendo como exemplos a captação de água da chuva para limpeza de algumas áreas e a utilização da luz solar para iluminar ambientes. Para que os recursos naturais sejam aproveitados, precisa-se de investimentos, criativos / baratos a complexos/caros. Assim, não é correto afirmar que custo irrisório compõe o rol de princípios da construção sustentável.

Alternativa correta: letra "a".

---

02. (Consulplan – Analista Judiciário – Área Administrativa – TRE – RJ/2017) "Entende-se por Políticas Públicas 'o conjunto de ações coletivas voltadas para a garantia dos direitos sociais, configurando um compromisso público que visa dar conta de determinada demanda, em diversas áreas. Expressa a transformação daquilo que é do âmbito privado em ações coletivas no espaço público'."

> (GUARESCHI et al, 2004, p. 180. Disponível em: http://www.mma.gov.br/estruturas/a3p/_arquivos/cartilha_a3p_36.pdf.)
>
> *"A sustentabilidade econômica, social e ambiental é um dos grandes desafios da humanidade e exige ação do poder público para que seja possível garantir a inserção da variável socioambiental no processo decisório, particularmente na formulação das políticas públicas."*
>
> (Disponível em: http://www.mma.gov.br/estruturas/a3p/_arquivos/cartilha_a3p_36.pdf.)

Relacionando as noções de políticas públicas e o papel que tais políticas devem exercer em relação à sustentabilidade, foram estabelecidas, desde 2003, quatro linhas básicas que têm determinado o traçado da política ambiental do Brasil. Elas permeiam todas as iniciativas, ações, projetos, planos e programas do Ministério do Meio Ambiente. Sobre essas linhas básicas, analise as afirmativas a seguir.

I. A promoção do desenvolvimento sustentável e a necessidade de controle e participação social são duas dessas linhas básicas.

II. A aplicabilidade desses princípios, no Brasil, esbarra na fragilidade institucional e, às vezes, na falta de uma base sólida de dados ambientais.

III. Recursos financeiros e carência de recursos humanos já foram problemas, mas hoje não se apresentam como obstáculos na realização plena das políticas públicas ambientais.

IV. O envolvimento dos diferentes setores do Poder Público na solução dos problemas ambientais é o que propõe a linha básica ligada ao princípio da "transversalidade".

Estão corretas apenas as afirmativas

a) I e II.

b) II e III.

c) I, II e IV.

d) II, III e IV.

COMENTÁRIOS

✪ **Nota do autor:** A questão trouxe a literalidade da cartilha da Agenda Ambiental na Administração Pública (A3P), elaborada por gestores das esferas federais, estaduais e municipais, no intuito de contribuir com o processo de inserção da responsabilidade socioambiental e da sustentabilidade na rotina da Administração Pública.

Principal responsável pela execução das políticas públicas, o Poder Público tem enfrentado diversos desafios para resolver os conflitos de alocação de bens e recursos públicos. De responsabilidade do Ministério do Meio Ambiente, a política ambiental integrada trata-se da aplicação correta dos instrumentos previstos na legislação e pensando em novas formas de desenvolver o país sustentavelmente com transparência e envolvimento dos interessados.

São 04 (quatro) as diretrizes ou linhas básicas que norteiam a política ambiental no Brasil: (1) desenvolvimento sustentável; (2) controle e participação social; (3) fortalecimento do Sistema Nacional de Meio Ambiente – SISNAMA; e (4) transversalidade. Pensar em aplicá-las é pensar em enfrentar barreiras ou obstáculos, como: fragilidade institucional, falta de base sólida de dados ambientais, recursos financeiros escassos e carência de recursos humanos.

ASSERTIVA I. A promoção do desenvolvimento sustentável e a necessidade de controle e participação social, como cita a questão, são linhas básicas que guiam a política ambiental juntamente com o fortalecimento do SISNAMA e a aplicação do princípio da transversalidade.

ASSERTIVA II. São obstáculos enfrentados pela aplicação da política ambiental a fragilidade institucional, a falta de base sólida de dados ambientais, os recursos financeiros escassos e a carência de recursos humanos necessários à prática de gestão ambiental em todos os níveis.

ASSERTIVA III. A política ambiental enfrenta algumas necessidades, dentre elas a carência dos envolvidos é superior às condições financeiras do Estado; assim como a falta de pessoas capacitadas para atuarem nos diversos níveis de responsabilidades. Destaca-se que a falta de recursos financeiros e humanos são, até os dias de hoje, um problema enfrentado à plena execução das políticas públicas ambientais.

ASSERTIVA IV. A transversalidade trata-se do esforço empreendido pelos diversos setores em atuarem de forma coordenada para solucionarem os problemas ambientais existentes. É, portanto, um grande desafio.

Alternativa correta: letra "c" (responde às demais alternativas).

2. LEI Nº 12.305/2010 – POLÍTICA NACIONAL DE RESÍDUOS SÓLIDOS

03. (Cespe – Técnico Judiciário – Área Administrativa – TRE – BA/2017) Os instrumentos da Política Nacional de Resíduos Sólidos Lei nº 12.305/2010 — incluem

I. os planos de resíduos sólidos.

II. a proteção da saúde pública.

III. a coleta seletiva.

IV. o desenvolvimento sustentável.

V. o respeito às diversidades locais e regionais.

Estão certos apenas os itens

a) I e II.

b) I e III.

c) II e V.

d) III e IV.

e) IV e V.

COMENTÁRIOS

✪ **Nota do autor:** A Política Nacional de Resíduos Sólidos – PNRS – possui instrumentos que direcionam as ações voltadas aos resíduos sólidos a atingirem objetivos previamente estabelecidos. Ou seja, são exigidos alguns caminhos (instrumentos) para que os propósitos (objetivos) sejam obtidos, sem deixar de observar um conjunto de comportamentos (princípios) esperados pelos envolvidos.

Na seção de dicas, encontraremos três quadros esquemas – princípios, objetivos e instrumentos da PNRS.

Os instrumentos representam a forma como deverá ser conduzida a PNRS e estão estabelecidos no art. 8º da Lei nº 12.305/2010, correspondendo aos itens I (os planos de resíduos sólidos) e III (a coleta seletiva).

Os objetivos tratam dos alvos almejados, os quais estão elencados no art. 7º da lei supracitada, conferindo com o item II (a proteção da saúde pública).

Os princípios são guias para qualquer decisão, prática e ação que trate de resíduos sólidos, afirmados no art. 6º da mesma lei, e confere com o item IV (o desenvolvimento sustentável) e o V (o respeito às diversidades locais e regionais).

I. INSTRUMENTO: os planos de resíduos sólidos.

II. OBJETIVO: a proteção da saúde pública.

III. INSTRUMENTO: a coleta seletiva.

IV. PRINCÍPIO: o desenvolvimento sustentável.

V. PRINCÍPIO: o respeito às diversidades locais e regionais.

Alternativa correta: letra "b" (respondem às demais alternativas).

04. (Cespe – Técnico Judiciário – Área Administrativa – TRE – PE/2017) À luz das disposições da Lei nº 12.305/2010, que trata da Política Nacional de Resíduos Sólidos, assinale a opção correta.

a) A lei considera resíduos perigosos aqueles que apresentem significativo risco à saúde pública, mas não os que apresentem risco à qualidade ambiental.

b) Os planos de gerenciamento de resíduos sólidos elaborados pela União e pelos estados têm vigência indeterminada, mas devem ser atualizados anualmente.

c) Estarão sujeitos à elaboração de plano de gerenciamento de resíduos sólidos os estabelecimentos comerciais e os prestadores de serviços que gerarem resíduos perigosos ou resíduos que, por suas características, não possam ser equiparados aos resíduos domiciliares.

d) Os prestadores de serviços públicos de limpeza urbana são os principais responsáveis pela implementação de sistemas de logística reversa para o retorno, aos fabricantes, de produtos usados que tenham potencial poluente, como os artigos eletroeletrônicos.

e) Cabe à União fornecer ao Sistema Nacional de Informações sobre a Gestão dos Resíduos Sólidos as informações referentes aos resíduos na esfera de competência de todos os entes federativos.

COMENTÁRIOS

✪ **Nota do autor:** Com o advento da Lei nº 12.305/2010, ficou instituída a Política Nacional de Resíduos Sólidos – PNRS, a qual estabeleceu a forma como os resíduos sólidos devem ser geridos pelos setores público e privado, bem como da comunidade geradora.

O texto legal da Política oferece: as definições de termos importantes para consolidação de uma linguagem padrão; a própria Política Nacional de Resíduos Sólidos, compreendendo seus princípios, objetivos e instrumentos; as diretrizes aplicadas aos resíduos sólidos, bem como os planos de gestão integrada e seu gerenciamento; a responsabilização dos geradores e do poder público; orientações para as práticas voltadas aos resíduos perigosos; os instrumentos econômicos; e as proibições a respeito da destinação e disposição final de resíduos sólidos e rejeitos.

Alternativa "a": Resíduos perigosos são aqueles que, devido às suas características, apresentam risco à saúde pública ou à qualidade ambiental. Portanto, a última parte compõe o conceito de resíduos perigosos.

Alternativa "b": A União e os Estados também são geradores de resíduos sólidos, por isso devem elaborar seus respectivos Planos de Gerenciamento de Resíduos Sólidos. Ambos possuem vigência indeterminada e horizonte de 20 (vinte) anos, entretanto devem ser atualizados a cada 4 (quatro) anos, e não anualmente, como fora afirmado.

Alternativa "c". O gerenciamento de resíduos sólidos relaciona-se com um conjunto de ações exercidas, direta ou indiretamente, na coleta, transporte, transbordo, tratamento e disposição final ambientalmente adequada dos resíduos sólidos e de rejeitos, de acordo com o plano municipal de gestão integrada ou com o plano de gerenciamento, exigidos na forma da Lei nº 12.305/2010.

Para um melhor aproveitamento dos resíduos produzidos por seus geradores e redução na emissão dos rejeitos, é legalmente exigido que determinados organismos formalizem Plano de Gerenciamento de Resíduos Sólidos. Estão sujeitos à elaboração:

1. Geradores de:
   - Resíduos dos serviços públicos de saneamento básico, exceto os geradores de resíduos sólidos urbanos;
   - Resíduos industriais;
   - Resíduos de serviços de saúde;
   - Resíduos de mineração.
2. Estabelecimentos comerciais e os prestadores de serviços que gerem resíduos perigosos ou gerem, mesmo que não considerados perigosos, resíduos que não sejam equiparados com aos resíduos domiciliares;
3. Empresas de construção civil (descrito na alternativa "c");
4. Responsáveis pelos terminais e os que produzirem resíduos de serviços de transporte, como os portos, aeroportos, terminais alfandegários, rodoviários e ferroviários e passagens de fronteira;
5. Responsáveis por atividades agrossilvopastoris.

Alternativa "d": Logística reversa representa um instrumento formado por um conjunto de ações, procedimentos e meios destinados a coletar e a devolver os resíduos sólidos para que sejam reaproveitados pelo setor empresarial, ou ainda outra destinação final ambientalmente adequada.

Os fabricantes, importadores, distribuidores e comerciantes de agrotóxicos, pilhas e baterias, pneus, óleos lubrificantes, lâmpadas fluorescentes (de vapor de sódio e mercúrio e de luz mista) e produtos eletroeletrônicos e seus componentes estão obrigados a estruturar e a implementar sistemas de logística reserva, o qual garantam o retorno dos produtos após o uso do consumidor, independentemente do serviço público de limpeza urbana e de manejo dos resíduos sólidos.

Alternativa "e": O Sistema Nacional de Informações sobre a Gestão dos Resíduos Sólidos é um instrumento da PNRS, organizado e mantido, de forma conjunta, pela União, Estados, Distrito Federal e Municípios, articulado com o SINISA e o SINIMA.

O órgão federal (Ministério do Meio Ambiente) coordenará o SINIR, enquanto os Estados, o Distrito Federal e os Municípios fornecerão anualmente ao SINIR todas as informações necessárias sobre os resíduos sólidos sob sua esfera de competência. Portanto, cada ente federativo enviará suas informações, não se incluindo a União.

Alternativa correta: letra "c".

---

05. (FCC – Técnico Judiciário – Área Administrativa – TRF 5/2017) De acordo com a Lei no 12.305/2010, as pessoas jurídicas que operam com resíduos perigosos, em qualquer fase do seu gerenciamento, são obrigadas a se cadastrar no Cadastro Nacional de Operadores de Resíduos Perigosos. Este cadastro será coordenado pelo órgão federal competente do Sistema Nacional

a) do Meio Ambiente – SISNAMA e implantado de forma setorizada pelas autoridades estaduais e municipais, tratando-se de setores regionalizados.
b) de Metrologia, Normalização e Qualidade Indus-

trial – SINMETRO e implantado de forma conjunta pelas autoridades federais, estaduais e municipais.

c) do Meio Ambiente – SISNAMA e implantado de forma conjunta pelas autoridades federais, estaduais e municipais.

d) de Metrologia, Normalização e Qualidade Industrial – SINMETRO e implantado de forma setorizada pelas autoridades estaduais e municipais, tratando-se de setores regionalizados.

e) de Vigilância Sanitária – SNVS e implantado de forma setorizada pelas autoridades estaduais e municipais, tratando-se de setores regionalizados.

COMENTÁRIOS

Nota do autor: O Cadastro Nacional de Operadores de Resíduos Perigosos (CNORP) se trata de um dos instrumentos da PNRS, em que as pessoas jurídicas que operam com resíduos perigosos serão obrigados a se cadastrar, sendo o IBAMA o responsável pelo seu gerenciamento.

Alternativa correta: letra "c" (responde às demais alternativas).

O cadastro a que se refere a questão será coordenado pelo órgão federal competente ao Sistema Nacional do Meio Ambiente – SISNAMA. Assim, é possível eliminar as alternativas "b", "d" e "e".

Quanto à segunda parte da resposta, cabe lembrar que o gerenciamento do CNORP é realizado pelo IBAMA, e sua implantação, de forma conjunta, pelas autoridades federais, estaduais e municipais, o que foi descrito perfeitamente pela alternativa "c".

---

06. (FCC – Analista Judiciário – Área Administrativa – TRF 5/2017) De acordo com a Lei nº 12.305/2010, o plano de gerenciamento de resíduos sólidos

a) é parte integrante do processo de licenciamento ambiental do empreendimento ou atividade pelo órgão competente do Sisnama.

b) não atinge os resíduos industriais, ou seja, aqueles gerados nos processos produtivos e instalações industriais, uma vez que estes não estão sujeitos a este plano de gerenciamento.

c) não atinge os resíduos de mineração, ou seja, os gerados na atividade de pesquisa, extração ou beneficiamento de minérios, uma vez que estes não estão sujeitos a este plano de gerenciamento.

d) terá como causa obstativa de sua implementação ou operacionalização a inexistência do plano municipal de gestão integrada.

e) será aprovado ou não pela autoridade estadual competente nos empreendimentos e atividades não sujeitos a licenciamento ambiental, em razão da incompetência absoluta da autoridade municipal nestes casos específicos.

COMENTÁRIOS

Alternativa "a". Literalidade do art. 24 da Lei nº 12.305/2010. Ao ser iniciado um processo de licenciamento ambiental pelo órgão competente do SISNAMA (o IBAMA, no caso da esfera federal), será exigido Plano de Gerenciamento de Resíduos Sólidos.

Alternativas "b" e "c": Para um melhor aproveitamento dos resíduos produzidos por seus geradores e objetivando a redução da emissão dos rejeitos, é legalmente exigido que determinados organismos formalizem Plano de Gerenciamento de Resíduos Sólidos. Estão sujeitos à elaboração os geradores de resíduos industriais, decorrente de processos produtivos e instalações industriais, e de resíduos de mineração, referente à atividade de pesquisa, extração ou beneficiamento de minérios.

Portanto, o plano de gerenciamento exposto atinge sim os resíduos industriais e de mineração.

Alternativa "d": O plano de gerenciamento de resíduos sólidos deve observar as disposições contidas no plano municipal de gestão integrada de resíduos sólidos. A inexistência deste no âmbito municipal não obsta/impede a elaboração, a implementação ou a operacionalização daquele.

Alternativa "e": Quando o empreendimento ou atividade não estiver sujeito ao licenciamento ambiental, o plano de gerenciamento de resíduos sólidos será aprovado pela autoridade municipal competente, e não estadual como aponta a alternativa.

Alternativa correta: letra "a".

---

07. (FCC – Analista Judiciário – Área Judiciária – TRT 23/2016) Para efeitos da Lei no 12.305/2010 a gestão integrada de resíduos sólidos é

a) o ato de natureza contratual firmado entre o poder público e fabricantes, importadores, distribuidores ou comerciantes, tendo em vista a implantação da responsabilidade compartilhada pelo ciclo de vida do produto.

b) o conjunto de ações voltadas para a busca de soluções para os resíduos sólidos, de forma a considerar as dimensões política, econômica, ambiental, cultural e social, com controle social e sob a premissa do desenvolvimento sustentável.

c) o conjunto de ações exercidas, direta ou indiretamente, nas etapas de coleta, transporte, tratamento e destinação final ambientalmente adequada dos resíduos sólidos e disposição final, de acordo com plano municipal de gestão integrada de resíduos sólidos.

d) conjunto de mecanismos e procedimentos que garantam à sociedade informações e participação nos processos de formulação, implementação e avaliação das políticas públicas relacionadas aos resíduos sólidos.

e) distribuição ordenada de rejeitos em aterros, observando normas operacionais específicas de modo a evitar danos ou riscos à saúde pública e à segurança e a minimizar os impactos ambientais adversos.

COMENTÁRIOS

✪ **Nota do autor:** A questão trata das definições contidas no art. 3º da Lei nº 12.305/2010. É, assim, imprescindível o domínio dos 19 termos, por notarmos o perfil de exigência da banca. Na seção de dicas, ao final deste capítulo, conceituamos e comparamos os conceitos que podem ser confundidos.

Alternativa "a": A alternativa evidencia o conceito do acordo setorial, o qual tem o fito de reunir os agentes envolvidos na fabricação, fornecimento, distribuição e destinação final de determinados produtos para que, juntos, possam discutir e estabelecer novas soluções sustentáveis. Dessa forma, os envolvidos assumem, compartilhadamente, responsabilidades de recolhimento, reutilização, tratamento dos resíduos sólidos e/ou com a disposição final ambientalmente adequada dos rejeitos.

Alternativa "b". A gestão integrada de resíduos sólidos trata de todas as ações que são voltadas a solucionar a administração dos resíduos sólidos, sendo estes considerados de qualquer proveniência, como saúde, construção civil e entre outros. A alternativa trouxe a literalidade do art. 3º, §11.

Alternativa "c": Temos na alternativa o conceito de gerenciamento de resíduos sólidos. Podemos entender que o gerenciamento de resíduos sólidos é de responsabilidade de cada gerador de resíduos, com o fim de introduzir e internalizar na conduta dos geradores um conjunto de atitudes que promovam o máximo aproveitamento dos resíduos por eles produzidos, bem como a minimização da emissão de rejeitos, os quais não terão mais utilidade.

É importante destacar que, para uma melhor gestão, os resíduos sólidos devem ser tratados obedecendo à seguinte ordem: não geração de resíduos, redução da produção, reutilização, reciclagem, tratamento dos resíduos sólidos e, por fim, disposição final ambientalmente adequada dos rejeitos.

Alternativa "d": Refere-se ao conceito de controle social, que representa um conjunto de meios para aproximar a sociedade e interessados a partir das definições, implementações e avaliação das políticas públicas, no caso da Lei nº 12.305/2010, voltadas aos resíduos sólidos. Podemos observar o exercício do controle social em consultas, debates e audiências públicas.

Alternativa "e": Conceito de disposição final ambientalmente adequada. A expressão representa o último estágio de tramitação do resíduo, melhor dizendo, quando o resíduo sólido se torna rejeito. O rejeito perde a sua utilidade e, para tanto, precisa ser dispensado de forma definitiva. Por exemplo, o aterro sanitário é uma forma de disposição final ambientalmente adequada, uma vez que é possível distribuir os rejeitos em aterros observando todas as normas operacionais que visam a minimizar o impacto ambiental causado por essa prática.

Alternativa correta: letra "b".

---

08. (FCC – Analista Judiciário – Área Administrativa – TRT 23/2016) É um princípio da Política Nacional de Resíduos Sólidos, expressamente previsto na Lei no 12.305/2010:

a) O estímulo à adoção de padrões sustentáveis de produção e consumo de bens e serviços.

b) A proteção da saúde pública e da qualidade ambiental.

c) A responsabilidade compartilhada pelo ciclo de vida dos produtos.

d) A redução do volume e da periculosidade dos resíduos perigosos.

e) A adoção, desenvolvimento e aprimoramento de tecnologias limpas como forma de minimizar impactos ambientais.

COMENTÁRIOS

✪ **Nota do autor:** A cobrança da questão recai sobre os princípios e objetivos da Política Nacional de Resíduos Sólidos – PNRS. É importante o conhecimento dos art. 6 (princípios) e 7 (objetivos) da Lei da PNRS, para não os inverter em futuras questões.

Alternativas "a", "b", "d" e "e": As demais alternativas representam objetivos da Política Nacional de Resíduos Sólidos, conforme o art. 7º da Lei nº 12.305/10.

Alternativa "c": A responsabilidade compartilhada pelo ciclo de vida dos produtos, um dos princípios da PNRS (art. 6º, VII), diz respeito à atribuição associada de compromissos sustentáveis, cabendo sua incumbência aos agentes envolvidos com limpeza urbana e manuseio de resíduos sólidos – do fabricante ao consumidor. A responsabilidade compartilhada tem a finalidade de integrar todos os envolvidos no ciclo de vida dos produtos, no intuito de reduzir o volume e a geração de resíduos sólidos, incentivando o uso de insumos de menor agressividade, buscando atividades mais eficientes e sustentáveis, além de outros objetivos que assegurem a redução dos impactos à saúde humana e ao meio ambiente.

A alternativa expressa a literalidade do inciso VII do art. 6º.

Segundo o art. 6º da Lei nº 12.305/10, são princípios da Política Nacional de Resíduos Sólidos:

I. A preservação e a precaução;

II. O poluidor-pagador e o protetor-recebedor;

III. A visão sistêmica, na gestão dos resíduos sólidos, que considere as variáveis ambiental, social, cultural, econômica, tecnológica e de saúde pública;

IV. O desenvolvimento sustentável;

V. A ecoeficiência, mediante a compatibilização entre o fornecimento, a preços competitivos, de bens e serviços qualificados que satisfaçam as necessidades humanas e tragam qualidade de vida e a redução do impacto ambiental e do consumo de recursos naturais a um nível, no mínimo, equivalente à capacidade de sustentação estimada no planeta;

VI. A cooperação entre as diferentes esferas do poder público, o setor empresarial e demais segmentos da sociedade;

VII. A responsabilidade compartilhada pelo ciclo de vida dos produtos;

VIII. O reconhecimento do resíduo sólido reutilizável e reciclável como um bem econômico e de valor social, gerador de trabalho e renda e promotor de cidadania;

IX. O respeito às diversidades locais e regionais;

X. O direito da sociedade à informação e ao controle social; e

XI. A razoabilidade e a proporcionalidade.

Alternativa correta: letra "c".

3. LEI Nº 12.187/2009 – POLÍTICA NACIONAL DE MUDANÇA DO CLIMA

09. (Cespe – Analista Judiciário – Área Judiciária – TRE – BA/2017) As diretrizes da Política Nacional sobre Mudanças do Clima (Lei nº 12.187/2009) incluem

a) os mecanismos financeiros e econômicos referentes à mitigação da mudança do clima e à adaptação aos efeitos da mudança do clima no âmbito da Convenção-Quadro das Nações Unidas sobre mudança do Clima e do Protocolo de Quioto. INSTRUMENTO

b) os mecanismos financeiros e econômicos, no âmbito nacional, referentes à mitigação e à adaptação à mudança do clima. INSTRUMENTO

c) a utilização de instrumentos financeiros e econômicos para a promoção de ações de mitigação e de adaptação à mudança do clima. DIRETRIZ

d) a compatibilização das linhas de crédito e de financiamento específicas de agentes financeiros públicos e privados. OBJETIVO

e) a adoção de medidas fiscais e tributárias para a redução das emissões e remoção de gases de efeito estufa, incluindo alíquotas diferenciadas, isenções, compensações e incentivos. INSTRUMENTO

COMENTÁRIOS

✪ **Nota do autor:** A instituição da Política Nacional sobre Mudanças da Clima (PNMC) demonstra a preocupação do país no desenvolvimento econômico e social, ao mesmo tempo que contribui para a proteção do sistema climático no mundo, por exemplo, com a redução da emissão de gases de efeito estufa.

A Política foi estabelecida com a chegada da Lei nº 12.187, de 29 de dezembro de 2009, norma que trouxe princípios, objetivos, diretrizes e instrumentos que devem ser observados pelos entes políticos e órgãos da administração pública.

Alternativas "a", "b" e "e": Os instrumentos representam a forma como a PNMC deve ser executada, coincidindo com as alternativas "a", "b" e "e". Encontramos todos os instrumentos no art. 6º da Lei nº 12.187/2009.

É importante visualizar que existem também os instrumentos institucionais, os quais se destacam pela participação conjunta de organismos parceiros, para que seja efetivada a PNMC, como o Comitê Interministerial sobre Mudança do Clima, a Comissão Interministerial da Mudança Global do Clima, o Fórum Brasileiro de Mudança do Clima, a Rede Brasileira de Pesquisas sobre Mudanças Climáticas Globais – Rede Clima e a Comissão de Coordenação das Atividades de Meteorologia, Climatologia e Hidrologia.

Alternativa "c". Entendem-se por diretrizes da PNMC caminhos pelos quais todos deverão atuar para a redução dos impactos decorrentes das interferências da ação humana sobre o sistema climático. A alternativa representa uma das diretrizes, sendo que todas estão elencadas no art. 5º da Lei nº 12.187/2009.

Alternativa "d": Objetivos são alvos a serem alcançados. Enquanto as diretrizes definem os caminhos a serem percorridos, os instrumentos propõem como a PNMC deve ser operacionalizada e os objetivos atingidos. Representa um dos objetivos a alternativa "d", os demais podem ser encontrados no art. 4º da Lei nº 12.187/2009.

Alternativa correta: letra "c".

10. (Consulplan – Analista Judiciário – Oficial de Just. Avaliador – TRF 2/2017) Conforme os conceitos legais, entende-se por:

I. Mitigação: as mudanças e substituições tecnológicas que reduzam o uso de recursos e as emissões por unidade de produção, bem como a implementação de medidas que reduzam as emissões de gases de efeito estufa e aumentem os sumidouros.

II. Adaptação: as iniciativas e medidas para reduzir a vulnerabilidade dos sistemas naturais e humanos frente aos efeitos atuais e esperados da mudança do clima.

III. Mudança do clima: as alterações que independem da atividade humana e que alterem a composição da atmosfera mundial, provocadas pela variabilidade climática natural observada ao longo de períodos comparáveis.

Nos termos da Lei nº 12.187/2009, que institui a Política Nacional sobre Mudança do Clima – PNMC, está(ão) correta(s) apenas a(s) afirmativa(s)

a) I.

b) II.

c) III.

d) I e II.

COMENTÁRIOS

✪ **Nota do autor:** A Lei nº 12.187/2009, que institui a Política Nacional de Mudanças do Clima, apresenta definições com o propósito de padronizar a linguagem da área e garantir que toda formalização de planos, procedimentos e outros disponham de termos amplamente difundidos.

ASSERTIVA I. Mitigação consiste em um conjunto de ações humanas capazes de prevenir, reduzir e aliviar impactos negativos no sistema climático. É importante para seu estudo a literalidade dessa assertiva, que está correta.

ASSERTIVA II. Adaptação trata do fortalecimento ou redução da fragilidade de sistemas naturais ou humanos frente aos efeitos atuais e futuros do efeito estufa. Mais uma vez, releia a assertiva que trata da adaptação, é importante para futuras questões.

ASSERTIVA III. A mudança do clima é uma expressão que representa a alteração da composição da atmosfera mundial decorrente de ações humanas, da mesma maneira caso ocasione variação do clima quando comparado ao longo do tempo. Ou seja, a definição de mudança climática envolve a ação humana, seja direta ou indireta, na mudança do clima.

Alternativa correta: letra "d" (responde às demais alternativas).

4. RESOLUÇÃO TSE Nº 23.474/2016

11. (Cespe – Técnico Judiciário – Área Administrativa – TRE – BA/2017) Conforme as definições contidas na Resolução TSE nº 23.474/2016, que trata da criação e das competências das unidades ou núcleos socioambientais nos tribunais eleitorais e da implantação do Plano de Logística Sustentável da Justiça Eleitoral, assinale a opção correta.

a) Práticas de sustentabilidade são processos de coordenação do fluxo de materiais, serviços e informações, do fornecimento ao desfazimento, considerando o ambientalmente correto, o socialmente justo e o desenvolvimento econômico equilibrado.

b) Práticas de racionalização são métodos utilizados para avaliação e comparação de bens, materiais ou serviços em função do seu impacto ambiental, social e econômico.

c) Coleta seletiva corresponde à coleta de resíduos sólidos previamente separados conforme sua constituição ou composição com destinação ambientalmente adequada.

d) Logística sustentável é um conjunto de ações com objetivo de construir um novo modelo de cultura institucional, visando à inserção de critérios de sustentabilidade nas atividades da justiça eleitoral.

e) Critérios de sustentabilidade são ações com objetivo de melhoria da qualidade do gasto público e de aperfeiçoamento contínuo na gestão dos processos de trabalho.

COMENTÁRIOS

Alternativa "a": As práticas de sustentabilidade são ações ambientalmente adequadas que provocam a construção de um novo paradigma institucional, a do pensamento sustentável. A definição apresentada na alternativa é a da logística sustentável.

Alternativa "b": Houve confusão entre o que são práticas de racionalização e a definição de critérios de sustentabilidade. As práticas de racionalização representam ações voltadas para o gasto consciente e eficiente, ao mesmo tempo que viabiliza melhora na gestão dos trabalhos do Judiciário. Quanto à definição expressa na alternativa, é a de critérios de sustentabilidade, repousada no inciso III, art. 3º da referida Resolução.

Alternativa "c". Cobrança literal do inciso VI, art. 3º da Resolução TSE nº 23.474/2016. Entende-se por coleta seletiva o recolhimento de resíduos, separados por semelhança pelos seus geradores, disponibilizados para a coleta diferenciada. Como exemplo, podemos citar a separação entre plástico e papel. Dessa maneira, cada um terá uma destinação adequada.

Alternativa "d": Na verdade, a logística sustentável representa um conjunto de práticas inter-relacionadas, com início na fase de fornecimento de um produto ao consumidor até a sua destruição após perder toda a utilidade, associado ao impacto ambiental, social e econômico que pode gerar. O conceito apresentado é o de práticas de sustentabilidade.

Alternativa "e": Estaria correta se fossem práticas de racionalização, visto que critérios de sustentabilidade são métodos capazes de avaliar e comparar bens, materiais ou serviços em função do seu impacto ambiental, social e econômico.

Corrigindo as alternativas incorretas, elas ficariam assim:

a) LOGÍSTICA SUSTENTÁVEL é o processo de coordenação do fluxo de materiais, serviços e informações, do fornecimento ao desfazimento, considerando o ambientalmente correto, o socialmente justo e o desenvolvimento econômico equilibrado.

b) CRITÉRIOS DE SUSTENTABILIDADE são métodos utilizados para avaliação e comparação de bens, materiais ou serviços em função do seu impacto ambiental, social e econômico.

d) PRÁTICAS DE SUSTENTABILIDADE são um conjunto de ações com objetivo de construir um novo modelo de cultura institucional, visando à inserção de critérios de sustentabilidade nas atividades da justiça eleitoral.

e) PRÁTICAS DE RACIONALIZAÇÃO são ações com objetivo de melhoria da qualidade do gasto público e de aperfeiçoamento contínuo na gestão dos processos de trabalho.

Alternativa correta: letra "c".

✦ DICAS

1. CONCEITO DE DESENVOLVIMENTO SUSTENTÁVEL

A sustentabilidade está relacionada com a continuidade dos aspectos econômicos, sociais, culturais e ambientais da sociedade humana, além de estar diretamente ligada ao conceito de **desenvolvimento sustentável**. Ser sustentável representa a capacidade de continuar presente em um ambiente, devolvendo equilibradamente, de alguma forma, os recursos dele retirados. Trata-se de uma responsabilidade dos indivíduos, grupos e organizações privadas e públicas presentes no planeta.

O conceito de **DESENVOLVIMENTO SUSTENTÁVEL** não é consensual, tem sido esmerado conforme a complexidade e as mudanças das necessidades presentes e futuras da sociedade. Para responder às questões, utilizemos o conceito existente no Relatório de Brundland, ONU (1987), exposto abaixo, que representa uma alternativa aos modelos tradicionais de desenvolvimento.

Desenvolvimento sustentável é aquele que atende às necessidades das gerações atuais sem comprometer a capacidade das gerações futuras de suprir suas necessidades.

Desenvolver de forma sustentável requer que três **DIMENSÕES** ou **PILARES** sejam associados, devendo coexistirem em plena sintonia uns com os outros, e jamais individualizado, sendo eles: sustentabilidade econômica, social e ambiental (**ESA**).

1. Sustentabilidade ECONÔMICA	Ações eficientes em busca de resultados que garantam competitividade à organização sem impactar violentamente o meio ambiente.
2. Sustentabilidade SOCIAL	Ações que busquem melhores condições aos envolvidos com o meio ambiente, sejam internos ou externos à organização.
3. Sustentabilidade AMBIENTAL	Ações pela preservação e redução de desperdícios, que visem reduzir ao máximo os impactos ambientais.

2. AGENDA AMBIENTAL DA ADMINISTRAÇÃO PÚBLICA (A3P)

A **A**genda **A**mbiental da **A**dministração **P**ública (**A3P**) é um programa do Ministério do Meio Ambiente (MMA) criado como resposta à necessidade de enfrentamento das graves questões ambientais. Seu objetivo é implantar um programa de sustentabilidade na administração pública, que reflita o interesse da sociedade e contribua para a melhora da eficiência do órgão público, com menos gastos e menor impacto sobre o meio ambiente.

A A3P retrata o principal programa de gestão socioambiental na administração pública. Criado pelo MMA, tem sido aderido pelas esferas de governo (federal, estadual, distrital e municipal) e no âmbito dos três poderes (executivo, legislativo e judiciário), bem como tem se tornado modelo também à iniciativa privada (escolas, bancos, hospitais etc.).

O uso racional dos recursos naturais e a sustentabilidade do planeta se destacam como os dois motivos que levam as instituição à adesão ao Programa.

2.1. IMPLANTAÇÃO DA A3P

Para que órgãos e instituições implementem o programa A3P no âmbito de suas atividades, é requerido a assinatura de um Termo de adesão formalizado entre o interessado e o MMA, por meio de um processo minimamente burocrático e que dura em média dois meses para ser concluído. E fica à disposição dos órgãos que implantarem a Agenda toda a assistência técnica necessária e gratuita, como material informativo gratuito, evento de capacitação de servidores e outros, entretanto não será oferecida contrapartida financeira por parte do MMA.

A assinatura do Termo de adesão é um compromisso que a instituição assume para implantar a A3P, e terá vigência de 5 (cinco) anos não-prorrogáveis, sendo possível a celebração de um novo ao final do período.

A adesão ao programa A3P é de caráter voluntário, que demanda esforço institucional, coletivo e individual, e suscita 5 etapas simples.

5 PASSOS PARA IMPLANTAR A A3P
1. CRIAR A COMISSÃO GESTORA • Institucionalizada por meio de instrumento legal, como Portaria ou Instrução Normativa; • Entre 5 a 15 membros, a depender do escopo da instituição; • Atuação: – Sensibilizar os gestores quanto à importância da implantação do programa; – Realizar o diagnóstico da instituição; – Elaborar o planejamento das ações; – Apoiar a implantação das ações; – Promover o monitoramento das ações.

2. FAZER O DIAGNÓSTICO • Realizar um levantamento/inventário da situação socioambiental da instituição; • O diagnóstico permitirá identificar os pontos críticos, de modo que, no futuro, sejam feitas intervenções sobre eles; • Competência da COMISSÃO GESTORA e necessária a ampla participação dos colaboradores da instituição, dentro de um processo democrático.
3. ELABORAR O PLANO DE GESTÃO SOCIOAMBIENTAL • Momento de planejar as ações a serem implantadas por meio do **P**LANO DE **G**ESTÃO **S**OCIOAMBIENTAL (**PGS**); • PGS deve estabelecer: objetivos, projetos, atividades ou ações que serão implementadas, metas a serem alcançadas, responsabilidades institucionais – do órgão e dos servidores -, medidas de monitoramento e avaliação, incluindo os indicadores, prazos necessários e recursos disponíveis para a implantação das ações.
4. MOBILIZAR E SENSIBILIZAR • Desenvolvimento de campanhas, cursos, treinamentos, publicação de materiais educativos específicos para os funcionários do órgão e outros; • A Comissão Gestora da A3P deve direcionar as ações de sensibilização e capacitação de modo a satisfazer as necessidades da instituição e também incentivar a adoção, pelos servidores, de uma postura socioambiental correta; • As ações de sensibilização devem ser PERMANENTES.
5. AVALIAR E MONITORAR • O sistema de avaliação e monitoramento do PGS, criado e mantido pela Comissão Gestora do órgão, deve informar quanto às falhas, apresentar os indicadores de eficiência e eficácia do programa e identificar as melhorias alcançadas por conta das correções efetuadas.

Fonte: Site do Ministério do Meio Ambiente (www.mma.gov.br).

2.2. EIXOS TEMÁTICOS DA A3P

A A3P direciona suas atividades em conformidade com **SEIS PILARES** ou **EIXOS TEMÁTICOS**, que fornecem aos órgãos os campos de implementação das estratégicas da agenda. Ou seja, o programa aconselha aos órgãos públicos que considerem as diretrizes socioambientais no desenvolvimento de suas funções, organizadas nos seguintes eixos temáticos:

EIXOS TEMÁTICOS – A3P
Uso racional dos recursos naturais e bens públicos;
Gestão adequada dos resíduos gerados
Qualidade de vida no ambiente de trabalho;
Sensibilização e capacitação dos servidores;
Compras públicas sustentáveis; e
Construções sustentáveis.

2.3. POLÍTICA DOS 5 ERRES

No intuito de reduzir impactos decorrentes do consumo de produtos danosos à sociedade, a A3P emprega a política dos 5 R's: Repensar, Reduzir, Reaproveitar, Reciclar e Recusar.

POLÍTICA DOS 5 R's	
REPENSAR	Repensar a necessidade de consumo e os padrões de produção e descarte adotados.
REDUZIR	Evitar os desperdícios, consumir menos produtos, preferindo aqueles que ofereçam menor potencial de geração de resíduos e tenha maior durabilidade.
REAPROVEITAR	Evitar que vá para o lixo aquilo que não é lixo reaproveitando tudo o que estiver em bom estado. É ser criativo, inovador usando um produto de diferentes maneiras.
RECICLAR	Transformar materiais usados em matérias-primas para outros produtos por meio de processos industriais ou artesanais.
RECUSAR	Recusar possibilidades de consumo desnecessários e produtos que gerem impactos ambientais significativos.

2.4. BANCO DE BOAS PRÁTICAS DA A3P

Com a finalidade de promover o compartilhamento e a socialização de capital intelectual público, num processo de estímulo à interação virtual e presencial, visando ao enriquecimento do conhecimento de interesse público, bem como ao reconhecimento aos esforços de autoria de pessoas e equipes de trabalho, o **BANCO DE BOAS PRÁTICAS** da A3P é um instrumento de registro e divulgação interna e externa das melhores práticas na área de responsabilidade socioambiental de órgãos e instituições parceiros.

As melhores práticas são premiadas em um evento que ocorre a cada dois anos, o Prêmio A3P. O registro das boas práticas, portanto, além de possibilitar o reconhecimento das melhores ações, promove a troca de experiências e a partilha de ideias de sucesso.

3. LEI Nº 12.305/2010: POLÍTICA NACIONAL DE RESÍDUOS SÓLIDOS (PNRS)

3.1. DISPOSIÇÕES GERAIS

- Institui: **POLÍTICA NACIONAL DE RESÍDUOS SÓLIDOS;**
- Dispõe sobre:
  - **Princípios**, **Objetivos** e **Instrumentos da PNRS**;
  - **Diretrizes** relativas à **gestão integrada** e ao **gerenciamento de resíduos sólidos e perigosos**;
  - **Responsabilidades** dos geradores e do poder público;
  - **Instrumentos econômicos** aplicáveis.
- Observam esta lei:
  - Responsáveis, direta ou indiretamente, pela geração de resíduos sólidos e os que desenvolvem atividades de gestão integrada e de gerenciamento de resíduos sólidos;
  - Podem ser pessoas físicas e jurídicas, de direito público ou privado.

Atenção: A Lei 12.305/2010 **NÃO SE APLICA AOS REJEITOS RADIOATIVOS**.

3.2. PRINCIPAIS DEFINIÇÕES

ÁREA CONTAMINADA	ÁREA ÓRFÃ CONTAMINADA
Local onde há contaminação causada pela disposição, regular ou irregular, de quaisquer substâncias ou resíduos.	Área contaminada cujos responsáveis pela disposição **não** sejam identificáveis ou individualizáveis.

COLETA SELETIVA	CONTROLE SOCIAL
Coleta de resíduos sólidos **previamente segregados** conforme sua constituição ou composição.	Conjunto de mecanismos e procedimentos que **garantam** à **sociedade informações e participação** nos processos de formulação, implementação e avaliação das políticas públicas relacionadas aos resíduos sólidos.

DESTINAÇÃO final ambientalmente adequada	DISPOSIÇÃO final ambientalmente adequada
Destinação de resíduos que inclui **a reutilização, a reciclagem, a compostagem, a recuperação e o aproveitamento energético ou outras destinações admitidas pelos** órgãos **competentes do SISNAMA, do SNVS e do SUASA, entre elas a disposição final**, observando normas operacionais específicas de modo a evitar danos ou riscos à saúde pública e à segurança e a minimizar os impactos ambientais adversos.	**Distribuição ordenada de rejeitos em aterros**, observando normas operacionais específicas de modo a evitar danos ou riscos à saúde pública e à segurança e a minimizar os impactos ambientais adversos.

GERENCIAMENTO de resíduos sólidos	GESTÃO INTEGRADA de resíduos sólidos
Conjunto de ações exercidas, direta ou indiretamente, nas etapas de **coleta, transporte, transbordo, tratamento e destinação final** ambientalmente adequada de resíduos sólidos: e disposição final ambientalmente adequada dos rejeitos, de acordo com o plano municipal de gestão integrada de resíduos sólidos ou com plano de gerencialmente de resíduos sólidos, exigidos na forma da lei.	Conjunto de ações voltadas para a **busca de soluções** para os resíduos sólidos..., de forma a considerar as dimensões política, econômica, ambiental, cultural e social, com controle social e sob a premissa do desenvolvimento sustentável.

RECICLAGEM	REUTILIZAÇÃO
Processo de transformação dos resíduos sólidos, que envolve a alteração de suas propriedades físicas, físico-químicas ou biológicas, com vistas à transformação em insumos ou novos produtos, observadas as condições e os padrões estabelecidos pelos órgãos competentes do SISNAMA e, se couber, do SNVS e do SUASA.	**Processo de aproveitamento** dos resíduos sólidos **SEM** sua transformação biológica, física ou físico-química, observadas as condições e os padrões estabelecidos pelos órgãos competentes do SISNAMA e, se couber, do SNVS e do SUASA.

RESÍDUOS SÓLIDOS	REJEITOS
Material, substância, objeto ou bem descartado resultante de atividades humanas em sociedade, a cuja destinação final se procede, se propõe proceder ou se está obrigado a proceder, nos estados sólidos ou semissólidos, bem como gases contidos em recipientes e líquidos: cujas particularidades tornem inviável o seu lançamento na rede pública de esgotos ou em corpos d'água, ou exijam para isso soluções técnica ou economicamente inviáveis em face da melhor tecnologia disponível.	Resíduos sólidos que, depois de esgotadas todas as possibilidades de tratamento e recuperação por processos tecnológicos disponíveis e economicamente viáveis, **NÃO** apresentam outra possibilidade que não a disposição final ambientalmente adequada.

3.3. PRINCÍPIOS DA POLÍTICA NACIONAL DE RESÍDUOS SÓLIDOS

PRINCÍPIOS DA PNRS		
Prevenção	Precaução	Visão sistêmica
Poluidor-pagador	Protetor-recebedor	Desenvolvimento sustentável
Ecoeficiência	Cooperação	Responsabilidade compartilhada
Razoabilidade	Proporcionalidade	Respeito às diversidades locais e regionais
Reconhecimento do resíduo sólido reutilizável e reciclável como um bem econômico e de valor social, gerador de trabalho e renda e promotor de cidadania.		Direito à informação e controle social

3.4. INSTRUMENTOS E OBJETIVOS

A PNRS é detentora de instrumentos que direcionam as ações voltadas aos resíduos sólidos a atingirem objetivos previamente estabelecidos. Ou seja, são exigidos alguns caminhos (instrumentos) para que os propósitos (objetivos) sejam obtidos.

Os instrumentos representam a forma a qual deverá ser conduzida a PNRS e os objetivos trata-se dos alvos almejados.

É necessário destacar que a distinção entre instrumentos e objetivos pode ser nítida, entretanto, no momento da resolução de uma questão, pode ser um pouco complicado avaliar tal diferença. Então, tenha cuidado com questões desse tipo e leia bastante os pontos a seguir.

INSTRUMENTO DA PNRS

- Planos de resíduos sólidos;
- Inventários e sistema declaratório anual de resíduos sólidos;
- Coleta seletiva, sistemas de logística reversa e outras ferramentas relacionadas à implementação da responsabilidade compartilhada pelo ciclo de vida dos produtos;
- Incentivo à criação e ao desenvolvimento de cooperativas ou de outras formas de associação de catadores de materiais reutilizáveis e recicláveis;
- Monitoramento e fiscalização ambiental, sanitária e agropecuária;
- Cooperação técnica e financeira entre os setores público e privado para o desenvolvimento de pesquisas de novos produtos, métodos, processos e tecnologias de gestão, reciclagem, reutilização, tratamento de resíduos e disposição final ambientalmente adequada de rejeitos;
- Pesquisa científica e tecnológica;
- Educação ambiental;
- Incentivos fiscais, financeiros e creditícios;
- Fundo Nacional do Meio Ambiente e Fundo Nacional de Desenvolvimento Científico e Tecnológico;
- Sistema Nacional de Informações sobre a Gestão dos Resíduos Sólidos (SINIR);
- Sistema Nacional de Informações sobre o Saneamento Básico (SINISA);
- Conselhos de meio ambiente e, no que couber, os de saúde;
- Órgãos colegiados municipais destinados ao controle social dos serviços de resíduos sólidos urbanos;
- Cadastro Nacional de Operadores de Resíduos Perigosos;
- Acordos setoriais;
- No que couber, instrumentos da Política Nacional de Meio Ambiente, entre eles:
    - Os padrões de qualidade ambiental;
    - O Cadastro Técnico Federal de Atividades Potencialmente Poluidoras ou Utilizadoras de Recursos Ambientais;
    - O Cadastro Técnico Federal de Atividades e Instrumentos de Defesa Ambiental;
    - A avaliação de impactos ambientais;
    - O Sistema Nacional de Informações sobre o Meio Ambiente (SINIMA);
    - O licenciamento e a revisão de atividades efetiva ou potencialmente poluidoras;
- Termos de compromisso e termos de ajustamento de conduta;
- Incentivo à adoção de consórcios ou de outras formas de cooperação entre os entes federados, com vistas à elevação das escalas de aproveitamento e à redução dos custos envolvidos.

OBJETIVOS DA PNRS

- Proteção da saúde pública e da qualidade ambiental;
- Não geração, redução, reutilização, reciclagem e tratamento de resíduos sólidos, bem como disposição final ambientalmente adequada de rejeitos;
- Estímulo à adoção de padrões sustentáveis de produção e consumo de bens e serviços;
- Adoção, desenvolvimento e aprimoramento de tecnologias limpas como forma de minimizar impactos ambientais;
- Redução do volume e da peculiaridade dos resíduos perigosos;
- Incentivo à indústria da reciclagem, tendo em vista o uso de matérias-primas e insumos derivados de materiais recicláveis e reciclados;
- Gestão integrada de resíduos sólidos;
- Articulação entre as diferentes esferas do poder público, e destas com o setor empresarial, com vistas à cooperação técnica e financeira para a gestão integrada de resíduos sólidos;
- Capacitação técnica continuada na área de resíduos sólidos;

- Regularidade, continuidade, funcionalidade e universalização da prestação dos serviços públicos de limpeza urbana e de manejo de resíduos sólidos, com adoção de mecanismos gerenciais e econômicos que assegurem a recuperação dos custos dos serviços prestados, como forma de garantir sua sustentabilidade operacional e financeira, observada a Lei nº 11.445, de 2007;
- Prioridade, nas aquisições e contratações governamentais, para:
  - Produtos reciclados e recicláveis;
  - Bens, serviços e obras que considerem critérios compatíveis com padrões de consumo social e ambientalmente sustentáveis;
- Integração de catadores de materiais reutilizáveis e recicláveis nas ações que envolvam a responsabilidade compartilhada pelo ciclo de vida dos produtos;
- Estímulo a implementação da avaliação do ciclo de vida do produto;
- Incentivo ao desenvolvimento de sistemas de gestão ambiental e empresarial voltados para a melhoria dos processos produtivos e ao reaproveitamento dos resíduos sólidos, incluídos a recuperação e o aproveitamento energético;
- Estímulo à rotulagem ambiental e ao consumo sustentável.

3.5. DIRETRIZES APLICÁVEIS AOS RESÍDUOS SÓLIDOS

O art. 9º, da Lei de Resíduos Sólidos, estabelece que, na gestão e no gerenciamento de resíduos sólidos, deve ser observada a seguinte **ordem de prioridade**:

1º NÃO GERAÇÃO → 2º REDUÇÃO → 3º REUTILIZAÇÃO → 4º RECICLAGEM → 5º TRATAMENTO → 6º DISPOSIÇÃO FINAL

3.6. PLANOS DE RESÍDUOS SÓLIDOS

São planos de resíduos sólidos:

- Plano Nacional de Resíduos Sólidos (UNIÃO);
- Planos Estaduais de Resíduos Sólidos (ESTADOS);
- Planos Microrregionais de Resíduos Sólidos (ESTADOS, participação obrigatória dos municípios envolvidos);
- Planos de Resíduos Sólidos de Regiões Metropolitanas ou Aglomerações Urbanas (ESTADOS, participação obrigatória dos municípios envolvidos);
- Planos Municipais de Gestão Integrada de Resíduos Sólidos (MUNICÍPIOS e DF);
- Planos de Gerenciamento de Resíduos Sólidos (qualquer pessoa que gere resíduos).

1. PLANO NACIONAL DE RESÍDUOS SÓLIDOS:
   - **União elaborará**;
   - Coordenado pelo **Ministério do Meio Ambiente**;
   - Mediante um processo de mobilização e participação social, audiências e consultas públicas;
   - Vigência: **prazo INDETERMINADO** e horizonte de **20 anos, atualizado a cada 4 anos**.
2. PLANOS ESTADUAIS DE RESÍDUOS SÓLIDOS:
   - **Cada estado elaborará o seu**;
   - Possuir este Plano é condição para que os estados possam receber benefícios da União;
   - Vigência: **prazo INDETERMINADO** e horizonte de **20 anos, atualizado a cada 4 anos**.
3. PLANOS MUNICIPAIS DE GESTÃO INTEGRADA DE RESÍDUOS SÓLIDOS:
   - **Cada município, inclusive o DF, elaborará o seu**;
   - Possuir este Plano é condição para os municípios e o DF receberem benefícios da União;
   - Este Plano poderá estar inserido dentro do Plano de Saneamento Básico, respeitado seu conteúdo mínimo;
   - Municípios com **menos de 20.000 habitantes** – este Plano terá conteúdo **simplificado** (por regulamento);
   - Mesmo com o Plano, os Municípios **NÃO ESTÃO** eximidos do licenciamento ambiental de aterros sanitários e de outras infraestruturas e instalações operacionais integrantes do serviço público de limpeza urbana e de manejo de resíduos sólidos pelo órgão competente do SISNAMA.

3.7. PROIBIÇÕES

São **proibidas** as seguintes **FORMAS** de destinação e disposição final de resíduos sólidos ou rejeitos:

- Lançamento em praias, mares ou em quaisquer corpos hídricos;
- Lançamento *in natura* a céu aberto, excetuados os resíduos de mineração;
- Queima, a céu aberto ou em recipiente, de instalações e equipamentos não licenciados para tal finalidade;
- Outras formas vedadas pelo poder público.

Quando decretada **EMERGÊNCIA SANITÁRIA** – a queima de resíduos a céu aberto pode ser realizada, **desde que autorizada e acompanhada pelos** órgãos competentes do SISNAMA, do SNVS e, quando couber, do SUASA.

São **proibidas** as seguintes **ATIVIDADES** nas áreas de disposição final de resíduos ou rejeitos:

- Utilização de rejeitos dispostos como alimentação;

- Catação;
- Criação de animais domésticos;
- Fixação de habitações temporárias ou permanentes;
- Outras atividades vedadas pelo poder público.

4. LEI Nº 12.187/2009: POLÍTICA NACIONAL DE MUDANÇA CLIMÁTICA (PNMC)

4.1. PRINCÍPIOS DA PNMC

A Política Nacional de Mudanças Climáticas **(PNMC)** e as ações dela decorrentes, executadas sob a responsabilidade dos entes políticos e dos órgãos da administração pública, observarão os seguintes **PRINCÍPIOS**:

- Da **precaução**;
- Da **prevenção**;
- Da **participação cidadã**;
- Do **desenvolvimento sustentável**; e o
- Das **responsabilidades comuns, porém diferenciadas** (âmbito internacional).

4.2. OBJETIVOS DA PNMC

A **PNMC** visará:

- À compatibilização do desenvolvimento econômico-social com a proteção do sistema climático;
- À redução das emissões antrópicas de gases de efeito estufa em relação às suas diferentes fontes;
- Ao fortalecimento das remoções antrópicas por sumidouros de gases de efeito estufa no território nacional;
- À implementação de medidas para promover a adaptação à mudança do clima pelas 3 (três) esferas da Federação, com a participação e a colaboração dos agentes econômicos e sociais interessados ou beneficiários, em particular aqueles especialmente vulneráveis aos seus efeitos adversos;
- À preservação, à conservação e à recuperação dos recursos ambientais, com particular atenção aos grandes biomas naturais tidos como Patrimônio Nacional;
- À consolidação e à expansão das áreas legalmente protegidas e ao incentivo aos reflorestamentos e à recomposição da cobertura vegetal em áreas degradadas; e
- Ao estímulo ao desenvolvimento do Mercado Brasileiro de Redução de Emissões – MBRE[1].

1. O Mercado Brasileiro de Redução de Emissões – MBRE será operacionalizado em bolsas de mercadorias e futuros, bolsas de valores e entidades de balcão organizado, autorizadas pela Comissão de Valores Mobiliários – CVM, onde se dará a negociação de títulos mobiliários representativos de emissões de gases de efeito estufa evitadas certificadas.

4.3. INSTRUMENTOS DA PNMC

1. Plano Nacional sobre Mudança do Clima;
2. Fundo Nacional sobre Mudança do Clima;
3. Planos de Ação para a Prevenção e Controle do Desmatamento nos biomas;
4. Comunicação Nacional do Brasil à Convenção-Quadro das Nações Unidas sobre Mudança do Clima, de acordo com os critérios estabelecidos por essa Convenção e por suas Conferências das Partes;
5. Resoluções da Comissão Interministerial de Mudança Global do Clima;
6. Medidas fiscais e tributárias destinadas a estimular a redução das emissões e remoção de gases de efeito estufa, incluindo alíquotas diferenciadas, isenções, compensações e incentivos, a serem estabelecidos em lei específica;
7. Linhas de crédito e financiamento específicas de agentes financeiros públicos e privados;
8. Desenvolvimento de linhas de pesquisa por agências de fomento;
9. Dotações específicas para ações em mudança do clima no orçamento da União;
10. Mecanismos financeiros e econômicos referentes à mitigação da mudança do clima e à adaptação aos efeitos da mudança do clima que existam no âmbito da Convenção-Quadro das Nações Unidas sobre Mudança do Clima e do Protocolo de Quioto;
11. Mecanismos financeiros e econômicos, no âmbito nacional, referentes à mitigação e à adaptação à mudança do clima;
12. Medidas existentes, ou a serem criadas, que estimulem o desenvolvimento de processos e tecnologias, que contribuam para a redução de emissões e remoções de gases de efeito estufa, bem como para a adaptação, dentre as quais o estabelecimento de critérios de preferência nas licitações e concorrências públicas, compreendidas aí as parcerias público-privadas e a autorização, permissão, outorga e concessão para exploração de serviços públicos e recursos naturais, para as propostas que propiciem maior economia de energia, água e outros recursos naturais e redução da emissão de gases de efeito estufa e de resíduos;
13. Registros, inventários, estimativas, avaliações e quaisquer outros estudos de emissões de gases de efeito estufa e de suas fontes, elaborados com base em informações e dados fornecidos por entidades públicas e privadas;
14. Medidas de divulgação, educação e conscientização;
15. Monitoramento climático nacional;
16. Indicadores de sustentabilidade;
17. Estabelecimento de padrões ambientais e de metas, quantificáveis e verificáveis, para a redução

de emissões antrópicas por fontes e para as remoções antrópicas por sumidouros de gases de efeito estufa;

18. Avaliação de impactos ambientais sobre o microclima e o macroclima.

4.4. INSTRUMENTOS INSTITUCIONAIS PARA A ATUAÇÃO DA PNMC

1. Comitê Interministerial sobre Mudança do Clima;
2. Comissão Interministerial de Mudança Global do Clima;
3. Fórum Brasileiro de Mudança do Clima;
4. Rede Brasileira de Pesquisas sobre Mudanças Climáticas Globais – Rede Clima;
5. Comissão de Coordenação das Atividades de Meteorologia, Climatologia e Hidrologia.

5. RESOLUÇÃO Nº 23.474/2016

A Resolução nº 23.474/2016 (referente à Justiça Eleitoral) dispõe sobre a criação e competências das unidades ou núcleos socioambientais nos órgãos da Justiça Eleitoral.

CRIAÇÃO E COMPETÊNCIAS DAS UNIDADES OU NÚCLEOS SOCIOAMBIENTAIS	
Resolução nº 23.474/2016	Nos Tribunais Eleitorais; e
	Implantação do Plano de Logística Sustentável da Justiça Eleitoral (**PLS-JE**).

A referida Resolução exprime que devem ser criadas unidades e núcleos socioambientais e estabelecidas suas competências, bem como p PLS-JE seja implementado no Tribunal Superior Eleitoral e nos Tribunais Regionais Eleitorais.

5.1. CONCEITOS IMPORTANTES

A Resolução nº 23.474/2016, do Tribunal Superior Eleitoral, traz conceitos chaves no intuito de possibilitar uma melhor compreensão do texto normativo, além de ser um ponto relevante para futuras questões de prova. Apresento-os a seguir.

VISÃO SISTÊMICA – identificação, entendimento e gerenciamento de processos inter-relacionados como um sistema que contribui para a eficiência da organização no sentido de atingir seus objetivos;

LOGÍSTICA SUSTENTÁVEL – processo de coordenação do fluxo de materiais, de serviços e de informações, do fornecimento ao desfazimento, que considerando o ambientalmente correto, o socialmente justo e o desenvolvimento econômico equilibrado;

CRITÉRIOS DE SUSTENTABILIDADE – métodos utilizados para avaliação e comparação de bens, materiais ou serviços em função do seu impacto ambiental, social e econômico;

PRÁTICAS DE SUSTENTABILIDADE – ações que tenham como objetivo a construção de um novo modelo de cultura institucional visando à inserção de sustentabilidade nas atividades da Justiça Eleitoral;

PRÁTICAS DE RACIONALIZAÇÃO – ações que tenham como objetivo a melhoria da qualidade do gasto público e o aperfeiçoamento contínuo da gestão dos processos de trabalho;

COLETA SELETIVA – coleta de resíduos sólidos previamente separados conforme sua constituição ou composição com destinação ambientalmente adequada;

COLETA SELETIVA SOLIDÁRIA – coleta dos resíduos recicláveis descartados, separados na fonte geradora, para destinação às associações e cooperativas de catadores de materiais recicláveis;

RESÍDUOS RECICLÁVEIS DESCARTADOS – materiais passíveis de retorno ao ciclo produtivo, rejeitados pelos órgãos da Justiça Eleitoral;

MATERIAL DE CONSUMO – todo material que, em razão de sua utilização, perde normalmente sua identidade física e/ou tem sua utilização limitada a dois anos;

GESTÃO DOCUMENTAL – conjunto de procedimentos e operações técnicas para produção, tramitação, uso e avaliação de documentos, com vistas à sua guarda permanente ou eliminação, mediante o uso razoável de critérios de responsabilidade ambiental;

INVENTÁRIO FÍSICO FINANCEIRO – relação de materiais que compõe o estoque onde figuram a quantidade física e financeira, a descrição, e o valor do bem;

COMPRA COMPARTILHADA – contratação para um grupo de participantes previamente estabelecidos, na qual a responsabilidade de condução do processo licitatório e gerenciamento da ata de registro de preços serão de um órgão ou entidade da Administração Pública Federal com o objetivo de gerar benefícios econômicos e socioambientais;

PONTO DE EQUILÍBRIO – quantidade ideal de recursos materiais para execução das atividades desempenhadas por uma unidade de trabalho, sem prejuízo de sua eficiência;

CORPO FUNCIONAL – magistrados, servidores efetivos, sem vínculo efetivo, requisitados e estagiários; (Resolução TSE nº 23.474/2016);

FORÇA DE TRABALHO AUXILIAR – funcionários terceirizados.

Atente-se às expressões que se parecem, como "critérios de sustentabilidade" e "práticas de sustentabilidade". Uma leitura rápida pode causar uma confusão de conceitos. O primeiro trata de critérios, ou seja, de métodos de comparação; enquanto o segundo, de práticas, as quais compõem um modelo de cultura voltada à sustentabilidade no Judiciário Eleitoral.

Ocorre o mesmo com "coleta seletiva", voltada para a coleta de resíduos sólidos visando à destinação ambientalmente adequada; enquanto a "coleta seletiva solidária" reserva os resíduos sólidos a associações e cooperativas de catadores de materiais recicláveis.

Os magistrados, servidores (efetivos e comissionados), requisitados e estagiários formam o "corpo funcional" do Poder Judiciário Eleitoral. Já a "força de trabalho auxiliar" é composta unicamente por funcionários terceirizados.

5.2. UNIDADES E NÚCLEOS SOCIOAMBIENTAIS

As unidades e núcleos socioambientais devem ter em caráter PERMANENTE o planejamento, implementação, monitoramento de metas anuais e avaliação de indicadores de desempenho, no intuito de cumprir cada Resolução. Enquanto isso, deverão estimular a reflexão e a mudança de padrões de compra, consumo e gestão documental dos órgãos do Poder Judiciário e da Justiça Eleitoral, respectivamente, bem como do corpo funcional e força de trabalho auxiliar de cada instituição. E devem ser, preferencialmente, subordinados à alta administração do órgão.

UNIDADES OU NÚCLEOS SOCIOAMBIENTAIS DEVERÃO FOMENTAR AÇÕES QUE ESTIMULEM:
1. O aperfeiçoamento contínuo da qualidade do gasto público;
2. O uso sustentável de recursos naturais e bens públicos;
3. A redução do impacto negativo das atividades do órgão no meio ambiente com a adequada gestão dos resíduos gerados;
4. A promoção das contratações sustentáveis;
5. A gestão sustentável de documentos, em conjunto com a unidade responsável;
6. A sensibilização e capacitação do corpo funcional, força de trabalho auxiliar e de outras partes interessadas; e
7. A qualidade de vida no ambiente de trabalho, em conjunto com a unidade responsável.

Quanto às contratações sustentáveis, deverá ser observada a integração dos aspectos ambientais, econômicos e sociais do desenvolvimento sustentável. Assim, as unidades e núcleos socioambientais manterão uma interatividade com as áreas envolvidas, direta ou indiretamente, com as contratações, devendo fomentar a inclusão de práticas de sustentabilidade, racionalização e consumo consciente.

ATENÇÃO!!!

O **Tribunal Superior Eleitoral** deverá publicar, **ANUALMENTE**, por intermédio da **Assessoria de Gestão Socioambiental**, o **BALANÇO SOCIOAMBIENTAL DA JUSTIÇA ELEITORAL**.

5.3. PLANO DE LOGÍSTICA SUSTENTÁVEL DA JUSTIÇA ELEITORAL: PLS-JE

O Plano de Logística Sustentável da Justiça Eleitoral (PLS-JE) trata-se de instrumento VINCULADO ao Planejamento Estratégico da Justiça Eleitoral, o qual estabelece e acompanha as práticas de sustentabilidade, racionalização e qualidade que objetivem uma melhor eficiência do gasto público e da gestão dos processos de trabalho, considerando a visão sistêmica de cada órgão.

O PLS-JE será aprovado pela alta administração do órgão, podendo ser subdividido a critério de cada órgão, devido à complexidade da estrutura envolvida. Já os órgãos seccionais deverão estar em conformidade com o plano do órgão a que são subordinados.

As práticas de sustentabilidade, racionalização e consumo consciente de materiais e serviços deverão abranger, no mínimo, os seguintes temas:

- Uso eficiente de insumos e materiais considerando, inclusive, o processo eletrônico de votação, a implantação do Processo Judicial Eletrônico (PJe) e a informação dos processos e procedimentos administrativos;
- Energia elétrica;
- Água e esgoto;
- Gestão de resíduos;
- Qualidade de vida no ambiente de trabalho;
- Sensibilização e capacitação contínua do corpo funcional, força de trabalho auxiliar e, quando for o caso, de outras partes interessadas;
- Contratações sustentáveis, compreendendo, pelo menos, obras, equipamentos, combustível, serviços de vigilância, de limpeza, de telefonia, de processamento de dados, de apoio administrativo e de manutenção predial;
- Deslocamento de pessoal, bens e materiais considerando todos os meios de transporte, com foco na redução de gastos e de emissões de substâncias poluentes.

O PLS-JE deverá ser formalizado em processo administrativo e, para cada tema anteriormente citado, deverão ser criados planos de ação com os seguintes tópicos:

- Objetivo do plano de ação;
- Detalhamento de implementação das ações;
- Unidades e áreas envolvidas na implementação de cada ação e respectivos responsáveis;

- Metas a serem alcançadas para cada ação/indicador;
- Cronograma de implementação das ações;
- Previsão de recursos financeiros, humanos, instrumentais, entre outros, necessários para a implementação das ações.

5.4. COMISSÃO GESTORA

Os órgãos da Justiça Eleitoral devem constituir Comissão Gestora do PLS-JE, observando os seguintes atributos:

- Composição: no **mínimo 05 servidores** (designados pela administração de cada órgão no **prazo de 30 dias** a partir da constituição das Unidades ou Núcleos Socioambientais);
- Componentes obrigatórios:
    - 01 servidor da Unidade ou Núcleo Socioambiental;
    - 01 servidor da Unidade de Planejamento Estratégico;
    - 01 servidor de Compras ou Aquisições.
- Atribuição: elaborar, monitorar, avaliar e revisar o respectivo PLS do seu órgão.

6. MEIO AMBIENTE – ARTS. 170 E 225 DA CONSTITUIÇÃO FEDERAL

A Constituição Federal de 1988 - CF/88 - reservou cuidado com a questão do desenvolvimento sustentável, disponível em seus art. 170 e 225. Quanto ao primeiro artigo, a ordem econômica, fundada na valorização do trabalho humano e na livre iniciativa, tem por fim assegurar a todos a existência digna, conforme os ditames da justiça social, observados os princípios do quadro abaixo.

Soberania nacional;
Propriedade privada;
Função social da propriedade;
Livre concorrência;
Defesa do consumidor;
Defesa do meio ambiente, inclusive mediante tratamento diferenciado conforme impacto ambiental dos produtos e serviços e de seus processos de elaboração e prestação;
Redução das desigualdades regionais e sociais;
Busca pelo pleno emprego;
Tratamento favorecido para as empresas de pequeno porte constituídas sob as leis brasileiras e que tenham sede e administração no País.

Ligamos um alerta para questões que possam trazer a literalidade. É importante, então, que reserve um espaço de tempo para fazer a leitura do artigo 170 da CF/88 até a prova repetidamente.

O mesmo pode acontecer com o artigo 225 da CF/88, portanto releituras são válidas. Veja a seguir o *caput* de que se fala.

> Art. 225, da CF/88 - Todos têm direito ao meio ambiente ecologicamente equilibrado, bem de uso comum do povo e essencial à sadia qualidade de vida, impondo-se ao Poder Público e à coletividade o dever de defendê-lo e preservá-lo para as presentes e futuras gerações.

O meio ambiente é um direito garantido a todas as pessoas, trata-se de bem de uso comum, além de primordial à sadia qualidade de vida.

A responsabilidade de preservar o meio ambiente é atribuída ao Poder Público e à coletividade, afim de que as gerações de hoje bem como as próximas usufruam de seus benefícios. No que diz respeito ao Poder Público, a constituição o empunha dever de agir, o qual, por meio de algumas práticas, garanta a efetividade desse direito a todos. São elas:

- Preservar e restaurar os processos ecológicos essenciais e prover o manejo ecológico das espécies e ecossistemas;
- Preservar a diversidade e a integridade do patrimônio genético do País e fiscalizar as entidades dedicadas à pesquisa e manipulação de material genético;
- Definir, em todas as unidades da Federação, espaços territoriais e seus componentes a serem especialmente protegidos, sendo a alteração e a supressão permitidas somente através de lei, vedada qualquer utilização que comprometa a integridade dos atributos que justifiquem sua proteção;
- Exigir, na forma da lei, para instalação de obra ou atividade potencialmente causadora de significativa degradação do meio ambiente, estudo prévio de impacto ambiental, a que se dará publicidade;
- Controlar a produção, a comercialização e o emprego de técnicas, métodos e substâncias que comportem risco para a vida, a qualidade de vida e o meio ambiente;
- Promover a educação ambiental em todos os níveis de ensino e a conscientização pública para a preservação do meio ambiente;
- Proteger a fauna e a flora, vedadas, na forma da lei, as práticas que coloquem em risco sua função ecológica, provoquem a extinção de espécies ou submetam os animais a crueldade;
- Manter regime fiscal favorecido para os biocombustíveis e para o hidrogênio de baixa emissão de carbono, na forma de lei complementar, a fim de assegurar-lhes tributação inferior à incidente sobre os combustíveis fósseis, capaz de garantir diferencial competitivo em relação a estes.

A responsabilidade não exime a atuação de outros indivíduos, posto que aborda um dever de todos. Podemos citar como exemplo uma mineradora que explore recursos minerais de uma determinada região. Fica atribuído ao explorador recuperar o meio ambiente degradado, de acordo com a solução técnica exigida pelo órgão público competente.

> *Art. 225, §2º da CF/88 - Aquele que explorar recursos minerais fica obrigado a recuperar o meio ambiente degradado, de acordo com solução técnica exigida pelo órgão público competente, na forma da lei.*

Caso alguém pratique condutas e atividades lesivas ao meio ambiente, serão impostas sanções ao infrator, além da obrigação de reparar os danos causados. Infratores podem ser pessoas físicas e jurídicas, e as sanções alcançam as esferas penal e administrativa, até é a literalidade. É importante destacar o cabimento da responsabilidade civil, conforme previsto na Lei n.º 9.605/1998, que dispõe sobre as sanções derivadas de condutas e atividades lesivas ao meio ambiente.

> *Art. 225, §3º da CF/88 - As condutas e atividades consideradas lesivas ao meio ambiente sujeitarão os infratores, pessoas físicas ou jurídicas, a sanções penais e administrativas, independentemente da obrigação de reparar os danos causados.*

O patrimônio nacional é constituído, dentre outros, pela Floresta Amazônica brasileira, Mata Atlântica, Serra do Mar, Pantanal Mato-Grossense e Zona Costeira. Sim, é preciso decorar. Use o seguinte recurso:

PATRIMÔNIO NACIONAL	
SErra do mar	**SE**
PAntanal mato-grossense	**PA**
Floresta **A**mazônica brasileira	**FA**
MAta atlântica	**MA**
ZONA costeira	**ZONA**

Então, siga a dica: **SE PA FA MA** na **ZONA** (sepá fama na zona). Faça um treino. Coloque a mão sobre a tabela e leia o mnemônico. Após, tente relembrar cada patrimônio natural.

A utilização de cada patrimônio natural será feito, na forma da lei, dentro de condições que garantam a preservação do meio ambiente, inclui-se, na mesma perspectiva, o uso de seus recursos naturais.

> *Art. 225, §4º da CF/88 - A Floresta Amazônica brasileira, a Mata Atlântica, a Serra do Mar, o Pantanal Mato-Grossense e a Zona Costeira são patrimônio nacional, e sua utilização far-se-á, na forma da lei, dentro de condições que assegurem a preservação do meio ambiente, inclusive quanto ao uso dos recursos naturais.*

As terras que não possuem destinação pública e também não constituem patrimônio particular são chamadas de terras devolutas, mesmo que se encontrem sob posse irregular de alguém. Pois bem, são **indisponíveis** as terras devolutas ou arrecadas pelos Estados, por ações discriminatórias, necessárias à proteção dos ecossistemas naturais (art. 225, §5º da CF/88).

Se uma usina precisar operar com reator nuclear no Brasil, é necessário que **lei federal** seja editada, a qual disporá sobre a localização de funcionamento de tal usina. Caso contrário, estará impedida de ser instalada.

> *Art. 225, §4º da CF/88 - As usinas que operem com reator nuclear deverão ter sua localização definida em* lei federal, *sem o que não poderão ser instaladas.*

Por fim, veremos que a Carta Magna recebeu um novo dispositivo, por meio da Emenda Constitucional n.º 96/2017, que não são consideradas cruéis as práticas desportivas que utilizem animais, desde que sejam manifestações culturais registradas como bem de natureza imaterial integrante do patrimônio cultural brasileiro, devendo ser regulamentadas por lei específica que assegure o bem-estar dos animais envolvidos (art. 225, §7º da CF/88).

7. CRITÉRIOS DE SUSTENTABILIDADE NOS PROCEDIMENTOS DE CONTRATAÇÃO DE SERVIÇOS NA ADMINISTRAÇÃO PÚBLICA – INSTRUÇÃO NORMATIVA N.º 5/2017

A Instrução Normativa n.º 5/2017 propõe uma reestruturação do modelo de contratação de serviços terceirizados no âmbito da Administração Pública Federal direta, autárquica, fundacional, visto que a anterior Instrução Normativa (n.º 2, de 2008) vinha sofrendo inúmeras alterações por conta das modificações na legislação que trata sobre licitações.

A nova IN n.º 5/2017 trouxe, dentre outros, os seguintes benefícios:

- Instrumentaliza o planejamento das contratações;
- Atualiza os índices de produtividade dos serviços de limpeza;
- Pagamento pelo fato gerador;
- Fiscalização dos serviços contratados com base em indicadores;
- Modelos de editais e contratos da Advocacia-Geral da União - AGU;
- Artefatos padronizados nos procedimentos da contratação.

Dessa maneira, quanto aos aspectos de contratação, a IN n.º 5/2017, art. 1º, assevera que as contratações de serviços observarão, no que couber:

I. As fases de Planejamento da Contratação, Seleção de Fornecedor e Gestão de Contrato;

II. Os critérios e práticas de sustentabilidade;

III. O alinhamento com o Planejamento Estratégico do órgão ou entidade, quando houver.

A partir de então, enfatizaremos o importante para a sua prova no que se refere aos critérios e às práticas de sustentabilidade, inseridos como requisitos a serem observados nas contratações públicas.

Representam os critérios e práticas sustentáveis, afim de atender à menção decorrente da IN n.º 5/2017, mais uma vez:

- Baixo impacto sobre recursos naturais como flora, fauna, ar, solo e água;
- Preferência para materiais, tecnologias e matérias-primas de origem local;
- Maior eficiência na utilização de recursos naturais como água e energia;
- Maior geração de empregos, preferencialmente com mão de obra local;
- Maior vida útil e menor custo de manutenção do bem e da obra;
- Uso de inovações que reduzam a pressão sobre recursos naturais;
- Origem sustentável dos recursos naturais utilizados nos bens, nos serviços e nas obras;
- Utilização de produtos florestais madeireiros e não madeireiros originários de manejo florestal sustentável ou de reflorestamento.

Sugiro que seja dada atenção especial à releitura dos critérios e práticas. Não é à toa que os repetimos aqui em nossa seção de dicas de Noções de Sustentabilidade.

Os instrumentos convocatórios de aquisição de bens poderão exigir dos participantes que o material seja renovável, reciclável, atóxico ou biodegradável, bem como outros que forem pertinentes à sustentabilidade.

Já nas contratações de obras e serviços de engenharia, as especificações e demais exigências no projeto básico ou executivo devem ser elaboradas de modo a propiciar a economia da manutenção e operacionalização da edificação e a redução do consumo de energia e água, por meio de tecnologias, práticas e materiais que reduzam o impacto ambiental.

A comprovação do atendimento das exigências contidas nos instrumentos convocatórios poderá ser feita meio de (1) certificação emitida ou reconhecida por instituição pública oficial ou instituição credenciada ou por (2) outro meio definido no instrumento convocatório. Inexistindo a certificação, o instrumento convocatório estabelecerá que, após a seleção da proposta e antes da adjudicação do objeto, o contratante poderá realizar diligências para verificar a adequação do bem ou serviço às exigências do instrumento convocatório. E, ainda, se o bem ou serviço apresentar-se inadequado, o contratante apresentará razões técnicas, assegurado o direito de manifestação do licitante vencedor.

Noções sobre direitos das pessoas com deficiência

Paulo Henrique Boldrin

TABELA DE INCIDÊNCIA DE QUESTÕES		
ASSUNTO	**NÚMERO DE QUESTÕES**	**PESO**
1. DIREITOS DAS PESSOAS COM DEFICIÊNCIA	3	9,38%
2. CONCEITOS PREVISTOS NO ESTATUTO DA PESSOA COM DEFICIÊNCIA	4	12,50%
3. IGUALDADE E NÃO DISCRIMINAÇÃO	2	6,25%
4. PRIORIDADE DE ATENDIMENTO DA PESSOA COM DEFICIÊNCIA	2	6,25%
5. DIREITO À SAÚDE	1	3,13%
6. DIREITO À EDUCAÇÃO	2	6,25%
7. DIREITO À MORADIA	1	3,13%
8. DIREITO AO TRABALHO	2	6,25%
9. DIREITO À CULTURA, AO ESPORTE, AO TURISMO E AO LAZER	1	3,13%
10. ACESSIBILIDADE	7	21,88%
11. CAPACIDADE CIVIL E CURATELA	2	6,25%
12. CRIMES PREVISTOS NO ESTATUTO DA PESSOA COM DEFICIÊNCIA	3	9,38%
13. MEDIDAS DE PROTEÇÃO DOS DIREITOS DAS PESSOAS COM DEFICIÊNCIA	2	6,25%
TOTAL	**32**	**100%**

Noções sobre direitos das pessoas com deficiência

Paulo Henrique Boldrin

✦ QUESTÕES

1. DIREITOS DAS PESSOAS COM DEFICIÊNCIA

01. (IBFC – Técnico Judiciário – Área Administrativa – TRE – PA/2020) Sobre as definições estabelecidas pelo Decreto Legislativo n° 186/2008, que aprovou o texto da Convenção sobre os Direitos das Pessoas com Deficiência e de seu Protocolo Facultativo, assinados em Nova Iorque, em 30 de março de 2007, assinale a alternativa correta.

a) "Adaptação razoável" significa qualquer diferenciação, exclusão ou restrição baseada em deficiência, com o propósito ou efeito de impedir ou impossibilitar o reconhecimento, o desfrute ou o exercício, em igualdade de oportunidades com as demais pessoas, de todos os direitos humanos e liberdades fundamentais nos âmbitos político, econômico, social, cultural, civil ou qualquer outro

b) "Discriminação por motivo de deficiência" significa as modificações e os ajustes necessários e adequados que não acarretem ônus desproporcional ou indevido, quando requeridos em cada caso, a fim de assegurar que as pessoas com deficiência possam gozar ou exercer, em igualdade de oportunidades com as demais pessoas, todos os direitos humanos e liberdades fundamentais

c) "Comunicação" abrange as línguas, a visualização de textos, o braille, a comunicação tátil, os caracteres ampliados, os dispositivos de multimídia acessível, assim como a linguagem simples, escrita e oral, os sistemas auditivos e os meios de voz digitalizada e os modos, meios e formatos aumentativos e alternativos de comunicação, inclusive a tecnologia da informação e comunicação acessíveis

d) "Desenho universal" abrange as línguas faladas e de sinais e outras formas de comunicação não-falada

COMENTÁRIOS

✪ **Nota do autor:** A questão aborda o tema dos conceitos previstos no texto da Convenção sobre os Direitos das Pessoas com Deficiência e de seu Protocolo Facultativo. Tendo em vista que o conhecimento dos termos apontados também está presente com algumas alterações no Estatuto da Pessoa com Deficiência, a questão pode ser considerada de nível fácil.

Alternativa "a". "Adaptação razoável" significa as modificações e os ajustes necessários e adequados que não acarretem ônus desproporcional ou indevido, quando requeridos em cada caso, a fim de assegurar que as pessoas com deficiência possam gozar ou exercer, em igualdade de oportunidades com as demais pessoas, todos os direitos humanos e liberdades fundamentais;" (Definição prevista no art. 2° da Convenção da ONU sobre os Direitos das pessoas com Deficiência).

Alternativa "b". "Discriminação por motivo de deficiência" significa qualquer diferenciação, exclusão ou restrição baseada em deficiência, com o propósito ou efeito de impedir ou impossibilitar o reconhecimento, o desfrute ou o exercício, em igualdade de oportunidades com as demais pessoas, de todos os direitos humanos e liberdades fundamentais nos âmbitos político, econômico, social, cultural, civil ou qualquer outro. Abrange todas as formas de discriminação, inclusive a recusa de adaptação razoável;" (Definição prevista no art. 2° da Convenção da ONU sobre os Direitos das pessoas com Deficiência).

Alternativa "c". "Comunicação" abrange as línguas, a visualização de textos, o braille, a comunicação tátil, os caracteres ampliados, os dispositivos de multimídia acessível, assim como a linguagem simples, escrita e oral, os sistemas auditivos e os meios de voz digitalizada e os modos, meios e formatos aumentativos e alternativos de comunicação, inclusive a tecnologia da informação e comunicação acessíveis;" (Definição prevista no art. 2º da Convenção da ONU sobre os Direitos das pessoas com Deficiência).

Alternativa "d". "Desenho universal" significa a concepção de produtos, ambientes, programas e serviços a serem usados, na maior medida possível, por todas as pessoas, sem necessidade de adaptação ou projeto específico. O "desenho universal" não excluirá as ajudas técnicas para grupos específicos de pessoas com deficiência, quando necessárias." (Definição prevista no art. 2º da Convenção da ONU sobre os Direitos das pessoas com Deficiência).

Alternativa correta: letra "c".

---

02. (IBFC – Técnico Judiciário – Área Administrativa – TRE – PA/2020) Dentre os princípios gerais do Decreto Legislativo n° 186/2008, que aprovou o texto da Convenção sobre os Direitos das Pessoas com Deficiência e de seu Protocolo Facultativo, assinados em Nova Iorque, em 30 de março de 2007, assinale a alternativa que não contemple um desses princípios.

a) Acessibilidade

b) Discriminação

c) Igualdade de oportunidades

d) Plena e efetiva participação e inclusão na sociedade

COMENTÁRIOS

✪ **Nota do autor:** A questão aborda o tema dos direitos previstos no texto da Convenção sobre os Direitos das Pessoas com Deficiência e de seu Protocolo Facultativo. A questão pode ser considerada de baixa dificuldade, pois exigia o conhecimento básico dos princípios que orientam os direitos das pessoas com deficiência.

Alternativa "b". Os princípios da Convenção da ONU sobre os Direitos das Pessoas com Deficiência estão definidos no art. 3º desse instrumento:

> **Art. 3º da Convenção:** Os princípios da presente Convenção são:
>
> a) O respeito pela dignidade inerente, a autonomia individual, inclusive a liberdade de fazer as próprias escolhas, e a independência das pessoas.
>
> b) A não-discriminação;
>
> c) A plena e efetiva participação e inclusão na sociedade;
>
> d) O respeito pela diferença e pela aceitação das pessoas com deficiência como parte da diversidade humana e da humanidade;
>
> e) A igualdade de oportunidades;
>
> f) A acessibilidade;
>
> g) A igualdade entre o homem e a mulher;
>
> h) O respeito pelo desenvolvimento das capacidades das crianças com deficiência e pelo direito das crianças com deficiência de preservar sua identidade.

Note-se, portanto, que não há o princípio da discriminação como sustenta a alternativa "b", mas o seu oposto, a Convenção é orientada pelo princípio da não discriminação.

Alternativa correta: letra "b".

---

03. (FCC – Analista Judiciário – Área Judiciária – TRE – PR/2017) A Lei nº 13.146/2015 estabelece para a pessoa com deficiência direitos à vida, habilitação e à reabilitação, à saúde, à educação, à moradia, ao trabalho, à cultura, ao esporte, ao turismo e ao lazer, ao transporte e à mobilidade, à assistência social e à previdência social. Esses direitos são denominados como

a) sociais.

b) inclusivos.

c) humanitários.

d) fundamentais.

e) igualitários.

COMENTÁRIOS

✪ **Nota do autor:** A questão aborda o tema dos direitos das pessoas com deficiência. Ademais, exigia que o candidato tivesse conhecimento acerca dos títulos do Estatuto da Pessoa com Deficiência e os capítulos deles decorrentes.

Alternativa "d". Em julho de 2015, foi promulgada a **Lei nº 13.146/2015**, que instituiu a **Lei Brasileira de Inclusão da Pessoa com Deficiência – LBI**. Essa legislação também é denominada de **Estatuto da Pessoa com Deficiência** e constitui importante dispositivo normativo que regulamenta os direitos da pessoa com deficiência. A legislação é destinada a assegurar e a promover, em igualdade de condições, o exercício de direitos e liberdades fundamentais por pessoa com deficiência, a fim de garantir a inclusão social e a cidadania (art. 1º). Ressalta-se que o Estatuto da Pessoa com Deficiência entrou em vigor apenas **180 dias** após a sua publicação (art. 127). Tendo em vista que a lei foi publicada no dia 07 de julho de 2015, as regras previstas somente passaram a ser aplicadas em 03 de janeiro de 2016.

Esse dispositivo dedicou longo título destinado aos direitos fundamentais. Trata-se do Título II da Lei nº 13.146/2015, que se inicia no art. 10 e termina no art. 52. Todos os direitos mencionados na questão integram referido título II e compreendem importantes direitos fundamentais da pessoa com deficiência, que servirão como baliza de atuação do poder público e da sociedade como um todo.

Alternativa correta: letra "d". (responde as demais alternativas).

2. CONCEITOS PREVISTOS NO ESTATUTO DA PESSOA COM DEFICIÊNCIA

04. (Cespe – Técnico Judiciário – Área Administrativa – TRE – TO/2017) As adaptações, modificações e ajustes necessários e adequados que não acarretem ônus desproporcional e indevido, quando requeridos em cada caso, a fim de assegurar que a pessoa com deficiência possa gozar ou exercer, em igualdade de condições e oportunidades com as demais pessoas, todos os direitos e liberdades fundamentais, são consideradas

a) adaptações razoáveis.
b) acessibilidade.
c) elemento de urbanização.
d) tecnologia assistiva.
e) modificações inclusivas.

COMENTÁRIOS

✪ **Nota do autor:** A questão aborda o tema dos conceitos previstos no Estatuto da Pessoa com Deficiência. Não é comum que os diplomas legislativos tragam as definições legais para os termos utilizados, muitas vezes deixando o trabalho de interpretação das palavras e expressões para a doutrina e jurisprudência. Contudo, o Estatuto da Pessoa com Deficiência traz diversos conceitos que serão utilizados por TODA a lei, que assumem, juntamente com o conceito de pessoa com deficiência, especial relevância para seus estudos.

Alternativa "a". "Para fins de aplicação desta Lei, consideram-se: adaptações razoáveis: adaptações, modificações e ajustes necessários e adequados que não acarretem ônus desproporcional e indevido, quando requeridos em cada caso, a fim de assegurar que a pessoa com deficiência possa gozar ou exercer, em igualdade de condições e oportunidades com as demais pessoas, todos os direitos e liberdades fundamentais." (art. 3º, VI, Estatuto da Pessoa com Deficiência).

Alternativa "b". "Para fins de aplicação desta Lei, consideram-se: acessibilidade: possibilidade e condição de alcance para utilização, com segurança e autonomia, de espaços, mobiliários, equipamentos urbanos, edificações, transportes, informação e comunicação, inclusive seus sistemas e tecnologias, bem como de outros serviços e instalações abertos ao público, de uso público ou privados de uso coletivo, tanto na zona urbana como na rural, por pessoa com deficiência ou com mobilidade reduzida." (art. 3º, I, Lei nº 13.146/2015).

Alternativa "c". "Para fins de aplicação desta Lei, consideram-se: elemento de urbanização: quaisquer componentes de obras de urbanização, tais como os referentes a pavimentação, saneamento, encanamento para esgotos, distribuição de energia elétrica e de gás, iluminação pública, serviços de comunicação, abastecimento e distribuição de água, paisagismo e os que materializam as indicações do planejamento urbanístico." (art. 3º, VII, Estatuto da Pessoa com Deficiência).

Alternativa "d". "Para fins de aplicação desta Lei, consideram-se: tecnologia assistiva ou ajuda técnica: produtos, equipamentos, dispositivos, recursos, metodologias, estratégias, práticas e serviços que objetivem promover a funcionalidade, relacionada à atividade e à participação da pessoa com deficiência ou com mobilidade reduzida, visando à sua autonomia, independência, qualidade de vida e inclusão social." (art. 3º, III, Estatuto da Pessoa com Deficiência).

Alternativa "e". Não há previsão no Estatuto da Pessoa com Deficiência do conceito de modificações inclusivas apontado na alternativa.

Alternativa correta: letra "a".

05. (FCC – Técnico Judiciário – Área Administrativa – TRE – PR/2017) As disposições gerais da Lei no 13.146/15, que instituiu o Estatuto da Pessoa com Deficiência, estabelece que

a) a avaliação da deficiência obrigatoriamente será biopsicossocial e será realizada por equipe multiprofissional e interdisciplinar.
b) qualquer entrave que limite ou impeça o exercício de direitos como acessibilidade e liberdade de movimento são denominados barreiras.
c) barreira urbanística são os entraves existentes nos edifícios públicos e privados.
d) acessibilidade é um conceito ligado a produtos, equipamentos, dispositivos e outros que objetivem qualidade de vida e inclusão social.
e) pessoas com criança de colo não estão incluídas no conceito de "pessoa com mobilidade reduzida".

COMENTÁRIOS

✪ **Nota do autor:** A questão aborda o tema dos conceitos previstos no Estatuto da Pessoa com Deficiência. Lembre-se de que é imprescindível a prévia leitura e memorização do art. 3º do Estatuto da Pessoa com Deficiência.

Alternativa "a". "A avaliação da deficiência, quando necessária, será biopsicossocial, realizada por equipe multiprofissional e interdisciplinar e considerará:" (art. 2º, § 1º, Estatuto da Pessoa com Deficiência).

Não há, portanto, a obrigatoriedade na realização da avaliação da deficiência. De acordo com o art. 2º, § 3º, da Lei 13.146/2015, acrescentado pela Lei nº 14.724/2023, o exame médico-pericial componente da avaliação biopsicossocial da deficiência poderá ser realizado com o uso de tecnologia de telemedicina ou por análise documental conforme situações e requisitos definidos em regulamento.

Alternativa "b". Para fins de aplicação desta Lei, consideram-se: barreiras: qualquer entrave, obstáculo, atitude ou comportamento que limite ou impeça a participação social da pessoa, bem como o gozo, a fruição e o exercício de seus direitos à acessibilidade, à liberdade de movimento e de expressão, à comunicação, ao acesso à informação, à compreensão, à circulação com segurança, entre outros, classificadas em: (art. 3º, IV, Estatuto da Pessoa com Deficiência). Barreiras são os entraves ou obstáculos que impedem a fruição dos direitos das pessoas com deficiência como acessibilidade e liberdade de movimento.

Alternativa "c". Para fins de aplicação desta Lei, consideram-se: barreiras: qualquer entrave, obstáculo, atitude ou comportamento que limite ou impeça a participação social da pessoa, bem como o gozo, a fruição e o exercício de seus direitos à acessibilidade, à liberdade de movimento e de expressão, à comunicação, ao acesso à informação, à compreensão, à circulação com segurança, entre outros, classificadas em: barreiras urbanísticas: as existentes nas vias e nos espaços públicos e privados abertos ao público ou de uso coletivo (art. 3º, IV, "a" Estatuto da Pessoa com Deficiência). A definição de barreiras apresentada na alternativa refere-se à arquitetônica.

Alternativa "d". O conceito apresentado refere-se à definição de tecnologia assistiva ou de ajuda técnica. Por sua vez, o conceito de acessibilidade compreende:

> **Art. 3º, Estatuto da Pessoa com Deficiência:** Para fins de aplicação desta Lei, consideram-se:
>
> I – acessibilidade: possibilidade e condição de alcance para utilização, com segurança e autonomia, de espaços, mobiliários, equipamentos urbanos, edificações, transportes, informação e comunicação, inclusive seus sistemas e tecnologias, bem como de outros serviços e instalações abertos ao público, de uso público ou privados de uso coletivo, tanto na zona urbana como na rural, por pessoa com deficiência ou com mobilidade reduzida;

Alternativa "e". "Para fins de aplicação desta Lei, consideram-se: pessoa com mobilidade reduzida: aquela que tenha, por qualquer motivo, dificuldade de movimentação, permanente ou temporária, gerando redução efetiva da mobilidade, da flexibilidade, da coordenação motora ou da percepção, incluindo idoso, gestante, lactante, **pessoa com criança de colo** e obeso." (art. 3º, IX, Estatuto da Pessoa com Deficiência – grifos acrescidos)

Alternativa correta: letra "b".

---

06. (FCC – Analista Judiciário – Área Administrativa – TRE – SP/2017) A concepção de produtos, ambientes, programas e serviços a serem usados por todas as pessoas, sem necessidade de adaptação ou de projeto específico, incluindo os recursos de tecnologia assistiva, denomina-se

a) adaptação razoável.

b) ajuda técnica.

c) desenho universal.

d) elemento de urbanização.

e) comunicação.

COMENTÁRIOS

✪ **Nota do autor:** A questão aborda o tema dos conceitos previstos no Estatuto da Pessoa com Deficiência. Não é comum que os diplomas legislativos tragam as definições legais para os termos utilizados, muitas vezes deixando o trabalho de interpretação das palavras e expressões para a doutrina e jurisprudência. Contudo, o Estatuto da Pessoa com Deficiência traz diversos conceitos que serão utilizados por TODA a lei, que assumem, juntamente com o conceito de pessoa com deficiência, especial relevância para seus estudos.

Alternativa "a". "Para fins de aplicação desta Lei, consideram-se: adaptações razoáveis: adaptações, modificações e ajustes necessários e adequados que não acarretem ônus desproporcional e indevido, quando requeridos em cada caso, a fim de assegurar que a pessoa com deficiência possa gozar ou exercer, em igualdade de condições e oportunidades com as demais pessoas, todos os direitos e liberdades fundamentais." (art. 3º, VI, Estatuto da Pessoa com Deficiência).

Alternativa "b". "Para fins de aplicação desta Lei, consideram-se: tecnologia assistiva ou ajuda técnica: produtos, equipamentos, dispositivos, recursos, metodologias, estratégias, práticas e serviços que objetivem promover a funcionalidade, relacionada à atividade e à participação da pessoa com deficiência ou com mobilidade reduzida, visando à sua autonomia, independência, qualidade de vida e inclusão social." (art. 3º, III, Estatuto da Pessoa com Deficiência). Lembre-se de que ajuda técnica é sinônimo de tecnologia assistiva.

Alternativa "c". Para fins de aplicação desta Lei, consideram-se: desenho universal: concepção de produtos, ambientes, programas e serviços a serem usados por todas as pessoas, sem necessidade de adaptação ou de projeto específico, incluindo os recursos de tecnologia assistiva." (art. 3º, II, Estatuto da Pessoa com Deficiência). Trata-se da literalidade do inciso II do art. 3º da Lei nº 13.146/2015. Projetos que versem sobre o meio físico, de transporte, de informação e comunicação, inclusive de sistemas e tecnologias da informação e comunicação, e de outros serviços, equipamentos e instalações abertas ao público, devem atender aos princípios do desenho universal, tendo como referência as normas de acessibilidade (art. 55, Lei nº 13.146/2015). Desenho universal será utilizado como regra geral, inclusive desde a etapa de concepção das políticas públicas. Exceção: Nas hipóteses que comprovadamente não seja possível utilizar o desenho universal, deve ser adotada adaptação razoável.

Alternativa "d". "Para fins de aplicação desta Lei, consideram-se: elemento de urbanização: quaisquer componentes de obras de urbanização, tais como os referentes a pavimentação, saneamento, encanamento para esgotos, distribuição de energia elétrica e de gás, iluminação pública, serviços de comunicação, abastecimento e distribuição de água, paisagismo e os que materializam as indicações do planejamento urbanístico." (art. 3º, VII, Estatuto da Pessoa com Deficiência).

Alternativa "e". "Para fins de aplicação desta Lei, consideram-se: comunicação: forma de interação dos cidadãos que abrange, entre outras opções, as línguas, inclusive a Língua Brasileira de Sinais (Libras), a visualização de textos, o Braille, o sistema de sinalização ou de comunicação tátil, os caracteres ampliados, os dispositivos multimídia, assim como a linguagem simples, escrita e oral, os sistemas auditivos e os meios de voz digitalizados e os modos, meios e formatos aumentativos e alternativos de comunicação, incluindo as tecnologias da informação e das comunicações." (art. 3º, V, Lei nº 13.146/2015).

Alternativa correta: letra "c".

---

07. (FCC – Analista Judiciário – Área Judiciária – TRE – SP/2017) Considere:

I. Não pode ser membro da família do portador de deficiência.

II. Trabalha com ou sem remuneração.

III. Dentre suas atribuições, encontram-se as técnicas ou os procedimentos identificados com profissões legalmente estabelecidas.

IV. Assiste ou presta cuidados básicos e essenciais à pessoa com deficiência no exercício de suas atividades diárias.

No que concerne às características do atendente pessoal, é correto o que consta APENAS em

a) I e IV.

b) I e III.

c) I, II e IV.

d) III.

e) II e IV.

COMENTÁRIOS

✪ **Nota do autor:** A questão aborda o tema dos conceitos previstos no Estatuto da Pessoa com Deficiência. São frequentes as questões exigindo o conhecimento do art. 3º da Lei nº 13.146/2015. Não deixe de conferir o dispositivo completo no capítulo de dicas dessa obra.

Assertiva I. "Para fins de aplicação desta Lei, consideram-se: atendente pessoal: pessoa, **membro ou não da família**, que, com ou sem remuneração, assiste ou presta cuidados básicos e essenciais à pessoa com deficiência no exercício de suas atividades diárias, excluídas as técnicas ou os procedimentos identificados com profissões legalmente estabelecidas." (art. 3º, XII, Estatuto da Pessoa com Deficiência – grifos acrescidos).

Assertiva II. "Para fins de aplicação desta Lei, consideram-se: atendente pessoal: pessoa, membro ou não da família, que, **com ou sem remuneração**, assiste ou presta cuidados básicos e essenciais à pessoa com deficiência no exercício de suas atividades diárias, excluídas as técnicas ou os procedimentos identificados com profissões legalmente estabelecidas." (art. 3º, XII, Estatuto da Pessoa com Deficiência – grifos acrescidos).

Assertiva III. "Para fins de aplicação desta Lei, consideram-se: atendente pessoal: pessoa, membro ou não da família, que, com ou sem remuneração, assiste ou presta cuidados básicos e essenciais à pessoa com deficiência no exercício de suas atividades diárias**, excluídas as técnicas ou os procedimentos identificados com profissões legalmente estabelecidas**." (art. 3º, XII, Estatuto da Pessoa com Deficiência – grifos acrescidos).

Assertiva IV. "Para fins de aplicação desta Lei, consideram-se: atendente pessoal: pessoa, membro ou não da família, que, com ou sem remuneração, **assiste ou presta cuidados básicos e essenciais à pessoa com deficiência no exercício de suas atividades diárias**, excluídas as técnicas ou os procedimentos identificados com profissões legalmente estabelecidas." (art. 3º, XII, Estatuto da Pessoa com Deficiência – grifos acrescidos).

Alternativa correta: letra "e". Está correto o que se afirma nas assertivas II e IV.

3. IGUALDADE E NÃO DISCRIMINAÇÃO

---

08. (IBFC – Técnico Judiciário – Área Administrativa – TRE – PA/2020) No que diz respeito aos deveres e condutas dos Estados Partes, de acordo com o Decreto Legislativo n° 186/2008, que aprovou o texto da Convenção sobre os Direitos das Pessoas com Deficiência, analise as afirmativas abaixo e dê valores Verdadeiro (V) ou Falso (F).

( ) Os Estados Partes reconhecem que todas as pessoas são iguais perante e sob a lei e que fazem jus, sem qualquer discriminação, a igual proteção e igual benefício da lei.

( ) Os Estados Partes proibirão qualquer discriminação baseada na deficiência e garantirão às pessoas com deficiência igual e efetiva proteção legal contra a discriminação por qualquer motivo.

( ) Os Estados Partes adotarão medidas para aplicação do desenho universal, mas não para que a adaptação razoável seja oferecida.

Assinale a alternativa que apresenta a sequência correta de cima para baixo:

a) V, V, V

b) V, V, F

c) V, F, V

d) F, F, V

COMENTÁRIOS

✪ **Nota do autor:** A questão aborda o tema dos deveres e condutas dos Estados Partes previstos no texto da Convenção sobre os Direitos das Pessoas com Deficiência e de seu Protocolo Facultativo.

Assertiva I. Verdadeira. "Os Estados Partes reconhecem que todas as pessoas são iguais perante e sob a lei e que fazem jus, sem qualquer discriminação, a igual proteção e igual benefício da lei." (art. 5º, 1, da Convenção da ONU sobre os Direitos das Pessoas com Deficiência.).

Assertiva II. Verdadeira. Os Estados Partes proibirão qualquer discriminação baseada na deficiência e garantirão às pessoas com deficiência igual e efetiva proteção legal contra a discriminação por qualquer motivo." (art. 5º, 2, da Convenção da ONU sobre os Direitos das Pessoas com Deficiência).

Assertiva III. Falsa. "A fim de promover a igualdade e eliminar a discriminação, os Estados Partes adotarão todas as medidas apropriadas para garantir que a adaptação razoável seja oferecida." (art. 5º, 3, da Convenção da ONU sobre os Direitos das Pessoas com Deficiência)

Alternativa correta: letra "b".

---

09. (Cespe – Técnico Judiciário – Área Administrativa – TRE – TO/2017) O juiz que tiver conhecimento, no curso de processo judicial, de fatos que caracterizem ameaça ou violação a direitos da pessoa com deficiência, para providências cabíveis, ele deve remeter as peças

a) ao órgão de defesa dos direitos humanos.

b) ao presidente do tribunal, que deliberará a respeito.

c) à Defensoria Pública.

d) ao delegado de polícia.

e) ao Ministério Público.

COMENTÁRIOS

✪ **Nota do autor:** A questão aborda o tema do direito à igualdade e à não discriminação da pessoa com deficiência. Toda forma de distinção, restrição ou exclusão que prejudique, impeça ou anule o reconhecimento ou exercício de direitos e liberdades fundamentais da pessoa com deficiência é considerada pela Lei Brasileira de Inclusão como discriminação em razão da deficiência.

Alternativa "e". (responde as demais alternativas). "Se, no exercício de suas funções, os juízes e os tribunais tiverem conhecimento de fatos que caracterizem as violações previstas nesta Lei, devem remeter peças ao Ministério Público para as providências cabíveis." (art. 7º, parágrafo único, do Estatuto da Pessoa com Deficiência). Nesse sentido, o próprio Estatuto estabelece como atribuição do Ministério Público zelar pela correta aplicação de seus dispositivos normativos e, portanto, assegurar o cumprimento dos direitos e garantias das pessoas com deficiência.

Além do dever de comunicação em relação a qualquer forma de ameaça ou violação aos direitos de pessoa com deficiência, a Lei Brasileira de Inclusão estabelece rol exemplificativo de direitos das pessoas com deficiência que toda a sociedade, o Estado e também a família devem efetivar com prioridade (art.8º, Lei nº 13.146/2015). Ressalta-se que esse rol é complementado pelos demais direitos assegurados na Constituição Federal, na Convenção sobre os Direitos das Pessoas com Deficiências e seu Protocolo Facultativo bem como demais normas que assegurem o bem-estar pessoal, social e econômico à pessoa com deficiência:

> **Art. 8º, Lei nº 13.146/2015:** É dever do Estado, da sociedade e da família assegurar à pessoa com deficiência, com prioridade, a efetivação dos direitos referentes à vida, à saúde, à sexualidade, à paternidade e à maternidade, à alimentação, à habitação, à educação, à profissionalização, ao trabalho, à previdência social, à habilitação e à reabilitação, ao transporte, à acessibilidade, à cultura, ao desporto, ao turismo, ao lazer, à informação, à comunicação, aos avanços científicos e tecnológicos, à dignidade, ao respeito, à liberdade, à convivência familiar e comunitária, **entre outros decorrentes da Constituição Federal, da Convenção sobre os Direitos das Pessoas com Deficiência e seu Protocolo Facultativo e das leis e de ou-**

tras normas que garantam seu bem-estar pessoal, social e econômico. (grifos acrescidos)

Alternativa correta: letra "e". (responde as demais alternativas).

4. PRIORIDADE DE ATENDIMENTO DA PESSOA COM DEFICIÊNCIA

10. (FCC – Analista Judiciário – Área Judiciária – TRE – PR/2017) Uma pessoa com deficiência pleiteou o recebimento de atendimento prioritário para dois casos: um relacionado a acesso de informações e disponibilização de recursos de comunicação acessíveis e outro a serviço de emergência. Sobre esse assunto, a Lei no 13.146/2015 estabelece que

a) não há previsão legal para prioridade a assuntos relacionados a acesso de informações e disponibilização de recursos de comunicação acessíveis.

b) a prioridade é personalística, não podendo ser estendida a acompanhantes ou atendentes pessoais.

c) o atendimento ao pleiteado está condicionado às possibilidades materiais e humanas da pessoa jurídica de direito público ou privado à qual solicitado o serviço.

d) questões afetas à comunicação e informação não estão de nenhuma forma inseridas no conceito de barreiras ou entraves, estando fora do que disciplina a Lei nº 13.146/2015.

e) nos serviços de emergência públicos e privados, a prioridade é condicionada aos protocolos de atendimento médico.

COMENTÁRIOS

✪ **Nota do autor:** A questão aborda o tema do atendimento prioritário da pessoa com deficiência. As hipóteses do art. 9º do Estatuto da Pessoa com Deficiência devem ser de prévio conhecimento do candidato.

Alternativa "a". "A pessoa com deficiência tem direito a receber atendimento prioritário, sobretudo com a finalidade de: disponibilização de recursos, tanto humanos quanto tecnológicos, que garantam atendimento em igualdade de condições com as demais pessoas." (art. 9º, III, Estatuto da Pessoa com Deficiência)

Alternativa "b". "Os direitos previstos neste artigo são extensivos ao acompanhante da pessoa com deficiência ou ao seu atendente pessoal, exceto quanto ao disposto nos incisos VI e VII deste artigo." (art. 9º, § 1º, Estatuto da Pessoa com Deficiência). Nesse sentido, o acompanhante da pessoa com deficiência ou seu atendente pessoal têm direito à prioridade de atendimento, com exceção na restituição do imposto de renda e na tramitação processual.

Alternativa "c". Não há nenhuma ressalva no Estatuto da Pessoa com Deficiência em relação às possibilidades materiais e humanas da Administração Pública, devendo sempre ser respeitado o direito ao atendimento prioritário da pessoa com deficiência.

Alternativa "d". "Para fins de aplicação desta Lei, consideram-se: barreiras: qualquer entrave, obstáculo, atitude ou comportamento que limite ou impeça a participação social da pessoa, bem como o gozo, a fruição e o exercício de seus direitos à acessibilidade, à liberdade de movimento e de expressão, à comunicação, ao acesso à informação, à compreensão, à circulação com segurança, entre outros, classificadas em: **barreiras nas comunicações e na informação**: qualquer entrave, obstáculo, atitude ou comportamento que dificulte ou impossibilite a expressão ou o recebimento de mensagens e de informações por intermédio de sistemas de comunicação e de tecnologia da informação." (art. 3º, IV, "d", Estatuto da Pessoa com Deficiência).

Alternativa "e". "A pessoa com deficiência tem direito a receber atendimento prioritário, sobretudo com a finalidade de: proteção e socorro em quaisquer circunstâncias." (art. 9º, I, Estatuto da Pessoa com Deficiência). "Nos serviços de emergência públicos e privados, a prioridade conferida por esta Lei é condicionada aos protocolos de atendimento médico." (art. 9º, § 2º, Estatuto da Pessoa com Deficiência)

Alternativa correta: letra "e".

11. (FCC – Técnico Judiciário – Área Administrativa – TRE – SP/2017) Os direitos relacionados ao atendimento prioritário da pessoa com deficiência, são extensivos ao acompanhante da pessoa com deficiência ou ao seu atendente pessoal, EXCETO, dentre outra hipótese, quanto

a) à proteção e socorro em quaisquer circunstâncias.

b) ao atendimento em todas as instituições e serviços de atendimento ao público.

c) ao recebimento de restituição de imposto de renda.

d) à disponibilização de pontos de parada, estações e terminais acessíveis de transporte coletivo de passageiros e garantia de segurança no embarque e no desembarque.

e) ao acesso a informações e disponibilização de recursos de comunicação acessíveis.

COMENTÁRIOS

✪ **Nota do autor:** A questão aborda o tema do atendimento prioritário da pessoa com deficiência. De acordo com a legislação (art. 9º, Lei nº 13.146/2015), a pessoa com deficiência tem direito ao recebimento de atendimento prioritário e traça as principais hipóteses para esse tratamento diferenciado no atendimento.

Alternativa "c". "Os direitos previstos neste artigo são extensivos ao acompanhante da pessoa com deficiência ou ao seu atendente pessoal, exceto quanto ao disposto nos incisos VI e VII deste artigo." (art. 9º, § 1º, Lei nº 13.146/2015). Nesse sentido, o acompanhante da pessoa com deficiência ou seu atendente pessoal não têm direito à prioridade de atendimento na restituição do imposto de renda e na tramitação processual. Nesse sentido, confira as hipóteses de atendimento prioritário previstas no Estatuto da Pessoa com Deficiência:

> **Art. 9º, Lei nº 13.146/2015:** A pessoa com deficiência tem direito a receber atendimento prioritário, sobretudo com a finalidade de:
>
> I – proteção e socorro em quaisquer circunstâncias;
>
> II – atendimento em todas as instituições e serviços de atendimento ao público;
>
> III – disponibilização de recursos, tanto humanos quanto tecnológicos, que garantam atendimento em igualdade de condições com as demais pessoas;
>
> IV – disponibilização de pontos de parada, estações e terminais acessíveis de transporte coletivo de passageiros e garantia de segurança no embarque e no desembarque;
>
> V – acesso a informações e disponibilização de recursos de comunicação acessíveis;
>
> VI – recebimento de restituição de imposto de renda;
>
> VII – tramitação processual e procedimentos judiciais e administrativos em que for parte ou interessada, em todos os atos e diligências.

Alternativa correta: letra "c". (responde as demais alternativas).

5. DIREITO À SAÚDE

12. (Cespe – Técnico Judiciário – Área Administrativa – TRE – PE/2017) A respeito dos direitos das pessoas com deficiência e dos conceitos estabelecidos pela legislação de regência, assinale a opção correta.

a) A prioridade na aquisição de imóvel de programa habitacional público é deferida à pessoa com deficiência sempre que signifique melhora de moradia, sem limite de vezes.

b) O serventuário da justiça que, no exercício de suas funções, tomar conhecimento de violação aos direitos de pessoa com deficiência deve remeter peças ao Ministério Público para as providências cabíveis.

c) O conceito de atendente pessoal abarca a prestação, por enfermeiro, de serviço de enfermagem a pessoas com deficiência.

d) As ações e os serviços de saúde pública destinados à pessoa com deficiência devem assegurar atendimento psicológico também a seus familiares.

e) A isenção do imposto de renda é um dos benefícios reservados à pessoa com deficiência, não se estendendo a seu acompanhante.

COMENTÁRIOS

✪ **Nota do autor:** A questão aborda diversos temas relacionados aos direitos das pessoas com deficiência. A inserção nesse tópico justifica-se pelo fato de que a alternativa correta versa sobre as normas atinentes ao direito à saúde.

Alternativa "a". A pessoa com deficiência ou o seu responsável gozam de prioridade na aquisição de imóvel para moradia própria em programas habitacionais, públicos ou subsidiados com recursos públicos. Ressalta-se que o direto à prioridade é válido **apenas uma vez**. Portanto, para compra do 2º imóvel, não há prioridade de aquisição para a pessoa com deficiência. Além disso, é necessário observar o seguinte (art. 32, Lei nº 13.146/2015):

PRIORIDADE NA AQUISIÇÃO DE IMÓVEL
– **Reserva** de, no mínimo, **3% das unidades habitacionais** para pessoa com deficiência;
– **Garantia de acessibilidade** nas **áreas** de uso comum e nas unidades habitacionais no piso térreo e de acessibilidade ou adaptação nos demais piso em se tratando de **edificação multifamiliar**;
– Disponibilização de **equipamentos urbanos comunitários acessíveis**;
– Elaboração de especificações técnicas no projeto que permitam a **instalação de elevadores**.

Alternativa "b". "Se, no exercício de suas funções, os juízes e os tribunais tiverem conhecimento de fatos que caracterizem as violações previstas nesta Lei, devem remeter peças ao Ministério Público para as providências cabíveis." (art. 6º, parágrafo único, Lei nº 13.146/2015)

Alternativa "c". Atendente pessoal de pessoa com deficiência não pode ser pessoa que exerça as técnicas ou procedimentos relacionados às profissões legalmente estabelecidas. Portanto, o enfermeiro não pode ser considerado atendente pessoal. Atenção: segue importante dica do Estatuto da Pessoa com Deficiência:

CONCEITOS DE ACOMPANHANTE E ATENDENTE PESSOAL
Lembre-se de que o Estatuto da Pessoa com Deficiência traz a definição de acompanhante e atendente pessoal: – **Atendente pessoal** (art. 3º, XII)**:** pessoa, membro ou não da família, que, com ou sem remuneração, assiste ou presta cuidados básicos e essenciais à pessoa com deficiência no exercício de suas atividades diárias, excluídas as técnicas ou procedimentos relacionados às profissões legalmente estabelecidas; – **Acompanhante** (art. 3º, XIV)**:** aquele que acompanha a pessoa com deficiência, podendo ou não desempenhar as funções de atendente pessoal.

Alternativa "d". "As ações e os serviços de saúde pública destinados à pessoa com deficiência devem assegurar: atendimento psicológico, inclusive para seus familiares e atendentes pessoais." (art. 18, § 4º, V, do Estatuto da Pessoa com Deficiência). Lembre-se de que o Estatuto da Pessoa com Deficiência estabelece as medidas que devem ser asseguradas pelas ações e serviços de saúde pública voltadas à pessoa com deficiência. As instituições privadas que participam de forma complementar do SUS ou que recebem recursos públicos para sua manutenção têm o dever de seguir as diretrizes traçadas às ações e serviços de saúde pública.

Alternativa "e". "A pessoa com deficiência tem direito a receber atendimento prioritário, sobretudo com a finalidade de: recebimento de **restituição** de imposto de renda." (art. 9º, VI, da Lei nº 13.146/2015). Note-se, portanto, que o atendimento prioritário previsto na legislação diz respeito à restituição do imposto de renda e não à isenção como sustenta a alternativa. Além disso, esse benefício não é extensível ao acompanhante ou atendente pessoal.

Alternativa correta: letra "d".

6. DIREITO À EDUCAÇÃO

13. (FCC – Analista Judiciário – Área Judiciária – TRF 4/2019) Nos termos da Lei no 13.146/2015, a exigência obrigatória de nível superior, com habilitação, prioritariamente, em Tradução e Interpretação em Libras destina-se aos Tradutores e Intérpretes de Libras atuantes

a) nos cursos de graduação e pós-graduação.

b) na educação básica.

c) em todos os níveis de escolaridade.

d) nos cursos de pós-graduação apenas.

e) nos cursos de graduação apenas, pois para a pós-graduação são exigidos requisitos curriculares adicionais a tais profissionais.

COMENTÁRIOS

✪ **Nota do autor:** A questão aborda o tema do direito a educação da pessoa com deficiência. Ressalta-se que as exigências de formação somente serão aplicadas após 48 meses da entrada em vigor da Lei Brasileira de Inclusão (art. 125, I). Lembre-se de que o Estatuto da Pessoa com Deficiência entrou em vigor apenas 180 dias após a sua publicação, ou seja, em 03 de janeiro de 2016. Somente após esse prazo, é que se iniciou o período de 48 meses acerca da exigência de formação de tradutores e intérpretes da Libras.

Alternativa "a". O Estatuto da Pessoa com Deficiência estabelece o nível necessário de formação dos tradutores e intérpretes da Língua Brasileira de Sinais para cada área de atuação (art. 28, § 2º, Lei nº 13.146/2015).

FORMAÇÃO EXIGIDA DOS TRADUTORES E INTÉRPRETES DA LIBRAS	
Atuação na educação básica	Ensino médio completo + Certificado de proficiência em Libras
Atuação nos cursos de graduação e pós-graduação	Nível superior com habilitação, prioritariamente, em Tradução e Interpretação em Libras

Alternativa correta: letra "a". (responde as demais alternativas).

14. (Cespe – Técnico Judiciário – Área Administrativa – TRF 1/2017) A respeito do direito das pessoas com deficiência, julgue os itens a seguir, considerando a legislação pertinente.

De acordo com a Constituição Federal, o Estado deverá garantir a educação da pessoa com deficiência, preferencialmente, em rede especial de ensino, de acordo com as suas necessidades físicas e mentais.

COMENTÁRIOS

✪ **Nota do autor:** A questão aborda o tema do direito à educação da pessoa com deficiência. A educação é direito da pessoa com deficiência sendo assegurado sistema educacional inclusivo em todos os níveis de aprendizado ao longo da vida para se alcançar o máximo desenvolvimento possível dos talentos e habilidades da pessoa com deficiência.

Item. De acordo com o art. 208, III, da Constituição Federal, a efetivação do dever do Estado com a Educação ocorre com o atendimento educacional especializado à Pessoa com Deficiência preferencialmente na rede regular de ensino:

> **Art. 208, III, CF/88:** O dever do Estado com a educação será efetivado mediante a garantia de: atendimento educacional

especializado aos portadores de deficiência, preferencialmente na rede regular de ensino.

Alternativa correta: "errado".

7. DIREITO À MORADIA

15. (FCC – Analista Judiciário – Área Administrativa – TRE – SP/2017) Considere:

I. Não se destina a adultos, mas sim, a jovens portadores de deficiência.

II. Moradia capaz de proporcionar serviços de apoio apenas individualizados à pessoa com deficiência, sendo os serviços de apoio coletivos próprios das residências inclusivas.

III. Moradia capaz de proporcionar serviços que ampliem o grau de autonomia da pessoa com deficiência.

IV. Moradia destinada especialmente à pessoa com deficiência, em situação de dependência e que não disponha de condições de autossustentabilidade e com vínculos familiares fragilizados ou rompidos.

No que concerne à moradia para a vida independente da pessoa com deficiência, está correto o que consta em

a) III, apenas.

b) II e IV, apenas.

c) I, II e IV, apenas.

d) I e III, apenas.

e) I, II, III e IV.

COMENTÁRIOS

✪ **Nota do autor:** A questão aborda o tema do direito à moradia para a vida independente. A pessoa com deficiência tem direito à moradia digna, no seio da família natural ou substituta, com seu cônjuge ou companheiro ou desacompanhada, ou em moradia para a vida independente da pessoa com deficiência, ou, ainda, em residência inclusiva (art. 31, Estatuto da Pessoa com Deficiência).

Assertiva I. "Para fins de aplicação desta Lei, consideram-se: moradia para a vida independente da pessoa com deficiência: moradia com estruturas adequadas capazes de proporcionar serviços de apoio coletivos e individualizados que respeitem e ampliem o grau de autonomia **de jovens e adultos com deficiência**." (art. 3º, XI, Lei nº 13.146/2015 – grifos acrescidos). Não há essa distinção entre a moradia ser destinada a jovens ou adultos.

Assertiva II. . "Para fins de aplicação desta Lei, consideram-se: moradia para a vida independente da pessoa com deficiência: moradia com estruturas adequadas capazes de proporcionar **serviços de apoio coletivos** e individualizados que respeitem e ampliem o grau de autonomia de jovens e adultos com deficiência." (art. 3º, XI, Lei nº 13.146/2015 – grifos acrescidos).

Assertiva III. Trata-se exatamente do que prevê a parte final do art. 3º, XI, do Estatuto da Pessoa com Deficiência, devendo as moradias para a vida independente ampliar o grau de autonomia da pessoa com deficiência.

Assertiva IV. "Para fins de aplicação desta Lei, consideram-se: residências inclusivas: unidades de oferta do Serviço de Acolhimento do Sistema Único de Assistência Social (Suas) localizadas em áreas residenciais da comunidade, com estruturas adequadas, que possam contar com apoio psicossocial para o atendimento das necessidades da pessoa acolhida, destinadas a jovens e adultos com deficiência, em situação de dependência, que não dispõem de condições de autossustentabilidade e com vínculos familiares fragilizados ou rompidos." (art. 3º, X, Lei nº 13.146/2015). A necessidade de atendimento de pessoa com deficiência em situação de dependência integra o conceito de residências inclusivas.

Alternativa correta: letra "a". Está correto o que se afirma na assertiva III. Note-se como são exigidos os conhecimentos do art. 3º do Estatuto da Pessoa com Deficiência.

8. DIREITO AO TRABALHO

16. (FCC – Analista Judiciário – Área Judiciária – TRE – SP/2017) A colocação competitiva da pessoa com deficiência pode ocorrer por meio de trabalho com apoio, observando-se, dentre outras diretrizes, a

a) articulação de políticas públicas que, na hipótese, não ocorre de forma intersetorial.

b) provisão de suportes individualizados que atendam a necessidades específicas da pessoa com deficiência, excluída a disponibilização de agente facilitador.

c) oferta de aconselhamento e de apoio aos empregadores, com vistas à definição de estratégias de inclusão e de superação de barreiras, exceto atitudinais.

d) prioridade no atendimento à pessoa com deficiência com maior dificuldade de inserção no campo de trabalho.

e) vedação à participação de organizações da sociedade civil.

COMENTÁRIOS

✪ **Nota do autor:** A questão aborda o tema do direito ao trabalho da pessoa com deficiência. De acordo com o art. 6º da Constituição Federal, o direito ao trabalho é reconhecido como direito fundamental, enquanto direito social. A pessoa com deficiência tem direito ao trabalho de sua livre escolha e aceitação em ambiente acessível e inclusivo em igualdade de oportunidades com as demais pessoas (art. 34 do Estatuto da Pessoa com Deficiência). Note-se que a questão exigia o conhecimento da literalidade do art. 37, parágrafo único, do Estatuto da Pessoa com Deficiência).

Alternativa "a". "A colocação competitiva da pessoa com deficiência pode ocorrer por meio de trabalho com apoio, observadas as seguintes diretrizes: articulação **intersetorial** das políticas públicas." (art. 37, parágrafo único, VI, Estatuto da Pessoa com deficiência – grifo acrescido).

Alternativa "b". "A colocação competitiva da pessoa com deficiência pode ocorrer por meio de trabalho com apoio, observadas as seguintes diretrizes: provisão de suportes individualizados que atendam a necessidades específicas da pessoa com deficiência, **inclusive a disponibilização** de recursos de tecnologia assistiva, **de agente facilitador** e de apoio no ambiente de trabalho." (art. 37, parágrafo único, II, Lei nº 13.146/2015 – grifos acrescidos).

Alternativa "c". "A colocação competitiva da pessoa com deficiência pode ocorrer por meio de trabalho com apoio, observadas as seguintes diretrizes: oferta de aconselhamento e de apoio aos empregadores, com vistas à definição de estratégias de inclusão e de superação de barreiras, **inclusive atitudinais**." (art. 37, parágrafo único, IV, Estatuto da Pessoa com Deficiência – grifos acrescidos)

Alternativa "d". "A colocação competitiva da pessoa com deficiência pode ocorrer por meio de trabalho com apoio, observadas as seguintes diretrizes: prioridade no atendimento à pessoa com deficiência com maior dificuldade de inserção no campo de trabalho." (art. 37, parágrafo único, I, do Estatuto da Pessoa com Deficiência). A c**olocação competitiva no mercado de trabalho** compreende o modo de inclusão da pessoa com deficiência no mercado de trabalho em igualdade de oportunidades com as demais pessoas sempre atendidas as regras de acessibilidade, o fornecimento de recursos de tecnologia assistiva e a adaptação razoável no ambiente de trabalho (art. 37, Lei nº 13.146/2015).

Alternativa "e". "A colocação competitiva da pessoa com deficiência pode ocorrer por meio de trabalho com apoio, observadas as seguintes diretrizes: **possibilidade de participação de organizações da sociedade civil**." (art. 37, parágrafo único, VII, Estatuto da Pessoa com Deficiência – grifos acrescidos)

Alternativa correta: letra "d".

---

17. (FCC – Técnico Judiciário – Área Administrativa – TRE – SP/2017) A habilitação profissional pode ocorrer em empresas por meio de prévia formalização do contrato de emprego da pessoa com deficiência, que será considerada para o cumprimento da reserva de vagas prevista em lei, desde que, observado o disposto em regulamento, seja por tempo

a) indeterminado e concomitante à inclusão profissional na empresa.

b) determinado e anterior à inclusão profissional na empresa.

c) determinado e concomitante à inclusão profissional na empresa.

d) indeterminado e anterior à inclusão profissional na empresa.

e) determinado e posterior à inclusão profissional na empresa.

COMENTÁRIOS

✪ **Nota do autor:** A questão aborda o tema do direito à habilitação e reabilitação profissional. É dever do poder público implementar serviços e programas de habilitação e de reabilitação profissional para viabilizar o ingresso, continuação ou retorno ao mercado de trabalho da pessoa com deficiência, sempre devendo respeitar a livre escolha, a vocação e o interesse. Cabe ressaltar que equipe multidisciplinar será responsável por indicar programa de habilitação, para que o trabalhador com deficiência adquira novas capacidades e habilidades de trabalho, e reabilitação profissional para restaurar sua capacidade profissional (art. 36, Lei nº 13.146/2015).

Atenção!

É importante o conhecimento da diferença entre habilitação e reabilitação profissional:

DIFERENÇA ENTRE HABILITAÇÃO E REABILITAÇÃO	
HABILITAÇÃO	**REABILITAÇÃO**
A habilitação profissional corresponde ao processo destinado a **propiciar à pessoa com deficiência aquisição de conhecimentos, habilidades e aptidões para exercício de profissão ou de ocupação**, permitindo o ingresso no mercado de trabalho. Nesse sentido, a pessoa nunca teve capacidade laborativa e necessita de ações do poder público para trabalhar.	É o processo destinado a **recuperar a capacidade laborativa** de trabalhador que a perdeu em razão de alguma doença ou acidente. Nesse sentido, o empregado tinha capacidade para o trabalho e a perdeu posteriormente, sendo necessário processo para o retorno ao campo de trabalho.

Alternativa "c". "A habilitação profissional pode ocorrer em empresas por meio de prévia formalização do contrato de emprego da pessoa com deficiência, que será considerada para o cumprimento da reserva de vagas prevista em lei, desde que por tempo determinado e concomitante com a inclusão profissional na empresa, observado o disposto em regulamento." (art. 36, § 6º, Estatuto da Pessoa com Deficiência). Apesar da habilitação profissional ser proporcionada, via de regra, pelo poder público (INSS), é possível que ocorra em empresas por meio de prévia formalização do contrato de trabalho. Nesse caso, a contratação da pessoa com deficiência é considerada no cômputo da reserva de vagas para contratação de pessoa com deficiência prevista no art. 93 da Lei nº 8.213/1991 – 2% a 5% dos empregados da empresa devem ser pessoas com deficiência.

Alternativa correta: letra "c". (responde as demais alternativas).

9. DIREITO À CULTURA, AO ESPORTE, AO TURISMO E AO LAZER

18. (Consulplan – Técnico Judiciário – Área Administrativa – TRE – RJ/2017) A Lei Brasileira de Inclusão da Pessoa com Deficiência (Estatuto da Pessoa com Deficiência) foi instituída com o intuito de assegurar e promover o exercício dos direitos e das liberdades fundamentais pelas pessoas com deficiência, em condições de igualdade, a sua inclusão social e cidadania. A respeito do que dispõe a Lei n° 13.146/2015, é correto afirmar que:

a) À pessoa com deficiência são restritas modalidades de trabalho, em razão de sua condição.

b) A elaboração de políticas de saúde destinadas à pessoa com deficiência deverá obrigatoriamente ser realizada com a participação de um representante com deficiência.

c) Excetua-se à regra de atendimento prioritário, que deve ser destinado à pessoa com deficiência, a tramitação processual e procedimentos judiciais e administrativos em que for parte ou interessada.

d) Compete ao poder público o dever de adotar soluções que se destinem à eliminação, redução ou superação de barreiras para a promoção do acesso a todo patrimônio cultural, pela pessoa com deficiência.

COMENTÁRIOS

✪ **Nota do autor:** A questão aborda diversos temas sobre os Direitos das Pessoas com Deficiência. Lembre-se de que é proibida a recusa de oferta de obra intelectual em formato acessível sob qualquer argumento, inclusive sob a alegação de proteção dos direitos de propriedade intelectual.

Alternativa "a". "É vedada restrição ao trabalho da pessoa com deficiência e qualquer discriminação em razão de sua condição, inclusive nas etapas de recrutamento, seleção, contratação, admissão, exames admissional e periódico, permanência no emprego, ascensão profissional e reabilitação profissional, bem como exigência de aptidão plena." (art. 34, § 3º, Estatuto da Pessoa com Deficiência). É proibida a restrição ao trabalho da pessoa com deficiência em razão de sua condição em todas as etapas para contratação de empregado, seja na fase pré-contratual como na execução do contrato de trabalho.

Alternativa "b". "É assegurada a participação da pessoa com deficiência na elaboração das políticas de saúde a ela destinadas." (art. 18, § 1º, Lei nº 13.146/2015). Portanto, o Estatuto da Pessoa com Deficiência assegura a participação da própria pessoa com deficiência na elaboração das políticas públicas de saúde a ela destinados e não de um representante. Essa medida contribui para o aumento da efetividade das políticas públicas voltadas às pessoas com deficiência, pois é possível a apresentação dos reais problemas enfrentados por essas pessoas no âmbito da saúde pública. A pessoa com deficiência tem direito à atenção integral à saúde por meio do Sistema Único de Saúde – SUS com a garantia do acesso universal e igualitário. Ressalta-se que o direito à saúde gratuita, universal e igualitária é direito assegurado a todas as pessoas conforme previsto no art. 196 da Constituição Federal. Nesse sentido, a Lei Brasileira de Inclusão tem a função de reforçar essa garantia constitucional às pessoas com deficiência:

> **Art. 196, CF/88:** A saúde é direito de todos e dever do Estado, garantido mediante políticas sociais e econômicas que visem à redução do risco de doença e de outros agravos e ao acesso universal e igualitário às ações e serviços para sua promoção, proteção e recuperação.

Alternativa "c". "A pessoa com deficiência tem direito a receber atendimento prioritário, sobretudo com a finalidade de: tramitação processual e procedimentos judiciais e administrativos em que for parte ou interessada, em todos os atos e diligências." (art. 9º, VII, Estatuto da Pessoa com Deficiência).

Alternativa correta: "d". "O poder público deve adotar soluções destinadas à eliminação, à redução ou à superação de barreiras para a promoção do acesso a todo patrimônio cultural, observadas as normas de acessibilidade, ambientais e de proteção do patrimônio histórico e artístico nacional." (art. 42, § 2º, Lei nº 13.146/2015). Além disso, é dever do poder público promover a participação de pessoa com deficiência em atividades artísticas, intelectuais, culturais, esportivas e recreativas, com vistas ao seu protagonismo, devendo atender a algumas exigências (art. 43, Lei nº 13.146/2015):

PARTICIPAÇÃO EM ATIVIDADES ARTÍSTICAS, CULTURAIS, INTELECTUAIS, ESPORTIVAS E RECREATIVAS
– Incentivar a provisão de instrução, de treinamento e de recursos adequados, em igualdade de oportunidades com as demais pessoas; – Assegurar acessibilidade nos locais de eventos e nos serviços prestados nessas atividades; – Assegurar participação da pessoa com deficiência em jogos e atividades recreativas, esportivas, de lazer, culturais e artísticas, inclusive no sistema escolar, em igualdade de condições com as demais pessoas. Nota-se, portanto, que a legislação sempre destaca a necessidade de assegurar a igualdade de oportunidades e condições com as demais pessoas.

Alternativa correta: letra "d".

10. ACESSIBILIDADE

19. (IBFC – Analista Judiciário – Área Administrativa – TRE – PA/2020) O Decreto n° 5.296/2004 (e suas alterações posteriores) traz disposições específicas sobre os pontos de venda de ingresso e divulgação de evento. Sobre o assunto, assinale a alternativa incorreta.

a) Os pontos físicos e os sítios eletrônicos de venda de ingressos e de divulgação do evento deverão conter informações sobre os recursos de acessibilidade disponíveis nos eventos

b) Os espaços livres para pessoas em cadeira de rodas e assentos reservados para pessoas com deficiência ou com mobilidade reduzida serão identificados no mapa de assentos localizados nos pontos de venda de ingresso e de divulgação do evento

c) A identificação dos espaços livres para pessoas em cadeira de rodas e assentos reservados para pessoas com deficiência ou com mobilidade reduzida será feita apenas nos pontos de venda de ingresso e de divulgação do evento físicos, não sendo necessário nos virtuais

d) Os pontos físicos e os sítios eletrônicos de venda de ingressos e de divulgação do evento deverão ser acessíveis a pessoas com deficiência e com mobilidade reduzida

COMENTÁRIOS

✪ **Nota do autor:** A questão aborda o tema da acessibilidade. Ademais, exigia que o candidato tivesse conhecimento acerca das disposições específicas previstas pelo Decreto 5.296/2004, com redação dada pelo Decreto 9.404/2018.

Alternativa "a". De acordo com o art. 23-B, parágrafo único, II, do Decreto 5.296/2004, "os pontos físicos e os sítios eletrônicos de venda de ingressos e de divulgação do evento deverão: conter informações sobre os recursos de acessibilidade disponíveis nos eventos.".

Alternativa "b". Os espaços livres para pessoas em cadeira de rodas e assentos reservados para pessoas com deficiência ou com mobilidade reduzida serão identificados no mapa de assentos localizados nos pontos de venda de ingresso e de divulgação do evento, sejam eles físicos ou virtuais.

Alternativa "c". O erro da alternativa consiste em afirmar que os pontos de venda virtuais não estariam obrigados a identificar os espaços livres para pessoas em cadeira de rodas e assentos reservados para pessoas com deficiência conforme já analisado nos comentários à alternativa anterior.

Alternativa "d". A questão está de acordo com o art. 23-B, parágrafo único, I, do Decreto 5.296/2004: "Os pontos físicos e os sítios eletrônicos de venda de ingressos e de divulgação do evento deverão: ser acessíveis a pessoas com deficiência e com mobilidade reduzida."

Alternativa incorreta: letra "c".

20. (IBFC – Analista Judiciário – Área Administrativa – TRE – PA/2020) O Decreto n° 5.296/2004 traz definições relacionadas à acessibilidade. Acerca das definições previstas no decreto, assinale a alternativa correta.

a) Barreiras nas comunicações e informações são as existentes nos serviços de transportes

b) Edificações de uso público são aquelas administradas por entidades da administração pública, direta e indireta, ou por empresas prestadoras de serviços públicos e destinadas ao público em geral

c) Edificações de uso coletivo são as existentes nas vias públicas e nos espaços de uso público

d) Barreiras nas edificações são aquelas destinadas à habitação, que podem ser classificadas como unifamiliar ou multifamiliar.

COMENTÁRIOS

✪ **Nota do autor:** A questão aborda o tema da acessibilidade. Ademais, exigia que o candidato tivesse conhecimento acerca das disposições específicas previstas pelo Decreto 5.296/2004.

Alternativa "a". "Para os fins de acessibilidade, considera-se: barreiras: qualquer entrave ou obstáculo que limite ou impeça o acesso, a liberdade de movimento, a circulação com segurança e a possibilidade de as pessoas se comunicarem ou terem acesso à informação, classificadas em: **barreiras nas comunicações e informações:** qualquer entrave ou obstáculo que dificulte ou impossibilite a expressão ou o recebimento de mensagens por intermédio dos dispositivos, meios ou sistemas de comunicação, sejam ou não de massa, bem como aqueles que dificultem ou impossibilitem o acesso à informação. (art. 8º, II, "d", do Decreto nº 5.296/2004 – grifos acrescidos)

Alternativa "b". "Para os fins de acessibilidade, considera-se: edificações de uso público: aquelas administradas por entidades da administração pública, direta e indireta, ou por empresas prestadoras de serviços públicos e destinadas ao público em geral;" (art. 8º, VI, do Decreto nº 5.296/2004). Note-se, portanto, que a alternativa está em conformidade com o texto do diploma infralegal.

Alternativa "c". "Para os fins de acessibilidade, considera-se: edificações de uso coletivo: aquelas destinadas às atividades de natureza comercial, hoteleira, cultural, esportiva, financeira, turística, recreativa, social, religiosa, educacional, industrial e de saúde, inclusive as edificações de prestação de serviços de atividades da mesma natureza;" (art. 8º, VII, do Decreto nº 5.296/2004).

Alternativa "d". "Para os fins de acessibilidade, considera-se: barreiras: qualquer entrave ou obstáculo que limite ou impeça o acesso, a liberdade de movimento, a circulação com segurança e a possibilidade de as pessoas se comunicarem ou terem acesso à informação, classificadas em: barreiras nas edificações: as existentes no entorno e interior das edificações de uso público e coletivo e no entorno e nas áreas internas de uso comum nas edificações de uso privado multifamiliar;" (art. 8º, II, "b", do Decreto nº 5.296/2004)

Alternativa correta: letra"b".

---

21. (IBFC – Técnico Judiciário – Área Administrativa – TRE – PA/2020) Acerca das disposições do Decreto n° 5.296/2004 (e suas alterações posteriores), que regulamenta as Leis n° 10.048/2000 e 10.098/2000, assinale a alternativa correta.

a) O Decreto n° 5.296/2004 prevê tão somente as deficiências físicas e mentais

b) Apesar de prever as barreiras nos transportes, o Decreto n° 5.296/2004 não aborda as barreiras nas edificações

c) Serão aplicadas sanções administrativas, cíveis e penais cabíveis, previstas em lei, quando não forem observadas as normas do Decreto n° 5.296/2004

d) A acessibilidade aos serviços de transporte coletivo foi regulamentada na Lei n° 10.098/2000, mas não no Decreto n° 5.296/2004

COMENTÁRIOS

✪ **Nota do autor:** A questão aborda o tema da acessibilidade prevista no Decreto nº 5.296/2004.

Alternativa "a". O art. 5º do Decreto 5.296/2004 estabelece as seguintes categorias de deficiências: física, auditiva, visual e mental. Portanto, a alternativa está incorreta ao se limitar somente às deficiências físicas e mentais.

Alternativa "b". "Para os fins de acessibilidade, considera-se: barreiras: qualquer entrave ou obstáculo que limite ou impeça o acesso, a liberdade de movimento, a circulação com segurança e a possibilidade de as pessoas se comunicarem ou terem acesso à informação, classificadas em: barreiras nas edificações: as existentes no entorno e interior das edificações de uso público e coletivo e no entorno e nas áreas internas de uso comum nas edificações de uso privado multifamiliar. (art. 8º, II, "b", do Decreto 5.296/2004). O Decreto versa, portanto, sobre as barreiras nas edificações.

Alternativa "c". "Serão aplicadas sanções administrativas, cíveis e penais cabíveis, previstas em lei, quando não forem observadas as normas deste Decreto." (art. 3º do Decreto nº 5.296/2004).

Alternativa "d". Ao contrário do que afirma a alternativa, a acessibilidade aos serviços de transporte coletivo está prevista no Capítulo V do Decreto nº 5.296/2004 (art. 31 a 46).

Alternativa correta: "c".

---

22. (IBFC – Técnico Judiciário – Área Administrativa – TRE – PA/2020) Leia abaixo o artigo 7° e seu parágrafo único da Lei n° 10.098/2000, que estabelece normas gerais e critérios básicos para a promoção da acessibilidade das pessoas portadoras de deficiência ou com mobilidade reduzida:

"Art. 7° Em todas as áreas de estacionamento de veículos, localizadas em vias ou em espaços públicos, deverão ser reservadas vagas próximas dos acessos de circulação de pedestres, devidamente sinalizadas, para veículos que transportem pessoas portadoras de deficiência com dificuldade de locomoção.

Parágrafo único. As vagas a que se refere o caput deste artigo deverão ser em número equivalente a ________ do total, garantida, no mínimo, ________, devidamente sinalizada e com as especificações técnicas de desenho e traçado de acordo com as normas técnicas vigentes".

Assinale a alternativa que preencha correta e respectivamente as lacunas.

a) um por cento / duas vagas

b) dois por cento / uma vaga

c) quatro por cento / três vagas

d) cinco por cento / duas vagas

COMENTÁRIOS

✪ **Nota do autor:** A questão aborda o tema das normas sobre acessibilidade e requer a memorização dos percentuais fixados na Lei 10.098/2000 para a reserva de vagas em a´reas de estacionamento.

De acordo com a redação do parágrafo único do art. 7º da Lei nº 10.098/2000, parcialmente transcrito na questão, é assegurado o percentual de 2%, sendo garantido, no mínimo, uma vaga.

Alternativa correta: "b".

23. (Cespe – Técnico Judiciário – Área Administrativa – TRE – BA/2017) Ao estabelecer condições de alcance para pessoa com deficiência ou com mobilidade reduzida utilizar, com segurança e autonomia, espaços, mobiliários, equipamentos urbanos, edificações, transportes, informação e comunicação, inclusive seus sistemas e tecnologias, bem como outros serviços e instalações abertos ao público, de uso coletivo público ou privado, tanto na zona urbana quanto na rural, a legislação garante a pessoas nessa situação o direito à

a) funcionalidade.
b) adaptação.
c) inclusão.
d) mobilidade.
e) acessibilidade.

COMENTÁRIOS

✪ **Nota do autor:** A questão aborda o tema da acessibilidade e dos conceitos do Estatuto da Pessoa com Deficiência. Lembre-se de que projetos que versem sobre o meio físico, de transporte, de informação e comunicação, inclusive de sistemas e tecnologias da informação e comunicação, e de outros serviços, equipamentos e instalações abertas ao público, devem atender aos princípios do desenho universal, tendo como referência as normas de acessibilidade.

Alternativa "e". "Para fins de aplicação desta Lei, consideram-se: acessibilidade: possibilidade e condição de alcance para utilização, com segurança e autonomia, de espaços, mobiliários, equipamentos urbanos, edificações, transportes, informação e comunicação, inclusive seus sistemas e tecnologias, bem como de outros serviços e instalações abertos ao público, de uso público ou privados de uso coletivo, tanto na zona urbana como na rural, por pessoa com deficiência ou com mobilidade reduzida." (art. 3º, I, Lei nº 13.146/2015). É o direito que assegura à pessoa com deficiência ou com mobilidade reduzida viver de forma independente e exercer seus direitos de cidadania e de participação social (art. 53, Lei nº 13.146/2015). Não é comum que os diplomas legislativos tragam as definições legais para os termos utilizados, muitas vezes deixando o trabalho de interpretação das palavras e expressões para a doutrina e jurisprudência. Contudo, o Estatuto da Pessoa com Deficiência traz diversos conceitos que serão utilizados por TODA a lei, que assumem, juntamente com o conceito de pessoa com deficiência, especial relevância para seus estudos.

Alternativa correta: letra "e". (responde as demais alternativas).

24. (Cespe – Técnico Judiciário – Área Administrativa – TRE – PE/2017) Considerando a legislação relativa à pessoa com deficiência, assinale a opção correta.

a) Pessoas com deficiência têm direito a planos de saúde específicos, que podem ter redução de cobertura em relação aos demais clientes, desde que haja redução proporcional do preço.
b) Os hotéis construídos antes da edição da Lei n.º 13.146/2015 têm o prazo de até dez anos para adotar todos os meios de acessibilidade estabelecidos na lei.
c) O princípio do desenho universal não é aplicável a serviços, mas apenas a produtos e ambientes.
d) A acessibilidade deve ser entendida não só como direito, mas também como princípio e garantia para o pleno exercício de demais direitos.
e) Havendo vagas decorrentes de ação afirmativa, a pessoa com deficiência deverá, necessariamente, concorrer pelas cotas.

COMENTÁRIOS

✪ **Nota do autor:** A questão aborda diversos temas relacionados aos direitos das pessoas com deficiência. A inserção nesse tópico ocorreu em razão da alternativa correta versar sobre acessibilidade. Lembre-se de que, de acordo com o art. 3º, I, do Estatuto da Pessoa com Deficiência, a acessibilidade consiste na possibilidade e condição de alcance para utilização, com segurança e autonomia, de espaços, mobiliários, equipamentos urbanos, edificações, transportes, informação e comunicação, inclusive seus sistemas e tecnologias, bem como de outros serviços e instalações abertos ao público, de uso público ou privados de uso coletivo, tanto na zona urbana como na rural, por pessoa com deficiência ou com mobilidade reduzida.

Alternativa "a". "As operadoras de planos e seguros privados de saúde são obrigadas a garantir à pessoa com deficiência, no mínimo, todos os serviços e produtos ofertados aos demais clientes." (art. 20 da Lei nº 13.146/2015). AS operadoras de planos e seguros privados devem garantir à pessoa com deficiência, no mínimo, todos os serviços e produtos ofertados aos demais clientes. Além disso, como foram de se evitar a discriminação contra a pessoa com deficiência, é vedada a cobrança de valores diferenciados por planos e seguros privados de saúde em razão da sua condição (art. 23, Lei nº 13.146/2015).

Alternativa "b". "Os hotéis, pousadas e similares devem ser construídos observando-se os princípios do desenho universal, além de adotar todos os meios de acessibilidade, conforme legislação em vigor." (art. 45, Lei nº 13.146/2015). "Devem ser observados os prazos a seguir discriminados, a partir da entrada em vigor desta Lei, para o cumprimento dos seguintes dispositivos: art. 45, 24 (vinte e quatro) meses." (art. 125, III, da Lei nº 13.146/2015). Portanto, a legislação deu o prazo de 24 meses contados de sua vigência para o atendimento dos requisitos de acessibilidade.

Alternativa "c". O desenho universal compreende a concepção de produtos, ambientes, **programas e serviços** a serem usados por todas as pessoas, sem necessidade de adaptação ou de projeto específico, incluindo os recursos de tecnologia assistiva (art. 3º, II, Lei nº 13.146/2015 – grifos acrescidos). "A concepção e a implantação de projetos que tratem do meio físico, de transporte, de informação e comunicação, inclusive de sistemas e tecnologias da informação e comunicação, **e de outros serviços**, equipamentos e instalações abertos ao público, de uso público ou privado de uso coletivo, tanto na zona urbana como na rural, devem atender aos princípios do desenho universal, tendo como referência as normas de acessibilidade." (art. 55, "caput", Lei nº 13.146/2015 – grifos acrescidos). Note-se que, além de produtos e ambientes, programas e serviços também devem atender ao princípio do desenho universal.

Alternativa "d". "Os princípios da presente Convenção são: A acessibilidade;" (art. 3º, "f", da Convenção sobre os Direitos das Pessoas com Deficiência). "A acessibilidade é direito que garante à pessoa com deficiência ou com mobilidade reduzida viver de forma independente e exercer seus direitos de cidadania e de participação social." (art. 53, do Estatuto da Pessoa com Deficiência). Note-se, portanto, que a acessibilidade é direito fundamental das pessoas com deficiência e, ao mesmo tempo, princípio que orienta e norteia o exercício dos demais direitos previstos na legislação.

Alternativa "e". "A pessoa com deficiência não está obrigada à fruição de benefícios decorrentes de ação afirmativa." (art. 4º, § 2º, da Lei nº 13.146/2015). As ações afirmativas são políticas públicas promovidas pelo Estado ou pela sociedade civil com a finalidade de compensar situações historicamente desiguais e tem como fundamento proporcionar a igualdade de oportunidades entre as pessoas. Nesse sentido, tendo em vista a adoção pelo Estatuto da Pessoa com Deficiência da necessidade de respeito à igualdade de oportunidades, é possível a implementação de ações afirmativas às pessoas com deficiência. Essa igualdade somente é alcançada se proporcionado tratamento jurídico diferenciado às pessoas com deficiência ao assegurar acesso ao mercado de trabalho por exemplo. Contudo, é importante destacar que a lei é expressa ao determinar que a pessoa com deficiência não está obrigada a fruir de benefícios de ação afirmativa. Sobre o assunto, é importante destacar algumas das principais ações afirmativas presentes na legislação nacional:

– **Relação de emprego:** As empresas com 100 empregados ou mais deverão manter de 2% a 5% de seus cargos com pessoas com deficiência ou empregados reabilitados ao trabalho.

– **Relação de estágio:** Como formar de integração ao mercado de trabalho, a lei assegura percentual de 10% das vagas de estágio oferecidas a pessoas com deficiência.

– **Concurso público:** O art. 1º, § 1º do Decreto nº 9.508/2018, editado em 24 de setembro de 2018, estabelece a necessidade de se assegurar percentual mínimo de 5% das vagas oferecidas para o provimento de cargos efetivos e para a contratação por tempo determinado para atender necessidade temporária de excepcional interesse público, no âmbito da administração pública federal direta e indireta, às pessoas com deficiência. Destaca-se que esse Decreto revogou os art. 37 a 43 do Decreto nº 3.298/1999, que disciplinavam o assunto. **Atenção!** Tendo em vista a alteração recente desse dispositivo, é possível sua cobrança nos concursos que abordam Noções sobre Direitos das Pessoas com Deficiência.

Alternativa correta: letra "d".

---

25. (Cespe – Analista Judiciário – Área Judiciária – TRE – TO/2017) À luz do Estatuto da Pessoa com Deficiência, a concepção de ambiente a ser usado por todas as pessoas, sem a necessidade de adaptação ou de projeto específico, incluindo os recursos de tecnologia assistiva caracteriza o(a)

a) adaptação razoável.

b) elemento urbanizado.

c) mobiliário assistivo.

d) acessibilidade.

e) desenho universal.

COMENTÁRIOS

✪ **Nota do autor:** A questão aborda o tema da acessibilidade e dos conceitos previstos no Estatuto da Pessoa com Deficiência. É imprescindível a memorização do art. 3º da Lei nº 13.146/2015, pois é constantemente exigido nas questões sobre noções sobre direitos das pessoas com deficiência.

Alternativa "e". "Para fins de aplicação desta Lei, consideram-se: desenho universal: concepção de produtos, ambientes, programas e serviços a serem usados por todas as pessoas, sem necessidade de adaptação ou de projeto específico, incluindo os recursos de tecnologia assistiva." (art. 3º, II, Estatuto da Pessoa com Deficiência). Trata-se da literalidade do inciso II do art. 3º da Lei nº 13.146/2015. Projetos que versem sobre o meio físico, de transporte, de informação e comunicação, inclusive de sistemas e tecnologias da informação e comunicação, e de outros serviços, equipamentos e instalações abertas ao público, devem atender aos princípios do desenho universal, tendo como referência as normas de acessibilidade (art. 55, Lei nº 13.146/2015). Desenho universal será utilizado como regra geral, inclusive desde a etapa de concepção das políticas públicas. Exceção: Nas hipóteses que comprovadamente não seja possível utilizar o desenho universal, deve ser adotada adaptação razoável.

Alternativa correta: letra "e". (responde as demais alternativas).

11. CAPACIDADE CIVIL E CURATELA

26. (FCC – Técnico Judiciário – Área Administrativa – TRE – PR/2017) A Lei no 13.146/15 disciplina o reconhecimento de igual perante a lei das pessoas com deficiência. Nesse contexto está inserido a curatela, sobre a qual a Lei no 13.146/15 estabelece que

a) a submissão da pessoa deficiente à curatela é obrigatória.

b) os curadores são obrigados a prestar contas anualmente de sua administração ao Ministério Público.

c) a definição de curatela de pessoa com deficiência constitui medida protetiva extraordinária e durará o menor tempo possível.

d) a curatela alcança atos relacionados a todos os direitos ligados à pessoa com deficiência.

e) para a emissão de documentos oficiais é exigida a situação de curatela da pessoa com deficiência.

COMENTÁRIOS

✪ **Nota do autor:** A questão aborda o tema da curatela da pessoa com deficiência. O Estatuto da Pessoa com Deficiência alterou significativa o procedimento de curatela previsto no Código Civil. Tendo em vista o caráter excepcional da curatela, removeu-se as hipóteses que vinculavam a necessidade de curatela à existência de deficiência. Lembre-se de que a pessoa com deficiência tem, em regra, plena capacidade para os atos da vida civil. A curatela somente será possível quando a pessoa não puder exprimir sua vontade por causa transitória ou permanente. Portanto, somente se a pessoa com deficiência não puder exprimir sua vontade, é possível a instituição da curatela.

Alternativa "a". "**Quando necessário**, a pessoa com deficiência será submetida à curatela, conforme a lei." (art. 84, § 1º, Estatuto da Pessoa com Deficiência – grifos acrescidos). "A definição de curatela de pessoa com deficiência constitui **medida protetiva extraordinária**, proporcional às necessidades e às circunstâncias de cada caso, e durará o menor tempo possível." (art. 84, § 3º, Lei nº 13.146/2015). As pessoas com deficiência têm direito ao exercício da capacidade legal em igualdade de condições com as demais pessoas (art. 84, Lei nº 13.146/2015). Na maioria dos casos, a pessoa com deficiência tem capacidade plena para exercício dos atos da vida civil.

Alternativa "b". "Os curadores são obrigados a prestar, anualmente, contas de sua administração ao juiz, apresentando o balanço do respectivo ano." (art. 84, § 4º, Estatuto da Pessoa com Deficiência). A prestação de contas é direcionada ao juiz e não ao Ministério Público como sustenta a alternativa.

Alternativa "c". "A definição de curatela de pessoa com deficiência constitui medida protetiva extraordinária, proporcional às necessidades e às circunstâncias de cada caso, e durará o menor tempo possível." (art. 84, § 3º, Lei nº 13.146/2015). Quando necessário, é possível a instituição da curatela, desde que respeite alguns requisitos previstos no Estatuto:

– Instituição como medida protetiva **extraordinária**, devendo constar da sentença que a determinar as razões e motivações de sua definição, preservados os interesses do curatelado;

– Proporcional **às necessidades** da pessoa com deficiência e **às circunstâncias** de cada caso;

– Duração da curatela pelo **menor tempo** possível.

Alternativa "d". O Estatuto da Pessoa com Deficiência limita a abrangência da curatela quanto aos direitos do curatelado. O candidato deve estar atento, conforme informações da tabela a seguir, para o fato de que os direitos do curatelado permanecem, em sua maioria, livres para seu exercício sem a necessidade de curatela (art. 85, Lei nº 13.146/2015):

Direitos afetados pela curatela	Direitos NÃO afetados pela curatela
– Direitos de natureza patrimonial e negocial	– Direito ao **P**róprio **C**orpo – Direito à **S**exualidade – Direito à **E**ducação – Direito ao **M**atrimônio – Direito à **P**rivacidade – Direito ao **T**rabalho – Direito ao **V**oto – Direito à **S**aúde

Alternativa "e". "Para emissão de documentos oficiais, não será exigida a situação de curatela da pessoa com deficiência." (art. 86 do Estatuto da Pessoa com Deficiência).

Alternativa correta: letra "c".

27. (Cespe – Analista Judiciário – Área Administrativa – TRE – PE/2017) Considerando o disposto na Lei n.º 13.146/2015 — Estatuto da Pessoa com Deficiência (EPD) —, assinale a opção correta.

a) É assegurado à pessoa com deficiência o direito de votar e de ser votada, salvo na hipótese de curatela.

b) O EPD revogou a Lei n.° 7.853/1989, que dispunha sobre o apoio às pessoas com deficiência.

c) A deficiência não afeta a plena capacidade civil da pessoa, salvo a condição de adotante em processo de adoção.

d) Os planos e seguros privados de saúde podem cobrar valores diferenciados das pessoas com deficiência em razão da sua deficiência.

e) Com a edição do EPD a incapacidade absoluta prevista no Código Civil restringe-se aos menores de dezesseis anos de idade.

COMENTÁRIOS

✪ **Nota do autor:** A questão aborda diversos temas relacionados ao Estatuto da Pessoa com Deficiência. A inserção nesse tópico justifica-se pelo fato de que a alternativa correta versa sobre a capacidade civil das pessoas com deficiência.

Alternativa "a". "A definição da curatela não alcança o direito ao próprio corpo, à sexualidade, ao matrimônio, à privacidade, à educação, à saúde, ao trabalho e ao voto." (art. 85, § 1º, Lei nº 13.146/2015). O Estatuto da Pessoa com Deficiência limita a abrangência da curatela quanto aos direitos do curatelado. O candidato deve estar atento, conforme informações da tabela a seguir, para o fato de que os direitos do curatelado permanecem, em sua maioria, livres para seu exercício sem a necessidade de curatela (art. 85, Lei nº 13.146/2015):

Direitos afetados pela curatela	Direitos NÃO afetados pela curatela
– Direitos de natureza patrimonial e negocial	– Direito ao **P**róprio **C**orpo – Direito à **S**exualidade – Direito à **E**ducação – Direito ao **M**atrimônio – Direito à **P**rivacidade – Direito ao **T**rabalho – Direito ao **V**oto – Direito à **S**aúde

Alternativa "b". A Lei nº 7.853/1989 não foi revogada pelo Estatuto da Pessoa com Deficiência e constitui importante legislação para a defesa dos direitos das pessoas com deficiência. Vale ressaltar que o art. 98 do EPD altera alguns dispositivos da Lei nº 7.853/1989, o que ressalta sua importância e a ausência de revogação tácita da legislação.

Alternativa "c". "A deficiência não afeta a plena capacidade civil da pessoa, inclusive para: "A deficiência não afeta a plena capacidade civil da pessoa, inclusive para: exercer o direito à guarda, à tutela, à curatela e à adoção, como adotante ou adotando, em igualdade de oportunidades com as demais pessoas." (art. 6º, VI, Lei nº 13.146/2015). "A pessoa com deficiência tem assegurado o direito ao exercício de sua capacidade legal em igualdade de condições com as demais pessoas." (art. 84, "caput", Lei nº 13.146/2015).

Alternativa "d". "São vedadas todas as formas de discriminação contra a pessoa com deficiência, inclusive por meio de cobrança de valores diferenciados por planos e seguros privados de saúde, em razão de sua condição." (art. 23, Lei nº 13.146/2015).

Alternativa "e". A Lei Brasileira de Inclusão alterou completamente a teoria das incapacidades prevista no Código Civil. Tendo como base que as pessoas com deficiência têm direito ao exercício da capacidade legal em igualdade de condições com as demais pessoas (art. 84, Lei nº 13.146/2015), o art. 3º do Código Civil foi alterado para prever como única hipótese de incapacidade absoluta os menos de 16 anos. Portanto, a enfermidade ou deficiência mental relacionada à falta de discernimento para a prática dos atos e aqueles que não puderem exprimir sua vontade, mesmo que por causas transitórias, deixam de ser hipóteses para a configuração da incapacidade civil absoluta. Note-se, portanto, que a deficiência, por si só, não justifica a imposição de incapacidade. Confira a nova redação do art. 3º do CC/02:

> **Art. 3º, CC/02:** São absolutamente incapazes de exercer pessoalmente os atos da vida civil os menores de 16 (dezesseis) anos.
>
> I – (Revogado);
>
> II – (Revogado);
>
> III – (Revogado).

Mesmo nas hipóteses de incapacidade relativa, o Estatuto da Pessoa com Deficiência desatrelou a incapacidade da deficiência. Portanto, a incapacidade, mesmo que relativa, não pode ser determinada pelo simples fato de que a pessoa apresenta alguma deficiência. Contudo, se, por causa transitória ou permanente, não puder exprimir sua vontade, é possível determinar a incapacidade relativa da pessoa com deficiência. Note-se que essa hipótese também pode ser aplicada às pessoas sem deficiência quando não puderem exprimir sua vontade em razão de um grave acidente por exemplo. Segue nova redação do art. 4º do Código Civil:

> **Art. 4º do CC/02:** São incapazes, relativamente a certos atos ou à maneira de os exercer:
>
> I – os maiores de dezesseis e menores de dezoito anos;
>
> II – os ébrios habituais e os viciados em tóxico;
>
> III – aqueles que, por causa transitória ou permanente, não puderem exprimir sua vontade;

IV – os pródigos.

Parágrafo único. A capacidade dos indígenas será regulada por legislação especial.

Alternativa correta: letra "e".

12. CRIMES PREVISTOS NO ESTATUTO DA PESSOA COM DEFICIÊNCIA

28. (Cespe – Analista Judiciário – Área Judiciária – TRE – BA/2017) Comprovado que o tutor havia desviado proventos de pessoa deficiente cuja tutela exercia, o juiz proferiu sentença condenando-o a um ano de reclusão. Foi certificado que houve erro na sentença proferida.

Nessa situação, o erro da sentença decorre

a) da não aplicação da multa de pelo menos o dobro do proveito obtido.

b) unicamente da não inclusão da pena de multa.

c) da não aplicação da causa de aumento de pena e da multa.

d) do fato de a condenação ter sido superior ao mínimo legal.

e) do fato de a pena prevista para o delito ser detenção e multa.

COMENTÁRIOS

✪ **Nota do autor:** A questão aborda o tema dos crimes previstos no Estatuto da Pessoa com Deficiência. As questões envolvendo os crimes previstos no Estatuto da Pessoa com Deficiência exige o conhecimento do tipo penal e também da pena prevista no dispositivo. É imprescindível, portanto, que o candidato memorize esses valores, bem como as causas de aumento de pena.

Alternativa "c". O crime mencionado na questão está previsto no art. 89 da Lei nº 13.146/2015:

> **Art. 89, Lei nº 13.146/2015.** Apropriar-se de ou desviar bens, proventos, pensão, benefícios, remuneração ou qualquer outro rendimento de pessoa com deficiência:
>
> Pena – reclusão, de 1 (um) a 4 (quatro) anos, e multa.
>
> Parágrafo único. Aumenta-se a pena em 1/3 (um terço) se o crime é cometido:
>
> I – por tutor, curador, síndico, liquidatário, inventariante, testamenteiro ou depositário judicial; ou
>
> II – por aquele que se apropriou em razão de ofício ou de profissão.

Tendo em vista que o desvio dos proventos de pessoa com deficiência foi cometido por seu tutor, era necessário o aumento em 1/3 da pena conforme prevê o parágrafo único, inciso I, do art. 89 do Estatuto da Pessoa com Deficiência. Note-se que a pena mínima de 1 ano não poderia, portanto, ser aplicada. Caso condenado a 1 ano na aplicação da pena básica, deveria ser condenado no final a 1 ano e 4 meses de reclusão.

Além disso, o dispositivo exige que, além da aplicação da pena de reclusão, seja determinada também a pena de multa, o que não foi observado na sentença condenatória. Entretanto, diferente do que prevê a alternativa "a", não há previsão de que a pena de multa seja o dobro do proveito obtido com os desvios de proveitos.

Alternativa correta: letra "c". (responde as demais alternativas).

29. (Cespe – Analista Judiciário – Área Administrativa – TRE – PE/2017) Com relação aos crimes, às infrações administrativas e às disposições finais e transitórias previstos no EPD, assinale a opção correta.

a) O sujeito passivo dos crimes previstos no EPD é sempre a pessoa com deficiência.

b) Para a consumação do crime de desviar bens da pessoa com deficiência, exige-se o efetivo lucro do agente.

c) Admitem-se tanto a modalidade dolosa quanto a culposa no caso do delito de abandono da pessoa com deficiência, que é crime permanente.

d) Constitui crime a conduta de obstar o acesso da pessoa com deficiência a cargo ou emprego público, ainda que com base em critério restritivo e objetivo previamente definido em lei.

e) Na tipificação da conduta de praticar, induzir ou incitar discriminação de pessoa em razão da deficiência, é admitida a tentativa.

COMENTÁRIOS

✪ **Nota do autor:** A questão aborda o tema dos crimes e infrações previstas no Estatuto da Pessoa com Deficiência. Nos comentários à alternativa correta, inserimos dicas que poderão ser muito úteis ao seu concurso no tocante aos crimes previstos.

Alternativa "a". O Título II do Estatuto da Pessoa com Deficiência estabeleceu a criação de crimes e sanções administrativas por violação dos direitos da pessoa com deficiência. Nesse sentido, foram criados 4 tipos penais com diversas causas de aumento de pena. Em todos tipos penais, o crime tem como vítima ou sujeito passivo a pessoa com deficiência. Os crimes são direcionados à violação de direitos das pessoas com deficiência. Trata-se de uma importante dica que deve ser memorizada pelo candidato. Outras três dicas muito relevantes são as seguintes:

1) Todas as causas de aumento de pena dos crimes previstos no Estatuto da Pessoa com Deficiência são estabelecidas em 1/3 da pena;

2) O único crime com pena de detenção e multa é o crime previsto no art. 91 do Estatuto, que prevê a retenção ou utilização de cartão magnético, qualquer meio eletrônico ou documento de pessoa com deficiência destinados ao recebimento de benefícios, proventos, pensões ou remuneração ou à realização de operações financeiras, com o fim de obter vantagem indevida para si ou para outrem;
3) Todos os crimes têm previsão expressa de pena de multa.

Alternativa "b". O mero desvio do bem ou a sua apropriação já são suficientes para a consumação do crime previsto no art. 89 da Lei nº 13.146/2015:

> **Art. 89, Lei nº 13.146/2015.** Apropriar-se de ou desviar bens, proventos, pensão, benefícios, remuneração ou qualquer outro rendimento de pessoa com deficiência:
>
> Pena – reclusão, de 1 (um) a 4 (quatro) anos, e multa.
>
> Parágrafo único. Aumenta-se a pena em 1/3 (um terço) se o crime é cometido:
>
> I – por tutor, curador, síndico, liquidatário, inventariante, testamenteiro ou depositário judicial; ou
>
> II – por aquele que se apropriou em razão de ofício ou de profissão.

Alternativa "c". O crime de abandono de pessoa com deficiência está previsto no art. 90 do Estatuto da Pessoa com Deficiência:

> **Art. 90, Lei nº 13.146/2015.** Abandonar pessoa com deficiência em hospitais, casas de saúde, entidades de abrigamento ou congêneres:
>
> Pena – reclusão, de 6 (seis) meses a 3 (três) anos, e multa.
>
> Parágrafo único. Na mesma pena incorre quem não prover as necessidades básicas de pessoa com deficiência quando obrigado por lei ou mandado.

De acordo com o art. 18, parágrafo único, do Código Penal, salvo os casos expressos em lei, ninguém pode ser punido por fato previsto como crime, senão quando o pratica dolosamente. Diante da inexistência de previsão expressa da modalidade culposa,

Alternativa "d". Esse crime não consta expressamente no Estatuto da Pessoa com Deficiência, mas na Lei nº 7.853/1989:

> **Art. 8º, Lei nº 7.853/1989:** Constitui crime punível com reclusão de 2 (dois) a 5 (cinco) anos e multa:
>
> (...)
>
> III – negar ou obstar emprego, trabalho ou promoção à pessoa em razão de sua deficiência;

Há, no entanto, o posicionamento de que não há configuração de delito ou infração se a negativa ao emprego decorrer de critérios restritivos e objetivos definidos previamente em lei. É o que ocorre com os critérios exigidos para ingresso na carreira de policiais militares, por exemplo.

Alternativa "e". A lei não permite a modalidade tentada, sendo obrigatória a consumação do delito:

> Art. 88. Praticar, induzir ou incitar discriminação de pessoa em razão de sua deficiência:
>
> Pena - reclusão, de 1 (um) a 3 (três) anos, e multa.

Alternativa correta: letra "a".

---

30. (Cespe – Analista Judiciário – Área Judiciária – TRE – TO/2017) Tipifica-se como crime contra a pessoa deficiente, com a penalidade de detenção,

a) o desvio de seus bens com o propósito de alcançar vantagem indevida para si.
b) o seu abandono em hospitais ou entidades de abrigamento.
c) a utilização, para obtenção de vantagem indevida, de seu cartão magnético destinado ao recebimento de pensão.
d) a apropriação de seus bens patrimoniais para a consecução de vantagem indevida para terceiros.
e) a incitação de discriminação em razão de sua deficiência.

COMENTÁRIOS

✪ **Nota do autor:** A questão aborda o tema dos crimes contra a pessoa com deficiência. Ademais, exigia que o candidato tivesse conhecimento da pena aplicável a cada um dos delitos para que respondesse à alternativa correta.

Alternativa "c". O único crime do Estatuto da Pessoa com Deficiência cuja pena consiste em detenção e multa é aquele previsto em seu art. 91:

> Reter ou utilizar cartão magnético, qualquer meio eletrônico ou documento de pessoa com deficiência destinados ao recebimento de benefícios, proventos, pensões ou remuneração ou à realização de operações financeiras, com o fim de obter vantagem indevida para si ou para outrem:
>
> Pena – detenção, de 6 (seis) meses a 2 (dois) anos, e multa.

Todos os demais crimes da Lei nº 13.146/2015, previstos nas demais alternativas, têm previsão de pena de reclusão e multa. Essa dica é fundamental para a resposta dessa questão. Lembre-se também de que todas as causas de aumento de pena são previstas na fração de 1/3. Não há causa de diminuição de pena.

Alternativa correta: letra"c". (responde as demais alternativas).

13. MEDIDAS DE PROTEÇÃO DOS DIREITOS DAS PESSOAS COM DEFICIÊNCIA

31. (IBFC – Técnico Judiciário – Área Administrativa – TRE – PA/2020) Acerca dos princípios da Política Nacional para a Integração da Pessoa Portadora de Deficiência, em consonância com o Programa Nacional de Direitos Humanos, estabelecidos no Decreto n° 3.298/1999, analise as afirmativas abaixo.

I. Desenvolvimento de ação conjunta do Estado e da sociedade civil, de modo a assegurar a plena integração da pessoa portadora de deficiência no contexto socioeconômico e cultural.

II. Respeito às pessoas portadoras de deficiência, que devem receber privilégios e paternalismos para a proteção estatal, sendo que a desigualdade de oportunidades deve prevalecer para o reconhecimento dos direitos que lhes são assegurados.

III. Estabelecimento de mecanismos e instrumentos legais e operacionais que assegurem às pessoas portadoras de deficiência o pleno exercício de seus direitos básicos que, decorrentes da Constituição e das leis, propiciam o seu bem-estar pessoal, social e econômico.

Assinale a alternativa correta

a) As afirmativas I, II e III estão corretas
b) Apenas as afirmativas I e II estão corretas
c) Apenas as afirmativas I e III estão corretas
d) Apenas a afirmativa I está correta

COMENTÁRIOS

✪ **Nota do autor:** A questão aborda o tema dos princípios da Política Nacional para a Integração da Pessoa Portadora de Deficiência estabelecido pelo Decreto 3.298/1999. Diante da especificidade do tema, a questão apresenta maior nível de dificuldade.

Assertiva I. Correta. "A Política Nacional para a Integração da Pessoa Portadora de Deficiência, em consonância com o Programa Nacional de Direitos Humanos, obedecerá aos seguintes princípios; desenvolvimento de ação conjunta do Estado e da sociedade civil, de modo a assegurar a plena integração da pessoa portadora de deficiência no contexto sócio-econômico e cultural." (art. 5º, I, do Decreto nº 3.298/1999).

Assertiva II. Incorreta. "A Política Nacional para a Integração da Pessoa Portadora de Deficiência, em consonância com o Programa Nacional de Direitos Humanos, obedecerá aos seguintes princípios; respeito às pessoas portadoras de deficiência, que devem receber igualdade de oportunidades na sociedade por reconhecimento dos direitos que lhes são assegurados, sem privilégios ou paternalismos." (art. 5º, III, do Decreto 3.298/1999)

Assertiva III. Correta. "A Política Nacional para a Integração da Pessoa Portadora de Deficiência, em consonância com o Programa Nacional de Direitos Humanos, obedecerá aos seguintes princípios; estabelecimento de mecanismos e instrumentos legais e operacionais que assegurem às pessoas portadoras de deficiência o pleno exercício de seus direitos básicos que, decorrentes da Constituição e das leis, propiciam o seu bem-estar pessoal, social e econômico;" (art. 5º, II, do Decreto 3.298/1999)

Alternativa correta: letra "c".

32. (IBFC – Técnico Judiciário – Área Administrativa – TRE – PA/2020) O Decreto n° 3.298/1999 trata dos instrumentos da Política Nacional para a Integração da Pessoa Portadora de Deficiência. Sobre o assunto, assinale a alternativa que apresente corretamente um desses instrumentos:

a) O fomento à formação de recursos humanos para adequado e eficiente atendimento da pessoa portadora de deficiência
b) A elaboração do regimento interno do Ministério dos Direitos Humanos
c) A aprovação do plano de ação anual do Conselho Nacional dos Direitos da Pessoa Portadora de Deficiência
d) O zelo pela efetiva implantação da Política Nacional para Integração da Pessoa Portadora de Deficiência

COMENTÁRIOS

✪ **Nota do autor:** A questão aborda o tema dos Instrumentos da Política Nacional para a Integração da Pessoa Portadora de Deficiência previstos no Decreto 3.298/1999.

Alternativa "a". "São instrumentos da Política Nacional para a Integração da Pessoa Portadora de Deficiência: o fomento à formação de recursos humanos para adequado e eficiente atendimento da pessoa portadora de deficiência." (art. 8º, II, do Decreto 3.298/1999)

Alternativa "b". A elaboração do Regime Interno do Ministério dos Direitos Humanos não consta como instrumento de integração da pessoa com deficiência.

Alternativa "c". Igualmente, inexiste a previsão do plano de ação do Conselho Nacional dos Direitos da Pessoa Portadora de Deficiência dentre o rol do art. 8º do Decreto 3.298/1999.

Alternativa "d". A implantação da Política está prevista como diretriz e não como instrumento do art. 8º do Decreto 3.298/1999.

Alternativa correta: "a".

Noções sobre direitos das pessoas com deficiência

Paulo Henrique Boldrin

✦ DICAS

1. INTRODUÇÃO

A seguir, selecionamos dicas de Noções sobre Direitos das Pessoas com Deficiência conforme últimos editais dos concursos para Analista e Técnico do TRE. Ressaltamos que buscamos trazer às dicas legislações e dispositivos que podem ser úteis para seu concurso e que poderão ser cobrados nos próximos concursos.

Ordem das dicas: O Estatuto da Pessoa com Deficiência (Lei nº 13.146/2015) constitui o principal diploma legislativo acerca dos direitos da pessoa com deficiência e das normas de acessibilidade. Dessa forma, as remissões a essa lei são estendidas a quase todos os pontos, sempre que pertinentes..

Questão terminológica: Cumpre ressaltar que a expressão pessoa portadora de deficiência está em desuso, sendo utilizado o termo mais adequado "pessoa com deficiência". Sempre que possível usaremos o termo adequado ao candidato, ainda que a legislação faça referência à pessoa portadora de deficiência.

2. INCLUSÃO, DIREITOS E GARANTIAS LEGAIS E CONSTITUCIONAIS DAS PESSOAS COM DEFICIÊNCIA

Competência constitucional acerca dos direitos das pessoas com deficiência: De acordo com o art. 23, II, da CF/88, é competência comum entre União, Estados, Distrito Federal e Municípios, cuidar da saúde, assistência pública, da proteção e das garantias da pessoa com deficiência. Além disso, União, Estados e Distrito Federal são concorrentemente competentes para legislar sobre a proteção e integração social das pessoas com deficiência (art. 24, XIV, CF/88).

Estatuto da Pessoa com Deficiência: Em julho de 2015, foi promulgada a **Lei nº 13.146/2015**, que instituiu a **Lei Brasileira de Inclusão da Pessoa com Deficiência – LBI**. Essa legislação também é denominada de **Estatuto da Pessoa com Deficiência** e constitui importante dispositivo normativo que regulamenta os direitos da pessoa com deficiência. A legislação é destinada a assegurar e a promover, em igualdade de condições, o exercício de direitos e liberdades fundamentais da pessoa com deficiência, a fim de garantir a inclusão social e a cidadania (art. 1º, Lei nº 13.146/2015). Ressalta-se que o Estatuto da Pessoa com Deficiência entrou em vigor apenas **180 dias** após a sua publicação (art. 127, Lei Brasileira de Inclusão). Tendo em vista que a lei foi publicada no dia 07 de julho de 2015, as regras previstas somente passaram a ser aplicadas em 03 de janeiro de 2016.

Convenção sobre os Direitos das Pessoas com Deficiência e seu protocolo facultativo: é o diploma normativo que influenciou fortemente o surgimento e o conteúdo das normas do Estatuto da Pessoa com Deficiência. Essa convenção foi o primeiro tratado internacional recepcionado com força de emenda constitucional.

A Convenção da ONU sobre os Direitos das Pessoas com Deficiência foi realizada em Nova York no ano de 2007 e assinada pelo Brasil em 30 de março de 2007. A assinatura do tratado não assegura sua vigência no plano interno e externo, pois o Estado ainda necessita ratificar a convenção.

Equivalente às emendas constitucionais: O ordenamento jurídico brasileiro exige a aprovação prévia pelo Congresso Nacional para que a convenção ou tratado internacional possam ser ratificados no plano externo. Ademais, o art. 5º, § 3º da CF/88 prevê que a convenção ou tratado internacional sobre direitos humanos que venha a ser aprovado, em cada casa do Congresso Nacional, em 2 turnos de votação por 3/5 dos votos de seus membros, será equivalente às emendas constitucionais. Dessa forma, a Convenção sobre os Direitos das Pessoas com Deficiência foi aprovada pelo Congresso Nacional **com "status" de emenda constitucional** por meio da promulgação do Decreto Legislativo nº 186/2008.

Depósito da ratificação e vigência no plano interno: Em 1º de agosto de 2008, o Governo brasileiro depositou o instrumento de ratificação da Convenção e de seu Protocolo Facultativo que passaram a obrigar o Brasil no plano externo em 31/08/2008. Por fim, em 25/08/2009, a Convenção e seu Protocolo facultativo foram promulgados pelo Decreto nº 6.949/2009 e passaram a ser exigidos com força de emenda constitucional no plano interno.

Princípios gerais da Convenção: A Convenção sobre os Direitos das Pessoas com Deficiência estabelece, em seu art. 3º, os princípios gerais que nortearam a elaboração do Estatuto da Pessoa com Deficiência e que devem ser memorizados pelo candidato ao concurso:

PRINCÍPIOS DA CONVENÇÃO SOBRE OS DIREITOS DAS PESSOAS COM DEFICIÊNCIA
a) O respeito pela dignidade, a autonomia individual, inclusive a liberdade de fazer as próprias escolhas, e a independência das pessoas;
b) A não discriminação;
c) A plena e efetiva participação e inclusão na sociedade;
d) O respeito pela diferença e pela aceitação das pessoas com deficiência como parte da diversidade humana e da humanidade;
e) A igualdade de oportunidades;
f) A acessibilidade;
g) A igualdade entre o homem e a mulher;
h) O respeito pelo desenvolvimento das capacidades das crianças com deficiência e pelo direito das crianças com deficiência de preservar sua identidade.

2.1. PESSOA COM DEFICIÊNCIA

Conceito: O Estatuto da Pessoa com Deficiência traz o conceito de pessoa com deficiência, que foi inspirado naquilo que prevê o art. 1º da Convenção sobre os Direitos das Pessoas com Deficiência. **Atenção! A memorização do conceito de pessoa com deficiência é essencial ao seu concurso:**

> **Art. 2º, Estatuto da Pessoa com Deficiência:** Considera-se pessoa com deficiência aquela que tem impedimento de longo prazo de natureza física, mental, intelectual ou sensorial, o qual, **em interação com uma ou mais barreiras**, pode obstruir sua participação plena e efetiva na sociedade em igualdade de condições com as demais pessoas (grifos acrescidos).
>
> **Art. 1º, Convenção sobre os Direitos das Pessoas com Deficiência:** O propósito da presente Convenção é promover, proteger e assegurar o exercício pleno e equitativo de todos os direitos humanos e liberdades fundamentais por todas as pessoas com deficiência e promover o respeito pela sua dignidade inerente.
>
> Pessoas com deficiência são aquelas que têm impedimentos de longo prazo de natureza física, mental, intelectual ou sensorial, os quais, em interação com diversas barreiras, podem obstruir sua participação plena e efetiva na sociedade em igualdades de condições com as demais pessoas.

Observe que o conceito trazido pela legislação ressalta que a deficiência não necessariamente decorre de doença enfrentada pela pessoa e que deverão ser consideradas pessoas com deficiência aqueles que apresentam impedimento intelectual. Portanto, além da deficiência física, é necessário o reconhecimento da **deficiência de ordem psicológica**, que merece atenção especial do Estado[1].

Além disso, o conceito esclarece que não é o próprio impedimento da pessoa com deficiência que obstrui a participação efetiva na sociedade, mas sua **interação com barreiras**. Portanto, a eliminação de barreiras à pessoa com deficiência, especialmente ao se assegurar a acessibilidade e a utilização de tecnologias assistivas, é uma das formas de garantir a plena participação na sociedade em igualdade de condições com as demais pessoas.

Para facilitar a memorização do assunto, segue quadro acerca do conceito de pessoa com deficiência, que, repito, é extremamente importante para seu concurso:

CONCEITO DE PESSOA COM DEFICIÊNCIA
– Pessoa com deficiência é aquela que:
a) tem **impedimento de longo prazo**;
b) O impedimento pode ser decorrente de **natureza física, mental, intelectual ou sensorial**;
c) Esse impedimento, em **interação com um ou mais barreiras**, pode **obstruir a participação plena e efetiva na sociedade em igualdade de condições** com as demais pessoas.

Avaliação da deficiência: A avaliação da deficiência, quando for necessária, será **biopsicossocial**, realizada por equipe multiprofissional e interdisciplinar (art. 2º, § 1º, Estatuto da Pessoa com Deficiência). A avaliação biopsicossocial é aquela que considera os aspectos sociais da pessoa com deficiência além de dados médicos que demonstrem sua incapacidade. Há superação do modelo apenas biológico de análise para acrescentar fatores como nível de escolaridade, profissão, composição familiar, etc.[2] É importante destacar que o Poder Executvio criará instrumentos para avaliação da deficiência (art. 2º, § 2º, Estatuto da Pessoa com Deficiência). O Decreto 11.063/2022 estabeleceu os critérios e os requisitos para a avaliação de pessoas com deficiência ou pessoas com transtorno do espectro autista para fins de concessão de isenção do IPI na aquisição de automóveis. Ademais, destaca-se:

---

1. FARIAS, Cristiano Chaves de.; CUNHA, Rogério Sanches; PINTO, Ronaldo Batista. *Estatuto da Pessoa com Deficiência comentado artigo por artigo*. Salvador: Juspodivm, 2016. p. 24.
2. FARIAS, Cristiano Chaves de.; CUNHA, Rogério Sanches; PINTO, Ronaldo Batista. *Estatuto da Pessoa com Deficiência comentado artigo por artigo*. Salvador: Juspodivm, 2016. p. 25.

AVALIAÇÃO BIOPSICOSSOCIAL DA DEFICIÊNCIA
A avaliação deve se atentar para: – impedimentos nas funções e estruturas do corpo; – fatores socioambientais, psicológicos e pessoais; – limitação no desempenho de atividades; – restrição de participação.

Uso de telemedicina ou análise documental (Lei 14.724/2023): o exame médico-pericial componente da avaliação biopsicossocial da deficiência poderá ser realizado com o uso de tecnologia de telemedicina ou por análise documental conforme situações e requisitos definidos em regulamento.

Identificação de pessoas com deficiências ocultas: A Lei nº 14.624/2023 estabeleceu o cordão de fita com desenhos de girassóis como símbolo nacional de identificação de pessoas com deficiências ocultas. O uso do símbolo é opcional, e sua ausência não prejudica o exercício de direitos e garantias previstos em lei.

Documento comprobatório da deficiência: a utilização do símbolo de identificação de pessoas com deficiências ocultas não dispensa a apresentação de documento comprobatório da deficiência, caso seja solicitado pelo atendente ou pela autoridade competente.

2.2. CONCEITOS DO ESTATUTO DA PESSOA COM DEFICIÊNCIA

ATENÇÃO!

Não é comum que os diplomas legislativos tragam as definições legais para os termos utilizados, muitas vezes deixando o trabalho de interpretação das palavras e expressões para a doutrina e jurisprudência. Contudo, o Estatuto da Pessoa com Deficiência traz diversos conceitos que serão utilizados por TODA a lei, que assumem, juntamente com o conceito de pessoa com deficiência, especial relevância para seus estudos. Para facilitar a compreensão dos conceitos legais, segue quadro sistematizado do art. 3º da Lei Brasileira de Inclusão com grifos acrescidos que facilitam a memorização:

CONCEITOS UTILIZADOS NO ESTATUTO DA PESSOA COM DEFICIÊNCIA	
Palavra ou expressão	**Conceito legal**
Acessibilidade	**Possibilidade e condição de alcance para utilização, com segurança e autonomia, de espaços, mobiliários, equipamentos urbanos, edificações, transportes, informação e comunicação**, inclusive seus sistemas e tecnologias, bem como de outros serviços e instalações abertos ao público, de uso público ou privados de uso coletivo, tanto na zona urbana como na rural, **por pessoa com deficiência ou com mobilidade reduzida**. (art. 3º, I, Estatuto da Pessoa com Deficiência)
Desenho universal	Concepção de produtos, ambientes, programas e serviços a serem usados por todas as pessoas, **sem necessidade de adaptação ou de projeto específico, incluindo os recursos de tecnologia assistiva**. (art. 3º, II, Estatuto da Pessoa com Deficiência)
Tecnologia assistiva ou ajuda técnica	Produtos, equipamentos, dispositivos, recursos, metodologias, estratégias, práticas e serviços que objetivem **promover a funcionalidade, relacionada à atividade e à participação** da pessoa com deficiência ou com mobilidade reduzida, visando **à sua autonomia, independência, qualidade de vida e inclusão social**. (art. 3º, III, Estatuto da Pessoa com Deficiência)
Barreiras	Qualquer **entrave, obstáculo, atitude ou comportamento que limite ou impeça a participação social da pessoa**, bem como o gozo, a fruição **e o exercício de seus direitos à acessibilidade, à liberdade de movimento e de expressão, à comunicação, ao acesso à informação, à compreensão, à circulação com segurança,** entre outros, classificadas em: a) **barreiras urbanísticas:** as existentes nas vias e nos **espaços públicos** e privados **abertos ao público** ou de uso coletivo; b) **barreiras arquitetônicas:** as existentes nos **edifícios** públicos e privados; c) **barreiras nos transportes:** as existentes nos sistemas e **meios de transportes**; d) **barreiras nas comunicações e na informação:** qualquer entrave, obstáculo, atitude ou comportamento que **dificulte ou impossibilite a expressão ou o recebimento de mensagens e de informações** por intermédio de sistemas de comunicação e de tecnologia da informação; e) **barreiras atitudinais: atitudes ou comportamentos que impeçam ou prejudiquem a participação social** da pessoa com deficiência em igualdade de condições e oportunidades com as demais pessoas; f) **barreiras tecnológicas:** as que **dificultam ou impedem o acesso** da pessoa com deficiência **às tecnologias**; (art. 3º, IV, Estatuto da Pessoa com Deficiência)

CONCEITOS UTILIZADOS NO ESTATUTO DA PESSOA COM DEFICIÊNCIA	
Comunicação	Forma de interação dos cidadãos que abrange, entre outras opções, as línguas, inclusive a Língua Brasileira de Sinais (Libras), a visualização de textos, o Braille, o sistema de sinalização ou de comunicação tátil, os caracteres ampliados, os dispositivos multimídia, assim como a linguagem simples, escrita e oral, os sistemas auditivos e os meios de voz digitalizados e os modos, meios e formatos aumentativos e alternativos de comunicação, incluindo as tecnologias da informação e das comunicações. (art. 3º, V, Estatuto da Pessoa com Deficiência)
Adaptações razoáveis	**Adaptações, modificações e ajustes necessários e adequados que não acarretem ônus desproporcional e indevido**, quando requeridos em cada caso, a fim de assegurar que a pessoa com deficiência possa **gozar ou exercer, em igualdade de condições e oportunidades com as demais pessoas, todos os direitos e liberdades fundamentais.** (art. 3º, VI, Estatuto da Pessoa com Deficiência)
Elemento de urbanização	Quaisquer componentes de **obras de urbanização**, tais como os referentes a pavimentação, saneamento, encanamento para esgotos, distribuição de energia elétrica e de gás, iluminação pública, serviços de comunicação, abastecimento e distribuição de água, paisagismo e os que materializam as indicações do planejamento urbanístico; (art. 3º, VII, Estatuto da Pessoa com Deficiência)
Mobiliário urbano	**Conjunto de objetos existentes nas vias e nos espaços públicos, superpostos ou adicionados aos elementos de urbanização ou de edificação**, de forma que sua modificação ou seu traslado não provoque alterações substanciais nesses elementos, tais como semáforos, postes de sinalização e similares, terminais e pontos de acesso coletivo às telecomunicações, fontes de água, lixeiras, toldos, marquises, bancos, quiosques e quaisquer outros de natureza análoga. (art. 3º, VIII, Estatuto da Pessoa com Deficiência)
Pessoa com mobilidade reduzida	Aquela que tenha, por qualquer motivo, **dificuldade de movimentação, permanente ou temporária**, gerando redução efetiva da mobilidade, da flexibilidade, da coordenação motora ou da percepção, incluindo idoso, gestante, lactante, pessoa com criança de colo e obeso. (art. 3º, IX, Estatuto da Pessoa com Deficiência)
Residências inclusivas	**Unidades de oferta do Serviço de Acolhimento do Sistema Único de Assistência Social (Suas)** localizadas em áreas residenciais da comunidade, com estruturas adequadas, que possam contar com apoio psicossocial para o atendimento das necessidades da pessoa acolhida, **destinadas a jovens e adultos com deficiência, em situação de dependência, que não dispõem de condições de autossustentabilidade e com vínculos familiares fragilizados ou rompidos**. (art. 3º, X, Estatuto da Pessoa com Deficiência)
Moradia para a vida independente da pessoa com deficiência	Moradia com estruturas adequadas capazes de proporcionar serviços de apoio coletivos e individualizados que respeitem e ampliem o grau de autonomia de jovens e adultos com deficiência. (art. 3º, XI, Estatuto da Pessoa com Deficiência)
Atendente pessoal	Pessoa, membro ou não da família, que, com ou sem remuneração, assiste ou **presta cuidados básicos e essenciais à pessoa com deficiência no exercício de suas atividades diárias**, excluídas as técnicas ou os procedimentos identificados com profissões legalmente estabelecidas. (art. 3º, XII, Estatuto da Pessoa com Deficiência)
Profissional de apoio escolar	Pessoa que exerce atividades de alimentação, higiene e locomoção do estudante com deficiência e atua em todas as atividades escolares nas quais se fizer necessária, em todos os níveis e modalidades de ensino, em instituições públicas e privadas, excluídas as técnicas ou os procedimentos identificados com profissões legalmente estabelecidas. (art. 3º, XIII, Estatuto da Pessoa com Deficiência)
Acompanhante	Aquele que acompanha a pessoa com deficiência, podendo ou não desempenhar as funções de atendente pessoal. (art. 3º, XIV, Estatuto da Pessoa com Deficiência)

2.3. DIREITO À IGUALDADE E À NÃO DISCRIMINAÇÃO

Dentre os princípios basilares do Estatuto da Pessoa com Deficiência, encontram-se o respeito **à igualdade de oportunidades** com as demais pessoas e na **não discriminação** (art. 4º, Estatuto da Pessoa com Deficiência).

Discriminação em razão da deficiência: Toda forma de distinção, restrição ou exclusão que prejudique, impeça ou anule o reconhecimento ou exercício de direitos e liberdades fundamentais da pessoa com deficiência é considerada pela Lei Brasileira de Inclusão como discriminação em razão da deficiência. **Atenção!** Tendo em vista que o Estatuto da Pessoa com Deficiência foi pautado pelo princípio da não discriminação, é fundamental a memorização do conceito de discriminação trazido pela legislação:

> **Art. 4º, § 1º, Lei nº 13.146/2015:** Considera-se discriminação em razão da deficiência toda forma de distinção, restrição ou exclusão, por ação ou omissão, que tenha o propósito ou o efeito de prejudicar, impedir ou anular o reconhecimento ou o exercício dos direitos e das liberdades fundamentais de pessoa com deficiência, incluindo a recusa de adaptações razoáveis e de fornecimento de tecnologias assistivas.

Ações afirmativas: são políticas públicas promovidas pelo Estado ou pela sociedade civil com a finalidade de compensar situações historicamente desiguais e tem como fundamento proporcionar a igualdade de oportunidades entre as pessoas. Nesse sentido, tendo em vista a adoção pelo Estatuto da Pessoa com Deficiência da necessidade de respeito à igualdade de oportunidades, é possível a implementação de ações afirmativas às pessoas com deficiência. Essa igualdade somente é alcançada se proporcionado tratamento jurídico diferenciado às pessoas com deficiência ao assegurar acesso ao mercado de trabalho por exemplo. Contudo, é importante destacar que a lei é expressa ao determinar que a pessoa com deficiência não está obrigada a fruir de benefícios de ação afirmativa (art. 4º, § 2º, LBI). Sobre o assunto, é importante destacar algumas das principais ações afirmativas presentes na legislação nacional:

a) **Relação de emprego:** As empresas com 100 empregados ou mais deverão manter de 2% a 5% de seus cargos com pessoas com deficiência ou empregados reabilitados ao trabalho.

b) **Relação de estágio:** Como formar de integração ao mercado de trabalho, a lei assegura percentual de 10% das vagas de estágio oferecidas a pessoas com deficiência.

c) **Concurso público:** O art. 1º, § 1º do Decreto nº 9.508/2018, editado em 24 de setembro de 2018, estabelece a necessidade de se assegurar percentual mínimo de 5% das vagas oferecidas para o provimento de cargos efetivos e para a contratação por tempo determinado para atender necessidade temporária de excepcional interesse público, no âmbito da administração pública federal direta e indireta, às pessoas com deficiência. Destaca-se que esse Decreto revogou os art. 37 a 43 do Decreto nº 3.298/1999, que disciplinavam o assunto. **Atenção!** Tendo em vista a alteração recente desse dispositivo, é possível sua cobrança nos concursos que abordam Noções sobre Direitos das Pessoas com Deficiência.

Dever de proteção da pessoa com deficiência: É necessária a garantia de proteção da pessoa com deficiência, em especial para aquelas consideradas especialmente vulneráveis: a **criança**, o **adolescente**, a **mulher** e o **idoso**, com deficiência. Ressalta-se que a legislação estabelece as formas de proteção que necessitam as pessoas com deficiência (art. 5º, Lei Brasileira de Inclusão da Pessoa com Deficiência):

PROTEÇÃO DA PESSOA COM DEFICIÊNCIA
– Deve haver proteção contra toda forma de: a) negligência; b) discriminação; c) exploração; d) violência; e) tortura; f) crueldade; g) opressão; e h) tratamento desumano ou degradante.

É dever de **TODOS** a comunicação à autoridade competente quando verificada qualquer forma de ameaça ou de violação aos direitos da pessoa com deficiência (art. 7º, Estatuto da Pessoa com Deficiência).

Deveres do Estado, sociedade e família: Além do dever de comunicação em relação a qualquer forma de ameaça ou violação aos direitos de pessoa com deficiência, a Lei Brasileira de Inclusão estabelece **rol exemplificativo** de direitos das pessoas com deficiência que toda a sociedade, o Estado e também a família devem efetivar com prioridade (art.8º). Ressalta-se que esse rol é complementado pelos demais direitos assegurados na Constituição Federal, na Convenção sobre os Direitos das Pessoas com Deficiências e seu Protocolo Facultativo bem como demais normas que assegurem o **bem-estar pessoal, social e econômico à** pessoa com deficiência:

> **Art. 8º, Lei nº 13.146/2015:** É dever do Estado, da sociedade e da família assegurar à pessoa com deficiência, com prioridade, a efetivação dos direitos referentes à vida, à saúde, à sexualidade, à paternidade e à maternidade, à alimentação, à habitação, à educação, à profissionalização, ao trabalho, à previdência social, à habilitação e à reabilitação, ao transporte, à acessibilidade, à cultura, ao desporto, ao turismo, ao lazer, à informação, à comunicação, aos avanços científicos e tecnológicos, à dignidade, ao respeito, à liberdade, à convivência familiar e comunitária, **entre outros decorrentes da Constituição Federal, da Convenção sobre os Direitos das Pessoas com Deficiência e seu Protocolo Facultativo e das leis e de outras normas que garantam seu bem-estar pessoal, social e econômico.** (grifos acrescidos)

Atribuição do Ministério Público: Os juízes e tribunais têm a obrigação de remeter as peças ao Ministério Público quando tomarem conhecimento de fatos que caracterizem violações ao Estatuto da Pessoa com Deficiência (art. 7º, parágrafo único, Lei nº 13.146/2015). Nesse sentido, o próprio Estatuto estabelece como atribuição do Ministério Público zelar pela correta aplicação de seus dispositivos normativos e, portanto, assegurar o cumprimento dos direitos e garantias das pessoas com deficiência.

Atribuição da Defensoria Pública (art. 3º, Lei nº 7.853/1989): A Defensoria Pública passou a ser legitimada para tutelar os interesses coletivos, difusos, individuais homogêneos e individuais indisponíveis da pessoa com deficiência. Além da Defensoria Pública, a Lei nº 7.853/1989 já previa a legitimidade dos seguintes entes:

LEGITIMADOS
– São legitimados para propor medidas judiciais destinadas à proteção de interesses coletivos, difusos, individuais homogêneos e individuais indisponíveis da pessoa com deficiência:

LEGITIMADOS
a) Ministério Público; b) Defensoria Pública; c) União; d) Estados; e) Municípios; f) Distrito Federal; g) Autarquia, fundação, empresa pública e sociedade de economia mista que tenham entre suas finalidades institucionais, a proteção dos interesses e a promoção de direitos da pessoa com deficiência; e h) Associação constituída há mais de 1 ano, que tenha entre suas finalidades institucionais, a proteção dos interesses e a promoção de direitos da pessoa com deficiência.

Como forma de sistematizar o assunto abordado nesse tópico, segue quadro de resumo para ser lido e memorizado antes de sua prova:

DIREITO À IGUALDADE E À NÃO DISCRIMINAÇÃO
– **Princípios basilares do Estatuto da Pessoa com deficiência:** igualdade de oportunidades e não discriminação – **Discriminação em razão da deficiência:** Toda forma de distinção, restrição ou exclusão que prejudique, impeça ou anule o reconhecimento ou exercício de direitos e liberdades fundamentais da pessoa com deficiência. – **Ações afirmativas:** políticas públicas cuja finalidade é compensar situações historicamente desiguais e tem como fundamento proporcionar a igualdade de oportunidades entre as pessoas. Pessoa com deficiência não está obrigada a fruir de benefícios de ação afirmativa. – **Dever de proteção:** garantia de proteção à pessoa com deficiência, em especial para aqueles que são considerados vulneráveis: a) criança b) adolescente c) mulher d) idoso – **Deveres do Estado, sociedade e família**: • Dever de comunicação de ameaça ou violação de direitos da pessoa com deficiência; • Dever de efetivação, com prioridade, dos direitos das pessoas com deficiência. Lei traz rol exemplificativo que pode ser complementado por: a) direitos previstos na CF/88; b) direitos previstos na Convenção sobre os Direitos das Pessoas com Deficiência e Protocolo Facultativo; c) demais normas que assegurem bem-estar pessoal, social e econômico à pessoa com deficiência. – **Atribuição do Ministério Público:** Juízes e tribunais devem remeter ao Ministério Público as peças quando tiverem conhecimento de violações ao Estatuto da Pessoa com Deficiência para que sejam tomadas providências.

2.4. DIREITO À VIDA

Dignidade da pessoa com deficiência: é dever do poder público assegurar o respeito à dignidade da pessoa com deficiência ao longo de toda sua vida. Lembre-se de que o respeito à dignidade da pessoa humana é fundamento da República Federativa do Brasil (art. 1º, III, CF/88) e deve ser observado em maior intensidade em relação à pessoa com deficiência em razão de sua vulnerabilidade. Em situações de risco**, emergência ou estado de calamidade pública**, a pessoa com deficiência é considerada vulnerável e o poder público deve adotar medidas para sua proteção e segurança (art. 10, Lei nº 13.146/2015). Como já visto, é assegurado atendimento prioritário às pessoas com deficiência na proteção e socorro em quaisquer circunstâncias (art. 9º, I, Estatuto da Pessoa com Deficiência).

Liberdade de escolha de tratamento e intervenções: para facilitar a memorização do assunto, segue quadro resumo sobre a liberdade de escolha da pessoa com deficiência a se submeter a tratamentos, intervenções e institucionalização (art. 11, Estatuto da Pessoa com Deficiência):

A pessoa com deficiência **NÃO** pode ser **obrigada** a se submeter a: • Intervenção clínica ou cirúrgica; • Tratamento; e • Institucionalização forçada. **Exceção:** Se a pessoa estiver em situação de curatela, é possível que o consentimento para o tratamento, intervenção ou institucionalização seja suprido judicialmente.

Consentimento livre e esclarecido: Qualquer procedimento, tratamento, hospitalização e pesquisa científica exige o consentimento **prévio, livre e esclarecido** da pessoa com deficiência (art. 12, Lei nº 13.146/2015). Lembre-se de que o consentimento livre e esclarecido compreende não apenas a transmissão das informações referentes aos procedimentos que serão adotados, mas também o conhecimento de todos os riscos envolvidos com o procedimento, tratamento, hospitalização ou pesquisa científica. Mesmo na hipótese de pessoa em situação de curatela, é imprescindível a sua participação, **no maior grau possível**, para a obtenção do consentimento. Essa medida assegura o respeito à vida e à dignidade da pessoa com deficiência que não será submetido a procedimentos contrários à sua vontade ou conhecimento.

Atendimento sem consentimento: o atendimento sem o consentimento prévio, livre e esclarecido de pessoa com deficiência somente é possível em casos de risco de morte e de emergência de saúde, desde que sejam resguardados seus interesses e adotadas todas as salvaguardas legais cabíveis (art. 13, Lei nº 13.146/2015).

Pesquisa científica de pessoa com deficiência em situação de curatela: deve ser realizada apenas em **caráter excepcional** quando preenchidos dois requisitos exigidos pelo art. 12, § 2º do Estatuto da

Pessoa com Deficiência:

a) Benefício direto para sua saúde ou para outras pessoas com deficiência; e

b) Não exista outra opção de pesquisa de eficácia similar com participantes que não sejam tutelados ou curatelados.

Como forma de sistematizar o assunto abordado nesse tópico, segue quadro de resumo para ser lido e memorizado antes de sua prova:

DIREITO À VIDA
- **Dever do poder público:** Respeito à dignidade da pessoa com deficiência
- **Risco, emergência ou estado de calamidade pública:** pessoas com deficiência são consideradas vulneráveis (medidas de proteção e segurança).
- A pessoa com deficiência não pode ser **obrigada** a se submeter a tratamentos, intervenções e institucionalização forçada. **Exceção:** Curatela.
- **Consentimento prévio, livre e esclarecido:** necessário para qualquer procedimento, tratamento, hospitalização e pesquisa científica.
- **Atendimento sem consentimento:** risco de morte e emergência de saúde
- **Pesquisa científica de pessoa com deficiência em situação de curatela:** excepcional desde que atende aos requisitos:
a) benefício direto para a saúde da pessoa ou para outras pessoas com deficiência;
b) Não exista outra opção de pesquisa em pessoas não tuteladas ou curateladas.

2.5. DIREITO À HABILITAÇÃO E À REABILITAÇÃO

Direito à habilitação e à reabilitação: De acordo com o art. 203, IV, Constituição Federal, é objetivo da Assistência Social assegurar a habilitação e reabilitação das Pessoas com Deficiência e a promoção de sua integração à vida comunitária. Trata-se de um direito da pessoa com deficiência que se baseia em avaliação multidisciplinar das necessidades, habilidades e potencialidade de cada pessoa (art. 14 e 15, "caput", Lei nº 13.146/2015). A habilitação corresponde ao processo que assegura a aquisição de habilidade e aptidões à pessoa que nunca as teve. Por sua vez, a reabilitação é o processo de recuperação de habilidades e aptidões à pessoa que as perdeu em razão de alguma doença ou acidente. De acordo com o art. 17 do Decreto nº 3.298/1999, a reabilitação é o processo de duração limitada e com o objetivo definido destinado a permitir que a pessoa com deficiência alcance o nível físico, mental ou social funcional ótimo, proporcionando meio de modificar sua vida. Toda pessoa que tenha redução funcional tem direito ao processo de reabilitação necessários para corrigir ou modificar seu estado.

Objetivo do processo de habilitação e da reabilitação: desenvolver as potencialidades, talentos, habilidades e aptidões que contribuam para o alcance da **autonomia da pessoa com deficiência** e de sua **participação social em igualdade de condições e oportunidades** com as demais pessoas. Note-se, novamente, o destaque da lei à necessidade de se assegurar o direito à igualdade de oportunidades à pessoa com deficiência. Confira o texto do art. 14, parágrafo único, do Estatuto da Pessoa com Deficiência:

> **Art. 14, parágrafo único, Lei nº 13.146/2015:** O processo de habilitação e de reabilitação tem por objetivo o desenvolvimento de potencialidades, talentos, habilidades e aptidões físicas, cognitivas, sensoriais, psicossociais, atitudinais, profissionais e artísticas que contribuam para a conquista da autonomia da pessoa com deficiência e de sua participação social em igualdade de condições e oportunidades com as demais pessoas.

Diretrizes do processo de habilitação e de reabilitação: O Estatuto da Pessoa com deficiência traça as diretrizes que devem ser observadas durante o processo de avaliação da pessoa com deficiência:

DIRETRIZES DO PROCESSO DE HABILITAÇÃO E REABILITAÇÃO
- **Diagnóstico e intervenção precoces**;
- Medidas para **compensar perda ou limitação funcional** com a busca pelo desenvolvimento de aptidões;
- Atuação permanente, integrada e articulada de políticas públicas para **plena participação social** da pessoa com deficiência;
- **Oferta de rede de serviços articulados**, com atuação intersetorial, nos diferentes níveis de complexidade, para atender necessidades da pessoa com deficiência; e
- Prestação de **serviços próxima ao domicílio da pessoa com deficiência**, inclusive na zona rural, respeitadas a organização das Redes de Atenção à Saúde (RAS) nos territórios locais e as normas do SUS.

Garantias à pessoa com deficiência nos programas e serviços de habilitação e de reabilitação: Além de traçar as diretrizes que informam a habilitação e a reabilitação, a Lei Brasileira de Inclusão traz as garantias conferidas às pessoas com deficiência nesses programas e serviços (art. 16):

GARANTIAS NA HABILITAÇÃO E REABILITAÇÃO
- Organização, serviços, métodos, técnica e recursos devem atender às características de cada pessoa com deficiência. Evita-se, portanto, a utilização de serviços, métodos e técnicas genéricas;
- Acessibilidade em todos os ambientes e serviços;
- Tecnologia assistiva, de reabilitação, materiais e equipamentos adequados e apoio técnico profissional, de acordo com as especificidades de cada pessoa com deficiência;
- Capacitação continuada de todos os profissionais que participem dos programas e serviços.

Tratamento e orientação psicológica: serão prestados durante todas as fases do processo de reabilitação destinados a contribuir para que a pessoa com deficiência atinja o mais pleno desenvolvimento de sua personalidade. Se necessária, será proporcionada assistência em saúde mental durante o processo de reabilitação com a finalidade de permitir que a pessoa submetida a esta prestação desenvolva o máximo de suas capacidades (art. 21 e 22, Decreto nº 3.298/1999).

Dever de informação: É dever do Sistema Único de Saúde (SUS) e Sistema Único de Assistência Social (Suas) proporcionar à pessoa com deficiência e sua família o acesso a informações, orientações e formas de acesso às políticas públicas com a finalidade de assegurar a plena participação social. A legislação lista as principais áreas de informações e orientações que podem ser fornecidas às pessoas com deficiência pelo SUS e Suas, mas permite a transmissão de outras informações que possibilitem o exercício de sua cidadania:

> **Art.17, parágrafo único, Lei nº 13.146/2015:** Os serviços de que trata o caput deste artigo podem fornecer informações e orientações nas áreas de saúde, de educação, de cultura, de esporte, de lazer, de transporte, de previdência social, de assistência social, de habitação, de trabalho, de empreendedorismo, de acesso ao crédito, de promoção, proteção e defesa de direitos e nas demais áreas que possibilitem à pessoa com deficiência exercer sua cidadania.

2.6. DIREITO À SAÚDE

Atendimento universal e gratuito: A pessoa com deficiência tem direito à atenção integral à saúde por meio do Sistema Único de Saúde – SUS com a garantia do acesso universal e igualitário. Ressalta-se que o direito à saúde gratuita, universal e igualitária é direito assegurado a todas as pessoas conforme previsto no art. 196 da Constituição Federal. Nesse sentido, a Lei Brasileira de Inclusão tem a função de reforçar essa garantia constitucional às pessoas com deficiência:

> **Art. 196, CF/88:** A saúde é direito de todos e dever do Estado, garantido mediante políticas sociais e econômicas que visem à redução do risco de doença e de outros agravos e ao acesso universal e igualitário às ações e serviços para sua promoção, proteção e recuperação.

Políticas públicas de saúde: A pessoa com deficiência tem assegurada sua participação na elaboração das políticas públicas de saúde a elas destinadas (art. 18, § 1º, LBI). Essa medida contribui para o aumento da efetividade das políticas públicas voltadas às pessoas com deficiência, pois é possível a apresentação dos reais problemas enfrentados por essas pessoas no âmbito da saúde pública.

Capacitação profissional: os profissionais que prestam assistência à pessoa com deficiência devem ter asseguradas a capacitação inicial e continuada, especialmente em serviços de habilitação e de reabilitação (art. 18, § 3º, Estatuto da Pessoa com Deficiência). Ademais, o atendimento deve seguir as normas éticas e técnicas que regulamentam a atuação dos profissionais da saúde relacionadas aos direitos das pessoas com deficiência.

Ações e serviços de saúde pública: O Estatuto da Pessoa com Deficiência estabelece as medidas que devem ser asseguradas pelas ações e serviços de saúde pública voltados à pessoa com deficiência (art. 18, § 4º). As instituições privadas que participam de forma complementar do SUS ou que recebem recursos públicos para sua manutenção têm o dever de seguir as diretrizes traçadas às ações e serviços de saúde pública:

AÇÕES E SERVIÇOS DE SAÚDE PÚBLICA
– **Diagnóstico e intervenção precoces**;
– **Serviços de habilitação e de reabilitação** sempre que necessários para a manutenção da melhor condição de saúde e qualidade de vida;
– **Atendimento domiciliar multidisciplinar**, tratamento ambulatorial e internação;
– Campanhas de **vacinação**;
– **Atendimento psicológico** para as pessoas com deficiência e seus familiares e atendentes pessoais;
– Respeito **à identidade de gênero** e **à orientação sexual** da pessoa com deficiência;
– **Atenção sexual e reprodutiva** com o direito à fertilização assistida;
– **Informação adequada e acessível** sobre sua condição de saúde. Nesse sentido, o dispositivo coaduna-se com a exigência de consentimento prévio, livre e esclarecido para quaisquer tratamentos e intervenções que a pessoa com deficiência possa se submeter;
– Serviços para **prevenção na ocorrência e desenvolvimento de deficiências** e agravos adicionais;
– **Capacitação permanente** das equipes que atuam no SUS para atendimento à pessoa com deficiência e orientação para seus atendentes pessoais;
– **Oferta de órteses, próteses**, meios auxiliares de locomoção, medicamentos, insumos e fórmulas nutricionais. Ressalta-se que o Estatuto da Pessoa com Deficiência incluiu nova hipótese de saque do FGTS para possibilitar a aquisição de órteses e próteses para pessoas com deficiência (art. 20, XVIII, Lei nº 8.036/1990 – Lei do FGTS). Nesse mesmo sentido, prevê o art. 18 do Decreto nº 3.298/1999.

Prevenção de deficiências por causas evitáveis: O Estatuto da Pessoa com Deficiência prevê como atribuição do SUS o desenvolvimento de ações destinadas à prevenção de deficiências por causas evitáveis e traça algumas formas de se efetuar essa atuação preventiva (art. 19):

a) **Acompanhamento da gravidez, do parto e do puerpério com garantia de parto humanizado e seguro.** É válido destacar que o parto humanizado deve ser estimulado não somente às pessoas com deficiência, mas em todo o sistema de saúde. O parto humanizado, em geral, é entendido como aquele realizado com a menor quantidade de intervenções médicas e farmacológicas possível, o qual respeita o tempo físico e psíquico de cada mulher para parir, ocorrido em um lugar respeitoso e aconchegante e com o consentimento informado para todos os procedimentos que possam ser realizados, sempre com observância da medicina baseada em evidências e com o respeito à autonomia da mulher[3];

b) **Promoção de práticas alimentares saudáveis e adequadas, vigilância alimentar e nutricional, prevenção e cuidado integral dos agravos causados pela alimentação da nutrição da mulher e da criança.** O desenvolvimento de práticas de alimentação saudáveis é fundamental para a prevenção no desenvolvimento de diversas doenças que podem levar ao surgimento de deficiências. Nesse sentido, a legislação assegura destaque à nutrição da mulher e da criança, uma vez que são consideradas especialmente vulneráveis (art. 5º, parágrafo único, Lei nº 13.146/2015);

c) **Aprimoramento e expansão dos programas de imunização e de triagem neonatal.** Nesse sentido, ganham especiais destaques a necessidade de estímulo às campanhas de vacinação e também a realização do "teste do pezinho" (triagem neonatal) que é capaz de identificar diversas doenças e problemas congênitos e permite o tratamento precoce; e

d) **Identificação e controle da gestação de alto risco.**

e) **aprimoramento do atendimento neonatal, com a oferta de ações e serviços de prevenção de danos cerebrais e sequelas neurológicas em recém-nascidos, inclusive por telessaúde.**

Operadoras de planos e seguros privados: devem garantir à pessoa com deficiência, no mínimo, todos os serviços e produtos ofertados aos demais clientes (art. 20, Lei nº 13.146/2015). Além disso, como foram de se evitar a discriminação contra a pessoa com deficiência, é vedada a cobrança de valores diferenciados por planos e seguros privados de saúde em razão da sua condição (art. 23, Lei nº 13.146/2015).

Atendimento domiciliar: Como vimos no quadro de ações e serviços de saúde pública, a pessoa com deficiência tem assegurado o tratamento domiciliar multidisciplinar. Contudo, se forem esgotados os meios de atenção à saúde da pessoa com deficiência no local de residência, será prestado atendimento fora de domicílio desde que garantidos o transporte e a acomodação da pessoa e de seu acompanhante.

Direito a acompanhante ou atendente pessoal: A pessoa com deficiência tem assegurado o direito a acompanhante e atendente pessoal quando estiver internada ou em observação, devendo a instituição de saúde proporcionar condições adequadas para a sua permanência em tempo integral. Se não for possível a permanência, é necessário que o profissional de saúde responsável pelo tratamento justifique as razões dessa impossibilidade por escrito. Trata-se de um importante instrumento que coíbe práticas abusivas e arbitrárias que impedem o acompanhamento das pessoas com deficiência. No caso de impossibilidade, o órgão ou instituição de saúde deve adotar as providências cabíveis para suprir a ausência do acompanhante ou atendente pessoal.

CONCEITOS DE ACOMPANHANTE E ATENDENTE PESSOAL
Lembre-se de que o Estatuto da Pessoa com Deficiência traz a definição de acompanhante e atendente pessoal: – **Atendente pessoal** (art. 3º, XII)**:** pessoa, membro ou não da família, que, com ou sem remuneração, assiste ou presta cuidados básicos e essenciais à pessoa com deficiência no exercício de suas atividades diárias, excluídas as técnicas ou procedimentos relacionados às profissões legalmente estabelecidas; – **Acompanhante** (art. 3º, XIV)**:** aquele que acompanha a pessoa com deficiência, podendo ou não desempenhar as funções de atendente pessoal.

Acesso a recursos de tecnologia assistiva: é assegurado à pessoa com deficiência o acesso aos serviços de saúde, públicos e privados, e às informações recebidas por meio de recursos de tecnologia assistivas e de toda forma de comunicação, como o uso da Libras, Braille, sistema de sinalização ou de comunicação tátil, etc. (art. 24, Lei Brasileira de Inclusão).

Remoção de barreiras: os espaços dos serviços públicos e privados de saúde devem garantir o acesso da pessoa com deficiência mediante a remoção de barreiras, por meio de projetos arquitetônicos, de ambientação interior e de comunicação que atendam às pessoas com deficiência física, sensorial, intelectual e mental (art. 25, Estatuto da Pessoa com Deficiência).

Violência contra pessoa com deficiência: é considerada qualquer ação ou omissão, praticada em local público ou privado, que cause à pessoa com deficiência morte ou dano ou sofrimento físico ou psicológico. Qualquer suspeita ou confirmação de violência contra pessoa com deficiência deve ser objeto de **notificação compulsória** pelos serviços de saúde públicos e privados **à autoridade policial e ao Ministério Público**, além dos Conselhos dos Direitos da Pessoa com Deficiência (art. 26, Estatuto da Pessoa com Deficiência).

3. CARNEIRO, Rosamaria Giatti. *Cenas de parto e políticas do corpo: uma etnografia de práticas femininas de parto humanizado.* Tese (Doutorado em Ciências Sociais), Universidade Estadual de Campinas, Campinas, 2011.

2.7. DIREITO À EDUCAÇÃO

Educação enquanto direito: A educação é direito da pessoa com deficiência sendo assegurado **sistema educacional inclusivo** em todos os níveis de aprendizado ao longo da vida para se alcançar o máximo desenvolvimento possível dos talentos e habilidades da pessoa com deficiência.

Educação enquanto dever: É dever do Estado, da família, da comunidade escolar e da sociedade assegurar educação de qualidade à pessoa com deficiência. Além disso, deve ser garantida proteção contra toda forma de violência, negligência e discriminação.

Deveres do Estado: De acordo com o art. 208, III, da Constituição Federal, a efetivação do dever do Estado com a Educação ocorre com o atendimento educacional especializado à Pessoa com Deficiência preferencialmente na rede regular de ensino. O Estatuto da Pessoa com Deficiência traz os deveres do Estado em relação à garantia do direito à educação da pessoa com deficiência (art. 28, Lei nº 13.146/2015). Ressalta-se que, com exceção dos deveres apontados nos itens 4 e 6 da tabela abaixo, as obrigações apontadas a seguir também se aplicam obrigatoriamente às instituições privadas, de qualquer nível e modalidade de ensino, sendo vedada a cobrança de valores adicionais de qualquer natureza em suas mensalidades, anuidades e matrículas no cumprimento dessas determinações (art. 28, §1º, Lei nº 13.146/2015).

DEVERES DO PODER PÚBLICO NA EDUCAÇÃO
– Incumbe ao poder público assegurar, criar, desenvolver, implementar, incentivar, acompanhar e avaliar:
1) Sistema educacional inclusivo em todos os níveis e modalidades, bem como o aprendizado ao longo de toda a vida;
2) Aprimoramento dos sistemas educacionais com o objetivo de garantir condições de acesso, permanência, participação e aprendizagem por meio da **oferta de serviços e de recursos de acessibilidade** que eliminem barreiras e promovam a inclusão plena;
3) Projeto pedagógico que institucionalize o **atendimento educacional especializado** para atender às características dos estudantes com deficiência e garantir o acesso ao currículo em condições de igualdade, com a promoção de sua autonomia;
4) Oferta de educação bilíngue, em Libras como primeira língua e na modalidade escrita da língua portuguesa como segunda língua, em escolas e classes bilíngues e em escolas inclusivas;
Obs.: *Essa obrigação acima não se aplica às instituições privadas de ensino.*
5) Maximização do desenvolvimento acadêmico e social dos estudantes com deficiência favorecendo o acesso, a permanência e a aprendizagem em instituições de ensino;
6) Pesquisas para o desenvolvimento de **novos métodos e técnicas pedagógicas**, de materiais didáticos, de equipamentos e de recursos de tecnologia assistiva;
Obs.: *Essa obrigação acima não se aplica às instituições privadas de ensino.*

DEVERES DO PODER PÚBLICO NA EDUCAÇÃO
7) Planejamento de estudo de caso, de elaboração de plano de atendimento educacional especializado, de organização de recursos e serviços de acessibilidade e de disponibilização e usabilidade pedagógica de recursos de tecnologia assistiva;
8) Participação dos estudantes com deficiência e de suas famílias nas diversas instâncias de atuação da comunidade escolar;
9) Estimular o desenvolvimento dos aspectos linguísticos, culturais, vocacionais e profissionais, de acordo com o talento, a criatividade, as habilidades e os interesses do estudante com deficiência;
10) Práticas pedagógicas inclusivas pelos programas de formação inicial e continuada de professores e oferta de formação continuada para atendimento educacional especializado;
11) Formação e disponibilização de professores para o atendimento educacional especializado, de **tradutores e intérpretes de Libras, de guias intérpretes** e de profissionais de apoio.
12) Oferta de ensino da **Libras**, do **Sistema Braille** e de uso de **recursos de tecnologia assistiva**, de forma a ampliar habilidades funcionais dos estudantes, promovendo sua autonomia e participação;
13) Acesso **à educação superior e à educação profissional e tecnológica** em igualdade de oportunidades e condições com as demais pessoas;
14) Inclusão em conteúdos curriculares, em cursos de nível superior e de educação profissional técnica e tecnológica, de **temas relacionados à pessoa com deficiência** nos respectivos campos de conhecimento;
15) Acesso em igualdade de condições a jogos e a atividades recreativas, esportivas e de lazer no sistema escolar;
16) Acessibilidade para todos os estudantes, trabalhadores da educação e demais integrantes da comunidade escolar às edificações, aos ambientes e **às** atividades concernentes a todas as modalidades, etapas e níveis de ensino;
17) Oferta de **profissionais de apoio escolar**;
18) Articulação intersetorial na **implementação de políticas públicas**.

Formação dos tradutores e intérpretes da Libras: O Estatuto da Pessoa com Deficiência estabelece o nível necessário de formação dos tradutores e intérpretes da Língua Brasileira de Sinais para cada área de atuação (art. 28, § 2º, Lei nº 13.146/2015).

ATENÇÃO!

Ressalta-se que essas exigências de formação somente serão aplicadas após 48 meses da entrada em vigor da Lei Brasileira de Inclusão (art. 125, I). Lembre-se de que o Estatuto da Pessoa com Deficiência entrou em vigor apenas 180 dias após a sua publicação, ou seja, em 03 de janeiro de 2016. Somente após esse prazo, é que se iniciou o período de 48 meses acerca da exigência de formação de tradutores e intérpretes da Libras.

FORMAÇÃO EXIGIDA DOS TRADUTORES E INTÉRPRETES DA LIBRAS	
Atuação na educação básica	Ensino médio completo + Certificado de proficiência em Libras
Atuação nos cursos de graduação e pós-graduação	Nível superior com habilitação, prioritariamente, em Tradução e Interpretação em Libras

Obrigações do Poder Público previstas no Decreto nº 3.298/1999: O art. 24 do Decreto nº 3.298/1999 traça as obrigações que devem ser observadas pelos órgãos e entidades da Administração Pública Federal responsáveis pela educação:

– a matrícula compulsória em cursos regulares de estabelecimentos públicos e particulares de pessoa com deficiência capazes de se integrar na rede regular de ensino;

– a inclusão da educação especial como modalidade de educação escolar que permeia transversalmente todos os níveis e as modalidades de ensino. A educação especial compreende a modalidade de educação escolar oferecida preferencialmente na rede regular de ensino para educando com necessidades educacionais especiais, entre eles a pessoa com deficiência (art. 24, § 1º, do Decreto nº 3.298/1999);

– a inserção das escolas ou instituições especializadas públicas e privadas;

– a oferta, obrigatória e gratuita, da educação especial em estabelecimentos públicos de ensino;

– o oferecimento obrigatório dos serviços de educação especial ao educando com deficiência em unidades hospitalares e congêneres nas quais esteja internado por prazo igual ou superior a um ano;

– o acesso de aluno portador de deficiência aos benefícios conferidos aos demais educandos, inclusive material escolar, transporte, merenda escolar e bolsas de estudo.

Educação especial: é um processo flexível, dinâmico e individualizado, oferecido principalmente nos níveis de ensino obrigatórios. Ressalta-se que a educação do aluno com deficiência deve se iniciar na educação infantil, a partir de zero ano (art. 24, § 2º e 3º do Decreto nº 3.298/1999). A educação especial contará com equipe multiprofissional, com a adequada especialização, e adotará orientações pedagógicas individualizadas (art. 23, § 4º do Decreto nº 3.298/1999).

Oferta de serviços de educação especial: Esses serviços devem ser oferecidos em instituições públicas ou privadas do sistema de educação geral, de forma transitória ou permanente, mediante programas de apoio para o aluno que está integrado no sistema regular de ensino. Poderão ser ofertados por escolas especializadas, somente de maneira excepcional, quando a educação das escolas comuns não puder satisfazer as necessidades educativas ou sociais do aluno ou quando necessário ao bem-estar do educando (art. 25 do Decreto nº 3.298/1999).

Instituições hospitalares e congêneres: deverão assegurar atendimento pedagógico ao educando com deficiência internado nessas unidades por prazo igual ou superior a um ano, com o propósito de sua inclusão ou manutenção no processo educacional (art. 26, Decreto nº 3.298/1999).

Ingresso e permanência no ensino superior e na educação profissional e tecnológica: O Estatuto prevê ainda medidas que devem ser asseguradas à pessoa com deficiência nos processos seletivos para ingresso e permanência nos cursos oferecidos pelas instituições de ensino superior e de educação profissional e tecnológica:

MEDIDAS PARA INGRESSO EM ENSINO SUPERIOR E NA EDUCAÇÃO PROFISSIONAL E TECNOLÓGICA
1) Atendimento preferencial à pessoa com deficiência nas dependências das Instituições de Ensino Superior (IES) e nos serviços;
2) Disponibilização de formulário de inscrição de exames com campos específicos para que o candidato com deficiência informe os **recursos de acessibilidade e de tecnologia assistiva** necessários para sua participação;
3) Disponibilização de provas em formatos acessíveis às necessidades do candidato com deficiência;
4) Disponibilização de recursos de acessibilidade e de tecnologia assistiva adequados, previamente solicitados e escolhidos pelo candidato com deficiência;
5) Dilação de tempo na realização do exame para seleção quanto nas atividades acadêmicas, conforme prévia solicitação e comprovação da necessidade. Nesse mesmo sentido, prevê o art. 27 do Decreto nº 3.298/1999);
6) Adoção de critérios de avaliação das provas escritas, discursivas ou de redação que considerem a singularidade linguística da pessoa com deficiência no domínio da modalidade escrita da língua portuguesa;
7) Tradução completa do edital e de suas retificações em Libras.

Educação profissional: O aluno com deficiência tem direito à educação profissional nos níveis básico, técnico e tecnológico, com o objetivo de obter habilitação profissional que lhe proporcione oportunidades de acesso ao mercado de trabalho. É obrigatório o fornecimento pelas instituições públicas e privadas que ministram educação profissional, de cursos profissionais de nível básico à pessoa com deficiência, condicionando a matrícula à sua capacidade de aproveitamento e não ao seu nível de escolaridade (art. 28, Decreto nº 3.298/1999).

2.8. DIREITO À MORADIA

Moradia digna: É assegurado à pessoa com deficiência o direito à moradia digna (art. 31, Lei nº 13.146/2015) que pode ser:

- **No seio da família natural ou substituta**, com seu cônjuge ou companheiro ou desacompanhada; ou
- **Em moradia para a vida independente**. Para isso, o poder público deve adotar programas e ações estratégicas para apoiar a criação e a manutenção dessa moradia para vida independente;
- **Em residência inclusiva**. A proteção integral na modalidade de residência inclusiva será prestada no **âmbito** do SUAS à pessoa com deficiência em situação de dependência que não disponha de condições de autossustentabilidade, com vínculos familiares fragilizados ou rompidos.

CONCEITOS DE RESIDÊNCIAS INCLUSIVAS E DE MORADIA PARA A VIDA INDEPENDENTE

Lembre-se de que o Estatuto da Pessoa com Deficiência traz a definição de residências inclusivas e de moradias para a vida independente:

- **Residências inclusivas:** Unidades de oferta do Serviço de Acolhimento do Sistema Únic**o** de Assistência Social (Suas) localizadas em áreas residenciais da comunidade, com estruturas adequadas, que possam contar com apoio psicossocial para o atendimento das necessidades da pessoa acolhida, destinadas a jovens e adultos com deficiência, em situação de dependência, que não dispõem de condições de autossustentabilidade e com vínculos familiares fragilizados ou rompidos. (art. 3º, X, Estatuto da Pessoa com Deficiência)
- **Moradia para a vida independente da pessoa com deficiência:** Moradia com estruturas adequadas capazes de proporcionar serviços de apoio coletivos e individualizados que respeitem e ampliem o grau de autonomia de jovens e adultos com deficiência. (art. 3º, XI, Estatuto da Pessoa com Deficiência)

Prioridade na aquisição de moradia própria: A pessoa com deficiência ou o seu responsável gozam de prioridade na aquisição de imóvel para moradia própria em programas habitacionais, públicos ou subsidiados com recursos públicos. Ressalta-se que o direto à prioridade é válido **apenas uma vez**. Portanto, para compra do 2º imóvel, não há prioridade de aquisição para a pessoa com deficiência. Além disso, é necessário observar o seguinte (art. 32, Lei nº 13.146/2015):

PRIORIDADE NA AQUISIÇÃO DE IMÓVEL

- **Reserva** de, no mínimo, **3% das unidades habitacionais** para pessoa com deficiência;
- **Garantia de acessibilidade** nas áreas de uso comum e nas unidades habitacionais no piso térreo e de acessibilidade ou adaptação nos demais piso em se tratando de **edificação multifamiliar**;
- Disponibilização de **equipamentos urbanos comunitários acessíveis**;
- Elaboração de especificações técnicas no projeto que permitam a **instalação de elevadores**.

Critérios de financiamento: Nos programas habitacionais públicos, os critérios de financiamento devem ser compatíveis com os rendimentos da pessoa com deficiência ou de sua família.

Ausência de interesse: Se não houver pessoa com deficiência interessada nas unidades habitacionais reservadas (3%), poderão ser disponibilizadas às demais pessoas.

Obrigações do Poder Público: Cabe ao poder público (art. 33, Lei nº 13.146/2015):

- Assegurar o direito à moradia digna da pessoa com deficiência e o atendimento aos requisitos da prioridade na aquisição de moradia própria.
- Divulgar a política habitacional aos agentes interessados e beneficiários com ênfase na garantia da acessibilidade.

Habitação de interesse social: Na habitação de interesse social, devem ser asseguradas as condições de acessibilidade dos empreendimentos (art. 28, Decreto nº 5.296/2004):

- Tipologias construtivas livres de barreiras arquitetônicas e urbanísticas;
- No caso de edificação multifamiliar, execução das unidades habitacionais acessíveis no piso térreo e acessíveis ou adaptáveis quando nos demais pisos;
- Execução das partes de uso comum, quando se tratar de edificação multifamiliar, conforme as normas técnicas de acessibilidade da ABNT; e
- Elaboração de especificações técnicas de projeto que facilite a instalação de elevador adaptado para uso das pessoas com deficiência ou com mobilidade reduzida.

2.9. DIREITO AO TRABALHO

Direito ao trabalho: De acordo com o art. 6º da Constituição Federal, o direito ao trabalho é reconhecido como direito fundamental, enquanto direito social. A pessoa com deficiência tem direito ao trabalho de sua livre escolha e aceitação em ambiente acessível e inclusivo em igualdade de oportunidades com as demais pessoas (art. 34, Lei nº 13.146/2015). Além disso, é proibida qualquer forma de discriminação no tocante ao salário e critérios de admissão do trabalhador com deficiência (art. 7º, XXXI, CF/88).

Equiparação salarial: São asseguradas condições justas e favoráveis de trabalho à pessoa com deficiência com **igual remuneração por trabalho de igual valor**. A equiparação salarial consiste em assegurar ao trabalhador a igualdade salarial no exercício de uma mesma função para determinado empregador em determinada localidade. Dessa forma, o empregado não pode ser discriminado em relação à remuneração quando exercer trabalho de igual valor com os demais trabalhadores.

Empregado readaptado: Ressalta-se que o empregado readaptado não pode ser utilizado como paradigma para pedido de equiparação salarial (art. 461, § 4º, CLT).

Meio ambiente de trabalho: É obrigação das pessoas jurídicas de direito público, privado ou de qualquer natureza assegurar meio ambiente de trabalho acessível e inclusivo (art. 34, § 1º, Lei nº 13.146/2015). Dessa forma, é necessário que o trabalho seja desenvolvido em ambiente que não imponha nenhuma forma de barreira à pessoa com deficiência (acessíveis) e que não ocasione a segregação do trabalhador com deficiência em relação aos demais (inclusivos).

Vedação à discriminação ao trabalho: É proibida a restrição ao trabalho da pessoa com deficiência em razão de sua condição em todas as etapas para contratação de empregado, seja na fase pré-contratual como na execução do contrato de trabalho (art. 34, § 3º, Lei nº 13.146/2015).

PROIBIÇÃO DE DISCRIMINAÇÃO NO TRABALHO
– A vedação à restrição e à discriminação ao trabalho da pessoa com deficiência deve ser aplicada nas seguintes etapas: a) recrutamento; b) seleção; c) contratação; d) admissão; e) exames admissionais e periódico; f) permanência no emprego; g) ascensão profissional; h) reabilitação profissional; e i) aptidão plena.

O trabalhador com deficiência tem direito ao acesso em igualdade de oportunidades com os demais empregados a **cursos, treinamentos, educação continuada, planos de carreira, promoções, bonificações e incentivos profissionais.** Ressalta-se que deve ser assegurada acessibilidade em cursos de formação e de capacitação para o trabalhador com deficiência (art. 34, § 4º e 5º, Lei nº 13.146/2015).

Políticas públicas de trabalho e emprego: tem como finalidade primordial promover e garantir condições de acesso e permanência da pessoa com deficiência no campo de trabalho (art. 35, Lei nº 13.146/2015). Assim, impõe-se ao poder público a necessidade de desenvolver programas que assegurem o ingresso e permanência no mercado de trabalho de trabalhadores com deficiência.

Estímulo ao trabalho autônomo, cooperativismo e associativismo: Ainda em relação às políticas públicas, destaca-se que os programas de estímulo ao empreendedorismo e ao trabalho autônomo, inclusive quanto ao cooperativismo e o associativismo, devem prever a participação da pessoa com deficiência e a disponibilização de linhas de crédito, quando necessárias. Note-se, portanto, que as políticas públicas não devem ser voltadas apenas aos empregados (vínculo de emprego), mas também assegurar a participação de pessoas com deficiência em trabalhos autônomos, cooperativas e associações.

2.9.1. HABILITAÇÃO E REABILITAÇÃO PROFISSIONAL

Habilitação e reabilitação profissional: É dever do poder público implementar serviços e programas de habilitação e de reabilitação profissional para viabilizar o ingresso, continuação ou retorno ao mercado de trabalho da pessoa com deficiência, sempre devendo respeitar a livre escolha, a vocação e o interesse. Cabe ressaltar que equipe multidisciplinar será responsável por indicar programa de habilitação, para que o trabalhador com deficiência adquira novas capacidades e habilidades de trabalho, e reabilitação profissional para restaurar sua capacidade profissional (art. 36, Lei nº 13.146/2015).

ATENÇÃO!
É importante o conhecimento da diferença entre habilitação e reabilitação profissional:

DIFERENÇA ENTRE HABILITAÇÃO E REABILITAÇÃO	
HABILITAÇÃO	**REABILITAÇÃO**
A habilitação profissional corresponde ao processo destinado a **propiciar à pessoa com deficiência aquisição de conhecimentos, habilidades e aptidões para exercício de profissão ou de ocupação**, permitindo o ingresso no mercado de trabalho. Nesse sentido, a pessoa nunca teve capacidade de laborativa e necessita de ações do poder público para trabalhar.	É o processo destinado a **recuperar a capacidade laborativa** de trabalhador que a perdeu em razão de alguma doença ou acidente. Nesse sentido, o empregado tinha capacidade para o trabalho e a perdeu posteriormente, sendo necessário processo para o retorno ao campo de trabalho.

Os serviços de habilitação, de reabilitação e de educação profissional devem ser dotados de **recursos necessários para atender a toda pessoa**

com deficiência, independentemente de sua característica específica, para que possa obter, conservar e progredir no trabalho. Além disso, devem ser oferecidos em ambientes acessíveis e inclusivos (art. 36, § 3º, Lei nº 13.146/2015 e art. 32 do Decreto nº 3.298/1999).

Orientação profissional: deve ser prestada pelos serviços de habilitação e reabilitação profissional levando em consideração as potencialidades da pessoa com deficiência identificadas com base em relatório de equipe multiprofissional que deve considerar (art. 33, Decreto nº 3.298/1999):

- Educação escolar efetivamente recebida e por receber;
- Expectativas de promoção social;
- Possibilidades de emprego existentes em cada caso;
- Motivações, atitudes e preferências profissionais; e
- Necessidades do mercado de trabalho.

Articulação com redes públicas e privadas: A habilitação e a reabilitação profissional devem ser articuladas com as redes públicas e privadas, especialmente de saúde, de ensino e de assistência social, em entidades de formação profissional ou diretamente com o empregador.

Habilitação profissional e reserva de vagas: Apesar da habilitação profissional ser proporcionada, via de regra, pelo poder público (INSS), é possível que ocorra em empresas por meio de prévia formalização do contrato de trabalho. Nesse caso, a contratação da pessoa com deficiência é considerada no cômputo da reserva de vagas para contratação de pessoa com deficiência prevista no art. 93 da Lei nº 8.213/1991 – 2% a 5% dos empregados da empresa devem ser pessoas com deficiência. Para maiores informações, consulte o tópico referente aos reflexos do Estatuto da Pessoa com Deficiência no Direito do Trabalho.

2.9.2. INCLUSÃO DA PESSOA COM DEFICIÊNCIA NO TRABALHO

Colocação competitiva no mercado de trabalho: trata-se de modo de inclusão da pessoa com deficiência no mercado de trabalho em igualdade de oportunidades com as demais pessoas sempre atendidas as regras de acessibilidade, o fornecimento de recursos de tecnologia assistiva e a adaptação razoável no ambiente de trabalho (art. 37, Lei nº 13.146/2015).

Trabalho com apoio: A colocação competitiva da pessoa com deficiência pode ser realizada por meio de trabalho com apoio desde que observe algumas diretrizes traçadas pelo Estatuto da Pessoa com Deficiência:

DIRETRIZES DO TRABALHO COM APOIO
– **Prioridade no atendimento à** pessoa com deficiência **com maior dificuldade de inserção no campo de trabalho**;
– **Suportes individualizados que atendam às necessidades** da pessoa com deficiência, inclusive com a disponibilização de recursos de tecnologia assistiva de agente facilitador e de apoio no ambiente de trabalho;
– Respeito ao **perfil vocacional e ao interesse** da pessoa com deficiência apoiada;
– **Aconselhamento e apoio aos empregadores** para traçar estratégias de inclusão e de superação de barreiras, inclusive de atitudes em relação à pessoa com deficiência;
– **Avaliações periódicas**;
– **Articulação intersetorial das políticas públicas**;
– Possibilidade de **participação de organizações da sociedade civil**.

Processo seletivo público ou privado: A entidade contratada para realização de processo seletivo público (concurso público) ou privado para cargo, função ou emprego deve observar todas as normas do Estatuto da Pessoa com Deficiência e as normas vigentes de acessibilidade. Nesse sentido, deve atender às mesmas regras aplicáveis para ingresso em ensino superior e na educação profissional e tecnológica conforme visto no **tópico de Direito à Educação** destas dicas:

MEDIDAS PARA INGRESSO EM ENSINO SUPERIOR E NA EDUCAÇÃO PROFISSIONAL E TECNOLÓGICA
1) Atendimento preferencial à pessoa com deficiência nas dependências das Instituições de Ensino Superior (IES) e nos serviços;
2) Disponibilização de formulário de inscrição de exames com campos específicos para que o candidato com deficiência informe os **recursos de acessibilidade e de tecnologia assistiva** necessários para sua participação;
3) Disponibilização de provas em formatos acessíveis às necessidades do candidato com deficiência;
4) Disponibilização de recursos de acessibilidade e de tecnologia assistiva adequados, previamente solicitados e escolhidos pelo candidato com deficiência;
5) Dilação de tempo na realização do exame para seleção quanto nas atividades acadêmicas, conforme prévia solicitação e comprovação da necessidade;
6) Adoção de critérios de avaliação das provas escritas, discursivas ou de redação que considerem a singularidade linguística da pessoa com deficiência no domínio da modalidade escrita da língua portuguesa;
7) Tradução completa do edital e de suas retificações em Libras.

Oficina protegida terapêutica: compreende a unidade que funciona em relação de dependência com entidade pública ou beneficente de assistência social, que tem como objetivo a integração social por meio de atividades de adaptação e capacitação para o trabalho de adolescente e adulto que devido ao seu grau de deficiência, transitória ou permanente, não possa trabalhar no mercado competitivo de trabalho. O período de adaptação e capacitação para o trabalho em oficina protegida terapêutica não configura vínculo de emprego e está condicionado a processo de avaliação individual que considere o desenvolvimento biopsicossocial da pessoa (art. 35, § 5º e 5º, Decreto nº 3.298/1999).

Concursos públicos e processos seletivos: As pessoas com deficiência têm o direito de se inscrever, em igualdade de oportunidade com os demais candidatos na Administração Pública Federal direta e indireta nas seguintes seleções (art. 1º, I e II, do Decreto nº 9.508/2018):

I – Concurso público para o provimento de cargos efetivos e de empregos públicos; e

II – Em processos seletivos para a contratação por tempo determinado para atender necessidade temporária de excepcional interesse público.

Reserva de vagas: O Decreto nº 9.508/2018 prevê o percentual de 5% das vagas reservadas para concurso público para cargo efetivo e processo seletivo para servidor temporário (art. 1º, § 1º, do Decreto nº 9.508/2018). Por sua vez, o § 2º do dispositivo estabelece que ficam assegurados os percentuais de cargos do art. 93 da Lei nº 8.213/1991 para as empresas públicas e sociedades de economia mista (2% a 5% dos empregados públicos devem ser pessoas com deficiência):

> **Art. 93 da Lei nº 8.213/1991:** A empresa com 100 (cem) ou mais empregados está obrigada a preencher de 2% (dois por cento) a 5% (cinco por cento) dos seus cargos com beneficiários reabilitados ou pessoas portadoras de deficiência, habilitadas, na seguinte proporção:
>
> I - até 200 empregados.................................2%;
>
> II - de 201 a 500...3%;
>
> III - de 501 a 1.000...4%;
>
> IV - de 1.001 em diante...................................5%.

Número fracionado: Se o quantitativo resultar em número fracionado, é necessário seu aumento para o primeiro número subsequente. Nesse sentido, um concurso com 103 vagas para provimento de determinado cargo efetivo, tem que oferecer 5% das vagas para pessoas com deficiência, o que totaliza 5,15 vagas. Nesse caso, o total de vagas reservadas será aumentado para 6.

Concursos ou processos seletivos regionalizados ou estruturados por especialidade: Nessas duas hipóteses, o percentual mínimo de reserva será aplicado ao total das vagas do edital, ressalvados os casos em que seja demonstrado que a aplicação regionalizada ou por especialidade não implicará em redução do número de vagas destinadas às pessoas com deficiência (art. 1º, § 4º, I, do Decreto nº 9.508/2018).

Vagas remanescente e formação de cadastro reserva: o percentual mínimo de 5% de reserva será observado na hipótese de aproveitamento de vagas remanescentes e na formação de cadastro de reserva (art. 1º, § 4º, II, Decreto nº 9.508/2018).

Ausência de inscrição ou de aprovação de candidatos com deficiência: Nesse caso, as vagas reservadas poderão ser preenchidas por candidatos sem deficiência (art. 1º, § 5º, do Decreto nº 9.508/2018).

Igualdade de condições em concursos: Resguardadas as disposições previstas em regulamento, a pessoa com deficiência participará em igualdade de condições com os demais candidatos no tocante (art. 2º do Decreto nº 9.508/2018 – ressalta-se que o revogado art. 41, Decreto nº 3.298/1999 trazia praticamente a mesma redação desse novo dispositivo):

- **Ao conteúdo das provas;**
- **à avaliação e aos critérios de aprovação;**
- Ao horário e ao local de aplicação das provas; e
- **À nota mínima exigida para todos os demais candidatos.**

Exigências do edital do concurso público: É necessário o atendimento a algumas exigências no edital dos concursos públicos e dos processos eletivos em relação à pessoa com deficiência, que deve conter (art. 3º do Decreto nº 9.508/2018):

- número total de vagas previstas e o número de vagas correspondentes à reserva para pessoas com deficiência, discriminada, no mínimo, por cargo;
- Atribuições e tarefas dos cargos e dos empregos públicos;
- Previsão de adaptação das provas escritas e práticas, inclusive durante o curso de formação, se houver, e do estágio probatório ou do período de experiência, estipuladas as condições de realização de cada evento e respeitados os impedimentos ou as limitações do candidato com deficiência;
- Exigência de apresentação pelo candidato com deficiência, no ato da inscrição, de comprovação da condição de deficiência por meio de avaliação biopsicossocial, sem prejuízo da adoção de critérios adicionais previstos em edital.
- A sistemática de convocação dos candidatos classificados, respeitado o disposto nos § 1º e § 2º do art. 1º; e
- A previsão da possibilidade de uso, nas provas físicas, de tecnologias assistivas que o candidato com

deficiência já utilize, sem a necessidade de adaptações adicionais, inclusive durante o curso de formação, se houver, e no estágio probatório ou no período de experiência. Essa exigência foi incluída pelo Decreto nº 9.546, de 30 de outubro de 2018. Dessa forma, diferentemente das provas escritas e práticas, não há a obrigatoriedade de adaptação das provas físicas para o candidato com deficiência.

Tratamento diferenciado: A adequação de critérios para a realização e a avaliação das provas escritas e práticas deve ser realizada por meio do acesso a tecnologias assistivas e a adaptações razoáveis. O tratamento diferenciado na realização das provas deve ser requerido pelo candidato com deficiência no ato de inscrição em prazo determinado em edital, e indicará as tecnologias assistivas e as condições especiais de que necessita para a realização das provas. (art. 4º, "caput" e § 1º do Decreto nº 9.508/2018)

Tempo adicional: O candidato com deficiência que necessitar de tempo adicional para realização das provas deverá requerê-lo, com justificativa acompanhada de parecer emitido por equipe multiprofissional ou por profissional especialista nos impedimentos apresentados por cada candidato, no prazo estabelecido em edital (art. 4º, § 2º, do Decreto nº 9.508/2018).

Serviços de assistência de interpretação: As fases dos concursos públicos ou dos processos seletivos em que se fizerem necessários serviços de assistência de interpretação por terceiros aos candidatos com deficiência serão registradas em áudio e vídeo e disponibilizadas nos períodos de recurso estabelecidos em edital.

Critérios de aprovação nas provas físicas: De acordo com o art. 4º, § 4º do Decreto nº 9.508/2018, acrescendo pelo Decreto nº 9.546/2018, os critérios de aprovação nas provas físicas para os candidatos com deficiência poderão ser os mesmos critérios aplicados aos demais candidatos, conforme previsto no edital. Novamente, reforça-se a possibilidade de ausência de tratamento diferenciado às pessoas com deficiência nas provas físicas.

Equipe multiprofissional: O órgão ou entidade responsável pelo concurso ou seleção terá a assistência de uma equipe multiprofissional composta por 3 profissionais capacidade e atuantes nas áreas das deficiências que o candidato possuir, sendo que:

- 1 deles deverá ser médico; e

- 3 profissionais da carreira a que concorrerá o candidato.

Parecer da equipe multiprofissional: deverá observar:

I - as informações prestadas pelo candidato no ato da inscrição no concurso público ou no processo seletivo;

II - a natureza das atribuições e das tarefas essenciais do cargo, do emprego ou da função a desempenhar;

III - a viabilidade das condições de acessibilidade e as adequações do ambiente de trabalho na execução das tarefas;

IV - a possibilidade de uso, pelo candidato, de equipamentos ou de outros meios que utilize de forma habitual; e

V - o resultado da avaliação biopsicossocial, sem prejuízo da adoção de critérios adicionais previstos em edital.

Resultado do concurso público ou do processo seletivo: O resultado deve ser publicado em lista única com a pontuação dos candidatos e a sua classificação, observada a reserva de vagas às pessoas com deficiência de que trata este Decreto. Além disso, a nomeação dos aprovados deve obedecer à ordem de classificação, observados os critérios de alternância e de proporcionalidade entre a classificação de ampla concorrência e da reserva para pessoas com deficiência (art. 8º, "caput" e § 1º, do Decreto nº 9.508/2018).

Acessibilidade no local de trabalho e adaptação razoável: Os órgãos da administração pública federal direta e indireta, as empresas públicas e as sociedades de economia mista deverão providenciar a acessibilidade no local de trabalho e a adaptação razoável, quando requerida, para o efetivo exercício laboral da pessoa com deficiência.

2.10. DIREITO À ASSISTÊNCIA SOCIAL

Política pública de assistência social: tem como objetivo a garantia da segurança de renda, da acolhida, da habilitação e da reabilitação, do desenvolvimento da autonomia e da convivência familiar e comunitária, para a promoção do acesso a direitos e da plena participação social da pessoa com deficiência (art. 39, Lei nº 13.146/2015).

Proteção Social Básica e da Proteção Social Especial: conjunto articulado de serviços, ofertados pelo SUAS, para a garantia de seguranças fundamentais no **enfrentamento de situações de vulnerabilidade e de risco**, por fragilização de vínculos e ameaça ou violação de direitos.

Cuidadores sociais: serviços socioassistenciais destinados à pessoa com deficiência em situação de dependência devem contar com cuidadores sociais para prestar-lhe cuidados básicos e instrumentais. A legislação não é clara quanto à abrangência da proteção realizada pelos cuidadores sociais. No entanto, é possível sua destinação especial às pessoas com maior grau de vulnerabilidade, como crianças, adolescentes e idosos que se encontrem em situação de dependência.

Benefício de prestação continuada (BPC-LOAS): De acordo com o art. 203, V, da Constituição Federal, é assegurado benefício de prestação continuada ao deficiente e ao idoso que não possuam meios de prover sua subsistência ou de tê-la provido por sua família. A Lei Brasileira de inclusão inseriu dispositivo que assegura à pessoa com deficiência que não possa prover a sua subsistência e nem tê-la provida por sua família o recebimento de 1 salário mínimo mensal (art. 40, Lei nº 13.146/2015). Nesse mesmo sentido, prevê o art. 2º, I, "e" e 20 da Lei nº 8.742/1993 (Lei Orgânica da Assistência Social):

> **Art. 2º, I, "e", da Lei nº 8.742/1993:** A assistência social tem por objetivos: a proteção social, que visa à garantia da vida, à redução de danos e à prevenção da incidência de riscos, especialmente: a garantia de 1 (um) salário-mínimo de benefício mensal à pessoa com deficiência e ao idoso que comprovem não possuir meios de prover a própria manutenção ou de tê-la provida por sua família.
>
> **Art. 20, "caput", Lei nº 8.742/1993:** O benefício de prestação continuada é a garantia de um salário-mínimo mensal à pessoa com deficiência e ao idoso com 65 (sessenta e cinco) anos ou mais que comprovem não possuir meios de prover a própria manutenção nem de tê-la provida por sua família.

Para assegurar o direito ao BPC, é necessário o preenchimento de alguns requisitos previstos na Lei Orgânica da Assistência Social:

REQUISITOS PARA PERCEPÇÃO DO BENEFÍCIO DE PRESTAÇÃO CONTINUADA
- **Pessoa com deficiência;** *Obs.: Lembre-se de que é fundamental o conceito de pessoa com deficiência presente no art. 2º da Lei nº 13.146/2015: "Considera-se pessoa com deficiência aquela que tem impedimento de longo prazo de natureza física, mental, intelectual ou sensorial, o qual, em interação com uma ou mais barreiras, pode obstruir sua participação plena e efetiva na sociedade em igualdade de condições com as demais pessoas."* - **Não possuir meios para prover sua subsistência e de sua família.** - Família é considerada nesse caso somente a pessoa com deficiência, o cônjuge ou companheiro, os pais e, na ausência de um deles, a madrasta ou o padrasto, os irmãos solteiros, os filhos e enteados solteiros e os menores tutelados, desde que vivam sob o mesmo teto.

REQUISITOS PARA PERCEPÇÃO DO BENEFÍCIO DE PRESTAÇÃO CONTINUADA
- É considerada incapaz da manutenção da pessoa com deficiência, a família cuja renda mensal *per capita* seja inferior a ¼ do salário mínimo. Nesse cálculo, não é computado o valor recebido em razão de contrato de estágio e de aprendizagem. - **Benefício não pode ser cumulado com outro** no âmbito da Seguridade Social com exceção para os benefícios da assistência médica e da pensão especial de natureza indenizatória; - Não pode exercer **atividade remunerada**, inclusive na condição de microempreendedor individual. *Obs.: O Benefício pode ser cumulado com a aprendizagem, limitado a 2 anos o período de recebimento concomitante da remuneração e do BPC.*

Auxílio-inclusão: o art. 94 do Estatuto da Pessoa com Deficiência criou o benefício previdenciário auxílio-inclusão que é devido à pessoa com deficiência moderada ou grave que:

1) Receba o BPC da LOAS e que passe a exercer atividade remunerada que a enquadre como segurado obrigatório do RGPS;
2) Tenha percebido, nos últimos 5 anos, o BPC e exerça atividade remunerada que a enquadre como segurado obrigatório do RGPS.

2.11. DIREITO À PREVIDÊNCIA SOCIAL

Direito à aposentadoria: O art. 201, § 1º, da Constituição Federal assegura a possibilidade de critérios diferenciados para a concessão de aposentadora de pessoas com deficiência desde que previstos em lei complementar. A pessoa com deficiência que for segurada do Regime Geral de Previdência Social (RGPS) tem direito à aposentadoria prevista na Lei Complementar nº 142/2013. Os requisitos para obtenção do benefício previdenciário são:

Aposentadoria por tempo de contribuição	
Tempo de contribuição	**Grau de deficiência**
Homem – 25 anos Mulher – 20 anos	Deficiência grave
Homem – 29 anos Mulher – 24 anos	Deficiência moderada
Homem – 33 anos Mulher – 28 anos	Deficiência leve
Aposentadoria por idade (independentemente do grau de deficiência)	
– 60 anos de idade para o homem; – 55 anos de idade para a mulher; – Tempo mínimo de contribuição: 15 anos e existência de deficiência durante igual período	

Segurado tornar-se pessoa com deficiência ou alterar seu grau de deficiência: terá a contagem do direito à aposentadoria proporcionalmente ajustado, considerando-se o número de anos em que o segurado exerceu atividade laboral sem deficiência e com deficiência, observado o grau de deficiência correspondente.

Renda mensal: A renda mensal devida será calculada sobre o salário de benefício nos seguintes percentuais:

a) 100% do salário de benefício para as hipóteses de aposentadoria por tempo de contribuição;

b) 70% + 1% do salário de benefício por grupo de 12 contribuições mensais até o máximo de 30% no caso de aposentadoria por idade.

2.12. DIREITO À CULTURA, AO ESPORTE, AO TURISMO E AO LAZER

Direito à cultura, ao esporte, ao turismo e ao lazer em igualdade de oportunidades: Nesse sentido, o Estatuto da Pessoa com Deficiência assegura o acesso a (art. 42, Lei nº 13.146/2015):

a) bens culturais em formato acessível;

b) programas de televisão, cinema, teatro e outras atividades culturas e desportivas em forma acessível; e

c) Monumentos e locais de importância cultural e a espaços que ofereçam serviços culturais e esportivos.

Proibição de recusa de obra intelectual em forma acessível: é proibida a recusa de oferta de obra intelectual em formato acessível sob qualquer argumento, inclusive sob a alegação de proteção dos direitos de propriedade intelectual.

Deveres do poder público: eliminação, redução ou superação de barreiras para a promoção do acesso ao patrimônio cultural, observadas as normas de acessibilidade, ambientais e de proteção do patrimônio histórico e artístico nacional.

Participação da pessoa com deficiência: é dever do poder público promover a participação de pessoa com deficiência em atividades artísticas, intelectuais, culturais, esportivas e recreativas, com vistas ao seu protagonismo, devendo atender a algumas exigências (art. 43, Lei nº 13.146/2015):

PARTICIPAÇÃO EM ATIVIDADES ARTÍSTICAS, CULTURAIS, INTELECTUAIS, ESPORTIVAS E RECREATIVAS
– Incentivar a provisão de instrução, de treinamento e de recursos adequados, em igualdade de oportunidades com as demais pessoas; – Assegurar acessibilidade nos locais de eventos e nos serviços prestados nessas atividades; – Assegurar participação da pessoa com deficiência em jogos e atividades recreativas, esportivas, de lazer, culturais e artísticas, inclusive no sistema escolar, em igualdade de condições com as demais pessoas. Nota-se, portanto, que a legislação sempre destaca a necessidade de assegurar a igualdade de oportunidades e condições com as demais pessoas.

Reserva de espaços livres e assentos: É assegurada a reserva de espaços livres e assentos para as pessoas com deficiência de acordo com a capacidade de lotação da edificação nos teatros, cinemas, auditórios, estádios, ginásios de esportes, locais de espetáculos e de conferências (art. 44, Lei nº 13.146/2015). Esses espaços devem atender às normas de acessibilidade. No mesmo sentido, prevê o art. 12 da Lei nº 10.098/2000:

> **Art. 12 da Lei nº 10.098/2000:** Os locais de espetáculos, conferências, aulas e outros de natureza similar deverão dispor de espaços reservados para pessoas que utilizam cadeira de rodas, e de lugares específicos para pessoas com deficiência auditiva e visual, inclusive acompanhante, de acordo com a ABNT, de modo a facilitar-lhes as condições de acesso, circulação e comunicação.

Regulamentação da reserva de espaços e assentos no Decreto nº 5.296/2004: No 11 de junho de 2018, foi editado o Decreto nº 9.404/2018 que modificou as regras acerca da reserva de e espaços e assentos em teatros, cinemas, auditórios, estádios, ginásios de esporte, locais de espetáculos e de conferências e similares para pessoas com deficiência. **Atenção!** Tendo em vista a alteração recente desse dispositivo, é possível sua cobrança nos concursos que abordam Noções sobre Direitos das Pessoas com Deficiência. Confira as novas regras a seguir:

Percentual de vagas reservadas: De acordo com a nova redação do 22, § 1º, do Decreto nº 5.296/2004 deve ser disponibilizado o seguinte percentual de vagas e assentos a depender da capacidade de lotação da edificação. Ressalta-se que, caso a aplicação dos percentuais resulte em número fracionado, deve ser considerado o número inteiro superior para o cômputo das vagas reservadas (art. 23, § 9º):

Reserva de vagas e assentos para pessoas com deficiência	
Capacidade de lotação	**Reserva de vagas**
Até mil lugares	O Decreto prevê a necessidade de se reservar cumulativamente: a) 2% de espaços para pessoas em cadeira de rodas, com a garantia de, no mínimo, um espaço; e b) 2% de assentos para pessoas com deficiência ou com mobilidade reduzida, de, no mínimo, um assento. 50% desses assentos, devem ter dimensões e estruturas para obesos.

Mais de mil lugares	O Decreto prevê a necessidade de se reservar cumulativamente: a) 20 espaços para pessoas em cadeira de rodas + 1% do que exceder mil lugares; b) 20 assentos para pessoas com deficiência ou com mobilidade reduzida + 1% do que exceder mil lugares. 50% desses assentos, devem ter dimensões e estruturas para obesos.

Note-se, portanto, que o tratamento conferido é diferente para os estabelecimentos com até mil lugares e aqueles com mais de mil lugares. No primeiro caso, será sempre garantido o percentual de 2% de espaços para pessoas com cadeira de rodas e mais 2% de assentos para pessoas com deficiência ou com mobilidade reduzida. Assim, em um teatro com 500 lugares, deve ser reservado 10 espaços para pessoas em cadeira de rodas e mais 10 assentos para pessoas com deficiência ou mobilidade reduzida.

Por outro lado, em estabelecimentos com mais de mil lugares, há a previsão de número fixo de 20 espaços para pessoas em cadeira de rodas e 20 assentos para pessoas com deficiência ou com mobilidade reduzida. Em ambos os casos, será acrescido o percentual de 1% naquilo que ultrapassar mil espaços ou assentos. Assim, em um teatro com 3.000 lugares, será reservado o total de **40 espaços** (**20 fixos** + 1% do que exceder de 1.000, no caso, há 2.000 assentos nessa condição, totalizando mais **20 espaços decorrentes daquilo que excedeu a 1.000**) para pessoas em cadeiras de rodas e também mais 40 assentos para pessoas com deficiência ou com mobilidade reduzida pela mesma lógica.

Percentual de assentos com dimensões e estruturas para pessoas obesas: Além disso, o art. 23, § 2º, do Decreto nº 5.296/2004 estabeleceu a necessidade de que **50% dos assentos** destinados para pessoas com deficiência ou com mobilidade reduzida tenham característica dimensionais e estruturais para o **uso por pessoa obesa**, sempre em atendimento à norma técnica de acessibilidade da ABNT, com a garantia de, no mínimo, um assento. Assim, como vimos, em um cinema com 500 lugares, há a necessidade de se reservar 10 assentos para pessoas com deficiência ou mobilidade reduzida. Desses 10 assentos, 50% deles (5 assentos) devem ter características dimensionais e estruturais para o uso por pessoa obesa.

Espaços e assentos próximos a acompanhante: O art. 23, § 3º do Decreto nº 5.296/2004 estabelece que todos os assentos e espaços reservados devem se situar em locais que garantam a acomodação de um acompanhante ao lado das pessoas com deficiência ou com mobilidade reduzida, resguardo o direito de se acomodar proximamente a grupo familiar.

Rotas de fuga e saídas de emergência: Os espaços e assentos reservados às pessoas com deficiência devem atender às normas de acessibilidade da ABNT para garantir rotas de fuga e saídas de emergência acessíveis a fim de permitir a saída segura de pessoas com deficiência (art. 23, § 4º, do Decreto nº 5.296/2004).

Acessibilidade aos artistas: As áreas de acesso aos artistas, como coxias e camarins, também devem ser acessíveis a pessoas com deficiência ou mobilidade reduzida. (art. 23, § 5º, do Decreto nº 5.296/2004).

Financiamento de projetos com recursos públicos: De acordo com o art. 2º, III, do Decreto nº 5.296/2004 a aprovação de financiamento de projetos com a utilização de recursos públicos depende do cumprimento das disposições deste Decreto. O §6º do art. 23 condiciona a obtenção desse financiamento desde que as salas de espetáculo disponham de meios eletrônicos que permitam a subtitulação por meio de legenda oculta e de audiodescrição, além de disposições especiais para a presença física de intérprete de Libras e de guias intérpretes, com a projeção em tela da imagem do intérprete sempre que a distância não permitir sua visualização direta. O sistema de sonorização assistida deve ser sinalizado por meio do pictograma aprovado pela Lei nº 8.160/1991 ("Símbolo Internacional de Surdez").

Sempre que disponibilizadas interpretação em Libras e legendagem descritiva, deve ser assegurado que as pessoas com deficiência terão boa visualização desses recursos.

Prazo para adequação: O art. 23, § 8º, do Decreto nº 5.296/2004, acrescentado pelo Decreto nº 9.404/2018, estabelece prazo para que as edificações de uso público e de uso coletivo atendam as normas de acessibilidade:

– **Edificações de uso público:** 30 meses para garantir a acessibilidade nos espaços e assentos reservados;

– **Edificações de uso coletivo:** 48 meses para garantir a acessibilidade nos espaços e assentos reservados.

– **Assentos para uso por pessoa obesa:** 12 meses para garantir assentos com características dimensionais e estruturais para o uso por pessoa obesa.

Direito à meia entrada e espaços reservados: O direito à meia entrada para pessoas com deficiência não se restringe apenas aos espaços e assentos reservados às pessoas com deficiência. De acordo com o art. 1º, § 10 da Lei nº 12.933/2013, deve ser assegurada a concessão da meia entrada a 40% do número total de ingressos disponíveis para o evento. Portanto, o número de meia-entrada será, normalmente, superior à reserva de vagas.

Duração da reserva de assentos (art. 23-A do Decreto nº 5.296/2004): A **reserva de assentos** para as pessoas com deficiência ou com mobilidade reduzida será garantida **a partir do início das vendas até 24 horas antes de cada evento**, com disponibilidade em todos os pontos de venda, físicos e virtuais. No entanto, se o estabelecimento tiver capacidade superior a 10 mil pessoas, a reserva de assentos será garantia a partir do início das vendas até 72 horas antes do evento. Por fim, nos cinemas as vagas são reservadas do início das vendas até meia hora antes de cada sessão. Segue quadro que sistematiza a duração da reserva de assentos:

Duração da reserva de assentos para pessoas com deficiência	
Estabelecimento	**Duração da reserva de vagas**
Estabelecimentos com capacidade de até 10 mil pessoas	A partir do início das vendas até 24 horas antes do evento
Estabelecimentos com capacidade superior a 10 mil pessoas	A partir do início das vendas até 72 horas antes do evento
Cinemas	A partir do início das vendas até meia hora antes de cada sessão

Ausência de procura comprovada: Se não houver procura comprovada pelos espaços livres para pessoas em cadeira de rodas e assentos reservados para pessoas com deficiência ou com mobilidade reduzida, é permitido o uso excepcional por pessoa sem deficiência ou que não tenham mobilidade reduzida. Essas vagas somente poderão ser disponibilizadas a essas pessoas depois de vendidas todas os demais assentos daquele setor e, somente após o prazo de duração da reserva de assentos expirar.

Normas sobre pontos de venda de ingressos e de divulgação do evento: Os espaços livres para pessoas em cadeira de rodas e assentos reservados para pessoas com deficiência ou com mobilidade reduzida serão identificados no mapa de assentos localizados nos pontos de venda de ingresso e de divulgação do evento, sejam eles físicos ou virtuais. Esses pontos de venda devem:

a) Ser acessíveis às pessoas com deficiência e com mobilidade reduzida;

b) Conter informações sobre os recursos de acessibilidade disponíveis nos eventos.

Desenho universal em hotéis, pousadas e similares: dever de construção, observados os princípios do desenho universal, além de adotar todos os meios de acessibilidade (art. 45, Lei nº 13.146/2015). **Atenção!** Esse dispositivo somente passará a ser exigido após 24 meses da entrada em vigor do Estatuto da Pessoa com Deficiência (art. 125, III)

Veja como são frequentes as remissões aos conceitos do art. 3º da legislação informados no tópico 2.2 desta obra.

> **LEMBRE-SE:**
>
> O **desenho universal** compreende a concepção de produtos, ambientes, programas e serviços a serem usados por todas as pessoas, **sem necessidade de adaptação ou de projeto específico**, incluindo os recursos de tecnologia assistiva (art. 3º, II, Lei nº 13.146/2015);

Hotéis, pousadas e similares já construídos: Devem disponibilizar, pelo menos, 10% de seus dormitórios acessíveis e em rotas acessíveis, garantida, no mínimo, 1 unidade acessível. Trata-se de regra que flexibiliza a necessidade de dormitórios em desenho universal e acessível para apenas 10% do número total de dormitórios quando o hotel, pousada ou similar já existir.

2.13. DIREITO DE INGRESSAR E PERMANECER EM AMBIENTES DE USO COLETIVO ACOMPANHADO DE CÃO-GUIA

Utilização de cão-guia: A pessoa com deficiência visual tem direito a ingressar e permanecer em todos os meios de transporte e em estabelecimentos abertos ao público acompanhada de cão-guia (art. 1º da Lei nº 11.126/2005). Considera-se deficiência visual apenas a cegueira e a baixa visão. Esse direito é aplicado em todas modalidades de serviços de transporte coletivo de passageiros inclusive em esfera internacional com origem em território brasileiro.

Discriminação em relação ao uso de cão-guia: A tentativa de impedir ou dificultar o exercício do direito ao uso de cão-guia constitui ato de discriminação, que tem como penalidade a interdição e a aplicação de multa (art. 3º da Lei nº 11.126/2005). Ademais, de acordo com o art. 1º, § 2º, do Decreto nº 5.904/2006, "É vedada a exigência do uso de focinheira nos animais de que trata este Decreto, como condição para o ingresso e permanência nos locais descritos no caput.".

2.14. CIÊNCIA E TECNOLOGIA

Fomento da ciência e tecnologia: O poder público deve fomentar o desenvolvimento científico, a pesquisa, a inovação e a capacitação tecnológicas voltadas à melhoria da qualidade de vida e sua inclusão social. O fomento deve priorizar a geração de conhecimentos e técnicas que visem à prevenção e ao tratamento de deficiências e ao desenvolvimento de tecnologias assistiva e social.

Acessibilidade e tecnologias assistiva e social devem ser fomentadas mediante criação de **cursos de pós-graduação**, a formação de recursos humanos e a inclusão do tema nas **diretrizes de áreas do conhecimento**.

Capacitação tecnológica para desenvolvimento de tecnológicas assistiva e social: Essa capacitação deve ser voltada à melhoria da funcionalidade e da participação social da pessoa com deficiência.

Reavaliação periódica das medidas de fomento à ciência e tecnologia: as medidas previstas para desenvolvimento da ciência e tecnologia da pessoa com deficiência devem ser reavaliadas periodicamente pelo poder público para assegurar seu aperfeiçoamento.

Tecnologias da informação e comunicação: estímulo à pesquisa e desenvolvimento das tecnologias da informação e comunicação e às tecnologias sociais (art. 78, Estatuto da Pessoa com Deficiência). Os estímulos devem se concentrar especialmente:

- Emprego de tecnologias da informação e comunicação como **instrumento de superação de limitações funcionais e de barreiras** à comunicação, à informação, à educação e ao entretenimento da pessoa com deficiência;
- **Acessibilidade da pessoa com deficiência à computação e aos sítios da internet**, em especial aos serviços de governo eletrônico.

Para facilitar a memorização do assunto, segue quadro de resumo sobre ciência e tecnologia:

CIÊNCIA E TECNOLOGIA
– **Fomento da ciência e tecnologia à pessoa com deficiência:** assegurar melhoria da qualidade de vida e sua inclusão social; – **Capacitação tecnológica** para desenvolvimento de tecnológicas assistiva e social; – **Reavaliação periódica das medidas de fomento à ciência e tecnologia:** assegurar aperfeiçoamento; – **Tecnologias da informação e comunicação:**
– Instrumento de superação de limitações funcionais e de barreiras; – Acessibilidade da pessoa com deficiência à computação e aos sítios da internet;

2.15. ACESSO À JUSTIÇA

Acesso à justiça: poder público deve assegurar o acesso da pessoa com deficiência à justiça, em igualdade de oportunidades com as demais pessoas, garantindo adaptações e recursos de tecnologia assistiva (art. 79, Lei nº 13.146/2015).

Capacitação dos membros e servidores que atuam no processo: Para assegurar a atuação da pessoa com deficiência em todo o processo judicial, é necessária a capacitação quanto aos direitos da pessoa com deficiência dos membros e servidores do Poder Judiciário, no Ministério Público, na Defensoria Pública, nos órgãos de segurança pública e no sistema penitenciário.

Medidas restritivas de liberdade: Devem ser assegurados todos os direitos aos apenados sem deficiência sempre garantida a acessibilidade.

Atuação do Ministério Público e Defensoria Pública: Cabe a esses órgãos adotar as medidas necessárias para assegurar à pessoa com deficiência o cumprimento de todos os direitos previstos no Estatuto da Pessoa com Deficiência.

Recursos de tecnologia assistiva: devem ser assegurados para o acesso à justiça da pessoa com deficiência que atue como (art. 80, Estatuto da Pessoa com Deficiência):

- Parte no processo;
- Testemunha;
- Advogado;
- Defensor público;
- Magistrado;
- Membro do Ministério Público; ou
- Partícipe da lide posta em juízo.

Acesso ao conteúdo dos atos processuais: A pessoa com deficiência tem direito ao acesso ao conteúdo de todos os atos processuais de seu interesse, inclusive no exercício da advocacia (art. 80, parágrafo único).

Sanções penais: Direitos da pessoa com deficiência devem ser garantidos na aplicação de sanções penais (art. 81).

Serviços notariais e de registro: Não pode negar ou criar óbices ou condições diferenciadas para prestar serviços em razão de deficiência, sob pena de constituir o ato discriminação em razão de deficiência. Deve ser reconhecida capacidade legal plena, garantida a acessibilidade (art. 83).

2.16. RECONHECIMENTO IGUAL PERANTE A LEI

As pessoas com deficiência têm direito ao exercício da capacidade legal em **igualdade de condições** com as demais pessoas (art. 84, Lei nº 13.146/2015). Na maioria dos casos, a pessoa com deficiência tem capacidade plena para exercício dos atos da vida civil, em especial (art. 6º, Estatuto da Pessoa com Deficiência):

CAPACIDADE CIVIL DA PESSOA COM DEFICIÊNCIA
– A pessoa com deficiência tem capacidade inclusive para: a) Casar-se e constituir união estável; b) Direitos sexuais e reprodutivos; c) Planejamento familiar; d) Conservar fertilidade, sendo veda a esterilização compulsória; e) Direito à família e à convivência familiar e comunitária; f) Direito à guarda, à tutela, à curatela e à adoção, como adotante ou adotando em igualdade de condições com as demais pessoas;

Quando necessário, é possível a instituição da curatela, desde que respeite alguns requisitos previstos no Estatuto:

a) Instituição como medida protetiva **extraordiná-**

ria, devendo constar da sentença que a determinar as razões e motivações de sua definição, preservados os interesses do curatelado;

b) Proporcional **às necessidades** da pessoa com deficiência e **às circunstâncias** de cada caso;

c) Duração da curatela pelo **menor tempo** possível.

Curatela no Código Civil: O Estatuto da Pessoa com Deficiência alterou significativa o procedimento de curatela previsto no Código Civil. Tendo em vista o caráter excepcional da curatela, removeu-se as hipóteses que vinculavam a necessidade de curatela à existência de deficiência. Lembre-se de que a pessoa com deficiência tem, em regra, plena capacidade para os atos da vida civil. A curatela somente será possível quando a pessoa não puder exprimir sua vontade por causa transitória ou permanente. Portanto, somente se a pessoa com deficiência não puder exprimir sua vontade, é possível a instituição da curatela. As demais hipóteses de curatela estão previstas no art. 1.767 do CC/02 e não dizem respeito à pessoa com deficiência:

> **Art. 1.767, CC/02:** Estão sujeitos a curatela:
>
> I – aqueles que, por causa transitória ou permanente, não puderem exprimir sua vontade;
>
> II – (Revogado);
>
> III – os ébrios habituais e os viciados em tóxico;
>
> IV – (Revogado);
>
> V – os pródigos.

Curatela compartilhada: É possível que a curatela da pessoa com deficiência seja compartilhada (art. 1775-A, CC/02), ou seja, exercida por duas ou mais pessoas com o intuito de assegurar a proteção do curatelado.

Direitos do curatelado: O Estatuto da Pessoa com Deficiência limita a abrangência da curatela quanto aos direitos do curatelado. O candidato deve estar atento, conforme informações da tabela a seguir, para o fato de que os direitos do curatelado permanecem, em sua maioria, livres para seu exercício sem a necessidade de curatela (art. 85, Lei nº 13.146/2015):

Direitos afetados pela curatela	Direitos NÃO afetados pela curatela
– Direitos de natureza patrimonial e negocial	– Direito ao **P**róprio **C**orpo – Direito à **S**exualidade – Direito à **E**ducação – Direito ao **M**atrimônio – Direito à **P**rivacidade – Direito ao **T**rabalho – Direito ao **V**oto – Direito à **S**aúde

Ressalta-se que, para a emissão de documentos oficiais, não será exigida a situação de curatela da pessoa com deficiência (art. 86, Lei nº 13.146/2015).

Curador: É obrigação dos curadores a prestação anual de contas de sua administração ao juiz, apresentando o balanço do respectivo ano (art. 84, § 4º, Lei nº 13.146/2015).

Se a pessoa com deficiência estiver em situação de institucionalização, o juiz deve dar preferência na escolha do curador para aqueles que tenham vínculo de natureza familiar, afetiva ou comunitária com o curatelado (art. 85, § 3º, Lei nº 13.146/2015). Além disso, deve ser assegurado o apoio necessário para ter preservado o direito à convivência familiar e comunitária, sendo evitado o seu recolhimento em estabelecimento que os afaste desse convívio (art. 1.777, CC/02).

Curador provisório: Em casos de relevância e urgência e a fim de proteger os interesses da pessoa com deficiência em situação de curatela, é possível a nomeação de curador provisório pelo juiz, ouvido o Ministério Público, de ofício ou a requerimento do interessado (art. 87, Lei nº 13.146/2015). Essa nomeação constitui medida processual de urgência de natureza antecipatória (art. 300 e seguintes do Código de Processo Civil de 2015). A nomeação de curador provisório pode ser realizada para a prática de atos urgentes de interesse do curatelando, como o pagamento de dívidas, evitar o perecimento de direitos, etc.[4].

Tomada de decisão apoiada: O Estatuto da Pessoa com Deficiência criou modelo de proteção intermediária para a pessoa com deficiência que não determina sua incapacidade relativa ou absoluta. Assim, a plena capacidade civil é garantida, mas verifica-se um auxílio a sua dignidade e igualdade substancial[5]. Trata-se do processo pelo qual a pessoa com deficiência escolhe 2 pessoas idôneas com quem mantenha vínculos e relação de confiança para prestar-lhe apoio na tomada de decisão sobre atos da vida civil, fornecendo elementos e informações necessários para que possa exercer sua capacidade (art. 1783-A, CC/02).

Termo de apoio: Para o exercício da tomada de decisão apoiada, é necessário que a pessoa com deficiência e seus apoiadores apresentem termo que conste as seguintes informações (art. 1783-A, § 1º, CC/02):

4. FARIAS, Cristiano Chaves de.; CUNHA, Rogério Sanches; PINTO, Ronaldo Batista. *Estatuto da Pessoa com Deficiência comentado artigo por artigo*. Salvador: Juspodivm, 2016. p. 245.

5. FARIAS, Cristiano Chaves de.; CUNHA, Rogério Sanches; PINTO, Ronaldo Batista. *Estatuto da Pessoa com Deficiência comentado artigo por artigo*. Salvador: Juspodivm, 2016. p. 335.

- Limites do apoio a ser oferecido;
- Compromissos dos apoiadores;
- Prazo de vigência do acordo; e
- Respeito à vontade, aos direitos e aos interesses da pessoa que devem apoiar.

Procedimento: Antes de se pronunciar, o Juiz deve ser assistido por equipe multidisciplinar e ouvir pessoalmente o requerente e as pessoas que lhe prestarão apoio, ouvido o Ministério Público.

Efeitos da decisão: A decisão tomada por pessoa apoiada tem validade e efeitos sobre terceiros sem restrições desde que esteja inserida nos limites do apoio acordado. Nesse sentido, pode ser solicitado que os apoiadores contra-assinem o contrato ou acordo entre a pessoa com deficiência e o terceiro com quem mantem relação negocial.

Negócio jurídico que traga risco ou prejuízo: Se houver divergência de opinião entre a pessoa apoiada e um dos apoiadores, o juiz deve decidir a questão, ouvido o Ministério Público.

Negligência, pressão indevida ou inadimplemento das obrigações pelo apoiador: Se o apoiador agir com negligência, exercer pressão indevida ou não adimplir as obrigações assumidas, qualquer pessoa, inclusive a pessoa apoiada, pode apresentar denúncia ao Ministério Público ou ao juiz. Se procedente a denúncia, será destituído e nomeada outra pessoa para prestação de apoio.

Término do acordo firmado em processo de tomada de decisão apoiada: pode ser solicitado a qualquer tempo pela pessoa apoiada. É possível ainda que o apoiador solicite sua exclusão do processo de tomada de decisão apoiada, ficando seu desligamento condicionado à manifestação do juiz.

Para mais informações acerca da capacidade civil da pessoa com deficiência, veja o tópico referente aos reflexos do Estatuto da Pessoa com deficiência no Direito Civil.

2.17. CRIMES

O Título II do Estatuto da Pessoa com Deficiência estabeleceu a criação de crimes e sanções administrativas por violação dos direitos da pessoa com deficiência. Nesse sentido, foram criados 4 tipos penais com diversas causas de aumento de pena. Algumas dicas são fundamentais acerca desses crimes para o seu concurso:

> 1) Todos os crimes têm previsão de pena e multa;
>
> 2) Apenas o crime de retenção ou utilização de cartão magnético, qualquer meio eletrônico ou documento de pessoa com deficiência destinados ao recebimento de benefícios, proventos, pensões ou remuneração, previsto no art. 91 do Estatuto da Pessoa com Deficiência, tem pena de detenção. Os demais apresentam plena de reclusão.
>
> 3) Todas as causas de aumento de pena foram fixadas em 1/3.

Para facilitar a memorização do assunto, segue quadro dos crimes da Lei Brasileira de Inclusão dispostos de maneira sistematizada:

CRIMES PREVISTOS NO ESTATUTO DA PESSOA COM DEFICIÊNCIA		
Tipo penal	**Pena**	**Causas de aumento de pena e qualificadoras**
Praticar, induzir ou incitar **discriminação de pessoa em razão de deficiência** (art. 88)	Reclusão, de 1 a 3 anos; e multa	- Aumento de 1/3 se a vítima estiver sob cuidado e responsabilidade do agente.
		- Se praticado por intermédio de meios de comunicação social ou de publicação de qualquer natureza: Reclusão, de 2 a 5 anos; e Multa *Obs:* Nesse caso, o juiz pode determinar, ouvido o Ministério Público: a) Recolhimento ou busca e apreensão do material discriminatório; b) Interdição das respectivas mensagens ou páginas na internet - Efeito da condenação: destruição do material apreendido

CRIMES PREVISTOS NO ESTATUTO DA PESSOA COM DEFICIÊNCIA		
Tipo penal	**Pena**	**Causas de aumento de pena e qualificadoras**
Apropriar-se de ou desviar bens, proventos, pensão, benefícios, remuneração ou qualquer outro rendimento de pessoa com deficiência (art. 89)	Reclusão, de 1 a 4 anos; e multa	– Aumento de 1/3 se o crime é cometido: a) por tutor, curador, síndico, liquidatário, inventariante, testamenteiro ou depositário judicial; b) por aquele que se apropriou em razão de ofício ou profissão.
Abandonar pessoa com deficiência em hospitais, casas de saúde, entidades de abrigamento ou congêneres (art. 90)	Reclusão, de 6 meses a 3 anos; e multa	–
Não prover as **necessidades básicas de pessoa com deficiência** quando obrigado por lei ou mandado (art. 90, parágrafo único).	Reclusão, de 6 meses a 3 anos; e multa	–
Reter ou utilizar cartão magnético, qualquer meio eletrônico ou documento de pessoa com deficiência destinados ao recebimento de benefícios, proventos, pensões ou remuneração ou à realização de operações financeiras, com o fim de obter vantagem indevida para si ou para outrem (art. 91)	Detenção, de 6 meses a 2 anos; e multa.	– Aumento de 1/3 se o crime é cometido por tutor ou curador.

2.18. REFLEXOS DO ESTATUTO DA PESSOA COM DEFICIÊNCIA NOS DEMAIS RAMOS DO DIREITO

O Estatuto da Pessoa com deficiência alterou diversos dispositivos legais, o que gerou impactos nos direitos e garantias da pessoa com deficiência em outros ramos do Direito. A seguir, sistematizamos as principais alterações realizadas pela Lei Brasileira de Inclusão nas outras disciplinas.

2.18.1. DIREITO DO TRABALHO

Aprendizagem: O Estatuto da pessoa com deficiência realizou alterações no texto da CLT no tocante à disciplina jurídica do contrato de aprendizagem. A validade da aprendizagem de aprendiz com deficiência com 18 anos de idade ou mais está condicionada à anotação na CTPS e matrícula e frequência em programa de aprendizagem desenvolvido sob orientação de entidade qualificada em formação técnico-profissional metódica.

Término do contrato de aprendizagem: Diferentemente dos demais empregados que podem ser dispensados a qualquer momento, somente ocorre o término do contrato de trabalho do aprendiz com o decurso do prazo da aprendizagem (2 anos) ou nas hipóteses de rescisão antecipada casos expressamente previstos na CLT:

I. desempenho insuficiente ou inadaptação do aprendiz. No tocante a essa hipótese de término antecipado do contrato de aprendizagem, a Lei nº 13.146/2015 estabelece que o aprendiz com deficiência não pode ser dispensado por desempenho insuficiente ou inaptidão quando desprovido de recursos de acessibilidade, de tecnologias assistivas e de apoio necessário ao desempenho de suas atividades;
II. falta disciplinar grave;
III. ausência injustificada à escola que implique perda do ano letivo;
IV. pedido do aprendiz.

Ações afirmativas – Pessoa com deficiência: O art. 93 da Lei nº 8.213/1991 e o art. 36 do Decreto nº 3.298/1999 preveem ações afirmativas para assegurar o ingresso no mercado de trabalho de pessoas com deficiência e beneficiários reabilitados da Previdência Social. Assim, é necessária a manutenção de percentual de 2% a 5% de seus cargos com trabalhadores reabilitados ou pessoas com deficiência:

AÇÕES AFIRMATIVAS – PESSOAS COM DEFICIÊNCIA E REABILITADOS	
Total de empregados	**Percentual mínimo de empregados reabilitados e pessoas com deficiência**
Até 200 empregados	2%
201 a 500 empregados	3%
501 a 1.000 empregados	4%
1.001 empregados em diante	5%

Caso o trabalhador seja contratado por prazo indeterminado ou por prazo determinado em contratos de mais de 90 dias, a dispensa imotivada de pessoa com deficiência ou de empregado reabilitado fica condicionada à contratação de outro trabalhador com deficiência ou reabilitado. O Estatuto da Pessoa com Deficiência trouxe importante alteração no cálculo do percentual para contratação de pessoas com deficiência, pois a contratação de aprendizes com deficiência não pode entrar no cômputo desse percentual mínimo exigido, devendo ser considerada apenas a contratação direta na condição de empregado.

> **OBSERVAÇÃO**
>
> Cumpre ressaltar que a CLT prevê a necessidade de contratação de aprendizes em percentual equivalente a 5%, no mínimo, e 15%, no máximo, do total de trabalhadores existentes na empresa. Portanto, além da necessidade de contratação dos aprendizes prevista na CLT, é necessária a contratação direta de empregados com deficiência após a alteração trazida pela Lei nº 13.146/2015.

Práticas discriminatórias: A Lei nº 9.029/1995 proíbe a exigência de atestados de gravidez e esterilização, e outras práticas discriminatórias, para efeitos admissionais ou de permanência da relação jurídica de trabalho. Nesse sentido, o Estatuto da Pessoa com Deficiência alterou alguns dispositivos da Lei nº 9.029/1995 para proibir a discriminação motivada por deficiência. Além da possibilidade de tipificação da conduta como crime, a Lei nº 13.146/2015 estabeleceu algumas sanções ao empregador que comete esses atos discriminatórios:

1) Multa administrativa no valor de 10 vezes o valor do maior salário pago ao empregado;
2) Valor da multa é elevado em 50% na hipótese de reincidência;
3) Proibição de obter empréstimo ou financiamento junto a instituições financeiras oficiais.

O término do contrato de trabalho motivado por ato discriminatório, além do direito à reparação pelo dano moral, assegura a opção do empregado (art. 4º, Lei nº 9.029/1995):

- Reintegração com ressarcimento integral de todo o período de afastamento com o pagamento de toda a remuneração devida acrescida de juros e correção monetária; ou
- A percepção, em dobro, da remuneração do período de afastamento corrigida monetariamente e acrescida de juros.

REFLEXOS DO ESTATUTO DA PESSOA COM DEFICIÊNCIA NO DIREITO DO TRABALHO
- **Aprendizagem:** a) Aprendiz com deficiência com 18 anos ou mais: anotação da CTPS e frequência em programa de aprendizagem; b) Não **é** permitido o término antecipado do contrato de aprendizagem do aprendiz com deficiência por inaptidão e insuficiência se desprovido de recursos de acessibilidade, tecnologias assistivas e apoio no desempenho das atividades. - **Ações afirmativas:** percentual mínimo de contratação de pessoas com deficiência (2% a 5%) somente deve considerar os trabalhadores contratos diretamente e não aqueles contratados em aprendizagem.

REFLEXOS DO ESTATUTO DA PESSOA COM DEFICIÊNCIA NO DIREITO DO TRABALHO
- **Práticas discriminatórias:** a) Proibição de práticas discriminatórias na relação de emprego motivadas por deficiência; b) Sanções ao empregador que comete discriminação por deficiência: - Multa de 10 vezes o salário do empregado; - Aumento em 50% em caso de reincidência; - Proibição de obter empréstimo ou financiamento junto a instituições financeiras oficiais. c) Se houve término do contrato de trabalho por ato discriminatório, o empregado pode optar: - Reintegração com o pagamento de todo o período de afastamento; - Percepção em dobro da remuneração do período de afastamento;

2.18.2. DIREITO CIVIL

Incapacidade absoluta: A Lei Brasileira de Inclusão alterou completamente a teoria das incapacidades prevista no Código Civil. Tendo como base que as pessoas com deficiência têm direito ao exercício da capacidade legal em igualdade de condições com as demais pessoas (art. 84), o art. 3º do Código Civil foi alterado para prever como única hipótese de incapacidade absoluta os menos de 16 anos. Portanto, a enfermidade ou deficiência mental relacionada à falta de discernimento para a prática dos atos e aqueles que não puderem exprimir sua vontade, mesmo que por causas transitórias, deixam de ser hipóteses para a configuração da incapacidade civil absoluta. Note-se, portanto, que a deficiência, por si só, não justifica a imposição de incapacidade. Confira a nova redação do art. 3º do CC/02:

> **Art. 3º, CC/02:** São absolutamente incapazes de exercer pessoalmente os atos da vida civil os menores de 16 (dezesseis) anos.
>
> I – (Revogado);
>
> II – (Revogado);
>
> III – (Revogado).

Incapacidade relativa: Mesmo nas hipóteses de incapacidade relativa, o Estatuto da Pessoa com Deficiência desatrelou a incapacidade da deficiência. Portanto, a incapacidade, mesmo que relativa, não pode ser determinada pelo simples fato de que a pessoa apresenta alguma deficiência. Contudo, se, por causa transitória ou permanente, não puder exprimir sua vontade, é possível determinar a incapacidade relativa da pessoa com deficiência. Note-se que essa hipótese também pode ser aplicada às pessoas sem deficiência quando não puderem exprimir sua vontade em razão de um grave acidente por exemplo. Segue nova redação do art. 4º do Código Civil:

> **Art. 4º do CC/02:** São incapazes, relativamente a certos atos ou à maneira de os exercer:
>
> I - os maiores de dezesseis e menores de dezoito anos;
>
> II - os **ébrios** habituais e os viciados em tóxico;
>
> III - aqueles que, por causa transitória ou permanente, não puderem exprimir sua vontade;
>
> IV - os pródigos.
>
> Parágrafo único. A capacidade dos indígenas será regulada por legislação especial.

Críticas ao Estatuto da Pessoa com Deficiência: Com a alteração na disciplina jurídica da incapacidade, o Estatuto da Pessoa com Deficiência recebeu críticas acerca:

a) **Prazo de prescrição para a pessoa com deficiência:** O art. 198 do CC/02 estabelece como uma das hipóteses que o prazo prescricional não correrá a incapacidade absoluta (art. 198, I, CC/02). Portanto, a pessoa com deficiência que não puder exprimir sua vontade terá seu prazo prescricional fluindo normalmente, o que gera críticas da doutrina diante da incapacidade de manifestar os atos da vida civil por aquela pessoa.

b) **Invalidade dos negócios jurídicos celebrados por pessoa com deficiência:** Na mesma linha da crítica acima, o art. 166, I, do CC/02 estabelece que somente os negócios jurídicos celebrados por pessoa absolutamente incapaz são nulos. Portanto, a incapacidade relativa não assegura a nulidade do negócio jurídico celebrado por pessoa com deficiência que não puder exprimir sua vontade. A anulabilidade depende de manifestação da parte e se convalida com o tempo[6].

Pessoa com deficiência como testemunha: O art. 228 estabelecia em seus incisos II e III hipóteses de pessoas com deficiência que não poderiam servir como testemunhas (aqueles que, por enfermidade ou retardamento mental, não tiverem discernimento para a prática dos atos da vida civil e os cegos e surdos, quando a ciência do fato que se quer provar dependa dos sentidos que lhes faltam). O Estatuto da Pessoa com Deficiência revogou esses dispositivos, desatrelando a deficiência da pessoa com sua capacidade para ser testemunha, estabelecendo de forma clara que a pessoa com deficiência pode testemunhas em igualdade de condições com as demais pessoas:

> **Art. 228, § 2º, CC/02:** A pessoa com deficiência poderá testemunhar em igualdade de condições com as demais pessoas, sendo-lhe assegurados todos os recursos de tecnologia assistiva.

6. FARIAS, Cristiano Chaves de.; CUNHA, Rogério Sanches; PINTO, Ronaldo Batista. *Estatuto da Pessoa com Deficiência comentado artigo por artigo*. Salvador: Juspodivm, 2016. p. 314.

Revogação de autorização para casar: A Lei Brasileira de Inclusão alterou a redação do art. 1.518 do CC/02 que previa que o curador poderia revogar a autorização do curatelado para casamento. Contudo, como vimos o direito ao casamento (matrimônio) não é afetado pela curatela, podendo ser livremente exercido. Segue novamente quadrinho com as hipóteses de direitos afetados e não afetados pela curatela:

Direitos afetados pela curatela	Direitos NÃO afetados pela curatela
– Direitos de natureza patrimonial e negocial	– Direito ao Próprio Corpo – Direito à Sexualidade – Direito à Educação – Direito ao Matrimônio – Direito à Privacidade – Direito ao Trabalho – Direito ao Voto – Direito à Saúde

Nulidade do casamento: Da mesma forma que o tópico anterior, a antiga redação do art. 1.548 do CC/02 previa que o casamento de pessoa com enfermidade mental sem o necessário discernimento para os atos da vida civil era nulo. Esse dispositivo foi revogado pela Lei nº 13.146/2015, pois prestigia-se a plena capacidade da pessoa com deficiência para casar-se (art. 6º, I, Estatuto da Pessoa com Deficiência). Nesse sentido, estabelece o art. 1.550, § 2º, CC/02:

> **Art. 1.550, § 2º, CC/02:** A pessoa com deficiência mental ou intelectual em idade núbia poderá contrair matrimônio, expressando sua vontade diretamente ou por meio de seu responsável ou curador.

Erro essencial sobre a pessoa do outro cônjuge: O CC/02 previa que a doença mental grave e o defeito físico irremediável seriam hipóteses para ser considerar erro sobre a pessoa do outro cônjuge que poderia anular o casamento por vício de vontade. O Estatuto da Pessoa com Deficiência removeu a remissão à doença mental grave e, quanto ao defeito físico somente aquele que não constitui deficiência pode ser considerado como erro:

> **Art. 1.557, CC/02:** Considera-se erro essencial sobre a pessoa do outro cônjuge:
>
> III - a ignorância, anterior ao casamento, de **defeito físico irremediável que não caracterize deficiência** ou de moléstia grave e transmissível, por contágio ou por herança, capaz de pôr em risco a saúde do outro cônjuge ou de sua descendência;
>
> IV - (Revogado).

Curatela: O Estatuto da Pessoa com Deficiência alterou significativa as hipóteses previstas de curatela no Código Civil. Tendo em vista o caráter excepcional da curatela, removeu-se as hipóteses que vinculavam a necessidade de curatela à existência de deficiência. Lembre-se de que a pessoa com deficiência tem, em regra, plena capacidade para os atos da vida civil. A curatela somente será possível quando a pessoa não puder exprimir sua vontade por causa transitória ou permanente. Portanto, somente se a pessoa com deficiência não puder exprimir sua vontade, é possível a instituição da curatela. As demais hipóteses de curatela estão previstas no art. 1.767 do CC/02 e não dizem respeito à pessoa com deficiência:

> **Art. 1.767, CC/02:** Estão sujeitos a curatela:
>
> I – aqueles que, por causa transitória ou permanente, não puderem exprimir sua vontade;
>
> II – (Revogado);
>
> III – os ébrios habituais e os viciados em tóxico;
>
> IV – (Revogado);
>
> V – os pródigos.

Curatela compartilhada: É possível que a curatela da pessoa com deficiência seja compartilhada (art. 1775-A, CC/02), ou seja, exercida por duas ou mais pessoas com o intuito de assegurar a proteção do curatelado.

Tomada de decisão apoiada: O Estatuto da Pessoa com Deficiência criou modelo de proteção intermediária para a pessoa com deficiência que não determina sua incapacidade relativa ou absoluta. Assim, a plena capacidade civil é garantida, mas verifica-se um auxílio a sua dignidade e igualdade substancial[7]. Trata-se do processo pelo qual a pessoa com deficiência escolhe 2 pessoas idôneas com quem mantenha vínculos e relação de confiança para prestar-lhe apoio na tomada de decisão sobre atos da vida civil, fornecendo elementos e informações necessários para que possa exercer sua capacidade (art. 1783-A, CC/02).

Termo de apoio: Para o exercício da tomada de decisão apoiada, é necessário que a pessoa com deficiência e seus apoiadores apresentem termo que conste as seguintes informações (art. 1783-A, § 1º, CC/02):

- Limites do apoio a ser oferecido;
- Compromissos dos apoiadores;
- Prazo de vigência do acordo; e
- Respeito à vontade, aos direitos e aos interesses da pessoa que devem apoiar.

Procedimento: Antes de se pronunciar, o Juiz deve ser assistido por equipe multidisciplinar e ouvir pessoalmente o requerente e as pessoas que lhe prestarão apoio, ouvido o Ministério Público.

Efeitos da decisão: A decisão tomada por pessoa apoiada tem validade e efeitos sobre terceiros sem restrições desde que esteja inserida nos limites do apoio acordado. Nesse sentido, pode ser solicitado que os apoiadores contra-assinem o contrato ou acordo entre a pessoa com deficiência e o terceiro com quem mantem relação negocial.

Negócio jurídico que traga risco ou prejuízo: Se houver divergência de opinião entre a pessoa apoiada e um dos apoiadores, o juiz deve decidir a questão, ouvido o Ministério Público.

Negligência, pressão indevida ou inadimplemento das obrigações pelo apoiador: Se o apoiador agir com negligência, exercer pressão indevida ou não adimplir as obrigações assumidas, qualquer pessoa, inclusive a pessoa apoiada, pode apresentar denúncia ao Ministério Público ou ao juiz. Se procedente a denúncia, será destituído e nomeada outra pessoa para prestação de apoio.

Término do acordo firmado em processo de tomada de decisão apoiada: pode ser solicitado a qualquer tempo pela pessoa apoiada. É possível ainda que o apoiador solicite sua exclusão do processo de tomada de decisão apoiada, ficando seu desligamento condicionado à manifestação do juiz.

2.19. DISPOSIÇÕES FINAIS E TRANSITÓRIAS DO ESTATUTO DA PESSOA COM DEFICIÊNCIA

Cadastro-Inclusão: O Estatuto da Pessoa com Deficiência criou o Cadastro Nacional de Inclusão da Pessoa com Deficiência, administrado pelo Poder Executivo Federal e constituído por base de dados, instrumentos, procedimentos e sistemas eletrônicos. O Cadastro-Inclusão consiste em registro público eletrônico que tem como finalidade a coleta, o processamento, a sistematização e a disseminação de informações georreferenciadas que permitam a identificação e a caracterização socioeconômica da pessoa com deficiência e das barreiras que impedem a realização de seus direitos (art. 92, Lei nº 13.146/2015).

Os dados constituintes do Cadastro-Inclusão são obtidos a partir da integração dos sistemas de informação e da base de dados de todas as políticas públicas relacionadas aos direitos previstos no Estatuto e pelas informações coletadas em censos nacionais e demais pesquisas, de acordo com os parâmetros estabelecidos pela Convenção sobre os Direitos das Pessoas com Deficiência e seu Protocolo Facultativo. Para a coleta, transmissão e sistematização de dados, é possível a celebração de convênios, acordos, termos de parceria ou contratos com instituições públicas e privadas.

É necessário ressaltar que a utilização das informações constantes no Cadastro-Inclusão deve observar as salvaguardas estabelecidas em lei, de modo que sejam asseguradas a **confidencialidade**, a **privacidade e as liberdades fundamentais da pessoa com**

---

7. FARIAS, Cristiano Chaves de.; CUNHA, Rogério Sanches; PINTO, Ronaldo Batista. *Estatuto da Pessoa com Deficiência comentado artigo por artigo*. Salvador: Juspodivm, 2016. p. 335.

deficiência, bem como os **princípios éticos** que regem a utilização das informações. As informações a que se refere o artigo devem ser disseminadas em formatos acessíveis.

As informações do Cadastro-Inclusão **somente** poderão ser utilizadas com os seguintes objetivos:

a) formulação, gestão, monitoramento e avaliação das políticas públicas para a pessoa com deficiência e para identificar as barreiras que impedem a realização de seus direitos;

b) realização de estudos e pesquisas.

Inspeções e auditorias pelos órgãos de controle interno e externo: As inspeções e auditorias pelos **órgãos** de controle interno e externo devem observar o cumprimento do Estatuto da Pessoa com Deficiência e das normas de acessibilidade vigentes (art. 93, Lei nº 13.146/2015).

Comparecimento da pessoa com deficiência em órgãos públicos: É vedada a exigência do comparecimento da pessoa com deficiência em órgãos públicos quando, em razão de sua limitação funcional e das condições de acessibilidade, impuserem-lhe ônus desproporcional e indevido no deslocamento. Nesses casos, devem ser observados os seguintes procedimentos, conforme os interesses:

- **Interesse do poder público:** o agente promoverá o contato necessário com a pessoa com deficiência em sua residência;
- **Interesse da pessoa com deficiência:** A pessoa com deficiência apresentará solicitação de atendimento domiciliar ou fará representar-se por procurador constituído para essa finalidade.

No caso de perícia médica e social do INSS, serviço público de saúde ou serviço privado de saúde, contratado ou conveniado, que integre o SUS e entidades da rede socioassistencial integrantes do Suas, o atendimento deve ser realizado no domicílio da pessoa com deficiência, quando seu deslocamento, em razão de sua limitação funcional e de condições de acessibilidade, impuser-lhe ônus desproporcional e indevido (art. 95, Lei nº 13.146/2015).

Relatórios circunstanciados: Os órgãos competentes, em cada esfera do governo, devem elaborar relatórios circunstanciados sobre o cumprimento dos prazos previstos nas leis nº 10.048/00 e 10.098/00 até um ano após a entrada em vigor do Estatuto da Pessoa com Deficiência, e o seu encaminhamento ao Ministério Público e órgãos de regulação para a adoção das providências cabíveis nos casos de descumprimento (art. 120, Lei nº 13.146/2015).

Direitos, prazos e obrigações: Os direitos, os prazos e as obrigações disciplinados pelo Estatuto da Pessoa com Deficiência devem ser aplicados em conformidade com as demais normas internas e acordos internacionais aprovados e promulgados pelo Congresso Nacional sobre a matéria, prevalecendo sempre a norma mais benéfica à pessoa com deficiência (art. 121, Lei nº 13.146/2015).

Microempresas e empresas de pequeno porte. De acordo com o Estatuto da Pessoa com deficiência, o tratamento diferenciado, simplificado e favorecido às microempresas e às empresas de pequeno porte previsto no art. 1º, § 3º, da Lei Complementar nº 123/06 será previsto em regulamento (art. 122, Lei nº 13.146/2015).

3. PRIORIDADE DE ATENDIMENTO ÀS PESSOAS COM DEFICIÊNCIA

Atendimento prioritário: De acordo com a legislação (art. 9º, Lei nº 13.146/2015), a pessoa com deficiência tem direito ao recebimento de atendimento prioritário, que compreende tratamento diferenciado e atendimento imediato (art. 6º, Decreto nº 5.296/2004). Cumpre ressaltar que, além da pessoa com deficiência, tem direito ao atendimento prioritário (art. 1º, Lei nº 10.048/2000 e art. 5º, Decreto nº 5.296/2004):

- Pessoas idosas com idade igual ou superior a 60 anos (redação dada pela Lei 14.626/2023);
- Gestantes;
- Lactantes;
- Pessoas com crianças de colo;
- Obesos;
- Pessoas com mobilidade reduzida (redação dada pela Lei 14.626/2023);
- Doadores de sangue (redação dada pela Lei 14.626/2023) – Os doadores de sangue terão direito a atendimento prioritário após todos os demais beneficiados, mediante apresentação de comprovante de doação, com validade de 120 (cento e vinte) dias.

Forma de atendimento prioritário: O atendimento prioritário poderá ser realizado mediante discriminação de postos, caixas, guichês, linhas ou atendentes específicos para esse fim.

O Estatuto da Pessoa com Deficiência traça as principais hipóteses para esse tratamento diferenciado no atendimento.

HIPÓTESES DE ATENDIMENTO PRIORITÁRIO
– **Proteção e socorro**: nos serviços de emergência públicos e privados, a prioridade é condicionada à observância dos protocolos de atendimento médico (art. 9º, I, Estatuto da Pessoa com Deficiência);
– **Atendimento ao público:** Atendimento em todas as instituições e serviços de atendimento ao público (art. 9º, II, Estatuto da Pessoa com Deficiência);
– **Recursos para igualdade de condições:** Disponibilização de recursos humanos e tecnológicos que assegurem atendimento em igualdade de condições com as demais pessoas (art. 9º, III, Estatuto da Pessoa com Deficiência);

HIPÓTESES DE ATENDIMENTO PRIORITÁRIO
- **Transporte acessível e seguro:** Disponibilização de pontos de parada, estações e terminais acessíveis de transporte coletivo de passageiros e garantia de segurança no embarque e desembarque (art. 9º, IV, Estatuto da Pessoa com Deficiência);
- **Acesso a informações e recursos de comunicação acessíveis** (art. 9º, V, Estatuto da Pessoa com Deficiência);
- Recebimento de **restituição de imposto de renda** (art. 9º, VI, Estatuto da Pessoa com Deficiência);
- **Tramitação processual** e procedimentos judiciais e administrativos em que for parte ou interessada, em todos os atos e diligências (art. 9º, VII, Estatuto da Pessoa com Deficiência).

Acompanhante e atendente pessoal: os direitos de atendimento prioritário são extensíveis ao acompanhante de pessoa com deficiência ou ao seu atendente pessoal com exceção do atendimento prioritário no recebimento de restituição de imposto de renda e na tramitação processual.

Os acompanhantes ou atendentes pessoais das pessoas com atendimento prioritário serão atendidos junta e acessoriamente aos titulares da prioridade legal.

Reserva de assentos: As empresas públicas de transporte e as concessionárias de transporte coletivo reservarão assentos, devidamente identificados, às pessoas com deficiência, às pessoas com transtorno do espectro autista, às pessoas idosas, às gestantes, às lactantes, às pessoas com criança de colo e às pessoas com mobilidade reduzida.

Tratamento diferenciado: O art. 6º, § 1º, Decreto nº 5.296/2004 determina um rol exemplificativo de hipóteses de tratamento diferenciado:

TRATAMENTO DIFERENCIADO
• Assentos de uso preferencial sinalizados, espaços e instalações acessíveis;
• Mobiliário de recepção e atendimento obrigatoriamente adaptado à altura e à condição física de pessoas em cadeira de rodas conforme normas técnicas da ABNT.
• Serviços de atendimento para pessoas com deficiência auditiva, prestado por intérpretes ou pessoas capacitadas em Língua Brasileira de Sinais – LIBRAS e no trato com aquelas que não se comuniquem em LIBRAS, e para pessoas surdocegas, prestado por guias-intérpretes ou pessoas capacitadas neste tipo de atendimento;
• Pessoal capacitado para prestar atendimento às pessoas com deficiência visual, mental e múltipla, bem como às pessoas idosas;
• Área especial para embarque e desembarque de pessoa com deficiência ou mobilidade reduzida;
• Sinalização ambiental para orientação das pessoas com atendimento prioritário;
• Divulgação do direito de atendimento prioritário das pessoas com deficiência ou mobilidade reduzida em local visível;
• Admissão e permanência de cão-guia junto de pessoa com deficiência nos órgãos públicos, concessionárias de serviços públicos, edificações de uso público ou coletivo com a apresentação de carteira de vacina atualizada do animal;
• Local de atendimento específico às pessoas com atendimento prioritário.

Atendimento imediato: As pessoas com atendimento prioritário devem ser atendidas, depois de concluído o atendimento em andamento, antes de qualquer outra (art. 6º, § 2º, Decreto nº 5.296/2004).

4. DIREITOS NO SISTEMA DE TRANSPORTE COLETIVO

Transporte e mobilidade em igualdade de oportunidades: Novamente, a Lei Brasileira de Inclusão da Pessoa com Deficiência ressalta a necessidade de assegurar direito ao transporte e mobilidade em igualdade de oportunidades com as demais pessoas à pessoa com deficiência ou com mobilidade reduzida, por meio de identificação e de **eliminação de obstáculos e barreiras ao acesso** (art. 46, Lei nº 13.146/2015).

Transporte coletivo terrestre, aquaviário e aéreo: Com a finalidade de acessibilidade, consideram-se integrantes desses serviços, os veículos, os terminais, as estações, os pontos de parada, o sistema viário e a prestação do serviço.

Submissão ao Estatuto da Pessoa com Deficiência: Sujeitam-se às disposições do Estatuto da Pessoa com Deficiência, a outorga, a concessão, a permissão, a autorização, a renovação ou a habilitação de linhas e de serviços de transporte coletivo. Além disso, as empresas de transporte de fretamento e de turismo também se sujeitam às disposições do Estatuto quanto à promoção do direito ao transporte e mobilidade da pessoa com deficiência ou com mobilidade reduzida. **Atenção!** Esse dispositivo somente passará a ser exigido após 48 meses da entrada em vigor do Estatuto da Pessoa com Deficiência (art. 125, IV)

Símbolo internacional de acesso: Para colocação do símbolo internacional de acesso nos veículos de empresa de transporte coletivo de passageiros, é necessária a certificação de acessibilidade emitida pelo gestor público responsável pela prestação do serviço.

Vagas em estacionamentos: é necessária a **reserva de 2% das vagas sinalizadas**, sempre garantida 1 vaga, próximas aos acessos de circulação de pedestres para veículos que transportem pessoa com deficiência com comprometimento de mobilidade em todas as áreas de estacionamento abertas ao público, de uso público ou privado de uso coletivo e em vias públicas. Os veículos estacionados nessas vagas devem exibir credencial de beneficiário confeccionada pelos órgãos de trânsito, que será válida em todo território nacional (art. 47, Lei nº 13.146/2015). O art. 7º da Lei nº 10.098/2000 também prevê a reserva de 2% das vagas de estacionamento devidamente sinalizadas e próximas ao acesso de circulação de pedestres.

Utilização indevida das vagas reservadas às pessoas com deficiência: sujeita o infrator à multa de trânsito de natureza grave conforme art. 181, XX, do Código de Trânsito Brasileiro:

> **Art. 181, CTB.** Estacionar o veículo:
>
> (...)
>
> XX – nas vagas reservadas às pessoas com deficiência ou idosos, sem credencial que comprove tal condição:
>
> Infração – gravíssima;
>
> Penalidade – multa;
>
> Medida administrativa – remoção do veículo.

Acessibilidade no transporte: Os veículos de transporte coletivo terrestre, aquaviário e aéreo, as instalações, estações, portos e terminais devem ser acessíveis para o uso de todas as pessoas. É necessária a disponibilização de informações em comunicação acessível sobre todos os pontos do itinerário (art. 48, Lei nº 13.146/2015). Os sistemas de transporte coletivo são considerados acessíveis quando todos os seus elementos são concebidos, organizados, implantados e adaptados segundo o conceito de desenho universal, garantindo o uso pleno com segurança e autonomia por todas as pessoas (art. 34, Decreto nº 5.296/2004). De acordo com o art. 5º da Lei nº 10.048/2000, os veículos de transporte coletivo serão planejados de forma a facilitar o acesso a seu interior das pessoas com deficiência.

Reserva de assentos em transportes coletivos: Deve ser assegurada à pessoa com deficiência a reserva de assentos devidamente identificados por empresas de transporte coletivo de passageiros (art. 3º, Lei nº 10.048/2000).

Prioridade no embarque e desembarque: A pessoa com deficiência tem assegurada prioridade e segurança nos procedimentos de embarque e desembarque nos veículos de transporte coletivo.

Acessibilidade em elementos verticais de sinalização: Os sinais de tráfego, semáforos, postes de iluminação e quaisquer outros elementos verticais de sinalização devem ser dispostos de modo a não dificultar a circulação, assegurando sua utilização com a máxima comodidade (art. 8º, Lei nº 10.098/2000)

Sinal sonoro de orientação para pedestre: Os semáforos para pedestres devem estar equipados com mecanismo que emita sinal sonoro suave ou com outro mecanismo alternativo que viabilize a travessia de pessoas com deficiência visual, se intensidade de fluxo de veículos assim determinar. Será obrigatório o uso desse sinal sonoro em vias públicas de grande circulação ou que deem acesso ao serviço de reabilitação (art. 9º, Lei nº 10.098/2000 e art. 17 do Decreto nº 5.296/2004).

Fabricação de veículos acessíveis: O poder público deve incentivar a fabricação de veículos acessíveis e sua utilização como táxis e vans para permitir seu uso por todas as pessoas (art. 50, Lei nº 13.146/2015). Ademais, todos os veículos de transporte coletivo rodoviário, aquaviário, metroferroviário, ferroviário e aéreo devem ser fabricados acessíveis de forma a garantir o uso de pessoa com deficiência ou mobilidade reduzida (art. 38 a 44 do Decreto nº 5.296/2004). Vale ressaltar que essa previsão não se aplica aos veículos destinados exclusivamente às empresas de transporte de fretamento e de turismo conforme § 5º do art. 38 do Decreto nº 5.296/2004, acrescentado pelo Decreto nº 10.014/2019.

Isenção de IPI em automóveis: De acordo com o art. 1º, IV, Lei nº 8.989/1995, há isenção de IPI sobre os automóveis para pessoa com deficiência. Destaca-se que o art. 126 do Estatuto da Pessoa com deficiência prorrogou a vigência da Lei nº 8.989/1995 até 31 de dezembro de 2021.

Reserva de táxis acessíveis: Empresas de táxi devem reservar 10% de seus veículos acessíveis à pessoa com deficiência, sendo proibida a cobrança de valores adicionais pelo serviço prestado. Para assegurar o cumprimento da cota de 10%, é possível a instituição de incentivos fiscais pelo poder público (art. 51, Lei nº 13.146/2015).

Decreto nº 9.762/2019: No dia 11/04/2019 foi promulgado o Decreto nº 9.762 que estabelece as diretrizes para a transformação e a modificação de veículos automotores a fim de comporem frotas de táxi e de locadoras de veículos acessíveis a pessoas com deficiência.

De acordo com o art. 2º do Decreto, os veículos automotores acessíveis terão as medidas internas e os equipamentos de segurança e de acessibilidade adequados ao transporte de pessoas com deficiência, observadas as resoluções do Contran, as normas técnicas nacionais e internacionais de segurança no transporte de pessoas em cadeira de rodas em veículos automotores e a legislação específica destinada a veículos automotores.

Além disso, o veículo automotor será considerado acessível desde que tenha a capacidade para transportar uma pessoa em cadeira de rodas e, no mínimo, mais dois passageiros, excluído o motorista.

Por fim, ressalta-se que as locadoras de veículos oferecerão veículos automotores adaptados ao uso de pessoa com deficiência na proporção de um a cada vinte veículos da sua frota.

Reserva de vagas na outorga de táxis: O Estatuto da Pessoa com Deficiência inseriu o art. 12-B à Lei nº 12.587/2012 que prevê a necessidade de se reservar 10% das vagas em outorga de exploração de serviço e táxis à pessoa com deficiência. Para ter direito de concorrer às vagas, o condutor deve atender aos seguintes requisitos quanto ao veículo utilizado, sob pena de deixar sua vaga para os remanescentes:

- Ser o veículo de sua propriedade e por ele conduzido;
- Estar adaptado às suas necessidades.

Locadores de veículos: Obrigação de oferecimento de 1 veículo adaptado para pessoa com deficiência a cada conjunto de 20 veículos de sua frota. Veículo deverá ter, no mínimo, câmbio automático, direção hidráulica, vidros elétricos e comandos manuais de freio e embreagem.

4.1. PASSE LIVRE NO TRANSPORTE COLETIVO INTERESTADUAL (LEI Nº 8.899/1994 E DECRETO Nº 3.691/2000)

Passe livre: É assegurado à pessoa com deficiência, comprovadamente carente, o passe livre no transporte coletivo interestadual (art. 1º, Lei nº 8.899/1994). Nesse sentido, o art. 1º do Decreto nº 3.691/2000, que regulamenta a Lei nº 8.899/1994, estabelece a necessidade das empresas permissionárias e autorizatárias de transporte interestadual de passageiros a reservar dois assentos de cada veículo para pessoa com deficiência. Cabe ao Ministro de Estado dos Transportes estabelecer a disciplina do Decreto nº 3.691/2000.

Para facilitar a memorização do assunto, segue quadrinho com dicas sobre os direitos da pessoa com deficiência no transporte coletivo:

DIREITO AO TRANSPORTE E À MOBILIDADE
- **Transporte e mobilidade em igualdade de oportunidades:** identificação e de eliminação de obstáculos e barreiras ao acesso;
- **Transporte coletivo terrestre, aquaviário e aéreo:** Também integram os veículos, os terminais, as estações, os pontos de parada, o sistema viário e a prestação do serviço.
- **Submissão ao Estatuto da Pessoa com Deficiência:**
- A outorga, a concessão, a permissão, a autorização, a renovação ou a habilitação de linhas e de serviços de transporte coletivo;
- As empresas de transporte de fretamento e de turismo. **Atenção!** Esse dispositivo somente passará a ser exigido após 48 meses da entrada em vigor do Estatuto da Pessoa com Deficiência (art. 125, IV);
- **Símbolo internacional de acesso:** certificação de acessibilidade emitida pelo gestor público responsável;
- **Vagas em estacionamentos:** reserva de 2% das vagas sinalizadas com necessidade de utilização de credencial;
- **Acessibilidade no transporte:** Veículos de transporte coletivo terrestre, aquaviário e aéreo, as instalações, estações, portos e terminais devem ser acessíveis para o uso de todas as pessoas;
- Pessoa com deficiência tem **prioridade no embarque e desembarque** de veículos de transporte coletivo;
- **Fabricação de veículos acessíveis:** incentivar a fabricação de veículos acessíveis e sua utilização como táxis e vans;
- **Reserva de táxis acessíveis:** 10% da frota com veículos acessíveis.
- **Locadores de veículos:** 1 veículo adaptado a cada 20 veículos de sua frota.

5. SÍMBOLO DE IDENTIFICAÇÃO DE PESSOAS COM DEFICIÊNCIA AUDITIVA

Símbolo internacional de surdez: É obrigatória a colocação de modo visível do "Símbolo Internacional de Surdez" em todos os locais que possibilitem acesso, circulação e utilização por pessoas com deficiência auditiva e em todos os serviços que forem postos à sua disposição (art. 1º. Lei nº 8.160/1991).

Local visível ao público: A colocação do símbolo deve ocorrer em local visível ao público, não sendo permitida modificação ou adição ao desenho reproduzido.

Proibição de uso: é proibido o uso do símbolo internacional de surdez para finalidade diversa que não seja a identificar, assinalar ou indicar local ou serviço habilitado ao uso de pessoas com deficiência. Essa proibição não se aplica à reprodução do símbolo em publicações e outros meios de comunicação relevantes para os interesses do deficiente auditivo, por exemplo, nos adesivos específicos para veículos por ele conduzidos.

6. NORMAS GERAIS E CRITÉRIOS BÁSICOS PARA A PROMOÇÃO DA ACESSIBILIDADE DAS PESSOAS COM DEFICIÊNCIA OU COM MOBILIDADE REDUZIDA

Acessibilidade: É o direito que assegura à pessoa com deficiência ou com mobilidade reduzida **viver de forma independente** e exercer seus **direitos de cidadania e de participação social** (art. 53, Lei nº 13.146/2015). Nesse sentido, é importante destacar o conceito trazido no art. 3º do Estatuto sobre acessibilidade. Ressalta-se novamente a importância dos conceitos trazidos pela Legislação que poderão ser exigidos em seu concurso. Não deixe de conferir nosso quadro com os conceitos no tópico 2.2 dessas dicas:

> **Art. 3º, I, Estatuto da Pessoa com Deficiência:** Para fins de aplicação desta Lei, consideram-se: **acessibilidade**: possibilidade e condição de alcance para utilização, com segurança e autonomia, de espaços, mobiliários, equipamentos urbanos, edificações, transportes, informação e comunicação, inclusive seus sistemas e tecnologias, bem como de outros serviços e instalações abertos ao público, de uso público ou privados de uso coletivo, tanto na zona urbana como na rural, **por pessoa com deficiência ou com mobilidade reduzida**; (grifos acrescidos)

Instrumentos sujeitos ao cumprimento das normas de acessibilidade: A Lei Brasileira de Inclusão da Pessoa com Deficiência traçou os instrumentos que estão **sujeitos** ao respeito da legislação sobre acessibilidade previstas no Estatuto e em outras normas (art. 54, Lei nº 13.146/2015):

---

8. Imagem retirada do seguinte link oficial: <https://www.planalto.gov.br/ccivil_03/leis/1989_1994/anexo/ANL8160-1991.pdf>.

OBRIGATORIEDADE NO CUMPRIMENTO DAS NORMAS DE ACESSIBILIDADE
1) Aprovação de **projeto arquitetônico e urbanístico** ou de **comunicação e informação**;
2) Fabricação de **veículos de transporte coletivo** e a prestação do respectivo serviço;
3) Execução de qualquer tipo de **obra**, quando tenham destinação **pública ou coletiva**;
4) Outorga ou renovação de **concessão, permissão, autorização ou habilitação** de qualquer natureza;
5) Aprovação de **financiamento de projeto com utilização de recursos públicos**, por meio de renúncia ou de incentivo fiscal, contrato, convênio ou instrumento congênere. Nesse caso, de acordo com o art. 64 do Estatuto da Pessoa com Deficiência, para a obtenção do financiamento é necessário assegurar acessibilidade nos sítios eletrônicos; e
6) Concessão de aval da União para **obtenção de empréstimo e de financiamento internacionais** por entes públicos ou privados.

Atos e legislações orientados pelas regras de acessibilidade: O Estatuto da Pessoa com Deficiência aponta ainda os atos e legislações que devem se orientar pelas regras de acessibilidade, sempre observando o disposto nas seguintes leis (art. 60, Lei nº 13.146/2015):

- Lei nº 10.098/2000 (estabelece normas gerais e critérios básicos para a promoção da acessibilidade das pessoas portadoras de deficiência ou com mobilidade reduzida);
- Lei nº 10.257/2001 (estabelece diretrizes gerais da política urbana);
- Lei nº 12.857/2012 (institui as diretrizes da Política Nacional de Mobilidade Urbana)

Obs.: Note a diferença entre o tópico anterior que traz os instrumentos que estão sujeitos às normas de acessibilidade (obrigatoriedade), enquanto que os atos e legislações desse tópico devem ser orientados pelas regras de acessibilidade.

ORIENTAÇÃO PELAS REGRAS DE ACESSIBILIDADE
– Planos diretores municipais;
– Planos diretores de transporte e trânsito;
– Planos de mobilidade urbana;
– Planos de preservação de sítios históricos;
Obs.: Todos os planos listados acima devem se orientar pelas regras de acessibilidade quando elaborados ou atualizados a partir da publicação do Estatuto da Pessoa com deficiência.
– Códigos de obras;
– Código de postura;
– Leis de uso e ocupação do solo;
– Leis do sistema viário;
– Estudos prévios de impacto de vizinhança;
– Atividades de fiscalização e a imposição de sanções;
– Legislação referente à prevenção contra incêndio e pânico.

Concessão e renovação de alvará de funcionamento: condicionada ao cumprimento e certificação das regras de acessibilidade.

Carta de habite-se: A emissão de cara de habite-se, sua habilitação equivalente e renovação, é condicionada à observância e certificação das regras de acessibilidade (art. 60, § 2º, Lei nº 13.146/2015 e art. 13, § 2º, Decreto nº 5.296/2004).

6.1. PRINCÍPIO DO DESENHO UNIVERSAL

Princípio do desenho universal: Projetos que versem sobre o meio físico, de transporte, de informação e comunicação, inclusive de sistemas e tecnologias da informação e comunicação, e de outros serviços, equipamentos e instalações abertas ao público, devem atender aos princípios do desenho universal, tendo como referência as normas de acessibilidade (art. 55, Lei nº 13.146/2015).

Desenho universal será utilizado como **regra geral**, inclusive desde a etapa de concepção das políticas públicas. **Exceção:** Nas hipóteses que comprovadamente não seja possível utilizar o desenho universal, deve ser adotada **adaptação razoável** (art. 55, § 1º e 2º, Lei nº 13.146/2015).

LEMBRE-SE:

O **desenho universal** compreende a concepção de produtos, ambientes, programas e serviços a serem usados por todas as pessoas, **sem necessidade de adaptação ou de projeto específico**, incluindo os recursos de tecnologia assistiva (art. 3º, II);

As **adaptações razoáveis** compreendem as **adaptações, modificações e ajustes necessários e adequados que não acarretem ônus desproporcional e indevido** a fim de assegurar que a pessoa com deficiência possa exercer todos seus direitos fundamentais em igualdade de condições e oportunidades com as demais pessoas (art. 3º, VI).

Diretrizes curriculares e projetos de pesquisa: é dever do poder público incluir conteúdos temáticos referentes ao desenho universal nas diretrizes curriculares da educação profissional e tecnológica e do ensino superior e na formação das carreiras de Estado. Projetos de pesquisa com apoio de organismos públicos de auxílio à pesquisa e de agências de fomento devem incluir temas voltados para o desenho universal (art. 55, § 4º, Lei nº 13.146/2015). Nesse mesmo sentido, prevê o art. 10, § 1º e 2º do Decreto nº 5.296/2004.

6.2. PREMISSAS BÁSICAS DE ACESSIBILIDADE

Premissas básicas para ações de acessibilidade: É importante ressaltar que a legislação traça ainda as premissas básicas para a formulação, implementação e manutenção das ações de acessibilidade (art. 61, Lei nº 13.146/2015). Essas premissas também estão previstas no art. 9º do Decreto nº 5.296/2004:

PREMISSAS BÁSICAS PARA AÇÕES DE ACESSIBILIDADE
– Eleição de prioridades;
– Elaboração de cronograma;
– Reserva de recursos para implementação de ações;
– Planejamento contínuo e articulado entre os setores envolvidos.

Contas em formato acessível: É direito da pessoa com deficiência, desde que realize a solicitação, o recebimento de contas, boletos, extratos e cobranças de tributos em formato acessível (art. 62, Lei nº 13.146/2015).

6.3. ACESSIBILIDADE EM EDIFICAÇÕES, VIAS E ESPAÇOS PÚBLICOS

Previsão constitucional: De acordo com o art. 227, § 2º, da Constituição Federal, a lei deve dispor sobre normas de construção dos logradouros e dos edifícios de uso público, e da fabricação de transporte coletivo a fim de garantir acesso adequado às pessoas com deficiência.

Alterações em edificações abertas ao público: a construção, reforma, ampliação ou mudança de uso de edificações abertas ao público devem ser executadas de modo a serem acessíveis. Entidades de fiscalização profissional de Engenharia, Arquitetura e correlatas devem exigir a responsabilidade profissional declarada de atendimento às regras de acessibilidade ao anotarem a responsabilidade técnica de projetos. Após a certificação de acessibilidade pelo poder público será colocado símbolo internacional de acesso em locais de ampla visibilidade (art. 56, Lei nº 13.146/2015 e art. 11, § 3º, Decreto nº 5.296/2004). Nesse mesmo sentido, o art. 4º da Lei nº 10.048/2000 determina a facilitação do acesso em logradouros e sanitários públicos às pessoas com deficiência.

Também é necessário o atendimento às regras de acessibilidade para:

- Aprovação, licenciamento ou emissão de certificado de projeto executivo arquitetônico, urbanístico e de instalações e equipamentos temporários ou permanentes;
- Licenciamento ou emissão de certificado de conclusão de obra ou serviço.

Requisitos de acessibilidade assegurados na construção, reforma e ampliação de edifícios públicos ou privados de uso coletivo: O art. 11, parágrafo único, Lei nº 10.098/2000 traz requisitos que devem ser observados nas alterações realizadas em edifícios públicos ou de uso coletivo:

- Áreas extras ou internas destinadas a garagem e a estacionamento de uso público devem ser asseguradas vagas próximas aos acessos de circulação de pedestres para veículos que transportam pessoa com deficiência de locomoção;
- Pelo menos um dos acessos ao interior da edificação deve estar livre de barreiras arquitetônicas e de obstáculos que impeçam ou dificultem a acessibilidade de pessoa com deficiência ou com mobilidade reduzida. O art. 19, § 1º, Decreto nº 5.296/2004 assegurou o prazo de 30 meses para essa adaptação a partir da publicação do decreto;
- Pelo menos um dos itinerários que comuniquem horizontal e verticalmente todas as dependências e serviços do edifício devem cumprir os requisito de acessibilidade;
- Edifícios devem dispor de, pelo menos um banheiro acessível.

Edificações já existentes: as edificações públicas e privadas de uso coletivo já existentes devem assegurar o atendimento às normas de acessibilidade à pessoa com deficiência em todas as suas dependências e serviços (art. 57, Lei nº 13.146/2015).

Edificação de uso privado multifamiliar: O projeto e a construção de edificação de uso privado multifamiliar devem atender aos preceitos de acessibilidade (art. 58, Estatuto da Pessoa com Deficiência e art. 18, Decreto nº 5.296/2004). Percentual mínimo das unidades internamente acessíveis deve ser assegurado pelas construtoras e incorporadoras responsáveis pelo projeto e nenhum valor adicional pode ser exigido na aquisição da unidade acessível.

Demais áreas de uso privado multifamiliar: De acordo com o art. 18, § 1º do Decreto nº 5.296/2004, os acessos, as piscinas, os andares de recreação, os salões de festas e de reuniões, as saunas e os banheiros, as quadras esportivas, as portarias, os estacionamentos e as garagens, entre outras partes de áreas internas ou externas de uso comum das edificações de uso privado multifamiliar e das de uso coletivo devem ser acessíveis às pessoas com deficiência.

Exceção quanto aos templos de qualquer culto: O Decreto nº 10.014/2019 acrescentou o § 2º ao art. 18 do Decreto nº 5.296/2004 para prever que as áreas destinadas ao altar e ao batistério das edificações de uso coletivo utilizadas como templos de qualquer culto não precisam ser acessíveis às pessoas com deficiência.

Requisitos de acessibilidade em elevadores: Os elevadores instalados em edifícios de uso privado devem atender aos seguintes requisitos de acessibilidade (art. 13, Lei nº 10.098/2000):

a) percurso acessível que una as unidades habitacionais com o exterior e com as dependências de uso comum;

b) percurso acessível que una a edificação à via pública, às edificações e aos serviços anexos de uso comum e aos edifícios vizinhos;

c) cabine de elevador e respectiva porta de entrada acessíveis para pessoas com deficiência.

Planejamento e urbanização de vias públicas, parques e espaços de uso público: De acordo com o art. 3º da Lei nº 10.098/2000, as vias públicas, parques e demais espaços públicos devem ser concebidos de forma acessível a todas as pessoas, inclusive para aquelas com deficiência ou com mobilidade reduzida. Além disso, o passeio público ("calçada") deve ser destinado apenas para a circulação de pedestres e, quando possível, para a implantação de mobiliário urbano e vegetação. De forma excepcional, é possível estabelecer faixa de calçada de largura menor que o estabelecido em normas técnicas de acessibilidade desde que desde que haja justificativa baseada em estudo técnico e que o acesso seja viabilizado de outra forma, garantida a melhor técnica possível (art. 15, § 2º, Decreto nº 5.296/2004).

Vias públicas, parques e demais espaços públicos já existentes: necessidade de adaptação para assegurar a mais ampla acessibilidade às pessoas com deficiência ou mobilidade reduzida (art. 4º, Lei nº 10.098/2000).

Projeto e traçado dos elementos de urbanização públicos e privados de uso comunitário: deverão observar os parâmetros estabelecidos pelas normas técnicas de acessibilidade da ABNT (art. 5º da Lei nº 10.098/2000).

Sinalização tátil de alerta no piso: A instalação de mobiliário urbano que ofereça risco de acidente à pessoa com deficiência deve ser indicada mediante sinalização tátil de alerta no piso (art. 10-A, Lei nº 10.098/2000). Esses elementos de mobiliário urbano deverão ser projetados e instalados em locais que permitam sejam eles utilizados pelas pessoas portadoras de deficiência ou com mobilidade reduzida (art. 10 da Lei nº 10.098/2000).

Adaptação de brinquedos e equipamento de lazer: De acordo com a Lei nº 13.443/2017, que alterou a redação do art. 4º, parágrafo único, da Lei nº 10.098/2000, as vias públicas, os parques e os demais espaços de uso público, devem ter, pelo menos 5% de cada brinquedo e equipamento de lazer adaptado e identificá-lo para o uso da pessoa com deficiência ou com mobilidade reduzida (art. 4º, parágrafo único, Lei nº 10.098/2000). **Atenção!** Tendo em vista a alteração recente desse dispositivo, é possível sua cobrança nos concursos que abordam Noções sobre Direitos das Pessoas com Deficiência.

Banheiros de uso público: Os banheiros de uso público existentes ou a construir em parques, jardins e espaços livres ao público devem ser acessíveis e assegurar pelo menos 1 sanitário e 1 lavatório que atendam às especificações técnicas de acessibilidade da ABNT (Associação Brasileira de Normas Técnicas) (art. 6º, Lei nº 10.098/2000).

Banheiros químicos: De acordo com a Lei nº 13.825/2019, os eventos organizados em espaços públicos e privados que se utilizem de banheiros químicos deverão contar com unidades acessíveis às pessoas com deficiência. O número mínimo de banheiros químicos acessíveis corresponderá a 10% do total, garantido pelo menos 1 unidade.

Exigência de sanitários: O art. 22 do Decreto nº 5.296/2004 estabelece as exigências a respeito de sanitários para as pessoas com deficiência ou mobilidade reduzida:

- **Edificações de uso público a serem construídas:** no mínimo 1 cabine destinada ao uso de pessoa com deficiência ou mobilidade reduzida para cada sexo em cada pavimentação da edificação com entrada independente dos sanitários coletivos;
- **Edificações de uso público já existentes:** prazo de 30 meses a partir da data de publicação do Decreto para garantir ao menos 1 banheiro acessível por pavimento com entrada independente;
- **Edificações de uso coletivo a serem construídas, ampliadas ou reformadas:** sanitários para uso de pessoa com deficiência deve ter entrada independente e obedecer às normas técnicas de acessibilidade da ABNT;
- **Edificações de uso coletivo já existentes**: sanitários para uso de pessoas com deficiência deve estar localizado nos pavimentos acessíveis, ter entrada independente e obedecer as normas de acessibilidade da ABNT.

Intervenção nas vias e espaços públicos: dever do poder público e das concessionárias de assegurar a fluidez do trânsito e a livre circulação e acessibilidade das pessoas nas intervenções nas vidas e nos espaços públicos, durante e após sua execução (art. 59, Lei nº 13.146/2015 e art. 12, Decreto nº 5.296/2004).

Cadeiras de roda: Os centros comerciais e os estabelecimentos congêneres devem fornecer carros e cadeiras de rodas, motorizados ou não, para o atendimento da pessoa com deficiência ou com mobilidade reduzida (art. 12-A, Lei nº 10.098/2000)

6.4. ACESSO À INFORMAÇÃO E À COMUNICAÇÃO

***Sites* acessíveis:** É obrigatória a acessibilidade à pessoa com deficiência nos sítios eletrônicos (sites) mantidos por empresas com sede ou representação comercial no país ou por órgãos de governo. Os *sites* devem conter o símbolo de acessibilidade em destaque (art. 63, Estatuto da Pessoa com Deficiência e art. 47, do Decreto nº 5.296/2004).

Telecentros comunitários e *lan houses*: Os telecentros comunitários que receberem recursos públicos federais e as *lan houses* devem possuir equipamentos e instalações acessíveis com, no mínimo, 10% de seus computadores com recursos de acessibilidade para pessoa com deficiência visual, garantido pelo menos 1 equipamento, quando o resultado percentual for inferior a 1. Assim, por exemplo, se uma *lan house* tem 5 computadores, ao se aplicar o percentual de 10% leva ao resultado de 0,5 computador, o que obriga a garantia de pelo menos 1 computador, ainda que o resultado seja inferior.

Financiamento público: Para obtenção de financiamento de projeto com utilização de recursos públicos, é necessário assegurar a acessibilidade nos sítios eletrônicos da empresa (art. 64, Lei nº 13.146/2015).

Telecomunicação: As empresas prestadoras de serviços de telecomunicações devem garantir o pleno acesso à pessoa com deficiência conforme regulamentação específica (art. 65, Lei nº 13.146/2015).

Telefones e celulares acessíveis: É dever do poder público incentivar a oferta de aparelhos de telefonia fixa e celulares com acessibilidade que permitam a possibilidade de indicação e de ampliação sonoras de todas as operações e funções disponíveis (art. 66, Lei nº 13.146/2015). Há previsão de garantia de, no mínimo, 2% de Telefones de Uso Público ("orelhão") adaptados às pessoas com deficiência (art. 16, § 2º, Decreto nº 5.296/2004).

Serviços de radiodifusão de sons e imagens: devem permitir o uso dos seguintes recursos (art. 67, Lei nº 13.146/2015):

- Subtitulação por legenda oculta;
- Janela com intérprete de Libras;
- Audiodescrição.

De acordo com o art. 52 do Decreto nº 5.296/2004, cabe ao Poder Público incentivar a oferta de televisores equipados com recursos que permitam o direito de acesso à informação às pessoas com deficiência auditiva ou visual. Nesse sentido, devem ser garantidos recursos de decodificação de legenda oculta, recurso para Programa Secundário de Áudio (SAP) e entradas para fones de ouvido com ou sem fio.

Canais de comercialização virtual e anúncios publicitários veiculados na imprensa escrita, na internet, no rádio, na televisão e nos demais veículos de comunicação devem disponibilizar os recursos de acessibilidade previstos para os serviços de radiodifusão de sons e imagens, observado o disposto no Código de Defesa do Consumidor referente à publicidade (art. 36 a 38 do CDC).

Livros e artigos acessíveis: Incentivo do poder público na produção, edição, difusão, distribuição e comercialização de **livros em formatos acessíveis**, inclusive nas publicações da administração pública ou financiadas com recursos públicos, para garantir à pessoa com deficiência o direito de acesso à leitura, à informação e à comunicação (art. 68, Lei nº 13.146/2015). Além disso, o poder público deve estimular a adaptação e produção de **artigos científicos** em formato acessível, inclusive em Libras;

Impedimento às editoras sem formatos acessíveis: Nas compras de livros para as bibliotecas públicas e de todos os níveis de educação, o poder público deve adotar cláusulas que impeçam a participação de editoras que não oferecem livros em formatos acessíveis. Além disso, seguem os formatos acessíveis estabelecidos pelo Estatuto:

FORMATOS ACESSÍVEIS
– O Estatuto da Pessoa com Deficiência traz os formatos que são considerados acessíveis às pessoas com deficiência: a) *Softwares* leitores de telas ou tecnologias assistivas que permitem leitura de voz sintetizada; b) Ampliação de caracteres; c) Diferentes contrastes; e d) Impressão em Braile.

Informações aos consumidores: É dever do poder público assegurar que as informações disponíveis aos consumidores nos produtos e serviços ofertados sejam corretas e claras, por quaisquer meios de comunicação, inclusive em ambiente virtual, contendo a **especificação correta de quantidade, qualidade, características, composição e preço, bem como sobre os eventuais riscos à saúde e à segurança do consumidor com deficiência** com aplicação no que couber dos arts. 30 a 41 do Código de Defesa do Consumidor nos assuntos referentes à oferta dos produtos e serviços, à publicidade e às práticas abusivas.

Ressalta-se que o Estatuto da Pessoa com Deficiência incluiu o art. 6º, parágrafo único e 43, § 6º ao Código de Defesa do Consumidor para estabelecer a necessidade de que as informações sobre produtos e serviços e também as informações constantes em dados cadastrais sobre o consumidor sejam acessíveis às pessoas com deficiência, o que reforça o que foi apresentado no item anterior (art. 100, Estatuto da Pessoa com Deficiência).

Fornecedores devem disponibilizar exemplares de bulas, prospectos, textos ou qualquer outro tipo de material de divulgação em formato acessível.

Congressos, seminários e oficinas sem dinheiro público: As instituições que promoverem congressos, seminários, oficinas e demais eventos de natureza científico-cultural devem oferecer, no mínimo, recursos de tecnologia assistiva previstos aos serviços de radiodifusão acima mencionados à pessoa com deficiência (art. 70):

- Subtitulação por legenda oculta;
- Janela com intérprete de Libras;
- Audiodescrição.

Congressos seminários e oficinas financiadas pelo poder público: Nesse caso, devem garantir além dos recursos de tecnologia assistiva, as condições de acessibilidade (art. 71, Estatuto da Pessoa com Deficiência). Projetos de pesquisa com apoio de agências de financiamento e de órgãos e entidades integrantes da administração pública que atuem no auxílio à pesquisa devem incluir temas voltados para o desenho universal (art. 72).

Capacitação de tradutores e intérpretes de Libras, profissionais habilitados em Braille: cabe ao poder público, diretamente ou mediante parceria com organizações da sociedade civil, promover a capacitação de tradutores e intérpretes de Libras, de guias intérpretes e profissionais habilitados em Braille, audiodescrição, estenotipia e legendagem (art. 73, da Lei nº 13.146/2015 e art. 18, Lei nº 10.098/2000).

Símbolo internacional de surdez: É obrigatória a colocação de modo visível do "Símbolo Internacional de Surdez" em todos os locais que possibilitem acesso, circulação e utilização por pessoas com deficiência auditiva e em todos os serviços que forem postos à sua disposição (art. 1º. Lei nº 8.160/1991).

6.5. TECNOLOGIA ASSISTIVA

Acesso à tecnologia assistiva: A pessoa com deficiência tem assegurado o acesso a produtos, recursos, estratégias, práticas, processos, métodos e serviços de tecnologia assistiva que possibilitem a maximização da autonomia, mobilidade pessoal e qualidade de vida (art. 74, Estatuto da Pessoa com Deficiência). É importante ressaltar que a Lei Brasileira de Inclusão da Pessoa com Deficiência traz o conceito de tecnologia assistiva em seu art. 3º, III:

LEMBRE-SE:

Conceito de tecnologia assistiva: também denominado de ajuda técnica, compreende produtos, equipamentos, dispositivos, recursos, metodologias, estratégias, práticas e serviços que objetivem promover a funcionalidade, relacionada à atividade e à participação da pessoa com deficiência ou com mobilidade reduzida, visando à sua **autonomia, independência, qualidade de vida e inclusão social**;

Plano específico de medidas: Acerca da implementação de tecnologia assistiva, o Estatuto da Pessoa com Deficiência traz plano específico de medidas, que deve ser **renovado a cada 4 anos.** Os procedimentos constantes desse plano específico devem ser avaliados a cada 2 anos para assegurar o acesso à tecnologia assistiva. O plano deve ter as seguintes finalidades (art. 75, Estatuto da Pessoa com Deficiência):

PLANO ESPECÍFICO DE MEDIDAS PARA ACESSO À TECNOLOGIA ASSISTIVA
– Facilitar o acesso a **crédito especializado para aquisição de tecnologia assistiva**;
– Agilizar, simplificar e priorizar procedimentos de **importação de tecnologia assistiva**, especialmente quanto aos procedimentos alfandegários e sanitários;
– Criar mecanismos de **fomento à pesquisa e à produção nacional de tecnologia assistiva**, inclusive por meio de concessão de linhas de crédito subsidiado e de parcerias com institutos de pesquisa;
– **Eliminar o reduzir a tributação** da cadeia produtiva e de importação **de tecnologia assistiva**;
– Facilitar e agilizar o processo de **inclusão de novos recursos de tecnologia assistiva no âmbito do SUS** e outros órgãos governamentais.

Diretrizes do Poder Público: Cabe ao Poder Público viabilizar algumas diretrizes acerca das ajudas técnicas (art. 65, Decreto nº 5.296/2004):

DIRETRIZES DO PODER PÚBLICO NO FOMENTO DE AJUDAS TÉCNICAS
– Reconhecimento da área de ajudas técnicas como área de conhecimento;
– Promoção da inclusão de conteúdos relacionados às ajudas técnicas na educação profissional, no ensino médio, na graduação e na pós-graduação;
– Apoio e divulgação de trabalhos técnicos e científicos referentes a ajudas técnicas
– Estabelecimento de parcerias com escolas e centros de educação profissional, centros universitários e de pesquisa para aumentar a formação de profissionais na área de ajudas técnicas;
– Incentivo à formação e treinamento de ortesistas e protesistas.

6.6. PARTICIPAÇÃO NA VIDA PÚBLICA E POLÍTICA

Exercício de direitos políticos: A pessoa com deficiência deve ter assegurado pelo poder público todos os direitos políticos e a oportunidade de exercê-los em igualdade de condições com as demais pessoas (art. 76, Estatuto da Pessoa com Deficiência).

Direito de votar e ser votado: Deve ser assegurado à pessoa com deficiência o direito de votar e ser votada por meio das seguintes ações (art. 76, § 1º, Lei nº 13.146/2015):

- **Procedimentos, instalações, materiais e equipamentos acessíveis** e de fácil compreensão, sendo vedada a instalação de seções eleitorais exclusivas para a pessoa com deficiência. Essa medida assegura o respeito ao direito à não discriminação e ao exercício do voto em igualdade de condições com as demais pessoas. Ademais, o art. 21, parágrafo único, do Decreto nº 5.296/2004 prevê que as urnas das seções eleitorais devem ser adequadas ao uso com autonomia das pessoas com deficiência ou mobilidade reduzida e instaladas em local de votação acessível e com estacionamento próximo;

- **Incentivo à candidatura da pessoa com deficiência** e ao desempenho de funções públicas, inclusive com o uso de tecnologias assistivas;
- **Pronunciamentos oficiais, propagando eleitoral gratuita e os debates** transmitidos pelas emissoras de televisão por meio de **recursos de tecnologia assistiva** (subtitulação por legenda oculta, janela com intérprete de Libras e audiodescrição);
- **Livre exercício do direito ao voto** e sempre que necessário e a seu pedido, permissão para que a pessoa com deficiência seja auxiliada na votação por pessoa de sua escolha.

Alteração no art. 135 do Código Eleitoral: Os Tribunais Regionais Eleitorais deverão, a cada eleição, expedir instruções aos Juízes Eleitorais para orientá-los na escolha dos locais de votação, de modo que se assegure a acessibilidade ao eleitor com deficiência ou com mobilidade reduzida (art. 96, Lei nº 13.146/2015).

Participação da pessoa com deficiência: Poder público deve promover a participação da pessoa com deficiência na condução das questões públicas sem discriminação e em igualdade de oportunidades, sempre observado o seguinte:

PARTICIPAÇÃO DA PESSOA COM DEFICIÊNCIA
a) Participação em organizações não governamentais relacionadas à vida pública e à política do país;
b) Participação em atividades e administração de partidos políticos;
c) Formação de organizações para representar a pessoa com deficiência em todos os níveis;
d) Participação da pessoa com deficiência em organizações que a representem.

7. NORMAS DE APOIO ÀS PESSOAS COM DEFICIÊNCIA E SUA INTEGRAÇÃO SOCIAL

7.1. APOIO ÀS PESSOAS COM DEFICIÊNCIA

Pleno exercício de direitos e integração: É necessário assegurar o pleno exercício dos direitos individuais e sociais da pessoa com deficiência e sua efetiva integração social por meios das ações governamentais necessárias ao cumprimento das disposições constitucionais e legais referentes às pessoas com deficiência, afastadas a discriminação e preconceitos de qualquer espécie (art. 1º, Lei nº 7.853/1989).

Para isso, deve-se atender aos seguintes valores básicos:

- Igualdade de tratamento e oportunidade;
- Justiça social;
- Respeito à dignidade da pessoa humana;
- Bem-estar e outros previstos na Constituição ou indicados por princípios gerais do Direito.

Medidas prioritárias que devem ser adotadas pelos órgãos e entidades da Administração Pública: O art. 2º da Lei nº 7.853/1989 estabelece medidas que devem ser asseguradas pelo poder público para a garantia dos direitos das pessoas com deficiência:

MEDIDAS PRIORITÁRIAS DA ADMINISTRAÇÃO PÚBLICA	
Área da educação	– Inclusão da Educação Especial como modalidade exclusiva com currículos, etapas e exigências de diplomação próprios; – Inserção de escolas especiais públicas e privadas; – Oferta obrigatória e gratuita de Educação Especial em estabelecimento público de ensino; – Oferecimento de Educação Especial em hospitais e congêneres nos quais estejam internadas pessoas com deficiência por prazo igual ou superior a 1 ano; – Acesso aos mesmos benefícios conferidos aos demais educandos; – Matrícula compulsória em cursos regulares quando forem capazes de se integrarem no sistema regular.
Área da saúde	– Promoção de ações preventivas; – Desenvolvimento de programas especiais de prevenção de acidente de trabalho e trânsito e de tratamento adequado das vítimas; – Criação de rede de serviços especializados em habilitação e reabilitação; – Garantia de acesso e tratamento adequado em estabelecimentos de saúde públicos e privados; – Garantia de atendimento domiciliar de saúde à pessoa com deficiência grave não internada; – Desenvolvimento de programas de saúde que lhes assegure integração social.

MEDIDAS PRIORITÁRIAS DA ADMINISTRAÇÃO PÚBLICA	
Área de formação profissional e de trabalho	– Apoio governamental à formação profissional, inclusive com a oferta de cursos; – Empenho do poder público em assegurar o surgimento de empregos, inclusive de tempo parcial, às pessoas com deficiência que não tenham acesso aos empregos comuns; – Ações que proporcionem inserção nos setores públicos e privados de pessoas com deficiência; – Legislação que assegure reserva de mercado de trabalho em favor de pessoas com deficiência nas entidades da Administração Pública e no setor privado.
Área de recursos humanos	– Formação de professores de nível médio para Educação Especial, de técnicos de nível médio especializados na habilitação e reabilitação e de instrutores para formação profissional; – Formação e qualificação de recursos humanos que atendam à demanda e às necessidades reais das pessoas com deficiência; – Incentivo à pesquisa e ao desenvolvimento tecnológico em todas as áreas do conhecimento relacionadas com a pessoa com deficiência.
Área de edificações	– Adoção de normas que garantam a funcionalidade das edificações e vias públicas, que evitem ou removam barreiras, permitam o acesso aos edifícios, logradouros e meios de transporte.

Secretaria Especial dos Direitos Humanos da Presidência da República: A coordenação dos assuntos, ações governamentais e medidas referentes a pessoas portadoras de deficiência caberá à Secretaria Especial dos Direitos Humanos da Presidência da República (art. 10, Lei nº 7.853/1989).

7.2. AÇÃO CIVIL PÚBLICA

Medidas judiciais de proteção à pessoa com deficiência: São asseguradas medidas judiciais de proteção aos direitos difusos, coletivos, individuais homogêneos e indisponíveis da pessoa com deficiência que poderá ser proposta pelos seguintes legitimados (art. 3º, Lei nº 7.853/1989):

LEGITIMADOS
a) Ministério Público;
b) Defensoria Pública;
c) União;
d) Estados;
e) Municípios;
f) Distrito Federal;
g) Autarquia, fundação, empresa pública e sociedade de economia mista que tenham entre suas finalidades institucionais, a proteção dos interesses e a promoção de direitos da pessoa com deficiência; e
h) Associação constituída há mais de 1 ano, que tenha entre suas finalidades institucionais, a proteção dos interesses e a promoção de direitos da pessoa com deficiência.

Certidões e informações: Para instruir a inicial, é permitido ao interessado requerer às autoridades competentes certidões e informações que julgar necessárias, que deverão ser fornecidas no prazo de 15 dias da entrega dos requerimentos e só podem ser usadas para instruir ação civil. Somente nos casos de interesse público, devidamente justificado, é possível impor sigilo e negar a certidão. Nesse caso, cabe ao juiz, após apreciar os motivos do indeferimento, requisitar umas e outras, salvo se se tratar de questão de segurança nacional. Feita a requisição, o processo deve correr em segredo de justiça, que terminará com o trânsito em julgado da sentença.

Litisconsórcio e abandono: fica facultado aos demais legitimados para propor a ação habilitarem-se como litisconsortes nas ações propostas por qualquer um deles. Se houver desistência ou abandono da ação, qualquer dos colegitimados pode assumir a titularidade ativa.

Efeitos da sentença: eficácia de coisa julgada "erga omnes", exceto se haver sido a ação julgada improcedente por deficiência de prova, hipótese em que qualquer legitimado pode ingressar com nova ação com mesmo fundamento e novas provas (art. 4º, Lei nº 7.853/1989).

Remessa de ofício: sentença de carência ou improcedência sujeita-se ao duplo grau de jurisdição, somente produzindo efeitos com a confirmação do tribunal.

Recursos: legitimidade para recorrer é estendida a qualquer legitimado ativo.

Intervenção do Ministério Público: é obrigatória nas ações públicas, coletivas ou individuais em que se discutam interesses relacionados à deficiência (art. 5º, Lei nº 7.853/1989).

Procedimento no Ministério Público (art. 6º, Lei nº 7.853/1989): é possível a instauração de inquérito civil ou requisitar novas diligências no prazo não inferior a 10 dias úteis. Esgotadas as diligências, é possível o arquivamento do inquérito civil ou das peças informativas. Neste caso, deve haver reexame dos autores em 3 dias pelo Conselho Superior do Ministério Público. Se a promoção do arquivamento for reformada, será designado pelo Conselho Superior outro órgão do Ministério Público para o ajuizamento da ação.

Aplicação subsidiária da Lei da Ação Civil Pública (Lei nº 7.347/1985): Sempre que cabível são aplicáveis os dispositivos da Lei nº 7.347/1985 à ação civil pública prevista para a tutela dos direitos das pessoas com deficiência (art. 7º da Lei nº 7.853/1989).

7.3. CRIMES

Além dos crimes previstos no Estatuto da Pessoa com Deficiência, mencionados no item 1.17 destas dicas, o art. 8º da Lei nº 7.853/1989 estabeleceu a criação de crimes contra as pessoas com deficiência. Lembre-se de que todos os crimes dessa lei apresentam pena-base de 2 a 5 anos de reclusão e multa e as causas de aumento de pena são sempre de 1/3. Para facilitar a memorização do assunto, segue quadro dos crimes dispostos de maneira sistematizada:

CRIMES PREVISTOS NA LEI Nº 7.853/1989		
Tipo penal	**Pena**	**Causas de aumento de pena e qualificadoras**
Recusar, cobrar valores adicionais, suspender, procrastinar, cancelar ou fazer cessar inscrição de aluno em estabelecimento de ensino de qualquer curso ou grau, público ou privado, em razão de sua deficiência (art. 8º, I).	Reclusão, de 2 a 5 anos; e multa	– Causa de aumento de pena: 1/3 se crime for praticado contra menor de 18 anos;
Obstar inscrição em concurso público ou acesso de alguém a qualquer cargo ou emprego público, em razão de sua deficiência (art. 8º, II).	Reclusão, de 2 a 5 anos; e multa	– Causa de aumento de pena: 1/3 se crime for praticado contra menor de 18 anos; – Responsabilidade patrimonial pessoal do Administrador Público se adotar critérios subjetivos para indeferir inscrição, aprovação e estágio obrigatório em concursos públicos.
Negar ou obstar emprego, trabalho ou promoção à pessoa em razão de sua deficiência (art. 8º, III).	Reclusão, de 2 a 5 anos; e multa	– Causa de aumento de pena: 1/3 se crime for praticado contra menor de 18 anos;
Recusar, retardar ou dificultar internação ou deixar de prestar assistência médico-hospitalar e ambulatorial à pessoa com deficiência (art. 8º, IV).	Reclusão, de 2 a 5 anos; e multa	– Causa de aumento de pena: 1/3 se crime for praticado contra menor de 18 anos;
Deixar de cumprir, retardar ou frustrar execução de ordem judicial expedida na ação civil a que alude esta Lei (art. 8º, V).	Reclusão, de 2 a 5 anos; e multa	– Causa de aumento de pena: 1/3 se crime for praticado contra menor de 18 anos;
Recusar, retardar ou omitir dados técnicos indispensáveis à propositura da ação civil pública objeto desta Lei, quando requisitados. (art. 8º, VI).	Reclusão, de 2 a 5 anos; e multa	– Causa de aumento de pena: 1/3 se crime for praticado contra menor de 18 anos;
Impedir ou dificultar o ingresso de pessoa com deficiência em planos privados de assistência à saúde, inclusive com cobrança de valores diferenciados.	Reclusão, de 2 a 5 anos; e multa	– Causa de aumento de pena: Crime praticado em atendimento de urgência e emergência, pena é agravada em 1/3 .

7.4. POLÍTICA NACIONAL PARA INTEGRAÇÃO DA PESSOA PORTADORA DE DEFICIÊNCIA (DECRETO Nº 3.298/1999)

Questão terminológica: Inicialmente, cumpre ressaltar que o termo pessoa portadora de deficiência está em desuso, sendo utilizado o termo mais adequado "pessoa com deficiência". Sempre que possível usaremos o termo adequado ao candidato, ainda que a legislação faça referência à pessoa portadora de deficiência.

Política Nacional para Integração da Pessoa Portadora de Deficiência: compreende um conjunto de orientações normativas que objetivam assegurar o pleno exercício dos direitos individuais e sociais das pessoas com deficiência (art. 1º, Decreto nº 3.298/1999). É dever do Poder Público assegurar o pleno exercício dos direitos básicos da pessoa com deficiência, previstos na Constituição e nas leis, que propiciem seu bem-estar pessoal, social e econômico (art. 2º, Decreto nº 3.298/1999).

Princípios: A Política Nacional para Integração da Pessoa Portadora de Deficiência deve atender aos seguintes princípios (art. 5º, Decreto nº 3.298/1999):

a) Desenvolvimento de ação conjunta do Estado e sociedade civil para assegurar plena integração da pessoa com deficiência.

b) Estabelecimentos de mecanismos e instrumentos legais e operacionais para assegurar o pleno exercício dos direitos das pessoas com deficiência;

c) Respeito às pessoas com deficiência com tratamento em igualdade de oportunidades na sociedade por reconhecimento dos direitos que lhe são assegurados sem privilégios ou paternalismos.

Diretrizes: São consideradas diretrizes da Política Nacional para Integração da Pessoa Portadora de Deficiência (art. 6º, Decreto nº 3.298/1999):

DIRETRIZES DA POLÍTICA NACIONAL PARA INTEGRAÇÃO DA PESSOA PORTADORA DE DEFICIÊNCIA
– Estabelecer mecanismos que acelerem e favoreçam a inclusão social da pessoa com deficiência;
– Adotar estratégias de articulação com órgãos públicos e privados, bem como organismos internacionais;
– Incluir a pessoa com deficiência, respeitadas as suas peculiaridades, em todas as iniciativas governamentais relacionadas à educação, à saúde, ao trabalho, à edificação pública, à previdência social, à assistência social, ao transporte, à habitação, à cultura, ao esporte e ao lazer.
– Viabilizar a participação da pessoa com deficiência em todas as fases de implementação dessa política por meio de suas entidades representativas.
– Ampliar as alternativas de inserção econômicas da pessoa com deficiência, proporcionando a ela qualificação profissional e incorporação no mercado de trabalho.
– Garantir o efetivo atendimento de suas necessidades, sem cunho paternalista.

Objetivos: São traçados também os objetivos que se pretende alcançar com a implementação dessa política (art. 7º, Decreto nº 3.298/1999):

OBJETIVOS DA POLÍTICA NACIONAL PARA INTEGRAÇÃO DA PESSOA PORTADORA DE DEFICIÊNCIA
– Acesso, o ingresso e a permanência da pessoa portadora de deficiência em todos os serviços oferecidos à comunidade;
– Integração das ações dos órgãos e das entidades públicos e privados nas áreas de saúde, educação, trabalho, transporte, assistência social, edificação pública, previdência social, habitação, cultura, desporto e lazer, visando à prevenção das deficiências, à eliminação de suas múltiplas causas e à inclusão social;
– Desenvolvimento de programas setoriais destinados ao atendimento das necessidades especiais da pessoa com deficiência;
– Formação de recursos humanos para atendimento da pessoa portadora de deficiência; e
– Garantia da efetividade dos programas de prevenção, de atendimento especializado e de inclusão social.

Instrumentos: O art. 8º do Decreto nº 3.298/1999 estabelece ainda instrumentos para a implementação da política nacional:

INSTRUMENTOS DA POLÍTICA NACIONAL PARA INTEGRAÇÃO DA PESSOA PORTADORA DE DEFICIÊNCIA
– Articulação entre entidades governamentais e não-governamentais que tenha responsabilidades quanto ao atendimento de pessoa com deficiência em todos os níveis federativos;
– Fomento à formação de recursos humanos para adequado e eficiente atendimento da pessoa com deficiência;
– Aplicação da legislação específica que disciplina a reserva de mercado de trabalho em favor da pessoa com deficiência no setor público e privado;
– Fomento da tecnologia de bioengenharia voltada para a pessoa com deficiência e a facilitação da importação de equipamentos;
– Fiscalização do cumprimento da legislação pertinente à pessoa com deficiência.

Um importante órgão para a implementação da política de integração é o CONADE – Conselho Nacional dos Direitos da Pessoa com Deficiência. Em 06/09/2018, o Presidente da República editou o Decreto nº 9.494/2018, que modificou a regulamentação acerca desse conselho, especialmente para retirar sua vinculação do Ministério da Justiça e transferi-lo ao Ministério dos Direitos Humanos. Incumbe ao Ministério dos Direitos Humanos, a coordenação superior, na Administração Pública Federal, dos assuntos, das atividades e das medidas que se refiram às pessoas com deficiência. **Atenção!** Tendo em vista a alteração recente desse dispositivo, é possível sua cobrança nos concursos que abordam Noções sobre Direitos das Pessoas com Deficiência.

Constituição do CONADE: De acordo com a nova redação do art. 11 do Decreto nº 3.298/1999, o CONADE é um órgão superior de deliberação colegiada, criado no âmbito do Ministério dos Direitos Humanos e será constituído, paritariamente, por representantes de órgãos e entidades da administração pública federal e da sociedade civil, e a sua composição e o seu funcionamento serão disciplinados em ato do Ministro de Estado dos Direitos Humanos. Este Conselho tem como principal atribuição zelar pela efetiva implantação da Política Nacional para Integração da Pessoa Portadora de Deficiência (art. 12 do Decreto nº 3.298/1999).

Competências do CONADE: as competências do órgão estão mencionadas nos incisos do art. 11 do Decreto nº 3.298/1999:

COMPETÊNCIAS DO CONADE
I - zelar pela efetiva implantação da Política Nacional para Integração da Pessoa Portadora de Deficiência;
II - acompanhar o planejamento e avaliar a execução das políticas setoriais de educação, saúde, trabalho, assistência social, transporte, cultura, turismo, desporto, lazer, política urbana e outras relativas à pessoa portadora de deficiência;
III - acompanhar a elaboração e a execução da proposta orçamentária do Ministério da Justiça, sugerindo as modificações necessárias à consecução da Política Nacional para Integração da Pessoa Portadora de Deficiência;
IV - zelar pela efetivação do sistema descentralizado e participativo de defesa dos direitos da pessoa portadora de deficiência;
V - acompanhar e apoiar as políticas e as ações do Conselho dos Direitos da Pessoa Portadora de Deficiência no âmbito dos Estados, do Distrito Federal e dos Municípios;
VI - propor a elaboração de estudos e pesquisas que objetivem a melhoria da qualidade de vida da pessoa portadora de deficiência;
VII - propor e incentivar a realização de campanhas visando à prevenção de deficiências e à promoção dos direitos da pessoa portadora de deficiência;

VIII - aprovar o plano de ação anual da Coordenadoria Nacional para Integração da Pessoa Portadora de Deficiência - CORDE;

IX - acompanhar, mediante relatórios de gestão, o desempenho dos programas e projetos da Política Nacional para Integração da Pessoa Portadora de Deficiência; e

X - elaborar o seu regimento interno.

Representantes titulares e suplentes: A escolha dos representantes de órgãos e entidades da Administração Pública Federal devem levar em consideração a representatividade e a atuação da pessoa, em âmbito nacional, no tocante aos direitos da pessoa com deficiência (art. 12, § 1º, do Decreto nº 3.298/1999). Os representantes titulares de instituições governamentais, e seus respectivos suplentes, serão indicados pelos titulares dos órgãos representados. Além disso, o Ministério dos Direitos Humanos poderá convocar suplente quando da ausência do titular de órgão governamental (art. 12, § 2º e 3º, do Decreto nº 3.298/1999).

Outras instâncias deliberativas: É possível a instituição de outras instâncias deliberativas pelos Estados, pelo Distrito Federal e pelos Municípios, que vão integrar sistema descentralizado de defesa dos direitos da pessoa com deficiência (art. 13, do Decreto nº 3.298/1999).

Secretaria Nacional dos Direitos da Pessoa com Deficiência: Compete a essa secretaria, no âmbito do Ministério dos Direitos Humanos (art. 14 do Decreto nº 3.298/1999):

COMPETÊNCIAS DA SECRETARIA NACIONAL DOS DIREITOS HUMANOS

I - exercer a coordenação superior dos assuntos, das ações governamentais e das medidas referentes à pessoa portadora de deficiência;

II - elaborar os planos, programas e projetos da Política Nacional para Integração da Pessoa Portadora de Deficiência, bem como propor as providências necessárias à sua completa implantação e ao seu adequado desenvolvimento, inclusive as pertinentes a recursos financeiros e as de caráter legislativo;

III - acompanhar e orientar a execução pela Administração Pública Federal dos planos, programas e projetos mencionados no inciso anterior;

IV - manifestar-se sobre a Política Nacional para a Integração da Pessoa Portadora de Deficiência, dos projetos federais a ela conexos, antes da liberação dos recursos respectivos;

V - manter com os Estados, o Distrito Federal, os Municípios e o Ministério Público, estreito relacionamento, objetivando a concorrência de ações destinadas à integração das pessoas portadoras de deficiência;

VI - provocar a iniciativa do Ministério Público, ministrando-lhe informações sobre fatos que constituam objeto da ação civil de que trata a Lei no 7.853, de 24 de outubro de 1989, e indicando-lhe os elementos de convicção;

VII - emitir opinião sobre os acordos, contratos ou convênios firmados pelos demais órgãos da Administração Pública Federal, no âmbito da Política Nacional para a Integração da Pessoa Portadora de Deficiência; e

VIII - promover e incentivar a divulgação e o debate das questões concernentes à pessoa portadora de deficiência, visando à conscientização da sociedade.

Sistema Integrado de Informações: O Sistema Nacional de Informações sobre Deficiência deve ser instituído pela Secretaria Nacional dos Direitos da Pessoa com Deficiência com a finalidade de criar e manter bases de dados, reunir e difundir informação sobre a situação das pessoas portadoras de deficiência e fomentar a pesquisa e o estudo de todos os aspectos que afetem a vida dessas pessoas (art. 55 do Decreto nº 3.298/1999).

Plano Nacional de Ações Integradas na Área das Deficiências: O Ministério dos Direitos Humanos, com base nas diretrizes e metas do Plano Plurianual de Investimentos, por intermédio da Secretaria Nacional dos Direitos da Pessoa com Deficiência, elaborará, em articulação com outros órgãos e entidades da Administração Pública Federal, o Plano Nacional de Ações Integradas na Área das Deficiências (art. 56 do Decreto nº 3.298/1999).

Serviços prestados pela Administração Federal: O art. 15 do Decreto nº 3.298/1999 estabelece alguns serviços que devem ser prestado à pessoa com deficiência, direta ou indiretamente pelos órgão e entidades da Administração Pública Federal:

- Reabilitação integral, que compreende o desenvolvimento das potencialidades da pessoa com deficiência;
- Formação profissional e qualificação para o trabalho;
- Escolarização em estabelecimentos de ensino regular com os recursos necessários;
- Orientação e promoção individual, familiar e social.

Censo demográfico e autismo: A Lei nº 13.861/2019 acrescentou o parágrafo único ao art. 17 da Lei nº 7.853/1989 para prever que os censos demográficos realizados a partir de 2019 incluirão as especificidades inerentes ao transtorno do espectro autista.

+ SÚMULAS APLICÁVEIS

STJ

- **Súmula 377.** O portador de visão monocular tem direito de concorrer, em concurso público, às vagas reservadas aos deficientes.
- **Súmula 552.** O portador de surdez unilateral não se qualifica como pessoa com deficiência para o fim de disputar as vagas reservadas em concursos públicos.

Administração Geral

Rodrigo Borges

TABELA DE INCIDÊNCIA DE QUESTÕES		
ASSUNTO	**NÚMERO DE QUESTÕES**	**PESO**
1. GESTÃO DE PESSOAS	19	27,94%
2. GESTÃO DE RISCOS	3	4,41%
3. GESTÃO ESTRATÉGICA	17	25,00%
4. PROCESSO ORGANIZACIONAL	14	20,59%
5. PROCESSO DECISÓRIO	1	1,47%
6. GESTÃO DE PROJETOS	4	5,88%
7. GESTÃO DE MATERIAIS	5	7,35%
8. GESTÃO DA QUALIDADE	2	2,94%
9. GESTÃO DE PROCESSOS	2	2,94%
10. GESTÃO DA MUDANÇA	1	1,47%
TOTAL	**68**	**100%**

Administração Geral

Rodrigo Borges

✦ QUESTÕES

1. GESTÃO DE PESSOAS

01. (Cespe – Analista Judiciário – Área Judiciária – TRE – BA/2017) Na literatura, ao ser abordado competência em uma perspectiva de desenvolvimento humano nas organizações, competência genérica está definida como aquela que engloba

a) aspectos necessários para converter entradas em saídas, como inovação, empreendedorismo, cultura e aprendizagem.

b) bens estratégicos intangíveis e fundamentados em conhecimento, associados ao valor dos produtos e serviços para os *stakeholders*.

c) características individuais que envolvam o manejo de tarefas menos rotineiras, programadas e técnicas.

d) as capacidades dos gestores de articular uma visão estratégica e comunicá-la a toda a organização.

e) todos os recursos físicos, de capital e humanos, conhecimentos que capacitam a organização.

COMENTÁRIOS

✪ **Nota do autor:** Segundo Rabaglio (2001) competência é definido como "um conjunto de conhecimentos, habilidades, atitudes e comportamentos que permitem ao indivíduo desempenhar com eficácia determinadas em qualquer situação. "

As competências podem ter uma perspectiva organizacional e uma perspectiva de desenvolvimento humano. Na perspectiva do desenvolvimento humano a competência genérica abarca o conjunto de conhecimentos, habilidades, atitudes e comportamentos que permitem ao indivíduo lidar com situações que não são predeterminadas. É competência genérica aquela que engloba características individuais que envolvam o manejo de tarefas menos rotineiras, programadas e técnicas. As demais alternativas não abordam a competência em uma perspectiva de desenvolvimento humano.

A NOVA Gestão de Pessoas requer sujeitos capazes de realizar tarefas e desempenhar papéis que o colaborador assuma o protagonismo nas atividades laborais dentro da organização.

Alternativa correta: letra "c".

02. (Cespe – Técnico Judiciário – Área Administrativa – TRE – BA/2017) De acordo com a literatura pertinente, uma das dimensões da liderança transacional é a

a) recompensa contingente.

b) motivação inspiracional.

c) estimulação intelectual.

d) consideração individualizada.

e) influência idealizada.

COMENTÁRIOS

✪ **Nota do autor:** Na liderança transacional, o que conduz ou motiva os liderados na direção das metas preestabelecidas, esclarecendo papéis e exigências do trabalho. O liderado apresenta desempenho, atinge os resultados e, em troca, o líder dispõe de benefícios. Uma de suas dimensões é a recompensa contingente. O contido nas demais alternativas refere-se às dimensões da liderança transformacional, que foca na transformação do sujeito como realizador das tarefas por meio de seu desenvolvimento humano.

Alternativa correta: letra "a".

03. (Cespe – Analista Judiciário – Área Administrativa – TRE – PE/2017) Em se tratando da gestão por competências, estabelecer as competências organizacionais é fundamental para promover o alinhamento com as competências das pessoas. Nesse contexto, consideram-se competências organizacionais básicas aquelas

a) relacionadas com a gestão de recursos financeiros, comerciais e produtivos para a obtenção de melhores resultados.

b) apresentadas nas atividades exercidas na organização, inerentes a cada indivíduo.

c) necessárias ao funcionamento organizacional, inerentes à estrutura e à organização para a realização do trabalho.

d) que retratam o conjunto interdependente de conhecimentos, habilidades e atitudes necessários para a realização das tarefas das equipes.

e) relativas a clientes e fornecedores, fundamentais para o sucesso da organização.

COMENTÁRIOS

✪ **Nota do autor:** Os modelos tradicionais de gestão de competências enfatizavam o conhecimento técnico e a capacidade operacional que um profissional deve ter como requisito mínimo para ocupar um cargo. A partir dos estudos feitos por Daniel Goleman (1996), na década 1990, ficou comprovado que os profissionais mais bem-sucedidos são aqueles que possuem elevada competência comportamental.

Quanto à sua singularidade Segundo Nisembaum (2000), as competências podem ser classificadas como:

- **básicas**: atributos necessários ao funcionamento da organização, porém não distintivas na relação com a concorrência;
- **essenciais**: atributos de caráter distintivo, que diferenciam a organização das demais organizações.

Assim, consideram-se competências organizacionais básicas aquelas necessárias ao funcionamento organizacional, inerentes à estrutura e à organização para a realização do trabalho. O contido nas demais alternativas refere-se às competências essenciais.

Alternativa correta: letra "c".

---

04. (Cespe – Técnico Judiciário – Área Administrativa – TRE – PE/2017) As tendências de gestão de pessoas no setor público incluem

a) fortalecer a avaliação de desempenho com a criação de incentivos para elevar o desempenho dos servidores e corrigir distorções salariais.

b) priorizar a definição de atribuições especializadas para os cargos públicos para que os integrantes das carreiras atuem em órgãos específicos no Poder Executivo.

c) rever a política remuneratória das carreiras de nível superior para recompor as perdas acumuladas pela inflação e uniformizar os índices de reajustes.

d) instituir programas de capacitação continuada com o objetivo de ampliar a formação acadêmica dos servidores.

e) estabelecer política de concursos públicos para constituir quadro de reserva que garanta a existência de candidatos habilitados no período de vigência do concurso.

COMENTÁRIOS

a) Quanto às tendências, devemos ter em mente uma visão de futuro da Gestão de Pessoas no serviço público, portanto o instrumento da Avaliação de Desempenho Individual com a implantação de um sistema de premiação de resultados e ajuste nas distorções das remunerações de pessoal torna-se uma necessidade emergente. Dessa maneira, incluem fortalecer a avaliação de desempenho com a criação de incentivos para elevar o desempenho dos servidores e corrigir distorções salariais.

b) atualmente, estamos no modelo de Administração Pública Gerencial, e priorizar a definição de atribuições especializadas para os cargos públicos para que os integrantes das carreiras atuem em órgãos específicos no Poder Executivo refere-se ao formato burocrático de administrar.

c) rever a política remuneratória das carreiras de nível superior para recompor as perdas acumuladas pela inflação e uniformizar os índices de reajustes é um desafio da Administração Pública, mas não se refere a uma tendência.

d) instituir programas de capacitação continuada com o objetivo de ampliar a formação acadêmica dos servidores é o processo de desenvolver pessoas nas organizações e é uma realidade na gestão de pessoas e não uma tendência.

e) estabelecer política de concursos públicos para constituir quadro de reserva que garanta a existência de candidatos habilitados no período de vigência do concurso faz parte do processo de agregar pessoas na organização, o recrutamento e a seleção de pessoas são partes desse processo e é uma previsão legal e não uma tendência.

Alternativa correta: letra "a".

---

05. (Cespe – Analista Judiciário – Área Administrativa – TRE – TO/2017) O desenvolvimento de estratégias de capacitação de pessoas frequentemente demanda a elaboração de um diagnóstico de necessidades de treinamento (DNT), o qual envolve a análise das variáveis correspondentes ao nível

a) organizacional, que abrange atividades e condições de autoconhecimento dos empregados.

b) de gestão de pessoas, que abarca responsabilidades dos executantes e vendas.

c) de gestão de pessoas, que engloba imagem da empresa e habilidades.

d) organizacional, que compreende recursos humanos e produção.

e) de gestão de pessoas, que abrange clima organizacional.

COMENTÁRIOS

✪ **Nota do autor:** O desenvolvimento organizacional compreende recursos humanos e produção. São eventos de aprendizagem que capacitam o indivíduo a atuar em postos de trabalho específicos em um futuro próximo. Tais eventos buscam o desenvolvimento de competências para subsidiar a sua promoção ou transferência, buscando a adequação a situações novas de trabalho. O contido nas demais alternativas não abrangem o desenvolvimento organizacional.

Alternativa correta: letra "d".

---

06. (Cespe – Técnico Judiciário – Área Administrativa – TRE – TO/2017) A cultura de uma organização é expressa em níveis distintos e suas manifestações podem ser visíveis ou explícitas, ou invisíveis ou tácitas. São exemplos de artefatos de comunicação organizacional visíveis

a) crenças e símbolos.

b) símbolos e slogans.

c) slogans e valores organizacionais.

d) código de vestimenta e crenças.

e) cerimônias organizacionais e valores organizacionais.

COMENTÁRIOS

✪ **Nota do autor:** Segundo Nassar (2000) "... cultura organizacional é o conjunto de valores, crenças e tecnologias que mantém unidos os mais diferentes membros, de todos os escalões hierárquicos, perante as dificuldades, operações do cotidiano, metas e objetivos. Pode-se afirmar, ainda, que é a cultura organizacional que produz junto aos mais diferentes públicos, diante da sociedade e mercados o conjunto de percepções, ícones, índices e símbolos que chamamos de imagem corporativa. "

a) crenças não fazem parte dos artefatos da cultura organizacional, mas compõem os valores compartilhados ou as pressuposições básicas.

b) Para Schein (1990), a cultura organizacional apresenta três níveis: os artefatos observáveis, os valores e os pressupostos básicos e os símbolos e slogans são artefatos em uma cultura organizacional.

c) valores organizacionais não são artefatos da cultura organizacional, mas valores compartilhados.

d) crenças não são artefatos da cultura organizacional, mas valores compartilhados ou pressuposições básicas.

e) valores organizacionais não são artefatos da cultura organizacional, mas valores compartilhados.

Alternativa correta: letra " b".

---

07. (Cespe – Técnico Judiciário – Área Administrativa – TRE – TO/2017) Os componentes da cultura organizacional que englobam as crenças e os princípios que orientam as decisões estratégicas da organização são definidos como

a) símbolos.

b) missão.

c) slogan.

d) marca.

e) valores.

COMENTÁRIOS

✪ **Nota do autor:** Valores organizacionais, trata-se do que a empresa entende como atitudes primordiais para o sucesso. É tida como a essência da filosofia da empresa e promove o direcionamento comum aos funcionários. Temos como exemplo a credibilidade, a satisfação do cliente, a transparência etc.

Alternativa correta: letra "e".

---

08. (Cespe – Técnico Judiciário – Área Administrativa – TRE – TO/2017) A respeito das tendências relativas ao futuro da gestão de pessoas nas organizações, assinale a opção correta.

a) O setor primário (agronegócios) deve retrair em relação ao setor de serviços, o que exigirá contratação de profissionais com maior capacitação técnica e, portanto, os custos relacionados a treinamento devem se elevar.

b) O setor industrial deve se expandir em relação ao setor de serviços, o que exigirá contratação de profissionais com menor capacitação técnica e, portanto, os custos relacionados a treinamento devem reduzir.

c) O setor de serviços deve se expandir em relação ao setor industrial, o que exigirá contratação de profissionais com menor capacitação técnica e, portanto, os custos relacionados a treinamento devem reduzir.

d) O setor de serviços deve se expandir em relação ao setor industrial, o que exigirá contratação de profissionais com maior capacitação técnica e, portanto, os custos relacionados a treinamento devem se elevar.

e) o setor primário (agronegócios) deve se expandir em relação ao setor de serviços, o que exigirá contratação de profissionais com menor capacitação técnica e, portanto, os custos relacionados a treinamento devem reduzir.

COMENTÁRIOS

✪ **Nota do autor:** Em relação às tendências relativas ao futuro da gestão de pessoas nas organizações:

a) o setor primário (agronegócio) não deve retrair em relação ao setor de serviços, pois o agronegócio é um setor de crescente produção e desenvolvimento contínuo.

b) sempre se busca maior capacitação técnica na formação dos quadros em gestão de pessoas e não menor capacitação técnica para o desempenho organizacional.

c) sempre se busca maior capacitação técnica na formação dos quadros em gestão de pessoas e não menor capacitação técnica para o desempenho organizacional.

d) Uma tendência na gestão de pessoas no setor de serviços é a expansão em relação ao setor industrial, o que exigirá contratação de profissionais com maior capacitação técnica e, portanto, os custos relacionados a treinamento devem se elevar, para atingir indicadores mais elevados no serviço prestado.

e) sempre se busca maior capacitação técnica na formação dos quadros em gestão de pessoas e não menor capacitação técnica para o desempenho organizacional.

Alternativa correta: letra "d".

---

09. (Cespe – Técnico Judiciário – Área Administrativa – TRE – TO/2017) Os conhecimentos integrados que as organizações utilizam para se diferenciar de seus concorrentes no mercado bem como para gerar valor para o cliente ou cidadão denominam-se

a) habilidades.

b) competências.

c) atitudes.

d) conhecimentos organizacionais.

e) capacidades dinâmicas.

COMENTÁRIOS

✪ **Nota do autor:** Para Fleury e Fleury (2001), as competências podem ser definidas como:

Um saber agir responsável e reconhecido que implica mobilizar, integrar, transferir conhecimentos, recursos, habilidades que agreguem valor econômico à organização e valor social ao indivíduo.

As competências não são estáticas (tendo em vista a necessidade de adquirir e agregar novas competências individuais ou organizacionais visando ao sucesso da organização – vantagem competitiva) – esforço de relacionar as aptidões do quadro de funcionários a resultados organizacionais. As outras alternativas da questão são elementos das competências.

Alternativa correta: letra "b".

---

10. (Consulplan – Analista Judiciário – Área Administrativa – TRE – RJ/2017) Considerando o campo da gestão estratégica de pessoas nas organizações públicas, assinale a afirmativa que apresenta uma estratégia compatível com os princípios e valores da administração pública.

a) O planejamento de gestão de pessoas pode indicar escassez ou excesso de pessoal em determinadas funções nas organizações. Assim, devem-se promover recrutamentos internos de modo a preencher os cargos vagos aproveitando os próprios talentos já existentes no quadro de pessoal.

b) O treinamento e a capacitação de pessoal devem ser constantes, visando aprimorar o atendimento ao público externo e garantindo que os funcionários estejam sempre atualizados em relação às normas técnicas, à legislação aplicável e alinhados com o plano estratégico da organização.

c) A avaliação de desempenho é o processo sistemático de avaliação dos resultados obtidos por um membro da organização. A teoria mais moderna de gestão de pessoas recomenda que os critérios de avaliação sejam definidos por consenso entre a chefia e os funcionários, devendo se adaptar às peculiaridades de cada setor.

d) O downsizing é o processo de redução do tamanho da força de trabalho da organização ou de reestruturação de sua base de competências visando garantir a satisfação das demandas em um ambiente dinâmico. O desligamento pode se processar por diversos meios: demissão, paralisação de setores, rebaixamento e realocação de tarefas.

COMENTÁRIOS

✪ **Nota do autor:** A transformação dos órgãos públicos para a configuração de um modelo pautado por resultados pressupõe a ruptura com alguns dos padrões gerenciais vigentes e o profundo repensar de outros.

De fato, não se pode pensar em transformações substantivas na sociedade, e por extensão na administração pública, sem considerar os componentes da formação histórica.

Elementos da tradição legalista e formal da administração pública, combinados com traços culturais como o patrimonialismo e o individualismo, quando contrastados com os atributos idealizados de uma burocracia profissional como a impessoalidade e o mérito, entre outros, culminam na geração de um ambiente complexo e desafiador para a gestão de pessoas nas organizações públicas.

Essa herança forjou um estilo gerencial com traços autoritários, permeado de relações por vezes excessivamente formais e, paradoxalmente, carentes de padronização. Nesse contexto organizacional, em nome da eficiência, assume destaque um arranjo mecanicista ao estilo taylorista em que aqueles que realizam atividades operacionais pouco são estimulados a pensar formas alternativas de gestão, provocando com isso uma cisão entre o operacional e o intelectual. Além disso, as barreiras à mobilidade funcional e as estruturas organizacionais rígidas reforçam a forma de funcionar que não mais responde ao imperativo de uma realidade complexa e multifacetada, tanto no que diz respeito às demandas sociais quanto àquelas advindas do concerto dos servidores públicos, notadamente no que concerne a carreiras, realização e reconhecimento profissional.

Nesse contexto, fenômenos disfuncionais extremos podem por vezes emergir, tais como a percepção de acentuada valorização do tempo de serviço em detrimento das competências, e a proteção dos cargos e funções, configurando expressões de clientelismo, déficits meritocráticos e de transparência na gestão de pessoas. A exacerbação desses traços é capaz de promover um mecanismo que opera na contramão da busca por resultados.

Isso porque não enfatiza o desempenho e nem incentiva a busca de aprimoramento e a aquisição de competências a serem aplicadas na organização com o propósito de alcançar seus objetivos e metas estratégicas.

Tal conjunto, entretanto, vem sendo transformado no plano institucional; movimento para o qual concorrem as transformações constitucionais operadas desde o final da década de 1990 até recentes atos executivos como **os Decretos 9.991/2019 e 7.133/2010**, que tratam, respectivamente, dos temas da gestão por competências e da avaliação de desempenho.

O conceito de gestão estratégica se refere a um tipo de gestão que se preocupa com os objetivos e metas da organização e com o desempenho e as formas de atuação mais adequados para concretizá-los, considerando-se o curto, o médio e o longo prazos. O foco é a definição dos resultados esperados, o planejamento e o monitoramento das ações para seu alcance.

O desempenho diz respeito não só à organização, mas também às pessoas que nela atuam. O planejamento estratégico da organização, em que são definidas as diretrizes para desempenho, é desdobrado nos diversos níveis organizacionais até o individual.

a) O recrutamento interno não é uma característica da administração pública que legalmente deve fazer concursos públicos para provimento de cargos por meio de provas e ou provas e títulos.

b) O treinamento e a capacitação de pessoal devem ser constantes, visando aprimorar o atendimento ao público externo e garantindo que os funcionários estejam sempre atualizados em relação às normas técnicas, à legislação aplicável e alinhados com o plano estratégico da organização.

c) Considerado o processo mais moderno de avaliação de desempenho, a avaliação 360º ou circular é realizada considerando os diferentes atores envolvidos na organização.

d) O downsizing é uma tecnologia gerencial onde há um corte das atividades que não são principais da organização, portanto não é uma prática observada na administração pública.

Alternativa correta: letra " b".

---

11. (FCC – Analista Judiciário – Área Administrativa – TRE – SP/2017) Diferentes teorias foram desenvolvidas para explicar o fenômeno da liderança, algumas mais centradas nas características pessoais do líder e outras com foco na sua interação com o ambiente. Nesse contexto, o modelo proposto nos estudos de Fielder, que isolou determinados critérios situacionais, apresenta, entre outras, a seguinte conclusão:

a) o líder orientado para a tarefa tende a ter desempenho melhor em situações extremas, incluindo as muito desfavoráveis.

b) o estresse afeta, favoravelmente, a atuação do líder, aguçando a racionalidade e propiciando a motivação da equipe.

c) em situações muito favoráveis, o líder orientado para as pessoas é o mais adequado, porém enseja desmotivação e rotatividade.

d) a maturidade dos subordinados é um elemento fundamental e deve ser cotejada com o estilo de liderança adotada.

e) o líder eficaz orienta sua atuação para dois aspectos, simultaneamente: ênfase na produção e ênfase nas pessoas.

COMENTÁRIOS

✪ **Nota do autor:** Fiedler propôs que o desempenho eficaz do grupo depende da combinação adequada entre o estilo de interação do líder com os subordinados e o grau em que a situação dá o controle e a influência para o líder.

Ele isolou três critérios situacionais, a saber: relações dos membros com os líderes (líder-liderado), estrutura da tarefa e poder de posição.

Fiedler conclui que os líderes voltados para a tarefa tendem a ter desempenho melhor em situações extremas, ou seja, que são muito favoráveis ou muito desfavoráveis para eles. Pesquisas mostraram que esse estilo de liderança pode trazer alta rotatividade e desmotivação, se utilizado por longo tempo. Portanto o líder orientado para a tarefa tende a ter desempenho melhor em situações extremas, incluindo as muito desfavoráveis. As demais alternativas não contemplam os estudos de liderança realizados por Fiedler.

Alternativa correta: letra "a".

---

12. (FCC – Analista Judiciário – Área Administrativa – TRE – SP/2017) A motivação é um tema de suma importância na gestão organizacional e, nesse sentido, diversas teorias buscam explicá-la.

Entre as teorias denominadas de conteúdo, uma das mais representativas é a Teoria das Necessidades Adquiridas, desenvolvida por David McClelland, segundo a qual

a) os fatores extrínsecos que geram a motivação não são passíveis de controle, podendo, contudo, ser transformados em recompensas.

b) um dos motivos que orientam a dinâmica do comportamento é o desejo de relacionamentos interpessoais amigáveis, denominado afiliação.

c) o que determina a motivação é a correlação estabelecida entre a tarefa e a recompensa para a sua realização, denominada valência.

d) existem necessidades individuais cuja busca pela satisfação se sucede, hierarquicamente, sendo esse o cerne do processo motivacional.

e) a busca de realização, representada pela luta pelo sucesso, é um fator secundário na dinâmica da motivação, denominado expectância.

COMENTÁRIOS

✪ **Nota do autor:** David McClelland, por meio da teoria da motivação pelo êxito e/ou medo, destaca três motivos (necessidades) que orientam a dinâmica do comportamento humano.

Realização: Busca da excelência, de se realizar em relação a determinados padrões, de lutar pelo sucesso. Competir como forma de autoavaliação.

Afiliação: Relacionar-se cordial e afetuosamente. Desejo de relacionamentos interpessoais próximos e amigáveis

Poder: Exercer influência. Necessidade de fazer com que os outros se comportem de modo que não fariam naturalmente um dos motivos que orientam a dinâmica do comportamento é o desejo de relacionamentos interpessoais amigáveis, denominado afiliação. A afiliação é a necessidade ou o desejo de pertencimento, e alavanca o sujeito como integrante de um corpo coletivo.

As outras alternativas não abordaram a teoria desenvolvida por David McClelland.

Alternativa correta: letra "b".

---

13. (FCC – Analista Judiciário – Área Administrativa – TRE – SP/2017) Um dos aspectos comumente apontados como diferenciação entre os conceitos de clima e cultura organizacional consiste em que

a) cultura é mais profunda, representando os pressupostos básicos do clima organizacional.

b) clima possui natureza descritiva, representando o ser, e cultura prescritiva, representando o dever-ser.

c) clima comporta mensuração, por meio de pesquisas, e cultura alteração, com base em ritos de degradação.

d) clima possui natureza avaliativa, podendo ser classificado como favorável ou não, enquanto a cultura é descritiva, objeto de constatação.

e) cultura possui apenas elementos intrínsecos, e clima aspectos extrínsecos, denominados artefatos observáveis.

COMENTÁRIOS

✪ **Nota do autor:** O clima organizacional refere-se a um conjunto de percepções, opiniões e sentimento que se expressam no comportamento de um grupo ou uma organização, em determinado momento ou situação, sendo, portanto, passageiro e superficial. O clima possui natureza avaliativa, podendo ser classificado como favorável ou não, enquanto a cultura é descritiva, objeto de constatação.

A cultura organizacional possui três níveis, artefatos, valores compartilhados e pressuposições básicas. Trata-se de um conjunto de ideias, conhecimentos e sentimentos, visíveis ou não, mensuráveis ou não, que são partilhados pelo grupo ou pela organização.

Alternativa correta: letra "d".

---

14. (FCC – Analista Judiciário – Área Administrativa – TRE – SP/2017) A partir de divergências de percepções e ideias, os componentes de uma organização podem se colocar em posições antagônicas, caracterizando uma situação conflitiva. O conflito, conquanto inevitável, deve ser gerenciado, havendo diferentes abordagens para a gestão de conflitos, entre elas a que procura minimizar as diferenças entre os grupos, identificando objetivos comuns, ou, ainda, promovendo o reagrupamento de indivíduos. Trata-se da abordagem

a) de processo

b) estrutural.

c) mista.

d) distributiva.

e) interativa.

COMENTÁRIOS

✪ **Nota do autor:** A abordagem estrutural de conflito surge de percepções criadas pelas condições de diferenciação, de recursos limitados e escassos e de interdependência. Nesse caso, as percepções e o conflito poderão ser controlados se tais elementos também forem. Esta abordagem atua sobre uma condição existente que predispõe ao conflito, que ainda não está instalado, na tentativa de minimizar as diferenças.

Alternativa correta: letra "b".

---

15. (FCC – Analista Judiciário – Área Administrativa – TRE – SP/2017) Uma determinada entidade integrante da Administração pública pretende aplicar conceitos de gestão por competências, para recrutamento, avaliação, movimentação e remuneração de seus integrantes. Nesse contexto, uma das principais etapas a serem percorridas consiste no denominado mapeamento de competências, que corresponde

a) à prospecção dos melhores profissionais disponíveis no mercado e ao recrutamento e seleção para atuar na organização.

b) ao desenho de cargos e funções de acordo com os desafios e oportunidades identificadas com base nos cenários apresentados.

c) à identificação da missão e da visão da organização, bem como de suas forças e fraquezas.

d) à identificação dos melhores profissionais disponíveis na organização e à alocação dos mesmos em postos estratégicos.

e) à identificação das competências técnicas e comportamentais necessárias para o desempenho de cada cargo ou função da organização.

COMENTÁRIOS

✪ **Nota do autor:** O mapeamento e mensuração por competências é a base de toda a gestão por competências. Por meio das atividades que o cargo executa no dia a dia, é realizado o mapeamento das competências técnicas e comportamentais (CHA) para cada uma das atividades. Depois disso, é feita a mensuração do grau ideal para o cargo, isto é, o quanto o cargo precisa de cada uma das competências para atingir os objetivos da empresa. Portanto corresponde à identificação das competências técnicas e comportamentais necessárias para o desempenho de cada cargo ou função da organização.

Alternativa correta: letra "e".

---

16. (FCC – Analista Judiciário – Área Judiciária – TRE – SP/2017) Motivação corresponde a um estado psicológico caracterizado por um elevado grau de disposição de realizar uma tarefa ou perseguir uma meta. Constitui um dos fatores fundamentais para o bom desempenho organizacional e é objeto de diversas teorias que buscam explicar quais os fatores determinantes ou como ela se processa. Uma dessas teorias é a da expectativa (ou expectância), desenvolvida por Victor Vroom, segundo a qual,

a) as pessoas são mais influenciadas pela expectativa de recompensas (reforço positivo), do que por recompensas objetivas.

b) o comportamento humano é sempre orientado para resultados, sendo o conceito de valência correspondente ao valor atribuído ao resultado.

c) a expectativa de punição constitui fator indutor do comportamento do indivíduo, podendo ser usada como ferramenta motivacional.

d) a motivação independe de fatores externos ou de resultados objetivos, sendo uma característica eminentemente pessoal.

e) o indivíduo prioriza, inconscientemente, a realização pessoal, ainda que em detrimento de necessidades básicas.

COMENTÁRIOS

✪ **Nota do autor: Teoria da expectativa (ou expectância) – Victor Vroom**

Valência: É o valor atribuído ao resultado (recompensa). É uma medida de atração que um resultado (recompensa) exerce sobre um indivíduo.

Instrumentalidade: Relação desempenho-resultado (recompensa). É o grau em que o indivíduo acredita que determinado nível de desempenho levará ao resultado desejado.

Expectativa: Relação esforço-desempenho. É a probabilidade, percebida pelo indivíduo, de que certa quantidade de esforço levará ao desempenho.

Para esta teoria, desenvolvida pelo psicólogo Victor Vroom, o comportamento humano é sempre orientado para resultados, ou seja, as pessoas fazem coisas esperando sempre outras em troca. Os três principais fatores nesta teoria são: valência, instrumentalidade e expectativa. Portanto o comportamento humano é sempre orientado para resultados, sendo o conceito de valência correspondente ao valor atribuído ao resultado.

Alternativa correta: letra "b".

---

17. (Cespe – Técnico Judiciário – Área Administrativa – TRE – PI/2016) A respeito da gestão por competência nas organizações, assinale a opção correta.

a) Caminhos alternativos, flexíveis e adaptáveis para o desenvolvimento de competências resultam de processos de diagnóstico de lacunas de competências nas organizações.

b) Na avaliação de competências nas organizações, os questionários, as entrevistas e os grupos focais são as principais técnicas utilizadas, pois proporcionam mensurações mais fidedignas que as demais técnicas.

c) Em uma perspectiva processual, os componentes da competência podem ser constituídos por demandas de contexto organizacional, social ou econômico.

d) No mapeamento de competências, a construção de descrições longas, constituídas por múltiplas ideias, auxilia na caracterização do espaço ocupacional dos profissionais na organização.

e) Competências com maior grau de transversalidade entre as diversas áreas de uma organização configuram-se como emergentes quanto à relevância, bem como gerais quanto à amplitude.

COMENTÁRIOS

✪ **Nota do autor:** A competência é definida como "um conjunto de conhecimentos, habilidades, atitudes e comportamentos que permitem ao indivíduo desempenhar com eficácia determinadas em qualquer situação. " Portanto em uma perspectiva processual, os componentes da competência podem ser constituídos por demandas de contexto organizacional, social ou econômico.

Alternativa correta: letra "c".

---

18. (Cespe – Técnico Judiciário – Área Administrativa – TRE – RS/2015) Inserida no contexto do movimento gerencialista, a retórica da gestão estratégica de pessoas, presente em empresas privadas, exerceu grande influência também no setor público brasileiro, principalmente a partir da aplicação, em governos de diversos países ocidentais, do modelo da gestão por competências. Acerca desse tema, assinale a opção correta.

a) Trabalho em equipe, liderança e ética profissional ilustram itens adequados de um formulário de avaliação de desempenho individual por competências.

b) Considera-se a gestão por competências um modelo estratégico de gestão de pessoas em razão da previsão de alinhamento sistêmico das políticas e práticas da área, tais como planejamento da força de trabalho, concurso e seleção, capacitação e desenvolvimento, remuneração e gestão de desempenho.

c) Em termos operacionais, compreende-se a gestão de pessoas por competências como parte do ciclo de gestão estratégica de uma organização, haja vista que é a partir da formulação da estratégia organizacional que se inicia o mapeamento e o diagnóstico de competências.

d) Se competência individual pode ser definida como a expressão de comportamentos produtivos no trabalho, então é correto afirmar que uma avaliação de desempenho por competências deve privilegiar os conhecimentos, as habilidades e as atitudes requeridos dos empregados, em detrimento de aspectos motivacionais e contextuais.

e) Recursos intangíveis, conhecimentos, habilidades e experiências, procedimentos e sistemas, valores e cultura e redes de relacionamento são componentes que, isolada ou combinadamente, podem resultar na composição de competências organizacionais.

COMENTÁRIOS

✪ **Nota do autor:** O conceito de gestão estratégica se refere a um tipo de gestão que se preocupa com os objetivos e metas da organização e com o desempenho e as formas de atuação mais adequados para concretizá-los, considerando-se o curto, o médio e o longo prazos. O foco é a definição dos resultados esperados, o planejamento e o monitoramento das ações para seu alcance. Em termos operacionais, compreende-se a gestão de pessoas por competências como parte do ciclo de gestão estratégica de uma organização, haja vista que é a partir da formulação da estratégia organizacional que se inicia o mapeamento e o diagnóstico de competências.

Alternativa correta: letra "c".

---

19. (FCC – Analista Judiciário – Área Administrativa – TRF 5/2017) Segundo Paul Hersey e Kenneth Blanchard, liderança é o processo de exercer influência sobre um indivíduo ou um grupo, nos esforços para a realização de um objetivo, em determinada situação. Referidos autores desenvolveram um modelo situacional de análise da liderança com ênfase

a) no ambiente interno, adequando as diferentes formas de liderar ao clima organizacional, podendo ser, conforme o caso: diretiva, participativa ou apoiadora.

b) no propósito da instituição, que, por seu turno, orienta o estilo de liderança a ser aplicado: transacional ou transformacional.

c) na transformação dos liderados, proporcionada a partir da adoção do estilo de liderança mais adequado à situação apresentada.

d) no ambiente externo, que deve direcionar os esforços do líder para conduzir os liderados na direção dos objetivos e metas traçados.

e) na maturidade dos liderados, ao que deve adequar-se o estilo de liderança adotado, que pode ser: dirigir, persuadir, participar ou delegar.

COMENTÁRIOS

✪ **Nota do autor:** Segundo Paul Hersey e Kenneth Blanchard, "liderança é o processo de exercer influência sobre um indivíduo ou um grupo, nos esforços para a realização de um objetivo, em determinada situação". Necessita-se, então, de um método, pelo qual se consiga resultados predefinidos, com e por meio de pessoas. Hersey e Blanchard desenvolveram um **modelo**

situacional de análise da liderança com ênfase nos liderados, introduzindo uma variável muito importante: a maturidade dos subordinados. Para os autores, a eficácia da liderança depende da adequação do estilo de liderança ao grau de maturidade dos subordinados. Portanto a alternativa que relata que na maturidade dos liderados, ao que deve adequar-se o estilo de liderança adotado, que pode ser: dirigir, persuadir, participar ou delegar é considerada correta.

Alternativa correta: letra "e".

2. GESTÃO DE RISCOS

20. (Cespe – Analista Judiciário – Área Judiciária – TRE – BA/2017) De acordo com a NBR ISO 31000:2009, no que diz respeito ao processo de gestão de riscos, a etapa específica de apreciação das causas e fontes de riscos, suas consequências positivas e negativas, e da probabilidade de ocorrência dessas consequências denomina-se

a) identificação de riscos.

b) análise de riscos.

c) monitoramento e análise crítica.

d) avaliação de riscos.

e) estabelecimento do contexto interno.

COMENTÁRIOS

✪ **Nota do autor: Análise de riscos**

A análise de riscos envolve a apreciação das causas e as fontes de risco, suas consequências positivas e negativas, e a probabilidade de que essas consequências possam ocorrer. Convém que os fatores que afetam as consequências e a probabilidade sejam identificados. O risco é analisado determinando-se as consequências e sua probabilidade, e outros atributos do risco. Um evento pode ter várias consequências e pode afetar vários objetivos. Convém que os controles existentes e sua eficácia e eficiência também sejam levados em consideração.

Convém que a forma em que as consequências e a probabilidade são expressas e o modo com que elas são combinadas para determinar um nível de risco reflitam o tipo de risco, as informações disponíveis e a finalidade para a qual a saída do processo de avaliação de riscos será utilizada. Convém que isso tudo seja compatível com os critérios de risco. É também importante considerar a interdependência dos diferentes riscos e suas fontes.

Convém que a confiança na determinação do nível de risco e sua sensibilidade a condições prévias e premissas sejam consideradas na análise e comunicadas eficazmente para os tomadores de decisão e, quando apropriado, a outras partes interessadas. Convém que sejam estabelecidos e ressaltados fatores como a divergência de opinião entre especialistas, a incerteza, a disponibilidade, a qualidade, a quantidade e a contínua pertinência das informações, ou as limitações sobre a modelagem.

A análise de riscos pode ser realizada com diversos graus de detalhe, dependendo do risco, da finalidade da análise e das informações, dados e recursos disponíveis. Dependendo das circunstâncias, a análise pode ser qualitativa, semiquantitativa ou quantitativa, ou uma combinação destas.

As consequências e suas probabilidades podem ser determinadas por modelagem dos resultados de um evento ou conjunto de eventos, ou por extrapolação a partir de estudos experimentais ou a partir dos dados disponíveis.

As consequências podem ser expressas em termos de impactos tangíveis e intangíveis. Em alguns casos, é necessário mais que um valor numérico ou descritor para especificar as consequências e suas probabilidades em diferentes períodos, locais, grupos ou situações.

A análise de riscos envolve desenvolver a compreensão dos riscos. A análise de riscos fornece uma entrada para a avaliação de riscos e para as decisões sobre a necessidade de os riscos serem tratados, e sobre as estratégias e métodos mais adequados de tratamento de riscos. A análise de riscos também pode fornecer uma entrada para a tomada de decisões em que escolhas precisam ser feitas e as opções envolvem diferentes tipos e níveis de risco.

Alternativa correta: letra "b".

21. (Consulplan – Técnico Judiciário – Área Administrativa – TRE – RJ/2017) Os riscos operacionais podem ser definidos como a possibilidade de perdas diretas ou indiretas, em função de fraquezas ou ausências de processos e controles internos adequados. Os gestores precisam estar sempre atentos a todos estes potenciais riscos de forma a minimizar seus impactos negativos na saúde financeira das organizações. Como é denominado o risco de perdas gerado pela dependência de poucos produtos, clientes e/ou mercados?

a) Risco sistêmico.

b) Risco de modelagem.

c) Risco de concentração.

d) Risco de liquidação financeira.

COMENTÁRIOS

✪ **Nota do autor:** Quando a organização adota a dependência de poucos produtos, clientes e/ou mercados significa que ela concentra seus esforços nesse nicho definido pela organização e fica à mercê de eventos improváveis decorrentes dessa escolha. Portanto o risco gerado pela dependência de poucos produtos, clientes e/ou mercados é o risco de concentração.

Alternativa correta: letra "c".

22. (Cespe – Técnico Judiciário – Área Administrativa – TRE – RS/2015) No que se refere à gestão de riscos, assinale a opção correta.

a) A competência para alocar os recursos necessários para que a gestão de riscos aconteça é do comitê de gestão de riscos.

b) Para evitar-se que o tratamento de riscos gere elevado custo para as organizações, deve-se escolher uma única maneira de tratá-los.

c) O risco se refere à certeza de que um evento irá acontecer, o que pode causar impacto positivo ou negativo nos objetivos organizacionais.

d) O tratamento apropriado do risco refere-se a sua completa eliminação; caso contrário, terá ocorrido falha no tratamento.

e) A nomeação do comitê de gestão de riscos, encarregado de desenvolver o processo de gestão de riscos, é de responsabilidade do presidente do TRE/RS.

COMENTÁRIOS

✪ **Nota do autor:**

No Regimento Interno do TRE RS abarca como competência do Presidente:

> Art. 17...
>
> XXV – nomear, exonerar e dar posse aos detentores de cargos em comissão da Secretaria (CJ-1 a CJ-4), bem como designar e dispensar os detentores das funções comissionadas (FC-1 a FC-6).

a) a competência para alocar os recursos necessários para que a gestão de riscos aconteça é do comitê de gestão de riscos. Não procede, essa é uma competência do Ordenador de Despesas.

b) Para evitar-se que o tratamento de riscos gere elevado custo para as organizações, deve-se escolher uma única maneira de tratá-los. Não se deve escolher uma única maneira de tratar os riscos.

c) O risco se refere à certeza de que um evento irá acontecer, o que pode causar impacto positivo ou negativo nos objetivos organizacionais. Não procede, o risco se deve às incertezas de eventos.

d) O tratamento apropriado do risco refere-se a sua completa eliminação; caso contrário, terá ocorrido falha no tratamento. Não se elimina completamente um risco.

e) A nomeação do comitê de gestão de riscos, encarregado de desenvolver o processo de gestão de riscos, é de responsabilidade do presidente do TRE/RS.

Alternativa correta: letra "e".

3. GESTÃO ESTRATÉGICA

23. (Cespe – Analista Judiciário – Área Judiciária – TRE – BA/2017) O planejamento estratégico é fundamental para direcionar as atividades de uma organização, seja ela pública ou privada. A esse respeito, assinale a opção que apresenta a ferramenta administrativa de planejamento estratégico adaptada para a elaboração do Mapa Estratégico 2016-21 TRE/BA.

a) Gestão por Diretrizes (GPD)

b) Performance Prism

c) BMC (Business Model Canvas)

d) BSC (Balanced Scorecard)

e) VBM (Value Based Management)

COMENTÁRIOS

✪ **Nota do autor: MAPA ESTRATÉGICO**

Representação gráfica que permite comunicar, visualmente, aos gestores e demais colaboradores da organização, a estratégia institucional estabelecida.

O mapa é estruturado por meio de objetivos estratégicos distribuídos em diferentes perspectivas, interligados por relações de causa-efeito.

O Planejamento Estratégico realizado pelo TRE BA utilizou a metodologia estratégica do *Balanced Scorecard*, adaptando suas perspectivas tradicionais à realidade do Poder Judiciário.

Alternativa correta: letra "d".

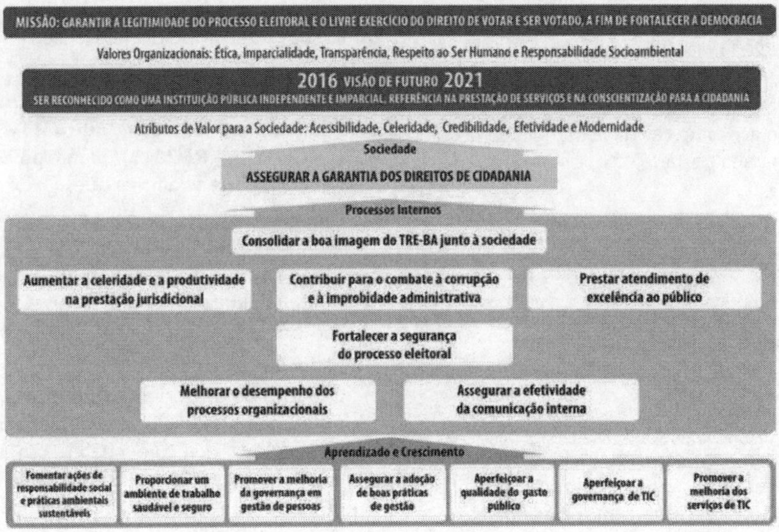

24. (Cespe – Técnico Judiciário – Área Administrativa – TRE – BA/2017) De acordo com seu Mapa Estratégico 2016-2021, os valores organizacionais do TRE/BA incluem a

a) transparência.
b) acessibilidade.
c) modernidade.
d) celeridade.
e) credibilidade.

COMENTÁRIOS

✪ **Nota do autor:** Os valores organizacionais elencados no Planejamento Estratégico do TRE BA 2016-2021 são:

Ética: revelada na atuação proba dos magistrados e servidores, pautada nos princípios da honestidade, lealdade e dignidade.

Imparcialidade: refletida na prestação jurisdicional e de serviços norteada pelos princípios da legalidade, equidade e impessoalidade.

Transparência: manifesta na garantia de acesso às informações relativas aos atos administrativos e jurisdicionais, notadamente àqueles atinentes à execução orçamentária e ao processo eleitoral.

Respeito ao Ser Humano: norteado pelos princípios básicos que regem as relações interpessoais, refletido no respeito a si próprio bem como ao próximo, tratando-o com educação, atenção e dignidade, tanto no ambiente interno como externo da organização.

Responsabilidade Socioambiental: expressa por meio de ações voltadas à formação da cidadania, inclusão social e preservação do meio ambiente, interferindo positivamente no meio em que atua.

O único valor elencado nas alternativas é a transparência. As demais alternativas não são valores organizacionais do TRE/BA.

Alternativa correta: letra "a".

25. (Cespe – Técnico Judiciário – Área Administrativa – TRE – BA/2017) De acordo com a arquitetura de processos definida pelo Mapa Estratégico 2016-2021 do TRE/BA, os macroprocessos essenciais à existência do tribunal, que recebem apoio de processos internos e estão diretamente relacionados ao objetivo maior do órgão, são os macroprocessos

a) finalísticos.
b) de apoio.
c) de suporte.
d) gerenciais.
e) de governança.

COMENTÁRIOS

✪ **Nota do autor: MACROPROCESSOS**

Conjunto de processos que definem e englobam os principais processos de trabalho desempenhados pela organização, permitindo uma visão sistêmica e abrangente das macroatividades e da forma como o órgão atua. Funcionam como grandes blocos geradores de valores para a organização e são transversais a várias unidades.

Os macroprocessos **FINALÍSTICOS** são essenciais à existência da organização, recebem apoio de processos internos e estão diretamente relacionados ao objetivo maior do órgão, gerando um produto ou serviço para o cliente externo.

Alternativa correta: letra "a".

26. (Cespe – Analista Judiciário – Área Judiciária – TRE – PE/2017) Decisões descentralizadas, flexibilização de recursos, apuração de desempenho, monitoramento de execução de gestão e definição de indicadores são ações típicas da estratégia de gestão pública denominada gestão

a) da mudança.
b) por competências.
c) da qualidade.
d) social.
e) por resultados.

COMENTÁRIOS

Gestão por Resultados caracteriza-se por ser o ciclo que começa com o **estabelecimento dos resultados desejados**, a partir da tradução dos objetivos de governo; **prescreve o monitoramento e a avaliação do desempenho** da organização ou da política pública a partir do alcance desses resultados; e **retroalimenta o sistema de gestão**, propiciando ações corretivas decorrentes dessa avaliação. As demais alternativas não contemplam estratégias em gestão pública.

Alternativa correta: letra "e".

27. (Cespe – Analista Judiciário – Área Administrativa – TRE – TO/2017) Caso se concentre em um mercado específico, regional ou de nicho, uma organização adotará a estratégia genérica de

a) especialização.
b) enfoque.
c) parceria local.
d) diferenciação.
e) liderança regional.

COMENTÁRIOS

✪ **Nota do autor: AS ESTRATÉGIAS COMPETITIVAS GENÉRICAS**

Após o entendimento sobre as características de cada força competitiva e de que forma atuam e interagem entre si, Porter propõe o segundo grande conceito essencial para o entendimento da vantagem competitiva, o conceito das "estratégias competitivas genéricas".

Na estratégia genérica do **Enfoque** Porter estabelece as diretrizes para o qual denominou como sendo a estratégia genérica do enfoque. Pode ser entendida como a estratégia que direciona seus esforços para um nicho bem mais específico de atuação, oferecendo produtos e serviços estritamente destinados àqueles clientes inclusos em seu nicho de atuação, não buscando atingir outros nichos, mas sim se especializar e comprovar sua superioridade em fornecimento frente a outras empresas optantes por estratégias de custos e diferenciação.

Alternativa correta: letra "b".

28. (Consulplan – Analista Judiciário – Área Administrativa – TRE – RJ/2017) Quanto ao *Balanced Scorecard* – BSC, pode-se afirmar que:

a) Criada por Kaplan e Norton, o BSC é uma ferramenta que traduz a missão e a estratégia da organização em um conjunto compreensível de medidas de desempenho, propiciando a formação de uma estrutura de mensuração e de um sistema de gestão eficiente.
b) O BSC parte do princípio de que o que não se pode medir não se pode administrar, por isso, a metodologia é recomendada com cautela pelo Conselho Nacional de Justiça, já que não é viável estabelecer indicadores de desempenho para o Poder Judiciário.
c) O BSC mede o desempenho organizacional contemplando quatro dimensões críticas: financeira, clientes, processos internos e aprendizagem e crescimento. Ajustando essa ferramenta para as organizações públicas, a dimensão financeira deve ser priorizada em detrimento das demais perspectivas.
d) O principal objetivo do BSC é promover a dissociação entre as atividades operacionais da empresa e o planejamento estratégico, pois este deve permanecer concentrado nas instâncias superiores de decisão. Neste método, suprime-se a etapa de feedback que quase sempre é demorada e pouco contribui para a eficiência do planejamento.

COMENTÁRIOS

✪ **Nota do autor:** O **Balanced Scorecard é** uma metodologia de medição e gestão de desempenho desenvolvida pelos professores da Harvard Business School, Robert Kaplan e David Norton, em 1992. O BSC (Balanced Scorecard) foi apresentado inicialmente como um modelo de avaliação e performance empresarial, porém, a aplicação em empresas proporcionou seu desenvolvimento para uma metodologia de gestão estratégica. Criada por Kaplan e Norton, o BSC é uma ferramenta que traduz a missão e a estratégia da organização em um conjunto compreensível de medidas de desempenho, propiciando a formação de uma estrutura de mensuração e de um sistema de gestão eficiente.

Alternativa correta: letra "a".

29. (Consulplan – Analista Judiciário – Área Administrativa – TRE – RJ/2017) Os planos podem ser classificados segundo diferentes critérios. Um dos critérios mais relevantes para os administradores é o critério de permanência, que classifica os planos em temporários e permanentes. Relacione-os adequadamente.

1. Planos permanentes.	( ) Cronogramas.
	( ) Políticas.
2. Planos singulares ou temporários.	( ) Procedimentos.
	( ) Missão.
	( ) Orçamentos.
	( ) Projetos.

A sequência está correta em

a) 1, 2, 2, 1, 1, 1.

b) 2, 2, 2, 1, 1, 2.

c) 1, 1, 1, 2, 2, 1.

d) 2, 1, 1, 1, 2, 2.

COMENTÁRIOS

✪ **Nota do autor:** A sequência correta será 2, 1, 1, 1, 2, 2. **Planos permanentes** são aqueles constituídos de informações, elementos e decisões que devem ser observados por toda a organização independentemente de seu objetivo específico.

São exemplos: políticas, procedimentos, missão.

Planos singulares ou temporários são compostos de informações, elementos e decisões que serão observados para um objetivo definido e de curta duração.

São exemplos: cronogramas, orçamentos, projetos.

Alternativa correta: letra " d".

---

30. (Consulplan – Técnico Judiciário – Área Administrativa – TRE – RJ/2017) Considerando a gestão estratégica aplicada ao âmbito do Poder Judiciário, assinale a alternativa em que o conceito e o exemplo estão corretamente associados.

a) Visão – exemplo: imparcialidade.

b) Missão – exemplo: realizar a justiça.

c) Objetivo estratégico – exemplo: falta de agilidade dos trâmites judiciais.

d) Valores – exemplo: ser reconhecido pela sociedade como instrumento efetivo de justiça e equidade.

COMENTÁRIOS

a) A **VISÃO** é a Síntese das aspirações da organização, representa o quadro futuro que se quer atingir dentro de um período mais longo de tempo. A definição de onde se pretende chegar permite entender com clareza o que é preciso mudar na organização ou como ela precisa evoluir para que a visão seja concretizada.

b) A **MISSÃO** é a declaração sobre a razão da existência de uma organização e o serviço que desempenha, de modo a tornar útil sua ação perante a sociedade.

c) Os **OBJETIVOS ESTRATÉGICOS** são desafios que, quando alcançados, são suficientes para a implementação da estratégia, o êxito no cumprimento da missão e a concretização da visão de futuro da organização.

d) Os **VALORES ORGANIZACIONAIS** são os Valores fundamentais em torno dos quais se constrói a organização. Representam as convicções dominantes, as crenças básicas, aquilo em que as pessoas da organização acreditam. Os valores descrevem como a organização pretende atuar no cotidiano, enquanto busca realizar sua visão.

Alternativa correta: letra " b".

---

31. (Consulplan – Técnico Judiciário – Área Administrativa – TRE – RJ/2017) Considerando as noções de gestão estratégica, quanto ao *balanced scorecard* (BSC), é correto afirmar que

a) está focalizado em apenas duas perspectivas básicas: a financeira e a dos processos internos.

b) atualmente, limita-se à análise da perspectiva da aprendizagem e do crescimento organizacional.

c) não é aplicável ao âmbito do Poder Judiciário, já que não é possível estabelecer a perspectiva do cliente.

d) pode ser definido como ferramenta administrativa que procura compatibilizar objetivos diferentes no sentido de integrá-los a uma estratégia das organizações.

COMENTÁRIOS

✪ **Nota do autor:** O *Balanced Scorecard* (BSC) foi, inicialmente, concebido como um sistema de medição de desempenho e, com o passar do tempo, foi elevado ao posto de um sistema estratégico de gestão (KAPLAN; NORTON, 1996), com indicadores de desempenho para as quatro perspectivas (financeira, clientes, processos internos, aprendizado e crescimento), e com diagramas das relações esperadas de causa e efeito, entre as medidas das diferentes perspectivas. Portanto pode ser definido como ferramenta administrativa que procura compatibilizar objetivos diferentes no sentido de integrá-los a uma estratégia das organizações.

Alternativa correta: letra "d".

---

32. (Consulplan – Técnico Judiciário – Área Administrativa – TRE – RJ/2017) Considere as seguintes estratégias de crescimento de uma empresa privada e assinale a que também é compatível com o planejamento estratégico no âmbito da Administração Pública.

a) Criar um pacote de serviços diferenciados para clientes com maior poder de compras.

b) Investir na melhoria das instalações e em avanços tecnológicos para otimizar os serviços.

c) Escolher os três melhores fornecedores e dispensar os demais, visando maior lucratividade.

d) Valorizar o funcionário remunerando-o de forma variada, conforme sua experiência anterior.

COMENTÁRIOS

✪ **Nota do autor:** A questão solicitou uma estratégia compatível com a Administração Pública. Logo, investir na melhoria das instalações e em avanços tecnológicos para otimizar os serviços. As demais alternativas não sugerem estratégias compatíveis com a gestão pública.

Alternativa correta: letra "b".

---

33. (FCC – Analista Judiciário – Área Administrativa – TRE – SP/2017) Para a elaboração do Plano Estratégico do TRE-SP utilizou-se a metodologia BSC – Balance Scorecard, que aloca os diversos objetivos

a) administrativos, chamados de macrobjetivos, em perspectivas de análise.

b) estratégicos, chamados de macrodesafios, em perspectivas de metas administrativas.

c) estratégicos, chamados de macrodesafios, em perspectivas de penalidades.

d) administrativos, chamados de macrobjetivos, em perspectivas de metas funcionais.

e) estratégicos, chamados de macrodesafios, em perspectivas de análise.

COMENTÁRIOS

✪ **Nota do autor:** Para a elaboração do Planejamento Estratégico do TRE SP, utilizou-se a metodologia BSC – *Balanced Scorecard* – que aloca os diversos objetivos estratégicos (aqui chamados de macrodesafios) em perspectivas de análise.

Alternativa correta: letra "e".

---

34. (FCC – Técnico Judiciário – Área Administrativa – TRE – SP/2017) Para a elaboração do Plano Estratégico do Tribunal Regional Eleitoral de São Paulo, utilizou-se a metodologia BSC – *Balanced Scorecard* – que aloca os diversos objetivos estratégicos (macrodesafios) em perspectivas de análise. Nesse caso, as perspectivas são

a) Processos Internos, Sociedade e Eleitorado.

b) Receitas, Processos Externos e Cidadania.

c) Recursos, Processos Externos e Governança.

d) Receitas, Processos Internos e Governança.

e) Recursos, Processos Internos e Sociedade.

COMENTÁRIOS

✪ **Nota do autor:** O plano estratégico do TRE/SP utilizou a plataforma do BSC – *balanced scorecard* adaptando suas perspectivas tradicionais nas perspectivas: Recursos, Processos Internos e Sociedade.

Alternativa correta: letra "e".

---

35. (FCC – Técnico Judiciário – Área Administrativa – TRE – SP/2017) No tocante ao Mapa Estratégico, "Consolidar a credibilidade da Justiça Eleitoral, especialmente quanto à efetividade, transparência e segurança" trata-se especificamente

a) da visão.

b) dos valores.

c) da missão.

d) do objetivo a consolidar.

e) do objetivo consolidado.

COMENTÁRIOS

✪ **Nota do autor:** A Visão do TRE SP: "Consolidar a credibilidade da Justiça Eleitoral, especialmente quanto à efetividade, transparência e segurança". A visão estabelece a direção, aonde a Organização quer estar em um período determinado do tempo.

Alternativa correta: letra "a".

---

36. (FCC – Analista Judiciário – Área Judiciária – TRE – SP/2017) A formulação, implantação e monitoramento de estratégias flexíveis e aderentes às especificidades regionais e próprias de cada segmento de Justiça, produzidas de forma colaborativa pelos órgãos da Justiça e pela sociedade, visando à eficiência operacional, à transparência institucional, ao fortalecimento da autonomia administrativa e financeira do Poder Judiciário e à adoção das melhores práticas de comunicação da Estratégia, de gestão documental, da informação, de processos de trabalho e de projetos, correspondem especificamente à descrição do macrodesafio de

a) instituir a governança jurídica.

b) melhorar a governança e infraestrutura de TIC.

c) fortalecer a segurança do processo eleitoral.

d) combater a corrupção e a improbidade administrativa.

e) garantir os direitos plenos da cidadania.

COMENTÁRIOS

✪ **Nota do autor:** O macrodesafio de **instituir a governança judiciária engloba a formulação**, implantação e monitoramento de estratégias flexíveis e aderentes às especificidades regionais e próprias de cada segmento de justiça, produzidas de forma colaborativa pelos órgãos da justiça e pela sociedade. Visa à eficiência operacional, à transparência institucional, ao fortalecimento da autonomia administrativa e financeira do Poder Judiciário e à adoção das melhores práticas de comunicação da estratégia, de gestão documental, da informação, de processos de trabalho e de projetos.

Alternativa correta: letra "a"

37. (Cespe – Técnico Judiciário – Área Administrativa – TRE – PI/2016) Acerca do BSC (*balanced scorecard*) nas organizações, assinale a opção correta.

a) No processo de formulação do BSC, comunicar e estabelecer vinculações ajuda no compartilhamento das informações entre os colaboradores, que se esforçarão para estabelecer um alinhamento entre o objetivo estratégico e as metas da organização.

b) A qualidade, o tempo, o preço e a funcionalidade dos serviços ofertados ao mercado são referentes genéricos da proposta de valor para a perspectiva financeira do bsc.

c) Investir em pesquisa e desenvolvimento constitui uma estratégia de utilização de ativos organizacionais para melhoria de desempenho da perspectiva cliente do BSC.

d) No processo de formulação do BSC, esclarecer a visão e a estratégia para todos os níveis da organização é uma desvantagem na perspectiva de aprendizado e crescimento do BSC.

e) Na perspectiva financeira do BSC, para que a organização concretize sua visão, é necessário que sua equipe questione-se sobre como a organização pode sustentar a capacidade de mudar e melhorar sua atividade produtiva.

COMENTÁRIOS

✪ **Nota do autor:** O principal objetivo do BSC é o alinhamento do planejamento estratégico com as ações operacionais da empresa.

Esse objetivo é alcançado pelas seguintes ações:

Esclarecer e traduzir a visão e a estratégia – Definir o mapa estratégico através de uma sequência de relações causa e efeito entre resultados e vetores de desempenho o *Balanced Scoredcard* ajuda a esclarecer as ações a empreender.

Comunicar e associar objetivos e medidas estratégicos – Se o sucesso da organização depende dos objetivos estratégicos da organização serem atingidos, tal meta só se afigura possível quando os colaboradores os conhecem e reconhecem como seus. O colaborador esforçar-se-á na mesma medida e proporção em que conhecer as intenções estratégicas da empresa e se rever nelas.

Planejar, estabelecer metas e alinhar iniciativas estratégicas – os gestores devem identificar metas desafiantes para os seus funcionários, definir processos internos, planejar a performance financeira e o crescimento.

Melhorar o *feedback* e o aprendizado estratégico – permite monitorizar continuamente a organização, girando à volta de quatro questões/visões.

No processo de formulação do BSC, comunicar e estabelecer vinculações ajuda no compartilhamento das informações entre os colaboradores, que se esforçarão para estabelecer um alinhamento entre o objetivo estratégico e as metas da organização.

Alternativa correta: letra "a".

38. (Cespe – Técnico Judiciário – Área Administrativa – TRE – PI/2016) Com relação ao planejamento organizacional nas organizações contemporâneas, assinale a opção correta.

a) Em uma organização, as metas operacionais e departamentais são estabelecidas de forma exclusiva, respectivamente, para pessoas/equipes e departamentos/divisões.

b) Os planos estratégicos representam as etapas de ação, pelas quais uma organização tem intenção de alcançar as metas estratégicas em um espaço de tempo definido.

c) as metas táticas auxiliam na execução dos planos estratégicos de uma organização, assim como na realização de parte específica da estratégia organizacional.

d) o planejamento estratégico estabelece planos sucessivos de metas e ações que são desempenhadas repetidamente nas organizações, visto que planos de uso único não fazem parte do escopo da estratégia.

e) Planos e metas táticas fornecem meios para que a organização responda a situações específicas, como emergências, contratempos ou condições inesperadas.

COMENTÁRIOS

✪ **Nota do autor: O planejamento estratégico** é visto como um processo contínuo, que envolve todos os níveis hierárquicos, compreendendo os seguintes passos básicos:

- ✓ definição da **missão** da empresa;
- ✓ postura estratégica e diretrizes da estratégia em termos de desempenho, objetivos e desafios;
- ✓ missão do negócio, escopo e identificação dos segmentos de produto x mercado;
- ✓ **formulação da estratégia** de negócio e planos de ação amplos;

Portanto, os planos estratégicos representam as etapas de ação, pelas quais uma organização tem intenção de alcançar as metas estratégicas em um espaço de tempo definido.

Alternativa correta: letra "b".

---

39. (Cespe – Técnico Judiciário – Área Administrativa – TRE – PI/2016) Acerca do BSC (*balanced scorecard*) nas organizações, assinale a opção correta.

a) As medidas genéricas da perspectiva cliente do BSC incluem capital intelectual, tempo de resposta, custo operacional e capilaridade de serviços.

b) Investimento em design de serviços pode ser uma estratégia de utilização de ativos organizacionais para a melhoria de desempenho da perspectiva aprendizado e crescimento do BSC.

c) Traduzir a visão e a estratégia da organização é uma atividade prevista na perspectiva financeira para a formulação do BSC.

d) A capacidade de adaptação e mudança de uma organização é um dos elementos organizacionais preconizados pela perspectiva de processos internos do BSC.

e) A alocação de recursos é uma atividade prevista no vetor planejamento e estabelecimento de metas para a formulação do BSC.

COMENTÁRIOS

✪ **Nota do autor:** O BSC decompõe a estratégia de uma maneira lógica, baseando-se em relações de causa e efeito, vetores de desempenho e relação com fatores financeiros. A alocação de recursos é uma atividade prevista no vetor planejamento e estabelecimento de metas para a formulação do BSC.

Alternativa correta: letra "e".

4. PROCESSO ORGANIZACIONAL

---

40. (Cespe – Analista Judiciário – Área Administrativa – TRE – TO/2017) O monitoramento das atividades dos colaboradores da organização, com vistas ao atendimento das metas estabelecidas, corresponde à atividade típica da função de administração denominada

a) controle.

b) organização.

c) direção.

d) liderança.

e) planejamento.

COMENTÁRIOS

✪ **Nota do autor:** O controle é a função do processo administrativo que verifica se o que foi realizado está de acordo com o que foi planejado. São características do processo de controle: comparação, avaliação monitoramento, medição, etc. As demais alternativas não contemplam a função administrativa do controle.

Alternativa correta: letra "a".

---

41. (Cespe – Analista Judiciário – Área Administrativa – TRE – TO/2017) Adotada em organizações contemporâneas, a abordagem de planejamento que consiste em estabelecer metas, gerar planos de ação, analisar o progresso das ações e avaliar seu desempenho é

a) o planejamento operacional.

b) a administração estratégica.

c) o planejamento tático e operacional.

d) o planejamento estratégico.

e) a administração por objetivos.

COMENTÁRIOS

✪ **Nota do autor:** A Administração por Objetivos (APO) ou Administração por Resultados (APR) surge em 1954 por intermédio dos postulados do austríaco Peter Ferdinand Drucker, considerado por muitos como o pai da APO. Em sua definição, a APO é uma técnica de direção de esforços por meio do planejamento, organização, direção e controle administrativo fundamentada no princípio de que, para atingir resultados, a organização precisa antes definir em que negócio está atuando e aonde pretende chegar.

Alternativa correta: letra "e".

---

42. (Cespe – Analista Judiciário – Área Administrativa – TRE – TO/2017) Nas organizações, baseia-se no fluxo de atividades produtivas sequenciais a departamentalização

a) por funções.

b) geográfica.

c) por clientela.

d) por produtos.

e) por processos.

COMENTÁRIOS

✪ **Nota do autor:** A departamentalização é a forma como uma organização pode juntar e integrar pessoas, tarefas e atividades em unidades, tendo como objetivo facilitar a coordenação da empresa.

O departamento é, portanto, uma **unidade de trabalho** que agrega um somatório de atividades semelhantes ou coerentes entre si.

Departamentalização por Processo – esse tipo de departamentalização as atividades e os recursos são agrupados em torno de processos chave específicos da empresa. Em uma montadora de automóveis, por exemplo, poderíamos ter os setores de pintura e montagem. Dessa maneira, dividimos o trabalho de acordo com as atividades principais que ocorrem dentro de uma organização. Assim sendo, os profissionais encarregados de cada processo estariam localizados nos setores responsáveis por eles. Esse tipo de departamentalização é mais utilizado nos níveis mais baixos da hierarquia, relacionados com as áreas de produção e logística. Assim, a tecnologia passa a ser o foco desse modelo. O maior problema desse tipo de departamentalização é a pouca flexibilidade em um contexto de mudança tecnológica grande ou necessidade de mudança dos processos.

Alternativa correta: letra "e"

---

43. (Cespe – Analista Judiciário – Área Administrativa – TRE – TO/2017) No que tange ao alcance de uma meta preestabelecida, o desempenho de uma organização é avaliado quanto ao grau de

a) efetividade.
b) performance.
c) qualidade.
d) eficácia.
e) eficiência.

COMENTÁRIOS

a) **EFETIVIDADE** diz respeito à capacidade de se promover resultados pretendidos; a eficiência indica a competência para se produzir resultados com dispêndio mínimo de recursos e esforços; e a eficácia, por sua vez, remete à capacidade de alcançar as metas definidas para uma ação ou experimento.

b) **PERFORMANCE** equivale ao desempenho organizacional que será medido em indicadores de resultados.

c) **QUALIDADE** é a medição da realização de uma atividade em relação às entregas oferecidas aos respectivos destinatários.

d) **EFICÁCIA** é a capacidade de fazer aquilo que é preciso, que é certo para se alcançar determinado objetivo, escolhendo os melhores meios e produzir um produto adequado ao mercado. A eficiência envolve a forma com que uma atividade é feita, a eficácia se refere ao resultado da mesma.

e) **EFICIÊNCIA é** a capacidade do administrador de obter bons produtos como produtividade e desempenho, utilizando a menor quantidade de recursos possíveis, como tempo, mão de obra e material, ou mais produtos utilizando a mesma quantidade de recursos.

Alternativa correta: letra "d".

---

44. (Cespe – Analista Judiciário – Área Administrativa – TRE – TO/2017) O processo de especificação de tarefas ou atividades a serem realizadas a curto prazo é denominado planejamento

a) orientado a resultados.
b) de atividades.
c) estratégico.
d) tático.
e) operacional.

COMENTÁRIOS

✪ **Nota do autor:** O **PLANEJAMENTO OPERACIONAL é** a formalização dos objetivos e procedimentos, ou seja, a implementação das ações previamente desenvolvidas e estabelecidas pelos baixos níveis de gerência (nível tático). Tem como principal finalidade desdobrar os planos táticos de cada departamento em planos operacionais para cada tarefa. É de conhecimento mútuo que o planejamento operacional possui um curto alcance, estando diretamente ligado com a área técnica de execução de um determinado plano de ação. Podemos dizer, que ele envolve cada tarefa ou atividade de forma isolada, preocupando-se com a alcance de metas bastante específicas.

Alternativa correta: letra "e".

---

45. (Cespe – Técnico Judiciário – Área Administrativa – TRE – TO/2017) A estruturação organizacional baseada nos produtos que organização oferece ao mercado denomina-se

a) departamentalização funcional.
b) organização horizontalizada.
c) departamentalização por produtos.
d) departamentalização por projetos.
e) organização matricial.

COMENTÁRIOS

✪ **Nota do autor:** A **Departamentalização por Produto** as divisões são agrupadas por tipo de produto ou serviço. Dessa forma, uma grande empresa poderia ser dividida em: setores de alimentos infantis, de bebidas, de limpeza doméstica etc. Esse modelo é mais adequado quando as tecnologias envolvidas na fabricação, comercialização ou atendimento ao cliente de cada produto ou serviço são muito diferentes.

Alternativa correta: letra "c"

---

46. (Cespe – Técnico Judiciário – Área Administrativa – TRE – TO/2017) Uma organização na qual a autoridade decisória localiza-se próxima aos níveis gerenciais mais elevados e onde há um grande número de funcionários subordinados a um só supervisor caracteriza-se como uma organização

a) centralizada e de baixa amplitude.
b) centralizada e de alta amplitude.
c) hierarquizada e de baixa amplitude.
d) descentralizada e de alta amplitude.
e) descentralizada e de baixa amplitude

COMENTÁRIOS

✪ **Nota do autor:** A **centralização** ocorre quando, em uma organização, a maioria das decisões é tomada pelos ocupantes dos cargos no topo da mesma, ou seja, pelos chefes. Dessa maneira, se em uma empresa somente o presidente puder tomar decisões, dizemos que existe centralização. A amplitude de controle relaciona-se ao número de subordinados que os superiores comandam em uma organização. Dessa forma, **quanto maior o número de subordinados por chefe, maior é a amplitude de controle**. Assim sendo, se existem poucos subordinados por chefe, a amplitude de controle é menor.

Alternativa correta: letra "b"

---

47. (Consulplan – Analista Judiciário – Área Administrativa – TRE – RJ/2017) A organização deve ser subdividida, ou departamentalizada, em unidades menores para um melhor controle de seus processos. A organização que possui uma linha de comando dupla, em vez de única, e se apresenta de uma forma híbrida em que as formas funcional e por produto se sobrepõem, e que os administradores e o pessoal de assessoria reportam-se a dois chefes – um funcional e outro de produto, é o tipo de organização:

a) Matricial.
b) Funcional.
c) Por produto.
d) Por organização geográfica

COMENTÁRIOS

✪ **Nota do autor:** A estrutura matricial é um modelo misto, que comporta ao mesmo tempo uma estrutura funcional com uma estrutura horizontal, que normalmente se refere a um projeto, uma divisão específica ou um produto. Nesse modelo, tenta-se juntar as vantagens das duas estruturas (funcional e por projeto) de forma a juntar os especialistas em cada área nos projetos ou produtos que sejam necessários no momento. A lógica desse modelo é o que se chama **autoridade dual**, ou seja, o funcionário responde a dois chefes ao mesmo tempo.

Alternativa correta: letra " a".

---

48. (Consulplan – Técnico Judiciário – Área Administrativa – TRE – RJ/2017) Departamentalização é o agrupamento, de acordo com um critério específico de homogeneidade, das atividades e correspondentes recursos humanos, financeiros, tecnológicos, materiais e equipamentos em unidades organizacionais. Pode-se considerar que esses agrupamentos, representados pela departamentalização, podem apresentar, pelo menos, quatro contribuições para as empresas. De acordo com o exposto, marque V para as afirmativas verdadeiras e F para as falsas.

( ) Estruturação do sistema de supervisão comum entre as funções e entre as unidades organizacionais da empresa.

( ) Desoneram as funções e as unidades organizacionais da necessidade de compartilharem recursos e conhecimentos comuns, gerando maior fluidez nos processos.

( ) Criam medidas de desempenho comuns, aprimorando a coordenação das funções.

( ) Facilitam a alocação de colaboradores por especialização acadêmica, atendendo às crescentes demandas por minimizar as tensões entre generalistas e especialistas, cuja interação em um mesmo departamento caminham, de acordo com vários estudos, para a redução da produtividade das unidades organizacionais.

A sequência está correta em

a) F, V, V, F.
b) V, F, V, F.
c) V, F, F, F.
d) F, F, V, V.

COMENTÁRIOS

✪ **Nota do autor:** A sequência correta fica V, F, V, F.

1. Estruturação do sistema de supervisão comum entre as funções e entre as unidades organizacionais da empresa.

A departamentalização contribui para essa prática, separando os níveis de concepção, intermediação e execução.

2. Desoneram as funções e as unidades organizacionais da necessidade de compartilharem recursos e conhecimentos comuns, gerando maior fluidez nos processos.

Não observado, a departamentalização reconhece a necessidade de compartilhamento de recursos e conhecimentos comuns para a consecução dos objetivos organizacionais.

3. Criam medidas de desempenho comuns, aprimorando a coordenação das funções.

A departamentalização contribui para a determinação de indicadores de desempenho padrão entre os departamentos.

4. Facilitam a alocação de colaboradores por especialização acadêmica, atendendo às **crescentes demandas por minimizar as tensões entre**

generalistas e especialistas, cuja interação em um mesmo departamento caminham, de acordo com vários estudos, para a redução da produtividade das unidades organizacionais.

A departamentalização é sensível às tensões e conflitos entre especialistas e generalistas.

Alternativa correta: letra "b".

---

49. (Consulplan – Técnico Judiciário – Área Administrativa – TRE – RJ/2017) Analise o organograma a seguir.

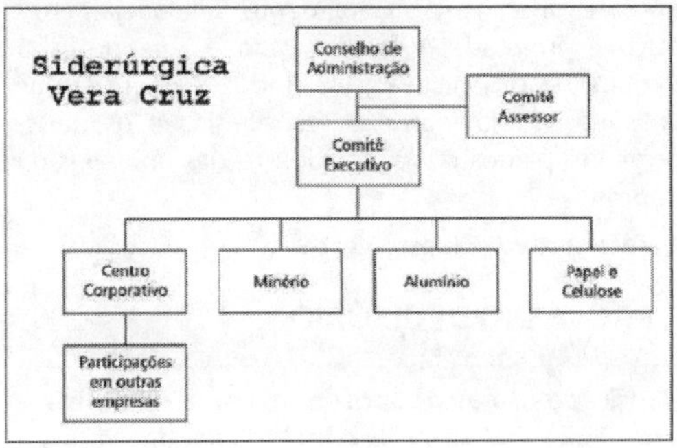

Que tipo de modelo organizacional, caracterizado por criar áreas independentes e autônomas dentro da empresa, é apresentado no organograma anterior?

a) Em rede.

b) Horizontal.

c) Implementativo.

d) Unidades de negócios.

COMENTÁRIOS

✪ **Nota do autor: UNIDADE DE NEGÓCIO é** um modelo organizacional que permite crias áreas independentes e autônomas dentro da instituição, identificando linhas de comunicação, divisão de trabalho e cadeia escalar no processo decisório.

Alternativa correta: letra "d".

---

50. (FCC – Analista Judiciário – Área Administrativa – TRE – SP/2017) As organizações podem ser estruturadas de diferentes formas e cada tipo de estrutura se mostra mais adequado para determinada finalidade. Uma dessas modalidades é a denominada estrutura divisional, implantada inicialmente por Alfred Sloan na General Motors. Outra, é conhecida como estrutura matricial, que passou a ser implementada a partir do final do século XX.

Uma das principais diferenças entre elas é que

a) ambas possuem unidades com autonomia, denominadas centros de resultados, porém apenas a matricial possui órgãos com duração limitada, ligados a determinados projetos.

b) a divisional é departamentalizada pelo critério funcional no primeiro nível, enquanto a matricial é dividida por produto.

c) ambas são orientadas por projeto, sendo a divisional organizada de forma verticalizada e a matricial em cadeias horizontais.

d) a matricial é mais estável, com órgãos divididos por áreas de especialização, enquanto a divisional é mais flexível e pode ser ajustada de acordo com a produção.

e) a divisional apura lucro ou prejuízo por centros de resultados e a matricial dentro do sistema contábil para o conjunto da empresa.

COMENTÁRIOS

✪ **Nota do autor:**

Estrutura Divisional

Quando as empresas ficam maiores, com produtos e serviços diversificados e presença em vários mercados, setores e/ou países diferentes, acabam migrando para uma estrutura divisional.

Nessa estrutura, a organização agrega as tarefas e recursos em divisões, de acordo com os produtos, clientes e/ou mercados importantes para ela.

Dessa forma, cada divisão fica então quase autônoma, tendo seu próprio setor de marketing, de produção e logística, de forma a poder tomar quase todas as decisões relativas ao seu produto e mercado e atender seus respectivos clientes.

Portanto, a lógica desse tipo de estrutura é uma descentralização de autonomia operacional às divisões, mas com um planejamento, coordenação e controle ainda centralizados na cúpula.

Estrutura Matricial

A estrutura matricial é um modelo misto, que comporta ao mesmo tempo uma estrutura funcional com uma estrutura horizontal, que normalmente se refere a um projeto, uma divisão específica ou um produto.

Nesse modelo, tenta-se juntar as vantagens das duas estruturas (funcional e por projeto) de forma a juntar os especialistas em cada área nos projetos ou produtos que sejam necessários no momento.

A lógica desse modelo é o que se chama **autoridade dual**, ou seja, o funcionário responde a dois chefes ao mesmo tempo.

Ambas possuem unidades com autonomia, denominadas centros de resultados, porém apenas a matricial possui órgãos com duração limitada, ligados a determinados projetos.

Alternativa correta: letra "a".

51. (FCC – Analista Judiciário – Área Administrativa – TRE – SP/2017) Uma das atividades próprias do administrador é a que diz respeito ao controle, no bojo da qual se insere:

a) fixação de critérios de avaliação do desempenho individual de cada colaborador em função dos resultados almejados.

b) o denominado ajuste espontâneo, que corresponde ao alinhamento da ação às circunstâncias ambientais.

c) estabelecimento de metas de curto, médio e longo prazo e a verificação do correspondente cumprimento.

d) apenas medidas de natureza estritamente financeira, em especial contenção de gastos e revisão de estratégias voltadas para a busca da eficiência.

e) medir e corrigir o desempenho de subordinados para assegurar que os objetivos e metas da organização sejam atingidos.

COMENTÁRIOS

✪ **Nota do autor:** Controle ou controlo **é** uma das funções que compõem o processo administrativo. A função controlar consiste em averiguar se as atividades (Projetos atividades) efetivas estão de acordo com as atividades e seus projetos originais, que foram planejadas. Oliveira (2005, p. 427) explica que *controlar* **é** comparar o resultado das ações, com padrões previamente estabelecidos, com a finalidade de corrigi-las se necessário. Portanto o controle é medir e corrigir o desempenho de subordinados para assegurar que os objetivos e metas da organização sejam atingidos.

Alternativa correta: letra "e".

52. (Cespe – Analista Judiciário – Área Administrativa – TRF 1/2017) A respeito das abordagens do processo organizacional, da gestão estratégica e da gestão de pessoas, julgue os itens a seguir.

O controle, entendido como função administrativa, tem por objetivo monitorar e avaliar atividades, perpassando pelos níveis estratégico, tático e operacional da organização.

COMENTÁRIOS

✪ **Nota do autor:** Controle ou controlo **é** uma das funções que compõem o processo administrativo.

A função controlar consiste em averiguar se as atividades (Projetos atividades) efetivas estão de acordo com as atividades e seus projetos originais, que foram planejadas.

Alternativa correta: **"certo"**

53. (Cespe – Analista Judiciário – Área Administrativa – TRF 1/2017) A respeito das abordagens do processo organizacional, da gestão estratégica e da gestão de pessoas, julgue os itens a seguir.

Nas unidades de trabalho dos tribunais, a elaboração do planejamento tático inclui o detalhamento analítico das atividades a serem executadas no curto prazo.

COMENTÁRIOS

✪ **Nota do autor: PLANEJAMENTO TÁTICO é** aquele que faz a intermediação entre o nível estratégico e operacional. Geralmente, o planejamento tático **é** projetado a médio prazo e abrange cada unidade da organização, ele traduz e interpreta as decisões do planejamento estratégico e os transforma em planos concretos dentro das unidades da empresa.

Alternativa correta: **"certo".**

5. PROCESSO DECISÓRIO

54. (Cespe – Analista Judiciário – Área Administrativa – TRE – TO/2017) Na ciência da administração, o processo decisório, em organizações, é tratado como objeto da teoria da decisão. A esse respeito, assinale a opção correta.

a) Cada escolha deve levar à renúncia das alternativas e a uma tomada de decisão subsequente, com base na árvore de decisões.

b) O tomador da decisão deve possuir racionalidade universal, de modo que todas as suas decisões sejam embasadas na totalidade das variáveis que influenciam o fenômeno em questão.

c) A meta do gestor deve ser alcançar a chamada decisão perfeita, que atinja o melhor resultado possível em todos os cenários projetados.

d) A escolha do gestor deve ser guiada pela racionalidade administrativa, isto é, ele deve tomar decisões com base na estrutura organizacional.

e) No processo de gestão, as escolhas devem ser tomadas por indivíduos de forma personalizada, com base em experiências prévias.

COMENTÁRIOS

✪ **Nota do autor:** Um processo de decisão inicia-se pela identificação das necessidades, do que *é* possível fazer, da informação que está disponível e da comunicação que precisa ser efetuada. Espera-se que estes elementos, ordenados numa estrutura lógica, resultem na possibilidade de uma melhor decisão. As decisões precisam ser tomadas a partir de uma gama de alternativas e a devida escolha da alternativa considerada mais pertinente para a situação apresentada. Daí cada escolha deve levar à renúncia das alternativas e a uma tomada de decisão subsequente, com base na árvore de decisões.

Alternativa correta: letra "a"

6. GESTÃO DE PROJETOS

55. (Consulplan – Analista Judiciário – Área Administrativa – TRE – RJ/2017) No âmbito do gerenciamento de projetos, pode-se afirmar sobre a metodologia PMI que:

a) Foi criada pelo *Standards Committee* (Comitê de Padronização) e gerenciada pela organização *Project Management Institute*, que dá origem à sigla.

b) Essa abordagem foi elaborada para permitir a solução de problemas complexos utilizando a criatividade e a empatia. É uma metodologia que aplica o modelo cognitivo usado pelos designers.

c) Foi lançada como um método para gerenciamento de projetos pelo governo britânico em 1996, sendo reconhecida como uma evolução a partir do PROMPTII, o qual, por sua vez, surgiu em 1975.

d) É um método criado pela empresa japonesa Toyota e é utilizada para implantar mudanças. Em vez de prescrever práticas oferece princípios que, quando aplicados, podem melhorar o desempenho e reduzir o desperdício.

COMENTÁRIOS

✪ **Nota do autor: PMI** (*Project Management Institute*), define gestão de projetos como sendo o processo através do qual se aplicam conhecimentos, capacidades, instrumentos e técnicas às atividades do projeto de forma a satisfazer as necessidades e expectativas dos diversos *stakeholders* que são indivíduos ativamente envolvidos no projeto ou cujo resultado do mesmo poderá afetá-los positivamente ou negativamente. A metodologia PNI foi criada pelo *Standards Committee* (Comitê de Padronização) e gerenciada pela organização *Project Management Institute*, que dá origem à sigla. As demais alternativas são falsas.

Alternativa correta: letra "a".

56. (FCC – Analista Judiciário – Área Administrativa – TRE – SP/2017) A literatura aponta um claro discrimen entre as atividades rotineiras de uma organização e aquelas que são caracterizadas como projetos. Esse conceito restou sintetizado em uma das principais publicações do *Project Management Institute* – PMI, o PMBOK, que define projeto como um esforço temporário empreendido para criar um produto, serviço ou resultado exclusivo. Um dos conceitos apresentados pelo PMBOk, relacionado às áreas de conhecimento para o gerenciamento de projetos, é a Estrutura Analítica do Projeto – EAP, que pode ser entendida como

a) a alocação do projeto dentro das prioridades da organização e sua consequente hierarquização.

b) o mapeamento dos pontos críticos do projeto, denominados "bottlenecks" (gargalos).

c) a descrição detalhada do projeto e do produto ou serviço resultante, correspondente ao seu escopo.

d) a subdivisão das entregas e do trabalho a ser executado pela equipe envolvida no projeto, até sua menor divisão, denominada "pacotes de trabalho".

e) o fluxograma de todos os processos envolvidos na realização do projeto, com identificação da estimativa de tempo para cada tarefa.

COMENTÁRIOS

✪ **Nota do autor: EAP – Estrutura Analítica do Projeto é** o processo da subdivisão das entregas e do trabalho do projeto em componentes menores e de gerenciamento mais fácil. A estrutura analítica do projeto (EAP) é uma decomposição hierárquica erientada às entregas do trabalho a ser executada pela equipe para atingir os objetivos do projeto e criar as entregas requisitadas, sendo que cada nível descendente da EAP representa uma definição mais gradualmente detalhada da definição do trabalho do projeto. Portanto a subdivisão das entregas e do trabalho a ser executado pela equipe envolvida no projeto, até sua menor divisão, denominada "pacotes de trabalho".

Alternativa correta: letra "d".

57. (Cespe – Técnico Judiciário – Área Administrativa – TRE – RS/2015) Com relação à estrutura analítica de projeto (EAP), assinale a opção correta.

a) A EAP é o desmembramento hierarquizado das partes mais importantes do escopo de trabalho da equipe do projeto, com o intuito de alcançar o objetivo principal do projeto.

b) Durante a decomposição do escopo do projeto, deve-se evitar a opinião especializada, que tende a aumentar o volume de informações, o que gera dúvidas que atrapalham a finalização do trabalho.

c) A criação da EAP é um processo de junção das entregas em um só documento, o que facilita a obtenção de uma visão consolidada de todo o projeto.

d) Na decomposição do escopo em partes menores, o pacote de trabalho fica de fora da elaboração da EAP, pois ele está ligado a aspectos gerenciais do projeto.

e) O principal benefício trazido pela elaboração da EAP é a visualização organizada do que será entregue pelo projeto.

COMENTÁRIOS

✪ **Nota do autor:** A EAP organiza e define o escopo total e representa o trabalho especificado na atual declaração do escopo do projeto aprovado. O trabalho planejado é contido dentro dos componentes de nível mais baixo da EAP, que são chamados de pacotes de trabalho. Um pacote de trabalho pode ser agendado, ter seu custo estimado, monitorado e controlado. No contexto da EAP, o trabalho se refere a produtos de trabalho ou entregas que são o resultado do esforço e não o próprio esforço. Daí concluímos que o principal benefício trazido pela elaboração da EAP é a visualização organizada do que será entregue pelo projeto.

Alternativa correta: letra "e".

---

58. (Cespe – Técnico Judiciário – Área Administrativa – TRE – RS/2015) Com base no PMBOK, assinale a opção correta.

a) Define-se parte interessada como uma ou mais pessoas cujos interesses serão afetados positiva ou negativamente pelo resultado do projeto.

b) Os processos que abrangem o gerenciamento de projeto são agrupados parcialmente dentro das cinco áreas de conhecimento.

c) O termo de abertura do projeto deve ser elaborado na área de conhecimento planejamento do projeto, contendo o nome do patrocinador e do gerente do projeto.

d) Por se tratar de um evento com data de início e de término, um projeto deve ter número de fases limitado, o que garante que as entregas aconteçam no prazo determinado.

e) O guia PMBOK descreve os processos para o gerenciamento de projetos e os processos de gerenciamento de produtos, que devem ser observados pelo gerente de projeto.

COMENTÁRIOS

✪ **Nota do autor:** Segundo o Guia PMBOK, Identificar as partes interessadas é o processo de identificação de todas as pessoas ou organizações que podem ser afetadas pelo projeto e documentação das informações relevantes relacionadas aos seus interesses, envolvimento e impacto no sucesso do projeto. Define-se parte interessada como uma ou mais pessoas cujos interesses serão afetados positiva ou negativamente pelo resultado do projeto.

Alternativa correta: letra "a".

7. GESTÃO DE MATERIAIS

---

59. (Consulplan – Analista Judiciário – Área Administrativa – TRE – RJ/2017) "A razão para se manter estoques em empresas que trabalham com produção altamente sazonal, e com uma demanda razoavelmente constante é para ______." Assinale a alternativa que completa corretamente a afirmativa anterior.

a) assessorar o processo de produção

b) colaborar no processo de comercialização

c) atender a coordenação entre oferta e demanda

d) atender a redução dos custos de transportes e produção

COMENTÁRIOS

✪ **Nota do autor:**

OBJETIVOS DO ESTOQUE

- ❑ Otimizar o investimento, aumentando o uso eficiente dos meios financeiros, minimizando as necessidades de capital investido em estoques.
- ❑ Garantir o abastecimento de materiais à empresa, neutralizando alguns efeitos, como a demora no fornecimento de materiais.
- ❑ Proporcionar economia de escala => garante rapidez e flexibilidade ao processo produtivo.
- ❑ Funcionam como amortecedores das entradas e saídas entre as etapas dos processos de venda e de produção.
- ❑ Minimizam os efeitos de erros de planejamento e as oscilações inesperadas de oferta e de demanda do produto.
- ❑ Geram conflitos: estoques altos (vendas) X estoques baixos (financeiro)

ESTOQUE "Materiais, mercadorias ou produtos acumulados para utilização posterior, de modo a permitir o atendimento regular das necessidades dos usuários para a continuidade das atividades da empresa, sendo o estoque gerado, consequentemente, pela impossibilidade de prever-se a demanda com exatidão." Logo, atender a coordenação entre oferta e demanda. As demais alternativas não contemplam a lacuna a ser preenchida.

Alternativa correta: letra "c".

---

60. (Consulplan – Técnico Judiciário – Área Administrativa – TRE – RJ/2017) Normalmente, quando falamos de grandes empresas, falamos da realidade de várias fábricas, cujo volume de operações de compras, dependendo do empreendimento, pode alcançar quantidades consideráveis. Nesses casos, é necessário analisar se todas as compras da organização devem ser feitas em um ponto centralizado, ou estabelecer-se em seções de compras separadas para cada fábrica ou divisão operacional. Nesse sentido, marque C para as vantagens da centralização completa das compras e D para as vantagens para estabelecer a descentralização das compras.

( ) Oportunidade de negociar maiores quantidades de materiais.

( ) Distância geográfica.

( ) Tempo necessário para a aquisição de materiais.

( ) Homogeneidade da qualidade dos materiais adquiridos.

( ) Controle de materiais e estoques.

( ) Facilidade de diálogo.

A sequência está correta em

a) D, D, C, D, C, D.

b) C, C, D, D, D, C.

c) D, C, C, C, C, D.

d) C, D, D, C, C, D.

COMENTÁRIOS

✪ **Nota do autor:** A sequência correta fica C, D, D, C, C, D.

A função compra é de fundamental importância à ARM e envolve uma série de atividades que, juntas, suprirão as necessidades de materiais da empresa.

Objetivos do Departamento de Compras: menores preços aliados à qualidade, boas condições de pagamento, prazo de entrega, etc.

A decisão de centralizar ou descentralizar as compras está atrelada aos objetivos organizacionais.

Oportunidade de negociar maiores quantidades, homogeneidade da qualidade dos materiais adquiridos, controle de materiais e estoques e economicidade na aquisição dos materiais são alguns aspectos positivos do processo de centralização das compras.

Distância geográfica, celeridade no processo de aquisição de materiais e diálogo mais fácil são características que favorecem o processo de descentralização das compras.

Alternativa correta: letra " d".

---

61. (Consulplan – Técnico Judiciário – Área Administrativa – TRE – RJ/2017) No que tange à administração de recursos materiais, qual nome se dá à descrição minuciosa que possibilita melhor entendimento entre o consumidor e o fornecedor quanto ao tipo de material a ser requisitado?

a) Organização.

b) Simplificação.

c) Especificação.

d) Normalização.

COMENTÁRIOS

✪ **Nota do autor:**

CLASSIFICAÇÃO DE MATERIAIS

Dá-se o nome de classificação de itens à catalogação, simplificação, especificação, normalização, padronização e codificação de todos os materiais que compõem o estoque da empresa.

Especificação: significa a descrição detalhada de um item, como suas medidas, formato, tamanho, peso, etc. Quanto maior a especificação, mais informações sobre o item e menos dúvidas se terá a respeito de sua composição e características. Facilita as compras do item.

Alternativa correta: letra "c".

---

62. (Consulplan – Técnico Judiciário – Área Administrativa – TRE – RJ/2017) O cadastro de fornecedores é uma ferramenta de gestão que permite aos órgãos e entidades da Administração Pública, que realizam frequentemente licitações, agilizar a fase de habilitação dos procedimentos licitatórios por meio do cadastramento prévio dos fornecedores interessados, bem como auxilia a administração de contratos na verificação das condicionantes de pagamento e para eventual assinatura de aditivo contratual. NÃO se caracteriza como um benefício direto do cadastro de fornecedores:

a) Assegura análise prévia de sua documentação de habilitação.

b) Permite a dispensa da apresentação desses documentos nas licitações, conforme edital.

c) Permite o envio de alerta automático por e-mail sobre a publicação de licitações de interesse do fornecedor.

d) Estimula ao fornecedor contratado entregar a mesma documentação variadas vezes, tornando o processo mais ágil e transparente.

COMENTÁRIOS

Nota do autor:

SUBSISTEMAS DA GESTÃO DE MATERIAIS

A ARM pode ser vista como um sistema, holístico e integrado, formado por vários subsistemas, cada um responsável por uma gama de tarefas importantes.

Esse sistema, complexo, pode ser decomposto em subsistemas:

CADASTRO Subsistema encarregado do cadastramento de fornecedores, de pesquisa de mercado e de compras. Objetiva facilitar o processo de registro e acompanhamento de fornecedores para o setor de compras da organização, evitando procedimentos burocráticos desnecessários para a aquisição de materiais. Portanto evita ao fornecedor contratado entregar a mesma documentação variadas vezes, tornando o processo mais ágil e transparente.

Alternativa correta: letra "d".

---

63. (Consulplan – Técnico Judiciário – Área Administrativa – TRE – RJ/2017) Embora o sistema de processamento de pedidos esteja cada vez mais automatizado e sofisticado, ele não é totalmente imune a problemas durante o ciclo do pedido. Na verdade, se verifica com relativa frequência a ocorrência de alguns tipos de problemas durante este ciclo. Qual é o tipo de problema diretamente relacionado à utilização de métricas diferentes por parte de clientes e fornecedores para avaliar o mesmo fenômeno, que, muitas vezes, é medido a partir de uma visão limitada por parte dos fornecedores e uma visão mais ampla por parte de seus clientes?

a) Percepções conflitantes.

b) Variabilidade dos tempos de ciclo.

c) Atraso na transmissão dos pedidos.

d) Flutuações exageradas da demanda ao longo tempo.

COMENTÁRIOS

✪ **Nota do autor:** A questão aborda a respeito de variação de observação e medição entre o cliente e o fornecedor de produto e serviços. Essa variação quando ocorre gera um conflito nos interesses das partes envolvidas no processo de compras. Logo, a alternativa correta é Percepções conflitantes. As demais alternativas não contemplam a temática da questão.

Alternativa correta: letra " a".

8. GESTÃO DA QUALIDADE

64. (Consulplan – Analista Judiciário – Área Administrativa – TRE – RJ/2017) A fabricação com qualidade tem por objetivo primordial identificar e corrigir defeitos e eliminar suas causas. É também uma forma de eliminar desperdícios, porque, quanto menor a quantidade de refugos e retrabalho, mais eficiente é o sistema produtivo. A fabricação com qualidade é baseada nos seguintes pilares, EXCETO:

a) Ter amplitude de controle.

b) Fazer certo da primeira vez.

c) Utilizar círculos da qualidade.

d) Corrigir causas fundamentais dos erros.

COMENTÁRIOS

✪ **Nota do autor:**

A função compra é de fundamental importância à ARM e envolve uma série de atividades que, juntas, suprirão as necessidades de materiais da empresa.

Objetivos do Departamento de Compras: menores preços aliados à qualidade, boas condições de pagamento, prazo de entrega, etc.

A decisão de centralizar ou descentralizar as compras está atrelada aos objetivos organizacionais.

Oportunidade de negociar maiores quantidades, homogeneidade da qualidade dos materiais adquiridos, controle de materiais e estoques e economicidade na aquisição dos materiais são alguns aspectos positivos do processo de centralização das compras.

Distância geográfica, celeridade no processo de aquisição de materiais e diálogo mais fácil são características que favorecem o processo de descentralização das compras.

Ter amplitude de controle não é um pilar da gestão da qualidade, é relacionado à estrutura organizacional.

Alternativa correta: letra "a".

65. (Cespe – Técnico Judiciário – Área Administrativa – TRE – RS/2015) O benchmarking

a) tem como objetivos garantir a qualidade e aumentar a produtividade.

b) é uma das formas mais rápidas, baratas e úteis de se obter inspiração para melhorar a qualidade em serviços.

c) é, em geral, utilizado na priorização de problemas e na análise de riscos.

d) possibilita agrupar causas por categorias e semelhanças, previamente estabelecidas ou percebidas durante o processo de classificação.

e) é uma ferramenta de representação das possíveis causas que levam a determinado efeito.

COMENTÁRIOS

✪ **Nota do autor:** *Benchmarking* é a busca das melhores práticas na indústria que conduzem ao desempenho superior. É visto como um processo positivo e proativo por meio do qual uma empresa examina como outra realiza uma função específica a fim de melhorar como realizar a mesma ou uma função semelhante. Portanto é uma das formas mais rápidas, baratas e úteis de se obter inspiração para melhorar a qualidade em serviços.

Alternativa correta: letra "b".

9. GESTÃO DE PROCESSOS

66. (FCC – Analista Judiciário – Área Administrativa – TRE – SP/2017) O grau de maturidade na gestão de processos que uma organização pode atingir, depende, em grande medida, do conhecimento das equipes envolvidas e da minimização de riscos e de efeitos indesejados. Na visão da *Society for Design and Process Science* – SDPS, consideram-se processos encenados aqueles

a) que servem como paradigma para o desenho dos processos da própria organização, fornecendo premissas para modelagem.

b) que traduzem o grau ótimo de gestão de riscos, obtido a partir do envolvimento da equipe em dinâmicas de grupo.

c) realizados conforme os modelos desenhados, simulados e emulados, correspondente ao Nível 4 de maturidade.

d) correspondentes ao nível 5, otimizado, proposto pela visão do CBOK – *Business Process Maturity*.

e) correspondentes ao nível mais precário de gestão de riscos, demandando mapeamento e modelagem para adequação.

COMENTÁRIOS

✪ **Nota do autor: ENCENAÇÃO** esta é a última etapa do ciclo de gestão de processos, ou seja, sua execução de verdade. Vale relembrar que podemos ter as quatro fases do ciclo coexistindo em um mesmo processo e sempre que uma delas ensejar a revisão do modelo, as fases aqui mencionadas devem ser repetidas. Portanto, processos encenados são aqueles realizados conforme os modelos desenhados, simulados e emulados, correspondente ao Nível 4 de maturidade.

Alternativa correta: letra "c".

---

67. (FCC – Analista Judiciário – Área Judiciária – TRE – SP/2017) Segundo o Gespública (2011), a gestão de processos é um mecanismo utilizado para identificar, representar, minimizar riscos e implementar processos de negócios, dentro e entre organizações. O modelo preconizado pela *Society for Design and Process Science* – SDPS, considera, como etapas do ciclo do processo:

a) mapeamento, desenho, execução e monitoramento.

b) desenho, implementação, monitoramento e otimização.

c) identificação, conceituação, execução e refinamento.

d) modelagem, simulação, emulação e encenação.

e) mapeamento, modelagem, implementação e monitoramento.

COMENTÁRIOS

✪ **Nota do autor: Etapas do ciclo de gestão de processos** – A abordagem voltada a valores prevê um ciclo de gestão de processos composto por **quatro etapas** principais, a saber:

a) **Modelagem** – identificação da realidade o mais fiel possível, como forma de representação do conhecimento existente;

b) **Simulação** – inclusão de dados estimados aos modelos representados, permitindo a visualização de cenários distintos que nos permitam validar as premissas e/ou efetuar ajustes, minimizando os riscos de efeitos indesejados quando da implantação dos processos;

c) **Emulação** – coexistência de dados estimados com dados reais, novamente com o intuito de minimizar possíveis efeitos indesejados;

d) **Encenação** – "vida real", ou seja, o processo implementado e sendo realizado na prática.

Alternativa correta: letra "d".

10. GESTÃO DA MUDANÇA

---

68. (FCC – Técnico Judiciário – Área Administrativa – TRF 5/2017) A mudança organizacional é um aspecto essencial da criatividade e inovação nas empresas atualmente. A mudança significa a passagem de um estado para outro diferente. Ela constitui um processo composto de três etapas: descongelamento, mudança e recongelamento. No descongelamento temos

a) a fase intermediária da mudança. As pessoas começam a viver em dissonância cognitiva entre o novo e o velho costume.

b) a etapa em que novas ideias e práticas são experimentadas. A adoção de novas crenças e atitudes são imediatamente instaladas.

c) a morte simbólica da cultura organizacional presente e a instalação de novos símbolos para que as pessoas possam aderir ao novo modelo mental apagando qualquer vestígio do passado e definitivamente incorporando novos comportamentos.

d) a fase inicial da mudança. Representa a abdicação ao padrão atual de comportamento para ser substituído por um novo padrão.

e) a etapa final que representa a total estabilização da mudança.

COMENTÁRIOS

✪ **Nota do autor:**

O processo de mudança é composto de três etapas:

1. **Descongelamento**: é a fase inicial, na qual as velhas ideias são deixadas de lado. É a abdicação do padrão de comportamento atual. Não havendo esta etapa possível que haja um retorno ao padrão habitual de comportamento.

2. **Mudança**: é a experimentação de novas ideias e novas práticas. A mudança ocorre ainda em duas fases:

- *identificação*: as pessoas aceitam a necessidade de aplicar a nova atitude;
- *internalização*: as pessoas passam a desempenhar novas atitudes como seu novo padrão de comportamento.

3. **Recongelamento**: consiste na incorporação definitiva (pelo menos até o próximo processo de

mudança) das novas práticas no comportamento. Indica que o novo padrão foi aprendido e que já foi incorporado à prática. Nesta etapa ocorre a estabilização da mudança. O recongelamento requer dois aspectos:

- *apoio: é o suporte através de recompensas que mantém a mudança;*
- *reforço positivo: prática proveitosa que torna a mudança bem-sucedida.*

O **Descongelamento**: é a fase inicial, na qual as velhas ideias são deixadas de lado. É a abdicação do padrão de comportamento atual. Não havendo esta etapa possível que haja um retorno ao padrão habitual de comportamento.

Alternativa correta: letra "d".

✦ DICAS

1. GESTÃO DE PESSOAS

1.1. EVOLUÇÃO DA GESTÃO DE PESSOAS

Toda e qualquer organização depende, em maior ou menor grau, do **desempenho humano** para seu sucesso.

Por esse motivo, desenvolve e organiza uma forma de atuação sobre o comportamento que se convencionou chamar de **modelo de gestão de pessoas**.

Tal modelo é determinado por fatores **internos** e **externos** à própria organização.

Assim, para diferentes contextos históricos ou setoriais, são encontradas diferentes modalidades de gestão.

O que distingue um modelo de outro são as **características** dos elementos que os compõem e sua **capacidade de interferir na vida organizacional**, dando-lhe identidade própria.

O modelo deve, assim, por definição, diferenciar a empresa em seu mercado, contribuindo para a fixação de sua imagem e de sua competitividade.

Fischer (2002) define **modelo de gestão de pessoas como a maneira pela qual uma empresa organiza-se para gerenciar e orientar o comportamento humano no trabalho.**

Para isso, a empresa estrutura-se definindo princípios, estratégias, políticas e práticas, ou processos de gestão.

Por meio desses mecanismos, implementa diretrizes e orienta os estilos de atuação dos gestores em sua relação com aqueles que nela trabalham.

A ARH é uma das áreas mais afetadas pelas mudanças que ocorrem no mundo moderno.

O século XX proporcionou o aparecimento de três eras distintas.

<u>Era da Industrialização Clássica</u>, de relativa estabilidade, trouxe o modelo hierárquico, funcional e departamentalizado de estrutura organizacional.

Foi a <u>época das relações industriais</u>.

<u>Era da Industrialização Neoclássica</u>, de relativa mudança e transformação, trouxe o modelo híbrido, duplo e matricial de estrutura organizacional.

Foi a <u>época da administração dos recursos humanos</u>.

<u>Era da Informação</u>, de forte mudança e instabilidade, está trazendo o modelo orgânico e flexível de estrutura organizacional, no qual, prevalecem as equipes multifuncionais de trabalho.

É a <u>época da **gestão de pessoas e com pessoas**</u>.

No mundo de hoje, as preocupações das organizações se voltam para a globalização, pessoas, cliente, produtos/serviços, conhecimento, resultados e tecnologia.

Eras:	Era da Industrialização Clássica	Era da Industrialização Neoclássica	Era da Informação
Períodos:	**1900-1950**	**1950-1990**	**Após 1990**
Estrutura Organizacional Predominante	Burocrática, funcional, piramidal, centralizadora, rígida e inflexível. Ênfase nos órgãos	Mista, matricial, com ênfase na departamentalização por produtos ou serviços ou unidades estratégicas de serviços	Fluida, ágil e flexível, totalmente descentralizada. Ênfase nas redes de equipes multifuncionais
Cultura Organizacional Predominante	Teoria X. Foco no passado, nas tradições e nos valores conservadores. Ênfase na manutenção do *status quo*. Valorização da tradição e da experiência.	Transição. Foco no presente e no atual. Ênfase na adaptação ao ambiente. Valorização da renovação e da revitalização	Teoria Y. Foco no futuro e no destino. Ênfase na mudança e na inovação. Valorização do conhecimento e da criatividade.
Ambiente Organizacional	Estático, previsível, poucas e gradativas mudanças. Poucos desafios ambientais	Intensificação e aceleração das mudanças ambientais	Mutável, imprevisível, turbulento, com grandes e intensas mudanças

Modos de lidar com as Pessoas	Pessoas como fatores de produtos inertes e estáticos. Ênfase nas regras e controles rígidos para regular as pessoas.	Pessoas como recursos organizacionais que devem ser administrados. Ênfase nos objetivos organizacionais para dirigir as pessoas.	Pessoas como seres humanos proativos e inteligentes que devem ser impulsionados. ênfase na liberdade e no comprometimento para motivar as pessoas.
Administração De Pessoas	Relações Industriais	Administração de Recursos Humanos	Gestão de Pessoas

QUADRO 1 – Evolução da Cultura Organizacional
Fonte: Chiavenato (1999, p.27).

Os aspectos fundamentais da moderna Gestão de Pessoas:

As pessoas como seres humanos: personalidade própria – diferentes entre si – conhecimento – história pessoal e particular – habilidades e competências distintas.

As pessoas como ativadores inteligentes de recursos organizacionais: as pessoas como fonte de impulso próprio que dinamiza a organização e não como agentes passivos, inertes e estáticos.

As pessoas como parceiros da organização. Capazes de conduzí-la à excelência e ao sucesso, por meio de investimentos na organização: esforços – dedicação – responsabilidade – comprometimento – riscos.

Os objetivos da Gestão de Pessoas: ajudar a organização a alcançar seus objetivos e realizar sua missão: antigamente, a ênfase era colocada no fazer corretamente as coisas através dos métodos e regras impostos aos funcionários para obter **eficiência.**

Proporcionar competitividade à organização: isto significa saber empregar as habilidades e competências da força de trabalho.

A função da ARH é fazer com que as forças das pessoas sejam mais produtivas para beneficiar **clientes, parceiros e empregados**.

Proporcionar à organização de pessoas bem treinadas e bem motivadas:

- ➢ Preparar e capacitar continuamente as pessoas é o primeiro passo.
- ➢ O segundo é dar conhecimento às pessoas e não apenas dinheiro.

Aumentar a autoatualização e a satisfação das pessoas no trabalho;

Antigamente a ênfase era colocada nas necessidades da organização.

Hoje, sabe-se que as pessoas precisam ser felizes.

Para que sejam produtivas, as pessoas devem sentir que o trabalho é adequado às suas capacidades e que estão sendo tratadas **equitativamente**.

Uma contratual de "mão dupla" entre pessoas e organização

Objetivos Organizacionais	Objetivos Pessoais
• Sobrevivência	• Melhores Salários
• Crescimento Sustentado	• Melhores benefícios
• Lucratividade	• Estabilidade no Emprego
• Produtividade	• Segurança no Emprego
• Qualidade nos produtos e serviços	• Qualidade de vida no Trabalho
• Redução de custos	• Satisfação no Trabalho
• Participação no mercado	• Consideração e Respeito
• Novos Mercados	• Oportunidade de Crescimento
• Novo Clientes	• Liberdade para Trabalhar
• Competitividade	• Liderança Liberal
• Imagem no Mercado	• Orgulho da Organização

1.2. PROCESSOS DE GESTÃO DE PESSOAS

PROCESSO DE AGREGAR PESSOAS	PROCESSO DE APLICAR PESSOAS	PROCESSO DE RECOMPENSAR PESSOAS	PROCESSO DE DESENVOLVER PESSOAS	PROCESSO DE MANTER PESSOAS	PROCESSO DE MONITORAR PESSOAS
Quem deve trabalhar na organização	O que as pessoas farão na organização	Como recompensar as pessoas na organização	Como preparar e desenvolver as pessoas na organização	Como manter as pessoas trabalhando na organização	Como saber o que as pessoas fazem na organização
Recrutamento Seleção Planejamento de RH Processo de Integração	Desenho de cargo Análise e descrição Avaliação de desempenho	Remuneração Benefícios	Treinamento Desenvolvimento de pessoas Desenvolvimento organizacional Programas de mudanças Programas de comunicação	Disciplina Higiene, segurança e qualidade de vida Relações sindicais	Banco de dados Controles Sistemas de informações gerenciais

1.3. CULTURA ORGANIZACIONAL

Cultura organizacional é o conjunto de **hábitos e crenças** estabelecidos por meio de **valores, normas, atitudes e expectativas** compartilhadas na organização.

A cultura organizacional é a cultura em seu sentido antropológico existente em uma organização composta por **práticas, símbolos, hábitos, comportamentos, valores éticos e morais, além de princípios, crenças, cerimônias, políticas internas e externas, sistemas, jargão e clima organizacional**.

A cultura influencia todos os membros da organização com diretrizes e premissas.

Cultura dominante – valores essenciais compartilhados pela maioria dos membros.

Subculturas – valores compartilhados por grupos específicos.

Cultura forte – compartilhada por todos os membros da organização, havendo pouca divergência de opiniões sobre seus pontos principais e alto impacto sobre os funcionários.

Cultura fraca – não está enraizada em todos os membros, há várias divergências sobre suas questões culturais centrais, gerando baixo impacto no comportamento dos funcionários.

Cultura adaptativa – fácil mudança de paradigmas, padrões, normas, comportamento, etc.

Cultura conservadora – prevalência do *status quo,* pouco tendente a mudanças.

1.3.1. NÍVEIS DA CULTURA

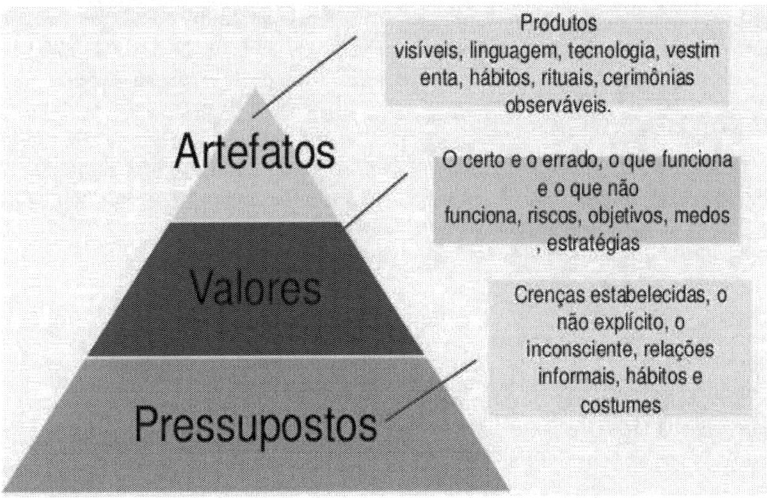

1.4. CLIMA ORGANIZACIONAL

Segundo Chiavenato (2007):

"O clima organizacional está intimamente relacionado com o grau de motivação de seus participantes. O clima organizacional é a qualidade ou propriedade do ambiente organizacional, percebida ou experimentada pelos participantes da empresa e que influencia o seu comportamento. "

- **A forma como os colaboradores percebem o seu ambiente de trabalho.**
- **"Atmosfera psicológica"** percebida quando num determinado ambiente e que nos faz sentir mais ou menos à vontade para ali permanecer, interagir e realizar.
- A cultura trata da essência da organização e é relativamente estável, **o clima organizacional é a síntese das percepções dos funcionários** sobre a organização e o ambiente de trabalho, sendo algo mais temporário.
- Pode ser classificado como **favorável** (ou bom) ou **não favorável** (ou ruim);
- O clima dependerá da cultura como um todo, mas dependerá, na prática, de várias características do dia-a-dia organizacional – estilo de liderança, estrutura organizacional, políticas e valores praticados, ramo da organização, momento vivido.

1.5. LIDERANÇA

Liderança: tipo de poder pessoal para influenciar as demais pessoas.

Influência: transação interpessoal no sentido de modificar ou provocar o comportamento de outra pessoa, de maneira intencional.

Poder: capacidade de afetar e controlar as ações e decisões das outras pessoas, mesmo quando podem resistir.

Autoridade: poder legítimo dentro de uma estrutura organizacional. É o poder legal e socialmente aceito.

1.5.1. TEORIAS DA LIDERANÇA

- **Teorias de traços:** foco nos traços que os líderes possuem naturalmente;
- **Teorias dos estilos de liderança:** foco nos estilos que os lideres poderiam adotar e que os levariam a serem líderes.
- **Teorias comportamentais da liderança:** consideram a liderança um comportamento que pode ser aprendido.
- **Teorias contingenciais (situacionais):** consideram que para cada situação e pessoa específica há um estilo de liderança com comportamentos adequados.
- **Outras teorias.**

1.6. MOTIVAÇÃO

MOTIVAÇÃO (do Latim *movere*, mover) refere-se em psicologia, em etologia e em outras ciências humanas à **condição do organismo que influencia a direção** (orientação para um objetivo) **do comportamento**.

É o **impulso interno que leva à ação**.

*"A motivação é **resultante da interação do indivíduo com a situação** e seu nível varia tanto de indivíduo para indivíduo, quanto em um mesmo indivíduo, em diferentes situações." (Robbins, 2009)*

Características básicas, segundo Robbins:

- Intensidade
- Direção
- Persistência

Embora haja conceito de motivação extrínseca, a motivação é, de modo geral, um fator intrínseco do indivíduo.

1.6.1. TEORIAS DA MOTIVAÇÃO

Teorias de Conteúdo: quais fatores motivam o indivíduo;

1. **Hierarquia das Necessidades, de Maslow:** fisiológicas, segurança, sociais, estima, autorealização;
2. **ERC (ERG), de Aldefer:** existência, relacionamento, crescimento;
3. **Dois Fatores, de Herzberg:** higiênicos (insatisfação), motivacionais (satisfação);
4. **Necessidades, de McClelland:** associação, poder, realização.

Teorias de Processo: como funciona o processo motivacional;

1. **Teoria da Equidade, de Adams:** importância da igualdade nas relações;
2. **Teoria da Definição de Obejtivos, de Locke:** objetivo constitui fonte de motivação;
3. **Teoria da Expectativa (Expectância), de Vroom:** motivação = expectativa + instrumentalidade + valência;
4. **Teoria do Reforço (Behaviorista), de Skinner:** o comportamento pode ser controlado pelo reforço;

2. GESTÃO DE RISCOS

2.1. GESTÃO DE RISCOS BASEADA NA NORMA ABNT NBR ISO 31000.

2.1.1. ESCOPO

Esta Norma fornece princípios e diretrizes genéricas para a gestão de riscos.

Esta Norma pode ser utilizada por qualquer empresa pública, privada ou comunitária, associação, grupo ou indivíduo. Portanto, esta Norma não é específica para qualquer indústria ou setor.

Esta Norma pode ser aplicada ao longo da vida de uma organização e a uma ampla gama de atividades, incluindo estratégias, decisões, operações, processos, funções, projetos, produtos, serviços e ativos.

Esta Norma pode ser aplicada a qualquer tipo de risco, independentemente de sua natureza, quer tenha consequências positivas ou negativas.

Embora esta Norma forneça diretrizes genéricas, ela não pretende promover a uniformidade da gestão de riscos entre organizações. A concepção e a implementação de planos e estruturas para gestão de riscos precisarão levar em consideração as necessidades variadas de uma organização específica, seus objetivos, contexto, estrutura, operações, processos, funções, projetos, produtos, serviços ou ativos e práticas específicas empregadas.

Pretende-se que esta Norma seja utilizada para harmonizar os processos de gestão de riscos tanto em normas atuais como em futuras. Esta Norma fornece uma abordagem comum para apoiar Normas que tratem de riscos e/ou setores específicos, e não as substituir.

Esta Norma não é destinada para fins de certificação.

2.1.2. PRINCÍPIOS

Para a gestão de riscos ser eficaz, convém que uma organização, em todos os níveis, atenda aos princípios abaixo descritos.

A) A gestão de riscos cria e protege valor.

A gestão de riscos contribui para a realização demonstrável dos objetivos e para a melhoria do desempenho referente, por exemplo, à segurança e saúde das pessoas, à segurança, à conformidade legal e regulatória, à aceitação pública, à proteção do meio ambiente, à qualidade do produto, ao gerenciamento de projetos, à eficiência nas operações, à governança e à reputação.

B) A gestão de riscos é parte integrante de todos os processos organizacionais.

A gestão de riscos não é uma atividade autônoma separada das principais atividades e processos da organização. A gestão de riscos faz parte das responsabilidades da administração e é parte integrante de todos os processos organizacionais, incluindo o planejamento estratégico e todos os processos de gestão de projetos e gestão de mudanças.

C) A gestão de riscos é parte da tomada de decisões.

A gestão de riscos auxilia os tomadores de decisão a fazer escolhas conscientes, priorizar ações e distinguir entre formas alternativas de ação.

D) A gestão de riscos aborda explicitamente a incerteza.

A gestão de riscos explicitamente leva em consideração a incerteza, a natureza dessa incerteza, e como ela pode ser tratada.

E) A gestão de riscos é sistemática, estruturada e oportuna.

Uma abordagem sistemática, oportuna e estruturada para a gestão de riscos contribui para a eficiência e para os resultados consistentes, comparáveis e confiáveis.

F) A gestão de riscos baseia-se nas melhores informações disponíveis.

As entradas para o processo de gerenciar riscos são baseadas em fontes de informação, tais como dados históricos, experiências, retroalimentação das partes interessadas, observações, previsões, e opiniões de especialistas. Entretanto, convém que os tomadores de decisão se informem e levem em consideração quaisquer limitações dos dados ou modelagem utilizados, ou a possibilidade de divergências entre especialistas.

G) A gestão de riscos é feita sob medida.

A gestão de riscos está alinhada com o contexto interno e externo da organização e com o perfil do risco.

H) A gestão de riscos considera fatores humanos e culturais.

A gestão de riscos reconhece as capacidades, percepções e intenções do pessoal interno e externo que podem facilitar ou dificultar a realização dos objetivos da organização.

I) A gestão de riscos é transparente e inclusiva.

O envolvimento apropriado e oportuno de partes interessadas e, em particular, dos tomadores de decisão em todos os níveis da organização assegura que a gestão de riscos permaneça pertinente e atualizada.

O envolvimento também permite que as partes interessadas sejam devidamente representadas e terem suas opiniões levadas em consideração na determinação dos critérios de risco.

J) A gestão de riscos é dinâmica, iterativa e capaz de reagir a mudanças.

A gestão de riscos continuamente percebe e reage às mudanças. Na medida em que acontecem eventos externos e internos, o contexto e o conhecimento modificam-se, o monitoramento e a análise crítica de riscos são realizados, novos riscos surgem, alguns se modificam e outros desaparecem.

K) A gestão de riscos facilita a melhoria contínua da organização.

Convém que as organizações desenvolvam e implementem estratégias para melhorar a sua maturidade na gestão de riscos juntamente com todos os demais aspectos da sua organização.

2.2. ESTRUTURA

O sucesso da gestão de riscos irá depender da eficácia da estrutura de gestão que fornece os fundamentos e os arranjos que irão incorporá-la através de toda a organização, em todos os níveis.

A estrutura auxilia a gerenciar riscos eficazmente através da aplicação do processo de gestão de riscos em diferentes níveis e dentro de contextos específicos da organização.

A estrutura assegura que a informação sobre riscos proveniente desse processo seja adequadamente reportada e utilizada como base para a tomada de decisões e a responsabilização em todos os níveis organizacionais aplicáveis.

2.3. PROCESSO

Convém que o processo de gestão de riscos seja:

- ✓ parte integrante da gestão,
- ✓ incorporado na cultura e nas práticas, e
- ✓ adaptado aos processos de negócios da organização.

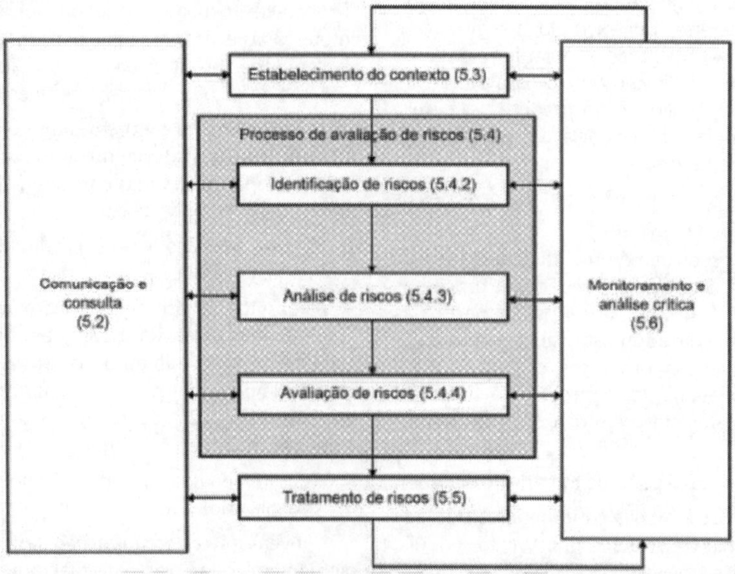

3. GESTÃO ESTRATÉGICA

3.1. ESTRATÉGIA

É a mobilização de todos os recursos da empresa no âmbito global visando atingir objetivos definidos previamente.

É uma metodologia gerencial que permite estabelecer o caminho a ser seguido pela empresa, visando elevar o grau de interações com os ambientes interno e externo.

O **planejamento estratégico** procura responder a questões básicas, como:

- Por que a organização existe?
- O que e como ela faz?
- Onde ela quer chegar?

Dele resulta um plano estratégico, ou seja, conjunto flexível de informações consolidadas, que serve de referência e guia para a ação organizacional.

Pode ser considerado como uma bússola para os membros de uma determinada organização.

Para Drucker:

"Planejamento estratégico é um processo contínuo de, sistematicamente e com o maior conhecimento possível do futuro contido, tomar decisões atuais que envolvam riscos; organizar sistematicamente as atividades necessárias à execução destas decisões e, através de uma retroalimentação organizada e sistemática, medir o resultado dessas decisões em confronto com as expectativas alimentadas".

3.1.1. MISSÃO

Declaração sobre a razão da existência de uma organização e o serviço que desempenha, de modo a tornar útil sua ação perante a sociedade.

3.1.2. VISÃO

Síntese das aspirações da organização, representa o quadro futuro que se quer atingir dentro de um período mais longo de tempo.

A definição de onde se pretende chegar permite entender com clareza o que é preciso mudar na organização ou como ela precisa evoluir para que a visão seja concretizada.

DIFERENÇAS ENTRE MISSÃO E VISÃO	
MISSÃO	**VISÃO**
Inclui o negócio	É o que "sonha" no negócio
É a "partida"	É "aonde vamos"
É a identidade da organização	É o passaporte para o futuro

DIFERENÇAS ENTRE MISSÃO E VISÃO	
MISSÃO	**VISÃO**
Identifica quem somos	Projeta quem desejamos ser
Dá rumo à empresa	Energiza a empresa
É orientadora	É inspiradora
Foco do presente para o futuro	Focalizado no futuro
Vocação para a "eternidade"	É mutável conforme os desafios

3.1.3. VALORES ORGANIZACIONAIS

Valores fundamentais em torno dos quais se constrói a organização.

Representam as convicções dominantes, as crenças básicas, aquilo em que as pessoas da organização acreditam.

Os valores descrevem como a organização pretende atuar no cotidiano, enquanto busca realizar sua visão.

3.1.4. ATRIBUTOS DE VALOR

Conjunto de atributos associados às entregas da organização.

Visam criar valor para o cidadão-usuário e explicitam a essência da estratégia de forma diferenciada e sustentável.

3.1.5. INDICADORES ESTRATÉGICOS

Instrumentos dinâmicos de gestão essenciais para pôr em prática a obtenção dos objetivos estratégicos.

Os indicadores são utilizados para monitorar e avaliar continuamente o cumprimento das metas, identificando seus avanços ou deficiências visando à melhoria contínua.

3.1.6. MAPA ESTRATÉGICO

Representação gráfica que permite comunicar, visualmente, aos gestores e demais colaboradores da organização, a estratégia institucional estabelecida.

O mapa é estruturado por meio de objetivos estratégicos distribuídos em diferentes perspectivas, interligados por relações de causa-efeito.

3.1.7. OBJETIVOS ESTRATÉGICOS

Desafios que, quando alcançados, são suficientes para a implementação da estratégia, o êxito no cumprimento da missão e a concretização da visão de futuro da organização.

3.2. MATRIZ SWOT

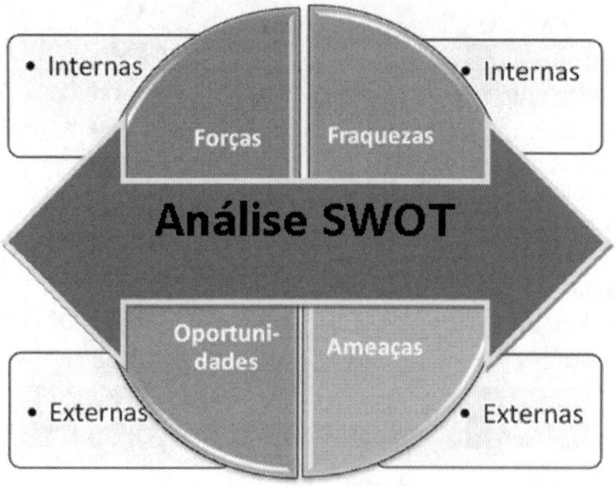

3.2.1. ANÁLISE SWOT

		AMBIENTE INTERNO	
		PONTOS FORTES	PONTOS FRACOS
AMBIENTE EXTERNO	OPORTUNIDADE	DESENVOLVIMENTO	CRESCIMENTO
	AMEAÇA	MANUTENÇÃO	SOBREVIVÊNCIA

3.3. *BALANCED SCORECARD*

É uma metodologia de medição e gestão de desempenho desenvolvida pelos professores da Harvard Business School, Robert Kaplan e David Norton, em 1992.

O BSC (*Balanced Scorecard*) foi apresentado inicialmente como um modelo de avaliação e performance empresarial, porém, a aplicação em empresas proporcionou seu desenvolvimento para uma metodologia de gestão estratégica.

Os requisitos para definição desses indicadores tratam dos processos de um modelo da administração de serviços e busca da maximização dos resultados baseados em quatro perspectivas que refletem a visão e estratégia empresarial:

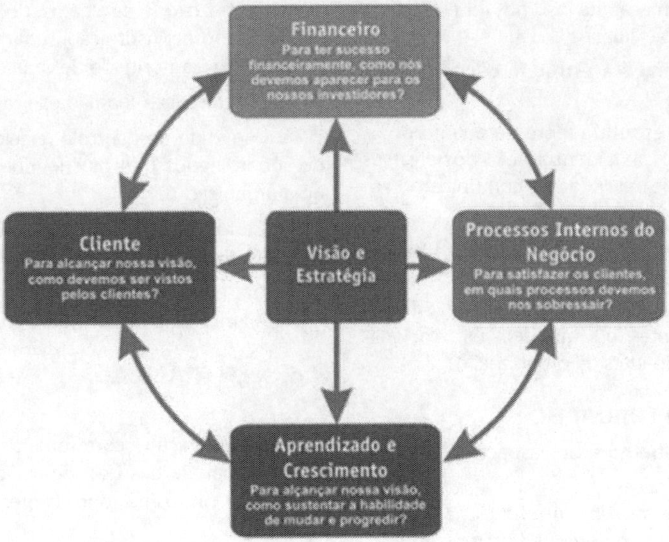

3.3.1. OBJETIVOS DO BSC

O principal objetivo do BSC é o alinhamento do planejamento estratégico com as ações operacionais da empresa.

Esse objetivo é alcançado pelas seguintes ações:

Esclarecer e traduzir a visão e a estratégia – Definir o mapa estratégico através de uma sequência de relações causa e efeito entre resultados e vetores de desempenho o *Balanced Scoredcard* ajuda a esclarecer as ações a empreender.

Comunicar e associar objetivos e medidas estratégicos – Se o sucesso da organização depende dos objetivos estratégicos da organização serem atingidos, tal meta só se afigura possível quando os colaboradores os conhecem e reconhecem como seus. O colaborador esforçar-se-á na mesma medida e proporção em que conhecer as intenções estratégicas da empresa e se rever nelas.

Planejar, estabelecer metas e alinhar iniciativas estratégicas – os gestores devem identificar metas desafiantes para os seus funcionários, definir processos internos, planejar a performance financeira e o crescimento.

Melhorar o *feedback* e o aprendizado estratégico – permite monitorizar continuamente a organização, girando à volta de quatro questões/visões.

4. PROCESSO ORGANIZACIONAL

"Organização** é **uma entidade abstrata, de cunho jurídico, formada por duas ou mais pessoas, trabalhando juntas e de modo estruturado, para alcançar um objetivo específico ou um conjunto de objetivos"

(Stoner & Freeman, 1999)

Organizar é o processo de alocar pessoas e outros recursos para atingir um objetivo.

Envolve tanto a divisão de trabalho como a coordenação desses trabalhos para alcançar um resultado desejado.

O processo de organização define quem deve fazer o quê, quem é responsável por quem e como as diferentes partes da organização devem se relacionar e trabalhar juntas.

Assim, poderíamos dizer que a estrutura organizacional é o conjunto ordenado de responsabilidades, autoridades, comunicações e decisões de uma empresa ou organização.

4.1. ELEMENTOS DA ORGANIZAÇÃO

4.2. ESTRUTURA ORGANIZACIONAL

Uma estrutura organizacional compreende a integração de diversas "entidades" responsáveis pelo processo de transformação de insumos (entradas) em produto e/ou serviço (saídas).

A **estrutura formal** é a estrutura oficial de uma instituição.

Assim sendo, é a estrutura representada no **organograma**, em que existe a identificação dos diversos cargos e das linhas de autoridade e comunicação entre eles.

A **estrutura informal** está presente em todas as organizações.

É uma rede de **relacionamentos não oficiais**, mas muito importantes, que moldam os relacionamentos entre os ocupantes da organização.

4.3. DIVISÃO DO TRABALHO

A **divisão de trabalho** é um aspecto central de cada organização.

Com a divisão de trabalho, um funcionário pode se especializar em uma determinada tarefa, aumentando sua eficiência.

De acordo com Sobral, **a especialização do trabalho é o grau em que as tarefas são divididas e padronizadas para que possam ser aprendidas e realizadas de forma relativamente rápida por um único indivíduo em dada organização**.

4.4. AMPLITUDE DE AUTORIDADE

Segundo Oliveira (1998), a autoridade é o direito de fazer alguma coisa, como tomar decisões, dar ordens e requerer obediência.

Quanto mais alto for o nível hierárquico do indivíduo dentro da organização, maior será a sua autoridade e, quanto mais baixo for o nível hierárquico, menos autoridade ele apresentará.

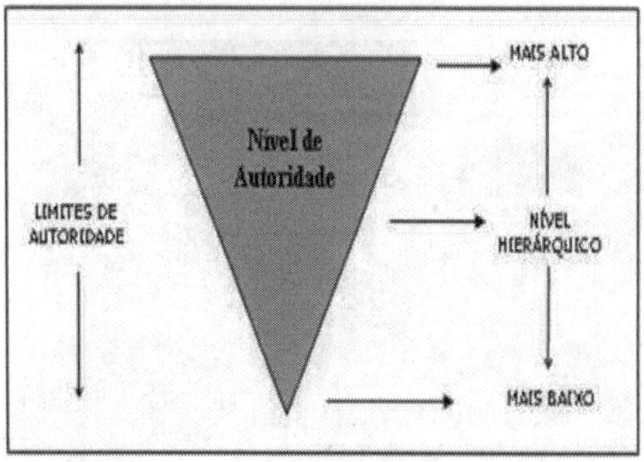

4.5. CADEIA DE COMANDO

A **divisão de trabalho** também traz a necessidade de haver uma divisão do comando dentro da organização.

Essa divisão tem como objetivo **dirigir** as pessoas para que os objetivos sejam atingidos.

Isso gera o que se chama de **estrutura hierárquica** dentro da instituição, separando os cargos de acordo com a autoridade de cada um.

Essa hierarquia é chamada de **cadeia de comando**.

A amplitude de controle relaciona-se ao número de subordinados que os superiores comandam em uma organização.

Dessa forma, **quanto maior o número de subordinados por chefe, maior é a amplitude de controle**.

Assim sendo, se existem poucos subordinados por chefe, a amplitude de controle é menor.

4.6. CENTRALIZAÇÃO E DESCENTRALIZAÇÃO

A **centralização** ocorre quando, em uma organização, a maioria das decisões é tomada pelos ocupantes dos cargos no topo da mesma, ou seja, pelos chefes.

Dessa maneira, se em uma empresa somente o presidente puder tomar decisões, dizemos que existe centralização.

Já a **descentralização** ocorre quando acontece o contrário, ou seja, **quando a autoridade para tomar decisões está dispersa pela empresa**, através dos seus diversos setores.

4.7. LINHA E *STAFF*

Outra classificação dos cargos ou atividades dentro de uma organização relaciona-se com a autoridade.

São as posições de linha ou as posições de *staff* (ou assessoria).

Uma maneira de identificar e diferenciar essas posições refere-se ao poder de comando.

As posições de linha teriam o comando sobre seus subordinados, e as posições de *staff* apenas poderiam sugerir, aconselhar ou recomendar aos funcionários.

4.8. DEPARTAMENTALIZAÇÃO

A departamentalização é a forma como uma organização pode juntar e integrar pessoas, tarefas e atividades em unidades, tendo como objetivo facilitar a coordenação da empresa.

O departamento é, portanto, uma **unidade de trabalho** que agrega um somatório de atividades semelhantes ou coerentes entre si.

A **departamentalização** deve facilitar o trabalho dos administradores, pois possibilita um **aproveitamento mais racional dos recursos da organização**.

Assim sendo, os critérios devem ser os mais racionais, visando atingir os objetivos da organização.

4.8.1. TIPOS DE DEPARTAMENTALIZAÇÃO

Departamentalização Funcional

É o critério mais comum na administração. Os departamentos são agrupados de acordo com a função organizacional, ou seja, são formados departamentos de Produção, de Finanças, de Recursos Humanos etc.

Departamentalização por Produto

Nesse tipo de departamentalização, as unidades de trabalho são agrupadas por tipo de produto ou serviço.

Dessa forma, uma grande empresa poderia ser dividida em: alimentos perecíveis, de bebidas, de limpeza etc.

Departamentalização por Cliente

Esse tipo de departamentalização ocorre quando a empresa tem grupos diferentes de clientes e com necessidades distintas, o que justificaria um atendimento direcionado a cada tipo de cliente.

Departamentalização Territorial ou Geográfica

A departamentalização geográfica é interessante quando a empresa está distribuída em um território muito grande. Nesse caso, é importante a empresa descentralizar recursos específicos para cada região.

Departamentalização por Processo

Nesse tipo, as atividades e os recursos são agrupados em torno de processos chave específicos da empresa. Um conjunto sequencial e particular de etapas, onde cada etapa seria um departamento.

4.9. ADHOCRACIA

Essa configuração é a mais adequada para as empresas envolvidas em setores dinâmicos, como o aeroespacial, o de consultorias e o cinematográfico.

Nessas organizações, não existe uma estrutura fixa, mas diversos profissionais altamente treinados, que são agrupados de acordo com uma necessidade específica (por isso o termo *ad hoc*), portanto existe uma estrutura por projetos.

Portanto, o trabalho não é formalizado, nem existem padrões de comportamento.

A estrutura linha-staff perde então o sentido, com a organização se fundindo e o poder se espalhando por toda a empresa.

Dessa forma, como os profissionais do núcleo operacional têm grande conhecimento e perícia, confundem-se com a linha intermediária, pois influenciam na definição dos projetos e no andamento dos mesmos.

Essas organizações são orgânicas, flexíveis e dinâmicas, levando a um ambiente inovador e criativo.

5. PROCESSO DECISÓRIO

A **Ciência Administrativa** nasceu apadrinhada por um conjunto de valores funcionais e mecanicistas e as organizações foram concebidas apenas como instrumentos técnicos, destinados ao alcance de um objetivo primordial: a maximização dos lucros e dos resultados.

Neste contexto, não era de se estranhar que os fatores determinantes das escolhas ou os critérios da avaliação das alternativas tomassem como base apenas a relação custo/benefício.

O homem sempre teve que tomar decisões, algumas sem muita importância, outras merecedoras de análise mais aprofundada antes da definição de qual ação deveria ser tomada.

Os problemas de tomadas de decisão são constantes no dia-a-dia e a todo o momento as pessoas estão sendo colocados em uma posição onde é necessário optar, examinar, investigar, decidir, escolher e agir frente às poucas ou muitas opções que lhes são fornecidas.

Em 1947 Herbert Simon, no intuito de explicar o comportamento humano nas organizações, lança o livro *Comportamento Administrativo* e com ele se inicia a Teoria das Decisões, onde "... cada pessoa participa racional e conscientemente, escolhendo e tomando decisões individuais a respeito de alternativas racionais de comportamento." (CHIAVENATO, 2003, p.347).

Toda organização é um sistema de decisões, onde todos os membros estão continuamente tomando alguma decisão, "... é impossível pensar a organização sem considerar a ocorrência constante do processo decisório". (FREITAS; KLADIS, 1995, p.6).

Para Robbins (2010, p.167) "A tomada de decisão ocorre em reação a um **problema**.

Um problema existe quando se verifica uma discrepância entre o estado atual das coisas e seu estado desejável [...]". Complementando a ideia, Chiavenato (2003, p.348) ressalta que toda decisão envolve seis elementos:

1) O tomador de decisão*:* é a pessoa que faz uma escolha ou opção entre várias alternativas futuras de ação.
2) Os objetivos: são o que o tomador de decisão pretende alcançar com suas ações.
3) As preferências: são os critérios que o tomador de decisão usa para fazer sua escolha.
4) A estratégia: é o curso de ação que o tomador de decisão escolhe para atingir seus objetivos dependendo dos recursos que pode dispor.
5) A situação: são os aspectos do ambiente que envolve o tomador de decisão, alguns deles fora do seu controle, conhecimento ou compreensão e que afetam sua escolha.
6) O resultado: é a consequência ou resultado de uma estratégia.

Para Simon as decisões podem ser divididas em duas categorias: as programadas e não programadas.

As decisões programadas são aquelas rotineiras e repetitivas:

As decisões programadas fazem parte do acervo de soluções da organização. Resolvem problemas que já foram enfrentados antes e que se comportam sempre da mesma maneira. Não é necessário, nesses casos fazer diagnósticos, criar alternativas e escolher um curso de ação original. Basta aplicar um curso de ação predefinido.

Exemplos de decisão programadas são políticas, algoritmos, procedimentos e regras de decisão. (MAXIMIANO, 2009, p.59).

As decisões não programadas é uma decisão única, tomada uma única vez:

As decisões não programadas são preparadas uma a uma, para atacar problemas que as soluções padronizadas não conseguem resolver. São atitudes novas, que a organização está enfrentando pela primeira vez e admitem diferentes formas de serem resolvidas, cada uma com suas vantagens e desvantagens. Situações desse tipo precisam de um processo de análise sucessivas, desde o entendimento do problema até a tomada de decisão. (MAXIMIANO, 2009, p.59).

6. GESTÃO DE PROJETOS

Projeto é algo de execução **única**, não rotineira, com tempo de execução determinado, que envolve o dispêndio de esforços e recursos para se promover uma mudança ou criar algo totalmente novo, que pode ser um bem ou serviço.

No entendimento de Vargas (2002), projeto é "um empreendimento não repetitivo, caracterizado por uma sequência clara e lógica de eventos, com início, meio e fim, que se destina a atingir um objetivo claro, definido, sendo conduzido por pessoas dentro de parâmetros predefinidos de tempo, custo, recursos envolvidos e qualidade.

6.1. CARACTERÍSTICAS

- **temporalidade** – todo projeto tem um início e um fim definidos;
- **objetividade** – os projetos têm uma finalidade específica a ser atingida;
- **durabilidade** – em regra, os projetos têm resultados duradouros;
- **singularidade** – todo produto ou serviço gerado por um projeto é exclusivo e diferente de outros produtos e serviços;
- **progressividade** – o projeto é desenvolvido em etapas de forma progressiva;
- **realizado por pessoas** – são as pessoas que definem, planejam, executam e se beneficiam do projeto;
- **envolvem recursos** – os recursos para o projeto são limitados; e,
- **planejamento, execução e controle** – os projetos seguem o plano e o escopo, sendo controlados e avaliados por seus resultados.

Gestão de projetos ou gerência de projetos, gerenciamento de projetos ou ainda administração de projetos é a área da administração aplicada de conhecimentos, habilidades e técnicas na elaboração de atividades relacionadas para atingir um conjunto de objetivos pré-definidos, num certo prazo, com um certo custo e qualidade, através da mobilização de recursos técnicos e humanos.

PMI (*Project Management Institute*), define gestão de projetos como sendo o processo através do qual se aplicam conhecimentos, capacidades, instrumentos e técnicas às atividades do projeto de forma a satisfazer as necessidades e expectativas dos diversos *stakeholders* que são indivíduos ativamente envolvidos no projeto ou cujo resultado do mesmo poderá afetá-los positivamente ou negativamente.

PMBOK (Project Management Body of Knowledge), é um conjunto de práticas em gestão de projetos ou gerenciamento de projetos publicado pelo *Project Management Institute* e constitui a base do conhecimento em gerenciamento de projetos do PMI.

PMP (Project Management Professional) (*Profissional de Gerência de Projetos*, em português) é um certificado emitido pelo *Project Management Institute* (PMI) que atesta profundos conhecimentos nas boas práticas de gerenciamento de projetos, responsabilidade social e ética, baseados na norma PMI-ANSI denominada PMBOK.

PMO (Project Management Office) é um grupo ou departamento dentro de uma empresa, agência ou empresa que define e mantém padrões para gerenciamento de projetos dentro da organização.

6.2. CICLO DE VIDA DO PROJETO

1. Iniciação
2. Planejamento
3. Execução
4. Encerramento

6.3. PRINCÍPIOS

1º Princípio: seja como um servidor diligente, respeitoso e atencioso;

2º Princípio: crie um ambiente colaborativo com seu time;

3º Princípio: engaje efetivamente com os *stakeholders* para entender seus interesses e necessidades (abordagem colaborativa);

4º Princípio: foque em valor (lembrando que "valor" se refere ao benefício. Em outras palavras, não basta entregar no prazo e respeitando escopo e orçamento, é fundamental entregar benefício);

5º Princípio: reconheça, avalie e responda às interações dos sistemas (um projeto não é um sistema isolado, pois sofre influência de ações internas e externas);

6º Princípio: motivar, influenciar, treinar e aprender;

7º Princípio: adapte a abordagem de entrega com base no contexto (não existe mais o conceito de "one-size fits all" - um tamanho serve para todos);

8º Princípio: integre a qualidade aos processos e resultados (satisfazer as necessidades do cliente que usará o projeto);

9º Princípio: aborde a complexidade, que é uma parte inerente ao projeto;

10º Princípio: responda a oportunidades e ameaças;

11º Princípio: seja adaptável e resiliente;

12º Princípio: disponibilize a mudança para alcançar o estado futuro estável (entenda que as mudanças existem e podem ser benéficas para a entrega de valor).

6.4. DOMÍNIOS DE DESEMPENHO

1. Partes interessadas
2. Equipe
3. Ciclo de vida
4. Planejamento
5. Navegango na incerteza e ambiguidade
6. Entrega
7. Desempenho
8. Trabalho no Projeto

7. GESTÃO DE MATERIAIS

Conjunto de atividades desenvolvidas dentro de uma empresa, destinadas a suprir as diversas unidades com os materiais necessários ao desempenho normal de suas atribuições.

Procedimentos da ARM:

- O que
- Como
- Quando
- Onde DEVE SER COMPRADO
- De quem
- Por qual preço
- Quantidade

Desafio da ARM: conciliar, da melhor maneira possível, esses conflitos entre os departamentos e atender as necessidades.

A ARM pode ser vista como um sistema, holístico e integrado, formado por vários subsistemas, cada um responsável por uma gama de tarefas importantes.

Esse sistema, complexo, pode ser decomposto em subsistemas:

• CONTROLE DE ESTOQUES

Subsistema responsável pela gestão dos estoques, por meio do planejamento e da programação de material.

Abrange a análise, a previsão, o controle e o ressuprimento de material.

• CLASSIFICAÇÃO DE MATERIAIS

Subsistema responsável pela identificação (especificação), classificação, codificação, cadastramento e catalogação dos materiais.

• CONTROLE E DISTRIBUIÇÃO DE MATERIAIS

Subsistema responsável pelo controle dos materiais e sua distribuição aos diversos setores/departamentos dentro da organização.

• AQUISIÇÃO E COMPRA DE MATERIAIS

Subsistema responsável pela gestão, negociação e compra de materiais.

• ARMAZENAGEM E ALMOXARIFADO

Subsistema responsável pela gestão física dos estoques, compreendendo as atividades de guarda, preservação, embalagem, recebimento e expedição de material, segundo determinadas normas e métodos.

• MOVIMENTAÇÃO DE MATERIAIS

Subsistema encarregado do controle e normalização das transações de recebimento e normalização das transações de recebimento, fornecimento, devoluções, transferências de materiais e quaisquer outros tipos de movimentações de entrada e de saída de material.

• CADASTRO

Subsistema encarregado do cadastramento de fornecedores, de pesquisa de mercado e de compras.

7.1. ADMINISTRAÇÃO DE COMPRAS

A função compra é de fundamental importância à ARM e envolve uma série de atividades que, juntas, suprirão as necessidades de materiais da empresa.

Objetivos do Departamento de Compras: menores preços aliados à qualidade, boas condições de pagamento, prazo de entrega, etc.

7.2. ESTOQUES

> "Materiais, mercadorias ou produtos acumulados para utilização posterior, de modo a permitir o atendimento regular das

> necessidades dos usuários para a continuidade das atividades da empresa, sendo o estoque gerado, consequentemente, pela impossibilidade de prever-se a demanda com exatidão. "
>
> Prof. João José Viana
>
> "Estoque é toda porção armazenada de mercadoria, ou seja, aquilo que é reservado para ser utilizado em tempo oportuno."
>
> CONCEITO – CESPE

7.2.1. OBJETIVOS DO ESTOQUE

- ❑ Otimizar o investimento, aumentando o uso eficiente dos meios financeiros, minimizando as necessidades de capital investido em estoques.
- ❑ Garantir o abastecimento de materiais à empresa, neutralizando alguns efeitos, como a demora no fornecimento de materiais.
- ❑ Proporcionar economia de escala => garante rapidez e flexibilidade ao processo produtivo.
- ❑ Funcionam como amortecedores das entradas e saídas entre as etapas dos processos de venda e de produção.
- ❑ Minimizam os efeitos de erros de planejamento e as oscilações inesperadas de oferta e de demanda do produto.
- ❑ Geram conflitos: estoques altos (vendas) X estoques baixos (financeiro)

7.2.2. CLASSIFICAÇÃO DE ESTOQUES

MATÉRIAS PRIMAS: todo material que serve de entrada para um sistema de produção qualquer, são os materiais necessários para a confecção de um produto. (insumos)

PRODUTOS EM PROCESSO: todos os materiais que estão sendo usados no processo fabril. São parcialmente acabados que estão em algum estágio intermediário de produção.

É considerado produto em processo, qualquer peça ou componente que já foi de alguma forma processado, mas que adquire outras características no fim do processo produtivo.

PRODUTOS ACABADOS: itens já produzidos, mas ainda não vendidos.

MATERIAIS AUXILIARES E DE MANUTENÇÃO: materiais que não somam ao produto final, mas que são utilizados na execução e na transformação de produto.

JUST IN TIME

JIT surgiu no Japão, na década de 70, e a Toyota foi quem primeiro o utilizou, em suas linhas de montagem.

É conhecido como um método de redução de desperdícios.

Não há grandes volumes de estoques, a ideia é manter os estoques no menor volume possível, somente na medida da necessidade sinalizada pelo usuário.

7.2.3. TÉCNICAS PARA PREVER CONSUMO

- ❑ **PROJEÇÃO**: o futuro é repetição do passado;
- ❑ **PREDILEÇÃO**: opinião dos especialistas sobre evolução das vendas;
- ❑ **EXPLICAÇÃO**: relaciona vendas passadas com outras variáveis.

7.2.4. MÉTODOS DE PREVISÃO DE CONSUMO DE ESTOQUES

- ❑ **MÉTODO DO ÚLTIMO PERÍODO**: reprodução do valor do consumo do último período;
- ❑ **MÉTODO DA MÉDIA MÓVEL**: média aritmética simples dos valores apresentados no número de períodos determinados;
- ❑ **MÉTODO DA MÉDIA MÓVEL PONDERADA**: média ponderada (por pesos); períodos mais recentes recebem pesos maiores.

7.2.5. MÉTODOS DE CONTROLE DE ESTOQUE

- ❑ Sistema de duas gavetas
- ❑ Sistema dos máximos mínimos (dente de serra)
- ❑ Sistema das reposições periódicas (ciclos de tempos iguais)

7.3. ALMOXARIFADO

Almoxarifado é, em poucas palavras, o local destinado à guarda e conservação de materiais, predominantemente as matérias primas.

O almoxarifado proporciona os insumos, as matérias primas necessárias à produção.

O almoxarifado pode ser chamado de armazém.

FUNÇÕES DO ALMOXARIFADO

- ❑ Receber e conferir os materiais adquiridos pela empresa, para guarda e proteção;
- ❑ Fornecer os materiais a outras áreas da empresa e aos usuários, quando requerido;
- ❑ Atualizar e manter os registros necessários.

7.4. CLASSIFICAÇÃO DE MATERIAIS

Dá-se o nome de classificação de itens à catalogação, simplificação, especificação, normalização, padronização e codificação de todos os materiais que compõem o estoque da empresa.

1. **Catalogação**: arrolamento de todos os itens existentes de modo a não omitir nenhum deles. Per-

mite a apresentação conjunta de todos os itens proporcionando uma ideia geral da coleção.

2. **Simplificação**: significa a redução da grande diversidade de itens empregados para uma mesma finalidade. Quando existem duas ou mais peças, para um mesmo fim, recomenda-se a simplificação: a escolha pelo uso de apenas uma delas.
3. **Especificação**: significa a descrição detalhada de um item, como suas medidas, formato, tamanho, peso, etc. Quanto maior a especificação, mais informações sobre o item e menos dúvidas se terá a respeito de sua composição e características. Facilita as compras do item.
4. **Normalização**: significa a maneira pela qual o material deve ser utilizado em suas diversas aplicações. A palavra deriva de normas, que são as prescrições sobre o uso de materiais.
5. **Padronização**: significa estabelecer idênticos padrões de peso, medidas e formatos para os materiais de modo que não existem muitas variações entre eles.

7.5. CODIFICAÇÃO DE MATERIAIS

A codificação é a representação de todas as informações necessárias, suficientes e desejadas por meio de números e/ou letras em toda a classificação obtida do material.

Os sistemas de codificação podem utilizar códigos:

- ❑ **Alfabéticos**: limita o número de itens, é de difícil memorização;
- ❑ **Alfanuméricos**: as letras representam a classe do material e o seu grupo naquela classe, enquanto os números representam o código indicador do item;
- ❑ **Numéricos** (ou decimal): vários conjuntos de dois números. Mais simples, ilimitado e mais utilizado.

8. GESTÃO DA QUALIDADE

- Início => século XX
- Japão acolheu em 1947, consolidou em 1950
- EUA despertou década de 70, consolidou década de 80
- Qualidade => resultados (satisfação do cliente)
  => custos (ausência de erros ou defeitos)
- Gestão da Qualidade Total – TQM: gerenciamento de todos os elementos internos e externos à empresa, relacionados com o empreendimento, para avaliar o grau de eficiência e eficácia.

8.1. DEFINIÇÕES DE QUALIDADE

Baseado no Produto...

"Qualidade são todas as características de um produto, através das quais o mesmo atenderá as expectativas do cliente".

Armand V. Feigenbaum

Baseado no consumidor...

"Conformidade com as exigências do consumidor".

Philip B. Crosby

Baseado na produção...

"É o grau em que um produto específico está de acordo com um projeto ou especificação".

Harold L. Gilmore

8.2. GURUS DA QUALIDADE

8.2.1. WILLIAM EDWARDS DEMING (1900 – 1993)

- Estatístico americano e professor universitário, foi o grande responsável pela recuperação da economia japonesa pós 2ª Guerra Mundial;
- Desenvolveu 14 princípios de Gestão da Qualidade:
  1. Criar constância de propósito;
  2. Adotar a nova filosofia;
  3. Compreender o propósito da inspeção;
  4. Parar de avaliar as transações com base somente no preço;
  5. Melhorar continuamente os produtos e serviços;
  6. Instituir o treinamento;
  7. Adotar e instituir a liderança;
  8. Afastar o medo e criar confiança;
  9. Quebrar as barreiras entre departamentos;
  10. Eliminar slogans;
  11. Eliminar metas numéricas para a força de trabalho;
  12. Remover as barreiras ao orgulho pelo trabalho;
  13. Estabelecer um programa rigoroso de educação;
  14. Agis para concretizar a transformação.

8.2.2. WALTER SHEWHART (1891 – 1967)

- Estatística americano, preocupou-se com a variabilidade dos produtos da linha de produção;
- Criou as Cartas de Controle para estudar as causas normais e causas especiais de variabilidade na linha de produção;
- Seus estudos conduziram ao CEP – Controle Estatístico do Processo;
- Criou o ciclo PDCA.

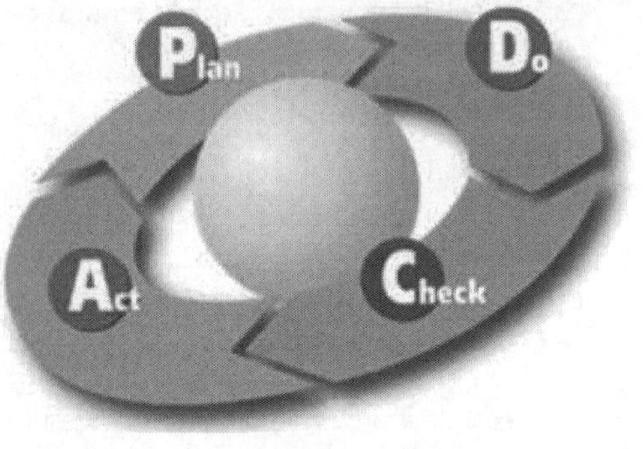

8.2.3. PHILIP CROSBY (1926 - 2001)

- EUA => iniciou a carreira em 1952 após servir na 2ª Guerra Mundial e Guerra da Coreia;
- Pregava que a prevenção de problemas é economicamente mais rentável do que ser competente para resolvê-los após ocorrerem;
- Ênfase na prevenção e não na inspeção;
- "Zero Defeitos" => compromisso da alta administração em fornecer todas as condições necessárias para a conformidade;
- "Fazer certo na primeira vez" => compromisso pelo esforço em fazer o melhor e eliminar o retrabalho.

8.2.4. SEIS C'S DE CROSBY

1. Compreensão
2. Compromisso
3. Competência
4. Comunicação
5. Correção
6. Continuação

8.2.5. JOSEPH JURAN (1904 - 2008)

- Nasceu na Romênia e mudou para os EUA;
- Atuou com Deming no Japão;
- Fundamentos da Qualidade:
- planejamento da qualidade
- melhoria da qualidade;
- controle da qualidade.

"Qualidade é resultado do desempenho do produto que satisfaz o cliente."

TRILOGIA DE JURAN

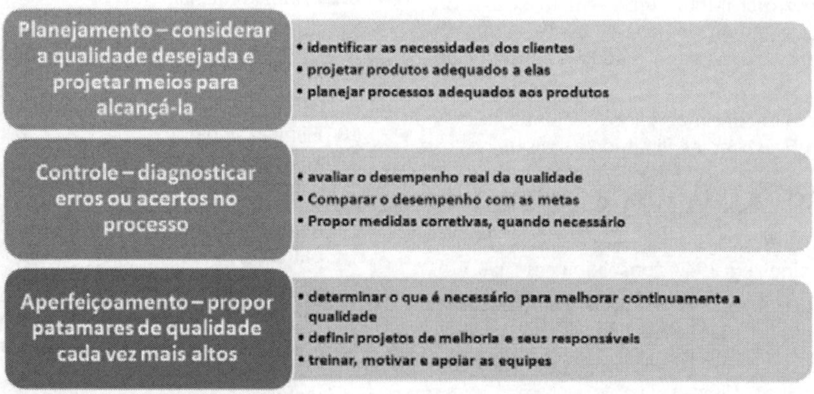

8.2.6. KAORU ISHIKAWA (1915 - 1989)

- Engenheiro de Controle de Qualidade;
- Criou os Círculos da Qualidade;
- Objetivos básicos dos Círculos da Qualidade:
  - Contribuir para melhoramento e desenvolvimento da organização;
  - Desenvolver um local de trabalho animado e bom para se viver;
  - Exercitar integralmente as capacidades humanas.

- Qualidade é desenvolver um produto mais econômico, mais útil e mais satisfatório para o cliente;
- Criador do Diagrama de Causa e Efeito.

8.2.7. ARMAND FEIGENBAUM (1922 – 2014)

- Definiu "Controle da Qualidade Total":

  "Um sistema eficiente para a integração do desenvolvimento da qualidade, da manutenção da qualidade e dos esforços de melhoramento da qualidade dos diversos grupos numa organização, para permitir produtos e serviços mais econômicos que levem em conta a satisfação total do consumidor."
- Qualidade é um instrumento estratégico para a organização;
- Qualidade é uma filosofia de gestão, um compromisso com a Excelência;
- Qualidade é o único objetivo da organização;
- A qualidade é determinada pelos clientes;
- A qualidade pressupõe trabalho em grupo;
- A qualidade exige o compromisso da Alta Direção;
- A qualidade exige *empowerment*

8.3. FERRAMENTAS DA QUALIDADE

As ferramentas irão nos ajudar a estabelecer melhorias de qualidades entre as quais destacamos as Ferramentas básicas do controle de Qualidade:

1. FOLHA DE VERIFICAÇÃO

   São formulários planejados nos quais os dados coletados são preenchidos de forma fácil e concisa. Registram os dados dos itens a serem verificados, permitindo uma rápida percepção da realidade e uma imediata interpretação da situação, ajudando a diminui r erros e confusões.

2. DIAGRAMA DE PARETO

   O gráfico de Pareto é um diagrama que apresenta os itens e a classe na ordem dos números de ocorrências, apresentando a soma total acumulada.

   Permite-nos visualizar diversos elementos de um problema auxiliando na determinação da sua prioridade.

   É representado por barras dispostas em ordem decrescente, com a causa principal vista do lado esquerdo do diagrama, e as causas menores são mostradas em ordem decrescente ao lado direito.

   Cada barra representa uma causa exibindo a relevante causa com a contribuição de cada uma em relação à total.

   É uma das ferramentas mais eficientes para encontrar problemas.

3. DIAGRAMA DE CAUSA E EFEITO

   É uma representação gráfica que permite a organização das informações possibilitando a identificação das possíveis causas de um determinado problema ou efeito.

   Também chamado de diagrama de espinha de peixe ou diagrama de Ishikawa.

   Mostra-nos as causas principais de uma ação, as quais dirigem para as sub-causas, levando ao resultado final.

4. HISTOGRAMA

   São gráficos de barras que mostram a variação sobre uma faixa específica.

   O histograma foi desenvolvido por Guerry em 1833 para descrever sua análise de dados sobre crime. Desde então, os histogramas tem sido aplicados para descrever os dados nas mais diversas áreas.

   É uma ferramenta que nos possibilita conhecer as características de um processo ou um lote de produto permitindo uma visão geral da variação de um conjunto de dados.

5. DIAGRAMA DE DISPERSÃO

   São gráficos que permitem a identificação entre causas e efeitos, para avaliar o relacionamento entre variáveis.

   O diagrama de dispersão é a etapa seguinte do diagrama de causa e efeito, pois verifica-se se há uma possível relação entre as causas, isto é, nos mostra se existe uma relação, e em que intensidade.

6. FLUXOGRAMA

   É um resumo ilustrativo do fluxo das várias operações de um processo.

   Este documenta um processo, mostrando todas as suas etapas.

   É uma ferramenta fundamental, tanto para o planejamento (elaboração do processo) como para o aperfeiçoamento (análise, crítica e alterações) do processo.

   O fluxograma facilita a visualização das diversas etapas que compõem um determinado processo, permitindo identificar aqueles pontos que merecem atenção especial por parte da equipe de melhoria.

7. GRÁFICO DE CONTROLE

   São gráficos para examinar se o processo está ou não sob controle.

   Sintetiza um amplo conjunto de dados, usando métodos estatísticos para observar as mudanças dentro do processo, baseado em dados de amostragem.

   Pode nos informar em determinado tempo como o processo está se comportando, se ele está dentro dos limites preestabelecidos, sinalizando assim a necessidade de procurar a causa da variação, mas não nos mostrando como eliminá-la.

8. BRAINSTORMING

   A filosofia básica do Brainstorming é deixar vir à tona todas as ideias possíveis sem criticar durante a sua exposição.

   O objetivo é obter o maior número possível de sugestões, para fazer posteriormente o julgamento.

   O Brainstorming, não determina uma solução, mas propõem muitas outras. É um grupo de pessoas na qual um tema é exposto e que através de livre associação de pensamento começam surgir ideias associadas a este tema.

9. 5W2H

   É um documento de forma organizada que identifica as ações e as responsabilidades de quem irá executar, através de um questionamento, capaz de orientar as diversas ações que deverão ser implementada.

   O 5W2H deve ser estruturado para permitir uma rápida identificação dos elementos necessários à implantação do projeto.

9. GESTÃO DE PROCESSOS

O Gerenciamento de Processos de Negócio ou Gestão de Processos de Negócio (em inglês *Business Process Management* ou BPM) é um conceito que une gestão de negócios e tecnologia da informação com foco na otimização dos resultados das organizações através da melhoria dos processos de negócio.

São utilizados métodos, técnicas e ferramentas para analisar, modelar, publicar, otimizar e controlar processos envolvendo recursos humanos, aplicações, documentos e outras fontes de informação.

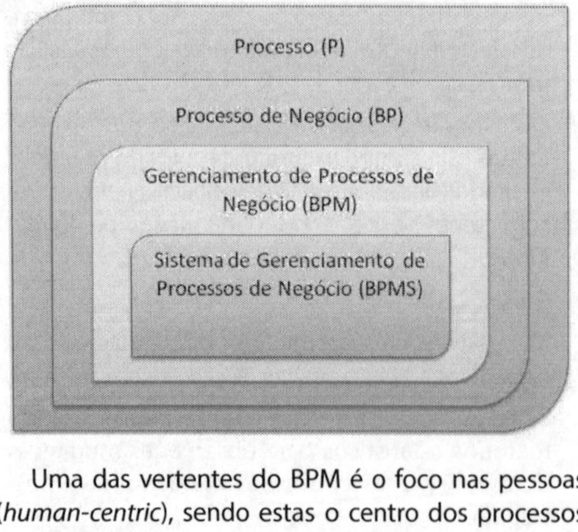

Uma das vertentes do BPM é o foco nas pessoas (*human-centric*), sendo estas o centro dos processos de negócio.

Alguns BPMS vêm seguindo esta corrente buscando oferecer aos usuários maior facilidade e flexibilidade no uso, o que torna a experiência mais agradável, com ferramentas simples e intuitivas.

AUTOMAÇÃO

A automação de processos de negócio é uma prática extremamente eficaz.

Quando se automatizam processos, rapidamente é possível obter-se um controle mais rígido e adaptado às necessidades da empresa.

MODELAGEM

A modelagem de processos é feita nos próprios BPMS, alguns dos quais seguem a notação mais usada atualmente, o BPMN (Business Process Modeling Notation), que consiste em uma série de ícones padrões para o desenho de processos, o que facilita o entendimento do usuário

SIMULAÇÃO

Após o desenho e o estabelecimento dos usuários responsáveis pela conclusão de cada tarefa, pode ser feita uma simulação, onde se pode testar se as regras pré-estabelecidas estão de acordo com o objetivo da empresa e se as tarefas estão sendo encaminhadas para as pessoas corretas.

EXECUÇÃO

A execução do processo ocorre após as etapas anteriores já terem sido realizadas.

O BPMS utilizado faz com que as tarefas sejam enviadas para os seus devidos responsáveis, controlando o seu tempo de execução por pessoa e pelo processo em geral.

CONTROLE

O controle ideal de BPM é aquele que está presente durante todas as etapas do processo: antes, durante e depois.

Um tipo de controle que existe em alguns BPMS são relatórios de fluxos em andamento, onde é fornecido o status do fluxo, com quem está parado, há quanto tempo está parado, etc.

OTIMIZAÇÃO

A otimização tem crucial importância quando se trata de BPM.

É essencial para que sejam feitas melhorias nos processos de modo a alcançar resultados positivos mais rapidamente, melhorando o serviço aos clientes e, possivelmente, com menores custos.

9.1. ARQUITETURA DE PROCESSOS

É a especificação da estrutura geral de um sistema de processos e um conceito aplicável a diversos campos tais como informática, gestão de processos de negócio, gestão estratégica etc.

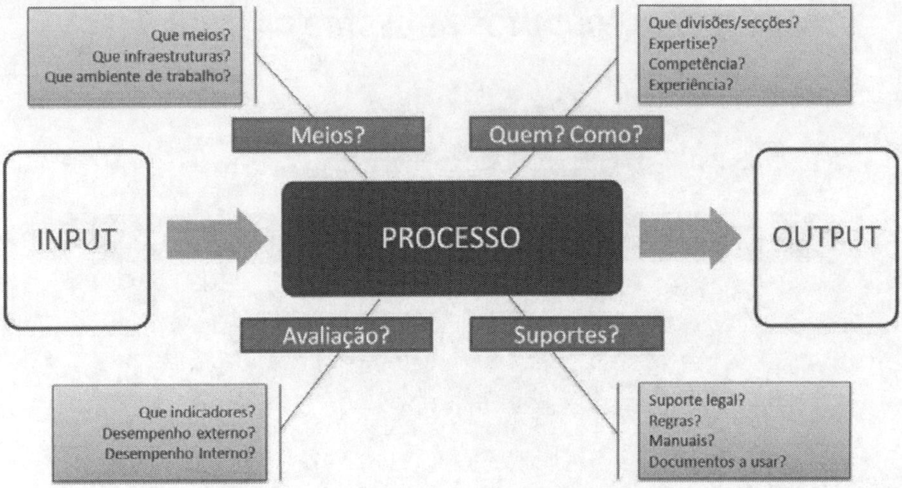

Processos são definidos como um fluxo de atividades que utilizam **recursos** (pessoal, informações, energia etc.) para transformar as **entradas** (insumos) em **saídas** (produtos).

9.2. MAPEAMENTO DE PROCESSOS

Objetiva determinar a forma em que os insumos recebidos de um fornecedor, são tratados e transformados em produtos que serão entregues aos clientes (cadeia cliente/fornecedor).

REENGENHARIA

A **reengenharia**, criada pelos americanos Michael Hammer e James Champy, no início da década de 90, é um sistema administrativo utilizado pelas organizações para se manterem competitivas no mercado e alcançarem as suas metas, reformulando o seu modo de fazer negócios, suas atividades e tarefas e/ou processos.

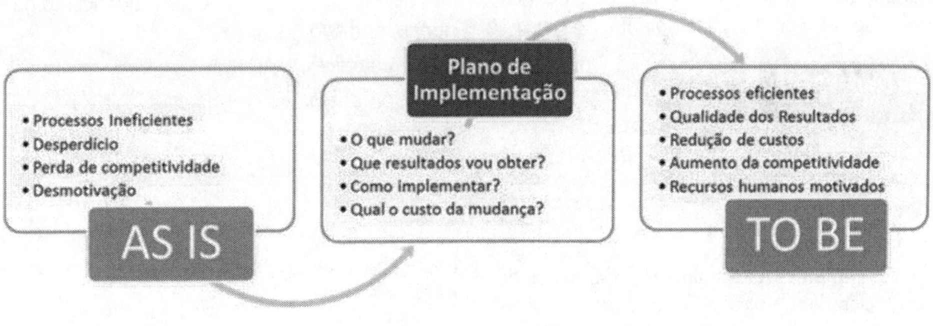

10. GESTÃO DA MUDANÇA

É uma área de estudo em administração que possui o enfoque na necessidade de constante adaptação das organizações contemporâneas. Pois, são dotadas de paradigmas que fazem parte de sua cultura organizacional, esses paradigmas são comuns e regem o comportamento das pessoas, resultando muitas vezes no estabelecimento de culturas burocráticas e funcionais, as quais exigem uma atitude inovadora e eficiente.

A intensidade e a volatilidade das pressões internas e externas impõem esses desafios para as empresas, fomentando a necessidade real da mudança e assim, a quebra de paradigmas.

OS PILARES E PRODUTOS DE GESTÃO DA MUDANÇA

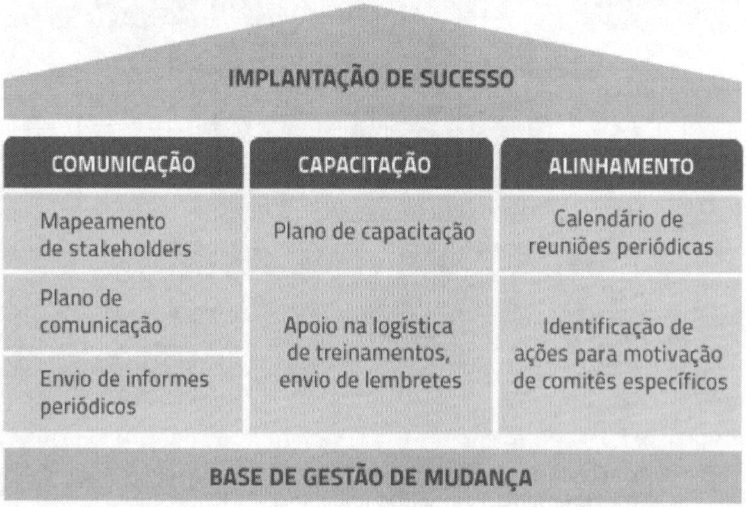

A gestão da mudança é um processo eficaz de alocação de recursos, de forma a transformar a organização, com o objetivo de melhorar a sua eficácia.

Existem diversas condicionantes que influenciam o processo de mudança de uma organização, como o nível de recursos que a empresa dispõe, o setor onde se insere, a maior ou menor necessidade de mudança, qualidade da gestão e a atual envolvente política, econômica, social, tecnológica, ambiental e legal.

10.1. FORMAS DE MUDANÇA

Mudança Incremental

Não gera habitualmente grandes impactos na organização, a intervenção efetua-se através de ligeiros ajustamentos organizativos.

Mudança Planejada

Quando a empresa reformula a sua estratégia, de uma forma claramente pacífica, normalmente ocorre quando a organização apresenta um bom desempenho, no entanto vislumbra a possibilidade de claras melhorias com a indicada reformulação.

Mudança Emergente

Processo habitualmente complexo, não planejado, no qual a organização vai respondendo de forma a ultrapassar as ameaças ou os desafios com que se vai deparando.

Mudança Radical

Habitualmente planejada, de forma a antecipar acontecimentos futuros ou a inverter uma deficiente performance. Apesar dos diversos tipos de gestão de mudança referidos, existe um conjunto de etapas fundamentais, comuns aos diversos tipos de intervenções.

10.2. TIPOS DE MUDANÇA

Existem diferentes tipos de mudanças organizacionais, nomeadamente:

- tecnológicas,
- de produtos,
- estruturais,
- de pessoas/cultura e
- de estratégia.

As organizações podem inovar numa ou mais áreas, dependendo das forças internas e externas de mudança.

10.3. ETAPAS DA MUDANÇA

O desenvolvimento organizacional propõe três etapas distintas para atingir a mudança de atitude e de comportamento:

- Descongelamento
- Mudança
- Recongelamento

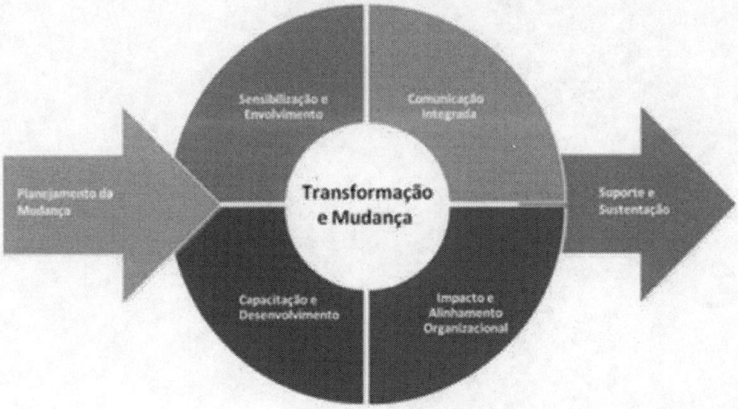

10.4. RESISTÊNCIA ÀS MUDANÇAS

Chiavenato,

> "afirma que *quem sempre viveu em empresas imutáveis e estáticas, fechadas e herméticas, onde as coisas não mudam, nunca aprenderá a mudar e a inovar.*"

A resistência, por sinal, se destaca como um dos principais obstáculos para a mudança.

Os principais motivos são:

- aspectos lógicos dos indivíduos, onde se destacam os interesses pessoais;
- aspectos psicológicos, onde as atitudes emocionais tais como o medo do desconhecido e a dificuldade de compreender a mudança são fatores determinantes;
- aspectos sociológicos, nos quais prevalecem os interesses de grupos e fatores sociológicos, como valores sociais opostos.

Ainda segundo Chiavenato:

> *[...] para que a mudança seja dinamizada, é mister que exista um ambiente psicológico propício, uma cultura organizacional adequada, um estímulo individual e grupal para a melhoria e para a excelência.*

Administração Pública

Rodrigo Borges

TABELA DE INCIDÊNCIA DE QUESTÕES		
Assunto	**N. de Questões**	**Peso**
1. GOVERNO, GOVERNABILIDADE, GOVERNANÇA, POLÍTICAS PÚBLICAS E *ACCOUNTABILITY*	10	40,00%
2. SISTEMAS DA ADMINISTRAÇÃO PÚBLICA	1	4,00%
3. DA ADMINISTRAÇÃO BUROCRÁTICA À GERENCIAL	8	32,00%
4. EMPREENDEDORISMO GOVERNAMENTAL	2	8,00%
5. EXCELÊNCIA DA ADMINISTRAÇÃO PÚBLICA	1	4,00%
6. ÉTICA NA ADMINISTRAÇÃO PÚBLICA	1	4,00%
7. ORGANIZAÇÕES FORMAIS MODERNAS, CONVERGÊNCIAS E DIVERGÊNCIAS ENTRE A GESTÃO PÚBLICA E PRIVADA E GESTÃO DE RESULTADOS EM SERVIÇOS PÚBLICOS	2	8,00%
TOTAL	**25**	**100%**

Administração Pública

Rodrigo Borges

✦ QUESTÕES

1. GOVERNO, GOVERNABILIDADE, GOVERNANÇA, POLÍTICAS PÚBLICAS E *ACCOUNTABILITY*

01. (Cespe – Analista Judiciário – Área Administrativa – TRE – PE/2017) Em uma relação colaborativa entre organizações privadas e o Estado, na qual as organizações participam do processo decisório e recebem uma série de atribuições referentes às políticas públicas, predomina o

a) neoliberalismo.

b) neocorporativismo.

c) clientelismo.

d) corporativismo privado.

e) corporativismo estatal.

COMENTÁRIOS

a) **Neoliberalismo:** é uma doutrina proposta por economistas franceses, alemães e norte-americanos, na primeira metade do século XX, voltada para a adaptação dos princípios do liberalismo clássico às exigências de um Estado regulador e assistencialista, que deveria controlar parcialmente o funcionamento do mercado.

b) **Neocorporativismo**: A questão enfatiza a importância das instituições e as regras para a decisão, formulação e implementação de Políticas Públicas. Entende que as regras formais e informais que regem as instituições também influenciam as Políticas Públicas. A essa realidade denominamos de **NEOINSTITUCIONALISMO OU NEOCORPORATIVISMO.**

c) **Clientelismo:** prática eleitoreira de certos políticos que consiste em privilegiar uma clientela ('conjunto de indivíduos dependentes') em troca de seus votos; troca de favores entre quem detém o poder e quem vota. No Brasil essa prática foi representada em nossa Administração Pública por meio do Coronelismo antigo e do Fisiologismo contemporâneo.

d) **Corporativismo privado:** é um sistema político no qual os cidadãos são enquadrados em associações de classe que representam seus interesses econômicos, étnicos, religiosos, sociais e profissionais.

e) **Corporativismo estatal:** quando os grupos de interesse são condicionados e controlados por um Estado forte.

Alternativa correta: letra "b"

---

02. (Cespe – Analista Judiciário – Área Administrativa – TRE – PE/2017) A respeito da divulgação de conteúdos e dos controles referentes à transparência na administração pública, assinale a opção correta.

a) Informações relativas à execução orçamentária e financeira, licitações e contratos, nas páginas de transparência pública, devem ser atualizadas quinzenalmente.

b) Os órgãos e entidades da administração pública federal devem divulgar a relação nominal das empresas que tenham sido declaradas impedidas de contratar com a administração pública federal.

c) Informações relativas a execução orçamentária e financeira, licitações, contratações, convênios, diárias e passagens prescindem de sigilo.

d) Para a correta interpretação das informações, cabe ao cidadão pesquisar em fontes fidedignas a definição dos termos técnicos utilizados nas páginas de transparência pública.

e) Informações relativas a convênios que envolvam a transferência de recursos públicos federais celebrados pelos órgãos e entidades da administração pública federal devem ser mantidas nas páginas de transparência pública por até cento e oitenta dias após o encerramento da vigência do contrato.

COMENTÁRIOS

a) As as informações devem ser atualizadas periodicamente, mas a norma não define a periodicidade quinzenal, os relatórios podem ter periodicidade variada, como, por exemplo o Relatório Resumido da Execução Orçamentária que é bimestral.

b) Os órgãos e entidades da administração pública federal devem divulgar a relação nominal das empresas que tenham sido declaradas impedidas de contratar com a administração pública federal.

c) O o sigilo não deve prescindir quando amparados legalmente e deve ser preservado em casos previstos em lei.

d) Não não é o cidadão que deve ter a incumbência de buscar as fontes corretas e fidedignas, mas a Administração Pública deverá disponibilizar a informação correta, primaria, integra conforme preconiza a LAI – Lei de Acesso à Informação. Esse procedimento é denominado de Publicidade ativa.

e) Essas informações deverão deverá a informação estar disponíveis l à disposição da sociedade e do público em geral.

Alternativa correta: letra "b"

---

03. (Cespe – Analista Judiciário – Área Administrativa – TRE – PE/2017) No contexto de políticas públicas do Estado brasileiro, o conjunto de práticas que visam demolir barreiras sociais, culturais, econômicas e políticas que impliquem em exclusão ou desigualdade corresponde a

a) descentralização.

b) democracia.

c) gestão local.

d) cidadania.

e) equidade social.

COMENTÁRIOS

a) A descentralização das políticas públicas ocorre quando o Estado procura estar presente em todas as localidades do país criando pessoas jurídicas em cada local visando atender as demandas da sociedade.

b) Democracia é o regime político do Estado brasileiro; o governo do povo, pelo povo e para o povo.

c) Gestão local está relacionado ao gerenciamento das políticas públicas na localidade da atuação da mesma, podendo conjugar esforços com os demais entes para a consecução dos seus objetivos.

d) Cidadania é a condição do destinatário de toda a atividade estatal; é um sujeito de direitos e deveres garantidos na Constituição Federal.

e) Equidade social é a condição essencial de todos serem reconhecidos e tratados em igual condição sem discriminação de qualquer natureza. No comando da questão observa-se a expressão: "...o conjunto de práticas que visam demolir barreiras sociais, culturais, econômicas e políticas que impliquem em exclusão ou desigualdade..."; refere-se à equidade social.

Alternativa correta: letra "e"

---

04. (Cespe – Analista Judiciário – Área Judiciária – TRE – PE/2017) Os conselhos de gestão responsáveis por estabelecer as diretrizes para as políticas públicas em suas respectivas áreas de atuação são conhecidos como

a) deliberativos.

b) executivos.

c) fiscalizadores.

d) normativos.

e) consultivos.

COMENTÁRIOS

a) Deliberativos são conselhos de caráter decisório.

b) Executivos são os conselhos responsáveis pela prática da política pública.

c) Fiscalizadores são conselhos criados com o objetivo de acompanhar e monitorar a implantação e execução das políticas públicas.

d) Normativos são os conselhos determinados por lei, norma ou arcabouço jurídico normativo definindo suas atribuições. Criados com o objetivo precípuo de participar do processo de debate, elaboração, formulação, implementação, execução e avaliação de políticas públicas.

São previstos na legislação infraconstitucional que define as políticas públicas em suas distintas áreas.

Como exemplo tem o Conselho de Gestão Fiscal previsto na Lei de Responsabilidade Fiscal – LC nº 101/2000.

Os Conselhos de Gestão são normativos.

e) Consultivos são conselhos de acompanhamento e assessoramento das decisões das políticas públicas.

Alternativa correta: letra "d"

---

05. (Cespe – Analista Judiciário – Área Judiciária – TRE – PE/2017) Governança pública refere-se à forma de gerenciamento de recursos de um país. Um de seus princípios basilares é a

a) transparência, que envolve a disponibilização de informações como estratégia de combate à corrupção.

b) cidadania, que é obtida com a participação compulsória de cidadãos em conselhos populares.

c) accountability, que se refere à capacidade do Estado de executar sua gestão e implementar políticas públicas.

d) responsabilidade civil, que se refere à pressão popular para o cumprimento das normas da administração pública.

e) economia de custos, o que exige que o Estado privilegie o menor custo em todas as suas compras e contratos.

COMENTÁRIOS

✪ **Nota do autor:** O termo *governança,* com base na literatura acadêmica, pode ser definido em sentido amplo como um processo complexo de tomada de decisão que antecipa e ultrapassa o governo. Os aspectos frequentemente evidenciados nessa literatura sobre a governança estão relacionados: à legitimidade do espaço público em constituição; à repartição do poder entre aqueles que governam e aqueles que são governados; aos processos de negociação entre os atores sociais (os procedimentos e as práticas, a gestão das interações e das interdependências que desembocam ou não em sistemas alternativos de regulação, o estabelecimento de redes e os mecanismos de coordenação); e à descentralização da autoridade e das funções ligadas ao ato de governar. A transparência, que envolve a disponibilização de informações como estratégia de combate à corrupção é um elemento essencial da Governança.

Torna-se relevante, nesse contexto, abordar as diferentes visões sobre a governança, conforme apresentadas a seguir:

- Governança enquanto Estado mínimo: baseado na necessidade da redução dos déficits públicos, esse uso da governança refere-se a uma nova forma de intervenção pública e ao papel dos mercados na produção dos serviços públicos (STOCKER, 1995).
- Governança corporativa: oriunda das teorias do *management,* a governança corporativa acentua a necessidade de eficácia, assim como a *accountability* na gestão dos bens públicos (TRICKER, 1994).
- Governança enquanto *"New Public Management"* (NPM): o NPM prega a gestão e os novos mecanismos institucionais em economia, através da introdução de métodos de gestão do setor privado e do estabelecimento de medidas incitativas *(incentives)* no setor público.
- Boa governança: utilizada originalmente pelo Banco Mundial com referência a suas políticas de empréstimos, a boa governança é uma norma que supõe a eficácia dos serviços públicos, a privatização das empresas estatais, o rigor orçamentário e a descentralização administrativa.
- Governança enquanto sistema sociocibernético: a governança das sociedades modernas é uma combinação de todo tipo de atividades e estruturas de governo. Estas combinações podem ser vistas como "respostas" destas sociedades às demandas dúbias dos governos (KOOIMAN, 1993).
- Governança enquanto conjunto de redes organizadas: a governança refere-se a *"managing networks that are self-organizing".* Considerando que o Estado é um dos atores (e não mais o único e exclusivo ator) no sistema mundial, redes integradas e horizontais (ONGs, redes profissionais e científicas, meios de comunicação) desenvolvem suas políticas e modelam o ambiente desse sistema (RHODES, 1997).

Alternativa correta: letra "a"

---

06. (Cespe – Analista Judiciário – Área Judiciária – TRE – PE/2017) A formulação e o desenvolvimento de políticas públicas seguem etapas sequenciais no chamado ciclo de políticas públicas. Nesse ciclo, uma tarefa típica da etapa de construção de agendas consiste em

a) organizar as demandas sociais.

b) realizar estudo técnico de soluções para um problema público.

c) construir alianças políticas.

d) julgar os efeitos previstos para uma política pública.

e) designar atores responsáveis pela execução de tarefas intermediárias para a implementação de um programa público.

COMENTÁRIOS

✪ **Nota do autor: FORMAÇÃO DA AGENDA**

A construção da Agenda Pública consiste em organizar as demandas sociais.

Agenda pública é um espaço em que os principais temas/problemas nacionais, regionais e locais encontram-se reunidos. É importante notar que a agenda pública pode envolver questões relacionadas a todos os Poderes: Executivo, Legislativo e Judiciário.

A formação de agenda é um **processo pré-decisório** pelo qual passam os temas/problemas que irão integrar a agenda governamental.

A literatura considera que temas que não integram a agenda pública são apenas "estado de coisas" – **algo não prioritário**, mas que gera insatisfação e incomoda determinado número de pessoas. Se evoluir para algo prioritário, tem-se uma questão/problema político.

Nesse processo existem dois tipos de atores. **Atores visíveis** são os que têm destaque na mídia e para o público. Ex.: presidente, ministros, políticos. Têm maior poder para influenciar a formação da agenda. **Atores Invisíveis** são os servidores públicos, os especialistas, os acadêmicos. Têm menor poder para influenciar a formação da agenda e maior poder para apresentar alternativas.

Alternativa correta: letra "a"

---

07. (Consulplan – Técnico Judiciário – Área Administrativa – TRE – RJ/2017) A adoção da qualidade como instrumento de modernização da Administração Pública brasileira deverá sempre levar em conta, simultaneamente, os seguintes tipos de dimensão:

a) Formal e política.

b) Política e jurídica.

c) Funcional e formal.

d) Jurídica e conservadora.

COMENTÁRIOS

✪ **Nota do autor:** As dimensões de modernização da administração pública são a formal e a política.

A estratégia da reforma do aparelho do Estado está concebida a partir de três dimensões: a primeira, institucional-legal, trata da reforma do sistema jurídico e das relações de propriedade; a segunda é cultural, centrada na transição de uma cultura burocrática para uma cultura gerencial; a terceira dimensão aborda a gestão pública a partir do aperfeiçoamento da administração burocrática vigente e da introdução da administração gerencial, incluindo os aspectos de modernização da estrutura organizacional e dos métodos de gestão.

Essas dimensões, ainda que guardem certa independência, operarão de forma complementar. A primeira permitirá mudanças estruturais no funcionamento do aparelho do Estado, já que pressupõe a eliminação dos principais entraves no sistema jurídico-legal; a segunda, entretanto, viabilizará a operacionalização da cultura gerencial centrada em resultados através da efetiva parceria com a sociedade, e da cooperação entre administradores e funcionários; finalmente, a terceira possibilitará concretizar novas práticas gerenciais e assim obter avanços significativos, ainda que os constrangimentos legais não sejam totalmente removidos.

Em seguida serão apresentados os enunciados estratégicos para cada dimensão e a definição de uma estratégia complementar, abordando a transição entre o momento atual e o desejado, apontando os resultados parciais a serem obtidos em curto, médio e longo prazos.

Alternativa correta: letra "a"

---

08. (FCC – Analista Judiciário – Área Administrativa – TRE – SP/2017) Para garantir os direitos de cidadania, deverão ser utilizados os seguintes recursos:

a) Melhorar a gestão de pessoas, aperfeiçoar a gestão de receitas, instituir a governança administrativa e melhorar a infraestrutura e governança de TIC.

b) Melhorar a gestão de pessoas, aperfeiçoar a gestão de custos, instituir a governança jurídica e melhorar a infraestrutura e governança de TIC.

c) Melhorar a gestão de pessoas, aperfeiçoar a gestão de receitas, instituir a governança jurídica e instituir a governança administrativa.

d) Aperfeiçoar a gestão de custos, instituir a governança jurídica, melhorar a infraestrutura e governança de recursos humanos e instituir a governança anticorrupção.

e) Aperfeiçoar a gestão de receitas, instituir a governança administrativa, melhorar a infraestrutura e governança de recursos humanos e instituir a governança anticorrupção.

COMENTÁRIOS

✪ **Nota do autor:** Questão bem direcionada à comparativos.

Os recursos direcionados para um melhor atendimento ao cidadão são: melhorar a gestão de pessoas, aperfeiçoar a gestão de custos, instituir a governança jurídica e melhorar a infraestrutura e governança de TIC.

Elementos necessários para garantir os direitos de cidadania:

- Melhoria da Gestão de Pessoas;
- Aperfeiçoamento na Gestão de Custos;
- Instituir Governança jurídica;
- Melhorar a infraestrutura e governança das Tecnologias da Informação e Comunicação.

Alternativa correta: letra "b"

---

09. (Cespe – Técnico Judiciário – Área Administrativa – TRE – RS/2015) A política socioambiental do TRE/RS contempla

a) a exigência de mudança de comportamento de seus servidores.

b) a criação e o estabelecimento de instrumentos que viabilizem exigir a participação dos servidores em execuções de ações socioambientais do tribunal.

c) o desenvolvimento de sistemas e tecnologias de informação sustentáveis que permitam acabar com o uso do papel em todos os expedientes internos da administração.

d) a eliminação completa dos impactos ambientais negativos gerados por suas atividades.

e) uma maior economicidade e eficiência na aplicação de recursos públicos.

COMENTÁRIOS

A Resolução CNJ nº. 201/2015, em seu artigo 10, diz que o PLS-PJ é instrumento vinculado ao planejamento estratégico do Poder Judiciário, com objetivos e responsabilidades definidas, ações, metas, prazos de execução, mecanismos de monitoramento e avaliação de resultados, que permite estabelecer e acompanhar práticas de sustentabilidade, racionalização e qualidade que objetivem uma melhor eficiência do gasto público e da gestão dos processos de trabalho, considerando a visão sistêmica do órgão.

Com o objetivo de diagnosticar em que medida estão sendo adotadas ações socioambientais estabelecidas pela Política de Responsabilidade Socioambiental do TRE-RS (Resolução n. 244, de 27 de janeiro de 2014), foi realizado levantamento das ações, hábitos e orientações socioambientais em curso no Tribunal. O diagnóstico foi realizado pelo Comitê Valor Público no período de fevereiro a abril de 2015 e utilizou um questionário eletrônico, enviado aos responsáveis pelas unidades, Cartórios Eleitorais e CAE. Participaram do levantamento, de forma voluntária, cerca de 52% dos cartórios eleitorais/CAEs, e 84% das Unidades deste Tribunal.

O levantamento utilizou como referência os eixos temáticos definidos na Política socioambiental do Tribunal, quais sejam:

I. gestão dos recursos naturais e bens públicos;
II. gestão adequada de resíduos;
III. contratações sustentáveis;
IV. educação ambiental; e
V. ações de cidadania.

A política socioambiental do TRE RS contempla uma maior economicidade e eficiência na aplicação de recursos públicos.

Alternativa correta: letra "e"

---

10. (Cespe – Técnico Judiciário – Área Administrativa – TRE – RS/2015) Assinale a opção correta de acordo com os princípios de governo aberto, segundo a OGP (*Open Government Partnership*).

a) Accountability refere-se à credibilidade usufruída por determinado governo junto à sociedade.

b) O governo que implementa padrões éticos mínimos na administração é considerado aberto, conforme a OGP.

c) O acesso às tecnologias já existentes deve ser garantido para que se proponham inovações.

d) A mobilização social com vista a estimular contribuições para um governo mais efetivo deve ser meta de um governo aberto.

e) A transparência pressupõe acesso facilitado às informações governamentais, com o estabelecimento de requisitos mínimos a ser atendidos pelo requerente.

COMENTÁRIOS

✪ **Nota do autor:** A mobilização social com vista a estimular contribuições para um governo mais efetivo deve ser meta de um governo aberto.

A OGP (*Open Government Partnership*) define o conceito de governo aberto por meio de quatro princípios estabelecidos, a saber:

Transparência

As informações sobre as atividades de governo são abertas, compreensíveis, tempestivas, livremente acessíveis e atendem ao padrão básico de dados abertos.

Prestação de Contas e Responsabilização (*Accountability*)

Existem regras e mecanismos que estabelecem como os atores justificam suas ações, atuam sobre críticas e exigências e aceitam as responsabilidades que lhes são incumbidas.

Participação Cidadã

O governo procura mobilizar a sociedade para debater, colaborar e propor contribuições que levam a um governo mais efetivo e responsivo.

Tecnologia e Inovação

O governo reconhece a importância das novas tecnologias no fomento à inovação provendo acesso à tecnologia e ampliando a capacidade da sociedade de utilizá-la.

Portanto, um governo é considerado aberto se sua gestão, ações, projetos e programas refletem os quatro Princípios de Governo Aberto.

Outro documento também aborda o tema. Segundo a Declaração de Governo Aberto da OGP, para um governo ser considerado aberto, ele deve buscar alcançar quatro objetivos:

- Aumentar a disponibilidade de informações sobre atividades governamentais;
- Apoiar a participação social;
- Implementar os padrões mais altos de integridade profissional na Administração;
- Ampliar o acesso a novas tecnologias para fins de abertura e prestação de contas

Alternativa correta: letra "d"

2. SISTEMAS DA ADMINISTRAÇÃO PÚBLICA

---

11. (Cespe – Analista Judiciário – Área Administrativa – TRE – PE/2017) Assinale a opção correta, acerca das funcionalidades do Sistema Integrado de Administração de Serviços Gerais (SIASG).

a) O usuário que registra documentos no sistema é também responsável pela verificação da conformidade mensal.
b) O usuário cadastrado na modalidade de uso geral tem permissão para apenas realizar consultas gerais.
c) O perfil auditoria é atribuído ao servidor responsável pelo acompanhamento da execução de contrato.
d) O SIASG disponibiliza informações sobre processos licitatórios, cadastro de fornecedores e catálogo de materiais e serviços.
e) O nível de acesso 2 — órgão — permite o acesso geral a todos os dados da base do SIASG.

COMENTÁRIOS

✪ **Nota do autor:** O SIASG disponibiliza informações sobre processos licitatórios, cadastro de fornecedores e catálogo de materiais e serviços. O contido nas demais alternativas não abrangem as funcionalidades do SIASG.

O Sistema Integrado de Administração de Serviços Gerais - SIASG, instituído pelo art. 7º do Decreto nº 1.094, de 23 de março de 1994, é o sistema informatizado de **apoio** às atividades operacionais do Sistema de Serviços Gerais - SISG. Sua finalidade é **integrar** os órgãos da Administração Pública Federal direta, autárquica e fundacional. O Siasg é o sistema onde são realizadas as operações das **compras governamentais** dos órgãos integrantes do Sisg. O Sistema inclui:

- Divulgação e a realização das licitações;
- Emissão de notas de empenho;
- Registro dos contratos administrativos;
- Catalogação de materiais e serviços;
- Cadastro de fornecedores.

Alternativa correta letra d

3. DA ADMINISTRAÇÃO BUROCRÁTICA À GERENCIAL

12. (Cespe - Analista Judiciário - Área Administrativa - TRE - PE/2017) As agências executivas estão inseridas no setor estatal denominado

a) serviços não exclusivos, correspondente ao setor em que o Estado atua simultaneamente com outras organizações públicas não estatais.
b) núcleo estratégico, setor em que as leis e as políticas públicas são definidas e em que seu cumprimento é cobrado.
c) produção de bens e serviços para o mercado, correspondente à área de atuação das empresas estatais do segmento produtivo.
d) atividades exclusivas, correspondente aos serviços que só o Estado pode realizar, possuindo poder de regulamentar, de fiscalizar e de fomentar.
e) organizações sociais, correspondente às áreas que incentivam a produção não lucrativa, pela sociedade, de bens e serviços públicos não exclusivos do Estado.

COMENTÁRIOS

a) Serviços não exclusivos não possuem o exercício do poder extroverso do Estado.
b) Núcleo estratégico é formado pelos Poderes independentes e harmônicos entre si.
c) Produção de bens e serviços para o mercado é a atividade privada ainda existente no Estado.
d) Atividades exclusivas é onde o poder extroverso é exercido pelo Estado.
e) Organizações sociais são as instituições que também compõem os serviços não exclusivos, conhecido como terceiro setor.

✪ **Nota do autor:** Atividades exclusivas, correspondente aos serviços que só o Estado pode realizar, possuindo poder de regulamentar, de fiscalizar e de fomentar.

Agências Executivas (Lei nº 9.649, de 27/5/1998, arts. 51 e 52)

A denominação Agência Executiva é **uma qualificação** a ser concedida, por decreto presidencial específico, a autarquias e fundações públicas, responsáveis por atividades e serviços exclusivos do Estado. O Projeto Agências Executivas, portanto, não institui uma nova figura jurídica na Administração Pública, nem promove qualquer alteração nas relações de trabalho dos servidores das instituições que venham a ser qualificadas.

É também importante ressaltar que a inserção de uma instituição no Projeto se dá por adesão, ou seja, os órgãos e entidades responsáveis por atividades exclusivas do Estado candidatam-se à qualificação, se assim o desejar a própria instituição e, obviamente, seu Ministério supervisor.

Alternativa correta: letra "d"

13. (Cespe - Analista Judiciário - Área Administrativa - TRE - PE/2017) A reforma do aparelho do Estado inclui a dimensão institucional-legal, que visa

a) aumentar a governabilidade do Estado por meio da capacidade administrativa de governar com efetividade e eficiência.
b) suprimir os elementos patrimonialistas existentes no Estado para implantar uma administração por objetivos.
c) mudar a mentalidade, que passe da desconfiança generalizada que caracteriza a administração

burocrática para uma confiança maior, própria da administração gerencial.

d) descentralizar a estrutura organizacional por meio da criação de novos formatos organizacionais, como as agências executivas e as regulatórias e as organizações sociais.

e) ampliar a autonomia e introduzir três novas formas de responsabilização dos gestores: administração por resultados, competição administrada por excelência e controle social.

COMENTÁRIOS

✪ **Nota do autor:** Descentralizar a estrutura organizacional por meio da criação de novos formatos organizacionais, como as agências executivas e as regulatórias e as organizações sociais.

A estratégia proposta, nessa dimensão, está orientada no sentido de viabilizar as transformações fundamentais pretendidas com a reforma do aparelho do Estado, em três direções. Em primeiro lugar, permitindo a focalização do Estado no atendimento das demandas sociais básicas. Em segundo lugar, facilitando o redirecionamento da maneira tradicional de atuar do Estado, evoluindo de um papel executor para um papel de promotor do desenvolvimento social e econômico. Finalmente, a estratégia proposta deverá criar as condições para a implementação do modelo de administração gerencial no setor de serviços do Estado.

É importante destacar que o compromisso fundamental do Estado não é o de realizar dentro de seu aparelho todas as funções demandadas pela sociedade. Ao invés, é o de assegurar ou facilitar a sua realização sempre que possível, o que deverá implicar a adoção de mecanismos inovadores de operação e funcionamento.

Alternativa correta: letra "d"

---

14. (Cespe – Analista Judiciário – Área Judiciária – TRE – PE/2017) O modelo de administração pública implantado no Brasil, que preza por impessoalidade, profissionalismo e racionalidade técnica para combater a corrupção e o nepotismo, ficou conhecido como modelo

a) burocrático.

b) gerencial.

c) de bem-estar.

d) oligárquico.

e) patrimonialista.

COMENTÁRIOS

a) Burocrático – Surge na segunda metade do século XIX, na época do Estado liberal, como forma de combater a corrupção e o nepotismo patrimonialista. Constituem princípios orientadores do seu desenvolvimento a profissionalização, a ideia de carreira, a hierarquia funcional, a impessoalidade, o formalismo, em síntese, o poder racional legal. Os controles administrativos visando evitar a corrupção e o nepotismo são sempre a priori. Parte-se de uma desconfiança prévia nos administradores públicos e nos cidadãos que a eles dirigem demandas. Por isso, são sempre necessários controles rígidos dos processos, como por exemplo na admissão de pessoal, nas compras e no atendimento a demandas.

b) Gerencial – parte do princípio que o Estado funcione como uma empresa, cujos serviços são destinados aos cidadãos e que possui como características principais a eficiência nos serviços, a avaliação de desempenho e o controle dos resultados.

c) De bem-estar – conhecido como Estado de bem-estar social, Estado-Providência ou ainda Estado social é um tipo de modelo que coloca o Estado como agente da promoção social e organizador da economia. O Estado é o agente regulamentador de toda a vida e saúde social, política e econômica do país.

d) Oligárquico – é um modelo que governa para poucos, como famílias ou grupos fechados. No Brasil tivemos governos oligárquicos com a política chamada de "café com leite" onde alternavam no poder Minas Gerais e São Paulo de 1894 a 1930.

e) Patrimonialista – é um modelo de administração onde não há distinção por parte do público com o privado. Mediante tal prática, os governantes consideram o Estado como seu patrimônio, não salvaguardando a res pública dos interesses particulares.

Alternativa correta: letra "a"

---

15. (Cespe – Técnico Judiciário – Área Administrativa – TRE – TO/2017) O modelo de administração pública no qual não há distinção na forma de gerenciar bens públicos e privados denomina-se

a) neoliberal.

b) de bem-estar social.

c) gerencialista.

d) patrimonialista.

e) burocrático.

COMENTÁRIOS

a) Neoliberal – é um modelo que retoma os ideais antigos do liberalismo clássico ao preconizar a mínima intervenção do Estado na economia, através da sua retirada do mercado.

b) De bem-estar – conhecido como Estado de bem--estar social, Estado-Providência ou ainda Estado social é um tipo de modelo que coloca o Estado como agente da promoção social e organizador da economia. O Estado é o agente regulamentador de toda a vida e saúde social, política e econômica do país.

c) Gerencialista – parte do princípio que o Estado funcione como uma empresa, cujos serviços são destinados aos cidadãos e que possui como características principais a eficiência nos serviços, a avaliação de desempenho e o controle dos resultados.

d) Patrimonialista – é um modelo de administração onde não há distinção por parte do público com o privado. Mediante tal prática, os governantes consideram o Estado como seu patrimônio, não salvaguardando a res pública dos interesses particulares.

e) Burocrático - Surge na segunda metade do século XIX, na época do Estado liberal, como forma de combater a corrupção e o nepotismo patrimonialista. Constituem princípios orientadores do seu desenvolvimento a profissionalização, a ideia de carreira, a hierarquia funcional, a impessoalidade, o formalismo, em síntese, o poder racional legal. Os controles administrativos visando evitar a corrupção e o nepotismo são sempre a priori. Parte-se de uma desconfiança prévia nos administradores públicos e nos cidadãos que a eles dirigem demandas. Por isso, são sempre necessários controles rígidos dos processos, como por exemplo na admissão de pessoal, nas compras e no atendimento a demandas.

Alternativa correta: letra "d"

---

16. (Cespe – Técnico Judiciário – Área Administrativa – TRE – TO/2017) O processo de burocratização que instituiu um modelo de gestão pública pautado no uso do poder racional-legal e na incorporação da racionalidade técnica e do profissionalismo ocorreu no governo de

a) Getúlio Vargas.

b) Juscelino Kubitschek.

c) Fernando Henrique Cardoso.

d) Luís Inácio Lula da Silva.

e) Eurico Gaspar Dutra.

COMENTÁRIOS

✪ **Nota do autor:** O governo de Getúlio Vargas incorporou o modelo burocrático de Administração Pública e seus preceitos básicos como a formalidade, a impessoalidade e o profissionalismo.

No Brasil, o modelo de administração burocrática emerge a partir dos anos 30 no governo de Getúlio Vargas. Surge no quadro da aceleração da industrialização brasileira, em que o Estado assume papel decisivo, intervindo pesadamente no setor produtivo de bens e serviços. A partir da reforma empreendida no governo Vargas por Maurício Nabuco e Luiz Simões Lopes, a administração pública sofre um processo de racionalização que se traduziu no surgimento das primeiras carreiras burocráticas e na tentativa de adoção do concurso como forma de acesso ao serviço público. A implantação da administração pública burocrática é uma consequência clara da emergência de um capitalismo moderno no país.

Com o objetivo de realizar a modernização administrativa, foi criado o Departamento Administrativo do Serviço Público – DASP, em 1936. Nos primórdios, a administração pública sofre a influência da teoria da administração científica de Taylor, tendendo à racionalização mediante a simplificação, padronização e aquisição racional de materiais, revisão de estruturas e aplicação de métodos na definição de procedimentos. Registra-se que, nesse período, foi instituída a função orçamentária enquanto atividade formal e permanentemente vinculada ao planejamento.

Alternativa correta: letra "a"

---

17. (Cespe – Técnico Judiciário – Área Administrativa – TRE – TO/2017) O modelo de administração que admite o cidadão como cliente dos serviços do Estado denomina-se

a) nova governança pública.

b) patrimonialista.

c) burocrático.

d) estado de bem-estar social.

e) administração pública gerencial.

COMENTÁRIOS

✪ **Nota do autor:** O modelo de Administração Pública Gerencial considera o cidadão como o cerne de toda a atividade do Estado, colocando-o como protagonista das políticas públicas.

Administração Pública Gerencial – Emerge na segunda metade do século XX, como resposta, de um lado, à expansão das funções econômicas e sociais do Estado e, de outro, ao desenvolvimento tecnológico e à globalização da economia mundial, uma vez que ambos deixaram à mostra os problemas associados à adoção do modelo anterior. A eficiência da administração pública – a necessidade de reduzir custos e aumentar a qualidade dos serviços, tendo o cidadão como beneficiário – torna-se então essencial. A reforma do aparelho do Estado passa a ser orientada predominantemente pelos valores da eficiência e qualidade na prestação de serviços públicos e pelo desenvolvimento de uma cultura gerencial nas organizações.

A administração pública gerencial constitui um avanço, e até um certo ponto um rompimento com a administração pública burocrática. Isso não significa, entretanto, que negue todos os seus princípios. Pelo contrário, a administração pública gerencial está apoiada na anterior, da qual conserva, embora flexibilizando, alguns dos seus princípios fundamentais, como a admissão segundo rígidos critérios de mérito, a existência de um sistema estruturado e universal de remuneração, as carreiras, a avaliação constante de desempenho, o treinamento sistemático. A diferença fundamental está na forma de controle, que deixa de basear-se nos processos para concentrar-se nos resultados, e não na rigorosa profissionalização da administração pública, que continua um princípio fundamental.

Alternativa correta: letra "e"

---

18. (Cespe – Técnico Judiciário – Área Administrativa – TRE – TO/2017) A partir da instituição do Plano Diretor da Reforma do Estado, em 1995, a gestão por resultados foi incorporada à administração pública com o objetivo de tornar a gestão pública

a) mais descentralizada e com gestores com maior autonomia e maior nível de responsabilidade individual.
b) mais descentralizada, mas com gestores com menor autonomia e maior nível de responsabilidade individual.
c) mais descentralizada, mas com gestores com menor autonomia e menor nível de responsabilidade individual.
d) menos descentralizada e com gestores com maior autonomia e maior nível de responsabilidade individual.
e) menos descentralizada e com gestores com menor autonomia e menor nível de responsabilidade individual.

COMENTÁRIOS

✪ **Nota do autor:** O Plano Diretor da Reforma do Aparelho de Estado propõe um modelo mais descentralizado e com gestores com maior autonomia e maior nível de responsabilidade individual.

Administração Pública Gerencial

Concentrada nos resultados diretamente voltados para o interesse público, objetiva promover aumento da qualidade e da eficiência dos serviços ofertados pelo Estado, valorizando o servidor e enfatizando a descentralização. Busca, também, a eficiência das empresas e dos serviços sociais, com ênfase nos controles de resultados, de competição e social, ou seja, apoia-se em controles a posteriori e não-burocráticos. A gestão gerencial adota várias inovações operacionais e organizacionais provenientes da iniciativa privada, como a diminuição de níveis hierárquicos, a adoção do sistema de custos e a difusão de sistemas de informações gerenciais.

Alternativa correta: letra "a"

---

19. (Consulplan – Técnico Judiciário – Área Administrativa – TRE – RJ/2017) A reforma do Estado dos anos 1990 modificou a administração pública, implementando uma cultura gerencial calcada em uma gestão voltada para ferramentas e métodos provenientes da iniciativa privada. A adesão à cultura gerencial, oriunda dessa reforma, estimula cada vez mais a participação de consultorias privadas com o intuito de gerar informações imprescindíveis para a tomada de decisões dos gestores públicos e apoiar a elaboração de programas de gestão. No caso brasileiro, quais foram os resultados mais visíveis da reforma do Estado no âmbito do controle das privatizações?

a) Os programas GPRA.
b) As agências reguladoras.
c) Os novos mecanismos de mercado.
d) Os centros de responsabilidade e governança.

COMENTÁRIOS

✪ **Nota do autor:** No caso brasileiro, os resultados mais visíveis da reforma do Estado no âmbito do controle das privatizações foi a criação das agências reguladoras.

AGÊNCIAS REGULADORAS

Com o processo de privatização instituído pelo Governo Federal (Lei n° 9.635, de 15/5/1998) com o objetivo estratégico de, entre outros fins, reduzir o déficit público e sanear as finanças governamentais, para tanto, transferindo à iniciativa privada atividades que o Estado exercia, houve a necessidade de instituir entidades reguladoras com a função principal de controlar, em toda a sua extensão, as prestações dos serviços públicos e o exercício de atividades econômicas.

Agências Reguladoras são pessoas jurídicas de direito público interno, criadas por lei específica sob a forma de autarquia especial, integrante de Administração indireta, para desempenharem atividades típicas de Estado. Integra o 2° setor (serviços exclusivos), junto às agências executivas.

Foram criadas, então, as Agências Reguladoras:

ANEEL – Agência Nacional de Energia Elétrica;

ANATEL – Agência Nacional de Telecomunicações;

ANP – Agência Nacional do Petróleo.

Alternativa correta: letra "b"

4. EMPREENDEDORISMO GOVERNAMENTAL

20. (Consulplan – Analista Judiciário – Área Administrativa – TRE – RJ/2017) A Administração Pública, atualmente, tem como paradoxo principal a necessidade de ser empreendedora, isto é, aproveitar as oportunidades de mercado, e o problema de como financiar as novas oportunidades. O processo de inovação das instituições públicas é bastante complexo e enfrenta muitas dificuldades. São considerados fatores restritivos à prática empreendedora, EXCETO:

a) Estão acima do conceito de lucro.

b) Visão a longo prazo das lideranças.

c) Não tem o cliente como foco principal.

d) Suas receitas são baseadas num orçamento.

COMENTÁRIOS

✪ **Nota do autor:** A visão de longo prazo é uma das características chave para o empreendedorismo governamental.

A reforma do Estado não se restringe à reestruturação administrativa e ao alcance do equilíbrio fiscal. Tem como principal objetivo a consolidação do processo democrático, a estabilidade econômica e o desenvolvimento sustentável com a justiça social. Assim, a priorização da reforma do Estado é uma medida necessária para permitir que o governo possa atender de forma adequada às demandas da sociedade. O atendimento dessas demandas exige que o Estado se torne mais inteligente, ou seja, cada vez mais eficiente, eficaz e efetivo na prestação de serviços públicos, com qualidade e menores custos para a sociedade. Nesse sentido, o esforço para criar uma cultura empreendedora na administração pública se apresenta como um fator-chave para a elevação da gestão pública no Brasil, em termos de resultados e qualidade dos serviços públicos ofertados.

Alternativa correta: letra "b"

21. (Consulplan – Técnico Judiciário – Área Administrativa – TRE – RJ/2017) Apesar da evolução sistemática da administração pública nos últimos anos, percebe-se que ainda permanece reativa e lenta em detrimento da gestão privada. Desse modo, em razão das características inerentes à administração pública, é necessário saber se um eventual empreendedor conseguiria sobressair em um ambiente mais estático. Em uma análise comparativa entre o empreendedorismo público e o privado, no que tange ao elemento motivação, é uma característica do empreendedorismo independente e no setor privado:

a) A tomada de risco calculada.

b) A grande diversidade de objetivos.

c) A ausência de redistribuição de lucros.

d) A busca por superação dos entraves burocráticos.

COMENTÁRIOS

✪ **Nota do autor:** Em uma análise comparativa entre o empreendedorismo público e o privado, no que tange ao elemento motivação, é uma característica do empreendedorismo independente e no setor privado a tomada de risco calculada.

EMPREENDEDORISMO

Empreender significa obter resultados e gestão empreendedora significa gestão voltada para resultados.

Pressupõe agilidade, dinamismo, flexibilidade e assim por diante, mas sua conexão filosófico-conceitual alinha-se como o que está descrito no plano de reforma do Estado.

O governo empreendedor, diferentemente do modelo tradicional burocrático, "não pretende controlar a economia, possuir empresas ou concentrar-se no 'fazer' em ampla escala, mas assim estimular a ação e a parceria da sociedade" (MATIAS-PEREIRA,2009, p.161).

A gestão pública empreendedora é baseada em avaliações contínuas da sociedade para ajustar suas estratégias, planos e metas, bem como sua ação implementadora, visando resultados que melhor respondam às demandas dos cidadãos como clientes (MATIAS-PEREIRA,2009, p.161-162).

O mais importante é que o Estado esteja voltado para o cidadão – não do ponto de vista teórico – conceitual, mas do ponto de vista operacional.

O Estado deve desenhar políticas e programas olhando para o cidadão e seus problemas reais, com todas as implicações decorrentes.

Alternativa correta: letra "a"

5. EXCELÊNCIA DA ADMINISTRAÇÃO PÚBLICA

22. (Consulplan – Técnico Judiciário – Área Administrativa – TRE – RJ/2017) "No decorrer dos últimos anos, observa-se que alguns subsídios adotados pelos gestores públicos, de maneira sistemática, têm contribuído para alterar o paradigma quanto ao alcance da excelência nos serviços e demonstrado que posturas proativas conseguem contribuir para a passagem de situações de 'um simples apagar incêndios' para a efetiva atuação preventiva, educativa e humanizada, desenvolvendo e apresentando projetos que contemplam as necessidades atuais da sociedade brasileira e a preservação ambiental, tão necessárias em tempos atuais e futuros."

(Kanaane, 2010.)

Assinale a alternativa que NÃO reflete um desses subsídios.

a) Atitudinais.

b) Estratégicos.

c) Alternativos.

d) Comportamentais.

COMENTÁRIOS

✪ **Nota do autor: Excelência nos serviços públicos**

O conceito de excelência insere-se no atual cenário mundial, com a globalização dos mercados e das telecomunicações, com administração com o foco no cliente e a reengenharia nas estruturas organizacionais.

É definido como o estágio final dos programas de qualidade total, isto é, o momento no qual todas as funções básicas da organização ou como a produção de serviços públicos, que é o caso do setor público, que é ofertante de serviços públicos, funcionam com o máximo de produtividade e qualidade.

Antes uma prerrogativa para as empresas que queriam sobreviver em contexto competitivo, os serviços públicos encaixam-se também no conceito de excelência, pois dirigentes e mesmo órgãos ou empresas governamentais também sofrem alguma espécie de competição e devem provar a sua utilidade ou o seu potencial de agregação de valor para a sociedade.

Com o aprimoramento de técnicas de medição de resultados, com a adoção de parâmetros de responsabilização pelas organizações públicas e com a tendência de maior transparência e possibilidades de controle social e de controle externo da administração, a busca por excelência no serviço público deixa de ser apenas uma espécie de carta de intenções ou de slogan e passa a ser determinante para a continuação das atividades de dirigentes e de organizações.

Os valores chaves de um produto ou serviço de excelência são, pois, uma projeção da qualidade desses produtos ou serviços, levando em conta a percepção do usuário, que, no caso do serviço público, nunca é demais repetir, também é dono do negócio e tem "direito", via cidadania, a ser tratado de forma adequada.

Alternativa correta: letra "c"

6. ÉTICA NA ADMINISTRAÇÃO PÚBLICA

23. (Consulplan – Técnico Judiciário – Área Administrativa – TRE – RJ/2017) Embora seja uma questão antiga e que em algumas vezes se misturava à questão religiosa, como o calvinismo do século XVI, a busca de valores e virtudes a todo custo tornou-se uma necessidade tão vital como "o pão nosso de cada dia", especialmente nas atividades que envolvem as relações com o poder público. No século XVI, Calvino e seus seguidores – frutos da Reforma Protestante que este ano completa 500 anos – preocupados com essa questão, diziam aos crentes que eles precisavam ter retidão e austeridade no que faziam, diferentemente do pensamento do grupo de teólogos não reformados, propensos a ver na atividade econômica a oportunidade de enriquecimento fácil com coisas fúteis. Por outro lado, no século seguinte, Portugal foi contemplado com o trabalho do padre Antônio Vieira que escreveu, em 1655, o sermão do bom ladrão, cujo conteúdo tem muito a ver com o que o Brasil vive na atualidade: suborno, corrupção, lavagem de dinheiro e improbidade na gestão do bem público por parte de gestores, políticos e empresários inescrupulosos. E isso, não por acaso, influencia no cotidiano dos "clientes" da administração pública em nossos dias. A ineficiência do serviço público brasileiro é de conhecimento de todos que costumam assistir aos noticiários na TV, ou ler jornais e revistas de circulação no país. Nesses veículos de comunicação, é comum a divulgação da precariedade não apenas dos serviços públicos – saúde, transportes, educação etc. – mas também de setores há muito tempo privatizados, como o de telecomunicação que tem alto índice de reclamação dos clientes. Tudo isso contribui para colocar em xeque a credibilidade que a população deposita nos gestores da coisa pública. A confiança no serviço público está tão "nublada", assumindo um "ar de cinismo", que vários setores da sociedade têm colocado a necessidade de uma nova reforma no topo da lista de objetivos urgentes. A que tipo de nova reforma o enunciado se refere?

a) Reforma ética.

b) Reforma nacionalista.

c) Reforma organizacional.

d) Reforma macroeconômica.

COMENTÁRIOS

✪ **Nota do autor:** A confiança no serviço público está tão "nublada", assumindo um "ar de cinismo", que vários setores da sociedade têm colocado a necessidade de uma nova reforma no topo da lista de objetivos urgentes. Essa reforma necessária é a reforma ética.

Ética, segundo o Dicionário de Língua Portuguesa de Laudelino Freire, é a ciência da moral, consubstanciando princípios que determinam o caráter virtuoso e os hábitos que levam a um procedimento honrado e íntegro, limpo e transparente, irradiando discrição, sobriedade, altivez, decência de propósitos e inatacável credibilidade.

Os primeiros filósofos que procuraram analisar mais profundamente a Ética foram Aristóteles (384-322 a.C), em sua obra Ética a Nicômaco, além de Sócrates (470-399 a.C) e Platão (427-347 a.C), nos tempos áureos da Grécia, em Atenas, centro cultural do mundo grego, no século V a.C., ocasião em que resultou intensificado o afastamento da compreensão do mundo baseada em relatos místicos.

Ética, cujo objeto é a moral, é uma palavra de origem grega, decorrendo do termo "ethos", duas vertentes estudadas. Na primeira, "ethos", significa o costume, pautado no conjunto de valores e hábitos consagrados pela tradição cultural de um determinado povo, traduzindo-se, comumente, pela moral. Na segunda, *"ethos"*, diz respeito à propriedade do caráter, expressando as atitudes e os esforços do ser humano na prática e a aplicação dos valores do bem, criando sentido para a sua própria existência, em relação ao mundo e à convivência com os seus semelhantes.

No momento presente, cumpre-nos, objetivamente, abordar o tema, no tocante à ética na seara da Administração Pública, compreendendo órgãos, pessoas jurídicas, agentes públicos e servidores incumbidos de exercer as funções tipificadas na esfera do Poder Público.

Alternativa correta: letra "a"

7. ORGANIZAÇÕES FORMAIS MODERNAS, CONVERGÊNCIAS E DIVERGÊNCIAS ENTRE A GESTÃO PÚBLICA E PRIVADA E GESTÃO DE RESULTADOS EM SERVIÇOS PÚBLICOS

24. (Cespe – Analista Judiciário – Área Administrativa – TRF 1/2017) Acerca das características das organizações formais modernas, das convergências e diferenças entre gestão pública e privada, da gestão de resultados e da gestão de desempenho, julgue os próximos itens.

A finalidade dos feedbacks fornecidos aos servidores durante determinado processo de gestão de desempenho é orientar a condução das ações.

COMENTÁRIOS

A **avaliação de desempenho** pode ser definida como a identificação e mensuração das ações que os colaboradores de uma organização realizaram durante determinado período.

A avaliação de desempenho tem como objetivo diagnosticar e analisar o desempenho individual e grupal dos funcionários, promovendo o crescimento pessoal e profissional, bem como melhor desempenho.

Além disso, fornece à Administração de recursos humanos informações para tomadas de decisões acerca de salários, bonificações, promoções, demissões, treinamento e planejamento de carreira, proporcionando o crescimento e o desenvolvimento da pessoa avaliada.

Através da avaliação de desempenho é mais fácil fornecer *feedback* às pessoas da organização, baseado em informações sólidas e tangíveis, e auxiliá-las no caminho para o autodesenvolvimento.

Outro benefício é a possibilidade de descoberta de talentos resultante da identificação das qualidades de cada pessoa da organização.

Alternativa correta: certo.

25. (Cespe – Analista Judiciário – Área Administrativa – TRF 1/2017) Acerca das características das organizações formais modernas, das convergências e diferenças entre gestão pública e privada, da gestão de resultados e da gestão de desempenho, julgue os próximos itens.

Nos órgãos públicos, a divisão em camadas ou níveis de autoridade é exemplo de aplicação do princípio da especialização, um dos princípios básicos de organização.

COMENTÁRIOS

A **divisão de trabalho** também traz a necessidade de haver uma divisão do comando dentro da organização. Essa divisão tem como objetivo **dirigir** as pessoas para que os objetivos sejam atingidos. Isso gera o que se chama de **estrutura hierárquica** dentro da instituição, separando os cargos de acordo com a autoridade de cada um. Essa hierarquia é chamada de **cadeia de comando**. A cadeia de comando seria então uma linha que passa do topo da hierarquia até o cargo mais baixo, mostrando quem manda em quem dentro da organização e quem deve responder a quem.

Alternativa correta: errado.

✦ DICAS

1. DA ADMINISTRAÇÃO BUROCRÁTICA À GERENCIAL

A administração burocrática clássica, baseada nos princípios da administração do exército prussiano, foi implantada nos principais países europeus no final do século passado; nos Estados Unidos, no começo deste século; no Brasil, em 1936, com a reforma administrativa promovida por Maurício Nabuco e Luís Simões Lopes. É a burocracia que Max Weber descreveu, baseada no princípio do mérito profissional.

A administração pública burocrática foi adotada para substituir a administração patrimonialista, que definiu as monarquias absolutas, na qual o patrimônio público e o privado eram confundidos. Nesse tipo de administração o Estado era entendido como propriedade do rei. O nepotismo e o empreguismo, senão a corrupção, era a norma. Esse tipo de administração revelar-se-á incompatível com o capitalismo industrial e as democracias parlamentares, que surgem no século XIX. É essencial para o capitalismo a clara separação entre o Estado e o mercado; a democracia só pode existir quando a sociedade civil, formada por cidadãos, distingue-se do Estado ao mesmo tempo em que o controla. Tornou-se assim necessário desenvolver um tipo de administração que partisse não apenas da clara distinção entre o público e o privado, mas também da separação entre o político e o administrador público. Surge assim a administração burocrática moderna, racional-legal.

A administração pública burocrática clássica foi adotada porque era uma alternativa muito superior à administração patrimonialista do Estado. Entretanto o pressuposto de eficiência em que se baseava não se revelou real. No momento em que o pequeno Estado liberal do século XIX deu definitivamente lugar ao grande Estado social e econômico do século XX, verificou-se que não garantia nem rapidez, nem boa qualidade nem custo baixo para os serviços prestados ao público. Na verdade, a administração burocrática é lenta, cara, autoreferida, pouco ou nada orientada para o atendimento das demandas dos cidadãos.

Este fato não era grave enquanto prevalecia um Estado pequeno, cuja única função era garantir a propriedade e os contratos. No Estado liberal só eram necessários quatro ministérios – o da Justiça, responsável pela polícia, o da Defesa, incluindo o exército e a marinha, o da Fazenda e o das Relações Exteriores. Nesse tipo de Estado, o serviço público mais importante era o da administração da justiça, que o Poder Judiciário realizava. O problema da eficiência não era, na verdade, essencial. No momento, entretanto, que o Estado se transformou no grande Estado social e econômico do século XX, assumindo um número crescente de serviços sociais – a educação, a saúde, a cultura, a previdência e a assistência social, a pesquisa científica – e de papéis econômicos – regulação do sistema econômico interno e das relações econômicas internacionais, estabilidade da moeda e do sistema financeiro, provisão de serviços públicos e de infraestrutura, – nesse momento, o problema da eficiência tornou-se essencial. Por outro lado, a expansão do Estado respondia não só às pressões da sociedade, mas também às estratégias de crescimento da própria burocracia. A necessidade de uma administração pública gerencial, portanto, decorre de problemas não só de crescimento e da decorrente diferenciação de estruturas e complexidade crescente da pauta de problemas a serem enfrentados, mas também de legitimação da burocracia perante as demandas da cidadania.

Após a II Guerra Mundial há uma reafirmação dos valores burocráticos, mas, ao mesmo tempo, a influência da administração de empresas começa a se fazer sentir na administração pública. As ideias de descentralização e de flexibilização administrativa ganham espaço em todos os governos. Entretanto a reforma da administração pública só ganhará força a partir dos anos 70, quando tem início a crise do Estado, que levará à crise também a sua burocracia. Em consequência, nos anos de 1980 inicia-se uma grande revolução na administração pública dos países centrais em direção a uma administração pública gerencial.

Os países em que essa revolução foi mais profunda foram o Reino Unido, a Nova Zelândia e a Austrália. Nos Estados Unidos essa revolução irá ocorrer principalmente ao nível dos municípios e condados – revolução que o livro de Osborne e Gaebler, *Reinventando o Governo* (1992) descreverá de forma tão expressiva. É a administração pública gerencial que está surgindo, inspirada nos avanços realizados pela administração de empresas.

Aos poucos se foram delineando os contornos da nova administração pública: (1) descentralização do ponto de vista político, transferindo recursos e atribuições para os níveis políticos regionais e locais; (2) descentralização administrativa,10 através da delegação de autoridade para os administradores públicos transformados em gerentes crescentemente autônomos; (3) organizações com poucos níveis hierárquicos ao invés de piramidal, (4) pressuposto da confiança limitada e não da desconfiança total; (5) controle por resultados, a posteriori, ao invés do controle rígido, passo a passo, dos processos administrativos; e (6) administração voltada para o atendimento do cidadão, ao invés de autoreferida.

PLANO DIRETOR DA REFORMA DO ESTADO

Figura 1: Setores do Estado, Formas de Propriedade e de Administração

	FORMA DE PROPRIEDADE			FORMA DE ADMINISTRAÇÃO	
	Estatal	**Pública Não-Estatal**	**Privada**	**Burocrática**	**Gerencial**
NÚCLEO ESTRATÉGICO Legislativo, Judiciário, Presidência, Cúpula dos Ministérios	●			●	
ATIVIDADES EXCLUSIVAS Polícia, Regulamentação Fiscalização, Fomento, Seguridade Social Básica	●				●
SERVIÇOS NÃO-EXCLUSIVOS Universidades, Hospitais, Centros de Pesquisa, Museus	Publicização →	●			●
PRODUÇÃO PARA O MERCADO Empresas Estatais	→	Privatização →	●		●

Fonte: Ministério da Administração Federal e Reforma do Estado (1995) *Plano Diretor da Reforma do Estado.*

2. GOVERNO, GOVERNABILIDADE E GOVERNANÇA

Registre-se que os termos *governabilidade* e *governança,* como ocorre com a maior parcela dos conceitos em ciência política, não possuem uma única definição, ou seja, tendem a variar de autor para autor, de acordo com a sua nacionalidade, orientação ideológica e a ênfase que é dada a um ou outro elemento.

Em sentido amplo, pode-se sustentar que a governabilidade se refere às próprias condições substantivas e materiais de exercício do poder e de legitimidade do Estado e do seu governo derivadas da sua postura diante da sociedade civil e do mercado (em um regime democrático, como dissemos acima). Nesse sentido, pode ser aceita como a autoridade política do Estado em si, entendida como a capacidade que este tem para agregar os múltiplos interesses dispersos pela sociedade e apresentar-lhes um objetivo comum para o curto, médio e longo prazo.

No que se refere à governança, pode-se argumentar que é a capacidade que determinado governo tem para formular e implementar as suas políticas. Nesse elenco de políticas, pode-se assinalar a gestão das finanças públicas, gerencial e técnica, entendidas como as mais relevantes para o financiamento das demandas da coletividade.

É oportuno destacar que a fonte direta da governança não são os cidadãos ou a cidadania organizada em si mesma, mas um prolongamento desta, ou seja, são os próprios agentes públicos ou servidores do Estado que possibilitam a formulação e a implementação adequada das políticas públicas e representam a face deste diante da sociedade civil e do mercado, no setor de prestação de serviços diretos ao público.

Os conceitos de governabilidade e governança aparecem de forma sistemática na literatura contemporânea sobre o Estado e políticas públicas. Dessa forma, a capacidade política de governar, ou seja, a governabilidade, seria resultante da relação de legitimidade do Estado e do seu governo com a sociedade, e a governança, por sua vez, decorreria da capacidade financeira e administrativa, em sentido amplo, do governo de realizar políticas (MATIAS-PEREIRA, 2007).

2.1. PRESTAÇÃO DE CONTAS DOS RESULTADOS DAS AÇÕES (*ACCOUNTABILITY*)

O termo *accountability* pode ser aceito como o conjunto de mecanismos e procedimentos que induzem os dirigentes governamentais a prestar contas dos resultados de suas ações à sociedade, garantindo-se dessa forma maior nível de transparência e a exposição pública das políticas públicas. Quanto maior a possibilidade de os cidadãos poderem discernir se os governantes estão agindo em função do interesse da coletividade e sancioná-lo apropriadamente, mais *accountable* é um governo. Trata-se de um conceito fortemente relacionado ao universo político administrativo anglo-saxão.

2.2. GOVERNABILIDADE DAS DEMOCRACIAS

O tema da "governabilidade" *(governability)* das democracias foi objeto do relatório da Comissão Trilateral, divulgado em 1975. A hipótese central desse relatório – elaborado por Crozier, Huntington e Watanuki – era de que os problemas de "governabilidade", na Europa Ocidental, no Japão e nos EUA, fundavam-se na fratura entre o aumento das demandas sociais e a falta de recursos do Estado (do ponto de vista financeiro, de seus recursos humanos e sua capacidade de gestão). Mudanças se faziam necessárias no seio das instituições e, simultaneamente, no comportamento dos cidadãos. A partir de então, o debate em ciências políticas em torno do Estado centrou-se em suas falhas diante das funções regalianas associadas à regulação, ao bem-estar e ao desenvolvimento social.

As teorias políticas, a partir da constatação das deficiências do Estado, passaram a perceber que os atores não estatais estão construindo uma legitimidade cada vez maior para defender e promover o bem público. Dessa forma, o Estado não mais seria o detentor do monopólio da promoção desse bem público, nem de sua definição. Nesse esforço, buscam também definir o espaço público no qual se concretiza a democracia na atualidade. Esse espaço público é constituído de uma rede complexa de interesses, de interações entre atores e escalões de intervenções políticas.

No final dos anos 80, o termo *governança (governance)* ressurgiu nas ações e decisões do Banco Mundial, em decorrência da percepção de que havia problemas de "má governança" nos países em vias de desenvolvimento. Assim, as administrações dos países do Sul deveriam ser reformadas para melhor responder às exigências da eficácia e da rentabilidade econômicas inerentes aos programas do Banco. Dessa forma, surgiu um conjunto de programas nacionais de reforma do Estado (programas nacionais de "boa governança") na África, na Ásia e na América Latina. Esses programas foram (e são) frequentemente acompanhados de políticas de descentralização e de formação técnicas do *"New Public Management"*.

Na formulação proposta pelo Banco Mundial, governança é definida originalmente como a maneira pela qual o poder é exercido na administração dos recursos econômicos e sociais tendo em vista o desenvolvimento. O conceito de governança seria, nessa visão, distinto do de governabilidade, "que descreve as condições sistémicas de exercício do poder em um sistema político".

Para alguns autores, como, por exemplo, Mappa (2004), o termo *governança* pode ser entendido como a gestão administrativa da ordem social. Tem um alcance implícito, que é o de despolitização das escolhas e ajustes sociais. Assim, o poder estaria confiscado pelas elites financeiras e tecno-administrativas com finalidades decididas de antemão e na ausência das sociedades. Sob esse prisma, o conceito de governança está relacionado à prioridade do económico sobre o político, do capital sobre o Estado, do mercado sobre a democracia, do lucro sobre a justiça social. É a vitória final do dinheiro sobre quaisquer outros valores éticos e sociais.

2.3. DISTINTAS VISÕES DA GOVERNANÇA

O termo *governança,* com base na literatura académica, pode ser definido em sentido amplo como um processo complexo de tomada de decisão que antecipa e ultrapassa o governo. Os aspectos frequentemente evidenciados nessa literatura sobre a governança estão relacionados: à legitimidade do espaço público em constituição; à repartição do poder entre aqueles que governam e aqueles que são governados; aos processos de negociação entre os atores sociais (os procedimentos e as práticas, a gestão das interações e das interdependências que desembocam ou não em sistemas alternativos de regulação, o estabelecimento de redes e os mecanismos de coordenação); e à descentralização da autoridade e das funções ligadas ao ato de governar.

Torna-se relevante, nesse contexto, abordar as diferentes visões sobre a governança, conforme apresentadas a seguir:

- Governança enquanto Estado mínimo: baseado na necessidade da redução dos déficits públicos, esse uso da governança refere-se a uma nova forma de intervenção pública e ao papel dos mercados na produção dos serviços públicos (STOCKER, 1995).
- Governança corporativa: oriunda das teorias do *management,* a governança corporativa acentua a necessidade de eficácia, assim como a *accountability* na gestão dos bens públicos (TRICKER, 1994).

- Governança enquanto *"New Public Management"* (NPM): o NPM prega a gestão e os novos mecanismos institucionais em economia, através da introdução de métodos de gestão do setor privado e do estabelecimento de medidas incitativas *(incentives)* no setor público.
- Boa governança: utilizada originalmente pelo Banco Mundial com referência a suas políticas de empréstimos, a boa governança é uma norma que supõe a eficácia dos serviços públicos, a privatização das empresas estatais, o rigor orçamentário e a descentralização administrativa.
- Governança enquanto sistema sociocibernético: a governança das sociedades modernas é uma combinação de todo tipo de atividades e estruturas de governo. Estas combinações podem ser vistas como "respostas" destas sociedades às demandas dúbias dos governos (KOOIMAN, 1993).
- Governança enquanto conjunto de redes organizadas: a governança refere-se a *"managing networks that are self-organizing"*. Considerando que o Estado é um dos atores (e não mais o único e exclusivo ator) no sistema mundial, redes integradas e horizontais (ONGs, redes profissionais e científicas, meios de comunicação) desenvolvem suas políticas e modelam o ambiente desse sistema (RHODES, 1997).

3. O SERVIÇO PÚBLICO E A QUALIDADE

A qualidade de uma pessoa, com relação ao atendimento, significa efetuar o seu trabalho, diariamente, da melhor forma possível. A qualidade do desempenho é norteada pelos padrões que o indivíduo conhece e essa, de certa forma, está ligada diretamente à sua autoestima. Entre as padronizações existe o nível de desempenho para ser alcançado em termos de expectativas e exigências das pessoas. O alongamento que se encontra entre esses níveis demonstra o potencial de desenvolvimento que é um desafio a ser enfrentado, com possibilidades de sucesso.

Desenvolver um alto nível de qualidade pessoal, incentiva o indivíduo a se sentir satisfeita diante do seu desempenho, construindo assim a sua autoestima. O desempenho também está também vinculado ao reconhecimento que a pessoa recebe de si mesmo e dos outros com quem mantém um relacionamento profissional. Estudos modernos indicam que o reconhecimento tem se destacado por ser um mecanismo que se manifesta na melhora da autoestima e da melhora do desempenho do indivíduo.

O rendimento do trabalho de um servidor de qualquer órgão público está, também, vinculado aos seus ideais. De acordo com profissionais especializados em comportamento, quanto mais elevados os ideais e uma pessoa, proporcional será o nível de qualidade do desempenho e, em todas as condições, o modelo de qualidade é um dos valores de maior importância, uma vez vai servir como referência, na autoavaliação, como a dos outros colegas no seu ambiente de trabalho.

A percepção dos usuários sobre o serviço de atendimento se caracteriza por queixas relacionadas com a demora, a burocracia na entrega dos documentos solicitados e a inadequabilidade do serviço de comunicação. O trabalho dos funcionários revela-se como "quase artesanal" em função, não só dos recursos materiais e instrumentais disponibilizados (por exemplo, carimbos), mas, sobretudo pelo processo de trabalho exigido na confecção dos documentos. (FERREIRA, 1998, p.18)

3.1. EXCELÊNCIA NOS SERVIÇOS PÚBLICOS

A razão de ser da existência de um Estado, qualquer que seja o seu modelo, se ditatorial ou democrático, se federal ou unitário ou em qualquer outra classificação que se deseje utilizar, é a prestação de serviços públicos aos seus cidadãos, como forma de aumentar o bem-estar de sua população.

Unindo-se a própria razão da existência do Estado ao conceito estratégico de qualidade, chega-se ao que modernamente se entende como a excelência em serviços públicos. Longe de ser algo acabado, a excelência na prestação de serviços públicos é um valor a ser buscado, continuamente buscado.

Não há, portanto, uma excelência em serviços públicos, o que há é uma contínua busca por essa excelência. Este texto é dividido em duas partes. A primeira é a definição, os conceitos do que seria esse valor sempre buscado, a excelência nos serviços públicos ou a excelência na prestação dos serviços públicos.

A segunda parte refere-se à medida dos resultados obtidos na prestação dos serviços públicos. Estamos falando dos resultados obtidos na prestação dos serviços públicos e de como o gerenciamento desses resultados contribui para a busca da excelência na prestação dos serviços públicos.

3.2. INDICADORES DE DESEMPENHO

Eficiência: fazer certo a coisa. Utilizar os recursos da melhor maneira possível, fazendo mais (produtos) com menos (insumos, mão de obra, recursos financeiros), sem desperdícios. É ser produtivo, ter bom desempenho.

Eficácia: fazer a coisa certa. Fazer algo com qualidade e que gere satisfação aos clientes. É fazer o que é certo para se alcançar um objetivo, é produzir o resultado esperado.

Outro conceito importante:

Efetividade: fazer o que tem que ser feito. É causar o melhor impacto possível com as ações. Não basta atingir o resultado, é preciso gerar benefícios.

4. EMPREENDEDORISMO GOVERNAMENTAL E NOVAS LIDERANÇAS NO SETOR PÚBLICO

A reforma do Estado não se restringe à reestruturação administrativa e ao alcance do equilíbrio fiscal. Tem como principal objetivo a consolidação do processo democrático, a estabilidade econômica e o desenvolvimento sustentável com a justiça social. Assim, a priorização da reforma do Estado é uma medida necessária para permitir que o governo possa atender de forma adequada às demandas da sociedade. O atendimento dessas demandas exige que o Estado se torne mais inteligente, ou seja, cada vez mais eficiente, eficaz e efetivo na prestação de serviços públicos, com qualidade e menores custos para a sociedade. Nesse sentido, o esforço para criar uma cultura empreendedora na administração pública se apresenta como um fator-chave para a elevação da gestão pública no Brasil, em termos de resultados e qualidade dos serviços públicos ofertados.

Observa-se que as rápidas mudanças em termos de acesso a informações, elevação do nível de educação e de cidadania, entre outras, contribuem para aumentar a cobrança por uma gestão pública moderna. Por sua vez, a construção desse novo paradigma de gestão pública empreendedora, orientada para resultados efetivos, depende, especialmente, do nível de qualificação profissional e remuneração das carreiras de Estado, bem como de geração de estímulos para a formação de novas lideranças no setor público. Esses atores devem estar motivados em direção a objetivos comuns, tendo como referência o desejo de servir ao público. Isso exige a vontade política dos governantes de priorizar a administração pública, por meio de investimentos em infraestrutura, máquinas e equipamentos, pesquisas e estímulos à inovação, bem como em capital humano, investindo fortemente no processo de seleção e formação continuada de gestores públicos.

5. CONVERGÊNCIAS E DIFERENÇAS ENTRE A GESTÃO PÚBLICA E A GESTÃO PRIVADA

A Administração Pública, enquanto vertente específica da ciência da Administração preocupa-se com muitas questões comuns a esse campo do conhecimento. De fato, também o Estado se manifesta, em suas ações, através da criação e funcionamento das organizações públicas. Estas se assemelham às organizações privadas na medida em que necessitam também da aplicação dos processos administrativos já vistos, ou seja, Planejamento, Organização, Direção e Controle.

Também nas organizações públicas encontraremos questões relativas a campos tradicionais de estudo da Administração, tais como Recursos Humanos, Finanças, Administração de Materiais, Contabilidade, Orçamento, Prestação de Serviços, Atendimento ao Público, Tecnologia de Informação, etc.

Como se verá mais adiante existe atualmente uma tendência muito forte nas organizações públicas no sentido das mesmas incorporarem cada vez mais no seu gerenciamento diário algumas técnicas há muito empregadas nas organizações privadas, uma vez que os desafios e problemas organizacionais são, sob muitos aspectos, semelhantes.

No entanto, cabe destacar algumas características que tornam a administração pública diferente da administração privada, o que, por consequência, faz com que as formas de gestão apresentem certas especificidades que as diferenciam.

O esquema a seguir apresenta alguns desses aspectos:

Forma de obtenção de recursos para o funcionamento da Organização:

Administração Pública: Receitas derivadas de Tributos (impostos, taxas e contribuições); caráter compulsório, sem uma necessária contrapartida em termos de prestação direta de serviços.

Administração Privada: Receitas advindas de pagamentos feitos por livre e espontânea vontade por parte dos clientes (consumidores dos produtos e serviços).

Destinatário das ações empreendidas pela organização (interesses atendidos):

Administração Pública: O cidadão: membro da sociedade que possui direitos e deveres. Interesses coletivos, sociais, difusos.

Administração Privada: O cliente: indivíduo que manifesta suas escolhas no mercado. Interesses particulares, privados, individualizados.

Mecanismo de controle do desempenho dos dirigentes:

Administração Pública: Controle político, por meio de eleições periódicas dos governantes.

Administração Privada: Controle pelo Mercado, através da concorrência com outras organizações.

Subordinação ao ordenamento jurídico existente:

Administração Pública: Tudo o que não está juridicamente determinado está juridicamente proibido; Princípio da Legalidade; preponderância de normas de direito público (direito constitucional e administrativo).

Administração Privada: Tudo o que não está juridicamente proibido está juridicamente facultado; preponderância de normas de direito privado (contratual; direito civil e direito comercial).

Garantia da sobrevivência das organizações:

Administração Pública: Tempo de existência indeterminado: o Estado não vai à falência.

Administração Privada: Sobrevivência depende da eficiência organizacional; competitividade acirrada no mercado.

Características do Processo de Tomada de decisão:

Administração Pública: Decisões mais lentas, influenciadas por variáveis de ordem política. Políticas Públicas de acordo com os programas de Governo.

Administração Privada: Decisões mais rápidas, buscando a racionalidade. Políticas Empresariais voltadas para objetivos de mercado.

Modo de criação, alteração ou extinção da pessoa jurídica:

Administração Pública: Através de Lei

Administração Privada: Através de instrumento contratual ou societário.

Importa ainda destacar que as organizações públicas se situam no âmbito do Estado e este, por sua vez, é o único ente, na sociedade, que possui os atributos do poder extroverso e da soberania.

O poder extroverso caracteriza-se pela capacidade de gerar unilateralmente obrigações para os demais entes sociais, portanto exorbitando suas próprias fronteiras. Somente o Estado tem o poder de criar normas jurídicas, legais e administrativas que vinculam a ação e o comportamento dos demais membros da sociedade.

Além disso, o Estado possui soberania, que é a capacidade de se autodeterminar, logicamente dentro dos limites impostos pelo próprio ordenamento constitucional do Estado de Direito. No plano internacional, a soberania revela-se no fato de que o Estado não se submete ao ordenamento jurídico de outros Estados estrangeiros.

6. O PARADIGMA DO CLIENTE NA GESTÃO PÚBLICA

A seguir serão comentadas as três principais vertentes da chamada Nova Gestão Pública, que representam tentativas de superação das limitações intrínsecas do modelo weberiano.

Apesar de envolver diferenças conceituais importantes, estas três correntes possuem vários traços em comum como, por exemplo, uma ênfase significativa nos resultados da ação governamental, ou seja, um deslocamento do foco nos processos para o foco nos resultados. É nesse contexto que iremos analisar o surgimento do chamado "paradigma do cliente" e suas implicações para a administração pública contemporânea.

6.1. O GERENCIALISMO "PURO"

A implantação do modelo conhecido como Gerencialismo "Puro" na administração pública inglesa, nos anos 70-80, foi a primeira experiência concreta, no sentido de se tentar uma superação dos problemas do modelo burocrático. Desde o final da década de 60, estudos de especialistas já apontavam a falta de preparação gerencial do serviço público britânico, a excessiva hierarquização e a falta de contato entre os burocratas e a comunidade que eles serviam.

Sem dúvida as restrições financeiras na Grã-Bretanha, assim como nos Estados Unidos, motivaram decisivamente a implantação do modelo gerencial puro, também denominado *managerialism*, que buscava inicialmente diminuir os custos e aumentara eficiência governamental.

Na sua origem, o gerencialismo puro tinha como eixo central o conceito de produtividade. O primeiro passo foi cortar custos e pessoal. O ponto central do modelo gerencial puro é a busca da eficiência. Para tanto, parte do pressuposto de que é preciso modificar as engrenagens do modelo burocrático.

6.2. *CONSUMERISM*

As críticas mais pertinentes feitas ao modelo gerencial puro na Grã-Bretanha buscavam não a volta ao modelo burocrático weberiano, mas sim a correção do *managerialism* no sentido de incorporar novos significados. A ênfase na flexibilidade da gestão foi uma das mudanças introduzidas. A estratégia da eficiência, se levada às últimas consequências, pode petrificar a ação do gerente público; por exemplo, o estrito enfoque no controle do orçamento, com o imperativo da eficiência, dificulta a adaptação a alterações que impliquem um redirecionamento do gasto público. No limite, a ótica da eficiência acredita que há uma solução racional única para os problemas orçamentários.

No caminho da flexibilização da gestão pública, observa-se a passagem da lógica do planejamento para a lógica da estratégia. Na primeira, prevalece o conceito de plano, o qual estabelece, a partir de uma racionalidade técnica, o melhor programa a ser cumprido. Já na lógica de estratégia, são levadas em conta as relações entre os atores envolvidos em cada política, de modo a montar cenários que permitam a flexibilidade necessária para eventuais alterações nos programas governamentais.

6.3. *PUBLIC SERVICE ORIENTATION* (PSO)

A PSO se constitui mais como uma tendência que levanta novas questões e põe em xeque antigos valores do que como uma corrente com um arcabouço teórico fechado. Embora retome temas pouco discutidos ao longo da década de 80, a PSO não propõe a volta a um modelo pré-gerencial, burocrático weberiano, mas procura encontrar novos caminhos abertos pela discussão gerencial, explorando suas potencialidades e preenchendo boa parte de suas lacunas.

Toda a reflexão realizada pelos teóricos da PSO leva aos temas do republicanismo e da democracia, utilizando-se de conceitos como *accountability*, transparência, participação política equidade e justiça, questões praticamente ausentes do debate sobre o modelo gerencial.

A visão da descentralização dos autores da PSO é extremamente crítica quanto ao modelo gerencialista puro e quanto ao *consumerism*.

A posição da PSO com relação à descentralização é no sentido de que o governo local pode tornar os cidadãos capazes de participar das decisões que afetam suas vidas e de suas comunidades.

A PSO defende as virtudes políticas da descentralização. No modelo gerencial puro, a descentralização era valorizada como meio de tornar mais eficazes as políticas públicas. Já no consumerism, o processo de descentralização era saudável na medida em que ele aproximava o centro de decisões dos serviços públicos dos consumidores, pensados como indivíduos que têm o direito de escolher os equipamentos sociais que lhes oferecer melhor qualidade.

O ponto que aqui distingue a PSO das outras correntes é o conceito de cidadão. Pois, enquanto o cidadão é um conceito com conotação coletiva — pensar na cidadania como um conjunto de cidadãos com direitos e deveres —, o termo consumidor (ou cliente) tem um referencial individual, vinculado à tradição liberal, a mesma que dá, na maioria das vezes, maior importância à proteção dos direitos do indivíduo do que à participação política, ou então maior valor ao mercado do que à esfera pública.

Administração Financeira e Orçamentária

Robnei Stefanes

TABELA DE INCIDÊNCIA DE QUESTÕES		
Assunto	**Número de Questões**	**Peso**
1. TÉCNICAS ORÇAMENTÁRIAS	2	5,56%
2. ORÇAMENTO-PROGRAMA	1	2,78%
3. FUNÇÕES DO ORÇAMENTO	1	2,78%
4. PPA, LDO E LOA	2	5,56%
5. ORÇAMENTO NA CONSTITUIÇÃO – VEDAÇÕES CONSTITUCIONAIS	1	2,78%
6. CRÉDITOS ADICIONAIS	3	8,33%
7. PRINCÍPIOS ORÇAMENTÁRIOS	3	8,33%
8. PROCESSO ORÇAMENTÁRIO	1	2,78%
9. RECEITA PÚBLICA	3	8,33%
10. DESPESA PÚBLICA	4	11,11%
11. EXECUÇÃO ORÇAMENTÁRIA – ESTÁGIOS DA RECEITA	4	11,11%
12. RESTOS A PAGAR	1	2,78%
13. SUPRIMENTO DE FUNDOS	1	2,78%
14. DÍVIDA FLUTUANTE E FUNDADA	4	11,11%
15. LRF – DESPESA PÚBLICA	1	2,78%
16. LRF – DESPESA COM PESSOAL	3	8,33%
17. LRF – ASSUNTOS DIVERSOS	1	2,78%
TOTAL	**36**	**100%**

Administração Financeira e Orçamentária

Robnei Stefanes

Já consolidada como disciplina em provas de tribunais, a Administração Financeira e Orçamentária tem sido um grande diferencial. Por não constar (ainda) em todos os conteúdos programáticos, é deixada de lado por alguns e, quando prevista, tem exigido dos candidatos conhecimento profundo acerca da atividade financeira do Estado.

Conhecida como AFO, ou ainda como Orçamento Público e Finanças, pode ser cobrada nos editais antecedida pela expressão "Noções". Porém isso nada influencia em relação ao nível de profundidade que as bancas utilizam para elaborar as questões.

Neste foram comentadas questões dos concursos de TRTs que já exigiram a disciplina, devido à paridade da matéria quando requerida em TRFs e TREs. E afim de tornar este o principal "revisaço" para qualquer certame de TRF e TRE, na seção de dicas, o conteúdo foi trabalhado de forma a propiciar ao candidato a altura necessária para gabaritar as questões e ensejar grande oportunidade de aprovação.

✦ QUESTÕES

1. TÉCNICAS ORÇAMENTÁRIAS

01. (Cespe – Analista Judiciário – Área Administrativa – TRE – TO/2017) A técnica orçamentária que visa ao controle, prevê a receita, autoriza a despesa, enfatizando os objetos de gasto sem, contudo, detalhar os objetivos econômicos e sociais aos quais se destina, denomina-se

a) orçamento tradicional.

b) orçamento base zero.

c) orçamento-programa.

d) orçamento flexível.

e) orçamento participativo.

COMENTÁRIOS

Alternativa "a". O orçamento tradicional ou clássico não se preocupa com o planejamento, nem mesmo com o alcance de objetivos, seu foco resume-se em fixar receitas e despesas, baseado no orçamento anterior, para cumprir determinação legal. Não há preocupação com as necessidades econômicas e sociais, e sim com as necessidades financeiras das unidades organizacionais do governo, caracterizando a preocupação com a aquisição dos meios – foco no objeto do gasto. Seu controle é político, com o fim de verificar se há legalidade e honestidade nos atos do gestor público.

Alternativa "b": O orçamento base zero ou por estratégia não considera o que foi executado no exercício passado. Assim, cada atividade e dotação solicitada deve ser justificada, não havendo direitos adquiridos. Trata-se de um rompimento com o passado, no intuito de começar tudo do zero.

Alternativa "c": O orçamento programa surge como elo entre o planejamento e o orçamento, preocupa-se em destinar os recursos orçamentários idealizando alcançar objetivos. Ao planejar as ações do governo, é possível detectar os seus programas de trabalho, projetos e atividades, marcados por objetivos e metas a serem implementados e previsão dos custos relacionados.

Alternativa "d": As técnicas mais conhecidas são os orçamentos tradicional, incremental, funcional, orçamento-programa, base zero e participativo.

Alternativa "e": O orçamento participativo possibilita que alguns recursos orçamentários sejam decididos com a participação da população ou grupos da sociedade civil. É garantido um espaço, um debate participativo e democrático, possibilitando que o governo capte com melhor precisão as demandas sociais.

Alternativa correta: letra "a".

02. (FCC – Analista Judiciário – Área Administrativa – TRT 9/2015) A avaliação de resultados com ênfase na eficácia e não na eficiência é uma característica do orçamento

a) clássico.
b) base zero.
c) funcional.
d) programa.
e) incremental.

COMENTÁRIOS

✪ **Nota do autor:** Questões que tratam sobre tipos e técnicas orçamentárias são pontuais, exigindo o conhecimento de características marcantes de cada sistema de orçamentação. Consulte a seção de dicas, lá será possível identificar os principais pontos cobrados em provas de tribunais.

Alternativa "a": O orçamento clássico promove ênfase no gasto, sem planejamento e preocupação com os resultados.

Alternativa "b": A ênfase do orçamento base zero é na eficiência, preocupando-se, a cada ano, com o porquê da realização dos gastos.

Alternativa "c". Em resumo, a eficácia reside em focar os resultados, metas e objetivos a serem alcançados (focaliza o fim), enquanto a eficiência concentra-se no meio, sem se preocupar com o fim, para que os objetivos sejam completados. A partir desses conceitos, podemos observar mais facilmente o que a questão discute. O orçamento de desempenho, também chamado de orçamento funcional, visa ao desempenho organizacional, avaliando os resultados alcançados, e não os meios para atingi-los. Ou seja, é mensurada a eficácia no orçamento de desempenho/funcional.

Alternativa "d": O orçamento programa surge como o elo entre o planejamento e o orçamento, preocupando-se com o que se realiza e alocando recursos visando ao cumprimento de objetivos e metas. A ênfase dessa técnica enfatiza o controle dos resultados, avaliando a eficiência, eficácia e efetividade das ações do governo.

Alternativa "e": Por meio da técnica incremental, a elaboração de um orçamento para o ano seguinte levará em consideração, tão somente, os gastos atuais do governo com ajustes marginais. A ênfase dada refere-se aos reajustes anuais, que podem levar os gastos a um aumento ou redução, sem que seja feita uma análise de alternativas.

Alternativa correta: letra "c".

2. ORÇAMENTO-PROGRAMA

03. (Cespe – Analista Judiciário – Área Administrativa – TRT 8/2016) Acerca do orçamento-programa, assinale a opção correta.

a) A adoção do orçamento-programa no Brasil não representou grandes avanços em relação aos sistemas orçamentários anteriores, devido à ausência de indicadores para medição de resultado dos programas.
b) O orçamento-programa tem como um de seus objetivos incrementar financeiramente o orçamento de um exercício para o outro.
c) Um orçamento cuja ênfase esteja voltada mais às realizações de um governo do que às suas aquisições possui características de orçamento-programa.
d) No orçamento-programa, as decisões orçamentárias estão diretamente relacionadas às necessidades financeiras dos entes da administração pública.
e) O principal critério de classificação orçamentária previsto no orçamento-programa corresponde às unidades administrativas.

COMENTÁRIOS

✪ **Nota do autor:** Em questões do CESPE, quando previsto no edital o assunto "orçamento-programa", é comum a exigência do conhecimento de outras formas de sistemas de orçamentação, principalmente no que tange ao orçamento tradicional ou clássico.

O orçamento-programa representa um plano de trabalho que sistematiza as ações do governo integrando as funções planejamento e orçamento. O objetivo do orçamento-programa é explicitar as ações do governo em forma de programas, no intuito de integrar os esforços governamentais para o alcance dos objetivos, propiciando, assim, uma direção adequada para o uso dos recursos públicos.

Alternativa "a": Mesmo em sua concepção mais original, o orçamento-programa já representava significativo avanço no que tange aos sistemas orçamentários vigentes. E, em relação aos avanços do modelo tradicional de orçamentação, consta no orçamento-programa a utilização sistemática de indicadores e padrões de medição do trabalho e dos resultados.

Alternativa "b": O orçamento tradicional possui como ponto de partida o orçamento do ano anterior, que é tomado como base de referência para o novo orçamento. O incrementalismo é característica marcante no orçamento tradicional, e não no orçamento-programa.

Alternativa "c". O orçamento-programa trata-se de um sistema no qual se presta particular atenção às coisas que um governo realiza em relação às coisas que adquire.

Alternativa "d": As decisões orçamentárias, no orçamento-programa, são tomadas com base em avaliações e análises técnicas das alternativas possíveis.

Alternativa "e": A alternativa refere-se ao orçamento tradicional. O orçamento-programa tem como principal critério de classificação o funcional-programático.

Alternativa correta: letra "c".

3. FUNÇÕES DO ORÇAMENTO

04. (Cespe – Analista Judiciário – Área Administrativa – TRE – PE/2017) Ao oferecer ensino público e gratuito a amplos setores da população – ação estatal que promove um ajuste na oferta de bens e serviços à sociedade, permitindo, entre outros benefícios, o acesso à educação para os setores mais carentes da sociedade –, o Estado brasileiro

a) acentua o desequilíbrio de mercado, pois concorre em condições desiguais com a iniciativa privada.

b) produz um serviço público, fato que caracteriza a função alocativa.

c) promove um ajustamento na distribuição de renda, atendendo à função distributiva.

d) cumpre sua função estabilizadora, pois estimula a manutenção do nível de emprego.

e) atende a uma necessidade social da população, porém sem interferência na função econômica.

COMENTÁRIOS

✪ **Nota do autor:** é importante para a nossa disciplina saber que o Estado pode intervir na economia utilizando o orçamento público sempre que estiver em busca de determinado objetivo. Conhecidas tradicionalmente como funções fiscais, ou funções do orçamento, são três, e coexistem simultaneamente: alocativa, distributiva e estabilizadora.

Alternativa "a": Não há desequilíbrio de mercado ao ofertar ensino público e gratuito, em razão de a educação ser caracterizada como bem semipúblico ou meritório. Isto é, pode também ser prestado por particulares, inclusive se pode cobrar pelos serviços. O governo o oferece em conjunto com o setor privado no intuito de possibilitar o acesso a todos.

Alternativa "b": A função alocativa tem como objetivo prover recursos para oferecer bens e serviços imprescindíveis para a sociedade. Trata-se da alocação de bens e serviços nos meios em que o setor privado não os oferece, ou, se oferece, não atende de forma satisfatória. É verdade que a educação, assim como a saúde, é um bem semipúblico, característica da função alocativa. Entretanto, o enunciado aborda o oferecimento da educação para setores mais carentes, intervindo no ajustamento da oferta de bens e serviços para uma redução da desigualdade de acesso. Caso a educação fosse oferecida para corrigir uma ineficiência de mercado, sim, seria o caso da função alocativa. Mas o ensino oferecido, conforme o enunciado, destaca a entrega para uma camada mais carente da sociedade, caracterizando a função distributiva.

Alternativa "c". A função distributiva tem como objetivo reduzir a desigualdade social através da distribuição de renda, como tributar aqueles das camadas mais ricas e alocar os recursos captados nas camadas mais pobres. É possível, em sentido amplo, incluir a educação gratuita, a capacitação profissional e os programas de desenvolvimento comunitário.

Alternativa "d": A função estabilizadora tem como foco assegurar a estabilidade econômica, política e social, como a manutenção do nível de emprego e dos preços de mercado. Para ajudar a responder questões sobre esta função, destaque-se que, dentre suas ações, não há a destinação de recursos na intervenção do Estado. Podemos notar que o oferecimento de ensino trata-se de destinação de recursos para uma camada mais pobre, não configurando, assim, o uso da função estabilizadora.

Alternativa "e": De fato, o ensino público e gratuito atende uma necessidade social da população, mas, ao implementá-lo, está intervindo na função econômica. Isso porque o governo capta recursos daqueles que podem pagar pelo ensino e aloca para aqueles que não podem.

Alternativa correta: letra "c".

4. PPA, LDO E LOA

05. (Cespe – Analista Judiciário – Área Administrativa – TRE – TO/2017) O instrumento de planejamento orçamentário público que estabelece, por região, as diretrizes, os objetivos e as metas para as despesas dos programas de duração continuada é

a) o relatório resumido da execução orçamentária.

b) o plano plurianual.

c) o anexo de metas fiscais.

d) a lei orçamentária anual.

e) a lei de diretrizes orçamentárias.

COMENTÁRIOS

✪ **Nota do autor:** é comum em provas a cobrança das definições constitucionais dos instrumentos orçamentários – plano plurianual (PPA) e lei de diretrizes orçamentárias (LDO). Na seção de dicas, esquematizamos tais definições.

Alternativa "a": O relatório resumido da execução orçamentária trata-se de um instrumento de transparência da gestão fiscal, que contém informações sobre as receitas e despesas previstas na lei de orçamento e da execução orçamentária. É apresentado pelo Executivo no prazo de trinta dias após o encerramento de cada bimestre de execução do orçamento.

Alternativa "b". Inovação da Constituição Federal de 1988, o PPA é o mais abrangente instrumento de planejamento do governo; possui vigência de quatro anos, com início no segundo ano do mandato do chefe do Poder Executivo, e término no primeiro ano do mandato subsequente. No PPA, estarão previstas, de forma regionalizada, as diretrizes, objetivos e metas (DOM) para as despesas de capital e de outras delas decorrentes e para as despesas previstas nos programas de duração continuada.

Alternativa "c": O anexo de metas fiscais integra a LDO, e nele, serão estabelecidas metas anuais relacionadas a receitas, despesas, resultado nominal e primário e montante da dívida pública, para o exercício a que se referirem e para os dois seguintes.

Alternativa "d": A lei orçamentária anual (LOA) é o orçamento público propriamente dito; instrumento que prevê as receitas e fixa as despesas do governo para um período determinado de tempo, conhecido como exercício financeiro. Cada ente possui uma única LOA, sempre compatível com o seu PPA, LDO e lei de responsabilidade fiscal.

Alternativa "e": A LDO também é uma inovação da Constituição Federal de 1988; oferece ao governo quais são as prioridades de execução conforme a situação atual no país. Compatível com o PPA, orienta a elaboração da LOA, ao mesmo tempo que estabelece as metas e prioridades (MP) da administração pública.

Alternativa correta: letra "b".

---

06. (FCC – Analista Judiciário – Área Administrativa – TRT 3/2015) Considere as informações:

I. Diretrizes da Administração pública para despesas relativas aos programas de duração continuada.

II. Critérios e forma de limitação de empenho.

III. Normas relativas ao controle de custos e à avaliação dos resultados dos programas financiados com recursos do orçamento.

IV. Reserva de contingência.

V. Forma de utilização da reserva de contingência.

Sendo PPA – Plano Plurianual; LDO – Lei de Diretrizes Orçamentárias e LOA – Lei Orçamentária Anual, esses conteúdos devem constar, respectivamente, dos seguintes instrumentos de planejamento:

a) PPA – PPA – LDO – LDO e LOA.
b) PPA – LDO – LDO – LOA e LDO.
c) PPA – LDO – LDO – LOA e LOA.
d) LDO – LDO – LDO – LOA e LOA.
e) LDO – LOA – PPA – LDO e LDO.

COMENTÁRIOS

Nota do autor: Questão sobre os instrumentos de planejamento orçamentário que exige do candidato conhecimento das informações contidas na CF/88 e LRF.

Assertiva I – PPA. O Plano Plurianual é o grande instrumento de planejamento do governo e é considerado planejamento estratégico de médio prazo (4 anos). A lei que instituir o plano plurianual estabelecerá de forma regionalizada as diretrizes, objetivos e metas da administração pública federal para as despesas de capital e outras delas decorrentes e para as relativas aos programas de duração continuada.

Assertivas II, III e V – LDO. A Lei de Diretrizes Orçamentárias deve ser compatível com o PPA e assim orientar a elaboração da LOA. Considera-se um planejamento tático de curto prazo (anual). A lei de diretrizes orçamentárias compreenderá as metas e prioridades da administração pública federal, estabelecerá as diretrizes de política fiscal e respectivas metas, em consonância com trajetória sustentável da dívida pública, orientará a elaboração da LOA, disporá sobre alteração na legislação tributária e estabelecerá a política de aplicação das agências financeiras oficiais de fomento. O art. 4º da LRF complementa ainda que a LDO disporá também sobre equilíbrio entre as receitas e despesas, critérios e forma de limitação de empenho, normas relativas ao controle de custos e à avaliação dos resultados dos programas financiados com recursos dos orçamentos e demais condições, exigências para transferências de recursos a entidades públicas e privadas, forma de utilização e montante da reserva de contingência, dentre outras.

Assertiva IV – LOA. A Lei Orçamentária Anual é o próprio orçamento público, compatível com o PPA, LDO e LRF. Trata-se de um instrumento que prevê receitas e fixa despesas, o qual é considerado planejamento operacional de curto prazo (anual). Conforme a LRF, no art. 5º, a LOA conterá, em anexo, o demonstrativo da compatibilidade da programação dos orçamentos com os objetivos e metas constantes no anexo de metas fiscais da LDO, será acompanhado de demonstrativo regionalizado do efeito sobre as receitas e despesas decorrentes de isenção, anistias, remissões, subsídios e benefícios de natureza financeira, tributária e creditícia, bem como das medidas de compensação a renúncias de receita e ao aumento de despesas obrigatórias de caráter continuado e conterá a reserva de contingência.

Alternativa correta: letra "b" (responde às demais alternativas).

5. ORÇAMENTO NA CONSTITUIÇÃO – VEDAÇÕES CONSTITUCIONAIS

---

07. (FCC – Analista Judiciário – Área Administrativa – TRT 4/2015) No que tange aos orçamentos públicos, segundo a Constituição Federal, é vedado

a) a abertura de procedimento licitatório sem indicação dos recursos financeiros que assegurem o pagamento das despesas realizadas no exercício financeiro em curso.

b) o início de programas ou projetos não incluídos na lei orçamentária anual, exceto os destinados à seguridade social.

c) a arrecadação de receitas correntes não previstas na lei orçamentária anual do ente público.

d) a abertura de crédito suplementar ou especial sem prévia autorização legislativa e sem indicação dos recursos correspondentes.

e) a realização de despesas ou contratação de pessoal que excedam os limites estabelecidos no Plano Plurianual.

COMENTÁRIOS

✪ **Nota do autor:** A questão trata do orçamento na constituição federal e das vedações ao tema. As vedações constitucionais podem ser analisadas no art. 167 da Carta Magna.

Alternativa "a": A condição proposta na alternativa não compõe o texto constitucional.

Alternativa "b": É mesmo uma vedação constitucional, embora sem exceções, tornando-a incorreta. É vedado o início de programas ou projetos não incluídos na lei orçamentária anual (sem qualquer menção à situação excepcional). Ou seja, qualquer gasto, independente da sua aplicação, deve estar previsto no Orçamento.

Alternativa "c": Não constitui uma vedação. O art. 57 da Lei n.º 4.320/64 menciona que as receitas orçamentárias são todas as receitas arrecadadas, bem como as não previstas no orçamento. Dessa forma, é possível arrecadar receitas não previstas (excesso de arrecadação, por exemplo).

Alternativa "d". A alternativa especifica a literalidade do inciso V do art. 167 da CF, o qual indica que é vedada a abertura de crédito suplementar ou especial sem prévia autorização legislativa e sem indicação dos recursos correspondentes. Os dois requisitos não se aplicam à abertura de créditos extraordinários.

Alternativa "e": São vedadas a realização de despesas ou a assunção de obrigações diretas que excedam os créditos orçamentários ou adicionais, e não do Plano Plurianual. Os limites constarão na LOA ou nos Créditos Adicionais.

Alternativa correta: letra "d".

6. CRÉDITOS ADICIONAIS

08. (Cespe – Analista Judiciário – Área Administrativa – TRE – TO/2017) Em função de fortes chuvas ocorridas no Tocantins, uma ponte de determinado município do estado ruiu, ficando os moradores isolados. Devido ao desastre, o acesso a água e a alimentos ficou limitado, pois a distribuição passou a se dar unicamente por via aérea. Esses fatos levaram à decretação do estado de calamidade.

Nessa situação hipotética, o governo do estado do Tocantins, para agir com celeridade, deverá

a) empregar, mediante ato executivo, um crédito especial.

b) abrir, por ato executivo, um crédito extraordinário.

c) usar os créditos ordinários disponíveis.

d) utilizar os créditos suplementares previamente previstos na lei do orçamento.

e) solicitar ao Poder Legislativo a abertura de créditos suplementares.

COMENTÁRIOS

Concebido, então, o estado de calamidade pública, o crédito extraordinário não depende de autorização legislativa e pode ser aberto por Decreto do Executivo ou por Medida Provisória, no caso da União – os dois casos tratam de ato do Poder Executivo. Quanto aos estados e municípios que não possuam a Medida Provisória, resta-lhes utilizar o Decreto para agir com celeridade.

Concluindo a afirmação, o estado de Tocantins deverá abrir um crédito extraordinário, por ato do Executivo (Decreto).

Alternativa "a": O crédito especial representa a inclusão de uma nova despesa, não prevista inicialmente na LOA, que deve passar pelo rito normal de lei orçamentária. Ou seja, depende de autorização legislativa. Além desse requisito, fazem-se necessárias a indicação de recursos que atendam o novo gasto e a sua justificativa.

Alternativa "b". A situação de calamidade pública em que se encontra o estado do Tocantins exige do governo uma ação célere, haja vista que a população passa a vivenciar a possibilidade de ficar sem água e alimento.

Toda despesa deverá ser autorizada pelo Legislativo, contida em instrumento próprio, essa é a regra. Entretanto, como se trata de despesa imprevisível, certamente não há previsão na Lei Orçamentária Anual (LOA), de maneira que se faz necessária a edição de um instrumento para abertura de crédito adicional. Como é decorrente da urgência, configura-se a permissão do tipo extraordinário.

Alternativa "c", "d" e "e": Os créditos ordinários ou iniciais são aqueles previstos inicialmente na LOA. Já os créditos suplementares são autorizações para reforço de uma dotação inicialmente prevista na LOA. Estes podem ser aprovados dentro ou fora do orçamento. Ambos passam pelo rito de leis orçamentárias. Dificilmente, desastres como o do enunciado são previstos. Dessa forma, em casos de calamidade decretada, configura-se caso de abertura de crédito extraordinário.

Alternativa correta: letra "b".

---

09. (FCC – Analista Judiciário – Área Administrativa – TRE – SP/2017) Durante a execução orçamentária do exercício de 2016, foram abertos créditos adicionais, no valor de R$ 349.500.000. Segundo a Constituição Federal, os créditos adicionais que terão vigência no exercício financeiro em que forem autorizados, salvo se o ato de autorização for promulgado nos últimos quatro meses daquele exercício, caso em que, reabertos nos limites de seus saldos, serão incorporados ao orçamento do exercício financeiro subsequente, são denominados de

a) especiais, suplementares e extraorçamentários.
b) suplementares e extraorçamentários, apenas.
c) suplementares e extraordinários, apenas.
d) especiais e extraordinários, apenas.
e) especiais e extraorçamentários, apenas.

COMENTÁRIOS

✪ **Nota do autor:** os créditos adicionais representam alterações no orçamento e terão vigência adstrita ao exercício financeiro em que forem abertos, exceto os especiais e extraordinários. Os dois casos estão previstos na Constituição Federal, conforme a disposição no enunciado desta questão (que aproveitaremos para o nosso revisaço, uma vez que são muito cobrados em provas).

Alternativa "d" (responde às demais alternativas). Os créditos adicionais classificam-se em suplementares, especiais e extraordinários. Não há previsão para créditos extraorçamentários nesse sentido (eliminamos as alternativas "a", "b" e "e").

Os suplementares reforçam dotação já existente, portanto devem estar vinculados a uma despesa inicialmente prevista na lei orçamentária anual, que tem vigência de um exercício financeiro. Assim, todos os créditos suplementares que reforçarem uma despesa já prevista só poderão viger até o período autorizado, isto é, independente da época do ato de sua promulgação, serão utilizados até o dia 31 de dezembro.

Já os especiais e extraordinários fornecem novas previsões não previstas no orçamento. Isso acontece devido a cenários de imprevisibilidade ou falhas no planejamento. Se o ato de promulgação ocorrer próximo do fim do exercício financeiro, existe a possibilidade de os créditos não serem utilizados da forma desejada; assim, se ocorrer nos últimos quatro meses do exercício (a partir de 1º de setembro) poderão ser reabertos, nos limites de seus saldos, no exercício seguinte, podendo viger até o final desse exercício. Estamos diante de duas exceções ao princípio da anualidade: **os créditos especiais e extraordinários.**

Alternativa correta: letra "d".

---

10. (Consulplan – Analista Judiciário – Área Administrativa – TRE – RJ/2017) Com base no disposto na Lei nº 4.320/64, assinale a afirmativa correta.

a) Os créditos adicionais especiais e extraordinários serão autorizados por decreto do Poder Legislativo e/ou do Poder Executivo, a depender do caso.
b) As autorizações de despesas computadas insuficientemente na Lei de Orçamento e/ou na Lei de Diretrizes Orçamentárias são conhecidas como Créditos Adicionais Suplementares.
c) A abertura de créditos adicionais suplementares ou de créditos adicionais especiais independe da existência de recursos disponíveis para ocorrer a despesa, desde que precedida de justificativa plausível e aceitável.
d) A diferença positiva ou negativa entre o Ativo Financeiro e o Passivo Financeiro, conjugando-se os saldos dos créditos adicionais transferidos e as operações de crédito a eles vinculadas, são entendidos como superávit financeiro ou déficit financeiro, respectivamente.

COMENTÁRIOS

Alternativas "a" e "c": A abertura de créditos adicionais extraordinários não carece de autorização legislativa, diferentemente dos demais créditos, o suplementar e o especial, que, além da autorização legislativa, antes, dependem de existência de recursos disponíveis e de exposição que justifique suas aberturas. Conforme a Lei n.º 4.320/64, os créditos extraordinários serão abertos por decreto do Poder Executivo, que deles dará imediata ciência ao Poder Legislativo. Já os créditos especiais são autorizados por lei e abertos por decreto do Poder Executivo.

Alternativa "b": Na verdade, os créditos adicionais suplementares reforçam dotação já existente, ou atendem despesas fixadas insuficientemente, e devem estar vinculados a uma despesa inicialmente prevista na lei orçamentária anual, apenas.

Alternativa "d". Apurado no balanço patrimonial do exercício anterior, o superávit financeiro é utilizado como fonte para abertura de créditos adicionais suplementares e especiais, pois representa uma diferença positiva, e sua definição está no art. 43, §2º, da Lei n.º 4.320/64: diferença positiva entre o ativo financeiro e o passivo financeiro, conjugando-se, ainda, os saldos dos créditos adicionais transferidos e as operações de crédito a eles vinculadas. Ao contrário, temos o déficit financeiro quando a diferença apresentar-se negativa. Portanto, diferença positiva é superávit financeiro; diferença negativa é déficit financeiro.

Alternativa correta: letra "d".

7. PRINCÍPIOS ORÇAMENTÁRIOS

11. (Cespe – Analista Judiciário – Área Administrativa – TRE – BA/2017) Na elaboração do orçamento público, devem-se respeitar determinados princípios. Um deles, previsto no *caput* do artigo n.° 37 da Constituição Federal de 1988, é basilar e refere-se à obrigação de fixação do orçamento em lei que autorize os poderes a executar a despesa, para o fim específico de torná-lo conhecido dos interessados. Esse princípio é o da

a) exclusividade.
b) periodicidade.
c) publicidade.
d) legalidade.
e) transparência.

COMENTÁRIOS

Alternativa "a": O princípio da exclusividade surge para evitar que matérias estranhas à orçamentária sejam consignadas no orçamento público. Por esse motivo, são permitidos na lei orçamentária apenas assuntos que tratem sobre previsão de receita e fixação de despesa. Atenção às exceções, que são: (1) autorização para abertura de créditos suplementares; (2) contratação de operações de crédito, ainda que por antecipação de receita orçamentária (ARO).

Alternativa "b": O princípio da periodicidade, ou anualidade, estabelece que o orçamento deve ser executado em período determinado de tempo, conhecido como exercício financeiro. O mencionado princípio comporta duas exceções, que, caso atendam a um requisito, poderão viger por mais de um exercício financeiro: os créditos adicionais especiais e extraordinários autorizados nos últimos quatro meses do exercício financeiro podem ser reabertos no limite dos seus saldos no exercício seguinte, quando terão vigência até o término desse exercício.

Alternativa "c". Para que o orçamento seja conhecido por todos, ele deve ser publicado oficialmente em instrumento de livre acesso à população. Destaque-se ainda que o orçamento terá validade a partir de sua publicação oficial. Trata-se do princípio da publicidade.

Alternativa "d": O orçamento público é lei e, portanto, deve seguir o rito legislativo de aprovação. Trata-se do princípio da legalidade.

Alternativa "e": O princípio da transparência, previsto na Lei de Responsabilidade Fiscal (Lei Complementar n.° 101/2000), invoca que o orçamento transparente permite que o cidadão tenha acesso ao seu conteúdo, incluindo pormenores da execução. Os instrumentos de transparência na gestão fiscal, aos quais será dada ampla divulgação, inclusive em meios eletrônicos de acesso público, são os planos, orçamentos e leis de diretrizes orçamentárias, as prestações de contas e o respectivo parecer, o relatório resumido de execução orçamentária e o relatório de gestão fiscal, bem como as versões simplificadas desses documentos.

Alternativa correta: letra "c".

12. (Cespe – Analista Judiciário – Área Administrativa – TRE – PE/2017) O parágrafo único do artigo 20 da Lei n.° 4.320/1964, conforme o qual "os programas especiais de trabalho que, por sua natureza, não possam cumprir-se subordinadamente às normas gerais de execução da despesa, poderão ser custeados por dotações globais, classificadas entre as despesas de capital", constitui uma exceção ao princípio da

a) exclusividade.
b) universalidade.
c) unidade.
d) periodicidade.
e) especificação.

COMENTÁRIOS

Alternativa "a": O princípio da exclusividade surge para evitar que matérias estranhas à orçamentária sejam consignadas no orçamento público. Por esse motivo, são permitidos na lei orçamentária apenas assuntos que tratem sobre previsão de receita e fixação de despesa. Atenção às exceções, que são: (1) autorização para abertura de créditos suplementares; (2) contratação de operações de crédito, ainda que por antecipação de receita orçamentária (ARO).

Alternativa "b": O princípio da universalidade determina que todas as receitas e todas as despesas do Governo devem constar no orçamento público. A Lei 4.320/64, em seu art. 3º, apresenta: "a Lei de Orçamentos compreenderá todas as receitas, inclusive as de operações de crédito autorizadas em lei"; e no art. 4º: "a Lei de Orçamento compreenderá todas as despesas próprias dos órgãos do Governo e da administração centralizada, ou que, por intermédio deles, se devam realizar".

Alternativa "c": O princípio da unidade visa a assegurar que cada ente federado deva possuir apenas um orçamento. Contraria tal princípio a existência de orçamentos paralelos ou orçamentos distintos dentro de um mesmo exercício financeiro.

Alternativa "d": O princípio da periodicidade, ou anualidade, estabelece que o orçamento deve ser executado em período determinado de tempo, conhecido como exercício financeiro. O mencionado princípio comporta duas exceções, que, caso atendam a um requisito, poderão viger por mais de um exercício financeiro: os créditos adicionais especiais e extraordinários autorizados nos últimos quatro meses do exercício financeiro podem ser reabertos no limite dos seus saldos no exercício seguinte, quando terão vigência até o término desse exercício.

Alternativa "e". O princípio da especificação impõe que as receitas e despesas devem ser discriminadas, a ponto de identificar a origem e a aplicação dos recursos. O princípio veda, também, que receitas e despesas figurem de forma globalizada no orçamento. É o que declara o art. 5º da Lei 4.320/64, ao citar que a lei do orçamento não consignará dotações globais destinadas a atender indiferentemente a despesas de pessoal, material, serviços de terceiros, transferências ou quaisquer outras, ressalvados os programas especiais de trabalho e a reserva de contingência. As duas exceções ao princípio da especificação referem-se à adoção de dotações globais (genéricas e sem detalhamento), e não à consignação de dotações ilimitadas.

Alternativa correta: letra "e".

---

13. (FCC – Analista Judiciário – Área Administrativa – TRE – SP/2017) A Lei Orçamentária Anual, para o exercício de 2017, de determinado ente público previu receitas e fixou despesas no valor de R$ 2.750.600.000. Não constou na Lei Orçamentária as despesas com pessoal a serem realizadas pelo respectivo Poder Legislativo, sob a alegação de que muitos servidores seriam demitidos a partir de janeiro de 2017, portanto, não seria possível fixar o montante exato de tais despesas. Nestas condições, a Lei Orçamentária NÃO atendeu ao princípio orçamentário da

a) universalidade.
b) moralidade.
c) transparência.
d) exclusividade.
e) unidade.

COMENTÁRIOS

Alternativa "a": (responde às demais alternativas). O princípio da universalidade determina que todas as receitas e todas as despesas do Governo devem constar no orçamento público. A Lei 4.320/64, em seu art. 3º, apresenta: "a Lei de Orçamentos compreenderá todas as receitas, inclusive as de operações de crédito autorizadas em lei"; e no art. 4º: "a Lei de Orçamento compreenderá todas as despesas próprias dos órgãos do Governo e da administração centralizada, ou que, por intermédio deles, se devam realizar".

Está incorreto alegar que, por conta da dificuldade de previsão de uma despesa, esta não seja prevista na lei orçamentária. O mais grave ainda é que as despesas com pessoal são obrigatórias; elas devem, assim, ser fixadas para atender a todas as situações.

Alternativa correta: letra "a".

8. PROCESSO ORÇAMENTÁRIO

---

14. (Cespe – Analista Judiciário – Área Administrativa – TRE – BA/2017) O ciclo orçamentário é o período de tempo em que se processam as atividades típicas do orçamento público. Em sua concepção ampliada – adotada pela Constituição Federal de 1988 –, tal ciclo desdobra-se em oito fases. Uma dessas fases corresponde à elaboração da proposta de orçamento pelo Poder Executivo e a sua submissão ao Poder Legislativo. Essa fase ocorre

a) juntamente com a proposição de metas e prioridades para a administração pelo Poder Executivo.
b) logo após a aprovação pelo Poder Legislativo da política de alocação de recursos proposta pelo Poder Executivo.
c) logo após a apreciação e a adequação da lei de diretrizes orçamentárias pelo Poder Legislativo.
d) imediatamente antes da execução do orçamento pelo Poder Executivo.
e) imediatamente após a apreciação e a aprovação do plano plurianual pelo Poder Legislativo.

COMENTÁRIOS

✪ **Nota do autor:** O ciclo orçamentário é tradicionalmente representado pelas seguintes etapas: elaboração, aprovação, execução e controle e avaliação.

A Lei Orçamentária Anual (LOA) é o resultado de um processo legislativo diferenciado e especial, cuja **elaboração** é de iniciativa do chefe do poder Executivo, o qual encaminhará ao Congresso Nacional o projeto de orçamento para ser discutido, emendado, se for necessário, e **aprovado** como lei. A LOA terá sua vigência iniciada no exercício financeiro subsequente ao da sua elaboração, ou seja, a partir de 1º de janeiro, e terá validade até 31 de dezembro, período no qual será **executada**. Por fim, haverá o **controle e a avaliação** da execução, com o propósito de verificar se os recursos foram empregados adequadamente.

No intuito de integrar o orçamento público a um processo de planejamento, inexistente desde sempre, a Constituição Federal de 1988 cria o Plano Plurianual (PPA) e a Lei de Diretrizes Orçamentárias (LDO) – instrumentos orçamentários de planejamento da ação do governo.

A concepção tradicional, como vimos, descreve o ciclo em quatro etapas; entretanto, com o advento dos novos instrumentos orçamentários, são inseridas quatro novas etapas, especificamente tratando de PPA e LDO.

Alternativa "c" (responde às demais alternativas). O ciclo ampliado possui as seguintes etapas, na ordem:

Etapa 1 – Formulação do planejamento plurianual (PPA), pelo Executivo;

Etapa 2 – Apreciação e adequação do plano (PPA), pelo Legislativo;

Etapa 3 – Proposição de metas e prioridades para a administração e da política de locação de recursos (LDO) pelo Executivo;

Etapa 4 – Apreciação e adequação da LDO, pelo Legislativo;

Etapa 5 – Elaboração da proposta de orçamento (LOA), pelo Executivo;

Etapa 6 – Apreciação, adequação e autorização (LOA) do Legislativo;

Etapa 7 – Execução dos orçamentos aprovados;

Etapa 8 – Avaliação da execução e julgamento das contas.

Vimos que, primeiro, deve ser elaborado o PPA, depois a LDO e, por fim, a LOA. Cada etapa possui uma finalidade e periodicidade para serem implementadas, não sendo possível a junção de uma com a outra.

O enunciado referiu-se à etapa 5, elaboração da proposta de orçamento (LOA), que só poderá ser iniciada após a aprovação do projeto de LDO pelo Legislativo – etapa 4 e nosso gabarito.

Alternativa correta: letra "c".

9. RECEITA PÚBLICA

15. (Cespe – Analista Judiciário – Área Administrativa – TRE – PE/2017) Com relação à receita pública, assinale a opção correta.

a) São receitas de capital os recursos financeiros recebidos por ente público para custear despesas com pessoal, com serviços de terceiros ou com material de consumo.

b) Um dos estágios da receita pública é o recolhimento, que consiste na entrega dos recursos devidos pelos contribuintes ou devedores ao Tesouro Nacional.

c) A classificação da receita pública por fonte de recursos indica a origem do recurso segundo o seu fato gerador, quer seja recurso do Tesouro Nacional, quer de outras fontes.

d) As dívidas da União dividem-se em dívidas ativas e dívidas passivas, conforme a etapa da execução orçamentária em que se encontre o pagamento da obrigação da União.

e) A receita pública origina-se tanto da exploração de patrimônio de pessoa jurídica de direito público quanto do poder do Estado de exigir prestações pecuniárias dos cidadãos.

COMENTÁRIOS

Alternativa "a": As receitas e despesas públicas são classificadas quanto à categoria econômica, em correntes e de capital. Destacamos que há uma relação entre a receita corrente com a despesa corrente, ou seja, se é arrecadado na classificação corrente, o gasto, necessariamente, será corrente, isso dentro de um exercício financeiro. O mesmo ocorre com as receitas e despesas de capital.

Desse modo, para atender as despesas de capital, como de investimentos (aquisição de equipamentos, material permanente) e inversões financeiras (aquisição de imóveis e de títulos de crédito), devem ser custeadas por receita de capital.

Já as despesas correntes, como as realizadas com pagamento de pessoal e encargos sociais, de custeio (com manutenção) e juros e encargos da dívida, devem ser custeadas por receita corrente.

A relação expressa na questão está incorreta. O correto seria relacionar as receitas "correntes", e não as "de capital".

Alternativa "b": Os estágios da receita devem ser seguidos cronologicamente. São eles: previsão, lançamento, arrecadação e recolhimento.

Inicialmente, as receitas públicas são previstas para que constem no orçamento, para que, as-sim, possam custear as despesas do Estado (previsão); após, é verificada a procedência do crédito fiscal e a pessoa que lhe é devedora (lançamento), para que os recursos devidos pelo contribuinte sejam entregues aos agentes arrecadadores (arrecadação); e, por fim, os recursos são recolhidos para a conta única do Tesouro (recolhimento).

Portanto, o ato da arrecadação é identificado pela entrega dos recursos devidos pelos contribuintes aos agentes arrecadadores (bancos autorizados, por exemplo). Já o recolhimento, entrega dos valores arrecadados ao governo (Tesouro Nacional).

Alternativa "c": A classificação por natureza da receita visa a identificar o acontecimento real que ocasionou o ingresso da receita nos cofres públicos, ou seja, pelo seu fato gerador. Utilizam-se números de código decimal para identificar o fato que gerou a receita.

Exemplo de uma estrutura completa da natureza da receita: 1113.01.11

1	Categoria Econômica	Receitas Correntes
1	Origem	Impostos, Taxas e Contribuições de Melhoria
1	Espécie	Impostos
3.01.1	Desdobramento para identificação de peculiaridades da receita	Imposto sobre a Renda da Pessoa Física – IRPF
1	Tipo	Principal

Já para saber se a receita pertence ao Tesouro ou a outras fontes, se é do exercício corrente ou de outros exercícios, a classificação utilizada é a por fontes de recursos. A alternativa, portanto, misturou a classificação por natureza da receita com a definição da classificação por fontes de recursos.

Alternativa "d": Podemos classificar a dívida pública da União, quanto à duração, em flutuante ou fundada/consolidada. Ambas representam formas com as quais o governo poderá criar recursos, quando estiver impossibilitado de realizar os gastos por meios próprios e, assim, atender aos seus compromissos. Em contrapartida, ficará responsável pelo pagamento das parcelas e dos juros e outros encargos.

Dívida ativa constitui um crédito da Fazenda Pública oriundo de obrigações não recebidas até a data de vencimento, cuja certeza e liquidez foram apuradas. Isso quer dizer que o Estado tem uma fonte de receita potencial.

Alternativa "e". A receita pública pode ser classificada, conforme a doutrina, como originária e derivada. As receitas originárias são as provenientes da exploração de atividades econômicas pela Administração Pública, como a exploração de patrimônio de pessoa jurídica de direito público (receita de aluguel). Enquanto as receitas derivadas são arrecadadas pelo Estado por meio da soberania estatal, como a exigência de prestação pecuniária para os cidadãos (criação de um imposto).

Alternativa correta: letra "e".

---

16. (FCC – Técnico Judiciário – Área Administrativa – TRT 14/2016) Com relação à classificação da receita orçamentária, a Origem é o detalhamento das Categorias Econômicas "Receitas Correntes" e "Receitas de Capital", com vistas a identificar a natureza da procedência das receitas no momento em que ingressam no Orçamento Público. São Origens de receitas orçamentárias, EXCETO

a) receita de impostos e de contribuições de melhoria.
b) receita de operações de crédito e patrimonial.
c) alienação de bens e amortização de empréstimos.
d) receita industrial e de serviços.
e) transferências correntes e transferências de capital.

COMENTÁRIOS

✪ **Nota do autor:** Questão que exige do candidato conhecimento da classificação da receita orçamentária, quanto à sua natureza. Esse tipo de classificação objetiva identificar a origem do recurso segundo o fato que gerou o seu ingresso nos cofres públicos, associando a receita principal com aquelas originadas delas. Segue a estrutura (vide, na seção de dicas, a classificação da receita quando à sua natureza):

- 1º nível: Categoria Econômica;
- 2º nível: Origem;
- 3º nível: Espécie;
- 4º nível: Desdobramentos para identificação de peculiaridades da receita; e
- 5º nível: Tipo.

Alternativa "a". A questão solicita a alternativa que não contemple exemplos de Origens da receita. Desse modo, a receita de impostos e de contribuições de melhoria são Espécies, sendo, portanto, nosso gabarito.

Alternativas "b", "c", "d" e "e".

– Receitas Correntes (Categoria Econômica):
  - Impostos, Taxas e Contribuições de Melhoria (Origem);
  - Impostos (Espécie) – letra "a";
  - Taxas (Espécie);
  - Contribuição de Melhoria (Espécie) – letra "a".
  - Contribuições (Origem);
  - Contribuições Sociais (Espécie);
  - Contribuições Econômicas (Espécie);
  - Contribuições para Entidades Privadas de Serviço Social e de Formação Profissional (Espécie).
  - Patrimonial (Origem) – letra "b";
  - Agropecuária (Origem);
  - Industrial (Origem) – letra "d";
  - De Serviços (Origem) – letra "d";
  - Transferências Correntes (Origem) – letra "e";
  - Outras Receitas Correntes (Origem).

– Receitas de Capital (Categoria Econômica):
  - Operações de Crédito (Origem) – letra "b";
  - Operações de Crédito – Mercado Interno (Espécie);
  - Operações de Crédito – Mercado Externo (Espécie).
  - Alienação de Bens (Origem) – letra "c";
  - Amortização de Empréstimos (Origem) – letra "c";
  - Transferências de Capital (Origem) – letra "e";
  - Outras Receitas de Capital (Origem).

Alternativa correta: letra "a".

---

17. (FCC – Analista Judiciário – Área Administrativa – TRT 9/2015) É uma receita orçamentária:

a) Transferências Financeiras recebidas.
b) Transferências Correntes.
c) Superávit Financeiro.
d) Cancelamento de Restos a Pagar.
e) Antecipação de Receita Orçamentária.

COMENTÁRIOS

✪ **Nota do autor:** A questão explora tipos de classificações da receita. É válido explorarmos algumas informações para a resolução.

São receitas orçamentárias, em regra, aquelas previstas na LOA. Referem-se a disponibilidades de recursos financeiros que integram o patrimônio público com o objetivo de financiar os gastos do governo. Embora exista a obrigatoriedade da previsão das receitas na LOA, a ausência de previsão não retira o caráter orçamentário do excesso de arrecadação. Da mesma forma, são enquadradas as receitas provenientes de operações de crédito, não se aplicando àquelas por antecipação de receita orçamentária.

Alternativa "b" (responde às demais alternativas).

A receita orçamentária classifica-se em duas categorias econômicas: correntes e de capital.

As receitas orçamentárias correntes são: tributárias, de contribuições, patrimoniais, agropecuárias, industriais, de serviços, transferências correntes e outras receitas correntes.

As receitas orçamentárias de capital são: operações de créditos, alienação de bens, amortização de empréstimos, transferências de capital e outras receitas de capital.

Para complementar a revisão, as transferências correntes são receitas correntes previstas na LOA, provenientes do recebimento de recursos financeiros de outras pessoas de direito público ou privado destinados a atender despesas de manutenção ou funcionamento que não impliquem contraprestação direta em bens e serviços a quem efetuou essa transferência.

Alternativa correta: letra "b"

10. DESPESA PÚBLICA

18. (Cespe – Analista Judiciário – Área Administrativa – TRE – BA/2017) Na classificação funcional de despesa orçamentária, a função "encargos especiais" engloba despesas orçamentárias que expressem

a) um bem ou um serviço específico.

b) uma função sem subfunções típicas.

c) juros, taxas e comissões de financiamentos.

d) diversos serviços.

e) uma agregação neutra.

COMENTÁRIOS

Alternativa letra "e" (responde às demais alternativas). A classificação funcional compreende um rol de funções (dois dígitos) e subfunções (três dígitos) prefixadas, que servem para identificar em que área da despesa a ação governamental será realizada, cabendo aplicar no âmbito da União, Estados, Distrito Federal e Municípios. Uma função está relacionada com a missão do órgão e compreende o maior nível de agregação das diversas áreas da atuação pública (exemplo: Judiciária). Há uma função Encargos Sociais que abrange despesas que não podem ser associadas a um bem ou serviço a ser gerado no processo produtivo corrente, tais como dívidas, ressarcimentos, indenizações e outras afins, representando, portanto, uma agregação neutra.

CÓDIGO COMPLETO*			10.	39.	252.	26.	782.	2075.	7M64.	0043.	9999.	0.	100.	4490.	2
QUALITATIVA	esfera: orçamento fiscal		10												
	CLASSIFICAÇÃO INSTITUCIONAL	órgão: Ministério dos Transportes		39											
		unidade orçamentária: Departamento Nacional de Infraestrutura de Transportes – (DNIT)			252										
	CLASSIFICAÇÃO FUNCIONAL	função: transporte				26									
		subfunção: transporte rodoviário					782								
	CLASSIFICAÇÃO PROGRAMÁTICA	programa: transporte terrestre						2075							
		ação: construção de trecho rodoviário							7M64						
		subtítulo: Rio Grande do Sul								0043					

Alternativa correta: letra "e".

19. (Cespe – Analista Judiciário – Área Administrativa – TRE – BA/2017) Na figura apresentada, o número 39 corresponde à resposta a uma das perguntas a serem consideradas para a programação do orçamento de despesas. Assinale a opção que apresenta a pergunta respondida por meio desse número.

a) A quem se destina a receita?

b) Onde está o beneficiário do gasto? INFORMAÇÕES PRINCIPAIS DA AÇÃO: SUBTÍTULO

c) A qual orçamento se refere o recurso? ESFERA

d) Quem é o responsável por fazer as ações? INSTITUCIONAL

e) Onde a ação será realizada? FUNCIONAL

COMENTÁRIOS

✪ **Nota do autor:** As despesas são organizadas por meio de um sistema com classificações que geram informações rápidas e precisas a vários interessados na leitura do orçamento, inclusive a própria população. A estrutura da programação envolve parte quantitativa e outra qualitativa.

A estrutura qualitativa envolve a classificação por esfera orçamentária, classificação institucional, classificação funcional, classificação ou estrutura programática e principais informações do Programa e da Ação. Cada classificação pode ser representada por uma pergunta.

Alternativa "a": Não representa uma pergunta clássica para identificação da classificação da despesa pública.

Alternativa "b": As perguntas "Onde está o beneficiário do gasto?" ou "Onde a ação será realizada?" representam informações principais da ação, no que se refere ao subtítulo Rio Grande do Sul da classificação ou estrutura programática.

Alternativa "c": A primeira numeração da classificação consiste em representar em qual dos orçamentos o recurso será alocado, se no orçamento fiscal, da seguridade social ou de investimentos. Classificação por esfera orçamentária possui a pergunta "Em qual orçamento?" ou, a mesma coisa, "A qual orçamento se refere o recurso?".

Alternativa "d". O número 39 representa um órgão da classificação funcional, a qual identifica quem é o responsável pelo gasto. É possível identificar quanto cada órgão ou unidade orçamentária recebeu. Para a classificação funcional a pergunta é "Quem é o responsável por fazer?".

Alternativa correta: letra "d".

---

20. (Cespe – Analista Judiciário – Área Administrativa – TRE – BA/2017) A figura precedente representa as etapas da receita orçamentária. Com relação a esse assunto, julgue os itens a seguir.

I. O princípio da unidade de tesouraria está relacionado à etapa da arrecadação.

II. A etapa que precede a fixação da despesa é a previsão da receita.

III. Uma doação em espécie é uma receita sem lançamento.

Assinale a opção correta.

a) Apenas o item I está certo.
b) Apenas o item II está certo.
c) Apenas os itens I e III estão certos.
d) Apenas os itens II e III estão certos.
e) Todos os itens estão certos.

COMENTÁRIOS

ITEM I: A arrecadação refere-se ao ato em que os recursos devidos pelos contribuintes são entregues aos agentes arrecadadores (como os bancos). Já o último estágio da receita, como se observa na imagem da questão, é o recolhimento, que representa o momento em que os recursos arrecadados pelos agentes autorizados são recolhidos pelo Tesouro e destinados a uma conta única, obedecendo ao princípio da unidade de caixa ou de tesouraria.

ITEM II: Inicialmente, as receitas públicas são previstas para que constem no orçamento para que, assim, possam custear as despesas do Estado (previsão). Ou seja, primeiro se estima a receita para ter uma base e fixar as despesas.

ITEM III: Os estágios da receita devem ser seguidos cronologicamente. São eles: previsão, lançamento, arrecadação e recolhimento. Em regra, todas as receitas devem passar pelos quatro estágios. Fiquemos atentos, pois, diferentemente das despesas, as receitas abarcam exceções. Ou seja, há receitas, em caráter excepcional, que não percorrerão os quatro estágios. Nesse sentido, os casos mais comuns em provas são excesso de arrecadação (receita não prevista) e doação em espécie (receita não lançada).

Alternativa correta: letra "d" (responde às demais alternativas).

---

21. (Cespe – Analista Judiciário – Área Administrativa – TRE – TO/2017) A receita pública passa por diversos estágios desde seu planejamento até o seu ingresso nos cofres públicos. Ao longo desse processo, ocorre a constituição do crédito tributário, que se dá no estágio de

a) planejamento.
b) previsão.
c) lançamento.
d) arrecadação.
e) recolhimento.

COMENTÁRIOS

✪ **Nota do autor:** Os estágios da receita devem ser seguidos cronologicamente. São eles: previsão, lançamento, arrecadação e recolhimento. Inicialmente, as receitas públicas são previstas para que constem no orçamento, para que, assim, possam custear as despesas do Estado (previsão); após, é verificada a procedência do crédito fiscal e a pessoa que lhe é devedora (lançamento) para que os recursos devidos pelo contribuinte sejam entregues aos agentes arrecadadores (arrecadação) e, por fim, os recursos são recolhidos para a conta única do Tesouro (recolhimento).

ETAPAS	ESTÁGIOS RECEITA ORÇAMENTÁRIA
PLANEJAMENTO	1. Previsão
EXECUÇÃO	2. Lançamento

ETAPAS	ESTÁGIOS RECEITA ORÇAMENTÁRIA
EXECUÇÃO	3. Arrecadação
	4. Recolhimento
CONTROLE E AVALIAÇÃO	–

Alternativas "a" e "b": Planejamento representa o estágio da previsão, quando há a estimativa da receita que constará na Lei Orçamentária Anual, e servirá de base para fixação da despesa do exercício.

Alternativa "c". O ato do lançamento compete a uma repartição pública competente para lançar em sistema o direito de receber, verificando a procedência do crédito e a pessoa que lhe é devedora, para, então, se for o caso, inscrever o débito desta. Configura-se nesse momento a constituição de um crédito tributário, que deverá ser pago pelo contribuinte.

Alternativa "d": A arrecadação refere-se à entrega dos recursos devidos ao Tesouro, realizada pelos contribuintes ou devedores aos agentes arrecadadores ou bancos autorizados pelo ente.

Alternativa "e": O recolhimento é o momento em que os recursos arrecadados pelos agentes autorizados são recolhidos pelo Tesouro e destinados a uma conta única, obedecendo ao princípio da unidade de caixa ou de tesouraria.

Alternativa correta: letra "c".

11. EXECUÇÃO ORÇAMENTÁRIA – ESTÁGIOS DA RECEITA

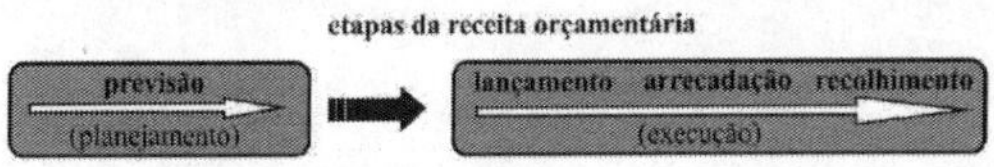

22. (FCC – Analista Judiciário – Área Administrativa – TRT 9/2015) As despesas intraorçamentárias são aquelas realizadas

a) somente entre os integrantes do orçamento fiscal da mesma esfera de governo.

b) entre integrantes do orçamento fiscal e da seguridade social de qualquer esfera de governo.

c) entre os integrantes do orçamento fiscal, da seguridade social e investimento da mesma esfera de governo.

d) no âmbito de cada ente público integrante do orçamento fiscal, da seguridade social e de investimento da mesma esfera de governo.

e) entre os integrantes do orçamento fiscal e da seguridade social da mesma esfera de governo.

COMENTÁRIOS

Operações intraorçamentárias são aquelas realizadas entre órgãos e demais entidades da Administração Pública integrantes do orçamento fiscal e da seguridade social do mesmo ente federativo. Vale destacar que não representam novas entradas de recursos nos cofres públicos do ente, mas apenas movimentação de recursos entre seus órgãos.

Alternativa correta: letra "e" (responde às demais alternativas).

23. (FCC – Analista Judiciário – Área Administrativa – TRT 4/2015) Determinado ente público empenhou despesa para a aquisição de 10 veículos novos, destinados à Secretaria Estadual da Saúde, pelo valor estimado de R$ 450.000,00. A despesa, sob o aspecto orçamentário, é classificada no grupo de natureza de despesa

a) imobilizado.

b) inversões financeiras.

c) outras despesas de capital.

d) transferências de capital.

e) investimentos.

COMENTÁRIOS

✪ **Nota do autor:** Questão que trata da classificação da despesa, segundo a sua natureza, conforme orientações da Portaria Interministerial SOF/STN n.º 163/2001. É importante salientar que, no conteúdo programático daquele concurso, havia previsão de que questões sobre despesas estariam elencadas na Lei n.º 4.320/64, e portanto identificamos que esta vai um pouco além do texto normativo, sendo necessário para sua solução o conhecimento do termo "grupo de natureza da despesa", relatado na Portaria Interministerial.

Conforme a Portaria Interministerial SOF/STN n.º 163/2001, a classificação da despesa, segundo a sua natureza, está estruturada por categoria econômica, por grupos de natureza, por modalidade de aplicação e por elementos. Há ainda o desdobramento facultativo do elemento, ou subelemento. O 1º nível da classificação por natureza da despesa permite analisar o impacto dos gastos públicos na economia do país e é divido em duas categorias econômicas: despesas correntes e despesas de capital. Já o 2º nível, o Grupo de Natureza da Despesa (GND), é a agregação de elementos da despesa que apresenta as mesmas características quanto ao objeto de gasto. Compõem o grupo de natureza das despesas correntes: pessoal e encargos sociais, juros e encargos da dívida e outras despesas correntes; Enquanto o grupo de natureza das despesas de capital é composto por investimentos, inversões financeiras e amortização da dívida.

Alternativas "a", "c" e "d": Imobilizado, outras despesas de capital e transferências de capital não compõem a classificação no grupo de natureza.

Alternativa "b": Classificam-se como inversões financeiras as despesas com aquisição de imóveis ou bens de capital já em utilização; aquisição de títulos representativos do capital de empresas ou entidades de qualquer espécie, já constituídas, quando a operação não importe aumento do capital; e com a constituição do capital de empresas, além de outras classificáveis neste grupo. É importante frisar que os termos "novo" e "já em utilização" farão a diferença quando a questão tratar de bens de capital (como nesse caso). Assim, entende-se que quando for "novo" será investimentos; e se for "já em utilização", inversões financeiras.

Alternativa "e". Classificam-se como investimentos as despesas com softwares e com planejamento e a execução de obras, inclusive com a aquisição de imóveis considerados necessários à realização destas últimas e com a aquisição de instalações, equipamentos e material permanente (considera-se material permanente o de duração superior a dois anos – art. 14, §2º da Lei n.º 4.320/64).

Alternativa correta: letra "e".

---

24. (FCC – Técnico Judiciário – Área Administrativa – TRF 5/2017) Em 07/08/2017, um agente público, responsável pelo almoxarifado de uma determinada entidade pública, recebeu mercadorias adquiridas pela entidade. O agente, no momento do recebimento, confrontou as mercadorias recebidas com aquelas que estavam descritas na nota fiscal e assinou o comprovante de entrega das mercadorias pelo fornecedor. Desse modo, em 07/08/2017, as ações realizadas pelo agente público fazem parte da etapa da despesa orçamentária denominada

a) pagamento.
b) inscrição.
c) lançamento.
d) liquidação.
e) empenho.

COMENTÁRIOS

Alternativa "a": Quarto estágio da despesa orçamentária, o pagamento equivale à entrega de recursos ao credor, por meio de ordem de pagamento, que constitui o despacho exarado por autoridade competente, determinando que a despesa seja paga.

Alternativa "b": A execução da despesa obedece à rigorosa ordem de três etapas: empenho, liquidação e pagamento. É possível ainda encontrar na doutrina, bem como em questões de concursos públicos, um estágio que precede à execução, chamado de fixação ou programação. Vimos que inscrição não se refere nem à execução da despesa.

Alternativa "c": Referente à execução da receita, o lançamento compreende o momento em que é verificada a procedência do crédito fiscal e a pessoa que lhe é devedora.

Alternativa d". Terceiro estágio da despesa orçamentária, a liquidação consiste na verificação do direito adquirido pelo credor, comprovado por títulos e documentos do respectivo crédito, inclusive, ao agente público cabe assinar o comprovante de entrega das mercadorias para que o fornecedor possua em mãos a comprovação de que cumpriu sua obrigação.

Alternativa "e": Segundo estágio da despesa orçamentária, ou primeiro da execução da despesa, o empenho é o ato emanado de autoridade competente que cria para o Estado obrigação de pagamento pendente ou não de implemento de condição.

Alternativa correta: letra "d".

---

25. (FCC – Analista Judiciário – Área Administrativa – TRT 3/2015) Considere, abaixo, as definições relacionadas às fases da despesa pública:

I. Verificação do direito adquirido pelo credor tendo por base os títulos e documentos comprobatórios do respectivo crédito.
II. Ato emanado de autoridade competente que cria para o Estado obrigação de pagamento pendente ou não de implemento de condição.
III. Inclusão da despesa na lei orçamentária.
IV. Despacho exarado por autoridade competente, determinando que a despesa seja paga.

Essas definições devem ocorrer na seguinte ordem:

a) I, II, IV e III.
b) I, II, III e IV.
c) II, III, I e IV.
d) III, I, IV e II.
e) III, II, I e IV.

COMENTÁRIOS

✪ **Nota do autor:** A questão trata das fases da despesa pública em ordem cronológica. Conforme a Lei n.º 4.320/64, a execução da despesa obedece à rigorosa ordem de <u>três</u> etapas: empenho, liquidação e pagamento. É possível ainda encontrar na doutrina, bem como em questões de concursos públicos, um estágio que precede à execução, chamado de fixação ou programação.

1ª fase – **Assertiva III**: a <u>fixação</u> representa a inclusão da despesa na lei orçamentária;

2ª fase – **Assertiva II**: o <u>empenho</u> é o ato emanado de autoridade competente que cria para o Estado obrigação de pagamento pendente ou não de implemento de condição (art. 58 da Lei n.º 4.320/64);

3ª fase – **Assertiva I**: a <u>liquidação</u> consiste na verificação do direito adquirido pelo credor tendo por base os títulos e documentos comprobatórios do respectivo crédito (art. 63 da Lei n.º 4.320/64); e

4ª fase – **Assertiva IV**: o pagamento equivale à entrega de recursos ao credor, por meio de ordem de pagamento, que constitui o despacho exarado por autoridade competente, determinando que a despesa seja paga (art. 64 da Lei n.º 4.320/64).

Alternativa correta: letra "e" (responde às demais alternativas).

12. RESTOS A PAGAR

26. (FCC – Técnico Judiciário – Área Administrativa – TRF 5/2017) Em 07/11/2016, o ordenador de despesa de uma determinada entidade pública emitiu empenho no valor de R$ 10.000,00 referente à aquisição de 10 mesas. Em 25/11/2016, a despesa foi liquidada pelo valor de R$ 8.000,00, uma vez que somente parte das mesas foram entregues, e em 01/12/2016 foi pago o valor de R$ 3.000,00 referente ao empenho emitido em 07/11/2016. Assim, em 31/12/2016, foi inscrito em restos a pagar

a) processados o valor de R$ 2.000,00.

b) processados o valor de R$ 5.000,00.

c) processados o valor de R$ 7.000,00.

d) não processados o valor de R$ 5.000,00.

e) não processados o valor de R$ 7.000,00.

COMENTÁRIOS

Alternativa "b" (responde às demais alternativas). Restos a pagar (RAP), ou resíduos passivos, são despesas que foram empenhadas em um determinado exercício, mas não foram pagas até o dia 31 de dezembro, distinguindo os processados dos não processados.

- RAP processado é a despesa empenhada, liquidada e não paga;
- RAP não processado é a despesa empenhada, não liquidada e não paga.

Para diferenciar o processado do não processado, basta observar se houve ou não a liquidação da despesa empenhada e não paga até o final do exercício.

07/11/2016 – DESPESA EMPENHADA: R$ 10.000,00

25/11/2016 – DESPESA LIQUIDADA: R$ 8.000,00 (ou R$ 2.000,00 não liquidado e não pago)

01/12/2016 – DESPESA PAGA: R$ 3.000,00 (ou R$ 5.000,00 liquidado e não pago)

Para descobrir o RAP processado (despesa empenha, liquidada e não paga), use a seguinte fórmula → RAP processado = despesa liquidada – despesa não paga.

Para o RAP não processado (despesa empenhada, não liquidada e não paga), a fórmula é → RAP não processado = Despesa empenhada – Despesa liquidada

RAP processado = R$ 8.000,00 – R$ 3.000,00 = R$ 5.000,00 (alternativa "b")

RAP não processado = R$ 10.000,00 – R$ 8.000,00 = R$ 2.000,00

Alternativa correta: letra "b" (responde às demais alternativas).

13. SUPRIMENTO DE FUNDOS

27. (FCC – Analista Judiciário – Área Administrativa – TRT 3/2015) O regime de suprimento de fundos

a) é aplicável a qualquer tipo de despesa.

b) pode ou não ser precedido de empenhamento.

c) pode ser feito por meio de dotação genérica.

d) é vedado o adiantamento de numerário a servidor responsável por um adiantamento.

e) é aplicável a despesas que não se subordinam ao processo normal de aplicação.

COMENTÁRIOS

Alternativa "a": O regime de adiantamento é aplicável aos casos de despesas expressamente definidas em lei, como despesas eventuais (inclusive em viagens e com serviços especiais que exijam pronto pagamento), despesas sigilosas e despesas de pequeno vulto.

Alternativa "b" e "c": A entrega de numerário a servidor, por meio de suprimento de fundos, deverá sempre ser precedida de empenho na dotação própria para que a despesa seja realizada.

Alternativa "d": Não se concederá suprimento de fundos a responsável por dois suprimentos – e não um, como mencionado –; a servidor que tenha a seu cargo e guarda ou a utilização do material a adquirir (salvo quando não houver na repartição outro servidor); a responsável por suprimento de fundos que, esgotado o prazo, não tenha prestado contas de sua aplicação; e a servidor declarado em alcance (aquele que não tenha prestado contas no prazo ou cujas contas não tenham sido aprovadas).

Alternativa "e". O regime de suprimento de fundos consiste em adiantar numerário a servidor, no intuito de atender, precipuamente, casos especiais em que não se pode aguardar o procedimento normal de compra, ou seja, a devida licitação. O adiantamento de numerário será concedido a servidor, desde que por intermédio do ordenador da despesa, e, também, que a situação exija o pagamento imediato no ato da aquisição.

Alternativa correta: letra "e".

14. DÍVIDA FLUTUANTE E FUNDADA

28. (FCC – Analista Judiciário – Área Administrativa – TRE – SP/2017) O crédito adicional aberto no valor de R$ 120.000, nos termos da Lei Federal no 4.320/1964, classifica-se na modalidade

a) suplementar.

b) reforço de dotação.

c) especial.

d) extraordinário.

e) despesas de capital.

COMENTÁRIOS

✪ **Nota do autor:** para responder a esta questão, basta a primeira informação complementar. Sabe-se que os créditos adicionais são alterações no orçamento que buscam atender a despesas não computadas ou insuficientemente dotadas, e classificam-se em suplementares, especiais e extraordinários.

Alternativas "a" e "b": Crédito adicional suplementar é um reforço de dotação já existente no orçamento público, é o mesmo que atender despesas para as quais não haja dotação suficiente.

Alternativa "c". O crédito especial representa a inclusão de uma nova despesa, não prevista inicialmente na LOA, depende de autorização legislativa, indicação de recursos que atendam o novo gasto e justificativa. A situação apresentada garante que o crédito já foi aprovado, inclusive foi aberto para adquirir dois veículos novos, cuja dotação não estava especificada no orçamento. Portanto, confirma-se a modalidade crédito adicional especial

Alternativa "d": Os créditos adicionais extraordinários atendem despesas imprevistas e urgentes, cuja necessidade seja motivada em situações de guerra, comoção interna e calamidade pública.

Alternativa "e": Despesas de capital representam uma categoria econômica da despesa, são aquelas que contribuem diretamente para a formação de/ou aquisição de um bem de capital, como é o caso da aquisição dos veículos novos. Estaria correta visualizar da seguinte maneira: foi aberto um crédito adicional especial para atender uma nova despesa (aquisição de veículos novos), classificada como despesa de capital, por conta da aquisição de dois bens de capital.

Alternativa correta: letra "c".

---

29. (FCC – Analista Judiciário – Área Administrativa – TRE – SP/2017) As receitas correntes arrecadadas somam, em R$,

a) 555.000

b) 510.000.

c) 540.000

d) 530.000

e) 480.000

COMENTÁRIOS

✪ **Nota do autor:** é preciso separar as receitas correntes das receitas de capital e somar as primeiras. Para isso, precisamos de suas definições.

São receitas correntes as arrecadadas dentro do exercício, aumentam a disponibilidade financeira do Estado, em geral, com efeito positivo sobre o Patrimônio Líquido. São classificadas como correntes as receitas provenientes de tributos; de contribuições; da exploração do patrimônio estatal (patrimonial); da exploração da atividade econômica (agropecuária, industrial e de serviços); de recursos financeiros recebidos de outras pessoas de direito público ou privado, quando destinadas a atender despesas classificáveis em despesas correntes (transferências correntes); e demais receitas que não se enquadram nos itens anteriores (outras receitas correntes).

São receitas de capital as que aumentam as disponibilidades financeiras do Estado, mas não provocam efeito sobre o Patrimônio Líquido. São classificadas como receitas de capital as provenientes de realização de recursos oriundos da constituição de dívidas (operações de crédito); conversão, em espécie, de bens e direitos (alienação de bens); recebimento de recursos de outras pessoas de direito público ou privado, quando destinados a atender despesas de capital (transferências de capital); e o superávit do orçamento corrente.

Alternativa "a" (responde às demais alternativas). Abaixo classificamos cada receita para calcularmos quanto foi arrecadado de receitas correntes:

Receitas Arrecadadas (Valores em R$)

- Cota-Parte do Fundo de Participação dos Estados – 180.000 – **CORRENTE**
- Transferência de Capital destinada à construção de hospitais públicos – 160.000 – **DE CAPITAL**
- Rendimentos de Aplicações Financeiras – 45.000 – **CORRENTE**
- Aluguel de Imóvel de Propriedade do ente público – 15.000 – **CORRENTE**
- Operações de Crédito de Longo Prazo – 320.000 – **DE CAPITAL**
- Alienação de Bens Imóveis – 210.000 – **DE CAPITAL**
- Cota-Parte do Imposto Sobre a Propriedade Territorial Rural – 75.000 – **CORRENTE**
- Indenizações e Restituições – 25.000 – **CORRENTE**
- Multas e Juros de Mora – 10.000 – **CORRENTE**
- Dívida Ativa do ICMS – 110.000 – **CORRENTE**
- Impostos e Taxas – 95.000 – **CORRENTE**

Receitas correntes = 180.000 + 45.000 + 15.000 + 75.000 + 25.000 + 10.000 + 110.000 + 95.000

Receitas correntes = **555.000** (alternativa "a").

Observação: as indenizações e restituições são classificadas como outras receitas correntes.

Alternativa correta: letra "a".

30. (FCC – Analista Judiciário – Área Administrativa – TRE – SP/2017) O Valor das despesas correntes empenhadas no exercício de 2016 e não pagas inscrito em restos a pagar é, em R$, igual a

a) 25.000.

b) 90.000.

c) 35.000.

d) 65.000.

e) 210.000.

COMENTÁRIOS

✪ **Nota do autor:** Restos a pagar são resíduos passivos decorrentes de despesas que foram empenhadas em um determinado exercício, mas não foram pagas até o dia 31 de dezembro.

Para exemplificar, vejamos: após o empenho, a administração verifica se o credor possui o direito de receber pelo serviço prestado, para que, após a confirmação, realize o pagamento. Se, por algum motivo, o credor tenha realizado os serviços contratados e não tenha entregado todos os documentos comprobatórios, a administração não poderá liberar o pagamento até que haja total conformidade. Caso essa situação não tiver sido resolvida até 31 de dezembro, é possível que o crédito seja inscrito em restos a pagar, para que o pagamento se realize no exercício subsequente.

Precisamos saber a diferença de despesas correntes e despesas de capital. Seguem os dois conceitos:

Despesas correntes são aquelas que não contribuem diretamente para a formação ou aquisição de um bem de capital, como as despesas de custeio (como manutenção), com pessoal e encargos sociais, juros e encargos da dívida e outras despesas correntes.

Despesas de capital são aquelas que contribuem diretamente para a formação ou aquisição de um bem de capital, como os investimentos, inversões financeiras e amortização da dívida.

Alternativa "b" (responde às demais alternativas). Primeiro, descobriremos a quantia de despesas empenhadas em 2016:

Despesas Empenhadas

- Água, Luz e Telefone – 35.000 – **CORRENTE**
- Construção de Ginásio Poliesportivo – 180.000 – **DE CAPITAL**
- Manutenção de Veículos – 55.000 – **CORRENTE**
- Aquisição de um terreno destinado à construção de duas escolas públicas – 240.000 – **DE CAPITAL**
- Amortização de parcela de empréstimo de longo prazo – 120.000 – **DE CAPITAL**
- Juros e encargos da dívida de longo prazo – 25.000 – **CORRENTE**
- Aquisição de Material de Expediente – 65.000 – **CORRENTE**
- Folha de Pagamento dos servidores ativos – 390.000 – **CORRENTE**

Despesas empenhadas = 35.000 + 55.000 + 25.000 + 65.000 + 390.000

Despesas empenhadas = **R$ 570.000**

A segunda informação complementar da questão avisa que, das despesas correntes empenhadas em 2016 (R$ 570.000), foi pago o montante de R$ 480.000 no próprio exercício, isto é, até o dia 31 de dezembro. Subtraímos o empenhado pelo que foi pago (R$ 570.000 – R$ 480.000 = R$ 90.000) para encontrar quanto será preciso inscrever em restos a pagar.

Alternativa correta: letra "b"

31. (FCC – Analista Judiciário – Área Administrativa – TRE – SP/2017) As receitas de capital arrecadadas durante o exercício de 2016 apresentaram

a) insuficiência de arrecadação – R$ 170.000

b) insuficiência de arrecadação – R$ 120.000

c) excesso de arrecadação – R$ 220.000

d) superávit de arrecadação – R$ 150.000

e) excesso de arrecadação – R$ 40.000

COMENTÁRIOS

✪ **Nota do autor:** excesso de arrecadação é o saldo positivo das diferenças acumuladas mês a mês entre a arrecadação prevista e a realizada, considerando, ainda, a tendência do exercício. Deve-se deduzir os valores dos créditos extraordinários abertos no exercício.

Alternativa "e" (responde às demais alternativas). Precisamos encontrar as receitas de capital, vamos, então, classificar as receitas arrecadadas em 2016:

Receitas Arrecadadas (Valores em R$)

- Cota-Parte do Fundo de Participação dos Estados – 180.000 – **CORRENTE**
- Transferência de Capital destinada à construção de hospitais públicos – 160.000 – **DE CAPITAL**
- Rendimentos de Aplicações Financeiras – 45.000 – **CORRENTE**
- Aluguel de Imóvel de Propriedade do ente público – 15.000 – **CORRENTE**
- Operações de Crédito de Longo Prazo – 320.000 – **DE CAPITAL**
- Alienação de Bens Imóveis – 210.000 – **DE CAPITAL**
- Cota-Parte do Imposto Sobre a Propriedade Territorial Rural – 75.000 – **CORRENTE**
- Indenizações e Restituições – 25.000 – **CORRENTE**
- Multas e Juros de Mora – 10.000 – **CORRENTE**

- Dívida Ativa do ICMS – 110.000 – **CORRENTE**
- Impostos e Taxas – 95.000 – **CORRENTE**

Receitas de capital = 160.000 + 320.000 + 210.000

Receitas de capital = **690.000**

Conforme a terceira informação complementar, foi prevista a arrecadação de R$ 650.000 de receitas de capital em 2016. Como não temos informações da tendência e de créditos extraordinários, não serão utilizados.

Subtraímos a receita de capital realizada (R$ 690.000) pela receita de capital prevista (R$ 650.000), e é encontrado um excesso de arrecadação de R$ 40.000.

Alternativa correta: letra "e".

15. LRF – DESPESA PÚBLICA

32. (FCC – Técnico Judiciário – Área Administrativa – TRT 9/2015) São consideradas despesas de caráter continuado, de acordo com a Lei de Responsabilidade Fiscal, aquelas que fixem para o ente a obrigação legal da sua execução por um período superior a

a) um exercício.

b) três exercícios.

c) quatro exercícios.

d) dois exercícios.

e) seis meses.

COMENTÁRIOS

Alternativa "a" (responde às demais alternativas).

Devido ao impacto gerado pelas despesas corrente (relativas a pessoal e à manutenção) no patrimônio do estado, que exigem dele obrigação de pagamento ao longo dos anos, a LRF tratou de conceituá-las, dando-lhes um tratamento especial e exigindo, para sua realização, que o ente atenda a algumas obrigações a fim de que tais despesas possam ser executadas. Estamos falando das Despesas Obrigatórias de Caráter Continuado (DOCC).

A banca trabalha o conceito legal das DOCC: são as despesas correntes devidas de lei, medida provisória ou ato normativo que fixe para o ente a obrigação de sua execução por um período SUPERIOR A DOIS EXERCÌCIOS.

Assim como foi cobrado o período referente às DOCC, poderão também ser objetos de cobrança em provas os seguintes conceitos:

- São despesas CORRENTES; e
- Decorrem de LEI, MEDIDA PROVISÓRIA ou ATO NORMATIVO.

Alternativa correta: letra "a" (responde às demais alternativas).

16. LRF – DESPESA COM PESSOAL

33. (FCC – Analista Judiciário – Área Administrativa – TRE – SP/2017) A despesa total com pessoal, de determinado órgão federal, referente ao segundo quadrimestre de 2016, excedeu em R$ 70.000 o limite máximo estabelecido no artigo 20 da Lei Complementar no 101/2000. Considerando-se que o limite máximo da despesa total com pessoal é de R$ 680.000, o limite prudencial, segundo a Lei Complementar no 101/2000, corresponde, em R$, a

a) 612.000.

b) 712.500.

c) 340.000.

d) 675.000.

e) 646.000.

COMENTÁRIOS

O gasto com pessoal é um dos maiores desafios enfrentados pela administração pública. A Lei Complementar n.º 101/2000, conhecida como Lei de Responsabilidade Fiscal (LRF), estabelece limites máximos de gasto com pessoal para cada órgão ou poder, com base na receita corrente líquida, que não poderá ultrapassar 50% dela na União e 60% nos demais entes. Para controlar essa despesa, a LRF estabeleceu parâmetros para alertar o gestor público. Foi conferida, portanto, competência aos Tribunais de Contas acompanhar dos limites:

- Limite de alerta: despesa com pessoal ultrapassa 90% do permitido;
- Limite prudencial: ultrapassar 95% do limite máximo.

Se o limite máximo de gasto com pessoal do órgão federal em questão é R$ 680.000, calcularemos o limite prudencial assim: R$ 680.000 x 0,95 = R$ 646.000

34. (FCC – Analista Judiciário – Área Administrativa – TRT 3/2015) A Lei de Responsabilidade Fiscal – LRF disciplina a despesa com pessoal da Administração pública em todas as esferas de governo sob a forma de limites. No caso do Poder Judiciário Federal, que abrange o TRT-3ª Região, o limite de gastos com pessoal sobre a receita corrente líquida da União é, em %, igual a

a) 2,5.

b) 0,6.

c) 6.

d) 50.

e) 40,9.

COMENTÁRIOS

✪ **Nota do autor:** A despesa com pessoal e os limites contidos na LRF merecem muita atenção, já que são recorrentemente explorados nas provas de tribunais. A União, Estados, Municípios e Distrito Federal são obrigados a observar os limites de gasto com pessoal, que não poderá exceder os percentuais da receita corrente líquida. O Distrito Federal particularmente observará os limites dos Estados. Na parte das dicas, encontraremos quadros-resumos que auxiliarão a responder questões dessa natureza.

Alternativa "c" (responde às demais alternativas).

Para responder esse tipo de questão, é preciso observar primeiramente que a esfera a que se refere, no caso, é a federal, tratando-se, portanto, do Poder Judiciário. É sabido, então, que a repartição do limite na esfera federal (de 50%) para o Poder Judiciário é de 6% da receita corrente líquida da União.

Alternativa correta: letra "c".

---

35. (FCC – Analista Judiciário – Área Administrativa – TRT 4/2015) O total das despesas com pessoal do Poder Executivo de determinado Estado, no período de apuração, excedeu o percentual máximo permitido da receita corrente líquida. Nos termos da Lei Complementar nº 101/2000, a verificação do cumprimento dos limites das despesas com pessoal será realizada ao final de cada

a) exercício financeiro
b) quadrimestre.
c) bimestre.
d) semestre.
e) trimestre.

COMENTÁRIOS

✪ **Nota do autor:** Medida aplicada a todos os entes e poderes, a despesa total com pessoal não poderá exceder os percentuais da receita corrente líquida definidos na LRF. Para que na prática haja restrito atendimento, será então objeto de fiscalização, podendo inclusive serem impostas vedações ao poder ou órgão que incorrer no excesso. Os limites máximos, conferidos na LRF, podem ser observados em seus artigos 19 e 20. Compete ao Tribunal de Contas alertar o poder ou órgão que ultrapassar 90% do limite máximo, quando no exercício da verificação dos limites da despesa total com pessoal. E, ainda, caso o montante ultrapasse 95% do limite máximo, o poder ou órgão que incorrer no excesso sofrerá vedações, até que esse excedente seja eliminado nos próximos dois quadrimestres, devendo ser, no mínimo, um terço do excedente suprimido no primeiro.

Alternativa correta: letra "b" (responde às demais alternativas).

A verificação do cumprimento dos limites estabelecidos para os entes e seus poderes será realizada ao final de cada quadrimestre.

17. LRF – ASSUNTOS DIVERSOS

---

36. (Cespe – Analista Judiciário – Área Administrativa – TRT 8/2016) Assinale a opção correta relativamente ao controle das finanças públicas e às determinações da Lei de Responsabilidade Fiscal (LRF).

a) Uma das formas de controle estabelecida pela LRF é a obrigatoriedade, aos estados e municípios, de envio de suas contas ao executivo federal, em data limite, sob pena de não receberem os valores oriundos de transferências voluntárias.
b) O ordenador de despesa deve apresentar a estimativa de impacto orçamentário-financeiro para o exercício seguinte sempre que uma ação governamental representar o aumento de despesa pública e, sendo possível, o impacto para o exercício posterior.
c) No estabelecimento dos percentuais máximos da receita corrente líquida a serem gastos na despesa com pessoal, a LRF retira do cômputo da classificação os valores destinados ao pagamento de contribuição previdenciária.
d) Para viabilizar a transparência da gestão fiscal, a LRF estabelece que os entes da Federação disponibilizem o acesso a informações referentes a todos os pagamentos realizados às pessoas jurídicas fornecedoras de bens e serviços, excluídos os valores destinados à remuneração de pessoas físicas, para que a privacidade delas não seja violada.
e) As despesas públicas, correntes ou de capital, que ultrapassem o exercício financeiro subsequente, serão consideradas como obrigatórias de caráter continuado.

COMENTÁRIOS

Alternativa "a". O Executivo da União promoverá a consolidação, nacional e por esfera de governo, das contas dos entes federados relativas ao exercício anterior, até o dia trinta de junho. No intuito de que isso se efetive, a LRF determina que os Estados e os Municípios encaminhem suas contas até 30 de abril ao Executivo da União, a fim de que assim a União detenha as informações necessárias para a ampla divulgação. Caso os entes não cumpram os prazos, sofrerão penas, dentre outras, a de não receber transferências voluntárias. Justifica-se, então, a assertiva como gabarito da questão. (vide art. 51 da LRF)

Alternativa "b": Alternativa incorreta e recorrente em provas. Segue a explicação.

A criação, expansão ou aperfeiçoamento de ação governamental que acarrete aumento da despesa será acompanhado de:

- Estimativa do impacto orçamentário-financeiro no exercício em que deva entrar em vigor e nos dois subsequentes (obrigatoriamente); e
- Declaração do ordenador da despesa de que o aumento tem adequação orçamentária e financeira com a LOA e compatibilidade com o PPA e a LDO.

Alternativa "c": Os percentuais ou limites máximos da receita corrente líquida a serem gastos na despesa com pessoal são para a União - 50%; Estados - 60%; e Municípios - 60%. Na verificação do atendimento desses limites, as despesas destinadas ao pagamento da contribuição previdenciária serão consideradas.

Alternativa "d": À pessoa física e jurídica que figurar como fornecedora e for beneficiária de pagamento, fica o ente da federação obrigado a dar ampla divulgação da despesa, disponibilizando a qualquer pessoa o acesso a essas informações.

Alternativa "e": Conforme o art. 17 da LRF, as Despesas Obrigatórias de Caráter Continuado (DOCC) são despesas correntes devidas de lei, medida provisória ou ato normativo que fixe para o ente a obrigação de sua execução por um período superior a dois exercícios.

Alternativa correta: letra "a".

Administração Financeira e Orçamentária

Robnei Stefanes

✦ DICAS

1. ORÇAMENTO PÚBLICO

1.1. CONCEITO

- Instrumento de gestão: plano do governo expresso em forma de **lei**.
- Contínuo, dinâmico e flexível (**CDF**):
  - o No início era um instrumento que apenas previa receitas e fixava despesas, sem nenhum planejamento;
  - o Atualmente é consolidado por meio de um sistema de gestão que prevê planejamento e execução vinculados ao alcance de objetivos, bem como prevendo os custos relacionados a eles.
- Há um ÚNICO orçamento por ente federativo que **ESTIMA receitas** a arrecadar e **FIXA despesas** para um **período determinado** – em geral, um ano, chamado de **exercício financeiro**.
  - o No Brasil, o **exercício financeiro** coincide com o **ano civil**, ou ano calendário (1º/jan a 31/dez).
- Para realização da despesa, o governante:
  - o Não pode contrair despesas sem autorização legislativa → só despesa prevista em lei.
- Materialização do Orçamento Público dar-se-á pela LEI ORÇAMENTÁRIA ANUAL (**LOA**).

CONCEITO DE ORÇAMENTO PÚBLICO		
ITENS	**Concepção tradicional**	**Concepção moderna**
Denominação	Mero instrumento de estimativa de receitas e fixação de despesas.	É um plano que expressa em termos de dinheiro, para um período determinado de tempo, o programa de operações do governo e os meios de financiamento desse programa.
Função principal	Controle político	Instrumento de administração
Aspecto principal	Jurídico	Econômico
Planejamento	Inexistente	Associado com a execução do orçamento

1.2. NATUREZA JURÍDICA DO ORÇAMENTO

NATUREZA JURÍDICA DA LEI ORÇAMENTÁRIA	
Lei Formal e Material	Segue o rito legislativo constitucional e trata de assunto de aplicação geral.
Lei Ordinária	Aprovada pelo Congresso Nacional com o *quorum* de maioria simples.
Lei Temporária	Limitada a um período determinado, chamado de exercício financeiro.
Lei Especial	Possui processo legislativo diferenciado e trata de matéria específica.

ATENÇÃO!!!

Atualmente o orçamento público no Brasil é simultaneamento lei formal e material.

ENTENDIMENTO RECENTE DO STF:

É possível o Controle Abstrato de Constitucional de normas orçamentárias.

Em caso de controvérsia com o texto constitucional, as normas orçamentárias estão sujeitas ao controle abstrato de constitucionalidade, independe de seu caráter geral ou específico, abstrato ou concreto.

1.3. CLASSIFICAÇÃO ORÇAMENTÁRIA

Orçamento Impositivo: despesas consignadas no orçamento devem ser necessariamente executadas.
Orçamento Autorizativo: não existe obrigatoriedade de execução das despesas consignadas no orçamento público.

ATENÇÃO!!!

Em regra e atualmente, o orçamento público brasileiro é **impositivo**. As programações consignadas no orçamento devem ser executadas, porém, a própria Constituição Federal prevê exceções.

Constituição Federal 1988

Art. 165. § 10. A administração tem o dever de executar as programações orçamentárias, adotando os meios e as medidas necessários, com o propósito de garantir a efetiva entrega de bens e serviços à sociedade.

§ 11. O disposto no § 10 deste artigo, nos termos da lei de diretrizes orçamentárias:

> I – subordina-se ao cumprimento de dispositivos constitucionais e legais que estabeleçam metas fiscais ou limites de despesas e não impede o cancelamento necessário à abertura de créditos adicionais;
>
> II – não se aplica nos casos de impedimentos de ordem técnica devidamente justificados;
>
> III – aplica-se exclusivamente às despesas primárias discricionárias.
>
> § 13. O disposto no inciso III do § 9º e nos §§ 10, 11 e 12 deste artigo aplica-se exclusivamente aos orçamentos fiscal e da seguridade social da União.

2. TÉCNICAS DE ELABORAÇÃO ORÇAMENTÁRIA

a) ORÇAMENTO TRADICIONAL ou CLÁSSICO

Conceito: é um mero instrumento contábil, baseado no orçamento anterior, sem nenhuma espécie de planejamento, constituindo-se numa peça que apenas prevê receita e fixa as despesas, sem preocupação com objetivos e metas.

- Enfatiza atos passados, predominando o incrementalismo (os gastos dos exercícios anteriores são ajustados por um percentual discricionário → **Orçamento Incremental**).
- **Características:**
  - Dissociação entre planejamento e orçamento (falta planejamento);
  - Aquisição de meios – foco no objeto do gasto;
  - Ênfase nos aspectos contábeis e jurídicos (aspecto econômico é secundário);
  - São consideradas as necessidades financeiras das unidades;
  - Inexistem sistemas de acompanhamento e medição do trabalho;
  - Classificação por unidades administrativas e elementos;
  - Controle da legalidade e honestidade do gestor público (controle político).

ATENÇÃO!!!

É comum em questões a comparação dos conceitos e das características do Orçamento Tradicional e do Orçamento-Programa. Sendo assim, fique atento às particularidades deles para não confundir um com o outro.

b) ORÇAMENTO DE DESEMPENHO ou POR REALIZAÇÃO ou FUNCIONAL

- Apresenta propósitos e objetivos;
- Avalia os resultados dos gastos com ênfase na eficácia (não foca no gasto em si);
- Realce no desempenho organizacional;
- Ainda sem vinculação com o planejamento;
- Foco no objetivo do gasto e nos programas de trabalho (objeto do gasto é secundário).

c) ORÇAMENTO-PROGRAMA

Orientação: é o tipo de orçamento usado nos dias de hoje, por isso, é preferível usar o seu conceito quando nas questões tratarem do orçamento público usado no Brasil.

- **Características:**
  - Integração entre planejamento e orçamento;
  - Alcance de objetivos e metas;
  - Ênfase nos aspectos administrativos e de planejamento;
  - São consideradas as análises das alternativas disponíveis a todos os custos;
  - Utilização sistemática de indicadores para acompanhamento e aferição dos resultados;
  - Classificação funcional-programática (planejamento feito por meio de programas);
  - Controle visa a eficiência, a eficácia, a efetividade e a economicidade das ações governamentais.

d) ORÇAMENTO BASE-ZERO ou POR ESTRATÉGIA

- Justificam-se, a cada ano, as atividades desenvolvidas e as dotações solicitadas;
- Não leva em consideração o que foi executado no ano anterior;
- Cada despesa para o novo exercício deve ser justificada, não havendo direitos adquiridos;
- Rompe com o passado e começa tudo do zero;
- É voltado para a avaliação e à tomada de decisão sobre as despesas;
- Sua elaboração é lenta, difícil e tem um custo alto.

e) ORÇAMENTO PARTICIPATIVO

Conceito: técnica orçamentária em que a alocação de alguns recursos contidos no Orçamento Público é decidida com a participação direta da população, ou por meio de grupos organizados da sociedade civil, como a associação de moradores.

- **Características**:
  - Em consonância com o orçamento-programa, em que o planejamento e os objetivos estão sintonizados;
  - Possibilita que o governo capte, com maior facilidade e precisão, as demandas sociais;
  - Conta com participação direta e participação representativa;
  - Estimula o espaço para debate e para decisão político-participativa;
  - Estimula o exercício da cidadania, o compromisso da população com o bem público, e gera corresponsabilização entre Governo e sociedade sobre a gestão dos recursos públicos;

o Cidadão deixa de ser um simples coadjuvante para ser protagonista ativo da gestão pública.

o Desvantagens: perda da flexibilidade (alterações demanda muitos esforços) e maior rigidez na programação dos investimentos.

- **LRF**: deve ser incentivada a participação popular e a realização de audiências públicas durante os processos de elaboração e discussão das leis orçamentárias.

3. ORÇAMENTO-PROGRAMA

CONCEITO: Refere-se a um plano de trabalho, ou seja, um instrumento de planejamento das ações do governo, que busca identificar os programas, projetos e atividades, firmando objetivos e metas a serem implementados, bem como a previsão dos custos relacionados.

- ELEMENTOS ESSENCIAIS:
  - **Objetivos e propósitos** perseguidos pela instituição e para cuja consecução são utilizados os recursos orçamentários;
  - **Programas**, isto é, instrumentos de integração dos esforços governamentais no sentido da concretização dos objetivos;
  - **Custos dos programas**, medidos através da identificação dos meios ou insumos (pessoal, material, equipamentos, serviços etc.) necessários para a obtenção dos resultados; e
  - **Medidas de desempenho**, as quais têm a finalidade de medir as realizações (produto final) e os esforços despendidos na execução dos programas.

O orçamento-programa foi introduzido no Brasil por meio da Lei n.º 4.320/64 e do Decreto-Lei n.º 200/67, todavia foi a CF/88 que o consolidou definitivamente, ao vincular o processo orçamentário ao plano plurianual, à lei de diretrizes orçamentárias e à lei orçamentária anual.

Portanto, o orçamento-programa nada mais é que um instrumento das ações do governo. Através dele os instrumentos orçamentários (PPA, LDO e LOA) vinculam-se ao funcionamento do ciclo orçamentário, assim todas as peças estariam sendo elaboradas, aprovadas, executadas e controlas em sintonia uma com a outra.

3.1. DIFERENÇAS ENTRE ORÇAMENTO TRADICIONAL E ORÇAMENTO-PROGRAMA

	Orçamento Tradicional/ Clássico	**Orçamento-Programa**
Planejamento e orçamento	Dissociados	Associados por meio do elo orçamento-programa
Alocação de recursos	Aquisição de meios	Consecução de objetivos e metas
Decisões orçamentárias	Baseadas nas necessidades das unidades organizacionais	Baseadas em avaliações e análises das alternativas possíveis
Elaboração do orçamento	Considera as necessidades financeiras das unidades organizacionais	Considera todos os custos dos programas, inclusive os que extrapolam o exercício
Estrutura do orçamento	Ênfase nos aspectos contábeis	Ênfase nos aspectos administrativos e de planejamento
Principais critérios classificatórios	Unidades administrativas e elementos	Funcional-programática
Acompanhamento dos resultados	Inexiste sistema de acompanhamento e medição do trabalho e dos resultados	Utiliza uma sistemática de indicadores e padrões de medição do trabalho e dos resultados
Controle	Controla a honestidade e a legalidade	Controla a eficiência, eficácia e efetividade

4. INSTRUMENTOS DE PLANEJAMENTO

São leis orçamentárias de **iniciativa do PODER EXECUTIVO** e previstas na CF/88 (art. 165):

I. Plano Plurianual (PPA);

II. Lei de Diretrizes Orçamentárias (LDO);

III. Lei Orçamentária Anual (LOA).

4.1. PLANO PLURIANUAL (PPA)

CONCEITO GERAL DO PPA

- Inovação da CF/88;
- O **grande instrumento de planejamento** do governo;
- É considerado um planejamento **ESTRATÉGICO** de **MÉDIO PRAZO**;
- Objetiva promover a integração nacional; e
- **ORIENTA** a elaboração dos **planos e programas nacionais, regionais e setoriais.**

CONCEITO DO PPA NA CF/88 (art. 165, §1º)

- A lei que instituir o PPA estabelecerá:
  - De forma **REGIONALIZADA** as
  - **D**iretrizes, **O**bjetivos e **M**etas (**DOM**) da administração pública federal para as

a) **DESPESAS DE CAPITAL** e outras delas decorrentes e para as relativas aos

b) Programas de **DURAÇÃO CONTINUADA**.

4.1.1. INVESTIMENTOS NO PPA

Nenhum investimento cuja execução ultrapasse um exercício financeiro poderá ser **iniciado sem prévia inclusão no PPA ou sem lei que a autorize**, sob **pena de crime de responsabilidade** (art. 167, § 1°, da CF/88).

A LOA não consignará dotação para investimento com duração superior a um exercício financeiro que não esteja previsto no PPA ou em lei que autorize a sua inclusão (art. 5°, §5° da LRF). Portanto, um investimento cuja execução ultrapasse um exercício financeiro, estando incluso no PPA ou em lei que o aprove, será acrescido posteriormente na LOA para que seja consignada a respectiva dotação.

- São três as possibilidades para o investimento:
  - INVESTIMENTO COM EXECUÇÃO SUPERIOR A UM EXERCÍCIO FINANCEIRO:
    1. Se estiver incluso no PPA;
    2. Se não estiver incluso no PPA, desde que exista lei que autorize sua inclusão;
  - INVESTIMENTO COM EXECUÇÃO IGUAL OU INFERIOR A UM EXERCÍCIO FINANCEIRO:
    3. Dispensa a inclusão no PPA.

4.2. LEI DE DIRETRIZES ORÇAMENTÁRIAS (LDO)

CONCEITO GERAL DA LDO
– Inovação da CF/88; – É compatível com o PPA e orientará a LOA; – Considerada um planejamento **TÁTICO** de **CURTO PRAZO**; – Dá prioridade à execução do orçamento conforme a situação atual do Governo.
CONCEITO DA LDO NA CF/88 (art. 165, §2°)
– A lei de diretrizes orçamentárias compreenderá as: • **M**etas e **P**rioridades (**MP**) da administração pública federal • Estabelecerá as diretrizes de **POLÍTICA FISCAL** e respectivas metas, em consonância com trajetória sustentável da dívida pública • **ORIENTARÁ A ELABORAÇÃO DA LOA** • **DISPORÁ (apenas falará) SOBRE ALTERAÇÕES NA LEGISLAÇÃO TRIBUTÁRIA** • Estabelecerá as **políticas de aplicação das_agências financeiras oficiais de fomento**

A partir das Emendas Constitucionais n° 100 e 102, de 2019, é dever da administração executar as programações orçamentárias, adotando os meios e as medidas necessários, com o propósito de garantir a efetiva entrega de bens e serviços à sociedade. A nova exigência, nos termos da lei de diretrizes orçamentárias, deve observar:

- subordina-se ao cumprimento de dispositivos constitucionais e legais que estabeleçam metas fiscais ou limites de despesas e não impede o cancelamento necessário à abertura de créditos adicionais;
- não se aplica nos casos de impedimentos de ordem técnica devidamente justificados;
- aplica-se exclusivamente às despesas primárias discricionárias.

E passa a integrar a LDO, para o exercício a que se refere e, pelo menos, para os 2 (dois) exercícios subsequentes, **anexo com previsão de agregação fiscais** e a **proporção dos recursos para investimentos que serão alocados na lei orçamentária anual para continuidade daqueles em andamento**.

As informações dos dois últimos parágrafos aplicam-se exclusivamente aos orçamentos fiscal e da seguridade social da União. Ou seja, não é aplicável ao orçamento de investimento. Para conhecer melhor os tipos de orçamentos que compõe a lei orçamentária anual, sugiro a leitura do tópico 4.3.1 – Composição física da LOA.

4.3. LEI ORÇAMENTÁRIA ANUAL (LOA)

CONCEITO GERAL DA LOA
– É o próprio **Orçamento Público/Orçamento Geral**; – **Prevê receitas** e **fixa as despesas**; – É compatível com o PPA, LDO e normas da Lei de Responsabilidade Fiscal – LRF; – Considerada um planejamento **OPERACIONAL** de **CURTO PRAZO**; – **Operacionaliza** as ações previstas no **PPA**.
CONCEITO DA LOA NA LEI N.° 4.320/64 (art. 2°)
– A lei do orçamento: • Conterá a discriminação da **RECEITA** e **DESPESA** de forma a evidenciar: • a política econômica financeira; e • o programa de trabalho do governo. • Obedecerá aos princípios da **UN**idade, **UN**iversalidade e **AN**ualidade – (**UN UN AN**).

A LOA poderá conter previsões de despesas para exercícios seguintes, com a especificação dos investimentos plurianuais e daqueles em andamento, a fim de oportunizar um melhor planejamento das despesas que ultrapassam o exercício financeiro.

A União deve organizar e manter registro centralizado de projetos de investimento contendo, por Estado ou Distrito Federal, pelo menos, análises de viabilidade, estimativas de custo e informações sobre a execução física e financeira.

4.3.1. COMPOSIÇÃO FÍSICA DA LOA

A princípio, é importante compreender que a LOA se trata de orçamento público único por ente federativo. Ou seja, a União detém uma única Lei Orçamentária Anual para todos os seus respectivos poderes, assim como cada estado também possui a sua. O mesmo entendimento deve ser aplicado no que se refere ao distrito federal e aos municípios.

O parágrafo anterior retoma o princípio da unidade do orçamento e esclarece o seu conceito, cujo intuito é garantir que cada ente autônomo tenha a sua atividade financeira direcionada a um único Orçamento, posto que seria dificultoso o controle pelos órgãos incumbidos dessa responsabilidade. No entanto, é válido esclarecer que dentro de uma mesma LOA existe a possibilidade de coexistirem mais de um orçamento que trate de temas específicos, conforme postula a CF/88, em seu art. 165, § 5º, ao prever que a lei orçamentária anual compreenderá o Orçamento FISCAL, o Orçamento de INVESTIMENTO DAS EMPRESAS/DAS ESTATAIS e o Orçamento da SEGURIDADE SOCIAL.

COMPÕE A LOA pelo orçamento:		
(1) FISCAL	**(2) de INVESTIMENTO DAS EMPRESAS**	**(3) da SEGURIDADE SOCIAL**
Gastos gerais	Empresas **NÃO DEPENDENTES**	Gastos com (**SPA**): **S**aúde; **P**revidência social; e **A**ssistência social.
Referente aos Poderes da União, seus fundos, órgãos e entidades da administração direta e indireta, inclusive fundações instituídas e mantidas pelo Poder Público.	Referente às empresas em que a União, **direta ou indiretamente**, **detenha a MAIORIA do capital social COM direito a voto**.	Referente às entidades e órgãos a ela vinculados, da administração direta ou indireta, bem como os fundos e fundações instituídos e mantidos pelo Poder Público.
Função de reduzir desigualdades inter-terregionais: Segundo critério **POPULACIONAL**.	Função de reduzir desigualdades interregionais: Segundo critério **POPULACIONAL**.	Não possui a função dos anteriores.

O que pode vir na prova?

1. A LOA é composta por três orçamentos: **Fiscal**, **Investimento das empresas** e **Seguridade Social**;
2. O orçamento de Investimento das empresas trata APENAS das estatais **NÃO** dependentes do Estado;
3. O orçamento da Seguridade Social é contemplado com os gastos em virtude da (**SPA**): saúde, previdência social e assistência social;
4. O orçamento de Investimento das empresas refere-se às empresas em que a União, DIRETA **OU** INDIRETAMENTE, detenha a **MAIORIA** do capital social **COM** direito a voto;
5. Os orçamentos Fiscal e de Investimento das empresas compartilham a função de reduzir desigualdades inter-regionais, usando um especificamente o critério **POPULACIONAL**.

4.4. PRAZOS PARA ENVIO DO PPA, LDO E LOA

Enquanto a lei complementar exigida pela CF/88 para tratar dos prazos para envio das leis orçamentárias não entrar em vigor, serão obedecidas as seguintes normas (art. 35, §2º, do ADCT):

Projeto do PPA	**PE → PL**	Encaminhado até **QUATRO meses antes do encerramento do PRIMEIRO exercício financeiro do mandato presidencial**;	Até 31/agosto
	PL → PE	Devolvido para sanção até o **encerramento da SESSÃO legislativa**.	Até 22/dezembro
Projeto da LDO	**PE → PL**	Encaminhado até **OITO MESES E MEIO antes do encerramento do exercício financeiro**;	Até 15/abril
	PL → PE	Devolvido para sanção até o **encerramento do primeiro PERÍODO da sessão legislativa**.	Até 17/julho
Projeto da LOA	**PE → PL**	Encaminhado até **QUATRO meses antes do encerramento do exercício financeiro**;	Até 31/agosto
	PL → PE	Devolvido para sanção até o **encerramento da SESSÃO legislativa**.	Até 22/dezembro

Uma vez que as bancas podem cobrar a literalidade do art. 35, §2º do ADCT da CF/88, estudaremos uma forma para memorizar os prazos para envio dos projetos orçamentários. A **FCC**, habitualmente, tem mostrado essa tendência.

INFORMAÇÕES IMPORTANTES!!!

1. Os prazos para envio dos projetos do PPA, LDO e LOA obrigam apenas a União. Já os demais entes federativos podem definir, em suas Constituições ou Leis Orgânicas, prazos diferentes aos estipulados no ADCT da CF/88;

2. A sessão legislativa não será interrompida sem a aprovação do projeto de LDO. Ou seja, não haverá recesso sem a aprovação da LDO. Isso não se aplica ao PPA e à LOA;

3. Os prazos para envio do PPA e da LOA são parecidos. Fique atento, então, ao PPA, que possui prazos para envio apenas no primeiro exercício financeiro do mandato. Veja:

	PE → PL	PL → PE
PPA e LOA	**QUATRO**	**SESSÃO**
LDO	**OITO E MEIO**	**PERÍODO**

4.5. VIGÊNCIA DO PPA, LDO E LOA

O plano plurianual do governo possui **vigência de 4 anos**, NÃO coincidindo com o mandato do chefe do Poder Executivo. Veja bem, a iniciativa da elaboração das leis orçamentárias é do representante do Executivo, portanto este só terá a competência para elaborar o PPA quando estiver investido em tal cargo, destinando assim o 1º ano do mandato para sua elaboração. Uma vez que a vigência do PPA dura 4 anos, sendo o 1º ano voltado para elaboração, restam 3 anos de mandato para 4 do PPA, que passará a ter vigência no 2º ano do mandato. A partir de tal raciocínio, entende-se que, ao fim do mandato, ainda restará um ano de vigência do PPA (último), que ficará a encargo do próximo chefe do Executivo.

A lei de diretrizes orçamentárias possui vigência variável, no entanto, em provas de tribunais, as bancas (CESPE e FCC) já expressaram seus entendimentos e por isso que passaremos a avaliá-los.

CESPE. Está ERRADO afirmar que "a LDO entra em vigor na mesma data em que a LOA se refere iniciar sua vigência" (prova Analista Judiciário - Área Administrativa do TRE de Alagoas, ano 2004). Considerando a informação contida na questão, extraímos que a LOA tem vigência diferente a da LDO, uma vez que esta tem vigência maior, pois se inicia no momento da sua aprovação para orientar a elaboração da LOA do exercício seguinte. A situação exposta acima repetir-se-á em todos os anos.

FCC. "A lei anual que compreende as metas e prioridades da Administração Pública federal, [...], sendo que, dentre outras situações, dispõe sobre as alterações na legislação tributária, diz respeito à lei de diretrizes orçamentárias" (prova para Analista Judiciário - Área Administrativa do TRE do Amapá, ano 2006). Apesar da questão apresentar tal informação, como a LDO orienta a elaboração da LOA do exercício seguinte, ela terá uma vigência maior que um ano (a partir da sua aprovação) para atender a essa finalidade específica.

É aconselhável responder na prova, para ambas as bancas, que: **a vigência da LDO** é **anual, embora possa ter uma vigência maior, a partir da sua aprovação, com a finalidade de orientar a elaboração da LOA**. A vigência da LDO encerra-se no término do exercício financeiro seguinte ao da sua aprovação.

A lei orçamentária anual terá vigência de um exercício financeiro, que, conforme o art. 34 da Lei n.º 4.320/64, coincide com o ano civil.

	PPA - 4 anos	**LDO - anual**	**LOA - anual**
ELABORAÇÃO DO PROJETO	1º ano do mandato do chefe do Poder Executivo.	Todos os anos.	Todos os anos.
INÍCIO DA VIGÊNCIA	2º ano do mandato do chefe do Poder Executivo.	**Vigência PARCIAL** No momento da sua aprovação para orientar a elaboração da LOA. **Vigência TOTAL** Ano seguinte ao da sua aprovação.	Em regra, coincide com o exercício financeiro (ano civil - 1º de janeiro a 31 de dezembro).
TÉRMINO DA VIGÊNCIA	1º ano do mandato subsequente do Poder Executivo.	Final do ano seguinte ao da sua aprovação.	Final do exercício financeiro.

4.6. LDO NA LEI DE RESPONSABILIDADE FISCAL - LRF

- A LDO, conforme a LRF, disporá sobre:
  - **EQUILÍBRIO** entre receitas e despesas;
  - Critérios e formas de **LIMITAÇÃO DE EMPENHO**;
  - Normas relativas ao **CONTROLE DE CUSTOS** e à **AVALIAÇÃO DOS PROGRAMAS** financiados com recursos do orçamento;
  - Demais **CONDIÇÕES E EXIGÊNCIAS PARA TRANSFERÊNCIAS DE RECURSOS** a entidades públicas e privadas;
  - **FORMA DE UTILIZAÇÃO E O MONTANTE DA RESERVA DE CONTINGÊNCIA** que estará na LOA;
  - **ANEXO DE METAS FISCAIS**; e
  - **ANEXO DE RISCOS FISCAIS**.

4.6.1. ANEXOS DA LDO

Anexo de METAS fiscais	Estabelece as **METAS ANUAIS**, em valores correntes e constantes, relativas a receitas, resultados nominal e primário e montante da dívida pública, para o **EXERCÍCIO A QUE SE REFERIREM E PARA OS DOIS SEGUINTES**.

Anexo de RISCOS fiscais	Serão avaliados os **PASSIVOS CONTINGENTES** e **OUTROS RISCOS** capazes de afetar as contas públicas, informando as providências a serem tomadas, caso se concretizem.

O ANEXO METAS FISCAIS conterá:
Avaliação do cumprimento das **metas** relativas ao **ano anterior**;
Demonstrativo das metas anuais, instruído com memória e metodologia de cálculo que justifiquem os resultados pretendidos, **comparando-as com as fixadas nos três exercícios anteriores** e evidenciando a consistência delas com as premissas e os objetivos da política econômica nacional;
Evolução do patrimônio líquido, também nos últimos **três exercícios**, destacando a origem e a aplicação dos recursos obtidos com a alienação de ativos;
Avaliação da situação financeira e atuarial: a) dos regimes geral de previdência social e próprio dos servidores públicos e do Fundo de Amparo ao Trabalhador; b) dos demais fundos públicos e programas estatais de natureza atuarial;
Demonstrativo da **estimativa e compensação da renúncia de receita** e da **margem de expansão das despesas obrigatórias de caráter continuado**.

4.7. LOA NA LRF

- Em anexo, **DEMONSTRATIVO DA COMPATIBILIDADE** da programação dos orçamentos com os objetivos e metas constantes no anexo de metas fiscais da LDO;
- Acompanhado de **DEMONSTRATIVO REGIONALIZADO DO EFEITO** sobre as receitas e despesas decorrentes de isenção, anistias, remissões, subsídios e benefícios de natureza financeira, tributária e creditícia, bem como das medidas de compensação a renúncias de receita e ao aumento de despesas obrigatórias de caráter continuado;
- Conterá **RESERVA DE CONTINGÊNCIA**, cuja forma de utilização e montante, definido com base na receita corrente líquida, serão estabelecidos na LDO, a qual destina-se ao atendimento de passivos contingenciais e outros riscos e eventuais imprevistos.

Acerca do que as bancas costumam questionar sobre a **Reserva de Contingência**, é preciso destacar:

- Está na LOA;
- A LDO define a forma de utilização e o seu montante;
- Atende PASSIVOS CONTINGENTES e OUTROS RISCOS IMPREVISTOS.

5. CRÉDITOS ADICIONAIS

5.1. CONCEITO DE CRÉDITOS ADICIONAIS

Geralmente uma despesa pública só será realizada se estiver prevista na Lei Orçamentária Anual. Dessa forma, a LOA é composta por um conjunto de créditos orçamentários, que se referem a contas específicas as quais autorizam a realização do gasto. Cada crédito possui uma dotação, esta, por sua vez, relaciona-se a um limite de recurso financeiro que o Estado poderá comprometer-se. Assim, quando um crédito está inicialmente previsto na lei de orçamento, trata-se de crédito inicial ou ordinário.

A elaboração da LOA é complexa e nem sempre os créditos e as dotações atenderão às necessidades durante a execução do orçamento. Assim, a fim de que alterações que visem atender aos objetivos do Governo sejam realizadas durante o exercício financeiro vigente, faz-se possível a autorização de novas despesas ou reforços de dotações existentes, os quais serão conhecidos, nesses casos específicos, como créditos adicionais.

Crédito Orçamentário INICIAL ou ORDINÁRIO	É aquele consignado normalmente na LOA, conforme o planejamento dos órgãos que integram o Orçamento.
Crédito Orçamentário ADICIONAL	Trata-se de autorização de despesas não computadas ou insuficientemente dotadas na LOA. É alteração qualitativa ou quantitativa dos créditos inicialmente previstos na LOA, seja para uma nova despesa ou para reforçar as dotações de despesas já previstas.

5.2. CLASSIFICAÇÃO DOS CRÉDITOS ADICIONAIS

Os créditos **ADICIONAIS**, de acordo com o art. 41 da Lei n.º 4.320/64, classificam-se em:

1. **SUPLEMENTARES**;
2. **ESPECIAIS**; e
3. **EXTRAORDINÁRIOS**.

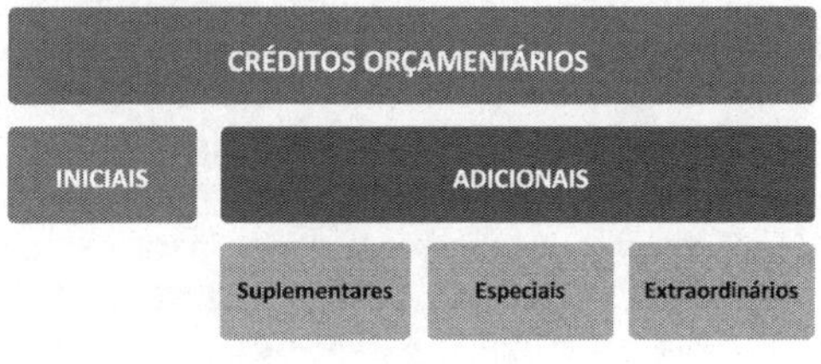

5.3. CRÉDITOS ADICIONAIS E SUAS DIFERENÇAS

	SUPLEMENTARES	ESPECIAIS	EXTRAORDINÁRIOS
Finalidade	1. **Reforço** de dotação; 2. Atender despesas que **não haja dotação suficiente**.	Atender despesas que **não haja dotação específica**.	Atender despesas **urgentes e imprevisíveis**, em casos de: – Guerra; – Comoção interna; – Calamidade pública.
Vigência	Adstrita ao exercício em que for aberto.	Adstrita ao exercício em que forem abertos, salvo disposição legal.	Adstrita ao exercício em que forem abertos, salvo disposição legal.
Prorrogação	Não.	Se autorizados nos **4** últimos **meses do exercício**, podem ser reabertos no limite dos seus saldos, podendo viger **até o final do exercício subsequente**.	Se autorizados nos **4** últimos **meses do exercício**, podem ser reabertos no limite dos seus saldos, podendo viger **até o final do exercício subsequente**.
Autorização	1º Autorização legislativa; 2º Abertura por decreto Executivo.	1º Autorização legislativa; 2º Abertura por decreto Executivo.	**CESPE** – Para a União: Medida Provisória; – Para os demais entes: Abertura por Decreto Executivo e imediato conhecimento ao Poder Legislativo. **FCC** Abertura por Decreto Executivo e imediato conhecimento ao Poder Legislativo.
Local da autorização	Dentro da LOA, ou fora, por lei específica.	Fora da LOA, por lei específica.	-
Requisitos para abertura	Justificativa e indicação da fonte de recursos.	Justificativa e indicação da fonte de recursos.	Não precisa.
EXCEÇÃO AO PRINCÍPIO	**EXCLUSIVIDADE**	**ANUALIDADE**	**ANUALIDADE**

Atenção: AUTORIZAÇÃO DO CRÉDITO EXTRAORDINÁRIO – ORIENTAÇÕES SOBRE CESPE E FCC

A Lei n.º 4.320/64, em seu art. 44, menciona que os créditos extraordinários serão **abertos por decreto do Poder Executivo**, que deles dará imediato conhecimento ao Poder Legislativo. Em contrapartida, a Constituição Federal de 1988, no art. 62, §1º, inciso I, alínea "d", afirma que é vedada a edição de medidas provisórias sobre matéria relativa a plano plurianuais, diretrizes orçamentárias, orçamento e créditos adicionais, **ressalvado o crédito extraordinário**. Ou seja, de acordo com a exposição da carta máxima, os créditos extraordinários, **para a União**, serão abertos por **medida provisória**.

ORIENTAÇÕES SOBRE O CESPE. "Suponha que determinado crédito tenha sido aberto por meio de Medida Provisória. Neste caso, a denominação correta da operação realizada é de crédito extraordinário." (Prova do TJ do Ceará, ano 2014, para o cargo de Analista Judiciário – Área Administrativa). A questão não mencionou nenhuma diretriz normativa, assim, apenas apresentou uma afirmação e a oficializou como correta. Analisemos ainda outra assertiva, reforçando o posicionamento da banca: "Os créditos extraordinários são abertos por meio de medida provisória e são compensáveis com o excesso de arrecadação utilizado na abertura de novos créditos adicionais." (Prova do TRT16, ano 2005, para o cargo de Analista Judiciário – Área Contábil). A banca solicita, portanto, a afirmação elencada na CF/88, a qual indica que, para abertura de crédito extraordinário, utiliza-se a Medida Provisória. Veja: "Segundo o art. 40 da Lei n.º 4.320/1964, são créditos adicionais as autorizações de despesas não computadas ou insuficientemente dotadas na lei de orçamentos. O crédito adicional será extraordinário quando for aberto na União, por medida provisória, para atender despesas urgentes e imprevisíveis." Mesmo citando a Lei n.º 4.320/64, a Medida Provisória é o instrumento para abertura de créditos extraordinários. Por fim, analisemos uma questão na qual a banca menciona que abertura ocorre por conta de outro ente, diferente da União: "O Poder Executivo de um município abriu crédito para atender a uma necessidade urgente que não estava prevista em sua lei orçamentária. A abertura do crédito mencionado deve ocorrer por meio de medida provisória (Gabarito ERRADO)." O correto seria "Decreto do Executivo nos casos diferentes da União". Por conseguinte, para os Estados, Distrito Federal e Municípios, aplica-se o entendimento do regramento geral contido na Lei n.º 4.320/64, em que os créditos extraordinários serão abertos por Decreto do Executivo, que deles dará imediato conhecimento ao Legislativo. Frisa-se que os créditos extraordinários, no caso da União, serão abertos por Medida Provisória; e para os Estados, Distrito Federal e Municípios por Decreto do Executivo.

ORIENTAÇÕES SOBRE A FCC. "Os créditos suplementares são autorizados por lei e abertos por decreto do Executivo; enquanto os extraordinários são abertos por decreto do Executivo." (Prova do TRF1, ano 2011, para o cargo de Analista Judiciário – Área Administrativa). A questão não mencionou nenhuma diretriz normativa, assim, apenas afirmou e a oficializou como correta. Analisemos outra assertiva: "Numa situação de calamidade pública, o gestor municipal deveria abrir créditos extraordinários por decreto do poder Executivo e, posteriormente, submeter ao poder Legislativo, sem necessidade de especificar a fonte de recursos." (Prova do TRT4, ano 2011, para o cargo de Analista Judiciário – Área Contabilidade). Nesta questão houve o aviso de que o fato é responsabilidade de um gestor do Município, afirmação considerada correta. A banca, nas provas de Tribunais, cobra o entendimento da Lei n.º 4.320/64. Mas preciso alertar sobre a possibilidade de ocorrer surpresa (há assuntos para os quais a banca adota mais de um entendimento, e esse é um deles). Assim, a fim de evitar confusões, primeiro verifique se a questão quer saber sobre a abertura de créditos extraordinários, para então procurar a alternativa que trate do uso de decreto Executivo. Segundo, se estiver sendo abordada a responsabilidade da União, é preciso ficar atento, pois pode se tratar tanto de decreto Executivo ou de medida provisória, assim procure a alternativa que contenha uma das duas opções. Ainda que seja improvável, caso uma mesma questão verse sobre as duas possibilidades, lembre-se: referindo-se à Lei n.º 4.320/64, é Decreto Executivo; e, se levar em consideração a CF/88, trata-se de Medida Provisória.

5.4. INFORMAÇÕES IMPORTANTES SOBRE CRÉDITOS ADICIONAIS

1. Os créditos adicionais serão apreciados pelas duas casas do Congresso Nacional, na forma de regimento comum → Os créditos adicionais, exceto o extraordinário, seguirão o mesmo rito legislativo dos projetos de lei orçamentárias;
2. Uma lei não poderá versar sobre mais de um tipo de crédito adicional → Caso uma lei específica trate de créditos especiais, autorizará exclusivamente novas despesas. Bem como se uma lei versar sobre créditos suplementares, vez que poderá apenas autorizar reforço de dotações;
3. É vedada a concessão de créditos ilimitados → Vedação constitucional que abarca todos os créditos adicionais.

5.5. FONTES DE RECURSOS PARA A ABERTURA DE CRÉDITOS ADICIONAIS

A abertura de créditos **suplementares** e **especiais** depende da EXISTÊNCIA DE RECURSOS disponíveis para ocorrer a despesa e será precedida de exposição justificada (Lei n.º 4.320/64, art. 43).

São fontes para abertura dos créditos adicionais suplementares e especiais:

a) Conforme a Lei n.º 4.320/64, consideram-se fontes de recursos para abertura de créditos suplementares e especiais, desde que não comprometidos:
   - O **superávit financeiro** apurado em balanço patrimonial do exercício anterior;
   - Os provenientes do **excesso de arrecadação**;
   - Os resultantes de **anulação parcial ou total** de dotações orçamentárias ou de créditos adicionais, autorizados em Lei;
   - O produto de **operações de crédito** autorizadas, em forma que juridicamente possibilite ao poder Executivo realizá-las;

b) Conforme o Decreto-lei n.º 200/1967:
   - A denominada **reserva de contingência**, o orçamento anual poderá conter dotação global não especificamente destinada a determinado órgão, unidade orçamentária, programa ou categoria econômica, cujos recursos serão utilizados para abertura de créditos adicionais;

c) Conforme a CF/88:
   - Os **recursos** que, em decorrência de veto, emenda ou rejeição do projeto de LOA, ficarem **sem despesas correspondentes** poderão ser utilizados, conforme o caso, mediante créditos especiais ou suplementares, com prévia e específica autorização legislativa.

FONTES DE RECURSOS PARA A ABERTURA DE CRÉDITOS ADICIONAIS
EXCESSO DE arrecadação (do exercício vigente)
Superávit financeiro apurado em balanço patrimonial do exercício anterior
Anulação parcial ou total de dotações
Reserva de contingência
Recursos sem despesas correspondente
Operações de crédito

FONTES DE RECURSOS PARA CRÉDITOS ADICIONAIS → **EXCESSO DE SARRO**

5.5.1. SUPERÁVIT FINANCEIRO E EXCESSO DE ARRECADAÇÃO

O **superávit financeiro** e **excesso de arrecadação** costumeiramente são trabalhados nas provas de modo a confundir o candidato em relação aos seus conceitos e particularidades. Vamos conhecer seus conceitos e analisar o comparativo.

A) Conceitos

- **Superávit financeiro** é a diferença positiva entre o ativo e o passivo financeiro, conjugando-se, ainda, os saldos dos créditos adicionais transferidos e as operações de crédito a eles vinculadas;
- **Excesso de arrecadação** é o saldo positivo da diferença mês a mês entre a arrecadação prevista e a realizada, considerando-se, também, a tendência do exercício, deduzindo a importância dos créditos extraordinários abertos no exercício.

B) Comparativo

Superávit financeiro	Excesso de arrecadação
Apurado no Balanço **PATRIMONIAL** no **exercício anterior**	Apurado no **exercício vigente**
Diferença positiva entre **ativo financeiro** e o **passivo financeiro**	Saldo positivo, mês a mês, da arrecadação prevista e a arrecadação realizada
Deduzir os créditos adicionais transferidos e as operações de créditos a eles vinculadas	Aplicar a tendência de excesso de arrecadação do exercício; e Deduzir os créditos extraordinários abertos no exercício

6. PRINCÍPIOS ORÇAMENTÁRIOS

Os princípios norteiam e sustentam as ações de elaboração e execução do orçamento público. Cada um deles possui sua especificidade, e alguns carregam exceções, vinculando, assim, o processo orçamentário de cada ente e dos seus Poderes.

ORIENTAÇÃO SOBRE AS QUESTÕES DA FCC. Certamente todos os princípios orçamentários são importantes para a prova. Contudo alguns aparecem com mais frequência e é fundamental priorizá-los. São eles, na ordem: exclusividade, universalidade, unidade, não afetação da receita e especificação/especialização/discriminação. A partir de análise feita da banca, em provas de Tribunais (TRE, TRF, TRT e TJ) de todos os cargos, o conhecimento destes é suficiente para responder mais de 70% das questões sobre princípios, o que não significa que seja desnecessário aprender os demais.

Analisemos o seguinte quadro, a fim de visualizarmos esses princípios, seus conceitos, exceções e diferenças.

Unidade e Totalidade	De acordo com o princípio da **unidade,** cada ente de Governo deve possuir um orçamento. No entanto, em conjunto ao princípio anterior, o da **totalidade** garante a coexistência de três orçamentos compatíveis entre si, dentro de uma única LOA, sendo eles: fiscal, investimento e seguridade social.
Universalidade ou Globalização	O orçamento **compreenderá todas as receitas,** inclusive as operações de crédito autorizadas em lei, **e todas as despesas** próprias dos órgãos do Governo e da administração centralizada ou que, por intermédio deles, se devam realizar.
Anualidade ou Periodicidade	O orçamento deve ser executado em **período determinado de tempo**, conhecido como exercício financeiro, que coincide com o ano civil. **EXCEÇÕES:** Os créditos adicionais especiais e extraordinários autorizados nos últimos quatro meses do exercício financeiro podem ser reabertos no limite dos seus saldos no exercício seguinte, quando terá vigência até o término desse exercício.
Orçamento Bruto	Todas as **receitas e despesas** constarão no orçamento **pelos seus totais**, vedadas quaisquer deduções.
Exclusividade	O orçamento **não conterá qualquer dispositivo estranho** à **estimativa de receita ou fixação de despesa**, ressalvadas as exceções previstas na Constituição Federal. **EXCEÇÕES:** Autorização de créditos adicionais suplementares e contratação de operações créditos, ainda que por antecipação de receita orçamentária, nos termos da lei.
Especificação ou Especialização ou Discriminação	O orçamento não consignará **dotações globais** destinadas a atender indiferentemente as despesas de pessoal, material, serviços de terceiros, transferências ou quaisquer outras. **EXCEÇÕES:** Os programas especiais de trabalho e a reserva de contingência.
Não Afetação ou Não Vinculação da Receita	É vedada a vinculação da receita de **IMPOSTOS** a órgão, fundo ou despesa, com as ressalvas previstas na CF/88. **EXCEÇÕES:** (1) Repartição constitucional dos impostos; (2) Destinação de recursos para a saúde; (3) Destinação de recursos para o desenvolvimento de ensino; (4) Destinação de recursos para a atividade da administração tributária;
Não Afetação ou Não Vinculação da Receita	(5) Prestação de garantias às operações de crédito por antecipação de receita orçamentária; (6) Garantia, contragarantia à União e pagamento de débitos para com esta.
Legalidade	O **orçamento** é **lei** e, portanto, deve seguir o rito legislativo de aprovação.
Publicidade e Transparência	O orçamento terá validade após sua **publicação** oficial. O orçamento deve ser **publicado de forma ampla** à sociedade, conforme a LRF.

Clareza ou Inteligibilidade	O orçamento deve ser elaborado com a característica de **fácil compreensão** pelo povo e seus representantes.
Equilíbrio	A LRF afirma que receitas e despesas devem compatibilizar-se entre si no orçamento. **As disposições sobre o equilíbrio estão contidas na LDO.**
Quantificação dos Créditos	É vedada a realização de despesas ou assunção de obrigações diretas que não excedam os créditos orçamentários ou adicionais. Os créditos são **limitados**.
Programação	O orçamento diz respeito à formulação dos objetivos e aos estudos das alternativas de ação do futuro para o alcance dos fins da atividade governamental, de forma que evidencie os programas e os fins estabelecidos no PPA.
Proibição do Estorno	É vedada a **t**ransposição, o **r**emanejamento ou a **t**ransferência (**TRT**) de recursos de uma categoria de programação para outra ou de um órgão para outro, sem prévia autorização legislativa. **EXCEÇÕES:** Sem necessidade de prévia autorização legislativa, poderá transpor, remanejar ou transferir recursos de uma categoria de programação para outra, no âmbito das atividades de **C**iência, **T**ecnologia e **I**novação, com o objetivo de viabilizar os resultados de projetos restritos a essas funções, mediante ato do Poder Executivo.

Atenção!!!

1. O princípio "queridinho" da **FCC**: **Exclusividade.**

2. Cuidado com a diferença entre os princípios da universalidade e orçamento bruto:

UNIVERSALIDADE	O orçamento compreenderá **todas as receitas e todas as despesas**.
ORÇAMENTO BRUTO	O orçamento compreenderá todas as receitas e todas as despesas **em seus valores brutos/totais, sem quaisquer deduções**.

3. Os três créditos adicionais são exceções:

SUPLEMENTARES	ESPECIAIS	EXTRAORDINÁRIOS
Exclusividade	Anualidade	Anualidade

7. CICLO ORÇAMENTÁRIO

Tradicionalmente, o ciclo ou processo orçamentário consiste nas seguintes quatro etapas: **elaboração, estudo e aprovação, execução e avaliação** do orçamento público.

Para que um ciclo orçamentário tenha início, o chefe do poder Executivo, que detém a competência de propor o projeto de orçamento público ao Legislativo, deve elaborar o projeto de lei orçamentária no exercício anterior ao início da sua execução, no intuito de atender aos prazos estipulados pela CF/88. Uma vez elaborada, segue ao Legislativo, onde a proposta será estudada e, se necessário, emendada pelos parlamentares que formam as Comissões Mistas Permanentes (CMP). Estas emitem um parecer final e o encaminham para o Congresso Nacional, o qual, em sessão conjunta, na forma de regimento comum, aprova o orçamento. Tendo sido aprovado, será remetido ao chefe do poder Executivo para sanção. Em regra, todas essas etapas ocorrem dentro de um exercício financeiro, assim a lei orçamentária é elaborada e aprovada no exercício anterior ao da sua execução.

O ciclo continua nos exercícios seguintes, por isso ele não se confunde com o exercício financeiro. A lei do orçamento vigente dá inicio uma nova etapa, a da execução. Por fim, as ações do Governo são controladas, e os objetivos estipulados no planejamento são mensurados conforme indicadores previamente definidos.

Atenção: O exercício financeiro coincide com o ano civil, ou ano calendário, no Brasil. Já o ciclo orçamentário é maior que o exercício financeiro.

7.1. ELABORAÇÃO DA PROPOSTA ORÇAMENTÁRIA

- 1ª etapa do Ciclo: ELABORAÇÃO;
- Competência para elaboração da proposta: PODER EXECUTIVO;

- Constará na proposta: descrição sucinta das principais finalidades de cada unidade administrativa, com indicação da respectiva legislação.

A elaboração da proposta é a primeira etapa do ciclo orçamentário. Sua responsabilidade pertence ao poder Executivo, que consolidará todas as necessidades da administração federal em apenas uma proposta de orçamento. O Executivo contará com a Secretaria de Orçamento Federal (SOF), vinculada ao Ministério da Economia, para coordenar e elaborar a proposta orçamentária da União.

- **S**ecretaria de **O**rçamento **F**ederal – **SOF**:
  - Vinculada ao Ministério da Economia;
  - Coordenar, consolidar e supervisionar a elaboração da Lei de Diretrizes Orçamentárias – LDO e da Lei Orçamentária Anual da União – LOA, compreendendo os orçamentos fiscal e da seguridade social;
  - Estabelecer as normas necessárias à elaboração e à implementação dos orçamentos federais sob sua responsabilidade; e
  - Proceder, sem prejuízo da competência atribuída a outros órgãos, ao acompanhamento da execução orçamentária.
- Secretaria de Coordenação e Governança das Empresas **Est**atais – **DEST**:
  - Vinculada ao Ministério da Economia;
  - Coordena e elabora o programa de dispêndios globais (PDG) e a proposta do Orçamento de **Investimento**.

Atenção!!!

SOF – Orçamentos **fiscal** e **seguridade social**;

SEST – Orçamento de **investimento**.

7.1.1. ESTIMATIVA DA RECEITA E FIXAÇÃO DA DESPESA

- **RECEITA** – Considerar-se-á a **arrecadação dos três** últimos **exercícios** e as circunstâncias de ordem conjuntural e outras que possam afetar a produtividade de cada fonte de receita;
- **DESPESA** – Considerar-se-á a **estimativa da receita**, que será o teto para a fixação da despesa.

7.1.2. UNIDADE ORÇAMENTÁRIA E UNIDADE ADMINISTRATIVA

UNIDADE ORÇAMENTÁRIA UO	Agrupamento de serviços subordinados ao mesmo órgão ou repartição a que **serão consignadas dotações próprias, em regra.** Exemplo: **Tribunal Regional Eleitoral de São Paulo.**
UNIDADE ADMINISTRATIVA UA	Agrupamento de serviços subordinados a **UO** a qual a LOA não consigna dotações/recursos e que depende da descentralização de créditos (destaques
UNIDADE ADMINISTRATIVA UA	ou provisões). Em caráter **excepcional**, serão consignadas dotações às unidades administrativas.

7.1.3. OS OUTROS PODERES, MINISTÉRIO PÚBLICO E DEFENSORIA PÚBLICA

O poder Executivo de cada ente colocará à disposição dos demais Poderes (Judiciário e Legislativo), Ministério Público e Defensoria Pública, no mínimo **30 dias antes do prazo final** para encaminhamento de suas propostas orçamentárias, os estudos e as estimativas das receitas para o exercício subsequente, inclusive da corrente líquida, e as respectivas memórias de cálculo.

PODER JUDICIÁRIO
PODER LEGISLATIVO
MINISTÉRIO PÚBLICO
DEFENSORIA PÚBLICA
→ Elaboram suas propostas parciais, observando os **limites** e o **prazo** estabelecido na **LDO**.

ATENÇÃO!!!

Ao **Poder Judiciário (PJ)** é assegurada autonomia administrativa e financeira.

Ao **Ministério Público (MP)** é assegurada autonomia funcional e administrativa.

À **Defensoria Pública (DP)** é assegurada autonomia funcional e administrativa.

→ Caberá elaborar suas propostas orçamentárias, nos limites da LDO.

7.1.4. INICIATIVA DAS LEIS ORÇAMENTÁRIAS

São **leis de iniciativa do poder Executivo**:

- Plano Plurianual – **PPA**;
- Diretrizes Orçamentárias – **LDO**;
- Lei Orçamentária Anual – **LOA**.
- A omissão do poder Executivo quanto à iniciativa constitui **crime de responsabilidade**.

ATENÇÃO!!!

1. As propostas parciais, elaboradas pelos outros poderes (MP e DP) são encaminhadas ao poder Executivo para que faça os ajustes, caso seja necessário, e consolide-as em uma única proposta de orçamento, o que virá a ser o projeto de lei orçamentária.

2. O poder Executivo encaminhará ao Legislativo a proposta final/geral/única.

7.2. ESTUDO E APROVAÇÃO DA PROPOSTA ORÇAMENTÁRIA

- 2ª etapa do Ciclo: ESTUDO e APROVAÇÃO;

- Competência para o estudo e a aprovação: PODER LEGISLATIVO;
- Ocorrerá nesta etapa:
  1. Recebimento da proposta orçamentária do Executivo;
  2. Na União, o Legislativo a encaminha para a Comissão Mista Permanente (CMP);
  3. Proposição de emendas parlamentares e a primeira aprovação na CMP;
  4. Emissão do parecer final elaborado pela CMP e o seu encaminhamento ao Congresso Nacional;
  5. Apreciação pelas Duas Casas, na forma do regimento comum;
  6. Segunda, e última, aprovação e encaminhamento à sanção presidencial.

7.2.1. COMISSÃO MISTA PERMANENTE

- **Comissão Mista Permanente** (**CMP**) ou **C**omissão **M**ista de Planos, **O**rçamentos Públicos e Fiscalização (**CMO**), no âmbito da União, e Comissão Permanente Comum, quando se trata dos demais entes;
- Formada por Deputados e Senadores;
- Competência da CMP ou CMO:
  - Examinar e emitir parecer sobre os projetos de leis orçamentárias (PPA, LDO, LOA e Créditos Adicionais) e sobre as contas apresentadas anualmente pelo Presidente da República;
  - Examinar e emitir parecer sobre os planos e programas nacionais, regionais e setoriais previstos na CF/88 e exercer o acompanhamento e a fiscalização orçamentária;
  - Emitir parecer sobre as emendas às leis orçamentárias apresentadas na CMP.

7.2.2. EMENDAS PARLAMENTARES

- Prerrogativa constitucional do Poder Legislativo, que permite-lhe alterar as propostas no projeto de lei orçamentária, visando sempre à melhor alocação dos recursos públicos;

FORMA de apresentação das emendas parlamentares	- Individual; - Grupo ou Comissão; e - Bancada estadual.
TIPOS de emendas parlamentares	- Texto; - Receita; e - Despesa

- As emendas parlamentares podem ser de:
  - **TEXTO**, com intuito de **corrigir o texto** da lei;
  - **RECEITA**, somente será admitida a reestimativa da receita se comprovado **erro** ou **omissão de ordem técnica ou legal**; e
  - **DESPESA**, se forem **compatíveis com o PPA e a LDO** e desde que **indiquem os recursos necessários, admitidos apenas os provenientes de anulação de despesa**, excluídas as que incidam sobre (1) dotação para pessoal e seus encargos, (2) serviço da dívida e (3) transferências tributárias constitucionais para Estados, Municípios e Distrito Federal.

TIPOS DE EMENDAS PARLAMENTARES		
TEXTO	**RECEITA**	**DESPESA**
Corrigir texto; Torná-lo mais compreensível.	Comprovar erro ou omissão de ordem técnica ou legal.	– Compatível com PPA e LDO; e – Indicar os recursos necessários (apenas os de anulação de despesa), **EXCETO**: **1**. Despesas com pessoal e encargos; **2**. Serviço da dívida; e **3**. Transferências **TRIBUTÁRIAS** constitucionais.

Atenção: O Presidente da República poderá enviar mensagem ao Congresso Nacional para propor modificações nos projetos orçamentários enquanto **não iniciada a votação, na comissão mista, da parte cuja alteração** é **proposta**. A partir desse entendimento, o chefe do Executivo poderá alterar sua proposta ainda que já se encontre nas mãos do Legislativo, desde que a primeira votação, que ocorre na CMP, não tenha ainda sido iniciada.

7.2.3. APROVAÇÃO DA PROPOSTA ORÇAMENTÁRIA

- Refere-se à segunda votação, quando a proposta orçamentária já passou pela aprovação da CMP e as alterações alusivas às emendas encontram-se devidamente integradas;
- Competência: **DUAS CASAS DO CONGRESSO NACIONAL** (Câmara dos Deputados e Senado Federal) na forma de **Regimento comum**:
  - Sessão CONJUNTA;
  - Votação BICAMERAL; e
  - Contagem dos votos SEPARADOS.
- Quórum para aprovação no CN: **MAIORIA SIMPLES** DE CADA CASA:
  - 50% + 1 dos presentes da Câmara dos Deputados; e
  - 50% + 1 dos presentes do Senado Federal.

7.3. EXECUÇÃO DO ORÇAMENTO

- 3ª etapa do Ciclo: EXECUÇÃO;
- Competência para a execução: PODER EXECUTIVO;
- Ocorrerá nesta etapa:

- Arrecadação de receita e realização de despesa dentro de um exercício financeiro;
- Estabelecimento da **Pro**gramação **Fi**nanceira (**ProFi**) e o **C**ronograma de **E**xecução **Me**nsal de **D**esembolso (**CEMeD**);
- Destinação dos recursos correspondentes às dotações orçamentárias aos poderes Judiciário e Legislativo, Ministério Público e Defensoria Pública;
- Publicação do **R**elatório **R**esumido de **E**xecução **O**rçamentária (**RREO**); e
- Alcance de **metas BIMESTRAIS** de arrecadação, parâmetro para limitação de empenho e movimentação financeira.

7.3.1. APÓS A PUBLICAÇÃO DO ORÇAMENTO

- Poder Executivo, **IMEDIATAMENTE** após a promulgação da LOA,:
  - Aprovará um **Q**uadro de **C**otas **T**rimestrais (**QCT**) constando a despesa que cada unidade orçamentária ficará autorizada a utilizar.
- Poder Executivo tem **30 DIAS** para publicar:
  - a **Pro**gramação **Fi**nanceira (**ProFi**); e
  - o **C**ronograma de **E**xecução **Me**nsal de **D**esembolso (**CEMeD**).

7.3.2. DUODÉCIMOS

- Os duodécimos correspondem a 1/12 (um doze avos) do repasse mensal da dotação global fixada na LOA;
- Os recursos correspondentes às dotações orçamentárias, compreendidos os créditos suplementares e especiais, destinados aos órgãos dos **Poderes Legislativo e Judiciário, do Ministério Público e da Defensoria Pública**, ser-lhes-ão entregues até o **dia 20 de cada mês**, em **duodécimos**, na forma da **LEI COMPLEMENTAR** (ainda não editada).

DUODÉCIMOS → até o dia 20 de cada mês, na forma da LEI COMPLEMENTAR.

7.3.3. CUMPRIMENTO DAS METAS FISCAIS

Ao final de um bimestre, se for notado que as receitas não comportarão o cumprimento das metas de resultado primário ou nominal:

- Os 3 Poderes e o Ministério Público, **por ato próprio** (Poder Executivo mediante Decreto), nos 30 dias seguintes, promoverão:
  - Limitação de empenho; → Há exceções.
  - Movimentação financeira.

Não serão objeto de limitação as despesas que constituam **obrigações constitucionais e legais** do ente, inclusive aquelas destinadas ao pagamento do **serviço da dívida**, as **relativas à inovação e ao desenvolvimento científico e tecnológico custeadas por fundo criado para tal finalidade** e as **ressalvadas pela LDO.**

- Caso de RESTABELECIMENTO DA RECEITA, ainda que parcial:
  - Recomporá as dotações cujos empenhos foram limitados de forma proporcional às reduções efetivadas.

7.4. AVALIAÇÃO E CONTROLE

- 4ª etapa do Ciclo: CONTROLE E AVALIAÇÃO;
- Competência para o controle:
  - **Controle externo**: CONGRESSO NACIONAL, com a auxílio do TRIBUNAL DE CONTAS DA UNIÃO;
  - **Controle interno**: CADA PODER (Executivo, Legislativo e Judiciário).
- Áreas do controle:
  - **C**ontábil, **O**rçamentária, **F**inanceira, **O**peracional e **P**atrimonial (**COFOP**).
- Alcance do controle:
  - **L**egalidade, **L**egitimidade, **E**conomicidade, **A**plicação das subvenções e **R**enúncias de receitas (**LLEAR**).

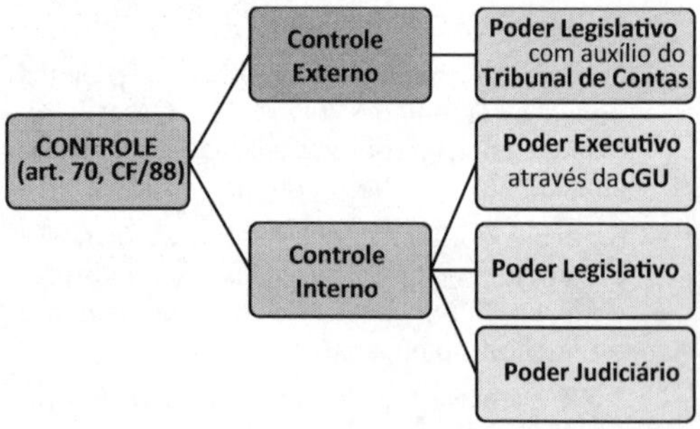

De acordo com o art. 74 da CF/88, os poderes Legislativo, Executivo e Judiciário manterão, de forma integrada, um sistema de controle interno com a finalidade de:

- Avaliar o cumprimento das metas previstas no plano plurianual, a execução dos programas de governo e dos orçamentos da União;
- Comprovar a legalidade e avaliar os resultados, quanto à **eficácia** e **eficiência**, da gestão orçamentária, financeira e patrimonial nos órgãos e entidades da administração federal, bem como da aplicação de recursos públicos por entidades de direito privado;
- Exercer o controle das operações de crédito, avais e garantias, bem como dos direitos e haveres da União;
- Apoiar o controle externo no exercício de sua missão institucional.

7.4.1. AVALIAÇÃO DA EFICIÊNCIA, EFICÁCIA E EFETIVIDADE

- Verificação do alcance dos meios e dos objetivos perseguidos e alcançados pelas ações orçamentárias;
- Visa identificar, através de indicadores de desempenho, o grau de alcance dos objetivos propostos para o exercício financeiro;
- Intencionada a averiguar as decisões tomadas pelos agentes governamentais e, assim, subsidiar, para o próximo exercício, uma melhor proposta orçamentária.

AVALIAÇÃO DA EFICIÊNCIA	É a relação entre o resultado alcançado e os insumos que foram utilizados.
	Custo x Benefício.
AVALIAÇÃO DA EFICÁCIA	É a quantidade e a qualidade dos resultados alcançados.
	Alcance de resultados, objetivos e metas.
AVALIAÇÃO DA EFETIVIDADE	É a representação do impacto gerado pelos resultados alcançados.
	Mudança da realidade e o valor agregado entregue ao beneficiário final.

8. RECEITAS PÚBLICAS

8.1. CONCEITO DE RECEITA PÚBLICA

Receita pública é a entrada de recursos no cofre público, sendo eles utilizados com a finalidade de bancar as despesas públicas. Tal conceito pode ser compreendido a partir de dois sentidos:

- **INGRESSO PÚBLICO** (sentido **amplo/genérico** – utilizado pela Lei nº 4.320/64):
  - Refere-se a todas as entradas ou ingressos aos cofres públicos **que incorporam ou não** o patrimônio do Estado.
    - INCORPORA – financia as despesas públicas;
    - NÃO INCORPORA – é devolvido a terceiros, portanto não financia as despesas públicas.
- **RECEITA PÚBLICA** (sentido **estrito**):
  - Refere-se a todas as entradas aos cofres públicos **que incorporam** o patrimônio do Estado, sem compromisso de devolução posterior, para que sejam transformadas em bens e serviços.

8.2. RECEITAS ORÇAMENTÁRIAS E EXTRAORÇAMENTÁRIAS

Receitas ORÇAMENTÁRIAS	• Integram o patrimônio público; • São utilizadas para financiar os gastos públicos; • Todas as receitas arrecadas: • Inclusive as **OPERAÇÕES DE CRÉDITO**, não se incluindo aquelas por Antecipação de Receita Orçamentária (ARO); • E as não previstas no orçamento (excesso de arrecadação).
Receitas EXTRAORÇAMENTÁRIAS	• Não integram o patrimônio público (caráter temporário); • Pertencem a terceiros; • Não variam o saldo patrimonial.

As **operações de créditos** são receitas **orçamentárias** que atenderão despesa autorizada no orçamento. Já as **operações de créditos por antecipação de receita orçamentária – ARO** – são consideradas **extraorçamentárias**, tendo como objetivo atender insuficiente de caixa.

Operações de Créditos	→	Receitas ORÇAMENTÁRIAS.
Operações de Créditos por <u>Antecipação de Receita Orçamentária</u> (ARO)	→	Receitas EXTRAORÇAMENTÁRIAS.

Seguem mais alguns exemplos de receita extraorçamentária: recebimento de cauções, consignações, retenções, emissão de moeda, cancelamento de restos a pagar e depósitos administrativo e judiciais.

8.3. CLASSIFICAÇÃO DA RECEITA QUANTO À PROCEDÊNCIA

Receita ORIGINÁRIA	Arrecadada por meio da exploração do patrimônio do Estado. Exemplos: renda de aluguel, venda de produtos industriais, recebimento por meio de TARIFAS ou PREÇO PÚBLICO.
Receita DERIVADA	Arrecadada por meio da soberania estatal sobre o particular. Exemplos: receita de contribuições, impostos e TAXAS.

8.4. CLASSIFICAÇÃO POR CATEGORIAS ECONÔMICAS (RECEITA)

Rege o art. 11, da Lei n.º 4.320/64, que a receita será classificada em duas categorias econômicas: **Receitas CORRENTES** e **Receitas DE CAPITAL**.

- **Receitas CORRENTES**: as receitas tributária, de contribuições, patrimonial, agropecuária, industrial, de serviços e outras e, ainda, as provenientes de recursos financeiros recebidos de outras pessoas de direito público ou privado, quando destinadas a atender despesas classificáveis em Despesas Correntes;
- **Receitas DE CAPITAL**: as provenientes da realização de recursos financeiros oriundos de cons-

tituição de dívidas; da conversão, em espécie, de bens e direitos; os recursos recebidos de outras pessoas de direito público ou privado, destinados a atender despesas classificáveis em Despesas de Capital e, ainda, o *superávit* do Orçamento Corrente.

Atenção: O ***Superávit* do Orçamento Corrente (SOC)** resultante do balanceamento dos totais das receitas e despesas correntes não constituirá item de receita orçamentária. O SOC é uma receita **DE CAPITAL.**

8.5. CLASSIFICAÇÃO POR FONTES (RECEITA)

Segundo o professor James Giacomoni, as fontes de receitas resultam do desdobramento das categorias econômicas, e, por meio delas, o comportamento da arrecadação é estimado no orçamento e acompanhando durante a execução.

RECEITAS CORRENTES	RECEITAS DE CAPITAL
1. Receita **T**ributária	1. **Opera**ções de Crédito
2. Receita de **C**ontribuições	2. **Ali**enação de Bens
3. Receita **P**atrimonial	3. **Amor**tização de Empréstimos
4. Receita **A**gropecuária	4. **Trans**ferências de Capital
5. Receita **I**ndustrial	5. **Ou**tras Receitas de Capital
6. Receita de **S**erviços	
7. **Trans**ferências Correntes	
8. **Ou**tras Receitas Correntes	
TC PAIS TRANSOU	**OPERA ALI AMOR TRANSOU**

8.6. CLASSIFICAÇÃO POR NATUREZA DA RECEITA

Contida no Manual Técnico de Orçamento 2017, a classificação por natureza da receita visa identificar a origem do recurso segundo o fato gerador (evento que provocou o ingresso da receita nos cofres públicos) e é estruturada através de um código de 8 dígitos, em 5 níveis: **categoria econômica**, **origem**, **desdobramentos para identificação de peculiaridades da receita** e **tipo**.

1º nível	2º nível	3º nível	4º nível	5º nível
1º dígito	**2º dígito**	**3º dígito**	**4º a 7º dígitos**	**8º dígito**
Categoria Econômica	**O**rigem	**E**spécie	**D**esdobramentos para **I**dentificação de **Pe**culiaridades da receita	**T**ipo

O 1º nível, a **categoria econômica**, classifica as receitas orçamentárias em:

Receitas CORRENTE	Aumentam as disponibilidades financeiras do Estado, em geral com efeito positivo sobre o Patrimônio Líquido, e constituem instrumento para financiar
Receitas CORRENTE	os objetivos definidos nos programas e ações correspondentes às políticas públicas.
Receitas DE CAPITAL	Aumentam as disponibilidades financeiras do Estado, e diferente das receitas correntes, não provocam efeito sobre o Patrimônio Líquido.

O 2º nível, a **origem**, refere-se ao detalhamento das categorias econômicas, dividido da seguinte forma:

1º nível Categoria Econômica	**Receitas CORRENTES**	**Receitas DE CAPITAL**
2º nível Origem	– Impostos, Taxas e Contribuições de Melhoria – Contribuições – Patrimoniais	– Operações de Crédito – Alienação de Bens – Amortização de Empréstimos
	– Agropecuárias – Industriais – Serviços – Transferências Correntes – Outras Receitas Correntes	– Transferências de Capital – Outras Receitas de Capital

9. DESPESAS PÚBLICAS

9.1. CONCEITO DE DESPESA PÚBLICA

- **Despesa pública** é todo desembolso efetuado pela administração pública, obedecendo às normas orçamentárias, financeiras e licitatórias, o qual é subordinado à classificação e aos limites dos créditos orçamentários. Refere-se ao gasto (recursos/dinheiro) para implementação das ações governamentais.

9.2. DESPESAS ORÇAMENTÁRIAS E DESPESAS EXTRAORÇAMENTÁRIAS

Despesas ORÇAMENTÁRIAS	• Fixadas nas leis orçamentárias ou nos créditos adicionais; • Dependem de autorização legislativa.

Despesas EXTRAORÇAMENTÁRIAS	• Não são consignadas no orçamento ou nos créditos adicionais; • Não dependem de autorização legislativa;
Despesas EXTRAORÇAMENTÁRIAS	• Recursos transitórios pertencentes a terceiros.

As operações de crédito por antecipação de receita orçamentária (ARO) são entradas extraorçamentárias, e, portanto, o pagamento das parcelas referentes ao seu principal ou a sua amortização serão consideradas, também, despesas extraorçamentárias. No entanto, caso incidam juros, multas e outros encargos, estes precisam estar previstos no Orçamento vigente, sendo então consideradas despesas orçamentárias.

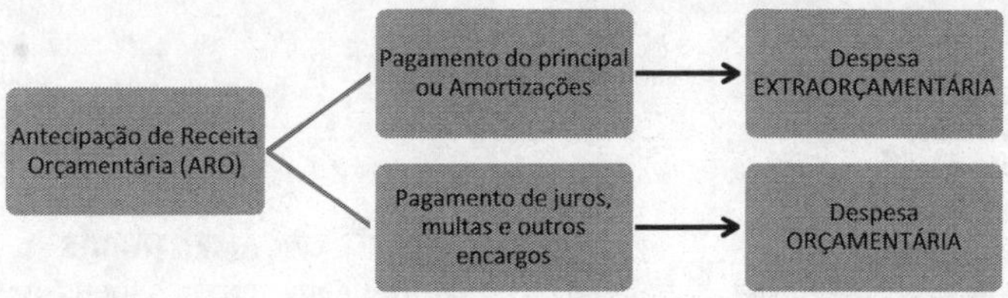

Mais alguns exemplos de despesas extraorçamentárias: devolução de cauções, devolução de depósitos, recolhimento de consignações/retenções, pagamentos de restos a pagar.

9.3. CLASSIFICAÇÃO DA DESPESA POR ESFERA ORÇAMENTÁRIA

A classificação por esfera tem a finalidade de identificar se uma despesa pertence ao Orçamento **F**iscal, da **S**eguridade Social ou de **I**nvestimento das Empresas Estatais. Na LOA, as letras "**F**", "**S**" e "**I**" identificam a que orçamento a despesa pertence. Já no SIOP, em seu campo destinado à classificação por esfera, é possível o cômputo de **dois dígitos** a serem associados à esfera orçamentária:

CÓDIGO	ESFERA ORÇAMENTÁRIA
10	Orçamento Fiscal
20	Orçamento da Seguridade Social
30	Orçamento de Investimento

9.4. CLASSIFICAÇÃO INSTITUCIONAL DA DESPESA

O objetivo da classificação institucional é identificar o agente responsável pelo recurso, e para tanto é utilizada a estrutura em dois níveis hierárquicos: Órgão **O**rçamentário e **U**nidade **O**rçamentária.

Unidade **O**rçamentária (**UO**), conforme a Lei n.º 4.320, é o agrupamento de serviços subordinados ao mesmo órgão ou repartição a que serão consignadas dotações próprias.
Órgão **O**rçamentário (**OO**) é o agrupamento de Unidades Orçamentárias.

No SIOP, compõe-se de **cinco dígitos**, sendo os **dois primeiros ao "OO"** e os **restantes** à **"UO"**.

1º e 2º dígitos	3º, 4º e 5º dígitos
Órgão Orçamentário	Unidade Orçamentária

9.5. CLASSIFICAÇÃO FUNCIONAL DA DESPESA

A classificação funcional compreende um rol de **funções** e **subfunções** prefixadas, que servem para identificar em que áreas da despesa a ação governamental será realizada, cabendo aplicar no âmbito da União, Estados, Distrito Federal e Municípios.

Função é o MAIOR NÍVEL DE AGREGAÇÃO das diversas áreas de atuação do setor público. Reflete a competência institucional do órgão: cultura, educação, saúde, defesa.
Subfunção é o nível de agregação IMEDIATAMENTE INFERIOR À FUNÇÃO e deve evidenciar a natureza da atuação governamental.

No SIOP, a classificação possui **cinco dígitos**, sendo os **dois primeiros relativos** às **funções** e os **três** últimos às **subfunções**.

Exemplos:

FUNÇÕES	SUBFUNÇÕES
02– Judiciária	**061**– Ação Judiciária **062**– Defesa do interesse público no processo judiciário
04– Administração	**121** – Administração e Orçamento **122** – Administração Geral **123**– Administração Financeira

Atenção: MATRICIALIDADE é a possibilidade de combinar as subfunções com funções diferentes daquelas a elas diretamente relacionadas.

9.6. CLASSIFICAÇÃO POR NATUREZA DA DESPESA

A classificação por natureza da despesa representa um conjunto de informações, os quais formarão um código, que é capaz de informar a **categoria econômica** da despesa, o **grupo** a que ela pertence, a **modalidade de aplicação** e o **elemento**. Há ainda o **subelemento ou desdobramento facultativo** da despesa.

1º nível	2º nível	3º nível	4º nível	5º nível
1º dígito	**2º dígito**	**3º e 4º dígitos**	**5º e 6º dígitos**	**7º e 8º dígitos**
Categoria Econômica	**G**rupo de **N**atureza da **D**espesa	**M**odalidade de Aplicação	**E**lemento	**S**ubelemento

O 1º nível da classificação por natureza da despesa permite analisar o impacto dos gastos públicos na economia do país e é divido em duas categorias econômicas:

Despesa CORRENTE	Despesas que não contribuem, diretamente, para a formação ou aquisição de um bem de capital.
Despesa DE CAPITAL	Despesas que contribuem, diretamente, para a formação ou aquisição de um bem de capital.

O 2º nível, o **G**rupo de **N**atureza da **D**espesa (**GND**), é um agregador de elementos da despesa com as mesmas características quanto ao objeto de gasto, discriminado da seguinte forma:

1º nível Categoria Econômica	Despesas CORRENTES	Despesas DE CAPITAL
2º nível GND	Pessoal e encargos sociais; Juros e encargos da dívida; Outras despesas correntes.	Investimentos; Inversões financeiras; Amortização da dívida.

CUIDADO!!!

Amortização da dívida trata-se de despesa de capital, enquanto os Juros e encargos da dívida são despesas correntes.

9.7. ESTRUTURA PROGRAMÁTICA (DESPESA)

Para alcançar seus objetivos, resolver problemas ou atender às demandas da sociedade, o governo faz uso de PROGRAMAS que demonstrem suas realizações.

PROGRAMA é o instrumento de organização da atuação do governo, que abrange ações voltadas ao alcance dos objetivos estabelecidos, medidos por indicadores previstos no PPA; também podemos conceituá-lo de um conjunto de políticas públicas financiadas por ações orçamentárias e não orçamentárias. Há dois tipos de programas: Programa Finalístico e Programa de Gestão.

Programa FINALÍSTICO	Conjunto de ações orçamentárias e não orçamentárias, suficientes para **enfrentar problema da sociedade**, conforme objetivo e meta.
Programa de GESTÃO	Conjunto de ações orçamentárias e não orçamentárias, que não são passíveis de associação aos programas finalísticos, relacionadas à **gestão da atuação governamental** ou à **manutenção da capacidade produtiva das empresas estatais.**

AÇÕES ORÇAMENTÁRIAS são operações das quais resultam produtos (bens ou serviços) que contribuem para atender os objetivos de um Programa. As ações podem ser divididas em três tipos: Atividade, Projeto e Operações Especiais.

ATIVIDADE	Operações **CONTINUADAS** e **PERMANENTES**; contribuem para a manutenção da ação de Governo.
PROJETO	Operações **LIMITADAS NO TEMPO**.
OPERAÇÕES ESPECIAIS	Operações que **NÃO RESULTAM EM PRODUTOS**; não contribuem para a manutenção ou expansão da ação pública.

10. EXECUÇÃO ORÇAMENTÁRIA/ESTÁGIOS DA RECEITA E DA DESPESA

10.1. ESTÁGIOS DA RECEITA ORÇAMENTÁRIA

A execução da receita é composta por quatro estágios (posicionamento dominante): (1) Previsão, (2) Lançamento, (3) Arrecadação e (4) Recolhimento.

DOUTRINA DOMINANTE	
PLANEJAMENTO	1. Previsão
EXECUÇÃO	2. Lançamento
	3. Arrecadação
	4. Recolhimento

Na Lei n.º 4.320/64,encontram-se os estágios da **execução** da receita, a qual se inicia na etapa do Lançamento, passa pela Arrecadação e finda no Recolhimento. Ou seja, a EXECUÇÃO da receita equivale a três estágios.

Nem todas as receitas que ingressam no orçamento público necessariamente passarão por todos os estágios. São alguns exemplos o excesso de arrecadação (receita não prevista) e a doação em espécie ao ente público (receita não lançada).

P	L	A	R
Previsão	**L**ançamento	**A**rrecadação	**R**ecolhimento

10.1.1. CONCEITOS DOS ESTÁGIOS DA RECEITA ORÇAMENTÁRIA

PREVISÃO	Estimativa de arrecadação da receita.
LANÇAMENTO	Ato da repartição competente, que verifica a procedência do crédito e a pessoa que lhe é devedora e inscreve o débito desta.
ARRECADAÇÃO	É a entrega dos recursos devidos ao Tesouro, realizada pelos contribuintes ou devedores, aos agentes arrecadadores ou bancos autorizados pelo ente.
RECOLHIMENTO	Transferência dos recursos arrecadados à conta específica do Tesouro.

10.2. ESTÁGIOS DA DESPESA ORÇAMENTÁRIA

O gasto público possui estágios (ou etapas/fases) que devem ser observados pelo Poder Público. Conforme a Lei n.º 4.320/64, a **EXECUÇÃO DA DESPESA** obedece à rigorosa ordem de três etapas: **EMPENHO**, **LIQUIDAÇÃO** e **PAGAMENTO**.

Lei n.º 4.320/64	
EXECUÇÃO	1. Empenho
	2. Liquidação
	3. Pagamento

É possível ainda encontrar na doutrina, bem como em questões de concursos públicos, um estágio que precede à execução, chamado de **FIXAÇÃO** ou **PROGRAMAÇÃO**.

SEGUNDO POSICIONAMENTO	
PLANEJAMENTO	1. Fixação
EXECUÇÃO	2. Empenho
	3. Liquidação
	4. Pagamento

Tenha em mente que a ordem das seguintes fases não pode ser alterada, portanto segue a dica: **FELiPa**.

F	E	LI	PA
Fixação	**E**mpenho	**Li**quidação	**Pa**gamento

Em certames para tribunais, a **banca FCC** costuma exigir em suas questões outros posicionamentos em relação aos estágios da despesa. Num terceiro posicionamento, o estágio do pagamento, conforme a Lei n.º 4.320/64, pode ser dividido em dois momentos: **ORDEM DE PAGAMENTO** e **PAGAMENTO**.

TERCEIRO POSICIONAMENTO	
PLANEJAMENTO	1. Fixação
EXECUÇÃO	2. Empenho
	3. Liquidação
	4. Ordem de pagamento
	5. Pagamento

Por fim, existe ainda a possibilidade de a **LICITAÇÃO** ser considerada uma das fases da despesa, etapa esta que ocorre entre a fixação dos créditos e o empenho da despesa.

QUARTO POSICIONAMENTO	
PLANEJAMENTO	1. Fixação
	2. Licitação
EXECUÇÃO	3. Empenho
	4. Liquidação
	5. Ordem de pagamento
	6. Pagamento

Caso surjam novas etapas, elas estarão encaixadas entre as mencionadas na dica. Ou retirada a fixação, em questões que expressem a Lei n.º 4320/64.

10.2.1. CONCEITOS DOS ESTÁGIOS DA DESPESA ORÇAMENTÁRIA

FIXAÇÃO	É a dotação orçamentária incluindo a despesa na LOA.
LICITAÇÃO	É o procedimento administrativo pelo qual a Administração seleciona, entre vários fornecedores, a proposta mais vantajosa.
EMPENHO	É o ato emanado de autoridade competente, que cria para o Estado obrigação de pagamento pendente ou não de implemento de condição.
LIQUIDAÇÃO	É a verificação do direito adquirido pelo credor tendo por base os títulos e documentos comprobatórios do respectivo crédito.
ORDEM DE PAGAMENTO	É o despacho exarado por autoridade competente, determinando que a despesa seja paga.
PAGAMENTO	É a entrega de recursos ao credor.

Atenção: O EMPENHO e a LIQUIDAÇÃO são os estágios mais recorrentes nas questões.

10.2.2. EMPENHO E NOTA DE EMPENHO

- É vedada a realização de despesa sem prévio empenho.
- Em casos especiais previstos na legislação específica, será dispensada a emissão da nota de empenho.

A Nota de Empenho (NE) é a materialização do Empenho.	
EMPENHO	**NOTA DE EMPENHO – NE**
Obrigatório.	Dispensada em casos especiais.
Não poderá exceder o limite dos créditos concedidos.	Indicará o nome do credor, a especificação e o valor da despesa, bem como a dedução do saldo da dotação própria.
O empenho é permitido nas modalidades ordinário, por estimativa e global.	Nos casos de contrato facultativo, a NE poderá substituí-lo.

10.2.3. MODALIDADES DE EMPENHO

ORDINÁRIO	Valor definido e pagamento único.
	Ex.: compras de cadeiras.
ESTIMATIVA	Valor cujo o montante não se possa determinar.
	Ex.: energia, água, telefone.
GLOBAL	Valor definido e pagamento parcelado.
	Ex.: aluguel.

10.2.4. ANULAÇÃO DE EMPENHO

- Anulação no exercício próprio: a importância será revertida à respectiva dotação;
- Após o encerramento do exercício: será considera receita orçamentária do ano em que se efetivar.

10.2.5. LIQUIDAÇÃO

A liquidação da despesa consiste na verificação do direito adquirido pelo credor tendo por base os títulos e documentos comprobatórios do respectivo crédito.	
Essa VERIFICAÇÃO tem por fim apurar:	**A liquidação terá por BASE:**
Origem e o Objeto do que se deve pagar;	Contrato, ajuste ou acordo;
Importância a ser paga;	Nota de empenho;
A quem se deve pagar, a fim de extinguir a obrigação.	Comprovantes da entrega do material ou da prestação efetiva do serviço.

10.3. REGIME ORÇAMENTÁRIO DA DESPESA

- Pertencem ao exercício financeiro:

  I – as receitas nele **arrecadas;**

  II – as despesas nele legalmente **empenhadas.**

  Ou seja, serão consideradas pertencentes ao exercício, conforme o **REGIME ORÇAMENTÁRIO**:

RECEITAS	→	ARRECADAÇÃO	→	REGIME DE CAIXA
DESPESAS	→	EMPENHO	→	REGIME DE COMPETÊNCIA

11. DESCENTRALIZAÇÃO ORÇAMENTÁRIA E FINANCEIRA

Uma vez a Lei Orçamentária Anual publicada e registrados os créditos no Sistema Integrado de Administração Financeira (SIAFI), inicia-se o processo de execução da despesa. Surge, então, por parte de cada unidade que integra a LOA, a necessidade de obter os recursos financeiros para pagamento daquilo que for executado, garantindo, assim, o funcionamento do serviço público.

É importante ficar atento aos termos **créditos** e **recursos**, visto que farão a diferença no momento de responder as questões. O primeiro refere-se ao **orçamento**; o segundo, ao **financeiro**. Funciona da seguinte maneira:

- **ORÇAMENTO**: a unidade faz a programação das suas despesas, categorizando suas ações e definindo os limites de gastos, assim apresenta as ações (créditos) e os limites dos gastos (dotações) que constarão na LOA;
- **FINANCEIRO**: a unidade necessitará de recursos financeiros para cumprir os pagamentos quando executadas as suas despesas. Consoante a isso, é preciso ter uma quantia de dinheiro que honre com suas obrigações.

Dessa maneira, ORÇAMENTO e FINANCEIRO não são a mesma coisa. Enquanto o orçamento está para o planejamento das ações e para o valor consignado a cada uma; o financeiro é a materialização do planejado, honrando com os compromissos assumidos quando as despesas estiverem sendo realizadas.

11.1. MOVIMENTAÇÃO DE CRÉDITOS E LIBERAÇÃO DE RECURSOS

Ao iniciar o exercício financeiro, publicada a lei orçamentária e atendidas as normas da execução orçamentária e da programação financeira, as unidades orçamentárias podem movimentar os créditos que lhes pertencem, ainda que não existam saldos financeiros naquele momento.

Inicialmente, quanto ao **orçamento**, os **créditos** serão descentralizados pelo órgão central (Secretaria de Orçamento Federal) para a unidade gestora através da Nota de **Dotação**. No que tange ao **financeiro**, os **recursos** serão descentralizados pelo órgão central (Secretaria do Tesouro Nacional) para o órgão setorial por meio da Nota de Sistema, ou **cota**.

A partir desse momento, deverá ser observado se a descentralização ocorrerá interna ou externamente, tanto no que se refere aos créditos quanto aos recursos.

CRÉDITO	**Movimentação EXTERNA**	**DESTAQUE**	Cessão de crédito orçamentário entre unidades orçamentárias ou unidades gestoras integrantes de diferentes órgãos (ministérios) ou entidades.
	Movimentação INTERNA	**PROVISÃO**	Cessão de crédito orçamentário entre unidades orçamentária ou unidades gestoras do mesmo órgão (ministério) ou entidade integrantes dos orçamentos fiscal e da seguridade social.
RECURSO	**Liberação EXTERNA**	**REPASSE**	Liberação financeira do órgão setorial para entidades da administração indireta, e entre estas, e da entidade da administração indireta para órgãos da administração direta, ou entre estes, se de outro órgão ou ministério.
	Liberação INTERNA	**SUB-REPASSE**	Liberação financeira do órgão setorial para as unidades gestoras de sua jurisdição e entre unidades gestoras de um mesmo ministério, órgão ou entidade.

12. RESTOS A PAGAR E DESPESAS DE EXERCÍCIOS ANTERIORES

12.1. RESTOS A PAGAR (RAP)

A execução da despesa pode ser resumida em três estágios: empenho, liquidação e pagamento. Assim, as despesas fixadas na lei do orçamento apenas serão pagas após serem empenhadas e liquidadas.

O empenho representa o momento em que o Estado compromete o seu orçamento a fim de que uma despesa possa ser executada. Já a liquidação, posterior ao empenho da despesa, ocorrerá quando o fornecedor, depois de prestar os serviços ou entregar os itens contratados, apresentar para a administração os documentos comprobatórios que garantam a ele o direito de receber do Estado; e, por fim, o pagamento, seguinte ao empenho da despesa e à sua liquidação, representa a entrega do numerário ao detentor do crédito.

Durante o ano, algumas despesas serão empenhadas, porém não completarão os estágios seguintes da despesa, ou, ainda que completem o estágio da liquidação, poderão não ser pagas. Nesses casos específicos, as despesas empenhadas e não pagas até o final do exercício financeiro, podem assim serem inscritas em **restos a pagar**.

RESTOS A PAGAR	Despesas empenhadas mas não pagas até o dia 31 de dezembro, distinguindo-se as processadas das não processadas.
	Resíduos passivos.
	Modalidade da dívida flutuante.
	Registrados por exercício e por credor.
	Despesa orçamentária na sua inscrição.
	Despesa extraorçamentária no seu pagamento.

Os restos a pagar podem ser classificados em despesas **processadas** e as **não processadas**.

RESTOS A PAGAR	**Despesas PROCESSADAS**	**1. Empenhadas;** 2. **Liquidadas;** **3. Não pagas.**
	Despesas NÃO PROCESSADAS	**1. Empenhadas;** 2. **Não liquidadas;** **3. Não pagas.**

12.1.1. RESTOS A PAGAR PROCESSADOS

- Não podem ser cancelados;
- Não dependem de indicação do ordenador para serem inscritos;
- Serão pagos até o encerramento do exercício financeiro seguinte ao da sua inscrição.

Atenção: Os **RAP com prescrição interrompida**, cuja inscrição tenha sido cancelada, mas ainda vigente o direito do credor, constituem DESPESAS DE EXERCÍCIOS ANTERIORES.

12.1.2. RESTOS A PAGAR NÃO PROCESSADOS

1. A inscrição de RAP não processado fica condicionada à indicação do ordenador de despesas. Para isso, deve o ordenador verificar se há enquadramento em alguma das situações abaixo:
2. Vigente o prazo para cumprimento da obrigação assumida pelo credor, nele estabelecida;
3. Vencido o prazo de que trata o item anterior, mas esteja em cursos a liquidação da despesa, ou seja de interesse da Administração exigir o cumprimento da obrigação assumida pelo credor;
4. Se destinar a atender transferências a instituições públicas ou privadas;
5. Corresponder a compromissos assumidos no exterior.

No dia 31/12 o RAP não processado receberá a "liquidação provisória" na inscrição. E será considerado **empenho insubsistente** aquele que não atender a pelo menos um das cinco situações acima.

12.1.2.1. VALIDADE DOS RESTOS A PAGAR NÃO PROCESSADOS

A regra geral indica que os RAP não processados e que não forem liquidados serão **bloqueados pela Secretaria do Tesouro Nacional do Ministério da Fazenda** (atual Ministério da Economia) **em 30 de junho do SEGUNDO ano subsequente** ao de sua inscrição, e serão mantidos os referidos saldos em conta contábil específica no Sistema Integrado de Administração Financeira do Governo Federal - SIAFI. Porém, há exceções, que podem ser verificadas no quadro abaixo.

<table>
<tr><th colspan="2">RESTOS A PAGAR NÃO PROCESSSADOS</th></tr>
<tr><td rowspan="2">Regra:</td><td>Serão bloqueados em 30 de junho do SEGUNDO ano subsequente ao de sua inscrição.</td></tr>
<tr><td>Situação: RAP não processado não foi liquidado até o prazo.
Regra: bloqueio pela STN em conta contábil no SIAFI.</td></tr>
<tr><td rowspan="4">Casos excepcionais:</td><td>Não serão objeto de bloqueio os restos a pagar não processados relativos às despesas:</td></tr>
<tr><td>Exceção 1: Despesas do Ministério da Saúde;</td></tr>
<tr><td>Exceção2: Despesas decorrentes de emendas individuais impositivas discriminadas com identificador de resultado primário 6, cujos empenhos tenham sido emitidos a partir do exercício financeiro de 2016;</td></tr>
<tr><td>Exceção 3: Despesas decorrentes de emendas de iniciativa de bancada de parlamentares de Estado ou do Distrito Federal impositivas discriminadas com identificador de resultado primário 7, cujos empenhos tenham sido emitidos a partir do exercício financeiro de 2020.</td></tr>
</table>

As unidades gestoras responsáveis pelos saldos dos restos a pagar bloqueados poderão efetuar os desbloqueios até 31 de dezembro do exercício em que ocorreu o bloqueio dos saldos, desde que: (1) a sua execução tenha sido iniciada até 30 de junho do segundo ano subsequente ao de sua inscrição, na hipótese das despesas executadas diretamente pelos órgãos e pelas entidades da União; ou (2) os seus instrumentos estejam vigentes e cumpram os requisitos para a sua eficácia, definidos pelas normas que tratam da transferência de recursos da União por meio de convênios, contratos de repasse, termos de colaboração, termos de fomento ou instrumentos congêneres, na hipótese das transferências de recursos da União aos Estados, ao Distrito Federal, aos Municípios, aos consórcios públicos, aos serviços sociais autônomos e às entidades privadas sem fins lucrativos.

A Secretaria do Tesouro Nacional da Secretaria Especial de Fazenda do Ministério da Economia providenciará, até o encerramento do exercício financeiro, o cancelamento, no Siafi, de todos os saldos de restos a pagar que permanecerem bloqueados.

Os restos a pagar não processados, desbloqueados, e que não forem liquidados, serão cancelados em 31 de dezembro do ano subsequente ao do bloqueio.

12.2. DESPESAS DE EXERCÍCIOS ANTERIORES (DEA)

As **despesas de exercícios anteriores** são dívidas decorrentes de exercícios passados e que foram pagas em exercício diferente à época do compromisso. Uma vez que seu empenho ocorre no exercício em que for dada ciência do direto do credor, as DEA classificam-se como **despesas orçamentárias**.

<table>
<tr><td rowspan="4">DESPESAS DE EXERCÍCIOS ANTERIORES</td><td>Despesas para as quais o orçamento destinava crédito próprio, com saldo suficiente para atendê-las,que não tenha sido processado na época própria.</td></tr>
<tr><td>Restos a pagar com prescrição interrompida.</td></tr>
<tr><td>Compromissos reconhecidos após o encerramento do exercício correspondente.</td></tr>
<tr><td>Despesas orçamentárias (empenhadas no exercício em que for dada a ciência da obrigação do Estado).</td></tr>
</table>

Atenção: Não há que confundir RAP com DEA. Os RAP foram empenhados e não pagos no exercício; já as DEA nem sequer foram empenhadas na época própria, ou, caso tenham sido, os empenhos foram anulados ou cancelados.

13. SUPRIMENTO DE FUNDOS

SUPRIMENTO DE FUNDOS OU REGIME DE ADIANTAMENTO
Consiste na entrega de numerário a servidor, **sempre precedido de empenho** na dotação própria, com a finalidade de realizar despesas que não possam subordinar-se ao processo normal de aplicação.
É uma exceção à licitação.
Concedido por meio do Cartão de Pagamento do Governo Federal (CPGF).

CASOS PARA UTILIZAÇÃO DO SUPRIMENTO DE FUNDOS
Despesas **EVENTUAIS**, inclusive em viagens e com serviços especiais, que exijam o pronto pagamento;
Despesas **SIGILOSAS**, conforme se classificar em regulamento; e
Despesas de **PEQUENO VULTO**, assim entendidas aquelas cujo valor, em cada caso, não ultrapassar limite estabelecido em ato normativo próprio.

NÃO SERÁ CONCEDIDO SUPRIMENTO DE FUNDOS
A responsável por **DOIS SUPRIMENTOS**;
A servidor que tenha a seu cargo a **GUARDA OU UTILIZAÇÃO DO MATERIAL A ADQUIRIR**, salvo quando não houver na repartição outro servidor;
A responsável por suprimento de fundos que, esgotado o prazo, **NÃO TENHA PRESTADO CONTAS DE SUA APLICAÇÃO**; e
A servidor declarado em alcance.

14. DÍVIDA FLUTUANTE E DÍVIDA FUNDADA

A dívida pública decorre da captação de recursos com particulares, para que o Estado possa fazer frente aos seus fins. Ao classificar a dívida pública quanto ao critério da temporalidade, teremos: dívida flutuante e dívida fundada. Sendo assim, a dívida pública é gênero que se divide em espécies quanto à temporalidade.

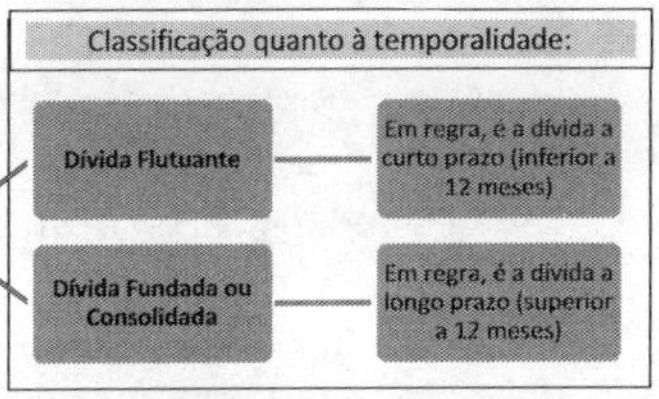

DÍVIDA FLUTUANTE	DÍVIDA FUNDADA ou CONSOLIDADA
Restos a pagar (excluídos os serviços da dívida)	Compromissos de exigibilidade superior a doze meses contraídas mediante emissão de títulos ou celebração de contratos para atender a desequilíbrio orçamentário, ou a financiamento de obras e serviços públicos, que dependam de autorização legislativa para amortização ou resgate.
Serviços da dívida a pagar	Corresponde ao montante total, apurado sem duplicidade, das obrigações financeiras do ente da federação, assumidas em virtude de leis, contratos, convênios ou tratados e da realização de operações de crédito, para amortização em prazo superior a doze meses.
Depósitos (inclusive consignações em folha)	Incluídas na dívida consolidada da União: – Emissão de títulos de responsabilidade do Banco Central do Brasil; – Operações de crédito de prazo inferior a doze meses cujas receitas tenham constado no orçamento.
Débito de tesouraria (Operações de crédito por antecipação de receita)	Precatórios judiciais não pagos durante a execução do orçamento em que houverem sido incluídos.
Papel-moeda ou moeda fiduciária	

15. DÍVIDA ATIVA

- CONCEITO:
  - DÍVIDA ATIVA constitui um **crédito** da Fazenda Pública oriundo de obrigações não recebidas até a data do vencimento, cuja certeza e liquidez foram apuradas. Referente à União será apurada e inscrita na Procuradoria da Fazenda Nacional.
- CARACTERÍSTICAS da Dívida Ativa:
  - Escriturada como **receita do exercício em que for arrecadada**.
  - Representa **fonte potencial** de fluxo de caixa;
  - Compõem a dívida ativa: a atualização monetária, multa, juros incidentes e demais encargos.
  - Inscrição da dívida ativa: é uma variação ativa, independente da execução orçamentária.
- TIPOS de Dívida Ativa:
  - Dívida Ativa **TRIBUTÁRIA** provém de obrigação legal relativa a **tributos e respectivos adicionais e multas**;
  - Dívida Ativa **NÃO TRIBUTÁRIA** trata-se dos **demais créditos**.

16. LEI DE RESPONSABILIDADE FISCAL – LRF

16.1. APLICAÇÃO DAS SUAS DISPOSIÇÕES

Aplicam-se as disposições da LRF: à UNIÃO, aos ESTADOS, ao DF e aos MUNICÍPIOS.

Poderes		
Poder EXECUTIVO Poder LEGISLATIVO + TC Poder JUDICIÁRIO MINISTÉRIO PÚBLICO	+	Respectivas administrações diretas, fundos, autarquias, fundações e empresas estatais dependentes.

Atenção!!!

1. ESTADOS = entende-se considerado o DISTRITO FEDERAL.

2. Entre os TRIBUNAIS DE CONTAS (TC), estão incluídos:

- Tribunal de Contas da União;
- Tribunal de Contas do Estado;
- Tribunal de Contas dos Municípios, quando houver; e
- Tribunal de Contas do Município, quando houver.

16.2. EMPRESA CONTROLADA X EMPRESA ESTATAL DEPENDENTE

EMPRESA CONTROLADA	Sociedade cuja **MAIORIA** do capital social **COM** direito a voto **pertença, direta ou indiretamente, a ente da Federação**.

EMPRESA ESTATAL DEPENDENTE	**Empresa controlada que receba do ente controlador recursos financeiros para pagamento de despesas com pessoal ou de custeio em geral ou de capital**, excluídos, no último caso, aqueles provenientes de aumento de participação acionária.

16.3. RECEITA CORRENTE LÍQUIDA (RLC)

- **RLC** é o **SOMATÓRIO** das receitas:
  - **T**ributárias;
  - **C**ontribuições;
  - **P**atrimoniais;
  - **A**gropecuárias;
  - **I**ndustriais;
  - de **S**erviços;
  - **TRANS**ferências correntes; e
  - **OU**tras receitas correntes.

RLC = TC PAIS TRANSOU – DEDUÇÕES PREVISTAS

- SERÃO **DEDUZIDOS** do cálculo da RCL:
  - **NA UNIÃO:**
    - Transferências constitucionais;
    - Contribuições relacionadas à seguridade social;
    - Receitas provenientes de compensações financeiras da previdência.
  - **NO ESTADO:**
    - Transferências constitucionais;
    - Contribuições previdenciárias pagas pelos servidores estaduais, caso o Estado possua o Regime Próprio de Previdência;
    - Receitas provenientes de compensações financeiras da previdência.
  - **NO MUNICÍPIO:**
    - Contribuições previdenciárias pagas pelos servidores municipais, caso o Estado possua o Regime Próprio de Previdência;
    - Receitas provenientes de compensações financeiras da previdência.
  - **NO DF e nos estados do AMAPÁ e RORAIMA:**
    - Recursos recebidos pela União para custear despesas com pessoal.

Atenção: RLC será apurada somando-se as receitas arrecadadas no **MÊS DE REFERÊNCIA** e nos **ONZE ANTERIORES, EXCLUÍDAS AS DUPLICIDADES**.

16.4. DESPESA OBRIGATÓRIA DE CARÁTER CONTINUADO (DOCC)

DOCC	Despesa **CORRENTE;**
	Decorre de lei, medida provisória ou ato administrativo normativo;
DOCC	Fixa obrigação de execução superior a **DOIS** exercícios.

16.5. DESPESA COM PESSOAL

- **Despesa total com pessoal** trata-se do somatório dos gastos do ente da Federação com os ativos, os inativos e os pensionistas, relativos a mandatos eletivos, cargos, funções ou empregos, civis, militares e de membros de Poder, com quaisquer espécies remuneratórias, tais como vencimentos e vantagens, fixas e variáveis, subsídios, proventos da aposentadoria, reformas e pensões, **inclusive adicionais, gratificações, horas extras e vantagens pessoais de qualquer natureza, bem como encargos sociais e contribuições recolhidas pelo ente** <u>**às**</u> **entidades de previdência**.
  - **COMPUTADA COMO DESPESA DE PESSOAL**: valores dos contratos de terceirização de mão de obra que se referem à substituição de servidores e empregados públicos (classificado como <u>OUTRAS DESPESAS DE PESSOAL</u>);
  - **NÃO COMPUTADA COMO DESPESA DE PESSOAL**:
    - De caráter indenizatório (auxílio-alimentação, auxílio-transporte, auxílio-moradia, ajuda de custo e diárias);
    - Indenização por demissão de servidores ou empregados;
    - Relativas a incentivos à demissão voluntária;
    - Indenização decorrente de convocação extraordinária do Congresso Nacional;
    - Decorrentes de decisão judicial de competência anterior ao período de apuração (anterior aos 12 meses);
    - **Com pessoal, do DF e dos estados do Amapá e Roraima, custeados** com recursos transferidos pela União;
    - Com inativos, ainda pagas por intermédio de unidade gestora única ou fundo previsto no art. 249 da Constituição Federal, quanto à parcela custeada por recursos provenientes:
- Da arrecadação de contribuições dos segurados;
- Da compensação financeira do Regime Geral e o Regime Próprio de Previdência Social;
- De transferências destinadas a promover o equilíbrio atuarial do regime de previdência, na forma definida pelo órgão do Poder Executivo federal responsável pela orientação, pela supervisão e pelo acompanhamento dos regimes próprios de previdência social dos servidores públicos.

Atenção: DESPESA DE PESSOAL será apurada somando-se a despesa realizada no **MÊS EM REFERÊNCIA** com a dos **ONZE ANTERIORES, ADOTANDO-SE O REGIME DE COMPETÊNCIA**, independentemente de empenho.

16.5.1. LIMITES DE GASTO COM PESSOAL

A DESPESA TOTAL COM PESSOAL NÃO PODERÁ EXCEDER OS PERCENTUAIS DA RECEITA CORRENTE LÍQUIDA.		
UNIÃO	ESTADOS/DF	MUNICÍPIOS
50%	60%	60%

A repartição dos limites globais não poderá exceder os seguintes percentuais:

FEDERAL (%)		ESTADUAL (%)		MUNICIPAL (%)	
Executivo	40,9	Executivo	49,0	Executivo	54,0
Legislativo + TCU	2,5	Legislativo +TCE	3,0	Legislativo +TCM	6,0
Judiciário	6,0	Judiciário	6,0		
MPU	0,6	MPE	2,0		

Atenção: Nos **Estados** em que houver Tribunal de Contas dos Municípios, os percentuais definidos para o Legislativo e para o Executivo serão, respectivamente, acrescidos e reduzidos em 0,4% (quatro décimos por cento).

- ESTADOS QUE POSSUAM TRIBUNAL DE CONTAS DOS MUNICÍPIOS:
  - Poder Executivo - 48,6%
  - Poder Legislativo - 3,4%

16.5.2. VERIFICAÇÃO DOS LIMITES DE DESPESA COM PESSOAL

Ocorrerá ao final de cada **QUADRIMESTRE**.

Limite de ALERTA	Ultrapassar **90%** do máximo permitido (não há sanção/vedação)
Limite PRUDENCIAL	Ultrapassar **95%** do máximo permitido (há vedações)

16.6. TRANSPARÊNCIA NA GESTÃO FISCAL

INSTRUMENTOS DE TRANSPARÊNCIA
Planos, orçamentos e leis de diretrizes orçamentárias
Prestações de contas e o respectivo parecer prévio
Relatório Resumido da Execução Orçamentária (RREO)
Relatório de Gestão Fiscal (RGF)
Versões simplificadas desses documentos

16.6.1. RELATÓRIO RESUMIDO DA EXECUÇÃO ORÇAMENTÁRIA (RREO)

- Abrangência: todos os **PODERES** e o **MINISTÉRIO PÚBLICO**
- Competência para publicar: Poder **EXECUTIVO** de cada ente da federação
- Publicado: até 30 dias após o encerramento de cada **BIMESTRE**

RELATÓRIO RESUMIDO DA EXECUÇÃO ORÇAMENTÁRIA (RREO)
COMPOSIÇÃO: • Balanço orçamentário; • Demonstrativos da execução das receitas e das despesas.
ACOMPANHARÁ O RREO: • Demonstrativo de apuração da receita corrente líquida; • Demonstrativo de receitas e despesas previdenciárias; • Demonstrativo de resultados nominal e primário; • Demonstrativo de despesas com juros; • Demonstrativo de restos a pagar por Poder e órgão.
ACOMPANHARÁ O RREO NO ÚLTIMO **BIMESTRE DO EXERCÍCIO**: • Demonstrativo do atendimento da regra de ouro (operações de créditos não excederão o valor das despesas de capital); • Demonstrativo das projeções atuariais dos regimes de previdência social, geral e próprio dos servidores públicos; • Demonstrativo da variação patrimonial, evidenciando a alienação de ativos e aplicação dos recursos dela decorrentes.

16.6.1.1. MUNICÍPIOS COM POPULAÇÃO INFERIOR A 50 MIL HABITANTES

- É **facultado** divulgar **semestralmente** os:
  - DEMONSTRATIVOS do RREO (somente os demonstrativos);
  - RGF.
- Caso optem por publicar semestralmente, terão até 30 dias após o encerramento do semestre para divulgarem.

16.6.2. RELATÓRIO DE GESTÃO FISCAL (RGF)

- Competência para emitir: os **TITULARES DOS PODERES**
- Publicado: até 30 dias após o encerramento de cada **PERÍODO AO QUAL CORRESPONDER**
- Assinarão o RGF:
  - Chefe do Poder Executivo;
  - Presidente e demais membros da Mesa Diretora ou órgão decisório equivalente, conforme regimentos internos dos órgãos do Poder Legislativo;
  - Presidente de Tribunal e demais membros de Conselho de Administração ou órgão decisó-

rio equivalente, conforme regimentos internos dos órgãos do Poder Judiciário;

- Chefe do Ministério Público, da União e dos Estados;
- Autoridades responsáveis pela administração financeira e pelo controle interno, bem como por outras definidas por ato próprio de cada Poder ou órgão.

RELATÓRIO DE GESTÃO FISCAL (RGF)

CONTERÁ O RGF:
• Comparativo com os limites:
  • Despesa com pessoal (distinguindo ativos, inativos e pensionistas);
  • Dívida consolidada e mobiliária;
  • Concessão de garantias;
  • Operações de crédito, inclusive ARO.
• Indicação das medidas corretivas adotadas ou a adotar se ultrapassar algum limite.

RELATÓRIO DE GESTÃO FISCAL (RGF)
CONTERÁ O RGF NO ÚLTIMO **BIMESTRE DO EXERCÍCIO**: • Demonstrativo do montante das disponibilidades de caixa em 31/dez; • Demonstrativo da inscrição em restos a pagar, das despesas liquidadas e não liquidadas e não inscritas por falta de disponibilidade de caixa e cujos empenhos foram cancelados; • Demonstrativo do não cumprimento das normas referentes às Operações de Crédito por ARO (pagamento até 10/dez e proibição de contratar no último ano do mandato).

As questões sobre transparência na gestão fiscal recaem massivamente sobre o RREO e o RGF. Disponibilize um pouco mais de tempo para ler as duas tabelas anteriores.

Raciocínio Lógico

Daniel Alves Machado

TABELA DE INCIDÊNCIA DE QUESTÕES		
ASSUNTO	**NÚMERO DE QUESTÕES**	**PESO**
1. LÓGICA DE ARGUMENTAÇÃO	10	12,99%
2. LÓGICA PROPOSICIONAL	18	23,38%
3. OPERAÇÕES BÁSICAS	9	11,69%
4. MÚLTIPLOS E DIVISORES	4	5,19%
5. RAZÃO E PROPORÇÃO	5	6,49%
6. REGRA DE TRÊS	2	2,60%
7. PORCENTAGEM	4	5,19%
8. EQUAÇÕES E SISTEMAS	10	12,99%
9. CORRELAÇÃO DE DADOS	2	2,60%
10. PRINCÍPIO DO POMBAL	1	1,30%
11. PRINCÍPIO FUNDAMENTAL DA CONTAGEM	2	2,60%
12. Permutação	2	2,60%
13. ARRANJO	1	1,30%
14. COMBINAÇÃO	1	1,30%
15. SEQUÊNCIAS	4	5,19%
16. CONJUNTOS	2	2,60%
TOTAL	**77**	**100%**

Raciocínio Lógico

Daniel Alves Machado

✦ QUESTÕES

1. LÓGICA DE ARGUMENTAÇÃO

Texto CB1A6AAA – para as próximas três questões.

A centralidade das relações entre a argumentação e a questão da autoridade tornou-se, nos nossos dias, ainda mais evidente, com a especialização dos saberes e com a emergência da figura dos especialistas ou peritos. A complexidade da nossa sociedade levou a que se incrementasse a especialização, e esta — por menos que gostemos disso — aumenta a nossa confiança nas figuras de autoridade. Não estamos aptos a inspecionar, por nós próprios, provas em todos os domínios da atividade humana, logo, fazemos a melhor coisa que nos é possível fazer: confiamos em especialistas devidamente credenciados.

Charles Arthur Willard. A theory of argumentation. Tuscaloosa, Alabama, EUA: The University of Alabama Press, 1989, p. 227 (com adaptações).

Considerando aspectos concernentes ao raciocínio analítico, julgue os itens subsequentes, relativos ao texto CB1A6AAA.

---

01. (Cespe – Analista Judiciário – Área Judiciária – TRF 1/2017) Conforme a argumentação desenvolvida no texto, peritos não mentem. Logo, se eles disserem, por exemplo, que o melhor modo de prevenir uma guerra é estar preparado para ela, as pessoas deverão tomar como verdadeira essa afirmação.

COMENTÁRIOS

A afirmação apresentada é um argumento de autoridade, que consiste em acreditar na credibilidade do especialista, sem que esse apresente evidências para tal, esse tipo de argumento representa uma falácia lógica, portanto, um raciocínio falso.

Alternativa correta: "errado".

---

02. (Cespe – Analista Judiciário – Área Judiciária – TRF 1/2017) Infere-se do texto que, não sendo o conhecimento acessível a cada ser humano nas diversas áreas de especialização, é preciso consultar os peritos nessas áreas e neles confiar.

COMENTÁRIOS

É exatamente a ideia apresentada pelo texto, o conhecimento não é acessível a cada ser humano nas diversas áreas de especialização, logo, há de se confiar nos peritos.

Alternativa correta: "certo".

---

03. (Cespe – Analista Judiciário – Área Judiciária – TRF 1/2017) O texto centra-se na premissa de que, com a especialização dos saberes, a confiança nos especialistas tornou-se uma deficiência inevitável, que alija qualquer pensamento crítico.

COMENTÁRIOS

A confiança em especialistas é a conclusão do argumento apresentado e não uma premissa.

Alternativa correta: "errado".

Texto CB1A6BBB – para as próximas duas questões.

O uso de animais em pesquisas e testes científicos é submetido a comitês de ética com o intuito de evitar procedimentos que lhes causem sofrimento ou dor. Caso o Brasil abolisse a prática de testes desse tipo, a ciência brasileira se tornaria dependente da tecnologia externa. Como cientista, posso apresentar exemplos de ações que custaram a vida de animais, mas que salvaram muitas vidas humanas.

Internet: <g1.globo.com>(com adaptações).

Considerando aspectos pertinentes ao raciocínio analítico, julgue os próximos itens, relativos ao texto CB1A6BBB.

04. (Cespe – Analista Judiciário – Área Judiciária – TRF 1/2017) No início do último período do texto, o emprego do termo "cientista" faz pressupor que o autor do texto se especializou em alguma ciência natural ou se dedica a ela e que, por isso, tem autoridade para tratar do tema.

COMENTÁRIOS

A citação do termo "cientista" tem o objetivo de construir um argumento de autoridade, no qual a credibilidade de sua fala deve-se a sua experiência na área.

Alternativa correta: "certo".

05. (Cespe – Analista Judiciário – Área Judiciária – TRF 1/2017) No trecho "posso apresentar exemplos de ações que custaram a vida de animais, mas que salvaram muitas vidas humanas" — no último período do texto —, emprega-se um argumento fundamentado em um raciocínio falacioso de indução.

COMENTÁRIOS

O argumento utilizado apresenta uma falácia, o enunciador faz uso de um apelo à autoridade para reforçar sua afirmação, se ele apresentar os exemplos que citou, estará utilizando casos particulares para chegar a uma conclusão geral, ou seja, usará o processo de indução.

Alternativa correta: "certo".

Texto CB2A6AAA – para as próximas duas questões.

Venho acompanhando pelo jornal um debate acalorado entre professores universitários a respeito de um tema da especialidade deles: sistemas de informação. O debate, que se iniciou com dois professores e acabou envolvendo outros mais, terminou sem que se chegasse a uma conclusão uniforme. Isso nos leva a concluir que o homem não é mesmo capaz de entrar em entendimento e que, por isso, o mundo está repleto de guerras.

José Luiz Fiorin e Francisco Platão Savioli.

Para entender o texto: leitura e redação. 17.a ed. São Paulo: Ática, 2007, p. 211. (com adaptações).

Acerca do raciocínio analítico e da argumentação empregados no texto CB2A6AAA, julgue os itens subsecutivos.

06. (Cespe – Técnico Judiciário – Área Administrativa – TRF 1/2017) Pode-se extrair do texto a seguinte proposição categórica afirmativa particular: "Alguns professores universitários participavam de um debate".

COMENTÁRIOS

Pelo trecho: "O debate, que se iniciou com dois professores e acabou envolvendo outros mais", podemos retirar a proposição categórica "alguns professores universitários participavam de um debate" e essa proposição é corretamente classificada como particular (alguns professores e não todos) afirmativa (trata-se de uma afirmação e não de uma negação).

Alternativa correta: "certo".

07. (Cespe – Técnico Judiciário – Área Administrativa – TRF 1/2017) A conclusão apresentada no texto contém noções semiformalizadas.

COMENTÁRIOS

✪ **Nota do autor:** Entende-se por noções semiformalizadas o emprego inadequado de certos conceitos, seja de forma proposital ou por real desconhecimento.

O texto não fez uso de conceitos empregados de forma inadequada, sendo assim, não contém noções semiformalizadas.

Alternativa correta: "errado".

Texto CB2A6BBB – para as próximas três questões.

A maior prova de honestidade que realmente posso dar neste momento é dizer que continuarei sendo o cidadão desonesto que sempre fui.

Considerando o texto CB2A6BBB, julgue os itens seguintes, concernentes à argumentação e aos tipos de argumentos.

08. (Cespe – Técnico Judiciário – Área Administrativa – TRF 1/2017) Verifica-se a ocorrência de falácia no argumento da frase.

COMENTÁRIOS

Falácia é um raciocínio falso que aparenta estar correto, o que não acontece no texto.

O que está presente no texto é um paradoxo, que é um argumento construído com ideias contraditórias, no caso, a prova de honestidade do indivíduo é ser desonesto.

Alternativa correta: "errado".

09. (Cespe – Técnico Judiciário – Área Administrativa – TRF 1/2017) Pode-se inferir da frase que a maior parte dos cidadãos é corrupta e que, portanto, a sociedade é corrupta em sua totalidade.

COMENTÁRIOS

A frase representa um caso particular, não sendo correta a generalização de que a sociedade é corrupta em sua totalidade.

Alternativa correta: "errado".

---

10. (Cespe – Técnico Judiciário – Área Administrativa – TRF 1/2017) A partir da frase apresentada, conclui-se que, não sendo possível provar que o que é enunciado é falso, então o enunciador é, de fato, honesto.

COMENTÁRIOS

Na frase apresentada há um paradoxo, isso nos impede de atribuir valor lógico (verdadeiro ou falso) a ela, sendo assim, não podemos afirmar se o enunciador é honesto ou não.

Alternativa correta: "errado".

2. LÓGICA PROPOSICIONAL

---

11. (FCC – Analista Judiciário – Área Judiciária – TRF 4/2019) Sabendo-se que é verdadeira a afirmação "Todos os filhos de José sabem inglês", então é verdade que

a) José sabe inglês.

b) José não sabe inglês.

c) se Mário sabe inglês então ele é filho de José.

d) se Murilo não sabe inglês então ele não é filho de José.

e) se Marcos não é filho de José então ele não sabe inglês.

COMENTÁRIOS

Alternativas "a", "b": A afirmação analisada diz respeito apenas aos filhos de José. Somente com essa afirmação não é possível definir se José sabe inglês ou não.

Alternativa "c": O fato de todos os filhos de José saberem inglês, não significa que todos aqueles que sabem inglês são filhos de José. Portanto, Mário pode saber inglês sem, necessariamente, ser filho de José.

Alternativa "d": Como todos os filhos de José sabem inglês, uma pessoa que não fala inglês não pode ser filho de José, desse modo, se Murilo não fala inglês, então ele não é filho de José.

Alternativa "e": O fato de todos os filhos de José saberem inglês, não significa que todos aqueles que sabem inglês são filhos de José. Desse modo, uma pessoa que não é filho de José pode saber inglês ou não.

Alternativa correta: letra "d".

Texto para as próximas três questões.

Em uma reunião de colegiado, após a aprovação de uma matéria polêmica pelo placar de 6 votos a favor e 5 contra, um dos 11 presentes fez a seguinte afirmação: "Basta um de nós mudar de ideia e a decisão será totalmente modificada."

Considerando a situação apresentada e a proposição correspondente à afirmação feita, julgue os próximos itens.

---

12. (Cespe – Analista Judiciário – Área Judiciária – TRF 1/2017) A negação da proposição pode ser corretamente expressa por "Basta um de nós não mudar de ideia ou a decisão não será totalmente modificada".

COMENTÁRIOS

A proposição do enunciado pode ser reescrita utilizando o conectivo "se... então", ficando da seguinte forma:

Se um de nós mudar de ideia, então a decisão será totalmente modificada.

Para fazer a negação dessa proposição, deve-se:

– Afirmar a primeira proposição: Um de nós mudou de ideia.

– Negar a segunda: A decisão não foi totalmente modificada.

– Trocar o conectivo "se... então" pelo conectivo "e": Um de nós mudou de ideia e a decisão não foi totalmente modificada.

Sendo essa, a correta negação da afirmação do enunciado.

Alternativa correta: "errado".

---

13. (Cespe – Analista Judiciário – Área Judiciária – TRF 1/2017) A proposição é equivalente, sob o ponto de vista da lógica sentencial, à proposição "Desde que um membro mude de ideia, a decisão será totalmente modificada".

COMENTÁRIOS

A proposição inicial pode ser reescrita utilizando o conectivo "se... então", ficando da seguinte forma:

Se um de nós mudar de ideia, então a decisão será totalmente modificada.

A proposição apresentada no enunciado é equivalente a ela, uma vez que um membro mudar de ideia é condição suficiente (basta isso) para que o resultado da decisão seja totalmente modificado.

Alternativa correta: "certo".

---

14. (Cespe – Analista Judiciário – Área Judiciária – TRF 1/2017) A tabela-verdade da referida proposição, construída a partir dos valores lógicos das proposições simples que a compõem, tem mais de 8 linhas.

COMENTÁRIOS

✪ **Nota do autor:** Em qualquer proposição, o número de linhas da tabela verdade é dado pela expressão 2^n, em que n representa a quantidade de proposições simples presentes na proposição que será analisada.

A proposição do enunciado pode ser reescrita utilizando o conectivo "se... então", ficando da seguinte forma:

Se um de nós mudar de ideia, então a decisão será totalmente modificada.

Essa proposição é composta por duas proposições simples.

Substituindo n por 2 na expressão que fornece a quantidade de linhas de uma tabela verdade, temos:

$2^n = 2^2 = 2 \,.\, 2 = 4$

Portanto, a tabela verdade da proposição apresentada no enunciado possui 4 linhas.

Alternativa correta: "errado".

Texto para as próximas cinco questões.

A partir da proposição P: "Quem pode mais, chora menos.", que corresponde a um ditado popular, julgue os próximos itens.

---

15. (Cespe – Técnico Judiciário – Área Administrativa – TRF 1/2017) A negação da proposição P pode ser expressa por "Quem pode menos, chora mais".

COMENTÁRIOS

✪ **Nota do autor:** Para construir a negação de proposições condicionais, basta manter a primeira proposição simples inalterada, negar a segunda e trocar o conectivo "se... então" pelo conectivo "e".

Podemos reescrever a proposição apresentada utilizando o conectivo "se... então", ficando da seguinte forma:

"Se o indivíduo pode mais, então ele chora menos".

Fazendo a negação dessa proposição, temos:

– Mantendo a primeira proposição: O indivíduo pode mais.

– Negando a segunda: Ele não chora menos.

– Trocando o conectivo "se... então" pelo conectivo "e": O indivíduo pode mais e não chora menos.

Essa negação ainda pode ser reescrita da seguinte forma:

"Ele pode mais e chora mais".

Alternativa correta: "errado".

---

16. (Cespe – Técnico Judiciário – Área Administrativa – TRF 1/2017) Do ponto de vista da lógica sentencial, a proposição P é equivalente a "Se pode mais, o indivíduo chora menos".

COMENTÁRIOS

Proposições escritas utilizando o pronome "quem" podem ser reescritas utilizando o conectivo "se... então". Se reescrevermos a proposição do enunciado, teremos a seguinte proposição:

"Se pode mais, então o indivíduo chora menos".

Alternativa correta: "certo".

---

17. (Cespe – Técnico Judiciário – Área Administrativa – TRF 1/2017) A tabela verdade da proposição P, construída a partir dos valores lógicos das proposições simples que a compõem, tem pelo menos 8 linhas.

COMENTÁRIOS

Se reescrevermos a proposição P utilizando o conectivo "se... então", teremos:

"Se pode mais, então o indivíduo chora menos".

Essa proposição composta é formada por duas proposições simples, sendo assim, vamos substituir n por 2 na expressão que fornece a quantidade de linhas de uma tabela verdade:

$2^2 = 2 \,.\, 2 = 4$

Portanto, a tabela verdade da proposição P, possui 4 linhas.

Alternativa correta: "errado".

---

18. (Cespe – Técnico Judiciário – Área Administrativa – TRF 1/2017) A negação da proposição P pode ser expressa por "Quem não pode mais, não chora menos".

COMENTÁRIOS

✪ **Nota do autor:** Escrever a negação da proposição utilizando o pronome "quem", significa que conectivo "se... então" não foi substituído pelo conectivo "e", parte fundamental da construção da negação de uma condicional, logo, a negação está errada.

Podemos reescrever a proposição apresentada utilizando o conectivo "se... então", ficando da seguinte forma:

"Se o indivíduo pode mais, então ele chora menos".

Fazendo a negação dessa proposição, temos:

O indivíduo pode mais e não chora menos.

Que podemos reescrever da seguinte forma:

"Ele pode mais e chora mais".

Alternativa correta: "errado".

---

19. (Cespe – Técnico Judiciário – Área Administrativa – TRF 1/2017) Se a proposição P for verdadeira, então o conjunto formado por indivíduos que podem mais está contido no conjunto dos indivíduos que choram menos.

COMENTÁRIOS

✪ **Nota do autor:** Proposições condicionais podem ser entendidas como dois conjuntos em que um está contido no outro.

Exemplo: Dada a proposição "*A → B*", temos:

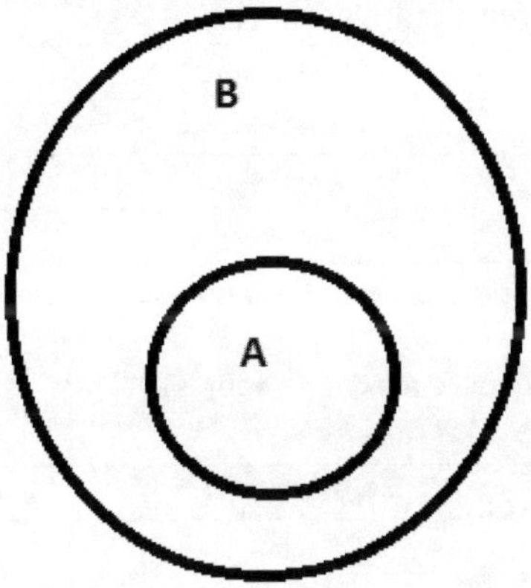

Ou seja, em uma proposição condicional *A → B*, podemos dizer que o conjunto que possui A está contido no conjunto que possui B.

Vamos reescrever a proposição P utilizando o conectivo "se... então":

"Se o indivíduo pode mais, então ele chora menos".

Representando essa proposição por meio de conjuntos, temos:

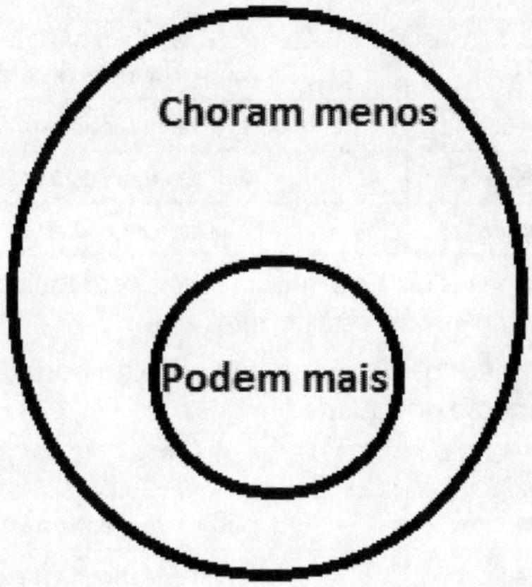

Desse modo, podemos dizer que o conjunto dos que podem mais está contido no conjunto dos que choram menos.

Alternativa correta: "certo".

---

20. (Consulplan – Técnico Judiciário – Área Administrativa – TRF 2/2017) Quatro amigos: Alexandre, Breno, Cássio e Diogo pretendem fazer uma viagem em um automóvel, porém apenas um deles tem a carteira de habilitação em dia. Considere que eles fizeram as afirmações a seguir e que somente um deles disse a verdade:

- Alexandre: a carteira de Breno está em dia;
- Breno: a carteira de Diogo está em dia;
- Cássio: minha carteira está vencida; e,
- Diogo: minha carteira não está em dia.

Quem tem a habilitação para dirigir o automóvel nessa viagem?

A) Cássio.

B) Diogo.

C) Breno.

D) Alexandre.

COMENTÁRIOS

Alternativa "a": Sabemos que apenas uma das afirmações é verdadeira e que apenas um dos quatro amigos possui a carteira de habilitação em dia.

Supondo que o amigo portador da habilitação em dia é Cássio, vamos analisar a veracidade da afirmação dos quatro amigos:

Amigo	Afirmação	Valor lógico
Alexandre	A carteira de Breno está em dia.	Falso
Breno	A carteira de Diogo está em dia.	Falso
Cássio	Minha carteira está vencida.	Falso
Diogo	Minha carteira não está em dia.	Verdadeiro

Como apenas uma das afirmações é verdadeira, concluímos que a suposição de que Cássio possui a carteira de habilitação em dia está correta.

Alternativa "b": Supondo que o amigo portador da habilitação em dia é Diogo, vamos analisar a veracidade da afirmação dos quatro amigos:

Amigo	Afirmação	Valor lógico
Alexandre	A carteira de Breno está em dia.	Falso
Breno	A carteira de Diogo está em dia.	Verdadeiro
Cássio	Minha carteira está vencida.	Verdadeiro
Diogo	Minha carteira não está em dia.	Falso

Como duas das afirmações são verdadeiras, concluímos que a suposição de que Diogo possui a carteira de habilitação em dia está errada.

Alternativa "c": Supondo que o amigo portador da habilitação em dia é Breno, vamos analisar a veracidade da afirmação dos quatro amigos:

Amigo	Afirmação	Valor lógico
Alexandre	A carteira de Breno está em dia.	Verdadeiro
Breno	A carteira de Diogo está em dia.	Falso
Cássio	Minha carteira está vencida.	Verdadeiro
Diogo	Minha carteira não está em dia.	Verdadeiro

Como três das afirmações são verdadeiras, concluímos que a suposição de que Breno possui a carteira de habilitação em dia está errada.

Alternativa "d": Supondo que o amigo portador da habilitação em dia é Alexandre, vamos analisar a veracidade da afirmação dos quatro amigos:

Amigo	Afirmação	Valor lógico
Alexandre	A carteira de Breno está em dia.	Falso
Breno	A carteira de Diogo está em dia.	Falso
Cássio	Minha carteira está vencida.	Verdadeiro
Diogo	Minha carteira não está em dia.	Verdadeiro

Como duas das afirmações são verdadeiras, concluímos que a suposição de que Alexandre possui a carteira de habilitação em dia está errada.

Alternativa correta: letra "a".

21. (FCC – Analista Judiciário – Área Administrativa – TRF 3ª Região/2016) Considere verdadeiras as afirmações abaixo.

I. Ou Bruno é médico, ou Carlos não é engenheiro.

II. Se Durval é administrador, então Eliane não é secretária.

III. Se Bruno é médico, então Eliane é secretária.

IV. Carlos é engenheiro.

A partir dessas afirmações, pode-se concluir corretamente que

a) Eliane não é secretária e Durval não é administrador.

b) Bruno não é médico ou Durval é administrador.

c) se Eliane não é secretária, então Bruno não é médico.

d) Carlos é engenheiro e Eliane não é secretária.

e) se Carlos é engenheiro, então Eliane não é secretária.

COMENTÁRIOS

✪ **Nota do autor:** Casos em que as proposições compostas são verdadeiras:

Conectivo	Nomenclatura	Tabela-Verdade
E	Conjunção	Verdadeira se as duas proposições forem verdadeiras, nos demais casos será falsa.
OU	Disjunção inclusiva	Falsa se as duas proposições forem falsas, nos demais casos será verdadeira.
OU...OU	Disjunção exclusiva	Verdadeira para valores lógicos diferentes e falsa para valores lógicos iguais.
Se...Então	Condicional	Será falsa somente se a primeira proposição for verdadeira e a segunda for falsa, será verdadeira em todos os demais casos.
Se e Somente Se	Bicondicional	Verdadeira para valores lógicos iguais e falsa para valores lógicos diferentes.
Não	Negação	Sempre que uma proposição for verdadeira, a negação será falsa e sempre que uma proposição for falsa, a negação será verdadeira.

Alternativa "c": Vamos tomar a afirmação IV como ponto de partida e analisar as demais:

Carlos é engenheiro.
V

A próxima proposição a ser analisada será a I:

Ou	Bruno é médico,	ou	Carlos não é engenheiro.
			F

Como a segunda proposição simples é falsa, para que a proposição composta seja verdadeira, é preciso que a primeira proposição simples seja verdadeira:

Ou	Bruno é médico,	ou	Carlos não é engenheiro.
	V		F

Vamos analisar a afirmação III:

Se	Bruno é médico,	então	Eliane é secretária.
	V		

Como a primeira proposição simples é verdadeira, é preciso que a segunda proposição simples também seja verdadeira:

Se	Bruno é médico,	então	Eliane é secretária.
	V		V

Por fim, vamos analisar a proposição II:

Se	Durval é administrador,	então	Eliane não é secretária.
			F

Como a segunda proposição simples é falsa, é preciso que a primeira proposição simples também seja falsa:

Se	Durval é administrador,	então	Eliane não é secretária.
	F		F

Com base nas análises realizadas, concluímos que:

- Carlos é engenheiro.
- Bruno é médico.
- Eliane é secretária.
- Durval não é administrador.

Com essas afirmações, vamos analisar a proposição da alternativa:

Se	Eliane não é secretária,	então	Bruno não é médico.
	F		F

Como as duas proposições simples são falsas, a proposição composta condicional é verdadeira, logo, essa é a alternativa correta.

Alternativa "a": Analisando a proposição:

Eliane não é secretária	e	Durval não é administrador.
F		V

Como apenas uma proposição simples é verdadeira, a proposição composta é falsa.

Alternativa "b": Analisando a proposição:

Bruno não é médico,	ou	Durval é administrador.
F		F

Como as duas proposições simples são falsas, a proposição composta também é falsa.

Alternativa "d": Analisando a proposição:

Carlos é engenheiro	e	Eliane não é secretária.
V		F

Como apenas uma proposição simples é verdadeira, a proposição composta é falsa.

Alternativa "e": Analisando a proposição:

Se	Carlos é engenheiro,	então	Eliane não é secretária.
	V		F

Como a primeira proposição simples é verdadeira, e a segunda é falsa, a proposição composta é falsa.

Alternativa correta: letra "c".

22. (FCC – Analista Judiciário – Área Administrativa – TRF 3ª Região/2016) Considere verdadeiras as afirmações abaixo.

I. Todos os analistas que são advogados, são contadores também.

II. Nem todos os contadores que são advogados, são analistas também.

III. Há advogados que são apenas advogados e isso também acontece com alguns analistas, mas não acontece com qualquer um dos contadores.

A partir dessas afirmações, é possível concluir corretamente que

a) todo analista é advogado e é também contador.

b) qualquer contador que seja analista é advogado também.

c) existe analista que é advogado e não é contador.

d) todo contador que é advogado é também analista.

e) existe analista que não é advogado e existe contador que é analista.

COMENTÁRIOS

Alternativa "a": A afirmação III deixa claro que existem analistas que são apenas analistas.

Alternativa "b": Falso, a região B representa contadores que são analistas, mas não são advogados.

Alternativa "c": A afirmação I deixa claro que todo analista que é advogado, também é contador.

Alternativa "d": Falso, a região D representa contadores que são advogados, mas não são analistas.

Alternativa "e": Vamos montar um diagrama para representar a situação do enunciado (com base nas afirmações I e III, o conjunto dos contadores deve estar totalmente contido nos outros dois conjuntos):

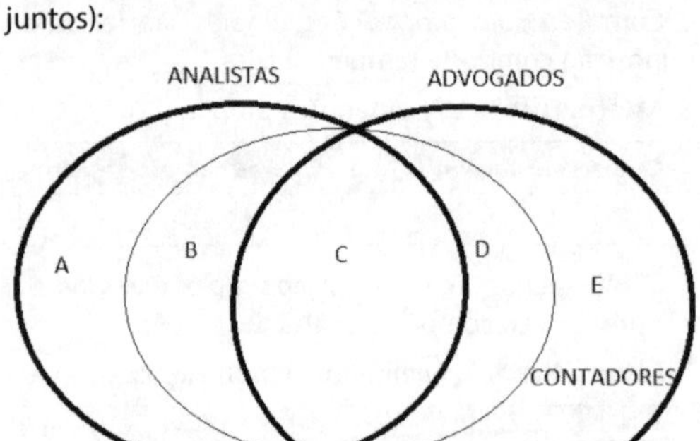

Vamos reanalisar cada afirmação e associar a qual região do diagrama cada uma pertence:

I. Todos os analistas que são advogados, são contadores também (Região C).

II. Nem todos os contadores que são advogados, são analistas também (Região D).

III. Há advogados que são apenas advogados (Região E) e isso também acontece com alguns analistas (Região A), mas não acontece com qualquer um dos contadores (Regiões B, C e D).

Como o enunciado não afirma a não existência de contadores que são apenas analistas, o diagrama deve conter a região B.

Analisando a afirmação da alternativa:

Existe analista que não é advogado (verdadeiro, representado pelas regiões A e B) e existe contador que é analista (verdadeiro, representado pelas regiões B e C).

Logo, essa afirmação é correta.

Alternativa correta: letra "e".

23. (FCC – Analista Judiciário – Área Administrativa – TRF 3ª Região/2016) Considere, abaixo, as afirmações e o valor lógico atribuído a cada uma delas entre parênteses.

– Ou Júlio é pintor, ou Bruno não é cozinheiro (afirmação FALSA).

– Se Carlos é marceneiro, então Júlio não é pintor (afirmação FALSA).

– Bruno é cozinheiro ou Antônio não é pedreiro (afirmação VERDADEIRA).

A partir dessas afirmações,

a) Júlio não é pintor e Bruno não é cozinheiro.

b) Antônio é pedreiro ou Bruno é cozinheiro.

c) Carlos é marceneiro e Antônio não é pedreiro.

d) Júlio é pintor e Carlos não é marceneiro.

e) Antônio é pedreiro ou Júlio não é pintor.

COMENTÁRIOS

Alternativa "c": Vamos começar a análise pela segunda informação: "Se Carlos é marceneiro, então Júlio não é pintor." O único caso em que afirmações condicionais são falsas ocorre quando a primeira proposição simples é verdadeira e a segunda é falsa, desse modo, temos:

Se	Carlos é marceneiro,	então	Júlio não é pintor.
	V		F

Baseado nessa análise, concluímos que Carlos é marceneiro e que Júlio é pintor. Com essa conclusão, vamos analisar a primeira afirmação:

Ou	Júlio é pintor	Ou	Bruno não é cozinheiro.
	V		

Para que disjunções exclusivas sejam falsas, é necessário que o valor lógico das duas proposições simples sejam iguais, como sabemos que a primeira proposição simples é verdadeira, a segunda também deve ser:

Ou	Júlio é pintor	Ou	Bruno não é cozinheiro.
	V		V

Para finalizar, vamos analisar a terceira afirmação:

Bruno é cozinheiro	Ou	Antônio não é pedreiro.
F		

Para uma disjunção inclusiva ser verdadeira, é necessário que pelo menos uma das proposições simples seja verdadeira. Como a primeira proposição simples já é falsa, a segunda precisa ser verdadeira:

Bruno é cozinheiro	Ou	Antônio não é pedreiro.
F		V

Logo, temos que Carlos é marceneiro e que Antônio não é pedreiro.

Alternativa "a": Júlio é pintor.

Alternativa "b": Antônio não é pedreiro e Bruno não é cozinheiro.

Alternativa "d": Carlos é marceneiro.

Alternativa "e": Antônio é pedreiro e Júlio é pintor.

Alternativa correta: letra "c".

24. (Cespe – Analista Judiciário – Área Judiciária – TRE – MT/2015) Assinale a opção que apresenta um argumento lógico válido.

a) Todos os garotos jogam futebol e Maria não é um garoto, então Maria não joga futebol.

b) Não existem cientistas loucos e Pedro não é louco. Logo, Pedro é um cientista.

c) O time que ganhou o campeonato não perdeu nenhum jogo em casa, o vice colocado também não perdeu nenhum jogo em casa. Portanto, o campeão é o vice colocado.

d) Todas as aves são humanas e nenhum cachorro é humano, logo nenhum cachorro é uma ave.

e) Em Brasília moram muitos funcionários públicos, Gustavo é funcionário público. Logo, Gustavo mora em Brasília.

COMENTÁRIOS

✪ **Nota do autor:** Argumento válido é aquele em que a conclusão é consequência direta das premissas, isso significa que, se um argumento é válido e as premissas são verdadeiras, então a conclusão também é verdadeira.

Alternativa "a": O argumento afirma que todos os garotos gostam de futebol, mas não afirma que são somente os garotos, o que significa que podem existir pessoas que não são garotos e que mesmo assim gostem de futebol, logo, Maria pode gostar ou não de futebol.

Alternativa "b": Os loucos não são cientistas, o que não significa que todos os que não são loucos são cientistas, logo, Pedro pode ser um cientista ou não.

Alternativa "c": O time campeão não perdeu nenhum jogo em casa, isso não significa que todos os que não perderam jogos em casa são campeões.

Alternativa "d": Para um melhor entendimento, vamos observar um diagrama que representa o argumento:

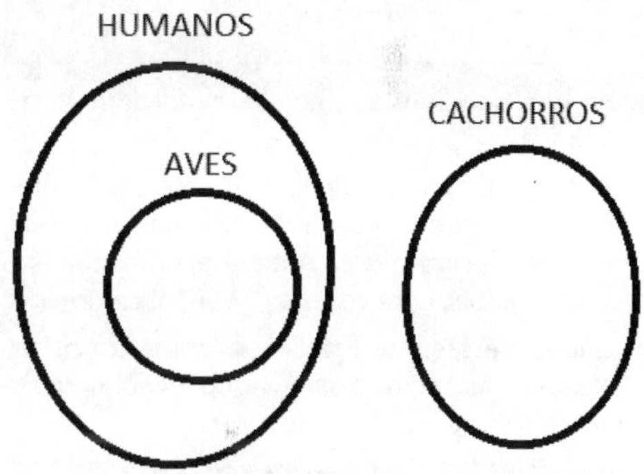

Como não há intersecção entre o conjunto dos humanos e o conjunto dos cachorros, não pode haver intersecção entre o conjunto das aves e dos cachorros, o que torna o argumento válido.

Alternativa "e": Não necessariamente todos os funcionários públicos moram em Brasília.

Alternativa correta: letra "d".

25. (FCC – Técnico Judiciário – Área Administrativa – TRF 4/2014) Considere verdadeiras as afirmativas:

Se não fui ao mercado, então não fiz compras.

Comprei creme e sabonete.

Ou comprei queijo ou comprei iogurte.

Comprei cereal ou comprei pão.

A partir dessas afirmações, pode-se concluir que

a) não fui ao mercado.

b) só comprei creme.

c) fui ao mercado e comprei sabonete.

d) não comprei nem queijo nem iogurte.

e) não comprei cereal nem pão.

COMENTÁRIOS

Alternativa "c": Como todas as afirmativas são verdadeiras, vamos tomar como ponto de partida a proposição construída com o conectivo "e", pois, para que ela seja verdadeira, as duas proposições simples que a compõe devem ser verdadeiras:

Comprei creme	e	Sabonete
V		V

A próxima proposição a ser analisada será a primeira, para isso, vamos levar em consideração que o indivíduo comprou creme e sabonete, ou seja, o indivíduo fez compras:

Se	não fui ao mercado,	então	não fiz compras
			F

Para que essa proposição seja verdadeira, é necessário que proposição "não fui ao mercado" seja falsa:

Se	não fui ao mercado,	então	não fiz compras
	F		F

Com isso, podemos afirmar que o indivíduo foi ao mercado.

Como as duas proposições restantes são construídas com os conectivos "ou" e "ou... ou" e as proposições simples que as compõem não se repetem, é impossível saber, com certeza, o que foi comprado.

Baseado nessas informações, a única conclusão que podemos fazer é que o indivíduo foi ao mercado e comprou sabonete.

Alternativa "a": Ele foi ao mercado.

Alternativa "b": Ele também comprou sabonete.

Alternativa "d": Os dois produtos estão ligados pelo conectivo "ou... ou", para que essa proposição seja verdadeira, é necessário que um dos produtos tenha sido comprado.

Alternativa "e": Os dois produtos estão ligados pelo conectivo "ou", para que essa proposição seja verdadeira, é necessário que pelo menos um dos produtos tenha sido comprado.

Alternativa correta: letra "c".

26. (FCC – Técnico Judiciário – Área Administrativa – TRF 4/2014) "Se vou ao shopping, então faço compras".

Supondo verdadeira a afirmação anterior, e a partir dela, pode-se concluir que

a) sempre que vou ao shopping compro alguma coisa.

b) para fazer compras, preciso ir ao shopping.

c) posso ir ao shopping e não fazer compras.

d) somente vou ao shopping.

e) só posso fazer compras em um lugar específico.

COMENTÁRIOS

✪ **Nota do autor:** A resolução dessa questão está baseada somente na tabela verdade da proposição composta condicional:

Vou ao shopping	Faço compras	Se vou ao shopping, então faço compras.
V	V	V
V	F	F
F	V	V
F	F	V

Alternativa "a": Pela tabela verdade, vamos analisar todas as possibilidades em que a proposição "vou ao shopping" é verdadeira:

Vou ao shopping	Faço compras	Se vou ao shopping, então faço compras.
V	V	V
V	F	F

Nesses casos, para que a proposição composta seja verdadeira, é necessário que a proposição "faço compras" também seja verdadeira, logo, podemos concluir que sempre que vou ao shopping compro alguma coisa.

Alternativas "b", "e": Vamos analisar a terceira linha da tabela verdade:

Vou ao shopping	Faço compras	Se vou ao shopping, então faço compras.
F	V	V

Nesse caso, temos que a proposição pode ser verdadeira com a pessoa fazendo compras, sem, necessariamente, ir ao shopping, ou seja, não há um lugar específico para que ela faça compras.

Alternativas "c", "d": Vamos analisar a segunda linha da tabela verdade:

Vou ao shopping	Faço compras	Se vou ao shopping, então faço compras.
V	F	F

Pela tabela, temos que se a pessoa for ao shopping e não fizer compras, a proposição composta será falsa, logo, essa é uma situação que não pode ocorrer.

Alternativa correta: letra "a".

27. (FCC - Analista Judiciário – Área Judiciária - TRF 3/2014) Diante, apenas, das premissas "Existem juízes", "Todos os juízes fizeram Direito" e "Alguns economistas são juízes", é correto afirmar que

a) todos aqueles que fizeram Direito são juízes.
b) todos aqueles que não são economistas também não são juízes.
c) ao menos um economista fez Direito.
d) ser juiz é condição para ser economista.
e) alguns economistas que fizeram Direito não são juízes.

COMENTÁRIOS

Alternativa "a": O fato de todos os juízes terem feito Direito, não significa que todos os que fizeram Direito sejam juízes.

Alternativas "b", "e": A questão apenas diz que "alguns economistas são juízes" não há informações suficientes para concluir sobre os não economistas nem sobre todos os economistas que tenham feito direito.

Alternativa "c": Como alguns economistas são juízes e todos os que são juízes fizeram Direito, podemos concluir que pelo menos um economista, aquele que é juiz, fez direito.

Alternativa "d": Ser juiz não é condição para ser economista.

Alternativa correta: letra "c".

---

28. (FCC - Analista Judiciário – Área Judiciária - TRF 4/2014) Miguel, Érico, Ricardo, Jaime e Caio são interrogados em um Tribunal para averiguação de um crime certamente cometido por, apenas, um dos cinco. Nos interrogatórios, cada um fez a seguinte afirmação:

Miguel: - o culpado é Jaime.

Érico: - Ricardo não é culpado.

Ricardo: - o culpado é Caio.

Jaime: - eu não sou culpado.

Caio: - o culpado é Miguel.

Se apenas um dos cinco interrogados diz a verdade, então o crime foi cometido por

a) Miguel.
b) Érico.
c) Ricardo.
d) Jaime.
e) Caio.

COMENTÁRIOS

✪ **Nota do autor:** A melhor forma de resolver essa questão é escolher um deles para ser o culpado e, a partir disso, analisar as afirmações de cada um dos interrogados. Como foi fornecida a informação de que apenas um deles disse a verdade e os demais mentiram, o culpado será encontrado quando, ao serem analisadas as afirmações, apenas uma for verdadeira.

Alternativa "c": Vamos supor que Ricardo é o culpado e, a partir dessa informação, analisar as afirmações dos acusados:

Acusado	Afirmação	Valor Lógico
Miguel	"O culpado é Jaime"	FALSO
Érico	"Ricardo não é culpado"	FALSO
Ricardo	"O culpado é Caio"	FALSO
Jaime	"Eu não sou culpado"	VERDADEIRO
Caio	"O culpado é Miguel"	FALSO

Como apenas uma das afirmações teve valor lógico verdadeiro (condição apresentada no enunciado), concluímos que Ricardo é o culpado.

Alternativa "a": Vamos supor que o culpado seja Miguel e ver o que acontece com os valores lógicos das afirmações dos acusados:

Acusado	Afirmação	Valor Lógico
Miguel	"O culpado é Jaime"	FALSO
Érico	"Ricardo não é culpado"	VERDADEIRO
Ricardo	"O culpado é Caio"	FALSO
Jaime	"Eu não sou culpado"	VERDADEIRO
Caio	"O culpado é Miguel"	VERDADEIRO

Como encontramos três valores lógicos verdadeiros, concluímos que Miguel não pode ser culpado.

Alternativa "b": Vamos supor que o culpado seja Érico e ver o que acontece com os valores lógicos das afirmações dos acusados:

Acusado	Afirmação	Valor Lógico
Miguel	"O culpado é Jaime"	FALSO
Érico	"Ricardo não é culpado"	VERDADEIRO
Ricardo	"O culpado é Caio"	FALSO
Jaime	"Eu não sou culpado"	VERDADEIRO
Caio	"O culpado é Miguel"	FALSO

Como encontramos dois valores lógicos verdadeiros, concluímos que Érico não pode ser culpado.

Alternativa "d": Vamos supor que o culpado seja Jaime e ver o que acontece com os valores lógicos das afirmações dos acusados:

Acusado	Afirmação	Valor Lógico
Miguel	"O culpado é Jaime"	VERDADEIRO
Érico	"Ricardo não é culpado"	VERDADEIRO
Ricardo	"O culpado é Caio"	FALSO
Jaime	"Eu não sou culpado"	FALSO
Caio	"O culpado é Miguel"	FALSO

Como encontramos dois valores lógicos verdadeiros, concluímos que Jaime não pode ser culpado.

Alternativa "e": Vamos supor que o culpado seja Caio e ver o que acontece com os valores lógicos das afirmações dos acusados:

Acusado	Afirmação	Valor Lógico
Miguel	"O culpado é Jaime"	FALSO
Érico	"Ricardo não é culpado"	VERDADEIRO
Ricardo	"O culpado é Caio"	VERDADEIRO
Jaime	"Eu não sou culpado"	VERDADEIRO
Caio	"O culpado é Miguel"	FALSO

Como encontramos três valores lógicos verdadeiros, concluímos que Caio não pode ser culpado.

Alternativa "c": Como alguns economistas são juízes e todos os que são juízes fizeram Direito, podemos concluir que pelo menos um economista, aquele que é juiz, fez direito.

Alternativa "d": Ser juiz não é condição para ser economista.

Alternativa correta: letra "c".

3. OPERAÇÕES BÁSICAS

29. (FCC – Técnico Judiciário – Área Judiciária – TRF 4/2019) Na granja de Celso, há codornas, galinhas e patas. Por dia, Celso recolhe 15 ovos de codorna, 12 ovos de galinha e 9 ovos de pata. O menor número de dias necessários para Celso ter certeza de que recolheu, pelo menos, 1 800 ovos de galinha e 1 500 de pata é

a) 150

b) 316

c) 156

d) 167

e) 100

COMENTÁRIOS

Alternativa "a": Com 150 dias, Celso teria conseguido exatamente 1800 ovos de galinha, mas ainda não teria conseguido 1500 ovos de pata.

Alternativa "b": Com 316 dias, Celso teria recolhido, com certeza, mais de 1800 ovos de galinha e 1500 ovos de pata, mas essa quantidade de dias não é a menor necessária.

Alternativa "c": Com 156 dias, Celso teria conseguido 1800 ovos de galinha, mas ainda não teria conseguido 1500 ovos de pata.

Alternativa "d": Vamos encontrar quantos dias são necessários para que Celso recolha 1800 ovos de galinha, para isso, basta dividir o total de ovos pela quantidade que ele recolhe diariamente:

$$\frac{1800}{12} = 150 \text{ dias}$$

Vamos utilizar o mesmo raciocínio para encontrar quantos dias Celso leva para recolher 1500 ovos de pata:

$$\frac{1500}{9} = 166,67$$

É preciso arredondar esse valor para 167 dias, uma vez que após 166 dias ele terá recolhido apenas:

166 . 9 = 1494 "ovos de pata".

Completando 1500 ovos apenas no 167º dia.

Como Celso quer ter a certeza de que recolheu pelo menos 1800 ovos de galinha e 1500 ovos de pata, é necessário que ele aguarde, no mínimo, 167 dias.

Alternativa "e": Com 100 dias, Celso não teria conseguido 1800 ovos de galinha e nem 1500 ovos de pata.

Alternativa correta: letra "d".

30. (FCC – Analista Judiciário – Área Administrativa – TRF 3ª Região/2016) A diferença entre o 12º e o 13º, nessa ordem, termos da sequência lógica matemática (20; 20; 15; 30; 20; 60; 40; 160; 120; 600; 520; ...) é igual a

a) 220.

b) –80.

c) 160.

d) –120.

e) 1200.

COMENTÁRIOS

Alternativa "c": Vamos chamar de x e y os termos da sequência que estão faltando:

(20; 20; 15; 30; 20; 60; 40; 160; 120; 600; 520; x; y; ...)

Analisando a sequência de dois em dois termos, começando do primeiro, temos:

20 e 20

15 e 30

20 e 60

40 e 160

120 e 600

A partir desses valores, podemos perceber que o 2º termo é o 1º multiplicado por 1, o 4º termo é o 3º multiplicado por 2, o 6º termo é o 5º multiplicado por 3 e assim sucessivamente até o 10º termo que é o 9º multiplicado por 5:

20 = 20 . 1

30 = 15 . 2

60 = 20 . 3

160 = 40 . 4

600 = 120 . 5

Seguindo a mesma lógica, o 12º termo será o 11º multiplicado por 6:

X = 520 . 6

X = 3120

Vamos analisar a sequência de dois em dois termos, mas iniciando do segundo termo:

20 e 15

30 e 20

60 e 40

160 e 120

600 e 520

A partir desses valores, podemos perceber que o 3º termo é o 2º subtraído 5, o 5º termo é o 4º subtraído 10, o 7º termo é o 6º subtraído 15 e assim sucessivamente até o 11º termo que é o 10º subtraído 80:

15 = 20 - 5

20 = 30 - 10

40 = 60 - 20

120 = 160 - 40

520 = 600 - 80

Seguindo o mesmo raciocínio, o 13º termo será o 12º subtraído de 160:

Y = 3120 - 160

Y = 2960

Encontrando a diferença entre o 12º e o 13º termos da sequência, temos:

3120 – 2960 = 160

Alternativas "a", "b", "d", "e": Incorretas.

Alternativa correta: letra "c".

---

31. (FCC – Analista Judiciário – Área Administrativa – TRF 3ª Região/2016) Seja A o quociente da divisão de 8 por 3. Seja B o quociente da divisão de 15 por 7. Seja C o quociente da divisão de 14 por 22.

O produto A . B . C é igual a

a) 3,072072072 . . .

b) 3,636363 . . .

c) 3,121212 . . .

d) 3,252525 . . .

e) 3,111 . . .

COMENTÁRIOS

✪ **Nota do autor:** Como as divisões solicitadas resultam em dízimas periódicas, trabalharemos com elas a maior parte do tempo na forma fracionária, efetuando a divisão apenas no final.

Alternativa "b": Efetuando a multiplicação A . B . C na forma fracionária, temos:

$$\frac{8}{3}\cdot\frac{15}{7}\cdot\frac{14}{22}=\frac{8\,.\,15\,.\,14}{3\,.\,7\,.\,22}$$

Simplificando os fatores 3 e 15 por 3, 14 e 7 por 7, 8 e 22 por 2, temos a seguinte fração:

$$\frac{4\,.\,5\,.\,2}{1\,.\,1\,.\,11}=\frac{40}{11}$$

Efetuando a divisão de 40 por 11, temos:

$$\frac{40}{11}=3{,}636363\,...$$

Alternativas "a", "c", "d", "e": Incorretas.

Alternativa correta: letra "b".

---

32. (FCC – Analista Judiciário – Área Administrativa – TRF 3ª Região/2016) As letras da expressão

x – (w – y) – (z – h), representam números diferentes e serão substituídas, uma a uma e para efeito de cálculo, pelos números naturais 9; 12; 13; 15 e 17, não necessariamente nessa ordem. Opere apenas no conjunto dos números naturais. Para que o resultado da expressão seja 8, as letras w e h devem ser substituídas, respectivamente, por

a) 15 e 13.

b) 17 e 12.

c) 13 e 9.

d) 15 e 12.

e) 17 e 9.

COMENTÁRIOS

Alternativa "e": Queremos resolver a equação:

x - (w - y) - (z - h) = 8

O primeiro passo será a eliminação dos parênteses:

$x - w + y - z + h = 8$

Vamos passar para o segundo membro os valores negativos:

$x + y + h = 8 + w + z$

Como os valores que substituirão as letras são 9; 12; 13; 15 e 17, vamos somá-los juntamente com o valor 8 que também aparece na equação:

$9 + 12 + 13 + 15 + 17 + 8 = 74$

Como os dois lados da igualdade possuem os mesmos valores, cada membro da equação deve ser igual a 37 (metade de 74):

$x + y + h = 37$

$8 + w + z = 37$

Se isolarmos w e z na segunda equação, temos:

$w + z = 29$

Dentre os valores apresentados, os únicos cuja soma é igual a 29, são 12 e 17, logo, ou w = 12, ou w = 17.

Para descobrirmos o valor de h, é preciso lembrar que a expressão só pode operar no conjunto dos números naturais (não podem aparecer números negativos), logo, vamos analisar cada situação:

- Para w = 12:

  Se w = 12, então y = 9 (se tivéssemos y igual a 13 ou a 15, expressão (w- y) resultaria em um número negativo).

  Nesse caso, h poderia tanto assumir o valor 13 quanto o valor 15, que a equação operaria somente nos números naturais, entretanto w = 12 e h = 13, ou h = 15, não aparece em nenhuma alternativa.

- Para w=17:

  Se w = 17, então z = 12 e, consequentemente, h = 9, qualquer outro valor para h faria com que a expressão (z - h) operasse fora do conjunto dos números naturais, logo, uma possibilidade de substituição é w = 17 e h = 9.

  Alternativas "a", "b", "c", "d": Incorretas.

  Alternativa correta: letra "e".

---

33. (FCC – Analista Judiciário – Área Administrativa – TRF 3ª Região/2016) Em uma empresa, um funcionário deve cumprir exatas 8 horas de trabalho em um dia. Certo dia, um funcionário trabalhou 2 horas e 14 minutos; em seguida trabalhou outras 3 horas e 38 minutos. A fração da carga diária de tempo de trabalho que esse funcionário ainda deve cumprir nesse dia é igual a

(A) $\frac{4}{15}$

(B) $\frac{1}{4}$

(C) $\frac{3}{5}$

(D) $\frac{3}{8}$

(E) $\frac{7}{20}$

COMENTÁRIOS

✪ **Nota do autor:** Para facilitar os cálculos, trabalharemos com o tempo em minutos.

Alternativa "a": Vamos transformar os tempos para minutos:

8 horas = 8 . 60 = 480 minutos.

2 horas e 14 minutos = 2 . 60 + 14 = 134 minutos.

3 horas e 38 minutos = 3 . 60 + 38 = 218 minutos.

Tempo total trabalhado = 134 + 218 = 352 minutos.

Tempo restante = 480 – 352 = 128 minutos.

Montando a razão do tempo que resta ser trabalhado pelo total diário, temos:

$$\frac{128}{480}$$

Simplificando a fração por 32, temos:

$$\frac{128}{480} = \frac{4}{15}.$$

Alternativas "b", "c", "d", "e": Incorretas.

Alternativa correta: letra "a".

---

34. (Cespe – Analista Judiciário – Área Judiciária – TRE – MT/2015) Um grupo de 300 soldados deve ser vacinado contra febre amarela e malária. Sabendo-se que a quantidade de soldados que receberam previamente a vacina de febre amarela é o triplo da quantidade de soldados que receberam previamente a vacina de malária, que 45 soldados já haviam recebido as duas vacinas e que apenas 25 não haviam recebido nenhuma delas, é correto afirmar que a quantidade de soldados que já haviam recebido apenas a vacina de malária é

a) superior a 40.

b) inferior a 10.

c) superior a 10 e inferior a 20.

d) superior a 20 e inferior a 30.

e) superior a 30 e inferior a 40.

COMENTÁRIOS

✪ **Nota do autor:** Quando somamos os soldados que já tomaram a vacina contra febre amarela com os que já tomaram contra malária, alguns soldados são contados duas vezes, (aqueles que já tomaram as duas vacinas) por isso, na montagem da equação, é preciso subtrair a intersecção entre os dois conjuntos.

Alternativa "e": Vamos chamar de F os soldados que já receberam a vacina contra febre amarela, de M os que já receberam a vacina contra malária, de $F \cap M$ a intersecção (soldados que fazem parte tanto de F quanto de M) dos dois conjuntos e de N os que não receberam nenhuma das duas.

Como são 300 soldados no total, temos:

$F + M - (F \cap M) + N = 300$

Como a quantidade de soldados que receberam previamente a vacina de febre amarela é o triplo dos que receberam a de malária, podemos escrever:

$F = 3M$

Considerando as demais igualdades apresentadas no enunciado:

$F \cap M = 45$

$N = 25$

Substituindo os valores na primeira equação, temos:

$3M + M - 45 + 25 = 300$

$4M = 300 + 45 - 25$

$4M = 320$

$M = \dfrac{320}{4}$

$M = 80$

Para encontrar a quantidade que já havia recebido apenas a vacina de malária, é preciso descontar aqueles que já tomaram as duas vacinas:

$80 - 45 = 35$

Logo, 35 soldados tomaram previamente somente a vacina contra malária.

Alternativas "a", "b", "c", "d": Incorretas.

Alternativa correta: letra "e".

---

35. (FCC – Técnico Judiciário – Área Administrativa – TRF 3/2014) O resultado da expressão numérica é igual a

a) 120.

b) 1/5

c) 55.

d) 25.

e) 620.

COMENTÁRIOS

✪ **Nota do autor:** Quando temos várias potências de mesma base ligadas por operações de multiplicação e divisão, seguimos as seguintes propriedades:

– Multiplicação: Mantém-se a base e somam-se os expoentes.

Exemplo: $3^4 . 3^2 = 3^{4+2} = 3^6$

– Divisão: Mantém-se a base e subtraem-se os expoentes.

Exemplo: $3^4 : 3^2 = 3^{4-2} = 3^2$

– Quando um número não possui expoente, usamos o expoente igual a 1.

Exemplo: $3 = 3^1$

Observação: As propriedades não valem se as potências estiverem ligadas por adição ou subtração.

Alternativa "a": Aplicando as propriedades das potências:

$5^3 \div 5 . 5^4 \div 5 . 5^5 \div 5 \div 5^6 - 5$

$5^3 \div 5^1 . 5^4 \div 5^1 . 5^5 \div 5^1 \div 5^6 - 5 =$

$5^{(3-1+4-1+5-1-6)} - 5 = 5^3 - 5$

Desenvolvendo a potência:

$5^3 = 5 . 5 . 5 = 125$

Substituindo na expressão:

$5^3 - 5 = 125 - 5 = 120$

Logo, o valor da expressão é igual a 120.

Alternativas "b", "c", "d", "e": Incorretas.

Alternativa correta: letra "a".

---

36. (FCC – Técnico Judiciário – Área Administrativa – TRF 4/2014) O número que corresponde ao resultado da expressão numérica

$$\frac{2}{3} . \frac{1}{4} + \frac{5}{6} . \frac{7}{10} + \frac{1}{9} . \frac{9}{4}$$

é igual a

a) $\dfrac{7}{18}$.

b) $\dfrac{5}{9}$.

c) 3

d) 1

e) $\dfrac{13}{36}$.

COMENTÁRIOS

Alternativa "d": Primeiro vamos realizar todas as operações de multiplicação:

$$\frac{2}{3}.\frac{1}{4}=\frac{2}{12}$$

$$\frac{5}{6}.\frac{7}{10}=\frac{35}{60}$$

$$\frac{1}{9}.\frac{9}{4}=\frac{9}{36}$$

Antes de realizar a adição, podemos simplificar cada uma das frações obtidas por 2, 5 e 9, respectivamente:

$$\frac{2}{12}=\frac{1}{6}$$

$$\frac{35}{60}=\frac{7}{12}$$

$$\frac{9}{36}=\frac{1}{4}$$

Reescrevendo a adição:

$$\frac{1}{6}+\frac{7}{12}+\frac{1}{4}$$

Como o mínimo múltiplo comum (MMC) de 6, 12 e 4 é igual a 12, podemos reescrever a adição utilizando frações equivalentes:

$$\frac{2}{12}+\frac{7}{12}+\frac{3}{12}=\frac{12}{12}=1$$

Portanto, o número que corresponde ao resultado da expressão numérica

$\frac{2}{3}.\frac{1}{4}+\frac{5}{6}.\frac{7}{10}+\frac{1}{9}.\frac{9}{4}$ é 1.

Alternativas "a", "b", "c", "e": Incorretas.

Alternativa correta: letra "d".

---

37. (FCC - Analista Judiciário – Área Judiciária - TRF 4/2014) Na expressão $\left(\frac{x-y}{z}\right)^w$ as letras x, y, z e w podem ser substituídas por qualquer número inteiro de -3 a 3, sem que se possa repetir um mesmo número na mesma expressão, e desde que se possa calcular o valor numérico da expressão com as substituições feitas. Sendo M o maior valor numérico possível dessa expressão, e m o menor valor numérico possível, então M - m é igual a

a) $\frac{125}{2}$

b) 124.

c) 0.

d) $\frac{287}{8}$

e) 250.

COMENTÁRIOS

Alternativa "e": Vamos calcular a maior fração que pode ser montada, para isso, precisamos que o valor do denominador da fração (z) seja positivo e o mais próximo possível de 0 (não pode ser igual a 0), isso ocorre quando z = 1.

Para que o numerador seja o maior possível, é necessário que y assuma o menor valor, isso ocorre quando y = - 3.

Falta ainda encontrar os valores x e w. Para que a fração assuma o maior valor possível, os valores de x e w também devem ser os maiores possíveis, entretanto, não podemos repetir os valores, isso significa que um será igual a 3 e outro igual a 2, vamos testar x = 3 e w = 2 e, em seguida, testar x = 2 e w = 3, para descobrir qual substituição trará o maior resultado.

Para x = 3 e w = 2:

$$\left(\frac{3-(-3)}{1}\right)^2=(3+3)^2=6^2=36$$

Para x = 2 e w = 3:

$$\left(\frac{2-(-3)}{1}\right)^3=(2+3)^3=5^3=125$$

Logo, o maior valor é obtido para x = 2, w = 3, y = - 3, z = 1, fazendo M = 125.

Como 125 é o maior valor que pode ser obtido, o menor valor possível será seu simétrico, ou seja, m = - 125, para obtê-lo, basta usar x = 2, w = 3, y = - 3, z = - 1:

$$\left(\frac{2-(-3)}{-1}\right)^3=\left(\frac{2+3}{-1}\right)^3=\left(\frac{5}{-1}\right)^3=(-5)^3=-125$$

Como queremos encontrar M – m, temos:

M – m = 125 – (–125) = 125 + 125 = 250

Portanto, M – m = 250.

Alternativas "a", "b", "d": Incorretas.

Alternativa "c": Não podemos nos esquecer do jogo de sinais – (–125) = +125 (menos x menos = mais).

Alternativa correta: letra "e".

4. MÚLTIPLOS E DIVISORES

---

38. (FCC – Técnico Judiciário – Área Judiciária – TRF 4/2019) João escolheu um número do conjunto {90, 91, 92, 93, 94, 95, 96, 97, 98} que Pedro deve adivinhar. João fez três afirmações mas só uma é verdadeira:

- o número é par.
- o número é múltiplo de 5.
- o número é divisível por 3.

O número máximo de tentativas para que Pedro adivinhe o número escolhido por João é

a) 9
b) 7
c) 6
d) 5
e) 4

COMENTÁRIOS

Alternativa "a": Não representa o número máximo de tentativas necessárias para que Pedro adivinhe o número escolhido por João.

Alternativa "b": Não representa o número máximo de tentativas necessárias para que Pedro adivinhe o número escolhido por João.

Alternativa "c": Não representa o número máximo de tentativas necessárias para que Pedro adivinhe o número escolhido por João.

Alternativa "d": Como sabemos que das três afirmações, apenas uma é verdadeira, vamos levantar as hipóteses para cada uma delas:

1ª Hipótese:

Afirmação	Valor Lógico
O número é par	VERDADEIRO
O número é múltiplo de 5.	FALSO
O número é divisível por 3.	FALSO

A partir dessa hipótese, temos que o número escolhido é par, podendo ser um dos números:

90, 92, 94, 96 e 98.

Como as outras duas afirmações são falsas, devemos excluir dessa lista os números 90 (múltiplo de 5) e 96 (divisível por 3). Restando apenas os números:

92, 94 e 98.

2ª Hipótese:

Afirmação	Valor Lógico
O número é par	FALSO
O número é múltiplo de 5.	VERDADEIRO
O número é divisível por 3.	FALSO

A partir dessa hipótese, temos que o número escolhido é múltiplo de 5, podendo ser um dos números:

90 ou 95.

Como as outras duas afirmações são falsas, devemos excluir dessa lista o número 90 (par). Restando apenas o número:

95.

3ª Hipótese:

Afirmação	Valor Lógico
O número é par	FALSO
O número é múltiplo de 5.	FALSO
O número é divisível por 3.	VERDADEIRO

A partir dessa hipótese, temos que o número escolhido é divisível por 3, podendo ser um dos números:

93 ou 96.

Como as outras duas afirmações são falsas, devemos excluir dessa lista o número 96 (par). Restando apenas o número:

93.

Juntando todas as possibilidades, temos que o número escolhido pode ser:

90, 93, 94, 95 ou 98.

Totalizando cinco números possíveis. Desse modo, o número máximo de tentativas para que Pedro adivinhe o número escolhido por João é 5.

Alternativa "e": Não representa o número máximo de tentativas necessárias para que Pedro adivinhe o número escolhido por João.

Alternativa correta: letra "d".

39. (FCC – Técnico Judiciário – Área Administrativa – TRF 4/2014) O primeiro múltiplo de 7 que é maior que 1000 é também múltiplo de

a) 19 e de 13.
b) 11 e de 13.
c) 19 e de 23.
d) 23 e de 11.
e) 11 e de 19.

COMENTÁRIOS

✪ **Nota do autor:** Podemos utilizar a análise do resto de uma divisão para encontrar quanto deve ser adicionado ao dividendo para que esse resultado seja um múltiplo do divisor. Para isso, o valor que será somado deve ser o complemento para que o resto se torne igual ao divisor.

Exemplo: Vamos encontrar qual número devemos somar a 128 para que resultado seja divisível por 5.

Dividindo 128 por 5, obtemos quociente 25 e resto 3. Isso significa que o número que deve ser acrescentado a 128 é 2, pois é o complemento para que o resto seja igual ao divisor (3+2=5), a partir disso, temos que o próximo número, maior que 128, que é divisível por 5 é 130, pois 128+2=130.

Alternativa "b": Primeiro vamos descobrir qual é o primeiro múltiplo de 7 que é maior que 1000, para isso, vamos analisar a divisão de 1000 por 7.

Realizando a operação de divisão, obtemos quociente 142 e resto 6, isso significa que para o número 1000 se tornar divisível por 7, basta somarmos 1, encontrando o número 1001.

Vamos analisar a divisão de 1001 por 11 e por 13:

1001:11=91

1001:13=77

Como ambas as divisões deixam resto 0, podemos concluir que 1001 também é múltiplo de 11 e de 13.

Alternativas "a", "e": 1001 não é múltiplo de 19.

Alternativa "c": 1001 não é múltiplo de 19 e não é múltiplo de 23.

Alternativa "d": 1001 não é múltiplo de 23.

Alternativa correta: letra "b".

---

40. (FCC - Analista Judiciário – Área Judiciária - TRF 3/2014) Um funcionário tem que executar 500 tarefas do tipo A, 150 do tipo B e 300 do tipo C no prazo de alguns dias, sendo necessário finalizar as tarefas dos tipos A, B, e C simultaneamente ao final do último dia. De acordo com as instruções que recebeu, ele tem que realizar, por dia, sempre o mesmo número de tarefas A, o mesmo número de tarefas B e o mesmo número de tarefas C, sendo que a soma diária da quantidade de tarefas A, B e C realizadas seja a maior possível. Em tais condições, esse funcionário terá que realizar um total de tarefas diárias igual a

a) 10.
b) 21.
c) 15.
d) 19.
e) 25.

COMENTÁRIOS

✪ **Nota do autor:** É interessante salientar que a quantidade de tarefas diárias do tipo A não precisa ser igual à quantidade de tarefas do tipo B, nem igual à quantidade de tarefas diárias do tipo C, foi solicitado apenas que a quantidade diária de tarefas do tipo A seja sempre a mesma, do mesmo modo, a quantidade diária de tarefas do tipo B deve ser sempre a mesma e a quantidade diária de tarefas do tipo C também deve ser sempre a mesma.

Alternativa "d": Como queremos dividir as tarefas de modo que a quantidade diária seja a maior possível, e todos os dias devem ser realizadas a mesma quantidade de tarefas, vamos calcular o máximo divisor comum entre 500, 150 e 300:

500	2
250	2
125	5
25	5
5	5
1	

150	2
75	3
25	5
5	5
1	

300	2
150	2
75	3
25	5
5	5
1	

MDC (500, 150, 300) = 2 . 5 . 5 = 50

Isso significa que, para terminar as tarefas de acordo com as condições apresentadas, ele precisará de 50 dias.

Para finalizar, vamos calcular quantas tarefas de cada tipo ele realizará por dia, para isso, basta dividir a quantidade total de cada tarefa pelo MDC encontrado:

500 : 50 = 10

150 : 50 = 3

300 : 50 = 6

Ou seja, ele realizará, por dia, 10 tarefas do tipo A, 3 tarefas do tipo B e 6 tarefas do tipo C, totalizando 19 tarefas diárias.

Alternativa "a": Representa a quantidade de tarefas diárias do tipo A.

Alternativas "b", "c", "e": Incorretas.

Alternativa correta: letra "d".

---

41. (FCC - Analista Judiciário – Área Judiciária - TRF 4/2014) Um corredor possui cem armários vazios, fechados e numerados de 1 a 100. Passando por esse corredor, Luiz abriu apenas as portas dos armários de numeração múltiplo de 2. Em seguida, Álvaro passou pelo corredor e fechou apenas as portas dos armários de numeração múltiplo de 3 que estavam abertos. Por fim, Lígia passou pelo corredor e colocou livros apenas nos armários abertos e de numeração múltiplo de 5. Ao final das operações realizadas por Luiz, Álvaro e Lígia, dos cem armários, permaneceram vazios

a) 95%.
b) 4%.
c) 6%.
d) 93%.
e) 96%.

COMENTÁRIOS

✪ **Nota do autor:** A melhor forma de entender o que está acontecendo na situação apresentada é repetir os passos realizados por cada uma das pessoas.

Alternativa "d": De todos os 100 armários, 50 possuem numeração par, ou seja, são múltiplos de 2, e foram abertos por Luiz.

Em seguida, Álvaro fechou os armários múltiplos de 3 que estavam abertos, isso significa que ele fechou todos os armários que são múltiplos comuns a 2 e 3, ou seja, ele fechou os armários cuja numeração é múltipla de 6 (múltiplos do MMC(2,3)=6).

Para entender melhor, vamos escrever os múltiplos de 6 que são menores ou iguais a 100:

6, 12, 18, 24, 30, 36, 42, 48, 54,
60, 66, 72, 78, 84, 90, 96.

Portanto, Álvaro fechou 16 armários.

Para finalizar, Lígia colocou livros nos armários abertos e múltiplos de 5, se Álvaro não tivesse fechado os armários múltiplos de 6, Lígia colocaria livros em todos os armários cuja numeração fosse múltipla de 10 (múltiplos do MMC(2,5)=10), ou seja, ela colocaria livros nos seguintes armários:

10, 20, 30, 40, 50, 60, 70, 80, 90, 100.

Retirando os armários 30, 60, 90 que foram fechados por Álvaro, Lígia colocou livros apenas nos armários:

10, 20, 40, 50, 70, 80, 100.

Isso significa que foram colocados livros em apenas 7 dos 100 armários, permanecendo vazios os outros 93 armários.

Como são 100 armários, cada armário representa 1% do total e como queremos a porcentagem de armários que permaneceram vazios, podemos afirmar que essa porcentagem é igual a 93%.

Alternativas, "a", "b", "c", "e": Incorretas.

Alternativa correta: letra "d".

5. RAZÃO E PROPORÇÃO

42. (FCC – Analista Judiciário – Área Judiciária – TRF 4/2019) Em um jogo de pôquer, independentemente do valor das fichas, uma ficha preta equivale a 5 fichas verdes, uma verde equivale a duas azuis, uma azul equivale a 2 vermelhas e uma vermelha a 5 brancas. Dessa forma, 8 fichas verdes são equivalentes a

a) 1 preta, 5 azuis e 2 vermelhas.
b) 1 preta, 5 azuis e 5 brancas.
c) 1 preta, 5 azuis e 15 brancas.
d) 10 azuis, 10 vermelhas e 5 brancas.
e) 10 azuis, 15 vermelhas e 10 brancas.

COMENTÁRIOS

Alternativa "a": Vamos reescrever as equivalências:

1 Preta	=	5 Verdes
1 Verde	=	2 Azuis
1 Azul	=	2 Vermelhas
1 Vermelha	=	5 Brancas

Tomando as 8 fichas verdes, podemos trocar 5 delas por uma preta, ficando:

1 preta e 3 verdes.

É possível, ainda, trocar as 3 verdes por 6 azuis, ficando:

1 preta e 6 azuis.

Para finalizar, vamos tomar uma ficha azul e trocá-la por 2 vermelhas, ficando:

1 preta, 5 azuis e 2 vermelhas.

Alternativas "b", "c": 8 fichas verdes são equivalentes a:

1 preta, 5 azuis e 10 brancas.

Alternativas "d", "e": 8 fichas verdes são equivalentes a:

10 azuis, 11 vermelhas e 5 brancas, ou

10 azuis, 10 vermelhas e 10 brancas.

Alternativa correta: letra "a".

43. (FCC – Analista Judiciário – Área Administrativa – TRF 3ª Região/2016) Uma herança de R$ 82.000,00 será repartida de modo inversamente proporcional às idades, em anos completos, dos três herdeiros. As idades dos herdeiros são: 2, 3 e x anos. Sabe-se que os números que correspondem às idades dos herdeiros são números primos entre si (o maior divisor comum dos três números é o número 1) e que foi R$ 42.000,00 a parte da herança que o herdeiro com 2 anos recebeu. A partir dessas informações o valor de x é igual a

a) 7.
b) 5.
c) 11.
d) 1.
e) 13.

COMENTÁRIOS

Alternativa "a": Chamaremos de A, B e C os herdeiros com idades iguais a 2, 3 e x anos, respectivamente.

A parte que coube a cada herdeiro foi:

$$A = \frac{P}{2}$$

$$B = \frac{P}{3}$$

$$C = \frac{P}{x}$$

Em que P é a constante de proporcionalidade.

Como o herdeiro A recebeu R$ 42.000,00, temos:

$$A = \frac{P}{2} = 42000$$

Logo:

P = 84000

Substituindo P, nas equações dos herdeiro B e C, temos:

$$B = \frac{84000}{3} = 28000$$

$$C = \frac{84000}{x}$$

Como o valor total da herança é R$ 82.000,00, temos:

A + B + C = 82000

42000 + 28000 + C = 82000

C = 82000 - 70000

C = 12000

Substituindo C, temos:

$$\frac{84000}{x} = 12000$$

$$x = \frac{84000}{12000} = 7$$

Portanto, o herdeiro C tem 7 anos.

Alternativas "b", "c", "d", "e": Incorretas.

Alternativa correta: letra "a".

---

44. (FCC – Técnico Judiciário – Área Administrativa – TRF 3/2014) Quatro funcionários dividirão, em partes diretamente proporcionais aos anos dedicados para a empresa, um bônus de R$ 36.000,00. Sabe-se que dentre esses quatro funcionários um deles já possui 2 anos trabalhados, outro possui 7 anos trabalhados, outro possui 6 anos trabalhados e o outro terá direito, nessa divisão, à quantia de R$ 6.000,00. Dessa maneira, o número de anos dedicados para a empresa, desse último funcionário citado, é igual a

a) 5.

b) 7.

c) 2.

d) 3.

e) 4.

COMENTÁRIOS

Alternativa "d": Vamos chamar de A, B, C e D, os funcionários que possuem 2, 7, 6 e x anos de tempo de serviço, respectivamente.

Fazendo a divisão em partes diretamente proporcionais:

$A = 2P$

$B = 7P$

$C = 6P$

$D = xP = 6000$

$A + B + C + D = 36000$

Substituindo A, B e C pela proporção estabelecida e substituindo D por R$ 6000,00, temos:

$$2P + 7P + 6P + 6000 = 36000$$

$$15P = 36000 - 6000$$

$$15P = 30000$$

$$P = \frac{30000}{15}$$

$$P = 2000$$

Substituindo a constante de proporcionalidade para o funcionário D, temos:

$$D = xP = 6000$$

$$x\,.\,2000 = 6000$$

$$x = \frac{6000}{2000}$$

$$x = 3 \text{ anos.}$$

Logo, o tempo de serviço do quarto funcionário é de 3 anos.

Alternativas "a", "b", "c", "e": Incorretas.

Alternativa correta: letra "d".

---

45. (FCC – Técnico Judiciário – Área Administrativa – TRF 4/2014) A idade do irmão mais novo está para 3, assim como a idade do irmão mais velho está para 4. A idade do irmão mais velho está para 2, assim como a idade do pai está para 11. O pai tinha 36 anos quando nasceu o filho mais velho. Dessa maneira a diferença de idade entre esses dois irmãos é, em anos, igual a

a) 5

b) 3

c) 2

d) 4

e) 1

COMENTÁRIOS

Alternativa "c": Se chamarmos de x a idade do irmão mais velho, temos que a idade do pai será 36 + x.

Sabendo que a idade do irmão mais velho está para 2 assim como a idade do pai está para 11, podemos montar a regra de três:

2	11
x	$36 + x$

Multiplicando em cruz:

$$11x = 2(36 + x)$$

$$11x = 72 + 2x$$

$$11x - 2x = 72$$

$$9x = 72$$

$$x = \frac{72}{9}$$

$$x = 8$$

Isso significa que o irmão mais velho tem 8 anos e o pai tem 44 anos.

Sabendo que a idade do irmão mais novo está para 3 assim como a idade do irmão mais velho está para 4, podemos montar a regra de três:

3	4
y	8

Multiplicando em cruz:

$$4y = 3 . 8$$

$$4y = 24$$

$$y = \frac{24}{4}$$

$$y = 6$$

Ou seja, o irmão mais novo tem 6 anos.

Calculando a diferença de idade entre os irmãos:

8 – 6 = 2

Logo, a diferença de idade entre os irmãos é de 2 anos.

Alternativas "a", "b", "d", "e": Incorretas

Alternativa correta: letra "c".

---

46. (FCC – Analista Judiciário – Área Judiciária – TRF 4/2014) Em um processo de partilha de herança monetária entre Maria, Lúcia e Cláudia, ficou decidido que:

I. Maria será a primeira a receber sua parte na herança, e o valor recebido será, diretamente, proporcional à sua idade, quando comparada com a idade das três herdeiras.

II. Lúcia e Cláudia receberão valores, inversamente, proporcionais às suas respectivas idades comparadas.

Sabe-se que Maria tem o dobro da idade de Lúcia que, por sua vez, tem a metade da idade de Cláudia que, por sua vez, recebeu R$ 12.000,00 da herança.

Nas condições descritas, a pessoa que recebeu a menor porcentagem da herança, e essa porcentagem recebida por ela, são, respectivamente,

a) Lúcia e 20%.

b) Lúcia e 18%.

c) Cláudia e 20%

d) Cláudia e 15%

e) Maria e 15%.

COMENTÁRIOS

Alternativa "c": Se chamarmos de X a idade de Lúcia, temos:

- A idade de Maria é o dobro da de Lúcia.

  Idade de Maria = 2X

- A idade de Lúcia é metade da idade de Cláudia, isso significa que Cláudia tem o dobro da idade de Lúcia.

  Idade de Cláudia = 2X

Como Cláudia recebeu R$ 12 000,00, e a divisão entre ela e Lúcia foi inversamente proporcional à idade de cada uma, vamos montar uma regra de três inversamente proporcional:

Idade	Valor Recebido
2X	12 000
X	Y

xy = 2x (12000)

Simplificando ambos os membros por x:

y = 24 000

Logo, o valor recebido por Lúcia foi de:

R$ 24 000,00.

Como o valor recebido por Maria é diretamente proporcional à sua idade quando comparada com a idade das três herdeiras, vamos montar uma regra de três diretamente proporcional (para a outra linha usaremos 3X (soma das idades de Lúcia e Cláudia) e 36 000 (soma dos valores recebidos por Lúcia e Cláudia)):

Idade	Valor Recebido
2X	Z
3X	36 000

3xz = 2x (36000)

Simplificando ambos os membros por x:

3z = 72000

$$z = \frac{72000}{3}$$

z = 24000

Logo, Maria recebeu R$ 24 000,00.

Como queremos encontrar a porcentagem do total (12 000 + 24 000 + 24 000 = 60 000) que Cláudia (a que recebeu menos) ganhou, vamos utilizar uma regra de três simples:

Valor	Porcentagem
60 000	100
12 000	W

60000w =12000 (100)

$$w = \frac{1200000}{60000}$$

w = 20

Portanto, a que recebeu menos foi Cláudia e esta recebeu 20% do total da herança.

Alternativas "a", "b", "d", "e": Incorretas.

Alternativa correta: letra "c".

6. REGRA DE TRÊS

47. (FCC – Técnico Judiciário – Área Administrativa – TRF 3/2014) Sabe-se que uma máquina copiadora imprime 80 cópias em 1 minuto e 15 segundos. O tempo necessário para que 7 máquinas copiadoras, de mesma capacidade que a primeira citada, possam imprimir 3 360 cópias é de

a) 15 minutos.
b) 3 minutos e 45 segundos.
c) 7 minutos e 30 segundos.
d) 4 minutos e 50 segundos.
e) 7 minutos.

COMENTÁRIOS

✪ **Nota do autor:** Em questões de regra de três, quando o tempo aparece em mais de uma unidade (minutos e segundos, por exemplo) é necessário que façamos uma conversão para uma única unidade. Geralmente é mais conveniente fazer a conversão para a unidade menor.

Exemplo:

1 minuto e 15 segundos = 60 segundos + 15 segundos = 75 segundos.

Alternativa "c": Montando uma regra de três composta com os dados apresentados:

Máquinas		Cópias		Tempo (segundos)	
	1		80	↑	75
	7		3360		X

Analisando as grandezas:

– Tempo e máquinas: Inversamente proporcionais (quanto mais máquinas estiverem em funcionamento, menor será o tempo necessário para concluir as impressões).

– Tempo e cópias: Diretamente proporcionais (quanto mais cópias precisarem ser impressas, maior será o tempo gasto).

Máquinas		Cópias		Tempo (segundos)	
↓	1	↑	80	↑	75
	7		3360		X

Invertendo os valores da coluna das máquinas (única que está com seta em sentido contrário às demais):

Máquinas		Cópias		Tempo (segundos)	
↑	7	↑	80	↑	75
	1		3360		X

Prosseguindo com a regra de três:

$$x = \frac{3360\ .\ 1\ .\ 75}{7\ .\ 80}$$

$$x = \frac{252000}{560}$$

$$x = 450 \text{ segundos.}$$

Dividindo 450 por 60 (tempo equivalente a 1 minuto):

450 : 60 = 7,5 minutos

Portanto, para realizar as cópias, as máquinas levarão 7 minutos e 30 segundos.

Alternativas "a", "b", "d", "e": Incorretas.

Alternativa correta: letra "c".

48. (FCC - Analista Judiciário – Área Judiciária - TRF 3/2014) Um tanque com 5 000 litros de capacidade estava repleto de água quando, às 00:00 hora de um certo dia, a água começou a escapar por um furo à vazão constante. À 01:00 hora desse mesmo dia, o tanque estava com 4985 litros de água, e a vazão de escape da água permaneceu constante até o tanque se esvaziar totalmente, dias depois. O primeiro instante em que o tanque se esvaziou totalmente ocorreu em certo dia às

a) 14 horas e 20 minutos.
b) 21 horas e 20 minutos.
c) 18 horas e 40 minutos.
d) 14 horas e 40 minutos.
e) horas e 20 minutos.

COMENTÁRIOS

✪ **Nota do autor:** No passo denotado em (*), foi realizada a divisão de 5000 por 15, o quociente obtido foi 333 e o resto foi 5, como queremos saber o resto em minutos, não foi conveniente continuar a divisão para as casas decimais, o resto obtido foi mantido em fração e transformado para minutos no passo (**).

Alternativa "b": Se às 00:00 de um certo dia o tanque estava com 5000 litros de água e à 1:00 o volume se reduziu para 4985 litros, então o tanque esvazia 15 litros por hora (5000 – 4985 = 15), para descobrirmos o tempo total necessário para que o tanque fique completamente vazio, vamos montar uma regra de três simples:

Quantidade de água que vazou (litros)	Tempo gasto (horas)
15	1
5000	X

Efetuando a multiplicação em cruz:

15	1
5000	X

$$15\,x = 5000$$

$$x = \frac{5000}{15}$$

$$(*)\ x = 333 + \frac{5}{15}$$

Isso significa que foram necessárias 333 horas e mais $5/15$ de hora para que o tanque esvaziasse completamente.

O próximo passo é dividir 333 por 24, o quociente dessa divisão representará a quantidade de dias completos e o resto representará a quantidade de horas do último dia em que o tanque foi completamente esvaziado:

Divisão	Quociente	Resto
$\frac{333}{24}$	13	21

Com a divisão, concluímos que serão necessários 13 dias completos e mais 21 horas até que o tanque se esvazie.

Para finalizar, basta encontrarmos os minutos finais necessários para que o tanque se esvazie, para isso, vamos calcular $5/15$ de 60 minutos (uma hora):

$$(**)\ \frac{5}{15}.60 = 20$$

Logo, o primeiro instante em que o tanque estará completamente vazio será às 21 horas e 20 minutos, de certo dia.

Alternativas "a", "c", "d", "e": Incorretas.

Alternativa correta: letra "a".

7. PORCENTAGEM

49. (FCC – Analista Judiciário – Área Administrativa – TRF 3ª Região/2016) O senhor A investiu a quantia de x em um produto financeiro que apresentou queda constante e sucessiva de 10% ao ano por, pelo menos, 10 anos. Simultaneamente, o senhor B investiu a quantia de 27x (27 vezes a quantia x) em um produto financeiro que apresentou queda constante e sucessiva de 70% ao ano por, pelo menos, 10 anos. A partir do início desses dois investimentos, o número de anos completos necessários para que o montante investido pelo senhor A se tornasse maior que o montante investido pelo senhor B é igual a

a) 2.

b) 4.

c) 6.

d) 3.

e) 5.

COMENTÁRIOS

Alternativa "b": Como o investimento do senhor A tem uma queda anual de 10%, vamos multiplicar seu investimento por 0,90 (100% - 10% = 90% = 0,90) em cada ano.

Já para o senhor B, que teve uma queda anual de 70%, multiplicaremos seu investimento por 0,30 (100% - 70% = 30% = 0,30) em cada ano.

Senhor	Inicial	1º Ano	2º Ano	3º Ano	4º Ano
A	X	0,90X	0,90 . 0,90X = 0,81X	0,90 . 0,81X = 0,729X	0,90 . 0,729X = 0,6561X
B	27X	0,30 . 27X = 8,1X	0,30 . 8,1X = 2,43X	0,30 . 2,43X = 0,729X	0,30 . 0,729X = 0,2187X

Pela análise da tabela montada ano a ano, é possível notar que o investimento do senhor A se torna maior que o investimento do senhor B a partir do 4º ano.

Alternativa "a": Após 2 anos o investimento do senhor B ainda é maior que o investimento do senhor A.

Alternativas "c", "e": Representam tempos em que o investimento do senhor B é maior que o do senhor A, mas estão acima do tempo mínimo necessário.

Alternativa "d": Após 3 anos o investimento dos dois se tornam iguais.

Alternativa correta: letra "b".

50. (FCC – Técnico Judiciário – Área Administrativa – TRF 3/2014) Comparando-se a remuneração, por hora trabalhada, dos serviços A e B, verificou-se que no serviço B a remuneração era 25% a menos do que a remuneração no serviço A. Roberto trabalhou 8 horas no serviço A e 4 horas no serviço B. Paulo trabalhou 4 horas no serviço A e 8 horas no serviço B. A porcentagem a mais que Roberto recebeu, por suas 12 horas de trabalho, em relação ao que Paulo recebeu, por suas 12 horas de trabalho, é iguala

a) 50.
b) 10.
c) 25.
d) 0.
e) 12,5

COMENTÁRIOS

✪ **Nota do autor:** Se a remuneração para o serviço B é 25% menor que a remuneração para o serviço A, então ela representa 75% (100% - 25% = 75%) da remuneração do serviço A.

Transformando a porcentagem para decimal, 75% = 0,75, temos que, se chamarmos de r a remuneração para o serviço A, então a remuneração para o serviço B será 0,75r.

Alternativa "b": Vamos chamar de r a remuneração do serviço A e 0,75r a remuneração do serviço B.

Calculando a remuneração de cada funcionário:

- Roberto:

8 horas no serviço A = 8r

4 horas no serviço B = 4 . 0,75r = 3r

Remuneração total = 8r + 3r = 11r

- Paulo:

4 horas no serviço A = 4r

8 horas no serviço B = 8 . 0,75r = 6r

Remuneração total = 4r + 6r = 10r

Para encontrar qual a porcentagem que Roberto recebeu a mais que Paulo, vamos usar uma regra de três simples em que o valor referente a Paulo representa 100%:

Remuneração	Porcentagem
10r	100
11r	X

Efetuando a multiplicação em cruz:

$$x = \frac{11r\ .\ 100}{10r}$$

$$x = \frac{1100r}{10r}$$

$$x = 110\%$$

A remuneração recebida por Roberto representa 110% (10% a mais) da remuneração de Paulo, logo, Roberto recebeu 10% a mais que Paulo.

Alternativas "a", "c", "d", "e": Incorretas.

Alternativa correta: letra "b".

51. (FCC – Técnico Judiciário – Área Administrativa – TRF 4/2014) Um investidor inicia seus negócios com um valor x. Após um mês, faz a 1ª apuração e verifica que perdeu 20% de seu valor inicial. Após outro mês, faz a 2ª operação e verifica que perdeu 30% do valor da 1ª apuração. Após o 3º mês, faz a 3ª apuração e verifica que havia recuperado 10% do valor que tinha no momento da 2ª apuração. Após esses três meses, no momento da 3ª apuração, esse investidor verificou que já perdera, em relação ao valor inicial x, uma parte correspondente, em %, a

a) 40.
b) 56.
c) 61,6.
d) 38,4
e) 60.

COMENTÁRIOS

✪ **Nota do autor:** Quando trabalhamos com cálculos de porcentagens sucessivas, devemos trabalhar com as seguintes regras:

- Aumentos: Somar a porcentagem de aumento a 100% e, em seguida, transformar a porcentagem em decimal.

- Diminuições: Subtrair de 100% a porcentagem de diminuição e, em seguida, transformar a porcentagem em decimal.

O próximo passo é montar uma tabela da seguinte forma:

- Primeira coluna: Valor inicial.

- Última coluna: Valor final.

- Colunas intermediárias: Porcentagens de aumentos e diminuições, observando as regras já apresentadas.

Por fim, para o cálculo das porcentagens sucessivas, multiplicamos os valores da primeira coluna com todos os valores das colunas intermediárias, o resultado dessa multiplicação será igual ao valor final.

Alternativa "d": Vamos escrever as porcentagens de aumentos e diminuições de cada apuração conforme as regras apresentadas:

- 1ª Apuração: Diminuição de 20%

100% – 20% = 80%, transformando em decimal: 80% = 0,8.

- 2ª Apuração: Diminuição de 30%

100% – 30% = 70%, transformando em decimal: 70% = 0,7.

- 3ª Apuração: Aumento de 10%

100% + 10% = 110%, transformando em decimal: 110% = 1,1.

Montando a tabela:

Valor Inicial	1ª Apuração	2ª Apuração	3ª Apuração	Valor Final
x	0,8	0,7	1,1	?

Multiplicando a coluna inicial com as intermediárias:

$x \,.\, 0{,}8 \,.\, 0{,}7 \,.\, 1{,}1 = 0{,}616x$

Representando esse valor na tabela:

Valor Inicial	1ª Apuração	2ª Apuração	3ª Apuração	Valor Final
x	0,8	0,7	1,1	$0{,}616\,x$

Comparando os valores, temos que o final representa 61,6% do valor inicial, por meio de uma subtração, vamos encontrar qual a porcentagem de diminuição:

100% - 61,6% = 38,4%

Portanto, o investidor perdeu, em relação ao valor inicial, um total de 38,4%.

Alternativa "a": Representa o erro mais comum, que consiste em somar e subtrair as porcentagens, isso só pode ser feito se os valores de referência forem iguais.

Alternativas "b", "e": Incorretas.

Alternativa "e": Representa a porcentagem, em relação ao valor inicial, que sobrou para o investidor e não a porcentagem que diminuiu.

Alternativa correta: letra "d".

---

52. (FCC - Analista Judiciário – Área Judiciária - TRF 3/2014) O número de ordens judiciais decretadas pelo Órgão 1, há quatro anos, era igual ao número de ordens judiciais decretadas pelo Órgão 2, hoje. Daquela época para a atual, o número de ordens judiciais decretadas pelo Órgão 1 não mudou, mas o número de ordens judiciais decretadas pelo Órgão 2 cresceu 20%. Sabendo que os Órgãos 1 e 2 somam, hoje, 6 000 ordens judiciais, então há quatro anos o número de ordens judiciais decretadas pelo Órgão 2 era igual a

a) 2 400.

b) 2 600.

c) 2 500.

d) 2 900.

e) 2 800.

COMENTÁRIOS

✪ **Nota do autor:** Sempre que for necessário calcular porcentagens, é preciso tomar muito cuidado com o valor referencial, ou seja, aquele que representará 100%.

Nessa questão, o valor referencial é o de quatro anos atrás, portanto, este é o valor que deverá representar 100%.

Alternativa "c": Como a quantidade de ordens judiciais decretadas pelo Órgão 1 não sofreu alteração, podemos afirmar que, hoje, as quantidades decretadas pelos Órgãos 1 e 2 são iguais.

Sabendo que, hoje, o número de ordens judiciais decretadas pelos Órgãos 1 e 2 somam 6000, podemos afirmar que foram decretadas 3000 ordens judiciais por cada um deles.

Se a quantidade decretada pelo Órgão 2 teve um aumento de 20% em relação à quantidade de quatro anos antes, podemos afirmar que 3000 representa 120% da quantidade referencial.

Montando uma regra de três simples, temos:

Quantidade	Porcentagem
3000	120
X	100

Efetuando a multiplicação em cruz, temos:

3000		120
X		100

$120\,x = 3000 \,.\, 100$

$120\,x = 300000$

$$x = \frac{300000}{120}$$

$x = 2500$

Portanto, a quantidade de ordens judiciais decretadas pelo Órgão 2, há 4 anos, era de 2500.

Alternativa "a": Esse valor seria o correto se a quantidade referencial (que representa 100%) fosse a atual, mas a quantidade referencial é a de quatro antros atrás.

Alternativas "b", "d", "e": Incorretas.

Alternativa correta: letra "c".

8. EQUAÇÕES E SISTEMAS

---

53. (FCC – Analista Judiciário – Área Judiciária – TRF 4/2019) Alberto, Breno e Carlos têm, ao todo, 40 figurinhas. Alberto e Breno têm a mesma quantidade de figurinhas e Carlos tem a metade da quantidade de figurinhas de Breno. A quantidade de figurinhas que Alberto e Carlos têm juntos é

a) 16

b) 8

c) 24

d) 32

e) 20

COMENTÁRIOS

Alternativa "a": Representa a quantidade de figurinhas que Alberto e Breno têm individualmente.

Alternativa "b": Representa a quantidade de figurinhas de Carlos.

Alternativa "c": Vamos estabelecer as incógnitas:

A = Quantidade de figurinhas de Alberto.

B = Quantidade de figurinhas de Breno.

C = Quantidade de figurinhas de Carlos.

Com as incógnitas estabelecidas, vamos escrever as equações:

- Alberto, Breno e Carlos têm, ao todo, 40 figurinhas:

A + B + C = 40

- Alberto e Breno têm a mesma quantidade de figurinhas:

A = B

- Carlos tem a metade da quantidade de figurinhas de Breno:

$$C = \frac{B}{2}$$

Vamos reescrever a primeira equação, substituindo A e C:

$$A + B + C = 40$$

$$B + B + \frac{B}{2} = 40$$

$$\frac{5B}{2} = 40$$

$$B = \frac{2 \,.\, 40}{5}$$

$$B = \frac{80}{5} = 16$$

Encontrando quantas figurinhas cada um tem:

A = 16

B = 16

$$C = \frac{B}{2} = \frac{16}{2} = 8$$

Logo, Alberto e Carlos têm, juntos, 16 + 8 = 24 figurinhas.

Alternativa "d": Representa a quantidade de figurinhas que Alberto e Breno têm juntos.

Alternativa "e": Incorreta.

Alternativa correta: letra "c".

---

54. (FCC – Analista Judiciário – Área Judiciária – TRF 4/2019) Os inscritos em um congresso receberam crachás com identificações que começam pelas letras A ou B, seguidas de três números. Do total de inscritos, $\frac{3}{7}$ receberam crachás com a letra A. Em uma palestra $\frac{2}{5}$ dos inscritos que receberam crachás com a letra A compareceram e todos os inscritos que receberam crachás com a letra B também compareceram. Havia 260 participantes nessa palestra. O total de inscritos nesse congresso é de

a) 300

b) 520

c) 560

d) 350

e) 260

COMENTÁRIOS

Alternativa "a": Não representa o total de inscritos no congresso.

Alternativa "b": Não representa o total de inscritos no congresso.

Alternativa "c": Não representa o total de inscritos no congresso.

Alternativa "d": Vamos chamar de x a quantidade total de inscritos no congresso.

Com a quantidade total definida, vamos determinar qual a fração do total que recebeu crachá com a letra A e qual recebeu com a letra B:

- Do total de inscritos, $\frac{3}{7}$ receberam crachá com a letra A:

$$A = \frac{3x}{7}$$

- A fração complementar, $\frac{4}{7}$, representa a quantidade de inscritos que recebeu crachá com a letra B:

$$B = \frac{4x}{7}$$

Vamos analisar a situação da palestra:

- Em uma palestra $\frac{2}{5}$ dos inscritos que receberam crachás com a letra A compareceram:

$$\frac{2}{5} \,.\, \frac{3x}{7} = \frac{6x}{35}$$

- E todos os inscritos que receberam crachás com a letra B também compareceram:

$$\frac{4x}{7}$$

- Havia 260 participantes nessa palestra:

$$\frac{6x}{35} + \frac{4x}{7} = 260$$

$$\frac{6x}{35}+\frac{20x}{35}=\frac{9100}{35}$$

$6x + 20x = 9100$

$26x = 9100$

$$x=\frac{9100}{26}$$

$x = 350$

Portanto, o total de inscritos nesse congresso é 350.

Alternativa "e": Representa o total de pessoas que compareceu na palestra citada.

Alternativa correta: letra "d".

---

55. (FCC – Técnico Judiciário – Área Judiciária – TRF 4/2019) Maria tem 3 anos de diferença do seu irmão mais velho. Daqui a 9 anos o produto das idades de ambos irá aumentar 288 unidades. A idade de Maria é

a) 10

b) 11

c) 20

d) 12

e) 9

COMENTÁRIOS

Alternativa "a": Se chamarmos de x a idade que Maria tem hoje, seu irmão mais velho, cuja diferença de idade é de 3 anos, terá x + 3 anos:

Idade de Maria	Idade do irmão de Maria	Produto das idades
x	$x + 3$	$x\,(x + 3)$

Aplicando a distributiva no produto das idades:

$x^2 + 3x$

Vamos refazer a tabela com as idades que eles terão daqui a 9 anos:

Idade de Maria	Idade do irmão de Maria	Produto das idades
$x + 9$	$x + 12$	$(x + 9)\,(x + 12)$

Aplicando a distributiva no produto das idades:

$x^2 + 12x + 9x + 108$

$x^2 + 21x + 108$

Como depois de 9 anos o produto das idades irá aumentar em 288 unidades, temos que a diferença entre eles deve ser igual a 288:

$(x^2 + 21x + 108) - (x^2 + 3x) = 288$

$x^2 + 21x + 108 - x^2 - 3x = 288$

$18x + 108 = 288$

$18x = 288 - 108$

$18x = 180$

$$x=\frac{180}{18}$$

$x = 10$

Portanto, Maria tem, hoje, 10 anos.

Alternativa "b": Não representa a idade de Maria.

Alternativa "c": Não representa a idade de Maria.

Alternativa "d": Não representa a idade de Maria.

Alternativa "e": Não representa a idade de Maria.

Alternativa correta: letra "a".

---

56. (FCC – Técnico Judiciário – Área Judiciária – TRF 4/2019) Lívia leu um livro nas férias em 4 dias. No 1° dia, leu um terço do livro. No 2° dia, leu um terço do que faltava. No 3° dia, leu 10 páginas a mais do que tinha lido no 2° dia. No 4° dia, Lívia leu as 30 páginas que faltavam para acabar o livro. O número de páginas do livro de Lívia é

a) 240

b) 180

c) 150

d) 480

e) 360

COMENTÁRIOS

Alternativa "a": Não representa o total de páginas do livro.

Alternativa "b": Vamos chamar de x a quantidade total de páginas do livro.

- 1º dia: Lívia leu um terço do livro:

Páginas lidas: $\frac{x}{3}$

Se Lívia leu um terço do livro no primeiro dia, sobraram ainda dois terços do livro para serem lidos.

Páginas restantes: $\frac{2x}{3}$

- 2º dia: Lívia leu um terço do que faltava:

Páginas lidas: $\frac{1}{3}\cdot\frac{2x}{3}=\frac{2x}{9}$

- 3º dia: Lívia leu 10 páginas a mais do que tinha lido no 2º dia:

Páginas lidas: $\frac{2x}{9}+10$

- 4º dia: Lívia leu as 30 páginas restantes.

Somando a quantidade de páginas lidas por dia, teremos o total de páginas do livro:

$$x=\frac{x}{3}+\frac{2x}{9}+\frac{2x}{9}+10+30$$

$$x = \frac{x}{3} + \frac{4x}{9} + 40$$

$$x - \frac{x}{3} - \frac{4x}{9} = 40$$

$$\frac{9x}{9} - \frac{3x}{9} - \frac{4x}{9} = \frac{360}{9}$$

$9x - 3x - 4x = 360$

$2x = 360$

$$x = \frac{360}{2}$$

$x = 180$

Portanto, o total de páginas do livro é 180.

Alternativa "c": Não representa o total de páginas do livro.

Alternativa "d": Não representa o total de páginas do livro.

Alternativa "e": Não representa o total de páginas do livro.

Alternativa correta: letra "b".

---

57. (FCC – Técnico Judiciário – Área Judiciária – TRF 4/2019) Há uma maçã verde, uma maçã vermelha e uma laranja. Deve-se verificar quanto cada fruta pesa, mas só podem ser pesadas duas a duas. As maçãs verde e vermelha juntas pesam 450 g, a maçã verde e a laranja juntas pesam 390 g, a maçã vermelha e a laranja juntas pesam 360 g. A maçã vermelha pesa

a) 220 g
b) 210 g
c) 205 g
d) 215 g
e) 225 g

COMENTÁRIOS

Alternativa "a": Não representa o peso da maçã vermelha.

Alternativa "b": Vamos estabelecer algumas incógnitas para o problema:

Vd = Peso de uma maçã verde.

Vm = Peso de uma maçã vermelha.

L = Peso de uma laranja.

Escrevendo as equações:

- As maçãs verde e vermelha juntas pesam 450g:

$Vd + Vm = 450$

- A maça verde e a laranja juntas pesam 390g:

$Vd + L = 390$

- A maçã vermelha e a laranja juntas pesam 360g:

$Vm + L = 360$

Formando o sistema de equações:

$$\begin{cases} Vd + Vm = 450 \\ Vd + L = 390 \\ Vm + L = 360 \end{cases}$$

Vamos isolar Vd na primeira equação:

$Vd = 450 - Vm$

Substituindo Vd na segunda equação:

$(450 - Vm) + L = 390$

Isolando L:

$L = 390 - 450 + Vm$

$L = -60 + Vm$

Substituindo L na terceira equação:

$Vm + (-60 + Vm) = 360$

$Vm - 60 + Vm = 360$

$2Vm = 360 + 60$

$2Vm = 420$

$$Vm = \frac{420}{2}$$

$Vm = 210$

Logo, a maçã vermelha pesa 210g.

Alternativa "c": Não representa o peso da maçã vermelha.

Alternativa "d": Não representa o peso da maçã vermelha.

Alternativa "e": Não representa o peso da maçã vermelha.

Alternativa correta: letra "b".

---

58. (Consulplan – Analista Judiciário – Área Judiciária – TRF 2/2017) No estoque de uma loja de eletrodomésticos encontram-se três tipos de ventiladores: de mesa, de teto e de parede. No total são 60 unidades, de forma que: o número de ventiladores de teto corresponde a três quartos do número de ventiladores de mesa e há 10 ventiladores de parede a mais que os de teto. Se forem acrescentados nesse estoque 9 ventiladores de parede e retirados um terço dos ventiladores de teto e metade dos ventiladores de mesa, quantos ventiladores o estoque passará a conter?

a) 51.
b) 52.
c) 54.
d) 55.

COMENTÁRIOS

Alternativa "c": Vamos estabelecer as incógnitas para o problema:

M = Quantidade de ventiladores de mesa.

T = Quantidade de ventiladores de teto.

P = Quantidade de ventiladores de parede.

Com as incógnitas estabelecidas, vamos montar uma equação para cada situação:

- Há um total de 60 unidades:

$M + T + P = 60$

- O número de ventiladores de teto corresponde a três quartos do número de ventiladores de mesa:

$$T = \frac{3}{4}M$$

- Há 10 ventiladores de parede a mais que os de teto:

$P = T + 10$

Com as equações montadas, vamos resolver o sistema:

$$\begin{cases} M + T + P = 60 \\ T = \frac{3}{4}M \\ P = T + 10 \end{cases}$$

Isolando M na segunda equação:

$$M = \frac{4}{3}T$$

Substituindo M e P na primeira equação:

$$\left(\frac{4}{3}T\right) + T + (T + 10) = 60$$

Multiplicando a equação toda por 3:

$$4T + 3T + 3T + 30 = 180$$

$$10T = 180 - 30$$

$$10T = 150$$

$$T = \frac{150}{10}$$

$$T = 15$$

Para encontrar as demais quantidades, vamos substituir T nas demais equações:

Encontrando a quantidade de ventiladores de mesa:

$$M = \frac{4}{3}T$$

$$M = \frac{4}{3} \cdot 15$$

$$M = 20$$

Encontrando a quantidade de ventiladores de parede:

$P = T + 10$

$P = 15 + 10$

$P = 25$

Para finalizar, vamos calcular a situação apresentada pelo problema:

- Acrescentando 9 ventiladores de parede:

$25 + 9 = 34$

- Retirando um terço dos ventiladores de teto:

$$15 - \left(\frac{1}{3} \cdot 15\right) = 15 - 5 = 10$$

- Retirando metade dos ventiladores de mesa:

$$20 - \left(\frac{1}{2} \cdot 20\right) = 20 - 10 = 10$$

Total:

$34 + 10 + 10 = 54$

Portanto, após essas alterações, o estoque passará a ter 54 ventiladores.

Alternativas "a", "b", "d": Incorretas.

Alternativa correta: letra "c".

---

59. (Consulplan – Técnico Judiciário – Área Administrativa – TRF 2/2017) Três amigos compraram lapiseiras em uma papelaria da seguinte forma:

- Marcos comprou duas lapiseiras de 0,7 mm e uma de 0,9 mm e pagou R$ 20,00;
- Marcelo comprou duas lapiseiras de 0,5 mm e uma de 0,7 mm e pagou R$ 19,00; e,
- Maurício comprou uma lapiseira de 0,5 mm, uma de 0,7 mm e uma de 0,9 mm e pagou R$ 22,00.

Nessa papelaria a lapiseira mais cara e a mais barata são, respectivamente, aquelas cujas espessuras dos grafites são iguais a:

a) 0,5 mm e 0,7 mm.

b) 0,7 mm e 0,5 mm.

c) 0,9 mm e 0,7 mm.

d) 0,9 mm e 0,5 mm.

COMENTÁRIOS

Alternativa "c": Vamos estabelecer algumas incógnitas para o problema:

a = preço da lapiseira de 0,5 mm

b = preço da lapiseira de 0,7 mm

c = preço da lapiseira de 0,9 mm

Com as incógnitas definidas, vamos escrever as equações de cada situação:

- Marcos comprou duas lapiseiras de 0,7 mm e uma de 0,9 mm e pagou R$ 20,00:

$2b + c = 20$

- Marcelo comprou duas lapiseiras de 0,5 mm e uma de 0,7 mm e pagou R$ 19,00:

$2a + b = 19$

- Maurício comprou uma lapiseira de 0,5 mm, uma de 0,7 mm e uma de 0,9 mm e pagou R$ 22,00:

$a + b + c = 22$

Com as equações montadas, temos um sistema de equações:

$$\begin{cases} 2b + c = 20 \\ 2a + b = 19 \\ a + b + c = 22 \end{cases}$$

Isolando c na primeira equação:

$c = 20 - 2b$

Isolando a na segunda equação:

$$a = \frac{19 - b}{2}$$

Substituindo c e a na terceira equação:

$$\frac{19 - b}{2} + b + (20 - 2b) = 22$$

Multiplicando a equação inteira por 2:

$19 - b + 2b + 40 - 4b = 44$

Resolvendo a equação:

$$-b + 2b - 4b = 44 - 19 - 40$$

$$-3b = -15$$

$$b = \frac{-15}{-3}$$

$$b = \text{R\$ } 5{,}00$$

Substituindo o valor de b na primeira equação:

$c = 20 - 2b$

$c = 20 - 2(5)$

$c = 20 - 10$

$c = \text{R\$ } 10{,}00$

Substituindo o valor de b na segunda equação:

$$a = \frac{19 - b}{2}$$

$$a = \frac{19 - 5}{2}$$

$$a = \frac{14}{2}$$

$$a = \text{R\$ } 7{,}00$$

Com as equações resolvidas, temos que a lapiseira de 0,5 mm custa R$ 7,00, a de 0,7 mm custa R$ 5,00 e a de 0,9 mm custa R$ 10,00.

Concluímos então que a lapiseira mais cara e a mais barata são a de 0,9 mm e a de 0,7 mm, respectivamente.

Alternativas "a", "b", "d": Incorretas.

Alternativa correta: letra "c".

---

60. (FCC – Técnico Judiciário – Área Administrativa – TRF 3/2014) Um técnico precisava arquivar x processos em seu dia de trabalho. Outro técnico precisava arquivar y processos, diferente de x, em seu dia de trabalho. O primeiro técnico arquivou, no período da manhã, 2/3 dos processos que precisava arquivar naquele dia. No período da tarde, esse técnico arquivou 3/8 dos processos que arquivara pela manhã e ainda restaram 14 processos para serem arquivados. O segundo técnico arquivou, no período da manhã, 3/5 dos processos que precisava arquivar naquele dia. No período da tarde, o segundo técnico arquivou 5/18 dos processos que arquivara pela manhã e ainda restaram 42 processos para serem arquivados.

Dessa forma, é possível determinar que, o técnico que arquivou mais processos no período da tarde superou o que o outro arquivou, também no período da tarde, em um número de processos igual a

a) 42.

b) 18.

c) 12.

d) 30.

e) 15.

COMENTÁRIOS

Alternativa "c": Para o primeiro técnico, temos:

$$\text{- Período da manhã} = \frac{2x}{3}$$

$$\text{- Período da tarde} = \frac{3}{8} \cdot \frac{2x}{3} = \frac{2x}{8}$$

- Restaram ainda 14 processos.

- Montando a equação:

$$x = \frac{2x}{3} + \frac{2x}{8} + 14$$

$$x - \frac{2x}{3} - \frac{2x}{8} = 14$$

MMC (3,8) = 24

$$\frac{24x}{24} - \frac{16x}{24} - \frac{6x}{24} = \frac{336}{24}$$

$$24x - 16x - 6x = 336$$

$$2x = 336$$

$$x = 168$$

- Processos arquivados a tarde $= \frac{2x}{8} = \frac{2.168}{8} = \frac{336}{8} = 42$

Para o segundo técnico:

- Período da manhã $= \frac{3y}{5}$
- Período da tarde $= \frac{5}{18} \cdot \frac{3y}{5} = \frac{3y}{18}$
- Restaram ainda 42 processos.
- Montando a equação:

$$y = \frac{3y}{5} + \frac{3y}{18} + 42$$

$$y - \frac{3y}{5} - \frac{3y}{18} = 42$$

MMC (5,18) = 90

$$\frac{90y}{90} - \frac{54y}{90} - \frac{15y}{90} = \frac{3780}{90}$$

$$90y - 54y - 15y = 3780$$

$$21y = 3780$$

$$y = 180$$

- Processos arquivados a tarde $= \frac{3y}{18} = \frac{3.180}{18} = \frac{540}{18} = 30$

Portanto, para o período da tarde, o primeiro técnico arquivou 12 processos (42 – 30 = 12) a mais que o segundo técnico.

Alternativa "a": Quantidade de processos arquivados pelo primeiro técnico no período da tarde.

Alternativas "b", "e": Incorretas.

Alternativa "d": Quantidade de processos arquivados pelo segundo técnico no período da tarde.

Alternativa correta: letra "c".

61. (FCC - Analista Judiciário – Área Judiciária - TRF 4/2014) Da duração total de um julgamento, $^3/_7$ do tempo foi utilizado pelos advogados de defesa e acusação, $^7/_8$ do tempo remanescente com os depoimentos de testemunhas. O tempo do julgamento foi ocupado, apenas, pelos advogados de defesa e acusação, pelos depoimentos de testemunhas, e pela fala do juiz, sendo que esta última foi de 7 minutos. De acordo com as informações fornecidas, a duração total do julgamento foi de 1 hora e

a) 24 minutos.

b) 38 minutos.

c) 42 minutos.

d) 26 minutos.

e) 02 minutos.

COMENTÁRIOS

Alternativa "b": Se chamarmos de x a duração total do julgamento, temos:

- Tempo gasto pelos advogados de defesa e acusação ($^3/_7$ do total):

$$\frac{3}{7}x$$

- Tempo remanescente:

$$x - \frac{3}{7}x = \frac{4}{7}x$$

- Tempo utilizado pelos depoimentos de testemunhas (7/8 do tempo remanescente)

$$\frac{7}{8} \cdot \frac{4}{7}x = \frac{28}{56}x$$

- Tempo utilizado pela fala do juiz: 7 minutos.

O tempo total é igual à soma dos tempos utilizados pelos advogados de defesa e acusação, pelo depoimento das testemunhas e pela fala do juiz:

$$x = \frac{3}{7}x + \frac{28}{56}x + 7$$

$$x - \frac{3}{7}x - \frac{28}{56}x = 7$$

$$\frac{56x - 24x - 28x}{56} = 7$$

$$\frac{4x}{56} = 7$$

$$x = \frac{7.56}{4}$$

$$x = 98$$

Portanto, o tempo total do julgamento foi de 98 minutos, ou seja, 1 hora e 38 minutos.

Alternativas "a", "c", "d", "e": Não representam a quantidade de minutos gastos no julgamento.

Alternativa correta: letra "b".

---

62. (FCC - Analista Judiciário – Área Judiciária - TRF 4/2014) Um frasco contendo 30 pastilhas idênticas "pesa" 54 gramas. O mesmo frasco contendo apenas 12 dessas pastilhas "pesa" 32,4 gramas. Nas condições dadas, a razão entre o "peso" de uma pastilha e o do frasco vazio, nessa ordem, é igual a

a) $\frac{1}{4}$

b) $\frac{3}{16}$

c) $\frac{2}{15}$

d) $\frac{1}{12}$

e) $\frac{1}{15}$

COMENTÁRIOS

Alternativa "e": Vamos definir as incógnitas:

F = "Peso" do frasco.

P = "Peso" de uma pastilha.

Com as incógnitas definidas, vamos estabelecer as equações:

- O frasco com 30 pastilhas "pesa" 54 gramas:

$F + 30\,P = 54$

- O frasco com 12 pastilhas "pesa" 32,4 gramas:

$F + 12\,P = 32{,}4$

Com as equações estabelecidas, basta resolver o sistema:

$$\begin{cases} F + 30\,P = 54 \\ F + 12\,P = 32{,}4 \end{cases}$$

Se subtrairmos a segunda equação da primeira, obtemos:

$18\,P = 21{,}6$

$P = \frac{21{,}6}{18}$

$P = 1{,}2$

Ou seja, o "peso" de uma pastilha é 1,2 gramas.

Vamos substituir o valor de P na primeira equação:

$F + 30(1{,}2) = 54$

$F = 54 - 36$

$F = 18$

Ou seja, o "peso" do frasco é de 18 gramas.

Para finalizar a questão, é necessário calcular a razão entre o "peso" de uma pastilha e o "peso" do frasco:

$$\frac{1{,}2}{18} = \frac{1}{15}$$

Portanto, a razão entre o "peso" de uma pastilha e o "peso" do frasco é $^1/_{15}$.

Alternativas "a", "b", "c", "d": Incorretas.

Alternativa correta: letra "e".

9. CORRELAÇÃO DE DADOS

---

63. (Consulplan – Analista Judiciário – Oficial de Just. Avaliador – TRF 2/2017) Beatriz, Camila e Denise dividem o mesmo apartamento com dois animais de estimação, o gato Guga e a cadelinha Cacau. Elas estão pensando em mudar a senha do Wi-Fi de seu apartamento. Para isso tiveram a ideia de uma senha que possua sete letras, sendo três consoantes e quatro vogais e que tenha significado. Para isso pensaram:

- a primeira letra será uma vogal comum ao nome das três amigas;
- a segunda letra será a consoante da sílaba central de um dos nomes das amigas que possui uma vogal dobrada;
- a terceira letra será uma vogal comum a dois nomes das amigas e repetida em um deles;
- a quarta letra será a primeira consoante do nome de um de seus animais de estimação. E essa consoante não pertence a nenhum dos nomes das amigas;
- a quinta e a sexta letra serão as letras da sílaba central, não na mesma ordem, do nome de uma das amigas que repete uma vogal; e,
- a sétima letra será uma vogal presente no nome de duas das amigas e da cadelinha.

A senha será a palavra:

a) INVENTA.

b) IMPRIMA.

c) IMAGENS.

d) IMAGINA.

COMENTÁRIOS

Alternativa "d": Vamos seguir as instruções fornecidas e encontrar a senha escolhida:

- A primeira letra será uma vogal comum ao nome das três amigas.

A única vogal comum ao nome das três amigas, Beatriz, Camila, Denise, é a letra I.

- A segunda letra será a consoante da sílaba central de um dos nomes das amigas que possui uma vogal dobrada;

Temos dois nomes que possuem vogal dobrada, são eles Camila e Denise, logo, a segunda letra pode ser M ou N.

- A terceira letra será uma vogal comum a dois nomes das amigas e repetida em um deles;

Existem duas letras que satisfazem essa condição, a letra A que aparece em Beatriz e em Camila (aparecendo repetida nesse nome), e a letra E que aparece em Beatriz e em Denise (aparecendo repetida nesse nome), logo, a terceira letra pode ser A ou E.

- A quarta letra será a primeira consoante do nome de um de seus animais de estimação. E essa consoante não pertence a nenhum dos nomes das amigas;

Levando em conta que a letra C de Cacau também aparece no nome Camila, temos que a única consoante que satisfaz essa condição é a letra G.

- a quinta e a sexta letra serão as letras da sílaba central, não na mesma ordem, do nome de uma das amigas que repete uma vogal;

Tomando as letras da sílaba central do nome das amigas que repetem uma vogal (Camila e Denise) e invertendo a ordem, temos que a quinta e a sexta letra podem ser IN ou IM.

- a sétima letra será uma vogal presente no nome de duas das amigas e da cadelinha.

O nome da cadelinha (Cacau) possui duas vogais, A e U, dessas, a única que aparece no nome de duas amigas (Beatriz e Camila) é a letra A.

Vamos organizar a senha com as letras que são únicas:

I _ _ G I _ A

Analisando as possibilidades:

Letras definitivas	I			G	I		A
Possibilidades		M ou N	A ou E			N ou M	

Para completar as demais letras, é preciso levar em consideração que a palavra precisa possuir sentido, desse modo, a única possibilidade que temos para a senha é a palavra IMAGINA.

Alternativas "a", "b", "c": Todas essas palavras possuem quatro consoantes e 3 vogais, contrariando a condição apresentada pelo enunciado.

Alternativa correta: letra "d".

---

64. (Consulplan – Técnico Judiciário – Área Administrativa – TRF 2/2017) Sobre uma mesa encontram-se 3 garrafas de mesma capacidade e materiais distintos contendo em cada uma delas uma certa bebida em quantidades diferentes, estando uma delas cheia, uma quase cheia e a outra pela metade:

- a garrafa que está quase cheia é a de plástico ou a de alumínio;
- a garrafa cujo líquido está pela metade tem suco e não é a de plástico;
- o volume contido na garrafa de refrigerante é inferior ao volume contido na garrafa de leite; e,
- o leite não está armazenado na garrafa de vidro e o refrigerante não está armazenado na garrafa de plástico.

As garrafas com menor e maior volume de líquido são, respectivamente, as de

a) plástico e vidro.

b) vidro e alumínio.

c) alumínio e plástico.

d) vidro e plástico.

COMENTÁRIOS

Alternativa "d": Vamos montar uma tabela e preencher com os dados presentes nas afirmações:

– A garrafa cujo líquido está pela metade tem suco e não é a de plástico:

Material	Bebida	Quantidade
	Suco	Metade

– O volume contido na garrafa de refrigerante é inferior ao volume contido na garrafa de leite:

Material	Bebida	Quantidade
	Suco	Metade
	Refrigerante	Quase cheia
	Leite	Cheia

– O leite não está armazenado na garrafa de vidro e o refrigerante não está armazenado na garrafa de plástico.

Como a garrafa que tem suco também não é de plástico (informação 2), a única garrafa que pode ser de plástico é a de leite:

Material	Bebida	Quantidade
	Suco	Metade
	Refrigerante	Quase cheia
Plástico	Leite	Cheia

– A garrafa que está quase cheia é a de plástico ou a de alumínio.

Como já sabemos garrafa de plástico está cheia, temos que a garrafa que está quase cheia é de alumínio:

Material	Bebida	Quantidade
	Suco	Metade
Alumínio	Refrigerante	Quase cheia
Plástico	Leite	Cheia

Completando com a informação que falta:

Material	Bebida	Quantidade
Vidro	Suco	Metade
Alumínio	Refrigerante	Quase cheia
Plástico	Leite	Cheia

Logo, as garrafas com menor e maior volume de líquido são, respectivamente, as de vidro e de plástico.

Alternativas "a", "b", "c": Incorretas.

Alternativa correta: letra "d".

10. PRINCÍPIO DO POMBAL

65. (CESPE – Analista Judiciário / TRE da Bahia / 2010) Considerando que, para a fundação de um partido político, sejam necessários pelo menos 101 eleitores com domicílio eleitoral em, no mínimo, 9 das 27 unidades da Federação, e, ainda, que 10 eleitores, sendo 5 da Bahia, se reúnam para discutir a fundação de um partido político, julgue os itens a seguir.

Se o partido for criado com a quantidade mínima de fundadores, se cada unidade da Federação possuírem pelo menos um eleitor fundador e se 5 desses fundadores forem da Bahia, então será possível que alguma unidade tenha mais de 20 eleitores fundadores desse partido.

Certo ( ) Errado ( )

COMENTÁRIOS

✪ **Nota do autor:** Em questões que envolvem o princípio do pombal, devemos sempre considerar as hipóteses mais extremas, somente assim poderemos analisar se existe qualquer probabilidade, ainda que pequena, de que a situação proposta no enunciado possa ocorrer.

A proposta do enunciado faz a restrição de que cinco eleitores fundadores sejam da Bahia e que cada uma das outras 26 unidades da federação possuam pelo menos um eleitor fundador, desse modo, temos um total de 31 eleitores com domicílios pré-determinados, 5 na Bahia e um em cada uma das outras 26 unidades da Federação, como são necessários 101 eleitores para que o partido seja fundado, vamos subtrair os que possuem domicílio pré-determinado:

$101 - 31 = 70$

Esses 70 eleitores, resultantes da subtração, podem possuir domicílio em qualquer unidade da Federação.

Pensando em uma hipótese extrema, se esses 70 eleitores possuírem domicílios na mesma unidade da federação, esta unidade possuirá mais de 20 eleitores fundadores.

Alternativa correta: "certo".

11. PRINCÍPIO FUNDAMENTAL DA CONTAGEM

O texto a seguir refere-se às questões 67 e 68.

Considerando que, para a fundação de um partido político, sejam necessários pelo menos 101 eleitores com domicílio eleitoral em, no mínimo, 9 das 27 unidades da Federação, e, ainda, que 10 eleitores, sendo 5 da Bahia, se reúnam para discutir a fundação de um partido político, julgue os itens a seguir.

66. (CESPE – Analista Judiciário / TRE da Bahia / 2010) Considerando que o citado grupo tenha conseguido fundar o partido político com o número mínimo de filiados exigido e que 98 deles tenham domicílio eleitoral nos estados de São Paulo, Rio de Janeiro, Minas Gerais, Espírito Santo, Bahia, Pernambuco e Rio Grande do Sul, e que nenhum dos outros 3 eleitores tenha domicílio nessas unidades citadas, então o número de possibilidades diferentes para os domicílios desses outros 3 fundadores será inferior a 1.500.

Certo ( ) Errado ( )

COMENTÁRIOS

✪ **Nota do autor:** Se temos m opções diferentes de escolha para um primeiro item e n opções diferentes de escolha para um segundo item, e queremos calcular de quantas formas distintas podemos escolher os dois itens, é necessário utilizar o princípio fundamental da contagem que consiste na multiplicação da quantidade de opções para o primeiro item, pela quantidade de opções para o segundo item, ou seja: $m \cdot n$

Para que o partido seja formado, é necessário que seus membros tenham domicílio em no mínimo 9 estados diferentes, como já sabemos que 98 deles possuem domicílio em 7 estados, devemos garantir que os outros 3 membros possuam domicílio em pelo menos 2 estados diferentes, sabemos também que nenhum desses 3 possui domicílio em qualquer um dos 7 estados precedentes, desse modo, ao analisarmos as possibilidades de domicílio para esses 3 eleitores, temos:

- 20 possibilidades de estados para o domicílio do primeiro dos três membros restantes.

- 19 possibilidades para o segundo (para garantir que eles sejam de estados diferentes, é necessário descontar o estado de domicílio do eleitor anterior).
- 20 possibilidades para o terceiro, considerando que a condição de dois estados diferentes já foi garantida com os dois membros anteriores.

Assim temos: 20.19.20 = 7600 possibilidades de domicílio para os três membros restantes.

Alternativa correta: "errado".

67. (CESPE – Analista Judiciário / TRE da Bahia / 2010) Considerando que a sigla do partido deva começar com a letra P e o complemento poderá ter mais uma, duas ou três letras escolhidas entre as 26 letras do alfabeto, então, o número de escolhas possíveis para a sigla do partido será superior a 18.000.

Certo ( ) Errado ( )

COMENTÁRIOS

✪ **Nota do autor:** Em questões de análise combinatória e probabilidade, devemos estar atentos às operações relacionadas aos conectivos:

Conectivo "e": Representa multiplicação.

Conectivo "ou": Representa soma.

É importante afirmar que nem sempre esses conectivos aparecem explícitos no enunciado, na maioria das vezes eles estão apenas subentendidos.

Devemos considerar três possibilidades para a sigla do partido:

1ª: O complemento possuir apenas uma letra.

2ª: O complemento possuir duas letras.

3ª: O complemento possuir três letras.

Como o exercício não faz restrição sobre letras repetidas, temos 26 possibilidades para a escolha de cada letra.

Desse modo, pelo princípio fundamental da contagem, temos:

1ª possibilidade: 26

2ª possibilidade: 26.26 = 676

3ª possibilidade: 26.26.26 = 17576

Como o complemento da sigla do partido, ou terá uma letra, ou terá duas letras ou terá três letras, devemos somar as três possibilidades calculadas anteriormente:

26 + 676 + 17576 = 18278

Portanto, existem 18278 possíveis escolhas para a sigla do partido.

Alternativa correta: "errado".

12. PERMUTAÇÃO

68. (Cespe – Analista Judiciário – Área Judiciária – TRF 1/2017) Em uma reunião de colegiado, após a aprovação de uma matéria polêmica pelo placar de 6 votos a favor e 5 contra, um dos 11 presentes fez a seguinte afirmação: "Basta um de nós mudar de ideia e a decisão será totalmente modificada."

Considerando a situação apresentada e a proposição correspondente à afirmação feita, julgue o próximo item.

A quantidade de maneiras distintas de se formar o placar de 6 votos a favor e 5 contra, na decisão do assunto polêmico pelos presentes no referido colegiado, é inferior a 500.

COMENTÁRIOS

Vamos montar uma tabela com uma possibilidade para os votos de cada colegiado (na tabela, F representa voto favorável e C representa voto contrário):

Colegiado	1º	2º	3º	4º	5º	6º	7º	8º	9º	10º	11º
Voto	F	F	F	F	F	F	C	C	C	C	C

Quaisquer outras possibilidades de votos resultam de uma permutação da sequência de letras FFFFFFCCCCC, sendo assim, vamos calcular a permutação com repetição dessa sequência:

$$P = \frac{11!}{5!\,.\,6!} = \frac{11\,.\,10\,.\,9\,.\,8\,.\,7\,.\,6!}{5!\,.\,6!} = \frac{11\,.\,10\,.\,9\,.\,8\,.\,7}{5\,.\,4\,.\,3\,.\,2\,.\,1} = 462$$

Portanto, há 462 formas distintas de formar o placar de votos, quantidade que é inferior a 500.

Alternativa correta: "certo".

69. (FCC - Analista Judiciário – Área Judiciária - TRF 3/2014) Álvaro, Benedito, Cléber e outros dois amigos participam de uma corrida. Se apenas os cinco participaram dessa corrida, o número de possibilidades diferentes de maneira que Álvaro chegue antes que Benedito e este, por sua vez, chegue antes de Cléber é igual a

a) 20.

b) 24.

c) 18.

d) 22.

e) 26.

COMENTÁRIOS

Alternativa "a": Vamos representar cada um deles pelas letras:

A = Álvaro.

B = Benedito.

C = Cléber.

X = amigo 1.

Y = amigo 2.

Como queremos que Álvaro chegue antes que Benedito e que este chegue antes de Cléber, teremos a seguinte formação dos três:

A B C

Se inserirmos os dois amigos no final, teremos:

A B C X Y

Vamos calcular a permutação dos cinco amigos:

$P_5 = 5! = 120$

Ou seja, temos 120 maneiras de os cinco amigos terminarem a corrida, mas queremos que a ordem de Álvaro, Benedito e Cléber não seja alterada entre eles, para isso, dividiremos o resultado obtido pela quantidade de permutações que podem ser feitas entre os três:

$P_3 = 3! = 6$

$$\frac{P_5}{P_3} = \frac{120}{6} = 20$$

Portanto, há 20 maneiras diferentes para a ordem de chegada dos cinco amigos de modo que Álvaro chegue antes que Benedito e que este chegue antes de Cléber.

Alternativas "b", "c", "d", "e": Incorretas.

Alternativa correta: letra "a".

13. ARRANJO

70. (CESPE – Analista Judiciário / TRE da Bahia / 2010) Considerando que, para a fundação de um partido político, sejam necessários pelo menos 101 eleitores com domicílio eleitoral em, no mínimo, 9 das 27 unidades da Federação, e, ainda, que 10 eleitores, sendo 5 da Bahia, se reúnam para discutir a fundação de um partido político, julgue os itens a seguir.

Considerando que 5 eleitores da Bahia, fundadores do partido, viajarão de avião, de Salvador para Brasília com a finalidade de proceder ao registro do partido junto ao TSE e que, no avião, eles ocuparão as poltronas 10A, 10B, 10C, 10D e 10E, então, o número de maneiras diferentes de esses 5 eleitores ocuparem essas poltronas será inferior a 50.

Certo ( ) Errado ( )

COMENTÁRIOS

✪ **Nota do autor:** Em questões de análise combinatória, é importante lembrar que, por definição, 0! = 1.

Nessa questão, devemos encontrar a quantidade de maneiras possíveis para que os cinco eleitores se sentem em cinco diferentes poltronas, para isso devemos calcular um arranjo:

$$C_{nxp} = \frac{n!}{(n-p)!}$$

Como temos cinco eleitores e cinco poltronas:

$$C_{5x5} = \frac{5!}{(5-5)!} = \frac{5!}{0!} = 5! = 5.4.3.2.1 = 120$$

Portanto, temos 120 formas diferentes de acomodar os cinco eleitores nas cinco diferentes poltronas.

Alternativa correta: "errado".

14. COMBINAÇÃO

71. (CESPE – Analista Judiciário / TRE da Bahia / 2010) Considerando que, para a fundação de um partido político, sejam necessários pelo menos 101 eleitores com domicílio eleitoral em, no mínimo, 9 das 27 unidades da Federação, e, ainda, que 10 eleitores, sendo 5 da Bahia, se reúnam para discutir a fundação de um partido político, julgue os itens a seguir.

Se, nessa reunião, os eleitores resolverem criar uma comissão, composta de 4 membros com, pelo menos, 2 da Bahia, para formular uma proposta de estatuto do partido, a quantidade de maneiras diferentes de se constituir essa comissão será inferior a 160.

Certo ( ) Errado ( )

COMENTÁRIOS

✪ **Nota do autor:** Em exercícios de análise combinatória, é muito comum que os candidatos tenham dúvidas se devem utilizar a fórmula de arranjo ou a de combinação, para isso, vamos diferenciá-los:

- Arranjo: Os elementos do grupo a ser escolhido se diferenciam entre si pela ordem e natureza de seus elementos, nesse caso, os elementos estarão ordenados de acordo com uma determinada sequência.

Exemplo: Em uma corrida, montar o ranking dos três primeiros colocados.

Reparem que, nesse exemplo, se mantivermos as mesmas três pessoas e alterarmos apenas a ordem de colocação delas, mudaremos completamente o resultado da corrida.

- Combinação: Os elementos do grupo a ser escolhido se diferenciam entre si apenas pela natureza de seus elementos, qualquer alteração na ordem de escolha não fará diferença, nesse caso, estamos montando apenas um grupo e não uma sequência.

Exemplo: Em um grupo de dez pessoas, escolher três delas para montar uma comissão.

Reparem que nesse exemplo, se alterarmos a ordem das três pessoas escolhidas, não haverá alteração na comissão, pois o grupo continuará sendo o mesmo.

Como se trata da formação de um grupo de pessoas, a ordem de escolha dos membros não faz diferença, desse modo temos um exercício de combinação:

$$C_{nxp} = \frac{n!}{p!\,(n-p)!}$$

Para criarmos uma comissão com quatro membros, sendo dois da Bahia, temos três possibilidades:

1ª exatamente dois são da Bahia.

2ª exatamente três são da Bahia.

3ª todos os quatro membros são da Bahia.

Para sabermos o total de possibilidades, devemos calcular cada uma delas separadamente e depois somá-las.

Calculando cada possibilidade separadamente:

1º: Dois membros da Bahia e dois membros de outro estado:

$$C_{5x2}\,C_{5x2} = \left(\frac{5!}{2!\,(5-2)!}\right).\left(\frac{5!}{2!\,(5-2)!}\right) = \left(\frac{5.4.3!}{2!\,3!}\right).\left(\frac{5.4.3!}{2!\,3!}\right) = \left(\frac{20}{2}\right).\left(\frac{20}{2}\right) = 10.10 = 100$$

2º Três membros da Bahia e um membro de outro estado:

$$C_{5x3}\,C_{5x1} = \left(\frac{5!}{3!\,(5-3)!}\right).\left(\frac{5!}{1!\,(5-1)!}\right) = \left(\frac{5.4.3!}{3!\,2!}\right).\left(\frac{5.4!}{4!}\right) = \left(\frac{20}{2}\right).\left(\frac{5}{1}\right) = 10.5 = 50$$

3º Quatro membros da Bahia:

$$C_{5x4} = \frac{5!}{4!\,(5-4)!} = \frac{5.4!}{4!} = 5$$

Somando os resultados: 100 + 50 + 5 = 155 possibilidades no total.

Alternativa correta: "errado".

15. SEQUÊNCIAS

72. (FCC – Técnico Judiciário – Área Judiciária – TRF 4/2019) Considere a sequência $\frac{2^0}{3^{-1}}$; $\frac{-2^1}{3^0}$; $\frac{2^2}{3^1}$; $\frac{-2^2}{3^{-1}}$ em que o primeiro termo é $\frac{2^0}{3^{-1}}$. O sétimo termo dessa sequência é

a) $\frac{64}{243}$

b) $-\frac{64}{243}$

c) $\frac{32}{81}$

d) $-\frac{32}{81}$

e) $\frac{32}{243}$

COMENTÁRIOS

✪ **Nota do autor:** Analisando os termos apresentados, podemos concluir que essa sequência representa, na verdade, duas sequências intercaladas:

1ª Sequência:

$$\frac{2^0}{3^{-1}};\frac{2^2}{3^1};...$$

2ª Sequência:

$$\frac{-2^1}{3^0};\frac{-2^2}{3^{-1}};...$$

Dessa forma, o sétimo termo da sequência seria o quarto termo da "1ª sequência".

Se a sequência fosse uma progressão geométrica, teríamos a razão:

$$q = \frac{2^2}{3^1}:\frac{2^0}{3^{-1}} = \frac{2^2}{3^1}\cdot\frac{3^{-1}}{2^0} = \frac{2^2\,.\,3^{-1}}{3^1\,.\,2^0} = \frac{2^2}{3^1\,.\,3^1} = \frac{2^2}{3^2}$$

Encontrando o quarto termo (sétimo da sequência geral):

$$a_4 = \frac{2^2}{3^1}.\frac{2^2}{3^2}.\frac{2^2}{3^2} = \frac{2^6}{3^5} = \frac{64}{243}$$

O que daria alternativa a, entretanto, o problema não afirmou que se tratava de uma progressão geométrica, com apenas dois termos conhecidos, poderia ser uma progressão aritmética com a razão:

$$r=\frac{2^2}{3^1}-\frac{2^0}{3^{-1}}=\frac{4}{3}-\frac{2^0 \cdot 3^1}{1}=\frac{4}{3}-3=\frac{4-9}{3}=-\frac{5}{3}$$

Encontrando o quarto termo (sétimo da sequência geral):

$$a_4=\frac{2^2}{3^1}+\left(-\frac{5}{3}\right)+\left(-\frac{5}{3}\right)=\frac{4}{3}-\frac{10}{3}=-\frac{6}{3}=-2$$

Como foram fornecidos apenas dois termos da sequência em que o sétimo termo estaria presente, não podemos concluir se a sequência era uma progressão geométrica ou uma progressão aritmética, o que ocasionou a anulação da questão.

QUESTÃO ANULADA

---

73. (Consulplan – Analista Judiciário – Área Judiciária – TRF 2/2017) Observe a sequência de figuras a seguir:

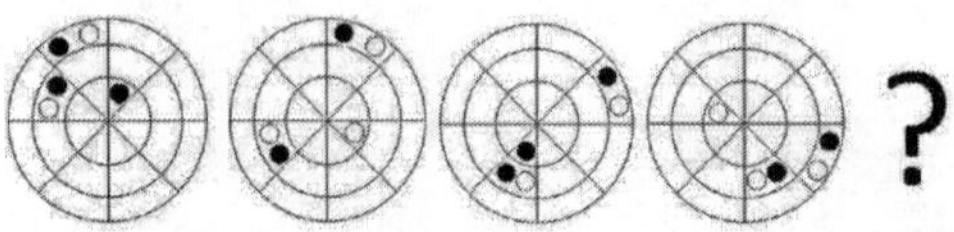

A figura que substitui corretamente a interrogação é:

A) 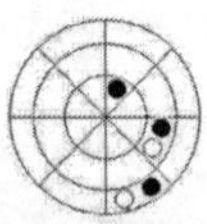

B) 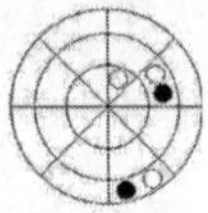

C) 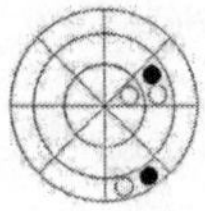

D) 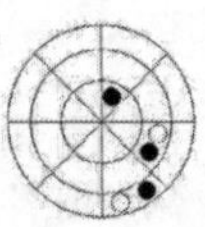

COMENTÁRIOS

Alternativa "d": Vamos analisar a sequência de cada região.

– Para a região mais interna, temos que a bolinha desloca-se no sentido horário, pulando duas casas de cada vez e sempre alternando as cores, sendo assim, temos que a posição correta para ela é:

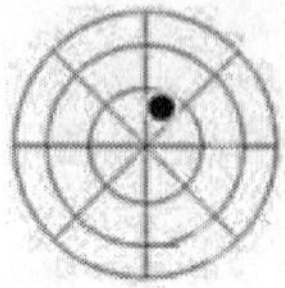

– Na região intermediária, as bolinhas deslocam-se no sentido anti-horário, pulando uma casa de cada vez e sempre alternando as cores:

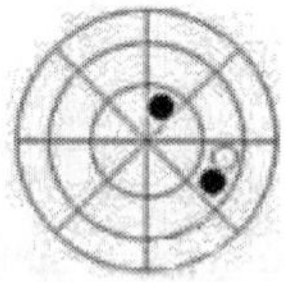

– Na região mais externa, as bolinhas deslocam-se no sentido horário, pulando uma casa de cada vez e sempre mantendo as mesmas cores:

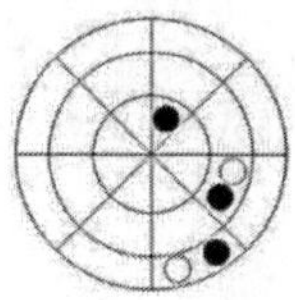

Logo, a figura que substitui corretamente o ponto de interrogação é:

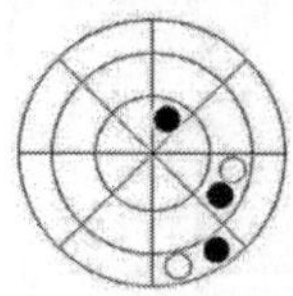

Alternativas "a", "b", "c": Incorretas.

Alternativa correta: letra "d".

---

74. (Consulplan – Analista Judiciário – Área Judiciária – TRF 2/2017) Analise a figura a seguir.

30				
28		4	6	7
25		1		8
22				10
20	19	18	16	13

A soma dos números que preenchem os 4 quadrinhos em branco é:

a) 133.

b) 134.

c) 135.

d) 136.

COMENTÁRIOS

Alternativa "b": Para compreender a lei de formação da sequência, vamos tomar cada termo, a partir do segundo, e subtrair o anterior:

$$4 - 1 = 3$$
$$6 - 4 = 2$$
$$7 - 6 = 1$$
$$8 - 7 = 1$$
$$10 - 8 = 2$$
$$13 - 10 = 3$$
$$16 - 13 = 3$$
$$18 - 16 = 2$$
$$19 - 18 = 1$$
$$20 - 19 = 1$$
$$22 - 10 = 2$$
$$25 - 22 = 3$$
$$28 - 25 = 3$$
$$30 - 28 = 2$$

Pelos resultados, é possível notar que cada termo é igual ao anterior adicionado a um número da sequência (1, 2, 3, 3, 2, 1,...).

Seguindo o mesmo raciocínio para os números que faltam, temos:

$$30 + 1 = 31$$
$$31 + 1 = 32$$
$$32 + 2 = 34$$
$$34 + 3 = 37$$

Para finalizar, vamos somar os quatro números encontrados:

31 + 32 + 34 + 37 = 134

Portanto, a soma dos números que preenchem os 4 quadradinhos em branco é 134.

Alternativas "a", "c", "d": Incorretas.

Alternativa correta: letra "b".

75. (FCC – Técnico Judiciário – Área Administrativa – TRF 3/2014) Na sequência (1; A; 2; 3; B; 4; 5; 6; C; 7; 8; 9; 10; D; 11; . . .) o terceiro termo que aparece após o aparecimento da letra J é

a) 69.

b) 52.

c) K.

d) 58.

e) 63.

COMENTÁRIOS

Alternativa "d": A forma mais prática de responder essa questão é continuando a sequência.

Para facilitar a visualização e evitar erros, quebraremos a sequência antes de cada letra:

1;

A; 2; 3;

B; 4; 5; 6;

C; 7; 8; 9; 10;

D; 11; 12; 13; 14; 15;

E; 16; 17; 18; 19; 20; 21;

F; 22; 23; 24; 25; 26; 27; 28;

G; 29; 30; 31; 32; 33; 34; 35; 36;

H; 37; 38; 39; 40; 41; 42; 43; 44; 45;

I; 46; 47; 48; 49; 50; 51; 52; 53; 54; 55

J; 56; 57; 58

Logo, o terceiro termo após a letra J é 58.

Alternativas "a", "b", "c", "e": Incorretas.

Alternativa correta: letra "d".

16. CONJUNTOS

76. (Cespe – Analista Judiciário – Área Judiciária – TRF 1/2017) Em uma reunião de colegiado, após a aprovação de uma matéria polêmica pelo placar de 6 votos a favor e 5 contra, um dos 11 presentes fez a seguinte afirmação: "Basta um de nós mudar de ideia e a decisão será totalmente modificada."

Considerando a situação apresentada e a proposição correspondente à afirmação feita, julgue o próximo item.

Se A for o conjunto dos presentes que votaram a favor e B for o conjunto dos presentes que votaram contra, então o conjunto diferença A\B terá exatamente um elemento.

COMENTÁRIOS

✪ **Nota do autor:** O conjunto formado pela diferença de dois conjuntos é composto pelos elementos do primeiro, excluindo-se os elementos que fazem parte da intersecção deles.

O conjunto A possui 6 elementos, conjunto B possui 5 e não há intersecção entre eles, sendo assim, o conjunto diferença A\B terá todos os elementos do conjunto A, exceto os que pertencem à intersecção com B, como não há elementos na intersecção, o conjunto A\B é o próprio conjunto A que possui exatamente 6 elementos.

Alternativa correta: "errado".

---

77. (Consulplan – Analista Judiciário – Oficial de Just. Avaliador – TRF 2/2017) Uma papelaria fez uma pesquisa de mercado entre 500 de seus clientes. Nessa pesquisa encontrou os seguintes resultados:

- 160 clientes compraram materiais para seus filhos que cursam o Ensino Médio;
- 180 clientes compraram materiais para seus filhos que cursam o Ensino Fundamental II;
- 190 clientes compraram materiais para seus filhos que cursam o Ensino Fundamental I;
- 20 clientes compraram materiais para seus filhos que cursam o Ensino Médio e Fundamental I;
- 40 clientes compraram materiais para seus filhos que cursam o Ensino Médio e Fundamental II;
- 30 clientes compraram materiais para seus filhos que cursam o Ensino Fundamental I e II; e,
- 10 clientes compraram materiais para seus filhos que cursam o Ensino Médio, Fundamental I e II.

Quantos clientes da papelaria compraram materiais, mas os filhos NÃO cursam nem o Ensino Médio e nem o Ensino Fundamental I e II?

a) 50.

b) 55.

c) 60.

d) 65.

COMENTÁRIOS

Alternativa "a": Vamos montar um diagrama de Venn-Euler para resolver o problema:

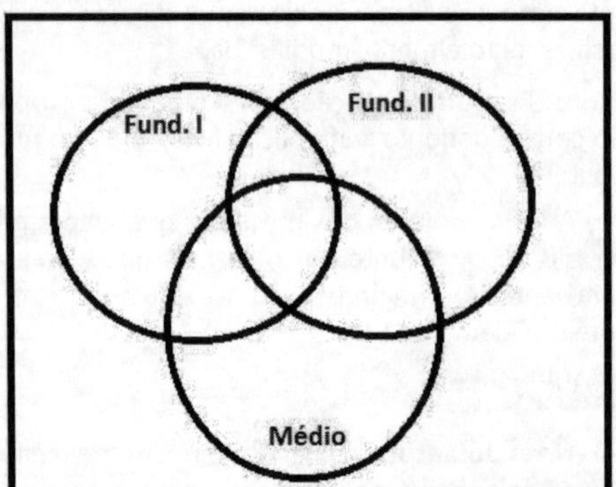

Para preencher o diagrama, vamos iniciar pela intersecção dos três conjuntos:

- 10 clientes compraram materiais para seus filhos que cursam o Ensino Médio, Fundamental I e II:

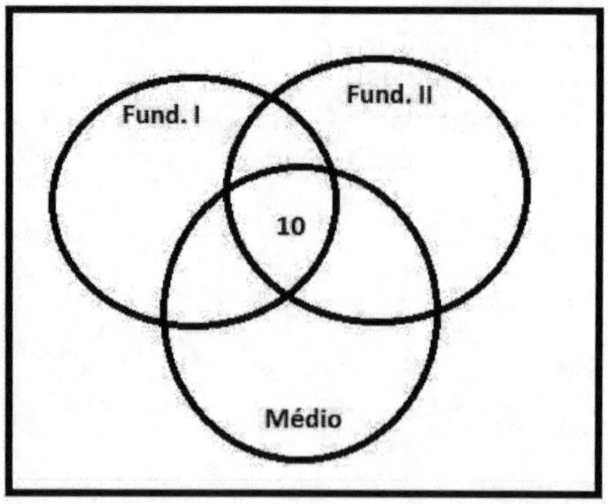

Os próximos campos a serem preenchidos são as intersecções de dois conjuntos, para isso, vamos subtrair, em cada caso, a intersecção dos três conjuntos:

- 20 clientes compraram materiais para seus filhos que cursam o Ensino Médio e Fundamental I:

  20 – 10 = 10

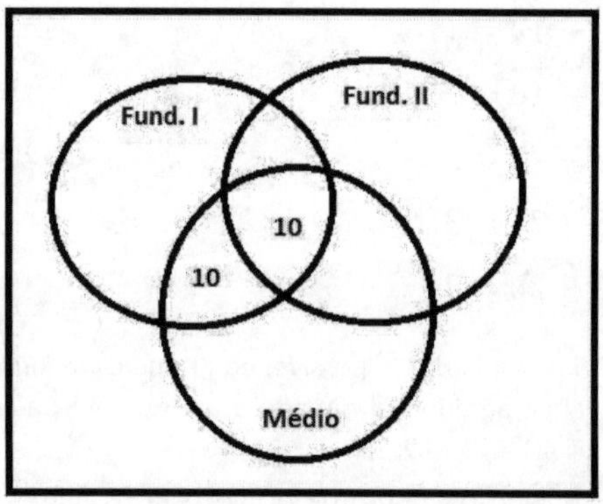

- 40 clientes compraram materiais para seus filhos que cursam o Ensino Médio e Fundamental II:

  40 – 10 = 30

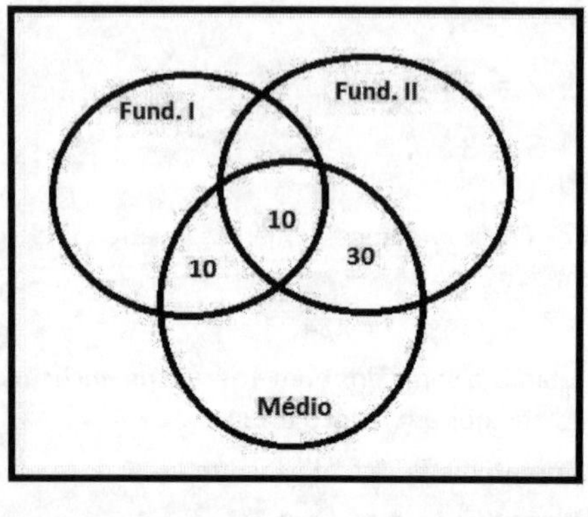

- 30 clientes compraram materiais para seus filhos que cursam o Ensino Fundamental I e II:

  30 – 10 = 20

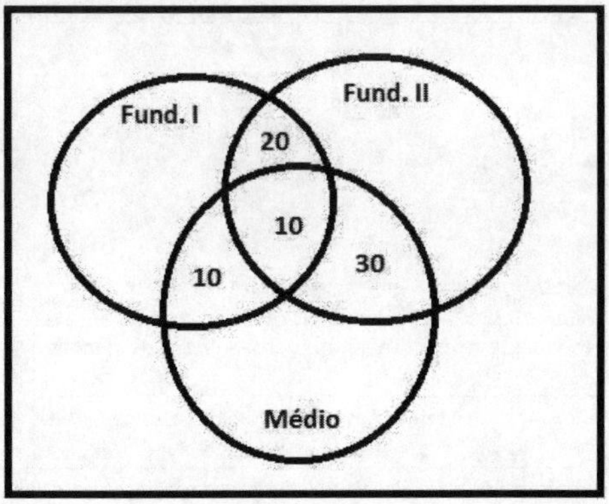

Com as intersecções preenchidas, vamos para aqueles que fazem parte de um único conjunto, para isso, é preciso descontar os clientes que já foram contados nas intersecções:

- 160 clientes compraram materiais para seus filhos que cursam o Ensino Médio:

  160 – 10 – 10 – 30 = 110

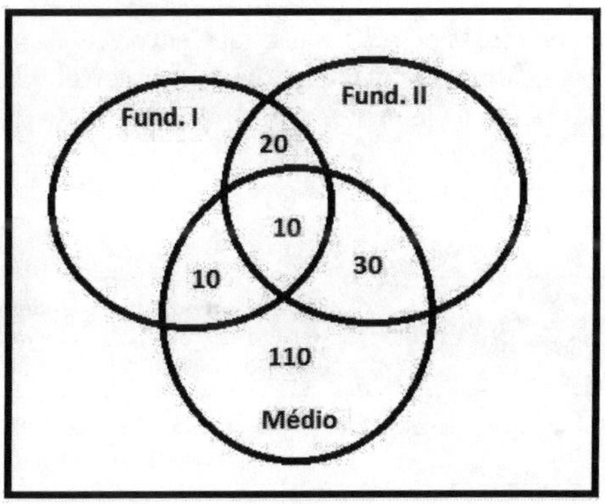

- 180 clientes compraram materiais para seus filhos que cursam o Ensino Fundamental II:

  180 – 20 – 10 – 30 = 120

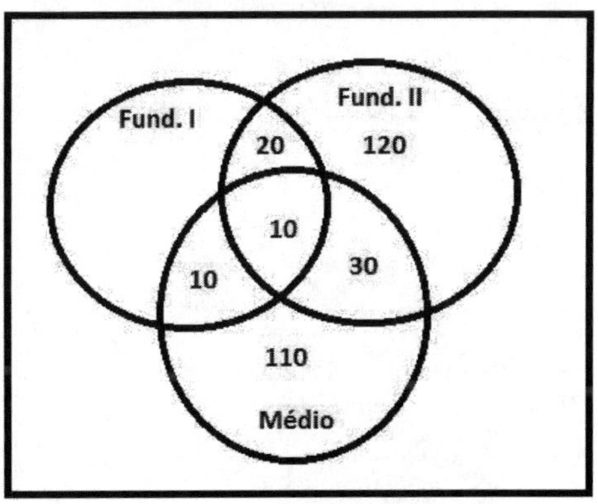

- 190 clientes compraram materiais para seus filhos que cursam o Ensino Fundamental I:

  190 – 10 – 10 – 20 = 150

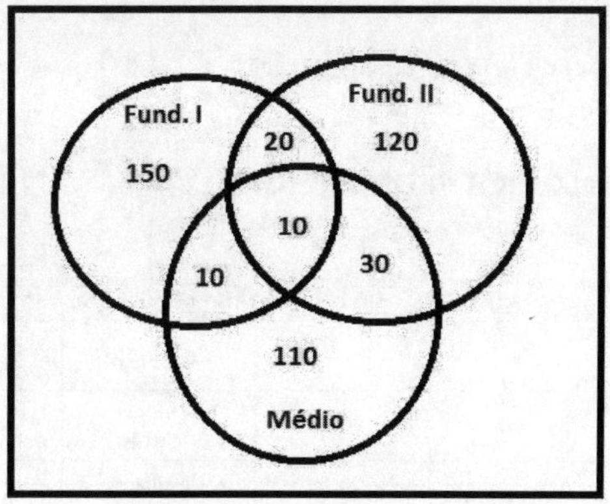

Com o diagrama preenchido, vamos somar todos os valores presentes:

150 + 120 + 110 + 10 + 20 + 30 + 10 = 450

Sabendo que a pesquisa foi realizada com 500 clientes, vamos encontrar quantos estão faltando:

500 – 450 = 50

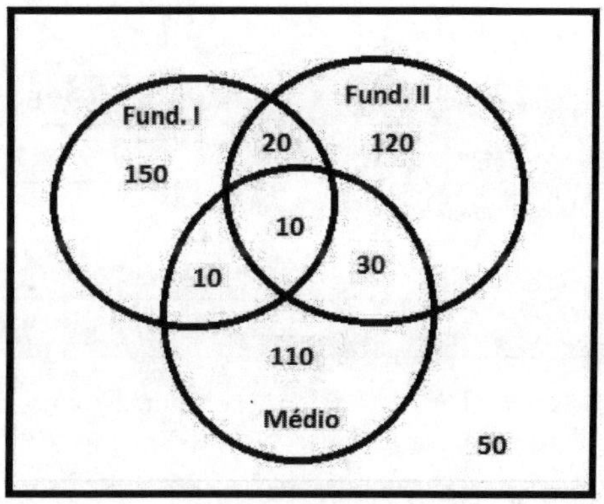

Com isso, podemos concluir que a papelaria possui 50 clientes que compraram materiais, mas os filhos não cursam nem o Ensino Médio e nem o Ensino Fundamental I e II.

Alternativas "b", "c", "d": Incorretas.

Alternativa correta: letra "a".

Raciocínio Lógico

Daniel Alves Machado

✦ DICAS

1. LÓGICA PROPOSICIONAL

1. Conectivos Lógicos:

Conectivo	Símbolo	Nomenclatura	Tabela-Verdade
E	$\wedge$	Conjunção	Verdadeira se as duas proposições forem verdadeiras, nos demais casos será falsa.
OU	V	Disjunção inclusiva	Falsa se as duas proposições forem falsas, nos demais casos será verdadeira.
OU...OU	$\underline{V}$	Disjunção exclusiva	Verdadeira para valores lógicos diferentes e falsa para valores lógicos iguais.
Se...Então	$\rightarrow$	Condicional	Será falsa somente se a primeira proposição for verdadeira e a segunda for falsa, será verdadeira em todos os demais casos.
Se e Somente Se	$\leftrightarrow$	Bicondicional	Verdadeira para valores lógicos iguais e falsa para valores lógicos diferentes.
Não	~ ¬	Negação	Sempre que uma proposição for verdadeira, a negação será falsa e sempre que uma proposição for falsa, a negação será verdadeira.

2. Simbologia alternativa:

Nomenclatura	Conectivo	Símbolo	
Negação	Não	-	
Condicional	Se...Então	$\supset$	
Bicondicional	Se e Somente Se	$\equiv$	
Conjunção	E	.	&

3. Sejam "A" e "B" duas proposições simples, temos a seguinte tabela verdade:

A	B	A ^ B	A v B	A $\underline{V}$ B	A → B	A ↔ B
V	V	V	V	F	V	V
V	F	F	V	V	F	F
F	V	F	V	V	V	F
F	F	F	F	F	V	V

4. Negação das principais proposições compostas.

Proposição	Negação	Construção
A ^ B	~A v ~B	Negar as proposições simples e trocar o conectivo "e" por "ou".
A v B	~A ^ ~B	Negar as proposições simples e trocar o conectivo "ou" por "e".
A → B	A ^ ~B	Manter a primeira proposição simples, negar a segunda e trocar o conectivo "se...então" pelo conectivo "e".

5. As negações de proposições que envolvem as palavras "todos" e "nenhum" devem ser construídas utilizando "pelo menos um" ou "algum".

Exemplo:

Afirmação	Negação
Todos os sócios compareceram à reunião.	**Pelo menos um** (**algum**) sócio não compareceu à reunião
Nenhum avião decolou esta manhã.	**Pelo menos um** (**algum**) avião decolou esta manhã.

6. Em proposições condicionais no formato "A → B", podemos dizer que:

A é condição suficiente para B.

B é condição necessária para A.

Para auxiliar na memorização, observem o esquema:

Suficiente

A → B

Necessária

7. Em proposições bicondicionais no formato "A ↔ B", podemos dizer que:

A é condição suficiente e necessária para B.

B é condição suficiente e necessária para A.

Para auxiliar na memorização, observem o esquema:

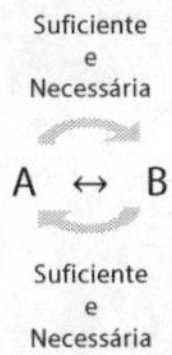

8. Equivalência Lógica: Proposições que possuem o mesmo sentido.

Se duas proposições compostas forem equivalentes, suas tabelas-verdade também serão equivalentes.

A equivalência lógica que mais é encontrada em provas de concursos públicos é a que envolve o conectivo condicional, esta equivalência possui duas formas bem definidas que podem ser memorizadas e economizar tempo na resolução de exercícios, vejamos abaixo como construí-las:

Sejam as proposições simples A e B e a proposição composta A → B, temos:

Proposição Equivalente	Como Construir
~B → ~A	Devemos negar as duas proposições simples e inverter a ordem em que elas aparecem.
~A v B	Devemos negar a primeira proposição simples, trocar o conectivo "se...então" por "ou" e manter a segunda proposição simples inalterada.

9. Nomenclatura das equivalências:

Proposição	Equivalente	Nomenclatura
¬ (A v B)	¬ A ^ ¬ B	Lei de De Morgan
¬ (A ^ B)	¬ A v ¬ B	Lei de De Morgan
A → B	¬ B → ¬ A	Transposição
A → B	¬ A v B	Implicação Material

10. Tautologia: Proposição sempre verdadeira, independente dos valores lógicos das proposições simples que a compõem.

Uma proposição composta será uma tautologia, quando todos os valores lógicos da última coluna de sua tabela verdade forem verdadeiros.

Exemplo: Na eleição, o candidato João Victor será eleito, ou não será eleito.

Definindo por "A" a proposição "o candidato João Victor será eleito", temos:

A	¬ A	A v ¬ A
V	F	**V**
F	V	**V**

11. Contradição: Proposição sempre falsa, independente dos valores lógicos das proposições simples que a compõem.

Uma proposição composta será uma contradição, quando todos os valores lógicos da última coluna de sua tabela verdade forem falsos.

Exemplo: Na eleição, o candidato João Victor será eleito e não será eleito.

Definindo por "A" a proposição "o candidato João Victor será eleito", temos:

A	¬ A	A ^ ¬ A
V	F	**F**
F	V	**F**

12. Contingência: Proposição que não satisfaz nem a condição de tautologia, nem a de contradição, é o tipo de proposição que mais ocorre.

Uma proposição composta será uma contingência, quando nos valores lógicos da última coluna de sua tabela verdade houver pelo menos um valor verdadeiro e pelo menos um valor falso.

Exemplo: Se chove, então faz frio.

Definindo as proposições:

A: Chover.

B: Fazer frio.

Temos:

A	B	A → B
V	V	**V**
V	F	**F**
F	V	**V**
F	F	**V**

2. PROBLEMAS DE DATAS

1. Todas as vezes que um determinado problema envolver o cálculo de datas, devemos sempre nos atentar que cada mês do ano possui uma quantidade de dias, nesse caso, a primeira coisa que deve ser definida é quais dos meses envolvidos possuem trinta dias, quais possuem trinta e um e, se fevereiro for um dos meses envolvidos, devemos observar se o referido ano é bissexto, se for, fevereiro terá vinte e nove dias, caso contrário terá vinte e oito.

2. Meses do ano e quantidade de dias que cada um possui:

Meses	Quantidade de Dias
Janeiro	31
Fevereiro	28 / 29
Março	31
Abril	30
Maio	31
Junho	30

Meses	Quantidade de Dias
Julho	31
Agosto	31
Setembro	30
Outubro	31
Novembro	30
Dezembro	31

3. Ano Bissexto: Para que um ano seja bissexto, o numeral que o representa deve ser um número divisível por 4.

Exceção: Os anos que são divisíveis por 100 (..., 1900, 2000, 2100, 2200, ...) só serão bissextos se forem divisíveis por 400.

3. EQUAÇÃO DE PRIMEIRO GRAU

1. Ao se resolver uma equação de primeiro grau, sempre que precisarmos transferir um termo de um membro para outro, com o objetivo de isolarmos a incógnita, é muito comum que fiquemos com dúvida se devemos trocar o sinal do termo ou não, para facilitar a resolução, em vez de sinal, devemos sempre pensar em operação inversa, se o referido número estiver somando, ao trocá-lo de membro, este passará subtraindo e vice-versa, se um determinado número estiver multiplicando, ao trocá-lo de membro, este passará dividindo e vice-versa.

2. Pode ocorrer de a incógnita aparecer no numerador de uma fração, nesse caso é necessário encontrar o mínimo múltiplo comum dos denominadores e resolver as operações entre as frações.

Exemplo:

$$\frac{x}{2} + \frac{2x}{3} = 7$$

MMC (2,3) = 6

O MMC encontrado será o novo denominador da equação.

O próximo passo é dividir o MMC pelo denominador de cada fração e, na sequência, multiplicar o resultado pelo respectivo numerador.

$$\frac{3x + 2(2x)}{6} = \frac{42}{6}$$

$$\frac{7x}{6} + \frac{42}{6}$$

$x = 6$

3. É preciso tomar cuidado quando ocorre a necessidade de utilizar a propriedade distributiva, muitos candidatos, por distração, resolvem de forma errada, observemos o erro mais comum dos candidatos e a forma correta:

Erro comum:

3 (x + 4)

3 x + 4

Forma correta:

3 (x + 4)

3 x + 12

4. PRINCÍPIO DE POMBAL

1. Exercícios que envolvem o princípio de pombal seguem o mesmo padrão, geralmente nos será dada uma condição inicial e em seguida será perguntado qual o número máximo, ou o número mínimo, admitido para que possamos garantir a condição imposta no exercício, para fazermos isso, devemos sempre considerar as hipóteses mais remotas.

Exemplo:

Uma gaveta possui 5 pés de meia vermelha, 8 pés de meia branca e 6 pés de meia preta, qual o número mínimo de pés de meia que devem ser retirados aleatoriamente da gaveta para que seja garantido ter se retirado um par de mesma cor.

Hipótese mais remota: retirar o máximo de pés de cores diferentes, até encontrarmos dois pés de mesma cor.

O número máximo de pés de cores diferentes que podem ser retirados é três, um vermelho, um branco e um preto, por não haver outra cor, o quarto pé, com certeza, será da mesma cor de um dos três anteriores.

Resposta: Quatro.

2. Outro estilo de exercício que exige a utilização do princípio de pombal é fornecer alguns dados numéricos e solicitar que o candidato estabeleça uma conclusão. Observem um exemplo típico:

Em uma determinada montanha há doze buracos e treze pássaros, em um determinado momento todos os pássaros entram nos buracos, o que se pode concluir?

Como a quantidade de pássaros é maior do que a quantidade de buracos, a única conclusão que podemos estabelecer e a de que em um buraco haverá pelo menos dois pássaros.

5. PRINCÍPIO FUNDAMENTAL DA CONTAGEM

1. É a base do estudo de análise combinatória, consiste no produto das possibilidades de cada uma das escolhas que devemos fazer.

Exemplo: Se temos ***m*** sabores diferentes de pizza e ***n*** sabores diferentes de refrigerante, então, pelo princípio fundamental da contagem, temos ***m.n*** formas diferentes de escolher um sabor de pizza e um sabor de refrigerante.

2. Todos os problemas de análise combinatória podem ser resolvidos utilizando o princípio fundamental da contagem, para isso, é necessário seguir alguns passos:

- Separar quantas opções devem ser escolhidas.
- Determinar quantas possibilidades há para cada opção do passo anterior.
- Multiplicar os valores encontrados.

Por fim, é preciso fazer uma análise do que estamos procurando, há duas possibilidades:

- A ordem dos elementos a serem escolhidos é importante, ou seja, queremos formar uma sequência de elementos, nesse caso já temos o resultado exato.
- A ordem dos elementos não é importante, ou seja, queremos montar apenas um grupo de elementos, e não elementos em uma determinada sequência, nesse caso devemos dividir o resultado encontrado pelo número de possibilidades em que a ordem não faz diferença, sendo este número sempre seguido de fatorial.

3. Seja ***n*** um número natural qualquer, definimos como fatorial de ***n***, representado por ***n*!**, a multiplicação de ***n*** por todos seus antecessores, até o número um:

$n! = (n - 1) . (n - 2)... .3.2.1$

Exemplo: $5! = 5.4.3.2.1 = 120$

4. Por definição, $0! = 1$

5. Em todos os exercícios de análise combinatória, há relações entre os conectivos que aparecem e as operações matemáticas, são elas:

- Conectivo "e": Representa multiplicação.
- Conectivo "ou": Representa soma.

Nem sempre esses conectivos aparecem escritos no problema, muitas vezes eles estão apenas subentendidos.

6. ARRANJO

1. São agrupamentos que diferem entre si pela natureza e pela ordem de seus elementos, quando calculamos um arranjo, estamos encontrando de quantas formas podemos montar uma sequência de elementos, isso significa que a ordem em que os elementos forem escolhidos mudará completamente o resultado final.

Exemplo: Em uma corrida de dez participantes, montar o ranking dos três primeiros colocados.

Reparem que em um grupo de três primeiros colocados, se for alterada a ordem de chegada de cada participante, o resultado final será completamente alterado.

2. Quando não há repetição dos elementos, o arranjo é chamado de simples e pode ser calculado pela fórmula:

$$A_{nxp} = \frac{n!}{(n-p)!}$$

3. Quando há a possibilidade de repetição dos elementos, estamos diante de um arranjo com repetição, nesse caso, usamos a fórmula:

$$A_{nxp} = n^p$$

4. Quando o número elementos que queremos arranjar for igual ao número total de elementos e não puder haver repetição entre eles, o arranjo é chamado de permutação e pode ser representado pela fórmula:

$$P_n = n!$$

7. COMBINAÇÃO

1. São agrupamentos que diferem entre si apenas pela natureza de seus elementos, independente da ordem em que eles aparecerem, quando calculamos uma combinação, estamos encontrando de quantas formas podemos montar um grupo de elementos, isso significa que a ordem em que os elementos forem escolhidos não mudará o resultado final.

Exemplo: Em um grupo de dez crianças, escolher três para dar a cada uma um saco de pipoca.

Reparem que no grupo das três crianças escolhidas, se for alterada a ordem de escolha delas, o resultado final não será alterado, pois o grupo permanecerá o mesmo.

2. Quando na combinação não puder haver repetições, ela será chamada de simples e poderá ser calculada pela fórmula:

$$C_{n,p} = \frac{n!}{p!.(n-p)!}$$

3. Quando houver a possibilidade de repetição dos elementos, estaremos diante de uma combinação com repetição, nesse caso, usamos a mesma fórmula da combinação simples, mas no lugar de *n*, devemos usar $n + p - 1$:

$$C_{n+p-1,p}$$

Exemplo: Uma pessoa vai ao supermercado para comprar quatro tapetes que estão disponíveis nas cores vermelha, verde, amarela, azul e branca, sabendo que essa pessoa pode comprar os tapetes de cores repetidas, de quantas maneiras ela pode escolher quatro tapetes?

Como a ordem de escolha dos tapetes não altera o resultado final, estamos diante de uma combinação e como pode haver repetições, devemos utilizar a fórmula de combinação com repetição:

$n = 5$ cores de tapetes.

$p = 4$ tapetes que serão comprados.

Aplicando a fórmula, temos:

$$C_{n+p-1,\,p} = C_{5+4-1,\,4} = C_{8,\,4}$$

$$C_{8,\,4} = \frac{8!}{4!\,.(8-4)!} = \frac{8.7.6.5.4!}{4!\,.\,4!} = \frac{8.7.6.5}{4.3.2.1} = 70$$

Portanto, concluímos que existem setenta formas diferentes dessa pessoa escolher os quatro tapetes.

8. PROBABILIDADE

1. A probabilidade de um evento ocorrer é definida pela razão entre a quantidade de resultados favoráveis e o total de resultados possíveis, de acordo com a fórmula:

$$Probalidade = \frac{Quantidade\ de\ resultados\ favoráveis}{Total\ de\ resultados\ possíveis}$$

2. Quando queremos calcular a probabilidade de um evento e outro ocorrer, a probabilidade final será dada pela multiplicação das probabilidades.

Conectivo "e" = multiplicação.

3. Quando queremos calcular a probabilidade de um evento ou outro ocorrer, a probabilidade final será dada pela soma das probabilidades.

Conectivo "ou" = soma.

4. A probabilidade sempre será um número compreendido entre 0 e 1 e pode ser representado em forma de porcentagens de acordo com os esquemas abaixo:

$0 \leq Probalidade \leq 1$

ou

$0\% \leq Probalidade \leq 100\%$

5. Evento certo: Ocorre quando a probabilidade de ocorrência de um evento é igual a 100%.

6. Evento impossível: Ocorre quando a probabilidade de ocorrência de um evento é igual a 0%.

9. REGRA DE TRÊS

1. Grandezas diretamente proporcionais: Uma grandeza aumenta e a outra aumenta na mesma proporção.

Exemplo: Uma pessoa caminha 10 km em duas horas, quanto tempo será necessário para que essa pessoa, caminhando no mesmo ritmo, percorra 35 km?

Montando uma tabela com os dados e atribuindo uma seta à coluna que possui a incógnita, temos:

Km		Horas	
10		2	↑
35		X	

Para atribuirmos uma seta à outra coluna, devemos nos perguntar, quanto mais horas de caminhada, serão percorridos mais, ou menos quilômetros?

A resposta é mais, quanto maior o tempo de caminhada, maior será a distância percorrida. Se pela resposta da pergunta obtemos que uma grandeza aumenta e a outra também aumenta, elas são diretamente proporcionais.

Como as grandezas são diretamente proporcionais, a seta a ser atribuída deve estar no mesmo sentido da seta inicial:

Km		Horas	
10	↑	2	↑
35		X	

Se todas as setas estão no mesmo sentido, podemos prosseguir com a multiplicação em cruz

$$10.X = 2.35$$

$$10.X = 70$$

$$X = 7$$

Portanto, serão gastas sete horas para que esta pessoa percorra 35 km.

2. Grandezas inversamente proporcionais: Uma grandeza aumenta e a outra diminui na mesma proporção.

Exemplo: Uma pessoa, dirigindo a 50 km/h, demora uma hora para percorrer uma determinada distância, quanto tempo levaria essa pessoa para percorrer a mesma distância, se ela viajasse a 100 km/h?

Montando uma tabela com os dados e atribuindo uma seta à coluna que possui a incógnita, temos:

Km/h		Horas	
50		1	↑
100		X	

Para atribuirmos uma seta a outra coluna, devemos nos perguntar, quanto maior a velocidade, será gasto mais tempo ou menos tempo no percurso?

A resposta é menos, quanto maior a velocidade, menor será o tempo gasto no percurso. Se pela resposta da pergunta obtemos que uma grandeza aumenta e a outra diminui, elas são inversamente proporcionais.

Como as grandezas são inversamente proporcionais, a seta a ser atribuída deve estar no sentido contrário ao da seta inicial:

Km/h		Horas	
50	↓	1	↑
100		X	

Como as setas estão em sentidos contrários, devemos inverter uma delas (inverter também os valores que a acompanham) para que fiquem todas no mesmo sentido:

Km/h		Horas	
100	↑	1	↑
50		X	

Com as setas no mesmo sentido, prosseguimos com a multiplicação em cruz:

$$\frac{100}{50} \times \frac{1}{X}$$

$$100.X = 50$$

$$X = 0{,}5$$

Portanto, serão gastos trinta minutos para essa pessoa fazer o mesmo percurso, viajando a 100 km/h.

3. Regra de três composta: Existem mais de duas grandezas envolvidas.

Exemplo: 2 operários constroem 16 metros quadrados de um muro em 32 dias, quantos dias serão necessários, para que 8 operários construam 128 metros quadrados de um muro?

Organizando os dados em uma tabela de modo que a coluna da incógnita fique em uma das extremidades e atribuindo a esta coluna uma seta, temos:

Dias		Operários		m^2	
↑	32		2		16
	X		8		128

Para atribuirmos as próximas setas, é necessário comparar cada coluna com a coluna da incógnita, para grandezas diretamente proporcionais, será atribuída uma seta no mesmo sentido da que está na coluna da incógnita, para grandezas inversamente proporcionais, a seta será em sentido oposto:

Dias – Operários: Inversamente proporcionais, quanto mais operários, o trabalho será concluído em menos tempo.

Dias – m^2: Diretamente proporcionais, quanto maior a quantidade de metros a ser construída, mais dias serão necessários.

Dias		Operários		m^2	
↑	32	↓	2	↑	16
	X		8		128

Deixando todas as setas no mesmo sentido:

Dias		Operários		m^2	
↑	32	↑	8	↑	16
	X		2		128

Para finalizarmos a regra de três, devemos multiplicar em "linha reta" todos os valores das colunas em que a incógnita não está:

$$\frac{32}{X} \quad \frac{8}{2} \quad \frac{16}{128}$$

Com o produto calculado, efetuamos a multiplicação em cruz com a coluna da incógnita:

$$\frac{32}{X} \times \frac{128}{256}$$

$$128.X = 32.256$$

$$X = 64$$

Portanto, serão necessários 64 dias.

10. PORCENTAGEM

1. Porcentagens representam frações cujo denominador é 100.

Há três formas de representar uma porcentagem, com o símbolo "%", na forma fracionária, ou na forma decimal.

Analisemos alguns exemplos:

%	Fracionária	Decimal
19%	$\frac{19}{100}$	0,19
67%	$\frac{67}{100}$	0,67
83,12%	$\frac{83{,}12}{100}$	0,8312
1%	$\frac{1}{100}$	0,01

2. É preciso tomar muito cuidado ao se transformar valores menores do que 10% em números decimais, vejamos agora alguns erros comuns que, por distração, são cometidos pelos candidatos:

Valores percentuais	INCORRETO	CORRETO
4%	0,4	0,04
7%	0,7	0,07
0,5%	0,05	0,005

3. Para calcularmos quanto um valor percentual representa de um valor definido, podemos proceder de duas formas, são elas:

1ª: Transformar o valor percentual em uma fração e multiplicar essa fração pelo valor definido.

Exemplo: Calcular 25% de R$ 600,00:

Transformando em fração: $25\% = \frac{25}{100}$

Multiplicando pelo valor definido: $\frac{25}{100} . 600 = 150.$

Portanto, 25% de R$ 600,00 é R$ 150,00.

2ª: Transformar o valor percentual em valor decimal e multiplicar essa fração pelo valor definido.

Exemplo: Calcular 25% de R$ 600,00:

Transformando em valor decimal: 25% = 0,25

Multiplicando pelo valor definido: 0,25 . 600 = 150.

Portanto, 25% de R$ 600,00 é R$ 150,00.

4. Qualquer porcentagem pode ser calculada utilizando-se regra de três, observem o exemplo:

R$ 160,00 representa qual porcentagem de R$ 500,00?

Organizando as grandezas:

R$	%
500	100
160	X

Efetuando a multiplicação em cruz, temos:

$$500. X = 160.100$$

$$X = \frac{16000}{500}$$

$$X = 32\%$$

Portanto, R$ 160,00 representa 32% de R$ 500,00.

5. Quando trabalhamos com cálculos de porcentagens sucessivas, devemos trabalhar com as seguintes regras:

– Aumentos: Somar a porcentagem de aumento a 100% e, em seguida, transformar a porcentagem em decimal.

– Diminuições: Subtrair de 100% a porcentagem de diminuição e, em seguida, transformar a porcentagem em decimal.

O próximo passo é montar uma tabela da seguinte forma:

– Primeira coluna: Valor inicial.

– Última coluna: Valor final.

– Colunas intermediárias: Porcentagens de aumentos e diminuições, observando as regras já apresentadas.

Por fim, para o cálculo das porcentagens sucessivas, multiplicamos os valores da primeira coluna com todos os valores das colunas intermediárias, o resultado dessa multiplicação será o valor final.

Exemplo: Um produto, que custa R$ 3000,00, sofreu um aumento de 10% e no mês seguinte, uma diminuição de 5%. Qual foi o valor final?

Aumento de 10% = 100% + 10% = 110%, transformando em decimal: 1,10.

Diminuição de 5% = 100% – 5% = 95%, transformando em decimal: 0,95.

Montando a tabela, temos:

Valor inicial	1ª alteração	2ª alteração	Valor final
3000	1,10	0,95	?

Efetuando a multiplicação das três primeiras colunas, temos:

3000 . 1,10 . 0,95 = 3135

Completando a tabela:

Valor inicial	1ª alteração	2ª alteração	Valor final
3000	1,10	0,95	3135

Portanto, o valor, após as duas alterações, é R$ 3135,00.

11. MÚLTIPLOS E DIVISORES

1. São chamados múltiplos de um número n o resultado da multiplicação de n por qualquer número natural, o exemplo mais conhecido de múltiplos é a tabuada.

– Existem infinitos múltiplos de um número.

Exemplo: Múltiplos de 2: 2, 4, 6, 8, 10, ...

Múltiplos de 3: 3, 6, 9, 12, 15, 18, ...

2. São chamados divisores de um número n todos os números naturais pelos quais podemos dividir n e obter como quociente um número natural e resto igual a 0.

– Ao contrário de múltiplos, a quantidade de divisores é um número limitado.

Exemplo: Divisores de 20: 1, 2, 4, 5, 10, 20.

Divisores de 15: 1, 3, 5, 15.

3. Ao trabalharmos com dois ou mais números, teremos múltiplos que são comuns a eles, o mais importante para resolução de exercícios é menor deles, chamado de mínimo múltiplo comum (MMC), para calculá-lo devemos decompor simultaneamente, em fatores primos, os números envolvidos, por fim, a multiplicação dos fatores será o MMC.

Exemplo: Vamos calcular o mínimo múltiplo comum de 24, 35 e 50.

24, 35, 50	2
12, 35, 25	2
6, 35, 25	2
3, 35, 25	3
1, 35, 25	5
1, 7, 5	5
1, 7, 1	7
1, 1, 1	

$$MMC(24{,}35{,}50) = 2x2x2x3x5x5x7$$

$$MMC(24{,}35{,}50) = 4200.$$

4. Ao se trabalhar com dois ou mais números, teremos os divisores comuns a eles, neste caso, o mais importante para resolução de exercícios, é o maior deles, chamado de máximo divisor comum (MDC), para calculá-lo, é necessário seguir os passos:

– Efetuar a decomposição em fatores primos, separadamente, de cada número envolvido.

– Encontrar os fatores comuns a todos eles.

– O MDC será a multiplicação dos fatores comuns

Exemplo: Vamos calcular o máximo divisor comum de 120, 70 e 50:

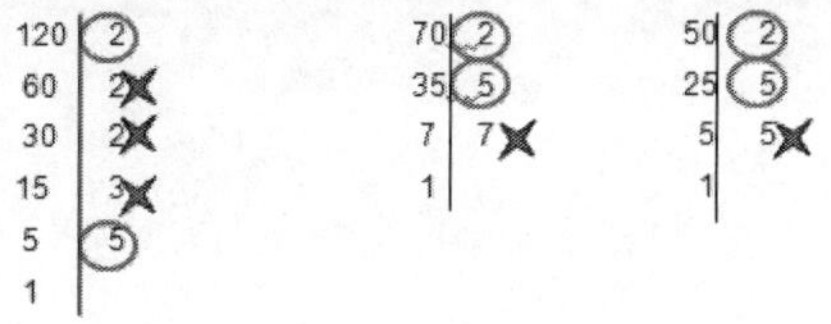

$$MDC(120{,}70{,}50) = 2x5$$

$$MDC(120{,}70{,}50) = 10$$

5. Quando dois números possuem MDC igual a 1 e MMC igual ao produto dos dois, eles são chamados de números primos entre si.

12. OPERAÇÕES COM CONJUNTOS

1. Relação de pertinência: Analisa se um elemento faz parte de um conjunto, para essa relação temos os seguintes símbolos:

$\in$: Pertence.

$\notin$: Não pertence.

2. Relação de inclusão: Analisa se um conjunto está inserido em outro conjunto, para essa relação temos os seguintes símbolos:

$\subset$: Está contido.

$\not\subset$: Não está contido.

$\supset$: Contém.

: Não contém.

3. Chama-se união (representada pelo símbolo $\cup$) de dois conjuntos, o conjunto formado pela junção dos elementos de ambos, exemplo:

$\{1,2,3,4\} \cup \{3,4,5,6\} = \{1,2,3,4,5,6\}$

4. Chama-se intersecção (representada pelo símbolo $\cap$) de dois conjuntos, o conjunto formado pelos elementos que fazem parte, ao mesmo tempo, de ambos, exemplo:

$\{1,2,3,4\} \cap \{3,4,5,6\} = \{3,4\}$

5. Chama-se diferença (representada pelo símbolo –) de dois conjuntos, o conjunto formado pelos elementos do primeiro, excluídos os que fazem parte da intersecção de ambos, exemplo:

$\{1,2,3,4\} - \{3,4,5,6\} = \{1,2\}$

6. Chama-se diferença simétrica (representada pelo símbolo Δ) de dois conjuntos, o conjunto formado pela união de ambos, excluindo os elementos que fazem parte da intersecção, exemplo:

$\{1,2,3,4\} \, \Delta \, \{3,4,5,6\} = \{1,2,5,6\}$

Informática

Luciano Freire

TABELA DE INCIDÊNCIA DE QUESTÕES		
ASSUNTO	**NÚMERO DE QUESTÕES**	**PESO**
1. APLICATIVOS DE ESCRITÓRIO – MS OFFICE E BROFFICE	38	28,15%
2. SISTEMAS OPERACIONAIS – WINDOWS E LINUX	29	21,48%
3. REDES DE COMPUTADORES, INTERNET E INTRANET	38	28,15%
4. SEGURANÇA DA INFORMAÇÃO	19	14,07%
5. HARDWARE	11	8,15%
TOTAL	**135**	**100%**

Informática

Luciano Freire

✦ QUESTÕES

1. APLICATIVOS DE ESCRITÓRIO – MS OFFICE E BROFFICE

01. (IBFC – Analista Judiciário – Área Administrativa – TRE – PA/2020) Sobre o Microsoft Office Excel 2013, idioma português, configuração padrão e suas respectivas funções, analise as afirmativas abaixo e dê valores Verdadeiro (V) ou Falso (F):

( ) Função MÉDIASE: retorna a soma (aritmética) de todas as células em um intervalo que satisfazem um determinado critério.

( ) Função BASE: converte um número em uma representação de texto com a base determinada.

( ) Função CONVERTER: retorna o coeficiente de correlação entre dois conjuntos de dados.

( ) Função BAHTTEXT: converte um número em texto, usando o formato de moeda B (baht).

Assinale a alternativa que apresenta a sequência correta de cima para baixo.

a) F, F, V, V

b) F, V, V, V

c) V, V, F, F

d) F, V, F, V

COMENTÁRIOS

Afirmação I. Falsa. A função MÉDIASE retorna a média aritmética e não a soma de todas as todas as células em um intervalo que satisfazem um determinado critério.

Afirmação II. Verdadeira. A função BASE converte um número representado em texto e um número em uma determinada base.

Afirmação III. Falsa. A função CONVERTER converte um número de um sistema de medidas a outro e não o coeficiente de correlação que é calculado pela função CORREL.

Afirmação IV. Verdadeira. A função BAHTEXT converte um número em texto usando o formato baht.

Alternativa correta: d.

---

02. (IBFC – Analista Judiciário – Área Administrativa – TRE – PA/2020) No Microsoft Office Word 2013, idioma português, configuração padrão, existe a funcionalidade Folha de Rosto. Nesse contexto, assinale a alternativa correta que corresponda em qual Guia encontra-se disponível tal funcionalidade.

a) Formatação

b) Padrões

c) Inserir

d) Apresentação

COMENTÁRIOS

Alternativa "a". Não há uma Guia denominada Formatação dentre as Guias do Word 2013

Alternativa "b". Não há uma Guia denominada Padrões dentre as Guias do Word 2013

Alternativa "c". A Guia Inserir permite a inserção de diversos elementos como figuras, tabelas etc. dentre as opções há o recurso de inserir uma folha de rosto.

Alternativa "d". No Word 2013 não há uma Guia denominada Apresentação. Existe uma Guia com este nome no software PowerPoint 2013, mas não no Word.

Alternativa correta: letra "c".

---

03. (IBFC – Técnico Judiciário – Área Administrativa – TRE – PA/2020) Quanto a editores de apresentações, considere o trecho abaixo:

O ______ é utilizado para criação/edição e exibição de apresentações gráficas, podendo utilizar: imagens, ______ , textos e ______.

Assinale a alternativa que preencha correta e respectivamente as lacunas

a) Microsoft Word / tabelas / gráficos

b) Microsoft Power Point / sons / vídeos

c) Microsoft Excel / fórmulas / gráficos

d) Project / gráficos / slides

COMENTÁRIOS

Alternativa "a". O Microsoft Word não é utilizado para criação/edição e exibições de apresentações gráficas, mas sim para edição e elaboração de textos.

Alternativa "b". O Microsoft PowerPoint é utilizado para criação/edição e exibição de apresentações gráficas, podendo utilizar: imagens, sons, textos e vídeos.

Alternativa "c". O Microsoft Excel não é utilizado para a criação/edição e exibições de apresentações gráficas, mas sim para edição e elaboração de planilhas eletrônicas.

Alternativa "d". O Microsoft Project não é utilizado para criação/edição e exibições de apresentações gráficas, mas sim para o gerenciamento de projetos.

Alternativa correta: letra "b".

---

04. (FCC – Técnico Judiciário – Área Administrativa – TRE – PR/2017) Considere a planilha abaixo editada no aplicativo LibreOffice Calc versão 5.2.7.2, em português.

	A	B	C	D	E	F	G
1	Zona	Município	Locais	Seções	Aptos	Cancelados	Suspensos
2	1	75353-CURITIBA	41	365	117689	17623	687
3	2	75353-CURITIBA	32	389	130368	18634	782
4	3	75353-CURITIBA	45	492	167932	24686	1386
5	4	75353-CURITIBA	38	394	129690	16888	918
6	Total						

(Adaptado de: http://www.justicaeleitoral.jus.br/arquivos/tre-pr-elo-cadastro-eleitoral-eleitorado-ordenado-por-zona)

É necessário fazer a soma de todos os eleitores Aptos da coluna E (de E2 até E5) e colocar o resultado na célula E6 e fazer o mesmo para os Cancelados da coluna F e para os Suspensos da coluna G, colocando os resultados em F6 e G6, respectivamente. Para fazer isso, um Técnico deve selecionar a célula E6, digitar

a) = e, após selecionar os valores de E2 até E5, pressionar a tecla ENTER. Depois deve arrastar E6 para F6 e G6.

b) =somar(E2:E5) e pressionar a tecla ENTER. Depois deve arrastar E6 para F6 e G6.

c) =soma (e2;e5) e pressionar a tecla ENTER. Depois deve arrastar E6 para F6 e G6.

d) = e, após selecionar os valores de E2 até E5, pressionar o botão direito do mouse. Escolher a função somar na janela que se abre. Depois deve arrastar E6 para F6 e G6.

e) =soma(E2:E5) e pressionar a tecla ENTER. Selecionar a célula F6, digitar =soma(F2:F5) e pressionar a tecla ENTER. Selecionar a célula G6, digitar =soma(G2:G5) e pressionar a tecla ENTER.

COMENTÁRIOS

Alternativa "a". A ação indicada nesta linha irá apenas selecionar um conjunto de células. Para realizar algum cálculo é necessário especificar uma função.

Alternativa "b". Não existe uma função SOMAR no Libreoffice. Se não fosse pelo nome errado da função, esta alternativa estaria correta.

Alternativa "c". Há um erro na fórmula SOMA (e2;e5) no lugar de ; o correto seria : devido a especificação de um intervalo de células.

Alternativa "d". Na janela que será aberta não há nenhuma opção para a inclusão de uma função chamada SOMAR.

Alternativa "e". O técnico deve utilizar a função SOMA, especificar o intervalo em cada linha que deseja a totalização dos valores da respectiva coluna.

Alternativa correta: letra "e".

---

05. (FCC – Analista Judiciário – Área Judiciária – TRE - PR/2017) No Microsoft Word 2013, em português, um Analista criou uma tabela com 20 linhas e 3 colunas. Em certo momento, percebeu a necessidade de quebrar a tabela em duas, a partir da linha 10. Posicionou então o cursor na linha 10 e,

a) na guia Layout das ferramentas de tabela, clicou na opção Dividir Tabela do grupo Mesclar.

b) no grupo Configurar da guia Layout da Página, clicou em Quebras e, em seguida, na opção Quebra de Tabela.

c) na guia Formatar das ferramentas de tabela, clicou na opção Quebras do grupo Mesclar e, em seguida, na opção Quebra de Tabela.

d) na guia Inserir, clicou a opção Quebra de Tabela do grupo Tabela.

e) na guia Layout da Tabela, clicou na opção Dividir Tabela do grupo Formatar.

COMENTÁRIOS

Alternativa "a". O recurso Dividir Tabela (grupo Mesclar) da guia Layout das ferramentas de tabela permite a divisão da tabela.

Alternativa "b". Na guia Layout da Página -> Quebras não há uma opção de quebra de tabelas.

Alternativa "c". Não há uma opção denominada Quebra de Tabela no grupo Mesclar da guia Formatar.

Alternativa "d". Na Guia inserir não há esta opção de Quebra de Tabela.

Alternativa "e". Na guia Layout de Tabela não há um grupo denominado Formatar.

Alternativa correta: letra "a".

06. (FCC – Analista Judiciário – Área Judiciária – TRE - PR/2017) Considere a planilha abaixo, digitada por uma Analista no LibreOffice Calc 5.1, em português.

	A	B	C	D
1	SEÇÃO	ZONA	MUNICÍPIO	LOCAL VOTAÇÃO
2	14	1	ABAETÉ	PREFEITURA MUNICIPAL
3	143	4	CRISÓLITA	CRECHE CIRANDINHA
4	76	13	ANDRADAS	APAE
5	49	16	ARAGUARI	COLÉGIO OBJETIVO
6				
7	Busca de local de votação			
8	ANDRADAS			

Na célula A8 foi realizada uma pesquisa no intervalo de células de A2 até D5, pelo município correspondente à seção 76. A fórmula corretamente utilizada nessa pesquisa foi:

a) =PR0CH(76;A2:D5;3;0)

b) =PR0CV(A2:D5;76;C2:C5)

c) =BUSCAR(76;A2:D5;3)

d) =PROCH(A2:D5;76;C2:C5)

e) =PROCV(76;A2:D5;3;0)

COMENTÁRIOS

✪ **Nota do autor.** A função PROCV **é** utilizada para recuperar uma informação a partir de um valor identificador de uma determinada coluna em um intervalo de células. Esta função possui os seguintes parâmetros: identificador de uma determinada linha da coluna; intervalo de células; valor da coluna na respectiva linha do identificador e valores booleanos verdadeiro(1) ou falso (0). Estes valores booleanos são utilizados para definir o tipo de busca. No caso como foi digitado 0 será feita uma busca pelo valor exato do identificador, o qual gera um código de erro quando o identificador não **é** encontrado. Já o valor 1 irá fazer uma busca aproximada, ou seja, irá localizar o identificador mais próximo ou exato ao valor digitado como primeiro argumento e irá retornar o valor da coluna especificada referente a este.

Alternativa "a". A função PROCH difere da função PROCV em relação a localização onde o identificador é procurado. A função PROCV procura o identificador na primeira coluna do intervalo enquanto o PROCH irá procurar o identificador na primeira linha do intervalo. No exemplo indicado, se o PROCH for utilizado o valor 76 para a seção não será encontrado.

Alternativa "b". Esta função está errada devido a uma inversão nos parâmetros. O primeiro parâmetro contém o intervalo enquanto o correto seria o identificador da linha que se busca.

Alternativa "c". Não há uma função BUSCAR no Excel.

Alternativa "d". Além da função PROCH não executar a busca necessária houve uma inversão do primeiro com o segundo parâmetro da função.

Alternativa "e". Esta função, PROCV(76;A2:D5;3;0), irá procurar o valor 76 (identificador) na primeira coluna do intervalo A2:D5 e se encontrado (valor 0 para o último parâmetro) irá retornar o valor da coluna 3 da respectiva linha, o qual representa o nome do munícipio (ANDRADAS) associado ao identificador 76 (SEÇÃO).

Alternativa correta: letra "e".

07. (FCC – Técnico Judiciário – Área Administrativa – TRE – SP/2017) Considere, por hipótese, a planilha abaixo, digitada no Microsoft Excel 2013 em português.

	A	B	C
1	Programa de TV	Tempo	Partido/Coligação
2	A	01:30	P
3	A	02:10	Q
4	B	03:45	R

5	B	03:15	S
6	B	04:01	T
7	C	01:56	U
8	C	03:00	V
9	Tempo Total	19:37	

Na célula B9, para somar o intervalo de células de B2 até B8, foi utilizada a fórmula

a) =SOMATEMPO(B2:B8)

b) =SOMAT(B2;B8)

c) =SOMATEMP(B2:B8)

d) =SOMA(B2:B8)

e) =SOMA(TEMPO(B2:B8))

COMENTÁRIOS

Alternativa "a". Não existe uma função SOMATEMPO no Excel.

Alternativa "b". Não existe uma função chamada SOMAT no Excel.

Alternativa "c". Não existe uma função SOMATEMP no Excel.

Alternativa "d". A fórmula utilizada foi SOMA(B2:B8), a qual realiza a soma dos tempos da coluna B.

Alternativa "e". A função TEMPO converte um valor especificado em horas, minutos e segundos em um valor horário (Ex: 12:00 PM). Assim, ao especificar um intervalo, como indicado, será gerada uma mensagem de erro informando que faltam argumentos para a fórmula. Esta fórmula não se aplicada a um intervalo de célula, mas sim a apenas uma célula.

Alternativa correta: letra "d".

---

08. (FCC – Analista Judiciário – Área Judiciária – TRE – SP/2017) Considere a planilha abaixo, digitada no LibreOffice Calc versão 5.1.5.2 em português.

	A	B	C
1	Candidato	Percentual (%)	Número de votos
2	A	53,29	3085187
3	B	16,70	967190
4	C	13,64	739936
5	D	10,14	537220
6	E	3,18	134000
7	F	2,02	116870
8	G	0,45	25993
9	H	0,37	21705
10	I	0,10	6006
11	J	0,08	4715
12	K	0,02	1019
13	Total	100,00	5789891

A planilha mostra o resultado das eleições em uma cidade, onde o total de votos aparece na célula C13. Os valores que aparecem nas células da coluna B são resultado de cálculos que utilizam os valores da coluna C para obter o percentual de votos de cada candidato. Na célula B2 foi digitada uma fórmula que depois foi arrastada até a célula B13, realizando automaticamente todos os cálculos dessa coluna. A fórmula digitada foi

a) =(C2*100)/C13

b) =PERCENT(C2;C13)

c) =(C2*100)/C$13

d) =PERCENTUAL(C2;C13)

e) =VP(C2;C13)

COMENTÁRIOS

Alternativa "a". O erro desta fórmula se encontra na ausência do símbolo $ no divisor (C$13). Assim, ao copiar a fórmula da célula B2 para B3 o cálculo será feito de forma errada porque o índice da linha de todas as células serão incrementados gerando (C3*100)/C14. A célula C14 provavelmente está em branco e não possui o total de votos da eleição. Isto irá gerar um erro nos cálculos.

Alternativa "b". Não há uma fórmula no LibreOffice versão português com este nome. Além disto, o denominado da fórmula não com o índice da linha precedido por $ e isto irá gerar um erro no cálculo correto do %.

Alternativa "c". Para calcular o percentual de votos de um candidato é necessário dividir a quantidade de votos recebidos pelo total de votos e multiplicar por 100. Assim, a fórmula correta é (C2*100)/C$13. A utilização do $ é necessária devido a cópia da fórmula entre as células. Por exemplo, ao copiar a fórmula da célula B2 para B3 o índice da linha de C2 será atualizado para C3 para obter o número de votos correspondente ao candidato da linha abaixo. Entretanto este valor deve ser dividido pelo total de votos (C13). Como a célula C13 possui um símbolo $ que precede o índice da linha (C$13) ao ser copiada para a próxima célula o índice da linha não se alterará e o cálculo será feito corretamente.

Alternativa "d". Também não há no LibreOffice uma função denominada PERCENTUAL que faça o cálculo do percentual entre duas células.

Alternativa "e". A função VP é utilizada para calcular o valor presente de um investimento e não o percentual entre duas células.

Alternativa correta: letra "c".

09. (FCC – Analista Judiciário – Área Administrativa – TRE – SP/2017) Utilizando o Microsoft Excel 2013, em português, um Analista Judiciário do TRE-SP, hipoteticamente, teve que definir, em uma planilha, uma regra para tachar o conteúdo da célula que contivesse o texto Carlos, conforme exemplo abaixo.

	A	B	C
1	**Nome**	**Valor**	**Dependente**
2	Mauro Mauricio	32,00	Selma Gomes
3	~~Carlos Augusto~~	48,00	Nelio Romão
4	Antonia Augusta	64,00	Zulmira Tantto
5	~~Antonio Carlos~~	80,00	
6	~~Roberto Carlos~~	96,00	~~Rosa Carlos Moraes~~
7	Tiago Augusto	112,00	
8	~~Everton Diogo Carlos~~	128,00	
9	~~Carlos~~	144,00	
10	Marina Lima	160,00	~~Robson Carlos~~
11	Mara Rubia	176,00	
12	Zezé Carmem	192,00	~~Carlos Camarão~~
13	~~Carlos~~	208,00	

Para tanto, após clicar na guia Página Inicial e tendo selecionado as células de interesse, o Analista, em seguida, escolheu, corretamente,

a) Formatar como.
b) Inserir Regra.
c) Formatação Condicional.
d) Estilos de Célula.
e) Formatar Regra Condicional.

COMENTÁRIOS

Alternativa "a". A guia Formatar Como irá prover recursos para a formatação das células. Entretanto, esta formatação será aplicada a todas as células selecionadas porque não há recursos nesta guia que permitam formatar uma célula segundo uma determinada regra.

Alternativa "b". A guia Página inicial não possui uma aba com o nome Inserir Regra.

Alternativa "c". Na guia Página Inicial deve ser escolhida a opção Formatação Condicional e criar uma regra que formatará com tachado todas as células que contenham a palavra Carlos.

Alternativa "d". A opção Estilos fornece alguns modelos para a formatação de células. Entretanto, uma vez escolhido um estilo este será aplicado a todas as células. Também não há neste recurso uma opção para formatação de uma célula conforme uma determinada regra.

Alternativa "e". Não existe uma opção na Guia Página Inicial denominada Formatar Regra Condicional.

Alternativa correta: letra "c".

10. (Cespe – Técnico Judiciário – Área Administrativa – TRE – TO/2017) No ambiente BrOffice, o software apropriado para a elaboração de eslaides de apresentação, com a inserção de textos, tabelas, imagens e figuras e a inclusão de anotações em cada eslaide, denomina-se

a) Writer.
b) LibreOffice.
c) PaintBrush.
d) Impress.
e) PowerPoint.

COMENTÁRIOS

Alternativa "a". O Writer é o software similar ao Word do MS Office utilizado para a elaboração de textos.

Alternativa "b". O LibreOffice é um suíte de programas similar ao BrOffice e o MS Office.

Alternativa "c". O PaintBrush é um software para elaboração de desenhos disponibilizado no sistema operacional Windows.

Alternativa "d". O Impress é o software similar o PowerPoint do MS Office utilizado para a elaboração de slides.

Alternativa "e". O PowerPoint é um software para a elaboração de slides do pacote MS Office.

Alternativa correta: letra "d".

11. (Consulplan – Analista Judiciário – Área Administrativa – TRE – RJ/2017) Ao editar um documento, utilizando o LibreOffice Writer, versão 5.4.2.2, Configuração Local, Idioma Padrão-Português, acidentalmente apertou-se a tecla F10. É correto afirmar que essa ação:

a) Fecha o arquivo exibido.
b) Chama a caixa de diálogo Localiza e substituir.
c) Abre a caixa de diálogos Modelos e documentos.
d) Ativa o foco na barra de menus começando pelo menu Arquivo.

COMENTÁRIOS

Alternativa "a". Não existe um atalho específico para fechar o arquivo em exibição.

Alternativa "b". O atalho utilizado para abrir a caixa de diálogo Localizar e Substituir é Crtl+H.

Alternativa "c". O atalho Ctrl+SHIFT+N abre a caixa de diálogo de modelos.

Alternativa "d". Ao pressionar F10 ativa o foco na barra de menus no item Arquivo.

Alternativa correta: letra "d".

---

12. (Consulplan – Analista Judiciário – Área Administrativa – TRE – RJ/2017) Analise a seguinte planilha, construída com o LibreOffice Calc, versão 5.4.2.2, Configuração Local, Idioma Padrão-Português.

	A	B	C	D	E	F	G	H	I	J	K	L
1	Matricula	Dias do mês										
2		01	02	03	04	05	06	07	08	09	10	Total
3	001	F	F	.	.	.	.	.	.	.	.	
4	002	.	.	.	.	.	.	.	.	.	.	
5	003	.	.	.	.	.	.	.	.	.	.	
6	004	.	.	F	.	.	.	F	.	.	F	
7	005	.	.	.	.	.	.	.	.	.	.	
8	006	.	F	.	.	.	.	.	.	.	.	
9	007	.	.	.	.	.	.	F	.	.	.	
10	008	.	.	.	.	.	F	.	.	.	.	
11	009	.	.	.	.	.	.	.	.	.	.	
12	010	.	.	.	.	.	.	.	.	.	.	

Na célula L3, sabe-se que o usuário digitou a seguinte fórmula: =CONT.SE($B$3:$K$3;"F"), clicou e a arrastou até a célula L12. Assinale, a seguir, o valor que aparecerá na célula L10.

a) 0.

b) 1.

c) 2.

d) 8.

COMENTÁRIOS

✪ **Nota do autor:** O símbolo ":" é utilizado para especificar um intervalo de células em uma planilha. Assim, se for especificado o intervalo B3:K3 este refere-se à sequência de células que iniciam em B3 e finalizam em K3, ou seja, B3, C3, D3, E3, F3, G3, H3, I3 e K3. O símbolo $ é utilizado para travar o índice da linha e coluna de uma formula ou intervalo. Quando uma fórmula como B3+C3 é copiada da célula A3 para a A4 os índices das linhas são incrementados em uma unidade (visto que a cópia foi para uma linha para baixo) e a fórmula é atualizada, no valor copiado para a célula, para B4+C4. Agora se a fórmula for copiada da célula A3 para E3, o índice da coluna será atualizado em 4 posições (total de colunas deslocadas) passando a ser F3+G3. Agora se uma célula for copiada para uma célula em uma diferente linha e coluna ambos os índices são atualizados. Quando o usuário quiser inibir esta atualização basta preceder o índice da linha e coluna com um símbolo $ como em $B$3:$C$3. Desta forma a cada cópia os índices da linha e coluna não serão alterados.

Alternativa "a", "b" e "d". Nenhum dos valores indicados apresenta um valor correto após a cópia da fórmula para as linhas da coluna L.

Alternativa "c". A função CONT.SE conta a quantidade de células em um dado intervalo ($B$3:$K$3) cujo conteúdo seja igual a F. Assim, para o valor da célula L3 será igual a 2, pois há duas células no intervalo com valor igual a F. Ao copiar a fórmula para as demais linhas da coluna L, o intervalo não será alterado devido ao símbolo $ que precede os índices da linha e coluna. Assim, todas as linhas da coluna L contarão o intervalo de $B$3 a $K$3 e terão todas o valor 2.

Alternativa correta: letra "c".

---

13. (Cespe – Técnico Judiciário – Área Administrativa – TRE – TO/2017) Em documentos do Microsoft Word, para a configuração de margens, orientação de página e divisão do texto em colunas, assim como para a configuração de recuo e espaçamento de parágrafos, utilizam-se opções disponibilizadas na guia

a) Design.

b) Layout da Página.

c) Página Inicial.

d) Arquivo.

e) Exibição.

COMENTÁRIOS

Alternativa "a". A guia Design permite a configuração do estilo do texto, aplicação de temas, alteração de cores, efeitos etc.

Alternativa "b". A guia Layout de Página permite a configuração de margens, orientação de páginas, divisão do texto em colunas dentre outras opções de configuração da página.

Alternativa "c". A guia Pagina Inicial contém as ações mais comuns em um documento como formação em negrito, itálico, sublinhado; alteração do tipo de fonte e tamanho, formatação dos parágrafos, dentre outras opções.

Alternativa "d". A guia Arquivo é utilizada para salvar um determinado documento, abrir um documento, criar um, imprimir, etc.

Alternativa "e". A guia Exibir altera o modo de visualização da página entre o modo de leitura, layout de impressão, layout web, permite zoom na página, organizar janelas dentre outras opções de organização.

Alternativa correta: letra "b".

---

14. (Cespe – Analista Judiciário – Área Administrativa – TRE – PE/2017) Com referência aos ícones da interface de edição do MS Word disponíveis na guia

Página Inicial, assinale a opção que apresenta, na respectiva ordem, os ícones que devem ser acionados para se realizarem as seguintes ações: aumentar em um ponto o tamanho da fonte; ativar estrutura de tópicos; alinhar texto à direita; alterar o espaçamento entre linhas de texto.

a) A ; ; ;

b) 10 ; ; ;

c) 10 ; ; ; x_2 x^2

d) ; ; x_2 x^2 ;

e) Aa ; ; ; 10

COMENTÁRIOS

Alternativa "a". Esta alternativa apresenta todos os ícones que realizam as ações na ordem em que foram indicados no enunciado.

Alternativa "b". O primeiro ícone é utilizado para seleção de um tamanho para a fonte, o segundo aumento o recuo do texto em relação a margem e o terceiro justifica o texto. Somente o último ícone está correto em relação ao enunciado.

Alternativa "c". O primeiro ícone é utilizado para seleção de um tamanho para a fonte, o segundo aumento o recuo do texto em relação a margem, o terceiro cria uma lista com bullets e o quarto é utilizado para formatar o texto no formato subscrito ou sobescrito.

Alternativa "d". O primeiro ícone classifica o texto e A a Z. O segundo cria uma lista de vários níveis. O terceiro ícone é utilizado para formatar o texto no formato subscrito ou sobescrito e o quarto justifica o texto.

Alternativa "e". O primeiro ícone alterna o texto entre maiúsculas e minúsculas, o segundo justifica o texto a esquerda, o terceiro aumenta o recuo e o último seleciona um tamanho para a fonte.

Alternativa correta: letra "a".

---

15. (Cespe – Técnico Judiciário – Área Administrativa – TRE – PE/2017) Com referência aos ícones da interface de edição do MS Word disponíveis na guia Página Inicial, assinale a opção que apresenta associação correta entre o(s) ícone(s) e a descrição de sua(s) funcionalidade(s).

a) 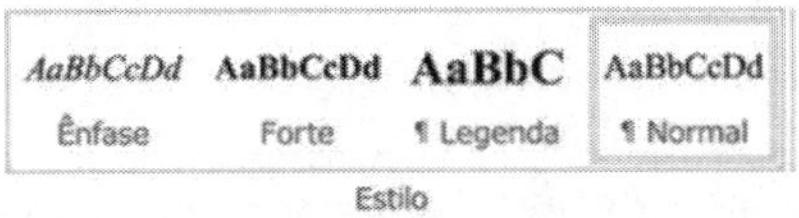

Permitem alternar, no texto selecionado, palavras maiúsculas e minúsculas.

b) Permite acesso a opções de edição de bordas das células de uma tabela inserida dentro do documento.

c) Exibem o texto em forma de tópicos para permitir a visualização da estrutura do documento.

d) Permitem alternar as páginas do documento.

e) Pincel de Formatação Tem a função exclusiva de realçar com cores palavras do texto.

COMENTÁRIOS

✪ **Nota do autor:** Esta questão foi ANULADA. Isto aconteceu porque nenhuma alternativa encontra-se 100% correta. A alternativa b seria a provável resposta correta. Entretanto, não foram citadas todas as funcionalidades associadas ao ícone tornando a resposta errada (incompleta).

Alternativa "a". O ícone de estilo aplica uma determinada formatação a um parágrafo e não alterna o texto selecionado entre maiúsculas e minúsculas

Alternativa "b". Esta seria a alternativa correta, se não estivesse incompleta. O ícone permite a configuração de bordas em tabelas inseridas no documento. Entretanto, esta ação não se aplica apenas a tabelas. Por exemplo, pode-se utilizar este **ícone** para inserir uma borda em um determinado parágrafo do texto, mesmo que este não esteja dentro de uma tabela.

Alternativa "c". Estes ícones são utilizados para o alinhamento do texto a esquerda, centro, direita ou justificado e não para formatar o texto em tópicos

Alternativa "d". Estes ícones para aumentar ou diminuir o recuo de um texto e relação as margens deste e não para alterar entre as páginas do documento.

Alternativa "e". Este ícone tem a função de copiar uma formatação, de algum trecho do texto, e aplicá-la a outro texto selecionado com esta ferramenta e não apenas a função de realçar cores.

---

16. (Cespe – Técnico Judiciário – Área Administrativa – TRE – RS/2015) Com relação ao pacote LibreOffice versão 4.4, assinale a opção correta.

a) No Calc, a inserção de fórmulas é realizada por meio do menu Ferramentas; para isso, é necessário copiar (ou cortar) e colar as células de forma especial para se obter os valores estáticos.

b) Os arquivos do pacote LibreOffice podem ser armazenados e posteriormente abertos utilizando-se os aplicativos de versões recentes do pacote Microsoft Office.

c) O LibreOffice é livre de encargos para instituições governamentais na administração pública e na educação, mas existem obrigações quando se trata de empresas privadas.

d) Uma desvantagem do Writer versão 4.4 é a ausência de suporte para a criação de documento mestre.

e) No Impress, não existe suporte para a edição de tabela mediante a inserção de células que herdem valores-padrão de células já existentes.

COMENTÁRIOS

✪ **Nota do autor:** Esta questão foi anulada porque as alternativas a e b estão corretas. As demais afirmações estão incorretas. Logo isto gerou a anulação da questão.

---

17. (AOCP – Analista Judiciário – Área Judiciária – TRE – AC/2015) Um usuário do MS-Excel 2010 ou superior, português - Brasil, necessita referenciar a célula B5 da planilha 2, "Plan2", na célula A3 da planilha 1, "Plan1". O comando correto a ser digitado pelo usuário para a criação dessa referência é

a) =Plan2!B5Plan1!A3

b) =Plan2!B5 + A3

c) =Plan1!A3

d) =Plan2!B5

e) =Plan1!A3!B5

COMENTÁRIOS

✪ **Nota do autor:** No Excel, para referência uma célula em outra planilha, utiliza-se a notação <NomeDaPlanilha>!<CélulaDesejada>. Exemplo: Plan1!A1, referencia a célula A1 na Planilha Plan1.

Alternativa "a". Este comando está incorreto, pois foi feita a junção de duas referências a células de planilha diferentes (célula B5 de Plan2 e A3 de Plan1). Quando este comando for inserido em uma célula do Excel, será gerada uma mensagem de erro informando que a fórmula está incorreta.

Alternativa "b". A referência a célula B3 da planilha Plan2 está correta (Plan2!B5). O erro se encontra no restante da fórmula, pois é adicionado ao valor da célula Plan2!B5 o valor 3, quando o correto, considerando o enunciado da questão, solicitava apenas referenciar a célula B5 da Plan2.

Alternativa "c". O comando está correto. Entretanto, está sendo referenciada a célula A3 da Plan1 ao invés da célula B5 da Plan2.

Alternativa "d". O comando =Plan2!B5 atribui a uma célula da planilha uma referência a célula B5 da planilha Plan2. Assim, esta célula passará a conter o mesmo valor armazenado na célula B5 da Plan2.

Alternativa "e". O comando está errado. Após a referência da célula A3 de Plan1(Plan1!A3) é adicionado !B5. Como A3 é uma célula e não uma planilha, ao inserir este comando em uma célula do Excel será gerada uma mensagem de erro na fórmula.

Alternativa correta: letra "d".

---

18. (AOCP – Analista Judiciário – Área Judiciária – TRE – AC/2015) Um usuário necessita de uma aplicação para cadastrar rapidamente seus clientes. Existe uma ferramenta do MS-Office Professional que permite a criação de uma base de dados e de aplicações com essa finalidade. Esse programa denomina-se

a) MS-Access.

b) MS-Excel.

c) MS-Word.

d) MS-Writer.

e) MS-Calc.

COMENTÁRIOS

✪ **Nota do autor:** O Excel poderia ser utilizado para manter um cadastro de clientes. Entretanto, na utilização deste, seriam perdidas facilidades encontradas em ferramentas de banco de dados como consultas, relacionamento com outras bases de dados etc. Algumas destas funcionalidades poderiam ser simuladas no Excel, mas isto exigiria a utilização de recursos avançados .

Alternativa "a". O MS-Access é a ferramenta, disponível no pacote Office, para a criação de banco de dados.

Alternativa "b". O MS-Excel é a ferramenta do pacote office utilizado para a criação de planilhas eletrônicas.

Alternativa "c". O MS-World é utilizado para a criação de documentos. Este não possui recursos que permitam criar uma base de dados de clientes.

Alternativa "d". O Writer é o editor de texto do LibreOffice. Além deste não permitir a criação de base de dados, ele não pertence ao pacote office.

Alternativa "e". O Calc é a ferramenta para a criação de planilhas do LibreOffice similar ao Excel. Este também não permite a criação de base de dados.

Alternativa correta: letra "a".

---

19. (Cespe – Analista Judiciário – Área Judiciária – TRE – MT/2015) O usuário que, ao editar um documento utilizando o Microsoft Word, desejar deixar visíveis as modificações feitas no referido documento, poderá fazê-lo por meio do recurso

a) Inserir Comentário.
b) Atualizar Sumário.
c) Controlar Alterações.
d) Ortografia e Gramática.
e) Dicionário de Sinônimos.

COMENTÁRIOS

Alternativa "a". Este recurso permite a inserção de comentários no texto para orientações e explicações sobre este. Apesar de ser uma ferramenta muito utilizada na revisão de textos, esta não permite verificar as alterações feitas no texto.

Alternativa "b". O recurso de Atualizar Sumário executa a atualização de um sumário inserido no texto, mas não permite a visualização de alterações feitas neste.

Alternativa "c". O recurso de Controlar Alterações permite ao usuário modificar um documento e manter um conjunto de marcações que permitem identificar o que foi alterado, como remoção de palavras, letras, formatação etc. Estas marcações podem ser removidas posteriormente através de um clique no botão "Aceitar Todas as Alterações".

Alternativa "d". O recurso de Ortografia e Gramática permite a correção de erros gramaticais e não a visualização de alterações.

Alternativa "e". O Dicionário de Sinônimos permite encontrar palavras com o mesmo significado para palavras digitadas no texto. Entretanto, não permite a visualização de alterações feitas neste.

Alternativa correta: letra "c".

---

20. (Cespe - Analista Judiciário – Área Judiciária– TRE-GO/2015) Julgue os próximos itens, acerca da edição de textos e planilhas.

20.01. No BrOfficeCalc 3, a opção Atingir Metas do menu Ferramentas permite formatar de maneira condicional a cor de uma célula (fundo e fontes), ao se atingir determinado valor ou meta.

COMENTÁRIOS

A ferramenta Atingir Metas permite calcular o valor de uma determinada célula a partir de dados e condições vinculados a outras células. A formatação citada pode ser realizada através do menu Formatar na opção células.

Alternativa correta: "errado".

20.02. No BrOffice Writer 3, a opção Marcador do menu Inserir permite que o fundo de um texto seja pintado com cor diferenciada, de forma similar a um marcador de texto.

COMENTÁRIOS

No meu inserir não existe esta opção denominada Marcador. Além disto, a ação descrita é feita pelo ícone Realçar ( ) presente no menu do Writer.

Alternativa correta: "errado".

---

21. (IBFC - Analista Judiciário – Área Judiciária– TRE-AM/2014) Dada a planilha Microsoft Excel 2010 abaixo, identifique a alternativa que apresenta o resultado da fórmula =MÉDIA(SOMA(A1:B2);-C2;C1)

	A	B	C
1	12	52	111
2	31	15	111

a) 110
b) 112
c) 111
d) 113

COMENTÁRIOS

Alternativas "a","b" e "d". Não indicam valores que poderiam ser obtidos com a fórmula indicada.

Alternativa "c". A função SOMA realiza a soma de um conjunto de células definida pelo intervalo indicado como parâmetro da fórmula. No caso, o intervalo indicado é o A1:B2. O operador : define um intervalo de células que inicia a A1 e termina em B2. Assim, este intervalo é composto pelas células A1, B1, A2 e B2. O resultado desta soma é 110 (12+52+31+15). Após obter o resultado da função, será calculado o resultado da seguinte fórmula MÉDIA(110; C2; C1). Como C2 é igual a 111 e C1 a 1112, temos MÉDIA(110;111;111) cujo resultado é 111(soma dos 3 números e divisão por 3) considerando os arredondamentos.

Alternativa correta: letra "c".

---

22. (Cespe - Analista Judiciário – Área Judiciária – TRE-MS/2013)

	A	B
1	Estatísticas Eleições 2012	
2	Zona Eleitoral	Quantidade de eleitores
3	Norte	22000
4	Sul	75000
5	Leste	11200
6	Oeste	25870
7	Centro	32400
8	Média	
9	Máximo	
10	Mínimo	

Considerando a figura acima, que apresenta uma planilha do Excel a partir de qual se gerou um gráfico, assinale a opção correta.

a) O gráfico pode ser copiado para um arquivo do Word sem que haja necessidade de se copiar a planilha.

b) A média de eleitores pode ser calculada corretamente a partir da fórmula =B3+B4+B5+B6+B7/5.

c) O arquivo Pasta1 poderá ser compartilhado em um grupo de discussão ou em uma rede social sem perda de dados, desde que a planilha fique separada do gráfico, em outra página da planilha ou em outro arquivo.

d) Caso as legendas ao lado do gráfico sejam excluídas, os nomes correspondentes às zonas eleitorais serão automaticamente excluídos os conteúdos das células A3 a A7.

e) O arquivo Pasta1 pode ser aberto por um programa do BrOffice, desde que seja salvo no formato PPT.

COMENTÁRIOS

✪ **Nota do autor.** Em fórmulas do Excel deve-se considerar a ordem de precedência dos operadores matemáticos antes de se realizar um cálculo. Neste contexto os operadores de ^, * e / tem maior precedência que os operadores de + e -. Isto quer dizer, que em uma expressão matemática ou em fórmulas do Excel a operações de ^, * e / serão realizadas antes das operações de + e -.

Alternativa "a". Apesar da associação entre os dados e o gráfico gerado, o gráfico isoladamente pode ser copiado para um documento do Word sem a necessidade de se copiar a planilha.

Alternativa "b". A fórmula indicada para o cálculo da média está incorreta. Como o operador / tem maior precedência que o operador +, a divisão será realizada antes da soma. Logo o resultado de B7/5 será acrescido a soma de B3 a B6. Para calcular corretamente a soma, esta deve ser envolvida entre parênteses. Como os ( ) tem maior prioridade sobre os demais operadores, a parte da expressão que estiver entre parênteses será calculada primeiro independente a precedência de operadores. No caso a expressão correta é (B3+B4+B5+B6+B7)/5.

Alternativa "c". Não existe uma relação entre perda de dados e os gráficos de uma planilha. Ao compartilhar uma planilha, independente se o gráfico se encontra ou não na mesma planilha que os dados, poderá haver perda de dados se algum usuário alterar os dados da planilha.

Alternativa "d". Ao excluir a legenda de um gráfico não há qualquer alteração dos dados da planilha. Apenas deixa-se de exibir a respectiva legenda.

Alternativa "e". Os programas do BrOffice/LibreOffice são capazes de manipular arquivos gerados no MS Office. Se a Pasta1 for salva como um arquivo PPT este não será editável no software Calc do BrOffice/LibreOffice visto que o formato correto para salvar uma planilha eletrônica, no MS Office, é xls ou xlsx.

Alternativa correta: letra "a".

Maria trabalha no Tribunal Regional Eleitoral de Rondônia e foi solicitada a executar as seguintes tarefas:

1. Fazer um orçamento dos pentes de memória abaixo usando uma planilha contendo o preço apresentado por 3 fornecedores e apontar o menor preço dentre eles:

- Memória Kingston p/ Notebook 1GB DDR3 1333MHz.

- Memória Kingston 2GB 1333 DDR3 DIMM KVR1333D3S8N9/2G.
- Memória Kingston Value Notebook 8GB DDR3 1333MHz.

2. Salvar a planilha com senha em um pen drive.
3. Configurar uma rede sem fio para que os diversos computadores portáteis e desktops possam ter acesso à Internet por meio de um computador central e possam imprimir usando uma impressora ligada a esse computador. Ela deve considerar que os computadores portáteis e desktops que serão conectados não possuem dispositivos embutidos para conectá- los à rede sem fio. Além disso, o computador central tem uma placa de rede, mas não possui nenhum equipamento para ligá-lo à Internet. Deve considerar também que o dispositivo que faz a conversão de sinais binários para analógicos possibilitando a conexão com a Internet e o dispositivo que distribui o sinal da Internet via wireless estão próximos, mas em locais separados.

23. (FCC - Analista Judiciário – Área Judiciária – TRE-RO/2013) Para realizar a tarefa 1, Maria criou a planilha abaixo no LibreOffice Calc em português:

	A	B	C	D	E
1	Produto	Fornecedor 1	Fornecedor 2	Fornecedor 3	Menor Valor
2	Memória Kingston p/ Notebook 1GB DDR3 1333MHz	R$ 89,00	R$ 55,56	R$ 56,40	R$ 55,56
3	Memória Kingston 2GB 1333 DDR3 DIMM KVR1333 D3S8N9/2G	R$ 117,53	R$ 115,49	R$ 99,75	R$ 99,75
4	Memória Kingston Value Notebook 8GB DDR3 1333 MHz	R$ 299,90	R$ 288,00	R$ 240,00	R$ 240,00

Na célula E2, Maria digitou uma fórmula para retornar o menor valor contido na faixa de células de B2 a D2. A fórmula correta digitada na planilha do Calc foi

a) =MÍN(B2:D2)
b) =MÍN(B2;D2)
c) =MÍNIMO(B2:D2)
d) =MÍNIMO(B2;D2)
e) =MÍNIMOVAL(B2:D2)

COMENTÁRIOS

Alternativas "a", "b" e "e". O Calc não possui as funções MÍN ou MÍNIMOVAL como indicado pelas alternativas.

Alternativa "c". A fórmula MÍNIMO(B2:D2) irá obter o menor valor contido no intervalo de células de B2 a D2. Assim, esta identifica corretamente o menor valor do produto.

Alternativa "d". A fórmula MÍNIMO(B2;D2) irá obter o menor valor contido nas células B2 e D2, visto que foi utilizado o operador; ao invés do operador : (intervalo). Assim, o valor da célula C2 não será considerado na identificação do menor valor.

Alternativa correta: letra "c".

24. (FCC - Analista Judiciário – Área Judiciária – TRE-RO/2013) Para executar a tarefa 2 na planilha criada no LibreOffice Calc, considerando que a planilha ainda não havia sido salva, Maria clicou no menu Arquivo, na opção Salvar Como e, na janela que se abriu, deu o nome ao arquivo, ... e clicou no botão Salvar. Apareceu uma janela na qual Maria digitou e confirmou a senha e clicou no botão OK.

A lacuna é corretamente preenchida com

a) marcou a caixa Salvar com senha.
b) clicou em Ferramentas e, em seguida, na opção Opções Gerais.
c) clicou em Configurações e, em seguida, na opção Salvar com senha.
d) marcou a caixa Somente Salvar com Senha.
e) clicou em Opções, em seguida, na opção Salvar com senha.

COMENTÁRIOS

✪ **Nota do autor.** O LibreOffice/BrOffice e o MS Office permitem salvar um arquivo protegido por senha. Esta opção é definida no momento que o arquivo é salvo.

Alternativa "a". Para salvar o arquivo protegido com uma senha é necessário marcar a opção Salvar com Senha na janela Salvar Como.

Alternativa "b". Não existe uma opção no menu Ferramentas que permita salvar um arquivo com senha.

Alternativa "c". Não existe uma opção no menu Configurações que permita salvar um arquivo com senha.

Alternativa "d". Na janela Salvar como não existe a opção de Somente Salvar com Senha.

Alternativa "e". Não existe um botão Opções na janela Salvar como.

Alternativa correta: letra "a".

25. (Analista Judiciário – Área Judiciária TRE/CE 2012 – FCC) No BrOffice Writer, para apagar de uma só vez a palavra à esquerda do cursor utiliza-se

a) <Shift> + <Seta para esquerda>.
b) <BackSpace>.
c) <Del>.
d) <Ctrl> + <Del>.
e) <Ctrl> + <BackSpace>.

COMENTÁRIOS

✪ **Nota do autor:** o BrOffice passou a se chamar LibreOffice a partir da versão 3.4. Entretanto em abril de 2011 o LibreOffice desvinculou-se da associação do BrOffice e tornou-se um projeto independente quando, em seguida, BrOffice foi descontinuado. Assim, o comentário desta questão irá considerar a versão atual do LibreOffice (3.6). Este manteve a mesma estrutura e funcionalidades do BrOffice, logo é possível utilizar o LibreOffice sem prejuízos ao entendimento dos conceitos abordados. Assim, para esta e as demais questões sobre os softwares da suíte do BrOffice será considerado a versão 3.6 do LibreOffice.

Alternativa "a": o atalho <Shift> + <Seta para esquerda> é utilizado para selecionar um texto. Considerando uma palavra a esquerda do cursor, mantendo a tecla Shift pressionada, cada vez que a seta para a esquerda é pressionada ocorre a seleção de um caractere da palavra.

Alternativa "b": ao pressionar a tecla <Backspace> o cursor retorna uma posição para a esquerda removendo um caractere da palavra a esquerda deste. Cada vez que o <Backspace> for pressionado, será apagada um caractere da palavra.

Alternativa "c": ao pressionar a tecla <Del>, não há efeito sobre a palavra a esquerda do cursor. A tecla <Del> é utilizada para remover um caractere à direita do cursor. Assim, se houver uma palavra a direita, cada vez que a tecla <Del>, foi pressionada, um caractere seria removido. Entretanto, como a palavra está à esquerda do cursor, não há efeito sobre esta.

Alternativa "d": o atalho <Ctrl> + <Del> é utilizado para remover, de uma só vez, a palavra que se encontra a direita do cursor. Assim, como no enunciado da questão, é dito que a palavra se encontra a esquerda do cursor, não há efeito sobre esta.

Alternativa "e": o atalho <CTrl>+<BackSpace> é utilizado no BrOffice/LibreOffice para remover de uma só vez a palavra a esquerda.

Alternativa correta: letra "e".

26. (Analista Judiciário – Área Judiciária TRE/CE 2012 – FCC) Para salvar uma apresentação do BrOffice Impress com senha,

a) clica-se no menu Arquivo e em seguida na opção Salvar como. Na janela que se abre, dá-se o nome ao arquivo no campo Nome, seleciona-se a opção Ferramentas, em seguida Opções Gerais e digita-se a senha. Para concluir, clica-se no botão Salvar.

b) pressiona-se a combinação de teclas Ctrl + Shift + S e na tela que se abre, digita-se o nome do arquivo no campo Nome, a senha no campo Senha e clica-se no botão Salvar.

c) clica-se no menu Arquivo e em seguida na opção Salvar. Na tela que se abre, digita-se o nome do arquivo no campo Nome, a senha no campo Senha e clica-se no botão Salvar.

d) pressiona-se a combinação de teclas Ctrl + S e na tela que se abre, digita-se o nome do arquivo no campo Nome, seleciona-se a caixa de combinação Salvar com senha e clica-se no botão Salvar. Para concluir, digita-se e redigita-se a senha e clica-se no botão OK.

e) clica-se no menu Arquivo e em seguida na opção Salvar. Na janela que se abre, dá-se o nome do arquivo no campo Nome, seleciona-se a opção Ferramentas, em seguida Salvar com senha. Na janela que se abre, digita-se e redigita-se a senha e clica-se no botão Salvar.

COMENTÁRIOS

✪ **Nota do autor:** O Impress é o software do pacote do BrOffice/LibreOffice utilizado para a criação de apresentações multimídias. Este é equivalente a PowerPoint no pacote MS Office.

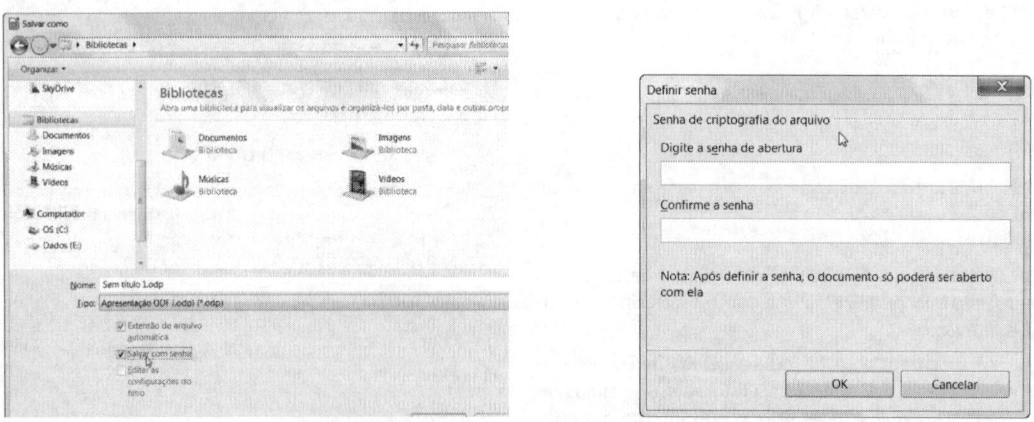

Figura 1. Sequência de passos para salvar uma apresentação do Impress com senha.

Alternativa "a": ao clicar na opção "Salva como" na janela que se abre não existe a opção Ferramentas indicada nesta alternativa, como ilustrado pela figura 1.

Alternativa "b": a combinação de teclas Ctrl + Shift + S abre a janela "Salvar como" da figura 1. Nesta janela não existe um campo para se digitar uma senha.

Alternativa "c": utilizando a opção "Salvar" do menu Arquivo, se o arquivo não foi salvo ainda, aparecerá a janela "Salvar como" da figura 1. Nesta não há um campo para digitar a senha. Se o arquivo já foi salvo anteriormente, o arquivo será salvo novamente e nenhuma opção para digitar o nome ou a senha será apresentada.

Alternativa "d": como ilustrado pela figura 1, o procedimento correto, dentre as alternativas, para salvar uma apresentação do Impress com senha é: pressiona-se a combinação de teclas Ctrl + S e na tela que se abre, digita-se o nome do arquivo no campo Nome, seleciona-se a caixa de combinação Salvar com senha e clica-se no botão Salvar. Para concluir, digita-**se e redigita-se a senha e clica-se no botão OK.**

Alternativa "e": utilizando a opção "Salvar" do menu arquivo, quando o arquivo não foi salvo ainda, é apresentado a janela "Salvar como" (figura 1) onde não há opção Ferramentas. Se o arquivo já foi salvo, nenhuma janela será apresentada.

Alternativa correta: letra "d".

27. (FCC – Analista Judiciário – Área Judiciária – TRE-SP/2012) Muitas vezes o alinhamento justificado de parágrafos no *Microsoft Word* deixa grandes espaços entre as palavras, numa mesma linha ou em várias linhas do texto, que podem, além de comprometer a estética do texto, dificultar a leitura. Uma solução para esse problema, no *Microsoft Word 2010*, é habilitar a hifenização automática do texto. Isso pode ser feito por meio da opção Hifenização da guia

a) Layout da Página

b) Inserir.

c) Página Inicial.

d) Exibição.

e) Parágrafo.

COMENTÁRIOS

✪ **Nota do autor:** na resposta a esta questão, será utilizada a versão 2010 do MS Word.

Alternativa "a": como ilustrado pela figura 2. A opção de Hifenização está disponível na guia Layout de Página.

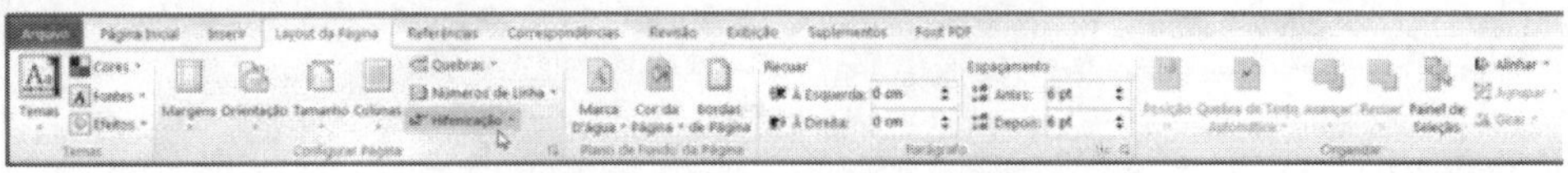

Figura 2. Ferramentas da Guia Layout de Página.

Alternativa "b": na guia Inserir não existe a opção de Hifenização. Nesta guia o usuário consegue realizar a inserção no texto de imagens, formas, gráficos, números de páginas, caixas de texto etc.

Alternativa "c": na guia Página Inicial o usuário consegue alterar a fonte do texto, tamanho, formatar o texto em negrito, itálico, centralizar, alinhar a esquerda, alinhar a direita, justificar, dentre outras opções relacionadas a formatação do texto. Entretanto, não existe a opção de hifenizar as palavras.

Alternativa "d": nesta guia, o usuário pode ajustar vários formatos de exibição do texto como estrutura de tópicos, layout web, aumentar o zoom da página, exibir o texto em duas páginas etc. Entretanto, a opção de hifenizar não faz parte desta guia.

Alternativa "e": na versão 2010 do Word não existe uma guia com o nome de parágrafo no menu principal. Apenas uma área chamada parágrafo dentro da guia Layout de Página. Entretanto, esta área lida com configurações de parágrafos como recuo e espaçamento e não Hifenização.

Alternativa correta: letra "a".

28. (Cespe – Analista Judiciário – Área Judiciária – TRE-RJ/2012) Acerca de edição de textos, planilhas e apresentações nos ambientes Microsoft Office 2010 e BrOffice 3.0, julgue os itens a seguir.

28.01. No Microsoft Word, é possível utilizar caracteres curingas para automatizar a pesquisa de texto. Para se localizar um único caractere qualquer, por exemplo, utiliza-se "?", e para se localizar uma sequência de caracteres, utiliza-se "*".

COMENTÁRIOS

✪ **Nota do autor:** o Word 2010 suporta o uso de expressões regulares na realização de buscas e substituições no texto. Uma expressão regular é uma combinação de letras e símbolos especiais chamados de curingas. Dentre estes símbolos temos o * e ?. Se, por exemplo, uma expressão regular for criada da seguinte forma s* e colocada em uma janela de localização e substituição todas as palavras que iniciam com s, independente do tamanho, serão localizadas.

O * e o ? são curingas utilizados em busca. O primeiro represente qualquer sequência de caracteres independente do tamanho. Já o segundo, represente um único caractere.

Alternativa correta: "certo".

28.02. Por meio do ícone , presente na barra de ferramentas do BrOffice Writer 3.0, é possível criar um hiperlink para um endereço web (URL).

COMENTÁRIOS

✪ **Nota do autor:** na versão 3.6 do LibreOffice, este ícone mudou para . Entretanto a funcionalidade permanece a mesma.

Na barra de ferramentas do BrOffice/LibreOffice, o ícone  ou sua versão atualizada  permitem inserir um hiperlink para um endereço web em um texto.

Alternativa correta: "certo".

28.03. As caixas de seleção , presentes na barra de ferramentas do BrOffice Writer 3.0, exibem e permitem alterar, respectivamente, o tipo e o tamanho da fonte.

COMENTÁRIOS

A caixa de seleção apresentada permite a o usuário escolher o tipo de fonte utilizada no texto e seu respectivo tamanho.

Alternativa correta: "certo".

28.04. Por intermédio do Microsoft PowerPoint 2010, é possível salvar uma apresentação como vídeo, sendo possível, ainda, visualizar a apresentação mesmo por meio de computador sem o PowerPoint instalado em seu sistema, e configurar a resolução e o tamanho desses arquivos de vídeo tanto para dispositivos móveis como para monitores de computadores de alta resolução HD.

COMENTÁRIOS

Após inserir o vídeo na apresentação e configurar a resolução desta na apresentação é possível salvar o arquivo no formato ppsx. Este formato é utilizado para exibir apresentações de slides do powerpoint sem a necessidade de tê-lo instalado no computador. Neste formato o vídeo inserido na apresentação também é exibido.

Alternativa correta: "certo".

---

29. (FCC – Analista Judiciário – Área Judiciária – TRE-PR/2012) Com a utilização do editor *Microsoft Word* é possível proteger arquivos com senhas, definindo a permissão de acesso ao arquivo, para modificação ou somente leitura. Para proteger um arquivo no *Word,* em sua versão 2010, é possível entrar no menu

a) Editar, clicar em Segurança e em seguida Proteger Arquivo.

b) Editar, clicar em Exportar e selecionar a caixa de checagem de Exportar com Senha.

c) Arquivo, clicar em Informações e em seguida Proteger Documento e definir o modo de proteção do arquivo.

d) Formatar, clicar em Propriedades e em seguida escolher Proteção.

e) Inserir, e clicar em Senha de Proteção.

COMENTÁRIOS

✪ **Nota do autor:** o Word 2010 permite as seguintes proteções para um documento: acesso somente para leitura, cifragem com senha onde o arquivo somente será aberto se o usuário digitar a senha correta, limitação do tipo de alteração que pode ser feita no arquivo, restrição de acesso a pessoas e assinatura digital do documento (utilizado para verificar modificações no arquivo e consequentemente garantir a integridade deste).

Alternativas "a" e "b": na versão 2010 do Word não existe um menu chamado Editar.

Alternativa "c": a partir da opção Informações no menu Arquivo é possível proteger um arquivo definindo senhas e as permissões de acesso como ilustrado pela figura 3.

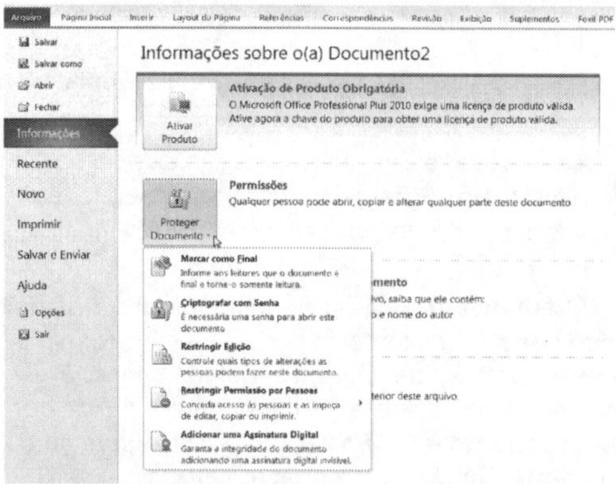

Figura 3. Proteções para um documento no Word 2010.

Alternativa "d": o menu Formatar também não faz parte do Word 2010.

Alternativa "e": no menu Inserir não há uma opção para a inserção de uma senha no arquivo para a proteção deste.

Alternativa correta: letra "c".

---

30. (Analista Judiciário – Área Judiciária TRE/ES 2011 – CESPE) Considerando que um usuário necessite instalar alguns programas em seu computador, para a realização de algumas tarefas, julgue os itens que se seguem.

30.01. O aplicativo Impress, do BrOffice, pode ser instalado para auxiliar na criação de apresentações multimídia.

COMENTÁRIOS

O Impress é equivalente ao software PowerPoint do pacote MS Office e é utilizado para elaborar apresentações multimídia com textos, vídeos, sons, animações etc.

Alternativa correta: "certo".

30.02. O aplicativo Calc, do BrOffice, pode ser instalado para auxiliar na criação de planilhas eletrônicas, que permitem, entre outras tarefas, a criação de tabelas e de gráficos de dados de diversos tipos.

COMENTÁRIOS

O Calc é equivalente ao programa Excel do pacote MS Office. Consequentemente, a partir deste é possível à criação de planilhas eletrônicas com tabelas, gráficos e dados de diversos tipos.

Alternativa correta: "certo".

31. (Analista Judiciário – Área Judiciária TRE/AP 2011 – FCC) Em relação ao BrOffice.org 3.1, considere:

I. Em um arquivo aberto no Writer quando o cursor está em qualquer linha de qualquer parágrafo, ao se pressionar a tecla Home ele irá se posicionar no início do texto.

II. Em uma planilha do Calc, se a célula E8, que contém a fórmula =($D$2+SOMA(C3:C7))/$D$1, for copiada para a célula F9, através de Ctrl+C e Ctrl+V, a célula F9 conterá a fórmula =($D$2+SOMA(D4:D8))/$D$1.

III. No Writer as ações das teclas F7, Ctrl+F12 e Ctrl+F4 correspondem, respectivamente, verificar ortografia, inserir tabela e fechar documento.

IV. No Calc a fórmula =SOMA(A1:B2;B4) irá executar a soma de A1, B2 e B4.

Está correto o que se afirma, SOMENTE em

a) I e II.
b) I, II e IV.
c) I, III e IV.
d) II e III.
e) II, III e IV.

COMENTÁRIOS

✪ **Nota do autor:** o caractere $ é utilizado para travar o incremento do índice da linha ou coluna de uma fórmula no Calc ou Excel. Assim, quando uma célula tem seus índices de linha e coluna delimitados por $, nenhum destes será alterado no momento que a fórmula for copiada para outra célula.

Alternativa "a": apesar da alternativa II estar correta, a alternativa I está incorreta. Quando se pressiona a tecla Home, em qualquer linha de um texto, o cursor é movido para o início da linha e não para o início do texto.

Alternativa "b": a alternativa II está correta. Entretanto as alternativas I, como explicado, e IV estão incorretas. O operador : indica um intervalo de células no Excel ou no Calc. Assim, quando se define uma sequência de células como A1:B2, o resultado é um conjunto de células delimitado pela matriz com A1 como primeiro elemento e B2 como último. Assim, as células que pertecem a este intervalo são A1, A2, B1 e B2. Quando se utiliza a fórmula SOMA(A1:B2;B4), o resultado não será a soma de A1, B2 e B4, mas sim a soma de A1, A2, B1, B2 e B4.

Alternativa "c": apesar da alternativa III estar correta, as demais alternativas, como explicado, estão incorretas.

Alternativa "d": as funções para as teclas de atalho do Writer estão definidas corretamente. Sobre a cópia da fórmula, esta está sendo copiada para uma célula localizada na próxima coluna e na linha inferior a célula E8. Consequentemente os índices da linha e coluna da fórmula, que não estão delimitados por $, serão incrementados em uma unidade gerando a fórmula =($D$2+SOMA(D4:D8))/$D$1.

Alternativa "e": as alternativas II e III estão corretas, mas a alternativa IV é incorreta.

Alternativa correta: letra "d".

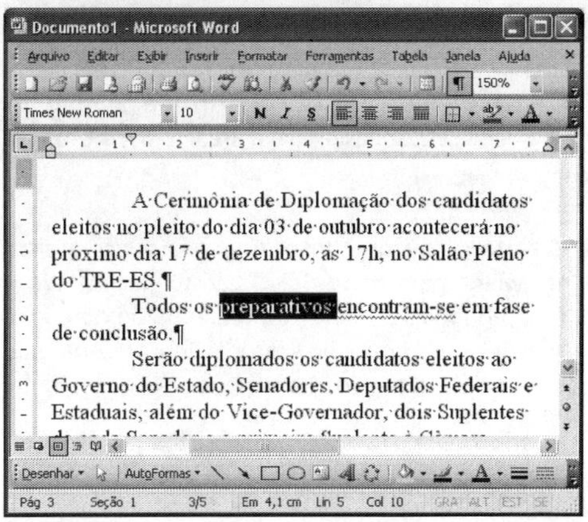

32. (Analista Judiciário – Área Judiciária TRE/ES 2011 – CESPE) Considerando que a figura acima mostra uma janela do Word 2003, que contém trecho de um texto em processo edição, no qual a palavra preparativos está selecionada e nenhum caractere está formatado como negrito, julgue os itens seguintes.

32.01. Para se diminuir o recuo da primeira linha do primeiro parágrafo, de forma que o início desse parágrafo fique alinhado com o das suas demais linhas, é suficiente clicar imediatamente à esquerda do trecho "A cerimônia" e, em seguida, clicar o botão .

COMENTÁRIOS

✪ **Nota do autor:** para responder esta e as demais questões da CESPE, será considerada a versão 2010 do Word. Entretanto, as funcionalidades e comentários indicados valem para as demais versões.

O botão é utilizado para reverter a última ação realizada pelo usuário. Por exemplo, se a última ação do usuário no texto foi formatar uma palavra em negrito, após clicar neste botão, a palavra voltará à formatação original. Para se obter o efeito desejado na questão é necessário formatar o parágrafo e alterar o recuo deste.

Alternativa correta: "errado".

32.02. Para se formatar o trecho "Cerimônia de Diplomação", no primeiro parágrafo, como negrito, é suficiente selecioná-lo e, em seguida, realizar as seguintes ações: pressionar e manter pressionada a tecla Ctrl; teclar Ctrl liberar a tecla Ctrl.

COMENTÁRIOS

A tecla de atalho Ctrl+N é utilizada para formatar um texto ou palavra seleciona em negrito. Assim, ao selecionar o texto e utilizar este atalho o texto é formatado em Negrito.

Alternativa correta: "certo".

32.03. Ao se selecionar um trecho de texto e se clicar o *menu* Editar, é exibido um menu com diversas opções, entra as quais, a opção Copiar, que permite copiar o trecho selecionado para a área de transferência.

COMENTÁRIOS

✪ **Nota do autor:** a resposta desta questão é somente válida para o Word 2003. Visto que no Word 2010 não há mais o "menu" Editar. O botão de cópia, nas versões mais novas do Word, encontra-se na guia Pagina Inicial na região chamada de Área de Transferência.

Utilizando o menu Editar, no Word 2003, é possível copiar e recortar um trecho selecionado para a Área de Transferência. Além de se poder colar de volta as informações para o texto.

Alternativa correta: "certo".

32.04. De acordo com a situação mostrada na figura, o parágrafo iniciado em "Todos os preparativos" está alinhado à esquerda. Para formatá-lo como centralizado, é suficiente: pressionar e manter pressionada a tecla Ctrl; teclar Ctrl; liberar a tecla Ctrl.

COMENTÁRIOS

O atalho Ctrl+C é utilizado para copiar um trecho selecionado para a área de transferência. Assim, utilizando esta tecla de atalho não é possível centralizar o texto. O atalho correto para centralizar o texto é o Ctrl+E.

Alternativa correta: "errado".

32.05. Na situação mostrada na figura, é possível alterar a fonte usada na palavra "preparativos" para a fonte Arial por meio de um procedimento que envolve a troca dos caracteres em Times New Roman pelos os caracteres Arial.

COMENTÁRIOS

A caixa de seleção apresentada é utilizada para alterar o tipo de fonte de um trecho selecionado. Assim, selecionando a palavra "preparativos" e trocando a opção da caixa de seleção para Arial, a fonte da palavra é alterada para Arial.

Alternativa correta: "certo".

32.06. O parágrafo "Todos os preparativos (...) de conclusão" será selecionado caso se aplique um clique triplo entre duas letras da palavra que está selecionada.

COMENTÁRIOS

O clique duplo em uma palavra selecionada, ou no espaço ao lado desta, dentro de um parágrafo fará com que a palavra seja selecionada. Se o usuário fizer um clique triplo, a palavra será selecionada no segundo clique e no terceiro todo o parágrafo.

Alternativa correta: "certo".

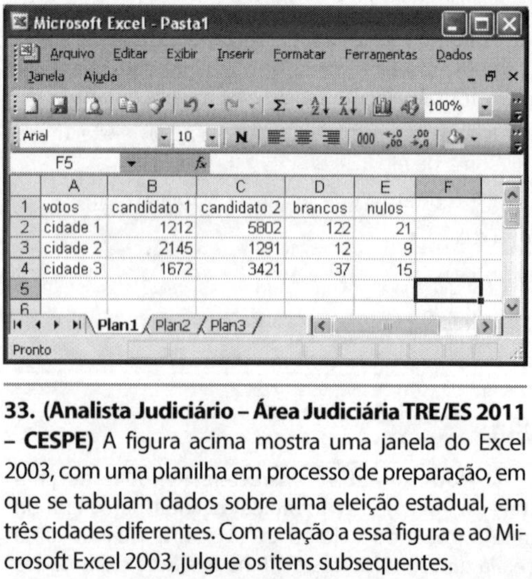

33. (Analista Judiciário – Área Judiciária TRE/ES 2011 – CESPE) A figura acima mostra uma janela do Excel 2003, com uma planilha em processo de preparação, em que se tabulam dados sobre uma eleição estadual, em três cidades diferentes. Com relação a essa figura e ao Microsoft Excel 2003, julgue os itens subsequentes.

33.01. Após a execução da seguinte sequência de ações, os números 143 e 33 estarão contidos, respectivamente, nas células F3 e F4: clicar a célula F3; digitar =D2+$E$2 e, em seguida, teclar Enter; clicar novamente a célula F3 e clicar ; clicar a célula F4; clicar .

COMENTÁRIOS

✪ **Nota do autor:** o operador $ é utilizado para travar o incremento do índice de uma linha ou coluna no momento que ocorre uma cópia de fórmulas entre células.

Ao se digitar a fórmula =D2+$E$2 em F3 ocorrerá a soma dos conteúdos das células D2 e E2 cujo resultado é 143 (122+21). Assim o conteúdo de F3 será igual a 143. Na sequência a fórmula é copiada de F3 para F4. Quando isto ocorre, normalmente, os índices da linha e coluna são incrementados. Como a cópia ocorre para uma linha abaixo da célula de origem apenas os índices da linha da fórmula são incrementados. Entretanto, a célula E2 na fórmula está com $ precedendo tanto os índices da linha quanto da coluna. Isto impede o incremento, neste caso, do índice da linha. O mesmo não ocorre com D2 que terá o índice da linha incrementado porque este não é precedido pelo $. Consequentemente, ao se copiar a fórmula de F3 para F4 teremos o seguinte resultado =D3+$E$2 cujo resultado é 33(12+21).

Alternativa correta: "certo".

33.02. Para se calcular a média aritmética dos números contidos nas células B2, B3 e B4, inserindo-se o resultado na célula B5, é suficiente clicar a célula B5, digitar =B2+B3+B4/3 e, em seguida, teclar Enter.

COMENTÁRIOS

✪ **Nota do autor:** tanto em linguagens de programação quanto no Excel/Calc existe um conceito chamado precedência de operadores. Este identifica quais operadores tem maior prioridade em uma fórmula do que outros. Isto implica que os operadores de maior precedência serão executados antes dos de menor no cálculo do resultado de uma fórmula. No caso das operações matemáticas os operadores de % (porcentagem), ^ (exponenciação), * (multiplicação) e / (divisão), nesta ordem, tem maior precedência do que os operadores de + (soma) e – (subtração). Assim, em uma fórmula, os operadores de %, ^, * e / serão executados antes dos operadores + e -. Por fim, se em uma fórmula todos os operadores possuírem a mesma precedência, o cálculo será feito da esquerda para a direita. Caso seja necessário alterar a precedência de operadores em um determinado cálculo, pode se utilizar ( ). Qualquer expressão entre parênteses terá a maior prioridade e será calculada antes de qualquer operador.

A fórmula =B2+B3+B4/3 possui o operador matemático /, o qual tem maior precedência sobre o operador +. Assim, este será executado primeiro do que a soma. Após executado a / a soma será feita da esquerda para a direita. Assim, o resultado da operação é a soma de B2 mais B3 mais o resultado da divisão de B4 por 3. Logo a fórmula indicada não calcula corretamente a média. Para que a média seja calcula corretamente, a somas deveriam ser feitas antes da divisão. Neste caso a soma deve ser envolvida por parênteses para que este cálculo seja feito primeiro e o resultado divido por 3. Com isto, a fórmula correta, para o cálculo da média destas células é =(B2+B3+B4)/4.

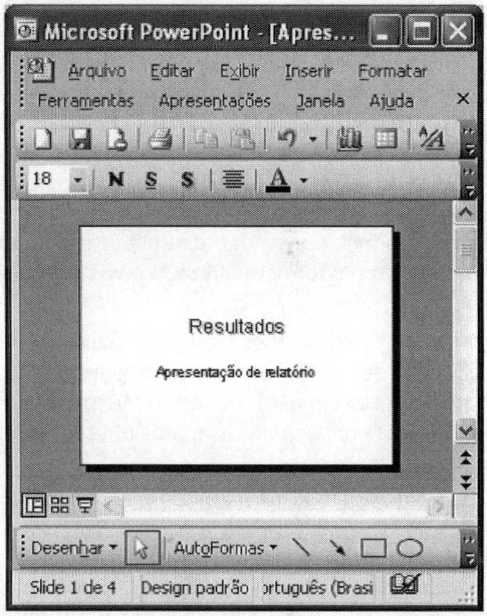

34. (Analista Judiciário – Área Judiciária TRE/ES 2011 – CESPE) Considerando a figura acima, que mostra uma janela do Microsoft PowerPoint 2003, julgue o item que se segue.

34.01. Ao se clicar o *menu* Editar, é exibida uma lista de opções, entre as quais a opção Novo slide, que permite inserir um novo eslaide na apresentação.

COMENTÁRIOS

✪ **Nota do autor:** na versão 2010 do PowerPoint, esta opção encontra-se no menu denominado Página Inicial.

Incorreto. O menu Editar é utilizado para ações como copiar, recortar, duplicar, excluir, selecionar um slide, localizar e substituir textos, dentre outras opções. Entretanto, nenhum destas opções permite inserção de um novo slide. Esta opção está presente no menu Inserir do Power Point 2003.

35. (Analista Judiciário – Área Judiciária TRE/PE 2011 – FCC) Para que um arquivo criado pelo Writer, do pacote BrOffice, possa ser aberto em versões de Microsoft Word que não suportem o seu formato padrão, o usuário deverá selecionar a opção

a) 'Salvar como' do menu Arquivo e, no diálogo para a gravação do arquivo, escolher o tipo de arquivo desejado.
b) Exportar do menu Ferramentas e escolher o formato desejado para exportação.
c) Propriedades do menu Editar e, na caixa de seleção de tipo de arquivo, escolher o tipo desejado.
d) Compatibilidade do menu Formatar e, na aba de formatos, escolher o modelo desejado.
e) Filtros do menu Ferramentas e criar um filtro para o formato desejado.

COMENTÁRIOS

✪ **Nota do autor:** os softwares do pacote BrOffice/LibreOffice utilizam os formatos do padrão Open Document Format. Consequentemente estes não são compatíveis com o formato utilizado pelos softwares do pacote MS Office.

Alternativa "a": através do menu "Salvar como" o usuário consegue salvar o documento em um dos formatos que são compatíveis com o Microsoft Word como rtf ou até mesmo nos formatos utilizados pelo Word como docx e doc.

Alternativa "b": o menu ferramenta do Writer, versão 3.6, não possui uma opção chamada Exportar que permita salvar o documento em uma versão compatível com os formatos do Word.

Alternativa "c": o menu editar do Writer não possui uma opção denominada Propriedades.

Alternativa "d": o menu Formatar não possui a opção denominada Compatibilidade.

Alternativa "e": o menu Ferramentas possui uma opção denominada Filtro XML, mas esta não está relacionada com a exportação de arquivo em formatos compatíveis com o Word, mas sim com a manipulação de arquivos XML.

Alternativa correta: letra "a".

---

36. (Analista Judiciário - Área Judiciária TRE/RN 2011 - FCC) No *BrOffice.org 3.2 Writer*, a execução da função do ícone *Galeria* pode ser ativada, também, no menu

a) Ferramentas.
b) Inserir.
c) Formatar.
d) Arquivo.
e) Editar.

COMENTÁRIOS

✪ **Nota do autor:** apesar da questão citar a versão 3.2 do BrOffice, não houve mudanças nas opções dos menus para a versão 3.6 do BrOffice/LibreOffice. Logo, a resposta para esta questão continua sendo válida para a versão 3.6 do BrOffice/LibreOffice.

Alternativa "a": como ilustrado pela figura 4, a opção Galeria está disponível no menu ferramenta do Writer.

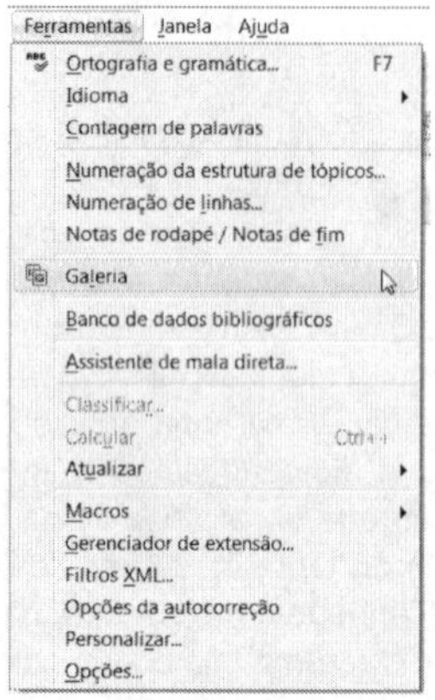

Figura 4. Acesso a aplicação Galeria através do menu Ferramentas.

Alternativas "b", "c", "d" e "e": os menus indicados nestas alternativas não possibilitam acesso a função Galeria do Writer do BrOffice/LibreOffice.

Alternativa correta: letra "a".

Atenção: Quando não explícito, para responder às questões sobre os aplicativos e sistemas, considere o MS Office 2003 e o BrOffice 3.1, em suas versões na língua portuguesa. Considere, ainda, o Windows XP na sua versão home edition e modo clássico, os comandos básicos do Linux e o Internet Explorer 8. Todas as questões referem-se às características originais dos produtos, ou seja, não customizadas pelo usuário.

---

37. (Analista Judiciário - Área Judiciária TRE/TO 2011 - FCC) As células A1 até A3 de uma planilha BrOffice (Calc) contêm, respectivamente, os números: 2, 22 e 222. A célula A4 contém a fórmula =A1*A2+A3 (resultado = 266) que arrastada pela alça de preenchimento para a célula A5 registrará, nesta última, o resultado (calculado)

a) 510
b) 5150
c) 6074
d) 10736
e) 63936

COMENTÁRIOS

✪ **Nota do autor:** quando uma célula de uma fórmula é arrastada, copiada, para a célula abaixo na mesma coluna, todos os índices de coluna das células envolvidas na fórmula são incrementados em uma unidade para cada célula em que a fórmula é arrastada.

Alternativas "a", "c", "d", e "e": os demais valores não são possíveis de serem obtidos seguindo os passos descritos no enunciado da questão.

Alternativa "b": arrastando a célula uma linha abaixo, o índice da linha é incrementado resultando na seguinte fórmula: A2*A3+A4. No caso A2 é igual a 22, A3 igual a 222 e A4 igual a 266 o que resulta em 5150 (22*222+266).

Alternativa correta: letra "b".

---

38. (Analista Judiciário - Área Judiciária TRE/TO 2011 - FCC) No Word, "Numerada", "Vários níveis" e "Estilos de Lista" são abas que, no menu Formatar, são pertinentes à opção

a) Fonte.
b) Estilos e marcação.
c) Parágrafo.
d) Marcadores e numeração.
e) Plano de fundo.

COMENTÁRIOS

✪ **Nota do autor:** na versão 2010 do Word, esta opção encontra-se no menu Página Inicial.

Alternativa "a", "b", "c" e "e": fazem parte do menu Formatar do Word 2003, mas não é possível através destes realizar a formatação de marcadores como especificado na questão.

Alternativa "d": as abas citadas são pertinentes a opção "Marcadores e numeração" do menu Formatar, como indicado pela figura 5.

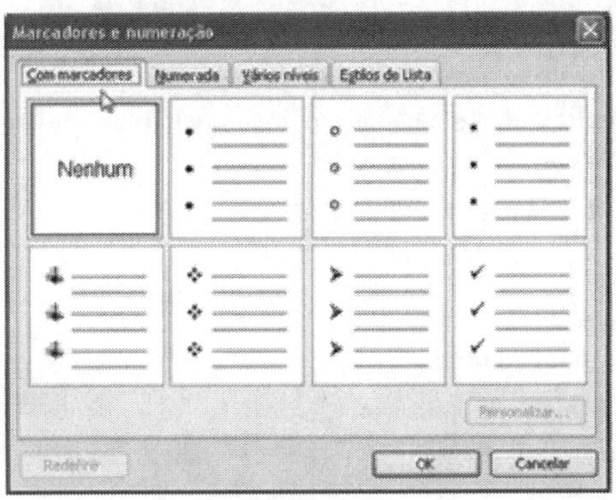

Figura 5. Opções do item de menu Marcadores e numeração.

Alternativa correta: letra "d".

2. SISTEMAS OPERACIONAIS – WINDOWS E LINUX

---

39. (IBFC – Técnico Judiciário – Área Administrativa – TRE – PA/2020) No sistema operacional Microsoft Windows 10, idioma português, configuração padrão, assinale a alternativa correta sobre qual atalho de teclado permite abrir a caixa de diálogo Executar.

a) Logotipo do Windows + R
b) Ctrl + I
c) Alt + T
d) TAB + Delete

COMENTÁRIOS

Alternativa "a". Ao pressionar o logotipo do Windows + R é abre-se a caixa de diálogo executar.

Alternativa "b". Ao pressionar a teclas Ctrl+I não é aberta a caixa de diálogo executar.

Alternativa "c". O atalho Alt+T é utilizado para alternar entre aplicativos em execução no Windows.

Alternativa "d". Ao pressionar a teclas TAB + delete não é aberta a caixa de diálogo executar.

Alternativa correta: letra "a".

---

40. (IBFC – Técnico Judiciário – Área Administrativa – TRE – PA/2020) Sobre o sistema operacional Microsoft Windows 10, idioma português, configuração padrão e seus atalhos de teclado, analise as afirmativas abaixo e dê valores Verdadeiro (V) ou Falso (F).

( ) Ctrl + C + Delete: Abre o gerenciador de tarefas.
( ) Shift + F10: Exibe o menu de atalho do item selecionado.
( ) Ctrl + C: Copia o item ou arquivo selecionado.
( ) Logotipo do Windows: abre o menu iniciar.

Assinale a alternativa que apresenta a sequência correta de cima para baixo.

a) V, V, V, F
b) F, V, F, V
c) F, V, V, F
d) F, V, V, V

COMENTÁRIOS

Afirmação I. Falsa. A combinação de teclas Ctrl + C + Delete não abre o gerenciado de Tarefas. O atalho correto para abrir o Gerenciador de Tarefas é o Ctrl+Alt+Delete.

Afirmação II. Verdadeira. O atalho Shift + F10 exibe o menu de atalho do item selecionado.

Afirmação III. Verdadeira. A combinação de teclas Ctrl + C copia o item ou arquivo selecionado.

Afirmação IV. Verdadeira. Ao pressionar o logotipo do Windows o menu iniciar é aberto.

Alternativa correta: d.

---

41. (FCC – Analista Judiciário – Área Judiciária – TRE – SP/2017) No Windows 7 Professional em português foram exibidos arquivos no formato abaixo.

Para mudar a forma de exibição, mostrando além do ícone e do nome dos arquivos a data de modificação, tipo e tamanho, deve-se clicar

a) com o botão direito do mouse sobre a área de exibição, selecionar a opção Relatório e, em seguida, a opção Analítico.
b) no menu Exibir e selecionar a opção Propriedades.
c) com o botão direito do mouse sobre o nome de um dos arquivos e selecionar a opção Exibir Tudo.
d) no menu Arquivo e selecionar a opção Exibir Detalhes.
e) com o botão direito do mouse sobre a área de exibição, selecionar a opção Exibir e, em seguida, a opção Detalhes.

COMENTÁRIOS

Alternativa "a". Não há uma opção Relatório com subitem Analítico clicando com o botão direito sobre a área de exibição.

Alternativa "b". A pasta propriedades consegue exibir algumas informações sobre o arquivo. Entretanto, estas não são apresentadas na área de exibição indicada (Windows Explorer). Esta são apresentadas em uma janela suspensa.

Alternativa "c". Ao clicar com o botão direito sobre o nome de um arquivo não há uma opção denominada Exibir tudo.

Alternativa "d". Não há uma opção Exibir Detalhes no menu Arquivo.

Alternativa "e". A opção exibir no item detalhes permite apresentar diversas informações sobre um arquivo como data de modificação, tipo e tamanho.

Alternativa correta: letra "e".

---

42. (Cespe – Analista Judiciário – Área Judiciária – TRE – TO/2017) A distribuição do Linux de código aberto que se caracteriza por ser não comercial, amplamente utilizada e baseada na Debian/GNU, denomina-se

a) Linspire.
b) Fedora.
c) Slackware Linux.
d) Ubuntu.
e) Gentoo Linux.

COMENTÁRIOS

Alternativa "a". Esta é uma distribuição GNU/Linux cujo desktop se assemelha em muito ao Windows XP.

Alternativa "b". Fedora é uma distribuição Linux não comercial baseado no Red Hat Linux.

Alternativa "c". Slackware **é** uma das mais antigas distribuições Linux baseada no Softlanding Linux System.

Alternativa "d". Ubuntu é uma destruição Linux baseada em Debian não comercial.

Alternativa "e". Gentoo Linux é uma distribuição baseada em Linux e FreeBSD.

Alternativa correta: letra "d".

---

43. (Cespe – Analista Judiciário – Área Judiciária – TRE – TO/2017) O sistema operacional Microsoft Windows disponibiliza uma pasta que contém um conjunto de ferramentas para a configuração e a personalização do ambiente, além de alguns dispositivos, como a instalação e a desinstalação de programas, a configuração de redes e Internet, a realização de becape etc. Essa pasta é conhecida como

a) Área de transferência.
b) Painel de Controle.
c) Windows Explorer.
d) Barra de tarefas.
e) Área de trabalho, ou desktop.

COMENTÁRIOS

Alternativa "a". A área de transferência é utilizada para a movimentação de textos, imagens, tabelas, etc. entre programas.

Alternativa "b". O painel de controle permite a configuração do sistema, instalação, desinstalação de softwares, configuração de redes e Internet etc.

Alternativa "c". O Windows Explorer é o gerenciado de arquivos e pastas do Windows.

Alternativa "d". A Barra de tarefas permite acesso aos softwares em execução, mas não a configuração do sistema operacional como citado no enunciado.

Alternativa "e". A área de trabalho é uma pasta especial onde o usuário pode armazenar os arquivos que acessa mais frequentemente ou que precisem ser encontrados facilmente.

Alternativa correta: letra "b".

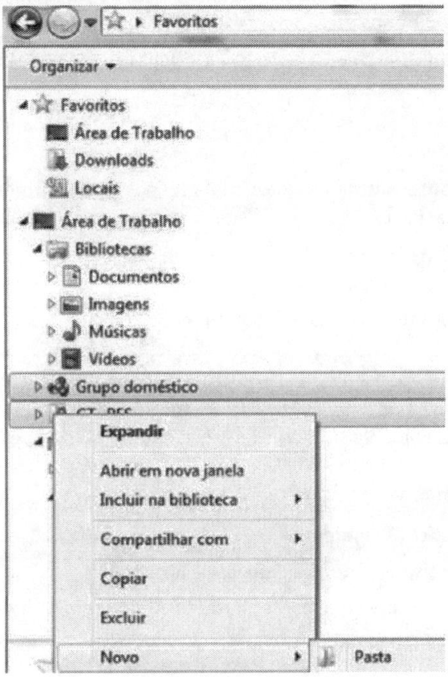

44. (Cespe – Analista Judiciário – Área Administrativa – TRE – PE/2017) Com relação à figura precedente, que mostra parte de uma janela do Windows Explorer, assinale a opção correta.

a) A pasta Downloads por padrão armazena os arquivos que o usuário deseje guardar temporariamente antes de enviá-los para uma unidade externa.

b) A opção Expandir permite aumentar a área de armazenamento disponível no computador.

c) No menu Novo, a opção Pasta permite a criação de uma nova pasta de arquivos dentro da unidade ou da pasta que tiver sido selecionada.

d) A área Locais é destinada ao compartilhamento de arquivos da máquina com outros usuários.

e) É possível excluir a Area Trabalho clicando-se com o botão direito na opção Excluir.

COMENTÁRIOS

Alternativa "a". A pasta Downloads armazena temporariamente arquivos baixados de sites da Internet.

Alternativa "b". A opção Expandir é utilizada para abrir uma determinada hierarquia de pastas ou localizações apresentando todos os itens que compõe aquela hierarquia.

Alternativa "c". A opção Novo - > Pasta permite a criação de uma nova pasta dentro da unidade ou da pasta selecionada.

Alternativa "d". Não. Esta pasta apresenta as pastas mais comumente acessadas pelo usuário e não uma pasta de rede para compartilhamento de arquivos.

Alternativa "e". Não é possível excluir a área de trabalho.

Alternativa correta: letra "c".

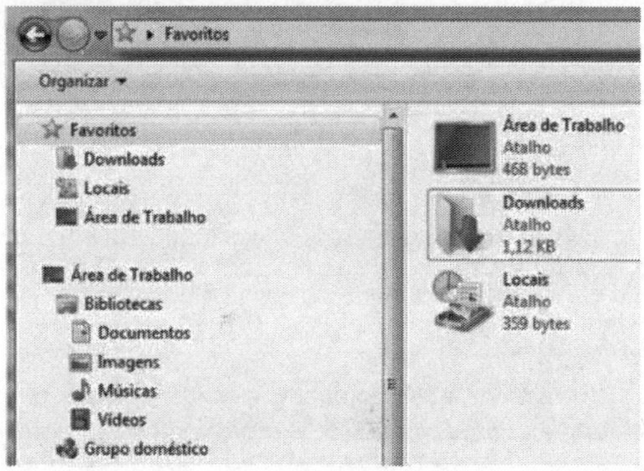

45. (Cespe – Técnico Judiciário – Área Administrativa – TRE – BA/2017) Tendo como referência a imagem precedente, que ilustra uma tela do Windows Explorer, assinale a opção correspondente ao local apropriado para o usuário criar atalhos ou armazenar livremente arquivos de uso corrente ou a que deseje ter acesso mais facilmente.

a) Bibliotecas

b) Área de Trabalho

c) Locais

d) Downloads

e) Favoritos

COMENTÁRIOS

Alternativa "a". Bibliotecas são locais que armazenam links para determinadas pastas do computador que contém arquivos que o usuário utiliza frequentemente. Assim, ao invés de navegar pela estrutura de pastas, o usuário acessa diretamente a pasta desejada.

Alternativa "b". A área de trabalho é utilizada para armazenamento temporário de arquivos de uso corrente ou que deseja acessar facilmente. Além de links para alguns softwares comumente usados.

Alternativa "c". O ícone Locais armazenas as pastas recentemente acessadas.

Alternativa "d". Esta pasta é utilizada para o armazenamento de arquivos baixados da Internet.

Alternativa "e". No ícone Favoritos, o usuário pode armazenar links para arquivos, pastas ou locais de rede que deseja acessar mais facilmente.

Alternativa correta: letra "b".

---

46. (Cespe – Técnico Judiciário – Área Administrativa – TRE – PI/2016) Assinale a opção que apresenta o comando, no sistema operacional Linux, que deve ser utilizado para determinar quanto espaço em disco está sendo ocupado por um diretório e seus subdiretórios.

a) pwd
b) file
c) du
d) head
e) lshw

COMENTÁRIOS

Alternativa "a". O comando pwd (print work directory) é utilizado para se obter o caminho da pasta atual onde o usuário se encontra.

Alternativa "b". Este comando é utilizado para identificar o tipo de dado contido em um arquivo como fotos, vídeos, texto etc.

Alternativa "c". O comando du (Disk Usage) é utilizado para se obter o espaço ocupado em disco.

Alternativa "d". O comando head é utilizado para visualizar a prmeira parte de um arquivo, sem apresentar todo o restante deste.

Alternativa "e". Este comando lista o hardware instalado no computador.

Alternativa correta: letra "c".

---

47. (Cespe – Técnico Judiciário – Área Administrativa – TRE – PI/2016) Considere que, utilizando uma máquina com sistema operacional Windows, um usuário tenha inserido uma linha em branco em uma planilha do Microsoft Excel, em sua configuração padrão. Assinale a opção que apresenta a tecla que deverá ser acionada, nessa situação, para repetir essa última ação do usuário.

a) F5
b) F1
c) F2
d) F3
e) F4

COMENTÁRIOS

Alternativa "a". A tecla F5 **é** utilizada para abrir um menu suspenso chamado Ir Para. Este é utilizado para localizar células com tipos específicos de dados como fórmulas ou que atendam critério específicos como células selecionadas, última célula da planilha, comentários etc.

Alternativa "b". A tecla F1 **é** utilizada para o menu Ajuda do Excel.

Alternativa "c". A edição de uma célula **é** ativada com a tecla F2.

Alternativa "d". A tecla F3 não possui uma função específica no Excel.

Alternativa "e". A tecla F4 **é** utilizada, no Excel, para repetir a **última** ação realizada.

Alternativa correta: letra "e".

---

48. (Cespe – Técnico Judiciário – Área Administrativa – TRE – PI/2016) Um usuário necessita realizar uma cópia de segurança do disco rígido do computador, cujo tamanho total é de 4 GB. Para atender a essa demanda de becape, ele deve utilizar um

a) CD-RW virgem.
b) disquete de alta densidade formatado.
c) pendrive que contenha 3.800 MB de espaço livre.
d) smartphone com cartão SD que tenha 3.800 MB de espaço livre.
e) DVD-RW virgem.

COMENTÁRIOS

Alternativa "a". Um disco de CD-RW virgem consegue armazenar 650 MB, assim como 1 GB **é** igual a 1024 MB, este não possui capacidade suficiente para armazenar 4 GB, nem se quer consegue armazenar 1 GB.

Alternativa "b". O disquete de alta densidade formatado consegue armazenar 1,44 MB. Assim, este não **é** capaz de armazenar 4 GB.

Alternativa "c". O pendrive com apenas 3.800 MB ou aproximadamente 3,8 GB não possui espaço suficiente para armazenar 4 GB de um backup.

Alternativa "d". Como comentado na resposta anterior, mesmo que seja um cartão SD, os 3.800 MB livres não permitem armazenar os 4 GB do backup.

Alternativa "e". Um disco de DVD possui capacidade de 4,7 GB e, portanto, consegue armazenar o backup de uma disco rígido de 4GB.

Alternativa correta: letra "e".

---

49. (AOCP - Analista Judiciário - Área Judiciária - TRE - AC/2015) O sistema operacional Linux é um sistema multiusuário e multitarefa. Ele possui diversos diretórios que organizam os seus arquivos. Um dos diretórios mais importantes é o "/etc", cuja função é armazenar os

a) dispositivos aos quais o sistema tem acesso.
b) arquivos de configuração do sistema.
c) documentos, incluindo informação útil sobre o Linux.
d) arquivos executados automaticamente pelo sistema.
e) programas voltados aos usuários do sistema em geral.

COMENTÁRIOS

✪ **Nota do autor:** Diferente do sistema operacional Windows, o Linux não possui uma organização do sistema de arquivos divididos em unidades de disco onde cada disco possui uma estrutura de diretórios. No Linux existe uma única estrutura de diretórios, organizada a partir do diretório raiz (/), onde são encontrados diversos diretórios com funções específicas como /etc, /bin, /usr, /mnt, dentre outros.

Alternativa "a". Os dispositivos, para os quais o sistema tem acesso (Ex.: pendrives, unidades de DVD etc.) são armazenados no diretório /mnt.

Alternativa "b". O diretório /etc contém os arquivos de configuração do sistema.

Alternativa "c". Os documentos do sistema operacional Linux são armazenados no diretório /usr/share/doc e podem ser acessados, através de um link, a partir do diretório /usr/doc.

Alternativa "d". Quanto um computador é ligado, o sistema operacional precisa ser carregado e executar automaticamente uma série de programas para que o sistema possa ser utilizado. No Linux, estes arquivos que são executados automaticamente estão no diretório /boot

Alternativa "e". Os programas utilizados por qualquer usuário do sistema encontram-se no diretório /bin.

Alternativa correta: letra "b".

---

50. (Cespe - Analista Judiciário - Área Judiciária - TRE - RS/2015) No Windows 7, é possível realizar diversas operações utilizando comandos diretamente no prompt de comando (cmd), como, por exemplo, entrar em uma pasta, verificar a data do sistema e apagar um arquivo. Ao digitar o comando shutdown -s -t 3600, será possível

a) eliminar os programas suspeitos que estão ativos nos últimos sessenta minutos.
b) efetuar o logoff da sessão do usuário de número 3600.
c) bloquear a tela do computador por um período de uma hora.
d) desligar o computador em uma hora.
e) finalizar os programas que consomem mais que 3600 Kb de memória.

COMENTÁRIOS

Alternativa "a". A eliminação de programas suspeitos é feita pelo antivírus e não pelo comando *shutdown*.

Alternativa "b". A parâmetro para *logoff* do comando *shutdown* é –l e 3600 é tempo que deve ser aguardado até a execução do comando *shutdown*.

Alternativa "c". O bloqueio da tela do computador pode ser realizado através do atalho Ctrl+Alt+Del opção "Bloquear Computador" ou através do menu iniciar na opção bloquear.

Alternativa "d". O comando shutdown é utilizado para desligar ou reiniciar o computador. O parâmetro –s indica que o computador deverá ser desligado e o parâmetro –t indica quanto tempo deverá ser aguardado até que o desligamento se inicie.

Alternativa "e". Incorreto. O parâmetro 3600 está associada a opção –t que indica o tempo que deve ser aguardado até a execução do comando *shutdown*.

Alternativa correta: "errado".

---

51. (Cespe - Analista Judiciário - Área Judiciária-TRE-GO/2015) Julgue o item a seguir, a respeito de organização e de gerenciamento de arquivos.

51.01. No Linux, todo arquivo executável tem como extensão o sufixo .exe.

COMENTÁRIOS

O Linux não utiliza extensão para indicar o tipo de arquivo. Assim, os arquivos executáveis não terão um sufixo .exe. A indicação de que um arquivo em Linux é executável é feita através de um atributo associado ao arquivo, no caso utiliza-se o atributo x.

Alternativa correta: "errado".

---

52. (Cespe - Analista Judiciário - Área Judiciária - TRE-GO/2015) Julgue os itens a seguir, a respeito de noções de sistema operacional.

52.01. No Windows 8.1, o acesso aos programas e configurações ocorre por meio de ícones existentes na área de trabalho, a partir do toque na tela nos dispositivos touchscreen, uma vez que, nesse software, foram eliminados o painel de controle e o menu Iniciar.

COMENTÁRIOS

No Windows 8.1 foi eliminado o menu Iniciar. O Painel de Controle permanece como um aplicativo disponível na nova interface do Windows 8.1.

Alternativa correta: "errado".

52.02. No Linux, o comando cd /etc/teste cria o diretório teste dentro do diretório /etc.

COMENTÁRIOS

O comando cd altera o diretório corrente. Assim, ao executar o comando cd /etc/teste será acessado o diretório teste dentro do diretório etc.

Alternativa correta: "errado".

---

53. (IBFC - Analista Judiciário – Área Judiciária–TRE-AM/2014) Nas versões anteriores do Windows, o gerenciamento de arquivos significava organizá-los em pastas e subpastas diferentes. No Windows 7, pode-se usar para organizar e acessar arquivos, independentemente de onde eles estejam armazenados, o recurso técnico denominado:

a) enciclopédia.

b) livraria.

c) coleção.

d) biblioteca.

COMENTÁRIOS

Alternativa "a", "b" e "c". Os termos citados não representam recursos do Windows 7 ou 8 utilizados para organizar pastas e subpastas.

Alternativa "d". Uma biblioteca é um recurso do Windows 7/8 que referencia, através de links, diferentes pastas no disco rígido de um computador. Estas pastas ficam relacionadas a uma determinada biblioteca criada pelo usuário.

Alternativa correta: letra "d".

---

54. (Cespe - Analista Judiciário – Área Judiciária – TRE-MS/2013) Com referência aos ambientes Linux e Windows, assinale a opção correta.

a) De modo geral, a utilização do sistema operacional Linux requer um computador com alta capacidade de disco e memória, o que não ocorre com relação ao Windows.

b) Todos os arquivos salvos em computador com sistema operacional Linux apresentam a extensão .lnx.

c) Diferentemente do sistema operacional Windows, o sistema operacional Linux conta com dispositivo de proteção que libera o usuário da necessidade de realizar becape periódico de arquivos.

d) Para facilitar a organização e o gerenciamento de informações, o Windows Explorer armazena automaticamente todos os arquivos na pasta Windows.

e) O sistema operacional Windows 8 é compatível com PCs e tablets.

COMENTÁRIOS

Alternativa "a". Uma das características do sistema operacional Linux é bom desempenho em uma arquitetura de hardware mais modesta. Neste sentido, um sistema Linux tem um desempenho melhor em um hardware com uma capacidade menor de disco e memória do que um sistema Windows. O qual irá ocupar um grande espaço em disco, capacidade de memória e processamento para ter um bom desempenho.

Alternativa "b". Incorreto. No Linux os arquivos não precisam ter uma extensão. Por exemplo, um arquivo executável não necessita ter a extensão exe. Este tipo de arquivo é identificado através de um atributo associado a este. Além disto, a extensão lnx indica um arquivo que representa uma imagem do disco rígido e por isto não seria correto que todos os arquivos possuíssem esta extensão.

Alternativa "c". Independente do Sistema operacional, a realização de becape é uma tarefa que deve ser realizada rotineiramente. Apesar dos sistemas operacionais terem alguns recursos para recuperação de falhas, estes não são eficazes, por exemplo, no caso de um pane no disco rígido. Neste caso, somente através do becape será possível recuperar os arquivos do computador.

Alternativa "d". Na pasta Windows são armazenados os arquivos relacionados ao funcionamento do sistema operacional. Entretanto, estes não representam todos os arquivos do computador. Por exemplo, os programas instalados são armazenados na pasta Arquivos de Programas. Além disto, o Explorer não é capaz de realizar esta organização automaticamente.

Alternativa "e". A nova versão do sistema operacional da Microsoft visa atender desde computadores a celulares e *tablets*. Desta forma, a nova interface do Windows foi idealizada para ser utilizada em dispositivos touch screen ou com o uso do mouse. Isto é interessante porque cria um ambiente similar em dispositivos diferentes.

Alternativa correta: letra "e".

---

55. (Analista Judiciário – Área Judiciária TRE/CE 2012 – FCC) Sobre sistemas operacionais é INCORRETO afirmar:

a) O sistema operacional é uma camada de hardware que separa as aplicações do software que elas acessam e fornece serviços que permitem que cada aplicação seja executada com segurança e efetividade.

b) Na maioria dos sistemas operacionais um usuário requisita ao computador que execute uma ação (por exemplo, imprimir um documento), e o sistema operacional gerencia o software e o hardware para produzir o resultado esperado.

c) Um usuário interage com o sistema operacional via uma ou mais aplicações de usuário e, muitas vezes, por meio de uma aplicação especial denominada shell ou interpretador de comandos.

d) Primordialmente, são gerenciadores de recursos – gerenciam hardware como processadores, memória, dispositivos de entrada/saída e dispositivos de comunicação.

e) O software que contém os componentes centrais do sistema operacional chama-se núcleo (kernel).

COMENTÁRIOS

✪ **Nota do autor:** um sistema operacional (Tanenbaum, 2009)[1] é um programa intermediário entre o hardware e o software que atua como um gerenciador de recursos O objetivo dele é fornecer um ambiente para o usuário executar os seus programas, para o programador desenvolver os seus softwares e garantir que cada aplicação seja executada com segurança, confiabilidade e eficiência.

Alternativa a": um sistema operacional é uma camada de software que separa as aplicações do hardware garantindo o acesso a serviços e que cada aplicação seja executada com segurança e confiabilidade.

Alternativa "b", "c", "d" e "e": estas alternativas estão corretas em relação ao conceito de sistemas operacionais.

Alternativa incorreta: letra "a"

---

56. (FCC – Analista Judiciário – Área Judiciária – TRE-PR/2012) No *Windows* XP, sempre que um programa, pasta ou um arquivo é aberto, ele aparece na tela em uma caixa ou moldura chamada janela e, um botão associado a essa janela é criado na barra de tarefas. Para selecionar a janela corrente, basta clicar no botão correspondente na barra de tarefas. A alternância entre a última janela aberta e a janela corrente é possível por um atalho de teclado, pressionando-se simultaneamente as teclas

a) ALT e TAB.

b) CTRL e ALT.

c) CTRL e SHIFT.

d) SHIFT e DEL.

e) CTRL, ALT e DEL.

COMENTÁRIOS

✪ **Nota do autor:** a questão descreve o processo de se alternar o foco entre os softwares em execução em um sistema operacional Windows.

Alternativa "a": O atalho Alt+Tab irá fazer o foco ser deslocado da janela corrente para a última janela aberta.

Alternativa "b": esta combinação de teclas não gera nenhuma ação com relação às janelas ativas no Windows XP.

Alternativa "c": o atalho Ctrl+Shift não possui uma ação direta sobre as janelas ativas. Entretanto quando pressionado no momento em que um item é arrastado, cria um atalho no destino para o respectivo item. Em um texto este atalho combinado com as setas direcionais realça o bloco do texto.

Alternativa "d": esta tecla de atalho quando pressionada, após selecionar um item, o remove definitivamente do sistema, ou seja, este não é movido para a lixeira onde poderia ser recuperado posteriormente.

Alternativa "e": este atalho ativa uma janela do Windows onde é possível: bloquear o computador, fazer o logoff do sistema, alterar a senha, iniciar o gerenciador de tarefas e desligar o sistema.

Alternativa correta: letra "a".

---

57. (Cespe – Analista Judiciário – Área Judiciária – TRE-RJ/2012) Com relação à organização e ao gerenciamento de programas e diretórios, julgue os itens que se seguem.

57.01. No Linux, em um mesmo diretório, não podem existir dois subdiretórios com o mesmo nome, contudo, em virtude de os nomes dos diretórios serem case sensitive, é possível criar dois subdiretórios de nomes/usr/TreRJ e /usr/trerj.

COMENTÁRIOS

✪ **Nota do autor:** O termo case sensitive significa que o sistema operacional, linguagem de programação etc. faz diferenciação entre letras maiúsculas e minúsculas. Assim se duas palavras forem escritas com os mesmos caracteres e apenas altera-se o uso de letras maiúsculas e minúsculas, como em texto.doc e Texto.doc, estas são consideradas como palavras diferentes.

Apesar de não ser permitida a existência de dois subdiretórios com o mesmo nome, em sistemas operacionais case sensitive, é possível ter dois subdiretórios com o mesmo nome apenas variando as letras maiúsculas e minúsculas do nome do diretório.

Alternativa correta: "certo".

57.02. No Linux, o diretório /bin contém programas do sistema que são utilizados pelos usuários, não

---

1 TANENBAUM, Andrew S.. Sistemas Operacionais Modernos. 3 ed. São Paulo: Pearson Prentice Hall, 2009.

sendo necessário, para que esses programas sejam executados, que eles possuam a extensão .exe.

COMENTÁRIOS

✪ **Nota do autor:** no Linux a identificação de um arquivo executável não é feita através da extensão, como em sistemas operacionais Windows. A princípio qualquer arquivo pode ser executável. Entretanto, para que um arquivo possa ser executado, é necessário associar ao arquivo, um atributo permitindo a execução.

Os arquivos contidos no diretório /bin do Linux são executáveis, independente a extensão associada a estes.

Alternativa correta: "certo".

---

58. (Cespe – Analista Judiciário – Área Judiciária – TRE-RJ/2012) Considerando os sistemas operacionais Linux e Windows, julgue os itens seguintes.

58.01. No Windows 7, é possível organizar os arquivos em pastas e subpastas ou, ainda, em bibliotecas. Caso se opte por organizar os arquivos em bibliotecas, os arquivos serão movidos fisicamente de onde eles estavam armazenados para as bibliotecas, a fim de melhorar a *performance* de consulta.

COMENTÁRIOS

✪ **Nota do autor:** as bibliotecas são um recurso do Windows 7 utilizado para organizar arquivos armazenados em um computador. À medida que os arquivos são adicionados a esta são geradas referências (atalhos) aos arquivos em disco. Assim, apesar dos arquivos estarem em locais diferentes, ao abrir a biblioteca, eles aparentam estar em um único diretório

Ao se criar uma biblioteca e adicionar pastas, arquivos e subpastas a esta, não existe uma cópia dos arquivos para o local onde a biblioteca foi criada. Ao se adicionar itens a biblioteca é gerado um atalho para cada um dos itens adicionados ao invés de ocorrer a movimentação física dos arquivos.

Alternativa correta: "errado".

58.02. No Linux, a sintaxe sudo adduser fulano criará o usuário fulano no grupo /etc/skell, bem como criará o diretório /home/fulano.

COMENTÁRIOS

✪ **Nota do autor:** o comando sudo é utilizado para executar comandos no sistema operacional Linux com privilégios de administrador (root). No exemplo da questão o comando adduser fulano será executado com privilégios de root.

A partir do comando "sudo adduser fulano" será criado um usuário chamado fulano com diretório /home/fulano. Entretanto, este não será do grupo /etc/skell, pois este não é um grupo padrão do Linux e sim um diretório onde é armazenada a estrutura de diretórios e permissões utilizada para criar o diretório do usuário no /home. Obs: o nome correto do diretório citado é /etc/skel. Deve ter ocorrido um erro de digitação no enunciado da questão.

Alternativa correta: "errado".

---

59. (FCC – Analista Judiciário – Área Judiciária – TRE-PR/2012) Sobre o Sistema Operacional *Windows XP*, considere:

I. No *Windows Explorer* é possível criar atalhos para arquivos em sua área de trabalho ao clicar com o botão direito do mouse sobre o arquivo desejado e escolher a opção **Enviar para** e em seguida **Área de Trabalho**.

II. Além de adicionar atalhos à área de trabalho, também é possível adicionar atalhos ao menu Iniciar. Os atalhos para os arquivos favoritos podem aparecer ao lado dos programas.

III. Os atalhos incluem uma imagem chamada de ícone, que pode ajudá-lo a localizar o programa ou arquivo com mais rapidez. Quando você altera o tema do *Windows*, o novo tema pode incluir um conjunto de ícones personalizados que complementam a aparência da nova área de trabalho.

IV. Os atalhos são *links* para programas, documentos, arquivos ou sites. Em vez de pesquisar pastas ou a Internet sempre que você quiser abrir um arquivo ou um site em particular, basta criar um atalho.

Está correto o que consta em

a) I, II e III, apenas.

b) I, II, III e IV.

c) I e IV, apenas.

d) II, III e IV, apenas.

e) II e III, apenas.

COMENTÁRIOS

✪ **Nota do autor:** atalhos são arquivos especiais do Windows utilizados para referenciar outros arquivos ou pastas. Quando se cria um atalho para o arquivo, este possui um aspecto muito semelhante ao arquivo original. Entretanto, este não é uma cópia do item referenciado. Ao clicar sobre o atalho, o arquivo ou pasta, referenciado é acionado e aberto.

Alternativas "a", "c", "d" e "e": as alternativas citadas estão incompletas, visto que não citam todas as afirmações corretas. Por este móvito, as respectivas alternativas estão parcialmente corretas e não devem ser assinaladas.

Alternativa "b": todas as afirmações sobre o uso de atalhos no Windows estão corretas.

Alternativa correta: letra "b".

60. (Analista Judiciário – Área Judiciária TRE/AP 2011 – FCC) O mesmo modo de exibição (Listas, Lado a lado, Detalhes, etc) que está sendo apresentado na pasta atual, pode ser aplicado a todas as pastas do Windows XP, na janela Meu computador, clicando-se com o mouse em

a) Tarefas do sistema → Modo de exibição.
b) menu Arquivo → Opções de pastas → Modo de exibição.
c) menu Ferramentas → Opções de pastas → Modo de exibição.
d) menu Ferramentas → Mapear opções de pasta → Modo de exibição.
e) Tarefas do sistema → Mapear opções de pasta → Modo de exibição.

COMENTÁRIOS

Alternativas "a" e "e": a janela Meu computador não possui uma opção no menu chamada de Tarefas do Sistema.

Alternativa "b": o menu Arquivo da janela Meu computador não possui o item "Opções de Pasta".

Alternativa "c": a opção para configuração do modo de exibição para todas as pastas, no Windows XP, é feita acionado a janela Meu Computador e na sequência clicando em menu Ferramentas → Opções de pastas → Modo de exibição, como ilustrado pela figura 10.

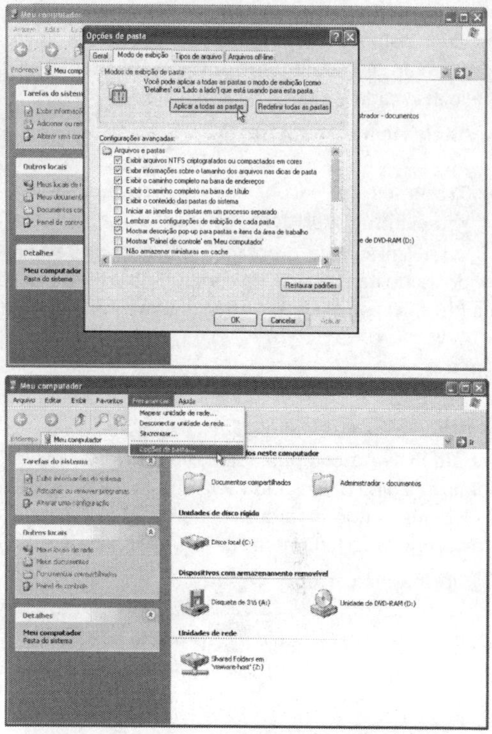

Figura 10. Configuração do modo de pastas.

Alternativa "d": o menu Ferramentas da janela Meu computador não possui o item "Mapear opções de pasta".

Alternativa correta: letra "c".

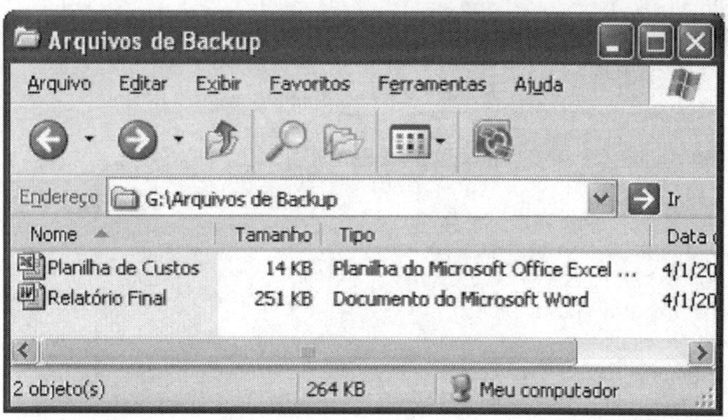

61. (Analista Judiciário – Área Judiciária TRE/ES 2011 – CESPE) Com relação à figura acima, que mostra uma janela do Windows XP, julgue os itens subsequentes.

62. Ao se clicar com o botão direito do mouse no ícone Relatório Fina, é apresentada uma lista de opções, entre as quais uma que permite abrir o arquivo correspondente a esse ícone.

COMENTÁRIOS

Clicando com o botão direito sobre o arquivo citado, são disponibilizadas diversas opções, dentre elas, abrir o arquivo. Além desta opção, o usuário poderia imprimir, recortar, copiar, renomear, remover, criar atalho, verificar as propriedades do arquivo e abrir o arquivo com outro software (diferente daquele associado ao ícone da aplicação).

Alternativa correta: "certo".

62.01. Ao se clicar o ícone correspondente ao arquivo Relatório Fina, e, em seguida, se clicar o botão , será iniciado o programa antivírus que esteja sendo usado na proteção do computador, que permitirá identificar se o arquivo está contaminado por um vírus de macro.

COMENTÁRIOS

O botão · é utilizado para efetuar pesquisas por arquivos no computador. Assim, ao clicar neste botão, a página de pesquisa será aberta para o usuário indique o tipo de arquivo que deseja localizar e em quais locais a ferramenta deverá executar a busca.

Alternativa correta: "errado".

62.02. Ao se clicar o botão , próximo ao canto superior direito da janela, essa janela será minimizada.

COMENTÁRIOS

O botão , no canto superior direito da janela é utilizado para minimizar o software para a barra de programas do Windows XP.

Alternativa correta: "certo".

62.03. Para se criar uma pasta nova, que fique armazenada na pasta G:\Arquivos de Backup, é suficiente se clicar o botão .

COMENTÁRIOS

O botão não executa a criação de um novo diretório, mas sim altera a visualização da janela para a pasta acima da pasta corrente. Não existe um botão, na janela Meu computador do Windows XP que cria uma nova pasta. A criação de uma nova pasta é feita clicando com o botão direito do mouse, em uma área vazia da pasta corrente, e escolher a opção novo→pasta

Alternativa correta: "errado".

---

63. (Analista Judiciário – Área Judiciária TRE/PE 2011 – FCC) Utilizando apenas os recursos do Explorador do Windows XP, para efetuar a cópia de um único arquivo localizado dentro da pasta A, que está compactada (zipada), para a pasta B, é necessário

a) abrir a pasta A, selecionar o arquivo desejado e efetuar a operação "recortar", selecionar a pasta B e efetuar a operação "copiar".

b) selecionar a pasta A, efetuar a operação "recortar", selecionar a pasta B efetuar a operação "colar".

c) abrir a pasta A, selecionar o arquivo desejado e efetuar a operação "extrair todos os arquivos".

d) selecionar a pasta B, efetuar a operação "nova pasta compactada (zipada)", selecionar o arquivo desejado e efetuar a operação "colar".

e) abrir a pasta A, selecionar o arquivo desejado e efetuar a operação "copiar", abrindo posteriormente a pasta B e efetuar a operação "colar".

COMENTÁRIOS

Alternativa "a": a cópia do arquivo não é realizada porque após recortar o arquivo, quando a pasta B é acessada, efetua-se uma cópia. Como não foi utilizada a opção colar, o arquivo não é movido para a pasta B.

Alternativa "b": nesta operação o arquivo é recortado da pasta A e colado na pasta B. Entretanto, a questão solicitava que o arquivo fosse copiado. Quando o arquivo é recortado e colado, o que ocorre é que este é movido para o outro diretório. No caso de uma cópia de arquivo, é necessário que exista uma cópia do arquivo na origem e outra no destino. Fato que não ocorreu nesta operação.

Alternativa "c": a operação de extrair o conteúdo do arquivo compactado não move o arquivo para a pasta B. Apenas extrai o conteúdo deste para a pasta A.

Alternativa "d": como na operação o arquivo da pasta A não é selecionado e copiado, quando a pasta compactada for criada e a operação colar for efetuada não haverá a cópia do arquivo para esta pasta.

Alternativa "e": após abrir a pasta, copiar o arquivo, acessar a pasta B e colar o arquivo obtém-se o efeito desejado de se copiar o arquivo da pasta A para a pasta B.

Alternativa correta: letra "e".

---

64. (Analista Judiciário – Área Judiciária TRE/PE 2011 – FCC) Após a utilização de uma mídia removível no Windows XP, para uma maior integridade das informações contidas neste dispositivo,

a) é necessário o procedimento de desfragmentação da unidade removível.

b) o sistema operacional efetua backups automáticos nas unidades de disco locais.

c) é necessário efetuar o procedimento de remoção segura do hardware antes de retirá-lo da porta USB.

d) o firewall do sistema operacional impede que o dispositivo seja acessado pela rede local.

e) as portas USB são desativadas automaticamente pelo sistema operacional após o término da cópia de arquivos.

COMENTÁRIOS

✪ **Nota do autor:** o termo mídia removível é bastante vago. Este pode ser referir a diversas mídias como CDs, DVDs, Blurays, cartões de memória e pen drives. A partir da análise das alternativas percebe-se que se trata da utilização de um pen drive.

Alternativa "a": não existe uma relação entre o grau de fragmentação do arquivo na mídia (pen drive) com a integridade desta. Assim, não existe a necessidade de se desfragmentar a mídia para garantira integridade. Entretanto, o grau de fragmentação influencia na velocidade de leitura do arquivo. Quando mais fragmentado, mais demorado será o processo de leitura devido aos diversos acessos a mídia para recuperar o arquivo.

Alternativa "b": não existe a opção de backups automáticos de mídia após o uso. No máximo o usuário consegue programar um horário para a realização de um backup. Assim, a ação indicada na alternativa não ocorre.

Alternativa "c": antes de desconectar o pen drive do computador é necessário efetuar o procedimento de remoção segura. Caso contrário, arquivos abertos, ou outros armazenados no pen drive, podem ser corrompidos se no momento em que o hardware for retirado houver algum acesso para atualizar o arquivo. Assim, ao remover o dispositivo pelo procedimento de remoção segura, garante-se que os arquivos já foram atualizados e não estão em uso.

Alternativa "d": o firewall do computador não irá barrar o acesso ao dispositivo no caso dele ter sido compartilhado. Além disto, o firewall não consegue lidar com problemas relacionados a integridade dos dados, visto que este apenas implementa mecanismos de controle de acesso conforme uma política definida.

Alternativa "e": como existe a possibilidade de um novo acesso aos arquivos, após uma cópia do arquivo não existe a desativação automática de uma porta USB após uma operação de cópia. Isto somente ocorre com o procedimento de remoção segura.

Alternativa correta: letra "c".

---

65. (Analista Judiciário – Área Judiciária TRE/RN 2011 – FCC) Em relação ao *Windows Explorer*, do *Windows XP*, é INCORRETO afirmar:

a) Tela de trabalho pode ser dividida em três partes, sendo que a estrutura de pastas e subpastas do sistema são exibidas na porção esquerda da tela.

b) Os botões Voltar, Avançar e Acima, presentes na *Barra de Título*, permitem a navegação entre as diversas pastas criadas no sistema.

c) Barra de Título, Barra de Menu e Barra de Ferramentas estão localizadas na área superior da janela.

d) No lado esquerdo, logo abaixo da Barra de Menu, aparecem as unidades dos *drives* existentes, sendo os mais comuns simbolizados por letras.

e) À direita da tela, uma área de apresentação de informações exibe o conteúdo da pasta selecionada na porção esquerda da tela.

COMENTÁRIOS

Alternativas "a", "c", "d" e "e": fazem afirmações corretas sobre o *Windows Explorer do Windows XP*.

Alternativa "b": os botões Voltar, Avançar e Acima estão localizados na barra de ferramentas do *Windows Explorer* e não na barra de títulos como afirmado na alternativa.

Alternativa incorreta: letra "b".

---

66. (Analista Judiciário – Área Judiciária TRE/TO 2011 – FCC) Usada para desfazer alterações feitas e para retornar as configurações do computador a uma etapa anterior, preservando os trabalhos recentes, sendo um processo totalmente reversível. No Windows, trata-se de

a) Restauração do sistema.

b) Painel de controle.

c) Atualizações automáticas.

d) Central de segurança.

e) Gerenciador de tarefas.

COMENTÁRIOS

Alternativa "a": o recurso de restauração do sistema permite ao usuário restaurar o sistema ao estado anterior após alguma alteração. Por exemplo, caso a atualização de um software não seja bem-sucedida, o usuário pode restaurar o sistema para a configuração anterior a atualização.

Alternativa "b": o painel de controle permite ao usuário alterar diversas configurações do computador como remoção de softwares, resolução da tela, configuração do mouse, teclado, sistema etc. Entretanto, este não é diretamente responsável pela ação descrita na questão, apesar desta funcionalidade ser acessada a partir do painel de controle.

Alternativa "c": as atualizações automáticas são responsáveis por instalar arquivos de correção do sistema operacional e aplicativos. Logo, estes não estão relacionados à recuperação do sistema para um estado confiável, visto que algumas atualizações podem gerar problemas que somente são solucionados com a funcionalidade de restauração do sistema.

Alternativa "d": a central de segurança permite checar o status do antivírus, firewall e das atualizações automáticas do computador. Além de poder alterar as configurações destes softwares.

Alternativa "e": o gerenciado de tarefas permite checar os processos e aplicativos em execução e, se necessário, interrompê-los. Além disto, é possível checar os serviços ativos, usuários conectados, desempenho do computador e o tráfego de rede.

Alternativa correta: letra "a".

---

67. (Analista Judiciário – Área Judiciária TRE/TO 2011 – FCC) Um arquivo movido para a Lixeira do Windows

a) é excluído permanentemente.

b) pode ser restaurado.

c) só pode ser recuperado dentro dos três primeiros meses após a movimentação.

d) é recuperável desde que tenha sido excluído mediante o uso combinado das teclas shift + del.

e) só pode ser restaurado para o local original.

COMENTÁRIOS

✪ **Nota do autor:** a Lixeira do Windows funciona com um local temporário para armazenamento de arquivos excluídos. Estes permanecem na Lixeira até o momento que o usuário decida remover todos os itens armazenados nesta. Enquanto os itens permanecem na Lixeira estes podem ser restaurados, caso o usuário tenha excluído um arquivo erroneamente. Após a esvaziar da Lixeira (exclusão de todos os arquivos desta) não é mais possível restaurar os arquivos que estavam armazenados nesta anteriormente.

Alternativa "a": um arquivo movido para a lixeira somente é excluído completamente quando a Lixeira é esvaziada. Caso contrário, este pode ser restaurado a qualquer momento.

Alternativa "b": um arquivo movido para a Lixeira do Windows pode ser restaurado a qualquer momento, desde que a Lixeira não tenha sido esvaziada.

Alternativa "c": não existe um tempo máximo de permanência dos itens excluídos na Lixeira.

Alternativa "d": ao contrário. Quando um item é excluído utilizando as teclas shift+delete, este não é movido para a lixeira, mas sim removido imediatamente e sem possibilidade de restauração (como no caso do uso da Lixeira).

Alternativa "e": não existe uma restrição com relação ao local onde o item pode ser restaurado. O usuário pode mover o item da Lixeira para qualquer pasta do Windows.

Alternativa correta: letra "b".

3. REDES DE COMPUTADORES, INTERNET E INTRANET

---

68. (IBFC – Analista Judiciário – Área Administrativa – TRE – PA/2020) No século XXI houve a criação de diversas redes sociais para diferentes públicos e finalidades. Sobre redes sociais para profissionais, assinale a alternativa correta.

a) Facebook

b) LinkedIn

c) Orkut

d) Twitter

COMENTÁRIOS

Alternativa "a". O Facebook é uma rede social utilizada para conectar pessoas ao redor do mundo. Nesta, os usuários podem postar informações sobre atividades sociais, comentar diversos assuntos, postar fotos, vídeos etc. Entretanto não é uma rede voltada para profissionais.

Alternativa "b". O Linkedin é uma rede social focada na troca de informações entre profissionais de diferentes áreas, divulgação de vagas de trabalho, exposição de currículos dentre outras atividades com cunho profissional.

Alternativa "c". O Orkut foi uma rede social, do Google, utilizada para conectar usuários ao redor do mundo para a discussão dos mais diversos temas. Tal rede social não existe mais. Esta foi desabilitada em 2014. Esta não tinha um cunho profissional.

Alternativa "d". O Twitter é uma rede social que oferece um serviço de microblog, ou seja, os usuários podem postar textos de até 140 caracteres e se comunicarem em tempo real. Este também permite o compartilhamento de fotos e vídeos. Esta rede tem o objetivo de atender diferentes público assim não tem um caráter de rede social para profissionais.

Alternativa correta: letra "b".

---

69. (IBFC – Técnico Judiciário – Área Administrativa – TRE – PA/2020) Quanto à comunicação por voz baseada no Protocolo de Internet, assinale a alternativa correta.

a) Intranet

b) TCP/IP

c) VoIP

d) Outlook

COMENTÁRIOS

Alternativa "a". Uma Intranet é uma rede privada de computadores que utiliza os mesmos protocolos da Internet e não um protocolo.

Alternativa "b". O TCP/IP é uma arquitetura de protocolos que possibilita a comunicação de computadores em rede.

Alternativa "c". VoIP (Voice over IP) é um protocolo utilizado para comunicação por voz que utiliza o protocolo IP para trafegar áudio por uma rede de computadores ou pela Internet.

Alternativa "d". O Outlook é um software utilizado para recebimento, leitura, elaboração e envio de mensagens de e-mail.

Alternativa correta: letra "c".

---

70. (IBFC – Analista Judiciário – Área Administrativa – TRE – PA/2020) Guilherme é analista de suporte de uma grande empresa do ramo farmacêutico, e, eventualmente necessita se conectar na rede corporativa pela internet quando está fora do local de trabalho. Quanto a uma das formas seguras de se conectar na rede corporativa, assinale a alternativa correta.

a) Com seu notebook e por um WIFI publico

b) Pelo 4G do seu smartphone com seu próprio smartphone

c) Com seu notebook corporativo e pela rede VPN em uma conexão não compartilhada

d) Com seu notebook corporativo e pela rede VPN em uma conexão compartilhada

COMENTÁRIOS

✪ **Nota do Autor.** Uma VPN (Virtual Private Network) é uma rede virtual protegida por criptografia que garante a troca segura de informações entre computadores via uma rede pública com a Internet.

Alternativa "a". A utilização de um WIFI público não é um meio seguro para comunicação. Nesta rede, como não se conhece as medidas de segurança adotadas, o usuário está sujeito ao roubo de informações trafegadas.

Alternativa "b". O uso de equipamentos pessoais para acesso a uma rede corporativa é uma prática insegura. O celular do usuário pode ter várias falhas de segurança, softwares maliciosos dentre outras ameaças que podem comprometer o sistema da empresa.

Alternativa "c". O meio mais seguro é utilizando o computador corporativo, o qual terá todas as medidas se segurança implementadas, juntamente com a VPN que irá proteger os dados trafegados entre o computador e o sistema da empresa.

Alternativa "d". O uso do notebook corporativo e da VPN garantem a segurança na comunicação. Entretanto, a utilização de uma conexão compartilhada pode gerar riscos de segurança devido a possibilidade de captura de informações.

Alternativa correta: letra "c".

---

71. (FCC – Técnico Judiciário – Área Administrativa – TRE – PR/2017) Um usuário está utilizando o navegador

a) Google Chrome, em português, e digitou na linha de endereço chrome://configuracoes para alterar o local de downloads.

b) Google Chrome, em português, e digitou na linha de endereço chrome://history para ter acesso ao serviço de limpar os dados de navegação.

c) Google Chrome, em português, e digitou na linha de endereço chrome://maps para acessar o Google Maps.

d) Mozilla Firefox, em português, e pressionou as teclas ctrl + H para limpar os dados de navegação.

e) Mozilla Firefox, em português, e digitou na linha de endereço mozilla/preferencias para alterar o local de downloads.

COMENTÁRIOS

Alternativa "a". Ao digitar o endereço chrome://configuracoes será apresentada uma mensagem de erro informando que que não é possível acessar está página.

Alternativa "b". O endereço chrome://history permite acessar o histórico de navegação além da opção de limpar o histórico.

Alternativa "c". Este endereço, chrome://maps, ao ser digitado no Chrome irá gerar uma mensagem de erro informando que não é possível acessar está página. O endereço correto do Google Maps é https://www.google.com.br/maps.

Alternativa "d". O atalho Ctrl+H abre a guia de histórico do Firefox, mas não permite a limpeza deste.

Alternativa "e". Este endereço digitado no Firefox não abre a aba de configurações para alterar o local padrão de Downloads. O endereço correto para isto é about:preferences.

Alternativa correta: letra "b".

---

72. (FCC – Analista Judiciário – Área Judiciária – TRE - PR/2017) Considere a imagem abaixo, da rede interna de uma empresa, conectada à Internet.

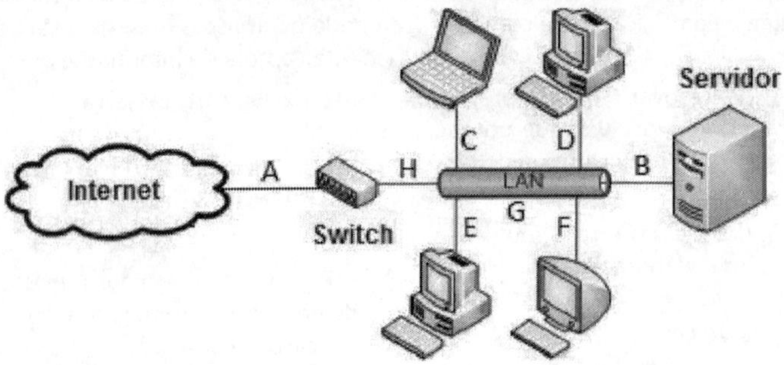

Como uma solução de segurança, na prática, um firewall de aplicação, também conhecido como proxy, deve ser instalado no ponto identificado pela letra

a) A.
b) E.
c) G.
d) B.
e) C.

COMENTÁRIOS

✪ **Nota do autor.** O objetivo de um firewall é regular o tráfego entre redes (Exemplo: uma rede local e a Internet) a partir de um conjunto de regras especificada que definem quais serviços podem ser acessados externamente ou quais serviços da rede local podem ser acessados pelas máquinas da rede externa.

Alternativa "a". Se um firewall de aplicação for colocado no ponto A ele fará a correta proteção, desde que configurado corretamente, da rede local contra ameaças e ataques da Internet.

Alternativa "b". Se um firewall for colocado no ponto E, este irá apenas proteger um computador da rede local e não toda a rede.

Alternativa "c". O ponto G representa o dispositivo de rede utilizado para interligar os computadores. Considerando que esta é uma rede local, este seria um switch. Um firewall tem como objetivo filtrar a comunicação que passa por este e não interligar computadores em uma rede. Desta forma, não seria correto colocar um firewall no ponto G.

Alternativa "d". A colocação de um firewall no ponto B apenas protegeria o servidor e não toda a rede local.

Alternativa "e". A colocação de um firewall no ponto C apenas protegeria o notebook e não toda a rede.

Alternativa correta: letra "a".

73. (FCC – Técnico Judiciário – Área Administrativa – TRE – SP/2017) Um Técnico Judiciário precisa mudar o nome e a senha da rede wireless do escritório onde trabalha, pois desconfia que ela está sendo utilizada por pessoas não autorizadas. Para isso, ele deve entrar na área de configuração do modem que recebe a internet e que também é roteador. Para acessar essa área, no computador ligado ao modem-roteador, deve abrir o navegador web e, na linha de endereço, digitar o

a) comando http://ipconfig.
b) endereço de memória do roteador.
c) comando http://setup.
d) comando http://settings.
e) IP de acesso ao roteador.

COMENTÁRIOS

Alternativa "a". Ao digitar este endereço no navegador será gerada uma mensagem de página não encontrada. O ipconfig é um comando do Windows para visualizar os endereços IP atribuídos ao computador.

Alternativa "b". Não é possível acessar o endereço de memória do roteador diretamente (sem o desenvolvimento de um software). Entretanto, não é este o caminho para a alteração das configurações do roteador.

Alternativa "c". Ao digitar este endereço será exibido pelo navegador uma mensagem de erro informando que a página não foi encontrada.

Alternativa "d". Ao digitar este endereço será exibido pelo navegador uma mensagem de erro informando que a página não foi encontrada.

Alternativa "e". Para alterar as configurações do roteador, como o nome e a senha da rede wireless, o usuário precisa digitar o endereço IP do roteador.

Alternativa correta: letra "e".

74. (Consulplan – Técnico Judiciário – Área Administrativa – TRE – RJ/2017) Utilizando o Internet

Explorer, versão 8, no Sistema Operacional Windows 7, Configuração Local, Idioma Padrão-Português, para acessar qualquer site basta digitar o endereço requerido na barra de endereços do navegador para ter acesso à página solicitada. Entretanto, para "poupar" essa digitação de todo o endereço, há um atalho para os endereços terminados em .com. "Para digitar rapidamente uma URL terminando em '.com', deve-se digitar a parte entre 'www' e '.com' e, em seguida, pressionar_______."

Assinale a alternativa que completa corretamente a afirmativa anterior.

a) CTRL + ENTER

b) SHIFT + ENTER

c) CTRL + SHIFT + F9

d) CTRL + SHIFT + F10

COMENTÁRIOS

Alternativa "a". Ao digitar a parte intermediária entre o www e .com e pressionar CTRL+ENTER o endereço será completado com o www e o .com.

Alternativa "b". Ao digitar um texto e pressionar SHIFT+ENTER será executada uma busca com o texto digitado.

Alternativa "c". Esta combinação de teclas não possui nenhum efeito no texto digitado.

Alternativa "d". Esta combinação abre um menu lateral para opções, o mesmo que é acionado com o botão direito do mouse.

Alternativa correta: letra "a".

---

75. (Cespe – Analista Judiciário – Área Judiciária – TRE – BA/2017) Para responder uma mensagem de correio eletrônico e, simultaneamente, encaminhá-la para todos os endereços de email constantes no campo Para: (ou To) e no campo Cópia: (ou Copy) no cabeçalho da mensagem recebida, o usuário deve utilizar a opção

a) encaminhar mensagem.

b) encaminhar mensagem para todos os destinatários.

c) responder para todos.

d) responder para o remetente.

e) responder com cópia oculta.

COMENTÁRIOS

Alternativa "a". Ao encaminhar uma mensagem, o usuário deverá digitar os endereços para os quais deseja encaminhar a mensagem. O objetivo da opção encaminhar é o de direcionar o e-mail a um usuário que não estava copiado na mensagem anteriormente. Logo, os endereços constantes nas opções Para: e Cópia: não serão copiados para a nova mensagem criada pela opção encaminhar.

Alternativa "b". Não existe uma opção de encaminhar a mensagem para todos os destinatários. Como comentado, o objeto da opção encaminhar é enviar o e-mail para um destinatário que não se encontra dentre os destinatários originais da mensagem.

Alternativa "c". A opção "responder para todos" irá gerar um e-mail para todos os endereços constantes nos campos Para: e Cópia: . Desta forma, o usuário consegue responder à mensagem para todos os destinatários iniciais desta.

Alternativa "d". Ao responder para o remetente, a resposta será direcionada apenas para o autor da mensagem e não para os demais destinatários nos campos cópia: e para: .

Alternativa "e". Não existe uma opção de resposta com cópia oculta. Para isto, o usuário deverá clicar em responder à mensagem e inserir o e-mail dos destinatários, que deseja que sejam copiados de forma oculta, no campo Cco:. Os demais destinatários, indicados nos campos Para: e Cópia: não visualizarão os endereços de e-mail indicados no campo de cópia oculta.

Alternativa correta: letra "c".

---

76. (Cespe – Técnico Judiciário – Área Administrativa – TRE – PI/2016) Assinale a opção que apresenta a combinação de teclas que permite abrir uma nova aba no navegador Mozilla Firefox, em sua versão mais recente e com configuração padrão, instalada em uma máquina com sistema operacional Windows.

a) Ctrl + B

b) Ctrl + D

c) Ctrl + E

d) Ctrl + T

e) Ctrl + A

COMENTÁRIOS

Alternativa "a". O atalho Ctrl+B é utilizado para abrir o painel de favoritos.

Alternativa "b". Este atalho é utilizado para salvar uma página nos favoritos.

Alternativa "c". O atalho Ctrl+ E não possui uma função específica no Firefox.

Alternativa "d". O atalho Ctrl+T é utilizado para abrir uma nova aba no Firefox.

Alternativa "e". Este atalho é utilizado para selecionar todo o texto de uma página.

Alternativa correta: letra "d".

---

77. (Cespe – Técnico Judiciário – Área Administrativa – TRE – RS/2015) Com relação aos conceitos e às tecnologias pertinentes a Internet e correio eletrônico, assinale a opção correta.

a) O usuário pode instalar um aplicativo no celular que tenha acesso a Internet, sincronizá-lo com a conta de email e, em qualquer lugar, enviar e receber mensagens de correio eletrônico.

b) Os aplicativos desenvolvidos para celulares são ferramentas criadas com o objetivo de facilitar o desempenho de atividades práticas dos usuários ou meramente por divertimento. O uso de aplicativos para celulares pode também facilitar a experiência dos profissionais da área jurídica e propor um novo espaço para a atuação dos eleitores, isso porque essas aplicações são extremamente seguras e não impactam na segurança do ambiente computacional.

c) Quando se tem instalado um programa cliente de email no computador e se acessa os emails, estes são imediatamente baixados do servidor para o computador, não podendo ser acessados a partir de outro equipamento.

d) A conexão à Internet mediante tecnologia wireless limita o acesso a conteúdos e arquivos muito extensos.

e) Ao se anexar um arquivo de imagem, como, por exemplo, um arquivo com a extensão JPG, a uma mensagem de email, é necessário certificar-se de que o destinatário possua o programa Paint do Windows 7 para abri-lo.

COMENTÁRIOS

Alternativa "a". Por meio do celular é possível configurar um aplicativo de e-mail e enviar e receber mensagens.

Alternativa "b". Os sistemas operacionais dos celulares e seus aplicativos não são extremamente seguros. Eles possuem recursos de segurança, mas são suscetíveis a vírus e outras ameaças virtuais que podem comprometer o funcionamento deste ou roubar dados.

Alternativa "c". Os clientes de e-mail podem acessar as mensagens diretamente no servidor, utilizando o protocolo IMAP, e desta forma não necessitarem baixar as mensagens para o computador.

Alternativa "d". A conexão a Internet através da rede wireless possui uma velocidade inferior aos das redes cabeadas. Assim, recomenda-se o acesso a conteúdos e arquivos não muito extensos.

Alternativa "e". As imagens, como arquivos tipo JPG, podem ser abertos por diversos softwares de visualização de imagens. Assim, não é necessário que o destinatário obrigatoriamente tenha o Paint instalado.

Alternativa correta: letra " a".

78. (Cespe – Técnico Judiciário – Área Administrativa – TRE – RS/2015) No que diz respeito aos programas Internet Explorer 11, Mozilla Firefox, Google Chrome e Thunderbird, assinale a opção correta.

a) Um navegador é um programa de computador criado para fazer requisições de páginas na Web, receber e processar essas páginas. Quando é digitado o endereço de um sítio na barra de endereços e pressionada a tecla o navegador envia uma chamada à procura da página solicitada. Se houver uma resposta positiva, ou seja, se a página for encontrada, então o navegador faz a leitura do conteúdo da página e mostra-o para o usuário.

b) O Thunderbird é o navegador líder de mercado e concorrente direto do Internet Explorer, com interface simples e objetiva que facilita a navegação principalmente em páginas seguras.

c) A escolha do navegador depende necessariamente do tipo do sistema operacional instalado no computador. Por exemplo, o Internet Explorer 11 permite maior velocidade que o Chrome quando instalado em computadores com o Windows 7 ou superior.

d) O Mozilla Firefox é um navegador ideal para se trabalhar com softwares livres, pois possui código aberto.

e) A grande vantagem do Google Chrome é a possibilidade de, com ele, se poder buscar informações rápidas de diversos assuntos, pois a página inicial é um sítio de busca.

COMENTÁRIOS

Alternativa "a". Esta alternativa descreve corretamente o funcionamento de um navegador web.

Alternativa "b". O Thunderbird é um software de correio eletrônico e o Internet Explorer é um navegador. No caso, o navegador concorrente do Internet Explorer **é** o Firefox.

Alternativa "c". Não existe nenhuma relação de velocidade entre o navegador e o sistema operacional diretamente. Assim, o Internet Explorer não necessariamente é mais rápido ou mais lento que outros navegadores por estar instalado no Windows 7 ou superior.

Alternativa "d". Não existe uma relação direta entre a utilização do Firefox e softwares livres. Visto que se pode utilizar softwares livres e um outro navegador proprietário, como o Internet Explorer, sem maiores prejuízos.

Alternativa "e". Diversos outros navegadores suportam um página inicial associada a um mecanismo de busca.

Alternativa correta: letra " a".

79. (Cespe – Analista Judiciário – Área Judiciária – TRE – MT/2015) Há uma grande demanda, no mercado de tecnologia da informação, pela virtualização de serviços e sistemas, principalmente no que se refere aos serviços na nuvem. Na maioria dos casos, esses serviços devem ser executados em máquinas virtuais. É correto afirmar que há sistema operacional funcionando em uma máquina virtual no caso de

a) o sistema operacional Linux estar instalado em um computador considerado servidor de um serviço de rede e que provê serviços para compartilhamento e armazenamento de arquivos acessíveis a usuários na Internet.
b) o sistema operacional Linux estar instalado em um computador considerado estação de trabalho de uma rede utilizada para a navegação na Internet, envio e recebimento de emails e criação e edição de planilhas.
c) o sistema operacional Windows estar instalado em um notebook para o usuário final.
d) sistemas operacionais Windows e Linux estarem instalados em um notebook em formato dual *boot* e um deles tiver sido selecionado para iniciar o notebook.
e) sistemas operacionais Windows e Linux estarem instalados em um notebook e o usuário, tendo selecionado o Windows para iniciar o computador, poder, com o apoio de um software, executar simultaneamente o Linux.

COMENTÁRIOS

Alternativa "a". O ambiente descrito nesta alternativa, caracteriza um servidor de rede que provê acesso a arquivos em uma rede local e na Internet. Neste caso há apenas um sistema operacional em execução, não caracterizando um ambiente virtualizado.

Alternativa "b". Esta alternativa descreve uma estação de trabalho utilizando apenas um sistema operacional se nenhum recurso relacionado a virtualização.

Alternativa "c". Novamente temos apenas um computador, funcionando como uma estação de trabalho para um usuário final, com apenas um sistema operacional e sem as características de um sistema virtualizado.

Alternativa "d". Apesar da presença de dois sistemas operacionais instalados no computador, estes não são executados simultaneamente (características de sistemas virtualizados). Para que o usuário execute o outro sistema operacional, ele necessidade reiniciar o computador e escolher o outro sistema operacional.

Alternativa "e". Em um sistema virtualizado, o computador executa um determinado sistema operacional (Ex.: Windows) e executa simultaneamente outro sistema operacional (Ex.: Linux) com o apoio de um software que permite a execução do segundo sistema operacional sob o primeiro.

Alternativa correta: letra "e".

80. (Cespe – Analista Judiciário – Área Judiciária – TRE – MT/2015) Serviços de *cloud storage* (armazenagem na nuvem)

a) aumentam a capacidade de processamento de computadores remotamente.
b) aumentam a capacidade de memória RAM de computadores remotamente.
c) suportam o aumento da capacidade de processamento e armazenamento remotamente.
d) suportam o aumento da capacidade dos recursos da rede de computadores localmente.
e) suportam cópia de segurança remota de arquivos.

COMENTÁRIOS

Alternativa "a". Este serviço, de armazenamento nas nuvens, não permite incremento da capacidade de processamento.

Alternativa "b". Este serviço, de armazenamento nas nuvens, não permite o aumento da memória RAM. Isto seria possível em um serviço de virtualização de servidores.

Alternativa "c". No armazenamento na nuvem é possível aumentar a capacidade de armazenamento, mas não de processamento.

Alternativa "d". Também não é possível aumentar os recursos de rede dos computadores locais, neste serviço. Este aumento de capacidade de rede pode ser feito quando um servidor é armazenado em um datacenter.

Alternativa "e". Através de serviços de *cloud storage* é possível realizar o backup (cópia de segurança) de arquivos. Estes ficam armazenados em servidores remotos. Caso o computador sofra uma pane, é possível recuperar estes arquivos armazenados nos servidores de *cloud storage*.

Alternativa correta: letra "e".

81. (Cespe – Analista Judiciário – Área Judiciária – TRE – RS/2015) Com base nos recursos do programa de correio eletrônico Mozilla Thunderbird 38.3.0, assinale a opção correta.

a) Uma das formas de liberar espaço em disco é apagar as mensagens que estão na Lixeira. Embora as opções de configuração da Lixeira sejam limitadas, é possível configurá-la de modo que as mensagens que possuem arquivos em anexo sejam excluídas permanentemente.

b) Tanto um texto digitado no título da mensagem quanto aquele digitado no corpo do email terão a ortografia verificada.

c) As pastas inteligentes fornecem ao usuário uma nova forma de organizar as mensagens. Após realizadas as devidas configurações, esse recurso gerencia automaticamente as mensagens e consegue realizar algumas operações, como, por exemplo, apagar, encaminhar ou, até mesmo, responder uma mensagem com um texto padrão.

d) É possível adicionar diversas informações a um contato, como, por exemplo, foto, número do telefone e endereço residencial por meio do recurso chamado catálogo de endereços. Para utilizá-lo, o usuário deverá selecionar o menu Editar e, em seguida, escolher a opção Catálogo de Endereços.

e) A interação com o usuário melhorou bastante nessa última versão. Um usuário pode configurar um som específico para ser tocado no momento em que novas mensagens forem recebidas usando o menu Editar, opção Preferência e, posteriormente, a caixa de diálogo Multimídia.

COMENTÁRIOS

Alternativa "a". Não existe uma opção, de configuração da lixeira, que permita que os e-mails com anexo, movidos para lixeira, sejam excluídos permanentemente.

Alternativa "b". Tanto o título da mensagem quanto o corpo do e-mail passarão pela correção ortográfica do software.

Alternativa "c". O recurso de pastas inteligentes não é capaz de apagar, encaminhar ou responder mensagens com um texto padrão. Este recurso é utilizado para consolidar em um único local as mensagens recebidas, arquivadas e enviadas de diversas contas.

Alternativa "d". Incorreto. O catálogo de endereço encontra-se no menu Ferramentas e não no menu Editar.

Alternativa "e". No menu Editar não há a opção chamada Preferência. O ajuste indicado encontra-se no menu Ferramentas->Opções->Geral no item "Ao chegarem novas mensagens:".

Alternativa correta: letra "b".

---

82. (IESES – Analista Judiciário – Área Judiciária – TRE – MA/2015) Analise a sentença I e a sentença II e assinale a alternativa correta:

I. Intranet é uma rede de computadores privativa que utiliza as mesmas tecnologias que são utilizadas na Internet, porém apenas usar endereços IP's para construir uma rede local onde se compartilha impressoras, discos e pastas, não caracteriza uma intranet.

II. Para que seja considerada uma intranet é necessário implementar a interatividade entre os participantes e isso pode ser feito através de um firewall.

a) A sentença I está errada e a sentença II está errada.

b) A sentença I está correta e é complementada corretamente pela sentença II.

c) A sentença I está correta e a sentença II está incorreta.

d) A sentença I está correta e a sentença II está correta, porém uma não complementa a outra.

COMENTÁRIOS

Item I. Verdadeiro. Uma rede privativa, utiliza as mesmas tecnologias da Internet, mas o acesso é restrito localmente, ou seja, não há acesso à Internet ou a redes externas.

Item II. Falso. O firewall irá restringir o acesso as redes externas. A interatividade entre os participantes é feita através da disponibilização de serviços e compartilhamento de recursos entre os computadores que compõe a rede privada.

Alternativa correta: letra "c".

---

83. (IESES – Analista Judiciário – Área Judiciária – MA/2015) João fez download de um programa pela internet e sem preocupar-se com vírus, worms e pragas virtuais, instalou-o em seu computador. Verificou que seu computador estava ficando lento junto com outros sintomas. Acontece que o vírus se alojou em uma pasta oculta. Qual o procedimento correto para encontrar esta pasta?

a) No prompt do MS-DOS localizar o diretório e digitar o comando Exibir folders.

b) No espaço para fazer pesquisa, digite Config, ao abrir uma janela, selecione a aba Ferramentas, assinale a opção Visualizar pastas ocultas.

c) Abrir o Painel de Controle /Exibir por categoria / Aparencia e Personalizacao /Opções de Pastas / Modo de Exibição assinalar Mostrar arquivos, pastas e unidades ocultas.

d) Digite a tecla de atalho Ctrl+Shift+F e ao aparecer uma janela, selecione a aba Mostrar e Ocultar.

COMENTÁRIOS

Alternativa "a". O comando citado não faz parte das opções de comandos do prompt do MS-DOS.

Alternativa "b". Esta ação irá exibir todos os arquivos que possuem a palavra config, mas não um software que permita fazer a ação de visualizar as pastas ocultas.

Alternativa "c". A sequência de passos, em uma janela do Explorer, permite habilitar a visualização de pastas e arquivos ocultos.

Alternativa "d". Este atalho não habilita um recurso para visualizar pastas ocultas. No Word este é utilizado para alterar a fonte do texto.

Alternativa incorreta: letra "c".

---

84. (IESES - Analista Judiciário - Área Judiciária - TRE - MA/2015) Com relação aos navegadores, analise as sentenças e assinale a alternativa correta:

I. Existem versões do Internet Explorer (IE) para sistemas Windows e Mac. O IE recebe críticas por ser pesado, mas por outro lado possui funções de segurança que oferecem controle detalhado do conteúdo que pode ser acessado na web.

II. O Chrome foi desenvolvido pelo Google inicialmente para atender os próprios serviços do Google que nem sempre funcionava bem nos outros navegadores. O que falta nele são ajustes de segurança mais detalhados.

III. O Firefox foi criado pela fundação Mozilla e tem recursos avançados de gerenciamento de downloads. Roda em sistemas Linux e Windows. A desvantagem é que seu código é fechado apesar de ser classificado como software livre.

a) Todas as alternativas estão corretas.
b) A alternativa II e III estão corretas.
c) Somente a afirmativa I está correta.
d) As alternativas I e II estão corretas.

COMENTÁRIOS

Item I. Verdadeiro. Existem versões do IE para MAC e apesar de ser um software pesado possui recursos de segurança referentes a conteúdos web.

Item II. Verdadeiro. Existe uma carência de ajustes de segurança mais detalhados.

Item III. Falso. Os recursos para download do Firefox são limitados. Estes podem ser melhorados com a utilização de complementos.

Alternativa incorreta: letra "d". São verdadeiros os itens I e II.

---

85. (IESES - Analista Judiciário - Área Judiciária - TRE - MA/2015) Com relação ao Correio Eletrônico, analise as sentenças e assinale a alternativa correta:

I. Guardar regularmente as mensagens em um disco rígido ou pendrive.

II. Não é necessário suprimir regularmente os arquivos que ocupam inutilmente o servidor.

III. No local assunto/objeto procurar referenciar ou resumir a mensagem de que se trata.

IV. É possível definir uma assinatura, que será acrescentada automaticamente ao final da mensagem.

a) Todas as alternativas estão corretas.
b) Somente uma alternativa está errada.
c) Somente uma afirmativa está correta.
d) As alternativas I e III estão corretas.

COMENTÁRIOS

Item I. Verdadeiro. Guardar regularmente as mensagens em um disco rígido ou pendrive é uma forma de economizar espaço no servidor de e-mail de fazer um backup das mensagens (evitando a perda de informações no caso de um pane do servidor).

Item II. Falso. Os usuários possuem uma cota de espaço para armazenamento de mensagens no servidor de e-mail. Dependendo da quantidade de espaço disponibilizado é necessário remover mensagens antigas ou não mais necessárias.

Item III. Verdadeiro. O assunto de uma mensagem deve indicar o que será tratado no corpo do e-mail.

Item IV. Verdadeiro. Os softwares de e-mail permitem a inclusão de assinaturas no final de cada mensagem.

Alternativa incorreta: letra "b". Somente o item II está falso.

---

86. (Cespe - Analista Judiciário - Área Judiciária- TRE-GO/2015) No que se refere a redes de computadores, julgue os itens seguintes.

86.01. No Google Chrome, é possível sincronizar, entre outros, marcadores, extensões da Web e histórico, a partir da iniciação de uma sessão no Chrome.

COMENTÁRIOS

O Chrome e o Firefox permitem sincronizar informações como extensões, histórico, marcadores através de uma conta vinculada aos serviços do Google ou Firefox respectivamente.

Alternativa correta: "certo".

86.02. A topologia de uma rede refere-se ao leiaute físico e lógico e ao meio de conexão dos dispositivos na rede, ou seja, como estes estão conectados. Na topologia em anel, há um computador central chamado token, que é responsável por gerenciar a comunicação entre os nós.

COMENTÁRIOS

✪ **Nota do autor.** As redes que utilizam a topologia em anel não possuem uma estrutura centralizada de comunicação. Os computadores, que compõem a rede, se revezam na utilização do canal de comunicação através da utilização de um token. Este é um marcador gerado pelo software de rede que indica qual máquina pode utilizar o canal de comunicação para enviar dados enquanto as demais aguardam a recepção dos dados. Neste modelo, somente a máquina com o token utiliza o meio de comunicação.

O token não é um computador ou dispositivo central, mas sim um marcador, gerado pelo software de rede, que identifica qual computador do anel pode enviar dados.

Alternativa correta: "errado".

---

87. (IBFC - Analista Judiciário – Área Judiciária– TRE-AM/2014) Assinale a alternativa que apresenta corretamente os conceitos, ou diferenças, entre Internet e Intranet:

a) A Intranet é uma rede de computadores aberta, de uma empresa ou organização.

b) A internet normalmente é usada para armazenar conteúdo interno relacionado à empresa, como informações sobre políticas da empresa ou benefícios aos funcionários.

c) Não existe necessidade de configuração especial no Internet Explorer para o acesso a uma Intranet de uma empresa.

d) Uma Intranet usa os mesmos protocolos que a Internet e pode conter os mesmos tipos de conteúdo.

COMENTÁRIOS

Alternativa "a". A Intranet é uma rede de computadores privada. Esta é acessada localmente pelos computadores que fazem parte da rede de uma empresa ou organização. Os computadores a Intranet podem não acessar a Internet e não são acessíveis externamente.

Alternativa "b". Além de armazenar informações e conteúdos da empresa, uma intranet provê serviços aos usuários desta como acesso a aplicações, compartilhamento de recursos etc.

Alternativa "c". Uma Intranet precisa ser isolada de qualquer rede externa como a Internet. Para isto, todo o acesso entre a Intranet e Internet, por exemplo, precisa ser analisado por um servidor de rede (Proxy). Este irá impedir o acesso a rede externa e para que este seja utilizado é necessário configurar os navegadores, como o Internet Explorer, para utilizarem o proxy.

Alternativa "d". Tanto a intranet quanto a Internet utilizam o mesmo conjunto de protocolos, ou seja, o TCP/IP para prover acesso a páginas da intranet ou internet, endereçamento de computadores, tradução de nomes, etc.

Alternativa correta: letra "d".

---

88. (IBFC - Analista Judiciário – Área Judiciária– TRE-AM/2014) Referente aos conceitos básicos de Redes de Computadores e de Internet, identifique a alternativa que apresenta o principal protocolo utilizado na rede das redes, a Internet:

a) TCP/IP

b) TCP/FTP

c) FTP/IP

d) ISO/OSI

COMENTÁRIOS

✪ **Nota do autor.** O termo TCP/IP refere-se a uma arquitetura de protocolos que são a base para comunicação entre computadores na Internet e em redes locais (como Intranets). Esta arquitetura é composta por uma série de protocolos. Entretanto os principais são o IP (Internet Protocol) responsável pelo endereçamento dos computadores em rede e o TCP (TransmissionControlProtocol) que é o responsável pela entrega confiável de pacotes e, por isto, base para construção dos demais protocolos de aplicação como HTTP, FTP, SMTP, dentre outros.

Alternativa "a". Os principais protocolos que suportam a Internet são o TCP e o IP. A importância destes dá nome a uma arquitetura de protocolos (TCP/IP) que agrega diversos protocolos que permitem o funcionamento da Internet.

Alternativa "b". O TCP é um dos principais protocolos da Internet. Entretanto, o FTP (File TransferProtocol) é um protocolo de aplicação que permite a transferência de arquivos entre computadores. Este protocolo se encontra em desuso devido à ausência de mecanismos de segurança, como criptografia.

Alternativa "c". O IP é um dos principais protocolos da Internet. Entretanto, como citado na questão, o FTP não tem este nível de importância.

Alternativa "d". O termo ISO/OSI refere-se a uma arquitetura de protocolos que pretendia definir uma arquitetura padrão para comunicação em uma rede de computadores. Entretanto, devido a ampla utilização dos protocolos TCP e IP, esta arquitetura acabou não sendo adota e, posteriormente, a arquitetura TCP/IP tornou-se o padrão para comunicação em rede devido a adoção deste na Internet.

Alternativa correta: letra "a".

89. (Cespe - Analista Judiciário – Área Judiciária – TRE-MS/2013)

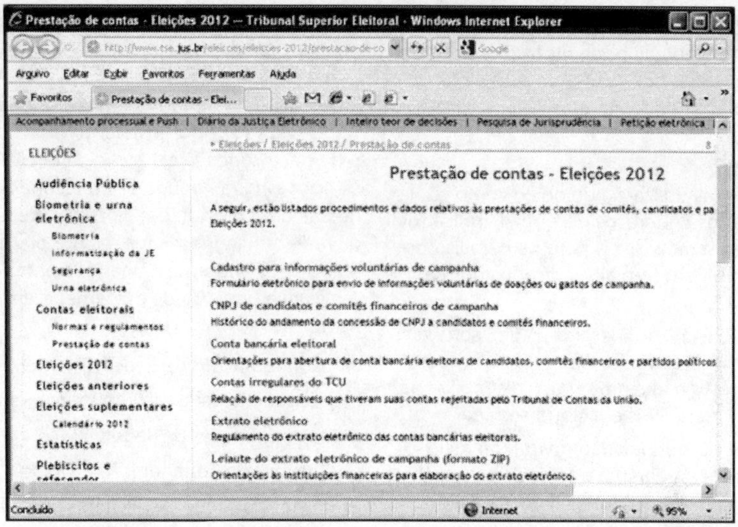

Considerando a figura acima, que apresenta parte de uma página eletrônica acessada com o navegador Internet Explorer 8 (IE8), assinale a opção correta.

a) Para enviar a página em apreço por *email*, como corpo de mensagem eletrônica, é suficiente clicar a ferramenta , na janela IE8, digitar o endereço do destinatário e, por fim, clicar o botão Enviar nessa última janela.

b) Para fazer o *download* de qualquer arquivo, é necessário previamente que o usuário instale em sua máquina um programa de compactação.

c) Para se copiar os dados da página em questão e transferi-los para um arquivo do Word, deve-se, necessariamente, salvá-los com a extensão PDF.

d) Ao se clicar em um link qualquer da página em apreço com o botão direito do mouse, será possível abrir a página indicada pelo link em uma nova janela.

e) A ferramenta possibilita o acesso a informações restritas à página mostrada na figura.

COMENTÁRIOS

Alternativa "a". Ao clicar no ícone a página visualizada será armazenada no grupo de favoritos do navegador. Para enviar uma página por e-mail é necessário clicar no menu Página (na barra de tarefas no ícone >>) e em seguida na opção enviar página por e-mail.

Alternativa "b". Em alguns casos, existe a necessidade de um programa de compactação/descompactação para abrir um arquivo compactado. Entretanto, isto não é um pré-requisito para o download de um arquivo.

Alternativa "c". Para copiar os dados de uma página para um arquivo do Word basta selecionar o texto da página, copiá-lo e colar no Word. Assim, não existe a necessidade de salvar o texto com extensão PDF para copiar o texto.

Alternativa "d". Ao clicar com o botão direito sobre um link da página, será aberto um menu suspenso com a opção de abrir o link em uma nova janela ou em outra aba.

Alternativa "e". A ferramenta indicada é um campo de busca configurado para executar a busca na Web utilizado o Google. Entretanto, esta não permite acesso a informações restritas a página da figura.

Alternativa correta: letra "d".

90. (Cespe - Analista Judiciário – Área Judiciária – TRE-MS/2013) Assinale a opção correta com referência a programas de correio eletrônico.

a) No Outlook Express, a opção de envio de cópia oculta — Cco — indica que o(s) destinatário(s) indicado(s) nesse campo será(ão) ocultado(s) dos demais destinatários.

b) O Mozilla Thunderbird é um serviço disponível na Web capaz de armazenar arquivos em cloud storage.

c) O Outlook Express possui sistema de checape de dados próprio que garante a integridade dos dados enviados e recebidos.

d) O Mozilla Thunderbird possui antivírus cuja função é checar a qualidade dos dados de determinado email antes de este ser enviado.

e) Os serviços de webmail podem ser acessados de qualquer lugar, mas não permitem a anexação de arquivos às mensagens.

COMENTÁRIOS

Alternativa "a". A utilização do envio como cópia oculta indica que os endereços de e-mail, indicados neste campo, não serão visíveis para os demais destinatários da mensagem (e-mails indicados nos campos Para e Cc).

Alternativa "b". O Thunderbird é um software cliente de e-mail capaz de receber e enviar mensagens. Entretanto, este não é um serviço disponível na Web que armazena arquivos em cloud storage.

Alternativa "c". O outlook não possui um recurso, nativo do software, que garanta que os dados recebidos ou enviados não foram alterados ou adulterados.

Alternativa "d". O Thunderbird não possui recursos de antivírus nativos no próprio software. Alguns softwares de antivírus são capazes de instalar extensões ou plugins no Thunderbird para realizar esta tarefa. Entretanto, este não é um recurso nativo deste e a tarefa é verificação é realizada pelo próprio antivírus.

Alternativa "e". Serviços de webmail podem ser acessados de qualquer lugar e permitem anexar arquivos as mensagens.

Alternativa correta: letra "a".

Maria trabalha no Tribunal Regional Eleitoral de Rondônia e foi solicitada a executar as seguintes tarefas:

1. Fazer um orçamento dos pentes de memória abaixo usando uma planilha contendo o preço apresentado por 3 fornecedores e apontar o menor preço dentre eles:

- Memória Kingston p/ Notebook 1GB DDR3 1333MHz.
- Memória Kingston 2GB 1333 DDR3 DIMM KVR1333D3S8N9/2G.
- Memória Kingston Value Notebook 8GB DDR3 1333MHz.

2. Salvar a planilha com senha em um pen drive.
3. Configurar uma rede sem fio para que os diversos computadores portáteis e desktops possam ter acesso à Internet por meio de um computador central e possam imprimir usando uma impressora ligada a esse computador. Ela deve considerar que os computadores portáteis e desktops que serão conectados não possuem dispositivos embutidos para conectá- los à rede sem fio. Além disso, o computador central tem uma placa de rede, mas não possui nenhum equipamento para ligá-lo à Internet. Deve considerar também que o dispositivo que faz a conversão de sinais binários para analógicos possibilitando a conexão com a Internet e o dispositivo que distribui o sinal da Internet via wireless estão próximos, mas em locais separados.

---

91. (FCC - Analista Judiciário – Área Judiciária – TRE-RO/2013) Após instalar todos os dispositivos de rede necessários à realização da tarefa 3, para acessar as opções para configurar uma conexão de rede, conectar um computador portátil à rede, ver o status da rede ou diagnosticar e reparar problemas na rede, Maria deve entrar no Painel de Controle do Windows 7, clicar na opção Rede e Internet e, em seguida, clicar na opção

a) Configurações de Rede e Internet.

b) Central de Rede e Compartilhamento.

c) Configurações de Rede sem Fio.

d) Opções de Configuração de Rede.

e) Gerenciador de Dispositivos de Rede.

COMENTÁRIOS

✪ Nota do autor: O Grupo Rede e Internet somente é exibido no Painel de controle do Windows 7 se este estiver configurado para exibir os ícones em categorias.

Alternativa "a". Na categoria Rede e Internet não há uma opção chamada de Configurações de Rede e Internet.

Alternativa "b". As ações indicadas nesta questão estão presentes na opção Central de Rede e Compartilhamento da Opção Rede e Internet do Windows 7.

Alternativa "c". Na categoria Rede e Internet não há uma opção chamada de Configurações de Rede sem fio.

Alternativa "d". Na categoria Rede e Internet não há uma opção chamada de Opções de Configuração de Rede.

Alternativa "e". Na categoria Rede e Internet não há uma opção chamada Gerenciador de Dispositivos de Rede.

Alternativa correta: letra "b".

---

92. (FCC - Analista Judiciário – Área Judiciária – TRE-RO/2013) Considere os itens a seguir:

I. Modem e conexão de banda larga com a Internet.

II. Roteador sem fio.

III. Adaptadores de rede sem fio.

IV. Placa SVGA wireless.

Para realizar a tarefa 3 são necessários alguns dispositivos de rede que incluem o que consta em

a) II e IV, apenas.

b) I, II e III, apenas.

c) I e II, apenas.
d) I e III, apenas.
e) I, II, III e IV.

COMENTÁRIOS

✪ **Nota do autor.** Nesta questão considerou-se que o modem de banda larga não possui recursos de roteador sem fio. Entretanto, já existem modems que possuem este recurso e eliminam a necessidade de um roteador sem fio adicional.

Alternativa "a". Esta alternativa está errada porque não existe uma Placa SVGA wireless. O termo SVGA (Super Video Graphics Array) é um padrão para placas de vídeo para computadores e não placas de rede sem fio. Além disto, apenas um roteador sem fio (II) não é capaz de prover acesso à internet sem o modem de banda larga.

Alternativa "b". Para configurar uma rede, utilizando os equipamentos indicados, são necessários um Modem com conexão de banda larga com a Internet (I), um roteador sem fio (II) e adaptadores de rede sem fio (III) para os computadores. No contexto indicado, os computadores não possuíam dispositivos para ser conectar à rede sem fio.

Alternativa "c". O modem e o roteador sem fio são capazes de prover o acesso à Internet desde que os computadores possuíssem dispositivos para conexão à rede sem fio. Como no contexto indicado não há esta informação, somente os itens I e II não são suficientes.

Alternativa "d". O modem de banda larga não possui recursos de roteador sem fio. Assim, sem utilizar um roteador sem fio os computadores não conseguirão se conectar à Internet.

Alternativa "e". Esta alternativa está errada porque inclui o item IV (Placa SVGA wireless) que é um dispositivo que não existe, como mencionado.

Alternativa correta: letra "b".

---

93. (Cespe – Analista Judiciário – Área Judiciária – TRE-RJ/2012) Julgue os itens, referentes a redes de computadores.

93.01. A URL ftp://intranet.tre-rj.gov.br é um exemplo de endereço eletrônico não factível, visto que o protocolo FTP não é empregado em intranet, sendo utilizado apenas para transferência de dados na Internet.

COMENTÁRIOS

✪ **Nota do autor:** o protocolo FTP (File Transfer Protocol) é utilizado para transferência de arquivos entre computadores em uma rede. Por exemplo, um web designer poderia desenvolver o site da empresa em seu computador pessoal e depois transferir os arquivos que compõe o site para o servidor web através deste protocolo. Para isto, o servidor web tem que ter este serviço habilitado e a máquina do designer tem que ter um software cliente para este protocolo. O protocolo FTP, devido ao fato de não criptografar os dados trafegados e ser suscetível a alguns ataques, tem sido substituído pelo protocolo SFTP (Secure File Transfer Protocol) o qual tem a capacidade de criptografar os dados trafegados entre o cliente e o servidor.

As intranet's são redes privadas que utilizam os mesmos protocolos da Internet. A principal diferença entre estas e a Internet é que elas não são acessíveis externamente. Pelo fato de utilizarem os mesmos protocolos da Internet, é possível utilizar um protocolo ftp em uma intranet e consequentemente o endereço ftp://intranet.tre-rj.gov.br é factível.

Alternativa correta: "errado".

93.02. Caso se digite, na caixa de pesquisa do Google, o argumento "crime eleitoral" site:www.tre-rj.gov.br, será localizada a ocorrência do termo "crime eleitoral", exatamente com essas palavras e nessa mesma ordem, apenas no sítio www.tre-rj.gov.br.

COMENTÁRIOS

O Google permite que o usuário realize a busca por um determinado termo em um determinado site. Para isto, ele utiliza o comando site:<endereço do site>. Com este comando após um termo, que se deseja localizar, a busca é restrita apenas a aquele site indicado. Assim, o resultado da pesquisa conterá apenas as páginas, do site indicado, em que o termo foi localizado como apresentado pela figura 14.

Alternativa correta: "certo".

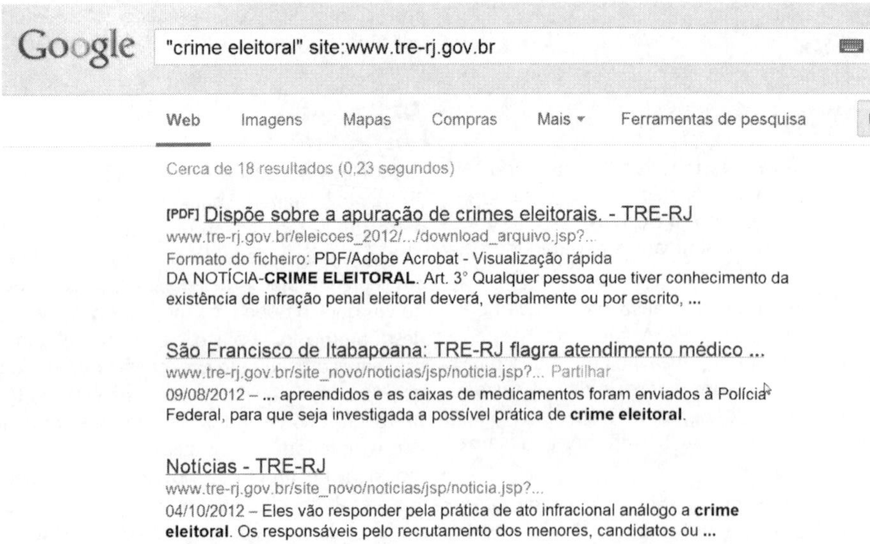

Figura 14. Resultado da busca "crime eleitoral" no site do TRE.

93.03. É possível criar e editar documentos de texto e planilhas em uma nuvem (cloud computing) utilizando-se serviços oferecidos pelo Google Docs. Para isso, é obrigatório que tenham sido instalados, no computador em uso, um browser e o Microsoft Office ou o BrOffice, bem como que este computador possua uma conexão à Internet ativa.

COMENTÁRIOS

✪ **Nota do autor:** o termo Cloud Computing (Computação na Nuvem) refere-se ao uso de recursos computacionais (hardware e software) hospedados na Internet ou em outra rede acessível como serviços. Assim, o usuário que necessita de um servidor para hospedar um site não precisa configurar e disponibilizar um servidor em uma rede para isto. Utilizando o Cloud Computing, este pode configurar uma máquina na nuvem como o servidor web da empresa. O mesmo ocorre com os softwares. Ao invés de instalar editores de texto, planilhas eletrônicas etc. em todos os computadores de uma empresa, utilizando a nuvem é possível acessar estes aplicativos pela internet. Os serviços de Cloud Computing são fornecidos por grandes empresas como a Amazon e o Google.

Para acessar e utilizar planilhas e editores de texto na nuvem, como o Google Docs, é necessário que a máquina do usuário possua um browser e uma conexão ativa à Internet. Entretanto, não é necessário que o computador possua o Microsoft Office ou o BrOffice instalado. Visto que o software é provido pela plataforma do GoogleDocs, acessível pela Web sem a necessidade de instalação local dos softwares.

Alternativa correta: "errado".

93.04. Ao se digitar o argumento de pesquisa tre -(minas gerais) no bing, serão localizadas as páginas que contenham o termo "tre" e excluídas as páginas que apresentem o termo "minas gerais".

COMENTÁRIOS

✪ **Nota do autor:** sites de busca com o Bing e o Google permitem que usuário insira alguns comandos, junto com os termos de busca, para tornar os resultados da busca mais precisos. Um destes comentados é o operador -(termo a ser excluído). Este operador irá excluir da pesquisa todos os sites que apresentarem o termo colocado entre parênteses.

A pesquisa no Bing utilizando o termo tre -(minas gerais) irá retornara todas as páginas que contenham o termo "tre" excluídos as páginas que possuam o termo "minas gerais", colo ilustrado pela figura 15.

Alternativa correta: "certo".

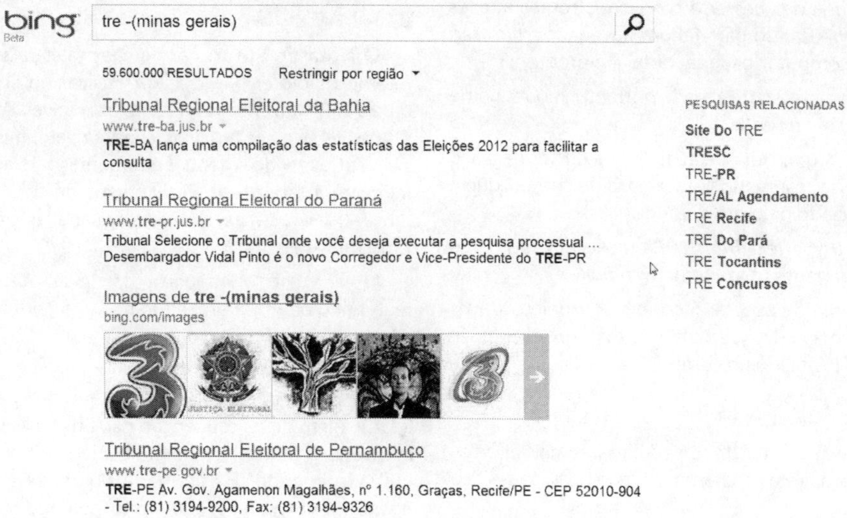

Figura 15. Resultado da pesquisa tre -(minas gerais) no buscador Bing.

94. (Analista Judiciário – Área Judiciária TRE/CE 2012 – FCC) Sobre o Filtro SmartScreen do Internet Explorer 9, analise:

I. Enquanto você navega pela Web, ele analisa as páginas da Web e determina se elas têm alguma característica que possa ser considerada suspeita. Se encontrar páginas da Web suspeitas, o SmartScreen exibirá uma mensagem dando a você a oportunidade de enviar um comentário e sugerindo que você proceda com cautela.

II. erifica os sites visitados e os compara com uma lista dinâmica de sites de phishing e sites de softwares mal-intencionados relatados. Se encontrar uma correspondência, o Filtro SmartScreen exibirá um aviso notificando-o que o site foi bloqueado para a sua segurança.

III. Verifica os arquivos baixados da Web e os compara com uma lista de sites de softwares mal-intencionados relatados e programas conhecidos como inseguros. Se encontrar uma correspondência, o Filtro SmartScreen o avisará que o download foi bloqueado para a sua segurança.

IV. É um recurso no Internet Explorer que ajuda a detectar sites de phishing. Pode ajudar também a protegê-lo contra o download ou a instalação de malware (software mal-intencionado).

Está correto o que se afirma em

a) I, II, III e IV.

b) I e II, apenas.

c) I, II e III, apenas.

d) III e IV, apenas.

e) IV, apenas.

COMENTÁRIOS

✪ **Nota do autor:** o filtro SmartScreen, do Internet Explorer 9, provê as seguintes funcionalidades: proteção antiphising (bloqueia o acesso a site falsificados destinados a obter informações pessoais como senhas, números de cartões de crédito), checagem de reputação de aplicativos (avisos de alerta no caso de acesso aplicativos de alto risco em sites) e proteção antimalware (ajuda a impedir que softwares maliciosos infectem o computador). As consequências da ação do filtro podem ser o bloqueio de todo o site (quando este não for legítimo) ou o bloqueio de partes de um site legítimo que contenham malware's.

Alternativa "a": conforme descrição do funcionamento do filtro SmartScreen, todas as afirmações feitas na questão estão corretas.

Alternativas "b", "c", "d" e "e": as demais alternativas estão incorretas porque não indicam todas as afirmativas da questão como corretas. Pode-se dizer que cada uma destas alternativas está parcialmente correta. Em questões teste, a alternativa que deve ser assinalada é aquela que estiver 100% correta.

Alternativa correta: letra "a".

95. (FCC – Analista Judiciário – Área Judiciária – TRE-SP/2012) Sobre *webmail* é INCORRETO afirmar:

a) É a forma de acessar o correio eletrônico através da *Web*, usando para tal um navegador *(browser)* e um computador conectado à Internet.

b) Exige validação de acesso, portanto, requer nome de usuário e senha.

c) Via de regra, uma de suas limitações é o espaço em disco reservado para a caixa de correio, que é gerenciado pelo provedor de acesso.

d) HTTP (*Hypertext Transfer Protocol*) é o protocolo normalmente utilizado no *webmail*.

e) É a forma de acessar o correio eletrônico através da *Web*, desde que haja um *software* cliente de *e-mail* instalado no computador.

COMENTÁRIOS

Alternativas "a", "b", "c" e "d": as demais alternativas estão corretas e citam características do serviço de *webmail.*

Alternativa "e": para utilizar serviço de *webmail* não existe a necessidade de ter um cliente de e-mail instalado no computador. Todas as funcionalidades são providas diretamente pelo Servidor de Webmail. O usuário só precisa ter um browser instalado para acessar a interface web do webmail e uma conexão de Internet. O protocolo utilizado para acesso ao webmail é o HTTP. O acesso é controlado através de um nome de usuário em senha (como em um cliente local de e-mail). A principal diferença refere-se ao espaço para armazenamento do e-mail. Como os e-mails são armazenados no servidor, existe uma limitação de espaço para a caixa postal do usuário, senão todo o espaço em disco do servidor poderia ser comprometido com o armazenamento de e-mails.

Alternativa incorreta: letra "e".

---

96. (FCC – Analista Judiciário – Área Judiciária – TRE-PR/2012) Devido ao modo de armazenamento do histórico de acesso em navegadores, é possível para diferentes usuários acessando um mesmo computador visualizar e até utilizar informações de outro usuário deste histórico ou arquivos armazenados pelos navegadores (*Cookies*). No *Internet Explorer* 9 é possível navegar de forma privada onde não será mantido o histórico de navegação por uso do modo *InPrivate*. Uma das maneiras de iniciar a navegação nesse modo é clicar no botão

a) Arquivo, clicar na opção Segurança e clicar em *InPrivate*.

b) Segurança e clicar em Modo de Compatibilidade.

c) Arquivo e clicar em *InPrivate*.

d) Modo de Compatibilidade e clicar em Navegação *InPrivate*.

e) Nova Guia e, no corpo da página, clicar em Navegação *InPrivate*.

COMENTÁRIOS

✪ **Nota do autor:** nas versões mais recentes do Internet Explorer 9, a opção de clicar no link Navegação InPrivate não está mais disponível. Assim, só é possível acessar a navegação InPrivate, nestas versões, através do menu Ferramentas-> Navegação InPrivate, na barra de Ferramentas na opção Segurança -> Navegação InPrivate ou através do atalho Ctrl+Shift+P.

Alternativa "a": a partir da opção Arquivo do menu não há um item Segurança que permita ativar a Navegação InPrivate.

Alternativa "b": na opção Segurança da aba de ferramentas não existe a opção Modo de Compatibilidade. Além disto, esta opção não ativa a Navegação InPrivate. O Modo de Compatibilidade é um recurso utilizado quando um site não exibido corretamente no Internet Explorer 9. Entretanto, nem todos os erros de exibição podem ser corrigidos com esta funcionalidade.

Alternativa "c": não existe a opção InPrivate no menu Arquivo.

Alternativa "d": Não existe um menu chamado Modo de Compatibilidade no Internet Explorer 9.

Alternativa "e": em versões mais antigas do Internet Explorer 9, ao clicar em Nova Guia era aberta uma página web com um link para ativar a Navegação InPrivate.

Alternativa correta: letra "e".

---

97. (Analista Judiciário – Execução de Mandados – TRF 1ª região/ 2011 – FCC) Dados distribuídos na internet, frequentemente no formato RSS, em formas de comunicação com conteúdo constantemente atualizado, como sites de notícias ou blogs. Trata-se de

a) hiperlinks.

b) ripertextos.

c) web Feed.

d) web designer.

e) canal aberto.

COMENTÁRIOS

✪ **Nota do autor:** nesta questão temos quatro alternativas chamadas de "absurdas". Uma alternativa é chamada de absurda quando esta não tem nenhum relacionamento com a questão, quando cita algo que não existe ou quando o termo foi escrito errado. Logo, todas as alternativas classificadas desta maneira são consideradas erradas. Consequentemente, mesmo que o termo web Feed não fosse de conhecimento do usuário, por exclusão seria possível descobrir a alternativa correta. Questões construídas desta forma são fáceis e até meio evidentes. Entretanto, o candidato não deve contar que encontrará várias questões com alternativas absurdas em um concurso, pois, como estas questões não são capazes de determinar se o candidato conhecia ou não o conceito, os organizadores dos concursos tendem a não utilizá-las.

Alternativa "a": Um hyperlink ou hiperlink é uma ligação a outras partes de um documento web (Hipertexto) ou a outro documento. Portanto, mesmo o termo correto, não está relacionado a dados distribuídos na Internet que são frequentemente atualizados.

Alternativa "b": a palavra ripertexto não é um termo correto em computação. O termo que mais se aproxima deste é o hipertexto. Este é um documento web que contém texto, sons, imagens e hyperlinks. Novamente, mesmo o termo correto não faz referência a definição da questão.

Alternativa "c": um web Feed é um formato para distribuição de dados para usuários que são frequentemente atualizados, como notícias. Os usuários se inscrevem em serviços de web Feed, como o RSS, para receberem estas informações.

Alternativa "d": web designer é uma profissão da área de Design e não o nome de uma tecnologia para distribuição de dados.

Alternativa "e": este termo não está relacionado à tecnologia citada na questão.

Alternativa correta: letra "c".

---

98. (Analista Judiciário – Execução de Mandados – TRF 1ª região/ 2011 – FCC) Linkedin é

a) uma rede de negócios principalmente utilizada por profissionais.
b) um aplicativo de correio eletrônico pago.
c) uma forma de configurar perfis no correio eletrônico do Google.
d) um aplicativo antivírus de amplo uso na web.
e) uma forma de conexão entre o computador pessoal e o provedor internet.

COMENTÁRIOS

✪ **Nota do autor:** o Linkedin é uma rede de relacionamento utilizadas por profissionais. Nesta as pessoas criam um perfil e cadastram colegas em suas listas de contados. O objetivo desta rede social é o de alavancar oportunidades profissionais. Assim, um profissional pode fazer a recomendação de um colega, entrar em contato com outros profissionais, divulgar oportunidades de emprego e até mesmo trocar informações sobre determinados assuntos de interesse comum.

Alternativa "a": o Linkedin, devido as características citadas, tem mais um perfil de uma rede de negócios utilizadas por profissionais.

Alternativas "b", "c", "d" e "e": nenhuma destas alternativas define ou específica corretamente o Linkedin.

Alternativa correta: letra "a".

---

99. (Analista Judiciário – Área Judiciária TRE/AP 2011 – FCC) No Internet Explorer 8 o internauta pode navegar por:

a) guias, janelas, guias duplicadas e sessões.
b) janelas, guias e guias duplicadas, somente.
c) janelas e sessões, somente.
d) janelas e janelas duplicadas, somente.
e) guias, guias duplicadas e sessões, somente.

COMENTÁRIOS

✪ **Nota do autor:** uma Sessão representa o acesso de um usuário a um determinado site que exige algum mecanismo de autenticação, como usuário e senha. Um exemplo do uso de sessão é acesso ao Webmail. Quando um usuário acessa o Webmail, ele digita o seu nome de usuário e senha. Após a autenticação do usuário é criada uma sessão. Esta irá guardar algumas informações sobre o usuário, dentre estas a informação que a autenticação já foi validada e o tempo de duração da sessão (no caso de inatividade). Desta forma, o usuário pode acessar diversos recursos do webmail, como agenda, sem necessitar de uma nova autenticação. Isto será válido durante toda a sessão ou até o usuário sair do Webmail.

Alternativa "a": a navegação no Internet Explorer 8, pode ser feita em guias, guias duplicadas, janelas ou em sessões. No caso das sessões, o usuário poderia abrir duas sessões diferentes para acessar o Gmail, por exemplo. Em cada sessão, ele poderia utilizar um usuário diferente para acessar diversas contas simultaneamente.

Alternativa "b": Faltou citar a possibilidade de usar sessões. Assim, questões como esta, devem ser consideradas incorretas.

Alternativa "c": a alternativa está incorreta porque não cita os recursos de guias para navegação.

Alternativa "d": no Internet Explorer não existe o recurso de se duplicar uma janela. Além disto, pode se utilizar guias e sessões para a navegação na Web.

Alternativa "e": esta alternativa está incompleta porque não cita a possibilidade de navegação utilizando janelas.

Alternativa correta: letra "a".

---

100. (Analista Judiciário – Área Judiciária TRE/AP 2011 – FCC) Para se criar uma nova mensagem no Thunderbird 2, basta clicar no ícone da barra de ferramentas Nova MSG, ou clicar no menu

a) Editar → Nova mensagem.
b) Arquivo → Novo → Mensagem.
c) Mensagem → Editar como nova.
d) Exibir → Opções de nova mensagem.
e) Ferramentas → Editar → Mensagem.

COMENTÁRIOS

Alternativa "a": o menu editar possui um conjunto de opções para manipulação de texto como cortar, colar, copiar etc. Não há opção neste menu para criar uma nova mensagem.

Alternativa "b": uma nova mensagem pode ser criada no Thunderbird 2 clicando no ícone Nova MSG ou selecionando Arquivo->Novo->Mensagem como ilustrado pela figura 16.

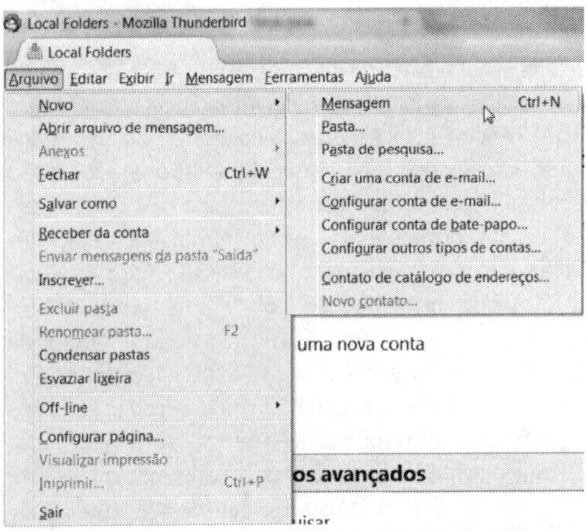

Figura 16. Criando uma mensagem no Thunderbird.

Alternativa "c": no menu mensagem existe uma opção para criar uma nova mensagem. Esta é acessada clicando no menu Mensagem e em seguida na opção Nova. Entretanto, este menu não possui a opção "Editar como nova" indicada na alternativa.

Alternativa "d": o menu exibir não possui o item "Opções de nova mensagem". Além disto, nenhum item deste menu possibilita a criação de uma mensagem de e-mail. Este menu permite ao usuário habilitar barras de ferramentas, alterar o layout de visualização de e-mails, formatação da mensagem, dentre outras opções relacionadas a exibição.

Alternativa "e": o menu Ferramentas, também não possui opções para a criação e envio de mensagens. Este permite configurar as contas de e-mail, gerenciar complementos, importar mensagens, criar filtros para mensagens etc. O objetivo deste menu é permitir a configuração do Thunderbird e de softwares adicionais como complementos.

Alternativa correta: letra "b".

---

101. (Analista Judiciário – Área Judiciária TRE/ES 2011 – CESPE) Com relação à Internet e a intranet, julgue os itens a seguir.

101.01. Na URL http://www.unb.br/, a sequência de caracteres http indica um protocolo de comunicação usado para sistemas de informação de hipermídia distribuídos e colaborativos. Esse protocolo é utilizado na *World Wide Web*.

COMENTÁRIOS

O termo http indica a utilização do protocolo HTTP (Hypertext Transfer Protocol). Este protocolo é utilizado para acesso a páginas web. Com este é possível acessar uma página em um servidor web, através de um navegador. O protocolo se encarrega de enviar os dados, da página web acessada, do servidor para o cliente para serem apresentados ao usuário.

Alternativa correta: "certo".

101.02. Caso um usuário envie uma mensagem de correio eletrônico para uma pessoa e inclua no campo Cc: o endereço de correio eletrônico de outra pessoa, então esta pessoa irá receber uma cópia do *email*, mas nem ela nem o destinatário principal saberão que outra pessoa também recebeu a mesma mensagem.

COMENTÁRIOS

O campo Cc (Com cópia) de um software de irá possibilitar o envio da mensagem para outra pessoa. Entretanto, o destinatário saberá que esta mensagem foi enviada com cópia para outra pessoa, pois os endereços inseridos no campo Cc ficam visíveis para todos os usuários que receberam a mensagem. O efeito desejado, relatado na afirmação, seria alcançado se o campo Cco (Com cópia oculta). Todos os usuários que tiverem o endereço indicado neste campo receberão uma cópia da mensagem. Apesar disto, os endereços indicados não serão apresentados para o destinatário ou para os endereços indicados no campo Cc. Nesta situação se oculta o envio da mensagem para os endereços contidos no campo Cco.

Alternativa correta: "errado".

101.03. Os caracteres TCP/IP designam um conjunto de protocolos de comunicação entre computadores ligados em rede que é utilizado para comunicação na Internet.

COMENTÁRIOS

O termo TCP/IP designa um conjunto de protocolos de comunicação para interligar computadores em rede e para comunicação na Internet. Este é um conjunto de protocolos que atuam nas camadas física, enlace, rede, transporte e aplicação. Sendo que os protocolos mais famosos desta arquitetura são o TCP (Transmission Control Protocol) e o IP (Internet Protocol), os quais deram nome a esta arquitetura de protocolos. Atualmente, esta arquitetura é composta por diversos protocolos como DNS (Domain Name Server), HTTP, FTP(File Transfer Protocol), UDP (User Datagram Protocol), dentre outros.

Alternativa correta: "certo".

102. (Analista Judiciário – Área Judiciária TRE/ES 2011 – CESPE) A figura acima mostra uma janela do Internet Explorer 8, que está sendo executado em um computador com sistema operacional Windows XP. Com relação a essa figura, ao Internet Explorer e à página da Web que está sendo visualizada, julgue os próximos itens.

102.01. Ao se clicar o botão , será exibida a página que havia sido exibida imediatamente antes da página que está exibida na figura.

COMENTÁRIOS

Ao clicar o botão (Atualizar), a página atualmente vista, no caso o site do Google, será carregado novamente e exibido para o usuário. O objetivo deste botão é atualizar a página atualmente vista para se verificar atualizações ou carregar novamente a página no caso de erros de transmissão ou apresentação desta.

Alternativa correta: "errado".

102.02. Ao se clicar o botão , que aparece imediatamente à direita do botão , a janela do Internet Explorer será fechada.

COMENTÁRIOS

O botão (Interromper) tem como objetivo cancelar o carregamento de uma página web. Assim, ao clicar neste botão, a carregamento da página é interrompido e o site, indicado no endereço, não será apresentado ou será apresentado parcialmente. Este é usado, por exemplo, quando um site está demorando muito para ser acessado no navegador e o usuário deseja parar o carregamento do site para acessar outra página web.

Alternativa correta: "errado".

102.03. Caso, no campo para pesquisa (área onde se encontra a marca do cursor), sejam inseridos os caracteres "Carlos Gomes", com as aspas incluídas na busca, o Google iniciará uma procura por todas as páginas que contenham ou apenas a palavra Carlos, ou apenas a palavra Gomes ou as duas, não necessariamente na ordem apresentada. Por outro lado, se as aspas forem retiradas dos caracteres, a busca será feita pela expressão exata – Carlos Gomes –, ou seja, apenas as páginas onde a palavra Gomes apareça logo após a palavra Carlos.

COMENTÁRIOS

Em uma busca no Google, quando se delimita uma expressão entre "", o site identifica este com uma busca por uma frase exata, ou seja, serão buscados sites que contenham a expressão entre "" na ordem em que esta foi digitada. No exemplo citado na afirmação, se a expressão digitada for "Carlos Gomes" serão apresentadas todas as páginas que onde a palavra Gomes aparecerá logo após a palavra Carlos. Se a expressão for digitada sem estar entre "" , como Carlos Gomes, serão apresentadas todas as páginas que contenham a palavra Gomes ou Carlos ou as duas.

Alternativa correta: "errado".

103. (Analista Judiciário – Área Judiciária TRE/RN 2011 – FCC) Em relação à Internet e correio eletrônico, é correto afirmar:

a) No *Internet Explorer 7* é possível navegar entre sites, por meio de separadores conhecidos por abas, não necessitando, portanto, a abertura de várias janelas.

b) Redes *wireless,* embora permitam conexão à Internet não são configuráveis no ambiente de Intranet.

c) Correios eletrônicos possuem recursos nativos que impedem a propagação de vírus enviados por e-mail.

d) Em Intranet não é permitido operações de *download,* dada às facilidades oferecidas pela rede local.

e) Uma das vantagens do *webmail* é que as mensagens, ao chegarem, são imediatamente baixadas para o computador do usuário.

COMENTÁRIOS

Alternativa "a": através de abas é possível acessar outras páginas web sem a necessidade de se abrir uma nova janela. Através das abas, as páginas acessadas são apresentadas na janela principal do Internet Explorer.

Alternativa "b": uma rede *wireless* pode ser configurada em um ambiente de intranet. Assim, ao invés de utilizar cabos e switches para interligar os computadores pode se utilizar um Access Point e placas de rede sem fio. Além disto, para garantir o ambiente de uma Intranet o Access Point da rede precisa ser configurado para não permitir o acesso à internet ou restringir a determinadas máquinas. Desta forma, não existe nenhuma limitação técnica que impossibilite o uso de uma rede *wireless* em um ambiente de Intranet.

Alternativa "c": a proteção contra vírus e outras ameaças não é implementada diretamente em softwares de correio eletrônico. Esta tarefa é delegada a softwares de antivírus. Entretanto, para garantir a proteção do usuário contra mensagens infectadas, há uma integração entre o software de antivírus e o de correio eletrônico. Normalmente, o software de antivírus instala um componente no software de correio eletrônico que permite a este varrer as mensagens recebidas em busca de vírus e de outras ameaças.

Alternativa "d": em uma Intranet são permitidas operações de download. Apesar do compartilhamento de pastas, existe a necessidade de se hospedar documentos dentro do servidor web da Intranet como ordem de compras, justificativas de gastos, requisições de pessoal, planilhas com desempenho de vendas, dentre outros. Isto é feito devido à necessidade de se organizar as informações e de facilitar a comunicação com os diversos setores da empresa através do ambiente da intranet. Consequente o usuário precisa ser capaz de conseguir fazer o download destes documentos para a sua máquina local na Intranet.

Alternativa "e": o webmail é uma interface web que permite ao usuário acessar os seus e-mails, disponíveis em uma conta de correio eletrônico, utilizando um navegador. A conta é acessada diretamente no servidor de e-mail. Devido ao fato do acesso ser feito através do navegador e não utilizando o protocolo POP3, os e-mails são mantidos no servidor.

Alternativa correta: letra "a".

---

104. (Analista Judiciário – Área Judiciária TRE/TO 2011 – FCC) A operação de transferência de um arquivo gravado no computador pessoal para um computador servidor de um provedor da Internet é conhecida por

a) Copy.

b) Download.

c) Upload.

d) Move.

e) Extraction.

COMENTÁRIOS

Alternativa "a": a operação copy refere-se a cópia de um arquivo ou pasta para outra pasta ou unidade de disco em um sistema de arquivos em um computador.

Alternativa "b": o download é a operação inversa do upload, ou seja, é a ação de se transferir arquivos de um servidor de rede ou de Internet para o computador local do usuário.

Alternativa "c": a operação upload refere-se à transferência de arquivos de um computador local para um servidor de rede ou de Internet.

Alternativa "d": a operação move refere-se à movimentação de um arquivo ou pasta para outra pasta ou unidade de disco em um sistemas de arquivos. A diferença para a operação copy é que nesta ocorre a duplicação do arquivo (existirá uma cópia na origem e outra no destinado – onde o arquivo foi copiado). Já na operação move não há duplicação. O arquivo passa a existir somente na nova localização.

Alternativa "e": quando um usuário descompacta o conteúdo de um arquivo compactado (.zip, .arj, .ace, etc.), ele realiza uma operação de extração ou em inglês Extraction.

Alternativa correta: letra "c".

---

105. (Analista Judiciário – Área Judiciária TRE/TO 2011 – FCC) No Internet Explorer, o bloqueio ou desbloqueio de Pop-ups pode ser realizado por intermédio do menu

a) Editar.

b) Exibir.

c) Ferramentas.

d) Opções.

e) Arquivo.

COMENTÁRIOS

✪ **Nota do autor:** uma série de funcionalidades adicionais estão disponíveis no menu Ferramentas. Estas funcionalidades são adicionadas através de softwares de terceiros, como complementos ou funcionalidades implementadas a cada atualização do navegador como: navegação InPrivate, Filtros SmartScreen, Proteção contra rastreamento dentre outros.

Alternativa "a": o menu Editar permite a manipulação de textos das páginas visualizadas através de operações como copiar, colar, recortar, localizar e selecionar tudo. Exceto bloquear e desbloquear pop-ups.

Alternativa "b": o menu Exibir permite a visualização de itens da interface do Internet Explorer como exibição de barras de ferramenta e do Explorer. Além disto, permite navegar pela página, carregar a página atual, parar o carregamento e outras opções de visualização da página corrente como zoom, visualizar código fonte, alterar tamanho do texto, codificação, dentre outros. Exceto bloquear e desbloquear pop-ups.

Alternativa "c": dentre as funcionalidades providas pelo menu ferramentas, o bloqueio ou desbloqueio de Pop-ups é uma delas.

Alternativa "d": nas versões mais recentes do Internet Explorer não existe o menu Opções.

Alternativa "e": as opções para manipular abas, janelas, sessões, abrir páginas, imprimir, propriedades, enviar endereços de página, trabalhar off-line, dentre outras, estão disponíveis no menu Arquivo. Exceto bloquear e desbloquear pop-ups.

Alternativa correta: letra "c".

4. SEGURANÇA DA INFORMAÇÃO

106. (FCC – Técnico Judiciário – Área Administrativa – TRE – PR/2017) Considere a notícia abaixo.

"Um tipo sofisticado de________ (programa automático de computador projetado para monitorar as atividades de um sistema e enviar as informações coletadas para terceiros) vem infectando sigilosamente centenas de computadores de governos por toda a Europa e nos Estados Unidos, em um dos mais complexos programas de espionagem cibernética descobertos até hoje. Vários pesquisadores em segurança e funcionários da área de inteligência ocidentais dizem acreditar que o malware, conhecido como 'Turla', é um programa espião que está sendo vinculado a uma enorme operação previamente conhecida de espionagem cibernética mundial, apelidada de Outubro Vermelho, e cujo alvo eram redes de pesquisa nuclear, diplomática e militar. Essas constatações se baseiam na análise das táticas empregadas pelos hackers, bem como nos indicadores técnicos e em relatos das vítimas que eram seu alvo."

(Adaptado de: http://g1.globo.com/tecnologia/noticia/2014/03/)

Com base nas características descritas do malware, a lacuna do texto é corretamente preenchida por:

a) ransomware.
b) trojan DoS.
c) spyware.
d) addware.
e) bootnetspy.

COMENTÁRIOS

Alternativa "a". Ransoware é um software malicioso que criptografa os dados de um computador bloqueando o acesso a este. Para recuperar as informações, o atacante exige o pagamento de uma quantia monetária para recuperar o acesso aos dados e computador.

Alternativa "c". Um spyware é um malware utilizado para coletar informações do computador de um usuário e enviá-las para um atacante. Assim, pelo relato do texto a lacuna é preenchida corretamente com este termo.

Alternativa "b". Um trojan DoS é um malware utilizado para executar ataques de negação de serviços a outros computadores, mas não é capaz de roubar informações como um spyware.

Alternativa "d". Um adware **é** um malware que exibe propagandas indesejadas na tela computador.

Alternativa "e". O termo não se refere a um malware espcífico ou um que seja capaz de roubar informações do computador.

Alternativa correta: letra "c".

107. (FCC – Analista Judiciário – Área Administrativa – TRE – SP/2017) Considere o texto abaixo.

Com efeito, nesse tipo específico de delito, o agente obtém, para ele ou outrem, vantagem ilícita (numerário subtraído de conta bancária), em prejuízo de alguém (a vítima, cliente de banco) mediante o emprego do artifício da construção de uma página eletrônica falsa ou envio de mensagem eletrônica (e-mail) de conteúdo fraudulento. Não haveria, como se disse, qualquer dificuldade de enquadramento do praticante do "ato ilícito" no art. 171 do CPC, impondo-lhe as sanções previstas nesse dispositivo (reclusão, de um a cinco anos, e multa). Além do mais, quando o criminoso implementa o último estágio da execução ilícita, que é a subtração não autorizada dos fundos existentes na conta da vítima, a jurisprudência tem entendido que aí está caracterizado o crime de furto qualificado, previsto no art. 155, § 4°, II.

(Adaptado de: REINALDO FILHO, Democrito. Disponível em: http://www.teleco.com.br/pdfs/tutorialintbank.pdf)

Hipoteticamente, um Analista Judiciário do TRE-SP identificou, corretamente, o ato ilícito referido entre aspas no texto como um tipo de fraude por meio da qual um golpista tenta obter dados pessoais e financeiros de um usuário, pela utilização combinada de meios técnicos e engenharia social. Comumente realizado por meio da internet, esse golpe é caracterizado como

a) identity theft.

b) fielding.

c) phishing.

d) hacker.

e) worming.

COMENTÁRIOS

✪ **Nota do autor:** O termo hacker, originalmente, era utilizado para identificar uma pessoa com um grande conhecimento técnico na área de programação e computação. Entretanto, com o passar do tempo este termo passou a ser utilizado para descrever criminosos computacionais. Entretanto, esta classificação de hacker como criminosos computacionais não está correta. Para descrever criminosos computacionais os termos mais corretos seriam Cracker (invasor de sistemas), Carder (especialista em falsificação de cartões de crédito), Engenheiro Social, dentre outros.

Alternativa "a". O identity theft (falsidade ideológica) é o uso deliberado da identidade de outra pessoa visando obter algum tipo de benefício. Assim, criminoso se passa por outra pessoa utilizando os dados de identificação desta.

Alternativa "b". Fielding não especifica um tipo de ataque ou ameaça no contexto da segurança da informação.

Alternativa "c". O ato de obter informações sigilosas enganado um usuário por meio de uma página ou e-mail falso caracteriza o ataque de phishing. Esta é uma técnica de Engenharia Social que visa enganar o usuário a tal ponto de fornecer informações que permitam o acesso não autorizado a informações e sistemas.

Alternativa "d". Hacker, atualmente, é um termo utilizado para genericamente designar criminosos de computador. Este termo tem sido utilizado erroneamente para descrever criminosos computacionais.

Alternativa "e". Worming ou worm é um tipo de vírus de computador (malware) que infecta computadores em uma rede explorando vulnerabilidades nos sistemas operacionais destes.

Alternativa correta: letra "c".

---

108. (Consulplan – Técnico Judiciário – Área Administrativa – TRE – RJ/2017) O conjunto de procedimentos e operações técnicas referentes que trata da produção, tramitação, uso, avaliação e arquivamento de documentos em fase corrente e intermediária, que visa a eliminação ou recolhimento para guarda permanente, é denominado de gestão de

a) classes.

b) atributos.

c) princípios.

d) documentos.

COMENTÁRIOS

Alternativa "a", "b" e "c". Os termos indicados nestas alternativas não fazem referência a algum processo que englobe a produção, uso, avaliação e arquivamento de documentos.

Alternativa "d". O processo citado refere-se ao ciclo de vida de um documento. Assim, o princípio abordado **é** o de gestão de documentos.

Alternativa correta: letra "d".

---

109. (Cespe – Analista Judiciário – Área Administrativa – TRE – PE/2017) Os mecanismos que contribuem para a segurança da informação em ambientes computacionais incluem

a) certificado digital, criptografia e cavalo de troia.

b) backdoor, firewall e criptografia.

c) rootkits, arquivos de configuração e becape.

d) firewall, worm e proxy.

e) VPN, honeypot e senha.

COMENTÁRIOS

Alternativa "a". Apesar de certificados digitais e criptografia serem recursos utilizados para a proteção de uma rede, um cavalo de troia é um malware. Este é um software malicioso que se assemelha a um programa legítimo do sistema, mas que quando executado realiza uma ação danosa (remove dados, corrompe dados e arquivos, permite o acesso não autorizado, infecta outros arquivos etc.)

Alternativa "b". Criptografia e firewall são recurso de proteção de redes. Entretanto, uma backdoor é um malware utilizado por hackers para permitir o acesso remoto, não autorizado, após a invasão de um sistema.

Alternativa "c". O becape é um recurso para a segurança de redes porque permite recuperar sistemas e dados após um incidente. Um arquivo de configuração não é necessariamente um recurso para a segurança de uma rede. Diversos softwares possuem arquivos de configuração para ajustes ao sistema e regulação do seu funcionamento. Desde que estes arquivos sejam configurados corretamente pode-se evitar o aparecimento de vulnerabilidades, mas a simples utilização destes não garante a segurança. Já um rootkit é um malware (software malicioso) que permite que um hacker consiga privilégios de administrado em um sistema.

Alternativa "d". Um firewall e proxy são dispositivos de segurança de redes. Já um worm é um tipo de vírus que se propaga autonomamente por uma rede de computadores explorando vulnerabilidades. As quais, permitem a cópia do seu código para outros computadores comprometendo a segurança destes.

Alternativa "e". Uma VPN (Virtual Private Network) cria uma rede virtual privada, em uma rede pública como a Internet, criptografando os dados entre os dois extremos da comunicação. Uma Honeypot é um ambiente monitorado e supostamente vulnerável utilizado para atrair hackers e estudar suas técnicas evitando o comprometimento real de sistemas e uma senha é um código de acesso para determinados sistemas ou informações. Utilizando senhas é possível controlar o acesso a computadores e pastas em uma rede.

Alternativa correta: letra "e".

110. (Cespe – Técnico Judiciário – Área Administrativa – TRE – BA/2017) O procedimento utilizado para atribuir integridade e confidencialidade à informação, de modo que mensagens e arquivos trocados entre dois ou mais destinatários sejam descaracterizados, sendo impedidos leitura ou acesso ao seu conteúdo por outras pessoas, é denominado

a) criptografia.
b) engenharia social.
c) antivírus.
d) firewall.
e) becape.

COMENTÁRIOS

Alternativa "a". O enunciado define correta o procedimento de proteção denominado criptografia.

Alternativa "b". Engenharia Social é uma técnica de ataque onde um hacker se faz passar por um usuário legítimo de uma empresa, instituição etc. A partir disto, tenta convencer outros funcionários, usuários de serviços etc. a fornecer informações privilegiadas (como: números de cartões de crédito, senhas, documentos, endereços de máquinas dentre outras informações) que facilitem um ataque, fraude, ou acesso não autorizado a dados ou sistemas.

Alternativa "c". Um antivírus é um software utilizado para proteger o computador contra vírus (malwares). Este age na prevenção da infecção, detecção e remoção de vírus e outras ameaças.

Alternativa "d". Um firewall é um dispositivo de rede colocado na fronteira entre duas redes (Ex: entre uma rede local e a Internet). O objetivo deste é analisar o tráfego entre as duas e permitir, ou não, que um pacote deixe ou entre em uma determinada rede. Para isto o firewall possui um conjunto de regras que são definidas a partir da política de segurança definida pela empresa ou instituição.

Alternativa "e". Um becape é uma cópia de segurança de arquivos de um computador. Estes são copiados e armazenados em locais e sistemas diferentes dos dados originais. Preferencialmente em outras localizações. Desta forma, no caso de uma falha de software, hardware ou um acidente (incêndios, terremotos e inundações etc.) que comprometa o sistema e os dados originais **é** possível restaurar o sistema a partir do becape.

Alternativa correta: letra "a".

111. (Cespe – Técnico Judiciário – Área Administrativa – TRE – PE/2017) O mecanismo de embaralhamento ou codificação utilizado para proteger a confidencialidade de dados transmitidos ou armazenados denomina-se

a) assinatura digital.
b) certificação digital.
c) biometria.
d) criptografia.
e) proxy.

COMENTÁRIOS

✪ **Nota do autor:** Certificados digitais são utilizados também para garantir a autenticidade de servidores Web (Ex.: sites de e-commerce) e habilitar uma conexão segura (criptografada) entre o navegador Web (Firefox, Chrome, IE etc.) e o servidor web.

Alternativa "a". Uma assinatura digital é um código criptografado utilizado para garantir a autenticidade de um documento. É possível verificar se um documento não foi alterado checando se a assinatura é válida, ou seja, se o código criptografado (gerado a partir do documento no momento que este é assinado) coincide com texto atual do documento. A utilização de assinaturas digitais visa garantira a autenticidade e integridade de um documento assinado digitalmente.

Alternativa "b". A certificação digital é um documento que visa associar um par de chaves público/privadas a uma determinada pessoa física ou jurídica. Este par chaves são utilizadas em algoritmos de criptografia para codificar e assinar dados digital. Além disto, pode-se garantir, por meio do certificado digital, que o documento foi assinado ou codificado foi gerado pelo proprietário definido no certificado digital.

Alternativa "c". A biometria é uma técnica de autenticação que utiliza partes do corpo (Ex.: face, íris, impressões digitais etc.) para a autenticação de uma pessoa. Isto é utilizada para prover acesso a serviços que necessitam de autenticação forte.

Alternativa "d". Criptografia é nome dado a algoritmos matemáticos (softwares) utilizados para a codificação de dados visando proteger a confidencialidade de dados transmitidos ou armazenados.

Alternativa "e". Um proxy é um computador que atua como intermediário entre uma rede local e a Internet. Toda a comunicação entre rede local e outros computadores passa pelo proxy que reescreve as mensagens com o respectivo endereço do proxy e as envia. Ao receber, valida a mensagem e a entrega para o computador que originariamente encaminhou a mensagem. Um proxy é utilizado quando não existe um número suficiente de endereços IP, válidos para acessar a Internet, que possam ser atribuídos a todos os computadores da rede ou para aplicar regras de restrição de acesso a sites e/ou conteúdos trafegados.

Alternativa correta: letra "d".

---

112. (Cespe – Técnico Judiciário – Área Administrativa – TRE – PE/2017) Acerca da realização de cópias de segurança ou becape do Windows, assinale a opção correta.

a) Para que sejam efetivamente recuperados, os dados do becape são armazenados em outra pasta da mesma unidade de armazenamento dos dados originais.

b) O becape é uma atividade executada exclusivamente por administradores de redes.

c) Após a realização da cópia de segurança, gera-se um arquivo em formato .bkf, o qual não pode ser alterado para outra extensão.

d) Na cópia de segurança, são copiados todos os arquivos existentes no computador.

e) No becape incremental, são copiados apenas os arquivos novos ou os que foram alterados a partir do último becape.

COMENTÁRIOS

✪ **Nota do autor:** O objetivo do becape é possibilitar a recuperação de dados, após um incidente de segurança que cause destruição dos dados e sistemas como incêndios, falhas de hardware, software, dentre outros. Existem dois tipos de becape. O becape total onde é realizada uma cópia de todos os arquivos no sistema e o becape incremental, onde, somente são copiados para o becape os arquivos alterados ou novos após a realização de um becape total.

Alternativa "a". O becape deve ser armazenado em outro sistema e local diferente de onde se encontram os dados originais. Caso contrário, se for armazenado, por exemplo, em outra pasta da mesma unidade de rede que os dados originais, se ocorrer uma falha no servido onde esta pasta é armazenada corre-se o risco de perder os dados originais e o becape.

Alternativa "b". Qualquer usuário pode realizar um becape de seus dados pessoas. Os administradores, por terem privilégios especiais, conseguem realizar o becape de todo o sistema operacional.

Alternativa "c". A extensão do arquivo pode ser alterada. Entretanto, esta pode não acionar o programa correto quando for executado.

Alternativa "d". Não. Se for um becape incremental serão apenas copiados os arquivos novos ou modificados em relação ao último becape total. Além disto, um usuário pode fazer um becape apenas de uma determinada pasta de seu computador.

Alternativa "e". Correto. O objetivo do becape incremental é agilizar o processo de becape com a cópia apenas dos arquivos alterados ou de novos arquivos.

Alternativa correta: letra "e".

---

113. (Cespe – Analista Judiciário – Área Judiciária – TRE – BA/2017) Assinale a opção que apresenta a solução que permite filtrar tentativas de acessos não autorizados oriundos de outros ambientes e redes externas, contribuindo para a melhora do estado de segurança da informação de ambientes computacionais.

a) certificado digital

b) chave de criptografia

c) rootkits

d) firewall

e) antivirus

COMENTÁRIOS

✪ **Nota do autor:** O termo malware é utilizado para definir uma categoria de software maliciosos que podem causar dados a um computador. Nesta categoria incluem-se os vírus de computador, worms, cavalos de Tróia, dentre outas ameaças virtuais.

Alternativa "a". Um certificado digital é um documento digital que associa um par de chaves público/privadas a um determinado usuário ou entidade. Exemplo, sites de e-commerce possuem certificados digitais que garantem que o servidor associado a endereço web da empresa é legítimo. Com isto, os navegadores identificam o certificado como válido e conseguem trafegar dados sigilosos como números de cartão de crédito entre o navegado e o servidor de forma segura. O par de chaves do certificado é utilizado em algoritmos de criptografia para cifrar as comunicações entre o navegador e o servidor e garantira segurança da transação.

Alternativa "b". Uma chave de criptografia é um tipo de senha utilizada na cifragem de um texto simples para um texto criptografado. O texto criptografado com uma determinada chave somente poderá ser decifrado com a inclusão da chave digitada no processo de cifragem. Caso contrário não será possível recuperar o texto original a partir do texto cifrado.

Alternativa "c". Rootkit é um tipo de software malicioso (malware) utilizado para comprometer um sistema operacional e conseguir acesso privilegiados de administrador do sistema e desta forma comprometer o sistema.

Alternativa "d". A definição do enunciado da questão refere-se à solução denominada Firewall. Um firewall é um software, dispositivo ou solução envolvendo ambos, que é colocado entre uma rede externa, Ex.: Internet, e uma rede local visando regular o tráfico de informações e proteger a rede interna de ataques oriundos da rede externa.

Alternativa "e". Um antivírus é um software utilizado para proteger o computador contra vírus (malwares). Este age na prevenção da infecção, detecção e remoção de vírus e outras ameaças (malware)

Alternativa correta: letra "d".

---

114. (Cespe – Técnico Judiciário – Área Administrativa – TRE – RS/2015) Em relação a vírus, worms e pragas virtuais, assinale a opção correta.

a) Para garantir a segurança da informação, é suficiente instalar e manter atualizados antivírus.

b) Não há diferença — seja conceitual, seja prática — entre worms e vírus; ambos são arquivos maliciosos que utilizam a mesma forma para infectar outros computadores.

c) Rootkits é um arquivo que infecta o computador sem causar maiores danos, ainda que implique a pichação da tela inicial do navegador.

d) A segurança da informação em uma organização depende integralmente de a sua área de tecnologia optar pela adoção de recursos de segurança atualizados, como firewall e antivírus.

e) Em segurança da informação, denominam-se engenharia social as práticas utilizadas para obter acesso a informações importantes ou sigilosas sem necessariamente utilizar falhas no software, mas, sim, mediante ações para ludibriar ou explorar a confiança das pessoas.

COMENTÁRIOS

✪ **Nota do autor:** Dentre as alternativas, a que possui uma definição correta **é** a letra e, que define o termo Engenharia Social. Entretanto, a questão pede para assinalar a opção correta entre vírus, worms e pragas virtuais. As alternativas que tratam destes assuntos são as identificadas com as letras a e b. Assim, apesar de existir uma alternativa correta, esta não trata do assunto abordado no enunciado. Por este motivo, a questão foi anulada.

---

115. (Cespe - Analista Judiciário – Área Judiciária– TRE-GO/2015) Acerca de procedimentos de segurança e de ensino a distância, julgue os itens subsecutivos.

115.01. Quanto à segurança da informação, sugere-se que se crie um disco de recuperação do sistema, assim como se desabilite a auto execução de mídias removíveis e de arquivos anexados.

COMENTÁRIOS

O disco de recuperação do sistema é necessário para situações em que o computador não pode ser reiniciado, devido a uma falha ou vírus. Com o disco de recuperação será possível restaurar o sistema. A auto execução de mídias pode prociar a execução de Malware como Vírus e Cavalos de Tróia que podem comprometer a segurança do computador.

Alternativa correta: "certo".

115.02. Em apoio à visão construcionista social, o software de ensino a distância Moodle, em sua versão 2.8, conta com atividades projetadas para permitir que os alunos controlem o conteúdo comum, tais como fóruns, wikis, glossários, bancos de dados e mensagens.

COMENTÁRIOS

Os recursos citados fazem parte da Moodle (Ambiente Virtual de Aprendizagem) utilizado em cursos de Ensino a Distância.

Alternativa correta: "certo".

115.03. Botnet é uma rede formada por inúmeros computadores zumbis e que permite potencializar as ações danosas executadas pelos bots, os quais são programas similares ao worm e que possuem mecanismos de controle remoto.

COMENTÁRIOS

Os bots são instalados nos computadores de usuários e empresas através de Worms ou por outros Malware (como vírus e cavalos de tróia). Estes permitirão que hackers controlem remotamente estes computadores para a execução de ataques de negação de serviço.

Alternativa correta: "certo".

---

116. (Cespe - Analista Judiciário – Área Judiciária – TRE-MS/2013) Acerca de procedimentos e ferramentas de segurança da informação, assinale a opção correta.

a) Vírus, *worms* e pragas virtuais não infectam computadores conectados via rede *wireless*.

b) Antivírus proprietários, ou seja, os obtidos mediante pagamento, garantem a não infecção do computador, visto que eles são atualizados sem a interferência do usuário, o que não ocorre com os antivírus de *software* livre (de uso gratuito).

c) Para evitar a infecção de seu sistema operacional por vírus, o usuário deve criar uma senha de acesso ao computador com alto grau de segurança, utilizando letras, números e outros caracteres, ditos especiais.

d) O armazenamento de dados em rede não dispensa o procedimento de becape.

e) Firewall e antispyware são ferramentas de segurança que apresentam funcionalidades idênticas, contudo um deles é software livre (com licença de uso gratuita), e o outro é proprietário (com licença de uso obtida mediante pagamento).

COMENTÁRIOS

Alternativa "a". Uma das formas de propagação de vírus, *worms* e pragas virtuais é a rede que interliga os computadores, seja ela cabeada ou wireless. Desta forma, se um computador estiver conectado a uma rede wireless este também poderá ser infectado.

Alternativa "b". Tanto antivírus proprietários como os de uso gratuito são atualizados automaticamente. Logo, este não seria um fator que possibilitaria afirmar que um antivírus proprietário é melhor ou pior que um gratuito.

Alternativa "c". Senhas fortes, como definido nesta alternativa, ajudam a evitar alguns tipos de ataques de worms. Entretanto, no caso de vírus, outros tipos de worms (que exploram vulnerabilidades do computador) e pragas virtuais, as senhas fortes não representam uma segurança adicional. Visto que a infecção pode ocorrer após o usuário já ter acessado o sistema, como no caso da abertura de um anexo contaminado por um vírus.

Alternativa "d". Apesar do armazenamento de dados em rede ser uma forma de redundância de dados, isto não dispensa a realização de bacapes. Por exemplo, um determinado vírus pode remover os arquivos do computador, acessar uma pasta de rede (onde há uma cópia dos dados computador) e removê-los também. Desta forma, somente através de um becape em uma mídia removível e armazenado em um local seguro é possível garantir a recuperação dos dados no caso de falhas de hardware ou incidentes (como vírus).

Alternativa "e". Um Firewall é um dispositivo/software capaz de controlar o fluxo de pacotes de rede entre redes distintas (rede local e Internet) através de um conjunto de regras de filtragem. Já um antispyware é um tipo de antivírus especializado em remover spyware de um sistema operacional. Logo, estes não apresentam funções idênticas.

Alternativa correta: letra "d".

---

117. (Cespe - Analista Judiciário - Área Judiciária - TRE-RJ/2012) A respeito de segurança da informação, julgue os itens subsequentes.

117.01. Para que um vírus de computador torne-se ativo e dê continuidade ao processo de infecção, não é necessário que o programa hospedeiro seja executado, basta que o e-mail que contenha o arquivo infectado anexado seja aberto.

COMENTÁRIOS

✪ **Nota do autor:** Uma das características de um vírus de computador é a necessidade de um programa hospedeiro para se propagar. Quando um programa é infectado por um vírus, o código deste é inserido no programa hospedeiro. Desta forma, no momento em que o programa contaminado é executado, o fluxo da execução do programa é desviado para o código do vírus. A partir deste momento, o vírus passa a infectar outros arquivos no computador do usuário. Logo, o simples fato de receber um arquivo contaminado como anexo de um e-mail não implica no acionamento do vírus. Entretanto, algumas versões antigas de softwares de e-mail permitiam a execução automática de códigos em linguagens de script como vbscript ou javascript. Assim, uma atacante poderia criar um e-mail, em formato html, com um código script que quando acionado executaria o anexo possibilitando a execução do arquivo com o vírus. Entretanto, este tipo de ataque, hoje, é pouco eficaz porque os softwares de e-mail mais recentes conseguem se integrar com antivírus, os quais evitam a execução deste conteúdo.

Questão anulada. O gabarito desta questão no concurso constava que a afirmação estava incorreta. Entretanto, conforme comentado, existia a possibilidade de execução automática de um vírus script em softwares de e-mail mais antigo. Logo, como existe esta possibilidade, o gabarito da questão estava errado e consequentemente a questão foi anulada.

117.02. É possível executar um ataque de desfiguração (defacement) - que consiste em alterar o conteúdo da página web de um sítio - aproveitando-se da vulnerabilidade da linguagem de programação ou dos pacotes utilizados no desenvolvimento de aplicação web.

COMENTÁRIOS

✪ **Nota do autor:** quando ocorre um ataque a um sistema, este irá buscar obter um acesso não autorizado ou comprometer o funcionamento de um computador ou serviço deste. Assim, como colocado pela afirmação, o atacante necessitará obter um acesso não autorizado ao servidor web, que hospeda um determinado sítio, para alterar o conteúdo da página web desfigurando esta.

Para alterar a página web de um sítio, o atacante terá que obter um acesso não autorizado ao servidor web. Para isto, ele precisa explorar alguma vulnerabilidade no servidor que permita o envio de comandos para permitir este acesso. As vulnerabilidades que permitem um acesso não autorizado, normalmente, estão relacionadas a erros de programação. Estes erros ocorrem, por exemplo, quando um programador não verifica o tamanho de uma entrada de dados. Assim, o programa possui um *buffer* (região da memória onde os dados são armazenados) que consegue armazenar 200 bytes. Entretanto, se o programador do software não colocou um código para validação do tamanho da quantidade de dados enviada, um atacante pode enviar um dado com 250 bytes. Estes 50 bytes adicionais irão sobrescrever parte da memória onde se encontram as demais instruções do programa. Normalmente, estes bytes adicionais são formatados pelo atacante para permitir a execução de comandos, enviados por este, para o servidor, como por exemplo, executar um comando para sobrescrever o conteúdo de um arquivo ou abrir uma janela para que o atacante executar comandos no servidor. Este tipo de ataque recebe o nome de Buffer Overflow (Transbordamento de Buffer) e é implementado por ferramentas de ataques disponíveis na Internet.

✪ **Nota do autor:** apesar de algumas linguagens de programação serem mais suscetíveis a ataques de Buffer Overflow do que outras, o erro que permite o ataque encontra-se na forma como o programador elaborou o programa e não necessariamente na linguagem. Assim, mesmo em linguagens mais propensas a este tipo de vulnerabilidade, se o programador elaborar o código corretamente, este evita que o ataque tenha sucesso.

Alternativa correta: "certo".

117.03. Nos procedimentos de backup, é recomendável que as mídias do backup sejam armazenadas no mesmo local dos dados de origem, a fim de tornar a recuperação dos dados mais rápida e eficiente.

COMENTÁRIOS

✪ **Nota do autor:** o objetivo de um backup é o de permitir a recuperação de um sistema ou de dados a partir de um incidente que comprometa completamente estes. Como exemplos de incidentes pode-se citar: mau funcionamento de um disco rígido, remoção dos arquivos ou dados por um vírus, atualizações de softwares que tornam o sistema instável, inundações, incêndios, ataques terroristas, roubo do equipamento dentre outros.

Se as mídias de backup forem armazenadas no mesmo local de origem dos dados, estas poderão ser comprometidas, junto com os dados originais, no caso de um incidente como um incêndio ou uma inundação. Assim, é necessário que as mídias de backup sejam armazenadas em outro local distante de onde se encontram os dados originais. Por exemplo, as mídias de backup de uma filial poderiam ser armazenadas na sede da empresa, a qual se encontra em outro bairro da cidade.

Alternativa correta: "errado".

---

118. (Analista Judiciário – Área Judiciária TRE/CE 2012 – FCC) São ações para manter o computador protegido, EXCETO:

a) Evitar o uso de versões de sistemas operacionais ultrapassadas, como Windows 95 ou 98.
b) Excluir spams recebidos e não comprar nada anunciado através desses spams.
c) Não utilizar firewall.
d) Evitar utilizar perfil de administrador, preferindo sempre utilizar um perfil mais restrito.
e) Não clicar em links não solicitados, pois links estranhos muitas vezes são vírus.

COMENTÁRIOS

✪ **Nota do autor:** existem dois tipos diferentes de firewall: o firewall de host e o de rede. Um firewall de host analisa a comunicação via rede entre o computador, a rede local ou a Internet. Este é capaz de barrar conexões e restringir acessos de aplicativos a internet (ou rede local). O objetivo destas ações é a proteção do computador. Um firewall de rede é um software instalado em um dispositivo ou computador que interliga duas redes. Por exemplo, entre uma rede local e a conexão de acesso a Internet. O tipo de firewall é capaz de analisar todos o tráfego que passa entre estas duas redes e implementar regras de segurança, como bloquear pacotes de redes suspeitos, restringir acesso a computadores locais ou servidores, bloquear acesso externo a determinados serviços, dentre outras opções. O termo firewall rotineiramente está associado a um firewall de rede. Entretanto, nesta questão, o termo firewall faz referência a um firewall de host, devido ao enfoque na proteção de um computador específico.

Alternativa "a": uma boa prática de segurança, para proteger um computador, é manter os seus softwares, tanto aplicativos quanto o sistema operacional, sempre atualizados. As atualizações corrigem vulnerabilidade destes softwares, que poderiam comprometer a segurança de um computador. Sistemas operacionais antigos não são mais mantidos pelas empresas que os desenvolveram. Consequentemente não são disponibilizadas novas atualizações para estes sistemas, o que pode perpetuar uma vulnerabilidade capaz de comprometer o computador. Desta forma, a utilização de sistemas operacionais ultrapassados não é recomendada.

Alternativa "b": Spam é um termo utilizado para designar mensagens de e-mail, normalmente contendo propaganda ou anúncios, não solicitados pelo usuário. Estes spams podem ser utilizados por atacantes para anunciar produtos de falsas empresas ou propagar vírus por e-mail. Se o usuário comprar um produto através de um site, indicado por um spam, este corre o risco de ter seus dados financeiros, como o número de cartão de crédito, enviados para atacantes que irão utilizá-los indevidamente. Além disto, se um usuário abrir um anexo de um spam, este por ter o computador infectado por um vírus. Consequentemente, como não se consegue garantir a confiabilidade deste tipo de mensagem, deve excluir estas mensagens, não acessar links indicados para estas para evitar o comprometimento da segurança do computador.

Alternativa "c": um firewall, como o citado na questão, é um software utilizado para analisar todo o tráfego de informações que entram e saem de um computador via uma rede local ou Internet. Assim, um firewall consegue proteger o computador do ataque de um invasor barrando os acessos deste aos serviços deste através da Internet, por exemplo. Além disto, um firewall impede que softwares não autorizados, por exemplo, um vírus ou keylogger, acessem outros computadores através da rede local ou Internet. Assim, este consegue evitar a propagação de vírus e o envio de informações confidenciais a invasores. Desta forma, um firewall é uma ferramenta essencial para manter um computador protegido.

Alternativa "d": o perfil de administrador, em um sistema operacional, permite o acesso irrestrito a arquivos e pastas de todos os usuários do sistema. Além disto, este perfil permite a instalação de softwares e alteração de configurações dos sistemas. Por isto, deve-se evitar a utilização deste perfil e sempre utilizar um perfil mais restrito. Caso contrário, se o usuário abrir um arquivo contaminado por vírus em um anexo de uma mensagem, por exemplo, este vírus poderá infectar todos os arquivos do computador. Tal comprometimento da segurança não ocorreria se o usuário estivesse utilizando um perfil mais restrito.

Alternativa "e": é muito comum o envio de links não solicitados em mensagem de spam. Quando o usuário clica em um destes links, este pode baixar para o computador um vírus ou algum outro software malicioso e consequentemente comprometer a segurança do computador.

Alternativa incorreta: letra "c".

---

119. (FCC – Analista Judiciário – Área Judiciária – TRE-PR/2012) Sobre o *Firewall do Windows XP*, considere:

I. É um recurso para ajudar a impedir que hackers ou softwares mal-intencionados obtenham acesso ao seu computador através de uma rede ou da Internet.

II. Pode impedir, quando corretamente configurada, que o computador envie software mal-intencionado para outros computadores.

III. Pode analisar o conteúdo de mensagens enviadas por uma rede local e bloqueá-las, caso partes da mensagem apresentem conteúdo nocivo.

a) II e III, apenas.

b) I, II e III.

c) I e III, apenas.

d) I e II, apenas.

e) III, apenas.

COMENTÁRIOS

✪ **Nota do autor:** O Firewall do Windows é um firewall de host. Um firewall de host analisa a comunicação via rede entre um computador uma rede local e/ou a Internet e é capaz de barrar conexões e restringir acessos de aplicativos a internet (ou rede local). O objetivo destas ações é a proteção do computador.

Alternativa "a": a afirmação II está correta. Entretanto a afirmação III está incorreta. O Firewall do Windows não consegue analisar o conteúdo de uma mensagem e a partir desta análise e bloqueá-la. Este consegue lidar apenas com as conexões que entram e saem do computador (camada de rede e transporte), mas não consegue analisar as informações que fazem parte destas conexões. Alguns firewalls de rede conseguem analisar as informações trafegadas pela rede e bloquear mensagens, se necessário.

Alternativa "b", "c" e "e": como comentado no item anterior, estas alternativas estão incorretas devido ao fato da afirmação III estar errada.

Alternativa "d": As afirmações I e II estão corretas. O Firewall do Windows, devido ao fato de ser um firewall de host, é capaz de bloquear acessos de invasores ou softwares maliciosos. Isto é feito através de um conjunto de regras definidas por este. Outra funcionalidade deste firewall é impedir o acesso não autorizado a Internet ou a outros computadores. Por exemplo, o Firewall do Windows pode detectar que um determinado software está tentando abrir uma conexão de rede para acesso à outra máquina na

Internet. Quando isto ocorre o firewall irá questionar o usuário se ele deve permitir este acesso. Caso afirmativo a conexão é liberada e o firewall registra esta ação como uma regra para permitir, ou não no caso de o usuário não autorizar, futuros acessos.

Alternativa correta: letra "d".

---

120. (Analista Judiciário – Área Judiciária TRE/PE 2011 – FCC) Para evitar invasão aos sistemas de uma empresa, é recomendado que se use em cada máquina uma senha para o login, que, para maior segurança, deve conter

a) palavras estrangeiras e, de preferência, as que pertençam a algum dicionário.
b) variações do nome do usuário, como, por exemplo, a escrita do nome em ordem inversa.
c) sequência apenas de números ou formada apenas por letras repetidas.
d) letras, números e variações de letras maiúsculas e minúsculas.
e) palavras e números de fácil memorização, como placas de automóveis e datas de nascimento de familiares.

COMENTÁRIOS

✪ **Nota do autor:** Antes de implementar um ataque mais sofisticado, um invasor sempre irá tentar "descobrir" a senha utilizada por um usuário para obter acesso ao sistema. Para isto, o invasor coleta uma série de informações sobre o usuário e usa estas informações para tentar descobrir a senha. Por exemplo, o invasor pode acessar a página do Facebook de um alvo e obter as seguintes informações: nome da esposa, nome das filhas e filhos do usuário, data de nascimento, time de futebol preferido, tipo de carro preferido dentre outras informações. Em seguida este irá utilizar estas informações como senha para tentar obter um acesso não autorizado ao sistema. Neste contexto, o usuário, para se proteger precisa criar uma senha que não contenha informações pessoais, ou seja, uma palavra comum, existentes nos dicionários. Visto que existem alguns softwares que automatizam o processo de teste de senhas. Para isto, estes utilizam um banco de palavras extraídas de dicionários.

Alternativa "a": palavras estrangeiras que pertençam a dicionários são facilmente descobertas por softwares que utilizam dicionários de palavras para descoberta de senhas.

Alternativa "b": o nome de usuário é uma informação que pode ser facilmente descoberta, acessando o site da empresa, em que ele trabalhar, ou através de técnicas de engenharia social. Assim, é muito provável que um atacante tente combinações do nome do usuário como senha, dentre elas, a escrita em ordem inversa deste nome.

Alternativa "c": o uso de apenas números e letras repetidas diminui drasticamente a quantidade de combinações utilizadas para a geração de senhas. Isto facilita a descoberta desta por ferramentas automatizadas para quebra de senhas.

Alternativa "d": ao criar uma senha composta por letras e números com variações de maiúsculas e minúsculas, o usuário cria uma senha difícil de ser descoberta. Isto porque a senha criada não estará relacionada a uma informação pessoal do usuário ou a uma palavra comumente encontrada em um dicionário. Além disto, o uso de maiúsculas e minúsculas aumenta a quantidade de combinações para a composição de uma senha. Isto tende a dificultar a descoberta de senhas por softwares que testam todas as combinações de letras e dígitos (ataque de força bruta).

Alternativa "e": placas de automóveis e data de nascimento de familiares são informações pessoais que facilmente podem ser descobertas por um invasor. Provavelmente estas serão as primeiras informações que ele utilizará para tentar descobrir uma senha.

Alternativa correta: letra "d".

---

121. (Analista Judiciário – Área Judiciária TRE/ES 2011 – CESPE) Com relação a mecanismos de segurança da informação, julgue o item abaixo.

121.01. A assinatura digital é realizada por meio de um conjunto de dados criptografados, associados a um documento do qual são função. Esse mecanismo garante a integridade, a autenticidade e a confidencialidade do documento associado.

COMENTÁRIOS

A primeira parte da afirmação define corretamente uma assinatura digital. Entretanto, a afirmação está errada em relação aos requisitos de segurança especificados. No caso, uma assinatura digital garante a integridade e a autenticidade de uma mensagem, mas não garante a confidencialidade. A autenticidade é garantida porque o par de chaves utilizado para assinar e validar uma mensagem está associado a uma determinada pessoa através de um certificado digital. A integridade é garantida, pois a assinatura é gerada a partir da criptografia de um código associado à mensagem. Assim, se o texto for alterado, a assinatura não será validada. Já a confidencialidade não é garantida, pois a única parte da mensagem que está criptografado é o código utilizado para gerar a assinatura digital. O restante da mensagem não está. Logo, alguém que tenha acesso à mensagem irá conseguir ler esta, mas não será capaz de alterar a assinatura, ou seja, o código cifrado associado à mensagem.

Alternativa correta: "errado".

122. (Analista Judiciário – Área Judiciária TRE/PE 2011 – FCC) Analise:

I. Para que uma conexão nos navegadores seja segura, o protocolo HTTP deve ser utilizado. Neste tipo de conexão são empregados certificados digitais que garantem a autenticidade do servidor e utilizadas técnicas de criptografia para a transmissão dos dados.

II. A utilização de certificados digitais em correio eletrônico garante a autenticidade do cliente. Nesse processo, o cliente assina digitalmente a mensagem com sua chave privada, garantindo que a assinatura seja validada somente com sua chave pública.

III. A utilização de teclados virtuais utilizados em páginas na internet é uma forma de se precaver contra softwares maliciosos que possam estar monitorando o teclado do computador.

É correto o que consta em

a) I, II e III.

b) II e III, apenas.

c) I, apenas.

d) I e III, apenas.

e) II, apenas.

COMENTÁRIOS

✪ **Nota do autor:** Deve-se prestar muita atenção nas questões com afirmações para serem julgadas. Na elaboração deste tipo de questão, o autor irá criar afirmações ou alternativas totalmente erradas, parcialmente corretas, e totalmente corretas. Assim, a dificuldade, desde que o candidato conheça o conteúdo abordado na questão, encontra-se na afirmação ou alternativa parcialmente correta. Esta, frequentemente, irá afirmar algo correto seguido por uma informação ou definição incorreta ou irá faltar alguma informação para que a afirmação ou alternativa esteja totalmente correta. Neste tipo de questão a afirmação correta é aquela que estiver totalmente correta.

Alternativa "a": apesar das afirmações II e III estarem corretas, a afirmação I está incorreta. O protocolo que garante a conexão segura nos navegadores é o protocolo SSL (Secure Socket Layer) ou o TLS (Transport Layer Security). Estes atuam em conjunto com o HTTP para prover recursos de criptografia das informações e autenticação do servidor através de certificados digitais.

Alternativa "b": ambas as afirmações estão corretas. Através de certificados digitais, o usuário pode assinar digitalmente um e-mail. Esta assinatura é realizada pela chave privada, disponível apenas para o proprietário destas, e validada pela chave pública disponível para acesso por todos os destinatários da mensagem. Devido a esta característica se a assinatura for validada, garante-se que o proprietário daquela chave privada, especificado pelo certificado digital, foi quem realmente enviou a mensagem. O uso de teclados virtuais evita que softwares que monitoram os dados digitados no teclado, keyloggers, obtenham dados confidenciais como senhas, números de cartão de crédito, dentre outras informações.

Alternativas "c" e "d": como a afirmação I está incorreta, isto torna as alternativas citadas incorretas.

Alternativa "e": esta afirmação está parcialmente correta, visto que além da afirmação II a afirmação III também está correta. Como esta alternativa não cita a outra alternativa correta, esta não deve ser assinalada.

Alternativa correta: letra "b".

123. (Analista Judiciário – Área Judiciária TRE/TO 2011 – FCC) Uma das formas de proteger o sigilo da informação que trafega na Internet é

a) não fazer os downloads em notebooks.

b) não responder e-mails que chegam "com cópia oculta".

c) mandar e-mails somente a pessoas da lista pessoal.

d) não usar a opção "com cópia para" do correio eletrônico.

e) a criptografia.

COMENTÁRIOS

✪ **Nota do autor:** Todas as informações que trafegam na Internet são passíveis de serem capturadas. Existem softwares chamados de *sniffers* (farejadores) que são capazes de capturar todos os pacotes de rede que chegam a um determinado computador e disponibilizá-los para um atacante. Além disto, não existe nenhum tipo de codificação, nos protocolos utilizados na Internet (TCP/IP), que proteja as informações. Consequentemente, um atacante através do uso de *sniffers* pode capturar todos os pacotes que chegam a um determinado computador e ler as informações contidas nestes pacotes. Neste contexto, como os protocolos usados na Internet, não propiciam a segurança das informações trafegadas é necessário a utilização de alguma técnica de codificação que permite proteger as informações, mesmo quando um pacote é capturado e acessado indevidamente. Esta proteção deve ser implementada pelos aplicativos que fazem a comunicação através da internet.

Alternativas "a", "b", "c" e "d": nenhuma das ações citadas consegue proteger os dados de serem capturados, quando trafegados pela Internet, pois não há aplicação de técnicas para garantir a confidencialidade das informações, como no caso da criptografia.

Alternativa "e": criptografia é uma técnica matemática que visa codificar uma mensagem utilizando um algoritmo de criptografia e uma chave (ou par de chaves). Esta codificação tornará o texto ilegível por outros usuários que desconheçam o algoritmo utilizado e a chave utilizada. Somente os usuários que conheçam estas informações conseguem decodificar a mensagem utilizando o mesmo algoritmo e chave utilizada na codificação. Desta forma, se um dado criptografado foi trafegado pela Internet e capturado, o atacante não será capaz de ler a mensagem devido à criptografia empregada. Somente o destinatário será capaz de decodificá-la e obter a mensagem original.

Alternativa correta: letra "e".

---

124. (Analista Judiciário – Execução de Mandados – TRF 1ª região/ 2011 – FCC) Dispositivo que tem por objetivo aplicar uma política de segurança a um determinado ponto de controle da rede de computadores de uma empresa. Sua função consiste em regular o tráfego de dados entre essa rede e a internet e impedir a transmissão e/ou recepção de acessos nocivos ou não autorizados. Trata-se de

a) antivírus.
b) firewall.
c) mailing.
d) spyware.
e) adware.

COMENTÁRIOS

Alternativa "a": um antivírus é um software que tem por objetivo detectar, identificar e remover vírus de computador e outros softwares maliciosos como cavalos de tróia, spywares etc. Outra funcionalidade de um antivírus é proteção do computador contra infestação e ataques de vírus.

Alternativa "b": o enunciado da questão descreve as funcionalidades de um firewall.

Alternativa "c": mailling é o nome dado a um tipo de software utilizado para o envio de mala direta. Neste é possível definir uma lista de e-mails para os quais uma determinada mensagem será enviada. O software de mailing irá enviar a respectiva mensagem para todos os usuários definidos na lista de e-mails.

Alternativa "d": um spyware é um software projetado para monitorar as atividades em um computador (ex: acesso a sites na Internet) e enviar estas informações a terceiros.

Alternativa "e": um adware é um programa que exibem anúncios e propaganda, na tela do computador, sem a autorização do usuário.

Alternativa correta: letra "b".

5. HARDWARE

---

125. (Consulplan – Técnico Judiciário – Área Administrativa – TRE – RJ/2017) S.M.A.R.T (Self-Monitoring, Anaçlysis and Reporting Tecnology) ou Tecnologia de Auto Monitoramento, Análise e Relatório refere-se a uma tecnologia presente nos discos rígidos, que permite informar ao usuário quando um disco está prestes a falhar, permitindo, dessa forma, que seja providenciada a troca do disco problemático. Diversas interfaces de comunicação já foram utilizadas pelos discos rígidos. Uma dessas interfaces tem a seguinte descrição: "o controle do disco rígido passou a estar no próprio dispositivo, e era uma interface padrão para discos rígidos em computadores Macintosh. No PC, foi mais usada para servidores". Trata-se de:

a) ESDI - Enhanced Small Disk Interface.
b) SCSI - Small Computer Systems Interface.
c) SATA - Serial Advanced Technology Attachment.
d) SAS - Serial Attached Small Computer System Interface.

COMENTÁRIOS

Alternativa "a". ESDI oi um padrão desenvolvido da década de 80 que movia algumas funcionalidades do controlador de disco para o próprio disco e generalização do barramento de controle para a conexão de outros dispositivos.

Alternativa "b". O padrão SCSI é um padrão para discos rígidos de mais alta velocidade, na época em que foi criado. Assim, este tinha um custo mais elevado e por isto era utilizado em computadores Macintosh e no PC em servidores.

Alternativa "c". SATA é um padrão para a conexão de discos rígidos em alta velocidade que surgiu como uma evolução do padrão anterior Parallel ATA.

Alternativa "d". SAS ou Serial Attached SCSI é outro padrão para conexão de discos rígidos que consegue atingir velocidades de transferência de dados superiores ao SATA.

Alternativa correta: letra "b".

---

126. (Cespe – Analista Judiciário – Área Judiciária – TRE – RS/2015) Com relação aos componentes básicos de um computador, assinale a opção correta.

a) A memória do computador é composta por um conjunto de registradores, sendo o tamanho de cada um calculado em bits.
b) Para melhorar o desempenho do processador, cada registrador é responsável por armazenar vários endereços, compostos de radicais, que, na prática, são as três primeiras letras de uma palavra, associadas a um número único gerado pelo sistema.

c) A UCP é a parte mais importante de um computador, a qual é formada por três outras unidades principais: a unidade lógica (UL), a unidade aritmética (UA) e a unidade de controle (UC).

d) Conceitualmente, um processador é diferente de uma unidade central de processamento (UCP). Enquanto o primeiro é responsável por executar operações de adição e subtração, o segundo é responsável por transferir o resultado dessas operações para a memória principal.

e) Os barramentos servem para interligar os componentes da memória secundária, área responsável por armazenar e processar os dados no computador.

COMENTÁRIOS

✪ **Nota do autor:** Um registrador é um componente utilizado para armazenar uma determinada quantidade de bits. Estes são utilizados na construção da memória e como armazenamento temporário no processador.

Alternativa "a". A memória do computador é constituída por um conjunto de registradores.

Alternativa "b". Cada registrador está associado a um único endereço.

Alternativa "c". Uma UCP é constituída de duas unidades: Unidade de Lógica e Aritmética e a unidade de controle.

Alternativa "d". UCP é o nome teórico dado ao processador do computador.

Alternativa "e". Os barramentos são vias de tráfego de dados e instruções entre os componentes do computador como memória, processador, discos, placas de vídeo etc.

Alternativa correta: letra "a".

---

127. (IESES – Analista Judiciário – Área Judiciária – TRE – MA/2015) Relacione a coluna da direita com a coluna da esquerda:

I) Hardware	( ) Computador que pode manipular imagens, sons e textos.
II) Software	( ) Unidades funcionais básicas, periféricos de entrada e saída, placas, fios, componentes.
III) Firmware	( ) Comando que define uma operação a ser executada.
IV) Sistema	( ) Programa ou código armazenado Multimídia em chip.
V) Instrução	

Assinale a alternativa que preenche os parênteses, de cima para baixo, na ordem correta:

a) IV, I, V, III

b) I, III, IV, II

c) II, V, III, IV

d) V, III, IV, II

COMENTÁRIOS

Alternativa "a". Um sistema pode ser um computador capaz de manipular imagens sons e textos. O hardware é um conjunto de unidades funcionais básicas, periféricos de entrada e saída, placas, fios, componentes. Uma instrução representa uma operação do sistema operacional, linguagem de programação ou processador que deve ser executada. Em um firmware (chip), podem ser armazenadas informadas informações, código e multimídia.

Alternativas "b", "c" e "d". Representam combinações erradas das definições.

Alternativa correta: letra "a".

---

128. (IESES – Analista Judiciário – Área Judiciária – TRE – MA/2015) Uma das tecnologias que mais evoluiu nos últimos anos com certeza foi a de armazenamento de dados. Para comprovar isso basta lembrar ou às vezes nem lembrar do principal meio de transporte de dados em disquetes de 3 ½ e 1,44MB de capacidade. Atualmente novas tecnologias permitem maior quantidade de dados, maior rapidez na transferência e menor tamanho. Analise as questões e assinale a INCORRETA:

a) Disco rígido ou HD pode equipar ainda a maioria dos computadores, e nele ficam gravados arquivos do sistema operacional, programas instalados e arquivos do usuário.

b) Pendrives foram criados para serem dispositivos portáteis, ideais para serem usados no armazenamento e transporte de dados como documentos, planilhas, fotos, base de dados, agendas.

c) SSD ou Solid State Drive é algo como Unidade de Estado Sólido e armazena os dados em Chips de Memória, dispensando totalmente o uso de sistemas mecânicos para o seu funcionamento. Equipam os modernos computadores e laptops.

d) Cartão SD ou cartões de memórias (SD é um padrão predominante) possuem variações de tamanho: SD, XT SD e NanoSD.

COMENTÁRIOS

Alternativas "a", "b" e "c". As afirmações destas alternativas estão corretas

Alternativa "d". Os tipos de cartões SD são o SD convencional e miniSD e microSD

Alternativa incorreta: letra "d".

Maria trabalha no Tribunal Regional Eleitoral de Rondônia e foi solicitada a executar as seguintes tarefas:

1. Fazer um orçamento dos pentes de memória abaixo usando uma planilha contendo o preço apresentado por 3 fornecedores e apontar o menor preço dentre eles:
   - Memória Kingston p/ Notebook 1GB DDR3 1333MHz.
   - Memória Kingston 2GB 1333 DDR3 DIMM KVR1333D3S8N9/2G.
   - Memória Kingston Value Notebook 8GB DDR3 1333MHz.
2. Salvar a planilha com senha em um pen drive.
3. Configurar uma rede sem fio para que os diversos computadores portáteis e desktops possam ter acesso à Internet por meio de um computador central e possam imprimir usando uma impressora ligada a esse computador. Ela deve considerar que os computadores portáteis e desktops que serão conectados não possuem dispositivos embutidos para conectá- los à rede sem fio. Além disso, o computador central tem uma placa de rede, mas não possui nenhum equipamento para ligá-lo à Internet. Deve considerar também que o dispositivo que faz a conversão de sinais binários para analógicos possibilitando a conexão com a Internet e o dispositivo que distribui o sinal da Internet via wireless estão próximos, mas em locais separados.

---

129. (FCC - Analista Judiciário – Área Judiciária – TRE-RO/2013) As memórias orçadas na tarefa 1 são do tipo I e o valor 1333 equivale II da memória.

As lacunas I e II são preenchidas correta e, respectivamente, com

a) ROM - à velocidade
b) EEPROM - ao tamanho.
c) SSD - à velocidade
d) CACHE - à frequência.
e) RAM - à frequência.

COMENTÁRIOS

Alternativa "a". As memórias ROM (Read Only Memory) são memórias que apenas permitem a leitura de dados. Os dados armazenados nesta memória não são voláteis, ou seja, não são apagados cada vez que o computador é desligado. Entretanto, uma vez que os dados são gravados nesta memória eles não podem ser removidos. Estas são utilizadas no computador para armazenar um programa que permite acionar o hardware e carregar o sistema operacional no momento que o computador é ligado. O valor indicado não se refere a velocidade da memória, mas sim a sua frequência de operação.

Alternativa "b". As memórias EEPROM (Electrically-Erasable Programmable Read-Only Memory) são um tipo de memória ROM. Estas também não são voláteis, mas permitem que os dados armazenados sejam regravados um número limitado de vezes. O valor indicado refere-se à frequência da memória e não ao tamanho desta.

Alternativa "c". O SSD (Solid State Drive) é um dispositivo de memória secundária que não possui partes mecânicas. Este utiliza um circuito semicondutor para armazenar os dados. As informações armazenadas nestes não são voláteis e pode-se armazenar grande quantidade de informações. O valor indicado se refere a frequência da memória e não a sua velocidade.

Alternativa "d". Uma memória CACHE é uma memória de alta velocidade situada entre a memória RAM e o processador. Como o processador possui uma velocidade muito superior a memória, quando existe a necessidade de se recuperar um dado desta o processador fica ocioso. Para reduzir esta ociosidade e aumentar o desempenho, parte das consultas feitas a memória ficam armazenadas na memória cache. Assim, como as consultas são feitas de forma consecutiva na memória, o processador pode consultar a memória cache antes de consultar a memória RAM. Se o dado estiver armazenado no CACHE, como este é mais rápido que a RAM, este é enviado ao processador e consequentemente reduzindo o tempo de ociosidade.

Alternativa "e". As memórias orçadas são do tipo RAM (Random Access Memory). Estas são utilizadas pelo computador para armazenamento temporário de dados e para execução dos programas. Visto que quando o computador é desligado os dados desta memória são perdidos. Este tipo de memória permite a leitura e escrita de informações nesta. O valor indicado refere-se a frequência da memória.

Alternativa correta: letra "e".

---

130. (FCC – Analista Judiciário – Área Judiciária – TRE-SP/2012) Em relação a hardware e software, é correto afirmar:

a) Para que um software aplicativo esteja pronto para execução no computador, ele deve estar carregado na memória flash.
b) O fator determinante de diferenciação entre um processador sem memória cache e outro com esse recurso reside na velocidade de acesso à memória RAM.
c) Processar e controlar as instruções executadas no computador é tarefa típica da unidade de aritmética e lógica.
d) O pendrive é um dispositivo de armazenamento removível, dotado de memória flash e conector USB, que pode ser conectado em vários equipamentos eletrônicos.

e) Dispositivos de alta velocidade, tais como discos rígidos e placas de vídeo, conectam-se diretamente ao processador.

COMENTÁRIOS

Alternativa "a": todos os softwares em execução ou que serão executados devem ser carregados para a memória RAM e não carregados em uma memória flash (Ex: pendrive). Uma vez na memória o processador executa instrução por instrução do programa, além de manipular os dados do programa presentes na memória. Assim, todos os programas em discos rígidos, CD's, DVD's, pendrive's etc. devem ser movidos destes dispositivos para a memória para serem executados.

Alternativa "b": a velocidade de acesso a memória não é definida pela presença ou não da memória cache. Diferentes tipos de memória RAM têm diferentes velocidades de acesso. A memória cache auxilia na redução do tempo de busca de uma informação na memória e sua transferência para o processador. Quando um dado é recuperado da memória RAM, em um computador com memória cache, além do dado, são carregados blocos adicionais de dados para a memória cache. Estes blocos de dados adicionais são consecutivos na memória ao dado recuperado. Quando uma nova consulta a memória é feita, a memória cache é verificada e se o dado estiver nesta, este é transferido para o processado. Como a velocidade da memória cache é maior do que a memória RAM, isto diminui o tempo para recuperação do dado. Como normalmente os dados são acessados sequencialmente na memória, ou seja, os dados de um programa são armazenados em posições consecutivas da memória, a taxa de acerto da memória cache é alta e propicia um ganho de desempenho.

Alternativa "c": um processador pode ser, resumidamente, dividido em duas unidades: a unidade de controle e a unidade de lógica e aritmética. A unidade de lógica e aritmética é responsável pelos cálculos matemáticos. Já unidade de controle é responsável por carregar dados e instruções para o processador e processar as instruções do programa.

Alternativa "d": esta alternativa define corretamente o dispositivo pen drive.

Alternativa "e": incorreto. Dispositivos como discos rígidos, placas de vídeo conectam-se a barramentos, os quais são acessados pelo processador. Assim, os dispositivos não são diretamente conectados ao processador.

Alternativa correta: letra "d".

---

131. (FCC – Analista Judiciário – Área Judiciária – TRE-SP/2012) João possui uma pasta em seu computador com um conjunto de arquivos que totalizam 4GB. A mídia de *backup* adequada, dentre outras, para receber uma cópia da pasta é

a) DVD-RW.

b) CD-R.

c) Disquete de 3 e 1/2 polegadas de alta densidade.

d) Memória CACHE.

e) Memória RAM.

COMENTÁRIOS

Alternativa "a": um DVD-RW possui capacidade de armazenamento de 4.7 GB. Desta forma, esta é a mídia mais adequada para realizar um backup destas informações.

Alternativa "b": a capacidade de um CD-R é de 700 MB. Assim, não seria possível fazer o backup das informações desejadas em uma única mídia. Desta forma, esta não seria a mídia mais adequada.

Alternativa "c": disquetes de 3 e ½ polegadas são mídias obsoletas. Estas não são mais fabricadas e os computadores fabricados não possuem mais leitores para este tipo de mídia. Além disto, estes possuem uma baixa capacidade de armazenamento (apenas 1.44 MB).

Alternativa "d": a memória cache, como explicado anteriormente, é uma memória interna do computador situada, logicamente, entre o processador e a memória. A função dela é o armazenar temporariamente dados recuperados da memória visando acelerar a transferência de informações da memória do computador para o processador. Assim, esta memória não pode ser utilizada para a realização de backups devido a sua baixa capacidade (apenas alguns megas) e volatilidade.

Alternativa "e": a memória RAM é uma memória interna do computador onde os programas e dados são armazenados temporariamente para serem executados. Assim, esta não pode ser utilizada para backup de dados, pois, uma vez desligado o computador, os dados desta memória são perdidos.

Alternativa correta: letra "a".

---

132. (Analista Judiciário – Área Judiciária TRE/AP 2011 – FCC) Em termos de componentes básicos do computador, é um elemento que, no final das contas, funciona como uma mesa de trabalho que a todo o momento tem seu conteúdo alterado e, até mesmo, descartado quando ela não está energizada:

a) Placa mãe.

b) Processador.

c) HD.

d) Placa de vídeo.

e) Memória RAM.

COMENTÁRIOS

Alternativa "a": a placa mãe armazena os componentes de um computador como memória, processador, barramentos, BIOS etc. Além disto, permite que outros dispositivos sejam conectados a ela. Outra característica, é que mesmo não energizada, alguns dados são mantidos, como as configurações da BIOS. Logo, a placa mãe não possui as características descritas na questão.

Alternativa "b": o processador é um dispositivo ativo. Este é capaz de executar instruções de programas e manipular dados presentes na memória do computador. Assim, o processador ter uma característica mais de executor de tarefas, visto que dados não são armazenados nele para execução, exceto a instrução que está sendo executada em um dado momento.

Alternativa "c": em uma HD os dados podem ser armazenados, mas estes não podem ser manipulados diretamente neste. Qualquer manipulação dos dados em disco deve ser feita na memória e depois atualizado no disco. Outra característica é que uma vez desligada a alimentação, os dados em disco não perdidos. Por estes motivos, um HD não se caracteriza com o dispositivo descrito na questão.

Alternativa "d": a placa de vídeo não é capaz de armazenar diferentes tipos de informações para manipulação, como afirma a questão. Esta apenas processa um conjunto específico de dados que serão apresentados no monitor do computador.

Alternativa "e": a memória RAM funciona como uma mesa de trabalho. Quando um programa precisa ser executado, ele é movido do disco para a memória junto com os dados necessários para a execução deste (como se fosse um trabalho sendo levado para uma mesa para ser realizado). Conforme os dados são manipulados, posições da memória são alteradas para representarem estas modificações. Quando o programa termina sua execução, este é removido da memória. Como a memória RAM é volátil, ao se desligar o computador o conteúdo desta é perdido. Assim, quais dados que não podem ser perdidos precisam ser gravados em disco.

Alternativa correta: letra "e".

---

133. (Analista Judiciário – Área Judiciária TRE/ES 2011 – CESPE) Com relação aos componentes de computadores digitais e aos seus periféricos e dispositivos de armazenamento de dados, julgue os itens que se seguem.

133.01. O termo ROM é utilizado para designar os discos rígidos externos que se comunicam com o computador por meio de portas USB e armazenam os dados em mídia magnética, sendo, portanto, um tipo de memória volátil.

COMENTÁRIOS

O termo ROM refere-se a um tipo de memória utilizada para armazenar dados referentes ao funcionamento do computador. Os dados armazenados nesta memória não podem ser apagados ou desaparecem após o computador ser desligado como ocorre com a memória principal. Esta fica localizada internamente no computador, mais especificamente na placa mãe.

Alternativa correta: "errado".

133.02. A comunicação entre o microprocessador e as memórias RAM e cache de um computador digital é sempre feita através de uma porta USB, pois essas memórias são as que apresentam o tempo de acesso mais rápido possível.

COMENTÁRIOS

A comunicação entre o microprocessador, as memórias RAM e o cache é feito por meio de barramentos. Estes são canais de transferência de informações de alta velocidade internos ao computador.

Alternativa correta: "errado".

133.03. Quando usado corretamente, um modem adequado pode permitir que um computador transmita e receba dados de outros sistemas computacionais, também conectados a dispositivos adequados e corretamente configurados, por via telefônica.

COMENTÁRIOS

Um modem é um dispositivo utilizado para transmissão de dados de um computador a outro através de uma linha telefônica. A principal função de um modem é o de converter os dados do computador para o formato de transmissão da linha telefônica e vice-versa para permitir a comunicação com outros computadores.

Alternativa correta: "certo".

---

134. (Analista Judiciário – Área Judiciária TRE/RN 2011 – FCC) Nos computadores atuais existe um tipo de memória cuja função é atender as demandas de velocidade do processador. Trata-se da memória

a) principal.
b) ROM.
c) cache.
d) RAM.
e) EEPROM.

COMENTÁRIOS

✪ **Nota do autor:** o termo memória principal é um sinônimo de memória RAM. Esta é chamada de memória principal devido a importância que esta possui no funcionamento do computador.

Alternativas "a" e "d": o objetivo da memória principal (RAM) é o de servir como área de armazenamento temporário para dados e para a execução de programas. A velocidade desta é menor do que a velocidade do processador. Portanto, esta não poderia ser utilizada para o objetivo proposto na questão.

Alternativa "b": a memória ROM, como explicado, é uma memória não volátil (seu conteúdo não pode ser alterado) que armazena dados sobre o funcionamento do computador. Assim, esta também não poderia ser utilizada como área de armazenamento para atender as necessidades de velocidade do processador.

Alternativa "c": o cache é um tipo de alta velocidade que serve como região de armazenamento temporário entre o processador e os demais dispositivos. O objetivo desta é reduzir a diferença de desempenho entre a velocidade do processador e dos demais dispositivos.

Alternativa "e": EEPROM (Erasable Programmable Read-Only Memory) é um tipo de memória ROM e como comentado não atende as características descritas na questão.

Alternativa correta: letra "c".

135. (Analista Judiciário – Área Judiciária TRE/TO 2011 – FCC) Processador, memória RAM e bateria são alguns dos principais componentes

a) do conector serial.

b) da saída paralela.

c) da porta USB.

d) do disco rígido.

e) da placa-mãe.

COMENTÁRIOS

Alternativas "a", "b", "c" e "d": nenhum dos componentes do enunciado faz parte dos itens destas alternativas.

Alternativa "e": a placa mãe é o componente do computador onde estão conectados o processador, a memória RAM, bateria, memória ROM, dentre outros. A placa mãe provê linhas de comunicação, chamadas de barramentos, que permitem a comunicação entre os diversos componentes desta. Além disto, permite que outros dispositivos sejam conectados a esta através de conectores e slots.

Alternativa correta: letra "e".

Informática

Luciano Freire

✦ DICAS

1. APLICATIVOS PARA ESCRITÓRIO MS OFFICE

As questões dos concursos, sobre MS Office e BrOffice/LibreOffice, cobram conhecimentos relacionados ao uso dos aplicativos destes pacotes. Assim, é importante que o candidato instale utilize estes softwares no dia a dia, principalmente o BrOffice/LibreOffice. Através do uso constante, o candidato irá se habituar e conhecer as principais funções destes softwares. Consequentemente isto irá facilitar a resposta das questões sobre este assunto, pois estas cobram basicamente o manuseio, configurações e o conhecimento sobre a existência de determinadas funcionalidades nestes softwares.

Devido à adoção dos BrOffice/LibreOffice por órgãos governamentais é importante conhecer os aplicativos que compõe esta suíte. A tabela a seguir, apresenta os principais aplicativos que compõe o BrOffice/LibreOffice e indica o software equivalente no MS Office.

Software BrOffice/LibreOffice	Funcionalidade	Equivalente MS Office
Writer	Editor de Texto	Word
Calc	Planilha Eletrônica	Excel
Impress	Editor de apresentações multimídia	PowerPoint
Draw	Editor de diagramas e desenhos	Visio
Base	Banco de Dados	Access

Outro aspecto importante é o conhecimento dos atalhos de teclados mais comuns destes softwares. Isto facilita a execução de tarefas e por isto o conhecimento das principais teclas de atalho é abordado em questões de concurso. As tabelas a seguir apresentam as principais teclas de atalho do MS Office e BrOffice/LibreOffice.

MS Office(Word e Excel)	
Tecla de Atalho	**Ação**
ALT+ENTER	Inicia uma nova linha na mesma célula.
CTRL+[	Diminui o tamanho da fonte em uma unidade no texto selecionado
CTRL+]	Diminui o tamanho da fonte em uma unidade no texto selecionado
CTRL+A	Seleciona a planilha inteira.
CTRL+B	Salva o documento.
CTRL+C	Copia as células selecionadas.
CTRL+D	Abre a janela para formatação de fonte.
CTRL+DEL	Apaga a palavra seguinte.
CTRL+E	Centraliza o texto selecionado
CTRL+END	Posiciona o curso no final do documento.
CTRL+ENTER	Preenche o intervalo de células selecionado com a entrada atual.
CTRL+HOME	Posiciona o cursor no início do documento.
CTRL+I	Formata o texto selecionado em itálico.
CTRL+J	Justifica o texto selecionado.
CTRL+L	Localiza palavras no texto.

MS Office(Word e Excel)	
CTRL+N	Formata o texto selecionado em negrito
CTRL+Q	Alinha o texto selecionado a esquerda.
CTRL+S	Sublinha o texto selecionado.
CTRL+T	Seleciona todo o documento
CTRL+U	Localiza e substitui palavras no texto.
CTRL+V	Insere o conteúdo da Área de Transferência no ponto de inserção e substitui qualquer seleção. Disponível somente após recortar ou copiar um objeto, texto ou conteúdo de célula.
CTRL+X	Recorta um conteúdo selecionado.
CTRL+Z	Desfaz a última ação realizada.
F12	Abre a janela "salvar como".
F4	Repete a última ação.
F7	Verifica Ortografia e Gramática.
SHIFT+ENTER	Conclui uma entrada de célula e seleciona a célula de cima.
SHIFT+F3	Transforma em maiúsculas todo o texto selecionado.
SHIFT+F7	Abre a janela do dicionário de sinônimos.

Nos seguintes sites é possível encontrar uma relação completa das teclas de atalho do Word e Excel:

a) http://office.microsoft.com/pt-br/word-help/atalhos-de-teclado-do-microsoft-word-HP010370109.aspx#BM5

b) http://office.microsoft.com/pt-br/excel-help/atalhos-de-teclado-no-excel-2010-HP010342494.aspx

LibreOffice (Writer e Calc)	
Tecla de Atalho	**Ação**
F7	Verifica ortografia.
CTRL+F7	Abre a janela do dicionário de sinônimos.
CTRL+F12	Insere ou edita uma tabela existente.
CTRL+A	Seleciona todo o texto.
CTRL+J	Justifica o texto selecionado.
CTRL+D	Formato o texto selecionado com sublinhado duplo.
CTRL+E	Centraliza o texto selecionado.
CTRL+H	Localizar e substituir um texto.
CTRL+L	Alinha o texto selecionado a esquerda.
CTRL+R	Alinha o texto selecionado a direita.
CTRL+Y	Repete a última ação.
SHIFT+ENTER	Quebra de linha.
CTRL+ENTER	Quebra de página.
CTRL+HOME	Ir para o início do documento.
CTRL+END	Ir para o fim do documento.
CTRL+DEL	Eliminar texto até ao final da palavra.

LibreOffice (Writer e Calc)	
SHIFT+HOME	Seleciona todas as células desde a atual até a primeira célula da linha.
SHIFT+END	Seleciona todas as células desde a atual até a última célula da linha.
CTRL+F2	Abre o assistente de funções do Calc

Nos seguintes sites é possível encontrar uma relação completa das teclas de atalho do Writer e Calc:

a) http://help.libreoffice.org/Writer/Shortcut_Keys_for_Writer/pt

b) http://help.libreoffice.org/Calc/Shortcut_Keys_for_Spreadsheets/pt-BR

Dentre os softwares de automação de escritório, o Excel e Calc possuem uma grande variedade de funções que podem ser cobradas nos concursos. A tabela, a seguir, explica o funcionamento destas funções exemplificando estas para o Excel, mas os mesmos conceitos podem ser aplicados para o Calc do LibreOffice/BrOffice.

Função	Descrição	Exemplo
Soma	Realiza a soma de todos os números especificados como argumentos da função. Sendo que cada argumento pode ser um número, referência a uma célula, intervalo de células, matriz, uma fórmula ou resultado de outra função.	• Soma(A1:A2): soma o valor das células A1 e A2. • Soma(A1:A5): soma o conteúdo das células de A1 até A5. • Soma(A1:B2): soma o conteúdo das células da matriz formada pelas células de A1 a B2.
Soma.Se	Realiza a soma de um conjunto de células desde que estas atendam a um determinado critério especificado. Soma.Se(intervalo; critérios; intervalo_soma_opcional) Se o intervalo_soma_opcional não foi especificado, será feito a soma das células especificadas no intervalo.	• SOMASE(A2:A5,">160000"): soma as células do intervalo A2 a A5 que possuam valor superior a 160.000. • SOMASE(A2:A7,"Frutas",C2:C7): soma as células no intervalo de C2 a C7 cuja respectiva célula da mesma linha na coluna A (A2:A7) contenha a palavra "Frutas")
Média	Calcula a média aritmética de todos os números especificados como argumentos da função. Sendo que cada argumento pode ser um número, referência a uma célula, intervalo de células, matriz, uma fórmula ou resultado de outra função.	• Média(A1:A2): calcula a média aritmética das células A1 e A2. • Média (A1:A5): calcula a média aritmética das células de A1 até A5. • Média(A1:B2): calcula a média aritmética das células da matriz formada pelas células de A1 a B2.
Cont.Se	Contabiliza o número de células não vazias em um determinado intervalo se um determinado critério for verdadeiro. Sintaxe da função: Cont.Se(intervalo;critérios)	• CONT.SE(B2:B5;">55"): conta o número de células no intervalo de B2 a B5 que possuam valor maior que 55 • CONT.SE(A2:B5;"aprovado"): conta o número de células no intervalo A2 a B5 que contenham a palavra aprovado.
Se	Verifica se uma condição é verdade ou falsa. A partir da análise desta condição retorna um valor se a condição for verdadeira e outro se a condição for falsa	• Se(A1>0;"Positivo"; "Negativo): verifica se o conteúdo da célula A1 é maior que zero. Caso verdadeiro a função Se retorna Positivo e este valor será inserido na célula de destino. Caso o resultado da condição seja falso, a função Se retorna Negativo e este é inserido na célula de destino.

A função Se utiliza operadores relacionais para especificar a condições. A próxima tabela apresenta os principais operadores relacionais do Excel e Calc.

OPERADOR Relacional	SIGNIFICADO	EXEMPLO
=	Igual a	• A1 = 5 : compara se o conteúdo da célula A1 é igual a 5
>	Maior que	• A2 >0 : compara se o conteúdo da célula A2 é maior que 0.

OPERADOR Relacional	SIGNIFICADO	EXEMPLO
<	Menor que	• A1 <5 : compara se o conteúdo da célula A1 é menor que 5
>=	Maior ou igual a	• A2 >= 0 : compara se o conteúdo da célula A2 é maior ou igual a 0.
<=	Menor ou igual a	• A1 <= 5 : compara se o conteúdo da célula A1 é menor ou igual a 5
<>	Diferente de	• A1 <>0 : verifica se o valor de A1 é diferente de 0.

Também, nas questões envolvendo planilhas eletrônicas (Excel e Calc) são cobrados o conhecimento dos seguintes operadores:

Operador	Funcionalidade	Exemplo(s)
:	Determina um intervalo de células em uma fórmula.	Soma(A1:A5) : efetua a soma das células A1, A2, A3, A4 e A5. Média(A1:B2): calcula a média das células A1, A2, B1 e B2.
;	Especifica células individuais de uma planilha em uma fórmula	• Soma(A1;A5): efetua a soma das células A1 e A5.
$	Utilizado para travar o incremento de uma linha ou coluna quando uma fórmula é copiada de uma célula para outra.	Suponha que as fórmulas, a seguir, estão digitas na célula C1 • Soma(A$1;B1): se esta fórmula for copiada para a Célula C2 (linha abaixo de C1) o índice da linha de B1 será incrementado enquanto o índice da linha de A$1 não. A fórmula resultante será Soma(A$1;B2). • Soma(A$1;B1): se esta fórmula for copiada para a Célula D1 (coluna ao lado de C1) o índice da coluna da B1 será incrementado e o índice da coluna de A$1 visto que o $ está precedendo somente o índice da linha. A fórmula resultante será Soma(B$1;C1). • Soma($A1;B1): se esta fórmula for copiada para a Célula C2 (linha abaixo de C1) o índice da linha da B1 e de $A1 serão incrementados visto que o $ somente está precedendo o índice da coluna. A fórmula resultante será Soma($A2;B2). • Soma($A1;B1): se esta fórmula for copiada para a Célula D1 (coluna ao lado de C1) o índice da coluna da B1 será alterado e o índice da coluna de $A1 não, visto que o $ está precedendo o índice da coluna. A fórmula resultante será Soma($A1;C1). • Soma($A$1;B1): como o $ precede tanto o índice da linha e coluna de A1 se a fórmula for copiada para a linha abaixo ou para a coluna ao lado de C1 nem o índice da linha ou coluna do termo A1 serão alterados. Entretanto B1 terá o seu índice da linha ou coluna alterado se a fórmula for copiada para a linha abaixo ou para a coluna ao lado de C1.
& (E comercial)	Utilizado para fazer a concatenação de dois valores produzindo um texto	A seguinte fórmula = "A" & "B" &"C" produz o seguinte resultado "ABC"

Além destes operadores, é importante conhecer os principais operadores matemáticos utilizados nas fórmulas do Excel e o Calc. A tabela a seguir apresenta os principais.

OPERADOR Matemático	SIGNIFICADO	EXEMPLO	RESULTADO
+ (sinal de mais)	Adição	=3+3	6
– (sinal de menos)	Subtração Negação	=3–1 =–1	2 -1
* (asterisco)	Multiplicação	=3*3	9
/ (sinal de divisão)	Divisão	=3/3	1
% (sinal de porcentagem)	Porcentagem	=50*20%	10
^ (acento circunflexo)	Exponenciação	=3^5	243

Quadro adaptado de http://office.microsoft.com/pt-br/excel-help/operadores-de-calculo-e-precedencia-HP010078886.aspx

Quando o Excel e o Calc avaliam uma fórmula, esta é analisada da esquerda para a direita se todos os operadores matemáticos envolvidos tiverem a mesma ordem de precedência. A ordem de precedência indica qual operação deve ser realizada primeiro antes das demais. Por exemplo, em uma fórmula envolvendo somas e multiplicações, as operações de multiplicação são realizadas antes das somas. O quadro a seguir apresenta a ordem de precedência dos operadores matemáticos.

Operador	Descrição	Ordem de Precedência
–	Negação (como em –1)	Maior
%	Porcentagem	
^	Exponenciação	
* e /	Multiplicação e divisão	
+ e –	Adição e subtração	
&	Concatenação	Menor

Pela tabela acima, percebe-se que o operador % tem maior precedência do que o operador de *. Assim, em um fórmula envolvendo estes dois operadores o operador % será calculado antes do *.

Alguns operadores possuem a mesma precedência como + e -. Quando a fórmula envolve apenas estes operadores, esta é analisada da esquerda para a direita.

Em algumas situações é necessário realizar um cálculo em uma ordem de precedência diferente da definida para os operadores. Por exemplo, no caso do cálculo da média de três células. Se a fórmula for especificada como =A1+A2+A3/3, considerando a ordem de precedência, o cálculo estará errado. Visto que somente A3 é dividido por 3 e o resultado somado a A1e A2. Para estes casos, pode se utilizar um par de parênteses ( ) para alterar a ordem de precedência. Qualquer fórmula que estiver entre parênteses tem maior precedência, ou seja, é calculada antes dos demais operadores, os quais são avaliados na ordem de precedência atual. Assim, a fórmula correta para o cálculo da média de 3 valores é = (A1+A2+A3)/3. Nesta, como os parênteses possuem a maior precedência, primeiro soma-se as células e o resultado é divido por 3.

Outro ponto cobrado são os formatos do padrão Open DocumentFormat. A tabela a seguir indica os formatos mais comuns.

Formato	Tipo de Documento
odt	Documentos de texto
ods	Planilhas Eletrônicas
odp	Apresentações Multimídia
odb	Bancos de Dados
odg	Desenhos Vetoriais
odf	Equações

Por fim, muitas questões relacionadas ao MS Office e BrOffice/LibreOffice cobram o conhecimento dos comandos presentes nos menus dos softwares que compõem estes pacotes. A memorização destas informações acontece com o uso da ferramenta. Entretanto para auxiliar o candidato, em uma revisão rápida, as tabelas a seguir apresentam os principais menus das ferramentas Word, Excel, Powerpoint (Versão 2010) e seus equivalentes no BrOffice/LibreOffice (Writer, Calc e Impress) da versão 3.6

<table>
<tr><th colspan="2">Word 2010</th></tr>
<tr><th>Menu</th><th>Imagem</th></tr>
<tr><td>Arquivo</td><td>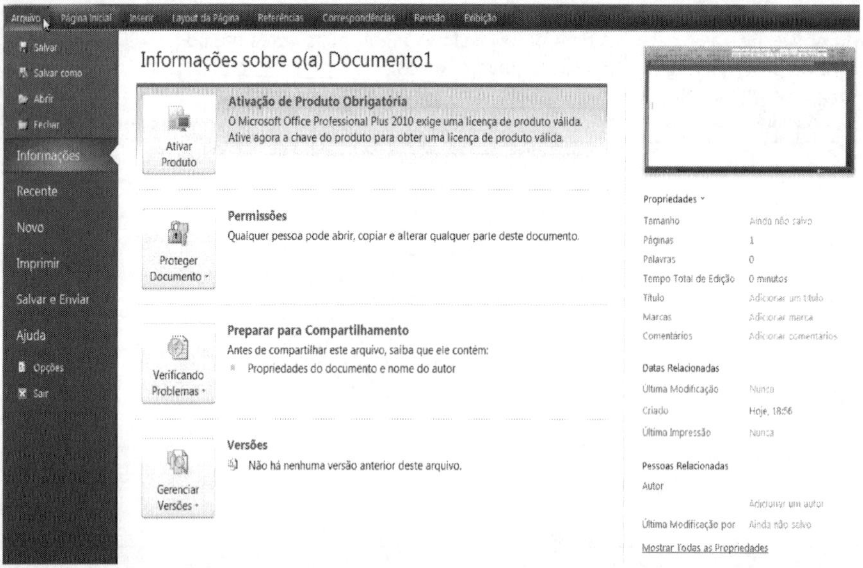
</td></tr>
<tr><td>Página Inicial</td><td>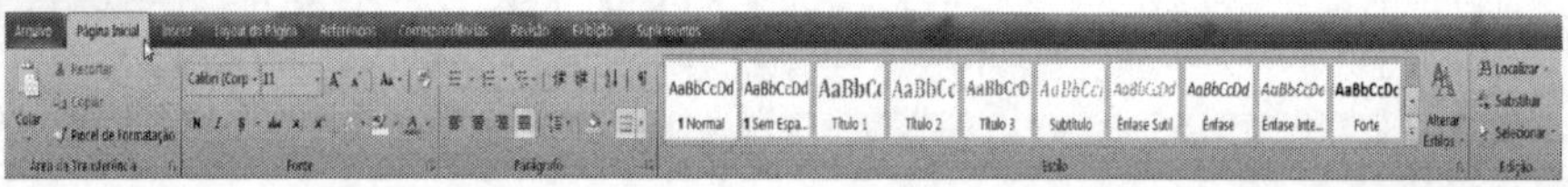</td></tr>
<tr><td>Inserir</td><td>
</td></tr>
<tr><td>Layout da Página</td><td>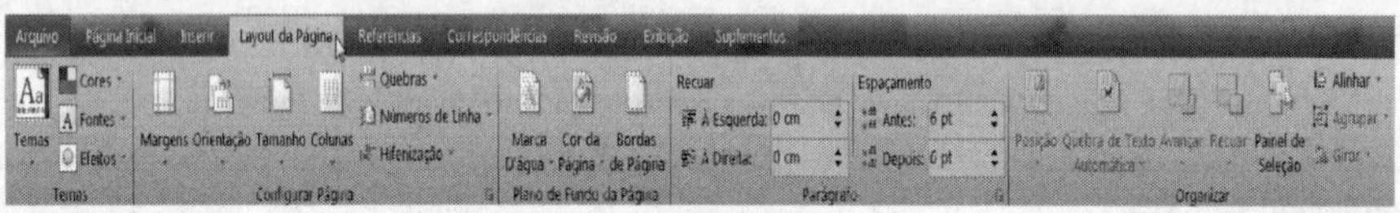
</td></tr>
<tr><td>Referências</td><td>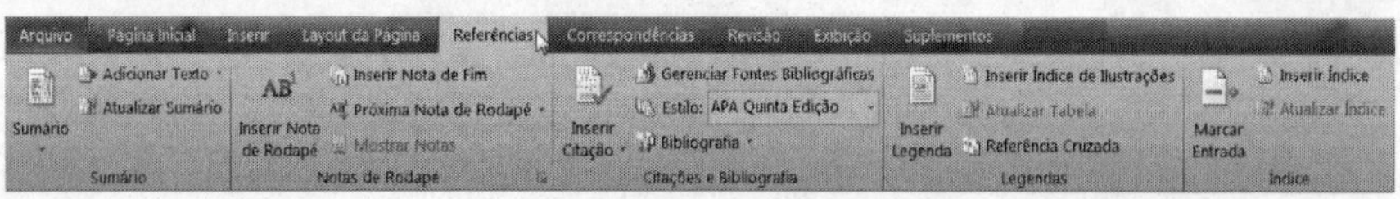
</td></tr>
<tr><td>Revisão</td><td>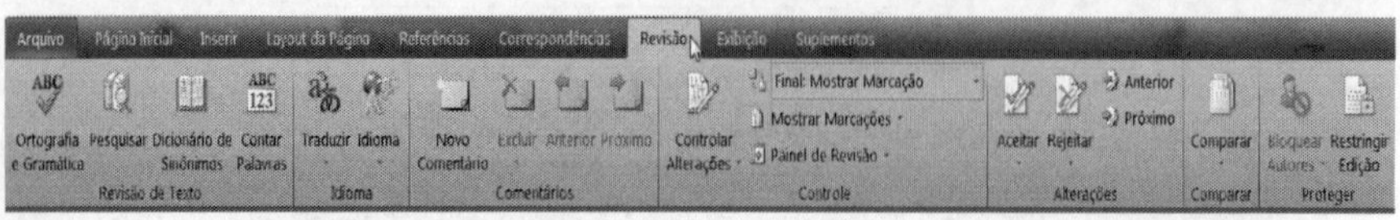
</td></tr>
<tr><td>Exibição</td><td>
</td></tr>
<tr><th colspan="2">Excel 2010</th></tr>
</table>

Menu	Imagem
Arquivo	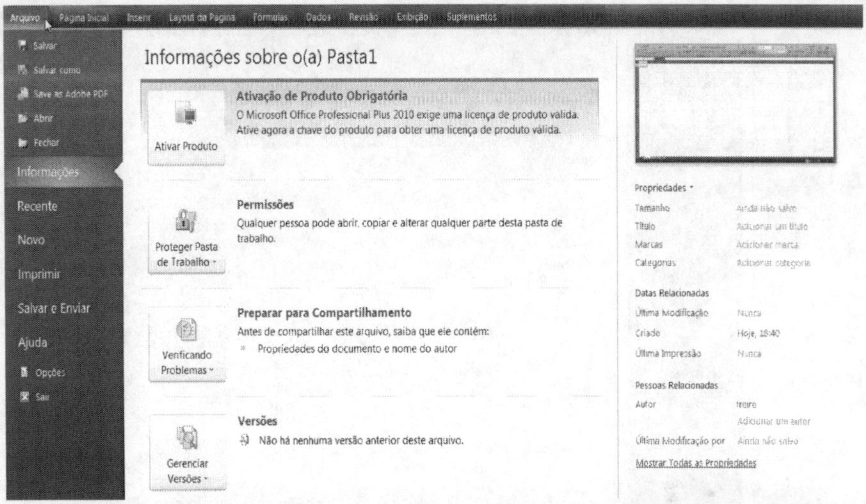
Página Inicial	
Inserir	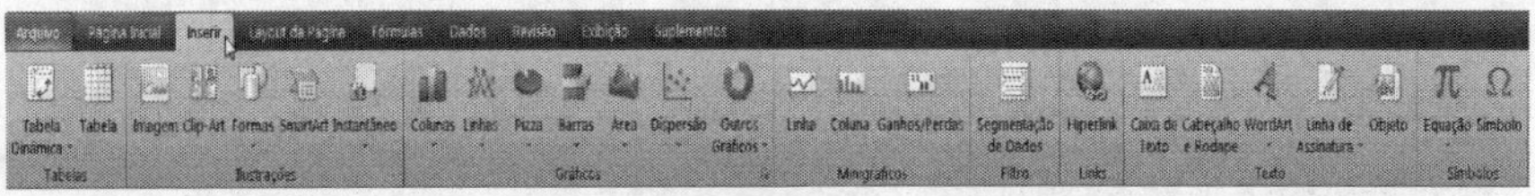
Layout da Página	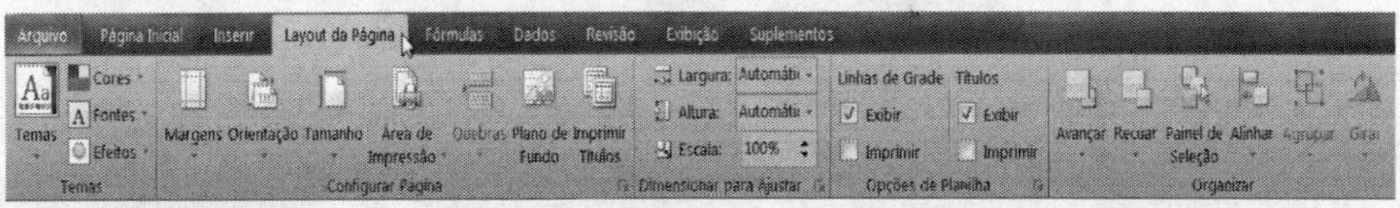
Fórmulas	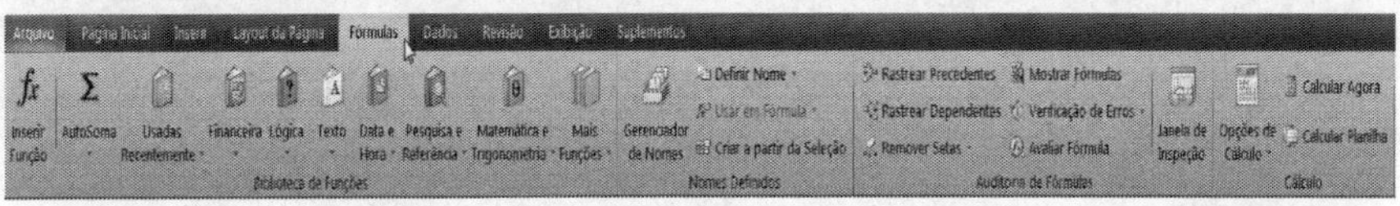
Dados	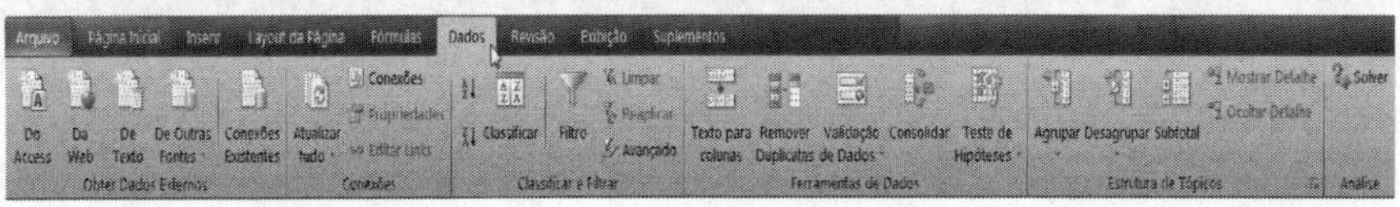
Revisão	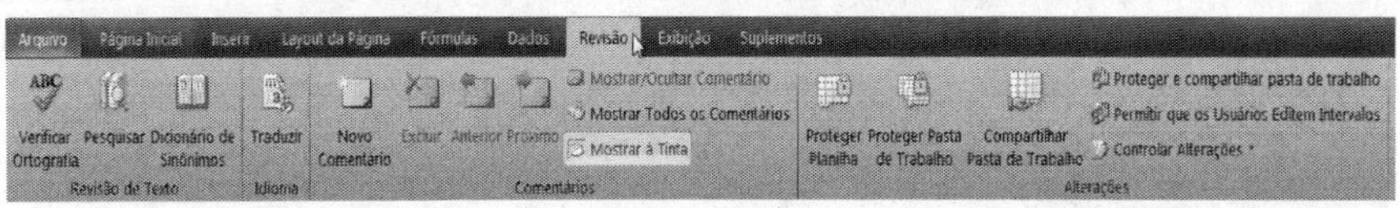
Exibição	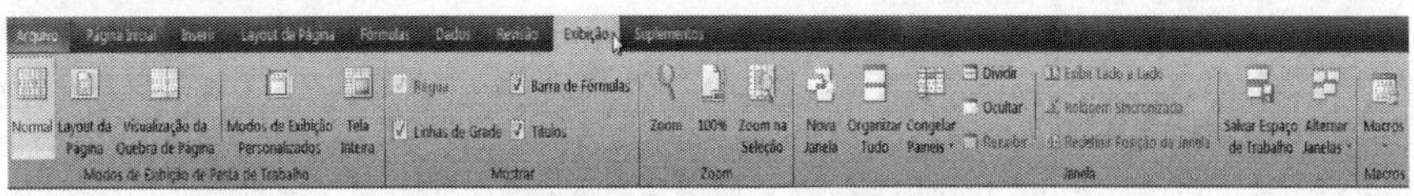
PowerPoint 2010	

Menu	Imagem
Arquivo	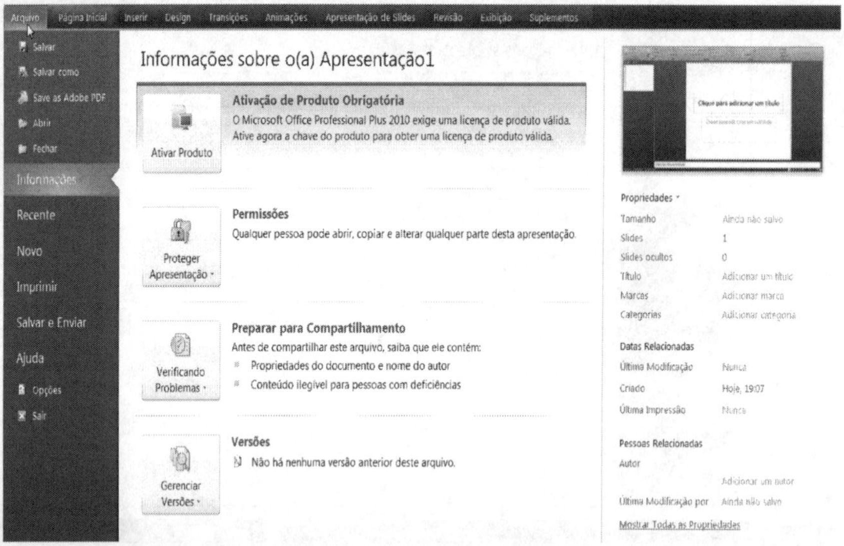
Página Inicial	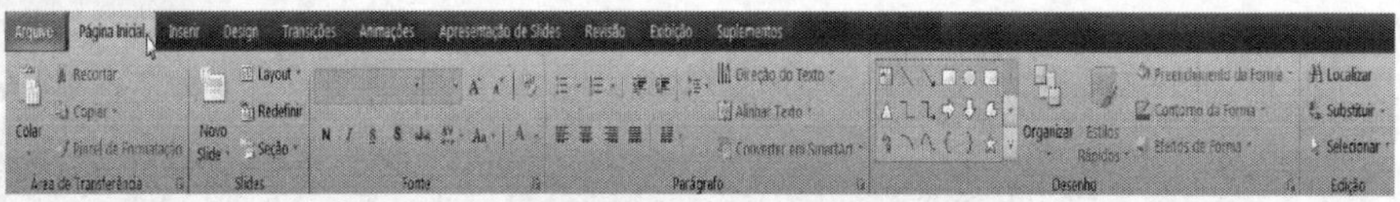
Inserir	
Design	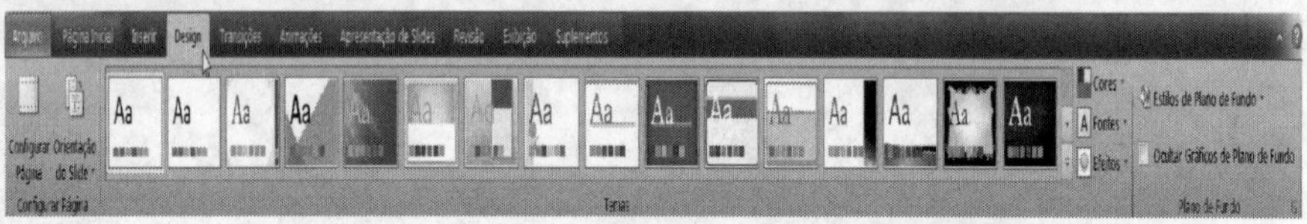
Transições	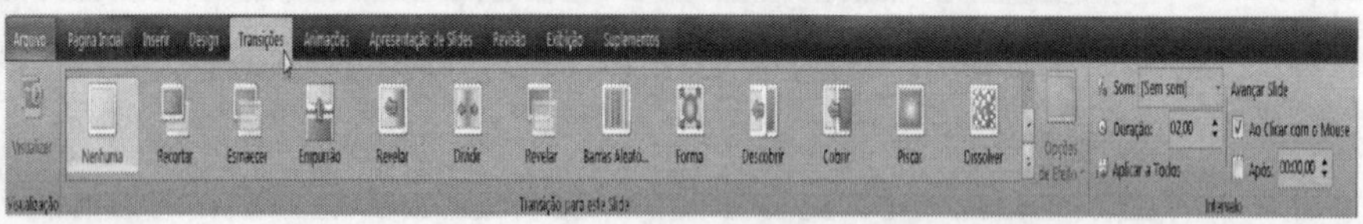
Animações	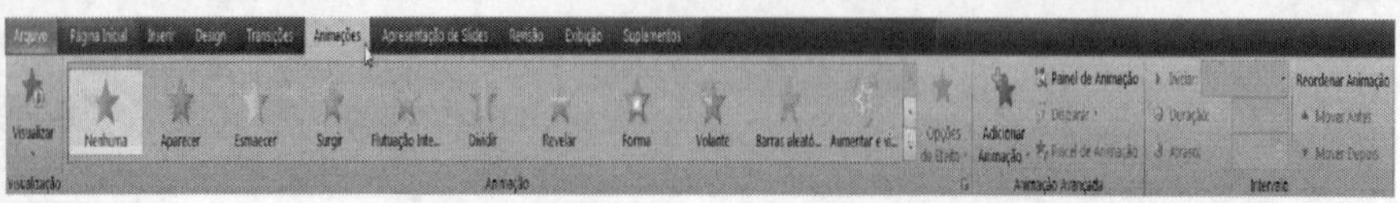
Apresenta-ção de Slides	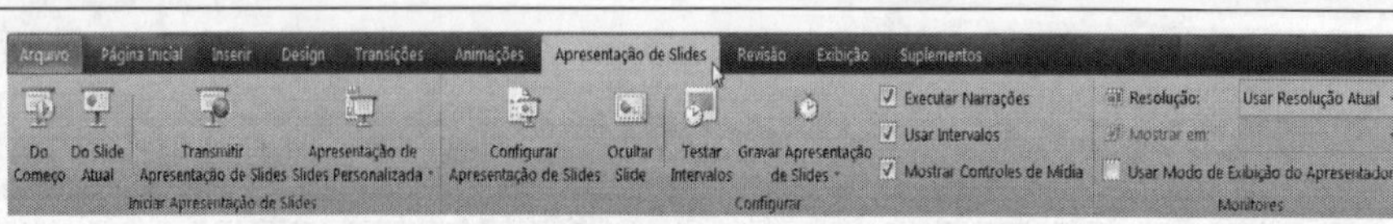
PowerPoint 2010	

Menu	Imagem
Revisão	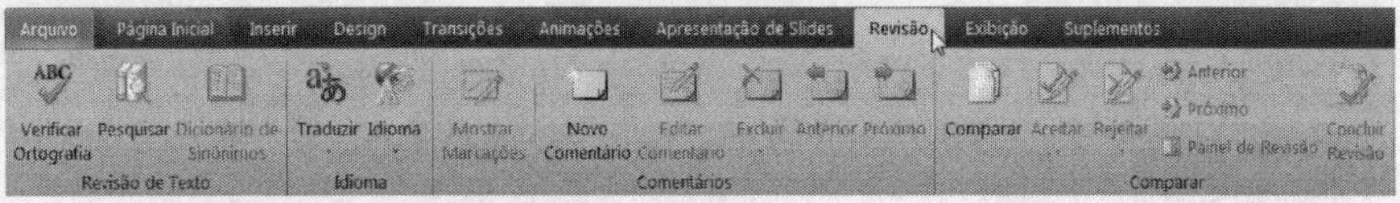
Exibição	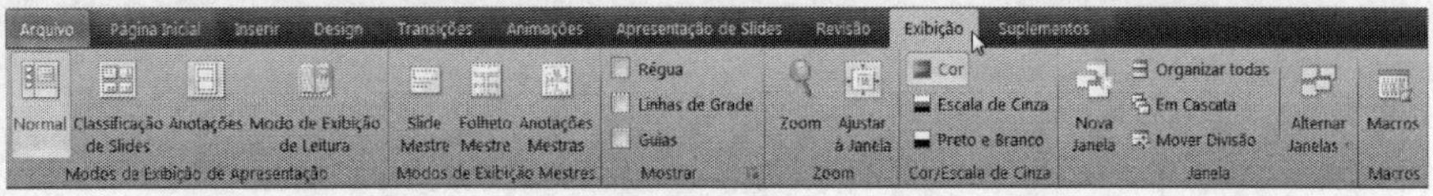

Observações: menus adicionais podem ser apresentados dependendo de seleções no texto, planilhas e apresentações ou devido à instalação de alguns softwares.

Writer – BrOffice/LibreOffice 3.6			
Menu	**Imagem**	**Menu**	**Imagem**
Barra de Ferramentais	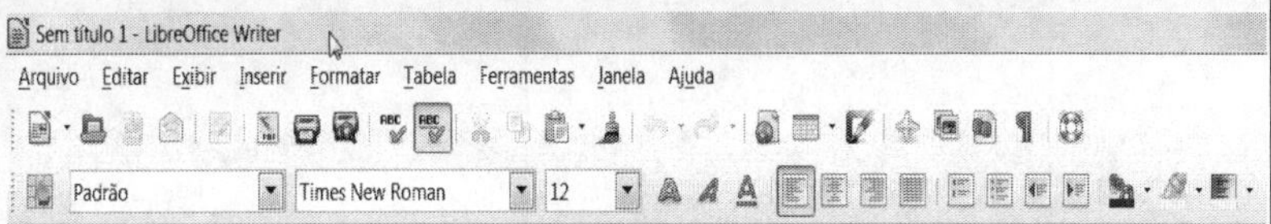		
Arquivo	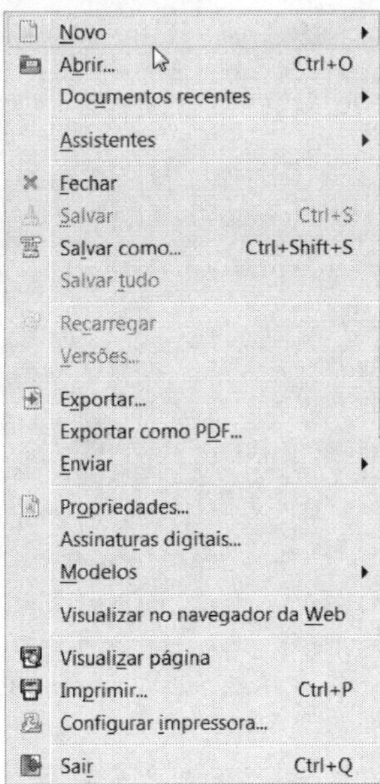	**Exibir**	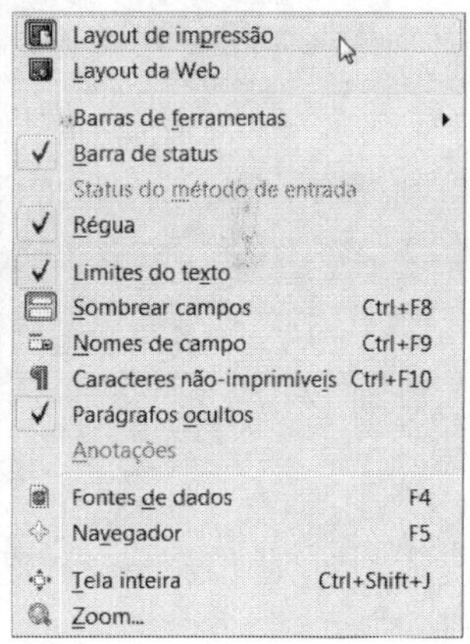

<table>
<tr><th colspan="4">Writer – BrOffice/LibreOffice 3.6</th></tr>
<tr><th>Menu</th><th>Imagem</th><th>Menu</th><th>Imagem</th></tr>
<tr><td>Editar</td><td>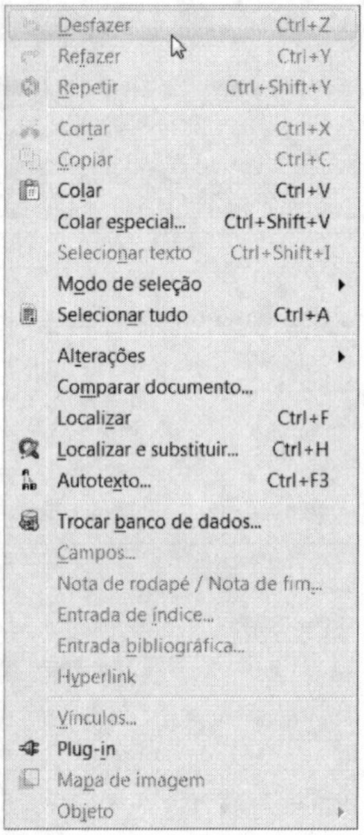
</td><td>Inserir</td><td>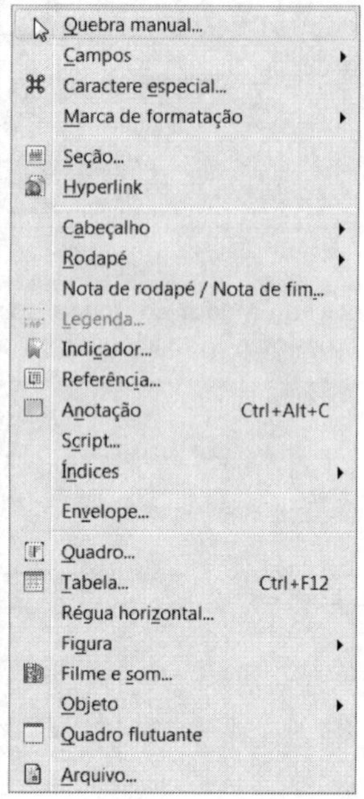
</td></tr>
<tr><td>Formatar</td><td>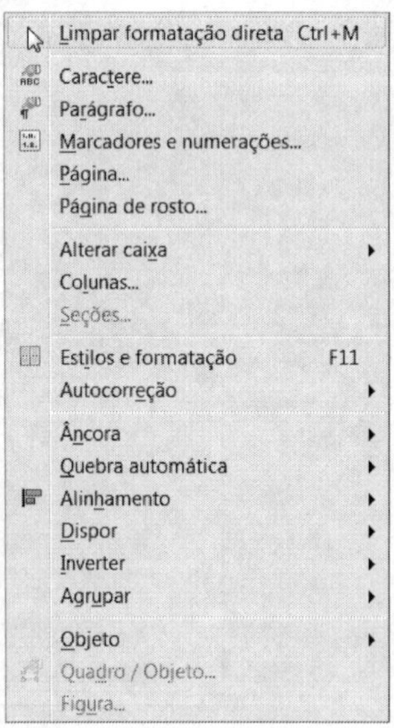
</td><td>Tabela</td><td>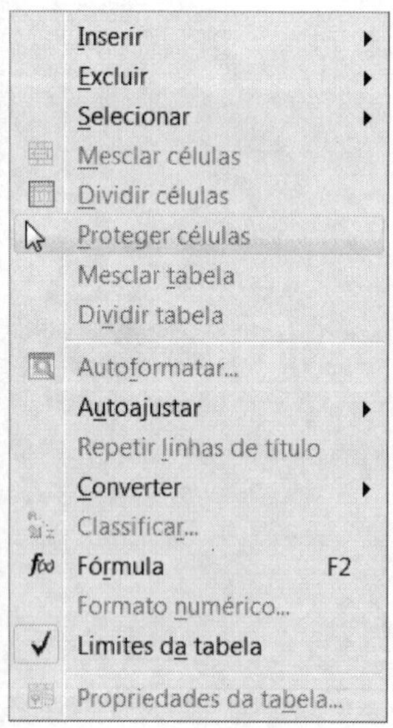
</td></tr>
</table>

Writer – BrOffice/LibreOffice 3.6			
Menu	**Imagem**	**Menu**	**Imagem**
Ferramentas	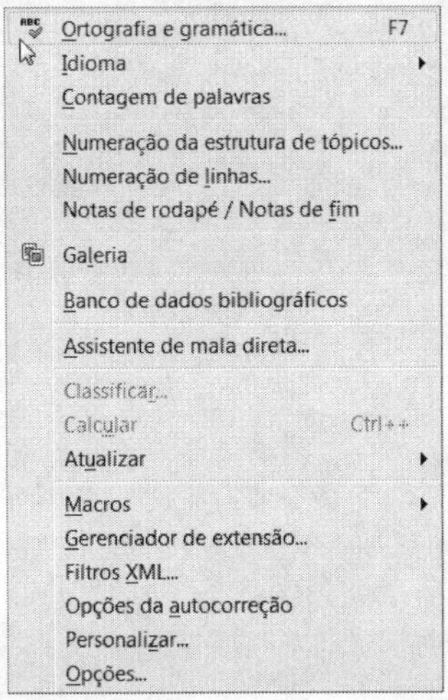	**Janela**	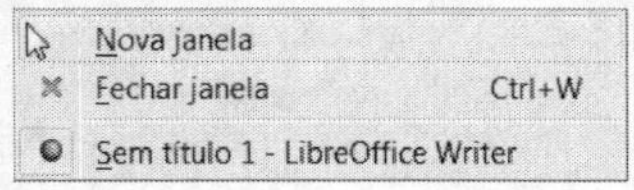

Calc – BrOffice/LibreOffice 3.6			
Menu	**Imagem**	**Menu**	**Imagem**
Barra de Ferramentas	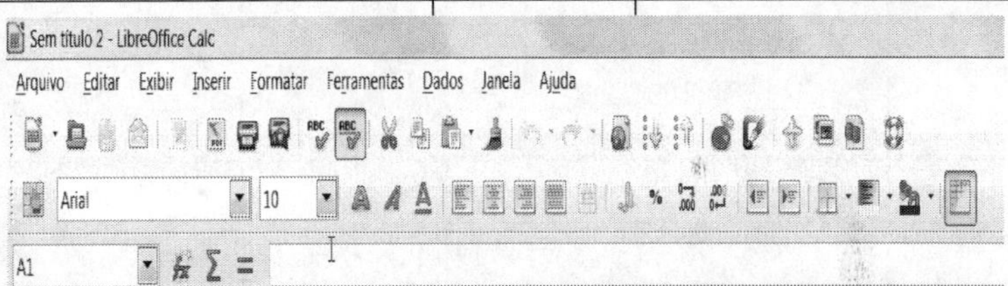		
Arquivo	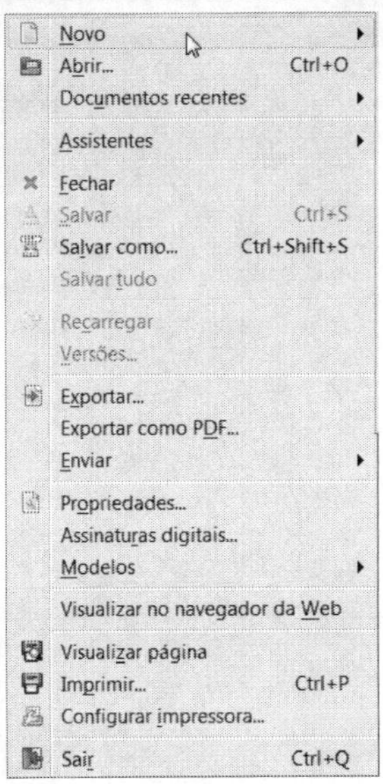	**Editar**	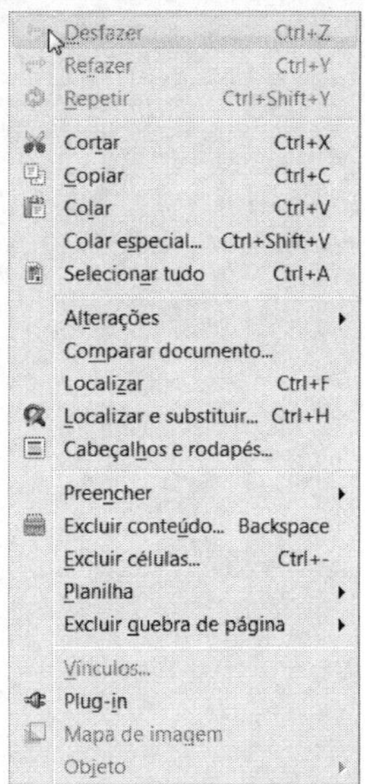

Calc – BrOffice/LibreOffice 3.6			
Menu	**Imagem**	**Menu**	**Imagem**
Exibir	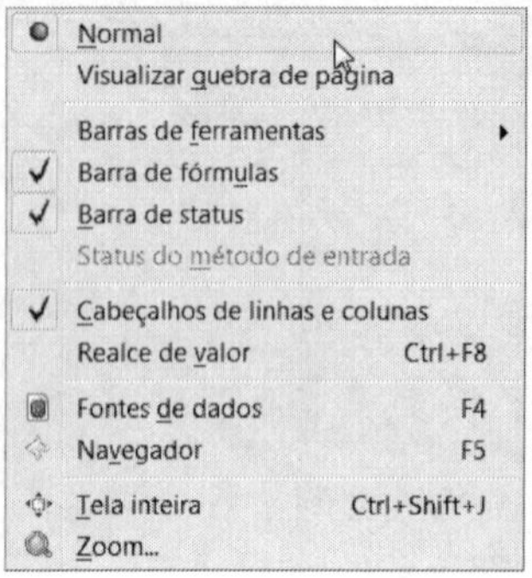	**Formatar**	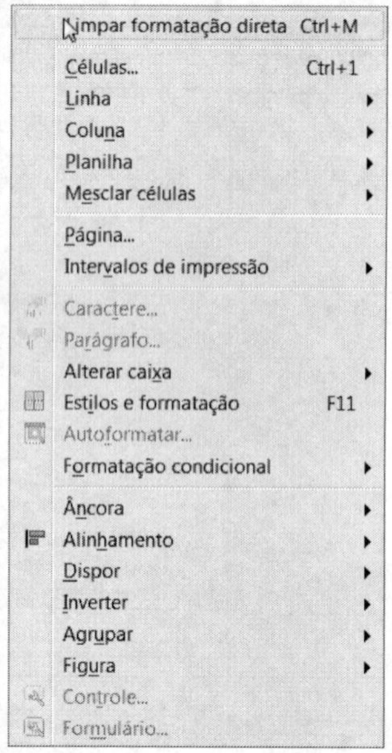
Inserir	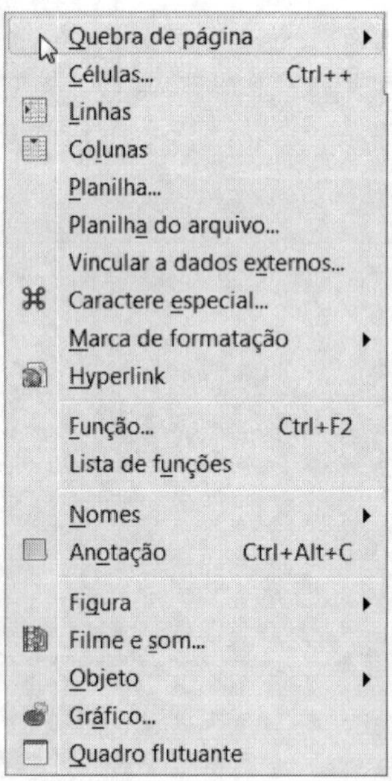	**Ferramentas**	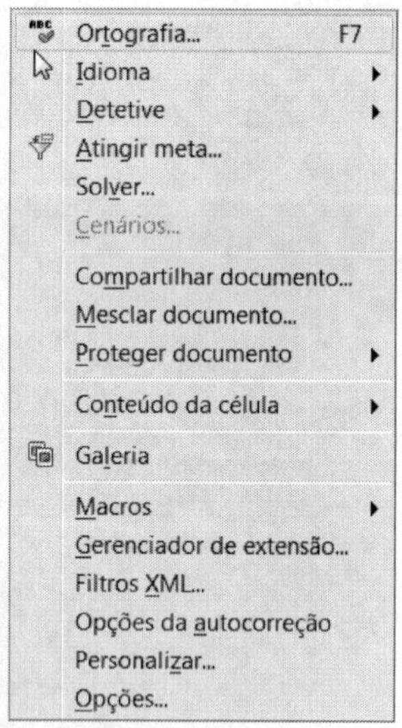

Calc – BrOffice/LibreOffice 3.6			
Menu	**Imagem**	**Menu**	**Imagem**
Dados	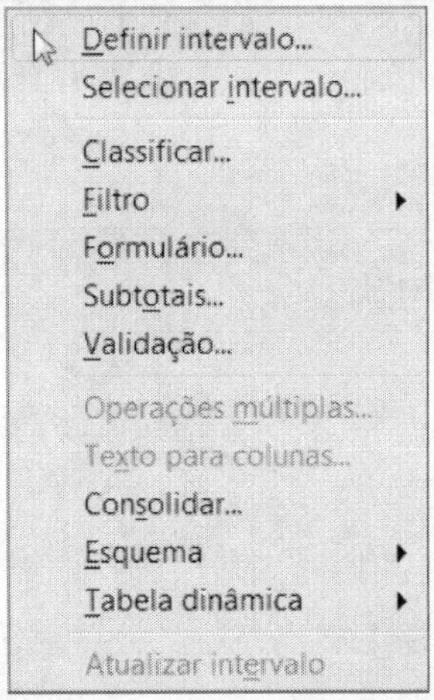	**Janela**	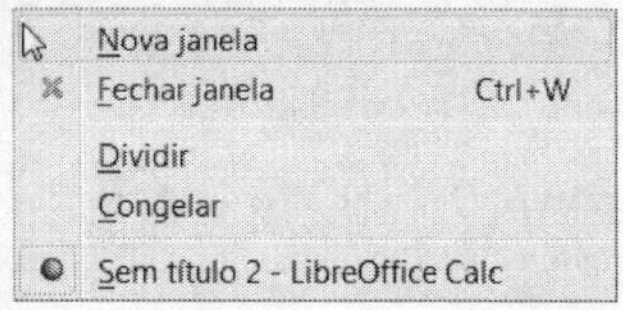

Impress – BrOffice/LibreOffice 3.6			
Menu	**Imagem**	**Menu**	**Imagem**
Barra de Ferramentas			
Exibir		**Inserir**	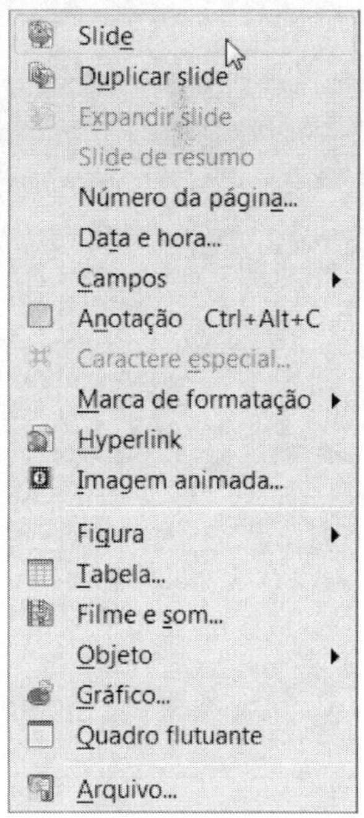

Impress – BrOffice/LibreOffice 3.6			
Menu	**Imagem**	**Menu**	**Imagem**
Arquivo	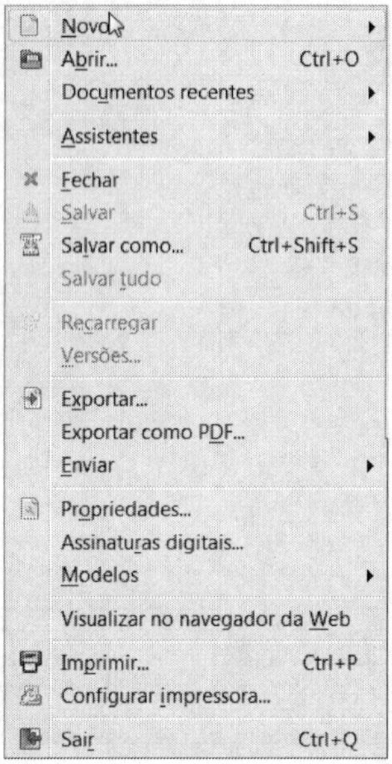	**Editar**	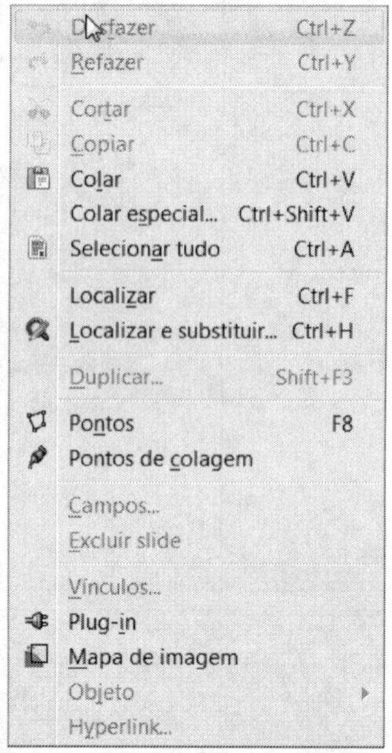
Formatar	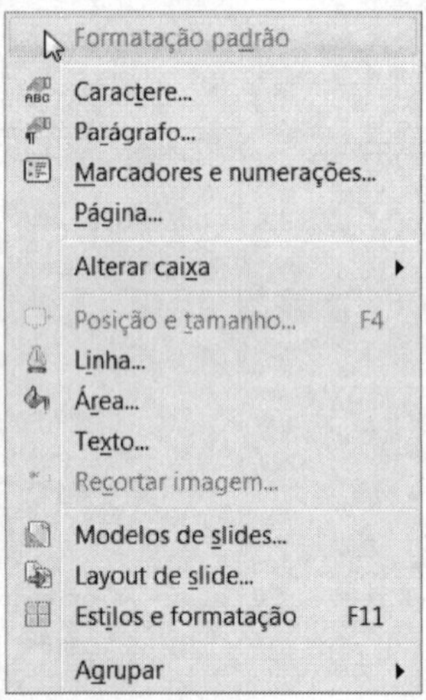	**Ferramentas**	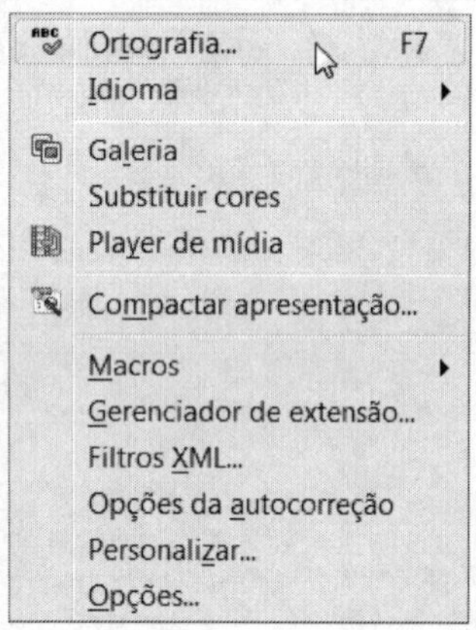
Apresentação de Slides	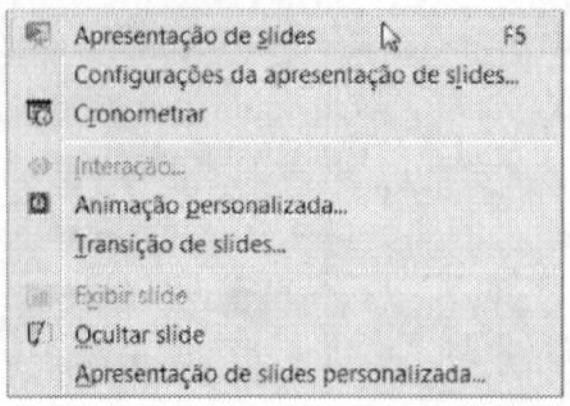	**Janela**	

2. SISTEMAS OPERACIONAIS – WINDOWS E LINUX

Os conhecimentos cobrados em relação aos sistemas operacionais também tratam do uso destes e não somente a aspectos teóricos. Assim, o candidato deve procurar se familiarizar com diferentes sistemas operacionais como Windows (11, 10, XP, 7 e 8) e Linux. Para isto, o candidato pode utilizar softwares de virtualização, como o VMWare e o Virtual Box. Nestes é possível instalar um sistema operacional sem a necessidade de particionar o disco rígido. O sistema operacional, adicional, é instalado em uma máquina virtual e é executado em uma janela do sistema operacional principal.

Nas questões apresentadas na matéria de sistemas operacionais, poucas abordavam o sistema operacional Linux. Entretanto, não é possível afirmar que este não será coberto, em mais questões, em concursos futuros. Assim, é importante que o candidato instale uma versão do Linux, através de uma máquina Virtual, para se familiarizar com o sistema. Uma das versões mais amigáveis é o Ubuntu Linux. Este pode ser baixado a partir do seguinte site: http://www.ubuntu.com. Uma boa fonte de informações para aprender a utilizar o Ubuntu está disponível no seguinte link: https://help.ubuntu.com/stable/ubuntu-help/index.html.

Dentre as questões abordadas nos concursos analisados, uma discutia o sistema de arquivos do Linux. No Linux, como no Windows, alguns diretórios têm funções bem definidas. A tabela a seguir apresenta os principais diretórios do Linux.

Diretório	Descrição
/bin	Arquivos binários de comandos essenciais do sistema.
/boot	Arquivos de boot (inicialização; boot-loader; Grub); kernel do *Linux*.
/dev	Dispositivos (devices) de entrada/saída: floppy, hardisk, cdrom, modem .
/etc	Arquivos de configuração (scripts) e inicialização.
/home	Diretório local (home) de usuários.
/lib	Bibliotecas e módulos(drives): compartilhadas com freqüência.
/mnt	Diretório de montagem de dispositivos, sistemas de arquivos e partição.
/opt	Para instalação de programas não oficiais da distribuição.
/proc	Diretório virtual (RAM) onde rodam os processos ativos.
/root	Diretório local do superusuário (root).
/sbin	Arquivos de sistema essenciais (binários do superusuário).
/tmp	Arquivos temporários gerados por alguns utilitários.
/usr	Arquivos de usuários nativos da distribuição.
/usr/local	Para instalação de programas não oficiais da distribuição.
/usr/src	Arquivos fontes do sistema necessários para compilar o kernel.
/var	Arquivos de log e outros arquivos variáveis.

Fonte: http://www.vivaolinux.com.br/dica/Estrutura-de-diretorios-do-Linux

A tabela a seguir apresenta alguns termos e significados comumente usados no Linux. Esta pode ser útil, principalmente em concursos onde não há uma exigência de conhecimento aprofundado do sistema.

Termo	Significado
root	Super usuário do Linux. Equivalente ao usuário Administrador do Windows. Este tem a permissão para instalação de programas e configuração do sistema operacional
KDE	Interface Gráfica utilizada em sistemas Linux.
Gnome	Outra interface Gráfica utilizada em sistemas Linux.
sudo	Comando do Linux que permite que um usuário qualquer do sistema adquira privilégios de root para efetuar alguma ação.
Shell	Nome dado aos interpretadores de comandos do Linux como Tcsh, Bash etc. Estes são equivalentes aos programas cmd e command do Windows.
Nautilus	Gerenciador de arquivos disponível na interface Gnome e equivalente a Windows Explorer.

Termo	Significado
Aplicativos	Os softwares no Linux podem ser instalados através de pacotes que são um conjunto software já compilados. No Linux existem ferramentas para gerenciamentos de pacotes como apt-get que fazem o download do software e a instalação deste. Além dos pacotes, o usuário pode baixar o código fonte de alguns aplicativos e compila-lo para o seu sistema Linux.

A próxima tabela mostra alguns comandos utilizados nos terminais de comando do Linux (shell).

Comando	Utilização	Exemplo
rm	Remove um arquivo ou diretório no Linux. Este é equivalente a mover um arquivo ou diretório para a lixeira do Windows.	• rm /root/teste.log : remove o arquivo teste.log localizado no diretório /root
mv	move um arquivo ou diretório para outra localização no sistema de arquivos.	• mv /root/teste.log /tmp: move o arquivo teste.log do diretório /root para o diretório /tmp
id	imprime informações sobre os privilégios e grupos da conta de sistema utilizada pelo usuário.	• id : imprime o nome do usuário, privilégios e grupos do usuário que executou este comando
cd	altera o diretório para outro diretório do disco	• cd /tmp: muda o diretório atual para /tmp
cp	faz uma cópia de um arquivo para o mesmo diretório ou para outra localização	• cp /root/teste.log /tmp: copia o arquivo teste.log do diretório /root para o diretório /tmp
ls	lista o conteúdo de um diretório	• ls /root: lista o conteúdo armazenado no diretório / root
ps	exibe os processos em execução	• ps -aux: exibe todos os processos em execução dos usuários (opção a) indicando o responsável pelo processo (opção u) e os que não estão sendo executados no terminal onde o ps foi executado (opção x).
top	exibe os processos em execução que estão consumindo mais recursos da memória e processoamento	• top
kill	envia um sinal para um processo visando encerrar a sua execução	• kill 665: envia um sinla de término para o processo 665 • kill -9 665: força o encerramento do processo 665 utilizando o sinal SIGKILL(9).
bg	coloca um programa para executar em segundo plano	• bg: no Linux, em um shell, após executar um programa e pressionar Ctrl+Z o programa em execução é suspenso. Ao digitar, na sequência, o comando bg o programa suspenso passa a executar em segundo plano.
fg	Colada um programa, que está parado ou executando em segundo, para ser executado em primeiro plano	• fg vi: coloca o programa vi para ser executado em primeiro plano, caso ele esteja executando ou parado em segundo plano.
Ln	Crie links para arquivos no sistema de arquivos. Existem dos tipos: os links e os links simbólicos. Os simbólicos representam um atalho para um arquivo como ocorre no Windows. Se o arquivo for removido este deixa de funcionar. Já os links (hard links) representam uma segunda referência para o arquivo. Assim, um programa somente é totalmente removido de todos os links dele são removidos, além do próprio arquivo.	• ln /home/root/teste.txt teste: cria um link, chamado teste, no diretório local para o arquivo teste.txt localizado no diretório /home/root/ l• n –s /home/root/teste.txt teste: cria um link simbólico, chamado teste, no diretório local para o arquivo teste. txt localizado no diretório /home/root/
tar	Utilizado para criar arquivos compactados Sintaxe: Tar<opções><nome_arquivo_tar><diretório_ou_arquivo> Opções mais comuns: -c: cria um novo arquivo tar -v: exibe as etapas de criação do arquivo tar -f: indica que a saída do comando dever ser direcionada para um arquivo -z: comprime os arquivos utilizando o software gzip	• tar -cvf becape.tar temp/: cria o arquivo becape.tar a partir dos arquivos contidos no diretório temp. Os arquivos são unidos no tar, mas não são compactados. • tar -cvzf becape.tar.gz temp/: cria o arquivo becape.tar.gz a partir dos arquivos contidos no diretório temp. Os arquivos são unidos no tar e compactados com o gzip

Um resumo com os principais comandos do Linux pode ser encontrada no seguinte site: http://www.devmedia.com.br/comandos-importantes-linux/23893.

Sobre o sistema operacional Windows, um ponto cobrado nas questões desta matéria e que vale certa atenção são os tipos de arquivos usados no Windows. A tabela a seguir, apresenta os principais cobrados nas questões discutidas.

Formato	Tipo de arquivo
mpg	Padrão para geração de arquivos de áudio e vídeo comprimidos, ou seja, o padrão comprime o vídeo e áudio visando obter uma bola relação entre a qualidade destes e o tamanho do arquivo gerado.
jpg ou jpeg	Arquivo de imagem que fornece uma boa qualidade com tamanho reduzido de arquivo.
wpg	Identifica uma imagem bmp (bitmap) ou vetorial criada com o software WordPerfect. O WordPerfect é um editor de texto pela empresa Corel
wmf	É um formato criado para o Sistema Operacional Windows e utilizada para armazenar desenhos vetoriais ou imagens como bitmaps.
MP3	O MP3 é um formato que utiliza uma técnica de compressão com perdas de qualidade sem que esta seja de fácil percepção pelo ouvido humano. Isto é feito removendo do áudio as frequências de sons que o ouvido humano não consegue perceber. No formato MP3 existe uma grande redução no tamanho do arquivo. Entretanto, pode se escolher diferentes níveis de qualidade o que implica em tamanhos de arquivos maiores, mas ainda menores que o original.

Outro tópico cobrado nas questões é o conhecimento dos atalhos utilizados para executar tarefas no sistema operacional. A tabela a seguir, extraída o site http://windows.microsoft.com/pt-br/windows7/keyboard-shortcuts, apresenta os principais atalhos gerais.

Atalho	Resultado
F1	Mostrar a Ajuda
Ctrl+C (ou Ctrl+Insert)	Copiar o item selecionado
Ctrl+X	Recortar o item selecionado
Ctrl+V (ouShift+Insert)	Colar o item selecionado
Ctrl+Z	Desfazer uma ação
Ctrl+Y	Refazer uma ação
Delete (ou Ctrl+D)	Excluir o item selecionado e movê-lo para a Lixeira
Shift+Delete	Excluir o item selecionado sem movê-lo para a Lixeira primeiro
F2	Renomear o item selecionado
Ctrl+Seta para a Direita	Mover o cursor para o início da próxima palavra
Ctrl+Seta para a Esquerda	Mover o cursor para o início da palavra anterior
Ctrl+Seta para Baixo	Mover o cursor para o início do próximo parágrafo
Ctrl+Seta para Cima	Mover o cursor para o início do parágrafo anterior
Ctrl+Shift com uma tecla de direção	Selecionar um bloco de texto
Shift com qualquer tecla de direção	Selecionar mais de um item em uma janela ou na área de trabalho ou selecionar o texto dentro de um documento
Ctrl com qualquer tecla de direção+Barra de Espaços	Selecionar vários itens individuais em uma janela ou na área de trabalho
Ctrl+A	Selecionar todos os itens de um documento ou janela
F3	Procurar um arquivo ou uma pasta
Alt+Enter	Exibir as propriedades do item selecionado
Alt+F4	Fechar o item ativo ou sair do programa ativo
Alt+Barra de Espaços	Abrir o menu de atalho para a janela ativa

Atalho	Resultado
Ctrl+F4	Fechar o documento ativo (em programas que permitem vários documentos abertos simultaneamente)
Alt+Tab	Alternar entre itens abertos
Ctrl+Alt+Tab	Usar as teclas de direção para alternar entre itens abertos
Ctrl+Roda de rolagem do mouse	Alterar o tamanho dos ícones na área de trabalho
Tecla do logotipo do Windows +Tab	Percorrer programas na barra de tarefas usando o Aero Flip 3-D
Ctrl + tecla do logotipo do Windows +Tab	Usar as teclas de seta para percorrer os programas na barra de tarefas utilizando o Aero Flip 3-D
Alt+Esc	Percorrer os itens na ordem em que foram abertos
F6	Percorrer os elementos da tela em uma janela ou na área de trabalho
F4	Exibir a lista da barra de endereços no Windows Explorer
Shift+F10	Exibir o menu de atalho para o item selecionado
Ctrl+Esc	Abrir o menu Iniciar
Alt+letra sublinhada	Exibir o menu correspondente
Alt+letra sublinhada	Executar o comando do menu (ou outro comando sublinhado)
F10	Ativar a barra de menus no programa ativo
Seta para a Direita	Abrir o próximo menu à direita ou abrir um submenu
Seta para a Esquerda	Abrir o próximo menu à esquerda ou fechar um submenu
F5 (ou Ctrl+R)	Atualizar a janela ativa
Alt+Seta para Cima	Exibir a pasta um nível acima no Windows Explorer
Esc	Cancelar a tarefa atual
Ctrl+Shift+Esc	Abrir o Gerenciador de Tarefas
Shift quando inserir um CD	Evitar que o CD seja executado automaticamente
AltEsquerdo+Shift	Alternar o idioma de entrada quando houver mais de um idioma de entrada habilitado
Ctrl+Shift	Alternar o layout do teclado quando houver mais de um layout de teclado habilitado
Ctrl Direito ou Esquerdo+Shift	Alternar a direção da leitura de texto em idiomas com leitura da direita para a esquerda

Outras listas de atalhos podem ser encontradas no seguinte site: http://windows.microsoft.com/pt-br/windows7/keyboard-shortcuts.

3. REDES DE COMPUTADORES, INTERNET E INTRANET

Na disciplina relacionada a Redes de Computadores, alguns termos são recorrentes em concursos. Conhecer o significado destes é essencial para resolver algumas questões.

Termo	Significado
ADSL (Assymmetric Digital Subscriber Line)	É uma tecnologia que consegue aproveitar simultâneamente uma linha telefônica para a transmissão de dados e voz. Isto ocorre porque apenas uma pequena faixa de frequência da linha telefônica é utilizada para a transmissão de voz. O restante da faixa de frequência da linha não é utilizado. Assim, o modem ADSL utiliza esta faixa de frequencia ociosa para a transmissão de dados utilizando técnicas de multiplexação como a FDM (Frequency Division Multiplexing - Multiplexação por Divisão de Frequência). Basicamente, a multiplexação consiste em combinar duas ou mais fontes de dados em um único canal de comunicação. Existem várias técnicas para realizar esta multiplexação, dentre as quais a FDM.

Termo	Significado
Intranet	É uma rede local de computadores privada, ou seja, esta é uma rede utilizada apenas por um grupo reduzido de usuários, normalmente, relacionados a uma instituição ou departamento de uma empresa. Esta rede utiliza os mesmos protocolos da Internet (TCP/IP). Entretanto o acesso a estas é restrito aos usuários autorizados. Uma intranet, normalmente, não é acessível a partir da Internet por usuários não autorizados. Isto ocorre porque esta é utilizada para disponibilizar informações a todos os usuários internos como relatórios, normas, formulários, notícias, dentre outros.
Extranet	É uma parte da rede de computadores interna de uma empresa que é compartilhada com outra empresa parceira ou cliente. Esta utiliza os mesmos protocolos da Internet. Entretanto são adicionados mecanismos de segurança, como criptografia das transmissões, para garantir a segurança do ambiente. Isto ocorre porque os parceiros terão acesso a determinados serviços da empresa que somente estariam disponíveis aos usuários da rede interna.
Chat	É um tipo de software utilizado para conversas em tempo real. Através destes aplicativos, duas ou mais pessoas podem interagir e trocar mensagens instantâneas.
Navegador	Este termo se refere aos softwares utilizados para acesso a páginas Web, também conhecidos como browsers. Exemplos deste tipo de software: Internet Explorer, Chrome, Firefox, etc.
TCP/IP	é arquitetura de protocolos padrão utilizada na Internet. O nome desta arquitetura é originado do nome dos protocolos mais famosos que compõe a arquitetura: o IP e o TCP. Esta arquitetura está dividida em cinco camadas (físico, acesso a rede, internet, transporte e aplicação) que possui objetivos específicos visando o acesso à internet. Esta arquitetura não foi projetada, mas sim surgiu da junção em uma única arquitetura de protocolos já utilizados em sistemas Unix para acesso a Internet.
OSI	o modelo OSI foi uma arquitetura proposta pela ISO para a padronização da arquitetura de protocolos para o acesso a Internet. No período que o modelo OSI foi proposto existia uma série de protocolos proprietários. Esta falta de padronização prejudicava uma comunicação entre sistemas que utilizam arquiteturas de protocolos diferentes. Além do fato, de atrelar o usuário a um único fornecedor. Assim a proposta da arquitetura OSI seria para padronizar a arquitetura de protocolos para acesso a Internet. Esta arquitetura possui 7 camadas (físico, ligação de dados, rede, transporte, sessão, apresentação e aplicação). Esta arquitetura não se tornou o padrão para acesso a Internet porque os protocolos do TCP/IP já eram utilizados em computadores Unix o que facilitou a adoção do TCP/IP em detrimento ao OSI.

O conhecimento sobre os aplicativos utilizados para acesso a Internet, e-mail e outros serviços são temas recorrentes nas questões desta área. Além do domínio dos aplicativos, o candidato deve conhecer os principais protocolos utilizados nas redes de computadores. A tabela a seguir apresenta um resumo sobre estes.

Sigla	Protocolo	Funcionalidade	Softwares Relacionados
ARP	AddressResolutionProtocol	Este protocolo é utilizado para obter o endereço físico da placa de rede (MAC Address) a partir do endereço IP	Implementado no sistema operacional na pilha de protocolos de rede.
FTP	File TransferProtocol	É um protocolo utilizado para transferência de arquivos entre servidores de arquivos e computadores clientes	Clientes de FTP (CuteFTP) e servidores de FTP (Ex: ProFTPD).
HTTP	Hypertext TransferProtocol	Protocolo utilizado para acesso a páginas web. Com este é possível acessar uma página em um servidor web, através de um navegador.	Navegadores (Internet Explorer, Chrome, Firefox, etc.) e Servidores Web (Ex: Apache).
IMAP	Internet Message Access Protocol	Protocolo utilizado para recebimento de e-mails de servidores de e-mail. As mensagens baixadas por este protocolo são mantidas no servidor sem armazenamento local, permanente, no computador do usuário.	Clientes de E-mail (Ex: Thunderbird) e servidores de e-mail (Ex: Microsoft Exchange).
IP	Internet Protocol	Protocolo utilizado para identificação de computadores em uma rede TCP/IP e promover a comunicação entre estes.	Implementado no sistema operacional na pilha de protocolos de rede
NNTP	Network News TransferProtocol	é um protocolo utilizado para transporte de notícias da Usenet entre servidores de notícias. Este protocolo também é utilizado por softwares clientes para ler e postar notícias na rede Usenet. Assim, este não é utilizado na configuração de e-mails como o POP3.	Clientes e Servidores de Usenet
POP3	Post Office Protocol	Protocolo utilizado para recebimento de e-mails de servidores de e-mail. As mensagens baixadas por este protocolo são removidas do servidor.	Clientes de E-mail (Ex: Thunderbird) e servidores de e-mail (Ex: Microsoft Exchange).

Sigla	Protocolo	Funcionalidade	Softwares Relacionados
RTP	(Real Time Transporte Protocol)	Protocolo que define um padrão de pacotes para transmissão de dados multimídia (áudio e vídeo) sobre redes de computadores baseadas em IP	Implementado no sistema operacional na pilha de protocolos de rede
SMNP	(Simple Network Management Protocol)	Protocolo utilizado para gerenciamento de computadores em uma rede. O protocolo permite que softwares, chamados agentes, se comuniquem com um ponto de gerenciamento e enviem informações sobre os equipamentos que gerenciam. Através desta comunicação, é possível verificar e gerenciar o desempenho da rede, identificar computadores e dispositivos com mau funcionamento, além de possibilitar a checagem de recursos (ex: espaço em disco), dentre outras opções.	Utilizado através de ferramentas de gerenciamento de redes com suporte a este protocolo.
SMTP	Simple Mail TransferProtocol	Protocolo utilizado para envio de e-mails.	Clientes de E-mail (Ex: Thunderbird) e servidores de e-mail (Ex: Microsoft Exchange).
TCP	TransmissionControlProtocol	Protocolo da camada de transporte do TCP/IP responsável pela entrega confiável (com conexão) de dados para aplicações.	Implementado no sistema operacional na pilha de protocolos de rede
HDLC	high-level data link control	protocolo de camada de enlace utilizado para identificar erros de transmissão de dados ocorridos na camada física, dentre outras funções. Logo, esta sigla não representa uma interface para conexão de dispositivos.	Implementado no sistema operacional na pilha de protocolos de rede
UDP	UserDatagramProtocol	Protocolo da camada de transporte do TCP/IP responsável pela entrega não confiável (sem conexão) de dados para aplicações. Por ser mais simples, possui um desempenho melhor com o TCP. Entretanto não há a garantia da entrega dos dados, como ocorre no TCP.	Implementado no sistema operacional na pilha de protocolos de rede

Os clientes de e-mail são abordados em diversas questões e concursos. Basicamente, as questões envolvem a configuração destes softwares e os campos utilizados para o envio de mensagens. A tabela a seguir define os principais campos utilizados em clientes de e-mail.

Campo	Significado
To:	Especifica o destinatário da mensagem, ou seja, para quem a mensagem é endereçada.
Cc:	Especifica outros endereços de e-mail para os quais a mensagem será copiada. Este campo é visível para todos os destinatários que recebem esta mensagem, ou seja, tanto o destinatário (To) quanto os que receberam a cópia (Cc) conseguem visualizar os e-mails para os quais as mensagens foram enviadas.
Cco:	Este campo especifica a cópia da mensagem para outros destinatários com a ocultação dos endereços de e-mail. Todos os endereços de e-mail especificados neste campo não serão visualizados pelos destinatários especificados nos campos To e Cc.

Em uma rede de computadores são necessários alguns dispositivos para possibilitar a interligação de computadores em rede. Na próxima tabela são apresentados alguns destes dispositivos.

Dispositivo de Rede	Funcionamento
Hub	é um equipamento que permite a integração de uma ou máquinas em uma rede. Este, ao receber um pacote para ser enviado a um computador, irá replicar o pacote para todos os computadores conectados a ele. Cada computador irá receber o pacote e analisar o endereço de destino. Se este corresponder ao endereço do computador receptor, o pacote é processado. Caso contrário este é descartado
Switch	este dispositivo é semelhante a um hub. A diferença é que o Switch tem a capacidade de identificar qual computador está conectado a qual porta deste. Isto é feito associando o endereço MAC do computador a porta que este se encontra conectada. Desta forma, o Switch não faz a cópia de todos os pacotes para os computadores, como o Hub. Ao contrário, este identifica qual a porta em que o computador de destino está conectado e envia o pacote recebido somente a este computador.
Gateway	é um dispositivo de rede utilizado para interligar redes e/ou traduzir protocolos entre redes que operam com pilhas de protocolos diferentes. Quando um pacote chega ao Gateway, este é traduzido para a pilha de protocolos da rede de destino ou adaptado. Todo o controle do tráfego de pacotes entre o emissor, do pacote, e o destinatário é gerenciado pelo Gateway.

Dispositivo de Rede	Funcionamento
Roteador	é um dispositivo de rede utilizado para gerenciar o tráfego de pacotes entre redes visando garantir a entrega deste. Assim, um roteador é conectado a duas ou mais redes através de interfaces de rede. Quando este recebe um pacote, ele analisa o endereço destino e verifica por qual interface deve encaminhar o pacote. Neste processo de decisão, o roteador faz uso de tabelas de roteamento, as quais definem a partir do endereço de origem por qual interface o pacote precisa ser enviado.

Algumas questões abordavam o conhecimento de comandos de busca do Google. A tabela a seguir resume os principais comandos que podem ser utilizados no buscador.

Comando	Exemplo	Descrição
termo01 termo02	Concurso TRE	Faz a busca por todas as páginas que contenham a palavra Concurso ou TER em qualquer ordem.
"termo01 termo02"	"Concurso TRE"	Faz a busca por todas as páginas que contenham o termo Concurso e TRE nesta ordem.
termo01 -termo02	Concurso -TRE	Faz a busca por páginas que contenham a palavra Concurso, mas remove da busca todas as páginas que contenham a palavra TER
Termo01 site: termo02	Concurso site www.tre-sp.jus.br	Faz a busca por todas as páginas no domínio www.tre-sp.jus.br que contenham a palavra Concurso.

Uma lista com mais comandos de busca pode se visualizada nos seguintes sites:

http://www.techtudo.com.br/dicas-e-tutoriais/noticia/2011/07/guia-conheca-todos-os-comandos-de-buscas-do-google.html

http://www.pontodefusao.com/Dicas/comandos-para-melhorar-sua-busca-no-google

3.1. COMPUTAÇÃO EM NUVEM

O termo Computação em Nuvem refere-se a um modelo computacional onde os serviços são providos por computadores espalhados pela Internet (conceito de nuvem). Neste, o usuário não precisaria mais instalar programas em seu computador pessoal. Bastaria ter um computador com um navegador (Firefox, Chrome, IE etc.) e uma conexão com a Internet.

A partir desta configuração mínima do computador seria possível acessar aplicativos na Internet que proveriam o serviço necessário como edição de vídeo, edição de textos etc. Como exemplos de aplicativos na nuvem pode-se citar o Google Docs e o Office 365.

Além de aplicados, é possível ter servidores completos na nuvem. Assim, uma empresa não precisa manter fisicamente um servidor em sua rede local para demonstração de protótipos de softwares para clientes. Agora, basta criar um servidor na nuvem, configurar o servidor e disponibilizar a aplicação. Empresas com a Amazon e Local Web disponibilizam serviços de configuram de servidores na nuvem.

Os serviços em nuvem possibilitam também a alocação de capacidade de processamento. Para alguns softwares, como os de cálculos pesados, existe a necessidade de uma maior capacidade de processamento para obter o resultado desejado. Assim, o programador pode desenvolver um programa que utiliza o poder de processamento de computadores na nuvem. Assim, o programa divide os dados a serem processados e a nuvem se encarrega de executar o processamento. A empresa Amazon fornece serviços para este tipo de aplicação.

Outra aplicação é a armazenamento de arquivos na nuvem. Além das aplicações, os arquivos também podem ser disponibilizados na nuvem e acessados a qualquer momento a partir de uma conexão de Internet. O Dropbox e OneDrive são exemplos deste tipo de serviço.

Apesar das facilidades como acesso a qualquer momento, redução da necessidade de poder computacional para executar aplicações, utilização de poder computacional adicional, disponibilidade de serviços, dados e aplicações etc. a computação em nuvem possui alguns problemas. Como os arquivos e aplicações ficam disponibilizados na Internet, não se sabe a exata localização destes (sendo que podem ser movidos a qualquer momento para outros servidores) e quais medidas de segurança e proteção são empregadas. Dependendo do país onde o servidor está hospedado pode-se não garantir requisito de sigilo dos dados. A velocidade da Internet, onde se encontra o servidor, passa a ser um fator relevante. Caso a velocidade a conexão se torne lenta isto pode impossibilitar o acesso ao serviço. Outro ponto é que os usuários ficam "dependentes" da empresa provedora do serviço.

4. SEGURANÇA DA INFORMAÇÃO

Quando as questões tratam de temas sobre a segurança da informação, normalmente estas abordam conceitos relacionados aos tipos de ameaças virtuais. As tabelas a seguir apresentam a definição das principais ameaças virtuais e ataques.

Ameaça Virtual	Descrição
Malware	é o software intencionalmente incluído ou inserido em um computador para um propósito prejudicial. Os objetivos de um *malware* envolvem: comprometer dados e funcionalidades, prover acesso não autorizado, roubar informações, controlar remotamente um sistema, além de outros tipos de ações danosas. Esta categoria envolve todos os tipos de ameaças como vírus, spyware, worms etc.
Vírus	é um programa de computador que possui a capacidade de infectar outros arquivos e de se replicar. Quando um programa infectado é executado, o código do vírus é acionado gerando novas cópias do vírus, infectando outros programas e até executando ações danosas como remoção de arquivos do computador ou envio de cópias deste por e-mail.
Keylogger	Software utilizado para capturar tudo o que é digitado no teclado e envia estes dados para um invasor.
Screenlogger	Programa que faz captura da tela do computador. Ele é acionado no momento em que o mouse é clicado e captura a região ao redor do cursor e a envia para um invasor.
Spyware	Software projetado para monitorar as atividades em um computador (ex: acesso a sites na Internet) e enviar estas informações a terceiros
Adware	Programa que exibem anúncios e propaganda, na tela do computador, sem a autorização do usuário.
Hijacker	Software que modifica a página inicial do navegador. O objetivo é, por exemplo, redirecionar o usuário a sites de propaganda visando ganhos financeiros para o criador do programa.
Trojan (Cavalo de Tróia)	Tipo de software malicioso que além de executar uma função para a qual foi projetado (ex: um jogo) executa outras atividades sem o conhecimento e autorização do usuário (ex: instala um spyware no computador).
Wabbit	Programa malicioso que se autorreplica, no computador do usuário, após ser instalado. O objetivo deste é consumir recursos como espaço em disco ou memória para tornar o computador mais lento ou instável.
Exploit	Programa construído para explorar uma vulnerabilidade (normalmente um erro de programação) em um determinado aplicativo ou sistema operacional.

Ataques	Descrição
Buffer Overflow	Ataque que consiste na sobrescrita de dados em um buffer(região da memória onde os dados são armazenados) visando o acesso não autorizado e a execução de comandos. Este tipo de ataque está relacionado a erros de programação Estes erros ocorrem, por exemplo, quando um programador não verifica o tamanho de uma entrada de dados. Assim, o programa possui um bufferque consegue armazenar 200 bytes. Entretanto, se o programador do software não colocou um código para validação do tamanho da quantidade de dados enviada, um atacante pode enviar um dado com 250 bytes. Estes 50 bytes adicionais irão sobrescrever parte da memória onde se encontram as demais instruções do programa. Normalmente, estes bytes adicionais são formatados pelo atacante para permitir a execução de comandos, enviados por este, para o servidor, como por exemplo, executar um comando para sobrescrever o conteúdo de um arquivo ou abrir uma janela para que o atacante executar comandos no servidor.
Defacement	Ataque que consiste em alterar o conteúdo da página web de um site aproveitando-se da vulnerabilidade da linguagem de programação ou dos pacotes utilizados no desenvolvimento de aplicação web.
Engenharia Social	Técnica utilizada por invasores para obter informações privilegiadas. Esta não utiliza recursos técnicos. Entretanto é extremamente eficaz porque o invasor entra em contato com a vítima e tenta enganá-la e fazer com que esta forneça informações confidenciais. Para isto, o engenheiro social normalmente se faz passar por outra pessoa ou por um funcionário legítimo de uma organização ou empresa.
Pharming	Técnica mais sofisticada de phising onde o usuário é redirecionado para um site falso devido a alterações nos dados do servidor de DNS (Domain Name System). Este servidor é o responsável pela tradução de endereços de páginas web, como www.banco.com.br, para endereços de rede.
Phising	Técnica onde um atacante tenta enganar um usuário para obter informações confidenciais. Por exemplo, o atacante pode criar um site falso, muito parecido com o site original, onde todas as informações digitadas serão enviadas para o criador do site. Existem várias formas de se implementar um phising, mas todas envolvem engenharia social e meios técnicos (ex: falsificação e e-mails e sites).

Uma boa fonte de estudos, sobre as principais ameaças à segurança da informação e conceitos relacionados à segurança, é a Cartilha de Segurança para a Internet publicada pelo Cert.br (Centro de Estudos, Resposta e Tratamento de Incidentes de Segurança no Brasil). A cartilha pode ser acessada gratuitamente através do seguinte site: http://cartilha.cert.br/.

Além das ameaças, o candidato deve conhecer as principais ferramentas utilizadas para garantir a segurança de um ambiente computacional. A tabela a seguir, define as principais.

Ferramenta	Descrição
Antivírus	é um software residente na memória do computador que é carregado no momento que o SO é inicializado. Este monitora constantemente o sistema e emprega técnicas para prevenir, detectar, identificar, remover vírus e outros tipos de *malware*.
Assinatura Digital	é uma técnica de criptografia utilizada para validar o conteúdo de documentos digitais. Esta tem o objetivo de funcionar como a assinatura convencional. Assim, um usuário utiliza um software de criptografia para realizar a assinatura digital de um documento. Esta assinatura é gerada a partir de um código, calculado a partir do texto, e da cifragem deste com a chave do usuário. Como o texto é assinado com a chave do usuário é possível, se o usuário possui um certificado digital, validar a assinatura dele no documento. Além disto, é possível verificar se o documento não foi alterado obtendo o código gerado da assinatura e comparando com o código calculado para a mensagem recebida. Entretanto, está técnica depende da existência de um certificado digital.
Certificado Digital	é um documento eletrônico que associa um par de chaves pública e privada a uma pessoa. A partir de um certificado digital o usuário pode cifrar, decifrar e assinar documentos. Além disto, outros usuários podem utilizar o certificado para verificar o emissor de um documento cifrado ou a assinatura deste em um documento.
Criptografia	é uma técnica matemática para codificar um texto para torna-lo inteligível. Este é implementado por algoritmos de criptografia. No processo de codificação (cifragem) é utilizada uma chave para gerar o texto codificado. Para obter o texto original, a partir do codificado, também é necessário o uso de uma chave. Existem dois tipos de algoritmos de criptografia. Os simétricos e os assimétricos. Os simétricos utilizam uma única chave para cifrar e decifrar o texto. Esta chave é chamada de chave privada. Os assimétricos possuem duas chaves. Uma utilizada para cifrar o texto, chamada de chave pública, e outra para decifrar, chamada de chave privada.
Criptografia Simétrica	neste tipo de algoritmo de criptografia utiliza-se apenas uma chave para cifrar e decifrar a mensagem.
Criptografia Assimétrica	neste tipo de algoritmos utiliza-se um par de chaves para cifrar e decifrar a mensagem. A cifragem é feita pela chave pública e a decifragem é feita pela chave privada. A chave privada é de conhecimento apenas do proprietário do par de chaves. Já a chave pública pode ser distribuída pela Internet para que outros usuários consigam enviar mensagens ao proprietário da chave pública. Todas as mensagens cifradas com a chave pública apenas são decifradas com a respectiva chave privada.
Assinatura Digital	uma assinatura digital é um código que garante que um determinada mensagem ou documento não foi alterado. Esta é gerada a partir de um código único para o conteúdo da mensagem ou documento. O código é gerado utilizando alguma função hash. Após isto o código e cifrado utilizando a chave privada de uma pessoa e um algoritmo de assinatura digital. O código cifrado (assinatura) é anexado a mensagem ou ao texto. Quando um receptor recebe uma mensagem assinada, este consegue validar se a mensagem não foi alterada. Para isto, o software do receptor gera o código hash do conteúdo da mensagem ou documento. Após isto, este decifra o código hash da assinatura utilizando a chave pública do emissor da mensagem. Caso o código gerado e o código gerado sejam idênticos, garante-se que o conteúdo não foi alterado. Caso o emissor possua um certificado digital é possível comprovar validar que o emissor da mensagem é quem realmente afirma ter assinado a mensagem. Devido à associação entre o proprietário do certificado e o par de chaves definido por este certificado.
Entidade Certificadora	instituição responsável pela emissão de certificados digitais para pessoas físicas e jurídicas. Para se obter um certificado digital, a pessoa precisa entregar uma série de documentos que comprovam a identidade desta.
Firewall	é um dispositivo de rede colocado na fronteira entre duas redes (Ex: entre uma rede local e a Internet). O objetivo deste é analisar o tráfego entre as duas e permitir, ou não, que um pacote deixe ou entre em uma determinada rede. Para isto o firewall possui um conjunto de regras que são definidas a partir da política de segurança definida pela empresa ou instituição.
Firewall de Host	tipo de firewall que analisa a comunicação via rede entre o computador, a rede local ou a Internet. Este é capaz de barrar conexões e restringir acessos de aplicativos a internet (ou rede local). O objetivo destas ações é a proteção do computador.
Honeynet	é uma rede de computadores projetada para ser comprometida. O objetivo desta é estudar o comportamento de um invasor.
Honeypot	é uma ferramenta que simula um sistema operacional vulnerável visando monitorar o ataque de um invasor.

Os sistemas computacionais e dados possuem requisitos de segurança associados a estes. Os requisitos dependem das informações manipuladas por estes sistemas, sua criticidade, e nível de importância da informação.

Em algumas questões, é necessário conhecer estes requisitos para respondê-las. A tabela a seguir apresenta os principais requisitos de segurança que precisam ser atendidos em diversos sistemas.

Requisito de Segurança	Significado
Confidencialidade	Garantir que a informação somente seja acessada por usuários autorizados.
Integridade	Proteger a informação de ser alterada ou modificada por pessoas não autorizadas ou falhas de hardware e software.
Disponibilidade	Garantir que os serviços não se degradem ou se tornem indisponíveis para acesso dos usuários.
Irretratabilidade	Garantir que o autor de uma determinada ação em um sistema não seja capaz de negar a execução desta. Este requisito está relacionado ao registro de informações dos usuários visando identificar os autores de determinas ações no sistema.
Consistência	Garantir que o sistema se comporte como o esperado quando utilizado por usuários autorizados.

5. HARDWARE

Há poucas questões relacionadas ao tema Hardware, nos concursos analisados. Entretanto, os temas sobre barramentos e tipos de memória tendem a serem conceitos cobrados em questões desta área devido à importância destes. As tabelas a seguir resumem os tipos de memórias, barramentos e outros termos cobrados nas questões analisadas.

Memórias	Descrição
Cache	Memória de alta velocidade que serve como região de armazenamento temporário entre o processador e os demais dispositivos. O objetivo desta é reduzir a diferença de desempenho entre a velocidade do processador e dos demais dispositivos.
Principal (RAM)	Memória projetada para armazenar dados e programas que estão sendo utilizados ou em execução. Esta permite sucessivas escritas e leitura e é volátil, ou seja, quando o computador é desligado, os dados contidos nesta são perdidos.
Secundária	Este tipo de memória é representado pelo disco rígido. Neste os dados e os programas são armazenados permanentemente. Quando o usuário necessita executar um programa ou abrir um arquivo, este é carregado do disco para a memória principal para ser executado ou acessado.
Virtual	É uma região do disco rígido onde são armazenados dados e códigos de programas em execução na memória RAM. Como existe um limite de memória RAM nos computadores, o qual é bem menor que a capacidade de disco, nem todos os programas em execução podem ser armazenados simultaneamente na memória RAM. Assim, o sistema operacional move os programas e dados, que não estão em uso no momento, para a memória virtual. Posteriormente, quando existe a necessidade de se utilizar o dado ou programa que se encontra na memória virtual, estes são movidos para a memória RAM e outro programa ou dados, que não estão em uso, são movidos para memória virtual.
ROM (ReadOnlyMemory – Memória de Apenas Leitura)	Memória utilizada para armazenar dados referentes ao funcionamento do computador. Os dados armazenados nesta memória não podem ser apagados ou desaparecem após o computador ser desligado como ocorre com a memória principal.

Barramentos	Descrição
PCI (*PeripheralComponentInterconnect* – Interconector de Componentes Periféricos)	Utilizado para conexão de periféricos ao computador. Estes periféricos são os componentes instalados na placa mãe como placas gráficas, placas de som, placas de rede, dentre outras. O objetivo deste barramento é possibilitar a comunicação entre estes dispositivos e o processador.
USB (Universal Serial Bus)	Tipo de barramento que permite a conexão de dispositivos como câmeras, HDs externos, pen drivers, mouse, teclados, etc. O objetivo deste barramento é o padronizar o tipo de conector utilizado para esta finalidade.
AGP (AcceleratedGraphicsPort - Porta Gráfica Acelerada)	Tipo de barramento utilizado para conectar placas aceleradoras gráficas a placa mãe do computador. Através destas placas é possível ter um melhor resolução e performance em jogos eletrônicos, vídeos e visualização em 3D.

Barramentos	Descrição
SATA (Serial AT Attachment)	Tecnologia para transmissão de dados em alta velocidade entre o computador e dispositivos como discos rígidos. Esta tecnologia permite a transmissão de dados mais rapidamente, quando comparada com a tecnologia anterior (IDE), além de possibilitar que os discos e dispositivos sejam removidos e inseridos sem a necessidade de desligar o computador.
eSATA (External SATA)	Padrão de conector externo SATA que mantém a velocidade de transmissão do SATA para dispositivos externos.
VGA (VideoGraphicsArray)	Nome dado a um padrão de conector utilizado para ligar monitores e datashows a computadores. O termo foi utilizado inicialmente para denominar um padrão de gráficos para computador.
IDE (Integrated Drive Electronics)	Padrão para interligar dispositivos de armazenamento, como discos rígidos, cd-roms, etc. internamente em computadores. Através desta interface os dados são trafegados entre o dispositivo e o computador. Entretanto, este só é utilizado para conexão interna destes dispositivos com a placa mãe

ANOTAÇÕES

ANOTAÇÕES

ANOTAÇÕES

ANOTAÇÕES

ANOTAÇÕES

ANOTAÇÕES

EDITORA
JusPODIVM
www.editorajuspodivm.com.br

Impresso por:

Docuprint
CNPJ 01.036.332/0001-99

JUS3211